ISBN 978-0-332-23937-8
PIBN 11212254

Allgemeine

Encyklopädie der Wissenschaften und Künste.

Allgemeine Encyklopädie der Wissenschaften und Künste

in alphabetischer Folge

von genannten Schriftstellern bearbeitet

und herausgegeben von

J. S. Ersch und J. G. Gruber.

Mit Kupfern und Charten.

Dritte Section

O — Z.

Herausgegeben von

M. H. E. Meier und L. F. Kämtz.

Neunter Theil.

PACHOLENUS — PALERMO-SEIDE.

Leipzig:

F. A. Brockhaus.

1837.

Allgemeine

Encyklopädie der Wissenschaften und Künste.

Dritte Section.

O — Z.

Neunter Theil.

PACHOLENUS — PALERMO-SEIDE.

PACHOLENUS.

ACHOLENUS (Insecta), eine von Schönherr ge- Rüsselkäfergattung aus der Abtheilung Erirhini- Die Fühler etwas kurz, dünn, die Geißel sieben- , die beiden Wurzelglieder länglich verkehrt, kegel- die übrigen sehr kurz, verkehrt kegelförmig, gleich was zusammengedrängt, die Keule eiförmig spitzig, der zu unterscheidenden Gliedern. Der Rüssel lang, und, etwas gebogen. Die Augen groß, länglich, latt, unter dem Kopfe fast verbunden. Der Tho- glich, an der Wurzel schwach, doppelt buchtig, vorn chmäler, in der Mitte stark vortretend, an den Au- eppt. Das kleine Schildchen bald bemerkbar. Die cken länglich cylindrisch, an der Wurzel einzeln vortretend. Die Vorderschenkel inwendig in der it einer starken vortretenden Ecke. Geflügelt. Der lang cylindrisch, schuppig und borstig. Das Va- Brasilien.

Pelliceus *Schönherr.* Länglich, rothpechbraun rbenem Pelze besetzt, der Thorax vorn in der Mitte ortretend, mit drei Schattenstreifen, Flügeldecken Spitze gerundet, undeutlich punktstreifig, die Wur- Naht und eine Längsbinde dunkler, die Vorder- stark verdickt, gezähnt. Brasilien. (D. *Thon.*)

CHOMIUS *), der Heilige, wurde um das J. Oberthebais von heidnischen Ältern geboren. Ob er nun gleich nach den eigenen Berichten vieler frommen Schriftsteller in seiner ganzen Jugend nichts vom Christenthume wußte und von seinen Ältern zu der Feier heidnischer Feste mitgenommen wurde, so versichern dieselben Schriftsteller dennoch, daß er schon als Kind einen großen Abscheu vor allen Götzenopfern gehabt, ja sogar durch seine Gegenwart die Götzen, oder vielmehr die Teufel, die ihren Dienst erhalten wollten, so in Schrecken gesetzt habe, daß sie nicht antworteten, bis die Heidenpriester ihn wegzujagen befahlen. Erst im 20. Jahre, als er mit Gewalt unter die Soldaten Maximin's genommen und auf dem Marsche zum Heere sehr mitleidige Menschen angetroffen hatte, die ihm als Christen bezeichnet wurden, war er so unwissend, daß er sich erst erklären lassen mußte, was der Name bedeute. Gleich nach empfangenem Unterrichte, der im Glauben an den ewigen Gott, an seinen eingeborenen Sohn und an eine Vergeltung des Guten und Bösen nach dem Tode bestand, gelobte er sein Leben

*) nsere Nachrichten über ihn stammen aus einer Biogra- ren Verfasser sich für einen etwas spätern Zeitgenossen und damit weiter nicht kritisch verdächtig, wol aber in seinen mönchischen Ansichten befangen ist. Pachomius nach zwar nicht als erster Erfinder des mönchischen Zu- bens, — denn schon um den heil. Antonius hatten sich zahl- hänger gesammelt, oder ihren Wohnsitz neben dem seinen- schlagen, — wol aber als erster Anordner eines geregelten alebens gelten. Der Ruf seiner Heiligkeit verschaffte ihm odaß seine erste Niederlassung bald 1400 Bewohner zählte, wurden dadurch nöthig, sodaß sein Verein 3000, bald um die Mitte des 5. Jahrh. 50,000 Mitglieder um- Das ägyptische Mönchsthum sah auf diese Art gleich bei eginn eine Einrichtung, wie sie der Occident erst durch regationen im Benedictinerorden, durch die Vereine von Citeaux rc. erhielt, Vereinigung mehrer Klöster unter ei- einschaftlichen Oberhaupte, in der Regel dem Vorsteher mklosters; ein solcher Verein in seinem ganzen Umfange als *κοινόβιον*, was erst später auf ein einzelnes Klo- ging. Die Regel, die Pachomius seinem Vereine vor- nd angeblich von einem Engel auf eine eherne Tafel ge- rhalten haben soll, bringt besonders auf strenge Ordnung in Abwechselung von geistlichen Übungen und Handarbeiten, als Flechten der Körbe und Decken aus dem Nilschilfe, durch deren Absatz der Verein erhalten ward. Der Biograph preiset besonders des heiligen Mannes Standhaftigkeit im Kampfe mit den Dämonen, die ihm, wie alle Eremiten der Zeit, plagen, unter mancherlei Bildern zu necken und in der Andacht zu stören suchten; sie erscheinen ihm in der Gestalt eines Hahnes, einer üppigen Weibsperson rc., wollen durch seltsame Dinge ihn zum Lachen reizen, zanken sich z. B. um ein Baumblatt, das sie an dicke Stricke befestigt hatten. Dergleichen Züge, vielleicht aus Selbstgeständnissen jener Asketen hervorgegangen, sind wenigstens ein Beweis dafür, daß die gewählte Art der Heiligkeit keineswegs alle die weltlichen Gedanken ausschloß, vor denen man sich in die Wüste geflüchtet hatte. Von Athanas ist Pachomius sehr geschätzt und seine Mönchsregel während dessen Exil im Abendlande verbreitet: so früh beginnt das enge Band, das Mönchsenthusiasmus und Athanasianische Lehrart verknüpfen, und dieser den endlichen Sieg theilweise mit erwarb. Gestorben ist Pachomius den 14. Mai und unter diesem Tage sein Name in den verschiedenen Actis Sanctorum verzeichnet. Schriftlich i‚t außer jener schon genannten Mönchsregel (*Palladii* hist. Lausiac. c. 38) unter seinem Namen noch eine weitläufigere Regel, angeblich von Hieronymus lateinisch übersetzt, und monita spiritualia vorhanden (Bibl. Patr. Tom. IV. p. 86). Allein deren Authenticität, wenigstens jene Bearbeitung durch Hieronymus, wird dadurch sehr zweifelhaft, daß dieser den Pachomius nicht in den Katalog der christlichen Schriftsteller aufgenommen hat. Sie setzt außerdem eine schon ziemlich ausgebildete Form des Klosterlebens voraus, eigene Speise-, Kranken- und Schlafsäle, wie sie bei dem ersten Zusammenrücken der Eremitenzellen wol kaum angenommen werden dürfen. (*Fr. W. Rettberg.*)

allein diesem Gotte zu widmen Nach überstandenem Kriege ließ er sich im thebaischen Flecken Chenoboscus weiter belehren und taufen. Als er bald darauf von dem alten frommen Einsiedler Palámon hörte, ging er in die Wüste, klopfte an die Thüre der Zelle des Greises und wollte Einsiedler werden. Palámon machte ihm sein Vorhaben nicht leicht, befahl ihm sich nur mit Salz und Brod zu nähren, die halbe Nacht zu wachen und zu beten &c. Da er sich zu Allem, obwol zitternd, verband, nahm ihn Palámon auf, spätestens im J 314. Hier spann er Haare und machte Hemden daraus für sich und Andere, um den Armen etwas geben zu können. Öfter holte er Holz aus einer wüsten Gegend von Tabenne, nach Andern von einer so benannten Insel des Nils, und erhielt von einem Engel die Weisung, sich hier anzubauen. So ungern ihn Palámon entließ, erkannte er es doch für einen himmlischen Willen und half dem Pachomius beim Baue seiner Einsiedelei, wo er auch kurze Zeit mit ihm gemeinschaftlich wohnte, dann aber aus Gewissenhaftigkeit wieder in seine alte Zelle zurückkehrte, wo ihn Pachomius jährlich einmal zu besuchen versprach, was er erfüllte. In sehr hohem Alter stand der fromme Schüler dem tapfern Greise in seiner letzten Krankheit bei und begrub ihn. Kurz vor oder kurz nach dem Tode Palámon's, eines Nacheiferers des heil. Antonius und Arno, hatte sich der Bruder des Pachomius, Johann, zu ihm gewandt, mit dem P. gemeinschaftlich die Zelle erweitern und für mehre einrichten wollte, worin beide nicht ganz einig waren. Johann starb bald und Pachomius, streng und eifrig, führte sein Werk aus und brachte ein ziemlich geräumiges Kloster zu Stande für die Anhänger, die kommen sollten und nicht ausblieben. Wann er zuerst fromme Männer, die unter seiner Aufsicht leben wollten, in sein Haus nahm, läßt sich nicht so genau ermitteln, daß mit Bestimmtheit das Jahr angegeben werden könnte. Gewöhnlich wird aber Pachomius der Vater der eigentlichen Mönche, der Begründer des gemeinschaftlichen Lebens derselben, genannt. Aber auch dieses bestreitet Helyot in seiner Abhandlung vom Ursprunge und Alter des Mönchslebens gegen den Herrn von Tillemont weitläufig und mit so guten Gründen, daß kaum zu zweifeln ist, es haben schon vor Pachomius mehre Gesellschaften zusammenlebender Asketen bestanden, die man also mit Recht Cönobiten oder Mönche zu nennen habe. Vorzüglich wird als Vervollkommener des cönobitischen Frommlebens der heil. Antonius gerühmt, dem Pachomius hingegen zugesprochen, daß er solches durch Vereinigung vieler Klöster befestigt, erhöht und die erste Congregation hergestellt habe. Vor 325 kann sein Cönobium oder Claustrum nicht eröffnet worden sein, wol aber vielleicht später. Als die Zahl seiner Anhänger sich bald bis auf 100 belief, soll ihm freilich auch ein Engel des Himmels eine Mönchsregel gebracht haben. Jedem war erlaubt zu essen und zu fasten, wie es seine Kräfte zuließen, so auch mit der Arbeit; drei wohnten in einer Zelle; im Speisesaale versammelten sich Alle; der Rock von grobem Linnen ging bis an die Knie und wurde mit einem Gürtel gebunden; darüber ein weißer Ziegen- oder Schafpelz (vom Purpurkreuze darauf schreibt Helyot nichts); eine wollene Kappe für das Haupt hatte kleine Kreuze. Diese Kleidung behielten sie Tag und Nacht; nur beim Abendmahle legten sie Pelz und Gürtel ab. Die Gäste aßen nicht mit ihnen, außer ein Durchreisender; sie hielten Stillschweigen und die Neulinge wurden drei Jahre geprüft; täglich soll zwölf Male gebetet werden. Das Kloster war in 24 Haufen getheilt, jeder mit einem griechischen Buchstaben, genannt nach den Eigenschaften der Mönche. Die Einfältigen standen im Haufen des Jota und die schwer zu Leitenden unter Xi, welche Sprache nur die Obern und die Klügsten verstanden. In der ausführlichern Regel sind manche Einrichtungen erst im 5. Jahrh. hinzugekommen. Pachomius mußte bald noch ein Kloster bauen, andere Klöster traten unter seine Regel, etwa zusammen sieben, die sich jährlich einmal versammelten, wie zu einem allgemeinen Capitel. Das Hauptkloster war zu Baum und die Congregation führte den Namen von Tabenne, des ersten Klosters wegen. Seiner Schwester wegen stiftete Pachomius auch ein Frauenkloster, das sich gleichfalls bald füllte. Nur der Priester sprach mit ihnen des Sonntags und Mönchsanverwandte in Gegenwart der Vorsteherin. Die Mönche besorgten die Gebäude und sie verfertigten aus Linnen und Wolle die Gewänder der Mönche. Auf einem Berge hatten Mönche und Nonnen einen gemeinschaftlichen Gottesacker. Pachomius erhielt immer größern Zulauf und seine Klöster mehrten sich. Helyot erzählt: Als Banus, der Bischof von Panos, den Heiligen eingeladen hatte, auch in der Nähe seiner Stadt Klöster zu bauen, ging Pachomius mit seinen Mönchen hin, sie wurden sehr ehrerbietig empfangen und begannen die Arbeit mit Freuden. Da sie mit der Mauer zur Einschließung beschäftigt waren, zerstörten Übelgesinnte, was jene des Tages fertig gemacht hatten. Pachomius ermahnte die Seinigen zur Geduld. Gott aber strafte die Boshaften so, daß sie von einem Engel verbrannt und aufgerieben wurden. Pachomius selbst blieb einige Zeit hier, um Alles bestens einzurichten, worauf er nach Tabenne zurückging. Daß Pachomius mancherlei Kämpfe mit dem Teufel hatte, wie die Meisten, wo nicht Alle, berühren wir nur, sowie die Geschichte mit dem heiligen Makarius, der eine Zeit lang sich vom Pachomius aufnehmen ließ, um den Mönchen zu zeigen, daß er sie in der Enthaltsamkeit allesammt überträfe und den Pachomius mit der ganzen Versammlung endlich bat, wieder in seine Zelle zu gehen und für sie zu beten. Gegen Origenes erklärte sich Pachomius gänzlich, wenn die Lebensbeschreibung des Pachomius von einem ungenannten Zeitgenossen in den Actis Sanctorum echt ist. Er warf einst einen Band der Schriften des Origenes, den er in den Händen eines seiner Mönche gefunden hatte, ins Wasser und erklärte sich über Origenes' Werke sehr bitter. Sie waren ihm so gefährlich wie Abgötterei, und er hielt ihn für einen größern Ketzer als den Arius. Er verbot daher seinen Mönchen nicht allein das Lesen derselben, weil die heil. Schrift darin verfälscht würde, sondern auch allen Umgang mit den Verehrern jenes Mannes und mit denen, die seine Schriften je lasen; denn er versicherte, daß alle diese Menschen unwiderruflich verdammt würden.

Dasselbe wiederholte er ihnen noch kurz vor seinem Tode, den er herannahen fühlte. Zwei Tage vor seinem Tode gegen das Osterfest berief er alle seine Brüder zusammen, schärfte ihnen die Befolgung ihrer Gesetze ein, ernannte den Petronius zu seinem Nachfolger und übergab ihm beinahe 9000 Mönche, die sich nach seinem Tode noch stark vermehrten. Er starb am 14. Mai 348. Vergl. Surius. Die Eintheilungen der Arbeiten der Mönche jedes Klosters hatten sich nach und nach so geordnet: Einige sorgten für Speise, Andere warteten Kranke, Andere flochten Matten, Haarhemden, verrichteten die Arbeiten in den Gärten, auf dem Felde ꝛc. Den Vorsteher jedes Klosters nannte man Abbas oder Vater. Die Disciplin wurde gleichfalls nach und nach geregelter. Obgleich Pachomius bei seinem Leben mehr durch sein Beispiel als durch Unterricht wirkte, werden doch noch die schriftlichen Ermahnungen, Briefe und die mystischen Werke von Manchen für eine Arbeit des Pachomius gehalten. Sie sind in lateinischer Übersetzung zu finden in *Holstenii* **Codex Regularum, quas SS. Patres Monachis et Virginibus sanctimonialibus servandas praescripsere.** (Romae 1661. 4.) p. 95—117. — In der Folge hat sich dieser Orden entweder zum Theil unter die Regel des heil. Basilius begeben, wie die meisten im Morgenlande, oder sie haben sich zum Theil an den heiligen Anton gehalten. Dennoch führt Helyot, der hierüber zu vergleichen ist, ein Beispiel auf, daß sich noch im 11. Jahrh. ein Kloster des Pachomius „Philanthropos" mit 500 Mönchen zu Constantinopel befunden habe. (*G. W. Fink.*)

PACHON (*Παχών*), der Name des neunten Monats im alten ägyptischen beweglichen Sonnenjahre. (*H.*)

PACHT. I. Von juristischem Standpunkte[1]). Mieth- und Pachtverträge sind in ihrer allgemeinsten Bedeutung Verträge, durch die Jemand den Gebrauch oder den Fruchtgenuß seiner Sache auf einen andern überträgt, für eine bestimmte Gegenleistung. Das Bedürfniß derartiger Verträge ist ein so allgemeines, daß jeder nur einigermaßen entwickelte Lebensverkehr dieselben, wenngleich in bald mehr, bald weniger ausgebildeter Weise, erzeugen wird. Dies deuten auch die römischen Juristen dadurch an, daß sie diese Verträge zu denen zählen, die dem jus gentium angehören. **Locatio et conductio,** sagt der Jurist Paulus in **L. I. D. locati conducti** (19, 2) **cum** *naturalis* **sit, et** *omnium gentium*, **non verbis sed consensu contrahitur: sicut emtio et venditio.** — Die hier zu entrichtende Gegenleistung läßt sich aber sehr verschiedenartig denken. Wo noch nicht das Geld als ein allgemeines Tauschmittel und als ein Maßstab des Werthes der Dinge selbst wie ihres Gebrauchswerthes gäng und gäbe ist, da wird nothwendig diese Gegenleistung den Charakter des Tausches tragen, d. h. es wird als Gegenleistung für den gestatteten Gebrauch einer Sache die Benutzung einer andern gefodert und gegeben werden. Daß diese einfache und unentwickeltere Form des Miethvertrages auch dem frühern römischen Rechte wenigstens nicht unbekannt gewesen, ergibt sich daraus, daß noch Gajus die Frage aufwirft, ob ein derartiger Vertrag als ein Miethvertrag anzusehen sei? **si rem tibi utendam dederim,** sagt er in seinen Institutionen **III. §. 144, et invicem aliam rem utendam acceperim, quaeritur an locatio et conductio contrahatur.** Allein je mannichfacher die Lebensverhältnisse sich gestalten, desto reichhaltiger wird auch die Rechtsbildung der Völker. Es tritt vor allem eine schärfere Sonderung der Rechtsgeschäfte hervor, und eben dadurch eine größere Rückwirkung des einen auf das andere. Dies erweist und bestätigt sich deutlich an dem Verhältnisse des Miethvertrages zu einem andern Consensualvertrage, nämlich dem des Kaufes. Daß zwischen beiden eine nahe Verwandtschaft stattfinde, hervorgehend aus der rechtlichen Natur beider Verhältnisse, erkennen schon die römischen Juristen an. So namentlich Gajus, wenn er in seinen Institutionen **Lib. III. §. 145** bemerkt: **adeo autem emtio et venditio et locatio et conductio familiaritatem aliquam inter se habere videntur, ut in quibusdam caussis quaeri soleat, utrum emtio et venditio contrahatur, an locatio et conductio;** eine Bemerkung, die Justinian in seinen Institutionen (**§. 3. locati**) und zwar mit denselben Worten wiederholt, und die bestätigt wird durch eine ähnliche Äußerung Justinian's im **pr. J. locati (3, 25) — locatio et conductio proxima est emtioni et venditioni, iisdemque juris regulis consistit.** Sowie nun bei der Miethe, so war es früherhin auch beim Kaufe zweifelhaft gewesen, ob hier nicht die für den Erwerb des Eigenthums an einer fremden Sache vom Erwerber zu entrichtende Gegenleistung statt im Gelde in der Hingabe einer andern Sache bestehen könne. Ja die Schule der Sabinianer behauptete sogar, es sei der Tausch die älteste und ursprünglichste Form des Kaufes gewesen[2]). Die Proculejaner hingegen lehrten, es sei zwischen Kauf und Tausch zu unterscheiden, und ein Kauf nur dann anzunehmen, wenn für die Übertragung des Eigenthums an einer Sache ein **pretium,** also Geld, gegeben werde, eine Lehre, die bekanntlich späterhin die allgemeine und von Justinian allein gebilligte geworden, denn er sagt **§. 2 J. de emtione (3, 24) — sed Proculi sententia, dicentis permutationem propriam esse speciem contractus, a venditione separatam, merito praevaluit...** Diese veränderte Ansicht wirkte nothwendig auch auf die Lehre von der Miethe zurück. Auch hier nahm man fortan einen Miethvertrag nur dann an, wenn für den gestatteten Gebrauch einer Sache Geld gegeben wurde, das den Namen **merces,** Miethgeld, Pachtgeld, Lohn ꝛc. führt.

---

1) Die Literatur dieser Lehre im Allgemeinen ist sehr dürftig. Als besondere Schriften über dieselben sind anzuführen *Fr. Brummer*, **De locatione et conductione,** und Westphal, Lehre des gemeinen Rechts von Kauf, Miethe ꝛc. 2. Th. S. 583—664.

2) Gajus, selbst ein Anhänger der Schule der Sabinianer, sagt in seinen Institutionen **III. §. 141 — nostri praeceptores putant, etiam in alia re posse consistere pretium. Unde illud est, quod vulgo putant, per permutationem rerum emtionem et venditionem contrahi, eamque speciem emtionis et venditionis vetustissimam esse — — — diversae scholae auctores dissentiunt, aliudque esse existimant permutationem rerum, aliud emtionem et venditionem — — —**

In diesem Sinne bemerkt Gajus in L. 2. D. locati (19, 2) — nam ut emtio et venditio contrahitur, si de pretio convenerit; sic et locatio conductio contrahi intelligitur, si de mercede convenerit und in seinen Institutionen L. III. §. 142 — nisi enim merces certa statuta sit, non videtur locatio et conductio contrahi. Der Begriff der Mieth- und Pachtverträge erleidet demnach nach der einen Seite eine allgemeine Modification dahin, daß er immer die Festsetzung eines bestimmten Geldlohnes verlangt. Die Gegenstände, für die dieses Miethgeld gezahlt wird, können aber sehr mannichfach sein, und es entstehen dadurch mehrfache, besondere Arten der Miethverträge. Im Allgemeinen setzen sie freilich voraus, daß immer nur der Gebrauch oder die Nutznießung eines Gegenstandes übertragen werde, nie das Eigenthum: non solet enim, lehrt Ulpian L. 39. D. locati, locatio dominium mutare; aber eben die Gegenstände, an denen der Gebrauch einem Andern eingeräumt wird, lassen sich sehr verschiedenartig denken. Vor allem unterscheidet man Sach- und Dienstmiethe. In jenem Falle wird dem Miether der Gebrauch fremder Sachen gestattet, in diesem dagegen ihm das Recht übertragen bestimmte Dienste zu fodern. Beide Gattungen der Miethe haben, wenngleich unter demselben generischen Begriffe stehend, besondere Unterarten, und sind verschiedenen eigenthümlichen Rechtsregeln unterworfen. Bei der Sachmiethe kommt es darauf an, ob wesentlich nur der Gebrauch und die Benutzung der Sache bezweckt wird, und dann heißt der Vertrag ein Miethvertrag, der Darleiher der Sache, Vermiether, locator, der Empfänger derselben, Miether, conductor, bei Wohnungen vorzugsweise inquilinus, oder ob die Absicht der Contrahenten wesentlich auf Fruchterwerb oder Geldgewinn aus der vermietheten Sache gerichtet ist; hier wird der Vertrag ein Pachtvertrag [5]), der eine Contrahent zum Verpachter, locator, der andere zum Pachter, conductor. Bei Grundstücken geht die Absicht des Miethers vorzugsweise auf Fruchterwerb, daher hier der Vertrag in der Regel zum Pachte wird und umgekehrt der Pachter fast überall den von dem Pacht an Grundstücken entlehnten Namen, colonus, führt. Gleichwol kann auch an Grundstücken eine Miethe vorkommen, z. B. wenn sie, wie häufig Gärten, als accessorium eines Hauses gemiethet werden. Unrichtig ist daher die sonst wol übliche Unterscheidung, Miethe finde an beweglichen Sachen, Pacht nur an Grundstücken statt. Auch Rechte, durch deren Ausübung ein bestimmter Geldgewinn bezweckt wird, sind Gegenstand des Pachtes, nicht der Miethe; so z. B. Zölle, Chaussee-Einnahmen, Pflastergeleite, Jagdgerechtigkeiten 2c. Dergleichen Pächter öffentlicher Zölle und Abgaben, sowie fiscalischer Güter, führen mitunter besondere Namen, wie publicanus, redemtor etc.

5) Ebenso unterscheidet das preußische Landrecht. Hier heißt es 1. Th. Tit. 21. §. 258 und 259, wenn für den Gebrauch einer geliehenen Sache ein bestimmter Preis bedungen wird, so heißt das Geschäft ein Miethungsvertrag. Eine Sache heißt verpachtet, wenn dieselbe Jemandem gegen einen bestimmten Zins, nicht nur zum Gebrauche, sondern auch zur Nutzung überlassen worden.

Dienste können gleichfalls in mehrfacher Wei
jecte der Miethsverträge sein. Man unterscheidet v
lem zwei Arten derselben, eine locatio et con
operarum und locatio conductio operis. In
Falle werden einzelne Dienste gemiethet, in diesem
dagegen mehr das durch die Dienste erst herzust
Resultat, z. B. der Vertrag mit einem Baumeiste
Erbauung eines Hauses 2c. Diesen letztern Fall
man Verdingungsvertrag, und es werden bei den
die Personen des Vertrags mit verschiedenen Nam
zeichnet. Der Vermiether, d. h. der das Haus au
läßt, in Verding gibt, ist locator operis und z
conductor operarum, sofern er zugleich die ei
Dienste des Baumeisters miethet. Der Miether de
d. h. der Baumeister, der die Ausführung übernim
conductor operis, aber zugleich locator operarur
fern er seine Dienste zur Ausführung des Werkes v
thet. Auch von beiden Arten der Dienstmiethe so
terhin besonders die Rede sein.

Entstehung der Miethverträge. Der Pach
Miethcontract gehört zu den sogenannten Consens
trägen, d. h. der Vertrag wird als vollkommen ges
und wirksam angesehen, sobald die beiden Contra
über die wesentlichsten Punkte desselben einig sind
diesen wesentlichen Punkten gehört aber 1) Einigun
den Gegenstand des Mieth- oder Pachtvertrages.
das Object des Vertrages ein sehr verschiedenartige
Sachen, bald Dienste, sein könne, und daß eben
verschiedene Arten der Miethverträge entstehen, ist
oben bemerkt worden. 2) Einigung über den zu
tenden Miethzins, Pachtgeld, Dienstlohn 2c. Die
dieses Mieth- oder Pachtgeldes muß jedenfalls gl
Eingehung des Vertrages von den Parteien fest v
det werden. Wenn dies nicht geschehen, wie es
bei den meisten Verträgen des gewöhnlichen Leben
mentlich bei Verträgen mit Handwerkern 2c., der F
so kann der geschlossene Vertrag nicht als ein Mi
trag, vielmehr nur als ein sogenannter Innominat
etwa der Form facio ut des etc. behandelt
Außerdem muß das verabredete Miethgeld, w
Kaufgeld beim Kauf, ein pretium, verum, justu
certum, d. h. es muß ein ernstlich gemeintes, de
miethet Object angemessenes, und fest bestimmte
Fehlt das erstere Erfoderniß, so wird der Vertra
als ein Miethvertrag, wol aber unter Umständ
eine Schenkung, donatio, aufrecht erhalten. Si qu
duxerit nummo uno, — sagt Ulpian in L.
locati (19, 2) — conductio nulla est: quia
donationis instar inducit, und wiederholt diese A
in L. 10. D. de adquir. poss. (41, 2) conductio
est, quae est in uno nummo. Aus eben diesem
de muß das Miethgeld ein einigermaßen ange
Äquivalent, ein pretium justum sein, weil so
animus donandi präsumirt werden müßte. Ja
unter Umständen der ganze Mieth- und Pachtvertr
deshalb für nichtig erklärt werden, weil er etwa n
Schein eingegangen, und den Zweck hatte, ein sonst
nes Rechtsgeschäft, z. B. Schenkungen zwischen Eh

ſtecken. Ausdrücklich bemerkt dies Papinian in L.
. de donat. int. vir. et uxor. (24, 1) — si vir
donationis causa, rem vilius locaverit, locatio
est. Dagegen kann unbedenklich hinterher das An=
verabredete Mieth= und Pachtgeld erlaſſen werden.
i habitationem locavero — lehrt Ulpian in L.
locati — mox pensionem remittam: ex locato
nducto agendum erit; denn die Erlaſſung ſteht
: wirklichen Bezahlung völlig gleich. Satisfactio
olutione est. Arg. L. 52. D. de solut. (46, 3).
Beſtimmung des Umfanges des Miethgeldes kann
auch dem Gutdünken dritter Perſonen von den Par=
anheimgeſtellt werden, nur darf dies nie zu einer
n Unbeſtimmtheit des Mieth= und Pachtgeldes füh=
Ebenſo klar als ausdrücklich äußert ſich darüber der
e Juriſt Gajus, der in L. 25. pr. D. locati
Si merces promissa sit generaliter alieno ar-
, locatio et conductio contrahi non videtur;
item quanti Titius aestimaverit, sub hac con-
e stare locationem, ut si quidem ipse qui no-
as est, mercedem definierit, omnimodo secun-
ejus aestimationem et mercedem persolvi opor-
et conductionem ad effectum pervenire; sin au-
lle vel noluerit, vel non potuerit mercedem
re, tunc pro nihilo esse conductionem, quasi
mercede constituta. Ausnahmsweiſe kann jedoch
r Verpachtung fruchttragender Sachen ſtatt des
geldes die Entrichtung eines Theils der Früchte ver=
: werden. Es kann dieſer Theil ſein entweder eine
quanta fructuum, der, ein für alle Mal beſtimmt,
Jahr derſelbe bleibt, z. B. eine beſtimmte Zahl
l Getreide, Früchte ꝛc., ohne Rückſicht darauf, wie
er Pachter in jedem einzelnen Jahre geerntet hat:
s kann eine pars quota ſein, d. h. jedes Mal ein
nter Theil des jährlich Geernteten, z. B. ½ der
e ꝛc. In dieſem letztern Falle nennt man den Pach=
rtiarius colonus, oder partiarius ſchlechthin, und
ein obligatoriſches Verhältniß zum Verpachter als
r Societät ähnliches an, wiewol es richtiger als
, nicht als wirkliche societas, wie von Einigen ge=
, zu behandeln iſt, wofür theils die Erwähnung die=
alles in dem Pandektentitel locati conducti, theils
nſtand ſpricht, daß derſelbe nur als eine quasi so-
, alſo nur als ein der Societät ähnlicher bezeich=
ird (confr. L. 25. §. 6. D. locati). Das preußi=
andrecht will in ſolchem Falle bei Vertheilung der
e zwiſchen Pachter und Verpachter die Regeln des
ſchaftsvertrages angewendet wiſſen, während im
n die Regeln des Pachtvertrages entſcheiden ſollen.
übrigens bei Eingehung eines Mieth= oder Pacht=
ges das Mieth= oder Pachtgeld von Vorn herein zu
beſtimmten Geldſumme verabredet worden iſt, ſo
der Charakter des Vertrages dadurch keineswegs ge=
, daß etwa ſpäterhin ſtatt der Geldzahlung eine
ng in Früchten verabredet oder etwas anderes an
ngsſtatt gegeben wird; denn überall hängt ja die
heilung der rechtlichen Natur der Verträge von dem
blicke ihrer Eingehung ab. Einen Fall dieſer Art

erwähnt Ulpian in L. 19. §. 3. D. locati. In welcher Form übrigens die Vereinbarung der Parteien über die eben bezeichneten weſentlichen Punkte des Vertrages, alſo über den Gegenſtand der Miethe und den Umfang des Mieth= und Pachtgeldes, erfolge, iſt für die Exiſtenz des Mieth= und Pachtvertrages völlig gleichgültig, da der Vertrag zu den Conſenſualverträgen gehört, die nichts als übereinſtimmende Willenserklärung der Parteien erfodern. Schriftliche Abfaſſung des Vertrages iſt nur nöthig, wenn die Parteien dieſelbe zur ausdrücklichen Bedingung gemacht haben. Auch in dieſer Hinſicht kann jedoch das regelmäßige Recht der Miethverträge durch Nebenverträge, wie z. B. durch Lex commissoria, Modificationen erleiden. Das preußiſche Landrecht ſchreibt bei Pachtverträgen über Landgüter immer ſchriftliche Errichtung vor, wenn auch das jährlich verabredete Pachtgeld die Summe von 50 Thlrn. nicht überſteigen ſollte. Beträgt das Pachtgeld jährlich 200 Thlr. oder mehr, ſo ſoll der Vertrag ſogar gerichtlich, oder doch vor einem Juſtizcommiſſar geſchloſſen werden. Iſt dies unterblieben, ſo gilt der Pacht nur auf ein Jahr, und kann mit dem Ablaufe jeden Jahres, nach vorhergegangener geſetzmäßiger Kündigung, wieder aufgehoben werden (vergl. Preuß. Landrecht. 1. Th. Tit. 21. §. 401—407). Die Einwilligung der Parteien ſelbſt muß übrigens, ſoll ſie wirkſam ſein, eine freiwillige, alſo weder durch Zwang noch Furcht oder Betrug oder Irrthum herbeigeführte geweſen, ſowie jeder der Contrahenten der Eingehung eines Miethvertrages fähig geweſen ſein. Dieſe Fähigkeit ſteht in der Regel jedem zu, der überhaupt Verträge zu ſchließen und über ſeine Sachen zu disponiren berechtigt iſt. Gleichwol kennt das gemeine Recht einige beſchränkende Modiſicationen, indem es manchen Perſonen theils ihres Standes und Berufes wegen, theils aus Gründen des öffentlichen Wohles die Eingehung von Mieth= und Pachtverträgen unterſagt. So namentlich ſollen a) Vormünder, vor abgelegter Vormundsſchaftsrechnung weder fiscaliſche noch fürſtliche Patrimonialgüter pachten dürfen; handeln ſie dagegen, ſo ſollen ſie als Falſarien beſtraft werden. Der Grund dieſes Verbotes iſt, daß ſonſt an dem Vermögen des Vormundes ein doppeltes, geſetzliches und zwar privilegirtes, Pfandrecht, nämlich des Fiscus als Verpachters wie des Pupillen, ſtattfinden, und ſo leicht die Sicherheit des einen durch das Vorrecht des andern gefährdet werden würde. b) Soldaten ſollen weder Ländereien pachten noch für Pächter derſelben ſich verbürgen dürfen. Der Verpachter hat widrigen Falls gegen ſie keine Klage auf Entrichtung des Pachtgeldes. Der Soldat ſoll nicht den Intereſſen ſeines Standes durch derartige Betriebsgeſchäfte entfremdet werden. Aus gleichem Grunde iſt c) den Geiſtlichen unterſagt Landgüter oder öffentliche Einkünfte zu pachten, es ſei denn, daß es Güter der Kirche, an der ſie ſelbſt angeſtellt, ſind, wiewol es auch in dieſem Falle der Einwilligung ihres Biſchofes bedarf. Arg. Nov. 123. c. 6 und c. 13. X. de vita et honest. clericor. Bei den Römern durften außerdem die Magiſtrate in den Municipalſtädten — curiales, decuriones — keine Pachtungen öffentlicher Güter und Zölle unternehmen. Al=

lein die neuern Städteordnungen und Verfassungen haben dieses Verbot unanwendbar gemacht, da durch dieselben die jenes Verbot veranlassenden Befürchtungen eines ungebührlichen Einflusses der Municipalbehörden beseitigt worden sind. Unhaltbar endlich ist die sonst von Manchen aufgestellte Behauptung, daß das Gesetz Handwerkern, die ein geräuschvolles Gewerbe treiben, verbiete, sich in der Nähe von Gelehrten einzumiethen. Die für diese Behauptung angeführte Verordnung der Kaiser Theodosius und Valentinian in L. un. C. de stud. lib. urbis Rom. (11, 18) enthält nur die Festsetzung der Anzahl der für jedes Lehrfach in Rom angestellten Professoren, und die Anweisung besonderer getrennter Auditoria im Capitol, damit nicht der Vortrag des einen die Zuhörer des andern störe. So wenig übrigens im Allgemeinen die Berechtigung, Mieth- und Pachtverträge zu schließen, beschränkt ist, ebenso wenig findet umgekehrt ein Zwang zur Eingehung derselben statt. Nur Zollpächter waren bei den Römern unter gewissen Umständen zur Fortsetzung des Pachtvertrages gezwungen. Arg. L. II. §. 5. D. de publicanis. (39, 4). Einen ähnlichen Zwang nimmt man noch gegenwärtig an, wo Gründe des öffentlichen Wohls denselben rechtfertigen. So z. B. kann der Eigenthümer eines Hauses, das er selbst nicht nothwendig braucht, dasselbe zur einstweiligen Einrichtung eines öffentlichen Lazareths in Zeiten der Noth zu vermiethen gezwungen werden. Ähnliche Verpflichtung nimmt man an für Eigenthümer von Pferden, wenn dieselben zu Posten oder andern dringenden Staatszwecken nothwendig gebraucht werden. Wenngleich nun im Allgemeinen die Eingehung der Mieth- oder Pachtverträge ausdrückliche Verabredung der Parteien erfodert, so gibt es doch Fälle des Gegentheils, nämlich stillschweigender Erneuerung eines bisher vorhandenen, aber abgelaufenen Mieth- oder Pachtvertrages. Es steht nämlich beim Ablaufe der Zeit, für die ein Mieth- und Pachtvertrag geschlossen war, den Parteien frei, das bisherige Verhältniß entweder als beendet aufzugeben, oder dasselbe unter den bisherigen Bedingungen fortzusetzen. Geschieht dies Letztere dadurch, daß beide Parteien, ohne sich weiter darüber zu erklären, in dem bisherigen Verhältnisse bleiben, so wird der frühere Vertrag als von Neuem eingegangen angesehen und eine relocatio, Wiederpacht 2c., angenommen, nur müssen natürlich hier von beiden Seiten die Personen der beiden ursprünglichen Contrahenten, sowie die Bedingungen des bisherigen Vertrages, unverändert bleiben, weil sonst der Vertrag in einen neuen übergehen würde. Bei solcher relocatio entsteht aber vor allem die Frage, für wie lange dieselbe wirke, ob aufs Neue für dieselbe Zeit, die ursprünglich in dem ersten Pacht- und Miethvertrage als Dauer desselben verabredet war, also etwa wieder auf drei, vier, fünf Jahre 2c., oder für eine kürzere Frist. Die Beantwortung dieser Frage fällt verschiedenartig aus, je nachdem Gegenstand des Pachtvertrages ein fruchttragendes Grundstück, oder von einer locatio conductio anderer Objecte die Rede ist. Für fruchttragende Grundstücke ist die Dauer der relocatio durch ein ausdrückliches Gesetz ganz allgemein auf ein Jahr festgestellt, gleichviel ob der ursprüngliche Pachtvertrag auf eine mehrjährige Frist eingegangen war, oder nicht. Arg. L. 13. §. ult. D. locati. Der Grund dieser Bestimmung liegt in einem Billigkeitsprincip. Wenn nach Ablauf des ursprünglichen Pachtvertrages der Pachter noch im Besitz des Gutes mit stillschweigender Genehmigung des Verpachters geblieben, und in Folge derselben eine neue Bestellung der Äcker begonnen hätte, so wäre es unbillig, wenn dann der Verpachter in jedem Augenblicke auf Aufhebung des Pachtvertrages dringen und den Pachter zur Rückgabe des vielleicht eben neu besäeten Grundstückes zwingen könnte. Dem vorzubeugen soll, ist einmal der Pachtvertrag nach Ablauf der ursprünglich festgesetzten Zeit stillschweigend fortgesetzt, derselbe noch ein Jahr lang nach Ablauf jener Zeit dauern, da in dieser Zeit jeden Falles eine volle Fruchtproduction, also eine Ernte, vor sich geht, mithin der Pachter Gelegenheit hat, das von ihm nach Ablauf des Pachtvertrages Ausgesäete zu ernten. Für diesen Zweck reicht aber auch ein Jahr vollständig hin, und so enthält jene Verordnung der einjährigen Wirkung der relocatio zugleich die Feststellung des möglichst kürzesten Termines, wodurch die Freiheit der Eingehung von Pachtverträgen beschränkt wird. Denn eine Beeinträchtigung dieser Freiheit liegt allerdings in dieser relocatio, indem durch das vielleicht durch zufällige Umstände veranlaßte Schweigen des Verpachters nach Ablauf des Pachtvertrages derselbe gezwungen wird, noch ein ganzes Jahr lang bei dem alten, ihm vielleicht weniger vortheilhaften Vertrage zu bleiben. Aus eben diesem Grunde ist, da immer eine möglichst geringe Beschränkung der Rechte des Eigenthums zu präsumiren, die Ansicht derer zu verwerfen, die eine längere Dauer der relocatio annehmen. Es wird nämlich auf Grund der in Teutschland und namentlich in neuerer Zeit allgemeiner üblichen Dreifelderwirthschaft von Manchen behauptet, daß bei uns die stillschweigende Verlängerung eines Pachtes in der Regel drei Jahre dauere, weil erst innerhalb dieses Trienniums der Pachter aufs Neue das Grundstück vollständig habe nutzen können. Allein Zweck der relocatio ist nicht sowol, dem Pachter den Vortheil aus der Erneuerung des ganzen Pachtvertrages zu verschaffen; vielmehr nur der, die Unbilligkeit zu beseitigen, die darin liegen würde, wenn er nach Ablauf des Pachtvertrages in jedem Augenblicke das neu bestellte Grundstück herauszugeben gezwungen werde könnte, und gegen diese Unbill ist er hinlänglich durch einjährige Dauer der relocatio gesichert. Außerdem ist es durch die neuern Untersuchungen Schrader's (Abhandlungen aus dem Civilrechte. 1. Bd. Nr. 2. S. 24 fg.) außer Zweifel gesetzt, daß auch den Römern die Zweifelderwirthschaft nicht unbekannt, sondern diese Art der Ackerbewirthschaftung bei ihnen die Regel gewesen sei. Wenn nun gleichwol Ulpian, der selbst praefectus annonae, also jedenfalls mit der Ackercultur nicht unbekannt war, ausdrücklich die Zeit der relocatio bei Grundstücken allgemein auf ein Jahr festsetzt, so ist nicht daran zu zweifeln, daß diese Verordnung durch den oben angeführten Billigkeitsgrund, der auch noch heut zu Tage anerkannt werden muß, veranlaßt worden sei, nicht aber durch die nach Ort und Zeit veränderliche Art und Weise der Bewirthschaftung ländlicher Grundstücke. Ganz anders dagegen verhält es sich mit der relocatio bei Miethverträgen über andere Gegenstände, als fruchttragende Grundstücke, weil hier in der Regel die oben angegebene Berücksichtigung eines allgemeinen Billigkeitsprincips nicht in gleicher Weise eintritt. Daß vor allem bei praediis urbanis, also namentlich Wohnhäusern, ein von dem Pachtvertrage über praedia rustica abweichendes Recht gelte, lehrt ausdrücklich Ulpian, denn er fügt der oben angeführten L. 13. §. ult. locati, in der er das Recht der praedia rustica erwähnt, die Worte hinzu: in urbanis autem praediis alio jure utimur, ut prout quisque habitaverit, ita et obligetur. Die Erklärung dieser Worte ist jedoch nicht unbestritten[4]). Manche verstehen dieselben so, es solle die relocatio tacita ebenso lange dauern, als die frühere Miethzeit gedauert hat. Allein dazu paßt nicht der Ausdruck habitaverit, der offenbar nur das factum des wirklichen Gewohnthabens, nicht aber die in dem frühern Miethvertrage festgesetzte Miethzeit bezeichnet. Andere erklären richtiger jene Worte dahin, die relocatio dauere nur so lange fort, als der Miether über den Termin des abgelaufenen Miethvertrages hinaus das Gebäude wirklich noch bewohnt habe. Es wird also nur für die Vergangenheit, nicht für die Zukunft ein obligatorisches Verhältniß begründet, und jede Partei, Miether wie Vermiether, hat das Recht in jedem Augenblicke zu kündigen. Dies ist die Ansicht der Mehrzahl unserer Juristen und auch wol an meisten dem Sinne des römischen Rechts angemessen. Streitig aber ist wieder die Interpretation der von Ulpian seiner obigen Äußerung hinzugefügten Modification: nisi in scriptis certum tempus conductioni comprehensum est. Diese erklären nämlich manche dahin, Ulpian habe sagen wollen, sei der ursprüngliche Miethvertrag schriftlich abgeschlossen worden, so gelte für die Relocatio der praedia urbana das bei fruchttragenden Grundstücken herrschende Recht, d. h., es müsse auch hier der Miethvertrag jeder Zeit noch ein ganzes Jahr fortgesetzt werden. Allein wenngleich nach den Regeln grammatischer Interpretation eine solche Auslegung allerdings zulässig ist, so würde sie doch zu der Absurdität führen, daß der schriftlich auf acht Tage abgeschlossene Miethvertrag durch stillschweigende Fortsetzung nach Ablauf jener acht Tage auf ein Jahr verbindlich werde. Richtiger möchte daher eine zweite und allgemeiner verbreitete Interpretation jener Worte sein, der zufolge da, wo der Miethvertrag schriftlich auf eine bestimmte Zeit, z. B. auf fünf Jahre, abgeschlossen worden, durch die stillschweigende Fortsetzung jener schriftliche Vertrag in seinem ganzen Umfange, also auch mit seinen Terminen, als erneuert, mithin wieder auf fünf Jahre eingegangen, angesehen wird. Nur darf hier nie dem mündlich abgeschlossenen Miethvertrage die Wirkung des schriftlichen beigelegt werden, denn Ulpian sagt ausdrücklich: in scriptis etc. Wenn Gegenstand des Mieth- und Pachtvertrages zugleich ein Gebäude und fruchttragendes Grundstück gewesen, z. B. ein Haus mit Ländereien, so kommt es auf den Vertrag und die Absicht der Contrahenten an, ob das Gebäude oder das Ackerland Hauptgegenstand des Vertrages ist, und je nachdem das eine oder das andere der Fall, gilt die relocatio, wie bei praediis rusticis, auf ein Jahr, oder, wie bei praediis urbanis, nur für die Zeit, während welcher das Miethverhältniß über die ursprüngliche Miethfrist hinaus fortgesetzt worden ist. Die Relocation beweglicher Sachen, z. B. von Meubeln ꝛc., wird nach den bei Gebäuden darüber herrschenden Grundsätzen beurtheilt. Auch hier sagt man: prout quisque usus fuerit, ita obligatur. Ein ausdrückliches Gesetz haben wir freilich weder über diesen Punkt, noch über die Relocation bei der Dienstmiethe; aber eben deshalb entscheidet hier lediglich die Analogie, und zwar der praedia urbana, da die Bestimmungen über praedia rustica auf besondern, in der eigenthümlichen Natur derselben begründeten Principien beruhen. Das preußische Landrecht hat jedoch über die Relocation mancherlei abweichende Bestimmungen Dasselbe verordnet 1. Th. Tit. 21. §. 327 fg. die Annahme eines fernern Pacht- oder Miethzinses, nach Ablauf der festgesetzten Miethzeit, solle als stillschweigende Einwilligung des Verpachters in die Verlängerung des Contractes angesehen, diese Verlängerung aber bei allen Grundstücken ohne Unterschied in der Regel auf ein Jahr verstanden werden. Wenn jedoch in einem auf mehre Jahre geschlossenen Contract das Pachtgeld auf die mehren Jahre zusammengenommen bestimmt worden, so solle sich die stillschweigende Verlängerung auf die ganze Dauer der ersten contractmäßigen Zeit erstrecken. Sei bei verpachteten Landgütern der Acker in gewisse Felder eingetheilt, so werde der stillschweigend fortgesetzte Pacht um so viel Zeit für verlängert geachtet, als erfoderlich ist, daß der Pachter sämmtliche Felder nach landüblichem Wirthschaftsgebrauche nutzen könne. Dasselbe solle bei Stadtäckern gelten, die in gewisse Brachen getheilt sind. Für die stillschweigende Fortsetzung der Dienstmiethe gibt das preußische Landrecht (2. Th. Tit. 5. §. 114 fg.) die nähere Bestimmung, daß bei städtischem Gesinde die Verlängerung auf ein Vierteljahr, bei Landgesinde auf ein ganzes Jahr gerechnet werden solle; dagegen bei monatweise gemietheten Diensten erstrecke sich die Verlängerung immer nur auf einen Monat.

Die aus dem Mieth- und Pachtvertrage entspringenden **Rechte** und **Verbindlichkeiten** der beiden Contrahenten gestalten sich verschiedenartig bei der Sach- und bei der **Dienstmiethe**. Es ist daher passender von beiden besonders zu handeln, und zwar zunächst von der **Sachmiethe**. Auch hier hängt der Charakter des Rechts-

4) Die Literatur über diesen Punkt, wie über die gesammte Lehre von der relocatio ist ungemein reichhaltig. Es handeln davon vorzugsweise folgende Schriften: *Paulsen*, De relocationis tacitae effectu in praediis urbanis (Götting. 1775). E. Schrader, Abhandl. a. d. Civ. R. I. Abh. 2. Weber zu Höpfner §. 891. Not. 3. v. Herrestorff im Arch. f. civ. Prax. III. Abh. 3. Bucher, Recht der Ford. §. 69. S. 245. Marezoll Zeitschr. f. Civilrecht und Proc. III. S. 281. Röder, Civilrechtl. Abhandl. Nr. 1. Westphal, Von Kauf, Miethe, Pacht ꝛc. §. 1016. Glück, Commentar. 17. Th. §. 1045.

verhältnisses von der Natur des Gegenstandes des Vertrages ab. Daß Object desselben bald eine vorzugsweise fruchttragende Sache, bald eine solche, die nur zur Benutzung bestimmt ist, sein könne, sowie, daß eben danach der Sprachgebrauch Pacht und Miethe unterscheide, ist bereits oben erwähnt worden. Was aber auch immer Gegenstand des Vertrages sei, jedenfalls muß es eine **res in commercio** und eine nicht fungible, d. h. eine solche sein, die nach beendetem Gebrauche **in specie** zurückgegeben werden kann und soll. Gleichgültig ist es dagegen, ob die Sache eine körperliche oder unkörperliche, z. B. eine Gerechtigkeit rc., sei. Unter den vorzugsweise sogenannten dinglichen Rechten können der **ususfructus**, und die **habitatio** allein, die übrigen dinglichen Servituten nur mit der Sache, an der sie haften, vermiethet und verpachtet werden. Ebenso wenig ist erfoderlich, daß der Vermiether oder Verpachter Eigenthümer der von ihm vermietheten, verpachteten Sache sei. Auch der Pfandgläubiger kann die ihm verpfändete, der Miether die ihm vermiethete Sache weiter vermiethen, selbst ohne Einwilligung des eigenen Vermiethers. In diesem letztern Falle entsteht das eigenthümliche Rechtsverhältniß der Aftermiethe, Afterpacht; **sublocatio, subconductio.** Dadurch geht nicht etwa das vertragsmäßige Recht des Miethers ohne Weiteres auf dessen Miether über; vielmehr entsteht dadurch ein zwiefaches Mieth- und Pachtverhältniß; das eine zwischen dem ursprünglichen Vermiether und dessen Miether, das zweite zwischen diesem Miether und dessen Unter- oder Aftermiether. Inwieweit jedoch dieses Verhältniß auch auf den ersten Vermiether zurückwirke, wird weiterhin kurz erwähnt werden. Übrigens kann man unter Umständen selbst seine eigene Sache pachten und miethen, nämlich von demjenigen, dem an dieser Sache ein Nutzungsrecht in Folge eines **ususfructus** oder antichretischen Pfandrechtes zusteht. In allen diesen Fällen liegen nun dem Vermiether und Verpachter, **locator**, folgende Verbindlichkeiten ob:

1) Er muß die versprochene Sache mit ihren Accessionen dem Miether oder Pachter überliefern zum verabredeten Gebrauche. Was alles als Accession anzusehen und somit dem Pachter gleichfalls zu überlassen sei, hängt theils von der nähern Verabredung der Parteien, theils von der Natur des geschlossenen Vertrages, theils endlich von Gewohnheit und Ortsgebrauch ab. Eine Aufzählung dessen, was bei Verpachtung eines Grundstückes als Inventar, **instrumentum**, anzusehen sei, gibt unter andern auch Ulpian in L. 19. §. 2. D. locati. Der Verpachter muß aber die verpachtete, vermiethete Sache nicht nur in brauchbaren Stand setzen, sondern sie auch in demselben erhalten. Folge davon ist, daß die zur Erhaltung der Sache erfoderlichen Reparaturen von ihm selbst getragen werden müssen. Hindert er selbst, oder ein Anderer den Pachter an dem vollständigen Gebrauche, so ist er demselben Schadenersatz zu leisten verpflichtet. Wird die Sache dem Pachter durch Dritte entzogen, so muß er, wenn ihm dabei eine **culpa** zur Last fällt, Eviction leisten. Doch wird er von dieser Verbindlichkeit durch Leistung einer ebenso guten Sache frei. **Si quis domum**, sagt Ulpian

in L. 9. pr. D. locati **bona fide emtam vel
locaverit mihi, isque sit evictus sine dolo m
paque ejus: Pomponius ait, nihilo minus
neri ex conducto ei qui conduxit: ut ei pr
frui, quod conduxit licere. Plane, si domi
patitur, et locatur, paratus sit aliam habit
non minus commodam praestare, aequissim
ait, absolvi locatorem.** Befindet sich dagegen
pachter nicht in **culpa**, so tritt nun eine verhältn
Verringerung des Mieth- und Pachtgeldes ein.
gilt da, wo die fernere Benutzung der Sache d
fall unmöglich wird, z. B. das vermiethete H
brennt, einstürzt rc. Besonders häufig kommt dies
zur Sprache bei Pachtungen. Hier wird die F
der Pachter wegen Unglücksfälle, die ihn treffe
verhältnißmäßigen Erlaß des Pachtgeldes zu foder
tigt sei, verschiedenartig beantwortet. Es steht ih
Recht, nach der richtigern Ansicht, vor allem n
zu, wenn das Unglück die Früchte selbst, bevor
Pachter percipirt sind, betroffen hat. Außerdem
Unfall ein einiger Maßen bedeutender und ein un
licher sein, darf also nicht etwa seinen Grund
der bloßen Unfruchtbarkeit des Bodens, oder Folg
ter Bewirthschaftung sein. Dagegen ist es gleichg
der Untergang der die noch nicht percipirten Fr
es ganz, oder theilweise, betrifft, herbeigeführt
Naturereignisse, z. B. Hagelschlag rc., oder durc
unabwendbare Unfälle, z. B. Verheerungen im
Mordbrennerei rc. Unglücksfälle, die den Pach
an den Früchten selbst, sondern an seinen eigenen
treffen, berechtigen ihn ebenso wenig Erlaß oder
rung des Pachtgeldes zu fodern, als dann, wenn de
sich nach erfolgter Perception der Früchte ereignet
das eingeerntete Getreide abbrennt. Denn durch
ception ist der Pachter Eigenthümer der Früchte
den und muß fortan auch den zufälligen Unterg
selben tragen, während vor der Perception die Fr
Theil des Bodens angesehen werden, mithin wie
den selbst auf die Gefahr des Eigenthümers des
und Bodens stehen. Der eigentliche Grund des
nißmäßigen Erlasses des Pachtgeldes ist also über
etwa eine Art von Billigkeit, sondern lediglich di
des Miethvertrages. Dieser ist ein zweiseitiger
dann ist der Pachter zur Entrichtung des Pachtgel
pflichtet, wenn ihm von Seiten des Verpachters
abredete Fruchtgenuß gewährt worden. So weit die
geschehen, weil die Früchte vor der Perception
gangen, hat der Verpachter seine Vertragsverbin
nicht erfüllt, kann demnach auch nur verhältnißmä
füllung der Gegenverbindlichkeit, d. h. der Entricht
Pachtgeldes, verlangen. Übrigens fällt der Anspruch
laß des Pachtgeldes gänzlich weg, wenn die Pacht
mehre Jahre eingegangen und hier der Nachtheil des e
glücklichen Jahres durch den reichlichen Ertrag der v
henden Jahre hinlänglich ersetzt worden, oder wenn de
ter ausdrücklich auch für die Unglücksfälle einzustehe
nommen hat, oder aber endlich Ortsgewohnheit den
ter ohnehin diese Verbindlichkeit auferlegt. Das pr

recht gestattet dem Pachter eine Remissionsfoderung Pachtgelde nur, wenn er nachzuweisen vermag, daß Gut in dem laufenden Wirthschaftsjahre durch alle :iken zusammengenommen, nach Abzug der Ausgaben, so viel als der Pachtzins ausmacht, getragen habe. , was solchergestalt an dem Pachtzinse fehlt, ist der achter zu erlassen verbunden. Bei Miswachs, Dürre, lschlag rc. erhält der Pachter verhältnißmäßigen Er- dagegen nicht bei einem durch Viehsterben sich er- iden Unglücksfalle, wol aber bei unverschuldeten dschäden. Das Nähere darüber siehe Landrecht 1. Tit. 21. §. 478 fg. Sofern nach dem Obigen Berpachter dem Pachter die Sache zum eigenen Ge-) und etwanigen Fruchtgenuß überlassen muß, muß m auch gestatten die gepachtete Sache weiter zu- chten. Dadurch entsteht jedoch kein Miethver- ß zwischen dem ersten Vermiether und dem After- er (sublocator). Beide Miethverträge stehen ab-)ert für sich und der erste Vermiether muß vollen)enersatz leisten, wenn er den Aftermiether in irgend Weise beeinträchtigt. Doch erhält der erste Vermie- iuch ein stillschweigendes Pfandrecht an den Invec- ıt illatis des Aftermiethers bis zum Belaufe der rüche, die er selbst auf Entrichtung des Miethgeldes den eigenen Miether hat. Bis zu diesem Umfange auch der Aftermiether statt an seinen Vermiether, :n ersten Vermiether gültig Zahlung leisten. Arg. .. §. 5. D. de pignor. act.

2) Der Vermiether muß ferner alle ordentlichen wie)rdentlichen Lasten und Abgaben tragen, die auf der 'theten oder verpachteten Sache ruhen, sie mithin)achter, wenn dieser dieselben entrichtet, ersetzen. Be- s streitig [5]) ist die Frage, wem die Einquartie- slast zukomme. Manche meinen, sie sei schlechthin eallast, müsse also von dem Eigenthümer der Sache, vom Verpachter, getragen werden, und zwar nicht ie Einquartierung selbst, sondern auch die als ein)rium damit verknüpfte Verbindlichkeit der Verpfle- der Einquartierten, theils nach besondern Vorschrif- s röm. Rechts [6]), theils nach der Natur der Sache, ohne Haus eine Einquartierung nicht stattfinden dieselbe also eine lästige Folge des Hausbesitzes sei, theils endlich nach der Natur des Miethvertrages, da der Miether nur insofern Miethzins zu entrichten habe, als ihm der ungehinderte Gebrauch der gemietheten Sache zu Theil geworden. Der Miether könne demnach wie bei Kriegsschäden, so auch bei Einquartierungen verhältnißmäßigen Erlaß des Miethgeldes fodern, woraus sich ergebe, daß die Last selbst den Vermiether treffe. Andere dagegen verwerfen die Anwendbarkeit römischer Rechtsgrundsätze und die Behauptung, daß die Einquartierung eine Reallast sei. Sie sehen dieselbe als eine allen Ortseinwohnern gemeinsame Last an, die von allen zu gleichen Theilen, ohne Rücksicht auf etwanigen Hausbesitz, getragen werden müsse. Noch andere betrachten Einquartierungskosten als eine Last des Staates, weil der Krieg ein Factum des ganzen Staates, nicht des einzelnen Individuums sei. Der Einzelne, der die Einquartierung übernehme, sei daher nur negotiorum gestor der Gesammtheit und könne gegen den Staat Regreß nehmen. Es ist jedoch von all diesen Meinungen keine durchaus richtig. Vielmehr neigt sich die Mehrzahl unserer Rechtslehrer zu folgender Ansicht hin: Die in Friedenszeiten regelmäßig vorkommenden Einquartierungslasten haften als eine Grundlast in der Regel an dem Hause, müssen also, wenn nicht besondere anderweitige Bestimmungen des Vertrages zwischen Hauseigenthümer und Miether stattfinden, vom erstern getragen und dem letztern mithin vergütet werden. Bei außerordentlichen Einquartierungen hingegen, namentlich feindlichen in Kriegszeiten, ist die Quartierlast von der damit verbundenen Beköstigungslast zu unterscheiden. Die erstere muß zwar der Miether und Pachter übernehmen, kann aber dafür einen verhältnißmäßigen Erlaß des Mieth- und Pachtgeldes verlangen, sofern er durch die Einquartierung zu seinem eigenen Nachtheile an dem Gebrauche der Sache verhindert worden ist. Bei Pachtern fruchttragender Grundstücke tritt durch die Einquartierung eine Verhinderung des freien Gebrauches der gepachteten Sache in der Regel nicht so ein, da hier weniger die Wohnung als das Grundstück Gegenstand des Vertrages ist. Gleichwol kann auch der Pachter wegen der Einquartierung einigen Erlaß am Pachtgelde fodern, wenn ihm die Wohnung zur vollen Benutzung des Gutes unentbehrlich gewesen, er also z. B. der Einquartierung wegen einen Theil der eigenen Leute hat anderswo einmiethen müssen rc. Dahingegen sind die Verpflegungskosten solcher außerordentlichen Einquartierungen nach der richtigern und billigern Meinung in Concurrenz vom Vermiether und Miether zu tragen. Es haben jedoch neuere Landesgesetze hier vieles theils abgeändert, theils näher bestimmt. Das preußische Landrecht [7]) enthält darüber folgende Vorschriften: Die Lasten der Einquartierung sollen in der Regel nicht von dem Miether, sondern von dem Vermiether getragen werden. Unter diesen Lasten, deren Ersatz übrigens der Miether, wenn er sie vorgeschossen hat, von dem Vermiether fodern kann, sind nur solche Verpflegungskosten, welche die Einquartierung vermöge allge-

Vergl. darüber besonders G. H. v. Berg, Jurist. Beob. chtsfälle. 3. Th. Nr. 1. und 4. Th. Nr. 1 u. 2. G. F. er), Beitr. zur rechtl. Beurtheil. d. Rechtsverh. zwischen iethmanne und Hauseigenthümer in Ansehung der Einquar- slast. (Hanov. 1808.) Schweppe, Jur. Mag. Nr. V. sind die Stellen, auf die man sich zu berufen pflegt, haupt- folgende: L. 3. §. 13 und 4. D. de munerib. L. 4 und de vacat. et excus. L. 3. C. de munerib. patrim. Nov. Allerdings enthalten diese Stellen den Grundsatz, daß Ein- rungen als Reallasten anzusehen, und zwar von jedem Orts- ten, wie ihn die Reihe traf, als eine ordentliche bürgerliche tragen sei. Ja es soll sogar nach L. 2. C. de metatis besitzer eines eigenen Hauses verbunden sein, den dritten einer Wohnung dem Staate zur Beherbergung seiner Sol- und anderer Staatsdiener zur Disposition zu stellen. Al- beziehen diese Verordnungen sich nur auf die regelmäßigen rtierungslasten in Friedenszeiten, nicht auf die außerordent- zu Zeiten des Krieges.

7) Vergl. Allgem. Landrecht für die preuß. Staaten. 1. Th. Tit. 21. §. 289 fg. Ebend. §. 572.

meiner oder besonderer Verordnungen zu verlangen berechtigt ist, mit begriffen. Über anderweitige Lasten bestimmt dagegen das Landrecht [8]). Bei eigentlichen Pachtungen, die in Pausch und Bogen geschlossen worden, trägt der Pachter alle von der Sache zu entrichtenden Lasten und Abgaben, die dem Verpachter nicht ausdrücklich vorbehalten sind. Doch haftet auch in diesem Falle der Verpachter, ohne besondern Vorbehalt, für die Interessen der Hypothekenschulden und für die aus Verträgen oder letztwilligen Verordnungen auf der Sache haftenden Zinsen und fortlaufenden Prästationen. Hat dagegen der Pachter nach einem Anschlage gepachtet, so soll vermuthet werden, daß er nur die darin von dem Ertrage abgezogenen Lasten und Abgaben übernommen habe. In allen Fällen aber muß der Pachter diejenigen Abgaben tragen, die von den Früchten allein, bei deren Verwendung oder Veräußerung, ohne Rücksicht auf die Substanz des Gutes und auf die Person des das Pachtgeld ziehenden Verpachters, zu entrichten sind.

3) Der Verpachter oder Vermiether muß endlich, wenn er bei Beendigung des Pachtverhältnisses die Sache zurückerhält, dem Pachter die auf die Sache gemachten Verwendungen ersetzen, und zwar nach folgenden Regeln: **Impensae necessariae**, d. h. Verwendungen, welche nöthig gewesen, um die Sache vor dem Untergange zu bewahren, z. B. unvermeidliche Reparaturen rc., muß er ihm unweigerlich und vollständig ersetzen, denn die Verpflichtung, die Sache fortwährend im brauchbaren Stande zu erhalten, liegt ja dem Vermiether und Verpachter ob. Ja der Pachter kann bis zum Belaufe der gemachten nothwendigen Verwendungen das Pachtgeld retiniren. Hat er dagegen **impensae utiles**, d. h. solche Verwendungen gemacht, durch die die vermiethete Sache nur einträglicher wird, so kann er für diese nur Ersatz fodern, so weit dadurch die Einträglichkeit der Sache wirklich erhöht, also die Verbesserung zur Zeit der Rückgabe der Sache noch werth ist, nicht so viel sie ihm selbst gekostet hat. Dies ist um so billiger, da ja der Miether und Pachter in der Zwischenzeit der Dauer des Vertrages selbst den alleinigen Vortheil und Genuß der gemachten Verbesserung gezogen hat. Für **impensae voluptuariae** endlich, d. h. Verwendungen, wodurch der Miether rc. die Sache nur verschönert oder für seinen eignen Gebrauch bequemer gemacht hat, kann er, so weit nicht dadurch auch für den Verpachter ein fortdauernder Nutzen entstanden ist, keinen Ersatz fodern, sofern nicht ein Anderes zwischen ihnen verabredet ist. Arg. L. 28. §. 2. D. locati. Dagegen hat er das Recht die gemachten Verschönerungen wegzunehmen (**jus tollendi**) und muß dann die Sache in den frühern Zustand, in dem sie ihm übergeben worden, herstellen, wenn sich nicht der Verpachter bereit findet, dieselben zu dem Werthe, den sie zur Zeit der Rückgabe der Sache haben, anzunehmen.

4) Endlich haftet der Vermiether und Verpachter für **omnis culpa**, d. h. er muß dem Miether und Pachter jedweden Schaden ersetzen, der durch seine Verschuldung dem Pachter rc. durch die vermiethete Sache zugefügt worden, z. B. durch versäumte Reparaturen rc. Nur den rein zufälligen Schaden braucht er dem Miether nicht zu ersetzen. Wol aber muß er ihm wegen Fehler der Sache, die ihm als aufmerksamem Vermiether nicht verborgen bleiben konnten, vollständigen Schadenersatz leisten. — So viel von den Verbindlichkeiten des Vermiethers, Verpachters rc. Dagegen sind nun die Verpflichtungen des Miethers und Pachters hauptsächlich folgende:

1) Er muß das festgesetzte Mieth- oder Pachtgeld **ganz** bezahlen, selbst wenn er durch eigene Schuld den bezweckten Nutzen von der vermietheten Sache nicht gezogen, z. B. das gepachtete Grundstück nicht bebaut, das gemiethete Haus, Pferd rc. nicht benutzt hat. Wenn jedoch in diesem Falle der Vermiether die von dem Miether unbenutzt gebliebene Sache weiter vermiethet und dadurch einen Gewinn gezogen hat, so kann er von dem ersten Miether nicht das ganze Miethgeld, sondern nur so viel verlangen, als dieser nach seinem Miethvertrage mehr zu zahlen verbunden gewesen wäre. Einen Fall dieser Art entscheidet Paulus in L. 55. §. 2. D. locati, wo er berichtet: **Qui contra legem conductionis fundum ante tempus sine justa ac probabili causa deseruerit ad solvendas totius temporis pensiones ex conducto conveniri potest: Quatenus locatori in id, quod ejus interest, indemnitas servetur.** Anders dagegen verhält es sich, wenn die Benutzung der vermietheten, verpachteten Sache dem Miether nicht durch eigene Schuld, vielmehr auf andere Weise unmöglich wird. Hier tritt, da das Mieth- wie Pachtgeld ein Äquivalent für den gestatteten Gebrauch sein soll, eine verhältnißmäßige Verringerung des Mieth- und Pachtgeldes, oder eine Rückerstattung des bereits gezahlten ein. Von dem theilweisen Erlasse des Pachtgeldes wegen Unglücksfälle, die den Pachter vor erfolgter Perception der Früchte treffen, ist bereits oben die Rede gewesen. Etwas Ähnliches gilt aber auch bei dem Miethvertrage über einzelne Sachen, also über andere als fruchttragende Sachen. Der zufällige Untergang derselben, z. B. Abbrennen des vermietheten Hauses, befreit den Miether von der Verbindlichkeit für die Zeit, wo er sein Wohnungsrecht an dem zerstörten Hause nicht ausüben kann, den Miethszins zu entrichten. Ja er kann den im Voraus gezahlten dann selbst zurückfodern, Arg. L. 19. §. 6. D. locati. Wie groß der Umfang der verringerten Nutzung gewesen sein müsse, läßt sich allgemein nicht bestimmen; es entscheidet vielmehr das Ermessen des Richters. Die **Zeit** der Zahlung des Pacht- und Miethgeldes hängt von der Verabredung der Parteien ab. Ist aber weder durch Vertrag, noch durch Ortsgebrauch noch durch Landesgesetze etwas Näheres darüber bestimmt, so ist in der Regel das Miethgeld erst nach beendetem Gebrauche zu zahlen, das Pachtgeld immer nach Ablauf eines Pachtjahres. Übrigens ist der Miether weder verpflichtet Vorschüsse von dem Miethgelde zu machen, noch braucht er das rückständige Miethgeld zu verzinsen, es sei denn, daß er durch Mahnung in Verzug versetzt oder ausdrücklich verabredet worden, daß er für das zu spät gezahlte Miethgeld Zinsen zahlen solle. **Ex locato qui convenitur,**

8) Landrecht a. a. O. §. 292—296.

ulus in L. 17. §. 4. D. de usuris (22, 1), nisi
erit, ut tardius pecuniae illatae usuras debe-
onnisi ex mora usuras praestare debet. Der
r muß außerdem
) von der vermietheten und verpachteten Sache ei-
dnungsmäßigen Gebrauch machen. Er soll
t, wie es die Pflicht eines bonus pater fami-
. Bei Bewirthschaftung eines gepachteten Gutes
er der Pachter an die allgemeinen Regeln der
tur gebunden; er wird ebenso sehr durch ordnungs-
n Gebrauch, wie durch unzeitige Cultur und Über-
zung des Landes dem Verpachter verantwortlich.
ctor, lehrt Gajus in L. 25. §. 3. D. locati, om-
cundum legem conductionis facere debet: et
mnia colonus curare debet, ut opera rustica
oque tempore faciat, ne intempestiva cultura
rem fundum faceret. Praeterea villarum cu-
gere debet, ut eas incorruptas habeat. Über-
er die Grenzen seiner Gebrauchsbefugniß, so steht
diesem Augenblicke an selbst für jeden zufälligen
ng, der die Sache dabei betrifft. Die Römer se-
ar diese unbefugte Ausdehnung des Gebrauches als
Diebstahl (furtum usus) an. Noch Justinian lehrt
en Institutionen §. 6. de oblig. ex del. (4, 1)
, qui rem utendam accepit, in alium usum
rat, quam cujus gratia ei data est, furtum
ttit — veluti si quis equum gestandi caussa
datum sibi, longius aliquo duxerit — und eben
dieses furtum ist die Verpflichtung selbst für den
en Untergang der Sache einstehen zu müssen; denn
ist es, semper moram facere videtur. Eine der
irkungen der Mora ist aber der Übergang des pe-
a rei auf den Säumigen. Außerdem muß der
r, wie es die Pflicht eines jeden bonus pater-fa-
ist, gehörige Sorgfalt auf die Bewahrung der
verwenden. Item prospicere debet conductor,
Ulpian L. 11. §. 2. D. locati, ne aliquo vel
i vel corpus deterius faciat vel fieri patiatur.
ch haftet er nicht nur für den Schaden, den er
urch Vorsatz oder Unvorsichtigkeit der Sache zu-
ondern auch für den, der ihr durch Andere durch sei-
uld zugefügt worden ist. Doch wird er frei durch
weis der eigenen Schuldlosigkeit, wohin aber nicht
nen ist, wenn er etwa ganz besonders nachlässigen
uen die Bewahrung der Sache anvertraut hat. Über-
steht er, da er zur custodia verpflichtet ist, für jede
dung der Sache ein. Nur der rein zufällige Unterer Sache verpflichtet ihn nicht, wenn er nicht durch
en Vertrag auch die praestatio periculi übernom-
at, eine Verpflichtung, die jedoch als stillschweigend
ngen angenommen wird, wenn er ausdrücklich die
unversehrt oder schlechthin in derselben Gat-
zurückzuliefern versprochen, oder wenn er die Sache
inzugefügter Schätzung übernommen hat.
Letztere findet besonders häufig statt bei Übernahme
nventars von Seiten eines Pachters. Hier nennt
en Vertrag vorzugsweise einen contractus socidae.
vol hat nicht jederzeit die Abschätzung der vermie-
theten Sache und ihres Inventars bei der Übergabe den Zweck, solchen contractus socidae zu begründen; vielmehr kann der Zweck der Abschätzung ein doppelter sein. Entweder dient dieselbe dazu, um den Werth der vermietheten Sache, zur Zeit ihrer Übergabe an den Miether zu ermitteln, um dadurch einen Maßstab zur Beurtheilung der durch den Miether herbeigeführten Verschlechterungen Behufs des etwanigen Schadenersatzes zu gewinnen — aestimatio taxationis caussa — oder es soll durch diese Abschätzung die Sache dem Miether käuflich übergeben werden, unter der Verpflichtung der Rückgabe einer gleich werthvollen Sache oder der abgeschätzten Geldsumme, nach beendigtem Miethverhältnisse — aestimatio venditionis caussa. Im letztern Falle wird der Miether Eigenthümer und kann veräußern, wie er will, trägt aber auch das periculum und muß in genere restituiren. Befindet sich unter dem dem Pachter übergebenen Inventar Vieh, und dies Inventar ist venditionis caussa taxirt, so hat der Pachter einen gleichen Viehbestand zu ersetzen, wenn ihm auch sämmtliches Vieh gefallen wäre. Deshalb nennt man in solchem Falle das Vieh eisernes Vieh, Stammvieh, und drückt das dabei obwaltende Rechtsverhältniß durch die Rechtsparömie aus: „eisernes Vieh stirbt nicht."

Der Miether ist endlich verpflichtet 3) nach Ablauf des Mieth- und Pachtvertrages die Sache dem Vermiether zurückzugeben. Daß er dieselbe in demselben Zustande restituire, wie er sie erhalten, kann nicht von ihm verlangt werden. Die durch ordnungsmäßige Benutzung entstandene Verschlechterung braucht er daher nicht zu ersetzen, da ja eben für diesen Nachtheil, den die Sache dadurch erlitten, der Vermiether das Mieth- und Pachtgeld erhalten. Nur Beschädigungen der Sache, die dem Miether als eine culpa zur Last gelegt werden können, machen ihn verantwortlich. Mit der Hauptsache selbst muß der Miether zwar auch deren Accessorien herausgeben, aber nicht dasjenige, was er etwa durch die gemiethete Sache von dritten Personen gewonnen hat, z. B. durch Anstellung der furti actio gegen den Dieb, wenn dieser ihm das Duplum oder Quadruplum als Privatstrafe für den begangenen Diebstahl hatte erlegen müssen. Ausdrücklich bemerkt dies Gajus in L. 6. D. locati, is, qui rem conduxerit, non cogitur restituere id, quod rei nomine, furti actione consecutus est. Die Restitution der Sache muß übrigens sogleich erfolgen, es sei denn, daß der Miether wegen gemachter Verwendungen, für die er Ersatz zu fodern berechtigt ist, ein Retentionsrecht hat. Aus einem andern Grunde steht ihm aber die Zurückbehaltung der Sache nicht zu. Namentlich nicht, weil er etwa behauptet, das Eigenthum an der Sache gehöre nicht dem Vermiether, sondern einem Dritten; ebenso wenig, wenn er selbst das Eigenthum an der Sache in Anspruch nimmt. Vielmehr soll hier nach einer Verordnung der Kaiser Diokletian und Maximian in L. 25. C. locati, erst nach erfolgter Restitution der Streit über das Eigenthum an der Sache erhoben werden. Weigert übrigens der Miether oder Pachter nach abgelaufener Mieth- und Pachtzeit die Restitution der Sache ohne allen Grund, so soll er als ein invasor rei alienae angesehen, nach den Gesetzen gewaltsamer Dejection bestraft und daher außer zur Restitution der Sache selbst noch zur Erlegung des Werthes derselben an den Vermiether als einer demselben zu entrichtenden Privatstrafe verurtheilt werden. Wenn übrigens umgekehrt der Vermiether dem Miether nach abgelaufener Miethzeit und bezahltem Miethgelde den freien Abzug verweigert, so hat der inquilinus das interdictum de migrando gegen den Vermiether, auf Verabfolgung der unrechtmäßig inne behaltenen Sachen.

Es ist bisher nur die Rede gewesen von der **Sachmiethe**. Nach denselben allgemeinen, aber durch die eigenthümliche Natur des Verhältnisses mannichfach modificirten Regeln zu beurtheilen ist nun auch die **Dienstmiethe**, deren wir zwei Hauptarten unterscheiden: die locatio conductio operarum und locatio conductio operis. Die Begriffe beider sind schon oben angegeben worden. Es ist jedoch hier etwas näher zu erörtern, was Gegenstand der einzelnen Arten, und zwar zunächst der locatio conductio operarum, sein könne. Die Dienste müssen, abgesehen davon, daß sie nicht unerlaubte, operae inhonestae, sein dürfen, vor allem sein operae locari solitae, d. h. von der Art, daß über sie Miethverträge geschlossen zu werden pflegen. Dazu aber gehört, daß sie einen bestimmten Marktpreis haben, also in der Regel für Geld geleistet werden, wie Handwerks- und Tagelöhnerdienste, und selbst die Malerei rechnen die Römer, trotz ihrer sonstigen großen Verehrung für diese Kunst, dahin. Dagegen können nicht Gegenstand des Miethvertrages solche Dienste sein, deren Ausübung den Besitz gelehrter und wissenschaftlicher Kenntnisse erfodert, artes liberales. Zwar kann auch über deren Leistung ein Vertrag eingegangen, z. B. ein Arzt, ein Lehrer, Advocat ꝛc., angenommen werden, aber der Vertrag wird nicht als Miethvertrag, die Belohnung der derartig geleisteten Dienste nicht als Miethgeld, sondern als **Honorar** angesehen und das Verhältniß als ein Innominalvertrag, facio ut des oder do ut facias, beurtheilt. Es entscheidet hier allein die allgemeine Volksansicht, ob dergleichen Dienste zu handwerksmäßigem Gewerbe herabgesunken, oder in der Achtung der Ausübung einer höhern Kunst ꝛc. stehen. Daraus erklärt sich auch die von den Römern zur Andeutung dieses Gegensatzes gebrauchte Bezeichnung operae liberales und illiberales. Letztere waren ursprünglich Dienste, die vorzugsweise von Sklaven geleistet zu werden pflegten; so namentlich alle Handwerker- und Tagelöhnerdienste, die erst späterhin auch an Freie übergingen, seitdem Armuth und die Nothwendigkeit des Gelderwerbes die untern Volksclassen zu diesen ursprünglich illiberalen Beschäftigungen zwang. Bei solcher locatio conductio operarum ist nun derjenige, der seine Dienste vermiethet, also der Handwerker, Dienstbote ꝛc., verpflichtet, die von ihm verlangten Dienste gehörig zu leisten und zwar genau in der Art und Weise, wie sie ihm aufgetragen worden sind. Er ist dabei für omnis culpa verantwortlich und sogar zur custodia verpflichtet, wenn ihm Sachen zur Aufbewahrung anvertraut worden sind. Eine nähere Erläuterung und Beispiele dieser Verbindlichkeiten enthalten folgende Stellen L. 9. §. 5. L. 13. pr. §. 2 et 5. L. 25. §. 7 und L. 27. §. 29. D. locati. Sind besondere Auslagen und Kosten erfoderlich, um die bedungenen Dienste zu leisten, so trägt der Vermiether der Dienste auch diese, z. B. der Fuhrmann, den ich mir miethe, die Transportkosten, als Chausseegelder ꝛc., wenn nicht das Gegentheil verabredet ist. Nur für den zufälligen Schaden ist er nicht verantwortlich. Ereignet sich jedoch der Zufall, der die Leistung der Dienste unmöglich macht, in der Person des Miethers, z. B. durch Krankheit, Tod desselben ꝛc., so kann der Vermiether auch ohne die bedungenen Dienste geleistet zu haben, gleichwol den festgesetzten Lohn fodern. Qui operas suas locavit, lehrt Paulus in L. 38. pr. D. locati, totius temporis mercedem accipere debet, si per eum non stetit, quo minus operas praestet. Hindert dagegen Zufall den Vermiether, die versprochenen Dienste zu leisten, so fällt sein Anspruch auf das Lohn weg, je nach Verhältniß der unterbliebenen Dienste. Gleichwol pflegt man aus Billigkeit Dienstboten, die durch vorübergehende Krankheit an der unausgesetzten Verrichtung ihrer Dienste verhindert waren, ein Recht auf unverkürzten Dienstlohn zu gestatten. Anhaltende Krankheit des Dienstboten würde freilich den Miether zur Kündigung und Aufhebung des ganzen Miethverhältnisses berechtigen. Der Miether der Dienste ist übrigens seiner Seits, wie bei der Sachmiethe, vorzugsweise zur Entrichtung des Miethgeldes, sowie zur Erfüllung der durch den Vertrag übernommenen Verbindlichkeiten verpflichtet. Besonderer Art ist die locatio conductio operis, also der Miethvertrag, dessen Gegenstand eine aus einer Reihe einzelner Handlungen bestehende Leistung als ein Ganzes ist, so der Miethvertrag mit einem Baumeister über Errichtung eines Gebäudes. Manche rechnen dahin auch den Contract mit einem Frachtfuhrmanne, Schiffer ꝛc. über den Transport von Sachen; wiewol dieser sich auch als locatio conductio operarum ansehen läßt. Das eigentliche Object des Miethvertrages ist also die Herstellung eines bestimmten opus, irgend ein Resultat einer Arbeit, während die Art und Weise, wie zu jenem Resultat zu gelangen, in der Regel der Anordnung dessen überlassen bleibt, der die Ausführung durch den Miethvertrag übernommen — conductor operis — und dazu seine Dienste vermiethet hat, daher zugleich locator operarum. Jenes opus selbst kann sehr verschiedener Art sein, wie aus der Definition, die davon Ulpian in L. 5. §. 1. D. de V. S. (50, 16) gibt, erhellt, opere locato conducto his verbis Labeo ait significari id opus, quod Graeci *ἀποτέλεσμα* vocant (non *ἔργον*) id est, ex opere facto corpus aliquod perfectum. Da bei derartiger locatio conductio operis hauptsächlich nur jenes bestimmte Resultat der Arbeit von den Contrahenten bezweckt wird, es mithin mehr auf dessen Herstellung, als auf die Art und Weise, wie dasselbe zu Stande gebracht werde, ankommt, so ist in der Regel eine sublocatio zulässig, d. h. der Entrepreneur kann die Vollendung der übernommenen Arbeit auch auf andere übertragen und muß nur für die gleiche Tüchtigkeit derselben einstehen. Haben mehr gemeinsam die Arbeit übernommen, so haften sie in solidum für omnis culpa. Bei übernommenem Transport von Sachen muß der zur Leistung Verpflichtete (conductor operis, s. redemptor) die Kosten tragen, gleichviel, ob sie den bedungenen Transportlohn übersteigen und für jede durch seine Schuld der Sache zugefügte Beschädigung Ersatz leisten; aber für den rein zufälligen Untergang der Sache ist er nicht verantwortlich. Bei dem auf Vollführung eines Bauwerks gerichteten Vertrage muß der Baumeister für die Güte und Tüchtigkeit seiner Arbeit einstehen, sich an den verabredeten Plan und die übrigen Bedingungen des Vertrages halten. Übersteigen daher die Kosten den früher festgesetzten Anschlag, so ist der Bauherr ebenso wenig an den Vertrag gebunden, als wenn der Baumeister eigenmächtig von dem verabredeten Plane abgewichen ist. Hier muß der Baumeister dem Bauherrn Schadenersatz leisten: Denn conductor omnia secundum legem conductionis facere debet, lehrt Gajus in L. 25. §. 3. D. locati. Die Frage, wer bei derartiger locatio conductio operis den zufälligen Untergang der Sache zu tragen habe, beantwortet sich nach folgenden Grundsätzen. Ereignet sich der Untergang, nachdem das Werk, z. B. das Gebäude, vollendet und von dem Bauherrn bereits angenommen ist, so trägt der Bauherr den Schaden, es sei denn, daß derselbe durch Betrug zur Annahme des fehlerhaft gearbeiteten Werkes veranlaßt worden sei. Ging dagegen die Sache vor erfolgter Übergabe an den Besteller zu Grunde, so trägt der Arbeiter den Schaden, wenn die Veranlassung des Untergangs in einem Fehler der gelieferten Arbeit, hingegen der Besteller, wenn der Untergang durch einen Mangel an dem dem Arbeiter vom Besteller gelieferten Material herbeigeführt worden. Erfolgte die Ablieferung der bestellten Sache an den dominus theilweise, nach vorheriger Approbation durch denselben, so trägt der Arbeiter nur das periculum derjenigen Stücke der Arbeit, die vom dominus noch nicht approbirt und acceptirt worden. Daß übrigens besondere Verabredung der Parteien diese gewöhnlichern Regeln abändern könne, bemerkt auch in einer Stelle, die zugleich eine Erörterung des Bisherigen enthält, Florentin in L. 36. D. locati. — Opus, quod aversione locatum est, donec adprobetur, *conductoris* periculum est. Quod vero ita conductum sit, ut in pedes mensurasve praestetur, eatenus conductoris periculo est, quatenus admensum non sit. Et in utraque caussa nociturum locatori, si per eum steterit, quominus opus adprobetur, vel admetiatur. Si tamen vi majore opus prius interciderit, quam adprobaretur, *locatoris* periculo est: nisi si aliud actum sit. Non enim amplius praestari locatori oporteat, quam quod sua cura atque opera consecutus esset. — Das preußische Landrecht handelt von der locatio conductio operis ausführlicher im 1. Th. Tit. 11. §. 925 fg. Es erklärt dieselbe dahin, daß ein Werkmeister oder Künstler nicht blos zu einer Arbeit gedungen, sondern ihm ein ganzes Werk in Pausch und Bogen angedungen worden. Weiterhin verordnet das Landrecht a. a. O. §. 928 der Werkmeister oder Künstler sei das Geschäft selbst auszuführen verbunden und dürfe die Ausführung wider den Willen des Bestellers, einem Andern nicht übertragen, wol aber sich, wenn nicht ein Anderes ausdrücklich verabredet sei, fremder Gehilfen und Mitarbeiter dabei bedienen, müsse dann aber auch die Handlungen dieser von ihm selbst gewählten Gehilfen gleich seinen eigenen vertreten. Wähle der Werkmeister untüchtige Arbeiter und Gehilfen, so habe der Besteller ein Widerspruchsrecht. Zahlung könne übrigens der Werkmeister, wenn nicht das Gegentheil ausdrücklich verabredet worden, erst nach vollendeter Arbeit fodern. Liefere übrigens der Werkmeister die Arbeit nicht zu bestimmter Zeit ab, so trage er von da alle Gefahr, selbst wegen der etwa von dem Besteller gelieferten Materialien, und hafte überhaupt dem Besteller für den aus der Zögerung entstehenden Schaden. Dem Besteller stehe sogar das Recht zu von dem Vertrage zurückzutreten, wenn das Werk mit dem Ablaufe der ausdrücklich bestimmten Zeit durch die Schuld des Werkmeisters, oder durch einen in dessen Person sich ereignenden Zufall nicht abgeliefert worden. Werde dagegen die Übernehmung des fertigen Werkes von dem Besteller ohne rechtlichen Grund verzögert, so trage dieser alle Gefahr. Bei der Ablieferung des Werkes darf, nach dem Landrechte a. a. O. §. 943, jeder von beiden Theilen verlangen, daß dasselbe auf seine Kosten von Sachverständigen besichtigt werde. Finden diese es contractmäßig und tüchtig angefertigt, so kann der Besteller dessen Annahme nicht weigern, erklären sie dagegen die Arbeit für untüchtig, so kann der Besteller entweder vom Vertrage abgehen, also die Annahme verweigern, oder wegen der gerügten Fehler Schadloshaltung fodern. Hingegen in Ansehung solcher Fehler, die auf die Brauchbarkeit der Sache keinen wesentlichen Einfluß haben, findet nur Minderung des bedungenen Preises oder Schadloshaltung statt. Dabei wird jedoch der Mangel einer ausdrücklich bedungenen, wenn auch für die Brauchbarkeit der Sache unwesentlichen Eigenschaft, als eine Untüchtigkeit der Arbeit angesehen und nach den in solchem Falle geltenden Grundsätzen beurtheilt. Übrigens haftet der Werkmeister für die gegen die Regeln seiner Kunst begangenen Fehler, selbst für ein geringes Versehen, es sei denn, daß er auf ausdrückliches Verlangen des Bestellers von den Regeln seiner Kunst hat abweichen müssen. Auch für die Güte der Materialien muß der Arbeiter, wenn ihm deren Wahl überlassen, einstehen. Unglücksfälle an den Materialien während der Arbeit treffen den Eigenthümer derselben. Außerdem hat das preußische Landrecht über verdungene Bauten noch folgende nähere Bestimmungen a. a. O. §. 966—970. Wenn der übernommene Bau vor der Übergabe einstürzt oder sonst Schaden leidet, so soll vermuthet werden, daß der Unfall aus einem Fehler des Baumeisters entstanden sei. Ist aber der Schade erweislich durch einen bloßen Zufall, oder durch einen solchen Fehler entstanden, den der Baumeister als Kunstverständiger nicht hat voraussehen können, so trifft der Verlust den Bauherrn. Ist dagegen der Bau von dem Bauherrn einmal übernommen worden, so kann der Baumeister wegen solcher Fehler, die aus der Bauart, und weil dabei die Regeln der Kunst angeblich nicht beobachtet worden, entstanden sein sollen, nur innerhalb dreier Jahre nach der Übergabe in Anspruch genommen werden. Wegen solcher Fehler aber, die in der schlechten Beschaffenheit der Materialien ihren Grund haben, kann der Baumeister zu allen Zeiten innerhalb der gewöhnlichen Verjährungsfrist zur Verantwortung gezogen werden.

Es ist schließlich noch von der *Beendigung* des Pacht- und Miethvertrages zu handeln. Es hört das Miethverhältniß auf entweder in Folge allgemeiner Aufhebungsgründe der Obligationen, oder solcher, die dem Miethvertrage eigenthümlich sind. Zu der erstern Classe gehört das *Rescissionsrecht* wegen Verletzung über die Hälfte, gleichviel übrigens, ob Sachen oder Dienste Gegenstand des Miethverhältnisses waren, und der *Ablauf* der gleich Anfangs von den Parteien verabredeten Dauer des Mieth- und Pachtvertrages. Doch kann in diesem Falle durch Fortsetzung des bisherigen Verhältnisses eine stillschweigende Erneuerung des Vertrages eintreten — relocatio — von der bereits oben die Rede gewesen. Ist aber von Anfang an keine bestimmte Dauer des Mieth- und Pachtvertrages von den Parteien verabredet worden, so hat jeder Theil das Recht der Kündigung, d. h. er kann in jedem Augenblicke dem andern anzeigen, daß er seiner Seits die Beendigung des Pachtverhältnisses wünsche. Das gemeine Recht schreibt für die Vornahme solcher Kündigung keine Fristen vor, verlangt nur, daß dieselbe bona fide geschehe, d. h. nicht absichtlich zu einer Zeit, die der Gegenpartei vorzugsweise nachtheilig ist. Das preußische Landrecht hat auch über diesen Punkt mannichfache nähere Bestimmungen. Es verordnet 1. Th. Tit. 21. §. 340 fg., wenn im Contract zwar keine Dauer des Vertrages bestimmt, aber doch der Betrag der Miethe nach einem gewissen Zeitraume, z. B. monatlich, jährlich rc., abgemessen worden, so könne der Verpachter oder Vermiether durch eine frühere Aufkündigung den Miether oder Pachter in dem Laufe eines solchen Zeitraumes, z. B. in dem Laufe eines Monats, Jahrs rc, seines Besitzes nicht entsetzen. Sei weder durch den Contract, noch durch Provinzial- und statutarische Gesetze die Frist zur Aufkündigung festgesetzt, so müsse dieselbe bei Pachtungen unbeweglicher Sachen und Gerechtigkeiten sechs Monate vor der Räumung erfolgen. Bei Land- und Ackergütern sechs Monate vor dem Ablaufe des Wirthschaftsjahres, bei Miethungen unbeweglicher und bei Pachtungen beweglicher Sachen, in den ersten drei Tagen desjenigen Quartals, mit dessen Ablaufe der Besitz geräumt werden solle; endlich bei Miethungen beweglicher Sachen sei eine Aufkündigung von 24 Stunden hinreichend. Übrigens braucht weder nach gemeinem noch nach preußischem Rechte die Kündigung schriftlich zu erfolgen. Es genügt auch jede mündliche Erklärung, sobald nur der Beweis gesichert ist, daß die Gegenpartei von der geschehenen Auffagung Kunde erhalten. Das preußische Recht gestattet außerdem dem Gegner nur acht Tage lang ein Widerspruchsrecht gegen die geschehene Kündigung, schweigt er innerhalb dieser Zeit, so wird angenommen, daß er die Kündigung sich habe gefallen lassen (Landrecht a. a. O. §. 349). Sobald aber die Zeit der Dauer des Pacht- und Miethvertrages festgesetzt ist, darf während dieser Zeit von dem Vertrage im Allgemeinen nicht abgegangen werden. Es gibt jedoch besondere in der Natur des Miethvertrages liegende eigenthümliche Gründe, die bald den Vermiether, bald den Miether auch vor Ablauf dieser Zeit zur Kündigung und folgeweise zur Aufhebung des Pacht- und Miethvertrages berechtigen. Es kann nämlich 1) der *Miether* das contractliche Verhältniß aufgeben, sobald er eine *gerechte* Ursache dazu hat. Eine solche aber ist vorhanden, wenn ohne seine Schuld Umstände eintreten, die ihn die vermiethete Sache entweder gar nicht, oder doch nicht ohne Gefahr oder große Unbequemlichkeit oder Schmälerung seines beabsichtigten Vortheils gebrauchen und benutzen lassen. Dahin gehört a) wenn der Vermiether nicht die gehörigen Reparaturen vornimmt, wodurch der Gebrauch der Sache in der versprochenen Weise unmöglich wird, oder wenn durch die nothwendig gewordene Reparatur eine wesentliche Beschränkung des Gebrauches eintritt; b) wenn ungesunde Beschaffenheit der vermietheten Gebäude oder Ländereien die Benutzung gefahrbringend macht; c) wenn eine gerechte und gegründete Furcht zum frühern Abzuge nöthigt, z. B. Furcht vor Einsturz des gemietheten Hauses oder vor einem heranziehenden Heere feindlicher Truppen rc. Hierher gehört die sehr bestrittene Frage, ob auch die Furcht vor Gespenstern zur vorzeitigen Aufhebung des Vertrages berechtige, eine Frage, die von den ältern Rechtslehrern einstimmig bejaht wird. Wenn der Miether beweisen kann, daß seine oder der Seinigen Gesundheit durch ein ferneres Wohnenbleiben in Gefahr kommen würde, so ist, falls der Miether die einzelnen Facta, wodurch jene Gespensterfurcht veranlaßt worden, darzuthun vermag, ihm richtiger wol ein Kündigungsrecht zu gestatten. Dasselbe nimmt man im Allgemeinen auch dann an, wenn der Miether wegen großer Anzahl unvertilgbaren Ungeziefers, z. B. Wanzen, Mäuse, Ratten rc., in der Wohnung nicht bleiben kann, vorausgesetzt, daß der Vermiether diesen Mangel der Wohnung bei Eingehung des Vertrages verschwiegen hatte. Dagegen berechtigen Ortsveränderung oder andere, nur aus der Person des Miethers entspringende, Gründe, gemeinrechtlich denselben nicht zum einseitigen Abgehen vom Vertrage vor Ablauf der festgesetzten Zeit; d) wenn die Lieferung nicht zur festbestimmten Zeit erfolgt und dadurch für den Miether alles Interesse, die Sache zu erhalten, verloren gegangen ist. Umgekehrt kann aber 2) auch der *Vermiether* in einzelnen Fällen schon vor Endigung der Contractszeit den Vertrag aufheben und zwar in folgenden: a) wenn der Miether oder Pachter schlecht mit der Sache umgeht, sie verderbt [9]), den Acker nicht ordentlich cultivirt rc. Statt dessen kann übrigens auch der Verpachter Caution und Schadenersatz fodern. Das preußische Landrecht gestattet jedoch aus diesem Grunde nur dann Aufhebung des Vertrages, wenn der Miether und Pachter entweder die Sache zu einem andern, als dem aus-

---

9) Bei Häusern berechtigt Justinian (Nov. 14. extr.) den Eigenthümer zur Vertreibung des Miethmannes, wenn der Letztere ein Bordell im Hause anlegt.

verabredeten Gebrauche verwendet, oder wenn m Misbrauche eine erhebliche Beschädigung der z mit Grund zu besorgen ist (Landrecht a. a. O.); ferner b) wenn der Pachter oder Miether zwei lang das Pacht- oder Miethgeld nicht entrichtet Jedoch läßt man in der Regel dieses Recht des ters nur dann eintreten, wenn der Pacht- und trag auf mehr als zwei Jahre geschlossen wor- ein jährliches Pachtgeld verabredet worden. Wenn der Vertrag nur auf zwei Jahre überhaupt ge- oder falls er auf längere Zeit eingegangen war, r auf die Totalzeit eine bestimmte Pachtsumme et worden, so kann der Pachter erst nach Ablauf Totalzeit vertrieben werden. Das preußische Land- icht auch hier vom gemeinen Recht insofern ab, schon beim Rückstande zweier Terminzahlungen den ter und Vermiether berechtigt, dem andern Theile s Ablauf der bedungenen Zeit aufzukündigen [10]). s ist in keinem Falle der Miether oder Pachter in pactum de non expellendo gegen das Recht rpachters auf Aufhebung des Vertrages bei zwei- Rückstande des Pachtgeldes geschützt. c) Wenn miether beweisen kann, daß ihm selbst die vermie- ache unentbehrlich sei zum eigenen Bedarfe. Doch r diese Nothwendigkeit des eigenen Bedarfes nicht r Zeit der Vermiethung vorhanden gewesen, die- elmehr erst hinterher durch das Eintreten unvor- ener Ereignisse entstanden sein. Das Gesetz, wor- n diese Berechtigung des Vermiethers zu vorzeiti- hebung des Vertrages stützt, redet nur von dem es vermietheten Hauses. Antonin rescribirt näm- L. 3. C. locati. **Aede, quam te conductam ha- cis, si pensionem domino in solidum solvisti, te expelli non oportet:** *nisi propriis usibus s eam necessariam esse probaverit,* **aut re domum maluerit, aut tu male in re ver-** . Deshalb sind die meisten Theoretiker der An- i andern Gegenständen, namentlich bei Grundstücken, er Eigenthümer den Miether oder Pachter nicht auf der contractmäßigen Zeit vertreiben, wenn er n Beweis führe, daß ihm selbst die Sache unent- sei, zumal bei Grundstücken dieser Fall nicht so ntreten könne, als bei Wohnungen. Allein die hat meist das Gegentheil befolgt, wenngleich das he Recht [11]), wie die Basiliken [12]) für die strengere der Theoretiker sprechen. Macht übrigens der Ei- er von seinem Rechte, den Miether im erwähnten us dem Hause zu treiben, Gebrauch, so ist er dem- u weiterm Schadenersatze nicht verpflichtet, sondern m nur das Miethgeld für die noch übrige Zeit trages erlassen. Ausdrücklich sagt dies Papst Gre- in **cap. 3. X. de locato et conducto (3, 18)** **um invito inquilino domum inhabitare vel re- ficere poteris, si necessitas, quae tamen non immi- nebat locationis tempore, id exposcat,** *remissa sibi pro residuo tempore pensione.* — Wenn in solchem Falle das vermiethete Haus geräumig genug ist, außer dem Miether auch den Vermiether zu beherbergen und der Miether sich bereit erklärt, dem Vermiether hinlänglichen Raum zum eigenen Bewohnen einzuräumen, so fällt der Grund weg, aus dem der Vermiether sofortige Aufhebung des Vertrages verlangen kann und somit die Befugniß dieses Letztern, jenes Recht geltend zu machen. Endlich d) wenn die vermiethete Sache einer solchen nothwendigen Reparatur bedarf, die ohne Beendigung des Miethverhältnisses nicht vorgenommen werden kann. Das Urtheil von Bauverständigen entscheidet über die Nothwendigkeit der Vornahme der Reparatur. Diesen Grund vorzeitiger Aufkündigung erkennt auch das preußische Landrecht an und bestimmt darüber [13]) „wenn der Schade, wegen dessen der Hauptbau nothwendig geworden, schon zur Zeit des abgeschlossenen Miethvertrages vorhanden gewesen und dem Vermiether ohne sein eigenes grobes oder mäßiges Versehen nicht verborgen sein konnte, so sei derselbe dem Miether zur Schadloshaltung verpflichtet. Ebenso dann, wenn der Bau durch Vernachlässigung der dem Vermiether obliegenden und ihm von dem Miether zur gehörigen Zeit angezeigten kleinern Reparaturen nothwendig geworden.

Außer den bisher angegebenen Fällen, in denen eine Aufhebung des Pacht- und Miethvertrages als Folge einseitiger Aufhebung durch Kündigung oder als Folge allgemeiner Beendigungsgründe der Obligationen eintritt, gibt es auch noch einige andere, wo der Vertrag von selbst, der Natur der Sache nach, aufhört. So namentlich 1) bei erfolgtem Untergange der vermietheten oder verpachteten Sache, z. B. Einsturz des Hauses, Untergang des Platzes, der dem Baumeister zur Erbauung des Hauses angewiesen worden; 2) wenn der Miether das Eigenthum an der gemietheten und gepachteten Sache erwirbt, sei es durch Legat, Schenkung oder auf andere Weise; denn an seiner eigenen Sache kann man in der Regel kein Mieth- oder Pachtrecht haben; 3) wenn einer der beiden Contrahenten stirbt, so erlischt der geschlossene Mieth- oder Pachtvertrag nur, wenn es bei Erfüllung des Vertrages wesentlich auf die Person des Leistenden ankommt, z. B. bei der Dienstmiethe durch den Tod des Dienstboten etc. Außerdem wird aber in der Regel durch den Tod der Contrahenten das Miethverhältniß nicht aufgehoben, vielmehr geht dasselbe auf die beiderseitigen Erben über, wenn nicht durch besondere Verabredung das Gegentheil bei Eingehung des Contractes festgesetzt worden. Das preußische Landrecht [14]) verordnet über diesen Punkt noch näher Folgendes: Stirbt ein Pachter, so sind seine Erben, wenn nicht der Vertrag auf dieselben ausdrücklich mit gerichtet worden, den Pacht nur noch ein Jahr lang, nach dessen Tode, fortzusetzen verbunden, müssen dann aber die gesetzliche Aufkündigungszeit beobachten. Stirbt

---

Preußisches Landrecht a. a. O. §. 298. 11) C. 3. X. o (3, 18) redet ebenfalls nur von dem Vermiether eines 12) Ebenso die Basiliken, die (T. II. p. 439 extr.) e Worte der L. 3. C. locati wiederholen.

13) Landrecht a. a. O. §. 363—365. 14) Ebend. §. 366 —376.

der Pachter während des Laufes eines Wirthschaftsjahres, so nimmt die Frist, nach welcher die Erben von dem Contract abgehen können, erst von dem Ende desselben Wirthschaftsjahres ihren Anfang. Übrigens kann auch der Verpachter den Erben des Pachters in eben der Art aufkündigen. Stirbt ein Miether während der Dauer des Miethvertrages, so sind dessen Erben nur noch ein halbes Jahr lang, von dem Ablaufe desjenigen Quartals, in welchem der Tod erfolgt ist, an den Vertrag gebunden. Auch der Vermiether kann bei erfolgtem Ableben des Miethers zurücktreten, doch muß er den Contract den Erben in der gesetzlich vorgeschriebenen Frist kündigen. Haben übrigens mehre gemeinschaftlich eine Sache gepachtet oder gemiethet, so macht der Tod des Einen von ihnen in den Rechten und Pflichten der übrigen gegen den Vermiether keine Änderung. Ebenso wenig wird durch den Tod des Vermiethers oder Verpachters etwas in den Befugnissen und Obliegenheiten des Miethers oder Pachters geändert. 4) Sobald das Recht des Verpachters oder Vermiethers an der verpachteten Sache erlischt, hört nothwendig von selbst das Mieth- oder Pachtrecht des Pachters auf, resoluto jure dantis, resolvitur jus accipientis. Dies kommt besonders zur Anwendung, wenn der Verpachter blos ein vorübergehendes Recht, etwa den ususfructus, an der verpachteten Sache hatte. In solchem Falle kann nach dem preuß. Landrecht (a. a. O. §. 390) der Pachter oder Miether von dem Verpachter oder Vermiether nur dann Entschädigung wegen des aus der frühern Räumung der Sache ihm erwachsenden Nachtheils fodern, wenn ihm die Eigenschaft des blos zeitlichen Rechts verheimlicht, oder Schadloshaltung ausdrücklich versprochen worden. Hierher gehört auch endlich der Fall des Erlöschens der Miethverträge, den man kurzweg durch die Parömie „Kauf bricht Miethe" auszudrücken pflegt. Der Sinn derselben ist, daß das Recht des Miethers und der Miethvertrag aufhört, sobald der Vermiether das ihm bisher zustehende Eigenthum an der vermietheten Sache auf einen Andern überträgt, sei es durch Veräußerung, Verschenkung, Vermächtniß oder auf irgend eine andere Weise. Sofern jedoch Kauf gewissermaßen der Grundtypus aller Veräußerungen ist, ist grade von der emtio venditio der Ausdruck der obigen Rechtsparömie „Kauf bricht Miethe[15])" entlehnt. Es erklärt sich übrigens die Richtigkeit des in der Parömie enthaltenen Satzes leicht aus Folgendem: Miethe ist ein persönlicher Vertrag; den der Miether mit dem zeitigen Eigenthümer der Sache über deren Benutzung geschlossen hat, der also auch nur so lange auf den Miether jenes Benutzungsrecht übertragen kann, als der Vermiether wirklich Eigenthümer ist, oder doch das Vermiethungsrecht hat. Geht das Eigenthum auf einen Andern, z. B. durch Kauf, über, so erlischt nothwendig damit zugleich das bisherige Benutzungsrecht des Miethers; er muß sich dasselbe aufs Neue vom neuen Eigenthümer durch besondern Vertrag einräumen lassen, wobei es natürlich von dessen Willen abhängt, ob er einen solchen Vertrag eingehen wolle oder nicht. Denn es kann nach einem deutlichen Ausspruche Julian's in L. 32. D. locati[16]), so wenig der Miether gezwungen werden, mit dem Singularsuccessor das bisherige Pacht- oder Miethverhältniß fortzusetzen, als der Singularsuccessor gehalten ist, dem Miether den Pachtvertrag zu erfüllen, den dieser mit dem frühern Eigenthümer geschlossen. Man kann den Grund, weshalb der Miether dem Verkäufer weichen müsse, auch allgemein dahin angeben, daß das jus in personam, (und ein anderes ist ja das Recht aus dem Miethvertrage nicht,) dem jus in rem, also dem Rechte des neuen Eigenthümers, weichen müsse. Gleichwol gibt es einige Fälle, in denen ausnahmsweise der neue Erwerber einer Sache dem Pachter seines Vorgängers den Pachtcontract zu halten verbunden ist. Es sind diese Ausnahmen von der Regel „Kauf bricht Miethe" hauptsächlich folgende: 1) Der Pachtcontract über ein fiscalisches Gut dauert fort, wenn vor Ablauf der Pachtzeit das Gut verkauft wird. Der Fiscus soll dadurch gegen alle Entschädigungsansprüche des Pachters sicher gestellt werden (Arg. L. 50. D. de jure fisci). 2) Hat ein Gläubiger rei servandae caussa eine missio in bona debitoris erhalten, so wird dadurch der von dem Schuldner früher mit einem andern abgeschlossene Pacht- oder Miethvertrag nicht aufgehoben. Streitig ist, inwieweit diese Bestimmung auf den Concurs anzuwenden, ob also bei ausbrechendem Concurs Pachtverträge, die über die Sachen des Cridars existiren, fortdauern, oder ob die Concursgläubiger deren Aufhebung verlangen könne. Allein das teutsche Concursverfahren ist ein durchaus eigenthümliches, dem römischen Rechte fremdes, und so können die obigen Bestimmungen, die für den Fall einer missio in bona debitoris eintreten, hier nicht zur analogen Anwendung kommen. Die Concursgläubiger handeln als Repräsentanten des Schuldners, sind also wie dieser, den Pachtvertrag zu halten verpflichtet, aber auch ebenso berechtigt, wie dieser selbst es sein würde, die verpachtete Sache zu veräußern. Dem Pachter bleibt dann nur übrig den Concursgläubigern sich anzuschließen, und wie jeder derselben, aus der Concursmasse Entschädigung zu verlangen für den ihm aus der zu frühen Aufhebung des Pachtvertrages erwachsenen Nachtheil. 3) Hat sich der Pachter bei Eingehung des Pachtvertrages durch ein besonderes pactum de non alienando vom Verpachter versprechen lassen, daß er vor abgelaufener Pachtzeit nicht veräußern wolle, und zur Sicherheit dieses Versprechens ein Pfandrecht an der Sache selbst einräumen lassen, so soll, nach der Ansicht Vieler, hier trotz der Veräußerung der Pachtvertrag fortdauern. Allein es erhält dadurch der Pachter nur eine actio hypothecaria gegen den neuen Erwerber auf Entschädigung, wegen des durch den Verkauf vor Ablauf der Zeit beendeten Pachtvertrages. Eine Ausnahme von der Regel „Kauf bricht Miethe" enthält daher dieser Fall nicht. — Das preußi-

15) Die hauptsächlichsten Schriften über diesen Punkt sind die von Zaunschliffer über die Parömie: Kauf bricht Miethe, und von Herrmann Zoll: Kauf hebt Miethe nicht auf. s. commentatio ad L. 9. C. de locato. (Rint. 1704.) Vergl. darüber Glück, Pand. XVIII. S. 15 fg. Not. 22.

16) Vergl. hierüber besonders Mühlenbruch, Cession der Foderungsrechte. 3. Aufl. S. 314 fg.

sche Recht weicht hier durchgängig von der Theorie des römischen und gemeinen Rechtes ab. Es läßt aus dem Mieth- und Pachtvertrage nicht ein bloßes persönliches Recht gegen den Vermiether, sondern zugleich ein dingliches Recht des Miethers und Pachters an der Sache selbst entstehen. In Folge dessen haftet der Miethvertrag an der Sache, diese geht also nur mit dem Miethvertrage belastet, auf jeden Erwerber, also auch den Käufer, über. Der Letztere muß daher ebenso sehr den von seinem Vorgänger abgeschlossenen Miethvertrag, wie etwa die Pfandrechte, die dieser auf die Sache gelegt, respectiren. Nach preußischem Rechte gilt also die Regel „Kauf bricht nicht Miethe".

Die **Klagen** auf Erfüllung der aus dem Pacht- und Miethvertrage entstehenden Verbindlichkeiten sind die actio locati und actio conducti, beides sogenannte actiones directae, und zwar steht die actio locati dem Vermiether gegen den Miether, die actio conducti dem Miether gegen den Vermiether zu. Beide sind gerichtet auf Erfüllung der von dem Gegner durch den Vertrag übernommenen Verbindlichkeiten, und beide Klagen gehen, wie ja in der Regel die Verbindlichkeiten aus dem Miethvertrage selbst, auf die Erben beider Contrahenten über. Bei der locatio conducti operis steht dem Eigenthümer, der dies Werk verfertigen läßt, dasselbe also in Verding gegeben, die actio locati, dem Arbeiter, der die Ausführung der Arbeit übernommen, die actio conducti zu. Gegen dritte, nicht im Vertrage benannte, Personen können übrigens beide Klagen nicht angewendet werden. Außer den Contractsklagen haben die Contrahenten aber noch einige andere, und zwar possessorische, Rechtsmittel, nämlich der **Verpachter** oder Vermiether das interdictum unde vi und die actio spolii, wenn nach beendeter Miethzeit die Zurückgabe der gemietheten Sache ohne gerechten Grund verweigert, der Miether das interdictum de migrando, wenn der Vermiether den Miether bei beendeter Miethzeit und nach bezahltem Miethgelde nicht ziehen lassen und ihm seine Sachen vorenthalten will.

Nicht nach den Regeln des gewöhnlichen Pachtes, vielmehr als ein eigenthümliches Rechtsverhältniß zu beurtheilen ist der **Erbpacht** (s. d. Art. Emphyteusis). Zwar stritten die römischen Juristen darüber, ob der dem emphyteutischen Rechte zu Grunde liegende Vertrag als Kauf- oder als Pachtvertrag zu betrachten sei, allein der Kaiser Zeno entschied, daß dieser Vertrag weder das Eine noch das Andere sein, vielmehr eine eigene Contractsart bilden solle (s. d. Art. Erbpacht). (*v. Madai.*)

PACHT. II. In landwirthschaftlicher Hinsicht. Versteht man unter **Pacht** im Allgemeinen einen Vertrag, durch welchen Jemand das Recht erhält, einen Erwerbszweig gegen eine angemessene Entschädigung, unter gewissen Bestimmungen und auf eine bestimmte Zeit zu seinem Vortheile zu benutzen, und unter **pachten** diejenige Handlung, durch welche man sich ein solches Recht erwirbt, so versteht man unter Pacht [1]) und pachten in ökonomischer Hinsicht, wo sich für das erstere Wort auch die Benennungen **Bestand** und **Arrende**, sowie für das zweite das Synonymum **heuren** findet, einen derartigen Vertrag und eine derartige Handlung in Beziehung auf landwirthschaftliche Gegenstände, und man pachtet und verpachtet daher sowol einzelne Äcker, Wiesen, Gärten, Weinberge, Obst- und Hopfenpflanzungen, als auch ganze Herrschaften, Domainen, Landgüter, Rindvieh und Schafheerden, sowie deren Producte, als Felle, Wolle, Milch, Butter, ferner die zu größern Landgütern gewöhnlich gehörige Gerechtsamkeit des Fischens, Jagens, Mahlens, Bierbrauens, Branntweinbrennens ꝛc. Wird einer der gedachten Gegenstände Jemandem auf ewige Zeiten verpachtet, so entsteht der **Erbpacht** (s. d. Art.), geschieht dies nur auf eine bestimmte Reihe von Jahren [2]), so erhält man den **Zeitpacht**. Dieser wird wieder in den General- und Special- oder Particularpacht eingetheilt, je nachdem sich der Pachtvertrag auf ganze Provinzen, Herrschaften, Domainen und mehre kleinere Güter umschließende Besitzungen, oder auf einzelne zu diesen gehörige Vorwerke, Höfe, Grundstücke oder Gerechtsame bezieht. Obgleich der Pacht den Teutschen ursprünglich fremd war [3]), so finden wir doch schon Spuren sowol von dem Erb- als Zeitpachte nach der Mitte des 13. Jahrh., und diese Einrichtung erhielt für Teutschland dadurch eine hohe Wichtigkeit, daß sie für viele Bewohner desselben eine Quelle der persönlichen Freiheit, ein neu eröffneter Weg der Subsistenzsicherung wurde. Der Adel und die Geistlichkeit fingen nämlich um die angegebene Zeit an, ihre zerstreut liegenden Güter, Höfe, Vorwerke, Häuser und einzelne Mansen, welche sie bisher auf eigene Rechnung hatten bewirthschaften lassen, an Freie und Unfreie zu verpachten, wodurch der unbemittelte Freie, der bis jetzt sein Leben nur dadurch gefristet hatte, daß er den Fürsten und Städten für Sold diente, oder daß er sich von seinen

1) Thaer erklärt den Pacht als den Kauf eines Gutes oder seines Ertrages auf gewisse Jahre, und sagt, daß er daher mit dem Kaufe manches gleich habe. Dies scheint aber doch nur höchstens bei dem Erbpacht und den einjährigen Ertragsnutzungspachten zu gelten. Der Kauf gibt mir das Recht, mit dem Erkauften nach Belieben schalten und walten zu können; dies thut aber nicht ein Mal der Erb-, vielweniger der Zeitpacht.

2) Übernimmt ein Pachter, indem er sich jedes Anspruchs auf Erlaß begibt, alle Gefahr und Unglücksfälle, so entsteht der **eiserne Pacht**. Beispiele davon finden sich schon im 14. Jahrh. Vgl. *Kuchenbeker*, Annal. Hass. III, 189 und *Würdtwein*, Mon. Pal. IV, 427. Nach dem bei dem Letztern angeführten Pachtbriefe vom J. 1348 müssen die Abgaben entrichtet werden, selbst wenn Hagel, Krieg, Dürre und Miswachs eintreten sollten. 3) Dafür spricht das Wort selbst, welches sich offenbar als einen Eindringling zeigt. Nach der Annahme fast aller Etymologen, zu denen auch Adelung gehört, ist das Wort Pacht, mit seiner oberteutschen Nebenform Pfacht (diese findet sich zuerst, so viel wir wissen, in einer Urkunde bei Würdtwein [Mon. Pal. IV. p. 325]), aus dem lateinischen Pactum entstanden, mit welchem es ursprünglich einerlei Bedeutung hatte. Deutlich geht dies hervor aus einer Urkunde vom J. 1329 (bei *Lennep*. lib. cit. 711), wo es heißt: Nomine *pactus*, quod proprie *packt* dicitur; und für diese Ableitung spricht auch sein schwankendes Geschlecht, indem man es bald als männliches, bald als weibliches Hauptwort gebraucht, wie dies auch bei andern lateinischen Wörtern, denen die teutsche Sprache die Aufnahme gestattete, der Fall ist, z. B. der, das Katheder, der, das Altar.

Geschlechtsverwandten ernähren ließ, ein Mittel erhielt, sich durch sich selbst zu erhalten, und dem Unfreien wurde durch den Pacht, der zwar kein Eigenthum gab, aber auch nicht zu eigen machte, noch mit Diensten belegte, wenigstens eine Art von Freiheit, die bald durch ein eigenes Pachtrecht Schutz fand, welches wir zuerst in den Rheingegenden — vielleicht weil diese Frankreich am nächsten lagen, wo sich, nach Einigen, das Pachtsystem unter dem Namen Admodiation zuerst ausgebildet haben soll — dann aber auch in dem übrigen Teutschland verbreitet finden. So wurden die Güter eines Klosters im J. 1255, gegen einen zur gehörigen Zeit zu leistenden Zins, an vier Personen verpachtet (*Lennep.* Codex Probationum zum Landsiedelrechte. S. 537). Im J. 1286 pachtete ein Kolon Kirchengüter, auf sechs Jahre und entrichtete jährlich 12 Malter Roggen und Hafer unter der Bedingung des Pachtverlustes, wenn er in einem Jahre nicht alles abgetragen haben würde, und unter dem Versprechen, daß seine Erben sich der Güter unter keinem Vorwande anmaßen sollten (*Lennep* l. c. p. 517). Die Äbtissin des münchener St. Clarenstiftes erpachtete von dem Stifte zu Pollingen ein Eigen auf fünf Jahre für ein Pfund jährlich dafür am Tage St. Galli zu zahlender münchener Pfennige; auch übernahm sie allen Schaden durch Hagel und Miswachs, und versprach, das Eigen mit dem Rechte, wie sie es überkommen, zurückzustellen (Mon. Boica X, 65). Im J. 1328 verpachtete ein Kloster einem Manne, seiner Frau und ihren Erben ein Alod mit sämmtlichem Zubehör, als Weiden, Wiesen und auszurottendem Walde, so weit es der Nutzen des Kolon und des Klosters erlaubte, auf zehn Jahre, wofür die ersten acht Jahre der dritte Theil der Früchte, in den beiden letzten die Hälfte der Sommerfrüchte von zehn Äckern des Alods entrichtet werden sollten. Dabei wurde festgesetzt, daß im Sterbefalle des Mannes die Frau die Pachtzeit aushalten, auch statt des Besthauptes fünf Schillinge Pfennige entrichten solle, wogegen Stroh und Pferdefutter dem Pachter überlassen blieben (*Lennep.* l. c. p. 394). Mehre ähnliche Beispiele über Zeit- und Erbpacht sehe man in Anton's Geschichte der teutschen Landwirthschaft von den ältesten Zeiten bis zu Ende des 15. Jahrh. (3. Th. S. 87 fg.)

Mit der größern Ausbildung des teutschen Staatslebens, durch welches nicht nur der Staat selbst, sondern auch viele Glieder desselben — denn außer dem Adel und der Kirche wurden nun auch Gelehrte, Kaufleute, Künstler rc. Güterbesitzer — an der eigenen Bewirthschaftung ihrer Güter verhindert wurden, mußte das Pachtsystem eine immer größere Ausdehnung erhalten, und wenn die Frage entsteht, ob dabei gewonnen oder verloren worden sei, so scheint der Sieg, welchen das Pachtsystem über das Administrativsystem davon getragen hat, mehr für das Erstere als für das Letztere zu sprechen[4]), sodaß nur noch in Frage kommen kann, ob der Erbpacht, oder der Zeitpacht den Vorzug verdiene, worüber wir auf den Artikel Erbpacht verweisen. Diejenige Person nun, welche sich von einer andern, welche der Verpachter oder auch wol, honoris causa, Pachtherr genannt wird, einen Erwerbszweig mit den oben angegebenen Berücksichtigungen abtreten läßt, heißt im Allgemeinen Pachter, Pächter, Beständner, Bestandinhaber, Heuersmann oder Arrendator, obgleich man in der engern Bedeutung des Worts unter einem Pachter gewöhnlich nur denjenigen versteht, welcher ein ganzes Landgut im Pacht hat, nach dessen Größe man wieder Groß- und Kleinpachter unterscheidet. Hinsichtlich der Generalpächter verweisen wir auf dieses Wort, wobei wir zugleich bemerken, daß wir bei dem Folgenden größtentheils die Großpächter im Auge haben. — Je verbreiteter, wie wir bereits andeuteten, jetzt das Pachtsystem ist, und je gewisser es ist, daß der Landbau, und dessen Ertrag, das sicherste Fundament des Staatswohlstandes ist, um so mehr Bedeutung erhalten auch die Pächter, da sich in ihren Händen nicht nur die Staatsdomainen, sondern auch ein großer Theil der Besitzungen des Adels, sowie derjenigen Stände, Gemeinheiten und Institute befinden, welche theils durch ihre Lage und Verhältnisse, theils durch den Mangel an den erfoderlichen Kenntnissen und Erfahrungen an der Selbstbewirthschaftung gehindert werden. Da nun aller dieser Wohl oft hauptsächlich von den Pächtern abhängt, so haben gewiß nicht mit Unrecht erfahrene Männer die Pächter, wie das Pachten, sowie das gegenseitige Verhältniß des Pachtenden und Verpachtenden zum Gegenstande ihrer Untersuchungen gemacht und die gewonnenen Resultate zum Besten der dabei Betheiligten öffentlich bekannt gemacht.

Es würde die Grenzen eines encyklopädischen Artikels überschreiten, wollten wir dieselben in ihrer ganzen Ausführlichkeit mittheilen; wir werden uns daher an die Hauptgegenstände halten, welche beim Pachte zur Sprache kommen, und an sie die nöthigen Bemerkungen knüpfen.

Beginnen wir mit dem Pachtgelde. Dieses Wort kann in einer zwiefachen Bedeutung genommen werden. In der erstern versteht man unter demselben das Geld, welches der Pachter nöthig hat, um eine Pachtung anzutreten. Die gewöhnliche Regel ist hier, daß ein Pachter beim Antritte des Pachts, den Vorstand in eigenen Mitteln und ein Pachtjahr im Beutel haben müsse, um nach dem Antritte ein Jahr im Felde und ein Jahr auf dem Boden haben zu können, und sie hat, obgleich sie nicht überall angewendet werden kann, doch in den meisten Fällen ihren guten Grund. Der Pachter muß, wenige Fälle ausgenommen, einen Vorstand hauptsächlich wegen Übernahme des Inventariums, wo sich ein solches findet, leisten; oft wird auch ein Termin des Pachtgeldes im Voraus verlangt; endlich bedarf er eines Betriebscapitals, um die Wirthschaft im Gange zu erhalten; dies alles erfodert ein der Größe der Pachtung angemessenes Vermögen[5]), und sowol der Vortheil des Verpachters als

4) Vergl. Leopold's Landwirthschaft. S. 877. Thaer, Grundsätze der rationellen Landwirthschaft. 1. Th. S. 86.

5) Wie hoch sich das Capital belaufen müsse, dessen Besitz dem Pachter die Übernahme einer Pachtung erlaubt, läßt sich nur ungefähr nach dem zu zahlenden Pachtgelde bestimmen, da hier sowol locale als andere Verhältnisse einen zu großen Einfluß haben. In England nimmt man nach Thaer an, daß ein Gut, welches

ßters verlangen dessen Vorhandensein. Denn ohne
wird der Verpachter hinsichtlich der Zahlungen ge-
und der Pachter gezwungen, manchen Vortheil,
n z. B. aus dem Wechsel der Getreidepreise oder
Conjuncturen erwachsen könnte, aufzugeben, oder
n Wucher in die Hände zu werfen. Das alte
wort: „Ein Pächter ohne Geld ist ein Dieb in
ld" ist zwar etwas stark, aber gewiß nicht ohne
ng. Dies führt uns zu dem Pachtgelde in seiner
Bedeutung. Man versteht in dieser unter Pacht;
ie Entschädigung, welche der Pachter dem Ver-
für die Abtretung der Ertragsbenutzung zu zahlen
d zwar besteht diese entweder in baarem Gelde,
einem Theile des Ertrages selbst, oder auch in
daher auch Pachtgeld und Pachtzins oft für
eutend genommen werden, wobei wir noch be-
daß auch das Wort Pacht häufig ebenso viel
als Pachtgeld und Pachtzins, z. B. in den Re-
n: Pacht geben, Pacht erhalten, und daß man
enso oft von einem Pachtlocatorium und
gelde spricht. Da das Pachtgeld bei jedem Pachte
ptsache ist, so wollen auch wir es gewissermaßen
ptsache machen. Der Verpachter muß — wenig-
der Regel — der Pachter will von dem Pachte
Daraus geht hervor, daß dem Verpachter daran
uß, das höchste Pachtgeld zur bestimmten Zeit
ten, dem Pachter dagegen, das wenigste Pacht-
d zwar zu unbestimmten Zeiten, zu geben. Hier
n rein umgekehrtes Verhältniß statt; es fragt sich,
sich dieses ausgleichen? Für einen gewöhnlichen
ter scheint die Sache kurz abgemacht. Er ver-
meistbietend; der Pachter, welcher bei der Pacht-
das höchste Gebot thut, ist ihm der Erwählte,
eint er, für die richtige Einzahlung des Pachtgel-
ich mich durch die Caution, und erfolgt diese
nktlich, so hebe ich den Contract auf. Bei klei-
chtgegenständen und kurzen Zeitpachten, vorzüglich
ine oder nur geringe Deteriorationen der Pachtung
ten sind, mag diese Maxime ihre Richtigkeit ha-
t so bei größern Gütern und längern Zeitpachten.
uß dem Verpachter zwar auch daran liegen, das
Pachtgeld und zur bestimmten Zeit zu erhalten; al-
muß auch darauf denken, daß seine Besitzungen
r in dem guten Zustande, in welchem er sie dem
übergab, erhalten, sondern daß auch bei ihnen
lichsten Verbesserungen angebracht werden mögen,
r Ertrag von Jahre zu Jahre steige. Wollte ein
Verpachter im Vertrauen auf den zu leistenden
d, sowie auf den abzuschließenden Contract nur die
ame Füllung seines Geldbeutels berücksichtigen, so
r sich dem größten Schaden aussetzen. Denn der
welcher, wie dies oft der Fall ist, entweder aus
htsamkeit, Übereilung oder Stolz sich in den ho-
ht eingelassen hat, wird nun alle Mittel anwen-
denselben zu erschwingen, und nicht nur an keine
Verbesserungen denken, sondern eher das Gut auf alle Weise deterioriren. Welche Mittel ihm dabei zu Gebote stehen, zeigt Thaer's im 1. Th. seiner Grundsätze der rationellen Landwirthschaft §. 122 befindliches, güldenes Pächter-A. B. C. hinlänglich. Der Schade, den aber dadurch der Verpachter erleidet, übersteigt oft bei weitem den Vortheil, welchen ihm der momentane hohe Pacht gewährt. Für einen größern Verpachter scheint daher das höchste Pachtgeld dasjenige zu sein, welches in der Mitte steht zwischen dem höchsten und niedrigsten Gebote, welches bei der öffentlichen Versteigerung gethan wurde. Es gilt auch hier der bekannte Grundsatz des Leben und Lebenlassens. Der Pachter gibt weniger als ein Anderer geben wollte, der Verpachter erhält mehr als das niedrigste Gebot betrug, und der Billigkeit ist genügt. Dieser Grundsatz findet auch meist bei Domainenverpächtungen statt, und sowol der Staat als die Domainenpächter befinden sich wohl dabei [6]). Dies führt uns auf die Pachtzeit. Dies Wort kann ebenfalls in einer zwiefachen Hinsicht genommen werden, welche sich an die Wörter wann und wie lange knüpft. In Beziehung auf das wann tritt die Frage ein, wann ist für den Pachter sowol als für den Verpachter die beste Zeit, einen Pacht anzutreten? Man hat als Termine des Pachtantritts das Neujahr, Lichtmesse, Petri Stuhlfeier [7]), Ostern, Walpurgis, Johannis, Jakobi, Bartholomäi, Michaelis, Martini als die geeignetsten aufgestellt, und schwerlich möchte sich hier etwas Bestimmtes ausmachen lassen, da, zumal wenn man die Verschiedenheit der Gegend und Bewirthschaftungsart, sowie das darauf sich gründende Herkommen berücksichtigt, jeder dieser Termine etwas für oder wider sich hat; indessen scheint doch der Walpurgis- und Martinitermin den Vorzug zu verdienen, weil bei dem erstern die Stallfütterung aufhört und die Sommersaat vollendet ist, bei dem letztern dies mit der Wintersaat der Fall ist und die Stallfütterung beginnt; dennoch sind der Oster-, Michaelis- und Johannistermin die gewöhnlichsten geworden. In Beziehung auf die Worte wie lange versteht man unter der Pacht- oder Währungszeit die Zeit, auf welche man verpachten und pachten soll. Hier möchte der Grundsatz: Je länger, je besser, dem auch Thaer beitritt, seine Anwendung finden. Je länger nämlich die Pachtzeit sich ausdehnt, um so mehr werden Verpachter und Pachter mit einander bekannt, um so mehr werden sie ge-

r. Pacht gibt, bei dem Pachter ein Vermögen von 7 bis
r. voraussetze, über welches er verfügen kann.

6) Es ist oft die Frage gewesen, ob es nicht besser sei, die Domainen zu verkaufen oder zu vererbpachten, welche wol dadurch mit veranlaßt wurde, daß viele Domainenpächter wohlhabend, ja reich wurden. Ist nun schon, wie bemerkt, ein wohlhabender Pachter, bei übrigens gleichen Umständen, einem unbemittelten überhaupt vorzuziehen, so scheint grade die Wohlhabenheit, ja selbst der Reichthum der Domainenpächter einen Grund gegen den Verkauf oder die Vererbpachtung der größern Domainen abzugeben, da dieser für den Staat in Zeiten der Noth ein Mittel werden kann, seiner Geldverlegenheit abzuhelfen, ohne zu den Juden seine Zuflucht nehmen zu müssen, indem der eigne Vortheil der Domainenpächter es erfodert, ihm durch ihr Vermögen und ihren Einfluß auf das Vermögen Anderer aufzuhelfen. 7) In einer Urkunde vom J. 1286 (bei *Lennep.* lib. cit. p. 395) fängt das Pachtjahr mit Petri Stuhlfeier, in einer andern vom J. 1208 (bei *Würdtwein* N. 5. D. a. 203) mit dem Johannisfeste an.

neigt, einander in die Hände zu arbeiten. Der Pachter lernt überdies seine Pachtung genauer kennen, er hört auf, um mich eines Ausdrucks von Thaer zu bedienen, sie als seine Maitresse zu betrachten, von der er sich über kurz oder lang zu scheiden gedenkt, und fängt an, sie als sein Eigenthum zu betrachten, und wird weniger zaghaft, Zeit und Geld auf dieselbe zu verwenden, weil er darauf rechnen kann, die daraus entspringenden Vortheile zu nutzen, oder doch wenigstens keinen Schaden zu erleiden; denn daß ein Pachter ohne Hoffnung eines Vortheils sein Vermögen zur Verbesserung eines fremden Eigenthums verwenden solle, ist nicht zu verlangen.

Daß die von dem Pachter getroffenen Verbesserungen ihm jedoch nicht allein, sondern auch dem Verpachter zu Gute kommen müssen, versteht sich von selbst, und kein billiger Pachter wird sich einer derselben gemäßen Pachterhöhung entziehen, ja er wird eher mehr als ein anderer geben, um sich nur nicht von seiner Schöpfung trennen zu müssen. Gewöhnlich nimmt man jedoch für die Dauer der Pachtzeit drei, sechs und zwölf Jahre an, oder man richtet sich nach den eingeführten Wirthschaftssystemen, so daß der Pachter den ganzen Turnus derselben zu genießen hat. Ist die Pachtzeit abgelaufen, so hat der bisherige Pachter bei übrigens gleichen Umständen der Billigkeit gemäß den Vorzug, und dadurch sind manche Pachtungen in manchen Familien gewissermaßen erblich geworden.

Kommen wir jetzt zu dem *Pachtanschlage*. Soll nämlich der Pachter einen hohen Pacht entrichten und sein Vermögen an eine Pachtung wagen, so erfodert es nicht nur die Pflicht des Verpachters, daß er ihm die Mittel gewähre, sich von der Beschaffenheit des zu erpachtenden Gutes und aller Pertinenzien und Gerechtsame desselben in Kenntniß zu setzen, sondern auch die eigene Klugheit des Pachters verlangt es, daß er, eingedenk des Sprüchwortes: „Vor besehn und nach gepacht, hat Schaden nimmermehr gebracht," gehörig in Kenntniß setze. Eigene Anschauung und Bekanntschaft mit der Örtlichkeit ist hier freilich das Sicherste; da diese jedoch nicht immer möglich ist, so muß man den Pachtanschlag zu Rathe ziehen, obgleich er ein nicht ganz zuverlässiges Mittel ist, um sich sicher zu stellen. Man versteht nämlich unter einem Pachtanschlage eine auf den *Grundanschlag* (s. d. Art.) sich stützende vorläufige Berechnung der jährlichen Nutzungen oder des Ertrags eines Landguts und seiner sämmtlichen Pertinenzien nach Gründen der Wahrscheinlichkeit, um aus dem Vergleiche der ebenfalls darin angegebenen Ausgaben die von dem Pachter zu zahlende Pachtsumme zu bestimmen. Wir sagten, daß der Pachtanschlag kein zuverlässiges Mittel sei, um sich sicher zu stellen, und dies deshalb, weil erstlich der Ertrag nur vorläufig und nach Gründen der Wahrscheinlichkeit berechnet wird, hierbei aber dem Zufall ein großer Spielraum gelassen ist, zweitens weil dem Verpachter daran liegen muß, durch die höchste Ertrags- und niedrigste Ausgabenachweisung das Pachtquantum möglichst hochzustellen, sodaß der Unerfahrene leicht dadurch getäuscht werden kann. Denn gesetzliche Bestimmungen hinsichtlich der Anfertigung der Pachtanschläge finden nicht statt. Ein solcher Pachtanschlag, welchen Meyer [8]) mittheilt, enthält A. Nähere Auskunft über das Landgut. B. Auseinandersetzung der Pflug-, Egge- und Mistfuhrarbeiten nach den vier wirthschaftlichen Zeiträumen. C. Berechnung von Stroh, Heu, Dünger. D. Einnahme und Ausgabe vom Ackerlande. E. Einnahme und Ausgabe von den Wiesen. F. Einnahme und Ausgabe von der Weide. G. Ertrag und Kosten des Rindviehs. H. Von den Schafen, deren Ertrag und Kosten. I. Von den Schweinen, deren Ertrag und Kosten. K. Von den Zehnten. L. Wiederholung der sogenannten Pächteinnahme, und der Verpachter leistet darin nur für die aufgeführten Stücke, nicht aber für ihre Güte und ihren Ertrag Gewähr. Hat sich der Pachter über die Pachtung in gehörige Kenntniß gesetzt, so erfodert es ferner der Vortheil des Pachters und Verpachters, daß sie sich gegenseitig über die Bedingungen verständigen, unter welchen die Pachtung übergeben und übernommen werden soll. Diese Bedingungen, welche gewöhnlich *Pachtbedingungen* genannt werden, erstrecken sich auf das ganze Gut sowol, als auf dessen einzelne Theile, und bestimmen z. B., auf welche Weise die Äcker bewirthschaftet, die Gebäude unterhalten, die Jagd und Waldungen benutzt werden sollen, oder wie es der Verpachter mit der Pachtzeit, dem Pachtgelde und dem Inventarium ꝛc. gehalten wissen will. Diese Pachtbedingungen dienen, um möglichen Irrungen und Streitigkeiten vorzubeugen, und haben, da sie ganz in der Willkür des Verpachters stehen, für den angehenden Pachter, der mit dem Charakter desselben noch nicht bekannt ist, sehr viel Gutes. Findet eine *Pachtlicitation*, d. h. eine öffentliche Versteigerung des zu verpachtenden Gegenstandes, statt, so ist eine gewöhnliche Clausel in den Pachtbedingungen der Vorbehält der Auswahl unter den Licitanten. Dies bringt uns auf die Moralität des Pachters. Ein gewöhnlicher Verpachter kümmert sich um diese freilich nicht, er sieht kaum darauf, ob der Pachter ein tüchtiger Landwirth ist, allein ein gebildeter gutgesinnter Verpachter, dem nicht blos das Pachtgeld, nicht blos die Verbesserung der todten Grundstücke und des schwerwandelnden Hornviehes, sondern auch der Menschen am Herzen liegt, nimmt allerdings auf sie Rücksicht. Hören wir darüber den Legationsrath von Ferber [9]); er sagt: „Da es aber auch, außer den Vermögensumständen des Pachters, sehr darauf ankommt, welch ein Mann er überhaupt ist, in Rücksicht seines moralischen Charakters, so rathe ich dem Verpachter, sich mit möglichster Umsicht hiernach in Rücksicht seines anzunehmen-

---

8) Vergl. *Joh. Friedr. Meyer's* Grundsätze zur Verfertigung und Beurtheilung richtiger Pachtanschläge über alle Zweige der Landwirthschaft ꝛc. (Hanover 1809.) *Gust. von Flotow's* Versuch einer Anleitung zu Fertigung der Ertragsanschläge über Landgüter ꝛc. (Leipzig 1820.) *Brieger's* ökonomisch-cameralistische Schriften. 2 Thle. (Posen 1809), besonders für Preußen wichtig. Man findet hier einen vollständigen Pachtanschlag nebst den Informationen nach der in Preußen üblichen Methode. *Thaer*, Einleitung zur Kenntniß der engl. Landwirthschaft. 3 Bde. (Hanover 1806.) 9) Über landwirthschaftliche Contracte und deren Cautelen, besonders in ökonomischer Rücksicht und näherer Beziehung auf Mecklenburg. 2 Th. Von den landwirthschaftlichen Pachtcontracten und deren Cautelen. (Schwerin und Wismar 1805.)

den Pachters zu erkundigen. Möge er wirklich nicht so bemittelt sein, wie ein Anderer; mögen seine Vermögensumstände nur eben hinreichen, die Pachtung eingehen zu können, er ist aber ein Mann von biederm gutem Herzen, von einem moralisch guten Charakter, fleißig; betriebsam; ist mit den erfoderlichen nöthigen wirthschaftlichen Kenntnissen versehen; hat eine Gattin von seiner Denk- und Handlungsweise, die nicht zu vornehm ist, nach Kälbern und Ferkeln zu sehen, wie er nach Haken und Eggen; so ist er mein Mann. Die Rechtschaffenheit seines Herzens, die Tugenden seines Fleißes und seiner Sparsamkeit sind sicherere und angenehmere Bürgen für die Erfüllung seines Pachtcontracts, als etwas baares mehr, das von einem Andern vielleicht nächstens, wer weiß wofür, vergeudet sein würde. So denke ich, und so glaube ich, denkt auch mit mir jeder Gutsherr, dem Ruhe und die ungestörte Erfüllung seines errichteten Pachtcontracts lieb sind. Ich hasse alle Proceßmacher von ganzem Herzen; denn ich betrachte sie wie Feinde der Humanität und des menschlichen Geschlechts; aber ein proceßsüchtiger Pachter wie Verpachter — ich nehme diese nicht aus — sind ein Gräuel vor meinen Augen, und einem solchen Pachter verpachtete ich nie ein Gut. Recht und Billigkeit müssen hier, wie in allen menschlichen Verhältnissen, bei vorkommenden Irrungen entscheiden, und dazu bedarf es keines Richters und keiner Sachwalter; denn ihre Gesetze schrieb die Natur in jede biedere Menschenbrust, sowie die Anerkennung der Pflicht, sie zu erfüllen.

Um aber einen solchen moralisch guten Pachter zu erhalten, rathe ich lieber — wie man es nennt — aus der Hand, als durch öffentliches Aufgebot [10]) zu verpachten. Man hat hier eher Gelegenheit, sich nach dem Manne in Rücksicht seines Herzens und seiner Vermögensumstände zu erkundigen, der einzeln vor uns tritt und unser Pachter werden will, als nach allen den Individuen, die auf der öffentlichen Licitationsbühne in Masse auftreten, und dann ihre Rolle vollkommen gut zu spielen glauben, wenn sie die Pachtung durch beständiges, oft grundloses, Überbieten möglichst in die Höhe treiben, und dann vielleicht schon den ersten Termin nicht einmal einzuhalten im Stande sind. Keinem Verpachter, der es redlich mit sich selbst und seinem Pachter meint, kann aber damit gedient sein, vielleicht höchstens ein oder ein Paar Jahre einen Pachter zu haben, der ihm einen übertriebenen hohen Pacht gibt, und dann zu sehen, wie er erbleicht und abstirbt, und verschwindet aus der Zahl der lebenden Pächter, wie der Nebel beim Aufblicke der Sonne. Es ist daher ein mit vieler Staatsklugheit gemachtes Gesetz, bei Pachtlicitationen vor den preußischen Kammern, daß kein beträchtliches Pachtübergebot anders angenommen wird, als daß der dies Übergebot machende Licitant bestimmt angibt, wie und auf welche Weise er dies höhere Pachtquantum herauszubringen gedenke. Und in der That dem Privatmanne, wenn er irgend Sinn und Gefühl für Nächstenliebe hat, kann es ebenso wenig gleichgültig sein, wie dem Fürsten, daß ein vielleicht guter Staatsbürger, mit Weib und Kind, sich bei ihm an den Bettelstab pachte. Überdies können dabei auch weder sein Gut noch sein Beutel gewinnen, aus Gründen, die in dem öftern Wechsel der Pächter liegen, die keinem Sachverständigen unbekannt sein können; den übeln Ruf ungerechnet, in den er sammt seinem Gute kommt. Will inzwischen der Verpachter, um vielleicht die Pachtlustigen zu seinem Gute leichter und schneller kennen zu lernen, eine öffentliche Pachtlicitation vornehmen, so mache er wenigstens die Bedingung, daß er sich die Auswahl unter drei oder vier Meistbietenden vorbehalte — wie solches auch gewöhnlich geschieht — damit er sich nachher unter diesen den Mann wählen könne, zu dem er in moralischer und numerairer Rücksicht das meiste Vertrauen hat." So sehr uns die Worte des Herrn Legationsraths gefallen, so können wir doch nicht unterlassen zu bemerken, daß er die Moralität des Pachters gar zu einseitig nur deshalb zu lieben scheint, weil sie das Pachtgeld sichert. Allein es kommen hier andere Rücksichten ins Spiel, die uns eine größere Beachtung zu verdienen scheinen. Die erste ist die der Bedrückung, die zweite die des Beispiels. Pächter großer Besitzungen oder Domainen haben nämlich nur zu vielfache Gelegenheit, drückend nicht nur auf das Gesinde, sondern auch auf die zu denselbigen gehörigen Dienst- und Zinspflichtigen einzuwirken, und daß diese schon sehr früh nicht unbenutzt gelassen sein mag, geht aus einer Urkunde vom J. 1346 (bei *Würdtwein.* S. D. VI, 235) hervor, in welcher es heißt: Pachter soll die Unterthanen nicht beschweren noch bringen mit Schazungen oder mit andern bisher nicht gewöhnlichen Diensten, vielmehr soll er sie schützen, schirmen, getreulich vertreten und Armen und Reichen helfen. Auch Friedrich's des Großen scharfer Blick erkannte diesen Punkt, wie eine bekannte Anekdote zeigt. Denn als ein gewisser Krebs durch ein großes Mehrgebot einen Amtmann Ochs, welcher lange gegen ein mäßiges Pachtgeld im Pacht einer Domaine gewesen war, zu verdrängen suchte, der Amtmann Ochs aber auf Friedrich's Anfrage, ob er nicht mehr geben könne wie bisher, — die Kammer war auf der Seite des Krebs — zur Antwort gab, daß er dies allerdings könne, wenn er die Unterthanen Sr. Majestät drücken wolle, so resolvirte der große König kurz und bündig:

Es bleibt der Ochs, der feste steht,
Und nicht der Krebs, der rückwärts geht.

Die zweite Rücksicht, weshalb der Verpachter bei dem Pachter auf Moralität zu sehen hat, ist die des Beispiels. Reiche und vornehme Güterbesitzer halten sich gewöhnlich selten und dann immer nicht lange auf ihren Besitzungen auf; auch ersetzt bei ihnen oft die Klugheit die Moralität, sodaß ihr Beispiel weniger Einfluß hat. Der Pachter dagegen ist durch den Vortheil an die Pachtung gebunden, sein Verhältniß bringt ihn mit allen dazu gehörigen Leuten in die engste Berührung, und ein schlechter, unmoralischer Pachter verdirbt leicht nicht nur die zur Pachtung unmittelbar Gehörigen sondern oft die

10) Bei den Verpachtungen aus der Hand wird meistens in Bausch und Bogen, bei denen durch öffentliches Aufgebot nach dem Anschlage verpachtet.

ganze Umgegend, in welcher sie liegt, denn nirgends bewähren sich die Sprüchwörter: „Wie der Herr, so das Geschirr," und „Wie der Hirt, so die Heerde" in dem Maße wie hier. Endlich sichert ja die Aufrechterhaltung eines Vertrags nichts so sehr, als die Rechtlichkeit der dabei Betheiligten. Dies führt uns zu dem Pachtcontract. Haben sich nämlich der Verpachter und Pachter hinsichtlich der Pachtbedingungen geeinigt, und ist, wo dies gewöhnlich ist, vorläufig die Pachtpunktation, hinsichtlich welcher wir auf den Art. Punktation verweisen, aufgesetzt, so wird der Pachtcontract oder Pachtbrief ausgefertigt, worunter man eine schriftliche, von beiden Parteien durch Namensunterschrift beglaubigte Urkunde versteht, welche die Pachtbedingungen enthält, über welche die Parteien übereingekommen sind, obgleich einige zwischen Pachtbrief und Pachtcontract den Unterschied machen, daß dieser der mündliche, jener der schriftliche Vertrag sei. Pachtbriefe werden schon im Anfange des 14. Jahrh. erwähnt. Ein solcher vom J. 1329 findet sich bei Würdtwein (Mon. Pal. IV, 325). Der Gegenstand der Pachtung war eine Hofstatt mit ihren Zubehörungen, und in dem Pachtbriefe ist festgesetzt, daß der Pachter die Äcker im gewöhnlichen baulichen Wesen und auf dem Hofplatze Haus und Scheunen errichten und dazu fünf Pfund Heller erhalten solle. Für den Fall, daß die Gebäude im Kriege abbrennen sollten, werden zu deren Wiedererbauung 30 Schillinge Heller verwilligt. Für den Fall, daß Äcker oder Gebäude vernachlässigt würden, wurde der Pacht für aufgehoben erklärt. Daß jedoch sowol die Pachtbedingungen als auch der Pachtcontract ohne die Moralität des Pachters selten das gewähren, was der Verpachter von ihnen erwartet, ist eine bekannte Sache, und Thaer (ration. Landwirthschaft. 1. Th. S. 81) sagt hierüber: „Man hat es für nöthig erkannt, den Pachter durch besondere Bedingungen in seiner Willkür einzuschränken, und ihm ein dem Gute vortheilhaftes Verfahren zur Pflicht zu machen. Allein solche Pachtcontracte sind äußerst schwierig, und man hat vielleicht mit Recht gesagt, daß, wenn auch ein Collegium der geschicktesten Rechtsgelehrten und der besten Ökonomen im Lande zusammenträte, und sich vier Wochen mit einem einzelnen Pachtcontracte beschäftigte, es dennoch keinen zu Stande bringen würde, der das Gut gegen Deteriorationen bei einem pfiffigen Pachter schützte, ohne durchaus für einen rechtlichen Pachter verwerflich zu sein. Macht man gar zu beschränkende Bedingungen, so wird ein ehrlicher und zugleich kluger Mann solche verwerfen und den Pacht einfältigen oder hinterlistigen Menschen überlassen. Wäre auch die Pachtsumme so, daß er unter den gemachten Bedingungen dabei bestehen könnte, so würde er doch dadurch in allen seinen Unternehmungen gelähmt, und selbst von dem, was dem Gute vortheilhaft sein könnte, abgehalten ꝛc." „Dagegen wird ein Pachter, dem es nur darauf ankommt, daß er nach den Buchstaben seines Contractes nicht gerichtlich belangt oder zu einem Schadenersatze, der seinen Vortheil überwiegt, angehalten werden könne, mit juristischen Cautelen angefüllte Pachtcontracte, besonders wenn dabei nicht auf die besondern ökonomischen Verhältnisse des Guts schärfe Rücksicht genommen ist, immerhin eingehen, und doch Mittel und Wege finden, alle ihm beschwerlichen Bedingungen zu umgehen, oder sich wegen derselben anderweitig zum noch größern Nachtheile des Guts zu entschädigen."

Dem Pachtcontract wird, wo dies nöthig ist, ein Pachtinventarium beigegeben, worunter man ein Verzeichniß versteht, welches alles dasjenige enthält, was der Pachter bei der Übernahme der Pachtung an Äckern, Vieh, Geschirr ꝛc. erhält, und bei der Übergabe der Pachtung zurückgeben muß (s. d. Art. Inventarium) [11]).

Ist endlich auch der Pachtcontract geschlossen, so erfolgt die Pachtübergabe, worunter man diejenige Handlung versteht, durch welche der Pachter in den Besitz der Pachtung, vorzüglich aber der in dem Pachtinventarium verzeichneten Gegenstände, gesetzt wird. Sie findet, wenige Fälle ausgenommen, z. B. wenn Unmündige da sind, außergerichtlich statt, und erhält dadurch ihre Wichtigkeit, daß der Pachter die übergebenen Stücke bei seinem Abgange wieder so, wie er sie überkommen hat, zurückstellen muß. Hierbei findet ein doppeltes Verfahren statt, indem entweder die Inventarienstücke an Gebäuden, Vieh, Ackergeräthschaften, Zäunen, Bäumen, Hecken, auf dem Halme stehenden Kornfrüchten, Haus, Brau- und Brennereigeräthschaften nach einer bestimmten Taxe übernommen und zurückgegeben werden, oder es werden eine gewisse Anzahl Viehstücke, eine bestimmte Quantität Getreide, Stroh, Heu, sowie die Äcker nach der Einsaat, Pflugart und Düngung übernommen und in dem Empfangszustande zurückgestellt. Die Handlung der Zurücknahme eines Guts und des dazu gehörigen Inventariums heißt die Pachtabnahme, und sie sowol als die Pachtübergabe geschieht gewöhnlich unter Zuziehung vereidigter oder unvereidigter Taxatoren und anderer Sachverständigen, um das Wohl des Verpachters wie des Pachters zu wahren [12]). (*Fischer.*)

Pachtabnahme und **Pachtanschlag**, s. Pacht in landwirthschaftlicher Hinsicht.

PACHTBAUER, PACHTBÜRGER, nennt man Bauern und Bürger, welche Anderer Güter in Pacht haben. Sprüchwörtlich nennt man wol denjenigen einen Pachtbauer (niedersächsisch **Packbuur**), welchen ein Anderer als sein Lastthier gebraucht. (*Fischer.*)

Pachtbedingungen, Pachtbrief, s. Pacht in landwirthschaftlicher Hinsicht.

Pachtbürger, s. Pachtbauer.

Pachtcontract, Pachten, Pachter, Pachtgeld, Pachtgüter, Pachtherr, Pachtinhaber, Pachtinventarium, Pachtlicitation und **Pachtlocatorium**, s. Pacht in landwirthschaftlicher Hinsicht.

---

11) Man sehe hierüber: Ökonomische Nachrichten. 6. Bd. S. 799 und Richter's Abhandlung von Würdigung der Inventarienstücke bei Güterverpachtungen. (Dresden 1775.) 12) Vergl. außer den bereits angeführten Schriften noch Schnee's angehenden Pachter ꝛc. (Halle 1817.) v. Bennigsen's Abhandlung vom Anschlage der Güter in Sachsen. (Leipzig 1771.) Hinze's Unterricht von Pachtabnahmen und v. Krügschler's Anweisung zur Abfassung rechtlicher Aufsätze, besonders über Handlungen der willkürlichen Gerichtsbarkeit.

Pachtmeier, s. Meier.

Pachtmühle, Pachtmüller, s. Mühle und Müller.

Pachtpunktation, s. Pacht in landwirthschaftlicher Hinsicht und Punktation.

Pachtschäfer, s. Schäfer.

Pachtvieh, s. Viehpacht.

Pachtvertrag, Pachtzeit, Pachtzins, s. Pacht in landwirthschaftlicher Hinsicht.

PACHUCA (20° 45′ n. Br., 100° 42′ w. L. nach dem greenwicher Meridian), Stadt im mexicanischen Staate Queretaro, Hauptort einer Mineria und Alcaldia mayor, liegt 45 engl. Meilen von Mexico entfernt, 2482 Metres über dem Meere, an der nach Valles führenden Straße, hat 1 Pfarrkirche, 3 Klöster, 1 Hospital und zählt mit der Vorstadt Pachuquillo 1020 indianische, farbige und weiße Einwohner. Es ist der älteste Bergwerksort in Mexico und seine 1000 Minen, unter welchen la Trinidad binnen zehn Jahren 80,000,000 Gulden Ausbeute gab, waren früher ebenso berühmt als die 100 Thore Thebens. Jetzt werden nur noch wenige bebaut. (*Fischer.*)

PACHYBLEPHARON (von *παχὺς*, dick, und *βλέφαρον*, das Augenlid), die Augenlidschwiele, auch **Pacheablephara, Pachyblepharosis, Pacheablepharosis, Pachytes**, *Tylosis*, **Trachomatylosis, Scleriasis s. Incrassatio s. Callositas palpebrarum** genannt, bezeichnet eine durch unmittelbare Verhärtung des Zellgewebes oder durch Erguß eines gallertartigen Stoffes in dasselbe erzeugte Umwandlung des Gewebes der Augenlider in eine schwielige Masse, welche sich entweder über das ganze Augenlid gleichmäßig erstreckt, oder nur, und zwar am häufigsten, die Ränder desselben einnimmt. Im letztern Falle haben die Ränder, wenn verhärtete Gerstenkörner Veranlassung gaben, ein mehr knotiges Ansehen. Da dieses gewöhnlich mit Verlust der Wimpern verbunden ist (**Ptilosis**) und besonders die Knoten sich oft mehr nach Innen ausdehnen, die innern Flächen der Lider eine unebene, rauhe Beschaffenheit annehmen (**Trachoma, Dasyma**), so verliert der **Bulbus** nicht blos seinen Schutz gegen äußere Schädlichkeiten, sondern wird auch durch die Knoten selbst einer immerwährenden Reizung ausgesetzt, welche ihn in chronische Entzündung versetzt und so nicht selten zu Geschwüren, Trübungen der Hornhaut, **Pannus** und dergleichen Veranlassung gibt. Die äußere Haut ist meist wenig verändert, die Ränder aber immer mehr oder weniger roth. Am häufigsten ist das Übel eine Folge skrofulöser Augenliderentzündungen, zumal der Meibom'schen Drüsen (Gerstenkörner). Nicht selten findet sich dasselbe auch beim Aussatz und dem **Lupus**. Die Vorhersage wie die Behandlung hängen hiervor ab. Die vorhandene chronische Entzündung muß durch passende Mittel beseitigt werden, während man das Grundleiden, Skrofeln rc. durch innere Mittel zu bekämpfen sucht. Äußerlich empfehlen sich Anfangs erweichende Kataplasmen mit **Narcoticis**, die jedoch nicht zu lange fortgesetzt werden dürfen. In torpiden Fällen sind die Merkurialoxyde mit Kampher oder Jodkali in Salbenform in Anwendung zu ziehen. (*Rosenbaum.*)

Pachyblepharosis, s. d. Art.

PACHYBRACHIUS (**Insecta**), von Hahn in **Iconen ad Monographiam Cimicum** gegründete Wanzengattung, welche weder von Laporte noch von Burmeister aufgenommen worden ist, deren Kennzeichen nicht angegeben sind, welche aber nach der Abbildung der Art P. **Nubilus** zu **Pachymerus** gehört. (D. *Thon.*)

PACHYCEPHALA *Swainson* (**Aves**). Eine aus **Muscicapa** gebildete Vogelgattung, welche wol kaum erhalten zu werden verdient, da sie fast nur durch den dick befiederten Kopf sich unterscheidet, z. B. **Muscicapa Australis** (s. d. Art. **Muscicapa**). (D. *Thon.*)

PACHYCERUS (**Insecta**). Von Schönherr aus Curculio gesonderte Rüsselkäfergattung aus der Abtheilung **Brachyderides** mit folgenden Kennzeichen: Die Fühler kurz, dick, etwas gebrochen, der Schaft erreicht die Augen nicht und ist stark verdickt, das erste Geißelglied ist sehr kurz, verkehrt kegelförmig, die übrigen sind quer zusammengedrückt und werden nach und nach kürzer, das letzte sitzt dicht an der Keule, welche spindelförmig und spitzig ist. Der Rüssel ist kurz, dick, eckig, oben ungleich. Die Augen sind länglich platt. Der Thorax ist an der Wurzel schwach doppelbuchtig mit rücktretenden Ecken, an den Seiten fast gerundet, gegen die Spitze plötzlich verschmälert, fast eingeschnürt, an den Augen rundlich, lappig. Das Schildchen ist kaum zu bemerken. Die Flügeldecken sind länglich, etwas eiförmig an der Wurzel, fast ausgebogen, die Schultern etwas gerundet, an der Spitze jede einzeln rundlich, oben schwach gewölbt. Geflügelt; der Körper länglich mittelgroß. Vaterland das südliche Europa.

P. Varius (**Curculio Varius**. *Herbst.* Coleopteren. VI. p. 252. nr. 218. t. 78. f. 7). Länglich, schwarz, oben sparsam, unten dichter, grau behaart, der Rüssel mit drei Furchen, von denen die mittlere kürzer, der Thorax lang, mit einer Rinne versehen, dicht, körnig, die Flügeldecken vorn körnig, hinten punktstreifig. (D. *Thon.*)

PACHYCORMUS (Paläozoologie). Ein von Agassiz (**Recherch. sur les Poissons fossiles, II, 11—12**) aufgestelltes Geschlecht fossiler Fische, welche der Liasformation angehören. Es steht in dessen erster Classe zweiter Familie: **Ganoides Sauroides**. Die Merkmale sind: Schuppen groß, rhomboidisch, mit Schmelz überzogen, den Körper dicht bedeckend. Skelett knochig. Kegelförmige Zähne mit Bürstenzähnen wechselnd. Schwanzflosse gleichgabelig. Wirbel von gewöhnlicher Art; Brustflossen groß; Rücken- und Bauchflossen sich entgegenstehend; Körper in der Mitte aufgetrieben. Die ergänzte Abbildung des Geschlechtes findet man bei Agassiz (**T. V. t. E. f. 1**). Man kennt nur zwei Arten:

1) **P. macropterus** *Ag.* (l. c. *D'Argenville.* Oryctologie. 339. pl. XVIII. *Faujas Saint-Fond.* Géologie. I, 122. pl. VIII. **Elops macropterus** *de Blainville*, versteinte Fische, übersetzt von Krüger 1823. S. 50—53). Brustflosse und Kopf sind verhältnißmäßig groß. — Dieser Fisch hat nach Blainville wenigstens 45 Kiemenbogen, eine siebenstrahlige Afterflosse weit nach Hinten gerückt, und eine halbmondförmige Schwanzflosse. In nierenförmigen Concretionen des Lias von Beaune in Bourgogne.

2) **P. gracilis** *Ag.* (l. c. **Uraeus gracilis** *Ag.* in lit. und im Jahrb. f. Mineral. 1832, 42). Schwanz mehr verlängert, als bei vorigem. — Im Lias Würtembergs.

P. furcatus *Ag.* l. c. ist ein Caturus (Poiss. foss., Feuilleton p. 12.) (*H. G. Bronn.*)

PACHYDERIS nannte Cassini (Dict. des scienc. nat. T. 56. p. 170) eine noch sehr zweifelhafte Gattung aus der Gruppe der Eupatorinen (Astereen, Untergruppe Chrysocomieen Cass.) der natürlichen Familie der Compositae und aus der ersten Ordnung der 19. Linné'schen Classe. Char. Der gemeinschaftliche Kelch ablang, cylindrisch, dachziegelförmig-schuppig, wenigblumig; der Fruchtboden flach, mit regelmäßigen Grübchen; das (unreife) Achenium zusammengedrückt, umgekehrt-eiförmig, drüs[illegible]haarig, mit einem sehr kurzen, dicken Schnäbelchen [illegible], die sehr langen, zahlreichen, steifen, mit Seiten[illegible] besetzten Borsten der Samenkrone trägt. Die Gattung ist nach einem unvollständigen, übelerhaltenen Exemplar in Mérat's Herbarium bestimmt und soll sich nach Cassini von **Pteronia** *Linn. Fil.* (**Scepinia** *Neck., Cass.*) durch das dicke Schnäbelchen des Achenium's (daher der Gattungsname: δέρις, Hals, παχὺς, dick) unterscheiden; ein Unterschied, welcher bei der Fruchtreife vielleicht ganz verschwindet. Die einzige Art, **P. obtusifolia** *Cass.* (l. c.), ist wahrscheinlich ein kleiner Strauch vom Vorgebirge der guten Hoffnung, mit drehrunden, gegenüberstehenden, in der Jugend weißfilzigen Zweigen, gegenüberstehenden, halbstengelumfassenden, ablangen, stumpfen, [illegible]randigen, lederartigen, weißfilzigen Blättern und [illegible] Ende der Zweige stehenden Blüthen. (*A. Sprengel.*)

PACHYDERMATA (**Mammalia**). Eine von Cuvier aufgestellte Ordnung der Säugthiere zu der Abtheilung der mit Hufen versehenen gehörig und von den zunächst verwandten Wiederkäuern nur durch den negativen Charakter unterschieden, daß die zu ihr gehörigen Thiere nicht wiederkäuen. Übrigens sind die hierher gehörigen Thiere so sehr von einander abweichend, daß man kaum Allgemeines mehr von ihnen angeben kann. Die Anzahl der Zehen steigt von einer bis zu fünf, und es finden sich bald alle drei, bald nur zwei Arten von Zehen. Die Haut ist oft fast nackt, bei andern wieder mit dichten Haaren bedeckt; der Magen ist bald einfach, bald in mehre Taschen getheilt, und die hierher gehörigen Thiere sind bald sehr klein, bald die größten der Landsäugethiere. Wegen dieser Verschiedenheiten hat Cuvier selbst die Ordnung in Familien zerfällt. Die erste begreift diejenige mit Rüssel und Stoßzähnen (**Proboscidea**). Sie haben an allen Füßen fünf Zehen, welche im Skelett ganz vollständig vorhanden sind, die aber die den Fuß umhüllende Hautschwiele so einhüllt, daß äußerlich nur die am Rande dieser Art vom Huf angehefteten Nägel sichtbar sind. Die eigentlichen Ecken- und Schneidezähne fehlen, dagegen finden sich in dem Zwischenkiefer zwei aus dem Maule heraustretende, oft zu ungeheurer Größe anwachsende Hauer. Die diesen Stoßzähnen nothwendige Größe der Zahnhöhlen macht die Oberkinnlade so hoch, und verkürzt die Nasenknochen dergestalt, daß sich im Skelett die Nasenlöcher am obersten Theile des Gesichtes befinden, im lebenden Thiere verlängern sie sich aber zu einem beweglichen Rüssel, einem aus vielen Tausenden unter einander verflochtenen Muskeln zusammengesetzten, in jeder Richtung beweglichen Organe, das mit der feinsten Empfindlichkeit begabt ist und in ein fingerähnliches Anhängsel ausgeht. Dieser Rüssel vertritt bei dem Elefanten die Stelle einer Hand, indem er mit demselben fast alles verrichtet, was eine Hand thun kann. Er bedient sich desselben auch, um seine Nahrung zu fassen und zum Munde zu führen, pumpt in demselben sein Getränke und sprützt es in Rachen, und ersetzt so einen längern Hals, welcher den schweren Kopf nicht würde haben tragen können. Der Letztere enthält indessen in seinen Knochenwänden große Höhlungen, wodurch er leichter wird. Die Unterkinnlade hat gar keine Schneidezähne, die Eingeweide sind sehr umfangreich, der Magen einfach, der Blinddarm ungeheuer groß und an der Brust stehen zwei Zitzen. Das Junge saugt indessen nicht mit dem Rüssel, sondern mit dem Maule. Von der hierher gehörigen Gattung existirt nur noch eine als lebend, die übrigen gehören der Vorwelt an, und sind nur noch fossil vorhanden. Jene ist die Gattung **Elephas**, diese die Gattung **Mastodon** (**Tetracaulodon** *Godmann*). Die zweite Familie begreift die **Pachydermata** im engern Sinne. Sie haben zwei, drei und vier Zehen an den Füßen. Diejenigen, bei welchen die Zehen paarweise stehen, haben gewissermaßen gespaltene Klauen wie die Wiederkäuer und nähern sich auch diesen theils durch den Bau des Skeletts, theils durch den vielfachen Magen. Es gehören hierher die Gattungen: **Hippopotamus, Sus, Phacochoerus, Dicotyles.** Auch gehört hierher die fossile Gattung **Anoplotherium.** Die eigentlichen Pachydermen ohne gespaltene Klauen umfassen zuerst drei in Rücksicht der Backenzähne einander sehr ähnliche Gattungen, indem sie jederseits oben deren sieben mit quadratischer Krone mit verschiedentlich vorstehenden Linien und unten sieben mit Krone in Form eines doppelten Halbmondes, den letzten Zahn überall mit dreifachem Halbmonde haben. Aber ihre Schneidezähne sind verschieden; hierher die Gattung: **Rhinoceros, Hyrax,** die fossilen **Palaeoterium, Lophiodon,** und die lebende **Tapir.** Die dritte Familie der Pachydermen enthält die eigentlichen Hufthiere (**Solipeda**), welche scheinbar nur eine Zehe und an jedem Fuße nur einen Huf haben, obgleich sich unter der Haut an jeder Seite des Mittelfußes Griffelfortsätze zeigen, welche die beiden Seitenfinger vorstellen. Hierher nur die einzige Gattung **Equus.** (D. *Thon.*)

PACHYGASTER (**Insecta**), von Dejean gegründete Rüsselkäfergattung, welche von Schönherr in die Gattung **Otiorhynchus, Sphaeromps, Hypsonotus, Peritelus, Myllocerus** und **Cleonus** vertheilt worden ist. (D. *Thon.*)

PACHYGASTER *Meigen* (**Insecta**). Eine Dipterengattung aus der Familie **Stratiomydae**, deren Arten von Latreille und Fabricius zu **Vappo**, von Panzer zu **Nemotelus** gerechnet wurden. — Sie hat kegelförmige

en, aus einem deutlichen Gliede bestehend. Das dritte
) der Fühler ist kugelig, zusammengedrückt, viertheis
der Griffel haarförmig. Das Schildchen ist unbe-
net, der Hinterleib viel breiter als der Thorax, die
Bringe wenig deutlich, das Weibchen mit einem kur-
vorspringenden Legestachel. Die Flügel mit vier hin-
Zellen. Die Larven dieser Fliegen sind lang, sehr
, röthlich grau, mit drei dunkeln Binden. Der Kör-
besteht aus eilf deutlichen Ringen, jeder an der Seite
einer verlängerten Borste. Der Kopf ist kegelförmig,
pf, viel schmaler als der Körper. Am obern Ende
eine kleine Spitze sichtbar. Unten scheint der Mund
inem Rande umgeben, man bemerkt aber außer einem
n weißen Körper, welcher die Mundöffnung zu ver-
scheint, kein anderes Organ. An jeder Seite des
es steht ein kleines schwarzes Auge. Der letzte Lei-
ng ist schwarz, groß, halbkreisförmig und mit Bor-
umgeben. Sie finden sich in faulem Eschenholze und
so lange sie sich nicht verwandeln wollen, in den
n feuchten Stellen, später steigen sie herauf. Als
is nehmen wir auf P. ater *Meigen* (Nemotelus
Panzer. Fauna 54. 5); 1¾ Linien lang, schwarz,
Rüssel rothgelb, die Fühler beim Männchen bräunlich,
Weibchen rothgelb, der Griffel weißlich. Füße blaß-
Schenkel schwarz, die vordern mit gelben Spitzen.
vordere Flügelhälfte schwärzlich, die hintere gelblich.
Frankreich und Teutschland. (D. *Thon*.)

PACHYLEPIS. Monnier (Ess. sur les Hiera-
etc. p. 81. t. 4. D) trennte von Hieracium un-
em Namen Sclerolepis eine Pflanzengattung, welche
g (Syn. com. p. 139), da schon eine ältere Gat-
Sclerolepis *Cassin*. vorhanden ist, Pachylepis
schuppe) genannt hat. Sie gehört, wie Hieracium zu
rsten Ordnung der 19. Linné'schen Classe und zu der
pe der Cichorieen (aber zu der Untergruppe der Lac-
Cassini's) der natürlichen Familie der Compo-
, und unterscheidet sich von Hieracium (Untergruppe
Hieracieen Cassini's) durch den Fruchtboden, wel-
mit Spreublättchen bedeckt ist, durch die Achenien,
e gekrümmt, etwas zusammengedrückt, kurz geschnä-
und zum Theil (die des Randes) auf der äußern
gestreift, auf der innern geflügelt, zum Theil (die
Scheibe) der Länge und Quere nach gestreift sind;
h durch die weichen, weißen Haare, welche in meh-
Reihen die Samenkrone bilden. Dagegen ist bei
acium der Fruchtboden nackt, die Achenien sind un-
äbelt, mit zehn Rippen versehen, und die Samen-
besteht aus steifen, zerbrechlichen, gelblichen Haaren.
einzige Art, welche zu P. gehört, P. Kalmii *Less*.
p. 140., Hieracium *L.* s. d. Art. Nr. 100) wächst
rdamerika als ein perennirendes Kraut.

Eine andere Pflanzengattung aus der letzten Ord-
der 21. Linné'schen Classe und aus der Gruppe der
pereen der natürlichen Familie der Coniferae hat
Brongniart (Annales de sc. nat. T. 30. p. 185—
Pachylepis genannt. Dieser Name muß aber, da
essing'sche um ein Jahr älter ist, vielleicht in Tetra-
r geändert werden. Char. Ein kurzer Fruchtzapfen
besteht aus vier Schuppen, welche in einfacher Reihe, wie Klappen stehend, an der Spitze zusammenstoßen, und alle gleich viele geflügelte Samen decken, deren nämlich fünf oder zehn, in einer oder in zwei Reihen unter jeder Schuppe liegen. Habitus und Blätterstand stimmen mit Schubertia *Mirbel* (Taxodium *Richard*), die Frucht ähnelt mehr der von Callitris *Ventenat*. Es gehören drei Arten hierher: P. cupressoides *Brongn.* (l. c. p. 190., Thuia cupressoides *Linn.*, *Thunb.* Prodr. 110., Th. aphylla *N. L. Burm.*); P. juniperoides *Brongn.* (l. c., Cupressus juniperoides *Linn.*, Schubertia capensis *Spreng.* Syst. veg. III. p. 890) und P. Commersonii *Brongn.* (l. c.), welche als Bäume mit abwechselnden, spiralförmig um die Zweige vertheilten (acht auf drei Umgänge der Spirale) Blättern (Nadeln), die beiden ersten am Vorgebirge der guten Hoffnung, die dritte auf der Insel Frankreich wachsen. (*A. Sprengel*.)

PACHYLIS *Serville* (Insecta). Wanzengattung aus der Familie der Randwanzen (Coreodes) von Fabricius zu Lygaeus gerechnet, welche die größten Arten dieser Familie enthält, ausgezeichnet durch merkwürdige Fühlerbildung (Burmeister, Handbuch der Entomologie. II, 138). Das erste Fühlerglied viel länger als der Kopf, drehrund und verdickt; das zweite dünner und kürzer als das erste, aber länger als das dritte, bisweilen gegen das Ende erweitert, das dritte immer blattartig von herzförmiger Gestalt mit verdickter Mittelleiste, das vierte sehr verlängert, zugespitzt. Der Kopf ist verhältnißmäßig klein von Oben viereckig mit Fühlerhöckern, zwischen welchen ein stumpfer Wulst sich bemerkbar macht, nicht aber über sie hinausragt. Augen nicht sehr groß, Schnabel verkürzt reicht bis zum Anfange des Mittelbrustringes. Vorderrücken hoch gewölbt, Flügeldecken mit hervorragenden Adern, die Haut glänzend, vieladerig. Hinterleib gewöhnlich breiter als die Flügeldecken, besonders beim Weibchen, die Ringe in Dornen erweitert. Die Beine wie gewöhnlich, die hintern größer, mit stark verdickten Schenkeln. Die Füße mit bürstenartiger Sohle. — Die Arten scheinen nur im südlichen Amerika einheimisch. Als Typus führen wir nur an P. Gigas *Klug*. Schwarz, das dritte Fühlerglied an der Wurzel, die Adern der Flügeldeckenbinden an den Schenkeln und Schienbeinen rostfarben; 19 Linien lang. Aus Mexico. (D. *Thon*.)

PACHYLOMA nennt Candolle eine unvollständig bekannte Pflanzengattung aus der ersten Ordnung der achten Linné'schen Classe und aus der Gruppe der Rhexieen der natürlichen Familie der Melastomeen. Char. Die Kelchröhre umgekehrt-kegelförmig, über den Fruchtknoten hinaus verlängert, mit fast abgestutztem, kaum merklich vierzähnigem Saume; vier elliptische Corollenblättchen; acht Staubfäden von gleicher Länge; die Antheren linienförmig, lang, zugespitzt, mit einem kleinen Loche an der Spitze; das Connectiv (das Zellgewebe, welches die beiden Antherenfächer verbindet) verlängert sich an der Basis in ein borstiges Anhängsel, welches bei vier Antheren einfach, bei den übrigen vier doppelt ist; der Fruchtknoten ist frei, glatt, mit vier Rippen versehen; der Griffel fadenförmig, lang hervorstehend, mit punktförmiger

Narbe; die Frucht unbekannt. Die einzige Art P. coriaceum *Cand.* (Prodr. III. p. 123. Rhexia pachyloma *Martius* herb.) hat Martius in zwei Abarten: P. c. α) glaberrimum *Cand.* (l. c. Rhexia bicuspis *Schrank* ms.), mit glatten Kelchen und ablangen Blättern; und P. c. β) subsetosum *Cand.* (l. c. Rh. Amazonum *Schrank.* ms.) mit drüsig borstigen Kelchen und eiförmigen Blättern, am Rio Negro und Amazonenstrome gefunden. P. coriaceum ist ein fast glatter Strauch mit drehrunden Zweigen, sehr kurzgestielten, lederartigen, ganzrandigen Blättern, welche von fünf Nerven durchsetzt und von einem dicken Nerven umsäumt sind (daher der Gattungsname: λῶμα, Rand, παχύς, dick). Die purpurrothen Blumen stehen ohne Stützblättchen am Ende der Zweige in einer dichten Rispe. (*A. Sprengel.*)

PACHYMA. Diese Gewächsgattung, aus der letzten Ordnung der 24. Linné'schen Classe und aus der Untergruppe der Sclerotieen der Gruppe der Bauchpilze der natürlichen Familie der Pilze, hat Fries (Syst. mycol. II. p. 242) wegen der dicken Rinde und Substanz (παχύς, dick) so genannt, während sie Schweinitz unter Sclerotium und Rumphius unter Tuber begriffen. Die hierher gehörigen Gewächse sind ablang-kugelige, wurzellose Pilze mit holziger, dicker, schuppiger, nicht aufspringender Rinde; innen fleischig-korkartig, mehlig, oder voll Höhlen. Da man in ihnen noch keine Keimkörner wahrgenommen hat, so ist es wahrscheinlich und bei der zweiten Art sogar gewiß, daß diese Geschöpfe nur Unterlagen oder Anfänge höher organisirter Schwämme sind. Die drei Arten, welche Fries annimmt, kommen als sehr große Pilze unter der Erde, wie die Trüffeln, in heißen Ländern vor. 1) P. Cocos *Fr.* (l. c. Sclerotium Cocos *Schweinitz.* Carol. p. 306), elliptisch oder fast nierenförmig, von der Größe eines Menschenkopfes, an Form und Farbe einer Cocosnuß oft täuschend ähnlich, mit brauner, harter, faserig-schuppiger, zolldicker Rinde; innen fleischfarben, gleichförmig fleischig-korkig; von mehlartigem Geruche. In Carolina, wo dieser Pilz besonders in sandigen Nadelholzwäldern vorkommt, gebrauchen ihn die Eingebornen als Arzneimittel. 2) P. Tuber regium *Fr.* (l. c. p. 243. Tuber regium *Rumphius.* Amb. XI. p. 120. t. 57. f. 4), unregelmäßig kugelig, von der Größe einer Mannesfaust bis zu der eines Kindeskopfes, mit schwärzlicher, höckerig-löcheriger Rinde; innen weiß, kreide- oder mehlartig, geruch- und geschmacklos. Auf diesem Gewächse, welches in Ostindien, besonders als Mittel gegen Fieber und Durchfall, gerühmt wird, und auf den Sunda- und molukkischen Inseln (auf Malaiisch heißt es Uba-radia, Culat-batu oder Djamdr-bonkang) vorkommt, entwickelt sich ein eßbarer Blätterschwamm, Agaricus Tuber regium *Fr.* (l. c. I. p. 174. Tuber regium *Rumph.* l. c.). Sehr unvollständig bekannt ist die letzte Art: P. Hoelen *Fr.* (l. c. II. p. 243. Hoelen *Rumph.* l. c. p. 122), ablang, von der Größe eines Kindeskopfes, außen und innen schmutzig gelb. Wird im innern China, in der Provinz Se-Tschuen gefunden und von den Chinesen und benachbarten Völkern als ein stärkendes Heilmittel sehr geschätzt. (*A. Sprengel.*)

PACHYMERES (Georgius), betrachtete zwar, wie er selbst in dem Eingange seines geschichtlichen Werkes sagt (*Κωνσταντινουπολίτης τὸ ἀνέκαθεν*), als eigentliche Vaterstadt Constantinopel, wo sein Vater ohne Zweifel bis zur Eroberung dieser Hauptstadt durch die Kreuzfahrer (am 13. April 1204) gelebt hatte. Er wurde aber zu Nikäa geboren und erzogen, und begab sich (wie er ebenfalls in dem Eingange seiner byzantinischen Geschichte meldet) nach Constantinopel erst nach der Wiedereroberung dieser Hauptstadt durch den Kaiser Michael Paläologus im J. 1261, damals 19 Jahre alt; in der Voraussetzung, daß schon in demselben Jahre, in welchem Constantinopel unter die Herrschaft eines griechischen Kaisers zurückkehrte, Georgius Pachymeres sich dahin begeben, nimmt man daher an, daß er um das Jahr 12[42] geboren wurde[1]). Über seinen Vater theilt er keine Nachrichten mit, obwol er denselben (de Michaele Palaeologo. lib. II. c. 27. ed. Bonn. T. I. 148) erwähnt, indem er in dem Berichte über die Wiedereroberung von Constantinopel erzählt, daß sein Vater während der Herrschaft der Lateiner mit einem Freunde eine Erforschung angestellt habe nach einer Prophezeihung, welche die Wiederherstellung der griechischen Herrschaft in Constantinopel verkündigt sein möchte.

Wir würden über die Lebensumstände des Georgius Pachymeres genauer unterrichtet sein, wenn sich das in neun Abschnitte (*τμήματα*) getheilte Gedicht erhalten hätte, in welchem er sein Leben in Hexametern beschrieben hat (*τὰ καθ' ἑαυτόν*). Wir kennen aber aus diesem Gedichte nur zwei von unserm Schriftsteller (de Andronico Palaeologo. Lib. IV. c. 14, 15. T. II. p. 304—306) mitgetheilte Bruchstücke, die Beschreibungen zweier Erscheinungen am Himmel, welche im J. 1302 sich ereigneten, eines Kometen und einer totalen Mondfinsterniß in der Nacht vom 15. auf den 16. Januar. Außer diesen beiden Bruchstücken finden sich noch einige Auszüge aus der poetischen Lebensbeschreibung des Georgius Pachymeres in der von B[oissonade] (Anecd. gr. Vol. II.) ausführlich beschriebenen *Ῥοδωνιά* des Makarius Chrysokephalus; und Villoison urtheilt nach den ihm bekannten Bruchstücken jener poetischen Biographie, daß Georgius Pachymeres darin dem Homer und die poetische Autobiographie des Gregorius von Nazianz nicht unglücklich (non infeliciter) nachgeahmt habe. Da dieses Gedicht nicht mehr vorhanden ist, so müssen wir uns mit den biographischen Notizen begnügen, welche Georgius Pachymeres selbst über sich in seiner byzantinischen Geschichte mittheilt.

Er trat, wie er in dem Eingange dieses Werkes berichtet, nachdem er zu Constantinopel angelangt war, in den geistlichen Stand, und gelangte in demselben zu der Würde des Protekdikos (*πρωτέκδικος*), d. i. ersten Sach[walters]

1) *Martinus Hanckius* de Byzantinarum rerum scriptoribus graecis. p. 566 und nach ihm Fabricius (Bibl. gr. ed. *Harl.* Vol. VII. p. 775) und alle spätere Schriftsteller über griechische Litterargeschichte; z. B. M. S. F. Schöll, Geschichte der griech. Litteratur übersetzt von D. M. Pinder. 3. Th. S. 274. Anecdota gr. T. II. p. 77.

ers der Kirche von Constantinopel [4]), nachdem er ohne
ifel früher das Amt eines Hieromnemon (Ἱερομνήμων)
valtet hatte; denn dieses Amt war eins der geringern
lichen Ämter zu Constantinopel, indem es von Co-
s (in seiner Schrift de officiis ecclesiae et aulae
nstantinop. c. 1) als das zwölfte kirchliche Amt auf-
hrt wird; und da eines der Geschäfte dieses Amts in
Bedienung des Patriarchen bei dessen Ankleidung für
geistlichen Verrichtungen bestand, so wurde es wegen
r Dienstleistung von einem Diakonus versehen und
nicht vereinbar mit der Würde eines Priesters [5]), zu
her Georgius Pachymeres gewiß schon gelangt war,
ihm das höhere Amt des Protekdikos übertragen wur-
. Neben diesem angesehenen kirchlichen Amte beklei-
er zu der Zeit, als er seine byzantinische Geschichte
ßte, das Hofamt des Dikaiophylax (Δικαιοφύλαξ)
Hofrichters [6]).

In Beziehung auf seine Thätigkeit in diesen Ämtern
ähnt Georgius Pachymeres zuerst einer Reise, welche
mit drei andern Abgeordneten am 25. Jul. 1267 zu
Patriarchen von Constantinopel Arsenius, der damals
einer Insel sich aufhielt, unternahm, um im Namen
heiligen Synode den Patriarchen wegen der Theil-
ne an einer Verschwörung wider das Leben des Kai-
Michael Paläologus, deren dieser Kaiser ihn ange-
hatte, zu befragen. Auf der Rückkehr wurden die
eordneten von einem heftigen Sturme überfallen, wel-
sie nöthigte, in dem Hafen von Galenolimen Schutz
uchen; auch dort wurden sie in der Nacht durch ein
ges Erdbeben geängstigt, und nach einer gefahrvollen
t erreichten sie erst am 17. Aug. wieder den Hafen
Constantinopel, indem sie ihr Misgeschick davon her-
en, daß sie durch die Besorgniß, dem Kaiser verdäch-
zu werden, sich davon hatten abhalten lassen, vor
Abreise von der Insel von dem Patriarchen den Se-
sich zu erbitten; es gelang ihnen jedoch nach ihrer
kehr nach Constantinopel den Kaiser mit dem Pa-
chen zu versöhnen [7]). Später (im J. 1273), als der
er Michael Paläologus, um den gefürchteten Angriff
Königs Karl von Neapel auf das griechische Kaiser-
abzuwenden, sich bemühte, die Vereinigung der
hischen Kirche mit der lateinischen zu bewirken, und,
den Widerspruch des damaligen Patriarchen von Con-
inopel, Joseph, zu beseitigen, mit dem Beistande sei-
Hofgelehrten selbst eine Schrift verfaßte, in welcher
ie gegen die Lateiner erhobenen Anschuldigungen wi-
gte, und diese Schrift dem Patriarchen überreichen

ließ; so nahm Georgius Pachymeres Antheil an der dem Jasites Job von dem Patriarchen übertragenen Abfassung der Gegenschrift, welche die Bemühungen des Kaisers vereitelte [8]). Sowie er dem Patriarchen Joseph in dieser Angelegenheit nützlich war, ebenso verfaßte er im J. 1279, vielleicht noch als Hieromnemon, für dessen Nachfolger, den Patriarchen Johannes Bekkus (Βέκκος), als dieser von mehren Geistlichen seines Klerus durch grundlose Verleumdungen dem kaiserlichen Hofe verdächtig gemacht worden war, das an den Kaiser Michael Paläologus gerichtete Schreiben, in welchem der Patriarch seinem Amte entsagte [9]). Die letzte Verhandlung, an welcher Georgius Pachymeres nach seinen eigenen Berichten Theil nahm, betraf die Mishelligkeiten des Kaisers Andronikus Paläologus, des Sohnes und Nachfolgers des Michael Paläologus, mit dem damaligen Patriarchen von Constantinopel Georgius Cyprius. Da der Kaiser Andronikus die von seinem Vater gemachten Versuche, die griechische Kirche mit der lateinischen zu vereinigen, misbilligte, so brach er nicht nur die bis zu seiner Thronbesteigung eifrig betriebenen Unterhandlungen mit dem Papste ab, sondern verfolgte auch alle diejenigen, welche seinem Vater in jenen Verhandlungen behilflich gewesen waren, und unter ihnen den Patriarchen Georgius Cyprius. Um den beständigen Streitigkeiten zwischen dem Kaiser und dem Patriarchen ein Ende zu machen, wurde in Vorschlag gebracht, den Patriarchen zur freiwilligen Abdankung zu bewegen; und da der Kaiser in diesen Vorschlag einging, so begab sich Georgius Pachymeres zugleich mit dem Quästor Chumnos als kaiserlicher Abgeordneter zu Georgius Cyprius, und es gelang ihnen, den Patriarchen zur freiwilligen Niederlegung seines Amtes zu bereden [10]). Wir wissen nicht, wie lange Georgius Pachymeres die Beendigung seiner byzantinischen Geschichte, welche er im J. 1308 unter sehr ungünstigen Verhältnissen des griechischen Kaiserthums zu Stande gebracht hat, überlebte; die Hoffnung, welche er am Schlusse dieses Werkes ausspricht, unter glücklichern Verhältnissen den abgebrochenen Faden seiner Erzählung wieder aufnehmen zu können, ging nicht in Erfüllung. Ob die durch kein Zeugniß beglaubigte Angabe des Lambecius, daß Georgius Pachymeres um das J. 1340 gestorben sei [11]), auf einem sichern Grunde beruhe oder nicht, lassen wir unentschieden.

Ein Bildniß des Georgius Pachymeres ist von Hieronymus Wolf vor seiner Ausgabe der byzantinischen Geschichte des Nikephorus Gregoras (Basil. 1562. Fol.) nach einer damals zu Augsburg befindlichen Handschrift der Geschichte des Georgius Pachymeres [12]) in einem guten Holzschnitte mitgetheilt worden. Dieses Bildniß ist

---

4) S. *Ducange* glossar. med. et inf. graecit. v. Ἐκδικος.
Ducange l. c. v. Ἱερομνήμων. 5) In dem Titel der
ift: In universam fere Aristotelis philosophiam epitome,
e in der lateinischen Übersetzung des Philipp Bech von Fro-
Basel 1560. Fol.) gedruckt wurde, wird dem Georgius Pa-
eres nur der Amtstitel Hieromnemon beigelegt; diese Schrift
e also in einer frühern Zeit verfertigt, als Georgius Pachymeres
Diakonus war und die priesterliche Würde noch nicht erlangt
. 6) *Georg. Pachym.* de Michaele Palaeol. T. I. p. 1. ed.
. T. I. p. 11. Vergl. *Ducange* l. c. v. Δικαιοφύλαξ.
eorg. Pachym. l. c. Lib. IV. c. 15, 16. ed. Bonn. l. t.
34—289.

8) *Georg. Pachym.* l. c. Lib. V. c. 14. ed. Bonn. l. c. p. 378—380. 9) *Georg. Pachym.* l. c. Lib. VI. c. 13. ed. Bonn. l. c. p. 455. 10) *Georg. Pachym.* de Andronico Palaeol. Lib. II. c. 7 sq. ed. Bonn. T. II. p. 126 sq. 11) Lambecius in seinen Commentariis de Bibliotheca Vindobonensi. (Vol. III. p. 237, 611. Vol. VII. p. 71. ed. *Kollar.* p. 153.) Vergl. *Hanckius*, De Script. Byz. p. 575. Fabricius nimmt an, Georgius Pachymeres sei um das Jahr 1310 gestorben. Biblioth. gr. l. c. p. 775. 12) *Nicephori Greg.* Historia Romana, ed. *Hieron. Wolfius.* p. 258.

mit der Unterschrift versehen: *Γεώργιος Πρωτέκδικος τῆς ἁγιωτάτης τῆς τοῦ Θεοῦ μεγάλης ἐκκλησίας καὶ Δικαιοφύλαξ ὁ Παχυμερὴς καὶ συγγραφεύς.*

Die Schriften des Georgius Pachymeres sind außer der schon angeführten eigenen poetischen Lebensbeschreibung in der chronologischen Reihefolge der davon erschienenen gedruckten Ausgaben folgende:

1) *Ἐπιτομὴ τῆς Ἀριστοτέλους λογικῆς* (eine Abtheilung des unter Nr. 2 aufgeführten Werks), zuerst lateinisch herausgegeben von Johann Baptist Rasarius (Paris. ap. *Vascosan* 1547), dann griechisch (ibid. 1548), und griechisch und lateinisch von Eduard Bernard (Oxon. 1666). Schon vorher war ein Abschnitt dieser Schrift unter dem Titel de sex definitionibus et divisione philosophiae, griechisch und lateinisch von Jakob Foscareni (Venet. 1532), zugleich mit einigen philosophischen Schriften des Michael Psellus herausgegeben, und von J. Camerarius in seine Ausgabe der Kategorien des Archytas (Lipsiae s. a.) aufgenommen worden.

2) Epitome in universam fere Aristotelis philosophiam (einem gewissen Eumoros gewidmet), lateinisch von Philipp Bech, einem Arzte zu Basel, gedruckt zugleich mit mehren Schriften des Synesius, ebendaselbst bei Froben (1560. Fol.), und griechisch und lateinisch (als ein Werk des Gregorius Anonymus) von J. Wägelin (Augsburg 1600).

3) *Περὶ ἀτόμων γραμμῶν* (von untheilbaren Linien), die Paraphrase einer gleichnamigen Aristotelischen Schrift, früher bis zum J. 1590 [illegible] Werken des Aristoteles, als ein Werk dieses Philosophen, und unter dem Namen des Georgius Pachymeres, zuerst in der Ausgabe der Werke des Aristoteles von Is. Casaubonus von 1597 in 8. gedruckt. Diese Schrift erschien auch abgesondert mit einer lateinischen Übersetzung des Jakob Schegk (Paris 1629. 12).

4) *Παράφρασις εἰς τὰ τοῦ ἁγίου Διονυσίου τοῦ Ἀρεοπαγίτου εὑρισκόμενα*, auf Veranlassung des damaligen Patriarchen von Alexandria, Athanasius, geschrieben, zuerst griechisch von Wilhelm Morellus herausgegeben (Paris 1561), dann lateinisch und griechisch in den Ausgaben der Werke des Dionysius Areopagita von Petrus Lansselius (Paris 1615. Fol.) und Balthasar Corderius (T. I. Antverp. 1634. Fol.).

5) De processione spiritus sancti in *Leonis Allatii* Graecia orthodoxa. T. I. (Rom. 1652. 4.) p. 390—399.

6) Die mehrmals von uns erwähnte byzantinische Geschichte, zuerst griechisch und lateinisch (Rom. 1666. 1669), herausgegeben von P. Possinus (Possines) in zwei Foliobänden, deren ersterer die Geschichte des Michael Paläologus in sechs Büchern enthält, der zweite die Geschichte des Andronikus Paläologus in sieben Büchern. Zu beiden Bänden sind von dem Herausgeber Observationes hinzugefügt, welche in drei Bücher getheilt ein glossarium, Anmerkungen zu einzelnen Stellen, und chronologische Untersuchungen enthalten. Diese Ausgabe ist mit einzelnen Verbesserungen des Textes von Imm. Bekker, mit Weglassung der von Possines (auf Veranlassung einer gelegentlichen Erwähnung des Georgius Pachymeres de Mich. Palaeol. L. VI. c. 19 ed. B[onn.] T. I. p. 464) dem ersten Bande beigefügten lateini[schen] Übersetzung einer griechischen Bearbeitung des be[rühmten] morgenländischen Werks Kalilah we Dimnah (Lib[er] sapientia Indorum), wiederholt worden in der b[onner] Ausgabe des Corpus Scriptorum historiae Byzan[tinae] ebenfalls in zwei Bänden (1835). Obgleich Pachym[eres] in dem Eingange dieses Werks versichert, in seine[r Er]zählung der strengsten Wahrheit ohne Haß oder Vor[liebe] nachgestrebt und nur berichtet zu haben, was er [illegible] selbst gesehen oder von glaubwürdigen Zeugen [illegible] hatte; so ist gleichwol Boivin, der Herausgeber [des Ni]kephorus Gregoras, der Meinung, daß die von [diesem] letztern Schriftsteller nach einer Äußerung des Kaisers [An]dronikus Paläologus des Ältern ausgesprochene Klage [über] die Unzuverlässigkeit und Lügenhaftigkeit der frühern [Ge]schichtschreiber, hauptsächlich gegen Georgius Pachym[eres] gerichtet sei, weil dieser dem Kaiser Michael Paläol[ogus] mehr Gerechtigkeit habe widerfahren lassen, als dem [Nach]folger Andronikus (Niceph. Gregor. I. c. 1 und [Boi]vinus ad Niceph. Gregor. ed. Bonn. T. II. p. 11[illegible]). So große Veranlassung übrigens Pachymeres in [seiner] durch vielfältige Streitigkeiten bewegten Zeit zu [leiden]schaftlicher Parteilichkeit hatte, so behauptet gleichwol [seine] Erzählung eine so durchgehend ruhige Haltung, daß [illegible] der Verdacht einer absichtlichen Entstellung der [illegible] nicht gemacht werden darf. Der von Boivin (a[d] Greg. l. c. p. 1205) erwähnte pariser Codex [der Ge]schichte des Pachymeres scheint (nach der daselbst [mitge]theilten Probe zu urtheilen) so sehr von den beid[en ge]druckten Ausgaben abzuweichen, daß man sich [illegible] fühlt, den Text jenes Codex als eine von dem Ver[fasser] selbst veränderte Ausgabe zu betrachten.

7) *Ἔκφρασις τοῦ Αὐγουστεῶνος* (d. h. Beschreib[ung] der zu Ehren des Kaisers Justinian wegen seines S[ieges] über die Perser in der Sophienkirche zu Constantin[opel] errichteten Säule), griechisch mitgetheilt von Boivin [in] seinen Anmerkungen zu Nikephorus Gregoras (ed. Bo[nn.] T. II. p. 1217—1220).

Über andere noch ungedruckte Werke des Georg[ius] Pachymeres s. *Leonis Allatii* Diatribe de Georg[iis] (in *Fabricii* Bibliotheca gr. T. 10. [Hamb. 17[illegible] 4.] p. 711 sq. et *Fabricii* Biblioth. gr. ed. *Har[les]* Vol. 7. p. 785 sq.).

In Beziehung auf Sprache und Darstellung ge[hört] Georgius Pachymeres zu den bessern Schriftstellern [der] spätern byzantinischen Zeit; sein Styl hält sich ziem[lich] frei von Unrichtigkeiten oder geschmacklosen Auswüchsen; [doch] ist sein Ausdruck oftmals bald durch Weitläufigkeit schw[er]fällig, bald durch gesuchte Kürze unklar. (*Fr. Wilke[n]*.)

PACHYMERIA *Laporte* (Insecta). Eine W[an]zengattung aus der Familie der Randwanzen (Coreod[es]), deren Namen Burmeister (Handb. der Entomologie. [illegible] 221) mit Recht in Archimerus verwandelt hat, da s[chon] eine Gattung Pachymerus da ist. Der Kopf ist drei[ecki]g und ragt zwischen den Fühlern etwas hervor, die F[üh]lerhöcker sind unbedeutend, die Fühler ½ so lang als

Leib, das erste Glied das längste und dickste, das zweite und dritte successiv kürzer, das vierte fast so lang als das erste, also länger als das dritte, spindelförmig. Die Nebenaugen mitten auf dem Scheitel zwischen den Netzaugen, Vorderrücken über den Schultern erweitert, Schildchen dreiseitig zugespitzt. Flügeldecken ohne Auszeichnung. Hinterleib etwas breiter als die Flügeldecken. Beine wie gewöhnlich, die Hinterschenkel verdickt, stachelig, die Schienen geschweift. Die Art scheint in Brasilien zu Hause. Als Typus mag gelten Archymerus squalus *Klug*. Rostfarben, die Schultern des Vorderrückens gerundet, der Hinterleibsrand gelb gezeichnet, das letzte Fühlerglied heller, die Hinterschenkel sehr dick, wie die Schienen mit einem großen Dorne und vielen kleinen, die vordern unterhalb mit zwei Reihen gegen die Spitze der Schenkel immer größer werdender Dornen. Zehn Linien lang. Aus Nordamerika. (D. *Thon*.)

PACHYMERINA *Macquard* (Insecta). Zweiflüglergattung aus der Familie Embites aus Embis *Meigen*. gesondert. Der Rüssel ist länger als der Kopf, die Palpen in die Höhe gebogen, die Stirn bei beiden Geschlechtern breit, das dritte Glied der Fühler ist kegelförmig, zusammengedrückt, der Griffel kurz. Das Geschlechtsorgan des Männchens ist in zwei große Klappen eingeschlossen. Die Füße sind von gleicher Länge, die hintern Schenkel dick. Zwei Unterrandzellen in den Flügeln, von denen die zweite klein, außerdem vier hintere. Als Typus der Gattung dient Pachymerina femorata. Embis femorata *Fabricius*. S. Antl. nr. 14. *Latreille* Gen. 4. 303. *Meigen*. nr. 45. t. 22. f. 20. Drei Linien lang, aschgrau, der Rüssel schwarz, die obere Lippe rothgelb, der Thorax mit drei schwarzen Binden, der Hinterleib beim Männchen glänzendschwarz, beim Weibchen aschgrau, mit schwarzen Rückenflecken, das Geschlechtsorgan gelb mit schwarzer Wurzel. Die Füße rothgelb, die Schenkel schwarz mit gelben Spitzen. Die Schwingkolben gelb, die Flügel bei dem Männchen etwas bräunlich, bei dem Weibchen durchscheinend. (D. *Thon*.)

PACHYMERUS *St. Fargeau* (Insecta). Wanzengattung aus der Familie der Langwanzen (Lygaeodes) (Burmeister, Handbuch der Entomologie. II, 293). Das vierte Fühlerglied länger und nicht dicker als die vorhergehenden, das zweite länger als das dritte, das erste kurz und dick. Leib hornig, hart, oben meistens flach, nach Unten gewölbt, mit scharfem Rande, theils behaart, theils haarlos, immer matt- oder schwachglänzend. Flügeldecken am Grunde hornig, die Haut fast nie glashell, meistens wolkig, trübe oder ganz schwarz, mit fünf Längsadern, von welchen die beiden am Innenrande und die beiden nächsten einander genähert sind, besonders gegen den Grund hin. Jene beiden länger, am Grunde wellenförmig gebogen, hernach gerade; diese kürzer, am Grunde leicht gebogen. Die fünfte vor ihnen, dem Außenrande genähert, viel kürzer; alle drei berühren den Rand der Flügeldecke nicht. Queradern werden nicht bemerkt. Beine wie gewöhnlich, nur die Vorderschenkel etwas verdickt, an der Unterseite bisweilen mit Dornen besetzt, Vorderschienen leicht gebogen. Die drei letzten Bauchsegmente beim Weibchen tief ausgeschnitten, das letzte gespalten. Die Arten sind theils in Europa, theils in Asien, Afrika und Amerika zu Hause. Burmeister theilt sie am angeführten Orte folgendermaßen ein:

A. Die einen haben einen an den Seiten abgerundeten, nicht mit einem scharfen Rande versehenen, meistens schmalen, durch eine tiefe Einschnürung in eine vordere größere und hintere kleinere Hälfte getheilten Prothorax.

a) Hierher gehören die meisten brasilianischen Arten, bei welchen zugleich der Prothorax ist als der Kopf und ganz drehrund. Myodocha *Latreille*. Hierher P. tineodes *Klug*. (*Stoll*. Cim. t. 21. f. 146. B). Schwarzbraun, Fühler, Füße und Flügeldecken hellbraun, die letztern vor der Spitze mit einem weißen Randflecken. Fünf Linien lang. Aus Brasilien.

b) Bei den einheimischen und afrikanischen Arten dieser Gruppe ist der Kopf enger als der Prothorax, der Rand des letzten etwas merklicher, und der Leib gewöhnlich von abstehenden Haaren bedeckt; Körperform elliptisch, Flügel bedecken den Leib völlig. Typus: P. chiragra (Lygaeus chiragrus *Fabricius*. S Rh. 233. 144. *Fallen*. Hem. Suec. 58. 16. Schilling, Beitr. I, 75. t. 6. f. 9. Hahn, Wanzen. I, 56. t. 9. f. 34). Schwarzbraun, das zweite Fühlerglied, die Schienbeine und Flügeldecken rothbraun, die letztern an der Spitze mit einem braunen Nebelfleck. Zwei und eine halbe Linie lang, überall nicht selten unter Moos an Baumstämmen.

c) Bei einigen andern Arten ist der Prothorax verhältnißmäßig sehr kurz, breiter als der Kopf. Der Leib lang gestreckt, sehr schmal und länger als die Flügel, die obern gewöhnlich ohne häutigen Anhang. Typus: P. staphylionides (Schilling, Beitr. 1, 77. t. 3. f 4. Hahn, Wanz. 1, 226. t. 36. f. 118). Ganz schwarz, erzglänzend, die Flügeldecken roth abgekürzt, der hintere Rand derselben häutig weiß, Länge drei Linien. Zwischen Heidekraut unter Steinbrüchen ꝛc.

B. Bei den andern ist der Prothorax immer breiter als der Kopf, doch vorn schmäler als hinten und an den Seiten mit einem besonders scharfen Rande versehen. Alle haben einen weniger bemerkbaren Quereindruck hinter der Mitte des Vorderrückens.

a) Einige schließen sich durch den sehr kleinen Kopf und den vorn sehr schmalen Prothorax den vorigen an, aber der Leib ist sehr breit, und dabei ganz flach, dünn, erweitert sich aber gegen die Mitte bedeutend. Beim Weibchen ist das letzte Bauchsegment gespalten, und nur das vorletzte ausgerandet (Platygaster *Schilling*). Da die Flügeldeckenhaut wegen der nach Hinten breitern Flügel sehr groß ist, so stehen die vier Adern etwas entfernter, die kleinere fünfte am Vorderrande scheint zu fehlen. Typus: P. Abietis (Miris Abietis *Fabricius*. S. Rh. 256, 16. *Panzer*, Faun. German. 92. 22. Cim. ferrugineus *Linné*. S. N. 1. 2. 730. 99. Cim. grossipes *de Geer*. Mém. III, 308. 31. pl. 15. f. 20, 21. Plat. ferrugineus. Schilling, Beitr. 1, 82. 1. t. 7. f. 7. Lyg. Abietis *Fallen*. Hem. Suec. 61. 21). Kopf rostfarben, der Vorderrücken vorn und die Brust schwarz. Drei Linien lang. In Wäldern und Gärten an Baumstämmen nicht selten.

b) Manche haben einen ziemlich großen Kopf, dessen Querdurchmesser zwischen den Augen den Vorderrand des Vorderrückens an Breite übertrifft und feine fadenförmige Fühler von der Länge des Körpers. Typus: P. albostriatus (Lyg. albostriat. *Fabric.* S. Rh. 229. 122). Schwarzbraun, Fühler, Füße, der Rand des Vorderrückens und der Flügeldecken, sowie Streifen auf den letztern heller, vor der Spitze der Flügeldecken ein weißer Randpunkt. Fünf zwei Drittel Linien lang aus Guinea.

c) Die meisten haben einen fast viereckigen flachen Vorderrücken, dessen Vorderrand breiter ist als der Kopf, und auf welchem die Querfurche viel schwächer erscheint. Typus: P. Pini (Cimex Pini *Linné.* S. N. 1. 2. 729. 96. *Ej.* Faun. Suec. 936. *Fabricius.* S. Rh. 229. 125. *Wolf.* ic. 1. 74. t. 8. f. 71. Schilling, Beitr. 1. 64. t. 5. f. 3. Hahn, Wanz. 1. 38. t. 7. f. 25. *Fallen.* Hem. Suec. 51. 6). Schwarzglänzend, der Vorderrücken hinten und die Flügeldecken nußbraun, auf den letztern ein rhomboidaler schwarzer Fleck, die Flügelhaut braun, an der Spitze weißlich punktirt. Drei und eine Viertel-Linie lang, häufig in Fichtenwäldern.

d) Bei einigen ist sogar der Vorderrücken breiter als lang, viel breiter als der Kopf, und der Leib oberhalb ganz abgeplättet, der Vorderrücken hat sehr deutlich einen scharfen Rand, aber die Querfurche ist kaum zu bemerken. Typus: P. Echii (Lygaeus Echii *Panzer.* Faun. Germ. fasc. 72. t. 22. *Fabricius.* Rh. 235. 160. *Ej.* Lyg. aterrimus. S. Rh. 229. 124. Coqueb. illustr. icon. 1. 37. t. 9. f. 10. Cimex carbonarius *Rossi.* Fn. etr. II, 244. 1330. t. 7. f. 7. P. Echii Schilling, Beitr. 1. 73. Hahn, Wanz. 1. 187. t. 22. f. 70). Ganz schwarz, ungefleckt, matt, vier Linien lang, auf Feldern unter Natterwurz. (D. *Thon.*)

PACHYMYA (Paläozoologie), — von παχύς, dick, und Mya — ein fossiles Muschelgeschlecht, von Sowerby aufgestellt, durch die Form mit Modiola, durch die Anheftung des Bandes in einer tiefen Rinne längs des Schloßrandes mit Cypricardia, durch die faserige Textur der dicken Schale mit Catillus verwandt. Mit letzterm Geschlechte vereinigt Deshayes sogar Sowerby's Pachymya, weil auch die Form der von manchen Catillen entspreche; jedoch gesteht er, daß er das Schloß nicht kenne. Der Charakter ist nach Sowerby: Schale zweiklappig, quer verlängert, dick, etwas zweilappig; Buckeln nahe an der vordern Seite, Band rundlich, theilweise eingesenkt und auf zwei länglichen Vorsprüngen (Nymphen) befestiget. Dieses Geschlecht enthält nur eine einzige Art: P. gigas *Sow.* (Min. Conchol. of Great Brit. VI, 1 sq. pl. 504, 505). Aus der untersten Kreide von Dowlands bei Lyme Regis. Sie ist zwei Mal so lang als breit, und breiter als hoch, wenig gebogen, mit fast parallelen Rändern. Der Vorderlappen klein, gerundet, der hintere abgestutzt, beide Enden geschlossen. Klappen tief kahnförmig, mit einem vom Schnabel nach dem Hinterrande gehenden Kiele. Oberfläche glatt, nur nächst dem Rande mit übereinanderliegenden Zuwachsblättern. (*H. G. Bronn.*)

PACHYNEMA. Eine von R. Brown (in Candolle. Syst. veg. I. p. 411) aufgestellte Pflanzengattung aus der zweiten Ordnung der zehnten Linné'schen Klasse und aus der natürlichen Familie der Dilleniaceen. [illegible] Der Kelch stehenbleibend, fünfblätterig, mit rundlichen gewölbten Blättchen; fünf elliptische Corollenblättchen wechseln mit den Kelchblättchen ab; die Staubfäden sind an der Basis sehr dick (daher der Gattungsname: [illegible], Faden, παχύς, dick), oben verdünnt, mit rundlichen, [illegible] dem Rücken angewachsenen Antheren; einige davon [illegible]gen fehl; zwei bis drei eiförmige Fruchtknoten tragen [illegible] der einen pfriemenförmigen Griffel; die Frucht ist [illegible] kannt. Eine einzige Art: P. complanatum *R. Br.* [illegible] c. p. 412. *Delessert.* Icon. sel. I. t. 73), wächst [illegible] nördlichen Neuholland (Carpentaria) als ein ästiger [illegible] mit gabeligen, breitgedrückten, blattlosen Zweigen, [illegible] einzeln an den Seiten der Zweige stehenden kurzgestielten kleinen Blüthen, unter deren Stielchen ein schuppen- [illegible] zahnförmiges Stützblättchen sich befindet. Diese Pflanze gleicht in der Tracht mehr einer Ephedra oder den blattlosen Bossiäen als den übrigen Dilleniaceen. (*A. Sprengel.*)

PACHYNOMUS *Klug.* (Insecta), Wanzengattung aus der Familie der Schreitwanzen Reduvini (Burmeister, Handb. der Entomologie. II. 240). Fühler fast so lang als der Leib, borstenförmig, fünfgliederig, das Grundglied ganz klein und verdickt, die folgenden vier an Länge und Dicke allmälig abnehmend, zwischen allen deutliche, ziemlich alle große, Gelenkglieder. Augen groß, ziemlich glatt, Nebenaugen fehlen. Schnabel sanft gebogen, kegelförmig; das erste Glied der Scheide sehr kurz, das zweite und dritte von gleicher Länge. Vorderrücken mit tiefem Quereindruck und schwacher Längsfurche. Schildchen sehr groß, leicht gewölbt, Flügeldeckenhaut wie bei Prostemma. Beine schlanker, aber die Vorderschenkel ungeheuer dick, Schienen lang, sanft gebogen, mit kleinen Sohlen an der Spitze, wie der Schenkel am Innenrande fein gezähnt. Die Füße wie bei Pirates gebildet, welche Gattung sie lang behaart, die beiden ersten Glieder gleich, die Klauen einfach mit einer steifen Borste am Grunde, welcher der Kralle an Länge gleicht, hat.

P. picipes *Klug.* in Ehrenberg und Hemprich, Symb. phys. Insector. dec. II. t. 9. f. 9. Fuscus, pedibus rufis, abdomine augustiore, elytris vix latiore. Fünf Linien lang. Aus Ägypten. (D. *Thon.*)

PACHYNTICA (von παχύνω, ich mache dick, feist), verdickende Arzneien, wurden in der Zeit der Humoralpathologie Arzneistoffe genannt, welche die Kraft besitzen sollten, entweder die Säfte im Allgemeinen oder einzelne feste Theile insbesondere zu verdicken. In ersterer Beziehung hießen sie auch Inspissantia, in letzterer Incrassantia oder Consolidantia, zum Theil auch wol Coagulantia. (*Rosenbaum.*)

PACHYNUM und PACHYNUS bei Lateinern, *Πάχυνος* bei den Griechen und daher auch bei Ovid (Metam. XIII.) Pachynos, ist der Name eines Vorgebirges von Sicilien und zwar ist von den drei Vorgebirgen, welche die dreieckige Form der Insel bilden, Pachynos die südöstlichste; heißt heute Capo Passaro; die

Die Flügel etwas gelblich, das Randmahl und eine halbe Binde schwärzlich. (D. *Thon.*)

Pachyrrhinchus, s. Psaris.

Pachyrrhinus, s. Phytobius.

PACHYRRHIZUS, diese von Richard gestiftete und durch Candolle (Mém. sur les Legum., Prodr. II. p. 402) bekannt gemachte Pflanzengattung aus der letzten Ordnung der 17. Linné'schen Classe und aus der Gruppe der Phaseoleen der natürlichen Familie der Leguminosen, hielt schon Loureiro (Flor. Cochinch. ed. *Willd.* p. 537) für verschieden von Dolichos. Char. Der Kelch krugförmig, vierlappig, der oberste Lappen breit und schwach ausgerandet; die rundliche Wimpel der Schmetterlingscorolle ohne Schwielen, aber an der Basis mit zwei Falten, in denen die Stiele der Segel liegen; ein Staubfaden ist frei, die übrigen neun sind zu einem scheidenförmigen Bündel verwachsen, welches, an der Basis angeschwollen, in einer oberen Spalte aufklafft; die Antheren sind zuweilen in derselben Blume von verschiedener Gestalt; der Fruchtknoten an der Basis mit einem drüsigen Ringe umgeben, trägt einen unbärtigen, rückwärts gekrümmten, an der Spitze etwas verdickten Griffel; die Hülsenfrucht ist zusammengedrückt, lang, mit sieben bis acht nierenförmigen Samen. Die vier bekannten Arten sind halbstrauchartige, [illegible] mit knolligen Wurzeln (daher [illegible] Name: ῥίζα, Wurzel, παχύς, dick); gedreiten [illegible] den Blattachseln stehenden Blüthentrauben und [illegible] Blumen. 1) P. angulatus *Rich.* (Herb., *Cand.* l. c. Dolichos bulbosus *Linn.* sp. pl. Stizolobium bulbosum *Spreng.* Syst. veg. Phaseolus [illegible] *Plukenet* Almag. p. 292. t. 52. f. 4. Cacara bulbosa *Rumphius* Amb. V. t. 132. f. 2) in Ostindien wildwachsend und dort, wie in Cochinchina und auf den mascarenischen Inseln wegen der roh und gekocht eßbaren Wurzelknollen angebaut. 2) P. trilobus *Cand.* (l. c. Dolichos *Lour.* l. c. p. 535) wird in Cochinchina und im südlichen China cultivirt wegen der gegen zwei Fuß langen knolligen Wurzeln, welche gekocht schmackhaft sind und als kühlend- und diaphoretisch gegen Fieber, Stuhlzwang, Ruhr ꝛc. gebraucht werden. 3) P. [illegible] *Cand.* (l. c. Dolichos *Lour.* l. c. p. 536. Stizolobium *Spr.* l. c.) in den Wäldern von Cochinchina; die harten, fast holzigen Wurzelknollen sind nicht eßbar. 4) P. tuberosus *Spr.* (l. c. cur. post. p. 281. Dolichos *Lamarck* Encycl. II. p. 296. *Plumier* pl. am. t. 220. Stizolobium *Spr.* Syst. III. p. 252) auf Martinique; die Wurzelknollen und Samen werden gekocht verspeiset. (*A. Sprengel.*)

PACHYSANDRA, eine von Michaux so benannte Pflanzengattung aus der dritten Ordnung der vierten Linné'schen Classe (oder, nach der ältern Ansicht, aus der vierten Ordnung der 21. Classe) und aus der Gruppe der Buxineen der natürlichen Familie der Trikocken (Euphorbieen). Char. Die Blümchen stehen, die männlichen oberhalb, die weniger zahlreichen weiblichen unterhalb in einer Ähre beisammen, beiderlei Blümchen sind nur in Hinsicht der Geschlechtstheile verschieden; der Kelch viertheilig, mit Stützblättchen versehen; die Staubfäden sind nach unten keulenförmig verdickt (daher der Gattungsname: ἀνήρ, Mann, παχύς, dick), abgeplattet; die zweifächerigen Antheren auf dem Rücken angeheftet; die drei Griffel stehenbleibend, zurückgebogen, mit einfachen Narben; die Kapsel fast kugelig, dreifächerig, mit zweisamigen Fächern; die langen, glatten Samen hängen oberhalb in den Fächern. Die einzige Art P. prostrata *Mich.* (Flor. bor. am. II. p. 178. t. 45. *Lamarck* Ill. t. 994. *Adr. de Jussieu* Euphorb. t. 1. f. 2. Bot. reg. t. 33) wächst in Nordamerika, besonders auf dem Alleghanygebirge als ein perennirendes Kraut. Der unterhalb niederliegende, oft unterirdische, meist einfache drehrunde, schwachbehaarte Stengel treibt an der Basis sehr zeitig im Frühjahr kaum fingerlange Blüthenähren, welche, wenn sie aus der Erde kommen, als Schäfte erscheinen, und [illegible] Schuppen und weiße Griffel und Staubfäden mit rothen Antheren tragen. Später entwickelt sich der Stengel oben und treibt abwechselnde, eiförmige, grobgekerbte [illegible]ter hervor. — Eine noch zweifelhafte Pflanze aus N[illegible], welche Hooker (Exot. flor. t. 148) Pachysandra coriacea genannt hat, gehört nach Sprengel (Buxus coriacea *Spr.* cur. post. p. 314) zu Buxus. (*A. Sprengel.*)

Pachysoma, s. Pteropus.

PACHYSTOMUS *Latreille* (Insecta). Eine Mückengattung aus der Familie Notacantha unter Tribus Sycarii *Latreille* von Panzer zu Rhagio von Meigen zu Xylophagus gerechnet. Der Rüssel dick, die Palpen von der Länge desselben, ziemlich stark, etwas zusammengedrückt. Das erste Fühlerglied viel länger und dicker, als die übrigen, das dritte dreitheilig, die drei letzten Theile kurz. Typus Pachystomus syrphoides *Latreille.* Gen. 4. 287. Encycl. t. VIII. 623. Rhagio syrphoides *Panzer* 77. 19. Sechs Linien lang, schwarz, der Thorax mit aschgrauen Linien, Hinterleib bräunlich roth, Wurzel und Spitze schwarz. Die Füße rothgelb, die Flügel mit einer dunklen querlaufenden Halbbinde. Findet sich in Teutschland und Frankreich. (D. *Thon.*)

Pachyta, s. Toxotes.

Pachyteles, s. Ozaena.

PACHYTOS, franz. PACHITE (Paläozoologie). Unter diesem Namen hatte Defrance im J. 1825 einige fossile Muscheln von dem Geschlechte Sowerby's und Lamarck's gesondert, welche sich von den übrigen durch eine regelmäßige, ungleichklappige, mehr längliche und daher weniger ungleichseitige, ungeöhrte, außen oft dornige Schale unterscheiden, deren eine größere Klappe an dem dreieckigen Schloßfelde einen ähnlich dreieckigen Ausschnitt (wie etwa Spirifer) für den Austritt eines sehnigen Fußes besitzt, welcher Ausschnitt mit seiner Grundlinie auf dem Schloßrande der vordern Klappe aufsteht. Der Charakter dieses Geschlechtes wäre daher nach Defrance: Testa bivalvis, regularis, dentibus cardinalibus destituta; margine cardinali recto, in altera valva apertura triangulari profunda (pro pediculo tendineo) excisa. Der von Defrance zu diesem Geschlechte gerechneten Arten sind drei: P. spinosus (Plagiostoma spinosum *Sow.*), P. striatus (*Knorr.* II. t. B. I. f. 3, wol nur ein Kern oder eine unbewehrte Varietät der vorigen) und P. Ho-

(Plagrostoma Hoperi *Sow.*) alle aus der Kreide. übrigen Plagrostoma-Arten bleiben dann bei diesem lechte, welchem Defrance nunmehr eine schärfere De-n zu geben nöthig findet.

De Blainville hatte beide Geschlechter in dieser Weise ommen, aber aus Unachtsamkeit ihre Namen gegenvertauscht. — Bei Krüger und Holl findet man die n in Pachites verwandelt.

Deshayes hat nun 1831 zuerst nachgewiesen, daß Pachyten mit manchen dornigen und ebenfalls nicht achsenen, daher regelmäßigern Spondylus-Arten ch übereinstimmen, indem die dreieckige Schloßöffnung dem einen der Buckeln durch eine Auflösung des tchenden, mit dem Bande durchzogen gewesenen s der Schale veranlaßt worden sei, wie denn solche äßige Auflösung gewisser Schalentheile in der Kreide Gewöhnliches ist. Man erfährt inzwischen nicht von wie es sich mit den Schloßzähnen verhalte, welche ondylus sonst so stark und oft schon äußerlich sicht-i sein pflegen, von Defrance aber bei Pachytos aus-ch geleugnet werden.

Wir verweisen nun rücksichtlich der Arten auf Spon-. Das nach dieser Scheidung übrigbleibende Genus ostoma ist nun von Lima nicht weiter verschieden, h auch bei ersterm die klaffende Stelle des Vorder-für den Austritt eines Byssus zu finden pflegt *). (*H. G. Bronn.*)

PACHYTRICHUS *Schoenherr* (Insecta), Rüs-rgattung aus der Abtheilung Erirhinides (*Schoen-* Curculiones. III, 514). Die Fühler mittelgroß, die Geißel siebengliederig, die zwei Wurzelglieder h, fast verkehrt kegelförmig, die übrigen kurz, fast örmig, gegen die Spitze etwas breiter werdend, die länglicheiförmig spitzig. Der Rüssel etwas lang, h stark, rund linienförmig, wenig gebogen. Der Tho-i der Wurzel gestützt, an den Seiten kaum gerundet, Spitze plötzlich verengt an den Augen lappig, oben gewölbt. Die Flügeldecken kurz, fast eiförmig, an Wurzel fast gestutzt, die Schulterecken rundlich, die zusammengerundet, oben gewölbt. Die Füße stark, hienen rund, gerade, dick, die Tarsen ziemlich dünn. ine Art P. Ursus *Schoenherr*. Länglich eiförmig, s, dicht grau beschuppt mit sehr langen aufgerichte-auen ziemlich dickstehenden Haaren bedeckt, Fühler Tarsen rostfarben, der Thorax der Länge nach weit-runzelig, die Flügeldecken fein punktstreifig, die Zwi-ien etwas gewölbt. Die Länge fast wie Phytono-rifolii, aber etwas breiter. Aus dem Kafferlande. (D. *Thon.*)

PACIANUS, Bischof von Barcelona, blühete um ahr 370, starb unter Theodosius, wird von Hieronymus als streng im Amte, beredt, tüchtig im Leben und der Rede geschildert; da von ihm auch seiner Keuschheit gedacht wird, und doch bekannt ist, daß er einen Sohn Flavius Dexter hinterließ, einen Freund des Hieronymus, so darf man mit Grund eine frühere Verheirathung des Pacian voraussetzen. Erwähnt werden von seinen Schriften ausdrücklich Werke gegen die Novatianer, die uns in der Form dreier Briefe an den Novatianer Sympronius erhalten sind. Er bekämpft jenes von Rom um die Mitte des 3. Jahrh. ausgegangene Schisma ganz von dem Standpunkte des Cyprian, auf den er sich auch fortwährend beruft, und damit einen Beweis für das enge Band liefert, das die spanische Kirche mit Nordafrika, namentlich mit Karthago, verband. Es ist das stete Berufen auf die Einheit, oder besser die äußere Abgeschlossenheit der Kirche, sodaß jeder, der von ihrer Gemeinschaft abläßt, zum Ketzer, Schismatiker wird; dies führt er durch an dem Namen catholicus, an den beliebten Bildern von dem einen unzertheilten Mantel Christi und der einen Taube (una est columba mea, Cantic. V, 2). Indessen beweiset er dabei doch mehr Toleranz, als sein Vorbild Cyprian, indem er den Novatianischen Gegner wenigstens mit dem Namen frater anredet. Hieronymus erwähnt noch einer Schrift, *κέρβος*, offenbar cervus, was durch irgend einen Zufall aus einer griechischen Version in den Text gekommen sein muß. Pacian bemerkt in einer uns erhaltenen paraenesis sive exhortatorius libellus ad poenitentiam, daß er eine Schrift, cervulus, verfaßt habe. Der Titel war von einem Spiele, oder einer Posse entlehnt, die unter jenem Namen in Gallien und Spanien getrieben ward. Er bedauert, daß er grade durch sein Eifern dagegen Manchen wol erst damit bekannt gemacht habe; noch besitzen wir eine Rede über die Taufe von ihm, für Getaufte und Katechumenen bestimmt. Seine Werke sind herausgegeben von Tilius (Paris 1538. 4.), von Paulus Manutius (Rom 1564. Fol.) und enthalten Bibl. Patr. maxim. Tom. IV. p. 305—319. (*Fr. W. Rettberg.*)

Paciarius, s. Friedensrichter.

PACIAUDI (Paul Maria) [1]), wurde den 23. Nov. [2]) 1710 zu Turin geboren. Sein Vater, Leibarzt des Königs von Sardinien, sorgte für eine gute Erziehung des schon frühzeitig treffliche Anlagen verrathenden Knaben und gab ihm zu Lehrern in den alten Sprachen mehre gelehrte Jesuiten, unter denen Paciaudi selbst besonders Bern. Lama mit dem innigsten Danke erwähnt. Auf der Universität seiner Vaterstadt erhielt er die erste gelehrte Bildung, je-

---

Defrance in de Férusac, Bulletin des sciences natu-1825), V, 142, 143, und 1827 im Dictionnaire des scienc. XVII, 206, Artikel Pachite. *De Blainville*, Manuel acologie (1825) 522, 650. Krüger's urweltliche Na-ichte (1825), II, 190. Holl's Handbuch der Petrefac-t (1830), 354 *Deshayes* in Description des coquilles ristiques des terrains (Paris. 1831). 70 sq.

1) Hülfsmittel waren: *A. Fabronius*, Vitae Italorum doctrina excellentium saec. XVII. et XVIII. Vol. XIV. p. 180—247. *Gérieys*, Essai sur la vie et les écrits de P., in den Lettres de P. au comte de Caylus. *Dacier*, Éloge du P. Paciaudi, gelesen 1786, abgedruckt in Histoire de l'acad. des inscript. et bell. lettr. T XLVII. p. 329—37; woraus der Artikel von Weiß in der Biograph univers. T. XXXII. p. 334—38 compilirt ist. Bezzosi's Literargeschichte der Theatiner ist dem Verf. d. A. nachzusehen nicht möglich gewesen. 2) Die gewöhnliche Angabe des 13. Nov. haben genauere Untersuchungen als falsch ergeben. Der falsche Todestag in Rotermund's Ergänzungen zu Jöcher ist blos durch Unkenntniß der lateinischen Zeitbestimmung bei Fabronius veranlaßt worden.

doch wandte er sich von da nach Venedig, wo er im J. 1728 in den Orden der Theatiner trat und im August des folgenden Jahres sein Gelübde ablegte. Nachdem er unter Durante und Travasa besonders in der geistlichen Beredsamkeit sich geübt hatte, schickten ihn die Obern seines Ordens zu weiterer Ausbildung nach Bologna, wo er im Umgange und durch den Unterricht der bedeutendsten Männer, wie Beccari rc., große Fortschritte machte und besonders philosophischen Studien oblag. Um Theologie zu studiren begab er sich nach Genua und hier hielt er im J. 1739 die **orazione in onore di S. Tommaso d'Aquino**, deren Druck in den **Miscellanea di varie operette. T. I.** (Venedig 1740) ihm zugleich die erste Gelegenheit verschaffte, die Fülle seiner antiquarischen Kenntnisse durch gelehrte Excurse über das gesammte Triumphalwesen der Römer zu zeigen. In seinem 29. Lebensjahre ward er ungeachtet seiner Jugend zum Professor der Philosophie in Genua ernannt und hatte in diesem Amte den Muth nicht nur die scholastische Philosophie in Vorlesungen und Schriften zu bekämpfen, sondern auch, einer der ersten in Italien, Newton's Lehre zu folgen und mathematische Grundsätze auf die Physik anzuwenden. Darauf bezog sich namentlich der Beccari gewidmete Aufsatz: **Lezione fisica intorno ai principi Newtoniani** (in dem 4. Bande der vorher angeführten Miscellanschrift), in der die Hinneigung zu den philosophischen Grundsätzen von Leibnitz und Descartes nicht zu verkennen ist. Aber diese Laufbahn ward bald von ihm verlassen, er ward Priester und durchreiste predigend die angesehensten Städte Italiens, bei längerm oder kürzerm Aufenthalte in Neapel, Venedig, Ravenna nnd Rom, sowie in Malta angenehme und lehrreiche Verbindungen anknüpfend. Es hatte ihn nämlich sein geistlicher Beruf von gelehrten Studien und wissenschaftlichen Arbeiten nicht abgezogen, von denen mehre während dieser zehn Jahre erschienen sind. Seine sehr zerrüttete Gesundheit nöthigte ihn im J. 1750 das Predigen aufzugeben und zur Wiederherstellung jener auf mehre Monate allen Arbeiten zu entsagen. Das günstige Klima und die Regsamkeit des wissenschaftlichen Lebens bestimmte ihn Neapel zu seinem Aufenthaltsorte zu wählen, wo er an dem Erzbischof und Cardinal Spinelli einen Gönner und Freund fand, dessen anregenden Umgang während siebenjährigen Aufenthaltes in jener Stadt Paciaudi nicht genug rühmen konnte. Doch trennten ihn ungünstige Verhältnisse von dem Cardinal und Paciaudi begab sich nach einem kurzen Verweilen zu Venedig, auf Befehl der Vorgesetzten seines Ordens, nach Rom wo er bei dem gelehrten Papste Benedict XIV. die freundlichste Aufnahme fand und zu dem vertrautern Umgange desselben gezogen wurde. Diese zunehmende Achtung bestimmte auch den Orden ihn zu immer höhern Würden zu befördern, deren Pflichten er mit treuer Sorgfalt erfüllte, ohne dabei seine wissenschaftlichen Arbeiten hintanzusetzen. Es fanden dieselben auch im Auslande volle Anerkennung, die Akademie der Inschriften zu Paris nahm ihn auf den Vorschlag von Caylus und Barthelemy unter ihre Mitglieder auf, und andere gelehrte Gesellschaften folgten diesem Beispiele. Der Ruf, welchen ihm die im J. 1761 herausgegebenen **Monumenta Peloponnesiaca** verschafften, wendete die Aufmerksamkeit des Infanten Philipp, Herzogs von Parma, auf Paciaudi und veranlaßte die Berufung desselben zu der Bibliothekarstelle an einer Bibliothek, deren Gründung und Einrichtung ihm allein überlassen sein sollte. Der ehrenvolle Antrag ward nicht abgelehnt; aber ehe noch Paciaudi das Amt selbst antrat, führte er den lange schon gehegten Wunsch, Frankreich, wo viele freundschaftlich mit ihm verbundene Gelehrte lebten, zu besuchen, aus; zu welcher Reise der Herzog um so lieber seine Zustimmung ertheilte, je reichere Ausbeute selbst in bibliothekarischer Hinsicht von derselben sich erwarten ließ. Paciaudi reiste in Gesellschaft des Prälaten Landi, der vom Papste Clemens XIII. beauftragt war, den neu ernannten Cardinälen Rohan und Choiseul den Purpur zu überbringen. Namentlich in Paris, wo er sich im Anfange des Jahres 1762 aufhielt, fand Paciaudi die zuvorkommendste Aufnahme und von Seiten der Akademie der Inschriften die ehrenvollste Berücksichtigung, obgleich er erst 1769 zum wirklichen Mitgliede derselben gewählt werden konnte. Mit Aufmerksamkeit untersuchte er die Einrichtungen der pariser Bibliotheken, besorgte viele Einkäufe für die neu zu errichtende Bibliothek und knüpfte in derselben Absicht vortheilhafte Verbindungen für die Zukunft an. Auch auf der Rückreise ward Paciaudi in Besançon unter die Mitglieder der dortigen Akademie aufgenommen und trat in ein genaueres Verhältniß mit D. Berthod, von dem der noch jetzt in jener Stadt aufbewahrte Briefwechsel genügendes Zeugniß ablegt. Nach der Rückkehr im J. 1762 nahm ihn sein neues Amt hauptsächlich in Anspruch, und fast unbegreiflich ist es, wie er in der kurzen Zeit von nicht ganz sechs Jahren eine der reichsten und vollständigsten Bibliotheken Italiens zusammengebracht und geordnet hat, wenn man dazu noch bedenkt, daß er einen sorgfältigen, mit vielen bibliographischen Untersuchungen über Verfasser, Werke und Ausgaben versehenen Katalog angefertigt hat. Die Art und Weise, wie er dabei zu Werke gegangen ist, läßt sich erkennen aus der Beschreibung eines Koran, der aus türkischer Beute an den Kaiser Leopold gekommen war, unter dem Titel: **Ad praeclarissimum Alcorani codicem regiae Parmensis bibliothecae.** 1772. Bei diesen mühseligen Arbeiten blieb ihm immer noch Muße zu andern Beschäftigungen, namentlich zur Abfassung einer Menge von Inschriften bei festlichen Gelegenheiten, in denen er die edle Einfachheit und die würdige Kraft der alten Muster mit so viel Geschick nachzuahmen verstand, daß eine Sammlung derselben gewiß nicht uninteressant sein würde. Leider sind die meisten derselben in wissenschaftlichen Zeitschriften zerstreut und nur wenige besonders gedruckt, wie die **Ara amicitiae** bei einem Besuche des teutschen Kaisers in Parma, die **epithalamia exoticis linguis reddita** (Parma 1775), wo alle lateinische Inschriften von Paciaudi herrühren, und **in nuptiis Caroli Emmanuelis Ferdinandi Sabaudi Pedemontii principis et Mariae Adelaidis Clothildis Borboniae inscriptiones ad aedes Judaeorum positae** [3]). Nicht minder nahmen ihn

---

3) Ob das Buch, welches Ebert im bibliogr. Lex. Nr. 15,626

die Ausgrabungen des alten Velleja, einer Stadt der Bojer in Gallia Cispadana, in Anspruch; er hatte vollständige Berichte über die gemachten Entdeckungen und Untersuchungen über Geschichte und Einrichtungen dieser Stadt durch Caylus der Akademie der Inschriften zugesendet; sie erschienen aber so verstümmelt, daß er eine solche Veröffentlichung seiner Arbeiten nur bedauern konnte. Nach der Vertreibung der Jesuiten ward ihm die Leitung der obersten Studienbehörde des Herzogthums übertragen, und in diesem Amte widmete er nicht nur den höhern Unterrichtsanstalten die eifrigste Fürsorge, schaffte eine Menge eingerissener Misbräuche ab und suchte die ganze Einrichtung durch Reglements zu ordnen und zu sichern. Das **Regolamento per le scuole del Diritto Civile e Pontificio**, ferner die **Regolamento per la collazione de' Gradi Accademici** und der **periodus studiorum** sind von ihm ausgearbeitet; die Berufung des berühmten Typographen Bodoni von Rom nach Parma war sein Werk. Aber auch Paciaudi's Leben sollte nicht ohne bittere Erfahrungen bleiben. Die enge Verbindung, in der er mit dem in Ungnade gefallenen und seines Amtes entsetzten Minister Fellini gelebt hatte, machte ihn verdächtig; allerlei Intriguen bewirkten, daß ihn die Ungnade des Herzogs traf und er von seinen Ämtern suspendirt wurde. Seiner Unschuld sich bewußt, war er ruhig nach Turin gegangen, und schon nach wenigen Wochen ward er zurückberufen; neue Beweise von dem Vertrauen seines Fürsten sollten ihm das zugefügte Unrecht vergessen machen. Aber selbst die dringendsten Bitten, die glänzendsten Anerbietungen vermochten nichts; sein vorgerücktes Alter entschuldigte sein Entlassungsgesuch hinlänglich. Die zunehmende Schwäche seines Körpers verbot ihm jede angestrengtere Arbeit, die wieder aufgenommenen geschichtlichen Untersuchungen mußte er liegen lassen. Unter großen Schmerzen verlebte er die drei letzten Jahre, bis ein Schlagfluß in der Nacht des 2. Febr. 1785 seinem Leben und seinen Leiden ein Ende machte.

Paciaudi hat sich auf verschiedenen wissenschaftlichen Gebieten Anerkennung zu verschaffen gewußt; seine Hauptthätigkeit war aber immer den Antiquitäten zugewendet und auf diesem Felde hat er sich durch seine Gründlichkeit und seinen Geschmack in der Auffassung der Denkmäler des Alterthums selbst im Auslande viel Beifall erworben. Die meisten Akademien hatten ihn unter ihren Mitgliedern, er stand nicht blos mit den französischen Alterthumsforschern [4]), sondern auch mit den Teutschen, wie Gesner und Winkelmann in Verbindung. Aber meist sind seine Arbeiten weitläufiger, als man es wünscht, und er hat sich in dieser Beziehung nicht ganz von der Sitte seiner Landsleute losmachen können. Auffallend ist bei diesem Gelehrten die scharfe Polemik gegen die Protestanten, die ihn nicht nur zu besondern Schriften veranlaßte, sondern die selbst an ganz unpassenden Stellen in andern Schriften hervortritt, wie z. B. in den **Monum. Pelop. I, 107. II, 268.** Hartnäckiges Festhalten an den einmal gefaßten Meinungen haben selbst seine wärmsten Lobredner nicht geleugnet.

Bei der Aufzählung seiner Schriften folgen wir den verschiedenen Fächern der Literatur, in welche dieselben gehören. Von seinen geistlichen Reden, deren Beifall auch durch ein sehr glückliches Organ und durch den würdigen Anstand erhöht wurde, sind mehre gedruckt, z. B. **Orazione per le lodi di S. Caterina Vastanense** (Genua 1738, wiederholt Venedig 1752); **Orazione per le lodi de' SS. Cosma e Damiano** (Venedig 1739 u. 1741); **Orazione detta in Napoli ne' solenni funerali celebrati — nella morte del Re Filippo V.** (Neapel 1746), die sich durch sehr gewählte, oft fast dichterische Sprache auszeichnen. — Nicht minder anerkannt sind seine Leistungen als Geschichtschreiber. Den ersten Beweis lieferten **Medaglie rappresentanti i più gloriosi avvenimenti del magistero di Fra. D. Emm. Pinto** (Napoli 1749. Fol.), in denen er die Thaten dieses Großmeisters des Malteserordens durch Münzen verherrlichte und dadurch denselben sich zu solchem Danke verpflichtete, daß er im J. 1755 zum Historiographen dieses Ordens ernannt wurde. Schon vier Jahre früher hatte er seinem Vorgänger in diesem Amte eine eigene Denkschrift gewidmet, unter dem Titel: **De rebus Sebastiani Paulii** (Paoli) **congregationis matris dei commentarius epistolaris ad** *Scip. Maffejum* (Neapoli 1751. 2 Bog. in 4., wiederholt zu Rom 1755). Das wichtigste Werk aber, zu dem ihn dieses Amt veranlaßte, waren **Memorie de' Gran Maestri del Sacro Militar Ordine Gerosolimitano** (Parma 1780. 3 Thle. 4. m. Kupf.). Es enthält dieses Buch die Geschichte der zwölf ersten Großmeister, und sein Werth besteht nicht sowol in neuen historischen Daten, als vielmehr in den durch zahlreiche Documente bestätigten Untersuchungen über den Culturzustand jener Zeiten. — Doch ungleich wichtiger sind seine archäologischen Arbeiten, besonders auch über die ältesten kirchlichen Alterthümer, denen ihn sein Gönner Spinelli immer wieder zuwandte. Geringern Umfang haben die beiden Abhandlungen **Lettera alle due campane di Capua**, die mit einer Schrift ähnlichen Inhalts zu Neapel im J. 1750 erschien, sowie die **Diatribe de veteri Christi Crucifixi signo et antiquis crucibus quae Ravennae sunt** (gedruckt in *A. Fr. Gorii* Symbol. litterar. T. III. [Florenz 1749]), in welcher er als Form des Kreuzes Christi die dem Y der Griechen entsprechende zu erweisen bemüht war und die Erläuterung einiger ravennatischen Denkmäler hinzufügte. Bedeutender ist **de sacris christianorum balneis libellus.** (Venet. 1750. 4.) [5]) und ansehnlich erweitert und verbessert (Rom

anführt, **Paciaudi inscriptiones a I. Bt. Bodonio collectae et in lucem editae** (Parmae 1798. 4.) den oben ausgesprochenen Wunsch realisirt habe, kann der Verf. nicht bestimmen, da es ihm nie zu Gesichte gekommen ist.

4) Seine Correspondenz mit Caylus ist enthalten in **Lettres de Paciaudi au comte de Caylus avec un appendice des notes et un essai sur la vie et les écrits de cet antiquaire Italien** (à Paris 1802), interessant durch die Freude, welche P. über die ihm zugesendeten Pamphlete gegen die Jesuiten äußert und seine Abneigung gegen diesen Orden verrathend.

5) Hiernach sind die falschen Angaben bei Rotermund zu Jöcher zu berichtigen. Die götting. gel. Anz. (1760) S. 961 lehren das Wahre.

1758. 227 S. 4.). Hier hat Paciaudi alles zusammengetragen über das Baden, die Badestuben, Kopf-, Hände- und Fußwaschungen, Wasserbesprengungen bis zum Weihwasser herab, und dazu gehörige Gefäße und überall das Gottesdienstliche darin nachgewiesen. Die seelenreinigende Kraft der Bäder, welche die fruchtbare Einbildungskraft der Kirchenlehrer und die abergläubischen Meinungen des gemeinen Volkes ihnen beigelegt haben, wollte er gegen die Angriffe der Ketzer vertheidigen. Das Umfassendste in dieser Classe seiner Schriften sind **de cultu S. Joannis baptistae antiquitates christianae. Accedit in veterem ejusdem ordinis liturgiam commentarius** (Rom 1755. 4.), welche er in seinem und des Malteserordens Namen dem Papste Benedict XIV. gewidmet hat. Mit welch unermüdlichem Fleiße er hier nicht nur alle auf den Gegenstand bezügliche Monumente gesammelt, wie genau er dahin gehörige Feste, Gebräuche, Gebete und Lieder untersucht hat, darüber ist nur eine Stimme des Lobes. — Am meisten jedoch zeichnete er sich aus als gelehrter Forscher der Alterthümer Griechenlands und Roms, und wie schon seine erste schriftstellerische Arbeit von seiner Vorliebe für derartige Untersuchungen zeugte, so nahm er auch schon früh an den gelehrten antiquarischen Streitigkeiten seiner Landsleute lebendigen Antheil, fern jedoch von heftiger Streitsucht, nur die Wahrheit im Auge behaltend Als man über die Lage der alten picenischen Stadt Cupra ungewiß war, schrieb er im J. 1742 die Abhandlung **della antichità di Ripa Transona** in den **Miscellan. di varie operette. T. VI.**, in deren Hauptresultat, es habe nur ein Cupra gegeben, dies aber zwiefach getheilt in **maritima** und **urbana**, er freilich gegen die bestimmtesten Zeugnisse der alten Geographen verstieß und auch gründliche Widerlegung fand an *M. Sarti*, **Epist. de Cupra Montana etc. in Opuscoli del Callogerà Vol. XXXIX.** Den Plan einer neuen Bearbeitung desselben Gegenstandes hat er leider nie durchgeführt. Hier ist auch der Ort, mehre kleine Abhandlungen zu erwähnen, zu deren Abfassung er meist durch äußere Umstände, durch Bitten von Freunden und Gönnern veranlaßt wurde. So **Dissert. intorno ad un' antica inscrizione (in Raccolta degli opuscoli scientifici e filologici, Venet. Vol. XLII.)**, in der er **CRESTI GER** auf einen Eigennamen **Crestus**, der **gerulus** gewesen sei, deutete; ferner die **Dissert. sopra una statuetta di Mercurio (Napol. 1747. 4.)** mit Untersuchungen über den Cultus dieses Gottes und die ihm beigelegte **Testudo; osservazioni sopra alcune singolari e strane medaglie (Napol. 1748. 4.)**; die Berichte **Sopra la città di Eraclea o Ercolano (in Raccolta d. opuscoli scient. e filolog. Vol. XXXVIII.)** und Anderes auf die herculanischen Ausgrabungen Bezügliche in Berichten an Geßner (s. götting gel. Anz. 1753. Nr. 84); **Diatribe qua graeci anaglyphi interpretatio traditur (Rom. 1751. 4.)**; **Puteus sacer agri Bononiensis commentario illustratus (Rom. 1756. 4.)** auf Antrieb des Papstes geschrieben, mit reichhaltigen Excursen über die Brunnen und heiligen Haine der Alten. Größern Umfangs sind die demnächst zu erwähnenden archäologischen Schriften. 1) *ΣΚΙΑΔΙΟΦΟΡΗΜΑ* **s. de umbellae gestatione commentarius (Rom. 1752 4.)**[6]), in welcher Schrift er den Ursprung der Sonnenschirme, deren Gebrauch bei den Festfeiern der Griechen, bei Juden und Christen nachweist und ähnliche Instrumente durch alte Denkmäler erläutert. 2) **De athletarum** *κυβιστήσει* **in palaestra Graecorum commentariolum epistolare (Rom. 1756. 4.)**, auf Bitten des Grafen Caylus geschrieben und Mehres aus den agonistischen Alterthümern der Griechen behandelnd. 3) **De Beneventano Cereris Augustae mensore** *ἐξήγησις* (Rom. 1753. 4), mit Erläuterungen über die Maße der Alten und deren bildliche Darstellung auf den Monumenten. Diese Abhandlung ist auch abgedruckt im **Thesaur. antiquit. Beneventan.** p. 329—350. 4) **Ad nummos consulares IIIviri Marci Antonii animadversiones philologicae; acced. explicatio tabulae Peloponnensis** (Rom. 1757 4.), worin nicht nur die Geschichte des Antonius beleuchtet wird, sondern auch die Kriegsalterthümer Roms, z. B. was die Eintheilung der Legionen, den Bau der Kriegsschiffe u. A. betrifft, durchgegangen werden. Der Anhang bezieht sich auf die Verhältnisse der Ärzte im Alterthume. Diese Schrift wurde auch in Teutschland besonders gelobt in den **Acta Eruditorum.** 1758. p 385—397. 5) Endlich sein Hauptwerk: **Monumenta Peloponnesiaca commentariis explicata.** 2 Voll. (Rom. 1761. 4.). Die hier behandelten **Monumenta**, hauptsächlich aus der Sammlung des venetianischen Senator und Patrizier Bern. Nani sind theils **scripta** (und darunter allein 45 griechische), theils **figurata**, von denen eine sehr große Anzahl in Kupferstichen meist an das Ende, oft in die Mitte der einzelnen Abhandlungen gesetzt ist. Das Bekanntere ist hierin meist übergangen; die Untersuchungen über die Diana, über die Horologien und andere die Zeit anzeigende Maschinen, über die Verehrung der Winde, über Ithaka, über die Bedeutung des *τέμενος* enthält der erste Theil; der zweite **Psephismata Epidauriorum et Gytheatarum**, nebst einem Anhange unter dem Titel: **Symmicta necrologica.** — Zuletzt möge auch eine literarhistorische Untersuchung Paciaudi's erwähnt werden, zu der ihn sein Freund Bodoni veranlaßte, das **Proloquium de libris eroticis antiquorum**, mit welchem die prächtige Ausgabe des Longus (Parma 1786. 4.) eröffnet ward und das auch G. H. Schäfer in der zu Leipzig 1803 in 12. erschienenen Ausgabe wiederholt hat. (*F. A. Eckstein.*)

PACICHELLI (Gio. Batt.), ein italienischer Gelehrter, geb. zu Pistoja etwa im J. 1640, studirte zu Pisa, woselbst er Doctor der Rechte wurde, und zu Rom, wo er sich in den geistlichen Stand begab; seine Talente erwarben ihm Beschützer, durch deren Empfehlung er einem nach Teutschland geschickten päpstlichen Legaten als Auditor beigegeben ward; er benutzte diese Stellung zu Reisen durch Teutschland, England, Frankreich, und diese zu Beobachtungen über die eigenthümlichen Sitten und Gebräuche jedes Landes, wie zur nähern Bekanntschaft mit seinen Merkwürdigkeiten. Nach zehnjähriger Abwesenheit kam er

6) Diese Schrift ist in Teutschland nachgedruckt **Romae et Dessaviae** (1782) mit drei Kupfern.

nach Rom zurück, erhielt eine Pfründe in Neapel und zog sich dahin zurück, woselbst er auch im J. 1702 gestorben ist. Schriften: 1) Schediasma de iis qui nullo modo possunt in jus vocari. (Rom 1669. 4.) 2) Vita de Gio. Batt. de' Marini, con un indice degli scrittori domenicani. (ib. 1670. 4.) 3) De distantiis. (ib. 1672. Fol.) 4) Chiroliturgia sive de varia ac multiplici manus administratione lucubrationes. (Cölln. 1673.) 5) Diatriba de pede (ib. 1675.) 6) De jure hospitalitatis. (ib. 1675.) 7) Memorie de' viaggi per l'Europa christiana. (Nap. 1685. 3 Voll. 12.) enthält die von ihm während seiner Reisen an seine Freunde gerichteten Briefe, reich an geistreichen Bemerkungen und interessanten Nachrichten über die Literargeschichte dieser Zeit. 8) Memorie nuove etc. (ib. 1690. 2 Voll. 12.) Fortsetzung von Nr. 7; auch ist hiervon vielleicht nur ein neuer Abdruck Lettere familiari istoriche ed erudite. (ib. 1695. 2 Voll. 12.) 9) Schediasma juridico-philologicum tripartitum de larvis, de capillamentis et de chirothecis. 10) De tintinnabulo Nolano lucubratio. (ib. 1693. 12.) 11) Il regno di Napoli in prospettiva divisa in dodeci provincie, in cui se descrivono la sua metropoli et le cose più notabili etc. (ib. 1703. 3 Voll. 4. mit Karten und Kupf.), zu seiner Zeit das vollständigste und genaueste Buch über das Königreich Neapel und auch noch jetzt vorzüglich brauchbar *). (*H.*)

PACIFICALE, ein der katholischen Kirche eigenthümliches Kirchengefäß, s. Pax.

PACIFICATION (Edits de), heißen in Frankreich die verschiedenen von den Königen den Protestanten bewilligten freie Religionsübung einräumenden Verfügungen, s. Religionskriege (französische). (*H.*)

PACIFICE In den Lehenbriefen oder sonstigen Lehensurkunden findet sich mitunter die Formel, daß der Vasall das Gut: pacifice quiete ac libere, oder auch frei geruhentlich belehnt erhalte; desgleichen, daß er es quitt, frei, geruhig und friedsam besitzen solle. Wie über die Bedeutung so mancher andern Formeln des Lehenrechtes Zweifel obwalten, so auch bei diesen Formeln, die man übrigens mit Recht für synonym hält. So lange sich aus dem Zusammenhange der bezüglichen Lehensurkunden kein anderer Sinn ergibt, muß man sich, nach bekannten Grundsätzen der juristischen Hermeneutik, an die wörtliche Bedeutung halten. Hiernach ist aber, nach Anleitung und Analogie gewisser Verordnungen des römischen Rechts [1]), unter dem Feudum pacifice libere ac quiete concessum ein solches Lehen zu verstehen, welches frei ist von dinglichen Beschränkungen oder Grundlasten. Indessen muß dieser Satz doch wieder mehrfach begrenzt werden. Da der Lehenscontract an und für sich ein Privatvertrag ist, durch solche Verträge aber, wie schon die römischen Juristen lehrten [2]), und zum Überfluß auch in den Gesetzen ausdrücklich anerkannt worden [3]), öffentliche Verhältnisse durchaus nicht modificirt werden, so muß der Lehensmann, ungeachtet der unter obiger Formel geschehenen Verleihung, die auf dem Feod ruhenden öffentlichen Lasten anerkennen. Als daher ein teutscher Graf, welcher ein gewisses Lehen „aufs allerquitteste und freiste, friedlich und geruhsamlich" verliehen erhalten hatte, in Folge dieser Belehnung von den Reichsanlagen und Reichssteuern befreit zu sein vorgab, wurden seine Prätensionen mit Recht für unstatthaft erachtet [4]). Allein mit demselben Rechte muß man auch behaupten, daß der Vasall sich die zu Gunsten dritter Privatpersonen auf dem Lehen bereits ruhenden Grundgerechtigkeiten gefallen lassen müsse, da obligatorische Verträge, mithin auch die Lehenscontracte, immer nur unter den Contrahenten Rechte und Verbindlichkeiten begründen, ohne die wohlbegründeten Rechte Dritter irgendwie zu afficiren [5]). Doch hat er in einem solchen Falle gegen seinen Herrn, wenn Letzterer ihn über die Grundlast in Unwissenheit ließ, dieselben Rechte, wie z. B. aus einer verschwiegenen Servitut [6]). Diese Rechte hat er indessen nicht, wenn der Herr ihn von den öffentlichen Lasten nicht in besondere Kenntniß setzte. Denn diese Lasten verstehen sich schon von Rechts wegen, und die Ignorantia juris, worin sich der Vasall etwa befinden könnte, dient ihm bekanntlich nicht zur Entschuldigung [7]). Dagegen besitzt er das Gut frei von allen zum Vortheil des Herrn selbst darauf liegenden Lasten. Wie er daher den Zins nicht zu leisten braucht, welcher bisher auf der Besitzung lastete, weil sie ein herrschaftliches Zinsgut war, so braucht er sich auch denjenigen besondern Leistungen nicht zu unterziehen, zu welchen der Vasall als solcher, entweder nach dem localen, oder particulairen oder gemeinen Lehenrechte, seinem Lehensherrn verbunden ist. Er braucht mithin z. B. weder das Laudemium noch die Lehenfolge zu leisten. Nur insoweit ist er auch diesen und ähnlichen Verpflichtungen nachzukommen schuldig, als sie vom Lehensherrn bei der Verleihung besonders ausgenommen sind; wie es namentlich in dem oben angeführten speciellen Falle in Bezug auf den Roßdienst geschehen war, welchen sich der Lehensherr bei der unter unserer Formel ertheilten Belehnung ausdrücklich vorbehalten hatte [8]). So weit ein solcher Vorbehalt nicht reicht, ist daher ein unter der fraglichen Formel verliehenes Lehen ein sogenanntes Frei- oder Ehrenlehen (feudum honoratum, francum, blancum). Die hauptsächlichste Freiheit dieser Lehen besteht freilich zunächst immer in der Freiheit des Vasallen vom eigentlichen Lehendienste. Zum Zeichen dieser Freiheit ist es öfters auch der Fall, daß der Vasall zwar Dienste zu leisten hat, die sich aber schon an und für sich als so geringfügig darstellen, daß sie im Grunde für nichts geachtet werden können. Namentlich hat Walter Scott in seinem Waverley diesen Punkt recht trefflich zur Karrikirung des alten Bradwardine benutzt, der sich im Besitze seines Feudum blancum

*) Nach Weiß in der Biogr univ.

1) L. 90. 169. D. de verbor. Significat. (50, 16.) 2) *J. Paulus*, Sentent. recept Lib. I. Tit. 1. §. 6. Consultatio vteris Icti. Tit. 4. 3) L. 38. D. de pactis (2. 14). L. 42. D. de oper. libert. (38, 1.)

4) Zedler's Universallexikon. 26. Bd S. 100, 101. 5) Tit. C. inter alios acta vel judicata aliis non nocere (7. 60). 6) L. 66. pr. D. de contrahent. emtione (18. 1). L. 61. D. de aedilit. edict. (21. 1) 7) L. 9. pr. §. 3. D. de juris et facti ignorantia (22. 6). L. 10. D. de bonorum possess. (37. 1.) 8) Zedler a. a. O. S. 100.

sehr viel zu Gute thut auf das ehrenvolle **servitium detrahendi seu exuendi caligas regis post battaliam.** (*Dieck.*)

PACIFICUS, 1) Archidiakonus von Verona, bekannt nur durch eine zu seinen Ehren in der Kathedrale von Verona im J. 846 errichtete räthselhafte Grabschrift, von der Onuphr. Panvinio zuerst einen Theil, das Ganze zunächst Scipio Maffei (in seiner **Praefat. ad Complex.** *Cassiodori*) und dann Muratori (**Antiquitt. Ital. med. aev. III.** p. 837) publicirt und der P. Hieronymus de Prato (in einer Abhandlung in den **Raccolta Ferrarese. T. XIV.** p. 105) zu enträthseln versucht hat. Hiernach ist er im J. 776 geboren, in seinem 26. Jahre Archidiakonus von Verona geworden, dies 43 Jahre lang gewesen und 844 in einem Alter von 68 Jahren gestorben. Er muß nach der Inschrift 1) ein Freund der mechanischen Künste gewesen sein und entweder selbst mit großer Vollkommenheit in Gold, Silber und andern Metallen, in Holz und Marmor zu arbeiten verstanden, oder diese Arbeiten begünstigt und durch sein Geld und seinen Rath gefördert haben; 2) legt ihm die Inschrift die Erfindung einer Nachtuhr bei, aber da schon im J. 757 Papst Paul I. an den König Pipin eine solche Uhr geschickt hat, so kann Pacificus sie nicht erfunden, sondern nur verbessert und vervollständigt haben; 3) soll er 218 Bände verfaßt oder lieber abgeschrieben haben und darunter auch eine Glosse über das alte und neue Testament; wäre das wahr, so müßte er der allerälteste Glossator der Bibel sein. Vergl. über ihn Maffei in **Verona illustrata** *).

2) **P. Maximus**, aus Ascoli, von adeliger Geburt, gestorben etwa 1500 in einem Alter von 100 Jahren, Verfasser von einer Invective gegen Politian und verschiedenen theils poetischen, theils prosaischen Schriften in lateinischer Sprache, wovon die vollständige Sammlung, unter dem Titel: **Hecatelegium sive elegiae nonnullae iocosae et festivae, laudes summorum virorum, urbium et locorum, invectivae in quosdam, laudes patriae Aesculanae et alia quaedam jucunda et docta.** (Florenz 1489. 4.) erschienen, äußerst selten ist; während die Ausgabe von Fano (1506) sich nirgends, auch nicht in Italien in einem vollständigen Exemplar findet; eine zweite Ausgabe ist Camerino (1523. 4.). Es finden sich hier zwei Bücher Elegien über die Lucretia, zwei über die Virginia, zwei über die Kriege des Cyrus, eins über den Kampf des Marius und Sulla, sechs über den Sklavenkrieg des Spartacus rc. Ihn mit Ovid in eine Parallele zu stellen, dazu konnte höchstens seine Gewandtheit in Handhabung des Verses Berechtigung geben; denn sonst dürfte man schwerlich noch eine Eigenschaft des Ovid an ihm nachweisen. Im J. 1691 sind in Padua die Gedichte des Pacificus, jedoch mit Ausschluß der obscönen Stellen in 4. wieder abgedruckt worden. (Vergl. über ihn *Vossius* **de histor. Latin. III,** 8 **extr.** p. 630 **sq.** *Lancelotti* in **Memorie per la vita di Angelo Colocci** und *Annib. Mariotti* in **Lettere pittoriche Perugiae.** p. 273) (*H.*)

*) Nach Weiß Biogr. univ.

PACIFIQUE DE PROVINS, ein französischer Capuciner, wurde als Missionar zuerst im J. 1622 in die Levante geschickt, reiste über Constantinopel nach Ägypten, besuchte auch das heilige Land und kam über Sicilien und Italien zurück; auf dieser ersten Reise sah er sich nach Orten um, wo sein Orden mit Nutzen Klöster anlegen könne; das Resultat seiner Nachforschungen theilte er dem Papste mit und die Congregation der Propaganda ertheilte seinen Vorschlägen ihre Genehmigung. Im J. 1627 ging er nach Aleppo und errichtete mit Unterstützung des Großveziers Kalif Pascha, der ihm einen großherrlichen Firman auswirkte, ein Kloster daselbst; auch auf die Insel Cypern erstreckte sich seine Sorge. Im J. 1628 ging er mit zwei Capucinern nach Persien; seine Ankunft in Ispahan beunruhigte Anfangs die dortigen holländischen und englischen Kaufleute, welche fürchteten, es möchten diese unter der Autorität des französischen Königs gekommenen Capuciner eine ihnen gefährliche Concurrenz französischer Kaufleute vorbereiten; aber bald über den Zweck seiner Reise unterrichtet, leisteten sie ihm wesentliche Dienste. Vom Könige von Persien, Schah Abbas zur Audienz gelassen, überreichte er ihm ein Schreiben und Portrait des Königs Ludwig XIII.; er erhielt die Erlaubniß, zwei Klöster, eins in Ispahan und eins in Bagdad, zu errichten, und ein Schreiben für den König von Frankreich. Später besuchte er die französischen Antillen, kam dann nach Paris, woselbst er im J. 1653 gestorben ist. Schriften: 1) **Lettre sur l'étrange mort du grand Turc, empereur de Constantinople** (Par. 1622. 12.), worin über die Entthronung und Ermordung Osman II. berichtet wird. 2) **Voyage de Perse, contenant les remarques particulières de la Terre-Sainte et le testament de Mahomet.** (Par. 1631. 4., 1642. 12.) 3) **Relation ou description des îles Saint-Christophe et de la Guadeloupe en Amérique.** (ib. 1648. 12.) (Nach der Biogr. univ.) (*H.*)

PACIMONTANUS. Unter diesem von seiner Geburtsstadt Friedeberg hergenommenen Namen erscheint der bekannte Wiedertäufer B a l t h a s a r H u b m e y e r, welcher im J. 1528 zu Wien verbrannt wurde. (*Escher.*)

Pacio (Giulio), s. **Pacius.**

PACIOTTI (Pietro Paolo), ein berühmter Tonsetzer des 16. Jahrh., von dessen Leben nichts bekannt ist. Liebhaber und Untersucher der Kunstgeschichte dieses wichtigen Zeitraumes finden etwas von seinen Arbeiten nach Angabe Baini's im Archiv der liberianischen Hauptkirche, St. Maria Maggiore, zu Rom, und zwar gedruckt. Desgleichen besitzt die altämpsianische Bibliothek einen Band gedruckter Messen unter dem Titel: *Petri Pauli Paciotti romani*, **sem. rom. musicae moderatoris, Missarum libri I. quatuor ac quinque vocibus concinendarum; nunc denuo in lucem editus** (**Romae, ap.** *Alex. Gardanum.* 1591). Ferner wird in dem mailänder **Indice de Spettac. teatr.** vom J. 1788—1791 eines Operncomponisten Francesco Pacciotti gedacht, welchem Gerber im n. Lex. dem Namen nach mit aufführt, wogegen er den erstgenannten und für die Kunstgeschichte viel wichtigern Mann völlig übergeht. Der Letzte, Franc., ist ganz verschollen. (*G. W. Fink.*)

PACIUS (Julius) *), geboren am 9. April 1550 in der venetianischen Stadt Vicenza, führt den Beinamen von Beriga von einem unweit Vicenza liegenden Schlosse, woselbst seine Familie ein Wohnhaus besaß. Sein Vater, Paul Pacius, aus einer zwar angesehenen aber unbegüterten Familie stammend, wendete alles, so weit seine Kräfte reichten, auf die Erziehung des einzigen Sohnes, und sandte ihn früh auf die hohe Schule zu Padua, um dort Philosophie und die Rechte zu studiren. Auf dieser Hochschule erhielt der junge Pacius die Doctorwürde und kehrte alsdann in seine Vaterstadt zurück. Allein durch das eifrige Studium protestantischer Bücher, seinen Glaubensgenossen, und besonders dem Bischofe seiner Vaterstadt verdächtig, entzog er sich einer ihm drohenden Untersuchung von Seiten der Inquisition durch die Flucht. Er ging nach Genf, trat hier zur protestantischen Religion über, und erhielt sich durch Privatunterricht, da er den geringen Betrag seines Vermögens bei der Flucht aus seiner Vaterstadt, in dieser hatte zurücklassen müssen. Die Tüchtigkeit und Gediegenheit seiner Kenntnisse, wie seines Lehrertalents, verschaffte ihm bald die Stelle eines öffentlichen Rechtslehrers an der Akademie zu Genf, eine Stelle, der er zehn Jahre lang, von 1575—1585, vorstand. In diesem letztern Jahre erhielt er den Antrag zu einer juristischen Professur zu Heidelberg, die er annahm. Seit dieser Zeit stieg sein Ruf als Lehrer, wie als Schriftsteller, wie sich am besten aus dem Wetteifer der damaligen Universitäten, ihn unter die Zahl ihrer Lehrer rechnen zu können, ergibt. Zuerst erhielt er einen Ruf an die neu errichtete Universität Helmstedt; allein die Anfoderungen, die er machte, konnten nicht erfüllt werden, und so zerschlugen sich die Unterhandlungen. Seit dieser Zeit wurden ihm jedoch seine Verhältnisse zu Heidelberg und namentlich die Stellung zu seinen Collegen zuwider, wozu ebenso sehr seine steigende Anmaßung, als der Neid und die Eifersucht seiner Collegen Veranlassung geben mochte. In Folge dessen verlangte er im Februar 1594 seine Entlassung, und erhielt dieselbe, nachdem vergebliche Versuche ihn zu halten von Seiten des akademischen Senats, wie der Regierung gemacht worden waren, im Juni 1594. Pacius wandte sich darauf nach Sedan, auf die neu errichtete reformirte hohe Schule, wohin ihn Herzog Heinrich von Bouillon berufen, und trug daselbst Logik vor. Allein in Heidelberg wurde man gar bald inne, wie viel die Universität durch seinen Abgang verloren, und so wurden auf Anrathen des akademischen Senates mit ihm Unterhandlungen, über seine Rückkehr, angeknüpft. Diese zerschlugen sich aber, da Pacius, wenngleich nicht abgeneigt, in anmaßendem Tone der Regierung seine Bedingungen vorschrieb. Gleichwol wurde ihm bald darauf, am 21. Sept. 1597, abermals die vacant gewordene Professur der Pandekten in Heidelberg angeboten unter ebenso ehrenvollen als annehmlichen Bedingungen. Allein der Zufall trat hindernd in den Weg, indem der an Pacius abgesandte Bote, wegen der damals in Teutschland herrschenden Pest, nicht weiter als bis Genf kommen konnte, und hier der Magistrat, der die weitere Beförderung des Antrages übernommen, es nachlässig versäumte. Inzwischen hatte Pacius die Stelle eines Rectors am Collegium zu Nimes angenommen; aber bald unzufrieden mit dieser Stellung, vertauschte er dieselbe mit einer juristischen Professur zu Montpellier. Abermals versuchte man im J. 1603 ihn nach Heidelberg zu ziehen, allein er blieb in Montpellier, als königlicher Rath und oberster Rechtslehrer bis zum J. 1616, wenngleich inzwischen auch mehrfache Anträge an ihn ergangen waren, die erste juristische Lehrstelle an der erneuerten Universität Aix anzunehmen. Im J. 1616 übernahm er ein juristisches Lehramt zu Valence, das ihm mit einem Gehalte von jährlich 600 französischen Thalern angeboten worden. Er erwarb sich in dieser Stellung so sehr allgemeine Achtung und Zufriedenheit, daß ihm nicht nur das Bürgerrecht, sondern auch die Würde eines Parlamentsrathes zu Grenoble ertheilt wurde. Zwei Vocationen, die eine nach Pisa, die andere nach Leyden, schlug er aus, wiewol ihm namentlich auf der letztern Universität ein jährlicher Gehalt von 1000 Thlrn. und das Recht angeboten wurde, Vorlesungen nach Belieben zu halten, oder nicht zu halten. Zwei Jahre später, also im J. 1618, ging er, obwol 68 Jahre alt, nach Padua, als erster Rechtslehrer, wohin ihn die Republik Venedig mit einem Gehalte von 1200 Thlrn. und besonderm Reisegelde von 400 Thlrn. berufen hatte. Bald darauf erhielt er vom Senat den St. Marcusorden und eine goldene Kette. Allein Misverhältnisse zu seinen Collegen, veranlaßt theils durch die Ehrenbezeugungen, die ihm widerfuhren, theils durch seine Eifersucht auf die wachsende Zuhörerzahl jüngerer und minder berühmter Lehrer, als er, bewogen ihn schon nach einem Jahre seine Entlassung zu fodern. Er kehrte hierauf nach Valence zurück, erhielt daselbst die frühere Lehrstelle mit einer Pension von 1000 Kronen und lehrte noch fünf Jahre bis zum Anfange des Jahres 1635, wo er, fast 85 Jahre alt, starb. So viel über seine äußern Schicksale. Über seine Familienverhältnisse ist wenig bekannt. Während seiner ersten Professur in Genf verheirathete er sich mit einem adeligen Frauenzimmer, die aus Lucca gebürtig, wegen Religionsverfolgungen ihre Vaterstadt verlassen und sich nach Genf begeben hatte. Mit dieser erzeugte er zehn Kinder, unter diesen 4 Söhne, von denen jedoch zwei frühzeitig starben.

Unter den Gelehrten seiner Zeit nimmt Pacius einen nicht unbedeutenden Platz ein. Seine gründlichen Kenntnisse des römischen Civilrechts, unterstützt durch eine umfassende Gelehrsamkeit in andern Zweigen des Wissens, namentlich der Kunde der alten Sprachen, erwarben ihm mit Recht den Ruf eines der ersten Juristen seines Zeitalters. Ebenso berühmt als beliebt war er als Rechtslehrer, hauptsächlich durch die logische Ordnung und Klar-

*) Ausführlichere Nachricht über dessen Leben findet sich in folgenden Werken: Hugo, Lehrb. der Gesch. des röm. Rechts. §. 272. *Tomasinus*, elog. T. II. p. 169. *Niceron*, mémoires. T. XXXIX. p. 270. Jugler's Beiträge zur jurist. Biogr. 2. Bd. N. 21. S. 250. *Tiraboschi*, stor. T. VII. Lib. 2. c. 4. §. 23.

heit seines Vortrags. Der beste Beweis dafür liegt in dem Wetteifer, mit dem die damaligen renommirtesten Universitäten sich bemühten, ihn zu ihrem Lehrer zu zählen. Daß ihn außer der Jurisprudenz auch gründlichere philosophische Studien beschäftigten, ergibt sich theils daraus, daß er eine Zeit lang zu Sedan ausschließlich Logik, nach Grundsätzen des Aristoteles, zu dessen System er sich überhaupt bekannte, lehrte, theils aus den Büchern, die er darüber schrieb, von denen weiterhin bei dem Verzeichnisse seiner Schriften die Rede sein wird. Seinem moralischen Charakter wird von den Meisten der Vorwurf großer Unbeständigkeit gemacht. Allein man kann diese Anklage wenigstens nicht auf die so häufigen Ortsveränderungen und auf den Wechsel der Hochschulen, an denen Pacius lehrte, stützen. Es ist dies ein Schicksal, das in gleicher Weise und in jedem Zeitalter allgemein geachtete und beliebte Lehrer trifft, in der Regel eine Folge und Anerkennung ihrer Tüchtigkeit und ein Beweis, daß sie unter ihren Zeitgenossen hervorragen. Ebenso wenig kann ihm mit Recht eine große Unverträglichkeit zur Last gelegt werden; denn er lehrte in Genf zehn Jahre, in völliger Eintracht mit seinen Amtsgenossen, fast ebenso lange späterhin in Heidelberg und noch länger in Montpellier. Den Vorwurf der Zanksucht und Ränkemacherei hat er sich zugezogen durch eine Feindseligkeit, in der er mit Scipio Gentilis lebte. Dieser letztere war im J. 1587 nach Heidelberg gekommen und daselbst immatriculirt worden. Im folgenden Jahre bewarb er sich zugleich mit einem gewissen Kresting, einem besondern Günstlinge des Pacius, um eine in Heidelberg erledigte Professur der Rechte, und da der letztere die Professur erhielt, beschwerte sich Gentilis nicht nur öffentlich, sondern drohte selbst damit, daß er bei vorkommender Gelegenheit sich an Pacius, dem er die Vereitelung seiner Wünsche zuschrieb, rächen wolle. In einem besondern **Epos ad Hippolitum a Collibus** machte Gentilis die ausgesprochene Drohung wahr, indem er sich allerlei schmähende Ausdrücke und Anfeindungen gegen Pacius erlaubte. Immerhin mag Pacius in den darüber ausgebrochenen Streitigkeiten, die zu mehrfachen richterlichen Verhandlungen führten, und mit der Verurtheilung des Gentilis zur Relegation wegen Abfassung eines Pasquills endigten, sich einer leidenschaftlichen Hartnäckigkeit schuldig gemacht haben; allein daß diese Folge einer angeborenen Unversöhnlichkeit und Zanksucht gewesen, ist um so weniger zu glauben, da wir ihn sonst meist in friedlichen Verhältnissen mit seinen Amtsgenossen finden. Reibungen der Art, wie die zwischen Pacius und Gentilis, kommen auch zwischen sonst friedfertigen Individuen vor, und nirgends leichter, als unter Verhältnissen, in denen wir Pacius und Gentilis finden, wo die Öffentlichkeit der Stellung und deren Abhängigkeit von der allgemeinen Stimme, von selbst eine, vielleicht überreizte, Empfänglichkeit gegen die öffentliche Meinung und jede leiseste Kränkung der Ehre erzeugt. Auch die noch in neuester Zeit mit Unrecht gegen Professoren erhobene Beschuldigung, daß sie nur auf ihren Vortheil mit kleinlicher Berechnung bedacht, so leicht ihre Stellung mit einer ihnen dargebotenen einträglichern vertauschen, kann dem Pacius nicht mit Grund gemacht werden; denn daß er während der Verwaltung seines Lehramtes zu Valence, zwei ungleich einträglichere Vocationen nach Pisa und Leyden ausgeschlagen, ist schon oben erwähnt worden. Ob übrigens Pacius auch in seiner religiösen Überzeugung die ihm sonst wol mit Unrecht Schuld gegebene Unbeständigkeit bewiesen, und wieder zur römisch-katholischen Religion, von der er während seines ersten Aufenthaltes in Genf zur protestantischen Kirche übergegangen war, zurückgekehrt sei, läßt sich wenigstens nicht mit Bestimmtheit ermitteln. Gleichwol wird es behauptet vom **Journal des Savans** im Januar 1750 und als Zeitpunkt dieses Übertritts die Professur des Pacius zu Padua angegeben. — Als Schriftsteller ist Pacius ungemein fruchtbar gewesen im Felde der juristischen wie der außerjuristischen Literatur. Unter seinen juristischen Arbeiten sind vorzugsweise folgende bekannt geworden:

1) Juris, quo utimur, Epitome, secundum ordinem Institutionum Imperialium digesta, in XXX Disputationes tributa (Spirae 1574. 12). **Institutionum libri IV. annotationibus doctorum virorum illustrati. Accedunt Leges XII. Tabb. explicatae, Ulpiani tit. 29. notis explicati, nec non Caii Institutionum libri II. Annotationes adjunxit ediditque Jul. Pacius** (1579. 12). **3) Corpus juris civilis, cum argumentis, summis et notulis** (Genevae 1580. Fol.). 4) *Ἐναντιοφανῶν*, **seu Legum conciliandarum Centuriae tres** (Spirae 1586). 5) **Ad novam Imperatoris Friderici constitutionem, quae est de Studiosorum privilegiis, liber singularis, cum Commentario in Papinianum, de fructibus inter virum et mulierem, soluto matrimonio, dividendis** (Spirae 1687). 6) **Synopsis juris civilis** (Lugd. 1588. Fol.). 7) **Commentarius ad quartum librum Cod. de rebus creditis, seu de obligationibus, quae re contrahuntur, et earum accessionibus** (Spirae 1596. Fol.). 8) **Analysis Institutionum Imperialium** (Lugd. 1605). 9) **Methodicorum ad Justinianeum Codicem libri tres, et de Contractibus libri sex** (Lugd. 1606) 10) **Isagogicorum in Institutiones Imperiales libri IV. Digesta, seu Pandectas, libri L. Codicem libri XII. Decretales libri V.** (Lugd. 1606. Fol). 11) **Analysis Codicis** (Lugd. 1606. Fol.). 12) **Commentar. in tit. D. et Cod. de pactis de transactionibus et de errore calculi** (Lugd. 1616. Fol.). 13) **Definitionum juris civilis et canonici libri X.** (Paris 1639) **).

(*v. Madai.*)

) Die übrigen Schriften des Pacius, theils juristischen Inhaltes, theils philosophischen, führen wir hier nach der Reihefolge der Jahre, in denen sie erschienen, an: 1) **In Legem Frater a fratre. D. de condict. indeb. Commentarius. (Genevae 1578.) 2) *Aristotelis* **Organon, hoc est libri omnes ad Logicam pertinentes, Graece et Latine.** *Jul. Pacius* **recensuit, atque ex libris tum manuscriptis, tum editis, emendavit, e Graeca in Latinam linguam convertit, tractatuum, capitum et particularum distinctionibus argumentisque, nec non perpetuis notis, et tabulis synopticis, illustravit.** (Morgiis 1584. 4.) 3) **De juris civilis difficultate, ac docendi methodo oratio.** (Heidelb. 1586.) 4) **Sapientissimi Curopalatae de Officialibus Palatii Constantinopolitani,**

ACK, überhaupt eine größere Anzahl zusammen-
er oder zusammengelegter Dinge; insbesondere in der
lssprache öfters eine bestimmte Anzahl Stücke einer
. So enthält ein Pack Tuch zehn Stück, ein Pack
1 10 Spiele rc. Auf den Blechhütten nennt man
ck (eine Zange) 6 bis 20 und mehr auf einander
e Blechplatten, welche zugleich ausgeschmiedet wer-
nd zusammen ungefähr einen Centner wiegen. In
aumwollspinnereien heißt die auf der Wattenma-
(spreader) verfertigte, und in einer Länge von
0 Fuß auf einer hölzernen Walze aufgerollte Watte
ck. (*Karmarsch*).

ACK. 1) Eine große Gemeinde des Bezirkes Li-
m grätzer Kreise der untern Steiermark an der
Kärnthens, hoch im Gebirge gleiches Namens,
¼ Meile von Gratz entfernt, mit einer eigenen ka-
en Pfarre, St. Martin in Pack genannt, einer ka-
en Kirche und Trivialschule, welche sämmtlich un-
n Patronat des steiermärkischen Religionsfonds ste-
inem Armeninstitut, 111 Häusern, welche bis auf
um die Kirche und Schule herum gruppirt, über
deutende Gebirgsrücken zerstreuet sind, und 574
n (279 männlichen, 295 weiblichen) Einwohnern,
Haupterwerbsquellen die Viehzucht und die Be-
g der Wälder bilden. 2) Ein hohes und ausge-
Gebirge, welches sich an der Grenze Kärnthens
Steiermark hinzieht, aus Glimmerschiefer und an-

dern Urgebirgsarten besteht, dem Bache gleiches Namens den Ursprung gibt und mehre ausgedehnte Alpen enthält. (*G. F. Schreiner.*)

PACK (Geschichte der Pack'schen Händel, der Pack'schen Unruhen oder des Pack'schen Bündnisses). Otto von Pack war ein sächsischer Edelmann, Doctor juris utriusque, Rath und Kanzleiverweser bei dem Herzoge Georg dem Bärtigen von Sachsen, ward öfters von seinem Herrn an dessen Schwiegersohn, den Landgrafen Philipp von Hessen, geschickt, war vom herzoglichen Hofe beleidigt, oder hatte, wie Herzog Georg versichern läßt, Schulden, ward seinem Herrn untreu, und that um des Geldes [1]) willen Folgendes: Er gab dem Landgrafen von Hessen Nachricht von einem geheimen Bündnisse, welches der König Ferdinand von Ungern und Böhmen, die Kurfürsten Albrecht von Mainz und Joachim von Brandenburg, der Cardinal und Erzbischof von Salzburg, Matthäus Lang, die Bischöfe Wigand zu Bamberg und Konrad zu Würzburg, die Herzoge Wilhelm und Ludewig von Baiern, und Herzog Georg von Sachsen, sämmtlich eifrig katholische Fürsten, zu Breslau, Mittewochs nach Jubilate (den 12. Mai) 1527, geschlossen hätten. Der Zweck dieses Bündnisses ging nach dem im Drucke vorhandenen Formular [2]) dahin, daß man nach Auswirkung eines kaiserlichen Befehls von dem Kurfürsten von Sachsen verlangen wollte, den Erzketzer Luther sammt allen erzketzerischen Predigern und entlaufenen Mönchen auszuliefern und das ganze Religionswesen in den vorigen Stand herzustellen; würde er sich weigern, so wollte man seine Länder mit vereinter stärkster Macht anfallen, sie erobern, und ihn und seine Kinder nie wieder zum Besitze derselben gelangen lassen. Ebenso sollte die abtrünnige Stadt Magdeburg überzogen, zum Gehorsam der Kirche gebracht und dem Erzbischofe wieder zugestellt werden. Sodann wollte man auch den Landgrafen von Hessen ermahnen, von seinem Irrthum abzustehen, und im Weigerungsfall mit ihm ebenso wie mit dem Kurfürsten verfahren; doch sollte ihm in Betracht seiner Jugend sein Land unentgeltlich wieder zugestellt werden, sobald er von seinem Irrthum ablassen, und sich dem Gehorsame der Kirche unterwerfen würde. Zugleich ward festgesetzt, was Jeder von den zu erobernden Ländern bekommen sollte, und zuletzt noch bestimmt, wie viel Jeder an Volke und Geld zum Kriege beizutragen hätte. Von diesem vermeintlichen Bündnisse gab Pack dem Landgrafen im Geheimen Nachricht, und machte sich dabei anheischig, ihm das Originalinstrument zu verschaffen. Der Landgraf reiste deshalb nach Dresden, und hier zeigte Pack den 18. Febr.

---

is magnae ecclesiae, libellus. (Heidelb. 1588.) 5) Dis-
um XII Fasciculus. (Heidelb. 1590.) 6) *Aristotelis* de
bri IV, de ortu et interitu III. Meteorologicorum IV,
lo I. Parva naturalia, Graece et Latine. *Pacius* utrum-
atextum recensuit, et perpetuis notis illustravit. (Frf.
7) De honore Orationes II. (Spirae 1591.) 8) Institu-
ogicae. (Sedani 1595.) Ein nach den Grundsätzen Aristo-
Philosophie von Pacius bearbeitetes Lehrbuch der Logik,
behufs seiner Vorlesungen über Logik auf der hohen Schule
n ausarbeitete. 9) *Aristot.* naturalis auscultationis libri
ul. Pacius cum Graecis tam excusis quam scriptis, Co-
accurate contulit, Latina interpretatione auxit, et com-
s analyticis illustravit. (Francof. 1596.) 10) *Aristotelis*
a libri tres, Graece et Latine, *Pacio* interprete, cum
commentario analytico, et indice triplici. (ib. 1596.)
Werk dedicirte Pacius, der damals in Sedan lehrte und
Heidelberg zurückzusehnen mochte, den heidelberger Profes-
nd erhielt von diesen als Gegengeschenk einen silbernen und
ten Becher. Bald darauf erging an ihn außerdem der
nach Heidelberg zurückzukehren, ein Antrag, den er ange-
haben würde, wenn nicht, wie oben erwähnt worden, zu-
umstände hindernd dazwischen getreten wären. 11) Theses
ribus Pandectarum juris civilis libris confectae. (Spirae.
2.) 12) Commentarius in legem Transigere. C. de trans-
ugd. 1604.) 13) Doctrinae peripatheticae Tomi tres,
Logicus, secundus Physicus, tertius Politicus. Logicae
tiones octo. (Aureliae Allobrogum. 1606. 4.) 14) Se-
arum in Πρῶτα Justinianea Antinomiarum conciliatarum,
us III comprehensarum, liber. (Heidelb. 1607. 12.) 15)
ullianae emendatae libri IV. (Valentiae 1618.) 16) De
maris Adriatici Disceptatio inter Regem Hispaniae ob
Neapolitanum, et Rempublicam Venetam. (Lugd. 1619.)
r Abhandlung vertheidigte Pacius die Gerechtsame der Re-
Venedig gegen den König von Spanien. Zur Belohnung
Pacius, wie oben erwähnt worden, einen Ruf als erster
hrer nach Padua und den St. Markusorden.

1) Auszug aus Herzog Georgens zu Sachsen ehrlichen und gründlichen Entschuldigung, wider Martin Luther's aufrührische und verlogene Brief und Verantwortung rc. von Johanne Cochlaeo gestellt, und unter Sächsischen Wappen ausgangen zu Dresden, den 6. Septembris, Anno 1533. So viel das Pack'sche Bündniß anbelangt bei Hortleber, Von den Ursachen des teutschen Kriegs. 2. Bd. S. 807, 808. 2) Es steht im landgräflichen Ausschreiben der fürhabenden Gewerb und Rüstung vom Freitag nach Vocem Jucunditatis. Anno MDXXVIII. bei *Spalatin.* Annal. Reformat. p. 102 sq., bei Hortleber S. 776—780.

1528 eine Copie, welche mit des Herzogs Georg Petschaft und Siegel versehen war, ihm vor, und versprach zugleich gegen 4000 [3]) oder nach Andern gegen 5000 [4]) Gulden ihm das Original selbst zu verschaffen. Dieses Geld soll Pack auch erhalten haben; doch hat er nachher beständig geleugnet, daß ihm für die versprochene Herbeischaffung des Originals Geld gegeben oder zugesagt worden. Ohne die Auslieferung des Originals abzuwarten, eilte der Landgraf von Hessen im März 1528 nach Weimar, zum Kurfürsten Johann. Dem Kurfürsten war schon das Gerücht vom breslauer Bündnisse hinterbracht worden, der nur noch zweifelhaft war, ob er davon Kenntniß nehmen sollte, als der Landgraf erschien, und ihm die Abschrift eines wider sie schon förmlich geschlossenen Angriffsbündnisses vorlegte, und dabei versicherte, daß er nächstens das Original selbst in den Händen haben würde [5]). Der Kurfürst, erschrocken über die Kühnheit des Vorhabens der Verbündeten, fühlte zwar, daß zur Abwendung der drohenden Gefahr schleunige und hinreichende Vertheidigung von Nöthen sei; doch wünschte er sich zuvor mit seinen Räthen und Theologen über eine so wichtige Sache zu berathen. Aber der feurige und entschlossene Landgraf Philipp legte ihm sogleich einen bereits entworfenen Vertheidigungsplan vor, und der Kurfürst, bestürzt, wie er war, genehmigte ihn. Sie verbanden sich im Vertrage vom 9. März, Leib, Ehre, Würde, Land und Leute daran zu setzen, um die evangelische Lehre für sich und ihre Unterthanen zu behaupten, und verpflichteten sich, daß sie ein Heer von 26,000 Mann zusammenbringen und 6000 Gulden zu den Kriegskosten bereit halten wollten. Der König von Polen und der Herzog von Pommern sollten zu einem Einfall in das Gebiet des Königs Ferdinand und in das Kurfürstenthum Brandenburg aufgereizt, die Herzoge von Lüneburg, Pommern und Mecklenburg um Hilfe angesprochen, und der Markgraf Georg (der Fromme) von Brandenburg (zu Ansbach) bewogen werden, die fränkischen Bischöfe in Furcht zu halten, oder wenigstens neutral zu bleiben. Ebendies hofften sie von den Kurfürsten von Trier und Pfalz. Die Herzoge Georg von Sachsen und Erich von Braunschweig schmeichelten sie sich selbst zu Ruhe zu bringen, und den Bischof von Osnabrück entweder auf ihre Seite zu ziehen oder durch einige westfälische Grafen im Zaume zu halten. Den König von Dänemark wollte der Landgraf zum Beistande bewegen und die Reichsstädte vom schwäbischen Bunde abziehen, um diesen zu trennen oder zum mindesten kraftlos zu machen [6]). Nach des Landgrafen Entwurfe sollte nicht erst ein Angriff abgewartet, sondern von ihrer Seite die Feindseligkeiten angefangen werden. Er begann auch sogleich auf das Lebhafteste sich zu rüsten. Dagegen meinten die Räthe und Theologen des Kurfürsten, daß man von dem Plane der Gegner mehr Gewißheit haben müsse, und bestanden darauf, daß die Gegner gefragt werden sollten, bevor man sie angriffe. Ja! Luther rieth dem Kurfürsten sogar lieber seine Verbindung mit dem Landgrafen aufzugeben, als sich durch ihn zum angreifenden Theile machen zu lassen. Dessen ungeachtet wollten Luther, Bugenhagen, Melanchthon und Spalatin solches Bündniß nicht für ganz grundlos erachten, weshalb Luther auch mit Herzog Georg in einen heftigen Schriftwechsel verfiel [7]). Aber Landgraf Philipp liebte das Schwert mehr, als die Feder. Deshalb flammte er vor Unwillen, seinen Plan vereitelt zu sehen, und that alle mögliche Gegenvorstellungen. Doch vergebens. Der Kurfürst und seine Räthe ließen sich von ihrer Meinung nicht abbringen. Schon stand der Landgraf im Begriff, mit seinen Kriegsvölkern über die fränkischen Bischöfe daher zu fallen, sah sich aber doch gezwungen nachzugeben, weil er sonst Gefahr lief, den einzigen Bundesgenossen, den er hatte, zu verlieren. Er schrieb daher zuerst (den 17. Mai 1528) an seinen Schwiegervater, den Herzog Georg von Sachsen, bezeugte ihm seine innigste Betrübniß, daß auch er sich zu solchem Rathschlage wider ihn hätte gebrauchen lassen, sagte, daß er nicht abwarten könne, bis er mit Kriege überzogen würde, sondern um nicht von Lande und Leuten verjagt zu werden, müsse er die Verbündeten mit Gottes Hilfe dahin bringen, daß sie von solchem unchristlichen Vornehmen abständen ꝛc., und damit Herzog Georg sehen könne, daß er die Sache eigentlich wisse, so schickte er ihm eine Copie solchen Bündnisses zu, und bat ihn dringend, sich solchen Bündnisses zu entschlagen [8]). Sogleich darauf (den 22. Mai 1528) erließ der Landgraf auch ein allgemeines Manifest und rechtfertigte sich wegen der Gerüchte und Verleumdungen, welche seine Zurüstungen hervorgerufen hatten, legte die wahren Ursachen seiner Rüstungen dar, zeigte ihre Rechtmäßigkeit, und die Unrechtmäßigkeit des wider Gottes Wort und Anhänger gemachten Bündnisses, und fügte dem Manifest die Formel desselben bei [9]). Mit seinem beträchtlichen Kriegsheere schlug er bei Herrenbreitungen ein Lager auf, zuerst den

3) So nach *Cochlaeus*, Hist. de actis et scriptis Lutheri unter dem J. 1528. 4) So nach *Fabricius*, Orig. Sax. Lib. 7. 5) Acta von D. Otten's von Pack, Abhörung zu Cassel in puncto des von ihm angegebenen und dem Landgrafen Philipp von Hessen copeilich angezeigten Bündnisses König Ferdinand's und eines katholischen Churfürsten. In Hoffmann's Sammlung ungedruckter Nachrichten, Documente ꝛc. 1. Th. S. 87, 105, 120. 6) Diese Bundesformel ist blos bei Seckendorf (Commentarius historicus et apologeticus de Lutheranismo. Lib. II. p. 95 zu finden.

7) S. Luther beider Gestalt, und den 2. Th. der Briefe. S. 379, 380, 383, 385; dess. Schrift auf des Bischofs von Meißen Mandat in der Vorrede zum 3. Theile der jena'schen teutschen Ausgabe von Luther's Werken. Bl. 515. S. 2. Dess. kleine Antwort auf Herzog Georg's nächstes Buch. 6. Th. der jena'schen teutschen Ausgabe von Luther's Werken. Bl. 31. S. 2 fg.; dess. Schrift von heiml. und gest. Briefen. 4. Th. Bl. 532. Ferner: Luther's Pommeranus und Melanchthon's Bedenken über des Landgrafen Replica auf die Maynz. Bündniß. 1. Th. der eisleber Ausgabe. Bl. 270. S. 2. Melanchthon's drei Briefe, geschrieben an Camerarius die Solstitiali, itemque idibus Julii et Septembris im J. 1528. Melanchthon wohnte der öffentlichen Berathung bei. Endlich *Spalatin*, Annal. von der Reform. Luth. Ausg. von Cypr. S. 102. 8) S. das Schreiben des Landgrafen Philipp an den Herzog Georg bei Hortleder S. 780, 781. 9) S. landgräflich Ausschreiben der fürhabenden Gewerb und Rüstung nebst Copey einer angezogenen Bündniß, so durch Königliche Majestät zu Hungern und Böhmen, und etlichen Chur-

Bischöfen von Bamberg und Würzburg ins Land zu fallen. Ohne Verzug (den 21. Mai 1528) antwortete der Herzog Georg, und sprach seine Verwunderung aus, daß sein Schwiegersohn dem Glauben gebe, da die erdichtete Copie, so er ihm zugeschickt, so viel erlogener Unwahrheit in sich habe, auch mit den Originalien nimmermehr beigebracht oder angezeigt werden könne, sagte, daß er Mitleid mit seiner Liebd, als seinem Blutsverwandten und Sohne trage, daß sich seiner Liebd mit solchen ungegründeten, unwahrhaftigen Lügenmähren verführen, und in Aufstand bringen ließe, daraus seiner Liebd Weib und Kind, Land und Leuten Verderben und Ungedeihen erwachsen möchte, und bat auch: „Und Ewer Liebd will mir auch den verlogenen Mann anzeygen, daß ich mich und männiglich sich vor ihm zu hüten hab. Dann wenn es von Ewer Liebd nicht geschehe, möchte ich geursacht werden, zu denken, Ewer Liebd erdicht es selber, und wolt also Ursach nehmen, ewern unfreundlichen Willen gegen mir, armen, alten Mann zu beginnen." Zugleich zeigte er seinem Schwiegersohn an, daß er nicht unterlassen werde, „denjenigen zu schreiben, so in Copeyen der Bündniß zu Breslaw gemacht sollen seyn begriffen," und die Copien ihnen zu schicken, und er trage keinen Zweifel, daß sie sich und ihn entschuldigen werden, da nicht viel von ihnen in Breslau gewesen seien, und auch ihre Botschaft nicht dort gehabt, und er von keinem Bündnisse wisse [10]). So auch erklärten die übrigen Fürsten einmüthig, daß der angebliche breslauer Bund nie existirt habe, hielten die Notul für erdichtet; und den für einen ehrlosen Bösewicht, welcher das Original gesehen. In den viel und weitläufig hierüber gewechselten Schriften sind die vornehmsten Momente und Gründe, mit welchen sie sich zu entschuldigen gesucht, diese: 1) Bezeugten die Angeschuldigten bei ihren fürstlichen Ehren und Würden, daß ihnen dergleichen nie in den Sinn gekommen, auch sie nie darum ersucht worden, erboten sich zu allem Recht oder andern unparteiischen Unterhandlung. 2) Gestattete der schwäbische Bund und der verkündete allgemeine kaiserliche Landfriede, sowol der zu Speier einmüthiglich angenommene Abschied, ferner die Erbeinungen, Lehnsverhältnisse, und andere Umstände, damit sie theils dem Kurfürsten und dem Landgrafen zugethan und verpflichtet, nichts dergleichen Thätliches. 3) Wären von den angegebenen Paciscenten der mehre Theil zu Breslau, allwo dieses Bündniß soll sein geschlossen worden, nicht gewesen, hätten auch allda ihre Botschaft nicht gehabt. 4) Schützte besonders der Bischof zu Würzburg vor, daß er dem Könige Ferdinand zu seinem Zuge nach Ungern gar keine Hülfe gethan, als nur blos zwei Büchsenmeister auf königliche Unterhaltung geliehen, da in der Copie von 8000 Fl. Meldung geschehe. 5) Wendete der Erzbischof von Salzburg ein, das Verderben seines Stifts, in welches dasselbe durch zwei vergangene Aufstände seinethalben ganz unschuldig gerathen, würde dergleichen Verbindung einzugehen nicht einmal erlaubt haben. 6) Setzte König Ferdinand entgegen, daß wenn so beschaffenes Bündniß wirklich ergangen, er sich nicht so viel um Ablehnung der Bewerb und Rüstung bemüht, sondern sammt andern gleich zur Gegenwehr geschickt haben würde. 7) War überdies der Herzog Georg bemüht, aus dem Styl der Notul zu erhärten, daß sie nicht echt sein könnte. Denn der böhmische König sich die Zeit allbereit auch König zu Ungern geschrieben habe; das fehlte hier. Desgleichen pflegte derselbe seine Vorfahren nicht mit dem Titel, so gegen Fürsten gebräuchlich, zu verehren, sondern sie durchleuchtig und König Ludwigen seinen Bruder selig zu nennen, welches alles hier nicht allein in Königl. Durchl., sondern auch der andern Kurfürsten und Fürsten Namen ausgelassen und gleichwol gedachter König Ludwig gnädiger Herr genannt wurde, ganz gegen der Kanzleien Gebrauch. Wiederum sei auch in den Worten: Unser allergnädigster Herr Bruder und gnädiger Herr, die rechte Kanzleiordnung nicht gehalten, sondern nach dem Stand der Ordnung, die Kaiserl. Majest. erwähnen, würde es die Kanzlei gemacht haben: Unser lieber Herr Bruder Gnädiger und Allergnädigster Herr. Ferner pflegten die Fürsten zu Sachsen das thüringische Land vor das meißnische [11]) zu setzen, so etliche Mal verkehrt vorgetragen. Desgleichen wäre auch dem Herzoge Georg des Überziehens halber mehr aufgelegt als sonst zweien oder dreien, nämlich auf den Zug gegen Ungern 100 Pferde sechs Monate lang, auf den Zug wider Kurfürsten und Fürsten so viel Leute, daß er seinen Feinden stark genug wäre. Auch maßete sich der König nicht an, daß sie den Herzog, ihren Fürsten, schreiben oder nennen thäten, als hier zu sehen. Überdies wären Storkow und Beßkäw nicht Fürstenthümer, sondern Herrschaften und seines Vetters, des Kurfürsten zu Sachsen, innerhalb 20 Jahren nicht gewesen, die gleichwol so gesetzt wären. Endlich wurde vorgewandt, daß der Herzog mit beiden Herzogen zu Braunschweig handeln sollte, da doch Herzog Erich zu ebenderselben Zeit, als er in Breslau gewesen, und wenn so etwas angestiftet worden, auch dazu gezogen sein würde [12]). Darauf, warum der vorgezeigte Plan in dem

fürsten und Fürsten aufgerichtet sein soll, bei Hortleder S. 775 — 780.

10) S. Herzog Georgen zu Sachsen Antwort an Landgraf Philipsen zu Hessen bei dems. S. 781, 782.

11) Nämlich damals und auch früher, aber ursprünglich nicht, denn Markgraf Heinrich der Erlauchte setzte die Markgrafschaft Meißen der Landgrafschaft Thüringen vor; s. F. Wachter, Geschichte Sachsens. 3. Bd. S. 43. 12) Die Schrift des Herzogs Georg von Sachsen gegen Luther, welcher den Herzog wegen des Bündnisses in Schriften angegriffen hatte, Sonnabends nach Lucä 1528 bei Hortleder S. 800—807 und Auszug aus Herzog Georgen's zu Sachsen ehrlichen und gründlichen Entschuldigung wider Martin Luther's aufrührische und verlogene Brief, den 6. Sept. 1533. S. 807, 808. Ferner: Maynzische wahrhaftige Entschuldigung der angezeigten Bündniß, den 27. Mai 1528. S. 782 —785. Markgraf Joachim's Kurfürsten Verantwortung gegen Sachsen und Hessen der vermeinten Bündniß halber am Montage nach Exaudi 1528. S. 785, 786. Würzburgischer wahrhaftiger Bericht und Entschuldigung auf die Werbung, so der Kurfürst zu Sachsen und Landgraf zu Hessen, einer vermeinten angezogenen Bündniß halber, durch ihrer Chur- und Fürstlicher Gnaden geschickter Räthe, an sein Fürstlich Gnaden habe bringen lassen, ausgangen, Donnerstag nach Exaudi 1528. S. 786 — 792. Erzbi-

Kanzleistyl anders herausgekommen, als er sein sollte, antwortete Pack: Der Plan wäre deswegen gegen die Kanzleiweise abgefaßt, damit es die Interessenten leugnen könnten [13]). Pack ward nämlich auf diese Weise zur Verantwortung gezogen. Die Bestürzung, in welche der Landgraf durch jene feierliche Erklärung der Fürsten gesetzt ward, war unbeschreiblich. Unwille und Scham ergriffen ihn nach dem ersten Augenblicke des Staunens. Er sah sich offenbar hintergangen, entweder von Pack oder von den Fürsten. Schon längst hatte man ihn als einen jungen, hastigen, voreiligen Fürsten angesehen, und jetzt hatte er dieses Urtheil durch eine neue Handlung bestätigt. Ja! er hatte selbst seinen Feinden Gelegenheit gegeben, ihn in Verdacht zu bringen, als habe er die ganze Geschichte selbst ersonnen, ein Verdacht, der sehr leicht verbreitet werden konnte. Pack war zu ihm entflohen, hatte aber das verlangte Original nicht beibringen können. Um den Verdacht von sich abzulehnen, nannte er den beschuldigten Fürsten den Angeber. Mit den Kriegsunternehmungen verfuhr er zwar nicht mehr so rasch, legte aber die Waffen nicht nieder, bis er dem Kurfürsten von Mainz und den Bischöfen von Bamberg und Würzburg, welche er zuerst hatte angreifen wollen, eine Entschädigung für die Kriegskosten abgetrotzt hatte. Es schlugen sich also die Kurfürsten von Trier und von der Pfalz ins Mittel und brachten es den 14 Jun. 1528 zu Schmalkalden, und hernach auch zu Gelnhausen mit Kurmainz zu einem Vergleiche, vermöge dessen dem Landgrafen für seine aufgewandten Kriegskosten 100,000 Gulden, und zwar von Kurmainz 40,000, von Würzburg ebenso viel, und von Bamberg 20,000 Gulden bezahlt werden sollten [14]). Da es kund geworden war, daß Pack die Nachricht vom katholischen Bunde verbreitet hatte, verlangten die angeschuldigten Verbündeten, daß ihnen der Angeber ausgeliefert werden sollte. Allein der Landgraf schlug es ab; doch setzte er Packen gefangen, und erbot sich, daß derselbe in ihrer und der von den Vermittlern abgeordneten Gesandten Gegenwart gerichtlich vernommen werden sollte. Daher erschienen zu Cassel Gesandte von dem Könige Ferdinand, den Kurfürsten von Trier, von Pfalz, von Sachsen und von Brandenburg und von dem Herzoge Georg zu Sachsen, und wurden bei dem Verhöre des D. Pack's zugezogen. Bei dieser Vernehmung beharrte Pack darauf: Es sei das Bündniß nicht erdichtet, und das Original desselben wirklich im dresdener Archiv vorhanden; er habe es selbst in den Händen gehabt, allein einige Zeit darauf, als er es wieder gesucht, hätte er das Instrument zerrissen, und das Siegel des Herzogs zerbrochen gefunden, weil dieser von dem Bunde wieder abgetreten sei. Die dem Landgrafen vorgezeigte Copie gestand er selbst deswegen vernichtet zu haben, weil er das daran hängende Siegel nicht habe wieder in Ordnung bringen können. Zugleich nannte er auch den Schreiber dieser Copie. Dieser war aber nach Angabe der sächsischen Kanzlei wegen Schulden abgesetzt und nicht mehr aufzufinden. Die übrigen ihm von Herzog Georg's Kanzler, dem D. Simon Pistorius, vorgelegten Punkte und Artikel leugnete Pack zum Theil gleichfalls, theils legte er sie anders aus, theils ließ er sie ohne Antwort vorübergehen. So hatte sich Pack, um wie Herzog Georg sich ausdrückt, seiner Lüge eine Gestalt zu geben, anfänglich auf den Herzog Heinrich den Jüngern von Braunschweig berufen, und gesagt, dieser Herzog habe bei dem Herzoge Georg von Sachsen eine Copie des Bündnisses gesehen. Als Packen dieses Berühmen und Berufen bei dem Verhöre vorgehalten ward, überging er es mit Stillschweigen. Unter solchen Umständen meinte zwar der sächsische Kanzler, daß D. Pack zur peinlichen Frage beschwert sei. Pack erbot sich auch, die Folter auszustehen, wenn Pistorius hernach sich gleichfalls der Folter unterwerfen und dadurch erhärten wollte, daß er nicht selbst gute Kundschaft vom angezeigten Bündnisse habe [15]). Allein der Landgraf Philipp wollte hierein nicht willigen, ebenso wenig ließ er die nochmals verlangte Auslieferung des D. Pack geschehen, sondern behielt ihn noch eine Zeit lang in Haft, und verwies ihn endlich im folgenden Jahre (1529) aus Hessen. Dieses würde er, findet man bemerkt [16]), gewiß nicht gethan haben, wenn er von Pack's Aussagen etwas zu fürchten gehabt hätte. Eher schien der Herzog Georg ihn fürchten zu müssen; denn er verfolgte den Unglücklichen unablässig, bis er ihn endlich im J. 1536 in den Niederlanden entdeckte. Hieraus glauben wir jedoch nichts zu Gunsten des D. Pack schließen zu können. Der Herzog Georg kann ihn auch aus gerechtem Unwillen verfolgt haben, daß er so verderbliche Ränke gesponnen. Der Landgraf Philipp hatte sich aber zu weit mit Pack eingelassen, als daß er ihn hätte bestrafen können. Auch kam man durch das zu Cassel angestellte gerichtliche Verhör nicht auf den wahren Grund der Sache, und der Landgraf beruhigte sich zwar mit der wiederholten Versicherung der angegebenen Bundesgenossen, daß das ganze Vorgeben Pack's eine blos Erdichtung sei, gleichwol ließ er sich von dem Erzstifte Mainz und den Hochstiftern Bamberg und Würzburg die Kriegskosten ersetzen. Es wäre also gegen sein eigenes Interesse gewesen, wenn er hätte Pack bestrafen sollen. Er hielt ihn also eine Zeit lang in Haft, und entließ ihn, wie Sleidan sagt, dann endlich und zwar nach Spalatin (Vitae aliquot Elector. Saxon. apud *Mencke*, Scriptt. T. II. p. 1118) heimlich. Er ward freigelassen, weil, wie Lorenz

schofs Matthäi zu Salzburg Entschuldigung der vermeinten Bündniß halber. S. 792, 793. Königlicher Majestät zu Hungern und Böhmen Antwort auf des Kurfürsten von Sachsen Gesandten Fürtrag zu Prag den 28. Mai 1528 zusampt Ihren Kön. Maj. darauf erfolgten offener Verantwortung auf des Landgrafen zu Hessen Ausschreiben einer vermeinten Bündniß halber den 1. Juni 1528. S. 793—797. Den durchl. hochgeb. Fürsten und Herrn, Herrn Wilhelm's und Herrn Ludwig's, Pfalzgrafen bei Rhein und Herzogen in Obern und Niedern Bayern, Gebrüder wahrhafte und gegründete Entschuldigung einer erdichteten Bündniß halber, so wider den Churfürsten von Sachsen und Landgrafen zu Hessen zu Breslaw aufgerichtet seyn solle rc., den 5. Juni 1528. S. 797—800.

13) Ludwig, Rechtliche Erläuterung der Reichshistorie. §. 130. S. 380, 381. 14) *Sleidani* Commentariorum de statu religionis. Lib. VI. p. 165.

15) Acta von D. Packens Abhörung S. 69 fg. 16) Von Heinrich, Handbuch der sächsischen Geschichte. 2. Th. S. 122.

erzählt, ihm freies Geleit verheißen war, und um
weil, wie sich schließen läßt, der Landgraf von Pack,
e er Wahres oder Falsches ausgesagt haben, nichts
rchten hatte. Denn im erstern Falle hatte er mit
das Schwert ergriffen, im andern Falle war er
Pack betrogen, aber doch auf eine solche Weise, daß
ihn entschuldigen mußte, ihm Glauben beigemessen
iben. Es wird die Richtigkeit oder Unrichtigkeit des
es wol beständig im Dunkeln bleiben, obgleich nicht
gnen ist, daß man von der Unschuld des D. Pack
iebene scheinbare Gründe anführen kann [17]). Vorzüglich
die katholischen Schriftsteller zu weit, nach welchen
nach so übereinstimmenden, mit ihren eigenen Un-
iften und Siegeln versehenen Aussagen, wovon die
nalien noch vorhanden sind, doch gewiß unverschämt
uß, wenn man dessen ungeachtet einen Verdacht auf
Fürsten werfen will. Was sie noch dazu am mei-
rechtfertigte, war die angebliche Zusammenkunft zu
au, welche weder durch persönliche Anwesenheit der
n, noch durch Abgeordnete ins Werk zu setzen war;
daß die Sache auf eine oder die andere Weise wäre
nt geworden. So nach Schmidt [18]). Von den an-
ldigten Fürsten waren aber einige wirklich in Bres-
gewesen, so schreibt Herzog Georg zu Sachsen zu
den am Tage der Himmelfahrt Christi 1528 an den
rafen Philipp in Beziehung auf Breslau: „Dann
ol weiß, daß ihr viel nicht da gewest, auch ihre
chaft nicht da gehabt," und auf Luther's Angriff
des vermeinten Bündnisses antwortet der Herzog
am Sonnabend nach Luciä 1528: „Zum achten,
len wir mit beyden Herzogen handeln, und ist doch
age, daß Hertzog Erich gleich die Zeit, als wir, zu
la gewest. Darumb wenn etwas vorhanden, wäre
liebd dazu gezogen worden." Joachim, Markgraf zu
denburg, Kurfürst, schreibt zu Cöln an der Spree
Montage nach Exaudi 1528 an den Landgrafen von
n in Beziehung auf die Fürsten, die im erdichteten
nisse bemeldet sind: „Dann der mehrer Theil der-
zu Breßlaw nicht gewest, noch unsers Wissens,
Bottschaft daselbst gehabt." Also einige im Pack'schen

Bundesbriefe genannte Fürsten waren wirklich in Breslau, und namentlich der Herzog Georg von Sachsen selbst, und der Herzog Erich von Braunschweig. Zugleich aber geht daraus hervor, daß Pack nicht selbst in Breslau war, weil er sonst gewußt haben würde, daß auch Herzog Erich daselbst gewesen war. Vielleicht hatte sich ein Gerücht verbreitet, zu Breslau sei ein solches Bündniß geschlossen worden, Pack ward vom Landgrafen darüber befragt, und machte sich nun anheischig, etwas Sicheres über dieses Bündniß beizubringen. Oder auch dieses blos, daß katholisch gesinnte Fürsten in Breslau gewesen waren, hatte Pack'en Gelegenheit gegeben, Breslau als den Ort anzugeben, wo die eifrigsten katholischen Fürsten Teutschlands ein Bündniß geschlossen hätten. Pack einigermaßen zu entschuldigen, muß man annehmen, daß er nur nach und nach in sein Lügengewebe verwickelt worden war. Nach den aufgeregten parteisüchtigen Verhältnissen jener Zeit läßt es sich mit Sicherheit annehmen, daß die zu Breslau gewesenen katholischen Fürsten sich über ihre Lage besprochen haben werden. Hiervon gab Pack, der sich dem Landgrafen Philipp von Hessen verbindlich machen wollte, einen Wink. Der feurige Philipp, der bereits den 4. Mai 1526 zu Torgau mit dem Kurfürsten von Sachsen ein Schutzbündniß geschlossen hatte, nahm diesen Wink nicht mit ruhiger Überlegung hin, sondern stellte sich mehr vor, als wirklich geschehen war, und drang in Pack, ihn völlig darüber aufzuklären, was zu Breslau geschehen sei. Pack, welcher Geld brauchte, und an seiner Wichtigkeit bei dem Landgrafen Philipp nicht verlieren wollte, ließ sich nach und nach zu Versprechungen verleiten, die er ohne Betrug nicht erfüllen konnte, und entwarf die Formel eines Bündnisses, welches nicht existirt hatte, aber der Lage der Verhältnisse nach wohl existiren konnte, und schritt so von einem bloßen Winke, der aller Wahrscheinlichkeit nach nicht ganz aus der Luft gegriffen war, zur wirklichen Unterschiebung einer Bundesformel über. Den gegebenen Wink zurückzunehmen, war auch darum bedenklich, weil der Landgraf, wenn er sich getäuscht sah, seinen Schwiegervater davon benachrichtigt haben würde, wie Pack beide habe betrügen wollen. Der Ungestüm des Landgrafen nöthigte also Pack'en zwischen ihm und dem Herzoge zu wählen. Er wählte den Landgrafen, bei dem er sich eine glänzendere Zukunft versprach, sah aber mit Schrecken, daß er für einen bloßen Wink nicht belohnt werden würde, und daß er zu den größten Unwahrheiten und Erdichtungen schreiten müßte, um wenigstens an dem Landgrafen eine Stütze zu haben. Die Verheißungen, welche der Landgraf ihm gemacht, wenn er das, was zu Breslau geschehen, ganz an das Licht zöge, bewogen wol den Landgrafen später, mit ihm mild zu verfahren, und ihn aus der Haft zu entlassen, indem er später einsehen mochte, daß er durch sein Ungestüm Pack'en in die Ausspinnung jener Ränke verwickelt hatte. Er war selbst nach Dresden gereist, um jene Bundesformel zu sehen. Pack konnte keine herbeischaffen, da keine vorhanden war. Er sah sich also, um sich nicht als Lügner zu bekennen, genöthigt, eine angebliche Abschrift vorzuzeigen und um ihr Glauben zu verschaffen, des Herzogs

---

7) G. Friedr. Wideburg's Ehrenrettung D. Otten's von
in dessen Sammlung vermischter Anmerkungen aus dem
rechte und den Geschichten. (Halle 1751.) N. 9. S. 209—
Vergl. v. Ludewig, Rechtliche Erläuterung. S. 880.
ihm ist bis auf den heutigen Tag nicht ausgemacht: ob der
ein Betrüger gewesen und falsche Plane von Verträgen aus-
en, oder aber sich in seinem Gewissen für verbunden geach-
das Bündniß gegen die Protestanten an den Landgrafen
rrathen. Dieses ist gewiß, daß er Geld dafür genom-
es ist auch gewiß, daß der vorgezeigte Plan in dem Kanz-
anders herausgekommen, als er sein sollen. Allein Pack
er wäre arm und brauchte Geld; und der Plan wäre des-
gegen die Kanzleiweise abgefaßt, damit die Interessenten sol-
leugnen könnten. So nach v. Ludewig. Uns scheint diese
de sehr gezwungen, daß die Verbündeten absichtlich den Kanz-
nicht beobachtet haben sollen. 18) Mich. Ign. Schmidt's
der Teutschen. 5. Th. 8. Bch. 12. Cap. Ulmer Ausg. von
Richtiger ist, was er sogleich darauf bemerkt, daß es nicht
eringsten wahrscheinlich sei, daß man eine so wichtige Sache
den Kaiser hätte vornehmen wollen, von welchem selbst der
raf nicht die mindeste Meldung that.

Siegel daran zu hängen. Es ging Pack also ganz so, wie auch Andern, welche sich auf das schwankende Boot der Lüge begeben; um sich nicht als Schöpfer einer Lüge oder Ausschmückung einer Thatsache entdecken zu lassen, werden sie genöthigt, immer neue und größere Unwahrheiten zu ersinnen. Daß der, welchen Pack als den Schreiber der Copie angab, nicht mehr aufzufinden war, kann keinen befremdlichen Punkt gegen den Herzog Georg abgeben. Es war natürlich, daß der Schreiber, als er Pack's Schicksal hörte, die Flucht ergriffen hatte. Daß er wegen Schulden abgesetzt war, ist ein merkwürdiger Umstand, weil er zeigt, daß der dresdener Hof nicht geneigt war, die Schulden seiner Diener zu bezahlen, und daß also der verschuldete Pack auch nicht zu hoffen hatte, daß er für ihn die Schulden bezahlen würde. Man muß voraussetzen, daß der Schreiber, nicht wie die Vertheidiger Pack's annehmen, eine Copie eines wirklichen Originals gemacht habe, sondern daß er nur Pack's Entwurf auf das Reine geschrieben habe, und von Pack in die Ränkespinnung eingeweiht war. Daß etwas im Werke gewesen sein mag, was Pack entweder, um sich des Landgrafen Gunst zu erwerben oder um Geld zu verdienen, für schon geschehen ausgab, dieses war die Meinung der weisern Glieder der Lutherischen Partei. Aber der noch weisere Sleidan, der doch gewiß nichts zu fürchten hatte, läßt die Sache unentschieden. Da indessen König Ferdinand und der schwäbische Bund mit dem Landgrafen übel zufrieden waren, daß er, ungeachtet der ihm zeitig genug geschehenen Erinnerung, dennoch zu den Waffen gegriffen hatte, so ward auch dieser Zwist durch Vermittelung des Kurfürsten von Pfalz den 30. Dec. 1528 zu Worms gütlich beigelegt. D. Luther aber gerieth über diese Sache in einen neuen Streit mit dem Herzoge Georg; denn der große Reformator hatte den Fehler, daß er sich durch seinen Eifer nicht selten über die Schranken kalter Prüfung hinwegreißen ließ. Namentlich schrieb er in der Vorrede des Büchleins auf des Bischofs Johann von Meißen Mandat also: Es müssen aber unsere Lutherischen Fürsten nicht kommen. Ja! Jedermann muß ihnen ein Feind sein. Und dazu verrätherische Anschläge und Bündniß wider sie suchen, der sie sich darnach selbst schämen müssen, wie der Anschlag zu Mainz auch geschah ꝛc. Aber in der That hatten sich hierbei die nur zu schämen, welche sich von Packen hatten betrügen lassen. In diesem Streite mit Luther ging Herzog Georg siegreich hervor, in der Schrift, welche er Sonnabends nach Luciä 1528 ausgehen ließ, in welcher er durch acht Punkte bewies, daß die Bundesformel unecht sein müsse. Wir haben diese Punkte schon oben angegeben. Noch größer war des Herzogs Triumph, als Pack bei dem Verhöre zu Cassel sich aus seinem Lügengewebe nicht hatte herauswinden können, indem der Herzog in seiner Beleuchtung auf Luther's Antwort, welche jener den 6. Sept. 1533 ausgehen ließ, darthat, wie der Landgraf sich durch das Bündniß, welches Pack erdichtet hatte, zu seinem Feldzuge hatte verleiten lassen. Ein Glück für Luther aber, welcher bei dem Streite in der Sache Pack's eine traurige Rolle spielte, war, daß der Kurfürst von Sachsen seinen Vetter, den Herzog Georg, der hier das Recht auf seiner Seite hatte, besänftigte. — Die Geschichte der letzten Schicksale Pack's ist ziemlich dunkel. Sleidan sagt blos, daß er, als er endlich vom Landgrafen entlassen worden und nachdem er einige Jahre im Auslande herumgeirrt, zu Antwerpen Todesstrafe erlitten, oder mit Sleidan's eigenen Worten: et dimissus tandem a Landgravio, cum annis aliquot apud exteros oberrasset, Antwerpiae poenam capitis luit. Lorenz Frieß erzählt diese Umstände: Die Gesandten begehrten gegen ihn peinliche Frage, darauf gab der Landgraf Antwort und Bescheid, wie er sich der Sache bedenken, und damit Niemandem Unrecht geschehe, fernern Tag ansetzen wollte, hat ihn aber, weil er ihm Geleit zugesagt hatte, hinweggeschoben, und ist D. Pack so hinweg und zum König in England gekommen, der ihm jährlich 200 Kronen verschrieben. Als er aber aus England nach Frankreich in seines Herrn Dienst ziehen wollen, und nach Grevelingen im Brabant den 16. Sept. 1536 hineingekommen und von einem der Räthe der Frau Königin Maria erkannt worden, so ist er solcher Bündniß halber gefänglich angenommen worden. Peinlich befragt hat er seine Mißhandlung (Unthat), daß er die oben bemeldete Verbündniß fälschlich erdichtet und gemacht, öffentlich bekannt, und daß er dem Landgrafen, der ihm 4000 Fl. zu geben versprochen, solche Bündniß zugestellt ꝛc. Derhalben er auch auf den 8. (nach Andern den 6.) Febr. 1537 mit dem Schwerte hingerichtet zu Brüssel und sein Körper in vier Theile getheilt[19]) (geviertheilt) worden. Lorenz Frieß erwähnt nichts davon, daß der unglückliche Pack von dem Herzog Georg so lange verfolgt ward, bis er ihn endlich im J. 1536 in den Niederlanden entdeckte, und seine Hinrichtung bewirkte[20]). Der Herzog Georg brauchte auch gar nicht den D. Pack zu verfolgen. Dieser hatte sich einen so missethäterischen Namen durch Erregung der Pack'schen Unruhen gemacht, daß es die Räthe der Statthalterin der Niederlande gewiß auch ohne Ansuchen des Herzogs Georg für ihre Pflicht hielten, ihn, wenn sie ihn entdeckten, hinrichten zu lassen. Daher ist auch nicht glaublich, wenn man die Sache so dargestellt findet: Pack verharrte zwar darauf, daß er den Bundesbrief gesehen, konnte aber mit dem Beweise nicht aufkommen, demnach

19) Lorenz Frieß, Hist. der Bischoffen zu Wirzburg, bei Ludewig, Geschichtschreiber von dem Bischoffthum Wirzburg. S. 920. Vergl. *Joannis Latomi* Catalog. Archi-Episcopat. Mogunt. ap. *Mencke*, Scriptt. T. III. p. 558: Hujus tragoediae machinator perditissimus *Otto Pack* post paucos annos *Antwerpiae* deprehensus, meritas luit poenas, in quatuor partes dissectus. Vergl. *Serarius*, Moguntiacarum Rerum Lib. V. p. 884: Sceleratusque ille nebulo quatuor in partes Antwerpiae dissectus est. 20) So bei Weiße, Gesch. der chursächsischen Staaten. 3. Bd. S. 80. Vergl. Häberlin, Die Allgem. Welthistor. Neue Histor. 11. Bd. S. 62: „Der arme D. Pack konnte den Verfolgungen des ihm allenthalben nachspürenden Herzogs Georg nicht entgehen. Denn so sorgfältig er sich auch zu verbergen suchte, so wurde er doch zuletzt in den Niederlanden entdeckt und gefänglich eingezogen." Vergl. Weiße, Handbuch der sächs. Gesch. S. 122: Hier (in den Niederlanden) wurde er auf des Herzogs Ansuchen eingezogen, auf die Folter gebracht und zu Mecheln öffentlich enthauptet.

) er nach Niederland, ward von der Statthalterin
aria eine Zeit lang beschirmt, aber endlich, als er
England gehen wollen, unterwegs aufgefangen, und
echeln hingerichtet [21]). Was hätte die Statthalterin
runb gehabt? Maria's Bruder, König Ferdinand,
einer der Fürsten gewesen, der Pack's Auslieferung
Landgrafen von Hessen verlangt hatte. Warum hätte
s Königs Schwester beschirmen sollen? Wie Frieß
ache darstellt, ist sie am Glaublichsten. Nur mag
r Sage anheimfallen, daß Pack auf der Folter be
habe. Doch wenn es auch geschichtlich sein sollte,
det man doch dagegen mit Recht bemerkt: Wenn
das Geständniß des Betrugs, das er damals auf
lter ablegte, gegründet ist, so kann es doch deswe
weil es erzwungen war, als kein vollgültiger Beweis
hrt werden, und es bleibt daher die Meinung im
ie wahrscheinlichste, daß irgend ein geheimer Plan
erke war, der aber seine vollkommene Ausbildung
nicht mochte erlangt haben [22]). Beiläufig haben wir
, daß Pack nach der einen Angabe zu Antwerpen,
der andern zu Brüssel, nach der dritten zu Mecheln
ichtet ward. Hierzu kommt noch die vierte Angabe,
zu Vilvorden [23]) in Brabant geschehen. Aus die
Schwanken kann man bei andern Gelegenheiten auf
nsicherheit der Angaben schließen. Hier aber muß
en, daß vier Städte genannt werden, und Frieß be
, daß Pack zu Brüssel hingerichtet und in vier
getheilt worden. Wir schließen daraus, daß er zu
l oder einem der drei andern Orte hingerichtet, und
heil seines Körpers an dem Orte seiner Hinrichtung
as Rad geflochten, und die drei andern Theile, weil
Staatsverbrecher war, an den Richtstätten der drei
Städte, aufgepflanzt worden seien, nämlich nach
Gesetze, welches eine solche Vertheilung des Gevier
n vorschrieb, und in manchen Ländern, z. B. in
ien, noch jetzt vorschreibt. Da so vier Städte von
Hinrichtung ein augenfälliges Zeugniß erhielten, so
g im Auslande und später auch im Inlande schwan
Angaben entstehen, in welcher Stadt eigentlich Pack
ichtet worden sei. Von den Pack'schen Händeln
ln am ausführlichsten Seckendorf [24]) und Strauch [25]).

(*Ferdinand Wachter.*)

PACKANGA, Br. 3° 32′, Fluß und Hafenstadt
er Ostküste von Malaka, welche, von einem inländi
Fürsten beherrscht, Handel mit Zinn, Bambus und
aub treibt. (*Fischer.*)

Packbengel, s. Packstock.

Packboot, s. Packetboot.

PACKBRET, PACKBRÜCKE, werden an Kutschen die vorn und hinten zwischen den Rädern angebrachten horizontalen Breter genannt, welche zur Verwahrung von Koffern und anderm Gepäcke dienen. (*Karmarsch.*)

Packdarm, s. Mastdarm.

PACKEISEN, PACKSPATEN, ein kleiner, runder, eiserner Spaten, womit in den Salinen das Salz aus den Körben, in welchen es getrocknet (gedörrt) worden ist, ausgestochen wird. (*Karmarsch.*)

PACKER, schwere Hatzhunde, welche jetzt nur noch auf Sauen gebraucht werden, mit denen man sonst aber alle größere Wild- und Thiergattungen in den eingestellten Prunk- und Kampfjagen hetzte. Die ganz starken Doggen und Bullenbeißer nimmt man ungern zu Hatzhunden bei der Saujagd, da sie zu schwer und zu langsam sind, auch bei ihrer großen Unbehilflichkeit von den starken Schweinen leicht geschlagen werden. Überdies sind sie sehr häufig boshaft und zur Widersetzlichkeit geneigt. Man zieht zu dieser Jagd Blendlinge von starken Windhunden und Bullenbeißern vor, welche leicht genug sind, um ein Schwein einzuholen und doch auch hinreichende Stärke haben, um es zu halten, Gewandtheit, um sich gegen Schläge zu sichern. Es bilden sich aus diesen Blendlingen nach und nach selbständige Racen, welche früher jeder Jägerhof hatte, die aber immer mehr und mehr verschwinden, da man die wilden Schweine ausrottet und sie wenigstens nicht mehr in der Menge hat, daß es sich der Mühe verlohnte, noch regelmäßige Hetzen darauf anzustellen. Mecklenburg und Anhalt-Köthen sind vielleicht in Teutschland noch die einzigen Länder, wo man noch sehr starke Saustände im Freien hat, und im erstern Lande haben auch die großen Gutsbesitzer zuweilen noch vortreffliche Hatzhunde. Wo man nur in Thiergärten und in eingestellten Jagden hetzt, müssen die Hunde schwerer sein, als wo im Freien oft auf ziemlich bedeutende Entfernungen angehetzt und das Schwein im lichten Holze weit verfolgt wird. Immer ist aber natürlicher Muth bei diesen Hunden mehr werth als bloße Größe und Stärke ohne diesen, und man sieht daher vorzüglich auf diesen bei der Auswahl der Zuchthunde. Die ganze Dressur und Abführung dieser Hunde beschränkt sich darauf, daß sie das Thier packen, worauf sie ihr Wärter oder Jäger hetzt, dagegen aber weder Menschen noch Pferde oder andere Hunde anfallen und ihrem Herrn gehorchen, wobei nöthigenfalls die größte Strenge angewandt wird, um dies zu erzwingen. Auch müssen sie führig sein und sich in den Jagdschirmen ruhig halten, bis sie angehetzt werden. (*Pfeil.*)

PACKET, PAQUET, ist überhaupt ein kleiner Pack. (*H.*)

PACKETBOOT, franz. Paquetbot, engl. Packet oder Packetboat, teutsch auch Postschiff genannt, nennt man kleine Schiffe, welche die Regierungen unterhalten, um durch sie Depeschen, Briefe, kleine Packte, Reisende ꝛc. auf die schnellste Weise von einem Orte zum andern über See schaffen zu lassen, weshalb man jetzt meist Dampfschiffe

1) Sigm. v. Birken, Sächs. Heldensaal. S. 127, 128.
o Weiße S. 177. Heinrich S. 122. 23) So z. B.
P. Reinhard Entw. ein. Histor. des hochf. H. Hessen.
24) *Seckendorf.* Hist. Lutheranismi Lib. II. Sect.
35. p. 94—100 und Frickische Ausgabe. S. 848. 25)
rauchii Diss. de Tumultu Packiano, impressione in epi
us Moguntinum, Herbipolensem et Papaebergensem eorum
xpilitione, resp. *Aug. Ant. Leporin.* In ejus Diss. exoter.
p. 240—260. Über die Literatur der Pack'schen Händel
Joh. Gottl. Horn's nützliche Sammlungen zu einer
bliothek von Sachsen. S. 288, 289. Häberlin a. a. O.
. Benj. Gottfr. Weinart, Versuch einer Literatur der
chen Geschichte und Staatskunde. S. 326, 327.

dazu gebraucht. In England stehen die Packetboote unter dem Generalpostmeister des Reiches, und es gehen hier in Friedenszeiten dergleichen von Dover nach Calais, von Falmouth nach Lissabon, Gibraltar, Malta, Westindien. und Amerika; von Harwich nach Helvoetsluys, Gothenburg und Helgoland; von Weymouth nach Jersey und Guernsey, von Parkgate und Holyhead nach Dublin und von Milford nach Waterford. (*Fischer.*)

PACKHADERN, eine grobe Sorte von Hadern (Lumpen), woraus das Packpapier verfertigt wird. Nach der Güte des letztern macht man auch unter den Packhadern wieder einen Unterschied. Die gröbsten bestehen aus Überresten von Säcken, Packleinen und andern groben Leinen- und Hanfgeweben. Feine Packhadern oder Concepthadern sind etwas bessere, weiße oder blaue Lumpen, sowol zu feinern Packpapieren als zu dem ordinairen Schreibpapiere (Conceptpapiere) bestimmt. (*Karmarsch.*)

PACKHAUS, PACKHOF, so heißt in den größern Handelsstädten dasjenige öffentliche Gebäude mit angemessenen Räumen, wohin alle eingehende Güter und Waaren, es mögen solche durch Fuhrleute oder Schiffer oder irgend ein anderes Transportmittel eingebracht werden, theils in freiwilliger Absicht des Eigenthümers zugeführt werden können, theils, der Steuer- oder anderer Finanz- oder Beaufsichtigungsverhältnisse wegen, nach gesetzlichen Bestimmungen geführt werden müssen. Die Lage der Handelsplätze hängt mit der Errichtung der Packhöfe schon an sich oft zusammen, und ohne das Stapelwesen weiter zu erörtern und heranzuziehen; stellt sich in den Hafenplätzen, in den an Flüssen gelegenen Handelsörtern, insofern ein veränderter Gütertransport eintreten muß, und in den Landhandelsstädten, wegen des Straßenverkehrs und der von Fuhrleuten beobachteten Wegestrecken und Stationen, die Nothwendigkeit der Aus-, Ab- und Umladungen von selbst heraus. An die letztern knüpft sich denn auch die Niederlegung oder Bergung der Güter auf kürzere oder längere Zeit, und die Packhöfe würden den hauptsächlichsten Theil ihrer Wichtigkeit einbüßen, wenn sie das Niederlagerecht nicht mit sich führten. Hinsichtlich der Aufnahme der Waaren sind daher die Packhöfe (Packhäuser, Packräume, Speicher, Niederlagen, Magazine, Hallen), mit einem dem Verkehre angemessenen Umfange anzulegen und mit allen der Geschäftsführung sowol als der Lagerung entsprechenden Räumen einzurichten, auf welche um so mehr zu sehen ist, als alle Waaren dem Verderben mehr oder weniger ausgesetzt sind, und eine unangemessene Lagerung, eine Nachlässigkeit oder eine Beschädigung gar zu leicht einen Verlust, mithin Schmälerung des Vermögens, zur Folge haben. Der erfoderliche Raum — Umfang — in Beziehung auf Lagerung und die damit verbundene Beaufsichtigung zerfällt 1) in offene, freie, jedoch umfriedigte, von Mauern, Wänden, Planken rc. umgebene Plätze; 2) in Räume des untern Stockes von Gebäuden; 3) in Keller; 4) in Böden. Es sind dabei zugleich Vorrichtungen zum Ab- und Aufladen, sowie Wageanstalten in gehöriger Anzahl unentbehrlich.

Jedem Staate steht das Recht zu, Packhöfe zu errichten, und zu verlangen daß unversteuerte Waaren, welche ein Kaufmann zur Weiterversendung bezogen hat, auf dem Packhofe niedergelegt werden, sowie es von der Handelspolitik desselben abhängt, inwiefern er das Lagern solcher Waaren in Privatniederlagen, Speichern rc. gestatten will. Ebenso kann sich auch jeder Staat das Recht vorbehalten, die Lagerung solcher Waaren, die zur Consumtion im Orte oder im Lande bestimmt sind, von denen jedoch die Eingangs- oder Verbrauchssteuer noch nicht entrichtet ist, auf den öffentlichen Niederlagen zu verlangen, sowie er auch berechtigt ist, solche Waaren, deren Empfänger in den Frachtbriefen nicht deutlich genug bezeichnet oder sonst unbekannt sind, auf seinen Packhöfen unter Aufsicht zu stellen.

In Beziehung auf Personen des Handelsstandes heißt *Niederlagerecht* die Befugniß, Waaren- und Handelsgegenstände (eigener oder fremder Rechnung) eine Zeit lang in einem Packhofe niederzulegen. Diese wird jedoch nicht einem jeden ohne Unterschied, vielmehr nur besonders den eigentlichen Kaufleuten und den Spediteuren zugestanden. *Lagerfrist* wird die Zeit genannt, welche den Eigenhandlungen (oder deren Stellvertretern: den Commissions- und Speditionshandlungen) zur Lagerung von Waaren gestattet ist, und die dafür zu entrichtende Gebühr heißt *Lagergeld*. Weder dieses noch jene ist allenthalben gleich, sondern jeder Staat verfügt darüber, wie er es am gerathensten findet. Ebenso werden auch nicht *alle* Waaren zur Niederlage auf den Packhöfen zugelassen; so z. B. gestehe ein Staat die Lagerung von Wein auf seinen Packhöfen zu, die ein anderer dagegen versagt. In den Bestimmungen, Vorschriften und den Verordnungen der verschiedenen Länder für die öffentlichen oder Staatspackhöfe finden sich daher große Abweichungen und selbst in Teutschland, auch sogar in den Handelsvereinsstaaten, wenige Übereinstimmung.

Dem Zwecke nach lassen sich die Packhöfe aus einem doppelten Gesichtspunkte betrachten: als Beförderungsmittel des Handels und als reine Finanzanstalten. A) Als *Beförderungsmittel* des Handels gewähren sie dem Eigen- und Durchgangshandel in großen, stark bevölkerten Städten, in welchen zur Aufnahme der Frachtstücke geeignete Räume theuer und selten sind, große Erleichterung; sie dienen dem einheimischen wie dem fremden Verkehre im Großen zur möglichst sichern Aufbewahrung der Waarenvorräthe bis zu der Zeit, wo über dieselben von den Eigenthümern verfügt und ihnen eine anderweitige Gewinn bringende Bestimmung gegeben werden kann. Zugleich vermögen sie mehr Sicherheit gegen Beschädigungen, Zerstörungen, Gefahren (z. B. gegen Feuer, Wasser, Diebstahl) und gegen das Verderben der Waaren, bei einer leichter möglichen zweckmäßigern Anlage, Einrichtung einer den Gütern entsprechenden Lagerung und Beaufsichtigung zu leisten, als dieses Alles bei Privatgebäuden und Räumen möglich sein würde. Unter diesen Umständen und Bedingungen erwecken sie ebenfalls dem auswärtigen Kaufmanne mehr Zutrauen, vermindern die große Verantwortlichkeit des einheimischen gegen seine entfernten Geschäftsfreunde, ersparen viele Widerwärtigkeiten und Streitigkeiten. Je einfacher die vorgeschriebenen Formen, je aufrichtiger und pünktlicher die Verwaltung, je billiger die Sätze des Lagergeldes sind, desto vertrauensvoller und häufiger werden die Packhöfe benutzt werden, und ihre Vortheile hervortreten. Es wird jedoch ein Verstoß gegen den Handelsverkehr, diesen so sehr wichtigen Zweig der Volkswirthschaft, bleiben, wenn die Packhofseinrichtungen aus den verständigen in einer gesunden politischen Ökonomie begründeten, Lehren der Theorie und Politik des Handels nicht hervorgehen. B) Als Beförderungsmittel zu Zwecken der Regierungen oder als reine Finanzanstalten. In diesem Sinne muß man die Packhöfe gewöhnlich nehmen, sie vereinigen in ihren Anlagen dann alle die Einrichtungen, welche aus den Rechten der Regierungen, oft auch mit Inbegriff derjenigen einer Ortsbehörde entspringen, wobei wol sogar noch zuweilen Zwangsrechte, als Stapel-, Niederlage-, Kranrecht, zum Vorscheine kommen. Das Hauptaugenmerk ist auf die Erhebung der durch Gesetze und Verordnungen festgesetzten Steuern und auf sonstige Finanzvortheile gerichtet. Mit diesem Allen verknüpfen sich dann nicht selten eine weitläufige Geschäftsführung, viele vorgeschriebene Formen, welche der Handelsstand kennen und zuweilen unter Zeitverlust beobachten muß.

Der hier aufgestellte Unterschied des Zweckbegriffs in der Bestimmung der Packhöfe scheint in Teutschland noch wenig oder gar nicht gehörig öffentlich zur Sprache gebracht zu sein, in Frankreich indessen deutlicher in den Ausdrücken: Douane und Entrepôt, in England in dem bloßen Warehousing of goods und in solchem for home consumtion und in den teutschen Vereinsstaaten in den sogenannten versteuerten und unversteuerten Niederlagen zu liegen. Zweck und Bestimmung der Packhöfe, Formen und Führung der Geschäfte bei der Verwaltung derselben werden am besten aus den vorhandenen Verordnungen für dieselben hervorgehen, und in dieser sowol, als in sonstiger öffentlicher und Privat-Hinsicht dürfte die Mittheilung der Hauptpunkte einiger derselben nicht ohne Nutzen sein. In der Acte 6. G. IV. c. 112 (d. i. Acte 112. im 6. Regierungsjahre Georg's IV.) ist in Betreff der Packhofsordnung (warehousing of goods) enthalten: Zur Aufmunterung des Handels und zur Bequemlichkeit des Kaufmanns dürfen in London und in den Häfen, die die Commissarien zu bestimmen und durch die londoner und dubliner Zeitung bekannt machen, an den Orten, die sie dazu für geeignet erachten, unter doppeltem Verschluß des Kaufmanns und der Krone in Packhöfen, die in jeder Hinsicht für den Zweck eingerichtet sind, Güter aufgespeichert werden, ohne Zoll oder Accise bei der Einfuhr zu bezahlen. Doch muß der Eigner des Lagerhauses, oder, wenn dieser nicht dazu geeignet ist, der Einbringer durch zwei Bürgen Sicherheit geben. Für Packhöfe of special security gelten die ausdrücklich dafür erklärten und alle, welche ganz mit Mauern umschlossen oder mit den gesetzlichen Kais zusammenhängend sind. Die zu lagernden Güter notirt der im Packhofsdepartement angestellte Landungswächter in dieser Form:

Im (Name des Schiffs und Schiffers) Schiffer von . . .
Unterschrift des Einbringers.

Marken } Zahl und Beziehung der Waare
Zur Lagerung bestimmt, wofür Sicherheit gegeben ist
frei
Datum
. . . Controleur. . . . Einnehmer.

und auf der Rückseite:

Gelandet und gelagert kraft umstehenden warrants Zahl der Gefäße und ihres Inhalts.
Bescheinigt Datum . . . . . . Landungswächter.
. . . Aufseher. . . . Packhofsinspector.

in sein blaues Buch, und trägt dieselben zugleich zur Nachricht für den Packhofsinspector in das Schiffberichtsbuch ein. Letzterm übergibt er zugleich die warrants, um daraus das Generalregister bei der Landung anzufertigen.

Hat auf diese Weise der Packhofsinspector sein Register eingerichtet, so wird der Inhalt der verschiedenen Packe von der sogenannten return note, welche diese Form hat:

Name des Einbringers und Datum.
Einfuhr. Zahl und Inhalt der Waaren.
Gelagert (Bezeichnung des Orts der Lagerung.) Schiff und Ladungsort.

Äußere Signatur und Zahl.	Landungszeichen und Zahl.	Bruttogewicht.		Tara.		Verhältniß der Tara zum Brutto nach Procenten.	Äußere Signatur und Zahl.	Landungszeichen und Zahl.	Bruttogewicht.		Tara.	
		Ctn.	Pf.	Ctn.	Pf.				Ctn.	Pf.	Ctn.	Pf.

Namen der Wagenmeister.
Landungswächter.
Datum . . .

und vom Landungswächter geführt wird, in das Register des Packhofsinspectors von demselben nach vorhergegangener Prüfung übergetragen. Etwanige Irrthümer läßt er bei der täglichen Revision durch den Landungswächter verbessern.

Wenn sämmtliche in den warrants vermerkte Güter gelandet sind, so bemerkt der Landungswächter hinter dem letzten Artikel: „Dieser Theil der Ladung ist regelmäßig gelandet." Dann überliefert er das Buch dem Packhofsinspector und bemerkt gleichzeitig in einem andern blauen Buche, welches zur Notirung der Güter, die schon verzollt sind, bestimmt ist, die Zahl der Packe und die Arten der zu den Packhöfen gesandten Güter, damit der Revisor den ganzen Inhalt der Ladung mit dem Berichte des Schiffers und der Angabe des Fluthwächters vergleichen könne. Findet er dies übereinstimmend, so setzt er sein Paraph auf den Deckel des blauen Buches, und schreibt auf jeden Eingangsschein die genaue Menge der gelandeten und gelagerten Güter, die der oberste Aufseher bescheinigt. Diese Eingangsscheine erhält der Einnehmer zur Notirung, der sie alsdann dem Packhofsinspector zurückgibt; dieser stellt sie nebst dem blauen Buche und den vollständigen return notes dem controlirenden Aufseher zu, der sie vergleicht, in seine Bücher einträgt und in seinen Archiven aufbewahrt.

Die Waaren müssen nach der Vorschrift der Zollbeamten und unter ihrer genauen Aufsicht nach dem Zollhause gebracht und bei 5 LSt. Strafe so gestapelt werden, daß man überall leicht hinzu könne; auch müssen die zum innern Verbrauche nicht gestatteten Güter mit dem Zeichen: „verboten" gleich bei der Landung und Einbringung bezeichnet werden.

Die Declaration der gelagerten Güter muß binnen drei, die der Schiffsvorräthe binnen einem Jahre erfolgen, wenn nicht ausnahmsweise eine längere Frist gestattet ist; nach Ablauf dieses Termins werden sie verkauft, dem neuen Käufer aber ein abermaliger Termin von drei Monaten als Nachfrist gestattet. Bei 500 LSt. Strafe darf der Eigenthümer ohne Beziehung der Zollbeamten die Güter nicht aus dem Packhofe herausnehmen; überdies sind die Güter dadurch verfallen; für den Zollbetrag ist aber auch der Eigenthümer des Lagerhauses verantwortlich. Doch können die im Packhofe lagernden Güter, ohne herausgenommen zu werden, durch den Mäkler verkauft werden, wenn die Veräußerung dem betreffenden Zollofficianten angezeigt und von diesem in seinem Buche vermerkt wird. In diesem Falle kann der Schuldschein (bond), der von dem ursprünglichen Eigner ausgestellt war, vernichtet und durch einen neuen des gegenwärtigen Eigners ersetzt werden. Bei Zerstörung der Güter durch unvermeidliche Zufälle werden die Zölle erlassen, sonst aber können die Güter erst nach Entrichtung der Zölle zur Ausfuhr oder zum innern Verbrauche herausgegeben werden. Der zum Schiffsvorrathe beschaffte Rum kann ohne entry auf andere Schiffe derselben Eigner übergetragen oder zum innern Verbrauche versteuert werden. Die Formalitäten der Declarirung zum Eingange sind denen bei der Landung gleich, und die Verzollung trifft die ganze declarirte Summe, ohne Rücksicht auf einen etwanigen Verlust, und wenn diese nach dem Werthe verzollt werden müssen, so wird der letzte Verkaufspreis angenommen, der für ähnliche Güter gezahlt worden. Als gelagert werden die Güter angesehen, die obwol nicht im Packhofe niedergelegt, doch zur Lagerung declarirt, aber unmittelbar nach der Landung zum inländischen Verbrauche oder zur Ausfuhr bestimmt werden.

Sollen die Güter zum inländischen Verbrauche aus dem Waarenhause herausgenommen werden, so muß ein Zollschein (entry) in dieser Form gelöst werden:

Im (Name des Schiffes und Schiffers) von (Ort der Ladung)

Namen der Einbringer.

Marken der Packe

Zahl der Gefäße, ihr Inhalt und Gewicht, gelagert durch dieselben am (Datum)

Zoll jetzt bezahlt (Datum)

(Zollbetrag)

. . . Controleur. . . . Einnehmer.

No.

Nun wird eine sogenannte home-consumtion-Note in folgender Form entworfen:

Gelagert in (Ort der Lagerung).

Innerer Verbrauch.

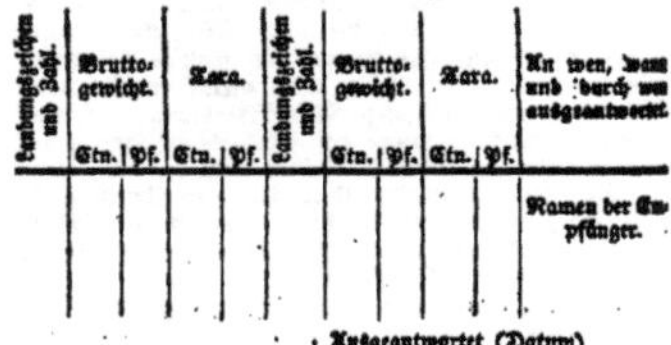

Landungszeichen und Zahl.	Bruttogewicht.		Tara.		Landungszeichen und Zahl.	Bruttogewicht.		Tara.		An wen, wann und durch wen ausgeantwortet.
	Ctn.	Pf.	Ctn.	Pf.		Ctn.	Pf.	Ctn.	Pf.	
										Namen der Empfänger.

. Ausgeantwortet (Datum)

. . . Controleur. . . . Packhofsinspector.

Das Duplicat ist gleichlautend, enthält aber statt des Ausantwortungsvermerks den Befehl an den Thürhüter: „Herr . . . . hat die vermerkten Güter auszuliefern" und wird, statt vom Controleur vom Thürhüter unterzeichnet. Nach Ausfertigung dieser Noten und Empfang des gewöhnlichen warrants vergleicht der Packhofsinspector dieselben, und hat er sie richtig befunden, so trägt er sie in sein Memorandenbuch für die entries ein, und übergibt Note und warrant dem ersten Aufseher zur Prüfung; dieser gibt sie dem Packhofsinspector zurück, der sie nun unterschreibt und das Duplicat dem Schließer übergibt als Autorisation zur Ausantwortung der Güter. Hierauf trägt der Packhofsinspector den Inhalt der home-consumtion-Note in sein Generalregister und in das Register der Ein- und Ablieferung ein, und übergibt nun warrant und Note dem controlirenden Aufseher zur nochmaligen Prüfung und Aufbewahrung.

Wenn der Schließer seinen Auftrag erfüllt hat, vermerkt er die Ablieferung der Gegenstände in seine Bücher und stellt die Duplicatnote dem Packhofsinspector wieder zu, der sie auf Fäden gezogen aufbewahrt.

Sollen Güter zur Ausfuhr aus dem Packhofe herausgenommen werden, so zeigt der Kaufmann dies dem Packhofsinspector durch ein Billet an, in welchem er das Schiff, die Waaren und den Bestimmungsort angibt.

Nun entwirft der Packhofsinspector eine Note in …nder Form:

Gelagert in (Name des Lagerungsorts).

(Ausfuhr).

…hl der Fässer, gelagert durch (Name der Eigner und Datum), eingebracht mit (Name des Schiffs und Schiffers) von (Ladungsort).							
…	Landungszeichen und Zahl.	Bruttogewicht beim Landen.	Tara.	Bruttogewicht bei der Ablieferung.	Differenz. mehr Pf.	weniger Pf.	Durch wen, durch welches Schiff und wann ausgeführt.
			Verhältniß der Tara zum Brutto nach Procenten.				

…e Note übergibt er dem ersten Packhofsaufseher, der … Landungswächter zur wiederholten Prüfung der …re beauftragt; dieser füllt die Note aus, der Pack…nspector revidirt sie, und der Landungswächter ver…t darunter:

Nachgewogen den — . . .

. . . . Landungswächter.

…ter:

die oben specificirten Gegenstände sind den Besuchern zu überliefern.

Controleur . . . . Packhofsinspector

Besucher . . . . Datum.

Thürhüter (locker).

… wird eine Ausfuhrdeclaration für die auszuführende …re in dieser Form:

(Name des Schiffs und Schiffers) von (Ort der Ladung).

Name der Eigner.

Marke der Zahlzeichen. Zahl und Inhalt der Fässer.

Zeit der Lagerung, Name der Ausführenden im (Name des Schiffers), nach — (Bestimmungsort), wofür Verschreibung gegeben ist. (Zahl der Pfunde), um welche die Güter während der Lagerung sich vermindert haben.

Datum.

Controleur . . . . Einnehmer.

…m Packhofsinspector entworfen, und von dem Kauf…s dem Packhofsinspector übergeben. Zugleich wird …der Rückseite des Zollscheins oder des Verschiffungs…s dies:

Endorsement

Schiffszeichen und Zahl.	Landungsmarke und Zahl.	Gewicht bei der Ladung. Ctn.	Pf.	Tara. Ctn.	Pf.	Ablieferungsgewicht. Ctn.	Pf.	Datum und Einfuhr und durch welches Schiff und Schiffer eingeführt.

dem Packhofsinspector überliefert, welcher darunter vermerkt und bescheinigt, daß die Angabe des Zollscheines richtig sei. Der Packhofsinspector gibt nun den warrant und den Schein über die Nachwägung zur Superrevision dem controlirenden Aufseher, empfängt sie von demselben unterzeichnet zurück, und vergleicht sie nochmals mit dem Zoll- und Verschiffungsscheine. Findet er sie richtig, so dient seine Unterschrift als Autorisation für den Thürhüter, die Waaren herauszugeben Will der Kaufmann nun die Güter verladen, so vermerkt der die Aufsicht über den Packhof führende Thürhüter ihren Inhalt in die Passirscheine, die folgende Form haben:

Datum . . . .

Name der Ausführenden
(Bezeichnung der Waare) — nach — (Bestimmungsort).

Verschiffungs- Marke	Nr.	Landungs- Marke	Nr.	Nr. des Karrens.	Name des Licentträgers (cartman).

Bezeichnung des Packhofs. . . . . . Thürhüter.
Passirschein zur Ausfuhr Nr. . . — 11 Uhr.

diese übergibt er dem Begleiter (cartfollower), welchem es obliegt, die Güter vom Packhofe nach den Kais zu begleiten, wo sie der Sorge des Besuchers (searcher) übergeben werden. Nach der Ablieferung und Notirung der Güter in seinen Büchern, gibt er nun den Passagirzettel dem Packhofsinspector zurück, welcher die Einschiffung der Waaren durch die Unterschrift des Besuchers bescheinigen läßt.

Dann vermerkt der Packhofsinspector den Inhalt der auf die Ausfuhr bezüglichen Papiere in seine Bücher, und gibt die Documente dann dem controlirenden Aufseher zurück, der sie in seinem Büreau sorgfältig hinterlegt.

Wenn die Flüssigkeiten enthaltenden Gefäße der Leckage wegen einer Nachfüllung bedürfen, so muß der Kaufmann das Faß, aus welchem diese Nachfüllung geschehen soll, genau bezeichnen; der Packhofsinspector erläßt dann einen Befehl, dasselbe noch einmal durchzumessen, und diese sogenannte regauging note wird in folgender Form ausgestellt:

Gelagert in (Bezeichnung des Packhofes).
Ausfuhr.

Zahl und Bestimmung der Gefäße gelagert durch (Name des Einbringers) am (Datum) aus dem Schiffe (Name) von (Ort der Ladung)										
Ausfuhr-		Ladungs-		Füllungsinhalt beim		Unterschied.		Nachgefüllt aus	Inhalt der wieder gefüllten Stücke.	Durch wen, in welchem Schiffe, von welchem Orte ausgeführt, und wann und wo geladen.
Marke	Nr.	Marke	Nr.	Landen	Nachwägen	mehr	weniger			

Wiedergemessen den ....
Nr. des geleerten Fasses.
.... Controleur.
.... Besucher.
.... Thürhüter.

Dem Besucher zu übergeben.
.... Packhofsinspector.

wird mit dem warrant und Zollscheine verglichen, und ermächtigt den Thürhüter zur Ausantwortung der Güter.

Ein ähnliches Verfahren tritt bei dem Umpacken des Pfeffers, der in Säcken eingeführt, für die Ausfuhr aber in Kasten gepackt zu werden pflegt, ein.

Wenn nicht alle zur Ausfuhr verzollten Güter verschifft werden, so kann der Packhofsinspector den nicht verschifften Theil wieder im Packhofe annehmen, wenn der Besucher ihm eine Specification der Zeichen, Zahlen und des Inhalts der verschiedenen Packe zugleich mit dem ursprünglichen Declarationsscheine überreicht, auf dem der verschiffte und nicht verschiffte Theil vermerkt werden muß. Die Ausantwortung der Güter geschieht dann auf die gewöhnliche Weise durch eine Declaration zur Ausfuhr oder durch eine Transferirung der alten Declaration. Hierauf vermerkt der Packhofsinspector auf den Originaldocumenten die folgenden Declarationen, schließt das Ganze durch eine Hinweisung auf die einzelnen Bescheinigungen und balancirt die ganze Rechnung in dem Hauptregister. Der controlirende Aufseher thut das Nämliche in seinem Hauptbuche, und wenn er es mit den Rechnungen des Packhofsinspectors übereinstimmend findet, so bezeugt er dies in dem Generalregister durch Unterschrift der Anfangsbuchstaben seines Namens. Ein gleiches wiederholt er bei den vierteljährlichen Revisionen. Alle blauen Bücher, warrants und Documente werden schließlich bei dem controlirenden Aufseher deponirt, der jederzeit zu ihrer Production seines Buchs und dessen Übereinstimmung mit dem des Packhofsinspectors nachweisen muß.

Folgendes ist das Verfahren, wenn eine Beschädigung der zollbaren Güter behauptet wird: Auf die schriftliche Anzeige des Kaufmanns muß er selbst und der Schiffer vor dem zur Abnahme beauftragten Controleur einen Eid ablegen, worauf der oberste und der controlirende Aufseher berichten und der Zollanwalt, wenn er nichts einzuwenden findet, dies mit wenigen Worten anzeigt. Ist dies geschehen, so vermerkt einer der Commissarien darunter: „Ist dem Berichte gemäß zuzugestehen.“ Ist der Kaufmann mit der Schätzung nicht zufrieden, so erfolgt die Anzeige der beiden obigen Controleurs an einen der Commissarien, der durch ein proceedaccordingly — (demgemäß zu verfahren) die Abschätzung durch zwei uninteressirte Kaufleute veranlassen läßt, unter deren Zeugniß die Aufseher und der Anwalt vermerken, daß sie nichts dagegen zu erinnern finden, worauf von dem Commissarius der Befehl zur Zahlung an den Cassirer erfolgt.

Wenn Waaren aus einem Hafen nach dem andern umgelagert werden sollen, und dies darf so oft geschehen, als die Eigner es wollen, muß wenigstens 12 Stunden vorher dem Packhofsinspector schriftliche Nachricht gegeben werden, bevor die Waaren herausgegeben werden. Diese Anzeige muß die genaue Angabe der Güter, ihrer Zahlen, Zeichen und ihre Beschreibung, das Schiff, das sie einführte, und wer sie einclarirte, enthalten, und darauf muß der Packhofsinspector sie genau bezeichnen und zur Umlagerung notiren, auch wenn es nöthig ist, die Amtssiegel anlegen. Wird ein Überwiegen oder Übermessen für nöthig erachtet, und ergibt sich hiebei irgend ein Deficit, so müssen die Zölle vor der Herausnahme der Güter aus dem Packhofe berichtigt werden.

Der Inhalt der Packe wird darauf vermerkt, dieselben werden einclarirt, und eine Obligation ausgestellt, auch eine hinreichende Bürgschaft gegeben, daß die Güter zu der von den Zollcommissarien bestimmten Zeit, gewöhnlich drei Monate, in die Obhut des Controleurs und ners werden gestellt werden, wohin sie geschickt sollten. Daß dies geschehen, muß durch ein At- höchsten Zollbeamten des Orts nachgewiesen wer- elches diese Form hat:

> Wir bescheinigen, daß die Waare 2c. 2c. durch inländische Schiffahrt, von (Ort der bisherigen Lagerung), wo sie (Zahl und Gewicht) gewogen haben, hier gelandet sind und (Zahl und Gewicht) bei der Überwiegung gewogen haben. Sie waren ursprünglich (Ort der bisherigen Lagerung) gelagert und sind zu diesem Hafen durch (Name der Eigner) gesetzmäßig herübergeführt, wie das Zeugniß des Controleurs und Einnehmers ausweist.
>
> Datum.
>
> mer. Controleur.

ie Angabe der Packe wird von dem Einnehmer ntroleur des Einschiffungshafens an den Einneh- d Controleur des andern Hafens in dieser Form t:

> (Zahl und Bezeichnung der Waare) bei der Einfuhr (Zahl und Gewicht) wiegend, jetzt aber (Zahl und Gewicht) wiegend von dem die sämmtlichen Zollgefälle durch (Name des Eigners) berichtigt sind, gelagert durch dieselben aus dem (Name des Schiffs und Schiffers) von (Ort der Ladung) dürfen zur Ausfuhr nach dem (Ort der Bestimmung) ausgeführt werden.
>
> (Datum und Ort der Verschiffung).
>
> leur. Einnehmer.
>
> Zolleinnehmer und Controleur zu (Ort der Umlagerung)

f der Rückseite:

...nd ...	Einfuhrgewicht.	Gewicht bei der Überwiegung.	Unterschied.	
			mehr	weniger

trolirender Aufseher. Packhofsinspector.

ne Abschrift dieses Certificats bleibt bei den Gütern. i der Ankunft in den Bestimmungshafen ist von eine Erklärung erfoderlich, die das Datum der , den Einbringer, den Hafen, von wo eingebracht den Namen des Schiffs, und den Hafen, wohin ter ausgeführt werden sollen, bezeichnet. Der er, der Schiffer und ein anderer Bürge müssen bligation über den dreifachen Werth der Waaren n, um die Ausfuhr der Waaren, und die Erfül- r darauf haftenden Pflichten zu sichern.

ndet sich bei der Ankunft im Hafen ein Deficit ter, so müssen die Gefälle berichtigt werden. Sonst s von dem Eigner ab, vor der wirklichen körper- Niederlegung der Waaren, wenn nur alle andere itäten erfüllt sind, dieselben auszuclariren und zur r einzuschiffen, oder sie noch während der im Ein- n gestatteten Lagerungsfrist zu lagern. Bei der rung der Güter aus einem Packhofe desselben Hafens in einen andern bleiben die übernommenen Verpflichtungen durchaus unverändert. Das Umpacken der trockenen und flüssigen Güter, so weit die Erhaltung der Waare oder ihre Zurichtung es nöthig macht, ist gestattet, doch müssen bei der neuen Packung die für das Packen bei der Einfuhr geltenden Bestimmungen beobachtet werden, und dürfen nur nach vorhergegangener Anzeige unter der Leitung der betreffenden Zollbeamten geschehen. Das Versetzen des Weins mit Branntwein in dem Verhältnisse von 10 : 1 ist nur für den Zweck der Herausnahme aus dem Packhofe gestattet, sowie auch die Abnahme mäßiger Proben. Auch können Leinen-, Seiden- 2c. Waaren auf eine bestimmte Zeit aus dem Packhofe zur Reinigung und Instandsetzung ausgeliefert werden. Wird bei dem Umpacken der durch Bodensatz, Schmuz oder sonst werthlos gewordene Theil der Güter abgesondert, so kann derselbe zerstört werden, und die Differenz muß genau auf den neuen Packen vermerkt werden, doch ohne einen Einfluß auf die Zollentrichtung. Von Güterladungen, die im Ganzen eingeführt werden, darf keine geringere Quantität als eine Tonne Gewicht zur Reinigung herausgegeben werden ohne specielle Erlaubniß der höhern Zollbeamten.

In den Packhöfen of special security soll, wenn nicht besonderer Verdacht einer heimlichen Entfernung der Güter da ist, für diejenigen Waaren, die durch den Einfluß der Atmosphäre und ähnliche natürliche Ursachen einer Veränderung unterliegen, von den Zollofficianten ein Nachlaß für den Verlust bei der Verzollung gestattet werden. Dieser Nachlaß ist bestimmt für Wein per Faß und Jahr während eines dreijährigen Termins auf ein Gallon, Branntweine für jede sechs Monate binnen der ersten zwei Jahre ein Gallon und für jede Zeit über zwei Jahre hinaus fünf Gallons, für Kaffee, Nüsse, Pfeffer zwei Procent. Sind Güter durch einen Zollbeamten heimlicher Weise zum Schaden des Eigners zerstört oder veruntreut worden, so liegt es diesem ob, den Beweis zu führen; den Verlust ersetzt dann die Zollverwaltung. Die Herausnahme aus dem Waarenhause geschieht unter Aufsicht der Zollofficianten; die Ausfuhr soll in keinem Schiffe unter 70 Tonnen Last geschehen. Die in den Packhöfen und Lagerhäusern niedergelegten Waaren haften den Fuhrleuten für die Fracht so, als wären sie noch auf ihren Schiffen oder Fuhrwerken.

Zur Lagerung und Wiederausfuhr ist die Einfuhr des fremden Getreides immer gestattet. Die Gesetze über die Zulassung des fremden Korns und Mehls an den englischen Märkten, mithin zum inländischen Verbrauche, sind dagegen seit dem J. 1815 verschiedene Male geändert, bis daß 1822 eine Scala der Preise festgestellt ward, wornach der Verkauf des fremden „unter königlichem Schlosse" lagernden Getreides an den englischen Märkten entweder verboten oder frei oder nur gegen Zoll erlaubt ist.

Im Königreiche der Niederlande (Holland) faßte man im J. 1835 den Plan, den Getreidehandel der englischen Maßregel ähnlich zu reguliren. Zur Förderung des desfallsigen vorgeschlagenen Korngesetzes wurde in den Verhandlungen der ersten Kammer angeführt: 95,000 Last

Getreide, welches unter königlichem Schlosse liege, also fremdes, sei nach Holland bestimmt gewesen.

In der Zollordnung für das Königreich Preußen vom 26. Mai 1818 ist der Unterschied zwischen den königl. Packhöfen und den Niederlagen in solchen Orten, wo keine Packhöfe, wol aber Hauptzollämter sich befinden, gezogen und auf den Grund des §. 49 der allgemeinen Zollordnung sind nach Maßgabe der örtlichen Verhältnisse den Handelsstädten die Reglements für ihre Packhöfe oder Niederlagen vom Ministerium ertheilt und dem Handelsstande bekannt gemacht. Die Hauptpunkte jener allgemeinen Zollordnung hinsichtlich der Packhöfe sind:

Wem, auf wie lange und für welche Waaren das Niederlagerecht gestattet ist. Das Niederlagerecht wird nur den Kaufleuten und Spediteurs bewilligt und soll die Lagerfrist einen Zeitraum von zwei Jahren nicht überschreiten. Das Niederlagerecht erstreckt sich nur auf solche fremde Waaren, welche höher als mit einem halben Thaler Eingangssteuer für den Centner belegt sind. Auf Wein findet dasselbe nur ausnahmsweise Anwendung, wenn dazu geeignete Räume im Packhofe vorhanden sind und die Weine keine Behandlung verlangen.

Lagergeld auf staatseigenthümlichen Packhöfen. Die Entrichtung des Lagergeldes geschieht nach folgenden Sätzen:

Für das Lager bis zu drei Monaten einschließlich, wird nichts entrichtet. — Für das Lager bis zu einem Jahre, vom ersten Tage des vierten Kalendermonats an, monatlich: bei trockener Waare, vom Centner sechs gute Pfennige*), bei nasser Waare, vom Centner ein guter Groschen. — Für das Lager bis zu zwei Jahren, für die zweiten zwölf Monate, monatlich: bei trockener Waare, vom Centner ein guter Groschen, bei nasser Waare, vom Centner zwei gute Groschen. — Colli unter einem Centner werden zur Entrichtung, gleich solchen von einem Centner gezogen. — Bei schwerern Colli werden die Zwischensummen in Pfunden nicht mit zur Berechnung gebracht. — Jeder Monat wird nach dem Kalender und für voll gerechnet, wenn die Lagerfrist auch unter einem Monate dauert. — Wegen Berechnung des Lagergeldes ist zu bemerken, daß es ein Irrthum sein würde, wenn man mit Rücksicht auf die drei Freimonate, die Lagerung gegen den mindern Lagergeldsatz nur auf neun Monate gestatten wollte. Es bleiben vielmehr bei der Lagerfrist die drei Freimonate ganz außer Betracht, dergestalt, daß die niedergelegten Waaren nach Ablauf derselben noch zwei volle Jahre und zwar das erste Jahr, gegen Entrichtung des mindern, und das zweite Jahr gegen Entrichtung des höhern Lagergeldsatzes lagern können. — Wenn Waaren aus einer Packhofsstadt nach einer andern gesandt werden und dort zur Niederlage kommen, so ist solches nur als eine Fortsetzung der gesetzlichen Lagerfrist zu betrachten und es wird daher, bei Erhebung des Lagergeldes, die in der ersten Niederlage bereits stattgefundene Lagerung mit zur Berechnung gezogen. Diese Regel findet auch auf Waaren Anwendung, welche vor dem Übergange in eine Packhofsniederlage, in einem unter Verschluß der Steuerverwaltung stehenden, die Stelle des Packhofslagers vertretenden Privatlager gelagert haben. — Wird die Lagerung der Waaren auf Packhöfen im Freien verlangt, so entbindet solches in der Regel nicht von der Erlegung des Lagergeldes. Fehlt es aber zur Aufnahme in Packhofsniederlagen an Raum, so kann eine solche nicht weiter stattfinden, sondern es muß über die Waare anderweit disponirt, oder von der Kaufmannschaft ein angemessener Raum beschafft werden, in welchem Falle das Niederlagegeld wegfällt und nur die etwa daraus entspringenden Mehrkosten der Aufsicht von den Niederlegern zu tragen sind. — Die Erhebung und Berechnung des Niederlagegeldes muß, nach dem Gewichte eines jeden einzelnen Collo erfolgen, und es ist nicht zulässig, das Gewicht mehrer Colli, welche gleichzeitig aus der Niederlage entnommen werden, zusammen zu rechnen.

Lagergeld auf privateigenthümlichen Packhöfen. Ist der Packhofsraum Privateigenthum, und der Staat führt nur die Aufsicht über das Lager und die Verwaltung, so wird das Lagergeld nach dem örtlichen Kostenbedarf für das Gelaß und die Aufsicht festgestellt.

Rechte des Staats auf die Waaren im Packhofslager. Die, im Packhofslager befindliche Waare haftet dem Staate unbedingt für die davon schuldigen Gefälle nach derjenigen Erhebungsrolle, welche am Tage der Versteuerung gültig ist. Eine Herausgabe der Waare kann, in keinem Falle, auch nicht von den Gerichten bei Concursen, eher verlangt werden, bis die Gefälle bezahlt sind.

Verfahren beim Eingange, bei der weitern Versendung und der Revision der Waaren. Beim Eingange von Waaren auf Packhöfen und bei deren Versendung von denselben finden im Allgemeinen eben die Vorschriften statt, welche für die Waareneinfuhr über die Grenze, ohne Entrichtung der Steuer, und für die Ertheilung von Begleitscheinen bestehen, wobei besonders die künftige Bestimmung der Waare, ob sie zur Versendung, zum Packhofs- oder Privatlager oder zum Verbrauche bestimmt ist, berücksichtigt wird. Transitogut und andere Waaren, welche sogleich zu weiterer Versendung angegeben werden, sind nur dann einer speciellen Revision unterworfen, wenn der Empfänger diese wünscht, oder wenn Verdacht einer Vertauschung vorhanden ist, sobald sie auf denjenigen Straßen transportirt sind, für welche kein Unterschied in der Abgabe, den Gegenständen nach, stattfindet, oder der Einbringer den höchsten Eingangsabgabensatz entrichtet, und die Waare unter völlig sichern Verschluß genommen werden kann.

Verfahren bei Waaren, die vorerst im Abladeorte bleiben. Sind Waaren zur Consumtion im Orte oder vor der Hand zur Niederlage (oder zum Packhofslager) bestimmt, so werden sie innerhalb der in den Packhofsreglements bestimmten Zeit nach ihrer Ankunft,

*) Nach dem Münzfuße vom J. 1764; das neueste Münzgesetz erschien unterm 30. Sept. 1821, die Zollordnung mithin drei Jahre früher.

enwart des Empfängers speciell revidirt. Wenn Empfänger binnen der festgesetzten Zeit nach An- er Waaren nicht einfindet, um der Revision beizu- , so wird die Revision ohne ihn vorgenommen.

i solchen Waaren, die von Fremden niedergelegt soll die Revision sobald als möglich und noch vor eise des Deponenten vorgenommen werden, damit Behörde im Falle verübten Waarenaustausches es Thäters versichern könne.

er die zur Niederlage kommenden Waaren erhält onent einen Niederlageschein, welchen er bei Ver- g der Waaren wieder zurückgibt, und es steht , die Waare seinerseits zu verschließen (versiegeln,).

ie Bearbeitung der Waaren auf dem La- treffend. Es steht den Eigenthümern und Dis- über lagernde Güter frei, in der Niederlage un- sicht der Beamten die Maßregeln zu treffen, welche Erhaltung der Waaren für dienlich erachten, sie Ende umzustürzen, anders zu verpacken oder auf-

nter diesen Umständen ist die Veränderung des Ge- der Tara erlaubt, hingegen darf das bei der ersten sich ergebende Nettogewicht oder der Inhalt der nicht vermindert werden; ebenso erfolgt auch bei unternahme der Waaren keine Vergütung für ver- Waare, welche zur Ergänzung der unversteuerten hat

ie besondern Packhofsreglements bestimmen nach tlichen Bedürfnissen, inwieweit die Bearbeitung dem Packhofe lagernden Waaren auch für an- wecke als den der bloßen Erhaltung stattfinden

ie Entnehmung der Waaren vom Pack- Entnimmt ein Deponent Waaren aus der Pack- erlage zum Gebrauch im Lande, so werden diese ftmäßig abgemeldet, revidirt und zur Versteuerung . — Wird Waare zur Versendung in das Aus- eclarirt, so wird davon die Durchgangsabgabe erho- d die Waare wird unter Begleitscheincontrole ab- . Bis aber der wirkliche Ausgang vorschriftmä- iesen ist, haftet der Versender für die volle Ein- bgabe.

ird Waare aus dem Packhofslager zur Versendung ner andern Packhofsstadt declarirt, so muß in dem scheine die bereits verstrichene Lagerfrist der Waare werden, um eine Überschreitung der überhaupt nur en Lagerfrist zu verhüten.

ein und Branntwein dürfen nicht mit altem Ver- nach andern Packhofsstädten oder nach dem Aus- gesandt, sondern müssen aufs Neue verschlossen wer- eim Wein, unter Einhängung von Probeflaschen, m und andern fremden unversteuerten Branntwei- ter Feststellung des Alkoholgehalts und Bemerkung n in den Begleitscheinen.

ei Waarenversendungen aus Packhofsniederlagen es darauf an, ob die Waare unter Verschluß und rührt gelagert hat und in denselben unangebroche- nen Colli, in welchen sie eingegangen, wieder ausgeht. Ist solches der Fall und ergibt sich bei der Abfertigung zum Ausgange ein Mindergewicht durch Einzehren, Verstäuben ꝛc., so wird die Durchgangsabgabe vom Sollgewicht erhoben, dasselbe abgeschrieben, und der Begleitschein mit der erfoderlichen Bemerkung wegen des Mindergewichts ausgefertigt.

Colli, aus welchen während der Lagerung Proben entnommen und versteuert werden, bleiben nicht unangerührt; was also beim nachherigen Ausgange solcher Colli außerdem fehlt, davon ist die tarifmäßige Eingangsabgabe zu entrichten.

Bei Waaren, die zum Verbleiben im Lande aus der Niederlage entnommen werden, bleibt allemal das Sollgewicht, wie es beim Eingange vom Auslande declarirt und nach der Eingangsrevision im Begleitscheine aufgeführt worden, das Quantum des steuerpflichtigen Objects.

Bei Versendungen unversteuerter Waaren von Packhöfen nach dem Auslande wird die Durchgangsabgabe in Fällen, wo eine Umpackung oder Umfüllung solcher Waaren in den Packhofsniederlagen stattgefunden hat, von dem Bruttogewichte der Waare mit der neuen Emballage erhoben. Von dieser Regel kann auch bei den in Packhofsniederlagen auf Flaschen gezogenen Flüssigkeiten eine Ausnahme nicht gemacht werden, da eine solche Umfüllung überhaupt schon eine sehr erleichternde Ausschließung in sich faßt, bei welcher eine nur zu Verdunkelungen führende, verwickelte Rückrechnung der neuen Tara also um so weniger zulässig ist.

Verpflichtung der Verwaltung in Betreff der lagernden Waaren. Die Packhofsverwaltung muß für die wirthschaftliche Erhaltung der Packhofsräume in Dach und Fach, für sichern Verschluß derselben, für Abwendung von Feuersgefahr oder Brandstiftung aus Unvorsichtigkeit im Innern des Gebäudes und seiner nächsten Umgebungen und für Aufrechthaltung von Ruhe und Ordnung unter den im Packhofe beschäftigten Personen, dem besondern Packhofsreglement gemäß, sorgen, und haftet für Beschädigungen der lagernden Waaren, die aus einer Unterlassung oder Vernachlässigung dieser Fürsorge entstehen. Andere Beschädigungen der lagernden Waaren und dieselben treffende Unglücksfälle hat sie hingegen nicht zu vertreten.

Wie mit unabgeholten Waaren verfahren wird. Wenn Waaren, deren Eigenthümer und Empfänger nicht bekannt sind, ein Jahr im Packhofe gelegen haben, so wird solches nebst einer genauen Bezeichnung derselben, durch die Amts-, Intelligenz- und Zeitungsblätter der Provinz, zu zwei verschiedenen Malen, von vier zu vier Wochen, bekannt gemacht und ein dreimonatlicher Termin angesetzt, nach dessen Ablauf die Packhofsverwaltung, wenn sich Niemand zur Entgegennahme oder zur weitern Verfügung der Waaren meldet, berechtigt ist, diese öffentlich, meistbietend, in Gegenwart eines Steuerbeamten zu verkaufen. Nach Abzug des Lagergeldes und der Abgaben bleibt der Ertrag neun Monate hindurch deponirt, und verfällt nach Ablauf dieser Frist der Armencasse. Sind jedoch solche Güter einem schnellen Verderben ausgesetzt, so kann, mit Genehmigung der Provinzialsteuerbehörde, ein früherer Verkauf in der Art geschehen, daß der Licitationstermin im Orte, zu zwei verschiedenen Malen, innerhalb acht Tagen öffentlich bekannt gemacht wird. Wenn hingegen der Eigenthümer bekannt ist und die Güter länger als die zur Lagerfrist gestattete Zeit (über zwei Jahre) gelagert haben, so wird derselbe aufgefodert, binnen längstens vier Wochen die Waaren vom Packhofe herunter zu nehmen, widrigenfalls mit denselben, wie zuvor bemerkt, zum Verkaufe geschritten und der Ertrag, nach Abzug aller Kosten und Abgaben, dem Eigenthümer zugestellt wird.

Unter welchen Bedingungen das Niederlagerecht anderer Orten gewährt werden kann. An Orten, wo keine Packhöfe und keine dem Staate zugehörige Gebäude vorhanden sind, die zu einer Packhofsanlage benutzt werden können, ist es Sache der Kaufmannschaft oder der Commune, welche eine solche Anstalt wünschen, den nöthigen sichern Raum zur Benutzung des Staats zu stellen, und wenn die Verwaltungskosten die Einnahme an Lagergeld übersteigen, den Mehrbetrag zu decken.

Besondere Vorschriften, die Theilung der Gebinde betreffend, in welchen geistige Getränke zur Packhofsniederlage kommen. Eine Theilung der Gebinde, in welchen geistige Getränke, als: Rum, Franzbranntwein, Sprit ꝛc., zu der Packhofsniederlage kommen, um davon unversteuerte, kleinere Versendungen bis zu dem im Packhofsreglement bestimmten, geringsten Betrage nach dem Auslande zu machen, oder auch, um theilweise zum Verbrauche im Lande davon zu versteuern, darf auf den Packhöfen nur unter nachstehenden, von den Niederlegern zu befolgenden, und bei der Abfertigung von den Beamten zu beobachtenden Vorschriften geschehen:

1) Aus einem, zum Behuf einer kleinern Versendung ins Ausland, einmal angebrochenen Gebinde, darf keine Versteuerung theilweise im Lande erfolgen. Wer zu diesem Behufe geistige Getränke aus den Packhofsniederlagen entnehmen will, muß jederzeit ein unangebrochenes ganzes Gebinde oder den ganzen Rest eines angebrochenen Gebindes auf einmal versteuern.

2) Über die zu den Packhofsniederlagen kommenden geistigen Getränke wird an Orten, wo eine solche Theilung vorkommt, ein doppeltes Conto nach dem Gewichte und dem Gemäße geführt. Die Ermittelung des letztern geschieht durch das innere Visiren der Gebinde.

3) Die erste Anschreibung im Conto bildet das Bruttogewicht der eingegangenen Gebinde und deren Inhalt nach preußischen Quarten.

4) Werden theilweise Versendungen davon nach dem Auslande gemacht, so wird die Durchgangsabgabe von dem Bruttogewichte desjenigen Gebindes, in welchem die Getränke ausgehen, erhoben, dieses Gewicht auf dem Begleitscheine angegeben, und die Abschreibung im Conto nach demselben, und nach dem zu ermittelnden Inhalt des Gebindes, dem Maße nach, bewirkt.

5) Soll der Rest eines angebrochenen Gebindes zum Verbleib im Lande versteuert werden, so ist es gestattet, diesen Rest auf ein kleineres, dem Gemäße desselben entsprechendes, Gefäß zu bringen. Das Bruttogewicht des letztern ist dann das steuerpflichtige Object. Die Abschreibung im Conto erfolgt ebenfalls nach diesem Gewicht und nach dem Gemäße.

6) Ist hiernach ein ganzes zur Packhofsniederlage gelangtes Gebinde geleert, und das beim Eingange contirte Gemäß desselben als ausgegangen oder versteuert abgeschrieben, die betreffende Post im Conto als völlig erledigt, so bleibt die etwanige Differenz des notirten Gewichts beim Eingange gegen das im Conto abgeschriebene Gewicht unbeachtet, und das eingegangene geleerte Gebind außer Steueranspruch.

7) Fehlt nach erfolgter Leerung eines solchen Gebindes aber etwas an dem contirten Gemäße desselben, so werden für jedes im Conto noch nicht gelöschte Quart drei Pfund Brutto gerechnet und, nach diesem Maßstabe die tarifmäßigen Eingangsabgaben für die fehlende Quartzahl nach dem Gewicht eingezogen.

Für den Fall einer durch zufällige Ereignisse erweislich im Packhofslager stattgefundenen Verminderung kann ein Steuererlaß in Anspruch genommen werden; doch ist unter solchen zufälligen Ereignissen das Eintrocknen, Einzehren und Verdunsten nicht zu verstehen.

Im Herzogthume Braunschweig erschien unterm 31. Jul. 1835 folgende Bekanntmachung der herzogl. braunschweig-lüneburgischen Steuerdirection: Die nachstehenden von dem herzogl. Staatsministerium, auf den Grund des Art. 12 des Steuervereinigungsvertrages mit dem Königreiche Hanover vom 1. Mai 1834 festgestellten Reglements werden zur öffentlichen Kenntniß gebracht. A. **Reglement** wegen Erhebung eines Wagegeldes bei den Steuerämtern im Directionsbezirke Braunschweig und bei den herzogl. Packhöfen in den Städten Braunschweig und Wolfenbüttel, sowie an den Thoren daselbst.

§. 1. Von allen Gütern, welche bei den Steuerämtern und auf den Packhöfen in den Städten Braunschweig und Wolfenbüttel zur Bestimmung der davon zu erlegenden Abgaben gewogen werden, wird ein Wagegeld erhoben und zwar:

von 1 Pfund bis incl. ¼ Centner . . . . . 2 Pf.
von ¼ Centner 1 Pfund bis incl. ½ Centner . 3 Pf.
von ½ Centner 1 Pfund bis incl. 1 Centner . 4 Pf.

§. 2. Geschieht diese Verwiegung zu andern Zwecken (zur Nachricht), so ist an Wagegeld zu entrichten:

von 1 Pfund bis incl. ¼ Centner . . . . . 4 Pf.
von ¼ Centner 1 Pfund bis incl. ½ Centner . 6 Pf.
von ½ Centner 1 Pfund bis incl. 1 Centner . 8 Pf.

§. 3. Das Wagegeld wird für jedes einzelne Collo berechnet und erhoben.

§. 4. Die nämlichen Abgabensätze werden bei den Verwiegungen an den Thoren in den gedachten beiden Städten ebenfalls zur Anwendung gebracht.

§. 5. Von den Meßgütern wird das Wagegeld nur bei deren Eingange, nicht aber von den verkauft oder unverkauft wieder zu versendenden, auch nicht von denjeni-

Meßgütern, welche zur Nachricht für die Käufer Verkäufer gewogen werden, entrichtet.

B. Reglement wegen Erhebung eines Niederlage- s auf den herzoglichen Packhöfen zu Braunschweig Wolfenbüttel.

§. 1. Von allen Gütern, die auf den Packhöfen en Städten Braunschweig und Wolfenbüttel nieder- t werden und längere Zeit als 72 Stunden in den en Niederlageräumen lagern, ist, mit Ausnahme der- en Deponenten, welchen gewisse Niederlageräume für sirum überwiesen werden, ein Niederlagegeld zu ent- n.

§. 2. Dasselbe beträgt der Regel nach von jedem zu dem Gewichte:

1 Centner und darunter . . . . 3 Pf.
1 Centner 1 Pfund bis 2 Centner . . . 6 Pf.
2 Centner 1 Pfund bis 3 Centner . . . 9 Pf.
so ferner.

§. 3. Das Niederlagegeld wird von jedem einzel- Collo besonders erhoben.

§. 4. Für Güter, welche über 3 Monate lagern, en die obigen Sätze vierteljährlich aufs Neue erhoben**). (*Süpke.*)

PACKKAMMER, heißt in Postgebäuden der zur ewahrung des durch die Post zu befördernden Gepäcks mmte Raum. (*H.*)

PACKKNECHTE, werden im Kriege dazu ge- ht, die zur Fortschaffung verschiedener Truppenbe- iffe bestimmten Packpferde zu führen, oder überhaupt em sogenannten Train Dienste zu leisten. Schon bei Römern waren solche unter der Benennung **calones** nden. Diese zogen in früherer Zeit nur als Diener Centurionen, Tribunen 2c. mit ins Feld und trugen für e einen Theil ihres Gepäckes, in späterer Zeit wur- sie aber zahlreicher, sodaß man sie mit zur Verthei- g der Transporte von Armeebedürfnissen verwendete. Mittelalter folgten Packknechte unter der Benennung ßbuben den Rittern und Knappen in ungemessener , die sich jedoch mit Einführung der stehenden Heere nderte und auf einen bestimmten Etat beschränkte. vor Alters wurden sie aber auch bei diesen in der l nur aus der niedrigsten und rohesten Volksclasse mmen, und, da sie auch nicht bewaffnet waren, den jen Soldaten nicht gleichgeachtet, bis man in neuerer in den meisten europäischen Heeren, namentlich im sischen und französischen, darauf bedacht gewesen, sie Trainsoldaten mit jenen auf die nämliche Stufe ellen und mit Waffen zu versehen, um im Nothfalle den Feind abwehren zu können (s. auch d. Art. kpferde). (*Heymann.*)

PACKLACK oder **POSTLACK**, heißt das braune ellack, welches zum Versiegeln von Packeten dient, oft mit einem Posthorne als Zeichen versehen wird. Es wird durch Zusatz von Braunroth (**Caput mortuum**) gefärbt und besteht übrigens aus Schellack, Colophonium und Terpentin, die schlechteste Sorte blos aus Colopho- nium, Terpentin und dem Farbestoffe. (*Karmarsch.*)

PACKLAKEN, soviel als Packleinwand. Auch kommt eine grobe Sorte Tuch unter diesem Namen vor; diese wird in mehren Gegenden von England, Südschott- land und Irland verfertigt und gewöhnlich ungefärbt ver- handelt. (*Karmarsch.*)

PACKLEINEN, PACKLEINWAND, auch wol Packtuch, heißt grobe, meist aus Werggarn gewebte Leinwand, welche zum Einpacken (Emballiren) von Ki- sten 2c. dient, und immer ungebleicht in den Handel kommt. Auch wird die zum nämlichen Zwecke angewendete grobe Wachsleinwand mit dem Namen Packleinwand oder Pack- tuch bezeichnet (s. d. Art. **Wachsleinwand**). (*Karmarsch.*)

PACKLODEN, im schlesischen Garnhandel, die schlechtern, leichtgesponnenen Webergarne. (*Karmarsch.*)

PACKMASCHINE, PACKPRESSE, ist im All- gemeinen eine Maschine, durch welche manche leichte und viel Raum einnehmende Waaren beim Verpacken stark zu- sammengepreßt werden, um bequemer versendet werden zu können. Die Verminderung des Raumes ist nicht der einzige Vortheil, der hierdurch entsteht, sondern die zu- sammengepreßten Güter sind auch besser vor dem Ein- bringen der Feuchtigkeit und der Luft geschützt, was oft sehr viel zu ihrer Erhaltung beiträgt. Je nach dem Be- dürfnisse werden die Packmaschinen in sehr verschiedener Größe ausgeführt; ihre Wirkung beruht aber immer darauf, daß ein Ballen oder ein Packet Waare so stark als mög- lich oder nothwendig ist, zusammengedrückt wird, worauf man die schon vorher herumgelegten Schnüre oder Stricke anzieht und zusammenknüpft, bevor die Presse wieder ge- löst wird. Es sind mancherlei Einrichtungen für die Pack- pressen erfunden worden, von welchen das Folgende eine Übersicht gibt:

a) Gewöhnliche Packpresse mit einer ein- fachen Schraube. Alle hierher gehörigen Maschinen haben ziemlich einerlei Bauart. Sie enthalten eine starke senkrechte Schraubenspindel, welche aus Holz oder Eisen gemacht wird, und an ihrem untern Ende einen breiten, quer durchbohrten Kopf trägt. Indem man in die Löcher des Kopfes einen Hebel einsteckt, und diesen im Kreise herumführt, kann man die Schraube mit gehöriger Kraft umdrehen. Die Mutter der Schraube ist in dem obern horizontalen Theile des Preßgestelles befestigt. Unten ent- hält dieses Gestell, welches aus Holz oder aus Eisen ge- macht ist, ein wagerechtes Bett, d. h. eine Platte oder einen breiten Balken als Unterlage für die zu pressenden Waarenballen oder Packete. Dieses Bett ist mit dem Querbalken, welcher die Schraubenmutter enthält, durch aufrechte Ständer in gehörig feste Verbindung gesetzt. Der Kopf der Schraube ist mit einer unter ihm befindlichen horizontalen Platte dergestalt verbunden, daß letztere grade auf- und niedergeht, wenn die Schraube nach der einen oder andern Seite umgedrehet wird. Der auf das Bett gelegte Waarenballen wird durch die herabgehende Platte

**) Über die englische Packhofsordnung vergl. Friedländer, brittische Zollsystem (Königsberg 1827), und über die preußi- Jöcher, die Handelsschule 2c. 8. Bd. (Quedlinburg und ig 1835).

zusammengedrückt, worauf übrigens nach der schon oben im Allgemeinen angedeuteten Weise damit verfahren wird.

b) Packpresse mit zwei Schrauben. Eine solche ist von John Pack in England im J. 1797 erfunden worden. Das Gestell derselben besteht aus zwei sehr starken horizontalen Balken, oben einer und unten einer, welche durch zwei aufrechtstehende Schraubenspindeln mit einander in Verbindung gesetzt sind. Diese Schrauben dienen statt der Ständer, und zugleich zur Bewegung des Preßbalkens, welcher zwischen dem Ober- und Unterbalken parallel mit beiden angebracht ist. An den Enden des Preßbalkens befinden sich zwei Schraubenmuttern für die Spindeln; die Verbindung zwischen den Muttern und dem Preßbalken ist so angeordnet, daß erstere sich drehen können, wobei sie dem letztern eine grade auf- oder niedergehende Bewegung ertheilen. Ein an jeder Schraubenmutter vorstehender Reif ist in der Weise gezahnt, daß eine Schraube ohne Ende in denselben eingreifen kann. Die zwei hierzu nöthigen endlosen Schrauben befinden sich an einer horizontalen eisernen Achse, welche die gezahnten Reife tangirt, und mittels einer Kurbel umgedreht wird. Man sieht leicht, daß die Umdrehung der Schraubenmuttern, welche auf diese Weise hervorgebracht wird, ein Auf- oder Absteigen des Preßbalkens zur Folge haben muß, da die senkrechten Schraubenspindeln unbeweglich sind. Hierbei bleibt der Preßbalken immer parallel mit dem Ober- und Unterbalken. Der größte Nutzen dieser Presse besteht darin, daß mit derselben zwei Ballen in unmittelbarer Aufeinanderfolge gepreßt werden können, ohne daß durch das Zurückschrauben ein Zeitverlust entsteht. Die Presse steht zu diesem Behufe auf dem Fußboden des Gemaches, in welchem man die Arbeit des Packens vornimmt, neben derselben ist aber, in der halben Höhe der Presse, ein Zwischenboden oder ein Gerüst errichtet, auf welchem ebenfalls Arbeiter angestellt werden. Geht man von dem Zeitpunkte aus, wo der Preßbalken die Hälfte seines Weges zurückgelegt hat, und folglich in der Höhe des Gerüstes steht; so wird zwischen den Preßbalken und den Unterbalken ein Ballen eingelegt, der durch fortgesetztes Herabgehen des Preßbalkens zusammengedrückt wird. Nachdem dieses hinlänglich geschehen ist, dreht man die Schraubenmuttern verkehrt, bewegt mithin den Preßbalken aufwärts; und indessen nun der untere, so eben gepreßte Ballen herausgenommen wird, schieben die Arbeiter auf dem Gerüste einen andern vorbereiteten Ballen zwischen dem Preßbalken und dem Oberbalken ein, der nun ebenfalls zusammengedrückt und erst dann wieder herausgenommen wird, wann der Preßbalken von Neuem hinabgeht, um unten abermals zu pressen.

c) Presse zum Einpacken der Baumwolle, von Balcourt. Diese Presse hat mit der vorigen einige Ähnlichkeit, indem sie ebenfalls aus drei horizontalen Balken und zwei langen, senkrecht stehenden Schraubenspindeln zusammengesetzt ist; allein nicht nur der mittlere Balken bewegt sich auf und nieder, sondern auch der obere und untere (wodurch also die Pressung beschleunigt wird), und die Schraubenspindeln stehen nicht unbeweglich, sondern drehen sich um ihre Achse, wogegen deren
Muttern in den drei Preßbalken festsitzen, und samm
sen keiner andern Bewegung fähig sind, als der auf
absteigenden. Die Schraubenspindeln erhalten ihre
hung durch zwei an ihnen befestigte gezahnte Räder,
gleichzeitig und nach einerlei Richtung von einem
Rade in Gang gesetzt werden. Auf jeder Spindel
den sich drei Abtheilungen des Schraubengewindes
drei Preßbalken entsprechend und zur Führung der
bestimmt. Die mittlere Abtheilung ist ein linke
winde, die obere und untere ein rechtes. Mithi
wegt sich der mittlere Balken stets verkehrt oder
gengesetzt, verglichen mit den beiden andern. Ge
mittlere Balken hinauf, so steigen die andern zwei
es öffnet sich mithin die untere Presse und schließt s
obere; bewegt sich der Mittelbalken abwärts, so
der obere und untere Balken, es läßt also die obere
den bisher eingepreßten Baumwollballen los, währen
untere einen neu hingelegten zusammendrückt. Ein
treibt die ganze Maschine vermittels eines Göpels,
durch eine einfache Einrichtung wird bewirkt, daß
Pferd ununterbrochen nach einer Seite gehen kann
doch die Preßschrauben abwechselnd rechts und link
dreht werden. Der Erfinder hat endlich auch den
stand berücksichtigt, daß der Widerstand der zusamm
drückten Baumwolle mit dem Grade der Zusammendrü
wächst. Eine große Schnecke (ein Spiralkorb) hilf
sem Umstande dermaßen ab, daß die Kraftausübun
der Dauer der Pressung steigt, und die Geschwind
der Preßbalken sich angemessen vermindert.

d) Packpresse mit Hebel. Die einfachst
der Packpressen, aber zur Hervorbringung eines sehr
ken Druckes nicht geeignet. Ein langer einarmiger
bel drückt nahe an seinem Drehungspunkte auf den
tergelegten Gegenstand, und wird von Menschenkraf
dergezogen. Man kann zusammengesetzte Hebel in
schiedener Weise anwenden, wodurch ziemlich willk
Modificationen der Maschine entstehen.

e) Packpresse mit Zahnstange und Get
Von dieser Art ist die Maschine, womit in vielen B
wollspinnereien die Garnpackete vor dem Binden ode
sammenschnüren gepreßt werden. Das Packet samm
lose herumgelegten Schnüren befindet sich in einer
hölzernen Kastens, dessen Boden durch eine Zahnst
in welche ein mittels Kurbel umgedrehtes Getriebe ein
aufwärts — gegen den Deckel hin — bewegt wird.
Mechanismus stimmt ganz mit jenem der gemeinen
genwinde überein. Der Deckel besteht aus einigen
nen Spangen, und die Seitenwände des Kastens sind
Oben bis Unten eingeschnitten, damit man ungehinder
Schnüre um das Packet festbinden kann, während da
sich unter dem Drucke befindet.

f) Packpresse mit Zahnstange und He
Eine solche wurde im J. 1802 von Buschendorf in
zig angegeben. Zwischen einem passenden Gestelle vo
rizontalen und verticalen Balken geht die Preßplatte
der, unter welcher der zu pressende Gegenstand ein
wird. Oben trägt diese Platte eine aufrechte eiserne Z
stange, deren Zähne gleich jenen eines Sperrades s

ilt und spitz sind. Ein einarmiger Hebel, der ab-
sfelnd auf- und niedergezogen wird, treibt bei jedem
ergehen mittels einer Schiebklaue die Stange (also
Preßplatte) ein Wenig weiter hinab, ohne sie jedoch
ckweichen zu lassen, wenn er gehoben wird, denn ein
rrkegel hält die Stange fest.

g) Hydraulische Packpresse. Die Bramah's
hydraulische oder hydromechanische Presse kann, nebst
ı übrigen zahlreichen Anwendungen, auch sehr vortheil-
als Packpresse gebraucht werden, und häufig ist dies
lich der Fall. Dann wird der zu pressende Gegen-
), wie sonst, auf die bewegliche untere Preßplatte ge-
von dieser bei ihrem Hinaufgehen gehoben, und ge-
die obere unbewegliche Platte gedrückt. Bei der un-
rren Druckkraft, welche man mittels der hydraulischen
se zu erreichen vermag, ist ihre Anwendung fast unbe-
nkt. Bequemer würde vielleicht in manchen Fällen
chon versuchte Abänderung sein, wobei die obere Preß-
e beweglich, die untere ruhend ist, sowol das Hinein-
Herausschaffen der gepreßten Ballen würde dadurch
htert, als auch jener Theil des Kraftaufwandes er-
:, welcher bei der gewöhnlichen Bauart zur Hebung
Ballens erfoderlich ist. *(Karmarsch.)*

PACKMEISTER, bei den Posten derjenige Ange-
t, welchem die Aufsicht über das von den Reisenden
lieferte Gepäcke, und dessen angemessene Unterbringung
den Postwagen obliegt. *(Karmarsch.)*

PACKNADELN heißen die nadelartigen, fast noch
: aber den Ahlen verwandten Werkzeuge, welche dazu
n, die Packleinwand, worin Kisten ꝛc. gehüllt sind,
Bindfaden zusammenzunähen. Sie sind drei oder
e Zolle lang, von angemessener Stärke, mit einem
n und langen Öhre versehen, gegen die Spitze zu
lich gekrümmt und zweischneidig. Die krumme Form
htert das Durchstechen bedeutend, wenn eine über eine
he ausgespannte Leinwand zusammengenähet werden
. Die Verfertigung der Packnadeln ist jener der Ah-
gleich, nur daß letztere kein Öhr erhalten. Sie wer-
aus geringem Stahle (z. B. Federstahl) geschmiedet,
ei das Loch mit einem Durchschlage ausgeschlagen
,-ausgefeilt oder auf dem Schleifsteine geschliffen, ge-
et, mit Schmirgel und Öl in Säcken blank gescheuert,
Sägespänen vom Öle gereinigt. *(Karmarsch.)*

Packotille, s. Pacotille.

PACKPAPIER, Papier, welches zum Einpacken,
). zum Umwickeln von Waaren bei der Versendung,
zu ähnlichen Zwecken gebraucht wird. Es gibt da-
sehr verschiedene Sorten, theils geleimt, theils unge-
t, theils dünn, theils sehr dick und stark; theils von
em oder mittlerm, theils von sehr großem Formate.
meiste Packpapier wird aus ungebleichten groben
pen verfertigt und ist daher grau von Farbe; helles Packpapier, welches ebenfalls viel gebraucht wird,
eht aus blauen Lumpen. Festigkeit ist natürlich ein
ptesfoderniß bei dem Packpapiere, damit dasselbe we-
wegen Mürbheit zerreißt, noch wegen Sprödigkeit zer-
t. Darum müssen Lumpen von groben, nicht zu sehr

abgenutzten Leinen- oder Hanfgeweben, nicht aber wollene Lumpen dazu ausgewählt werden, und das Papierzeuch darf nicht einer zu weit getriebenen Zerkleinerung im Holländer unterworfen werden. Besondere Arten des Packpapiers sind: das dunkelblaue Zuckerpapier (zum Einschlagen der Zuckerhüte, um die weiße Farbe derselben zu heben), welches durch einen Blauholzabsud im Zeuche gefärbt ist, und das englische Rostpapier oder Stahlpapier (zum Verpacken von Eisen- und Stahlwaaren, um sie rostfrei zu erhalten), welches aus Abfällen von altem getheertem Strick- und Tauwerke gemacht wird. *(Karmarsch.)*

PACKPFERDE, Pferde, die im Kriege zur Fortschaffung von Zelten, Kochgeschirren, Officiersequipage, Munition und anderer Kriegsbedürfnisse gebraucht werden. Schon die römischen Heere führten eine große Anzahl von Packpferden mit sich, denn in Zeiten, wo die Anführer auf die Verminderung der Bagage (impedimenta) bedacht waren, wurden doch noch jeder Legion 250 Packpferde (equi sagmarii oder sarcinarii) zum Theile Maulthiere (muli) und jedem Reiter ein Packpferd mit einem Knechte bewilligt. Während des Mittelalters und auch bei den stehenden Heeren bis gegen das Ende des 18. Jahrh. waren die Packpferde (Saumrosse) noch sehr zahlreich. In Frankreich wurden zur Zeit Heinrich's IV. vier Gensd'armen, zwei Packpferde oder ein Packwagen, und auch zwei leichten Reitern ein Packpferd zugestanden, und bei dem Heere Wallenstein's im Lager bei Nürnberg befanden sich nicht weniger als 30,000 Packpferde (mit einem Trosse von 15,000 Knechten und ungefähr ebenso viel Weibern). Gustav Adolf war der erste, der das Gepäcke, die Packpferde und den Troß möglichst beschränkte, und nach ihm blieb dies ein fortdauerndes Augenmerk der Heerführer. Doch waren, so lange Zelte von den Truppen mitgeführt wurden, und diese ihre Kochgeschirre nicht selbst trugen, eine große Anzahl von Packpferden immer noch im Gebrauche, bis endlich die Franzosen im Revolutionskriege von 1792 an die Zelte entbehren lehrten und Napoleon es angemessener fand, den Officieren nur die allernothwendigsten Wagen zum Transport der Equipage anzuweisen, welche den Packpferden vorzuziehen waren, indem das Auf- und Abladen der letztern bei angestrengten Märschen und Überfällen schwieriger ist und leichter Unordnungen veranlassen kann, als das der Wagen, und auch Packpferde eher sich abnutzen als Zugpferde. Diesem Beispiele sind die meisten europäischen Heere gefolgt, sodaß Packpferde jetzt fast allgemein nur noch der Reiterei zum Transport der Officiersequipage, der tragbaren Feldschmieden ꝛc. bewilligt sind. Eine Vermehrung derselben, sowie des zugehörigen Trosses, steht auch kaum wieder zu erwarten, wenn nicht Gebirgskriege oder auch Kriege in Ländern, wo es noch an guten Straßen fehlt und die Landessitte in dieser Beziehung noch eine entgegenstrebende Gewalt ausübt, wie die Engländer und Russen sie bisher mitunter haben führen müssen (in Ostindien, an den Grenzen Persiens und der asiatischen Türkei), solche nothwendig machen sollten. *(Heymann.)*

Packpresse, s. Packmaschine.

PACKSCHMIEDEN, wird auf den Eisenblechhämmern das Ausschmieden der Eisenbleche genannt, wobei eine Anzahl von Blechen auf einander liegen und ein Pack bilden (s. d. Art.), welches auf dem Amboße, unter dem vom Wasser getriebenen Blechhammer, mit der Zange regiert wird. Das Schmieden geschieht glühend, und daher müssen die Bleche, um nicht zusammen zu schweißen, in Lehmwasser oder in einen dünnen Brei von Wasser, Lehm, Kreide und Kohlenstaub (Hahnbrei) vorher eingetaucht werden. Weil die in der Mitte liegenden Bleche länger heiß bleiben, also sich stärker dehnen, muß man bei jeder neuen Hitze die Reihe, in welcher sie auf einander liegen, ändern. Dem Packschmieden folgt das Abrichten (Pritschen) der Bleche, d. h. das Ebenen unter einem breiten, langsam gehenden Hammer (Abrichthammer, Pritschhammer). Zuletzt werden die Bleche beschnitten. (*Karmarsch.*)

PACKSEIDE, Seide in Packen; hierunter versteht man die rohe, ungefärbte und unzugerichtete Seide, welche in Packen von etwa drei Pfund Gewicht im Handel vorkommt (französisch soie en moche). Jedes Pack ist in drei gleiche Theile abgetheilt, welche man tiers nennt. (*Karmarsch.*)

Packspaten, s. Packeisen.

PACKSTOCK, ein starker hölzerner Stock, welchen man beim Packen großer Waarenballen gebraucht, um die um letztere herumgewickelten Stricke fest anzuziehen. Bei den Weißgärbern ist der Packstock ein eisernes Werkzeug zum Auswinden der Felle. (*Karmarsch.*)

PACKSTRICK, der Strick, womit die Emballage von Kisten ꝛc. umwickelt wird. (*Karmarsch.*)

Packtuch, s. Packleinen.

PACKWAGEN, bei der Post, der zur Beförderung des Gepäckes und namentlich des Passagiergutes bestimmte Wagen. (*H.*)

PACLITES, franz. Paclite (Paläozoologie). Dieses ist eins der vielen schlecht begründeten Genera Montfort's, aufgestellt für das Endbruchstück eines Belemniten, dem der Alveolentheil fehlt, dessen Spitze eingebogen und seitlich an der concavsten Stelle mit einer spaltförmigen Öffnung, wol nur einer kurzen, nach Oben und Unten nicht fortsetzenden Falte, versehen ist. Der Charakter lautete: Testa libera, univalvis, multilocularis, recta vel arcuata; ore rotundo, aperto, horizontali; siplone centrali; apice incurvo, stellato, perforato, cum rimula laterali plicata; septis simplicibus, in welcher ganzen Definition freilich fast kein Wort wahr oder aus Montfort's Originalien bestimmt erweislich ist. Was inzwischen den Hauptcharakter anbetrifft, die gefaltete Spaltöffnung unter der eingebogenen Spitze, so konnte bis jetzt nicht nachgewiesen werden, ob, wie es wahrscheinlich, solche nur eine individuelle Zufälligkeit, vielleicht noch aus den Lebzeiten des Thieres herrührend, oder ein beständiger Charakter sei, da er nämlich bis jetzt nur an zwei Exemplaren bemerkt worden ist, welche selbst neuerlich nicht wieder aufgefunden werden konnten. Sie gehören zur einzigen Art: Paclites biforatus *de Montf.* Conchyliologie systemat. 1808. I, 318—320. Knorr, Verstein. II, ɪɪ. 272, 273. t. G*. f. 7. Andreä, Brief der Schweiz. t. III. f. a (dasselbe Exemplar). B nites biforatus, v. Schloth. Petrefactenk. I, 52. lemnites ungulatus (v. Schloth. — falsch!) *de B ville* Mémoire sur les Bélemnites. 78. pl. IV (nach Knorr). Das von Knorr abgebildete, 1¼" Exemplar hatte d'Annone zu Basel von Prattelen ten; das bei Montfort dargestellte soll Desfontaine der Wüste Zaara in Afrika mitgebracht haben. S schen ist weder bekannt, wo ersteres sich jetzt befinde hat de Blainville das zweite im pariser Museum auffinden können*). (*H. G. Br*

PACO (Giov. Bapt. della), ein Künstler, u d'Argensville unter den Schülern von Franciscus und Bartsch im Peintre-Graveur. Vol. XX. p aufführt. Er malte Schlachten im Geschmacke vo kob Courtois oder Bourguignon, doch ist seine Zeic weniger richtig als die jenes großen Meisters. Seeschlacht am Fuße einer am Wasser gelegenen ist von ihm radirt und als das einzige Blatt von genannt und bezeichnet: G. B. Paco designav sculps. 11 Zoll breit, 6 Linien hoch. (*Fre*

PACO, PACOAIRE und **PACONA** sind Bauhin (Pinax p. 508) Beinamen der Ficus fructu racemoso etc., des Pisangs, der Paradie oder Banane (Musa paradisiaca *L.*) (*A. Spre*

PACOLET, 1) Fluß in dem nordamerikan Freistaate Südcarolina, welcher sich in dem zu diese hörigen District Union, 30 engl. Meil. oberhalb de gerflusses und 24 engl. Meil. von der südlichen Nordcarolina's, mit dem Broad vereinigt. Die berü Pacoletsprings befinden sich 17 engl. Meilen ob dieser Vereinigung. 2) Township in der nordame schen Grafschaft Rutland, Staat Vermont, zählt Einwohner. (*Fisc*

PACOLEY, befestigte und mit einer Citadell sehene Stadt im ostindischen Rasbutenfürstenthume D pur, deren Bewohner einen nicht unbedeutenden mit europäischen, ostindischen und persischen Waare Stoffen treiben. (*Fisc*

PACONIA, nach Ptolemäus der Name eine sel an der Nordwestseite Siciliens, aber Mannert (I 468) erklärt ihn für Glossem eines spätern Abschreibers.

PACONIUS. Die römischen Schriftsteller erw drei verschiedener Personen dieses Namens. Zunäch berühmte römische Jurist, der in seinem lib. 8. ad tium (in L. 3. pr. D. si quis a parente manum (37, 2) berichtet: Paconius ait: si turpes personas uti meretricem) a parente emancipatus et m missus heredes fecisset, totorum bonorum c tabulas bonorum possessio parenti datur, aut stitutae partis, si non turpis heres esset instit Eines andern Paconius, der unter Tiberius des stätsverbrechens angeklagt worden, gedenkt Sueton i

*) *Defrance* im Dictionn. d. scienc. nat. 1825, XX 208. *De Blainville*, Malacologie, 377. *D'Orbigny*, T méthodique des Céphalopodes, p. 78, 79.

Lebensbeschreibung des Tiberius (c. 61). Er berich-
tselbst: Annalibus suis vir consularis inseruit, fre-
ti quondam convivio, cui et ipse affuerit, inter-
tum eum subito et claro a quodam nano, ad-
e mensae inter copreas, cur Paconius majesta-
reus tamdiu viveret, statim quidem petulantiam
tae objurgasse, ceterum post paucos dies scrip-
senatui, ut de poena Paconii quam primum
eret. Ebenso kurz erwähnt endlich Tacitus in sei-
Annalen (Lib. XVI. c. 33) eines dritten Paconius,
olgenden Worten: Helvidius et Paconius Italia
luntur. Ob und welcher Zusammenhang zwischen
drei Personen statt gefunden, läßt sich, da die citir-
Stellen die einzigen sind, die uns den Namen Paco-
aufbewahrt haben, ebenso wenig ermitteln, als die
n Verhältnisse und die Zeit, in der die bezeichneten
iduen lebten. (*v. Madai.*)

PACORIA, von Ptolemäos erwähnte Stadt in
otamien, zwischen den Flüssen Euphrat und Sao-
gelegen, vermuthlich genannt nach dem parthischen
e Pacorus. (*H.*)

PACORUS ist ein parthischer Name, der besonders
: Arsakidischen Königsfamilie nicht ungewöhnlich war.
sind folgende sechs Männer dieses Namens bekannt,
: sich durch mehr oder weniger bedeutende Berüh-
ı mit den Römern bemerklich gemacht haben.

1) Pacorus, der Sohn des Partherkönigs Oro-
ein Prinz von den ausgezeichnetsten Eigenschaften,
seinem Vaterlande eine Zeit des glänzendsten Ruh-
und einer auch den Römern furchtbaren Macht zu
gen schienen, wenn ihm das Glück günstiger gewe-
ire, und wenn ihn nicht ein früher Heldentod hin-
hätte. Er mag ungefähr um das Jahr 68 vor
Geb. geboren sein, denn Cassius Dio sagt von ihm
XL. c. 28), er sei im J. 52 noch ein Knabe ge-
; im J. 53 heirathete er die Schwester des ar-
hen Königs Artavasdes, wodurch ein dauernder
zwischen den bis dahin feindseligen Reichen bert wurde (*Cic.* ad Div. XV, 3). Daß Pacorus
ute Erziehung gehabt hat, daß er namentlich, außer
inheimischen körperlichen Fertigkeiten sich auch die
griechische Bildung aneignete, ließe sich ohnehin
aus dem vermuthen, was sonst über die Arsakiden
t ist; aber eine besondere Bestätigung dafür gibt
och die Erzählung von jener Hochzeit, welche durch
höchst merkwürdigen Zufall verherrlicht wurde. Zu
estlichkeiten nämlich, an denen man sich ergötzte, ge-
auch der poetische Genuß, daß die Bacchae des Eu-
s aufgeführt wurden; während nun der Schauspie-
ason eben die Scene vortrug, wo Prutheus von sei-
Mutter Agaue und den übrigen Mänaden in bakchi-
Wahnsinne zerrissen wird, trat Sillakes ein, um die
haft von dem großen Siege über die Römer zu brin-
unter allgemeinem Jubel warf er das Haupt des
s hin, und ließ sich auf Befehl des Königs nieder;
aber wechselte sogleich die Rolle; indem er das
: Haupt ergriff, stellte er die Agaue vor, wie sie
Haupt ihres Sohnes trägt und in dem Wahne, ei-
nen Löwen getödtet zu haben, die glückliche Beute in den Palast tragen will mit den Worten:

> Φέρομεν ἐξ ὀρέων ἕλικα
> νεότομον ἐπὶ μέλαθρα
> μακάριον θήραν. (*Eurip.* Bacch. v. 1168.)[1]

Diese geschickte Wendung trug dem Schauspieler ein Talent ein als Geschenk des Königs. S. *Plutarch.* Crass. c. 33. *Polyaen.* VII, 41. *Ps. Appian.* Parthic. Tom. IV. p. 271. ed. *Tauchn.* Im Juni des Jahres 53 war Crassus umgekommen und hatte so den parthischen Waffen einen für die Römer sehr gefährlichen Ruhm verschafft; das von ihnen besetzte Land jenseit des Euphrat ging in Kurzem verloren; bald überschritten die Parther auch den Euphrat und machten in kleinern Abtheilungen Einfälle in Syrien. Wider ihr Erwarten fanden sie hier an dem Quästor C. Cassius einen ernsthaften Widerstand, daher sandte der König Orodes ein größeres Heer, zu dessen Oberfeldherrn er seinen Sohn Pacorus machte; freilich führte derselbe nur den Namen eines Oberfeldherrn, jedoch hatte er so eine ihm wahrscheinlich sehr erwünschte Gelegenheit, schon in früher Jugend die nöthigen Erfahrungen einzusammeln, um es bald in der That zu sein. Damals leitete Osakes die Expedition, jedoch ohne besondern Erfolg, und als dieser nach kurzer Zeit seinen Tod fand, verließ Pacorus mit dem Heere Syrien wieder. (*Cic.* ad Att. V, 20.) Die gleichzeitig nach Kilikien hin vorgeschobenen Truppen brachten beinahe den Cicero in die Verlegenheit, sich unerwünschten kriegerischen Ruhm zu erwerben. Weitere Unternehmungen indessen wurden durch eine List des Bibulus, des Proconsuls in Syrien, gehindert. Dieser beredete nämlich den Satrapen Ornodapantes, den jungen Pacorus zum Könige zu machen und mit ihm gegen den Orodes zu ziehen. (*Cass. Dio.* XL. c. 30.) Jedoch scheint daraus kein innerer Krieg entstanden zu sein, sondern nur ein Mistrauen, dessen wegen Pacorus von seinem Vater zurückgerufen wurde. (*Justin.* XLII. c. 4.) Ob Pacorus selbst zu einer Empörung geneigt war, läßt sich nicht nachweisen; sein Charakter, wie er sich später zeigte, und die große Liebe seines Vaters zu ihm machen es nicht wahrscheinlich. Über sein ferneres Leben bis zu den Ereignissen, mit welchen sein Tod zusammenfiel, ist nicht viel bekannt. Ob er Antheil nahm an den kleinern Expeditionen, welche die Parther zu Gunsten des Cäcilius Bassus und des Cassius nach Syrien unternahmen (*Cass. Dio* XLVII. c. 27, 30), wird nicht überliefert. Er wurde

---

1) Die Lesart *φέρομεν* scheint nur entstanden zu sein, weil man die Stelle der vorliegenden Situation recht genau anpassen wollte; sie steht auch bei Polyän in der bessern münchener Handschrift; die zweite von Darmarius geschriebene hat wie die des Casaubonus *φέρων μέν*; ebenso hat eine pariser und die des Vultejus. Trotz dieser neuen Hülfsmittel bleibt daher die Lesart bei Polyän schwankend, zumal da Maasvicius über Cant. und Flor. schweigt, was, wenn es nicht aus Nachlässigkeit geschieht, mehr für *φέρομεν* spräche. Ὄρεος haben Cod. Casaub., Paris., Vultej., ἔξο statt ἐξ ὄρεος hat Darmar.; ἕλικα fehlt in allen diesen; ferner haben alle, auch die bessere münchener, *μέλαθρον*, mit verschiedenen Schreibfehlern, aber sicherer Endung; *μακάριαν* haben Alle aber *θήραμα* nur die münchener.

von seinem Vater zum Thronfolger bestimmt, vielleicht schon damals, wo er der Empörung verdächtig wurde; dies scheint der Grund zu sein, weshalb er zuweilen König genannt wird (z. B. bei *Tacit.* Hist. V. c. 9. *Flor.* IV, 9. extr.), obgleich er es nie geworden ist. Gleichwol ist es nicht sehr wahrscheinlich, daß er gemeint ist, wenn Ammianus Marcellinus erzählt, der König Pacorus habe Ktesiphon, die Winterresidenz der parthischen Könige, vorher eigentlich nur ein großes Dorf, mit Mauern versehen und die Zahl der Einwohner vermehrt (s. *Vales.* ad *Ammian. Marc.* p. 371. ed. Paris. fol.); wenigstens ist das auf jeden Fall unrichtig, was Ammian hinzusetzt, derselbe Pacorus habe dem Ort auch den Namen gegeben; denn dieser war schon lange vor Pacorus in Gebrauch gewesen.

Während der römischen Bürgerkriege zeigten sich die Parther als Freunde der republikanischen Partei; daher schickten auch Brutus und Cassius nicht lange vor der Schlacht bei Philippi den jüngern Labienus zum Orodes, um von ihm Hilfstruppen zu erlangen. Ehe Labienus seinen Zweck erreichte, war jene Schlacht geliefert, und der Untergang seiner Partei ließ es ihm räthlicher erscheinen, als Verbannter unter den Parthern zu leben, als sich der Willkür der Sieger Preis zu geben. Während nun Augustus in Italien durch den perusinischen Krieg, und dann durch den jüngern Pompejus beschäftigt, Antonius aber in Ägypten durch die Reize der Kleopatra gefesselt war, bewog Labienus den Orodes, diese günstigen Umstände zu benutzen und ihm hinlängliche Truppen zu einem Kriege zu geben, der den Parthern einen Zuwachs an Ländern, dem Labienus den Sturz der Triumvirn versprach. Orodes ging hierauf ein und ein bedeutendes Heer sammt seinem Sohne Pacorus stellte er unter die Oberanführung des Römers. Der Erfolg entsprach den Erwartungen. Saxa, der Legat des Antonius, floh nach Kilikien, wo er vom Labienus verfolgt seinen Tod fand; Pacorus blieb in Syrien, und unterwarf es ganz mit alleiniger Ausnahme von Tyrus, zu dessen Eroberung es ihm an Schiffen fehlte. Antonius machte sich endlich, durch die dringenden Umstände genöthigt, von der Kleopatra los, er ging nach Tyrus; doch ehe er dazu kommen konnte, gegen die Parther etwas zu unternehmen, zogen ihn wichtigere Ereignisse nach Italien (*Cass. Dio* XLVIII, c. 24—27). In seiner Abwesenheit zog Pacorus ungehindert durch Kleinasien und drang raubend und plündernd bis Jonien vor. Unterdessen wurde im J. 39 das Triumvirat neu befestigt; Antonius kehrte nach Asien zurück mit dem Auftrage, den Krieg gegen die Parther zu führen. Während er noch in Athen seinen Lüsten lebte, sandte er seinen Legaten P. Ventidius Bassus voraus, der den Labienus und bald auch eine bedeutende Abtheilung des parthischen Heeres in Kilikien und Syrien besiegte; so hatte Pacorus alle frühern Vortheile wieder verloren, und selbst das konnte er nicht hindern, daß Ventidius ganz Syrien mit Ausnahme von Aradus wieder einnahm (*Cass. Dio* XLVIII. c. 39—41). Indeß war er eifrig damit beschäftigt, ein Heer zu sammeln und den Euphrat sobald als möglich wieder zu überschreiten, wohl wissend, daß Ventidius in dem eben erst eroberten Syrien noch nicht Ruhe und Mittel genug haben konnte, um sich gegen einen neuen Angriff gehörig zu rüsten; in der That wußte sich dieser auch nicht anders zu helfen als durch eine Kriegslist (*Cass. Dio* XLIX. c. 19. *Frontin.* I, 1, 6). Chaunäus, ein kleiner Dynast in Syrien, war, wie die meisten Syrer, den Parthern entschieden zugethan, jedoch auch mit dem Ventidius in freundschaftlicher Bekanntschaft. Dieser täuschte sich nicht über die Gesinnung des Chaunäus, stellte sich aber, als habe er auf seine Freundschaft das größte Vertrauen und als mache er ihn deshalb zum Mitwisser der wichtigsten Geheimnisse. Der Dynast, weniger schlau, ließ sich hintergehen, und als ihm Ventidius die Besorgniß äußerte, die Parther möchten von den beiden Wegen, welche nach Syrien führten, dies Mal vielleicht nicht den gewöhnlichen über die Stadt Zeugma am Euphrat wählen, welcher zwar weiter, aber, wie er vorgab, für die Römer nachtheiliger wäre, so glaubte Chaunäus nicht nur diese Äußerung, sondern er hatte auch, wie zu erwarten war, nichts Eiligeres zu thun, als dem Pacorus die wichtige Entdeckung mitzutheilen. Dieser ließ sich dadurch wirklich bestimmen, den angeblich für die Römer nachtheiligen weitern Weg zu wählen, sodaß Ventidius 40 Tage Zeit gewann, um den Legaten Silo aus Judäa und die übrigen Hilfstruppen an sich zu ziehen. Da nun beide Theile zu einer Schlacht bereit waren, kam es bald dazu und zwar in dem kyrestischen Syrien, im J. 38, an demselben Tage, an welchem 15 Jahre vorher Crassus mit dem römischen Heere seinen Untergang durch die Parther gefunden hatte. Die Schlacht wird von verschiedenen Schriftstellern mehr oder weniger vollständig beschrieben, am genauesten von Justinus (XLII. c. 4), mit dessen Angaben sich die weniger genauen ohne Schwierigkeit vereinigen lassen. Ventidius legte dem Pacorus bei dem Übergange über den Euphrat durchaus kein Hinderniß in den Weg; auch nachher ging er ihm nicht entgegen, sondern hielt sich ruhig in seinem auf einer Höhe angelegten, wohlbefestigten Lager. So erweckte er bei den Parthern die Meinung, daß er ein Zusammentreffen mit ihnen fürchte, und verleitete sie mit unvorsichtigem Selbstvertrauen einen Angriff auf sein Lager zu machen, das sie für eine leichte Beute hielten. Desto zügelloser war ihre Flucht, als ihr Angriff mit Kraft und Ordnung erwidert wurde. Ventidius ließ sie nämlich so nahe an sein Lager heranrücken[2]), daß die Entfernung für sie zu gering war, um von den Pfeilen, ihrer Hauptwaffe, Gebrauch zu machen; dann brach er plötzlich hervor und war ihnen schnell

---

2) Daß die Parther und überhaupt die Bogenschützen einen großen Raum bedurften, um den Feinden schädlich zu werden, ist bekannt; daher sich denn die Taktik öfter wiederholt, daß man einerseits in der nöthigen Entfernung zu bleiben, andererseits möglichst nahe zu kommen bemüht ist; z. B. *Tacit.* Ann. VI, 35. Onosander (c. 20. p. 76. ed. *Schweb.*) weiß dagegen kein anderes Mittel zu empfehlen, als das Vorhalten der Schilde. Wenn aber Frontin (a. a. O.) angibt, Ventidius habe die Parther bis auf 500 Passus heranrücken lassen, so scheint diese Entfernung doch zu groß zu sein, und man möchte vermuthen, er habe 50 sagen wol-

he auf den Leib gerückt, daß die römischen Soldaten
h ihr Übergewicht entwickeln konnten (*Frontin.* II,
Flor. IV, 9). Einen Theil seines Heeres sandte
n flüchtigen Parthern zur Verfolgung nach; jedoch
der Sieg noch nicht vollständig. Pacorus, durch die
eise Niederlage keineswegs aus der Fassung gebracht,
dieselbe wieder gut zu machen, wenn er die Tren-
des römischen Heeres benutzte, um einen neuen An-
auf das Lager zu machen; schnell rückte er mit sei-
epanzerten Reiterei an; jedoch war die Besatzung
icher, als er erwartete, und sie hatte den Vortheil des
ns für sich. Trotz der ausgezeichneten persönlichen
rkeit, welche er entwickelte, und durch welche er auch
Parther entflammte, gerieth er doch bald, durch das
he Fußvolk und besonders durch die Schleuderer
edrängt, in eine üble Lage. Sein Tod entschied
chlacht; nur Wenige hielten noch Stand, um seinen
am zu retten; als auch diese niedergehauen waren,
nirgends von den Parthern mehr Widerstand ge-
; eine allgemeine Flucht nach verschiedenen Richtun-
ab den Römern einen glänzenden Sieg, den sie als
lles Gegengewicht gegen die Niederlage des Crassus
n (*Flor.* I. c. *Tacit.* Germ. c. 37).
So unglücklich auch Pacorus war, so gebührt ihm
das Lob der größten Tapferkeit und Geistesgegen-
selbst Feldherrntalent wird man ihm nicht abspre-
wenngleich er dem Ventidius nicht gewachsen war.
r außerdem ein ebenso vortrefflicher Regent als ein
Sohn. Seine Gerechtigkeit und Milde verschaffte
ie Liebe der Syrer in so hohem Grade, daß sie
n besten Herrschern gleichstellten, welche sie je ge-
hatten; darum hingen sie ihm auch noch an, als
ius Syrien schon besetzt hatte; ja selbst die unglück-
Schlacht machte ihre Treue noch nicht wankend, erst
n Haupt von Ventidius in die syrischen Städte ge-
wurde, gaben sie die Hoffnung auf, sich der römi-
Herrschaft entziehen zu können. Aber das schönste
iß für die vortrefflichen Eigenschaften des Pacorus
ie Trauer seines greisen Vaters Orodes. Wol
diesen der Verlust von Kleinasien und Syrien tief
en, zumal da auch ein großes, schönes Heer verlo-
ar, und er kaum noch Mittel hatte, um die eigenen
en zu vertheidigen; aber viel schmerzlicher war ihm
od seines Pacorus, welcher allein im Stande gewe-
äre, all dies Unglück wieder gut zu machen. Sein
erz erreichte fast die Höhe des Wahnsinns; viele
hindurch genoß er weder Speise noch Trank, er
kein Wort, sodaß man ihn für stumm hielt; als sich
sein Schmerz milderte und äußerte, war des Pacorus
das Einzige, was er sprach; ihn glaubte er zu sehen,
hören, mit ihm allein unterredete er sich, und wenn
nen Verlust ohne solche krankhafte Täuschungen er-
, dann ergoß sich sein Jammer in Thränen und
Klagen. Der gebeugte Greis hatte 30 Söhne,
en Pacorus konnten sie ihm alle nicht ersetzen, und

as wäre nach unserm Maß etwa 125 Schritte, jedoch ist
Manuscripten keine Variante.

Phraates, der endlich an dessen Stelle zum Thronfolger bestimmt wurde, endigte seines Vaters Leiden nicht durch liebreichen Trost, sondern — durch Vatermord.

2) Ein anderer **Pacorus** wird gleichzeitig mit dem Sohne des Orodes erwähnt bei *Josephus* de bello Jud. I. c. 11, und Antiquitt. Jud. XIV. c. 24. Dieser Pacorus war einer von den königlichen Mundschenken. Als die Parther nach dem oben erwähnten Tode des Saxa und nach Unterwerfung von ganz Syrien vergeblich bemüht waren, die Stadt Tyrus einzunehmen, wurde ihre Hilfe von Antigonus dem Sohne des Aristobul angerufen, der ihnen 1000 Talente und 500 vornehme Weiber zu geben versprach, wenn sie ihm die Herrschaft über Judäa verschafften, welche damals Hyrkanus durch den Beistand der Römer inne hatte. In Folge dieser Anerbietungen befahl Pacorus, der Prinz, dem Satrapen Barzapharnes, mit seinem Heere die Empörung des Antigonus zu unterstützen, indem er bis nach Galiläa vorrückte; nach Jerusalem selbst aber wurde der Mundschenk Pacorus geschickt, mit einer Abtheilung der Reiterei, um dem Antigonus unmittelbaren Beistand zu leisten. Das Unternehmen gelang in kurzer Zeit theils durch Gewalt, theils durch Hinterlist; Hyrkanus wurde von den Parthern gefangen weggeführt nach Parthien, Phasael, ebenfalls gefangen, tödtete sich selbst und Herodes entfloh nach Rom, da er sich nicht im Stande sah, Jerusalem zu vertheidigen. Stadt und Land wurden unter Anführung des Mundschenken grausam geplündert. Das Genauere von diesen Ereignissen ist bei den wichtigern Personen, die darin verwickelt sind, zu erwähnen. Hier verdient nur noch bemerkt zu werden, daß Cassius Dio, der hier überhaupt weit weniger vollständig ist als Josephus, den Mundschenken Pacorus gar nicht erwähnt, sondern die Expedition nach Jerusalem dem gleichnamigen Prinzen zuschreibt (lib. XLVIII. c. 26). Gleicherweise sagt auch Tacitus (Hist. V. c. 9,) Jerusalem sei vom **Könige Pacorus** eingenommen; doch, wo es sich von der jüdischen Geschichte handelt, kann beider Ansehen nicht gegen das des Josephus geltend gemacht werden.

3) **Pacorus**, Sohn des Vonones. Nach einer kurzen und ruhmlosen Regierung war der parthische König Vonones im J. 50 nach Chr. Geb. gestorben und hatte drei Söhne hinterlassen, Vologeses, Pacorus und Tiridates. Von diesen wurde Vologeses mit Bewilligung der beiden andern König von Parthien; Pacorus, dem Alter nach der nächste, bekam Medien, wo auch sein Vater, vor seiner Thronbesteigung in Parthien, regiert hatte; Tiridates bekam den geringsten Theil des parthischen Reiches, Armenien (*Joseph.* Antiquitt. Jud. XX. c. 2. *Tacit.* Ann. XII, 14. XV, 2). Pacorus und Tiridates waren seit langer Zeit immer die heftigsten Feinde gewesen; durch diese Theilung der Macht hoffte Vologeses den Frieden begründet zu haben; und in der That wird weiterhin ein neuer Ausbruch der Feindschaft nicht erwähnt. Wenn jedoch Pacorus den beiden andern Brüdern immer etwas ferner stand, als diese unter sich, so kann der Grund darin liegen, daß er eine andere Mutter gehabt hatte als sie; sie waren nämlich die Söhne einer griechischen

Buhlerin (f. *Tacit.* Ann. XII. c. 44. XV. c. 2). Als aber Tiridates das Unglück hatte, durch die Römer sein Reich Armenien zu verlieren, scheinen alle drei Brüder einig gewesen zu sein; denn wenn er von Medien aus einen Eroberungsversuch machte (*Tacit.* Ann. XIV. c. 26), so läßt sich gewiß annehmen, daß er dies nicht ohne Unterstützung von Pacorus that. Als ferner bald nachher, im J. 63 nach Chr. Geb. der Krieg von Neuem begonnen und für die römischen Waffen so unglücklich ausgefallen war, daß Pätus Cäsennius seine und des Heeres Rettung durch die schmählichsten Zugeständnisse vom Vologeses erkaufen mußte, wies dieser die ersten noch nicht ganz demüthigen Eröffnungen mit der Erklärung zurück, daß er seine Brüder Pacorus und Tiridates erwarten müsse, um über das Schicksal Armeniens und der römischen Legionen zu entscheiden. War dies nun auch nur ein Vorwand, so geht doch daraus hervor, daß Pacorus, wenn auch nicht persönlich, doch durch Hilfstruppen an dem für Tiridates geführten Kriege Theil nehmen wollte. Späterhin, als Tiridates mit einem glänzenden Gefolge im J. 66 nach Rom ziehen wollte, um dort aus den Händen des Nero das Diadem als König von Armenien zu empfangen, trat er die Reise nicht eher an, als bis er den Pacorus in Medien und den Vologeses zu Ekbatana besucht hatte (*Tacit.* Ann. XV. c. 30, 31). Scheint gleich der Letztere eine weit größere Sorge für die Sicherheit und Würde des Tiridates gehabt zu haben, so trug doch auch Pacorus kein Bedenken, das Gefolge desselben durch Mitsendung seiner Kinder zu verherrlichen (*Cass. Dio* Lib. LXIII. c. 1). Im Allgemeinen aber ist es klar, daß er unter den verschiedenen Wechselfällen, welche seine Brüder trafen, sich selbst einen ungestörten Frieden bewahrte; so wurde seine Regierung für Medien eine sehr glückliche, das an Volkszahl immer mehr zunahm und sich eines großen Reichthums an Heerden erfreute (*Joseph.* de bello Jud. VII. c. 29). Schon hatte Pacorus wol beinahe 25 Jahre diese zwar ruhmlose, aber wohlthätige Regierung geführt, und er mochte schon ein ziemlich hohes Alter erreicht haben, als ihn und sein Reich ein schwerer, jedoch bald vorübergehender Unfall traf. Die Alanen nämlich, eine skythische Nation am mäotischen See, faßten plötzlich den Entschluß einen großen Raubzug zu unternehmen; sie bewogen den König der Hyrkaner, ihnen den Durchzug durch den in seinem Lande befindlichen Engpaß zu gewähren, und so fielen sie plötzlich mit Mord und Brand in Medien ein, das in tiefem Frieden auf nichts weniger gefaßt war als auf einen solchen Angriff. Pacorus von Schrecken betäubt und wohl auch einsehend, daß er nicht im Stande sei, schnell genug eine angemessene Macht zusammenzubringen, zog sich in unzugängliche Gegenden zurück, indem er alles Übrige den wilden Feinden Preis gab; nur mit Mühe gelang es ihm, seine Gemahlin und seine übrigen Weiber, welche in Gefangenschaft gerathen waren, durch ein Lösegeld von 100 Talenten zu befreien. Raubend und plündernd zogen die Alanen durch Medien nach Armenien, wo Tiridates einen unglücklichen Versuch machte, Widerstand zu leisten. Der Erfolg war kein anderer, als daß die Wuth der Plünderer nur noch mehr gereizt desto schwerer auf dem preisgegebenen Lande lastete. So hatte in der That Pacorus durch die Flucht besser für sein Land gesorgt als sein Bruder durch seine Tapferkeit. Nach nicht langer Zeit kehrten die Alanen mit der Beute beider Reiche beladen in ihre Heimath zurück (*Joseph.* l. c.); und so wird Pacorus wahrscheinlich den Rest seiner Tage in Ruhe verlebt haben. Eine weitere Nachricht über ihn gibt es nicht.

4) **Pacorus**, ältester Sohn des Vologeses, folgte diesem auf dem parthischen Throne, zur Zeit des Kaiser Trajan, etwa um das Jahr 89 nach Chr. Geb., wie Foy-Vaillant annimmt (Arsacidarum imper. p. 292); sein jüngerer Bruder hieß Chosroes. Über seine Thaten ist eben nichts Wichtiges bekannt. Daß er in Rom ein Gegenstand der Aufmerksamkeit und des Geschwätzes der Neuigkeitskrämer war, ist aus einem Epigramm des Martial (IX, 36) abzunehmen. Nicht von Belang und wegen ihres in neuerer Zeit verdächtigten Urhebers nicht ganz zuverlässig ist die Nachricht, die sich in den Briefen des jüngern Plinius an Trajan (X. ep. 16) findet, daß der König Decebalus den Kallidromus, einen ausgezeichneten Bäcker, zum Geschenk an den Pacorus geschickt habe; es ließe sich daraus, außer der Verbindung mit dem fernen Könige der Dakier, dem hartnäckigen Feinde der Römer, vielleicht nur noch abnehmen, daß Pacorus dem Luxus ergeben gewesen sei, was sich bestätigen ließe durch die andere Nachricht, daß er das edessanische Königreich nebst Königstitel an Abgarus verkauft habe, vielleicht aus Geldnoth. Indessen könnte dieselbe auch herbeigeführt sein durch innere Kriege, welche damals das parthische Reich zerrütteten und seine Macht und Volkszahl verminderten, sodaß der Kaiser Trajan, als er im J. 114 nach Chr. Geb. Krieg mit den Parthern begann, fast gar keinen Widerstand, ja fast keine Feinde fand. Pacorus selbst mag vorher gemordet oder vertrieben sein, jedenfalls ist er vom Schauplatze der Streitigkeiten unter Umständen abgetreten, die für die Gegenpartei günstiger waren, denn anders läßt es sich wol nicht erklären, daß nicht sein Sohn Parthamasiris, sondern sein Bruder Chosroes auf den parthischen Thron gelangte, nachdem er ungefähr 17 Jahre regiert haben mochte. Ob es auf ihn zu beziehen ist, was schon oben über die Befestigung der Stadt Ktesiphon aus Ammianus Marcellinus angeführt ist, muß dahin gestellt bleiben. Man könnte dafür eine Bestätigung finden in einer der beiden Münzen, welche Foy-Vaillant (Arsacid. imper. p. 300 sq.) diesem Könige, freilich mit mehr Scharfsinn als schlagenden Beweisgründen, zugeschrieben hat. Diese Münze trägt nämlich die Jahreszahl 355 nach der Arsakidischen Ära; sie ist von Erz, klein und von schlechtem Metalle, sodaß sie die Noth der Zeit zu verrathen scheint. Die eine Seite zeigt ein weibliches Gesicht mit einer Mauerkrone; daß dadurch eine Stadt bezeichnet wird, ist nicht zu bezweifeln; Vaillant meint, es sei Arsakia, der Prägort, welcher außerdem durch den Buchstaben A bezeichnet ist, aber man könnte mit ebenso viel Schein vermuthen, Pacorus habe sich gleichsam als Städteerbauer darstellen wollen, in Bezug auf Ktesiphon, und Arsakia könnte nichtsdestoweniger der Prä-

fein. Aber sowol diese Münze als auch die andere
llls eherne hat neuerdings Eckhel diesem Pacorus abge-
en und sie um etwa 56 Jahre früher gesetzt, doch ist da-
och nicht aller Zweifel gehoben, indem er selbst über
ichtigkeit seiner Annahme der Arsakiden-Ära Bedenken
t. Die sonstigen Bestimmungsgründe aber, der Aus-
des Gesichtes auf den Münzen und kleine Abwei-
en in den gewöhnlichen Attributen parthischer Könige
n ihrer Titulatur sind allzuschwankend, um darauf
sichern Schluß gründen zu können, da auf diesen
uf den meisten parthischen Münzen nicht der specielle
des Königs steht, unter dem sie geprägt wurde,
n immer nur der ihnen allen gemeinsame Arsakes.
) Aurelius Pacorus, König von Groß-Ar-
, wird erwähnt in einer griechischen Inschrift bei
r (p. 1091. Nr. 10). Dies ist eine Grabschrift,
Aurelius Pacorus sich selbst mit dem erwähnten
belegt und sagt, er habe den Sarkophag gekauft
einen sehr geliebten Bruder Aurelius Meridates
. *ΜΕΡΙΘΑΤΙ. ΑΔΕΛΦΩ. ΓΛΥΚΥΤΑΤΩ*),
it ihm 56 Jahre und zwei Monate gelebt habe.
Brüder scheinen demnach zu Rom gelebt zu ha-
wo der eine starb; ob aber dieser Aufenthalt blos
rgehend war, oder ob Pacorus sein Reich verlo-
atte, bleibt ungewiß. Es finden sich unsers Wis-
nur zwei Stellen bei den alten Schriftstellern,
enen die eine Niebuhr, die andere Ang. Mai auf
Pacorus bezogen hat; vielleicht aber lassen sie sich
auf ihn beziehen. Nämlich in einem Briefe des
an L. Verus (ed. Rom. p. 179) in einer sehr
aften Stelle wird erwähnt, daß L. Verus den Pa-
seines Reiches beraubt habe, wobei weder die Per-
s Pacorus, noch sein Reich näher bestimmt wird.
Parthien selbst kann nicht füglich die Rede sein, da
ie Regierung damals nur zwischen Vologeses und
us streitig war, von denen L. Verus den Letztern
, wie Fronto an derselben Stelle sagt; da nun Ar-
, wie Medien, in der Regel von parthischen Prin-
giert wurde, so ist es nicht unwahrscheinlich, daß
König von Groß-Armenien der von L. Verus abge-
st, wobei denn anzunehmen wäre, daß er zu der
Sodmus entgegengesetzten Partei des Vologeses ge-
Den Beinamen Aurelius hätte dann Pacorus nach
r's Meinung als Schützling der regierenden römi-
Kaiser angenommen; vielleicht aber hat er das schon
iner Entsetzung zu ihrer Ehre gethan, wie sich um
Zeit die Stadt Karrhä den Namen Aurelia gab*).
veite Stelle, welche hier in Betracht kommt, findet
i Jul. Capitolin. im Leben des Antoninus Pius,
. Dieser Kaiser, heißt es dort, gab den Pacorus
ziern zum Könige. Die Lazier sind ein wenig be-
s skythisches Volk in Kolchis (s. Casaub. zu Jul.
ol. a. a. O.). War Pacorus vielleicht ein in innern

Kämpfen vertriebener parthischer Prinz, so konnte ihn Antoninus Pius auf diese Weise gleichsam dafür entschädigen, daß er in seiner Heimath keine Krone hatte finden können; aber die Herrschaft der Lazier mochte für ihn ein wenig genügender Ersatz sein, und er könnte Gelegenheit gesucht und gefunden haben, sich Groß-Armeniens zu bemächtigen, das er dann behauptet hätte, bis ihn L. Verus nöthigte in Italien mit seinem Bruder Meridates als Privatmann sein Leben hinzubringen. Wie wenig auch diese Combinationen durch die vorliegenden historischen Data zweifelhaft gemacht werden, so werden sie doch dadurch auch keineswegs besonders unterstützt, und es ist daher nicht zu leugnen, daß sich jene abgerissenen Notizen leicht auf zwei oder wol gar auf drei ganz verschiedene Personen beziehen, welche ungefähr zu gleicher Zeit lebten und einen gleichen Namen führten.

6) Pacorus, König von Parthien, findet sich auf einer Münze bei Pellerin (Melanges I. p. 147) und bei Eckhel (Vol. III. p. 539), auf welcher eine stehende Frau mit dem Thurmkranze dem sitzenden Könige die Krone hinreicht; neben der sonst gewöhnlichen Titulatur eines Arsakiden findet sich hier ausnahmsweise auch der Name Pacorus in der Umschrift, und außerdem die Jahreszahl der Arsakiden-Ära *ΦΙ*, 510, wodurch nach Eckhel das Jahr der Stadt 952, das siebente der Regierung des Kaisers Septimius Severus, bezeichnet ist. Cassius Dio (Lib. LXXVII. c. 12) bezeugt allerdings, daß nach dem Tode Vologeses III. die Söhne (oder vielmehr die Brüder) desselben wegen der Thronfolge in Krieg mit einander waren; da sich nun noch eine andere Münze findet von einem Arsakiden, dessen besonderer Name nicht genannt ist, mit der Jahreszahl *ΦΗ*, also nur zwei Jahre älter als die erwähnte Münze des Pacorus, so schließt Eckhel hieraus, daß beide zweien um die Thronfolge kämpfenden Söhnen (Brüdern) des Vologeses III. angehören, und daß einer davon Pacorus gewesen sei. Aber diese Vermuthung ist auf jeden Fall irrig, da jener Erbfolgekrieg keineswegs in das siebente Jahr der Regierung des Septimius Severus fiel, sondern erst viel später unter Caracalla ausbrach. So lange man demnach nicht über die Arsakiden-Ära zur Gewißheit gekommen ist, wird es nicht möglich sein, dem auf der Münze genannten Pacorus mit Sicherheit in der parthischen Geschichte seinen Platz anzuweisen. Diese Geschichte selbst ist besonders in dem Zeitraume, in welchem er gelebt und regiert haben muß, durch verschiedene Parteiungen so verwirrt und dunkel, die Angaben der alten Schriftsteller darüber sind so fragmentarisch, widersprechend und in jeder Rücksicht ungenügend, daß es unnütz wäre auf dem Wege der Vermuthung hier eine bestimmte Annahme finden zu wollen. (*F. Haase.*)

PACOSHAARE. Das seidenartige Haar des in Peru einheimischen Schafkameels (Paco), Camelus alpaca, Auchenia paco. Es ist kastanienbraun mit einem schwarzen Schimmer, bis zu 12 Zoll lang, sehr fein und elastisch. Anwendung findet es gleich dem Vigognehaare, kommt aber, wie dieses, eben nicht in großer Menge nach Europa. (*Karmarsch.*)

PACOTILLE, PORTAGE, PORTÉE, Quin-

*) So nannte sich auch Abgarus, der König von Osrhoene,
ius zu Ehren des Septimius Severus; wie ersichtlich ist
er Münze bei Spanheim (de usu et praest. num. dissert.
. 586).

telage, teutsch Beilast oder Führung, nennt man diejenigen Waaren, welche die Officiere, Matrosen und übrigen Schiffsbedienten der Kauffahrtheischiffe nach einem schriftlichen oder mündlichen Vertrage mit den Rhedern oder Schiffseigenthümern fracht- und zollfrei mitzuführen und für eigene Rechnung zu verkaufen berechtigt sind. Um den Rhedern den daraus für sie hervorgehenden Nachtheil der mindern Befrachtung des Schiffs von ihrer Seite weniger nachtheilig zu machen und in etwas zu ersetzen, darf die Beilast eigentlich nur an dem Löschungsorte verkauft werden; auch steht ihnen hinsichtlich der Pacotille, bei der Rückkehr des Schiffs das Näherkaufsrecht zu; dennoch hat man sich an vielen Orten bewogen gefunden, das Recht der Beilast gänzlich abzuschaffen und der Schiffsbemannung dasselbe durch eine Geldentschädigung zu ersetzen. Der Handel, welcher mit den gedachten Waaren getrieben wird, heißt im eigentlichen Sinne Pacotillehandel, doch versteht man an einigen Orten unter diesem Worte auch den Nebenhandel, welchen ein Kaufmann mit Waaren treibt, welche nicht zu seinem Hauptgeschäfte gehören. (*Fischer.*)

Pacouria *Aubl.*, s. **Willughbeia** *Scop.*.

PACOURINA. Unter diesem Namen stellte Aublet eine Pflanzengattung aus der ersten Ordnung der 19. Linné'schen Classe und aus der Gruppe der Eupatorinen (Vernonieen Cassini's) auf, welche später von Scopoli **Meisteria** und von Willdenow **Haynea** genannt wurde. Der letzte Name (s. d. Art. **Haynea**) ging in die meisten neuern botanischen Werke über. Cassini trennte von **Pacourina**, welcher er mit Aublet einen spreublätterigen Fruchtboden zuschreibt, die Gattung **Pacourinopsis** (ein übel gebildeter Name!) mit nacktem Fruchtboden (**Bullet. de la soc. philom. 1817. p. 151**). Zu der letztern rechnet er **Pacourinopsis dentata** (**Dict. des sc. nat. T. XXXVI. p. 213. Pacourina cirsiifolia** *Humboldt, Bonpland* **et** *Kunth.* **Nov. gen. et sp. IV. p. 30. Acilepis cirsiifolia** *Spreng.* **Syst. veg. III. p. 387**) von Guayaquil und **P. integrifolia** (**l. c.**) von Cayenne. Für **Pacourina** (**Haynea** *Willd.*) bleibt nach ihm nur die eine Art: **P. edulis** *Aubl.* in Gujana, so genannt, weil ihre fleischigen Fruchtböden nach Art der Artischocken gegessen werden. Lessing (**Syn. comp. p. 146**) legt aber auf diese Gattungsunterschiede keinen Werth, ja er vereinigt nicht bloß **Haynea** *Willd.* (**Pacourina** *Aubl.*; **Pacourinopsis** *Cassin.*) mit **Vernonia** *Schreb.*, sondern auch die Gattungen: **Achyrocoma** *Cass.*; **Ascaricida** *Cass.*; **Centrapalus** *Cass.*; **Distephanus** *Cass.*; **Gymnanthemum** *Cass.*; **Lepidaploa** *Cass.*; **Isonema** *Cass.*; **Albertinia** *Spreng.*; **Acilepis** *Don*; **Pollalesta** *Kunth*; **Oliganthes** *Cass.*; **Hololepis** *Candolle* und **Lychnophora** *Martius* (zum Theil). (*A. Sprengel.*)

PACRÁZ, auch **PAKRÁCZ**, ein Markt und Hauptort einer großen Herrschaft des Isidor von Jankovich de Daruvár im obern oder pakráczer Gerichtsstuhle der poseganer Gespanschaft des Königreichs Slavonien, sechs Stunden westnordwestlich von Poseja und fünf Stunden nortnordwestlich von Neugradiska entfernt, in einem reizenden, von hohen Gebirgen eingeschlossenen und von der Pakra bewässerten Thale, am linken Ufer der letztern ziemlich ordentlich erbauet, der Sitz eines griechischen nicht unirten Bischofs, der hier eine schöne Residenz hat, und eines Protopopen mit einer griechisch-katholischen und einer nicht unirten griechischen Pfarre, zwei griechischen und einer katholischen Kirche, unirten und nicht unirten Nationalschulen; einer Klerikalschule und einem bischöflichen Convict; den Überresten eines alten Schlosses; der herrschaftlichen Wohnung mit mehren neuen und weitläufigen Wirthschaftsgebäuden und schönen Gartenanlagen; 190 Häusern, unter welchen sich ein Gebäude befindet, welches das Andenken an jenen berühmten Trenk erhält, dem die pakráczer Herrschaft, zu welcher 50 Dörfer gehören, einst gehörte, und aus derselben die gefürchteten Panduren in den Krieg führte; 948 Einwohnern (432 Katholiken, 501 nicht unirten Griechen und 15 Juden), welche etwas Seide gewinnen und Weinbau treiben; stark besuchten Jahrmärkten und einem warmen schwefelhaltigen Bade bei dem eine halbe Stunde entfernten Dorfe Lipik. (*G. F. Schreiner.*)

PACTA CONVENTA nannte man in der Staatssprache der polnischen Republik die Übereinkommen, welche jeder König vor seiner Wahl mit den Ständen abzuschließen genöthigt war (Näheres hierüber s. d. Art. **Polen** [Geschichte]). (*Roepell.*)

Pacta dotalia, s. **Pactum** und **Ehepakten**.

Pactbürger, s. **Schutzgenossen**.

PACTIUS, bei Plinius (**III, 11, 16**), wofür die Peutinger'sche Tafel **Vastius** hat, alter Name eines kleinen Küstenflusses östlich von Brundusium, heute Canale di Terzo, welcher sich in einen nahe und zwar östlich davon gelegenen Landsee verliert. (*H.*)

Pactolus (Geogr.), s. **Paktolos**.

PACTOLUS *Leach* (**Crustacea**), Krebsgattung aus der Familie der Brachyuren mit folgenden Kennzeichen: Der Hinterleib bei dem Weibchen fünfgliederig, die vordern Füße scherenlos, die vier hintern zweifingerig. Dies ist das vorzüglichste Kennzeichen dieser Gattung. Die äußern Fühler haben das erste Glied lang und cylindrisch, die Augen sind ziemlich dick, liegen hinter den Fühlern und treten immer über die Augengruben vor. Das Brustschild hat nur hinter jedem Augenkreise eine Spitze. Die Füße sind mittelmäßig lang und ziemlich dick, die zwei vordern kürzer als die übrigen, und laufen nur in einen gebogenen Haken aus. Das Brustschild ist oben nicht stachelig, dreieckig, länglich, hinten an jeder Seite ziemlich angeschwollen, nach Vorn in einen langen, spitzigen, dünnen, ganzrandigen Zahn auslaufend. An dem Hinterleibe des Weibchens ist der erste Ring schmal, die drei folgenden querlinienförmig, der fünfte sehr groß, fast rundlich.

Man kennt nur eine Art, **Pactolus Boscii** *Leach* (**Zool. Miscel. T. II. t. 68.** *Desmarest* **Dict. des Sc. Nat. et Consid. sur les Crust. t. 23. f. 2**). Einen Zoll acht Linien lang, wovon die Schnabelspitze indessen fast die Hälfte wegnimmt; sie ist an den Seiten mit kleinen nach Vorn gerichteten Dornen besetzt. Das Brustschild ist glatt, bräunlich, die Füße sind roth und weißbunt.

annte das Vaterland des einzigen im britischen
sich befindlichen Exemplars nicht. (D. *Thon.*)
CTUM [1]). Das römische Recht definirt den Ver-
als einen duorum pluriumve in idem placi-
nsensus" L. 1. §. 2. D. de pactis (2, 14). Al-
e Definition ist zu allgemein, es fehlen derselben
sentliche Erfodernisse eines wirklichen Vertrages:
muß ein erklärter, gegenseitig gewußter Consens;
Consens über ein Rechtsverhältniß und zwar 3)
die paciscirenden Personen betreffendes Rechts-
ß sein. Demnach ist Vertrag, pactum, eine er-
vereinstimmung mehrer Personen über ein unter
stehendes oder zu begründendes Rechtsverhältniß.
tztere Gesichtspunkt, daß der Gegenstand der Ver-
, sowie der Zweck derselben, ein Rechtsverhältniß
se, unterscheidet den Vertrag von jedem gewöhn-
ereinkommen, z. B. mit einander spazieren zu gehen,
er Regel wenigstens nicht als ein Vertrag ange-
rden wird. Auch das preußische Landrecht [2]) hebt
Definition des Vertrages den Gesichtspunkt des
rhältnisses hervor, denn es gibt den Begriff des
s als eine wechselseitige Einwilligung zur Erwer-
er Veräußerung eines Rechts an. Solche Über-
en der bezeichneten Art können im öffentlichen
wie im Privatrechte vorkommen und im letztern
is Familienrecht, wie das Güterrecht betreffen.
besonders von Güterverträgen die Rede. Diese
der Hauptentstehungsweisen der Obligationen,
gens auch auf anderm Wege, z. B. durch De-
begründet werden können. Eben diese Wichtigkeit
räge macht es erfoderlich, hier etwas näher von
dernissen zur Eingehung eines Vertrages zu han-
theils sich auf die besondere Fähigkeit der pacis-
Personen, theils auf den Gegenstand des Ver-
theils auf den Charakter der erfoderlichen gegen-
Einwilligung beziehen. 1) Die persönliche Fähig-
räge zu schließen, ist für Manche beschränkt. Da
Verträge die freie Einwilligung der Paciscenten,
ne Reife der Willensfreiheit, voraussetzen, so muß
diese Willensfreiheit, sei es aus physischen oder
n Gründen, nicht vorhanden ist, auch die Fähig-
räge zu schließen, fehlen. Dies ist der Fall a)
nde und wahnsinnige Personen. Für
ießt der ihnen beigeordnete Curator die nöthigen
Sobald jedoch lichte Zwischenräume (lucida
a) bei dem Wahnsinnigen eintreten, kehrt seine
selbst zu handeln und zu paciscire zurück. Ist
lichkeit einer freien Willensbestimmung nur mo-
gestört, durch heftige Leidenschaften und Affecte, so
s bei Beantwortung der Frage, ob der in sol-
stande geschlossene Vertrag gültig sei, auf den

Grad der Aufregung und der dadurch herbeigeführten Störung der Willensfreiheit an [3]); das römische Recht berücksichtigt besonders den Einfluß des Zorns auf die rechtliche Bedeutung der Handlungen. Quidquid in calore iracundiae vel fit, vel dicitur, non prius ratum est, sagt Paulus in L. 48. D. de R. J. (50, 17), quam si perseverantia apparuit, judicium animi fuisse. Körperliche Krankheit hindert übrigens die Gültigkeit der Verträge nicht, und selbst ein Sterbender kann, sofern er bei vollem Verstande ist, rechtskräftige Verträge schließen. b) Für höchst betrunkene Personen. Doch muß hier der Beweis geführt werden, daß der Trunkene zur Zeit des abgeschlossenen Vertrages völlig sinnlos gewesen. Über diesen Zustand und die Zurechnungsfähigkeit des darin befangenen Individuums drückt sich das c. 7. §. 1. C. XV. q. 1 sehr bezeichnend folgender Maßen aus: Nesciunt, quid loquantur, qui nimio vino indulgent; iacent sepulti, ideoque, si qua per vinum deliquerint, apud sapientes judices venia quidem facta donantur, sed levitatis damnantur auctores. c) Für gerichtlich erklärte Verschwender. Diese können über ihr Vermögen ohne Einwilligung des ihnen von der Obrigkeit angeordneten Curators keine gültige Verträge schließen, denn sie werden in Betreff der Verwaltung ihres Vermögens den Wahnsinnigen völlig gleich erachtet. Dagegen sind Verträge, die solche prodigi über ihre Person abschließen, gültig, und ebenso sehr solche pacta, aus denen dem prodigus nur Vortheile erworben werden. Nach dem preußischen Landrechte 1. Th. Tit. 5. §. 15, beginnt übrigens die Unfähigkeit des Verschwenders, sich durch Verträge zu verpflichten, mit der Mittagsstunde desjenigen Tages, an welchem das Blatt der öffentlichen Anzeigen, dem die gerichtliche Bekanntmachung zuerst einverleibt ist, ausgegeben worden; und dauert bis zur Mittagsstunde desjenigen Tages, an welchem die Wiederaufhebung der Vormundschaft verfügt wird. d) Für Unmündige. Das römische Recht macht hier noch besondere Unterschiede, je nach dem Alter der paciscirenden Personen. Kinder unter sieben Jahren können nicht einmal ein ihnen vortheilhaftes Versprechen gültig annehmen, viel weniger sich in irgend einer Weise verpflichten; sie werden den Wahnsinnigen fast gleichgestellt: infans et qui infantiae proximus est, non multum a furioso distant, heißt es im §. 10. J. de inutilib. stip. (3, 20). Sobald jedoch Kinder das siebente Jahr zurückgelegt haben, also infantia majores sind, beginnt zwar ihre Fähigkeit selbst zu erwerben, aber verpflichten können auch sie sich nur mit Zuziehung ihres Tutors. Ausdrücklich erkennt dies noch Justinian an in §. 9. J. de inutilib., wo er sagt: „Pupillus omne negotium recte gerit; ita tamen, ut, ubi tutoris auctoritas necessaria sit, adhibeatur tutor; veluti si ipse obligetur, nam alium sibi obligare etiam sine tutoris auctoritate potest. Sed quod diximus de pupillis

---

ie Lehre von den Verträgen ist selbständig selten behan-
en. Als besondere Schriften darüber sind anzuführen:
ngsdorfii Tractatus de pactis et contractibus Roma-
de vero hujus doctrinae nexu atque systemate. (Mannh.
ergl. Hugo, Civil. Magaz. I. Nr. 18.) K. Schmitt-
Die Vertragslehre rc. (Gießen 1831.) 2) Allgemei-
echt für die preußischen Staaten. 1. Th. Tit. V. §. 1.

3) Vergl. darüber Westphal, Grundsätze von rechtlicher Beurtheilung der aus Hitze des Zorns unternommenen erlaubten und unerlaubten Handlungen (Halle 1784. 4), und v. Berg, Jurist. Beobachtungen und Rechtsfälle. 1. Th. Nr. IX.

utique de iis verum est, qui iam habent aliquem intellectum." Hat daher ein Pupill, ohne Zuziehung des Vormundes, einen ihm vortheilhaften Vertrag geschlossen, so entsteht ein sogenanntes hinkendes Geschäft, negotium claudicans, d. h. der Vertrag ist nur für den andern Contrahenten, nicht für den Pupillen, verpflichtend. Bei Minderjährigen unterscheidet das römische Recht, ob derselbe einen Curator hatte (denn wider seinen Willen erhielt hier der Minderjährige keinen Vormund; mußte aber denselben, wenn er einen solchen sich einmal erbeten, bis zur erreichten Volljährigkeit behalten) oder nicht. Im letztern Falle konnte der Minderjährige völlig frei und gültig Verträge schließen, hatte aber im Fall erwiesener Verletzung dadurch, das Recht eine restitutio in integrum, d. h. Wiedereinsetzung in den vor Eingehung des ihm schädlichen Rechtsgeschäftes obwaltenden Zustand, zu fodern. Nur die Veräußerung und Verpfändung unbeweglicher Güter ohne Einwilligung der Obrigkeit war ihm untersagt. Steht dagegen dem Minderjährigen ein Curator zur Seite, so kann er zwar ohne dessen Einwilligung Verträge, die sich nur auf seine Person beziehen, z. B. eine Ehe, oder durch die er sich zur Leistung einer persönlichen Handlung verpflichtet, eingehen; ob aber auch die von ihm über sein Vermögen ohne vormundschaftliche Genehmigung geschlossenen Verträge verbindlich seien, ist eine unter den Rechtslehrern sehr bestrittene Frage. Für das gemeine teutsche Recht ist jedoch die Entscheidung dieser Frage überflüssig geworden. Die teutschen Reichsgesetze verordnen ausdrücklich, daß ohne Unterschied den Minderjährigen wie Unmündigen Vormünder beigeordnet werden sollen. Demnach gilt auch von den Minderjährigen durchgängig, was oben von den Unmündigen bemerkt worden, daß nämlich auch sie Verträge über ihr Vermögen, sofern sie daraus verpflichtet werden sollen, nur mit Zuziehung ihrer Vormünder zu schließen befähigt sind. Das preußische Landrecht stellt l. c. §. 14 damit übereinstimmend Minderjährige in Ansehung ihrer Fähigkeit Verträge zu schließen, ausdrücklich den Unmündigen gleich, und zwar endigt hier bei Minderjährigen die Unfähigkeit, lästige Verträge zu schließen, mit dem Anfange desjenigen Tages, an welchem sie die Volljährigkeit erreichen. Außer der bisher erörterten mehr physischen Fähigkeit zur Eingebung eines Vertrages, kommt aber auch noch die juristische in besondern Betracht. Der Paciscent muß nämlich eine selbständige, über sein eigenes Vermögen freie Disposition habende Person sein. Das römische Recht kennt eine ganz besonders umfassende Beschränkung dieser Dispositionsfreiheit in dem Verhältnisse des Vaters zu seinem filius familias. Der Letztere konnte nach älterm Rechte ebenso wenig als ein Sklave eigenes Vermögen haben; was er erwarb, fiel von selbst seinem Vater zu. Ja beide wurden hier so sehr juristisch als eine Person angesehen, daß Verträge zwischen beiden für unmöglich gehalten wurden, gleichsam Verträge eines Mannes mit sich selbst: Item inutilis est stipulatio, sagt Justinian in §. 6. J. de inutil. stip. (3, 20), si vel ab eo stipuleris, qui tuo juri subiectus est, vel si is a te stipuletur. Späterhin änderte sich dies jedoch nothwendig, seitdem durch das Aufkommen der Peculien auch für den filius familias die Möglichkeit eines eigenen, von der Einwirkung des Vaters unabhängigen Vermögens, und damit zugleich eine selbständige juristische Persönlichkeit des filius familias anerkannt wurde. So kann der Sohn über sein peculium castrense wie quasi castrense, d. h. über das durch Kriegs- und Staatsdienst erworbene Vermögen, über das er als völlig selbständiger Eigenthümer zu verfügen berechtigt ist, mit seinem Vater ebenso gut wie mit jedem Andern gültige Verträge schließen. Ausdrücklich erkennt dies, in Beziehung auf Kaufgeschäfte, der römische Jurist Ulpian an, denn er sagt in L. 2. pr. D. de contrah. emt. (18, 1). Inter patrem et filium contrahi emtio non potest, sed de *rebus castrensibus* potest. In ähnlicher Weise beschränkt ist die Fähigkeit eines filius familias, Verträge mit andern Personen als mit seinem Vater einzugehen. Da er Alles, was er erwirbt, nicht selbst behält, vielmehr für seinen Vater gewinnt, so fällt jeder Vortheil aus einem von ihm abgeschlossenen Vertrage an seinen Vater. Allein verpflichten kann der filius familias durch seine Verträge seinen Vater nicht, es sei denn, daß er in dessen ausdrücklichem Auftrage gehandelt habe. Das Recht der Stellvertretung, namentlich in Betreff der Abschließung von Verträgen für dritte Personen, war überhaupt im römischen Rechte sehr beschränkt. In den frühesten Zeiten mußte jeder die ihn betreffenden Rechtsgeschäfte selbst vornehmen, und nur durch die seiner Gewalt unterworfenen Individuen konnte er Verträge schließen, dadurch Rechte und Verbindlichkeiten begründen lassen. Allmälig änderte sich dies jedoch, und so kam es dahin, daß alle Geschäfte mit Ausnahme der in alter Form zu vollführenden, durch Stellvertreter vorgenommen werden konnten. Insoweit wurde übrigens fortwährend an dem alten Princip festgehalten, daß Recht und Verbindlichkeit aus dem Vertrage zunächst meist auf den Stellvertreter bezogen, und nur mittelbar auf den Principal übertragen wurden. Gegenwärtig kann dagegen in der Regel jeder Vertrag nicht nur durch Stellvertreter, sondern gradezu von diesem auf den Namen des Principals geschlossen werden. Eine besondere Cession des durch den Vertrag begründeten Foderungsrechtes an den Principal ist nicht mehr erfoderlich, sobald nur der andere Theil es wußte, daß das Geschäft diesen betraf. Allein der Grund und die Bedeutung des abgeschlossenen Vertrages ist noch gegenwärtig zunächst aus der Person des Stellvertreters zu bestimmen. Der Principal kann also nicht klagen, wenn nicht der Stellvertreter, der den Vertrag eingegangen, falls er ihn in seinem Namen geschlossen, selbst hätte klagen können. 2) Rücksichtlich des Gegenstandes der Verträge, ist zu unterscheiden das unmittelbare und mittelbare Object derselben. Das unmittelbare ist, wie bei jeder Obligation, die Handlung, zu deren Vornahme der Paciscent sich verpflichtet. Diese Handlung muß an und für sich möglich, oder wenigstens unter der Bedingung künftiger Möglichkeit verabredet sein. Es genügt aber die absolute Möglichkeit. Die persönliche Fähigkeit des Promittenten kommt nicht in Betracht, d. h. der Vertrag bleibt gültig, wenn die darin versprochene

ng nur an sich möglich ist, wenn auch die wirk-
rfüllung dem Verpflichteten selbst noch so schwierig
lativ unmöglich sein sollte, z. B. wegen gänzlicher
nz. Das mittelbare Object des Vertrages, d. h.
vorauf der Vertrag seiner endlichen Erfüllung nach
t ist, kann überhaupt Alles sein, sobald der Ver-
ur nicht widerrechtlich oder anstößig ist. Omnis
gt Justinian im pr. J. de inutilib. stip. (3, 20)
dominio nostro subiicitur, in stipulationem
potest; sive mobilis sit, sive soli; nur dürfen
res extra commercium oder gar nicht existiren-
ge sein. At si quis rem, fährt Justinian fort,
a rerum natura non est, aut esse non potest,
ipulatus fuerit; veluti Stichum qui mortuus
uem vivere credebat; aut hippocentaurum,
e non possit; inutilis erit stipulatio. Idem
rit, si rem sacram aut religiosam, quam hu-
uris esse credebat: vel rem publicam, quae
populi perpetuo exposita sit, ut forum, vel
um; vel liberum hominem, quem servum esse
at, vel cuius commercium non habuerit; vel
iam dari quis stipuletur — — — quae enim
sui dominio nostro exempta sunt, in obliga-
deduci nullo modo possunt. Gleichwol kann
us einem Vertrage über dergleichen Sachen unter
den ein wirksames Foderungsverhältniß entstehen,
wenn einer der Parteien den Mangel der Sache
und absichtlich verhehlte. Auch res litigiosae,
lche Sachen, über deren Eigenthum processirt wird,
nicht Gegenstand des Vertrages sein, namentlich
nes veräußernden. Sowie Sachen, können auch
ngen das mittelbare Object des Vertrages sein, so-
nur überhaupt nicht zu den unerlaubten und
übrigen gehören; unter dieser Voraussetzung können
selbst Handlungen eines Dritten sein. Zwar ist
emeinen das Versprechen, daß ein Dritter etwas
olle, in der Regel unverbindlich, d. h. es entsteht
keine Verbindlichkeit für den Dritten, wenn er nicht
es Promittenten ist, denn als solcher müßte er die
ngen seines Erblassers als seine eigenen anerkennen,
die von diesem gegebenen Versprechen, wie seine
, erfüllen, aber der Promittent ist verantwortlich,
r sich ausdrücklich anheischig gemacht hat, dafür zu
daß der Dritte die Leistung, die er in dessen Na-
rsprochen, erfülle. Si quis alium daturum, fa-
ve, quid promiserit, non obligabitur, heißt es
. J. de inutil stip. 8 (3, 20): veluti si spon-
itium quinque aureos daturum. Quod si ef-
m se, ut Titius daret, spoponderit, obliga-
Damit stimmt auch das preußische Landrecht über-
Dasselbe verordnet l. c. §. 46: haben beide Theile
cklich über fremde Sachen oder Rechte einen Verschlossen, so ist anzunehmen, daß der Eine sich nur
hten wollen, den Dritten zum Besten des Andern
r dem Vertrage gemäßen Handlung zu vermögen.
diese Absicht der Contrahenten nach dem Inhalte
rtrages oder nach den Umständen nicht angenom-
erden, so hat dergleichen Vertrag keine rechtliche

Wirkung. Auch darin stimmt das preußische Landrecht mit dem gemeinen Rechte überein, daß Verträge, durch welche Jemand die Handlung eines Dritten verspricht, denselben in der Regel nur verpflichten, seine Bemühungen zur Bewirkung der versprochenen Handlung anzuwenden. Kann er aber dadurch die Handlung nicht bewirken, so ist auch für den andern Theil keine Verbindlichkeit, den Vertrag von seiner Seite zu erfüllen, vorhanden. Verträge über absolut unmögliche Handlungen sind nichtig, ebenso Verträge über unerlaubte Handlungen. Verträge, deren Erfüllung Niemandem einen Vortheil oder Nutzen gewähren kann, sollen, nach dem preußischen Landrechte l. c. §. 70 auf den Antrag desjenigen, welcher dadurch belastet ist, von dem Richter aufgehoben werden. Unverbindlich erklärt endlich auch das Landrecht Verträge, deren Gegenstand sich gar nicht bestimmen läßt, oder deren Bestimmung oder Erfüllung lediglich der Willkür des Verpflichteten überlassen ist.

In materieller Hinsicht erfodert jeder Vertrag, außer den bisher erörterten Bedingungen der Fähigkeit des Subjects, Verträge zu schließen, und Fähigkeit des Objects, möglicher Weise Gegenstand eines Vertrages sein zu dürfen, das Vorhandensein gegenseitiger Einwilligung der Parteien, also Versprechen von der einen, Annahme des Versprechens von der andern Seite. So lange eine solche gegenseitige Einwilligung nicht vorhanden ist, kann noch nicht von einem Vertrage, höchstens von nudi tractatus die Rede sein, aus denen keine Partei klagen kann. Die Einwilligung muß also nicht nur eine gegenseitige, sie muß auch eine gleichzeitige sein, da erst mit dem Augenblicke der Coexistenz der beiderseitigen Einwilligung der Vertrag beginnt. Nähere Regeln kommen darüber im römischen Rechte nicht vor, weil dieses Recht hauptsächlich mündliche Verträge, stipulationes, voraussetzt, bei denen sich die Gleichzeitigkeit von selbst versteht. Unter Abwesenden ist demnach streng genommen die Abschließung eines Vertrages nicht möglich. Allein hier kann von dem Einen dem Andern schriftlich das Anerbieten zur Eingehung eines Vertrages gemacht werden. Zweifelhaft ist es, wann in solchem Falle die gegenseitige Einwilligung als vorhanden anzunehmen sei. Am richtigsten ist es, dies von dem Zeitpunkte der erweislich geschehenen Annahme abhängig zu machen. Wer auf diese Weise einen Andern brieflich unter bestimmten Bedingungen zum Vertrage auffodert, ist wenigstens so lange an seinen Vorschlag gebunden, bis jener Andere den Vorschlag erfahren und sich über die Annahme oder Nichtannahme möglicher Weise erklären konnte. Wenn dabei dem Andern vom Offerenten eine bestimmte Frist zur Erklärung vorgeschrieben ist, so muß der Ablauf dieser ganzen Frist abgewartet werden. Läßt der Andere diese Frist verstreichen, ohne sich zu erklären, so gilt in der Regel der Antrag für abgelehnt, und umgekehrt braucht auch der Offerent seine Offerte nicht ausdrücklich zurückzunehmen; vielmehr gilt alsdann dieselbe als von selbst erloschen. Übrigens fällt auch für den Offerenten die interimistische Verpflichtung, die Erklärung des Andern abzuwarten, weg, wenn er den Letztern auf schnellerm Wege benachrichtigen kann, daß er seinen Antrag zurücknehme, ehe dieser denselben erfahren. Dieselben Grundsätze gelten für den Acceptanten. Er ist gebunden, sobald er seine Erklärung über den Antrag abgesendet, aber er kann die Erklärung unwirksam machen, wenn er den Gegner auf schnellerm Wege von seiner Willensänderung benachrichtigt. Das preußische Landrecht fügt l. c. §. 95—100 diesen Bestimmungen noch einige nähere über die Zeit, innerhalb deren die Erklärung auf einen schriftlichen Antrag geschehen müsse, hinzu: Ist unter Personen, die sich an demselben Orte aufhalten, der Antrag schriftlich geschehen, so muß die Erklärung darüber binnen 24 Stunden erfolgen. Ist dagegen der Antrag unter Abwesenden schriftlich geschehen, so kommt es auf den Zeitpunkt an, da der Brief an dem Orte, wo der Andere sich aufhält, nach dem gewöhnlichen Laufe der Posten hat eingehen können. Mit der nächsten fahrenden oder reitenden Post, welche nach diesem Zeitpunkte abgeht, muß der Antrag beantwortet werden. Doch ist, wenn mit der ersten Post keine Antwort erfolgt, der Antragende schuldig, noch den nächstfolgenden Posttag, wegen möglicher Zwischenfälle, abzuwarten. Ist der schriftliche Antrag durch einen eigenen Boten geschehen, so muß der Antragende den längsten Zeitraum, binnen welchem ein solcher Bote ohne ungewöhnliche Zwischenfälle zurückkommen kann, abwarten. Kommt der Bote in diesem Zeitraume nicht zurück, so muß der Antragende den Andern davon benachrichtigen, und ihm zugleich eröffnen, ob er noch ferner an den Antrag gebunden sein wolle. Übrigens muß die zur Existenz eines Vertrages erfoderliche gegenseitige Einwilligung sich auf den ganzen Umfang des Vertrages beziehen. Haben sich die Parteien vorläufig nur über die Hauptpunkte geeinigt, so nennt man ein derartiges Übereinkommen eine Punktation, die also richtiger als eine Verabredung über einen künftigen Vertrag anzusehen ist. Gleichwol gilt dieselbe insofern selbst als Vertrag, als aus derselben vollkommen wirksam auf die Vollziehung des Vertrages geklagt werden kann. Nur dann sieht das römische Recht derartige Punktationen für unverbindlich an, wenn der Vertrag, sei es in Folge gesetzlicher Vorschrift oder besonderer Abrede der Parteien, schriftlich geschlossen werden muß. Hier erhält der Vertrag erst seine verbindende Kraft durch die von beiden Parteien vollzogene Unterschrift. Ist übrigens die Bestimmung des weitern Inhaltes eines Vertrages einem Dritten überlassen, so muß dieser auch wirklich die Bestimmung übernehmen. Bis dahin bleibt der Vertrag nur ein bedingter. Die Eingehung eines Vertrages erfodert aber nicht blos das Vorhandensein übereinstimmender Willenserklärung, sondern auch Freiheit der Selbstbestimmung. Alles, was die Freiheit des Entschlusses hindert, wird zugleich als ein Hinderniß der Gültigkeit des Vertrages angesehen. Als hauptsächliche Hindernisse der Freiheit der Selbstbestimmung kommen Zwang, Betrug und Irrthum in Betracht. Die Wirkungen sind jedoch, je nachdem Eins oder das Andere bei Eingehung eines Vertrages vorwaltet, verschieden. Wir werden daher diese verschiedenen Hindernisse der Willenserklärung besonders betrachten. 1) Zwang nennt man im Allgemeinen Alles, wodurch Jemand gegen seinen Willen zu handeln bestimmt wird, gleichviel ob zu einem positiven Thun, oder zu einem Unterlassen. Im engern Sinne dagegen ist Zwang die durch äußere, d. h. körperliche, Handlungen bewirkte Nöthigung. **Vis autem est majoris rei impetus, qui repelli non potest**, sagt Paulus in L. 2. D. quod **metus causa** (4, 2). Von diesem Zwange im engern Sinne ist wiederum die durch Drohung erregte Besorgniß eines Übels, **metus**, zu unterscheiden. Diese letztere wird nur berücksichtigt, wenn sie gehörig gerechtfertigt erscheint, das angedrohte Übel also kein ganz unbedeutendes, und die Ausführung der Drohung mit Grund zu befürchten ist, und sich durch andere Mittel, als durch Nachgiebigkeit, nicht wohl beseitigen ließ. Erst dann kann man sagen, daß eine Freiheit der Willensbestimmung nicht nur nicht vorhanden, sondern auch die Nachgiebigkeit gegen die Drohung eine rechtlich entschuldbare gewesen. Wenngleich nun die römischen Juristen theoretisch zuweilen den strengen Grundsatz der stoischen Philosophie, daß Niemand sich durch Zwang und Drohung bestimmen lassen dürfe, anerkannten, und demnach selbst die erzwungene Willenserklärung als eine Willenserklärung angesehen und aufrecht erhalten wissen wollten, so wurde doch meist in der Praxis dieser Grundsatz verworfen, vielmehr das Princip anerkannt, daß erzwungene Handlungen nicht aufrecht erhalten werden sollen. Demnach können die durch Zwang bewirkten liberatorischen Verträge vermittels einer nachgesuchten Wiedereinsetzung in den vorigen Stand aufgehoben werden, die verpflichtenden Verträge hingegen, wenn sie gleich meistens nicht eigentlich nichtig sind, kann der Gezwungene durch die Contractsklage anfechten. Gleichgültig ist übrigens, ob der Zwang von dem Mitcontrahenten, oder von einem Dritten ausgegangen ist, ohne Wissen des Mitcontrahenten. Ist die Eingehung des ganzen Vertrages durch Zwang veranlaßt, so redet man von einem **metus causam dans**, der Nichtigkeit des ganzen Vertrages herbeiführt; bezieht sich dagegen die gezwungene Einwilligung nur auf einzelne Modificationen des Vertrages, **metus incidens**, so ist auch nur für diese eine Mangelhaftigkeit der erfoderlichen Einwilligung und auf Grund derselben eine Anfechtbarkeit des geschlossenen Vertrages im Umfange dieser Modificationen und Nebenpunkte vorhanden, während das Übrige des Vertrages bestehen bleibt. Das preußische Landrecht handelt von den Folgen der Anwendung eines Zwanges bei Eingehung der Verträge, in der Lehre von den Willenserklärungen (1. Th. Tit. 4.) und hält, in Übereinstimmung mit den bisher angegebenen Grundsätzen des gemeinen Rechts, erzwungene Verträge für nichtig. Doch wird dabei auch nach dem Landrecht ebenso wenig als nach dem gemeinen Rechte der sogenannte **metus reverentialis**, d. h. der Vorwand, daß Scheu oder Ehrfurcht die Willenserklärung veranlaßt habe, berücksichtigt. Ebenso sieht das Landrecht erzwungene Willenserklärungen auch dann als nichtig an, wenn die Gewalt oder der Zwang nicht von dem, zu dessen Vortheil die Erklärung gereichen soll, sondern von einem Dritten verübt worden. Nur in der Art und Weise, wie ein durch Zwang veranlaßter Vertrag zu entkräften sei, fügt das Landrecht noch einige besondere specielle Vor-

hinzu. Wer nämlich eine sonst rechtsbeständige
rklärung wegen erlittenen Zwanges anfechten will,
ses, sobald er einen Richter hat antreten können,
s aber binnen acht Tagen nach diesem Zeitpunkte
h anzeigen. Dergleichen vorläufige Anzeige kann
n jeden Gerichte gültig geschehen. Ist diese vor-
Anzeige unterlassen, so verliert der angeblich Ge-
e dadurch das Recht, sich des Eidesantrages zum
zu bedienen, und muß den Einwand des Zwan-
andere Art vollständig beweisen, ohne daß bei
llständig geführtem Beweise ihm der Erfüllungs-
ttet ist. 2) Betrug, dolus, ist in dem hierher
en Sinne die rechtswidrige Täuschung, wodurch
zu einem ihm nachtheiligen Handeln oder Unter-
rleitet wird. Durch solche absichtlich herbeigeführte
g wird die Freiheit der Willensbestimmung aus-
n, und der Betrügende soll deshalb keinen Vor-
von, weder mittelbar noch unmittelbar, haben, der
ne gegen Schaden und Nachtheil möglichst gesi-
erden. Dennoch erklärt scheinbar das römische
t gewisser Beziehung den Betrug bei Verträgen
abt. Paulus lehrt in L. 22. §. 1. D. locati
: Quemadmodum in emendo et vendendo na-
: concessum est, quod pluris sit, minoris
quod minoris sit, pluris vendere; et ita in-
se circumscribere; ita in locationibus quoque
luctionibus juris est; woraus man wol den
bildet hat: licet se invicem circumvenire. Al-
umscribere und das gleichbedeutende*) circum-
bezeichnet keinen eigentlichen Betrug und absicht-
uschung, sondern nur willkürliches Anpreisen des
im Handel und Wandel. Der wirkliche dolus
i jedem Vertrage zum Nachtheile desselben. Der
der Wirkung hängt davon ab, ob es ein dolus
a dans, oder dolus incidens sei. Dolus caus-
ns ist derjenige, der den ganzen Vertrag, dolus
s derjenige, der nur die besondern Bestimmungen
(Preis, Modalitäten) veranlaßt hat. Der Erstere
dem ganzen Geschäfte und führt zu einer Ungültig-
Rescission desselben; der zweite bewirkt nur Un-
t des durch den Betrug herbeigeführten Theiles.
übrigens der dolus einen Irrthum veranlaßt,
solcher den Vertrag nichtig machen würde, wirkt
as so viel als der Irrthum. Hat nun der dolus
hlich die Eingehung des Vertrages veranlaßt, so tritt
: absolute Nullität ein, und zwar ist dies hauptsächlich
wenn beide Theile betrügerisch handelten; oder der
bleibt an sich zwar gültig, allein der Betrogene
Recht die Rescission desselben zu bewirken, ent-
durch Anfechtung des Vertrages mit der Con-
ge, oder durch die Einrede des Betrugs (excep-
i) gegen die Klage des Betrügers auf Erfüllung
tragsverbindlichkeit. Die Entkräftung der durch Be-
ranlaßten liberatorischen Verträge erfolgt durch die
e dolo, aber auch durch unmittelbare Restitution
orenen Klage. Überall übrigens beschränkt sich die

Anfechtbarkeit eines durch Betrug veranlaßten Vertrages nur auf den Fall, daß der Betrug von dem andern Contrahenten selbst ausgegangen. Die Klage geht weder gegen einen Dritten, noch darf sich der Betrüger selbst auf den Betrug berufen, um dadurch Nichtigkeit des Vertrages zu bewirken. Die Gültigkeit des Vertrages steht also in der Willkür des Betrogenen. Auch das preußische Landrecht erklärt 1. Th. Tit. 4. §. 85 fg. jede durch Betrug veranlaßte Willenserklärung für den Betrogenen unverbindlich. Hat ein Dritter den Erklärenden ohne Zuthun des Andern, zu dessen Gunsten die Erklärung geschieht, hintergangen, so entscheidet die Beschaffenheit des durch den Betrug veranlaßten Irrthums, ob der Erklärende noch ferner an seine Willenserklärung in Ansehung des Hauptgeschäftes gebunden sei. Doch soll auch beim Betruge wie beim Zwange der, welcher aus diesem Grunde seine sonst rechtsbeständige Willenserklärung anfechten will, solches binnen acht Tagen, nach Abgebung der Erklärung, gerichtlich anzeigen, widrigen Falls auf seinen Einwand, daß er durch Betrug zur Eingehung des Vertrages veranlaßt worden sei, keine Rücksicht genommen wird. 3) Irrthum ist eine falsche Vorstellung, Unwissenheit dagegen der Mangel aller, oder doch aller bestimmten Vorstellung von einer Sache. Der Irrthum ist entweder ein juristischer oder ein factischer; das Letztere ist jeder Irrthum, der sich nicht auf einen Rechtssatz bezieht. Es kann dies also ein Irrthum über Personen und deren Qualitäten sein, über Sachen, über juristische Thatsachen, Handlungen &c. Hier haben wir es näher nur mit diesem Letztern zu thun, denn der Irrthum in Ansehung des Rechts, error juris, schadet im Allgemeinen bei Eingehung eines Vertrages jedem, der daraus ein Recht erwerben will. Juris ignorantia non prodest acquirere volentibus, heißt es in L. 7. D. de juris et facti ignorantia (22, 6). Allein auch der Irrthum über Thatumstände ist nicht ohne Einfluß bei Verträgen, denn der Irrthum schließt ja die völlige Freiheit der Einwilligung aus. Hier kommt es vor Allem darauf an, ob beide Parteien sich geirrt haben, oder nur eine derselben. Im erstern Falle ist wieder zu unterscheiden, ob der Irrthum solche Gegenstände betrifft, die wesentlich zum eingegangenen Vertrage gehören, oder bloße Nebenumstände, deren Dasein oder Nichtdasein für das Wesen und die Existenz des Vertrages ohne Einfluß ist. Ein Irrthum der erstern Art, also ein wesentlicher Irrthum, macht jeder Zeit den ganzen Vertrag nichtig, da es hier an aller Übereinstimmung der Parteien, die doch zur Existenz des Vertrages wesentlich erfoderlich ist, fehlt, z. B. wenn jede Partei einen andern Gegenstand des Vertrages im Sinne hat. Ein derartiger wesentlicher Irrthum ist aber vorhanden: A) wenn die Parteien sich geirrt haben in Ansehung der Sache, über die der Vertrag geschlossen worden, dahin gehört a) der Irrthum über die Identität der Sache (error in corpore), wenn jeder Contrahent eine andere Sache meint; b) Irrthum über die Existenz der Sache; c) Irrthum über die gesetzliche und physische Qualität der Sache, wenn die Parteien etwa eine res extra commercium, für eine res in commercio, Essig für Wein gehalten haben &c. Irr-

*) onfr. *Brissonius* de verbor. signif. s. v. *circumscribere*.

thum über die Quantität gilt jedoch nur dann als wesentlicher Irrthum, hebt also nur dann den Vertrag auf, wenn eine bestimmte Quantität als wesentlich im Vertrage festgesetzt worden ist. B) Wesentlich ist ferner der Irrthum der Paciscenten über die Art des Vertrages, d. h. wenn jeder einen andern Vertrag abzuschließen vermeint, z. B. der Eine eine Summe, die ihm der Andere als Depositum geben will, als ein ihm angebotenes Darlehn ansieht. Ausdrücklich gedenkt dieses Falles Ulpian in L. 18. §. 1. D. de rebus creditis (12, 1) und entscheidet daselbst: si ego quasi *deponens* tibi dedero, tu quasi mutuam accipias; nec depositum nec mutuum est Idem est, et si tu quasi mutuam pecuniam dederis, ego quasi commodatam ostendendi gratia accepi; und ähnlich in den kurz vorangehenden Worten: si ego tibi pecuniam, quasi *donaturus* dedero, tu quasi *mutuam* accipias; Julianus scribit donationem non esse. Sed an mutua sit videndum? Et puto, nec mutuam esse, magisque nummos accipientis non fieri, cum alia opinione acceperit. C) Irrthum über die Person des andern Contrahenten macht, als ein wesentlicher, den Vertrag ungültig, wenn man mit einer ganz andern Person zu contrahiren glaubte. Gleiche Wirkung hat der Irrthum über solche Qualitäten der Person, die wesentlich die Eingehung des Vertrages veranlaßten. Haben sich dagegen die Parteien blos in zufälligen Dingen und Nebenumständen geirrt, so schadet dieser Irrthum der Gültigkeit des Vertrages nicht, vielmehr kann hier der Irrthum, wenn er überhaupt berücksichtigt wird, nur die Wirkung haben, daß, so weit dies möglich ist, Nachtheile von dem unverschuldeter Weise Irrenden abgewendet werden. Als einen solchen außerwesentlichen Irrthum sieht man an, den Irrthum über den Namen des andern Paciscenten, den Irrthum in Zahl, Maß, Gewicht, in der Güte des Gegenstandes, über den Beweggrund rc. Bei einseitigem Irrthume kommt es darauf an, ob dabei ein dolus der andern Partei concurrirt, ob also dieselbe den Irrthum des Andern veranlaßt, oder dessen Irrthum kennend, denselben absichtlich nicht beseitigt, vielmehr zu eigenem Vortheile benutzt hat, oder nicht. Im erstern Fall entscheiden die Regeln des Betruges bei Eingehung der Verträge. Concurrirt dagegen ein solcher dolus nicht, so ist darauf zu sehen, ob der obwaltende Irrthum ein wesentlicher oder nicht, und dann gelten die oben bei zweiseitigem Irrthume angegebenen Grundsätze. Übrigens ist zu bemerken, daß, wenn Verträge durch Stellvertreter abgeschlossen werden, bei vorkommendem Irrthume, zunächst und hauptsächlich der Irrthum des Stellvertreters, nicht der des Principals, in Betracht gezogen werden muß. Auch das preußische Landrecht (1. Th. Tit. IV. §. 75—84) läßt nur bei wesentlichem Irrthume Verträge ungültig werden. Als einen solchen Irrthum sieht es an den Irrthum über den Hauptgegenstand des Vertrages; Irrthum in der Person desjenigen, für welchen aus der Willenserklärung ein Recht entstehen soll, sobald nur aus den Umständen erhellt, daß ohne diesen Irrthum die Erklärung solchergestalt nicht erfolgt sein würde; sodann den Irrthum in ausdrücklich vorausgesetzten Eigenschaften der Person oder Sache, oder solchen Eigenschaften, die gewöhnlich vorausgesetzt werden. Doch darf der Irrthum nie durch ein grobes oder mäßiges Versehen veranlaßt sein. Ist von beiden Seiten ein vermeidlicher Irrthum vorgefallen, so findet von keiner Seite eine Entschädigung statt.

In dem Bisherigen ist nur die Rede gewesen von der Eingehung der Verträge und den Erfodernissen rechtlicher Gültigkeit derselben. Wir haben jetzt noch von den Arten und Eintheilungen derselben zu handeln. Hier tritt uns ein sehr bestimmter Gegensatz des römischen und des neuern Rechte entgegen. Im ältern römischen Rechte waren nämlich nicht alle Verträge gültig, vielmehr hatten sie nur dann Klagbarkeit und verbindliche Kraft, wenn sie in einer bestimmten, vom Civilrecht angeordneten, Form eingegangen waren. Die Beobachtung dieser Form sollte dazu dienen, jeden Zweifel, jede Ungewißheit über das Vorhandensein der an sich doch unsichtbaren Übereinstimmung der Parteien, zu entfernen. Verträge, denen diese Form, und damit diese vom Civilrechte anerkannte Klagbarkeit (causa civilis) fehlte, konnten im Wege einer Klage nicht realisirt werden. Verträge nun, die eine solche Klagbarkeit und causa civilis hatten, nannte man contractus, deren es vier Arten gab, je nach der verschiedenen bei der Eingehung des Vertrages beobachteten Form. Es konnte nämlich jene causa civilis entweder in dem Gebrauche bestimmter vorgeschriebener Worte der Willenserklärung (verborum obligatio, z. B. stipulationes) liegen, oder in besonderer Art schriftlicher Aufzeichnung (literarum obligatio), oder in dem factischen Hingeben einer Sache unter der Bedingung der Zurückgabe (obligatio quae re contrahitur), oder endlich in einer nach alter Gewohnheit bei einigen Verträgen für hinreichend erklärten übereinstimmenden Willenserklärung (consensu obligationes). Man unterscheidet darnach Verbal-, Literal-, Real- und Consensual-Contracte. Alle übrigen Verträge nun, die ohne solche formelle Eingangsweise, also ohne causa civilis, waren, hießen pacta. Sie hatten, wie bemerkt, keine verpflichtende Kraft; erzeugten daher keine obligatio civilis, d. h. keine klagbare Obligation. Allein im Verlaufe der Zeit wurde einigen solcher Verträge, theils durch den Prätor, theils durch Doctrin und Praxis, theils endlich durch neuere Gesetze eine Klagbarkeit beigelegt, und sie dadurch, der Wirkung nach, den contractus gleichgestellt, wenngleich der Name pacta für sie beibehalten wurde, da contractus einmal der technische Ausdruck für die schon nach altem Civilrechte klagbaren Verträge geworden war. Um nun aber unter den pactis selbst den Gegensatz der mit Klagbarkeit versehenen von den unklagbar gebliebenen hervorzuheben, bezeichnet man jene mit dem Namen pacta vestita (sc. actione), diese dagegen als pacta nuda Die pacta vestita aber sind dreifach, je nach dem Grunde der ihnen allmälig Klagbarkeit ertheilte. Es gehören nämlich dahin a) die sogenannten *pacta adiecta*, d. h. Verträge, die einem andern an sich klagbaren Contract, gleich bei Abschließung desselben, als Nebenvertrag hinzugefügt sind, mithin gleichsam einen Theil, einen Appendix des Haupt-

ges endmachen. Die Doctrin und die Praxis führte
Satz ein, daß derartige pacta zugleich mit dem
tvertrage und zwar mit der diesem eigenthümlichen
klagbar gemacht werden dürften. Solche pacta
ta sind z. B. das pactum protimiseos, pactum
icentiae, reservati dominii etc. b) Die *pacta*
toria, d. h. Verträge, die erst das prätorische Edict
lagbar erklärte, z. B. das sogenannte constitutum
s. pecuniae. c) Die *pacta legitima*, d. h.
ige, die sonst unklagbar, durch das neuere Civilrecht
Klagbarkeit erhielten; so z. B. das pactum dona-
, dem ein besonderes Gesetz, die L. 35. §. ult. C.
nationibus (8, 54) eine Klage verlieh, während
auf die Erfüllung einer versprochenen Schenkung
geklagt werden konnte. Alle übrige Verträge aber,
der zu den contractus, noch zu den pactis vesti-
hörten, blieben nach römischem Recht fortwährend
n unverbindlich, als sie nie durch eine Klage reali-
rden konnten, also nur eine obligatio naturalis,
oralische, nicht eine juristische Verbindlichkeit erzeug-
wiewol auch solche obligatio naturalis nicht ganz
Wirkung war, z. B. zu einer Einrede, exceptio,
die Klage auf Erfüllung, berechtigte. Dies römi-
contractssystem beruhte auf eigenthümlich römischer
und hatte seine Festigkeit durch das dem römischen
selbst in der spätern Zeit seiner Rechtsbildung noch
Sichanschließen an die ursprünglichen Rechtsinstitu-
und das alte Civilrecht. Denn nur daraus erklärt
s fortwährende Festhalten an dem Unterschiede zwi-
contractus und pacta vestita. Diese Rücksichten
in Teutschland bei der allmäligen Reception des
en Rechtes weg. Man sonderte die Verträge nicht
en zufälligen äußern und formellen Unterschieden der
e ihrer Klagbarkeit, sondern erklärte vielmehr jeden,
llgemeinrechtlichen Voraussetzungen gültigen Vertrag
ür klagbar, ohne Rücksicht auf den Grund der Klag-
, und classificirte vielmehr die Verträge nach ihrem
und ihrem Inhalte. Demnach unterscheiden wir vor
Haupt- und Nebenverträge; jene, wenn sie
lbständige Obligation begründen, diese, wenn sie
ne bereits bestehende Obligation moderiren. Übrigens
an Nebenverträge nicht verwechseln mit Nebenobli-
n, denn einige dieser letztern entstehen durch Gesetz,
durch Vertrag, wiewol die meisten derselben aus
gen entspringen. Die Nebenverträge selbst zerfallen
he, die den Hauptvertrag beschränken, und solche,
zu verstärken bezwecken. Zu den beschränkenden
die Bedingungen, die Obligationen hinzugefügt
. Die bestärkenden aber betreffen theils den Um-
er Obligation, z. B. Zinsverträge, oder die inten-
raft der Obligation, wohin namentlich diejenigen ge-
welche die Wirkungskraft der Obligation erhöhen,
die Conventionalstrafen. Man theilt ferner die
ge ein in onerose, lucrative und gewagte Ver-
Onerose sind diejenigen, bei denen beide Theile
r Vortheile zuwenden wollen, jeder also dem an-
u einer bestimmten Leistung verpflichtet wird, z. B.
Miethe ꝛc.; lucrative dagegen heißen diejenigen,

bei denen nur ein Theil gewinnen, also nur der eine zu einer Leistung verbunden werden soll, so z. B. Schenkung; endlich gewagte Verträge, wenn das Resultat zweifelhaft ist, z. B. Wetten. Diese Gegensätze richten sich aber nur nach der ursprünglichen Absicht der Parteien. Zufällige Änderungen des Erfolges kommen nicht in Betracht. So gilt der Kauf regelmäßig als oneroser Vertrag. Eine dritte Eintheilung der Verträge ist die in einseitige und doppelseitige. Doppelseitig sind die, aus denen gegenseitige Obligationen entstehen, und alle diese doppelseitigen Verträge sind zugleich onerose, aber es gibt auch einseitige, die onerose sind. Wesentlich ist bei diesen doppelseitigen Verträgen, daß die Verbindlichkeit beider Theile zu gleicher Zeit existire. Bei den einseitigen Verträgen hingegen kann auch die Verbindlichkeit der einen Partei nach der der andern stattfinden; so namentlich beim Darlehn, da hier das Darlehn und die Wiederbezahlung desselben nicht gleichzeitig sind. Das römische Recht hat bei allen doppelseitigen Verträgen für die Klage jeder Partei besondere Namen, weil verschiedene Verbindlichkeiten jeder Partei obliegen, auf die sich die gegenseitigen Klagen beziehen. Bei einseitigen Verträgen hingegen hat die eine Partei, die wesentlich berechtigt ist, eine actio directa, die andere eine actio contraria, z. B. beim Commodat, der Commodans die actio commodati directa, der Commodatar die actio commodati contraria. Auch im preußischen Landrechte ist der formelle Unterschied der Verträge und die darauf beruhende Eintheilung derselben in contractus und pacta weggefallen, vielmehr jeder an sich gültige Vertrag für klagbar erklärt worden. Jedoch verlangt das preußische Landrecht zur Rechtsbeständigkeit der Verträge, außer der wechselseitigen fehlerfreien Einwilligung, auch die Beobachtung der in den Gesetzen vorgeschriebenen Form. Ist jedoch die Beobachtung einer Formalität im Gesetze nur unter Androhung einer Strafe, nicht unter Androhung sonstiger Nichtigkeit des Vertrages, verordnet, so bleibt der Vertrag gültig, wenngleich die Formalität verabsäumt worden. Übrigens richtet sich die Form eines Vertrages nach den Gesetzen des Orts, wo er geschlossen worden; bei Verträgen über unbewegliche Sachen desjenigen Ortes, wo sich die Sache befindet. Schriftliche Abfassung der Verträge ist nach preußischem Rechte gesetzlich erfoderlich, sobald der Gegenstand des Vertrages über 50 Thaler beläuft, ingleichen bei allen Verträgen und Erklärungen über Grundgerechtigkeiten, sowie über beständige persönliche Lasten und Pflichten. Ist nun in Fällen, wo die Gesetze einen schriftlichen Vertrag erfodern, derselbe blos mündlich geschlossen, und noch von keinem Theile erfüllt worden, so findet daraus keine Klage statt. Hat aber ein Contrahent von dem andern die Erfüllung bereits ganz oder zum Theil angenommen, so ist er verpflichtet, entweder den Vertrag auch von seiner Seite zu erfüllen, oder das Erhaltene zurückzuerstatten. In einigen Fällen verlangt das preußische Landrecht sogar gerichtliche Aufnehmung der Verträge. So wenn Blinde und Taubstumme schriftliche Verträge abschließen, oder Personen, die des Lesens und Schreibens unkundig sind. Als Haupteintheilung der Verträge hebt das preußische Landrecht (a. a. O. §. 7 u. 8) die Unterscheidung lästiger und wohlthätiger Verträge hervor, und nennt einen lästigen Vertrag jeden, bei welchem beide Theile gegenseitige Verbindlichkeiten übernehmen, hingegen einen wohlthätigen Vertrag denjenigen, durch welchen nur ein Theil etwas zu Gunsten des andern zu geben, zu leisten, zu dulden, oder zu unterlassen verpflichtet wird.

Was endlich die Wirkung der Verträge betrifft, so besteht diese hauptsächlich in der Erfüllung des Inhaltes des Vertrages. Daß jeder Vertragsinteressent sein gegebenes Versprechen halten müsse, ist ein schon allgemeines und natürliches Rechtsgebot. So sagt schon Ulpian über die Verordnung des prätorischen Edicts über Verträge: **hujus Edicti aequitas naturalis est. Quid enim tam congruum fidei humanae, quam ea, quae inter eos placuerunt, servare?** Es darf daher in der Regel Niemand ohne des Andern Zustimmung von dem Vertrage wieder abgehen, selbst dann nicht, wenn dieser seinerseits die ihm durch den Vertrag auferlegte Verbindlichkeit nicht erfüllt. Nur alsdann ist einseitiges Abgehen gestattet, wenn entweder die Natur des obligatorischen Verhältnisses es mit sich bringt (z. B. beim Mandat), oder das Gesetz es ausdrücklich erlaubt (z. B. bei der Societät) oder das Recht dazu durch einen besondern Nebenvertrag vorbehalten worden ist. Übrigens kann kein Paciscent eher auf Erfüllung des Vertrages klagen, bis er seinerseits die ihm durch den Vertrag auferlegte Verbindlichkeit erfüllt, oder doch bewiesen hat, daß er zur Erfüllung seinerseits bereit sei, widrigen Falls seine Klage vom Beklagten zurückgewiesen werden kann, mit der sogenannten **exceptio non adimpleti contractus.** Die übrige Wirkung des Vertrages hängt natürlich von dessen Inhalt ab. Dabei kommt Alles auf die Ermittelung dieses Inhaltes, also auf die Interpretation der Verträge an, worüber hier noch kurz zu bemerken ist, daß im Zweifel Verträge zu Gunsten des Verpflichteten auszulegen sind, mithin immer der geringste Grad der Verbindlichkeit anzunehmen ist. Bei gegenseitigen Verträgen geschieht die Interpretation zum Nachtheile dessen, der sich deutlicher und bestimmter auszudrücken verpflichtet gewesen wäre, also gegen den, der eine Berechtigung aus dem Vertrage für sich ableitet, denn eine Verpflichtung soll nicht präsumirt, muß vielmehr in ihrem ganzen Umfange bewiesen werden. In ähnlicher Weise bestimmt das preußische Landrecht (a. a. O. §. 266 fg.), daß, wenn ein Vertrag nach den gewöhnlichen Auslegungsregeln nicht erklärt werden kann, derselbe gegen den zu interpretiren sei, der in seiner Willensäußerung sich zweideutiger, eines verschiedenen Sinnes fähiger Ausdrücke bedient hat; besonders solle die Auslegung gegen den erfolgen, der ungewöhnliche Vortheile begehrt, die in Verträgen dieser Art nicht eingeräumt zu werden pflegen; seien alle übrige Auslegungsregeln nicht zureichend, so solle die zweifelhafte Stelle so erklärt werden, wie es dem Verpflichteten am wenigsten lästig ist; blos wohlthätige Verträge endlich sollen im zweifelhaften Falle allemal zur Erleichterung des Verpflichteten interpretirt werden. (*v. Madai.*)

PACTUMEIUS, ein nicht ganz ungewöhnlich[e]
mischer Name, in den Pandekten XXVIII, 6, 92 [...]
ein Pactumeius Androsthenes vor, welcher eine [...]
meia Magna, Tochter eines Pactumeius Magnu[...]
Erben ex asse einsetzt. Bei Gruter kommt ein [...]
meius Alexander (p. 430, 2), eine Pactumeia [...]
pana (816, 8), Pactumeia Theophila (883, 7; [...]
19) vor, und bei Horaz (Epod. 17, 50) tuusque [...]
ter Pactumeius ist dies der Sohn der Canidia ([...]
das. Bentley).

PACTUMEIUS (Clemens), ein fast nur den [...]
men nach bekannter römischer Jurist. Die einzige [...]
die wir von ihm haben, stützt sich auf eine Äußerun[g]
Pomponius. Dieser sagt in seinem Lib. VII ex [...]
tio (L. 21. §. 1. D. de statuliberis 40, 7): P[...]
meius Clemens aiebat: si ita sit fideicommi[...]
relictum, cui eorum voles, rogo restituas, si n[...]
elegisset, cui restitueret: omnibus deberi Impe[...]
rem Antoninum constituisse. Aus dieser Beme[...]
des Paulus läßt sich für die Zeit, in die wir etw[...]
Pactumeius zu setzen haben, höchstens der Schluß [...]
daß derselbe zur Zeit des Antoninus, oder des Car[...]
aber vor Pomponius gelebt habe. Übrigens wird e[...]
Pomponius in dessen bekanntem Liber singularis e[...]
ridii, de origine juris, mit Stillschweigen übergange[n]
andere Schriftsteller erwähnen seiner gar nicht. (*v. Ma*[...]

PACTYE, alter Name einer Stadt in der t[...]
schen Halbinsel, an der Küste der Propontis (heu[...]
Georg). *Strab.* VII, 331: *Ἐν μὲν τῷ ἰσθμῷ τῆς* [...]
σονήσου τρεῖς πόλεις κεῖνται, πρὸς μὲν τῷ Μέλαν[...]
πῳ Καρδία πρὸς δὲ τῇ Προποντίδι Παχ[...]
πρὸς δὲ τῇ μεσογείᾳ Λυσιμαχία. *Skylax.* Perip[...]
68. ed. *Gron.* *Ἐντὸς δὲ Αἰγὸς ποταμοῦ Κρῆσσα,* [...]
θωτή, Πακτύη. Μέχρις ἐνταῦθα ἡ Θράκη ἀχεῤῥόν[...]
ἐκ Πακτύης δὲ εἰς Καρδίαν διὰ τοῦ αὐχένος πεζῇ [...]
δια μ', ἐκ θαλάττης εἰς θάλατταν. *Plinius* IV[...]
s. 18. Pactye a Propontide. Alkibiades zog sich [...]
her zurück, als die Athener ihm von Neuem das [...]
mando genommen hatten, Ol. 93, 1. *Diodor.* [...]
74. *Nepos*, Alcib. VII, 4 und das. die Ausleger. [...]
scheint, daß Alkibiades damals persönlich im Besi[tz]
Orts und seiner Nähe war.

PACTYES, alter Name eines Berges im G[...]
von Ephesus, auf welchem der Lethäus entspringt, de[r]
in den Mäander ergießt; es ist ein Zweig des ioni[...]
Gebirges Mykale (des heutigen Kesthenus-dag). *St*[...]
XIV, 636: *Τῇ Μυκάλῃ δ' ὄρος ἄλλο πρόςκειται* [...]
Ἐφεσίας Πακτύης. Ibid. 647: *Πολὺ δὲ πλησι*[...]
ρον ὁ Ληθαῖος, ἐμβάλλων εἰς τὸν Μαίανδρον, τ[...]
ἀρχὴν ἔχων ἀπὸ Πακτύου, τοῦ τῶν Ἐφεσίων ὄ[...]
Heute Monte di Figera.

PACTYES (*Πάκτυες*), ein altes Volk des öst[...]
Persiens, dessen Gebiet *Πακτυϊκή* genannt wird.
verdanken allein dem Herodot das Wenige, welches
davon wissen. Die Lage ergibt sich aus der bekan[nten]
oft besprochenen Stelle über die erste Beschiffung des
dusflusses durch Skylax von Karyanda auf Veranla[ssung]
des Darius, Sohn des Hystaspes, wenn diese richtig

:n wird. Skylax mit seinen Begleitern (IV, 44)
n von Kaspatyrus und dem Lande Paktyika aus
schifften den Strom in östlicher Richtung bis ins
hinab. Die verschiedenen Ansichten über die Hero-
he Nachricht haben den leicht errathenen Grund dar-
aß der Indus von Attok an, wo er erst recht schiff-
vird, nicht in östlicher, sondern in südlicher, ja süd-
cher Richtung ins Meer strömt. Hat nun aber He-
den Bericht falsch gestellt oder Skylax (was jedoch
er wahrscheinlich) die Richtung misverstanden? Die
Annahme wird aber nicht einmal gefodert, wenn
annimmt, daß Herodot bei einer so kurzen Notiz
ie anfängliche Richtung der Reise angab; diese ging
nicht auf dem Indus selbst, sondern auf einem west-
Zuflusse, auf dem vereinigten Kama und Kabul-
bis nach Attok. Der eigentliche Indus läuft in ei-
großen Bogen von seinen Quellen in der Nähe de-
es Satadra und Brahmaputra durch Klein-Tibet
dem Thale Kaschmir herum. Daß diese entfernten
en und der große Umweg dem Skylax bekannt ge-
n, ist durchaus unwahrscheinlich. Das ganze Alter-
verräth keine Spur einer genauen Kenntniß dieses
1 Umwegs, und uns ist sie erst in neuerer Zeit, vor-
) durch die Reisen Moorcroft's, Elphinstone's und
:'s genauer zugekommen. Es ist also weit davon
it, daß die östliche Richtung der Reise einen Zwei-
1 der Wahrheit der Erzählung hervorrufen müßte;
:e eher zu verwundern, wenn Skylax die Sache an-
erichtet hätte.

Dieses mußte vorausgeschickt werden, um die Lage
aktyer zu bestimmen. Von Kabul bis ins Meer ist
einahe ununterbrochene Wasserstraße (s. Burne's
teutsche Übers. I, 148). Wir werden also nicht
rren, wenn wir Paktyika in der Gegend zwischen
und Peschawer versetzen, um Dschellalabad herum.
Kaspatyrus, welches benachbart sein muß, haben wir
ier nicht zu beschäftigen, es sei uns hier genug zu
:en, daß Herodot zweimal (III, 102. IV, 44) Ka-
us als Stadt mit dem Lande Paktyika verbindet,
iber beide Male der Name einen alten Fehler ent-
ınd zu berichtigen ist nach Hecatäus, bei Steph.
der Kaspapyrus gibt und dieses eine gandarische
nennt. Kâspapapura ist der alte einheimische Na-
aschmirs in den Annalen des Landes, dem vor kur-
ervorgezogenen Râja Tarangini, und diesen hat auch
ot gemeint, und wenn Hecatäus Gandarer erwähnt
er Paktyer, so widerspricht er nicht, weil die Gan-
in dem ganzen Striche von Kabul bis in den Pen-
immer sich vorfinden (Altpers. Keilschr. S. 110).
es Verhältniß zwischen den Gandarern und Paktyern
nd, ist nicht mehr klar zu machen.

In dem Verzeichnisse der von Darius festgesetzten
apien seines großen Reiches (III, 93) zählt Herodot
ien nebst pontischen Völkern und Paktyika zu einer
ilung, zur 13. Satrapie. Der ausgezeichnete Geo-
Rennel [1]), der von dem im Allgemeinen wol rich-
tigen Grundsatze geleitet wird, die Länder, die zu einer Satrapie gehörten, nahe bei einander zu suchen, nimmt daher auch ein westliches Volk der Paktyer an; die Ähnlichkeit des Namens verleitete ihn bei den gegenwärtig im Gebirge nördlich von Fars, der eigentlichen Persis, herumstreifenden Baktiari, sein westliches Paktyika zu suchen. Es mag eine Verwandtschaft der Namen wirklich stattfinden; die meisten altpersischen Namen sind bedeutsam und dieser könnte sich auch, wie andere, erhalten haben. Ich nenne es aber eine Verleitung, weil wir bei den Alten durchaus keine Spur der Paktyer in diesen Gegenden haben und weil er damit nicht erreicht, was er will, die Paktyer in die Nähe der Armenier zu bringen. Er muß noch immer Medien zwischen seinem westlichen Paktyika und Armenien liegen lassen. Dann sieht man nicht ein, warum nicht ebenso gut die östlichen gemeint sein können. Vorausgesetzt also, daß weder Herodot eine Verwechselung beging oder in den Handschriften eine falsche Lesart eingerissen ist, müssen wir die Zusammenstellung zu einer Satrapie aus der Notiz erklären, daß Darius bei seiner finanziellen Eintheilung nicht immer benachbarte Völker zusammenstellte (III, 89).

Einen ähnlichen, obwol näher liegenden, Fehler begeht, ebenfalls vom Namen verleitet, Mannert. Er hält Paktyika für eins mit Peukolaïtis [2]). Diese Gegend, welche die Indier Puschkalavatî, die lotusreiche, nennen, ist sicher das am Indus, aber nördlicher nach Kaschmir hin gelegene Pukheli; und der Name ist im Strabonischen Peukolaïtis, im Arrianischen Peukelaëtis reiner, in Poklaïs oder Proklaïs (wie in Periplus des rothen Meeres S. 27. Huds.) verdorbener enthalten.

Um den Namen in altpersischen Quellen aufzusuchen, muß man zuerst auf eine Eigenthümlichkeit der altpersischen Sprache achten, auf ihren Mangel des Buchstabens l. Es gilt dieses vom Zend sowol als vom Altpersischen, der zweiten Sprache, die neben dem Zend im alten Iran gesprochen wurde. Eine Folge der Abwesenheit dieses Buchstabens ist, daß benachbarte Sprachen ein l setzen können, wo die altpersischen einen andern Laut haben. Welcher Wechsel eintrat oder eintreten konnte, sehen wir aus dem Verhältnisse des altpersischen Bâkhtri, des zendischen Bâkhdhi zum indischen Namen der Baktrier, Bâhlî-ka; ka ist blos adjective Endung. Auf diese Analogie gründet sich die Vermuthung, daß Pakty-es mit dem Namen Pahlava zu vergleichen sei; so heißt bei den Indiern (Manu's Gesetze. X, 44) ein persisches Volk; so nennt Ferdusi im Allgemeinen seine alten Perser, und daher kommt der Name des Pehlavi, als Sprache; ava ist eine Entwickelung des Vocals u und der Wechsel von hl und kt dem von khdh und hl in bâhlîka analog. Paktyes wird demnach die altpersische Form des Namens gewesen sein, und das Volk bei den Nachbarn Pahlu geheißen haben. Wie das Wort nachher so allgemein geworden, daß es alle persische Völker, freilich in einer viel spätern Zeit, wie es eine der, später unter den Sassaniden, aufgekommenen Sprachen Irans bezeichnen konnte, wie endlich das l in die

1) Geographical system of *Herodotus* p. 279. (3. Ausg.)

2) Alte Geogr. V, I. S. 6.

neuere Redeform der Perser hineingekommen, gehört in historische und grammatische Untersuchungen, die uns hier nichts angehen. Nur sei hier die Andeutung erlaubt, daß das l bei altpersischen Bergvölkern dialektisch vorhanden gewesen sein muß und daß es wol mit diesen Völkern in die Niederungen herabgestiegen sein mag, wie die Parther in der ältern Zeit, die Afghanen in neuerer sich von ihren beschränkten Sitzen weit ausbreiteten, und eigene Dynastien bildeten. Diese Bemerkung gehört aber unmittelbarer hierher, als auf den ersten Anblick scheint. Daß Ferdusi Pahluva für Persisch sagt, erklärt sich leicht, wenn sein Beschützer Mahmud eben das Land der Afghanen, der Pahlus, beherrschte. Die Paktyer bewohnten grade einen Theil der Stammsitze der Afghanen, welche sich selbst Puschtun, in einem andern Dialekt Pukhtun, plur. Puchtâneh, nennen. (Man sehe der Kürze wegen *Klaproth.* Asia Polygl. p. 54.) In der letztern Form glauben wir nun mit Sicherheit den Namen Paktyer wieder zu erkennen; das u ist der trübe Vocal der Engländer, und Pukhtu und Pakty bieten keine wesentliche Abweichung dar.

So viel wir wissen, ist diese Zusammenstellung noch nicht gemacht worden, obwol sie aus einer sehr einfachen geographischen Untersuchung hervorgeht.

Somit glauben wir in Herodot's Paktyer und Paktyika die älteste Erwähnung der Afghanen und ihres Landes gefunden zu haben, wir vermuthen nicht ohne Wahrscheinlichkeit, daß die Indier dieses Volk unter dem Namen Pahlava erwähnen. Der Name wird ursprünglich zunächst die Paktyes des Herodot bezeichnet haben und bezeichnet noch immer nicht alle afghanischen Stämme.

Die Behauptung, daß die Afghanen die zehn in der Gefangenschaft zurückgebliebenen israelitischen Stämme seien — von Sir William Jones, etwas leichtsinnig aufgestellt, von Elphinstone in seinem Reiseberichte hinlänglich widerlegt — wird, wenn die Paktyes die alten Afghanen sind, noch mehr an ihrer Glaubwürdigkeit verlieren, da wir in so alter Zeit das Volk ohne die geringste Erwähnung dieser merkwürdigen Herkunft erwähnt finden.

Was wir von den Paktyern sonst wissen, beschränkt sich auf die Bewaffnung. Sie hatten (*Herod.* VII, 67. vergl. 85) eigenthümliche einheimische Bogen und Dolche; sie trugen Pelzröcke aus Ziegenfellen, eine natürliche Tracht in einem Lande, wo noch Schaf- und Ziegenzucht gewöhnlich ist.

Die Geschichtschreiber Alexander's des Großen geben für dieses und benachbarte Völker den allgemeinen Namen der Paropemisaden und der Indier diesseit des Indus. In seiner alten Form Pakty verschwindet der Name aus der Geschichte, um als Pahlu, Pahlevi sich zu erneuern. Wie die Afghanen später unter der türkischen Dynastie der Ghazneviden wieder auftreten, herrschten in der That indische Könige des Pendschab's bis nach Lamghan nahe bei Kabul (*Wilken.* Mirchordi histor. Gasnevidarum. p. 148). Die frühere Geschichte des Landes ist eine der unbekanntesten, die es gibt, und es muß ohne Selbständigkeit den Geschicken der Achämeniden, Makedonier, baktrischen Griechen, der Parther und Skythen gefolgt sein.

(*Lassen.*)

PACUVIUS (Cajus Atejus), wird von Pomponius in seinem bekannten Fragmentum de origine juris, als einer derjenigen Schüler des Servius Sulpicius Rufus erwähnt *), die sich auch als Schriftsteller bekannt machten. Allein weder die Zeit, zu der Pacuvius lebte, noch irgend etwas Näheres über seine Lebensverhältnisse und seine Schriften läßt sich mit nur einiger Bestimmtheit angeben. Außer von Pomponius in der angeführten Stelle wird Pacuvius unzweideutig nur einmal genannt und zwar von Ulpian, der ihn tadelt, daß er in die Formel des prätorischen Edictes, quod quis commodasse dicetur, de eo judicium dabo, für das Wort commodare, substituirt habe das nicht gleichbedeutende uti. Ulpian drückt sich darüber in L. 1. §. 1. D. commodati (13, 6) folgendermaßen aus: Hujus Edicti interpretatio non est difficilis. Unum solummodo notandum: quod qui Edictum concepit, *commodati* fecit mentionem, cum Pacuvius *utendi* fecit mentionem. Inter commodatum autem, et utendum datum Labeo quidem ait tantum interesse, quantum inter genus et speciem: commodari enim rem mobilem, non etiam soli; utendam dari etiam soli. Außerdem gibt es zwar mehre Stellen des Corpus juris, in denen einzelne Äußerungen eines Atejus angeführt werden, und diese bezieht namentlich Zimmern in seiner Geschichte des römischen Privatrechtes (1. Bd. 1. Abth. §. 79. Note 4) auf unsern Atejus Pacuvius. Diese Stellen sind die L. 79. §. 1. D. de jure dot. (23, 3) in der Labeo erwähnt: Atejus scripsit, Servium respondisse etc. und die L. 39. §. 2. D. de auro (34, 2) in der auf gleiche Weise Javolenus berichtet: Atejus Servium respondisse scribit etc., allein der in diesen Stellen angeführte Atejus kann ebenso wol der spätere und ungleich bekanntere Atejus Capito, der Schüler des Ofilius und Gegner des Antistius Labeo sein. Es gewinnt diese Vermuthung an Wahrscheinlichkeit dadurch, daß des berühmten Capito Vorname allgemein gekannt, und so seine Person auch ohne daß Verwechselung zu befürchten gewesen, mit dem bloßen Vornamen Atejus bezeichnet werden konnte, während ein Gleiches bei dem unbekanntern Atejus Pacuvius mindestens bedenklich erscheinen mußte. Dazu kommt, daß Capito auch von spätern Juristen, die nicht, wie es der Zweck einer Rechtsgeschichte erfodert und von Pomponius in seinem Fragmentum de origine juris geschehen ist, die frühern Rechtsgelehrten mit ihrem Prae- und Cognomen anzuführen pflegen, mitunter ausdrücklich genannt wird Atejus Capito, z. B. von Ulpian in L. 29. D. de ritu nuptiar. (23, 2), während derselbe Ulpian in der oben angeführten Stelle den Pacuvius schlechthin Pacuvius nennt. Demnach möchte richtiger wol auch der in folgender von Zimmern (a. a. O.) übergangenen Stelle, nämlich der L. 30. §. 6. D. de leg. III erwähnte Atejus zu beziehen sein auf den Atejus Capito, nicht auf Atejus Pacuvius. Ein dritter Atejus,

*) Conf. L. 2. §. 44. D. de origine juris, u. L. I. tit. 2. D. de origine juris et omnium magistratuum et successionum prudentium fragmentum edit. *Pernice* p. 153. Not. 93 et 94.

mit dem Beinamen Philologus, wird noch genannt Sueton in dessen liber de illustribus grammatit rhetoribus c. 10 und von diesem berichtet: At- Philologus libertinus, Athenis natus: Hunc Ca- Atejus, notus Jurisconsultus, inter grammaticos rem, inter rhetores grammaticum fuisse ait — 'hilologi appellationem assumsisse videtur, quia Eratosthenes, qui primus hoc cognomen sibi cavit, multiplici variaque doctrina censebatur: sane ex commentariis ejus apparet, quamquam issimi exstent. — — (*v. Madai.*)

PACUVIUS, mit dem Vornamen Marcus[1]), stand rwandtschaftlichem Verhältnisse mit Q. Ennius, dem inger in seiner Kunst, sei es, daß er der Tochter-) desselben war, sei es, was chronologische Rücksichnehr als wahrscheinlich machen[3]), daß die Schwes des Ennius ihn gebar. Sein Geburtjahr läßt sich die Vergleichung mit M. Attius ermitteln. Da ch Cicero[5]) nach dem Zeugnisse des Attius erzählt, er 80jährige Pacuvius mit dem 30jährigen Attius denselben Ädilen gekämpft habe, so läßt sich leicht Berechnung machen. Denn da Attius im J. 584 n. ., 170 v. Chr. Geb. geboren[6]) war, so fällt die Gedes Pacuvius, wenn er 50 Jahre älter war, in das 34 n. E. R., 220 v. Chr. Geb. Damit stimmt n, daß Hieronymus[7]) seine Blüthe Olymp. 156, 4 wo freilich der Dichter schon bald ein Siebenziger war. Todesjahr läßt sich nur ungefähr bestimmen. Daß vius sehr alt geworden sei, geht aus mehren Zeugder Alten hervor, und so kann man sich bei der be des Hieronymus[9]) beruhigen, daß er fast 90 Jahre estorben sei, also ungefähr 624 n. E. R., 130 v. Geb. Als Geburtsort des Dichters nennt Hierony-) Brundusium, sodaß er ein Landsmann des Ennius den er auch beerbt haben soll[10]). Bald jedoch verr diesen Ort, wo er eine angemessene Belohnung Talente nicht erwarten konnte, und ging nach Rom. beschäftigte er sich mit der Malerei[11]), und wie man en darf, brachte er es in dieser Kunst sehr weit. einem Gemälde von ihm im Tempel des Herkules om ertheilt Plinius[12]) den zweiten Preis. Später denn dieses scheint nicht nur die späte Blüthezeit bei Hieronymus und eine Stelle des Gellius[13]) anzudeuten, sondern auch die geringe Anzahl der Stücke, warf er sich auf die Poesie. Von den übrigen Lebensverhältnissen des Dichters ist wenig bekannt. Daß seine Talente ihm die Gunst und Freundschaft angesehener Römer werden erworben haben, ist nicht nur wahrscheinlich, sondern wird vom Lälius auch durch Cicero[14]) bezeugt. Daß sein Verhältniß zu Attius, seinem jüngern Zeitgenossen und Nebenbuhler, ein freundschaftliches gewesen sei[15]), gereicht beiden Männern zur Ehre. Nach dem 80. Lebensjahre, denn in diesem war er noch zu Rom[16]), zog sich Pacuvius wegen fortdauernder Kränklichkeit nach Tarent[17]) zurück. Daß nicht Unwille über das aufkeimende Talent des jüngern Attius die Ursache gewesen sei, beweist die Einladung des ältern Dichters an den jüngern, ihn zu besuchen, welche dieser annahm und mehre Tage in wissenschaftlichen Gesprächen bei Pacuvius zubrachte. Wie sehr übrigens der Dichter von Künstlerstolz und Hochmuth entfernt war, und wie er sich hierin von Nävius, Plautus und selbst Ennius unterschied, zeigt die bescheidene Grabschrift[18]), die er sich selbst gefertigt haben soll[19]):

Adulescens, tametsi properas, te hoc saxum rogat
Uti sese adspicias, deinde quod scriptum est legas.
Hic sunt poetae Pacuvi Marci sita
Ossa. Hoc volebam nescius ne esses. Vale.

Wenn eine solche Bescheidenheit ihm die Freundschaft des Lälius und selbst seines Nebenbuhlers Attius erwarb, so bürgt dieses genug für seinen Charakter. Wir gehen daher zur Beurtheilung seines poetischen Werthes über.

Je schwieriger es für uns ist, ein objectives Urtheil über Schriftsteller einer verschwundenen Zeit oder eines fremden Volkes zu fällen, von denen vollständige Werke erhalten sind, um so mistrauischer müssen wir auf unsern Geschmack bei solchen Autoren sein, deren Schriften bis auf wenige Fragmente verloren gegangen sind, und um so wichtiger müssen uns die Urtheile der Alten selbst sein, die nicht nur fähiger zu urtheilen waren, sondern die auch die Schriften des Pacuvius vollständig besaßen. Unsere Sache ist es hauptsächlich, nur den Werth der Gewährsmänner zu prüfen und die Quellen oft entgegengesetzter Meinungen ausfindig zu machen und widersprechende Urtheile zu combiniren. Sowie während seines Lebens Pacuvius den lautesten Beifall des Volkes geern-

) Außer den Anführungen der Alten bezeugt er dieses selbst ier Grabschrift bei *Gellius*, N. A. 1, 24. 2) Nach einer unsichern Stelle bei Hieronymus. S. *Stieglitz.*, De *Pa-* Duloreste p. 4. 3) Ennius war nämlich nur 19 Jahre ls Pacuvius, da er 515 n. E. R., 239 v. Chr. G., geboren S. *Gellius*, N. A. XVII, 21. *Cic.* Brut. c. 18. 4) us, H. N XXXV, 4. 5) *Brutus.* c. 64. 6) Nach ius, n. MDCCCLXX. p. 147. ed. *Scalig.* (Lugd. Batav. . Lucius Attius tragoediarum scriptor clarus habetur, nafonciano et Serrano Coss. parentibus libertinis. Et seni 'acuvio Tarenti sua scripta recitavit. 7) *Eusebius*, n. CCLX. p. 146. Pacuvius Brundusinus tragoediarum scriparus habetur (Ennii poetae ex filia nepos); vixitque Roquod picturam exercuit, ac fabulas vendidit. Deinde Taa transgressus prope nonagenarius diem obiit. 8) S. Note. 9) S. vor. Note. 10) Columna im Leben des s XIV, S. 5. Hessel'sche Ausg. 11) S. Not. 7. us, H. N. XXXV, 4. 12) l. c.

13) N. A. XVII, 21. Wenngleich diese Stelle einige chronologische Fehler enthält. Aber auch Plinius deutet an, daß die Malerei das Frühere gewesen sei. 14) De amicitia. c. 7. 15) *Gellius*, N. A. XIII, 2. Hieronymus in der sechsten Note. 16) *Cic.* Brut. c. 64. 17) *Gellius*, N. A. XIII, 2. Vergl. Note 6, 7. Ohne allen Grund behauptet Bothe zu den Fragmenten des Pacuvius (S. 106), daß sich Pacuvius aus Unwillen über ihm vorgezogene Dichter in die Einsamkeit zurückgezogen habe. Außer Attius konnte ihm wol Niemand den Rang streitig machen. 18) Die Grabschriften des Nävius, Plautus und Pacuvius s. bei *Gellius*, N. A. I, 24; die des Ennius bei *Cic.* Tusc. Qu. I, 15. de sen. c. 20. 19) Hyperkritischer Scharfsinn scheint es uns zu sein, trotz der Überlieferung die Grabschriften für später gefertigt zu halten. S. *Bothe*, Tragg. Lat. fragmm. p. 82, *Stieglitz.*, De *Pacuvii* Dulor. p. 18. Aber selbst wenn sie aus späterer Zeit herrührten, drücken sie ohne Zweifel den Charakter der verschiedenen Dichter aus, und sind in ihrer Sinnesart erdacht.

tet hatte[20]), so lebte auch später seine Poesie im Munde des Volkes fort[21]). Mehr noch haben die Gelehrten jeder Zeit des Alterthums ihn mit ihrem Beifalle geehrt. Wir wollen versuchen, von dem Styl des Dichters nach den Überlieferungen der Alten ein Bild zu entwerfen. Sehr gewichtig ist das Urtheil des M. Varro, dessen Verdienste um die römische Dramatik bekannt genug sind[22]). Dieser große Kritiker hielt den Pacuvius für das beste Muster der erhabenen Schreibart (ubertatis)[23]), und scheint ihn den übrigen Tragikern vorgezogen zu haben. Diese Fülle und Hoheit der Gedanken verschaffte ihm auch die Liebe anderer Kunstrichter, und wir lesen, daß viele, nicht ohne Beistimmung Cicero's[24]), ihm die erste Stelle unter den römischen Tragikern zuerkannten. Zugleich wußte er dem Reichthume seiner Vorstellungen eine schöne Gestalt zu geben, sodaß Cicero[25]) als etwas allgemein Anerkanntes die Feile seiner Verse und die Periodologie rühmen konnte. Ferner wurde die Üppigkeit der Phantasie und der künstlerische Ausdruck von einer nicht gewöhnlichen Bildung unterstützt. Denn nicht nur Beschäftigung mit der Philosophie verrathen die Fragmente[26]), sondern auch einen großen Schatz von mythologischen Kenntnissen. Diese erwarben ihm, wie später dem Properz, den Namen „des gelehrten Dichters (doctus)[27])," obgleich man keineswegs annehmen darf, er habe eine nüchterne Gelehrsamkeit ausgeschüttet. Denn wie überhaupt die römischen Tragiker, seitdem neuere Untersuchungen[28]) den Gegenstand beleuchtet haben, in einem bessern Lichte erscheinen, und wie man durchaus nicht annehmen darf, daß sie sklavisch an den griechischen Mustern hingen, so gilt dieses im Besondern auch von Pacuvius. Dieses, wenn es zweifelhaft wäre, würde das ausdrückliche Zeugniß Cicero's[29]) beweisen, welcher von Pacuvius, sowie von Ennius und Attius, sagt, daß er nicht die Worte, sondern die Gedanken der griechischen Originale wiedergegeben habe. Pacuvius nämlich war der griechischen Sprache mächtig und hatte die griechischen Dichter gelesen, und an ihrem Fluge hatte auch er schweben gelernt. Weit daher entfernt, Übersetzungen zu liefern, finden wir vielmehr bei ihm die schaffende Kraft und die glücklichste Fortbildung der griechischen Meisterwerke. Denn um nur ein Beispiel anzuführen, wie glücklich faßte er nicht im Dulorestes die kein Opfer scheuende Freundschaft auf? Wer stimmte nicht in die Worte des Lälius bei Cicero[30]): Welch ein Beifallsgeschrei erhob sich neulich nicht im ganzen Hause bei dem neuen Stücke meines Freundes M. Pacuvius, als, während der König nicht wußte, welcher von beiden Orestes wäre, Pylades sich für Orestes ausgab, um für seinen Freund zu sterben, Orestes aber, wie er es auch war, behauptete, daß er Orestes sei! — Dieser Zug, der dem Euripides entgangen war und der die ganze Tragödie verschönert, war eine Erfindung des Römers und wurde von dem Meister teutscher Poesie nicht verschmäht. Mit vollem Rechte läßt sich daher das treffliche Wort Pindar's auf Pacuvius anwenden, daß er nicht Regenwasser in sich aufgenommen habe, sondern aus lebendigem Quell geflossen sei. Wie die Urtheile über die drei griechischen Tragiker stets verschieden waren, so war man auch über den Vorzug des Pacuvius oder Attius nicht gleicher Meinung, obgleich ein dritter von wenigen vorgezogen zu sein scheint[31]). Nach Horaz'[32]) Urtheile war die formale Vollendung und Feile bei Pacuvius größer, bei Attius mehr Kraft und Aufschwung, und hiermit stimmt Quintilian[33]) und Vellejus Paterculus[34]) überein; ähnlich fiel auch das Urtheil des Pacuvius selbst über Attius aus[35]). Hiernach möchte man den Pacuvius den Sophokles, den Attius den Äschylus der Römer nennen.

Es ist übrig von dem Tadel zu sprechen, den Pacuvius im Alterthume erfahren hat. Von seinen Zeitgenossen verschonte ihn nicht mit seiner satyrischen Geißel Lucilius[36]), dem die gelehrten und künstlichen Prologe des Dichters missfielen. So wenig wie dieses ein ungünstiges Vorurtheil gegen Pacuvius erwecken durfte, besonders da Attius nicht mehr geschont wurde, ebenso wenig befremdet uns die Verachtung des verfeinerten Augusteischen Zeitalters, welche nicht nur den Pacuvius, sondern alle ältern Tragiker und noch mehr die Komiker[37]) traf. Man wich dem Manne im unmodernen Kleide aus und machte sich über ihn lustig, und das alterthümliche Gewand bestach so, daß man den tiefen Gehalt über der Form übersah. Die kraftvolle und derbe Sprache des Alterthums missfiel den überfeinerten Ohren der Spätern und brachte die tadelnden Urtheile über Pacuvius u. A. hervor bei Horaz[38]), Martial[39]), dem Verfasser des Dialogs de oratoribus[40]), Persius[41]), und selbst Quintilian[42]) entschuldigt den Mangel der Feile durch die damalige Zeit. Anders dachte Cicero[43]), dem man wol ein Urtheil über lateinische Sprache

20) *Cic.* De amicitia. c. 7. 21) *Sueton.* Vit. Caes. c. 84. 22) S. *Lange*, Vindiciae trag. Rom. p. 5. 23) Die Stelle lautet bei Gellius (N. A. VII, 14) folgendermaßen: Et in carmine et in soluta oratione genera dicendi probabilia sunt tria, quae Graeci *χαρακτῆρας* vocant; nominaque eis fecerunt *ἁδρόν, ἰσχνόν, μέσον*. Nos quem primum posuimus uberem vocamus, secundum gracilem, tertium mediocrem. Uberi dignitas atque amplitudo est, gracili venustas et subtilitas, medius in confinio utriusque modi particeps. — — Vera autem et propria hujuscemodi formarum exempla in Latina lingua M. Varro esse dicit *ubertatis* Pacuvium, gracilitatis Lucilium, mediocritatis Terentium. 24) De opt. gen. oratt. c. 1. Confr. de orat. I, 58. De finn. I, 2. 25) Orat. c. 11 ad Herennium. IV, 4. §. 7. 26) Obgleich er bei Gellius (N. A. XIII, 8) sagt: Odi ego homines ignava opera et philosopha sententia, welches Fragment Worte des Zethus in der Antioga zu sein scheinen. Conf. *Cic.* De orat. II, 57. §. 155. 27) *Horat.* Epistt. II, 1, 55. *Quintil.* Instt. or. X, 1, 97. *Cic.* Brutus. c. 74. S. Note 43. 28) *Lange*, Vindiciae trag. Rom. (Lips. 1822). *Naeke*, De *Pacuvii* Duloreste. Ind. lectt. Bonn. 1822—23. *Stieglitz*, De *Pacuvii* Duloreste (Lips. 1826). Zu hart über die ältere römische Tragödie und besonders den Pacuvius urtheilt Bernhardy (röm. Literaturgesch. S. 179 fg.). 29) Qu. Academ. I, 5.

30) De amic. c. 7. 31) *Cic.* De orat. III, 7. orat. c. 11. 32) Epistt. II, 1, 55. 33) Instt. orat. X, 1, 97. 34) II, 9. 35) Bei *Gellius*, N. A. XIII, 2. 36) Bei *Gellius*, N. A. XVII, 21. Conf. *Lucilii* fragm. Sat. XXIX, 63. 37) *Quintil.* Instt. or. X, 1, 99. 38) A. P. 289. Epistt. II, 1, 166, 170. 39) Epigr. XI, 91. 40) C. 20, 21. 41) Satir. I, 77. 42) Instt. or. X, I, 97. 43) S. die angeführten Stellen. Wenn im Brutus (c. 74) es heißt, daß Pac. male gesprochen habe, so lehrt das sonstige Urtheil Cicero's und der Gegensatz, daß etwas Ähnliches wie docte gelesen werden müsse.

ı darf, welcher im Pacuvius nicht ein Denkmal
tigen Alterthums, sondern die Kernsprache eines
Gemüthes erkannte.
on dem Urtheil über den Styl des Dichters gehen
seinen Schriften über. Außer den Tragödien er-
wir, daß er auch Satyren im alterthümlichen
des Worts verfaßt habe. Diese Notiz, welche wir
omedes [44]) verdanken, bestimmt der Scholiast zu
[45]) dahin, daß wegen geringen Talentes Pacuvius
r Gattung wenig Beifall geerntet habe. Ob der
sich auch in der Komödie versucht habe, steht
nz fest. Wenn aber einige Gelehrte [46]) behaupte-
s Pacuvius ebenso wenig Komödien als Terenz
en geschrieben habe, so ist dieser Grund nichtig, da
Tragiker beide Fächer bearbeiteten, und Nävius so-
ßen Ruhm bei seinen Komödien sich erwarb [47]).
eudo des Pacuvius wird ausdrücklich als Komö-
angeführt und auch die Tarentilla [48]) möchte eher
mödie als eine Tragödie gewesen sein, um ande-
icke nicht zu gedenken, welche fälschlich von eini-
lehrten [50]) für Komödien gehalten wurden. Daher,
in Grund vorhanden ist, an der Treue der Über-
g zu zweifeln, möchte man wol mit größerer
heinlichkeit auch diese Gattung dem Pacuvius zuer-
[51]). Weit berühmter aber wurde der Dichter durch
ragödien. Unter diesen ist eine patriotische Pau-
Dreizehn andere, deren Namen und Fragmente
gekommen sind, zogen den Stoff aus der griechi-
eroensage. Sie heißen: Anchises, Antioga, Armo-
dicium, Atalanta, Chryses, Dulorestes, Hermio-
ona, Medus oder Medea, Niptra, Periböa, Teu-
pestes [53]). Von diesen sind die Antioga und der
tes bei weitem die berühmtesten. Letzterer war ei-
spätesten Stücke des Dichters [54]). Die Frag-
lehen in den Sammlungen von Stephanus [55]),
ius [56]) und Bothe [57]). Außerdem haben sich über
s ausgelassen: Delrio [58]), Sagittarius [59]), Anni-
Leo [60]), Stieglitz, Näke, Lange [61]). *(Fr. Vater.)*

III. p. 482. ed. *Putsch.* 45) zu den Satir. I, 10,
46) Merker zu Nonius S. 211. *Bothe*, Fragm.
om. p. 142. 47) *Gellius*, N. A. XV, 24. aus *Vol-*
Sedigitus. 48) bei Fulgentius. S. 562. 49) bei
De L. L. VI. p. 101. (Bip.) 50) So hält Delrio die
und den Medus fälschlich für Komödien. S. Bothe
fragm. S. 108, 130. 51) *Stieglitz*, De *Pac.* Dulor.
nders Bernhardy, röm. Literaturgesch. S. 180. 52)
ius, N. A. IX, 14 etc. 53) Der Tantalus ist aus
Gründen weggelassen. S. *Stieglitz*, De *Pac.* Dul. p.
24. Eine Klytämnestra und ein Pastor beruht auf fal-
nahmen Bothe's zu den Fragmenten (S. 115 u. 148).
Cic., De amic. c. 7. Conf. *Stieglitz*, De *Pac.* Dul. p.
nnoch scheint der Dichter nicht viel länger als bis zum
re in Rom geblieben zu sein. 55) Fragmenta vett.
, collecta a *R.* et *H. Stephanis.* (Paris 1564). 56)
rum vett. fragmenta c. castigg. *G. J. Vossii.* (Lugd.
620). 57) Poetarum Latii scenicorum fragm. Vol. V.
gmenta tragicorum (Halberst. 1823). 58) Syntagma
t. (Antv. 1594. Paris. 1620). 59) De vita et scriptis
ndronici. — — *M. Pacuvii* etc. (Altenb. 1672). 60)
di *M. Pacuvio* antichissimo poeta tragico (Napoli
61) S. Note 28.

PACY, Passy sur Eure, kleine, in alten Zeiten befestigte Stadt im franz. Eure-Departement und Hauptort des gleichnamigen Cantons im Bezirke Evreux, liegt, 4½ Lieues von dieser Stadt und 23 Lieues von Paris entfernt, auf dem rechten Ufer der hier schiffbaren Eure, über welche eine schöne Brücke nach der Stadt führt, ist der Sitz eines Friedensgerichts, eines Einregistrirungs- und Etappenamtes, sowie einer Gendarmeriebrigade, und hat eine Brief- und eine Pferdepost, eine Pfarrkirche, eine aufgehobene Benediktinernonnenabtei, welche 14,000 Livres Einkünfte hatte, und 1364 Einwohner. Diese unterhalten drei Jahrmärkte und treiben Handel mit Getreide, Eisen, Leinwand, wollenen Stoffen, Pferden und Vieh. — Der Canton Pacy-sur Eure enthält in 30 Gemeinden 8761 Einwohner. (Nach Expilly und Barbichon.) *(Fischer.)*

PACYRIS, alter Name eines Flusses in Sarmatien, welcher sich ins schwarze Meer ergießt; hieß auch Hypacaris und Hypacyris. (*Herodot.* IV, 55. *Mela* II, 1. *Plinius* IV, 12 s. 26). *(H.)*

PACZINY oder **PACZÓNY**, ein großes, der adeligen Familie Senyey gehöriges Dorf im südlichsten Theile der zempliner Gespanschaft, im Kreise diesseit der Theiß Oberungerns, im zempliner Gerichtsstuhle (Processus) in der Insel Bodrogköz, am Sumpfe Hoszszu-Rét, zwei Meilen südwestlich von dem Markte Király-Helmetz gelegen, mit einem herrschaftlichen Schloß und Garten, einer katholischen, der heil. Jungfrau Maria geweihten Filialkirche, einer Pfarre und Kirche der Reformirten, 91 Häusern und 686 magyarischen Einwohnern (399 Reformirte, 263 nach Nagykövesd [Bisthum Kaschau] eingepfarrte Katholiken und 24 Juden). *(G. F. Schreiner.)*

PACZOW, teutsch **PATZAU**, 1) eine mit Jeniczkowa Lhotta vereinigte Herrschaft des böhmischen Religionsfonds im taborer Kreise des Königreichs Böhmen, mit einem eigenen Wirthschafts- und Justizamte. Sie liegt im nordöstlichen Theile des Kreises, besteht aus dem Städtchen gleiches Namens und 16 Dörfern, hat einen mittelmäßigen Boden, der in der Gegend von Patzau sandig ist und dessen Sand silberhaltig sein soll, gehört zum Werbbezirke des Linien-Infanterieregiments Nr. 11. Dieser Herrschaft gehört das Patronatsrecht über die Pfarren zu Patzau, Czetoras und Zhorž. 2) Ein zu dieser Herrschaft gehöriges Städtchen am Ornawabache gelegen, 3½ Meilen ostnordöstlich von der Kreisstadt entfernt, mit einer katholischen Pfarre, welche zum Vicariat gleiches Namens des Bisthums Budweis gehört, und im J. 1833 3880 Pfarrkinder, drei katholische Kirchen, 358 Häuser, 2564 czechische Einwohner zählte, welche starke Tuchweberei treiben, und einem ehemaligen Kloster der unbeschuhten Karmeliten, welches im J. 1785 aufgehoben wurde. *(G. F. Schreiner.)*

PADAEI, ein indisches Volk, von welchem Herodot (III, 99) die Nachricht gibt, daß sie Nomaden waren und rohes Fleisch aßen, dazu Anthropophagen; und zwar hatten sie nach Herodot's Nachricht ihre Anthropophagie in eine Art von System gebracht. Kranke, und wenn keine Krankheit es früher erlaubte, alte Leute wurden von ihren Verwandten getödtet und gegessen, Männer von Männern, Weiber von Weibern. Die Weigerung der so dem Tode Bestimmten wurde nicht berücksichtigt.

Man wird diese Nachricht nicht deshalb bezweifeln dürfen, weil über Indien dem Herodot manches von Hand zu Hand gehende und dadurch vergrößerte und verunstaltete Gerücht zugekommen sein mag, noch weniger, weil eine etwas sentimentale Philanthropie die nicht zu bezweifelnde Thatsache der Menschenfresserei hat bezweifeln wollen. Zu Herodot's Zeiten waren viele Theile Indiens noch von sehr rohen Völkern bewohnt; die eigenthümliche indische Cultur beschränkt das Gesetzbuch des Manus und das Epos Râmâyana auf das Land nördlich von Windhya und die Einwohner Gondvana's; die Goands, erheben sich noch heutiges Tages nur wenig über die Menschenfresserei.

Doch wollen wir die Padäer nicht hierher versetzen; die einzige Bestimmung über ihre Lage, die Herodot gibt, gewährt keine völlige Bestimmtheit. Er sagt, sie saßen östlich von denjenigen Indiern, die an dem Sumpfe des Flusses (τοῦ ποταμοῦ) wohnten und von rohen Fischen lebten. Der Fluß ist nun doch wol der Indus; Herodot kannte den Ganges nicht; ihm war der Indus der Hauptfluß Indiens. Nach Osten folgte aber nach Herodot unbewohnbares Land wegen der Sandwüste. Was er von Indien kannte, war, was die Perser kannten, die Völker am Indus von Kaschmir an bis zum Meere; Anwohner des Flusses gehorchten den Persern und Darius zählt sie unter den tributbringenden Völkern auf (s. die Schrift über die altpersischen Keilinschriften. S. 113), die Wüste ist also die große, östlich am Indus gelegene. Wir müssen demnach die Padäer zwischen den Indus und diese Wüste setzen; ob in Multan oder Ajmer, ist nicht mehr zu bestimmen. Außer Indien sind sie gewiß nicht zu suchen, und es ist daher eine nur scheinbar wahrscheinliche Vermuthung, wenn Leyden, wegen des Anklanges des Namens und der bei ihnen herrschenden Anthropophagie die Battas auf Sumatra zu Herodot's Padäern machen will. (Asiatic. Res. X, 203.) *(Lassen.)*

PADAGUEL, PUDAGUEL, PURAGUEL, kleiner Landsee unfern der Hauptstadt Chile's, S. Jago, welcher zwar nie ganz austrocknet, allein nur in der Regenzeit, dadurch daß die Gewässer der Flüsse Lampa und Colina in ihn abfließen, einige Bedeutung erhält. Mit Unrecht ist ihm von ältern Beschreibern eine große Ausdehnung angedichtet worden, indem er auch zur Zeit des höchsten Standes noch keine halbe geogr. Meile lang und noch viel schmäler ist. Die Straße von Valparaiso nach S. Jago geht am südwestl. Ende des See's vorüber und kreuzt da den Ausfluß des See's, den sogenannten Rio Padaguel, der, ohne Brücke, während der Regenzeit oft nur mit größter Gefahr passirt wird, in den trockenen Monaten aber fast ganz verschwindet und eine Art von vorübergehender Verbindung zwischen dem See und dem Flusse Mappú herstellt. Die Ufer des See's sind wenig fruchtbar, und die Ebenen im Osten verdorren im Sommer aus Mangel aller Bewässerung, ausgenommen an wenigen Punkten. *(E. Poeppig.)*

PADAH (Br. 22° L. 102° 24′), Stadt am Soank in dem zur Provinz Gandwana gehörigen Bezirke Gangpour, liegt 30 engl. Meilen östlich von Gangpour und hat ihren eigenen Zemindar. *(Fischer.)*

PADAN. Mit diesem Worte bezeichnet man in Ostindien eine Rechnungsmünze, welche in hundert Courons, den Couron zu hundert Lak Rupien gerechnet, zerfällt, daher ein Padan Rupien tausend Millionen Thaler beträgt. *(Fischer.)*

PADANG (südl. Br. 0° 40′ L. 99° 48′ nach dem Meridian von Greenwich), 1) niederländische Seehafenstadt auf der Westküste der Insel Sumatra. Die Holländer gründeten diese Niederlassung wegen der Nähe des Reichs Menaycabov (bei Hassel Menangcabo), in welchem sich sehr viel Gold *) findet, und übergaben die Regierung derselben einem Director und einem Rathe. Das viereckige, aus vier steinernen Bastionen und neun Fuß hohen Wällen gebildete Fort gleiches Namens liegt nicht weit von der Stadt entfernt auf der Nordseite des Flusses, welcher auch bei der Stadt vorbeigeht. In diesem befindet sich ein Hauptcomtoir, von welchem die Comtoire zu Pulo Schinco, Priaman und Abscherhadscha abhängig sind. Der Handel der Stadt erstreckt sich auf Goldstaub, Pfeffer, Kampher und Benzoë; auch befindet sich eine bedeutende Drahtzieherei in derselben. Die Umgegend der Stadt ist auf der Südseite des Flusses gebirgig bis an das Meer, doch hat man gutes Wasser; Rindvieh und Obst sind im Überflusse vorhanden und daher äußerst wohlfeil. 2) P., eine kleine Insel nahe an der westlichen Küste von Borneo. 3) Padang-Goochie, ein Fluß in Sumatra, welcher das Lampoonland, einen Theil des äußersten Südlandes dieser Insel, vom Passumnah an der Seeküste trennt. *(Fischer.)*

PADÁR, ein auch **PADAROCE** genanntes großes Dorf im ratkóer Gerichtsstuhle (Processus) der gömörer Gespanschaft, im Kreise diesseit der Theiß Oberungarns, zwischen Perjésse und Papocs in der Nähe der Grenze des honther Comitats, zwei Stunden nordnordöstlich von dem Markte Rima-Szombath, in gebirgiger Gegend, mit einer eigenen katholischen Kirche, einer Pfarre und Kirche der Protestanten augsburgischer Confession, 114 Häusern und 931 magyarischen Einwohnern, welche sich bis auf 19 Katholiken zum Protestantismus bekennen. Das Dorf gehört zur Herrschaft Balog. *(G. F. Sch[illegible])*

PADARAN, 1) Cap und Hafen in der zu dem hinterindischen Reiche Anam gehörigen Provinz Binh-[illegible] oder Binthuon. Letzterer ist zwar sicher, wird aber wenig und nur wegen des Agilaholzes besucht, an welchem die genannte Provinz Überfluß hat. 2) P. San, Ort und Hafen in dem ehemaligen, jetzt zur britischen Prov. Malabar gehörigen, Reiche Calicut. *(Fischer.)*

PADAUNERKOGEL, ein Berg im Landgerichte Steinach im Kreise Unter-Inn- und Wippthal in der gefürsteten Grafschaft Tyrol, mit einem zur Propsteiherrschaft

*) Vor der Einnahme durch die Engländer im J. 1781 [illegible] Padang den dritten Theil des Goldes, welcher sich in den verschiedenen Häfen der Westküste von Sumatra vorfand und den man jährlich auf 10,000 Unzen schätzte.

ch gehörigen Weiler gleiches Namens. Er liegt westlich von St. Jodocus und südöstlich von Gries, ner Höhe von 6524 wien. Fuß. Nach der trigo- ischen Bestimmung der Catastral-Landesvermessung at er 1087,[28] wien. Klafter. (*G. F. Schreiner.*)

'adavara *Rheed.*, s. Morinda.

'ADBERG, Dorf mit etwa 50 Häusern im königl. Kreise Brilon, Regierungsbezirks Arensberg, fünf en vom Sandfelde zwischen den Flüssen Diemel Hopke. Es hatte ehemals Stadtrechte und zwei ; von dem alten Hause oder Schlosse, das auf hen Kegelberge lag, sieht man nur noch wenige das neue Schloß liegt tiefer auf einem Vorberge mehr sichtbaren Ruinen. Der Ort ist sehr alt. in frühester Zeit war hier der Sitz eines Grafen- htes. Als dieses erlosch und dessen Lehen dem Kai- nfielen, schenkte Kaiser Konrad II. das praedium rg nebst zehn Mansen dem Bischofe Meinwerk von orn für sein Stift. Dieser gab es hierauf einem hen Sohne der ausgestorbenen Grafen, Namens rd, zu Lehen, wodurch ein neues Grafengeschlecht). Zu dessen Nachfolgern gehörten die Grafen Dit- nd Erpo, von denen der Letztere im J. 1101 das Flechdorf stiftete. Nachdem dieser gestorben, ver- Ditmar mit des Erpo's Witwe Beatrix im J. das Schloß Padberg mit allen dessen Zubehörun- n Erzbischofe Friedrich von Cöln. Mit Ditmar er- ieses Grafenhaus und die cölnische Kirche blieb in esitze von dessen Gütern. Padberg besetzte dieselbe nen Ministerialen, wodurch ein niederadeliges Ge- den Namen von Padberg erhielt. Gottschalk I. erste, welcher sich von demselben findet; er erscheint dem Gefolge der cölnischen Erzbischöfe bis zum 3. Sein Sohn Gottschalk II. und dessen Sohn I. erhielten im J. 1217 das Schloß Padberg m cölnischen Erzbischofe Engelbert zu Lehen. Jo- indet sich bis zum J. 1238. Seit 1240 findet ie Brüder Gottschalk III. und Hermann II. Jo- III. und Gottschalk IV. gaben im J. 1263 ihrer Padberg einen Freiheitsbrief. Werner war im J. -1313 Domherr zu Paderborn. Seit 1292 findet ie Brüder Friedrich I. und Gottschalk V. Sie dem Kloster Marsberg verschiedene Schenkungen. 1322 halfen sie dem Landgrafen Otto von Hes- en das Erzstift Mainz, erlitten aber bei Züschen im kischen eine Niederlage. Beide lebten 1288 nicht Durch sie war nahe über dem Städtchen auf ei- Vorhügel eine zweite Burg zu Padberg entstanden, man zur Unterscheidung von der alten Burg die oder Wenigenburg nannte. Schon im J. 1322 n sie sich praefecti castrorum Padberg. Sie dadurch die Stifter zweier Stämme, Friedrich der tammes vom alten und Gottschalk der des Stam- m neuen Hause. Friedrich hinterließ mit seiner au Luzie drei Söhne: Gottschalk VI., Friedrich II. ohann V., ebenso Gottschalk mit seiner Hausfrau Johann VI., Gottschalk VII. und Friedrich III. 1338 waren bereits Friedrich II. und Gottschalk VI. nicht mehr am Leben und ersterer hatte einen Sohn Johann VII. hinterlassen. Adolf von Padberg findet sich im J. 1307—1314 als Abt der Benediktiner-Abtei Helmarshausen. Ritter Johann V. öffnete im J. 1339 sein Schloß Padberg und wurde dafür zum mainzischen Burgmann zu Battenberg bestellt. Auf gleiche Weise that jenes im J. 1342 Johann VI. dem Landgrafen Heinrich II. von Hessen. In einer Fehde zwischen Cöln und dem Grafen von Waldeck wurde Padberg das kleine Haus von den letztern erobert, in dem Frieden von 1346 aber wieder zurückgegeben. Als im J. 1353 der englische Herzog Heinrich von Lancaster 400 Gerüstete gegen die heidnischen Preußen sandte, wurden diese auf ihrem Zuge von Johann von Padberg und andern bei Lippspringe überfallen und ausgeplündert. Johann VI. war 1356 bereits todt und sein Bruder Gottschalk verglich sich wegen verschiedener Ansprüche mit dem Landgrafen von Hessen und öffnete demselben gleichfalls die Wenigenburg. Ihre vielfältigen Räubereien nöthigten im J. 1359 den Bischof Balduin von Paderborn mit Hessen und Corvei einen Bund zu ihrer Bekriegung zu schließen. Im J. 1362 erhielt Johann (VII.) einen Pfandtheil an der paderbornischen Stadt und Feste Wunnenberg; er starb noch vor 1368. Im J. 1372 verschrieb Friedrich, der Sohn Johann's V., dem Landgrafen von Hessen seine Dienste und erneuerte dessen Öffnungsrecht am alten Schlosse, desgleichen mit Friedrich den Freiheitsbrief der Stadt Padberg. Später befehdeten sie als Glieder des Bundes der alten Minne die Stadt Frankenberg; als Friedrich IV. diese einst überfallen wollte, fiel er in deren Hände und konnte sich nur vom Tode am Galgen dadurch retten, daß er der Stadt von allen ihren Nachbarn einen Frieden auswirkte. Er wurde darauf selbst hessischer Amtmann zu Frankenberg, welche Würde er jedoch durch einen Meuchelmord an einem seiner Feinde wieder verlor. Im J. 1385 errichteten Friedrich IV. und seine Söhne Friedrich V. und Johann VIII. vom alten Hause und Friedrich III. vom neuen Hause mit vielen ihrer Nachbarn ein Schutz- und Trutzbündniß. — Schon Johann von Padberg hatte Kaiser Karl IV. zu bewegen gewußt, ihm die Errichtung eines Freistuhles zu Padberg zu erlauben; da dieses aber den Privilegien der Erzbischöfe von Cöln zuwider war, so mußte der Kaiser seinen Brief zurücknehmen; die von Padberg legten jedoch dessenungeachtet das Gericht nicht nieder, sodaß Kaiser Wenzel im J. 1385 dasselbe wiederum für ungesetzlich erklärte und den Landgrafen von Hessen befahl, darüber zu wachen, daß dasselbe nicht wieder errichtet werde. In demselben Jahre nahmen sie auch an dem großen, von allen Nachbarn gegen Hessen geführten Kriege Theil. Im J. 1386 fingen sie den Bischof Otto von Minden, führten denselben nach Padberg und nöthigten ihn sich mit einer ansehnlichen Summe zu lösen. Friedrich IV. findet sich später nicht mehr; außer seinen zwei bereits genannten Söhnen Johann VIII. und Friedrich V., hinterließ er noch einen dritten, Gottschalk VIII. Von der Linie des alten Hauses lebten ferner damals: Friedrich VI., Johann's VII. Sohn, und Herrmann IV., dessen Vater nicht bekannt ist. Nachdem Bischof Simon von Paderborn im Januar 1389 gestorben, blieb der bischöfliche Stuhl 15 Monate unbesetzt, wodurch eine völlige Anarchie einriß; allenthalben raubte und brannte der Adel; insbesondere stand Friedrich V. von Padberg an der Spitze einer solchen Rotte; die Truppen, die das Domcapitel gegen ihn sandte, schlug er in die Flucht und machte sich so gefürchtet, daß das Domcapitel, welches um jeden Preis den Frieden zu erringen entschlossen war, kein anderes Mittel mehr sah, als ihn zum Oberhauptmann und Beschirmer des Stifts zu bestellen und statt des Lösegeldes für die Gefangenen ihm die Feste Dringenberg zu versetzen. Als nun aber der neue Bischof jenes Amt wieder aufhob und die Feste wieder einlöste, erhob sich die Feindschaft von Neuem. Friedrich stellte sich jetzt an die Spitze des Benglerbundes Er eroberte Fürstenberg; und als der Bischof, um dasselbe wieder zu erobern, erschien und es belagerte, verwüsteten die Padberger ringsum das Land. Bei Büren kam es am 18. Jun. 1391 zum Treffen, die Padberger erlagen und Friedrich nebst 78 der Seinigen wurde gefangen. Während dieses geschah, sammelte auch Landgraf Hermann von Hessen seine Truppen gegen sie, denn sie hatten 40 Wagen mit hessischen Gütern niedergeworfen und zog mit vielem Fußvolk und an 1000 Reitern nach Padberg, wo er am 27. Juni mit dem Bischofe von Paderborn und dem Herzoge von Braunschweig zusammentraf. Aber die Schlösser widerstanden und nur das Städtchen vermochten sie zu zerstören. Ein zweiter Zug des Bischofs von Paderborn im Frühjahre 1392 hatte keinen bessern Erfolg, dagegen schlug derselbe sie und ihre Genossen später in einem Treffen, und machte außer vielen andern Friedrich, Johann und Hermann v. Padberg zu Gefangenen. Aber alles dieses beugte sie nicht, schon im J. 1394 wurde Padberg wieder von Paderborn, Hessen und Waldeck belagert, als die Pest und der durch dieselbe am 29. Jul. erfolgte Tod des Bischofs sie von der Bedrängniß befreite. Verbunden mit dem Grafen von der Mark setzten sie die Fehde fort, bis durch eine List des neuen Bischofs Johann I. von Paderborn die Brüder Friedrich, Johann und Gottschalk in dessen Hände fielen und nun dem Bisthume Ruhe und Frieden schwören mußten. Paderborn hatte nun Ruhe, aber sie wandten sich nun nach andern Seiten und schon im J. 1396 zog Erzbischof Friedrich von Cöln gegen sie, eroberte die Stadt Padberg und zwang sie zur Unterwerfung. Am 6. Jan. 1397 kam ein weitläuftiger Vertrag zu Stande, in welchem sie alle Rechte des Erzbischofs als Lehnsherrn anerkennen und auch den Freistuhl für unrechtlich erklären und dessen Abstellung geloben mußten. Im J. 1398 hatten sie wieder eine Fehde mit Hessen, 1400 eine andere gegen Heinrich Riedesel ꝛc, und befanden sich in dem Haufen, der am 5. Jun. dess. Jahres den Herzog Friedrich von Braunschweig bei Kleinenglis unfern Fritzlar überfiel und ermordete. In dem darauf gegen Mainz und die Mörder ausbrechenden Kriege nahmen sie gleichfalls Antheil, erlitten aber eine Niederlage und Friedrich und viele seiner Genossen wurden gefangen. Im J. 1408 kamen sie mit Hessen und Waldeck zu einer neuen Fehde, in der Friedrich VII. in Gefangenschaft fiel. Dieser war der Sohn Friedrich's III. und der Bruder Gottschalk's IX. vom neuen Hause. Im J. 1410 sühnten sie sich mit dem Landgrafen, nur Friedrich V. blieb noch dessen Feind. Dessen Tochter hatte Adolf Beichling zum Gatten gehabt; als beide starben, setzte er sich als ihr Erbe in den Besitz des Schlosses Ense und trug dasselbe im J. 1410 an Cöln zu Lehn auf; da es aber waldeckisches Lehn war, foderte es Graf Heinrich von Waldeck als heimgefallen. Darüber erhob sich im J. 1413 eine verwüstende Fehde. Als Friedrich der Stadt Corbach ihr Vieh wegtrieb, erlitten die ihn verfolgenden Bürger eine Niederlage. Als er aber am 7. Sept. den Raub wiederholte, erlitt er, ungeachtet sein Haufen an 760 Mann stark war, nach einem langen Gefechte die schwerste Niederlage, die noch seine Familie getroffen. Johann VIII. blieb todt und Friedrich V. und Gottschalk VIII. und IX. wurden nebst 200 ihrer Genossen gefangen genommen. Kurz darauf zogen die Corbacher nach Padberg und zerstörten die Stadt, daß auch nicht ein Haus stehen blieb. Um ihr bedeutendes Lösegeld aufzubringen, mußten sie Padberg zum größten Theile versetzen, theils an Waldeck, theils an andere. In dem erst im J. 1415 abgeschlossenen Frieden mußten sie allen ihren Ansprüchen auf Ense, Fiechdorf, Eimelrod ꝛc. entsagen. Bei diesen Vorgängen konnte Cöln nicht ruhig zusehen; da es vergeblich mit dem Grafen von Waldeck unterhandelt, vermochte es die Brüder vom neuen Hause, ihm dieses einstweilen abzutreten, um so seine Rechte besser wahren zu können. Da der Graf die Rechte Cöln's nicht anerkennen wollte, kam es endlich zur Fehde. Friedrich V. und Gottschalk VIII. waren inzwischen gestorben und ersterer hatte zwei Söhne hinterlassen, Friedrich VII. und Johann IX., welche an der Fehde des Erzbischofs gegen Waldeck Theil nahmen; als sie auch Corbach bedrohten, zogen die Bürger aus, verwüsteten die padbergischen Besitzungen und nahmen Johann gefangen. Bald darauf machten sie einen zweiten Zug. Erst am 30. Jul. 1420 kam eine Sühne zu Stande, durch welche Cöln in die Rechte der von Padberg als Pfandherr trat. — Mit dem Zwange hatten sich bisher die von Padberg gefügt und ihre feste Burg in fremden Händen gelassen, als sich im J. 1427 eine Gelegenheit darbot: sie vertrieben die cölnischen und waldeckischen Beamten aus der Burg und setzten sich wieder in ihren Besitz, und um sich denselben zu befestigen, öffneten sie die Burg dem Landgrafen von Hessen gegen Mainz, Cöln und Waldeck, der sie im J. 1436 zu seinen Amtleuten zu Frankenberg bestellte. Nun verbanden sich im J. 1438 Cöln und Waldeck zur Wiedererobenung des alten Hauses, aber der Versuch unterblieb, und bis zum J. 1466 wußten sie sich im Besitz zu erhalten. Friedrich und Johann waren inzwischen gestorben, ersterer mit Hinterlassung von zwei Söhnen, Friedrich IX. und Konrad, letzterer mit Hinterlassung eines Sohnes Johann XI. Von diesen eroberte Erzbischof Ruprecht von Cöln im J. 1466 das Schloß wieder und da hierauf die Bürger von Geseke Konrad gefangen nahmen, so war kein anderer Ausweg, als den Vertrag von 1397 zu beschwören, um wieder zu ihrem Schlosse zu gelangen, welches ihnen auch der Erzbischof, nachdem sie dieses ge

kische Theegärten, sowie das Queen's Lying-in-Hospital, welches im J. 1791 von St. Georges Row hierher versetzt wurde. Es ist eine vorzügliche Anstalt, welche den Herzogen von Sussex und Cambridge außerordentlich viel verdankt. Tyburn (s. d. Art) diente bis zum J. 1783 als Hinrichtungsplatz für die Verbrecher Londons und der Grafschaft Middlesex, und es befanden sich hier neun Wasserleitungen für die Stadt London und ein Gasthaus des Lord Mayor, welches im J. 1737 zerstört wurde. Die Wasserleitungen sind jetzt nicht mehr vorhanden, an ihre Stelle ist in den neuern Zeiten in der Nähe und westwärts von dem erwähnten Kanalbassin ein großer Wasserbehälter getreten, aus welchem ein großer Theil der Westseite Londons mit Wasser versorgt wird. (*Fischer.*)

Paddingtoncanal, s. Paddington.

PADDY ist der malaiische Name des Reißes (**Oryza sativa** *L.*). (*A. Sprengel.*)

PADE, ein, der adeligen Familie Ormosély gehöriges, großes Dorf, im török-kanisaer Gerichtsstuhle im torontaler Comitat des Banates, im Kreise jenseit der Theiß Oberungerns, am rechten Ufer des Arankaflusses, in ganz flacher, versumpfter Gegend, mit einer katholischen und nichtunirten griechischen Pfarre, einer katholischen und nichtunirten griechischen Kirche und Schule, 176 Häusern und 1357 Einwohnern, 1071 Griechen, 176 Katholiken, 2 Protestanten und 8 Juden; sie sind größtentheils rohe Raitzen, welche eine starke Rindviehzucht treiben, zum kleinern Theile Walachen und Teutsche.

(*F. G. Schreiner.*)

PADEM, Gemeindedorf im franz. Audedepartement (Languedoc), Canton Tuchan, Bezirk Carcassonne, liegt, 14 Lieues von dieser Stadt entfernt, in den Gebirgen von Corbières, am Zusammenflusse der Valette und Verdouble, und hat eine Succursalkirche und 364 Einw., welche einen Eisenhammer unterhalten, der jährlich 3000 Centner Eisen liefert. (Nach Expilly und Barbichon.) (*Fischer.*)

PADENGHE, ein Gemeindedorf im District V. von Lonato, in der Provinz Brescia des lombardischen Königreichs, fünf Miglien nordnordwestlich von Desenzano, auf freundlichen, mit Olivenpflanzungen und Gärten, zwischen denen einzelne Villen zerstreut sind, bedeckten Rebenhügeln gelegen, von den Fluthen des Gardasees bespült, der hier eine Bucht (**la baja di Padenghe**) bildet, welche an der Mündung 4600 Metres breit und 2700 Metres tief ist, mit einer Gemeindedeputation (**Consiglio Communale**), einer eigenen katholischen Pfarre, welche zum Bisthume Brescia gehört; einer dem heil. Ämilian geweihten Kirche, fünf Oratorien und einer Kapelle. Zu dieser Gemeinde gehören neun Masserie und drei Mühlen, welche Bruchstücke derselben bilden. (*G. F. Schreiner.*)

PADER, Fluß, entspringt im Bezirke der Stadt Paderborn, welche von demselben den Namen hat, aus beinahe 300 Quellen*), die jedoch hinsichtlich ihrer Wärme und Klarheit sehr verschieden sind. Vormals, als die Stadt noch viel kleiner war, nannte man einen Theil des Flusses Stadtpader und den andern Feldpader. Erstere hat ihre Quellen an der Nordseite des Doms, besteht aus zwei Armen, welche die Insel der Dombechanei bilden; der östliche Arm heißt die oberste Pader, der westliche die Dompader. Von der ehemaligen Feldpader heißt der östliche Arm, der die städtische Wasserkunst treibt, Börnepader, der nächste Kolkpader. Etwas mehr westlich ist die Waschpader, welche im Winter wegen ihrer Wärme nie gefriert. Schon in der Stadt treibt der Fluß mehre Mühlen. (*G. Landau.*)

PADERBORN [1]). 1) Bisthum. Die häufigen Einfälle der Sachsen hatten den großen Frankenkönig Karl bewogen, gegen dieses freiheitliebende und tapfere Volk die Waffen zu ergreifen und, zugleich angeregt durch christlichen Bekehrungseifer, begann er im J. 772 den ersten Feldzug. Mehre Feldzüge folgten, denn die dem Christenthume gewonnenen Sachsen blieben demselben nur so lange treu, als Karl's Waffen sie dazu zwangen. An vielen Orten waren bereits christliche Tempel entstanden, Karl selbst hatte im J. 777 zu Paderborn eine prächtige Kirche errichtet. So wurde es nöthig die vereinzelten Gemeinden zu einer großen Gemeinde zu einigen, und Karl that dieses, nachdem er wenige Jahre vorher das Bisthum Osnabrück gestiftet, auf einer Reichsversammlung zu Lippspringe im J. 780 durch Stiftung des Bisthums Paderborn. Es wurde dasselbe vorerst der Fürsorge des Bischofs von Würzburg übergeben und Herstelle an der Weser soll als bischöflicher Sitz bestimmt worden sein. Die öftern Versammlungen, welche Karl zu Paderborn hielt, hoben diesen Ort jedoch so, daß jener Sitz bald dahin verlegt werden konnte. Mit königlicher Milde hatte es Karl ausgestattet. Die weite Entfernung von Würzburg, wodurch dem Stifte manche Nachtheile erwuchsen, veranlaßten endlich Karl im J. 795 demselben einen eigenen Bischof zu geben. Der erste war Hathumar; gebildet zu Würzburg, zeichnete er sich durch Religiosität und apostolischen Eifer aus. Unter ihm erhielt das Bisthum seine vollständige Einrichtung, er begann den Bau der Domkirche und des Capitelhauses und errichtete überall Schulen zur Bildung der Jugend. Mit seiner Bewilligung entstand in dem östlichen Theile des Bisthums die einst so berühmte Abtei Corvey. Er starb am 9. Aug. 815. Ihm folgte 2) Baduard, gleichfalls zu Würzburg erzogen und ähnlich seinem Vorfahr. Er vollendete den Bau des Doms und des Domhauses, unter ihm blühete die Domschule. Er theilte seinen Sprengel in Pfarreien und beförderte allenthalben die Kirchenbauten. Mit dem Stifte Mans in Frankreich schloß er eine Verbrüderung und erhielt von dort die Gebeine des heil. Liborius. Er war ein Liebling des Kaisers und wurde von demselben häufig zu Gesandtschaften gebraucht. Sein Tod erfolgte im J. 859. 3) Luthard, aus einem reichbegüterten paderbornischen Geschlechte entsprossen und gebildet in der Domschule zu Paderborn, wo er den heil. Meinolf zu seinem Mitbruder hatte. In Gemeinschaft mit seiner Schwester Walpurge stiftete er das Frauenstift

*) Nach Zedlitz (Hydrogr. Lexik. f. d. teutsch. Staat. S. 296) sind es nur fünf Quellen und ergießt sie sich im Flecken Neuhaus in die Lippe. Red.

1) *Schaten*, Annales Paderbornenses. III. (Neuhaus 1693.) Bessen's Geschichte des Bisthums Paderborn. II. (Paderborn 1820.)

Heerse, wo diese die erste Äbtissin wurde. Um diesen dem Bisthume zugehörigen Ort zu gewinnen, tauschten sie denselben gegen ihre Erbgüter ein. Nachdem er seinem Stifte die freie Bischofswahl verschafft, starb er am 2. Mai 886. 4) Biso, errichtete dem zweiten heilig geachteten Bischofe Baduard ein ehrenvolles Grabmal, erhob die Gebeine des heil. Meinolf zu Bödeken, wohnte mehren Versammlungen bei und veranstaltete eine Lebensbeschreibung des heil. Liborius. Er starb im J. 908. 5) Theoderich, unter dem die Hunnen eindrangen, starb am 9. Dec. 916. 6) Unwan, wohnte mehren Versammlungen bei, half zu Bonn den Frieden zwischen dem Könige Heinrich und dem französischen Karl dem Einfältigen vermitteln und starb am 20. Jul. 935. Seines Nachfolgers 7) Dudo Regierung wurde durch die Hunnen sehr beunruhigt. Unter ihm entstanden die Fräuleinstifter Schildesche und Geseke. Nach seinem ums J. 956 erfolgten Tode folgte 8) Volkmar, aus dem Kloster Corvey. Er starb im J. 983. 9) Rethar, ein frommer und gelehrter Mann, half die Wahl und Anerkennung des Königs Otto III. durchsetzen und findet sich später unter dessen Räthen. Unter ihm brannte im J. 1000 ein großer Theil der Stadt Paderborn, der Dom und das Domkloster ab, mit den meisten Büchern, Urkunden, Kostbarkeiten rc.; er bemühte sich den Verlust möglichst zu ersetzen, indem er sich durch Otto III. eine Bestätigung aller Rechte und Güter des Bisthums verschaffte. Namentlich werden darin aufgeführt: freie Bischofswahl, ausschließliche Gerichtsbarkeit über alles Eigenthum und über alle Freie und Eigene der paderbornischen Kirche und das Erbrecht in Ansehung der Hinterlassenschaft der Geistlichen, welche ohne Erben sterben würden; unter den Besitzungen: die Grafschaft über die Gaue Patenga, Aga, Treveresga, Auga und Soretfeld; ferner der Wald, der Paderborn in den ober- und unterwaldischen Theil scheidet. Die Grafschaften erstreckten sich jedoch nicht über den ganzen Umfang der genannten Gaue. Nach Otto's III. Tode fanden sich mehre Thronbewerber. Vergeblich kam Markgraf Ekhard von Thüringen selbst nach Paderborn, um den Bischof für sich zu gewinnen, Rethar gab dem Herzoge Heinrich von Baiern seine Stimme, wohnte der großen Versammlung zu Merseburg bei und begleitete den König von da bis Grona an der Weser, worauf ihn derselbe mit seiner Gemahlin im J. 1002 zu Paderborn besuchte, und Letzterer am 10. Aug. vom Erzbischofe Willigis von Mainz daselbst gekrönt wurde. Rethar starb am 6. März 1009. Als der König zu Goslar diese Nachricht erhielt, brach er in Thränen aus und ehrte sein Andenken durch ein feierliches Seelenamt und reichliche Almosen. 10) Meinwerk [2]) war der größte von den Bischöfen Paderborns, und kann als der zweite Begründer des Bisthums betrachtet werden. Da die Paderborner den Kaiser um einen würdigen Nachfolger Rethar's baten und alle anwesende Bischöfe und Fürsten für den kaiserlichen Hofkaplan Meinwerk stimmten, ließ ihn Heinrich rufen und überreichte ihm einen Handschuh, und auf die Frage Meinwerk's, was das bedeuten solle, erwiderte er: Hiermit empfängst du das Bisthum Paderborn. Da Meinwerk äußerte, daß ihm daran nicht viel gelegen sei und er aus seinen eignen Gütern ein größeres stiften könnte, antwortete Heinrich, daß er es ihm grade deshalb gebe, damit er dessen Armuth durch seinen Reichthum abhelfe. Meinwerk war aus einer bedeutenden Familie entsprossen, mit den Ottonen verwandt, und wurde von Heinrich II. sein geliebter Enkel genannt. Sein Vater war Graf Imad, seine Mutter Athele, die Tochter eines berühmten Grafen Wichmann. Sein Bruder hieß Theoderich, welcher durch seine nichtswürdige Mutter ermordet wurde; seine Schwestern Glismod, Azela und Emma. Die erste ehelichte einen vornehmen Baiern, die zweite nahm den Schleier und Emma wurde die Mutter Imad's, des zwölften paderbornischen Bischofs. Schon früh wurde Meinwerk dem geistlichen Stande geweiht und erhielt seine erste Erziehung an der Kirche zu Halberstadt. Demnächst studirte er zu Hildesheim, wo er Heinrich II. zu seinem Mitschüler hatte. In der Folge wurde er Hofkaplan bei Otto III. und Heinrich II. — Nachdem er die Annahme der bischöflichen Würde erklärt, wurde er alsbald den nächsten Sonntag, den 13. März, zu Goslar in Gegenwart einer glänzenden Versammlung zum Bischofe eingeweiht. Mit Freude empfing ihn Paderborn. Das erste Werk seiner Regierung war, daß er den von Rethar begonnenen Dom niederreißen und einen neuen in größerm und schönerm Styl aufzuführen begann, der nach sechs Jahren vollendet war und den er und Andere reichlich beschenkten. Sobald er in der Stadt Alles geordnet, bereiste er sein Bisthum, allenthalben mit eigenem Auge untersuchend und prüfend und bald lobend und ermunternd, bald ermahnend, tadelnd und strafend. Obgleich häufig im Dienste des Kaisers abwesend, wiederholte er diese Reisen doch alljährlich, oft selbst im unkenntlichen Gewande. Eifrig war er bemüht, den Wohlstand und die Cultur des Landes zu heben und die gedrückte Lage der armen Hörigen zu erleichtern. Nachdem er im J. 1014 den Kaiser zur Krönung nach Rom begleitet, wo er durch den Papst alle Besitzungen seines Klosters bestätigen ließ, lernte er auf der Rückreise die Benediktinermönche zu Kluniack kennen, nahm deren 13 mit nach Paderborn, um zur Erfüllung eines Gelübdes dort ein Kloster zu begründen. Es ward dieses das Kloster Abdinghof, dem er im J. 1015 den ersten Abt gab und dessen Bau 1031 vollendet wurde. Es wurde eine Schule Paderborns und durch seine Wohlthätigkeit eine Stütze der Armuth. Meinwerk that überhaupt viel für Paderborn sowol zur Hebung als Verschönerung desselben. Er baute die Bartholomäuskapelle, den Bustorf, diesen nach dem Muster der Kirche des heil. Grabes zu Jerusalem, die Alexiuskapelle rc. und einen schönen bischöflichen Palast. Er suchte Handel, Gewerbe und Künste zu beleben, wozu auch die öftere Anwesenheit des Kaisers beitrug. Hoch glänzte die Domschule als eine der ersten Teutschlands. Auch wurde durch ihn die Stadt vergrößert und mit neuen Mauern und Gräben umgeben. — Das Stift,

2) Cf. Vita b. Meinwerci, eccles. Paderborn. episc., ab *A. Overham*. (Neuhusii 1681.) Auch in *Leibnitz*. S. R. Brunsv. T. I. Die wahrscheinliche Urschrift befindet sich auf der kurhessischen Landesbibliothek zu Cassel.

welches er einst arm empfangen, verließ er reich und mit weit ausgedehnten Grenzen. Als Liebling und Vertrauter zweier Kaiser, besonders des frömmelnden Heinrich, und diesem verbunden durch seine großen ihnen geleisteten Dienste, sowie reich von Haus aus, vermochte er sowol durch milde Schenkungen als Ankäufe die Besitzungen seines Stiftes aufs Ansehnlichste zu mehren. Die Art und Weise, wie er bei diesen Erwerbungen zu Werke ging, kann freilich nicht immer vor dem Richterstuhle der Gerechtigkeit bestehen und hat ihm den Vorwurf der Hinterlist und Habsucht zugezogen. Seine Haupterwerbungen waren: Die Grafschaft Haholts, welche Heinrich II. im J. 1011 schenkte; sie machte mit der 1021 dazu gekommenen Grafschaft Immadeshausen den ganzen unterwaldischen Bezirk des Bisthums aus. Die Grafschaft Dodico's von Warburg, welche sich über den sächsischen Hessengau und über die Gaue Netga und Niterga erstreckte, und wozu Heinrich II. noch im J. 1020 den weitläufigen Reinhardswald fügte. Ferner die Abteien Helmarshausen und Schildesche, die königliche Villa Erwitte rc. Auch Konrad II. war sehr freigebig; durch ihn erhielt Meinwerk die Grafschaft Herimanns, welche sich über die Gaue Auga, Netaga und den sächsischen Hessengau erstreckte, Güter in den Gauen Thöliti, Witti rc. Bald nach der Einweihung des Bustorfs erkrankte Meinwerk und starb mit männlicher frommer Fassung am 5. Jun. 1035. Er wurde im Kloster Abdinghof beigesetzt. Obgleich er sein Bisthum in schönster Blüthe verließ, starb er demselben dennoch zu früh. Nach Meinwerk wurde 11) Rudolf (Rothe, Rodardus), Abt zu Hersfeld, im J. 1036 zum Bischofe gewählt. Auch dieser genoß die Gunst Konrad's II. Nachdem er Abdinghof in Schutz genommen und freie Abtswahl bewilligt, schenkte er demselben auch Güter. Er starb am 6. Nov. 1051. 12) Imad, ein Neffe und Zögling Meinwerk's, wurde von Heinrich III. zu Goslar zum Bischofe ernannt. Er förderte die Domschule und begründete eine Bibliothek. Unter ihm erlitt Paderborn im J. 1058 wieder eine schreckliche Feuersbrunst; nur der königliche Hof und das Rathhaus blieben verschont. Er starb am 3. Febr. 1076. 13) Poppo von Helte, wurde, nachdem der bischöfliche Stuhl einige Monate erledigt gewesen, nach Ostern 1076 von Heinrich IV. zu demselben berufen. Obgleich er keinen Antheil am sächsischen Kriege nahm, so war er dennoch Heinrich IV. abhold. Nach seinem Tode am 28. Nov. 1084 ernannte der Gegenkönig Hermann mit Einwilligung der Kirche 14) Heinrich, Grafen von Aslo, dagegen Heinrich IV. 15) Heinrich, Grafen von Werl, zum Bischofe. So war der Zwiespalt des Reichs auch in das Bisthum Paderborn geworfen. Der Letztere empfing zwar die bischöfliche Weihe schon im ersten Jahre, wurde aber von seinem Erzbischofe suspendirt. Obgleich Heinrich von Aslo im J. 1090 von Heinrich IV. vertrieben worden, wurde der Streit doch nicht eher beigelegt, bis derselbe 1102 Erzbischof von Magdeburg wurde. So kam endlich Heinrich II. zum ruhigen Besitze, söhnte sich mit seinem Erzbischofe aus und reiste selbst zum Papste, der ihm die Bestätigung ertheilte. Er war menschenfreundlich und friedliebend und findet sich wenig im kaiserlichen Gefolge. Auch er begünstigte die Domschule und wohnte im J. 1118 einer Kirchenversammlung zu Cöln bei. Unter ihm entstand das Kloster Flechdorf. Er starb am 14. Oct. 1127. 16) Bernhard von Osede, in der Domschule gebildet, war den Klöstern sehr günstig und trug viel dazu bei, daß damals fünf neue im Bisthume entstanden: Amelungsborn, Marienmünster, Gerden, Hardehausen und Willebaldissen. Er bereiste fleißig sein Bisthum, hielt jährlich die gewöhnlichen Synoden und predigte selbst. Im J. 1133 begleitete er Kaiser Lothar nach Rom, wo er von Innocenz II. das Rationale, ein violettes Schultermäntelchen, erhielt, welches von da an zu dem feierlichen Anzuge der Bischöfe von Paderborn gerechnet wurde. Als er zurückkehrte, fand er den Dom mit einem großen Theile der Stadt in Asche. Innerhalb zehn Jahren stellte er den Dom wieder her, besiegte dann den Grafen von Arnsberg, wohnte einer Reichsversammlung zu Corvey bei und starb am 16. Jul. 1160. Er wurde zu Hardehausen begraben, dessen Mönche sein Leben beschrieben. 17) Evergis, paderbornischer Domherr, gerühmt wegen seines religiösen Lebens. Auch er war ein Freund der Ordensgeistlichen, und unter ihm entstand im J. 1170 das Nonnenkloster Bredelar. Er war für das Wohl des Bisthums eifrig thätig, förderte den Ackerbau, nahm Theil an der Versammlung zu Hanover im J. 1163, zur Verbreitung des Christenthums unter den Slawen, half darauf den Grafen von Arnsberg bekriegen rc. Im J. 1165 fand der vierte große Brand zu Paderborn statt, auch das Stift Heerse brannte in d. J. nieder. Er starb am 28. Sept. 1178. 18) Siegfried war lange Dompropst zu Paderborn und schon hoch bejahrt. Seine Regierung wurde durch die Streitigkeiten, welche mit Heinrich dem Löwen stattfanden, sehr beunruhigt. Dieser, der bisher das Herzogthum Westfalen und Engern, welches auch Paderborn mit umfaßte, gehabt, wurde im J. 1180 dessen entsetzt, worauf es mit dem Erzstifte Cöln verbunden und Paderborn in eine nähere Verbindung mit demselben gebracht wurde. Beim Sturze Bernhard's von der Lippe erhielt Paderborn einen Theil von dessen Gütern. Siegfried starb am 10. Febr. 1186. 19) Bernhard II. von Osede. Mit den Voigten seiner Kirche, den Grafen von Schwalenberg, kam er in Fehde, schlug dieselben und zerstörte die Burg Brobeck. Als später Widekind von Schwalenberg sich zu einem Kreuzzuge bereitete, versetzte derselbe ihm die Voigtei gegen 300 Mark Silber, wodurch, da keine Wiedereinlösung stattfand, dieselbe dem Bisthume blieb. Im J. 1195 trugen ihm die von Büren ihre Burg und Stadt zu Lehn auf. Er ließ sich die Erhaltung der Ordnung und des Friedens in seinem Bisthume angelegen sein. Sein Tod erfolgte am 23. April 1203. 20) Bernhard III. von Osede, Sohn Ludolf's von Osede und Neffe Bernhard's I. Seine Schwester Gertrud war Äbtissin in Bödeke. Er wurde als Domherr zu Paderborn einstimmig zum Bischofe gewählt. Gleich beim Antritte seiner Regierung verband er sich mit Corvey zur Zerstörung des Desenberges. Voll Religionseifer entschloß er sich als Missionar nach Livland zu gehen, wozu er im J. 1213 die päpstliche Einwilligung erhielt, doch kam diese

nicht zur Ausführung. Unter seiner Regierung ward
erford im Bisthume Paderborn im J. 1218 Frie-
II. von sämmtlichen Fürsten als König anerkannt.
Tod erfolgte am 28. März 1223. 21) Oliver.
Domherren im Busdorfe machten Gebrauch von ihrem
rechte, und wählten, verbunden mit ihrem Dechanten,
em Kloster Abdinghof und einigen Herren rc. ihren
t Heinrich von Brakel, welcher von seinen Brüdern
ützt wurde, zum Bischofe. Der Dompropst, Dom-
t und einige Domherren wählten dagegen Oliver
erklagten ihre Gegner beim Papste, in dessen Folge
ch's Wahl aufgehoben wurde und Abdinghof und
f das Wahlrecht verloren. Oliver, aus einem west-
n Edelgeschlechte, war mit vielen Kenntnissen und
Beredsamkeit ausgestattet, anfänglich Domherr zu
born, dann auch Scholaster zu Cöln. Im J. 1210
te er einen Kreuzzug gegen die Albigenser und feuerte
und 1216 die Westfalen zu einem Kreuzzuge nach
ina an, welchen er selbst mitmachte. Der Pharus bei
ette wurde unter seiner Leitung erobert. Später schrieb
e Geschichte des Königreichs Jerusalem von 1095—
und der Belagerung und Eroberung von Damiette [3]).
em er im J. 1224 Bischof von Paderborn geworden,
r auf einer Diöcesanversammlung eine Sammlung
isherigen Synodalbeschlüsse und Landesgewohnheiten
it machen. Er ging hierauf nach Rom, verzichtete
1225, als er Cardinal und Bischof von Sabina ge-
n, auf das Bisthum Paderborn und soll 1227 gestor-
in. 22) Willebrand, Graf von Oldenburg, Domherr
derborn, Dompropst zu Utrecht, dann zu Hildesheim.
schrieb einen Kreuzzug, dem er selbst mit beigewohnt [4]),
uchte alsbald die Lebensweise seiner Geistlichen, und
h Mühe sich beliebt zu machen; auch widersetzte er
r Auflösung des gemeinschaftlichen Lebens der Dom-
. Im J. 1227 vertauschte er das Bisthum Pa-
n mit dem Bisthume Utrecht, wo er den 27. Jul.
starb. 23) Bernhard IV., Graf von Lippe, Propst
emmerich, Sohn des bekannten tapfern Grafen Bern-
von Lippe, der als Bischof zu Selo starb, von des-
nf Söhnen sich vier dem geistlichen Stande widmend Gerhard Erzbischof von Bremen wurde. Mit
ard's Regierungsantritte hörte das gemeinschaftliche
der Domherren und damit zugleich die berühmte
ungsanstalt der Domgeistlichen, die jetzt weltliche
ici wurden, auf. Der Titel Scholaster wurde nun
oßer Ehrentitel, mit dem jedoch die Aufsicht über
omschule verbunden blieb. Die Domherren theilten
rgt in die Güter, Archidiakonate und Obedienzen,
hen aber darüber in heftigen Streit, der erst im J.
beigelegt wurde. Die mancherlei Unordnungen,
e eingerissen, veranlaßten die Bildung eines Ausschus-
bestehend aus Abgeordneten des Domcapitels, des
Adels, der Dienstmannen u. a., um die Misbräuche
ben und bessere Einrichtungen sowol hinsichtlich der
hen als weltlichen Angelegenheiten zu treffen. Wel-

chen Erfolg dieses gehabt, ist jedoch nicht bekannt. Als die Bremer sich gegen Bernhard's Bruder empörten und zu dem heidnischen Glauben ihrer Väter zurückkehrten, sandte derselbe im J. 1230 seinem Bruder Hilfstruppen. Er war ein warmer Freund der Klöster, welche er reich beschenkte, und wenigstens fünf neue entstanden unter seiner Regierung: an der Gaukirche zu Paderborn, zu Brenkhausen, Wormeln, Holzhausen und Falkenhagen. Er starb am 14. April 1247. 24) Simon I., Graf von Lippe, ein Vetter des Vorigen, ausgezeichnet durch Muth und kriegerische Talente. Er trat den Eingriffen des Erzbischofs von Cöln mit Festigkeit entgegen, erhob Salzkotten zu einer Stadt und gab derselben Mauern und Gräben; auch befestigte er die alte Burg Vilsen, doch Erzbischof Konrad wußte es als Herzog von Westfalen dahin zu bringen, daß die Festungswerke von Salzkotten wieder zerstört werden mußten und dem Bischofe jede Anlegung neuer Festen verboten wurde. Die Verhältnisse wurden feindseliger, es kam zur Fehde und obgleich sich Simon's Macht durch seine Erwählung zum Beschützer Corvey's und des Erzstifts Bremen erhöht, so zog er doch den Kürzern. Er selbst fiel in Gefangenschaft, aus der ihn erst ein schmälicher Vertrag nach zwei Jahren befreite. Vilsen sollte geschleift werden, die Städte Geseke und Salzkotten sollte Cöln mit Paderborn gemeinschaftlich haben, Erwitte und Brilon, schon früher von Cöln an sich gezogen, sollten dem Erzbischofe bleiben rc. Obgleich der Papst diesen Vertrag vernichtete und dem Bischofe das Recht zusprach Festungen anzulegen, so blieb Cöln dennoch im Besitze jener Orte. Im J. 1257 errichtete Simon ein Bündniß mit Braunschweig und wohnte Richard's Krönung zu Achen bei. Im J. 1260 hielt er einen Landtag zu Warburg und wurde 1265 wieder zum Beschützer Corvey's gewählt. Er suchte die cölnische Provinzialsynode vom J. 1260 in seinem Bisthum einzuführen. Nachdem er noch eine unglückliche Fehde mit Hessen gehabt, kam er auch mit der Stadt Paderborn in Streit und verlegte seine Wohnung deshalb nach Salzkotten. Er starb mit Hinterlassung ansehnlicher Schulden am 7. oder 8. Jun. 1277. 25) Otto von Rottberg, Dompropst zu Paderborn, konnte erst, da sich ihm Theodrich, Propst zu Soest, entgegengestellt, im J. 1282 die Weihe erhalten. Er verglich sich im J. 1287 mit Erzbischof Sifried von Cöln, wonach Geseke und Salzkotten gemeinschaftlich bleiben sollten, welches 1294 dahin geändert wurde, daß Geseke ganz zum cölnischen Herzogthume Westfalen und Salzkotten zum Bisthume Paderborn gegeben wurden. Im J. 1287 verband er sich mit Cöln zur Zerstörung der waldeckischen Festen und Städte Landau und Rhoden. Diese Verbindung mit Cöln zog ihn im J. 1288 in dessen Krieg mit dem Grafen von Berg, wegen Limburg. Otto legte die Feste Borgholz an, begünstigte Nieheim sehr und erwarb einen Theil der Stadt Brakel, das Schloß Wevelsburg rc. Mit Paderborn verglich er sich, aber bald nachher brach der alte Streit von Neuem los, die Bürger empörten sich und zerstörten das bischöfliche Schloß Neuhaus, als sie aber auch die letzte Spur desselben vernichten wollten, wurden sie überfallen und mit schwerem Ver-

) s. dieselben in *Eccard.* corp. hist. medii aevi. T. H.
druckt in *Leonis Allatii* Symmicta. 1653.

luste in die Stadt zurückgeworfen. Zu Warburg gab er, ungeachtet sich die Bürger dagegen empörten, den Dominikanern ein Kloster. Er zerstörte die Brunsburg und züchtigte den Grafen von Lippe, nachdem ihn der Erzbischof von Cöln bekriegt, starb er den 23. Oct. 1307. 26) Günther, Graf von Schwalenberg, der schon im J. 1278 zum Erzbischofe von Magdeburg gewählt, einem mächtigern Gegner weichen müssen, hatte als Bischof von Paderborn gleiches Schicksal; er resignirte ums J. 1310 das Bisthum und überließ es seinem Gegner 27) Theodrich II., Herr von Itter, erkaufte ein zweites Sechstheil der Herrschaft Brakel, erwarb durch Schenkung die Comitia Dringen, wo nun eine Stadt Dringenburg erbaut wurde rc. Seine friedliche Regierung gab dem Bisthume wieder Wohlhabenheit. Er starb im J. 1321. 28) Bernhard V., Graf von Lippe, hatte die Regierung schon einmal unter Günther übernommen. Die als Dompropst von ihm erbaute Stadt Dringenberg erfreute sich seiner besondern Gunst. Das Stift Heerse übertrug dem Bisthume das Eigenthumsrecht an der Stadt Brakel und den Burgen Hinnenberg und Wernberg. Im J. 1324 begab sich das Kloster Marienmünster in den Schutz des Bisthums und schenkte demselben die neuerbaute Stadt Börden. Im J. 1322 hatte er mit Corvey ein Schutzbündniß geschlossen und baute 1332 in Gemeinschaft mit demselben die Burg Beverungen. Die Ausbesserung aller festen Plätze rc. nöthigte ihn zur Ausschreibung ungewöhnlicher Grundsteuern, welche er mit Strenge beitreiben ließ. Das erbitterte den Adel so sehr, daß im J. 1326 zu Brakel 79 Ritter gegen den Bischof sich verbanden. Kurt Spiegel vermittelte diesen Zwist. Der Adel erlaubte dem Bischofe zur Deckung der Schulden eine Abgabe von Gebäuden auf Kirchhöfen und von den Kirchenkasten rc. Dieser versprach dagegen nie wieder eine Grund- oder Personensteuer von den Leuten des Capitels und Adels zu fodern, sicherte den Adeligen und Klöstern die Burg- und Patrimonialgerichtsbarkeit über ihre Leute in erster Instanz zu, versagte den Leibeigenen derselben das Bürgerrecht in den paderbornischen Städten rc. Durch diesen Vertrag wurden die Rechte des befreiten Standes im Bisthume begründet. Mit den Städten dauerte der Zwist noch fort und Paderborn wurde selbst belagert. Er traf noch mancherlei Einrichtungen, schloß verschiedene Bündnisse, wie mit Cöln, Trier, Münster rc. und suchte seines Stiftes Schulden zu tilgen, zu welchem Zwecke er auch demselben sein Vermögen vermachte. Nachdem die Stadt Paderborn wieder eine große Feuersbrunst erlitten, starb Bernhard den 30. Jan. 1341. 29) Balduin von Steinfurt, ein freundlicher, beliebter Mann, erwarb die Stadt Bredenborn und einen Antheil an der Grafschaft Schwalenberg. Unter seiner Regierung brach in seinem Bisthume die Pest aus und richtete große Verwüstungen an. Nachdem ihn Krankheit und Alter beugten, nahm er den corvey'schen Abt Heinrich Spiegel zu seinem Regierungsgehilfen und starb zu Ende des Jahres 1360 oder zu Anfange des J. 1361. 30) Heinrich III. Spiegel zum Desenberg, war der erste der paderbornischen Bischöfe, welcher durch den Papst ernannt wurde; er glich mehr einem kriegerischen Fürsten, als einem friedlichen Bischofe, und liebte den Waffenschmuck mehr, als das geistliche Kirchengewand; darum bekümmerte er sich mehr um die weltlichen Angelegenheiten und überließ die geistlichen einem Weihbischofe. Er war aber ein strenger Freund der Wahrheit und Gerechtigkeit. Seine Zeit war durch die zunehmenden Fehden und Räubereien sehr unruhig; er setzte deshalb alle seine Schlösser und Städte in guten Vertheidigungsstand und besiegte unter andern den Grafen von Arnsberg; von Cöln erhielt er das Marschallsamt von Westfalen und die Landdrostenstelle in der Grafschaft Arnsberg. Als Marschall brachte er im J. 1370 unter den benachbarten Fürsten, Grafen rc. ein Bündniß gegen die Störer der öffentlichen Sicherheit zu Stande. Er bezahlte die drückendsten Schulden des Bisthums und starb den 21. März 1380. 31) Simon II., Graf von Sternberg, Dombechant zu Paderborn, wußte sich das Bisthum durch eine Reise nach Rom zu erschleichen. Auch er brachte die westfälische Marschallswürde an seine Person und suchte sich durch Verbindung mit andern Fürsten zu stärken, wodurch er aber auch in mancherlei Fehden verwickelt und Schulden zu machen genöthigt wurde. Aber auch im Innern des Landes hatte er Feinde zu bekämpfen, denn der Adel empörte sich gegen ihn, und als er denselben im Schlosse Brobeck belagerte, wurde er von der Mauer herab durch einen Pfeil getroffen und starb den 25. Jan. 1389 in Folge der Wunde. 32) Rupert, Herzog von Jülich und Berg, cölnischer Domherr, seine Mutter Anne war eine Schwester des spätern Kaisers Rupert. Daß derselbe auch Ansprüche auf das Bisthum Passau machte, war die Ursache, daß Paderborn 15 Monate ohne Oberhaupt blieb. Die Unordnungen nahmen während dieser Zeit überhand. Die Räubereien des Adels, dessen vorzüglicher Anführer Friedrich von Padberg war, brachten die Unsicherheit auf den höchsten Grad, die Truppen des Capitels wurden selbst geschlagen, die Bürger von Warburg erlitten (9. Aug. 1389) eine schwere Niederlage und das Kloster Dalheim wurde verbrannt. Man sah keinen andern Ausweg, als Friedrich von Padberg zum Hauptmanne des Stifts zu wählen und ihm als Lösegeld für die von ihm gemachten Gefangenen die Feste Dringenberg zu versetzen. Endlich (6. April 1390) nahm Rupert Besitz von Paderborn. Daß er nun jene Feste wieder an sich löste, machte Friedrich, der an der Spitze des Benglerbundes stand, wieder zum Feinde. Da griff Rupert, jung und tapfer, zu den Waffen. Er belagerte Fürstenberg und zwang die Feinde durch eine ihnen am 18. Jun. 1391 beigebrachte Niederlage zur Übergabe. Im folgenden Frühjahre zog er ins Padbergische und errang später in einem Treffen einen entschiedenen Sieg. Er schloß hierauf mit seinen Nachbarn einen Landfrieden, und als sich die Padberger wieder rührten, griff er mit denselben wieder zu den Waffen, bei der Belagerung von Padberg entstand aber die Pest unter dem Heere, an der auch Rupert in der Blüthe seiner Jahre den 29. Jul. 1394 starb. 33) Johann, Graf von Hoya. Die Fehden dauerten fort, bis endlich Johann die Padberger demüthigte und zur Ruhe brachte. Als die von Steinfurt seinen Bruder Otto, Bischof von Münster, gefangen,

wurde entsetzt und mußte am 25. Jan. 1547 auf seine Würden verzichten. 41) Rembert von Kressenbroch, paderbornischer Domherr, gewählt am 26. März 1547. Er war zu Rom gebildet und ein eifriger Katholik. Mit Macht stemmte er sich gegen die Lehren Luther's und unterdrückte dieselben auch in den Grafschaften Lippe und Waldeck und den Gebieten von Rittberg und Corvey, doch nur bis zu den Verträgen von Passau (1552) und Augsburg (1555), durch welche sich das Lutherthum dort wieder erhob. Während so ein großer Theil vom Bisthum abfiel, erhob sich noch eine andere Gefahr. Als Herzog Heinrich von Braunschweig 1553 einen Streifzug nach Westfalen machte, konnte sich Paderborn von seinem Besuche nur dadurch retten, daß es dessen Bruder Herzog Julius zum Coadjutor und Nachfolger nahm; dessenungeachtet mußte ihm das Land auch noch eine Contribution von 25,000 Joachimsthalern zahlen. Julius wurde aber nach seines Bruders Tode regierender Herzog und trat zum Lutherischen Glauben über. Rembert starb am 12. Febr. 1568 zu Dringenberg im hohen Alter. Seine Strenge spricht sich in seinem Wahlspruche aus: „Es soll Recht geschehen, sollte auch die Welt vergehen." Unter ihm starben die Grafen von Rittberg (1564) und von Spiegelberg und von Pyrmont (1557) aus. Die Grafschaft der erstern fiel an den Grafen von Ostfriesland, die der letztern an die Grafen von der Lippe. 42) Johann II., Graf von Hoya, Bischof zu Osnabrück und Münster, ein tüchtiger Theolog und Rechtsgelehrter, sowie ein eifriger Katholik. Schon unter seinem Vorgänger hatte Martin Hoitband zu Paderborn die Reformation gepredigt, war aber vertrieben worden; unter Johann begann er von Neuem, ward aber, nachdem dieser ihn zur Vertheidigung seiner Lehren vor die Schranken gefodert, gleichfalls des Landes verwiesen. Obgleich er mit Strenge den Katholicismus aufrecht zu erhalten strebte, so genoß er doch dabei einer solchen Achtung, daß ihn selbst Landgraf Philipp von Hessen den besten und vortrefflichsten der katholischen Geistlichen nannte. Er starb am 5. April 1574. 43) Salentin von Isenburg, Kurfürst von Köln, wurde am 21. Apr. 1574 gewählt. Ein sanfter und großmüthiger Mann. Er löste Beverungen und Nieheim ein und stellte die Domschule wieder her. Nach kurzer, jedoch wohlthätiger Regierung entsagte er am 5. Sept. 1577 der bischöflichen und am 14. Sept. auch der kurfürstlichen Würde, um seinen Stamm zu erhalten. 44) Heinrich IV., Herzog von Sachsen-Lauenburg, Erzbischof von Bremen, ein Anhänger Luther's, und im Concubinat mit der Tochter eines cölnischen Doctors lebend. Es ist nicht unwahrscheinlich, daß er sich ein weltliches Fürstenthum hat gründen wollen. Nachdem er am 16. Nov. 1577 die Bedingungen des Domcapitels unterzeichnet, jährlich drei Monate im Bisthume zu wohnen, gab er den Bewohnern desselben völlige Religionsfreiheit, wodurch das Lutherthum sich im Bisthume von Neuem kräftig erhob. An seiner Stelle regierte der Landschreiber Joachim Tantmeyr und das so wenig zum Besten des Bisthums, daß er bei der Nachricht von Heinrich's Tode flüchtig werden mußte. Dieser erfolgte am 8. April 1585. Er hatte die päpstliche Bestätigung nicht erhalten. Unter ihm fiel die Grafschaft Pyrmont wieder heim (1583), welche hierauf die Grafen von Gleichen gewaltsam in Besitz nahmen. Nach deren 1630 erfolgtem Aussterben nahmen sie als deren Erben die Grafen von Waldeck auf gleiche Weise in Besitz, in welchem sie auch, obgleich Paderborn dieselbe nie als Kunkellehn anerkannt, durch einen Vergleich von 1668 bestätigt wurden. 45) Theodor von Fürstenberg. Klug und ein guter Haushalter, aber auch ein eifriger Katholik und warmer Freund der Jesuiten, durch welche er die Reformation, die bereits den größten Theil des Volkes gewonnen, besonders durch den Unterricht der Jugend, wieder zu unterdrücken suchte. Im J. 1596 begründeten dieselben ein Collegium zu Paderborn. Die Religionsstreitigkeiten dauerten fort; er zog die von seinem Vorgänger gegebene Religionsfreiheit zurück. Im J. 1590 litt Paderborn sehr durch einen Einfall der Holländer. Ein Vergleich vom 5. Jan. 1597 legte langjährige Streitigkeiten mit Hessen bei: Helmarshausen und Krukenburg wurden hessisches Mannlehn, und Liebenau, die Herrschaft Schöneberg mit Trendelburg, und der Reinhardswald kamen erblich an Hessen; dagegen verzichtete dieses auf Kalenberg, Schwalenberg, Altenburg und Beverungen &c. Im J. 1599 rückte der Landgraf Moritz von Hessen ins Bisthum gegen die Spanier und besetzte am 15. Mai Paderborn, das er erst am 27. Jun. wieder räumte. Am 21. Jan. 1601 machte ein holländisches Corps einen Zug ins Paderbornische und verheerte viel. Die nächsten Jahre füllten heftige Streitigkeiten zwischen dem Stadtrathe und den Bürgern der Stadt Paderborn; der Bischof selbst wurde nicht in die Stadt gelassen. Ernstlicher wurde der Aufruhr, bis endlich der Bischof am 23. April Paderborn angreifen ließ, worauf sich dasselbe am 26. April ergab; es mußte seinen trotzigen protestantischen Bürgermeister Wichard ausliefern, welcher am 30. April hingerichtet und geviertheilt wurde. Die übrigen wurden größtentheils begnadigt. Die Stadt wurde ihrer Freiheiten beraubt und erhielt eine fürstliche Besatzung. Auch mit Brakel, Ligde und Steinheim und einem großen Theile des Adels, welche ein Schutzbündniß mit einander geschlossen (1603), kam der Bischof in Streit. Im J. 1612 stiftete derselbe zu Paderborn ein Jesuiten-Noviziat für 21 Candidaten, und 1614 eine Universität. Er starb am 4. Dec. 1618, sein Bisthum für die unruhigen Zeiten seiner Regierung durch weise Sparsamkeit in einem blühenden Zustande hinterlassend. 46) Ferdinand I., Herzog von Baiern, Kurfürst von Cöln, Bischof zu Lüttich und Münster und Administrator von Hildesheim &c. Er stellte alsbald einen Theil der Rechte der Stadt Paderborn wieder her. Seine Regierung fällt in die Zeit des 30jährigen Krieges. Im J. 1621 begannen die Verwüstungen mit dem Rückzuge des Herzogs Christian von Braunschweig, auch Paderborn fiel in seine Hände; dieses wurde nach des Herzogs Abzuge für seine Anhänglichkeit an denselben gezüchtigt. Die Durchzüge beider Partrien durchs Bisthum wurden bald häufiger. Im J. 1631 eroberte Landgraf Wilhelm V. von Hessen

Seine Kränklichkeit veranlaßte am 12. Jun. 1784 die Wahl eines Coadjutors; sie fiel auf den zu Hildesheim zu gleicher Würde gewählten Franz Egon, Freiherrn von Fürstenberg, Dompropst zu Hildesheim, und Domherrn zu Paderborn. Friedrich Wilhelm starb am 6. Jan. 1789. 54) Franz Egon, Freiherr von Fürstenberg, zu Herdingen rc., der letzte der paderbornischen Fürstbischöfe. Edel und von seinem Volke geliebt. Besonders unterstützte er die Schulen. Die französische Revolution überschwemmte das Bisthum mit einer Menge Emigranten. Endlich schlug dem Bisthume seine letzte Stunde. In Folge des lüneviller Friedens übergab der letzte Reichsdeputationsschluß zu Regensburg vom 23. Nov. 1802 das Hochstift als ein säcularisirtes Erbfürstenthum dem Könige von Preußen. Schon am 3. Aug. 1802 hatte eine preußische Commission Besitz ergriffen. So hörte die alte Verfassung des Hochstiftes auf, die Landstandschaft wurde suspendirt und statt der alten politischen Eintheilung des Landes trat eine neue nach landräthlichen Kreisen ein. Dem Bischofe wurde für die Abtretung seiner beiden Fürstenthümer eine jährliche Rente von 50,000 Thlrn. versichert. Die Schulden des Stifts betrugen an 2,200,000 Thlr. und die Zahl seiner Einwohner nicht volle 93,000.

Paderborn hatte eine landständische Verfassung, deren Spuren sich bis ins 13. Jahrh. verfolgen lassen. Der Landtag wurde regelmäßig jährlich ein Mal, bei außerordentlichen Vorfällen aber auch mehre Male, gehalten. Sitz und Stimme hatten auf demselben das Domcapitel, die Ritterschaft und die Bürgermeister der 23 Städte. Der Dombechant führte den Vorsitz. Die Zusammenberufung geschah durch den Fürstbischof. Alles, was das Allgemeine des Landes betraf, gehörte zu den Gegenständen der Verhandlungen, so der Vorschlag und die Prüfung neuer Gesetze, die Beschwerdeführung wegen Misbräuche, die Bestimmung und Aufbringung der Abgaben rc.

Die Erbämter des Hochstifts waren folgendergestalt vertheilt: das Erbmarschallamt, die Spiegel zu Peckelsheim; das Erbtruchsessenamt, die von Stapel; das Erbschenkenamt, die Spiegel zum Desenberg; das Erbkämmerer- oder Erbthürhüteramt, die von Schilden; das Erbhofmeisteramt, die von Harthausen und das Erbküchenmeisteramt, die von Westfalen.

Das Bisthum grenzte gegen Morgen an Hessen und an das Stift Corvey, und wurde durch die Weser vom Fürstenthume Kalenberg geschieden; gegen Mittag grenzte es an die Grafschaft Lippe, gegen Abend an die Grafschaften Rittberg und Lippe und an das Herzogthum Westfalen, gegen Mitternacht an dasselbe und die Grafschaft Waldeck. Seine größte Ausdehnung von Abend gegen Morgen betrug 10, und von Mitternacht gegen Mittag etwa 9 Meilen, sein Flächenraum etwa 44 Quadratmeilen. Es bestand aus vier Hauptstädten, 19 andern Städten, einem Flecken und 136 Dörfern, zu welchen noch die Dörfer der Herrschaft Büren, die Hausleute auf der Brede bei Brakel und 15 Höfe oder Meiereien kamen.

Das Bisthum wurde durch die Egge, einen Theil des teutoburger Waldes, in zwei Hauptdistricte getheilt:

I. Der unterwaldische District. Dieser zerfiel in a) t
Oberamt Neuhaus (dieses wieder in das Küchenamt N
haus, und die Ämter Delbrück und Böcke), b) das A
Lichtenau, c) das Amt Wünnenberg, d) die Herrsch
Büren, e) das Amt Wevelsburg und f) das Amt B
sternkotten. II. Der oberwaldische District. Dieser zer
in a) das Oberamt Dringenberg, (bestehend aus d
Rentamte Dringenberg, der Freigrafschaft Warburg, d
Gaugrafschaft Brakel, der Landvoigtei Peckelsheim, d
Richtereien Borgentreich, Borgholz und Nieheim, so
der Voigtei Driburg. b) Das Amt Steinheim, c) d
Amt Beverungen und Herstelle, d) das Amt Lügde u
e) die Sammtämter Schwalenberg und Oldenburg.

Schließlich noch ein Verzeichniß der Stifter u
Klöster des Fürstenthums Paderborn. A) Stifter
das Domstift zu Paderborn; 2) das Collegiatstift Bu
dorf daselbst; 3) das Damenstift Herse zu Neuenher
B) Abteien. 1) Abdinghof in Paderborn; 2) Hart
hausen, zwei Stunden von Warburg; 3) Marienmünst
an der lippeschen Grenze. Sämmtlich vom Orden d
Benedictiner. C) Kanonien. 1) Böddeken bei W
welsburg; 2) Dalheim bei Lichtenau. Beide Augustin
Ordens. D) Sonstige Klöster (Mendicanten).
Franziskaner in Paderborn; 2) Capuciner in Paderbo
3) Capuciner in Brakel; 4) Dominikaner in Warburg;
Minoriten in Herstelle. E) Frauenklöster. 1) Gokir
in Paderborn; 2) Gehrden bei der Stadt gleiches N
mens; 3) Willebadessen, desgleichen; 4) Wormeln b
Warburg; 5) Holthausen bei Büren, sämmtlich vom O
den der Benedictiner. 6) Breden bei Hinnenburg, A
gustinerinnen; 7) das Ursulinerinnenkloster zu Pade
born; 8) das Capucinerinnenkloster daselbst; dieses le
tere ist in ein Institut der barmherzigen Schwestern ve
wandelt worden. Von allen diesen Stiftern und Klöst
bestehen außer dem neueingerichteten Domstifte nur n
das Franziskanerkloster in Paderborn und das Ursuli
rinnenkloster daselbst, welches sich mit der (meist un
geltlichen) Erziehung der weiblichen Jugend beschäftigt.

2) Paderborner Kreis, im königl. preuß. R
gierungsbezirke Minden, besteht aus einem Theile des e
maligen Bisthums Paderborn. Seine Grenzen sind ge
Norden Lippe-Detmold, gegen Osten der Kreis Br
kel, gegen Südost der Kreis Warburg, gegen Süd
und Südwesten der Kreis Büren und gegen Nordwest
stößt er an Wiedenbrück. Er hält $9,^{36}$ □Meilen, ge
24,000 Einw., 2 Städte, 2 Marktflecken, 26 Bau
schaften, 12 Weiler und an 4070 Häuser. Östlich dur
ziehen den Kreis einige Vorberge der Egge, sonst ist d
Boden eben und zum Theil mit großen Heiden und M
rästen bedeckt, wie z. B. der Senne nördlich und d
Nordesheide nordwestlich, welche sich zum Theil in d
Kreis erstrecken. Südlich und östlich von Paderborn b
steht der Boden aus Lehm und Kies, auf einem th
gen und kalkigen Grunde, westlich und nördlich a
Flugsand und Heide. Die Oberfläche dacht sich von d
Egge aus von Osten gegen Westen ab; an diesem G
birge entspringen beinahe alle den Kreis bewässernde Flü
und Bäche, deren bedeutendste die Lippe (bei Lippspring

s sind; die übrigen, welche von jenen aufgenom-
ben, sind die Alme, Glenne, Altena, Furl, Ha-
c. Es finden sich viele Seen, Teiche und Mo-
im Allgemeinen ist der Ackerbau schlecht, nur we-
riche erzeugen mehr als den Bedarf; die meisten
Zufuhr. Dagegen ist der Bau des Rübsamens
ifes stark, letzterer besonders bei Neuhaus und
, weniger beträchtlich ist der Flachsbau, welcher
n Bedarf liefert. Während das Holz zureicht,
bstbau sehr gering, und erst in neuerer Zeit hat
um Theil gehoben. Brennmaterial liefern auch
ne Torfstechereien, sonst hat man an Mineralien
gel- und Töpferthon. Der Viehbestand hält et-
) Pferde, 9000 Stück Rindvieh, 10,000 Schafe,
egen, 5000 Schweine und 1400 Bienenkörbe.
nerei und Hanfweberei sind die vorzüglichsten
zweige; erstere findet sich insbesondere da, wo
bau schlecht ist, z. B. im Kirchspiele Stuiker-
ztere besonders zu Delbrück, wo unter anderm
: feines Hanfgarn bereitet wird. In einigen Ge-
eschäftigt man sich mit Wollstrumpfstrickerei, Korb-
Holzschuhmachen. Der ärmliche Zustand der
r veranlaßt jährlich viele nach Holland zu ge-
s jetzt jedoch nicht mehr so stark geschieht, als

Paderborn, (Br. 51° 43′ 32″, L. 26° 23′
nigl. preuß. Kreisstadt des Regierungsbezirks Min-
einer angenehmen Gegend, an den Quellen der
welche der Stadt den Namen (Paderbrunnen
derbrunna 815) gegeben. Die Stadt ist sehr alt;
7 hielt Karl der Große daselbst einen Reichstag
ute die St. Salvatorskirche. Die öftere Anwe-
arl's hob den Ort, sodaß derselbe bald zum Sitze
gestifteten Bisthums bestimmt werden konnte.
785 hielt Karl hier wiederum eine Reichsver-
g; 799 empfing er daselbst den hilfesuchenden
o III., der bei dieser Gelegenheit den Altar in dem
t vollendeten Dome einweihte. Auch Ludwig der
hielt am 1. Juli 815 zu Paderborn eine allge-
olksversammlung. Im J. 999 brannte die ganze
ieder. Im J. 1002 wurde die Kaiserin Kuni-
Paderborn gekrönt. Besonders hob sich Pader-
er dem Bischofe Meinwerk. Er baute den Dom
tem, desgleichen einen bischöflichen Palast, die
Abdinghof und Bustorf rc., vergrößerte die Stadt
ab sie mit neuen Mauern und Gräben, er brachte
schule zu hoher Blüthe und förderte den Wohl-
Stadt, wozu auch die öftere Anwesenheit der
iel beitrug. Kaiser Konrad II. starb nahe bei
rn, nachdem er auf Pfingsten eine Reichsversamm-
elbst abgehalten, am 31. Mai 1051. Im J. 1058
eine Feuersbrunst beinahe die ganze Stadt; ein
Schicksal traf sie 1133, wo auch der Dom völ-
rt wurde, und später wiederholten sich ähnliche
noch häufig, namentlich 1165, 1289, 1340,
616 rc. Die Pest wüthete hier besonders 1349,
d 1566. Während dieser Zeit hatte die Stadt
ers Streitigkeiten mit den Bischöfen, namentlich

den Bischöfen Simon I. von der Lippe und Otto von Rittberg (1247—1307); letzterm verbrannten die Bürger Neuhaus, er aber überfiel sie dabei und erschlug ihrer an 500. Im J. 1320 mußte Bischof Bernhard die Stadt belagern. Es waren Kämpfe zwischen Herrschaft und Freiheit. Als die Reformation in Paderborn eindrang, und sich die Bischöfe widersetzten, lebte bald die feindseligste Zwietracht auf, und nur die gewaltsamsten Mittel, unter andern die Entziehung der städtischen Freiheiten, welche erst 1642 zum Theil wieder hergestellt wurden, vermochten sie nach manchem Wechsel 1612, wo allen Evangelischen der Aufenthalt in der Stadt und dem Bisthume verboten wurde, größtentheils zu unterdrücken. Der 30jährige Krieg brachte viele Drangsale über die Stadt. Im J. 1622 eroberte sie Herzog Christian von Braunschweig und machte große Beute; die goldenen und silbernen Bildnisse der Apostel, sowie den silbernen Sarg des heil. Liborius, verwandelte er in Münze, welche die Aufschrift erhielt: Gottes Freund, der Pfaffen Feind. Im J. 1633 eroberten die Stadt die Hessen, 1636 die Kaiserlichen, 1646 wieder die Schweden und Hessen, und im December desselben Jahres der Bischof von Osnabrück. Ehe der Friede dem Schwerte Ruhe gebot, hatte sie noch zwei Belagerungen auszuhalten. Auch der siebenjährige Krieg drückte sie sehr hart, sowie auch die spätern Kriege der neuern Zeit.

Die Stadt hat fünf Thore, zwei öffentliche Plätze, 872 Häuser von westfälischer Bauart, in engen, unregelmäßigen Gassen, und über 7000 Bewohner. Die wichtigsten Kirchen und andern Gebäude sind: 1) der Dom, im Äußern unansehnlich, zuerst 799 gegründet, später mehrfach zerstört und erneuert, mit den Reliquien des heil. Liborius, Blasius rc. und den Begräbnissen der ältern Bischöfe; er wurde zuletzt vom Bischofe Ferdinand von Fürstenberg erneuert. 2) Das Benedictinerkloster Abdinghof, 1015 vom Bischof Meinwerk gestiftet und mehrfach erneuert, ist jetzt eine Caserne. 3) Die Collegiatkirche zum Bustorf, von Meinwerk nach dem Muster der Kirche des heil. Grabes erbaut, 1036 eingeweiht, und 1666 erneuert. 4) Die Gaukirche, als Pfarrkirche benutzt; 5) die Markkirche, wurde nach dem Brande von 1165 neu hergestellt; 6) das Jesuitencollegium, 1592 vom Bischofe Theodrich von Fürstenberg gestiftet; 1623 wurde es zu einer Universität (nur aus einer theologischen und einer philosophischen Facultät bestehend) bestimmt, welche 1819 aufgehoben wurde; ihr Fond wurde zur Verbesserung des Gymnasiums in Paderborn und der theologischen Facultät in Münster verwendet. 7) Das Franziskanermönchskloster, 1671 gestiftet, und zum Aussterben bestimmt; 8) das ehemalige Capucinermönchskloster, 1612 gestiftet; die Kirche wurde 1682 neu erbaut. 9) Das Capucinernonnenkloster, durch Bischof Adolf von Reck gestiftet und jetzt in ein Institut der barmherzigen Schwestern verwandelt; 10) das französische Nonnenkloster (congregationis b. M. v.) mit einer Äbtissin und neun Nonnen, welche eine Unterrichtsanstalt und ein Pensionat unterhalten. 11) Die Kirche des heil. Franziscus Xaverius, 1682 erbaut. 12) Das Gymnasium, durch Bischof Salentin von Isenburg aus dem verlassenen Minoritenkloster errichtet. 13) Die Propstei. 14) Das bischöfliche Schloß. 15) Der Fürstenberger Hof, ehemals der Palast der teutschen Könige. — Ferner eine evangelische Kirche, ein theologisches Seminar, eine Synagoge, ein großes Waisenhaus, sechs Armenhäuser ꝛc. — Die Stadt hat keine Fabriken, treibt aber starke Brauerei und Brennerei, desgleichen Ackerbau, Viehzucht und Krämerei. Sie ist der Sitz des Oberlandesgerichtes für den Bezirk Minden und eines Bischofs mit seinem Domcapitel und Generalvicariat. (*G. Landau.*)

PADERBORNISCHES LEINEN, eine Sorte grober Leinwand, welche in Westfalen aus Werg (Hede) gearbeitet wird, eine Elle breit ist und gewöhnlich in Stiegen (Stücken von 20 Ellen) vorkommt. Sie geht nach Bremen und Hamburg für den englischen und portugiesischen Handel. (*Karmarsch.*)

PADERGAU, PATHERGA, Gau in Engern, begriff die Umgegend von der Stadt Paderborn. Westlich stieß er an den Huetigo und den Almunga, östlich an den Netega und südlich an das hessische Sachsen. Es gehörten urkundlich zu demselben die jetzigen Orte: Alfen, Etteln, Hauser, Herbram, Thule, Bentfeld ꝛc. (*G. Landau.*)

PADERNA, PADERNE, Villa im portugiesischen Correição de Lagos, Provinz Algarve, liegt neun engl. Meilen nördlich von Silvas am Fuße einer Bergkette und hat eine Kirche, 330 Häuser und 1550 Einw. (*Fischer.*)

PADERNELLO, 1) ein großes Gemeindedorf im District und in der Provinz Treviso des venetianischen Königreichs, an der von der letztern Stadt nach Castelfranco führenden Poststraße, zwischen Paese und Istrana, in ebener Gegend gelegen, 1½ Stunden westnordwestwärts von Treviso entfernt, mit 2195 Einwohnern, einem Gemeindevorstande, einer katholischen Pfarre, dem heil. Laurentius geweihten Kirche, fünf Oratorien und der Frazione Marcelline. Den Werbbezirk hat das Linien-Infanterieregiment Nr. 16. 2) Ein zum Werbbezirke des Linien-Infanterieregiments Nr. 38 gehöriges Gemeindedorf im District XII von Orzinovi, der Provinz Brescia des lombardischen Königreichs, in der großen lombardischen Fläche gelegen, sieben Miglien südöstlich vom Hauptorte des Districts entfernt, mit einem Gemeindevorstande, einer katholischen Pfarre, Kirche zu St. Maria Valverda und drei Cassine. Zu dieser Gemeinde gehört auch Villa Motella. (*G. F. Schreiner.*)

PADERNO, mehre Gemeindedörfer in den lombardisch-venetianischen Provinzen Treviso, Brescia, Cremona, Mailand und Pergamo, unter denen sich besonders auszeichnen: 1) ein in der lombardischen Fläche liegendes Gemeindedorf im District XXIV von Brivio der Provinz Como, in dessen Nähe die Flüsse Adda und der Naviglio, welcher von diesem Orte benannt wird, vorüberziehen, in erhabener Lage über dem rechten Addaufer, mit einer Gemeindedeputation, einer katholischen Pfarre und einer der Himmelfahrt Mariä geweihten Kirche. Der Naviglio di Paderno ist am sogenannten Felsen (Sasso) di S. Michele unterhalb des Dorfes Paderno aus dem Addaflusse und zwar an dessen recht[en] Ufer abgeleitet, auf einer Länge von zwei geographisch[en] Meilen, dem schlangenförmigen Laufe des Flusses folge[nd] in den Rücken der Hügel, welche den Fluß begl[ei]ten, eingegraben, und mündet bei Rocchetta eine ku[rze] Strecke oberhalb des Dorfes Porto, einer Gemeinde [der] Provinz Mailand, wieder in die Adda ein. Dieser [Ka]nal hat sechs Schleußen und den Zweck, die auf den b[eiden] Kanale entsprechenden Flußstrecken nicht leicht herzustell[en]de Schiffahrt zu bewerkstelligen und die dadurch unterb[ro]chene nöthige Wasserverbindung Mailands mit dem C[o]mersee herzustellen. Die den Naviglio befahrenden Bar[ken] können höchstens 30,000 Kilogramme laden. Doch f[ahren] es dieselben Fahrzeuge, welche den Comersee und [den] Canal della Martesana beschiffen. Das Wasser des [Ka]nals wird weder zur Bewässerung, noch zum Vorth[eil] irgend eines Gewerbes benutzt. 2) Paderno e V[...] eine Gemeinde (nach Andern ein Stadtviertel, Sestie[re]) des Districtes I von Udine in der venetianischen Pro[vinz] Friaul mit einer katholischen Pfarre, einer dem heil. A[n]dreas geweihten Kirche, zwei Mühlen und 2200 Einwo[h]nern. Der Ort liegt vor Chiavrio, eine Miglie nordw[estl.] von Udine an der nach Kärnthen führenden Post- u[nd] Commercialhauptstraße, in ebener, offener Gegend. (*G. F. Schreine[r.]*)

PADERT, PADRT, ein zur königl. Cameralh[err]schaft Mireschau im pilsener Kreise des Königreichs B[öh]men, im Werbbezirke des Linien-Infanterieregiments [Nr.] 28, mit wichtigen Eisenwerken, welche unter der Leit[ung] der k. k. Oberschichtamtsdirection zu Zbirow stehen. [Es] stehen hier vier obrigkeitliche Stab- und zwei Zainh[äm]mer in fortwährendem Betriebe. (*G. F. Schreine[r.]*)

PADEW, ein zu dem Cameralgute Tuszow geh[öri]ges großes Dorf, im nordöstlichsten Theile des tarno[wer] Kreises des Königreichs Galizien, mit einer sehr a[lten] katholischen Pfarre, welche zum mielecer Dekanat [des] tarnower Bisthums gehört, unter landesfürstl. Patr[onat] steht und 1834 in den eingepfarrten Ortschaften 2557 [Ka]tholiken, 150 Akatholiken und 40 Juden zählte, e[iner] katholischen Kirche und einer Schule. (*G. F. Schreine[r.]*)

PADILLA. Padilla de arriba und Padil[la] de abaxo, sind zwei Dörfer des Partido von Castro[...] in Alt-Castilien, dicht an der Grenze der Provinz Pale[ncia] gelegen. Padilla de arriba (Hoch-Padilla) ist das Stam[m]haus eines in den Jahrbüchern von Castilien hochberü[hm]ten Geschlechts. Garcias Lopez de Padilla wurde 1[...] zum Großmeister des Ordens von Calatrava erwählt, [be]hauptete sich in dieser Würde gegen Walther Perez, [fand] aber später in Johann Nuñez de Prado einen gefährli[chen] Nebenbuhler, verzichtete 1329 in dessen Hände, und [...] 1336, wie wir dies Alles weitläufiger in dem Art. [Ca]latrava (s. d.) erzählt haben; nur waren es nicht [die] Bürger von Ciodad real, wie dort zu lesen, sondern [die] Bürger von Ciudad real, die sich gegen den Großmeist[er] Garcias Lopez empörten, weil er in ihren Augen gesch[än]det, nicht aber gepfändet war, seitdem er in einem [zwei]felhaften Kampfe mit den Ungläubigen, Angesichts [der] großen Ordensfahne, entfloh. Im J. 1336 schickte D[...]

Juan Nuñez de Lara einen andern Garcias de Padilla an den erzürnten König Alfons XI. von Castilien ab, um, wo möglich, das von einer Belagerung bedrohte Lerma zu retten. Maria de Padilla, Johann's von Padilla, des Herrn von Villagera, in dem Partido von Castroxeriz, Tochter, war Kammerfräulein der Gemahlin des an dem Hofe von Castilien allmächtigen Johann Alfons von Portugal, des Herrn von Albuquerque, als sie zum ersten Male die Aufmerksamkeit König Peter's (des Grausamen) erregte. Albuquerque, des Königs Wünsche errathend, veranlaßte durch lockende Verheißungen den Oheim des Fräuleins, den Johann Fernandez de Hinestroja, daß er seine Nichte nach Sahagun brachte (1352), wo der König ohne Zwang sie sehen konnte, und ihre Schönheit, ihre Liebenswürdigkeit, ihr Geist, wirkten gleich einem Zauber auf den achtzehnjährigen Fürsten. Sich des Zwanges vollends enthebend, entführte er die Geliebte nach Valladolid. Maria wurde zu Anfange des J. 1353 zu Cordova von einer Tochter, Beatrix, entbunden, welcher der Vater alsbald die confiscirten Güter des Alfons Coronel verlieh. Allein schon befand sich die dem Könige bestimmte, durch langwierige Unterhandlungen geworbene Braut, Blanca von Bourbon, auf der Reise, und am 23. Febr. 1353 war sie in Valladolid eingetroffen, so wurde ihm in Torrijos gemeldet, als er in kurzen Tagereisen aus Andalusien nach Neucastilien zog, und der Überbringer der Botschaft, Albuquerque, rieth zugleich, möglichst die Weiterreise nach Valladolid zu beschleunigen, vor Allem aber der Padilla Anverwandte vom Hofe zu entfernen. Dem Minister missfiel nämlich der große Einfluß, den der Bruder der Geliebten, Diego de Padilla, und ihr Oheim Hinestroja gewonnen hatten. Er mochte auch gewichtige Gründe beibringen, um insbesondere der zweiten Hälfte seiner Rathschläge Eingang zu verschaffen, aber was bedeuten Gründe, schönen Augen gegenüber, wenn ein Jüngling von 19 Jahren die Wagschale führt? Widerwillig und zögernd entschloß sich Peter zur Fortsetzung seiner Reise, sein Herz blieb bei der Padilla, in Montalvan, unweit Toledo und Talavera, zurück. Am 3. Jun. wurde die unglückliche Blanca getraut, und am folgenden Morgen schon, oder jedenfalls in den nächsten Tagen, berichtete Peter der Königin Mutter, wie unglücklich er sich fühle in der kurzen Ehe, und wie er darum entschlossen sei, sie auf irgend eine Weise aufzulösen. Die bestürzte Mutter gab ihm zu bedenken, wie gewaltig er durch einen raschen Schritt seine Ehre verletzen, die Ruhe des Staates gefährden müsse, und er schien auf ihre Vorstellungen zu hören. Allein sein Entschluß war gefaßt, und in einem unbewachten Augenblicke stieg er zu Roß, um nach Montalvan zu fliegen. Über ein so unerwartetes, unerklärliches Ereigniß geriethen Hof und Stadt gleich sehr in Gährung. Albuquerque aber, jetzt noch mehr von dem Einflusse der Padilla besorgend, wollte sich vermessen, den Flüchtling zu den Füßen seiner Gemahlin zurückzuführen. Er büßte die fruchtlose Bemühung mit dem letzten Reste von Gunst, der ihm noch geblieben, und mußte ansehen, wie der König die Vertrauten des Ministers verhaften, die Königin Blanca nach dem Schlosse von Arevalo bringen ließ, und Maria de Padilla herrschte fortan unumschränkt über den ihr blindlings, wenn auch nicht ungetheilt, ergebenen Fürsten. Es war eine milde, und insofern es die Umstände erlaubten, sogar wohlthätige Herrschaft. Frei von aller Theilnahme an Peter's Verbrechen gegen die Königin Blanca verhinderte Maria manche böse That, und was sie nicht verhindern konnte, davor suchte sie wenigstens zu warnen, wie insbesondere Alvar Perez de Castro und Alvar Gonzalez Moron, zwei Opfer, von Peter dem Tode bestimmt, erfuhren. Darum scheint auch das vortheilhafte Bild, so Mariana (B. 17. Cap. 5), von ihr entwirft, keineswegs geschmeichelt. Das tragische Ende der Königin Blanca überlebte Maria nur kurze Zeit, sie starb in Sevilla, im Julius 1361, empfing bei ihrem Leichenbegängniß alle einer Königin von Castilien gebührende Ehren und wurde in ihrem Gestifte, im S. Claräkloster zu Astudillo, nördlich von Villagera, zwischen Castroxeriz und Palencia, beerdigt. Ein Jahr später berief König Peter die Stände des Reichs nach Sevilla, um ihnen zu eröffnen, daß er vor seiner Vermählung mit der Prinzessin Blanca bereits in regelmäßiger Weise, doch insgeheim, mit Maria de Padilla getrauet gewesen sei. Aus diesem Grunde habe er der fremden Prinzessin entsagen müssen. Da nun demnach sein Sohn Alfons in rechtmäßiger Ehe erzeugt worden, so verlange er, daß derselbe von den Ständen als sein dereinstiger Nachfolger anerkannt werde. Weil sein Vorgeben großem Zweifel unterworfen schien, indem er sich zuerst die französische Prinzessin, nachher die Johanna de Castro antrauen lassen, so benannte er zugleich die Zeugen seiner Vermählung mit der Padilla, den Johannes Fernandez de Hinestroja, der zwar bereits verstorben, den Diego Garcias de Padilla, welcher der Maria leiblicher Bruder, seinen Kanzler, den Johann Alfons de Majorga, und seinen Oberkapellan, den Abt von S. Ader, den Johann Perez de Orduña. Diese drei, zum Theil etwas verdächtigen, Zeugen, beschworen auf das Evangelium die Wahrheit von allem dem, so der König angegeben, und Maria de Padilla wurde als Königin, ihr Sohn Alfons als Thronfolger anerkannt, in dessen Ermangelung seine Schwestern Beatrix Constantia, geb. im J. 1354, und Isabella, geb. 1355, succediren sollten. Die ganze Verhandlung zu beschließen, ließ Peter den Leichnam der Geliebten von Astudillo wegbringen und zu Sevilla in der Kapelle, die er zu seinem eignen Begräbniß erbaut hatte, beisetzen. Daher verordnete er auch in seinem Testament vom 18. Nov. 1362, wie er noch voll des Kummers über den Verlust des am 18. Oct. verstorbenen Prinzen Alfons, daß man ihn in dieser Kapelle, auf der einen Seite die Padilla, auf der andern den Sohn, beerdigen solle. Das Volk, das sich des Königs unwandelbare Neigung nicht zu erklären wußte, hielt die schöne Maria für eine Zauberin; insbesondere wurde sie beschuldigt, ihre Kunst an einem reich mit Gold und Edelsteinen verzierten Gürtel geübt zu haben, den Blanca unmittelbar nach der Trauung dem Könige verehrte, und der diesem, als er ihn zum ersten Male anlegen wollte, kraft des Zaubers, als eine Schlange

erschien, und daher in ihm unüberwindlichen und unerklärbaren Abscheu gegen die Geberin erweckte. Wir dürfen jedoch nicht verschweigen, daß Andere, wenigstens für diesen einzelnen Fall, die Padilla von dem Laster der Zauberei freisprechen; nach ihnen hätte Blanca sich anheischig gemacht, sogleich nach ihrer Ankunft in Spanien den König zu vermögen, daß er die Juden aus seinen Staaten vertreibe, und diese, Schwarzkünstler ohne Gleichen, hätten, der drohenden Gefahr zu entgehen, den Zauber gelegt, der die holde Prinzessin in den Augen ihres Gemahls abscheulich machte. — Diego Garcias de Padilla, der Königin Bruder, wünschte sich das Großmeisterthum von Calatrava, und des bisherigen Großmeisters, des Johann Nuñez de Prado, hochverrätherische Verbindungen mit Aragonien mußte ihm den Weg hierzu bahnen. Prado hatte sich nach Aragonien gewendet, ließ sich aber durch des Königs glatte Worte berücken, kehrte nach Castilien zurück, und wurde alsbald nach seiner Ankunft in Almagro in Verhaft genommen. Jetzt nöthigte der König die Ordenscomthure zu einer neuen Wahl zu schreiten, und diese Wahl mußte auf den Padilla fallen (1354). König und Großmeister fühlten indessen, welche Einwendungen gegen ihr Verfahren erhoben werden könnten, indem Prado entweder gar nicht, oder nur aus Zwang entsagt hatte. Sie ließen darum den Beraubten nach Maqueda und vom Leben zum Tode bringen. In dem Kriege mit Aragonien, im J. 1356, befehligte Diego das an den Grenzen von Valencia aufgestellte Heer, und es gelang ihm, Chinosa zu nehmen und einige Verheerungen anzustellen; dagegen wurde er in dem unglücklichen Treffen bei Guadix (15. Jan. 1362), von den Mohren gefangen, jedoch von dem Könige von Granada ohne Lösegeld freigegeben. In dem Bruderkriege zwischen Peter und Heinrich von Trastamara erklärte Diego, der mehrmals schon des Königs böse Launen hatte tragen müssen, sich für den Bastard, obgleich dieser ihm einen neuen Großmeister, den Peter Estevañez Carpeintero, entgegengesetzt hatte. Diesen erlegte König Peter mit eigner Hand, um sodann den Schwager schriftlich zu mahnen, daß er, Peter, der rechtmäßige König von Castilien, der rechtmäßige Gemahl der Maria de Padilla sei, daß demnach seine, des Großmeisters, Neffen, berufen sein könnten, dereinst über Castilien zu herrschen. Solchen gewichtigen Worten war für den Fall, daß Diego zu seiner Pflicht zurückkehren werde, das Versprechen hinzugefügt, daß er die Städte Andujar, Talavera und Villareal alsbald zu Eigenthum haben solle. Padilla zog die Sache in Überlegung und überlegte bis zum 3. April 1367, dem Tage der Schlacht bei Najera, dann nachdem also scheinbar die Entscheidung erfolgt war, führte er seine Reisige dem Sieger zu. Es war jetzt zu spät, Peter ließ den unzuverlässigen Schwager nach der Feste Alcala de Guadayra bringen, und daselbst mußte Diego sein Leben im J. 1369 beschließen. — Maria hatte noch einen andern, zwar unehelichen, Bruder, den Johann Garcias de Padilla de Villagera. Dieser war es, welcher den König Peter zuerst von dem Bündnisse unterrichtete, so dessen Brüder mit Johann Alfons von Albuquerque gegen ihn errichtet hatten, und der König bezeugte sei
Dankbarkeit, indem er den Bastard, der außerdem a
verheirathet war, dem Orden von S. Jago als Großm
ster aufzwang (1354). Der neue Großmeister fiel jedo
bereits 1355 für des Königs Dienst, in einem unglück
chen Gefechte, das er zwischen Ucles und Tarancon ein
Rebellenschar lieferte. — Lopo Fernandez de Padil
wurde 1384 von dem Könige von Castilien, der im A
zuge gegen Lissabon begriffen, in Santarem als Comma
dant zurückgelassen. Johann de Padilla, nachdem er si
in verschiedenen Feldzügen gegen die Mohren ausgezeic
net, wurde im J. 1440 von König Johann II. zu
Oberzeugmeister ernannt. Peter Lopez de Padilla, He
von Coroña, befand sich unter den Herren, welche im
1421 dem Infanten Heinrich von Villena gegen den K
nig beistanden. Sein Sohn Ferdinand regierte a
Sceptertäger von Calatrava diesen Orden, nachdem d
Großmeisters, des Ludwig de Guzman, hohes Alter ein
Verweser unentbehrlich gemacht hatte; er wurde auch na
Ludwig's Abgange im J. 1443 zum Großmeister gewähl
aber noch in demſ. Jahre getödtet (s. den Art. Cal
trava). — Maria de Padilla, des Ferdinand de Carril
Hausfrau, hatte ihr Schlafgemach dicht neben dem k
niglichen, und ließ sich durch des Marquez von Viller
große Verheißungen gewinnen, daß sie versprach, ih
und den übrigen Verschworenen Zugang in das königlic
Schlafzimmer zu verschaffen (1464); es sollten Kön
und Königin entführt werden, aber Heinrich IV. erhi
Nachricht von der beabsichtigten Verrätherei, und wuß
sich zu hüten. — Garcias de Padilla, der Sceptertrag
von Alcantara, befehligte in der Schlacht bei Olmed
(1467) von Seiten der Rebellen eine Schar von 20
Reitern. — Garcias Lopez de Padilla, Sceptertäger
dem Orden von Calatrava, stritt mit einem Theile d
Ritter für die Königin Isabella, während der Großme
ster, Rodrigo Tellez Giron, die entgegengesetzte Par
genommen hatte. Rodrigo fiel in dem Treffen bei Lo
(23. Jul. 1482), und der bisherige Sceptertäger tr
in seine Stelle. Garcias starb, nach vierjährigem Re
ment, als der letzte Großmeister von Calatrava, im
1486. — Gutierro de Padilla, Sceptertäger von Alca
tara, war im J. 1484 mit der Vertheidigung der wic
tigen Grenzfestung Alhama beauftragt; wir können ab
nicht sagen, ob er eine Person mit jenem Guttiero G
mez de Padilla, dem Großcomthur von Calatrava, be
König Ferdinand, nachdem er die Regierung von Cas
lien an den Erzherzog Philipp abgeben müssen, mit d
Wahrnehmung seiner Interessen in jenem Reiche bea
tragte. Dieser Großcomthur starb im J. 1516, wora
sein Neffe, Guttiero Lopez de Padilla, sich allen Fleiß
um die erledigte Würde bewarb, jedoch dem von de
Erzherzog Infante Ferdinand empfohlenen Gonçalo Nu
ñez de Guzman weichen mußte. Garcias de Padilla, u
der Bischof von Padajoz, Mota, waren die königliche
Minister, welche dem Reichstage von Valladolid (1518)
präsidirten; später (1529) kommt Garcias, als Großcom
thur von Calatrava, unter den Begleitern des Kaiser
auf dessen italienischer Reise vor.

Bündniß, dessen nächster Zweck jedoch nur eine Bittschrift an den König war, worin alle Klagen des Landes aufgestellt wurden. Karl schenkte ihr nur geringe Aufmerksamkeit, wiewol sie ihm in Barcelona zum andern Male vorgelegt wurde, und ließ, gleichsam im tiefsten Frieden, die Cortes von Castilien nach S. Jago entbieten, um von ihnen neue und ungewöhnliche Geldbewilligungen zu erhalten. Hiermit hatte aber auch die Unzufriedenheit der Städte den höchsten Grad erreicht, und Juan de Padilla, der Schöffe von Toledo, fand, daß die Zeit gekommen sei, die ehrgeizigen Entwürfe, denen er sich längst schon hingegeben, zu verwirklichen. Es ist kaum zu verkennen, daß er unter dem gewöhnlichen Wahlspruche, Freiheit und Abstellung der Misbräuche, die Mittel suchte, sich der höchsten Gewalt zu bemeistern, und zugleich seine Familie, die unter der vorigen Regierung in gewisser Art in Verfall gerathen war, wenigstens nicht mehr der hohen, gebietenden Aristokratie angehörte, auf ihren frühern Standpunkt zurückzuführen. Zu solchem Streben hätte der feurige, noch nicht 33 Jahre zählende stolze Mann, auf den sich ein reichlicher Antheil von den Leidenschaften seines mütterlichen Großvaters, des gewaltigen Marquez von Villena, vererbt zu haben scheint, der Aufmunterung kaum bedurft; sie wurde ihm aber im Übermaße von Seiten seiner Hausfrau, der Donna Maria, die zwar eine Tochter von Inigo Lopez de Mendoza, dem zweiten Grafen von Tendilla und erstem Marquez von Mondejar, jedoch gewöhnlich nur mit dem mütterlichen Namen Pacheco bezeichnet wird. Allen Stolz der Mendoza und Pacheco zusammengenommen in sich tragend, fühlte Maria sich gedemüthigt durch die Stellung ihres Mannes, dessen Familiengeschichte für sie ein Lieblingsstudium gewesen zu sein scheint. Sie wußte sehr genau, daß die höchsten Würden in den Ritterorden in dem Hause Padilla beinahe erblich gewesen, und es wird daher jener Traum nicht befremden, in welchem Don Juan ihr in dem Schmucke des Großmeisters von S. Jago erschien. Es war aber nicht lediglich jener Traum, der ihren Ehrgeiz — abermals ein Erbstück von ihrem mütterlichen Großvater, der ihr mit Padilla gemeinschaftlich, von jenem berühmten Marquez von Villena — anfachte, auch Prophezeiungen kamen ihm zu Hilfe. So hatte namentlich ein Dienstmädchen von Zigeunerherkunft der Donna Maria eine Königskrone verheißen. Sich selbst täuschend und von Andern getäuscht, wurde Maria das mächtigste Werkzeug, um auf ihres Mannes Leidenschaften, auf einen Mann, der sich gänzlich von ihr beherrschen ließ, zu wirken. Von seinen Collegen Ferdinand de Avalos und Gonsalo Gaytan unterstützt, bearbeitete er in der Art das Volk von Toledo, daß den nach altem Brauche durch das Loos erwählten Reichstagsdeputirten die Vollmacht versagt und eine andere, dem Hofe durchaus feindliche, Deputation erwählt wurde (1520). Die Kunde von diesem Ereignisse und von den unruhigen Auftritten, zu denen dasselbe die Loosung gegeben, verbreitete sich alsbald durch die Provinzen des Reichs, und der König entbot den Padilla wie den Avalos zu sich nach S. Jago. Padilla schien des Willens zu gehorchen, langsam und in Reisekleidern durchzog er die Stadt, und bereits hatte er die Heerstraße erreicht, als er auf eine Schar Aufrührer stieß, die vermuthlich von ihm aufgestellt und unterrichtet worden. Sie zwangen den Reisenden zur Rückkehr nach der Stadt und führten ihn in eine Kapelle des Doms, wo er bei dem Worte eines Edelmanns schwören mußte, daß er die Stadt nicht ohne des Volkes Erlaubniß verlassen wolle. Den nämlichen Eid mußte auch Avalos schwören, und zum Beschlusse der Komödie protestirten die beiden Demagogen öffentlich gegen die an ihnen verübte Gewaltthätigkeit, während sie zugleich dem Bündnisse der Communeros, das sich in der nämlichen Stunde constituirte, beitraten. Die Schwachheit des Corregidors überlieferte den Aufrührern den Alcazar, und hiermit in dem vollen Besitze von der wichtigsten Stadt des Königreichs, begannen sie ihre Blicke nach Außen hin zu richten. Die Bewegung hatte sich einer großen Anzahl von Städten mitgetheilt, und war besonders zu Segovia Veranlassung zu argen Ausschweifungen geworden. Dieser Stadt war daher von dem Regenten, von dem Cardinal Adrian, vor allen andern eine Züchtigung zugedacht, und der Großvoigt Ronquillo erhielt den Auftrag, des Königs Rache zu nehmen. Ronquillo brachte einige Kriegsvölker zusammen und bedrängte von S. Maria de Nieva aus die rebellische Stadt, als Padilla die Nothwendigkeit erkannte, hier einzuschreiten. Während die Städte Toledo, Madrid, Guadalaxara, Soria, Murcia, Cuenca, Segovia, Avila, Salamanca, Toro, Zamora, Leon, Valladolid, Burgos und Ciudad Rodrigo, in der Versammlung zu Avila, vom 29. Jul. 1520 an, sich zu einer Conföderation vereinigten, führte Padilla die rüstige Jugend von Toledo in das Feld, um, vereinigt mit den Madridern, den Großvoigt Ronquillo aus der Stellung von S. Maria de Nieva zu vertreiben. Eine Schar von 400 Flintenschützen, ebenso vielen Helebardirern und 300 Reitern, die als sein Vortrab anzusehen, erreichte ohne Hinderniß Segovia (17. Aug.) und erregte dort solche Begeisterung, daß beschlossen wurde, am andern Tage den Feind aufzusuchen. Peralta, der Schöffe, führte 3500 Mann gegen Ronquillo's Lager, wo alles schon zu geordnetem Rückzuge bereitet war. Den Bürgern erschien der Rückzug als eine Flucht und sie dachten dieselbe durch einen Angriff auf das Hintertreffen zu beschleunigen. Augenblicklich ließ Ronquillo Fronte machen, und es entspann sich auf der ganzen Linie ein Gefecht, das für die Angreifer die ungünstigste Wendung zu nehmen schien. Bereits war Peralta gefangen, als Padilla selbst mit seiner Colonne auf dem Schlachtfelde eintraf. Peralta wurde befreit, und Ronquillo über S. Maria de Nieva hinaus verfolgt, ihm auch eine Kriegscasse mit zwei Millionen Maravedi abgejagt. Anton de Fonseca, der Herr von Coca, sollte der geschlagenen Schar Verstärkung zuführen, insbesondere einen Artilleriezug, der in Medina del Campo aufgestellt; allein die Bürger wollten das Geschütz nicht verabfolgen lassen; über ihren Widerstand erzürnt, ließ Fonseca Feuer anlegen, und der größte Theil der Stadt ging in den Flammen unter. Dieses war aber auch das einzige Resultat der Expedition; das Geschütz

neten, so lange die Cortes währen, eine hinlängliche Auslösung bewilligen. Die Cortes sollen wenigstens einmal in drei Jahren zusammenkommen, selbst in dem Falle, daß sie der König nicht einberufen sollte. Alle Belohnungen, die einem der Mitglieder der Cortes von S. Jago gegeben oder versprochen worden, sollen widerrufen werden. Die Ausfuhr von Gold, Silber oder Juwelen ist bei Todesstrafe zu untersagen. Die Richter sollen einen bestimmten Gehalt, aber keinen Antheil an den von ihnen ausgesprochenen Confiscationen oder Geldbußen haben. Jede Verschenkung von Gütern Angeklagter bleibt ungültig, wenn sie vor dem Urtheilsspruche bewilligt worden. Alle Vorrechte, die dem hohen Adel, zu welcher Zeit es auch geschehen sein möge, zum Nachtheile des Bürgerstandes verliehen worden, sollen widerrufen sein. Mit den obrigkeitlichen Ämtern in den größern oder kleinern Städten soll der hohe Adel nichts zu schaffen haben, hingegen in Ansehung seiner Ländereien gleich dem Bürgerstande besteuert werden. Die Führung derjenigen, welchen von Ferdinand's Regierung an die Verwaltung der Krongüter überlassen gewesen, soll untersucht werden; unterließe es der König, innerhalb 30 Tagen eine Commission zu dem Ende zu ernennen, so werden die Cortes eine solche bestellen. Kein Ablaß soll gepredigt oder ausgegeben werden, es sei denn vorher die Veranlassung zu der Verkündigung von den Cortes geprüft und gebilligt worden; alle aus dem Ablasse erlösten Gelder sollen getreulich für den Krieg mit den Ungläubigen verwendet werden. Prälaten, die nicht sechs Monate des Jahres innerhalb ihrer Diöcesen residiren, sollen der während ihrer Abwesenheit erscheinenden Einkünfte verlustig gehen. Das Sportelwesen bei den geistlichen Gerichten soll der Taxe der weltlichen Gerichte gleichgestellt werden. Der gegenwärtige Erzbischof von Toledo soll, weil er ein Ausländer, abdanken, und die erledigte Würde an einen Castilianer vergeben werden.

Überzeugt aber, daß der Monarch auf solche Foderungen nicht eingehen könne, gewahrend, daß sie durch dieselben nicht nur dem Königthume, sondern zugleich der bisher ganz unthätigen Aristokratie den Fehdehandschuh zugeworfen habe, traf die Junta zugleich Anstalten, um den Bestand des Bündnisses zu sichern. Es wurden den verbündeten Städten verhältnißmäßige Beiträge an Geld und Contingente an Mannschaft abgefodert, es wurde aus letztern in der Umgegend von Tordesillas ein regelmäßiges Heer gebildet, und endlich auch zu der Wahl eines Generalcapitains geschritten. Padilla hatte dessen Verrichtungen bisher nicht ohne Beifall geübt, und keiner schien gleich ihm berechtigt, sie auch ferner zu üben, allein eine lebensgefährliche Krankheit seiner Hausfrau hatte ihn nach Toledo gerufen, und Peter Giron benutzte diese seine Entfernung, um mit ihm zugleich in die Wahl zu treten. Die Republikaner fanden, daß ein Padilla nicht geboren sei, um dem Sohne des Grafen von Ureña im Wege zu stehen, und Giron erhielt die Mehrheit der Stimmen. Wie dieser den ihm gegebenen Vorzug rechtfertigte, haben wir unter Ossuña erzählt. Nach einer Reihe von Unfällen verbarg er sich zu Peñafiel, Padilla aber wurde von der Gemeinheit einstimmig an seine Stelle erhoben, obgleich die aus Tordesillas entkommenen, und in Valladolid neu constituirten Mitglieder der Junta für Peter Laso gestimmt hatten. Sie mußten sich begnügen, dem wider ihre Ansicht gewählten Feldhauptmanne zwei berathende Gehilfen, den Bischof von Zamora und den Gonsalo de Guzman, an die Seite zu setzen. Von dem Volke in Valladolid mit rauschendem Enthusiasmus aufgenommen, eröffnete Padilla seine Operationen mit der Einnahme von Cigales, dessen gesammte Besatzung in Kriegsgefangenschaft gerieth, während der Bischof von Zamora eine Demonstration gegen Burgos vornahm. Hiermit waren aber auch die Geldmittel der Junta erschöpft, und es trat abermals eine Periode von Unthätigkeit ein, die unvermerkt zu Unterhandlungen führte (Januar 1521). Die Unterhändler, der Dominikaner Garcias de Loaysa und der Franziskaner Franz de Quiñones, trafen jedoch auf Schwierigkeiten, die ihrer Natur nach unüberwindlich, wo es hingegen der Frau von Padilla glückte, für ihre Partei eine bedeutende Geldhilfe zu ermitteln. Maria, die in Toledo unbeschränkte Herrschaft übte, beschloß sich ihrer zu bedienen, um die Domkirche ihrer Schätze zu berauben. Eine feierliche Procession wurde angeordnet; in Trauer gehüllt, wie ihr Gefolge, zog Maria nach der Kirche; unter dem Ausbruche des tiefsten Schmerzes und der innigsten Zerknirschung rief sie die Vergebung der Heiligen an, deren Schrein sie zu plündern gedachte, und unter solcher frommen Maske wurde der Kirchenraub ohne sichtbares Widerstreben von Seiten des Volkes vollbracht. Padilla, hierdurch im Besitze der Mittel, seine Soldaten wenigstens theilweise befriedigen zu können, und gewahrend, daß die Unterhandlungen von den Feinden nur fortgesetzt wurden, um ihre Rüstungen zu vervollständigen, rückte vor Torre de Lobaton, wo der Amirante eine starke Besatzung hatte. Nach lebhaftem Widerstande wurde der Ort mit Sturm genommen und geplündert (3. März 1521). Von da zog er nach Zaratan, unweit Valladolid und der Pisuerga. Die zwecklose Bewegung war kaum ausgeführt, und Padilla sollte sich eben zur Tafel setzen, als er plötzlich Befehl gab, nach Torre de Lobaton zurückzukehren; es war ihm hinterbracht worden, daß der Amirante diesen Ort bedrohe, oder er fürchtete, nach Andern, einen Anschlag auf sein Leben, der wahrscheinlich von den Demagogen in Valladolid ausgehen sollte. In Torre de Lobaton verweilte er einen ganzen Monat in vollkommener Unthätigkeit, daß es beinahe scheinen sollte, er habe den Ausgang einer Unterhandlung abgewartet, die der Amirante in Toledo anzuknüpfen trachtete, die aber an dem Übermuthe von Padilla's Gemahlin scheiterte. Nachdem es ihr kürzlich gelungen, Mora, Orgaz und Ocaña für die Conföderation zu gewinnen, glaubte sie auf keinen Antrag, so lockend auch die ihr verheißenen Vortheile waren, eingehen zu dürfen. Das Schwert sollte also entscheiden, und während der Prior der Johanniter, Alvaro de Zuniga [2]), seine Ope-

---

2) Ferreras nennt ihn Juan de Zuniga, die Biogr. univ. Anton de Toledo, und Charles Didier (Revue des deux mondes,

gegen die Truppen der Frau von Padilla mit
igkeit fortsetzte, erhielt Padilla selbst von der Jun-
hl zur Wiederaufnahme der Feindseligkeiten. Auch
zerte er noch, angeblich um die Contingente von
, Leon und Salamanca zu erwarten, und selbst
er Marsch des Connétable, der sich von Burgos
Bewegung setzte, um eine Reserveschar von 500
und 3000 Fußgängern seinem Sohne, dem Gra-
Haro, welcher mit dem königlichen Heere in Me-
Rioseco stand, zuzuführen, konnte seine Trägheit
den. Eine Abtheilung seiner Völker, die er mit
e Figueroa nach Becerril de Campos, nordwest-
Medina de Rioseco, schickte, deuchte ihm hinrei-
um dem Connétable den Weg zu verlegen. Allein
berwältigte Becerril, nahm den Figueroa und ei-
ern Officier von Bedeutung, den Juan de Luna,
a, und erreichte, ohne weitern Anstoß Medina de
. Nach stand Padilla in Torre de Lobaton, daß
ach in dieser Centralposition die Verbindung zwi-
ater und Sohn (dieser stand in Tordesillas) fort-
unmöglich machte; es gelang ihm sogar, indem
guten Willen der Einwohner benutzte, das ganz
i Medina de Rioseco gelegene Palacios de Me-
nehmen, und gegen wiederholte Angriffe der Kö-
zu behaupten. Allein grade dieser Umstand ent-
die Thatkraft der Königlichen, und der Graf
ro erhielt von den Regenten den Befehl, um je-
is die Verbindung mit dem Connétable zu bewerk-
. Im Angesichte beinahe von Padilla verließ der
ordesillas, wo zwar eine starke Besatzung zurück-
nd sich in nordwestlicher Richtung bewegend, erer am 21. April Peñaflor, unweit der Quellen
rhalb Toro in den Duero mündenden Flüßchens
. Hier wartete seiner bereits der Connétable
r hielt er am 22. Musterung über 6000 Fuß-
und 1400 Reiter, daß er demnach selbst in der
dem durch Desertion geschwächten Heere Padilla's
rlegen fand. Darum wurde ungesäumt beschlos-
Horneja abwärts zu ziehen und den Feind in
de Lobaton einzuschließen. Dieses Vorhaben kam
n nämlichen Tage zu Padilla's Kunde, und in
he des 23. Aprils 1521 verließ er Torre de Lo-
in der Absicht, in Toro einen minder bedrohten
platz zu beziehen. Seine Artillerie in der Fronte,
anterie in zwei Brigaden getheilt, die Reiterei im
reffen, zog er das Flußthal hinab, verfolgt, doch
reicht, von den Königlichen. Aber ihm unbewußt
ne starke Reiterschar ihm auf dem rechten Ufer den
ng abgewonnen; die Brücke von La Vega de Val
ecos benutzend, erschienen diese Reiter urplötzlich auf
erstraße, und das Geschütz ward, bevor es Villalar
n konnte, der Reiter Beute, während Padilla's

1886, 5. livraison, in einem dürftigen, unwahren, phan-
, wenn auch nicht phantasiereichen Aufsatze über Padilla)
e Zuniga. Wol wissen wir, daß genealogische Studien
altigen Geister, welche den historischen Scepter führen,
g sind; doch will es uns scheinen, als sei ohne diese Studer spanischen Geschichte wenigstens, kein Heil zu finden.

Infanterie, von der Straße abgewiesen, sich genöthigt sah, einen Umweg durch feuchte, kürzlich umgepflügte Niederungen zu machen. Bei jedem Schritte versank der Soldat bis an die Knie im Moraste, den der heftige Regen fortwährend erweichte. Mit den Schwierigkeiten des Bodens und den Elementen zugleich kämpfend, konnten die Städter nur langsam vorrücken, ihre Ordnung hatte sich aufgelöst, die letzte Spur von Selbstvertrauen ging über dem eiligen Rückzuge, der vielmehr einer Flucht zu vergleichen, verloren, und als ein Zusammentreffen mit dem nachsetzenden Feinde unvermeidlich geworden, dachte beinahe Niemand an Widerstand. Nur Padilla bezeigte Muth. Nachdem er Alles aufgeboten, die Fliehenden zum Stehen zu bringen, warf er sich auf die ihn zunächst bedrängenden Reisigen des Grafen von Benavente. Sie schienen zu schwanken, da sprengte Peter de Bazan herbei, einen absonderlichen Kampf mit dem kühnen Aufrührer zu bestehen. Sie wechselten einige Hiebe, faßten einer den andern und stürzten so zusammen von den Rossen herab. In dem nämlichen Augenblick erhielt Padilla einen Hieb von Peter de la Cueva, der tief in den Schenkel eindrang und ihn kampflos machte. Er mußte sich ergeben, gleichwie auch Franz Maldonado, der Hauptmann von Salamanca, Peter Maldonado und Johann Bravo gethan hatten; das Heer aber zerstäubte. So endigte die Schlacht bei Villalar, in der die Städter an Todten 100, an Gefangenen 1000 Mann zurückließen, 400 Verwundete ungerechnet. Padilla selbst wurde nach Villalar gebracht und streng bewacht, während die Sieger sich in einem benachbarten Hause zu einem Kriegsrathe versammelten, um die Frage, was mit einem Gefangenen von solcher Wichtigkeit zu machen, abzuhandeln. Der Connétable war der Meinung, daß man ihn bis zur Rückkehr des Königs eingesperrt halte, der Amirante wollte, daß er am folgenden Morgen hingerichtet werde. Dieser Meinung pflichteten der Großcomthur von Castilien und einige andere Herren, die in Padilla das Haupt der Empörung erblickten, bei, und sie wurde beliebt. Man verkündigte den Ausspruch des Kriegsraths — ein Urtheil war gegen Störer des Landfriedens, die mit den Waffen in der Hand gefangen worden, überflüssig — den drei Unglücksgenossen, Padilla, Bravo und Franz Maldonado. Sie verlangten sogleich den Beichtvater, um sich zum Tode zu bereiten, und am folgenden Morgen gingen sie zum Richtplatze, Padilla mit der Standhaftigkeit eines christlichen Helden. Der Befehl zur Hinrichtung wurde ihnen vorgelesen, und Bravo äußerte einige Ungeduld, daß er ein Verräther heißen sollte. „Gestern war es an der Zeit, den Muth eines Ritters zu zeigen, heute wollen wir sanftmüthig sterben, wie es Christen ziemt," strafte ihn Padilla. Bravo litt zuerst, er hatte sich das als eine Gunst erbeten, um nicht den Tod seiner Gefährten zu sehen; ihm folgte Padilla, der kaum noch Zeit hatte, einem Freunde ein Heiligthum von Gold, das er bei sich getragen, und einen Rosenkranz zuzustellen. Beides bestimmte er seiner Frau, die er zugleich bitten ließ, sie möge fleißigere Sorge tragen für seine Seele, als er für seinen Leib gehabt. Domine non secundum peccata nostra facias nobis! Dieses war sein letztes Gebet. Ihre Köpfe wurden auf dem Galgen aufgerichtet. Padilla hatte die Erlaubniß erhalten, in einigen Zeilen von seiner Gemahlin und von der Stadt Toledo Abschied zu nehmen, und Robertson fand in seinen Briefen eine so erhabene Beredsamkeit, daß er nicht umhin konnte, sie in einer Note zu dem dritten Buche der Geschichte Karl's V. abdrucken zu lassen. Schreiben und Handeln sind aber verschiedene Dinge, und wenn wir auch nicht mit Jovius annehmen, daß „Padilla schlechte Qualitäten, auch sonderlich wenig Herz im Leibe gehabt habe," so müssen wir doch einräumen, daß er weder die Mittel zu finden wußte, die zum Siege führen können, noch auch wußte, was er nach dem Siege beginnen sollte. Ein Führer aber, der das Alles nicht weiß, versündigt sich gleich sehr an Gegenwart und Zukunft, unabhängig von dem Verbrechen, so er gegen die bestehende Ordnung der Dinge begangen hat.

Der Aufruhr war, wie es die strengen Richter von Villalar vorhersahen, in des Aufrührers Blute erstickt, eine Stadt nach der andern kehrte zum Gehorsam zurück, nur Toledo blieb ungebeugt, denn hier herrschte von dem Alcazar aus Padilla's Witwe, und selbst den leichten Eindruck von Schrecken, den die Nachricht von der Schlacht von Villalar und dem auf sie folgenden peinlichen Halsgerichte verbreitete, wußte Maria alsbald zu tilgen. Sie durchzog die Straßen von Toledo, begleitet von ihrem Söhnlein, der trotz seines zarten Alters in tiefer Trauer erscheinen mußte; vorgetragen wurde dem Kinde eine Fahne, auf welcher die Hinrichtung seines Vaters mit allen Umständen abgebildet. Ein so außerordentliches Schauspiel entflammte die Leidenschaften der Menge, und ihre ersten Opfer wurden zwei Biscayer, denen Maria 5000 Dukaten anvertraut hatte, um sie an Don Juan zu überbringen, die aber, in die Nähe von Valladolid gelangt und die Anstalten zum Treffen gewahrend, für gut fanden, den Ausgang des Treffens abzuwarten, bevor sie das Geld ablieferten. Sie wurden auf der Stelle erschlagen und ihre Leichname verbrannt. Gleich darauf verbreitete sich das Gerücht, es habe sich ein Mensch, durch Hoffnung großer Belohnung von den Regenten erkauft, in die Stadt eingeschlichen, um die Donna Maria gewaltsam oder mit List zu entführen. Ein wüthender Volkshaufen drängt sich nach dem Alcazar, der Entführer wird ergriffen während eines traulichen Gesprächs mit der Frau, welche keine Ahnung hatte von der sie bedrohenden Gefahr, und herabgestürzt aus dem Fenster. Stark durch die Liebe eines sie so sorgsam hütenden Volkes, beschloß Maria sogar angriffsweise zu verfahren. Sie ließ ihre Truppen Crucifixe führen statt der Fahnen, gleichsam als wären sie bestimmt, gegen Ungläubige zu streiten; sie lud die Franzosen ein, den Ebro zu überschreiten und verhieß ihnen in Castilien so reißende Fortschritte wie die in Navarra (Mai 1521), sie hob in Mazarabucaque, halbwegs Aranjuez, den Alfons de Carvajal und seine ganze Besatzung auf; sie scheiterte zwar in einem Unternehmen auf das Castell von Almonacid, behauptete sich jedoch fortwährend in einem beträchtlichen Umkreise auf beiden Ufern des Tajo. In dieser Lage war es einzig der Geldmangel, der ihre Operationen hemmte, und nochmals erinnerte sie sich des Doms und seiner Schätze. Die sechs Domherren, die allein noch ausgehalten hatten, sträubten sich; da ließ Maria sie in dem Capitelsaale einsperren, und ihnen zwei Tage und zwei Nächte lang Speise, Trank und Bett verweigern. Solcher harten Behandlung erlag die Standhaftigkeit der Gefangenen, und sie verstanden sich zu einer Ablieferung von 600 Mark Silber, worüber Maria in bester Form eine Schuldverschreibung ausstellte. Hiermit war abermals der Sold der Truppen gedeckt, und dieser Vortheil war unter den gegenwärtigen Umständen erheblich genug. Denn der Franzosen Niederlage bei Esquiros (30. Jun. 1521), ihr Rückzug über die Pyrenäen, erlaubten es jetzt den Regenten, eine größere Truppenmasse zur Unterdrückung des Aufruhrs in Toledo zu verwenden, und nach und nach, in einer Reihe von Gefechten, wurde derselbe beinahe auf die Mauern der Stadt beschränkt. In einem dieser Gefechte gerieth ein tapferer Ritter, Pedro de Guzman, nachdem er sich in der fliehenden Toledaner Verfolgung zu weit gewagt, schwer verwundet, in Gefangenschaft. Maria, die von dem Alcazar aus, seiner Tapferkeit Zeuge gewesen, ließ sich den Verwundeten vorführen, leitete den ersten Verband und pflegte ihn die ganze Zeit seiner Behandlung mit großer Sorgfalt. Als er vollkommen wieder hergestellt, that sie ihm den Vorschlag, den Oberbefehl der städtischen Kriegsvölker zu übernehmen; er wurde von dem edeln Ritter geziemend abgelehnt, verdient aber nichtsdestoweniger Erwähnung, weil er das Misliche in Maria's Lage vorzüglich bemerkbar macht. Ihr, die sich so großen Dingen unterzogen hatte, fehlte der Beistand eines Mannes, dem sie die Leitung der Vertheidigung hätte überlassen können; unter so vielen treuen Anhängern fand sich auch nicht ein Befehlshaber von gewöhnlicher Fähigkeit. Der Prior der Johanniter, unter dessen Befehlen das Blokadecorps fortwährend stand, ging gleichwol mit der äußersten Behutsamkeit zu Werke, und war vornehmlich bedacht, der Stadt die Lebensmittel abzuschneiden. Es fing der Mangel an sehr fühlbar zu werden, als man die Nachricht erhielt, daß auswärtige Freunde eine Verstärkung und zugleich eine bedeutende Zufuhr von Lebensmitteln unweit der feindlichen Linien in Bereitschaft hielten. So willkommene Botschaft entflammte alle Gemüther, und am 16. Oct. geschah, um das Einbringen der Convoi zu begünstigen, ein allgemeiner Ausfall. Allein der Prior war auf seiner Hut, und vertheidigte mit Hartnäckigkeit seine Verschanzungen, sodaß die Bürger gezwungen wurden, mit einem Verluste von 1380 Mann an Todten, Verwundeten und Gefangenen abzuziehen. Tiefe Muthlosigkeit trat an die Stelle der vorübergehenden Aufwallung, und diesen Augenblick benutzten einige vernünftige Bürger und insbesondere die Geistlichkeit, die seit dem Tode des ihr aufgezwungenen niederländischen Erzbischofs (Wilhelm von Croy) keinen Grund weiter hatte, der Regierung zu grollen, die aber die zweimalige Beraubung der Domkirche unmöglich verschmerzen konnte. Es wurde unter dem Volke verbreitet, der Einfluß, den Donna Maria übe, sei die Wirkung einer Zauberei, ein böser Geist, der in der Gestalt einer Negerin immerfort um sie sei, stehe ihr bei und leite sie in allen ihren Handlungen. Das leichtgläubige Volk, ungeduldig über eine so langwierige Blokade, und seit dem Rückzuge der Franzosen an auswärtiger Hilfe verzweifelnd, kehrte seine Waffen gegen die bisherigen Freunde, und während Maria mit ihren Anhängern sich auf den Alcazar beschränken mußte, wurden die Thore der Stadt den Kaiserlichen geöffnet (26. Oct.). Mit einer Hartnäckigkeit ohne Gleichen vertheidigte Maria sich noch ganze drei Monate in dem Alcazar (oder vielmehr, wie es fast scheinen möchte, in ihres Eheherrn Hause, das sie durch Hinzufügung einiger Schanzen und einer reichlichen Ausstattung von Geschütz in eine Festung verwandelt hatte); endlich beschloß die Geistlichkeit die Bürgerschaft zum Sturme zu führen. Es erfolgte derselbe am $\frac{3}{10}$ Febr. 1522, und das Haus wurde überwältigt, nachdem es der Heldin gelungen, sich mit ihrem Sohne und einigen Vertrauten, worunter Ferdinand d'Avalos, zu retten. Maria fand Zuflucht in einem befreundeten Hause, auch hier bedroht, legte sie die Kleider einer Bäuerin an; reitend auf einer alten Stute, begleitet von ihrem Knaben, beladen mit einigen Gänsen, verließ sie Toledo, und es glückte ihr Portugal zu erreichen. Dort lebte sie von des Erzbischofs von Praga kümmerlichen Almosen, bis ein frühzeitiger Tod, in dem ihr der Sohn bald folgte, sie von allem Leid erlöste. Padilla's Haus wurde geschleift, Salz auf die Stelle gesät, die eine Säule auch der späten Nachkommenschaft als eine gebannte Stelle bezeichnen sollte. Weil jedoch das Haus zum Majorat des Adelantado mayor gehörte, und dieser noch am Leben, so erlaubte Karl V. später dessen Wiederaufbau, und die Säule wurde in die Nähe der S. Martinsbrücke gebracht.

Anton, des unglücklichen Juan älterer Bruder[3]), folgte dem Vater in S. Gadea, Sotopalacios und Villavera, auch in dem Erbamte eines Adelantado mayor von Castilien. Er war mit Agnes de Acuña, einer Tochter des zweiten Grafen von Buendia, verheirathet, hatte aber von ihr nur eine einzige Tochter, Aloysia de Padilla, die Majorat und Erbamt in das Haus Manrique zurücktrug, durch ihre Vermählung mit Anton Manrique, dem dritten Herren von Valdescaray (er starb 1560). Ihr älterer Sohn, Juan de Padilla y Manrique, Herr von Valdescaray, S. Gadea und Villavera, war mit Maria de Acuña, der achten Gräfin von Buendia, verheirathet, und hatte von ihr mehre Kinder. Der einzige Sohn, Anton de Padilla, geb. 1564, trat in die Gesellschaft Jesu, lehrte viele Jahre zu Valladolid die Theologie, war Rector zu Valladolid und Salamanca und starb zu Valladolid, den 28. Nov. 1611. Seine Rede auf die Beatification des heil. Ignatius, in spanischer Sprache, ist gedruckt, sein Werk De efficacia gratiae, in der Handschrift vorhanden. Die Majorate, die Anton verschmäht hatte, S. Gadea, Buendia und Valdescaray, fielen an seine älteste Schwester, Aloysia de Padilla, die zugleich an ihres Vaters Bruder Martin verheirathet wurde. Martin de Padilla war ein Seemann von hohem Rufe; in der Schlacht bei Lepanto eroberte er vier türkische Galeeren, 26 Jahre später (1597), leitete und befehligte er eine gewaltige Seerüstung, welche in dem Hafen von Coruña vorgenommen wurde, und deren Zweck es war, sich der Insel Wight oder eines festen Punktes an der Küste von Cornwallis zu bemeistern[4]). Am 16. Oct. befand sich Martin dicht bei der englischen Flotte, ohne daß diese ihn, oder er sie gewahrt hätte. Während der englische Admiral seine Schiffe in dem Hafen von Plymouth ausbesserte, kreuzte Martin im Kanal, und verschiedene Theile der Küste wurden durch ihn insultirt, und alle an der See liegende Grafschaften in beständiger Unruhe erhalten. Allein ein fürchterlicher Sturm ergriff die Flotte und zerstörte in der Bai von Biscaya 16 ihrer Schiffe; die andern entkamen nach Santander, Ribadeo, Muros oder Coruña. Im J. 1599 unternahm Martin abermals einen Seezug auf dem Canal, der jedoch, gleichwie der vorige, die Engländer mehr erschreckte als ihnen schadete. Für ihn wurde S. Gadea zu einer Grafschaft erhoben, und es kommen daher seine Söhne, Juan de Padilla Manrique y Acuña und Eugen nach einander als Grafen von S. Gadea vor. Juan, der mit Anna de Silva, der achten Gräfin von Cifuentes, verheirathet war, starb 1606, Eugen den 15. Jun. 1622. Beide waren kinderlos geblieben. Ihre Majorate S. Gadea, Buendia, Valdescaray, das Erbamt eines Adelantado mayor von Castilien, fielen an ihre älteste Schwester, die an Christoph Gomez de Sandoval, den ersten Herzog von Uzeda, verheirathete Mariana de Padilla, und haben sich endlich in dem Hause der Herzoge von Medina Celi, als der heutigen Besitzer, vererbt. Der erste Graf von S. Gadea hatte aber auch noch zwei andere Töchter, von denen die jüngste, Aloysia de Padilla, an Anton de Ximenez de Urrea, den fünften Grafen von Aranda, verheirathet war und sich als Schriftstellerin bekannt machte. Man hat von ihr: Lagrimas de la Nobleza y Nobleza virtuosa; defensa de la verdad y invectiva contra la mentira; excelencias de la castidad.

(*v. Stramberg.*)

Padina *Adans.*, s. Zonaria *Drapara.*

PADINATES, genannt von Plinius (III, 15, 11), alter Name der Einwohner eines italienischen Ortes in Gallia cisalpina, den Cluver beim heutigen Flecken Bondeno, etwas südlich von der Mündung des Panaro in den Po, sucht. Der Ort Padinum wird sonst wol nirgends genannt.

(*H.*)

PADIS, ehemaliges berühmtes Cistercienserkloster, 42 Werste von Reval, in dem Kirchspiele St. Matthies des baltischportschen Kreises von Esthland gelegen, ist der ersten Anlage nach eine Stiftung des dänischen Königs

3) Auch Hieronymus, der in dem Kriege der Gemeinheit für den König stritt, scheint ein Bruder von Juan gewesen zu sein.

4) Lingard, der dieser Vorfälle erwähnt (Bd. 8. S. 345 und 366), nennt den spanischen Admiral mehrmals Adelantado, und verwandelt, wie man sieht, den Titel des Erbamtes, welches Martin bekleidete, in einen Familiennamen.

Erich V. Plogpenning. Erich, auf einem Feldzuge gegen Esthen oder Russen begriffen (1249), hatte sein Lager unweit Reval aufgeschlagen, und genoß, ermüdet von des Tages Arbeit und Last, der Ruhe in seinem Zelte. Da trat vor den Schlafenden ein Jüngling, der geschmückt mit der Marterpalme, ungefähr also sprach: „Sei guten Muthes, mein Bruder, ich bin Wenceslaus, den du verehrest. Ich komme dir anzukündigen, daß du Schicksal und Marter mit mir theilen sollst, und ermahne dich, in deren Erwartung zu Verherrlichung Gottes und zu meinem Gedächtnisse, an diesem Gestade ein Kloster zu erbauen." Und der Märtyrer verschwand. Am Morgen fragte Erich die Bischöfe seines Gefolges, wer jener Wenceslaus gewesen, und ob er wirklich so ausgezeichnet sei in Heiligkeit. Da lehrten die Bischöfe, Wenceslaus, eines Königs von Böhmen Sohn, sei das Opfer geworden höllischen Neides, den ob seiner Tugenden ein entarteter Bruder, Boleslaus, empfunden, und der schuldlose Märtyrer sei demnächst aufgenommen worden in die Zahl der Heiligen und Blutzeugen Christi. Solches vernehmend, dachte der König, ihm möge wol ein Gleiches beschieden sein, und er beeilte sich, zu Padis, an der Grenze des reval'schen Weichbildes, den Grundstein zu legen zu einem Kloster, das geweihet wurde zu Ehren des heil. Wenceslaus. Der Bau war aber lange nicht beendigt, als die Geschäfte des Reiches den heil. König nach Dänemark zurückriefen, und am 10. Aug. 1250 wurde er auf Veranstaltung seines Bruders Abel ermordet. Es dauerte daher noch ganzer 30 Jahre, bis seine Stiftung ihre Vollendung erhielt. Jetzt endlich, im J. 1281, wurde der Klosterbau vollführt. Die ersten Mönche kamen von Stolpe in Vorpommern, und Padis ist stets eine Tochter von Stolpe, in der Filiation von Morimond, geblieben. Im J. 1320 wurde das Kloster ganz neu und sehr fest von Steinen erbaut, die Westseite deckte der schmale, aber sehr tiefe padische Bach, der bei Baltischport in die Ostsee mündet; die übrigen Seiten waren mit breiten Gräben und mit Mauern verwahrt. Gleichwol wurde das Kloster in dem Bauernaufstande v. J. 1343 eine leichte Beute der Empörer, und 28 Conventualen fanden unter ihren Händen den Tod. Im J. 1561 ergab Padis sich an die Schweden, und der Herzog Magnus, der ein Recht daran zu haben vermeinte, konnte niemals zum Besitze gelangen. Im Februar 1575 verwüsteten Russen und Tataren das ansehnliche Klostergebiet, und im folgenden Jahre eroberten sie das Kloster selbst, welches sie aber im Herbste freiwillig verließen, nachdem sie noch vorher eine schwedische Belagerung ausgehalten. Im J. 1601 oder 1602 wurde Padis von den Polen eingenommen und grausam behandelt, auch nicht einer der noch vorhandenen Mönche entging dem Tode. Die schwedischen Könige machten aus dem verwaiseten Gebiete ein Krongut, das durch Verkauf und Verleihung allmälig engere Grenzen erhielt; den Rest, das heutige Gut Padis nebst Wichterpahl, überließ König Gustav Adolf im J. 1624 erb- und eigenthümlich dem Burggrafen in Riga, Thomas von Ramm, zur Wiederlage für seine livländischen von den Polen eingezogenen und völlig verwüsteten Güter. Noch in den neuesten Zeiten befand sich das Gut bei der Familie von Ramm. Bis zum J. 1766 waren, außer der bei der letzten Eroberung ruinirten südwestlichen Ecke, die sämmtlichen Klostermauern, deren Dicke durchgängig 8 bis 9 Fuß, die auswendige Höhe 8 bis 9 Faden betrug, unversehrt vorhanden, die sehr große, gewölbte Kirche stand aufrecht, mit ihrem cirkelrunden Thurme, von 16½ Faden Höhe, und des Gebäudes unteres Geschoß hatte man zu Wohnungen eingerichtet; damals aber wurde durch eine Feuersbrunst Alles zerstört. Nach der Revision v. J. 1774 enthielt das eigentliche Padis 59½, das in das Kirchspiel Heil. Kreuz eingepfarrte Wichterpahl 24½ Haaken. Zu diesem letzten Gute gehören viele schwedische Bauern, die ihrer Väter Sprache beibehalten haben, und sich schwedischer Bücher bedienen, aber dem Gute erblich angeschlagen sind, wie die Esthen. Auch die hierhin gehörigen Inseln Groß- und Kleinroog, wovon diese den baltischen Port gegen Westen einschließt, sind von schwedischen Colonisten bewohnt. Die Bauern von Großroog, ursprünglich vielleicht Dänen, erfreuen sich einiger nicht unbedeutender Privilegien, die ihnen, gegen Darbringung einer silbernen Kanne, von einem Abte von Padis verliehen wurden. Die livländischen Geschichtschreiber rechnen Padis zu der Oeselschen Diöcese, Jongelin hat aber die von einem neugewählten Abte auszuschwörende Eidesformel abdrucken lassen, und darin heißt es: Ego N. monasterii Padicensis ordinandus abbas promitto .... fidelitatem dignam, subjectionem, obedientiam et reverentiam matri meae ecclesiae Revaliensi, tibique Domino N. meo ejusdem ecclesiae Episcopo, successoribus tuis etc. (*v. Stramberg.*)

PADISCHAH (پادشاه), ein aus der Geschichte des Orients bekannter Titel, der daselbst den großen Fürsten beigelegt wird und persischen Ursprungs ist. In letzterer Sprache nämlich bedeutet Pad nicht allein den Hüter oder Wächter, sondern auch den, der jeden Schaden fern zu halten oder doch wenigstens zu heilen weiß. Schah aber zeigt einen großen, erhabenen Fürsten an, und man vergleicht das ganze Wort gern mit unsern Tyrannen, indem es schon von Alters her dem beigelegt ward, der die vollständigste Gewalt über seine Unterthanen ausübte und sich zum Herrn über ihr Leben und ihren Tod machte. Jetzt, nachdem der Groß-Mogul zu sein aufgehört, führen diesen Titel vor allem die Herrscher zu Constantinopel und Hamadan. Erstere waren auf ihn vorzüglich eifersüchtig, und es wurde als besondere Friedensbedingung in spätern Zeiten von den europäischen Mächten stipulirt, daß auch ihnen von der Pforte dieser Titel beigelegt würde. Frankreich und Österreich erhielten ihn zuerst, Rußland dagegen begehrte ihn schon auf der dritten Conferenz zu Niemirow den 19. Aug. 1737 vergebens. Ein Gleiches fand auf dem Congreß zu Bukarescht im J 1773 statt, und nun erst erhielt spät genug der russische Selbstherrscher diese officielle Auszeichnung von seinem rangstolzen Nachbar. Sonst nannten auch die Perser den König von Sedschestan Padischah Nimruz, d. i. mächtiger Herrscher des Mittags, weil diese Provinz gegen Mittag von Per-

erzählt nämlich in der Heimskringla in der Saga af Sigurdhi Jórsalafara, Eysteini ok Olafi, Cap 121 [1]), da, wo er von dem Aufenthalte des Königs Sigurd des Jerusalemfahrers, zu Constantinopel im J. 1111 handelt. Der Kaiser Kirialax [2]) (Alexius) sandte Männer zu ihm, und ließ fragen, was er lieber wollte empfangen beim Kaiser, zwölf Schiffpfund rothes Gold, oder ob er wollte, daß der Kaiser sollte das Spiel veranstalten, das er gewohnt war auf dem Padreimr spielen zu lassen. König Sigurd wählte das Spiel, aber die Sendemänner sagten, daß dem Kaiser das Spiel nicht weniger Geld kostete, als dieses Gold. Da ließ der Kaiser das Spiel veranstalten und ward da gespielt nach der Gewohnheit, und gingen dem Könige alle Spiele besser als der Königin, denn die Königin hat stets das halbe Spiel und kämpfen in allen Spielen die Mannen des Königs und der Königin mit einander; und sagen die Griechen, daß da, wenn der König mehr Spiele auf dem Padreimr gewinnt, als die Königin, der König den Sieg gewinnen wird, wenn er Heerfahrten fährt. Das sagen die Menschen, welche in Miklagard (Constantinopel) gewesen sind, daß der Padreimr auf diese Weise gemacht sei, daß eine hohe Wand [3]) gesetzt sei um ein Feld [4]), so zu vergleichen, wie ein runder Kreis einer eingezäunten Wiese [5]), und ein Zaun [6]) ringsum mit Steinwänden, und sitzen die Menschen darauf, wenn das Spiel ist auf dem Felde; dort sind entworfen Altzeitungen vieler Art, die Äsir-(Götter) Volsungar und Giukungar, gegossen von Kupfer und Metall [7]) mit so großer Kunst, daß das deucht alles lebendig zu sein, und (es) scheint den Menschen, als wenn sie kämen in das Spiel; das Spiel wird gesetzt (gehalten) mit so vielen Geberden und Täuschungen, daß so scheint, als ritten die Menschen in der Luft, und Schußfeuer [8]) ist dabei, und vieler Art Harfenspiele und Sanginstrumente [9]). Für die Lesart ero thar skifot magrakonar forn-tidindi, sind dort geschrieben (d. h. hier abgebildet) vieler Art Altzeitungen (alte Ereignisse), welcher die große Ausgabe der Heimskringla und die Fornmanna-Sögur folgen, und welche richtig übersetzt wird durch: Der forestillis afbildede mangehaande gamle Tildragelser, dort werden vorgestellt abgebildet mancher Hand alte Zuträgnisse, und durch: Picta visuntur varia vetustatis monumenta, ist die Lesart bei Peringskiold oru thar skiput margskonar fornthitindi (forntidhindi), sind dort geordnet (sind dahin gesetzt) vieler Art Altzeitungen. Unrichtig wird dieses in der schwedischen Übersetzung bei Peringskiold übertragen durch: Ther spelas åtskillige gamla handlingar, dort werden gespielt unterschiedliche alte Handlungen, und von Peringskiold selbst durch: Multae ibi rerum vestustarum in scenam producuntur fabulae. Dieses Misverstehen der Stelle hat sie äußerst berühmt gemacht. Man hat es äußerst merkwürdig gefunden, daß nach Snorri's Heimskringla in der Sigurd-Jorsalafari's (Jerusalemfahrers) Saga, dieser König auf dem Circus zu Constantinopel die alten Fabeln von den Asen, den Volsungen und Giukingen (d. i. Niflungen) mit großer Pracht vorgestellt gesehen. Es wird hinzugesetzt, daß kunstreiche, aus Erz gebildete Figuren dazu gebraucht wurden, und es geschienen habe, als wenn Schaaren von Reitern in den Wolken einherzögen; dazwischen Feuerwerk und Orgelmusik. Es scheint also fast eine opern- oder marionettenartige Belustigung gewesen zu sein: Wahrscheinlich wurden diese Fabeln von Asen, den Volsungen und Giukungen, bei dem damals sonst häufigen Verkehre des Nordens mit dem griechischen Reiche, auf dem Landwege, durch die bekanntlich unter dem Namen der Wäringer, in der Leibwache zu Constantinopel dienenden Nordmannen, dahin gebracht. Eine Note zu dieser Stelle in der großen kopenhagener Ausgabe der Heimskringla 3. Th. S. 240 denkt ohne Noth an das Umgekehrte, nämlich daß die Wäringer dort diese Fabeln erst kennen gelernt. Bei diesen Kriegsmännern mochten natürlich die alten berühmten Heldenfabeln in Sage und Lied lebendig bleiben. Und merkwürdig beruft sich die Wilkina-Saga bei nordischen Abweichungen ausdrücklich auf den Mund der Wäringer [10]). So nach von der Hagen [11]) und de-

1) Bei Peringskiold 2. Th. S. 244, 245, und in der großen Ausgabe der Heimskringla 3. Th. S. 245, 246, verglichen mit der Saga Sigurdhar Jórsalafara in den von der königl. Gesellschaft für nordische Alterthumskunde herausgegebenen Fornmanna-Sögur. 7. Bd. Cap. 15. S. 96, 97. 2) Ist zusammengezogen aus Κύριος Ἀλήσιος. 3) Veggr, paries, hier Mauer. 4) Um einn völl, um ein Gefild, Feld, Ebene. 5) Suá til at jafna sem tún-svid kringlot, tún bedeutet eine eingezäunte Wiese in der Nähe des Hauses, eine Wiese mit einem Walle, svid, ein Zauberkreis (circulus magicus) also tún-svid, Wiesenzauberkreis, und kringlot, rund. So nach der großen Ausgabe der Heimskringla. Die Lesart bei Peringskiold und in den Fornmanna-Sögur ist: Suá til at jafna sem eitt tún vitt vel ok kringlótt, so zu vergleichen, wie eine wohl weite und runde (eingezäunte) Wiese. 6) Gardr, Zaun (Einfassung). 7) Steypt af kopar ok ma'lmi, nach der andern Lesart gemacht (görr) von Kupfer und Metall. 8) Skot-eldr. 9) Ok allzkonar haurpo-leikar ok söng-faeri, (Singwerkzeuge); hierfür ist die Lesart bei Peringskiold: Organ (Orgel) symphon ok spalterium, horpur (Harfen) ok gigur (Geigen) ok allskonar streingleikur (und aller Art Saitenspiel). Gleiche Lesart hat auch die Saga Sigurdhar Jórsolafara, in den Fornmanna-Sögur, nur daß sie vor organ noch vorausschickt: allskonar söngfaeri, aller Art Sangwerkzeuge, d. h. Instrumente, die eine dem Gesange ähnliche Musik machen.

10) Die Wilkina-Saga braucht aber Wäringer in der Bedeutung von Nordmannen überhaupt, setzt die Wäringer nicht den übrigen Nordmannen entgegen, sondern den Teutschen in engerer oder gewöhnlicher Bedeutung; sie sagt nämlich Cap. 17 bei von der Hagen, Nordische Heldenromane, 1. Bd. S. 56, in Beziehung auf Studas und den Lindwurm Heime: und deswegen erhielt Studas dessen Namen, weil man ihn mit diesem Wurme verglich, und nannten die Wäringer ihn Heime, und Cap. 166 (2. Bd. S. 71): und so berühmt war er (Siegfried), weil er den großen Drachen erschlug, welchen die Wäringer Fafnir nennen, Cap. 175 (2. Bd. S. 84). Wittich war ein Sohn Wieland's, den die Wäringer Wolund nennen, Cap. 161 (2. Bd. S. 61): Dietlieb der Däne hatte seine Waffen von dunkelblauer Farbe, und dasselbe Thier abgebildet und mit Gold belegt, welches die teutschen Männer Elfenthier nennen, die Wäringer aber Fil. Fill bedeutet im Altnordischen und Isländischen Elefant. Nach Cap. 96 hieß es Alpan-Thier. Der Verf. der Wilkina-Saga meint damit das altteutsche Olbende, welches aber für Kameel gebraucht wird. Aus diesen Stellen der Wilkina-Saga, wo die Wäringer den Teutschen entgegengesetzt werden, geht nicht hervor, daß die Wäringer eine von den übrigen Nordmannen abweichende Sage gehabt. 11) Von der Hagen, Altnordische Lieder und Sagen, welche zum

manchen andern Orten stößt. Auch von Flüssen und Kanälen ist das Land nach allen Richtungen hin durchschnitten[2]). Die Etsch, durch Dämme eingeschränkt, scheidet diese Provinz von der Delegation Rovigo, und verläßt sie unterhalb Brenta. Die Brenta betritt südwestlich von Fontaniva (Deleg. Vicenza) diese Provinz, fließt bis Campo di S. Martino in einem breiten und ungeregelten Bette; erst in der Nähe dieses Dorfes erlangt sie einen mehr geregelten Rinnsal, und schlängelt sich hierauf in zahlreichen Schlangenwindungen der Grenze der Provinz Venedig entgegen. Der Musone, auch Vandura genannt, ein Wildbach, der nordnordwestlich von Lorreggia diese Delegation betritt, bis Torre di Burri vom Staate eingedämmt unterhalten wird, und bei Vigotarzere in die Brenta sich ausmündet. Der Fiume Rabbioso berührt oberhalb Bevilacqua die westliche Grenze der Provinz gegen die Delegation Verona, bis er bis zur Volta dei Bertoldi, westlich von Urbano, fortbildet, nimmt, durch mehre Bäche verstärkt, den Namen Fratta an, durchkreuzt bei Batte delle tre canne den Kanal di S. Catterina, erlangt den Namen Gorzone, nimmt bei Vescovana den genannten Kanal auf, der ihn mit Este verbindet, setzt hierauf seinen Lauf durch einsame Gegenden fort, nähert sich der Etsch immer mehr, der er von Borgoforte an ganz nahe bleibt und unterhalb dieses Ortes die Provinz verläßt. Er wird nur im untern Theile bis hinauf zur Botte delle tre canne befahren. Der Fiume Frassene scheidet von Brancaglia an, wo die Grenzen der Provinzen Verona, Vicenza und Padua zusammenstoßen, bis unterhalb S. Croce di Campolungo die beiden letztern Kreise, nimmt eine Miglie oberhalb Este den Kanal Bisatto auf und bekommt nun den Namen des Canale sopra Este, speiset unterhalb dieser Stadt die Kanäle von Montselice und Bagnarolo, wo er in die letztgenannten übergeht, und gibt den Rest seines Wassers auch noch an den Kanal della Rivella ab. Die übrigen Bäche der Delegation sind von keinem Belange. Von Kanälen durchziehen diese Provinz außer den genannten noch die Kanäle Brancaglia und Restara, Roverta, Padovana, di Sotto della Battaglia, della Cagnola und di Bovolenta. Diese Gewässer, besonders die Flüsse, richten nicht selten bei großen Wasserfluthen durch das Durchbrechen der Dämme ungeheuern Schaden an, der um so verheerender ist, als sämmtliche Flüsse und Kanäle bereits sehr hoch über die viel tiefer liegende Fläche emporgedämmt sind. Durch dergleichen Durchbrüche werden auch die in den bezeichneten Gegenden vorhandenen Sümpfe immer gespeiset und unterhalten. Die durch dergleichen Durchbrüche bewirkten Überschwemmungen erstrecken sich immer über weite Strecken. Dieser Umstand hat denn auch auf das Klima im östlichen Theile der Provinz, und besonders in den Lagunengegenden im Südosten, im Sommer einen sehr nachtheiligen Einfluß, indem dadurch häufige Wechselfieber erzeugt werden. — Das Paduanische ist auch sehr reich an Mineralquellen, welche am östlichen Fuße der Euganeen hervorquellen, einen sehr verschiedenen Temperaturgrad haben, und als überaus heilkräftig gepriesen werden. Die wichtigsten darunter sind jene von Abano (bis zu 67° R. heiß), zu Battaglia, Sta. Elena (51° R.), Monte Ortone (49° R.), S. Bartolomeo (39° R.), della Vergine (18° R.), S. Pietro (15° R.), Monte Grotto (13° R.) und Casa nova[3]).

Das **Klima** ist in den meisten Gegenden der Provinz gesund, und überhaupt sehr mild, nur in den östlichsten Theilen feuchter als im Westen. Außer den andertägigen Fiebern sind im Frühjahre nur Lungenkrankheiten, welche nicht selten einen gefährlichen Charakter annehmen, häufig; dafür sind aber viele andere Krankheiten, wie z. B. die Hautausschläge, nicht so bösartig als in den höher gelegenen Gegenden und im Norden. Die Ruhr, die Bräune und manche andere ähnliche Übel sind selten.

Der **Boden** ist meist ausgezeichnet fruchtbar, der Baumwuchs kräftig und die Vegetation üppig, und liefert, ungeachtet der elenden Landwirthschaft, doch die bedeutendsten Ernten. Der urbare Boden umfaßte 1834 an Äckern, Weiden, Wiesen, Weingärten und Gärten 314,627 und an Wäldern 11,852 Joche.

Bei diesen günstigen klimatischen und Terrain-Verhältnissen ist daher auch die Provinz mit **Producten** gesegnet; das Thierreich ist aber für dieselbe von einer viel geringern Wichtigkeit als das Pflanzenreich; am unbedeutendsten das Mineralreich. Die Pferde, deren es im J. 1834 10,573 Stücke zählte, sind meist Fremdlinge und werden schlecht gehalten, weshalb sie auch bald herabkommen und, außer den kleinen Sediolpferden gewöhnlich schlecht genug aussehen. Die Zahl der Rinder belief sich 1834 auf 42,585 Stücke. Die Ochsen um Padua sind außerordentlich groß, stark, und werden gut gehalten[4]). An Schafen zählte man 1834 37,716 Stücke. Das paduanische Schaf, eine eigene Race, obschon größer und stärker als die spanischen Merinos, kommt ihnen doch in der Länge und der seidenartigen Feinheit der Wolle nahe; es wird nur einmal, im Mai, geschoren. Außerdem nährt die Provinz auch noch viele Esel (1817 nach Liechtenstern 1254), Maulthiere (1817 nach demselben 575), Schweine (1817, 13,935) und viel Geflügel. Das paduanische Huhn (Phasianus gallus patavinus) ist selbst im Lande selten; häufig sind dagegen die Truthühner, die Tauben u. a. Die Bienenzucht ist im Paduanischen noch in der Kindheit, und Bienenstöcke (1817, 3340) hier nicht so häufig als in einigen andern venetianischen Provinzen. Auch die Zucht der Seidenraupe ist bei weitem nicht so bedeutend als in der Lombardei und in Piemont. Im J. 1817 gewann diese Provinz 100½ Ctnr. Seide. — Bei dem großen Überflusse an stehenden Gewässern sind Mücken, Schnaken und Fliegen in einem Theile der Delegation eine große Plage, und auch Frö-

2) s. Almanacco per le Provincie soggette all' imp. regio Governo di Venezia per l' anno bisestile 1832. (Venezia.) Parte seconda. P. 3 sq.

3) s. Wiener Zeitschrift für Kunst, Literatur, Theater und Mode. Jahrg. 1836. Octoberheft Nr. 124. S. 996. 4) s. G. v. Martens a. a. O. S. 165 fg.

Cicaden häufig, ebenso häufig Wespen und Hor-
Der Scorpion ist auch nicht selten, doch fürchtet
nicht. Der große Wasserreichthum der Provinz,
ungünstigen Einfluß er auch in einem Theile
auf das Klima des Landes ausübt, ist dafür
tation um so günstiger, und gibt, in Verbindung
fruchtbaren Boden und dem milden Klima, der-
außerordentlich üppiges Aussehen; am meisten
in der Gegend zwischen Vicenza und Padua der
er Ackerbau ist hier viel mehr vernachlässigt als
mbardei; er lieferte im J. 1834 1,522,653 nie-
Metzen Getreide aller Art. Die Maisernte ist
s die aller übrigen Getreidearten zusammenge-
und liefert dem Landmanne seine Polenta, wel-
seine einzige Nahrung bildet. Im J. 1834
ie Provinz 857,530 Ctnr. Heu. An Wein er-
678,263 Eimer; er ist des günstigen Klima's
nicht der beste, ja meist herb und sauer. An
rden im J. 1834 30,047 Klaftern geschlagen,
dwerth aller Naturalerzeugnisse wurde nach dem
thschnittpreise im J. 1834 anf 8,786,568 Fl.
ünze geschätzt. Das Meer liefert eine Menge
ackhaftesten Fische und Schalthiere. An Hanf
in demselben Jahre geerntet 5736, an Flachs
r. Olivenöl, obgleich es nicht von besonderer
erzeugte man im J. 1817 157¼, Leinöl 17¼
öl ¼ Cntr. Aus dem Steinreiche verdienen be-
emerkt zu werden: der die euganeischen Hügel
Trachyt, der hie und da Dendriten zeigende
(Scaglia), in dem man nicht selten Hornstein
gt findet, und auch über und neben dem Kalk-
fig Versteinerungen von Schalthieren. In die-
steine hat man an mehren Orten große Stein-
gelegt, die einen dauerhaften Baustein liefern,
Platten, womit die Geländer und Fußböden
ser belegt werden. Seesalz, dessen Gewinnung
n Zeiten an der venetianischen Küste so bedeu-
, wird gegenwärtig keines mehr gewonnen.
Volksmenge belief sich im J. 1834 auf 286,812
143,847 Männer und 142,965 Weibern). Auf
r. □M. kommen somit 7752 Einw., sodaß diese
unter den am dichtesten bevölkerten Kreisen der
ie den vierten Platz einnimmt. Der Hauptnah-
ig der Bewohner, die mit einer sehr kleinen
e, welche die fremden Handelsleute bilden, sich
zur katholischen Kirche bekennen, ist der Acker-
aber hier viel mehr vernachlässigt ist, als in den
schen Provinzen, jedoch ebenso wie dort aus-
mit Ochsen besorgt wird. Roggen wird fast
t gebaut, dagegen bildet der Mais die Haupt-
von der sich auch die arbeitende Classe größten-
nährt. Mit dem Weizenertrage sucht der Colon
errn zu befriedigen, und von dem Ertrage der
anze muß er leben. Dessenungeachtet ist die Cul-
lben nichts weniger als verständig. Reis wird,
et des Überflusses an Wasser, in dieser Provinz
einer kleinen Fläche von ungefähr acht Jochen,
schen Padua und Vicenza liegt, gebaut und die

nach den von Burger gemachten Erfahrungen vom J. 1800 bis 1828 nicht erweitert worden ist; der Grund davon mag darin liegen, daß schon zur Zeit der Republik ohne obrigkeitliche Erlaubniß kein Reisfeld angelegt werden durfte, wobei jederzeit die Einsprache der Nachbarn sorgfältig berücksichtigt wurde. Gute, künstliche Wiesen gibt es im Allgemeinen in der Ebene sehr wenige; gewöhnlich werden nur die Strecken, welche wegen des Wassers nicht angebaut werden können als, Wiesen stehen gelassen. Auf diesen ist denn das Riedgras die vorherrschende Grasart. Auf der ganzen Strecke zwischen Padua und Este sieht man nirgendwo eine Futterpflanze, anch nur wenige Wiesen. Die Lucerne wird überhaupt in dieser ganzen Provinz noch immer nur im Kleinen, und mehr versuchsweise angebaut. Die Cultur der Weinrebe ist hier noch gar sehr vernachlässigt, und darum der Wein meist schlecht. Die Ursache liegt fast einzig und allein darin, daß man sich um die Auswahl der Rebensorten gar nicht kümmert, und ganz und gar dem Colon überläßt. In einigen Gegenden, z. B. in den Umgebungen von Arqua, Monselice und mehren andern Orten ist auch die Obstcultur mit dem Ackerbaue verbunden; denn es läuft durch die Mitte des Ackerbeetes eine Reihe von Pfirsich- und Apfelbäumen hindurch, die zwar nichts weniger als einen schönen Wuchs und kräftigen Trieb zeigen, aber doch fruchtreich sind. Auch in der Nähe der Sommerwohnungen der größern Grundbesitzer befinden sich Obstgärten, doch sind die wenigsten in einem erfreulichen Zustande und liefern gewöhnlich nur schlechte Obstsorten. Die Anzahl der Maulbeerbäume ist überhaupt gering; um Padua erblickt man sie fast nur in Gärten, in manchen andern Gegenden finden sich noch gar keine vor.

Die Viehzucht ist in dieser Provinz im Ganzen in keinem ihrer Zweige in einem erfreulichen Zustande. Den Pferden wird kein Getreide gegeben, sie werden vielmehr blos mit Gras, schlechtem Heu und Kleien gefüttert, weswegen sie auch zu anstrengenden Arbeiten durchaus nicht tauglich sind. Viel vorzüglicher ist die Rindviehzucht. Unbedeutend ist dagegen die Esel- und Maulthierzucht; viel ausgedehnter aber und verdienstvoll die Schafzucht.

Nicht ohne Belang ist in der Provinz die Wollweberei, welche 1827 sechs Stühle beschäftigte [5]). Tuchmanufacturen sind zu Padua, Montagnana und Piazzola und zwar 1827 27 Stühle [6]) im Betriebe, doch erzeugen sie meist gemeines Tuch und etwas Kasimir. In der Stadt Padua, in Piazzola und Montagnana und einigen andern Orten findet man Wollenzeuchwebereien, welche mittelfeine Zeuche in den Handel bringen. Die Seidenzeuch- und Bandweberei ist in Padua, die Seidenspinnerei zu Este, Monselice und Piazzola, die Filzhutmanufactur zu Noale, Montagnana, Monselice, besonders aber zu Este, die Ledergärberei in Padua, Mirano, Campo-Sampietro, Montagnana [7]), Piove di Sacco, S. Gui-

5) Historisch-statistischer Umriß von der österreichischen Monarchie. Aus den Papieren eines österr. Staatsbeamten. Nebst einer ethnographischen Karte von Österreich in gr. Fol. und illum. (Leipzig 1834.) S. 299. 6) Ebendas. S. 210. 7) Jahrb. des k. k. polytechnischen Instituts in Wien. (Wien 1825.) 6. Bd. S. 57.

stina in Colle, und hauptsächlich in S. Michele delle Badese bedeutend. Außer diesen größern Gewerbsanstalten verdienen noch eine ausdrückliche Erwähnung die zwei Kutschenfabriken zu Noale, die Leinenmanufactur zu Campo Sampietro, die Eisen- und Stahlhämmer zu Piazzola, die Salpetersiederei zu Conselve, die Sägemühlen zu Piazzola und S. Anna Morana und die mannichfaltigen Gewerbe der Provinzialhauptstadt.

Die Bewohner der Provinz Padua zeichnen sich überdies im Stricken mannichfaltiger wollener Waaren aus freier Hand aus [8]). Darmsaiten für die Violine liefert die Stadt Padua am Vollkommensten. In derselben werden auch sehr gute Spielkarten, zu Este Fayencegeschirre (Fabrik des Domen. Franchini) rc. verfertigt [9]).

Der Verkehr auf den zahlreichen Flüssen und Kanälen der Provinz ist sehr lebhaft, und auch der Landhandel nicht ohne Wichtigkeit. Außer den Colonial-, Material-, Spezerei-, Apothekerwaaren, Färbestoffen, Modeartikeln, feinen Tüchern, Leinenwaaren und Schneidewerkzeugen führt diese Delegation auch Reis, Öl, Agrumen, Lein und Hanf und viele andere Gegenstände theils vom Auslande über Venedig und theils aus den übrigen Provinzen ein, während es Getreide, Leder von Montagnana [10]), Darmsaiten, Kutschen, Strohhüte, gestrickte Waaren, grobe Tücher und einige andere Erzeugnisse theils an die Fremde und theils an die übrigen Provinzen abgibt. Jahrmärkte (Fiere) werden in 18 Communen gehalten, darunter zeichnen sich besonders die Messen zu Padua, Este und Monselice durch größere Lebhaftigkeit des Waarenumsatzes aus; Wochenmärkte finden dagegen in 37 Ortschaften statt [11]). Die Leichtigkeit des Waarentransports wird durch die zahlreichen Schiffahrtskanäle bedeutend befördert, wozu auch die vielen, meist trefflich unterhaltenen, Straßen nicht wenig beitragen. Im J. 1834 betrug die Länge der nicht ärarialischen Straßen 151¼ österr. Straßenmeilen (à 4000 Kl.). Die Schiffahrt auf den Flüssen und künstlichen Wasserstraßen ist nach der Beschaffenheit derselben mehr oder weniger bedeutend. Die Etsch befahren Barken mit einer Ladung von 62,000 Kilogrammen; den Castagnaro können in seinem obern Theile nur Fahrzeuge von 13,000 Kilogrammen beschiffen. Der Bacchiglione trägt von Brasegana bis Vicenza hinauf Ladungen von 97,000 Kilogrammen; derjenige Theil des Flusses, welcher den Namen Tronco comune führt, wird von Schiffen mit 90,000 und der durch Padua führende Naviglio von Schiffen mit gleicher Ladung befahren. Die Brentaschiffe laden 30 — 60,000 Kilogramme. Die Fahrzeuge des Kanals Adigetto können mit 34,000, jene des Naviglio, genannt Cavanella di Po, 64,000 und mit ebenso viel die Barken des Canale di Loreo befrachtet werden. Auf dem Fiume Frassene findet zweimal in der Woche von Battaglia bis Este die wichtige Schiffahrt durch die Thäler der euganeischen Hügel mit Barken von 50,000 Kilogrammen Ladung statt (ganz dasselbe ist auch der Fall bei dem Canale Battaglia); kleinere Schiffe gehen sogar bis Cologna hinauf. Der Kanal Roncajetto, sowie jener di Ponte lungo, wird nur von Fahrzeugen mit 13,000 Kilogrammen beschifft. Die Kanäle di Sotto della Battaglia, della Cagnola und di Bovolenta tragen 25,000, der Kanal Piovego 60,000, jener der Brentella 50,000, der Naviglio, der Brenta morta und magra 80,000, der Taglio di Mirano 50,000 und der Taglio novissimo 80,000 Kilogramme [12]).

Das Paduanische hat sich seit Jahrhunderten unter allen Theilen von Europa durch wissenschaftliche Bildung vortheilhaft ausgezeichnet. Die Universität zu Padua (im J. 1834 mit 40 Professoren, 1413 Schülern und einem Kostenaufwande von 98,915 Fl. Conv.-Münze) ist eine der vorzüglichsten in Italien, und hat auf die Beförderung der Geistescultur noch immer einen nicht unvortheilhaften Einfluß. Ist auch ihr gegenwärtiger Zustand noch immer nicht so beschaffen, daß er den Vergleich mit einer teutschen Universität aushalten könnte, so ist er doch durch die Bemühungen der österreichischen Regierung gegenwärtig schon ein viel mehr erfreulicher, als er zur Zeit der österreichischen Wiedererlangung war [13]). Für die Verbreitung wissenschaftlicher Bildung sorgten außerdem: ein kaiserl. königliches (1834 mit 255 Schülern) und ein bischöfliches Gymnasium. Zur Besorgung des Volksunterrichts bestanden in dieser Provinz im J. 1834 eine Hauptschule für die männliche und eine für die weibliche Jugend, jede zu drei Classen, in Padua und in der ganzen Provinz 237 Trivial- und Mädchenschulen, mit 34,017 schulfähigen und 9260 die Schule wirklich besuchenden Kindern. Für die Erziehung des weiblichen Geschlechtes bestehen das Communalcollegium zu Montagnana (1834 mit sieben Lehrern, 18 Zöglingen und einem Jahresaufwande von 4461 Fl. Conv.-Münze), jenes delle Dimesse (mit 18 Lehrern und Gehilfen, 29 Zöglingen und 13,617 Fl. Conv.-Münze Aufwand), und jenes delle Eremite (1834 mit drei Lehrern, zehn Zöglingen und einem jährlichen Kostenaufwande von 6705 Fl. Conv.-Münze), beide in Padua, wo auch ein Waisenhaus besteht. Von Specialschulen sind noch bemerkenswerth: das theologische Seminarium, welches auch sein philosophisches Studium hat, und die neu errichtete höhere Rabbinerschule zu Padua. Zur Beförderung der höhern wissenschaftlichen Bildung dienen die Centralabtheilung des königl. Instituts für Künste und Wissenschaften (1834 mit zwölf ordentlichen, zwei Ehrenmitgliedern und zwei Prämien von 1609 Fl. Conv.-Münze), und die Akademie der Künste und Wissenschaften zu Padua (1834 mit 36 ordentlichen, 44 Ehren- und 96 correspondirenden Mitgliedern und einem jährlichen Kostenaufwande von 370 Fl. Conv.-Münze). Von den wissenschaftlichen Hilfsanstalten verdienen eine besondere Erwähnung: die Sternwarte, der botanische Garten, der landwirthschaftliche Musterhof, die Bibliothek der kaiserl. kö-

8) Jahrbücher rc S. 74. 9) Ebend. S. 85. 10) Ebend. S. 57. 11) s. Almanacco per le provincie soggette all' imp. regio governo di Venezia etc. Parte sec. p. 76.

12) Ibid. p. 13—19. 13) s. Friedr. v. Raumer's Herbstreise nach Venedig. (Berlin 1816.) 1. Th. S. 278 fg., und v. Martens a. a. O. 2 Th. S. 185 fg.

hen, umgeben. Sie hat eine beinahe dreieckige Gestalt, ungefähr 1½ Stunde im Umfange, und zählte (1834) 35,216; und rechnet man die zur Stadtgemarkung gehörigen nächsten äußern Umgebungen dazu, 51,000 Einw. in etwa 6000 Häusern. Das den meisten italienischen Städten eigene alterthümliche Ansehen ist hier besonders auffallend. Die Häuser sind hoch, meist vor Alter schwarz und häufig von gothischer Bauart; die Gassen eng, unregelmäßig und gewöhnlich auf beiden Seiten mit Arkaden besetzt, die zwar sehr bequem sind, da sie vor Regen und Sonnenhitze schützen, und die Fußgänger der Gefahr überfahren zu werden, überheben, aber sehr viel dazu beitragen, der Stadt ein düsteres, trauriges und ödes Ansehen zu geben, indem die offene Gasse immer menschenleer bleibt. Von den sieben Stadtthoren verdienen drei ihrer schönen Bauart wegen erwähnt zu werden: das Portello auf dem Wege nach Venedig, mit acht doppelten, kanelirten Säulen von zusammengesetzter Ordnung in der äußern Façade; die Porta Savanarola, mit vier Säulen der zusammengesetzten Ordnung und doppelten attischen Grundlagen, und die Porta S. Giovanni, von Außen mit vier korinthischen Säulen und innerhalb der Stadt mit ebenso vielen Pilastern. Die beiden letztern Thore sind von Giov. Maria Falconetto. Von den Brücken sollen die von S. Lorenzo, Ponte molino, Altino und Ponte corbo größtentheils römischen Ursprungs sein. Unter den Plätzen der Stadt sind am bemerkenswerthesten; der Prato della Valle (einst der Campus martius), mit Statuen berühmter Männer, welche einst in Padua ihre Bildung erhalten haben, an dem mit Quadern eingefaßten Kanale, der eine mit Alleen und steinernen Ruhebänken verzierte Insel von ovaler Form, welche der schönen Welt zum Sammelplatze dient, einschließt und von vier prächtigen Brücken überwölbt ist; der Platz außerhalb des Kanals wird jährlich, am Feste des heil. Antonius, zu Pferdewettrennen und Wettfahrten mit kleinen Wagen, Viehmärkten und Spazierfahrten benutzt; die Piazza del Santo, vor der Kirche des heil. Antonius, mit der von Donatello gegossenen Reiterstatue des venetianischen Generals Gattamelata; der ovale Arenaplatz und die große, viereckige, mit schönen Gebäuden umgebene Piazza de' Signori. Unter der großen Anzahl seiner Kirchen verdienen bemerkt und besucht zu werden: die Dom- oder Kathedralkirche, deren Vorderseite noch nicht vollendet ist, mit mehren Kuppeln, dem Denkmale Petrarca's, der an dieser Kirche Domherr war, einer Madonna mit dem Kinde von Giotto, dessen Schüler Giusto da Padova das Baptisterium al fresco gemalt hat, einer Madonna von Tizian in der Sacristei und Altarblättern von Padovanino, Bassano, dem jüngern Palma Contarini und andern Meistern. Die Kirche wurde vom J. 1524—1754 erbaut [23]); die berühmte Kirche des heil. Antonius (Chiesa del Santo) von Niccolo Pisano in der zweiten Hälfte des 13. Jahrh. erbauet, mit der seiner Basreliefs wegen berühmten Capella del Santo, der Kapelle del Santissimo und mehren andern, die mit den trefflichsten Schnitzwerken, Gemälden großer Meister, merkwürdigen Fresken, Broncearbeiten, Denkmälern berühmter Männer und vielen andern Kunstgegenständen augefüllt sind [24]). Die Kirche der heil. Giustina, eine der edelsten und schönsten Kirchen Italiens, von Andrea Riccio um 1516 ganz von Marmor erbaut, mit dem Märtyrertode der heil. Justina von Paul Veronese, dem Tode der heil. Scholastica von Luca Giordano, und mehren andern Gemälden guter Meister, einer Marmorgruppe der Kreuzabnehmung von Filippo Parodio, und vielen andern Kunstschätzen [25]). Die Kirche degli Eremitani mit sehr merkwürdigen Fresken des alten Malers A. Mantegna, des Guariento, Niccolo Pizzolo, einem heil. Johann dem Täufer von Guido Reni, dem Grabmale des Prinzen von Oranien von Canova, und mehren andern Meisterwerken. S. Agostino, im J. 1226 erbaut, mit Gemälden von Francesco Montemezzano, Dom. Campagnola u. A., und Bildhauerarbeiten von Bonazza, G. Brunelli aus Bologna und andern Meistern. S. Massimo mit drei Gemälden des Giamb. Tiepolo. S. Sebastiano mit halb erloschenen Fresken des Andrea Mantegna vom J. 1481, und S. Giorgio Nel cimetiero di S. Antonio, mit noch viel ältern Malereien. Die merkwürdigsten weltlichen Gebäude sind: das Rathhaus (Palazzo della ragione), ein würdiges Denkmal der freien Stadt; es enthält den größten Saal der Erde, welcher 256 Fuß lang, 86 Fuß breit und 75 hoch, ohne alle Pfeiler und Stützen mit einem runden Bleidache bedeckt ist, von Cozzo 1172 angefangen bis 1219 vollendet, mit alten Fresken von Giotto, mehren Denkmälern und zwei ägyptischen Bildsäulen, einem Geschenke des Paduaners Belzoni; der Palast des Capitaneo oder Falconetto auf der Piazza dei Signori, mit einer herrlichen Façade, im J. 1719 errichtet, die Akademie der Künste und Wissenschaften, die öffentliche Stadtbibliothek und eine künstliche Thurmuhr vom J. 1428 enthaltend; der Palazzo Trento-Pappafava, das schönste Gebäude in Padua, mit trefflichen Frescogemälden, der berühmten, aus einem Marmorstücke gearbeiteten Gruppe des Agost. Fasolato, dem aus 66 Figuren bestehenden Sturze der Engel, und der Schule der bürgerlichen Baukunst; der Palazzo dell' Arena mit einigen Spuren des alten Amphitheaters der Römer [26]); das bischöfliche Seminar von dem Cardinal Gregorio Barbarigo, Bischof von Padua, im J. 1671 angelegt, mit einer, besonders an orientalischen Lettern sehr reichen Buchdruckerei, einer Bibliothek, einem physikalischen und einem Mineraliencabinet; das Haus des Ritters Lazzara, welches ein wahres Museum für Malerei, Bildhauerei und Antiken genannt werden kann; das ganz aus Marmor aufgeführte schöne Kaffeehaus Pedrocchi's; das Hau-

23) s. March. *Franc. Scipione Dondi orologio*, Lettere due sopra le fabbriche della Cattedrale di Padova. (Padova 1794. 4.)

24) *P. Angelo Bigoni*, Il forastiero istruito delle meraviglie e delle cose più belle nella Basilica di S. Antonio in Padova. (Padova 1823. 16.) 25) *T. C. Campagnola*, Il Chiostro di S. Giustina di Padova delineato da *F. Rengardi*. In fol. obl. etc. 26) Memoria di *Adamo Priati* sull' Arena di Padova. (Padova 1819.)

hielten bei jedem der folgenden Kriege fest zu ihren Bundesgenossen. Nach Besiegung der Gallier mußten auch sie mit den übrigen Venetern (um das J. 224 v. Chr. Geb.) die Hoheit der Römer anerkennen, doch wurden sie, weil sie schon bei den gallischen Kriegen die Unternehmungen ihrer bisherigen Bundesgenossen werkthätig und eifrig befördert hatten, freundschaftlicher behandelt. Es erhielt Patavium weder eine römische Besatzung, noch wurde irgend eine venetische Stadt zur römischen Colonie gemacht, vielmehr behielt es als Municipium seine eigenthümliche Verfassung, ja es scheint sogar, daß die Stadt ihr ursprüngliches Gebiet behalten habe, da Plinius an mehren Orten von dem ager patavinus spricht. Unter der Herrschaft der Römer wuchs ihr Wohlstand, es wuchs die Zahl ihrer reichen Bürger in der Art, daß Strabon und Mela sie unter die reichsten Städte des römischen Staates zählen konnten. Bei einem der letztern census hatte man in ihr 500 Männer gezählt, deren Vermögen ihnen das Recht der Ritterwürde gab; so viele zählte außer Rom unter allen römischen Städten nur noch das einzige Gadir (Cadiz)[39]).

Nichts störte hinfort die Blüthe des Municipiums, so lange die Römer die Herrschaft über Italien festzuhalten im Stande waren. Viel litt es aber durch die Einfälle der Barbaren, zuerst der Gothen unter Alarich (413), doch erholte es sich mit Hilfe seines Handels und fruchtbaren Bodens schnell immer wieder. Als Niederlagsort diente schon früher den Handelsleuten dieser Stadt eine kleine Insel inmitten der Lagunen, Rialto genannt. Auf dieser Insel beschlossen die Bürger von Padua damals eine Hafenstadt zu gründen, die zugleich ein Zufluchtsort für sie in Zeiten ähnlicher Gefahren sein sollte; dieser Entschluß wurde am 21. März 421 bewerkstelligt. Von da an schickte Padua jährlich zwei Consuln dahin zur Leitung des Gemeinwesens[40]). Die neue Niederlassung zeigte sich bald von dem größten Nutzen für die Bürger der Stadt Padua. Als nämlich (455) Attila, Alles ringsum verwüstend, sich diesen Gegenden näherte, und die Rauchsäulen von Aquileja, Opitergium und andern Städten Venetiens von seinem Walten Kunde gaben, da flüchteten sich die Einwohner Padua's in ihre neue Niederlassung und konnten dort ruhig die Wiederkehr besserer Zeiten abwarten[41]).

Nachdem der länderverheerende Sturm vorüber war, sammelten sich die Bürger wieder, und nach einiger Zeit erblickt man Padua von Neuem in seiner alten Ausdehnung. Als ein Jahrhundert später (568) Alboin mit seinen Longobarden über Italien herfiel und Verona, Vicenza, Mantua und die übrigen Städte Venetiens sich ihm ergaben, hielt sich Padua und verblieb in seiner früheren Verbindung mit den Römern bis in die Zeiten des K. Agilulf. Damals wurde sie belagert, angezündet, endlich übergeben und der Erde gleich gemacht, den Einwohnern aber der freie Abzug nach Ravenna und auf die Lagumeninseln gestattet. Von da an lag Padua lange in Trümmern, während sein Bischof in Malamocco seinen Sitz genommen und seine Bürger die neu aufblühende Lagunenstadt vergrößern halfen[42]).

Nur nach und nach stieg es wieder aus seinen Ruinen empor und theilte von nun an durch mehr als ein Jahrhundert die Schicksale des Longobardenreiches, bis endlich Karl der Große (774), nach dem Sturze des K. Desiderius auch diese Stadt den Longobarden abnahm. Fränkischen Grafen gehorchte die Stadt hierauf bis in die Zeiten der Ottone. Gleich den übrigen Städten war auch Padua in der Periode der Longobardenherrschaft offen, da die nordischen Völker die von Ringmauern umgebenen Städte als Kerker ansahen. Ohne die ausdrückliche Bewilligung des Königs, dem die Vertheidigung des Reichs oblag, durften die zerstörten Mauern derselben nicht wieder hergestellt werden. Die Streifzüge der wilden Magyarenhorden, sowie die Einfälle der Sarazenen, nöthigten endlich die Städte bei dem Könige oder Kaiser um die Befugniß der Aufführung neuer Mauern und der Selbstvertheidigung nachzusuchen, was ihnen auch durch besondere Urkunden bewilligt wurde[43]). Von Padua lesen wir erst im J. 1195 von der Erbauung eines Theils der Stadtmauern, die erst im J. 1270 ganz beendet wurden[44]).

Mit dem Rechte der Selbstvertheidigung und mit der unter K. Otto I. Regierung erlangten freiern Municipalverfassung durch die freie Wahl ihrer Obrigkeiten kehrte den Städten nach und nach auch das Gefühl ihrer Wichtigkeit und Kraft zurück. Sie wurden bis dahin durch ihre Grafen regiert; ihnen zur Seite stand die Volksmagistratur der Schultheiße, die den Rath desselben bildeten und die Bürgerschaft vertraten. Nun stellten die Städte an die Spitze ihrer Regierung zwei jährliche Consuln, die durch das Volk gewählt, das Recht zu verwalten und ihre Mitbürger im Kriege anzuführen hatten. Eine andere Obliegenheit der Consuln war, den Rath der Republik zu versammeln und darin den Vorsitz zu führen. Es gab fast in allen Städten einen dreifachen Rath: den Rath der Credenza, der gewissermaßen den geheimen Rath bildete, den Volksrath, der aus beiläufig 100 Gliedern bestand, in welchem die dem Volke vorzulegenden Entwürfe zu Volksbeschlüssen berathen wurden, und die Versammlung des ganzen Volkes, der die oberherrlichen Rechte zukamen[45]). Durch diese Theilnahme der Städte an allen Angelegenheiten des Gemeinwesens erlangten die Bürger derselben eine Kraft, deren Wirkungen sich bald bemerklich machten. Sie wagten es nun wegen erlittenen Unrechtes sogar gegen des Kaisers Gewaltträger und Minister sich aufzulehnen und seinen Kriegsscharen zu trotzen.

Der mächtige Lombardenbund, an dessen Spitze Mai-

39) *Strabo* III. p. 257. 40) *Mantissa*, adj. vetust. chron. mon. Patav., ap. *Murat.* script. rer. ital. Tom. VIII. p. 735. 41) Ibid. p. 735.

42) *Dand.* Chron. Lib. VI. ap. *Murat.* Tom. XII. p. 106 und *Paul Diac.* II. c 14, ap. *Murat.* T. I. p. 431, 461. 43) Siehe J. C. L. Simonde-Sismondi, Geschichte der italienischen Freistaaten im Mittelalter. Aus dem Französischen. (Zürich 1807.) 1. Th. S. 437. 44) *Mantissa* etc. l. c. p. 735, 736. 45) *Murat.* Antiquit. ital. dissert. XLV, XLVI.

ıb, ermuthigte auch die Städte der trevisanischen
gleicher That Padua, Vicenza, Verona, Tre=
bisher an dem Kriege der Lombardenstädte gegen
ırich den Rothbart keinen Theil genommen hat=
:üstet über die Bedrückungen der kaiserlichen Mi=
ereinigten sich (1164) mit den übrigen Städten
ırk auf einem Congreß und gelobten sich Wi=
gegen jeden unrechtmäßigen Eingriff des Monar=
r Anerkennung aller Vorrechte, die ihm gesetzlich
[46]). Sie griffen nun die Barone, welche nicht
ıde hatten schwören wollen, an, und zwangen die
n Beamten, die das Volk am bittersten haßte,
ht. Um die Ankunft des Kaisers zu hindern,
:e Paduaner und Veroneser das Schloß Rivoli
Festung Appendici an, welche die Bergpässe, durch
Friedrich erwartete, beherrschten, und eroberten
) [47]). Allein wider alle Vermuthung drang der
ırch das Camonicathal ins Brescianische vor, und
so den Zweck des veroneser Bundes. Mit wech=
Glücke wurde hierauf der Krieg der Städte mit
ser mehr als zehn Jahre lang noch fortgesetzt.
ich Friedrich am 6. Juli 1177 zu Venedig mit
ste Alexander III. Frieden schloß, kam auch mit
dtebunde ein Waffenstillstand auf sechs Jahre zu
den im Namen von Padua sein Podesta Tessu=
:chwor [48]). Bei dieser Gelegenheit wurde auch
of von Padua, welcher zur kaiserlichen Partei
en war, wieder in den Schoos der Kirche auf=
ı. Der Friede kam erst im J. 1183 zu Kostnitz
ıe. In demselben trat der Kaiser den Städten
nahme alle Regalien ab, die er im Umfange ih=
rn bis dahin besessen, nicht minder auch in dem
ı abhängigen Gebiete alle Rechte, die sie durch
en oder Verjährung sich erworben hatten, na=
die Befugniß Truppen auszuheben, die Städte
gen und in ihrem Umkreise die Civil= und Cri=
htsbarkeit auszuüben [49]). Nun legte auch Pa=
die Umgestaltung seiner Verfassung und an die
ıg seiner Stadtmauern Hand an. — Bis in das
standen auch in Padua zwei Consuln an der
r Gemeinde. Im J. 1175 erhielt es den ersten
n Alberto de Bossa; doch kehrten die Bürger,
Vorliebe für die frühere Einrichtung in den J.
181, 1188 und selbst noch 1194 auf kurze Zeit
eder zur Consularregierung zurück [50]).
den vielen und großen öffentlichen Unternehmun=
ge in der Zeit der wieder erlangten Freiheit von
ıanern ausgeführt wurden, ersieht man, welche
ft sich in ihnen durch die freiere Gemeindever=
ntwickelt habe. Im J. 1191 erbaute die Stadt

'and. Pisani, Vitae rom. pontif. ap. *Murat.* T. III.
. 476. 47) Vita Alex. III. a Card. Aragon. p.
bus Morena, Hist. Laudensis. p. 1151. 48) *Pand.*
. *Murat.* T. III. part. II. p. 472; doch kommt bei
. VIII. p. 365 in der Reihe der paduanischen Pode=
anus für das J. 1177 nicht als Podesta vor. 49)
ntiq. ital. Diss. XLVIII. p. 295. 50) *Murat.*
:. ital. Tom. VIII. p. 365, 367, 419.

die Brücke über die Brenta bei Roventa, und mehre Thürme; 1195 wurde die Brücke Ogni santi begonnen; 1176 das Castello di Montegalda; 1184 die Brücke über die Brenta bei Mecianigha; 1129 mehre Stadtthürme aufgeführt; im J. 1204 wurde der Kanal von Monselice, 1209 der nach Venedig führende Naviglio, 1217 die Brücke von Cortadurolo und 1220 die Citadelle und mehre Straßenzüge angelegt, der Bau des großen Gemeindehauses begonnen und mit der Befestigung der Stadt fortgefahren [51]).

Wenn auch durch die erlangte Selbständigkeit die Macht der Städte gehoben wurde, so drohte ihr doch bald von einer andern Seite her eine viel größere Gefahr, die insbesondere über Padua sehr bald hereinbrach. Um die Kräfte der Bürger für sich zu gewinnen, und um den eigenen Ehrgeiz durch die Erlangung der Würde eines Podesta eine neue Bahn zu eröffnen, hatte sich der in der trevisanischen Mark ohnehin mächtige Adel in den Städten niedergelassen und dort Bürgerrechte erlangt. Er wohnte dort in eigenen befestigten Thürmen, welche ihn zuweilen in den Stand setzten, bei günstiger Gelegenheit auch in den Städten den Herrn zu spielen. Zu dem Amt eines Podesta wurden meist Adelige berufen, die zu den mit diesem Amte verbundenen Geschäften mehr Geschick zeigten und auch dadurch eine neue schlau benutzte Veranlassung erlangten, eine anfänglich gesetzliche Gewalt in der Stadt auszuüben, welche aber bald zur Begründung einer entsetzlichen Tyrannei benutzt wurde. So geschah es auch in Padua. Dieser Stadt drohte schon lange die größte Gefahr von dem Hause der Herren von Romano (s. d. Art. **Onara**), die, nachdem sie sich Padua's bemächtigt hatten, unter Ezzelino III einen furchtbaren Despotismus ausübten. Dadurch wurde die Stadt entvölkert, der Wohlstand der meisten Familien vernichtet, die Kerker mit Gefangenen überfüllt, das Blutgerüste mit dem Blute der edelsten Schlachtopfer der Tyrannei aus allen Classen der Bürger benetzt und ringsum eine unbeschreibliche Bestürzung verbreitet [52]). Noch vor dem Falle Ezzelino's (1259) und vor der Befreiung der übrigen Städte war Padua (1256) durch das Kreuzheer der Gewalt des Tyrannen entrissen worden. Nach seiner Gefangennehmung beeilten sich auch die übrigen Städte, das Joch, welches sie bisher nur mit Widerwillen getragen hatten, wieder abzuwerfen, seine Befehlshaber und Söldlinge zu vertreiben, die Gefängnisse zu öffnen, das Kreuzheer herbeizurufen und selbstgewählte Podestas wieder an die Spitze ihres Gemeinwesens zu setzen. Padua erwählte Marco Querini, einen Edeln aus Venedig, zum Podesta; Vicenza und Bassano begehrten Podestas von Padua.

Noch war aber Ezzelino's Bruder, Alberich, in der Nähe mächtig. Auch er sollte besiegt, und nicht ein Sprosse des verhaßten Hauses Romano am Leben gelassen werden. Die Truppen Padua's, Vicenza's, Treviso's und des Markgrafen von Este zogen daher gegen ihn

51) *Mantissa* ap. *Murat.* Tom. VIII. p. 369, 735, 736. 52) G. *Rolandini Patavini* De factis in Marchia Tarvisina ap. *Murat.* Tom. VIII. p. 172.

aus, der sich in das feste Schloß San Zenone, das in der Mitte der euganeischen Hügel liegt, geflüchtet hatte, belagerten und nöthigten ihn bald, nachdem man sich der Außenwerke durch Verrätherei bemächtigt hatte, mit seiner ganzen Familie sich in den Thurm zurückzuziehen. Nachdem er dort drei Tage mit den Seinen dem Hunger getrotzt und vergebens zur Erwirkung billiger Bedingungen unterhandelt hatte, mußte er sich endlich ergeben, ohne vor seinen Feinden Gnade gefunden zu haben. Die gänzliche Ausrottung des Hauses Romano war bei diesen fest beschlossen. Alberich und seine sechs Söhne wurden enthauptet, und ihre getrennten Glieder allen Städten zugesendet, die unter dem Joche der Tyrannei Ezzelino's und seiner Familie geschmachtet hatten, und sein Weib wurde mit ihren beiden Töchtern verbrannt [53]). Erst jetzt fühlte man sich sicher und beruhigt, erst jetzt dachte man wieder an gemeinnützige Werke, welche bisher ob der harten innern Bedrängnisse hatten ruhen müssen. Die Mauern der Stadt wurden theilweise ausgebessert und im J. 1270 endlich ganz vollendet; das Gemeindehaus wurde 1306 erhoben und mit Blei eingedeckt, Lendenara mit allen Gerechtsamen von den Markgrafen von Este erworben und die Zeit der wieder erlangten Freiheit von Padua auf das Vortheilhafteste zu seiner Kräftigung benutzt [54]).

Seit dem Sturze des Hauses Romano bis auf den Zug K. Heinrich's VII. von Luxemburg, während eines Zeitraumes von 57 Friedensjahren, welche nur durch kleinere Zwiste und Fehden mit Verona und den Markgrafen von Este unterbrochen wurden [55]), hatte Padua unter dem Schutze der Kirche und von der Guelfenpartei unterstützt, durch die Mitwirkung einer freien Verfassung, an Bevölkerung und Reichthum wieder gewonnen, was sie unter dem Drucke Ezzelino's eingebüßt hatte. Um das J. 1265 hatte sich die Stadt Vicenza, aus Furcht vor den Veronesern, freiwillig den Paduanern unterworfen; alle Guelfen der Mark Treviso wurden durch Padua's Rath gelockt. Ihre hohe Schule, welche nach dem Berichte des Olfredus, eines ihrer Professoren, im J. 1262 10,000 Schüler gezählt haben soll, war eine der berühmtesten Italiens, und der Name ihrer Lehrer in allen freien Künsten zog eine Menge von Fremden herbei [56]).

Indessen wurde mitten im Schooße dieses Glückes und in der Fülle der Kraft der innere Friede und die äußere Selbständigkeit von zwei Seiten bedroht. Die Vicentiner haßten Padua, dem sie sich gleich dünkten und doch gehorchen mußten, und waren darum geneigt, sich lieber einem Herrn, den sie mächtig glaubten sie gegen Padua zu schützen, in die Arme zu werfen, als länger seinen Befehlen zu gehorchen. Dieses Verhältniß führte bald darauf höchst bedenkliche Verwickelungen herbei. Eine zweite Klippe, an der die Selbständigkeit der Republik scheitern konnte, war die Eifersucht zwischen Adel und Volk. Wiederholt war die Regierung in die Hände der Handwerkerzünfte gefallen, an deren Spitze Volkstribunen standen, die man Gastaldoni nannte [57]). Der Senat selbst, aus 1000 jährlich gewählten Bürgern zusammengesetzt, war auch demokratisch. Das Volk, zu allen Zeiten launenhaft, unbeständig, übermüthig und den Eingebungen des Augenblicks unterworfen, wurde durch seine blinde Leidenschaftlichkeit verleitet, aus bloßem Hasse den Adel, welcher der Verwaltung in frühern Jahren Kraft und Glanz verliehen hatte, ganz von der Regierung auszuschließen. Diese blinde Leidenschaftlichkeit bewog es wieder in den folgenden Jahren einer einzigen Familie dieser Edlen, dem Hause Carrara, sich in die Arme zu werfen und ihr eine nur zu gefährliche Gewalt einzuräumen. Blinde Leidenschaft war es endlich, die das Volk von Padua veranlaßte, wiederholt mit Kaiser Heinrich VII. zu brechen und so den eigenen Untergang zu beschleunigen.

Kaiser Heinrich VII. hatte gleich nach seiner Wahl (1310) den Bischof von Constanz nach Italien geschickt, der den Städten sein Vorhaben, in ihr Land zu kommen, eröffnen sollte. So wenig erfreulich diese Botschaft auch den Lombardenstädten war, machte sie doch in Padua, wohin der Bischof auch gekommen war, und welches seiner Macht und Stellung vertraute, keine Art von Besorgnissen rege [58]). Die Paduaner schickten im Sommer des folgenden Jahres ihre Abgeordneten nach Monza, welche der Krönung des Königs beiwohnen sollten. Dieses gute Einverständniß mit dem Kaiser dauerte aber nur kurze Zeit. Heinrich entfremdete bald durch seine Handlungen die Zuneigung der Italiener und die Paduaner verletzte er insbesondere dadurch, daß er ihnen zumuthete, ihm 60,000 Gulden zu zahlen, wofür er ihnen die Stadt Vicenza, welche sich ihnen schon früher freiwillig unterworfen hatte, schenken wolle, was sie, die Macht des Kaisers gering achtend, verschmähten [59]). Darob erzürnte Heinrich und begünstigte den Plan einiger verbannten Vicentiner, welche mit Hilfe Can's de la Scala sich Vicenza's (15. April 1311) bemächtigten, die Reichsfahne aufpflanzten und die dort ergriffenen Paduaner gefangen nach Verona abführten. Über diese Unternehmung war große Entrüstung und Aufregung in Padua, als aber der Kaiser die Stadt Cremona, ihres Abfalls wegen, hart gezüchtigt hatte, fing man an den Rathschlägen des Bischofs von Genf, der von dem Reichsoberhaupte an den Herren von Verona geschickt worden war, Gehör zu geben, und sandten den Geschichtschreiber Alberto Musato an Heinrich, um mit ihm über den Frieden zu unterhandeln, der auch, obgleich unter ziemlich lästigen Bedingungen, zu Stande kam. An des Kaisers Statt hielt hierauf der Bischof von Genf (20. Jun. 1311) in Padua seinen Einzug, und im folgenden Monate, nachdem der Podesta der Stadt abgetreten war, beschwor des Kaisers Statthalter (Vicarius ad regimen) Gerhard de Isola de

53) *Rolandini* l. c. p. 356 sq. und Historia Gulielmi et Alberigeti Cortusianorum de novitatibus Paduae et Lombardiae ap. *Murat.* Script. rer. ital. T. XII. p. 775. 54) *Mantissa.* ap. *Murat.* Script. rer. ital. Tom. VIII. p. 737, 738. 55) Hist. Cortus. l. c. T. XII. p. 776. 56) *Jacobi Facciolati* Fasti Gymnasii Patavini. (Patavii 1757. 4.) p. 1 und Hist. Cortus. l. c. p. 778.

57) *Ferreti Vicentini:* Historia rerum in Italia gestarum. Lib. IV. ap. *Murat.* T. IX. p. 1070. 58) Hist. Cortus. l. c. T. XII. p. 778. 59) Histor. Cortus. p. 779.

Parma die Ordnungen der Stadt und übernahm das Regiment derselben[60]).

Als aber bald darauf der Kaiser Alboin und Can Grande de la Scala, ihre gefährlichsten Nachbaren und Feinde, zu seinen Statthaltern über Verona und Vicenza ernannt hätte, und es verlautete, daß der letztere auch nach der Herrschaft über Padua trachte, ja darüber vom Kaiser schon bestimmte Zusagen erhalten habe, fiel das paduanische Volk von Neuem vom Kaiser ab (Febr. 1312). Daraus entstand vielfältige Bewegung der Parteien in Padua und Vicenza, Verschwörungen und Verfolgungen knüpften sich daran, welche endlich zum Kriege mit dem Herrn de la Scala führten, der mit der größten Erbitterung von beiden Seiten geführt und durch den das Gebiet von Padua und Vicenza vielfältig verheert wurde[61]). Der Zorn des paduanischen Volkes traf dabei vorzüglich die Anhänger des Kaisers. Wilhelm Novello, das Haupt der Gibellinen zu Padua, wurde im öffentlichen Palaste angegriffen und vor dem Prätorium selbst ermordet. Von seinem Anhange ergriffen die Einen die Flucht, Andere wurden als Feinde des Vaterlandes aus dem Lande verwiesen. Als Heinrich davon Kunde erhielt, sprach er, im letzten Jahre seines Lebens zu Pisa ein Strafurtheil über die Stadt aus, das sie aller Auszeichnung, aller Vorrechte verlustig und in die Reichsacht erklärte und zu einer Strafe von 10,000 Pfund verurtheilte. Die Vollstreckung dieses Urtheils erlebte aber der Kaiser nicht mehr. — Als die Nachricht von seinem Tode (August 1313) nach Padua gelangte, war darüber in der Stadt solche Freude, daß man öffentlich ein großes Fest feierte, ohne eben dazu einen genügenden Grund zu haben, denn die Lage der Stadt veränderte sich durch diesen Todesfall nicht im Mindesten, vielmehr gesellten sich zu den Drangsalen des noch fortdauernden Krieges mit den Scaligern noch die Schrecknisse des Bürgerkrieges. Die Partei des Adels sah sich durch zwei Plebejer, den Advocaten Peter d' Alticlinio und Ronco Agolani von der Regierung ausgeschlossen. Beide missbrauchten aber ihr öffentliches Ansehen, erbitterten das Volk durch Wucher und unverzeihliche Nachsicht gegen die Ausschweifungen ihrer Kinder und Verwandten, und erregten auch den Haß der Gibellinen, in deren Reichthümer sie sich bei ihrer Verfolgung getheilt hatten. Da traten Nikolaus und Obizzo von Carrara, deren Familie bei dem Volke beliebt und deren Vorfahren schon seit Jahrhunderten in Padua angesehen waren, an die Spitze der Unzufriedenen, ermordeten die beiden Vorsteher und ihre Söhne und Angehörigen, und veranlaßten am folgenden Tage (1. Mai 1314) den Beschluß, daß die Stadt wieder, wie von Alters her, durch 18 Anziani, denen die Tribune beigegeben werden sollten, unter dem Schutze und im Namen der Guelfenpartei, sich zu regieren fortfahren solle. — Bald darauf zogen die Paduaner aus, um Vicenza wieder zu erlangen, und bemächtigten sich zwar mit Leichtigkeit der Vorstädte, wurden aber, da sie sich im Angesichte des Feindes thörichter Weise und sorglos der Plünderung ergaben, von Can de la Scala aufs Haupt geschlagen, Jacob und Marsiglio Carrara und viele andere Edle gefangen, und das Heer ganz zerstreuet. Carrara und seine Genossen wurden von dem Scaliger in ritterlicher Haft gehalten und anständig behandelt[62]). Die Zeit seiner Gefangenschaft, welche ihn viel mit Can zusammenführte, wußte Jacob klug zur Versöhnung desselben mit seiner Vaterstadt zu benutzen. Um aber auch die Paduaner zum Frieden zu stimmen, entließ ihn der Herr von Verona gegen Geiseln nach Padua, wo er es der Bemühungen des dagegen eifernden Patrioten Macaruffo ungeachtet durch seine Beredsamkeit dahin zu bringen wußte, daß endlich unter der Garantie Venedigs (am 20. Oct. 1314) ein billiger Friede zu Stande kam[63]). Die Partei der Guelfen, welche den Verlust Vicenza's noch immer nicht verschmerzen konnte, hielt aber nicht lange den Frieden. Im J. 1317 erhielt Vinciguerra, Graf von San Bonifacio, einer der größten Feinde des Hauses von Verona, verlockt und unterstützt durch misvergnügte Vicentiner, denen Padua stets zur Zufluchtsstätte diente, von der Volksgemeinde den Auftrag, einen zweiten Angriff auf Vicenza zu machen, der aber ebenso unglücklich endete, als der frühere. Hierauf folgte wieder eine neue an Verwüstungen reiche Fehde des erzürnten Scaliger, der sich nach und nach Montagnana's, Monselice's und mehrer anderer Orte bemächtigte, die Felder der Paduaner verheerte, und nur des Besitzthums jener von Carrara, mit dessen Haupt er Freundschaft geschlossen hatte, verschonte. Dennoch war die Verblendung und der Leichtsinn des paduanischen Volkes so groß, daß es der Familie Carrara in derselben Zeit sein ganzes Vertrauen schenkte, daß es dem Haupte der Patrioten, Macaruffo, der der Ehrsucht jener Familie mistraute und gegen ihre Pläne muthig ankämpfte, seine Bemühungen um die Aufrechthaltung der Freiheit der Stadt mit der Verbannung lohnte, und es zuließ, daß sich die Anhänger der Carrara in alle öffentlichen Ämter theilten[64]).

Als dieses geschehen war, machte Roland Placiola, ein Rechtsgelehrter und Freund der Carrara, dem Volke in öffentlicher Versammlung den Vorschlag, dem Beispiele der ganzen Natur, die dem Willen eines Einzigen gehorche, zu folgen und sich auch einem Einzigen zu ergeben, um durch die in die Hand eines Fürsten gelegte Gewalt und Machtfülle allen Unfällen ein Ziel zu setzen, von denen Padua sowol im Innern als auch von Außen so viel zu leiden habe. Keine Stimme erhob sich bei diesem Vorschlage im Volke zum Schutze der Volksherrschaft, und so wurde, meist durch den beistimmenden Zuruf der Anhänger des Hauses Carrara, Jacob von Carrara, zum Fürsten von Padua (Capitano generale, sagt das Verzeichniß der Podesta von Padua)[65]) ausgerufen. Dieses

60) *Mantissa* T. VIII. p. 788. 61) Hist. Cortus. T. XII. p. 788., *Ricobaldi Ferrariensis*, Compilatio chronologica ap. *Murat.* T. IX. p. 259 und *Murat.* T. VIII. p. 394.

62) *Ferreti Vicentini* Historia rerum in Italia gestarum. Lib. VI. ap. *Murat.* T. IX. p. 1144 sq. Histor. Cortus. Lib. I. ap. *Murat.* T. VIII. p. 788 und *Murat.* Script. rer. ital. T. VIII. 396, 462. 63) *Ferreti* l. c. p. 1147 und Hist. Cortus. p. 790. 64) *Fereti* l. c. Lib. VIII. p. 1179. 65) *Mantissa* ap. *Murat.* T. XII. p. 738. Hist. Cortus. Lib. II. T.

Geschlecht herrschte von nun an bis zu seinem Untergange im J. 1405 (s. d. Art. Pappafava, Carrara-Pappafava) über Padua. Nach dem Sturze der Carrara nahm Venedig von dem Paduanischen Besitz. Venedig wurde nun (19. Nov. 1405) Gebieterin Padua's, dieser alten Stadt, von der sie ihren Ursprung ableitete. Es ward festgesetzt in der Acte der Besitznahme, daß die Stadt ihre Universität und ihre Fabriken wollener Zeuche behalten, und daß das Salz ihren Bewohnern von dem Freistaate zu demselben Preise als denen von Verona und Vicenza geliefert werden sollte. Von da an theilte Padua die Schicksale des Freistaates, wurde aber durch stiefmütterliche Behandlung immer mehr in Abnahme gebracht. Während diejenigen Provinzen, welche sich leicht den angrenzenden Nachbarstaaten unterwerfen konnten, mild behandelt wurden, mußte Padua, das von allen Grenzpunkten weit entfernt war, den Druck einer unbeschreiblichen Tyrannei vier Jahrhunderte hindurch erdulden, einer Tyrannei, welche ohne Rast beschäftigt war, den Paduanern ihre Privilegien, ihre Reichthümer, ihre Industrie, ihre Kraft zu nehmen, und ihre Stadt zu entvölkern. Selbst die ehemaligen Wohlthaten hatten sich in Plagen verwandelt; die Universität, die so lange Zeit zum Glücke Padua's beigetragen hatte, war der Zügellosigkeit wegen, in der man die Studenten leben ließ, nichts mehr, als ein Instrument, dessen die Regierung sich bediente, um diese unglückliche Stadt zu demüthigen, um sie zu strafen [66]). Dadurch sank Padua von seiner frühern Höhe immer mehr herab, es verringerte sich ihr Wohlstand, es verminderte sich ihre Volksmenge, und es verschwand jede Spur des frühern Volksgeistes. Bei dieser Lage der Dinge darf es daher nicht wundern, daß sich, als die französische Revolution auch die Grenzen des Freistaates erreichte, keine Hand zur Vertheidigung der harten Gebieter regen wollte. Während die Grenzprovinzen nicht ohne vielfältige Bewegungen und Aufstände besetzt werden konnten, zogen die Franzosen am 28. April 1797 ruhig in Padua ein, und ebenso ruhig sah man den Markuslöwen dem dreifarbigen Freiheitsbaume weichen. Im Frieden von Campo-Formio (Nachts vom 17. auf den 18. Oct. 1797) wurde es an Österreich abgetreten, im presburger Frieden dem Königreiche Italien überlassen (26. Dec. 1805) und im pariser Frieden (30. Mai 1814) endlich dem Kaiserthum Österreich einverleibt. (*G. F. Schreiner*)

PADUANI, **Caviniani**, **Carteroniani**, **Parmesani**, **Vicentini** sc. **numi**. Mit diesen verschiedenen theils von Städten, theils von Personen entlehnten Namen bezeichnet die Numismatik eine Reihe von Münzen, welche zwar ein antikes Gewand tragen, nichtsdestoweniger aber ein Product der vier letzten Jahrhunderte sind, welches auf der einen Seite die mit Victor Camelio von Vicenza, Benvenuto Cellini und Alexander Cesari [1]) wiedererwachte Stempelschneidekunst, auf der andern aber die durch die Begierde der Münzsammler nach alten Numen erregte Habsucht ins Dasein rief. Die Paduani [2]) und Caviniani verdanken ihren Namen dem Paduaner Cavin, die Carteroniani dem Holländer Vinc. Laurentius Carteron, die Parmesani dem Parmesaner Laurentius, die Vicentini dem Vicentiner Laurentius. Außer diesen genannten Männern, welche sämmtlich im 16. Jahrh. lebten, gaben sich jedoch auch noch andere mit der Prägung solcher Münzen ab, z. B. der Engländer Lewis Lee, und noch jetzt wird dieses betrügliche Geschäft in Italien, vorzüglich in Rom, fortgesetzt. Im Allgemeinen lassen sich diese Münzen in drei Classen theilen. Die erste begreift diejenigen, welche genau nach antiken Mustern geschnitten und geprägt wurden. Unter diesen sind die Vicentini die seltensten, die Caviniani die vorzüglichsten [3]). Die zweite

VIII. p. 814. *Petri Pauli Vergerii:* Vitae principum Carrariensium ap. *Murat.* T. XVI. p. 118 sq. Famiglie celebri italiane. (Milano 1831.) Fasc. XXII. Tav. 2.

66) *P. Daru*, Histoire de la republique de Venise (Paris 1819.) T. V. p. 432 sq.

1) Victor Pisanello, Andreas von Cremona, Paulus de Ragusio gossen ihre Medaillen.

2) Unter diesem Namen werden gewöhnlich auch die folgenden mitbegriffen.

3) Obgleich dem Cavin in der Encyklopädie bereits ein eigener Artikel gewidmet ist, so glauben wir doch noch Folgendes über ihn bemerken zu dürfen. Die ihm von seinem Sohne geweihte Grabschrift, welche sich in der Kirche S. Johannis in Viridario Canonicorum Lateranensium zu Padua befindet und also lautet: JOAN. CAVINIO, viro integerrimo, patri de se opt. merito, qui antiquorum opera maximo judicio coluit et priscorum praesertim Caesarum multorumque aetatis suae virorum clariss. imagines cudendo expressit, Camillus Fil. jurisconsult. ob suam in eum pietatem sibique ac suis omnibus P. C. Vix. An. LXX. Mens. IV. Ob. An. MDLXX. NON. Septemb. theilt der Dominikaner Jakob Salomonius (Urb. Patav. inscript. p. 177. nr. 20) mit, und bemerkt dabei, daß sich auf dem Kirchhofe in einem Winkel an der Kapelle S. Eucharistiä ein oben mit einem eisernen Reifen versehener harter Stein befinde, auf welchem der Sage nach Cavin seine Münzen und Medaillen geprägt habe. Im Scarbeonius (de clar. Pict. Caelat. Fus. et Architect. lib. III. class. XV. p. 376) findet sich folgende auf den Cavin bezügliche Stelle: Andreae Riccio, fusori et caelatori eximio, succedit cognatione, ingenio et arte proximus Johannes Cavinius, amicus noster, incisor auri argenti aerisque praestantissimus, qui antiquam illam caelandi cudendique artem unus omnium revocavit in lucem, cui modo, nisi me fallat amor, et cudendi nova et *recudendi antiqua numismata parem magistrum in tota Italia ad similitudinem antiquorum vix alterum censeo reperiri. Recudit omnes Caesares ex antiquis numismatibus ita similes, ita expressos, ut nequeant omnino discerni ab antiquis, nisi quod suspecti ex sua praestantia ac nitore haberi possint.* Hic ergo etsi in quovis hujuscemodi artis genere plurimum valet, tamen restituto tam ingeniose veteri hoc cudendi artificio par habendus est profecto veteribus, quum in eo jam recentioribus, qui hactenus fuerant, longe praestet. De his vero numismatibus XII. Caesarum ita affabre excusis cecinit ad Alexandrum Bassianum, id procurantem, Savanarola, poeta noster, hoc carmen:

Haec tibi bissenos posuere numismata divos,
Qui datur auspiciis vivere posse tuis.
Cavinius vitam Patavus tibi sculpsit ab illis,
Cujus ab invento vincere fata potes.

Idem.

Cusor Cavinius, scriptor Bassianus, uterque
Est Antenorei fama decusque levis.
Semper ab illorum tibi vita numismata Caesar
Clara erit, inventis vivet uterque suis.

Die in dieser Stelle erwähnten zwölf Kaisermünzen sind Cavin's berühmteste Stücke. Er hatte in ihnen die Originale, welche er der

bilden Phantasiestücke, welche der Betrug schuf,
t Sucht der Münzliebhaber nach seltenen Münzen
riedigen. Beiden Classen, vorzüglich aber der letz-
ichte man durch Inschrift-Gepräge und andere künst-
Rittel [4]) ein antikes Ansehen zu geben, doch erkennt
übtes Auge leicht ihre Unechtheit, da ihre Verferti-
h, da ihnen kein Bassiano zur Seite stand, oft
obe Verstöße gegen das Antike zu Schulden kom-
eßen; ja oft Münzen von Personen zum Vorbrachten, deren Existenz selbst noch dem Zwei-
rworfen ist. Zur dritten Classe endlich rechnen wir
jen, welche dadurch entstanden, daß man echte
Münzen mit dem Grabstichel erneuerte, wobei sich
kunde oder die Sucht, etwas recht Seltenes zu
, ebenfalls große Willkürlichkeiten erlaubte, oder
ian zusammen- oder nicht zusammengehörige Hälf-
ter Münzen künstlich zusammenlöthete, wodurch zahlreiche numismatische Misgeburten entstanden, indem man nicht nur die Münzen verschiedener Länder und Beherrscher, sondern selbst verschiedener Jahrhunderte vereinigte. Diese zusammengesetzten Stücke nennt man auch dublirte Münzen [5]). *(Fischer.)*

PADUANINO ist der Beiname des Alexander Barotari, eines berühmten Malers der venetianischen Schule, geb. 1590, gest. 1650, doch ist sein Geburtsjahr nicht ganz sicher. Gewöhnlich ist er mehr unter diesem, ihm seines Geburtsorts wegen, gegebenen Beinamen Paduanino als unter seinem Namen Barotari bekannt. Sein Vater Darius stammte aus Verona; nach einigen Schriftstellern stammte die Familie aus Teutschland (manche nennen Augsburg, andere auch, wie z. B. Füßli, Strasburg), den Voraltern gibt man den Namen Bairoter oder Weyhrotter. Darius, geb. zu Verona 1539, gest. zu Padua 1596, wo er sich ganz niedergelassen hatte, tüchtiger Architekt und Maler, war ein Schüler des Paolo Veronese, hatte Vieles in den venetianischen Staaten gearbeitet und genoß eines ausgebreiteten Ruhmes. Indessen wurde sein Name durch den seines Sohnes Alexander verdunkelt, denn dieser vereinigte in sich mehr als eine Eigenschaft, die ihm die höchste Auszeichnung und den Rang eines der ersten Künstler jener großen Schule sicherte. Schon der Jüngling zeichnete sich unter den Schülern seines Vaters aus; seine ersten Studien waren nach Tizian's Werken, die jener große Meister in seiner frühern Zeit in einem schönen eigenthümlichen Charakter in reicher Zahl in Padua vollendet hatte.

Auf Paduanino hatte dieses den günstigsten Einfluß; nächst einer lebendigen Auffassung, die sich in seinen Compositionen ausspricht, verstand er trefflich die Gruppirung auf einen wohl durchdachten Plan. Seine Zeichnung, der oft mehr Correctheit gewünscht wird, war im Äußern sehr weich und in angenehmen runden Formen. Vorzüglich und voll des innigsten Gefühlsausdrucks sind seine Köpfe, besonders die der Frauen; es waltet darin eine Schönheit, welche die höchste Anmuth mit treuer Erfassung der Natur verbindet, und so das Wahre jener Schule, welche die schönsten Vorbilder aus dem Leben entlehnte, ausspricht. Zugleich wußte der Künstler seinem Colorit den eigenen Schmelz der Farbe und Wärme zu geben und in großen Massen von Schatten und Licht herrlich anzuwenden. Lanzi bezeichnet mit vieler Wahrheit und richtiger Beurtheilung, inwieweit Paduanino die vorzüglichsten Eigenschaften Tizian's in sich aufgenommen, wie er Grazie den Frauen, Stärke, Kraft und Größe den Männern zu geben verstanden habe. Die größte Lieblichkeit herrscht bei ihm in der Darstellung von Kindern, die er sehr oft und zugleich mit andern Figuren in anmuthigen Landschaften malte. Eins seiner merkwürdig-

---

Münzsammlung des Marcus Mantua Bonavitus *) verdankte,
ht durch den Rath des erwähnten Bassiano **), welcher zu
Zeit der größte Münzkenner war, mit einer solchen täu-
Ähnlichkeit nachgeahmt, daß sie selbst von großen Münz-
für echt genommen wurden. Doch ist es ein Irrthum,
ian dem Cavin einen beabsichtigten Betrug Schuld gibt, weil
gewiß gesucht haben würde, seinen Münzen den Glanz (ni-
ie dies von Andern geschah, zu nehmen. Die Stempel, de-
Cavin bediente, kamen später nach Paris, und der königl.
ntiquar Thomas Lecointe lieferte ein Verzeichniß, der mit
geprägten Münzen und Medaillen, welches der Kanonikus
ibliothekar des St. Genevievestiftes, Claude du Molinet,
upfertafeln begleitet herausgegeben hat. Man vergl. auch
Lucubrat. de vet. Numismatis potentia et qualitate, sowie
Dav. Köhler's historische Münzbelustigungen. 18. Th.
fg.

Man vergrub solche Münzen in mittfeuchte Erde, oder
ie in Urin, Essig ꝛc. oder beräucherte sie mit Salmiak
ieb sie mit Papierzunder ab, um ihnen ein altes Ansehen
ich durch Erzeugung des edlen Rosts (aerugo nobilis) zu
welcher letzterer vorzüglich dazu dient, die echten Münzen
z nachgemachten zu unterscheiden.

Bonavitus, Benovidius, Benevidius, war ein Rechtsgelehr-
eicher den ihm von seinem Vater hinterlassenen Reichthum
zu bequemen Leben und zur Anlegung einer zu seiner Zeit
ichneten Antikensammlung benutzte. Man vergl. über ihn
ronius, De antiq. Urbis Patav. et clar. Civ. Patav. Lib.
ies. IX. p. 217. **) Alexander Bassiano war ebenfalls
chtsgelehrter. Scardeonius sagt von ihm: Vivit, et uti-
liu felicique vivat alter Alexander Bassianus (sein Vater,
ls ein Rechtsgelehrter, führte denselben Vornamen), civis
et generosus, studiosissimus vero antiquitatum, ut alter
Scripsit eleganter et insigni brevitate vitas XII Impe-
m, quas cum veris eorum imaginibus propediem magna
um et Bassianae gentis laude editurus est. Etenim hac
state solus propemodum Alexander est, qui de priscis
iorum notis atque imaginibus recte possit dijudicare. Ein
Molinet, wie es scheint, verursachter Irrthum ist es, wenn
den Bassiano zum Gehilfen Cavin's machen, da er doch blos
Rathgeber war. Molinet macht nämlich bei einer Me-
Cavin's, auf welcher dieser sich selbst und den Bassianus vor-
t hat, sowie er auf einer andern auch noch den Bonavid ver-
, die Bemerkung: Voicy les têtes de ces excellens Ouvriers,
Cauvin et Alexander Bassien. Ce sont les deux auteurs
bel ouvrage de medailles, que les curieux nomment Pa-
s. J'ay dit que ces Graveurs se disoient de la ville de
e etc.

5) Man vergl. außer den angeführten Werken: *Molinet*, *Cl. du*, Le Cabinet de la bibliothèque de S. Geneviève. (Paris 1691.) *Joubert*, Notitia rei numariae antiquae. J. C. Rasche, Schätzbarkeit antiker Münzen. (Nürnberg 1779.) G. Beauvais, Abhandlung, wie man echte alte Münzen von nachgemachten unterscheiden kann. Aus dem Französischen. (Dresden 1791.)

sten Hauptgemälde ist die Hochzeit zu Kana, in reicher Composition, ein Bild, das sich sonst in Padua, später in Venedig alla Carità befand (in den Tabellis Patinis findet sich eine Abbildung von Martin Desbois radirt), welches Bild noch sehr viel von Tizian's frühern Arbeiten an sich hat. — Der Charakter seiner Madonnen spricht sich trefflich in einem von ihm radirten höchst seltenen Blättchen aus, welches Blatt von Bartsch nicht gekannt ist. Seine Gemälde sind im Allgemeinen selten zu nennen, einige befinden sich in der wiener Galerie, und auch die dresdener ist im Besitze von zweien, nämlich von einer Kleopatra und einer Judith. Beide gehören zu den vorzüglichern und sind von hohem, edelm Charakter. Oft wird Paduanino sowol mit seinem Vater als auch mit seinem Sohne verwechselt, von denen der letztere auch einige Bildnisse radirte, worunter auch das seines Vaters und sein eigenes, und eine Gruppe von Frauen; beide letztere Blätter übrigens sind auch Bartsch unbekannt. Indessen ist dieser jüngere Darius, sowie seines Vaters Schwester, Clara, die auch Bildnisse malte, immer unter dem Namen Barotari bekannt und zu suchen. (*Frenzel.*)

PADUKAS, Völkerschaft in Nordamerika. (*H.*)

PADUL (el), Villa in der spanischen Provinz Granada, liegt in der Nähe der Laguna del Padul, und hat 1130 Einw. (*Fischer.*)

PADULA, eine Stadt im südöstlichen Theile der neapolit. Provinz Principato citeriore, im Thale von Diano, zwischen Bergen gelegen, mit 6100 Einwohnern; nicht weit davon entfernt liegt im Gebiete von Cadossa das Karthäuserkloster San Lorenzo della Padula. (*G. F. Schreiner.*)

PADUS, *Πάδος*, der römische und griechische Name für den heutigen Po. Unter diesem Artikel werden wir uns darauf beschränken, die Nachrichten und Vorstellungen der Alten über den Po zusammenzustellen, während wir die neuern Ansichten und Wahrnehmungen dem Artikel Po vorbehalten. Metrodorus aus Skepsis hatte den Namen Padus aus dem Gallischen abgeleitet, der Fluß hätte diesen Namen von der großen Anzahl Kiefern in der Nähe seiner Quelle erhalten; Padi nämlich oder Pades hießen im Gallischen die Kiefer; in der Sprache der Ligurer aber hieße der Fluß Bodincus, was bei ihnen „bodenlos" oder „grundlos" bedeute. Plinius (III, 16, 20), der diese Bemerkungen Metrodor's mit der Äußerung mittheilt, es sei eigentlich eine Schande, die Erklärung italischer Verhältnisse von einem Griechen zu entlehnen, glaubt doch eine Bestätigung der letzten Behauptung darin zu finden, daß in der Nähe des heutigen Casale eine Stadt mit dem alten Namen Bodincomagum läge, wo der Fluß anfange eine vorzügliche Tiefe zu gewinnen. Auch Polybius, der (II, 16) umständlich über den Padus handelt, bemerkt, daß der Fluß bei den Landeseinwohnern Bodenkos (*Βόδεγκος*) heiße, wofür Theon (ad *Arat.* Phaen. 359) verdorben *Βόχερσος* hat. Der Strom Eridanos und die an ihn geknüpfte Erzeugung des Elektron oder Bernsteins gehört ganz der griechischen Sage an; wann die Fabel von Phaethon's Sonnenfahrt, daß der unbesonnene Lenker des Sonnenwagens von Zeus in den Eridanos gestürzt worden sei, seine Schwestern ihn hier gefunden, beständig um den Bruder geweint hätten, und daß ihre Thränen, nachdem sie selbst vor Gram in Schwarzpappeln verwandelt worden wären, an der Sonne zu Elektron oder Bernstein erhärteten; wann also diese Fabel aufgekommen ist, wissen wir nicht; aber jedenfalls ist sie uralt und machte schon einen Bestandtheil des Hesiodeischen Sagenkreises aus; denn Hygin's 154. Fabel ist Phaethon Hesiodi überschrieben, und es heißt darin: Harum lacrimae, ut Hesiodus indicat, in electrum sunt duratae. Jene älteste Sage dachte sich aber den Eridanos ohne genauere Bestimmtheit im äußersten Westen Europa's, wo auch die Zinninseln wären, an dessen Ausfluß ins Meer gegen Norden man Bernstein fände. Pherekydes, der älteste griechische Prosaist, war, nach Hygin und dem Scholiasten des Germanicus, der erste, welcher den den Griechen eben durch die Phocäer bekannt gewordenen Padus für den Eridanos erklärte; Äschylos, Euripides ꝛc. verlegten den fabelhaften Eridanos nach dem damals bis an die Rhone gerechneten Iberien und fanden ihn im Rhodanus (*Plinius* XXXVII, 2). Noch Apollonius von Rhodus (IV, 627 sq.) verbindet den Rhodanus so mit dem Eridanos, daß er von den Thoren und Sitzen der Nacht einen Strom ausgehen läßt, der sich in drei Arme theilt, von denen der eine in den Ocean, der andere ins ionische, der dritte ins sardinische Meer sich ergieße. Aber obgleich schon Herodot (III, 115) den Eridanos für einen rein hellenischen und nicht barbarischen Namen erklärt, der seine ganze Entstehung blos irgend einem Dichter verdanke, obgleich Polybius die Fabeln der Griechen von Phaethon und seinem Falle, von den Thränen der Pappeln und von dem jenem Flusse anwohnenden Volke, was noch immer in schwarzen Trauerkleidern aus Schmerz um Phaethon erscheine, als unangemessen seiner historischen Darstellung von seiner Exposition über den Padus ausschließt, obgleich Strabo (V, 215) gradezu erklärt, daß der Eridanos, den die Sage in die Nähe des Padus setze (*πλησίον τοῦ Πάδου λεγόμενον*) nirgends in der Welt vorhanden sei (*τὸν μηδαμοῦ γῆς ὄντα*) und alle daran geknüpfte Fabeln bei Seite liegen läßt, so war doch einmal in der hellenischen Dichtersprache der Name Eridanos so an den Padus befestigt, daß theils griechische Prosaisten der spätern Zeit, wie Pseudo-Aristoteles (Mirab. Ausc., c. 62), Plutarch, Herodian (VIII, 7), Dio Cassius und Appian (de bell. civil. I, 109), statt des Padus den Eridanos zu nennen fortfuhren, theils auch selbst römische Dichter, wie Properz, Ovid (Metam. II, 566 sq.) sowol die Sage selbst, als auch die Benennungen Eridanos als dichterischen Namen für Padus beibehielten; fragt man aber, was denn die Griechen bewogen haben mag, ihren fabelhaften Eridanos vorzugsweise im italischen Padus, dann aber auch im Rhodanus zu finden, so kann man nur sagen, daß wie die Vorstellung vom Eridanos vermuthlich durch Erzählungen p h ö n i k i s c h e r Kaufleute veranlaßt worden ist, die den Griechen den Bernstein mitbrachten, und durch fabelhafte Übertreibungen ebenso den

er Sache zu erhöhen, als die Griechen von eige-
hforschung abzuhalten suchten, daß ebenso durch
okáer ihnen die Kunde gekommen sei, daß im
er Veneter und an der Rhone der Bernsteinhan-
inem bedeutenden Umfange getrieben werde. Daß
nicht entstehe, sondern aus Norden dorthin ge-
erde, blieb ihnen Anfangs unbekannt. Je mehr
chen aber ihre geographischen Kenntnisse erweiter-
desto mehr verloren die Fabeln vom Eridanos
hre Glaubwürdigkeit. Vergl. hierüber Joh. Heinr.
Virgil Eklog., VI, 62 S. 317 fg, zu Virg.
I, 480. S. 195, Mannert (IX, I, S. 61 fg.)
(im Journ. d. Sav., 1826, Fevr. pag. 82,
uttmann (Mytholog. II, 342).
r den Padus, den größten Strom Italiens, der
ältnisse zu seinem nur etwa 60 geographische Mei-
igenden Lauf eine überaus große Wassermasse führt,
ch in ihn alles Wasser ergießt, das sich in der
Alpen und Apenninen eingeschlossenen Ebene
daher er auch bei Virgil „der König der Flüsse"
eorg. l. c. Fluviorum rex Eridanus), berich-
bius a. a. O., daß er in den Alpen entspringe,
angs, indem er in die Ebene hinabsteige, südlich
in der Ebene selbst aber nach Osten seinen Lauf
n zwei Mündungen sich in den adriatischen Meer-
gieße, am größten und schönsten zur Zeit der
ge fließe, wenn der Schnee auf den Apenninen
en ganz geschmolzen wäre und ihm eine große
ung seiner Wassermasse zuführe; schiffbar sei er
eere aus über die Olana genannte Mündung
2000 Stadien (40 geogr. M.), von der Quelle
e er nämlich Anfangs einen einfachen Lauf, bei
l aber theile er sich in zwei Arme, deren einer
h die Mündung Padoa (Padusa), der andere
lana ins Meer ergieße; der dasige Hafen gehöre
en Schiffen den meisten Schutz gewährenden des
en Meeres. So Polybius.
abon (IV, 203) bemerkt, daß der Padus in den
tspringe, Anfangs reißend sei, bei weiterm Fort-
immer größer und zugleich sanfter werde[1]), ins
e Meer sich ergieße, der größte Strom Europa's
em Ister. V, 212 berichtet er, daß der Po
egen und Schnee häufig überströme, bei seiner
g aber spalte er sich in viele Theile, wodurch die
g selbst verdunkelt und das Einfahren in den Fluß
Meere schwierig werde. Aber Erfahrung und
würden auch der größten Schwierigkeiten Meister.
nponius Mela, welcher unter Claudius geschrie-
(II, 4, 4), und Plinius der Ältere, welcher un-
s umgekommen ist, geben uns vollständigere Nach-
iber den Padus; den Plinius compilirten Solin
rcianus Capella (dem 5. Jahrhundert angehörig)
el über Italien (VI, pag. 205), womit wir die
n alten Autoren zerstreuten Nachrichten combini-

ren. Hiernach entspringt der Padus an der Grenze der Ligures Vagienni, auf einer Alpenhöhe, am Fuße vom Vesulus Mons (heute Monte Veso, Viso, Visoul in Piemont); Mela sagt, daß er sich aus Anfangs kleinen Quellen sammle; er spricht also von mehren Quellen, dagegen Plinius nur von einer sehenswerthen Quelle redet (visendo fonte profluens); worin das Sehens- oder Bemerkenswerthe bestehe, wird von Plinius (II, 106) gemeldet: Padi fons mediis diebus aestivis velut interquiescens semper aret, im Sommer erscheine die Quelle am Mittage immer wie stillstehend und ausgetrocknet; Andere dagegen, wie Servius (ad Aen. XI, 457), Isidor (origg. XIII, 21 Padum *tribus* fontibus nasci dicunt) sprechen von drei Quellen. Nur Appian, bei dem das Geographische nicht grade die stärkste Seite ist, berichtet (de bell. civil. I, 109), daß die Quellen des Padus und des Rhodanus in den Alpen nicht weit von einander entfernt wären. Nach Plinius und seinen Compilatoren verbirgt er sich Anfangs in einen unterirdischen Gang und kommt erst im Gebiete der Forovibienser wieder zum Vorscheine; Mela sagt dafür, daß er in seinem Laufe Anfangs mager und dünn (exilis ac macer) sei; nämlich so wenig ist von ihm fühlbar, daß er dem Scheine nach ganz verschwindet. Seinen Lauf berechnet Plinius zu 388 Millien, auf welchem er nicht nur alle schiffbaren Apenninen- und Alpenflüsse, sondern auch große Seen in sich aufnehme und im Ganzen 30 (die Neuern zählen nach Cluver 40) Ströme dem adriatischen Meere zuführe; in den Hundstagen werde er durch Schmelzen des Gebirgsschnees reißend und verursache Überschwemmungen, aber er führe kein Feld mit sich, sondern lasse vielmehr einen fruchtbaren Schlamm zurück. —

Von den Nebenflüssen erhält der Padus die kleinere Zahl, aber die bedeutendern und schiffbaren, von der Alpenseite her, die größere Zahl, aber minder bedeutend, von der südlichen oder Apenninenseite. Von der erstern erwähnt Plinius: Stura (noch heute so genannt in der Nähe von Turin), Orgus (heute Orgo), die beiden Duria (von denen die südliche und kleinere bei Turin, Dora, heute la petite Doire, die nördliche und größere Dora baltea, la Doire, heißt, bei Montferrat), den Sessites (heute Sessia oder Sesia bei Vercelli), den Ticinus (heute Tesino), einen der größten Poflüsse, den Lambrus (heute il Lambro und Fiume di Marignano), Addua, den größten der Nebenflüsse des Po (heute Adda, welche oberhalb Cremona's in den Po fällt), den Ollius (heute Oglio), der durch den Sebinus Lacus (heute Lago d' Iseo) in den Po fällt und endlich den Mincius (heute Mincio) den östlichsten und kleinsten der Nebenflüsse. — Von den von der Apenninenseite kommenden Nebenflüssen erwähnt Plinius den Tanarus (heute Tanaro), den Trebia (heute Trebbia), berühmt durch Hannibal's großen Sieg, fällt bei Placentia in den Padus (daher Trebia Placentinus bei Plinius), Tarus (heute Taro), den Nicias (heute Lenza, nach Mannert aber der Crostolo), den Gabellus (heute Secchia), der bei Mantua, den Scultenna (heute Panaró), der bei Ferrara in den Po fällt, und den Rhenus (heute Reno). Noch mehre andere unbedeutende

---

ies bestätigt sich noch heute; der Po wird, je mehr er
rn Ebenen herabsteigt, in seinem Laufe immer langsamer
er bemerkbar.

Nebenflüsse des Padus hat die Peutinger'sche Tafel, die wir hier billig übergehen. Dazu kommen noch die Seen, von denen die bedeutendsten sind: der Benacus (heute Lago di Guarda), Verbenus (heute Lago maggiore) und Larius (heute Lago di Como). Zur Ableitung seiner Wassermasse, die, wie oben bemerkt worden, im Verhältniß zur Länge seines Laufes ungemein groß ist, dienten von Natur gebildete oder in sehr alter Zeit von der Kunst angelegte Abzugsgräben (**fossae**) und Moräste, zwischen Ravenna und Altinum, in einer Entfernung von 120 Millien. Daneben läßt Plinius [2]) da, wo der Fluß am breitesten ist, sich die sogenannten „sieben Meere" bilden; diese **septem maria**, *ἑπτὰ πελάγη*, unterscheidet sowol Plinius von den eigentlichen Pomündungen, wiewol auch dieser nach Mela (**ut se per septem ad postremum ostia effundat**) in der Entfernung von Ravenna bis Altinum sieben gezählt wurden, als auch Herodian (VIII, 7), der beides, die sieben Mündungen und die sieben Meere, anführt; *ἐπέστη Ἀκυλείᾳ διαβὰς τὰ τενάγη, ἅ τε ὑπὸ Ἠριδάνου ποταμοῦ πληρούμενα καὶ τῶν περικειμένων ἑλῶν ἑπτὰ στόμασιν ἐς θάλατταν ἐκχεῖται, ἔνθεν καὶ τῇ φωνῇ καλοῦσιν οἱ ἐπιχώριοι ἑπτὰ πελάγη τὴν λίμνην ἐκείνην.* Die Peutinger'sche Tafel setzt **Septem Maria** sechs Milliarien von Radrianum als Ort an. Mithin ist **Septem Maria** der Name von Sümpfen oder Lagunen in der Nähe von Ravenna.

Was aber die sieben Kanäle oder Mündungen betrifft, so haben wir gesehen, daß Polybius nur zwei anführt, Padoa und Olana, welches die bedeutendsten waren; die sieben waren vermuthlich folgende: 1) Padusa, wie er bei Virgil (XI, 457), Plinius a. a. O. und noch bei Andern Padoa, wie er bei Polybius (wo jedoch *Παδόα* vielleicht corrumpirt ist für *Παδόσα*), Fossa Asconis, wie er bei Jornandes (Get. c. 29) heißt, ist der südlichste, nämlich der von Ravenna; es ist dies ebenso sehr der Name eines Poarmes, welcher sich bei Ferrara vom Hauptflusse trennt (heute Po d'Argenta oder di Primaro, der den Fluß Santerno aufnimmt), als der sumpfförmigen Mündung, die er bildet (heute Porto di Primaro); die letztere oder vielmehr beide hießen auch Messaniscus (m), ferner Spineticum Ostium von der der Sage nach durch Diomedes gegründeten Stadt Spina genannt, deren einstmalige Bedeutung Plinius aus delphischen Tempelschätzen folgert, die unter ihrem Namen vorhanden waren; mythisch auch Eridanos oder Eridanum Ostium; endlich auch Vatreni Portus, weil das Wasser zu diesem Kanale vom Flusse Vatrenus abgeleitet ward. Dieser Kanal wurde, als August den Entschluß faßte, die östliche Flotte an der Pomündung bei Ravenna stationiren zu lassen, zur Anlegung eines großen und sichern Hafens benutzt, der durch ein Castell, welches Padusa und Pineta hieß, befestigt und vertheidigt wurde. Sind übrigens die Worte des Plinius nicht corrupt: **Augusta fossa Ravennam, trahitur, ubi Padusa vocatur, quondam Messanicus appellatus, Proximum inde ostium magnitudinem portus habet, qui Vatreni dicitur, quo Claudius Caesar e Britannia triumphans praegrandi illa domo verius quam nave intrarit Adriam**, so unterscheidet er offenbar Vatreni Portus von Padusa. — Die nächsten Mündungen, die Plinius anführt, sind: 2) Caprasiae Ostium und 3) Sagis, wofür sich, bei der sehr verschiedenen Gestalt, die jetzt das Terrain bekommen, in dem der Po hier seine alten Deiche durchbrochen hat, schwerlich neue Namen auffinden lassen; doch erklären die meisten Sagis für das heutige Comacchio und die darnach benannte Mündung für den heutigen Porto di Magnavaccas. 4) Volane, was nach Plinius' Bemerkung früher Olane hieß, und wir haben gesehen, daß er noch bei Polybius Olana heißt. Dies ist der eine der beiden Hauptarme, in welche sich der Po bei Ferrara theilt und zwar der breite, der noch heute Po di Volano heißt, während Padusa der rechte Poarm ist; der Hafen heißt noch heute Porto di Volano. 5) Fossiones Philistinä, welche nach Plinius von einigen Tartarus genannt wurde. Der kleine Fluß Tartarus nämlich (heute Tartaro) gab das meiste Wasser her zu den Kanälen, welche die Verbindung zwischen Etsch und Po machten; einer dieser Kanäle, durch welchen überflüssiges Wasser aus dem Po in den Tartarus geleitet wurde, hieß Fossa Philistina, und nun wurden alle diese Verbindungskanäle Fossiones Philistinä und Tartarus genannt; die **paludes Tartari fluminis** erwähnt auch Tacitus (H. III, 9, Mannert, IX, 144 fg.) 6) Carbonaria; einige meinen, daß unter diesem Namen die Mündungen des Po grande zusammengefaßt wurden, nach Cluver ist es Po d'Arriano. 7) Als siebenten statuirt man Augusta Fossa; in der Peutinger'schen Tafel findet man nämlich Augusta angegeben, da wo heute die Stadt Aosta liegt, und nun verbessert Cluver bei Plinius *Augusta* **fossa Ravennam trahitur**, wofür **Angusta** in den Büchern steht. — Wenn Mela unmittelbar darauf, nachdem er von den sieben Mündungen gesprochen, fortfährt: **unum de his magnum Padum appellant**, so ist erstens ungewiß, ob man magnum mit ostium verbinden müsse (die eine besonders große Mündung nennt man Padus) oder mit Padum (die eine von ihnen nennt man den großen Po), zweitens, welche Mündung er überhaupt gemeint habe; wahrscheinlich jedoch Padusa. Darauf [3]) macht er auf die Erscheinung aufmerksam, daß der Padus auch noch, wenn er sich schon ins adriatische Meer ergossen hat, sein eigenthümliches Bett und sein süßes Wasser bewahrt. Daß sich das letztere auch an den Küsten anderer Meere zeige, ist schon von den Auslegern erinnert worden. — Der Po theilt Italien in das dies- und jenseitige; Transpadani und ähnliche Ausdrücke kommen schon bei Cicero und Catull vor; als August ganz Italien in eilf Regio-

---

2) Die etwas dunkeln Worte des Plinius lauten: **Urgetur quippe aquarum mole et in profundum agitur, gravis terrae, quamquam deductus in flumina et fossas inter Ravennam Altinumque per CXX M. pass., tamen qua largus vomit, septem maria dictus facere.** Weiter unten: **Atrianorum paludes, quae septem Maria appellantur.**

3) **Inde tam citus prosilit, ut discussis fluctibus diu qualem emisit, undam agat, suumque etiam in mari alveum servet, donec eum ex adverso litore Istriae eodem impetu profluens Ister amnis excipiat. Hac re per ea loca navigantibus, qua utrimque amnes eunt, inter marinas aquas dulcium haustus est.**

lte, machte er aus Transpadana die neunte Re-
dagegen kommt das Wort Cispadana wol nir-
or, cis Padum ultraque bei *Livius* V, 35 [1]).
(*H.*)

.DUS, *Mönch.* — S. Prunus. Plinius führt
III, 20) die Meinung des Skepsiers Metrodo-
daß, weil an den Quellen des Po viele Pech-
wachsen, welche die Gallier Padus nennen, der
n lateinischen Namen Padus erhalten habe.
(*A. Sprengel.*)

dusa, s. Padus.

DY. Ein englisches Hauptwort, welches bedeu-
:is in der Hülse," und häufig in Handelsberich-
ommt, so z. B. ward aus Kopenhagen vom 9.
36 (s. hamburger Correspondent, Nr. 191. 1836)
: Vom 8. Jun. bis 9. Jul. kamen hier 235
an ——, worunter das eine in Calcutta mit ei-
ang Pady von circa 650,000 Pf. &c. befrachtet

r denkende Kaufmann wurde durch mehre Umstände
Beziehung des Reises in Hülsen, in Ost- und West-
eführt. In diesem Zustande ist der Reis ein bes-
ger- und Transportartikel, die Hitze und die
im Schiffsräume haben weniger Einwirkung auf
t enthülsten als auf den enthülsten Reis; jener
bequemer in Säcken verladen, für diesen sind
inde gebräuchlicher; der erstere leidet in den
lumen und bei der Lagerung weniger leicht durch
hwarze und weiße Käfer, als der letztere. In
steht der Maschinenbau und Betrieb auf einer
höhern Stufe, als in den beiden Indien, und
schieht das Enthülsen vollkommener in Europa.
ndelsstand in Holland, England, Dänemark &c.
aher aus den beiden Indien und Amerika (selte-
Italien) Pady, welcher, nachdem derselbe auf
iener eingerichteten Enthülsungsmühlen von der
freit ward, eine frischere und bessere Waare liefert,
in enthülstem Zustande bezogene Reis. (*Süpke.*)

AE. Abbreviatur bei den Ärzten für Partes
s. (*H.*)

AN (episch *Παιήων*, attisch *Παιάν*), war ein
lich nur dem Apollon und der Artemis geweihter
„Die Päanengesänge, die zu bestimmter Zeit
hren, gehören den Kindern der Leto," sagt Pin-
Bei Homer singen die Achäer, die dem Chry-
ster des Apollon, die Tochter zurückgebracht, nach
m Mahle den Gott im schönen Päan, den Fern-
n preisend, er aber vernimmt es mit Freuden [2]).
ektor's Erlegung fodert Achilleus die Achäer auf,
an anstimmend zu den Schiffen zu wandeln [3]).

An beiden Stellen erscheint der Päan als Danklied an Apollon nach erreichtem Siege oder zu Stande gebrachter Versöhnung. Päanen aber wurden überhaupt gesungen zur Abwendung eines bevorstehenden oder vorhandenen Unheils, sowie zum Danke für geleistete Hilfe und abgewandtes Unheil. Daher erklärt es sich, wie sie sich ursprünglich an die Verehrung des Apollon und der Artemis anschließen [4]). Besonders war es der Pythische Gott, dem in Delphi Päanen gesungen wurden, ursprünglich wol wegen der glücklichen Erlegung des Drachen [5]). Im Homeridenhymnos auf den Pythischen Apollon [6]) führt Apollon selbst die Kreter, die ersten Priester seines Heiligthums, zum Tempel; er schreitet dem Zuge voran, die Phorminx haltend; im stampfenden Tanzschritte folgen die Kreter und singen den Jepäeon, „wie die Päanen der Kreter sind, denen die Muse honigsüßen Gesang verlieh." So finden wir den Thaletes von Kreta als Päanendichter bezeichnet; dieser Nachricht gemäß ist der den Päanen ursprünglich eigene kretische Rhythmus [7]). Jon ruft in Delphi den Päan, Päan an, wie denn der Name des Gottes offenbar dem Liede den Namen gab [8]). Der Chor der Delierinnen sang den Päan vor den Thoren des Tempels [9]), in Sparta sang man gleichfalls an den Hyakinthien Päanen im Chor [10]), an den Gymnopädien feierte man das Andenken an den Sieg in den Thermopylen durch Päane [11]). Wie der Gott im Homeridenhymnos selbst den festlichen Chor geleitet, so finden wir auch sonst einen *ἐξάρχων* bei der Aufführung erwähnt, schon Archilochos will „selbst eröffnen zu der Flöte den lesbischen Päeon," [12]) und der jugendlich-schöne Sophokles führte den Reihen der *παιανίζοντες* mit der Kithara [13]), nach dem Seesiege bei Salamis. In Theben erscholl die Stadt von Wehklagen ob der Alles hinraffenden Pest, zugleich von Päanen, den Gott um Rettung anzuflehen [14]). Und als einst

---

1) rwähnt bei *Plin.* Epist. IV, 6. *Sueton.* Vesp. 1.
. *Tzschucke* ad *Mel.* l. c. *Mannert* IX, 100 sq.
)indar's Threnos in Scholl. Vatic. in Rhesum 895. Dazu
eine Abhandlung im rhein. Museum von Welcker und
l. I. S. 110 fg. und *Eustathii* Prooem. *Pind.* p. 31.
. 2) Il. I, 472 sq. 3) Il. XXII, 392 sq., welche
n Abronius Silo bei *Senec.* Suasor. II. p. 23 übersetzt

4) *Proclus* ap. *Phot.* p. 419. *Hephaest.* ed. *Gaisf.* *Ὁ παιάν ἐστιν εἶδος ᾠδῆς εἰς πάντας νῦν γραφόμενος θεούς· τὸ δὲ παλαιὸν ἰδίως ἀπενέμετο τῷ Ἀπόλλωνι καὶ τῇ Ἀρτέμιδι, ἐπὶ καταπαύσει λοιμῶν καὶ νόσων ᾀδόμενος· καταχρηστικῶς δὲ καὶ τὰ προσόδια τινὲς παιᾶνας λέγουσιν.* Ähnlich Etym. M. s. v. *παιάν*. *Servius Virg.* Aen. VI, 657. Proprie Apollinis laudes" [continet paean.] Aen. X, 738. „Paean proprie Apollinis laus est, sed abusive etiam aliorum dicitur." Vom Prosodion unterschied sich der Päan durch seine Aufführung: jenes ward auf dem Zuge zu den Tempeln und Altären der Götter angestimmt, der Päan wurde vom Chor an den Altären, oder in und vor den Tempeln gesungen, s. unten. 5) *Callim.* Hymn. Apoll. 103. Vergl. *Simonid. Cei* Paean. p. 50. ed. nostr. 6) V. 336 fg. Ungewöhnlich ist es, daß er im feierlichen Aufzuge gesungen wird, doch finden wir den Päan schon in der Ilias so aufgeführt. Nach Welcker (Ep. Cycl. p. 352) ist dies den kretischen Päanen eigenthümlich. 7) S. *Boeckh.* Metr. *Pind.* II. p. 143. *Hoeck.* Creta III. p. 352 sq. *Müller*, Dorr. II. p. 330 sq. Ulrici, Geschichte der griechischen Poesie. II. S. 218. 8) *Eurip.* Ion. 125, 141 sq. *Juvenal.* VI, 171. „Parce, Precor, Paean, et tu depone sagittas." 9) *Eurip.* Herc. fur. 687. 10) *Xenoph.* Ages. II, 17. 11) Etym. M. p. 243, 4. 12) *Archiloch.* Fr. XLIV. *Liebel.* *Αὐτὸς ἐξάρχων πρὸς αὐλὸν Λέσβιον παιήονα.* Lesbisch nennt er den Päan mit Bezug auf Terpander, s. *Müller*, Dorr. I. p. 351. 13) Vit. *Soph.* *Μετὰ λύρας τοῖς παιανίζουσιν ἐξῆρχε.* 14) *Soph.* O. R. 5. cll. 150 sq.

in Lokri Epizephyrii und in Rhegion die Weiber in bakchische Wuth gerathen waren und man den Gott um Rettung aus solcher Noth befragte, hieß er sie an gewissen Tagen Frühlingspäanen singen. Daher erklärte man es, wie in Italien so viele Päanensänger aufgestanden seien [15]). Daß diese Päanen sich um den Cultus des hochgefeierten Apollinischen Heiligthumes von Rhegion drehten, habe ich anderweit nachgewiesen [16]). Lokrische Päanendichter waren Xenodamos, Xenokritos, Erasippos [17]). Stesichoros von Himera dichtete einen Päan bei eingetretener Sonnenfinsterniß, um den Gott zur Abwehr alles Unglücks anzurufen [18]). Von den Päanen des Simonides von Keos sind unvollständige Nachrichten erhalten [19]), in Delphi zeigte man den eisernen Sessel, auf dem Pindaros saß, so oft er in Delphi selbst die auf den Gott gedichteten Lieder sang [20]). Die Pindarischen Päanen enthielten viele auf Delphi und das delphische Heiligthum sich beziehende Sagen, auch ein Lied an Zeus von Dodona stand unter den Päanen [21]). Dürfen wir der Nachricht bei Servius [22]) trauen, so hatten die Grammatiker auch Gedichte unter die Päanen gestellt, die das Lob Sterblicher verherrlichten, doch scheint sich diese Notiz auf die in den Päanen ausgeführten, meistens auf Delphi bezüglichen, Heroenmythen zu beziehen. Aus den Päanen des Bakchylides von Keos ist uns ein meisterhaftes Stück erhalten, worin die Segnungen des Friedens gepriesen werden [23]). So blieben sämmtliche große Lyriker dem ursprünglichen Charakter der Päanen treu.

Der Bestimmung des Liedes gemäß war charakteristisches Zeichen der Päane würdige Ruhe und heiterer Ernst, daher Päane meistens in dorischer Tonart gesetzt waren [24]), Heiterkeit und Apollinischer Frohsinn mochte besonders über die Päanen verbreitet sein, die nach glücklich gehobener Noth angestimmt wurden. Von ihnen gilt besonders, was die Tragiker öfter aussprechen, den Päanen stehen die Gesänge des Hades fern, ihm tönen keine Päanen [25]).

Nun war es aber ferner Sitte bei den hellenischen Stämmen, vor dem Beginn eines Kampfes den Päan anzustimmen (παιανίζειν) [26]). Der Begriff des Päan modificirte sich dabei allmälig so, daß er auch andern Göttern geweiht wurde, von denen glückliches Gelingen einer Unternehmung erfleht oder denen für günstigen Erfolg gedankt werden sollte. Beim Xenophon [27]) sagt Thrasybulus zu den Seinigen: „Ich werde, sobald der günstige Augenblick da ist, den Paian anheben, sobald wir aber den Enyalios herbeigerufen, dann wollen wir einmüthiglich Rache nehmen an unsern Feinden.“ Und als Agesipolis (Ol. 97, 2) in Argos eingefallen war, entstand am ersten Abende, wo er auf argivischem Boden speisete, ein Erdbeben; da hoben die Begleiter des Königs den Päan auf Poseidon an, und alsbald stimmte das ganze Heer ein [28]). Einen Päan des Tyrannen Dionysios von Syrakus auf Asklepios erwähnt Athen. (VI. p. 250. c.).

Aber Zeichen ausartender Zeit ist es, wenn selbst Menschen ein Päan geweiht wird; diese werden dadurch den Göttern gleich gestellt. So sangen die Samier einen Päan auf Lysandros von Sparta [29]), die Korinthier hatten ein Lied auf Agemon, Alkyone's Vater, in welchem das den Päan charakterisirende ἐπίφθεγμα ἰὴ Παιάν, ἰὴ Παιῆον vorkam [30]); in Delphi sang man einen Päan auf Krateros von Makedonien, den Alexinos gedichtet hatte, ein Bursche spielte die Lyra dazu [31]); die Rhodier sangen einen Päan auf Ptolemäos I. von Ägypten, in welchem sich auch jenes ἰὴ παιάν als Epiphthegma fand [32]). Die Athener sangen Päane auf Antigonos und Demetrios, die ihnen Hermippos von Kyzikos gemacht hatte; unter den vielen Poeten, die sich im Päanendichten versuchten, wurde dem Hermokles der Preis zuerkannt [33]). Das trieb man so arg, daß Demetrios Poliorketes selbst ungehalten wurde über die grobe Schmeichelei des Burichos, Adrimantos, Oxythemis, die ihn überhaupt als Gott verehrten und deren jeder Päane auf ihn schrieb [34]). Mit großem Unrecht aber haben die Gegner des Stagiriten das herrliche Enkomion auf Hermias als einen Päan betrachtet, um den Vorwurf der ἀσέβεια

---

187. Dennoch bestimmen einseitig den Begriff des Päan die Scholl. Ven. A. Il. I, 473. *Παιῆονα τὸν ἐπὶ καταλύσει λοιμοῦ ὕμνον.* Ferner Scholl. BLV: *Παιῆων καὶ παιὰν ὕμνοι εἰσὶν ἐπὶ καταπαύσει λοιμοῦ ᾀδόμενοι, πολλάκις καὶ προσδοκωμένου τοῦ δεινοῦ.*

15) Aristoxenos im Leben des Telestes von Selinus bei *Apoll.* Dyscol. Hist. Mirabb. 40. 16) Diana Phacelitis et Orestes apud Rheginos et Siculos. p. 19 sq. (Gotting. 1832.) Auch hier werden Päanen angestimmt zur Sühnung und Besänftigung der dem heitern Gotte feindseligen, leidenschaftlichen Aufregung. Das Heiligthum des Apollon von Rhegion weckte auch sonst Gesänge; so wallfahrtete alljährlich ein Chor von 35 Knaben von Messana nach Rhegion, nebst einem Χοροδιδάσκαλος und ἀνὴρ αὐλητής. *Paus.* V, 25, 1. 17) *Plutarch.* Mus. IX. *Heraclid. Pont.* 29. *Boeckh.* Expl. *Pind.* p. 197. 18) *Stesichori* Fr. LIII. *Kleine.* 19) s. Schol. *Arist.* Vesp. 1410. *Suid.* s. v. Σιμωνίδης und unsere Ausgabe des Simonides S. 50 fg. 20) *Paus.* X, 24, 4. 21) S. *Boeckh.* et *Dissen.* Praef. Paeanum, und vergl. *H. Ulrici* l. c. II. p. 546. 22) *Servius Virg.* Aen. X, 738. „Pindarus opus suum, quod et hominum et Deorum continet laudes, Paeanas vocavit.“ 23) Fr. XII. Neue, cll. *Boeckh.* de Metr. *Pind.* III, 25. Ebenso stimmen die Arkader nach Abschluß des Friedens mit Tegea, Ol. 104, 4, Päanen an, *Xen.* Hist. Gr. VII, 4, 36. 24) Daher Plutarch (de El Delph. p. 389, B.) den Päanen τεταγμένη καὶ σώφρων Μοῦσα zuschreibt. Vergl. de Mus. p. 1136. *F. Ulrici* l. c. II. p. 49.

25) *Aeschyl.* Niob Fr. 5. *Eur* Iph. T. 176. Ein Oxymoron liegt in den den Tragikern geläufigen Ausdrücken „Päan des Hades, Thanatos, der Erinnyen.“ Ihnen geweihte Lieder sind in Bezug auf das diesen Gottheiten eigenthümliche Wesen allerdings Päane (Gesänge der Freude und des Sieges); s. *Monk.* ad *Eurip.* Alc. 437. *Müller*, Dorr. I. p. 298. 26) *Müller*, Dorr. I. p. 299. 27) *Xenoph.* Hist. Gr. II, 4, 17. 28) Ibid. IV, 7, 4. 29) Duris Samius ἐν τοῖς Σαμίων ἐπιγραφομένοις Ὥροις ap. *Athen.* XV. p. 696. E. 30) *Polemon* περιηγητὴς ἐν τῇ πρὸς Ἀράνθιον ἐπιστολῇ. *Athen.* l. c. p. 696, F. Über den Ursprung und Gebrauch des παιανικὸν ἐπίφθεγμα s. ibid. p. 701, F. 31) *Hermippus Callimacheus* ἐν τῷ πρώτῳ περὶ Ἀριστοτέλους ap. *Athen.* l. c. p. 696, F. 32) *Gorgon* ἐν τῷ περὶ τῶν ἐν Ῥόδῳ θυσιῶν. *Athen.* l. c. p. 697, A. 33) *Athen.* l. c. p. 697, A. nach Philochoros. 34) Demochares im 20. Buche seiner Geschichtbücher bei *Athen.* VI. p. 253, A. sq.

f zu gründen [35]). Das herrliche Gedicht des Ari- von Sikyon an Hygieia ist indessen mit Recht zu)äanen schon von den Alten gerechnet [36]).

Endlich aber sang man nicht blos an den Festen der r, vor und nach der Schlacht Päane, auch bei gast- ı Gelage fehlte der heitere Päan nicht; nach Weg- ung der Tische spendete man dem Zeus Soter und)en Päan an, wie es schon bei Homer [37]) geschieht. den übrigen beim Mahle oder nach demselben übli- Gesängen unterschied sich der Päan namentlich da- daß ihn Alle gemeinschaftlich im Chore sangen [38]). ius denkt sich seine Helden in der Unterwelt schmau- und den freudigen Päan im Chore singend [39]). Dio- ' Schmeichler Damokles beschwerte sich bei dem Ty- ı, seine Mitgesandten hätten nach dem Mahle den des Phrynichos und des Stesichoros und Pinda- ıgestimmt, während er selbst die vom Dionysios ge- ı habe [40]), von deren Einem oben die Rede gewe- . *(F. W. Schneidewin.)*

PÄANIEA war der Name zweier attischen Gaue andionidischen Stammes, welche durch den Zusatz " und „Unter" (*Παιανιέα ἡ καθύπερθεν* und *ἡ*)*θεν*) unterschieden wurden; diejenigen attischen Bür- velche, wie z. B. der Redner Demosthenes, zu einem beiden Gaue gehörten, hießen Päanier (*Παιανιεῖς*). ieden von diesen ist der Gau der Päoniden. Vergl.)okrat, Suid. und Photius in *Παιανιεῖς καὶ* ıίδαι. *(H.)*

PÄANION, alter Name einer Stadt in Ätolien, schelous, welche der König Philippus von Ma- en zerstört hat (*Polyb.* IV, 65). *(H.)*

PÄANIOS (*Παιάνιος*). Das Compendium oder ouch römischer Geschichte (**breviarium historiae ro-** s), was Flavius Eutropius in zehn Büchern ver-)at, worin er die Geschichte Roms von dessen Er- g bis auf den Kaiser Valens erzählte, muß gleich seiner Erscheinung Beifall gefunden und sich im Mit- r im Besitze dieses Beifalls erhalten haben, wie theils)er Benutzung dieses Schriftstellers von Seiten des nymus, Prosper Aquitanus, Cassiodor, Rufus, ıs rc. und der Chronikenschreiber hervorgeht, theils die beiden griechischen Paraphrasen dargethan wird, deren eine vo Capito Lycius zur Zeit Justinian's verfertigt, nicht auf uns gekommen ist, die andere von Päanios ver- faßte sich erhalten hat. Wer dieser Päanios gewesen, in welcher Zeit er gelebt hat, wissen wir nicht, doch kommt ein *Παιάνιος* vor in *Liban.* epistol. in Fragmenten von alten Schriftstellern über Maß und Gewicht bei Stephan Lemonius (Var. Sacr. p. 502). Nach Sylburg's Ver- muthung hat er kurz nach Eutrop gelebt. Seine Über- setzung, die nach einer Bemerkung des du Cange Zonaras nicht selten benutzt hat, ist nicht ganz treu und genau, übrigens nicht ungeschickt; es finden sich aber Lücken theils am Ende, theils kleinere auch in der Mitte. Nachdem sie schon früher von verschiedenen Gelehrten benutzt und angeführt worden war, wurde sie von Friedrich Sylburg zum ersten Male aus einer Handschr. des Pithö 1590 im 3. Bande seiner **Historiae Roman. Script. minn.** p. 65 sq. herausgegeben, dann in den Ausg. des Eutrop von Cellarius, Hearne, Haverkamp, Verheyk, auch be- sonders unter dem Titel *Paeanii* **metaphrasis** in *Eutr.* **Hist. Rom, in us. scholar. ed.** *Kaltwasser*. (Gotha 1780) abgedruckt. *(H.)*

PÄANISMOS (*Παιανισμός* oder *Παιωνισμός*), s. **Paean**, ist das Anstimmen oder Singen des kriegerischen Päan, des *παιὰν ἐμβατήριος*, welches vom *ἀλαλαγμὸς* oder Alala-Rufe unterschieden wird, zuweilen jedoch auch diesen bezeichnet; jenen Päan nämlich sang man vor, das Alala oder Eleleugeschrei erhob man mitten in der Schlacht, wie man sich eben dem Feinde näherte. Übrigens vergl. man über die Päane im Kriege *Lipsius* **de milit. IV.** p. 227. *Spanheim* **ad** *Julian.* **Or. I. p. 231.** *Ilgen* **ad** *Homer.* **hymn. in Apollin. 94.** *Kries* **de hymn. vet. max. Graec.** Ast Grundriß der Philologie. S. 101. *(H.)*

PAECES. Unter den verhältnißmäßig kriegerischen Ureinwohnern von Neugranada hat der Stamm der Pae- ces den spanischen Eroberern das meiste Blut gekostet, und ist nur nach langen Kriegen und durch rücksichtlose Verfolgung dahin gebracht worden, sich zu unterwerfen. Die Paeces wurden zuerst um 1538 bekannt, als der Ca- pitain Juan de Añasco auf Befehl des berühmten Con- quistador, Juan de Benalcazar, die Stadt Timana (2° 16′ n. Br.) begründete. Gleich den übrigen die unzu- gänglichen Waldberge auf dem östlichen Abhange der An- den bewohnenden Indianerstämmen, galt auch dieser wegen seiner Gewohnheit die erschlagenen Feinde aufzuzehren den Spaniern für Karaiben; ein Irrthum, der sich lange er- hielt. Spuren des Sonnendienstes wurden auch unter den Paeces gefunden. Sie beteten außerdem den Mond an und nahmen einen Kriegsgott, Chiappe, mit sich ins Feld, dem sie sowol vor als nach dem Gefechte Menschen- opfer brachten und ihn mit Blut bestrichen. Die Knochen dieser Opfer führten sie, an lange Stangen gebunden, statt der Fahnen. Die Sage, daß in ihrem Lande Gold in Menge zu finden, ihre Häuptlinge mit diesem Metalle ge- schmückt seien, lockte die Spanier zu Eroberungsversuchen, die ihnen die Feindschaft der Paeces und des verwandten Volkes der Yacones zuzog. Als Pedro de Añasco im J. 1540 auf einer Reise von Timana nach Popayan

---

5) s. *Demophilus Athen.* XV. p. 696. A. sq. und *Grae- n.* Aristoteles Poeta. p. 10 sq. 36) *Athen.* XV. p. ı. *Boeckh.* Corp. Inscrr. I. p. 477 sq. Ilgen's Grund die Benennung Päan ist schwach, s. *Ilgen.* de Scoliis Grae- . CXCII. 37) *Antiphanes Ἀγροίκοις* ap. *Athen.* XV. ł, F. *Ἁρμόδιος ἐπεκαλεῖτο, παιὰν ᾔδετο.* *Platon.* Sym-). 176, A. *Xenoph.* Symp. II, 1. Daher die Glosse des)ios: *Τελεσίεροος· παιάν.* 38) *Plutarch.* Symp. I. p. 1. *ον μὲν ᾖδον ᾠδὴν τοῦ θεοῦ κοινῶς ἅπαντες μιᾷ φωνῇ νίζοντες.* Vergl. *Athen.* XIV. p. 627, F. *Ilgen.* de p. CLII sq., CLXXXV sq. 39) Aen. VI, 657. Ves- ı laetumque choro Paeana canentes. 40) Timäos im luche bei *Athen.* VI. p. 250, A sq. Man vergl. Kleine zu *hori* Fr. LII, der aber darin irrt, daß er für *τὸν Φρυνί- καὶ Στησιχόρου ἔτι δὲ καὶ Πινδάρου παιᾶνα* vorschlägt *τῶν* . *κτλ.* Es geht auf einen berühmten, nach dem Mahle en Päan jedes Dichters.

durch das Thal der Sierra de Guanacas zog, überfielen ihn jene zwei Völker, tödteten den größern Theil seiner Begleiter, nahmen ihn selbst gefangen und verzehrten ihn, nachdem sie ihn langsam und mit großen Martern des Lebens beraubt hatten. Juan de Ampudia zog darauf von Popayan aus, um den Tod seiner Landsleute zu rächen, und bestand zwei scharfe Gefechte mit den Paeces, welche sich alle Schwierigkeiten, die durch die Örtlichkeit den spanischen Reitern entgegenstanden, klug zu Nutzen gemacht hatten, mit größter Wuth fochten, aber endlich doch unterlagen. Ampudia siegte zwar späterhin noch einmal, allein er begegnete zuletzt solchen Zahlen von aufgestandenen Indianern, daß er umsonst sich einen Weg zu bahnen suchte. Auch er fiel, und seine Begleiter sahen sich gezwungen, Kriegslisten anzuwenden, um nach Popayan entkommen zu können *). Gegen 80 Jahre dauerten noch die Zwistigkeiten fort, und wenn auch die Paeces im Allgemeinen unterlagen und immer mehr an Zahl abnahmen, so haben sie doch das Aufblühen der Colonie von Timana durch ihre Einfälle lange gehindert. Gegen das Jahr 1634 wurden sie durch die Jesuiten in Missionen versammelt, sind aber seitdem immer mehr zusammengeschmolzen. Im Revolutionskriege von Neu-Granada sind diese Missionen, die zum Theil an den obersten Confluenten des Japura, wo noch gegenwärtig Anthropophagen leben, völlig verlassen worden. (*E. Poeppig.*)

PÄDAGOGIK. Es kann hier nicht darauf ankommen, die Theorie der Pädagogik darzustellen, welche nach meiner Ansicht am meisten begründet und vollendet ist; auch scheint der Ort eine Auseinandersetzung der innern und äußern Zustände, unter denen sich die Idee der Erziehung bei verschiedenen Völkern verschieden gestaltet und ausgesprochen hat, nicht zu gestatten; denn wie jenes für das größere Publicum zu wenig Bedeutung haben möchte, so würde dieses in jedem Falle zu weit führen, ja insofern sogar verwerflich sein, als man zwar unter Pädagogik die Erziehungskunst versteht, hierbei jedoch gewöhnlich an eine bewußte Handhabung systematisch wohl begründeter Erziehungsregeln denkt. Die Pädagogik ist den Meisten eine Theorie der Erziehungskunst, und ebendeshalb scheint es dem herrschenden Sprachgebrauche vollkommen zu entsprechen, wenn hier nur dargethan wird, wie sich die verschiedenen Theorien der Pädagogik aus der Praxis, die ihnen natürlich überall voranging, entwickelt und allmälig durch die Bemühungen philosophischer Köpfe vervollkommnet haben. Alles Übrige ist in den Artikeln Erziehung, Schulen und Unterricht, wie in denen zu suchen, die sich über die bedeutendsten Pädagogen der ältern und neuern Zeit verbreiten.

Die pädagogische Praxis des Orients, so vortrefflich sie in bestimmten Kreisen, namentlich unter den Hindus, den Persern und den Juden, gehandhabt werden mochte, und so gewiß sie in einzelnen Fällen ebendeshalb treffliche Resultate hervorbrachte, entbehrte doch, wie die Sittenlehre, jeder tiefern Begründung, hauptsächlich weil die orientalische Philosophie, in der Richtung, welche sie gleich Anfangs genommen, verharrte, und sich immer mehr in kosmologische Speculationen vertiefte. Die vernünftelnde Phantasie suchte fortdauernd nach Einheit in der Gruppirung des Weltgemäldes; das Psychologische dagegen, durch dessen Entwickelung die Pädagogik und Ethik erst ein wirklich festes Fundament gewinnen können, blieb ganz unerörtert.

Ebenso erzog man in Griechenland das heranwachsende Geschlecht lange Zeit durch die einfachste Anwendung historisch gegebener und ebendeshalb dem Nationalgeiste zusagender Erziehungsmittel, ohne das übliche Verfahren psychologisch zu begründen; selbst die Gesetzgeber scheinen trotz des Werthes, den sie auf die Erziehung legten, das Bedürfniß einer solchen Begründung nicht gefühlt zu haben, und die Philosophen, obwol weder durch despotische Verfassungsformen, noch durch Priester und heilige Bücher in ihren Forschungen gehemmt, erkannten doch erst spät, nachdem die alte Sitte bereits gebrochen, Willkür und Luxus überhand genommen und die ausgeartete Sophistik Recht in Unrecht zu verkehren begonnen hatte, daß es Zeit sei, der Wahrheit eine neue Stütze zu geben. In dieser Überzeugung richteten sie ihre Blicke auf sich selbst; die Philosophie, welche sich bis dahin fast lediglich mit Erforschung des letzten Grundes der Erscheinungswelt beschäftigt und nebenbei die Logik und Dialektik ausgebildet hatte, suchte und fand seit Sokrates in der Anthropologie eine bestimmtere Befriedigung. Man fing an, sich gründlicher mit Psychologie und Ethik zu beschäftigen, und ebendadurch wurde auch die systematische Begründung pädagogischer Grundsätze vorbereitet. Aus diesem hier natürlich nur anzudeutenden Gange der griechischen Philosophie erklärt es sich, daß sich vor den Zeiten des Sokrates kein Philosoph schriftlich und ausführlich über Pädagogik aussprach [1]), nach den Zeiten desselben aber Viele auch diesem Zweige der praktischen Philosophie ihre Aufmerksamkeit schenkten; namentlich ist uns das von Platon, Aristoteles, Zeno, Theophrast, Kleomenes, Aristoxenus, Klearchus und Andern bekannt; indessen weiß man doch von den pädagogischen Systemen der zuletzt Genannten zu wenig, als daß man sich von dem Unternehmen, eine vollständige Geschichte der systematischen Pädagogik unter den Hellenen zu schreiben, einen guten Erfolg versprechen dürfte. Nur die pädagogischen Überzeugungen des Platon und Aristoteles sind uns im Zusam-

*) *Herrer* D. VI. L. VIII. c. 3, 4. Cieza a. m. D. *Bir.* Hist. Ind. occ. Col. 1612. p. 196.

1) Selbst Pythagoras, der durch die Trennung des *νοῦς* von dem *θυμός* den ersten Versuch einer Unterscheidung der Seelenkräfte machte, und zugleich aus dem letzten Zwecke des Universums, die Pflicht nach Harmonie zu streben, für jeden Einzelnen deducirte, ging nicht darauf aus, seine, größtentheils aus dorischer Sitte entlehnten, pädagogischen Einrichtungen zu Kroton systematisch zu begründen; wenigstens ist uns von einer solchen Begründung nichts bekannt geworden. Die Notiz bei Diogenes Laërtius (VIII, 6) daß er ein *παιδευτικόν* geschrieben habe, läßt sich leicht als irrig nachweisen und aus den unechten und dürftigen Briefen, welche unter dem Namen der Theano gehen, kann noch weniger irgend etwas für eine solche Begründung geschlossen werden. *Fr. Cramer*, Pythagoras quomodo educaverit et instituerit. (Stralsund 1833.)

ze mit ihren psychologischen, ethischen und politi- nsichten überliefert, und wir haben daher die voll- e Befugniß, uns auf ihre Darlegung zu be- n [2]).

eide gehen von der Ansicht, daß der Mensch seine nung nur im Staatsverbande erreichen könne, ei- sicht, die in dem ganzen Alterthum und namentlich hellenischen Volke herrschend war, aus, und da eich erkennen, daß es auch der letzte Zweck der gik sein müsse, den Zögling seiner Bestimmung zuleiten, so fällt das Pädagogische bei ihnen, wie Gesetzgebern, der Politik anheim: Platon stellt es hlich in den Büchern vom Staat und von den , Aristoteles besonders in der Politik dar, und nnte ebendeshalb leicht der Vorstellung Raum ge- s ob sie den Menschen über dem Bürger vergessen wie das den Alten überhaupt wiederholt zum fe gemacht ist. Allein Platon und Aristoteles ver- diesen Vorwurf in der That nur insofern, als sie ihrer Nationalität streng gegen die Barbaren ab- und bestimmten Classen von Bürgern die Errei- ines höhern Lebenszweckes absprechen; im Übrigen e Politik auf durchaus ethischen Principien und einen rein ethischen Zweck. Denn Jener bezeich- Gerechtigkeit gradezu als das letzte Ziel, das der wie jeder Einzelne, zu erreichen hätte, und obschon ie Eudämonie, die Glückseligkeit, als den Zweck ens aufstellte, so sieht man doch bei Entwickelung Begriffs, namentlich bei Darlegung der innern Be- jen, unter denen es nach seiner Ansicht allein mög- in den glückseligen Zustand einer gelingenden Thä-tigkeit versetzt zu werden, sehr leicht, daß auch er Politik und Ethik, wie das so oft in der christlichen Zeit geschehen ist, nicht von einander getrennt wissen will. Beide stehen also mit ihrer Pädagogik, wie mit ihrer Politik auf einem ethischen Boden; die Staatsbürger, welche einer Erziehung fähig sind, sollen zur Gerechtigkeit, oder zur Eudämonie im angedeuteten Sinne erzogen werden.

Ebenso stimmen Beide in Angabe der Mittel, durch deren Anwendung dieser pädagogische Zweck am sichersten erreicht werde, im Wesentlichen schon deshalb überein, weil sie sich bei ihrer Bestimmung an die im Volke geltende Praxis anschließen müssen. Es reduciren sich dieselben daher auf Gymnastik, Orchestik, Musik, Lesen, Schreiben, Rechnen, Geometrie, überhaupt Mathematik und Philosophie; Aristoteles fügt nur noch das Zeichnen hinzu und spricht sich über einzelne Theile der Philosophie als Bildungsmittel der Jugend bestimmter aus. Indessen will diese Verschiedenheit um so weniger etwas bedeuten, je gewisser beide Philosophen im Ganzen ein gleiches Urtheil über die genannten Künste und Wissenschaften als Erziehungsmittel fällen. Beide wollen sie nicht wegen des äußern Nutzens, der unmittelbar im Leben aus ihnen gezogen werden kann, sondern um ihrer menschenbildenden Kraft willen getrieben wissen. In diesem Sinne warnt Aristoteles wiederholt vor jedem künstlerischen Treiben der Gymnastik und der Musik; in diesem erklärt er, daß die Graphik nicht wegen ihres Nutzens für das gemeine Leben, sondern wegen ihres Einflusses auf den Sinn für das Schöne erlernt werden solle, und Platon ist dem sogenannten Nützlichkeitsprincip sogar so abhold, daß er den Eudoxus, der die reine Mathematik auf die Mechanik angewendet hatte, bitter wegen dieser Entweihung der Wissenschaft tadelt. So gewiß nun diese Ansicht von den Erziehungsmitteln unter den Hellenen der damaligen Zeit ebenso viel Widerstand fand, als gegenwärtig das formale Princip der Humanisten unter den Kaufleuten, Fabrikanten und Geschäftsmännern unsers Vaterlandes zu finden pflegt, so wenig darf man in jener Ansicht eine besondere Eigenthümlichkeit des Platonischen und Aristotelischen Systems suchen; man muß vielmehr einräumen, daß dieselbe weit verbreitet war, da der gleichfalls aus dem Aristoteles bekannte Streit über die Mathematik als Bildungsmittel der Jugend, namentlich die Behauptung, daß die genannte Disciplin, weil sie durchaus nichts Ethisches an sich habe, aus dem Kreise des Jugendunterrichtes auszuschließen sei, hinlänglich beweist, wie auch viele andere Philosophen bei Beurtheilung der Zulässigkeit einzelner Unterrichtsgegenstände einen ähnlichen Standpunkt einnahmen. Alles also, was von den Gebildeten im Volke nach herkömmlicher Sitte getrieben wurde, erkannten Platon und Aristoteles als Bildungsmittel an, wenn es **wirklich bildende Kraft** in sich trug, unbekümmert um den auch äußerlich damit verknüpften Vortheil. Daneben halten sich Beide bei der in dieser Hinsicht vorgenommenen Prüfung der einzelnen Künste und Wissenschaften streng auf dem bereits bezeichneten ethischen Standpunkte, sodaß, was für die Sittlichkeit der Zöglinge bedenklich erscheint,

Bei Darstellung der Platonischen Philosophie überhaupt jedesmal auch auf die pädagogischen Ansichten Platon's genommen; namentlich ist dies und meines Wissens am ichsten von Tennemann (im System der Platonischen Phi- 4. Bd. S. 249 fg.) und von Ritter (in der Geschichte osophie 2. Bd. S. 434 fg.) geschehen. Andere haben sich mit der letztern beschäftigt, wie Gebike (Aristoteles und . S. 14 fg.), Petri (Übersicht der pädagog. Literatur. 807.] 1. Th. S. 38—41, S. 62 fg.), Goes (Erzie- ssenschaft nach den Grundsätzen der Griechen und Römer. 1808.]) und Schwarz (Gesch. der Erziehung. 2. Aufl. 829] 1. Th. 1. Abth. Außerdem gehören viele Disserta- ierher, namentlich einzelne von Kiel, Ter, Schneider, Kapßler, Kapp, Krönig, Lachmann und Deycks, deren zehörige Titel Kapp in seiner Hist. educationis (Hamm ollständig anführt, und denen nur Snethlage (Über das Princip der Platonischen Erziehung. [Berl. 1834]) und rten-Crusius (Disciplina juvenilis Platonica cum nostra atur [Meissen 1836]) hinzuzufügen ist. — Weit weniger ter hat die Pädagogik des Aristoteles gefunden. Es sind ier den die Geschichte der Philosophie und Pädagogik über- etreffenden, aber genugsam bekannten Werken im Grunde nennen: Evers' Fragment der Aristotelischen Erziehungs- (Aarau 1806) und Orelli Aristoteles Pädagogik in den ischen Beiträgen aus der Schweiz von Bremi und Dö- . (Zürich 1819.) 1. Bd. S. 61—130. Die früher dem beigelegte und viel gepriesene, wirklich aber sehr dürftige z unzusammenhängende Schrift: *Περὶ παίδων ἀγωγῆς* berücksichtigt, wie manches Andere, worin nur einzelne der antiken Pädagogik erörtert sind, z. B. Ocellus Luca- ἡ τῆς τοῦ πάντος φύσεως, c. IV.

ohne Weiteres gemißbilligt und verbannt wird, und hätte es sonst noch so viel für sich; jedoch zeigt sich Aristoteles dabei schon etwas laxer, wie denn überhaupt seine Pädagogik nicht die systematische Abrundung der Platonischen hat. Schon deshalb, hauptsächlich aber weil Platon der Zeit nach älter ist und mit Recht als Begründer der theoretischen Pädagogik unter den Hellenen betrachtet wird, gebührt es sich wenigstens, sein System noch etwas genauer ins Auge zu fassen, während von dem des Aristoteles nur comparativ gesprochen zu werden braucht; indessen werde ich mich auch hierbei der möglichsten Kürze befleißigen.

Platon geht in seinen Büchern vom Staate von der Untersuchung, was Gerechtigkeit sei, aus, und da sich das Gerechte an dem einzelnen kleinen Menschen nicht auffinden lassen will, so spürt er ihm im Staate nach, den er als das vergrößerte Bild des Einzelnen betrachten zu dürfen meint. In dieser Absicht läßt er ganz allmälig einen Staat vor uns entstehen, in den er drei Classen von Bürgern, Regierende, Wehrmänner und Gewerbtreibende, als nothwendig setzt, und verbreitet sich dann so über die Functionen derselben, daß sich schließlich das Resultat herausstellt, die Gerechtigkeit des Staates liege in der Geschäftstreue der erwerbenden, beschützenden und berathenden Classe, also darin, daß jede von diesen Classen das Ihrige verrichte, ohne sich in die Geschäfte der andern zu mischen, darin daß die Gewerbtreibenden erwerben und gehorchen, die Wehrmänner den Staat schützen und den Regierenden zu Willen sind, diese aber regieren, nicht auf ihr, sondern nur auf das Wohl des Ganzen bedacht. Hierauf wird dem ursprünglichen Plane gemäß von Allem, was über den Staat gesagt war, die unmittelbarste Anwendung auf den Einzelnen gemacht, zunächst also gezeigt, daß jenen drei Classen von Staatsbürgern drei Functionen in der menschlichen Seele entsprächen; das Vernünftige (νοητικόν) den Regierenden, das Eiferartige (θυμός oder θυμοειδές) den Wehrmännern, und das Begehrliche (ἐπιθυμητικόν) den Gewerbtreibenden. Den Beweis für diese psychologische Ansicht führt Platon mit Hilfe des Grundsatzes, daß dasselbe in derselben Zeit nichts Entgegengesetztes thun oder leiden könne, aus der Erfahrung; er weist sowol auf solche Fälle, in denen die Seele zwar begehrt, aber die Begierde durch Vernunft zügelt, als auf solche hin, in denen sie sich bald zum Vortheile des Begehrlichen ereifert, bald mit ihrem Eifer das Vernünftige unterstützt, und geht dann folgerecht auf die Bestimmung über, daß sich der Einzelne nur dann in einem gerechten Zustande befinde, wenn die drei Functionen seiner Seele in dem Verhältnisse zu einander ständen, in welchem die drei Classen von Bürgern zu einander stehen müßten. Das Begehrliche soll also zwar die Kraft des Begehrens haben, aber doch stets im Dienste des Vernünftigen stehen, und dieses soll von dem Eiferartigen unterstützt eine unbedingte Herrschaft über jenes ausüben. Der ganze Gang dieser Demonstration zeigt, „daß die Darstellung des Staates an und für sich vollkommen untergeordnet und nur darauf berechnet und dadurch bestimmt sei, daß er das vergrößerte Bild der Seele sein solle, um an demselben die Gerechtigkeit und Ungerechtigkeit besser zu erkennen [8])". Ist das aber der Fall, ist die Darstellung des Staates nur Mittel zum Zwecke, so hat man das vollkommenste Recht, Alles, was von der Erziehung und Bildung der verschiedenen Bürgerclassen gesagt ist, auf die entsprechenden Functionen der einzelnen Seele überzutragen und auf diese Weise einen tiefern Blick in das pädagogische System des größten griechischen Philosophen zu thun. Das Erste, was sich dabei zeigt, ist freilich ein Irrthum, denn da Platon die Art und Weise, wie die Regierenden und Wehrmänner gebildet werden sollen, auf das Genaueste und Ausführlichste bestimmt, die Erziehung der Gewerbtreibenden aber ganz unberücksichtigt läßt und nichts, gar nichts anordnet, wodurch sie eine ihren Verhältnissen entsprechende Bildung erhalten könnten, so ist man nach dem aufgestellten Gesichtspunkte zu der auch sonst zu rechtfertigenden Annahme genöthigt, daß Platon die den Gewerbtreibenden analoge Function der Seele, das Begehrliche, für ganz unbildsam gehalten, also nur eine einseitige Vorstellung von dem Begehrungsvermögen gehabt habe. Aber hiervon abgesehen erscheint sein System in einem hohen Grade vollendet, namentlich zeugen die Bestimmungen zur Bildung der Wehrmänner im Staate oder des Eiferartigen in der einzelnen Seele ebenso von einer feinen Kenntniß der menschlichen Natur, als von dem hohen, sittlichen Ernste, der überhaupt Platon's Schriften charakterisirt. Die Gymnastik, eine Kunst, die allerdings zunächst nur für den Körper geordnet und darauf berechnet zu sein scheint, diesen gesund zu erhalten und ihm Kraft, Gewandtheit und Schönheit zu verleihen, übt, wie man bei näherer Betrachtung findet, einen sehr bedeutenden Einfluß auf den Geist; namentlich weckt sie das Eiferartige in uns und belebt es auf seltene Weise; indessen ist ebendeshalb die bestimmteste Gefahr vorhanden, daß sie im Übermaße getrieben Rohheit und Wildheit in den Gemüthern erzeugt, — ein Umstand, der es nöthig macht, die Musik eng mit ihr zu verbinden, da diese die Liebe zum Schönen erzeugt und ebendeshalb die Ausartung des Eiferartigen nach jener Seite hin verhindert. Aber wie muß sie als Bildungsmittel des Eiferartigen getrieben werden? Platon beantwortet diese Frage sehr ausführlich, indem er die angesehensten Dichterwerke und die üblichsten Harmonien und Rhythmen, sowie die verschiedenen Gattungen und Formen der Poesie durchgeht, und überall den ethischen Standpunkt festhaltend genau bestimmt, was der Bildung des Eiferartigen zuträglich sei. Auch die Instrumente werden in dieser Beziehung kritisirt, und was von der Dicht- und Tonkunst gilt, das ist, wie sich von selbst versteht, auf alle Künste anwendbar. Aus allen muß das Bösartige, Unbändige, Unedle und Unanständige verbannt werden, damit das Eiferartige in der Seele keine falsche Richtung bekomme. Nicht minder bestimmt und wohlberechnet sind drittens die Vorschriften, welche Platon für die Bildung des Vernünftigen, also der geistigen Kraft des Menschen, gibt, die denselben über die

---

8) Schleiermacher, Einleitung zur Übersetzung des Platonischen Staates. S. 16.

Schwanken der Sinnlichkeit erhebt und einer höhern Welt zuwendet. Der Geist, meint er, müsse erst von den bunten und immer wechselnden Erscheinungen des gewöhnlichen Lebens absehen lernen und sich an das Auffassen allgemeiner Begriffe und Gesetze gewöhnen, und dazu dient ihm die Arithmetik und Geometrie, von denen allerdings die eine ebenso wol als die andere geeignet ist, den Geist zur Abstraction zu gewöhnen und das Studium der eigentlichen Philosophie vorzubereiten. Die Philosophie aber, namentlich die höchste Disciplin derselben, die Dialektik, ist es erst, die den Geist vollkommen über die trügerischen Erscheinungen der Sinnenwelt hinweghebt und ihm zur Anschauung des wirklich Seienden, des ewig Wahren, Guten und Schönen verhilft.

Aristoteles gibt, um von seinem System, wie bereits gesagt, nur comparativ zu reden, einzelnen dabei vorkommenden Untersuchungen eine durchaus neue Wendung. Die anthropologische Grundlage seiner Pädagogik unterscheidet sich von der Platonischen zunächst durch die Bemerkung, daß gewisse Lebensperioden vorzugsweise zur Entwickelung einzelner Theile und Kräfte des Menschen bestimmt schienen, daß sich in den ersten Lebensjahren der Körper, später der vernunftlose Theil der Seele, Verlangen und Begierde, *θυμός*, und zuletzt das Vernünftige, *λόγος*, zu regen und zu entwickeln anfinge, und daß man mit Rücksicht hierauf drei Perioden für die Erziehung annehmen müsse; die erste vom 1 — 7., die zweite vom 7 — 14. und die dritte vom 14 — 21. Lebensjahre. Indessen gewinnt diese Annahme keinen rechten Einfluß auf die weitere Darlegung seines Systems. Denn obschon er die Erziehungsmittel für jene Theile und Kräfte des Menschen bestimmt, so ordnet er doch nicht, wie man nach jener Bemerkung erwartet, für jede Erziehungsperiode grade die Mittel an, welche einen bildenden Einfluß auf die in ihr besonders stark auftretenden Kräfte äußern, vielmehr verlangt er für die Freien ganz ausdrücklich das Zusammenwirken aller jener Mittel. Nicht minder bedeutend ist, daß er nur ein Zwiefaches in der Seele, nämlich das Vernünftige darin von dem unterscheidet, was zwar nicht selbst mit Vernunft begabt ist, aber doch einigermaßen daran Theil nimmt, und daß er auch dieses Letztere für bildungsfähig erklärt. Der *θυμός* soll nach ihm zur Tugend, die weder unserer Natur zuwider, noch auch uns angeboren ist, gewöhnt werden, die Gewöhnung aber früh beginnen und umsichtig unter Aufsicht der *παιδονόμοι* fortgesetzt werden; namentlich muß verhütet werden, daß die Kleinen nichts eines Freien Unwürdiges sehen oder vernehmen, daß ihr Schamgefühl nicht verletzt, ihrem Ungehorsam aber stets entgegengetreten werde. Übrigens versteht es sich von selbst, daß im Sinne des Aristoteles sowol das Gymnastische als das Musische viel zu einer solchen Gewöhnung beiträgt, doch verdient es nach seiner Meinung besonders untersucht zu werden, ob Kinder und Jünglinge die Musik selbst treiben sollen, oder ob ihrem Innern nicht vielleicht derselbe Vortheil durch bloßes Zuhören erwachse? — eine Frage, auf deren Beantwortung sich Platon, so viel ich mich erinnere, nirgends eingelassen hat. Andere Differenzen, bei deren Erörterung Aristoteles selbst polemische Seitenblicke auf Platon wirft, sind zu unbedeutend, als daß sie hier eine Stelle finden könnten.

Wie in Griechenland, so erwachte das Bedürfniß, die pädagogische Praxis theoretisch zu begründen, auch in Rom, erst mit dem Verfalle derselben. Die römische, namentlich die patrizische Jugend war lange durch die einfachsten Mittel im Schooße der Familie und im Gefolge kundiger und erprobter Staatsmänner zum Patriotismus erzogen, ehe es den Gebildeten in den Sinn kam, die Zweckmäßigkeit jener Mittel systematisch zu erweisen. Als aber die alte republikanische Erziehung allmälig und nicht ohne Widerstreben von Seiten des Staates, das besonders stark am Ende des 6. Jahrh. a. u. c. hervortrat, jedoch ohne irgend etwas gegen die bereits erzeugte Vorliebe für das griechische Wesen ausrichten zu können, und als gleichzeitig in vielen Familien Übermuth und Luxus an die Stelle der ehemaligen Einfachheit traten, fühlten sich Einzelne gedrungen, die echte römische Pädagogik gegen solche Neuerung zu schützen und in eine Art von System zu bringen; namentlich geschah dies von Marcus Terentius Varro in der Schrift: Cato s. de liberis educandis. Indessen läßt sich, da dieselbe bis auf wenige dem Inhalte nach sehr dürftige Fragmente verloren gegangen ist, der Gang, den Varro bei seinen Beweisen und Darstellungen genommen, gar nicht mehr auffinden. — Und ebenso wenig ist aus den Zeiten des Kaiserthums, wo griechische Sitte herrschend in der Erziehung geworden und nach Verbreitung wissenschaftlicher Kenntnisse eine Vermehrung der Unterrichtsgegenstände eingetreten war, ein Werk auf uns gekommen, worin die damals übliche Praxis auf philosophischem Wege gerechtfertigt wäre. Selbst die bekannten Institutiones von Quintilian enthalten keine solche Rechtfertigung. Der Verfasser hat von Anfang an den künftigen Redner zu sehr im Auge, als daß er sich auf eine systematische Darstellung des ganzen pädagogischen Gebiets einlassen sollte. Alles, was er von der ersten Behandlung der Kinder und von dem Unterrichte derselben in den ersten Elementen sagt, ist zwar insofern sehr wichtig, als wir daraus die Methode, wie die Verständigen zu seiner Zeit ihre Kinder zu erziehen und unterrichten zu lassen pflegten, bestimmter als aus irgend einer andern Quelle erkennen, allein vom philosophischen Standpunkte aus betrachtet erscheint es doch so unbedeutend, daß es hier gar nicht berücksichtigt zu werden verdient. Die Theorie der Pädagogik wurde, wie die Philosophie überhaupt, von den Römern nicht gefördert. Das Verdienst, dieselbe tiefer zu begründen und in ihren einzelnen Theilen harmonischer durchzuarbeiten, blieb christlichen Philosophen überlassen. Da indessen diese in den ersten Jahrhunderten des Christenthums ganz andere Interessen verfolgten und theils mit der Vertheidigung ihrer religiösen Überzeugungen gegen die Angriffe der Juden und Heiden, theils mit der weitern Ausbildung des Dogma und der oft schwierigen Abwehr von Ketzereien beschäftigt waren, so währte es geraume Zeit, ehe zu einer solchen Begründung und Durcharbeitung geschritten wurde. Dagegen bildete sich unter allen Christen in den verschiedenen Provinzen des römischen Reiches und außerhalb desselben sehr bald eine pädagogische Praxis, hier freier, dort in mehr beschränkter Weise aus, je nachdem der Volksgeist eine Anbequemung an bestehende Verhältnisse mehr oder weniger nothwendig machte. In der Nothwendigkeit solcher Anbequemung lag denn auch der Grund, weshalb der Universalismus des Christenthums nicht überall mit gleicher Kraft wirkte und das Princip der Liebe nicht überall auf gleiche Weise mit dem der Zucht in Einklang gebracht wurde; namentlich lag es in der Natur der Sache, daß sich dieses Princip unter den Nationen, die noch nicht einem so verfeinerten Egoismus wie die Römer anheimgefallen waren, eher als unter diesen geltend machte; dagegen brachte es schon die äußere Verschmelzung der Nationen im römischen Reiche mit sich, daß jener Universalismus hier weit lebendiger in das Bewußtsein der christlichen Bevölkerung trat, als dies unter den germanischen Völkern, die sich noch lange Zeit eine abgeschlossene Nationalität bewahrten, geschehen konnte. Und doch muß sich die Geschichte der Pädagogik auf diese beschränken, da weder im Orient unter den Arabern, noch in Griechenland unter den byzantinischen Kaisern eine wissenschaftliche Behandlung derselben versucht wurde, obschon dort einzelne Khalifen und hier ganze Dynastien, wie die makedonischen seit d. J. 867 und später die Komnenen, viel für die Wissenschaften überhaupt und das Schulwesen im Besondern thaten.

Die erste Spur einer wissenschaftlichen Behandlung zeigt sich erst im 12. Jahrh. Die Geistlichkeit, welche schon mit dem Untergange der Kaiserschulen im 5. und 6. Jahrh. in den ausschließlichen Besitz der Gelehrsamkeit gekommen war, entfernte sich immer mehr von allem wissenschaftlichen Streben, indem sie sich allmälig gewöhnte nur das zu betreiben, wovon sie einen unmittelbaren Gebrauch bei Verwaltung des Gottesdienstes, wie überhaupt bei Führung ihres Amtes machen konnte. Die sogenannten weltlichen Wissenschaften hatten in ihren Augen nur als ancillae der Theologie eine bestimmte Geltung, und wie man an einen Geistlichen der damaligen Zeit nur geringe Ansprüche machte, so nahm auch die Theologie nur dürftig und selten auf jene Wissenschaften Rücksicht. Selbst die rastlose bewundernswürdige Thätigkeit, durch welche Karl der Große die einzelnen von England, Italien und Constantinopel ausgehenden Strahlen der Wissenschaft wie in einen Brennpunkt vereinigt hatte, änderte den Stand der Dinge im fränkischen Reiche nur auf kurze Zeit. Mit seinem Tode war der Geist gewichen, die Schwäche Ludwig's des Frommen wirkte wie auf alle Verhältnisse, so auch auf das kaum erwachte wissenschaftliche Leben nachtheilig ein, und die bald eintretende Zerstückelung des großen Reiches, sammt den damit verbundenen bürgerlichen Unruhen, erstickten dasselbe gänzlich. Ähnlich erging es den eifrigen Bemühungen Alfred's am Ende dieses Jahrhunderts. Kurz das Abendland war in dem folgenden 10. Jahrhundert in der That in die tiefste Barbarei versunken. Das Beispiel der Araber, namentlich die von Hakem im J. 980 gestiftete hohe Schule in Cordova, noch mehr aber der seit den Ottonen wieder angeknüpfte Verkehr mit dem griechischen Reiche und besonders die dadurch herbeigeführte Erneuerung der theologischen Streitigkeiten mit der griechischen Kirche, gab den Abendländern einen neuen Schwung und legte ihnen die Nothwendigkeit selbst zu denken und ihre Dogmatik philosophisch zu rechtfertigen auf. Indessen erhielten die aus derselben hervorgehenden Bestrebungen bald einen sehr einseitigen Charakter, indem die gleichzeitig wieder eintretende Bekanntschaft mit Aristoteles eine dialektische Entwickelung der Theologie herbeiführte, die darauf ausging, das kirchliche System der Erkenntniß näher zu bringen, aber bald so ausartete, daß die ganze Philosophie zu einer ungeheuern Masse von Fragen und Gegenfragen, von Definitionen und Distinctionen wurde, die alles praktischen Nutzens entbehrten. Nun stellten sich zwar diesem Unwesen die sogenannten Mystiker kräftig entgegen, allein so wenig von jenen auf Verbindung der Philosophie und Theologie gerichteten Speculationen eine philosophische Begründung der Pädagogik zu erwarten war, so wenig konnte eine solche von Männern ausgehen, die überhaupt der Begriffsentwickelung feind, Alles nur auf dem Wege mystischer Contemplation zu erreichen suchten. Dagegen war die Schule, die Wilhelm von Champeaux mit dem Kloster zu St. Victor in einer Vorstadt von Paris 1109 verband, und deren Streben recht eigentlich darauf ausging, beide Extreme zu vermeiden und Scholastik und Mystik auf eine besonnene Weise mit einander zu vereinen, ganz geeignet, auch für die Pädagogik etwas zu leisten und wirklich finden wir, daß grade Hugo a St. Victore, (st. 1141) in dessen Schriften sich jener vermittelnde Charakter am bestimmtesten ausspricht, den Grund zu der Pädagogik gelegt hat, die wir am vollständigsten aus Vincent's von Beauvais (st. um 1264) Hand- und Lehrbuch für königliche Prinzen und ihre Lehrer kennen lernen. Die reine Seele, lehrt Vincent, nimmt, sobald sie in den Leib des Kindes tritt, vom Körper her Finsterniß und Unwissenheit in Beziehung auf das Erkenntnißvermögen und sinnliche Begehrlichkeit in Absicht auf das Begehrungsvermögen an, und es heißt mit Recht von ihr, sie sei von Geburt an träge zum Denken und zum Rechthandeln. Wegen dieser doppelten Unfähigkeit, fährt er bald darauf fort, muß sie doppelte Lehre erhalten; nämlich Unterricht zur Erleuchtung des Verstandes und Zucht zur Leitung des Begehrungsvermögens, damit sie wieder in ihren alten, gesunden Zustand komme, und demgemäß spricht er nun im Verlaufe seiner Pädagogik zuerst (Hauptst. 2—23) von der Verstandesbildung und dann (Hauptst. 23—37) von der Bildung des Herzens. Alle bis hierher gegebene Vorschriften beziehen sich nur auf die Erziehung von Knaben, namentlich vornehmer Knaben; da indessen den Frauen unter den germanischen Völkern eine besonders ehrenwerthe Stellung durch das Christenthum gesichert war, und sie eine solche namentlich zu Vincent's Zeiten einnahmen, — man braucht nur an das Verhältniß zwischen Ludwig IX. und seiner Mutter zu denken, — so erklärt es sich, wie am Schlusse der ganzen Schrift (Hauptst. 42 — 51) der Erziehung des weiblichen Geschlechts eine besondere Aufmerksamkeit geschenkt wird. Allein trotz dem zeigt sich die Schwäche des Buchs grade in diesem Abschnitte am Auffallendsten. Denn obschon man darin, da es ganz praktisch gehalten ist, keine tiefe psychologische Begründung und keine eigentlich philosophische Entwickelung der in dem Christenthume liegenden pädagogischen Gedanken verlangen kann, so müßte man doch den darin enthaltenen Vorschriften, wie ihrer ganzen Anordnung eine philosophische Basis der Art anmerken; indessen ist es mir, abgesehen von den bereits angeführten, das Verderben des Willens und des Erkenntnißvermögens betreffenden Behauptungen unmöglich gewesen, eine solche zu entdecken; namentlich ruhen die über Mädchenerziehung ausgesprochenen Grundsätze durchaus nicht auf einer Kenntniß der besondern Eigenthümlichkeit des weiblichen Geschlechts und reduciren sich im Grunde darauf, daß man die Mädchen in Zurückgezogenheit erziehen, vor Putzsucht verwahren, demüthig erhalten, mit gesitteten Freundinnen und keuschen Dienerinnen umgeben und daneben in allerlei nützlichen Kenntnissen, namentlich der Sittenlehre, unterweisen müsse. Die körperliche Erziehung tritt dabei ganz in den Hintergrund [4]). Und schon dies beweist, daß Vincent, obwol auch in den alten Schriftstellern belesen, dennoch den Geist und Sinn derselben nicht vollständig in sich aufgenommen.

Dagegen scheint die gleichzeitig in Italien aufgekommene Pädagogik ganz auf antikem Boden zu ruhen. Die pädagogische Praxis, welche sich dort nach der Wiederbelebung der classischen Studien und während des geistigen Aufschwunges gestaltete, den die italienischen Staaten um diese Zeit nahmen und den die Wirksamkeit eines Dante, Petrarca und Boccaccio ebenso bestimmt verherrlichte als gedeihlich förderte, — diese Praxis erreichte ihren Culminationspunkt in der von Vittorino da Feltre (st. 1444) unter dem kräftigen Schutze des Marchese Gian. Franc. Gonzaga zu Mantua gestifteten Unterrichts- und Erziehungsanstalt (s. den Art. **Vittorino da Feltre**). Sie ist, nachdem sie lange in Vergessenheit gerathen war, neuerdings treffend von Orelli [5]) dargestellt, hatte aber schon im 15. Jahrh. zwei tüchtige Vertreter an Petrus Paulus Vergerius (st. 1428) und an Mapheus Vegius (st. 1458) gefunden. Denn wie jener in seinem **Libellus de ingenuis moribus ac liberalibus studiis ad Ubertinum Carrariensem** [6]) ganz im Sinne des Vittorino da Feltre und der alten Griechen einen besondern Werth auf Gymnastik und Musik legt, und wie er das Studium der Philosophie und Beredsamkeit besonders empfiehlt, auch manche methodische Vorschriften ertheilt, die mit der Praxis des genannten Pädagogen und seiner berühmtesten Anhänger, namentlich des Vittorino Guarini und des Niccolo Niccoli, vollkommen übereinstimmen, so stellt auch dieser in seinen **Lib. VI. De liberorum educatione et claris eorum moribus** [7]) ein pädagogisches System auf, das vollkommen mit jener Praxis übereinstimmt [8]), nur mit dem Unterschiede, daß Vegius in einer Zeit schrieb, wo bereits Einzelne das classische Alterthum als Bildungsmittel der Jugend, namentlich auch im Gegensatze zum Christenthume, allzusehr überschätzten, und wo er sich selbst schon von dem Studium der alten Classiker, denen er in seiner Jugend eifrigst obgelegen, zur heiligen Schrift gewendet hatte, — Umstände, die es hinreichend erklären, warum er eifriger als Andere bemüht ist, seine pädagogischen Ansichten mit seinen religiösen Überzeugungen in Einklang zu bringen und durch Aussprüche angesehener Kirchenschriftsteller zu stützen. Indessen kommt er trotz dieses Strebens ebenso wenig als Vergerius zu einer eigentlichen Entwickelung der Gedanken des Christenthums, die pädagogisch von der größten Bedeutung sind, wie es denn auch seinen Vorschriften an einer sichern psychologischen Grundlage fehlt, obwol er sich in dem Capitel, worin er von der Behandlung der Kinder nach ihrer Individualität spricht, als einen feinen Kenner der menschlichen Seele bewährt. Ein philosophisches Studium der Psychologie war damals nicht an der Tagesordnung. Auch die Pädagogik entbehrte also, wie die Ethik, noch lange eines Fundaments, wie es schon Platon zu legen begonnen hatte, und man vermißt ebendeshalb, so gern man die Tüchtigkeit des Strebens überhaupt und das Vortreffliche einzelner Vorschriften im Besondern anerkennt, dennoch fortdauernd die eigentlich systematische Durchbildung beider Disciplinen. Besonders auffallend ist dieser Mangel in der compilatorischen Schrift des Antonius Mancinellus (st. nach 1503): **De parentum cura in liberos et filiorum erga parentes obedientia, honore et pietate** [9]); indessen tritt er auch in den pädagogischen Schriften dieser Zeit, welche mit mehr Selbständigkeit geschrieben sind, deutlich genug hervor, namentlich, um nur den ältesten und jüngsten pädagogischen Schriftsteller dieser Periode zu nennen, in den Schriften von Gerhard Grote [10]), sowie in Heinrich Bebel's Werkchen: **De institutione puerorum** [11]).

Doch darf man sich durch diese allgemeine Bemerkung nicht verleiten lassen, alle vor der Reformation auftretende Pädagogiker sammt ihren Schriften in eine Classe zu werfen, da sich bei näherer Betrachtung eine Differenz

---

4) Vincent von Beauvais, Hand- und Lehrbuch für königliche Prinzen und ihre Lehrer als vollständiger Beleg zu drei Abhandlungen über Gang und Zustand der sittlichen und gelehrten Bildung in Frankreich bis zum 13. Jahrh. und im Laufe desselben von Schlosser. (Frankf. 1819.) 5) *J. K. v. Orelli*, Vittorino da Feltre, oder Annäherung zur idealen Pädagogik im 15. Jahrh., nebst Nachrichten über die Methoden Guarino's und Filelfo's, bearbeitet nach Rosmini 1812. 6) Diese Schrift des Vergerius erschien zuerst zu Venedig 1490, dann öfter, namentlich 1497, und 1502 ebendaselbst, zuletzt wol Leipzig 1604 unter dem Titel: *P. P. Vergerii* de puerorum educatione liber gravissimus.

7) Diese Schrift des Vegius erschien 1511 zu Paris, 1513 zu Tübingen, und 1541 zu Basel; auch findet sie sich in der maxima bibliotheca patrum. Vol. XXVI. 8) Warum Schwarz in seiner Geschichte der Erziehung 2. Abth., wo er doch so viele von den Männern nennt, die sich durch Wiederbelebung der classischen Studien ausgezeichnet und durch Wort und That einen erfolgreichen Einfluß auf die Erziehung geäußert haben, grade diese beiden Pädagogiker übergeht, ist mir unbegreiflich, um so mehr als ihnen bereits Petri in seiner Übersicht der pädagogischen Literatur. 1. Bd. (Leipzig 1807) durch Mittheilung sehr ausführlicher Auszüge eine ehrenvolle Stelle unter den pädagogischen Schriftstellern angewiesen hatte. 9) Diese Schrift erschien unter andern Leipzig 1513. 4. 10) Einige davon finden sich in den Ausgaben des Thomas a Kempis. Andere sind noch ungedruckt. *Oudin*, De scrr. eccl. p. 665. 11) In der zu Strasburg 1513 veranstalteten Sammlung seiner kleinen Schriften und bei Schardius in den Script. rer. germ. Vol. I.

zwischen ihnen findet, die schon deshalb eine Erwähnung verdient, weil sie sich später in der Kirche, obwol in anderer Form und unter andern Verhältnissen, zu einem bestimmten Gegensatze ausbildet. Es war natürlich, daß sich die classischen Studien nicht ohne Streit geltend machen konnten. Einzelne, besonders die Bequemen unter den Geistlichen und Mönchen, wollten die pädagogische Praxis beibehalten, die sich schon vor den Zeiten Karl's des Großen zu bilden angefangen hatte und durch die gelehrten Freunde des Kaisers zu einer Art von Vollendung gebracht war, die Praxis, nach der im trivio und quadrivio unterrichtet, und nach der es für vollkommen ausreichend gehalten wurde, wenn eins von den drei beliebtesten Schulbüchern des Mittelalters, also entweder Cassiodor's Schrift: De artibus ac disciplinis liberalium litterarum, oder Isidor's Originum Lib. XX., oder des Martianus Capella Satyricon, sive de nuptiis philologiae et Mercurii libri duo et de septem artibus liberalibus libri singulares durchgearbeitet war. Je weniger diese Bücher Männern zusagen konnten, die das classische Alterthum mit freierm Geiste auffaßten und behandelten, desto heftiger mußte der Streit zwischen ihnen und jenen Obscuranten entbrennen, und desto natürlicher war es auch, daß einzelne besonders begabte und begeisterte Männer unter ihnen in ein Extrem hineingeriethen und das christliche Element zu sehr vernachlässigten, wie denn Angelo Poliziano die heilige Schrift gegen die heidnischen, namentlich die griechischen, Schriftsteller verachtet haben soll. Andere dagegen wußten Beides geschickt mit einander zu verbinden, und in dieser Hinsicht verdienen besonders die Bestrebungen des bereits genannten Grote, der sich durch die Stiftung des Ordens der Gregorianer oder der Brüder des gemeinsamen Lebens, und des Thomas a Kempis, der sich durch den christlichen Geist, der in seinen Schriften weht und der auch in seinen Schülern, Rudolph Agricola, Alexander Hegius, Ludwig Dringenberg, Anton Liber, Graf Moritz von Spiegelberg und Pyrmont und Rudolph von Lange lebendig blieb, ein großes Verdienst um die Pädagogik erwarb, die rühmlichste Anerkennung. Denn besonders ihnen ist es zuzuschreiben, daß jene Differenz zur Zeit der Reformation ganz ausgeglichen erscheint. Selbst Erasmus (st. 1536), dessen pädagogische Schriften meist didaktischen Inhalts sind [12]), und dem hin und wieder eine zu große Vorliebe für die classischen Studien zum Vorwurfe gemacht ist, erklärt gelegentlich: Munus formandi pueritiam multis constat partibus, quarum sicut prima ita praecipua est, ut tenellus animus imbibat pietatis seminaria etc. und in vollkommener Übereinstimmung hiermit schreibt Jacobus Sadoletus (st. 1547) De liberis recte instituendis [13]): Procedunt anni, fitque puer in dies et animo et corpore vegetior, ut tamquam idoneo in solo jam seri aliquid possit: nullumque semen est praestantius, nec quod uberiores ex sese fruges ad beatam vitam efferat, quam iniicere illi in intimos animi sensus et nomen et cogitationem praepotentis dei, ut eum incipiat et amare et revereri.

Auch Luther [14]), der auf der einen Seite recht wohl erkannte, wie förderlich das Studium des classischen Alterthums dem Werke der Reformation sei, auf der andern aber noch lebendiger als die beiden zuletzt genannten Männer von der christlichen Wahrheit durchdrungen war, wußte das classische und christliche Princip recht wohl zu vereinigen; denn während er bestimmt erklärt, daß Jeglicher bei Verlust der göttlichen Gnade schuldig sei, seine Kinder vor Allem zur Gottesfurcht aufzuziehen, spricht er auch ebenso bestimmt die Überzeugung aus, daß das Evangelium nicht erhalten werden könne, ohne die Sprachen, in denen das Messer des Geistes stecke. So lieb uns das Evangelium ist, sagt er, so hart lasset uns über die Sprachen halten. Sprachen, sonderlich die lateinische, zu wissen, ist Allen nütze, auch den Kriegs- und Kaufleuten, auf daß sie nicht allein teutsche Brüder bleiben. In diesem Sinne wirkten Melanchthon, Valentin Trotzendorff, Johannes Sturm, Michael Neander, Sebaldus Heiden und viele andere praktisch-tüchtige Schulmänner, ohne jedoch die Nothwendigkeit ihrer Praxis mit Rücksicht auf die Anlagen und Bedürfnisse der menschlichen Seele darzuthun. — Muß man nun schon hiernach anerkennen, daß Luther auch als Pädagogiker zu den Trefflichsten seiner Zeit gehörte, so wird unsere Verehrung für ihn in dieser Beziehung nur steigen, wenn wir, was selbst der oberflächlichsten Betrachtung seiner öffentlichen Wirksamkeit nicht entgehen kann, hinzunehmen, daß er durch die Wiederherstellung der geistigen Rechte des Volkes im Gegensatze zu den frühern immer nur auf die Bildung der höhern Stände, namentlich der Geistlichkeit, berechneten Erziehungstheorien die Aufstellung eines allgemein gültigen Princips für die Pädagogik vorbereitete. In diesem Sinne ist Alles, was er für Volksbildung durch seine Bibelübersetzung, seine Katechismen und seine Auffoderungen an Fürsten und Städte gewirkt hat, auch für die Theorie der Pädagogik von großer Bedeutung.

Überhaupt schlossen sich die Reformatoren an die fortschreitende Wissenschaft an; sie wollten, wie diese überall hin, selbst in die niedern Kreise der Gesellschaft Wahrheit und Licht verbreiten; Europa hatte durch sie, wie Villers im zweiten Abschnitte seiner gekrönten Preisschrift über den Geist und den Einfluß der Reformation Luther's sagt, von dem Baume des Wissens genossen, es war unmöglich geworden, sich den Fortschritten des Lichts geradezu zu widersetzen. Deshalb mußte es der kathol. Kirche

12) Es gehören hierher folgende: De ratione studii ac legendi interpretandique auctores; De ratione instituendi discipulos; ratio colligendi exempla; modus repetendae lectionis; de civilitate morum. 13) Diese Schrift wurde mehre Male aufgelegt und nachgedruckt. Petri erwähnt (a. a. O. 2. Th. S. 78) die lepdener Ausgabe vom J. 1533 und die augsburger von den Jahren 1535 und 1608. Ich kenne sie nur aus den Auszügen, die er mitgetheilt hat.

14) Luther's Verdienste um Erziehung und Unterricht sind so oft besprochen worden, daß eine Aufzählung der hierher gehörigen Schriften viel zu weit führen würde. Ich verweise hinsichtlich der ältern auf Petri a. a. O. 2. Th. S. 6 fg., hinsichtlich der neuern auf *Kapp* Commentatio de historia educationis. (Hamm 1834.) p. 15.

testantischen Teutschland zusammenfanden, und in denen eine große Menge von Predigern und Lehrern gebildet wurden, die sie in andere Kreise versetzt, mit Eifer und Liebe weiter verbreiteten, konnte es nicht fehlen, daß hier und da neue Erziehungs- und Unterrichtsanstalten nach dem Muster der Francke'schen entstanden, daß andere wenigstens nach seinem Institut umgewandelt wurden[20]) und daß ebendeshalb die sogenannte fromme oder pietistische Pädagogik bei ihrem Eintritt ins Leben unter den Schulmännern von der alten Observanz sehr viele Gegner fand. Auch war es nicht schwer dieselbe von vielen Seiten mit Erfolg anzugreifen; denn erstens fehlte es ihr bei der ausgesprochenen praktischen Richtung ihrer Vertreter durchaus an einer philosophischen Begründung; selbst die wenigen aus Francke's Schule hervorgegangenen theoretischen Schriften, als A. H. Francke's Unterricht Kinder zur Gottseligkeit und Klugheit anzuleiten; Joh. Jak. Rambach's Wohlunterwiesener Informator; G. Sarganeck's überzeugende und bewegliche Warnung vor allen Sünden der Unreinigkeit, und Layritz Betrachtungen über die Erziehung der Kinder[21]), enthalten eine solche nicht. Und zweitens ließ sich Mancherlei an vielen mit dem Princip in Verbindung gesetzten Einzelnheiten ausstellen; namentlich zeigte sich's, daß die gar zu häufig angestellten Andachtsübungen die Meisten eher zum Überdruß und zur Heuchelei, als zur wahren Frömmigkeit führten, wie sich denn auch die Ansicht über die alten Classiker, besonders die Behauptung, daß das Griechische im Grunde nur für das Neue Testament und an demselben gelernt werden solle, als gar zu einseitig herausstellte. Aber so leicht es auch sein mochte, die neu aufkommende Pädagogik in der angegebenen Weise zu bekämpfen, so schwer war es, die alte Praxis positiv zu vertheidigen, und je länger man damit zögerte, desto mehr wuchs die Schwierigkeit, da es sich immer deutlicher zeigte, daß sie ihre reale Bedeutung für den Bürgerstand verloren hatte, der Realismus aber gleichzeitig mächtige Stützen an einer Reihe von Philosophen fand, welche ihre höhere Geistesbildung selbst nicht durch das Studium der alten Sprachen, sondern durch anhaltende Beschäftigung mit mathematischen und naturhistorischen Gegenständen gewonnen hatten (Baco von Verulam, Cartesius, Hobbes, Spinoza, Newton, Leibnitz). Beides zusammengenommen läßt uns schon im 17. Jahrh. Pädagogiker erwarten, die bald mehr die realen Bedürfnisse des Volkes ins Auge faßten und vertraten, bald den Realismus auf mehr philosophischem Wege geltend machten, und in der That finden wir unsere Erwartung nicht getäuscht.

Der Erste, der die Grundsätze der Realisten, welche später unter dem Namen der Philanthropen als die Hauptgegner der Humanisten auftraten, im Zusammenhange vortrug, war Amos Comenius (st. 1671). Er ist durchdrungen von der Würde der menschlichen Natur. Die Correlate von drei göttlichen Haupteigenschaften, der Weisheit, Liebe und Macht, finden sich in Gottes Ebenbilde, in dem intellectus, in der voluntas und der facultas res agendi. Das Erste ist der Boden für die philosophia, aus dem zweiten entspringt die religio, durch das dritte bildet sich die politia. Dies Dreies vollendet die ideale menschliche Natur. Freilich ist der Fall der Protoplasten ihrer Vollendung hemmend in den Weg getreten, doch sind semina des Guten in ihr zurückgeblieben, die nur der Entwickelung bedürfen, um den alten Zustand herbeizuführen. Wäre nur diese Entwickelung an sich und besonders bei der Verderbtheit des Jahrhunderts nicht so schwierig! In jedem Falle kann sie nur mit Hilfe einer vernünftigen Pädagogik sicher vor sich gehen, und vernünftig ist nach Amos Comenius keine, die nicht begriffen hat: artem nihil posse nisi naturam imitando. Auch geht er in der That fortdauernd von diesem Princip, das er seinem nächsten Zwecke gemäß nicht ebenso durchgreifend auf die Erziehung im engern Sinne[22]), als auf den Unterricht anwendet, bei Aufstellung der allgemeinen didaktischen Regeln aus. Es ist nach ihm natürlich, daß die ingenia verschieden sind und daß ebendeshalb nicht Allen dasselbe dient. Natura saltus non facit, also darf auch der Lehrer nicht eher weiter fortschreiten, als bis das Vorhergehende vollkommen von dem Schüler gefaßt ist; also darf auch der natürlichen Entwickelung des Kindes nicht vorgegriffen, vielmehr muß sowol der ihm dargebotene Stoff, als die Methode, ihn zu überliefern, dem jedesmaligen Standpunkte der Schüler entsprechen, und da diese nun insgesammt in der Lebensperiode stehen, in der die Sinnlichkeit vorherrscht, so ist es einerseits nothwendig, daß jener Stoff der sinnlichen Anschauung möglichst nahe gebracht werde (Anschaulichkeitsmethode, Orbis pictus), und andererseits wenigstens nicht zu tadeln, wenn gute Leistungen durch kleine Geschenke, selbst durch Näschereien, belohnt werden. Alles dies wird ausführlich besprochen, ja Comenius läßt sich sogar auf die Bestimmung des Stoffes für die einzelnen Entwickelungsstufen des menschlichen Geistes und die verschiedenen Schulen ein. Das Princip, von dem er dabei ausgeht, tritt am stärksten bei der schola latina hervor, und ist kein anderes als das

ließ: Francke's Stiftungen, eine Zeitschrift, herausgegeben von Schulze, Knapp und Riemeyer. 3 Bde. (Halle 1792—1796) und die Beschreibung des halle'schen Waisenhauses und der übrigen damit verbundenen Francke'schen Stiftungen. (Halle 1799.)

20) So ging es z. B. in Züllichau, Bunzlau, Potsdam, Berlin, Königsberg. 21) Layritz ist als Bischof der herrnhutischen Gemeinden bekannt, allein ebenso bekannt ist es, daß man volle Berechtigung hat, ihn ebendeshalb unter die Pädagogen der Francke'schen Schule zu zählen. Riemeyer sagt in der bereits erwähnten Übersicht S. 345: „Aus eben diesem Stamme trieb ein Sprößling hervor, der in der Folge abgesenkt, zum starken Baume geworden ist und seine Wurzeln noch viel weiter als der Stamm verbreitet hat. Der Graf von Zinzendorf ward unter Francke's Augen im Pädagogium 1710—1716 erzogen; er sah ein Haus nach dem andern, eine Anstalt nach der andern entstehen. Auch in ihm erwachte früh der Eifer für Religion und zugleich ein gewisser Anstaltengeist. Wer die Verfassung der Brüdergemeinden kennt, kann auch die Ähnlichkeit in der Erziehungs- und Unterrichtsmethode mit der alten halle'schen nicht verkennen ... in den Instituten vormals zu Barby, jetzt zu Niesky, Neuwied, Gnadenfeld und mehren andern findet man die Grundeinrichtungen der halle'schen wieder."

22) Bei Rousseau findet der umgekehrte Fall statt.

Princip des Realismus. Denn obschon Comenius ein großer Verehrer der lateinischen Sprache war, und obschon er sich mit dem Lieblingsgedanken trug, Latium, d. h. eine lateinische Stadt, in der man singen könnte: Ludimus effigiem Romae, wieder aufblühen zu sehen, so sind ihm die Sprachen doch nur als eruditionis realis vehicula etwas werth. Denn die Weisheit, um derentwillen wir in die Schulen geschickt werden, non in linguarum sed rerum cognitione consistit; die formale Bildung an den Sprachen und dem Leben des Alterthums erschien ihm sogar als ein gefährlicher zum Heidenthume selbst zurückführender Gewinn, weshalb er es denn auch für gerathen findet, alle Heiden, höchstens mit Ausnahme des Platon und Epiktet, aus den Schulen zu verbannen[23]).

Diese pädagogisch-didaktischen Ansichten, welche Comenius in einer Reihe von Schriften, die zum Theil mehre Male aufgelegt, bearbeitet und übersetzt, endlich aber alle zusammen unter dem Titel Opera didactica 1657 gedruckt wurden, vorgetragen hatte, machten unglaubliches Aufsehen. In England Schweden und Siebenbürgen wollte man alle Schulen nach ihnen reformiren, sodaß Adolf Tasse, ein Zeitgenosse des Comenius, gewiß nicht zu viel gesagt hat, wenn er einem Freunde schreibt: Fervet jam per omnes Europae angulos melioris didacticae studium, quod si nihil etiam plus praestiterit Comenius, quam quod tantam stimulorum segetem in omnium sparsit animos, satis fecisse putandus est.

Nicht minder bedeutend war die Pädagogik des berühmten Locke (st. 1704), auf den Schlosser[24]) bei seiner Darstellung der Reformation oder Revolution der Philosophie und Literatur in England gewiß mit Recht zurückgeht. Seine Pädagogik erschien zuerst im J. 1690. Sie stellt den Grundsatz, daß die Erziehung dem Menschen zu einer gesunden Seele in einem gesunden Leibe verhelfen solle, an die Spitze, hält sich philosophischer als alle frühere, ohne die bestehenden bürgerlichen und gesellschaftlichen Verhältnisse unberücksichtigt zu lassen, und bereitet schon durch den positiven Theil den im 18. Jahrh. entbrennenden Streit mächtig vor; noch mehr geschieht dies indessen durch den polemischen oder negativen, in dem Locke seine allerdings einseitigen Urtheile über den Werth der alten Sprachen und die zweckmäßigste Methode, sie zu erlernen, niedergelegt hat.

Nicht lange darnach regte sich, wie Schlosser ausführlich dargethan, „die neue Lehre vom Fortschreiten, von schneller Entwickelung, von Industrie und Aufklärung[25])" so mächtig und erhielt durch die Regierung Friedrich's II., dessen Maximen sehr bald weitern Eingang fanden, eine so bedeutende Stütze, daß allmälig eine Umwandlung in der ganzen Denkart der Völker eintrat, die unmittelbar auch auf die Pädagogik zurückwirken mußte. Die Prätension schneller Entwickelung machte das Alte schon als solches verdächtig und wirkte namentlich da geschwind und mit gutem Erfolge, wo jenes wirklich an schlimmen Fehlern litt. Die wachsende Industrie foderte Realkenntnisse, führte eine überwiegende Schätzung alles dessen herbei, was unmittelbar im Leben angewendet werden und materiellen Nutzen gewähren konnte, und gab der Zeit immer mehr die bestimmteste Richtung auf das Praktische. Selbst die Philosophie und Theologie vermochte sich dem guten wie dem bösen Einflusse dieser Richtung nicht zu entziehen. Aus jener wurde einerseits der Geist der Trägheit und der müßigen Speculation verbannt, andererseits schlich sich aber Synkretismus und Materialismus ein, und in ähnlicher Weise erging es der Theologie; denn während man abergläubisches Wesen austrieb und die Fesseln der orthodoxen Buchstaben-Auctorität zerbrach, entwickelte sich ein Naturalismus, der unter dem prächtig klingenden Namen der Aufklärung nur die wahre Cultur des Geistes aufhielt. Kein Wunder also, wenn sich auch in dem pädagogischen Treiben dieser Zeit sowol der gute als der nachtheilige Einfluß jener Richtung zeigt; kein Wunder, wenn die Mängel und Gebrechen der hergebrachten Erziehungs- und Unterrichtsweise kühn angegriffen und schonungslos aufgedeckt, wenn die Lehrgegenstände vermehrt, wenn stets neue Methoden, um auf einem kürzern Wege zum Ziele zu kommen, ersonnen und diejenigen hoch gepriesen wurden, welche der Jugend das Lernen möglichst erleichterten. Aber leider blieb es dabei nicht; man ging weiter und mußte consequenter Weise weiter gehen; denn da der Impuls zu solcher Reformation von rein materiellen Interessen ausgegangen war, so mußten die idealen Objecte des Schulunterrichts, namentlich die classischen Sprachen, gegen die sogenannten gemeinnützigen Kenntnisse in den Hintergrund treten und die langsame und schwierige, aber auf wahre Geistesbildung berechnete grammatische Methode der Gouvernantenart weichen, durch welche schnell und leicht eine gewisse Routine im Sprechen erworben wird. Selbst das religiöse Element wurde wie im Unterrichte, so bei der Erziehung durch jene materiellen Interessen so gut als ganz verdrängt, wie es denn auch sie waren, welche die intellectuelle Bildung im Gegensatze zur Bildung des Charakters allmälig zur Hauptsache werden ließen.

Dieser Erdgeist hatte bereits geraume Zeit namentlich in Teutschland gewirkt und die angedeuteten guten

---

23) Anders spricht er sich freilich in der method. ling. aus, indem er darin das Studium der Alten für durchaus nothwendig erklärt, den Cicero und Cäsar empfiehlt, und selbst den Plautus und Terentius passiren läßt; indessen schrieb er dieses Buch im Auftrage der Schweden, die grade damals den classischen Studien sehr geneigt waren und bei denen er sonst gewiß keinen Eingang gefunden haben würde. Wenn er dergleichen Rücksichten nicht zu nehmen hat, äußert er sich ganz unverhohlen, wie z. B. in dem ventilabr. sapientiae, einer Retractation aller pädagogischen Werke von 1656: Offensum iri metuo complures, qui scholis animam suam, Terentios, Marones, Catullos etc. eripi clamabunt. Sed non moveor. Ego quid scholis Christianis maxime ex usu esset, monui; si tamen gentilium scripta retineri videatur, qua id prudentia fieri posset, non reticens. Fateor autem, inter ista relegendum exarsisse cor meum ad non cessandum zelare pro Deo, dum me recentissima iterum terrent eorum, etiam de sublimi regum et reginarum ordine exempla, qui gentilium librorum inescati illecebris ut evangelium Christi fastidirent etc.

24) F. C. Schlosser, Geschichte des 18. Jahrh. (Heidelb. 1836.) 1. Bd. S. 283 fg.

25) Schlosser a. a. O. S. 3.

wie schlimmen Folgen waren bereits in mehren besonders pädagogischen Erscheinungen [26]) hervorgetreten, als Rousseau's Emil auch diesseit des Rheins bekannt wurde. Freilich scheinen die darin entwickelten Grundsätze beim ersten Blicke jenem Geiste gradezu zu widersprechen; denn Rousseau verschmäht darin jede auf den Eintritt in die bürgerliche Gesellschaft unmittelbar berechnete Erziehung auf das Bestimmteste, versichert wiederholt, daß er es nur auf Bildung des Menschen, ohne alle Rücksichten auf die Dinge um sich her, anlege, sieht bei der Überlieferung von Kenntnissen gar nicht auf die zukünftige Bestimmung seines Zöglings, und setzt bei der Erziehung desselben mit wirklich unpraktischem Sinne Verhältnisse voraus, die entweder niemals oder doch nur in den seltensten Fällen wirklich eintreten werden, kurz er bestrebt sich ein Ideal zu erreichen, das, oberflächlich angesehen, weder an sich, noch in der besondern Gestalt, in der es auftrat, der praktischen Richtung der Zeit zusagen konnte; allein näher und genauer betrachtet doch ganz geeignet war, sich grade bei ihr geltend zu machen [27]). Denn obschon Emil nur zum Menschen erzogen war, soll er doch, wie Rousseau ausdrücklich erklärte, nach Ablauf seiner Bildungszeit sich so in alle Umstände und Verhältnisse schicken können, daß es nur auf ihn ankommt, Soldat, oder Rechtsgelehrter, oder Diener des Altars zu werden. Er ist zu Allem gleich geschickt. Und wie ist er das geworden? Auf eine Art, die der neuernden, naturalistischen und genußsüchtigen Zeit, ebenso als dem gründlichern Kenner der menschlichen Natur zusagen mußte. Rousseau ging nämlich bei seinem Kampfe gegen das Alte und Hergebrachte in der französischen Pädagogik von dem Grundsatze aus, daß der Erzieher der Natur folgen müsse, erwies diesen Grundsatz durch eine ebenso neue als schlagende Argumentation, und zog daraus die seitdem vielfach besprochene Folgerung, daß der Erzieher nur negativ einwirken, daß er nur wegräumen dürfe, was eine freie Entwickelung seines Zöglings hindere, — eine Folgerung, die einerseits sowol ganz im Sinne der neu aufkommenden Theologie, welche den Menschen mit besonderer Vorliebe als ein bei seiner Geburt ganz unverdorbenes Geschöpf zu betrachten pflegte, als im Interesse derer war, die ihren lieben Kindern das Lernen gern erleichtern und angenehm machen wollten, oder gar nicht übel Lust hatten den Schulzwang als unnatürlich ganz von ihnen abzuwenden; andererseits aber ihre Vertreter nöthigte, tiefer, als bisher geschehen war, in das Eigenthümliche der Kindesnatur einzudringen; hatte doch bereits Rousseau diese Nothwendigkeit erkannt, und war er doch selbst durch sie zu einer psychologischen Entwickelung der verschiedenen Bildungsstufen, welche sein Emil durchleben muß, und zu einer Exposition über die Bildung der weiblichen Seele, im Gegensatze zu der männlichen, geführt worden, die alles bis dahin in derselben Gattung Geleistete weit hinter sich zurückließ und noch jetzt von der größten Bedeutung ist. So erklärt es sich, abgesehen von dem Pikanten seiner Darstellung, ganz ungezwungen, wie es gekommen, daß namentlich in Teutschland, sowol das Publicum als die Männer vom Fache, sowol die Idealisten als die Realisten, seine Pädagogik mit fast ungetheiltem Beifall aufnahmen, und daß der Geist derselben, wie Jean Paul sagt, in ganz Europa die Schulgebäude bis zu den Kinderstuben herab erschütterte und reinigte.

Zu den Ersten, die sich dieses Geistes in Teutschland bemächtigten, gehörte Johann Bernhard Basedow (st. 1790). Jean Paul nennt ihn Rousseau's geistigen Verleger und Übersetzer, indessen war er doch weder so philosophisch gebildet, noch so hoch gesinnt, daß er das Ideale im Emil herausgefunden, verarbeitet und geltend gemacht hätte, vielmehr hielt er sich, ganz in seiner Zeit stehend, lediglich an das, was dem Realismus derselben zusagte, und bildete in Gemeinschaft mit seinen Anhängern — Wolke, Campe, Salzmann, Olivier, Iselin, Schweighäuser, Simon, Kolbe ꝛc. — das System des sogenannten Philanthropinismus aus, der, unter den verschiedensten Modificationen auftretend, nicht so leicht und so bestimmt zu charakterisiren ist, als gewöhnlich angenommen wird [28]). Man lernt ihn in seinen flüchtigen Gestalten theils aus Basedow's Schriften, namentlich der Vorstellung an Menschenfreunde vom J. 1768, dem Elementarwerke, 3 Bde. mit 100 Kupfertafeln (Leipz. 1774, 1785), und dem Methodenbuche für Väter und Mütter . . . . ., theils aus den Broschüren, die sich über sein Philanthropin und ähnliche Anstalten verbreiten [29]), theils aus den literarischen Arbeiten seiner Schule kennen, von denen ich hier nur auf die bedeutendsten Journale, die pädagogischen Unterhandlungen und das Revisionswerk, sowie auf die theoretischen Arbeiten von Iselin und Trapp verweise [30]). Ihr System geht vom Eudämonismus aus;

26) Z. B. in den neuen für die kurfürstl. sächs. Landes- und Stadtschulen entworfenen Reglements, in der Glückseligkeitstheorie von Magen ꝛc. ꝛc. 27) *Rousseau* oeuvres. (Zweibr. 1782.) T. VII. Émile livr. I. p. 4. Cette éducation nous vient de la nature, ou des hommes, ou des choses . . . Chacun de nous est donc formé par trois sortes de maîtres. Le disciple dans lequel leurs diverses leçons se contrarient, est mal élevé, et ne sera jamais d'accord avec lui-même . . . l'éducation de la nature ne dépend point de nous . . . Puisque le concours des trois éducations est nécessaire à leur perfection, c'est sur celle à laquelle nous ne pouvons rien qu'il faut diriger les deux autres.

28) Namentlich ist die Darstellung von Niethammer, Streit des Philanthropinismus und Humanismus (Jena 1808) ungerecht. Schon der Name „Philanthropinismus" führt darauf, daß die ersten und bedeutendsten Vertreter desselben nicht sowol den „Bürger" als den „Menschen" ins Auge gefaßt haben, und Basedow, wie seine ältesten Freunde, versichern wiederholt, daß sie in ihren Anstalten lediglich darauf ausgingen, das allgemein Menschliche in jedem Individuum auszubilden, und daß sie ebendeshalb den Knaben bis in sein 15. Jahr blos als Weltbürger behandelten. Niethammer dagegen wirft ihnen vor, daß sie von Anfang an nur darauf bedacht gewesen wären, ihre Zöglinge zum Eintritt in die bürgerliche Gesellschaft zu befähigen. 29) Das Philanthropin in Dessau, das von dem ehrwürdigen Fürsten dieses Landes schon im J. 1771 reich fundirt war, wurde erst im J. 1774 eröffnet, aber bald entstanden aller Orten ähnliche Anstalten: zu Marschlins in der Schweiz durch Ulysses von Salis im J. 1775, zu Heidesheim in der Pfalz durch den halbgelehrten Theologen C. F. Bahrdt, zu Schnepfenthal durch Salzmann ꝛc. und über alle diese Institute sind wiederholt Druckschriften ausgegangen. 30) Namentlich

 PÄDAGOGIK

sie stellen die Annahme, daß der Zögling durch Erziehung fähig gemacht werden solle, selbst glücklich zu sein und Andere glücklich zu machen, an die Spitze ihrer Pädagogik [31]), aber je nachdem sie mehr oder weniger von der Zeitphilosophie, die sich am bestimmtesten in Helvetius' hinterlassenem Werke von dem Menschen, dessen Geisteskräften und der Erziehung [32]) ausspricht, angesteckt sind und ebendeshalb verschiedene Vorstellungen über die Abhängigkeit der Seele vom Körper haben, in eben dem Grade legen sie wie Locke und Rousseau ein stärkeres oder schwächeres Gewicht auf die körperliche Erziehung, namentlich auf Ausbildung der Sinne und Abhärtung des Leibes durch Gymnastik [33]), und es ist gar nicht zu verkennen, daß ihre Bestrebungen in dieser Beziehung unendlich viel Gutes gewirkt haben. Aber wie erreicht die Pädagogik dieses hohe Ziel? — Hauptsächlich durch Verstandescultur; die bisher übliche einseitige Bildung und Übung des Gedächtnisses macht leicht dumm, und selbst der Weg zum Herzen geht durch den Kopf. Mit einer verständigen Moral und mit einer populären Überlieferung der Wahrheiten, welche die natürliche Theologie darbot, meinte man die sittlich-religiösen Bedürfnisse der Jugend vollkommen befriedigen und alles Weitere der Geistlichkeit, der Prüfung und der Toleranz empfehlend, nur auf jene Cultur Bedacht nehmen zu können. So einstimmig und eifrig dieser Grundsatz von allen echten Philanthropen vertreten wurde, — finden wir ihn doch sogar in Campe's Robinson wieder, — so verschieden waren Anfangs ihre Ansichten über das Material, woran der Verstand der Jünglinge zu bilden sei; denn während Einige die alten Sprachen als Bildungsmittel wider Locke und Rousseau in Schutz nahmen, erklärten sich Andere stark und bestimmt gegen dieselben; indessen fanden sie bald einen Einigungspunkt, indem selbst diejenigen, welche dem classischen Sprachstudium günstiger waren, demselben doch keineswegs die Bedeutung eingeräumt wissen wollten, die es vor und in der Reformationszeit gehabt hatte, und Alle darin übereinstimmten, daß die Cultur des Verstandes *vorzugsweise* durch einen methodisch darauf berechneten Unterricht in den Realien zu bewirken und bei etwaniger Überlieferung der alten Sprachen die alte grammatische Methode zu verlassen sei. Im Gegensatze zu dieser lehrten sie mit Amos Comenius, daß alles Lernen vom Anschaulichen ausgehen und so leicht als möglich gemacht werden müsse, und da diese Lehren in einer Zeit vorgetragen und geltend gemacht wurden, in der nachweislich alle praktischen Tendenzen noch vollern Anklang als im 17. Jahrh. fanden, so ist es nicht zu verwundern, daß die Philanthropen mit ihren Grundsätzen und Instituten ein größeres Aufsehen als hundert Jahre zuvor Comenius und Locke erregten.

Indessen soll diese Bemerkung das Verdienst der philanthropischen Schule keineswegs schmälern, noch weniger ihre Bestrebungen als einen Rückschritt bezeichnen. Selbst ihre heftigsten Gegner müssen ihr den Ruhm lassen, unmittelbar viel, sehr viel für die pädagogische Praxis gewirkt, und wenigstens mittelbar auch der Theorie förderlich gewesen zu sein. Die Erziehung war an vielen Orten über dem Unterrichte vergessen und der Unterricht war fast überall in todten Gedächtnißkram, wie die Disciplin in eine schmähliche Despotie ausgeartet, sodaß das Publicum den öffentlichen Schulen hier feindselig, dort gleichgültig gegenüberstand. Sie dagegen verstanden das besonders durch Rousseau für Erziehung geweckte Interesse meisterhaft zu unterhalten, das bloße Gedächtnißwerk auszutreiben, die Disciplin zu verbessern und dem Publicum Vertrauen zu ihren Instituten einzuflößen. Je mehr ihnen das Letztere gelang, desto mehr zeigten sich auch die Früchte ihres Thuns in der Theorie; denn desto eifriger mußten die Humanisten, welche ebenso wenig durch die seit Baco aufstrebende Philosophie, als durch die Pädagogik des Comenius und der pietistischen Schule zu einer Revision und weitern Begründung ihrer durch die Zeit geheiligten Praxis bestimmt waren, nun an eine solche Revision und Begründung denken; ja es ist gar nicht zu verkennen, daß selbst das nöthige Material dazu durch die psychologischen Forschungen herbeigeschafft wurde, die das philanthropinische Treiben veranlaßte, und die später erwähnt werden sollen; vorläufig kommt es nur auf eine kurze Angabe der Grundzüge des humanistischen Systems von der stricten Observanz an.

Es wäre unbillig, wenn man die Vertreter desselben darüber tadeln wollte, daß sie keine eigentliche Pädagogik aufgestellt, da ihre Expositionen, durch Polemik hervorgerufen, natürlich immer nur auf Begründung der streitigen Punkte eingingen, also immer nur die Anordnung des Unterrichts an den höhern Schulen und zwar das Verhältniß der Realien zu den alten Sprachen und die Lehrmethode derselben betrafen. So lange sie nun hierbei jene Schulen nur als *gelehrte* Anstalten betrachteten, hatten sie ein leichtes Spiel; denn es war nicht schwer darzuthun, daß das philanthropinische Treiben alle eigent-

ist in dieser Beziehung Ernst Christian Trapp, Versuch einer Pädagogik (Berlin 1780), von großer Bedeutung.

31) Trapp a. a. O. S. 25: „Erziehung ist Bildung des Menschen zur Glückseligkeit . . . auch einer Kindermuhme kann man begreiflich machen, daß Glückseligkeit der letzte Zweck aller Erziehung, sowie alles menschlichen Bestrebens ist und sein muß.“ S. 26: „Sprachgebrauch und eignes Bewußtsein lehren uns, daß glückselig sein heiße, angenehme Empfindungen haben, und daß folglich die Glückseligkeit ein Zustand angenehmer Empfindung sei.“ Mit diesen Behauptungen ist zu vergleichen, was Trapp S. 29 fg. gegen das Princip, daß die Verherrlichung Gottes, oder das Vollkommenheit und Tugend der letzte Zweck aller Erziehung sei, einzuwenden hat. 32) Aus dem Franz. 2. Aufl. (Breslau 1785.) 33) Der vorzüglichste Gymnast der philanthropischen Schule ist Guts-Muths. „Seine Gymnastik“ heißt es in Niemeyer's Pädag. 9. Aufl. 1. Th. S. 60 für die Jugend oder praktische Anweisung zu Leibesübungen. (Schnepfenthal 1792.) 2. Aufl. 1804. mit Kupfern, wovon die Spiele zur Übung und Erholung des Körpers und Geistes, 1802, die vierte Abtheilung ausmachen, „wurde mit allgemeinem Beifall aufgenommen und blieb bis auf Jahn das Hauptbuch. Als aber dieser 1810 eine Turnanstalt zu Berlin errichtete und den gymnastischen Übungen bald mit Rücksicht auf die Zeitbegebenheiten eine bestimmte Richtung auf Vertheidigung und kriegerische Fertigkeiten gab, fing sein Verdienst an verkannt zu werden; . . . indessen ließ er sich dadurch nicht irre machen, benutzte, was er in der neuen Art Gutes fand und erweiterte seinen Plan in dem Turnbuche für die Söhne des Vaterlandes. (Frankf. 1817.)“

liche Gelehrsamkeit untergrabe, das Griechische und Lateinische dagegen das wahre Fundament derselben sei, indem die classischen Schriftsteller des Alterthums als ihre letzten Quellen angesehen werden müßten. „Die Urkunden der Religion, sagte man, das römische Recht, die echten Grundsätze der Heilkunde, die Philosophie, die Theorien und Muster der Rhetorik und Poesie, die Geschichte; Alles ist aus Griechenland und Rom zu uns gekommen." Und, fügte man häufig mit einem Hinweis auf die großen Geister, welche in jener Zeit die deutsche Literatur mit unsterblichen Werken zu bereichern anfingen und allerdings nach der alten Praxis, meistens auf den sächsischen Fürstenschulen gebildet waren, hinzu: „Je treuer eine Nation dem Studium der Alten geblieben ist, desto schöner hat sich die Blüthe ihres eigenen Geschmacks entwickelt [34])".

Aber Entgegnungen dieser Art konnten doch für diejenigen durchaus keine Bedeutung haben, welche die factische Bestimmung der Gymnasien ins Auge fassend, diese nicht allein als gelehrte Schulen betrachteten und ebendeshalb für die Mehrzahl der Gymnasiasten, für Alle, die aus den untern und mittlern Classen in das bürgerliche Leben übergehen sollten, andere Lehrgegenstände und eine andere Methode foderten, — eine Foderung, die bald so allgemein wurde, daß man, wie in unsern Tagen, theils höhere Bürger- und Realschulen zu errichten, theils die Gymnasien mit Realsectionen zu belasten anfing [35]). Die humanistischen Pädagogen mußten daher einen Schritt weiter gehen und den Beweis, wie das Studium der alten Sprachen, und die Methode, nach der sie es zu betreiben pflegten, selbst den Ungelehrten förderlicher, als irgend ein anderes sei, führen und wurden so gewissermaßen zur Aufstellung des sogenannten formalen Princips, d. h. zu der Behauptung genöthigt, daß es beim Unterrichte nicht auf das Einsammeln bestimmter Kenntnisse, sondern lediglich auf Übung der geistigen Kraft ankomme, daß es zu einer solchen Übung nicht vieler Unterrichtsgegenstände bedürfe, ja das Vielerlei, insofern es die Jugend zerstreue, sogar schädlich sei, durch nichts aber jener formale Zweck besser, als durch das grammatische Treiben der alten Sprachen erreicht werde.

Wie die Philanthropen durch das Aufstellen neuer Methoden zu psychologischen Forschungen getrieben waren, so wurden nun auch die Humanisten genöthigt, zum Erweise der aufgestellten Behauptungen tiefer in die Natur der menschlichen Seele, namentlich des Erkenntnißvermögens, einzugehen, und vielleicht hat Pustkuchen-Glanzow nicht so Unrecht, wenn er behauptet, daß die Grundlage von Kant's kritischer Philosophie in der Psychologie ruhe, welche sich während des eben dargestellten Kampfes ausgebildet habe [36]). Auf jeden Fall ist zu unterscheiden, was er weiter von jener Philosophie behauptet, daß sie „den Glauben an die demonstrirte natürliche Religion und die eudämonistische Moral der bisherigen Philosophen auf das Tiefste erschüttert habe." Denn man braucht die Theorien der Pädagogik aus jener Zeit nur oberflächlich zu kennen, um wahrzunehmen, wie zwar Anfangs das eudämonistische Princip noch festgehalten und ihm der Satz, daß man durch Entwickelung aller seiner Anlagen zur Glückseligkeit gelange, untergeordnet wurde, wie aber dieser untergeordnete Satz bald an die Spitze der Pädagogik tritt und erst durch die Kantische Philosophie näher dahin bestimmt wird, daß jene Entwickelung eine sittliche sein und ihr letzter Zweck die Harmonie der Freiheit mit der Vernunft sein müsse, weil auf dieser der sittliche, folglich der unbedingte, und höchste Werth des Menschen ruhe. Kant sagt in seiner Pädagogik selbst mit dürren Worten: „Der Mensch soll seine Anlagen zum Guten erst entwickeln; die Vorsehung hat sie nicht schon fertig in ihn gelegt; es sind bloße Anlagen und ohne den Unterschied der Moralität. Sich selbst besser machen, sich selbst cultiviren, und wenn er böse ist, Moralität bei sich hervorbringen, das soll der Mensch [37])." Aber erst seinen Schülern war es vorbehalten, das Princip der Sittlichkeit auch für die Pädagogik auf wissenschaftlichem Wege geltend zu machen; namentlich verdienen hier die pädagogischen Arbeiten von Greiling [38]) um so rühmender erwähnt zu werden, je schmählicher einerseits die Lauheit war, mit der Einzelne gesellschaftliche Brauchbarkeit dicht neben die Sittlichkeit stellten und nicht übel Lust hatten, das Princip des Eudämonismus unter scheinbarer Anerkennung der Kantischen Foderungen von Neuem in die Pädagogik einzuschwärzen [39]),

34) Niemeyer in der bereits angeführten Übersicht. S. 368. 35) Hecker, über die Entstehung der Realschulen. (Berl. 1798.) 36) Kurzgefaßte Geschichte der Pädagogik, oder gedrängte Darstellung des Entstehens, Wesens, Zusammenhangs und Wechsels der herrschenden Ansichten über Erziehung und Bildung, — zuerst in der Levana, dann besonders abgedruckt (Rinteln 1830). S.: 36 „. . . und beinahe gleichzeitig trat Kant mit seiner kritischen Philosophie hervor, deren Grundlage offenbar in der vom Philanthropinismus ausgegangenen Psychologie des Erkenntnißvermögens ruhte. . ." Worte, die ich nur deshalb anführe, weil ich ihnen in dem Context eine etwas andere Wendung gegeben.

37) Immanuel Kant, über Pädagogik, herausg. von D. Fr. Th. Rink. (Königsb. 1803, S. 14.) 38) Joh. Christoph Greiling, über den Endzweck der Erziehung und über den ersten Grundsatz einer Wissenschaft derselben. (Schneeberg 1793.) S. 71 erklärt er das moralische Vernunftgesetz für das höchste Princip der Erziehung; dann stellt er den höchsten formalen Grundsatz auf: „Bilde deinen Zögling, daß er nach solchen Maximen handeln lerne, die in eine allgemeine Gesetzgebung der Sitten passen," und S. 73 den höchsten materialen: „Entwickle, übe, veredle alle Kräfte deines Zöglings in natürlicher Unterordnung und harmonisch zum Endzwecke der moralisch-praktischen Vernunftwirksamkeit." Ebenso erklärte er sich in dem Beitrage zur Bestimmung der Begriffe: Erziehung und Unterricht in ihrem Unterschied und Zusammenhange in Niethammer's philos. Journ. 1795. 3. Heft. S. 195 fg. 39) Recht auffallend ist diese Lauheit in dem Lehrbuche der Erziehungskunst zum Gebrauche für christliche Ältern und künftige Jugendlehrer von Friedrich Samuel Bock. (Königsberg 1780.) Hier heißt es gleich Anfangs S. 5: „Die Erziehungskunst ist eine durch Fleiß und Übung erlangte Fertigkeit nach der auf Vernunft, Religion und Erfahrung gegründeten Erkenntniß die Fähigkeiten und Kräfte der Kinder nach Seele und Leib, durch die besten Mittel zum rechtmäßigen Gebrauch und folglich zu einem tugendhaften und gemeinnützigen Leben geschickt zu machen. Die Anweisung dazu in ihrem ganzen Umfange wird die Pädagogik und der besondere Theil, welcher die Mittel und Lehrart zur Entwickelung des Verstandes vorträgt, die Didaktik genannt. Jene zeigt im Ganzen die vortheilhafte Art, wie nicht

haupt in die Sinne fallenden Gegenstand muß man so lange und so von allen Seiten den Sinnen vorführen, bis durch sie nichts mehr zu erkennen übrig bleibt; dabei muß man Alles so bestimmt durch Worte bezeichnen, daß durchaus kein Misverständniß entstehen und Alles so oft wiederholen, daß es durchaus nicht vergessen werden kann. Daneben ist das Kind frühzeitig auf das, was recht und gut ist, aufmerksam zu machen, und besonders durch den Einfluß der Mutter zum innern Anschauen, zum eigenen Gefühle der Dankbarkeit, des Vertrauens und der Liebe zu bringen, damit die Keime der Religiosität, welche in der menschlichen Natur liegen, gleichzeitig zum Wachsthume kommen. So umfaßte Pestalozzi zwar den ganzen Menschen mit allen seinen Anlagen und Kräften, aber seine Schule, wie die Masse der in seinem Sinne und Geist erschienenen Elementarbücher beweist, war doch hauptsächlich darauf gestellt, eine methodische Übung des Denkvermögens hereinzuführen. Sie schloß sich in dieser Hinsicht an den Humanismus an und machte, wie v. Rochow die philanthropinischen Grundsätze in die Elementarschulen einzuführen bemüht gewesen war, für diese das Princip geltend, daß es bei dem Unterrichte gar nicht auf Überlieferungen einer Menge brauchbarer Notizen und Kenntnisse, sondern allein auf die Entwickelung der eigenen Kraft ankomme.

Nicht minder bedeutend waren für eine Zeit, in der die alte Praxis dem heranwachsenden Geschlechte noch häufig die Freude an der schönen Literatur ihres Volkes Theil zu nehmen verkümmerte, die ästhetischen Untersuchungen von Schiller, namentlich die beiden Abhandlungen von der Gefahr ästhetischer Sitten und von dem moralischen Nutzen derselben in den Horen 1795. 11. St. 1796. 3. St.; denn wie dort der Satz, daß die ästhetische Verfeinerung, sobald sich der Mensch dem Schönheitsgefühl ausschließend anvertraue und den Geschmack zum unumschränkten Gesetzgeber seines Willens mache, fast unausbleiblich zum Verderbnisse des Herzens führe, ausgeführt ist, so ist hier auf das Schlagendste der glückliche Einfluß, den ein reges und reines Gefühl für Schönheit auf das moralische Leben äußert, nachgewiesen.

Zu gleicher Zeit richteten einzelne Pädagogen ihr besonderes Augenmerk auf die Erforschung der weiblichen Natur, auf die Erziehung der Töchter. Früher hatte man sich mit Verpflanzung ausländischer Gewächse auf teutschen Boden [46]) begnügt, aber nun, nachdem sich Teutschland gewissermaßen an die Spitze des ganzen Erziehungswesens gestellt hatte, geziemte es sich, auch in dieser Beziehung etwas Selbständiges zu leisten, und hier muß vor Allem Schwarz (Theorie der Mädchenerziehung. [Jena 1792]) und Caroline Rudolphi (Gemälde weiblicher Erziehung. [Heidelberg 1807.] 2. Aufl. 1815) erwähnt werden.

Endlich fehlte es auch nicht an solchen Pädagogen, die entweder im Gegensatze zu Rousseau und Fichte [47]), die bekanntlich ihre Zöglinge ganz aus dem geselligen Verbande entfernt wissen wollten, oder selbständig das Verhältniß des Erziehungs- und Unterrichtswesens zu Staat und Kirche auseinandersetzten, und Vorschläge zur öffentlichen Organisation des Schulwesens machten; namentlich sind in dieser Beziehung die bekannten Werke von Voß, Zachariä [48]) und Stephani [49]) von Bedeutung.

Indessen würde es viel zu weit führen, wenn ich hierbei näher in das Detail eingehen wollte. Es kam mir nur darauf an, nachzuweisen, daß am Ende des vorigen und zu Anfange dieses Jahrhunderts ein so reges Leben in der Pädagogik stattfand, daß schwerlich irgend eine Seite derselben unangebaut blieb. Aber ebendeshalb war es für den angehenden Pädagogen sehr schwierig geworden, sich zu orientiren, ja es schien bei dem heftigen Kampfe der Parteien fast unmöglich, sich ein ruhiges Urtheil zu bewahren, sodaß der Entschluß eine Revision der aufgestellten Theorien anzustellen und das praktisch Bewährte systematisch zu ordnen, um angehende Erzieher und Lehrer mit dem Vorzüglichsten, was über die Pädagogik in frühern und spätern Zeiten gedacht und gelehrt ward, bekannt zu machen, durchaus zeitgemäß war. Von diesem Standpunkte aus betrachtet auch Schwarz die Grundsätze der Erziehung und des Unterrichts von Niemeyer [50]), wenn er sie das Hauptwerk nennt „welches das, was bis dahin über Erziehung und Unterricht geschrieben war, theils in sein Lehrgebäude aufnahm, theils durch die besonnenste Abwägung zu berichtigen suchte, alles aber durch umsichtiges Denken umfaßte und das Bewährte hervorhebend zu einem Ganzen ordnete [51]) —." Eine nähere Angabe des Inhalts wird dieses Urtheil rechtfertigen: Niemeyer schloß sich an die Kant'sche Schule an, indem er mit ihr die Sittlichkeit als das letzte Ziel aller Pädagogik betrachtete und die in ihr gangbare Psychologie zu Grunde legte. Demgemäß handelte er, nachdem er in der ersten Abtheilung mit besonderer Rücksicht auf die Philanthropen, namentlich Guts-Muths, von der körperlichen Erziehung gesprochen, der Reihe nach zuerst von der Bildung des Erkenntnißvermögens, mit einiger Polemik gegen Pestalozzi, dann von der Bildung des Gefühls, mit einer gewissen Vorliebe für die oben erwähnten Schiller'schen Untersuchungen, endlich von der sittlichen Erziehung, das religiöse Element mit Pestalozzi jedoch nicht ohne Polemik gegen ihn stark hervorhebend. Daneben suchte er durch eine parteilosere Würdigung, als die von Niethammer aus-

über das Pestalozzi'sche System geschriebenen Broschüren und Büchern nur auf Ewald, Vorlesungen über die Erziehungslehre und Erziehungskunst. 3. Th. (Mannheim 1810) auch unter dem Titel: Geist und Fortschritte der Pestalozzi'schen Bildungsmethode, weil grade seine Darstellung bei dem oben gegebenen kurzen Überblicke besonders benutzt ist.

46) Namentlich erregten mehre Erziehungsschriften von englischen Frauenzimmern, besonders die um 1790 für die Rechte des Weibes von Miß Wolstonecraft verfaßte Schrift bedeutendes Aufsehen.

47) Fichte, Reden an die teutsche Nation. 1808. 48) Karl Salomo Zachariä, Über die Erziehung des Menschengeschlechts durch den Staat. (Leipzig 1802) 49) H. Stephani, System der öffentl. Erziehung. (Berlin 1805.) 50) Die neunte Auflage in drei Theilen. (Halle 1835, 1836.) 51) Schwarz, Literärische Übersicht der Pädagogik in den zwei letztern Generationen in Ullmann's und Umbreit's theol. Stud. und Kritiken. (Jahrg. 1834.) 3. Heft. S. 729.

gegangene [52]) war, das realistische Princip der philanthropinischen und das idealistische der humanistischen Schule so mit einander zu vereinbaren, daß er zwar bestimmt die Überzeugung aussprach, es komme am Ende lediglich auf das Wecken und Bilden der geistigen Kraft an, aber dabei behauptete, daß auch das rechte Treiben der sogenannten Realien wahre Geistesbildung verleihen könnte, und daß es ebendeshalb zweckmäßig wäre, diejenigen mit dem Erlernen der alten Sprachen zu verschonen, die für ihren künftigen irdischen Beruf nur der Realien bedürften, die Zöglinge der gelehrten Schulen dagegen hauptsächlich auf jene hinzurichten. Nach diesem Grundsatze erkannte er die Zweckmäßigkeit der sogenannten Berufsschulen — der Forst- und Bergakademien, der Handlungs- und Militairschulen — an und verbreitete sich, wie über diese, so über die verschiedensten andern Arten von Erziehungs- und Lehranstalten — die Volks- und Bürgerschulen, die Realgymnasien, die Institute für Blinde und Taubstumme, die Waisenhäuser — Schade nur, daß er bereits im zweiten Bande die Methodik aller einzelnen Unterrichtsgegenstände ausführlich besprochen hat, und nun bei der spätern Darlegung der zweckmäßigsten Organisation aller jener Anstalten nicht wieder auf das Didaktische zurückkommt. Dagegen ist rühmend anzuerkennen, daß er einen Mittelweg zwischen der strenggrammatischen Methode der Humanisten und der bei dem Erlernen von neuern Sprachen so oft mit dem besten Erfolge angewendeten Routine aufzufinden bemüht ist, daß er die Erziehung der Mädchen mit Benutzung der besten Vorarbeiten besonders behandelt, und daß er endlich mit großer Geschäftskenntniß und immerwährender weiser Berücksichtigung obwaltender Verhältnisse die Stellung des öffentlichen Unterrichts zu Kirche und Staat bestimmt. Überhaupt ist das Ganze mit einem seltenen praktischen Takte geschrieben, wie sich das vornehmlich in der Behandlung der Frage, ob der Mensch ursprünglich gut sei, in dem Festhalten der sittlichen Freiheit als letztem Ziele der Pädagogik und in dem Bewußtsein kund gibt, daß die in der damaligen Zeit übliche Trennung der Seelenkräfte nur zur deutlichern Entwickelung der Theorie vorgenommen werde, der Erzieher aber immer den ganzen Menschen im Auge haben und besonders darauf bedacht sein müsse, die Individualität des Einzelnen zu erforschen und anzuerkennen. Auch fand das Werk theils deshalb, theils weil es zugleich als ein literarisches Repertorium gelten konnte, nicht nur bei denen, die im Wesentlichen auf derselben Stufe standen, wie z. B. Fähse [53]) und Pölitz [54]), sondern auch bei den Meisten, die von andern Principien ausgingen und andere Methoden befolgten, den gebührenden Anklang. Nur die, welche überhaupt wähnten, daß wie in allen Wissenschaften, so namentlich in der Pädagogik noch nichts geschehen sei und daß sie daher auch in ihr ganz von Vorn anfangen müßten, konnten keine Notiz von ihm nehmen.

Schon hatten Ritter [55]), Sauer [56]) und Harl [57]) jeder an seinem Theile gewähnt die Pädagogik wissenschaftlich begründet zu haben; Ritter hatte gefunden, daß die Pädagogik von dem Punkte, von welchem aller eigene Unterricht, alles eigene Wissen und mithin alle Bildung und Erziehung ursprünglich ausgegangen ist, auch noch jetzt ausgehen müsse — nämlich von dem Geiste des zu unterrichtenden Zöglings selbst; Sauer, daß die Erziehung eine auf einanderfolgende Reihe vernünftiger Einwirkungen auf das Vernunftwesen sei, und Harl, daß sie in Auffoderung zur freien Thätigkeit bestehe, — als Johannsen auftrat und erklärte, daß die Pädagogik immer noch nicht auf eine volle und gründliche Wissenschaft Anspruch machen könne, daß es ihm daher nicht um nähere Bestimmung, Berichtigung und Ergänzung der vorhandenen Pädagogik zu thun sei, er dieselbe vielmehr als noch gar nicht vorhanden betrachte, um sie vollständig aus ihrem Anfangspunkte, der menschlichen Vernunft selbst, entstehen zu lassen [58]). In diesem Sinne heißt es S. 22: „Das Proplem (sic) der Erziehung ist bis auf unsere Zeit von keinem pädagogischen Schriftsteller allgemein und bestimmt weder aufgestellt, noch gelöset. Unter den Teutschen hat bis auf drei neuere philosophische Schriftsteller in den letzten vier Jahren kein einziger Pädagog auch nur das Bedürfniß einer Lösung desselben gefühlt, und sich die Frage, was ist Erziehung? gar nicht mit Bestimmtheit und Klarheit vorgelegt. Der Geschmack an dem Eklekticismus und der leidigen Empirie verdrängte alles gründliche Untersuchen auch bei den Pädagogen." Und was brachte nun, fragt man nicht ohne Spannung, der neue Forscher heraus? Daß die Pädagogik als Wissenschaft ein Wissen, und daher etwas, was man wirklich wisse und wissen könne, zum Gegenstande habe, daß sie als eine bestimmte Wissenschaft einen bestimmten Inhalt haben müsse ꝛc., und daß die Frage nach ihrem Inhalt und seinem Princip hier nicht beantwortet werden könne, weil es sich vorläufig nur um die Möglichkeit, nicht aber um die Wirklichkeit der Pädagogik als Wissenschaft gehandelt habe. Solche Anmaßung war natürlich; denn wer hoch erhoben von dem Bewußtsein, die Wahrheit allein zu besitzen, auf den Standpunkt aller Andern, als auf einen bornirten, unwissenschaftlichen herabblickt, kann sich nicht anders erklären, und da sich nun jenes Bewußtsein auch in unsern Tagen wieder vieler Philosophen bemächtigt hat, so ist es nicht zu verwundern auch in der neuesten Pädagogik von 1837 [59]) zu lesen, daß es in dem endlosen Gewirre und Gewoge der Meinungen und der unnennbaren

---

52) Niethammer, Der Streit des Philanthropinismus und Humanismus. (Jena 1808.) 53) Fähse, Grundriß der technisch-praktischen Erziehung. (Leipzig 1797.) 54) Pölitz, Erziehungswissenschaft. 2 Thle. (Leipzig 1806.)

55) Ritter im philosophischen Journal einer Gesellschaft teutscher Gelehrten. Herausgegeben von Fichte und Niethammer. Jahrgang 1798. Heft 1, 4, 5. 56) Sauer, Ebend. Heft 7, 8. 57) Paul Harl, über Unterricht und Erziehung nach den Principien der Wissenschaftslehre, als Propädeutik einer allgemeinen Erziehungswissenschaft. (Salzburg 1800.) 58) Friedrich Johannsen, über das Bedürfniß und die Möglichkeit einer Wissenschaft der Pädagogik. (Jena und Leipzig 1803.) 59) D. Joh. Theod. Rottel's System der Erziehung, oder philosophische Grundlage zur Erziehung und Bildung des Menschen. (Bonn 1837.) Vorrede S. VI, VII.

Bodenlosigkeit und Vagheit des Unterrichts und Aufklärerwesens Noth thue, einen vernünftigen Halt und einen leitenden Grundsatz aufzustellen, und daß es endlich Zeit sei, Ernst zu machen mit den Menschen und der Wahrheit. In der That aber ist es schon seit geraumer Zeit Vielen ein rechter Ernst gewesen, ja Einzelne haben das sogar auf demselben Wege als er beurkundet; denn es hat bei den weitern Fortschritten der Wissenschaft nicht an solchen gefehlt, in denen die Überzeugung, daß es nicht genüge die verschiedenen Anlagen und Kräfte des Menschen, wie sie sich bei dem schon Erwachsenen zeigten, auf empirischem Wege nachzuweisen und sich dann über die beste Art, wie dieselben in Fertigkeiten umgewandelt werden könnten, methodisch zu verbreiten, lebendig gewesen, und die sich ebendeshalb eifrigst bemüht haben, dieselben in ihrer tiefern Einheit und Gesammtheit zu fassen und wo möglich die Grundkraft, von der sie ausgegangen, zu entdecken [60]).

Den Übergang zu dieser Methode machte Cajetan Weiller, indem er in seinem Versuch einer Jugendkunde (München 1800) die Natur der Anlage überhaupt und die einzelnen Eigenheiten derselben zu erforschen und in seinem Versuch einer Erziehungskunde [61]) (München 1802) den Menschen bis zu seiner Entstehung zu verfolgen bemüht war; denn er begnügt sich darin nicht den Grundsatz, daß die Erziehung nur auf das Brauchbarmachen der Anlage ausgehen müsse, auf die Anlage des Menschen zur Vernunft und zur Thierheit anzuwenden, sondern er geht selbst auf die Anlage zum Leben zurück und lehrt demnach S. 123, daß die Gesammtaufgabe des Erziehers darin bestehe „zu bewirken, daß sich die zerstreuten anorganischen und organischen Anfänge des künftigen Zöglings in einen selbständigen lebenden Organismus vereinigen, daß dieser alsdann in ein empfindendes und sich willkürlich bewegendes übergehe und daß sich das dadurch entstandene Wesen endlich zum Bewußtsein und zur vernünftigen Thätigkeit erhebe." Allein so gewiß seine Forschungen dazu beitrugen, die Blicke von der allgemeinen Menschennatur auf die besondere Natur der Kinder bis zu ihrem Entstehen hinzulenken, so gewiß war doch Herbart unter den Pädagogen der Erste, der in seiner allgemeinen Pädagogik (Göttingen 1806) mit Erfolg auf die Nothwendigkeit hinwies, die Seelenvermögen in ihrer Einheit zu erfassen. Geschah das aber und wurde es ebendeshalb nothwendig bei der Erziehung stets den ganzen Menschen als Repräsentanten seiner Gattung vor Augen zu haben; so mußte auch die Ansicht, nach der die Sittlichkeit als ihr letzter Zweck erschien, als einseitig verworfen und statt dessen behauptet werden, daß sie es nur darauf anzulegen habe, die Idee der Gattung in den Einzelnen hervorzurufen. Die ersten Keime dieser Ansicht finden sich schon gegen das Ende des vorigen Jahrhunderts bei manchen philosophischen Schriftstellern, namentlich bei Herder, unter den pädagogischen zuerst bei Kant, in dessen schon öfters erwähnter Pädagogik es irgendwo heißt: „Ein Princip der Erziehungskunst, das besonders solche Männer, die Plane zur Erziehung machen, vor Augen haben sollten, ist: Kinder sollen nicht dem gegenwärtigen, sondern dem zukünftigen, möglichst bessern Zustande des menschlichen Geschlechts, d. i. der Idee der Menschheit und deren ganzer Bestimmung, angemessen erzogen werden." Aber diese Ansicht hatte doch auf die Behandlung des ganzen Materials noch keinen durchgreifenden Einfluß gewonnen. Ein solcher zeigt sich erst bei Wagner [62]), dem bekanntlich die Pädagogik nichts als Erregungskunst ist, der aber diese Kunst unter vorübergehender Anerkennung der Individualität nur angewendet wissen will, damit der Zögling auf die höchste Stufe der Menschheit erhoben und die Arbeit der Natur das Individuum in der Gattung aufzulösen gefördert werde. Im Gegensatze dazu verlangte Jean Paul [63]), daß die besondere Gestaltung, welche die Idee der Menschheit in jedem Einzelnen angenommen, besonders ausgeforscht und berücksichtigt werde. Graser [64]) endlich und noch mehr Sailer [65]) und Schwarz [66]) brachten dieses Princip in die engste Verbindung mit dem Christenthume, durch welches ihrer Ansicht zufolge erst jenes Princip, wie die Möglichkeit es zu erreichen, gegeben sei. Diese, die neueste Pädagogik, hat wie ihr zuletzt genannter Vertreter, um sie in ihrer Eigenthümlichkeit zu charakterisiren, selbst erklärt, „überall die Bestimmung der Menschheit im Auge und in derselben bei jedem Kinde sein Ideal; und zugleich schaut sie in die menschliche Natur ein, im Allgemeinen nicht nur, sondern auch in die Besonderheiten des Zöglings, so tief sie nur eindringen kann. Denn beides, Natur und Bestimmung, erkennt sie in dem Gedanken an den göttlichen Willen, der dem Menschengeschlecht und dem einzelnen Menschen das Erdenleben zu der Entwickelung des göttlichen Ebenbildes angewiesen hat, als zusammengehörig und eins das andere unzertrennlich festhaltend. Eben hierin ist denn schon der Weg richtig aufgefunden, welchen die Erziehung betritt, sodaß sie die Erreichung ihres, d. i. des wahren Zieles sicherer hoffen darf, als es ihr bisher vergönnt war. Ihr Verfahren wird durch den Blick auf die Verhältnisse des äußern Lebens ebenso wol geleitet, als durch den in die innern Lebensgesetze, und diese werden ihr durch die tiefer eindringende Anthropologie so eröffnet, daß sie die Mittel zum bildenden Einfluß auf den Zögling vollkommener gewinnt [67])." Sie ist identisch mit der christlichen Erziehung und man kann deshalb ih-

---

60) Sickel ging in seinem Versuche einer Erziehungsseelenlehre für Ältern und Erzieher (Halle 1826) auf diese Richtung nicht ein und fand ebendeshalb bei Psychologen wie Pädagogen wenig Anklang. 61) Leider ist von diesem in der That viele neue Ansichten eröffnenden Werke nur der erste Theil erschienen. Beneke schließt sich in mancher Hinsicht an dasselbe an.

62) Johann Jakob Wagner, Philosophie der Erziehungskunst. (Leipzig 1803.) 63) Jean Paul, Levana 2 Bände. (Braunschweig 1807.) 64) J. B. Graser, Divinität oder das Princip der einzig wahren Menschenerziehung zur festern Begründung der Erziehungs- und Unterrichtswissenschaft. (Baireuth 1811.) Dritte Ausg. 2 Bde. 1830. 65) J. M. Sailer, über Erziehung an Erzieher 1807. Vierte Aufl. 1822. 66) F. H. C. Schwarz, Erziehungslehre, zuerst 1802, dann 1829; ferner, Desselben Lehrbuch der Pädagogik, dritte Ausg. (Heidelberg 1835), endlich, Einzelnes aus desselben Darstellungen aus dem Gebiete der Pädagogik. 1. Bd. 1833. S. 3, 249 fg., 333 fg. 67) Schwarz, Lehrb. 1. Th. S. 42.

e [53]) war, das realistische Princip der philanthro-
und das idealistische der humanistischen Schule
inander zu vereinbaren, daß er zwar bestimmt die
ung aussprach, es komme am Ende lediglich auf
ken und Bilden der geistigen Kraft an, aber dabei
te, daß auch das rechte Treiben der sogenannten
wahre Geistesbildung verleihen könnte, und daß
deshalb zweckmäßig wäre, diejenigen mit dem
der alten Sprachen zu verschonen, die für ihren
irdischen Beruf nur der Realien bedürften, die
der gelehrten Schulen dagegen hauptsächlich auf
zurichten. Nach diesem Grundsatze erkannte er
kmäßigkeit der sogenannten Berufsschulen — der
nd Bergakademien, der Handlungs- und Militair-
– an und verbreitete sich, wie über diese, so über
hiedensten andern Arten von Erziehungs- und Lehr-
— die Volks- und Bürgerschulen, die Realgymna-
Institute für Blinde und Taubstumme, die Wai-
: — Schade nur, daß er bereits im zweiten Bande
odik aller einzelnen Unterrichtsgegenstände ausführ-
rochen hat, und nun bei der spätern Darlegung
kmäßigsten Organisation aller jener Anstalten nicht
uf das Didaktische zurückkommt. Dagegen ist
anzuerkennen, daß er einen Mittelweg zwischen
nggrammatischen Methode der Humanisten und
dem Erlernen von neuern Sprachen so oft mit
en Erfolge angewendeten Routine aufzufinden be-
:, daß er die Erziehung der Mädchen mit Be-
der besten Vorarbeiten besonders behandelt, und
endlich mit großer Geschäftskenntniß und immer-
er weiser Berücksichtigung obwaltender Verhält-
Stellung des öffentlichen Unterrichts zu Kirche
at bestimmt. Überhaupt ist das Ganze mit ei-
enen praktischen Takte geschrieben, wie sich das
lich in der Behandlung der Frage, ob der Mensch
lich gut sei, in dem Festhalten der sittlichen
als letztem Ziele der Pädagogik und in dem Be-
kund gibt, daß die in der damaligen Zeit übliche
g der Seelenkräfte nur zur deutlichern Entwicke-
: Theorie vorgenommen werde, der Erzieher aber
en ganzen Menschen im Auge haben und beson-
auf bedacht sein müsse, die Individualität des
n zu erforschen und anzuerkennen. Auch fand das
eils deshalb, theils weil es zugleich als ein lite-
Repertorium gelten konnte, nicht nur bei denen,
Besentlichen auf derselben Stufe standen, wie z. B.
und Pölitz [54]), sondern auch bei den Meisten, die
ern Principien ausgingen und andere Methoden
[illegible] gebührenden Anklang. Nur die, welche
[illegible]nten, daß wie in allen Wissenschaften, so
ch in der Pädagogik noch nichts geschehen sei und
daher auch in ihr ganz von Vorn anfangen müß-
nten keine Notiz von ihm nehmen.

Riethammer, Der Streit des Philanthropinismus und
mus. (Jena 1808.) 53) Fäbse, Grundriß der tech-
tischen Erziehung. (Leipzig 1797.) 54) Pölitz, Er-
wissenschaft. 2 Thle. (Leipzig 1806.)

Schon hatten Ritter [55]), Sauer [56]) und Harl [57]) jeder an seinem Theile gewähnt die Pädagogik wissenschaftlich begründet zu haben; Ritter hatte gefunden, daß die Pädagogik von dem Punkte, von welchem aller eigene Unterricht, alles eigene Wissen und mithin alle Bildung und Erziehung ursprünglich ausgegangen ist, auch noch jetzt ausgehen müsse — nämlich von dem Geiste des zu unterrichtenden Zöglings selbst; Sauer, daß die Erziehung eine auf einanderfolgende Reihe vernünftiger Einwirkungen auf das Vernunftwesen sei, und Harl, daß sie in Auffoderung zur freien Thätigkeit bestehe, — als Johannsen auftrat und erklärte, daß die Pädagogik immer noch nicht auf eine volle und gründliche Wissenschaft Anspruch machen könne, daß es ihm daher nicht um nähere Bestimmung, Berichtigung und Ergänzung der vorhandenen Pädagogik zu thun sei, er dieselbe vielmehr als noch gar nicht vorhanden betrachte, um sie vollständig aus ihrem Anfangspunkte, der menschlichen Vernunft selbst, entstehen zu lassen [58]). In diesem Sinne heißt es S. 22: „Das Proplem (sic) der Erziehung ist bis auf unsere Zeit von keinem pädagogischen Schriftsteller allgemein und bestimmt weder aufgestellt, noch gelöset. Unter den Teutschen hat bis auf drei neuere philosophische Schriftsteller in den letzten vier Jahren kein einziger Pädagog auch nur das Bedürfniß einer Lösung desselben gefühlt, und sich die Frage, was ist Erziehung? gar nicht mit Bestimmtheit und Klarheit vorgelegt. Der Geschmack an dem Eklekticismus und der leidigen Empirie verdrängte alles gründliche Untersuchen auch bei den Pädagogen." Und was brachte nun, fragt man nicht ohne Spannung, der neue Forscher heraus? Daß die Pädagogik als Wissenschaft ein Wissen, und daher etwas, was man wirklich wisse und wissen könne, zum Gegenstande habe, daß sie als eine bestimmte Wissenschaft einen bestimmten Inhalt haben müsse ꝛc., und daß die Frage nach ihrem Inhalt und seinem Princip hier nicht beantwortet werden könne, weil es sich vorläufig nur um die Möglichkeit, nicht aber um die Wirklichkeit der Pädagogik als Wissenschaft gehandelt habe. Solche Anmaßung war natürlich; denn wer hoch erhoben von dem Bewußtsein, die Wahrheit allein zu besitzen, auf den Standpunkt aller Andern, als auf einen bornirten, unwissenschaftlichen herabblickt, kann sich nicht anders erklären, und da sich nun jenes Bewußtsein auch in unsern Tagen wieder vieler Philosophen bemächtigt hat, so ist es nicht zu verwundern auch in der neuesten Pädagogik von 1837 [59]) zu lesen, daß es in dem endlosen Gewirre und Gewoge der Meinungen und der unnennbaren

55) Ritter im philosophischen Journal einer Gesellschaft teutscher Gelehrten. Herausgegeben von Fichte und Riethammer. Jahrgang 1798. Heft 1, 4, 5. 56) Sauer, Ebend. Heft 7, 8. 57) Paul Harl, über Unterricht und Erziehung nach den Principien der Wissenschaftslehre, als Propädeutik einer allgemeinen Erziehungswissenschaft. (Salzburg 1800.) 58) Friedrich Johannsen, über das Bedürfniß und die Möglichkeit einer Wissenschaft der Pädagogik. (Jena und Leipzig 1803.) 59) D. Joh. Theod. Kottel's System der Erziehung, oder philosophische Grundlage zur Erziehung und Bildung des Menschen. (Bonn 1837.) Vorrede S. VI, VII.

Bodenlosigkeit und Vagheit des Unterrichts und Aufklärerwesens Noth thue, einen vernünftigen Halt und einen leitenden Grundsatz aufzustellen, und daß es endlich Zeit sei, Ernst zu machen mit den Menschen und der Wahrheit. In der That aber ist es schon seit geraumer Zeit Vielen ein rechter Ernst gewesen, ja Einzelne haben das sogar auf demselben Wege als er beurkundet; denn es hat bei den weitern Fortschritten der Wissenschaft nicht an solchen gefehlt, in denen die Überzeugung, daß es nicht genüge die verschiedenen Anlagen und Kräfte des Menschen, wie sie sich bei dem schon Erwachsenen zeigten, auf empirischem Wege nachzuweisen und sich dann über die beste Art, wie dieselben in Fertigkeiten umgewandelt werden könnten, methodisch zu verbreiten, lebendig gewesen, und die sich ebendeshalb eifrigst bemüht haben, dieselben in ihrer tiefern Einheit und Gesammtheit zu fassen und wo möglich die Grundkraft, von der sie ausgegangen, zu entdecken[60]).

Den Übergang zu dieser Methode machte Cajetan Weiller, indem er in seinem Versuch einer Jugendkunde (München 1800) die Natur der Anlage überhaupt und die einzelnen Eigenheiten derselben zu erforschen und in seinem Versuch einer Erziehungskunde[61]) (München 1802) den Menschen bis zu seiner Entstehung zu verfolgen bemüht war; denn er begnügt sich darin nicht den Grundsatz, daß die Erziehung nur auf das Brauchbarmachen der Anlage ausgehen müsse, auf die Anlage des Menschen zur Vernunft und zur Thierheit anzuwenden, sondern er geht selbst auf die Anlage zum Leben zurück und lehrt demnach S. 123, daß die Gesammtaufgabe des Erziehers darin bestehe „zu bewirken, daß sich die zerstreuten anorganischen und organischen Anfänge des künftigen Zöglings in einen selbständigen lebenden Organismus vereinigen, daß dieser alsdann in ein empfindendes und sich willkürlich bewegendes übergehe und daß sich das dadurch entstandene Wesen endlich zum Bewußtsein und zur vernünftigen Thätigkeit erhebe." Allein so gewiß seine Forschungen dazu beitrugen, die Blicke von der allgemeinen Menschennatur auf die besondere Natur der Kinder bis zu ihrem Entstehen hinzulenken, so gewiß war doch Herbart unter den Pädagogen der Erste, der in seiner allgemeinen Pädagogik (Göttingen 1806) mit Erfolg auf die Nothwendigkeit hinwies, die Seelenvermögen in ihrer Einheit zu erfassen. Geschah das aber und wurde es ebendeshalb nothwendig bei der Erziehung stets den ganzen Menschen als Repräsentanten seiner Gattung vor Augen zu haben; so mußte auch die Ansicht, nach der die Sittlichkeit als ihr letzter Zweck erschien, als einseitig verworfen und statt dessen behauptet werden, daß sie es nur darauf anzulegen habe, die Idee der Gattung in den Einzelnen hervorzurufen. Die ersten Keime dieser Ansicht finden sich schon gegen das Ende des vorigen Jahrhunderts bei manchen philosophischen Schriftstellern, namentlich bei Herder, unter den pädagogischen zuerst bei Kant, in dessen schon öfters erwähnter Pädagogik es irgendwo heißt: „Ein Princip der Erziehungskunst, das besonders solche Männer, die Plane zur Erziehung machen, vor Augen haben sollten, ist: Kinder sollen nicht dem gegenwärtigen, sondern dem zukünftigen, möglichst bessern Zustande des menschlichen Geschlechts, d. i. der Idee der Menschheit und deren ganzer Bestimmung, angemessen erzogen werden." Aber diese Ansicht hatte doch auf die Behandlung des ganzen Materials noch keinen durchgreifenden Einfluß gewonnen. Ein solcher zeigt sich erst bei Wagner[62]), dem bekanntlich die Pädagogik nichts als Erregungskunst ist, der aber diese Kunst unter vorübergehender Anerkennung der Individualität nur angewendet wissen will, damit der Zögling auf die höchste Stufe der Menschheit erhoben und die Arbeit der Natur das Individuum in der Gattung aufzulösen gefördert werde. Im Gegensatze dazu verlangte Jean Paul[63]), daß die besondere Gestaltung, welche die Idee der Menschheit in jedem Einzelnen angenommen, besonders ausgeforscht und berücksichtigt werde. Graser[64]) endlich und noch mehr Sailer[65]) und Schwarz[66]) brachten dieses Princip in die engste Verbindung mit dem Christenthume, durch welches ihrer Ansicht zufolge erst jenes Princip, wie die Möglichkeit es zu erreichen, gegeben sei. Diese, die neueste Pädagogik, hat wie ihr zuletzt genannter Vertreter, um sie in ihrer Eigenthümlichkeit zu charakterisiren, selbst erklärt, „überall die Bestimmung der Menschheit im Auge und in derselben bei jedem Kinde sein Ideal; und zugleich schaut sie in die menschliche Natur ein, im Allgemeinen nicht nur, sondern auch in die Besonderheiten des Zöglings, so tief sie nur eindringen kann. Denn beides, Natur und Bestimmung, erkennt sie in dem Gedanken an den göttlichen Willen, der dem Menschengeschlecht und dem einzelnen Menschen das Erdenleben zu der Entwickelung des göttlichen Ebenbildes angewiesen hat, als zusammengehörig und eins das andere unzertrennlich festhaltend. Eben hierin ist denn schon der Weg richtig aufgefunden, welchen die Erziehung betritt, sodaß sie die Erreichung ihres, d. i. des wahren Zieles sicherer hoffen darf, als es ihr bisher vergönnt war. Ihr Verfahren wird durch den Blick auf die Verhältnisse des äußern Lebens ebenso wol geleitet, als durch den in die innern Lebensgesetze, und diese werden ihr durch die tiefer eindringende Anthropologie so eröffnet, daß sie die Mittel zum bildenden Einfluß auf den Zögling vollkommener gewinnt[67])." Sie ist identisch mit der christlichen Erziehung und man kann deshalb ih-

60) Sickel ging in seinem Versuche einer Erziehungsseelenlehre für Ältern und Erzieher (Halle 1826) auf diese Richtung nicht ein und fand ebendeshalb bei Psychologen wie Pädagogen wenig Anklang. 61) Leider ist von diesem in der That viele neue Ansichten eröffnenden Werke nur der erste Theil erschienen. Beneke schließt sich in mancher Hinsicht an dasselbe an.

62) Johann Jakob Wagner, Philosophie der Erziehungskunst. (Leipzig 1803.) 63) Jean Paul, Levana 2 Bände. (Braunschweig 1807.) 64) J. B. Graser, Divinität oder das Princip der einzig wahren Menschenerziehung zur festern Begründung der Erziehungs- und Unterrichtswissenschaft. (Baireuth 1811) Dritte Ausg. 2 Bde. 1830. 65) J. M. Sailer, über Erziehung an Erzieher 1807. Vierte Aufl. 1822. 66) F. H. C. Schwarz, Erziehungslehre, zuerst 1802, dann 1829; ferner, Desselben Lehrbuch der Pädagogik, dritte Ausg. (Heidelberg 1835), endlich, Einzelnes aus desselben Darstellungen aus dem Gebiete der Pädagogik. 1. Bd. 1833. S. 3, 249 fg., 333 fg. 67) Schwarz, Lehrb. 1. Th. S. 42.

rundsatz auch so aussprechen: „das Kind soll in dem des Christenthums erzogen werden [88])."

(*A. H. Niemeyer.*)

PÄDAGOGOS (*Παιδαγωγός*). In den meisten ischen Staaten hielten die Ältern, die es nur irgend ingen konnten, für ihre Kinder männlichen Geschlechts em Augenblicke an, wo sie den Ammen und Müt ntwachsen waren (*Plato* Leg. VII, 808. d), oder, enophon sagt, von der Zeit an, wo sie verstehen, nan zu ihnen spricht, nach dem Sokratiker Äschines 7), vom siebenten Jahre an [1]) bis zum Eintritt ünglingsalter, bis zum *μειρακιοῦσθαι*, d. h. bis zum zurückgelegten 17. Jahre, manchmal auch noch , bis zum 20. Jahre [2]), einen Sklaven, der sie ihn begleitete [3]), auch in die Schule des Gram m, des Kitharisten, des Pädotriben [4]), auch ins r [5]) u. s. w., von dem sich der Knabe, außer dem , keinen Schritt weit entfernen durfte, wie Plau sagt: Nego tibi hoc annis viginti fuisse primis [6]), digitum longe a paedagogo pedem ut efferedibus. Deshalb nennt einmal Terenz [7]) komisch Liebhaber, der seiner Geliebten nicht von der Seite ihren paedagogus, und aus demselben Grunde der römische Volkswitz die drei Günstlinge, die den Galba bei jeder Gelegenheit umgaben, seine paeda [8]). Dieses Führen sollte die Kinder nicht nur ge ie Gefahren schützen, denen Kinder ohne Führer bei uns ausgesetzt wären, sondern ganz besonders gegen die bei der damals allgemein verbreiteten Kna ie sehr nahe liegenden Möglichkeit der Verführung [9]). nahm zu diesem Geschäft anhängliche, zuverlässige [10]) Sklaven (freie Personen selten [11]) oder nie), und da sie häufig wenigstens den ersten Elementarunterricht mit besorgten, überall aber das, was man damals zur guten und feinen Lebensart [12]) rechnete, den Kindern beibringen und sie zur Zucht und Sitte anhalten mußten, daß die Kinder namentlich auf der Straße immer mit gesenktem Blicke, anständigem Gange, schicklichem Kleider- oder Mantelwurf erschienen, bei Tische sich manierlich benehmen, mit so viel Fingern dieses, mit so viel jenes Gericht anfassen lernten, so verlangte man auch von ihnen diejenige sittliche und geistige [13]) Ausbildung, um den Knaben mit gutem Beispiele vorangehen und gute Lehren geben zu können, die durch den sprüchwörtlich [14]) gewordenen ernsten Pädagogenblick noch eindringlicher werden mußten. Wenn also auch Aristoteles [15]) will, daß die Kinder so wenig als möglich Verkehr mit Sklaven haben sollen, so versteht sich von selbst, daß er dabei den Pädagogen ausnimmt. Nicht jedem Vater wird es gelungen sein, für seine Kinder einen Pädagogen zu finden, wie der Korinther Xeniades für die seinigen in der Person des Diogenes von Sinope fand [16]); Misgriffe in der Wahl des Pädagogen konnten nicht ausbleiben; hat ja selbst ein Mann wie Perikles [17]) das Versehen begangen, als Vormund des Alkibiades einen wegen seines Alters zu jedem andern Geschäfte völlig unbrauchbar gewordenen thrakischen Sklaven, Zopyrus, seinem Mündel zum Pädagogen zu geben; aber ein Misgriff, wie häufig er auch war, beweist nicht, daß man in der Regel [18]) zu diesem Geschäfte solche Sklaven genommen habe, die man sonst nicht gebrauchen konnte. Bedeutend für das Verständniß der Verhältnisse des Pädagogen in der attischen Welt sind die Bacchides des Plautus; der alte treue Lydus fährt fort der Mentor des Pistoklerus zu sein, auch nachdem dieser wol längst Ephebe geworden war, und als der junge Mann von der Bak-

---

[88]) Ebend. S. 46.

1) Sehr ungenau sagt Plutarch (virt. doc. poss. c. 2), die gen übernehmen die Kinder *ἐκ γάλακτος* zur sittlichen Aus

2) Dafür spricht außer der im Text angeführten Stelle utus auch Terenz (Andr. I, 1, 25), „man könnte über den ter eines jungen Menschen erst postquam excessit ex (d. h. mit zurückgelegtem 19. Jahre) urtheilen, indem aetas metus *magister* cohibebant," d. h. paedago e bei Plautus (Bacch. II, 3, 23, 28). Noch bestimmter miker Platon im *συνεξαπατῶν* bei *Athen.* 108, c., wo ter eines *μειράκιον* dem Pädagogen Vorwürfe darüber daß er ihm zu schlechter Lebensweise Anleitung gegeben

3) *Xenoph.* respubl. Laced. 2. *Τῶν μέντοι ἄλλων Ἑλ οἱ φάσκοντες κάλλιστα τοὺς υἱεῖς παιδεύειν, ἐπειδὰν αὐτοῖς οἱ παῖδες τὰ λεγόμενα ξυνιῶσιν, εὐθὺς μὲν ἐπ' παιδαγωγοὺς θεράποντας ἐφιστᾶσιν.* *Idem* 3, 1. *Ὅταν ἐκ παίδων εἰς τὸ μειρακιοῦσθαι ἐκβαίνωσι, τηνικαῦτα ἄλλοι παύουσι μὲν ἀπὸ παιδαγωγῶν.*

4) *Diogen.* VI, 30.

5) *Theophrast.* Charact. IX, 2. *Ἄγειν δὲ ς υἱεῖς εἰς τὴν ὑστεραίαν καὶ τὸν παιδαγωγόν.* Nach ei ordnung August's erhielten in Rom die Pädagogen bei den pielen in der Nähe der Knaben ihren Platz. *Sueton.* Aug. etextatis cuneum suum et proximum paedagogis (assigna-

6) Bacchid. III, 3, 18.

7) Phorm. I, 2, 94.

8) . Galb. 14.

9) *Plat.* Sympos. X. p. 183. *Ἐπειδὰν ωγοὺς ἐπιστήσαντες οἱ πατέρες τοῖς ἐρωμένοις μὴ ἐῶσι σθαι τοῖς ἐρασταῖς καὶ τῷ παιδαγωγῷ ταῦτα προστε η ᾖ.*

10) Ein solcher war z. B. Sikinnos, der Päda Kinder des Themistokles, der ihm zur Belohnung das Bür von Thespiä auswirkte und ihn mit Geld reichlich beschenk gl. *Herodot.* 8, 75. Nepos (Them. 4) nennt ihn de servis suis quem habuit fidelissimum, Plutarch (Themist. XII) *εὔνους τῷ Θεμιστοκλεῖ*. Keine Beachtung verdient dagegen Clemens Alexandrin. (Paedagog. p. 180. *Pott.*): *Τῶν Θεμιστοκλέους παίδων ὁ παιδαγωγὸς Σίκιννος οἰκέτης ἄθυμος ἦν, ὀρχεῖσθαί φασιν αὐτὸν καὶ σικιννίζειν εὑρηκέναι*, obgleich diese schlechte Etymologie des *σικιννίζειν* auch der Etymologus hat.

11) *Plutarch.* (Lykurg. 16) *Τῶν δὲ Σπαρτιατῶν παῖδας οὐκ ἐπ' ὠνητοῖς οὐδ' ἐμμίσθοις ἐποιήσατο παιδαγωγοῖς ὁ Λυκοῦργος.*

12) *Plutarch.* virtut. doceri posse. T. IX. p. 388. *H. Καὶ αὐτοὶ διδάσκουσιν οἱ παιδαγωγοὶ κεκυφότας ἐν ταῖς ὁδοῖς περιπατεῖν, ἑνὶ δακτύλῳ τὸν τάριχον ἅψασθαι, δυσὶ τὸν ἰχθὺν, σῖτον, κρέας, οὕτω κνᾶσθαι, τὸ ἱμάτιον οὕτως ἀναλαβεῖν.* Diogenes züchtigte den Pädagogen, als der Knabe Fleisch ohne Brod aß, weil er es für einen Fehler des nicht lehrenden und nicht des nicht lernenden ansah. *Plut.* p. 387.

13) *Quintil.* I, 1, 8. De paedagogis hoc amplius, ut aut sint eruditi plane, quam primam esse curam vellim, aut se non esse eruditos sciant.

14) *Sueton.* Ner. 37. Tristior et paedagogi vultus.

15) Polit. VII, 15, 6.

16) *Diogen. Laert.* l. c.

17) *Plat.* Alcib. I. p. 122, b. *Plutarch.* Alcib. 1. *Lycurg.* 16 *Clem. Alex.* Paedagog. p. 180 *Pott.* *Ἀλκιβιάδου τὴν πορνείαν ὁ Θρᾷξ οὐκ ἐπισχεῖν ἴσχυεν Ζώπυρος, ἀλλ' ὠνητὸν ἀνδράποδον ὁ Ζώπυρος ἦν.*

18) *Plutarch.* de educ. liber. II, 7. *Ὅτι δ' ἂν εὕρωσιν ἀνδράποδον οἰνόληπτον καὶ λίχνον πρὸς πᾶσαν πραγματείαν ἄχρηστον, τούτῳ φέροντες ὑποβάλλουσι τοὺς υἱούς. δεῖ δὲ τὸν σπουδαῖον παιδαγωγὸν τοιοῦτον εἶναι τὴν φύσιν, οἷόσπερ ἦν ὁ Φοῖνιξ, ὁ τοῦ Ἀχιλλέως παιδαγωγός.*

chis verführt wird, nimmt er sich die Sache mehr zu Herzen und schilt ihn stärker darüber aus, als selbst der Vater des Pistoklerus gut heißt; diesem reißt freilich die Geduld, als er mit seinen Ermahnungen nicht aufhört; er nennt ihn bei seinem Sklavennamen Lydus und nicht mehr beim Ehrennamen Pädagog (I, 2, 30), er bedroht ihn wie einen Sklaven. In der Scene, wo nun Lydus dem Vater sein Leid klagt (III, 3), setzt er ihm den Unterschied zwischen der alten und neuen Disciplin aus einander: damals wäre der junge Mann den ganzen Tag im Gymnasium, der Paläſtra, dem Hippodromos beschäftigt gewesen, dann hätte er zu Hause gegürtet (cinctículo praecinctus) neben dem Pädagogen gesessen, im Buche gelesen, wo ihm beim kleinsten Versehen die Haut gebläut wurde [19]), und überhaupt Gehorsam gegen den Pädagogen noch über die Zeit hinaus bewahrt, wo er sich schon um Staatsämter bewarb; wenn jetzt aber der Pädagog einen Knaben, wenn er auch noch nicht sieben Jahre alt ist, nur mit der Hand anrührt, so schlägt ihm der Junge die Tafel an den Kopf, und der Vater — lobt ihn noch als besonders tapfer. — Übrigens hielt jeder Vater für alle seine Söhne, wie viel er ihrer auch hatte, nur einen Pädagogen [20]). Bei der Entscheidung über die den Knaben zu gebende Erziehung hörte man immer auch auf seinen Rath, auf seine Meinung [21]). Diejenigen, denen er Führer in der Kindheit gewesen war, bewiesen ihm groß geworden in ähnlicher Art Pietät und Dankbarkeit, wie man sich auch gegen seine gewesenen Ammen [22]) dankbar zeigte; Freilassung war wol gewöhnliche Belohnung; für den alt und schwach gewordenen Pädagogen war es Pflicht des ehemaligen Zöglings nach Kräften zu sorgen [23]). So sehr übrigens in Athen die Pädagogik Sache nicht des Staates, sondern der einzelnen Privaten war, so gab es doch gesetzliche Bestimmungen des Staats über die Geschäfte der Pädagogen [24]). In Sparta, wo die Erziehung schon früh in den Kinderjahren der älterlichen Willkür entrückt und Sache des Staates war, hat es Privatpädagogen überall nicht gegeben. Ein Königssohn, wie Alexander der Große, hatte eine große Anzahl sogenannter Erzieher (τροφεῖς), Pädagogen und Lehrer, an der Spitze seiner Erziehung stand ein Anverwandter von Alexander's Mutter, ein strenger Mann, Leonidas, der aber selbst den ehrenvollen Namen des Pädagogen ablehnte, dagegen nahm der Akarnaner Lysimachos das Äußere und die Benennung des Pädagogen an; er nannte sich Phönix, seinen Zögling Achill [25]).

Bei den Römern vertrat der den Knaben beigegebene custos [26]) oder magister die Stelle des griechischen Pädagogos; doch gebrauchen auch sie, selbst Cicero, das griechische Wort nicht selten. Paedagogion (*παιδαγωγεῖον*) bezeichnet bei den Griechen die Knabenschule [27]), bei den Römern scheint es weniger einen Ort oder ein Erziehungshaus als eine bestimmte Gattung junger Sklaven bedeutet zu haben. Nämlich in der Kaiserzeit hielten sich die reichern Römer eine große Schar schöner junger Sklaven, „zum Ganymedesdienste bei Tisch und Bette," wie Böttiger (Sabina II, 27) bezeichnend sagt; diese Schar, welche unter gemeinschaftlicher Aufsicht eines oder einiger alten Sklaven (Pädagogen) stand, hieß paedagogium, und jeder einzelne puer paedagogianus [28]); solche hatten auch die Kaiser, paedagogia aulica [29]); es ist hieraus das Institut und die Benennung der den neuern Hofhaltungen angehörigen Pagen (paggio, page) hervorgegangen. Nero [30]) hielt sich gar Pädagogia, die aus freigeborenen Personen bestanden. Diese jungen Sklaven waren prächtig [31]), zum Theil in Gold gekleidet, und auf Reisen wurde, damit weder Sonne noch Kälte ihrer zarten Haut schade, ihnen das Gesicht mit einer unbekannten Masse überstrichen. (Böttiger sagt: sie trugen eine Maske aus angefeuchteter Brodkrume über dem Gesichte, aber in der dafür citirten Stelle des Seneca (Ep. 123) heißt es blos oblita facie vehuntur.) Auch wurden sie mit silbernen Ringen infibulirt [32]). Die kaiserlichen Pädagogia standen nach der notitia imperii unter der Aufsicht des vir spectabilis Castrensis. Über dieserlei Pädagogia hat immer noch Lipsius (in Exc. ad *Tacit.* Annal. XV, 69) die reichhaltigste Stellensammlung. Die Neuern haben dann den Namen paedagogium meist solchen Anstalten gegeben, die sich zugleich die Erziehung und den Unterricht der ihnen anvertrauten Jugend zur Aufgabe stellten, sowie sie Pädagog den Erziehungslehrer, oder den, welcher sich die Erziehungswissenschaft zur Lebensaufgabe gemacht hat, nennen [33]). (*M. H. E. Meier.*)

Paedagretae, s. Hippagretae.

Pädanchone, s. Bräune.

Pädaretos, s. Pedarites.

PÄDARTHROCACE, Fingergliedkrebs, ist der Name für ein Knochenleiden, welches sich fast nur im kindlichen Alter zeigt, besonders die Phalangen der Hand, seltener die des Fußes, befällt und immer auf skrofulösem

19) Über Anwendung körperlicher Züchtigungen von Seiten des Pädagogen vergl. *Libanius* T. IV. p. 868. *Reisk.* 20) *Lysias* contr. *Diogit.* 910. *Diogen. Laert.* l. c. 21) *Plat.* Protagor. 325. c. *Ἐπειδὰν θᾶττον συνίῃ τις τὰ λεγόμενα, καὶ τροφὸς καὶ μήτηρ καὶ παιδαγωγὸς καὶ αὐτὸς ὁ πατὴρ περὶ τούτου διαμάχονται, ὅπως ὡς βέλτιστος ἔσται ὁ παῖς.* 22) *Cicer.* Lael. 20. Isto modo nutrices et paedagogi jure vetustatis plurimum benevolentiae postulabunt, qui negligendi quidem non sunt, sed alio quodam modo. 23) *Demosth.* contr. *Euerg.* et *Mnesib.* p. 1156, 5. *Diogen. Laert.* VI, 31. 24) *Aeschin.* contr. *Timarch.* p. 35. *Καὶ περὶ παιδαγωγῶν ἐπιμελείας.* 25) *Plutarch.* Alexand. 5, der correcter ist, als *Clemens.* Paedagog. p. 180. *Pott.*

26) *J. G. Lenz*, De paedagogis veter. Romanor. (Jenae 1765.) *Horat.* Serm. I, 6, 81 ipse mihi custos incorruptissimus omnes Circum doctores aderat. Epist. ad Pisones. 13. 27) *Demosth.* de coron. 313, 12. *Τὸ παιδαγωγεῖον χορεῖν.* 28) *Ammian.* 29, 3. 29) *Tertullian.* Apolog. 13. 30) *Sueton.* Ner. 28. 31) *Senec.* De vit. beat. 17. de tranq. 1. *Ammian.* 26, 6. 32) *Plin.* 33, 12, (54) jam vero et paedagogia ad transitum virilitatis custodiantur argento. 33) Eine besondere Abhandlung über diesen Gegenstand ist *Jo. Jacob. Claudii* diatribe de nutricibus et paedagogis. (Ultraiect. 1702. 12.) Sonst vergl. noch *Pignorius*, De servis. p. 112 sq. Friedr. Jacobs, Vermischte Schriften. 3. S. 186 fg. und Bernhardy, Grundriß der griech. Lit. I, 67 fg. Ein Buch des Kleomenes, was den Titel *Παιδαγωγικός* hatte, führt *Diogen. Laert.* VII, 75 an. Aus des Clemens Büchern *Παιδαγωγός* ist für vorliegenden Gegenstand wenig zu gewinnen.

Boden wurzelt. Die alten Ärzte und viele neuere warfen die Krankheit mit der skrofulosen Caries zusammen, während andere nach dem Vorgange von Rhazes und Avicenna (Lib. IV. fen. 5. tr. 1. cap. 9) sie mit Spina ventosa (s. d. Art.) vermischten. Marc. Aurel. Severin (de recondit. abscess. nat. Lib. V. Paedarthrocace, id est, de ossis circa articulum inflammatione et abscessu puerorum proprio, spinae ventositatem aliqui falso nominarunt. Liber unus.) war es zuerst, welcher die in Rede stehende Affection genauer beschrieb und ihr den Namen Paedarthrocace beilegte, welchen die folgenden Ärzte ebenfalls auf den Winddorn anwandten, bis Boyer (Abh. über die chirurg. Krankheiten, übersetzt von K. Textor. 3. Bd. S. 516 fg.) beide Übel deutlicher begrenzte.

Der Verlauf der Krankheit ist folgender: Nachdem sich entwedet nur der Habitus scrofulosus oder bereits auch skrofuloses Drüsenleiden entwickelt hatte, beginnt an einer oder an mehren Phalangen, häufig an der Nagelphalanx des Daumens oder der zweiten des Mittel- und Zeigefingers, im ganzen Körper des Knochens, meist unter nicht eben heftigen, dumpfen Schmerzen, welche nur selten ganz fehlen, eine Anschwellung, die in der Mitte am stärksten, nach den Epiphysen zu sich verringert, sodaß die Phalanx, nach Severin, die Gestalt einer Olive annimmt. Die Zunahme der Geschwulst geschieht jedoch nur langsam, sie selbst wird weicher, und es hält schwer, ihre Grenzen durch die Weichtheile hindurch mittels des Gefühls zu erkennen. Die bedeckende Haut ist Anfangs wenig oder gar nicht verändert, nach und nach erst nimmt sie von der Mitte der Geschwulst aus eine blaurötliche, purpurne, glänzende Färbung an, treibt etwas auf, spannt sich dann, wird dünner und in demselben Maße misfarbener. Nachdem dies Wochen, oft Monate lang gedauert hat, bricht die Haut meist an der erhabensten Stelle, welche undeutliche Fluctuation verräth, auf, läßt eine dünnflüssige, seröse, unvollkommen eitrige Flüssigkeit in geringer Menge aussließen, ohne daß die unter ihr gelegene Geschwulst sich dadurch im Geringsten veränderte, und es bildet sich ein Geschwür mit umgestülpten, mehr kallösen Rändern, das übrigens den Charakter des Ulcus scrofulosum (s. d. Art.) darbietet. Eine Sonde dringt leicht bis in das Innere des Knochens, woraus eine festansitzende, wuchernde, schwammige Fleischmasse hervorbringt, deren künstliche und gewaltsame Entfernung schmerzhaft ist, obgleich sie sich später nicht selten von selbst löst und abgestoßen wird. Ein geringer Ausfluß dauert fort; die aussließende Masse ist jauchig, oft mit Blut gemengt, von übelem Geruch und färbt Silber. Die Bewegung des befallenen Theiles ist gewöhnlich nicht gehindert; nur wenn die Geschwulst so bedeutend wurde, daß die Sehnen von ihrer natürlichen Richtung abzulenken gezwungen wurden, oder in seltenen Fällen die Ulceration, von den Weichtheilen aus, die Gelenke ergriff, wird die Function des Gliedes aufgehoben, und es gesellt sich alsdann auch Allgemeinleiden hinzu, welches außerdem fehlt. — Die Dauer der Krankheit ist verschieden, immer aber langwierig, und selbst wenn Geschwürbildung erfolgte, zieht sie sich noch Jahre lang hinaus. Der Eintritt der Genesung ist verschieden. War noch keine Ulceration eingetreten, so schreiten weder Geschwulst noch Farbenveränderung der Haut fort, bleiben aber lange auf dem erreichten Punkte stehen, bis die Rückbildung beginnt. Zuweilen bleibt aber eine falsche Ankylose zurück, indem nämlich die Insertionsstellen der Muskeln oder der Verlauf der Sehnen verändert ward, wobei die Gelenke übrigens gesund sind. War aber bereits Geschwürbildung eingetreten, so wird ein Theil des leidenden Knochens nekrotisch abgestoßen, der übrige sinkt ein, und es entsteht eine mißgestaltete Knochennarbe, welcher eine Hautnarbe entspricht, die den Charakter der skrofulosen hat, lange noch eine bläuliche, glänzende Farbe zeigt, leicht näßt und wieder aufbricht. In manchen Fällen wird die ganze Phalanx ausgestoßen. Dieser Ausgang erfolgt meist erst zu der Zeit, wo die Natur selbst heilsame Reactionen zur Beseitigung des skrofulösen Processes macht, also zur Zeit der Pubertät. Die Diagnose der Krankheit ist leicht, denn eine nur etwas sorgsame Prüfung der obwaltenden Verhältnisse wird sie leicht von syphilitischen Auftreibungen rc., die, mit Ausnahme der Tibia, nicht Röhrenknochen, sondern platte befallen, und von den an den Gelenken stattfindenden Ablagerungen skrofulöser und arthritischer Materie, unterscheiden. — In Betreff der Ursachen ist es zwar allerdings gewiß, daß die Skrofulosis die Grundlage des Übels ist; die Bedingungen jedoch, welche diese Modificationen der Dyskrasie in den Knochen hervorrufen, und zwar daß sie sich grade auf die Epiphysen der Phalangen wirft, sind zur Zeit noch unbekannt. — Die Vorhersage ist nicht eben ungünstig, und hängt von dem Grade der Ausbildung der allgemeinen Dyskrasie, wie des örtlichen Übels ab. Geschwürbildung mit febris hectica und bedeutendem Leiden der mesenterischen Drüsen ist freilich sehr schlimm. Bei der Behandlung hat man besonders das Allgemeinleiden, die Skrofulosis ins Auge zu fassen, und die kräftigern Antiskrofulosa finden hier ihre Stelle, besonders Jod, innerlich, wie in Bädern. Die örtliche Behandlung ist verschieden nach dem Grade der Ausbildung des Übels. Ist dasselbe erst in der Entwickelung begriffen und noch kein Aufbruch erfolgt, so setze man wiederholt einige Blutegel in der Nähe der Geschwulst, nie aber auf demselben Gliede, lasse Tinctura Iodi mit etwas Opiumtinctur oder Ung. kali hydroiodic. einreiben, und darüber Umschläge von Leinsamen und Cicuta machen, oder ein Pflaster tragen aus Empl. saponat. ℥j Empl. asae foetid., Extr. Belladonnae āā ʒjj. Örtliche Sandbäder sind auch hier oft von ausgezeichnetem Nutzen. Neigt sich die Stelle zum Aufbruch und zeigt sich bereits Fluctuation, so hüte man sich vor jeder künstlichen Öffnung, da der Zutritt der atmosphärischen Luft zum kranken Knochen stets nachtheilig ist. Ist der Aufbruch aber von selbst erfolgt, so wende man örtliche Kalibäder, Decoct. Sabinae mit schwarzer Seife an; zerstöre die schwammigen Excrescenzen durch Butyrum antimonii, entferne vorsichtig die sich losstoßenden Knochenstücke, verbinde allenfalls das Geschwür mit irgend einer balsamischen Salbe und sorge für freien Abfluß der Jauche, damit diese keine Fistelgänge bilde. Die Anwendung des Glüheisens ist zu verwerfen; zeigen sich aber Spuren der **febris hectica**, so ist es oft am besten, man amputirt das Glied. Übrigens ist auch bei der Ulceration die innere Behandlung die Hauptsache. (*Rosenbaum.*)

PÄDATROPHIA (*Παιδατροφία*), **Darrsucht der Kinder.** Diese langwierige Krankheit, die bei den Schriftstellern auch unter den Namen: **Atrophia mesenterica, glandularis, scrofulosa, infantilis, Tabes abdominalis etc.** vorkommt, muß in vielen Fällen als Folgeübel eines höhern Grades der allgemeinen Skrofelkrankheit mit vorzugsweise bedeutender Affection der Gekrösdrüsen betrachtet werden.

Die Pädatrophie fängt meistens schon am Ende des ersten Lebensjahres, bald nach der Entwöhnung von der Muttermilch an, sich zu entwickeln, indem die Gesichtsfarbe blaß, das Gesicht selbst mehr oder weniger aufgedunsen erscheint. Bald aber sinkt die Ernährung merklich, der Körper magert ab, das Kind verliert die gewohnte Munterkeit, ist sehr verdrießlich, gibt jedoch nicht blos in diesem ersten Zeitraume der Krankheit, sondern meistens auch noch später, manche Beweise guter, selbst ausgezeichneter Geistesfähigkeiten, wo nämlich die Krankheit nicht, wie es nicht selten geschieht, mit den Erscheinungen eines Wasserkopfs verbunden ist, in welchem Falle die Bildung des Kopfes auffallend verändert erscheint und geistiger Stumpfsinn eintritt. Mit den genannten Veränderungen des Habitus und der Gemüthsstimmung verbinden sich gewöhnlich sehr früh andere Zeichen von entscheidender Bedeutung; zunächst gestörte Darmausleerung, die sich bald durch Diarrhoe und häufigen Abgang eines zähen Schleimes, bald durch den Abgang eines harten, weißlichgrauen, thonartigen Unrathes, bald durch Verstopfung — oft wechselsweise durch das Eine oder das Andere — zu erkennen gibt. Nächstdem zeigen die Kinder bei wachsendem Widerwillen gegen Fleischspeisen eine krankhafte Gier nach dem Genusse von gesäuertem schwarzem Brode, Kartoffeln, Hülsenfrüchten, Klößen, Käse und sauern Speisen, und in Folge dieses häufigen Genusses so vieler schwerverdaulicher Speisen geschieht es, daß der Unterleib immer gespannter, aufgetriebener und härter, die Abmagerung des Gesichts und der Gliedmaßen aber darum nur um so auffallender erscheint. Sie nimmt indessen auch in der That zusehens zu, die Haut wird welk, entweder auffallend weiß, oder bekommt, was beinahe noch häufiger ist, ein gelbliches kachektisches Ansehen, und man bemerkt an mehren Stellen derselben, namentlich am Rücken, an der Brust, den Schultern und den Oberschenkeln, oft auch im Gesichte, kleine schwärzliche, etwas erhabene Punkte, aus denen sich madenähnliche Körperchen (**Comedones, Crinones**) ausdrücken lassen, in denen häufig der gemeine Mann die Ursache der Krankheit zu erblicken glaubt, während sie doch in der That nur ein Erzeugniß derselben: verhärteter Schleim oder pathologisch veränderte Hautdrüsen selbst sind. Sehr charakteristisch sind ferner die Veränderungen, welche bei der täglich zunehmenden Abmagerung das Antlitz erleidet. Aus dem meistens erdfahlen Gesichte tritt nämlich die Nase spitz hervor, die Augen liegen tief in ihren Höhlen, und die Haut des Gesichtes ist schlaff und runzelig, das Gesicht bekommt dadurch ein altes, selbst greisenhaftes Ansehen, und diese Erscheinung ist eine so gewöhnliche Begleiterin der in Rede stehenden Krankheit, daß diese letztere in manchen Gegenden Deutschlands vom Volke das **Alter** genannt wird. Bei so weit ausgebildeter Pädatrophie fühlt man dann häufig auch bei der Untersuchung des Unterleibes die vergrößerten und verhärteten Gekrösdrüsen, von der Größe einer Erbse bis zu der einer Haselnuß. — Außerdem werden häufig Kopfausschläge, fressende Geschwüre im Mund und Nase, saurer Geruch des Athems, des Schweißes, des Urins und der Darmunreinigkeiten, ein trüber, molkenähnlicher Urin und Wurmzufälle, besonders die von Askariden abhängigen, als Begleiter dieser verheerenden Krankheit des kindlichen Alters betrachtet. — Es zieht dieselbe nach längerer oder kürzerer Dauer, die sich selbst über ein Jahr hinaus erstrecken kann, endlich ein Zehrfieber nach sich, welches zur Nachtzeit bedeutend zu exacerbiren pflegt, Schlaflosigkeit, große Unruhe und heftigen Durst erzeugt, und durch Erschöpfung der Kräfte, welche noch durch Colliquationszufälle vermehrt wird, oft nach vorangegangenen Schwämmen oder den Zufällen der Bauchwassersucht den Tod herbeiführt. In den Leichen zeigen die krankhaft veränderten Gekrösdrüsen sich oft in ihrer Mitte erweicht und in Jauche verwandelt, während in der Peripherie das Parenchym durch Tuberkelmasse ein blasses, käseartiges Ansehen erhalten hat (Otto, Handb. der pathol. Anat. I, 370). Häufig findet man auch die Leber vergrößert und verhärtet, und fast immer einen allgemeinen Mangel an Fett.

Die Pädatrophie ist zuweilen Folgekrankheit von Exanthemen, namentlich Menschenblattern und Scharlach, sowie mancher mit Zahnbeschwerden in Verbindung stehender langwieriger Durchfälle, der Syphilis und anderer Krankheitszustände, aber weit häufiger entsteht sie aus dem Zusammentreffen einer eigenthümlichen, nicht selten angebornen Anlage mit der Einwirkung gewisser schädlicher Einflüsse, durch welche sehr oft jene Anlage auch erst hervorgerufen wird. Diese letztere besitzen alle zur Skrofelkrankheit geneigte Kinder, und es bildet sich bei diesen um so eher Pädatrophie aus, als ihre Erziehung Einflüsse mit sich führt, welche durch Schwäche und Stockung in den Gekrösdrüsen eine mangelhafte Assimilation des Speisesaftes zu bewirken vermögen, insbesondere der häufige Genuß von Nahrungsmitteln aus der Classe der oben genannten schwerverdaulichen, zumal bei gleichzeitigem Mangel an Bewegung, einem unreinlichen Verhalten, dem Aufenthalte in feuchten, dumpfigen, im Winter nicht gehörig gelüfteten Wohnungen, und andere ähnliche Einflüsse, die unter den Kindern der niedern Volksclasse die Pädatrophie zu einem ungemein häufigen Übel machen, welches indessen zuweilen auch bei Erwachsenen beobachtet worden ist. Es kommt hiernach in seinen Ursachen mit der Skrofelkrankheit überein, bei welcher die pathologische Affection sich ebenso im peripherischen Drüsensystem als bei der Pädatrophie in den Gekrösdrüsen ausspricht. Auch zeigen mehre der vorhin genannten Zufälle der letz-

rankheitsform deutlich, daß bei ihr ein beden-
Vorwalten der Säure im Körper, besonders der
Wege, stattfindet.
ie Diagnose der Krankheit kann hiernach nicht
z genannt werden, sondern ist vielmehr durch die
natologischen sowol, als ätiologischen Momente
rall gesichert. Zugleich bestimmen dieselben auch
hersagung. Je deutlicher die erwähnte Anlage in
nstitution ausgesprochen ist, je früher, je mehr
länger schädliche Einflüsse der genannten Art bei-
haben, jene Anlage in Wirksamkeit zu setzen
was so häufig das Schicksal der Kranken ent-
— je weniger die Umstände erlauben, der Ein-
jener Einflüsse noch zeitig genug Grenzen zu se-
to weniger ist man zu der Hoffnung der Wieder-
ig des Kranken berechtigt, und umgekehrt. Immer
d man vergebens von irgend einem Arzneimittel,
Art es auch sein möge, die Wiederherstellung des
erwarten, gestatten es die Verhältnisse nicht, auch
ze Lebensordnung des Kranken auf angemessene
u verändern. Auch läßt selbst die überstandene
it oft eine schwächliche Constitution zurück, oder
jugendlichen oder im männlichen Alter unter verän-
estalt, nämlich als Phthisis pulmonalis, tuber-
oder Phthisis mesenterica, zurück.
e Heilanzeigen der Pädatrophie sind — abgesehen
mplicationen, z. B. mit Wurmbeschwerden —
g des lymphatischen Systems zum Zwecke der
kung der Tuberkelbildung in den Drüsen und
ng der mangelhaften Verdauung und Ernährung.
t diesen Anzeigen, wie sich aus dem Vorigen er-
orzugsweise durch eine sorgfältig geregelte Diät
zu leisten, und muß namentlich in Betreff der
smittel des Kranken streng darüber wachen, daß
nnten und andere gleich schwerverdauliche durch-
nieden werden, und an ihre Stelle Fleischbrühen,
mit Eigelb, gehopftes Bier, dann und wann
uantitäten eines guten Weines, Weißbrod ꝛc. tre-
ter den angezeigten auflösenden Mitteln leisten
miak, die blätterige Weinsteinerde, der tartarisirte
n, der Schierling, die Seife, das auflösliche
er, der rohe Spießglanz, der mineralische Äthiops
s Kalomel am häufigsten wesentliche Dienste,
ft durch die Verbindung jener Mittel mit Eichel-
Rhabarber, Magnesia, besonders aber auf-
, gelindbittern Extracten, dem Eisensalmiak, Bä-
Kleie oder aromatischen Kräutern, Malzbädern,
ch- und Seifenbädern, öfterm Reiben des gan-
pers, besonders des Unterleibes und Rückens, mit
, von aromatischen Dämpfen durchräucherten Tü-
inreibungen von Oleum nucistae, laurini, Un-
n nervinum, Spirit. angelicae comp. u. dgl. in
ckgrat und den Unterleib. — Die sogenannten
bedürfen in der Regel bei der Cur keiner beson-
rücksichtigung, doch unterstützt man die Radical-
nn man die mit ihnen vorzüglich häufig besetzten
öfters mit Tüchern, befeuchtet mit Seifen- oder
ser, reiben läßt; den Beschluß der ganzen Behandlung macht in vielen Fällen am schicklichsten ein längere Zeit fortgesetzter Gebrauch der China.

Wir bemerken zum Schlusse, daß als vorzugsweise hilfreich bei der Cur dieser Darrsucht zuerst Kämpf und in neuerer Zeit Gölis ein Pulver aus gleichen Theilen Baccarum lauri, vorher in Brodteig gebacken und der scharfen Stoffe beraubt, Nux moschat. und Cornu cervi usti bestehend, und mit zwei Theilen Süßholzpulver zweimal täglich zu einem Kaffeelöffel voll gereicht, gerühmt haben *). (*C. L. Klose.*)

PÄDERASTIE (παῖς — ἐράω), Knabenschändung, ein Laster, welchem der ebengebrauchte teutsche Name unstreitig angemessener ist als jener euphemistische der Alten, und welchem wir vorliegenden Artikel ausschließlich in gerichtlich-medicinischer Hinsicht widmen. Insofern nämlich die Gesetze die Knabenschändung mit harten Strafen belegen — die peinliche Gerichtsordnung Kaiser Karl's V. (Art. CXVI.) wollte sie wie andere Arten unnatürlicher Befriedigung des Geschlechtstriebes, mit dem Feuertode bestraft wissen, — muß es im einzelnen Falle von äußerster Wichtigkeit sein, durch den Nachweis physischer Merkmale den Thatbestand der Schändung festzustellen, und es versteht sich von selbst, daß diese Feststellung lediglich Sache des Gerichtsarztes sein kann.

Ehe wir indessen von dem bei dieser Feststellung nothwendigen gerichtsärztlichen Verfahren sprechen, möge uns ein Wort über die Häufigkeit der Knabenschändung vergönnt sein, die Laster und Verbrechen zugleich ist, letzteres insbesondere, insofern sie Gesundheit und Leben des gemisbrauchten Individuums unvermeidlich gefährdet. Man hat darüber Klage geführt, daß auch in unserer Zeit die Knabenschändung sehr häufig sei, und Masius (Handb. d. ger. Arzneiwissenschaft. I, 264 fg.) unter Andern versichert nicht blos, daß sie notorisch in einigen größern Städten von der Obrigkeit stillschweigend geduldet werde, sondern zeigt sich auch geneigt zu glauben, daß das in Rede stehende Laster nicht mehr, wie sonst, ein ausschließliches Eigenthum der verworfensten „Rüderlinge" der höhern Stände unserer menschenreichsten Hauptstädte, sondern bereits unter die niedern Stände eingedrungen sei. Wir glauben — ohne dabei von einem falschverstandenen Vertrauen auf die Sittlichkeit der Menge geleitet zu werden [1]) — daß dergleichen Klagen übertriebene zu nennen sind, und daß überdies, wenn das genannte Verbrechen oft, ja meistens unbestraft bleibt, man Unrecht thun würde, den Grund dieser Erscheinung in der Lässigkeit der Obrigkeiten zu suchen. Sicherer werden wir ihn in dem gerichtsärztlichen Verhältnisse dieser traurigen Angelegenheit finden.

---

*) *J. Junker*, De lactationis fine, atrophiae initio. (Halae 1742. 4.) *Gruner*, Diss. de paedatrophia. (Jenae 1792. 4.) *Baumer*, Traité d'amaigrissement des enfants. (Paris 1806.)

1) Wie könnte man wol einem solchen Vertrauen sich noch hingeben, wenn man, wie ich, aus sicherster Quelle und aus neuester Zeit einen strafrechtlichen Fall kennt, in welchem ein 20jähriger Jüngling seine 12jährige Schülerin dadurch schändete, daß er ihre Geschlechtstheile bis zum Eintritte von Entzündung und deren Folgen rieb und leckte.

Wenn es sich nämlich einerseits von selbst versteht, daß, um die Menschheit von dem Schandflecke jenes Verbrechens zu befreien, unter andern auch die nachsichtslos strenge Bestrafung der Schuldigen unerläßlich ist, und zu diesem Zwecke nichts wünschenswerther sein kann, als die Kenntniß physischer Merkmale, welche für sich allein das begangene Verbrechen unzweifelhaft darthun; so muß andererseits die gerichtliche Arzneiwissenschaft gestehen, daß sie sich im Besitze von dergleichen Merkmalen nicht befindet, und daß die Zufälle, welche sie als Merkmale der Knabenschändung aufführt, nur in Verbindung mit andern überzeugenden Umständen Beweiskraft haben, ohne diese Umstände aber höchstens einen mehr oder weniger dringenden Verdacht begründen, überdies viel von ihrem Gewichte verlieren, wenn von und an dem verdächtigen Individuum das genannte Laster selten oder auch nur seit lange nicht mehr ausgeübt worden ist. Die Knabenschändung hat es daher mit allen andern Vergehen und Verbrechen, welche nur selten, und meist sehr schwer erweislich sind, gemein, daß sie seltener als andere zur Anzeige gelangt, und noch seltener ihr die gesetzliche Strafe folgt. Nichtsdestoweniger versteht es sich von selbst, daß jene Merkmale auch als blos Verdacht erregende oder Wahrscheinlichkeitsgründe liefernde oder den Beweis unterstützende noch immer von höchster Wichtigkeit für die Strafrechtspflege sind, und wohl dürften sie daher auch hier eine nähere Erörterung verdienen. Es sind folgende:

1) Die Persönlichkeit des Schänders. In der Regel sind es ältere, wenigstens im Verhältnisse zu dem Geschändeten bejahrte, Individuen, die diesem Laster fröhnen. Ihr ganzes äußeres Ansehen, wie das ihrer Geschlechtstheile, ist ein welkendes, das Gesicht hat oft ein etwas aufgedunsenes Ansehen, seine Farbe in der Regel blaß, der Blick — charakteristischer als alles Übrige — schielend freundlich, mit widriger Begier Knaben und Jünglinge verfolgend. Wüstlinge dieser Art pflegen jungen Leuten, die ihnen gefallen, bei jeder Gelegenheit mit besonderm Behagen Gesicht, Rückgrat und Lenden zu streicheln und ihnen die naturgemäße Befriedigung des Geschlechtstriebes als sehr gefährlich zu schildern. Sie haben zum Beischlafe wenig oder gar keine Neigung, weil sie in demselben ebenso wenig Genuß finden, als sie gewähren können, indem ihr männliches Glied dünn und kurz zu sein pflegt. Haben sie dem genannten Laster schon lange und oft gefröhnt, und vornehmlich, ist dies kurz vor der ärztlichen Untersuchung geschehen, so finden sich zuweilen Anschwellungen der Vorhaut, Einrisse an derselben oder am Bändchen, Röthe und Anschwellung der Eichel, oder selbst Blutflecken an dem männlichen Gliede, oder dem es bedeckenden Theile der Leibwäsche. — Grobe und lange fortgesetzte Ausschweifungen dieser Art führen zuletzt, außer der Unfähigkeit zum Beischlafe, gänzliche Erschöpfung und Abmagerung, Verdickungen und Verhärtungen der Vorhaut, Geschwüre an der Eichelkrone, Auswüchse, welche den Feigwarzen ähnlich sind u. dergl. m. herbei.

2) Die Persönlichkiet des Geschändeten. Gewöhnlich ist der leidende Gegenstand des in Rede stehenden Verbrechens ein junger Mensch, dessen Geschlechtsentwickelung noch unvollendet ist, und welchen Überredung zum Laster verleitet hat; indessen sind erzwungene Schändungen dieser Art doch auch nicht ganz unerhört (*P. Zacchias*, Quaest. med. leg. L. IV. T. II. qu. 1), und die Aufmerksamkeit des Gerichtsarztes wird in diesen letztern Fällen vorzüglich auch darauf gerichtet sein müssen, ob der Körperbau des Gemißbrauchten absolut oder wenigstens im Verhältnisse zu den körperlichen Kräften des Schänders sehr schwächlich ist, und ob der Körper Spuren erlittener Gewalt oder geleisteten Widerstandes an sich trägt. In allen Fällen dagegen müssen die gewöhnlichen Wirkungen des genannten Lasters auf die Opfer desselben als Zeichen des Verbrechens benutzt werden, und es kommt daher Alles darauf an, auf die Anwesenheit oder Abwesenheit folgender Erscheinungen sorgfältigst zu achten:

a) Örtliche Zufälle des Mastdarms und der Geschlechtstheile. Dahin gehören: ein nicht fest schließender, geschwollener, mehr oder weniger entzündeter, daher schmerzhafter, bisweilen sogar eingerissener und blutiger After, der bei längere Zeit fortgesetzten Ausschweifungen dieser Art offen steht, und an welchem wunde, wulstige oder geschwürige Stellen oder den Feigwarzen ähnliche Auswüchse sich zeigen. Der Mastdarm selbst ist dann so erweitert, daß weder Blähungen noch der Darmkoth zurückgehalten werden können; es fließt ein mißfarbiger und übelriechender Schleim oder Blut aus, nicht selten ist auch der Mastdarm vorgefallen. In einem von Masius (a. a. O. S. 265) mitgetheilten Falle war der After mit venerischen Geschwüren besetzt, welche die Syphilis des Schänders erzeugt hatte. Immer aber führen allmälig jene andern genannten örtlichen Zufälle bei dem Gemißbrauchten Hindernisse im Sitzen und Gehen herbei. Auch darf nicht übersehen werden, daß Knabenschänder in der Regel den von ihnen gemißbrauchten jungen Leuten während der Schändung mit der Hand den Samen entlocken, und daß daher darauf zu achten ist, ob sich Spuren dieses Verfahrens an den Geschlechtstheilen — die meistens ein welkes, schlaffes Ansehen haben, nicht selten aber auch entwickelter erscheinen, als das Alter des Geschändeten vermuthen lassen würde — namentlich an der Eichel, der Vorhaut, und dem Bändchen auffinden lassen. Auch Hämorrhoidalgeschwülste sind eine bei diesen Unglücklichen sehr gewöhnliche Erscheinung, sowie wenn ihr Elend den höchsten Grad erreicht hat, das Aufrichtungsvermögen des männlichen Gliedes gänzlich erschöpft, der Hodensack völlig erschlafft ist, und die Hoden welk sind, am After und im Mastdarm selbst aber skirrhöse Verhärtungen, Fistelgeschwüre oder selbst krebshafte Entartungen angetroffen werden.

b) Allgemeine Krankheitszufälle. Das ganze äußere Ansehen dieser Opfer einer mehr als viehischen Wollust pflegt blaß und kachektisch zu sein; auch sind wie begreiflich die Zufälle, über welche sie klagen, den gewöhnlichen Leiden der Selbstbeflecker sehr ähnlich, indem die Kraft der Sinne, vornehmlich des Auges, allmälig schwindet, und ebenso allmälig das geistige Vermögen sich oft bis zum Blödsinn erschöpft zeigt. Ohne Glanz liegen die Augen tief in ihren Höhlen, die Gesichtsknochen treten stark hervor, die Haut ist runzelig, und der Körper magert ab, sodaß die Lippen kaum die Zähne bedecken zu können scheinen. Die Kniee pflegen gekrümmt, der Gang unsicher zu sein. Auch die Wirbelsäule ist, meistens an ihrem obern Theile, gekrümmt, der Kopf vorwärts gebeugt. Ein häufiger oder gar beständiger dumpfer Schmerz im Hinterhaupte und ein Gefühl von Ameisenkriechen längs der Wirbelsäule quälen diese Unglücklichen, welche durch ihr Leiden, nicht selten noch schauderhaft erhöht durch die Vorwürfe des Gewissens, oft zum Selbstmorde hingerissen werden, oft auch unheilbar vorschreitender Auszehrung oder Wassersucht erliegen.

Mit Bezug auf das oben über die Zuverlässigkeit aller dieser Merkmale der Knabenschändung Bemerkte müssen wir zum Schlusse noch daran namentlich erinnern, daß jene Wirkungen des genannten Lasters nicht überall sämmtlich und, wie sich schon aus dem Angeführten von selbst ergibt, nicht überall in gleichem Grade vorhanden sind. Der Körperbau des Verbrechers, besonders die Länge und Dicke seines männlichen Gliedes, das zartere oder vorgeschrittene Alter und die mehr oder weniger schwache Constitution des Geschändeten, und die größere oder geringere Häufigkeit der begangenen Ausschweifungen, sowie der höhere oder geringere Grad von Rohheit, mit welcher der Schänder bei derselben zu Werke ging, werden immer in verschiedenen einzelnen Fällen zu sehr verschiedenen Befunden führen, und selbst die Vermuthung des trefflichen Mende (ausführl. Handb. d. ger. Med. IV, 510), daß es „wenige Fälle geben dürfte, in denen nicht selbst die ein- oder andermalige Vollziehung dieses Lasters auf den Geist und auf den Körper einen bleibend nachtheiligen Einfluß hinterließe," möchte kaum in der Wirklichkeit ihre Bestätigung finden. In jedem Falle wird die gerichtsärztliche Untersuchung verdächtiger Individuen dieser Art immer noch am ehesten eine Wahrscheinlichkeit des vollzogenen Verbrechens darthun, wenn die Schändung nicht lange vor der Untersuchung, oder sehr häufig vollzogen worden war[2]). (*C. L. Klose.*)

PÄDERASTIE. 1. Literarische Nachweisung. Es ist meine Absicht, in diesem Artikel vorzugsweise von demjenigen Verhältnisse zu sprechen, das sich bei den Griechen unter diesem Namen gebildet hat, d. h. von der den Griechen eigenthümlichen Form der Liebe eines erwachsenen ältern Mannes zu einem jüngern Gliede desselben Geschlechtes, Knaben oder Jünglinge. Je bedeutender aber unstreitig dies Verhältniß für die geistige Entwickelung dieser Nation gewesen ist und je mehr unser Urtheil über den sittlichen Werth derselben zum Theil von einer richtigen Würdigung dieses Gegenstandes abhängt, um so mehr fühlen wir uns aufgefodert, die zuverlässigsten Nachrichten hierüber zusammenzustellen und ebenso alle aus Unkunde, Leichtsinn oder Bosheit hervorgehenden Verketzerungen als die bloßen Idealisirungen und Verklärungen dieses Verhältnisses, wie es sich in einzelnen begabten Köpfen gestaltet hat, wenn auch nicht von unserer Darstellung ganz auszuschließen, doch nur nach Anleitung jener zuverlässigen Nachrichten zu würdigen. Unsere rein historische Aufgabe schützt uns vor beiden gefährlichen Extremen; wir brauchen uns weder im Interesse der allgemeinen Moral zu Anklägern der Griechen aufzuwerfen, noch, um eine Nation, die auch uns Gegenstand der Bewunderung ist, von jedem Flecken rein zu waschen, zu Beschönigungen, zu Reticenzen, zu Verkleisterungen unsere Zuflucht zu nehmen, womit man doch am Ende beim jetzigen Tageslichte die Wahrheit nicht mehr verdunkeln kann. Wir wollen Wahrheit und nichts als Wahrheit; den Teufel aber soll man nicht an die Wand malen.

Ständen uns hier Berichte und Urtheile von Ausländern zu Gebote, die Sinn für Auffassung einer fremden Nationalität hatten, so würde dies für uns unschätzbar sein; aber das Zeugniß des Apostels Paulus (Römer 1, 26 fg. 1 Korinther 6, 8 u. a.) spricht nur von seiner Zeit, wo die Knabenliebe in der heidnischen Griechenwelt wenn auch nicht allgemein, doch viel häufiger die Form der Knabenschändung angenommen hatte; es würde eine Ungerechtigkeit sein, wendete man dies Zeugniß sofort auch auf die ältere Zeit an. Und dasselbe gilt natürlich in einem noch höhern Grade von den Zeugnissen der Kirchenväter. Selbst römische Schriftsteller geben hierüber nur wenige, und noch weniger eigenthümliche aus besonderer Auffassung des Gegenstandes hervorgegangene Bemerkungen, welche sich auf die Zeit bezögen, in der das Institut sein nationales Gepräge rein gehabt hat. Wir sind also fast ausschließlich auf Griechen gewiesen; wären uns nun von diesen nur der Mimus des Sophron, welcher den Titel *Παιδικά* hatte[1]), die Komödien, *Μαλθακοί* des ältern Kratin, Baptä des Eupolis[2]), Päderastä des Diphilus, Päderastes des Antiphanes, Ganymedes des Alkäus, Antiphanes und Eubulus, wäre uns auch nur eine von den verschiedenen Schriften, in welchen Philosophen[3]) seit Platon, namentlich Peripatetiker, über die Liebe theoretisch gehandelt oder Liebeserzählungen als Belege der Theorie unter den Titeln *περὶ Ἔρωτος, περὶ φύσεως ἔρωτος, ἐρωτικὴ τέχνη, ἐρωτικός, ἐρωτικά, ἐρωτικαὶ θέσεις, ἐρωτικαὶ διατριβαί, ἐρωτικαὶ ἀκροάσεις, ἐρωτικοὶ διάλογοι, ἐρωτικὰ ὅμοια* rc. verfaßt haben, wovon wir für unsern Zweck insbesondere die Schriften des Hieronymus aus Rhodus, des Klearch aus Soli und des Ariston aus Ceos hervorheben, indem in allen diesen Schriften, wie in der des Aristipp über den alten Luxus[4]), die Knabenliebe eine nicht unbedeutende Stellung einnahm, wäre uns auch nur ein Liebesgedicht auf einen schönen Knaben ganz[5]) erhal-

2) *J. P. Kressii* Comment. in C. C. C. (Hanov. 1721.) p. 210 sq. *P. J. Hartmann*, resp. *Stoltenberg* in paedicatorem noxium et infestum reipublicae civem. (Francof. 1775. 4.) Entwurf eines Strafgesetzbuches für das Königreich Hanover. Art. 275. S. 156.

1) *Athen.* VII, 324 sq. 2) Daß in diesem Stücke Alkibiades und seine Genossen als cinaedi verspottet wurden, ist bekannt; vergl. *Lucian.* adv. indoct. 27. 3) Ein Verzeichniß dieser Schriften hat A. W. Winkelmann in der Einleitung zu seinem Commentar über Plutarch's Erotik. S. 95 fg. 4) *Diog. Laert.* IV, 19. 5) Es versteht sich, daß ich dabei von solchen kleinen Gedichten abstrahire, wie auf den schönen Demus, den S. des Pyrilampes, in *Jacobs* A. P. II. p. 465.

ten, dergleichen vermuthlich, da, wie schon Euripides [6]) sagt, Eros zum Dichter bildet, auch wer der Muse sonst fern stand, allein in Athen jeder Tag in Menge hervorbringen mochte, wenn ein nichts weniger als besonders begabter Mensch wie Hippothales seinen Geliebten, Lysis, in unzähligen prosaischen und poetischen Productionen (*συγγράμματα* und *ποιήματα*, und bei den letztern werden noch *μέλη* und *ἐγκώμια* genannt) gepriesen und mit dem Vortrage derselben alle seine Freunde grausamlich gequält hat [7]) und eine so völlig unpoetische Natur, wie der Redner Äschines doch gestehen [8]) muß, viel verliebte Gedichte in seinem Leben gemacht zu haben; wäre endlich von den eigentlichen Schriftstellern [9]) der Unzucht auch nur einer auf uns gekommen, wir würden von diesem Verhältnisse ein ausgeführteres und treueres Bild geben können, als jetzt bei noch so gewissenhafter Benutzung der in allen Schriftstellern zerstreuten Nachrichten und Anspielungen möglich ist. Platon's Schriften, namentlich Phädrus, Lysis und Symposion (schon im Alterthume [10]) von unverständigen und incompetenten Beurtheilern als unanständig und Geringschätzung gegen das Publicum verrathend getadelt) wie Xenophon's Gastmahl, sind für eine freilich zum Theil idealisirte Auffassung der reinen und sittlichen Knabenliebe, namentlich was Sokrates und dessen Freunde betrifft, von entschiedenem Werth, wie wir für dieselbe Zeit im Gegentheil karikirte Darstellung der unreinen und unsittlichen in vielen Stellen des Aristophanes haben; Äschines' Rede gegen Timarch ist für das Verständniß der attischen Zustände vorzüglich reichhaltig, daher von ihr weiter unten (S. 166) noch genauer die Rede sein wird; den größten Reichthum an Material gewährt vor Allem das 13. Buch des Athenäus besonders von S. 601 an, sodann der Erotikos und die erotischen Erzählungen Plutarch's, der Pseudologist und die der Beleuchtung der Frage, ob der Männer- oder der Frauenliebe der Vorzug gebühre, gewidmeten Erotes des Lucian, deren Echtheit einige Gelehrte bezweifelt haben, und die 24. bis 27. Abhandlung des Maximus von Tyrus. Dagegen sind die eigentlichen erotischen Reden (s. §. 5) ziemlich inhaltsleer. Von Neuern [11]) ist dieser Gegenstand nach Meiners und Ramdohr besonders von Friedr. Jacobs und die dorische Knabenliebe von K. O. Müller behandelt worden.

2. Die Knabenliebe der Griechen, ein eigenthümliches Institut. Man braucht dazu, um die Knabenliebe als ein in seiner Form eigenthümlich griechisches Institut kennen zu lernen, nicht erst auf Herodot, Xenophon, Cicero oder Nepos zu recurriren, von denen Herodot (I, 135) [12]) als Beispiel, wie sehr die Perser geneigt wären, fremde Sitten anzunehmen, gradezu anführt, „von den Griechen hätten sie die Vermischung mit Knaben gelernt" — so wenig war ihm, dem Vielgereisten, ein Volk bekannt, von dem sie es sonst gelernt haben könnten, — Xenophon [13]) den Cyrus sagen läßt: führst auch du nach der hellenischen Weise diesen bei dir liegenden jungen Mann, weil er schön ist, mit dir herum? Cicero [14]) vom ältern Dionys meldet, er habe nach der Weise Griechenlands auch einige Jünglinge geliebt, Nepos endlich theils in der Einleitung zu seinem Werke unter den von den römischen abweichenden griechischen Sitten hervorhebt, „daß es in Griechenland einem jungen Menschen zum Ruhme gereicht, so viele Liebhaber als möglich zu haben," theils von Alkibiades in dessen Leben schreibt „er wäre bei beginnendem Jünglingsalter geliebt worden von Vielen nach der Weise der Griechen;" die einfache Betrachtung schon der sichern und beglaubigten Thatsachen zeigt, daß, wenn auch das Laster der unreinen Männerliebe furchtbar in Sodom [15]) und bei den Tyrrhenern [16]) geübt, selbst den Hebräern [17]),

---

6) In der Stheneboea: *Ποιητὴν δ' ἄρα Ἔρως διδάσκει κἂν ἄμουσος ᾖ τὸ πρίν* und daraus bei *Plat.* Sympos. 196 e. 7) *Plato* Lysis 204 d. sq. 8) *Aeschin.* contr. Timarch. p. 146. §. 135 sq. *Ἐπιδείξεσθαί μου φησὶν ὅσα πεποίηκα ἐρωτικὰ εἴς τινας ποιήματα. — Περὶ δὲ τῶν ποιημάτων, ὧν φασιν οὗτοί με πεποιηκέναι, τὰ μὲν ὁμολογῶ, τὰ δὲ ἐξαρνοῦμαι μὴ τοῦτον ἔχειν τὸν τρόπον ὃν οὗτοι διαφθείροντες παρέξουσιν.* 9) Bezieht sich nicht hierauf außer *Athen.* 220, f. *Lucian.* adv. indoct. 23: *Ὁ κίναιδος Ἡμιθέων ὁ Συβαρίτης, ὃς τοὺς θαυμαστοὺς ὑμῖν νόμους συνέγραψεν, ὡς χρὴ μαίνεσθαι καὶ παρατίλλεσθαι καὶ πάσχειν.* *Id.* Pseudolog. 3: *Ὑπὲρ τὸν Συβαρίτην Μίσθωνα* (l. *Ἡμιθέωνα*), *ὑπὲρ τὸν Χῖον ἐκεῖνον Βάσταν τὸν ἐπὶ τοῖς ὁμοίοις σοφόν.* 10) *Athen.* XI, 508 d. 11) Meiners, über die Männerliebe der Griechen nebst einem Auszuge aus dem Gastmahle des Platon in seinen vermischten philosophischen Schriften. 1. Th. S. 61—129. Ders. Gesch. d. weibl. Geschl. 1. Th. S. 321. Ramdohr, Venus Uran. III, 1. S. 133. Fr. Jacobs verm. Schriften III. S. 212—254. K. O. Müller, Dor. II. S. 289—298. *J. M. Gesneri* Socrates sanctus paederasta (Commentt. reg. societ. Gotting. II. p. 1—32) bietet im Ganzen wenig dar; dagegen wird man im Commentar Gothofred's (zum Theodos. Cod. IX, 7, 3 et 6) mehr als eine interessante Bemerkung finden. Vgl. auch Bernhardy, Griech. Litt.-Gesch. I. S. 42 fg. Wachsmuth, H. A. II, 2. S. 43 fg.

12) *Athen.* 603, a. führt die Äußerung Herodot's ohne weitere Bemerkung an; dagegen Plutarch (de malignit. Herod. 13) tadelt den Herodot deshalb, indem ja allgemein bekannt sei, daß die Perser, noch ehe sie das griechische Meer gesehen hätten, das Castriren der Kinder gekannt hätten; vergl. auch *Coray* zur Hippocr. p. 216. 13) *Xenoph.* Cyrop. II, 2, 28: *Ἦ καὶ σὺ κατὰ τὸν Ἑλληνικὸν τρόπον ὅτι καλόν ἐστι περιάγῃ τοῦτο τὸ μειράκιον τὸ παρακατακείμενόν σοι.* 14) Tusc. V, 20: Haberet etiam *more Graeciae* quosdam adolescentes amore conjunctos. 15) Genes. XIX, 4. 16) *Athen.* XII, 517, a. 17) Das Mosaische Gesetz würde, wäre Knabenschändung den Hebräern ganz unbekannt gewesen, unmöglich es für nöthig gefunden haben, dieselbe noch besonders zu verpönen und gegen den Schänder wie gegen den Geschändeten die Todesstrafe zu verhängen (Levit. XVIII, 22; XXIX, 13), aber wenn auch die That derer zu Gibea (Jud. 19, 25) das Vorkommen dieser Greuel erweist, wo eine volksthümliche Gesetzgebung ein Verbrechen mit der höchsten Strafe belegt, da wird dasselbe im Ganzen nur selten und immer nur als Gegenstand des höchsten Abscheues vorgekommen sein. Daher heißt es Hiob 36, 14 vom Bösewicht, „er werde sterben, wie die geschändeten Knaben," d. h. eines schimpflichen und elenden Todes; der hebräische Ausdruck קָדֵשׁ, sanctus für puer mollis, cinaedus beweist, daß in Asien diese Unzucht auch mit Götzendienst in Verbindung gestanden hat, etwa in ähnlicher Art, wie nach Herodot (I, 199) in Babylon die Weiber sich im Dienste der assyrischen Venus den Umarmungen der Männer feil gaben. Solche „Heilige" werden erwähnt 1 Reg. 15, 12; 22, 15. Vergl. *Spencer*, De legib. ritual. Hebr. II, 35. Auch der Ausdruck „Hund" und „Hundegeld," was nicht in den Tempel kommen soll (Deuteron. 23, 18. 19. Apocal. 22, 15) bezieht sich hierauf. Im

n [18]), Kelten [19]) und vielleicht sogar den Germa-
/ nicht unbekannt, in Rom endlich nicht uner-
war zur Zeit des Freistaats, zu der Kaiserzeit aber
usschweifendsten Charakter annahm [21]) und dieses Laster so wenig das Product etwa von übertriebener Civilisation ist, daß man es bei den Wilden Nordameri-

---

einen vergl. *Joseph.* c. Apion. II, 24. p. 1270. ed. *Ober-*

) Dieses behauptet außer Herodot (a. a. O.) *Sextus Em-*
P. H. I, 152: *Παρὰ μὲν Πέρσαις ἔθος εἶναι ἀῤῥενο-
χρῆσθαι*, wogegen gar nicht streitet, wenn bei Curtius
26) der Perser Orsines sich weigert dem Verschnittenen
, der Alexander's Buhle war, Geschenke wie andern Freun-
Königs darzubringen, und die Bemerkung hinzufügt: Nec
esse Persis mares ducere, qui stupro effoeminarentur
s kann ja wol in einem Lande etwas sogar häufig vor-
und doch immer mit Verachtung dessen verbunden sein,
es vorkommt); Ammian Marcell. (XXIII, ult. p. 362.
iber „puerilium stuprorum expertes" bezieht sich auf die
und nicht auf die alten Perser. Nach Eusebius (P. E.
p. 276, d.) wurde bei den Bewohnern zwischen dem Eu-
und dem östlichen Ocean der Vorwurf ein Mörder oder
sein nicht hoch aufgenommen, aber ein *ἀρσενοκοίτης* zu
ir einen Schimpf geachtet, den man selbst mit Blut rächte,
bei den Griechen es selbst den Weisen nicht zum Tadel
, ihre Liebhaber zu haben. 19) *Aristot.* Pol. II, 6, 6:
*ελτῶν κἂν εἴ τινες ἕτεροι φανερῶς τετιμήκασι τὴν πρὸς
ἄῤῥενας συνουσίαν. Strab.* IV, 199: *Οὐ νομίζεται παρ'
αἰσχρὸν τὸ τῆς ἀκμῆς ἀφειδεῖν τοὺς νέους.* Die weitere
rung davon, wie die Kelten trotz der großen Schönheit ih-
iber doch *πρὸς τὰς τῶν ἀῤῥένων ἐπιπλοκὰς ἐκτόπως λυσ-*
gibt Diodor (V, 32) und daraus Athenäus (603, a).
die Nachricht Allem widerstreitet, was wir über die
eit der Teutschen wissen, Sextus Empirikus aber, der sie
nelbet (P. H. III, 199) sie nur als Gerücht hat (*γενόμι-
τῆς ἀῤῥενομιξίας παρὰ Γερμανοῖς δὲ ὥς φασιν οὐκ
ἀλλ' ὥς ἔν τι τῶν συνηθῶν*), so ist man vollkommen be-
, an ihrer Wahrheit zu zweifeln. 21) Daß schon im 5.
der Stadt Knabenschändung, wenn auch vereinzelt, in Rom
mmen sei, beweisen 1) das Beispiel des T. Veturius, Sohns
turius, der im J. 433 den schimpflichen Vertrag mit den
tern abgeschlossen hatte; dieser T. Veturius war Schuld-
(Addictus) des C. Plotius, und wurde von diesem wie ein
gezüchtigt, weil er in seine Schändung nicht einwilligen
(*Dionys. Halic.* Exc. p. 2336. *Valer. Max.* VI, 1, 9.
la *Γάϊος Λαιτώριος*. 2) Das des Centurio M. (oder G.)
Mergus, der im Samniterkriege Tribun einer Militair-Co-
rwesen war und vor das Gericht der Gemeinde gestellt wurde,
seinem Cornicularius unzüchtige Anträge gemacht und sie
walt auszuführen versucht hatte; er entzog sich der über
gesprochenen Todesstrafe durch Selbstmord (vergl. *Dionys.*,
Max., *Suid.* l. c.). 3) In dasselbe Jahrh. wird auch der
it dem Primipilaren Cornelius gesetzt, während nur so viel
ft, daß er sich nach 465, in welchem Jahre die triumviri
zuerst eingeführt wurden, zugetragen haben muß; diesen
us nämlich warf der triumvir capit. C. Pescennius ins Ge-
, weil er mit einem freigebornen jungen Manne (um den
n, den puer venalis, hätte sich schon damals der Staat nicht
nert) unzüchtigen Umgang gepflogen hatte, und die Tribunen,
er appellirte, ließen die Entschuldigung nicht gelten, daß der-
unge Mensch damit öffentlich ein Gewerbe treibe (*Valer.*
ib. §. 10). Am Ende des 6. Jahrh. muß Knabenschändung
n schon etwas ganz Gewöhnliches gewesen sein, wenn sich,
lybius (XXXII, 11) meldet, damals viele für ein Ta-
nen geliebten Knaben gekauft haben. Im J. 527 d. St.,
Chr., belangte der curulische Ädil M. Claudius Marcellus
Militärtribun C. Scantinius vor der Bürgerschaft, weil er sei-
ohne einen unzüchtigen Antrag gemacht hatte (*Valer. Max.*
17). In dieselbe Zeit setzt man das Scantinische oder viel-
Scatinische Gesetz, aber gewiß mit Unrecht; denn 1) gesetzt

auch, es hieße diese lex „Scantinia," so ist es doch unglaublich, daß sie nach dem eben erwähnten Scantinius benannt sei, da es ein merkwürdiges Spiel des Zufalls wäre, wenn der Urheber eines Gesetzes über Unzucht sich selbst als Unzüchtiger gezeigt hätte; oder soll man sagen, daß sie Scantinia heiße, weil sie gegen das Verbrechen des Scantinius gerichtet war, so ist ein solches Motiv bei der Benennung der leges für diese Zeit höchst unwahrscheinlich. 2) Schwanken zwar überall, wo dieser lex gedacht wird, die Handschriften, aber die Mehrzahl ist doch für Scatinia (vergl. *Ruperti* V. L. ad *Juven.* II, 44). 3) Indem Cicero (Phil. III, 6) da, wo er den Ursprung der Voconiae et Scatiniae leges aus Aricinum ableitet, d. h. die Urheber dieser Gesetze als aus diesem Municipium entsprungen bezeichnet, die Voconia vor der Scatinia erwähnt, ist es wenigstens wahrscheinlich, daß diese nach jener, d. h. nach 585 d. St., 169 v. Chr., gegeben sei. Daß aber die lex Scatinia sich auf Bestrafung dieserlei Unzucht bezogen habe, kann besonders nach Juvenal (a. a. O.) und Sueton (Domit. 8) nicht bezweifelt werden; und daß man jetzt das Bedürfniß einer solchen lex fühlte, ist Beweis, in welchem Grade schon das Laster überhand genommen haben muß. Die Annahme, daß diese lex eine Geldstrafe von 10,000 (doch wol as?) gegen den Schänder festgesetzt habe, ist gewiß falsch; denn 1) beweist Quintilian (I. O. IV, 2, 68. VII, 4. extr.), auf den man sich deshalb beruft, offenbar Nichts für ein römisches desfallsiges Gesetz, sondern ist ein griechischen Rhetoren entlehntes Exempel, was bekanntlich nicht einmal für das Dasein eines solchen Gesetzes in Griechenland sprechen würde. 2) Scheinen die Nachrichten bei Valerius Maximus (a. a. O.) darauf hinzudeuten, daß dies Verbrechen mit einer Capitalstrafe belegt war. Vergl. übrigens über diese lex die bei Bach (Hist. jur. p. 149) angeführten Gelehrten. Späterhin hat man gegen dieses Verbrechen auch lege Julia de adulteriis (vergl. Dig. XLVIII, 5, 29. §. 9), und wenn gewaltsame Schändung dabei vorgekommen war, auch lege Julia de vi publica verfahren können. Was die gerichtliche Form der Behandlung betrifft, so finden wir, daß einmal ein Vater (Q. Fabius Maximus Servilianus, Consul a. u. 612) selbst seinen Sohn dubiae castitatis wegen bestraft (*Val. Max.* §. 5), ein andermal ein gemeiner Soldat, C. Plotius, seinen Militairtribun C. Luscius getödtet hat, weil er ihm niederträchtige Anträge gemacht hatte, und der Feldherr C. Marius, Oheim des Erschlagenen, billigt die That (ibid. §. 12); einmal wird die Sache durch den curulischen Ädil vor die Bürgerschaft, den populus (ib. §. 7), ein andermal durch die Volkstribunen vor die Gemeinde (ib. §. 11, wo populus für plebes steht), ein andermal durch die Consuln vor den Senat gebracht (§. 9), endlich einmal von den Triumvir. capital. entschieden. Auch ist wol nicht zu zweifeln, daß die censorische Sittenaufsicht und Strafgewalt sich auch auf dieses Verbrechen bezogen habe. In der letzten Zeit des Freistaats müssen die Sitten in dieser Beziehung im hohen Grade verwildert gewesen sein, wenn solche Gedichte, wie die Catull's (c. 15, 16, 21, 24, 33, 57, 81, 100) nur möglich sein konnten; wenn ein Clodius auf seinen Reisen immer neben scortis auch exoletos mit sich führte (*Cicero* pro Milon. 21). Dem auch von Catull (c. 29, 54, 57) deshalb angegriffenen Rufe des Julius Cäsar hat Nichts so sehr bleibende Schmach angeheftet, als sein Verhältniß zum Könige Bithyniens, Nikomedes, und ist dieses nicht nur im Munde seiner Feinde Gegenstand des Spottes und der Schmähung, sondern bekanntlich auch in dem der Soldaten Gegenstand des Witzes, bei Gelegenheit des gallischen Triumphs, geworden; sie sangen: Gallias Caesar subegit, Nicomedes Caesarem, Ecce Caesar nunc triumphat, qui subegit Gallias, Nicomedes non triumphat, qui subegit Caesarem (*Sueton.* Caes. 49). Aber was in der Zeit des Freistaats doch immer nur vereinzelt vorkam, welche furchtbare Gestalt nahm es unter den schlechten Kaisern an, unter einem Tiberius, im wollüstigen Leben zu Capreä, wo ganze greges exoletorum ihn umgaben (*Sueton.* Tib. 43), unter einem Caligula, der weder seiner noch fremder Scham schonte, des M. Lepidus abwechselnd Geliebter

ka's ebenso angetroffen hat [22]), als man es in Peru findet, doch ein solches Gemisch von Sinnlichem und Geistigem, was die griechische Knabenliebe bildet; sich nirgends sonst vereint findet, nirgends sonst diese Achtung nicht nur des Staats und der Gesetzgebung, welche sie als zum Theil förmlich anerkanntes Erziehungsmittel benutzten, sondern auch namentlich der Philosophie für die edle und reine Knabenliebe, oft neben der schwersten Bestrafung, der tiefsten Verachtung gegen die unreine, und wenn auch die erotische Poesie der Araber und Perser der Knabenliebe in einem solchen Grade fröhnt, daß sie eine Zeit lang unter Liebe immer nur Männerliebe versteht und mehr männliche als weibliche Schönheit preist, so kann man doch endlich sagen, daß auch nirgends die Verklärung und Idealisirung des Instituts durch Poesie und Kunst sich in einem solchen Grade findet, wie bei den Griechen.

Die Griechen unterschieden diese Liebe bestimmt von jedem ähnlichen Verhältnisse, namentlich auch von der Freundschaft; Philosophen aber machten die φιλία ἐρωτική zu einer besondern Species der φιλία, von der Platon die φυσική, ἑταιρική und ξενική unterschied, während Aristoteles und die Stoa nur noch zwei Species außerdem statuirten, die συγγενική und ξενική [23]), andere Schriftsteller aber die συγγενική entweder statt der φυσική oder statt der ξενική aufstellten, endlich andere, wie Maximus Tyrius [24]) die φιλία das Ziel oder τέλος der reinern Knabenliebe nennen.

3. **Altersverschiedenheit.** Zwischen Liebenden und Geliebten fand in der Regel eine große Verschiedenheit des Alters statt [25]); der Geliebte war ein junger Mensch, noch im Knaben-, am häufigsten im beginnenden Jünglingsalter [26]), meistens μειράκιον, d. h. wenn wir die Hippokratischen [27]) Altersstufen annehmen, etwa vom 15. bis zum 21. Jahre, obgleich ein Gesetz, wie es Platon [28]) wünscht, was befehle, daß man nicht Kinder, sondern nur solche lieben solle, die schon vernünftiger wären, nirgends existirte, wenn auch die Anständigern sich von selbst ein solches Gesetz vorschreiben mochten; aber daß die Geliebten meistentheils im Alter der μειράκια waren, beweisen, wenn das noch überhaupt eines Beweises bedarf, außer den μειρακίοις κινουμένοις bei den Komikern Eupolis und Theopomp [29]), und der oben angeführten Äußerung des Nepos [30]), verschiedene Dialogen Platon's [31]), daher auch die Benennung φιλομεῖραξ und φιλομειράκιος für Päderast; es fiel daher auf, daß Sokrates um Alkibiades' Liebe sich zu bewerben fortfuhr, als dieser, wenn auch immer noch

und Liebhaber war und sogar mit einigen als Geisel (obsides) ihm gestellten Jünglingen buhlte (*Suet.* 36. *Dio Cass.* LIX, 11. *Juven.* II, 164), vollends einem Nero, der jeder Scham frech entsagend, sich mit einem freigelassenen Pythagoras (Doryphorus nennt ihn Sueton) förmlich verheirathete, und wieder einen jungen Freigelassenen, Sporus, nachdem er ihn zum Verschnittenen gemacht hatte, sich noch förmlicher antrauen, die Römer an der Hochzeitsfeier loyale Freude bezeugen und dem Sporus alle Ehren der Kaiserin erweisen ließ (*Sueton.* Nero 28, 29. *Dio Cass.* LXII, 28. LXIII, 13. *Juven.* I, 62 und vor allem *Tacit.* Ann. XV, 37). Nach solchem Greuel wäre es überflüssig, erst an den Kaiser Otho zu erinnern, obgleich Othonis pathici Juvenal (II, 99) gedenkt, oder das Possenspiel des selbst in seiner Jugend seine Scham feil bietenden Domitian zu erwähnen, der als Kaiser gegen Senatoren und Ritter lege Scatinia verfahren ließ; war ja selbst ein Trajan nicht frei von diesem Laster (vergl. *Julian.* Caesar. p. 311, c.), ein Hadrian ihm sogar leidenschaftlich hingegeben (*Spartian.* Hadrian. 2, 14); für die Scheußlichkeiten eines Heliogabalus (*Ael. Lamprid.* in Heliogab. V, 10, 12) fehlt es unserer Sprache an Bezeichnungen. Daß das Beispiel der Fürsten nicht ohne Nachahmung bei den Privaten blieb, die einen mit dem ernsten Philosophenblick das Schändliche im Geheimen thaten und duldeten, qui Curios simulant et Bacchanalia vivunt, die andern wo möglich ihre Schande öffentlich registriren ließen, schildern Nero's Zeitgenosse, Petron und mit der Beredsamkeit des Unwillens Juvenal's zweite Satyre. Wie es eine Hurensteuer gab, so auch eine Abgabe für die männlichen Huren, die exoleti; Alexander Sever hatte die Absicht, die exoleti ganz zu verbieten, unterließ es aber, nicht noch Ärgeres durch Verbot zu veranlassen, aber die Abgabe sollte nicht mehr in den Staatsschatz fließen, sondern für öffentliche Baulichkeiten verwandt werden. Was Severus nicht wagte, that der Kaiser Philippus, qui usum virilis scorti vetavit (*Lamprid.* Alexand. 24. *Victor.* de Caes. 28). Nach Paulus wurde, wer eine freie Person männlichen Geschlechts wider ihren Willen stuprirte, mit dem Tode, wer sich stupriren ließ, mit Verlust der Hälfte seines Vermögens und der Entziehung der Testamentsbefugniß über den größern Theil seines Vermögens bestraft (Collat. leg. Mos. et Rom. V, 2). Von christlichen Kaisern setzte Constantinus Todesstrafe, Valentinian d. J. und Theodosius die Strafe des Feuers darauf, „damit alle einsehen mögen, sacrosanctum esse debere hospitium virilis animae." Aus dem Gesagten ergibt sich nun, daß Sextus Emp. (P. H. I, 151. cf. III, 199) zwar mit Recht sage, bei den Römern sei ἀῤῥενομιξίαις χρῆσθαι gesetzlich verboten und würde für αἰσχρόν, aber noch mehr für παράνομον gehalten; aber daß Sitte und Gesetz lange Zeit ohnmächtig waren. Wenn aber Clemens von Alexandrien sagt, die alten Römer hätten auf dies Verbrechen die Strafe des lebendig Begrabenwerdens gesetzt (Paedag. III, 3. p. 265): Ἄγαμαι τοὺς παλαιοὺς Ῥωμαίων νομοθέτας, ἀνδρόγυνον ἐμίσησαν ἐπιτήδευσιν οὗτοι, καὶ τοῦ σώματος τὴν πρὸς τὸ θῆλυ κοινωνίαν παρὰ τὸν τῆς φύσεως νόμον ὀρύγματος κατηξίωσαν κατὰ τὸν τῆς δικαιοσύνης νόμον), so läßt sich dies aus den classischen Schriftstellern schwerlich nachweisen. Schließlich muß noch an die im Artikel **Pädagogos** (s. d.) erläuterte Gewohnheit der römischen Großen in der Kaiserzeit erinnert werden, Pädagogia, d. h. ganze Scharen schöner Knaben zum Ganymedesdienst bei Tisch und Bett sich zu halten; hierauf beziehen sich *Justin.* Apol. II. p. 70: Ὃν τρόπον λέγονται οἱ παλαιοὶ, ἀγέλας βοῶν ἢ αἰγῶν ἢ προβάτων τρέφειν, ἢ ἵππων φορβάδων, οὕτω νῦν καὶ παῖδας εἰς τὸ αἰσχρῶς χρῆσθαι μόνον· καὶ ὁμοίως θηλειῶν καὶ ἀνδρογύνων καὶ ἀῤῥητοποιῶν πλῆθος κατὰ πᾶν ἔθνος ἐπὶ τούτου τοῦ ἄγους ἕστηκε, καὶ τούτων μισθοὺς καὶ εἰσφορὰς καὶ τέλη λαμβάνετε, δέον ἐκκόψαι ἀπὸ τῆς ὑμετέρας οἰκουμένης, und *Tatian.* Or. ad Graec. 45. p. 100: Παιδεραστία μὲν ὑπὸ βαρβάρων διώκεται, προνομίας δὲ ὑπὸ Ῥωμαίων ἠξίωται, παίδων ἀγέλας ὥσπερ ἵππων φορβάδων συναγείρειν αὐτῶν πειρωμένων.

22) *Virey*, histoire naturelle du genre humain. Par. 1824. Vol. I. p. 278.

23) *Aristot.* Ethic. Nicom. VIII, 3, 12. *Diog. Laert.* V, 31. III, 81. *Plutarch.* Amat. 16 et ib. *Winkelm.* Der παιδικὸς ἔρως bei *Lucian.* Amor. §. 32 et 47, der amor amicitiae b. Cic. Tusc. IV, 33. §. 70. 24) Diss. XXV, 4. 25) *Plat.* Phaedr. 240, b. 26) Bei Platon (Sympos. 181, d.) sagt Pausanias, daß die, welche von dem himmlischen und nicht dem gemeinen Eros getrieben würden, nicht Knaben, sondern die liebten, welche schon anfingen Verstand zu haben, d. h. in der ersten Zeit des Bartwuchses wären. 27) *Philo*, De mundi opific. p. 18, c. 28) Sympos. p. 181. 29) Schol. *Pind.* P. II, 75: Θεόπομπος ἐν Μήδῳ εἰσάγει τὸν Ἀδκαβηττὸν λέγοντα. Παρ' ἐμοὶ τὰ λαν μειράκια χαρίζεται τοῖς ἡλικιώταις. *Eupolis* p. 106. *Runk.*: Μειράκια κινούμενα. *Aristoph.* Vesp. 687: Μειράκιον κατάπυγον, Ranae 1082. 30) Vit. Alcib. l. c. 31) Charmid. §. 3. Alcibiad. p. 123. Phaedr. 237, b.

γόσυνος, κατάπρωκτος, λακαταπύγων[50]), der Knabenschänder hieß πυγιστής, ἀρσενοκοίτης, παιδοπίπης[51]), wenn er es leidenschaftlich trieb, παιδομανής ἄγριος[52]), ἀκόλαστος[53]), Κένταυρος (Κένταρχος), Τρίβαλλος, Κολλοποδιώκτης; παιδοκόραξ bei Alkäus; es treiben hieß πυγίζειν, μηρίζειν, διαμηρίζειν[54]), βινεῖν[55]), λαικάζειν[56]), κινεῖν[57]), περαίνειν[58]), χρήσασθαι[59]), ἀπόῤῥητα ποιεῖν, τῆς ὥρας ἀπολαύειν[60]), Καταδακτυλίζειν, σκιμαλίζειν, σκινδαρεύειν[61]); von dem, welcher sich der Schändung hingab, waren die, zum Theil euphemistischen, Bezeichnungen κίναιδος[62]), κόλλοψ, παρακίναιδος[63]), μαλακος[64]), μαλθακός, ἔκλυτος[65]), βδελυρός[66]), αἰσχρός, μιαρός, ἀναίσχυντος[67]), βάταλος[68]), κεκλασμένος[69]), θρυπτόμενος[70]) σφιγκτήρ[71]) und σφίγκτης, ἀνδρόγυνος[72]), ἄγανδρος, θηλυδρίας, und man gebrauchte von ihm die Verba ἀπόῤῥητα πάσχειν, σποδεῖσθαι[73]), βινεῖσθαι[74]), βινίσκεσθαι[75]), κινεῖσθαι, διακινεῖσθαι, κολλοπεύειν[76]), χαρίζεσθαι[77]); seinen Leib um Lohns wegen Andern zur Schändung hingeben, das μισθαρνεῖν ἐπὶ τῇ τοῦ σώματος αἰσχύνῃ[78]) hieß in Athen mit einem technischen Euphemismus ἑταιρεῖν[79]), sich mehr als Einem auf, diese Weise Preis geben, πορνεύεσθαι, und wer es that, hieß πεπορνευμένος und πόρνος[80]).

διαπράξασθαι, πρᾶξις in der Liebe und über die Ἀφροδίτη Πρᾶξις in Megaris beigebracht hat.

50) *Phot.* λακαταπύγων ὁ ἄγαν καταπύγων. *Aristoph.* Ach. 640. λακκόπρωκτος. *Kephisodor.* ap. *Athen.* 689, f. 51) Schol. *Aristoph.* Equit. 405. 52) Schol. *Aeschin.* contr. Tim. 731, R.: Ἀγρίους τοὺς σφόδρα ἐπτοημένους περὶ τα παιδικὰ καὶ χαλεποὺς παιδεραστάς· ἐπονομάζονται δὲ καὶ τρίβαλλοι καὶ κένταρχοι — dagegen in *Bekk.* Anecd. 339, 25: Καλοῦσι δὲ αὐτοὺς καὶ κενταύρους, und dies wird durch Aristophanes (Nub. 347) bestätigt: Κἂν ἴδωσι κομήτην Ἄγριόν τινα τῶν λασίων τούτων, οἷόνπερ τὸν Ξενοφάντου, Σκώπτουσαι τὴν μανίαν αὐτοῦ Κενταύροις ᾔκασαν αὐτάς, wozu der Scholiast bemerkt: Ἀγρίους δὲ καὶ κολλοποδιώκτας ἐκάλουν — τοὺς παιδεραστάς. Vergleicht man übrigens die in Suidas übergegangene Glosse des Harpokration in ἄγριος und die darin angeführte Stelle des Menander, in der ein gewaltiger Würfelspieler ἄγριος κυβευτὴς genannt wird, so überzeugt man sich leicht, daß ἄγριος auch vom Päderasten nicht anders als von jeder andern heftigen Leidenschaft gesagt worden sei. Über παιδομανής (—ία) vergl. *Winkelm.* ad *Plutarch.* Erot. 62, 22. 53) *Aeschin.* contr. Tim. p. 68, 188. *Plat.* Sympos. 186, c. 54) *Diogen. Laert.* VII, 172 und das. d. Ausleger. 55) *Aristoph.* Thesm. 35. 56) *Athen.* 689, f. 57) Ὦ κινούμενοι. *Aristoph.* Nub. 1105: Διακινηθεὶς τῷ σώματι. Vesp. 681: Μειράκια κινούμενα. *Eupolis* p. 106. *Runk.* Vergl. Süvern über Aristoph. Wolken. 49. Zusätze S. 43. 58) *Diog. Laert.* II, 128. IV, 34. 59) *Aeschin.* contr. Tim. p. 90. *R.* 60) *Plat.* Phaedr. 234, a. 61) Vergl. Hesychius in den hier angeführten Worten und dazu die Ausleger. 62) Schol. Lukian. (Pseudolog. extr.) sagt freilich „κίναιδος ὅ τε ποιῶν ὅτε πάσχων," und allerdings wird auch der ποιῶν so genannt (*Petron.* 21, 23 sq.), aber das letzte ist doch die Regel. 63) *Diogen. Laert.* IV, 34. 64) *Lobeck*, Aglaopham. 1008. Welcker in A. Schulzeit. 1831. S. 674, welche mir gegenwärtig nicht zur Hand ist, wo aber, so viel ich mich erinnere, auch der Beiname des Tyrannen von Kumä, Aristodemus, der Malchinus bei Horaz (Sat. I, 2, 25), der Malchio bei Martial (III, 82, 32) und der Trimalchio bei Petron davon abgeleitet wird. Daher bei Paulus (1 Corinth. 6, 9) Οὔτε μαλακοὶ οὔτε ἀρσενοκοῖται einander entgegengesetzt werden. 65) Einige Beispiele für diese Bedeutung s. Not. 68. 66) *Aeschin.* contr. Tim. p. 72. Schol. *Aristoph.* Nub. 445. Die Grammatiker erklären auch βάταλος durch βδελυρός, αἰσχρός. 67) *Plat.* Symp. 192, a.: Φασὶ δὲ δή τινες αὐτοὺς ἀναισχύντους εἶναι ψευδόμενοι. 68) Bekanntlich war dies der Spigname des Demosthenes (vergl. de cor. 288, 18), ihm nach seiner eignen Behauptung von seiner Amme, und aller Wahrscheinlichkeit nach wegen seiner großen Körperschwäche und Zartheit, nach Äschines aber deshalb, weil er in seiner Jugend pathicus war, oder wegen seiner weibischen Kleidung beigelegt; vergl. *Aeschin.* contr. Tim. p. 130, 163, 142: Ἐξ ἀνανδρίας τινὸς καὶ κιναιδίας ἐνεγκάμενος τοὔνομα, de leg. sua p. 273: Ἐν παισὶ μὲν ὢν ἐκλήθη δι' αἰσχρουργίαν τινὰ ἢ κιναιδίαν Βάταλος. Harpokration vermuthet, daß die κίναιδοι deshalb βάταλοι genannt würden, weil z. B. bei Eupolis ὁ πρωκτὸς βάταλος heiße; damit stimmt auch Plutarch (Demosth. 4): Δοκεῖ δὲ καὶ τῶν οὐκ εὐπρεπῶν τι λεχθῆναι τοῦ σώματος μορίων παρὰ τοῖς Ἀττικοῖς τότε καλεῖσθαι βάταλος und Schol. *Aeschin.* (p. 742): Εἰσὶ δὲ οἳ βάταλον προσηγόρευον τὸν πρωκτόν, aber daß die cinaedi so geheißen haben, konnte weder Harpokration noch ein anderer Grammatiker bezweifeln; in Bekker's Anekd. (185) wird es erklärt: ὅλον τὸ σῶμα μαλακὸς καὶ αἰσχρός, und etwas anders will auch Libanius (vit. Demosth. p. 2, 25) nicht, wenn er sagt: Τοὺς ἐκλύτους καὶ ἀνάνδρους βατταλους ἐκάλουν, womit Hesychius übereinstimmt: Βάταλος καταπύγων καὶ ἀνδρόγυνος, κίναιδος, ἔκλυτος ... Nur über den Ursprung dieser Bedeutung war man zweifelhaft; denn neben jener Etymologie leiteten es einige ab ἀπὸ τοῦ βατταλίζεσθαι οἱονεὶ τύπτεσθαι ἐν τῷ ἔργῳ (Schol. *Aesch.* l. c. Etym. M. 191, 20), die meisten von einem ephesischen Flötenspieler Battalos, der im Leben ein Kinäde gewesen und in Weiberschuhen auf der Bühne erschienen wäre, in der Kunst aber weichliche, zerflossene Melodien, die sogenannten βατάλεια, erfunden hätte; gegen ihn habe Antiphanes eine besondere Komödie geschrieben (seiner gedenkt *Lucian.* adv. indoct. 23); andere meinen, Battalos wäre ein weichlicher Dichter gewesen. Die Schreibung schwankt zwischen τ und ττ; aber die von Schäfer (Appar. *Dem.* I, 175) angenommene Unterscheidung, jenes bezöge sich auf die Unzucht, dieses auf das Lispeln oder Stottern des Demosthenes, kann ich nicht billigen.

69) Interpr. ad *Juven.* II, 111; ebenso κατεαγότες (cf. *Suid.* in ἁβρός, *Hesych.* in Ἰωνικόν), ἐπικεκλασμένοι und in derselben Bedeutung frangi, fragiles, refringi; s. *Gothofr.* l. c. p. 70 sq. 70) *Xenoph.* Conv. VIII, 4. 71) *Hesych.* Σφίγκται οἱ κίναιδοι καὶ ἁπαλοί. *Phot.* Σφίγκτας Κρατῖνος τοὺς κιναιδώδεις καὶ μαλθακούς. *Suid.* in Μεγαρικαὶ σφίγγες — ἴσως δὲ ἐντεῦθεν καὶ σφίγκται οἱ μαλακοὶ ὠνομάσθησαν. 72) *Suid.* s. v. ἀνδρόγυνος ὁ τὰ ἀνδρὸς ποιῶν καὶ τὰ γυναικῶν πάσχων. *Plat.* Sympos. 189, e. 73) *Aristoph.* Eccl. 113. 74) *Aristoph.* Thesm. 54. 75) *Aristoph.* Eq. 1248. 76) Der Komiker Platon in einer von Porson (ad *Eurip.* Med. p. 368) behandelten Stelle: Κεκολλόπευκας, τοιγαροῦν ῥήτωρ ἔσει. 77) *Plat.* Sympos. 182, b. 183, d. 78) *Aeschin.* p. 110. 79) *Aeschin.* contr. Tim. p. 76: Ὁ γὰρ πρὸς ἕνα τοῦτο πράττων, ἐπὶ μισθῷ δὲ τὴν πρᾶξιν ποιούμενος αὐτῷ μοι δοκεῖ τούτῳ (nämlich τῷ ἡταιρηκέναι), ἔνοχος εἶναι. p. 78: Ὁ γὰρ εἰκῇ τοῦτο καὶ πρὸς πολλοὺς πράττων καὶ μισθοῦ αὐτῷ μοι δοκεῖ τούτῳ (nämlich τῷ πεπορνεῦσθαι) ἔνοχος εἶναι. Wenn also einer auch seinen Leib zur Schändung Preis gab und er that es nur nicht ἐπὶ μισθῷ, so war er weder ein ἡταιρηκώς, noch weniger ein πεπορνευμένος, sondern ein ἐρώμενος; denn diese bilden einen Gegensatz. *Aeschin.* p. 160: Εἰς ὁποτέραν τάξιν τὸν Τίμαρχον κατανέμετε, πότερον εἰς τοὺς ἐρωμένους ἢ εἰς τοὺς πεπορνευμένους. *Athen.* XIII, 571: Καλοῦσι δὲ καὶ τὰς μισθαρνούσας ἑταίρας καὶ τὸ ἐπὶ συνουσίαις μισθαρνεῖν ἑταιρεῖν, οὐκ ἔτι πρὸς τὸ ἔτυμον ἀναφέροντες ἀλλὰ πρὸς τὸ εὐσχημονέστερον. *Thom. M.* in ἑταίρα p. 129. *Ritschl.*: Ἑταίρησις τὸ τοὺς ἄνδρας πάσχειν τὰ τῶν ἑταιρῶν· ἑταιρεῖ μὲν οὖν καὶ πορνεύεται ὁ πασχητιῶν, ἀλλ' ἑταιρεῖ μὲν ὑπὸ τοῦ ἐραστοῦ, πορνεύεται δὲ ὑπὸ τοῦ τυχόντος. *Libanius* T. IV. p. 184 *R.* Ἕτερος ὡραῖος τυγχάνων ἑταιρεῖ πορνεύεται, wo Reiske mit Unrecht das letzte für ein Glossem hielt. 80) *Xenoph.* Memorab. 1, 6, 13: Τὴν ὥραν ἐὰν μέν τις ἀργυρίου πωλῇ τῷ βουλομέ-

Aber auch die edlere Knabenliebe war bei den Grie- nicht etwas rein Geistiges, ein Wohlgefallen an geisti- Schönheit, an Übereinstimmung der Geister und Her- ein geistiger Austausch von Liebe geben und Liebe en, kurz nicht etwa nur leidenschaftlich gesteigerte ndschaft, vielmehr etwas Sinnliches fast immer bei- scht, das Wohlgefallen an der körperlichen Schön- über welche und ihre Variationen die Liebenden anders geurtheilt haben, als jetzt über weibliche nheit geurtheilt wird [81]), diente fast immer wenig- zum Anknüpfungspunkte des Verhältnisses [82]), wenn bei der reinern und edlern Liebe der Sinnenge- nicht über den der Augen hinausging [83]); auch bei äußerte sich die Freude über die sinnliche Nähe des bten, über jede leibliche Berührung mit ihm [84]) und r der Schmerz der Entbehrung ganz in derselben wie wir es allein bei der Geschlechtsliebe kennen, mit der reinsten war oft ein zärtliches Tändeln [85]); selten solche Gluth [86]) der Empfindung verbunden, bei der Bewerbung mehrer um die Gunst desselben schönen Knaben oder Jünglings zeigte sich Eifersucht [87]) nicht anders als bei uns in der Liebe der beiden Geschlechter zu einander, während bei gemeinern und rohern Naturen daraus nicht selten die unseligsten Zerwürfnisse, die unheilvollsten Kämpfe hervorgingen, wie uns in der Rede des Lysias gegen Simon geschildert wird. Es fehlte nicht von Seiten des Geliebten an einer gewissen Sprödigkeit und Koketterie, wie man es denn für unanständig hielt [88]), wenn sich der Geliebte schnell gewinnen ließ, und der Dichter Agathon mit seinem Liebhaber Pausanias deshalb in beständigem Streite lebte [89]), weil die Versöhnung um so süßer wäre, eine Bemerkung, die auch König Hiero von Syrakus nicht fremd geblieben zu sein scheint [90]). Die Art aber, wie sich die Empfindungen des Liebhabers aussprachen, hat, sobald man bedenkt, daß ein Mann ihr Gegenstand ist, für uns noch etwas Befremdenderes, und ist geeignet einen peinlichen, ja widerlichen Eindruck auf uns zu machen. Bleiben wir auch nur dabei stehen, daß er dem Geliebten überall nachging [91]) und sich in seine Nähe drängte, oft die ganze Nacht vor seiner Hausthür verweilte (man nannte [92]) dies θυραυλεῖν), ihm ein Ständchen brachte, seinen Namen überall an Wände (in Athen besonders im Keramikus), Thüre, Bäume rc. mit dem Zusatze „Schön" (ὁ δεῖ-

---

πόρνον αὐτὸν ἀποκαλοῦσιν· ἐὰν δέ τις, ὃν ἂν γνῷ καλόν ἀγαθὸν ἐραστὴν ὄντα, τοῦτον φίλον ἑαυτῷ ποιῆται, σώφρονα ομεν. *Aeschin.* p. 92, 158: Πόρνους μεγάλους Τιμαρχώ- *Aristoph.* Plut. 155: Οὐ τοὺς χρηστούς, ἀλλὰ τοὺς πόρ- *Pseudo-Phalarid.* Ep. XXXV: Λυκῖνον πόρνον μὲν ἐν . *Wetstein.* ad 1 Cor. 5, 9.

81) Vergl. die bedeutende Stelle bei Platon (de rep. V, 474), m der Liebe kundigen Manne geziemt es nicht uneingedenk zu sein, daß alle blühenden Knaben den Knabenfreund und rotik beflissenen Mann irgendwie reizen und beunruhigen, weil er seiner Aufmerksamkeit und Zuneigung werth scheinen. Oder ihr es nicht so mit den Schönen; wird nicht der Eine, der eine vorfene Nase hat, niedlich genannt und als solcher von Euch , des Andern Habichtsnase sagt ihr, sei etwas Königliches, und der Mitte zwischen beiden habe die schönsten Verhältnisse? nicht die Braunen „männlich," die Blonden „der Götter ?" und daß einer ein Wachsgesicht habe, meinst du, daß diese nung von einem andern als von einem beschönigenden Lieb- stamme, der das Bleiche leicht an einem ertrug, wenn es gendlich war? Kurz, jeder Vorwand ist euch recht, ihr ge- t jeden Ausdruck, um nur keinen derer zu verwerfen, die in lüthe der Jugend sind." 82) Von der unedlen Knabenliebe Maximus Tyrius (XXV, 2): Ihr Anfang sei des Leibes Blüthe, Augen tretend und durch sie in die Seele strömend, die Sokra- Liebe aber beginne mit der sich im Körper zeigenden Seelen- . 83) *Maxim. Tyr.* XXV. p. 307: Οὐ περαιτέρω τῶν μάτων. 84) Ich will nur an Platon (Phaedr. 255, d.) erin- Καὶ ὅταν μὲν ἐκεῖνος (ὁ ἐραστής) παρῇ, λήγει κατὰ ταὐτὰ τῆς ὀδύνης (nämlich auch beim Geliebten), ὅταν δὲ ἀπῇ, ταὐτὰ αὖ ποθεῖ καὶ ποθεῖται — ἐπιθυμεῖ δὲ ἐκείνῳ πα- ως μὲν ἀσθενεστέρως δὲ ὁρᾶν, ἅπτεσθαι, φιλεῖν, κατακεῖσθαι. 85) Dazu rechne ich theils was Platon d. p. 73, d.) anführt, welche Wirkung auf den Liebhaber blick der Leier oder des Kleides, oder sonst eines Gegenstan- ache, das der Geliebte oft gebrauche, theils was nach Sym- . 183, a. in Athen gestattet war, οἷάπερ οἱ ἐρασταὶ πρὸς ιδικά (sc. ποιοῦσι), ἱκετείας τε καὶ ἀντιβολήσεις ἐν ταῖς σι ποιούμενοι, καὶ ὅρκους ὀμνύντες, καὶ κοιμήσεις ἐπὶ ς καὶ ἐθέλοντες δουλείας δουλεύειν, οἵας οὐδ' ἂν δοῦλος . 86) So sagt bei Xenophon (Sympos. IV, 10 sq.) Kri- s, der Liebhaber des Klinias: „Den Klinias betrachte ich mit m Vergnügen, als Alles andere, was es Schönes in der gibt; ich würde es vorziehen blind zu sein für Alles andere, der den einen Klinias; ich zürne der Nacht und dem Schlafe, ich ihn nicht sehe, dem Tage und dem Helios weiß ich den n Dank, weil sie mir Klinias zeigen. Ich weiß, daß Geld ein süßes Besitzthum ist, aber lieber möchte ich, was ich habe, Klinias geben, als andres von Andern nehmen. Lieber möchte ich Knecht als frei sein, wenn nur Klinias mich beherrschen wollte. Für ihn würde ich mit größerer Leichtigkeit Mühen ertragen, als sonst ruhen; für ihn wäre mir süßer, Gefahren zu bestehen, als gefahrlos zu leben. — Mit Klinias möchte ich durch's Feuer gehen. — (§. 21 fg.) Wenn ich ihn nicht nenne, glaubst du, daß ich seiner weniger gedenke? Weißt du nicht, daß ich ein so deutliches Abbild von ihm in meiner Seele habe, daß, wäre ich Bildhauer oder Mahler, ich ihn nach diesem Abbilde in mir nicht weniger treu als nach seinem Anblicke darstellen könnte?" So läßt Platon (Sympos. 211, d.) die Diotima zum Sokrates sprechen: „Beim Anblicke der schönen Knaben und Jünglinge bist du jetzt in Entzückung und wie viele Andere, um nur den Anblick des Geliebten zu genießen und beständig mit ihm zu sein, wo möglich das Essen und Trinken aufzugeben bereit."

87) „Liebende suchen den Geliebten von dem Umgange mit aller Welt fern zu halten, aus Besorgniß, die Reichen möchten durch ihren Reichthum, die Gebildeten durch ihre Bildung ihnen überlegen sein." *Lysias* ap. *Plat.* Phaed. 232, c. Dieser Gedanke wird noch besser ausgeführt von Platon selbst (239, a.) Bedeutend ist die scherzhafte Äußerung des Sokrates bei Platon (Sympos. 213, d.): Ἀφ' οὗ τούτου ἠράσθην, οὐκέτι ἔξεστί μοι οὔτε προσβλέψαι οὔτε διαλεχθῆναι καλῷ οὐδενί, ἢ οὑτοσὶ ζηλοτυπῶν με καὶ φθονῶν θαυμαστὰ ἐργάζεται καὶ λοιδορεῖταί τε καὶ τὼ χεῖρε μόγις ἀπέχεται. Ein Beispiel eines aus Eifersucht in der Knabenliebe herbeigeführten Selbstmordes hat *Conon* narrat. 16. 88) *Plat.* Sympos. 184, a.: Πρῶτον μὲν τὸ ἁλίσκεσθαι ταχὺ αἰσχρὸν νενόμισται. Aus demselben Grunde ist in Kreta und Chalkis Raub als Einleitung des Liebesverhältnisses. 89) *Aelian.* V. H. II, 21. 90) *Xenoph.* Hiero I, 35: Ἥδισται καὶ ἐπαφροδιτόταται αἱ μάχαι τε καὶ ἔριδες. 91) Daß das ἐπακολουθεῖν in diesem Verhältnisse gewöhnlich war, kann allein schon Solon's Verbot gegen den Sklaven μήτ' ἐρᾶν μήτ' ἐπακολουθεῖν, wovon §. 12 die Rede sein wird, erweisen. 92) Vgl. *Ruhnken.* ad Tim. 144 sq. *Winkelm.* ad *Plut.* Erot. p. 180. Daher schildert Platon (Symp. 203, d.) den Eros als „unbeschuht, ohne Behausung auf dem Boden umherliegend, ohne Decke vor den Thüren, auf der Straße im Freien schlafend."

να καλός) einkratzte[93]) und ihm Vasen mit Figuren aus der Götter- und Heroenwelt schenkte, in welche Vasen man vorher den Namen des zu Beschenkenden mit dem Zusatze „Schön" oder „Du scheinst mir schön" (καλός, καλὸς δοκεῖς) vom Thonbildner anbringen ließ[94]), dergleichen altgriechische Vasen sich noch sehr viele erhalten haben, daß Liebende an die Thüren oder den Vorhof von der Wohnung[95]) ihres Geliebten Kränze aufhingen, manche sogar an denselben opferten; endlich daß man auch beim Kottabus-Spiele, während man aus dem hochgehaltenen Weinbecher den zurückgebliebenen Rest (λάταξ) in ein kupfernes Gefäß schleuderte, den Namen des Geliebten aussprach und aus dem Klatschen und dem Klange, welchen die herabfallenden Tropfen verursachten, die Neigung des Geliebten zu errathen suchte[96]); so werden wir selbst von diesen unschuldigen Äußerungen nicht umhin können, einzugestehen, daß sie eine zärtliche Tändelei verrathen, die uns im Umgange von Personen desselben Geschlechts höchst widerlich ist. Wäre nun hier von einer vereinzelten Handlung die Rede, so könnte man sich mit der Erklärung abfinden lassen, daß sie das Erzeugniß einer singulairen Abnormität und Unnatur sei; aber wenn wir bei einer ganzen Nation dieselbe Gesinnung, dieselbe Handlung wiederfinden, und sie bei der Ausübung solcher Handlungen, bei der Darlegung solcher Gesinnung nicht etwa das Tageslicht und die Nähe der Menschen meidet, sondern dies alles öffentlich und frank und frei thut, das Geschehene Niemand sich zur Schande, die Meisten zur Ehre anrechnen, und selbst der höchste Grad leidenschaftlicher Zuneigung und daraus hervorgehendes Unheil als ein unfreiwilliges Unglück, als eine συμφορά entschuldigt wird[97]), so müssen wir schon etwas weiter gehen, wenn wir die Sache begreifen wollen, und ebenso die verschiedenen Zeiten als die verschiedenen griechischen Stämme und Völkerschaften unterscheiden, insoweit nämlich dies Verhältniß dabei in Betracht kommt.

5. Achäische Heroenzeit, Einwirkung der Poesie und der erotischen Reden auf die erotischen Mythen. Daß die Männerliebe ein Product der modernen Zeit sei, was der griechischen Vorzeit fremd geblieben ist, diese Thatsache entging dem Lukian[a]) so wenig, daß er die Gründe davon untersucht; in Homer's Gedichten finden wir zwar, wie fast überall bei kriegerischen Naturvölkern, Waffenbrüderschaft erwähnt und ganz besonders durchgeführt die zwischen Achill und Patroklus, die erst spätere Klügelung[98]) zu einem Liebesverhältniß umgebildet hat; auch die später[b]) ebenfalls, wiewol seltner dazu umgestaltete Freundschaft zwischen Orestes und Pylades, zwischen Theseus und Pirithous mag sehr alter Sage angehören, aber nirgends bei Homer oder Hesiod bestimmte Andeutung des Verhältnisses, mit dem wir uns hier beschäftigen. Erst nachdem sich dieses Institut bei den Griechen ausgebildet hatte, haben sie ihrer Gewohnheit gemäß dasselbe durch ihre Mythen auch auf ihre Götter- und Heroenwelt übertragen. An der Ausbildung solcher Mythen ist die epische, elegische und bukolische Poesie nicht ohne allen Antheil geblieben; von der Heraklea des gewöhnlich mit Suidas in die 33. Olympiade gesetzten Pisander aus Kamira wissen wir, daß in ihr Laius als Erfinder und erstes Beispiel der Männerliebe geschildert ward; von ihm geschändet, habe sich Chrysipp mit dem Schwerte entleibt, und weil die Thebaner die frevelhafte Liebe des Laius nicht bestraft hätten, wäre ihnen von Juno die Sphinx gesandt worden; wegen der bukolischen Poesie genügt es auf das achte Fragment Bion's und auf das 13. Gedicht Theokrit's zu verweisen, in welchem die Liebe des Herkules zu Hylas auf so reizende Weise geschildert und auf XII, 35 sq., wo die Sage des Ganymedes berührt wird. Daß die elegische Poesie der Knabenliebe nicht abgewandt war, wird sich schon aus dem ergeben, was wir später von Theognis und Solon zu bemerken haben. Aber am meisten wirkten für Ausbildung solcher Sagen die lyrische und dramatische Poesie und vielleicht auch die Liebesreden oder ἐρωτικοὶ λόγοι verschiedener Philosophen, Sophisten und Rhetoren. Was die Lyriker[99])

93) Demos, der schöne Sohn des Pyrilampes, hatte eine große Anzahl Liebhaber, und man sah deshalb γεγραμμένον υἱὸν Πυριλάμπους ἐν θύρᾳ „Δῆμον καλόν," Aristophanes läßt daher (Vesp. 98) den leidenschaftlichen Freund vom Richterwesen, den Philokleon, komisch genug daneben schreiben „κημὸς καλός." Hesychius in Δῆμος sagt: Ἔθος δὲ ἦν τοῖς ἐρασταῖς ἐπιγράφειν πανταχοῦ τὰ τῶν παιδικῶν ὀνόματα. Vergl. auch Lucian. dialog. meret. p. 211, 244. Bip. Bei Aristophanes (Ach. 143) führt darum der vom Könige Sitalkes zurückkehrende Gesandte als Beweis, welch ein leidenschaftlicher Verehrer der König von den Athenern sei, auch den Umstand an, er kratze schon in die Wände ein „die Athener schön." Καὶ δῆτα φιλαθήναιος ἦν ὑπερφυῶς· Ὑμῶν τ' ἐραστὴς ἦν ἀληθῶς, ὥστε καὶ ἐν τοῖσι τοίχοις ἔγραφεν „ΑΘΗΝΑΙΟΙ ΚΑΛΟΙ." Phidias, der den Pantarkes liebte, schrieb in die Finger der von ihm verfertigten Statue des olympischen Jupiter mit kleinen Buchstaben: „Pantarkes schön;" vergl. C. O. Mueller. de Phid. vit. p. 36. Dionysios, der den Beinamen Μεταθέμενος hatte, schrieb unter dem Namen des Sophokles eine Tragödie Parthenopäos und täuschte damit einen Mann wie Herakleides Pontikos in einem solchen Grade, daß er diese Tragödie als eine Sophokleische citirte, und auch dem Dionys nicht glauben wollte, daß er der Verf. der Tragödie sei, bis er ihm zeigte, daß die παραστιχίς den Namen seines Geliebten Πάγκαλος enthalte (Diogen. Laërt. V, 93). 94) Boettig. Sabin. II, 49, 70 sq. Boeckh. Corp. Inscr. nr. 541. p. 488. 95) Athen. XV, 670, d. 96) Athen. XV, 668, d. 97) Lys. contr. Simon. p. 136 fährt in der Not. 38. S. 153 citirten Stelle so fort: Εἰδότας ὅτι ἐπιθυμῆσαι μὲν ἅπασιν ἀνθρώποις ἔνεστιν, οὗτος δὲ βελτίστατος ἂν εἴη καὶ σωφρονέστατος, ὅστις κοσμιώτατα τὰς συμφορὰς φέρειν δύναται.

a) Amor. §. 32 sq. 98) Wenn Äschines vermuthet, daß einer der Vertheidiger Timarch's auch die Homerischen Gedichte nicht verschonen werde, so ist es eben ἡ λεγομένη φιλία γενέσθαι δι' ἔρωτα Πατρόκλου καὶ Ἀχιλλέως, die er zu hören erwartet (p. 144) und Äschines selbst, obgleich es in seinem Interesse lag, das Dasein eines solchen Verhältnisses zwischen Achill und Patroklos für die Homerischen Gedichte zu leugnen, gibt doch zu, daß Homer es an dem Übermaß ihrer Zuneigung errathen lasse und nur unter andern Namen versteckt habe, τὸν μὲν ἔρωτα καὶ τὴν ἐπωνυμίαν αὐτῶν τῆς φιλίας ὑποκρύπτεται, ἡγούμενος τὰς τῆς εὐνοίας ὑπερβολὰς καταφανεῖς εἶναι τοῖς πεπαιδευμένοις τῶν ἀκροατῶν (p. 149). So sehr hatte sich diese Ansicht späterer Klügelung einmal geltend gemacht. b) Lucian. Amor. §. 47. 99) Schol. Pind. I. II. in. Ὅτι δὲ περὶ τοῦ παιδικοῦ ἔρωτος ἦν τοῖς λυρικοῖς ἡ τῶν ποιημάτων σπουδή, δημώδης ὁ λόγος· ταῦτα δὲ τείνει καὶ εἰς τοὺς περὶ Ἀλκαῖον καὶ Ἴβυκον καὶ Ἀνακρέοντα καὶ εἴ τινες τῶν πρὸ αὐτοῦ, δοκοῦσι περὶ τὰ πα-

, so entsandten, wie Pindar [1]) sagt, die ältern Ly- leicht süßtönende Knabenhymnen jedem, der in heit prangend, der wohlthronenden Aphrodite Be- in, liebliche Reife hatte; diese *παιδικοὶ ὕμνοι*, e Bakchylides [2]) nennt, welche vielleicht in Beglei- von *παιδικοῖς αὐλοῖς* [3]) aufgeführt wurden, mußten yrikern mehr als eine Veranlassung zur Darstel- olcher Mythen darbieten. Von Lyrikern haben aber tlich Alkäus, Anakreon und Ibykus Knabenliebe en; von Alkäus bezeugt es Cicero [4]), daß er, der och als tapferer Mann in seinem Vaterlande ge- at, über Knabenliebe geschrieben und an einem von liebten Knaben ein Muttermal als Schönheit ge- hätte; wir kennen wenigstens einen von ihm we- ines schönen dunkeln Haares und seiner schwarzen verherrlichten Knaben, den Lykus [5]), doch hat er [6]) besliedern sich nur so weit herabgelassen, daß er nes höhern Dichterberufs bewußt blieb. Von Ana- dagegen, dessen ganze Poesie einen erotischen, wenn esonnenen und gemäßigten Charakter [7]) hatte, die as schöne Haar des Thrakiers [8]) Smerdies, bald chönheit und Blüthe des Bathyllus [9]), bald die Augen des Kleobulus [10]) pries, wird erzählt, er hätte auf die Frage, warum er Hymnen nicht auf Götter, sondern nur auf Knaben dichte, geantwortet: „Das sind eben unsere Götter." Ganz besonders aber pries Ibykus aus Rhegium, der mit Anakreon am Hofe des Polykrates lebte, Knabenliebe [11]), deren Vorzug vor Frauenliebe er nach einer schönen Combination Müller's [12]) auch mythisch durch den Gegensatz von Ganymed und Tithonus dargestellt, sowie er auch den Talos als Liebhaber des Rhadamanthus geschildert hat [13]). Auffallen könnte es, daß ein so sittlich reiner Mensch und Dichter, wie Pindar, nicht nur im höhern [14]) Alter den Theoxenus, einen schönen Knaben aus Tenedus, geliebt und durch sein Lied verherrlicht (er soll sogar in seinen Armen gestorben sein), sondern auch den Pelops als Geliebten des Poseidon geschildert hat [15]), was ein so frommer Dichter, der keine unwürdige Sage gegen die Götter zuließ, gewiß nicht gethan hätte, wäre ihm ein solches Verhältniß auch nur im Geringsten als ein unanständiges erschienen. Noch auffallender ist, daß selbst eine Frau, die sikyonische Dichterin Praxilla, Männerliebe gepriesen haben muß; denn sie sang [16]), daß Chrysipp von Zeus, oder wenn man Valckenaer's [17]), von Welcker [18]) gebilligte Vermuthung, gegen die gleichwol mehre Kirchenväter [19]) streiten, an-

---

χολῆσθαι. *Proclus* chrestom. p. 320, a. lin. 2 nennt die als Gattung der *μελικὴ ποίησις*, und p. 321, a. lin. 15 er *τὰ δὲ ἐρωτικὰ δῆλον ὅτι γυναικῶν καὶ παίδων* ηθένων *ἐρωτικὰς ᾄδει περιστάσεις*.
Pind. I. II. in. 2) Ap. *Stobaeum* LV, 3. p. 19. 3) *Athen.* XIV, 634, f. 4) *Cic.* Tusc. IV, 33. §. ortis vir in sua republica cognitus, quae de juvenum scribit Alcaeus. *Ej.* Nat. Deor. I, 28. Naevus in arti- eri delectat Alcaeum; at est corporis macula naevus; aen hoc lumen videbatur. 5) *Horat.* Carm. I, 2, gris oculis nigroque crine decorum. 6) *Quintil.* X, Alcaeus — ad lusus et amores descendit, majoribus ta- tus. 7) *Cic.* Tusc. IV, 33: Anacreontis quidem tota est amatoria. *Maxim. Tyr.* diss. 24. p. 297 sq. et is: *Ἡ δὲ τοῦ Τηΐου σοφιστοῦ τέχνη τοῦ αὐτοῦ ἤθους* που· *καὶ γὰρ πάντων ἐρᾷ τῶν καλῶν καὶ ἐπαινεῖ πάν-* εστὰ *δὲ αὐτοῦ τὰ ᾄσματα τῆς Σμέρδιος κόμης καὶ* λεοβούλου *ὀφθαλμῶν καὶ τῆς Βαθύλλου ὥρας· ἀλλὰ* ύτοις *τὴν σωφροσύνην ὅρα· Ἔραμαι δέ τοι συνηβᾶν·* ιν *ἔχεις γὰρ ἦθος κ. τ. λ.*, wo eine Stelle angeführt in der er sich wünscht, daß ihn die Knaben lieben möch- ter *λόγοι* wegen und weil er verstände *χαρίεντα ᾄδειν*, α *λέξαι*. Diss. 32. p. 439: *Ἀνακρέων Σαμίοις Πολυ-* *ἡμέρωσε, κεράσας τῇ τυραννίδι ἔρωτα Κλεοβούλου καὶ* ου *κόμην καὶ αὐλοὺς Βαθύλλου*, nach der Verbesserung rgk (Anacr. p. 158). Wenn aber der Grammatiker Di- (*χαλκέντερος*) nach *Senec.* ep. 88, 32 auch eine beson- tersuchung angestellt hat, libidinosior Anacreon an ebrio- serit, so bezog sich diese gewiß mehr auf die Schriften das Leben des Dichters. 8) Smerdies, ein thrakischer von königlicher Schönheit, war der Geliebte des samischen en Polykrates, von dem er die kostbarsten Geschenke erhielt; s auch Anakreon ihn liebte und durch Gesang und Loblie- herrlichte, konnte er dem Dichter nicht widerstehen, der ol nichts als seinen Gesang ihm zu geben hatte; er erwi- eine Neigung; der eifersüchtige Tyrann ließ ihm daher ei- ges das vom Dichter besonders gepriesene Haar abschneiden, en zu verunstalten, diesen zu kränken; mit Recht bezieht (p. 157 sq.) hierauf das Gedicht, in welchem der Dichter Geliebten schilt, daß er die untadelhafte Blüthe des sanften abgeschnitten habe. 9) Eine schöne Statue dieses Ba- von Polykrates vor dem Altar im Heräon zu Samos errichtet beschreibt Apuleius (Florid. II, 15. p. 128 sq. Bip.) Nach ihm war Bathyllus der Geliebte des Polykrates und nur diesem zu Liebe hat Anakreon ihn gepriesen: Verum haec quidem statua est cujuspiam puberum, quem Polycrati tyranno dilectum Anacreon Tejus amicitiae gratia cantillat.

10) *Κλευβούλου μὲν ἔγωγ' ἐρῶ, Κλευβούλῳ δ' ἐπιμαίνομαι, Κλεύβουλον δὲ διοσκέω*, nach Bergk's wahrscheinlicher Verbesserung (p. 81), der auch Fr. 4 *ὦ παῖ παρθένιον βλέπων Δίζημαί σε, σὺ δ' οὐ κλύεις Οὐκ εἰδὼς ὅτι τῆς ἐμῆς Ψυχῆς ἡνιοχεύεις* mit Wahrscheinlichkeit hierauf bezieht. 11) *Cic.* Tusc. IV, 33: Maxime vero omnium flagrasse amore Rheginum Ibycum apparet ex scriptis. *Suid.* s. v. *γέγονε δὲ ἐρωτομανέστατος περὶ τὰ μειράκια*. Vergl. die Stellen bei *Schneidewin*, Ibyc. Rheg. Carm. Reliq. p. 30 sq. 79 sq. 85 sq. 12) Epist. ad *Schneidewin.* p. XII sq. 13) *Athen.* XIII, 603, d. Hierauf bezieht sich Suidas in *Θάμυρις*. 14) Vergl. das herrliche Skolion in der Fragmentensammlung von Böckh (p. 611), aus dem ich Folgendes hervorhebe: „Ich hätte, Herz, sollen bei Zeiten, in der Jugend, die Liebe pflücken, aber wer des Theoxenus leuchtende Augenstrahlen sieht und von Begierde nicht schäumt, von Demant oder von Eisen ist ihm das schwarze Herz bei kalter Flamme gehämmert; er ist von Aphrodite verachtet, oder legt sich auf den Erwerb, oder dient in jedem Wege weiblicher Frechheit; aber ich schmelze wie Wachs, wo ich der Knaben jugendliche Reife sehe." Nach der von Böckh gebilligten Annahme ist Pindar 80 Jahre alt gestorben; aber wenn er auch nur 67 Jahre alt geworden ist, wie eine andere, mir wahrscheinlichere, Nachricht meldet, so sieht man doch immer, daß Pindar im höhern Alter in diesem Verhältnisse gelebt hat. Übrigens vergl. die Stellen bei *Boeckh* prooem. p. 16. F. Jacobs Männerliebe. S. 220. *K. O. Muller*, De Phidiae vit. p. 37. 15) Ol. 1, 40. 16) *Athen.* XIII. p. 603, a. 17) Diatribe p. 28. 18) Trilogie S. 357. 19) Die Stelle des Athenäus (l. c.) *Πράξιλλα δὲ ἡ Σικυωνία ὑπὸ Διός φησιν ἁρπασθῆναι τὸν Χρύσιππον* verbesserte Valckenaer mit Berufung auf den Schol. zu Eurip. (Phoen. 66) *ὑπ' Οἰδίποδος*, indessen Clem. Alex. (cohort. ad gent. p. 28. *Potter*) sagt: *οὐδὲ γὰρ οὐδὲ παίδων ἀπέσχοντο οἱ παρ' ὑμῖν θεοί, ὁ μέν τις Ὕλλου, ὁ δὲ Ὑακίνθου, ὁ δὲ Πέλοπος, ὁ δὲ Χρυσίππου, ὁ δὲ Γανυμήδους ἐρῶντες*, und Arnobius (adv. Gentes. IV. p. 145. ed. Lugd. Bat.): Quid quod

nimmt, daß er von Ödipus geraubt war. Indessen daß auch dies den Griechen nicht auffallend gewesen sei, beweist wol der Umstand, daß Platon theils im Symposium den Sokrates von der Diotima die Rede erhalten haben läßt, in welcher der hohe Vorzug der echten Knabenliebe vor der Frauenliebe gerühmt wird, theils im Phädrus [20]) die Muse Erato zur Vorsteherin der erotischen Poesie macht. — Aber auch die Tragödie hat auf die Ausbildung solcher Mythen eingewirkt, indem sie solche zum Stoff ihrer Darstellung wählte; wir wissen, daß Einige deshalb die Tragödie gradezu *παιδεραστὰν* oder *παιδεραστρίαν* genannt haben [21]). So hat, um nur bei den drei größten Tragikern stehen zu bleiben, Äschylus einen Laius gedichtet und in den Myrmidonen den Achill als Liebhaber des Patroklus geschildert (wie Welcker [22]) vermuthet, durch nachhomerische epische Poesie veranlaßt), was Xenophon [23]) insofern tadelt, weil nach Homer Achill den Tod des Patroklus, als seines Freundes, nicht als seines Geliebten, räche; bei Platon [24]) aber Phädrus deshalb misbilligt, weil das Verhältniß das umgekehrte, Patroklus der Liebhaber, Achill der Geliebte gewesen wäre. Sophokles, der auch im Leben der Knabenliebe gehuldigt hat [25]) und noch im höhern Alter von männlicher Schönheit lebhaft ergriffen wurde [26]), hat nicht nur in seinem Stücke Kolchides den Ganymed als Geliebten des Zeus und in seiner Niobe [27]) einen ihrer Söhne als *παιδικά* dargestellt und dadurch das Interesse ungemein erhöht, sondern auch in dem satyrischen [28]) Drama: „des Achill's Liebhaber" (*Ἀχιλλέως ἐρασταί*) den schönen jungen Achill mit mehren Liebhabern umgeben, die vielleicht [29]) den Chor in diesem Stücke gebildet haben. So hat endlich Euripides in seiner Tragödie „Chrysippus" den Raub dieses Sohnes des Pelops durch Laius und die über den Tod hinausreichende Anhänglichkeit dieses an jenen geschildert oder berührt, und auch er dieses als erstes Beispiel der griechischen Männerliebe dargestellt [30]), worin ihm auch andere Dichter und Platon gefolgt sind [31]); dieses Stück soll Euripides dem von ihm geliebten Dichter Agathon zu Gefallen [32]) geschrieben, das heißt wol sein eigenes Verhältniß durch jenes mythische verklärt, in dem Spiegel des mythischen dargestellt haben. Bei Aristophanes [33]) aber macht Äschylus dem Euripides gradezu den Vorwurf, daß seine Poesie die Jugend Schwatzhaftigkeit gelehrt und sie zu Pathicis gemacht habe.

Von sogenannten Liebesreden oder *ἐρωτικοῖς λόγοις* haben wir einige Muster im Phädrus des Platon und in der dem Demosthenes, wie allgemein jetzt angenommen wird, mit Unrecht beigelegten erotischen Rede. Der Phädrus, von welchem §. 13 noch genauer gesprochen werden wird, enthält bekanntlich drei Liebesreden, oder (denn von Reden in unserm Sinne haben die *ἐρωτικοὶ λόγοι* überhaupt nicht viel an sich und der von Spengel [34]) vorgeschlagene Ausdruck „Liebesbriefe" ist, weil er bei uns leicht eine ganz falsche Vorstellung erregen könnte, noch weniger angemessen) richtiger „Liebesansprachen," „Liebesschriften;" in der einen zeigt Lysias, daß der schöne Knabe seine Gunst eher dem nicht Liebenden (d. h. dem nicht erotisch liebenden Freunde) schenken soll, als dem erotisch Liebenden; in der zweiten führt Sokrates wetteifernd mit Lysias dasselbe Thema aus, in der dritten dagegen den entgegengesetzten Gedanken. Daß, was Platon hier als Erotikos des Lysias einer strengen Kritik unterwirft, nicht Dichtung des Platon, sondern wirkliches Erzeugniß des Redners, jedoch aus einer frühern Periode seiner Thätigkeit, sei, hätte man nie bezweifeln sollen. Unter den Werken des Lysias nennt Suidas [35]) auch sieben Briefe, die mit Ausnahme eines einzigen pragmatischen alle erotisch wären, und zwar seien fünf an schöne Jünglinge gerich-

---

non contenti feminei generis attribuisse Diis curas, etiam sexus adjungitis adamatos ab his mares? Hylam nescio quis diligit, Hyacintho est alius occupatus, ille Pelopis desideriis flagrat, hic in Chrysippum suspirat ardentius. Diese Stellen beweisen offenbar, daß nach einer Sage ein Gott der Liebende des Chrysipp war, und so möchte es denn nicht räthlich sein, die Vermuthung Valckenaer's anzunehmen.

20) *Plat.* Phaedr. §. 91. p. 259, c. 21) *Athen.* XIII. p. 601, a. 22) *Aeschyl.* Trilogie. p. 419 sq. 23) Symposium 8, 31: *Καὶ Ἀχιλλεὺς Ὁμήρῳ πεποίηται οὐχ ὡς παιδικοῖς Πατρόκλῳ ἀλλ' ὡς ἑταίρῳ ἀποθανόντι ἐκπρεπέστατα τιμωρῆσαι.* 24) Sympos. c. 7. 25) *Athen.* p. 603, e.: *Φιλομεῖραξ ἦν ὁ Σοφοκλῆς.* Ib. 582, e.: *Ὁ τοῦ Σοφοκλέους Δημοφῶν ἐρώμενος.* 26) Die Angaben über das Geburtsjahr des Sophokles lassen sich auf zwei völlig verschiedene und nicht weiter auszugleichende Angaben reduciren; nach der einen ist der Dichter Ol. 71, 1, nach der andern Ol. 71, 2 geboren; Sophokles war Strateg im zweiten Feldzuge gegen Samos Ol. 85, 1, mithin damals 56 oder 55 Jahre alt und als Strateg wurde er bekanntlich vom Anblicke eines schönen Knaben so ergriffen, daß ihn sein College Perikles daran erinnern mußte, ein Feldherr müsse nicht nur mit den Händen, auch mit den Augen Enthaltsamkeit üben; denn dem Perikles wird man diesen Ausspruch wol mit größerm Rechte beilegen, als dem Isokrates, den ihm Pseudo-Plutarch im Leben des Isokrates (p. 49) in den Mund legt; vergl. übrigens die Stellen bei Schulz (de Sophocl. vita p. 47). 27) *Athen.* p. 601, a.: *Καὶ Αἰσχύλος μέγας ὢν ποιητὴς καὶ Σοφοκλῆς ἦγον εἰς τὰ θέατρα διὰ τῶν τραγῳδιῶν* (das ist in dem weitern Sinne zu nehmen, wo es auch Satyrdramata begreift) *ἀρσενικοὺς ἔρωτας, ὁ μὲν τὸν Ἀχιλλέως πρὸς Πάτροκλον, ὁ δ' ἐν τῇ Νιόβῃ τὸν τῶν παίδων.* *Plutarch.* Amator. 17: *Τῶν μὲν γὰρ τοῦ Σοφοκλέους Νιοβιδῶν βαλλομένων καὶ θνησκόντων ἀνακαλεῖταί τις οὐδένα βοηθὸν ἄλλον οὐδὲ σύμμαχον ἢ τὸν ἐραστήν.* 28) Welcker, Nachträge zur Trilogie. S. 163, 305. Die Verse A. *Πρὸς θῆλυ νεύει μᾶλλον ἢ 'πὶ τἄῤῥενα;* B. *ὅπου προσῇ τὸ κάλλος, ἀμφιδέξιος* bei *Plut.* Erot. 21 sind nach Valckenaer aus einem Sophokleischen Satyrdrama.

29) Größere Wahrscheinlichkeit ist, zumal nach Schol. *Aristoph.* (Vesp. 1021), daß auch in diesem Stücke der Chor von Satyrn gebildet war. 30) *Cic.* Tuscul. IV, 33. *Aelian.* V. H. VI, 15. *Valckenaer.* diatrib. p. 23. Platon (Legg. VIII. c. 5. p. 836) sagt daher: „wenn einer der Natur folgend das Gesetz gäbe, wie es vor Laius bestanden hat." 31) *Plut.* Pelopid. 19: *Ὅλως δὲ τῆς περὶ τοὺς ἐραστὰς συνηθείας οὐχ, ὥσπερ οἱ ποιηταὶ λέγουσι, Θηβαίοις τὸ Λαΐου πάθος ἀρχὴν παρέσχεν.* Hypothes. ad *Aeschyl.* Sept. c. Th. *Φασὶ γὰρ ὅτι τὸν τοῦ Πέλοπος υἱὸν Χρύσιππον — ὁ Λάϊος ἥρπασεν ἐρασθεὶς αὐτοῦ καὶ αὐτῷ συνεγένετο, καὶ πρῶτος ἐν ἀνθρώποις τὴν ἀῤῥενοφθορίαν ὑπέδειξε καθώς περ δὴ καὶ ὁ Ζεὺς ἐν θεοῖς τὸν Γανυμήδην ἁρπάσας.* Anspielung hierauf bei *Dio Chrysostom.* Or. X. p. 304. 32) *Plut.* Amator. 24. *Aelian.* V. H. XIII, 4. 33) Ran. 1080 sq. 34) Artium script. p. 126. Ich sollte denken, daß die von Spengel angeführten Worte „*Ἐγὼ μὲν οὖν ἱκανά μοι νομίζω τὰ εἰρημένα, εἰ δέ τι σὺ ποθεῖς, ἡγούμενος παραλελεῖφθαι, ἐρώτα*" grade umgekehrt dafür sprechen, daß es keine Epistel sei. 35) s. v. *Λυσίας.*

πρὸς μειράκια); der sechste ist also wol an eine
: Frau gerichtet gewesen, und kaum kann man zwei-
daß es die vom Scholiasten zu Platon [36]) angeführte
Μετάνειραν ἐπιστολή sei; die ἐρωτικοὶ λόγοι dage-
:rwähnt Suidas nicht; nach dem Scholiasten Her-
[37]) findet sich der von Platon im Phädrus mitge-
: Aufsatz des Lysias unter den Episteln des letz-
und er nennt ihn gradezu eine Epistel: φέρεται ἐν
ἐπιστολαῖς ταῖς ἐκείνου καὶ αὕτη ἡ ἐπιστολή. Da-
unterscheiden Pseudo-Plutarch und Photius die
ολαί und ἐρωτικοὶ λόγοι als besondere Werke des
, und dieselbe Unterscheidung scheint [38]) schon Dio-
von Halikarnaß zu statuiren. Man möchte daher
ithen, daß es eine doppelte Anordnung der Werke
Redners gegeben habe; die eine des Photius und
o-Plutarch ist vielleicht auf Dionys von Halikarnaß,
idere des Suidas vielleicht auf Cäcilius, den sicili-
Rhetor, zurückzuführen. Daß aber Lysias nicht der
Verfasser von ἐρωτικοῖς λόγοις war, beweisen wol
Zorte, die Platon (p. 235 a.) dem Sokrates in den
legt, wo er von den weisen Männern und Frauen
Zeit, die über diesen Gegenstand geredet und ge-
en haben, spricht, und nach Sappho und Anakreon
die συγγραφεῖς oder die Schriftsteller in pro-
her Rede hervorhebt. Das Thema, welches Ly-
ind Sokrates im ersten λόγος ausführen, daß der
ie dem nicht erotisch Liebenden eher als dem ero-
Liebenden seine Gunst gewähren solle, wurde ver-
ich später in den Rhetorenschulen öfter ausgeführt,
n wir ein Beispiel in dem ἐρωτικός haben, welchen
o [39]) an M. Antoninus schickt. — Der sogenannte
sthenische ἐρωτικός enthält außer einer Einleitung, in
ir uns das Bemerkenswertheste ist, daß die meisten
hen Schriften mehr zur Schande als zur Ehre der
dieselben geschilderten Personen gereichten, theils
obpreisung des schönen Epikrates sowol seiner Schön-
als seiner übrigen Tugenden wegen, theils einen
, was er für seine geistige Ausbildung zu thun habe
eine Ermunterung zur Beschäftigung mit der Philo-
. Dionys von Halikarnaß erwähnt diesen Demo-
schen ἐρωτικός gar nicht, oder, wenn er ihn da be-
et, wo er unter den allzumal unechten panegyrischen
des Demosthenes auch die von sophistischem Gehe strotzende Lobschrift auf Pausanias anführt [40]), so-
er Pausanias aus Versehen für Epikrates geschrieben
haben; Libanius [41]) erklärt den ἐρωτικός für unecht; daß dies Urtheil von Mehren getheilt wurde, zeigt Photius [42]); Pollux [43]) erwähnt ihn einmal, namentlich aber mit dem Zeichen des Zweifels (εἰ γνήσιος), obgleich er einige Male [44]) Worte als Demosthenische anführt, die nur in diesem ἐρωτικός sich finden. Aus Lukian [45]) ergibt sich, daß die ἐρωτικοὶ λόγοι der alten Philosophen später oft gelesen wurden, und daß man diese Lectüre für zur Knabenliebe verführend erachtete. Wenn ich nun auch von diesen ἐρωτικοῖς vermuthe, daß sie zur Ausbildung jener Mythen beigetragen haben, so wird mich schon die Stelle im Demosthenischen (p. 1410, 18) rechtfertigen. Aus dem Ende des 4. Jahrh. haben wir einen Erotikos von Themistius [46]), welcher aber nichts als eine baroque Einkleidung einer Lobrede auf den Kaiser Valens ist.

6. Die mythischen Beispiele der Männerliebe sind die bereits erwähnten des Laius und Chrysipp, des Achill und Patroklus, des Talos und Rhadamanthus abgerechnet, vorzüglich folgende. Die Fabel, daß Ganymedes, der schönste der Menschen, eben seiner Schönheit wegen von den Göttern entführt worden sei, um im Olymp des Zeus Mundschenk zu werden, findet sich schon bei Homer [47]); im Homerischen Hymnus [48]) ist es dagegen Zeus selbst, der ihn seiner Schönheit wegen im Sturm entführt, damit er unter den Göttern das Amt des Mundschenken bekleide, und er schickt durch Hermes seinem betrübten Vater Tros zum Trost und zur Entschädigung die prächtigen Rosse. Indessen Entführungen schöner Sterblichen durch Götter und Göttinnen kamen in den griechischen Sagen mehrfach und in mehr als einer Bedeutung vor [49]); aber von den uns erhaltenen Dichtern ist Pindar [50]) der älteste, welcher den Ganymed zum Geliebten des Zeus, wie den Pelops zum Geliebten des Poseidon macht, was denn viele Andere ihm nachgethan haben, auch wol der Komiker Teleklides [51]), am schlüpfrigsten vielleicht Lukian [52]). Die Ausbildung der Ganymedesfabel wurde aber von den meisten Griechen [53]) den Kretensern zugeschrieben, bei denen, wie wir bald sehen werden, Knabenliebe vorzüglich im Schwunge war, und die ebendadurch sie zu rechtfertigen versuchten, daß sie ihren Ursprung auf den Nationalgott Kreta's, auf Zeus, zurückführten. Indessen dem Echemenes [54]) nach wurde in der kretischen Sage Ganymedes nicht von Zeus, sondern von Minos geraubt, womit auch Dosiades [55]), der Verfasser einer Schrift unter dem Titel „Kretika" überein-

6) p. 847. *Bekk.* 37) ad *Plat.* Phaedr. p. 77. *Ast.*
Lys. c. 1: Πλείστους δὲ γράψας λόγους εἰς δικαστήριά
βουλὰς καὶ πρὸς ἐκκλησίας εὐθέτους, πρὸς δὲ τούτοις
νυρικούς, ἐρωτικούς, ἐπιστολικούς. c. 3: Περὶ γὰρ τῶν
λικῶν αὐτοῦ καὶ ἑταιρικῶν καὶ τῶν ἄλλων, οὓς μετὰ
ἔγραψεν, οὐδὲν δέομαι λέγειν. 39) *Frontonis* reliq.
. ed. *Niebuhr.* 40) De admir. vi dicend. in Demosth.
p. 1095. Es ist allerdings ein eigenes Spiel des Zufalls,
r Demosthenische ἐρωτικός zu Ehren eines Epikrates ge-
en, der des Lysias nach Platon's Fiction im Hause eines,
ich viel ältern, Epikrates recitirt worden ist; in keinem
berechtigt aber ein solches Zusammentreffen zur Annahme
Art stehender Person in den ἐρωτικοῖς, des Namens Epikra-
Westermann. de epitaphio atque erotico Demosthenis ober
t. Demosth. Partic. [2da Lipsz. 1831.] p. 76).

41) De partib. eloq. ap. *Demosth.* p. 6. *Reiske.* 42) cod. 265. p. 492, 25. 43) III, 145. 44) Vergl. *Pollux* II, 122 mit *Demosth.* p. 1401, 19. *Pollux* II, 154 mit *Demosth.* 1412, 22. 45) Dialog. Meretr. X. p. 243: Ἀναγιγνώσκει μετ' αὐτοῦ ἐρωτικούς τινας λόγους τῶν παλαιῶν φιλοσόφων πρὸς τοὺς μαθητάς. 46) Orat. XIII. p. 198—221. ed. *Dind.* 47) Il. XX, 233 sq. 48) An die Aphrodite v. 202 fg. 49) Vergl. Heyne, Antiquarische Aufsätze I, 35. Ruperti in Henke's Magazin. 6. Th. 50) Ol. I, 44 und daselbst die Ausleger *Boeckh.* ad *Plat.* Min. p. 106. 51) *Pollux* III, 70: Ὁ μέντοι παιδέρως Ζεὺς παρὰ τῷ Τηλεκλείδῃ πέπαικται, was natürlich in einem andern Sinne gesagt ist, als Φαλῆς παιδεραστά bei *Aristoph.* Acharn. 253. 52) Göttergespräche 4 und 5. 53) Nach *Plat.* Legg. I, 636. 54) Bei *Athen.* 601, f. 55) Beim Schol. *Homer.* Il. XX, 234.

stimmt, nach welchem auch der Hafen, von dem aus Ganymedes geraubt wurde, Ἁρπαγίας geheißen hätte. Die Ganymedessage eigneten sich aber auch die Chalkidenser[56]) zu, bei denen ebenfalls Knabenliebe geübt wurde; hier gab es ebenfalls einen an Myrthen reichen Ort, Ἁρπάγιον genannt, wo der Raub vorgegangen sein soll; endlich nach Mnaseas[57]) hat nicht Zeus, sondern Tantalus den Ganymedes geraubt. Der Dialog des Diogenes[58]) von Sinope „Ganymedes" behandelte vermuthlich die hier berührte Sage. — Dem Herakles, dessen Liebschaften aufzuzählen, wie Plutarch[59]) sagt, wegen ihrer Zahl zu mühsam wäre, gab zu Geliebten die spartanische Sage[60]) den Elakatas, die vielleicht von Bithynien oder dem pontischen Heraklea ausgehende weit verbreitete Sage den Hylas[61]) (Cui non dictus Hylas), die böotische Sage den Iolaus, der sonst nur sein Kampfgenosse und Wagenlenker heißt, in Theben aber schworen noch zu Aristoteles' Zeiten Liebende auf dem Grabe des Iolaus sich feierlich Liebeseide und gegenseitige Treue[62]); die vermuthlich lokrische Sage gab dem Herakles den Abderus[63]), Diotimus den Eurysteus[64]), Andere den Nestor[65]), Andere den Iphitus, Nireus, Adonis, Jason, Korythus[a]), den Ätoler Stichius[b]), Andere wieder den Philoktet[66]), Andere vielleicht den Admet[67]) zu Geliebten. Nächstdem wurde nun noch unter den Göttern besonders Apollon zum Päderasten in der Sage gemacht, und man gab ihm zu Geliebten den Branchus[68]), den Hyakinthus[69]), den Admet[70]) oder den Helenus[c]), den Sohn des Priamus ꝛc. Vereinzelt steht nun noch die böotische Narcissussage, die Sage, welche den Euphorion[d]) und Priamus[e]) zu Geliebten des Zeus, den Pollux[f]) zum Geliebten des Hermes, den Dionysos[g]) zum Geliebten des Chiron, den Adonis zum Geliebten des Dionysos[71]), den Melikertes zum Geliebten des Meergottes Glaukus[72]), den Theseus zum Geliebten des Minos[73]), den Argynnus oder Argennus zum Geliebten des Agamemnon[74]), den Hymenäus zum Geliebten des Argennus[75]), den Miletus oder Atymnius zum Geliebten des Sarpedon[76]), den Antilochus zum Geliebten des Achill[77]), den Kalais, Sohn des Boreas, zum Geliebten des Orpheus machen, der auf diese Weise zuerst Männerliebe die Thrakier gelehrt, und weil er diese der Frauenliebe vorgezogen hätte, von den Weibern getödtet worden sei[78]); nach einer andern Sage ist ein anderer Sänger, Thamyris, der erste gewesen, der Männerliebe den Menschen gezeigt hat, sein Geliebter wird Hyakinthus[79]) oder Hymenäus[80]) genannt; endlich wird auch in einer vereinzelten Sage der Gott Pan[81]) zum Päderasten gemacht.

7. **Dorische Knabenliebe, namentlich in Kreta.** Diese Mythen zeigen schon ungefähr, bei welchen griechischen Volksstämmen, in welchen griechischen Städten wir Knabenliebe am meisten werden zu suchen haben, denn Apollon der Gott, Herakles der Heros des dorischen Stammes[82]) sind es ja, die uns in denselben vorzugsweise als Päderasten bezeichnet werden. Es ist daher am passendsten, mit den Staaten des dorischen Stammes und namentlich denen Kreta's zu beginnen, zumal da die Kreter von einigen[83]) Schriftstellern gradezu als die genannt werden, welche Knabenliebe zuerst gekannt und sie den übrigen Griechen mitgetheilt haben; auf Kreta weisen auch nicht wenige Mythen[84]) zurück; in Kreta hat das Institut den bedeutendsten Einfluß ausgeübt. Woher dasselbe nach Kreta gekommen, ob die Griechen es aus Lydien, wie Welcker[85]) meint, oder daher nur die Knabenschändung erhalten haben, das sind Fragen, zu deren Beantwortung es uns an Daten gebricht. Wenn wir indessen die Knabenliebe in der bestimmten und zwar pädagogischen Form überall beim dorischen Stamme finden, so möchte man nicht sowol Kreta, als die nördlichen Landschaften Griechenlands, welche die Wiege dieses Stammes waren, als diejenigen Gegenden bezeichnen, in denen sie sich in dieser Gestalt zuerst entwickelt hat. Die ausführlichste Nachricht über die kretische Knabenliebe verdanken wir dem Ephorus[86]). Das Verhältniß wurde hier nicht, wie

---

56) *Athen.* l. c. 57) Bei dem oben angeführten Schol. zu Homer, vergl. *Eusthat.* 1280, 21. 58) Citirt bei *Diogen. Laert.* VI, 80. 59) Eroticos p. 40. *Winkelmann.* Ἡρακλέους δὲ τοὺς μὲν ἄλλους ἔρωτας ἔργον ἐστὶν εἰπεῖν διὰ πλῆθος. 60) *Sosibius* ap. *Hesychium* in Ἡλακάτια. 61) Lieblich ausgeführt bei Theokrit im 13. Gedicht. Der Held, sonst mit eisernem Herzen, der dem Löwen widerstanden, ist vom schönen, reichgelockten Hylas unzertrennlich Mittag und Morgen und Abend, und unterrichtet ihn wie ein Vater den Sohn in Allem, wodurch er selbst ein Held und gepriesen geworden, und sorgt dafür, daß der Knabe nach seinem Wunsche gebildet werde und zu einem wahrhaften Manne gedeihe. Vergl. K. O. Müller, Orchomenos, S. 451. 62) *Plutarch.* Pelopidas 78. Amator. 17. p. 40 *Winkelmann.* Ἰόλαον δὲ νομίζοντες ἐρώμενον αὐτοῦ (i. e. τοῦ Ἡρακλέους) γεγονέναι, μέχρι νῦν σέβονται καὶ τιμῶσιν, Ἔρωτος ὅρκους τε καὶ πίστεις ἐπὶ τοῦ τάφου παρὰ τῶν ἐρωμένων λαμβάνοντες. 63) *Apollodor.* II, 5, 8. *Philostratus* Heroica p. 696. *Ptolemaeus* narrat. 2. ap. *Photium.* p. 147, 20, b. 64) *Athen.* 603, a. 65) *Ptolem.* p. 147, 37, a. *Philostratus* l. c. a) *Ptolem.* p. 147, b. lin. 10, 12, 30, 36. b) *Id.* 152, b. 36. 66) *Martial.* II, 84. Mollis erat facilisque viris Poeantius heros. 67) *Plut.* Erotic. p. 40. 68) *Lucian.* de domo. 24. Müller, Dorier I, 224. Barth zum Statius. S. 478. 69) Müller, Dorier I, 354. 70) *Plutarch.* Erotic. l. c. *Callimachus*, Hymn. in Apoll. c) *Ptolem.* p. 151, b. 35. d) *Id.* p. 149, a. lin. 21. e) *Id.* 152, b. lin. 9. f) *Id.* 152, b. 40. g) *Id.* 150, a. 2. 71) *Athen.* X, 456, b. 72) Ib. VII, 297, a.

73) Ib. 601, f. 74) Müller, Orchomenos S. 215. 75) *Athen.* p. 603, e. 76) *Apollodor.* III, 1, 2 et ibid. *Heyne.* 77) *Philostratus*, Imagg. II, 7 und das. Jacobs und Welcker. 78) *Phanocles* ap. *Stobaeum* LXIV, 14. *Ovid.* Met. X, 83: Ille etiam Thracum populis fuit auctor amorum. In teneros transferre mares citraque juventam Aetatis breve ver et primos carpere flores. Schol. *Virgil.* Georg. IV, 520. *Hygin.* Astr. I, 7. 79) *Apollodor.* I, 3, 3. 80) *Suidas* s. v. Θάμυρις. Zenob. IV, 27. 81) *Bekk.* Anecd. p. 200, 21. 339, 23. Etym. M. 13, 48. 82) Über die dorische Knabenliebe handelt erschöpfend Müller (Dorier II, 290 fg.), dem ich daher in allen wesentlichen Punkten gefolgt bin, weshalb ich auch wegen der Belege auf ihn verweise. 83) *Timaeus* ap. *Athen.* 602, f.: Τοῦ παιδεραστεῖν παρὰ πρώτων Κρητῶν εἰς τοὺς Ἕλληνας παρελθόντος, ὡς ἱστορεῖ Τίμαιος. Heraklid. Pontik. in den sogenannten Fragmenten περὶ πολιτ. III. p. 7. *Servius* ad Aeneid. X, 325: De Cretensibus accepimus, quod in amore puerorum intemperantes fuerunt, *quod postea in Laconas et in totam Graeciam translatum est.* 84) Selbst den Namen des kretensischen Heros Meriones leiteten einige davon ab δι' ἔμφασιν τοῦ Κρητῶν ἔθους, nämlich von διαμηρίζειν. *Sext. Emp.* P. H. III, 99. 85) *Aeschyl.* Tril. p. 356. 86) *Strabo* X, 483 sq.

8. Knabenliebe in Sparta. Im Hauptstaate des dorischen Stammes, in Sparta, nahm das Institut eine noch bedeutendere Stellung ein; hier war es nicht nur durch Sitte zugelassen und gebilligt, sondern gewissermaßen vom Staate durch Strafverfügungen geboten, wenn es anders wahr ist, was Älian [96]) in seiner freilich nichts weniger als kritischen Anekdotensammlung berichtet, daß die Ephoren sowol einen Edeln, der keinen Geliebten gehabt, bestraft, als einen Schönen zu einer Geldstrafe verurtheilt hätten, der einen reichen Liebhaber einem armen, aber braven Manne vorgezogen hatte, und wenn sich die Stelle auf Sparta bezieht, die wir Note 88 auf voriger Seite beigebracht haben. Selbst die Mitglieder der beiden königlichen Familien waren als Knaben Geliebte, als Männer Liebende, z. B. Agesilaus [97]) und Kleomenes. Es war aber hier ein wahres Erziehungsmittel, daher behandelt es auch Xenophon [98]) im Abschnitte von der Erziehung mit der einleitenden Bemerkung „denn auch dieses (die Knabenliebe) gehört gewissermaßen zur Erziehung." Der Gesetzgeber, sagt er, habe deshalb einerseits die reine Liebe, wenn ein selbst edler Mann die Seele eines Knaben liebe und ihn durch seinen Umgang zum untadelhaften Freunde mache, gelobt und diese Erziehung für die schönste gehalten, andererseits das Begehren nach dem Körper des Knaben für schimpflich erklärt, und dadurch bewirkt, daß in Lakedämon die Liebenden gegen die Geliebten nicht minder enthaltsam wären als die Ältern gegen ihre Kinder, Brüder gegen Brüder; manchen dürfte dies unglaublich scheinen [99]), aber nur deshalb, weil in vielen Staaten die Gesetze sich nicht dem sinnlichen Begehren in der Liebe zu Knaben entgegensetzten. So Xenophon, und mit Recht, denn da die Erziehung in Sparta von frühen Jahren an der Familie entzogen und zur Staatsangelegenheit gemacht war, so vertrat dies Verhältniß gewissermaßen den Mangel des älterlichen Einflusses; der Liebende war der zweite Vater des Geliebten. Das Gesetz gestattete in Sparta dem Liebenden die größte Nähe, jedes Zeichen der Zuneigung, selbst die innigste Berührung des Geliebten [1]), und dieser pflegte, wie Älian sagt, nicht spröde gegen jenen zu sein, Schändung aber wurde an dem, der sie ausübte, wie an dem, der sie litt, mit Entehrung, Verweisung oder Tod bestraft [2]). Aber im Leben mag die Schranke des Gesetzes oft genug durchbrochen worden sein [a]), und so läßt sich das Lob, was Schriftsteller, wie Plutarch [3]), mit dem Tadel, den Platon und Cicero über die lakedämonische Knabenliebe aussprechen, wohl vereinigen. Der Liebende hieß in Sparta εἰςπνήλας, oder εἴςπνηλος das Lieben von seiner Seite εἰςπνεῖν, der Geliebte hier wie in Thessalien ἀΐτας. Das Verhältniß mag hier zuweilen durch den Knaben eingeleitet worden sein, aber die Regel war wol auch hier, daß der Eispnele sich um den Aitas bewarb. Der Erstere vertrat den Letztern in der Volksversammlung (ἀγορά), hatte ihn in der Schlacht in seiner Nähe, und man hat Beispiele von einer Treue, die sich bis in den Tod bewährte, daheim aber bildete er ihn aus zu männlicher Tugend, wie in der schönen Sage Herkules den Hylas in den Tugenden ausgebildet hat, in denen er selbst glänzte; von dem geistigen Einflusse des Liebenden auf die Entwickelung des Geliebten erwartete man so viel, daß nicht selten der Eispnelas wegen Vergehen des Aitas bestraft wurde.

9. Knabenliebe in andern dorischen Staaten. Es fehlt nicht an Belegen [4]) für das Vorhandensein der Knabenliebe in Megara, Korinth, Ambrakia und Syrakus [b]), den Colonien Korinth's, Epidamnus [c]), der Colonie Korkyra's, welches wieder Korinths Colonie war, Knidus und Tarent [5]), den Colonien Sparta's, Herakles, der Colonie Tarents, Agrigent, der Colonie Gela's, welche selbst wieder eine Colonie von Rhodus war, in Rhodus [6]), Halikarnaß [d]), der Colonie Trözens, bei den epizephyrischen Lokrern, die wir, wenn auch die opuntischen und ozolischen zum äolischen Stamme gehören, berechtigt sind zum dorischen zu rechnen. Namentlich in Megara wurde jedes Jahr beim Beginne des Frühlings am Grabe des Diokles, eines attischen Verbannten, der im Leben durch Treue und Innigkeit der Zuneigung zu seinem Geliebten sich ausgezeichnet hatte, ein merkwürdiger Wettkampf [7]) von Jünglingen gehalten. Theognis, der megarische Dichter, war nach Athenäus [8]) der Knabenliebe nicht abgeneigt und der

96) V. H. III, 11 sq. 97) Doch gehört der dafür angeführte Plutarch (Agesil. 13 und daraus Reg. Ap. p. 128., Lac. p. 177) nicht hierher. 98) De republ. Laced. II, 13. (12. *II.*) 99) Ich erinnere hier an die Bemerkung Müller's (S. 296), daß besonders die attischen Komiker, wie sie den Ruf der Sappho anrüchig, so auch den der lakonischen Knabenliebe durch ihre Späße verdächtig gemacht haben.

1) *Cic.* de republ. IV, 4: Lacedaemonii ipsi cum omnia concedunt in amore juvenum praeter stuprum, tenui sane muro dissaepiunt id quod excipiunt; complexus enim concubitusque permittunt palliis interjectis, wie Mai vortrefflich in der zweiten Ausgabe statt des sinnlosen pallas inter pecus aus *Januar. Nepotian.* XV, 20 Lacedaemonii osculorum licentiam dedere et concubitus, verum palliis interjectis verbessert hat. 2) Exil und Tod nennt Älian (III, 12) als lakonische Strafe des Stuprum; Entehrung; *Xenoph.* de rep. Lac. II, 13 und Sympos. VIII, 35.

a) Ein spartanischer Harmost von Oreos, Aristodemus, suchte einen Jüngling zu schänden, und da er dazu nicht gelangen konnte, tödtete er ihn; die Ephoren verweigerten dem Vater die verlangte Genugthuung. *Plutarch.* amator. narr. 3. 3) De educ. puer. 14: *Τοὺς δ' Ἀθήνησι καὶ τοὺς Λακεδαίμονι ἔρωτας ζηλωτέον.* Ob das Verhältniß des Königs Pausanias zu jenem Argilier, der erst sein Geliebter, später sein Vertrauter, zuletzt sein Verräther wurde, ein reines war, weiß ich nicht; aber wenn Nepos (*Paus.* 4) schreibt: Argilius quidam adolescentulus, quem puerum Pausanias amore venereo dilexerat, so soll dies schwerlich etwas Obscönes, sondern, da diligere so vieldeutig ist, wol nur andeuten, daß damit das an Geschlechtsliebe streifende, den Griechen eigenthümliche, Verhältniß gemeint werde. 4) *Max. Tyr.* Diss. XXIV. p. 283 und das. *Davis*, Diss. XXVI. p. 319. Müller, Dorier. S. 295. b) *Plut.* amator. narr. 2. c) *Ptolem.* narrat. 7. 5) *Lorentz* de civitate veterum Tarentinorum. p. 29. 6) *Athen.* 444, f. d) Herodot liebte den Hymnographen Plesirrhoos, ihn soll er zum Erben eingesetzt, ihm das Proömium des Geschichtswerks zum Verfasser haben. *Ptolem.* narrat. 3. 7) *Theocrit.* XII, 27. Der Erklärung Welcker's (Theog. LXXVIII sq.), wonach *Νισαῖοι Μεγαρῆες* nicht die nisäischen Megarer, sondern die megarischen Nisäer bedeuten und der Wettkampf nicht in Megara, sondern in Nisa gehalten worden sein soll, kann ich nicht beistimmen; sie scheint mir grammatisch unmöglich. 8) *Athen.* VII, 310, b.: *Οὐδὲ τὸ παιδε-*

nen Elegien so oft angeredete Kyrnos war den Lexi-
chen [9]) zufolge der Geliebte des Dichters. Hieron [10])
Syrakus war der Knabenliebe ungemein hingegeben,
Geliebter, Dailochus, war zubenannt der „Schönste;"
de galt von Dionys [11]) dem Ältern, von dessen Söh-
tisäus [12]) und Hipparinus [e]), und Dion, den Schönheit
eibes nicht minder als die des Geistes auszeichnete, war
Geliebte Platon's [13]). Der Platoniker Eudoxus [14]) aus
is soll Geliebter des Arztes Theomedon gewesen sein.
besonders berühmt ist die Knabenliebe in Agrigent
die rührende Treue geworden, die sich Chariton und
nippus [15]), jener der Liebende, dieser der Geliebte, dem
nen Phalaris gegenüber leisteten, die in der Folge
durch den Ausspruch der Pythia verherrlicht ward,
nd dem Phalaris, wie so manchen andern grausa-
Tyrannen, auch Knabenschändung nachgesagt wird [16]).
Italioten waren nach Suidas [17]) die Erfinder der Kna-
de, und den Etruskern, Samnitern, Messapiern und
Großgriechenland bewohnenden Griechen wurde nach-
[18]), daß sie zum Theil die unzüchtigste Männerlie-
d Knabenschändung geübt hätten. Indessen in keinem
Staaten scheint die Knabenliebe irgend eine öffentlich
mnte Stellung und Bedeutung gehabt zu haben.

10. **Knabenliebe in den Staaten des äoli-
Stammes.** Wir wenden uns daher gleich zu
Staaten des äolischen Stammes. Von den zu ihm
gen Völkerschaften verdienen hier am meisten Beach-
die Eleer und Böoter. Böotisch ist die Fabel von
ssus, dem Sohne des Kephissus; diese Sage aber
auch in der Form, in der sie Ovid [19]) erzählt, da
h einmal den Narkissus sich in sich selbst verlieben und
nur viele Mädchen, sondern auch viele Jünglinge sei-
gehren läßt (multi illum iuvenes, multae cupiere
ae, — nulli illum iuvenes, nullae tetigere pu-
, nur in einem Lande entstehen, in welchem Kna-
de gewöhnlich war; noch vielmehr gilt dies natür-
m der Form, in der diese Sage von Konon [20]) be-
wird, wonach Narkissus wegen seiner Schönheit
esonderer Leidenschaft von Aminias geliebt worden
nd da er dessen Bitte nicht hatte erhören wollen
und ihn immer geflohen war, habe dieser sich selbst getödtet. Echt böotisch ist auch ferner die Sage von Herkules' Liebe zu Jolaus, während die vom Raube des Chrysipp durch Laius zum Theil von denen ausgebildet sein mag, welche den Unterschied der durch einen Beisatz von unedler Sinnlichkeit gemeiner gewordenen böotischen von der reinern dorischen und echt hellenischen Knabenliebe auch mythisch bezeichnen wollten, und ebendeshalb, weil diese Chrysippussage mir nicht von Böotern, sondern aus feindlicher Gesinnung gegen die Böoter ausgegangen zu sein scheint, möchte ich auch nicht daraus, daß Laius den Chrysippus geraubt haben soll, folgern, daß auch in Böotien die Einleitung dieses Verhältnisses durch Raub erfolgt sei; daß aber die Knabenliebe der Eleer und Böoter bei andern Griechen verrufen war, daß man ihnen nachsagte, es wäre Knabenschändung bei ihnen geradezu erlaubt gewesen, geht aus den übereinstimmenden Äußerungen Platon's [21]), Xenophon's [22]), Cicero's [23]), des Maximus [24]) von Tyrus und Plutarch's [25]) hervor; diese Schriftsteller stellen die eleische und böotische Knabenliebe als gleich verwerflich ohne weitere Unterscheidung neben einander; in einer Stelle Xenophon's [26]) aber werden sie so von einander unterschieden: bei den Böotern verkehren Mann und Knabe mit einander wie Verheirathete, bei den Eleern genießen sie die Schönheit des Leibes unter der Form von Gunstbezeugungen. Verstehe ich nun die Stelle recht, so bedeutet dies, daß bei den Böotern das Verhältniß in Hinsicht auf Dauer und Würde dem ehelichen, bei den Eleern in Hinsicht auf Mangel an beiden dem zu Buhlerinnen gleich kam, und allerdings scheint die eleische Knabenliebe noch verrufener als die böotische gewesen zu sein, denn Maximus Tyrius stellt an einem andern Orte [27]) mit Übergehung der böotischen nur die kretische und eleische einander gegenüber, jene, als die reine, dieser, als der unreinen. Bedenkt man, daß in Elis und Böotien geistige Ausbildung am meisten vernachlässigt war, Böoter und Eleer für die rohesten unter den Griechen galten [28]),

---

ν ἀπαναίνεται ὁ σοφὸς οὗτος· λέγει γοῦν — ἄθλον δ' ἐν
παῖς καλὸν ἄνθος ἔχων σοί τ' εἴη καὶ ἐμοί (v. 1057
Suidas s. v. Θέογνις — ἀλλ' ἐν μέσῳ τούτων παρεσπαρ-
μιαρίαι καὶ παιδικοὶ ἔρωτες.

Hesych. Suid. Phot. s. v. Κύρνος, vergl. jedoch Welcker
heognis S. XXIII, LXXVII. 10) *Xenoph.* Hier. I,
11) *Cic.* Tusc. V, 20. 12) *Athen.* X, 436, a. e)
. 24. 13) *Nep.* Dion. I, 2 II, 3 und dazu die Auslеg.
iogen. Laert. VIII, 87. 15) *Aelian.* V. H. II, 5 und
uid. in Ἀναβολή. *Athen.* XIII, 602, b. *Plutarch.* Erot.
p. 36, 2. *Winkelm.* *Euseb.* Praep. Ev. V, 35. Das
nannte sie mit Voranstellung des Pentameters vor den
eter Εὐδαίμων Χαρίτων καὶ Μελάνιππος ἔφυ, Θείας
ες ἐφημερίοις φιλότατος, wofür Suidas in ἀλιτῆρες die
ürdige Corruption hat: Θείας ἀλιτῆρες ἱμερτῆς φιλότη-
d Eusebius die noch auffallendere Εὐδαίμων Φάλαρις καὶ
ιππος ἔφυ, Θείας ἀγητῆρες ἐν ἀνθρώποις διχονοίας.
öttiger, Kunstmythol. I. S. 384 fg. 17) s. v. Θάμυρις.
Athen. XII, 517, f. 19) Metam. III, 339 sq. 20)
tio 24.

21) Sympos. p. 182, b.: Ἐν Ἤλιδι μὲν γὰρ καὶ ἐν Βοιωτοῖς καὶ οὗ μὴ σοφοὶ λέγειν, ἁπλῶς νενομοθέτηται καλὸν τὸ χαρίζεσθαι ἐρασταῖς, Platon scheint es also hier von einer geistigen Vornirtheit, die allerdings in Elis und Böotien zu Hause war, abzuleiten. 22) Sympos. VIII, 34. Hier vertheidigt Pausanias, der Liebhaber des Agathon, die, welche in diesem Verhältnisse sinnliche Ausgelassenheit und sogar das bei einander Schlafen der Liebenden und Geliebten gestatteten, damit, daß aus den sich dies gewährenden Liebenden und Geliebten das tapferste Heer gebildet werden könne, wofür er als Beleg das Beispiel der Thebaner und Eleer anführt ὡς ταῦτα ἐγνωκότες εἶεν καὶ Θηβαῖοι καὶ Ἠλεῖοι· συγκαθεύδοντας γοῦν αὐτοῖς ὅμως παρατάττεσθαι ἔφη τὰ παιδικὰ εἰς τὸν ἀγῶνα — ἐκείνοις μὲν γὰρ ταῦτα νόμιμα, ἡμῖν δ' ἐπονείδιστα. 23) De republ. IV, 4: Apud Eleos et Thebanos in amore ingenuorum libido etiam permissam habet et solutam licentiam. 24) Dissert. XXXIX. p. 467: Ὁ δὲ Ἠλεῖος καὶ Βοιώτιος τὸ Ἀλκιβιάδου (sc. κάλλος) εὔχεται. 25) Vergl. Not. 92. S. 161. 26) De rep. Lac. II, 13. Οἱ μὲν τοίνυν ἄλλοι Ἕλληνες ἢ ὥσπερ Βοιωτοὶ ἀνὴρ καὶ παῖς συζυγέντες ὁμιλοῦσιν ἢ ὥσπερ Ἠλεῖοι διὰ χαρίτων τῇ ὥρᾳ χρῶνται. 27) Diss. XXVI. p. 317. Dagegen Sextus Empirikus (P. H. III, 199) sagt: Λέγεται καὶ παρὰ Θηβαίοις τὸ παλαιὸν οὐκ αἰσχρὸν εἶναι δόξαι τοῦτο (d. h. τὸ τῆς ἀρρενομιξίας). 28) *Athen.* XIII, 609, e. Stratonikus wird befragt, ob die Böoter

welchem Urtheile man wol beistimmen muß, wenn man auch nur berücksichtigt, daß, obgleich Elis so viele herrliche Monumente der Bildnerei und Baukunst, es doch keinen einzigen aus seiner Mitte hervorgegangenen bedeutenden Künstler, und wenn wir etwa vom Sophisten Hippias, von der von Phädon [29]) abstammenden kleinern Sokratischen Schule der Eliakoi und von Pyrrhon, dem berühmten Skeptiker, abstrahiren, auch keinen wissenschaftlich bedeutenden Mann, wol aber einen nach Theophrast's [30]) Urtheile besonders kundigen Erotiker, Amasis, aufzuweisen hat, sich bei ihnen Alles vielmehr auf Athletik und Baticination reducirte; Gymnastik und Kochkunst [31]) in beiden Ländern vorzüglich getrieben, Gefräßigkeit [32]), Corpulenz [33]) und die dicke böotische Luft der geistigen Entwickelung in Böotien hinderlich war; wenn man dies bedenkt, dann wird man allerdings zu der Annahme geneigt, daß die Knabenliebe hier einen rohern, gröbern Charakter gezeigt habe. Erinnern wir uns aber andererseits, daß erstens ein böotischer Schriftsteller, Plutarch [34]), grade umgekehrt die Knabenliebe in Böotien vom Gesetzgeber zur Bezähmung der Sitten eingeführt sein läßt, daß zweitens ein so sittlich reiner böotischer Dichter wie Pindar, wie wir gesehen haben, noch im hohen Alter den Knaben Theorenus, Epaminondas [35]) aber, dessen Name schon an sittlichen Adel und Würde erinnert, erst den Mikythus, darauf den Asopichus, dann den Kaphisodorus geliebt hat, Asopichus bewundernswürdig bei Leuktra gekämpft hat, Kaphisodorus neben Epaminondas in Mantinea gefallen ist; daß drittens, wie in manchen andern griechischen Staaten, z. B. in Elis, in der Schlacht Geliebte und Liebende neben einander gestellt wurden, um beide dadurch noch mehr zu einem tapfern Betragen zu ermuntern, wie auch in einem Skolion des Seleukus [36]) der Vorzug der Knaben- vor Frauenliebe darein gesetzt wird, daß der Knabe mit in den Krieg folge, daß ebenso die heilige oder die Burgschar der Thebaner, ihr *ἱερὸς* oder *ὁ ἐκ πόλεως λόχος*, der aus 300 Mitgliedern bestand und von Gorgidas oder Epaminondas eingesetzt war, ganz aus Liebenden und Geliebten gebildet war, bis auf die Schlacht bei Chäronea unbesiegt blieb, in dieser Schlacht aber ganz aufgerieben war, und daß Philipp, als er nach beendigter Schlacht die Leichen der Geliebten und Liebenden neben einander liegen sah, den lebhaftesten Schmerz über den Fall so tapferer Männer und entschiedene Misbilligung über die ausgesprochen hat, welche das Verhältniß dieser Männer mit entehrendem Verdachte befleckt hätten [37]) (Philipp aber, der bekanntlich in seiner Jugend längere Zeit in Theben als Geisel gelebt hat und hier vom Pelopidas [38]) sogar geliebt worden sein soll, war wol ein competenter Beurtheiler dieses Gegenstandes); bedenkt man viertens, daß bei den Thebanern der Liebende den Geliebten mit einer vollen Kriegsrüstung, einer Panoplie, zu beschenken pflegte [39]), und daß endlich auch in dem hochgebildeten Thespiä [40]) Knabenliebe zu Hause war, dann wird man allerdings glauben, daß besonders der üble Wille einiger attischen Schriftsteller, ihre Unfähigkeit, fremde Sitte und Eigenthümlichkeit rein aufzufassen, und namentlich der Spott der attischen Komiker auch einen Theil jener übeln Nachrede verschuldet, und daß die vom Gesetze in Böotien begünstigte Knabenliebe ursprünglich vielmehr einen sittlich würdigen und namentlich militairischen Charakter und Bestimmung gehabt habe und darauf berechnet war; wobei nicht geleugnet werden darf, daß die heftigern und rohern Naturen oft genug über diese Bestimmung hinausgegangen sein mögen.

Daß wir von Äolern auch bei den Einwohnern von Phokis, Lokris, Thessalien, Tenedos und Lesbos Knabenliebe und zum Theil unzüchtige annehmen dürfen, wird für die Einwohner von Phokis durch das Beispiel des Onomarch [41]), der, während Phayllus der Weiberliebe, ebenso leidenschaftlich der Knabenliebe ergeben war, und von den geplünderten delphischen Tempelschätzen dem schönen Sohne des sikyoner Pythodorus die Weihgeschenke der Sybariten, dem schönen Lykolas ein Weihgeschenk der Ephesier, einen goldenen Lorbeerkranz, dem schönen Damippus, Sohne des Epilykus aus Amphipolis, ein Weihgeschenk des Klisthenes [42]) schenkte, für die Einwohner Thessaliens durch ihre übrige große Zügellosigkeit und sittliche Unordnung [43]), durch das Beispiel des Kleomachus

---

oder die Thessaler barbarischer wären; er antwortet: die Eleer. *Athen.* 350, a.

29) Beiläufig gesagt, wurde Phädon, obgleich er zu den Eupatriden gehörte, als er „mit seinem Vaterlande" gefangen wurde, gezwungen, mit seinem Leibe öffentlich zur Unzucht feil zu stehen, *καὶ ἠναγκάσθη στῆναι ἐπ' οἰκήματος* (*Diog. Laert.* II, 105), aber wohlverstanden in Athen, wie Suidas s. W. Phädon ausdrücklich sagt, und Gellius (II, 18) und Origenes gegen Celsus (I, 64. p. 378, f.), sowie Diogenes selbst zu erkennen geben. 30) Bei *Athen.* 567, b.: *Ἀμάσιος τοῦ Ἠλείου, ὃν Θεόφραστος ἐν τῷ Ἐρωτικῷ περὶ τοὺς ἔρωτας δεινὸν γεγονέναι λέγει.* 31) Daß man aus Elis die besten Köche bekam, zeigt Antiphanes (bei *Athen.* I, 27, d.); auch wurde hier *Ἀπόλλων ὀψοφάγος* verehrt. *Athen.* VIII, 346, b. 32) Über die Gefräßigkeit der Thebaner, welche wol durch die attischen Komiker, denen sie öfters Gegenstand des Spottes war, am meisten verrufen ist, vergl. *Athen.* IV, 148, e. X, 417, c. 33) *Cic.* de fato 4. Thebani pingues et valentes. *Nepos* Alcibiad. 11. omnes enim Boeotii magis firmitati corporis quam ingenii acumini inserviunt. 34) Pelopid. 19. 35) *Plutarch.* Amator. 38. p. 88, 31 *Winkelm. Athen.* 605, a. *Nepos.* Epamin. 4. 36) *Athen.* XV, 697. b. *Κἀγὼ παιδοφιλήσω· πολὺ μοι κάλλιον ἢ γαμεῖν· παῖς μὲν γὰρ παρὼν κἀν πολέμῳ μᾶλλον ἐπωφελεῖ.*

37) *Plutarch.* Pelop. 18, 19. Alexandr. 9. Erotic. 17. p. 38, 16 *Winkelm. Athen.* 56, f. 602, a. *Dio Chrys.* Or. XXII, p. 510. *Valck.* Callimach. Fragm. p. 219. Vielleicht hat Gorgidas die heilige Schar, Epaminondas oder vielmehr sein Freund Pammenes ihre Zusammensetzung aus Liebenden und Geliebten eingeführt. 38) *Dio Chrysost.* Or. XLIX. p. 248. 39) *Plut.* Erotic. p. 38: *Παρ' ὑμῖν δὲ τοῖς Θηβαίοις οὐ πανοπλία ὁ ἐραστὴς ἐδωρεῖτο τὸν ἐρώμενον ἀρθέντας ἐγγραφόμενον*, wo Winkelmann's Vermuthung, *ἐς ἄνδρας ἐγγραφόμενον* sich von der Überlieferung zu weit entfernt. 40) *Lucian.* Amores 11. p. 268. Bip. 41) *Theopomp.* ap. *Athen.* 605, a. 42) *Κλεισθένους ἀνάθημα* muß man dort wol für das räthselhafte „*Πλεισθένους*" lesen; vermuthlich stammte das Weihgeschenk von dem sikyonischen Tyrannen dieses Namens. 43) *Plato*, Criton. 53, d.: *Ἐκεῖ γὰρ δὴ πλείστη ἀταξία καὶ ἀκολασία*, was sich besonders auf ihre luxuriöse Tafel, Trinkgelage, Gefräßigkeit, unsinnige Prachtliebe, Kleidung, Spielwuth und ihren Umgang mit Tänzerinnen und Flötenspielerinnen bezieht. *Athen.* IV, 137, d. X, 418, c. XII, 527, a.

Pharsalus [44]), der Thessaler Theron [45]), Menon [46]), thoos [?]), des Alexander's von Pherä [47]), und durch die oben erwähnte Bemerkung der Grammatiker [48]), er Geliebte bei den Thessalern ἀΐτας geheißen ha- er die Lesbier durch ihre verrufene Weiberliebe [49]) as Beispiel ihres Dichters Alkäus, für die Tene- urch das Verhältniß des Theoxenus zu Pindar peinlich; daß aber auch die Makedonier, wenn man diese noch zu den Griechen rechnen will, der liebe nicht abgewandt waren, beweist ja schon das des Archelaus [50]), Philipp's [51]), Alexander's [52]), des Antigonus Gonatus [53]) und seines Bruders Demetrius [54]).

11. **Knabenliebe in ionischen Städten.** Nach Platon [55]) war in Ionien die Knabenliebe verboten; er sagt, „in Ionien und an vielen andern Orten, so viele unter Barbaren stehen, wird die Knabenliebe für schimpflich gehalten, wegen der tyrannischen Regierung, sowie auch die Philosophie und die Gymnastik hier für schimpflich gilt." Platon spricht also nicht von Ionern überhaupt, sondern blos von der unter persischer Herrschaft stehenden Landschaft, und er leitet diese Erscheinung nicht von irgend einer Eigenschaft ihrer Bewohner, sondern von ihrer tyrannischen Regierungsform ab, indem tyrannische Regierungen ebenso sehr das nähere Zusammentreten der Männer durch Gemeinmahle und Knabenliebe als die Ausbildung der Leiber durch Gymnastik und der Geister durch Philosophie für das Bestehen ihres Regimentes zu fürchten haben. Die Chalkidier Euböa's und ihre Kolonisten in Chalkidike enthielten jedenfalls ein bedeutendes ionisches Element, wenn man sie auch zu den Äolern sonst rechnen möchte; die Chalkidier sind aber als solche bekannt, bei denen Knabenliebe so in Schwung [56]) war, daß *χαλκιδίζειν* sprüchwörtlich [57]) für *παιδεραστεῖν* gesagt wurde; der chalkidische Dichter Euphorion war Schüler und zugleich Geliebter des Archebulus; in Olynth aber, was für einige Zeit die Stelle einer Hauptstadt Chalkidike's einnahm, war Päderastie, wie man aus dem Beispiele des Episthenes [58]) schließen darf, nicht ohne Einfluß auf die Bildung der militairischen Cohorten. Nach der Sage der Chalkidenser ist bei ihnen der Raub des Ganymedes und zwar

---

) *Plutarch.* Erot. XVII. p. 86. *Winkelm.* 45) *Id.* p.
6) *Xenoph.* Anabas. II, 6, 28. *Plat.* Men. §. 1, 9.
lem. narrat. 8. 47) Alexander hatte den jüngsten Bru- er Frau Thebe, der vermuthlich Pitholaus hieß, zu seinem gemacht, was Thebe als schwere Kränkung dem Pelopi- ite (*Plutarch.* Pel. 28). Ermordet wurde der Unmensch ner Frau und ihren beiden Brüdern, weil er seinen na- bunden und auf die Bitte seiner Frau ihn doch loszula- n getödtet hatte. *Xenoph.* Hell. VI, 4, 37. 48) Id. XII, 14: Ὡς κἂν ὁ Θεσσαλὸς εἴποι ἀΐταν et 49) *Plehn*, Lesbiaca. p. 122 sq. 50) *Aelian.* V. 21: Ἦν δὲ ἄρα ὁ Ἀρχέλαος ἐρωτικὸς οὐχ ἧττον ἢ νοος. Übrigens vergleiche über die Knabenliebe der ma- zen Fürsten noch §. 16. S. 186. 51) Daß Philipp Jugend von Pelopidas geliebt worden war, ist oben be- vorden; daß er als Mann selbst der Knabenliebe zuge- r, beweist der Umstand, daß ein Vater ihm seinen Sohn , um ihn bei ihm zu verkuppeln; *Athen.* 605, b: Οὗτος πρὸς Φίλιππον ἀχθεὶς ὑπὸ τοῦ πατρὸς κἀκεῖ προα- μενος οὐδὲν λαβὼν ἀπεστάλη. 52) Wegen Alexan- ugend wird man natürlich nicht den Insinuationen und eien glauben, die nach Äschines Ankündigung Demosthe- der Vertheidigung des Timarch darüber machen würde: Ἀναμνησθήσεται δὲ καὶ τὸ τοῦ παιδὸς ὄνομα Ἀλεξάν- ὅταν δὲ ταῖς εἰς τὸν παῖδα πεπραγματευμέναις μετα- ὀνομάτων αἰσχρὰς ὑπονοίας παρεμβάλλῃ, καταγέλαστον ἂν ποιεῖ. — Φήσει με — οὐχ ὡς συμπρεσβευτὴν ἀλλ' νῇ τοῖς εἰς τὸν παῖδα σκώμμασιν ἀγανακτῆσαι· ἐγὼ ἄνδρα μὲν εἰκότως οὐ διείλεγμαι (das διαλέγεσθαι ist rdeutig); vergl. *Plat.* Phaedr. 252, a. Sympos. p. 183, d.], daß aber Alexander als Mann schöne Knaben leiden- liebte (φιλόπαις ἦν ἐκμανῶς), beweist Athenäus (603, a.) r Liebe zum Eunuchen Bagoas, den er im Theater küßte, als ihm sein makedonisches Publicum dazu Beifall klatschte, lte (Bagoas oder Bagous ist aber nach Freinsheim's von tym. Forsch. I. S. XXXVII] bestrittener Bemerkung nicht me, sondern persische Appellativ-Benennung für Verschnit- *Plin.* H. N. XIV, 9: In horto Bagou, ita enim vo- adones. *Quintil.* V, 12, 21]; wenigstens wird der Ver- , der den Artaxerxes Ochus ermordet und dem Darius nnus zum Throne verholfen hat, von dem er später aus en hingerichtet wurde, auch Bagoas genannt; vergl. *Curt.* 12; 4, 10. *Aelian.* V. H. VI, 8). Nach Plutarch (Alex. r Alexander damals betrunken und sah in diesem Zustande ttkämpfen der Chöre zu, sein Geliebter Bagoas hatte als gesiegt und sich im Choragenschmucke durchs Theater be- nd zu ihm gesetzt, worüber die Makedonier ihren Beifall latschen und Rufen zu erkennen gaben und ihn aufforderten, goas zu küssen, was er auch that. Bagoas stand bei r in großem Ansehen, und misbrauchte dies, um sich an durch Verdächtigmachung seiner Treue beim Könige für nachlässigung seiner Person zu rächen (*Curt.* X, 1, 25. spadoni, qui Alexandrum obsequio corporis devinxerat llum honorem habuit. — His auditis spado potentiam et dedecore quaesitam in caput nobilissimi et insontis t). Daß Alexander früher enthaltsamer war, zeigen die Anekdoten bei Plutarch (Erotic. 16) und die von demselben (Alex. c. 22) erwähnten, dem Philoxenus und Krobylus von ihm ertheilten Antworten; der erstere hatte ihm gemeldet, es wäre ein gewisser Theodorus aus Tarent bei ihm, der zwei ausgezeichnet schöne Knaben feil hätte, und sich bei ihm erkundigt, ob er sie für ihn kaufen sollte. Alexander nahm diese Anfrage sehr übel auf; ob denn Philoxenus, fragte er oft seine Freunde, etwas Schimpfliches von ihm wüßte, daß er ihm mit solchen Anträgen kommen zu dürfen glaubte; dem Philoxenus selbst machte er brieflich ernstliche Vorwürfe darüber und hieß ihn den Theodorus sammt seiner Waare zum Teufel schicken. Ähnlicher Art war die dem Krobylus auf einen ähnlichen Antrag ertheilte Antwort. Auch was bei nächstfolgender Note 56 aus *Athen.* 603, b. beigebracht werden wird, spricht für die Enthaltsamkeit des Königs. Daß die Makedonier aber überhaupt nicht der Knabenliebe abgewandt waren, beweist theils das eben erwähnte Benehmen des makedonischen Publicums in Beziehung auf das Verhältniß Alexander's zu Bagoas, theils das Verhältniß des Dimnus zu Nikomachus (*Plut.* Alex. 49. *Curt.* VI, 7. *Diod.* XVII, 79).

53) Seine Geliebten waren Hierokles, Gouverneur des Piräeus (*Diog. Laert.* II, 127), und der Kitharöde Aristokles. (*Athen.* 603, e. u. a.) 54) Er war Geliebter des Philosophen Arkesilaus. 55) Sympos. 182, b. 56) *Athen.* 601, e. *Plutarch.* Amat. 38, 2 und das. *Winkelmann.* 187. Von Charon aus Chalkis erzählt Karystus (bei *Athen.* 603, b.), er hätte einen schönen, ihm sehr lieb gewesenen Knaben gehabt; Alexander diesen bei einem Gelage sehr gelobt, Charon darauf dem Knaben befohlen, den König zu küssen, was der König mit der Bemerkung verhindert hätte, daß ihm der Kuß doch nicht so viel Vergnügen als dem Charon Schmerz bereiten würde. 57) Hesychius in χαλκιδίζειν: ἀπὸ τῶν κατ' Εὔβοιαν Χαλκιδέων. τίθεται δὲ καὶ ἐπὶ τῶν παιδεραστούντων, ἐπεὶ ἐπλεόναζον παρ' αὐτοῖς οἱ παιδικοὶ ἔρωτες. 58) *Xenoph.* Anabas. VII. 4, 7 sq.

an dem Orte vorgegangen, welcher ἁρπάγιον hieß, eine Sage, die wol zu beweisen scheint, daß bei den Chalkidiern, wie bei den Kretern, das Liebesverhältniß durch Raub und zwar eben an dem Orte, der vermuthlich davon ἁρπάγιον hieß, eingeleitet worden sei. Für die Reinheit der chalkidischen Knabenliebe aber scheint mir das Beispiel Olynths und das Gedicht[59]) zu sprechen, was Tapferkeit und Liebe als gemeinschaftlich und zugleich in den chalkidischen Städten blühend schildert. Eine chalkidische Colonie war Rhegium, und den Dichter Rhegiums, Ibykus, haben wir als einen vorzüglichen Sänger der Knabenliebe kennen gelernt. Charidemus aus Oreos, der Feldherr des Kotys, verlangte vom Rathe in Olynth, daß er ihm einen schönen gefangenen Knaben überlassen sollte[60]). Von dem samischen Tyrannen Polykrates ist es gleichfalls bekannt, daß er der Männerliebe leidenschaftlich ergeben und selbst von heftiger Eifersucht nicht frei war[61]). Daß auch die Einwohner der ionischen Inseln Chios und Siphnos als Päderasten berüchtigt waren, scheinen die Lexikographen[62]) zu erweisen. Für die Knabenliebe auf der ionischen Insel Keos spricht das Beispiel des Akontius[a]), der viele Liebhaber hatte. Zwei Kyprier waren die Geliebten des Königs Antiochus[63]). Ein Beispiel empörender Männerschändung bei den Naxiern führt vielleicht Aristoteles[64]) an. Diese Beispiele und das oben angeführte des ionischen Dichters Anakreon, dessen Poesie der Verherrlichung schöner Jünglinge und Knaben vorzugsweise gewidmet war, beweisen, daß selbst von den Ionern des eigentlichen Ioniens das Urtheil Platon's nur mit Einschränkung von Zeit und Verhältnissen wahr ist; nämlich Platon hat offenbar nur so viel sagen wollen, die Knabenliebe hat in den von Tyrannen regierten oder unter persischem Einflusse stehenden ionischen Städten nicht als ein politisches Institut aufkommen können, von der Knabenschändung hat er ebenso wenig als von der politisch bedeutungslosen Knabenliebe sprechen wollen.

12. **Attische Knabenliebe. Äschines' Rede gegen Timarch. Attische Gesetze.** In Athen hat das Institut diejenige Gestaltung angenommen, die sich ebenso von der Form der dorischen Knabenliebe unterschied, als sie im Wesentlichen mit der in vielen andern griechischen Städten übereinstimmen mochte, daher wir hier Alles zusammenfassen werden, was der griechischen Knabenliebe überhaupt angehören mag. Auch war Athen ebenso die Stadt der Knabenliebe, als Korinth verrufen war durch seine Buhlerinnen[65]). Bei dieser Darstellung aber werden wir wesentlich gefördert durch die Rede des Lysias gegen Simon und ganz besonders durch die des Äschines gegen Timarch; die letztere ist wol geeignet, uns über den Verlust der gegen Timarch, wiewol bei anderer Gelegenheit, von Aristogiton[66]) geschriebenen Rede zu trösten; aber daß die verschiedenen für Timarch gesprochenen Vertheidigungsreden, worunter auch eine des Demosthenes, nicht auf die Nachwelt gekommen sind, das bleibt schon der Aufklärung des Gegenstandes wegen zu bedauern, der uns hier beschäftigt. Ich weiß nicht, welchen Eindruck die Rede des Äschines auf andere Leser[67]) gemacht hat; mir ist diese heftige, schmähsüchtige und giftige Rede, wie sie Gellius[68]) nennt, immer als etwas Empörendes erschienen; sie ist bekanntlich eine Anklagerede und soll die Anklage (δοκιμασία) rechtfertigen, daß dem Timarch nicht öffentlich zu reden zustehe, weil er in seiner Jugend seinen Leib zur Befriedigung unnatürlicher Wollust feil gegeben hätte; nun mag ein attischer Sykophant, wie andere, so auch die Beschuldigung der Hetäresis mit großem Leichtsinne gemacht haben, wie z. B. von Androtion gemeldet wird[69]); wirft ja Demosthenes selbst in der Rede gegen Androtion eine solche Beschuldigung gegen diesen hin, und zwar ebenfalls nur gelegentlich und nebenher[70]), und Apollodor erhebt gegen Phormio die nicht minder schwere Beschuldigung, daß er einen attischen Bürger zum ἑταιρεῖν gemiethet habe, auch nur so beiläufig[71]), aber der Unterschied zwischen gelegentlicher Beschuldigung und förmlicher Anklage ist nicht klein. Wen sollte es demnach nicht empören, daß in einer solchen Sache, wo von der bloßen Anklage immer so viel Schmach auf dem Angeklagten haften bleibt, daß auch die gelungenste Vertheidigung sie nie ganz verwischen kann, die Beschuldigung selbst durch kein einziges Zeugniß, durch keins der Beweismittel, das vor einem Gerichtshofe anwendbar ist und die Möglichkeit der Widerlegung durch den Angeklagten zuläßt, sondern ausschließlich durch Stadtgeschwätz erwiesen wird, wobei Declamation und die heuchlerische Vergötterung der Fama als Volks- und Gottesstimme die Stelle der mangelnden Beweise vertreten muß; jeder teutsche Gerichtshof würde eine nicht besser basirte

59) *Ὦ παῖδες, οἳ χαρίτων τε καὶ πατέρων λάχετ' ἐσθλῶν, μὴ φθονεῖθ' ὥρας ἀγαθοῖσιν ὁμιλίαν· σὺν γὰρ ἀνδρείᾳ καὶ ὁ λυσιμελὴς Ἔρως ἐπὶ Χαλκιδέων θάλλει πόλεσιν.* 60) *Athen.* X, 436, c. 61) *Athen.* XII, 540, d.: *Περὶ τὰς τῶν ἀῤῥένων ὁμιλίας ἐπτοημένος. Maxim. Tyr.* XXVI, 309. Vergl. auch, was §. 5 über Anakreon bemerkt worden ist, namentlich Not. 7 und 10. 62) *Hesych. Χιάζειν, σιφνιάζειν. Id. Χιαστὶ τίλλειν, ὡς τῶν Χίων κατεαγότων καὶ παρατιλλομένων. Id. Σιφνιάζειν, καταδακτυλίζειν· διαβέβληνται γὰρ οἱ Σίφνιοι ὡς παιδικοῖς χρώμενοι. Σιφνιάσαι οὖν τὸ σκιμαλίσαι. Phot. Suid. Σιφνιάζειν τὸ ἅπτεσθαι τῆς πυγῆς δακτύλῳ* und dazu die Note von Toup. Daneben gibt es freilich eine andere Erklärung, welche beide Ausdrücke *σιφνιάζειν* und *χιάζειν* auf weichliche Melodien bezieht, deren Urheber Demokrit aus Chios und Theoxenides aus Siphnus waren (*Pollux.* IV, 65). a) Buttmann, Mythol. II. S. 122 fg. 63) *Athen.* 438, d. Der eine derselben, Themison, trug sich als Herkules, ließ sich in den Festesversammlungen als des Königs Antiochus Herkules ausrufen und die Einwohner opferten ihm als „Herkules Themison." *Athen.* 289, f. 64) *Athen.* 348, c.

65) *Lucian.* Am. 51: *Μηδὲν ἀχθεσθῇς, εἰ ταῖς Ἀθήναις ἡ Κόρινθος εἴξει*, wobei die Schol. die Erklärung anführen, *ἢ ὡς τῆς Κορίνθου μὲν ἀνακειμένης Ἀφροδίτῃ (διὸ καὶ πολλὴ ἐν Κορίνθῳ ἡ γυναικεία μῖξις) Ἀθηνῶν δὲ παιδεραστίᾳ κομώντων ἤτοι τῇ κατὰ φιλοσοφίαν καὶ σώφρονι ἢ τῇ τῷ ὄντι μιαρᾷ καὶ διαβεβλημένῃ.* 66) Sie wird angeführt von Harpokration, Suidas und dem Schol. zu Hermogenes. 67) Der Beifall des Dionys (bei *Phot.* cod. 61. p. 20, b.) bezieht sich nur auf den rhetorischen Charakter der Rede. 68) N. A. XVIII, 3. Orationem illam saevam, criminosam et virulentam, qua Timarchum de impudicitia graviter insigniterque accusavit Aeschines. 69) *Demosth.* contr. Androt. 612, 5. 70) *Id.* 616, 14. 71) *Demosth.* contr. Stephan. 1125, 9.

Anklage nicht nur abgewiesen, sondern den Ankläger noch obendrein als Calumnianten verurtheilt haben. Noch empörender ist es, daß Äschines, wie er selbst dessen gar kein Hehl hat, die ganze Anklage nicht etwa aus Rücksicht auf die öffentliche Sittlichkeit, sondern lediglich deshalb angestellt hat, um sich einen unbequemen politischen Gegner vom Halse zu halten, der namentlich einen Theil der Anklage wegen der von Äschines schlecht und verrätherisch besorgten Gesandtschaft an Philipp übernehmen sollte. Der Gerichtshof hat gegen Timarch entschieden, die von ihm ausgesprochene Schmach [72]) ist an Timarch für alle Zeiten geknüpft, sein Name sprüchwörtliche [73]) Bezeichnung für unnatürliche Unzucht geblieben; wir vermögen nicht die Gerechtigkeit des Urtheils zu prüfen, aber die Gleißnerei und Frechheit des Anklägers liegt zu Tage.

Nach Platon [74]) ist das Gesetz der Knabenliebe in andern Staaten einfach und leicht zu begreifen, indem es entweder, wie in Elis und Böotien, jede Gunst den Liebenden zu gewähren erlaubte, oder, wie in Ionien, die Gewährung jeglicher Gunst für schimpflich erklärte, in Athen und Lakedämon aber zusammengesetzter Natur. Wir wollen daher hier zuerst alle gesetzlichen Bestimmungen, die in Athen über diesen Gegenstand gegeben waren, soweit sie zu unserer Kenntniß gekommen sind, zusammenstellen. Solon hat seine Achtung für die reine Knabenliebe durch das Gesetz bewiesen, welches den Sklaven die Knabenliebe untersagte, indem er sie dadurch zu einem nur für freie Personen sich eignenden Gegenstande erhob; über die Form, in der diese Bestimmung redigirt war, kann man wegen Verschiedenheit der Berichterstatter Zweifel hegen; so ist namentlich nicht ausgemacht, ob Solon Knabenliebe schlechthin oder nur die Liebe zu einem freien Knaben dem Sklaven verboten habe, und nur Äschines meldet, daß Solon auf die Übertretung die Strafe gesetzt habe, daß der Sklave öffentlich mit der Peitsche 50 Streiche erhalten solle; aber darin stimmen fast alle Berichterstatter überein, daß diese Bestimmung mit dem Verbot in Verbindung gestanden habe, welches die Übung der Gymnastik gleichfalls den Sklaven untersagte [75]), und es bestätigt dieser Umstand die von Platon [76]) und andern Schriftstellern gemachte und sich noch sonst vielfach bewährende Bemerkung, daß bei den Griechen die Knabenliebe mit der Gymnastik und den Gymnasien und Palästren zusammenhing und da am meisten blühte, wo auch diese am meisten getrieben wurde, wie in Böotien und Elis einer-, in Sparta und Kreta andererseits; es spricht für diese, gleichwol neuerlich bezweifelte, Bemerkung auch der Umstand, daß in vielen Gymnasien und Palästren eine Statue oder ein Altar des Eros allein oder zugleich mit den Statuen anderer Gottheiten, namentlich des Hermes und Herkules, errichtet war [77]), und daß auch in Athen leidenschaftliche Päderasten sich am häufigsten in den Gymnasien und Palästren aufhielten; der Anblick der schönen, nackten Körper, im Zustande der höchsten Rüstigkeit und Spannung, mußte wol ungeregelte Sinnlichkeit entzünden [78]). Daher bei Aristophanes [79]) von der alten Zucht gerühmt wird:

> Sonst durfte der Knabe nicht anders bei uns, denn mit langausreichenden Schenkeln
> In der Kampfbahn sitzen, um Fremdlingen (τοῖς ἔξωθεν) nichts Ungeziemendes offen zu zeigen;
> Er vergaß dort nie, aufstehend vom Sitz, in dem Sande die Spur zu verwischen,
> Daß den Liebenden nicht der Natur Abbild unreine Begierden erregte.

Gegen die unreine Knabenliebe gab es in Athen folgende Verfügungen. Wenn ein attischer Bürger (um Nicht-Athener [80]) bekümmerte sich der Staat nicht), der bereits volljährig und sui juris war, gegen Lohn in die Schändung seines Leibes einwilligte, wenn er also ein ἡταιρηκώς oder πεπορνευμένος war (gegen die, welche ohne Lohn sich

72) Demosthenes (de f. l. 341, 18) hat den mehrdeutigen Ausdruck: πρὶν γὰρ εἰσελθεῖν εἰς ὑμᾶς τὸν μὲν ἀνῄρηκε τῶν ἐπὶ τὰς εὐθύνας ἐλθόντων, aber Demosthenes erklärt es (423, 17) ἠτίμωσεν (vergl. 432, 17 ἠτίμωται. Liban. im Argument. S. 334, 4). 73) Hesychius in Δημοκλεῖδαι — καθάπερ καὶ τοὺς ἡταιρηκότας Τιμάρχους ἔλεγον. Vergl. die Stellen des Synesius und Maxim. Tyr. bei Taylor (Praefat. p. 21 sq. ed. R.). Auch ein Zeitgenosse Lukian's, gegen den dieser seine Schmäh- und Spottschrift Pseudologista oder περὶ τῆς ἀποφράδος gerichtet hat, der ebenfalls ein verrufener pathicus und abgeschmackter Sophist war, hieß Timarch. Ein anderer wird erwähnt *Plat.* Theag. 129, noch ein anderer von Äschines selbst. 74) *Plato* Sympos. 182, 6: Καὶ δὴ καὶ ὁ περὶ τὸν ἔρωτα νόμος ἐν μὲν ταῖς ἄλλαις πόλεσι νοῆσαι ῥᾴδιος· ἁπλῶς γὰρ ὥρισται· ὁ δ' ἐνθάδε καὶ ὁ ἐν Λακεδαίμονι ποικίλος. 75) Vergl. außer *Plutarch.* Sol. 1. Erot. 4: Δούλοις μὲν ἐρᾶν ἀῤῥένων παίδων ἀπεῖπε καὶ ξηραλοιφεῖν. *Id.* Sept. Sapient. Conviv. 7. T. VIII. p. 19. *H.*: Οἰκέτας μὴ ἐρᾶν μηδὲ ξηραλοιφεῖν. *Aeschin.* contr. Tim p. 147. §. 138. Be.: „Δοῦλον," φησὶν ὁ νόμος, „μὴ γυμνάζεσθαι μηδὲ ξηραλοιφεῖν ἐν ταῖς παλαίστραις" — πάλιν ὁ αὐτὸς οὗτος εἶπε νομοθέτης, δοῦλον ἐλευθέρου παιδὸς μὴ ἐρᾶν μηδ' ἐπακολουθεῖν ἢ τύπτεσθαι τῇ δημοσίᾳ μάστιγι πεντήκοντα πληγάς. *Chrysostom.* homil. V. in epist. ad Tit. p. 403: Καὶ παρ' αὐτοῖς ὁ θαυμαστὸς φιλόσοφός τις ἐνομοθέτει, δούλῳ ἐξεῖναι μήτε παιδεραστεῖν μήτε ξηραλοιφεῖν (l.: μὴ ἐξεῖναι μήτε π. μήτε ξ.), ὡς ἐναρέτου τοῦ πράγματος ὄντος καὶ πολλὴν ἔχοντος τιμήν. *Id.* homil. V. in epistol. ad Roman. p. 25. T. 3. ed. *Savil.*: Καὶ νομοθέτης τις παρ' αὐτοῖς οἰκέτας ἐκέλευσε μήτε ξηραλοιφεῖν μήτε παιδεραστεῖν, τοῖς ἐλευθέροις τῆς προεδρίας παραχωρήσας ταύτης, μᾶλλον δὲ τῆς ἀσχημοσύνης. In der Stelle des Äschines verdient der Ausdruck „ἐπακολουθεῖν," welcher wie das „ξηραλοιφεῖν" offenbar dem Gesetze selbst angehört, noch besonders hervorgehoben zu werden; denn er scheint zu beweisen, daß das Hinterhergehen hinter dem geliebten Knaben die Hauptäußerung dieses Verhältnisses damals gewesen war. So wird bei Plutarch (Alcib. 4.) ein Liebhaber des Alkibiades durch ἀκολουθούντων τις bezeichnet; daher das παρακολουθεῖν bei Xenophon (Conv. VIII, 23) und das ἀκολουθεῖν bei Platon (Phaedr. 232, a.), da dieses den jungen Menschen ziemlich lästig wurde, so ist damit oft verbunden das δι' ὄχλου γίνεσθαι und ἐνοχλεῖν. *Plat.* Alcib. I. p. 103, 104, d.

76) *Plat.* Legg. I, 636, b. *Cic.* Tusc. IV, 34 und viele andere, wogegen K. O. Müller Dor. II. p. 294 und Höck S. 118 sich erklären, aber ohne Anführung von Gründen; vergl. Jacobs Männerliebe. S. 214. 77) *Athen.* 561, d.: Κατὰ γυμνάσια αὐτὸν (sc. τὸν Ἔρωτα) συνιδρῦσθαι Ἑρμῇ καὶ Ἡρακλεῖ. Weiter unten 561, f. wird berichtet, daß die Samier ein Gymnasium dem Eros allein geweiht haben. Im Gymnasium zu Elis standen neben den Altären anderer Götter auch die des Eros und Anteros. 78) Vergl. *Aristoph.* Av. 137 sq. 79) Nub. 966, nach F. A. Wolf's Übers. 80) *Aeschin.* contr. Tim. fin. τοῖς δὲ τῶν νεῶν, ὅσοι ῥᾳδίως ἁλίσκονται, θηρευτὰς ὄντας εἰς τοὺς ξένους καὶ τοὺς μετοίκους τρέπεσθαι κελεύετε, ἵνα μήτ' ἐκεῖνοι τῆς προαιρέσεως ἀποστερῶνται, μήθ' ὑμεῖς βλάπτησθε.

hingäben, existirte keine Strafbestimmung), so belegte ihn das Gesetz mit lebenslänglicher schwerer Atimie; es untersagte ihm nämlich: a) eine Stelle unter den neun Archonten, b) eine Priesterstelle, c) die Stelle eines Syndikus des Volks, d) irgend eine sonstige, durch Wahl oder Loos vergebene obrigkeitliche Stelle, einheimische oder auswärtige, e) einen Gesandtschafts- oder Heroldsposten zu bekleiden, f) eine Meinung (nämlich im Senat oder in der Volksversammlung) abzugeben, d. h. als öffentlicher Redner aufzutreten, g) die öffentlichen Heiligthümer (ἱερὰ δημοτελῆ) zu betreten [81]), oder an den öffentlichen Bekränzungen (d. h. an den öffentlichen Gebeten) Antheil zu nehmen, und endlich h) auf dem Markte innerhalb des durch die Weihgefäße abgesteckten Raumes zu erscheinen [82]). Durch dies letztere Verbot war dem ἡταιρηκώς auch die Möglichkeit genommen, Mitglied des Senats, der Gerichtshöfe, der Volksversammlung zu werden, denn diese lagen alle ἐντὸς τῶν τῆς ἀγορᾶς περιῤῥαντηρίων. Kurz der ἡταιρηκώς ging der Redefreiheit (der παῤῥησία) und damit auch des wesentlichsten Vorzugs verlustig, welchen das Bürgerrecht in den alten Freistaaten gewährte [83]). Daß dies Gesetz aber erst nach Solon gegeben ist, beweist die besondere Erwähnung der durchs Loos vergebenen und der auswärtigen Ämter; denn an beide konnte zu Solon's Zeit noch nicht gedacht werden; jedoch soll schon Solon den ἡταιρηκότες die Rednerbühne untersagt haben [84]), und bei Aristophanes rühmt sich Kleon, daß er die pathici zur Ruhe gebracht habe, indem er den Gryttus ausgestrichen hätte; Agorakritus aber bestreitet das Verdienstliche der That, da er es doch nur aus Neid gethan habe, damit sie nicht Redner würden [85]). Was aber das gegen den ἡταιρηκώς anzuwendende Verfahren betrifft, so ergibt sich, wenn man mit dem eben behandelten Gesetze das Gesetz [86]) über die Dokimasie der Redner vergleicht (welches ebenfalls lange noch Solon gegeben sein muß, da es zu Solon's Zeit noch keine Redner gegeben hat), und damit die von Äschines [87]) und seinem Scholiasten gegebene Erläuterung dieses Dokimasie-Gesetzes verbindet, darüber Folgendes: Wenn irgend ein Athener, gleichviel welchen Standes, sich der ἑταίρησις schuldig gemacht hatte, so konnte jeder Athener, der im Besitze aller bürgerlichen Rechte, d. h. ἐπίτιμος und zugleich im Besitze der Handlungsfähigkeit war, die γραφὴ ἑταιρήσεως, die zur Cognition der Thesmotheten gehörte, und für den verurtheilten Beklagten die oben besprochene Atimie zur Folge hatte, fuhr aber der Verurtheilte fort, sich eins der Rechte anzumaßen, welche ihm durch das Gesetz ausdrücklich untersagt waren, so konnte jeder Athener, der die eben angegebenen Eigenschaften hatte, gegen ihn ἔνδειξις, ἐφήγησις und ἀπαγωγή anstellen, die für ihn, wenn er überführt wurde, die Todesstrafe zur Folge hatte. War aber der ἡταιρηκώς ein Redner, so gab es gegen ihn neben diesem Verfahren noch ein anderes, die δοκιμασία ἑταιρήσεως, deren Wirkung für den verurtheilten Beklagten ebenfalls die war, daß er sich aller oben angegebenen Rechte hinfort zu enthalten hatte. Eine solche δοκιμασία hat Aristophon der Azenienser [88]) in der Volksversammlung dem Hegesander angedroht, Äschines gegen Timarch wirklich angestellt. War aber der Geschändete noch minderjährig, so traf ihn selbst keine weitere Strafe, gegen den Vater aber, Bruder, Onkel, Vormund u. s. w., unter dessen Gewalt der Knabe stand und der ihn zum ἑταιρεῖν verdungen hatte, sowie gegen den, welcher den Knaben zu seiner Schändung gemiethet hatte, konnte jeder Athener eine Klage anstellen, welche vermuthlich ἐκμισθώσεως oder μισθώσεως ἑταιρεῖν hieß; welche Wirkung diese Klagen für den verurtheilten Beklagten zur Folge hatten, wissen wir nicht; Äschines [89]) sagt nur, beide, den Vermiether und Miether, habe gleiche Strafe getroffen (ἴσα τὰ ἐπιτίμια ἑκατέρῳ πεποίηκε); aber der Sohn, welcher von seinem Vater zum ἑταιρεῖν verdungen war, brauchte, wenn er erwachsen war, einem solchen Vater, auch wenn er in Dürftigkeit gerieth, weder Nahrung noch Wohnung zu gewähren; erst nach dem Tode des Vaters war er verpflichtet, ihm die letzten Ehren (τὰ νομιζόμενα) zu erweisen. Bei dieser Klage kam es also blos darauf an, daß der Knabe attisches Bürgerkind war; wer der Vermiether und wer der Miether war, das war dabei ganz gleichgültig; nur scheint es, daß man, wenn die Schänder eines attischen Bürgerkindes nicht Bürger waren, sie dafür noch härter bestraft habe, als wenn es Bürger waren. — Hatte aber Jemand einen minderjährigen Knaben ohne vorangegangene Einwilligung seines κύριος geschändet, so konnte die That entweder als bloße Privatsache behandelt und vermittels der Klage βιαίων anhängig gemacht [90]) werden, wo dann der verurtheilte Beklagte in jedem Falle eine Buße von 100 Drachmen an den κύριος des Geschändeten, wenn aber der Knabe noch Schaden gelitten hatte, wurde der Schaden zu Gelde geschätzt und der Schänder mußte noch außerdem das Doppelte des angerichteten Schadens an den κύριος entrichten; sie konnte aber auch als eine öffentliche Sache behandelt und durch Anstellung der Anklage ὕβρεως nicht nur vom κύριος, sondern von jedem zur Anstellung öffentlicher Klagen befähigten Athener anhängig gemacht werden; die Anklage gehörte vor die Thesmotheten, welche die Instruction in derselben innerhalb eines Termins von 30 Tagen nach Anbringung derselben beendigen und an ihren Gerichtshof zur Entscheidung bringen mußten; die Anklage war schätzbar, das Erkenntniß konnte auf Tod oder Geldstrafe gehen, in ersterm Falle wurde es augenblicklich vollzogen,

81) *Demosth.* contr. Androt. 616, 13: *Οὐ τὸ σῶμα ἡταιρηκότος οὐκ ἐῶσιν οἱ νόμοι εἰς τὰ ἱερὰ εἰςιέναι.* 82) *Aeschin.* contr. Tim. p. 44. 83) *Demosth.* contr. Steph. 1125, 10: *Δεῖξόν τινα τῆς πόλεως, ἧς αὐτὸς ἠξιώθην, καὶ τῆς ἐν αὐτῇ παῤῥησίας ἀπεστέρηκα ὥςπερ σὺ τοῦτον, ὃν κατῄσχυνας.* 84) *Diogen. Laert.* I, 55: *Τόν τε ἡταιρηκότα εἴργειν τοῦ βήματος.* 85) *Aristoph.* Eq. 884: *Ἔπαυσα τοὺς βινουμένους, τὸν Γρύττον ἐξαλείψας.* Die Schol. bemerken dazu, der Gryttus wäre *ἐπὶ κιναιδίᾳ, ἐπὶ μαλακίᾳ διαβαλλόμενος.* 86) *Aeschin.* p. 54: *Δοκιμασία ῥητόρων — ἄν τις λέγῃ ἐν τῷ δήμῳ — ἢ πεπορνευμένος ἢ ἡταιρηκώς — δοκιμασίαν ἐπαγγειλάτω Ἀθηναίων ὁ βουλόμενος οἷς ἔξεστιν.* 87) p. 184, 1: *Οὐδὲ γὰρ ὁ νόμος τοὺς ἰδιωτεύοντας ἀλλὰ τοὺς πολιτευομένους ἐξετάζει.*

88) *Aeschin.* p. 86. 89) *Id.* p. 40. 90) Attisch. Proc. S. 545.

ern mußte der Verurtheilte, wenn der Geschändete
ier Knabe war, bis zur Zahlung der verwirkten
m Gefängnisse bleiben; ὕβρεως nämlich konnte in
dieses Gesetzes nicht nur wegen Stuprirung eines
ttischen oder nichtattischen, sondern auch wegen der
Sklaven geklagt werden [91]). — Gegen diejenigen,
als Kuppler zur Verführung freier Knaben gedient
(das Kuppeln hieß προαγωγεύειν oder μαστροπεύ-
r Kuppler προαγωγός, μαστροπός, sein Geschäft
γία, μαστροπεία) gab es eine Anklage προαγω-
er verurtheilte Beklagte wurde mit dem Tode be-
auch konnte wol gegen ihn φθορᾶς τῶν ἐλευθέρων
werden [92]). —
gehören hierher endlich auch die Gesetze, welche
hütung der Knabenverführung über die Behand-
on Schulen und Gymnasien gegeben waren [93]).
n Sonnenuntergang bis zu Sonnenaufgang mußte
ie grammatische Schule (διδασκαλεῖον), als auch
gschule (πάλαιστρα) geschlossen bleiben; Dunkel-
d Einsamkeit wurden für die gefährlichsten Gele-
n zur Verführung der Knaben gehalten [94]). Es
stimmt, in welcher Stunde die Knaben in die
kommen und aus derselben gehen sollten, wie
aben zugleich ein und ausgehen durften; während
aben in der Schule wären, sollte mit Ausnah-
Bruders, Sohns und Schwiegersohns vom Schul-
keiner, der nicht mehr zum Knabenalter gehörte,
hulhaus betreten, widrigenfalls wurde er mit dem
estraft. In die Gymnasien sollte an den Hermäen,
Kinderfeste, was in den Gymnasien gehalten wur-
zur ἡλικία Gehöriger gelassen werden, der Gym-
war verpflichtet, jeden Erwachsenen aus dem
ium herauszuweisen, unterließ er dies, so traf
Strafe, welche auf die Verführung freier Perso-
ορὰ ἐλευθέρων) gesetzt war. Wann dieses Geben worden sei, ist schwer zu sagen, so viele Bei-
n Übertretung desselben werden uns aus der Pla-
Zeit angeführt, und auch aus der Demosthenischen
hdemosthenischen kennen wir mehr als einen Fall,
Personen, denen es nach diesem Gesetze nicht zu-
n den Schulen und Palästren eingefunden haben;
n damals grade die νεανίσκοι und παῖδες in den
n häufig gemischt [95]); Sokrates selbst betrat oft
ren Freunden die Palästren, namentlich die des
[96]), und verweilte lange darin, und zwar wäh-
rend die Knaben mit Opfer und Spiel beschäftigt waren, wie er wiederum beim Grammatisten mit dem schönen Kritobul aus einem Buche las [97]), auch den Unterricht des Kitharisten Konnus mit den Knaben zugleich genoß und andere ältere Personen dasselbe zu thun bewog [98]); in der Schule des Grammatisten Dionys fand Sokrates die schönsten jungen Leute und ihre Liebhaber zusammen [99]), ja die Palästren scheinen damals einerseits wie die Barbierstuben [1]) (κουρεῖα), die Salbenläden [2]) (μυροπωλεῖα), die Arzneistuben [3]) (ἰατρεῖα), die Wechselbuden [4]) (τράπεζαι), die Badehäuser [5]) und mehr oder weniger alle Werkstätten [6]) (ἐργαστήρια), namentlich die am Markte gelegenen, die Stelle unserer Kaffeehäuser vertreten zu haben, und von denen, die Neuigkeiten hören oder verbreiten wollten, viel besucht worden zu sein, andererseits der Schauplatz gewesen zu sein, auf dem sich verliebte Menschen herumtrieben und Liebesverhältnisse mit Knaben anknüpften [7]), wie z. B. Alkibiades [8]) in der Palästra des Sibyrtius einen Liebhaber, der ihm wahrscheinlich mit un-

Attisch. Proc. S. 319 fg. 92) Ebend. 332 fg. 93)
. p. 36 sq. 94) *Id.* p. 35: Τὰς ἐρημίας καὶ τὸ σκό-
πλείστῃ ὑποψίᾳ ποιούμενος. p. 112. §. 90: Ἡ πρᾶξις
οδε γίγνεσθαι λάθρα καὶ ἐν ἐρημίαις. Daher läßt Pla-
mpos. p. 217, b.) den Alkibiades auch die Einsamkeit als
tel anführen, durch das er den Sokrates zu verführen ge-
e, καὶ ᾤμην αὐτίκα διαλέξεσθαι αὐτόν μοι, ἅπερ ἂν
παιδικοῖς ἐν ἐρημίᾳ διαλεχθείη. Daher das Kichern
sversammlung, als Autolykus im Namen des Areopag be-
der Rath glaube gern, daß Timarch mehr Erfahrung
ρὶ τῆς ἐρημίας ταύτης καὶ τοῦ τόπου τοῦ ἐν τῇ Πυκνὶ
reopag (*Aeschin.* p. 104). 95) *Plat.* Lys. §. 8. 96)
armid. § 1. In dieser Stelle erzählt Sokrates, daß er gleich
nach seiner Rückkehr von der Schlacht bei Potidäa sich in
lästra begeben, dort eine große Anzahl bekannter und unbe-
kannter Personen versammelt gefunden habe, denen er die Neuigkeit von der Schlacht mittheilte, wie er von ihnen wieder erfuhr, was ihn interessirte, wie es in der Stadt mit der Philosophie stände und wer jetzt die an Weisheit, Schönheit, oder beiden Eigenschaften zugleich sich auszeichnenden jungen Leute wären. In der Palästra des Hippokrates erhielt der 98jährige Isokrates die Nachricht von dem unglücklichen Ausgange der Schlacht bei Chäronea. (*Pseudo-Plutarch.* Vit. Isocrat.) Theophrast's Schwätzer besucht daher die Schulstuben und Palästren, und hindert durch Unterhaltung mit den Schulmeistern und gymnastischen Lehrern die Knaben am Lernen (Char. VII, wo Casaubonus die nicht richtige Bemerkung macht, es sei dem Schwätzer so sehr um's Schwatzen zu thun, daß er sich sogar in die Gefahr der nach unserm Gesetze ihn bedrohenden Capitalstrafe begebe, um nur schwatzen zu können; so gefährlich war die Sache damals schon längst nicht mehr). 97) *Xenoph.* Conviv. IV, 27. 98) *Plat.* Euthydem. IV. p. 272, c 99) *Plat.* Erast. ab in.

1) Wegen aller im Text genannten Orte, welche die Stelle unserer Kaffee- und Weinhäuser vertraten, verweise ich auf Lysias (contr. Pankl. 731): ἐλθὼν ἐπὶ τὸ κουρεῖον το παρὰ τους Ἑρμᾶς ἵνα οἱ Δεκελεῖς προσφοιτῶσιν, was erweist, daß jeder Demos sein eigenes κουρεῖον in der Stadt hatte; *Id.* περὶ ἀδυνάτου (p. 754), auf Demosthenes (contr. Aristogit. 786, 7), auf Theophrast (Char. VIII, 5. XI) und auf Heindorf (ad *Horat.* Serm. I, 7, 3). Wegen der κουρεῖα in specie, die Theophrast einmal scherzend ἄοινα συμπόσια nannte und zwar διὰ τὴν λαλίαν τῶν προσκαθιζόντων (*Plutarch.* Sympos. V, 5), wo namentlich auch das politische Kannegießern und der Stadtklatsch vorzüglich getrieben wurde (woher eben das Sprüchwort lippis et tonsoribus notum), sodaß von hier aus sich alle Neuigkeiten wie ein Lauffeuer durch die Stadt verbreiteten, erinnere ich an Aristophanes (Plut. 339): Λόγος ἦν πολὺς ἐπὶ τοῖς κουρείοισι τῶν καθημένων, ὡς ἐξαπίνης ἀνὴρ γεγένηται πλούσιος und an Lukian (Q. h. §. 24); die Nachricht vom sicilischen Unglücke wurde zuerst von einem Fremden im κουρεῖον erzählt und der Κουρεὺς lief dann spornstreichs zu den Magistratspersonen (*Plutarch.* Nic. 30). 2) Bei den μυροπωλίοις hielten die Elegants ihre Zusammenkünfte, daher bei Aristophanes (Eq. 1380) das absichtlich Doppelsinnige τὰ μειράκια τἀν τῷ μύρῳ. 3) *Aelian.* V. H. III, 8 und das. Perizonius. 4) Τῆς ἀγορᾶς πρὸς τὰς τραπέζας προσφοιτᾶν pflegten elegante Stutzer (*Theophr.* Char. 5), aber auch Philosophen und Sophisten führten hier Unterredungen (*Ast.* ad h. l. p. 188). 5) *Theophr.* Char. VIII, 4. 6) *Xenoph.* Memor. IV, 2, 1. *Diogn. Laert.* II, 21. 7) *Aeschin* contr. Tim. 145: Αὐτὸς μὲν ἐν τοῖς γυμνασίοις ὀχληρὸς ὢν καὶ πλείστων ἐραστὴς γεγονώς. 8) *Plut.* Alcib. 3.

verschämten Zumuthungen gekommen war, so mit einem Holze geschlagen haben soll, daß er daran starb. Daher finden wir, daß Sophisten oft ihre Prunkreden (ἐπιδείξεις), ihre Vorträge in den διδασκαλείοις oder in den παλαίστραις hielten [9]). Für die Sophrosyne der Epheben hatte wol unter dem Areopag und neben den Gymnasiarchen besonders die Behörde der Sophronisten zu sorgen.

13. Geschichte der attischen Knabenliebe. Nach diesen Bemerkungen über die sich auf Knabenliebe beziehenden attischen Gesetze können wir zur Geschichte dieses Instituts in Athen übergehen. Das Dasein desselben läßt sich für Athen nicht früher nachweisen als aus der Zeit, in welcher Epimenides Athen lustrirt und kretische Formen von Sühnungen und Gottesdiensten daselbst eingeführt hat, d. h. aus der 46. Ol.; denn eine, freilich vom Periegeten Polemon bestrittene, Nachricht des Neanthes von Kyzikus meldete, da es zur Reinigung von alter Befleckung (Andere sagen „vom Kylonischen Piaculum") Menschenbluts bedurfte, hätte sich ein schöner Jüngling freiwillig für das Vaterland zum Opfer dargebracht; seinem Beispiele wäre sein Liebhaber Aristodemus gefolgt und darauf hätte die Krankheit aufgehört, die, in Folge jenes Piaculums, damals Attika heimgesucht hatte [10]). Solon, der, wie wir gesehen haben, als Gesetzgeber die reine Knabenliebe begünstigte, scheint auch im Leben, wenigstens in einer frühern Periode desselben, ihr gehuldigt [11]), namentlich einstmals den Pisistratus geliebt zu haben [12]), wie Pisistratus später den Charmus, Charmus darauf den Hippias, den Sohn des Pisistratus [13]), Patroklides, der, welcher den dreiköpfigen Hermes geweiht hat, den Hipparch liebte [14]). Jener Charmus hat zuerst in Athen, nämlich in der Akademie, dem Eros einen Altar errichtet, das war also wol kein anderer als der Eros der Knabenliebe. Von der größten Bedeutung ist nun in der Geschichte der attischen Knabenliebe die That des Harmodius und Aristogiton; denn, wie Thukydides [15]) sagt, war sie die Wirkung einer ἐρωτικὴ ξυντυχία. Harmodius, strahlend von Jugendschönheit, wurde von einem attischen Bürger, Aristogiton, geliebt, dessen Lage nichts weniger als glänzend, nur mittelmäßig genannt werden konnte, dennoch fand sein Bewerben Erhörung bei Harmodius, und als Hipparch, der zweite Sohn des Pisistratus, der unter seinem regierenden Bruder Hippias eine bedeutende Stellung im Staate einnahm, den auch der Schmuck der Künste und der Poesie zierte, wie er überhaupt [16]) der Liebe sehr hingegeben war (ἐρωτικὸς ὤν), sich ebenfalls um die Gunst des Harmodius bewarb, wurde er von ihm nicht nur nicht erhört, sondern Harmodius zeigte es sogar seinem Freunde an, der über die Mittheilung allen Schmerz der Eifersucht empfand, und gleich jetzt den Entschluß faßte, die Tyrannis umzustürzen. Hipparch ließ es aber nicht bei dem ersten fehlgeschlagenen Versuche bewenden, erneuerte vielmehr seine Anträge, und da auch diese nicht angenommen wurden, beschloß er, sich an Harmodius durch Beleidigung seiner Schwester aufs Empfindlichste zu rächen; von der Procession am großen Panathenäenfeste, in der sie als korbtragendes Mädchen (κανηφόρος) fungiren sollte, wies er sie unter dem Vorwande zurück, daß ihre Geburt sie nicht zu solcher Ehre berechtige, sie wäre keine εὐγενής. Die Beleidigung empfand nicht nur Harmodius, sondern auch der Liebende desselben; beide verschworen sich gegen die Tyrannen überhaupt und tödteten den Hipparch am Panathenäenfeste. Diese Liebe war also gewissermaßen die Veranlassung zur Befreiung Athens von Tyrannen geworden; die Lieder, welche jene Tyrannentödter priesen, verherrlichten auch den Eros, der sie verbunden hatte; daher man oft später zur Beschönigung eines Liebeverhältnisses sich auf das Beispiel des Harmodius und Aristogiton berufen hat [17]), während dagegen die aus Athen geworfenen Pisistratiden zuerst versucht haben, die Thaten des Eros zu verleumden [18]). Seitdem finden wir nun von den bedeutendsten Männern Athens angeführt, daß sie Geliebte oder Liebende, oder beides nach einander gewesen sind.

So erzählte Ariston (vermuthlich der aus Keos, nicht der aus Chios), die Rivalität zwischen Aristides und Themistokles sei daraus hervorgegangen, daß sich beide um die Gunst desselben Schönen, des Stesileos aus Teos oder Keos, beworben hätten [19]). Daß auch Kimon der Knabenliebe gepflegt habe, beweist wenigstens die Stelle, auf welche man sich deshalb beruft [20]), nicht, und noch weniger hätte man die Vermuthung aufstellen sollen, daß Sophokles sein Geliebter gewesen sei [21]); die beiden großen Gegner Kimon und Perikles waren wol der Frauenliebe hingegeben, aber nicht der Knabenliebe, und der Tadel, den Perikles über Sophokles' Leidenschaft für schöne Knaben ausspricht, läßt vielmehr vermuthen, daß Perikles ihr ziemlich abhold war. Dagegen finden wir nun gleich, daß die drei großen [22]) Tragiker, wie in der Poesie, so im Leben, der Knabenliebe gehuldigt haben; der Tragiker Agathon hatte unter andern den Pausanias [23]) und den Euripi-

---

9) Platon (Hipp. mai. 14) läßt den Hippias sagen: *Ἐνθάδε μέλλω ἐπιδεικνύναι εἰς τρίτην ἡμέραν ἐν τῷ Φειδοστράτου διδασκαλείῳ.* Den Prodikus verwies der Gymnasiarch aus dem Gymnasium, *ὡς οὐκ ἐπιτήδεια τοῖς νέοις διαλεγόμενον* (*Aeschin.* Socr. II. 21). 10) *Athen.* 602, d. *Diog. Laert.* I, 110, der diese Jünglinge Kratinos und Ktesibios nennt. 11) *Plut.* Erotic. 5: *Εὖ γε τοῦ Σόλωνος ἐμνήσθης καὶ χρηστέον αὐτῷ γνώμονι τοῦ ἐρωτικοῦ ἀνδρός, Ἔσθ᾽ ἥβης ἐρατοῖσιν ἐπ᾽ ἄνθεσιν παιδοφιλήσῃ, Μηρῶν ἱμείρων καὶ γλυκεροῦ στόματος.* Hierauf bezieht sich auch Plutarch (Sol. 1): *Ὅτι δὲ πρὸς τοὺς καλοὺς οὐκ ἦν ἐχυρὸς ὁ Σόλων οὐδ᾽ ἔρωτι θαῤῥαλέος ἀνταναστῆναι — ἔκ τε τῶν ποιημάτων αὐτοῦ λαβεῖν ἔστι.* 12) *Plut.* Sol. 1: *Ἐρωτικῶς τὸν Πεισίστρατον ἀσπαζομένου τοῦ Σόλωνος.* 13) Auf diese Weise habe ich in der comment. tert. de Andocid. orat. c. Alcibiad. p. VII. not. 16 Plutarch (Sol. 1) und Athen. (609, d.) combinirt. 14) *Suid.* s. v. *Πατροκλείδης.* 15) *Thuc.* VI, 54.

16) *Heraclid.* Fragm. 1. 17) *Plat.* Sympos. IX. p. 182, b. *Aeschin.* contr. Tim. p. 144. *Arist.* Rhet. II, 24. *Max. Tyr.* Dissert. XXIV, 2. p. 285. 18) *Athen.* 562, a. 19) *Plut.* Aristid. 2. Themist. 3. 20) *Plut.* Erot. p. 38, 50 et ib. *Winkelm.* 21) Die dafür angeführte Stelle des Plutarch (Cim. 8) beweist dafür auch nicht das Geringste. 22) Wenn die Anekdote bei Athen. (XIII, 604, d.) wahr ist, so könnte man den Sophokles nicht einmal von der Schmach der unedlen Liebe frei sprechen. 23) *Plat.* Protag. 18. p. 316, d.: *Παυσανίας τε ὁ ἐκ Κεραμέων καὶ μετὰ Παυσανίου νέον ἔτι μειράκιον — καλόν τε κἀγαθὸν τὴν φύσιν, τὴν δ᾽ οὖν ἰδέαν πάνυ καλός· ἔδοξα ἀκοῦσαι ὄνομα εἶναι αὐτῷ Ἀγάθωνα, καὶ οὐκ ἂν θαυμάζοιμι, εἰ

selbst zu Liebhabern, und er wird von Aristophanes [24]) rhaupt als Schönling, Weichling und Pathikus verttet. Der größte Bildner Athens, Phidias, hatte zu liebten seinen Schüler, den Agorakritus aus Paros [25]) d den Pantarkes [26]) aus Elis oder Argos. Ebenso rd den namhaftesten Philosophen nachgesagt, daß sie in em ähnlichen Verhältnisse gelebt hätten; von Sokrates d seiner Ansicht über dasselbe wird §. 14 gehandelt; rmenides [27]) aber hatte zu Geliebten den Zenon, Pla- [28]) den Aster, Dion, Phädrus, Alexis; von drei bemten Schülern Platon's wissen wir, von Eudoxus [29]), er der Geliebte des Arztes Theomedon, von Xenokra- [30]), daß er der Liebhaber des Polemon und von Arieles [31]), daß Hermeas, Theodektes aus Phaselis und ldphatus seine Geliebten waren; Polemon hatte den ites [32]), Krantor [33]) den Arkesilaus zu Geliebten; Arlaus [34]) selbst war der Knabenliebe sehr hingegeben; er te unter Andern den Leochares aus Myrlea (der auch Demochares und Pythokles geliebt wurde) und den metrius, den schönen Sohn des Demetrius Poliorke- den Bruder des Antigonus Gonatas, der für kurze Gemahl der Berenike und König von Kyrene war [35]). on aus Kitium, der Gründer der Stoa, hat selten oder mit Frauen, immer nur mit schönen Knaben [36]), z. B. dem Chremonides [37]), natürlich dem Athener, nach welchem der Chremonideische Krieg zubenannt war [38]), Verkehr gehabt, und man hat den Stoikern oft den Vorwurf gemacht [39]), daß sie diesem Beispiele ihres Stifters nur zu sehr gefolgt wären.

Noch mehr als die Philosophen standen in Athen Staatsmänner [40]) und Redner in dem Rufe der Knabenliebe, namentlich der unzüchtigen, zu leben; es genügt hier vorläufig an Alkibiades, Kallistratus, Leodamas, Hegesander, Timarch, Äschines, Demosthenes und Demetrius, den Phalereer, zu erinnern, von denen über Alkibiades, Timarch und Hegesander weiter unten genauer gehandelt werden wird; Kallistratus aber, der große Redner, der nach einem unverbürgten Gerüchte durch seine Rede über den Verrath von Oropus den jungen Demosthenes zum Studium der Beredsamkeit entzündet haben soll, war nach Äußerungen der Komiker, namentlich des Eupolis, in seiner Jugend pathicus gewesen [41]); Äschines war, als er die Mitte des Lebens längst überschritten hatte [42]), doch, nach seinem eigenen Geständnisse, dieser Liebe noch zugethan; von Demosthenes haben wir den Spitznamen „Batalos," den er in seiner Jugend geführt und die Deutung, die von den Feinden des großen Mannes diesem Namen gegeben ward, schon oben [43]) berichtet, Äschines nennt ihn an einem Orte [44]) gradezu einen κίναιδος, später dagegen scheint er Liebhaber des unglücklichen Aristarch [45]), Sohns des Moschion, darauf eines gewissen Knosion [46]) gewesen zu sein,

———

ικὰ Παυσανίου τυγχάνει ὤν. *Id.* Sympos. p. 193, b. *Xe*-*h.* Conv. VIII, 32: Παυσανίας γε ὁ Ἀγάθωνος τοῦ ποιητοῦ ιτής. Über Agathon's Schönheit *Plat.* Sympos. p. 174, a. d. 212, e. 213, c. *Athen.* 445, c.

24) Vergl. besonders Thesmoph. 35, 54, 210, 264. Übrigens at mir Xenophon (Symp. VIII, 32), indem er dem Pausanias, Liebhaber des Agathon, die Vertheidigung derer in den Mund welche sich in Unmäßigkeit herumwälzen, das Unreine in dem hältnisse beider Männer anzudeuten, während im Symposion Pla- Pausanias der Anwalt der reinen gegen die unedle Knabenliebe ist. *Paus.* IX, 34, 1. 26) *Id.* V, 11, 3. VI, 10, 6. 27) *Plat.* menid. §. 2. *Diogen. Laert.* IX, 25. Athenäus (XI, 505, f.) t Platon, daß er ohne alle Noth zwischen Zenon und Parme- ein solches Verhältniß statuire. 28) *Id.* III, 29 sq. Die Echtheit nach verdächtigen Epigramme Platon's auf Aster s. nol. Gr. T. I. p. 102. Nr. 1. p. 106. Nr. 21, auf Alexis p. Nr. 3, auf Dion p. 107. Nr. 22. Platon ist nach Dikäarch erste Philosoph, der dem Eros große Bedeutung beigelegt; *Cic.* c. IV, 34. Philosophi sumus exorti et auctore quidem no- Platone, quem non injuria Dicaearchus accusat, qui amori oritatem tribueremus. Hiervon wird §. 14 gehandelt. 29) *gen. Laert.* VIII, 87. 30) *Id.* IV, 19. 31) *Stahr*, totel. I, 79. *Athen.* 566, e.: Ὁ σεμνότατος Ἀριστοτέλης Φασηλίτου μαθητοῦ (sc. τοῦ κάλλους ἥττων ἐστί). *Suid.* in ικίφατος. 32) *Diogen. Laert.* IV, 21, 22 fin. *Lucilius* d *Nonium* in *transmittere*, nach Victorius' vortrefflicher Verrung: Polemon et amavit Cratem et huic transmisit suam olam quam dicunt. 33) *Diogen. Laert.* IV, 23, 24 und nders die schöne Stelle §. 29. 34) *Id.* IV, 40: Φιλομειιός τε ἦν καὶ καταφερής, ὅθεν οἱ περὶ Ἀρίστωνα τὸν Χῖον κοὶ ἐπεκάλουν αὐτὸν φθορέα τῶν νέων καὶ κιναιδολόγον θρασὺν ἀποκαλοῦντες. καὶ γὰρ καὶ Δημητρίου τοῦ πλεύτος εἰς Κυρήνην ἐπὶ πλέον ἐρασθῆναι λέγεται καὶ Λεωχάς τοῦ Μυρλεάνου κτλ. 35) *Thrige*, Res Cyrenens. p. 228 sq. *Athen.* 563, e.: Ζήνων ὁ Φοίνιξ οὐδέποτε γυναικὶ ἐχρήσατο, δικοῖς δ' ἀεί, ὡς Ἀντίγονος ὁ Καρύστιος ἱστορεῖ ἐν τῷ περὶ βίου αὐτοῦ. Hiermit ist *Diogen.* VII, 13: Παιδαρίοις τε ἐχρῆτο ίως, ἅπαξ ἢ δίς που παιδισκαρίῳ τινί, ἵνα μὴ δοκοίη μιύνης εἶναι nicht im großen Widerspruch und nicht nöthig, diese lle nach jener zu emendiren.

37) *Diogen.* VII, 17. 38) Niebuhr, Kleine histor. Schriften. S. 460. 39) Vergl. §. 15, ferner die Jamben des Hermias bei *Athen.* l. c., wo sie gradezu παιδοπῖπαι genannt werden, und Athenäus selbst fügt hinzu, daß sie in diesem Stücke allein dem Beispiele ihres Stifters treu blieben. Es versteht sich, daß hier nur von den stoicidis die Rede ist, gegen die Juvenal in seiner zweiten Satyre denselben Vorwurf ausspricht, worüber Heinrich's vortreffliche Abhandlung über dieses Gedicht zu vergleichen. 40) Bei Platon (Sympos. 192, a) sagt Aristophanes von denen, welche als Knaben ihre Liebe auf Männer richten und daran Freude haben, bei Männern zu liegen und Männer zu umschlingen, sie thäten dies aus Männlichkeit und nicht aus Unverschämtheit, μέγα δὲ τεκμήριον καὶ γὰρ τελεωθέντες μόνοι ἀποβαίνουσιν εἰς τὰ πολιτικὰ ἄνδρες οἱ τοιοῦτοι. Der Komiker Platon in der Note 76. S. 154 citirten Stelle sagt: Κεκολλόπευκας, τοίγαροῦν ῥήτωρ ἔσει. 41) Vergl. die Stellen bei *Meinecke*, Quaest Scenic. III, 23, namentlich *Eustath.* 1915, 18. 42) Vergl. oben S. 153. 43) Vergl. S. 154. Not. 68. 44) *Aeschin.* contr. Tim. p. 175: Τὸν κίναιδον, Δημοσθένην. 45) *Idem* p. 167: Ἐραστὴς προσποιησάμενος εἶναι Ἀριστάρχου τοῦ Μοσχίωνος. *Idem* de leg. sua. p. 328: Οὐκ αἰσχυνθεὶς τὴν φήμην ἣν προσεποιήσατο ζηλωτὴς εἶναι τῆς ἡλικίας τοῦ μειρακίου. οὐ γὰρ δὴ τῇ γε ἀληθείᾳ· οὐ γὰρ προσδέχεται δίκαιος ἔρως τὴν πονηρίαν. Über diesen Aristarch und den ihm und Demosthenes Schuld gegebenen Antheil an der Ermordung des Nikodemus, um derentwillen Aristarch mit dem Exil bestraft wurde, vergl. man die Stellen bei Ranke im Art. Demosthenes in dieser Encyklopädie. Nach Idomeneus (bei *Athen.* 592, f.) war der Redner überhaupt ἀκόλαστος περὶ τὰ ἀφροδίσια· Ἀριστάρχου γοῦν τινος ἐρασθεὶς μειρακίου καὶ δι' αὐτὸ παροινήσας εἰς Νικόδημον ἐξέκοψεν αὐτοῦ τοὺς ὀφθαλμούς. 46) Vergl. *Athen.* 593, a.: Ἀναλαβεῖν γοῦν καὶ εἰς τὴν οἰκίαν λέγεταί τινα Κνωσίωνα μειρακίσκον, καίτοι γυναῖκα ἔχων, ὡς καὶ αὐτὴν ἀγανακτήσασαν συγκοιμᾶσθαι τῷ Κνωσίωνι. Äschines (de leg. sua. p. 315) macht daraus die Beschuldigung, Demosthenes hätte selbst seine Frau zum Knosion gelegt. Die

den er nach der Lästerrede der Athener, obgleich er ein verheiratheter Mann war, sogar in sein Haus genommen haben soll, wofür ihm Knosion zum Lohne die Frau verführte. Vom letzten attischen Redner, dem weichlichen und verschwenderischen Phalereer Demetrius, wird auch „nächtliche Liebe der Jünglinge" angeführt [47]). Ebenso ergibt sich aus Aristophanes, daß in seiner Zeit grade die pathici am meisten das große Wort in der Volksversammlung geführt haben, oder, wenn man die Sache lieber umkehren will, daß gegen die Volksredner am häufigsten die Beschuldigung pathici zu sein erhoben wurde. Aristophanes nämlich hat schon in seinem ersten Stücke den Dätaleis gegen die damals überhandnehmende unzüchtige Knabenliebe gekämpft, indem er dort einen *σώφρων* und einen *καταπύγων* auftreten ließ, von denen jener der Repräsentant der guten alten Erziehung, dieser der neumodischen sophistischen war; darauf hat er, abgesehen von den Acharnern, in welchem Stücke er den Dikäopolis sagen läßt (v. 79), daß jetzt in Athen nur die pathici für Männer gehalten würden, und von den Rittern, in denen für Agorakritus wiederholt aus seiner Eigenschaft als pathicus ein Anrecht auf Staatsverwaltung und die Hoffnung des Kleon Meister zu werden, abgeleitet wird [48]), besonders wieder in den Wolken, namentlich in der Unterredung des Sprechers der Gerechtigkeit mit dem der Ungerechtigkeit das Überhandnehmen der *εὐρύπρωκτοι* als eine Wirkung der neuen weichlichen Erziehung und in den Fröschen die schwatzhaften Weichlinge als Producte der Euripideischen Poesie dargestellt. Kaum wird man eine Komödie des Aristophanes nennen können, in der nicht wegen dieser Unzucht entweder, wie in den Rittern und Ekklesiazusen, gegen verbuhlte Redner überhaupt [49]) oder gegen irgend einen der sogenannten public characters speciell geeifert würde. Am häufigsten werden Klisthenes [50]) und Agathon [51]), außerdem auch Amynias, Amynon [52]) Antisthenes [53]), Antimachus [54]), Androklus [55]), der leidenschaftliche Gegner des Alkibiades [56]), Epigonus [57]), Kleonymus [58]), Kleophon [59]), Philoxenus [60]), Straton [61]), Sostratus [62]), der Sohn des Chäreas [63]) 2c., als pathici, Hieronymus [64]) Stilbonides [65]) 2c. als Päderasten angegriffen. Daß hiernach beide, die pathici wie ihre Liebhaber, keine besondern Freunde von Aristophanes gewesen sind, kann man bei solchen fortdauernden Angriffen voraussetzen; aber der Dichter rühmt sich auch in der Parabase zu den Wespen (1062 sq.), er habe, wenn's einem Liebhaber unangenehm gewesen wäre, seinen Geliebten in der Komödie verspottet zu sehen und er deshalb zu ihm geeilt wäre, einem solchen Verlangen niemals Genüge gethan, „damit er nicht die Musen zu Kupplerinnen mache." Stillschweigend liegt hierin ein Vorwurf gegen andere Komiker, die eine andere Handlungsweise befolgt haben; nach dem ganzen Zusammenhange ist nicht zu zweifeln, daß grade Eupolis einer solchen Connivenz von Aristophanes beschuldigt werde; gleichwol wissen wir, daß auch andere Komiker, wie eben Eupolis [66]), Kratin [67]), Pherekrates [68]), Theopomp [69]), Ephippus [70]), Alexis [71]), Antiphanes, Amphis [72]), Timokles [73]) gegen unzüchtige Knabenliebe nicht schonender gewesen sind. Bei dieser Ge-

Stelle des Athenäus hat der Schol. zu Äschin. (p. 764. *R.*) fast wörtlich abgeschrieben, *λέγεται Δημοσθένης Κνωσίωνα τοῦτον μειρακίσκον ὄντα καίτοι γυναῖκα ἔχων, ὥςτε καὶ αὐτὴν ἀγ. συγκ. τῷ Κνωσίωνι ἀναλαβεῖν καὶ εἰςδέξασθαι εἰς τὴν οἰκίαν*, nur muß man in diesem Scholion, mit dem Taylor und Reiske nichts haben anfangen können, die Worte *ἀναλαβεῖν καὶ εἰςδ. εἰς τὴν οἰκίαν* unmittelbar vor *καίτοι* oder nach *ἔχων* schreiben.

47) *Athen.* 542, d.: *Νεανίσκων ἔρωτες νυκτερινοί.*

48) Eq. 430, wo die Erklärung von *καὶ πρῴας ὁ πρωκτὸς εἶχεν* beim Scholiasten zu suchen; ebendas. 1247 gibt Kleon, sowie Agorakritus sich einmal gerühmt hat, „*καὶ βινεσκόμην*" auch gleich seine Sache für verloren „*οὐκέτ' οὐδέν εἰμ' ἐγώ.*"

49) Eccl. 113: *Λέγουσι γὰρ καὶ τῶν νεανίσκων ὅσοι πλεῖστα σποδοῦνται, δεινοτάτους εἶναι λέγειν.* Eq. 884 sq., besonders 1380 sq. *Dindorf.* Ran. 1093: *Καὶ τὰς πυγὰς ἐνέτριψεν τῶν μειρακίων στωμυλλομένων.*

50) Klisthenes, der Sohn des Sibyrtius, wird, weil er immer mit glattgeschorenem Barte ausging, in den Acharnern ein Eunuche genannt (Acharn. 118); in den Rittern (v. 1380), wo der verjüngte Demos erklärt, daß er hinfort keinen Unbärtigen auf dem Markte (in der Volksversammlung) sich herumtreiben (sprechen) lassen werde, wird daher gefragt *ποῦ δῆτα Κλεισθένης ἀγοράσει;* und in den Thesmoph. (241) sagt einer, der sich eben den Bart hat abnehmen lassen und sich im Spiegel betrachtet, er komme sich vor, als wäre er nicht mehr er selbst, sondern Klisthenes; in den Wolken (354) wird auf die Frage, wie es komme, daß diese jetzt in der Form von attischen Frauen erscheinen, geantwortet, daß sie immer die Gestalt anzunehmen pflegten, die sie grade in der Nähe sähen, und so wären sie jetzt, weil sie Klisthenes gesehen, Weiber geworden. In den Vögeln (831) wird ihm die Führung der Weberlade beigelegt; in den Thesmoph. tritt er selbst auf und wird von der Volksversammlung Anfangs für eine Frau gehalten, bis er erklärt nur der Weiber Proxenus zu sein; als pathicus wird er bezeichnet Ach. 119. Lysistr. 1092. Ran. 48, 57, 418. Es ist dies vermuthlich derselbe Klisthenes, welcher uns von Lysias (p. 778) als einer der Sykophanten geschildert wird, die das Volk zu ungerechten Verurtheilungen verführten und am Unglücke des Staats sich bereicherten.

51) Vergl. Not. 23. S. 170.

52) Eccl. 388 nach dem Schol. *ῥήτωρ ἠταιρηκώς.*

53) Eccl. 388 sq.

54) Nub. 1018: *Τῆς Ἀντιμάχου καταπυγοσύνης.*

55) Vesp. 1226 (1182), wozu der Schol. bemerkt, daß ihn auch Kratin *ὡς ἡταιρηκότα* in den *Ὥραις* verspottet habe.

56) *Plut.* Alcib. 19.

57) Eccl. 167 et Schol.

58) Dieser wird in der Regel als Feigling und *ῥίψασπις*, als pathicus aber in den Nub. 680 verspottet, wo der Scholiast bemerkt: *Τοῦτον ἤδη ὡς κίναιδον διασύρει.*

59) Nub. 805, wo der Schol. bemerkt: *Διαβάλλει δὲ αὐτὸν (τὸν Κλεοφῶντα) ὡς κίναιδον.*

60) Vesp. 82, wo die Schol. den Vers des Eupolis anführen: *Ἔστι δέ τις θήλεια Φιλόξενος ἐκ Διομείων.* Vermuthlich ist er aus diesem Grunde genannt Nub. 689, woraus sich denn für die mit ihm dort als *οὐκ ἄῤῥενα ὀνόματα* genannten *Μελησίας* und *Ἀμυνίας* dasselbe ergibt, was von Amynias der Schol. ausdrücklich sagt: *Γυναῖκα τὴν Ἀμυνίαν εἰς διαβολὴν τοῦ ἀνδρός, ἐνταῦθα μὲν εἰς δειλίαν μόνον καὶ μαλακίαν.*

61) Ach. 122 wird er Eunuche genannt und mit Klisthenes verbunden; das Letzte geschieht auch Eq. 1380.

62) Nub. 678.

63) Vesp. 707: *Ὅταν εἰςελθὸν μειράκιόν σοι κατάπυγον, Χαιρέου υἱός, ὡδὶ διαβάς, διακινηθεὶς τῷ σώματι.*

64) Es ist Hieronymus, der Sohn des Xenophant, ein schlechter Dichter, gemeint; vergl. Nub. 347 und dazu der Schol. Ach. 387. Eccl. 201.

65) Av. 138 sq.

66) Ich erinnere nur an seine Bapté und an die Verse in seinem Demon: *Καὶ μηκέτ' — ἐᾶσατ' ἄρχειν μειράκια κινούμενα Ἐν τοῖς σφυροῖς ἕλκοντα τὴν στρατηγίαν.*

67) Schol. Thesmoph. 805.

68) *Athen.* 585, b.

69) Bei Schol. *Pind.* P. II, 75. Vergl. oben S. 152. Not. 59.

70) Ich erinnere nur an das Fragment seiner Sappho bei *Athen.* 572, c.

71) *Athen.* l. c. et 339, e.

72) *Id.* 563, e.

73) *Id.* 339, a.

ung des Aristophanes kann man es nur eine starke
nie nennen, wenn Platon im Symposium (p. 192)
be ihm eine solche Rede in den Mund legt, in der
Vorzug der Knabenliebe, selbst der unreinen, vor
uenliebe behauptet, und das sich Hingeben des Kna-
ein Erzeugniß muthiger, mannhafter und nicht feiger
sinnung genannt wird.

Unter den bedeutenden Zeitgenossen des Aristophanes
aber keiner auch in Beziehung auf dieses Verhältniß
bekannt als Alkibiades. Wie wenig Andern konnte
ihm schon in früher Jugend eine glänzende Zukunft
ersagen; er gehörte von väterlicher und mütterlicher
te zu den beiden vielleicht vornehmsten und edelsten
ilien des Landes, der große Perikles war sein Vor-
d, und diese Familienverbindungen, unterstützt durch
nicht ganz unbedeutendes Vermögen, mußten auch in
n demokratisch regierten Freistaate einige Ansprüche auf
ische Stellung geben; die Natur aber hatte ihn mit
nen Geistesgaben ausgerüstet, die ihn in den Stand
mußten, den Ansprüchen seiner Geburt Anerkennung
erschaffen, und der, dem durch Geburt, Vermögen,
nte so lachende Aussichten verheißen wurden, war zu-
h der schönste [74]) Jüngling Athens. Kein Wunder
wenn eine große Schar [*]) wirklicher oder scheinbarer,
er und vornehmer Liebhaber in seiner Jugend ihn um-

Wenn in den Schmähungen Antiphon's dem Al-
des nachgesagt wurde, daß er in frühern Jahren theils
seinem väterlichen Hause zu einem seiner Liebhaber,
ens Demokrates, entlaufen wäre, sein einer Vormund,
hron, ihn deshalb durch einen Herold zu citiren be-
htigt, der Andere, Perikles, es wegen der daraus für
jungen Mann unvermeidlich hervorgehenden Schande
ndert hätte, theils einen seiner Liebhaber in der Pades Sibyrtius mit einem Stücke Holz getödtet hätte,
ird man den Schmähungen der Feinde um so weni-
Glauben schenken, als gar nicht abzusehen ist, was
jungen Menschen von Alkibiades' äußern Verhältnis-
hätte bewegen können, etwas so Schmachvolles zu thun,
das Wohnen und Verweilen im Hause des Liebha-
nach den Vorstellungen der Athener war. Aber daß
n Gegentheil seine Liebhaber alle mit einander ziemlich
müthig behandelt, nur gegen den einzigen Sokrates
e Rücksichten gezeigt habe, wird man der übereinstim-
menden Überlieferung [a]) um so eher glauben, da allerdings Alkibiades, wie auch Platon [75]) bemerkt, zu sehr Alles selbst besaß, als daß ihm von einem Liebhaber irgend etwas gewährt werden konnte, dessen er bedurft hätte. Bekannt sind besonders folgende zwei Züge aus seinem Leben. Anytus, der nachherige Ankläger des Sokrates, hatte als Liebhaber des Alkibiades einstmals diesen nebst andern Freunden zu Tische gebeten, Alkibiades die Einladung abgelehnt, sich zu Hause mit seinen Genossen berauscht, und war dann mit seinen Freunden und Bedienten zu Anytus gegangen, wo er an der Thür des Speisesaals stehen blieb, und da er von da aus sah, daß die Tische von goldenen und silbernen Trinkgefäßen voll waren, so hieß er die Sklaven die Hälfte von diesen Kostbarkeiten wegnehmen und zu ihm ins Haus bringen; ins Zimmer ging er nicht hinein, sondern nachdem er diesen Streich ausgeführt hatte, zog er davon; die Gäste waren, wie natürlich, über diesen Übermuth empört, Anytus aber fand das Betragen noch sehr bescheiden, da er ihm doch die Hälfte gelassen hätte, während er das Ganze hätte nehmen können [76]). Ein anderer Liebhaber, ein nicht sonderlich reicher Metöke, (denn auch Schutzgenossen haben in Athen Knabenliebe geübt, und sogar auf Bürgerkinder ihre Neigung gerichtet, wie Timagoras [b]) auf Meles, und der Altar des Anteros auf der Burg galt für ein Weihgeschenk der Metöken, und dieser Dämon wurde von ihnen besonders geehrt), ein Metöke also verkaufte alle seine Habe und brachte den Erlös, an 100 Gold-Stateren, dem Alkibiades, mit der Bitte, es anzunehmen; Alkibiades empfing es lächelnd, lud ihn zur Tafel, war bei Tische überaus freundlich gegen ihn, gab ihm sein Geld zurück und unterstützte ihn bei Pachtung von Staatszöllen in solcher Art, daß er dabei ein Talent gewann. Als Alkibiades ein wenig älter geworden war, hat er bekanntlich viele Frauen verführt, woraus der Scherz des Komikers Pherekrates [77]) zu erklären,

> Denn Alkibiades ist, obgleich kein Mann, jedoch
> Dem Anschein nach von allen Weibern jetzt der Mann,

und der des Philosophen Bion [78]), Alkibiades habe als Jüngling die Männer den Weibern, als junger Mann die Weiber den Männern abspänstig gemacht. Auch sein gleichnamiger, gleichfalls durch Schönheit ausgezeichneter [79]), Sohn, Alkibiades, hat viele Liebhaber gehabt, unter Andern den Sohn des Kriton, Kritobulus [80]); dürfte man den Schmähungen des Lysias glauben, welcher Redner übrigens von der ganzen Familie aussagt [81]), die meisten Mitglieder derselben wären Lohnhuren gewesen, so müßte

74) *Aelian.* V. H. XII, 14: *Ἐρασμιώτατον καὶ ὡραιότατον*
τῶν Ἑλλήνων μὲν γενέσθαι Ἀλκιβιάδην. *Nep.* Alcib. I. (ibiq.
.) omnium aetatis suae multo formosissimus. *Athen.*
e.: *Κάλλιστος ὢν τὴν μορφήν.* *Id.* 574, d.: *Ἀλκιβιάδης*
λός und so öfter. Daher die Künstler den Kopf des Alkibia-
ei der Darstellung des Cupido und des Hermes benutzt haben.
iades war sich seiner Schönheit bewußt und stolz darauf (*Plat.*
I. p. 104: *Οἴει γὰρ δὴ εἶναι πρῶτον μὲν κάλλιστός τε*
μέγιστος, καὶ τοῦτο μὲν παντὶ δῆλον ἰδεῖν ὅτι οὐ ψεύδῃ),
er bemühte sich, diese Schönheit sich noch als Mann zu er-
; *Athen.* XII, 534, c. Sehr oft wird ihm von den Schrift-
n der Beiname „der Schöne" gegeben, z. B. *Athen.* 534, b.
. noch *Xenoph.* Mem. I, 2, 24. *Baehr* ad *Plut.* Alcib. I.
, XVI. p. 145—149. *) Libanius in der Übungsrede, in
r Timon sich als Liebhaber des Alkibiades bekennen und den
sich wünschen läßt. T. IV. p. 188 *R.*: *Τὸ πολὺ τῶν ἐρα-*
σύνταγμα. 192: *Τὸ τῶν ἐραστῶν πλῆθος.*

a) Vergl. *Liban.* p. 192 sq.; *Πᾶσι δ' ὡς δούλοις ἐρασταῖς ἐπιτάττει.* 75) Alcib. I. p. 104, a.: *Οὐδενὸς φῂς ἀνθρώπων ἐνδεὴς εἶναι εἰς οὐδέν.* 76) So erzählt Plutarch (Alcib. 4. Erotic. 17. p. 42. *Winkelm.*) den Vorfall; nach Satyrus (bei *Athen.* 534, a.) ließ Alkibiades die Gefäße in das Haus seines armen Freundes, Thrasyllus, bringen. b) *Paus.* I, 30, 1. Suidas in *Μέλητος*, der den Liebhaber *Μέλητος*, den Geliebten *Τιμαγόρας* nennt. 77) *Athen.* 535, b. 78) *Diog. Laert.* IV, 49. 79) *Xenoph.* Mem. I, 3, 10: *Τὸν Ἀλκιβιάδου υἱὸν ὄντα εὐπροσωπότατον καὶ ὡραιότατον.* 80) *Xenoph.* I, 3, 8. 81) contr. Alcibiad. I. p. 550: *Οἱ μὲν πολλοὶ αὐτῶν ἡταιρήκασιν.*

dieser dritte Alkibiades nach einander[82]) unanständigen Umgang mit Archedemus, Theotimus und Archebiades gehabt haben. — Einen Beweis übrigens, wie sehr verbreitet in Athen das Verhältniß des Erastes zu seinem Pädika damals gewesen sei, gibt Aristophanes auch noch dadurch, daß er mehr als einmal gleichnißweise die Volksführer dem Volke gegenüber eine ähnliche Liebe heucheln läßt[83]), wie jener zu diesem hat.

Daß in dieser Zeit die unzüchtigste Knabenliebe in Athen ziemlich häufig war, leidet theils schon nach dem Gesagten keinen Zweifel, theils bezeugt es Aristophanes[84]) ausdrücklich, daß die Jünglinge jetzt ihren Leib für Geld Preis gäben, welche aber etwas anständiger thäten, statt des Geldes der eine ein schönes Pferd, der andere eine Wachtel oder einen andern Vogel, der andere Jagdhunde verlangten. Älian[c]) nennt auch kostbare Gewänder, Mohren oder andere seltene Sklaven. Diese Foderungen, welche die Geliebten an ihre Liebhaber machten [*ἐπιτάγματα ἐπιτάττειν* scheint der technische Ausdruck dafür[85])], waren oft so bedeutend, daß sich die Letztern dadurch ganz zu Grunde richteten, daher Lysias in seinem Erotikos[86]) dies neben der Vernachlässigung der eigenen Angelegenheiten und dem Verwickeltwerden in Streitigkeiten mit den eigenen Anverwandten als Folgen der leidenschaftlichen Knabenliebe erwähnt. Die unreine Knabenliebe ist also Lohndienerin (*μισθοφόρος*), während die reine ungedungen (*ἄμισθος*) ist[87]). Der Fall, daß einem Knaben Geld versprochen ward, wenn er sich seine Schändung gefallen lassen würde und ihm dann doch nach geschehener Schändung das Versprechen nicht gehalten wurde, muß damals ziemlich häufig vorgekommen sein, wenn Aristophanes[88]) unter denen, welche im Schlamme in der Unterwelt lägen, auch den anführen konnte, welcher *παῖδα κινῶν τἀργύριον ὑφείλετο*. Um diese Zeit mag es aufgekommen sein, daß ein förmlicher schriftlicher Vertrag (*συνθῆκαι, συγγραφαί*) in einem *γραμματεῖον* aufgesetzt, durch Zuziehung von Zeugen bestätigt und bei einem Dritten deponirt wurde, worin man die Bedingungen verzeichnete, unter welchen der junge Mann dem Schänder seinen Leib Preis gab[89]); selten mag es wol einer bis zu der Unverschämtheit gebracht haben, daß er wirklich vor der Behörde auf Erfüllung des Vertrages geklagt hätte, und wir können es wol dem Äschines[90]) glauben, daß eine solche Klage, sie mochte nun vom Schänder oder dem Geschändeten ausgehen, ohne andern Erfolg für den Kläger als den der höchsten Schmach geblieben wäre; indessen beweist das Beispiel des Diophant[91]), welcher als Waise aus ähnlichem Grunde eine Klage (*κακώσεως*) auf vier Drachmen beim Archon angestellt hat, daß auch dies nicht ganz unerhört war. Wie in der edlen und reinen Knabenliebe es für schimpflich galt, sich durch Geld oder politischen Einfluß des Liebhabers gewinnen zu lassen[92]), so haben in der unzüchtigen die Ehrlosen es natürlich vorgezogen, sich lieber bezahlenden Wollüstlingen hinzugeben, als edle und brave Liebhaber zuzulassen; daher sagt Aristophanes[93]), das Volk gleiche in dieser Beziehung den geliebten Knaben, daß es auch rechtschaffene Liebhaber verschmähe und sich allerlei Gesindel hingebe. Solche verworfene Geschöpfe suchten durch die niedrigsten buhlerischen Künste die Aufmerksamkeit der Liebhaber auf sich zu ziehen[94]), verschmähten auch nicht die der Toilette, das *καλλω-*

82) *Id.* p. 536 sq. Der triefäugige Archedemus, *γλάμων*, wie ihn Lysias und Aristophanes (Ran. 588) nennen, gehörte zum Gaue der Pelekes, wurde aber sowol von Aristophanes (Ran. 418) als von Eupolis in den Bapten als Fremder, der sich betrügerischer Weise das Bürgerrecht angemaßt hätte, verspottet; zur Zeit der Aufführung der Frösche, d. h. Ol. 93, 3, genoß er ein bedeutendes Ansehen im Staate, hatte die Fürsorge für Dekelea, klagte den Erasinides, einen der Feldherren, welche die Schlacht bei den Arginusen gewonnen hatten, vor der Gemeinde an (*Xenoph.* H. Gr. I, 7, 1). Er war nicht ungeschickt als Redner und zu Staatsgeschäften, übrigens arm; Kriton benutzte seine Vermittelung, um sich durch ihn gegen die Verleumdung der andern Demagogen zu vertheidigen (*Xenoph.* Memor. II, 9, 3); in dieser Stelle wird er als ein übrigens rechtschaffener Mann geschildert, während er nach Lysias nicht Weniges vom Staatsgut unterschlagen hat. 83) Eq. 739: *Ὁτιὴ φιλῶ σ' ὦ Δῆμ', ἐραστής τ' εἰμὶ σός. Δ. σὺ δ' εἶ τίς ἐτεόν; Α. ἀντεραστὴς τουτουί, ἐρῶν πάλαι σου κτλ.* 1168 sagt der Demos: *Ὑπὸ τῶν ἐραστῶν νὴ Δί' ἦ 'γὼ θρύπτομαι.* 1346 *Ὦ Δῆμ', ἐραστής εἰμι σός φιλῶ τέ σε.* Acharn. 1048: *Καὶ δῆτα φιλαθήναιός γ' ἦν ὑπερφυῶς, ὑμῶν τ' ἐραστὴς ἦν ἀληθής.* 84) *Aristoph.* Plut 153 sqq.: *Κ. Καὶ τούς γε παῖδάς φασιν αὐτὸ τοῦτο δρᾶν, οὐ τῶν ἐραστῶν, ἀλλὰ τἀργυρίου χάριν. Χ. οὐ τούς γε χρηστούς, ἀλλὰ τοὺς πόρνους· ἐπεὶ αἰτοῦσιν οὐκ ἀργύριον οἱ χρηστοί. Κ. τί δαί; Χ. ὁ μὲν ἵππον ἀγαθόν, ὁ δὲ κύνας θηρευτικούς. Κ. αἰσχυνόμενοι γὰρ ἀργύριον αἰτεῖν ἴσως ὀνόματι περιπέττουσι τὴν μοχθηρίαν.* Av. 704 sq. sagen die Vögel: *Καὶ τοῖσιν ἐρῶσι σύνεσμεν· πολλοὺς δὲ καλοὺς ἀπομωμοκότας παῖδας πρὸς τέρμασιν ὥρας, διὰ τὴν ἰσχὺν τὴν ἡμετέραν διεμήρισαν ἄνδρες ἐρασταί, ὁ μὲν ὄρτυγα δοὺς ὁ δὲ πορφυρίων', ὁ δὲ χῆν', ὁ δὲ Περσικὸν ὄρνιν.* c) Bei *Suid.* in *Μέλητος*. 85) *Aeschin.* contr. Tim. p. 93. *ὑπερήφανα* l. c. *Id.* p. 98. In einem andern Sinne ist es ebendas. (p. 115 fin.), dagegen bezieht sich hierauf Platon (Men. §. 9), wo Sokrates sagt, jeder müßte im Gespräche mit Menon gleich merken, daß er schön sei und Liebhaber habe, *ὅτι οὐδὲν ἀλλ' ἢ ἐπιτάττεις ἐν τοῖς λόγοις*, wo die Ausleger an diese Bedeutung von *ἐπιτάττειν* erinnern. In demselben Sinn auch *προστάττειν*, daher bei Suidas in *Μέλητος* für das Sinnlose *καὶ ἦν τὰ πράγματα κύνας τε ἀγαθὰς καὶ θηρατικὰς ἐκ τῆς ἀλλοδαπῆς ἄγειν καὶ ἵππον αὖ τῶν πολεμίων* zu lesen ist: *προστάγματα*. 86) Bei *Plato,* Phaedrus. p. 231 A., 234 B.

87) *Maxim. Tyr.* diss. XXV, 4, 305. 88) Ran. 147. 89) Die erste Erwähnung solcher Verträge findet sich meines Wissens bei *Lysias* contr. Simon. p. 147: *Ἐτόλμησε γὰρ εἰπεῖν, ὡς αὐτὸς μὲν τριακοσίας δραχμὰς ἔδωκε Θεοδότῳ, συνθήκας πρὸς αὐτὸν ποιησάμενος*; die umständlichste aber bei *Aeschin.* contr. Tim. p. 160 sq; nach ihm soll zuerst ein den Staatsgeschäften nicht fremder attischer Bürger, dessen Namen Äschines, um Feindschaften zu vermeiden, verschweigt, nach einem bei Antikles deponirten Vertrage, seinen Leib gegen Lohn zur Schändung hingegeben haben. 90) *Aeschines.* p. 161 sq. 91) *Id.* p. 159. 92) *Plat.* Sympos. 184, a. 93) Eq. 743 sq.: *Σὺ γὰρ ὅμοιος εἶ τοῖς παισὶ τοῖς ἐρωμένοις· τοὺς μὲν καλούς τε κἀγαθοὺς οὐ προσδέχει, σαυτὸν δὲ λυχνοπώλαισι καὶ νευρορράφοις καὶ σκυτοτόμοις καὶ βυρσοπώλαισιν δίδως.* 94) Es genügt hier an Athenäus (542, f.) zu erinnern, wo mit den Worten des Karystius aus Pergamum erzählt wird, zur Zeit, als der Phalereer Demetrius im Besitze der höchsten Macht in Athen war, wäre sein Geliebter Theognis von allen Knaben beneidet und solcher Werth darauf gelegt worden, Zutritt bei Demetrius zu gewinnen, daß, da er nach dem Frühstücke in der Tripodenstraße lustwandelte, in den folgenden Tagen die schönsten Knaben sich dort versammelten, um von ihm gesehen zu werden.

πίζεσθαι war hier ganz gewöhnlich[95]), nahmen, wo möglich, ihrem Leibe jedes Zeichen der Männlichkeit[96]), zogen gar zum Liebhaber ins Haus [ἀναλαμβάνειν[97]) war von Seiten des Liebhabers der technische Ausdruck dafür], gaben sich der Schändung in entlegenen, einsamen, dunkeln Örtern, in Privathäusern[98]), die Frechern in der Nähe der Pnyx[99]), an der Mauer, bei einem gewissen Thurme[1]) oder beim Lykabettus[2]) hin, die unglücklichsten, und das waren besonders die pueri venales, d. h. junge, schöne Sklaven, die von ihren Herren zum Feilbieten ihres Leibes gezwungen wurden, standen in einem förmlichen Hurenhause [πορνεῖον, πορνοβοσκεῖον, in der Regel euphemistisch οἴκημα[3]), κλίσιον, τέγος[4]), vielleicht auch οἰκόπεδον, λάκκος[5])] feil, oder richtiger „saßen" an irgend einem dieser Örter, den Genuß ihres Leibes feilbietend (καθίζεσθαι[6]) war der technische Ausdruck dafür). Das ganze Äußere der pathici war so eigenthümlich hervorstechend, daß ein griechisches Sprüchwort[7]) sagte, man könne eher fünf Elefanten unter den Achseln als einen pathicus verstecken. Indem aber die männliche Hurerei eine Art Gewerbe ward, wurde von ihnen auch eine Hurensteuer (πορνικὸν τέλος)[8]) erhoben, die jährlich vom Senat der Fünfhundert verpachtet war und an den Pächter (τελώνης) derselben entrichtet werden mußte. Sah man einen jungen Menschen sein väterliches Haus verlassen und in dem eines Fremden, der noch dazu älter als er und nicht sein Vormund oder seines Vaters Freund war, übernachten, sah man ihn an einem Gelage Theil nehmen, ohne daß einer seiner nächsten Verwandten und Beschützer ihn dahin begleitet hätte, machte er kostbare Verschwendungen mit, ohne selbst zu bezahlen, wozu Theilnahme an Zechgelagen, Würfelspiel, Umgang mit Lustdirnen gehörte, dann wurde allgemein vorausgesetzt, daß, wer solche Zumuthungen Andern machen könne, dafür auch diesen Etwas gewähren müsse[9]). Anständige junge Menschen saßen daher, wenn sie ja bei einem Gelage erschienen, wenigstens in unmittelbarer Nähe ihrer nächsten Verwandten, wie bei dem von Xenophon[10]) geschilderten Gastmahle Autolykus neben seinem Vater Lykon, während ältere Personen bekanntlich zu Tische lagen; achtbare Jünglinge würden allein, entfernt von ihren Verwandten und Pädagogen, mit fremden, ältern Männern nicht einmal ein Wort gesprochen[11]) haben. Eine Bestätigung des Meisten, was hier angeführt ist, gewährt der Bericht des Äschines über das Betragen des Timarch[12]). Gleich nachdem er aus dem Knabenalter getreten wäre (also mit dem 17. Jahre), hätte er im Piräeus, in der Arzneibude des Euthydikus, seinen Sitz aufgeschlagen, unter dem Vorwande, dort die Medicin zu erlernen, in der That aber um seinen Leib zu verkaufen; zuerst ihn Misgolas[13]), der nach Äschines' eigenem Zeugnisse sonst ein wackerer Mann, aber ein leidenschaftlicher Päderast war und immer schöne Kitharöden oder Kitharisten um sich hatte, in sein Haus genommen; während er bei diesem lebte, wäre er einmal am Festtage der großen Dionysien von Misgolas und einem seiner Freunde dabei überrascht worden, als er grade in einem Hause mit einigen Fremden zechte; die Drohung, sie als Verführer eines freien Knaben ins Gefängniß zu schicken, hätte diesen Fremden solche Furcht eingeflößt, daß sie das Mahl stehen ließen und sich davon machten. Als Misgolas nicht länger im Stande gewesen wäre, ihn zu

95) *Diog. Laert.* VI, 54: *Μειράκιον καλλωπιζόμενον.* Die *καλλωπισμοὶ περὶ τὸ σῶμα* werden in der Regel tadelnd genannt (*Plat.* Phaedon. 64, d. Sympos. 174, a. *ἐκαλλωπισάμην, ἵνα καλὸς παρὰ καλὸν ἴω*). In demselben Sinne auch *κοσμεῖσθαι* (*Diog. Laert.* VI, 45 *κεκοσμημένον μειράκιον*). 96) Solche Menschen ließen sich theils den Bart ganz glatt bis auf die Haut scheeren (sie waren *ἐξυρημένοι*), theils um am ganzen Körper eine weiche weibliche Haut zu bekommen, sich am ganzen Körper das Haar ausrupfen, was im Bade geschah; man bediente sich dazu einen Pechpflasters; *πιττοκοπεῖν* ist der technische Ausdruck dafür; einen solchen Weichling stellte Philemon in seinem *Πισσοκοπούμενος* dar (vergl. *Meineke*, Philem. p. 376); ebenso wird das *παρατίλλειν* oft angeführt, ebenso das Abbrennen des Haares; vergl. die Ausleger zu *Aristoph.* Lysistr. v. 89, 151. 97) Vergl. *Aeschin.* contr. Tim. p. 68. (§. 43.) p. 76 fin. (§. 52.) p. 78. (§. 53.) p. 79. (§. 54.) p. 80. (§. 55 fin.) p. 81. (§. 58.) *Athen.* 593, a. citirt S. 171. Not. 46. 98) *Id.* p. 112. (§. 90): *Ἡ πρᾶξις αὕτη εἴωθε γίγνεσθαι λάθρα καὶ ἐν ἐρημίαις καὶ ἐν ἰδίαις οἰκίαις.* Maximus Tyr. (XXV, 4) sagt, die unreine Knabenliebe sei *ἐρημίᾳ φίλος καὶ νυκτὶ καὶ φωλεοῖς, φεύγων ἥλιον, διώκων νύκτα.* 99) *Id.* p. 104 (§. 82): *Περὶ τῆς ἐρημίας ταύτης καὶ τοῦ τόπου τοῦ ἐν τῇ Πυκνὶ μὴ θαυμάσητε, εἰ Τίμαρχος ἐμπειροτέρως ἔχει τῆς βουλῆς τῆς ἐξ Ἀρείου πάγου.*

1) *Aeschin.* contr. Tim. p. 108: *Ἢ ἐὰν μνησθῇ τειχῶν ἐπισκευῆς ἢ πύργου.* 2) Schol. *Pind.* P. 2. v. 75: *Θεόπομπος ἐν Μήδῳ εἰσάγει τὸν Λυκαβηττὸν λέγοντα „Παρ' ἐμοὶ τὰ λίαν μειράκια χαρίζεται τοῖς ἡλικιώταις."* 3) *Aeschin.* contr. Tim. p. 96. (§ 74): *Ὁρᾶτε τουτουσὶ τοὺς ἐπὶ τῶν οἰκημάτων καθημένους, τοὺς ὁμολογουμένους τὴν πρᾶξιν πράττοντας.* *Id.* p. 135 sq. *Diog. Laert.* II. §. 105: *Ἠναγκάσθη στῆναι ἐπ' οἰκήματος.* Vergl. auch die Lexikographen u. d. W. *οἴκημα*. 4) Wegen *κλίσιον* und *τέγος* vergl. *Casaubon* ad *Suet.* Calig. c. 57. Hieraus ist auch der Scherz des Kynikers Diogenes zu erklären, der über einen verbuhlten jungen Mann befragt wurde, was er für ein Landsmann sei; er antwortete „ein Tegeate." 5) Diese Bedeutung scheint das Gelächter zu erweisen, was das attische Publicum erhob, als im Berichte des Areopag über einen Vorschlag des Timarch *τῶν οἰκοπέδων καὶ τῶν λάκκων* Erwähnung geschah. Etwas Obscönes und Zweideutiges muß jedenfalls darin liegen. 6) *Id.* p. 65. (§. 40): *Ἐκάθητο ἐν Πειραιεῖ ἐπὶ τοῦ Εὐθυδίκου ἰατρείου.* p. 135. (§. 120): *Τοὺς τόπους ἐπερωτήσει ὅπου ἐκαθέζετο.* p. 136. (§. 123): *Κατ' οἴκημα τὸ πρᾶγμα ἐξετάζεσθαι ἀξιῶν, ὅπου ἐκαθέζου* und die eben Note 3 angeführte Stelle. p. 96. (§. 74.) 7) *Lucian.* adv. Indoct. §. 23: *Θᾶττον ἂν πέντε ἐλέφαντας ὑπὸ μάλης κρύψειας, ἢ ἕνα κίναιδον.* Über das Weichliche in Gang und Kleidung sowol bei denen, welche den Pädikois zu gefallen, oder Männer an sich zu ziehen suchen, vergl. *Adamant.* Physiogn. p. 422 sq.

8) *Aeschin.* p. 134 sq. (§. 119.) 9) *Aeschin.* contr. Tim. p. 97 fin. (§. 75). Denselben Gedanken spricht Ephippus in der Komödie Sappho bei *Athen.* p. 572, c. so aus: *Ὅταν γὰρ ὢν νέος ἀλλότριον ἐσελθὼν ὄψον ἐσθίειν μάθῃ, ἀσύμβολόν τε χεῖρα προσβάλῃ βορᾷ, διδόναι νόμιζ' αὐτὸν σὺ τῆς νυκτὸς λόγον.* 10) *Xenoph.* Sympos. I. §. 8. Es ist daher auch gewiß, daß Kallias den Autolykus nicht allein, sondern gemeinschaftlich mit dessen Vater Lykon zum Schauspiel des Pferderennens an den Panathenäen geführt habe. 11) *Plat.* Sympos. p. 183, c.: *Παιδαγωγοὺς ἐπιστήσαντες οἱ πατέρες τοῖς ἐρωμένοις μὴ ἐῶσι διαλέγεσθαι τοῖς ἐρασταῖς, καὶ τῷ παιδαγωγῷ ταῦτα προστεταγμένα ἐστί, ἡλικιῶται δὲ καὶ ἑταῖροι ὀνειδίζουσιν, ἐάν τι ὁρῶσι τοιοῦτο γιγνόμενον.* Vergl. auch *Plat.* Lys. fin. 12) *Aeschin.* p. 65. §. 40 sq. 13) Vergl. über diesen die Spöttereien der Komiker Antiphanes, Alexis und Timokles bei *Athen.* 339. b.

unterhalten, hätte ihn ebenso Antikles, der Sohn des Kallias, zu sich genommen; nachdem er sich von diesem getrennt, hätte er in einem Spielhause die Bekanntschaft des Pittalakus, eines Staatssklaven, der aber viel Geld hatte, gemacht, wäre zu ihm ins Haus gezogen und bei ihm geblieben, bis Hegesander, der Sohn des Diphilus, der Bruder des Redners Krobylus [14]), aus dem Gaue der Stirienser, nach seiner Rückkehr vom Feldzug im Hellespont, auf welchem er Schatzmeister gewesen war und den Feldherrn gehörig betrogen hatte, er, der in seinen frühern Jahren selbst der Buhle des Leodamas [15]) gewesen und deshalb vom Redner Aristophon aus dem Gaue der Azenienser mit der Anklage δοκιμασία bedroht war, ihn zu sich genommen hätte; nachdem er mit Hegesander dessen Vermögen verpraßt hatte, scheint er nach Äschines' eigener Angabe (vergl. §. 95) mit der Schönheit und Jugend auch alle Liebhaber, aber nicht die Neigung zu Spiel und Gelagen verloren zu haben, und war daher genöthigt, sein eigenes väterliches Erbtheil zu verthun.

So geschieden war ehrbare Knabenliebe und ruchlose Knabenschändung. Als solche, welche wegen ihrer Schönheit viele Liebhaber gefunden hätten, denen aber nichts Unanständiges nachgesagt würde, nennt Äschines (p. 157) aus älterer Zeit den Kriton, den Sohn des Astyochus, den Perikleides, den Sohn des Perithoides, den Polemagenes, den Pantaleon, den Sohn des Kleagoras, den Schnellläufer Timesitheus, welche die schönsten Menschen nicht nur Athens, sondern ganz Griechenlands und von sehr vielen der mäßigsten und verständigsten Männer geliebt worden wären; von seinen eigenen Zeitgenossen, den Timarch, Sohn des Rhamnuser Tisias und Neffen des Feldherrn Iphikrates, den Stadiodrom Antikles und den Phidias, den Bruder des Milesias; dagegen als verworfene pathici den bereits erwähnten Diophant, den Kephisodorus und den Mnesitheus; als zügellose Päderasten aber nennt er (p. 77) den Kedonides, Autoklides und Thersander, und das Letztere haben ihm die Lexikographen Suidas, Photius, Hesychius nachgeschrieben. Bei Hesychius [16]) werden noch als verrufene und sprüchwörtlich gewordene pathici bezeichnet Aristodemus, Exekestus, Theodorus und Timesianax, deren Namen vermuthlich nur durch die Komiker dem Lexikographen zugekommen sind.

Daß die Knabenliebe, auch die edlere, der ehelichen Verbindung hindernd entgegenstand, wird man von selbst erwarten, und Platon [17]) bezeugt es, daß eine päderastische Natur nicht von Natur, sondern nur durch das Gesetz gezwungen solche Verbindungen eingehe; Hegesander aber trieb unzüchtige Knabenliebe auch als verheiratheter Mann [18]), und die Verleumdung sagte, wie wir gesehen haben, dasselbe dem Demosthenes nach, sowie auch Kritobul, der Sohn des Kriton, obgleich eben verheirathet, doch den παιδικοῖς anhing [19]).

Mit der Vernichtung der politischen Selbständigkeit Griechenlands verlor die Knabenliebe ihre politische Bedeutung für die Nation; die neuere Komödie, so weit sie uns durch erhaltene Bruchstücke und römische Übertragungen bekannt ist, zeigt negativ, nämlich durch ihr vollständiges Stillschweigen hierüber, daß dies Verhältniß alle Wichtigkeit fürs Leben verloren haben muß; Courtisane wurden der Mittelpunkt, um den sich das Leben, namentlich der Jugend, und die Komödie bewegten; neben ihnen war für reine männliche Liebe wenig Platz; der Schmuz, der noch fortdauerte, vielleicht sogar zunahm, ist nicht geeignet, uns ein Interesse abzugewinnen; wenn jene, nachdem sie ein öffentliches Institut zu sein aufgehört hat, dennoch in den spätern Jahrhunderten nicht ganz verschwindet, wovon außer Maximus von Tyrus auch der Erotikos des Plutarch und die Erotes des Lukian Zeugniß geben, die beide die Frage behandeln, ob der Männer- oder der Frauenliebe der Vorzug gebühre, so ist dies vorzugsweise von der Fortdauer der Gymnastik und der Bedeutung der Erotik für die Philosophie herzuleiten, wie sich aus §. 14 fg. noch bestimmter ergeben wird.

14. **Ansichten der griechischen Philosophen über die Männerliebe. Sokrates. Platon.** Nun ist noch eine Welle, oder vielmehr ein großer Strom übrig, über den unsere Darstellung glücklich hinüberzukommen suchen muß, die Ansicht der griechischen Philosophen und ganz besonders des Sokrates und Platon von diesem Verhältnisse der Knaben- oder Männerliebe. Die Philosophen vor Sokrates haben es wol kaum zum Gegenstande ihrer Betrachtung gemacht, bei der ionischen und eleatischen Philosophie wäre für eine solche Erwägung keine Stelle gewesen, von den Pythagoreern [a]) aber und den Sophisten ist wenigstens Nichts darüber bekannt. Den Sokrates dagegen haben die Berichte seiner treuesten Schüler,

14) Daß Hegesander der Sohn des Diphilus und aus dem Gaue der Stirienser war, beweist das Zeugniß bei Äschin. (p. 89); daß Krobylus, der Redner, sein Bruder war, zeigt derselbe (p. 86, 94), der ihn auch in der Rede gegen Ktesiph. (p. 509) erwähnt. *Κρώβυλος* war aber nur ein Spitzname; der wirkliche Name des Mannes war *Ἡγήσιππος*, welches der berühmte Redner ist, der Demosthenes politische Gesinnung theilte und dem von einigen alten Kritikern die Autorschaft der beiden Reden de Haloneso und de Foederib. c. Alexandr. beigelegt wird, welche unter den Demosthenischen stehen. Daß von diesem Redner Hegesippus der Komiker dieses Namens zu unterscheiden sei, der auch einer viel spätern Zeit angehört, zeigt Meineke (Quaest. Scen. III, 43), sowie wiederum von Beiden der Komiker Krobylus verschieden ist. 15) *Aeschin.* p. 91, 128. (§. 68, 111.) Dies scheint aber kein anderer als der berühmte Redner Leodamas zu sein, über den es genügt auf Ruhnken zu verweisen (hist. cr. orat. graec. p. 143). 16) s. v. *Ἀριστόδημος. Ἀριστόδημον οἱ Κωμικοὶ τὸν πρωκτὸν καὶ Θεόδωρον καὶ Τιμησιάνακτα ἔλεγον ἀπὸ τῶν ἡταιρηκότων.* s. v. *Ἐξήκεστος ἡταιρηκώς, ὅθεν καὶ τοὺς πρωκτοὺς ὁμωνύμως Ἐξηκέστους ἔλεγον.* s. v. *Θεόδωρος. Θεοδώρους ἔλεγον οἱ Κωμικοὶ τοὺς εὐρυπρώκτους ἀπὸ Θεοδώρου τινὸς οὐκ εὖ τῆς ἑαυτοῦ ὥρας προστησαμένου.* *Id.* s. v. *Τιμάναξ* (man verbessert *Τιμησίαναξ*, ὁ πρωκτός. ὁ δὲ αὐτὸς ὁ Θεόδωρος. Derselbe Lexikograph hat das räthselhafte Wort *Διάλαος*, was sich schon dadurch als fehlerhaft erweist, daß es die alphabetische Folge unterbricht, indem es zwischen *διαλυγίσαντες* und *διαμαρτάνει* steht, und erklärt diese Glosse οἱ *μὲν ἐπιμυλίδιον δαίμονα, ἄλλοι δὲ παιδιᾶς εἶδος, ἐν ᾗ διαλέγουσι τὰς ψήφους. Βούλεται δὲ λέγειν ὁ Κρατῖνος τὸν ἔσχατον τῶν πόρνων.*

17) Sympos. 192, b.: *Πρὸς γάμους καὶ παιδοποιΐας οὐ προσέχουσι τὸν νοῦν φύσει, ἀλλὰ ὑπὸ τοῦ νόμου ἀναγκάζονται, ἀλλ' ἐξαρκεῖ αὐτοῖς μετ' ἀλλήλων καταζῆν ἀγάμοις.* 18) *Aeschin.* contr. Tim. §. 95. 19) *Schneider.* ad *Xenoph.* Oecon. II, 7. a) Vergl. jedoch das Fragment des Pythagoreers Dius über die Schönheit bei *Stobaeus*, Floril. 65, 16 sq.

wie Xenophon's und Platon's, und die Äußerungen, die sie ihm in den Mund legen, bei den spätern Schriftstellern in den Ruf gebracht, daß er durch sein Leben und seine Lehre Knabenliebe ungemein begünstigt habe. Es ist hier nicht davon die Rede, daß er in seiner Jugend Geliebter seines Lehrers Archelaus gewesen sein soll [20]), denn keiner, der mit hellenischer Sitte vertraut war, konnte ihm daraus einen Vorwurf machen, wäre auch die Thatsache viel beglaubigter, als sie ist; Porphyrius aber, der es allerdings als einen Vorwurf erwähnt zu haben scheint, fügt doch auch hinzu [21]), er habe die Fehler der Jugend durch späteres Studium verwischt. Aber daß er als Mann und Greis viele Jünglinge und mit einer gewissen Gluth geliebt, wie z. B. Platon's edlen Verwandten, Charmides, den Sohn des Glaukon, den Euthydem [22]), den Sohn des Diokles, den Phädrus, den Agathon und viele Andere, vor allem aber der Schönheit des Alkibiades gehuldigt [23]) und beständig mit jungen Leuten Liebesreden geführt hat, das ist von den Spätern [24]) ihm so übel ausgelegt worden, daß Maximus aus Tyrus es für nöthig halten konnte, ihn gegen diese Beschuldigungen in einer Reihe von Abhandlungen zu vertheidigen. Nun ist freilich schon der Umstand, daß theils die eigentlichen Ankläger des Sokrates, deren einer, Anytus, überdies gewissermaßen Nebenbuhler des Sokrates in der Bewerbung um die Liebe des Alkibiades und zwar ein unglücklicher Nebenbuhler gewesen war, obgleich ihre Anklage grade auf Jugendverführung gelautet hat, doch mit keinem Worte die Beschuldigung vorgebracht haben, er hätte selbst unzüchtiger Männerliebe gepflegt und die Jugend dazu angeleitet; theils, so weit wir wissen, auch die Komiker, von denen bekanntlich außer Aristophanes auch noch andere, wie Eupolis und Amipsias, den Sokrates zum Gegenstande ihrer Angriffe gemacht haben, nirgends eine, auch noch so leise, Andeutung sich hierüber erlaubt haben, während grade für Aristophanes, da er einerseits, wie wir gesehen haben, der unreinen Knabenliebe sich stets mit dem beißendsten Spott entgegengesetzt hat, andererseits in den Wolken den Sokrates als Haupt einer verderblichen, neumodischen und sophistischen Erziehung angreift, ein spöttisches Verweilen bei einem solchen Gegenstande besonders erwünscht sein mußte; es ist, sage ich, schon dieser Umstand allein dafür entscheidender Beweis, daß wenigstens in den Augen seiner Zeitgenossen Sokrates von diesem Vorwurfe frei war, und darum beruft sich auch Maximus hierauf vorzugsweise [25]). Aber daß der Mann [26]), der sich die Erweckung des sittlichen Bewußtseins unter seinen Zeitgenossen zur Lebensaufgabe gemacht, der dem sittlichen Wissen die Kraft, unmittelbar die sittliche That hervorzurufen und die Unenthaltsamkeit (*ἀκρασία*) zu überwinden, beigelegt, der, wie er anerkannt der Urheber einer neuen wissenschaftlichen und namentlich ethischen Richtung gewesen ist, auch eine größere Zahl der begabtesten Menschen um sich zu vereinigen und trotz aller ihrer Verschiedenheit unter einander doch für sich und seine Art der Erforschung der Wahrheit zu gewinnen verstanden, als irgend ein anderer Philosoph des Alterthums, der endlich, gegen das Verderben seiner Zeit, ihre sophistische Verachtung des Rechtes, ihren Hang zu Lüsten und Müßiggang, ebenso durch das Beispiel der größten Nüchternheit und Enthaltsamkeit, als durch seine Lehre angekämpft hat, daß ebenderselbe Mann sein Verhältniß zur Jugend und ihr Vertrauen zu ihm dazu gemisbraucht haben könne, um sie zur Unzucht zu verführen, das muß man wol für sittlich unmöglich halten. Und doch können wir den Äußerungen seiner Schüler hierüber um so weniger Glauben absprechen, da das Übereinstimmen Platon's und Xenophon's an der Richtigkeit ihrer Auffassung nicht zweifeln läßt. Es muß wahr sein, daß derselbe Sokrates, der sich sonst alles Wissen absprach, mit Ausnahme des von seinem Nichtwissen, doch ein besonderes Wissen der Erotik für sich in Anspruch genommen [27]), ironisch die Aspasia und besonders die Diotima aus Mantinea als seine Lehrerin-

20) *Diogen. Laert.* II, 19: *Διήκουσεν Ἀρχελάου τοῦ φυσικοῦ, οὗ καὶ παιδικὰ γενέσθαι φησὶν Ἀριστόξενος.* Porphyrius (in seiner philosophischen Geschichte) bei *Theodoret.* Graec. affect. cur. disp. XII. p. 1030. ed. *Schulze*: *Ἤδη δὲ περὶ τὰ ἑπτακαίδεκα ἔτη προσελθεῖν αὐτῷ Ἀρχέλαον, τὸν Ἀναξαγόρου μαθητήν, φάσκοντα ἐραστὴν εἶναι, τὸν δὲ Σωκράτην οὐκ ἀπώσασθαι τὴν ἔντευξιν.* 21) Bei *Theodoret.* Disp. IV. p. 792: *Σωκράτην τὸν Σωφρονίσκου φησὶν ὁ Πορφύριος εἰς ἀκολασίαν ἡνίκα νέος ἦν ἀποκλίναντα, σπουδῇ καὶ διδαχῇ τούτους μὲν ἀφανίσαι τοὺς τύπους, τοὺς δὲ τῆς φιλοσοφίας ἐκμάξασθαι.* Wenn übrigens auch Aristodemus ein eifriger Liebhaber des Sokrates heißt (*Plat.* Sympos. 173, b. *Σωκράτους ἐραστὴς ὢν ἐν τοῖς μάλιστα τῶν τότε*), so ist hier „Liebhaber" in dem Sinne von „Verehrer" überhaupt zu nehmen. 22) Euthydem, den Xenophon (Mem. IV, 2, 1) mit dem Beinamen „des Schönen" bezeichnet, und der sich eine für damalige Zeiten seltene und kostbare Bibliothek, woraus er sich nicht wenig zu Gute that, gesammelt hatte, wurde wegen seiner Schönheit von Kritias auf eine mehr sinnliche Weise geliebt, sodaß Sokrates diesen darüber vor vielen Zeugen zu Rede setzte (Ib. I, 2, 30); dem Sokrates aber, der es sich angelegen sein ließ, sein sittliches Bewußtsein zu wecken, war er mit der treuesten Anhänglichkeit zugethan, sodaß er ohne Noth nicht leicht ihm von der Seite ging, in manchen Stücken den Sokrates nachahmte, wofür auch Sokrates ihn verschiedener wichtigen Unterredungen würdigte (*Xenoph.* Mem. IV, 3, 5 et 6). 23) *Plat.* Sympos. 222, b. *Maxim. Tyr.* XXIV, 9, 297. Athenäus (505, f.) tadelt Platon, daß er den Phädrus zum Geliebten des Sokrates mache; aber wenn dies auch Maximus (a. a. O.) thut, so wüßte ich doch nicht, daß es in irgend einer Stelle Platon's geschähe. 24) Bei Seneca (de vit. beat. XXVII, 6) sagt Sokrates: Mihi ipsi Alcibiadem et Phaedrum obiectate. *Athen.* XIII, 666, d.: *Σωκράτης δ' ὁ φιλόσοφος ὁ τῶν πάντων καταφρονῶν τοῦ Ἀλκιβιάδου κάλλους οὐχ ἥττων ἐστίν; Juvenal.* II, 10. Inter *Socraticos* notissima fossa *cinaedos. Firmic.* VII, 14. Socraticos paedicones. *Lucian.* Amor. 54: *Ἐρωτικὸς ἦν εἴ τις περ καὶ ὁ Σωκράτης καὶ ὑπὸ μίαν Ἀλκιβιάδης αὐτῷ χλανίδα κλιθεὶς οὐκ ἀπλήξ ἀνέστη.* Nach dem Physiognomiker Polemon (I, 6. p. 222, ed. *Franz.*) verriethen den Sokrates schon seine hohen und großen Augen, die *ὑψηλοὶ ὀφθαλμοί, μεγάλοι καὶ λαμπροί* als einen *ἀνὴρ ἔρωτος πλήρης.* Schwellende und trockne Augen dagegen gehören Knabenverführern an (*Polem.* p. 221).

25) *Maxim. Tyr.* diss. XXIV, 6. p. 292 sq. *Athen.* V, 219, b. 26) Wegen alles im Text über Sokrates Gesagten genügt es auf Brandi's vortreffliche Abhandlung: Grundlinien der Lehre des Sokrates im rhein. Mus. (I. S. 118 fg.) zu verweisen. 27) *Plat.* Symp. 177, d.: *Ἐγὼ δς οὐδέν φημι ἄλλο ἐπίστασθαι ἢ τὰ ἐρωτικά.* 198, e.: *Ξυνῄδειν Σωκράτει τε καὶ Ἀγάθωνι δεινοῖς οὖσι περὶ τὰ ἐρωτικά.* 198, d.: *Ἔφην δεινὸς εἶναι τὰ ἐρωτικά. Xenoph.* Mem. II, 6, 28: *Ἴσως δ' ἂν*

nen in der Erotik angegeben [28]), in dieser Kunst es mit Jedermann der Gegenwart und Vorwelt aufnehmen zu können erklärt [29]), die Eigenschaft, Liebende und Geliebte schnell zu erkennen, als eine ihm von Gott gegebene genannt [30]) und sich als einen Diener (θεράπων) und Festesgenossen [31]) (θιασώτης) des Eros bezeichnet habe. Wenn er bei Platon eingesteht [32]), immer von der Schönheit der Jünglinge und zwar aller schönen Jünglinge, ohne Ausnahme, ergriffen zu werden, bei Xenophon [33]), sich keiner Zeit zu erinnern, in der er nicht irgend einen geliebt hätte, wenn Platon ihn gleich nach der Rückkehr von Potidäa nach den Jünglingen, die durch Schönheit, oder philosophische Studien, oder beides zugleich sich auszeichneten, sich erkundigen [34]), Platon oder Xenophon [35]) ihn über den Charmides entbrennen und außer sich gerathen [36]), über Alkibiades in enthusiastische Begeisterung gerathen, auf Autolykus nicht anders, als wie man bei Nacht auf das Licht sieht, blicken [37]), durch die Berührung der entblößten Schulter des schönen Kritobulus eine magische Wirkung empfinden läßt [38]), so muß dies Alles noch mehr als wahr, es muß wahrscheinlich sein. Sokrates muß, wenn er auch nicht grade dieser Worte sich bedient, grade diese Handlungen vorgenommen hat, doch so gesprochen und gehandelt haben, daß ihm solche Worte und Handlungen mit Wahrscheinlichkeit angedichtet werden konnten. Nun wissen wir auch, daß Sokrates' Freunde, seine nächste Umgebung, der Knabenliebe ungemein zugethan waren; so hat Kritias [39]), welcher den Einfluß der Knabenschönheit auch poetisch geschildert hat, namentlich den Euthydem geliebt, Charmides ist von einem Schwarme von Liebhabern umgeben [40]), Kritobulus, Sohn des Kriton, von vielen geliebt in der Jugend, liebte selbst viele, als er kaum in das Mannesalter getreten war, wie den Klinias [41]), den Sohn des Axiochus und Vetter des Alkibiades und den Alkibiades [42]) selbst, den Sohn des Feldherrn; die Liebe des Kallias zu Autolykus war in ganz Athen und selbst bei vielen Fremden berühmt; Autolykus hatte als Knabe in den Panathenäen im Pankration gesiegt, Kallias ihm zu Ehren den Siegesschmaus gegeben, und bei dieser Gelegenheit [43]) läßt Xenophon das Gastmahl gehalten werden, was er in seinem Symposion darstellt, in welchem dieser Sokratiker gleich von Anfang an die königliche Macht der Schönheit schildert, wenn sie besonders mit Bescheidenheit und Schamhaftigkeit gepaart ist; wie die Schönheit des Autolykus, gleich einem Lichte des Nachts, aller Augen auf sich gezogen, sein Anblick jeden der Gäste nach seiner Eigenthümlichkeit ergriffen habe. Maximus [44]) nennt Alkibiades, Kritobul, Phädrus, Agathon, Lysis und Charmides als die Schüler des Sokrates in der Erotik; vielleicht gehörte auch der schöne Sohn des Pyrilampes, Namens Demos [45]), der von Kallikles und vielen Andern geliebt wurde, sodaß man an allen Wänden angeschrieben fand, „Demos schön" zu Sokrates' Bekannten, wenn auch nur zu den entferntern. Unter allen Freunden des Sokrates aber war keiner in dem Grade von Verehrern umschwärmt, als Alkibiades, und nach wiederholten Äußerungen, Platon's besonders, müssen wir wol glauben, daß Sokrates selbst keinem Jünglinge mit solcher Beständigkeit gefolgt sei, als eben dem Alkibiades [46]) und ihn als Liebhaber selbst dann nicht verlassen habe, da alle Andere schon zurückgewichen waren [46]). Es liefert aber die begeisterte Lobrede, die im Platonischen Gastmahle grade Alkibiades zu Ehren des Sokrates hält, den glänzendsten Beweis, daß wenigstens den Freunden des Sokrates sein Verhältniß zu Alkibiades rein von jedem Makel und in dem Lichte besonderer Verklärung erschienen sei. Platon läßt hier nämlich den Alkibiades erzählen [47]), wie er den Sokrates zu verführen versucht, zuerst die Gelegenheit der Einsamkeit benutzt, in der Erwartung, daß er dann so zu ihm sprechen würde, wie ein Liebhaber zu seinem Geliebten in der Einsamkeit spricht, Sokrates aber nicht anders, als wie immer mit ihm geredet habe, daß er dann, wie natürlich nackt, Leibesübungen mit Sokrates angestellt, darauf ihn zu sich zum Nachtmahle eingeladen, später den Sokrates mit ihm in einem Gemache allein zu schlafen genöthigt, endlich gar sich mit ihm unter seinen Mantel gelegt, und daß dennoch Sokrates alle diese Prüfungen so überstanden habe, daß er (Alkibiades) von ihm nicht anders aufgestanden wäre, als wenn er bei dem Vater oder ältern Bruder gelegen hätte. Wenn nun die Erotik dennoch in Sokrates' Leben und Lehre eine so bedeutende Stellung einnahm, wie sollen wir es uns erklären? Ist sie etwa eine bloße Form bei ihm gewesen, die sich, da wir im Formalen der Philosophie die Definition und Induction als besondere Neuerungen des Sokrates anzusehen haben, an die Gattung der Induction besonders anlehnte, welche durch die Sokratische Ironie gebildet wird, eine Annahme, zu der man besonders dadurch geneigt wird, weil Sokrates einerseits

τὸ σοι κἀγὼ συλλαβεῖν εἰς τὴν τῶν καλῶν τε κἀγαθῶν θήραν ἔχοιμι, διὰ τὸ ἐρωτικὸς εἶναι.

28) Bei Platon (Sympos. 201, d.) nennt Sokrates nur die Diotima als seine Lehrerin in der Erotik; dagegen wird die Aspasia als seine ἐρωτοδιδάσκαλος von Athenäus (219, d.) genannt und nach Synesius (Dion. 59) hat Sokrates die Aspasia besucht κατὰ χάριν τοῦ τὰ ἐρωτικὰ παιδευθῆναι. Maximus (diss. XXIV, 4) verbindet beiden διδασκάλους ἐπιγέγραπται τῆς τέχνης Ἀσπασίαν τὴν Μιλησίαν καὶ Διοτίμαν τὴν Μαντινικήν. Bei Platon (Menexen. 235, e.) nennt bekanntlich Sokrates die Aspasia seine Lehrerin in der Rhetorik; ob irgend ein Sokratiker dasselbe auch von der Erotik ausgesagt hat, weiß ich nicht.

29) *Plat.* Theag. 128. 30) *Plat.* Lysis. p. 204. 31) *Xenoph.* Sympos. VIII, 1. *Maxim.* l. c. 32) *Plat.* Amator. 133: ἀεί ποτε ὑπὸ τῶν νέων τε καὶ καλῶν ἐκπεπλῆχθαι. *Id.* Charmid. in.: Ἀτεχνῶς λευκὴ στάθμη εἰμὶ πρὸς τοὺς καλούς· σχεδὸν γάρ τί μοι πάντες οἱ ἐν τῇ ἡλικίᾳ καλοὶ φαίνονται. 33) *Xenoph.* VIII, 2: Οὐκ ἔχω χρόνον εἰπεῖν, ἐν ᾧ οὐκ ἐρῶν τινος διατελῶ. 34) *Plat.* Charmid. in. 35) *Maxim.* XXIV, 4. 36) *Plat.* Charm. 155, d. *Athen.* 187, e. 37) *Xenoph.* Sympos. I, 9. *Athen.* 188, a. 38) *Xenoph.* IV, 27. 39) *Xenoph.* Mem. I, 2, 29. *Plat.* Charmid. 155, d. 40) *Plat.* Charm. 154. 41) *Xenoph.* Sympos. IV, 12 sq. (vergl. Note 48. S. 153.) *Plat.* Euthydem. 271, b. 275, a. Dieser Klinias hatte auch noch viele andere Liebhaber, die ihn umschwärmten, z. B. einen gewissen Ktesippus aus dem päanienischen Gaue. 273, a. 274, b. 42) *Xenoph.* Mem. I, 3, 8 sq.

43) *Xenoph.* Sympos. 1 sq. 44) *Maxim.* p. 285. 45) *Aristoph.* Vesp. 98; cum Schol. et interpr. *Plat.* Gorg. 481, d. et ibid. *Heind.* *Athen.* IX, 397, d. *Hesych.* s. v. Δῆμος. 46) *Plat.* Alcib. I. princip. 47) Sympos. 217, b.

alle Weise zu verbessern, dieser einem Pachter, der aus demselben nur so viel als möglich Früchte zu ziehen suche; 7) bei jenem müsse der Geliebte sich der Tugend befleißigen, wenn er sich die Fortdauer der Neigung erhalten wolle, bei diesem könne er alle Sorge für seine weitere Ausbildung aufgeben, da er doch wisse, daß er nur durch seine Gestalt über den Liebhaber herrsche; endlich 8) zeigten auch die Mythen, daß die geistige Liebe besser als die leibliche sei, indem die Götter nur den Sterblichen, mit dem sie durch das Band geistiger Liebe verbunden waren, unter die Götter erhoben. — Ebenso beweist aber auch Platon, daß Sokrates sich bemüht habe, die Liebe zur Seele seinen Jüngern zu empfehlen, und sie von der Liebe des Leibes abzuhalten; im Alkibiades läßt er den Sokrates sagen[54]), daß, wer des Alkibiades Leib liebe, nicht ihn, sondern etwas von ihm, wer aber seine Seele liebe, ihn selbst liebe; wer den Leib liebe, gehe fort, wenn dieser zu blühen aufhöre, der Freund der Seele aber bleibe, so lange als sie zum Bessern gehe; darum bleibe Sokrates, auch nachdem die Blüthe vom Leibe des Alkibiades aufgehört, während Andere fortgegangen wären, und Alkibiades habe keinen Liebhaber gehabt, noch jetzt habe er keinen andern Liebhaber, als nur den Sokrates, er allein sei sein Liebhaber, die Andern aber seien Liebhaber des Seinigen. Ebenso bemüht sich Sokrates im Lysis[55]) zu zeigen, wie ein Liebender mit dem Geliebten umgehen müsse, indem er theils den Hippothales darüber tadelt, daß er durch seine Lobgedichte auf den Geliebten diesen stolz und hoffährtig mache, theils mit Lysis selbst eine solche Unterredung hält, die, indem sie ihn zum Bewußtsein seines Nichtwissens führt, ihn schüchtern und bescheiden machen muß. Ebenso läßt Platon im Symposium[56]) den Alkibiades sagen, daß Sokrates keineswegs schmeichlerische und ihn aufblasende, sondern vielmehr solche Reden mit ihm führe, die ihm das Geständniß abnöthigten, daß er, noch selbst vieles ermangelnd und sich vernachlässigend, doch die Angelegenheiten des attischen Staates zu verwalten sich getraue. Endlich ist offenbar die erste Rede des Sokrates im Phädrus[57]) eine eindringliche Warnung gegen die sinnliche Liebe zu schönen Knaben oder Jünglingen. Denn indem hier von der Definition ausgegangen wird, daß die Liebe, die vernunftlose, die dem Richtigen zugewandte δόξα beherrschende, zur Lust an der Schönheit der Leiber hingeleitete Begierde sei, beweist Sokrates, wie diese Liebe nur gleiche der Liebe des Wolfs zum Lamme; nämlich der von dieser Begierde Beherrschte müßte, weil es ihm nur darum zu thun sei, daß der Geliebte ihm so angenehm als möglich werde, angenehm aber nur das Nichtwiderstrebende, das Mächtigere dagegen oder Gleiche verhaßt sei, er müßte also sich bemühen, den Geliebten immer schwächer, unvollkommener, dürftiger zu machen; ihn daher theils, um nicht am Ende von ihm verachtet zu werden, von allen geistigen Vorzügen und den Mitteln und dem Umgange, sich diese Vorzüge zu verschaffen, neidisch fern halten, dagegen die geistigen Übel in ihm anregen und befördern; theils suchen seinen Körper zu verweichlichen und ihn zu dem Ende von allen männlichen Arbeiten und Leibesübungen abhalten, kurz es dahin bringen, daß der Geliebte im Kriege den Feinden Muth, den Freunden Besorgniß einflöße; theils müßte er, um nicht durch die Nähe seiner Ältern und Freunde in seinem Genusse gestört zu werden, und in ihnen Tadler und Verhinderer des ihm angenehmen Umganges zu finden, den Geliebten so viel als möglich der Nähe eben dieser Ältern und Freunde zu entziehen suchen, und weil ein Reicher schwerer zu gewinnen als ein Armer, ihn lieber arm als reich wünschen, und damit er nur immer seinem Vergnügen diene, sich bemühen[58]), daß der Geliebte so lange als möglich unverheirathet bleibe und eines eigenen Hausstandes entbehre; theils sei der Umgang eines solchen Liebenden für den Geliebten auf die Länge höchst unerfreulich; denn wenn selbst der Umgang zwischen Altersgenossen nicht von Überdruß frei bleibe, wie vielmehr müßte Überdruß entstehen, wo Jemand gezwungen ist, mit dem ihm an Alter Ungleichen beständig zu verkehren, die alternde und nicht blühende Gestalt den Geliebten Tag und Nacht ungestüm quält, der Geliebte mit Argwohn bewacht wird und bald ein unzeitiges, überschwengliches Lob, bald unpassenden und ungegründeten Tadel hören muß; theils endlich sei bei dieser Liebe, wenn die Leidenschaft aufgehört hat, auf keine der früher gegebenen Versprechungen zu rechnen, der vormals Liebende werde treulos und schäme sich sogar seines frühern Verhältnisses. — Das ist also gewiß, daß Sokrates das in Athen, wie wir gesehen haben, so weit verbreitete Verhältniß der Knabenliebe zu veredeln und ihm eine sittlich-würdige Richtung zu geben versucht hat. Aber dennoch können wir nicht sagen, daß, wenn Sokrates sich der Erotik in einem solchen Umfange bedient und sich ihren Meister genannt hat, er damit blos eine Art seiner Ironie habe zeigen wollen, oder eine einseitige moralische Behandlung zu geben versucht habe; es muß vielmehr, da theils bei Sokrates Form und Stoff sich auf's Innigste durchdrangen, theils kein philosophisches, kein sittliches Object sich ihm vereinzelt und losgerissen von andern zeigte, die Erotik bei Sokrates eine entschiedene und bedeutende Stellung in der objectiven Behandlung der Philosophie eingenommen haben. Und daß dies der Fall sei, zeigt eine genauere Erwägung des Phädrus und Symposions Platon's; denn, wenn wir auch hier die vollendete Ausbildung der Ansichten über Erotik dem Platon zuschreiben müssen, so ist doch gewiß auf Sokrates der Keim derselben zurückzuführen. Nun erklärt sich Sokrates im Phädrus gegen diejenigen, welche die Liebe, d. h. die Knabenliebe, wegen der mit ihr verbundenen schlimmen Folgen abriethen, weil die Übel, welche sie der Liebe

54) p. 131 sq. 55) p. 210, e.: *Οὕτω χρὴ τοῖς παιδικοῖς διαλέγεσθαι, ταπεινοῦντα καὶ συστέλλοντα, ἀλλὰ μὴ ὥσπερ σὺ χαυνοῦντα καὶ διαθρύπτοντα.* 56) p. 216, a. 57) p. 238, e.

58) *Plut.* Erot. 2. fin.: *Μιμεῖσθαι τοὺς φαύλους ἐραστὰς οἴκου καὶ γάμου καὶ πραγμάτων μεγάλων ἀποστεροῦντα τὸν φίλον, ὅπως ἄδικτος αἰτῷ καὶ νεκρὸς ἀποδύοιτο πλεῖστον χρόνον ἐν ταῖς παλαίστραις.*

ten, bei einer Matrosenliebe, aber nicht bei einer
freien Liebe zu finden sei. Diese Tadler der Liebe
sen sie nämlich auch deshalb, weil sie eine Art
wäre; der Tadel aber hielte nur dann Stich,
Raserei schlechthin ein Übel wäre, man könne aber
gentheile sagen, daß die größten und göttlichsten
den Menschen durch das zukämen, was gemeinere
n Raserei nennen und in Wahrheit göttliche Beng sei. Indem nun Sokrates auf eine mythische
die Entstehung der Liebe zu erklären sucht, sagt er,
Seele vor ihrer Einbürgerung in die menschlichen
efolgt sei dem Chortanze der seligen Götter, schauend
n Gefolge etwas von dem Ewigen, Seienden, dem
, Schönen; die Seele nun, welche zum Gefolge
sten Gottes, des Zeus, gehört hatte und von diesem
noch das Meiste geschaut hat, nimmt Wohnung
Leibe eines künftigen Philosophen, Schönheit lie-
(φιλόκαλος), musikalischen und der Liebe kundigen
ός) Menschen. Die Seele des Erotikos ist dem-
cht nur zugleich die des Philosophen, sondern sie ist
e höchste menschliche Seele, weil sie ja zum Gefolge
hsten Gottes gehört hat; und so wird weiter das
des wahrhaften Philosophen oder des mit Philoso-
Knabenliebe übenden als theils zusammenfallend,
as höchste menschliche Leben bildend dargestellt, so-
Seele nach einem solchen Leben in dem kürzesten
me wieder erhoben werde in den Chorreigen der
Götter. Inwiefern ist denn aber beides, daß die
des Philosophen und des Erotikos und ihr Leben
enfalle, und wieder ihr Leben und ihre Seele die
Seele, das höchste Leben ist? Platon gibt fol-
Erklärung: der Mensch werde nur dadurch fähig
egreifen der Idee, daß er sich daran wieder erin-
as die Seele gesehen hat, als sie noch Gott nahe
nd übersehend das irdische Sein zu dem ewigen
irklichen Sein ihr Haupt emporrichtete; des Phi-
n Erinnerung verweile nun immer nach Kräften
, wobei die Gottheit verweilt, durch welches Ver-
sie eben Gottheit ist; während er nun aber durch
chten Gebrauch dieser Erinnerung und durch sein
len bei dem Göttlichen wahrhaft vollkommen und
ott begeistert werde, erscheine er der Menge als
tzig, das sei aber unter allen die aus der besten
entsprossene, beste Begeisterung für den, der sie
ie für den, dem sie mitgetheilt werde, wenn
beim Anblicke des irdischen Schönen sich des
und wahrhaften Schönen erinnere; denn indem
urch gewissermaßen neu beflügelt werde, oder die
wieder erhalte, die die Seele verlor, als sie in die
re des Leibes herabgesenkt war, versuche er in die
zu fliegen, vernachlässige deshalb das Irdische und
so in den Ruf des Wahnsinns; von den übrigen
erschienen dem irdischen Leben zu schwache Abbil-
s daß an denselben, zumal bei den stumpfen Werk-
, die wir für ihre Auffassung haben, die Seele sich
bilder oder Ideen erinnern könne; die Schönheit
war theils damals glänzend zu schauen, als wir
on diesem Leibe im Chore der Götter ein seliges

Schauspiel genossen und in die seligsten Weihen geweiht wurden, theils können wir ihre Abbilder hier auffassen durch den deutlichsten der Sinne, das Gesicht. Das ist aber nur Wenigen gegeben, sich an dem Irdischen des Seienden zu erinnern, welche Erinnerung das Entzücken hervorbringt. Wer nun noch frisch ist von der himmlischen Weihe, und das himmlische Schauspiel viel genossen hat, der empfindet, wenn er zuerst ein göttergleiches Gesicht erblickt, in welchem die ewige Schönheit wohl nachgebildet ist, ein Erbeben, eine Ehrfurcht, wie vor einem Gotte, und indem er durch die Augen die Ausflüsse der Schönheit in sich aufnimmt, eine solche Erwärmung, durch welche die Flügel der Seele von Neuem hervorkeimen, und darum ein solches Gähren und Stechen, daß nur durch die Nähe des schönen Knaben Linderung gewährt wird, getrennt von ihm aber die Seele von Stachel und Unruhe getrieben ist; der Schöne ist daher ihm auch der einzige Arzt für die größten Mühen der Seele. Der Mensch wählt aber den Geliebten sich aus nach dem Gotte, zu dessen Gefolge seine Seele vor ihrer Einbürgerung in das menschliche Leben gehört hat, und bildet ihn sich aus, wie sein Gott gewesen; wessen Seele also zu Zeus' Gefolge gehört hat, wählt sich einen von Natur philosophischen Knaben zum Geliebten aus, und hat er ihn gefunden, so thut er Alles, damit der Geliebte ein Philosoph werde, und das lernt er immer mehr, wenn er auch das Geschäft der Bildung eines Philosophen nicht verstanden, je mehr er dem Geliebten nachgeht; denn immer mehr erneuert sich in seinem Gedächtnisse die Vorstellung des Gottes, zu dessen Gefolge er gehört, und begeistert dadurch nimmt er immer mehr seines Gottes Sitten und Leben an und sucht sie auf den Geliebten zu übertragen. Indem nun der Liebende den Geliebten wie einen Gott verehrt, muß auch dieser nach dem Gesetze, daß der Gute lieben müsse den Guten, zur Gegenliebe geneigt werden, den Geliebten zu seinem Umgange zulassen und bald in demselben von dem Wohlwollen des Liebenden ergriffen und inne werden, daß mehr als alle Freunde und Verwandte der Liebende Wohlwollen zu ihm habe, und so geht der Reiz über auch in des Geliebten Seele, und erfüllt auch sie mit Liebe und beflügelt auch sie; der Geliebte weiß seine eigene Empfindung nicht zu deuten und merkt nicht, daß er im Liebenden wie in einem Spiegel sich selbst beschaut; er theilt des Liebenden Sehnsucht, und würde ihm selbst geneigt sein, eine kleine Gunst zu gewähren, wenn nicht in Beiden, dem Liebenden und Geliebten, die Scham mächtig genug wäre, daß sie sich mit aller Kraft dagegen sträubte, und die frechere Neigung in den Seelen bezähmte. Hat die Scham diesen Kampf siegreich bestanden, haben die bessern, die zur Philosophie leitenden Theile des Geistes obgesiegt, dann führen Liebende und Geliebte schon hier ein seliges Leben, in welchem das Schlechte beherrscht, das Tugendhafte frei wird. —

Es zeigt sich schon aus dieser mythischen Darstellung, welche der Platonische Phädrus von der Entstehung der Liebe und dem Leben in der Liebe gibt, daß nach Platon das irdische Schöne und sein Anblick am ersten geeignet ist, an die ewige Schönheit und somit an die Ideen zu erinnern, bei welchen Ideen eben der Philosoph verweilt, sodaß das Lieben der Schönheit mit dem Leben in den Ideen, der ἐρωτικὸς ἀνήρ und der φιλόσοφος zusammenfallen; denn das Lieben der Schönheit führt eben dazu, daß der Schöne zum Philosophen ausgebildet, die philosophischen Ideen in ihm und durch ihn erzeugt werden.

Dasselbe wird sich uns aber auch ergeben, wenn wir uns nun zur Betrachtung des Platonischen Gastmahls wenden. Dieses ewig bewunderte, auch durch jeden Glanz der Darstellung reichlich geschmückte Gespräch muß dem, welcher die Bedeutung der Platonischen Erotik für die Philosophie überhaupt nicht kennt, aus zwei schwach oder gar nicht zusammenhängenden Theilen gebildet erscheinen, deren zwar ein jeder für sich bewundernswürdig lieblich, deren Verknüpfung aber etwas rein Zufälliges sei. Aber kennt man die Bedeutung, die bei Platon die Erotik für die Philosophie hat, dann erscheint auch die Verknüpfung dieser beiden Theile bewundernswürdig und ein schönes Ganze bildend. Das Symposion besteht bekanntlich, die Einleitung und den Schluß abgerechnet, welche den Beginn und das Ende des Gastmahls schildern, aus zwei Haupttheilen; der erste wird gebildet durch die sechs Lobreden, die nach einander Phädrus, Pausanias, der Arzt Eryximachus, die Dichter Aristophanes und Agathon und endlich Sokrates selbst zu Ehren des Eros halten; den zweiten Haupttheil macht die Lobrede aus, welche Alkibiades zu Ehren des Sokrates hält. Jene sechs preisen alle den Eros, den Gott der männlichen oder der Knabenliebe, und zwar der edlen und reinen, aber wenn die fünf ersten den Gott oder seine Werke in einer geringern Sphäre schildern, gibt erst die Lobrede des Sokrates eine Schilderung von der Bedeutung und Wirksamkeit des philosophischen Eros. So wird in der Rede des Phädrus bewiesen, daß Eros der älteste und zugleich wirksamste Gott sei, um Tugend und Glückseligkeit den Menschen, sowol den Liebenden als Geliebten, zu bewirken. Dann wird in der Rede des Pausanias gezeigt, daß, wie es eine doppelte Venus, eine gemeine (πάνδημος) und himmlische (οὐρανία) gäbe, so auch einen doppelten Eros, von welchem der πάνδημος zugleich auf das Weibliche und Männliche, der himmlische allein auf das Männliche, als das Stärkere und Vernünftige, gerichtet sei, von einer viel ältern Göttin abstamme, frei sei von Unzucht und Übermuth, sodaß wo Liebende überhaupt verrufen wären, dies nur durch Verwechselung der Liebhaber des πάνδημος mit den Liebhabern des himmlischen Eros geschehen sei. Die dritte des Eryximachus weist dann nach, daß dieser doppelte Eros nicht blos über die Seelen der Menschen in Beziehung auf das Schöne, sondern auch über alle andere menschliche und göttliche Dinge walte und in ihnen vorhanden sei, der Medicin, Gymnastik, Musik, der Anordnung der Jahreszeiten ꝛc. Die Rede des Aristophanes führt dagegen den Gedanken aus, es sei die Wirkung des Eros, die getrennten Hälften wieder zu einem Ganzen zu vereinigen; das menschliche Geschlecht hätte nämlich ursprünglich eine Cylinder-Gestalt gehabt und wäre aus Doppelmenschen gebildet gewesen, bei denen man ein dreifaches Geschlecht unterschieden hätte, Mannweib, Doppelweib und Doppelmann; diese Doppelmenschen wären wegen ihres Unfuges und Übermuthes von Zeus gespalten worden; je nachdem nun einer zu diesem oder jenem der drei Geschlechter gehört hätte, je nachdem sei auch nach der Spaltung dieser Doppelmenschen der Gegenstand seiner Sehnsucht und Liebe verschieden, aber die männlichste und muthigste Liebe sei die derer, welche einstmals zum Geschlechte des Doppelmanns gehört hatten und davon zerspalten waren, denn diese wären in der Jugend Geliebte (παιδικά), im männlichen Alter Liebende (παιδερασταί); das Beste also sei, wenn Jemand einen solchen Liebenden finde, der zu ihm als eine andere Hälfte gehöre, das Nächste, wenn er einen solchen fände, der nach seinem Sinne sei. Darauf führt Agathon, weil er meint, daß in den frühern Reden nicht der Gott selbst, sondern nur das Glück derer gepriesen worden sei, denen der Eros zu Theil werde, um den Gott selbst zu loben, aus, daß er der jüngste der Götter und ewig jung, der zarteste, geschmeidigste, anständigste, im Besitze aller Tugenden, der Schöpfer alles Guten für Götter und Menschen sei. Indem nun diese Lobreden den Eros und seine Werke mehr einseitig und in einer niedern Sphäre gepriesen haben, zeigt die Rede des Sokrates, die er der Diotima abgelernt haben will, daß Eros, weil er gerichtet sei auf das Schöne und dies also begehre, welches wieder mit dem Guten zusammenfalle, selbst nicht schön und gut, und also auch nicht selbst ein Gott sein könne; denn der Gott müsse selig und schön sein, selig aber sei nur der, welcher das Gute und Schöne besitze; diese besitze Eros nicht, denn er begehre ihrer noch; aber noch weniger ein Häßliches, ein Sterbliches, ein Böses, sondern, wie zwischen Weisheit und Unwissenheit in der Mitte liege die rechte Meinung (ὀρθὴ δόξα), und der Weisheitliebende (der Philosoph) in der Mitte stehe zwischen dem Weisen und dem Nichtwissenden, so liege auch Eros in der Mitte zwischen dem Schönen und Nichtschönen, dem Guten und Nichtguten, dem Sterblichen und dem Unsterblichen, nicht ein Gott, sondern ein Dämon, der Sohn des Poros und der Penia, geboren am Geburtstage der Venus, und ebendarum liebe er das Schöne, weil er zum Gefolge der Venus gehöre und ihr Diener sei. Genau genommen sei jegliche Begierde nach dem Guten und nach der Glückseligkeit Eros, die Menschen nennten aber nur die, welche dieses auf eine gewisse Art und zwar eine gewisse Species des Guten erstrebte, mit dem allgemeinen Namen des Eros, eigentlich sei Eros die Begierde, daß das Gute dem Begehrenden zu Theil werde und ihm immer zu Theil bleibe (p. 206, b.) Auch sei er nicht sowol auf das Schöne gerichtet, als darauf, zu zeugen im Schönen; denn die menschliche Natur habe, sobald sie in ein gewisses Alter getreten ist, das Zeugungsbegehren, welches etwas Göttliches und Unsterbliches sei, indem nur durch Zeugung die Fortdauer des Geschlechts zu erlangen ist, daher sich dieses selbe heftige Verlangen zu zeugen und diese sich selbst aufopfernde Sorge bei der Auferziehung des von ihnen Gezeugten selbst bei Thieren finde; denn auch sie wollen durch Zeugung Unsterblichkeit erstreben, was nur dadurch zu erlangen, daß immer ein Junges statt des Alten zurückbleibe. Ebendeshalb aber, weil die Zeugung etwas Göttliches ist, kann sie auch nicht erfolgen in dem Häßlichen, was dem Göttlichen unangemessen wäre, sondern nur im Schönen. Es gibt nun aber eine doppelte Zeugungslust, die eine dem Leibe nach, und die von ihr ergriffenen wenden sich zu den Weibern und sind erotisch auf diesem Wege, indem sie durch Kinderzeugung Unsterblichkeit erstreben; die andere ist die geistige Zeugungslust, und die von ihr Ergriffenen sehnen sich zu zeugen, was der Seele geziemt, d. h. die Tugend. Wer nun von dieser Zeugungslust getrieben wird, geht auch aus nach dem Schönen, weil einmal im Häßlichen Niemand zeugen mag, und erfreuet sich so auch an schönen Leibern, am meisten aber an dem, welcher leiblich und geistig schön ist; mit diesem spricht er von der Tugend, unterweist ihn und erzeugt mit ihm, wozu sie beide in sich die Lust tragen, und erzieht dann auch mit ihm das gemeinschaftlich Erzeugte, und diese Gemeinschaft ist eine viel dauerndere, als selbst die Ehe und jede andere Freundschaft, weil sie unterhalten wird durch das Band viel schönerer und unsterblicherer Kinder, d. h. durch Geisteswerke, wie die eines Homer, Hesiod, Lykurg und Solon. Die vollendete Weihe der Liebe bleibt aber nicht hierbei stehen, sondern wenn er auch mit einem schönen Leibe angefangen und mit diesem einem schöne Reden erzeugt hat, wird er bald inne, daß das Schöne in diesem verwandt sei dem Schönen in andern Leibern, und findet es nun bald thöricht, dem einzelnen Schönen nachzugehen, statt dem Schönen in den Leibern überhaupt, wogegen jenes doch nur ein Geringfügiges ist; demnächst findet er, daß die Seelenschönheit ehrbarer als des Leibes Schönheit sei, und es genügt ihm, wo er eine schöne Seele findet, wenn auch nur eine geringe Blüthe des Leibes da sei, und er wird auch die lieben und solche Reden mit ihr zeugen, welche die Jünglinge bessern, damit er darauf das Schöne in den Beschäftigungen und Gesetzen sehen könne; demnächst aber wird es ihm eine Kleinmeisterei erscheinen, dem Schönen in einzelnen Knaben, Mann oder Beschäftigung nachzugehen, sich vielmehr zu dem Schönen in den Wissenschaften wenden und auch da, nachdem er sich auf das hohe Meer hinausgewagt, viel erhabene Reden und Gedanken in unermüdetem Eifer nach Weisheit zeugen, bis er hier gestärkt die eine Wissenschaft sehe, die des Schönen. Zuletzt sieht er dann das Schöne an sich, das ewig und immer dasselbe bleibt unter allen Verhältnissen und für Alle, das ohne Gestalt ist, an keiner andern Sache, nicht an Erde, nicht am Himmel haftet, woran Alles, was schön ist, Antheil hat, ohne daß es selbst dadurch afficirt werde. Das ist die rechte Stufenfolge in der Liebe, daß man, ausgehend von dem Schönen am einzelnen Leibe, am Ende stehen bleibe beim Schönen an sich. Wem es aber zu Theil wird dieses göttliche Schöne an sich, in seiner Einartigkeit, lauter und unvermischt mit menschlichem Fleisch und Farben zu schauen, der wird kein schlechtes Leben führen, er wird zeugen nicht Abbilder der Tugend, sondern die wahrhaftige Tugend selbst, und wenn von irgend einem Menschen, so wird von ihm gesagt werden können, daß er von Gott geliebt und unsterblich sei. Und so ist Eros der beste Helfer, um zum Besitze der wahren Tugend zu gelangen. —

Aus dieser Übersicht ergibt sich, daß nach Platon die Erotik in ihrer höchsten Stufe mit der Philosophie zusammenfalle, die Erotik des Leibes die erste, aber nothwendige Stufe zur philosophischen Erotik sei, die Aufgaben aber, so der Philosophie wie der philosophischen Erotik, sich darin begegnen, daß sie beide sollen im Schönen und am Schönen zuerst Abbilder der Tugenden und dann die Tugenden selbst erzeugen. Wer nun in der darauf folgenden Lobrede des Alkibiades auf Sokrates nichts findet, denn ein Rühmen desselben als eines besonders tapferen und mäßigen Mannes, der sich als solchen auch in der Liebe zeige, für den verschwindet, wie gesagt, jeder Zusammenhang zwischen den zwei Haupttheilen. Aber es ist auch unbegreiflich, wie man, zumal nach Schleiermacher's Einleitung, auch nur dieses darin hat finden können. Denn wenn man auch nur auf das Räumliche sieht, so zeigt der eine Umstand, daß von Alkibiades' Lobrede mehr als zwei Drittel sich mit der Darstellung beschäftigen, wie sich Sokrates in der Liebe zu Alkibiades benommen habe, daß offenbar dieses, das Lob des Sokrates, als eines erotischen Mannes, die Hauptsache ist; nun ist aber der erotische Mann eben der philosophische, der nicht in müßigem Beschauen verweilen, sondern im thätigen Zeugen der philosophischen Reden sich wirksam beweisen soll, mithin kann man sagen, daß sich der zweite Haupttheil des Symposions zum ersten verhalte, wie Exempel zur Theorie; gibt uns im ersten Sokrates die Lehre von der höchsten Erotik, so zeigt uns der zweite Theil den Sokrates als diese Lehre durch sein Leben verwirklichend. Und kann man wol zweifeln, daß durch jenes Gleichniß, wornach theils Sokrates selbst, theils seine Reden, mit einem Satyr oder Silen verglichen werden, dessen Form er und sie äußerlich umgethan haben, sodaß er und sie einem Anfangs ganz frech und lächerlich vorkommen, während beide, wenn man sie öffne und in das Innere der Rede hineingehe, vieler Weisheit und Besonnenheit voll seien, etwas anderes als die Hauptform Sokratischer Methodik, die Ironie, angedeutet werde?

Denn was sich mythisch im Phädrus, fast frei vom Mythus im Symposion über die Erotik als Platonische und Sokratische Ansicht ergeben hat, widerspricht auch nicht der Inhalt des Lysis, welches Gespräch der Zeit seiner Abfassung nach zwischen jenen beiden Werken mit Schleiermacher gesetzt werden muß und dessen Hauptinhalt das Wesen und der Grund der φιλία ausmacht; denn wie sehr sich auch Platon bemüht hat, seine eigene Intention bei diesem Dialog zu verstecken, so kann man doch kaum zweifeln, daß Platon's Meinung darauf hinausgehe, das eigentliche φίλον, dasjenige, was nicht um eines Andern, sondern um seiner selbst wegen ein Geliebtes ist, sei nichts anderes als das Gute; und weil eben vom rechten Liebhaber nur das Gute es ist, was am Geliebten geliebt wird, darum müsse auch derselbe wieder geliebt werden vom Geliebten, während in den gewöhnlichen Liebesverhältnissen der Fall oft vorkommt, daß die Liebe des

Liebenden nicht nur nicht erwidert wird, sondern im Geliebten sogar Haß erregt. — Hiermit stimmt nun überein, wenn Platon einerseits in seinem Idealstaate [59]) theils bestimmt, daß die Hüter, welche sich im Kriege am tapfersten zeigen würden, sollten geküßt werden und küssen dürfen die schönsten Jünglinge und Knaben, welche sich im Lager befänden, theils den, bei dem sich die schönen Sitten der Seele und die Schönheit des Leibes vereint fänden, für das schönste Schauspiel und damit auch für den liebenswürdigsten, den ein musikalischer Mensch am ersten lieben würde, erklärt, wiewol er es sich, sobald nur die Eigenschaften der Seele da sind, gefallen ließe, wenn auch die des Leibes mangelten; andererseits in den Gesetzen [60]) die widernatürliche sinnliche Knabenliebe verwirft. Es ergibt sich auch hieraus, was von der Beschuldigung zu halten sei, die Dikäarch gegen Platon ausgesprochen haben soll [61]).

15. Von Aristoteles' Ansicht über dieses Verhältniß ist uns nichts weiter bekannt, als daß er es als Staatsinstitut gemisbilligt zu haben scheint [62]) und bei der gemeinen Erotik es ebenso lächerlich gefunden hat, wenn der nichts Liebenswürdiges an sich habende Liebhaber auf Gegenliebe Anspruch mache, als es ihm natürlich erschien, wenn der nur durch Rücksicht auf Nutzen in das Verhältniß eintretende Geliebte sich in seiner Erwartung öfters getäuscht finde [63]). Von Theodorus, dem Schüler des Aristipp, wird man es ebenso natürlich finden, wenn er den Misbrauch eines schönen Knaben zur unnatürlichen Befriedigung der Wollust auf eine freche und sophistische Weise zu begründen suchte [64]), als an dem Cyniker Diogenes, wenn er auf die entschiedenste Weise seine Misbilligung dagegen aussprach; unter verschiedenen Anekdoten aus seinem Leben führt Diogenes Laertius auch die an, er habe, als er einen Jüngling mit Satrapen zu Tische gehen sah, ihn fortgezogen, zu seinen Verwandten zurückgebracht und ihrer Aufsicht empfohlen [65]); zu einem andern Jünglinge, der sich stutzermäßig geschmückt hatte und ihn nach etwas fragte, sagte er, daß er ihm nicht eher antworten wolle, als bis er seine Kleider heraufgenommen und ihm sein Geschlecht gezeigt hätte [66]); einen andern schönen Jüngling, den er unvorsichtig im Schlafe liegen sah, weckte er auf, mit Parodirung des Homerischen Verses (Il. X, 282): „Nicht dem Schlafenden soll ein Speer dir den Rücken durchbohren [67]);" ein andermal sagte er von einem Jünglinge, der übertriebene Sorgfalt auf den Schmuck seines Äußern verwendet hatte [68]): „Gegen Männer umsonst, gegen Weiber mit Unrecht;" einen jungen Mann, der sich mit Philosophie beschäftigte, lobte er, weil er die Liebhaber des Körpers zu der Schönheit der Seele hinüberführe [69]); ein andermal [70]) warnte er einen schönen Knaben, der zu einem Gastmahle gehen wollte: „Du wirst schlechter davon zurückkommen;" als nun dieser den andern Tag zurückgekommen war und ihm entgegenrief, ich bin zurückgekommen und nicht schlechter (*χείρων*) geworden, entgegnete ihm Diogenes mit einem unübersetzbaren Wortspiele: *Χείρων μὲν οὔκ, Εὐρυτίων δέ*, womit er einerseits an den Gegensatz zwischen jenem weisen Kentauren Chiron, dem Lehrer des Äskulap, Achill und vieler anderer Heroen, und dem trunkenen Kentauren Eurytion, andererseits an die obscöne Bedeutung von *εὐρύπρωκτος* erinnern wollte; ein andermal [71]) als zwei Pathici sich vor ihm versteckten, rief er: „Scheut euch nicht, ein Hund ißt keine Beete (Mangold);" endlich als er nach dem Vaterlande eines verhurten Knaben gefragt wurde, gab er die Antwort [72]): „Er sei ein Tegeate," wodurch er

59) De rep. III, 402. V, 468. 60) De leg. VIII, 837, b. 61) *Cic.* Tusc. IV, 34. Philosophi sumus exorti et auctore quidem nostro Platone, quem non injuria Dicaearchus accusat, qui amori auctoritatem tribueremus. Also nach des Dikäarch Behauptung ist Platon der erste Philosoph, der in der Philosophie von der Erotik Gebrauch machte, wobei sich von selbst versteht, daß Dikäarch von der Bedeutung des *ἔρως* bei Parmenides, der *φιλία* und des *νεῖκος* bei Empedokles abstrahirt hat. 62) Wenn er in der Darstellung der Verfassung Kreta's bemerkt (II, 7. p. 61, 22. *Goettl.*), daß der Gesetzgeber um die Übervölkerung zu verhüten, eingeführt habe *τὴν πρὸς τοὺς ἄῤῥενας ὁμιλίαν περὶ ἧς εἰ φαύλως ἢ μὴ φαύλως (sc. ἐποίησεν), ἕτερος ἔσται τοῦ διασκέψασθαι καιρός*, so weiß ich freilich nicht, wo Aristoteles diese Betrachtung angestellt hat, denn Göttling's Vermuthung, daß damit die Stelle VII, 14. p. 258, 25 gemeint, kann ich nicht theilen, bin vielmehr überzeugt, daß hier nur von Ehebruch die Rede ist. 63) Aristoteles scheint den Eros zu der *φιλία δι' ἡδονήν*, d. h. zu der Gattung von Freundschaft zu rechnen, deren Grund Annehmlichkeit ist (Ethic. Nicom. VIII, 3, 2), daher sie am ersten bei der Jugend zu finden sei (ib. §. 5. *Eudem.* VII, 2. p. 1236, A, 38); diese Liebe ist daher eine veränderliche, weil mit der Zeit immer ein Anderes ein Angenehmes wird, und mit der Veränderung des Angenehmen auch eine der Liebe verbunden ist. Ein Anderes ist aber in diesem Verhältnisse das Angenehme des Liebhabers, und ein Anderes das des Geliebten; für jenen ist es der Anblick, für diesen die Verehrung (*θεραπεία*); verschwindet nun die Schönheit, so verliert damit der Anblick sein Angenehmes und die Verehrung hört auf. Diejenigen aber, welche in der Erotik statt des Angenehmen auf das Nützliche sehen, sind noch weniger Freund und noch weniger beständig (§. 2). Die Freundschaft aus Nutzen ist besonders häufig bei der Freundschaft derer, welche durch entgegengesetzte Eigenschaften zu einander geführt werden, wie die des Reichen und Armen — des Liebhabers und Geliebten; thöricht ist es also, wenn zuweilen Liebhaber ebenso wiedergeliebt zu werden verlangen, als sie lieben; sie müßten dann auch aus demselben Grunde liebenswürdig sein; da dies nicht der Fall ist, so ist auch ihr Verlangen lächerlich (§. 7. Vergl. IX, 1, 2). Aristoteles unterscheidet nämlich dreierlei Freundschaften, *κατ' ἀρετήν* (auch *κατὰ τἀγαθόν*), *κατὰ τὸ χρήσιμον*, und *κατὰ τὸ ἡδύ*, und in jeder wieder zwei Arten, *καθ' ὑπεροχήν* und *κατ' ἰσότητα*, diese beide Species also auch *ἐπὶ τῶν διὰ τὴν χρῆσιν φίλων καὶ ἐπὶ τῶν δι' ἡδονήν. διὸ καὶ οἱ ἐκείνως οἰόμενοι ἐγκαλοῦσιν, ἐὰν μὴ ὁμοίως χρήσιμοι καὶ εὖ ποιῶσιν καὶ ἐπὶ τῆς ἡδονῆς* (vielleicht ist zu lesen *ὁμοίως ὦσι χρ. κ. ἐ. ποιῶσιν· κατὰ ταὐτὸ καὶ ἐ. τ. ἡ.*)*· δῆλον δ' ἐν τοῖς ἐρωτικοῖς. τοῦτο γὰρ αἴτιον τοῦ μάχεσθαι ἀλλήλοις πολλάκις· ἀγνοεῖ γὰρ ὁ ἐρῶν, ὅτι οὐχ ὁ αὐτὸς λόγος τῆς ἐπὶ τὴν* (?) *προθυμίαν· διὸ εἴρηκέναι νεῖκος ὁ ἐρώμενος· τοιαῦτ' ἂν οὐκ ἐρῶν λέγοι* (Ethic. *Eud.* VII, 3). Daß sich bei der Erotik beides vereine, der Liebende den Andern wegen des Annehmlichen, der Geliebte ihn wegen des Nutzens aufsuche, wird *Eud.* VII, 10. p. 1243. b. 19 gesagt: *Ὅταν δὲ παύσηται τοῦ ἐρᾶν, ἄλλου γινομένου ἄλλος γίγνεται, καὶ τότε λογίζονται πάντι, καὶ ὡς Πύθων καὶ Παμμένης διεφέροντο.* Worauf sich das Letzte bezieht, weiß ich nicht.

64) *Diogen. Laert.* II, 99. Diese Sophistik sollte erweisen, daß der Weise den Geliebten ohne weitere Umstände gebrauchen werde (*τοῖς ἐρωμένοις ἄνευ πάσης ὑποφάσεως χρήσεσθαι τὸν σοφόν*). 65) *Id.* VI, 46. 66) Ib. 67) *Id.* VI, 53. 68) *Id.* VI, 54. 69) *Id.* VI, 58. 70) *Id.* VI, 9 71) *Id.* VI, 61. 72) *Id.* ibid.

zugleich an die obscöne Bedeutung des Wortes *τέγος* erinnerte. Auffallend ist die Ansicht des Bion[73]) aus Borysthenes, der es wünschenswürdiger fand, seine Schönheit einem andern hinzugeben, als die eines andern zu genießen, indem dabei zugleich Seele und Leib Schaden nähmen. Aber den meisten Anstoß könnte auf den ersten Anblick die Ansicht der Stoiker gewähren, und Plutarch[74]) sagt auch gradezu, daß die ihnen allen gemeinsame Ansicht über die Liebe an Widersprüchen und Absurditäten reich sei. Einerseits nämlich behaupteten sie, daß ihr sittliches Ideal, der Weise, auch lieben werde[75]), aber wohl verstanden in reiner Liebe (**sanctos amores**), und zwar diejenigen Jünglinge, welche durch ihre Gestalt (*εἶδος*), ihr Geschicktsein (*εὐφυΐαν*) zur Tugend zeigen, und sie erklärten die Schönheit für eine Blüthe der Tugend, die sich zeigende Schönheit (*ἔμφασις κάλλους, ἐμφαινόμενον κάλλος* scheint bei den Stoikern das technische[76]) Wort gewesen zu sein) für ein Anknüpfungsmittel der Liebe (*ἐπαγωγὸν ἔρωτος*), die Liebe aber theils für eine Jagd[77]) auf einen in Beziehung auf Tugend nicht vollkommenen, aber zu ihr geschickten Jüngling und daher die Erotik für die Wissenschaft dieser Jagd, oder für die Wissenschaft der Schönen, d. h. der rechten, Liebe, theils für einen durch die sich zeigende Schönheit veranlaßten Versuch zum Wohlthun oder zur Freundschaftsbezeugung, indem die Liebe nicht auf den sinnlichen Genuß (*συνουσία*), sondern auf das Wohlwollen (*φιλία*) gerichtet sei. Nun scheint damit zu streiten, wenn sie andererseits lehren, daß von den Jünglingen die schlechten und thörichten häßlich, die weisen schön seien, und daß doch von den Schönen Niemand geliebt werde, noch liebenswürdig sei; ja wer einen häßlichen liebe, ihn, so wie er schön wird, auch zu lieben aufhöre, sodaß gewissermaßen die Liebe zusammengehalten wird durch die zugleich mit der Häßlichkeit des Leibes sich zeigende Schlechtigkeit der Seele, und wiederum verschwindet, sowie mit den Tugenden der Seele sich die Schönheit des Leibes zeige[78]); und noch überraschender und unbegreiflicher scheinen solche Äußerungen Zenon's[79]) zu sein, durch welche er die unnatürliche Unzucht mit Knaben und Männern wenn auch nicht gradezu gebilligt, doch auch nicht gemißbilligt und mit dem natürlichen Geschlechtsverhältnisse auf gleiche Linie gestellt hat. Die Auflösung dieser Räthsel ergibt sich, sobald wir bedenken, daß die Stoiker Liebe und Schönheit in einem doppelten Sinne genommen haben; theils nämlich folgten sie bei beiden Ausdrücken dem gewöhnlichen Sprachgebrauch, und in diesem Sinne erklärten sie die Liebe weder für ein Gut, noch für ein Übel, sondern für ein *ἀδιάφορον*, was erst das Eine oder das Andere nach seinem Gegenstande werde[80]). In diesem Sinne haben die Stoiker den sinnlichen Genuß ebenfalls für ein *ἀδιάφορον* gehalten, wobei nur das aus der Einwirkung herzuleiten ist, welche die Ansichten des Volkes, unter dem sie lebten, fast unwillkürlich auf sie ausübten, daß sie den unnatürlichen Umgang mit Männern auf dieselbe Linie mit dem natürlichen Geschlechtsgenusse gesetzt haben. In einem andern philosophischen Sinne aber war nur der *σπουδαῖος ἔρως* der *ἔρως* schlechthin, und das war der höhere *ἔρως*, dessen Geschäft darin besteht, den zur Tugend Geschickten, aber noch nicht in der Tugend Vollkommnen zur Tugend auszubilden; ist diese Vollendung erreicht, so muß der Eros, indem er nun kein

73) *Id.* IV, 50. 74) In der Note 77 auf dieser Seite citirten Schrift: *Τῶν δὲ περὶ ἔρωτος φιλοσοφουμένων ἐν τῇ Στοᾷ παρὰ τὰς κοινὰς ἐννοίας τῆς ἀτοπίας πᾶσιν αὐτοῖς μέτεστιν.* 75) *Cic.* Tusc. IV, 34: Stoici vero et sapientem amaturum esse dicunt et amorem ipsum conatum amicitiae faciundae ex pulchritudinis specie definiunt. *Id.* de finib. III, 20: Ne amores quidem sanctos a sapiente alienos esse arbitrantur. *Stobaeus*, Eclog. Ethic. p. 169 (2. p. 238. *Heeren*): *Τὸν δὲ ἐρωτά φασιν ἐπιβολὴν εἶναι φιλοποιΐας διὰ κάλλος ἐμφαινόμενον νέων ὡραίων· διὸ καὶ ἐρωτικὸν εἶναι τὸν σοφὸν καὶ ἐρασθήσεσθαι τῶν ἀξιεράστων εὐγενῶν ὄντων καὶ εὐφυῶν.* *Id.* p. 120. *Heeren.*: *Τὸν δὲ ἔρωτα οὔτε ἐπιθυμίαν εἶναι, οὔτε τινὸς φαύλου πράγματος ἀλλ' ἐπιβολὴν φιλοποιΐας διὰ κάλλους ἔμφασιν.* *Diogen. Laert.* VII, 129: *Ἐρασθήσεσθαι τὸν σοφὸν τῶν νέων τῶν ἐμφαινόντων διὰ τοῦ εἴδους τὴν πρὸς ἀρετὴν εὐφυΐαν — εἶναι δὲ τὸν ἔρωτα ἐπιβολὴν φιλοποιΐας διὰ κάλλος ἐμφαινόμενον καὶ μὴ εἶναι συνουσίας ἀλλὰ φιλίας — καὶ μὴ εἶναι ἐπίμεμπτον αὐτόν — εἶναι δὲ καὶ τὴν ὥραν ἄνθος ἀρετῆς.* 76) Plutarch, in der in folgender Note angeführten Schrift: *Ἣν δὲ λέγοντες καὶ ὀνομάζοντες ἔμφασιν κάλλους· ἐπαγωγὸν εἶναι τοῦ ἔρωτος λέγουσι.* 77) *Plutarch.* de commun. notion. adv. Stoic. c. 28. T. XIV. p. 42. *Hutten*: *Θήρα τις, φασίν, ἐστὶν ὁ ἔρως ἀτελοῦς μὲν εὐφυοῦς δὲ μειρακίου πρὸς ἀρετήν.* *Stobaeus* l. c. p. 118: *Τὴν δὲ ἐρωτικὴν ἐπιστήμην νέων θήρας εὐφυῶν πρὸς τρίψιν οὖσαν ἐπὶ τὴν κατ' ἀρετήν, καὶ καθόλου ἐπιστήμην τοῦ καλῶς ἐρᾷν.* Diesen und den früher bemerkten stoischen Ansichten entspricht auch Plutarch's Äußerung (Erotic. 4. p. 750, b.): *Ἔρως εὐφυοῦς καὶ νέας ψυχῆς ἁψάμενος εἰς ἀρετὴν διὰ φιλίας τελευτᾷ.* *Id.* p. 751, a.: *Ἔρως ὁ γνήσιος ὁ παιδικός ἐστι — ὃν λιτὸν ὄψει καὶ ἄθρυπτον ἐν σχολαῖς φιλοσόφοις ἤ που περὶ γυμνάσια καὶ παλαίστρας περὶ θήραν νέων ὀξὺ μάλα καὶ γενναῖον ἐγκελευόμενον πρὸς ἀρετὴν τοῖς ἀξίοις ἐπιμελείας.* Auch das darauf folgende *οὐ συνουσίας γὰρ οὗτος ὁ Ἔρως καθάπερ τῶν γυναικῶν* (wo mir das von Wyttenb. und Winkelmann ausgelassene *οὐ* ganz nothwendig scheint, indem *οὗτος* sich nicht auf die Liebe der Sklaven, sondern auf die Knabenliebe bezieht) ist stoischen Behauptungen nachgebildet, wie sich endlich auf dieselbe auch bezieht c. 21 *καίτοι τήν γε ὥραν ἄνθος ἀρετῆς εἶναι λέγουσι· μὴ φάναι δὲ ἀνθεῖν τὸ θῆλυ μηδὲ ποιεῖν ἔμφασιν εὐφυΐας πρὸς ἀρετὴν ἄτοπόν ἐστι.* Das Bild von der Jagd hat übrigens schon *Plat.* Protagor. ab in. *ἀπὸ κυνηγεσίου τοῦ περὶ τὴν Ἀλκιβιάδου ὥραν.*

78) *Plutarch.* l. c. *Αἰσχροὺς εἶναι τοὺς νέους φαύλους γ' ὄντας καὶ ἀνοήτους, καλοὺς δὲ τοὺς σοφούς· ἐκείνων δὲ τῶν καλῶν μηδένα μήτ' ἐρᾶσθαι μήτ' ἀξιέραστον εἶναι — καὶ τοὺς ἐρασθέντας αἰσχρῶν παύεσθαι λέγουσι καλῶν γενομένων· καὶ τίς ἔρωτα γινώσκει τοιοῦτον, ὃς ἅμα σώματος μοχθηρίᾳ ψυχῆς βλεπομένῃ συνέχεται καὶ γίνεται, κάλλους δὲ ἅμα φρονήσει μετὰ δικαιοσύνης καὶ σωφροσύνης ἐγγινομένου κατασβέννυται καὶ ἀπομαραίνεται.* 79) Am vollständigsten bei *Sextus Empiric.* adv. Ethic. §. 190 (nur den Anfang hat derselbe P. H. III, 245): *Περὶ μὲν παίδων ἀγωγῆς ἐν ταῖς Διατριβαῖς ὁ αἱρεσιάρχης Ζήνων τοιαῦτά τινα διεξεισι. διαμηρίζειν δὲ μηδὲν μᾶλλον μηδὲ ἧσσον παιδικὰ ἢ μὴ παιδικά, μηδὲ θήλεα ἢ ἄρρενα· οὐ γὰρ ἄλλα παιδικοῖς ἢ μὴ παιδικοῖς οὐδὲ θηλείαις ἢ ἄρρεσιν, ἀλλὰ τὰ αὐτὰ πρέπει τε καὶ πρέποντά ἐστι· καὶ πάλιν· διαμεμήρικας τὸν ἐρώμενον; οὐκ ἔγωγε. πότερον οὐκ ἐπεθύμησας αὐτὸν διαμηρίσαι· καὶ μάλα· ἀλλὰ ἐπεθύμησας παρασχεῖν σοι αὐτόν, ἢ ἐφοβήθης κελεῦσαι; μὰ Δί'. ἀλλ' ἐκέλευσας; καὶ μάλα. εἶτ' οὐχ ὑπηρέτησέ σοι; οὐ γάρ.* 80) *Stobaeus* p. 120: *Τὸ δὲ ἐρᾷν αὐτὸ μόνον ἀδιάφορον εἶναι, ἐπειδὴ γίνεταί ποτε καὶ περὶ φαύλους.* *Id.* p. 118: *Τὸν δὲ ἐρωτικὸν διχῇ λέγεσθαι τὸν μὲν κατὰ τὴν ἀρετὴν ποιὸν σπουδαῖον ὄντα, τὸν δὲ κατὰ κακίαν ἐν ψόγῳ ὡς ἐρωτομανοῦντα.*

weiteres Ziel hat, aufhören. Nun war ebenso auch „schön“ etwas Doppelsinniges; denn einestheils nannten die Stoiker „schön“ in derselben Bedeutung, welche auch die Menge dem Worte „schön“ gibt, und in diesem populären Sinne war ihnen die Schönheit die Blüthe der Tugend, die sich zeigende Schönheit ein Anknüpfungsmittel der Liebe; aber daneben hieß bei ihnen in einem höhern philosophischen Sinne nur der Weise schön, nur der Thörichte und Schlechte häßlich; da nun die Liebe aufhört, sobald sie den Geliebten zu dem sittlichen Ideal, zum Weisen, ausgebildet hat, so konnten die Stoiker auch mit Recht behaupten, daß der Schöne nicht geliebt werde und nicht liebenswürdig sei, und der Häßliche aufhöre geliebt zu werden, sobald er schön geworden sei, mithin daß die Liebe unterhalten werde durch das Schlechte und Häßliche, aber wohl verstanden durch dasjenige, was dem zur Tugend Geschickten anklebt und ihn verhindert, ein in der Tugend Vollkommener, d. h. ein Weiser, zu werden. In diesem höhern Sinne ist offenbar die stoische Liebe sehr nahe kommend der Platonischen, und wenn unter den Alten [81]) einige von den Stoikern die Meinung aufgestellt haben, daß sie mehr neue Wörter als neue Gedanken erfunden hätten, der Stoicismus weniger eine neue philosophische Schule als eine verbesserte Auflage der alten Akademie sei, so wird die stoische Ansicht über die Erotik immerhin als Bestätigung dieser Meinung angeführt werden können.

So sehen wir denn auch bei den Stoikern eine philosophische Liebe, die als des Weisen würdig empfohlen wird, während dagegen bei Epikur [a]) das Institut keine Stelle eingenommen zu haben scheint. Haben in späterer, namentlich römischer, Zeit Unwürdige unter dem Mantel Sokratischer und stoischer Philosophie unzüchtiger Knabenliebe gepflegt, so gibt dies noch kein Recht, die Schuld davon unmittelbar auf die Lehre zu schieben, vielmehr dürften wir es als ein Verdienst dieser philosophischen Schule geltend machen, wenn die Knabenliebe, nachdem sie aufgehört hat ein politisches Institut zu sein, sittliche Würde zu behaupten fortfuhr; denn das war nur bei der philosophischen Knabenliebe der Fall. Sie ist freilich nicht dem Verdachte [82]) entgangen, als ob es ihr doch mehr um den Genuß als um die Tugend zu thun sei, aber da, wo sie geachtet wurde, hat man sie eben nur als philosophische anerkannt [83]). Wer endlich der von Kallimachus [84]) angedeutete Archias sein mag, der gelehrt und bestimmt habe, wie man Knabenliebe üben solle, ist schwer zu sagen; der Dichter sagt, daß die Stadt an braven Männern reich wäre, wo die Jünglinge so liebten.

16. So war denn wie im Leben so in der Philosophie geschieden von einander die Knabenliebe des himmlischen und die des gemeinen Eros; jene die Quelle von mehr als einem der schönsten Güter, die Griechen geschaffen, diese die Ursache von mehr als einem Entsetzlichen. Davon ist Einiges schon oben beigebracht (vergl. Not. 53. S. 179); hier genüge es, nur noch auf zwei Punkte hinzuweisen, wie durch die unzüchtige Knabenliebe theils die empörendste Entwürdigung der Menschheit, die Verschnittenen [85]), herbeigeführt wurde, sodaß in Rom der Ausdruck exoleti die allgemeine Bezeichnung für pathici wurde, theils nicht nur die Familie in ihren ersten Elementen von Grund aus verdorben, sondern auch die Staatsgewalten, namentlich bei Alleinherrschern, nicht selten umgestürzt wurden [86]). Was die nächste Veranlassung zum Sturze des Pisistratiden-Regiments gewesen, haben wir früher bemerkt; Periander [87]), Tyrann von Ambrakia, ist gestürzt worden, weil er an seinen Geliebten beim Zechgelage die übermüthige Frage that, ob er schon von ihm schwanger sei; Archelaus [88]), König von Makedonien, ist auf der Jagd durch zwei von ihm schwer gekränkte Geliebte, Kratruas (oder Krateas) und Hellenokrates aus Larissa, ermordet worden; jenen hatte es immer empört, daß der König seinen Leib gemisbraucht hatte, und es bedurfte nur einer geringen Veranlassung, um dieses Gefühl zum Ausbruche zu bringen; diese fand sich, als der König seine beiden Töchter aus politischen Gründen an Andere verheirathete, obgleich er ihm, seinem Geliebten, eine derselben zugesagt hatte; Hellenokrates aber hatte ebenfalls dem Könige seinen Leib hingegeben, der König ihm dagegen versprochen, ihm Rückkehr in sein Vaterland auszuwirken, und da er das Versprechen nicht hielt, so glaubte er vom Könige nicht aus Liebe aufgesucht, sondern zur Fröhnung seiner Lust gemisbraucht zu sein; bei dem erstern kam auch noch hinzu, daß er nicht weniger Liebhaber des Regiments als Archelaus von ihm war, und drei bis vier Tage hat er auch wirklich nach der Ermordung seines Liebhabers geherrscht, bis auch er ein Opfer

---

81) *Cic.* Acad. I, 12; de fin. V, 25. a) Vergl. *Stobaeus* floril. 63, 31. 82) *Lucian.* Erot. p. 283. §. 23: *Ἀλλὰ γὰρ ἐνταῦθα τοῖς Σωκρατικοῖς καὶ ὁ θαυμαστὸς ἀναφύεται λόγος, ὑφ' οὗ παιδικαὶ μὲν ἀκοαὶ τελείων ἐνδεεῖς λογισμῶν φενακίζονται· τὸ δ' ἤδη κατὰ φρόνησιν εἰς ἄκρον ἧκον οὐκ ἂν ὑπαχθῆναι δύναιτο. Ψυχῆς γὰρ ἐρασταὶ πλάττονται, καὶ τὸ τοῦ σώματος εὔμορφον αἰδούμενοι φιλεῖν, ἀρετῆς καλοῦσιν αὐτοὺς ἐραστάς· — ἐφ' οἷς μοι πολλάκις καγχάζειν ἐπέρχεται. τί γὰρ παθόντες, ὦ σεμνοὶ φιλόσοφοι, τὸ μὲν ἤδη μακρῷ χρόνῳ δεδωκὸς ἑαυτοῦ πεῖραν ὁποῖόν ἐστιν, ᾧ πολιὰ προσήκουσα καὶ γῆρας ἀρετὴν μαρτυρεῖ, δι' ὀλιγωρίας παραπέμπετε; πᾶς δὲ ὁ σοφὸς ἔρως ἐπὶ τὸ νέον ἐπτόηται, μηδέπω τῶν λογισμῶν ἐν αὐτῷ, πρὸς ἃ τραπήσονται, κρίσιν ἐχόντων;* p. 285. c. 24: *Πάθεσιν αἰσχροῖς ὀνομάτων ἐπιγράφοντες αἰδῶ, ψυχῆς ἀρετὴν λέγουσι τὴν τοῦ σώματος εὐπρέπειαν οἱ φιλόνεοι μᾶλλον ἢ φιλόσοφοι.* 83) *Id.* c. 33. p. 294: *Γάμοι μὲν γὰρ διαδοχῆς ἀναγκαίας εὕρηνται φάρμακα. μόνος δὲ ὁ ἄῤῥην ἔρως φιλοσόφου καλόν ἐστι ψυχῆς ἐπίταγμα,* *Id.* p. 315. c. 51: *Γάμος μὲν ἀνθρώποις βιωφελὲς πρᾶγμα, καὶ μακάριον, ὁπόταν εὐτυχῶνται· παιδικοὺς δ' ἔρωτας, ὅσοι φιλίας ἁγνὰ δίκαια προμνῶνται, μόνης φιλοσοφίας ἔργον ἡγοῦμαι. διὸ δὴ γαμητέον μὲν ἅπασι, παιδεραστεῖν δὲ ἐφείσθω μόνοις φιλοσόφοις.*

84) Fragm. N. 107: *Αἴθε γὰρ ὦ κοῦροισιν ἐπ' ὄμματα λίχνα φέροντες, Ἔρχιος ὡς ὑμῖν ὤρισε παιδοφιλεῖν, Ὧδε νέων ἐράοιτε, πόλιν κ' εὔανδρον ἔχοιτε.* 85) *Lucian.* Amor. §. 21. p. 280 sq. 86) Die angeführten Beispiele findet man zusammengestellt bei Aristoteles (Polit. V, 8. 9) und zum Theil bei Plutarch (Amator. c. 23. p. 62. *Winkelm.*). 87) Vergl. noch *Aristot.* V, 3, 6. 88) Hierüber vergl. außer Aristoteles und Plutarch (a. a. O.) noch *Pseudo-Plato.* Alcib. II, 141, d. *Diodor.* XIV, 37. *Aelian.* H. V. VIII, 9; dieser nennt ihn *Κρατεύας*, was ich mit Wyttenbach für das Richtige halte, dem des Plutarch *Κρατέαν* und des Aristoteles *Κραταίου* noch am nächsten kommen, während ich das *Κρατεροῦ* bei Diodor und Suidas in *Εὐριπίδης* nur für Irrthum der Abschreiber halte, die einen ihnen unbekannten mit einem allgemein bekannten Namen vertauschten.

einer andern Verschwörung fiel, aber die erduldete Schändung war doch das Hauptmotiv; daß auch der grausame Alexander von Pherä zunächst in Folge der Schändung seines Geliebten in einer von dessen Brüdern und deren Schwester, der Frau Alexander's, gestifteten Verschwörung ermordet war, haben wir schon oben [89]) berichtet; aber auch Philipp [90]), der Sohn des Amyntas, ist aus ähnlichem Grunde gefallen. Unter der Leibgarde des Königs befand sich auch ein Makedonier von Geburt, aus der Landschaft Orestis, mit Namen Pausanias, der dem Könige wegen seiner Schönheit noch besonders lieb war; ihn schändete Attalus, naher Anverwandter der Kleopatra, der zweiten Frau des Königs, nicht nur selbst, sondern bei einem Gastmahle warf er ihn, nachdem er ihn vorher berauscht hatte, wie eine gemeine Hure allen Gästen, ja nach einem Schriftsteller, sogar den Eseltreibern zur Schändung hin; nüchtern geworden, klagte Pausanias den Attalus wegen der ihm von ihm gewordenen Behandlung vor dem Könige an; der König war empört über das Geschehene, aber wenn er auch durch Beförderung und Geschenke den Pausanias zu besänftigen suchte, lehnte er es doch ab, seinetwegen einen nahen Verwandten zu bestrafen, der ein bedeutendes Commando hatte und ihm wegen seiner Tapferkeit im bevorstehenden Feldzuge gegen die Perser unentbehrlich war; daß der Rath und die Fürbitten der Kleopatra nicht ohne Einfluß auf diesen Entschluß des Königs waren, geht aus einer Nachricht hervor; ebenso sollen auf der andern Seite Olympias und Alexander den Pausanias zur Rache gegen den Fürsten, der ihm gerechte Genugthuung verweigerte, aufgehetzt haben. Wie Philipp auf dem Wege nach dem Theater von Pausanias ermordet ward, ist allgemein bekannt und liegt uns hier zu fern. Noch erwähnt Aristoteles, daß auch Amyntas der Kleine von Derdas ermordet wurde, weil er sich gerühmt hatte, seine Jugend genossen zu haben; vermuthlich ist auch dieser, uns übrigens nicht weiter bekannte, Fall der makedonischen Geschichte entlehnt. Mehre Beispiele mag die Schrift [91]) seines Schülers, des Phanias aus Eresus, welche die Aufschrift hatte: „Ermordung der Tyrannen aus Rache“ (τυράννων ἀναίρεσις ἐκ τιμωρίας) enthalten haben; eins ist uns durch die Nachbildung des Parthenius [92]) bekannt. In Unteritalien, in der Stadt Heraklea, liebte ein Mann aus angesehenem Geschlechte, Antileon, mit aller Macht der Leidenschaft einen ausgezeichnet schönen Knaben, mit Namen Hipparinus, und da der Schöne ihn spröde verschmähte, erklärte er, um die Innigkeit seiner Zuneigung zu erweisen, sich bereit, jedes ihm von seinem Geliebten aufgetragene Abenteuer auszuführen; Hipparinus, mehr um ihn zu verhöhnen, als weil ihm an der Sache etwas gelegen wäre, erbat sich einen Becher aus der vom Tyrannen Heraklea's aufs Strengste bewachten Feste; Antileon erstieg dieselbe, tödtete den Hüter und brachte den Becher; diese muthige That gewann ihm die Gegenliebe des Knaben; als nun der Tyrann nach der Schönheit desselben Knaben begehrte und ihn mit Gewalt fortzuführen versuchte, rieth Antileon seinem Geliebten, sich nicht dem Tyrannen zu widersetzen, er aber fiel, als der Tyrann aus dem Hause kam, ihn an und tödtete ihn; nach Wiederherstellung der Freiheit wurden den beiden Liebenden eherne Standbilder gesetzt. Plutarch [93]) spielt auf dieselbe Begebenheit an in einer Stelle, die ganz hierher gehört. Manche Männer, sagt er, haben ihre eigenen Weiber verkuppelt; von so vielen Liebhabern aber hat keiner, und wenn man ihm auch des Zeus Ehren dafür geboten hätte, seinen Geliebten verkuppeln mögen; den Tyrannen hat Niemand in der Staatsverwaltung zu widersprechen gewagt, aber in der Liebe zu schönen und blühenden Jünglingen sind manche ihre Rivalen geworden. „Wir wissen ja, daß Aristogiton aus Athen, Antileon aus Metapontum, Melanippus aus Agrigent, sich den Tyrannen nicht widersetzt haben, als sie sie alles verderben und dem Übermuthe sich hingeben sahen; aber als von jenen ihre Geliebten versucht wurden, da haben sie in der Vertheidigung eines gleichsam unverletzlichen und unberührbaren Heiligthums ihr Leben gewagt.“ Übrigens hat Antileon sehr wohl aus Metapontum stammen und doch einen Knaben im benachbarten Heraklea lieben können, was vermuthlich damals von einem und demselben Herrn als Metapontum regiert wurde, sodaß hier zwischen Plutarch und Parthenius kein Widerspruch stattfindet. Ebenso hat der Übermuth des spartanischen Harmosten von Oreos (vergl. S. 162. Note a.) die Schlacht bei Leuktra und den Sturz der spartanischen Herrschaft herbeigeführt. Aristoteles [94]) macht daher die Bemerkung, Regenten müßten sich entweder aller solcher Verhältnisse enthalten, oder zeigen, daß sie sie aus Liebe und nicht als einen Act der Macht herbeiführten.

17. Fragen wir nun schließlich, welche Momente ein so eigenthümliches Institut, wie die griechische Knabenliebe ist, herbeigeführt und befördert haben mögen, so müssen wir vor allem die große Absonderung des weiblichen Geschlechts und seine Ausschließung von der Bildung und den Interessen ihres Landes und ihrer Zeit namhaft machen; Frauen und Mädchen waren beschränkt auf das Leben im Hause, das ἔνδον μένειν, das οἰκουρεῖν; über die äußere Hausthüre, die αὔλειος θύρα, ging kein anständiges Frauenzimmer ohne Noth; mußten sie aber ausgehen, wozu nur der Gottesdienst, Begräbniß naher Verwandten und Besuch bei andern Frauen die seltene Veranlassung bot, so mußten sie tief verschleiert erscheinen, von Sklaven und Sklavinnen umgeben; im Hause aber gingen die Verrichtungen der Frauen nicht über die von guten Kindermädchen und Wirthschafterinnen hinaus, die

89) Vergl. oben S. 164. Note 47. 90) Nach Diodor (XVI, 93) war noch ein anderer Pausanias in der Nähe des Königs, der ebenfalls vom Könige seiner Schönheit wegen geliebt wurde; diesen schmähte sein Namensvetter als Mannweib und allgemeine Hure; der Geschmähte schwieg für den Augenblick, theilte aber den Vorfall einem seiner Freunde Attalus mit und fand wenige Tage nachher in einer Schlacht den muthig aufgesuchten Tod; dies veranlaßte den Attalus, den Pausanias so zu behandeln, wie im Text angegeben. Vergl. noch *Justin.* IX, 6. *Plutarch.* Alexandr. 10. 91) Vergl. *Ebert*, Diss. Sicul. p. 87. 92) Narrat. 7.

93) Erotic. 16. 94) *Aristot.* Polit. V, 9, 17: *Διόπερ ἢ μὴ χρῆσθαι δεῖ τοῖς τοιούτοις ἢ τὰς μὲν κολάσεις πατρικῶς φαίνεσθαι ποιούμενον καὶ μὴ δι' ὀλιγωρίαν, τὰς δὲ πρὸς τὴν ἡλικίαν ὁμιλίας δι' ἐρωτικὰς αἰτίας ἀλλὰ μὴ δι' ἐξουσίαν.*

auch die Aufsicht über das Gesinde zu führen haben; der Unterricht, den Mädchen erhielten, war blos auf diese häuslichen Verrichtungen berechnet; lesen und schreiben lernten die wenigsten, und die geistige Bildung der Frauen verstieg sich nicht leicht über die Kenntniß einiger Gebete und geistlicher Lieder und etwa noch einiger Formulare beim Gottesdienste; dem Einflusse belehrenden und bildenden Umgangs waren die Frauen so entrückt, daß sie selbst mit den Männern ihrer eigenen Verwandtschaft, ja mit dem eigenen Manne und den erwachsenen eigenen Söhnen nur selten an einem Tische aßen; am Männermahle aber, wo auch nur ein Fremder zugegen war, Theil zu nehmen, würde jedes anständige Frauenzimmer als unanständig verweigert haben; im Ganzen also waren sie mit ihrer Unterhaltung hingewiesen auf ihre Dienerinnen und eine oder die andere Freundin. Gewiß war es nicht blos im Hause des Kritobul[95]) so, daß er seiner Frau die meisten wichtigen Angelegenheiten anvertraute, aber doch mit Niemandem sich weniger besprach, als mit seiner Frau. Ist es nun zu verwundern, daß auf diese Weise anständige Frauen unfähig waren, auf die geistigen Bedürfnisse der Männer einzugehen, und diese daher ihre schönste, ihre geistigste Neigung, gebildeten Hetären oder der bildungsfähigen männlichen Jugend zuwandten? Es ist wahr, daß diese Absonderung und Ausschließung des weiblichen Geschlechts vorzugsweise in Athen und Jonien zu finden war, und gleichwol in Jonien die Knabenliebe kein Institut geworden ist, was doch in dorischen Staaten der Fall war, obgleich hier die Frauen am wenigsten zurückgesetzt waren und an dem Umgange, der Erziehung und Bildung des männlichen Geschlechts den meisten Antheil hatten; aber was geht daraus hervor, als daß in Jonien die Anwesenheit, in den dorischen Staaten die Abwesenheit dieses einen Moments durch das Hinzutreten anderer Umstände dort paralysirt, hier ausgeglichen wurde? Nämlich das Bedürfniß der Associationen, um sich im Staate Bedeutung und Einfluß zu sichern, was Hetärien und zum Theil Syssitien hervorgerufen hat, hat ebenfalls als zweites Moment auf die Ausbildung der griechischen Knabenliebe eingewirkt; und diesen Associationen widerstand in Jonien, wie überall, wo Tyrannen herrschten, die Verfassung; derselbe Grund also, der Tyrannen bewog, Syssitien und gymnastische Übungen zu verbieten, damit nicht die Männer die durch dieselben gewonnene Kraft und innige Verbindung unter einander gegen sie selbst kehrten, hat sie auch die Knabenliebe als für sie gefährlich betrachten lassen. Als drittes Moment nenne ich die vom Alterthume selbst in ihrer Bedeutung für diesen Gegenstand erkannte Gymnastik[96]), womit die dadurch gesteigerte Schönheit und Blüthe des männlichen Körpers, wie sie dem Himmelsstriche von Griechenland eigen ist, zusammenhängt; es liegt gewiß etwas Wahres in dem Spruche des Ennius: Flagitii principium est, nudare inter cives corpora. Dazu kommt noch als viertes Moment, daß bei dem geringen Einflusse, der namentlich in dorischen Staaten der häuslichen Erziehung eingeräumt war, die Knabenliebe den Mangel des väterlichen Einflusses ersetzen sollte; wie in der schönen Hylas-Sage, namentlich bei Theokrit, Herkules dem Hylas, so sollte der Intention nach jeder Liebende dem Geliebten Muster nicht nur, auch Führer zu allem Schönen und Guten sein. Endlich und dieses fünfte Moment war besonders in Athen, dem Sitze der philosophischen Knabenliebe, von Bedeutung, da die Griechen dieser Zeit der höhern öffentlichen Bildungsanstalten entbehrten und man sowol zur allgemeinen philosophischen als zu der speciellen Fach- und Berufsbildung nur durch das Anschließen eines jüngern an einen bewährtern ältern Mann gelangen konnte, ein solches Verhältniß aber nicht durch Zahlung eines Ehrensoldes eingeleitet werden konnte; denn einige Sophisten und Rhetoren abgerechnet nahm Niemand anständiger Weise für den höhern Unterricht oder lieber (denn ein eigentliches Dociren in unserm Sinne kam nicht vor) für diese höhere geistige Mittheilung Honorar, sondern allein durch gegenseitige freie Neigung zu Stande kam, so vertrat die Knabenliebe gewissermaßen die Stelle der hohen Schule; man erinnere sich nur an das früher bemerkte Verhältniß zwischen dem Bildhauer Phidias und seinem Schüler Agorakritus, zwischen dem Arzte Theomedon und dem Eudoxus aus Knidus, zwischen Demosthenes und Aristarch, Euripides und Agathon, Parmenides und Zenon, Archelaus und Sokrates, zwischen Sokrates und seinen Schülern, zwischen Platon und Aster, Dion ꝛc., zwischen Xenokrates und Polemon, Polemon und Krates, Krantor und Arkesilaus. Das erklärt die Entstehung der edelsten und reinsten, der philosophischen Knabenliebe. — Auch diese war am Ende nichts Naturgemäßes, und sie mag bei entarteten Gemüthern Unnatürliches, ja Empörendes hervorgerufen und mit ihrem Philosophen-Mantel verdeckt haben; unsere Darstellung hat wol gezeigt, daß das Laster der Knabenschändung bei den Griechen in einem so betrübenden Umfange geübt worden ist, wie uns von einer so hochgebildeten Nation ganz unbegreiflich sein muß; aber wie der ihr angeborene Schönheitssinn sie vor solchem Schmuze bewahrt hat; wie uns z. B. Petron[97]) schildert, wie der Ekel, den uns diese römischen fratres[98]) einflößen, bei den Griechen nicht zu finden, so ist auch die öffentliche Meinung hier nie so verdorben gewesen, daß nicht auch die Sprache Schimpfliches und Schandbares als solches bezeichnet hätte; man erinnere sich nur, wie es von dem, der den Genuß seines Leibes einem Andern hingab, doch überall hieß, daß er seine Ehre verwirkt

95) *Xenoph.* Oeconomic. §. 12: *Σ. Ἔστιν ὅτῳ ἄλλῳ τῶν σπουδαίων πλείω ἐπιτρέπεις ἢ τῇ γυναικί; Κ. Οὐδενί, ἔφη. Σ. Ἔστι δὲ ὅτῳ ἐλάσσονα διαλέγῃ ἢ τῇ γυναικί; Κ. Εἰ δὲ μή, οὐ πολλοῖς γε, ἔφη.* 96) Vergl. oben S. 167.

97) Vergl. c. 8, 11 sq. 79, 140. 98) Für diese Bedeutung von frater bietet fast jede Seite des Petron Zeugniß dar. 99) Der Dichter bei *Plutarch.* Erotic. c. 23: *Ὕβρις ταῦθ', οὐχ ἡ Κύπρις ἐξεργάζεται.* *Plat.* Phaedr. §. 66: *Ὕβρει προσομιλῶν*, und daselbst ist Heindorf's Note zu vergleichen. Sympos. 188, a. *Aeschin.* p. 127: *Ὕβρις τῆς εἰς τὸ σῶμα τὸ ἑαυτοῦ.* p. 177: *Ἑαυτὸν ὑβρίσαντι.* p. 179: *Ὁ τὴν τοῦ σώματος ὕβριν πεπραμένος.* *Athen.* 542, f.: *Παῖδας ἐλευθέρους ὑβρίζειν.* „Wenn du nun hörst,“ sagt Maximus Tyr. (XXV, 4), „daß ein Philosoph liebt und daß ein schlechter Mann liebt, benenne nicht beides mit einem Namen; der strömt zur Lust, jener liebt die Schönheit.

fast glatten Kelchen, welche den gelben Corollen, deren Oberlippe gespalten ist, an Länge fast gleichen. Hiervon ist P. urticaefolia *Brign.* eine Abart mit breitern, tiefer gesägten Blättern. Auf den Gebirgen von Hindustan hat Wallich zwei neue Arten entdeckt. 3) P. Amherstiana *Wall.* (Cat. herb. soc. angl.-ind. N. 410) und 4) P. cochleariifolia *Wall.* (l. c. N. 3920). (*A. Sprengel.*)

PÄDERUS *Fabricius* (Insecta), Käfergattung zur Familie der Brachelytern gehörig, mit folgenden Kennzeichen: Die Mandibeln sind an der innern Seite gezähnt und haben eine einfache Spitze, die Palpen erscheinen als kolbig, indem das dritte Glied aufgeschwollen ist. Der Körper dieser Käfer ist lang, der Kopf fast von der Breite des Thorax, mit welchem er durch einen schmalen, sehr kurzen Hals verbunden ist. Die Augen sind rund und vorspringend, die Fühler fadenförmig, oder werden gegen das Ende kaum dicker, bestehen aus eilf Gliedern und sind vorn und seitlich am Kopfe in einiger Entfernung von den Augen befestigt. Die Oberlippe ist sehr breit, kurz, hornig, vorn schwach ausgerandet. Die Mandibeln sind groß, hornartig, gebogen, spitzig, innen in der Mitte mit mehren spitzigen Zähnen versehen. Die Maxillen sind stark, hornartig, gespalten, der innere Theil ist kurz, spitzig, seitlich gefranzt. Die Maxillarpalpen sind viel länger als die Labialpalpen, bestehen aus vier Gliedern, von denen das erste kurz, das zweite sehr lang, das dritte verlängert und am Ende angeschwollen, das letzte klein, schwach, sehr kurz und kaum sichtbar ist. Die Unterlippe ist schmal, ragt mehr oder weniger vor, ist lederartig, ganzrandig oder doch kaum ausgerandet. Die Labialpalpen sind kurz, fadenförmig und bestehen aus drei Gliedern. Der Thorax ist gewölbt, rundlich oder eiförmig, mitunter viereckig, mit stumpfen Winkeln, ungerandet. Das Schildchen ist sehr klein. Die Flügeldecken sind kurz gewölbt, gerandet, bedecken zwei häutige zusammengefaltete Flügel und lassen den größten Theil des Hinterleibes frei. Die Füße sind einfach, von mittlerer Größe. Außerdem kann man diese Käfer auch schon leicht an ihrem ganzen Habitus unterscheiden. Sie leben alle an feuchten Orten und sind fast überall in Europa einheimisch.

Als Typus mag dienen Paederus riparius *Fabricius.* Drei Linien lang, die Fühler etwas behaart, schwärzlich, die drei ersten Glieder gelb, sowie die Palpen, der Kopf glatt, etwas behaart, schwarz, der Thorax gewölbt, gelb, glänzend, so breit als der Kopf, das Schildchen gelb, die Flügeldecken etwas mehr lang als breit, punktirt, blau und glänzend, der Hinterleib behaart, rothgelb, die zwei letztern Ringe schwarz, die Füße rothgelb, die Knie schwärzlich, gemein in ganz Europa an feuchten Stellen unter Steinen. rc. (*D. Thon.*)

PÄDIATRIK ist die Lehre von der Heilung der Kinderkrankheiten (s. d. Art.). (*R.*)

Pädicator, s. Päderastie.

PÄDIOMETER, Kindesmesser. Es kommt nicht selten vor, daß der Geburtshelfer veranlaßt wird, die Größe oder Schwere eines Kindes zu messen und anzugeben, und zwar entweder von dem ungeborenen oder von dem geborenen Kinde. Um auf eine bequeme Weise zum Zwecke zu gelangen, hat man verschiedene Instrumente erfunden, welche beinahe sämmtlich entbehrlich, je nachdem das zu untersuchende Kind bereits geboren oder sich noch im Mutterleibe befindet, verschieden sind, und demnach in zwei Classen zerfallen. A) Instrumente, welche die Größe eines ungeborenen Kindes bestimmen. Sie beziehen sich sämmtlich eigentlich nur auf die Ausmessung des Kopfes, als den für den Durchgang des Kindes wichtigsten Theil, und bestehen in Vorrichtungen, welche an den Geburtszangen angebracht sind, so an den Zangen von Aitken, Busch, Osiander und Stein, welcher sein Instrument Labimeter oder Labidometer (von λαβίς, ίδος, die Zange) Zangenmesser nannte. Einige Übung läßt aber leicht ohne dergleichen Vorrichtungen die Entfernung der angelegten Zangenlöffel von einander, und somit den Durchmesser des Kindeskopfes, nach dem Augenmaße bestimmen. — B) Instrumente, welche die Größe eines geborenen Kindes bestimmen. Für die Messung des Durchmessers des Kopfes erfand Stein seinen Kephalometer, einen Tastercirkel mit einem mit Zollen versehenen Bogen. Zur Untersuchung der Länge und Schwere des ganzen Kindes gaben Stein und Osiander ihren Baromakrometer, Schnellwagen mit einem Maßstabe an, und Siebold vereinigte den Baromakrometer und Kephalometer in seinem Pädiometer, welcher leicht durch jede Wage und jeden Zollstab ersetzt wird. (*Rosenbaum.*)

PÄDISCA *Treitschke* (Insecta). Eine Schmetterlingsgattung aus der Familie der Wickler (Tortrices), mit folgenden Kennzeichen: (Schmetterlinge von Europa VIII. S. 188.) Die Schmetterlinge haben wolkig bezeichnete Vorderflügel mit einer ausgezeichneten Makel am Innenrande, am Vorderrande mit einer Verzierung von halben Strichen und Häkchen. Die Raupen sind nicht besonders ausgezeichnet und leben zwischen Baumblättern, wo sie sich auf oder an der Erde in einem engen Gewebe verpuppen. Als Typus mag gelten:

P. Parmatana *Hübner* (Tortr. t. 40. f. 253 Männchen f. 254 Weibchen T. Ratana ib. t. 37. f. 236 Weibchen) ändert sehr in der Färbung ab. Palpen, Kopf und Rücken haben stets die Farbe der Vorderflügel, welche bald gelblich, hell- und dunkelbraun, bald zimmt- oder rostfarbig ist. Standhafter bleiben Hinterleib, Füße und Hinterflügel einfach grau. Die Vorderflügel zeigen sich überhaupt langgestreckt, schmal und am Innenrande ausgeschwungen. Nächst der Wurzel ist ein dunkleres, zackig eingefaßtes Feld. Dann kommt heller Grund, hierauf eine, oft unvollkommene, in der Mitte getrennte, dunkler schiefliegende Binde. Der Zacken des ersten Feldes und die zweite Hälfte der Mittelbinde fließen meistens zusammen und sondern damit eine, auf dem Innenrande stehende helle große Makel ab, die zuweilen schneeweiß ist, öfter aber sich kaum von dem übrigen Grunde trennt. Die äußere Flügelspitze hat noch einen, mit zarten Linien durchzogenen Schattenstreif. Am Vorderrande stehen einzelne Punkte und Häkchen. Die Franzen sind dunkler als der Grund, und dieser überhaupt mit Atomen und Strichen reichlich überzogen. Die Hinterflügel haben hellere Franzen. Die Raupe lebt von Mitte Mai bis Ende

Juni in zusammengezogenen Blättern des Haselstrauches, der Birke, der Zitterpappel und der Wollweide. In der Jugend sind der Kopf und das Nackenschild glänzend schwarz, der Körper ist schmuzig weiß, die Wärzchen sind schwarz und letztere einzeln behaart. Im mittlern Alter wird der Kopf schwarzbraun, das Nackenschild graubraun, die Afterklappe hat keine Auszeichnung, der Körper ist weißgrau, die Wärzchen sind dunkelgrau. Im höhern Alter erscheint der Körper gelblichweiß, mit durchschimmerndem grünem oder braunem Eingeweide. Die ganz kleinen schwarzen Wärzchen stehen auf glänzendgrauen Flecken und sind einzeln hell behaart; der flache Kopf ist kastanienbraun, das Nackenschild verloschen gelbbraun, mit weißem Saume am Kopfe. Die Krallenfüße sind schwärzlich, der Bauch und die Bauchfüße schmuzigweiß. Die Verwandlung geschieht Ende Juni zwischen Blättern, auch in der Erde oder auf derselben, in weißem Gespinnste. Die Puppe ist gelbbraun, vorn ziemlich dick, in der Mitte Juli erscheint der Schmetterling, der in Sachsen und Böhmen einheimisch. (D. *Thon.*)

PÄDONOMOS (*Παιδονόμος*) war der Name des obersten Erziehungsbeamten in Sparta. Es war dies eine hohe obrigkeitliche Stelle von großem Ansehen, wozu nur Personen aus den bevorzugtesten Spartiaten (den *καλοῖς κἀγαθοῖς* oder den *ὁμοίοις*) genommen wurden; die Stelle war wol eine jährliche und nur den Ephoren untergeordnet. Die Aufsicht des Pädonomos bezog sich vorzugsweise auf die Knaben oder auf die, welche zu einer der *βοῦαι παίδων* gehörten, d. h. auf die Knaben vom 7.—17. Jahre. Er war berechtigt, die Bua zu gewissen Zeiten zu versammeln, zu mustern, und die, welche sich vergangen hatten, streng zu bestrafen. Unter ihm standen einige *μαστιγοφόροι* oder Peitschenträger, welche aus der Mitte der Jünglinge (der *εἴρενες*) genommen waren und die von ihm bestimmten Strafen augenblicklich vollzogen, ferner die *βουαγοί* oder die Anführer der *βοῦαι*, wozu man die verständigsten, mäßigsten und tapfersten der *εἴρενες* nahm, desgleichen die Anführer der *ἶλαι*, was ebenfalls die gewandtesten der *εἴρενες* waren, und die *ἁμπαιδες*, welche nach der Erklärung des Hesychius bei den Lakedämoniern die Sorge für die *παῖδες* hatten. Aber das Amt des Pädonomos war nicht beschränkt auf die *παῖδες*; daß es sich vielmehr auch auf die Eirenes bezogen hat, beweist der Umstand, daß er die ungehorsamen *εἴρενες* vor die Ephoren zur Bestrafung lud. Vergl. *Xenoph.* respubl. Laced. II, 2; IV, 5. Auch in andern Staaten, z. B. in Stratonikea, gab es einen Pädonomos, was ein Beamter war, neben *δημόσιοι παιδοφύλακες*, was Staatssklaven gewesen sein möchten. Vergl. Corp. Inscr. Graec. n. 2715. *Boeckh.* p. 484. (*H.*)

PÄDOTRIBES heißt bei den Griechen eigentlich der, welcher sich mit den Knaben beschäftigt, wie der Pädotrips ein Sklave ist, dem die Wartung, Pflege und Aufsicht über die Kinder obliegt. Aber das Wort Pädotribes ist die besondere Bezeichnung für den Turnlehrer [illegible] und ist von seiner ursprünglichen Bedeutung so [illegible], daß es nicht einmal immer einen Turnlehrer [illegible] Knaben, sondern überhaupt einen jeden bezeichnet, habe er es mit Knaben, Jünglingen oder Männern zu thun, bilde er sie in der allgemeinen Gymnastik oder in der Athletik, als öffentlicher Beamter oder als Vorsteher einer Privatanstalt oder selbst als Hauslehrer in einer einzelnen Familie. Bei dieser schwankenden Allgemeinheit der Bezeichnung, bei ihrem Eingreifen in Privatverhältnisse und unbekanntere Partien des antiken Lebens und bei dem mannichfachen Wechsel, den die gymnastischen Einrichtungen bei den Griechen zu verschiedenen Zeiten erfuhren, ist es sehr schwer, die normale Beschränkung des Begriffs, die Stellung und Wirksamkeit der Pädotriben und ihr Verhältniß zu ähnlichen gymnastischen Beamten in ein helles Licht zu setzen.

Was darüber zu sagen ist, beschränkt sich hauptsächlich auf Athen; denn in Sparta gab es keine Pädotriben, weil dort eine andere Weise des gymnastischen Unterrichts bestand, worüber das Nöthige unter dem Art. Palästrik zu finden ist; in den andern griechischen Staaten aber waren theils auch neben besondern Einrichtungen besondere Benennungen im Gebrauch, theils fehlt es über sie an genauern Nachrichten.

In Athen also bleibt die durch den Namen des Pädotribes ausgedrückte Beziehung auf die Knaben allerdings die vorherrschende; diese werden, sobald sie verstehen können, was man ihnen sagt, d. h. wie es Ps. Äschines (Axioch. §. 8) erklärt, mit dem siebenten Jahre, in die Schule des Pädotriben geschickt (s. z. B. *Plat.* Protag. §. 44. p. 326 b. *Xenophon* Rep. Lacedd. II, 1. *Aristoph.* Nub. 969 etc.) Da nun die Erziehung der Knaben eine Privatsache war, so war ohne Zweifel auch der Pädotribes kein öffentlicher Beamter und seine Schule keine Staatsanstalt, obgleich dieselbe den bestehenden Gesetzen und der Aufsicht der Behörden unterworfen war. Einige von den Vorschriften, welche dort in älterer, strengerer Zeit beobachtet wurden, erwähnt Aristophanes a. a. O., und die vorgesetzten Behörden werden wahrscheinlich die zehn Sophronisten gewesen sein; denn wenn dieselben allerdings immer nur als die Vorgesetzten der Epheben erwähnt werden, so mag dies daher kommen, daß die Aufsicht über diese weit schwieriger und wichtiger war, wobei die Aufsicht über die Knabenschulen füglich als eine Nebensache und als ein Anhängsel betrachtet werden konnte, das keiner besondern Erwähnung bedurfte.

Wenn es nun allerdings feststeht, daß als Turnlehrer der Knaben immer nur der Pädotribes genannt wird, so muß es unentschieden bleiben, ob dieselbe Person oder wenigstens derselbe Name auch beim Unterrichte der Epheben angewendet wurde. Für die frühere Zeit scheint es, daß man dies verneinen müsse. Denn wenn es auch an sich sehr glaublich ist, daß zuweilen einmal ein Pädotribe, der sich besonders auszeichnete, auch mit dem Unterrichte der Epheben beauftragt wurde, oder sich auf diesen allein legte, so werden dies nur Ausnahmen gewesen sein. Im Ganzen wird es sich bestätigen, daß der Pädotribe auf den Unterricht der Knaben beschränkt, eine untergeordnete Stellung hatte, die man für leicht hielt, und in der man daher auch an ihn keine großen Ansprüche machte. Wenn nun auch sein Bestreben zuweilen mit allgemeinern Ausdrücken bezeichnet wird, wie z. B. die Menschen schön und stark zu machen (bei *Plat.* Gorg. §. 15. p. 452 b.), so ist dies kein Widerspruch dagegen, daß man sich ihn in der Regel als einen blos praktisch geübten Menschen ohne tiefere theoretische Einsicht zu denken hat. Die auch literarisch in ihrem Fache nambaft gewordenen Turnmeister werden nicht leicht Pädotriben genannt, sondern Gymnasten oder Alipten und Jatralipten; und wenn die Kunst der Pädotriben metaphorisch genannt wird, so geschieht es in Bezug auf eine einzelne mechanische Fertigkeit (*Aristoph.* Equit. 492). Hiernach erklärt es sich von selbst, daß die Pädotriben wie meistens nicht für die Epheben, so auch nicht für die Athleten die regelmäßigen Lehrer waren. Denn zu diesem Unterrichte gehörte eine weit größere und selbst wissenschaftliche Kenntniß; die vorherrschende Anlage des Körpers zu dieser oder jener Leistung mußte erkannt und mit Umsicht gepflegt werden. Speise und Trank und die ganze Lebensweise wurde nach einer großen Zahl von ärztlichen Regeln genau bestimmt, welche, da sie nicht für alle Leibesbeschaffenheiten dieselben sein konnten, nicht nur historische Kenntniß, sondern auch ein umsichtiges Urtheil verlangten, und bei der außerordentlichen Wichtigkeit, welche man auf den Ruhm eines mit Sieg gekrönten Athleten legte, war es natürlich, daß man die Vorbereitung dazu nur den einsichtigsten Männern anvertrauen wollte. Wenn daher auch hier in einzelnen Fällen Pädotriben als Lehrer der Athleten genannt werden, so hat dies entweder in einer Ungenauigkeit der Schriftsteller seinen Grund, oder es hatte wirklich einmal ein Pädotribe durch besondere Geschicklichkeit einen Athleten gebildet; beides war um so leichter möglich, da es ja auch für Knaben athletische Wettkämpfe gab, und ihre Fähigkeit dazu konnte sich zunächst nur unter der Anweisung des Pädotriben entwickeln.

Mit dem Gesagten steht es in der genauesten Übereinstimmung, wie Aristoteles und mit besonderm Eifer der Arzt Galenus den Pädotriben dem Gymnastes unterordnet, was man öfter zweifelhaft gefunden hat. Aristoteles (Polit. VIII, 3, 2) spricht sich über die Unterordnung weniger bestimmt aus; er sagt, die Gymnastik gebe der körperlichen Fähigkeit irgend eine einzelne bestimmte Richtung, die Pädotribik aber beschäftige sich mit den einzelnen Übungen dazu *). Er setzt hinzu, daß in den meisten Staaten die athletische Richtung vorherrsche, welche der Schönheit und dem Wachsthum Eintrag thue; die Spartaner dagegen seien in eine andere rohe Übertreibung verfallen. Es ist offenbar, daß Aristoteles hier die Gymnasten insbesondere als Lehrer der Athleten denkt, und diese ihre Richtung kann er ebenso wenig lobenswerth finden, als er den Pädotriben einen höhern Rang anzuweisen vermag, da sie sich um eine Richtung der Gymnastik überhaupt gar nicht kümmern, sondern nur um die Einzelnheiten ihrer Übung, wobei sie wenigstens zuweilen auch selbst mit Hand anlegten, wie derselbe Aristoteles sagt (Polit. III, 4, 5); Galen dagegen, indem er rücksichtlich der Pädotriben übereinstimmt, gibt den Gymnasten eine bedeutendere Stellung; er sagt (de sanit. tuenda II. c. 9 vol. VI. pag. 143 ed. *Kühn.*) Kenntniß und Fertigkeit in den einzelnen Übungen besitze der Pädotribe, der sich vom Gymnasten so unterscheide, wie der Koch vom Arzte, und weiterhin (pag. 153, 154) spricht er sich dahin aus, daß der Gymnastes ohne Kenntniß und praktische Fertigkeit in den einzelnen Turnübungen zu haben, doch den medicinischen Nutzen einer jeden zu beurtheilen verstehe; damit sei der Pädotribe unbekannt; er sei ein Diener des Gymnasten, wie der Koch und Apotheker des Arztes. In demselben Sinne spricht sich Galen aus in dem Buche *πότ. ἰατρ. ἢ γυμν. ἐστι τὸ ὑγιει-νόν*, c. 45. vol. V. pag. 891 sq., wo er sehr angelegentlich den Anspruch der Pädotriben auf Namen und Würde der Gymnasten zurückweist, und sie in dasselbe Verhältniß zu diesen stellt, in dem gemeine Soldaten zu ihrem Feldherrn stehen. — Diese sehr deutlichen Erklärungen Galen's verrathen einen gewissen Verdruß darüber, daß die Pädotriben zu seiner Zeit sich nicht mehr auf die mechanische Unterweisung der Knaben beschränken wollten, sondern sich immer allgemeiner die höhere, wissenschaftliche Einsicht in die Gymnastik anmaßten, was früher nur Einzelne ausnahmsweise gethan hatten.

Indessen da die Gymnastik bei den spätern Griechen eine ganz andere Stellung im Leben einnahm als früher, da sie namentlich in der römischen Kaiserzeit nicht mehr ein wesentlicher Theil der Bildung jedes Freien war, sondern fast nur zu einem vornehmen Luxus und Prunk der Reichen herabsank, so mußte mit der Zahl derer, die überhaupt noch Gymnastik trieben, sich auch die Zahl der gymnastischen Lehrer auf ein geringes Maß beschränken. Daher finden wir, daß sich in späterer Zeit der Unterschied zwischen Gymnasten und Pädotriben ganz verliert, und daß die letztern, bei der nicht zahlreichen Gesellschaft vornehmer athenischer Epheben, welche allein noch Gymnastik betreiben, dem gesammten Unterrichte vorstehen. Damit haben sie zugleich das Ansehen der frühern Gymnasten und eine ehrenvolle Stellung eingenommen, die ihnen zuweilen auf Lebenszeit verliehen wurde, und zwar wol nicht vom Staate, sondern von der gymnastischen Gesellschaft. Zu ihrer Unterstützung und Vertretung dienten die Hypopädotriben, welche einige Male erwähnt werden, und für den mechanischen Dienst hatten sie wahrscheinlich außer dem *ὁπλομάχος, κεστροφύλαξ* und *θυρωρός* noch andere Gehilfen, etwa Turnwarte und Vorturner, über die wir keine nähern Nachrichten haben. Was wir von den Pädotriben und Hypopädotriben wissen, beruht lediglich auf einigen Inschriften. Lebenslängliche Pädotriben finden wir bei Böckh (im Corp. Inscript. vol. I. nr. 262, 263, 269, 276). Gewöhnlich wird immer nur Ein Pädotribe genannt, einmal, nämlich in Nr. 255 hat ein solcher einen Hypopädotriben unter sich, aber in Nr. 268 werden zwei und in Nr. 265 vier Pädotriben zugleich genannt, und zwar die letztern mit einem Hypopädotriben. In welchem Verhältnisse der in mehren Inschriften (Nr. 266, 270 unter den Lehrern, Nr. 279, 280, 28[illegible]) erwähnte Hegemon zum Pädotriben gestanden hat, und

*) Dies ist der Sinn der Worte: *παραδοτέον τοὺς παῖδας γυμναστικῇ καὶ παιδοτριβικῇ· τούτων γὰρ ἡ μὲν ποιάν τινα ποιεῖ τὴν ἕξιν τοῦ σώματος, ἡ δὲ τὰ ἔργα.*

ß sein Amt und seine Befugniß war, ist nicht zu
ln; vor jenem wird er nur in Nr. 266 genannt,
mmer nach ihm. (*F. Haase.*)

'ÄDOTROPHIE ist die Lehre von der Ernährung
inder in den ersten Lebensjahren, besonders insofern
eugeborenen ohne Mutter- oder Ammenbrust aufer-
werden. S. den Art. Ernährung der Kinder.
(*Rosenbaum.*)

'AEDUCEA LEX wird sehr verschieden, bald un-
sem, bald unter dem Namen Peducaea: bei Gö-
rei agrariae auctores legesque variae p. 339),
als Peducia lex erwähnt. Ebenso bestritten als
ime ist das Alter und der Inhalt dieses Gesetzes.
(a. a. O.) und Andere sehen darin nur eine be-
Bezeichnung der Lex Mamilia, der sie den fünf-
Namen Lex Mamilia Roscia Peducaea Allie-
abia beilegen. Allein mit Recht bemerkt dage-
ach (in seiner Historia jurisprudentiae Romanae.
ockmann p. 159), diese Annahme sei contra om-
ntiquitatis rationem. Am ehesten dürfte wol die
ptung sich rechtfertigen lassen, die Lex Paeducea
besonderes Capitel der Lex Mamilia, dem man
amen seines Urhebers beigelegt. Vergleiche daher
t. Lex Mamilia. Nicht zu verwechseln ist übri-
die vorliegende Lex Paeducea agraria mit der
'educaea de incestu, die von dem Volkstribun
Peducäus im J. 641 beantragt wurde. Vergl. dar-
ach l. c. p. 167 und den Art. Peducaea lex.
(*v. Madai.*)

ÄGANINDIANER. Mit diesem Namen belegt
inen Rest der Urbewohner Nordamerika's, welcher
m Gebiete des Missuri, an den Wasserfällen die-
sses, sowie um und an den Rocky-Mountains und
ier 3500 Köpfe stark, theils in den englischen Be-
n lebt. Von einigen Geographen werden sie auch
der schwarzfüßige Indianer, engl. Blackfeet, d. i.
arzfüße, genannt, und es finden sich bei ihnen
ur die sogenannten Mounds oder Erdwälle, sondern
wis und Clarke [1]) auch große Mauerreste und an-
puren eines untergegangenen Volkes, welches hin-
der Cultur weit höher gestanden haben muß, als
gen wilden Bewohner dieser Gegend. Doch schei-
genannten Reisenden oft natürliche Basaltwände
rke der Kunst gehalten zu haben, wenigstens ist
Ansicht Malte-Brun's [2]). (*Fischer.*)

ÄGNIA (*Παίγνια*) nannten die Griechen eine Gat-
cherzlieder, die übrigens nicht besonders fein, im
heil an groben und unverblümten Possen reich wa-
s *Plutarch* Sympos. VII. Probl. 8 (*μίμοι τι-
ν ὧν τοὺς μὲν ὑποθέσεις, τοὺς δὲ παίγνια κα-
— τὰ δὲ παίγνια πολλῆς γέμοντα βωμολοχίας
καὶ σπερμολογίας οὐδὲ τοῖς τὰ ὑποδήματα κομίζουσι παιδαρίοις, ἅ γε δὴ δεσποτῶν ᾖ σωφρονούντων, θεάσασθαι προςήκει*) sieht man, daß sie eine Abart der Mimen und zwar so unfläthiger Art waren, daß sie sich nicht einmal für den Anblick eines anständigen Bedienten und Sklaven eigneten; als Erfinder solcher Pägnia wird uns Botrys aus Messana in Sicilien, als Verfasser von den *ἐπιγραφομένοις παιγνίοις* werden außerdem Mnaseas aus Lokri oder Kolophon und die Salpe aus Lesbos genannt (*Athen.* VII, 321 F.). Sodann hat ein Aulete Tellen anmuthige *παίγνια* hinterlassen; *Apostol.* Cent. I, 34. *Ἄιδε τὰ Τέλληνος ἐπὶ τῶν σκωπτικῶν· Τέλλην γὰρ αὐλητὴς ἐγένετο, ὃς παίγνια κατέλιπε χάριν ἔχοντα.* Einen Verfasser von Pägnia (*παιγνιαγράφος*) Gnesippos nennt uns *Athenaeus* 638. c. Es kann hiernach nicht zweifelhaft sein, daß auch Erotopaegnia, unter welchem Titel z. B. der römische Dichter Lävius ein von Gellius (II, 24) und öfter von Priscian citirtes Gedicht aus mehren Büchern bekannt gemacht hat, verwandten Inhalts war. Übrigens wurde der Name *παίγνιον* und *παίγνια* auch andern Gedichten gegeben, namentlich leichtern, scherzhaften, die sehr weit von der eben beschriebenen Natur der Pägnia entfernt waren, wie aus der Anthologie hinreichend zu ersehen; vergl. *Jacobs* Index in Antholog. Graec. T. XIII. pag. 389. (*H.*)

PÄHL, Pfarrdorf im bairischen Landgerichte und kathol. Dekanate Weilheim, an der Straße von Dießen nach Weilheim, zwei Stunden von Dießen. Es begreift 110 Häuser, 606 Einw., 1 Pfarrkirche, 1 Kapelle, 1 Branntweinbrennerei und 3 Mühlen mit 6 Mahl-, 2 Öl- und 2 Sägegängen am Burgleitenbache.
(*Eisenmann.*)

PÄJÄNE, ein 20 Meilen langer Landsee der finnischen Provinz Tavastland, welcher sich durch den Fluß Kymene in den finnischen Meerbusen ergießt; sehr fischreich und nach dem Saiman der größte Landsee Finnlands ist. (*v. Schubert.*)

PÄLE, das kleinste Flüssigkeitsmaß in Dänemark, welches = 12,18 altfranzösische Kubikzoll oder 0,21092 berliner Quart ist. Vier Päle machen einen Pott oder Krug, zwei Pott eine Kanne; das Stübchen ist = 1⅛ Kanne, der Anker = 10 Stübchen. (*Karmarsch.*)

PÄLEN oder ABPÄLEN, auch ABPÖHLEN, bezeichnet bei den Gärbern das Abschaben der Haare von den Fellen oder Häuten, bevor letztere geschwellt und dadurch zum Gärben vorbereitet werden. Die rohen Häute werden in Wasser (am besten fließendem) einige Tage eingeweicht, auf dem Schabebaum oder Schabebock mit einem an zwei Handgriffen geführten Messer (Schabeeisen) ausgestrichen, bis sie von allen Blut- und Fleischtheilen und sonstigen Unreinigkeiten befreit sind, dann entweder durch Schwitzen oder durch Kalk vorbereitet, um die Haare locker zu machen, endlich abgepält. Das Schwitzen ist bei dicken Häuten (Ochsen- und Büffelhäuten) gebräuchlich. Diese werden nämlich auf der Fleischseite stark mit Kochsalz (3—4 Pfund auf eine Haut) oder mit Salz und Asche eingerieben, mehrfach zusammengeschlagen (sodaß die Haarseite nach Außen liegt), und in Haufen über einan-

1) Vergleiche Travels to the source of the Missouri-River
...oss the american continent to the pacific Ocean by
...wis and *Clarke* (London 1814. p. 146) und Reise in
...noctialgegenden des neuen Continents ꝛc., verfaßt von
...der von Humboldt und A. Bonpland (Stuttgart
... 1826). 5. Th. S. 805 fg. 2) Man sehe dessen
...e von Nordamerika und seinen Bewohnern S. 248
... Greipel'schen Übersetzung.

der geschichtet. Am besten ist es, dies in kleinen, mäßig und gleichbleibend erwärmten Schwitzkammern vorzunehmen. Die Häute erleiden eine Gährung, vermöge welcher sie sich erwärmen; die Poren der Oberhaut öffnen sich, und die Haarwurzeln werden locker. Damit die Gährung nicht bis zur Fäulniß fortschreite, dient das Salz, und damit die Erwärmung nicht zu groß und den Häuten nachtheilig wird, muß man die Haufen umlegen. Wenn nach 24 — 36 Stunden ein eigenthümlicher Geruch eintritt und die Haare sich leicht mit der Hand ausraufen lassen, ist die Operation beendigt. — Dünne Häute werden gekalkt, d. h. in dem Kalkäscher (einer mit Bretern ausgeschalten Grube, welche mit Kalkmilch — einer Mengung von gelöschtem Kalk und Wasser — gefüllt ist) eingeweicht, bis die Haare sich lösen. Schaffelle jedoch werden, um die Wolle zu schonen, einer dem Schwitzen ähnlichen Behandlung unterworfen. Man breitet sie, die Wolle nach Unten, auf dem Fußboden aus, bestreicht die Fleischseite mittels eines großen Borstenpinsels mit einem Gemenge aus Asche und frischgelöschtem Kalke (schwödet sie an), schlägt sie einzeln zusammen und packt sie auf einen Haufen. Nach 12 — 18 Stunden hat sich die Wolle gelöset. — Auf eine oder die andere der angezeigten Arten vorbereitet, werden die Felle oder Häute mit dem Schabemesser auf dem Schabebocke gestrichen, um das Haar abzunehmen (abgepält); dann in Wasser gespült, wieder ausgestrichen, und endlich mit dem Putzmesser geputzt. In diesem Zustande, wo sie ganz von Haaren und von Unreinigkeiten befreit sind, heißen sie Blößen. Das Schwellen oder Treiben, als die unmittelbare Vorarbeit des Gärbens, nimmt hierauf seinen Anfang; gehört aber nicht mehr in den gegenwärtigen Artikel. (*Karmarsch.*)

Pälobius, s. Hygrobia.

PÄMANI, eine Völkerschaft in Gallien, aber von teutscher Abkunft, werden bei Cäsar (d. B. G. II, 4) bei Gelegenheit genannt, wo die Gesandten der Remi von der großen Verbindung der Belgier gegen die Römer Nachricht geben, und hierbei werden die Bellovaci als die Hauptvölkerschaft genannt, welche versprochen haben 60,000 Mann zu stellen, dann die Suessiones, die 20,500, die Nervii, die ebenso viel zu geben verheißen haben, die Atrebates, die auf 15,000, die Menapii, die auf 13,000, die Caletes, die auf 10,000, die Velocasses und die Veromandui, die auf ebenso viel, die Advatici, die auf 29,000, die Condrusi, die Eburones, die Cäresi, die Pämani auf 40,000 Mann geschätzt und welche mit gemeinschaftlichem Namen Germani genannt wurden. Da Cäsar den Namen Tungri nicht kennt, und Tacitus (Germ. II) sagt, daß die, welche zuerst über den Rhein gegangen, und die Gallier vertrieben und jetzt Tungri heißen, damals Germani genannt worden, so vermuthet man, daß aus den von Cäsar durch besondere Namen bezeichneten Völkerschaften Condrusi, Eburones, Cäresi, Pämani die spätern Tungri entstanden sind, doch nicht von diesen allein, sondern auf diese Weise: Die Tungri sind ohne Zweifel das nämliche Volk, welches Cäsar Aduatici (Advatici) nennt, oder vielmehr nebst diesen die vereinigte Menge mehrer teutschen kleinen Völkerschaften, welche Cäsar gleich nach den Advatukern namentlich ansetzt, die Condrusi, die Eburones, die Cäsari, die Pämani. So nach Mannert[a]). Früher fügte man noch hinzu: Ihre Hauptstadt war das alte Atuatuca, welche von den Tungern nachher den Namen Tongern bekommen hat[b]). Aber das Castellum der Eburonen Atuatuaca bei Cäsar (VI, 32, 35) muß von Atvatucum (Ἀτουακουτον, Ptol.), Advaca Tongrorum (Itin. Ant. p. 378), später Tungri, unterschieden werden, denn die Burg der Eburonen muß dem Rheine näher gelegen haben. Cäsar (VI, 32) sagt nämlich, daß die Segni und die Condrusi aus dem Geschlechte und der Zahl der Germanen seien, welche sich zwischen den Eburonen und Trevirern befinden, das Castellum Advatuca sei fast mitten im Gebiete der Eburonen. Die Lage der mit den Pämanen aufgeführten drei Völkerschaften läßt sich nur im Allgemeinen zwischen dem Rheine, der Mosel und der Maas angeben. Doch hat man, auf Namenähnlichkeit gestützt, versucht auch selbst den Pämanen ihren Platz anzuweisen. So überträgt Divdus Pämani durch Peelanders (Peeländer), Bewohner von Peeland, einem Quartier im holländischen Brabant, in welchem die kleine Stadt Helmond und die Baronie Kranendonk liegt. Nach Leodius befanden sich die Pämani im Ardennenwalde, wo jetzt das Dorf Pemont gelegen, nach Baudrand im Lande der Eburonen gegen die Maas, wo der westliche Theil des Herzogthums Luxemburg und ein kleiner Theil des lüttischer Gebietes gegen die Kirche des heil. Hubertus[c]) zu gelegen ist; die Spuren des Namens bewahrt Pemont, ein Dorf in jenem Landstriche[d]). Noch in den neuesten Zeiten findet man, was aber blos als zu wenig begründete Muthmaßung gelten kann, mit Sicherheit angegeben, die Pämani haben im jetzigen[e]) luxemburgischen District Famene gesessen. Famenne, Faminne (Falemannia) ist die nächste an der Landschust der Ardennen gelegene Gegend an den Flüssen Ourt und Lesche. Saßen die Pämani wirklich in diesem Landesbezirke, so hatten sie einen sehr fruchtbaren Landstrich inne. (*Ferdinand Wachter.*)

PÄMEL oder PAMEL, eine Art Brod aus feinem Roggenmehle mit Hefe bereitet (in Pommern und einigen andern Gegenden Niederteutschlands). (*Karmarsch.*)

PAEÑA, bei Ptolemäus der Name einer kleinen afrikanischen Insel bei Mauritania Tingitana. (*H.*)

PAENULA. Diejenigen, welche das römische Wort vom griechischen[1]) *φαινόλης* ableiten, empfehlen die Schreibung mit ae, welche sich auch in Inschriften findet[2]); andere dagegen halten es für ein ursprünglich lateinisches Wort und ziehen die Schreibung mit dem bloßen e vor, wiewol bekanntlich auch bei manchen echt lateinischen Wör-

---

a) Geographie der Griechen und Römer. 2. Th. 1. Hälfte. S. 176. b) Mascov, Geschichte der Teutschen. 1. Th. S. 58. c) Die Stadt St Hubert an der Homme im Herzogthume Luxemburg. d) *Joh. Jac. Hofmannus*, Lexicon Universale. p. 82, 83. e) Im vormaligen österreichischen Antheile des Herzogthums Luxemburg, und zur Zeit der französischen Herrschaft im Departement der Ourt.

1) Über dieses, was besonders bei den Dorern Siciliens und Großgriechenlands, namentlich in Tarent, üblich gewesen zu sein scheint, vergl. *Pollux* VII, 61, et interpr. ad *Athen.* III, 97, a. et ad *Hesych.* s. v. 2) *Gruter.* 715, 10. 646, 5.

als die Toga, daher der Name *φαινόλης*, besonders unbequem für die Bewegung von Arm und Hand, daher Milo [23]) erst die Pänula zurückschlagen mußte, ehe er sich gegen die Banditen des Clodius vertheidigen konnte. In der Regel war die Pänula von dunkelgelber oder röthlicher Farbe (fulvi coloris), und besonders bekannt waren die von canusischer Wolle gemachten; dunkelbraune und röthliche Canusiner (Canusinae fuscae und Canusinae rufae) werden erwähnt von Martial (XIV, 127, 129), castanienbraune, paenula castanea, nennt der Patriarch Nikephorus in einem Schreiben an den römischen Bischof. Daneben kommen denn auch ganz dunkle Pänulä vor, wie die oben angeführte des Nero, und der Kaiser Makrinus schickte sich an, seinem Sohne Antoninus zu Ehren dem Volke paenulas *coloris rosei* zu schenken [24]). Die Verfertiger oder Verkäufer von Pänulä hießen paenularii, welche auf Inschriften [25]) erwähnt werden; die, welche eine Pänula trugen, paenulati [26]). (*Meier.*)

PÄNULTIMA, jedes vorletzte, insbesondere die vorletzte Sylbe eines Wortes, von deren Quantität die Aussprache jedes lateinischen Worts abhängig ist. (*H.*)

PÄNZAJIE, PÄNSZASIE, heißt eine in Persien gewöhnliche Silbermünze. Man prägt sie aus 12½löthigem Silber, sodaß 25½ Stück eine feine cölnische Mark geben. In Persien haben sie einen Werth von 2½ Mamudi oder von 5 Zaegi, was nach unserm Gelde 16 Sgr. 4½ Pf. preuß. oder 12 Gr. 5½ Pf. Conv. beträgt. Übrigens machen zwei Pänzajies einen Däzajie, sowie vier derselben einen Hasar-Denari. (*Fischer.*)

PÄON (*Παιήων, Παιών*). In der Ilias [1]) heilt Päeon den verwundeten Ares, indem er schmerzstillende Heilmittel auf die Wunde legt; er erscheint als Arzt der Götter, weshalb in der Odyssee [2]) die Ärzte vom Stamme des Päeon sind. Er ist bei Homer durchaus verschieden vom Apollon Heiler; ebenso scheidet ihn genau ein dem Hesiodos beigelegtes Bruchstück [3]); nicht anders scheint ihn Solon gefaßt zu haben [4]). Später floß er mit Asklepios dem Begriffe nach zusammen [5]).

Päon, Sohn des Endymion, Bruder des Epeios und Aitolos. Er siedelte sich oberhalb des Axiosstromes an und benannte das Land Päonia (*Paus.* V, 1, 2).

Päon, Antilochos' Sohn, der aus dem Vaterlande ausgejagt, sich in Athen niederließ. Von ihm leitete sich das Geschlecht der Päoniden her (*Paus.* V, 7, 4). (*Schneidewin.*)

Päon, s. Päonische Rhythmen.

PÄONÄUS (*Παιωναῖος*), einer der Kureten, dem nach der Sage der Eleer von Olympia die Bewachung des jungen Zeus von der Rhea aufgetragen war (*Paus.* V, 7, 4). (*Schneidewin.*)

PÄONIA (Pfingstrose, Gichtrose, franz. pivoine), diese Pflanzengattung aus der dritten Ordnung der 13. Linné'schen Classe und aus der natürlichen Familie der Ranunculeen, bildet nach Candolle (Prodr. I. p. 64) mit Actaea *L.* (Cimicifuga *L.*) und Xanthorriza *Marshall* eine eigene Gruppe, Paeoniaceae, welche durch den Mangel der Honigwerkzeuge und davon abhängende Richtung der Antherenfächer nach Innen charakterisirt wird, und welche Bartling (Ord. nat. p. 251) mit Hinzufügung von Achlys *Cand.*, Jeffersonia *Barton* und Podophyllum *L.* zu dem Rang einer Familie erhebt. Char. Der Kelch fünfblättrig, stehenbleibend, mit blattartigen Fetzen; die Corolle fünf- oder mehrblättrig; die Staubfäden fadenförmig, mit ablangen, aufrechten, zweifächerigen, nach Innen oder seitlich sich öffnenden Antheren; drei bis fünf dicke, zurückgeschlagene, warzige, stehenbleibende Narben sitzen unmittelbar auf den Fruchtknoten; drei bis fünf balgartige, mehrsamige Kapseln sind an der Basis mit einander verwachsen; die fast kugeligen, harten, glatten, an Eiweiß reichen Samen sitzen auf der Naht. Es sind 16 Arten dieser Gattung bekannt, nur eine davon, P. Mutan *Smith* (Bot. mag. t. 1154. *Andrews* bot. rep. t. 373, 448, 463) eine chinesische Prachtblume, ist ein Strauch; die übrigen sind perennirende Kräuter. Sie sind im südlichen und mittlern Europa und in Mittelasien einheimisch und haben büschelförmig-knollige Wurzeln, gefiedert-getheilte Blätter und große, rothe oder weiße Blumen. Im südlichen Teutschland kommen in Bergwäldern zwei Arten vor: 1) P. officinalis *Linn.* (Bot. mag. t. 1784. Schkuhr, Handb. T. 144), ein glattes, über zwei Fuß hohes, ästiges Kraut mit ungleich getheilten Blättern, deren Fetzen ei-lanzettförmig sind, fast aufrechten, filzigen Fruchtknoten und schwarzen Samen. 2) P. corallina *Retzius* (Obs. III. p. 34. *Blackwell.* herb. t. 245), ebenfalls glatt, mit gedreiten oder dreifach gedreiten Blättern, elliptischen oder umgekehrt-eiförmigen, unten schimmelgrünen Blättchen, filzigen, zurückgeschlagenen Fruchtknoten und rothen Samen. Beide Arten scheinen schon den Alten (vergl. *Theophrast.* hist. pl. 9, 8, 6. *Dioscorides*, Mat. med. III, 147. *Plinius* H. N. XXV, 10. XXVI, 82, 90. XXVII, 60) bekannt gewesen und schon sehr lange als Heil- und Zaubermittel in Anwendung gekommen zu sein, wie denn auch die Gattung ihren Namen (*παιωνία, παιονία*, paeonia) nach dem Götterarzte Päon erhalten haben soll. Bis auf die neuesten Zeiten herab wurden P. officinalis und corallina zu den Heilkräutern gerechnet. Besonders ist ihre Wurzel

---

23) *Cic.* pro Mil. 10: Cum autem hic de rheda rejecta paenula desiluisset. 24) *Aelius Lamprid.* in Antonin. Diadum. 2. 25) *Gruter.* 646, 5. *Murat.* 907, 2. 26) Man vergl. über die Pänula *Bayfius*, De re vestiar. c. 16. *Octav. Ferrar.* de re vestiar. I, 36, und besonders Pars II. Lib. II. qui est de paenulis. *Donii* dissertat. de utraq. paenul. *Bartoli Bartolini* commentarius de paenula, welche Abhandlungen alle im 6. Bande des Grävius'schen Thesaurus abgedruckt sind.

1) Il. V, 401, 899 sq. Der Schol. Ven. A. gibt aus Aristarchos an: *Ἕτερος τῶν θεῶν ἰατρὸς οὗτος παρὰ τὸν Ἀπόλλωνα.* Cfr. *Lehrs*, De Aristarch. Stud. Hom. p. 181. Irrthümlich gibt Müller (Dor. I. S. 297) an, Aristarchos habe Apollon und Päon bei Homer für identisch gehalten. 2) Odyss. IV, 232 mit der Anmerkung von Nitzsch. *Heyne* Il. l. c. Sprengel, Gesch. der Arzneikunde. I. S. 154 fg. Müller, Dor. I. S. 297. 3) Hesiodos in den Scholien zur Odyssee (l. c.) und beim Eustathios. *Εἰ μὴ Ἀπόλλων Φοῖβος ὑπὲκ θανάτοιο σαώσει ἢ αὐτὸς Παιών, ὃς πάντα τε φάρμακα οἶδεν.* Goettling. Fr. CIV, der *ἢ καὶ Παιήων* nach den Spuren der Quellen schreibt. 4) *Solon* V, 57. *Brunck* *Παιῶνος πολυφαρμάκου ἔργον ἔχοντες ἰατροί.* 5) Müller, Orchom. und die Minyer. S. 201. Not. 3.

als eins der wirksamsten Mittel gegen Epilepsie (sie bildet noch einen Bestandtheil des **Pulvis antiepilepticus Marchionis**) gerühmt worden. Diese Wurzel ist frisch von unangenehmem Geruche, von süßlich-bitterm, scharfem Geschmacke, und enthält außer einem flüchtigen, scharf-narkotischen Stoffe viel Stärkemehl, etwas Schleimzucker, bittern Extractivstoff und mehre äpfel- und sauerkleesaure Salze. Im frischen Zustande mag daher die Wurzel allerdings wirksam sein, wie sie auch Hufeland als ein beruhigendes, krampfstillendes Mittel, besonders in der Kinderpraxis, empfiehlt; allein beim Trocknen scheint nur das Satzmehl und der bittre Extractivstoff zurückzubleiben. Aus den unangenehm riechenden, süßlich-schleimigen Corollenblättern bereitete man ehedem einen Syrup, welcher für nervenstärkend galt. Die schleimigen, öligen Samen galten bei den Alten für ein sympathetisches Mittel wider das Alpdrücken, und werden noch jetzt hin und wieder unter dem Namen St. Antonius Körner, Zahnkorallen den Kindern als Halsband (**anodyne necklace**) umgebunden, um vorgeblich das Zahnen zu erleichtern.

(*A. Sprengel.*)

PÄONIA OFFICINALIS *L.*, Pfingstrose, Gichtrose, eine im südlichen Europa wild wachsende, bei uns häufig in Gärten gezogene Pflanze aus der Classe **Polyandria Digynia** *L.* — Man hat Wurzel, Blüthen und Samen der Pfingstrose als Heilmittel angewendet. Die erstere ist lang, fleischig, knollig, und hat, wenn sie frisch ist, einen unangenehmen, etwas betäubenden Geruch, der sich indessen, wie der bitterlich scharfe etwas zusammenziehende Geschmack, beim Trocknen verliert. Die Blüthen (**Flores Rosae benedictae s. regiae**) sind roth und haben ebenfalls im frischen Zustande einen unangenehmen Geruch und einen schleimigen, etwas bittern Geschmack, dahingegen die rundlichen, im getrockneten Zustande schwarzen Samen geruchlos und beinahe auch ohne Geschmack sind.

Wurzel und Samen dieser Pflanze wurden von Hippokrates als auflösende, besonders auch auf den Fruchthälter einwirkende Mittel, angewendet, Galen aber rühmte zuerst, sie mehre Male mit großem Erfolge gegen die Fallsucht in Gebrauch gezogen zu haben, und obwol schon Fernelius und Sylvius de le Boe diesen Erfolg durch ihre Erfahrungen nicht bestätigt sahen, so hat doch die Empfehlung Galen's und der Aberglaube astrologischer Ärzte des Mittelalters den Ruf dieses Arzneimittels als eines fallsuchtwidrigen, Jahrhunderte hindurch ungeschwächt aufrecht erhalten, hat dasselbe zu einem Bestandtheile der berühmtesten antepileptischen Formeln, namentlich auch des Markgrafenpulvers (**Pulvis Marchionis**) gemacht und mannichfache Formen dieses Arzneimittels (**Extractum paeoniae, Infusum petallorum paeoniae, Syrupus paeoniae etc.**) in fast alle Landesdispensatorien eingeführt.

Gegenwärtig ist das Urtheil der Ärzte über die Heilkraft der Pfingstrose ziemlich einstimmig darin, daß diese Heilkraft im Ganzen nur eine sehr geringe sei. Als ein auf den Fruchthälter einwirkendes Mittel wird die Päonie nicht mehr angewendet, obgleich J. Rai von Neuem behauptet hat, daß ihr Gebrauch den Monatsfluß befördere, und was besonders ihre krampfstillende Wirkung betrifft, so hat zwar noch Hufeland diese antispastische, schmerzstillende und beruhigende Kraft der Pfingstrose, namentlich bei Kinderkrankheiten gerühmt, auch ist das Mittel noch nicht aus dem **Pulvis antepilepticus** der Pharmakopöen, unter andern der neuesten preußischen, verschwunden, aber Blüthen und Samen der Päonie werden, wenn auch noch in den Officinen vorräthig, doch von Ärzten gar nicht mehr in Gebrauch gezogen, und die Wurzel nur selten und fast nie, ohne sie mit andern wirksamern Mitteln in Verbindung zu bringen. Auch waren die Formen, unter welchen dieses Arzneimittel früher so häufig angewendet wurde, sehr mannichfaltig, indem man dasselbe in Pulvern, mit Fleischbrühe oder Wasser bereiteten Abkochungen, Bissen, Latwergen ꝛc. verordnete, während man sich jetzt fast nur des Pulvers — zu einem halben Skrupel bis zu einer halben Drachme p. d. — und bisweilen des Aufgusses, zu einer halben bis ganzen Unze auf sechs Unzen Flüssigkeit, bedient.

Übrigens gilt, was im Vorstehenden von der geringen Wirksamkeit der Päonie gesagt worden ist, vorzugsweise von der getrockneten Wurzel dieser Pflanze, denn ob auch die frische Päonienwurzel und selbst die frischen Samen eine ebenso geringe Wirksamkeit besitzen, ist noch nicht entschieden. Da die Päonie, wie alle Ranunculaceen, ein flüchtiges, scharfes Princip besitzt, so dürfte man von ihrer Einwirkung auf das Gehirn und das Nervensystem mit Recht mehr, als sie gegenwärtig leistet, erwarten, wenn man Wurzel und Samen in Gebrauch zöge, ehe sie jenes Princip beim Trocknen größtentheils oder ganz eingebüßt haben, z. B. in der Form eines ausgepreßten Saftes oder auch des abgezogenen Wassers. Aus diesem Verhältnisse des scharfen Princips der Pflanze scheint sich zugleich genügend zu erklären, daß nach dem Genusse der Samen Boerhave Erbrechen, Gruvius Durchfall eintreten sah, während Cartheuser die Wirksamkeit der Wurzel nur von der säuretilgenden Kraft ihrer mehligen Substanz ableitete und Perlet ebenso die Samen für rein schleimig und völlig unwirksam hält. Ob die sogenannte **Paeonia mas.** den Vorzug, den ihr Manche vor der **Paeonia fem.** eingeräumt wissen wollen, verdient, und Geoffroi's Vermuthung, daß die Pfingstrose in Asien eine größere Wirksamkeit besitze, als sie in unsern Klimaten äußert, richtig ist, muß ebenfalls für jetzt dahingestellt bleiben. (*C. L. Klose.*)

PÄONIA sc. ars gebraucht man in neuerer Zeit oft für Heilkunde, für Medicin. (*H.*)

PÄONIEN. Geographie. Die Geographie der Landschaften, die unter Philipp und Alexander Makedonien bildeten, ist in vieler Hinsicht dunkel; theils fehlt es aus dem Alterthume an umfassender und genauer Beschreibung, theils sind von neuern Reisenden in jene Gegenden wenige gekommen, die bedeutende Aufklärungen gegeben hätten. Nach den trefflichen Arbeiten Gatterer's (**de Herodoti et Thucydidis Thracia** in den **Comment Goting. t. IV, V, VI**) und Mannert's ausführlicher Darstellung hat namentlich C. D. Müller (über die Wohnsitze, die Abstammung und die ältere Geschichte der makedonischen Völker [Berlin 1825]) mit dem ihm eigenthümlichen Scharfsinne das Feld gelichtet. Nach der Edition seiner Schrift sind besonders zwei neuere Werke erschienen, die für Makedonien freilich in sehr verschiedenem Grade wichtig sind, beide von Männern, die selbst jene Gegenden besucht haben. Cousinéry hat in seiner **Voyage dans la Macédoine (Paris 1831. 2 vol. 4.)** die Untersuchungen und Beobachtungen niedergelegt, zu denen ihn ein vieljähriger Aufenthalt in Salonichi veranlaßte; eine Karte des südlichen Makedoniens von Lapie's Meisterhand begleitet sein interessantes Werk. Der ausgezeichneten Arbeit Leake's (**Travels in northern greece. London 1835. 4 vol.**) liegen die Reisen, die der berühmte Verfasser im Anfange des Jahrhunderts durch verschiedene Theile des nördlichen Griechenlands gemacht hat, zum Grunde; die beigefügten Karten sind theils nach seinen eigenen Beobachtungen und Messungen, theils nach den Mittheilungen von John Hawkins und den Küstenmessungen der englischen Admiralität gezeichnet, und der Unterzeichnete hat keinen Anstand genommen, das beigefügte Blatt nach der Karte bei Leake (tom. 3) fast ausschließlich zu entwerfen.

Die Gebirgslinie, welche dem adriatischen Meere parallel sich durch Illyrien und Bosnien hinzieht, scheidet sich in den Quellgegenden des Vardhar und der Moraven, fast im rechten Winkel. Von hier aus streichen südwärts die Gebirge, welche Illyrien von Makedonien trennen, und sich weiter südwärts unter dem Namen des Pindus fortsetzen; ostwärts dagegen zieht die Gebirgsreihe, welche in späterer Zeit unter dem gemeinsamen Namen des Hämus die Wasserscheide zwischen den Flüssen, die zur Donau, und denen, die zum ägäischen Meere gehören, bildet. Von diesem östlichen Zuge senkt sich ein Arm südwärts hinab und schließt das morgenwärts liegende Wassergebiet des Hebrus (Maritza] von den westlichen Strömen. Von den so eingeschlossenen Landschaften bildet Päonien im Allgemeinen den nördlichen, höher liegenden Theil.

Dieser päonischen Landschaft gehört der obere Lauf zweier ziemlich bedeutender Ströme, des Axios und des Strymon. Der Axios (nach makedonischem Dialekt der waldige) dessen heutiger Name schon in dem *Βαρδάριον* der Byzantiner beginnt, hat seine Quellen in dem Lande der Dardaner, die viele Jahrhunderte unabhängig und bisweilen im Besitze bedeutender Macht gewesen sind; sie besaßen die Paßgegend, die von Norden her aus dem Triballerlande, von Westen her aus Illyrien in die Ebenen des Axios führt, und deren Ausgang durch die feste Stadt Skupi (Uskup) beherrscht wird; zwar wird die Stadt erst von Ptolemäus genannt, doch ist sie wol älter, da bei den Dardanern unzweifelhaft schon in makedonischer Zeit Städte waren. In römischer Zeit lag die Grenze zwischen Dardanien und Makedonien, einige Meilen südwärts von Skupi, wo die Peutinger'sche Tafel (mit falscher Meilenzahl) den Ort **ad fines** ansetzt. Hier tritt der Axios schon als schwer zu durchwatender Fluß (*Mannert*. VII. p. 105) in päonisches Gebiet; fast südwärts geht er bis zur Mündung des von Westen einströmenden Karasu; hier drängt ihn das Boragebirge ostwärts und bildet mit den gegenüberliegenden Bergen den Paß von Demirkapi (*Cousinéry*, I. p. 59), durch den das obere Land von den Ebenen des untern Axios geschieden wird, und welchen die Peutinger'sche Tafel mit dem Namen Stonas (**Stena**) 23 M. P. unter Stobi ansetzt. Der so eben genannte Karasu ist der bedeutendste Nebenfluß des Axios; daß diesen der alte Name Erigon bezeichnet, ist jetzt anerkannt (*Cousinéry* I. p. 58. Müller S. 4); er strömt Anfangs südwärts, den Grenzgebirgen Illyriens und dem Axios parallel, dann wendet er sich durch die Wasser des Bevue (*Liv.* XXXI, 34. *Steph. Byz.* v. *Βεύη*) verstärkt ostwärts und weiterhin nordostwärts, am Abhange des Boragebirges hin, um sich einige Meilen unter Stobi in den Axios zu ergießen. — Nicht weit unterhalb der Erigonmündung ist die der Bravnitza, die man auch den Fluß von Istib nennt; die Peutinger'sche Tafel nennt auf dem Wege von Stobi nach Serdika einen Ort Astibon, dessen evidente Namensähnlichkeit mit dem heutigen Istib seine Lage feststellen darf. Und wenn Polyän (IV, 12) von einem Fluß Astykus erzählt, in dem zu baden eine Ceremonie bei der päonischen Königsweihe war, so ist alle Wahrscheinlichkeit dafür, daß dies eben der heutige Fluß von Istib ist.

Dem Axios an Größe und Wasserfülle gewiß gleich, ist der Strymon, der zweite Hauptstrom des päonischen Landes. Nur die mangelhafte Kenntniß der Gewässer jenes Landes macht es erklärlich, daß man bis auf die neueste Zeit uneinig sein konnte, welchen Strom die Alten Strymon nannten; die neuern Untersuchungen haben hierüber Entscheidung gebracht. Der Strymon, der heutige Strumna oder Karasu, hat seinen Ursprung an dem Südabhange des Skomiosgebirges (*Thucyd.* II, 96), den Livius (XXVI, 25) bereits mit unter dem gemeinsamen Namen Hämus begreift. Durch eine bergige Landschaft eilt er, von allen Seiten her mit kleinen Zuflüssen verstärkt, südwärts hinab; etwa in der Mitte seines Laufes drängen sich Berge von beiden Seiten her dicht an ihn und erlauben ihm nur ein schmales Bette, endlich bei Demirhissar öffnet sich dies Paßthal, die Berge treten weiter zurück, es beginnt eine schöne und überaus fruchtbare Thalebene, durch welche der Strom südostwärts hinabgeht; bald erweitert er sich zu einem fischreichen See, von wol sechs Stunden Länge (*Cousinéry* I. p. 136); aus diesem wieder eilt der Strom in bedeutender Windung, rechts vom Kerdylion (*Thucydid.* V, 6), links von den Vorbergen des Pangäon eingeschlossen, bei Amphipolis und Eion vorüber in den strymonischen Meerbusen. — Dies Kerdylion ist nur der südlichste Vorsprung einer Gebirgskette, die von den Engpässen des Axios anhebend, zwischen diesem Flusse und dem Strymon in südöstlicher Richtung hinabzieht. Wir ersehen aus Thukydides (II, 98), daß wenigstens ein Theil dieser Gebirge den Namen Kerkine führte; denn der Odryserkönig Sitalkes, dessen Reich sich bis an den Strymon ausdehnte, ging, um einen Einfall nach Makedonien zu machen, über das Waldgebirge Kerkine, durch welches er selbst bei einem frühern Angriff auf die Päonier einen Weg hatte lichten lassen;

die päonische Stadt Doberus war der Ausgangspunkt für die weitern Einfälle in die Thallandschaft des Arios. Des Ptolemäus Bertiskos gehört derselben Gebirgslinie an, wie man aus der von ihm erwähnten bisaltischen Stadt Berta sieht. Zu ebendieser Gebirgsreihe muß das Dysorongebirge gehören, über dessen Lage die verschiedenartigsten Ansichten aufgestellt sind. Müller (pag. 30) glaubt es unmittelbar im Westen des Ariosstromes ansetzen zu müssen, während Cousinéry (I. p. 54) in dem doppelt gespitzten Berge Korthiah, eine Stunde östlich von Salonichi, diesen Dysoron zu erkennen glaubt. Von falschen Voraussetzungen ausgehend, hat Gatterer (III. pag. 83) die Lage des Gebirges im Allgemeinen richtig getroffen.

Um diese Frage zu erörtern, muß ich etwas weit ausholen. Der Kette westwärts vom Strymon gegenüber liegt jenseit des Stromes eine andere nicht minder bedeutende, der Cousinéry irriger Weise den Namen Kerkine beilegt. Wie aber ist der Name dieses Gebirges? Nach Arrian (I, I, 5) zog Alexander von Amphipolis aus zu einem Einfalle nach Thrakien über den Nestus, indem er Philippi und das Orbelusgebirge zur Linken hatte; dies kann also nur zwischen dem Strymon und dessen östlichem Nebenflusse oder zwischen diesem und dem Nestus oder überhaupt zwischen Strymon und Nestus liegen. Hierüber entscheidet eine Stelle Herodot's (V, 16); er sagt: „Megabazus unterwarf alle Päonier bis zum See Prasias, nicht aber die nördlichen, und die auf folgende Art in dem See wohnen: Es stehen zusammengejochte Gerüste auf hohen Pfählen mitten im See, mit einem schmalen Zugange vom Lande durch eine einzige Brücke. Die Stützpfähle für diese Gerüste stellten ursprünglich alle Bürger insgemein auf, hernach führten sie den Brauch ein, sie in folgender Art aufzustellen: geholt werden sie von einem Gebirge, mit Namen Orbelos, und für jede Frau, die einer heirathet, stellt er drei Pfähle unter; es nimmt aber jeder viele Frauen. Jeder hat auf dem Gerüste seine eigene Hütte, in der er lebt, und seine eigene Fallthür, die von dem Gerüste in den See hinabgeht. Ihre kleinen Kinder binden sie mit einem Seile am Fuße an, aus Sorge, sie möchten hinunterfallen. Ihren Pferden und Ochsen geben sie Fische zum Futter, deren ist aber eine so große Menge, daß einer, wenn er die Fallthür aufmacht, und am Strick eine leere Reuse in den See läßt, sie, ohne lange zu warten, voller Fische heraufzieht." — Auch darüber ist Streit, wo der Prasiassee zu suchen sei; d'Anville hielt ihn für den See Bolbe, Larcher (t. IV. p. 196) für den See unter Philippi, den der Angites bildet; aus Cousinéry's Darstellung, der Beide tadelt, dürfte nicht leicht seine Ansicht erkennbar sein. Leake hat auch hier das Richtige gezeigt, indem er ihn für den vom Strymon gebildeten See hält, der späterhin gewöhnlich der kerkinitische See genannt wird; noch heute ist der See überaus fischreich (*Cousinéry* I. pag. 136), und wenn Plinius (IV, 10) von dem Strymon sagt, in septem lacus eum fundi, priusquam dirigat cursum, so scheint die Erzählung Herodot's eine Emendation septum lacum anzuempfehlen. — Wenn dies der Prasiassee ist, aus dem sich die darin Wohnenden ihre Pfähle aus dem Orbelos holen, so ist dies Gebirge das zunächst gen Osten liegende. Freilich scheint dagegen eine Angabe Strabon's zu sprechen (VII. p. 123 ed. *Tauchn.*), der in der Gebirgslinie, die vom adriatischen zum schwarzen Meere streicht, nach einander „den Skardos, Orbelos, Rhodope, Hämos" nennt; daß seine Bezeichnung nur oberflächlich ist, lehrt die Angabe über den Rhodope. — Nun sagt Herodot ferner (V, 17): „vom Prasiassee sei nach Makedonien ein ganz kurzer Weg, zuerst nämlich folge nach dem See das Bergwerk, aus dem später dem Alexander täglich ein Silbertalent eingekommen sei, und nach dem Bergwerke gehe es über das sogenannte Dysorongebirge, so sei man in Makedonien." Müller glaubt hier das eigentliche und alte Makedonien verstehen zu müssen, das nicht bis an das rechte Ufer des Arios reichte (p. 30), da ja das hinzueroberte Bergwerk deutlich davon unterschieden werde; demgemäß setzt er das Dysorongebirge nordwärts von Edessa an. Dies scheint minder richtig; Herodot macht jene Angabe bei Gelegenheit einer Sendung, die Megabazus vom Prasias nach Makedonien schickt, und zu Makedonien gehörte damals schon die mygdonische Landschaft, denn schon den vertriebenen Pisistratiden wurde vom König Amyntas Anthemus zum Geschenke angeboten (*Herod.* V, 97). Leider kennen wir die Stelle jenes Bergwerkes nicht genau (doch s. u.), aber die Lage des Dysoron ergibt sich mit ziemlicher Bestimmtheit.

Auf der rechten Seite hat der Strymon einen ziemlich bedeutenden Nebenfluß, der im Norden der beschriebenen Gebirgskette sich ostwärts hinab und sich oberhalb der Pässe von Demirhissar ergießt; dies ist der heutige Fluß von Strumdja (Strümnitza oder Radovitz), in welchem Namen Leake (III. p. 468) den alten Namen Asträus wiederzuerkennen glaubt. Der Bisaltes (*Steph. Byz.* v.) ist wahrscheinlich das kleine Gewässer, das sich vom Kerdylion gegenüber von Amphipolis in den Strymon ergießt. Den Fluß Pontus im Lande der Sintier (nach *Antig.* Caryll. c. 151 im Lande der Agrianer) zu finden, mußte nach der von Aristoteles erwähnten Eigenthümlichkeit desselben (ap. *Steph. Byz.* v. *Σιντία*) nicht schwer sein. — Auf der linken Seite hat der Strymon namentlich einen bedeutenden Zufluß; zwei Flüsse nämlich, von Norden her der von Nevrokopo, der eine Strecke unterirdischen Lauf hat (*Leake* III. p. 183. *Cousinéry* II, 46), und von Süden her ein bei den Ruinen von Philippi vorüberströmendes Gewässer, vereinigen sich in der Nähe des heutigen Ortes Anghista und gehen mit diesem Namen in den strymonischen See. Mehre Gelehrte und zuletzt namentlich Müller haben die Ansicht geäußert, dieser Fluß von Anghista sei der Strymon der Alten; aber die Gründe dafür werden sich im Verlaufe der Darstellung als unzureichend ergeben, und die Überreste alter Namen in den heutigen Strumna und Anghista lassen keinen Zweifel. Denn ebendieser Strom von Anghista ist der von Herodot (VII, 113) Angites, von Appian (bell. civ. IV, 106) Ganges oder Gangites genannte, der seine Quellen wenig östlich von Philippi hat und mit mehren kleinen Zuflüssen aus dem Pangäongebirge verstärkt, durch eine tiefe und den Überschwemmungen aller dieser

Bergwässer ausgesetzte Ebene zur Vereinigung mit dem Zygaktes hineilt, wie man nach Appian (bell. civ. IV, 105) wol den Fluß von Nevrokopo nennen darf.

Das so eben genannte Pangäongebirge erfüllt den Raum zwischen dem Strymon, dem Angites und dem Meere; man sieht aus genauern Beschreibungen (*Dio Cass.* XLVII, 35. *Appian* l. c.), daß dieser Name nur ostwärts bis gegen Neopolis hin reicht, denn nach Dio Cassius heißt das demnächst folgende Gebirge Symbolon, weil es die Verbindung zwischen dem Pangäon und einem landeinstreichenden Gebirge macht (*καθ' ὃ τὸ ὄρος ἐκεῖνο ἑτέρῳ τινὶ ἐς μεσόγαιαν ἀνατείνοντι συμβάλλει*), und es liegt das Symbolon zwischen Neopolis und Philippi (*Dio Cass.* l. c.); auch bestätigt dies Strabon's genaue Angabe, „daß Philippi mit seinen Goldbergwerken nahe an dem Pangäon liege, aber auch das Pangäon habe Goldbergwerke." Die Gegend, wo Pangäon und Symbolon zusammenstoßen, grade nordwärts über Neopolis, bildet die Pässe der Sapäer. — Welchen Namen das Gebirge weiter im Norden zwischen Nestus und Zygaktes geführt hat, ist nicht erkennbar. Der *λόφος Διονύσου* bezeichnet nur eine einzelne goldreiche Höhe bei Philippi (*Appian.* l. c.). Wenn römische Dichter Philippi am Fuße des Hämus belegen nennen (latosque Haemi sub rupe Philippos. *Lucan.* I, 680 cf. *Virg.* Georg. I, 492), so ist dies gewiß eine Phrase, und Cousinéry hätte nicht auf solche Autorität den Anfang des Hämus hierher versetzen sollen. Fußend auf die oben angeführte Stelle Arrian's (daß Alexander über den Nestus gegen die Thrakier gegangen sei, zur Linken Philippi und den Orbelos lassend), möchte ich eher glauben, daß der Orbelos sich vom Strymon bis zum Nestus und zum Symbolon hinzieht, und dies um so mehr, da der Fluß von Nevrokopo keinen Gebirgsdurchbruch bildet, sondern nach dem Berichte der Augenzeugen unterirdisch weiter fließt, sodaß das Gebirge in einer Linie bis zum Nestus sich fortsetzt. Da wo sich an dieses Gebirge gen Süden hin das Symbolon ansetzt, scheinen die Pässe zu sein, in denen man vom Harpessus nach Philippi kommt, ohne das Sapäergebirge zu berühren (*Appian.* l. c). Jenseit des Nestus zieht sich nordwärts hinauf das schneeige Rhodopegebirge, das sich in der Quellgegend des Strymon mit dem großen ostwärts streichenden Hauptgebirgszuge vereint.

Ethnographisches. Die so umschlossene Landschaft ist im Allgemeinen das Terrain der päonischen Stämme. Die älteste Erwähnung derselben finden wir im Homer; dieser nennt unter den Verbündeten der Trojaner mehrfach die Päonier vom Axiosstrome (*Παίονας ἀγκυλοτόξους* Il. II, 848, *δολιχεγχέας* Il. XXI, 155, *ἱπποκορυστάς* Il. XVI, 287, *ἐξ Ἀμυδῶνος, ἀπ' Ἀξίου εὐρὺ ῥέοντος* ib. *ἐκ Παιονίης ἐριβώλακος* Il. XVII, 350). Pyraichmes, Hippasides, Asteropaios sind ihre Führer; der Letzte rühmt sich, des Pelagon Sohn, den der Strom Axios mit Periboia zeugte, zu sein. Nach dieser Angabe zu schließen, waren die Päonier urheimische Anwohner des Axioslandes. Amydon (v. l. Abydon) ist nach den Erklärern zum Homer eine päonische Stadt; man darf wol an die Ähnlichkeit des Namens Mygdonien erinnern.

Nach Polybius (XXIV, 8 cf. *Liv.* XL, 3) hat die Landschaft Emathia früher Päonien geheißen, und Justin (VII, 1) sagt von derselben: populus Pelasgi, regio Boeotia (wofür gewiß Paeonia zu schreiben). Müller deutet diese Angaben so, als wenn in diesen Gegenden der alte Name Emathia erneut und auch auf den päonischen Strich am Axios ausgedehnt worden sei. Allerdings nennt Homer zwischen Pierien und Chalkidike die Landschaft Emathia (Il. XIV, 226 cf. Hymn. in Apoll. Pyth. 39), welcher Name dem Lande nach dem autochthonischen Könige Emathion gegeben ist (*Justin.* VII, 1. *Solin.* IX, 12); aber dieser Name ist wol stets im Gebrauch gewesen, und wenn Ptolemäus unter den Städten des Landes auch Gordynia und Idomenä nennt, so sind grade diese in dem Streifen päonischen Landes, der sich am Axios herabzieht (*Thucyd.* II, 99). Hierzu kommt, daß eine Menge päonischer Städte uralte griechische, und, wenn man will, pelasgische Namen tragen, so Alalkomenä, Idomenä, Europos, Atalante ꝛc.; und vergleicht man endlich die Äußerung des Äschylos in den Schutzflehenden (v. 257), der den König Pelasgos sagen läßt: *καὶ πᾶσαν αἶαν ἧς δι' Ἄλγος* (?) *ἔρχεται Στρύμων τε, πρὸς δύνοντος ἡλίου κρατῶ*, so dürfte man sich wol überzeugen, daß die ursprüngliche Bevölkerung im Westen des Strymon über das Axiosland hinaus bis zum illyrischen Gebirge der urgriechischen gleich war.

Merkwürdig sind in dieser Beziehung die genealogischen Mythen, in denen der Stammheros Päon erwähnt wird. Nach der Sage, die Müller die orchomenisch-thessalische nennt, erzeugte Minyas, der Stammheros der Minyer, mit Päon's Tochter Phanosyra den thessalischen Orchomenos und Athamas (Müller Orchomenos S. 141); nach einer andern Sage (ebend. S. 250) heißen Päon und Edonos oder Päon und Alenops Söhne des Poseidon und der athamantischen Helle, der Enkelin des Äolus; eine dritte Sage (*Paus.* V, I, 2) nennt Päon Epeios und Ätolus, Söhne des Endymion. — Freilich gibt es auch andere Sagen; Appian namentlich berichtet eine seltsame Genealogie (Illyr. 2), in der keltische, thrakische, illyrische Stämme als Söhne des Illyrios aufgeführt, ja die Päonier mit den Pannoniern identificirt werden; aber die ganze Zusammenstellung von Völkern lehrt, daß sie aus sehr später Zeit stammen muß. Wieder eine andere Stammessage finden wir von den strymonischen Päoniern geäußert; sie erklärten dem Könige Darius, sie stammten von den Teukrern in Troja (*Herod.* V, 13 cf. Müller Prolegomena S. 351). Aber sind diese Teukrer, die mit den Dardaniern gemeinschaftlich Troja hatten, nicht in Wahrheit pelasgisch? reden sie nicht eine andere Sprache als die Phryger (*Hom.* Hymn. in Aphr. 113)? und dieser Name findet sich mit makedonischer Abwandlung (Bryger oder Briger) wieder am Bermiusgebirge, wo die Rosengärten des Midas sind, als thrakischer Stamm (*Herod.* VI, 45 cf. Müller, Makedon. Volk Seite 51).

Doch es genüge, diese Beziehungen angedeutet zu

haben; wo nur immer der Name der Pelasger zu nennen ist, beginnt ein so weites Feld der Vermuthungen, daß man nicht vorsichtig genug sein kann. Von der Sprache und Religion der Päonier wissen wir so unendlich wenig, daß sich auch nicht das Geringste daraus folgern läßt, doch sind die päonischen Namen geographische so gut, wie Personennamen, gleich sehr von thrakischen und illyrischen Barbarennamen unterschieden, und in ihren Wurzeln stets dem Griechischen entsprechend, in ihren Formationen wenigstens nicht ohne allgemeine Analogie.

Jedenfalls also saßen wol seit uralten Zeiten als Autochthonen Päonier am Axios; bis zur Küste hinab reichten sie nicht, hier zwischen Axios und Strymon (*Thucyd.* II, 99) wohnte in der Landschaft Mygdonien ein den Phrygern, d. h. Thrakiern, verwandtes Volk (s. Müller, Makedonisches Volk. S. 52), offenbar stammverwandt den Brygern im Bermios. Schon früh sind sie von den Edonen verdrängt worden, einem angeblich auch thrakischen Volke (Müller, Dorer I. p. 9), das freilich in ganz anderer Weise thrakisch ist, wie die Völker im Osten des Strymon; die Edonen selbst mußten vor der wachsenden Macht des makedonischen Königthums sich bald zurückziehen und jenseit des Strymon ansiedeln, ebenso wie die ihnen stammverwandten thrakischen Pierier, während die Bottider, ein Volk griechischen Stammes (Müller, Maked. Volk. S. 52) nach der Chalkidike gingen (*Thucyd.* I, 65. II, 79, 101). — Daß aber hinter dieser thrakischen Küstenbevölkerung zwischen Strymon und Axios sehr bald und noch südwärts vom Dysoron päonische Stämme heimisch gewesen sein müssen, dafür zeugt der Weg, den Xerxes von Akanthos nach Therma nahm; denn er kam *διὰ τῆς Παιονικῆς καὶ Κρηστωνικῆς* zu dem Echedoros, und zog dann nach Therma hinab (*Herod.* VII, 124); daß dies Päonike ziemlich in der Nähe des Bolbesees zusammengedrängt gewesen, sieht man daraus, weil zu Xerxes' Zeit bereits die Bisalten über Argilos und der Küste saßen. Herodot spricht von ihrem Könige thrakischen Stammes (VIII, 116), und Konon (im XX. Buche der *διηγήσεις* bei *Photius* p. 134. a. ed. *Becker.*) nennt sie ausdrücklich ein thrakisches Volk; in ihrem Lande lagen die beiden Städte Kerdylion (*Thucyd.* V, 6) und Argilos (*Herod.* VII, 15. *Thucyd.* IV, 103), von denen wenigstens der letztere Name nachweislich thrakisch ist (*Heraclid.* Pont. 41).

Ob dasselbe von ihren nördlichen Nachbarn, den Krestoniern, gilt, ist sehr zweifelhaft, wenn auch der thrakische Fürst der Bisalten zugleich über sie herrschte. Entschieden dafür spricht Stephanus Byz, der Kreston (Greston) eine thrakische Stadt nennt; und Thukydides nennt bei Beschreibung des Völkergemisches auf der Chalkidike „Pelasgisches Volk von den Tyrsenern, die einst auch Lemnos und Athen besetzt hatten; ferner bisaltisches, krestonisches und edonisches Volk" (IV, 109). Aber Herodot sagt ausdrücklich (I, 57): „Die noch jetzt vorhandenen Pelasger, die Einwohner der Stadt Kreston, oberhalb der Tyrrhener (auf der Chalkidike)"; er fügt hinzu, „daß die Krestoniaten eine barbarische Sprache führen, und mit keinem ihrer Nachbarn zusammenstimmen," nämlich so weit Herodot sie kennt, und er hat nur die von Thrakiern besetzten Küsten besucht. Die Wohnsitze der Krestonier waren (*Herod.* VII, 127) an den Quellen des Echedorus, und die Ruinen der Stadt Kreston glaubt Cousinéry noch neben der Höhe von Lakhana erkannt zu haben; er berichtet, daß der krestonische Theil des Gebirges entschieden von dem bisaltischen getrennt und nur durch weiten Umweg zugänglich sei (Voy. II, 56).

Bereits oben ist angeführt worden, daß sich bis in die makedonische Zeit ein Streifen päonisches Land am Axios erhielt; Thukydides (II, 99) sagt: „auch gewannen die temenidischen Könige vor Alexander von Päonien einen schmalen Streifen, der am Axios von den obern Gegenden bis Pella und zum Meere (dies ist nach *Herodot.* VII, 123, 127 nicht genau) hinabreicht." Grade dies ist das Land, welches noch bis zum peloponnesischen Kriege als besonderes Fürstenthum für des Königs Bruder Philipp abgezweigt war, und in demselben lagen die Orte Idomene, Gortynia, Atalante, Europos, auf die sich Sitalkes von Doberos aus warf. (*Thucyd.* II, 100.) Die Lage von Doberos erkennt man aus dem Zuge des Sitalkes mit einiger Bestimmtheit: „er kam dorthin durch das öde Gebirge Kerkine, zwischen den Päoniern, die ihm zur Rechten, und den Mädern und Sintiern, die ihm zur Linken blieben, hindurch, und auf diesem Wege stießen viele der freien Thrakier (Mäder, Sintier und andere strymonische Thrakier) zu ihm; er kam dann nach Doberos, verwüstete von da aus die oben genannten Orte, zog in das makedonische Land, das links von Pella und Kyrrhus liegt, und verheerte, ohne Bottiäa und Pierien zu berühren, Mygdonien, Krestonien und Anthemos (*Thucyd.* II, 96, 100)." Die Stadt mußte also auf der Südwestseite der Kerkine liegen, sie mußte noch in dem Gebirge liegen, da von Doberos aus in das Land des Philipp, also in das am Flusse liegende Päonien, eingefallen wurde, sie mußte oberhalb Krestonike liegen, das vom Sitalkes auch heimgesucht wurde. Alle diese Bestimmungen machen wahrscheinlich, daß Doberos entweder Doiran (Tauriana der Itinerarien) selbst war, oder in deren Nähe lag. Auch Plinius (IV, 10), Ptolemäus und Stephan. Byz. kennen Doberos, das als *Δούβηρος* oder *Διοβύρος* noch in den Byzantinern vorkommt (v. interpret. ad *Steph. Byz.* v. *Δόβηρος*). Wir werden den Namen der Doberer noch an einer andern Stelle finden. Derselbe Schriftsteller führt aus der Alexandrias des Hadrian die Worte an: *οἵ δ' ἔχον Ἀστραίαν τε Δόβηρόν τε . . . .* Diese Astraia nennt Steph. Byz. (v. *Ἀστραιά*) fehlerhaft eine illyrische Stadt; Livius (XL, 24) nennt sie Asterium Paeoniae; offenbar hieß die Landschaft dieser Stadt Astraia, und gehörte mit Doberos zu dem von Livius (XLII, 51) Paroreia genannten Päonierlande.

In derselben Stelle nennt Livius die parastrymonischen Päonier. In diesem Namen scheinen einige Stämme, die in früherer Zeit unter besondern Namen vorkommen, begriffen zu sein. Denn Thukydides (II, 76) gibt an, „daß der Strymon, aus dem Skomiosgebirge entspringend, durch das Land der Graäer und Leäer (v. l. *Λαιαῖοι.* *Steph. Byz.* *Λαῖνοι*) fließe, und daß sich

Sitalkes' Herrschaft gegen Westen über die Agrianer, Leäer und andere päonische Völker ausgedehnt habe, die an die Graäer und den Strymon anstießen, von dort an aber beginne das unabhängige Päonien." — Nordwärts von den Leäern saßen die Agrianer; Herodot erwähnt sie obenhin (V, 16), sie sind die Päonier, aus deren Lande der Iskos (Diskos) entspringt (IV, 49). Bei Thukydides sind sie mit den Leäern die westlichsten Unterthanen des Sitalkes, nach Strabon (VII p. 133. ed. *Tauchn.*) waren ihre Sitze an den Quellen des Strymon, bei der Rhodope; ungenau nennt Herodot (VIII, 115) ebenda an den Quellen des Strymon Thrakier. Die Hauptstadt ihres Landes war nach Leake's Untersuchung (III. p. 475) Pantalia (heute Gustendil), und daß Steph. Byz. mit Unrecht *Παιταλία, μοῖρα Θρᾳκῆς* schreibt, beweisen die Münzen mit der Umschrift *ΠΑΝΤΑΛΕΩ ΕΝ ΠΑΙΩ* oder *ΣΤΡΥΜΩΝ* (s. *Eckel.* Doctr. I, 2. p. 37).

Unter Demihissar und den strymonischen Engen beginnt der Theil des päonischen Landes, der den meisten ethnographischen Veränderungen ausgesetzt gewesen ist; wir sind wenigstens für einige Epochen über die dortigen Völker und ihre Sitze unterrichtet.

Aus Herodot's fünftem Buch erfahren wir, daß die Päonier einmal einen Heereszug bis Perinth gemacht haben. Die Zeit desselben kennen wir nicht, doch sehen wir daraus, daß es eine Zeit gegeben habe, in der den Päoniern die Pässe zum Nestos noch nicht durch thrakische und edonische Völker gesperrt gewesen sind; und wenn wir nun erfahren, daß ein päonisches Völkchen, Doberer, ostwärts vom Prasias, noch um 480 saß, so wird es wahrscheinlich, daß dieser Name von dem oben genannten Doberos her übertragen, also diese Gegend von den Päoniern nicht urheimisch besessen, sondern zu irgendwelcher Zeit besetzt worden. Dies mag zu der Zeit gewesen sein, wo die Edonier noch in Mygdonien saßen und die Pierier noch nicht Neupierien am strymonischen Meerbusen besetzt hatten.

Die erste ausführlichere Ethnographie jener Gegenden datirt sich von der Zeit um 508. Herodot erzählt in demselbem fünften Buche die schöne Geschichte von den beiden Päoniern Pigres und Mantyes, die den Befehl des Perserkönigs, die Päonier nach Asien zu übersiedeln, veranlaßten. Megabazos, der Satrap von Thrakien, unternahm deshalb einen Heereszug gegen Päonien. Die Päonier zogen an das Meer hinab, weil sie meinten, von dorther würden die Perser kommen (wol durch die Pässe über Neopolis); diese aber nahmen den obern Weg (wol den vom Flusse Harpessos nach Drabeskos. *Appian.* Bell. civ. IV, 103), fielen in die von Vertheidigern entblößten Städte der Päonier und nahmen sie ein; dies Päonierheer zerstreute sich, die Siropäonen, Päoplen und alle bis zum See Prasias wurden von ihren Sitzen losgerissen und nach Asien gebracht, aber die Völker am Pangäon, die Doberer, Agrianer, Odomanten, die am See Prasias und in demselben Wohnenden blieben im Lande. Einige Jahre später kehrten die meisten von diesen Päoniern über Chios, Lesbos und Doriskos heim (*Herod.* V, 15, 98). Was zunächst die Siropäonen (Siriopäonen nach *Steph. Byz.* v. *Σῖρις*) betrifft, so findet man später diesen Namen nicht mehr erwähnt; aber ihre Stadt Siris (Sirae *Liv.* XLV, 4 in Inschriften *ἡ Σιῤῥαίων πόλις. Cousinéry*, I. p. 226, heute Serres) ist bekannt und bestimmt die Lage dieses Stammes; wenn Livius ebendiese Stadt dem Gebiete der Odomanten zurechnet, so scheint es, daß diese in den Besitz der frühern Siropäonen getreten sind. Die Sitze der Päoplen werden wir unten näher kennen lernen. Die Päonen im Pangäon müssen am Nordabhange dieses Gebirges, dessen Süd- und Westseite die Edonen damals schon inne hatten, gesessen haben. Megabazus durchzog offenbar die Ebene des Angites und der östlichen und nördlichen Ufer des Prasias, die Päonier am See (offenbar auf der Südwestseite) blieben unbewältigt. Daß die Edonier schon um diese Zeit zwischen Strymon und Nestos saßen, wird durch den Umstand erwiesen, daß bald darauf Darius den edonischen Ort Myrkinos, der nicht an der Küste gelegen zu haben scheint (*Leake*, III, 180), verschenken konnte. Ob ferner schon zu dieser Zeit die thrakischen Stämme der Bisalten, Sapäer, Mäder, Sintier etc. westlich vom Nestos ansässig waren, darüber gibt es keine bestimmte Angabe; doch lehrt ein entscheidendes Beispiel, daß thrakische Stämme seit dieser Schwächung der Päonier einzudringen begannen.

Sehr belehrend ist der Zug des Xerxes ums J. 481 (*Herod.* VII, 110 sqq.). Xerxes zog durch folgende thrakische Völker . . . . ., Bistonen, Sapäer, Dersäer, Edonen, Satren, von denen nur die Satren zu allen Zeiten in ihren schneeigen Bergen unabhängig geblieben sind. „Nachdem Xerxes das besagte Stück vorbei war, zog er zum zweiten Male an den Festen der Pierier vorüber, von denen die eine Phagres, die andere Pergamos hieß; an diesen Festen zog er vorüber, indem er zur Linken das metallreiche Pangäon ließ, das die Pierier, Odomanten und besonders die Satren innehaben." Da die Lage von Phagres, einige Stunden östlich der Strymonmündung an der Stelle des heutigen Orfano, sicher ist (*Leake* III, 178), so ist Xerxes bis nahe an die Strymonmündung gezogen, dann zurückgekehrt und an denselben Festen vorüber, um das Pangäongebirge herum und durch die Ebene des Angites gezogen. Daß er die Edonier im Pangäon nicht erwähnt, ist auffallend, daß gar die Odomanten und Satren bis zum Pangäongebirge vorgerückt, ist ein Beweis, wie seit der Schwächung des päonischen Stammes durch Megabazus die thrakischen Stämme vorgedrungen sind. „Alsdann ging er bei den Päoniern, die oberhalb des Pangäon gegen Norden wohnen, bei den Doberern und Päoplen vorbei gegen Westen und bis zum Strymon und zur Stadt Eion; diese Landschaft am Pangäon heißt Phyllis und reicht gegen Abend bis zum Angites, gegen Mittag bis zum Strymon; bei Enneahodoi wurde geopfert." Das Auffallendste in diesen Angaben ist die Bezeichnung der Flüsse, und Müller hat aus derselben folgern wollen, daß der wahre Strymon der Angites sei und der von Osten her strömende Fluß der Strymon; aber bei der Biegung, die der Strymon unter Amphipolis, der Angites bei seiner Mündung in den See macht, kann Herodot's Bezeichnung noch für genau gelten. Die Doberer hier sind natürlich nicht mit denen in der Parorcia zu verwechseln, wenn sie auch von ihnen herstammen sollten; einen Ort Domeros kennen noch die Itinerarien, 13 M. P. von Amphipolis, 19 M. P. von Philippi entfernt. Nach ihnen, also gegen die Südspitze des Sees, saßen die Pöoplen, dieselben, die mit nach Asien zu wandern gezwungen worden waren; Enneahodoi war damals noch ein unbedeutender Ort und gehörte den Edoniern. Übrigens muß man bemerken, daß Xerxes' ungeheures Heer nothwendigerweise in mehren Colonnen marschirte, die sich dann nur von Zeit zu Zeit bei größern Städten versammelten; solche waren Doriskos, Eion, Akanthos, Thermá, und zu ihnen Vorräthe vorausgesandt (*Herod.* VII, 23, 125). — Von thrakischem Stamme waren aus dieser Zeit gewiß schon die Bisalten westwärts vom Strymon ansässig, deren König um keinen Preis mit Xerxes ziehen wollte, sondern in das Rhodopegebirge (zu dem nicht unterworfenen Volke der Satren wahrscheinlich) flüchtete (*Herod.* VIII, 116).

Den Rückweg des Perserheeres durch das Pangáon und der Edoner Land über den gefrornen Strymon beschreibt Äschylus (Pers. 500); bei den Páoniern in Siris blieben viele Erkrankte zurück. Der Bisaltier König kehrte in sein Land heim (*Herod.* VIII, 115, 116).

Einige Jahre später bemühten sich die Athener an der Stelle von Enneahodoi, dem edonischen Orte, ihre Colonie Amphipolis zu begründen (*Thucyd.* I, 100. *Diod.* XII, 68 etc.) „da die Athener in das innere Land der Thrakier vorrückten, so wurden sie von der Gesammtmacht der Thrakier bei dem edonischen Orte Drabeskus geschlagen," daß der Ort Drabeskus, der dem heutigen Dhamia entspricht, edonisch ist, macht die ethnographische Schwierigkeit jener Gegend nur noch größer; daß die Edonen sich gegen die thrakischen Stämme so bedeutend ausgedehnt haben sollten, ist nicht wahrscheinlich; eher glaublich scheint es mir, daß sich zwischen den Edoniern am Strymon und denen von Drabeskus die thrakischen Stämme bis zum Pangáon hineingedrängt haben, wodurch denn auch Herodot's Angabe beim Zuge des Xerxes, „er sei durch das Land der Sapáer, Dersáer, Edonen, Satren gekommen," den Sinn gewönne, daß diese vier Stämme nicht nach einander, sondern von verschiedenen Colonnen ziemlich gleichzeitig durchzogen wären.

Wieder eine andere Ansicht gewähren diese Landschaften zur Zeit des peloponnesischen Krieges. Es war in Thrakien das Reich der Odrysen durch Tereus gegründet und hatte bereits um 430 unter Tereus', Sohn, Sitálkes, bedeutende Ausdehnung gewonnen; südwärts erstreckte es sich bis Abdera und über die Sapáer (Gatterer III, 78), westwärts bis zum Diskos und Strymon, sodaß die Agrianer, Leáer und die zunächst wohnenden Páonier zu demselben gehörten (*Thucyd.* II, 96). Unabhängig waren die jenseit des Strymon wohnenden Thrakier, die Panáer, Odomanten, Droer, Dersáer (II, 101). Sitalkes machte seinen Einfall nach Makedonien auf folgendem Wege: „Zuerst zog er durch sein eigenes Gebiet (bis zum obern Strymon), dann durch die Kerkine, das die Grenze zwischen den Páoniern und Sintiern macht, gegen Doberos, zur Rechten die freien Páonier, zur Linken die Sintier und Máder lassend. Auf diesem Zuge erlitt Sitalkes keinen Verlust, sondern sein Heer mehrte sich, da sich ihm viele freie Thrakier des Raubes wegen anschlossen" (*Thucyd.* II, 98, das waren wol Sintier, Máder, Bisalten). In diesen Angaben erscheinen zum ersten Male die beiden thrakischen Stämme der Sintier und Máder im Westen des Prasias. Herodot nennt sie noch nicht bei dem Zuge des Xerxes, sie müssen damals noch nicht dort gewesen sein; wol aber kennt er in jenen Sitzen „nordwärts von den Krestoniern" Thrakische Stámme (V, 5). Nach Strabon sind diese Sintier dieselben, die Homer als Bewohner von Lemnos nennt (Gatterer III. S. 56 fg. *Baehr* ad *Herod.* VII, 110); wie es sich auch mit ihrem Ursprunge verhalten mag, jedenfalls sind sie auch nach Hesychius' ausdrücklichem Zeugnisse ein thrakisches Volk, und die Lage ihrer Hauptstadt Heraklea ist nach Leake (III, 227) dem heutigen Zervokli entsprechend. Die Máder saßen zwischen den Sintiern und Bisalten (ad Bisaltas usque. *Plin.* H. N. IV, 11); in späterer Zeit finden sich Máder als thrakisches Volk auch im Norden des páonischen Landes s. u. Auffallend ist in den Angaben des Thukydides, daß er die Odomanten als thrakisches Volk nennt, während sie Herodot deutlich zu den Páoniern rechnet, die Megabazus nicht unterworfen. Mit Thukydides stimmt Aristophanes in den Acharnern, der die Odomanten als Thrakier, die der König Sitalkes den Athenern zur Hilfe sendet, einführt; aus beiden haben Stephan. Byz. und Suidas ihre Angaben. Thukydides scheint mir ohne Zweifel die entscheidende Autorität zu sein, da er lange Zeit jenen Völkern nahe wohnte und seine Angaben sehr genau sind: „es fürchteten sich vor Sitalkes' wachsender Macht die jenseit des Strymon gegen Norden wohnenden Thrakier, so viele deren in der Ebene wohnen (*ὅσοι πεδία εἶχον*), die Panáer und Odomanten und Droer und Dersáer." Also die in den Bergen fürchteten sich nicht, diese waren die unabhängigen, schwerttragenden Thrakier, welche meist in dem Rhodope wohnen, Dier genannt wurden und dem Sitalkes freiwillig folgten. Das zu Xerxes' Zeit so mächtige Volk der Satren mit ihrem Priesterstamme Bessi wird nicht genannt; vielleicht waren grade diese thrakischen Stámme, die sich in die ehemals páonischen Gegenden hindabgedrängt hatten, Theile jenes größern Stammes; wenigstens blieben die Bessi noch lange Jahrhunderte unabhängig in den hohen Gegenden der Rhodope. Dieses Stammes mußten die Dersáer (Derder bei Stephan. Byz., Darsier bei Hekat. Miles., Deris ein Emporium bei Skylax) und die Droer (die man nicht mit Gatterer und Poppo *Thucyd.* I, II. p. 380 hinauswerfen darf), vielleicht auch die Odomanten sein; die Panáer dagegen sind nach Stephan. Byz. ein edonischer Stamm. Aus Thukydides' Angabe ersieht man, daß diese Stámme sámmtlich die Ebene, námlich die zwischen Orbelus, Symbolon und Pangáon inne hatten. —

So scheint sich die Gestalt des östlichen Páoniens seit der Zeit der Perserkriege gar sehr verwandelt zu haben; thrakische Stámme waren eingerückt, hatten sich über die Ebene des Angites und des Prasias bis zur Kerkine und den Engen des Strymon ausgebreitet, und auch die Päonier im Osten des obern Strymon, die Agrianer, Leäer und andere waren unter odrysische Herrschaft gekommen. Von weitern Veränderungen in jenen Gegenden bis auf Philipp's Zeit sind wir nicht unterrichtet; dieser König machte den Nestus zur Ostgrenze Makedoniens (*Strabo* VII, 133. ed *Tauchn.*), und Alexander kämpfte im J. 335 gegen die sogenannten freien Thrakier auf dem rechten Ufer des Nestus, indem Philippi und der Orbelus zu seiner Linken waren.

So viel genüge zur Orientirung in den Ländern der strymonischen Päonier; sie scheinen nicht weitere Umwandlungen durch den Heerszug der Triballer bis Abdera (*Diod.* XV, 36) und durch die makedonische Eroberung erlitten zu haben; die Ansiedelung der Autariaten in Orbelus durch Kassander betraf das von Odomanten besetzte Gebiet; s. u. Auch die Züge der Gallier, das durch sie veranlaßte Drängen der Völker thrakischen Stammes, obschon das gallische Reich Tyle nicht ohne Einfluß auf die strymonischen Landschaften geblieben sein kann, betraf gewiß mehr die nördlichen Päonier. Namentlich gingen die Dentseleten (*Strab.* VII, 109 ed. *Tauchn.* Denseletae *Cic.* in Pison. 34. *Plin.* IV, 11) über das Skomiusgebirge südwärts, und drängten sich ziemlich tief in das päonische Land hinein (*Polyb.* XXIV, 6. *Liv.* XXXIX, 53. XL, 22). Auch die Mäder müssen sich erst nach Alexander, also nicht von den Triballern oder Autariaten, sondern erst von den Kelten gedrängt, über den Skomius südwärts gezogen haben; sie besetzten das Land bis zu den obern Ebenen des Arios, und Desudaba war noch in ihrem Lande (*Leake* III. p. 472); sie reichten ostwärts bis an den derdanischen Stamm der Thunaten; sie benutzten jede Entfernung der makedonischen Heeresmacht zu immer neuen Einfällen und der Zug des Königs Philipp gegen sie läßt ihre Sitze an den Quellen der Morave deutlich erkennen. (*Polyb.* X, 41, 4. *Liv.* XXVI, 25. cf *Leake* l. c.)

Südwärts von diesen, im Westen des Strymon, wo zu Sitalkes' Zeit das Land der unabhängigen Päonier war, scheint der Sitz des päonischen Königthums, von dem unten des Weitern zu sprechen sein wird, gewesen zu sein; wo blos Päonien genannt wird, z. B. bei der römischen Theilung Makedoniens, ist grade dieser Theil des Landes ostwärts mit Einschluß Astraia's, westwärts bis über den Arios und Stobi hinaus gemeint. Nach Polyän (IV, 12) lag hier am Astykos die Residenz, und in dem Flusse wurde das königliche Weihebad gehalten; später zu erwähnende Vorfälle bestätigen jene Vermuthung; die Residenz selbst war A s t i b o n auf dem Wege von Stobi über Pantalia nach Serdika; aber die bedeutendste Stadt Päoniens war Bylazora (*Polyb.* V, 97. *Liv.* XLIV, 27), die man mit Bestimmtheit in dem heutigen Velesa wieder erkennt. Sie war besonders wichtig als Posten gegen die Dardaner, und die Nähe dieses kriegerischen Volks mag der Grund gewesen sein, daß nicht sie zum Königssitze genommen wurde. Zu diesem Päonien im engern Sinne scheint noch Stobi (Stobae Paeoniae *Liv.* XXXIII, 19) gehört zu haben, obschon Ptolemäos sie mit zu Pelagonien rechnet.

Westlich vom Arios am obern Laufe des Erigon lag die Landschaft Deuriopos (*Liv.* XXXIX, 53. Paeoniae ea regio est). Als Städte dieses Landes (*αἱ τῶν Δευριοπίων πόλεις*) nennt Strabon (VII. p. 124 ed. *Tauchn.*) Bryannion, Alalkomenä, Stymbara; er fügt hinzu, daß sie sämmtlich am Erigon lagen. Aus den Zügen des Königs Philipp gegen den Consul Sulpicius (*Liv.* XXXI, 39) sieht man, daß Stymbara (Stubera) nördlicher lag als Bryannion. Über die Lage von Alalkomenä (Alkomenä *Arrian.* Ind. 18) ist nichts überliefert.

Gleichfalls päonisch ist die Landschaft Pelagonia (*Strabo* VII, 131 ed. *Tauchn.* *Plin.* IV, 10 etc.); ihre Lage erkennt man aus dem Wege Philipp's, der, nachdem er eine Grenzposition gegen die Dardaner (Dardanorum urbem in Macedonia sitam transitum Dardanis facturam *Liv.* XXVI, 25) gewonnen hatte, per Pelagoniam et Lyncum et Bottiaeam in Thessaliam descendit. Als Hauptstadt wird bei der römischen Eintheilung Pelagonia genannt (*Liv.* XLV, 29). Strabon sagt: *τριπολῖτις ἡ Πελαγονία ἐγένετο*, und zu dieser Dreistadt gehöre, wie zu der perrhäbischen Tripolis (einem pelasgischen Ursitz), ein Ort Azoros. Von dem heutigen Bitolia oder Monastir berichtet Leake, daß die Einwohner römischen Ruinen neben der Stadt den Namen Tripolis gäben, sodaß hier die Stelle der Tripolis Pelagonia erkennbar ist. Aus diesem Theile Pelagoniens verproviantirte sich Sulpicius, als er von Lynkestis aus gegen Stubera vorrückte (*Liv.* XXXI, 39). Hier waren auch die Pässe nicht fern, die aus dem Dardanerlande nach Pelagonien führten; als Philipp aus denselben seine Truppen zurückzog, war der Weg zugleich den Dardanern und Illyriern offen, Beweis genug, daß es nicht die Pässe, die am Arios zum Dardanerlande führten, sein konnten (*Liv.* XXXI, 33, 34. *Polyb.* XXVIII, 8). Wahrscheinlich gehörte auch zu Pelagonien die Stadt Antigoneia (*Plin.* IV, 10), die nach der Peutinger'schen Tafel 12 M. P. von Stobi auf dem Wege nach Thessalonich lag.

Weiterhin in Lynkestis, Elymaia und Orestis saßen Maketer, Makedner oder Makedonier, denen man nach Müller's trefflicher Untersuchung, wie ich glaube mit Unrecht, illyrischen Ursprung zuschreibt. Daß mit diesen altmakedonischen Stämmen andere von thrakisch-phrygischem Ursprung am Bernikos und bei Edessa, andere edonische und pierische Thrakier nach den kambunischen Bergen zu, in ältesten Zeiten nahe gewesen, ist oben bemerkt worden. Doch sind Spuren vorhanden, daß auch päonische Stämme südwärts über das Boragebirge hinausgereicht haben. Plinius sagt (IV, 10) ab hoc amne (Axio) Paeoniae gentes Parorei Heordenses, Almopi, Pelagones, Mygdones. Freilich haben wir schon oben die Mygdonier dem phrygischen Stamme zuschreiben müssen, und dies macht die ganze Stelle verdächtig (M ü l l e r S. 39). Die Almopier nennt auch Thukydides unter den Völkern, die von den makedonischen Königen aus ihren Sitzen vertrieben worden (II, 99), und Ptolemäos kennt noch die Gegend

ʒuropus unter dem Namen Almopia; mit Recht er-
ſie Müller (Orchomenos S. 139, 249) für einen
Minyerſtamm, aber ihre Sitze ſind nach Ptolemäos
Mannert. VII. p. 490) am Arios, alſo daß Almo-
in andres als das an der theſſaliſchen Grenze (ge-
Müller, Mak. Volk. S. 15) und nach dem früher
gten muß Europus noch in dem Streifen päoniſchen
es am Arios gelegen haben. Über die Eordäer ſcheint
eugniß Herodot's (VII, 185) der Thraker, Kädmer,
ler neben einander nennt, gegen Plinius zu ſprechen,
eider iſt Steph. Byz. v. fehlerhaft. Thukydides (II,
agt, die makedoniſchen Könige vertrieben auch die Eor-
von denen die meiſten umkamen, einige aber ſich nach
e in Mygdonien flüchteten, und Dexippus berichtet
eb. Arm. 169 ed. *Mai.*), Karanos habe ſich mit den
n gegen die Eordäer (bei Syncell und dem griech. Euſe-
ſteht Dardaner) vereinigt und durch ihre Beſiegung ſein
begründet. Suidas in den Genealogien ſagt (bei
. *Byz.* v. Ἄμυρος), daß die Amyräer erſt Eorder,
Leleger, Kentauren, Hippokentauren genannt wor-
eien; ſo finden wir bei den Eordäern eine ähnliche
einung wie bei den Pelagoniern, und die Umwand-
der Namen führt gewiß eher auf pelasgiſch-griechi-
Urſprung zurück als auf thrakiſchen oder illyriſchen.
angenommen, daß nach dieſen dunkeln Spuren einſt
ler im Eordäerlande gewohnt haben, ſo ſind dieſe in
rüheſten Zeiten durch das Vordringen des Karanos
des illyriſch-makedoniſchen Stammes verſchwunden.
Aus allen dieſen ethnographiſchen Beſtimmungen ſcheint
u ergeben, daß der päoniſche Stamm, mag er dem
giſchen gleich geweſen ſein oder nicht, in früheſten
eine größere Ausdehnung gehabt hat, als wir ſie
n geſchichtlichen finden, daß vor Allen das Vordrän-
des illyriſch-makedoniſchen Geſchlechtes ihn von Sü-
und Weſten her zurückdrängte, daß er ſelbſt ſich eine
hindurch oſtwärts auszubreiten ſuchte, daß ihm von
Seite her bald thrakiſche Stämme entgegentraten
ſich in ſeine Sitze drängten, daß endlich von Norden
ndere illyriſche, thrakiſche, mit Galliern gemiſchte Völ-
on päoniſchen Ländern Beſitz nahmen. So ſtellt ſich
Geſchichte des päoniſchen Volkes als ein allmäliges
mmenſchmelzen und Verkommen dar.
Geſchichtliches. Über die Geſchichte der päoni-
Stämme iſt ungemein wenig überliefert; ein guter
des Wenigen hängt mit den ethnographiſchen Ver-
ungen ſo nahe zuſammen, daß Wiederholungen
nicht ganz zu vermeiden ſein werden. Die Geſchichte
und der umliegenden Landſchaften hat ihren Mittel-
in der des makedoniſchen Königthums der Temeni-
von dem deshalb hier in der Kürze mit zu handeln
wird.
Mag Perdikkas oder Karanos der Gründer des Kö-
ums, mögen die Midasgärten im Bermiosgebirge
Edeſſa der Ausgangspunkt deſſelben geweſen ſein,
falls galt das königliche Geſchlecht ſelbſt für ein Hera-
hes aus Argos und das erſte Gebiet des Fürſten
in der Gegend des Bermiosgebirges, wo Edeſſa oder
bis in ſpäte Zeit der Herd ihrer Herrſchaft blieb,

geweſen ſein (Müller S. 25). Nach der oben angeführten Sage war es der Sieg über die Eordäer, durch welchen die Temeniden den Grund ihrer Herrſchaft legten; von hier aus begann ſich dieſelbe bald auszudehnen. Es iſt bemerkenswerth, daß ziemlich früh genealogiſche Sagen im Umlauf waren, welche das makedoniſche Volk mit den griechiſchen Heroen in Verbindung bringen; ſchon Heſiod ſagt: „Thyias gebar dem Zeus den Magnes und den roſſeliebenden Makedon, die in Pierien und am Olymp wohnten" (bei Müller, Dorier. I. S. 4); und Hellanikos (p. 81. ed. *Sturz.*) nennt Makedon einen Sohn des Aiolos, ja die Erzählung Herodot's (I, 56), daß der doriſche Stamm aus Hiſtiäotis vertrieben und um Pindus wohnend der makedniſche hieß, iſt ſo einfach und zuverſichtlich ausgeſprochen, daß man wol Anſtand nehmen muß, dem entgegen die Makedonier auf illyriſchen Urſprung zurückzuführen. Die Gründe und die Autorität Strabon's kommen dagegen nicht auf, wenn auch der Temenide Alexander bei den olympiſchen Spielen für einen König über Barbaren galt; es muß doch die Makedonia für ein ebenſo helleniſirtes Land gelten, wie es die Bevölkerungen des Peloponnes durch die doriſchen Einwanderungen wurden. Dieſe Makedner ſind natürlich noch ein gutes Stück hinter den Doriern und hinter dem, was man Hellenen nennt, zurück und gewähren allerdings, in der hiſtoriſchen Zeit wieder hervortretend, den Anſchein von Barbaren, aber von den Illyriern ſind ſie durchaus verſchieden. Von dieſen makedniſchen Gegenden aus begründeten die Temeniden im Süden des Eordäerlandes ihre Herrſchaft, d. h. ſie makedoniſirten die früher thrakiſch-phrygiſchen, thrakiſch-pieriſchen, päoniſch-pelasgiſchen Diſtricte im Weſten des Arios, die von nun an das untere Makedonien im Gegenſatze gegen die früher makedoniſirten Landſchaften des obern Landes hießen, und denen entſprechend wenigſtens auch die Makedonier in dem Kirkos nachweislich ein doriſches Fürſtengeſchlecht hatten.

Das Wachsthum des makedoniſch-temenidiſchen Fürſtenthums beſchreibt Thukydides (II, 99): „Zuſammengebracht ſei es von Alexander I. und deſſen Vorfahren (alſo bis zur Zeit der Perſerkriege); dieſe hätten zuerſt die Pierier aus Pierien vertrieben, und die Bottiäer aus Bottiäa; auch ſei von ihnen der ſchmale Streif päoniſchen Landes am Arios bis Pella und zum Meere erobert worden, ebenſo Mygdonien bis zum Arios, aus welchem Lande ſie die Edonier vertrieben; ebenſo hätten ſie die Eordäer aus ihrem Lande und die Almopier verdrängt, und auch die Kreſtonier und Biſaltier und Anthemus, ſowie einen großen Theil der Makedonier ſelbſt, unterworfen." Ein Theil dieſer letztgenannten Occupationen iſt erſt nach den Perſerkriegen gemacht worden.

Den Temeniden muß ihre Verbindung mit den Perſerkönigen vielfachen Nutzen gebracht haben; der edle Perſer Bupares hatte des Königs Alexander Schweſter geheirathet, und dieſer ſoll Xerxes bewogen haben, dem makedoniſchen Könige alles Land zwiſchen Olymp und Hämus zu ſchenken (*Justin.* VII, 4). Jedenfalls iſt von ihm das biſaltiſche und kreſtoniſche Land, vielleicht auch der Streifen am Arios, erobert worden.

Wir finden nämlich um die Zeit des großen Perserzuges einen thrakischen König über Bisaltien und Krestonien, der flüchtig sein Land verließ, aber nach 479 zurückgekehrt zu sein scheint; in seinem Lande ostwärts von Dysoron lagen die Silberbergwerke aus denen späterhin dem König Alexander täglich ein Talent einkam (*Herod.* V, 17); diese Angabe und dieser veränderte Besitz wird durch Münzen bestätigt. Man findet Silberstücke von alterthümlichem Gepräge, auf der einen Seite haben sie einen Mann mit der Kausia und zweien Lanzen in der Hand bei einem rechtsschreitenden Pferde, mit der Umschrift *ΒΙΣΑΛΤΙΚΩΝ*, auf der andern Seite ein quadratum incusum; dann findet man andere Münzen mit ganz ähnlichem Gepräge und dem quad. inc., die aber statt jener Inschrift *ΑΛΕΞΑΝΔΡΟ* haben (*Mionnet* I, 470, 506. Suppl. III, 48, 177. *Cousinéry* II. p 180 sq, wo die Abbildungen). Ebenfalls hierher gehören die Münzen der Stadt Ossa, die Ptolemäos zum bisaltischen Lande zählt und deren Ruinen wahrscheinlich die des heutigen Soho sind (*Cousinéry* II, 58); sie haben Mann und Roß, wie die obigen Münzen, und in dem quadr. inc. die sehr alterthümliche Inschrift *ΟΣΣΕΩΜ* (*Mionnet* Suppl. III, 49. pl. V. 6. 7. *Millingen*, Anciens coins. p. 38. *Cousinéry* l. c.), deren allerdings sehr auffallende und sonst wol nur in Italien und Kreta vorkommende Endung den großen Eckhel veranlaßte, *ΣΙΩΜΟΣ* als Magistratsname zu lesen. Gold- und Silberbergwerke fanden sich nach Strabon's Zeugnisse (VII, p. 132 ed. *Tauchn.*) auch diesseit des Strymon bis Päonien hin, und in Päonien soll man beim Pflügen Stücke reines Gold aufgescharrt haben. (Ob in diese Gegend auch die Stadt Nysa gehört, die Steph. Byz. eine thrakische nennt, und deren Münzen die Umschrift *ΝΥΣΑ. ΕΝ. ΠΑΙΩ.* tragen? *Eckhel*, D. N. 1. 2. p. 36, da in späterer Zeit, der jene Münzen angehören, diese strymonischen Gegenden nicht Päonien geheißen haben, so wird Nysa wol irgendwo nördlicher gelegen haben.)

Der päonische Landesstreif am Axios war dem Philipp, dem Bruder des Perdikkas (*Thucyd.* I, 57), als Fürstenthum gegeben worden, und dessen Sohn Amyntas zum makedonischen Throne zu befördern, unternahm Sitalkes seinen mehrfach erwähnten Feldzug (*Thucyd.* II, 95, 100). In ähnlicher Weise, wie dieses Fürstenthum, verhielten sich zum Königthume der Temeniden die übrigen Fürstenthümer im obern Makedonien. Thukydides sagt (II, 99) „im obern Makedonien sind die Elimioten und Lynkesten und andere Völker, die zwar den Makedoniern verbündet und unterthänig sind, aber doch eigene Fürsten haben." Mit dieser Unterthänigkeit war es ebenso wenig bei Philipp wie bei den andern Fürsten zu allen Zeiten sehr ernstlich gemeint.

So das Fürstenthum Elimiotis. Diese Landschaft mag von Alexander, Amyntas' Sohne, unterworfen worden sein; beim Anfange des peloponnesischen Krieges ist Darbas, der Sohn des Aridäus, des Sohnes Alexander's, also ein Neffe des Perdikkas und Philipp Fürst des Landes (Schol. ad *Thucyd.* I, 57); mit Philipp gemeinschaftlich lehnte er sich gegen Perdikkas auf, trat mit den Athenern gegen ihn in Bund und seine Brüder fielen aus dem obern Lande in Perdikkas' Land ein (*Thucyd.* I, 57, 59). Auf diesen Fürsten bezieht Cousinéry (II. p. 193) eine Münze, deren Monogramm allerdings *ΔΕΡ* gelesen werden kann; ein Sohn oder Bruder von ihm war Pausanias nach dem Scholiasten zu Thukydides (I, 61). Etwa 50 Jahre später wird ein anderer Derdas (wahrscheinlich des vorigen Enkel) als Fürst von Elimiotis genannt, der mit ungemeiner Tapferkeit die Spartaner gegen Olynth unterstützte (*Xenoph.* Hell. V, 2, 38 sq.); über sein Verhältniß zu Amyntas dem Kleinen s. *Arist.* Pol. V, 8; noch bei Philipp's Regierungsantritte war er unabhängiger Fürst, und vermählte seine Schwester Phile mit dem Könige (*Athen.* XIII. p. 557); mit diesem zog er um 350 gegen Olynth und wurde gefangen genommen (*Theopomp.* ad *Athen.* X. p. 436). Dieses Derdas Bruder war Machatas, der sich in der Umgebung Philipp's aufhielt (*Plut.* apophth. v. Φίλιππος); es scheint, daß seit Derdas' Gefangennehmung Elimiotis aufhörte unabhängig zu sein; aber dem elimiotischen Fürstenhause war noch hoher Glanz beschieden; schon Machatas' Sohn, Harpalos, war unter Philipp (*Demosth.* in Aristocr. p. 600 ed. *Beck.*) und noch mehr unter Alexander in hohem Ansehen, das er freilich durch frevelhaften Leichtsinn gegen Ende seines Lebens verscherzte. Machatas' anderer Sohn war Philipp, der unter Alexander Satrap von Indien wurde (*Arrian.* V, 8, 3) und dessen Sohn wieder war Antigonus der Einäugige, jener Held der Diadochenzeit, dessen Sohn Demetrius der Städtebezwinger, dessen Enkel Antigonus Gonatas, dessen weiteres Geschlecht das herrschende Königshaus Makedoniens bis zur Eroberung der Römer war (s. meine Geschichte der Nachfolger Alexander's. Tabelle V).

Das Fürstenthum der Oresten befand sich im Anfange des Peloponnesischen Krieges in der Hand des Antiochus (*Thucyd.* II, 80); vielleicht derselbe Fürst war es, dessen Bündniß gegen die Lynkestier König Archelaus suchte und deshalb ihm und seinem Sohne seine Töchter vermählte (*Arist.* Pol. V, 8, 11). Unter Alexander finden wir Perdikkas, des Orontes Sohn, aus Orestis (*Arrian.* VI, 28, 4); er führt die Phalanx der Orestier und Lynkestier (*Diod.* XVII, 57), er ist aus königlichem Geschlechte (*Curt.* X, 7, 8); was liegt näher als zu vermuthen, daß sich in ihm das Orestische Fürstengeschlecht fortgepflanzt?

Merkwürdiger ist das lynkestische Fürstenthum; das regierende Geschlecht rühmte sich aus dem Stamme der korinthischen Bakchiaden zu sein (*Strabo* VII. p. 123 ed. *Tauchn*); aus diesem herrschte um die Zeit des peloponnesischen Krieges Arrhabaios, des Bromeros Sohn *Strabo* l. c *Thucyd.* IV, 79, 83), der, mit Perdikkas im Streit, Gefahr lief, von der vereinigten Macht der Makedonier und Spartaner in seinem Lande angegriffen zu werden; gegen ihn suchte Archelaos die Freundschaft des Orestischen Fürsten (*Arist.* l. c.). Ich habe früher vermuthet, daß Äropos, der Usurpator Makedoniens, um 396 aus diesem Geschlechte gewesen sei (Geschichte Alexanders des Großen. S. 38); jedenfalls ist das lynkestische Fürstengeschlecht in die Verwandtschaft des makedonischen Hauses übergegangen; des obengenannten Arrhabaios Tochter war Irrha, die Mutter jener Eurydike, die mit Amyntas vermählt den Alexander, Perdikkas und Philipp gebar (*Strabo* l. c.). Ihre nahen Verwandten, wahrscheinlich ihrer Mutter Neffen, sind die lynkestischen Brüder Arrhabaios, Hieromenes, Alexander, die gegen Philipp und Alexander mannichfache Umtriebe machten und die Hand nach der makedonischen Krone auszustrecken wagten; hierauf gründete sich die Vermuthung, daß eben ihr Vater Aropos der einstige König Makedoniens und dessen Sohn und Nachfolger Pausanias ihr ältester Bruder gewesen sei (Gesch. d. Nachfolger Alex. Tab. IV).

Auch das Land Parauaia, am obern Laufe des Aous, hatte um die Zeit des peloponnesischen Krieges einen eigenen Fürsten, Droidos (*Thucyd.* II, 80); daß es wahrscheinlich unter Philipp makedonisch geworden, sieht man aus dem Vertrage, den Pyrrhus im J. 295 schloß und in Folge dessen er *τήν τε Στυμφαίαν καὶ τὴν Παραυαίαν* (statt *καὶ τὴν παραλίαν*) *τῆς Μακεδονίας* erhielt. (*Plut.* Pyrrh. 6).

Endlich darf man wol auch ein Fürstenthum Stymphäa nennen. Ein Theil der Stymphäer waren die Athiker an den Quellen des Peneios, ein barbarisches und räuberisches Volk (*Marsyas* ap. *Steph. Byz.* v. *Αἰθ.*) als dessen König (*πρόπος*) Lykophron den berühmten „Polysperchon den Stymphäer" bezeichnet (cf. *Tzetzes* ad *Lycoph.* 800). Nimmt man dazu, daß Polysperchon's Vater Simmias hieß, daß ein Simmias unter den Söhnen des vornehmen Stymphäers Andromenes war (Gesch. d. Nachfolger Alex. Tab. XI.), daß Polysperchon in Alexander's Heere die stymphäische Phalanx führte (*Diod.* XVII, 57), so ergibt sich, daß wir in dieser Familie vielleicht ein stymphäisches Fürstengeschlecht zu erkennen haben.

So die Fürstenthümer im obern Makedonien, die zur Zeit des peloponnesischen Krieges bereits verbündet und unterthänig dem makedonischen Königthum, unter Philipp und Alexander demselben ganz einverleibt erscheinen.

Auch nach der thrakischen Seite hin grenzten mit dem Königthume selbständige Fürstenthümer; von diesen lernen wir aus der Zeit des peloponnesischen Krieges das der Odomanten unter Polles kennen (*Thucyd.* V, 6), der den Athenern Beistand leistete. — Aus derselben Zeit finden wir den edonischen König Pittakos erwähnt, der durch die Söhne des Goaxis und dessen Frau Brauro ermordet worden (*Thucyd.* IV, 107). Einen andern edonischen König lernt man aus einer Münze kennen, deren Legende *ΓΕΤΑΣ ΗΔΟΝΟΝ ΒΑΣΙΛΕΥΣ* lautet (*Millingen*, Anciens coins. p. 42), nach dieser Umschrift, dem quad. inc. und dem Typus zu urtheilen, ist sie älter als der peloponnesische Krieg; denn den Typus und die ungemeine Schwere, sagt Millingen, hat sie mit einer oreskischen Münze gemein, die auf der einen Seite das regelmäßig getheilte quad. inc. hat, auf der andern einen Mann mit der makedonischen Kausia und zwei Speeren, der ein Paar Ochsen führt. Auf dieser Münze ist die Umschrift *ΟΡΡΗΣΚΙΟΝ* in alterthümlichen Zügen, auf andern oreskischen Münzen findet man bisweilen das Wort mit einfachem *Ρ* oder auch *ΩΡΗΣΚΙΩΝ* (*Mionnet*, Suppl. III, 37. *Cousinéry*, *Sestini*, *Codalène*, *Dumersan* etc.), doch wechselt die Darstellung auf den oreskischen Münzen, namentlich hat Cousinéry Münzen von dieser Umschrift, die ein quad. inc. und einen mit der Kausia versehenen, ein anspringendes Pferd haltenden Mann oder einen Kentauren mit einer sich sträubenden Dirne im Arme darstellen. Genau dieser letzte Typus findet sich auch auf Münzen mit der sehr alterthümlich geschriebenen Legende *ΓΕΤΑΙΟΝ* (nicht *ΛΕΤΑΙΟΝ*, wie Mionnet und Cousinéry lesen), zwei von diesen, die bei Cousinéry (II, 180) abgebildet sind, haben in dem quad. inc. einen Helm und die eine bei diesem das retrograde *ΝΟΙΑΤΕΓ* und unter dem Helme *ΓΕΤ.* Endlich gibt es eine Münze mit der Umschrift *ΩΡΗΣΚΙΩΝ*, die auf der Kehrseite gleichfalls den Helm und bei dem Namen ein Fischchen hat (*Cousinéry* II. p. 180), welches sich auf alten Münzen von Thasos (das im Pangäon Bergwerke hatte) und von Amphipolis wiederfindet und nach Cousinéry's Angabe Ähnlichkeit mit einer Gattung von Fischen hat, die noch jetzt im Prasias gefangen werden. Es liegt sehr nahe, diese Sachen in Verbindung zu bringen; der Edonierkönig Getas wird eine Stadt seines Namens und eine Stadt Oreskos besessen haben. Die oreskischen Münzen hat man bald den Oresten im obern Makedonien, bald der Stadt Orestias, der spätern Adrianopolis, zugeschrieben, aber weder die Legende der Münzen, noch die sonstigen Umstände lassen das zu; die Formation des Namens ist ähnlich der von Doriskus, Drabeskos; die Kausia, mehr noch das Fischchen, spricht für die Gegend des Prasias, in dessen Nähe fast alle die obigen Münzen gefunden werden. Die Münzen der Getäer und Oreskier müssen verschollenen Orten am Pangäon zugehört haben, und finden wir nun denselben Helm im quad. inc. umschrieben mit *ΑΡΧΕΛΑΟ* (*Cousinéry* II. pl. 7. nr. 9), so scheint es nicht unwahrscheinlich, daß gegen Ende des peloponnesischen Krieges durch eben diesen makedonischen König jene edonische Gegenden in Besitz genommen worden. Daß die Münzen mit der Umschrift *ΤΡΑΙΛΙΟΝ*, die gleichfalls in der Nähe des See's gefunden werden, dem von Steph. Byz. *τράγιλος*, in den Itinerarien Triulo genannten Ort angehören, hat Leake (III, 229) erwiesen; eine Erklärung hat von ihnen Raoul-Rochette gegeben und im Augusthefte des Journal des Savans 1836 zu vertheidigen gesucht.

Für die ältere Geschichte des päonischen Stammes fehlen uns selbst diese numismatischen Überlieferungen; es ist keine bestimmte Angabe darüber vorhanden, ob sie unter verschiedenen Fürsten vertheilt gewesen oder nicht. Doch ist es nicht wahrscheinlich, daß sie **eine** Herrschaft bildeten. Die beiden Päonier Mantyas und Phagres kamen zum Darius nach Sardes, um durch seine Vermittelung Tyrannen in ihrer Heimath zu werden; sie sagten aus, Päonien sei am Strymonflusse belegen (*εἴη ἡ Παιονίη ἐπὶ τῷ Στρύμονι πεπολισμένη* *Herod.* V, 13). So erscheinen die dortigen Päonier gesondert von ihren westlichen und nördlichen Stammgenossen. Bereits oben ist ausgeführt worden, wie dies Verhältniß zu Persien für Päonien der Anfang großen Unheils wurde und wie namentlich von jener Zeit an das Vordringen thrakischer Stämme beginnt. Funfzig Jahre später sind bereits die Agrianer, Leäer und andere Stämme links vom Strymon den Odrysen unterthänig, das einst päonische Land südostwärts von der Kerkine und den Strymonpässen von thrakischen Stämmen besetzt, das päonische Land am untern Axios unter makedonischer Botmäßigkeit. Der schnelle Sturz des Odryserreiches wird die Päonier am obern Strymon wieder befreit haben. Wie sie sich bei dem großen Zuge der Triballer, die im J. 376 bis gegen Abdera vordrangen, verhielten, ist nicht überliefert.

Erst mit Philipp beginnt uns einige Kenntniß über Päonien zuzukommen. Um das Jahr 360 war der König Perdikkas in einer großen Schlacht gegen die Illyrier gefallen. Das Reich war in höchster Verwirrung, ein Kronprätendent rückte, von einem thrakischen Fürsten unterstützt, heran, ein anderer, von den Athenern unterstützt, drang von der Chalkidike aus bis Ägä vor; die Päonier, die nahe bei Makedonien wohnten, brachen plündernd über die Grenzen. In solcher Noth ergriff Philipp das Regiment, er sendete an die Päonier und wußte die einen durch Geschenke, andere durch friedliche Anträge zu gewinnen (*Diod.* XVI, 2, 3); auch der andern Feinde wurde er bald theils durch Unterhandlungen, theils durch Gewalt Herr. Man erkennt aus jenen Angaben, daß die Päonier damals nicht unter einiger Hoheit waren, man darf nach spätern Vorfällen annehmen, daß wenigstens die Agrianer ein abgesondertes Fürstenthum bildeten. Jahres darauf starb der päonische Fürst Agis und diese Zeit benutzte Philipp zu einem Einfall in das päonische Land, er besiegte sie und zwang sie zum Gehorsam (*τοὺς βαρβάρους νικήσας ἠνάγκασε τὸ ἔθνος πειθαρχεῖν τοῖς Μακεδόσι. Diod.* XVI, 4).

Wir übergehen Philipp's schnelle Fortschritte während der nächsten Jahre, die Einnahme von Pydna, die Wiederbesetzung von Amphipolis, die Gründung von Philippi. Mit Sorgen sahen die nächstwohnenden Völker dies Wachsthum der makedonischen Macht; einzeln zum Widerstande zu schwach, hofften sie durch ein Bündniß ihm gewachsen zu sein; so vereinigten drei Könige, der der Thrakier, der Päonier und Illyrier, ihre Macht; aber Philipp kam ihnen zuvor und zwang sie zum Gehorsam (*ἠνάγκασε προσθέσθαι τοῖς Μακεδόσι. Diod.* XVI, 22). Also trotz der frühern Bewältigung des von Agis beherrschten Päoniens war dort ein eigener König geblieben.

Um das J. 349 kämpfte Philipp gegen Olynth, mit ihm war der Fürst Dertas von Elimiotis; die Athener schickten den Olynthiern ein Heer unter Chares zu Hilfe, der einen Sieg über Philipp's *ξένοι* unter Führung des Adaios, den man den Hahn nannte, erkämpfte (*Athen.* XII, 532). In der Geschichte der Nachfolger Alexander's (S. 617) habe ich versucht, diesen Adaios dem päonischen Königshause zu vindiciren. Der Name ist von dem makedonischen Worte *ἀδη*, welches Himmel bedeutet (*Sturz.* de dial. Mac. p. 34) abzuleiten. Es gibt Münzen mit seinem Namen, die man wegen eines falsch gelesenen Monogrammes auf Herakleа Sintika bezogen hat; eine von diesen führt die Buchstaben *ΑΕ Σ* (*Dumersan*, Descr. du cab. Allier. p. 31), andere die Monogramme [Monogramm] und [Monogramm]. Adaios scheint Fürst der Päonier gewesen zu sein, und dem Philipp, als Verbündeter, Truppen (*ξένοι*), zugeführt zu haben; er kam vor Olynth um (s. d. Komiker Herakleides und Antiphanes bei *Athen.* l. c. und *Zenob.* prov. VI, 34).

Schon in den letzten Lebensjahren Philipp's unterhielt der Agrianerfürst Langarus freundliche Verbindungen mit Alexander (*Arrian.* I, 5, 1). Ob sich bei Philipp's Tode die übrigen Päonier mit den meisten, dem makedonischen Königthum unterworfenen Völkern empört haben, ist nicht ganz sicher. Nur Diodor erzählt die Kämpfe gegen die nördlichen und westlichen Völker während des Jahres 325 kurz zusammenfassend: „Alexander habe die empörten Thrakier wieder unterworfen, habe auch die Päonier und Illyrier und die ihnen benachbarten Länder angegriffen und viele der dort heimischen Barbaren, die abgefallen waren, besiegt und alle Barbaren in der Nachbarschaft sich dienstbar gemacht" (XVII, 8). In der ausführlichern Schilderung dieser Kämpfe bei Arrian werden die Päonier nicht erwähnt, aber freilich erscheinen sie nicht wie die Agrianer schon bei diesen ersten Kriegen Alexander's als Hilfstruppen (*Arrian.* I, 1, 11). Wichtiger ist, daß Arrian (I, 5, 1) angibt, Alexander sei bei der Nachricht vom Einfalle der Illyrier gen Pellion von der Donau zurückgeeilt durch das Land der Agrianer und Päonier (also auf der serbischen, nicht auf der skupischen Straße, daher ist denn auch Justin's Angabe, er habe die Dardaner besiegt, unwahrscheinlich, XI, 1). Die Autariaten im Norden des Skomios wollten ihm den Weg verlegen, Langaros übernahm ihre Bewältigung, der König lohnte es ihm mit reichen Geschenken und verlobte ihm seine Halbschwester Kynane; doch starb der Fürst vor der Vermählung (*Arrian.* I, 5).

Bei den asiatischen Feldzügen zeichneten sich im Heere Alexander's namentlich die Agrianer unter ihrem Führer Attalus (*Arrian.* II, 9, 2) aus; auch Päonier waren bei dem Heere, sie standen unter Ariston (*Arrian.* II, 9, 2 und sonst).

Erst mit dem Jahre 310 erhalten wir wieder bestimmtere Nachricht von den Päoniern. Damals waren die Autariaten aus ihren Sitzen aufgebrochen; in großer Bedrängniß sprach der Päonierfürst Audoleon den damaligen Machthaber in Makedonien, den Kassander, um Hilfe an, der denn die Autariaten bewältigte und den ganzen Volksstamm, gegen 20,000 Menschen, in dem Orbelus ansiedelte (Geschichte der Nachfolger Alex. S. 402). Dieser Audoleon heißt in einer später zu erwähnenden Inschrift Sohn des Patraos oder Patraios, und wir werden bald einen Sohn von ihm unter dem Namen Ariston erwähnt finden. Nun gibt es Münzen von sehr verschiedenem Gepräge mit der Umschrift *ΠΑΤΡΑΟΥ* (*Mionnet.* I. p. 451); aus ihrem Typus erkennt man die makedonische Nachbarschaft und ungefähr Alexander's Zeit. Wenn nun des Fürsten Audoleon Vater Patraus geheißen, so ist es wol so gut wie gewiß, daß der auf den Münzen genannte derselbe ist. Als Alexander nach Asien zog, waren die Päonier unter Führung eines Ariston; gewiß hatte der König nach seiner bekannten Maxime (*Frontin.* II, 11, 3. *Justin.* XI, 5) den päonischen Fürsten selbst mitzuziehen veranlaßt. Dies ist um so eher glaublich, da eben dieses Führers Namen wieder Audoleon's Sohn trägt. Wenn so Ariston der Päonierfürst um 334 war, so fragt es sich, in welchem verwandtschaftlichen und chronologischen Verhältnisse derselbe zu Patraus gestanden haben mag. Ich glaubte sonst (s. meine Abhandlung über das päonische Fürstenthum in der Zeitschrift für die Alterthumswissenschaft, 1836. Nr. 103), daß Patraus älter als Ariston und sein und Audoleon's Vater gewesen sei. Dies scheint mir nicht mehr glaublich. 1) Audoleon war, da er zwar schon 310 regierender Fürst ist, aber erst 290 eine Tochter vermählt (s. u.) und 287 sein Sohn noch μειράκιον, also gewiß nach 310 geboren ist, wol nicht vor 334 geboren, und grade in diesem Jahre wäre denn schon sein Bruder Ariston als Führer der Päonier mit ins Feld gerückt? Diese Schwierigkeit ist gering, aber doch beachtenswerth. 2) Von Patraus und Audoleon sind zahlreiche und verschiedenartige Münzen; wäre Patraus Zeitgenosse Philipp's, so müßte das allerdings auffallen, die Perserkriege konnten reiche Beute und die Wirren der Diadochenzeit eine selbständigere Macht, als Philipp gegenüber zu behaupten war, gebracht haben; ja, irre ich nicht, so sind auch die Embleme der Münzen, der stehende Adler, der Reiter, der den schwerbewaffneten Feind niederwirft ꝛc., eher im Sinne einer spätern, als der Philippischen Zeit. So glaube ich, Ariston ist der Vater, mindestens der Vorgänger des Patraus, und unter Alexander mit nach Asien gezogen; Patraus mochte während der Zeit des lamischen Krieges und mehr noch während der Kämpfe zwischen Olympias und Eurydike Gelegenheit haben, der päonischen Macht größere Unabhängigkeit, als sie zu Alexander's Zeit gehabt haben kann, zu erwerben. Bemerkenswerth ist, daß nach der ersten Theilung des Reiches dem Antipater zugewiesen wird alles Land jenseit von Thrakien, Epirus, Griechenland, Makedonien mit den Agrianern, Triballern und Illyriern (ὡς ἐπὶ Ἀγριᾶνας κ. τ. λ. ist Arrian's Ausdruck bei *Phot.* p. 69, b.; richtiger schließt Dexippus ib. p. 64. a. die drei Völker mit ein). Hier sieht man deutlich, daß die Agrianer dem Reiche einverleibt worden sind, keineswegs das eigentliche päonische Fürstenthum.

Um das Jahr 310 war Audoleon Fürst in Päonien, damals, wie es scheint, noch nicht vorgerückten Alters; um 290 vermählte er seine Tochter an den König Pyrrhus von Epirus. Zahlreiche Münzen dieses Fürsten, unter ihnen eine mit dem stolzen Gepräge des Zeus Atrophoros, beweisen, daß Päoniens Macht damals bedeutend gewesen sein muß. Noch augenfälliger wird dies durch eine attische Inschrift (s. archäologisches Intelligenzblatt zur halle'schen Literaturzeitung, 1834. S. 250 und meine oben erwähnte Abhandlung: das päonische Fürstenthum). Das Datum der Inschrift ist nach höchster Wahrscheinlichkeit vom 2. Jul. 287, sie decretirt für Audoleon Patraus' Sohn Statuen und Ehren, „weil Audoleon dem Demos von Athen seit früherer Zeit wohlgewogen ist, indem er ihm Dienste geleistet und zur Befreiung der Stadt mitgewirkt und als der Demos die Stadt wieder erhalten, sich über solches Glück gefreut hat, in der Ansicht, daß das Wohl der Stadt auch ihm ersprießlich sei — ferner weil er die Athener, die in sein Land gekommen sind oder dort sich aufhalten, vielfältig unterstützt — ferner weil er dem Volke auch 7500 Scheffel Getreide geschenkt und sie auf eigene Kosten in die Häfen der Stadt geschickt hat, — ferner weil er auch für das Weitere seine Hilfe verspricht, mitzuwirken zur Wiedergewinnung des Piräeus und zur Freiheit der Stadt ꝛc." Daß die Befreiung der Stadt, zu der Audoleon mitgewirkt hat, nicht die von 307 sein kann, ergibt sich aus den politischen Verhältnissen der Zeit; damals wurde aus Athen der Phalereer Demetrius vertrieben, und dieser gehörte ganz dem Interesse des mächtigen Kassander, unter dessen Einfluß Audoleon seit dem Autariatenzuge 310 unfehlbar stand. Aber 297 mit Kassander's Tode begannen sich die Verhältnisse zu ändern; nach vier Monaten schon starb Kassander's Sohn Philipp, seine beiden Brüder, Antipater und Alexander, begannen den gräßlichen Kampf um das Königthum, der den umwohnenden Fürsten Gelegenheit genug gab ihr Gebiet zu erweitern, oder die frühere Abhängigkeit zu lösen. Von Kassander noch war Lachares in Athen veranlaßt worden, nach der Tyrannis zu streben, bis 295 widerstand dieser den Angriffen des Poliorketen Demetrius, der als Befreier in Attika aufgetreten war; es war die richtige Politik, wenn Audoleon sich ihm, dem heftigsten Gegner Kassander's, und des makedonischen Königthums näherte und zur Befreiung Athens mitwirkte. Als aber im Herbste 294 Demetrius das Diadem von Makedonien selbst übernahm, da änderte sich freilich die Stellung des päonischen Fürstenthums; und daß Audoleon diese erkannt hat, beweiset die Vermählung seiner Tochter mit Pyrrhus, dem unermüdlichen Gegner des Demetrius. Als endlich im Frühjahre 287 der große Krieg gegen Demetrius zum Ausbruche kam, und Pyrrhus und Lysimachus zu gleicher Zeit in das Königreich einfielen, da wird Audoleon nicht unthätig dem Kampfe zugesehen haben, den sein Schwiegersohn Pyrrhus mit so schnellem Glücke zu Ende führte. Gleich nach der Nachricht von Demetrius' Gefahr und Fall erhoben sich auch die Athener zur Freiheit und bereits am 2. Jul. 287 verfaßten sie jenes Ehrendecret für Audoleon, der ihnen zur Wiedergewinnung des Piräeus und zur Freiheit der Stadt hilfreich zu sein versprochen hatte.

Polyän erzählt (IV, 12, 3): „Lysimachus habe den jungen Sohn des Audoleon, Namens Ariston, unter dem Vorwande ihn in sein väterliches Fürstenthum zurückführen zu wollen, veranlaßt, mit ihm nach Päonien zu ziehen; nach dem Weihebade beim Festmahle seien Bewaffnete auf den Jüngling eingedrungen, der sich dann mit genauer Noth geflüchtet und nach Sardika hin gerettet habe." Das ist also nach 287, vor 281, dem Todesjahre des Lysimachus, gewesen. Ariston scheint seines rechtmäßigen Erbes beraubt gewesen zu sein; wenn grade Lysimachus den Vorwand brauchen konnte sich seiner annehmen zu wollen, so muß es wol sein Gegner Pyrrhus gewesen sein, durch dessen Zuthun Ariston sein Land eingebüßt hat; vielleicht daß Pyrrhus selbst, als er den größten Theil

Makedoniens in Besitz genommen, Audoleon zu beseitigen gewußt hat. Wir wissen, daß sich Lysimachus, um gegen Pyrrhus Partei zu gewinnen, vielfach um die Gunst der makedonischen Großen bewarb (*Plut.* Pyrrh. 12), vielleicht daß er Audoleon's Sohn mit dem Versprechen, ihm sein Erbe zurückzugeben, an sich lockte und dann, als Pyrrhus vertrieben und Makedonien sein war, durch jenen Betrug das Land occupirte; es mag das um 286 geschehen sein.

Bald darauf begannen die Zerwürfnisse zwischen Lysimachus und Seleukus, der Krieg kam zum Ausbruche, Lysimachus fiel in der Schlacht von Korupedion 281, ein halbes Jahr später ward der Sieger Seleukus durch Ptolemäus Keraunos ermordet, in dessen Besitz Makedonien überging, mit Makedonien wahrscheinlich das päonische Land. In damaliger Zeit erhob sich das dardanische Fürstenthum unter Monunios zu bedeutender Macht (s. meine Abhandlung über das dardanische Fürstenthum in der Zeitschrift für Alterth. 1836. Nr. 104). Monunios unterstützte des Lysimachus ältesten Sohn, der gegen Ptolemäus Ansprüche auf Makedonien erhob; als aber gegen Ende desselben Jahres 280 die gräßlichen Invasionen der Gallier begannen, beeilte sich der dardanische Fürst dem Könige Ptolemäus 20,000 Mann zum Kampfe gegen den gemeinsamen Feind anzubieten. Hieraus dürfte man eine Bestätigung entnehmen, daß das päonische Fürstenthum, welches sonst Dardanien und Makedonien trennte, nicht mehr existirte, sondern beide Königreiche jetzt an einander grenzten. Ptolemäus war unsinnig genug die dardanische Hilfe von der Hand zu weisen, er büßte dafür mit schmachvollem Untergange. Von den drei Gallierzügen des Jahres 280 wandte sich der eine unter Brennus (und) Akichorius gegen Päonien, also kam er über das Skomiusgebirge zu den Quellen des Strymon. Der große Zug des Brennus im J. 279 ging durch das Gebiet der Dardaner am Axios hinab gegen Makedonien und von dort nach Griechenland; an diesem sollen die Dardaner Antheil genommen haben (*Appian.* Illyr. 5); daß die Reste des bei Delphi geschlagenen Heeres heimziehend im Dardanerlande vollkommen aufgerieben worden, ist gewiß eine falsche Angabe (*Diod.* XXII. ccı. XIII. p. 497), die Anarchie in Makedonien und die Entfernung der epirotischen Kriegsmacht gab den Dardanern Gelegenheit, ihre Macht ungemein auszudehnen, und es ist aus Münzen nachgewiesen, daß jener Monunios bis Dyrrhachium herrschte.

Seit sieben oder acht Jahren hatte ein eigenes päonisches Fürstenthum aufgehört, das Land war im makedonischen Besitz gekommen; jetzt war Makedoniens Macht vollkommen gesunken, and wenn Antigonus Gonatas endlich um 277 das Diadem wirklich gewann, so hatte er vorläufig noch viel zu große Sorge um die Wiederherstellung des königlichen Ansehens und um die gefährliche Galliermacht in Thrakien, als daß er an die Wiedererwerbung Päoniens hätte denken können. Wenn um 200 Päonien als eigenes Fürstenthum nicht mehr und bis zur Unterwerfung durch die Römer nicht wieder existirte, und wenn andererseits das Vorhandensein päonischer Fürsten außer den oben genannten und nach ihnen constatirt ist, so müssen sie in diese Zeit zwischen 280 und 200 zu setzen sein. Es gibt nämlich Münzen, die nach dem Urtheile der Numismatiker mit ziemlicher Gewißheit dem päonischen Lande zugeschrieben werden; die einen haben einen lorbeergekränzten Kopf und auf dem Revers einen sitzenden Herakles, der gegen einen Löwen kämpft, unter ihm Bogen und Köcher, mit der Umschrift *ΛΥΚΚΕΙΟΥ* (s. *Cadalvène* tab. I. no. 19), die andern führen einen ähnlichen Kopf und auf der Rückseite ein Schwert mit der Umschrift *ΕΥΠΟΛΕΜΟΥ*. (S. *Mionnet* suppl. II. fin.) Namentlich die erste Münze dürfte, nach der Zeichnung bei Cadalvene zu schließen, der oben bezeichneten Zeit angehören. Es scheint mir denkbar, daß grade in der Zeit des Antigonus Doson das päonische Fürstenthum noch einmal, freilich in sehr beschränktem Raume, wieder auflebte.

Die Landschaft Pelagonien war und blieb dem makedonischen Königthume einverleibt, auch von der Landschaft Deuriopus erscheint wenigstens Bryannion und Stubera im Besitze des Königs Philipp (*Liv.* XXXIX, 53. XXXI, 39). Gegen Norden waren die Dardaner in den Besitz der sonst päonischen Landstriche gekommen und selbst Bylazora war geraume Zeit in ihrem Besitz, bis es Philipp einnahm (*Polyb.* V, 97); bei spätern Einfällen drangen sie bis Stobi vor (*Liv.* XXX, 19). Ostwärts von ihnen hatten die Mäder früher päonisches Land in Besitz genommen; sieben Tagereisen weit erstreckte sich zwischen den Mädern und dem Hämus eine Einöde (*Liv.* XL, 22), sodaß sie also ziemlich tief in die Axiosebene hinab gewohnt haben müssen. Weiter nach Osten saßen die Dentseleten im früher päonischen Lande; ein Kriegszug des Philipp vom Jahre 182 gegen sie, gegen die Bessen und Odryser, bis Philippopolis hin, zwang sie Bundesgenossen der Makedonier zu werden (*Liv.* XXXIX, 53. XL, 22). Nach der Richtung dieses Zuges zu schließen müssen die Agrianer in ihrem Gebiete sehr beschränkt worden sein; zwar werden sie im Heere des Antigonus Doson (*Polyb.* II, 65), des Philipp (*Liv.* XXVIII, 5. XXXIII, 18), des Perseus (*Liv.* XLII, 51) genannt, aber auch im syrischen Heere erscheinen sie als leichte Waffe (*Polyb.* V, 79), jedenfalls sind sie makedonische Unterthanen. Päonien ist unter Philipp als Parastrymonia und Paroreia makedonische Provinz und steht um 182 unter dem Statthalter Didas, dem Mörder des Demetrius, Asterium und Heraklea liegen in seinem Gebiete (*Liv.* XL, 22, 24).

Als endlich nach der Schlacht von Pydna das makedonische Land in die Gewalt der Römer kam, wurde es in vier angebliche Republiken vertheilt, ganz nach der durchaus äußerlichen und mechanischen Weise, welche stets der Vernichtung alter historischer Verhältnisse den förderlichsten Vorschub leistet. Bei diesem Anlasse können wir noch einmal das nun von uns vielfach besprochene Terrain durchmustern (*Liv.* XLV, 29, 30).

Das erste Makedonien umschloß das Gebiet zwischen Strymon und Nestus, dazu das Land im Osten des Nestus, was Perseus besessen hatte, außer Anus,

Maronea und Abdera, und westwärts vom Strymon ganz Bisaltien mit Herakleia Sintika; offenbar reichte dies Gebiet bis in die Gegend der Strymonquellen, so weit makedonische Herrschaft sich erstreckt hatte; Amphipolis war die Hauptstadt dieses Districtes.

Das zweite Makedonien umschloß das Land zwischen Strymon und Axios mit Ausnahme Bisaltiens und Herakleia's, mit Einschluß der Päonier auf der Ostseite des Axios (also der Landschaft von Doberos, Asterium und Astibon); hier war Tessalonich die Hauptstadt.

Das dritte Makedonien mit der Hauptstadt Pella bildeten die Gegenden, die der Axios im Osten, der Peneios im Süden, das Boragebirge im Norden umgrenzen; der päonische Streif Landes am rechten Axiosufer wurde dazu gefügt; auch Edessa und Beröa gehörten zu diesem District. Die Dardaner, als Verbündete der Römer, hatten Ansprüche auf Päonien gemacht, das ja ihnen auch schon gehört habe und ihren Grenzen nahe liege; sie wurden zurückgewiesen und ihnen nur erlaubt, daß sie ihr Salz aus Stobi entnehmen, zu welchem Ende diesem dritten District aufgetragen wurde, Salz in die Magazine nach Stobi zu liefern; also war das diesem District zugefügte Päonien nicht, wie Müller meint, der unterhalb der Axiosengen belegene Streif, sondern umfaßte wahrscheinlich die Ufergegenden über Stobi und Bylazora hinauf bis zu dem oben bezeichneten Orte ad fines.

Das vierte Makedonien endlich umfaßte das Land jenseit der Bora, das theils an Epirus, theils an Illyrien grenzt, namentlich Eordäa, Lynkestis, Stymphäa, Elimiotis, Atintania; Pelagonia war hier die Hauptstadt.

Hiermit glaube ich die geschichtlichen Angaben über Päonien schliessen zu können, weiterhin geschieht des Namens im alten Sinne nicht weiter Erwähnung; er taucht höchstens auf einzelnen Münzen der Kaiserzeit als Auszeichnung einzelner Städte noch auf. (*Joh. Gust. Droysen.*)

PÄONIENSAMEN (Pfingstrosensamen, von **Paeonia officinalis**), glaubte Volkmann (**Silesia subterranea**, [Lips. 1720. 4.] p. 134. t. 24. f. 14) fossil in Schlesien gefunden zu haben. Nach Göppert (Jahrbuch f. Mineral. 1835. S. 367) wären es nur samenähnliche Bildungen in Mandelstein gewesen. (*H. G. Bronn.*)

PÄONIOS, erscheint als Name von Künstlern mehrmals in der griechischen Kunstgeschichte.

1) Päonios von Ephesos, über welchen die einzige Stelle des Alterthums bei dem Vitruvius sich findet, der **de architect. VII praef. §. 16** also erzählt: **Aedes Ephesi Dianae Ionice genere a Chersiphrone Gnosio et filio ejus Metagene est instituta; quam postea Demetrius ipsius Dianae servus et Paeonius Ephesius dicuntur perfecisse. Mileti Apollini item Ionicis symmetriis idem Paeonius Daphnisque Milesius instituerunt.** Bei der Verschiedenheit, welche die Handschriften in der Schreibart des Namens darbieten, läßt sich eine ganz bestimmte und hinlänglich bestätigte Entscheidung über denselben nicht geben. Salmasius in den **Exercitat. Plinian.** (p. 572) nahm **Poenius** als das Richtige an, was neben **Poeonius** allerdings in einigen alten Büchern sich vorfindet, aber da die bessern **Paeonius** geben, auch die Analogie anderer Namen diese Form sicher stellt, so ist dies mit Recht von den neuern Herausgebern vorgezogen. Daß dieser Künstler unter den Architekten in besonderm Ansehen gestanden habe, kann man schon daraus schließen, daß ihm die Vollendung eines so wichtigen Bauwerks, als der Tempel der Artemis zu Ephesos für die griechischen Colonien auf den Küsten Kleinasiens war, übertragen ward. Der Bau war schon zu Kronsos' Zeiten um Ol. 58 durch Chersiphron (nicht Ktesiphon, wie bei Hirt, Geschichte der Baukunst. I. S. 233 noch immer steht) und dessen Sohn Metagenes begonnen; alle Städte und Fürsten der umliegenden Gegenden hatten Beiträge zu demselben gegeben. (*Herod.* I, 92. *Liv.* I, 45 u. a.) Schon waren die Gebälke über die Marmorsäulen gelegt und selbst die Hauptthür der **cella** mit dem Sturz überlegt, als die Unfälle des Kriegs und andere Umwälzungen, welche jene Gegend betrafen, die Fortsetzung des Baues verhinderten. Erst um Ol. 90 ward er durch Demetrios und den hier behandelten Künstler vollendet. Zwar steht diese Zeitangabe nicht durch bestimmte Zeugnisse fest, aber Hirt's Untersuchungen in seiner akademischen Schrift: Tempel der Diana zu Ephesos (Berl. 1809. S. 16) haben diese Annahme wahrscheinlich gemacht. (Vergl. dessen Gesch. der Baukunst. II. S. 60. Müller, Handbuch der Archäologie. S. 57.) Die Bedeutsamkeit dieses Architekten ergibt sich aber auch aus seiner Theilnahme an dem Bau eines zweiten Tempels, welchen Vitruv a. a. O. erwähnt, an dem des didymäischen Apollon nahe bei Milet. Die Branchiden hatten den von alter Zeit her berühmten Tempel an Darius (wie *Herod.* VI, 18) oder an Xerxes (wie *Strabo* XIV. p. 634) bei seiner Rückkehr aus Griechenland verrathen; die Perser beraubten und verbrannten ihn. Der Wiederbau erfolgte durch Päonios und Daphnis von Milet, etwa zwischen Ol. 90 bis 100. Nach dem Vorbilde des ephesischen Tempels ward die ionische Bauart gewählt; er sollte prächtiger und ganz aus Marmor wiederhergestellt werden, ist aber nie ganz vollendet, sondern nur bis zur Dachung geführt. Wheler und Spon sahen von den Trümmern dieses Tempels, die jetzt in mächtigen Steinmassen umherliegen, noch vier Säulen und einen Pfeiler; Chandler (p. 151) gab davon Bericht, Abbildungen finden sich in den **Jonian Antiq.** (I. ch. 3. p. 27), bei Choiseul-Gouffier (**Voyag. pittor.** I. pl. 113, 114), und auf den Tafeln zu Hirt (t. IX. f. 11. u. t. X. f. 13) Vergl. Hirt, Geschichte der Baukunst. II. S. 62. Meyer, Geschichte der Kunst. II. S. 200 [1]). Müller, Handbuch der Archäologie. S. 93.

2) Ein zweiter Päonios wird bei demselben Vitruvius (**de architect. X. c 2. §. 13, 14**) erwähnt. Auch an dieser Stelle steht der Name nicht fest, die Vulgata bietet **Paconius**, aber schon Oudendorp (ad *Sueton.* p. 227), und nach handschriftlicher Überlieferung Schneider, haben die hier befolgte Schreibart als die vorzüglichere empfohlen. Es handelt sich dort von der Wiederherstel-

1) Hier werde noch der Fehler Meyer's berichtigt, der den Namen ohne allen Grund Peonius schreibt; auch Hirt schreibt bald Poenius bald Poeonius, ohne Consequenz.

lung der baufällig gewordenen Basis an der kolossalen Apollostatue des Kanachos offenbar, eines Schülers des Polykletos. Es waren dazu größere Steine nöthig, deren Bruch und Herbeischaffung zur Baustelle Paeonius quidam übernahm. Die von ihm dazu gemachte Erfindung einer neuen Vorrichtung, verschieden von der, welche Metagenes bei dem ephesischen Tempel zur Herbeischaffung der vierseitigen großen Hauptbalken sehr scharfsinnig ausgesonnen hatte, beschreibt Vitruv umständlicher, fügt aber zugleich hinzu, daß Päonius dabei sich verrechnet und durch vielerlei misglückte Versuche einen Bankrott gemacht habe. Dieser Päonius gehört in die Zeit des Vitruv, also unter Cäsar und August, denn jener Schriftsteller sagt ausdrücklich: nostra memoria — locaverunt ex eisdem lapidicinis basim excidendam.

3) **Päonios** aus Mende in Thrakien, ein Bildhauer. Über dem Namen dieses Künstlers hat ein eigenes Misgeschick gewaltet, indem es nur Wenigen geglückt ist, aus der ihn betreffenden Stelle des Pausanias das Richtige zu erkennen. Dieser nämlich sagt nach der Beschreibung des Hauptsächlichsten der von jenem ausgegangenen Kunstwerke (V. c. 10. §. 2. p. 399): *τὰ μὲν δὴ ἔμπροσθεν τοῖς ἀετοῖς* (leg. *ἐν τοῖς ἀετ.*) *ἐστι Παιωνίου, γένος ἐκ Μένδης τῆς Θρᾳκίας.* Amasäus übersetzt diese Worte: habet lacunaris antica pars Paeonii proles e Mende civitate Thraciae, und bringt dadurch dieses Päonius Nachkommenschaft unter die Statuen, welche das vordere Giebelfeld des Tempels schmückten. Nicht minder unrichtig übersetzt Gédoyn: ces ouvrages sont d'un Paeonien originaire de Mendes, ville de Thrace; ja in Goldhagen's Übersetzung (2. Bd. S. 270) erscheint sogar ein Mäonius. Die richtige Form des Namens ist *Παιώνιος*, die auch aus den besten Handschriften von Facius aufgenommen und von allen spätern Herausgebern gebilligt worden ist; daher Völkel's Paconius und Hirt's Pöonius, was sich in der Geschichte der Baukunst (2. Bd. S. 41) findet, nur aus Versehen entstanden sein kann. Zu einem schlimmern Versehen hat eine zweite Stelle des Pausanias (V. c. 26. §. 1. p. 446) Veranlassung gegeben, indem Junius in dem Catalog. (p. 120) die Worte *τοῦτό ἐστιν ἔργον Μενδαίου Παιωνίου* so auffaßte, als wenn der zweite Name des Künstlers Mendäus' Vaterland bezeichnete. Dieser Irrthum hat sich weit fortgepflanzt, und auch bei Winckelmann [2]) in der Geschichte der Kunst (Werke 6. Bd. 1. Abth. S. 11) erscheint Mendäus von Päon, was die Herausgeber nach den Erinnerungen von Balckenaer (diatrib. p. 215) und Millin (im Magas. encyclop. VI. ann. T. II. p. 20. not.) wol hätten verbessern können. Aber Meyer (Geschichte der Kunst II. S. 82) hat sich noch immer nicht losreißen können.

Über die Zeit, in welcher Päonios gelebt habe, wird erst nach einer Erörterung über die von ihm verfertigten Kunstwerke geredet werden können. Pausanias, der einzige Schriftsteller, welcher uns Nachrichten von ihm erhalten hat, erwähnt zwei Werke; das erste und auch wol vorzüglichste gehörte zu den Verzierungen des Olympieion zu Olympia. „In dem Vordergiebel [3])," erzählt Pausanias (V. c. 10), „sieht man den Wagenkampf des Pelops mit Oinomaos, wie er eben beginnen soll, und die Zurüstung von beiden Seiten zum Wettlaufe. Von dem Bilde des Zeus, der fast in der Mitte des Giebels steht, rechts erscheint Oinomaos, das Haupt sich mit einem Helme bedeckend, neben ihm seine Gattin Sterope, auch eine von Atlas' Töchtern. Myrtilos aber, der dem Oinomaos den Wagen lenkt, sitzt vor den Rossen; der Rosse sind vier an der Zahl. Hinter ihm stehen zwei Männer; sie haben zwar keine Namen, waren aber wol ebenfalls von Oinomaos bestellt, die Rosse zu besorgen. Ganz am Ende ist der Fluß Kladeos gelagert, den auch sonst die Eleier unter allen Flüssen nach dem Alpheios am meisten verehren. Zur Linken des Zeus sieht man den Pelops und die Hippodameia, ferner den Wagenlenker des Pelops, die Rosse und zwei Männer, wahrscheinlich auch Besorger von Pelops' Rossen. Jetzt engt sich der Giebel wieder, und da ist der Alpheios gebildet. Der Mann, welcher dem Pelops die Rosse lenkt, heißt nach der Angabe der Troizenier Sphäros; der Erklärer in Olympia aber behauptet, Killas sei sein Name." Diese Darstellung bezog sich auf eine der merkwürdigsten Begebenheiten aus dem Leben des Pelops, der durch die Begründung der Herrschaft der Pelopiden in Elis und die Wiederherstellung der olympischen Spiele vor allen andern eine solche Verherrlichung an dem Tempel verdiente (*Pausan.* V, 8, 1). In der Mitte der Figuren erscheint Zeus, nicht der Gott selbst, sondern nur sein Idol, wie dies der Ausdruck *ἄγαλμα* hinlänglich andeutet, nicht aber deswegen, weil ihm der Tempel geweiht, oder weil er der Großvater des Zeus war, wie Völkel (S. 73) annimmt, noch auch als Kampfrichter zwischen beiden Parteien in der Mitte des Plans, was Siebenkees (S. 34) für wahrscheinlicher hält, sondern als Zeus Areios, zu welchem Oinomaos vor dem Beginn jedes Wettrennens zu opfern pflegte (*Paus.* V, 14, 5. *Diodor. S.* IV, 73). Die Rennbahn bezeichnen auch die an den beiden Enden des Giebelfeldes angebrachten Bilder der Flußgötter Kladeos und Alpheios, an denen das Rennen in geheiligter Gegend gehalten werden sollte (Schol. *Apoll. Rh.* I, 752. *Paus.* V, 7, 1). Von der ältern Sage, die jedem Wettrenner ein Zweigespann gab (*Pausan.* V, 17, 4), wich Päonios ab, indem er der Sitte seiner Zeit folgend, zwei Viergespanne darstellte. Genauere Beschreibung des Übrigen macht Rathgeber's Untersuchung in dieser Encyklopädie (3. Sect. 3. Th. S. 212 fg.) überflüssig. Die ganze Gruppe war offenbar pyramidalisch geordnet, die Figuren standen in einer Reihe, ganz symmetrisch, und das Wichtigste, das Bild des Zeus, stand in der Mitte am ansehnlichsten Platze und theilte das Ganze in zwei Theile. In jedem derselben waren gleich viel Figuren, auf jeder Seite war die nämliche Ordnung beobachtet.

2) In dem Register der alten Ausgabe von Winckelmann's Geschichte der Kunst steht sogar: Mendäus aus Paron (?).

3) Winckelmann (W. 1. Bd. S. 412) versteht *ἐν τοῖς ἀετοῖς* falsch und übersieht ganz, daß es der Plural ist; theilweise Berichtigung gibt dort Fernow S. 495.

(Vergl. Tölken, über d. Basrel. S. 73. Siebenkees S. 35. Welcker, in der Zeitschr. für Gesch. und Ausleg. der alten Kunst. I. H. 2. S. 203.) Es ist schwer zu entscheiden, ob diese Darstellungen freistehende, runde oder halberhobene Bilder waren. Für Ersteres spricht die Ähnlichkeit der Arbeiten an andern Tempeln, und Siebenkees (S. 39), Meyer (Gesch. der Kunst I. S. 84), haben sich dafür ausgesprochen, da ja die Erfindung halberhobener Arbeiten wahrscheinlich durch Statuen an den Wänden der Tempel und in Säulengängen in Reihen aufgestellt, veranlaßt zu sein scheint. Daß aber unserm Künstler eine so wichtige Arbeit übertragen wurde, während doch dem berühmten Alkamenes nur die Ausschmückung des Giebelfeldes im Opisthodomos übergeben ist, zeugt am besten, was für ein trefflicher Meister derselbe gewesen ist. Dasselbe bestätigt auch der Auftrag zu einem andern Kunstwerke, welches Pausanias (V, 26, 1) erwähnt. Er verfertigte nämlich für die dorischen Messenier, welche Ol. 81, 2 Naupaktos in Akarnanien zum Wohnsitze von den Athenern erhielten, von der im Kriege mit den Öniaden zwischen Ol. 81 und dem Anfange des peloponnesischen Krieges gemachten Beute eine Bildsäule der *Νίκη*, die in der Altis zu Olympia auf einer Säule stand. Pausanias (a. a. O.) erzählt auch, die Messenier hätten aus Furcht vor den Lakedämoniern nicht gewagt, die wahre Ursache der Weihung dieses Geschenks, nämlich die in Verbindung mit den Atheniensern bewerkstelligte Verjagung der Lakedämonier von der Insel Sphakteria, in die Inschrift zu setzen, eine Begebenheit, die in Ol. 88, 4 fällt.

Da Mende bis zum neunten Jahre des peloponnesischen Krieges (Ol. 89, 1—2) den Atheniensern unterworfen war (s. *Thucyd.* IV, 123. *Poppo* P. I. Vol. II. p. 375), so hatte Päonios sehr vortheilhafte Gelegenheit seine Kunst bei den attischen Meistern zu erlernen. Unbegreiflich aber ist es, wie Winckelmann die Zeit seiner Blüthe vor die Expedition des Xerxes hat setzen können, da doch aus der Überlieferung des Pausanias ziemlich sichere Data sich entnehmen lassen. (Vergl. *Sillig*, Catalog. artif. p. 311 sq.) Die Verfertigung jener Siegesgöttin fällt entweder bald nach Ol. 87, 4. oder bald nach Ol. 88, 4. Früher aber fallen seine Arbeiten an dem Tempel des olympischen Zeus, die er wahrscheinlich unter den Augen des Phidias unternommen hat. Schwerlich ist die Verzierung des Tempelgiebels früher als die Hauptstatue des Gottes unternommen, schwerlich das Feld des hintern Giebels eher durch Alkamenes mit Bildern geschmückt worden, als das an der Hauptseite des Tempels. Sonach dürfte Päonios unbedingt als Zeitgenosse dieser beiden Künstler betrachtet [4]) und seine Blüthezeit in Ol. 86, wie dies O. Müller (Handb. der Archäol. S. 96) that, gesetzt werden können. Erhalten ist von beiden Kunstwerken nichts, aber die in neuerer Zeit gemachten Versuche, den Tempel des olympischen Zeus nach den alten Überlieferungen und den wenigen erhaltenen Trümmern wiederherzustellen, haben auch die Giebeldarstellungen gegeben,

4) Vergl. Hirt, Gesch. der bildenden Künste. S. 142.

die man finden kann bei *Quatremère de Quincy*, Le Jupiter Olympien. p. 256 und dazu pl. XI, und darnach mit geringfügigen Abänderungen in *Blouet* expédit. scientif. de la Morée. T. I. pl. 66.

4) Einen Rhetor dieses Namens erwähnt Cicero als Lehrer seines Sohnes und Neffen (ad Quint. fr. III, 3. S. *Meierotto* dubia. p. 187. (*F. A. Eckstein.*)

PÄONISCHE RHYTHMEN. Der Name *Παιών* ist, wo er den Versfuß bezeichnet, immer als Oxytonon zu schreiben, wie der bekannte Götterarzt, zur Unterscheidung von dem Volksnamen, der als Paroxytonon zu accentuiren ist (s. Göttling, Lehre vom Accent. S. 267). Auf diesen Unterschied haben schon die alten Grammatiker und Lexikographen hingedeutet, wie Hesychius (vv. *Παιῶνα*, *Παίονες* und *Παίων*), desgleichen Suidas (vv. *Παίονες*, *παιῶνας*, *παιωνίσας*, *παιῶνος*), das Etymol. M. (v. *Παιάν*) und am bestimmtesten Eustath. (in *Hom.* Il. I, 473), aber trotz dem sind noch manche Stellen darnach zu berichtigen. Dieselben Grammatiker lehren auch, daß dieses Wort in der Flexion sein *ω* behalte, der Volksname dagegen *ο* annehme; eine Behauptung, die durch die bessern Handschriften überall bestätigt worden ist und durch Dichterstellen sicher steht. So ist bei Terentian. Maur. (v. 1532) die Antepenultima in Paonieus lang, und in gleicher Weise wird die Penultima in Paeone verlängert von demselben (v. 2405 und von *Rufin.* p. 2713, 32. 36) [1]). Es findet sich aber neben dieser gebräuchlichen Form des Wortes eine andere, *Παιάν*, nicht etwa blos in schlechten Handschriften und alten Ausgaben, in denen man es einer Nachlässigkeit zuschreiben dürfte, sondern hinlänglich gesichert bei Aristoteles (Rhetor. III. c. 8. p. 1409 *Bekk.*), Cicero (de orat. I, 59. orat. c. 56. §. 188 und dazu die Varianten bei Orelli 64. §. 215), Rufin. (in den Rhetor. *Pithoei* p. 313) und einigen andern. Daher ist es zu erklären, daß mehre Gelehrte, wie z. B. unter den ältern Aldus, Stephanus, G. J. Vossius, und unter den neuern Ernesti (Clav. Cic. h. v.) beide Formen für gleich gut hielten, was aber von den Hymnen nur gelten kann (*Servius* ad *Virg.* Aen. VII, 769. XII, 401), bei dem Versfuße jedoch sehr zu bezweifeln steht. Über des Namens Herleitung gibt es bei den Alten verschiedene Traditionen, die lächerlichste ist wol die bei Plotius (p. 2626, 32) paeones a Paeone poeta nomen inditum possederunt, da das Alterthum einen Dichter dieses Namens nicht kennt, überhaupt aber das Bestreben die verschiedenen Rhythmen auf bestimmte Dichter zurückzuführen, einer spätern Zeit eigenthümlich ist. So kann man auch des Isidorus Notiz (Origg. I. c. 16. §. 18) würdigen: Paeones dicti ab inventore, in welche Interpolationen der Vulgata gleichfalls einen Dichter eingeschwärzt hat-

1) Die Stelle, *Virgil.* Aen. VII, 769, Paeoniis revocatum herbis, obgleich den Arzt betreffend, verlangt dieselbe Quantität und das Wort ist dreisylbig zu sprechen. Vergl. *Wagner.* ad *Virg.* Aen. I, 2. Interpr. *Ovid.* Met. XV, 535. Mit welchem Rechte D. Hoffmann oder wer sonst den leipziger Abdruck des Hephästion von Gaisford besorgt hat, dem Lennep (ad *Terentian. Maur.* p. 122) die Meinung, es sei immer *Παιωνικόν* zu setzen, zuschreiben konnte, ist unbegreiflich.

ten [2]). Nicht minder verkehrt ist die Ansicht des Joann. Sicel. in den Schol. ad *Hermog.* p. 237 (T. VI. Rhett. *Walzii*): *Οἱ δὲ παίωνες* (schreibe *παιῶνες*) *ἀπὸ ἔθνους ὠνομάσθησαν ἢ ἀπὸ τοῦ παίω ἢ παΐω ἢ παύω τὸ θεραπεύω*, deutet aber in den folgenden Worten: *ᾖδον γὰρ ὕμνους τούτῳ τῷ μέτρῳ ἐπὶ ἀφέσει λοιμοῦ εἰς Ἀπόλλωνα* auf die richtigere Annahme hin. Daß der Gebrauch dieses Fußes in den Päanen demselben den Namen gegeben habe, sagen auf das Bestimmteste Schol. *Hermogen.* p. 394. Schol. *Hephaest.* p. 12, und das bestätigen auch die Hymnenfragmente, welche Aristoteles (Rhetor. III. c. 8) erhalten hat, *Δαλογενὲς εἴτε Λυκίαν* (wo nach Bergk's Vermuthung etwa *ἔχει* fehlt) und *χρυσεοκόμα Ἕκατε, παῖ Διός*, in welchen der erste Päon angewendet ist, und *μετὰ δὲ γᾶν ὕδατα τ' ὠκεανὸν* (nicht *ὠκεανῷ*?) *ἠφάνισε νύξ*, aus vierten Päonen bestehend.

Der Versfüße dieses Namens zählen die Alten einstimmig vier (vergl. *Diomed.* p. 476. *Marius Victorin.* p. 2491. *Maxim. Victorin.* de carm. her. p. 1957. *Donati* ed. prim. p. 1739. *Atilius* p. 2667. *Terentian. Maur.* v. 1532 sq, und unter den Griechen Schol. *Hephaest.* p. 173. ed. Lips. *Johann. Siceliota* in *Hermog.* p. 437). Jeder derselben besteht aus einer Länge und drei Kürzen, und nach der verschiedenen Stellung, welche die lange Sylbe im Fuße einnimmt, müssen die verschiedenen Namen erklärt werden. 1) der Paeon primus, wo auf die Länge drei kurze Sylben folgen.

> Is primus erit, longa cui locata prima est,
> Quam continuo tres aliae breves sequuntur.

sagt *Terentian.* v. 1532, oder ex trochaeo et pyrrhichio, nach *Diomed.* III. p. 477, als Stesichorus (—⏑⏑⏑), Demodocus, legitimus, Oceanus, ruricola. Er heißt auch *παιωνικός, διὰ τὸ ἐν τοῖς παιῶσιν ὕμνοις παραλαμβάνεσθαι* nach Angabe der Schol. in *Hephaest.* p. 173. Lips. Wenn es bei Cicero (de Orat. III, 47, 183) heißt ordiri placet a superiore paeone, posteriore finire, so sind hier nicht neue Namen, sondern nur in Bezug auf den rhetorischen Gebrauch der erste und vierte bezeichnet. 2) Paeon secundus hat die Länge in der zweiten Sylbe.

> *Παιῶνα* secundum faciet secunda longa:
> Fiet hinc iambus prior et dibrachys alter.

S. *Terent.* l. c. v. 1535, also aus Jambus und Pyrrhichius bestehend, wie Horatius (⏑—⏑⏑), idoneus, colonia. Das Beispiel des *Maxim. Victorin.* p 1957, 8. facinora ist verdorben und mit Lennep vielleicht canephora zu setzen. Nach den Schol. in *Hephaest.* l. c. heißt dieser Fuß auch *συμβλητός* und *κρητικός*; erstern Namen kann man in Bezug mit der Schlacht, dem Zusammentreffen im Kampfe setzen (*Franc. Salina* de musica V. c. 9). — 3) Paeon tertius, aus zwei kurzen, einer langen und wieder einer kurzen Sylbe bestehend, nach *Terentian.* v. 1540.

> Hoc ordine fit tertius, ut sit Pariambus
> Prior, et socium post sibi copulet Trochaeum;

es traten also Pyrrhichius und Trochäus zusammen, wie in Menelaus (⏑⏑—⏑), Menedemus, Marianus, calamitas. Nach den Schol. in *Heph.* l. c. heißt dieser Fuß auch *διδυμαῖος, κουρητικός, δελφικός* oder *δρόμιος*; ersteres in bestimmter Beziehung auf die Päane, welche den Zwillingen Apollon und Artemis gesungen wurden (vergl. Etym. Magn. v. *Παιάν*). — 4) Paeon quartus, aus drei Kürzen und einer Länge bestehend, nach *Terentian.* v. 1543.

> Quartum quoniam quarta facit syllaba longa,
> Subjungit Jambum prior hic pes Pariambus.

Also Pyrrhichius und Jambus (⏑⏑⏑—), wie Pelopidae, celeritas, facilitas, cupiditas. Er wird auch *ὑπορχηματικός* (nicht etwa *ὑπερχρωματικός*) und *κρητικός* genannt, was durch Lennep (in *Terentian.* p. 97 sq.) hinlänglich erläutert ist. Es bilden diese Füße das dritte Geschlecht von Rhythmen, welches das anderthalbige, *γένος ἡμιόλιον*, genus sesquialterum, oder metrum paeonicum, heißt, weil hier Arsis und Thesis in den Verhältnissen $1\frac{1}{2}:1$ oder $3:2$ stehen. Dieses Verhältniß berücksichtigend, haben die alten Metriker hierher drei Rhythmen gezogen, die offenbar durch Zusammenziehung der päonischen Rhythmen entstanden sein müssen. *Τὸ δὲ παιωνικόν*, sagt *Hephaest.* c. 13: *εἴδη μὲν ἔχει τρία, τό τε Κρητικὸν καὶ τὸ Βακχειακὸν καὶ τὸ Παλιμβακχειακόν*, womit die freilich verdorbene Stelle des Diomed. (III. p. 506) und die des Marius Victorin. (p. 2543) zu vergleichen sind. Aber Hermann leugnete diese Vereinigung und trennte die cretici von dem päonischen Rhythmus, hauptsächlich aus dem Grunde, weil der creticus zwei Arses (—́⏑—́), die Päonen nur eine Arsis haben und zwar der erste auf der ersten (—́⏑⏑⏑), der vierte auf der vierten Sylbe (⏑⏑⏑—́). Dieser in den drei Bearbeitungen der Metrik vorgetragenen Ansicht (Metrik der Griechen und Römer. S. 358. Elementa doctr. metr. p. 192. sq. Epitome p. 77) trat Böckh entgegen in dem Buche: Über die Versmaße des Pindarus (S. 132 fg.) und versuchte die weitere Begründung seiner Meinung de metris *Pindari* II. c. 7. p. 141. sq. Ihm wird man nach näherer Prüfung der streitigen Punkte am meisten beizustimmen sich geneigt fühlen, denn 1) ist es einleuchtend, daß jene drei Füße aus den Päonen sich bildeten, und zwar der Palimbacchius aus dem paeon tertius (⏖—⏑), der Creticus aus paeon primus und quartus (—⏑⏖ und ⏖⏑—), der Bacchius aus paeon secundus (⏑—⏖). 2) Die Annahme von den Arses ist unbegründet, da die dreisylbige Thesis des paeon primus und die dreisylbige Anakrusis des paeon quartus nicht ohne Arsis bestehen kann (S. *Boeckh.* de metr. *Pindar.* l. c. 6 und 8). 3) Ist es auffallend, zwischen Päonen, die ihre Thesis und Anakrusis nicht auflösen, und den cretici, die eine Auflösung ihrer langen Sylbe zulassen, einen Unterschied zu machen, wo das rhythmische Verhältniß und das Zeitmaß ganz dasselbe ist. 4) Widerstreitet das einstimmige Zeugniß der Alten, denn außer den schon vorher erwähnten Stellen

---

2) Die Vulgata war Paeones autem a Paeone poeta suo inventore vocati sunt, wofür die besten Auctoritäten das oben Angeführte enthalten.

gehören hierher *Aristid.* p. 56. *Dionys. Halic.* de comp. verb. c. 17. *Hephaest.* c. 13: *καλεῖται δὲ καὶ ὑπ' αὐτῶν τῶν ποιητῶν κρητικὸν, ὥςπερ ὑπὸ Κρατίνου ἐν Τροφωνίῳ* (s. *Runkel.* p. 60).

ἔγειρε δὴ νῦν, μοῦσα, κρητικὸν μέλος.

wo Päonen folgen, und ebenso in vielen andern Stellen, welche Lennep (in *Terentian.* p. 98) sehr fleißig zusammengetragen hat.

Durch das Überzählige, welches dieser Rhythmus gegen das gleiche Geschlecht hat, sowie durch das Mangelhafte, gegen das doppelte Geschlecht gehalten, steht er zwischen beiden Geschlechtern, und der Art nach, durch das Verhältniß der Länge und Kürze, zwischen Daktylus und Trochäus. Er hat etwas Ruhiges und Schweres, und zugleich etwas Abbrechendes, Abschnellendes. Seiner Gewichtigkeit und Schwere wegen eignet er sich zum schweren, heftigern Gebete, und wurde daher in den Päanen, als deren Erfinder Thaletas genannt wird (*Plutarch.* de mus. c. 9. *Strabo* X. p. 331. *Porphyr.* vit. Pythag. p. 21), besonders angewendet. Wegen des komischen Eindrucks, wegen des Polternden, das er in fortgesetzten Reihen hat, eignete er sich gut für den Chor in der Komödie. Daher ist er in der würdevollen Lyrik selten, und nur, innerhalb anderer Maße angewendet, kann er wegen des Kräftigen des doppelten Aufschlags einen schönen Eindruck des Gewichtigen und Kraftvollen hervorbringen. Im Ganzen kommt dieser Rhythmus, weil er zu künstlich, in den uns erhaltenen Gedichten weniger häufig vor [5]).

Die zu diesen Rhythmen gehörenden Verse sind: 1) monometer creticus, kommt einzeln zuweilen vor (z. B. *Soph.* Electr. 507), sehr häufig mit andern Rhythmen verbunden im Anfang oder in der Mitte oder zu Ende. 2) dimeter creticus, entweder acatalectus ⏑́ ⏑ — ⏑́ ⏑ —, oder catalecticus ⏑́ ⏑ — ⏑́ ⏑, ersterer ist der Hauptbestandtheil kretischer Systeme, kommt aber auch einzeln vor und in Verbindung mit andern Rhythmen; die lateinischen Komiker mischen ihn zuweilen unter den Tetrameter, z. B. *Plaut.* Capt. II, 1, 17, auch mit Hinzufügung trochäischer Clauseln (*Plaut.* Mostell. III, 2, 1). 3) trimeter creticus, findet sich als acatalectus einzeln, z. B. *Aeschyl.* Suppl. 428 und bei den Komikern, wie *Plaut.* Rud. III, 4, 61, der (ibid. IV, 3, 10) auch des katalektischen Trimeters sich bedient hat. 4) tetrameter creticus wird akatalektisch häufig von den griechischen Komikern gebraucht, z. B. *Aristoph.* Vesp. 419, auch von den scenischen Dichtern der Römer, wie *Ennius* ap. *Cic.* Tusc. disp. III, 19. *Plaut.* Curcul. I, 2, 60—67, wo statt der mittlern Kürze sogar die Länge gesetzt wird, was bei den Griechen nirgends der Fall ist. Simmias bediente sich ihrer in seinen Gedichten sehr viel. 5) Der pentameter creticus acatalectus soll besonders von dem Komiker Theopompos gebraucht und daher *Θεοπόμπειος* genannt sein, wovon Hephästion (p. 84) ein Beispiel anführt.

5) Vergl. K. J. Hoffmann, Die Wissenschaft der Metrik. (Leipzig 1835.) S. 50.

πάντ' ἀγαθὰ | δὴ γέγονεν | ἄνδρασι ἴ | μῆς ἀπὸ συν | ουσίης.

Unter den Lyrikern hat ihn Bakchylides. Ebenderselbe hat auch einen hexameter creticus catalectus gebildet, der davon metrum Bacchylideum genannt ist (s. *Neue,* Bacch. fr. n. XXII), die griechischen Komiker haben ihn auch, wie *Arist.* Acharn. 210. Den katalektischen Hexameter hat nach Hephästion Alkman gebraucht, daher versus Alcmanius (s. *Welcker, Alcman.* fragm. n. XXXIV). Eine noch größere Freiheit haben sich die scenischen Dichter der Griechen in denjenigen Chorgesängen erlaubt, in welchen die größte Zerrissenheit des Gemüths oder die tiefste Trauer herrscht, wahrscheinlich in den Theilen, in welchen die von Aristoteles (Probl. IX, 6) sogenannte Parakataloge *παρακαταλογή* (s. d. A.) herrschte.

Die bacchischen Rhythmen sind ihrer Arrhythmie wegen von den Griechen verworfen worden. Die Römer aber haben sich des Bacchius häufig bedient, weil er ihnen gewissermaßen den Dochmius, dem er auch wegen seines disharmonischen Charakters ganz ähnlich ist, ersetzt. Er dient ihnen zum Ausdruck der höchsten Leidenschaft, der Verzweiflung und des Schmerzes, und in der Komödie bezeichnet er Trauer, Eile, Tumult, Verwirrung. Es versteht sich, daß nur in den cantica Anwendung von ihnen gemacht werden konnte, nicht im Diverbium. Man findet ihn als dimeter bacchiacus und als tetrameter, katalektisch und akatalektisch, z. B. *Plaut.* Trinum. II, 1. Menaechm. V, 6. *Terent.* Andr. III, 2, 1—5. Ein Bacchisches System scheint *Varro περὶ ἐξαγωγῆς* bei *Nonius* 336 versucht zu haben. Die römischen Dichter erlaubten sich statt der ersten Kürze eine Länge zu setzen, und diese dann als wieder auflösbar in zwei Kürzen zu denken. Der deutlichste Beweis, daß diese Rhythmen bei den Griechen nicht vorkommen, liegt in der Aussage des Hephästion, der doch viel mehr Material vor sich hatte als wir, daß sie höchst selten seien (*τὸ δὲ Βακχειακὸν σπάνιόν ἐστιν· ὥςτε, εἰ καὶ πού ποτε ἐμπέσοι, ἐπὶ βραχὺ εὑρίσκεσθαι*), sowie in dem Umstande, daß selbst in den Bakchen und dem Kyklops des Euripides an den wildesten und heftigsten Stellen keine Spur davon sich findet. Die Verse, welche Hephästion anführt, sind trochäische Monometer mit der jambischen Basis. Weitere Ausführung des hier nur kurz Berührten mag man in den metrischen Schriften G. Hermann's suchen.

Zum Schlusse muß noch der päonischen Rhythmen in ihrer Anwendung auf die prosaische Composition gedacht werden. Die griechische Rhetorik hat seit ihren ersten Anfängen auf den oratorischen Numerus besondere Aufmerksamkeit gewendet und die Anwendbarkeit der verschiedenen Rhythmen für die Rede genau untersucht, ohne freilich dabei zu sichern und übereinstimmenden Resultaten zu gelangen. Aristoteles erzählt (Rhet. III. c. 8), schon seit Thrasymachos habe man sich der Päonen bedient und empfiehlt die sich entgegenstehenden Füße (*παιᾶνος δύο εἴδη ἀντικείμενα ἀλλήλοις*), d. h. den paeon primus und quartus, erstern für den Anfang, den zweiten aber für den Schluß, weil die lange Sylbe am besten die Rede abschneide und deren Beendigung anzeige, ohne daß es dazu äußerer Zeichen bedürfe. Je weniger die Poesie von diesen Versen Gebrauch machte, um so bereitwilliger nahm sie die Rhetorik auf (Paean autem minime est aptus ad versum: quo libentius eum recipit oratio, sagt *Cic.* orat. 57, 194). Jener Ansicht des Aristoteles folgten zunächst Theophrastus und Theodektes[4]) (*Cic.* orat. 57, 195. el. 64, 218. *Quintil.* IX, 4, 88), sie kehrt aber in den rhetorischen Schriften der Römer ebenso gut, wie in denen der spätern Griechen wieder. Auch sie sprechen nur von zwei Päonen (s. *Cic.* de orat. III, 47, 183. 49, 191. 50, 193. *Quintil.* I. O. IX; 4, 110 und 111 und besonders der Rhetor *Demetrius* περὶ ἑρμηνείας §. 38. sq. in Rhett. *Walzii.* T. IX.) und empfehlen ihn, weil er zwischen dem hüpfenden Gange des Anapäst oder Daktylus und dem schwerfälligen Gange des Spondäus so gut das Mittel halte. Cicero (orat. 58, 197) empfiehlt seine Benutzung für die ampliora (was *Rufin.* p. 2714 von der gerichtlichen Beredsamkeit verstanden zu haben scheint, denn er sagt: Judiciis Paeona refert tibi Tullius aptum), und ebenso *Quintilian.* IX, 4, 136: illa sublimia spatiosas clarasque voces habent, amant amplitudinem dactyli quoque ac paeonis, etiamsi majore ex parte syllabis brevibus, temporibus tamen satis pleni, und *Rufin.* p. 2713, 23: numeroque aptissime, Paeon. Um nun die einzelnen Füße zu verfolgen, so zeigt sich der Paeon primus im Anfange der Rede an einem Beispiele des Thukydides (II, 48) bei *Demetrios* §. 39; an solcher Stelle empfiehlt ihn nach des Aristoteles Vorgange *Cic.* de orat. III, 47, 183. Orat. 64, 215 und hat ihn selbst angewendet in den Exordien der zweiten Catilinarischen und der Rede pro Rosc. Amerino (s. *Voss.* Instit. orat. IV, 4. §. 4. VI, 2. §. 3)[5]). Vergl. *Probus* p. 1492, 10, 40. *Rufin.* p. 2713, 32.

> Doctus Aristoteles Paeonem laudat utrumque,
> A longa incipiens primordia pulcra locabit,
> *Aspicere* ut verbum est.

Den Paeon secundus empfehlen für den Ausgang der Perioden *Probus* p. 1494, 1. *Bassus* p. 2668, 32, 36; wie sehr der Paeon tertius bei Cicero beliebt war, deuten des Probus Worte an, p. 1491: trochaeus et paeon tertius facient illam structuram Tullio peculiarem *esse videatur*, denn so fehlerhaft esse videtur (s. meine Bemerkung zu *Tacit.* dial. de oratorib. c. 23), so scheint doch der angegebene Schluß nicht tadelnswerth (s. *Diomed.* p. 467, 6. *Rufin.* p. 2713, 34) und dazu *Bassus* p. 2669, 16, 19, 22. Den Paeon quartus endlich empfehlen die Griechen besonders für den Schluß, worin Cicero zwar nicht ganz anderer Meinung ist, jedoch den creticus vorzieht (orat. 65, 218. de orat. III, 50, 193), während die lateinischen Grammatiker mit jenen ganz einverstanden sind, wie *Probus* p. 1493, 27. *Bassus* p. 2668, 42. *Quintil.* IX, 4, 96, 107. *Rufin.* p. 2713, 33. 2722, 33. Trotz des gleichen Zeitmaßes empfiehlt Cicero für den Schluß numeroser Rede vornehmlich den Creticus (de orat. III, 47, 183. 49, 191. 50, 193. Orat. 64, 215, 217, 218. *Quintil.* IX, 4, 107. 108. *Rufin.* p. 2722, 33) und *Terentian. Maur.* v. 1439 sagt.

> Optimus pes et melodis, et pedestri gloriae;
> Plurimum orantes decebit, quando paene in ultimo
> Obtinet sedem, beatam terminet si clausulam
> Dactylus, spondeus imam nec trochaeum respuo,
> Bacchicos utrosque fugito, nec repellas tribrachyn.
> Plenius tractantur ista Arte prosa rhetorum.

Die Neuern haben diesen Gegenstand wenig behandelt, Ernesti (Lex. technol. gr. rhet. p. 238) kennt nur die einzige Stelle des Demetrios, Lennep zum Terentianus begnügt sich mit Citaten, und vielmehr suche man auch nicht bei dem fleißigen G. J. Voß (Instit. orat. VI, 2. §. 3. p. 435 sq.) (*F. A. Eckstein.*)

PÄPIA, alter Name einer Stadt in Afrika, in Mauritania Cäsariensi, die aber nur bei Ptolemäus genannt wird. (*H.*)

PAER (St.), Gemeindedorf im franz. Departement der niedern Seine (Normandie), Canton Duclair, Bezirk Rouen, liegt fünf Lieues von dieser Stadt entfernt und hat eine Succursalkirche und 1121 Einw., welche Papiermühlen unterhalten. (Nach Barbichon.) (*Fischer.*)

Pärisades, s. Pairisades.

PAES, einer der Hauptflüsse Norwegens, welcher im Enarasee entspringend, das norwegische Lappland von dem russischen trennt und sich unter 70° nördl. Br. in das Eismeer ergießt. Ein anderer Name dieses Flusses ist Paswig. (*Fischer.*)

PAESANA, eine Stadt im Fürstenthume Piemont, in der Generalintendanz Cuneo der festländischen Staaten des Königs von Sardinien, am rechten Ufer des noch jugendlich ungestümen Poflusses, im Hochgebirge gelegen mit 4600 Einwohnern. (*G. F. Schreiner.*)

PÄSICAE, griechisch *Πασικαί*, ein Volk in Skythien, hatte nach Ptolemäus seine Sitze an den oxianischen Bergen, also nördlich von Samarkand. Ihnen zunächst werden aufgeführt die Jatii und Tachori (*Ἰάτιοι καὶ Τάχοροι*); also westlich und östlich um Kobgend. Plinius (VI, 16 und 17) gedenkt auch dieser Völkerschaften, aber unter etwas anderer Namensform, nämlich als Dacii und Parsicä[*]). (*Ferdinand Wachter.*)

PÄSICI, alter Name eines Volks in Spanien und zwar in Hispania Taraconensi, welche nach Plinius (III, 3, 4 und IV, 20, s. 34) auf einer Halbinsel wohnten, die mit Cabo de Penna endet, die nördlichsten der Astures, in deren Gebiet am Meere Flavionaria lag. (*H.*)

PAESIELLO (Giov.), geb. zu Tarent den 9. Mai 1741, ward in seiner Jugend einem berühmten Sänger Carlo Reste übergeben, kam im J. 1755 nach Neapel ins Conservatorium St. Onofrio, wo er noch zwei Jahre lang den Unterricht Durante's genoß, worauf er noch bis 1763 den Unterricht der beiden Virtuosen Abes und Co-

---

4) Vergl. *M. Schmidt.* de tempore Arist. rhetor. p. 7 sq.
5) Dadurch ist auch die Lesart zu sichern (de orat. III, 49, 191) verborum junctio nascatur a proceris numeris ac liberis, maxime heroo aut paeque priore aut cretico, wo Lambin, Ernesti u. a. (nicht aber Pearce) posteriore schreiben wollten gegen die ausdrücklichen Zeugnisse des Aristoteles, ja des Cicero selbst.

*) Mannert, Geographie der Griechen und Römer. 4. Th. S. 464.

ecci benutzte. Bald machte er sich durch sein munte-
, echt italienisches Genie in allerlei Compositionen bei
en Landsleuten in Neapel berühmt, nicht minder durch
e Fertigkeit und Gewandtheit im Improvisiren. Oft
g er in seiner Jugend ein ihm vorgelegtes Gedicht un-
Begleitung des Pianoforte singend zum Entzücken al-
Zuhörer vor, sodaß man selbst den Ausdruck seiner
imme reizend fand. Ebenso ausgezeichnet und origi-
l ergötzte seine Laune in einer Menge kleiner komischer
ern im neapolitaner Dialekt. Auch seine großen Opern,
n erste zu Modena mit Beifall gegeben wurde, ver-
rten seinen Ruhm so, daß man ihn in allen Städten
liens begehrte. Nachdem er einige Zeit in seinem Va-
ande von Stadt zu Stadt gereist war, wurde er im
1767 an Galuppi's Stelle zum Kapellmeister nach
ersburg verlangt, von wo er 1769 wieder nach Nea-
zurückkehrte, nachdem er sich eine Zeit lang in Wien
gehalten hatte, wo er für den Kaiser Joseph seine Oper
Re Teodoro in Venezia schrieb. Jetzt waren seine
matischen Werke nicht nur in seinem Vaterlande, son-
in der ganzen gebildeten Welt die Lieblingsstücke der
ker, der Engländer, Franzosen, Teutschen; überall
underte man das Feuer seiner Erfindungen, den an-
ehm einfachen Gesang und das reich Glänzende seiner
trumentation. Nur die häufigen Wiederholungen fand
ncher auch schon damals unergötzlich, ja störend. In
apel wurde er zum königl. Kapellmeister erhoben. Sein
hm stieg noch immer mehr. Je größer dieser wurde,
o höher stieg auch seine unternehmende, Alles wagende
rsucht gegen wirkliche oder auch nur geglaubte Neben-
ler. Fast so groß wie diese war sein unverholener
, der bis an seinen Tod dauerte, gegen alle teutsche
sik, welcher er stets mit aller Kraft, die ihm nur zu
ote stand, entgegenwirkte. Nichtsdestoweniger hat
die Gerechtigkeit der Teutschen als einen der größten
nponisten italienisch echt komischer Opern anerkannt und
neben Cimarosa gesetzt. Hierin ist sein Talent in
hrheit unerschöpflich, sein lebendiger Scherz stets an-
hend und oft neu. Nur für ernste Opern fand man
Talent schon weniger geeignet, obwol man ihm auch
n genaue Kenntniß des Theaters nicht absprechen
nte. Nannte man auch seine Harmonie nicht gradezu
erig, so hielt man sie doch in Teutschland nicht selten
zu durchsichtig. Er selbst mochte fühlen, daß er mehr
das Komische als für das Ernste geschaffen war; we-
tens schrieb er eine sehr große Zahl komischer Opern,
er selbst über hundert angab, während er nur 27 große
rn verfaßte. In Teutschland sind nur wenige über-
gegeben worden, am meisten seine Molinara und der
ig Theodor, ferner die Mädchen von Frascati, die
en Gräfinnen, die eingebildeten Philosophen, das ko-
he Duell, der Barbier von Sevilla. Seine Kirchen-
k gefiel in Italien, in Teutschland nicht, man fand
nicht kirchlich; selbst in Frankreich wollte man sie nicht
r anerkennen, sodaß man z. B. in seiner **Passione
Giesu Christi** alle Passionen, nur nicht die Passion
isti sah. Er hat aber eine große Menge Oratorien,
taten, Messen, Motetten, **Te Deum** rc. geschrieben.

Vorzüglich wurde die Motette: **Judicabit in nationibus** von Vielen gerühmt. Im J. 1792 ließ er sich von Nic. Piccini verleiten, nach Paris zu gehen, sog dort revolutionäre Grundsätze ein, die er dann in Neapel so brauchte, daß er, wie Piccini und Cimarosa, 1799 gefangengesetzt und nur durch hohen Einfluß Frankreichs gerettet wurde. Bonaparte war ihm sehr gewogen, ließ Manches von ihm componiren, behandelte ihn bei seiner Ankunft in Paris im J. 1802 sehr freundlich, ernannte ihn zu seinem Kapellmeister mit einem Gehalte von 36,000 Franken, wo er seine **Opera buffa, Modista raggiratrice**, die mit Beifall ohne Tadel aufgenommen wurde, zur Aufführung brachte. Seiner Proserpine würde es weniger glücklich ergangen sein, wenn nicht Bonaparte sich öffentlich dafür erklärt und damit den Tadlern den Mund gestopft hätte. Nach Neapel zurückgekehrt, lebte er dort als erster Kapellmeister, Präsident der Direction des Conservatoriums, Mitglied der Ehrenlegion und Ritter des Ordens beider Sicilien in hohen Ehren. Im Alter mußte auch er seinen Ruhm schwinden sehen, sodaß er es selbst sich nicht wegleugnen konnte. Er starb am 5. Jun. 1816, also nicht im 80., sondern im 75. Lebensjahre. Seine beiden Schwestern ließen ihm in der Kirche St. Maria la nova ein Monument setzen. Seine Manuscripte, die er der Königin von Neapel einst zum Geschenke gemacht hatte, wurden bald nach seinem Tode der Bibliothek des königl. musikal. Collegiums, also des eigentlichen jetzigen Conservatoriums, einverleibt. Die Titel seiner Werke hat Gerber. (*G. W. Fink.*)

PÄSOS (*Παισός*), alter Name eines Flusses (Beiram-Dere heute) und einer schon zu Strabon's Zeit zerstörten Stadt in Troas zwischen Lampsakus und Parium, eine milesische Colonie wie jene, daher die Einwohner sich nach der Zerstörung der Stadt nach Lampsakus zurückzogen. Bei Homer heißt der Ort *Παισός* und *'Απαισός* (vgl. Il. II, 828. V, 612. *Strab.* XIII, 589, 635). (*H.*)

PÄSTUM. Sechs Meilen[1]) südsüdöstlich von Salerno, 1½ ital. Meilen[2]) vom salernitanischen Meerbusen liegen am Fuße des westlichen Endes einer grünen Bergkette, welche vom Cap della Licosa bis nahe an die Silarusmündung eine zum Meere sich erstreckende Ebene umgibt[3]), in einst blühender und volkreicher, jetzt verödeter, fast menschenleerer, wiewol noch fruchtbarer und nicht ganz unangebauter Gegend, welche die ungesunde, schon kurze Zeit dort weilenden Reisenden gefährliche, von den Italienern **cattiva aria** genannte Luft wie ein Grabeshauch durchweht, die Trümmer von Piesti oder Pesto. Sie sind die Überreste des alten Pästum, oder, wie die Griechen es nannten, Posidonia, von dessen ehemaliger Größe und Herrlichkeit sie, den indischen Pagoden gleich, fast die ein-

1) Nachrichten von Neapel und Sicilien auf einer Reise in d. J. 1785 u. 1786, gesammelt von M. Friedr. Münter. (Kopenh. 1790.) S. 83. 2) Winckelmann's Werke. I, 331. 3) Diese Bergkette, oder wenigstens ihr nordwestliches Ende, führt jetzt den Namen Monte Capaccio. Bei den Alten hieß sie Mons Calamarcus oder Calamatius. Das Thal des Calore trennt sie vom M. Alburnus (heute Monte di Postiglione), den Einige (*Voss* ad Georg., Kephalides) für identisch mit dem Monte Capaccio halten.

zigen Zeugen sind. Denn nur spärliche und unbedeutende Notizen haben die alten Autoren von dieser Stadt uns hinterlassen, nichts aber von der innern Geschichte derselben, ihrer Religion und Verfassung, ihren Sitten und Gebräuchen, ihrem Handel und ihrer Cultur. Eines einzigen Festes gedenkt Aristoxenus beim Athenäus [4]), das die griechischen Bewohner feierten, als sie bereits ihre Selbständigkeit und Eigenthümlichkeit eingebüßt und neben der herrschenden eine kleine unterthänige Gemeinde bildeten, zum traurigen Andenken an die Vergangenheit. Strabon [5]) nennt die Stadt Pästos und sagt, dieser Name sei an die Stelle des frühern Posidonia (*Ποσειδωνία*) [6]) getreten, sowie der *κόλπος Παιστανός* früher *Ποσειδωνιάτης* geheißen habe. Nach ihm lag sie in der Mitte des Busens, 50 Stadien vom Heiligthume der argivischen Hera an der Mündung des Silarus, und ungefähr 200 Stadien von Elea [7]). Schon zu seiner Zeit war die Gegend ungesund, wovon er als Ursache angibt einen *ποταμὸς πλησίον εἰς ἕλη ἀναχεόμενος*. Es ist dies, wie Münter (a. a. O.) berichtet, ein kleiner unansehnlicher Bach, der an den Mauern vorbeiläuft, und nicht weit von der See einen Morast macht, dessen Ausdünstungen über die ganze Gegend schweben, von welcher der Landwind durch die hohen Berge, auf denen Capaccio liegt, abgehalten wird. Die Einwohner nennen ihn nach Cluver [8]) Fiume salso, nach Kephalides [9]) „Ziegenfluß“ von den in Menge daselbst weidenden Ziegen. Er entsteht aus Schwefelquellen am westlichen Fuße des M. Calamatius (woraus Capaccio verdorben ist), durch die auch der weiche, weißliche und grünliche, durchlöcherte Tufstein sich bildet, von welchem die Tempel und Gebäude, sowie die Mauer zu Pesto, erbaut sind [10]). In der Ebene, welche zwischen der Meeresküste und dem M. Capaccio von Pästum zum Sele sich fortsetzt, sammelt das schweflige Wasser sich, noch ehe es Pästum erreicht, zu einem Teiche, an welchem Crassus den Spartacus besiegte [11]). Lange zuvor hatte auf diesem zum Schlachtfelde trefflich sich eignenden Terrain Alexander von Epirus die vereinigte Macht der Lucaner und Samniter überwunden [12]). Vor Alters bildete es die Grenze, bis zu welcher die Önotrer, eines Stammes mit den tyrrhenischen Pelasgern, wohnten und herrschten [13]); in ihrem Lande ward Posidonia gegründet. Wann dies geschah und von wem, ist nicht mit Bestimmtheit zu ermitteln, und es sind von den Gelehrten die verschiedensten Ansichten aufgestellt worden. Was von Mazochi durch die Tortur der Gelehrsamkeit erpreßt, was von Andern auf längst beseitigte Irrthümer gebaut worden, anzuführen, wäre unnütz. Raoul-Rochette (Histoire critique de l'établissement des colonies grecques. I. p. 246, vgl. III. p. 244) behauptet mit Berufung auf das oben angeführte Fragment des Aristoxenus, „daß Poseidonia ursprünglich den Griechen, dann den Tyrrhenern, dann den Römern gehört habe, da aber die Tyrrhener, ehe griechische Colonisten nach Italien gekommen, bereits über die Tiber zurückgedrängt gewesen, habe Aristoxenus unter Griechen keine andern, als die Önotrer verstehen können.“ Daß nun die Önotrer vor den Tyrrhenern Poseidonia inne gehabt, findet er darum wahrscheinlich, weil bekanntlich die Önotrer den Gebrauch der Syssitien gehabt, die noch zu Aristoxenus' Zeit in Posidonia bestanden; da aber auf einer etruskischen Münze der Stadt der Name Pistulis gegeben werde, so gehe daraus hervor, daß Posidonia später unter der Herrschaft der Tyrrhener gewesen sei, wenn es nicht sonst schon gewiß wäre. Daß Raoul-Rochette Tyrrhener und Etrusker verwechselt, daß er die Herrschaft der Letztern in Unter- und Mittelitalien in eine Zeit setzt, wo sie, wenn sie je bestand, nicht bestand, kann ihm nicht zum Vorwurfe gemacht werden; wohl aber seine Folgerungen aus Münzen, und die Art und Weise, wie er griechische Autoren behandelt. Es existiren einige Silbermünzen, welche auf dem Avers als Typus haben das Haupt eines Jünglings, zum Theil mit fliegendem Haar, auf dem Revers einen Delphin, das Vorderende eines Schiffs, eine Muschel oder einen Stier mit Menschenantlitz, und die theils von der Rechten zur Linken, theils von der Linken zur Rechten geschriebene Aufschrift: *ꟼIꟼTVVꟼ, 8IꟼTVVꟼ, 8IꟼTVVIꟼ, ΨΙΣΤΕΛΙΑ, VVTNIꟼ* ꝛc. Man hält sie für posidonische, und Ignarra [14]) u. A. sind der Meinung, daß sie älter seien als die, welche die Aufschrift Posidonia haben, und aus der Zeit stammen, wo Posidonia den Tyrrhenern gehört und Pistuvium geheißen habe. Allein das Gepräge zeigt deutlich, daß sie jünger sind, als die ältesten mit der Aufschrift Posidonia (*ΠΟΜ*), abgesehen davon, daß man in der Zeit, in die sie gehören würden, noch kein geprägtes Silbergeld hatte [15]). Dies hatte Eckhel [16]) schon längst erwiesen, als Raoul-Rochette schrieb. Was aber die Stelle des Athenäus betrifft, so heißt es in derselben, den Poseidoniaten sei das Unglück widerfahren, aus Hellenen Barbaren zu werden, *Τυῤῥηνοῖς ἢ Ῥωμαίοις γεγονόσι*. Hätte Aristoxenus alle Nichtgriechen anführen wollen, welche Posidonia innegehabt, es barba-

4) *Athen.* XIV. p. 632. Ich setze die Stelle her, da ich mich öfter darauf beziehen werde. *Ἀριστόξενος ἐν τοῖς συμμικτοῖς συμποτικοῖς „Ὅμοιον (φησί) ποιοῦμεν Ποσειδωνιάταις τοῖς ἐν τῷ Τυῤῥηνικῷ κόλπῳ κατοικοῦσιν. οἷς συνέβη τὰ μὲν ἐξ ἀρχῆς Ἕλλησιν οὖσιν ἐκβεβαρβαρῶσθαι, Τυῤῥηνοῖς ἢ Ῥωμαίοις γεγονόσι, καὶ τήν τε φωνὴν μεταβεβληκέναι τά τε λοιπὰ τῶν ἐπιτηδευμάτων, ἄγειν τε μίαν τινὰ αὐτοὺς τῶν ἑορτῶν τῶν Ἑλληνικῶν ἔτι καὶ νῦν, ἐν ᾗ συνιόντες ἀναμιμνήσκονται τῶν ἀρχαίων ἐκείνων ὀνομάτων τε καὶ νομίμων, καὶ ἀπολοφυράμενοι πρὸς ἀλλήλους καὶ ἀποδακρύσαντες ἀπέρχονται.“* 5) V. p. 251. 6) Vergl. *Plin.* H. N. III. 10. ed Bip. 7) *Id.* VI, 252. 8) *Cluver.* Ital. ant. p 723 sq. 9) Reise durch Italien und Sicilien. II, 145. 10) *Winckelm.* I, 345. Stieglitz, Archäol. I, 77. 11) *Plut.* vita Crassi. c. 11. *Frontin.* strat II, 4, 7. (cf. II, 5, 34) erzählt, daß es geschehen sei apud Calamarcum. Die Ruinen dieser Stadt heißen Capaccio vecchio und liegen auf einem Plateau des Monte Capaccio, das neue Capaccio wie eine Akropolis überragend. 12) Niebuhr, R. G. III, 191. 13) *Id.* I, 17, 47, 5[illegible]

14) De Palaest. Neap. p. 264. Magnoni schreibt sie der campanischen Stadt Pistia zu. Dahin würden sie eher passen, als für Posidonia, wo in der Zeit, der sie angehören, entweder Griechen oder der griechischen Buchstaben sich bedienende Lucaner wohnten. Bei Campanern und Samnitern war, wo die griechische Sprache nicht herrschte, etruskische Schrift im Gebrauche. Nieb. I, 106 15) *Eckhel.* I, 1, 9. Müller, Archäol. S. 73. 16) *Eckhel.* d. n. I. 1. 121, 155 sq.

hätten, und unter den Tyrrhenern die Etrusker ve
ien, welche mehre Jahrhunderte vor ihm die campanische lucanische Küste beherrscht hätten, warum sollte er die ner vergessen haben, deren barbarisirenden Einfluß er ja eigenen Augen sehen, mit eigenen Ohren hören konnte? r hätte er sagen wollen, die Önotrer seien von den Tyrern, die spätern griechischen Colonisten von den Römern arisirt worden, würden dann, wenn er das Erstere so u gewußt hätte, an der Stelle der Römer nicht wiem die Lucaner stehen müssen, und würde man glaubürfen, daß Aristoxenus die Önotrer Hellenen get habe? Ich glaube vielmehr, daß man das ἢ sive nehmen und den Aristoxenus zu den Griechen n muß, welche Tyrrhener und Römer für gleichbeend nahmen [17]. In den Worten aber: Συνιόντες ιμνήσκονται τῶν ἀρχαίων ἐκείνων ὀνομάτων τε καὶ μων, καὶ ἀπολοφυράμενοι πρὸς ἀλλήλους καὶ ἀποόσαντες ἀπέρχονται — eine Erwähnung önotrischer sitien zu finden, das ist unbegreiflich. Man vergl. Pästums Ursprung: *P. A. Paoli*, Rovine dell' ta città di Pesto. (Roma 1784. Fol.) *Magnoni*, veris Posid. origg. [18]) *Mazochi*, Comment. in tabb. Heracl. (Neapel 1754.) p. 499 sq. *J. ise*, Commentatio brevis, qua in Paesti — origines vicissitudines inquiritur. (Halae 1768.) A. H. umgärtner, Die Ruinen von Pästum oder Posidoaus dem Englischen. (Würzburg 1781.) *Heyne*, se. acad. II, 263.

Mit Bestimmtheit läßt sich Posidonia nur als grie he Coloniestadt angeben. Daß, ehe Griechen daselbst niederließen, die Gegend bewohnt war, und zwar von trern, ist gewiß; durchaus gar nichts aber läßt sich tteln, was auf das Dasein einer önotrischen oder lkischen Stadt Pistuvium, Pistulis, oder wie sie gen haben soll, deutete. Und wäre sie vorhanden ge, so würde sie doch nicht identisch zu nehmen sein Posidonia, dessen Gründung von Strabon (a. a. O.) rücklich angegeben wird. Als Gründer nennt er die ariten, womit nach der Emendation von Salmasius Skymnos von Chios übereinstimmt [19]). Nach So dagegen [20]) waren die ersten Colonisten Dorer, wäh Sybaris als eine achäische Pflanzstadt bekannt ist. In der That weisen einige sehr alte Münzen auf don Ursprung, wenn man als Zeugniß dafür nicht ann darf die vollkommene Ähnlichkeit zweier übriggener Tempel mit dem Tempel der Concordia im don Agrigent. Auf einer derselben steht auf der Vorite Poseidon, mit der Rechten den Dreizack wie eine e zum Stoße schwingend, das Gewand über beide Arme rfen, als sollte es statt eines Schildes dienen, die Linke vorwärts streckend [21]), und die Aufschrift ΟΙΞΜΟΤΣ auf der Rückseite ein Stier und die Aufschrift ΔΟΙΞΜΟΤ. Auf einer andern mit denselben Typen steht auf der Vorderseite ΓΌΣΕΙΔΑ, auf der Rückseite ΓΌΣΕΙΔΑΝΙ; auf einer dritten auf der Vorderseite ΓΌΜΕΣ, auf der Rückseite ΝΑΟΣΞΜΟΤ; eine vierte hat ΓΌΣΕΙΔΑΝΙΑΙ, eine Goldmünze, welche zugleich die einzige pästanische dieser Art ist, ΠΟΣΕΙΔΩΝΕΑΤΑΝ. Man sieht hieraus auch ohne des Suidas s. Ποσειδώνιον ausdrückliches Zeugniß: Τὸ δὲ Ποσειδάνειον δῆλον ὅτι Δωριέων — den dorischen Dialekt. Philargyrius (zu *Virg.* Georg. IV, 119) nennt sogar bestimmte Dorer, nämlich die Tarentiner; indessen steht dies so vereinzelt und unbegründet, daß darauf kein besonderes Gewicht zu legen ist; wenigstens kann von der Gründung durch die Tarentiner nicht die Rede sein, wenn man auch zugibt, daß einmal eine Verbindung zwischen Poseidonia und Tarent stattgefunden, worauf die allerdings auffallende Ähnlichkeit einiger Münzen dieser Städte führen könnte, welche einen Delphin, worauf Taras reitet — wie Aristoteles beim Jul. Pollux die reitende Figur auf den tarentinischen Münzen deutet [22]) — darstellen. Merkwürdigerweise enthält nun eine Münze eine und dieselbe Aufschrift in doppelter Form, auf der Vorderseite ΓΌΣΕΙΔΩ, auf der Rückseite ΓΌΣΕΙΔΑΝΙΑ, und die dorische Form, die auf den ältesten Münzen allein, dann neben der nicht dorischen erscheint, weicht später der gewöhnlichen Poseidonia gänzlich. Dies veranlaßt die Vermuthung, daß der Widerspruch in den Angaben des Solin und des Strabon nicht aus bloßem Irrthume geflossen sein, sondern in der Wirklichkeit seinen Grund gehabt haben möge, und diese Vermuthung bekommt Wahrscheinlichkeit durch eine Stelle des Aristoteles [23]), welcher erzählt, daß Sybaris mit gegründet worden sei von Trözeniern, die, nachdem die Achäer das Übergewicht erhalten, vertrieben worden seien. Es gab also unter den Sybariten Dorer, und diese mögen den größten Theil der nach Posidonia wandernden Colonie ausgemacht haben, während die geringere Anzahl Achäer waren. Die spätere Verbindung mit der Mutterstadt, wo das achäische Element vorherrschte, mag dem achäischen Dialekt auch in Posidonia nach und nach das Übergewicht und dem Namen die nichtdorische Form als die gewöhnliche gegeben haben [24]). Daß aber wirklich Trözenier es waren, welche in Posidonia sich niederließen, und zwar zum großen Theil, das geht aus dem Cultus des Poseidon, wovon auch die Stadt die Posidonische, Ποσειδωνία oder Ποσειδωνιάς hieß, hervor. Diesen Cultus, auf dessen Vorherrschen man aus dem auf den Münzen fast überall erscheinenden Poseidon mit Sicherheit schließen kann, hatte sie gemein mit Trözen, welches nach Strabon [25]) ehemals sogar ebenfalls Posidonia genannt ward.

17) Nieb. I, 222. 18) Ich habe diese beiden Werke nicht n können. 19) Die Stelle lautet:

Προσεχεῖς δὲ τούτοις εἰσὶ πάλιν Οἰνώτριοι
Μέχρι τῆς Ποσειδωνιάδος ὠνομασμένης
Ἣν φασι Συμβρῖται (emend. Συβαρῖται) ἀποικίσαι ποτέ.

olin. c. 2. et *Salmas.* p. 47. b. D.

21) Winckelmann's W. V. S. 218. 22) *Jul. Pollux* IX, 80.: καὶ Ἀριστοτέλης ἐν τῇ Ταραντίνων πολιτείᾳ φησὶ καλεῖσθαι νόμισμα παρ' αὐτοῖς νοῦμμον ἐφ' οὗ ἐντετυπῶσθαι Τάραντα τὸν Ποσειδῶνος δελφῖνι ἐποχούμενον. Cfr. ad h. l. Interpr. 23) Pol. V, 3. 24) O. Müller, Dorier. II, 520. 25) *Strabo* VIII, 873: Τροιζὴν δὲ ἱερά ἐστι Ποσειδῶνος, ἀφ' οὗ καὶ Ποσειδωνία ποτὲ ἐλέγετο.

O. Müller [26]) stellt es als eine bekannte Sache hin, daß der Poseidonsdienst und der Name *Ποσειδωνία* durch eine trözenische Colonie nach Poseidonia gekommen sei, allein, wenn er sagt, es haben sich mit derselben Achäer aus Sybaris verbunden, so scheint er der Meinung zu sein, jene Colonie sei von Trözen, nicht von Sybaris ausgegangen. Wenn aber als bestimmt angenommen werden kann, daß Trözenier Posidonia gründeten, wenn nach Strabon u. A. die Gründung von Sybaris aus geschah und nach Aristoteles hier Trözenier wohnten, so verliert diese Meinung an Wahrscheinlichkeit, um so mehr, da Aristoteles ausdrücklich erzählt, die Trözenier seien aus Sybaris vertrieben worden, und man nicht weiß, wo sie hingekommen. Man möchte wenigstens mit demselben Recht, wie A. W. v. Schlegel das dichterlose Nibelungenlied und den gedichtlosen Heinrich von Ofterdingen copulirt hat, in Posidonia sie unterbringen dürfen. Ein Umstand möchte für Müller sprechen. Die offenbar ältesten Münzen, sogenannte numi incusi, enthalten den Poseidon in der Gestalt, wie wir oben sie beschrieben haben, auf beiden Seiten, convex und concav, mit dem Unterschiede, daß die concave Gestalt das Gewand rückwärts über die Arme geworfen hat, nicht, wie die convexe, vorwärts; etwas jüngere setzen an die Stelle der concaven Gestalt einen Stier, der Stier aber war den sybaritischen Münzen eigenthümlich, wie etwa denen von Kyrene das Sylphium. Man könnte also vermuthen, zu den Trözeniern seien später Achäer aus Sybaris gekommen, und dies sei angedeutet worden durch den Stier und vielleicht auch durch die auf einer und derselben Münze sich findende dorische und achäische Namensform. Allein der Stier, der auch auf den Münzen anderer Städte häufig ist, ist auf den sybaritischen rückwärtsblickend gebildet, auf den Posidonischen vorwärtsblickend; und es ist wahrscheinlicher, daß er auf diesen bei zunehmender Vervollkommnung der Kunst, nur um Einförmigkeit zu vermeiden statt der wiederholten Figur des Poseidon geprägt wurde, entweder als das Symbol des Gottes [27]), oder als das Opfer, das ihm dargebracht zu werden pflegte [28]). Ebenso übel berathen sind wir in chronologischer Hinsicht. Niebuhr's Behauptung [29]), die Gründung von Posidonia und Laos zeige, daß Sybaris von einer Küste zur andern geherrscht, und es sei wahrscheinlich, daß diese Pflanzstädte die Grenze des sybaritischen Gebiets geschützt, ist vielleicht mehr aus politischem Takt hervorgegangen. Es mußte eine geraume Zeit verfließen, ehe die Sybariten zu so bedeutender Macht emporsteigen konnten, und unterdessen mußten die verschiedenen Volkselemente so verschmolzen sein, daß von Dorern, Trözeniern, die als Gründer genannt werden, nicht mehr die Rede sein konnte. Ehe Rom nach Außen groß ward, machte es erst im Innern einen Amalgamationsproceß durch. So widerstrebende Elemente, wie Dorer und Achäer, konnten nicht äußerlich vereint nach Außen ihre Herrschaft ausdehnen; als der so bedeutende Succeß der sybaritischen Unternehmungen statthatte, mußten sie, weil dazu Friede, Einheit in der Heimath nöthig war, völlig verschmolzen oder geschieden sein. Alles, was über die älteste Geschichte von Posidonia sich herausbringen läßt, ist nun gegen die Annahme, daß es von einer Stadt ausgegangen, deren Bevölkerung völlig neutralisirt gewesen, und zeigt vielmehr, daß es gegründet worden von einem ziemlich rein erhaltenen kenntlichen Stamme. War aber dieser Stamm aus Sybaris, bestand er aus den den Amalgamationsproceß nicht bestehenden Trözeniern, so fällt dadurch Posidonia's Gründung vorläufig in die Zeit, die der ausgebreiteten Herrschaft der Sybariten lange vorausging. Vollends unhaltbar ist darum die Meinung von Heyne in den opusc. acad., daß Posidonia mit Laos und Skydros zu gleicher Zeit nach Sybaris Zerstörung gegründet sei, gegen welche übrigens noch das ausdrückliche Zeugniß Herodot's sich anführen läßt. Herodot nämlich erzählt [30]), daß die vor Kyrus entflohenen Phokäer Elea gründeten auf den Rath eines Posidoniaten, und dies geschah, als die Macht der Sybariten in ihrer höchsten Blüthe stand. Damals hatten sie die Unterwerfung des nachmaligen Lucaniens bereits vollendet [31]) und auch Posidonia stand zu ihnen in einem Verhältnisse, das vielleicht dem der peloponnesischen Staaten zu Sparta ähnlich war, oder dem der Bundesgenossen zu Athen. Wenn man nun nach Analogie der lucanischen, der römischen Eroberungen etwa 60 Jahre als zu jener Unterwerfung nothwendig setzen kann und die obige Annahme, Posidonia's Gründung falle vor die Zeit des Waffenglücks der Sybariten, richtig ist, so muß dieselbe mindestens in der Mitte des 7. Jahrh. stattgehabt haben. Hiermit stimmen auch die Zeugnisse der Münzen; denn die Beschaffenheit der ältesten derselben in Gepräge, Aufschrift, Gestalt gleicht durchaus den ältesten von Sybaris, Kroton ꝛc. Die Buchstaben erscheinen in der ältesten Gestalt ▷ statt *Δ*, ʃ statt *I* und rückwärts geschrieben ʅ, ◇ statt *O*, *T* statt *Π*, *M* statt Σ, die Rückseite hat dasselbe Gepräge wie die Vorderseite, nur zwei oder drei Buchstaben bilden die Aufschrift, z. B. *Γ◇M* ꝛc. [32]) — Über die Zeit von der Gründung bis 78. Olympiade bieten die Alten für Posidonia gar nichts. In der 78. Olympiade siegte, wie Diodor [33]) erzählt, der Poseidoniat oder Poseidonier [34]) Parmenidas in den olympischen Spielen. In welches Verhältniß Posidonia nach Sybaris Fall zu dem siegenden Kroton getreten, läßt sich nicht nachweisen. Wahrscheinlich aber ward es völlig frei und trat bald selbst an die Spitze einer Bundesgenossenschaft, gestiftet zum Schutze gegen die vordringenden Sabellischen Stämme. Nachdem die Lucaner, sagt Strabon [35]), die Posidoniaten und ihre Bundesgenossen überwunden, nahmen sie die Städte derselben ein. Auf dieses Bündniß geht vielleicht eine alte Münze von Laos, die auf der Vorderseite *ΛΑΙ*, und auf der Rückseite *Πο*

26) Dorier I, 408. 82. 108. 27) *Hesychius*: Ταῦρος, ταύρειος, ὁ Ποσειδῶν. 28) *Virg*. Aen. III, 119. So ward dem Bilde der Ceres das Schwein beigegeben. *Eckhel*. d. n. I, 1. CV. 29) Röm. Gesch. I. S. 61.

30) *Herodot*. I, 167. 31) Nieb. R. G. I, 164. 32) Cf. *Eckhel*. I, 1, XCVI, LXXXVIII sq. 33) *Diod*. IX, 65. 34) *Steph. Byz*. v. Ποσειδωνία: Τὸ ἐθνικὸν Ποσειδωνιάται καὶ Ποσειδώνιος. 35) *Strabo* VI. p. 254.

afschrift enthält [36]). Ausgeschlossen scheint davon
ewesen zu sein, einmal deswegen, weil Strabon
berichtet, daß es den Lucanern nicht unterlag, dann
: eines Kampfes zwischen den Eleaten und Posido-
gedenkt, in welchem die Erstern siegten, obgleich sie
r an Land und Leuten hatten [37]), woraus wir zu-
ehen, daß die Posidoniaten ein eigenes Gebiet hat-
wo großentheils die Anfangs auf die Berge sich
chenden, dann unterworfenen und allmälig zu Grie-
wordenen Önotrer, so viel ihrer nicht zu Bürgern
mmen worden waren, als Leibeigene wohnen moch-
nn beiderlei Schicksal war, wie Niebuhr meint,
en alten Pelasgern das gewöhnliche. Sonst ist uns
us der Zeit bis zur Unterjochung durch die Luca-
nts über Posidonia überliefert; daß aber in dieselbe
üthe der Stadt fällt, gegründet auf Macht und
Handel [39]) erworbenen Reichthum, zeigen die erhal-
Baudenkmäler, welche sicher in derselben entstanden,
en, wo allenthalben in Griechenland, vor allem in
nach erkämpfter Freiheit und Selbständigkeit die
ten Werke der Kunst geschaffen wurden. Denn daß
Denkmäler nicht aufgeführt wurden (es ist hier nur
n griechischen die Rede) unter der Herrschaft der
r, ist natürlich, daß aber auch nicht früher, unter
rrschaft der Sybariten, geht hervor theils aus den
ungen, welche im politischen Dasein liegen, theils
h Daten, welche die Geschichte der Entwickelung
nst überhaupt setzt. Vergl. Winckelmann's An-
gen über die Baukunst der alten Tempel in Gir-
n Sicilien [40]) und dazu die Noten von Fernow.
ordringenden Lucanern erlag Posidonia zwischen
d 424 v. Chr. [41]), behielt jedoch seine griechische
rung, welche als abhängige Gemeinde neben der
nden lucanischen bestand, und ward daher von
noch als griechische Stadt aufgeführt. Ob, wie
r u. A. meinen, die Stadt schon damals den Na-
ästum [42]) erhalten, ist kaum zu entscheiden. Tzschucke
omp. Mela, Eckhel u. A. ziehen auf Autorität der
n die andere Meinung vor, wornach dies erst ge-
, als 479 a. u. die Römer eine Colonie nach Po-
führten. Cluver (a. a. O.) will dieselbe dadurch
den, daß Livius, wo er der Stadt gedenke, sie vor
ahre 479 Posidonia nenne, nach demselben aber Pä-
Dies ist jedoch unrichtig, denn VIII, 17, wo von
Kriege des Alexander von Epirus die Rede, heißt
eits Pästum. Grosse (p. 21) bemerkt dies, leitet
en Namen ebenfalls von den Römern ab und zwar
darum, weil Livius (Epit. l. XIV.) bei Erwähnung der römischen Coloniegründung den Namen Posidonia brauche, um dadurch anzuzeigen, daß derselbe bis dahin gegolten habe, und nun verwandelt worden, wie etwa Pyxus in Buxentum, Hipponium in Vibo Valentia. Niebuhr läßt sich auf Argumentation nicht ein, sondern gibt nur Resultate. Eins davon, das er zu anderm Zwecke anführt, wollen wir zu dem unsern verwenden. Er behauptet, daß die griechischen Münzen Posidonia's über die Zeit des peloponnesischen Krieges herunterreichen, über die Zeit also der Eroberung Posidonia's durch die Lucaner. Es fand also in Posidonia dasselbe statt, was in Capua, in Nola und andern Städten, daß das Prägen der Münzen durch die Unterworfenen geschah, und dies war darum natürlich, weil die rohen Eroberer die Kunst, der sie bedurften, nicht selbst üben konnten. Wir wissen aber, daß die Lucaner nach und nach eingingen auf griechische Bildung, ja selbst auf griechische Philosophie; um so mehr werden sie sich auch die Kunst Stempel zu schneiden und Münzen zu prägen angeeignet haben, die sie Anfangs den Griechen, vielleicht eben bis in die ersten Zeiten nach dem peloponnesischen Kriege, überlassen mußten. So würde das Aufhören griechischer Münzen mit der Aufschrift Posidonia seinen Grund darin haben, daß die Lucaner von der angegebenen Zeit an selbst anfingen Münzen zu prägen. Ist nun aus der Ähnlichkeit der tarentinischen und pästanischen Münzen, die wir oben beschrieben haben, auf eine Verbindung zu schließen zwischen Tarent und Posidonia, so konnte diese nur zur Zeit der Macht der Lucaner, welche mit den Tarentinern vielfach in gutem Vernehmen standen [43]), stattfinden, und wir haben in jenen pästanischen Münzen lucanische. Da nun diese Münzen die Aufschrift *ΠΑΙΣ* oder *ΠΑΙSTANO* enthalten, so würde daraus folgen, daß der Name *ΠΑΙΣΤΟΝ* vor die Zeit der Römer zu setzen, daß er entstanden sei durch das Zusammenleben von Barbaren und Griechen, und zu öffentlichem Gebrauch gekommen, nachdem die Lucaner sich der von den Griechen erhaltenen Schrift zu bedienen gelernt hatten. Dann erhielte auch vielleicht die weder griechische noch lateinische [44]) Endung in O ihre Erklärung; man würde sie für oskisch halten, woran die griechischen Buchstaben nicht hindern, da dieselben bei den Lucanern gewöhnlich waren. Andere machen dagegen auf den Umstand aufmerksam, daß die Münzen, auf welchen der Name Pästum stehe, alle von Kupfer seien, was sich nur erklären lasse, wenn sie in die Zeit der Römer [45]) gehörten, die den Städten Großgriechenlands nur das Recht Kupfermünzen zu schlagen gelassen, sich selbst aber die von edlerm Metall vorbehalten haben würden. Wir wollen uns nicht mit Conjecturen erschöpfen, die jenen Umstand erklären könnten. Diejenigen Münzen aber, welche sich auf den ersten Blick als römische kund geben, unterscheiden sich wesentlich von den frühern. Diese enthalten meist nur das Bild von Poseidon mit dem Dreizack und dem Stier, und die einfache Aufschrift des Namens der Stadt;

) *Eckhel.* l. c. 256 sq. 37) *Strab.* VI, 252. 38)
III, 185. 39) Der Handel war theils Landhandel mit
bellischen Stämmen, theils Seehandel, wie sich aus den Ty-
: Münzen (Steuerruder rc., um zu zeigen, daß das Geld
ucht der Schiffahrt sei) ergeben möchte. 40) Winckel-
s W. I, 288 fg. bes. 303 und Note 25). 41) Nieb.
g. 42) *Salmas.* ad *Solin.* l. c. hält den Namen Pä-
r eine Zusammenziehung aus *Ποσίδειον*. Mazochi dage-
c. 501) hält ihn für den ursprünglichen, aus dem erst Po-
geworben sei, und gebildet von Pesitan, Pestan, der phö-
n Benennung des Neptun. Denn die Stadt sei gegründet
orern, d. h. Bewohnern der phönikischen Stadt Dora!!

43) Nieb. III, 185, 192. 44) *Eckhel.* I, 1, 127. 45) Die Römer schlugen Silbergeld seit 483 a. u. Nieb. III, 646.

jene enthalten auf der einen Seite eine weibliche Figur, sitzend und ein Horn haltend, mit der Aufschrift Bona Dea, oder einen Tempel, den Kopf eines Menschen oder Gottes, einen Eber rc., auf der andern ein Füllhorn, die Namen der Duumvirn, auch der Patrone, entweder allein, oder mit einem Kranz umgeben, oder daneben ein Füllhorn, mancherlei Instrumente darstellende Figuren rc. Ferner wird in der Regel der Werth der Münze angegeben, z. B. durch S (semissis), und alle enthalten mit lateinischen Buchstaben den Namen Pästum. Hält man hiermit die Angabe des Aristoxenus zusammen, daß die Posidoniaten unter den Römern griechische Sprache, griechischen Cultus, griechische Gebräuche nur noch in der Erinnerung gehabt, daß sie statt aller ihrer Feste (unter denen die zu Ehren des Poseidon gewiß die erste Stelle einnahmen) nur noch ein einziges Trauerfest gefeiert hätten, so wird man versucht, kategorisch auszusprechen, daß der Name Pästum schon unter den Lucanern aufgekommen, weil die Münzen mit der Aufschrift Paistano nicht nur im Übrigen von den sicher römischen unterschieden, sondern auch durch ihre Typen an den Dienst des Poseidon erinnern, der unter den Römern doch ebenfalls dem der Bona dea und andrer Gottheiten gewichen sein müßte.

Welche Rolle Pästum im Kriege des Alexander von Epirus gespielt, ob es, wie andere griechische Städte, sich ihm angeschlossen, oder was wahrscheinlicher, ob nicht, wissen wir nicht. Der König landete daselbst[46]) und gewann über Samniter und Lucaner eine Hauptschlacht, die von vorübergehenden Folgen war. Über die Schicksale der Stadt während der Kriege, die Rom nach dieser Zeit gegen die Samniter, Lucaner und Pyrrhus führte, und die mit Italiens Unterwerfung unter seine Herrschaft endigten, würden sich ebenfalls nur Vermuthungen aufstellen lassen. Gewiß ist, daß sie noch vor Tarents Fall in die Hände der Sieger gerieth, wahrscheinlich durch Eroberung[47]). Als eine Seestadt war sie für die Römer wichtig, und in Ausübung des römischen Princips, die erworbene Macht durch Colonien zu sichern, traf sie um so mehr, weil man schon damals einen Krieg mit Karthago für unvermeidlich hielt, in welchem die Küste von kaum bezwungenen Völkerschaften bewohnt, durch keine römische Flotte gegen den Feind geschützt werden konnte, das Schicksal, eine Colonie zu erhalten[48]), wie schon oben erwähnt ist. Die Weisheit dieser Politik bewährte sich im zweiten punischen Kriege, wo sie in fester Treue gegen den Staat in einer Zeit verharrte, wo dem siegreichen Punier fast ganz Mittel- und Unteritalien sich anschloß. Den schönsten und wichtigsten Beweis ihrer Treue gab sie unter dem fünften Consulat des Q. Fabius Maximus und dem 4. des Q. Fulvius Flaccus, im J. 209. Die

Latini und socii wurden wegen des lange fort
Kriegsdienstes schwierig und dem immer noch m
Feinde geneigt; von 30 Colonien verweigerten die
deutendsten Truppen und Geld und der allgemein
cken darüber beim Senate war so groß, daß nicht
Senatoren alles für verloren erachteten und eine B
rung aller andern socii, um Rom an Hannibal
rathen, befürchteten. Da erklärten die 18 übrige
nien, unter ihnen Pästum: et milites ex form
ratos esse, et, si pluribus opus esset, plure
ros: et quidquid aliud imperaret vellatque p
Romanus, enise facturos[49]). Livius spricht
mit einer gewissen Begeisterung, und was er aus
versichert, daß durch den Beistand dieser 18 (
die Republik vom Untergange gerettet worden, wa
kannt von Senat und Volk durch öffentliche Dan

Die angeführten und einige andere Stellen
vius geben zugleich Aufschluß über einige Punkte
die Verfassung der Stadt betreffen. Einmal
wir, daß Pästum, obgleich am Meere gelegen, da
Küstencolonie war. Dies geht nicht blos hervor
Formula, durch welche sie zur Stellung von Land
verpflichtet war, sondern auch daraus, daß sie ein
ausrüsten half[50]), während Küstencolonien für bei
munität in Anspruch nahmen[51]). Zweitens wa
Colonen nicht römische Bürger, sondern Latiner,
30 Colonien, welche oben erwähnt wurden, *latinis*
nannt werden. Ihre Zahl kann nicht gering gewes
denn nach Zerstörung des latinischen Bundes
Regel, daß nicht mehr wie sonst 300, sondern 3,
Familien deducirt wurden[52]), und man darf sid
nicht wundern, wenn Posidonia mit einem Mal
völlig römisches Aussehen erhielt. Das Recht de
schen Colonen war das latinische, die Verfassung
nach der der Städte Latiums, wahrscheinlich bei
Ganzen gleichmäßig und ähnlich der römischen;
soren und Senate, welche Livius[53]) von den Ma
der zwölf ungehorsamen Colonien namhaft macht,
wir mit Recht auch den 18 übrigen zuerkennen.
Pästum die Censoren Quinquennalen geheißen hab
man aus der verschieden deutbaren Aufschrift Q
QVIN auf Münzen vermuthet hat[54]), muß dahin
bleiben. Die Erwähnung der IIviri auf andern
zeigt, daß die oberste Behörde IIviri waren. Nac
den Kaisern standen an der Spitze einzelner Städt
griechenlands Demarchen[55]). Es gehört ins Re
Möglichkeit, daß in Pästum die IIviri zuweilen d
Namen geführt, da auf einer Münze unter den
D. FAD. L. PVL. geschrieben steht: DEM. Al
bildeten auch in den latinischen Colonien die Colon
lein die herrschende Bürgerschaft[56]), allein was s

46) *Liv.* VIII, 17. 47) Nieb. III, 616. 48) *Vellej.* I, 14 (cf. *Ruhnken.* ad h. l.) Bemerkt muß es wenigstens werden, daß die Colonie Neptunia, welche nach *Vellej.* I, 15 ungefähr 150 Jahre später gegründet ward und sonst nirgends erwähnt wird, von Ortelius mit einigem Zweifel, von Cluver und Cellarius unbedingt für identisch mit Posidonia gehalten worden ist. Daß der geistreiche aber flüchtige Vellejus, wie Niebuhr ihn nennt, Posidonia durch Neptunia übersetzt habe, wäre möglich.

49) *Liv.* XXVII. c. 9, 10. 50) *Idem* XXVI, 39.
Vergl. Walter, Gesch. des röm. Rechts. I, 74 und A
52) Ebend. S. 118. 53) *Liv.* XXIX, 15. 54) G
1, 156 sq.) meint, unter Quinquennales seien, wie auf spä
Münzen, die Duumviri zu verstehen, mit welchem Rechte,
nicht. 55) Walter S. 306. Anm. 21. Nach Spartian
drian. 19) gab es Demarchen in Neapel. 56) Ebend. S

den Colonien, die nach altem Rechte gegründet waren, vorkam, daß von den alten Einwohnern mehr oder weniger, wenn die Umstände es mit sich brachten, in die Colonien eingeschrieben wurden, muß in jenen um so eher der Fall gewesen sein, da sie von Vorn herein den frühern Einwohnern nicht so schroff entgegenstanden, als diese, und Connubium stattfand. Die alte Bevölkerung aber mochte in Posidonia größtentheils aus Nachkommen der Griechen bestehen. Möglich wäre eine Aufnahme von Griechen in die latinische Gemeinde während des zweiten punischen Krieges. Denn die Leistungen der Colonien, die die formula bestimmte, dauerten fort, wenn die Zahl der Colonen, auf die sie berechnet waren, auch geschwunden war, und Ergänzung war dann Bedürfniß und Regel, theils durch neue Colonisten, theils durch die Unterworfenen. Daß aber die latinischen Colonen in diesem Kriege ziemlich zusammengeschmolzen seien, läßt sich denken und geht hervor aus *Liv.* XXVII, 9; bei der griechischen Bevölkerung dagegen war dies nicht der Fall, da der Krieg meist Landkrieg war [57]). Merkwürdig ist die Stelle des Livius [58]), wo er erzählt, es haben Gesandte von Pästum goldene Schalen nach Rom gebracht; man habe ihnen, wie den Neapolitanern (welche dasselbe gethan hatten, weil sie am Kriege als Griechen keinen thätigen Antheil nehmen konnten) gedankt, aber die Schalen nicht angenommen. Läßt hier nicht die Zusammenstellung der Pästaner mit den Neapolitanern vermuthen, daß die Gesandten von der griechischen oder halbgriechischen Bevölkerung kamen? Würden die latinischen Colonisten, für welche das Geben Pflicht war und welche der Foderungen der Römer gewiß waren, einen solchen Eifer bezeugt haben? Und würden, wenn sie ihn bezeugt hätten, die Consuln über ihre Treue in Zweifel gewesen sein, wie sie es doch waren (*Liv.* XXVII, 10)? Haben aber die Griechen es gethan, vielleicht um nicht unter punische oder lucanische Herrschaft zu kommen, so konnte eine solche Ergebenheit leicht mit einer theilweisen politischen Gleichstellung belohnt worden sein. Es läßt sich zwar nicht aufs Jahr bestimmen, wie alt die Münze mit der Aufschrift DEM. ist, allein sie ist doch älter als das Julische Gesetz, da ja nach diesem die italienischen Städte aufhörten eigene Münzen zu schlagen [59]). In politischer und statistischer Hinsicht wird Pästum seit dem Hannibalischen Kriege nicht mehr erwähnt. Frontinus (de colon.) gedenkt seiner noch einmal und nennt es eine Präfectur. Da seit der lex Julia die latinischen Colonien Municipien geworden waren, so ist dies sonderbar. Man müßte es denn für zweckmäßig gehalten haben, die Seestadt einen Präfecten zu schicken. Plinius (a. a. O.) und Pomponius Mela [60]) nennen die Stadt Oppidum, auf der Peutinger'schen Tabelle wird sie ohne Auszeichnung erwähnt [61]). Dagegen erschöpfen sich seit dem Augustinischen Zeitalter, wo schöne Sinnlichkeit und Sentimentalität ein Ersatz für den Ernst republikanischen Lebens ward, die Dichter in dem Lobe der Rosen, welche in den Paestanae valles, wie Solin die Ebene nennt, zweimal des Jahres blühten. Mit ihrem Dufte vergleichen sie den Athem, mit ihrer Farbe die Lippen der Geliebten. Virgil, Ovid, Properz, Martial, Ausonius und Claudian bieten zum Belege Stellen in Menge. Im 2. Jahrh. n. Chr. soll das Christenthum in Pästum eingeführt worden sein [62]) und das Martyrologium Romanum führt unter dem 15. Juni an, daß die Märtyrer Vitus, Modestus und Crescentia wenn nicht in Pästum, doch in der Nähe, ein Opfer der Diocletianischen Verfolgung geworden seien. Um die Zeit, wo die Herrschaft der Ostgothen in Italien begann, finden wir daselbst ein Bisthum. Bei den profanen Scribenten wird der Stadt nicht weiter gedacht, sodaß wir von dem Einbruche der Horden Alarich's an nur aus den allgemeinen Schicksalen Italiens Schlüsse machen können. Auf jeden Fall gehorchte es allen den Herren, welche nach einander sich Italien entrissen, Ostgothen, Oströmern und zuletzt den Longobarden, welche von dem Herzogthume, oder, wie es später hieß, Fürstenthume Benevent aus ihre Eroberungen auch auf die längere Zeit noch verschonte Seeküste ausdehnten. Nach Giannone war zur Zeit Karl's d. Gr. Pästum der Sitz eines longobardischen Gastald, und in der Regel mochten Bisthum und Gastaldat zusammentreffen [63]). Als die Sarazenen sich Siciliens bemächtigt hatten, fingen sie an, auch die italienischen Küsten mit ihren Plünderungen heimzusuchen. Die grenzenlose Zerrissenheit, welche damals in den longobardischen und griechischen Besitzungen Süditaliens herrschte [64]), machte grade hier wenig oder gar keinen Widerstand möglich, und die Einfälle wurden deshalb in diesem Theile des Landes fast jährlich wiederholt; ja selbst einige Punkte völlig in Besitz genommen. Auf einem dieser Raubzüge ward zur Rache für erlittene Verluste Pästum zerstört, was, wenn nicht früher, sicher im J. 871 geschah, wo die Gegenden von Salerno, Neapel, Benevent, das ganze südwestliche Italien furchtbar verwüstet und Calabrien fast zu einer Einöde gemacht wurde [65]). So viel der Einwohner sich gerettet hatten, ließen sich nieder in Capaccio (nuovo), das sie größtentheils aus den Trümmern ihrer eingeäscherten Stadt erbauten. Hier nahm auch der Bischof von Pästum seinen Sitz. Später wurden von den noch stehenden Gebäuden mehre Steine und Säulen weggenommen und von Robert Guiskard zum Baue und zur Verzierung der Domkirche zu Salerno [66]), das er im J. 1077 dem letzten longobardischen Fürsten entrissen hatte, verwendet. Was an Ort und Stelle noch übrig blieb, ward Jahrhunderte lang völlig vernachlässigt. Man konnte lange Zeit von dem alten Posidonia nichts als seine Münzen, die in großer Anzahl auf uns gekommen sind [67]) und schätzbare Beiträge geliefert haben zur Geschichte der pla-

57) Vergl. Nieb. III, 618. 58) *Liv.* XXII, 36. 59) Walter S. 260 fg. Eine andere Grenze setzt Mazochi (l. c. p. 501) für Pästum, nämlich das Jahr 627 a. u — darum weil er glaubt, es sei damals eine Colonie römischer Bürger (Neptunia) hingeführt worden. 60) *Mela* II, 4, 9. 61) Mannert, Geogr. der Griechen und Römer. IX, 2, 133.

62) Crosse (l. c. p. 26), welcher als Autorität anführt *Coletus* ad *Ughelli* Ital. sacra. Tom. X. 63) Leo, Ital. Gesch. I, 95. 64) Ebend. I, 268 65) Ebend. I, 272. 66) Vergl. Münter und Kephalides a. a. O. 67) *Eckhel.* d. n. I, I, 256.

stischen Kunst, abgesehen von der Wichtigkeit derselben für die Geschichte der Stadt. Erst seit dem Jahre 1750 ungefähr ward man auf jene Überreste aufmerksam und zwar durch einen neapolitanischen Maler, welcher auf einer Begnügungsreise zu denselben sich verirrte. Als ein Kenner hocherfreut über die zufällige glückliche Entdeckung eilte er nach Neapel zurück, um einige Engländer, die seine Freunde und gleich ihm Verehrer der Kunst waren, davon in Kenntniß zu setzen; in Gemeinschaft begab man sich an den Ort zurück, die Ruinen wurden gezeichnet und bald darauf in England in Kupfer gestochen. Von dieser Zeit an ward das längst vergessene, selbst im Alterthume nur durch seine Rosen — die nun nicht mehr blühen — bekannte Pästum berühmt, es ward besucht von den Reisenden, man bearbeitete seine Geschichte, man gab zu wiederholten Malen Abbildungen von seinen Denkmälern heraus. Daß man diese Denkmäler, welche über die alte dorische Baukunst Aufschlüsse gaben wie keine andern, so lange unbeachtet gelassen, daß Reisende, wie Cluver, sie gesehen und mit keiner Sylbe erwähnt hatten, erregte damals, wo der Kunstenthusiasmus im ersten Feuer war, Verwunderung und Entrüstung. Inschriften hätte man gesucht, klagte Winckelmann[68]), und alte Bücher, Notizen gesammelt über alte Geographie oder andere Zwecke verfolgt, aber um die Kunst hätten die weisen Gelehrten, die nicht aus ihrem Gleise träten, sich unbekümmert gelassen.

Der Raum erlaubt es nicht, eine vollständige Beschreibung der Ruinen von Pästum zu geben, auch würde dieselbe ohne Kupfer unnütz sein. Die besten Abbildungen nebst beigefügten Erläuterungen, wodurch manche falsche Auffassungen und Vorstellungen Paoli's beseitigt werden, findet man in dem Werke von Delagardette (**Les ruines de Paestum. [Paris an II]**). Eine kurze Beschreibung gibt Winckelmann in dem Vorberichte zu seinen Anmerkungen über die Baukunst der Alten, und zerstreute Bemerkungen in den Anmerkungen selbst, sowie in den Anmerkungen über die Baukunst der alten Tempel zu Girgenti in Sicilien[69]). Zusätze und Berichtigungen enthält die Archäologie der Baukunst der Griechen und Römer von C. L. Stieglitz (2 Bde.), wo die Werke von Paoli und Delagardette sorgfältig benutzt sind. Außerdem vergl. man die Geschichte der Baukunst von Hirt; *Wilkins*, **Magna Graecia. Chap. 6** (nach Müller's Urtheil nicht ganz zuverlässig) und K. O. Müller, Handbuch der Archäologie der Kunst. (Breslau 1830.) S. 56.

Der Raum, welchen die Ringmauer einschließt, bildet ein unregelmäßiges Polygon, oder weniger genau genommen, einen Rhombus in der Ausdehnung von Westnordwest nach Ostsüdost, dessen östliche (eigentlich ostsüdöstliche) Seite einen Aufsatz hat von einem Trapezoid dergestalt, daß die nördliche Seite dieses Trapezoids, ungefähr $= \frac{1}{3}$ einer Seite des Rhombus, als eine Verlängerung erscheint der nördlichen des Rhombus, während die entgegengesetzte mit der verlängert gedachten südlichen des Rhombus ungefähr einen Winkel von 45° bildet und die östliche unter einem sehr wenig vom rechten abweichenden stumpfen Winkel an die nördliche sich anschließt. Innerhalb dieses Raumes finden sich die Trümmer eines ansehnlichen Gebäudes von ungewisser Bestimmung und zweier Tempel; außerdem Reste eines Amphitheaters und, wie Winckelmann glaubte, eines Theaters, wie aber Fernow angibt[70]), eines runden Stufenganges, auf dem man zu einem Brunnen hinabstieg, ferner Überbleibsel von einem Säulengange und mehres, was auf dem Boden zerstückelt umherliegt, endlich moderne Wohnungen[71]) von Landleuten und eine Kirche der Verkündigung Mariä. Außerhalb, auf der westlichen Seite der Stadt, finden sich noch Spuren einer Wässerleitung. Die Ringmauer hat 4000 Schritte im Umkreise. Ihre Höhe läßt sich nicht bestimmt angeben wegen des Schuttes, durch den der Boden erhöht ist. Oben auf derselben ist ein gut erhaltener Gang mit Brustwehren zu beiden Seiten und so breit, daß 3—4 Mann neben einander gehen können[72]). Sie besteht aus sehr großen Tufsteinblöcken, welche winkelrecht behauen und von länglich-viereckiger Form, aber ungleicher Größe sind[73]). Ursprünglich waren dieselben wahrscheinlich ohne allen Mörtel zusammengesetzt, jetzt sind sie verbunden durch eine Mischung von Kalk, Sand und zerstoßenen Steinen, die darum, weil die Steine der Wasserleitung, eines sicher römischen Baues, ganz auf dieselbe Weise zusammengefügt sind, von einer Reparation durch die Römer herzurühren scheint[74]). Von den vier Thoren, welche die Mauer nebst in gewisser Entfernung von einander stehenden runden Thürmen enthielt, ist eins noch erhalten; es wird gebildet durch einen großen Bogen von keilförmig behauenen Steinen, und auf dem Schlußsteine steht eine Sirene. Die übrigen sind, wie auch ein großer Theil der Mauer selbst, zerstört. Am wichtigsten sind die drei Gebäude, welche bekannt sind unter der Benennung des großen und kleinen Tempels und der Stoa oder Basilika von Pästum. Die Meinung Paoli's, der darin etruskische Baukunst finden wollte, ist von Kennern längst widerlegt. Sie sind sicher von Griechen erbaut in dorischem Styl, in der oben angegebenen Zeit, oder wenn man sich weniger bestimmt erklären will, wie Müller[75]) thut, in der Periode zwischen Ol. 50 u. 80, in welcher die dorische Baukunst ihre höchste Großartigkeit erreichte. Manches mag jedoch in seiner jetzigen Gestalt von den Römern herrühren, namentlich an dem kleinen Tempel und der Stoa[76]). Der große Tempel, welcher, wie man gewöhnlich annimmt, dem Poseidon geweiht war[77]), ist ein **hexastylos peripteros hypaethros**, sodaß er also von der Regel, nach welcher Vitruvius den **hypaethros** gebaut wissen wollte, abweicht. Aber auch als **peripteros**

68) Winckelmann's W. I, 233—309. 69) Ebend. I, 233 fg. 330 fg.

70) Winckelmann's W. I, 482. Anm. 33. 71) Im August und September mußten dieselben verlassen werden, da in dieser Zeit die Schädlichkeit der Luft, die mit zunehmender Entvölkerung immer größer geworden ist, am größten ist. 72) Münter S. 91. 73) Sie haben 8—10 neapol. Palmen Länge, 4—5 Palmen Breite, 3—4 Palmen Höhe. Der neapol. Palm hält 8 Zoll 7 Linien. 74) Stieglitz, Archäol. I, 98. 75) Archäol. S. 56. 76) Stieglitz (I, 16) glaubt mit Delagard., daß diese beiden Gebäude, wie die Stadtmauer, von den Römern wiederhergestellt sind. Pästum muß also schon vor den Sarazenen einmal zerstört worden sein. 77) Müller a. a. O. Kephalides II, 146.

icht ganz regelmäßig; denn während an einem sol-
empel die Cella in der Regel mit einer einfachen
reihe ringsherum so umgeben war, daß vor jeder
6, an jeder Seite (bei den Griechen) 13 Säulen, die
en zweimal gerechnet, standen, stehen hier an jeder
6, an jeder Seite 14 Säulen (die Ecksäulen zwei-
rechnet). Seine Größe beträgt nach Fernow (wel-
t Winckelmann das Areal der dritten Stufe, auf
Säulen stehen, rechnet, nicht das der untersten)
< 96 neap. Palmen, nach Kephalides (a. a. O.)
32 Schritte, nach O. Müller 195 × 79 engl.
Zu dem von den Säulen gebildeten, die Cella um-
n Porticus gelangt man auf drei Stufen, welche,
in der ältern Zeit bei griechischen Tempeln ge-
h war, rings um den Tempel umherliefen [78]) und
n Unterbaue, den sie begrenzten, (beides zusammen
oder κρηπίδωμα genannt) gleichsam die Base des-
wie an einer Säule bildeten. Die Säulen, welche
ihren Blöcken fast unmerkbar zusammengesetzt sind,
rische der ältern Zeit; sie sind nach Oben konisch
, etwa um den dritten Theil der untern Stärke
nelirt mit 24 Reifen; ihr unterer Durchmesser be-
Palmen [79]), und ihre Höhe etwas über vier die-
chmesser [80]). Ohne Untersatz oder Plinthus stehen
ittelbar auf der obersten Stufe. Die interco-
betragen mit Ausnahme der beiden letzten an den
die der Ecktriglyphen wegen in älterer Zeit stets
waren, wenig mehr als den untern Durchmesser
ule [81]). Zwischen je zwei Säulen findet sich, das
lumnium ziemlich einnehmend, ein viereckiges, ver-
feld, einen Säulendurchmesser lang und breit, ei-
ger breit tief. Nach Stieglitz [82]) waren diese Fel-
bunten Marmortafeln, nach Delagardette mit Erz-
zur Verzierung ausgefüllt. Das Capitäl der Säu-
wie es allgemein in den ältern Zeiten sich findet,
ber einen Model hoch [83]). Der Abacus oder Plin-
ine einfache viereckige Platte, springt beträchtlich
sodaß er breiter ist, als der untere Durchmesser.
auf dem gleichbreiten Echinus, der im Profil
glichrunde Gestalt hat. Unter dem Echinus sind
uli oder Riemchen, an deren unterstes der nicht
eingezogene Hals [84]) sich anschließt. Eine Art Astragal, aus horizontal um die Säule herumlaufenden Einschnitten bestehend, die in ihrem Grunde einen Winkel bilden, macht die Grenze zwischen Schaft und Hals. Sowol zwischen den Einschnitten, als auch am Halse laufen die Cannelüren fort, bis sie unter dem letzten annulus sich nischenförmig endigen. Das auf den Säulen ruhende Gebälk, welches das Dach trägt, ist ungefähr drei Siebentheil der Höhe der Säulen hoch, wie in ältern Zeiten gewöhnlich [85]); es ist, wie die Säulen, einfach und großartig. Der Architrav, bestehend aus großen Steinen, die seine ganze Höhe und Stärke ausmachen und deren jeder von einem Säulenmittel bis zum andern reicht, hat ungefähr eine Höhe, die der obern Säulenstärke gleichkommt [86]). Er ist ohne Glieder und Verzierung; nur oben tritt die taenia hervor, an welcher unter den Triglyphen das Riemlein (regula) mit den Tropfen angebracht ist. Dann folgt der Fries, etwas höher als der Architrav, mit den Triglyphen und Metopen. Jeder der Steine, aus denen er besteht, enthält einen Triglyphen und eine Metope. An den Ecken sind die Triglyphen bis an das Ende des Frieses hinausgerückt und stehen nicht wie die übrigen über dem Mittel der Säule, wodurch die erwähnte übrigens unmerkliche Verengerung der Eckintercolumnien entstand, damit die Metopen gleiche Größe behielten. Die Cannelüren der Triglyphen sind so, daß ihre Seiten unter einem rechten Winkel zusammenstoßen, oben aber nischenförmig endigen. Darüber ist eine Art Capitäl, ein glatter Riemen, der nach der vordern Seite des Triglyphs eine kleine Ausladung hat. Die etwas tiefer als die Triglyphen liegenden Metopen sind ohne alle Verzierung glatt und nur oben wie die Triglyphen mit einem Riemen versehen. Ebenso einfach ist der bedeutend — und zwar noch über das Capitäl der Säulen, etwa um ⅓ so viel, als Fries und Architrav auf dem Capitäl zurücktreten, hervortretende Kranz, ungefähr den vierten Theil der Höhe des Frieses und Architravs hoch. Er besteht aus wenigen geradlinigen Gliedern — eine Kehlleiste findet sich nur im Kranze des Giebels —; über dem Kranzleisten, dem größten dieser Glieder, ist nichts als ein Riemchen, welches nach der Sitte der ältern Zeit den Kranz beschließt. An den Dielenköpfen unter den Kranzleisten der beiden Seiten finden sich statt der Tropfen kleine runde Vertiefungen, in welche die Tropfen wahrscheinlich besonders eingesetzt waren, während sie sonst mit den Dielenköpfen aus einem Stücke gearbeitet waren. An den Fronten erheben sich über dem Gebälke die niedrigen Giebel mit eigenem Kranze. Die Giebelfelder, die schon am Tempel des Jupiter zu Agrigent mythologische Darstellungen enthielten, sind, wie auch am kleinen Tempel, ganz leer. In der Mitte des von den äußern Säulen eingeschlossenen Raumes liegt, wiederum durch drei Stufen erhöht, die Cella, welche, da der Tempel ein Hypäthros, d. h. ein solcher ist, dessen Celle in der Mitte keine Bedeckung, und einen doppelten Eingang hat, vorn und hinten einen πρόναος

Stieglitz II, 104. „Der kleine Tempel zeigt hiervon
nahme, und er hat das Eigene, daß die Stufen an den
es Tempels ungefähr nur die vordere Hälfte dieser Sei-
hmen." 79) Die vier Ecksäulen sind aus optischen
ein wenig stärker. Dasselbe findet sich am Parthenon
, dasselbe schreibt Vitruv vor. 80) Das von Vitruvius
Maß für die Höhe der dorischen Säule sind sieben Durch-
Die Säulen im Jupitertempel zu Agrigent hatten, wie
ann wahrscheinlich macht, sechs Durchmesser. Der Bau
mpels ward Ol. 93 unterbrochen. Der Tempel der Con-
r zu dieser Zeit fertig und also älter; die Säulen dessel-
dasselbe Verhältniß des Durchmessers zur Höhe wie die
en. Je älter die Tempel, desto mehr ist das Verhältniß
Normalverhältniß entfernt. In Athen findet sich schon nach
cht bei Marathon ein Fortschritt zu demselben, bedeutenden pästanischen. 81) Müller führt den Tempel als
uf. 82) Archäol. II, 87. 83) Auch die übrigen Ge-
Pästum zeigen dies Verhältniß. Am Tempel der Concor-
grigent, am Theseustempel zu Athen, am Parthenon, an
ildem ist das Capitäl noch keinen Model hoch.

84) Durch den eingezogenen Hals erweisen sich die Säulen des kleinen Tempels und der Stoa als jünger. 85) Das Gebälk wird niedriger, sowie die Säule höher wird. 86) Stieglitz I, 206.

hat. Sie ist eingeschlossen von vier den äußern Säulenreihen parallel laufenden Mauern, von denen die vordere und hintere unterbrochen ist durch den Eingang. Die beiden πρόναοι werden gebildet durch die verlängerten Seitenmauern der Cella, welche zu beiden Seiten mit Pilastern oder Anten endigen. Zwischen den Anten, den Celleneingängen gegenüber, stehen hinten und vorn zwei Säulen. Diese und die Pilaster bilden die Fronten der πρόναοι. Im Innern der Celle liefen ringsherum doppelte Säulengänge, ein oberer[87]) und ein unterer. Der untere war gebildet durch zwei den Seitenmauern parallellaufende Reihen von je sieben Säulen, von deren Capitälen bis zur Mauer große Steine als Architrave gelegt waren. Diese Steine bildeten die Decke des untern, den Fußboden des obern Ganges, welcher durch kleinere über den untern stehende Säulen entstand. Die Säulen sind den äußern ähnlich, nur sind sie kleiner und haben, die untern 20, die obern 16 Cannelüren. Die Gänge, zum Theil noch sichtbar, deckten einen Theil der Celle und verliehen dem in einer Nische in der Nähe des hintern Eingangs aufgestellten Bilde des Gottes Schutz gegen die Witterung. Die Breite der Celle beträgt 42½ Palmen, ihre Länge, die πρόναοι mitgerechnet, ungefähr die dreifache Breite, nicht, wie Vitruv vorschreibt, die doppelte. Kephalides sagt von diesem Tempel: „Er ist von den meisten Kennern wol mit Recht für das schönste antike Gebäude der Welt, das wir noch bewundern, gehalten worden; glaublich ist die Wirkung seiner einfachen Erhabenheit und Majestät, und wie hat jemals der äußere Anblick eines neuern Gebäudes einen so unbegreiflichen Eindruck auf uns gemacht, wie dieses unsterbliche Denkmal der griechischen Kunst. Pronaos, Cella und die einzelnen Hallen sind aufs Beste erhalten und mit unbesiegbarer Kraft tragen diese Riesensäulen die furchtbaren Steinblöcke der Architrave seit Jahrtausenden. Der jüngere kleinere Tempel ist hexastylos peripteros, hat aber nicht wie der große an jeder Seite 14, sondern 13 Säulen. Die Celle, zu der man ebenfalls auf drei Stufen emporsteigt, hat nur einen Pronaos und daher auch nur einen Eingang[88]); im Innern derselben scheint gegen das Ende hin in der Mitte eine etwas höher als der Fußboden der Cella liegende aedicula für das Bild der Gottheit, der Grund, der der Tempel geweiht war, gewesen zu sein. Der Pronaos wird nicht gebildet durch die verlängerten Seitenmauern der Cella, sondern es nehmen an jeder Seite drei Säulen die Stelle der sonst verlängerten Mauer ein; an der Fronte finden sich gar keine Säulen. Von jenen drei Säulen steht die vorderste auf der ersten der zu der Cella führenden Stufen, die mittlere auf der zweiten, die letzte, eine Halbsäule, die an die Pilaster an den Ecken der Cellenmauer angebracht ist, auf der dritten. Alle haben eine Base, die die der toscanischen Säulen ist[89]). Toscanisch, nicht griechisch, ist überhaupt die ganze Bauart dieses Pronaos[90]); denn der Pronaos eines griechischen Tempels wird durch die verlängerten Seitenmauern der Celle gebildet. Die äußern Säulen sind größer und stärker[91]) als die des Pronaos, von denen sie auch dadurch sich unterscheiden, daß sie keine Base haben. Nach Baumgärtner[92]) beträgt ihr (unterer) Durchmesser 4 Schuh 1 Zoll 2 Linien. Das Verhältniß des Durchmessers zur Höhe ist wie an dem großen Tempel, die Größe der Zwischenweiten gleich dem untern Durchmesser. Man sieht schon hieraus an diesem Tempel ein sonderbares Gemisch von Griechischem und Nichtgriechischem, von Altem, wie das Fehlen der Base, die Höhe der Säulen, und Neuem, wie die Base an den innern Säulen und die Halbsäulen, welche sich erst seit Ol. 90[93]) nachweisen lassen. Mehres kommt noch hinzu, und es ist daher nicht unwahrscheinlich, daß eine Veränderung mit diesem Tempel vorgenommen worden ist. Merkwürdig ist z. B. die sogenannte Entasis, die auch an den Säulen der Stoa sich findet, eine Verjüngung der Säulen nach einer etwas auswärtsgeschweiften Linie. Delagardette schreibt dieselbe ausdrücklich den Römern zu, und ist der Meinung, daß die Verjüngung ursprünglich konisch gewesen und die Entasis dadurch entstanden sei, daß man von der untern Säulenstärke etwas abgenommen habe[94]). Eine Abweichung von der alten Einfachheit ist der eingezogene zierliche Hals der Säulen, das Vorhandensein mehrer eine eigenthümliche Bekrönung bildender Glieder[95]) am Architrav. Die Triglyphen, welche jetzt fehlen, waren eingesetzt, die Ecktriglyphen nicht bis an die Ecke gerückt[96]), was den Römern Regel war. Auch vermißt man die sonst unter den Triglyphen gewöhnlich sich findenden Tropfen, und unter der Kranzleiste die Dielenköpfe. Letztere fehlen unter allen dorischen Gebäuden nur an diesem[97]). Als eine Sonderbarkeit erwähnt Kephalides grabförmige längliche Öffnungen, die an der Cella hinliegen. Nach Müller beträgt die Größe dieses Tempels 107 × 47 Fuß. Die Säulen haben durch Zerstörung und Zeit sehr gelitten; von der Mauer der Cella sind noch Spuren vorhanden. Das dritte Gebäude, gewöhnlich für eine Stoa oder Basilika, von Hirt für einen ναὸς ὕπαιθρος gehalten, ist nach Müller 177 × 75 Fuß groß. Nach Einigen ist es sogar

87) Treppen in den Mauern neben den vordern Eingängen nach Art der Wendeltreppen führten in Tempeln wie diesen zu den obern Gängen. Stieglitz II, 61. 88) An beiden Tempeln fehlt die Einfassung der Thüren. Winckelmann (I, 296) glaubt, daß sie, wie die dorischen Thüren überhaupt, oben enger als unten gewesen seien. 89) Stieglitz I, 198. 90) Stieglitz II, 35. Rauch, am unten angeführten Orte, hält den Tempel für den ältern, um die Abweichungen vom dorischen Styl (z. B. den nach seiner Meinung ursprünglich glatten, der Triglyphen entbehrenden Fries, wie er sich noch an der Basilika findet) für Spuren einer früher in Posidonia üblichen Bauart, vielleicht der etrurischen oder tyrrhenischen. 91) Stieglitz I, 261. 92) a. a. O. S. 18. 93) Müller, Orch. S. 325. 94) Stieglitz I, 161, 162. Eine Abbildung findet sich auf der 7. Kupfertafel im 1. Bande von Winckelmann's Werken. 95) Eine ähnliche Bekrönung statt des einfachen Riemens findet sich auch am Architrav der Stoa. Stieglitz I, 207. Eine genaue Abbildung des ganzen Gebälkes und des Säulencapitäls mit dem Halse findet sich in Rauch's Fortsetzung der vergleichenden Darstellung der architekt. Ordnungen &c. von C. Normand. (Potsdam 1832.) Taf. I. 96) Daher sind alle Intercolumnien hier einander gleich und finden nach den Ecken zu keine Verengerungen statt. Vergl. Stieglitz I, 208, 209. 97) Stieglitz I, 214.

älter als die beiden Tempel. An den Fronten stehen neun, an den Seiten 18 Säulen, zu welchen ebenfalls drei Stufen hinaufführen. Der vordern Fronte gegenüber und ihr parallel laufend bemerkt man im Innern zwei Pilaster, welche das Ende nicht mehr vorhandener Mauern bilden und dazwischen, mit den Pilastern in einer Linie, drei Säulen. Es mag dies die Fronte des Pronaos sein. In einiger Entfernung davon, weiter nach der Mitte des innern Raumes zu, stehen, mit der mittlern der genannten drei Säulen in grader Linie einsam hinter einander drei andere Säulen. Man hat das Fehlende auf verschiedene Weise zu ergänzen gesucht. Kephalides sagt: „Die Cella wird von einer Säulenreihe durchschnitten, die das Hauptschiff der Länge nach in zwei gleiche Theile theilt, die wahrscheinlich wiederum durch eine Trennungsmauer in je zwei Corridore geschieden waren." Müller scheint dieselbe Ansicht zu theilen, wiewol er nichts weiter sagt, als daß im Innern eine Säulenreihe durchlaufe. Die Vermischung von Altem und Neuem zeigt sich auch hier, und das Neue wird von Delagardette und Stieglitz ebenfalls den Römern zugeschrieben. Von mehrern, wodurch dies Gebäude sich von den beiden Tempeln unterscheidet, führe ich nur an, daß der Fries keine Triglyphen hat [98]). — Ziemlich in der Mitte der Stadt liegen die Ruinen des Amphitheaters, welches von den Römern erbaut ist. Es sind davon noch übrig die untern Gewölbe und darüber zehn Reihen Sitze. Seine Länge beträgt 218, seine Breite 132 neap. Palmen. Vieles, was vielleicht interessante Aufschlüsse geben könnte, mag noch unter dem Schutte verborgen liegen. Den Beweis davon liefert eine im Bulletino dell' Instit. di Corrispondenza archeologica von 1830 (p. 135, 226) mitgetheilte neue Entdeckung. Vergl. Müller's Archäologie. 2. Ausg. S. 58. „Zu den vasj ruderi della rimota antichità, welche Romanelli [99]) in seinem bekannten Wegweiser nicht näher bezeichnet, gehörte — so berichtet ein neuerer Reisender [1]) — ein großer Haufen von architektonischen Fragmenten (zwischen den Tempeln des Neptun und der Ceres). In der Zeit, wo die meisten Besucher sich zu Pästum einfinden, ist diese Stelle gewöhnlich mit Gesträuch bewachsen, und die einzeln hervorstehenden Steine verlockten daher wol selten zur nähern Untersuchung. Zu Anfange des Jahres 1826 hielt ich mich einen Tag lang in Pästum auf. Die Stelle, welche die erwähnten Bruchstücke bezeichnen, war reiner, als sie später im Jahre sein mag — und ich fand unter den Steinhaufen mehre verzierte Metopen, welche jedoch größtentheils durch Verwitterung und anderartige Beschädigung sehr gelitten zu haben schienen. — Die Säulen schienen mir feiner cannelirt, als die an den andern Tempeln; an mehren aus der Erde hervorstehenden Säulenknäufen glaubte ich Verzierungen zu erkennen, welche mit der reinen dorischen Ordnung nicht wohl stimmen." Die neapolitanische Regierung fand sich später veranlaßt, Ausgrabungen zu veranstalten, und man fand, daß an dieser Stelle ein großer Tempel gestanden habe, mit einer Façade von acht Säulen und zwei Seitenfaçaden, jede von 16 Säulen [2]). Mauch, welcher im Sommer 1830 zu Pästum war, gibt hierzu folgenden Beitrag [3]): „Die eigne Anschauung belehrte mich, daß diese Überreste nicht jener frühern Zeit der drei Tempel angehören können, sondern einer viel spätern, unter römischem Einflusse. Zwei Pfeilercapitäle und eine Säulenbasis sah ich unter dem Steinhaufen hinter dem Amphitheater liegen, zwischen vielen Bruchstücken von einem dorischen Gebälk, dessen Metopen mit Sculpturen von guter Erfindung, aber nicht ebensolcher Ausführung geziert sind. Zwei von dieser Ruine genommene Säulencapitäle befinden sich bei dem Hause des Herrn Belleli zu Pesto, und sechs gleiche, auf ihren ursprünglichen Stämmen ruhende, Capitäle tragen eine Reihe von Spitzbogen, welche die Decke eines Stalles im erzbischöflichen Palaste zu Salerno unterstützt, wohin sie wahrscheinlich in den Zeiten Robert Guiscard's gebracht wurden. Daß diese jetzt so zerstreuten Überreste einst zu einem und demselben Gebäude gehörten, läßt sich aus der Übereinstimmung der Dimensionen, des Styls und des Materials schließen. Letzteres ist gräulich weißer Kalktuff, und war mit einem feinen Stucküberzug bekleidet. Die noch erhaltenen Köpfe an den Säulencapitälen sind meist weibliche. Die Ecken des Abacus sind sammt den Schnecken abgebrochen. Die Plinte der Säulenbasis ist rund. Der untere Durchmesser beträgt circa 3¼ Fuß. Die Säulenhöhe ist nicht anzugeben, da die Basen der noch zu Salerno stehenden Säulen sich unter dem Fußboden befinden." Man hat ferner eine neue Straße entdeckt und einen von dem aufgefundenen Tempel nach dem westlichen Stadtthore führenden Säulengang. (*Voigt.*)

PÄSURI, alter Name eines Grenzvolks von Hispania Bätica und Lusitanien (*Plin.* H. N. IV, 21, 35), wofür auf einer Inschrift bei Gruter (p. 162) Paesures. (*H.*)

PÄTAK, PIATAK, PJATAK, PJATCOPEJEK, PIENTAK. Mit diesen Namen bezeichnet man in Rußland die Fünfkopekenstücke, deren zwanzig einen Silberrubel machen. Man hat alte und neue Pätaki und zwar von Silber und Kupfer. Die alten silbernen Pätaki sind aus 12löthigem Silber geprägt mit einem Gewichte von 25 holländischen Aß, die alten kupfernen wiegen 3¼ Loth und beider Werth ist gleich 1 Sgr. 7$\frac{1}{10}$ Pf. preuß. oder 1 Gr. 2¼ Pf. Conv. Die neuern, vorzüglich die sibirischen, Pätaki sind nur halb so viel werth als die alten, daher diese jetzt als Zehnkopekenstücke genommen werden. (*Fischer.*)

PÄTALTINIK, PJATALTINIK, russische aus 12löthigem Silber mit einem Gewichte von 74¼ holländischen Aß so geprägte Münze, daß 87¾ Stück eine feine cölnische Mark geben. In Rußland gelten sie fünf Altinen (daher ihr Name), oder 15 Kopeken, sodaß ein Pätak oder eine Pjatkopeke den dritten Theil ein Pätaltiniks ausmacht, und ihr Werth beträgt 4 Sgr. 9¼ Pf. preuß. oder 3 Gr. 9¾ Pf. Conv. (*Fischer.*)

98) Stieglitz I, 208. 99) Viaggio a Pompei a Pesto etc. (Napoli 1817.)
1) Preuß. Staatsz. 1830. Nr. 196.
2) Preuß. Staatsz. 1830. N. 192. 3) a. a. O. Taf. 15

PÄTERIK, PIÄTERIK, PJÄTERIK, russisches fünf Pfund oder ¼ Pud wiegendes Gewicht. (*Fischer.*)

PÄTERLINGEN, PETERLINGEN, deutscher Name für Payerne. (S. d. Art.) (*Fischer.*)

PÄTUS. Wie so viele Namen bei den Römern hergenommen sind von körperlichen Eigenschaften, als z. B. Capito, Fronto, Labeo, Naso, Varus, Valgius rc., so bedeutet auch der in mehren römischen Familien vorkommende Beiname Paetus eigentlich einen Fehler an den Augen, ein gelindes Schielen; er ist insofern am nächsten verwandt mit dem ebenfalls nicht seltenen Beinamen Strabo, den z. B. des Pompejus Vater führte (*Plin.* H. N. VII, 12). Beide führt Plinius (XI, 37) an und nebst andern körperlichen Fehlern auch Plautus in einem Fragment aus der Komödie Scytha Liturgus bei *Festus* v. *valgos*, ohne daß sie einen Unterschied machen. Dagegen sagt Horatius (Sat. I, 3, 45), man solle gegen die Fehler der Freunde nachsichtig sein, wie die Väter, welche die Gebrechen ihrer Kinder mit mildern Namen bezeichneten, und einen Sohn, der eigentlich ein Strabo wäre, Paetus nennten. Ebenso sagt Cicero (de Nat. Deor. 1. c. 29): „Denken wir uns nicht einige Götter wenn auch nicht grade als strabones, doch als paetuli?" Die Wahl dieser schmeichelnden Deminutivform gibt zu erkennen, daß Cicero sich diesen Fehler nicht als häßlich und entstellend dachte; vielmehr erschien den Alten das blinzelnde Auge eines paetus als etwas Liebenswürdiges; sie fanden darin den Ausdruck einer lüsternen, schlauen, reizenden Weichlichkeit, und daher wird Venus selbst als paeta dargestellt und bezeichnet [1]).

Von den Männern, welche den Beinamen Paetus führten, sind als die wichtigsten Cäsennius Pätus, Cäcina Pätus und Pätus Thrasea ausführlicher zu besprechen, die weniger bekannten sollen nachher erwähnt werden.

Pätus Cäsennius. Die Familie der Cäsennier wird erst unter den Kaisern namhaft; in früherer Zeit wird sie fast nicht erwähnt; nur in dem Proceß des Cäcina, den Cicero im J. 69 v. Chr. Geb. führte, kommt eine Cäsennia vor, deren zweiter Mann Cäcina gewesen war; sie stammte aus einer vornehmen Familie des Municipiums Tarquinii in Etrurien, war unbescholten und besaß ein bedeutendes Vermögen. Von ihren Verwandten und Erben wird noch ein gewisser Pätus Cäsennius bei dieser Gelegenheit erwähnt, dessen ansehnliche Corpulenz dem Cicero Stoff zum Spotte darbot (*Cic.* pro Caec. c. 4 und c. 10). Nicht unwahrscheinlich ist es, daß aus dieser Familie die Cäsennier stammten, welche später, nicht zufrieden mit ihrem Municipaladel, in Rom zu Ämtern und Würden gelangten, wie dies unter den Kaisern bei der häufigen Verarmung und dem Aussterben der altrömischen Patrizierfamilien weit öfter geschah als früher. Indessen ist ein directer Beweis dafür nicht vorhanden. Nur noch ein Mittelglied ist uns bekannt, ein Cäsennius, der allerdings seinen Nachkommen den Weg zu höherm Glanze gebahnt haben könnte; er war ein Cäsarianer, der sich dadurch Ansprüche auf weitere Beförderung erwarb, daß er den jüngern Cnejus Pompejus in der Schlacht bei Munda ums Leben brachte (*Dio Cass.* lib. XLIII. c. 40. *Flor.* IV, 2, 86), wo er fälschlich auch noch in neuern Ausgaben Cesonius genannt wird (vergl. *Cic.* Phil. XII. c. 9). Daß dieser, wenn nicht aus Tarquinii, doch wenigstens gewiß aus Etrurien war, sehen wir aus Cicero's 12. Philippischer Rede c. 9. Cicero sagt ihm nach, er sei Schauspieler gewesen (das. XI. c. 6), und er erwähnt ihn öfter als eine Person, die der Partei des Antonius wenig Ehre mache, zumal da er in einem gewissen Ansehen stand und zu dem Collegium der Septemvirn gehörte, welche Äcker an die Soldaten vertheilen sollten, gegen den Willen des Senats (s. *Cic.* Phil. XI, 6. XII, 8, 9. XIII, 2, 12, 18). Jedoch hatte dieser den Beinamen Lento, nicht Pätus, und es läßt sich daher nicht mit Sicherheit bestimmen, ob er in gerader Linie verwandt war mit

Lucius Cäsennius Pätus, dem ersten bedeutendern Manne dieser Familie, welcher im J. der Stadt 815, nach Chr. Geb. 62, Consul wurde. Tacitus nennt ihn gewöhnlich nur Pätus; den Vornamen Lucius entnehmen wir aus Dio Cassius (Lib. LXII. c. 20) und aus einer Inschrift bei Gruter (p. LXIV. n. 11) [2]). Wann er geboren ist, wie sein früheres Leben beschaffen war und auf welche Weise er zum Consulat gelangte, darüber ist uns nichts bekannt, daß er zwischen 40 und 50 Jahre alt war zur Zeit seines Consulats, daß er es also wol nicht eben vor dem gesetzlichen Alter erlangte, läßt sich daraus schließen, daß im J. 64 ein Sohn von ihm als Kriegstribun diente (*Tac.* Ann. XV, 28). Die Thaten, welche ihn auf eine eben nicht rühmliche Weise bemerklich machten, fallen in das nächste Jahr nach seinem Consulat.

Schon seit dem Regierungsantritte Nero's war der Besitz von Armenien zwischen den Römern und Parthern streitig gewesen, doch schien der Friede auf längere Zeit fest begründet zu sein, als Tigranes von Nero zum Könige von Armenien gemacht war, und der den Parthern furchtbare Domitius Corbulo als Statthalter von Syrien

1) *Ovid.* A. Am. II. v. 659 et ib. *Heinsius* Priapeia. 86, 4. Besonders charakteristisch ist eine Stelle des Marcianus Cap. (de Nupt. Philol. et Merc. Lib. VII. §. 727), wo es von der Venus, der die Voluptas eben etwas Erfreuliches zugeflüstert hat, heißt: deliciosa mollitie et interrumpente genas rubore paene prodidit susurrata, tuncque marcidulis paeta luminibus Majugenam conspicatur. Vergl. *Osann*, Anal. crit. p. 194.

2) Bei Tacitus (Ann. XIV. c. 29) werden als die Consuln des genannten Jahres Cäsonius Pätus und Petronius Turpilianus aufgeführt; offenbar ist Cäsennius zu schreiben, trotz der Übereinstimmung der Handschriften, wie wir denselben Fehler schon oben beim Florus nachgewiesen haben. Daß Cäsennius Pätus wirklich Consul gewesen ist, geht aus Tacitus selbst hervor (Ann. XV, 7). Wenn aber die erwähnte Inschrift statt des Petronius Turpilianus den P. Calvitius Rufo nennt, so ist auch dies eine leicht zu hebende Schwierigkeit; wir wissen nämlich aus Tacitus (Ann. XIV. c. 39), daß Petronius Turpilianus nicht das ganze Jahr hindurch Consul blieb, sondern daß er im Laufe desselben nach Britannien geschickt wurde, um den Suetonius Paulinus im Commando abzulösen; es ist also jener P. Calvitius Rufo der an seine Stelle getretene Consul suffectus.

mit einem schlagfertigen, sieggewohnten Heere die Sicherheit des neuen Königs bewachte. Aber Tigranes wagte es, die Adiabener, Grenznachbarn und treue Verbündete der Parther, mit so heftigen Angriffen zu beunruhigen, daß nicht die gewöhnliche Grenzräuberei, sondern völlige Eroberung sein Zweck zu sein schien. Durch diesen gefährlischen Schritt aufgeschreckt, machte Vologeses, der Partherkönig, einen neuen Versuch, seinen Bruder Tiridates wieder in den Besitz von Armenien zu setzen; er sandte vorläufig den Monäses mit einer Schar auserlesener Reiter und den Hülfstruppen der Adiabener, um den Tigranes aus Armenien zu vertreiben; er selbst wollte schleunigst die ihn eben noch hindernden Streitigkeiten mit den Hyrkanern beilegen, um sich dann mit seiner ganzen Macht auf die römischen Provinzen zu werfen. Corbulo benahm sich unter diesen Umständen etwas räthselhaft; zwar sandte er sogleich zwei Legionen dem Tigranes zu Hilfe, aber mit der Anweisung, nicht rasch zu verfahren; zugleich schrieb er dem Kaiser, es sei für Armenien ein besonderer Feldherr nöthig, da er das von Vologeses bedrohte Syrien nicht verlassen könne, zu dessen Vertheidigung er alle Anstalten traf, und als nun die Expedition des Monäses gänzlich scheiterte, that er dessenungeachtet die ersten Schritte, um den Vologeses zum Frieden zu vermögen. Sogleich wurde Armenien von Römern und Parthern geräumt; Vologeses schickte Gesandte nach Rom, um den Besitz Armeniens zu fodern und unter dieser Bedingung einen dauernden Frieden zu schließen. Corbulo hatte ebenso viel Ehrgeiz, als er mit Schlauheit auf seine Sicherheit bedacht war. Daß er sich fürchtete, in dem Kriege um Armenien seinen alten Ruhm aufs Spiel zu setzen, ist kaum glaublich; wahrscheinlicher ist es, daß er nur einen Andern, wie ihn Nero aus seinen Creaturen schicken möchte, vorschieben wollte, um sich durch dessen Unfähigkeit um so unentbehrlicher zu machen, zugleich aber um einen Beweis zu geben, daß er nicht mit zu großem Ehrgeize nach jeder Gelegenheit zur Vergrößerung seiner Macht und seines Ruhmes greife; er wollte nach der Größe streben, zu der er die Kraft in sich fühlte, aber so, daß er dem Nero nicht verdächtig und furchtbar würde, eine Vorsicht, zu der ihn sehr naheliegende Beispiele auffodern mußten (s. *Tacit.* Ann. XIV. c. 58).

Waren dies, wie wir mit guten Gründen glauben annehmen zu können, die geheimen Beweggründe Corbulo's, so ließ sich nicht erwarten, daß er mit großer Uneigennützigkeit für den Ruhm des neuen Feldherrn Sorge tragen würde; derselbe mußte mit ihm jedenfalls in ein schwieriges Verhältniß kommen, aber da es Cäsennius Pätus war, wurde es noch um Vieles schwieriger, als nothwendig in der Natur der Sache lag. Denn wenn auch Pätus sich weder über noch neben Corbulo stellen, sondern nur den nächsten Rang nach ihm einnehmen wollte, so fing er doch ungeschickt genug damit an, daß er von den Thaten desselben mit Geringschätzung sprach, indem er die Eroberung Armeniens als ein unnützes Unternehmen bezeichnete, das leicht genug, ohne Blut und Beute, ausgeführt nur den Erfolg gehabt habe, den Schatten eines Königs einzusetzen; von sich selbst dagegen kündigte er an, daß er dem Lande wie einer eroberten Provinz Tribut und römisches Recht aufnöthigen werde.

Unter solchen prahlerischen Reden begann Cäsennius Pätus seine Thätigkeit mit drei Legionen, der vierten, zwölften und der fünften, welche eben erst aus Mösien gekommen war, nebst den Hilfstruppen aus Pontus, Galatien und Kappadokien; Corbulo dagegen behielt die dritte, sechste und zehnte Legion und die schon seit früherer Zeit in Syrien befindlichen Soldaten. Als die nach Rom geschickten Gesandten unverrichteter Sache zurückkehrten, begannen die Parther sogleich offenen Krieg; Pätus zögerte nicht; mit der vierten und zwölften Legion rückte er schnell in Armenien ein, aber sein Einzug war von den schlimmsten Vorbedeutungen begleitet. Als das Heer die über den Euphrat geschlagene Brücke passirte, wurde das Pferd, welches die consularischen Ehrenzeichen des Feldherrn trug, plötzlich scheu ohne allen wahrnehmbaren Grund und lief wieder zurück [3]). Bald darauf, als das Lager geschlagen wurde, entsprang das Opferthier nach halb vollendeter Arbeit und verließ den Wall. Den größten Eindruck aber machte es, daß die Wurfspieße der Soldaten flammend gesehen wurden, denn die Parther führten eine ähnliche Waffe, und dieser schien dadurch der Sieg zugetheilt zu werden. Pätus, dem wir von unserm Standpunkt aus die Schuld großentheils zuschreiben müssen, daß solche Anzeichen überhaupt vorkamen und bemerkt wurden, was, wenn das Heer Vertrauen und guten Muth hat, nicht leicht geschieht, verstand es auch nicht, den übeln Eindruck zu verwischen oder in den entgegengesetzten zu verwandeln, eine Kunst, die oft von den Feldherren des Alterthums mit dem besten Erfolg angewendet ist (s. *Frontin.* strateg. I. c. 12. *Plutarch.* Timol. c. 26. *Apophth.* reg. et duc. p. 192. *F. Polyaen.* I, 32, 2. II, 3, 3. V, 12, 1 etc.), sondern er begnügte sich die Vorbedeutungen zu verachten, wodurch er höchstens sich selbst, nicht die Soldaten beruhigte.

An dem Arsanias, einem Nebenflusse des Euphrat, in einer Gegend, welche Dio Cassius (lib. LXII. c. 21 und 23) Rhandea nennt, etwa zwei bis drei Tagemärsche von dem Euphrat und der Grenze Kappadokiens, schlug Pätus ein Lager, aber noch ehe dies für den Winter hinlänglich befestigt war und ohne irgend für Mundvorrath zu sorgen, zog er in unbesonnener Hast über den Taurus, um, wie er sagte, Tigranocerta wieder zu erobern, als ob es Corbulo durch die vertragsmäßige Räumung verloren hätte, und um die Landschaften zu verwüsten, die Corbulo unangerührt gelassen hatte. Auch nahm er in der That einige Castelle ein, und wol würde er Ruhm und Beute davongetragen haben, wenn er für jenen Mäßigung, für diese Sorgfalt gehabt hätte. Denn während er große Länderstrecken durchstreifte, die nicht zu behaup-

3) Ein ganz ähnliches böses Omen hatte auch Crassus im parthischen Kriege (s. *Plut.* Crass. c. 26) nebst vielen andern (*Valer. Max.* I, 6, 11). Aber flammende Speere galten zuweilen als Siegeszeichen (s. *Dionys. Halic.* Archaeol. Rom. V, c. 46). Doch gewöhnlich glaubte man, daß sie Unheil verkündeten (*Liv.* XXXIII, 26. XLIII, 13). Daß ein Opferthier entsprang, ist z. B. dem Pompejus begegnet (*Valer. Max.* I, 6, 12.)

ten waren, verdarb der eroberte Mundvorrath, und da der Winter heranrückte, führte er das Heer in das Lager zurück und erstattete dem Kaiser einen Bericht, der voll war von prahlenden Worten, wie wenn der Krieg vollendet wäre, aber leer an Thatsachen. Ob er auf Tigranocerta wirklich einen Angriff gemacht hat, darüber schweigt Tacitus; hatte er also wirklich stattgefunden, was wahrscheinlich ist, so war er ohne Zweifel gänzlich mislungen. Ja Dio Cassius (a. a. O.) sagt, Pätus sei vom Vologeses, indem er diesen hindern wollte, die Stadt zu besetzen, zurückgeschlagen, und sein Rückzug nach dem Lager am Arsanias sei eine Flucht gewesen. Unglaublich ist das nicht, jedoch widerspricht es der Darstellung des Tacitus, und man müßte wenigstens annehmen, daß Pätus nicht vor dem Vologeses selbst floh, sondern vor einem andern parthisch-armenischen Heere, vielleicht unter der Anführung des Tiridates. Denn nach Tacitus (Ann. XV. c. 9 und 10) hatte Vologeses inzwischen mit der Hauptmacht der Parther einen Versuch gemacht in Syrien einzudringen, war aber von Corbulo so kräftig abgewiesen, daß er alle Hoffnung auf einen günstigen Erfolg auf dieser Seite aufgab und sich nun mit aller Kraft auf Armenien warf. Pätus hatte keine Ahnung von der drohenden Gefahr; die fünfte Legion ließ er noch in weiter Entfernung im Pontus verweilen, und die übrigen hatte er durch zahlreiche Beurlaubungen bedeutend geschwächt, sodaß, als er sich in seinem, nur von der vierten Legion besetzten, Lager durch die zwölfte verstärkte, seine Schwäche erst recht hervortrat, da man nun sicher war, daß seine ganze Macht vereinigt und auf anderweitigen Succurs keine nahe Aussicht wäre. Dennoch hätte er ohne Zweifel den Krieg in die Länge ziehen und das Lager gegen die Parther vertheidigen können, die sich auf nichts weniger verstanden als auf Belagerungen, wenn er mit beharrlicher Consequenz immer einerlei Plan, eigenen oder fremden, verfolgt hätte. Aber sobald seine kriegskundigen Rathgeber ihm Zuversicht eingeflößt und ihn überzeugt hatten, daß man mit vollkommener Ruhe den Operationen der Parther entgegensehen könne, wollte er zeigen, daß er fremden Rath nicht nöthig habe, und griff dann zu dem Schlechtesten, nur weil es das Entgegengesetzte war. Während jene sehr einleuchtend darthaten, daß den Parthern nichts nachtheiliger sein könne, als wenn man ein Zusammentreffen im offenen Felde vermeide, prahlte er, nicht mit Wall und Graben, sondern mit dem Degen in der Faust zieme es sich den Feinden zu begegnen, und so verließ er das Lager, um die Legionen zur Feldschlacht zu führen. Als aber von denen, die er des Recognoscirens wegen vorausgeschickt hatte, bei einem unvermutheten Angriff ein Centurio und etliche Soldaten gefallen waren, kehrte er erschrocken wieder zurück. Darauf, als Vologeses nicht, wie er fürchtete, mit Kraft nachdrang, faßte er wieder eitles Selbstvertrauen, das ihn verleitete eine auserwählte Schar von 3000 Mann Fußsoldaten auf die nächste Höhe des Taurus zu stellen, um den Übergang des Königs zu hindern, und in der anstoßenden Ebene stellte er den Kern der Reiterei, die pannonischen Hülfstruppen, auf. Seine Gattin und seinen Sohn brachte er in das Castell Arsamosata mit einer Bedeckung von einer Cohorte[4]); so hatte er sein Heer zerstreut, das nur, wenn es fest vereinigt blieb, einem so unsteten Feinde, wie die Parther waren, einen nachdrücklichen Widerstand leisten konnte. Die Gefahr war augenscheinlich, doch nur mit Mühe ließ sich Pätus bewegen, sie dem Corbulo einzugestehen. Dieser beeilte sich mit der Hilfe eben nicht; denn je größer die Gefahr wurde, desto mehr Ruhm brachte ihm die Rettung; jedoch ließ er von jeder seiner drei Legionen 1000 Mann, nebst 1600 Reitern sich marschfertig machen.

Vologeses drang inzwischen immer weiter vor, ohne sich durch die Besetzung der Zugänge zum Lager des Pätus abhalten zu lassen. Ohne große Mühe gelang es ihm, die pannonischen Reiter zu verjagen und die Legionarier auf der Höhe über den Haufen zu werfen. Nur ein einziger Centurio, Tarquitius Crescens, hatte es gewagt, den Thurm zu vertheidigen, welchen er besetzt hielt; er machte mehre Ausfälle, und die Parther, welche nahe herankamen, wurden niedergehauen; aber er unterlag dem Feuer, das seinen Thurm ergriff. Von der ganzen Schar, welche die Höhe hatte vertheidigen sollen, flohen nur die Verwundeten nach dem Lager; die noch Unverletzten gaben auch das schon auf und suchten Sicherheit in möglichst weiter, unwegsamer Ferne. Im Lager des Pätus verbreitete diese Niederlage allgemeines Schrecken, und die Flüchtlinge vermehrten es, indem sie die Tapferkeit des Königs, die Grausamkeit und die Masse seiner Völker und Alles, was zu fürchten war, in ihrer Verzweiflung vergrößerten und nur zu leicht Glauben fanden bei den Soldaten, die alle diese Schrecknisse nun auch nahe vor sich sahen.

Pätus selbst verlor alle Haltung, mit der er hätte dem Unglück entgegentreten, den Muth wieder aufrichten sollen; er gab jede Obliegenheit des Feldherrn auf, und sandte abermals an den Corbulo, um ihn dringend zu bitten, daß er eilen und die Feldzeichen und Adler und den Rest des unglücklichen Heeres retten möchte; er wolle indessen mit den Seinigen, so lange sie das Leben hätten, treu ausharren.

Wie es im Interesse des Corbulo gelegen hatte, die Noth bis auf den höchsten Grad steigen zu lassen, so durfte er jetzt mit der Hilfe nicht mehr zögern; die für ihn so schmeichelhafte Aufgabe, ein römisches Heer aus einer augenscheinlich und eingeständlich hoffnungslosen Lage zu retten, machte es ihm leicht, auch sein Heer zu den ehrgeizigsten Anstrengungen zu vermögen und den Marsch Tag und Nacht fast ohne Unterbrechung fortzusetzen. Gerüstet nicht nur gegen den siegreichen Feind, sondern auch gegen den Hunger, führte er eine große Anzahl Kameele mit Mundvorrath bei sich. Bald begegneten ihm viele Flüchtlinge von Pätus' Soldaten, die verschiedene Vorwände für ihre

---

4) Unter den Kaisern war die Sitte allgemein eingerissen, die Frauen mit in die Provinzen zu nehmen; nur wenige mit altrömischer Strenge versagten sich dies, zu denen Pätus seinem Charakter nach nicht gehören konnte. Der Versuch, den Severus Cäcina im J. 21 machte, das alte Verbot zu erneuern, war gänzlich fehlgeschlagen. (S. *Tacit.* Ann. III. c. 33 sq.)

Flucht verbrachten, aber von ihm mit Strenge angewiesen wurden, zu ihren Fahnen zurückzukehren und sich an ihres Feldherrn Gnade zu wenden, um Verzeihung für ihre Feigheit zu erlangen; er selbst sei, sagte er, nur gegen die Sieger nachsichtig.

Inzwischen verdoppelte Vologeses seine Anstrengungen, indem er bald das Lager des Pätus, bald das Castell Arsamosata bedrängte, und näher heranrückte, als sonst die Parther zu thun pflegten, weil er durch eine scheinbare Unbesonnenheit den Feind zu einer offenen Feldschlacht verlocken wollte. Aber die römischen Soldaten ließen sich kaum bewegen, aus ihren Zelten hervorzukommen, und dann thaten sie nicht mehr als dringend nothwendig war, um den Wall zu schützen, die Einen, weil es Pätus so befahl, Andere aus eigener Feigheit, indem sie daran erinnerten, daß man auf den Corbulo warte und folglich bis zu dessen Ankunft unthätig sein müsse. Wenn aber die unwiderstehliche Gewalt der Feinde über sie hereinbräche, so müsse man, meinten sie, an die Niederlagen bei Caudium und Numantia denken und sich durch sie bei Zeiten zu einer Capitulation bestimmen lassen, zumal da man es jetzt mit einem viel mächtigern Feinde zu thun habe, als damals der Fall gewesen wäre; und es hätten ja auch die gewaltigen und gepriesenen Vorfahren, wenn ihnen das Glück abhold gewesen wäre, für ihr Leben Sorge getragen. Die Verzweiflung des Heeres nöthigte endlich den Pätus zum Äußersten; er schrieb an den Vologeses, doch zunächst nicht sowol bittend als sich darüber beschwerend, daß er der Armenier wegen Feindseligkeiten verübte, die doch immer den Römern unterthan gewesen wären oder einem vom römischen Kaiser erwählten Könige; ein für beide Theile billiger Friede sei beiden nützlich, und Vologeses möchte nicht blos sein gegenwärtiges Glück ins Auge fassen, sondern bedenken, daß er mit der ganzen Macht seines Reiches gegen zwei Legionen ausgerückt sei, daß dagegen den Römern noch der Erdkreis zu Gebote stehe, um Hilfsmittel zum Kriege darzubieten.

Vologeses, im Bewußtsein seines vollständigen Übergewichts, mußte natürlich warten, bis Pätus einen andern Ton anstimmte; er gab daher eine ausweichende Antwort; er müsse auf seine Brüder Pacorus und Tiridates warten, erst wenn er mit diesen vereinigt wäre, sei er entschlossen über Armenien zu entscheiden, und, was die Gunst der Götter, der Arsakiden würdig, hinzugefügt hätte, zugleich auch das Schicksal der römischen Legionen zu bestimmen.

Hierauf sandte Pätus Boten und bat um eine Unterredung mit dem Könige; dieser bewilligte sie, doch erschien er nicht persönlich, sondern schickte den Vasaces, den Befehlshaber seiner Reiterei. So wurde nun eine Verhandlung geführt, in der Pätus an Alles erinnerte, was von Männern wie Lucull und Pompejus und von den Kaisern geschehen sei, um Armenien zu behaupten oder zu verschenken; aber Vasaces gab nicht zu, daß dadurch ein Recht begründet sei; der Schein des Besitzes und Verschenkens sei, sagte er, auf Seiten der Römer, die Kraft dazu auf Seiten der Parther. Nach langem Streite war nichts entschieden, jedoch die Aussicht ziemlich sicher, daß Pätus sich in Bedingungen fügen würde, die den Parthern genehm wären; darum wurde am folgenden Tage Monobazus, der Fürst der Adiabener, zugezogen, um Zeuge der getroffenen Übereinkunft zu sein. Man vereinigte sich endlich dahin, daß die Belagerung aufgehoben werden, alle römische Soldaten sich aus Armenien entfernen, die noch besetzten Castelle und der Mundvorrath den Parthern ausgeliefert werden sollten; dann sollte Vologeses die Freiheit haben, Gesandte an den Nero zu schicken. Als ein Zeichen des Sieges hatten die Parther auch verlangt, daß die Römer eine Brücke über den Fluß Arsanias schlagen sollten; Pätus gehorchte und that, als geschähe das für die Römer, aber die Brücke war nur den Parthern von Nutzen, da er in der entgegengesetzten Richtung abzog. Ein Gerücht, das als historische Nachricht gegeben wird von *Eutrop.* VII, 14. *S. Ruf.* 20, sagte, die Legionen seien auch unter das Joch geschickt und hätten noch andere Beschimpfungen erduldet, welche ihr Unglück und das Benehmen der Parther glaublich machten; denn diese betraten das Lager, noch ehe es die Römer verlassen hatten, stellten sich neben dem Zuge auf, und wo sie Sklaven oder Vieh als ihnen geraubt erkannten, nahmen sie es in Besitz; ja selbst Kleider und Waffen rissen sie an sich, was die römischen Soldaten erschrocken geschehen ließen, um nicht einen Anlaß zum Kampfe zu geben. Vologeses ließ als Denkmal der Niederlage die Leichen und Waffen der Gefallenen auf einen Haufen legen, aber er selbst genoß das Schauspiel des schmählichen Abzuges nicht, denn da sein Stolz gesättigt war, strebte er nach dem Rufe der Mäßigung. Auch von der Brücke machte er und seine nächste Umgebung keinen Gebrauch, weil es hieß, sie sei hinterlistiger Weise so gebaut, daß sie unter der Last zusammenbrechen müsse, aber die übrige Masse erkannte sie als fest und zuverlässig.

Wie unverzeihlich übrigens das feige Benehmen des Pätus war, geht besonders daraus hervor, daß er noch reichlichen Vorrath an Proviant hatte, sodaß die Soldaten beim Abzuge die Scheuern in Brand steckten, ja Corbulo behauptete in seinen Memoiren [5]), die Parther hätten so großen Mangel gelitten, daß sie im Begriff gewesen wären, die Belagerung freiwillig aufzugeben, und er selbst sei nur noch drei Tagemärsche entfernt gewesen; beides ist sehr glaublich, und das Erstere wird auch noch von Dio Cassius (lib. LXII. c. 21) versichert; auch wendet Tacitus nichts dagegen ein, doch glaubt er, eine andere Versicherung des Corbulo sei ersonnen, um die Schmach des Pätus zu vergrößern, nämlich die, daß er bei den römischen

5) Daß Corbulo Memoiren geschrieben hat, ist zu schließen aus Plinius (H. N. V, 24. cfr. VI, 8); an jener Stelle ist grade auch das Verbum prodere gebraucht, wie bei Tacitus (Ann. XV, 16) und dies scheint hinlänglich anzudeuten, daß nicht an Briefe mit Ch. Mackens, oder an amtliche Berichte mit Walther zu denken ist; die Commentarii, wie schon Lipsius richtig annahm, enthielten auch geographische Notizen, mochten also wol nach dem Muster des Cäsar verfaßt sein. Rychius fand es sonderbar, daß Tacitus an der Glaubwürdigkeit ordentlicher Commentarii zweifeln sollte; aber der Charakter des Corbulo und sein Verhältniß zu Pätus erklärt dies hinlänglich.

Feldzeichen im Beisein der vom Vologeses gesandten Zeugen die Bedingung beschworen habe, daß kein Römer Armenien betrete, bis Nero Antwort gegeben hätte, ob er den Frieden annehme oder nicht.

Der Abzug der Römer war durch seine ängstliche Hast nicht weniger schimpflich als eine Flucht auf dem Schlachtfelde; 40 römische Meilen legten sie an Einem Tage zurück, wobei denn die Verwundeten unterweges im Stiche gelassen wurden. Am Euphrat trafen die beiden römischen Heere zusammen. Corbulo vermied es, durch einen fröhlichen Prunk, wie er ihm und seinen unbesiegten Soldaten wol angestanden hätte, die kaum Geretteten zu kränken; mit tiefer Trauer, ja weinend sah man sich wieder, kaum war eine Begrüßung vor Thränen möglich, Ehrgeiz und Wetteifer, ein Eigenthum glücklicher Menschen, wie Tacitus bemerkt, waren entschwunden, das Mitleid allein wirkte mächtig in Allen, am meisten bei den Geringern. Die beiden Feldherren hatten nur eine kurze Unterredung, in welcher Corbulo seine nun unnütze Mühe beklagte, da bei längerer Ausdauer der Krieg mit der Flucht der Parther hätte beendigt werden können; Pätus erwiderte, beide seien durch nichts gebunden, sie möchten umkehren und vereint Armenien angreifen, das durch den Abzug des Vologeses wehrlos sei. Corbulo lehnte dies ab, weil er dazu keinen Auftrag vom Kaiser habe, nur die Gefahr der Legionen habe ihn bewogen, die Grenzen seiner Provinz zu überschreiten, und da die Plane der Parther ungewiß seien, müsse er nach Syrien zurückkehren, auch so schon würde er von Glück zu sagen haben, wenn seine durch lange Märsche ermüdeten Truppen die vorauseilende Reiterei der Parther noch zu rechter Zeit erreichten. So trennten sich die Feldherren, und Pätus bezog die Winterquartiere in Kappadokien. Corbulo bewog bald nachher den Vologeses, auch seinerseits Armenien zu räumen, unter der Bedingung, daß die römischen Castelle, die von Syrien aus jenseit des Euphrat angelegt waren, zerstört würden.

Ein so tragisches Ende auch die Ereignisse zu nehmen drohten, welche der Hochmuth, das Ungeschick und die Feigheit des Pätus herbeigeführt hatten, so war der Schluß doch in mehrfacher Beziehung komisch. Der prahlerische Bericht des Pätus über den Krieg, in dem in Wahrheit noch nichts Entscheidendes geschehen war, galt doch für eine hinreichende Veranlassung, um auf Beschluß des Senats Siegeszeichen über die Parther und Triumphbogen mitten auf dem capitolinischen Berge zu errichten, und man hielt damit auch nachher nicht inne, indem man für das Auge sorgte und besseres Wissen abwies; auch war dem Nero Alles willkommen, was die Aufmerksamkeit von dem bedenklichen Zustande der auswärtigen Angelegenheiten des Staates ablenkte. Aber eine noch scherzhaftere Scene bewirkte ein anderer Bericht des Pätus. Als nämlich in Folge der mit dem Vologeses geschlossenen Übereinkunft im Frühlinge des Jahres 67 die parthischen Gesandten nach Rom gelangten, rühmten sie die Gunst der Götter, welche den Krieg, nicht ohne Schmach für die Römer, zu Gunsten der Parther entschieden hätten; die parthische Macht habe sich glänzend bewährt, doch hätten sie auch Beweise der Milde gegeben. In solchem Tone des Selbstbewußtseins foderten sie Armenien, und sie schienen schon viel zuzugestehen, als sie hinzusetzten, Tiridates würde nichts dagegen haben nach Rom zu kommen, um dort das Diadem zu empfangen, wenn er nicht durch eine religiöse Pflicht zurückgehalten würde, aber er wäre bereit im Beisein der Legionen vor den Fahnen und Bildern des Kaisers die Regierung anzutreten.

In seltsamem Widerspruche mit solchen Reden stand der Brief des Pätus, der die Stirn gehabt hatte so zu schreiben, als hätte man noch vollkommen freie Hand, um über Armenien nach Gutdünken zu verfügen. Erst als ein Centurio, der mit den Gesandten angekommen war, befragt wurde, wie es mit Armenien stände, und er die Antwort gab, alle Römer hätten es verlassen, merkte man den arglistigen Spott der Barbaren, die nun erst foderten, was sie schon an sich gerissen hatten. Ihr Begehren wurde zurückgewiesen und Corbulo mit dem Kriege beauftragt, der aber, wie man beiderseitig wünschte, unterblieb, als Tiridates sich dazu verstand, nach Rom zu kommen und sich vom Kaiser mit Armenien belehnen zu lassen.

Pätus wurde natürlich der Würde entsetzt, welcher er so wenig Ehre gemacht hatte; er mußte auf das Schlimmste gefaßt sein, als er nach Rom kam; aber Nero hatte keinen Grund, gegen ihn grausam zu sein, wie später gegen Corbulo, den er fürchtete; er begnügte sich, den Pätus in scherzhaften Worten zu verspotten, indem er ihm sagte, er verzeihe ihm sogleich, damit er nicht bei seiner großen Neigung zur Furcht durch längere ängstliche Ungewißheit krank werde.

Mit dieser ebenso demüthigenden als treffenden Würdigung aus dem Munde des unwürdigsten Kaisers tritt Cäsennius Pätus von dem Schauplatze der Geschichte ab, wenigstens beruht das Folgende, insofern es auf ihn bezogen wird, nur auf einer unsichern Vermuthung.

Es wird nämlich noch ein Cäsennius Pätus als Statthalter von Syrien erwähnt, der dazu, wie es scheint, schon im ersten Jahre der Regierung des Vespasianus ernannt war, der aber seine Ankunft in der Provinz sehr verzögerte [6]); er war wahrscheinlich der Nachfolger des Mucianus Licinius, und war noch Statthalter im vierten Regierungsjahre des Vespasian, wo er den Antiochus, König von Kommagene, vielleicht aus persönlichem Haß, eines gefährlichen Einverständnisses mit den Parthern beschuldigte und ihn dann unerwartet, auf Geheiß des Kaisers, mit Krieg überzog. Der König leistete keinen Widerstand, doch gelang es ihm dadurch nicht, seine Unschuld darzuthun, und schon war er bereit, die unwürdigste Behandlung zu ertragen, als seine Söhne zu den Waffen griffen und eine Schlacht mit zweifelhaftem Ausgange lieferten; da aber ihr Vater nach Kilikien entfloh, verloren ihre Soldaten den Muth, und so sahen sie sich ebenfalls

6) Dies geht hervor aus Josephus (de bello Jud. VII, 9 extr.) eine Stelle, welche Havercamp (im Thesaur. *Morell.* numism. famil. Rom. II. p. 58) übersah, als er die Anwesenheit des Pätus mit Josephus (de bello Jud. VII, 18) erst in das vierte Jahr des Vespasian setzte. Die letztre Stelle ist die einzige, welche über die Vorfälle in Kommagene Nachricht gibt.

zur Flucht genöthigt. Den Antiochus ließ Pätus zu Tarsus durch einen Centurio gefangen nehmen und in Ketten nach Rom führen; Vespasian aber behandelte ihn weit milder, gewährte ihm ein anständiges Leben zu Lakedämon und später ihm und seinen Söhnen zu Rom. Es fragt sich hier nur, welcher Cäsennius Pätus zu verstehen sei, ob der obenerwähnte oder einer seiner Söhne. Das Erstere ist das Wahrscheinlichste, denn die Söhne des L. Cäsennius Pätus waren ohne Zweifel noch zu jung, um Statthalter von Syrien zu werden, wozu in der Regel bedeutendere Männer und gewesene Consuln genommen wurden, und der Nachfolger eines Mucian durfte doch diesem wenigstens an äußerer Würde nicht zu weit nachstehen. Demnach wäre es viel wahrscheinlicher, daß L. Cäsennius Pätus selbst Statthalter von Syrien geworden wäre, was seines Alters wegen füglich geschehen konnte, denn er wäre damals wol nicht sehr weit über das 50. Lebensjahr hinaus gewesen. Konnte aber der vorsichtige und strenge Vespasian einem so übelberüchtigten Feldherrn eine so höchst wichtige Provinz anvertrauen? Havercamp hat dies unbedenklich angenommen, und da uns kein anderer namhafter Mann des Namens bekannt ist, so scheint dies das Glaublichste, und es muß dahin gestellt bleiben, wie es dem Pätus gelang, sich das Vertrauen des Kaisers zu erwerben.

Nur über seine Söhne ist noch Einiges zu bemerken. Tacitus erwähnt zwei Mal einen Sohn des Pätus, zuerst Ann. XV, 10, wo er bemerkt, daß die Gattin und ein Sohn des Pätus in das Castell Arsamosata gebracht waren; c. 13 sagt er, durch dies Castell sei das zum Kriege unfähige Alter vertheidigt; offenbar war also jener Sohn noch nicht so alt, daß er Kriegsdienste hätte thun können; er würde sonst gewiß die günstige Gelegenheit benutzt haben, unter den Augen seines Vaters die ersten Kriegsdienste zu thun. Wenn nun kein volles Jahr später bei Tacitus (Ann. XV. c. 28) ein Sohn des Pätus als Kriegstribun vorkommt, und zwar nicht in den Legionen, welche sein Vater befehligt hatte, sondern in dem Heere des Corbulo, so ist es wol wahrscheinlich, daß dieser ein älterer Sohn war, als der obige, und daß beide nicht eine und dieselbe Person sind. Übrigens hatte der Kriegstribun Pätus, der ohne Zweifel noch ein sehr junger Mann war und mit dieser Würde, wie es in der Kaiserzeit bei vornehmen Römern gewöhnlich war, seine Kriegsdienste eröffnete, schon früh unter der Schmach seines Vaters zu leiden. Corbulo nämlich, der wol nicht viel Zartgefühl hatte, und sich am wenigsten wegen einer Ehrenkränkung des Pätus ängstigte, lehnte es nicht ab, als Tiridates zu einer Zusammenkunft mit ihm grade den Ort wählte, wo die Legionen des Pätus belagert gewesen waren; der Contrast mochte ihm schmeicheln, aber das Auffallendste war, daß er dem Sohne des Pätus den Befehl gab, die Manipeln hinzuführen und die noch vorhandenen Spuren des unglücklichen Kampfes zu verdecken.

Derselbe Kriegstribun mag es vielleicht sein, welcher später als Proconsul von Asien auf vier smyrnäischen Münzen genannt ist; auf zweien derselben wird Domitia Augusta genannt, auf den andern beiden nicht; da aber Domitia von ihrem Gemahle dem Kaiser Domitian den Titel Augusta im zweiten Jahre seiner Regierung empfing (s. *Sueton.* Domitian. c. 3), so ist es klar, um welche Zeit dieser Pätus Proconsul war. Daß ihm Havercamp (Thesaur. Morell. II. p. 58) den Vornamen Cajus beilegt, indem er den im J. der Stadt 823 erwähnten Consul C. Cäcina Pätus in einen Cäsennius verwandelt und mit jenem für dieselbe Person hält, ist eine gar zu wenig begründete Vermuthung, zumal da es so nahe liegt, in dem Consul einen Verwandten des gleich zu erwähnenden Cäcina Pätus zu finden, etwa einen Neffen, denn dieser hatte, so viel wir wissen, keine männliche Descendenz.

Durch Cäcina Pätus, Pätus Thrasea und ihre Gattinnen, die beiden Arria, berühren wir einen Kreis von Männern und Frauen, die an Alter verschieden, aber durch Freundschaft und Verwandtschaft, am meisten durch ihre Gesinnung, eng verbunden, eine sehr merkwürdige Erscheinung darbieten, die um so glänzender strahlt, je düsterer die Nacht der sie umgebenden Verworfenheit ist. Dies Anerkenntniß liegt selbst in dem mannichfachen Tadel, welcher die römischen Stoiker getroffen hat, indem bald das, was sie thaten, bald das, was sie nicht thaten, ihrem Charakter und ihrer Einsicht zum Vorwurfe gedient hat. Scheint es doch, als hätten die feindseligen Elemente, gegen welche sie einen so ruhmvollen Kampf kämpften, sich mit unversöhnbarer Wuth an ihr Andenken gehängt, um es zu vernichten oder wenigstens zu verunreinigen. Lassen wir uns das Schöne und Erhebende dieser historischen Erscheinung nicht durch Vorurtheile und durch einen falschen Maßstab verkümmern.

Jede Zeit hat ihre besondere Größe; ist auch der in ihrer Tiefe ruhende, wesentliche, göttliche Inhalt überall derselbe, so trägt sie doch immer gleichsam das Kleid ihrer Zeit; sie fügt sich in deren Richtungen und Ansichten, wäre es auch nur, um in sich den entschiedensten Gegensatz davon auszudrücken. Es ist ein Irrthum, wenn man es ein Unglück der Römer nennt, daß sie so verworfene Kaiser hatten, wie Tiberius, Caligula, Claudius, Nero, Domitian; diese waren ja aus ihrer Mitte hervorgegangen; es war natürlich, ja nothwendig, daß der sittliche Tod, der die ganze Volksmasse ergriffen hatte, sich auch auf den Thron schwang und ihn behauptete. Wohin konnten sich aber die aus dem allgemeinen Verderben noch auftauchenden edlern, reinern Kräfte wenden? Nur zwei Wege standen ihnen offen, sie mußten sich entweder in dem stillen, engen Kreise des Privatlebens spurlos vergraben, oder, wenn Ehrgeiz, Pflichtgefühl oder eine unwiderstehliche Sehnsucht nach Thätigkeit sie in das öffentliche Leben führte, so zeigte sich für ein höheres, ideales Streben keine Hoffnung auf einen auch nur beschränkten Erfolg; wer diese gefährliche Bahn betrat, der durfte es sich nicht verhehlen, daß er sein Leben sammt allen seinen Ansprüchen und Erwartungen aufgeben müsse; nur das erhabene Ziel seines Strebens und den Tod konnte er vor Augen haben, jederzeit gerüstet, jenes durch diesen zu bewähren. Und wenn „des Ruhmes lockender Silberton," dieser geheimnißvolle, im heidnischen Alterthum aber weit weniger verschleierte Träger alles Großen, die Seele füllte, so war kein anderer Ruhm zu erlangen, als der eines schönen, heldenmüthigen Todes mit ungebeugtem, treuem Muthe.

Thöricht ist es, eine solche Laufbahn durch christliche Bedenklichkeiten herabzusetzen; die Alten fanden weder in ihrer Religion, noch in ihrer Philosophie, noch in ihrem Volksleben etwas, das sie davon abmahnte, im Gegentheil je reiner diese Elemente in ihnen lebten, je kräftigere Herzen sie erfüllten, desto größer war der Drang, selbst einen hoffnungslosen Kampf bis zu einem glorreichen Ende durchzuführen.

Wahr ist es, die stoischen Staatsmänner in Rom unternahmen Unmögliches, aber kann dies ein Vorwurf für sie sein? Konnten sie auf ihrem Standpunkte das glauben, wie wir, nach dem Erfolge? Dem Feigen und Eigennützigen erscheint ein ihm zugemuthetes großes Opfer immer als zwecklos, wer aber zu dem Größten bereit ist, der kann und darf nichts Gutes für schlechthin unmöglich halten. — Aber, sagt man, diese Männer stellten ihre Foderungen zu hoch an ihre so tief gesunkene Zeit, sie würden mit geringern Zumuthungen mehr ausgerichtet haben. Dieser Vorwurf ist, so allgemein hingestellt, ebenso wenig begründet, als der entgegengesetzte, daß die Stoiker zu wenig thaten und mehr zum Dulden als zum Handeln sich rüsteten. Seneca mußte sterben, obgleich er in seiner Nachgiebigkeit gegen Nero selbst bis zum Muttermorde gelangte; Herennius Senecio mußte sterben, weil er nach dem ersten öffentlichen Amte, der Quästur, kein anderes gesucht hatte. Übrigens ist hierbei offenbar die angeborene Eigenthümlichkeit eines Jeden in die Wagschale zu legen; wer den Tod nicht fürchtet, hat oft nicht den Muth, sich unbefangen vor den Augen der Welt zu bewegen, der Weiseste hat oft nicht die nöthige Gewandtheit dazu, und der Wohlwollendste ist oft nicht im Stande, Andern den Weg zum Guten dadurch zu erleichtern, daß er sich vorläufig mit dem Halbguten begnügt.

Diese Rücksichten leiten uns bei der Charakteristik der Männer und Frauen, von denen hier zunächst die Rede ist; sie müssen aber auch auf die Geistesverwandten derselben ihre Anwendung finden.

Cäcina Pätus und Arria, seine Gattin, sind durch ihre eheliche Liebe, durch ihren tragischen Untergang, besonders aber Arria durch ihre erhabene Seelenstärke von jeher ein Gegenstand der Bewunderung gewesen. Von ihrer Abkunft, ihrem Leben ist fast nichts bekannt. Wir wissen nur, daß Cäcina Consul gewesen ist, aber ohne Zweifel suffectus, und daher ist auch das Jahr seines Consulats unbekannt; sein Name läßt auf etruskischen Ursprung schließen. Einige schöne Züge von der Arria hat uns der jüngere Plinius (Epp. III, 16) aus der Erzählung ihrer Enkelin Fannia aufbewahrt, von denen einer in das frühere Leben der Gatten gehört. Cäcina lag einst krank darnieder und zugleich sein Sohn, beide, wie es schien, lebensgefährlich; der letztere war ein Knabe von ausgezeichneter Schönheit und den vortrefflichsten Eigenschaften des Charakters; er starb, ehe Cäcina wiederhergestellt war. Unter solchen Leiden wußte sich Arria dennoch aufrecht zu erhalten, sie besorgte das Begräbniß des Sohnes, ohne daß es der Gatte erfuhr, und so oft sie an sein Lager trat, gewann sie es über sich zu versichern, daß der Knabe sich besser befinde, daß er gut geschlafen, mit Appetit gegessen habe, und wenn dann die lange verhaltenen Thränen mit Gewalt hervorbrachen, ging sie hinaus, gab sich heimlich ihrem Schmerze hin, und kehrte dann, wenn sie sich ausgeweint hatte, mit getrockneten Augen und ruhigem Blick in das Krankenzimmer zurück, wie wenn sie ihren Kummer draußen gelassen hätte. Sehr gut bemerkt Plinius hierbei, daß eine solche in dem stillen Kreise des Hauses bewiesene Gemüthsstärke um so höher anzuschlagen sei, weil dabei der Gedanke an den Ruhm keinen Einfluß ausübe, wir sehen die Kraft der Liebe rein für sich wirken, und von ihr mußte man das Größte erwarten.

Im J. 42 n. Chr. Geb., als der schwachköpfige Kaiser Claudius sich der Leitung der Messalina und des Narcissus gänzlich hingab, hatte Furius Camillus Scribonianus, Statthalter von Dalmatien, zum Theil auf Antrieb des Annius Vinicianus gegen den Kaiser zu den Waffen gegriffen, und hatte ihm den Befehl zugesandt, sich in das Privatleben zurückzuziehen. Claudius war so außer sich vor Schrecken, daß er im Ernste daran dachte, diesem Befehle zu gehorchen. Aus Rom gingen viele Senatoren und Ritter nach Dalmatien, um sich mit dem Scribonianus zu vereinigen, und zu diesen gehörte auch Cäcina Pätus, den die Arria begleitete. Aber die Empörung dauerte kaum fünf Tage, die abergläubischen Soldaten, durch unglückliche Vorbedeutungen erschreckt, verließen den Scribonianus, und Einer ermordete ihn[7]). Alle Theilnehmer an der Verschwörung wurden nach Rom geschleppt, ein erwünschter Fang für Messalina und Narcissus, um ihrer Mordlust theils Nahrung, theils weitern Spielraum zu verschaffen. Als Cäcina in ein Schiff gebracht wurde, bat Arria flehentlich, sie nicht von ihm zu trennen; man würde doch, sagte sie, dem Consularen wol ein Paar Sklaven geben, um ihm Speise zu reichen, um ihn beim Anlegen seiner Kleider und seiner Schuhe zu bedienen; diesen Dienst wolle sie allein versehen. Aber ihre Bitte wurde abgeschlagen; sollte sie nun den theuern Gatten verlassen? — Sie miethete schnell einen kleinen Fischerkahn und vertraute sich so dem Meere an, um dem großen Schiffe zu folgen, wie einst die Gattin des Spartaners Panteus (s. *Plutarch.* Cleomen. c. 38). Als sie in Rom angekommen waren, verging noch einige Zeit mit der Untersuchung. Die Gemahlin des Scribonianus bequemte sich dazu, die Angeberin zu machen, Arria aber, als sie vor dem Kaiser mit ihr confrontirt wurde, wies alle ihre Beschuldigungen und Zumuthungen mit den Worten zurück: „Auf dich soll ich hören, die du deinen Gemahl in deinem Schoße hast ermorden sehen und doch noch lebst?" Schon hierin sprach sie den Entschluß aus, den Cäcina auch im Tode nicht zu verlassen. Die Ihrigen suchten sie davon abzubringen,

---

7) S. *Sueton.* Claud. c. 13 et 35. Oth. c. 1. *Dio Cass.* LX. c. 15. *Tacit.* Ann. XII, 52. Hist. I, 89. II, 75. *Aurel. Vict.* epit. 4. Da Tacitus den Mörder namentlich erwähnt und Plinius (ep. III, 16) einen besondern Umstand bei der Ermordung anführt, so verdient die Nachricht keinen Glauben, daß Scribonian sich selbst getödtet habe.

entlich that dies auch ihr Schwiegersohn Pätus Thra- der unter anderm zu ihr sagte: „Du willst also auch, deine Tochter, wenn ich sterben müßte, mit mir be?" „Wenn sie," antwortete Arria, „so lange und in er Eintracht mit dir gelebt hat, wie ich mit dem Pä- so will ich es." Durch diese so entschiedene Erklä- wurden die Ihrigen im höchsten Grade beängstigt, ewachten sie sorgfältiger als vorher, aber Arria merkte und sagte: „Ihr bemühet euch vergebens, ihr könnt en, daß ich einen schlechten Tod sterbe, daß ich aber sterbe, könnt ihr nicht machen," und mit diesen Wor- sprang sie plötzlich vom Sessel auf und rannte mit Kopfe so heftig gegen die Mauer, daß sie betäubt erstürzte [9]). Als sie wieder zu sich kam, sprach sie: hatte es euch gesagt, daß ich einen, wenn auch schwe- Weg zum Tode finden würde, wenn ihr mir den ten verweigertet."

Vielleicht hätte Arria, wenn sie dem Beispiele der tin des Scribonian gefolgt wäre, ein milderes Schick- für sich und den Cäcina erlangen können; sie that es , und daraus läßt sich wol schließen, daß auch er muth genug hatte, um nicht eine so unwürdige Rolle en zu wollen. Er wurde zum Tode verurtheilt, wie hnlich, mit der Freiheit, den Henkersdienst selbst zu chten; Arria aber stand in solcher Gunst bei der Mes- a, daß sie von dieser nicht nur ihr Leben, sondern eine gewisse Auszeichnung hätte erwarten können; erschmähte das; fest entschlossen, ihren Gatten nicht berleben, wurde sie ihm im Tode Trost und Vorbild. n als dieser die Nothwendigkeit des Selbstmordes vor n sah, zagte und zögerte er, wol weniger aus Furcht, aus Schmerz über die Trennung von seiner geliebten und in dem ängstlichen Bemühen, sie vom Tode halten; da ergriff sie den Dolch, durchbohrte sich die t und reichte ihn dann von ihrem Blute triefend dem en mit den unsterblichen Worten: „Pätus, es schmerzt !" Wie leicht, wie süß mußte derselbe Tod dem ne sein, der ihrer würdig war [9]).

Tritt Cäcina Pätus bei den wenigen über ihn vor- enen Nachrichten gegen seine Gemahlin Arria etwas en Hintergrund, so ist dies umgekehrt bei seinem wiegersohne:

Publius Fannius Thrasea Pätus und der **gern Arria.** Dieser hat eine sehr bedeutende Stel- im öffentlichen Leben eingenommen, und über ihn die beste Quelle für die Geschichte jener Zeit, die alen des Tacitus, sodaß wir nicht nur die Katastro- seines Lebens, sondern auch so manches Einzelne von r öffentlichen Thätigkeit kennen lernen, was uns von Art, in welcher dieselbe bei freiheitsliebenden Männern als möglich war, ein ziemlich anschauliches Bild gibt. Publius Thrasea Pätus sind die von ihm mit Si- eit bekannten Namen, aber über seinen Familienna- men war man zweifelhaft. Lipsius (ad *Tacit.* Ann. XVI, 21) wollte ihn Valerius nennen, gestützt auf eine Inschrift, in welcher ein L. Valerius Messalla Thrasea Priscus genannt wird, dieser war Consul mit C. Domitius Dexter im J. n. Chr. Geb. 196 und wurde im J. 212 von Caracalla hingerichtet, daß er aber von unserm Thrasea stamme, ist ebenso ungewiß als die Meinung des Valesius (ad *Dio Cass.* LXXVII, 5), daß er ein Nachkomme des Helvidius Priscus sei. Wenn dem Thrasea hier zuerst unsers Wissens der Name Fannius beigelegt wird, so geschieht es aus dem ebenso naheliegenden als triftigen Grunde, daß seine Tochter Fannia heißt, nicht Arria, wie ihre Mutter und Großmutter.

Wer seine Ältern und Vorfahren waren, und in welcher Beziehung er zu den sonst bekannten Fanniern steht, wissen wir nicht, jedoch bezeugt Dio Cass. (LXII. c. 26), daß er von sehr vornehmer Abkunft war, ohne diese näher zu bestimmen. Wann er geboren ist, läßt sich nur sehr unbestimmt angeben, wir glauben etwa in den Jahren 12 bis 15 n. Chr. Geb., also kurz vor oder kurz nach dem Tode des Augustus [10]). Seine Vaterstadt war Patavium (*Tacit.* Ann. XVI. c. 21. *Dio Cass.* LXI. c. 20). Erinnern wir uns, daß dieser Ort bekannt war durch die alterthümliche Sittenstrenge seiner Bewohner (*Plin.* Epp. I, 14), so ist es um so leichter erklärlich, wie Thrasea schon hierdurch die Richtung, die ihn so glänzend auszeichnete, bekam, oder sich in ihr bestärkte. Von seiner Jugendgeschichte ist uns leider keine Nachricht aufbewahrt, da er aber aus einer sehr reichen Familie war (*Dio Cass.* l. c.), so wird er eine sehr sorgfältige Erziehung genossen haben. Mit besonderm Eifer gab er sich, wie Agricola (*Tacit.* c. 4), der Philosophie hin, und zwar der stoischen, welche damals die besten Charaktere anzog und sie gegen den Drang der Zeiten stählte. Er befolgte die weise Lehre: Ein Jeder soll sich seinen Helden wählen; für ihn war es der jüngere Cato, der ihm als stoischem Philosophen mit tiefem Freiheitssinn, strenger Sittlichkeit und eiserner Consequenz ein besonders anziehendes Vorbild sein mußte; ihm strebte er nach, und wenn es ihm gelungen ist sein Muster in diesen Beziehungen zu erreichen, so übertraf er es noch dadurch, daß er dessen Härte mied, daß seine Consequenz nicht zu eigensinnigem Starrsinne wurde. Wahrscheinlich schon in jüngern Jah-

---

9) Dies wollte auch Cato thun, als man ihm aus gleicher gniß sein Schwert genommen hatte. *Plut.* Cat. min. c. 68. 5, *Plin.* epp. III, 16. *Dio Cass.* LX. c. 16. *Martial.* . I, 14. *Zonaras.* Eine ganz ähnliche Geschichte von einem annten Ehepaare erzählt *Plin.* epp. VI, 24.

10) Die Gründe für diese Annahme sind folgende: Im J. 42, als Cäcina Pätus und Arria sich den Tod gaben, hatte Thrasea ihre Tochter Arria schon geheirathet, aber noch nicht lange (*Plin.* III, 16). Seine eigene Tochter Fannia heirathete Helvidius Priscus, Quaestorius adhuc, wie Tacitus sagt (Hist. IV. c. 5), er hatte also das erste Staatsamt bekleidet; das zweite, das Volkstribunat, pflegte nach Verlauf eines Jahres erlangt zu werden (s. z. B. *Tacit.* Agr. c. 6). Nun wissen wir aber, daß Helvidius Priscus im J. 57 Volkstribun gewesen ist aus *Tacit.* Ann. XIII, 28, er wird also im J. 56 Quästor gewesen sein und im J. 56 geheirathet haben; war nun damals Fannia auch nur 16 Jahre alt, so würde die Hochzeit des Thrasea doch ins Jahr 39 zu setzen sein; nehmen wir endlich noch an, daß er bei seiner Verheirathung das gewöhnliche Alter von 25 Jahren hatte, so fiele demnach sein Geburtsjahr gerade in das Todesjahr des Augustus, und er würde als ein Mann von 53 Jahren gestorben sein. Als Greis wird er nirgends bezeichnet, und er stirbt in voller Manneskraft.

ren schrieb er ein Buch über das Leben des Cato, gewiß mehr von sittlichphilosophischem als von historischem Standpunkte; er folgte darin besonders einer frühern Schrift von Munatius, dem Freunde Cato's (s. *Plutarch.* Cat. min. c. 25, 37). Daß er sich eine eindringliche, würdevolle Beredsamkeit aneignete, zeigte der Erfolg, und denkt man sich dieselbe vereinigt mit jener erhabenen, ehrwürdigen Gestalt und dem Ausdrucke des Gesichts, der die unerschütterliche Tugend, die antike Freiheit und Stärke des Gemüths zeigte, mit der er wie ein aus den Gräbern erstandenes Bild der schönsten Zeit römischer Kraft und Würde auf das armselige Treiben seiner Zeitgenossen herabsah, so kann man sich vorstellen, wie gewaltig der Eindruck sein mußte, den er auch auf die nichtigsten und verstocktesten Seelen machte, und wie der Angriff des Tyrannen und seiner Helfershelfer auf ihn so tiefes Schaudern erregte, als würde nun das letzte Heiligthum, die verkörperte Tugend selbst, von den fühllosen Henkern ergriffen.

Ohne Zweifel hat er sich schon früh dem Kreise der Stoiker angeschlossen, welche, wie es scheint, in sehr enger Gemeinschaft mit einander lebten; die bedeutendsten waren damals Barea Soranus, C. Musonius Rufus, und in etwas lockerer Verbindung mit ihnen der Hofmann Seneca, und wie Musonius mehr durch schulmäßige Unterweisung in der Philosophie Schüler zog (*Tac.* Ann. XV, 71), so war Thrasea als gebildeter Staatsmann im Stande, einen viel größern Kreis von Männern und Frauen an sich zu ziehen und für das ideale Streben zu gewinnen, dem er ergeben war. Es unterstützte ihn hierbei auch seine äußere Lage; im Besitz eines bedeutenden Vermögens konnte er den Mittelpunkt eines gesellschaftlichen Lebens bilden, von dem die leere, niedrige Vergnügungssucht sich von selbst ausschloß; so waren die schönen Gärten, welche er besaß, gewiß der Sammelplatz aller ihm gleichgesinnten Männer (*Tacit.* Ann. XVI. c. 27, 34). Nur fragmentarische Andeutungen lassen uns diese stille Wirksamkeit ahnen, aber von den meisten bedeutendern Männern, die durch eine besondere Grausamkeit des Nero und Domitian ausgezeichnet wurden, läßt sich mit Bestimmtheit eine Verbindung mit Thrasea nachweisen oder vermuthen; auch der nachherige Kaiser Vespasian gehörte zu seinen Freunden (*Tac.* Hist. IV. c. 7), und daher ist die große Betrübniß desselben über die Ermordung des Helvidius Priscus, der Thrasea's Schwiegersohn war, um so mehr erklärlich (*Sueton.* Vespas. c. 15). Die Gefahr, in welcher alle diese Männer schwebten, mußte sie immer inniger an einander drängen; wollen wir auch nicht grade an einen geheimen Bund denken, so ist doch ein wichtiger Beleg dafür der Umstand, daß die Heirathen unter ihnen, wie aus mehren Fällen hervorgeht, sich nach der Übereinstimmung in der Gesinnung richteten. Thrasea selbst hatte die Tochter einer Freiheitsheldin geheirathet, und seine Arria war ihrer Mutter würdig; an diese schloß sich, um ein wahrhaft heroisches Kleeblatt weiblicher Tugend und Größe zu vollenden, Thrasea's eigene Tochter, die auch an einnehmender Liebenswürdigkeit ihrer Mutter ganz ähnliche Fannia (*Plin.* Epp. VII, 19). Für sie erwählte er, wahrscheinlich im J. 56, den Helvidius Priscus zum Gatten, der eben erst Quästor gewesen war, nur weil er ihn als einen Mann erkannte, der gleiches Streben mit ihm theilte (*Tacit.* Hist. IV. c. 5).

Gehen wir nun zu dem öffentlichen Leben des Thrasea über. Daß er die gewöhnliche Stufenfolge der Staatsämter durchgemacht hat, ist auch ohne ausdrückliche Nachricht darüber unzweifelhaft. Da er in den Verzeichnissen der Consuln nicht vorkommt, so muß er Consul suffectus gewesen sein, außerdem wurde ihm die angesehene priesterliche Würde eines Quindecimvir verliehen, zu welcher Zeit, ist unbekannt, jedoch könnte man vermuthen, es sei noch unter der Regierung des Claudius geschehen, da ihm späterhin von Nero und von seinen Anklägern nicht auch besonders die Undankbarkeit für diese Auszeichnungen zum Vorwurfe gemacht wird.

Die politische Thätigkeit eines Senators, denn über diese allein haben wir bei Thrasea Nachrichten, war unter Kaisern wie Claudius und Nero natürlich sehr beschränkt. Schwer war es, zwischen schroffer, gefährlicher Opposition und verworfener Servilität die Mitte zu halten, die Tacitus lobt (Ann. IV, 20. Agric. c. 42), denn das Extrem, ohne Grund und Nutzen mit keckem Hohne feindselig gegen die Machthaber aufzutreten und so einen Märtyrertod mit Gewalt zu suchen, fällt zwar manchen Stoikern der damaligen Zeit zur Last, aber Thrasea war erhaben über ein so ehrgeiziges Streben, das nicht den öffentlichen Nutzen zum höchsten Zweck hatte. Wer nicht durch nichtige Freiheitsprahlerei die Grausamkeit des Tyrannen herausfoderte, konnte mit gewandter, ruhiger Rede wol manches zum Guten wenden, wie dies Tacitus von Agricola rühmt (c. 42), wobei er zugleich die Behauptung aufstellt, daß auch unter schlechten Fürsten große Männer leben könnten; er hat freilich Recht, und Agricola war es, aber — er wurde vergiftet: Thrasea war es auch, aber — er wurde zum Selbstmorde gezwungen, und es bleibt daher sehr schwierig zu unterscheiden, wen der Vorwurf trifft, durch einen ehrgeizigen Tod Ruhm für sich gesucht zu haben, ohne Nutzen für den Staat (*Tacit.* l. c). Denn wenn auch im Einzelnen so manches Gute gelang, so konnte doch dem allgemeinen Verderbnisse nicht gesteuert werden, und wenn dann der gewaltige Strom verbrecherischer Greuel hereinbrach, wenn die teuflische Mordlust ungezügelt wüthete, wenn die Lust erwachte, Alles, was sich über den Abgrund der Gemeinheit erhob, niederzuziehen in ihren Pfuhl, um Alles zu entwürdigen und zu besudeln, was, wenn es in seiner Reinheit dauerte, durch seine bloße Existenz ein lebendiger Vorwurf für die mit der Macht bekleidete Verworfenheit war, dann trat die Zeit ein, wo bei der Unmöglichkeit alles Widerstandes nur die Wahl blieb, entweder jede Entwürdigung mit erheuchelter Freude hinzunehmen, oder sich ihr durch stummes Schweigen und ein unbemerktes Leben zu entziehen; aber dem erstern mußte ein edles Gemüth den Tod vorziehen, und das Letztere war für namhafte Männer meistens ebenso gefährlich als thätlicher Widerstand. An diesen Klippen scheiterten die Besten, und auch Thrasea.

Er selbst hat sich über die Grundsätze seiner öffentli-

Thätigkeit in mehren Beziehungen ausgesprochen;
die Rechtssachen betrifft, deren man sich annehmen
t, so nannte er deren dreierlei, die der Freunde, die
gebenen, und die, welche für Andere ein Beispiel zu
im Stande wären (s. *Plin.* Epp. VI, 29). War-
die ersten, sagt Plinius, bedarf keiner Erklärung, die
en, weil es Pflicht eines muthigen und humanen
nes ist, die dritten, weil sehr viel darauf ankommt,
n böses oder gutes Beispiel gegeben wird. Der ehr-
e. Plinius fügt außer denjenigen Sachen, zu deren
ung man durch Senatsbeschluß gezwungen wird, noch
erkwürdigen und Aufsehen machenden hinzu, weil es
sei, zuweilen auch seines Ruhmes Sache zu führen;
dachte der edlere Thrasea nicht, wenigstens nicht
er Kleinlichkeit des sonst wohlgesinnten Plinius.
Wie aber im Kampfe gegen das Schlechte die ihm
nende Milde und Liebe nie erlosch, wie einer leiden-
lichen Bitterkeit Raum gab, welche das höhere, ideale
alles Strebens vergessend, an dem Äußerlichen, an
Persönlichkeiten haftet, zeigt ein anderer Ausspruch,
uns ebenfalls Plinius aufbewahrt hat (Epp. VIII,
und der eines großartigen Staatsmannes in so ho-
Grade würdig ist: „Wer die Fehler haßt, haßt die
chen." Er wollte mit diesen Worten, die sich leicht
rstehen lassen, nur überhaupt Nachsicht empfehlen,
us dem Zusammenhange bei Plinius hervorgeht [11]).
Seine übrigen allgemeinern Grundsätze werden sich
den Einzelnheiten von selbst ergeben, die wir mitzu-
n haben.
Das erste öffentliche Auftreten des Thrasea, von dem wir
, fällt in das J. 58 n. Chr. Geb., in eine Zeit, wo er
ein bedeutendes Ansehen besaß. In diesem Jahre hat-
ie Kilikier ihren gewesenen Statthalter Cossutianus Ca-
erklagt, einen mit aller Gemeinheit der Hauptstadt besu-
Menschen, der dieselbe Frechheit, die er in Rom ge-
atte, in der Provinz mit noch größerm Rechte glaubte
ben zu können, aber seine Ankläger ließen sich durch
icht schrecken, besonders Thrasea's nachdrücklicher Bei-
war es, der sie zur Ausdauer ermuthigte, Cossutia-
gab endlich seine Vertheidigung auf, wurde wegen
ückung verurtheilt und war seitdem Thrasea's bitter-
Feind (s. *Tac.* Ann. XIII. c. 33. XVI. c. 21 fin.).
Im folgenden J. 59, handelte es sich im Senat um
sehr unbedeutende Sache. Es war nämlich seit Au-
s die Befugniß, Gladiatorenspiele zu geben, durch
iedene Verordnungen geregelt und beschränkt (s. *Lips.*
rnal. I, 12), in zweifelhaften Fällen hatte der Se-
zu entscheiden (*Dio Cass.* LIV. c. 2). Nun wünschte
nem Jahre die Stadt Syracus eine größere Anzahl
Fechterpaaren kämpfen zu lassen, als gesetzlich gestat-
ar; der Senat bewilligte die nachgesuchte Erlaubniß,
sea allein war dagegen. Tacitus (Ann. XIII. c. 49)
ant dies Factum nur wegen des Tadels, den es dem
Thrasea zuzog. Warum er doch, sagte man, wenn er meine, die Freiheit der Senatsverhandlungen sei ein Bedürfniß des Staats, so geringfügige Dinge aufgreife? Warum er nicht lieber über Krieg und Frieden, Abgaben und Gesetze und andere wichtige Interessen des Staates für oder wider seine Meinung abgäbe? Es sei ja den Senatoren erlaubt, so oft sie das Recht zum Abstimmen bekämen, zu sagen, was sie wollten und einen Antrag zu stellen, sei denn nun dies das Einzige, was einer Verbesserung bedürfe, daß die Syracusaner nicht unmäßigen Aufwand bei ihren Spielen machten? Sei denn alles übrige in allen Theilen der Staatsverwaltung so vortrefflich, wie wenn Thrasea und nicht Nero regierte? Wenn man aber zu den wichtigsten Angelegenheiten mit scheinbarer Beistimmung schweige, so müsse man weit mehr noch zu den gleichgültigen schweigen. — Diese gehässigen Bitterkeiten kamen offenbar von den servilsten Schmeichlern Nero's. Thrasea hätte vielleicht dazu geschwiegen, aber da ihn seine Freunde auffoderten, sich zu vertheidigen, so sagte er: Nicht aus Mangel an Einsicht in die bestehenden Verhältnisse suche er Beschlüsse so geringfügiger Art zu verbessern, sondern er thue das allein im Interesse der Würde des Senats, damit man sehe, daß diejenigen auch in großen Angelegenheiten ihre Sorgfalt an den Tag legen würden, welche selbst die kleinsten nicht unbeachtet ließen. — Es ist dies das erste Auftreten des Thrasea, welches Tacitus ausdrücklich aufführt; er wollte damit ohne Zweifel auf das dem Thrasea und seiner Partei besonders eigene Bestreben aufmerksam machen, das Ansehen und den Einfluß des Senats zu heben bis zu der Höhe, wo er hätte eine Schutzwehr gegen die Tyrannei werden können. Aber dieser Vorfall wird noch bedeutsamer dadurch, daß er grade zusammenfällt mit dem Ende der ersten fünf Regierungsjahre Nero's, die Trajan für musterhaft erklärte, und daß nun die Zeit anfängt, wo Nero seine Schandthaten auch nicht einmal mehr zu verhüllen strebte; diese Periode hatte Tacitus selbst ganz kurz vorher angekündigt (XIII, 47), es muß also die Erwartung auf den Kampf um so gespannter sein, der sich nun erheben wird zwischen der immer zügelloser um sich greifenden Tyrannei und dem Widerstande und der festen Tugend eines grade jetzt entschieden hervortretenden Senators, eines Mannes, der selbst auf den Nero einen so tiefen Eindruck machte, daß er ihm den Wunsch abpreßte, es möchte Thrasea ihn doch ebenso lieb haben, als er gerecht urtheilte. (*Plutarch.* praec. reip. ger. p. 810. A.). Freilich ist dies nur der charakteristische Wunsch aller Sünder, von den Tugendhaften gelobt zu werden, zu deren Höhe sie sich weder erheben wollen, noch können; auch wissen wir nicht, bei welcher Gelegenheit Nero ihn aussprach, aber er läßt uns ahnen, wie tief Thrasea's Erscheinung wirkte.

Schon im März des folgenden Jahres vollbrachte Nero eine Schandthat, die man von allen für die größte erklären möchte, wenn bei ihm ein vergleichendes Maß anwendbar wäre. Er mordete seine Mutter Agrippina und erklärte in einem Schreiben an den Senat mit frecher Schamlosigkeit, sie habe ihm nach dem Leben getrachtet und habe nun die verdiente Strafe empfangen.

11) Man kann nicht wissen, ob Thrasea diesen Satz als eine
eine Sentenz oder in einem besondern Zusammenhange aus-
ochen hat; vielleicht sollte darin zugleich ein klagendes Urtheil
seine Zeit liegen, daß sich die Laster mit den Menschen gleich-
dentificirt hätten.

Aber nicht genug, daß die Senatoren diese Greuel hören und billigen mußten, sie bemühten sich auch in ekelhaftem Wetteifer, durch Danksagungen, göttliche und menschliche Ehre die Unthat zu verherrlichen. Welches edle Gemüth konnte sich zu einer solchen Erniedrigung hergeben! Thrasea hatte bis dahin alle schmählichen Kriechereien gegen Nero mit Stillschweigen oder kurzer Zustimmung hingehen lassen, jetzt aber, als er nur eben die Vorlesung des kaiserlichen Schreibens mit angehört hatte, verließ er den Senat, ohne ein Wort zu sagen, denn er ahnete, daß er bei der darauf folgenden Verhandlung das, was er sagen wollte, nicht sagen durfte, und was er durfte, das wollte er nicht sagen. Er verließ den Senat, und, setzt Tacitus hinzu (Ann. XIV. c. 12), er stiftete sich Gefahr, ohne den Andern zur Freiheit zu helfen. Freilich würde ihn dieser Vorwurf nicht treffen, und vielleicht auch kein anderer, wenn er auch hierbei mit dem Strome geschwommen wäre, aber sollte sich ein Charakter, wie der seinige, ein doch immer bedrohtes Dasein um einen solchen Preis erkaufen, wie die Theilnahme an dem abscheulichen Senatsbeschlusse gewesen wäre? Hören wir, wie sich Thrasea selbst rechtfertigte, bei Dio Cassius (LXI. c. 15): „Wenn zu erwarten wäre, daß Nero allein mich (und meines Gleichen) mordete, so würde ich denen, die ihm so übermäßig schmeicheln, dies gern zu Gute halten, da er aber Viele von denen, die ihn so gewaltig preisen, theils schon umgebracht hat, theils noch umbringen wird, wozu soll ich da vergeblich eine so niedrige Rolle spielen und als feiger Sklave umkommen, während es mir frei steht, als ein freier Mann dem Tode meine Schuld abzutragen? Von mir wird doch auch die Nachwelt etwas zu reden wissen, von jenen aber nichts, als dies, daß sie abgeschlachtet wurden." — So war Thrasea, setzt Dio Cassius hinzu, und immer sagte er zu sich selbst: „Morden kann mich Nero, aber nicht mir schaden."

Doch nicht sogleich erfolgte Nero's Rache, der gleichsam triumphirend über den geknechteten Staat und um so freudiger in Rom ankam, je weniger er eines guten Empfangs sicher gewesen; Spielen und Ausschweifungen aller Art gab er sich in der nächsten Zeit hin, und darüber traten wenigstens seine blutigern Neigungen etwas in den Hintergrund.

Im Anfange des J. 63 finden wir den Thrasea thätig als Vertheidiger eines Majestätsverbrechers (s. *Tacit.* Ann. XIV. c. 48, 49). Antistius, der sich später sehr unwürdig benahm, zeigte sich damals als einen freiheitsliebenden Mann, als einen von den unbesonnenen Feuerköpfen, die mehr verderben als nützen, schon als Volkstribun hatte er die verschollene Bedeutung dieser Würde keck gegen einen Prätor geltend gemacht, und jetzt wurde er von Cossutianus Capito, der sich dem Nero für die eben erhaltene Senatorwürde dankbar beweisen wollte, angeklagt, weil er, damals Prätor, bei einem Gastmahle im Hause des Ostorius Scapula vor einer zahlreichen Gesellschaft Schmähgedichte auf den Kaiser vorgetragen habe. Die Anklage schien nur ein Schauspiel zu Ehren des Nero werden zu sollen, indem der Senat seine Bereitwilligkeit zur Fällung des Todesurtheils darthäte, und dann unter der Form tribunicischen Einspruchs Begnadigung erfolgte. War diese Absicht wirklich vorhanden, so mußte sie dem Thrasea ebenso gefährlich für den Antistius scheinen als schimpflich für den Senat; für jenen hatte er vielleicht kein persönliches Interesse, aber diesem wünschte er sehr die Schmach zu ersparen, blos zum Vergnügen des Kaisers ein Todesurtheil gefällt zu haben. Als die Zeugen vernommen wurden, sagte Ostorius Scapula aus, er habe von den Schmähgedichten nichts gehört, jedoch den Belastungszeugen schenkte man mehr Glauben, und der designirte Consul Junius Marullus fing die Abstimmung damit an, daß er für Recht hielt, den Beklagten der Prätur zu entsetzen und nach Sitte der Vorfahren hinzurichten, d. h. zu stranguliren. Die nächsten Senatoren stimmten bei, und wahrscheinlich wäre kein Widerspruch laut geworden, hätte sich nicht Thrasea erhoben, der, indem er mit großer Geschicklichkeit dem Kaiser alle mögliche Ehre anthat, zugleich auch den Antistius aufs Härteste tadelte, dann hinzusetzte: nicht das Äußerste, was der überwiesene Angeklagte verdiene, müsse man unter einem vortrefflichen Fürsten und ohne durch irgend einen Zwang gebunden zu sein, beschließen; Henker und Strick seien längst veraltet, und man habe ja gesetzliche Strafen, die bei gleicher Strenge doch die Richter nicht als blutdürstig erscheinen ließen und dem Zeitalter nicht zum Vorwurfe gereichten; man möge die Güter des Antistius confisciren und ihn auf eine Insel verbannen, dort würde er, je länger er sein schuldiges Leben hinzöge, für sich die Strafe desto härter empfinden, und für den Staat ein großes Beispiel der Gnade sein.

Die Freimüthigkeit des Thrasea durchbrach den knechtischen Sinn der übrigen, als der Consul die Abstimmung gestattete, traten alle, sehr wenige der allerärgsten Schmeichler ausgenommen, auf die Seite des Thrasea, zum Schrecken der Consuln, welche es nicht wagten, die Abstimmung in ein Decret zu verwandeln. Sie berichteten über dieselbe an den Kaiser, der zornig über diese Unbescheidenheit des Senats und besonders über deren Urheber Thrasea, aber auch nicht frech genug, den einmal eingeleiteten öffentlichen Rechtsgang zu hindern, lange schwankte und endlich antwortete: Antistius habe, ohne gereizt zu sein, die schwersten Schmähungen gegen ihn ausgesprochen, dafür sei eine Strafe von dem Senate verlangt, und es wäre billig gewesen, diese gemäß der Größe des Vergehens zu bestimmen; übrigens wie er einen harten Beschluß gehindert haben würde, so wolle er jetzt einem mildern nicht entgegen sein, sie möchten beschließen, wie sie wollten, auch freisprechen wärn sie nicht gehindert. — Klar war es Allen, daß Nero gekränkt war, jedoch änderten deshalb die Consuln den Antrag nicht: auch Thrasea ging nicht von seiner Stimme ab, und die übrigen mochten ebenfalls das nicht wieder aufgeben, dem sie einmal beigetreten waren, denn manche glaubten, sie würden dadurch den Kaiser bloßstellen, indem auf ihn die Gehässigkeit der größern Strenge fiele, die Mehrzahl verließ sich auf ihre Masse, und Thrasea handelte so aus gewohnter Festigkeit, und — setzt Tacitus hinzu, — damit er seinen Ruhm nicht verliere. Dieser Zusatz gehört zu den fast hämisch klingenden Äußerun-

des Tacitus, denen wegen man ihm zürnen könnte,
ihm, dem ebenso Tieffühlenden als Scharfblickenden,
Verderbniß seiner Zeit nicht gar zu viel Anlaß gegeben
, selten oder nie eine Tugend rückhaltlos anzuerken-
und ohne hinter ihr ein unreines Motiv wahrzuneh-
Es ist hierauf schon im Leben des Kaisers Otho
erksam gemacht; hier war die gewohnte Festigkeit des
sea ein vollkommen hinlänglicher Beweggrund, den
cht durch den Gedanken an seinen Ruhm zu verstär-
rauchte, daß er daran überhaupt nicht dachte, sollte
nicht behauptet werden, denn die Ruhmliebe ist
ige Schwäche, wie Tacitus anderswo sehr richtig be-
(Hist. IV. c. 6), welche auch die Weisen zu aller-
ablegen.

Wie Thrasea keine Gelegenheit ungenützt vorbeigehen.
aus der sich für das gemeine Beste ein Nutzen zie-
ieß, zeigte er in demselben Jahre, 63 (s. *Tac.* Ann.
c. 20—22). Es wurde ein Cretenser, Claudius
rchus, angeklagt, der durch seinen überwiegenden Ein-
in seiner Provinz und durch großen Reichthum auf-
sen sich allerhand Bedrückungen und Mishandlungen
Geringere hatte zu Schulden kommen lassen; ein
der in den Provinzen, zumal in den senatorischen,
selten war; Timarchus aber war in seinem Über-
so weit gegangen, daß er dadurch selbst den Se-
verletzt hatte. Er hatte nämlich geprahlt, daß es in
Macht stehe, ob den Proconsuln, welche Kreta re-
n, bei der Niederlegung ihres Amtes ein Dank vo-
würde oder nicht. Thrasea stimmte dafür, daß er
Kreta verwiesen würde; dann fügte er hinzu: „Es
rch die Erfahrung bestätigt, versammelte Väter, daß
ffliche Gesetze und gute Exempel bei den Guten durch
Vergehungen der Andern erzeugt werden, so hat die
Bestechlichkeit der Redner das Gesetz des Cincius,
hrgeiz der Candidaten die Julischen Gesetze, die Hab-
der Staatsbeamten die Calpurnischen hervorgebracht;
die Schuld kommt früher als die Strafen, die Bes-
g später als die Vergehung. So laßt uns denn ge-
en neuen Übermuth der Provinzialen einen der rö-
en Redlichkeit und Consequenz würdigen Beschluß
, durch den dem Schutze der Bundesgenossen kein
ag geschieht, und durch den unter uns die Meinung
gt werde, als ob das Urtheil über einen jeden an-
wo als in der Meinung seiner Mitbürger begründet
n könne. Vormals wurden nicht nur die Prätoren
Consuln, sondern auch Männer ohne Amt gesandt,
uf den Zustand der Provinz auf Ordnung und Ge-
m gegen die Gesetze zu achten und darüber ihre Mei-
zu berichten, und die auswärtigen Völker waren
lich wegen der Beurtheilung eines jeden Einzelnen.
aber hätscheln wir die Auswärtigen und schmeicheln
, und wie die Danksagung auf den Wink eines
inen, so wird noch leichter die Anklage von ihnen
ossen; und möge denn d i e s e auch ferner beschlos-
werden, möge den Provinzialen die Befugniß verblei-
auf diese Weise ihre Macht zur Schau zu tra-
aber falsches und durch Bitten erpreßtes Lob möge
o gezügelt werden als Bosheit, als Grausamkeit der
Statthalter. Oft wird mehr gefehlt, indem wir für uns einnehmen wollen, als indem wir kränken; sogar manche Tugenden, die unbeugsame Strenge, das unbestechliche Gemüth, sind verhaßt. Daher sind unsere Beamten gewöhnlich im Anfange ihrer Verwaltung besser, gegen das Ende lassen sie nach, indem sie nach Art der Candidaten Stimmen für sich zu gewinnen suchen. Wenn das verhindert wird, werden unsere Provinzen gleichmäßiger und consequenter regiert werden, denn wie durch die Furcht vor der Klage wider Erpressungen die Habsucht gehemmt ist, so wird, wenn die Danksagung verboten ist, der Ehrgeiz gezügelt werden."

Ein rauschender Beifall folgte dieser Rede, jedoch konnte in Folge derselben kein förmlicher Beschluß gefaßt werden, da die Consuln keinen Antrag darauf stellen wollten ohne Erlaubniß des Kaisers; aber es wurde an diesen berichtet, und er verordnete darauf, daß Niemand be einer Volksversammlung der Bundesgenossen auf Danksagung für die Proprätoren oder Proconsuln beim Senat antragen, Niemand zu solchem Zweck eine Gesandtschaft übernehmen solle. So hatte auch hier wieder der Senat auf Thrasea's Antrieb selbständig berathen, was dem Nero nur verdrießlich sein konnte, und er ließ dies dem Thrasea bald genug fühlen.

Kurz nachher nämlich, im Anfange des Jahres 64, als die Poppäa eine Tochter geboren hatte, wurde Mutter und Tochter mit allen ersinnlichen Ehren überhäuft; der ganze Senat strömte nach Antium, wo die Niederkunft stattgefunden hatte, um Glück zu wünschen; auch Thrasea begab sich dorthin; er wollte dem Kaiser jede Aufmerksamkeit beweisen, die ihn selbst nicht erniedrigte; aber — er wurde nicht vorgelassen. Mit völliger Gemüthsruhe empfing er diesen Schimpf als den Vorboten des ihm drohenden Mordes. Damals soll Nero gegen Seneca geäußert haben, er sei nun mit dem Thrasea wieder versöhnt. Ob er diesen dadurch sicher machen, oder den Seneca aushorchen, oder blos lügen wollte, bleibt ungewiß; da ihm aber Seneca Glück zu der Versöhnung wünschte, so wurde natürlich für die beiden vortrefflichen Männer die Gefahr desto größer (*Tacit.* Ann. XV, 23).

Um dieselbe Zeit steigerte sich Nero's Grausamkeit immer mehr, bis zu einem Wahnsinne, der nur noch in dem Beispiellosen, Ungeheuren einige Befriedigung fand. Als er im J. 65 Rom in Brand steckte, als im J. 66 die Pisonische Verschwörung entdeckt war und nun ohne alles Maß Mord auf Mord gehäuft wurde, da konnte, wer nicht namenlos unter der Masse sich verlor und wer nicht durch thätige Theilnahme an der ruchlosen Henkerarbeit sich schützte, nicht anders glauben als daß der Zorn der Götter mit unausweichbarer Gewalt auf Rom laste, und schmählicher Untergang einem Jeden ohne Wahl bevorstehe. Rettung, Widerstand war unmöglich, nur in stiller Zurückgezogenheit sich auf den Tod zu rüsten war das einzige Mittel gegen die Verzweiflung. Auch Thrasea vermied es, sich in dieser Zeit zu zeigen; beinahe drei Jahre lang ging er nicht in den Senat (64, 65 und 66), jedoch auch daraus konnte die Bosheit eines Anklägers einen Vorwurf entnehmen, da er früher sehr fleißig gekommen war. Nachher erschien er zuweilen wieder, aber beim Tode der Poppäa war er nicht gegenwärtig gewesen, um ihr göttliche Ehren zu votiren und an dem Leichenzuge Theil zu nehmen (*Tac.* Ann. XVI. c. 6) und als ferner Silanus und L. Vetus aus nichtigen Gründen verurtheilt wurden und der Senat sich sehr eifrig bewies, um den blutigen Willen des Tyrannen zu vollstrecken, war er ebenfalls nicht gekommen, weil er mit den Privatangelegenheiten seiner Clienten beschäftigt war. Namentlich wurde es auch, mit oder ohne Grund, hervorgehoben, daß er gewöhnlich am Anfange des Jahres fehle, um die übliche Eidesleistung zu vermeiden, und daß er am 3. Januar bei den feierlichen Gebeten für das Wohl des Kaisers nicht erscheine, obgleich er dazu durch seine priesterliche Würde als Quindecimvir doppelt verpflichtet sei. Auch hatte er nie für das Wohlergehen des Kaisers und für dessen vergötterte Stimme ein Privatopfer dargebracht, und bei den von Nero eingerichteten Juvenalien, wo die angesehensten Männer und Frauen an den unwürdigsten Farcen Theil zu nehmen genöthigt wurden, hatte Thrasea zwar Theil genommen, aber auf eine Weise, die es wol verrathen hatte, daß er sich nicht zur allgemeinen Belustigung wie ein gemeiner Schauspieler hergeben wollte, was er gethan hatte, wird nicht erzählt; es wird aber von den Leistungen der übrigen wol etwas abgestochen haben und nicht in Neronischem Geschmacke gewesen sein. Nero war um so unwilliger darüber, weil er wußte, daß Thrasea in seiner Vaterstadt, Patavium bei den uralten, von Antenor eingesetzten heiligen Spielen als Tragöde gesungen hatte. Ein sehr schwerer Vorwurf war es ferner auch, daß er nie sollte dem Nero zugehört haben, wenn er öffentlich zur Cither sang (*Dio Cassius* LXII. c. 26), oder daß er wenigstens es nicht hatte über sich gewinnen können, wie die Andern Beifall zu schreien mit den dazu angestellten und künstlich eingeübten 5000 Augustanern (*Dio Cassius* LXI. c. 20).

Aller dieser Vorwürfe hätte es gar nicht bedurft, um ihn für einen Hochverräther zu erklären, es war mehr als hinreichend, daß Nero, nachdem er so viele ausgezeichnete Männer, unter ihnen auch seinen Lehrer Seneca, umgebracht hatte, das Gelüst bekam, die Tugend selbst zu vernichten, wie Tacitus sagt (Ann. XVI, 21), durch Ermordung des Thrasea und des Barea Soranus, eines Mannes, der im öffentlichen Leben weniger bedeutend, aber vom reinsten Charakter und ebenfalls der stoischen Philosophie zugethan, jetzt ohne allen Grund angeklagt und durch das falsche Zeugniß eines angeblichen Freundes und Lehrers in der Philosophie aus der gemeinsten Geldgier verrathen wurde. Auch Thrasea's Anklage ging zunächst vom Privathasse aus; derselbe Cossutianus Capito, der durch Thrasea's Ansehen wegen Erpressungen verurtheilt war, und der später bei der Verurtheilung des Antistius vergeblich gegen ihn gekämpft hatte, dieser war es, der als sein Ankläger auftrat, und dafür sorgte, daß alle die einzelnen Handlungen, welche etwa den Nero reizen konnten, nicht vergessen wurden, vielmehr frischte er sie mit den gehässigsten Farben wieder an, er nannte es Parteiung, sich vom Senat fern zu halten bei Beschlüssen gegen Majestätsverbrecher oder zur Ehre des Kaisers; und wenn dasselbe viele wagten, sagte er, so sei es Krieg. „Wie einst," setzte er hinzu, „C. Cäsar und M. Cato, so bist du jetzt, Nero, und Thrasea im Gerede unter dem nach Zwietracht gierigen Volke; er hat seine Anhänger oder vielmehr Trabanten, welche zwar noch nicht seinen trotzigen Starrsinn beim Abstimmen, aber doch seinen Anstand, seine Mienen nachahmen, schroff und düster, um dir damit Ausschweifung vorzuwerfen. Er allein ist gegen dein Wohlergehen, gegen deine Kunst gleichgültig; er verachtet die glücklichen Ereignisse des Kaisers, kann ihm also, was dich betrübt und schmerzt, je genug sein? Es ist dieselbe Gesinnung, nicht an die Göttlichkeit der Poppäa zu glauben und die Acta des göttlichen Augustus und des göttlichen Julius nicht beschwören zu wollen; indem er das Heilige verachtet, vernichtet er auch die Gesetze. Die Tageszeitung des römischen Volkes wird in den Provinzen und Heeren darum so sorgfältig gelesen, damit man erfahre, was Thrasea nicht gethan hat. Entweder müssen wir übergehen zu dem Systeme jener Partei, wenn es besser ist, oder man muß den Neuerungssüchtigen ihren Führer und Anstifter nehmen. Dieselbe Secte ist es, welche die Tubero und Favonius gezeugt hat, Namen, die auch dem alten Staate zuwider waren: um die Monarchie zu zerstören, ist die Freiheit ihr Vorwand, und haben sie jene zerstört, so werden sie die Freiheit selbst angreifen. Vergebens hast du den Cassius beseitigt, wenn du dulden willst, daß die Nachahmer der Brutus sich mehren und wachsen. Übrigens mögest du selbst nichts über den Thrasea schreiben, überlaß uns nur der Senat zu Entscheidung."

Solche Reden entsprachen ganz dem Ärger Nero's über Thrasea; er ermunterte noch den Eifer des Cossutianus und gab ihm als Beistand bei der Anklage den nichtswürdigen, aber mit lebhafter Beredsamkeit begabten, Eprius Marcellus, jedoch wartete man noch bis zur Ankunft des Tiridates, der die armenische Königskrone aus den Händen des Nero empfangen sollte, sei es, daß man das Gepränge noch verherrlichen wollte, indem man die Größe der kaiserlichen Macht durch den Mord so ausgezeichneter Männer beurkundete, oder wollte man die Schandthat durch jenes Schauspiel etwas verdecken.

Als nun die Volksmasse hinausströmte, dem Kaiser und Könige entgegen, und auch die Senatoren nicht fehlten, wurde Thrasea zurückgewiesen. Er wußte, was dies zu bedeuten habe, aber es beugte ihn nicht. Er verfaßte eine Eingabe an den Nero, worin er sich erkundigte nach dem, was man ihm zum Vorwurfe mache, und versicherte, daß er sich völlig reinigen würde, wenn er Kenntniß von den Anschuldigungen und Erlaubniß, sie zu widerlegen, bekäme. — Nero nahm dies Schreiben hastig an, in der Hoffnung, daß Thrasea nun durch Furcht bezwungen etwas geschrieben habe, das den Kaiser ehrte und seinen eigenen Ruf beschimpfte. Als er sich aber getäuscht sah, da begann er selbst sich zu fürchten vor der Miene, dem hohen Sinn und der Freimüthigkeit des Unschuldigen, und sogleich ließ er den Senat sich versammeln, um die Anklage zu vernehmen.

Als Thrasea dies erfuhr, berieth er sich mit seinen ßten Freunden darüber, ob er die Vertheidigung ver- en oder darauf verzichten solle. Die Freunde waren chiedener Ansicht; die Einen, welche ihm riethen in den at zu gehen, meinten, sie seien unbesorgt wegen seiner dauernden Festigkeit, er würde nichts sagen, was nicht en Ruhm mehrte; nur die zum Handeln unkräftigen und aften Menschen hüllten ihr Ende in Geheimniß, Thrasea möchte dem Volke einen Mann zeigen, der dem Tode entgegengehe, der Senat möchte seine Worte hören, die r als menschliche ihm wie aus einer Gottheit Munde en würden. Vielleicht werde selbst Nero grade durch Wunderbare der Erscheinung ergriffen; verharre er in seiner Grausamkeit, so würde wenigstens im An- en der Nachwelt ein so ehrenvoller Untergang sich der Feigheit derer unterscheiden, die schweigend um- en. — Dagegen bemerkten die, welche dafür waren, Thrasea den Ausgang zu Hause abwartete, daß sie Thrasea selbst nichts Anderes erwarteten als jene, es stehe ihm Verhöhnung und Mishandlung bevor, öchte seine Ohren nicht den Schmähungen und Schimpf- preisgeben, nicht nur Cossutianus und Eprius Mar- s seien zu solchen Abscheulichkeiten bereit, sondern es noch eine nur allzugroße Zahl solcher Menschen da, vielleicht ihre Rohheit bis zur Gewaltthat und zu schlägen trieben, und dann folgten aus Furcht auch Bessern. Lieber möchte er dem Senat, für dessen de er immer Sorge getragen, die Schmach einer en Gemeinheit ersparen, sodaß es unentschieden bleibe, die Senatoren würden beschlossen haben, wenn sie Thrasea als Angeklagten gesehen hätten. Daß Nero von Scham ergriffen werde, sei eine eitle Hoffnung, mehr müsse man besorgen, daß er auch gegen die in, Familie und übrigen Theuren des Thrasea wüthe, er so gereizt würde. So möchte er denn lieber un- elt und unverletzt, mit dem Ruhme derer sein Ende hen, nach deren Vorgang und Lehre er sein ganzes n geführt habe.

Bei dieser Berathung war auch Arulenus Rusticus nwärtig, ein feuriger junger Mann, voll von edler mliebe. Dieser erklärte sich bereit, gegen den Senats- luß Einspruch zu thun, er war nämlich damals Volks- n. Aber Thrasea zügelte seine Kühnheit und hin- ein Unternehmen, das dem Angeklagten nichts nützen te und dem Tribun sicheres Verderben bringen mußte. agte, er habe sein Leben hinter sich und dessen gleich- igem Gange dürfe er nicht untreu werden, jener aber noch an der Schwelle seiner öffentlichen Laufbahn noch sei ihm die Zukunft frei, er möchte es reiflich r überlegen, welchen Weg er unter den obwaltenden änden für seine öffentliche Laufbahn einschlüge. — jens behielt er es seiner eigenen Erwägung vor, ob h gebühre in den Senat zu gehen oder nicht.

Aber am folgenden Morgen besetzten zwei prätorische rten den Tempel der Zeugerin Venus, den Zugang Curie belagerte eine Schar von Menschen in der To- aber mit Schwertern bewaffnet, die zu verstecken sie nicht bemüht waren, und hin und wieder auf den Plätzen und an den Basiliken waren einzelne Haufen von Soldaten aufgestellt. Unter diesem so drohenden Anblicke traten die Senatoren in die Curie, Thrasea erschien nicht. Nero ließ seine Rede durch einen Quästor vorlesen, er beschuldigte darin, ohne einen Einzelnen zu nennen, die Senatoren im Allgemeinen, daß sie ihre Amtspflichten versäumten, und daß diese Fahrlässigkeit den römischen Rittern zum bösen Beispiele diene. Wie sei es auch zu verwundern, wenn die aus fernen Provinzen nicht kämen, da viele, wenn sie das Consulat und priesterliche Würden erlangt hätten, sich lieber der Annehmlichkeit ihrer Gärten hingäben. — Diese offenbare Beziehung auf Thrasea ergriffen nun die Ankläger wie eine Waffe gegen ihn, Cossutianus begann und dann folgte Eprius Marcellus, der mit einer vom glühendsten Hasse belebten Stimme, Miene und Blick wild drohend, den Thrasea als einen Verräther und Feind des Vaterlandes bezeichnete, und mit ihm seinen Schwiegersohn, Helvidius Priscus, den kein anderer Vorwurf traf, dann den Paconius Agrippinus, der, da schon sein Vater unschuldig durch Tiberius umgebracht war, jetzt ein Erbe des väterlichen Hasses gegen den Kaiser genannt wurde, endlich den Curtius Montanus, einen jungen Menschen, der Schmähgedichte auf den Nero gemacht haben sollte.

Düster war immer der Anblick des Senats, wenn er dem Gelüste des Kaisers blutige Opfer fallen lassen mußte, aber jetzt herrschte ein neues, viel tieferes Grauen, indem die Senatoren von der bewaffneten Macht sich umringt sahen, zugleich ihnen aber auch das ehrwürdige Antlitz des Thrasea vor Augen stand. Manche bedauerten auch den Helvidius und die Andern, die ohne allen Grund mit ins Verderben gezogen wurden.

Unterdessen wurde durch Ostorius Sabinus gegen Barea Soranus und dessen Tochter Servilia eine durch ihre grausame Nichtigkeit ebenso empörende Anklage geführt. Der Schluß war die Verurtheilung Aller, dem Thrasea, Soranus und der Servilia wurde die Wahl des Todes überlassen, Helvidius und Paconius wurden aus Italien verbannt, Montanus für unfähig zu Staatsämtern erklärt und seinem Vater übergeben. Die Ankläger wurden ansehnlich belohnt, Eprius Marcellus und Cossutianus Capito bekamen jeder 5,000,000 Sesterzien, d. h. ungefähr 265,000 Thlr., Ostorius etwa den vierten Theil dieser Summe und Quästorrang.

Thrasea war unterdessen in zahlreicher Gesellschaft von angesehenen Männern und Frauen in seinen Gärten gewesen, besonders aber beschäftigte er sich mit dem Demetrius, einen kynischen Philosophen, seine Gesichtszüge zeigten gespannte Aufmerksamkeit und einzelne abgerissene Worte, die zu den Ohren der Andern drangen, verriethen, daß die Natur der Seele und die Trennung des Geistes vom Körper der Gegenstand der Unterhaltung war. Schon wurde es Abend, da kam endlich Domitius Cäcilianus, einer der genauesten Freunde des Thrasea, und verkündete den Senatsbeschluß. Weinend und jammernd vernahmen die Anwesenden ihn, aber Thrasea hieß sie sich eilig entfernen, und nicht durch Theilnahme an dem Schicksale eines Verurtheilten sich selbst Gefahren zuziehen. Seine

Gattin Arria war im Begriff, dem Beispiele und der Foderung ihrer Mutter zu folgen und ihres Gatten Ende zu theilen, aber Thrasea hielt sie davon zurück, und ermahnte sie, der überlebenden gemeinschaftlichen Tochter nicht die einzige Stütze zu rauben, welche ihr noch bliebe, da ihr Gatte Helvidius verbannt war. Nach diesem schmerzlichen Geschäfte ging Thrasea mit dem Helvidius und Demetrius in die Säulenhalle, und dort traf ihn des Consuls Quästor, keineswegs traurig, sondern mehr zur Freude geneigt, deshalb, weil er für den Helvidius Schlimmeres besorgt hatte. Als er nun den Senatsbeschluß entgegengenommen hatte, führte er den Helvidius und Demetrius in sein Schlafgemach, wohin der Quästor ihm nachfolgte als amtlicher Zeuge. Dort gab er sich den zu jener Zeit gewöhnlichen Tod: er drückte an beiden Armen die Pulsadern vor und durchschnitt sie, und indem er das Blut auf den Boden sprützte, rief er dem Quästor zu, näher zu treten und sagte: „Wir opfern dem Befreier Jupiter[12]). Sieh her, junger Mann! und, mögen die Götter die böse Vorbedeutung abwenden, aber du bist für Zeiten geboren, in denen es gut ist, durch Beispiele der Standhaftigkeit das Herz zu stärken." Darauf als der langsame Blutfluß ihm heftige Schmerzen verursachte, wandte er sich zum Demetrius.

Leider sind die Worte verloren gegangen, die er zu diesem noch sprach, denn grade an dieser Stelle bricht in den Handschriften das letzte Buch der Annalen des Tacitus ab, und der Scholiast zu Juvenal (V, 36) ersetzt das Fehlende nicht, sondern wiederholt nur das Obige noch einmal, wenn er folgendermaßen erzählt: „Indem er sich zum Demetrius dem Kyniker wendete, sagte er: Scheint es Dir nicht, daß ich dem Befreier Jupiter opfere? Er setzt dann hinzu, Thrasea habe hierauf einen jeden seiner Freunde geküßt und sei dann verschieden.

So starb der edle Pätus Thrasea, er verdient es, den größten Männern des Alterthums an die Seite gestellt zu werden. Geboren unter der Kaiserherrschaft, aufgewachsen unter den Greueln einer scham- und zügellosen Tyrannei lebte doch in seiner Seele das Bild des freien Roms und aller der glänzenden Bürgertugenden, welche vormals der Einzelne hatte entwickeln können. Dies Ideal erhob ihn weit über die Erniedrigung seines Vaterlandes, und nicht leicht hat je ein Mann in einem größern Gegensatze zu einer entwürdigten Zeit gestanden, als er. Von Jugend auf strenger Sittlichkeit ergeben, gewann er bald durch die stoische Philosophie die höhere Richtung, welche sein Leben und jede seiner Kräfte einem Ideal weihte, ihm hat er mit unverbrüchlicher Treue angehangen, ihm hat er mit Einsicht und Geschicklichkeit, mit einnehmender Milde gedient und sich selbst unbefleckt zum Opfer gebracht; und wenn er dabei den Ruhm der Nachwelt im Auge hatte, so geschah es in dem edlen, hohen Sinne, der sich bewußt ist, daß seine Thaten den wahren Ruhm verdienen und ihn ungesucht von selbst finden. Sein Geist, sein Vorbild wirkte neben und nach ihm in den edlen Männern fort, welche dem Nero und Domitian den Triumph nicht gestatteten, alle Tugend und Freiheit ausgerottet zu haben, und auch das mehrt seinen Ruhm, wenn gleich dieser Sieg nur durch den Tod zu erringen war.

Wir können hier diese Männer nicht aufzählen, nur von Helvidius Priscus, Thrasea's Schwiegersohne, der wieder in einem gleichgesinnten Sohne fortlebte, bemerken wir, daß er unter Vespasian verbannt und dann ermordet wurde. (*Sueton.* Vesp. c. 15). Sein feuriger Verehrer Arulenus Rusticus blieb seinem Muster treu, wie jener auf den Cato, so schrieb dieser auf den Thrasea eine Lobschrift, die ihm ebenso den Tod brachte, wie dem Herennius Senecio die Lobschrift auf den Helvidius (*Tacit.* Agr. c. 2. *Dio Cass.* LXVII. c. 13. *Plin.* epp. III, 11. *Suet.* Domit. c. 10).

Thrasea's Witwe, Arria, und sein einziges Kind, die Fannia, führten ein durch schwere Unfälle viel bewegtes, aber ihrer und der großen Muster ihrer Familie würdiges Leben. Zweimal begleiteten sie den Helvidius Priscus in die Verbannung; zum dritten Male wurden sie verbannt und ihre Güter confiscirt, im J. 96, weil Fannia geständig war, daß Herennius Senecio auf ihre Bitte das Leben des Helvidius geschrieben, und daß sie ihm dazu dessen Memoiren gegeben habe; daß ihre Mutter davon keine Kenntniß gehabt habe, wurde ihr nicht geglaubt (*Plin.* Epp. VII, 19). Nach Domitianus' Tode kehrten beide aus dem Exil zurück, es folgten bessere Zeiten, in denen sie nach so vielen Stürmen endlich Ruhe fanden. Der jüngere Plinius war ihr Freund im Glück, ihr Trost in der Verbannung gewesen, er wurde ihr Rächer nach ihrer Rückkehr, indem er den nichtswürdigen Ankläger des jüngern Helvidius zur Strafe zog (s. *Plin.* Epp. IX, 13. Arria, damals gewiß über 70 Jahre alt, scheint bald nachher gestorben zu sein. Von der Fannia haben wir noch eine spätere Nachricht, welche es bestätigt, daß sie ihren ebenso starken als liebevollen Charakter bis an ihr Lebensende bewährte. Selbst schon kränklich übernahm sie mit völliger Hingebung die Pflege der Junia, einer ihr verwandten Vestalin, welche an einer schweren Krankheit litt. Sie selbst verfiel darüber in Fieber; ein immer heftiger werdender Husten vermehrte ihre Schmerzen; bleich und abgezehrt bis zur höchsten Kraftlosigkeit bewahrte sie dennoch den kräftigen Geist, der sie ihres Vaters Thrasea, ihres Gatten Helvidius so würdig machte. In den herzlichsten Ausdrücken spricht Plinius in einem Briefe an Priscus (VII, 19) die Besorgniß aus, daß die herrliche Frau den Augen der Bürger entrissen werden möchte, die schwerlich je wieder etwas Ähnliches sehen würden; durch ihren Tod scheint ihm ihr ganzes Haus zu wanken und in seinem Grunde erschüttert, völligen Untergang zu drohen, obgleich noch Nachkommenschaft da sei. Ob Fannia in dieser gefährlichen Krankheit wirklich gestorben ist, wissen wir nicht. Die hinterbliebenen Nachkommen scheinen nicht in gerader Linie von Thrasea abzustammen, da Fannia, so viel wir wissen, keine Kinder hatte. Der jüngere Helvidius Priscus war ihr Stiefsohn, sie muß also die zweite Frau seines Vaters gewesen sein. Über die Kinder

---

12) Mit denselben Worten starb auch Seneca (s. *Tacit.* Ann. XV. c. 64. Cfr. *Dio Cass.* LXII. c. 25.

und Enkel dieses Stiefsohnes gibt Plinius (Epp. IV, 21) einige Nachricht.

Von andern Familien, in welchen der Beiname Pätus vorkommt, bemerken wir noch die Aquillii und Aurunculeji, von denen es Pighius versichert; daß ihn auch die Ālii führten, sehen wir aus Cicero (pro Cluent. c. 26), wo er dem C. Stalenus vorwirft, daß er sich diesen Namen aus der Familie der Ālier angemaßt habe.

Ferner finden sich Autronii Päti; bekannt ist namentlich P. Autronius Pätus, der mit Cicero in gleichem Alter, als Knabe sein Mitschüler, als Jüngling sein guter Freund, als Quästor sein College war (s. *Cic.* p. Sull. c. 6), er war nämlich in Syracus Quästor, während es Cicero in Sicilia Lilybätana war, auf seine Quästur beziehen sich wahrscheinlich die von ihm vorhandenen Münzen, die einen mit Lorbeer bekränzten Jupiterskopf und einen Pflüger zeigen. Später war er mit P. Sulla zum Consul designirt, wurde aber wegen ungesetzlicher Bewerbung verurtheilt und nahm dann Theil an der ersten Catilinarischen Verschwörung, die nicht zum Ausbruche kam (*Sallust.* Cat. c. 18. *Dio Cass.* XXXVI, 27). Unter Cicero's Consulat machte er Miene, bei Gelegenheit der lex Caecilia Unruhen zu erregen (*Cic.* p. Sull. c. 23. *Dio Cass.* XXXVII, 25). An der zweiten Catilinarischen Verschwörung nahm er ebenfalls Theil (*Sallust.* Cat. c. 17, 48), er blieb in Rom, jedoch mit dem Auftrage Etrurien zu occupiren (*Cic.* p. Sall. c. 19). Seine höchst unsaubern Sitten schildert Cicero (p. Sull. c. 25); diesem war er besonders feind, weshalb sich derselbe, als er verbannt war, auch sehr vor ihm fürchtete (s. Epp. ad Attic. III, 2, 7). — Sein Sohn war im J. a. u. c. 720 für Augustus, der schon am 1. Jan. nach wenigen Stunden sein Consulat niederlegte, Consul suffectus (*Suet.* Aug. c. 26), und blieb es bis zum 1. Mai, dann wurde er Proconsul von Afrika, und erwarb sich in den nächsten Jahren durch Thaten, die uns unbekannt sind, einen Triumph, den er im J. 724 hielt; er wird als Consul in der tabula Capuana mit dem Vornamen Publius aufgeführt, als Proconsul und Triumphator heißt er Lucius, doch scheint die Identität der Person nicht zweifelhaft zu sein. S. Pighius unter den Jahren 678, 720 u. 724. Über die hierher gehörigen Münzen *Havercamp* im Thes. *Morell.* II. p. 380, 520.

Über die Considii, eine plebejische Familie, welche auf Münzen ebenfalls den Beinamen Pätus führt, hat Havercamp (a. a. O. S. 107—111) ausführlich gehandelt; jedoch sind die Vermuthungen, durch welche er diese Münzen auf die Considii bezieht, die bei dem Verfasser des Bell. Afr. u. A. vorkommen, sehr schwankend.

Die Fulvii und Papirii, welche den Beinamen Pätus führten, werden ihres Orts erwähnt werden.

Ein Valerianus Pätus wird erwähnt bei Dio Cassius (LXXIX. c. 4). Er war gebürtig aus Galatien in Kleinasien, und wurde vom Kaiser Heliogabalus ermordet im J. 971 a. u. c.; sein Verbrechen war, daß er zum Schmucke für seine Buhlerinnen goldene Münzen mit seinem Bildnisse hatte schlagen lassen; dies wurde ihm so ausgelegt, als habe er sich in dem seiner Heimath benachbarten Kappadokien zum Kaiser aufwerfen und zu dem Zwecke gleich Münzen mit seinem Bilde in Bereitschaft haben wollen. Der wahre Grund seiner Ermordung war aber wahrscheinlich sein Reichthum.

Endlich finden sich noch ein Paar Päti, die nur diesen Namen führen, so ein Gräculus, den Cicero (Phil. XIII. c. 16) einen nichtsnutzigen Menschen nennt. Antonius behauptete, er hätte vom Cäsar das römische Bürgerrecht bekommen und wäre dessen Gastfreund gewesen, weshalb er es dem Senat zum Vorwurfe machte, daß er dessen Hinrichtung mit dem Beile gutgeheißen hatte. In den ältern Ausgaben heißt dieser Mensch Petrus.

Ein gewisser Pätus war zur Zeit des Kaisers Nero berüchtigt, weil er das gehässige und einträgliche Geschäft betrieb, die confiscirten Güter der Verurtheilten für den Schatz zu verkaufen, und zum Theil auch zu reclamiren, wobei er denn, wie das bei Leuten seines Geschäfts gewöhnlich war, auch als Angeber und Ankläger auftrat. Im J. 56 hatte dieser Mensch die Kühnheit, als Ankläger des mächtigen Freigelassenen Pallas und des angesehenen Burrus aufzutreten; er beschuldigte sie des gemeinschaftlichen Planes, den Cornelius Sulla, Schwiegersohn des Claudius, zum Kaiser zu machen. Aber die Richtigkeit dieser Anklage war so offenbar, daß Burrus, obwol Beklagter, doch als Richter mitstimmte. Pätus wurde zur Strafe verbannt, und seine Rechnungsbücher, durch die er Ansprüche auf einige in Vergessenheit gerathene verjährte Documente der Schatzkammer begründen wollte, wurden vernichtet (*Tacit.* Ann. XIII, 23).

Ein C. Pätus wird genannt auf einer Münze von der römischen Colonie Buthrotum als quin. iter. d. h. quinquennalis iterum (s. *Eckhel*, Doctr. num. vol. II. p. 163).

Ap Pätus Clien. Aug. Procurator findet sich in einer Inschrift bei Muratori (p. XLI, 11). (*F. Haase.*)

PÄTZ (Karl Wilhelm). Derselbe wurde am 11. Jun. 1781 zu Ilfeld geboren und erhielt auf dem dortigen Gymnasium unter der speciellern Anleitung seines Vaters, welcher Director der Schule war, eine treffliche humanistische Bildung. Fleiß und glückliche Naturanlagen bereiteten den Bemühungen seiner Lehrer den glücklichsten Erfolg, obwol körperliche Schwächlichkeit manches Hinderniß begründete. Schon im Frühjahre 1798, also noch nicht 17 Jahre alt, bezog Pätz die Universität zu Göttingen, um daselbst, unter der nähern Leitung des mit seinem Vater durch enge Freundschaft verbundenen berühmten Chr. G. Heyne, die Rechtswissenschaft zu studiren. Wie er sich durch seine liebenswürdige Persönlichkeit und durch die reißenden Fortschritte in den Künsten und Wissenschaften die allgemeine Zuneigung seiner Lehrer zu Ilfeld erworben hatte, so erwarb er sich dadurch auch zu Göttingen die Liebe der Universitätsprofessoren, und namentlich war Hugo schon damals stolz auf ihn, als seinen Schüler. Bald rechtfertigte er denn auch die von ihm gehegten Erwartungen als Schriftsteller. Die Juristenfacultät zu Göttingen hatte für das Jahr 1801 als Preisaufgabe die Frage gestellt: Successione universali per pactum promissa an et quatenus promittendi facultas de bonis inter vivos disponendi ademta sit? Pätz bearbeitete dieses Thema, und, kaum erst 20 Jahre alt, errang er den Preis; er trat in die Fußtapfen seines ältern Bruders, Ludwig August, dem zwei Jahre früher die theologische Facultät zu Göttingen den Preis zuerkannt hatte. Karl Wilhelm benutzte bald darauf seine Schrift, welche bei Dieterich zu Göttingen erschienen ist, als Inauguraldisputation und erlangte so den Doctorgrad, sowie die Aufnahme unter die Privatdocenten und Beisitzer des göttinger Spruchcollegiums. Gleich im folgenden Winterhalbjahre las er über Lehenrecht und teutsche Particulargeschichte, und zwar mit solchem Erfolge, daß er schon im Laufe dieses Winters einen Ruf als ordentlicher Professor der Rechte nach Kiel erhielt. Bevor er dorthin abging, machte er nach damaliger Gewohnheit eine Reise nach Wetzlar, dem Sitze des Reichskammergerichts, worauf er sodann mit dem Winter 1802 seine Professur zu Kiel wirklich antrat. Auch hier zeichnete er sich dergestalt aus, daß er im Jahre 1804 einen Ruf nach Heidelberg erhielt, welchem er im Herbste folgte. Nur ein Jahr lehrte er hier, denn bereits im J. 1805 kehrte er ebenfalls im Herbste nach Göttingen zurück, um hier über teutsches Recht und teutsche Geschichte zu dociren; auch verband er damit bald praktische Übungen nach dem Beispiele Pütter's, desgleichen fing er an, über Lehenrecht und Criminalrecht zu lesen. Allein seine göttinger Professur, welche er mit dem Programm: de vera librorum juris feudalis longobardici origine (Gottingae 1805) antrat, sollte nur 1½ Jahr dauern, denn schon am 28. März 1807 entriß ihn, in seinem noch nicht vollendeten 27. Jahre, der Tod seinen Freunden und der Wissenschaft, nachdem er bereits ein Jahr lang gekränkelt hatte. Sein „Lehrbuch des Lehenrechts," die einzige größere Arbeit von ihm, hinterließ er unvollendet; was aus seiner Feder geflossen ist, reicht indessen doch bis zum §. 148. Den Rest lieferte (noch in dem Sommer 1807) C. A. G. Göde, der leider auch schon in seinem 38. Jahre starb. — Gerecht sind die Klagen, welche Heyne in seinen Opusc. academ Vol. VI. pag. 402—413 unmittelbar nach dem Tode seines Lieblings in einem Schreiben an Heeren, der ebenfalls zu den innigen Freunden des Verstorbenen gehörte, laut werden läßt. Es geht daraus hervor, was Pätz seinen Freunden und der Wissenschaft gewesen. Nur in letzterer Beziehung machen wir, indem wir im Übrigen auf Heyne verweisen, noch einige Bemerkungen; doch fühlen wir uns gedrungen, zu bemerken, wie wir uns immer noch mit Rührung an dasjenige zurückerinnern, was Hugo in seinen Vorlesungen über juristische Literargeschichte, sichtbar bewegt, noch 13 Jahre nach dem tödtlichen Hintritte seines jüngern Freundes, zu dessen Lobe erzählte. — So wenig wir auch von Pätz besitzen, so fest hat er doch seinen Namen, besonders im Lehenrechte, gegründet. Nur eine kurze Gelegenheitsschrift ist das schon oben erwähnte Programm über das longobardische Lehenrecht. Allein er hat darin auf eine glänzende Weise die Schärfe und das Durchdringende seines Verstandes gezeigt; und hat er im Einzelnen geirrt, so war er doch bei der Beurtheilung jenes Rechtsbuches auf dem ganz richtigen Wege, wie die neuern Untersuchungen gezeigt haben. Mit demselben Geiste hat er sein Lehrbuch des Lehenrechts bearbeitet. Mit wenigen Worten hat er darin viel gesagt; seine Darstellung ist gelehrt, präcis, klar, durchaus frei von den Dunkelheiten und selbst Sprachwidrigkeiten, welche sich in den Schriften unserer neuern Germanisten so oft finden; Pätz beherrscht sein Material, statt sich von demselben beherrschen zu lassen, und was hätte sich nun von einem Manne, der so jung dahin gerafft wurde, und gleichwol sich schon einen solchen Namen erworben hatte, erwarten lassen, wenn er nur 40 Jahre länger gelebt hätte! Was insbesondere noch seine erste Schrift betrifft, so gehört sie zu den besten Abhandlungen, die wir über die Lehre von den teutschen Erbverträgen besitzen. — Übrigens vereinigte Pätz nicht nur Alles in seiner Person, was zu einem gelehrten und praktischen Juristen gehört; er war auch ein geborener Docent, worüber sich namentlich Heyne auf eine sehr rühmende Weise ausspricht. — In den wenigen Notizen, die Saalfeld in seiner Fortsetzung der Pütter'schen Geschichte der Universität Göttingen (S. 71) über Pätz beibringt, ist Manches zu berichtigen und zu vervollständigen. *(Dieck.)*

PÄUSCHEL, so viel wie großes Fäustel, wird auch Pauschel geschrieben, letzter Ausdruck jetzt mehr üblich, hammerähnliches Werkzeug der Bergarbeiter von Eisen. Vom gewöhnlichen Fäustel (Handfäustel) sind die Päuschel dadurch unterschieden, daß sie größer und schwerer sind; daß die Masse des Eisens nicht in die verlängerte Hammerform ausgedehnt, sondern vielmehr in einen Klumpen zusammengedrängt zu sein pflegt, damit die Bahnen größer ausfallen; auch sind die Stiele zum Anfassen (Hälme) länger, damit das Instrument, wie es seines Gewichts wegen nöthig, mit beiden Händen geführt werden könne.

Nach Gebrauchsart und Gewicht hat man verschiedene Päuschel. Der Ortpäuschel (s. d. Art. unter Ort). Jetzt kommt er wol nur noch dann beim Ortsbetriebe im Gestein vor, wenn die Richtung der Schläge, die damit geführt werden, von Oben nach Unten geht, z. B. beim Nachreißen der Strossen. (Vergl. Strossenfäustel). Der Fimmel-Päuschel von 20 und einigen Pfunden Gewicht, zum Eintreiben der großen Keile oder Fimmel, Behufs der Gewinnung größerer Wände (Stücke) von Erz, Gestein, Kohle rc. Der Pfahl-Päuschel von einigen 30 Pfunden Gewicht, zum Eintreiben der Pfähle in das Gebirge bei der Getriebezimmerung in Schächten und vor Örtern. Jetzt dafür das Treibefäustel von 15—16 Pfund Gewicht.

Der Stempel-Päuschel von ungefähr gleichem Gewichte, zum Festeintreiben der Stempel bei der Schachtzimmerung. — Im Mannsfeldischen heißt dieses Instrument das Wandruthen-Fäustel, weil es vorzüglich zum Eintreiben der Wandruthen durch die dazwischen geschlagenen Einstriche (Stempel) angewendet wird.

Auch zum Zersetzen (Zerschlagen) der gewonnenen zu großen Erzgestein- und Kohlenwände, damit sie in den Fördergefäßen fortgeschafft werden können, sowie zum gröblichen Absondern der Erze und Berge, wo solche in größern Partien mit einander verwachsen, bedient man sich der Päuschel von verschiedenem Gewichte (oder der Gangfäustel), wenn das gewöhnliche Hand-, Bohr-, Treibefäustel nicht ausreicht. Dies reicht aber nicht aus, wo der Widerstand selbst und die widerstandleistende Masse so groß ist, wie in den oben bezeichneten Fällen, daß das Hand- ic. Fäustel nur eine unbedeutende wirkungslose Erschütterung hervorbringen würde; dann muß dem Schlage die verlangte größere Wirkung gegeben werden durch Vermehrung der schlagenden Masse und durch Vergrößerung des Bogens durch den sie beim Schlagen hindurch geführt wird, also auch durch Vermehrung des Schwunges. Dieses größern Bogens halber ist aber das Treffen nicht so sicher wie beim leichtern und im kleinern Bogen geführten Handfäustel, darum die Vergrößerung der Bahnen und die Zusammengedrängtheit der Eisenmassen.

Das Wort Päuschel ist wahrscheinlich nur dialektisch verschieden von Fäustel (P für F, sch für st). (*Plümicke.*)

PAËZ (Franz), gehört zu der nicht geringen Anzahl derjenigen Jesuiten, welche sich als eifrige, gewandte und glückliche Missionarien in Ländern auszeichneten, in denen späterhin bis auf die neuesten Zeiten kaum mehr abendländische Christen geduldet wurden. Zu Olmedo im nördlichen Spanien im J. 1564 geboren, trat er 18 Jahre alt als Novize in den Orden, wurde, nachdem er Profeß gethan, zum Missionar bestimmt und reiste 1588 nach der portugiesischen Besitzung Goa in Hindustan ab. Von hier sollte er sich nach Habesch begeben, wo damals die Portugiesen wegen der erfolgreichen Hilfe, welche sie den Habessiniern in deren Kriegen, besonders mit dem wilden Volke der Gallas, geleistet hatten, wohlgelitten waren. Deshalb ging Pater Paëz im folgenden Jahre nach der blühenden Handelsstadt Hormuz auf der gleichnamigen Insel des persischen Meerbusens, um von dort nach Afrika überzusetzen, wurde aber, obwol er orientalische Tracht angelegt hatte, von arabischen Seeräubern gefangen genommen, unter sehr übler Behandlung nach Ganka an der arabischen Küste geführt und, da er das starke Lösegeld, welches man foderte, nicht herbeizuschaffen vermochte, an die Ruderbank einer Galeere angeschmiedet. In dieser harten Gefangenschaft blieb Paëz sieben Jahre, bis er 1596 durch seinen Orden losgekauft, nach Goa zurückkehren konnte. Hier sowol, als in mehren andern Städten der Westküste von Hindustan, in Bassaim, Cambay und Diu diente er nun mit Eifer in den Missionen des Ordens, bis er endlich im J. 1603 im Auftrage seiner Obern von Neuem wieder nach Afrika segelte. Diesmal landete er ohne Unfall auf der Insel Massua an der Küste von Habesch und gelangte im Monat Mai desselben Jahres nach dem Kloster Fremona im Innern dieses Landes. Sein Hauptbestreben ging nun zuvörderst weniger dahin, sich bei Hofe beliebt zu machen, wie dies seine Vorgänger und Nachfolger bei der Mission thun zu müssen glaubten, als sich eine gründliche Kenntniß der Landessprache, des gelehrten Geez-Dialekts und des Amhara, der Volkssprache, zu erwerben, zugleich aber, sich den Unterricht der Kinder sowol der Eingebornen, als der damals in Habesch ziemlich verbreiteten Portugiesen, angelegen sein zu lassen. Die reißenden Fortschritte seiner Schüler und seine eigene Gelehrsamkeit erregten bald die Aufmerksamkeit des Königs Jacob, welcher ihn, sobald die Regenzeit vorüber sein würde, zu sich beschied. Inzwischen starb dieser Fürst, aber sein Nachfolger Za-Dengel nahm den Pater Paëz an seinem Hoflager in Dankas im April des Jahres 1604 mit großen Ehrenbezeigungen auf. In einer öffentlichen Controverse trugen die Schüler des Jesuiten über die habessinischen Priester den Sieg davon, die Messe wurde nach römisch-katholischem Ritus gefeiert und durch eine Predigt, welche Paëz in der Geez-Sprache hielt, vollendete derselbe die Bekehrung des Königs. Zwar sollte dies Anfangs noch geheim bleiben, allein Za-Dengel selbst konnte seinen Eifer für den neuen Glauben nicht mäßigen, er schrieb an den Papst und an den König von Spanien, indem er sie unter Freundschaftsversicherungen bat, ihm tüchtige Männer für den Unterricht seines Volks zu senden, und übereilte die beabsichtigte Reformation dergestalt, daß ein großer Theil seiner Unterthanen, durch ihre Priester aufgeregt, sich gegen ihn empörte. Wider den Rath des Pater Paëz, welcher ihn ermahnte, sich bis zu einem günstigen Zeitpunkte vertheidigend zu verhalten, zog Za-Dengel den Rebellen entgegen, wagte in der Provinz Gojam eine Schlacht, und verlor in derselben am 13. Oct. 1604 Krone und Leben. Paëz, welcher zu dieser Zeit sich in der Provinz Tigreh aufhielt, verlor in diesem Fürsten einen großen Gönner; allein auch der Nachfolger Za-Dengel's, Seged (Socinios oder Susneus) schenkte ihm seine Gunst, ließ ihn am Hofe Messe lesen und predigen, verlieh seinem Orden einen bedeutenden Grundbesitz zu Gorgora in der Provinz Dembea, mit der Befugniß, dort ein Collegium zu gründen, und bediente sich seiner als Baumeisters bei Aufführung eines neuen königlichen Palastes. Bei diesen vielen Geschäften, während er immer die Bekehrung des Königs und der Häuptlinge als sein Hauptziel im Auge behielt, lernte Paëz auch gelegentlich die Merkwürdigkeiten des Landes kennen, vor Allem aber entdeckte er, der erste Europäer, die Quellen des habessinischen Nils (Bahar al Azreck Abawi Astapus) im J. 1618. Endlich ward ihm auch die Freude, daß der König, dessen Bruder und viele Große des Reichs öffentlich zu der römisch-katholischen Kirche übertraten. Kaum war er aber von dieser Feierlichkeit nach Gorgora zurückgekehrt, als er von einem hitzigen Fieber ergriffen wurde und in den Armen seines treuen Amtsgenossen Anton Fernandez am 22. Mai 1622 seinen Geist aufgab. Sein Tod wurde sowol von vielen Eingeborenen als von den Europäern in Habesch bitter beklagt und war für die Sache des Katholicismus in jenem Lande ein unersetzlicher Verlust. Pater Paëz ist Verfasser mehrer in den Literis annuis abgedruckter Briefe, einer Abhandlung über die Sitten der Habessinier in amharischer Sprache und Übersetzer einer Abhandlung über die christliche Lehre in dieselbe Sprache. Ein größeres Werk über die Geschichte von Habesch von 1555 bis 1622 hat er in zwei starken Bänden als Manuscript hinterlassen. Von dieser Handschrift waren zahlreiche Copien in fast allen Jesuitercollegien vorhanden und gingen nach

Aufhebung des Ordens in andere Bibliotheken über. Eine Beschreibung der Entdeckung und der Natur der Quellen des Nils von Habesch hat Kircher aus des Pater Paëz Geschichte oder Tagebuch in seinen Oedipus aegyptiacus aufgenommen. Bruce behauptete zwar, daß Kircher jene Beschreibung erfunden habe, und daß er (Bruce) vielmehr der erste Entdecker der Quellen des östlichen Nil sei. Allein aus einer Vergleichung der Paëz-Kircher'schen Schilderung mit der Bruce'schen geht hervor, daß der Urheber jener Beschreibung dieselben Quellen gesehen hat, wie Bruce.

Ein anderer Jesuit dieses Namens, Kaspar Paëz, in der Nähe von Ecija in Andalusien 1582 geboren, ging ebenfalls nach Habesch, als der König Socinios eine Vermehrung der Missionarien gewünscht hatte. Allein nach dem Tode des Franz Paëz verloren die Katholiken in Habesch theils durch die Schuld ihres Patriarchen Alfons Mendez, welcher zu herrschsüchtig und rücksichtslos verfuhr, theils durch die Umtriebe der habessinischen Priester, immer mehr an Ansehen, und mit dem Ableben des Socinios (1632) sank ihre letzte Stütze. Der Sohn und Nachfolger des Socinios, Facilidas (Basilides), kehrte nicht allein wieder zum alten alexandrinischen Glauben zurück, sondern befahl auch dem Patriarchen nebst allen katholischen Priestern, bei Todesstrafe das Land zu verlassen. Einige derselben, namentlich der Vicepatriarch Nogeira und Kaspar Paëz, wagten dennoch in Habesch zu bleiben, indem sie sich bei Freunden verbargen, wurden aber entdeckt und hingerichtet, der Letztgenannte am 25. April 1635. Briefe von ihm finden sich in den Literis annuis der J. 1624—1626. (Nach *Eyriès* Biogr. univ. s. v. *Paez*. Vergl. auch d. A. äthiopische Kirche in d. E.)

(*A. Sprengel.*)

PAGAE (*Παγαί*), alter Name einer Stadt in der kleinen Landschaft Megaris, 120 Stadien von der Hauptstadt Megara, 330 vom Piräeus (*Strab.* IX, 391) im östlichen Winkel des halkyonischen Meeres. Offenbar hat der Ort seinen Namen von den sogenannten Quellen von Megaris (*αἱ Πηγαὶ αἱ καλούμεναι τῆς Μεγαρίδος Pausan.* I, 41, 8), in deren Nähe nach der megarischen Sage Tereus geherrscht hat. Die Stadt, die zweite in der kleinen Landschaft dem Range nach, war durch ihre Lage an der See und am Zusammentreffen von drei Hauptstraßen nicht unwichtig; den Megarern war sie zugleich Festung (*φρούριον Strab.* VIII, 380) und Emporium (Schol. *Thuc.* I, 103). Während der Kämpfe zwischen Athen und den Staaten des Peloponnes ist Pagä oft von attischer Flotte besetzt worden (*Thuc.* I, 103, 107, 111, 115). Als Sehenswürdigkeiten nennt Pausanias (I, 44, 4) nur eine Erzstatue der Artemis mit dem Beinamen der Erhalterin und ein Heroum des Namens Ägialeion. Münzen mit der Aufschrift *ΠΑΓΑΙΩΝ* oder *ΠΑΓΕΩΝ* sind einige erhalten. Man hat bald im heutigen Dorfe Psatho oder Psata, bald in Livadostro (Livadosta) das alte Pagä wieder zu finden geglaubt; vergl. jedoch Reinganum, das alte Megaris. S. 100 fg. (*H.*)

PAGAHM (n. Br. 21° 9′, L. 112° 14′). Diese am Irawaddy gelegene Stadt des Birmanenreichs, der Sage nach einst die Residenz von 45 auf einander folgenden Königen, theilt seit 500 Jahren, wo sie, wie man erzählt, einer göttlichen Offenbarung zufolge verlassen wurde, das Schicksal so vieler einst blühender Städte, welche ihre eigene Größe und Herrlichkeit in demselben Maße schwinden sehen mußten, wie sich die einer Nachbarstadt, wie dies hier mit dem vier englische Meilen nördlich gelegenen Neoundah der Fall ist, mehr und mehr erhob. Gleich dem ägyptischen Theben hat Pagahm jetzt keinen andern Bürgen seines frühern Glanzes als die noch sichtbaren Wälle eines steinernen Forts, sowie eine große Anzahl allmälig verfallender Tempel. Diese erheben sich nach Symes' Beschreibung in einer schwerfälligen Breite bis zum Giebel, und endigen sich dann plötzlich in einer Spitze, wodurch sie ein unförmliches und plumpes Ansehen erhalten. Bei den ältesten derselben, welche eines massiven Grundes entbehren, trägt eine schön gewölbte Kuppel einen schweren prächtigen Bau, welcher eine sitzende Statue Gaudma's umschließt. Vier gothische Thore führen in die Kuppel, in deren einem zwei menschliche Figuren von gigantischer Größe, die eine stehend, die andere auf der rechten Seite liegend und schlafend angebracht waren. Beide Statuen sollten ebenfalls, wie man sagte, den Gaudma darstellen, obgleich diese Gottheit gewöhnlich mit untergeschlagenen Beinen, die Linke auf dem Schooße ruhend, die Rechte herabhängen lassend, auf einem Fußgestelle sitzend, dargestellt wird, auf dessen unterm Theile man schmückende Sculpturen des heil. Lotusblattes erblickt. Die jetzige Stadt hat, obgleich sehr heruntergekommen, doch noch einige Vorstädte, und die Einwohner unterhalten einige stark besuchte Jahrmärkte und treiben Handel mit Rindvieh und Sesamöl. Das letztere wird auf folgende Art bereitet. Man schüttet die Sesamkörner in einen tiefen hölzernen Trog, und zerquetscht sie durch einen aufrechtstehenden und in einem Rahmen befestigten Stempel, indem man die Kraft desselben durch einen langen Hebel verstärkt, an dessen Ende ein Mann sitzt, der einen im Kreise herumgehenden Ochsen treibt, sodaß die Körner zu gleicher Zeit gedreht und gepreßt werden. Jenseit der Vorstädte sah Symes in einem nicht zu großen Raume nicht weniger als 200 dieser einfachen, aber ihrem Zwecke völlig entsprechenden Mühlen. Mit den ausgepreßten Körnern scheint man das Rindvieh zu füttern, da dieses wohlgenährt war, obgleich die Umgegend Pagahms kaum für Ziegen hinreichendes Futter darbietet. (Vergl. *Symes*, Embassy to Ava. Vol. II.) (*Fischer.*)

PAGALA, alter Name einer Stadt in Gedrosien. (Bei *Arrian*. Indic. 23, init.) (*H.*)

PAGAMEA. Eine von Aublet aufgestellte Pflanzengattung aus der zweiten Ordnung der vierten Linné'schen Classe und aus der natürlichen Familie der Loganieen. Char. Der Kelch kreiselförmig, vierzähnig, die Corolle krugförmig, vierspaltig, innen zottig; die Antheren fast ohne Staubfäden in der Corollenröhre aufsitzend, zwei haarförmige Griffel, die Beerenfrucht vom Kelche umgeben, zweifächerig, mit zweisamigen Nüßchen, von denen aber das eine oft fehlschlägt. Die einzige bekannte Art, P. guianensis *Aubl.* (Guj. t. 44. *Lamarck* ill. t. 88) ist in Gujana und Brasilien einheimisch, als ein Strauch von sieben bis acht Fuß Höhe, mit gegenüberstehenden, gestielten, glatten, ablangen, ganzrandigen, zugespitzten, geaderten Blättern, scheidenförmigen, langzugespitzten, hinfälligen Afterblättchen, in den Blattachseln und am Ende der Zweige stehenden Blüthentrauben, weißen Blumen und grünen, kugeligen Beeren. *(A. Sprengel.)*

PAGAMENT, Kunstausdruck der Münzwardeine und Probirer; doch jetzt weniger üblich: allerlei zusammengeschmolzenes oder auch ungeschmolzenes Metall und Bruchstücke desselben, wobei aber in der Regel nur auf den Silber- und Goldgehalt des Gemenges gesehen wird. Gewöhnlich sind es allerlei Münzen geringern Gehalts, die mit oder ohne Zusatz von Bruchsilber, Gekrätz ꝛc. in großen Schmelztiegeln zusammengeschmolzen, im Zustande der vollkommenen Schmelzung aber und nach mehrmaligem Umrühren (welches so oft wiederholt wird, als man von Neuem Schmelzmasse [Pagament] in den Tiegel einträgt), ausgegossen und gekörnt, d. h. zu Granalien (s. d. Art.) gemacht werden, oder die geschmolzene Masse wird in Planchen gegossen, d. h. in breite, dünne Schriben. Der Zweck dieses Verfahrens ist, dem Geschmolzenen einerlei Gehalt zu geben, oder den Silber- und etwanigen Goldgehalt unter die ganze Masse gleichmäßig zu vertheilen, damit von dem Gekörnten ꝛc. eine richtige Probe zur Bestimmung des in der ganzen Masse enthaltenen edlen Metalles ohne Zeitverlust genommen, und darnach der Geldwerth beim Kaufe und Verkaufe beurtheilt werden könne.

Beim Einschmelzen größerer Gewichtsmengen Pagament ist es natürlich nicht nöthig, Alles zu körnen, es bedarf eigentlich dessen nur so viel, als zum Probenehmen erfoderlich ist, d. h. einiger Lothe Granalien. Soll das zusammengeschmolzene Pagament aber verkauft werden, so steht es dem Käufer frei, die Probe, wovon er will (von dem ganzen Klumpen, von den Schriben oder von den Granalien) zu nehmen, und dann ist es besser, dem Käufer die ganze Masse in der Form von Granalien oder von dünnen Scheiben (planches) vorzulegen, wobei die Täuschungen vermieden werden, welche durch Verschiedenheit des Silbergehalts in der Spitze, Mitte und an der obern Fläche des Klumpens (der die Form der Tiegelhöhlung, d. h. die Figur einer dreiseitigen Pyramide oder eines an der Spitze abgerundeten Kegels, annahm), entstehen könnten.

Läßt sich nach der Mehrzahl der Stücke, z. B. von Münzen, deren Feingehalt bekannt wäre, schon im Voraus ungefähr beurtheilen, welche Feinheit das Ein- oder Zusammengeschmolzene haben wird, kommt es auf die sofortige Benutzung zum Vermünzen oder zum Verarbeiten zu den Artikeln der Gold- und Silberarbeiter an, so sucht man gleich beim Einschmelzen eine schickliche Gattirung hervorzubringen. Dann darf aber außer den edlen Metallen nur Kupfer im Gemenge sein, und dennoch muß Probe genommen werden. Sind jedoch Messing, Zinn, Blei, Antimon und die zu den verschiedenen Löthungen angewendet werdenden Metallmischungen in solchen Mengen vorhanden, daß sie nicht schon beim Einschmelzen sich verschlacken (wobei man durch Flußmittel, welche eine leichtflüssige Schlacke bilden, zu Hilfe kommt), so muß darauf hingearbeitet werden, daß das edle Metall nachmals durch Abtreiben rein davon geschieden werden könne. Der Proceß dabei im Großen ist derselbe, wie beim Silberabtreiben auf den Blei- und Kupferhütten. Soll nur der Werthsbestimmung halber eine Probe gemacht werden, so wird cupellirt (Cupellenprobe). In beiden Fällen wird das Silber, silberhaltige Gold ꝛc. dadurch rein dargestellt, daß die übrigen Metalle durch das zugesetzte Blei und mit demselben oxydirt, oder aber verschlackt werden. Man macht auch Proben auf nassem Wege zur gegenseitigen Controle. Platin wird nicht leicht unter das Pagament kommen; Platinmünzen, wären sie zufällig darunter, sind leicht zu erkennen und bei Seite zu legen. Inwiefern das Verfahren dadurch schwieriger wird, ist in Vauquelin's Probirkunst nachzusehen. Der Rücksichtnahme auf Gewinnung der andern Metalle, vorzüglich des Kupfers, das vorzuherrschen pflegt, wird es nur da lohnen, wo bedeutende Gewichtmengen von Pagament zu verarbeiten sind. Dann wird entweder ein Amalgamationsproceß zur unmittelbaren Extraction des Silbers, oder das Verfrischen mit Blei und die Abscheidung des die edlen Metalle aufgenommen habenden Bleies, durch Saigerung ꝛc. oder ein Auflösungsproceß auf nassem Wege (z. B. durch Schwefelsäure, Behufs Fällung des edlen Metalles aus der Auflösung) zu wählen sein. (S. d. Art. Saigerung, Affinirung, Amalgamation.)

Das Wort Pagament ist wahrscheinlich corrumpirt aus paiement oder payement (Aussprache des y wie g), das nicht nur den Act des Zahlens, sondern auch das, womit man zahlt, bedeutet. *(Plümicke.)*

PAGAN (Blaise François, Graf von), ein geschickter Ingenieur und Mathematiker, geb. im J. 1604 in der Nähe von Avignon. Er wurde von seinen altadeligen Ältern ganz militairisch erzogen, trat schon im zwölften Lebensjahre in den Kriegsdienst und wohnte im J. 1620 der Belagerung von Caen, dem Gefechte von Pont de Cé und der Einnahme von Navarreins bei, wo er eine für sein Alter ungewöhnliche Tapferkeit bewies. Das Jahr darauf war er bei den Belagerungen von St. Jean d'Angély, von Clérac und von Montauban, vor welcher letztern Stadt er durch einen Flintenschuß das linke Auge verlor. Der Tod des Connétable von Luynes, seines nahen Verwandten, beraubte ihn eines Beschützers, aber er fühlte sich nun schon kräftig genug, selbst sein Avancement zu bewirken. Mit verdoppeltem Eifer zeichnete er sich bei den Eroberungen der Städte Languedoc's gegen die Protestanten aus, sowie bei der berühmten Belagerung von la Rochelle. Er gehörte nachher mit zu der Expedition, welche die Rechte des Herzogs von Nemours auf Mantua schützen sollte. Hier war es, wo er vor Suza sich an die Spitze der enfans perdus stellend, einen verzweifelten Angriff unternahm und dadurch den Sieg entschied. Seine Tapferkeit wurde von Ludwig XIII. anerkannt, und er begleitete diesen Fürsten zur Belagerung von Nanci, wo er unter den Augen desselben die Einschließungslinien zog. Er machte ferner alle Feldzüge in der Picardie und

Flandern unter dem Befehle des Ritters Deville mit und galt für den größten Ingenieur seiner Zeit. Im J. 1642, als er eben nach Portugal aufbrechen wollte, wohin er mit dem Grade eines Maréchal de camp bestimmt war, wurde er krank und verlor das ihm noch übrige Auge. Dessenungeachtet studirte er in den mathematischen Wissenschaften fleißig fort und gab nun nach einander Werke heraus, die jährlich seinen Ruhm erhöhten. Sein Haus wurde eine Art Akademie, in welcher sich Gelehrte und Schöngeister, angezogen durch seine Höflichkeit und angenehme und belehrende Unterhaltung, versammelten, wobei Pagan's glückliches Gedächtniß, gesundes Urtheil und Reichthum an Geist und Kenntnissen ihn stets eine Hauptrolle spielen ließen. Übrigens war er nicht ganz frei von den Vorurtheilen seiner Zeit, sondern z. B. ein Freund der Astrologie. Nach einer Krankheit, während welcher Ludwig XIV. ihn durch seinen Leibarzt behandeln ließ, starb Pagan den 18. November 1665. — Seine Werke sind folgende: I) **Traité des fortifications** (Paris 1645. fol.) Eine neue Ausgabe hiervon, mit Anmerkungen und mit der Biographie des Verfassers gab Hébert, königlicher Professor der Mathematik, im J. 1689 in Duodez heraus. Pagan's vieljährige Erfahrung hatte ihn mit den Mängeln der Befestigungskunst seiner Zeit genau bekannt gemacht, denen er in diesem Werke abzuhelfen sucht. (Eine Vergleichung seines Systems mit dem Systeme Vauban's s. in dem Art. Fortification.) II) **Théorèmes géométriques.** (Paris 1651. Zweite vermehrte Auflage 1654.) Hébert hat dies Werk seiner Ausgabe des vorhergenannten beigefügt. III) **Relation historique et géographique de la rivière des Amazones, extraite de divers auteurs.** (Paris 1655.) IV) **La théorie des planètes.** (Paris 1657. 4.) V) **Tables astronomiques.** (Paris 1658, 1681. 4.) Mit Angabe von Methoden zur Bestimmung der geographischen Länge zu Lande und zur See. VI) **L'astronomie naturelle.** (Paris 1659. 12.) Es ist nur der erste Theil erschienen. VII) **L'homme héroïque ou le prince parfait sou le nom du roi.** (Paris 1663. 12.) VIII) **Oeuvres posthumes.** (Paris 1669. 12.) *).

(*Gartz.*)

PAGANA, ein Ort in der Generalintendanz Genua der festländischen Staaten des Königs von Sardinien, welcher in der Kirche zum heil. Michael ein Meisterstück von van Dyk besitzt, das allein eine Reise von Genua werth ist, und das in der Hauptstadt einen ansehnlichen Platz verdiente; es stellt Christus am Kreuze dar, und unten ist das Bildniß des Stifters der Kapelle. (*G. F. Schreiner.*)

PAGANALIA. Als König Numa †) oder Servius Tullius die römische Landschaft in Regionen oder Tribus theilte, führte er als Vereinigungspunkte und Sicherheitsplätze für die ländlichen Districte die sogenannten pagi ein; an die Spitze derselben wurden Beamte gestellt, die sowol ein Verzeichniß der zum **pagus** gehörigen Landbewohner, als ein Kataster über ihre Besitzungen führen sollten, sodaß sie bei Aushebung von Mannschaft und Einfoderung von Steuern hilfreich sein könnten. In jedem **pagus** wurden Altäre der Schutzgottheiten desselben errichtet, und alle Jahre begingen die Mitglieder des **pagus** zu Ehren dieser Gottheiten ein Fest, **Paganalia**, wozu jedes Mitglied eine Art Kopfsteuer entrichten mußte, und zwar eine andere die Männer, eine andere die Frauen, eine andere die noch nicht Erwachsenen, sodaß die Tempelvorsteher hierdurch eine Übersicht der Bevölkerung des **pagus** hatten (*Dion. Halic.* IV, 15). Dieses Fest erwähnt Varro (L. VI, 24 sq. **Feriae eorum, qui sunt alicujus pagi**). Eine Beschreibung des Festes, ohne es zu nennen, gibt Ovid (Fast. I, 669. **Pagus agat festum, pagum lustrate coloni, et date paganis annua liba focis**). Die **Paganalia** gehörten zu der Gattung von Festen, welche die Römer **feriae conceptivae** nannten, d. h. zu den wandelbaren Festen, deren Zeit für jedes Jahr besonders durch Priester oder Beamte angekündigt wurde (*Macrob.* Sat. I, 16). (*H.*)

PAGANI hießen in Rom die Bewohner und Mitglieder der oben angegebenen ländlichen Districte oder der Pagi, und zwar im Gegensatze theils gegen die Stadtbewohner **oppidani**, theils gegen die Mitglieder der vier städtischen **tribus**, wozu bekanntlich nur die niedrigste Classe der Bürger gehörte, also gegen die **montani** (*Cic.* Dom. 28. *Varro* l. c.). Späterhin, d. h. in der Kaiserzeit, nannte man Nichtsoldaten **pagani**, im Gegensatze gegen Militair *), sodaß man **peculium paganum** und **castrense** unterschied. Wie es in der christlichen Zeit zur Bedeutung „Heiden" gekommen ist, wird im folgenden Artikel gezeigt. (*H.*)

PAGANI, PAGANISMUS, Landleute, Dorfbewohner, dann Heiden, Anhänger des römisch-griechischen Polytheismus, zur Zeit, als das Christenthum schon römische Staatsreligion geworden war. Die frühesten Nachweisungen für diesen Sprachgebrauch gehen auf die zweite Hälfte des 4. Jahrh. zurück, in einem Gesetze Kaiser Valentinian's an den Claudius, Proconsul Afrika's (Cod. Theodos. Lib. XVI. Tit. 2. l. 18), das, nach den Consulaten berechnet, ins J. 368 fällt; gleichzeitig ist die Erwähnung bei Marinus Victorinus (**de** *ὁμοουσίῳ* **recipiendo**), wo es heißt: **Graeci, quos** *Ἕλλενας* **vel Paganos vocant, multos Deos dicunt**; er setzt seine Schrift selbst 40 Jahre nach der nikänischen Synode, also etwa ums J. 365; doch muß der Sprachgebrauch damals schon allgemein gewesen sein, weil er von ihm als etwas Übliches aufgeführt wird. Der Ursprung der Benennung ist unbezweifelt aus dem längern Verweilen des Heidenthums unter den Landleuten abzuleiten, zur Zeit, als durch Einfluß des Hofes in den Städten schon heidnische Reste abgethan waren; unter Theodosius ist die Benennung schon ganz allgemein. Die Anhänglichkeit der Landbewohner an alles Hergebrachte, und so auch an die väterlichen Culte ist ja so anerkannt, daß der beredte Ver-

*) Weiß in der Biogr. univ. T. XXXII.

†) Dem erstern schreibt Dionys (A. R. II, 76) die Eintheilung des ganzen Landes in die sogenannten *πάγους* zu.

*) *Juven.* XVI, 33. **Citius falsum producere testem Contra paganum possis quam vera loquentem contra fortunam armati** et cfr. ad h. Interpr. *Suet.* A. 27. **Concionante se admissa turba paganorum apud milites.** Galb. 19. **Dimota paganorum turba** und so häufig bei den classischen Juristen der Pandekten.

theidiger des Heidenthums, Libanius, bei Theodosius dem Großen grade zum Besten der Landleute auf Erhaltung ihrer heidnischen Tempel drang. Das Verächtliche, das in dieser Benennung der Heiden lag, tritt dadurch noch mehr hervor, daß schon in früherm Sprachgebrauche das Bäuerische paganus, a, um als Bezeichnung des Ungebildeten, Rohen galt: *Hesychius* *Παγανός, ἰδιώτης, ἄφρων*· vetus glossarium *Cyrilli*: *ἰδιώτης, ὁ κοινός*, privatus, paganus, plebejus. Die Christen gaben also sofort nach erlangtem Übergewichte im römischen Reiche die entehrenden Benennungen den Heiden zurück, womit sie früher nach dem Zeugnisse der Apologeten von ihnen angegriffen waren. Über den Sprachgebrauch Pagani vergl. *Jacobi Gothofredi* und *C. H. Fabroti* Comment. in Cod. Theodosian. Lib. XVI. Tit. 10. Notae ad titulum. Ed. *Dan. Ritter*. (Lips. 1743.) Tom. VI. P. I. p. 274 sq. (*Rettberg.*)

PAGANI, ein Ort in der neapolitanischen Intendanz Principato citeriore mit 9639 Einwohnern. (*G. F. Schreiner.*)

PAGANI (Gregorio), geboren im J. 1558, gest. 1605, ein vorzüglicher Maler der florentiner Schule, und nach Lanzi's Eintheilung der von ihm beschriebenen Malerschulen aus der vierten Epoche der ebengenannten Schule. Francesco Pagani *), sein Vater, war ebenfalls florentiner talentvoller Maler, welcher im Charakter von Michel Angelo Buonaroti arbeitete, hätte vielleicht gern das aufkeimende und sich so schön entwickelnde Talent seines Sohnes auf die eigentliche Kunstbahn geführt, wenn er nicht durch den Tod zu früh von ihm getrennt worden wäre. Santi di Tito, der Freund des Vaters, nahm sich des verlassenen jungen Mannes an und nahm ihn als Schüler auf. Hier genoß der junge Pagani zugleich die Bekanntschaft des berühmten Ludovico Cardi oder Cigoli, der sein vertrautester Freund und Mitschüler ward.

Beide Künstler wirkten später sehr mächtig für einen bessern Styl in der florentiner Schule, die zu jener Zeit, besonders durch die Nachahmer, etwas ins Sinken gerathen war. Cigoli's Charakter wirkte ungemein auf den Gregorio Pagani, sodaß man ihn, da er so vieles davon annahm, den zweiten Cigoli nannte. Übrigens sagt die Kunstgeschichte, daß er gern sowol Correggio als auch Michel Angelo nachzuahmen suchte, und somit wäre Gregorio Pagani doch nicht von dem Vorwurfe frei, so, wie viele seiner spätern Zeitgenossen, als Nachahmer sich gezeigt zu haben.

Dennoch bleibt nach dem, was von seinen Kunstwerken bekannt geworden, ihm immer der Ruhm eines tüchtigen und verdienstvollen Künstlers. Treffliche Composition in schönem edlem Charakter, hohem, seelenvollem Ausdruck und Zartheit in der Erfassung, sowie eine gewisse Kraft und Wirkung, zeichnen seine Werke aus.

Es ist sehr zu bedauern, daß von seinen Werken im Verhältnisse zu andern Künstlern wenig übrig geblieben; ein großes Frescogemälde zu S. Maria Novela zu Florenz, sowie zu S. Maria Fiore eine Geburt Christi, leider aber sehr verdorben, zeigen, was er leistete. Eins der schönsten größern Ölgemälde von ihm, welches aber im J. 1771 durchs Feuer verloren gegangen, war der Tod der heil. Helena oder die Kreuzesfindung, bei dem Kloster alle Carmine. Eine Anschauung davon kann man sich der Composition nach wenigstens in dem von Cecchi gestochenen großen Blatte machen.

Noch ist eines andern Gemäldes von ihm von reicher, aber etwas gedrängter Composition zu gedenken, welches sich im Palast Quadagnani zu Florenz befand und Moses am Felsen unter den Israeliten darstellt. In Lastri Etruria pittrice ist davon eine Copie vorhanden. Des Künstlers eignes Bildniß, sehr geistreich von ihm selbst dargestellt, in der Hand die Skizze zu dem großen Bilde der Kreuzesfindung, ist in der Galerie Riccandi zu Florenz und eines seiner vorzüglichsten Werke. (*Frenzel.*)

PAGANI (Lattanzio, auch Lattanzio della Marca oder da Rimini genannt), war ein Sohn und Schüler des Vincenzo (er wird mit Unrecht ein Schüler des Giovanni Bellini [gest. 1516] genannt). Nach dem Tode des Pietro Perugini erhielt er einige wichtige Aufträge, die diesem Maler bis dahin anvertraut gewesen waren, in deren Ausführung er sich von Raffaellino del Colle, Gherardi, Doni, Paparelli unterstützen ließ. Er hat das Gemälde der heil. Jungfrau del Popolo angefangen und zwar den untern Theil vollendet, während der obere von Gherardi ist. Nach seiner Ernennung zu dem damals ganz geachteten Posten des Bargello von Perugia hat er, wie es scheint, die Malerei ganz aufgegeben. (*H.*)

PAGANI (Paolo) von Valsoldo, im mailändischen Gebiete, geboren im J. 1661, gest. 1716. Von diesem der spätern Zeit angehörigen Künstler ist nichts weiter bekannt, als daß er zu Venedig und in Teutschland studirt haben soll. Der Styl seiner Zeichnung dürfte etwas schwer zu nennen sein und in den äußern Formen etwas manirirt oder ausschweifend; das Colorit in dem Fleischtone ist warm und sehr verschmolzen, auch die Führung des Pinsels sehr weich und zart. In Mailand sind besonders viele Gemälde von ihm, auch in der dresdener Galerie befindet sich von ihm eine heil. Magdalene, neben welcher ein sitzender Engel. Dieses Bild wurde von Tardieu für das bekannte Galeriewerk gestochen.

Füßli irrt wol, wenn er sagt, daß sich von Gregorio Pagani in der dresdener Galerie ein Bild befände, und wahrscheinlich hat er jenes von Paolo Pagani gemeint. (*Frenzel.*)

---

*) Francesco Pagani, geb. zu Florenz etwa 1581, gest. zu Castelfiorentino 1561, war ein Schüler des Maturino, der ihn bei seiner Rückkehr nach Rom kennen lernte und von seinen Anlagen so eingenommen wurde, daß er seine Leitung übernahm. Pagani entschied sich gleichwol für die Manier des Caravagio (Michel Angelo); in seinem 21. Jahre kehrte er nach Florenz zurück und heirathete daselbst die Tochter des Crocini. Hier übertrug man ihm trotz seiner großen Jugend die Malerei von zwei Façaden des großen Palastes Giuliano de Ricasoli; unter den Fresken, mit denen er diesen Palast schmückte, zeichnete man besonders die Darstellung von Jupiter und Juno aus; diese beiden Figuren waren so gelungen, daß man sie für Erzeugnisse des Michel Angelo gehalten hätte. Es existiren von ihm zwei Ölgemälde, das eine in Frankreich, die einen sichern und kühnen Pinsel verrathen. Biogr. univ. (*H.*)

PAGANI *) (Vincenzo), ein Maler, geboren zu Monte Rubiano in der Mark Ancona gegen das Ende des 15. Jahrh. Man hält ihn nach dem Charakter und Styl seiner Werke für einen Schüler Rafael's; es sind nämlich von ihm mehre Gemälde übrig, als eine Darstellung der Himmelfahrt Mariä in der Collegiatkirche seiner Vaterstadt, und zwei bedeutende Gemälde, das eine in Fallerone, das andere in Sarneno. Nach der Ernennung seines Sohnes Lattanzio zum Bargello, d. h. Obersten der Häscher in Perugia, scheint er ihm dahin gefolgt zu sein und daselbst mehre Gemälde, unterzeichnet Pagani 1553, verfertigt zu haben. Er führte daselbst in der Kirche der Conventualen in der Kapelle der Sforza degli Oddi ein Gemälde aus, die Dreieinigkeit mit vier Heiligen. In seinen Arbeiten ward er von Pagarelli unterstützt. (*H.*)

PAGANIA. Nachdem die Überreste des römisch-griechischen Heidenthums glücklich genug überwunden waren, stand dem Christenthume ein beinahe noch gefährlicherer Kampf gegen germanische Superstition bei den seit der Völkerwanderung neu bekehrten Völkern bevor, und wiederum beginnen die Schritte der Concilien gegen die mancherlei Formen der **pagania.** Ein teutsches Concilium im J. 742 (*Baron.* ann. ad h. ann.), und noch vollständiger 743 zu Lesdain bei Cambray gehalten, eifert gegen dieselben sehr ausführlich. (*Rettberg.*)

Pagania ist also Bezeichnung für die aus dem besonders germanischen Heidenthume stammenden abergläubischen Gebräuche, oder vielmehr Misbräuche, dergleichen bei den neubekehrten Teutschen viele üblich waren und durch diese Concilien verpönt wurden; in dem durch einen paderborner Bischof Ferdinand aus der Vaticana bekannt gemachten **indiculus superstitionum ac paganiarum** werden an 30 solcher Misbräuche aufgeführt. (*H.*)

PAGANICA, PAJANICA, ein Städtchen in der neapolitanischen Intendanz Abruzzo ulteriore II., an einem Nebenflüßchen des noch jugendlichen Velino, zwischen hohen Gebirgen, unter welchen der Monte Calvo der bedeutendste ist, mit 2580 Einwohnern und einem guten Productenhandel. (*G. F. Schreiner.*)

Paganis (Hugo von), s. **Tempelherren.**

Pagapate *Sonner*, s. **Sonneratia** *L. fil.*

Pagaret, s. **Pacaret.**

PAGASA, als Singular nur bei einigen Lateinern, z. B. bei Pomponius Mela (II, 3, 6), Properz (I, 20, 17), Plinius (IV, 15, 8), **Pagasae** (*Παγασαί*) als Plural bei den Griechen constant, z. B. bei Herodot (VII, 193), Strabon (IX, 436) ɪc., alter Name eines Ortes, den Strabon zu Magnesia, Ptolemäus (III, 13) zu Phthiotis, Skylax (p. 25. *Huds.*) und Plinius zu Thessalien rechnen, was vielleicht für verschiedene Zeiten richtig ist; den Namen leiteten unter den Alten einige von Pagae, der dorischen Form für *πηγαί*, Quellen, ab, weil der Ort von Quellen umgeben sei, andere von *πήγνυμι*, weil hier das Schiff Argo gebaut ward, das daher **Pagasaea** oder **Pagaseia ratis, puppis** bei lateinischen Dichtern heißt; über diese Etymologie vergl. *Strabo* l. c. Schol. *Apoll. Rhod.* I, 238. Etym. M. s. v. *Eustath.* ad *Hom.* Il. II, 711. Daß die Argonauten hier zusammengekommen seien, wird von verschiedenen Dichtern gemeldet (vgl. *Orph.* Argon. 10). Jason heißt daher „der Pagasäische." Pagasä war nach Strabon das **navale** von Pherä, 90 Stadien von diesem entfernt, 20 von Jolkos. Nach Plinius wäre Pagasä später Demetrias umgenannt worden; das zeigt sich aus Strabon insoweit als unrichtig, als Demetrias vielmehr zwischen Pagasä und Nelia errichtet wurde, aber Demetrius Poliorketes hat in die von ihm errichtete und nach ihm benannte Stadt die Bewohner auch von Pagasä verpflanzt. Nach diesem Orte ist der in seiner Nähe befindliche pagasetische Busen, *Παγασητικὸς κόλπος.* (*Strabo* 330, 436, 438, *Skylax* p. 24), **Pagasaeus sinus** bei Pomponius Mela, **Pagasicus** bei Plinius (heute Golfo de Volo) benannt, und von ihm hat Apollon seinen Beinamen Pagasites (*Παγασίτης* bei Hesychius, *Ἀπόλλων ἐν Παγασαῖς παρὰ Ἀχαιοῖς καὶ παρὰ Θετταλοῖς*, während *Παγασαίου Ἀπόλλωνος ἱερόν* beim Schol. Apoll. erwähnt wird); das Heiligthum dieses Gottes scheint für die phthiotischen Achäer und Thessaler Gegenstand der Verehrung gewesen zu sein. (*H.*)

Pagate, s. **Tarock.**

PAGATOWR heißt nach K. Bauhin (Pin, p. 25) bei den Eingeborenen von Virginien der Mais (**Zea Mays**). (*A. Sprengel.*)

PAGE, Edelknabe, in dem Latein des Mittelalters **Pagius,** franz. **Page** (veraltert **Varlet, Damoiseau**), ital. **Pagio,** span. **Page** (veraltert **Donzelo,** d. h. **Domicellus**), poln. **Pazia.** Wie der Hof des persischen Großkönigs der Architypus aller Höfe geworden ist, so finden wir auch an ihm von den ältesten Zeiten her Pagen, eine Anzahl von Jünglingen aus den vornehmsten Familien des Reichs, die bestimmt, gewisse Dienste um die Person des Königs zu verrichten, die zugleich aber auch vorbereitet wurden, in der Vorschule ritterlicher Sitten, für einen Dienst von ernsterer Bedeutung. Aus Persien verbreitete jene freundliche, in ihren Endzwecken so verständige Sitte, sich nach Osten, Süden und Norden, einzig der Westen blieb ihr lange verschlossen. Homer's Helden scheinen von Pagen nichts gewußt zu haben, und in der spätern Constituirung von Griechenland konnte dergleichen noch weniger Eingang finden [1]); aber wenn auch Griechenland seine Barone behalten hätte, wie zu Homer's Zeiten, schwerlich dürfte es Ältern gegeben haben, die thöricht genug gewesen wären, ihre Kinder dem Moloch zu opfern. Auch die römischen Imperatoren [2]) bedurften der Pagen nicht, so wenig wie ihre Vorgänger, die Consuln, deren gehabt hatten; Monarchien, die aus radicalen Republiken hervorgehen, bedürfen nur Sklaven, Zucht-

*) Biogr. univ. T. XXXII.

1) Die **regia cohors** der Makedonier, l. 8. c. 6 bei Curtius, in der man ein Pagencorps zu finden glaubte, ist nach unsern und des Mittelalters Begriffen vielmehr einer Noble- oder Chevaliergarde zu vergleichen. 2) Über die **Paedagogia** der Römer als Quelle des modernen Pageninstituts vergl. diesen Band S. 144, 152. (*H.*)

meister und Scharfrichter; eine Hierarchie von Gewalten, die alle Classen der Gesellschaft, die Kinderwelt nicht ausgeschlossen, zu einem harmonischen, heitern Ganzen verbindet, muß ihnen stets fremd bleiben. Der einzige Nero könnte etwas wie freigeborene Pagen um sich gehabt haben, allein Sueton (c. 28) verkündigt genugsam, daß der Imperator nur eine Ausnahme von der Regel versuchte, und bestätigt vielmehr Gibbon's Bemerkung: „August und Trajan würden erröthet sein, den geringsten Römer zu denjenigen täglichen Verrichtungen zu gebrauchen, die in der Hofhaltung und dem Schlafzimmer eines eingeschränkten Monarchen so begierig von den Edelsten der britischen Lords gesucht werden." Die nordischen Völker hingegen, denen jede Furcht einer persönlichen Gefahr für ihre Kinder fremd war, hatten den patriarchalischen Gebrauch des Orients angenommen, und jeder Vater suchte, wie es noch heute bei den Tscherkessen üblich, seine Söhne, sobald sie das siebente Jahr erreicht hatten, einem Fremden zur Erziehung zu übergeben. Diese Erziehung, die auf sie verwendete Sorgfalt, mußten die Knaben durch häusliche, durch Stall- oder Jagddienste erwidern und verdienen. Als die Germanen ihre alte Grenze überschritten, theilten sie das Eigenthümliche in ihren Sitten und Einrichtungen den besiegten Völkern mit, und die Gewohnheit, die Knaben in fremden Dienst zu geben, verbreitete sich über ganz Europa. In den romanischen Ländern kam für dergleichen dienende Knaben die Benennung Pagen allmälig in Übung. Es ist viel von des Wortes Ursprung geschrieben worden. Man hat dasselbe aus dem persischen Bagoas, das doch vielmehr einen Verschnittenen zu bezeichnen scheint, aus dem griechischen παῖς, famulus, oder aus dem Paedagogianus, in der Bedeutung, wie dieselbe z. B. bei Ammianus Marcellinus (XXVI, 6) vorkommt, herleiten wollen. Uns will es bedünken, als müsse der Ausdruck des Mittelalters, Pagius, von Pagus herkommen, und demnach ungefähr gleicher Bedeutung sein mit dem Burschen, buersch, bäuerisch. Pages, oder im catalonischen Dialekt Pageses, hieß eine Art von leibeigenen Bauern, die vorzüglich häufig in der catalonischen Provinz Ampurdan; sie waren schwerer belastet als andere Leibeigene und dergestalt abhängig von ihren Herren, daß sie gleich den Sklaven des Alterthums, ohne Erlaubniß, die nur mit Geld zu erkaufen, so wenig über ihre Person, als über ihre Kinder und Güter verfügen durften. Der ihnen gegebene Beiname, de la Remensa, Wiederkauf oder Einlösung, deutet auf die Sitte, welche ihnen erlaubte, gegen baare Ablösung diese oder jene Handlung vornehmen zu dürfen. Allein nicht nur in Spanien scheint der ursprüngliche Begriff eines Pagius sogar bescheiden gewesen zu sein, auch Fauchet schreibt in seinen Origines des chevaliers, armoiries et heraux (liv. I. chap. 1) „Le mot de Page jusques au tems des rois Charles VI. et VII. sembloit estre seulement donné à de viles personnes, comme à garçons de pied. Car encore aujourd'hui les tuilliers appellent pages ces petits valets, qui sur de palettes portent seicher les tuilles vertes.“ Wie es zugegangen, daß eine ursprünglich so verächtliche Benennung auf Knaben von adeliger Herkunft, auf Edelknaben, übergetragen worden, vermögen wir nicht zu ermitteln, in den Urkunden des Mittelalters wird sie bald in der geringern, bald in der höhern Bedeutung gebraucht. In dem Stiftungsbriefe der Abtei Pipwell, in Lincolnshire vom Jahre 1141, heißt es: „Et habuit sub ipso forestarios tres pedites, cum pagiis eorum,“ in dem „Rotulus expensarum domus Domini Bromondi Comitis S. sub titulo Mariscalcia: „In foeno de instauro pro 13 equis emptis 10 den. item in avenis de eodem pro praebenda . . . . 1 quart. dimid. pret. 2 sol. et sic in vadiis garcionum cum tot pagettis 12 den.“ Wilhelm Guiart singt ad a. 1301:

> Mettent à mort és herberjages
> Chevaliers, Ecuyers et Pages.

Ebenso heißt es in Duguesclin's Chronik:

> Et en cele heure commença un estris
> Des Valets et des Pages, qui gardoient les romis,

und an einer andern Stelle:

> Son bacinet faisoit à son Page porter.

Eine Urkunde des Königs Philipp des Schönen, vom J. 1304, nennt den „Johannes dictus Saint Py, pagius coquinae Johannae consortis nostrae.“ Das Computum hospitii regis de ao. 1312 erwähnt des „Quiotus pagius palefr. domini K.“ und des „Johannetus de Caprasia pagius palefr. D. Philippi.“ In dem Testament des Königs Ludwig Huttin, vom J. 1316, heißt es: „Aux aideeurs, souffleurs, hasteurs, pages, enfans et les autres appartenans à nostre cusine.“ Knyghton berichtet ao. 1342: „Anglici non perdiderunt nisi duos sagittarios et unum pagettum,“ bei Matthäus Villani lesen wir (Lib. 11. c. 81): „Ciascun di loro haveva uno o due Pagetti.“ Eine Urkunde vom J. 1389 erzählt: „Vinrent à l'hostel de feu Robert deux larrons ou pillars et un page suivant les routes non communes . . . . les deux pillars et leur page furent tués par nuict en dormant.“ Aus Allem geht hervor, daß die Edelknaben an dem k. k. Hofe keineswegs Unrecht haben, wenn sie durchaus nicht Pagen heißen wollen. Doch genug von der Entstehung und Bedeutung des Wortes, wir wollen das Wesen des Pageninstituts, den Pagen in seiner höhern Bedeutung, abhandeln. Von den ältesten Zeiten her war, wie gesagt, eine Art von Pagendienst bei den germanischen Völkern eingeführt. Als das Ritterwesen sich zu einer geschlossenen, zunftartigen Form ausbildete, mußte das Schwankende, Zweifelhafte in der Stellung der Pagen aufhören, und nach der Natur des Verhältnisses der Rang ihnen werden, den in der Zunft die Lehrjungen einnehmen. Um die Ritterwürde, die Meisterschaft dereinst zu erlangen, mußte der junge Edelmann die Pagenlaufbahn antreten. Sobald er das siebente Jahr erreichte, wurde er der Aufsicht der Frauen entnommen; von dem an sollte er durch eine zweckmäßige, mannhafte Erziehung vorbereitet werden zu Schimpf und Ernst. Nicht leicht übernahm es der Vater, diese Erziehung selbst zu geben, Höfe und Burgen ohne Zahl konnten ihn der Mühe überheben, waren Schulen zu vergleichen, die stets geöffnet, um dem jungen Edelmanne den ersten Unterricht für seinen künftigen Beruf zu ertheilen. Denn keiner wurde abgewiesen, keiner fand sich aber auch beleidigt oder herabgewürdigt durch die Abhängigkeit, in die er zu irgend einem mehr oder minder vornehmen oder berühmten Ritter treten sollte. Dienst wurde gegen Dienst ausgetauscht, und man hatte keine Ahnung von jener falschen Delicatesse, die Aufmerksamkeiten, Dienstleistungen, dergleichen der Vater von dem Sohne zu fodern berechtigt ist, demjenigen hätte versagen sollen, der großmüthig genug, um des Vaters Pflichten zu übernehmen. An den Höfen, auch bei mächtigen Rittern, waren der Stellen mancherlei zu vergeben; der sie dereinst bekleiden sollte, mußte nothwendig die Lehrjahre durchgemacht haben. Der Knabe wurde demnach Page, oder, wie es in der Zunftsprache wol hieß, Simplex, ein Ausdruck, dem der in Teutschland, besonders in den niedern Sphären, dafür beliebte „Junge" vollkommen entspricht. Des Pagen Verrichtungen waren die eines gewöhnlichen Dieners; er begleitete seine Gebieter auf der Jagd oder der Reise, zu Besuchen oder Spazierritten, er verrichtete ihre Botschaften, bediente sie bei Tafel und übte namentlich an derselben das Mundschenkenamt. So erzählt z. B. die Lebensgeschichte des Ritters Bayard, er sei von seinen Ältern zuerst in den Dienst seines Oheims, des Bischofs von Grenoble, gegeben worden, und dieser habe ihn mit an den Hof von Savoyen genommen: „Durant icelui (diner) estoit son nepveu le bon Chevalier (Bayard), qui le servoit de boire très-bien en ordre, et très-mignonnement se contenoit. Der erste Unterricht, den der Page zu empfangen hatte, in dem eigentlichen Vaterlande der Ritterschaft, in Frankreich nämlich, denn in Teutschland war er beinahe ausschließlich auf Stall und Rennbahn, auf Waldwerk und Rüden angewiesen, der erste Unterricht handelte von der Liebe zu Gott und zu den Frauen, von Gottes- und von Frauendienst. Wenn der Chronik Johann's von Saintré Glauben zu schenken, so waren es gewöhnlich die Damen, welche sich damit befaßten, den Knaben den Katechismus beizubringen, und zugleich die Anfangsgründe der Kunst zu lieben. Der religiöse Unterricht, so unvollkommen er sein mochte, hinterließ unauslöschliche Eindrücke, der Frauendienst, wie er dem Schüler vorgetragen wurde, muß uns als ein phantastisches Gebäude von schwärmerischen Subtilitäten erscheinen. Wenn die Religion, um sie den Geistesfähigkeiten jener Kleinen anzupassen, möglichst materielle Formen annehmen mußte, so lag es von der andern Seite in der allgemeinen Richtung der Zeit, daß die Liebe nur in erhabenem, metaphysischem Gewande vorgetragen werden durfte; es war dieses das mächtigste Mittel, Unordnungen und Ausschweifungen zu verhüten. Damit der Schüler Gelegenheit finde, auch praktisch diesen Frauendienst zu erlernen, wurde ihm vergönnt, bei Zeiten sich aus den schönsten und tugendhaftesten des Hofes eine Dame zu erwählen, und ihr alle seine Gefühle, seine Gedanken, seine Handlungen zu widmen. Gleichwie die Glaubenslehren bei aller ihrer Unvollständigkeit in dem Herzen des Jünglings eine Verehrung für das Heilige zurückließen, die früh oder spät in ihm die Gluth wahrer Andacht entzündeten, so wurde durch den Liebesunterricht in dem Verkehr mit den Frauen jene Feinheit, jene aufmerksame Ehrerbietigkeit, eingeführt, welche bis auf den heutigen Tag nicht gänzlich in dem französischen Volke untergegangen ist. Die Lehren von Anstand, Sittsamkeit und Tugend, welche die jungen Leute gleichzeitig empfingen, wurden ohne Unterlaß gehoben durch das Beispiel der Ritter und Edelfrauen, deren Bedienung ihnen oblag, und die ihnen als Vorbilder äußerlicher Liebenswürdigkeit dienten, jener Liebenswürdigkeit, die für den Verkehr mit der Welt so nothwendig, und die nur im Verkehr mit der Welt zu erlangen. Von der andern Seite fanden die Herren nicht minder ihren Vortheil in der großmüthigen Sorgfalt für die Ausbildung fremder Jünglinge. Abgesehen von dem Dienste, den diese zu verrichten berufen, wurden sie den Kindern ihrer Herren nützlich durch den Wetteifer, zu dem sie einladen, durch die Lehre, die sie wiedergeben konnten. Verbindungen, durch das trauliche Zusammenleben geknüpft und durch das zwiefache Band der Wohlthat und der Dankbarkeit befestigt, mußten unauflösbar werden. Die Kinder erwuchsen in der Neigung, den Werth der von ihren Vätern erzeigten Wohlthaten durch neue Wohlthaten zu erhöhen, und diejenigen, welche dergleichen Wohlthaten genossen hatten, blieben stets bereit, sie durch Dienste von steigender Wichtigkeit zu vergelten, halfen ihrem Wohlthäter oder seinem Stellvertreter in allen Unternehmungen und glaubten sich niemals ihrer Verpflichtungen gegen ihn entledigt, selbst dann nicht, wenn sie ihr ganzes Leben seinem Dienste gewidmet hatten. Das Wichtigste jedoch, was der Schüler zu erlernen hatte, dasjenige, was man am sorgfältigsten bemüht, ihm beizubringen, war die Ehrfurcht für den erhabenen Stand der Ritterschaft, die geziemende Achtung für jene Tugenden, durch welche der Ritter zu der höchsten Stufe der Ehre hinaufgestiegen war. Ein Blick auf diese Ehre, auf diese Tugenden, mußte die Dienste, welche der Jüngling darzubringen verbunden, adeln, indem er den einzelnen Ritter bediente, konnte er wähnen, daß er die Ritterschaft in ihrer Gesammtheit bediene. Die sogenannten ritterlichen Übungen wurden nicht vergessen, und selbst der Knaben Spiele hatten die Entwickelungen ihrer Fähigkeiten zum Zwecke. Spielend lernten sie die Schleuder oder Armbrust gebrauchen, den Wurfspieß und das Schwert führen, ein Roß nicht nur tummeln, sondern auch in seinen Nöthen behandeln, den Angriff oder die Vertheidigung eines festen Punktes übernehmen; sie bereiteten sich allmälig vor in Turnieren zu glänzen und die ehrenvollen Übungen der Schildknappen und Ritter zu theilen. Mit jedem Tage fand der Wetteifer neue Nahrung, sei es durch das Streben, in den Dienst eines größern oder berühmtern Herrn überzugehen, sei es durch den Wunsch, in dem bisherigen Dienstkreise vorzurücken, Gesellenrang in der Sprache der Zünfte zu erlangen, d. i. zu der zweiten Stufe eines Schildknappen oder Wäppelings (écuyer, squire) aufzusteigen. Für diesen Fall hatte die Kirche eigene Ceremonien angeordnet, von denen Savaron (traité de l'épée-françoise p. 34, 35), dann Favin (théatre d'honneur p. 84) handeln. Der Jüngling, der seine Pagenjahre abgemacht hatte, „qui était sorti hors de page," wurde von Vater und Mutter, die zugleich brennende Kerzen in der Hand, zum Opfer gingen, an die Stufen des Altars geführt. Der messelesende Priester nahm das Wehrgehäng und Schwert, so auf dem Altar niedergelegt, sprach darüber verschiedene Gebete und heftete sie schließlich an des Jünglings Seite. Von dem an hatte dieser das Recht, Waffen zu tragen, er war wehrhaft gemacht, worauf wir besonders aufmerksam machen, indem man die vielfältig besprochene Feierlichkeit des Wehrhaftmachens nicht selten mit dem Ritterschlage verwechselt hat [3]. Das Pagenwesen erlitt den ersten Stoß durch die Revolutionen des 16. Jahrh., doch konnte noch Montagne (3. Bd. S. 175) schreiben: „C'est un bel usage de nostre nation, qu'aux bonnes maisons nos enfans soient reçeus pour y estre nourris et élevés pages comme en une eschole de noblesse et est discourtoisie, dit-on, et injure d'en refuser un gentilhomme." Mit der fortwährenden Vergrößerung und Ausbildung der stehenden Heere und der hierdurch erwachsenen Leichtigkeit, frühzeitig in Kriegsdienste zu treten, kam die Sitte Page zu werden, Pagen zu halten, mehr und mehr in Abgang, und von dem 30jährigen Kriege an finden sich Pagen nur mehr bei Fürsten und fürstenmäßigen Personen, bei Generalen von hohem Range und bei Gesandten. Als die Sitten der Engländer anfingen, den Continent zu beherrschen, als die alten Förmlichkeiten mehr und mehr zu Grabe gingen, da verschwand der geringe Rest von Pagen, der noch außerhalb der fürstlichen Höfe übrig, und jetzt zählt man der fürstlichen Höfe viele, von denen sie gänzlich abgeschafft sind. Insonderheit ist dieses der Fall an dem königl. preußischen Hofe; hier haben an feierlichen Tagen die adeligen Zöglinge der Cadettenschule Pagendienste zu verrichten. Diese Dienste, so verschieden sie auch nach den verschiedenen Hofordnungen sein mögen, haben sich seit dem Aufkommen der burgundischen Hofetikette gar sehr modificirt, daß sie heutzutage kaum mehr als Andeutungen von wirklichen Diensten gelten können. Bei der Tafel pflegt der Fürst und die fürstliche Gemahlin stets zwei Pagen hinter dem Stuhle zu haben, welchen es obliegt, die Teller zu wechseln und die Speisen zu reichen, aber nur den höchsten Personen selbst, oder den Gästen gleichen Ranges; bei feierlichen Aufzügen bilden sie Spalier um den Gallawagen, in Frankreich dürfen sie auch bei gewissen Gelegenheiten in dem königlichen Wagen, oder vielmehr in dem Wagenschlage und auf den Tritten Platz nehmen, während anderwärts zwei Pagen auf dem Bocke, hinter dem Kutscher zu stehen pflegen. Bei manchen Gelegenheiten tragen sie die Schleppe, was zwar an vielen Höfen den Kammerherren vorbehalten; endlich haben die sogenannten Kammer- oder Leibpagen, mehrentheils die ältesten an Jahren, den Fürsten bei allen Gelegenheiten zu begleiten, auch einen regelmäßigen Dienst im Vorzimmer, wogegen sie von der Aufwartung bei Tafel entbunden sind. Die Leibpagen pflegen, wenn ihre Dienstzeit abgelaufen, als wirkliche Kammerherren einzutreten. Selbst in seinen Trümmern — unser Volks-, Staats- und Familienleben bewegt sich nur mehr unter Trümmern — in seinen Trümmern ist das Pageninstitut für viele adelige Familien eine große Erleichterung. Die Kinder finden darin ein Unterkommen, als zu splendid nur für den Unbemittelten, und die sorgfältigste Erziehung; es gibt der Pagerien nur sehr wenige, die nicht an der allgemeinen Verbesserung des Unterrichts ihren reichlichen Antheil genommen hätten. Nach wie vor stehen sie unter der Leitung eines Pagenhofmeisters, der d'épée ist, allein die Zahl der Informatoren und Maitres hat in demselben Maße zugenommen, wie man in den Anfoderungen an dieselben strenger geworden ist, und manche Pagerie kann als das Muster einer trefflich bestellten und geleiteten Ritterschule gelten. Wir müssen das insbesondere rühmen von den königl. bairischen Pagen, die eine Ferienreise in unsere Nähe führte; wir waren überrascht von dem allgemeinen und gleichförmigen Fortschreiten der Schüler, welches doch das eigentliche Kriterion einer guten Schulanstalt ist. Es gibt auch Jagd- und Silberpagen; letztere sind der Silberkammer zugetheilt.

(*v. Stramberg.*)

PAGEAS, Flecken im franz. Departement der obern Vienne (Limousin), Canton Chalus, Bezirk St. Yrieix, sechs L. von dieser Stadt entfernt, und hat eine Succursalkirche und 1503 Einwohner. (Nach Barbichon.)

(*Fischer.*)

Pagellus, s. Sparus.

PAGELLUS (Paläozoologie). Agassiz hat eine fossile Art dieses Geschlechts (P. microdon) unter den tertiären Fischen des Monte Bolca erkannt*). (*H. G. Bronn.*)

PAGENDARM (Johann Gerhard), geb. den 2. December 1681 zu Lübeck, war der Sohn eines Schullehrers. Seine Familie stammte eigentlich aus dem Westfälischen. Die erste wissenschaftliche Bildung erhielt Pagendarm in dem Gymnasium seiner Vaterstadt. Koch, Vida, Göldel und Swenten waren dort seine vorzüglichsten Lehrer. Er übte sich fleißig im Disputiren und gab mehre öffentliche Proben seines Fleißes. Zu Wittenberg eröffnete er im Jahre 1701 seine akademische Laufbahn. Deutschmann, Löscher, Wernsdorf und Neumann waren seine Hauptführer im Gebiete des theologischen Wissens. In der Philosophie, Geschichte und in den ältern Sprachen unterwiesen ihn Schurzfleisch, Wichmannsheuser,

3) Die Grundidee hiervon hat sich an den teutschen Höfen lange genug erhalten. Der junge Edelmann, wenn er als Page vorgestellt wurde, erschien im Degen, mußte ihn aber unmittelbar nach der Vorstellung in die Hände des Oberstallmeisters, dessen Stabe die Pagen gewöhnlich zugetheilt waren, abgeben. Dieser Degen gehörte dem Pagenhofmeister, als ein Emolument, und der Page blieb fortan unbewehrt, nur daß es den einzigen Leibpagen vergönnet war, so oft sie dem Fürsten zur Jagd folgten, einen Hirschfänger umzugürten. Zu gewissen Zeiten hielt aber der Oberstallmeister Ausmusterung; alle diejenigen, deren Dienstzeit abgelaufen war, und die sich demnach anschickten, auf die Universität oder zur Armee abzugehen, berührte er mit einem sanften Backenstreich; „den nehmen sie von mir und keinen mehr." Von dem Augenblicke hörte der Berührte auf ein Page zu sein, dafür aber ist er berechtigt allerwärts im Degen zu erscheinen.

*) *Agassiz*, Recherches sur les poissons fossiles. IV, 49. Note.

Schröder, Berger ꝛc. Selbst einige juristische Collegien hörte Pagendarm, gespornt von dem Streben nach einer vielseitigen Bildung. Unter dem Vorsitze seines ältern Bruders, der sich damals in Wittenberg habilitirt hatte, disputirte er einige Male. Die Magisterwürde erlangte er (1703) durch die Vertheidigung seiner Dissertation: **De existentia spectrorum**, und durch ein anderes Thema, über das er zweimal disputirte [1]), ward ihm die Freiheit, öffentliche Vorlesungen zu halten. Ihren Inhalt bildeten Gegenstände der Dogmatik und Philologie. Unterdessen war sein Vater (1706) gestorben, und die Unterstützung, die er bisher aus dem älterlichen Hause erhalten, hörte auf. Er entschloß sich daher, die um diese Zeit ihm angetragene Stelle eines Pagenhofmeisters in Dresden anzunehmen. Er ward Erzieher des minderjährigen Herzogs Moritz Wilhelm von Merseburg und folgte jenem Fürsten nach Nürnberg, wohin sich derselbe bei dem damaligen Einfalle der schwedischen Truppen in Sachsen begeben hatte. Dem Beifalle, den seine Predigten fanden, hatte er die Ernennung zum Sonn- und Festtagsprediger an der Margarethenkirche zu danken. Aus diesen in mehrfacher Hinsicht seiner Neigung entsprechenden Verhältnissen schied er im J. 1718. Er ward um diese Zeit Stadt- und Hofkaplan zu Wilhermsdorf im Hohenlohischen. Der Zustand der Rohheit und Verwilderung, in welchem er seine dortige Gemeinde fand, ergriff ihn und gab die Veranlassung zu seiner asketischen Schrift: Entwurf der nothwendigsten Stücke und Eigenschaften, die zu einem wahren Christen gehören [2]). Mit der Predigerstelle, die er zu Wilhermsdorf bekleidete, war auch das Vicariat zu Neidhards-Wind, Kurzen-Aurach und Schaumburg verbunden.

Im J. 1714 ward Pagendarm Consistorialrath und Mitinspector der wilhermsdorf'schen Stadt- und Landschulen. In dieser Qualität wohnte er, nebst einigen Geistlichen aus der Grafschaft Hohenlohe, einer Synode zu Pfedelbach bei. Im J. 1719 ward er Pastor zu Paschkerwitz im schlesischen Fürstenthume Öls. In mancherlei Irrungen verwickelte ihn dort der von dem Consistorium ihm gewordene Auftrag: dem unter dem Namen כרוח bekannten Gebetbuche der Juden eine genaue Durchsicht zu widmen und in demselben zu streichen, was der protestantischen oder römisch-katholischen Kirche anstößig sein könnte. Nachdem er im J. 1730 um seine Entlassung gebeten, wandte er sich nach Jena, mit dem Entschlusse, sich vorzugsweise mathematischen Studien zu widmen. Behilflich sollten sie ihm sein zu einer Anstellung, die er in England durch seinen dort lebenden Oheim, den Freiherrn von Hopmann, zu finden hoffte. Auf Zureden seiner Gattin gab er jedoch diesen Plan wieder auf und blieb in Jena, wo er sich habilitirte [3]). Er hielt seitdem öffentliche Vorlesungen, theologischen, historischen und geographischen Inhalts. Im J. 1744 nahm er das Rectorat an der Stadtschule zu Jena an und ward im nächsten Jahre Adjunct der philosophischen Facultät [4]). Sein Tod erfolgte den 23. Mai 1754. Er hinterließ, außer einigen Beiträgen zu Journalen, besonders mehre Dissertationen, die für die Gründlichkeit seiner theologischen und philologischen Kenntnisse sprechen. Neben seiner Abhandlung: **De hebdomatibus Danielis** verdient besonders noch die Dissertation: **De lingua Romanorum rustica** [5]) mit Auszeichnung genannt zu werden [6]). (*Heinrich Döring.*)

PAGENSTECHER, ein angesehenes Patriziergeschlecht in Westfalen, aus dem Einige sich den Adelstand erworben haben, hat seinen Ursprung in der Stadt Warendorf genommen. Mit Joachim Pagenstecher, der um das J. 1360 Bürgermeister in Warendorf war, und zwei Söhne, Johann und Gerhard, hinterließ, läuft die Stammreihe in ununterbrochener Reihe, bis zu jetziger Zeit fort, und nennt eine bedeutende Anzahl von Gelehrten und Staatsmännern, von denen einige hier erwähnt werden.

Johann P., geb. zu Warendorf im J. 1576. Der Sohn von Werner, Bürgermeister zu Warendorf, eine Stelle, die der Großvater, wie mehre seiner Vorfahren, schon bekleidet hatte, studirte auf verschiedenen Universitäten und wurde zu Marburg im J. 1601 **Doctor juris**, darauf als **Professor juris** und Hofgerichtsassessor nach Steinfurt berufen, 1610 als Rath nach Bentheim, wo er zuletzt Kanzler, Hofrichter und Präsident des Kirchenraths war. Wegen seiner vielseitigen Kenntnisse wurde er auch von vielen andern Fürsten in Geschäften zu Rathe gezogen, auch zum Schiedsrichter zwischen den Staaten von Gelderland und dem Herzogthume Cleve erwählt. Er starb am 27. Dec. 1650 an der übeln Behandlung der Schweden, die 1648 in sein Haus bei Nacht einfielen, ihn im 73. Jahre aus dem Bette rissen und fast unbekleidet als Geisel mit fortschleppten. Man hat von ihm mehre juristische Dissertationen. Er hinterließ acht Kinder, von denen vier Söhne: 1) Werner, 2) Andreas Christian, 3) Arnold Gisbert und 4) Wilhelm, sich besonders ausgezeichnet haben.

1) Werner (geb. 1609), studirte zu Leyden, Gröningen ꝛc., bereiste darauf Frankreich und England und erhielt in Orleans den Grad eines **Doctor juris** (1634). Bei seiner Zurückkunft wurde er als Richter zu Schüttdorf und Bentheim angestellt; im J. 1641 trat er in die Dienste des Grafen zu Limburg, als Drost und Freigraf in der westfälischen Reichsherrschaft Gehmen. Als die Landgräfin Amalia Elisabeth, Regentin von Hessen, im J. 1645 das münstersche Amt Bocholt besetzte, berief sie denselben zu ihrem Oberamtmanne und gebrauchte ihn zu manchen Specialcommissionen. Da im J. 1650 Hessen

1) Diss. prior de Minerva victrice. (Viteb. 1703. 4.) Diss. posterior de Minerva victrice. (Ibid. 1704. 4.) 2) Wilhermsdorf 1718. 3) Nach öffentlicher Vertheidigung seiner Dissertation: De codice Judaeorum Oelsnensi ebraeo, ex parte adhuc superstite. (Jenae 1730. 4.) 4) Nach Vertheidigung seiner Abhandlung: De hebdomatibus Danielis. (Ibid. 1745. 4.) 5) Ibid. 1735. 4. 6) Vergl. *Molleri* Cimbria literata. Vol. I. p. 474. Mylius in dem 1743 und 1744 blühenden Jena auf die Jahre 1745—1749. S. 152 fg. Jöcher's Gelehrtenlexikon. 3. Th. S. 1179. Will und Nopitsch, Nürnbergisches Gelehrtenlexikon. 3. Bd. S. 109 fg. 7. Bd. S. 91 fg. H. Döring, Die gelehrten Theologen Teutschlands. 3. Bd. S. 196 fg. Meusel's Lexikon der vom J. 1750—1800 verstorbenen teutschen Schriftsteller. 10. Bd. S. 264 fg.

das Amt wieder abtrat, verließ er diesen Dienst, trat eine Professorstelle zu Steinfurt an, worin er bis zu seinem im J. 1668 erfolgten Tode blieb, ob man ihm gleich unter vortheilhaften Bedingungen Stellen zu Heidelberg, Frankfurt an der Oder und Rinteln anbot. Sein einziger Sohn, Johann Winand, starb im J. 1688 als bentheim-steinfurtischer Geheimerrath und Hofrichter ohne Erben. Er vermachte sein Haus, Garten und ansehnliche Bibliothek dem Arnoldinum daselbst unter folgender Bedingung, daß dieses Vermächtniß so lange der älteste Professor der Theologie genießen sollte, als die reformirte Religion unverfälscht daselbst gelehrt würde, im entgegengesetzten Falle sollte es der Universität Marburg, wenn aber auch diese von einer unechten Religion angesteckt würde, dann der in Leyden zufallen. Der Professor, der dieses bezog, hatte auch die Verpflichtung, alle Jahre zum Andenken des Testators einen kleinen Tractat in Druck zu geben und davon alle zehn Jahre einen Fascicul zu machen.

2) Andreas Christian, geb. 1612 zu Neuhauß, dem damaligen Residenzschlosse der Grafen von Bentheim. Nachdem er auf mehren ausländischen Universitäten der Rechtswissenschaft obgelegen, berief ihn der Landgraf Wilhelm V. von Hessen, gleich nach seiner Zurückkunft im 21. Jahre, als Secretair an die Kriegskanzlei zu Cassel, wo er bald darauf Generalauditeur, mit dem Charakter eines Geheimenkriegsraths wurde. Er versah auch die Stelle eines Kriegscommissairs, machte mit der hessischen Armee mehre Feldzüge mit und wohnte mehren Schlachten mit bei. Nach erfolgtem Friedensschlusse ernannte ihn die Landgräfin Amalia Elisabeth zu ihrem Oberamtmanne zu Hersfeld, aber nach ihrem Tode berief ihn Landgraf Wilhelm VI. wieder nach Cassel in seine vorige Stellung, wo er nach dessen schnellem Tode zum Vormundschaftsrathe ernannt wurde. Er starb am 19. Dec. 1677.

3) Arnold Gisbert, geb. 1615, hatte schon im 18. Jahre seine juristischen Studien zu Steinfurt, Leyden, Gröningen und Utrecht vollendet, worauf er auf Reisen ging, wo er sich einige Zeit zu Paris bei der holländischen Gesandtschaft als gentilhomme domestique aufhielt. Hier nahm er die Doctorwürde an und trat bei seiner Nachhausekunft als Rath und Hofrichter in bentheimische Dienste. Nach dem Tode seines Vaters (1651) wurde er zum Kanzler und Geheimenrath ernannt, legte aber im J. 1668 diese Stelle nieder, als sein Herr, der Graf Ernst Wilhelm, zur römisch-katholischen Kirche überging. Er nahm darauf die Stelle eines kurbrandenburgischen Ministerresidenten am pfalzneuburgischen Hofe zu Düsseldorf an, wobei er auch Curator der Universität zu Duisburg war. Er starb am 28. Jun. 1666 und hinterließ von seinen beiden Frauen, Anna Elisabetha von Wölkershausen und Dorothea von Rotenberg mehre Söhne, als a) Ernest Philipp, b) Alexander Arnold und c) Werner Justin (von denen weiter unten).

4) Wilhelm, geb. 1620, hatte nach geendigten Studien und Reisen die juristische Doctorwürde angenommen, worauf er als Rath des Grafen Ernst Wilhelm nach Bentheim berufen und in Reichstagsgeschäften nach Regensburg gebracht wurde, wo er im J. 1654 im Namen von Bentheim, als auch von Steinfurt, den Reichsabschied mit unterschrieb.

a) Ernst Philipp, der Sohn von Arnold Gisbert, beschäftigte sich einige Zeit nach beendigten Universitätsjahren in Grevenhaag mit juristischen Arbeiten, wo er im J. 1685 vom Kurfürsten von der Pfalz zum Hofgerichtsrath und Oberamtmann nach Heidelberg berufen wurde und daselbst 1690 starb.

b) Alexander Arnold, dessen Bruder, geboren 1659, studirte zu Cöln, Helmstedt, Jena, Gröningen und Leyden, nahm zu Utrecht im J. 1680 die juristische Doctorwürde an und wurde Regierungsadvocat in Cleve, 1682 Professor der Beredsamkeit zu Steinfurt, 1687 Professor der Philosophie und der Rechte zu Duisburg und 1694 zuletzt Professor der Rechte zu Gröningen, wo er am 27. Oct. 1716 starb. Er hatte eine große Anzahl juristischer Dissertationen im Drucke herausgegeben und hinterließ vier Söhne, als I. Johann Friedrich Wilhelm, II. Heinrich Theodor, III. Ernst Alexander und IV. Bernhard Eberwein. (S. w. u.)

c) Werner Justin, der dritte Bruder aus zweiter Ehe von Arnold Gisbert, war auf dem Gymnasium zu Düsseldorf erzogen, studirte zu Duisburg, Königsberg und Frankfurt an der Oder, worauf er eine Reise durch Teutschland, die vereinigten Niederlande und Frankreich unternahm. Zu Duisburg erhielt er die juristische Doctorwürde und wurde Professor der Rechte zu Steinfurt. Als er später den Ruf nach andern Universitäten erhielt, ernannte ihn der regierende Graf zu seinem Geheimenrathe, Hofrichter und Lehnpropst. Wegen seiner ausgebreiteten Kenntnisse wurde er auch in auswärtigen Geschäften gebraucht, an die königl. großbritannischen und preußischen Höfe, nach Braunschweig, Celle und endlich nach der Reichsversammlung nach Cöln geschickt (1702). Im J. 1703 folgte er dem Rufe des Landgrafen Karl's von Hessen nach Marburg als Regierungsrath, woselbst er 1727 zum Vicekanzler ernannt wurde. Endlich resignirte er seine Stelle im J. 1736 und starb 1742. Auch er hinterließ wie sein Vater mehre juristische Dissertationen. Von seinen 11 Kindern war Hermann Heinrich Moritz (geb. 1722, † 1756) fürstl. nassau-oranischer Geheimer-Justizrath und Consistorialdirector zu Dillenburg.

I. Johann Friedrich Wilhelm (geb. 1686, † 1758), studirte zu Gröningen zuerst Theologie, darauf aber Jurisprudenz, wo er im J. 1705 zum Doctor der Rechte promovirt wurde. Er nahm im J. 1707 den Ruf eines außerordentlichen Professors der Rechte zu Marburg an, ging aber im folgenden Jahre als geheimer Regierungssecretair nach Steinfurt, wo er 1720 zum Regierungsrath ernannt wurde. Diese Stelle vertauschte er aber schon im J. 1721 mit der eines Professors der Rechte in Harderwyk. Seine Dissertationen und Schriften finden sich bei Meusel aufgezeichnet.

II. Heinrich Theodor (geb. 1696, † 1752), Professor der Beredsamkeit und der Geschichte zu Lingen, darauf Professor der Rechte zu Duisburg (1728). Von der Tochter des königl. preußischen Ministerresidenten zu Amsterdam von Scherpenzeel, Johanna Theodora, hatte er zwei Söhne, a) Johann Alexander Winand und b) Andreas Wilhelm.

a) **Johann Alexander Winand**, Professor der Rechte zu Harderwyk, Verfasser von vielen Dissertationen, ist durch seine Frau, Juliana Maria von Groin aus Cleve, der Stifter der Linie in Holland, die durch dessen Nachkommen daselbst in Staatsdiensten noch blüht.

b) **Andreas Wilhelm**, war im J. 1748 Professor und Doctor der Rechte zu Marburg und starb 1752 als Regierungs- und Consistorialrath zu Wittgenstein.

III. **Ernst Alexander** (geb. 1697, † 1755), promovirte schon in seinem 18. Jahre als Doctor der Rechte zu Gröningen, wurde im J. 1733 fürstlich nassau-oranischer Rath und Professor der Rechte zu Herborn und Verfasser einer Menge von Dissertationen verschiedenen Inhalts. Er hinterließ vier Söhne und mehre Töchter, als 1) Philipp Gerhard, 2) Johann Hermann, 3) Justus Emil und 4) Ernest Cornelius.

1) **Philipp Gerhard** (geb. 1727, † 1788), studirte zu Herborn und Marburg die Rechte, war fürstl. nassau-oranischer Rath und Oberschultheiß zu Dietz.

2) **Johann Hermann** (geb. 1729, † 1780), Pfarrer zu Oberneißen im Nassauischen. Dessen zwei Söhne, Gerhard Ernst und Hermann Moritz, nachdem sie, durch die Revolution, die königl. französischen Dienste als Lieutenants im Regiment Royal-nassau verlassen, gingen sie darauf im J. 1792 in holländische Dienste nach Indien.

3) **Justus Emil** (geb. 1731, † 1785). Nachdem er die Arzneiwissenschaft studirt hatte, ging er als Cadet in königl. französische Dienste bei dem Regimente Royal-nassau (1750), wo er den ganzen siebenjährigen Krieg mitmachte und bis zum Marechal de Camp und Commandanten des Regiments Elsaß sich emporschwang. Er schrieb eine Abhandlung über das Exerciren und über die militairische Ökonomie, welche von dem Kriegsminister so gut befunden, daß sie gedruckt und unter die Regimenter vertheilt wurde (1765). Ludwig XV. verwilligte ihm eine jährliche Gratification von 600 Liv. Im J. 1771 erhielt er den Orden pour le mérite militaire, den man den protestantischen Officieren anstatt des Ludwigsordens gab. Unter dem Kriegsministerium des Grafen von St. Germain wurde er nach Paris berufen, wo er einige Zeit in dessen Büreau arbeitete, wofür er vom Könige eine besondere Gratification von 4000 Fr. bekam (1776). Obgleich verheirathet, hinterließ er keine Nachkommenschaft.

(*Albert, Freih. v. Boyneburg-Lengsfeld.*)

PAGES. 1) Fluß in Neuholland, in dessen Nähe man einen Vulkan entdeckt hat; 2) die kleine, aus drei nahe unter einander liegenden Eilanden, welche auch Bourdeteilande genannt werden, bestehende Inselgruppe. Sie findet sich unter 156° 0′ 45″ L. und 35° 46′ 30″ südl. Br., der zu dem neuholländischen Flinderslande gehörigen Halbinsel York gegenüber in dem östlichsten Theile der Investigatorstraße, welche Colbertstraße genannt wird, und ist noch wenig bekannt. (*Fischer.*)

PAGÈS (**Pierre Marie François, Vicomte de**), geboren im J. 1748 zu Toulouse, trat 19 Jahre alt in die französische Marine ein. Bald nachher faßte er den Entschluß, wo möglich die Nordwest-Passage zu entdecken. „Meine Absicht war," sagt er selbst in der Beschreibung seiner Reisen, „den nördlichen Seeweg zu suchen, indem ich die nördlichen Küsten (Asiens) durchwanderte. Die Mittel, die ich anzuwenden beabsichtigte, schienen mir sehr einfach. Ich wollte mich mit der Lebensart und den Sitten der nördlichen Völkerschaften vertraut machen, ihnen auf ihren Wanderungen folgen und mich so von Ort zu Ort längs der Meeresküste vorwärts begeben. Es konnte nicht fehlen, daß ich auf diese Weise entweder den Seeweg im Norden Sibiriens finden, oder mich von der Unmöglichkeit desselben überzeugen mußte, wenn der Zusammenhang der Küste mich nach Nordamerika geführt hätte." Allein dieser Plan kam nie zur Ausführung. Nachdem der Dienst ihn von Rochefort nach St. Domingo geführt hatte, traf Pagès die Anstalten zu seiner großen Reise und ging am 30. Jun. 1767 von Cap François nach Louisiana ab. Am 28. Jul. langte er in Neuorleans an, folgte dem Mississippi und Red River stromaufwärts bis Natchitoches, durchschnitt die damals noch fast ganz wüste Provinz Texas und kam am 28. Febr. 1768 in Mexiko an. Nach einem kurzen Aufenthalte in dieser Hauptstadt begab er sich nach Acapulco und schiffte sich daselbst am 2. April ein. In Manilla, der Hauptstadt der philippinischen Inseln, wegen widriger Winde erst am 15. Oct. angelangt, fand Pagès hier nicht die gehoffte Unterstützung, um durch China reisen zu können; er entschloß sich daher, seinen Plan, nach dem nördlichen Asien zu wandern, für jetzt aufzugeben und die Reise um die Welt so zu beendigen, daß er den Rückweg über Ostindien machte. Er besuchte nun nach einander Batavia, Bombay, Mascat, Bassora, Damaskus und den Libanon, und kam am 5. Dec. 1771 zu Marseille an, so verändert durch die Mühseligkeiten und Beschwerden der langen Reise, daß seine Verwandten und Freunde ihn kaum wiedererkannten. Er trat von Neuem in seine Stelle bei der Marine ein, wurde im J. 1773 mit zu der Expedition nach den Australgegenden, welche Kerguelen befehligte, bestimmt und kehrte auch von dieser gefahrvollen Reise wohlbehalten zurück. Mit Erlaubniß seiner Vorgesetzten machte er im Sommer 1776 auf einem holländischen Wallfischfänger eine Fahrt nach dem nördlichen Polarmeere mit; vorzüglich um das Klima hoher nördlicher Breiten mit dem der Südpolargegenden, welches ihm bei Kerguelen's Expedition um vieles kälter erschienen war, zu vergleichen. Inzwischen war Pagès zum Schiffscapitain, zum Ludwigsritter und zum Correspondenten der königl. Akademie der Wissenschaften ernannt worden. Während des nordamerikanischen Freiheitskrieges befehligte Pagès ein französisches Schiff, zog sich nach dem Friedensschlusse (1783) auf seine Besitzung, eine Pflanzung in St. Domingo zurück und wurde hier bei dem Sklavenaufstande im J. 1793, wie so viele seiner Landsleute, ermordet. Pagès' Reisebeschreibung (**Voyages autour du monde et vers les deux pôles, par terre et par mer, pendant les années** 1767—1776. [**Paris** 1782.] 2 Vol. mit Kupfern und Karten) gibt, nach Eyriès' Urtheile (**Biogr. univers. Tom.** XXXII. p. 364, Art.

welchem diese Angaben entlehnt sind), ein
m Muthe, der Geduld und Thätigkeit so-
r Wahrheitsliebe, Offenheit und Anspruchs-
rfassers. Er erzählt nur das, was er selbst
Alexander von Humboldt, welcher 30
en Theil von Mexiko bereiste, den auch
und beschrieben hatte, erklärt, daß er Pa-
ahr und genau gefunden habe, daß man
ie Rechtschreibung der spanischen und me-
nen in der Pages'schen Reisebeschreibung
erlassen dürfe. (*A. Sprengel.*)
. Diese von Rafinesque aufgestellte Pflan-
der zweiten Ordnung der 14. Linné'schen
der Gruppe der Antirrhineen, der natür-
r Skrofularinen (Personaten), ist von Ge-
r kaum verschieden. Char. Der Kelch
ilig; die Corolle mit oberhalb bauchiger
gebreitetem zweilippigem Saume, die Ober-
ückgebogen, dreilappig, Griffel und Narbe
apsel zweifächerig, zweiklappig, vielsamig.
, P. leucantha *Rafin.* (Florul. ludov.
n Louisiana als ein Kraut mit schwachen,
tigen, kaum fußlangen Stengeln, gegenü-
langen, gesägten, an der Basis mit zwei
ttchen versehenen Blättern, traubenförmi-
en Blüthen und weißen Corollen.
(*A. Sprengel.*)
dies englische Geschlecht betrachtet einen
h's VIII. als seinen eigentlichen Stamm-
nes Sergeant of the Uace (Uassier oder
elangte Wilhelm Paget lediglich durch sein
Gunst Heinrich's VIII. Er wurde Clerc
Clerc vom geheimen Rath und von dem
, und nicht lange darnach, und zwar für
r, Clerc des Parlaments. Eine Sendung
wurde ihm mit der Ritterwürde und dem
aatssecretairs belohnt; vorher hatte er be-
Sendungen in Teutschland verrichtet, auch
t dem vornehmsten der schottischen Mis-
dem Grafen von Lennox, abgeschlossen.
war er einer der Unterhändler des am 7.
ampe, dem Blachfelde zwischen Ardres
nterzeichneten Friedens, und in Heinrich's
t war er unter den glücklichen Sechs-
welche als Executoren bis zu der Größ-
d's VI. den geheimen Rath bilden, und
er Krone ausüben sollten. Das Testa-
aber auch eine Clausel, welche den Exe-
pflichtung auferlegte, alle Schenkungen zu
alle Verheißungen zu erfüllen, die Hein-
seinem Tode gemacht hatte. Worin diese
nd Verheißungen bestanden, mußten — so
Paget, Herbert und Denny wissen, welche
des verstorbenen Monarchen in hohem Grade
und in der letzten Zeit beständig um ihn
Alle drei wurden demnach durch ihre Col-
n, und auf ihre Aussage hin jene unmäßigen
n und Standeserhöhungen angeordnet, in

welchen sich der Geist der neuen Regierung so prophetisch verkündige. Auch Paget erhielt seinen Antheil in Ländereien, die von aufgehobenen Klöstern oder noch bestehenden Bisthümern herrührten, und mag ihm dergleichen schon im Voraus von dem Protector zugesichert worden sein; wenigstens schrieb er demselben am 7. Juli 1549: „Erinnert Euch, was Ihr mir in der Galerie zu Westminster verspracht, ehe der Athem aus dem Leibe des Königs gewichen war, der nunmehr todt ist; erinnert Euch, was Ihr mir unmittelbar nachher verspracht, als Ihr Euch mit mir wegen der Stelle beriethet, die ihr nunmehr einnehmt *)." Diese Ausdrücke scheinen einige Unzufriedenheit mit dem Protector anzudeuten, gewiß ist jedoch, daß Somerset an Paget den treuesten Anhänger hatte. Als der Protector in Schottland beschäftigt, keine Ahnung hatte von seines Bruders, des Admirals Seymour, feindlicher Stimmung, entdeckte Paget zuerst, daß Seymour für eigene Rechnung mit verschiedenen Mitgliedern des Cabinets intriguirte, daß er die Dienerschaft des Königs durch Geschenke zu verführen suchte, und sich sogar bemühete, durch unzeitige Nachsicht und Liebkosungen das Herz des jungen Monarchen zu gewinnen. Paget stellte ihm die Gefahren, welchen er sich aussetzte, vor, bat ihn, die Menge der Feinde zu beachten, welche der Brüder plötzliche Erhebung ihnen erweckt habe, und weissagte, daß die geringste Mishelligkeit zwischen ihm und dem Protector begierig aufgefaßt werden würde, um Beide zu stürzen. Als er seine Vorstellungen unwirksam fand, berichtete er an Somerset, und der Protector wurde einzig durch seine Mittheilung bewogen, daß er das Unternehmen auf Schottland der Vertheidigung seiner persönlichen Stellung gegen einheimische Feinde aufopferte. Der warnende Freund wurde mit den Würden eines Kanzlers von Lancaster und geheimen Siegelbewahrers, und mit dem Hosenbandorden belohnt. Im J. 1549 schickte der Protector, sich den Krieg mit Frankreich durch eine Allianz zu erleichtern, den Staatssecretair nach Brüssel, wo der Kaiser sich damals aufhielt: man glaubt, er sei hierzu vornehmlich durch Warwick veranlaßt worden, der den vornehmsten Rathgeber des Protectors mit der Schmach einer erfolglosen Unterhandlung zu beladen wünschte. Denn der Kaiser war jetzt zu der Einsicht gelangt, daß ihm seine Stellung gebiete, sich als Beschützer der katholischen Kirche geltend zu machen, und so geneigt er sein mochte, durch ein Bündniß mit England sich gegen Frankreich, seinen Hauptfeind, zu verstärken, fand er es doch unschicklich, mit einer Regierung zu verkehren, die aller Verbindung mit dem heil. Stuhle entsagt hatte. Paget kehrte unverrichteter Dinge zurück, um ein Zeuge zu werden der Krise, welche den Protector nach dem Tower schickte, und die höchste Gewalt in Warwick's Hände gab (6. Oct. 1549). Die Rathschläge Paget's hatten insofern Antheil an diesem Ausgange, als er, stets eine Aussöhnung hoffend, den Herzog von Somerset von gewaltsamen Maßregeln ab-

*) Es ist bemerkenswerth, daß Paget unter der Regierung der Königin Maria bekannte, die Unterschrift von Heinrich's VIII. Testament sei falsch.

wohnte. Darum leuchtete ihm auch unter der neuen Regierung ein Schimmer von Gunst. Er wurde am 3. Dec. 1549 zum Baron Paget von Beaudesert creirt. Beaudesert, Burg und stattliches Gut in Staffordshire unweit Lichfield, hatte der neue Lord schon früher aus der Beute des Bisthums Lichfield davon getragen. Er war auch einer der vier Abgesandten, welche den Frieden mit Frankreich unterhandelten, und am 24. März 1550 zwischen Boulogne und dem Fort d'Outreeau unterzeichneten. Warwick oder jetzt Northumberland aber war nicht gesonnen, sich mit dem Sturze seines Nebenbuhlers zu begnügen; nach einer zweifelhaften Aussöhnung wurde Somerset vor Gericht gestellt und enthauptet. Paget sollte wie die Ankläger erzählten, als Theilnehmer von Somerset's Verschwörung, die Lords Northumberland, Pembroke und Northampton in seinem Hause am Strande bewirthen, und sie während der Mahlzeit ermorden, oder doch wenigstens Gelegenheit geben, daß Somerset sie unterwegs überfalle; darum wurde auch er in seines Gönners Schicksal verflochten. Er wurde verhaftet, zwar nicht vor Gericht gestellt, aber doch dahin gebracht, daß er nach einem Verhöre vor der Sternkammer sich der Veruntreuung von Staatsgeldern und der unbefugten Veräußerung von Staatsgütern schuldig bekannte. In Folge dessen mußte er sein Amt als Kanzler des Herzogthums aufgeben, auch eine Buße von 4000 Pf. St., ursprünglich zu 6000 Pf. bestimmt, bezahlen. Um ihn noch mehr zu kränken, wurde ihm der Hosenbandorden entzogen, als wenn er dessen seiner niedrigen Geburt wegen nicht würdig sei. Dafür nahm Paget als Northumberland den Versuch machte, die Krone seiner Schwiegertochter zuzuwenden, lebhafte Partei für die rechtmäßige Königin; er und der Graf von Arundel waren auch die ersten, welche die Kunde von den Ereignissen in London, von der Auflehnung gegen Northumberlands Gewalt, von der Proclamirung der Königin Maria, nach Framlingham brachten. Paget, der gewandte Geschäftsmann, wurde von der Königin in alle seine Ämter wieder eingesetzt, nochmals mit dem Ritterorden bekleidet, und erhielt einen Einfluß, der beinahe jenem Gardiners zu vergleichen. In der wichtigen Frage über die Vermählung war er gegen Gardiner und für die spanische Werbung, weshalb er auch in Courtenay's Verschwörung den Dolchen der Mörder verfallen sollte. Im November 1544 ging er mit einem zahlreichen Gefolge von Edelleuten nach Brüssel, um den Cardinal Pole nach England zu führen. Leibesschwachheit und Alter scheinen ihn veranlaßt zu haben, sich vor der Königin Maria Ende von den Geschäften zurückzuziehen, und er mag zum Theil diesem Umstande die Gunst der Königin Elisabeth zu verdanken gehabt haben. Sie blieb ihm auch, obgleich er der katholischen Religion eifrig zugethan, bis an sein Ende im J. 1564, und die Königin ließ sogar die Leiche nach London bringen und daselbst auf ihre Kosten feierlich zur Erde bestatten. Wilhelm hinterließ drei Söhne, Heinrich, Thomas und Karl. Heinrich, zweiter Lord Paget, starb kinderlos im J. 1568. Karl war zugleich mit Morgan Administrator von der Königin Maria Stuart Witthum in Frankreich; sauer genug hatte er sich diesen Posten durch treue Anhänglichkeit an die Fürstin und durch Verbannung verdient. Seiner Gebieterin auch ferner zu dienen, wagte er sich im Herbste 1583 nach England, er landete unter dem Namen Mope an der Küste von Sussex, konnte aber der Aufmerksamkeit des wachsamen Walsingham nicht entgehen. Seine Verbündeten, die beiden Throckmorton, wurden alsbald eingezogen; sein Bruder Lord Thomas Paget, mit dem er in des Grafen von Northumberland Hause zu Petworth eine Zusammenkunft gehabt, angeblich um eine Übereinkunft wegen der Familiengüter zu treffen, mußte nach den Niederlanden flüchten, und die Grafen von Arundel und Northumberland hatten mehre Verhöre vor dem geheimen Rathe zu bestehen. Karl's Thätigkeit scheint überhaupt seinen Freunden stets verderblich gewesen zu sein, Niemandem aber mehr, als der unglücklichen Königin selbst, die vorzüglich durch seine und seines Gehilfen Morgan Umtriebe ihrem letzten, traurigen Schicksale entgegengeführt wurde, gleichwie auch ihre mit Paget und Morgan geführte Correspondenz vorzüglich den ersten, gegen Maria erhobenen Klagepunkt, daß sie sich mit Ausländern und Verräthern verschworen habe, um die Invasion des Reichs zu bewirken, rechtfertigen mußte. Jene Anhänger der Königin von Schottland, welche Morgan und Paget eines Verkehrs mit bekannten Spürhunden Walsingham's beschuldigten und sie also wenigstens verdächtig finden wollten, auch klagten, dieser Männer Ungeduld oder Treulosigkeit habe sie oft zu gefährlichen, unerlaubten Projecten hingerissen, hatten also nicht ganz Unrecht, und vorzüglich Morgan scheint sich nicht selten, um einem persönlichen Rachedurste zu fröhnen, den abenteuerlichsten Entwürfen hingegeben zu haben. Nach dem gewaltsamen Tode der Königin trennten sich ihre Freunde vollends, und während die eine und zwar zahlreichere Partei sich mit dem lächerlichen Gedanken trug, eine Infantin auf den englischen Thron zu erheben, verfolgte die von Paget geleitete Partei, die der sogenannten Politiker, eine andere Bahn. Sie wünschte, das äußerte sie ohne Hehl, keinen katholischen Herrscher, der durch Hintansetzung des rechtmäßigen Erben erkauft; vielmehr erkannte sie das Recht des schottischen Königs an, und hoffte nur, daß er aus Dankbarkeit oder Gerechtigkeit die Leiden der Katholiken mildern und ihre Religion dulden werde. Dieses war vermuthlich zu viel gehofft von einem Monarchen von Jacob's Lage und Charakter, aber Paget hatte wenigstens keine Ursache über dessen Undankbarkeit zu klagen. Sein Neffe Wilhelm II., der Sohn von Thomas Lord Paget, den, wie er stets betheuerte, nicht Bewußtsein einer Schuld, sondern lediglich Furcht vor den von Leicester's Arglist ihm gelegten Schlingen nach den Niederlanden getrieben hatte, und der auch zu Brüssel im J. 1589 verstorben war; dieser Neffe wurde von Jacob I. in alle seine Güter und Rechte wieder eingesetzt. Er starb im Jahre 1628 und hatte seinen Sohn Wilhelm III. als fünften Lord von Paget zum Nachfolger. Wilhelm III. hatte in seiner Ehe mit Franziska, einer Tochter von Heinrich Rich, Lord Holland, zwei Söhne, Wilhelm IV. und Heinrich Wilhelm IV. Lord Paget ist als Diplomat von Bedeutung, besonders in Teutschland, bekannt. Er be-

ser gefühlvollen Dame ist, wie es scheint, ein vernünftiger und duldsamer Mann, der sich erboten hat seine Frau wieder zu sich zu nehmen, wenn sie zu ihrer Pflicht zurückkehren wollte zc. Allein diese setzte eine Ehre darein, in der Unbeständigkeit beständig, gewissenhaft in der Vergessenheit ihrer Pflichten zu sein, und so mußte er es denn endlich auf Schridung ankommen lassen. Es ist hier nicht Gebrauch, sich mit dem Liebhaber seiner Frau zu schlagen; wol aber, wie es scheint, für seine Schwester, denn der Bruder der Lady Charlotte Wellesley hat den Liebhaber aufs Heftigste verfolgt. Dieser aber hat mit dem Zartgefühle der wahren Ehre und der Zuversicht eines Mannes, dessen Muth nicht zweifelhaft ist, ohne Klage alle verdiente Beleidigungen ertragen, und sich geweigert, das Blut des Bruders zu vergießen, nachdem er die Schwester entehrt hatte. Dies Liebespaar ist nach Schottland gekommen, und seine Verbindung durch Verheirathung noch fester zu knüpfen. Da aber Lord Paget schon verheirathet ist und Untreue des Ehemannes in England die Ehe nicht löst, wol aber in Schottland, so hat man seine Zuflucht zu einer örtlichen Untreue nach den Worten des Gesetzes nehmen müssen, und Lord Paget hat sich nun in richtigen Stand gesetzt. Noch nicht alles! seine erste Frau mußte auch dabei sein. Ihr kam es zu, wegen Untreue ihres Mannes zu klagen und sie hätte die Bosheit haben können, es nicht zu thun; aber Amor hat gegen die von ihm gestifteten Übel selbst ein Mittel bereitet. Der Herzog von Argyle hat sich das Schicksal der neuen Dido zu Herzen gehen lassen und in ihr eine Geneigtheit bewirkt, sich die Scheidung gefallen zu lassen. Am Ende machte man es übers Kreuz. Lady Charlotte Wellesley hat den Lord Paget und Lady Paget den Herzog von Argyle geheirathet. Lord Paget vertauscht durch dies Abkommen eine schöne und liebenswürdige Frau gegen eine, der einer dieser Vorzüge fehlt, eine Gattin, die er, wie man sagt, liebte, gegen eine, die er nicht liebt. Es ist also hier blos Großmuth und Hingebung im Spiele. Zu bemerken ist noch, daß das neue Paar schon 14 Kinder zählt, da Lady Paget vor ihrer Scheidung sechs, und Lord Paget acht gehabt hat. Diese sonderbaren Heirathen haben Veranlassung zu sonderbaren Fragen rücksichtlich ihrer Rechtmäßigkeit gegeben. Man sollte meinen, daß eine nach den Gesetzen des Landes, wo sie geschah, geschlossene Heirath allenthalben rechtmäßig sei; daß, wenn sie in einem andern Lande getrennt wird, diese Trennung nur dort rechtmäßig sei, und keineswegs in dem Lande, wo sie geschlossen worden ist; und endlich, daß eine Ehe, die nach den Formen eines andern Landes geschlossen würde, nirgends gültig ist, selbst nicht in dem Lande, dessen Vorschriften hierbei befolgt wurden. Demnach ist die Scheidung der Lady Charlotte Wellesley überall gültig, die des Lord Paget ist es nur in Schottland, sie bleiben Ehegatten in England, und beide Heirathen sind nur in Schottland rechtskräftig, obgleich Lady Charlotte Wellesley sich in England rechtmäßig an jeden andern als an Lord Paget hätte verheirathen können. Die Nachkommen aus diesen Ehen sind nur in Schottland erbfähig und das englische Vermögen fällt nicht nur an die vorigen Erben, sondern sie nehmen auch noch an der schottischen Verlassenschaft Theil." Der Marquis von Anglesey hat aus der zweiten, im J. 1810 eingegangenen Ehe sechs Kinder, wovon das älteste den 4. März 1810 geboren ist. (*v. Stramberg.*)

PAGETS. 1) **Pagetshafen**, kleiner Hafen in dem östlichsten Theile des großen Sundes der Bahamainseln. 2) **Pagets-** oder **Possessionssund**, tiefe, aber schmale Bai an der Küste des nordamerikanischen Gebiets Oregan, in welche sich die Straße Juan de Fuca endigt und von wo aus man sonst eine Durchfahrt in das atlantische Meer für möglich hielt. (*Fischer.*)

PAGGARIA (**la**) auch **Baggaria**, ein Dorf in der Intendanz Palermo des Königreichs und der Insel Sicilien, auf einer Anhöhe über dem Flusse gleiches Namens, im Osten der genannten Stadt gelegen, mit mehren Landhäusern sicilischer Großen, unter denen sich die Villa Valguernera und das durch seine widersinnigen und allem guten Geschmacke hohnsprechenden Verzierungen, Statuen und innere Einrichtung berüchtigte Landhaus des Prinzen von Pallagonia auszeichnen. Die ganze Gegend von Paggaria hat Muschelkalk zum Grunde und gehört zu den anziehendsten Umgebungen der sicilischen Hauptstadt. (*G. F. Schreiner.*)

PAGGI (**Giov. Battista**), war geboren zu Genua 1556, gestorben 1629 und aus einer alten Patrizierfamilie zu Genua entsprossen; Lanzi führt den Künstler als letzten in der zweiten Epoche der genueser Schule auf.

Von früher Jugend an entschied sich seine Neigung zur Kunst und zwar wider den Willen seines Vaters. Das Studium der Poesie, Geschichte und Philosophie führte ihn auf den wahren Weg zur Kunst. Sein früherer Lehrer war Luca Cambiesi, ein ideenreicher, doch etwas manierirter Künstler; dieser ließ den jungen Mann viel nach Basreliefs in Helldunkel*) zeichnen, wodurch er Ton und Haltung oder die bestimmte Wirkung leicht erfassen lernte. Zugleich widmete er sich der Architektur, die er viel aus Schriften studirte, und überdies erlernte er auch die Bildhauerkunst bei Kaspar Forzani aus Lucca. In einem Streite, der sich zwischen ihm und einem andern wegen eines seiner Gemälde entspann, hatte er das Unglück seinen Gegner zu tödten, weshalb er sich flüchten mußte. Er nahm seinen Aufenthalt zu Florenz, wo er vom Großherzoge freundlich empfangen und mit Aufträgen beehrt wurde. In Florenz blieb er über 20 Jahre bis zu seiner im J. 1590 durch den großen Rath und eine allgemeine Stimmenmehrheit ausgesprochenen ehrenvollen Zurückberufung. Es wird erzählt, daß dieser Untersuchungs- und Zurückrufungsproceß sehr merkwürdig geworden sei und der große Maler P. P. Rubens sich später die Acten wegen eines ähnlichen Künstlerprocesses in Antwerpen, wo er sein Gutachten ertheilen sollte, ausgebeten habe. Ein wesentlicher Grund seiner Rückkehr war auch seine außerordentliche Anhänglichkeit und Liebe zum Vaterlande, de-

*) Chiaroscuro, auf grau oder braunem Ton und weiß gehöht.

der er auch mehre glänzende Anerbietungen von Frankreich und Spanien ausschlug.

Sein Hauptcharakter als Künstler spricht sich besonders durch große Kraft im Colorit, schönen Ausdruck, Zartheit und Grazie, die Manche mit Correggio verglichen, aus; zugleich zeigt sich in seinen Köpfen ein hohes Ideal. Dieser Künstler wird als einer derjenigen in jener Periode betrachtet, welche die im Sinken begriffene Kunst für den Styl wieder emporbrachten und als ein guter Vorgänger der dritten Kunstperiode der genuesischen Schule angesehen.

Florenz bewahrt von ihm mehre kostbare Werke eines fast eisernen Fleißes; eine heilige Familie in der Kirche S. Angeli, die heil. Katharina von Siene zu S. Maria Novella sind vorzügliche Werke. Besonders ausgezeichnet ist das letztgenannte Bild wegen der schönen, reichen Composition und der sehr zierlichen Architektur. In Genua ist der Kindermord im Pallaste Doria vorzüglich kraft- und geistvoll zu nennen; mehre Galerien von Teutschland, Frankreich und Spanien besitzen seine Werke.

Nach ihm sind einige ältere gute Blätter von Barbé und P. Galle gestochen, die aber einen etwas niederländischen Charakter in sich tragen; überdies stach Ballet, Falcini und Scarciati nach ihm, Letzterer in Zeichnungsmanier. Auch radirte der Künstler einige Blätter zu einem von ihm verfaßten Werke: Definizione e divisione della pittura (Genua 1607). Des Künstlers eigenes Bildniß in der florentiner Galerie ist sehr schön von Silv. Pomarede gestochen. (*Frenzel.*)

Pagi, s. Pagu.

PAGI (Antoine), der berühmteste unter den Verbesserern des Baronius, der durch seine umsichtige und strenge Kritik die Angaben desselben für rein historische und chronologische Zwecke erst recht brauchbar machte. Geboren zu Rognes in der Provence unweit Aix am 31. März 1624, und erzogen in dem Jesuitercollegium zu Aix, trat er auf Veranlassung seines Oheims, Antoine Barrau, Generals der Franziskanerconventualen, im J. 1641 in diesen Orden, worin er schon im 29. Jahre zum Provinzial erhoben ward und diese Würde im Ganzen dreimal bekleidete. Seine nächsten Ordenspflichten, Predigten, konnten ihn dem historischen Studium nicht entziehen, für das er von Jugend auf viel Talent und Geschick bewies. Bei Auffindung einer Säule, dem Kaiser Aurelian zu Ehren einst zu Frejus errichtet, unternahm er zuerst chronologische Forschungen zur Feststellung der römischen Zeitrechnung nach Consulaten: Dissertatio hypatica (Lyon 1682), worin er die Verwirrung aufdeckte, die durch Führung des Consulnamens von Seiten der römischen Kaiser entstanden war; er forschte genau die einzelnen Fälle aus, wann Kaiser sich zugleich mit dem Consulnamen schmückten, und brachte dafür sechs Veranlassungen heraus: Beim Beginn der Regierung, bei fünf- oder zehnjähriger Jubelfeier derselben, um Nebenbeiferern bei der Trennung des Reichs, oder den Söhnen, wenn sie zu Cäsaren erklärt wurden, als Collegen zu dienen, beim Anfange bedeutender Kriege, bei Triumphen bei der Feier der Säcularspiele. Italienische Gelehrte, besonders der Pater Noris, widersprachen in einigen Stücken und Pagi führte den gelehrten Krieg sehr ehrenvoll.

Seine eigentliche Berühmtheit erwarb er sich aber erst durch seine ebenso mühevolle als wahrhaft glänzende Kritik der Annalen des Baronius. Der Zustand Frankreichs begünstigte damals ein solches Unternehmen gegen den Mittelpunkt römischer Kirchenhistorie; die Kämpfe für die gallicanische Kirchenfreiheit ließen jede sonstige Rücksicht dabei unbeachtet. Dennoch ging Pagi, vielleicht aus Überzeugung, nie auf Widerlegung dogmatischer Punkte ein, wie Isaak Casaubonus und der züricher Gelehrte Joh. Heinr. Hobtius, oder auf Bekämpfung politischer Ansichten des Baronius, gegen die Melchior Goldast, als Vertheidiger des teutschen Reichs, aufgetreten war; sondern der eigentliche Punkt, auf dem Pagi heimisch ist und Großes leistet, ist die Chronologie, wiewol er auch Ergänzungen und Berichtigungen der Geschichtserzählung selbst nicht ausschließt. Die Ära, die er befolgt, nennt er die griechisch-römische, etwa nach dem Vorgange Dionys des Kleinen, indem er die Geburt Christi ins J. 5493 nach Erschaffung der Welt setzt, und behauptet, daran wesentliche Vorzüge vor der von Scaliger befolgten Julianischen Ära zu besitzen. Als Probe seiner Verbesserungen in der Chronologie kann z. B. angeführt werden, daß er dem Baronius nachweist, in den ersten dritthalb Jahrhunderten bis auf Kaiser Decius (249) die Facta um zwei Jahre zu früh gesetzt zu haben, da er die Ära mit dem Jahre 44 statt 46 der Julianischen Rechnung begann. Um die Mitte des 3. Jahrh. mehrt sich dann die Verwirrung noch bis 280, dem fünften Jahre des Kaisers Probus, wo Baronius im dritten Jahre die rechte Zeitrechnung verfehlt. Pagi weist die Gewaltstreiche nach, wodurch die Annalen der richtigen Rechnung bald voraneilen, bald hinter ihr zurückbleiben.

Pagi schloß in der ersten Herausgabe seiner Untersuchungen sich nicht an die Annalen selbst, sondern an den Auszug des Spondanus daraus an, der zum Gebrauche bequemer und verbreiteter war; so erschien die Kritik der ersten vier Jahrhunderte der Annalen (Paris 1689). Der Absatz entsprach aber den Erwartungen so wenig, daß die Fortsetzung in Frankreich nicht erschien. Indessen die Ermunterungen Sachverständiger, besonders der Cardinäle Casanate und Noris, ließen ihn sein Werk fortsetzen und glücklich genug noch vor dem Tode zu Ende führen. Vollständig erschien es zu Antwerpen in vier Folianten im J. 1705, und zwar jetzt dem Texte des Baronius selbst angepaßt. Die gallicanische Geistlichkeit hatte im J. 1685 die Arbeit approbirt, und der ungetheilte Beifall, dessen er sich erfreute, gewährte ihm Kraft, selbst auf dem langwierigen Krankenlager sich mit Verbesserungen dazu zu beschäftigen; er starb am 5. Jun. 1699 zu Aix; die Herausgabe übernahm sein Neffe, Franziscus Pagi*), gleichfalls aus dem Franziskanerorden, die Lei-

*) geb. zu Lambasc 1654, gest. zu Orange den 21. Januar 1721. Dieser Neffe legte sich ebenfalls mit großem Eifer auf das

stungen**) des ältern Pagi sind ein redender Beweis dafür, wie wichtige Dienste die Orden den Wissenschaften, namentlich der Geschichte, geleistet haben, durch die Muße, die sie dem Talente zu solch Herkulischer Arbeit gewährten. Der Gebrauch des Baronius, ohne die zur Seite gehende Kritik des Pagi, ist sehr unsicher. (*Fr. W. Rettberg.*)

PAGIAVELLE, eine in Ostindien, vorzüglich in Pegu beim Kattunhandel, wo die Kattune nach der Pagiavelle zu vier Stück verkauft werden, gebräuchliche Rechnungsart beim Waarenverkaufe, die unserm en gros Handel zu vergleichen ist. (*Fischer.*)

PAGIDAS oder **PAGIDA**, alter Name eines Flusses, 1) in Afrika (*Tacit.* A. III, 20), wo man ihn für den heutigen Abead erklärt, 2) in Phönikien (*Plin.* V, 19, 17: rivus Pagida sive Belus). (*H.*)

PAGIEL (פַּגְעִיאֵל, d. i. Schickung Gottes, oder Gebet zu Gott), der Name des Stammfürsten, welchen Moses zum Haupte des Stammes Ascher einsetzte, bei der Volkszählung, die er in der Wüste des Sinai vornahm (4 Mos. 1, 13. 10, 26). Er war der Sohn des Ochran und nahm mit seinem Stamme im Lager der Israeliten, wie es Moses anordnete, neben Dan und Naphtali die Nordseite ein. (Ebend. 2, 27.) Noch wird Pagiel erwähnt 4 Mos. 7, 72 fg., wonach er gleich den übrigen Stammfürsten des israelitischen Volkes ein kostbares Weihgeschenk bei der Einweihung der Stiftshütte darbrachte. (*E. Rödiger.*)

PAGINA, der lateinische und auch im Teutschen (besonders in der Kunstsprache der Buchdruckerei) gebrauchte Ausdruck für Seite, Blattseite, in Manuscripten und Drucksachen. Ebenso nennt der Buchdrucker die Seitenzahl: Pagina. Die erste Seitenzahl eines gedruckten Bogens heißt die Prime. Dem Setzer ist es von Wichtigkeit, die Prime eines jeden Bogens in einem Werke oder Bande schnell zu wissen, damit kein Versehen in den Seitenzahlen vorfallen kann. Nun ist zwar die Prime leicht zu berechnen, wenn man weiß, der wievielste in der ganzen Reihe der Bogen ist, und wie viel Seiten auf einem Bogen enthalten sind (was vom Formate abhängt); aber zur Erleichterung gebraucht man dennoch sogenannte Primentafeln, welche für jeden Bogen der gewöhnlich vorkommenden Formate die Prime angeben. Bei Octavformat ist z. B. die Prime für den ersten Bogen 1, für den zweiten 17, für den dritten 33, für den vierten 49, für den fünften 65 rc. — Paginiren heißt (ein Manuscript mit Seitenzahlen versehen, die Seiten numeriren. (*Karmarsch.*)

Paginiren, s. Pagina.

PAGLIA, ein Fluß, welcher den Apenninen in dem Compartimento (Provinz) Senese, westlich von Radicofani entspringt, nach kurzem Laufe in die päpstliche Delegation Viterbo und Civita-Vecchia übergeht, vor Orvieto die von Florenz nach Rom führende Poststraße durchschneidet und unterhalb des Städtchens, welches auf breiter Felsenhöhe am rechten Flußufer sich erhebt, die Chiana aufnimmt. Nach kurzem Laufe ergießen sich die vereinten Flüsse in die Tiber. Das gleichnamige Dorf liegt an seinem linken Ufer, oberhalb des Städtchens Orvieto. (*G. F. Schreiner.*)

PAGLIA (Francesco), geb. 1636 in Brescia, gest. im Anfange des 18. Jahrh., war ein geschickter Portraitmaler, hat aber auch einige Kirchenbilder gemalt, worunter besonders eine Charitas geschätzt wird; seine Hauptstärke bestand in der Kenntniß des Helldunkels. Von seinen Söhnen waren Antonio Paglia, geb. 1680, ermordet den 9. Febr. 1747 von einem Bedienten, der ihn berauben wollte, und Angelo Paglia, geb. Brescia 1681, beide Maler, der ältere Bruder, von dem die meisten Kirchen Brescia's Gemälde aufzuweisen haben, wurde selbst berühmt. (Nach der Biogr. univers.) (*H.*)

PAGLIACCIO, ein italienisches Wort, das ursprünglich einen Strohsack, Häckerling bedeutet, dann die lustige Person in den neapolitanischen Volkspossen; vergl. die Art. Bajazzo und Hanswurst. (*H.*)

PAGLIANO, PALIANO, Rocca di Pagliano, ein adeliges Städtchen in der päpstlichen Comarca di Roma, welche 25 gem. ital. Miglien ostsüdöstlich von Rom entfernt ist und auf einem Berge zwischen Paläfrina und Anagni liegt; hier befindet sich ein Schloß, mit dem Titel eines Herzogthums, welches dem Hause Colonna gehört. Drittehalb Miglien davon gegen Süden entfernt führt die von Rom in das Neapolitanische, zunächst nach Aquino führende Poststraße vorüber, auf welcher die Stadt Ferentino der nächste Ort ist. Diese Gegend ist durch die hier nicht seltenen Räuberanfälle berüchtigt. (*G. F. Schreiner.*)

PAGLIONE, PAGLIO, ein Küstenfluß der Generalintendanz Nizza, einer der festländischen Provinzen des Königs von Sardinien, der ansehnlichste unter den vielen kleinen Küstenflüssen, welche sich an diesem Gestade ins Meer ergießen. Er entspringt oberhalb Lucerame den Seealpen, durchschneidet mehrmals die von Nizza über den Col di Tenda nach Cuneo führende Straße, welche sich lange längs seines Bettes oder hoch über demselben dahinzieht, durchkreuzt auch noch vor seiner Mündung die aus Frankreich herüberkommende Poststraße, und mündet bei Nizza in das Meer. So kurz auch der Lauf dieses Flusses ist, so richtet er doch zuweilen große Verwüstungen an. (*G. F. Schreiner.*)

Studium der Kirchengeschichte und man verdankt ihm nicht nur die erste Ausgabe von seines Oheims Kritik des Baronius, sondern auch ein eigenes Werk: Breviarium historico-chronologico-criticum illustrium pontificum romanorum gesta conciliorum generalium acta etc. complectens. (Antwerp. 1717—27.) 4 Vol. 4. (*H.*)

**) Die Schriften des ältern Pagi sind: 1) Dissertatio hypatica, seu de consulibus caesareis etc. (Lyon 1682. 4.) wieder aufgenommen in Nr. 4. 2) Diese Schrift vertheidigte er in einer Vorrede zu seiner Ausgabe der Sermones de Sanctis et Diversis des heil. Antonius von Padua. (Avignon 1685.) 3) Dissertation sur les consulats des empereurs romains im Journ. des Savants. Nr. 1688, ebenfalls eine Vertheidigung seiner Ansichten. 4) Critica historico-chronologica in annales ecclesiasticos card. Baronii. (Antwerp. [Genf] 1705.) 4 Voll. Fol. Übrigens haben sich noch einige andere Mitglieder dieser Familie, als Antoine Pagi, Neffe des jüngern Pagi und ebenfalls Franziskaner, und der Abbé Pagi, geb. zu Martigue, etwa 1690, als Schriftsteller bekannt gemacht. (*H.*)

PAGNES, PANICOS, heißt eine Art baumwollener Gewebe, von welchen man die gröbern zu Decken zum Sitzen gebraucht, die feinern aber sowol in Ostindien als in Afrika zur Umhüllung des Unterleibes anwendet. Die Pagnes sind gewöhnlich blau oder bunt gestreift, werden hauptsächlich in Ostindien verfertigt und von den Engländern in großer Menge den Negern zugeführt, welche sehr begierig nach ihnen sind. (*Fischer.*)

PAGNINI. 1) Giovanni Francesco, geb. zu Volterra im J. 1715, gest. 1789 zu Florenz, wo seine Freunde ihm in der Servitenkirche ein mit seiner Büste geziertes marmornes Denkmal errichtet haben. Nachdem er in Rom seinen Rechtscursus gemacht und in Pisa Doctor geworden war, trat er in toscanische Dienste. Der Großherzog Peter Leopold erhob ihn zum Sopraintendente all' Archivo delle Riformagioni und Direttore dei confini giurisdizionali dello stato. Seine Studien umfaßten die Staatswissenschaften und die Landwirthschaft. Im J. 1751 übersetzte er Locke's bekanntes Werk über das Geld ins Italienische. Diese Übersetzung erschien zu Florenz in zwei Quartbänden, mit vielen gewichtigen Zusätzen bereichert. Außerdem schrieb er: 1) Sulla decima, la moneta e la mercatura de' Fiorentini fino al secolo XVI. (Lisbona e Lucca 1765.) Vier Quartbände; ein äußerst wichtiger Beitrag zur florentinischen Finanzgeschichte. 2) Sul' olio di Sanguine (Cornus foeminea L.). Atti della R. Società economica fiorentina, (Firenze 1791.) T. I. p. 69. 3) Lettera sopra il riposo dei terreni e i principj della vegetazione (Firenze 1785). Die oben erwähnte Übersetzung hatte Pagnini mit einem Saggio sopra il giusto pregio della cose, la giusta valuta della moneta e sopra il commercio dei Romani vermehrt. Dieser und einige Bruchstücke von Nr. 1 sind von Custodi in die Scrittori classici italiani di Economia politica. Parte moderna. Tom. II. (Milano MDCCCIII) aufgenommen.

2) Luca Antonio, geb. zu Pistoja den 15. Januar 1737, war ein Schüler von Giuseppe Borelli, Cesare Franchini und Giuseppe Mazzei, der ihn veranlaßte, in den Karmeliterorden zu treten. Er lehrte in mehren Schulen desselben, da es kaum eine Sprache noch eine Wissenschaft gab, die er sich nicht angeeignet hätte. Seine ausgedehnten Sprachkenntnisse bewies er durch seine Übersetzungen von Theokrit, Bion, Moschus (Teocrito, Moscò, Bione Simmia greco-latini, con la buccolica di Virgilio latino-greca volgarizzati e forniti d'annotazioni da *Eristico Pilenejo* [d. h. L. A. Pagnini]. Parma 1780. Zwei Quartbände), Hesiodus (Esiodo trasportato in versi italiani. [Parma 1797.] Gr. 4.), Anakreon (Poesie d' Anacreonte recate in versi italiani da *Eristico Pilenejo*. [Parma 1793. 4.]), Kallimachus (Callimaco greco-italiano ora pubblicato dal *L. A. Pagnini*. [Parma 1792. Fol.] Prachtausgabe), Terenz, Epiktet (Manuale di Epiteto volgarizzato da *Eristico Pilenejo*. [Parma 1793. 4.]) und mehren englischen, teutschen und französischen Schriftstellern. Man hat auch von ihm griechische, lateinische und italienische Epigramme. — Le satire et l'Epistole di Q. Orazio Flacco tradotte in verso italiano. (Pisa 1814) erhielten im J. 1813 den Preis der Accademia della Crusca. Der Pater Pagnini starb im J. 1814 als Kanonikus in seiner Vaterstadt. Siehe Laudatio in funere eruditissimi *Lucae Antonii Pagnini* pistoriensis habita Pisis in templo S. Mariae Carmelitarum a *Sebastiano Ciampi*. Nono Calend. Aprilis A. R. S. MDCCCXIV. (Pistori) und Notizie della vita e degli studj di *Luca Antonio Pagnini*. (Pisa 1814.)

(*Graf Henckel von Donnersmarck.*)

PAGNINO (Sante), lateinisch Sanctes oder Xantes Pagninus, seiner Zeit einer der gelehrtesten Kenner der hebräischen Sprache und der rabbinischen Literatur. Er war geboren zu Lucca um das J. 1470. In seinem 16. Jahre trat er in den Orden der Dominikaner ein und bezog das Kloster Fiesoli, wo er den Unterricht eines Savanarola und anderer berühmter Lehrer genoß. Bald zog er hier die Aufmerksamkeit des nachmaligen Papstes Leo X. auf sich, welcher ihn später als Lehrer der morgenländischen Sprache nach Rom beschied. Nach Leo's Tode begleitete er den Cardinallegaten des päpstlichen Hofes nach Avignon, schlug aber nach Verlauf dreier Jahre seinen Wohnsitz in Lyon auf, wo er mehr Nahrung für seine Studien und einen angemessenern Wirkungskreis fand. Er machte sich so verdient um diese Stadt, daß man ihn mit der Ehre des Bürgerrechts beschenkte. Namentlich wurde dort auf seinen Rath von einem Florentiner ein Pestspital errichtet, und außerdem dankte man seinem katholischen Eifer und seiner glänzenden Beredsamkeit die Abwehrung des Einflusses der Reformation. Er starb zu Lyon den 24. Aug. 1541 und wurde mit großen Ehren in der dortigen Dominikanerkirche begraben. Seine Schriften betreffen theils theologische Controversen, theils die biblische Exegese und die hebräische Sprachkunde. Am meisten Aufsehen erregte er durch seine neue lateinische Übersetzung der Bibel und durch sein hebräisches Lexikon. An jener Übersetzung arbeitete Pagnino 30 Jahre lang. Er legte im Ganzen die Vulgata zu Grunde, prüfte und änderte sie aber nach dem Grundtexte. Dabei schloß er sich häufig an die jüdischen Interpreten an, woraus sich der Beifall erklärt, welchen diese lateinische Übersetzung sogar bei den damaligen Juden erlangte. Es war die erste neue Übersetzung der Bibel seit Hieronymus, und wie den Letztern zu seiner Zeit viel Tadel traf von Seiten derer, die an der Autorität der bis dahin gewöhnlichen griechischen Version festhielten, so erfuhr auch Pagnino viel Widerspruch von solchen, die die lateinische Vulgata in Schutz nahmen, und selbst Richard Simon beurtheilt ihn etwas zu hart*). Pagnino erhielt aber die Zustimmung des Papstes Leo, welcher auch den Druck des Buches auf seine Kosten anordnete, aber darüber hinstarb. Der Druck kam daher erst später zu Stande auf Kosten zweier Anverwandten des Pagnino. Die erste Ausgabe erschien zu Lyon 1528 in Quart, welcher später viele, zum Theil veränderte

*) *Richard Simon*, Histoire critique du V. T. II, 20, 318 sq. ed. Roterd. 1685.

Ausgaben folgten. Die geschätztesten sind die von Michael Servet (Lyon 1542. Fol.) und von Arias Montanus (zuerst in der antwerpener Polyglottenbibel, dann auch einzeln). Das zweite Hauptwerk des Pagnino ist sein **Thesaurus linguae sanctae sive Lexicon Hebraicum**, zuerst Lyon 1529 gedruckt: ein Werk, welches unter andern Buxtorf's ganzen Beifall hatte und in der That für die damalige Zeit Vorzügliches leistete, wenn es gleich fast durchgängig auf David Kimchi's Grammatik und Wörterbuch basirt ist. Die beste Ausgabe, Lyon 1575 in zwei Bänden Fol., mit den Zusätzen des J. Mercerus, Ant. Cevallerius und Bon. Corn. Bertram (Nachdruck, Genf 1614). Robert Stephanus und Rapheleng besorgten Auszüge daraus, welche mehrmals gedruckt sind **). Außerdem hat Pagnino eine lateinische Bearbeitung der Grammatik Kimchi's (Lyon 1526. 4. Paris 1549. 4.), eine **Catena argentea in Pentateuchum** (6 Bände. Fol. Lyon 1536 und andere Werke herausgegeben, welche fast alle ein gewisses Verdienst haben. (Vergl. *Sixti Senensis* **Bibliotheca sancta. Lib. IV.** Touron's Geschichte der berühmten Männer des Dominikanerordens. Th. 4. *Huetius* **De clar. interpr. p. 144.**) (*E. Rödiger.*)

PAGO, von den Einwohnern Pagh, im Alterthume **Gissa** (?) genannt. 1) Eine lange, sonderbar gestaltete, gleichsam aus mehren Halbinseln zusammengesetzte Insel des adriatischen Meeres. Sie hat einen Flächenraum von 2,50 geogr. □Meilen, gehört zum Kreise von Zara des Königreichs Dalmatien, wird durch den Kanal della Morlacca oder della Montagna von der nahe gegenüberliegenden Küste des liccaner und ottochaner Regiments der kroatischen Militairgrenze, welche von der Insel ostwärts dahin zieht, getrennt, gegen Süden liegt das Festland von Dalmatien, von dem es nur schmale Meeresarme trennen, nordwärts erstreckt sich eine der Halbinseln dieses Eilandes (die Punta dei Leoni) bis in die Nähe der Insel Arbe und der Scoglien-Dolin, Lagan und Dolfin, und gegen Westen sind die Inseln Pontadura, Maon und Scarbizza die nächsten und von ihr auch nur durch schmale Meeresarme geschieden. Die Oberfläche der Insel durchziehen Gebirge, welche in verschiedene Vorgebirge auslaufen, unter welchen der Monte S. Vito einer der bedeutendsten ist. In der Nähe der Stadt Pago breitet sich eine Ebene aus, in der man eine große Anzahl von Cavebini oder Salzbeeten zählt. Hier befindet sich auch der mit dem Kanale verbundene See Zasko im sogenannten Valle di Zasko. Die Insel wird von 4590 Seelen bewohnt, welche für die betriebsamsten und wohlhabendsten Insulaner Dalmatiens gelten; sie sind Katholiken, welche meist zum Erzbisthume von Zara gehören, Slawen sind und sich von der Fischerei, der Viehzucht und der Bereitung des Seesalzes ernähren. Die Salinen von Pago gehören Privaten, diese müssen jedoch gegen den festgesetzten Preis von 25 Kreuzer 1 Denar pr. Ctnr. und unter mancherlei anderer Begünstigung des Ärars, ihre Erzeugnisse dem Staate überlassen. In einem heißen, trockenen Sommer sind die Salzwerke so ergiebig, daß man nicht genug Magazine zur Einlagerung aufzutreiben vermag; in diesem Falle wird das Salz in aufgethürmten, festgestampften Hügeln durch längere Zeit im Freien aufbewahrt. Auf diese Weise konnten in solchen Jahren in den 1850 Cavedini über eine Million Metzen Baisalz erzeugt werden. Vor dem J. 1805 waren damit gegen 500 Menschen beschäftigt, welche 59,104 Ctnr. Salz gewannen. Unter der italienischen Herrschaft wurde die Salzerzeugung auf 140,500 Ctnr. gebracht, sank aber unter den Franzosen wieder auf das alte Quantum herab. Gegenwärtig werden jährlich nur beiläufig 10,700 Ctnr. erzeugt. Die Schafzucht ist auf dieser Insel auch nicht ohne Bedeutung; die Milch der Schafe wird meist zur Bereitung der Käse verwendet, womit, sowie mit Fischen, ein nicht unbedeutender Handel getrieben wird. Die hiesigen Schäfereien des Leopold Dorchich, großentheils aus spanischen Merinos bestehend, welche ihm der gewesene General Provveditore Dandolo verschaffte, sind besonders bemerkenswerth. Der Wein geräth auf der Insel auch sehr gut, und man hat auch Überfluß an Steinkohlen. Die Seidencultur könnte ebenfalls mit großem Vortheile betrieben werden. Früher wurden auch wirklich von Pago und Arbe jährlich einige tausend Pfund roher Seide nach Sinigaglia ausgeführt; als aber während der letzten französischen Kriege die italienischen Häfen gesperrt waren, bekümmerten sich die Dalmatiner um keine andern Handelsplätze und verwendeten den größten Theil ihrer Maulbeerbäume nach und nach zum Schiffsbau. Unter den Ortschaften der Insel zeichnen sich Dignisca durch seine Salinen, Wlassich durch einen See, aus dem große und schmackhafte Aale gefischt werden, Novaglia u. aus. 2) Der District umfaßt die Inseln Arbe und Pago, hat einen Flächenraum von 6,9 teutschen □Meilen und 7179 Einwohnern, von denen 4374 Seelen zur Diöcese von Veglia, die übrigen zum Erzbisthume Zara gehören. 3) Die Stadt (32° 53' 25" L., 44° 24' 20" n. Br.), schmuzig und finster, liegt in der Mitte der Insel, an einer großen, tief in das Land ziehenden Meeresbucht, Valle di Zasko genannt, wurde im J. 1442 von den Venetianern erbaut; sie ist die Hauptgemeinde der Insel, der Hauptort des gleichnamigen Districtes, der Sitz einer politisch-judiciellen Prätur der zweiten Classe, einer Vice-Sardarie, von der auch die Übernahme und Versendung der Briefe besorgt wird, einer öffentlichen Wohlthätigkeitscommission, eines Sanitätsamtes, eines Rural-Capitels von fünf Domherren und einer Domainen-Districts-Administration und einiger andern Beamten für das Zoll-, Mauth- und Gefällswesen, hat zwei Vorstädte, 510 Häuser (1834), 2791 Einw., unter welchen sich ein Arzt, ein Apotheker, eine Hebamme befinden, einen guten Hafen, ein Schloß, ein Benedictinernonnenkloster mit einer Mädchenschule, eine Elementarschule, und viele Salzbeete, welche rings um die Stadt liegen. (*G. F. Schreiner.*)

PAGOARGAS, alter Name einer Stadt an der Grenze von Ägypten und Äthiopien (*Plinius* **H. N. VI, 29. s. 35**). (*H.*)

PAGODE, ein aus dem Indischen bhagavati, d.

**) S. besonders *J. Ch. Wolfii* histor. lexicorum hebr. (Viteberg. 1705.) p. 90 sq.

Haus, verdorbenes Wort, dient den Reisebeschrei-
wie überhaupt dem Europäer, zur Bezeichnung der
und chinesischen Götzentempel, oder auch der
selbst. Dergleichen Pagoden finden sich überall
n Ländern zerstreut, und die größten und pracht-
in Indien sind wenigstens zum Theil der Zerstö-
uth entronnen, die allgemein mit den erobernden
daselbst einzog. Sie bilden die eigentlichen Kunst-
er der indischen Vorwelt, an denen man aller-
eben der Größe auch die Pracht zu bewundern
Die ältesten sind auch zugleich die großartigsten,
die neuesten nur das nächste Bedürfniß befriedi-
d mit ihren Mustern gar nicht vergleichbar sind.
rm ist gewöhnlich die der Pyramiden oder Obelis-
zeichnen sich aber vor den ägyptischen Denkmälern,
che Bestimmung hatten, durch größere Massen
en kolossalern Styl aus. Die einzelnen Theile
t bewundernswürdig schön ausgeführt, und die
und beziehungsreichsten Sculpturen machen ge-
Ansprüche auf die Beachtung auch von Seiten
nstler unserer Zeit. Daneben finden sich wirkli-
elisken gewöhnlich vor den größern Tempeln aus
Steine gehauen, vor deren Größe die Monolithen
s wie Zwerge vor Riesen zurücktreten müssen.
esen kolossalen Bauwerken Indiens, deren innere
ung durch genauere Skizzirung einiger der merk-
en derselben dem Leser am sichersten vor die Seele
wird, sagt man mit Recht, daß sie die bewun-
rdigsten Werke der menschlichen Ausdauer und
uf der Erde sind, zumal wenn man die ganzen
der in Felsen gehauenen Tempel in den Kreis der
ung zieht.

ir sprechen hier zuerst von der berühmten Pagode
Insel Elephanta, vier Meilen von Bombay, wo
en gewaltigen Felsen eingehauen ist. Niebuhr, der
gesehen, fand diesen Tempel selbst als Gegenstand
chung so merkwürdig, daß er eine dreimalige Reise
unternahm. Die kleine Insel nämlich, die mit
durch einen schmalen Damm verbunden ist, erhielt
amen von einem in Gestalt eines Elephanten aus-
en Felsen. Schon die Säulenhalle, durch welche
dem größten dieser unterirdischen Gebäude gelangt,
ht weniger als 400 F. Länge, und an ihrem Aus-
ritt man zunächst in den eigentlichen, 120 F. brei-
langen Tempelsaal, der cirkelrund ist und von
len und Pilastern getragen wird, während an bei-
iten Nebenkammern oder Kapellen herumlaufen.
aupteingang liegt nach Norden, kleinere Zugänge
sten und Westen, sodaß es an frischer Luft nicht
agegen hat der hineingewehte Staub und die durch
sse hineingeschwemmte Erde den Fußboden, auf
t vorzüglich Hornvieh vor dem Drucke der Tages-
hutz sucht, erhöht, aber doch nur so viel, daß
das Hauptgebäude immer noch 14½ Fuß hoch
nd es ihm schien, als ob es noch vor nicht gar
Jahren gereinigt worden sei. Alle Wände und
in dem Haupttempel wie in den Kapellen sind
mit kolossalen Figuren, mythologischen Vorstellungen und allerhand Sculpturen wie bedeckt, und neben der scheußlichsten und gräßlichsten Gestalt findet sich oft eine selbst uns auffallende Schönheit, der Kunst nach. Alle die großen Gestalten sind auch hier sogleich aus dem stehenden Felsen ausgehauen worden. Die Figuren sind oft von riesenmäßiger Größe, z. B. 13 Fuß hoch. Die Kapellen ahmen die Figuren des Haupttempels nach, aber in geringerm Maßstabe, und bedürfen zum Theil noch ihre Erklärer. Hinter dem größern Raume führt ein schmaler Säulengang nach einer jener Kapellen und zwar von runder Gestalt, die das Allerheiligste vorstellt. Sie enthält die große Granitbildsäule der indischen Trimurti oder des dreigestaltigen Brahma, des Symbols der Dreieinigkeit. Das Gesicht desselben hat allein über fünf Fuß Höhe. Viele dieser Kammern sind ganz dunkel. Zu Niebuhr's Zeit ging nur noch dann und wann ein Einwohner in die eine Kapelle, um seine Andacht zu verrichten; alle übrigen Theile des Tempels standen völlig leer, und die Braminen haben sich jetzt an heilige Orte im Innern des Landes zurückgezogen.

Eine andere freistehende pyramidalförmige Pagode findet sich im Innern von Karnatik auf der westlichen Halbinsel nicht weit von Tritschenkore, welche Gegend die mannichfachsten Bauwerke zur Verherrlichung des indischen Gottesdienstes aufzuweisen hat. Jener Tempel, von dem wir hier sprechen, steht auf einer steilen Anhöhe Eine imposante, in großartigem Styl gehaltene und aus dem Felsen gehauene Treppe führt zu ihm hinauf, während, wie in Ägypten, da und dort Sphinxe, hier ungeheure Stierbilder sich zur Seite befinden. Den Tempel selbst schließt eine Mauer von einer halben Stunde ein, die zugleich zum Stützpunkte eines innern an ihr herumlaufenden Porticus dient. Dieser schließt verschiedenartige Thierkolosse ein, die aber nur noch zum Theil gut erhalten sind, während in der Mitte des Raumes sich der Tempel in Gestalt einer vierseitigen Pyramide zum Himmel erhebt. Sechs Stockwerke, jedes 35 Fuß hoch, stehen in Absätzen über einander, von Außen durch kleine Hallen, Nischen, Götterbilder, Sculpturen und Thürme herrlich verziert, und das Ganze wird als „so originell, so majestätisch und grandios in Styl und Ausführung geschildert, daß sein Anblick die Sinne verwirrt, daß die Seele vor seiner Betrachtung unwillkürlich zurückbebt." Die Granitblöcke, aus denen er zusammengesetzt ist, sind so groß, daß das ganze Gebäude nur aus einem ausgehöhlten Felsen zu bestehen scheint. Die Spitze geht in die Form eines aus vier Felsblöcken zusammengesetzten Sarkophags aus, und über diesen ragen noch fünf seltsam geformte, vergoldete Spitzen in das Blaue des Himmels hinaus. Ebenso einfach und erhaben ist das Innere ausgeschmückt. Schlanke Säulen und Pfeiler erheben sich zu einer ungemessenen Höhe, geziert mit den Götterbildern, die von Oben herab die Frommen zu ihren Füßen segnen. Am höchsten in der Kuppel über Alles thronend, steht Brahma, das Erste und Letzte, der Anfang und das Ende aller Weisheit. Seine Nähe zu betreten, steht nur dem geweihten Priester zu, der durch Wendeltreppen, die in den Seitenmauern angebracht sind, das Heilige und Allerheiligste zu überschauen das Recht hat.

Noch fügen wir kurz die Beschreibung einer andern Pagode bei, dergleichen sich an der Koromandelküste und in der Nähe von Ellora finden. Dort sind es vorzüglich die feinern Formen und Zierathen, die man so gern an alten Denkmälern sieht. Eine dieser Pagoden bewahrt in ihrem Innern 20—30 Fuß hohe fein cannelirte und mit allem Aufwande von Figuren und Arabesken verzierte und geglättete Porphyrsäulen. An drei Seiten derselben lehnen sich acht Fuß hohe kolossale Statuen, getragen durch ein fünf Fuß hohes Piedestal. Auf dem Gesimse dieser Säulen ruhen Löwen, „die als Karyatiden das Felsendach des Tempels tragen.“ So füllen allein zwölf jener Säulen, die die Vorhalle stützen, bei reichlich sechs Fuß Entfernung von einander, den Raum von 80 F. Länge aus. Dazu kommen nun noch bei andern Pagoden die riesenhaften Nebengebäude, wie um die Pagode bei Chalembaram, sieben Stunden südlich von Pondichery und zwei Stunden vom Meere, wo das gesammte Tempelganze eine Fläche von 1332 Fuß Länge und 936 Fuß Breite einnimmt. Um eine 30 Fuß hohe und sieben Fuß dicke Ringmauer von Ziegelsteinen geht noch eine neue Mauer mit Basteien herum. Die vier Eingänge bilden vier Pyramiden, die bis zum Portal 30 Fuß Höhe messen, und höher hinauf sogar 150 Fuß, hier aus Ziegeln, dort aus Werkstücken mit ausgehauenen Bildwerken. Links vom westlichen Hauptporticus sieht man eine ungeheuere Halle von mehr als 1000 Säulen zu einer Höhe von 36 Fuß mit Quadern belegt, welche, wie man vermuthet, die Spaziergänge der Priester trugen. Südlich vom Haupttempel nach Osten und Westen hin stehen ähnliche Hallen mit mehren hundert Säulen. Der Haupttempel hat eine Basis von 360 Fuß Länge und 260 Fuß Breite, und ist außerordentlich hoch. Felsblöcke von 40 Fuß Länge, vier Fuß Breite und fünf Fuß Dicke holte man 50 Meilen weit dazu her. Säulen umringen ihn, und 36 derselben von 30 Fuß Höhe, die in sechs Reihen den Porticus bilden, tragen ein Dach von glatten Blöcken. Die ganze Pyramide übertrifft an Größe die Paulskirche in London und stützt eine Decke von Kupfer mit Hautreliefs, die unzählige mythologische Gegenstände darstellen. Der große Reinigungsteich befindet sich in der Mitte des Hofraums nach Osten hin mit einer Säulengalerie, und gegen Osten hin steht in einem neuen von einer Mauer umschlossenen Raume eine Pagode, die an Größe mit unsern Kathedralkirchen verglichen wird. Unter den Verzierungen des Innern, die an Größe und Umfang der Anlage des Tempels entsprechen, erwähnen wir nur die von dem Schiffe der einen Pyramide an den Capitälern von vier Strebepfeilern herunterhängenden, zusammen 548 F. langen, Kettenfestons. Die Kette ist aus Felsen, jede Guirlande von 29 Gliedern aus Einem Stücke von 60 Fuß Länge, sodaß jedes Glied der Kette nicht weniger als 32 Zoll im Umfange hat. Sie ist übrigens so glatt wie ein Spiegel polirt. — Eine andere Pagode von Cheringham auf Koromandel hat sieben Ringmauern und nimmt einen Raum von einer Meile ein. Die Mauern sind 25 Fuß hoch und 350 Fuß von einander entfernt. Der Tempel des Jagannathas in Orissa ist in einer Mauer von 24 Fuß Höhe, 1122 Fuß Länge und 696 Fuß Breite, die ein regelmäßiges Parallelogramm bildet, eingeschlossen. Den Haupteingang bildet eine Pyramide von 344 Fuß Höhe. Das Ganze ist zum Theil auf einen lebendigen Felsen gegründet, der 400 Ellen lang und 250 Ellen breit wagerecht gemeißelt ist. Die sonst nöthigen Werkstücke, zuweilen 10,000 Kubikfuß haltend, schaffte man 30 Meilen weit aus den Steinbrüchen des Ghattsgebirges herbei. Die kleine Insel Ramisura, auf der Tempel an Tempel steht, hat eine Pagode, an der allein 2628 sehr fein gearbeitete Säulen angebracht sind. Die Trümmer von Chandisevu weisen eine große, von 296 kleinen Tempeln, die ein Parallelogramm bilden, umgebene Pagode auf, deren Stufen mit Sphinxen, halb Elefant, halb Löwe, geziert sind. (S. das alte Indien von D. v. Bohlen. 2. Th. S. 82 fg.)

Pagoden nennt man aber auch die Tempel in **China**. Nur gleichen diese keineswegs an Größe und Pracht den indischen, obwol auch hier sich da und dort der Beschauer zur Verwunderung hingezogen fühlt. Da man aber in jenem Lande nicht gern von Oben herabsieht, und wegen der Kurzfüßigkeit selbst mit Treppensteigen nicht gut Bescheid weiß, so baut man in der Regel die Häuser nur ein Stockwerk hoch, und auch die Höhe der Pagoden beträgt selten mehr als zwei Stockwerke. Fälschlich also nennen Reisebeschreiber und Geographen jene hohen, oft zu sieben bis 13 Stockwerke steigenden Thürme, dergleichen man auch in den europäischen Parken in geringerm Maßstabe unter der Benennung von chinesischen Thürmen findet, Pagoden, und man denkt sich hierbei nach Vorgang des ostindischen Sprachgebrauchs, stets einen Götzentempel. Das sind aber jene runden oder eckigen, vielstöckigen chinesischen Gebäude keineswegs, diese werden zu vielen und verschiedenartigen Zwecken benutzt, aber nie zu einer gottesdienstlichen Bestimmung errichtet. Der Chinese nennt sie Ta, und sie stellen gewöhnlich Monumente zum Andenken irgend eines Mannes oder einer merkwürdigen Begebenheit dar. Daher sieht man sie auch am häufigsten auf Bergen, wo sie neben jenem Zwecke auch noch die Bestimmung haben, die Gegend zu verschönern und selbst wieder als schöne Aussichtspunkte zu dienen. Sie steigen bisweilen bis zu der Höhe von 160 Fuß, die Zahl der Stockwerke ist aber allemal ungleich, und von Unten nach Oben ein sich verkleinernder Maßstab herrschend. Jedes der Stockwerke bildet ein Zimmer, um welches eine Galerie herumläuft, die durch ein vorspringendes Dach beschattet und geschützt wird. Wie also schon bemerkt, sind die eigentlichen Tempel China's alle nicht viel höher, als die gewöhnlichen bürgerlichen Wohnhäuser, und daß auch die Pracht derselben hier geringer ist als in Indien, kommt daher, daß es eigentlich keine Staatsreligion und keine vom Staate besoldete Priester gibt. Sie sind selbst in Pecking nicht so schön als die Paläste, und die Religion des Fo, zu der sich der Kaiser bekennt, ist in China neu und wird nur in der Tatarei mit mehr Glanz ißerlich ausgeübt, während die Anhänger des Con- zu denen die Mandarinen gehören, nichts auf)ße oder reiche Gotteshäuser halten, sondern nur)keit und Einfachheit als die beiden Haupteigen- derselben betrachten, wenn auch der gemeine mehr r Sinnlichen hängende Chinese, sobald er es im wäre, gern viel an die Ausschmückung seiner wenden möchte; so kommt aber Alles, was er er- seinen Hausgötzen zu. Überdies baut man zu viel lz, das man durch Anstrich, Firniß und Goldtinc- beleben sucht. Was das Innere der Pagoden an- so finden sich in denen des Fo mehr Bildnisse als meisten katholischen Kirchen, und manche darunter n alten römischen Gottheiten ähnlicher als den Hei-)ern der neuern Zeit. Andere, wie den Meeres- der vornehmsten Pagode von Tacu, kündigen Bildsäulen von demselben an, jede auf einem ein- ı Platze besonders und in einem schönen Behält- n Porzellan befindlich. In Pecking selbst befinden i merkwürdige Tempel, der Tempel des Himmels r Tempel der Erde. Der erstere ist gleich dem ıent, rund gewölbt und auf einem Hügel erbaut, halb Himmelshügel heißt. Der Tempel der Erde ckig, weil die Chinesen früherhin glaubten, die Er- eine viereckige Gestalt. Hier verrichtet der Kai- lich einmal seine Andacht, am Sommer- und Win- lstitium, und nur der Kaiser allein. In beiden durchaus keine Abbildung der in ihnen verehrten t sichtbar. Übrigens sind die Chinesen sehr tole- nd man duldet in den Pagoden Priester von an- laubensbekenntnissen, ja sie dienen sogar als Ab- artiere für Fremde und Reisende. Um doch aber e Behauptung zu begründen, als ob es gar keine empel in China gebe, finde hier die Beschreibung en Pagode Platz, die der Kaiser Tschien-Lung im Jahrhunderte dem Fo zu Ehren, wahrscheinlich ihm ein so hohes, gesundes Alter geschenkt, mit ßten Kosten erbauen ließ. In der Nähe des Tha- Ze-hol auf dem Wege von Pecking nach der Ta- wo die jetzigen Kaiser gern ihren Sommer zubrin- finden sich eine Menge Tempel, theils in der Ebe- ils auf Anhöhen, theils auf hohen Felsen, zu de- n nur durch beschwerliche Treppen hinaufgelangt. m der letztern sieht man Bildsäulen von 500 La- lern, die in ganz besonderer Heiligkeit gestorben in mehr als Lebensgröße, alle vergoldet und zum n den büßenden Stellungen, welche ihnen den Ruf iligkeit verschafft hatten. Alle diese Tempel sind Stiftungen; unter ihnen aber ragt vor allen das a oder der große Tempel des Fo hervor. Das Gebäude umgeben mehre kleinere; jenes allein aber ein mehr nach europäischer Art aufgeführtes Vier- wenigstens 200 Fuß. Es ist eilf Stockwerke hoch ßerlich obwol ohne Pracht, doch höchst regelmäßig. Mitte desselben befindet sich die ebenfalls viereck- mannte goldene Kapelle, die wirklich überaus viel und Vergoldung enthält. In dem verschlossenen t, das diese Kapelle umgibt, läuft unterhalb ein bedeckter Gang und über demselben mehre Stockwerke von bedeckten Galerien, die auf der Rückseite zu einer Reihe Zimmer führen. In der Mitte der Kapelle auf einer von einem Gitter eingeschlossenen Erhöhung stehen die, wie es heißt, goldenen Bildsäulen des Fo, seiner Frau und seines Kindes in übernatürlicher Größe und vor denselben drei reich verzierte Altäre. Hinter ihnen ist eine Nische angebracht, die das Allerheiligste zu enthalten scheint. Das Dach der Kapelle ragt weit über die Seitenmauern hervor und ist mit massiven Platten, angeblich von gediegenem Golde, gedeckt. Auch gehören nicht weniger als 800 Priester zu diesem Tempel, und alles zeigt, daß jener Kaiser bis zur Verschwendung freigebig bei Aufführung dieses Prachtgebäudes verfahren ist.

Die Figuren endlich, die man bei uns **Pagoden** nennt, und die gewöhnlich aus Porzellan nach dem Muster chinesischer Formen gebildet sind, erhielten unstreitig jenen Namen aus Verwechselung des Tempels mit dem Götzen, der sich in dem Tempel befindet und darin verehrt wird, sodaß hier recht eigentlich das continens pro contento gesetzt wird. Man weiß, daß sie trotz ihrer häßlichen Gestalten bei uns als Zierathen verwendet, und je fratzenhafter, desto theurer bezahlt werden.

(*Gustav Flügel.*)

Pagodit, s. Agalmatholith.

PAGOLIA-ORBA, einer der höchsten Berge der französischen Insel Corsica, welcher sich zu einer Höhe von 8100 Fuß erhebt, den größten Theil des Jahres hindurch mit Schnee bedeckt, übrigens aber in der Nähe des Gipfels ganz kahl ist. (*G. F. Schreiner.*)

PAGOM, oder **PAGON**, von den Jesuiten St. Ignatius genannt, heißt eine der Ladroneninseln, welche unter 19° n. Br. liegt, gegen 36 englische Meilen im Umfange hat und 30 engl. Meilen von Amalagan entfernt ist. (*Fischer.*)

Pagomenen, s. Epagomenen.

PAGONDAS ist ein griechischer Eigenname, der besonders in Böotien heimisch gewesen zu sein scheint, wenigstens waren drei unter diesem Namen erwähnte Männer Thebaner; der vierte, angeblich ein Achäer, möchte wol auf einem Irrthume beruhen.

1) Der älteste uns bekannte Pagondas ist derjenige, welcher von Pausanias (V. c. 8) erwähnt wird; aus Theben gebürtig, trug er in der 25. Olympiade den ersten Sieg davon in dem Wettlaufe mit ausgewachsenen Pferden, welcher damals eben in den Kreis der olympischen Festspiele mit aufgenommen war. Weiteres ist über ihn nicht bekannt. Der Zeit nach zunächst steht ihm

2) derjenige Pagondas, welcher von Einigen als Pindar's Vater genannt wird; auch über ihn fehlt es an nähern Angaben, und man folgt jetzt ziemlich allgemein einer von Mehren beglaubigten Überlieferung, daß Pindar's Vater Daiphantos geheißen habe, wofür der Umstand als eine Bestätigung angesehen wird, daß auch Pindar's Sohn diesen Namen führte. Freilich läßt sich dagegen auch einwenden, daß ebendiese sonst so häufig beobachtete Sitte, den Enkel nach dem Großvater zu

nennen, Veranlassung geben konnte zu einer Erdichtung des Namens.

3) Wichtiger ist Pagondas, des Äoladas Sohn, aus Theben, bei *Thucyd.* IV. c. 9. sq. *Athen.* Deipnos. V, 15. *Stobaeus* II. p. 394. ed. *Gaisf. Diod.* XII. c. 69, 70. Im achten Jahre des peloponnesischen Krieges hatten die Athener im Anfange des Winters die beiden Feldherren Demosthenes und Hippokrates nach Böotien geschickt, welche in geheimem Einverständnisse mit einer republikanischen Partei einen combinirten Angriff machen sollten; an demselben Tage nämlich sollte jener zu Schiffe in Siphä, dieser zu Lande in Delium eintreffen. Indessen durch einen Irrthum in der Zeitbestimmung kam Demosthenes zu früh, und da außerdem die Böoter von dem Plane Kenntniß bekommen hatten, so waren sie nicht unvorbereitet, und nöthigten die athenische Seemacht unverrichteter Sache wieder abzusegeln. Bald darauf traf Hippokrates ein mit allen waffenfähigen athenischen Bürgern, vielen Halbbürgern und Fremden. Da die Böoter Siphä schon wieder verlassen hatten, nahm er das in der Nähe gelegene Delium ohne Mühe in Besitz und befestigte das dort befindliche Heiligthum des Apollon in kaum 4½ Tagen mit Wall und Graben, Pfahlwerk und hölzernen Thürmen; dann schickte er den größten Theil seines Heeres auf dem Wege nach Athen, etwa zehn Stadien weit zurück, bis nahe an die Grenze; er selbst blieb in Delium, um die noch nöthigen Vorbereitungen zur Vertheidigung dieses Platzes gegen einen zu erwartenden Angriff der Böoter zu leiten.

In derselben Zeit versammelten sich die böotischen Staaten zu Tanagra. Die Böotarchen hörten von dem Abzuge des athenischen Heeres, und da sie nunmehr glaubten, das böotische Gebiet sei wieder frei und außer Gefahr, so waren sie entschlossen, den Feinden nicht zu folgen. Nur zwei Böotarchen widersetzten sich diesem Beschlusse; der eine von diesen war der genannte Pagondas, welcher grade die oberste Anführung hatte. Er drang auf eine Schlacht, und wol wissend, daß die Abneigung dagegen im Heere allgemein sei, hinderte er dasselbe, sich dessen bewußt zu werden, und sich dadurch noch mehr darin zu bestärken; er redete nämlich klüglich immer nur einzelne Heeresabtheilungen für sich an, und so folgte eine jede mehr seinen Worten als fremdem Beispiele. Seine Rede theilt Thukydides (IV. c. 92) mit; sie ist ohne Zierlichkeit, etwas schroff und hart, in kurzen, aber kräftigen Worten und Gedanken verfaßt; ohne Zweifel soll sie nicht nur die Ansichten, sondern auch die eigenthümliche Beredsamkeit des Pagondas darlegen; sie enthält übrigens Alles, was die Böoter überzeugen und anfeuern konnte, und sie erreichte ihren Zweck. Pagondas benutzte den Eifer der Böoter mit gleicher Geschicklichkeit, wie er ihn angeregt hatte. Eile versprach glücklichen Erfolg; der Abend war nahe; bis zum folgenden Tage hätten die Athener leicht gewarnt werden und sich mit aller Vorsicht rüsten können; deshalb rückte er sogleich auf das feindliche Heer los und stellte sich hinter einem Hügel, wo er nicht gesehen werden konnte, in Schlachtordnung. Hippokrates befand sich noch in Delium; jedoch bekam er zeitig genug Nachricht, um auch seinem Heere den Befehl, sich zur Schlacht zu rüsten, zugehen zu lassen; in Delium ließ er 300 Reiter zurück, mit der Anweisung, den Ort zu vertheidigen, und, wenn die Athener mit den Böotern handgemein geworden wären, den letztern in den Rücken zu fallen; sodann eilte er selbst zu seinem Heere. Sein kluger Plan wurde durch die Vorsicht des Pagondas vereitelt, welcher gegen Delium hin eine besondere Schar aufstellte, um die Besatzung in Schach zu halten; die Hauptmasse des Heeres ließ er, sobald es geordnet war, oben auf dem Hügel erscheinen, zusammen 7000 Hopliten, 10,000 Leichtbewaffnete, 500 Peltasten und 1000 Reiter; die Thebaner standen auf dem rechten Flügel in der bedeutenden Tiefe von 25 Mann, die andern Städte jede nach ihrer Weise. Die athenischen Hopliten standen nur acht Mann tief; an Zahl waren sie den Böotern ungefähr gleich, nur waren von ihren Leichtbewaffneten die meisten schon nach Athen zurückgekehrt. Vor dem Beginn der Schlacht ermunterten die Feldherren ihre Heere durch Reden, von denen Thukydides nur die des Hippokrates mitgetheilt hat. Die Ebene vor dem von Pagondas besetzten Hügel war von Bächen durchschnitten und machte daher einen allgemeinen Kampf unmöglich; namentlich konnten die an den Flügeln aufgestellten Reiter und Leichtbewaffneten keinen Theil daran nehmen. Der Ausgang war zweifelhaft, indem Pagondas mit den Thebanern auf dem rechten Flügel vollständig siegte, dagegen aber der linke Flügel der Böoter bis zum Centrum hin von den Athenern zurückgedrängt und zum Theil niedergehauen wurde. Leicht hätte daher nicht nur auf dieser Seite eine gänzliche Niederlage erfolgen, sondern auch den Thebanern der Sieg wieder entrissen werden können, wenn nicht Pagondas durch seine Besonnenheit die drohende Gefahr abgewendet hätte; er sandte nämlich dem linken Flügel zwei Geschwader Reiter zu Hilfe, welche sich hinter dem Hügel herumziehen und sich so den Augen des Feindes entziehen mußten; als sie dann plötzlich hervorbrachen und einen wohlgeordneten Angriff auf die Athener machten, erschienen sie diesen als ein neues Hilfsheer und verbreiteten den größten Schrecken, sodaß nun in dem athenischen Heere auf allen Seiten die Flucht allgemein war. Von den Reitern verfolgt, wurden viele niedergehauen, jedoch entkam die Mehrzahl unter dem Schutze der einbrechenden Nacht. Der Verlust der Athener belief sich auf nahe an 1000 Todte, unter denen auch Hippokrates war; die Böoter hätten nur halb so viele verloren. Am 17. Tage nach der Schlacht wurde auch Delium mit Hilfe einer eigenthümlichen Maschine erobert, die Thukydides (IV. c. 100) beschreibt, wahrscheinlich ebenfalls unter Anführung des Pagondas; jedoch wird er hierbei nicht ausdrücklich genannt, wie sich denn überhaupt keine weitere Nachricht über ihn findet; aber der ruhmvolle Sieg der Schlacht bei Delium, den er nicht nur den Athenern, sondern auch, was noch schwerer war, den Böotern selbst abgewonnen hatte, bildet eine so schöne vollendete That, daß man berechtigt ist, den Pagondas für einen nicht gewöhnlichen Mann von großem Talente, klarer Besonnenheit und durchgreifender Thatkraft zu halten.

4) Einen Pagondas erwähnt endlich noch Theodoret (de cur. affect. Graec.) bald nach dem Anfange des neunten Buches, wo er den Beweis durchführt, wie auch die berühmtesten Gesetzgeber des heidnischen Alterthums trotz alles Ruhmes, den sie erlangten, doch nicht im Stande gewesen wären, ihren Gesetzen eine weite Verbreitung über ihr Vaterland hinaus zu verschaffen; indem er dies mit mehren Worten an den bekanntesten Gesetzgebern zeigt, nennt er unter den weniger bekannten, die er mit Stillschweigen übergehen will, einen Pagondas als Gesetzgeber der Achäer, den daher auch Fabricius und Harles in der Biblioth. graec. ohne Bedenken als solchen in das Verzeichniß der Legislatoren aufgenommen haben. Aber da sich sonst keine Erwähnung des Mannes findet, der Name überhaupt bei den Achäern nicht vorkommt, und es schwer sein möchte, ihm mit Wahrscheinlichkeit einen Platz in der Geschichte derselben anzuweisen; so möchte die nahe liegende Vermuthung nicht zu gewagt sein, daß hier Pagondas mit Charondas verwechselt ist.
(*F. Haase.*)

PAGRAE (*Πάγραι*), alter Name einer kleinen befestigten Stadt in Syrien, in Kyrrhestika, am Amanus, heute Pagras, Bagra, Bargas. (*Strabo* XVI, 751. *Plinius* H. N. V, 23. s. 19.) (*H.*)

PAGRASA, alter Name einer Stadt in Indien jenseit des Ganges, am Flusse Sobannus im Lande der Lester, bei Ptolemäus. (*H.*)

Pagrus, s. Sparus.

PAGRUS (Paläozoologie), diesen Namen hat Defrance im J. 1825 einer Gruppe fossiler Polyparien aus der Kreide beigelegt, jedoch muß solcher in diesem Sinne unterdrückt werden, weil Cuvier schon seit 1817 (Règne animal 1. ed.) den frühern Artnamen Pagrus zum Geschlechtsnamen unter den Fischen erhoben hat. Daher denn für das obige Genus die von Blainville seit 1830 gegebene Benennung Spinopora den Vorzug erhalten müßte, wenn anders jene Polypariengruppe von dem Goldfuß'schen Geschlechte Ceriopora getrennt werden könnte. In keinem Falle aber ist die bessere Übereinstimmung des zweiten Namens mit Blainville's übriger Nomenclatur, wie er selbst meint, irgend ein Grund für seine Beibehaltung. Im Atlas des Dictionnaire des sciences naturelles hatte man Pagrus zu den Polyparia porosa orbicularia gestellt; Blainville führt Spinopora unter seiner Abtheilung Milleporea der Polyparia lapidea auf.

Defrance hatte Pagrus auf folgende Weise charakterisirt: Polyparium lapideum, fixum, suborbiculare, superne convexum et porosum, inferne porosum lineisque concentricis; Pori numerosi, irregulariter dispositi. Die Diagnose von Spinopora bei Blainville ist folgende: Polyparium lapideum, circumscriptum, multiforme, facie subconcava concentrice striata adhaerens, superne reticulatum tuberculisque spinosis echinatum; cellulis rotundatis poriformibus, irregularibus. Die Arten sind: 1) Pagrus elegans *Defr.* (in Dict. scienc. nat. 1825, XXXVII, 231) und Atlas des Polypiers fossiles. Spinopora elegans de *Blainville* (ib. LX, 380). An kleinen ästigen Polyparien sitzend, zuweilen von der Größe eines Fingernagels, und daher jene Äste seitwärts weit überragend, doch stets regelmäßig kreisrund. In Kreide von Réhou, in la Manche und bei Paris.

2) Pagrus Proteus *Defr.* (l. c. 231. Goldfuß in Dechen's Bearbeitung von de la Beche's Manual 326). Spinopora Proteus *de Blainville* (l. c. LX, 380). Ist voriger ähnlich, doch sind die Poren größer und weniger regelmäßig. Bald ist diese Art ganz ohne Spur von Anheftung und regelmäßig rund, bald eigenthümlich und mannichfaltig gestaltet, Korallenäste umfassend, oder zweispitzig in Form von Reiskörnern, doch mit einer Spitze angewachsen, oder nur an einem Ende spitz, mit dem andern aufsitzend, oder halbkugelförmig ꝛc. In Kreide zu Meudon und zu Beauvais, zu Tours, in Bakulitenkalk der Normandie.

3) P. . . . . *Defr.* (ib. 232). Poren und Proportionen größer als bei der ersten Art.

4) Spinopora mitra *de Blainv.* (l. c. LX, 380). Ceriopora mitra *Goldfuss* (Petrefactenkunde I, 39. t. XXX. f. 13 copirt in Lethaea. t. XXIX. f. 7) hoch, cylindrisch, die Wärzchen von Kreisen kleiner Poren umgeben. In Kreidemergel zu Essen an der Ruhr in Westfalen. (Vergl. noch Passy 339.) (*H. G. Bronn.*)

PAGU (פעו) war eine Stadt in Idumäa, die Residenz des edomitischen Königs Hadar, des achten in der Zahl der alten Könige Edom's, welche 1 Mos. 36, 31 fg. aufgezählt werden. S. das. Vers 39. Er heißt in der Relation der Chronik (1 Chron. 1, 50) Hadad, und auch der Name seiner Residenz wird in diesem Berichte anders, nämlich Pagi (פָּעִי) geschrieben, wenngleich auch hier mehre Handschriften die andere Lesart haben. Die alexandrinischen Übersetzer geben noch eine dritte Orthographie des Namens, nämlich *Φογώρ*, d. i. פעור. Welche Form des Namens aber die echte sein mag, läßt sich schwer entscheiden, da sonst keine Spur jener Stadt aufzufinden ist. (*E. Rödiger.*)

PAGUANOS. Unter diesem Namen führen einige Geographen eine kleine Völkerschaft auf, welche zwischen den Flüssen Ucayale und Beni im südamerikanischen Freistaate Peru nomadisiren soll. (*Fischer.*)

PAGURII (Crustacea), eine von Latreille aufgestellte Tribus der langschwänzigen Krebse, mit folgenden Kennzeichen. Die zwei vordern Füße bilden gewöhnliche Scheren, der Tarsus der vier folgenden ist lang und spitzig, die vier letzten sind viel kleiner als die übrigen und laufen entweder in eine kleine Scheere oder in einen spitzigen Haken aus; an dem vorletzten Leibesringe sitzen meistentheils fleischige, seitliche Anhänge, in Gestalt ungleicher Finger, die dem Thiere nur dazu dienen, sich festzuhalten. Das Brustschild und besonders der hintere Leib sind mehr oder weniger weich, kaum mit einer schwachen Schale bedeckt; das Thier ist parasitisch und lebt meist in leeren Schalen von See- und Landschnecken, manchmal in Alcyonien.

Die Paguren haben einige Ähnlichkeit mit den eigentlichen Krebsen, sowol rücksichtlich der Freßorgane als der Geschlechtstheile, indem die männlichen der letztern bei den einen wie bei den andern am Wurzelgliede der hintern Füße gelegen sind.

Diese Krebse waren schon den Alten bekannt, indem ihre eigenthümliche Lebensweise immer Aufmerksamkeit erregte. Aristoteles gedenkt ihrer und spricht davon, daß man sie sowol als ein Schalthier, als auch als einen Krebs betrachten könne. Er gibt der Art, von der er spricht, den Namen kleiner Krebs, und bemerkt, daß, um ihn von den Mollusken zu unterscheiden, man nur bemerken dürfe, daß er nicht wie jene in der Schale angewachsen sei. Er unterscheidet auch mehre Arten und spricht davon, daß diese Thiere keinen Muskel hätten, mit dem sie in der Schale angewachsen wären. Rondelet, Belon und mehre ältere Naturforscher waren derselben Meinung; nicht so Swammerdam, der behauptet, die Muskeln, mit welchen das Thier festsitze, gesehen zu haben; er beschreibt sie auch und schließt daraus, daß die Schale ihnen ebenso eigenthümlich sei als den Schnecken. Die Untersuchungen der neuern Naturforscher haben aber genügend dargethan, daß sie allerdings parasitisch leben, daher denn auch der Name Einsiedlerkrebs, Eremit, auch Bernhardskrebs und Soldat. Von den Antennen dieser Krebse, an der Zahl vier, sitzen die äußern gewöhnlich auf der nämlichen Linie, wie die Augen, und bestehen aus vier Gliedern, von denen das letzte sehr lang und vielgliederig ist; oft findet sich an dem innern Theile des ersten Gliedes ein Anhang, in Form eines langen Stachels, die mittlern Glieder sitzen unterhalb der Augen, sind knieförmig und bestehen ebenfalls aus vier Gliedern, das letzte ist in zwei viergliederige Fäden getheilt, von denen der obere länger und dicker ist als der untere, und deutliche Gliederung zeigt. Die Augenstiele sind sehr genähert oder dicht an einander stehend, cylindrisch, parallel vorgestreckt, mit einem Anhang an der Wurzel. Der Mund dieser Krebse hat große Ähnlichkeit mit dem der eigentlichen Krebse, der innere Stamm der äußern Kieferfüße besteht aus sechs Gliedern, von denen das erste kurz und ungleich, das zweite kurz, eckig und innen gezähnelt, das dritte etwas schmäler und länger und die drei letzten groß und linienförmig, glatt und haarig gefranzt sind.

Die Lebensweise dieser Thiere ist noch wenig bekannt, man glaubte sonst, daß sie die Bewohner der Schalen tödteten, weiß aber jetzt, daß sie nur leere Schalen aufsuchen und zwar solche, welche eine spiralförmige Windung haben, in der sie sich gut festhalten können. Alljährlich wechseln sie ihre Schalen, und zwar jedesmal nach der Häutung, weil ihnen dann die frühere zu klein wird. So lange sie jung sind, verkriechen sie sich fast ganz in die Schale, wenn sie aber größer werden, so müssen sie schon Scheeren und Füße außerhalb lassen, wobei diejenigen, welche ungleiche Scheeren haben, sich der größern derselben bedienen, um die Schalen zu schließen. Nicht immer bedient sich derselbe Krebs einer Schale von derselben Schneckenart, sondern nimmt bald die, bald jene. Auf dem Meeresboden kriechen sie sehr gut, aber nur langsam auf der sandigen Küste oder auf Felsen. Um ihre Beute zu erhaschen, brauchen sie die Schale nicht zu verlassen, sie können die kleinen Mollusken, von denen sie sich nähren, sehr leicht auch ohne dies erhaschen. Nur bei der Fortpflanzung müssen sie aus der Schale heraus. Die Eier haben sie unter dem Schwanze, gleich den andern zehnfüßigen Krebsen. Risso erzählt, daß sie zweimal des Jahres Eier legen, und zwar an diejenigen Orte im Meere, wo viele Schnecken versammelt sind, damit die auskriechenden Jungen gleich eine passende Wohnung finden. Nicht alle Arten dieser Familie leben in der See, mehre finden sich auch auf dem Lande, in Wäldern. Meistens wendet man sie nur als Lockspeise für die Fische an, doch werden sie hier und da auch gegessen und sollen nach der Behauptung eines französischen Naturforschers sehr gut schmecken.

Sie zerfallen in folgende Abtheilungen:

I. Der Thorax herzförmig, der hintere Leib regelmäßig, fast kreisförmig, die zwei vorletzten Füße nur etwas kleiner als die zwei vorgehenden, die zwei letztern zusammengebrochen, verborgen und mit ihrem Ende in eine Vertiefung an der Wurzel des Prästernums versenkt, die Finger derselben, sowie die des vorhergehenden Paares, sind einfach behaart oder stachelig. Diese Thiere leben in Höhlen und vermögen ziemlich rasch zu laufen. Hierher die Gattung Birgus.

II. Der Thorax eiförmig oder länglich, der hintere Leib lang, cylindrisch, gegen das Ende verschmälert, nur mit einer einzigen Reihe Anhängsel für die Eier. Die vier hintern Füße sind viel kürzer, als die des dritten Paares, mit kurzen, körnigen Fingern. Die Thiere der hierher gehörigen Gattungen leben in Schneckenschalen. Es gehören hierher die Gattung Coenobita, Pagurus und Prophilax. (D. *Thon.*)

PAGURUS (Paläozoologie). Mit diesem Namen (Pagurus lapideus) haben ältere Oryktographen zuweilen die fossilen Crustaceenreste überhaupt belegt, wie Scheuchzer (vergl. Walch bei Knorr Verstein. I, 148).

Wirkliche Reste des Fabricius'schen Krebsgeschlechtes Pagurus sind aber nur selten und nur von der Kreide inclus. vorgekommen, welche sich denn auch fast nothwendig auf Theile des vordern mit großen ungleichen Scheeren versehenen Fußpaares beschränken, indem der übrige Körper, welcher in Conchylienschalen und Seeschwämmen eingeschlossen und geschützt zu sein pflegt, zur Versteinerung oder sonstigen Erhaltung im fossilen Zustande nicht wohl geeignet ist. Eine der fossilen Arten ist für die Kreide einigermaßen bezeichnend.

1) Pagurus Faujasii. Bernard l'hermite *Faujas St Fond.* (histoire naturelle de la montagne de St. Pierre de Maestricht. 179, pl. XXXII, f. 5, 6. Pagurus Faujasii *Desmarest* Crustacées fossiles. [Paris 1822.] p. 127. pl. XI. f. 2. V. Schlotheim, Petrefactenkunde. 1823. III, 55. *Defrance* im Dict. scienc. natur. 1825. XXXVII, 232. *König*, icon. fossil. sectil. I, 2. pl. II. f. 20 (excluso synonymo). Goldfuß bei Dechen 322, 346 ? *G. Mantell*, Geology of Sussex. pl. XXIX. f. 3, in Geolog. Transact. B. III, 206. Geology of the South East of England. 373. *Woodward*, Synopt. t. 8. *Bronn*, Lethaea. t. XXVII. f. 23). Pagurus Bern-

hardus *Krüg.* (Urweltl. Naturgesch. II, 129. Holl, Petrefactenkunde 1829. I, 149). Die zwei Scheerenfüße sind denen des P. Bernhardus *Fabr.* wirklich am ähnlichsten; auch an ihnen ist die rechte Scheere größer, als die linke; beide sind lang, gegen einander gebogen, dick, etwas zusammengedrückt, am obern und untern Rande mit einer erhabenen gekörnelten Linie; das vorletzte Glied, Carpus, hat am vordern Rande und an dessen zwei Ecken ebenfalls eine erhabene körnige Linie, — das vorletzte oder das zweite Glied ist kurz, — das erste ist am kleinsten und glatt. Aber nach Latreille unterscheiden sich diese Scheeren von denen der genannten lebenden Art dadurch, daß sie mehr gekörnelte Erhöhungen besitzen, daß ihre beiden Finger länger sind, und daß die obere Kante der Hand einige kleine Zacken nicht hat. Diese Füße werden bis 3" lang. Sie finden sich in dem Kreidetuff von Mastricht, in Kreide von Lewes in Sussex?, in Kreide von Gehrden bei Hanover und, so weit sich aus meinen unvollständigen Exemplaren die Identität der Art herausstellen läßt, ebenso bei Quedlinburg.

2) Pagurus. . . . . ? Zu diesem Geschlechte scheinen ferner einige Scheeren von „Crustaceen" zu gehören, welche van Rensselaer (Annals of the Lyceum of natural history of New York. I, 195—198. pl. XIV. f. 1, 4 [in der Isis 1832, 1078 ausgezogen]) beschreibt und abbildet, doch nicht genügend zur genauen Vergleichung. Sie stammen aus einem tertiären, eisenschüssigen Conglomeratsande von New-Jersey.

3) Pagurus Desmarestianus *Marcel de Serres* (Géognosie des terrains tertiaires. 1829, 154) bezeichnet so gewöhnlich paarweise vorkommende Scheeren von ungleicher Größe, welche denen der ersten Art ähnlich sind, aber specifisch verschieden scheinen. Übrigens theilt er weder eine Abbildung noch eine nähere Charakteristik derselben mit. Sie sind aus dem Calcaire moëllon des südlichen Frankreichs.

4) Der wahre Pagurus Bernhardus *Fabr.* endlich kommt subfossil in den jugendlichen Muschelablagerungen des Mittelmeeres, beim St. Hospice unfern Nizza vor (*Risso* hist. nat. des productions de l'Europe méridionale. 1826. I, 174). Pagurus mysticus *Holl* (149. Macrourites mysticus v. Schloth. Petrefactenk. I, 37. II, 31. t. III. f. 4) gehört wol nicht in dieses Geschlecht. (*H. G. Bronn.*)

PAHANG, PAHAN, PÂN (nördl. B. 3° 40′, östl. L. 103° 36′ nach dem Meridiane von Greenwich), Seehafenstadt auf der Ostküste von Malacca, welche die Portugiesen Paon, die Araber aber Fân nennen. Sie liegt etwa vier Leagues von der See entfernt, ist mit einem Walle von sich kreuzenden Baumstämmen umgeben, welcher gegen 22 Fuß hoch ist und durch eine Bastei verstärkt wird, und ihre Straßen sind auf beiden Seiten mit Rohrhecken eingezäunt und mit Cacao- und andern Bäumen bepflanzt, sodaß Pahang mehr einer Reihe von Gärten als einer Stadt gleicht. Die Häuser sind aus Rohr und Stroh zusammengesetzt, nur der königliche Palast, welcher noch aus der Zeit übrig ist, wo Pahang ein eignes Königreich ausmachte, da es jetzt zu Johor gehört, ist von Holz erbaut. Die eigentliche Stadt wird nur vom Adel bewohnt, das gemeine Volk ist in die Vorstädte verwiesen. Die niedrige, aber fruchtbare Gegend bringt Pfeffer, Adler- und Calambakholz, schlechtes Gold, Muskatennüsse, Diamanten und Schweinssteine hervor, welche letztere den Bezoarsteinen vorgezogen werden. Im Innern des Landes sind Elefanten häufig. (*Fischer.*)

PAHIE. Nach Hawkesworth *) führt bei den Bewohnern der Südseeinseln eine Art von Kähnen den Namen Pahie. Sie sind gewöhnlich 30—60 Fuß lang, äußerst schmal und mit mehren Sitzen versehen, und man bedient sich ihrer bei langen Reisen oder auch im Kriege. Für den letztern Fall gibt man ihnen eine größere Breite und versieht sie auf dem Vordertheile mit einem flachen Dache, auf welchem die Kämpfenden ihren Platz nehmen. (*Fischer.*)

PAHLEN. Ein Geschlecht dieses Stammes war in Pommern zu Hause, soll aber ursprünglich den Namen Clebow geführt haben. Im J. 1484 werden die von Pahlen von dem Abte Johann von Colbatz mit einem Theile der Dörfer Clebow und Brünken belehnt. Henning von Pahlen wird ums J. 1480 unter den bedeutendern Edelleuten des Landes genannt. Franz, Hauptmann zu Colbatz, wurde im J. 1652 zum Vicedom in Kamin ernannt. Dieses Geschlecht, mit dem auch die Brusehaver eines und desselben Herkommens, führte einen von blau und roth gespaltenen Schild und in beiden Quartieren einen Zweig. In Westfalen kommen ebenfalls Pahlen vor. Johann Paël wird im J. 1424 von Friedrich von Neheim Knappe, mit dem obersten Hofe zu Osterende, in der Freiheit Westhofen, belehnt. Emtrud von Dahlem, genannt Phalen, die drei silberne Pfähle im rothen Felde als Wappen führt, war an Wilhelm von Nesselrod zu Langsteren verheirathet. Aus Westfalen soll die Familie nach Livland gekommen sein, und man will ihr insbesondere den Diedericus de Pallele, der in einer livländischen Urkunde vom J. 1241 unter den Zeugen vorkommt, zutheilen. Wir können uns jedoch nicht entschließen, in diesem Pallele einen Pahlen zu erblicken, und möchten, statt jener westfälischen Herleitung, vielmehr die von der Pahlen für eingeborene Livländer halten, eine Ansicht, bei welcher uns die Volkssage zur Seite steht. Es sollen im 13. Jahrh. zwei Brüder des Geschlechtes Koskull, dessen livländische Abstammung unbezweifelt, das ganze Land um den burtneck'schen See (in dem heutigen wolmar'schen Kreise) in Gemeinschaft besessen haben. Diese Gemeinschaft wurde, wie gewöhnlich, die Mutter der Uneinigkeit, und nach langem Zanke mußten die Brüder sich zu einer Theilung verstehen. Der eine Bruder nahm den Strich Landes, wo das koskull'sche Stammhaus Ostrominsky (lett. Kohsehkula muischa) gelegen, sammt dem nördlichen Theile des Sees; dem andern wurde die burtneck'sche Seite, sammt der südlichen Hälfte des Sees. Dieser Bruder, der sich vielleicht besonders gekränkt wähnte, ließ, die Scheidung zu verkündigen, einen eichenen Pfahl mit eisernen Reifen in den See einrammen, nannte sich

*) S. dessen Reisen. 2. Bd. S. 222 fg.

seitdem von der Pahlen, und behielt zwar in seinem Wappen die kosküll'schen Seeblätter bei, kehrte sie jedoch aufwärts und setzte seinen Grenzpfahl darauf. So weit die Sage. Johann von der Pahlen, Ritter, verbindet sich, gleich den übrigen Vasallen der rigischen Kirche, im J. 1316 mit dem Dompropste, dem Domcapitel und dem Orden, daß sie Alle für Einen und Einer für Alle, insbesondere wider Russen und Lithauer, stehen wollen. Gottschalk von der Pahl, Hauptmann zu Treyden, und Goswin von Pahle, Comthur zu Fellin, unterfertigen den walk'schen Abspruch vom J. 1428. Detleff von der Pahlen kaufte im J. 1436 das Gut Dickeln, in dem gleichnamigen Kirchspiele des wolmar'schen Kreises, und erhielt in demselben Jahre vom Erzbischofe Henning die Freiheit, auf diesem Gute eine Kirche zu erbauen, deren Präsentationsrecht ihm und seinen Erben zustehen solle. Dickeln ist bis zum J. 1722 bei Detleff's Nachkommen geblieben. Jürgen und Johann von der Pahl unterschreiben der Landschaft des Stiftes Riga Vereinigung wider die samende Hand, vom J. 1523. Dietrich von Pahlen, genannt Fleck, Comthur zu Windau, tritt im J. 1532 mit dem Rathe zu Riga, Behufs religiöser Zwecke, in ein Bündniß. Johann von der Pahlen, erzbischöflicher Rath, Stiftsvoigt zu Treyden und Erbherr zu Sepküll (lett. Pahles muischa), in dem Kirchspiele Lemsal des wolmar'schen Kreises, kommt im J. 1546 und 1556 in Urkunden vor. Georg von der Pahlen wurde auf dem Reichstage zu Stockholm im J. 1602 zum schwedischen Reichsrathe ernannt. Jacob von der Pahlen erhielt im J. 1631 von der Krone das Gut Wickendorf, in dem Kirchspiele Dickeln, des wolmar'schen Kreises. Der Obristlieutenant Johann Carstenssohn von der Pahlen auf Taurup oder Asteraw, in dem Kirchspiele Sisselgal, rigischen Kreises, starb im J. 1694, in dem Alter von 93 Jahren; die sechs Söhne, die er in der Ehe mit Christina Katharina Rosen von Kaltenbrunn erzeugt, wurden am 18. Oct. 1679 in den schwedischen Freiherrnstand aufgenommen. Der älteste derselben, Johann Andreas von der Pahlen, schwedischer Generalmajor, ertrank im J. 1696 in dem reval'schen Hafen, zugleich mit seiner Gemahlin, Barbara Helena Rosen, seinem einzigen Sohne und einer Tochter. Er hatte das Gut Oberpahlen, dessen Name in keiner Verbindung mit dem Geschlechte steht, von der Krone zu Arende gehabt. In die livländische Matrikel vom J. 1745 wurden die von der Pahlen aus den Häusern Sepküll und Eck, als in die erste Classe der Geschlechter, die schon zu heermeisterlichen Zeiten für adelig gelten, gehörig, eingetragen. In ganz ähnlicher Weise legitimirten sich zu der esthländischen Adelsmatrikel am 10. Jun. 1746 die Freiherren von der Pahlen aus dem Hause Palms, und wurde dieses esthländische Stammhaus, in dem Kirchspiele St. Katharinen des wesenberg'schen Kreises im J. 1789 von dem Freiherrn Hans von der Pahlen; Ritter des St. Georgenordens und Präsidenten des reval'schen Gerichtshofes, besessen. Peter Ludwig von der Pahlen, russisch-kaiserlicher Oberster von der Cavalerie und Ritter des St. Georgenordens, wurde durch Landtagsbeschluß vom J. 1778 in die kurländische Ritterschaft aufgenommen und kommt nachher als Generalmajor, Envoyé-extraordinaire an dem schwedischen Hofe, Gouverneur von Livland und 1796 als Generalgouverneur von Kurland vor. Der aus der neuesten russischen Geschichte so bekannte Graf von Pahlen, General (en chef) und seit dem J. 1798 Ritter des St. Andreasordens, mag ein Sohn von ihm sein. Heinrich von der Pahlen, schwedischer Major, ließ sich im Bremischen nieder, und einer seiner Söhne kommt im J. 1706 als Besitzer des dasigen Gutes Wellen vor. In Ansehung des Wappens dieser Familie herrscht eine sonderbare Verwirrung. Das Stammwappen enthält drei Seeblätter; nach der Volkssage müßten sie aufwärts gerichtet sein, weil die von Kosküll die Blätter fallend führen, und wirklich erscheinen sie aufwärts gerichtet in mehren alten Siegeln und einem Leichensteine vom J. 1573, sowie in dem Vegesack'schen Wappenbuche. Dagegen erscheinen sie auf Detleff's von der Pahlen Leichensteine vom J. 1454, auf einem Siegel von 1557 und in dem kurländischen Wappenbuche fallend, und in dem neuesten schwedischen Wappenbuche haben sie sich in rothe Rosen verwandelt. (*v. Stramberg.*)

PAHLENSEE, kleiner See im Großherzogthume Mecklenburg-Strelitz, welcher, wie der ebenfalls daselbst befindliche Pagelssee, mit der Havel in Verbindung steht. (*Fischer.*)

PAHLET, Dorf in der böhmischen Herrschaft Neundorf, saazer Kreis, liegt in der Nähe von Kommotau und hat Steinkohlengruben. (*Fischer.*)

PAHLI, PAULEE, größte, den Radsbuten gehörige Stadt in der ostindischen Provinz Ajmeer (Adschmir), welche als Stapelort zwischen Kaschmir, Punschab und Ajmeer dient und einen lebhaften Handel treibt. (*Fischer.*)

PAHNA, eine zwischen der Pleiße und Wyhra gelegene, zum Herzogthume Sachsen-Altenburg gehörige, mit Laubholz gut bestandene Waldung; sie ist von mehren, auch königl. sächsischen, Dörfern, darunter auch das altenburgische nach Treben gepfarrte Dorf Pahna (mit gegen 100 Einw.), umgeben und hält gegen 800 Acker. (*Winkler.*)

PAHUM, POVO, PAU, PAJUM, eine zum Stadtgebiete von Trient gehörige Gebirgsgemeinde im trienter Kreise der gefürsteten Grafschaft Tyrol, jenseit des Fersina am linken Ufer der Etsch, auf einem Hügel eine Stunde ostwärts von der Kreisstadt gelegen, zu welcher die Ortschaften Ponte, Sprè, Oltre Castello, Salè, Gabiolo und Villazano gehören, mit einer katholischen Pfarre des Dekanats und Bisthums Trient, welche von zwei Priestern versehen wird, in den Orten Sprè, Colle, Oltre Castello, Saleto und Gabiolo Filialkirchen hat und (nach dem Diöcesanschematismus für das Jahr 1826) 1197 Pfarrkinder zählte, und einer katholischen Kirche zu den heil. Aposteln Petrus und Andreas. Die Bewohner treiben starken Weinbau. (*G. F. Schreiner.*)

PAI, PAJACK, PAJOK, russisches, vorzüglich in Petersburg gebräuchliches Getreidemaß. Ein Pai ist nach Niemann*) 2452, nach Andern 2458 pariser Kubikzoll

*) Vergl. Niemann's vollständiges Handbuch der Münzen, Maße und Gewichte.

und enthält nach Ersterm $48\frac{1}{3}$ Litres oder $14\frac{1}{4}$ preuß. n. Übrigens geben vier Pai einen Tschetwert, zwei Tschetwerikt oder 16 Garaitzy (Garnetz), und fünf nach Niemann, vier Pai nach Andern machen einen oder Sack. (*Fischer.*)

PAICA, PAYCO, PAISOTE, heißt im spani- Amerika der mexikanische oder Jesuitenthee. (Chenodium ambrosioides *L.*) (*A. Sprengel.*)

PAIDIA *Hübner* (Insecta), Schmetterlingsgattung er Familie Noctuae, mit dünner Flügelbeschuppung, Ober- und Unterflügel bräunlich weiß, mit dunkeln lzeichen und Punkten. Es kann als Typus Pha- mundana *Linné* betrachtet werden. (D. *Thon.*)

PAIEZNO, PAJENZNO, Stadt in dem russisch- chen Obwod Wielun, Wowoidschaft Kalisch, hat eine ische Kirche, 133 Häuser und 555 Einw., deren ung in Ackerbau besteht. (*Fischer.*)

PAIGE. 1) Thomas le Paige, geboren den 25. 1597 in Lothringen, gestorben am 14. März 1658 hâteau-Villain, Mitglied des Dominikanerordens und der berühmtesten und beliebtesten Kanzelredner, der Jahre lang im Besitze eines großen Beifalls beim cum blieb, sodaß die Bischöfe ihn an ihre Bischofs- u den Advents- und Fastenpredigten einluden; man on ihm mehre ascetische Schriften und geistliche Re- son der Schrift: L'Homme content, oeuvre pleine graves sentences d'heureuses reparties et de es pensées (Paris 1629) zwei Bände, ist der erste seit dem J. 1634 fünfmal wieder aufgelegt, der nur einmal und zwar 1633 gedruckt worden. 2) b-Renéle le Paige, ein Geistlicher, geboren zu , etwa ums J. 1699, gestorben ebendaselbst am l. 1781, ist der Verfasser eines guten statistischen rbuchs über die Provinz Maine: Dictionnaire to- phique, historique, généalogique et bibliogra- e de la province et du diocèse du Maine. (Mans) 2 Voll. (Nach der Biogr. univ.) (*H.*)

PAIHECO, eine der zu der colombischen Provinz ua gehörigen Perleninseln (Archipelago de las s), ist etwa 9—10 Meilen südöstlich von Panama nt, und ihre Bewohner bauen Mais und Yuca, und ftigen sich mit Jagd und Fischfang, da die Perlen- er nicht mehr lohnt. (*Fischer.*)

PAI-HO, Fluß in Nordchina. Die allein richtige ibung und Aussprache ist Pĕ-ho (albus fluvius). . Art. Pe-ho.) (*W. Schott.*)

PAIJENEJÄRVI, großer noch über Borgo hinü- henber und von dem Westjärvi durch eine schmale nge getrennter Landsee im Kreise Helsingfors der hen Statthalterschaft Finnland. Seine Länge be- 24, seine größte Breite fünf Meilen; er nimmt in großen Wasserzügen fast alle benachbarten Flüsse ewässer auf und führt diese durch den Kymmene- dem finnischen Meerbusen zu. Mehre der in ihm lichen Inseln sind bewohnt, da sein Reichthum an n den Bewohnern derselben ihren Unterhalt sichert. (*Fischer.*)

PAILLART, Gemeindedorf im franz. Oisedepartement (Picardie), Canton Breteuil, Bezirk Clermont, liegt acht Lieues von dieser Stadt entfernt, an dem kleinen Flusse Noye und hat eine Succursalkirche und 756 Einwohner, welche Papierfabriken, Öl- und Walkmühlen unterhalten. (Nach Expilly und Barbichon.) (*Fischer.*)

PAILLE, Flecken im franz. Departement der niedern Charente (Saintogne), Canton Aunay, Bezirk St. Jean d'Angely, liegt, $2\frac{1}{4}$ Lieues von dieser Stadt entfernt, in einer getreide-, obst- und triftreichen Gegend und hat 163 Häuser und 725 Einwohner, welche ertragreiche Weinberge unterhalten. (Nach Expilly und Barbichon.) (*Fischer.*)

PAILLE, Paillegelb, die strohgelbe Farbe (vom französischen paille, das Stroh). Bei den Gold- und Silberarbeitern heißen Paillen (französisch paillons) die kleinen Schnitzelchen von Schlagloth, welche auf die Fugen der zu löthenden Arbeiten gelegt werden, um daselbst durch die beim Löthen angewendete Hitze zum Schmelzen zu kommen. Das Loth wird unter den Walzen zu dünnem Bleche ausgestreckt, welches man sodann mit der Scheere in sehr schmale und kurze Streifchen oder kleine viereckige Stückchen (Paillen) zertheilt. (*Karmarsch.*)

Paillefarbe, Paillegelb, s. Paille.

PAILLENCOURT, Gemeindedorf im franz. Departement des Nordens (Flandern), Canton und Bezirk Cambrai, ist $2\frac{1}{2}$ Lieues von dieser Stadt entfernt und hat eine Succursalkirche und 1095 Einw. (Nach Barbichon.) (*Fischer.*)

PAILLENSTEIN, eine herrliche Burgruine, nordwärts der Haupt- und Krönungsstadt Presburg, auf der Poststraße nach Mähren, bei dem schönen Marktflecken Stampfen auf der äußersten Felsspitze eines mächtigen Bergrückens hervortretend. Ungrisch heißt es Borostyankö, der Epheustein, welcher Doppelname ebenso auch dem Batthyani'schen Schlosse Pernstein in der eisenburger Gespanschaft zukommt. Der ganze Umkreis ist reich an uralten, mächtigen, in Ungerns Zeitbüchern oft und viel genannten Schlössern. Darunter ist an der Einmündung der March in die Donau, das in die Mythenzeit des Marhanenstaates und des großen Swatopluck hinaufreichende Theben, das im J. 1241 die Niederlage der Mongolen, 1260 den Sieg des Böhmenkönigs Ottokar, welcher ihm die Steiermark vom ungrischen Bela gewann, 1278 aber die weltgeschichtliche Schlacht erblickte, in welcher Ottokar wider Rudolf von Habsburg den Sieg und das Leben verlor. Neben Paillenstein ist ferner die Schwesterburg Plassenstein, Scharfenstein, das weitausschauende Bibersburg, das gespenstische Szomolan, der uralte Tempelhof Ebernhart. Aus der Hand der durch Bergbau und Handel reich gewordenen Grafen von Pösing und S. Georgen kam Paillenstein an lauter gewaltige Türkenhelden, Kaspar Sereby, Ekko und Julius Salm, Stephan Illeshazy und Niklas Palfy; Plassenstein, ungrisch von seinem Erbauer der Stein des Dieterich, Detrekö, genannt, theilte Paillensteins Geschick, außer daß es der Preis ward, den Helden Melchior Balassa von der Partei des Gegenkönigs Zapolia abzuziehen. Beide Schlösser gehörten zu dem ausgebreiteten Besitzthume der fürstlichen

Familie Palffy, welche Ungern bereits acht und im Zeitraume eines einzigen Jahrhunderts (1649—1751) drei große Palatine gegeben, Paul, Niklas und Johann. Alle drei haben Paillenstein und Plassenstein besonderer Sorgfalt gewürdigt, gleichsam als Zugehörden der ihnen erblich anvertrauten Obhut der zweiten Hauptstadt Presburg, eben dieser Grenzgespanschaft und des presburger Königsschlosses, das die größten Erinnerungen leider bis jetzt nicht wiedererwecken konnten aus Schutt und Trümmern, in die es durch Brandlegung am 28. Mai 1811 versunken ist. *(Freiherr v. Hormayr.)*

PAILLES, Gemeindedorf im franz. Ariègedepartement (pays de Foix), Canton Fossat, Bezirk Pamiers, liegt 3¼ Lieues von dieser Stadt entfernt, ist der Sitz eines Etappenamtes und hat eine Succursalkirche und 1111 Einwohner, welche einen Jahrmarkt unterhalten. (Nach Barbichon.) *(Fischer.)*

PAILLET, französischer Wein von blaßrother Farbe, dessen vorzüglichste Sorten die Provence liefert. *(Fischer.)*

PAILLON, heißt bei den Goldarbeitern das Blatt, welches den Edelsteinen zur Folie dient. Dieses ist entweder weiß (d'argent blanc) oder farbig (de couleur), je nach der Beschaffenheit der zu fassenden Steine. *(Fischer.)*

PAILLOTTES, diesen Namen führen eigentlich die Goldkörnchen, welche man im Sande der Flüsse findet, dann nennt man aber auch so kleine Flitterchen von Gold und Silber, welche man zu Stickereien gebraucht, und die deshalb lahnartig geplättet, oft auch durchbohrt werden. *(Fischer.)*

PAILSTEIN, PEILSTEIN, PILESTEIN; ein in Österreich, Baiern, Kärnthen, Franken und am Rhein ausgebreitetes und mächtiges Geschlecht. Es ist eines Stammes mit dem bairischen Königshause Scheyern-Wittelsbach und mit den steierschen Ottokaren, entsprossen von den Brüdern Luitpold und Ariko. Dieser letzte war Markgraf in der Ostmark, Luitpold aber Markgraf in Karentanien und auf dem Nordgau, zuletzt Herzog der Baiern, ein wahrer teutscher Nationalheld wider die drei großen Gefahren der Zeit, wider die Normannen, wider Swatopluk's Marhanen und wider die Ungern. — Wider Letztere blieb Luitpold in der großen Niederlage beim heutigen Presburg im August 907. — Ihn rächten seine Söhne, die Baierherzoge Arnulf und Berthold, durch die Siege auf dem Nordfeld, auf dem Krappfeld, auf der Welserheide. Ariko's Nachkommen lebten fort als Grafen im Chiem-, Traun- und Salzburggaue. Die erblichen Namen Sieghard, Ariko und Ottokar zeichnen die verschiedenen Zweige aus. Von den Söhnen Sieghard's III. (auch Sizo und Syrus genannt) stammen ferner und zwar von Sieghard die Grafen von Burghausen und Schala, Voigte von Michelbeuern, Ranshofen und Admont, — von Friedrich aber die Grafen von Pailstein und Möring (Morlen) Voigte von Michelbeuern, der gemeinsamen Hausstiftung und Erbgruft. — Schon Enenkel's Fürstenbuch schildert der Pailsteine weitläufigen Besitz: in Franken bei Kleberg und Buchseck, im südlichen Baiern, Reichenhall mit seinen Salzwerken, die Heilquelle von Gastein, die Burgen Amrang, Karlstein, Kirchberg und Hager; ferner eine Grafschaft in Friaul. Die Voigtei über das aquilejische Patriarchat gedieh von den Pailstein an die Meinharde und Engelberte von Görz, und mehre Grafschaften in Österreich unter der Enns, ob dem Mannhartsberge und ob dem Wienerwald waren ihr Eigen. Seine Vermählung mit Euphemia, Leopold's des heiligen jüngern Schwester, brachten ihn in enge Berührung mit den in der Ostmark immer mächtigern Babenbergern und mit den die nordöstliche Mark Karentaniens an der Muhr und Raab verwaltenden, auf der Burg zu Steyer und auf den Trümmern des altrömischen Lorch, auf Luitpold's Bollwerk und Grenzstein zu Enns hausenden Ottokaren. Diesen Konrad von Pailstein ehrten als ihren Wohlthäter, fürchteten auch noch öfters als streit- und habsüchtigen Gegner die Klöster S. Peter in Salzburg, Michelbeuern, S. Florian, Admont, Waldhausen, Baumgartenberg, Garsten, Seitenstetten. Er verblich bald darauf, nachdem er im J. 1156 in Regensburg Zeuge gewesen von der durch den Barbarossa bewirkten Aussöhnung der Welfen, Staufen und Babenberger, von der Wiederkehr Baierns an Heinrich den Löwen, aber auch von der Zerstückelung desselben durch die Errichtung des neuen Herzogthumes Österreich für Heinrich Jasomirgott. Er und seine Söhne Friedrich, Siegfried und Konrad waren eifrige Gibellinen. Konrad begleitete den Barbarossa auf der ihm tödtlichen, großen Kreuzfahrt, nicht minder Leopold den tugendhaften von Österreich vor Ptolemais, wo der verhängnißvolle Streit mit Richard Löwenherz sich entspann. Drei Siegfriede, pailsteinischen Blutes, führten den Namen von Möring (an der Yps bei Strengberg, in der ehemals tegernseeischen Herrschaft Achleiten) unfern des Grenzflusses Enns. Der ganze Stamm erlosch um d. J. 1208 mit Grafen Friedrich V. Lange überlebte ihn seine Mutter Euphemia auf dem Karlstein bei Reichenhall. Sie verkaufte die pailsteinischen Güter in Baiern und in dessen Bisthümern dem Herzoge Ludwig und zog sich auf ihre österreichischen Güter zurück. Dort hatte sie noch in späten Tagen mit dem Kloster Waldhausen einen heftigen Streit, der ihr den Bannfluch der Kirche zuzog, von welchem sie nur durch demüthiges Aufgeben all ihres Anspruches wieder losgezählt wurde. Insiegel, Schild und Fahne der Pailsteine weisen den auch ihren Stammesvettern, den steierischen Ottokaren, eigenthümlichen Panther.

(Quellen über dieses Haus sind: Enenkel's Fürstenbuch in Rauch's scriptor. rerum austriac. Filz, Geschichte des salzburgischen Benediktinerstiftes Michelbeuern. 1833. Des Freiherrn v. Hormayr Beiträge zur Lösung der Preisfrage des Erzherzogs Johann 1841—1817. Hormayr's Geschichte Wiens und sein Archiv für Geschichte, Statistik, Literatur und Kunst. Max Fischer, Geschichte Klosterneuburgs. Des florianer Chorherrn Franz Kurz Beiträge zur Geschichte des Landes ob der Enns.) *(Freiherr v. Hormayr.)*

PAIMBOEUF, PAINBOEUF (n. Br. 47° 17' 15", westl. Länge nach dem pariser Meridian 4° 21' 46"), kleine Seestadt und Hauptort des ersten Bezirks, sowie des gleichnamigen Cantons im franz. Department der Niederloire

:agne), besteht aus einer einzigen, ziemlich gut ge-
n Straße, und liegt zehn Lieues von Nantes, mit
em es auch durch einen in der Mitte des vorigen
hunderts angelegten Landweg in Verbindung steht,
ich vorzüglich in harten Wintern sehr nützlich beweist,
Lieues von Pornic, neun Lieues von Bourgneuf und
Lieues von Paris entfernt, auf dem linken Ufer der
und an der Mündung derselben. Sie ist der Sitz
Unterpräfectur, eines Friedensgerichts, eines Tribu-
erster Instanz, eines Seesyndicats, eines Einregistri-
- und Etappenamtes, einer Hypothekenconservation,
Steuerdirection, eines besondern Finanzeinnehmers,
: Gendarmeriebrigaden mit einem Lieutenant und einer
)augesellschaft, und hat eine Briefpost, eine Naviga-
chule, eine Börse, eine Pfarr- und eine Succursalkirche,
)ospital, welches in zwei Sälen 50 Personen beider
lechter aufzunehmen vermag, und 3646 Einwohner,
: einen Jahrmarkt unterhalten, Schiffe bauen und
ern, Ziegel- und Backsteine brennen und starken Ge-
handel treiben. Diese Stadt, deren celtisch- (Pen =
) französischer Name so viel wie Ochsenkopf bedeuten
war noch im Anfange des vorigen Jahrhunderts nichts
n von Fischern bewohntes Dorf. Die für den Han-
ünstige Lage desselben, verbunden mit dem Umstande,
die größern nach Nantes bestimmten Schiffe sowol,
uch die, welche von dieser Stadt in die See gehen
n, hier aus- und einladen müssen, wobei die Waa-
uf Gabarren, einer Art platter und breiter Flußschiffe,
: zum Rudern und Segeln eingerichtet sind, hin und
schafft werden, erhob den Ort bald zu einer Stadt
ritten Ranges, in welcher sich oft, wenn die Schif-
stark geht, 5—6000 Menschen aufhalten. Die Höhe
luth beträgt hier 15 Fuß. — Der Bezirk Paimboeuf
lt in den fünf Cantonen Bourgneuf, Paimboeuf, le
in, Pornic und St. Père en Retz 25 Gemeinden
41,800 Einwohner. Der Canton Paimboeuf hat in
Gemeinden 5682 Einwohner. (Nach Expilly und
bichon.) (*Fischer.*)

PAIMPOL, kleine Seestadt und Hauptort des gleich-
gen Cantons im franz. Departement der Nordküsten
agne), Bezirk St. Brieuc, liegt 10½ Lieues von die-
Stadt, 8 Lieues von Lannion, 121 Lieues von Paris
nt, im Hintergrunde eines Meerbusens, ist der Sitz
Friedensgerichts, sowie eines Einregistrirungsamtes,
hat eine Briefpost, eine Pfarrkirche und 2152 Einw.,
e einen sehr stark besuchten Jahrmarkt unterhalten,
brauen, Seilerarbeiten verfertigen, Schiffe für den
fischfang ausrüsten und Küstenschiffahrt treiben. Der
einer Rhede versehene Hafen ist klein, aber bequem.
er Nähe befindet sich eine Mineralquelle. Der Can-
Paimbol enthält in 11 Gemeinden 19,011 Einw.
h Expilly und Barbichon.) (*Fischer.*)

PAIMPONT, großes Gemeindedorf im franz. De-
ment der Ille und Vilaine (Bretagne), Canton Plé-
Bezirk Montfort, liegt 6¼ Lieues von dieser Stadt
nt, am Ende des Bresilhanerwaldes, und hat eine
ursalkirche, eine nach der Sage im J. 630 durch
Fürsten Judicail gegründete, jetzt aufgehobene, Augu-
stinerabtei und 3462 Einwohner, welche Handel mit Zwirn treiben und Hochöfen, Eisenhämmer, Schmelzhütten, Schmieden und Plattmühlen unterhalten. Das Eisen dieses Orts soll an Güte dem spanischen nicht viel nachgeben und das Arsenal zu Brest bezieht von hier fast seinen ganzen Bedarf. (Nach Expilly und Barbichon.) (*Fischer.*)

Painajainen, f. Finnen, Volksglauben derselben.

Painalton, f. Mexico, Religion der Urbewohner.

PAINKHARDI, eine Stadt in der zur Präsidentschaft Calcutta gehörenden Provinz Gurwal, berühmt wegen der hier befindlichen Cedernwaldungen, in welchen man Bäume von 27 Fuß Umfang und 180 Fuß Höhe antrifft. (*Eiselen.*)

PAINSWYCK, Stadt und Kirchspiel in der englischen Grafschaft Gloucester, 1½ Stunde nördlich von Stroud und 45 nordwestlich von London, hat in 625 Häusern über 4000 Einwohner, welche sich vornehmlich mit Tuchmacherei beschäftigen. Unter den öffentlichen Gebäuden ist eine schöne Kirche mit einem 175 Fuß hohen Thurme. (*Eiselen.*)

PAINTEN, PAINTHEN, POINTEN, Markt im bairischen Landgerichte Hemau, zwei Stunden von Hemau, mit 115 Häusern, 600 Einwohnern, einem katholischen Pfarramte des Dekanates Laber, drei Brauereien, drei Potaschsiedereien, einer Ziegelhütte und einem großen Walde gleichen Namens in der Nähe. (*Eisenmann.*)

PAIR (St.), 1) Flecken im franz. Manchedepartement (Normandie), Canton Granville, Bezirk Avranches, ist 5¼ Lieues von dieser Stadt entfernt und hat eine Succursalkirche und 1554 Einwohner. 2) **St. P. du Mont**, Flecken mit einer Succursalkirche und 251 Einwohnern im Calvadosdepartement. (Nach Barbichon.) (*Fischer*)

Pair von England, der drei vereinigten Reiche von Großbritannien und Irland, Pair von Frankreich, Pairie, siehe am Ende des Buchstabens.

PAIRAY, Küstenfluß im franz. Vendeedepartement, welcher Fahrzeuge von 15—18 Tonnen trägt und sich in das Meer ergießt. (*Fischer.*)

PAIRIS. Zwischen Urbis und dem Weißensee, an dem Weißflusse, in dem Umfange der vormaligen Herrschaft Rappoltstein im Oberelsaß, war gelegen die Cistercienserabtei Pairis. Gestiftet im J. 1138 von dem Grafen Ulrich von Egisheim, bestätigt im J. 1187 von dessen Neffen, dem Grafen Ludwig von Pfirt, erhielt sie ihre ersten Mönche aus dem Kloster Bellevaux*) in Hochburgund, welches selbst die erste Tochter von Morimond. In des Papstes Lucius III. Bulle vom J. 1184 werden bereits 17 Orte des Oberelsaß aufgezählt, in welchen das Kloster Besitzungen hatte. Der Abt Martin von Pairis hatte sich dem Kreuzzuge angeschlossen, welcher mit der Einnahme von Constantinopel (1204) endete und brachte von dannen ein großes Stück von dem heil. Kreuze in die Heimath zurück. Des Abtes Begleiter in dieser Pilgerfahrt möchte wol gewesen sein der Cistercienserмönch

---

*) Schöpflin nennt, statt Bellevaux, Lützell, worauf er seine Angabe begründete, vermögen wir nicht zu errathen. Pairis und Lützell waren beide Töchter von Bellevaux.

Günther, dessen Historia captae Constantinopoleos a Latinis in *Canisii* lectionibus antiq. abgedruckt, von dem wir aber auch de oratione, jejunio et eleemosyna Lib. XIII. (Basileae 1504) besitzen. Jedenfalls ist es gewiß, daß Günther ein Cistercienser aus der baseler Diöcese gewesen, und daß das Kloster Pairis in diese Diöcese gehörte. Wenn aber Golbery (Antiquités de l'Alsace. p. 32) schreibt: Gunther, abbé de Pairis, mort en 1208, composa sur les exploits de Fréderic Barberousse un poëme intitulé Ligurinus, so hätte er den Beweis für eine so wichtige Thatsache nicht verschweigen sollen. Denn in schroffem Gegensatze zu seiner Angabe heißt es in Erhard's Geschichte des Wiederaufblühens wissenschaftlicher Bildung (1. Th. S. 142): „Der unter dem Namen Günther bekannte Dichter, der ausgezeichnetste unter allen teutschen Dichtern, welche vor der Wiederherstellung der Wissenschaften in lateinischer Sprache gedichtet haben, ist in Ansebung seiner Lebensumstände so unbekannt, daß man sogar sein Dasein ganz bezweifelt und sein noch vorhandenes Gedicht für ein untergeschobenes, in einem spätern Jahrhunderte verfertigtes Werk erklärt hat, wogegen aber sehr bedeutende innere Gründe streiten. Selbst der Name Günther, den ihm die Ausgaben seines Werkes beilegen, beruht wahrscheinlich auf einem bloßen Misverstand, und ebenso wenig begründet ist die Vermuthung, daß er mit einem Cisterciensermönche, Namens Günther, dem Verfasser einer Geschichte der Eroberung von Constantinopel im J. 1204 eine Person sei. So viel gehet jedoch aus ziemlich deutlichen Spuren seines Werkes hervor, daß er ein Teutscher und zwar ein Geistlicher, aber kein Mönch gewesen ist, sondern wahrscheinlich eine Stelle am königlichen Hofe bekleidet hat." Vom 14. Jahrh. an gerieth das Kloster unter schwachen oder verschwenderischen Äbten in Verfall, und die Mönche, zum Theil Edelleute, wollten nicht mehr gehorchen. Papst Eugen IV. suchte dem Verderben Einhalt zu thun, indem er um die Mitte des 15. Jahrh. die äbtliche Würde unterdrückte und die bisherige Abtei, als ein Priorat, dem Kloster Maulbronn incorporirte. Gewonnen war damit nicht viel; es gehören vielmehr der maulbronn'schen Periode die wichtigsten Veräußerungen des Klostereigenthums an. Namentlich wurde der Hof zu St. Wyden (St. Guido) in Colmar, der durch sein Asylrecht so berühmt, im J. 1553 um 2000 Gulden an die Stadt Colmar, und gleichzeitig auch der Antheil an dem Patronatrechte zu Türkheim verkauft. In dem 30jährigen Kriege verschenkte der schwedische Feldherr Gustav Horn das Kloster Pairis an einen Wetzel von Marsilien. Dieser Herrschaft, gleichwie der Verbindung mit Maulbronn, machte der westfälische Friede ein Ende. Bernardin Buchinger, der unter dem Einflusse des Restitutions-Edicts Maulbronn als Abt regiert hatte, führte in Pairis, zugleich mit der katholischen Religion, auch die klösterliche Ordnung wieder ein. Es ist das der nämliche Buchinger, der später als Abt nach Lützell versetzt wurde, und der eine Abhandlung über die heil. Regulakapelle zu Kienzheim, sowie den Abriß einer diplomatischen Geschichte des Klosters Lützell hinterließ. Nach Expilly hatte die Abtei Pairis, der ein Regularabt vorgesetzt, ein jährliches Einkommen von 8000 Livres. Außer dem eigentlichen Klostergute besaß sie das Patronatsrecht in den benachbarten Pfarreien Urbis, Schnierlach (la Poutroye) und Diedolshausen (Bonhomme), ein Drittel an dem Zehnten in Bennweyer, als Surrogat für das Patronat und den Zehnten in Katzwangen, welches Dorf mit der Gemeinde Bennweyer vereinigt worden, den Pfleghof in Rufach ꝛc. Heutzutage liegt das Kloster in Trümmern, in einsamer Vertiefung, wie beinahe alle Cistercienserklöster, und diese tiefe Lage gewährt dennoch keinen Schutz gegen die winterliche Kälte, die vielmehr hier, auf dem Abhange der Vogesen, besonders streng zu sein pflegt.
(*v. Stramberg.*)

PAIRISADES. So, nämlich *Παιρισάδης*, wird dieser Name auf Münzen und Inschriften beständig geschrieben, während man bei den Autoren hierin die größte Variation, und auch namentlich die Formen *Βηρισάδης*, *Βορισάδης*, *Παρυσάδης*, *Παρεισάδης*, *Παρισάδης* findet. Dieser Name gehört aber der ersten königlichen Familie, der Familie der Spartociden, an, welche über den Bosporus, d. h. über das griechische Reich an beiden Küsten des cimmerischen Bosporus, dessen Hauptstadt Pantikapäum oder Bosporus war, von Ol. 85, 3 v. Chr. 438 bis etwa 95 v. Chr. a. u. c. 660, also an 343 Jahre geherrscht hat. Der erste Fürst dieses Namens, Pärisades I., war der Sohn Leuco I., der 40 Jahre lang, von Ol. 96, 4 — 106, 4 (v. Chr. 393 — 353) regiert hatte, und dem nach seinem Tode sein ältester Sohn Spartocus III. gefolgt war; dieser war nach einer fünfjährigen Regierung v. Chr. 348, Ol. 107, 4 — 108, 1 gestorben und hatte die Regierung seinem Bruder Pärisades hinterlassen. Dieser Fürst regierte nach Diodor (XVI, 52) 38 Jahre, also von Ol. 107, 4 — 117, 2 — 3 (v. Chr. 348 — 310, womit übereinstimmt, daß derselbe Schriftsteller (XX, 22) seinen Tod unter dem Archon Hieromnemon, Ol. 117, 3, erwähnt. Wir wissen, daß er gegen die Scythen Krieg geführt (*Demosth.* c. Pharm. 909, 28), daß man ihn wegen seiner milden Gesinnung unter die Götter versetzt (*Strab.* VII, 310), daß er den Athenern wie sein Vater Leukon besonders wohlgewollt, ihnen steuerfreie Ausfuhr des Getreides bewilligt hat (*Demosth.* 917) und daß von ihm, von Satyrus und Gorgippus Erzstatuen auf dem alten Markt in Athen auf Antrag des Demosthenes errichtet wurden (*Dinarch.* c. Demosth. p. 34). Die neben ihm hier genannten Satyrus und Gorgippus werden zwar von Dinarch mit ihm unter dem gemeinsamen Namen „der verhaßtesten Tyrannen" zusammengefaßt, sie können aber nur unter ihm Gouvernements gehabt und zur regierenden Familie gehört haben; nämlich Satyrus war der Sohn, Gorgippus der Schwiegervater des Pärisades. Nach seinem Tode stritten seine drei Söhne, Satyrus, Prytanis und Eumelus, um das Reich; Satyrus, der älteste und von seinem Vater zum Nachfolger bestimmt, starb nach neunmonatlicher Regierung, an den Folgen einer Wunde, die er in einer Schlacht gegen seinen Bruder Eumelus erhalten hatte; Prytanis bemächtigte sich nun der Herrschaft, wurde aber bald gleichfalls von Eumelus besiegt und getödtet, sowie derselbe auch alen Kindern seiner beiden Brüder das Leben nahm; nur ein Sohn des Satyrus, Pärisades, entfloh ganz jung aus der Stadt und rettete sich zu dem Scythenkönige Agarus. Eumelus, der mit großen Planen zur Erweiterung seines Reiches umging, starb nach einer Regierung von fünf Jahren und fünf Monaten Ol. 119, 1 (v. Chr. 304) und es folgte ihm sein Sohn Spartocus IV., der 20 Jahre regierte von Ol. 119, 1 — 124, 1 (v. Chr. 304 — 284). Nun wird uns von Autoren nur noch ein Pärisades erwähnt, nämlich bei Strabo (l. c.) der Pärisades, welcher dem Mithridat das Reich überließ, etwa 95 v. Chr. Wie der Zeitraum von etwa 190 Jahren, nämlich von 284—295 v. Chr., auszufüllen sei, wissen wir nicht; indessen gehört in denselben 1) der auf zwei Inschriften erwähnte *Παιρισάδης*, Sohn des Spartocus; nach dem Alter der Buchstaben sieht Boeckh ihn für den Sohn und Nachfolger des vierten Spartocus an, der seinem Vater Ol. 124, 1 gefolgt sei. 2) Der auf zwei Goldmünzen erwähnte König Pärisades *ΒΑΣΙΛΕΩΣ ΠΑΙΡΙΣΑΔΟΥ*, dies kann nicht Pärisades I. sein, denn theils hat dieser sich schwerlich schon König genannt, theils wird von ihm der Genitiv constant *Παιρισάδους* oder *Παιρισάδεος* gebildet, nie *Παιρισάδου*; Köhler hat aus innerer Beschaffenheit der Münzen nachgewiesen, daß sie sogar jünger als Pärisades II. sein müßten; mithin ist dies mindestens Pärisades III. und der von Strabo als letzte genannter mindestens Pärisades IV. Vergl. Boeckh (Corp. Inscr. Graec. T. II. p. 91 sq.), wo man die verschiedenen Gelehrten, die sich mit diesem Gegenstande beschäftigt haben, genannt findet. (*H.*)

Pairs, Pairskammer, s. am Ende des Buchstaben P und **Parliament**.

Paischwa, s. **Maharatten**.

Paisiello, s. **Paesiello**.

PAISLEY, eine Stadt am Flusse White-Cart in der Grafschaft Renfrew, in Südschottland, drei Stunden westlich von Glasgow und 20 Stunden von Edinburgh, mit mehr als 46,000 Einwohnern. Sie ist alt, soll ihr Entstehen einem Kloster verdanken, hat aber erst in der neuern Zeit Wichtigkeit erlangt; denn vor etwa 80 Jahren zählte sie noch nicht ganz 4300 Einwohner. Jetzt hat sie eine Länge von 2½ engl. Meilen und eine Breite von 1½ engl. Meilen, wenn man ihre sechs Vorstädte mit einrechnet. Der White-Cart theilt sie in die Alt- und Neustadt, wovon jene am westlichen, diese am östlichen Ufer gelegen ist. Die letztere hat in ihrer Hauptstraße lauter schöne Gebäude. Paisley hat sechs Kirchen für Presbyterianer, eine für Episkopalen, zwei für Methodisten, eine für Katholiken und eine Menge Bethäuser für andere Religionsparteien. Die alte, aus einem Mönchskloster entstandene, Abtei war ein herrliches Bauwerk, aber es steht davon nur noch die Kirche. Von neuern Gebäuden verdienen besonders das Rathhaus, welches aus Quadersteinen errichtet ist und einen Thurm von 128 Fuß Höhe hat, und die Gefängnisse für Verbrecher und Schuldner enthält, das neue Zuchthaus und Gefängniß, das Krankenhaus, das Hospital, das Armenhaus, das städtische Kaffeehaus und die Fleischhalle Erwähnung. Unter den Schulen befinden sich auch mehre für arme Kinder. Ein philosophischer Verein, mehre Leihbibliotheken, Büchergesellschaften und Lesecabinette bezeugen den Trieb nach Bildung in dieser recht eigentlichen Manufacturstadt, worin Modewaaren in Seide und Baumwolle, Leinwand, Tuch, Borten, Leder, Seife, Lichte, Branntweine und Gußeisenwaaren fabricirt werden, und sich bedeutende Bleichen befinden. Schon vor einer Reihe von Jahren schlug man den Werth der jährlich fabricirten Waaren auf 1,250,000 Pf. St. an. Der Hafen am Cart begünstigt dabei den Verkehr sehr, denn er gestattet, daß Schiffe, welche sieben Fuß tief gehen, bis an die Kaien gelangen. (*Eiselen.*)

Pais Messin, s. **Mez**.

Pais reunis, s. **Reunionskammern**.

PAISSEAU, auch **PESSOT**, eine Art geköperten Wollenzeuges (Serge), welche zu Sommiers im ehemaligen Languedoc gewebt wird. (*Karmarsch.*)

PAISZEGH, ein der alten ungrischen Familie Pais gehöriges Dorf und Diverticulum im egérszeger Gerichtsstuhle (**Processus**) der szalader Gespanschaft, im Kreise jenseit der Donau Niederungerns, in hügeliger Gegend, zwischen den Dörfern Bécsvölgye und Szilvágy gelegen, mit 71 Häusern und 575 magyarischen Einwohnern, die sich theils zur römisch-katholischen, theils zur reformirten Kirche bekennen. Die erstern sind nach Millej, die letztern nach Borubo-Szegh eingepfarrt (*G. F. Schreiner.*)

PAITA, Hafen der Provinz Piura, der nördlichsten des Departements Libertad oder Truxillo und also der ganzen Republik Peru, unter 5° 3′ südl. Br., 80° 59′ westl. Greenwich. Der Ort enthält nur einige hundert sehr ärmliche Lehmhäuser, ist nach allen Seiten offen, wird durch zwei dem Strande parallele Gassen gebildet und hat durch mehre Umstände außerordentlich an Wichtigkeit verloren. Die Umgegend ist eine abschreckende Sandwüste ohne Vegetation und Wasser, sodaß man in dem Flecken zwar überall auf gastfreie Mittheilung von Wein von Lambayeque rechnen kann, allein ohne Unbescheidenheit nicht um das viel theurere Wasser bitten darf, welches von Colan, einem Fischerdorfe der Küste, herbeigeführt und in den Häusern verschlossen gehalten wird. Nur erst in dem 14 Leguas entlegenen Piura ist trinkbares Wasser zu finden. Ackerbau oder irgend eine Art von Industrie, zu welcher Wasser erfoderlich ist, sind daher unmöglich. Nur Ziegen werden gehalten; die Lebensmittel empfängt man, mit Ausschluß der häufigen Seefische, von andern Orten der Küste im Süden. Ehedem aber hatte Paita einen ziemlich lebhaften Vertrieb, indem bei dem Mangel guter nautischer Kenntnisse alle vom Norden kommende Fahrzeuge auf der Reise nach Lima in Paita einliefen, und die Flotte der Galeonen auf der Rückreise von Panama dort ihre Waaren auslabete. Der Transport derselben auf Maulthieren nach Lima beschäftigte auf sehr gewinnbringende Weise die Bewohner, und außerdem war der Handel aus diesem Entrepot nach den innern Gebirgsgegenden sehr lebhaft. Gemäß einem alten Herkommen landete jeder neue Vicekönig von Peru in diesem Hafen und hielt sich so lange in ihm auf, bis seine Ankunft nach Lima gemeldet war. Der Landweg nach Guayaquil und Quito führte ebenfalls durch Paita und wurde bis vor wenigen Jahren von den Reisenden der Seefahrt, ungeachtet seiner außerordentlichen Mühseligkeit, vorgezogen. Diese Umstände zusammengenommen machten den Ort ebenso reich als kostspielig zum Aufenthalte. Admiral Anson, der mit seinem allein übriggebliebenen Schiffe Centurion keine gewaltsame Landung an irgend einem andern und besser verwahrten Punkte der amerikanischen Westküste wagen durfte, überfiel Paita in der Nacht zum 24. Nov. 1741. Obgleich mancher Schatz schnell im Sande verscharrt wurde, machten die Matrosen doch eine bedeutende Beute. Nach viertägigem Besitze schifften die Engländer sich wieder ein, allein nur erst nachdem sie den Flecken, gegen den Willen ihres Befehlshabers, angezündet hatten, eine Begebenheit, die, bis in die neuesten Zeiten unvergessen, den Haß der Peruaner gegen Fremde erhalten hat. Im Revolutionskriege erklärte sich Paita für die Spanier und errichtete auf der nahen schon in alten Zeiten befestigten Silla de Paita ein Fort, welches im Jahr 1819 von Lord Cochrane mit Sturm genommen und in die Luft gesprengt wurde. Der Ort wurde bei dieser Gelegenheit geplündert. Gegenwärtig treibt Paita nur einen unbedeutenden Transitohandel mit dem Innern; größere Fahrzeuge fremder Nationen laufen selten ein, und die Verbindung mit Lima wird durch kleine Küstenfahrer erhalten. Die einzigen Ausfuhrartikel sind gesalzene Fische und Fasern (Cabullo) der amerikanischen Agave zu Bindfaden, Seilen ꝛc. Das Klima ist selbst in Peru wegen seiner Heiterkeit berühmt; die Nebel von Lima, das einzige Mittel, um das verbrannte Land zu befeuchten, fehlen, und Regen fallen oft nicht einmal innerhalb eines Menschenalters. Man ist so wenig auf sie eingerichtet, daß als 1728 ein solcher fiel, der größere Theil des Fleckens zerstört wurde. Franc. Pizarro entdeckte im J. 1526 den Hafen auf seinem Entdeckungszuge zur See von Tumbey nach Süden. (*E. Poeppig.*)

PAITAN (nördl. Br. 6° 32′, östl. L. 117° 28′ nach dem Merid. von Greenwich), Stadt an einem Flusse und einer Bai gleiches Namens auf der Nordküste von Borneo, welche wegen des Kampherhandels von europäischen Kauffahrern stark besucht wird. (*Fischer.*)

PAITONI (Jacob Marie). Von den Lebensumständen dieses nicht unberühmten italienischen Literators ist nur wenig bekannt. So viel ist gewiß, daß er in dem ersten Decennium des 18. Jahrhunderts zu Venedig geboren und ebendaselbst gegen das Ende des Jahres 1774 gestorben ist. Das Amt eines Bibliothekars, welches er bei einer frommen Brüderschaft verwaltete, gab seinen gelehrten Arbeiten die Richtung auf umfassendere bibliographische Untersuchungen, denen wir außer mehren kleinen Abhandlungen ein größeres Werk verdanken, welches Paitoni's Namen lange erhalten wird und ihm bleibenden Ruhm sichert. Seine Amtsgeschäfte veranlaßten ihn zunächst, von den seltenen Drucken aus dem 15. Jahrh., welche die ihm anvertraute Bibliothek in großer Menge und in seltener Auswahl bewahrte, Beschreibungen zu liefern, welche in die Memorie della stor. litterar. (Vened. 1758) P. XI et XII und in die beiden ersten Bände der Nove memorie aufgenommen wurden. Aber es umfassen diese Aufsätze nur einen Theil der Arbeit, die Drucke von 1461—1484, da die Fortsetzung von den Herausgebern jener Zeitschrift, denen der Gegenstand zu wenig interessant scheinen mochte, verhindert ward. Aus gleicher Veranlassung ging auch ein zweiter Aufsatz hervor, die Broschüre Venezia la prima città fuori della Germania, dove si esercito l'arte della stampa. (Vened. 1756.) 48 Seiten, und ohne wesentliche Verbesserungen wiederholt 1772. Sassi nämlich hatte die Ehre, Wiege der Buchdruckerkunst in Italien zu sein, für Mailand in Anspruch genommen; der Patriotismus veranlaßte Paitoni gegen jenen aufzutreten und jene Ehre seiner Vaterstadt Venedig zu vindiciren. Aber leider ist der Hauptbeweis ganz falsch, denn das viel besprochene Buch Decor puellarum zoe honore delle donzelle trägt zwar als Namen des Druckers den des N. Jenson und als Jahr MCCCCLXI, und würde also noch vor die frühesten römischen Drucke zu setzen sein, wenn nicht Jenson's Thätigkeit erst später begonnen und durch einen Druckfehler für 1471 jene Zahl entstanden wäre, ja selbst die Behauptung, daß Jenson der erste Buchdrucker zu Venedig gewesen, muß im Interesse des Johannes de Spira zurückgewiesen werden *). Sein verdienstlichstes Werk ist Biblioteca degli autori antichi greci e latini volgarizzati; in fine si dà la notizia de' volgarizzamenti della bibbia, dell messale e del breviario. (Venez. 1766. 4.) T. I. 316 Seiten **). T. II. 264 Seiten. T. III. (1767.) 200 Seiten. T. IV. 247 Seiten. T. V. 272 Seiten. Auf die italienischen Übersetzungen alter Schriftsteller hatten zwar schon frühere Bibliographen, wie Scip. Maffei und namentlich Just. Fontanini in dem Buche dell' eloquenza Italiana, das noch jetzt in Verbindung mit Apostolo Zeno's Bemerkungen schätzbar ist, geachtet, ja Ph. Argelati hatte eine biblioteca degli volgarizzatori ausgearbeitet, aber die Mängel dieser Arbeiten, ferner die Verzögerung des Druckes und der Herausgabe des letztern Werkes, welches erst zehn Jahre nach des Verfassers Tode durch Angelo Theodoro Villa erschien, veranlaßten Paitoni die Früchte seiner Studien zuerst seit 1742 in der Raccolta Callogerrana (T. 32—36) mitzutheilen und dann das Ganze in dem oben verzeichneten Werke zusammenzufassen, dessen vier erste Bände die altclassische Literatur, der fünfte die Bibel und die kirchlichen Schriften enthält. Dadurch ist nicht nur Argelati's Werk ganz überflüssig gemacht worden, sondern auch die bibliographische Literatur in Bezug auf die italienischen Übersetzungen mit einem Werke bereichert, dem wir für die Teutschen nur Degen's fleißige, aber etwas zu umständliche Arbeit und für die Englischen Brüggemann's sehr verdienstliches Buch an die Seite stellen können. Eine Fortsetzung desselben will Rostermund in den Opuscoli scientifici e filologici (XXXIII) gefunden haben, der auch aus dem 42. Theile derselben

*) Der Verf. des erwähnten Buches soll Gi. di Dio Certosino sein; die Literatur über jenen bibliographischen Streit, der viele Schriften veranlaßt hat, gibt Panzer (Annal typogr. III, 75), wozu bei Ebert (Bibliogr. Lexik. nr. 5865) einige Nachträge zu finden. Über Joh. de Spira vergl. *Pellegrini*, Della prima origine della stampa di Venezia per opera di *Giov. di Spira*. (Ven. 1794.) **) Der erste Band trägt auch in einigen Exemplaren die Jahrszahl 1774.

Sammlung eine andere Abhandlung über einen zu Lyon 1568 gedruckten Auszug der Aristotelischen Ethik anführt. Außerdem kennt man von Paitoni eine Übersetzung des Ciceronianischen Lälius: Il dialogo dell' amicizia trad. dal' *Paitoni* (Venez. 1763.) und eine Übersetzung des Mathematikers Diophantus in *Crivelli*, Elementi di fisica (Venez. 1744). (*Eckstein.*)

PAITZDORF, Pfarrdorf im Amte Ronneburg des Herzogthums Sachsen-Altenburg, hat 600 Einwohner, einschließlich des Filials Mänsdorf, liegt südöstlich von Ronneburg an einem Zuflusse der Sprotta, hatte früher einen eigenen Erbgerichtsstuhl, der aber jetzt vom Amte Ronneburg verwaltet wird. (*G. F. Winckler.*)

PAIX (Jacob), geboren zu Augsburg 1556, Sohn des Peter Paix, Organisten zu Augsburg an der St. Annenkirche, welcher nach dem Berichte seines Sohnes am 22. Febr. 1567 daselbst entschlief. Jacob Paix wurde als Organist zu Lauingen angestellt und für einen der besten der damaligen Zeit gehalten. Er hat sich durch Sammlungen, Compositionen und Schriften um die Tonkunst verdient gemacht, welche von Ernst Ludwig Gerber in seinem alten und neuen Lexikon der Tonkünstler fleißig zusammengetragen worden sind. Eins der beträchtlichsten Werke seines Fleißes in jener Zeit ist sein Tabulaturbuch gegen 60 Bogen in Fol. unter dem Titel: Ein schön nütz und gebreuchlich Orgel-Tabulaturbuch, darinnen etlich der berümbten Componisten, beste Motetten, mit 12, 8, 7, 6, 5 und 4 Stimmen auserlesen, dieselben auff alle fürneme Festa des ganzen Jahres, vnd zu dem Chormas gesetzt. Zuletzt auch allerhand der schönsten Lieder, Pass' e mezzo vnd Tantz, alle mit grossem fleiß Colorirt. Zu trewem Dienst den Liebhabern dieser Kunst, selbst Corrigirt vnd in Truck verwilligt von Jacobo Paix Augustano, dieser Zeit Organist zu Laugingen. In Verlegung Georgen Willers. Getruckt bei Leonh. Reinmichel 1583. In der Vorrede handelt er unter Andern von der Schwierigkeit, diese Gesänge für die Orgel zu arrangiren. Das Buch enthält 70 Gesänge und kleine Lieder und Tänze: 18 von Orlandus Lassus; 12 von Palestrina; 5 von Jacob Paix selbst; 2 von Senfl; 2 von Crequillon; 2 von Utentaler; 1 von Filis Paix, von dessen Leben nichts bekannt ist; 1 von Riccius; 1 von Cirlerus; 1 von Janequin; 1 von Ivo; 1 von Clem. de Bourges. Unter den angehängten französischen, teutschen und niederländischen Tänzen befinden sich auch teutsche Volkslieder, die damals von der kirchlichen Musik nicht sehr abwichen oder ohne Weiteres zu kirchlichem Dienst umgewandelt wurden. Selectae, artificiosae et elegantes Fugae duarum, 3, 4 et plurium vocum, partim ex veteribus et recentioribus Musicis collectae, partim compositae a *Jac. Paix* etc. (Lauingae 1587. 4.) Die Stücke sind von Josquin de Prés, Pet. Plutensis, Greg. Maier, Ant. Brumel, Jac. Hobrecht, Senfl, Okenheim, Lud. Daserus, Orlandus Lassus. Missa Parodia Mutetae, Domine da nobis auxil. Thomae Crecquillonis, senis vocibus. (Lauingae 1587. 4.) Einige Missen und ein Fugenbuch mit Noten und Buchstaben, nach der Ordnung der 12 Tonarten. (Ebend. 1588.) Kurzer Bericht aus Gottes Wort und bewährten Kirchenhistorien von der Musik, daß dieselbe fleißig in den Kirchen, Schulen und Häusern getrieben und ewig soll erhalten werden. (Lauingen 1589. 4.) Missae Helveta artificiosae et elegantes Fugae 2, 3, 4 et plurium vocum (Lauingae 1590). Verschiedene seiner gedruckten Werke findet man auf der münchener Bibliothek. (*G. W. Fink.*)

PAIZAC, großes Gemeindedorf im franz. Dordognedepartement (Périgord), Canton Lanouaille, Bezirk Nontron, hat eine Succursalkirche und 2274 Einwohner, welche 15 Jahrmärkte unterhalten. (Nach Barbichon.) (*Fischer.*)

Pajäk, s. Pai.

PAJALA, eine an Lappland grenzende Filialgemeinde des großen von Finnen bewohnten Pastorats Ober-Torneå im schwedischen Westerbothnien; im Jahre 1815 mit 1048 Seelen. Der Kornbau, wiewol im Durchschnitte nur das fünfte Korn gewonnen wird, ist so bedeutend, daß Pajala nicht nur Jukkasjärvi-Lappmark versorgt, sondern auch zuweilen nach der Küste verkauft; freilich trinkt man nur bei feierlichen Gelegenheiten Bier, und Branntwein ist selten. Das gewöhnliche Getränk ist sauer gewordene Buttermilch, ein Bewahrungsmittel vor Scorbut. Gerste wird mehr als Roggen gebaut; den Acker bearbeitet man mit dem Spaten. Die Zerstückelung des Ackerbesitzes ist nicht üblich. Zuweilen vernichten Nachtfröste die reiche Ernte. Die Viehzucht ist ansehnlich und wird mit der diesen Gegenden eigenthümlichen Sorgfalt betrieben. (Vergl. meine Reise durch Schweden rc. 2. Bd. [Leipzig 1823.] S. 147.) Die Filialkirche Pajala, ¼ Meile vom Hüttenwerke Kengis, liegt 10 (schwedische) Meilen von der Mutterkirche Ofver-Torneå entfernt. Ein District der Gemeinde ist 1809 an Rußland abgetreten und bildet nun einen Theil des Pastorats Muonioniska. (*v. Schubert.*)

Pajanae, s. Pajonejänvi.

PAJANICA, neapolitanische Stadt in der Provinz Abruzzo Ulteriore II., liegt an einem Nebenflusse des Velino und hat 2500 Einwohner, welche einen starken Productenhandel treiben. (*Fischer.*)

PAJARAS, diesen Namen führt eine der drei unbewohnten Coquimboinseln an der Küste der zu dem südamerikanischen Freistaate Chile gehörigen Provinz Coquimbo. (*Fischer.*)

Pajarete, s. Pacaret.

PAJAS oder **PAYAS**, eine Sorte der levantischen Seide, welche über Aleppo in den Handel kommt; sie ist weiß und von mittlerer Güte. (*Karmarsch.*)

Pajasser Seide, s. Pajas.

Pajok, s. Pai.

PAJON (Claude), ein reformirter Theolog in Frankreich, der seit der Mitte des 17. Jahrh. dahin mit arbeitete, die dogmatischen Fesseln zu lösen, womit die dordrechter Synode (1618) im Sinne des strengen Calvinismus die reformirte Kirche umgeben hatte. Geboren im J. 1626 zu Romoratain in Nieder-Blesois studirte er zu Saumur und war schon im 24. Jahre Prediger zu Marchenoir in Dunois. Schon eine Predigt vor der Synode zu Saumur im J. 1666 erregte Verdacht gegen seine dogmatische Rechtgläubigkeit in der Lehre von den Gnadenwirkungen des heiligen Geistes; dennoch ward er zu einer Professur in Saumur berufen. Bei erneuten Beschuldigungen gegen ihn mußte er sich vor einer Synode zu Anjou rechtfertigen, ward aber als rechtgläubig entlassen. Dennoch gingen die Verdächtigungen besonders auf Betrieb des Peter Jurieu gegen ihn fort, bis er aus Verdruß seine Professur niederlegte und ein Predigtamt zu Orleans antrat; er starb zu Carre bei Orleans am 27. Sept. 1685, ward aber in Orleans begraben. Drei Jahre vorher war seine wirkliche Verdammung ausgesprochen, und die Studirenden zu Saumur mußten beim Abgange von der Universität sich darauf durch eine Unterschrift verpflichten. In der Polemik gegen die Katholiken war seine Schrift gegen den bekannten Nicole sehr geschätzt: Examen du livre, qui porte pour title: Préjuges légitimes contre les Calvinistes (à la Haye 1683.) 3 Voll. 12.) Seine übrigen Schriften sind ungedruckt geblieben. Auch nach seinem Tode griff ihn Jurieu schriftlich an, fand aber an Pajon's Verwandten, Joh. Papin, einen Gegner; Pajon's Söhne gingen später zum Katholicismus über; einer derselben ward Priester des Oratoriums.

Pajonismus, das System des Claude Pajon, sucht die Härten der Calvinischen Lehre von der unwiderstehlichen Gnade zu mildern, indem die Art vermittelt wird, wie die Gnadenwirkungen die menschliche Seele treffen. Nach der dordrechter Orthodoxie wird dafür ein rein mystischer Weg angenommen, dem heil. Geiste ein unmittelbares Eingreifen in den Gemüthszustand der Auserwählten mit unwiderstehlicher Wirkung beigelegt. Pajon erblickte darin eine Entwürdigung des menschlichen Geistes und schob die Vermittelung durch verständiges Erkennen der von dem heil. Geiste der Seele vorgeführten Wahrheiten und Beweggründe ein. Er setzte das natürliche Verderben des Menschen, die Erbsünde, mehr in den Irrthum, die Vorurtheile, kurz Depravation des Erkenntnißvermögens, als in Verderbtheit des Willens, oder der Neigung, machte diese erst zu einer Folge aus jenen. Deshalb darf die Einwirkung des heil. Geistes gleichfalls nur eine intellectuale sein, indem durch das göttliche Wort, durch Verheißungen, Drohungen, Beispiele, dem Menschen die nöthige Wahrheit vorgehalten, und so durch das Mittelglied der Erkenntniß auf seine sittliche Erregung gewirkt wird. Einer mystischen Anregung durch unmittelbares Einwirken auf das Gemüth bedarf es bei der hinlänglichen Kraft des Wortes nicht. Bei diesen Grundsätzen konnte er, so gewiß sie zum Socinianismus, Arminianismus sich hinneigen, dennoch ziemlich die dordrechtischen Sätze beibehalten, brauchte die particulare Gnade nicht zu leugnen, die Nothwendigkeit derselben nicht zu bezweifeln; er milderte nur, indem er eine rationale Erklärung für die Art der Gnadenwirkungen einschob, die freilich dann dem Sinne der dordrechter Beschlüsse gewiß nicht entsprach. Anhang hat Pajon nicht weiter gefunden, da französisch-reformirte Prediger, die im J. 1666 nach den Niederlanden geflüchtet waren, vor einer Synode zu Rotterdam sich bestimmt von allem Pajonismus lossagten. Doch ward später auch in der Lutherischen Kirche bei der Frage über die Wirkungen des göttlichen Worts fleißig des Pajonismus als eines Zweiges heterodoxer Lehrart gedacht. Vergl. Walch, Religionsstreitigkeiten außer der evangelisch-lutherischen Kirche. 3. Th. S. 894. (*Fr. W. Rettberg.*)

PAJOU (Augustin), ein berühmter Bildhauer in Paris und Schüler von Franz le Moine, geb. im J. 1730, gest. den 8. Mai 1809, als Mitglied des Instituts. Im 18. Jahre schon, was damals in den Annalen der Akademie etwas Unerhörtes war, erhielt er den großen akademischen Preis, ging darauf nach Rom, wo er gründliche Studien zwölf Jahre hindurch betrieb und seinen Geschmack und seine bisherige Methode völlig änderte. Im J. 1760 wurde er zum Mitgliede der Akademie und 1767 Professor an der Akademie der Malerei- und Bildhauerei ernannt, wo er sehr kräftig wirkte und bis in die spätere Zeit seines Lebens unausgesetzt fleißig war. Die Revolution raubte ihm sein ehrenvoll erworbenes Vermögen, nicht seinen Muth. Er lieferte ausgezeichnete Arbeiten am Palais Royal, im Palais Bourbon, wo in der Revolution viele seiner Arbeiten zerstört wurden, an der Kathedrale von Orleans, für den großen Schauspielsaal in Versailles &c. Ferner verfertigte er die Statuen von Descartes, Bossuet, Pascal, Turenne und im hohen Alter die Statue des Demosthenes. Die große Statue des Generals Desaix war eine seiner letzten Arbeiten. Man rechnet, daß er auf 41 Büsten und 64 Statuen in Marmor, überhaupt auf 184 bedeutende Bildwerke, worunter auch mehre in Bronze, lieferte.

Der Künstler veredelte sehr den manierirten und ausgearteten Styl, der in der Schule le Moine's heimisch war; übrigens besaß er eine sehr geistreiche, vielseitige Composition. Ein von Martini nach ihm in Kupfer gestochenes Blatt, eine Scene aus der ältern römischen Geschichte darstellend, nämlich das unerwartete Eindringen der römischen Soldaten unter Camillus in den Tempel der Juno zu Vejus, gibt einen Beweis des Reichthums von des Künstlers Ideen.

Er hat einen Sohn hinterlassen, der Maler im historischen Kunstfache der neuern Schule ist, und in dem pariser Salon in verschiedenen Jahren vieles Preiswürdige ausgestellt hat. (*Frenzel.*)

PAKA *). 1) Neu-, böhm. Nowa-Paka, eine zur fürstlich Trautmannsdorf'schen Fideicommißherrschaft Kumburg-Aulibitz gehörige Schutzstadt im bidczower Kreise Böhmens, an der schlesischen Straße und zu beiden Seiten des Baches Woleschka (oder Rokicka) von 368 Häusern und 2482 meist czechischen Einwohnern, mit zwei Kirchen, von welchen die Pfarrkirche als solche schon im J. 1384 bestand, die andere aber eine Wallfahrtskirche ist, ehedem zu dem im Jahr 1647 gestifteten, aber 1785 wieder aufgehobenen Paulanerkloster gehörte und jetzt ein treffliches Gemälde von Führich enthält, einer Kapelle, einer katholischen Pfarre, welche zum gitschiner Vicariatsdistrikte des königgrätzer Bisthums gehört und unter dem Patronat der Obrigkeit stehe, einer Schule &c. Das Städtchen soll der Sage nach durch Bergleute gegründet

*) Was sich unter Pak nicht findet, suche man unter Pac.

worden sein, welche das vordem bei dem Dorfe Stupnay im Betriebe gewesene Silberbergwerk bearbeiteten. Unter K. Ladislav scheint es (1453—1457) zur Stadt erhoben worden zu sein. Ein Theil der Stadt brannte im J. 1827 ab. 2) Altczechisch **Stara-Paka**, ein zu derselben Herrschaft gehöriges, nach Neu-Packa eingepfarrtes Dorf an der Woleschka, mit 145 Häusern, 907 czechischen Einwohnern, einer katholischen Filialkirche, welche im J. 1384 und 1395 einen eigenen Pfarrer hatte. Die Gegend in der Nähe dieser Orte ist in mineralogischer Hinsicht merkwürdig. Der nördlich von Neu-Packa sich erhebende lewiner Bergrücken besteht ganz aus Mandelstein, in dem sich eine Menge vorzüglich schöner Achatkugeln und Jaspisadern vorfinden. Bei diesem Städtchen findet sich auch versteinertes Holz, namentlich sogenannte Staarsteine in Menge und im Sande der Flüsse Granaten *). 3) Ein theils dem Fürsten Eszterházy, theils dem Grafen Erdödy gehöriges Dorf im egerszeger Gerichtsstuhle der szalader Gespanschaft im Kreise jenseit der Donau Niederungerns, in einem breiten, von waldigen Höhen begrenzten Thale, ¼ Meile ostnordostwärts von dem Markte Szécsi-Szigeth, mit einer eigenen katholischen Pfarre, einer katholischen Kirche, einem gräflich Erdödy'schen Gestüte, starkem Weinbaue, 82 Häusern, und 609 katholischen Einwohnern. 4) Drei von Magyaren bewohnte, nur eine kleine halbe Stunde von einander entfernte, zur gräflich Palffy'schen Senioratsherrschaft gehörige Dörfer im obern insulaner Gerichtsstuhle der überaus fruchtbaren Insel Schütt (Csalló-Köz), in der presburger Gespanschaft, im Kreise disseit der Donau Niederungerns, welche die Beinamen Nagy-, Kis- und Csukár-Packa führen. Der erstere hat eine eigene katholische Pfarre, 769 Seelen, welche zum obern insulaner Vice-Archidiakonats-District der graner Diöcese gehört und unter dem Patronatsrechte des Seniors der gräflich Palffy'schen Familie steht, 56 Häuser und 408 Einwohner, die zwei übrigen Orte sind kleiner und nach Nagy-Packa eingepfarrt und dorthin auch zur Schule gewiesen. 5) Mehre kleinere Ortschaften in Kroatien und Ungern.

(G. F. Schreiner.)

PAKANG. 1) P. (Br. 27° 56', L. 104° 32') Handelsort in dem vorderindischen Reiche Nepaul, District Chay, liegt an der Grenze von Thibet und treibt während des Sommers mit diesem Reiche einen lebhaften Handel sowol mit einheimischen als mit chinesischen Waaren 2) **Pakang-Vay**, birmanische am Iravaddy gelegene Stadt, ist 25 engl. Meilen von Pagahm entfernt und enthält einige schöne Tempel.

(Fischer.)

PAKFONG (**Argentan, Neusilber, chinesisches Weisskupfer**, und, wiewol irrig, **Tutenag**), wird eine Legirung von Kupfer, Nickel und Zink genannt, welche sich durch eine ziemlich silberähnliche Farbe auszeichnet, und deshalb häufig statt des Silbers zu Geräthen aller Art, vorzüglich Löffeln, Gabeln, Gefäßen, Sporen, Steigbügeln, Gewehrbeschlägen, Beschlägen auf Kutschen und Pferdegeschirr, Reißzeugen rc. verarbeitet wird. Das Pakfong hat eine dem Silberweißen nahekommende, jedoch etwas dunklere, meist ein Wenig ins Gelbliche oder Gelbbräunliche ziehende Farbe, einen grauen, dichtkörnigen Bruch, einen schönen und starken Klang, mehr Härte und fast ebenso viel Dehnbarkeit als gutes Messing, und ein specifisches Gewicht von ungefähr 8,4 bis 8,7. Es nimmt eine schöne Politur an, und verändert seinen Glanz und seine Farbe nicht bedeutend durch den Einfluß der Luft. An Festigkeit übertrifft es das Messing. Ein Pakfongdraht von 0,0391 paris. Zoll Dicke wurde von 134¼ Pfund cölnisch, ausgeglüht von 95¼ Pf. cöln. zerrissen; ein anderer Draht, 0,0275 paris. Zoll dick, zerriß von 76¼ Pf., ausgeglüht von 48¾ Pf. cöln. In der Glühhitze ist das Pakfong gleich dem Messing spröde; bei anfangendem Weißglühen schmilzt es, und brennt dabei, vermöge seines Zinkgehaltes, mit weißer Flamme. Zu Gußwaaren ist es sehr tauglich, auch läßt es sich zu Blech walzen und zu Draht ziehen, muß aber dabei fleißig geglüht und aufmerksam behandelt werden, weil es durch die Bearbeitung schnell und im hohen Grade an Härte zunimmt und spröde wird.

Über die Zusammensetzung des Pakfongs war man lange im Irrthum oder wenigstens in Ungewißheit. Man wußte, daß es in China (woher die Europäer es zuerst kennen lernten) häufig erzeugt und verarbeitet wird, erhielt aber nur selten Proben davon, weil die Ausfuhr in China verboten ist. Es scheint dort durch Zusammenschmelzen von Zink mit einem, aus nickelhaltigen Kupfererzen gewonnenen Nickelkupfer dargestellt zu werden. Keir erklärte das Pakfong für eine Legirung aus Kupfer, Zink und Eisen; Rees gab als dessen Bestandtheile Kupfer, Zink und Arsenik an; nach de Guignes sollte es Eisen, Blei und Wismuth; nach Wallerius Zinn und Wismuth enthalten. Alle diese Angaben gründen sich nicht auf chemische Untersuchungen. Die erste chemische Analyse des chinesischen Weißkupfers rührt von Engström her, und wurde im J. 1776 bekannt gemacht; sie ergab als Bestandtheile in 100: 40,6 Kupfer, 15,6 Nickel, 43,8 Zink. Rieman fand später außer Kupfer, Nickel und Zink auch Eisen; und dieses Resultat ist durch eine neuere Untersuchung von Fyfe bestätigt worden, welcher in dem von ihm zerlegten Pakfong 40,4 Kupfer, 31,6 Nickel, 25,4 Zink und 2,6 Eisen fand. In Europa wird schon seit beinahe hundert Jahren zu Suhl eine dem chinesischen Weißkupfer sehr ähnliche Metallmischung verfertigt und zu Gewehrgarnituren, Sporen rc. angewendet, aber man behandelt die Zusammensetzung derselben als Geheimniß. So viel bekannt ist, wird dieses Metall aus Zink und aus einem nickelhaltigen Kupfer zusammengeschmolzen, welches letztere sich im Sande der Schleuße zwischen den Dörfern Ernstthal und Unterneubrunn (Sachsen-Hildburghausen) theils in Massen und braungelben Körnern, theils fein eingesprengt, und in Schlacken einer ehemaligen Kupferhütte liegend, findet. Dieses Nickelkupfer enthält nach einer angestellten Untersuchung sehr nahe 10 Theile Kupfer, gegen 1 Theil Nickel (außerdem kleine Mengen von Eisen, Schwefel, Antimon, Kieselerde und Thonerde), und ist zum Theil spröde, sodaß es einer Vorbereitung bedarf, um auf Weißkupfer verarbeitet zu werden. Frick hat eine Legirung

*) s. J. G. Sommer, Das Königreich Böhmen. Bidschower Kreis. (Prag 1836.) 5. Bd. S. 127, 137 u. 141.

welche mit dem suhler Weißkupfer übereinzustimmen scheint, auf diese Weise dargestellt, daß er 10 Theile Kupfer mit einem Theile Nickel verband, und auf 11 Theile dieser Mischung 7 Theile Zink zusetzte. Dadurch entstand also eine Composition, welche in 100 Theilen enthielt: 55,55 Kupfer, 5,55 Nickel, 38,90 Zink, deren Farbe aber merklich ins Gelbe zieht. Eine allgemeinere Verbreitung und ausgedehntere Anwendung des Pakfongs wurde durch D. Geitner in Schneeberg begründet, welcher um das Jahr 1823 es zu fabriciren anfing, und unter dem Namen Argentan in den Handel brachte. Bald darauf fand dieses Beispiel Nachahmung: v. Gersdorff führte die Fabrication in Wien mit dem besten Erfolge aus; die Gebrüder Henniger brachten sie in Berlin zu Stande, und letztere gaben ihrem Producte den Namen Neusilber. Gegenwärtig wird Pakfong von mehr oder minder befriedigender Güte und Schönheit an sehr vielen Orten fabricirt und der Verbrauch desselben hat schon eine sehr erhebliche Ausdehnung gewonnen. Hierdurch ist zugleich das Nickel zu einem nicht mehr ganz unbeträchtlichen Handelsartikel erhoben worden.

Die Bereitung des Pakfongs ist einfach. Die Materialien: Kupfer, Nickel, Zink (sämmtlich so rein als möglich, namentlich das Nickel frei von Arsenik) werden verkleinert, in Tiegel eingetragen und in einem gut ziehenden Windofen (im Kleinen vor der Esse) geschmolzen. Das käufliche Nickel, welches durch einen Gehalt an Kohlenstoff spröde ist, läßt sich in einem eisernen Mörser zu Stücken (von Haselnußgröße) zerstoßen; Kupfer und Zink werden granulirt. Man mengt die im gehörigen Verhältnisse abgewogenen Metalle durch einander, sieht jedoch darauf, daß sowol oben als unten eine Schicht Kupfer liege. Das Ganze bedeckt man mit Kohlenstaub. Fleißiges Umrühren während der Schmelzung ist nothwendig, um eine gleichförmige Vermischung zu bewirken. Ist der Tiegel nicht geräumig genug, um alles Metall auf einmal aufzunehmen, so kann man Nickel, Zink und einen Theil des Kupfers zuerst einschmelzen, und den Rest des Kupfers nachher portionenweise zusetzen. Nickel nachzutragen, würde unzweckmäßig sein, weil dieses Metall durch seine Strengflüssigkeit der Schmelzung hinderlich sein würde; Zink aber darf nur höchst vorsichtig, nämlich stark angewärmt und in kleinen Antheilen in die schmelzende Mischung geworfen werden, weil es sich so energisch damit verbindet, daß leicht eine gefährliche Explosion entsteht; man thut daher am besten gleich Anfangs die ganze Menge des Zinks in den Tiegel zu geben. Je länger das Pakfong im Schmelzen erhalten wird, und je flüssiger es ist, desto besser läßt es sich nachher bearbeiten; daß durch längere Schmelzung etwas Zink verflüchtigt wird, bringt keinen Nachtheil. Man gießt das Pakfong zum Verkauf in eiserne Formen oder in Sand zu Platten oder dicken Stäben; zum unmittelbaren Gebrauche wird es wie Messing in Sandformen gegossen, wodurch man ihm jede beliebige Gestalt geben kann.

Man kann das Pakfong auch mit Nickeloxyd, statt mit metallischem Nickel, bereiten. In diesem Falle wird das geglühte Nickeloxyd mit $\frac{1}{10}$ Kohlenstaub, $\frac{1}{10}$ Sand und $\frac{1}{10}$ Potasche zuerst in den Tiegel gegeben, dann das Kupfer zugesetzt; und wenn dieses sich mit dem Nickel vollkommen vereinigt hat, endlich das Zink (mit Beobachtung der oben angedeuteten Vorsicht) eingetragen.

Die Mischungsverhältnisse des Pakfongs werden verschieden angegeben, und können auch wirklich von einander abweichen, nach der Art der Gegenstände, welche daraus verfertigt werden sollen. Nach Frick erhält man ein Pakfong, welches an Farbe dem Silber am nächsten kommt, aus 55 Th. Kupfer, 18 Th. Nickel und 30 Th. Zink, wonach der Procentgehalt an Kupfer 53,4, an Nickel 17,5, an Zink 29,1 beträgt. v. Gersdorff empfiehlt folgende Mischungen: 1) Pakfong, welches dem Anlaufen an der Luft nicht unterworfen ist, und zu Löffeln, Vorlegelöffeln, Gabeln ꝛc. gebraucht werden kann: 50 Kupfer, 25 Nickel, 25 Zink 2) Pakfong, dem nicht weißgesottenen 12löthigen Silber ähnlich, zu Messer- und Gabelheften, Lichtscheeren, Zuckerzangen ꝛc.: 55 Kupfer, 22 Nickel, 23 Zink. 3) Pakfong, welches zum Walzen am besten geeignet ist, mithin für alle Gegenstände, wozu Blech von größerm Umfange erfodert wird: 60 Kupfer, 20 Nickel, 20 Zink. 4) Pakfong zu Gußwaaren: 54 Kupfer, 18 Nickel, 25 Zink, 3 Blei. Ein Zusatz von 2 oder 2½ Procent Eisen oder Stahl macht das Pakfong bedeutend weißer, aber auch härter und spröder. Das Eisen muß vorläufig mit dem Kupfer (oder mit einem Theile desselben) unter einer Kohlendecke vor dem Gebläse zusammengeschmolzen werden. Beim Einschmelzen von Pakfongabfällen (Schnitzel, Feilspänen, misrathenen Stücken ꝛc.) gibt man 3 Procent Zink mit in den Tiegel, weil sich ungefähr so viel verflüchtigt.

Was den Gebrauch des Pakfongs zu Speisegeräthschaften betrifft, so ist vielfältig das Bedenken an den Tag gelegt worden, es könne damit Gefahr für die Gesundheit verbunden sein. Theoretische Betrachtungen wie mehrfach angestellte Versuche führen indessen zu dem Resultate, daß jene Befürchtung wol ungegründet sei. Allerdings wird das Pakfong von Säuren und Fett mehr angegriffen als 12löthiges Silber, aber doch weit weniger als Kupfer oder Messing, die man gleichwol in den Küchen duldet. Was sich von dem Pakfong in den Speisen, die mit Essig zubereitet sind, auflösen kann, ist eine sehr kleine Menge Kupfer und kaum eine Spur Zink; beide reichen, soweit wahrscheinliche Umstände vorausgesetzt werden, gewiß nicht zu einer eigentlichen Vergiftung hin, wie von Liebig durch Zahlen nachgewiesen ist (man sehe den sehr lesenswerthen Aufsatz in den Annalen der Pharmacie. Februar 1836). Der Arsenikgehalt des Nickels, der allerdings zuweilen vorhanden ist, droht durchaus keine Gefahr; denn er beträgt, der Erfahrung gemäß, in dem jetzt käuflichen Nickel selten über $\frac{1}{10}$ Procent, würde also in Pakfong, welches 20 Procent Nickel enthält, nur $\frac{1}{5000}$ des ganzen Gewichtes ausmachen, oder z. B. in einem Löffel von sechs Loth nur etwa ¼ Gran! Die einzige Vorsicht, welche beim Gebrauche von Gefäßen aus Pakfong anzurathen sein möchte, ist die, daß man sich solcher Gefäße nicht bediene, um stark saure Speisen darin anhaltend zu kochen oder längere Zeit aufzubewahren. *(Karmarsch.)*

PAKIR, PACHIR, Seehafenstadt in der arabischen Provinz Oman, deren Einwohner einen starken Handel mit Ostindien unterhalten. Die Umgebungen derselben haben Überfluß an Vieh, Getreide, Datteln, Rosinen und andern Früchten. Pakir liegt 25 engl. Meilen östlich von Dôfar. *(Fischer.)*

PAKKALONGANG, 1) Provinz in dem niederländischen Theile der Insel Java, deren Flächenraum auf 28,15 □ Meilen festgesetzt ist und welche im Norden von dem javanischen Meere, im Osten von Kadu, im Süden von den vulkanischen Hügeln der Länder des Susanan, im Westen von Tagel begrenzt wird. Der wellenförmige fruchtbare Boden wird von mehren sich in das Meer ergießenden Flüßchen, unter denen der Pakkalongang der bedeutendste ist, bewässert, und trägt Kaffee, Mais und Reis. Man zählt gegen 7000 Kaffeeplantagen mit nahe an 4,500,000 Stauden. Von dem 9936 Jonken enthaltenden Ackerlande waren 1810 etwa 9332 Jonken mit Reis bestellt. Die Waldungen nahmen 303 Jonken ein. Die Zahl der Einwohner in einer Stadt und 1881 Dörfern und Weilern beläuft sich etwa auf 115,400, von denen die größere Zahl (114,000) zu den Javanesen, die übrigen zu den Chinesen gehören. Diese besitzen mehr als 500 Pferde, gegen 7500 Büffel und 3600 Pflüge, und der Werth der Erzeugnisse wird auf 522,390 Rupien geschätzt. Unter den Bergen der Provinz zeichnen sich der Prabo, Simdoro und Rohang aus. 2) P. Hauptstadt der genannten Provinz, liegt an der Mündung des gleichnamigen Flusses, ist der Sitz des Präfecten, und wird von Javanesen und Chinesen bewohnt, welche letztere die Stelle der Juden bei uns vertreten. *(Fischer.)*

PAKOD, ein zur gräflich Festetichischen Herrschaft Baltavár gehöriges und zum Theil auch mehren andern adeligen Familien dienstbares Dorf, im capornaker Gerichtsstuhle der szalader Gespanschaft im Kreise jenseit der Donau Niederungerns, mit einer eigenen katholischen Pfarre, einer katholischen Kirche, einer Schule, 84 Häusern und 632 katholischen magyarischen Einwohnern und sieben Juden. *(G. F. Schreiner.)*

PAKOSC, PAKOSCH, adelige Stadt im Kreise Mogilno des k. preuß. Regierungsbezirks Bromberg, liegt sechs Meilen von Bromberg, Thorn und Gnesen und eine Meile von Inowrazlaw und Barcyn entfernt, auf einer Insel des Netzbruches, besteht aus einer einzigen Straße und hat außer der Kirche und einem Reformatenkloster 102 Häuser und 900 Einwohner, welche jährlich neun Jahrmärkte unterhalten und sich größtentheils von Bierbrauen, Branntweinbrennen, Bäckerei und Handwerken nähren. Zu dem Reformatenkloster gehört ein sogenanntes heiliges Grab (neues Jerusalem) mit 25 massiv erbauten und außerhalb der Stadt gelegenen Kapellen, zu welchen eine 33 Ruthen lange und mit Geländern versehene Brücke führt. Die sonst häufigern und zahlreichern Wallfahrten nach diesem heil. Grabe, vorzüglich zur Zeit der großen Ablässe, wo von dem Kloster aus Processionen angestellt werden, sowie die durch die Stadt nach der Palucken genannten Holzgegend führende Straße machen Pakosc lebund nahrhaft. *(Fischer.)*

PAKOSEROKA. Mit diesem brasilischen Namen hat Adanson die Gattung Ammomum belegt. *(A. Sprengel.)*

PAKOZD, ein großes, dem stuhlweißenburger Domcapitel dienstbares Dorf im csákvárer Gerichtsstuhle der stuhlweißenburger Gespanschaft, im Kreise jenseit der Donau Niederungerns, mit einer eigenen katholischen, zum stuhlweißenburger Bisthume gehörigen, und einer Calvinisch-evangelischen Pfarre, einer katholischen Kirche, einem Bethause der Reformirten, 226 Häusern und 1515 Einwohnern, welche Ackerbau und Viehzucht treiben (1094 Reformirten, 411 Katholiken, 8 Juden und 2 Griechen). *(G. F. Schreiner.)*

PAKS, eine Herrschaft und ein dazu gehöriger großer und schöner Marktflecken in földvárer Gerichtsstuhle der tolnaer Gespanschaft im Kreise jenseit der Donau Niederungerns, zwischen Weingärten am rechten Donauufer, an der von Ofen nach Tolna führenden Poststraße gelegen, von Magyaren und Teutschen bewohnt, unter denen sich viele Edelleute befinden, mit einer eigenen katholischen Pfarre, welche zum Bisthume Fünfkirchen gehört, einem Pastorat der evangelischen augsburgischen und helvetischen Confession, einer katholischen Kirche, einem Bethause der Lutheraner und der Reformirten, einer jüdischen Synagoge, 919 Häusern und 7292 Einwohnern (4239 Katholiken, 2407 Protestanten, 639 Juden und 7 Griechen). *(G. F. Schreiner.)*

PAKTOLOS (*Πακτωλός*), ein bekannter, bei Homer gleichwol nicht erwähnter, Fluß Lydiens, entspringt auf dem durch seinen Wein bekannten Berge Tmolus (*Strab.* XII, 554), fließt bei Sardes vorbei und ergießt sich in den Fluß Hermus, der bei Phocäa ins ägeische Meer fällt. Dieser Fluß führte vormals viel Goldsand, und man glaubte, daß des Krösus Reichthum daher stamme; zu Strabo's Zeit hatte dies schon längst aufgehört (*Strab.* XIII, 592, 625 fin.). Von diesem Goldsande wurde der Fluß auch Chrysorrhoas (*χρυσοῤῥόας* und *εὔχρυσος*) benannt (*Plin.* N. H. V, 29. s. 30). Dieser Vorzug des Flusses ist öfter von den Dichtern gepriesen worden, wie von Virgil (Aen. X, 142. Pactolusque irrigat auro), von Seneca (Phoen. 604. Ex qua Trahens opulenta Pactolus vada Inundat auro rura), von Juvenal (XIV, 298. Aurum, Quod — rutila volvit Pactolus arena), von Horaz (Epod. XV, 20. Tibique Pactolus fluat) und von Sophokles (Philoct 392. *Μᾶτερ' αὐτοῦ Διὸς ἃ τὸν μέλανα Πακτωλὸν εὔχρυσον νέμεις*, woraus sich ergibt, daß die Rhea am Paktolos verehrt wurde). Nach der Fabel bei Ovid (Metam. XI, 85—146) hat der Fluß das Gold davon bekommen, weil Midas sich in demselben gebadet hat. Der heutige Name ist Sarabat. *(H.)*

PÁL. 1) Nagy-Pál, ein zum Bisthume Fünfkirchen gehöriges Dorf im mohácser Gerichtsstuhle der baranyer Gespanschaft, im Kreise jenseit der Donau Niederungerns, von Teutschen bewohnt (die Katholiken sind nach Szent Ersébet eingepfarrt), mit einer eigenen Pfarre der evangelisch-helvetischen Confession, einem Bethause der Reformirten, einer Schule, 76 Häusern und 661 Einwohnern (394 Reformirte und 267 Katholiken). 2) Szent-

Pál, St. Paul, ein Dorf im szigetvárer Gerichtsstuhle der sümegher Gespanschaft im Kreise jenseit der Donau Niederungerns, von Magyaren bewohnt, nach Szent Balás eingepfarrt, mit 70 Häusern und 558 Einwohnern, welche vom Feldbaue und der Viehzucht sich ernähren, und, mit Ausnahme von neun Juden, sämmtlich Katholiken sind. 3) Mehre andere kleinere Dörfer und Prädien in verschiedenen Gespanschaften Ungerns, welche den Namen Szent-Pál führen. (*G. F. Schreiner.*)

PALA nennt Plinius (H. N. XII, 12) einen Baum mit sehr großen Blättern, von dessen Früchten (ariena) die Brahmanen leben. Wahrscheinlich ist dies, wie schon K. Bauhin (Pin. p. 438, 507) vermuthet, der Pisangbaum (Musa *L.*), als dessen malabarischen Namen Clusius in der That Palan anführt, während er auch in der Gegend von Bagdad, nach Rauwolf's Zeugnisse Palla heißen soll. Indessen scheint dieser Name in Ostindien verschiedenen Bäumen gemeinschaftlich beigelegt zu werden. Denn nach Rheede (Hort. malab. I. t. 45) heißt auf der Küste Malabar Alstonia scholaris *R. Brown* (Echites scholaris *L.*, Lignum scholare *Rumph.*), aus deren leichtem, weichem Holze Schreibtafeln für die Hinduschulen verfertigt werden, ebenfalls Pala. Wie Leschenault anführt, heißt auf tamulisch Nerium tinctorium *Roxburgh* (Wrightia tinctoria *R. Brown.*) Pala, Palay oder Palak. Endlich geben Garcias ab Horto und Rumphius an, daß man auf den molukkischen Inseln den Muscatnußbaum (Myristica moschata *L.*) Palla oder Pala nenne. (*A. Sprengel.*)

PALACIOS. Diesen Namen führen mehre kleine Städte und Villas in Spanien, nämlich 1) Palacios, Stadt in Partido und in der Provinz Leon, liegt am Sil, acht engl. Meilen von Astorga in südlicher Richtung entfernt. 2) P. de la Sierra, Villa in dem zur eigentlichen Provinz Burgos gehörigen Partido de Aranda, liegt an der Arlonza. 3) P. de Valduerna, Stadt am Duerna, Provinz und Partido Leon. 4) P. los, Stadt in der Tesoreria und Provinz Sevilla, liegt 10 engl. Meilen von Sevilla in südöstlicher Richtung entfernt, in einer fruchtbaren Gegend und hat 1000 Einw. (*Fischer.*)

PALÁD, 1) Nagy-Palád, ein Dorf im szamosközer Gerichtsstuhle der szathmárer Gespanschaft im Kreise jenseit der Theiß Oberungerns, mit einer eigenen Pfarre der evangelisch-helvetischen Confession, einem Bethause der Reformirten, einer Schule, 113 Häusern und 785 Einw. (728 Reformirten, 32 Katholiken, 25 Juden). Die Gegend ist fieberhaft und ungesund. 2) Kis-Palád, ein Dorf in demselben Gerichtsstuhle, Comitate und Lande, mit einer eigenen Pfarre und Kirche der Calvinisch-evangelischen, 106 Häusern und 731 magyarischen Einwohnern (632 Reformirten, 70 Juden und 29 Katholiken). Das Dorf liegt nur eine halbe Stunde westwärts von dem folgenden Orte. 3) Bóth-Palád, ein Dorf in demselben Gerichtsstuhle, Comitate, Kreise und Lande, gleich der ersten Ortschaft mit einer eigenen Pfarre und einem Bethause der Reformirten, 76 Häusern und 526 ungrischen Einwohnern (494 Reformirten, 9 Katholiken und 23 Juden). (*G. F. Schreiner.*)

PALADIN, im Mitteralter Name der Ritter Karl's des Großen, der wirklichen oder erdichteten Begleiter auf seinen Feldzügen, und im Allgemeinen Bezeichnung der vornehmsten Personen des Reichs. Vergl. weiter unten den Artikel Palatinus von Bähr. (*H.*)

PALADINI. 1) Filippo, florentinischer Maler, geb. etwa im J. 1544, gest. zu Mazzarino 1614, war ein Schüler des Poccetti, lernte zuerst seine Kunst in seiner Vaterstadt, ging dann auf Reisen und hatte in Mailand das Unglück, ein schweres Vergehen auf sich zu laden, dessentwegen er flüchtig wurde und sich nach Rom rettete, wo ihn der Fürst Colonna aufnahm. Da er sich aber auch da noch nicht sicher genug glaubte, begab er sich nach Sicilien und fand in Mazzarino, einer Besitzung der Colonna's, Schutz. Während seines Aufenthaltes in Sicilien besuchte er Syrakus, Palermo, Catana, und an jedem dieser Orte ließ er Werke seines Pinsels zurück. Seine Gemälde zeichneten sich durch ein schönes Colorit und Anmuth aus; in Florenz hat man von ihm ein in jeder Beziehung beachtungswerthes Bild: die Enthauptung Johannis des Täufers. 2) Arcangela P., Tochter des Filippo, geb. zu Pisa im J. 1599, gest. in der Blüthe ihres Alters, den 28. Oct. 1622. Sie besaß ungemeines Talent zugleich für Malerei, in der ihr Vater ihr Lehrer war, Stickerei, Poesie und Musik, und übte diese drei Künste mit gleichem Erfolge. In frühern Jahren war sie zu solchem Rufe gelangt, daß Magdalena von Österreich, Gemahlin des Großherzogs Cosmus sie an ihre Seite rief und ihr eignes Bild von ihr malen ließ, was darauf in der Gemäldegalerie von Florenz im Cabinet der berühmten Maler aufgestellt wurde, wo es unverändert geblieben ist, was nach Lanci einen entschiedenen Beweis vom großen Werthe dieses Bildes abgibt, indem man alle mittelmäßigen Portraits aus diesem Cabinet nach und nach entfernt und durch vorzügliche ersetzt hat. Im J. 1616 verheirathete sich Arcangela nach dem Wunsche ihrer Gönnerin. Diese ließ ihr, als sie so jung gestorben war, in der Kirche der heil. Felicitas ein Grabmal mit folgender Inschrift errichten: D. O. M. | Arcangela. Paladina. | Joannis. Broomans. Antverpiensis. Uxor. | Cecinit Etruscis. Regibus. Nunc Canit. Deo. | Vere. Palladinia. Quae. Palladem Aeu | Apellem. Coloribus. Cantu. Aequavit Musas. | Obiit. An. Suae Aetatis. XXIII. Die. VIII. Octobris. (Nach der Biogr. univers.) (*H.*)

PALADRU. 1) Großes Gemeindedorf im franz. Iseredepartement (Dauphiné), Canton St. Geoire, Bezirk la Tour du Pin, liegt 14¼ Lieues von dieser Stadt entfernt, in einer getreide- und obstreichen Gegend und hat eine Succursalkirche und 1023 Einw. 2) Kleiner Bergsee in demselben Departement, welcher 13,800 Fuß lang und 3570 Fuß breit ist. (Nach Expilly und Barbichon.) (*Fischer.*)

PALÄA *), Stadt 1) auf der Insel Kephallenia, s. Pale. 2) Stadt in Äolis Mysiens, 130 Stadien von Andeira. (*Strab.* XIII, 614.) (*H.*)

---

*) Die Composita von Palae— oder Palaeo—, die man hier nicht findet, suche man unter ihrem Simplex.

PALÄADES (Paläozoologie). Dalman *) hat vor einigen Jahren diese Benennung (im Sing. Palaeas von παλαιος, alt, nach dem Muster von Najas etc. gebildet) statt des bisher üblichen Namens Trilobiten (Entomostracit. *Wahlenb.*) für eine zahlreiche Gruppe fossiler und auf das Übergangsgebirge beschränkter Crustaceen vorgeschlagen und angewendet; aber wie viel sich auch für die Zweckmäßigkeit dieser Änderung sagen läßt (da der Name Trilobit insbesondere sich auf einen Charakter bezieht, welcher keineswegs allen mit dieser Benennung belegten Thieren zukommt), so ist es Dalman doch keineswegs gelungen, jenen frühern so allgemein angenommenen Namen zu verdrängen. Obschon uns nun dessenungeachtet jene Änderung unerläßlich scheint, so werden wir doch die Bearbeitung des dahin bezüglichen Artikels auf das Wort Trilobiten verweisen, da wir inzwischen durch die nahe bevorstehende Bekanntmachung der mehr ins Anatomische eingehenden Untersuchungen Dr. Boeck's in Christiania sehr werthvolle Aufschlüsse über die Verwandtschaft dieser Thiere, eine richtigere Classification und eine Bereicherung des Systems durch viele neue Formen erwarten dürfen. (*H. G. Bronn.*)

PALÄA EMWASIA nennen die jetzigen Griechen die im Nomos von Lakonien in der Nähe von Napoli di Malwasia oder Mengesche liegenden Ruinen von Epidauros Limera. (Vergl. Epidauros.) (*Fischer.*)

PALÄAKOME, heutiges Dorf in Lakonien. (Vergl. *Mannert* VIII, 598.) (*H.*)

PALÄAPOLIS (Alte Geogr.), Altstadt, Name der einen Hälfte der spanischen Stadt Emporium. (*Strab.* III, 160.) (*H.*)

PALÄBYBLOS (*Παλαίβυβλος*), alter Name einer Stadt in Phönikien, westlich von Byblus, zwischen den Flüssen Adonis und Lykos (*Plin.* N. H. V, 20. s. 17. *Strabo* XVI, 755), nach Ptolemäus (V, 15) eine Binnenstadt. (Cf. *Tzschucke* ad *Mel.* III, 1, 377.) (*H.*)

PALÄMARIA, Name eines ägyptischen Fleckens bei Ptolemäus, vergl. den Art. Marea. (*H.*)

PALÄMON (Crustacea) *Fabricius.* Krebsgattung aus der Tribus der Salicoquen mit folgenden Kennzeichen: Vier Fühler, die äußern lang, borstig, seitlich an der Wurzel mit einer breiten, inwendig gefranzten, Schuppe besetzt, die mittlern bestehen aus drei Borsten von ungleicher Länge auf einem dreigliederigen Stiele, an dem das erste Glied erweitert ist; die vier ersten Füße haben Scheeren.

In Frankreich nennt man diese Krebse Crevettes, Chevrettes und Salicoques. Der Körper dieser Thiere ist bei weitem nicht mit so harten Schalen bedeckt, wie der anderer verwandter Gattungen; er ist zusammengedrückt, gebogen, gleichsam buckelig, lang und hinten verschmälert. Die Schale endigt auf jeder Seite vorn in zwei spitzige Zähne, der vordere Theil der Mitte des Rückens erhebt sich kielförmig und verlängert sich nach Vorn in einen degenartigen Schnabel, dessen Schneide parallel mit den scharfen Fortsätzen der Seiten läuft und meistens gezähnelt ist. Die Augen sind fast kugelig und stehen auf kurzen Stielen, sind groß, genähert und sitzen an der Wurzel des Schnabels, zum Theil in einer Höhle der Wurzel des ersten Gliedes des Stieles der mittlern Fühler. Die seitlichen oder untern Fühler sind länger als der Körper, sie sitzen auf einem kurzen Stiele von vier Gliedern, an dessen zweitem Gliede eine starke eiförmige, längliche, an der Spitze und außen mit einem Zahne versehene Schuppe sitzt; die mittlern Fühler bestehen aus drei Fäden, die zwei längsten sind borstig, vielgliederig, das dritte ist sehr kurz, ziemlich dick und sitzt an der Wurzel des vorhergehenden. Diese Fühler stehen auf einem Stiele von drei Gliedern, von denen das erste oder das größte erweitert ist und außen zusammengedrückt, mit einer Ausrandung zur Aufnahme des Auges. Der Mund ist durch die äußern Kieferfüße geschlossen, welche vortreten und sich etwas über die Stiele der mittlern Fühler verlängern. Sie sind fast fadenförmig, gegen das Ende verschwächt, schmal, zusammengedrückt und behaart, ihr zweites Glied, das größte von allen, ist an der innern Seite ausgerandet, das letzte ist klein und bildet einen schuppenähnlichen Nagel; die peitschenförmigen Palpen sind klein, häutig, borstenförmig, ohne deutliche Gliederungen. Die übrigen Mundestheile kommen mit denen, wie man sie bei andern langschwänzigen Krebsen findet, überein und nur die Mandibeln verdienen noch eine besondere Beschreibung. Ihr oberes Ende ist gespalten, gleichsam gabelig, die vordere Seite zeigt eine ziemlich starke Ausrandung und erweitert sich an der Wurzel derselben in ein kleines zusammengedrücktes Blatt, das fast viereckig, am Ende gezähnelt ist und sich gegen den Mund zu richtet. Jeder dieser Kiefern trägt eine kurze dünne Palpe; die Füße dieser Krebse sind an der Wurzel sehr genähert, meist lang und schmächtig und an der Verbindung des vierten und fünften Gliedes nach Hinten gebogen, die vier vordern laufen in eine lange Scheere aus, die des zweiten Paares sind die längsten von allen, die zwei ersten sind so zusammengebogen, daß ihre Scheeren dergestalt zwischen den äußern Kieferfüßen verborgen sind, daß man sie auf den ersten Blick gar nicht gewahr wird; die sechs Hinterfüße haben ein kegelförmiges, zusammengedrücktes Endglied, mit einem Nagel, die zwei letzten sind etwas länger, die vier andern und die des vordern Paars fast von gleicher Länge. Der Hinterleib ist länger als der Thorax, sehr zusammengedrückt, oben einen Bogen bildend, die Seitenenden der Rückenschilder der erstern Ringe, besonders des zweiten, erweitert und gerundet, die vier Schwimmblätter am Ende sind eiförmig, an den Rändern gefranzt, dünn und halb durchscheinend, die beiden äußern Blätter sind dicker und verlängern sich etwas in der Mitte in eine Spitze, das mittlere Blättchen ist schmal, lang und läuft nach und nach in eine abgestutzte Spitze aus, an deren Ende zwei bewegliche Spitzen sitzen, auf der obern Fläche aber stehen vier kleine Dornen paarweis. Die zweiten Schwimmfüße, welche in zwei Reihen unter dem Schwanze sitzen, bestehen jeder aus zwei häutigen, schmalen, langen Blät-

*) J. W. Dalman, über die Paläaden oder sogenannten Trilobiten, aus dem Schwedischen übersetzt von Friedr. Engelhart, mit 6 Kupfertafeln. (Nürnberg 1828. 4.)

ten, die am Rande gekränzt sind und auf einem halb röhrenförmigen Stiele sitzen.

Diese Gattung ist reich an Arten, welche fast alle im Meere sich finden, und von denen mehre eßbar sind, namentlich wird im Morgenlande ein starker Handel mit den eingesalzenen getrieben. Das Fleisch ist zart und angenehm von Geschmack und soll auch selbst für Schwindsüchtige gesund sein.

Sie leben in großen Haufen zusammen und verlassen selten die Stelle, wo sie sich einmal aufgehalten haben. Sie schwimmen sehr schnell, aber stoßweise, häufig auch rückwärts mit Hilfe des Schwanzes und im Kreise mit Hilfe der Fühlerblätter. Sie dienen vielen Fischen zur Nahrung, werden aber wegen des Stachels am Kopfe nur von Hinten verschlungen. Sie finden sich häufig an den französischen und englischen Küsten, sowie im Mittelmeer, in größter Zahl an der Mündung der Flüsse und in der Nähe derselben unter Tangen und andern Seegewächsen. Die eßbaren europäischen Arten sind grade nicht groß. Als Beispiel möge folgende Art dienen.

Palaemon serratus. *Leach.* (Malac. Brit. t. 43, f. 1—10. **Astacus serratus.** *Pennant. Herbst.* Cancr. t. 27, f. 1. **Palaemon xiphias.** *Risso*). Drei bis vier Zoll lang, der Schnabel sehr spitzig verlängert, auf der obern Schneide und an der Wurzel mit sechs bis acht, auf der untern mit fünf bis sechs Zähnen. Die Scheerenfinger so lang als die Hand. Die allgemeine Farbe blaßroth, lebhafter an den Fühlern, am hintern Rande der Hinterleibsringe und an den Schwanzflossen, die gemeinste Art an den französischen und englischen Küsten, welche man in Paris das ganze Jahr verkauft.

(D. *Thon.*)

PALÄMON (Paläozoologie). Zuerst Desmarest, und dann verschiedene Autoren nach ihm, haben zu diesem an lebenden Arten reichen Crustaceengeschlechte einige fossile Reste gebracht, welche jedoch sämmtlich dessen Charakter nicht vollständig an sich tragen und daher auch schon großentheils in andere neu begründete Genera verwiesen worden sind. So ist 1) **P. spinipes** *Desmar.* (Crust. foss. 1832. p. 133. *Defr.* im Dict. de scienc. nat. XXXVII, 255. **Macrourites tipularius** v. Schloth. Petrefactenk. II, 32. t. II. f. 1) bei Graf Münster der Typus eines neuen, doch noch nicht näher bezeichneten, drei bis vier Arten enthaltenden Geschlechtes geworden. 2) P. **longimanatus** *Krüger* (Urweltl. Naturgeschichte. 1825. II, 130. Holl, Petrefactenk. 1830, 152. **Macrourites longimanatus.** v. Schloth., Petrefactenk. I, 38. *Desmar.* Crust. 136. pl. V. f. 10.), ist ein Glied des Genus **Mecochirus** von Germar (in Keferstein's Teutschland. IV, 102), welches nach Münster ebenfalls mehre Arten einschließt. 3) **P. Walchii** *Holl* (Petrefactenk. 152. = Walch und Knorr, Versteiner. I. t. XV. f. 1, 3, 5. *Desmar.* Crust. pl. XI. f. 5) zeigt noch weniger als die Vorigen die Merkmale und den Habitus des Palämongeschlechtes; sein Genus ist gänzlich zweifelhaft. 4) **P. squillarius** (*Desmar.* ??) (Goldfuß in Dechen's Bearbeitung von Delabeche's geologischem Manuale. 1832. S. 407) kann ich weder bei Schlotheim, noch bei Desmarest auffinden; noch weniger ist zu erwarten, daß die Synonyme richtig sind, welche dabei angeführt werden. (Über 1 und 2 weiter zu vergleichen Bronn, Lethäa 474—477.)

(*H. G. Bronn.*)

PALÄMON (**Q. Rhemnius**), ein nicht unberühmter römischer Grammatiker zur Zeit der Kaiser Tiber und Claudius, dessen Eusebius in der Übersetzung des Hieronymus (p. 160) beim J. 49 n. Chr. Geb. unter der Regierung von Claudius erwähnt. Dem Sueton, „der ihm das 23. Cap. seiner Schrift de illustr. grammat. gewidmet hat, verdanken wir fast Alles, was wir von Nachrichten über sein Leben haben. Er war also aus Vicenza gebürtig und Sklave, lernte Anfangs das Leinweberhandwerk und erst bei Gelegenheit, daß er als Pädagog den Sohn seiner Gebieterin in die Schule führte, die Grammatik (literas). Späterhin wurde er freigelassen und lehrte in Rom die Grammatik mit großem Beifall, sodaß er unter den Grammatikern eine vorzügliche Stelle einnahm, obgleich sein Leben nichts weniger als fleckenlos, im Gegentheile durch grobe Laster geschändet war, namentlich durch weichliche Verschwendung, Habsucht und ganz besonders durch eine bis zum Widerlichen gesteigerte Wollust, sodaß die Kaiser Tiber und Claudius öffentlich erklärten, man sollte Niemand weniger als ihm die Erziehung junger Leute anvertrauen. Er badete täglich mehr als einmal, und ob er gleich von seiner Schule jährlich 40,000 Sestertien (über 2100 Thlr.) und nicht viel weniger von seinem Vermögen einnahm, so reichte doch seine Einnahme nicht zu den Ausgaben hin; neben der Grammatik nämlich trieb er einen einträglichen Kleiderhandel und bebaute mit großer Sorgfalt einen Weinberg. Seine Anmaßung und Eitelkeit war ungemein; einen der eminentesten Gelehrten, M. Varro, nannte er „ein Schwein;" die Grammatik, sagte er, sei mit ihm geboren und werde mit ihm sterben; Virgil habe nicht umsonst seinen Namen in den Bucolicis erwähnt (Ecl. III, 50 sq. nennt Virgil den Hirten, den sich Damötas und Menalkas zum Kampfrichter ihres Wettgesangs wählen, Palämon), sondern weil er voraus geahnet hätte, daß er, Palämon, einstmals der Kritiker aller Dichter und Gedichte sein würde. Er rühmte sich auch, daß sogar Straßenräubern seine Celebrität einmal so imponirt hätte, daß er von ihnen verschont worden wäre. Der Mann besaß ein ganz erstaunliches Gedächtniß, ungemeine Leichtigkeit der Unterhaltung, machte Gedichte aus dem Stegreife, schrieb in verschiedenen, auch seltenen Rhythmen. Hieronymus (l. c.) meldet von ihm, daß er mit dem Lehrer der lateinischen Beredsamkeit, M. Antonius Liberalis, in bitterer Feindschaft gelebt und den Unterschied zwischen gutta und stilla so bestimmt habe, jene sei ein stehender, diese ein fallender Tropfen (gutta stat, stilla cadit); also hat sich der Mann auch mit Synonymik beschäftigt. Den ausgezeichnet lucrativen Erfolg, mit welchem er seine Weinberge bebaut, erwähnt *Plinius* N. H. XIV, 5 (4), wobei er nicht verschweigt, daß er übrigens auch als Grammatiker berühmt sei. Juvenal nennt daher einmal (VI, 452) die Grammatik artem Palaemonis, wo die Scholiasten bemerken, daß er der Lehrer des Quintilian gewesen sei (wie ihn der anonyme Biograph des Persius zum Lehrer dieses Dichters macht), und an einem andern Orte, wo er von der traurigen Lage der Grammatiker spricht (VII, 215 sq.) nennt er wieder beispielshalber den Palämon. Q. Rhemnii Fannii Palämonis Vicentini Ars grammatica wurde aufgefunden von Jovianus Pontanus und zuerst herausgegeben in der baseler Sammlung lateinischer Grammatiker (1527), in der diese Schrift die erste Stelle einnimmt, darauf in der des Putschius, wo sie den vierten Platz hat von p. 1366—1386. Priscian (I, 8, 47. p. 44. *Kr.*) erwähnt seine Benennung für den Spiritus Lenis, den er nämlich „exilis" nannte. (*H.*)

PALÄMON hieß 1) Melikertes nach seiner Vergötterung, s. die Art. Melikertes und Portumnus. 2) Hephästos' oder Ätolos' Sohn, der am Zuge der Argonauten Theil nahm (s. *Apollod.* I, 9, 16). 3) Herakles' und Autonoe's Sohn (*Apollod.* II, 7, 8). Bei Tzetz. (in Lycophr. 662) heißt er Iphinoe's Sohn. (*Schneidewin.*)

PALÄMON, der Heilige, Lehrer des heil. Pachomius, dessen Gedächtnißtag die Kirche den 14. Jan. begeht. Vergl. oben Seite 2 fg. (*H*)

PALÄMONIUS (*Παλαιμόνιος*), Lernos' Sohn aus der ätolischen Stadt Olenos, eigentlich ein Sprößling des Poseidon, zeichnete sich trotz seiner Lahmheit unter den Argonauten aus (*Apollon.* Rhod. I, 202 sq. ibique Schol.) (*Schneidewin.*)

PALÄNO, eine der Danaiden bei *Hygin.* fab. 170. (*H.*)

PALÄO oder PALAIOCASTRO. 1) Bedeutendes Vorgebirge auf der Nordwestseite der Insel Lemnos. 2) Vorgebirge und Landungsplatz auf der Insel Kandia, auf welchem einige Fischer ihre Hütten aufgeschlagen haben. 3) Name der Ruinen von den Mauern und Thürmen Platäa's. 4) Heutiger Ort in Lakonica, in der Nähe des ehemaligen Böä. (*Fischer.*)

PALÄOBALISTUM (Paläozoologie). Dieser Name bezeichnet ein von de Blainville *) aufgestelltes Geschlecht fossiler Fische, dessen einzige Art Volta für einen Diodon, Faujas St. Fond für einen Balistes gehalten, mit welchem letztern solche auch Blainville'n nahe verwandt, jedoch durch ihre zahlreichen, großen, stumpf abgerundeten Zähne verschieden zu sein scheint. Der von ihm vorgeschlagene Name deutet diese Verwandtschaft und den fossilen Zustand zugleich an, ohne daß das Genus jedoch genauer charakterisirt wurde. Agassiz **) hat von seinen, am Originalfossile vorgenommenen Untersuchungen noch nichts bekannt gemacht, als dessen Benennung, wonach solches zu dessen Geschlechte Pycnodus gehört. (*H. G. Bronn.*)

PALÄO BUNI, jetziger Name des Geraniagebirges in der griech. Landschaft Megaris. (*H.*)

PALÄOCHORION, Dorf in dem griech. Nomos Misitra, wo, oder in dessen Nähe Sparta gestanden haben soll. (*Fischer.*)

PALÄOGONI, Name eines Volkes auf der Insel Ceylon, welches Megasthenes erwähnt hatte (*Plin.* H. N. VI, 22. p. 322. *Hard.* Megasthenes ..... flumine dividi, incolasque Palaeogonos appellari, auri margaritarumque fertiliores, quam Indos). Also eine rein griechische Benennung und daher wol Übersetzung einer gleichbedeutenden einheimischen. Welche diese gewesen, darüber können uns erst die singhalesischen halbhistorischen Geschichtsbücher Aufklärung geben. Ceylon hat zu verschiedenen Zeiten verschiedene Colonien vom Festlande Indiens erhalten; am frühesten brahmanische, später buddhistische (s. eine Recension von Bournouf im Journal des Savans 1832. p. 582 sq.), und auf eine Unterscheidung der verschiedenen Bevölkerungen mag der Ausdruck gehen. Inwiefern die Notiz, daß die Insel selbst ehemals *Παλαι Σιμούνδου* geheißen habe, später *Σαλική* (*Marcianus* Heracl. II, 9, 26. *Huds.*, womit *Peripl.* Mar. Eryth. p. 35 und die Note zu *Marc.* p. 76 zu vergleichen), mit diesem Völkernamen in Beziehung stehe, gehört besser in die Untersuchung über die Namen der Insel Ceylon bei den Alten, worüber die Nachrichten etwas verworren sind. Wir verweisen daher auf den Art. Taprobane. (*Lassen.*)

PALÄOGRAPHIE [1]) ist die Kunde der Schriftarten des Alterthums. Eine vollständige Behandlung dieser Wissenschaft müßte die Entstehung, Beschaffenheit, Genealogie und Geschichte aller im Alterthum erfundenen Schriftarten des Orients und Occidents umfassen. Indessen fehlt noch gar viel daran, daß eine solche nur entfernt möglich wäre, da viele Schriftarten noch unentziffert sind, von andern, und unter diesen selbst von sehr bekannten, wie die indischen, die Entstehungsgeschichte und Abkunft im Dunkeln liegt, und an diesem Orte würde selbst eine erschöpfende Übersicht dessen, was bis jetzt ermittelt worden, nicht erwartet werden können, da sie theils vielen andern Artikeln vorgreifen, theils ohne eine Menge von Abbildungen nicht verständlich sein würde. Wir beschränken uns daher nach einer kurzen Einleitung über die verschiedenen Classen der Schrift überhaupt auf die Beschaffenheit und Geschichte der Buchstabenschrift, wie sie von den Phönikiern aus mit mannichfaltigen Modificationen, aber im Grunde als dieselbe sich über ganz Europa und den größten Theil von Asien erstreckt hat, so daß wir nicht allein die Bilder- und Zeichenschrift der Ägypter und Sinesen, sondern auch diejenigen Schriftarten, deren Semitische Abkunft nicht mehr zur Überzeugung nachgewiesen werden kann, für jetzt übergehen. Die Geschichte und Beschaffenheit der alten Buchstabenschrift werden wir aber so behandeln, daß wir A) die Erfindung und Beschaffenheit derselben bei den Phönikiern selbst betrachten, B) die verschiedenen daraus hervorgegangenen Schriftarten historisch und beschreibend durchgehen und eine Genealogie derselben versuchen.

An einem irgend vollständigen und befriedigenden Werke, welches das Ganze der alten Schriftkunde umfaßte, fehlt es gänzlich. So viel Treffliches, zum Theile ganz

*) Versteinerte Fische, übersetzt von Krüger. 1828. S. 88.
**) *Agass.* Poiss. foss. 1835. IV, 38, 49. Note.

1) Zu diesem Artikel gehört Tafel 1 mit alten Alphabeten und Tafeln 2, 3 mit Schriftproben aus dem Alterthume.

Ausgezeichnetes auch für die erste Erforschung oder genauere Kenntniß einzelner Schriftarten von einzelnen Gelehrten geleistet worden ist, namentlich für die ägyptische Schrift von Young, Champollion d. j., Salvolini, für die Zendschrift von Grotefend, und neuerlichst von Burnouf und Lassen, für die Altgriechische von Montfaucon, neuerdings von Böckh, Letronne, für die altitalischen Schriftarten von Lanzi, für das Altarabische von Adler, de Sacy, Frähn, des Phönikischen nicht zu erwähnen, so wenig Werth haben doch die allgemeinen Arbeiten, theils weil sie aus Zeiten stammen, wo die Forschungen noch auf zu wenigen Denkmälern ruhten und daher zu mangelhaft und unzuverlässig waren, theils weil ihre Urheber zu wenig umfassende Sprachkenntniß besaßen, welche mit der Schriftkenntniß nothwendig Hand in Hand gehen muß, wenn diese irgend gefördert werden soll. Der Mangel an Sprachkenntniß war es namentlich, der auch den Arbeiten des bedeutendsten allgemeinen Paläographen der neuesten Zeit, U. F. Kopp, anklebt, eines Mannes, der das schöne Verdienst hat, die Aufmerksamkeit der Sprachgelehrten auf das Graphische der alten Denkmäler erregt und geschärft zu haben, der aber bei jenem Mangel keine einzige früher unbekannte Schrift entziffert und nur wenig gelungene Erklärungen alter Denkmäler, die ihm eigenthümlich wären, geliefert hat. Einige hierher gehörige Werke sind:

Eduardi Bernardi **orbis eruditi literatura a charactere Samaritico deducta.** 1689. ed. 2. **curavit** *Carolus Morton.* 1759. Ein Blatt in Landkartenformat, auf welchem die vorzüglichsten Alphabete des Orients und Occidents, so weit sie damals bekannt waren, sauber und correct gezeichnet sind. Nach der damals herrschenden Vorstellung hält er das samaritanische Alphabet (von den Makkabäischen Münzen und aus den Handschriften des Pentateuch) für das Uralphabet. Ein ähnliches Blatt oder ähnliche Blätter nach den gegenwärtigen Fortschritten der Schriftkunde wären sehr zu wünschen.

Chr. W. Büttner (zu Göttingen) Vergleichungstafeln der Schriftarten verschiedener Völker in denen vergangenen und gegenwärtigen Zeiten. St. 1. Göttingen 1771. St. 2. 1779. 4. unvollendet.

Nouveau traité de Diplomatique. Paris 1750 fg. 4. 6 Bände mit Kupfern. Von den Benediktinern Franç. Toussain (st. 1754) und R. Prosp. Tassin (st. 1777). Teutsche Übersetzung von J. Chr. Adelung. Erfurt 1759 fg. 9 Bde. 4.

Wahl, Skizze der morgenländischen Graphik oder Schriftgeschichte, hinter dessen allgem. Geschichte der morgenländischen Sprachen und Literatur. Leipzig 1784. S. 584 fg., nebst 11 Kupfertafeln. Wie das ganze Werk des damals sehr jugendlichen Verfassers noch ohne hinlängliche Sachkenntniß verfaßt, so viel auch darin von neuen Entdeckungen und Kennerschaft die Rede ist.

Edm. Fry **Pantographia, containing accurate copies of all the known alphabets of the world ... London** 1799. 2 Theile mit Kupfern. Aus schlechten Quellen geschöpft, unkritisch und ungeordnet.

Ancient Alphabets and hieroglyphical characters explained .... in the arabic language by *Ahmed bin Abubekr Wahschih*; **and in english by** *Joseph Hammer.* 1806. Enthält 136 Seiten arabischen Text und 54 Seiten englische Übersetzung. Die Nachrichten des gelehrten Arabers sind aber oft sehr unzuverlässig.

U. F. Kopp, Bilder und Schriften der Vorzeit. 1. Bd. Mannheim 1819. 2. Bd. 1821. Der zweite Band enthält zwei wichtige Abhandlungen: 1) Schrift aus Bild. 2) Entwickelung der Semitischen Schriften. — Desselben **Palaeographia critica** behandelt in den beiden ersten Bänden (Mannheim 1817. 4.) die Tachygraphie und insbesondere die **notae tironianae**; Bd. 3 und 4 (1829) führen den besondern Titel: **De difficultate interpretandi ea, quae aut vitiose vel subobscure aut alienis a sermone literis sunt scripta** und handeln insbesondere von den Inschriften gnostischer Gemmen, Amulete rc.

Jul. Klaproth, **Les alphabets des anciens peuples. Paris** 1823. 4.

Einleitung. Die Schrift, die wir als eine Abbildung der Sprache und Darstellung derselben für das Auge definiren dürfen, zerfällt nach der Art, wie man dieses bewerkstelligt hat, in zwei große Hauptgattungen: 1) Begriffsschrift, welche ohne das Medium einer gegebenen Sprache und möglicherweise ganz unabhängig von einer solchen unmittelbar auf den Verstand einwirkt, und 2) die Tonschrift, welche den Laut bestimmter Sprachen darstellt, und deren Verständniß daher durch Kenntniß dieser Sprachen bedingt ist.

Die Begriffsschrift zerfällt wieder in eine doppelte Gattung: Bilderschrift und Zeichenschrift. Die erstere, welche die natürlichste und wahrscheinlich auch die älteste ist, bestand darin, daß man den zu bezeichnenden Gegenstand, sofern er für das Auge darstellbar war, selbst abbildete, durch eben diese Bilder aber auch diejenigen Begriffe und Sprachtheile ausdrückte, welche keine unmittelbare Darstellung zuließen, indem man dem Bilde außer seiner eigentlichen Bedeutung noch eine tropische und symbolische Bedeutung gab. Die bloße Darstellung des Sichtbaren nennt man kyriologische Schrift (von *κύριος*, **proprius**) nach *Clem. Alex.* **Strom.** V. p. 556 *Sylb.*, und zu ihr gehört ein großer Theil der Hieroglyphen (s. *Champollion* **gramm. Egyptienne. Paris** 1836. **Fol.** I. p. 3 fg.), eine solche hatten ursprünglich auch die Sinesen (s. Kopp, Bilder und Schriften. II, 66. *Remusat*, **Gramm. chin.** §. 2, 4, 5) und die Mexikaner. Dieselben Schriftarten haben aber auch das andere Element der symbolischen Bilderschrift, die auf Vergleichung des sinnlich Darstellbaren mit dem Geistigen und Abstracten beruht, und bei den tausendfach möglichen Combinationen diesen Schriftarten einen Anstrich von Witzigem gibt. Nach Diodor (III, 4) bezeichnete bei den Ägyptern der Habicht die Geschwindigkeit, das Krokodil die Bosheit, die Fliege die Unverschämtheit, das Auge den Wächter, eine ausgereckte Hand Freigebigkeit, eine verschlossene Hand Geiz und Habsucht; aber auf viel kühneren Vergleichungen beruhen die meisten andern tropischen Hieroglyphen (s. *Horapollinis* **Hieroglyphica. ed.** *Leemans*. **Amstelod.** 1835. *Champollion* a. a. O. S. 24), z. B. die Biene für den König, der Sperber für die Erhabenheit, das Sperberauge für die Vision und Contemplation, der Geier wegen seiner zärtlichen Mutterliebe für die Mutter; ja bei mehren derselben, die man auch änigmatische Hieroglyphen nennt, ist der Grund der Combination theils zweifelhaft, theils ganz unbekannt, wenn z. B. die Straußfeder für Gerechtigkeit steht, angeblich weil alle Federn im Flügel des Straußes gleicher Größe seien (*Horapoll.* I, 118), oder der Palmzweig für das Jahr, angeblich weil der Palmbaum jährlich regelmäßig 12 Zweige hervorbringe. Bei den Sinesen bezeichneten drei Männer, die aufeinander folgten, das Verbum folgen; Sonne und Mond verbunden den Begriff Licht; ein Mann auf einem Berge einen Einsiedler; ein Weib, eine Hand und ein Besen eine Matrone. — Die andere Art der Begriffsschrift, die Zeichenschrift, bezeichnet die Begriffe durch willkürlich angenommene Figuren, welche keine Ähnlichkeit mit der bezeichneten Sache haben. Eine rohe Art derselben waren die bunten Fäden (Quipos) der Peruaner, die sie mannichfach zu knüpfen und zu verschlingen verstanden (s. götting. hist. Magazin. III. S. 422. Lehrgeb. der Diplom. II, 305); eine sehr vollkommene haben jetzt die Sinesen, deren 20—30,000 Zeichen sich aber auf 214 Grundzeichen, gleichsam Wurzeln (Schlüssel genannt) reduciren lassen. In dieselbe Kategorie gehören bei uns die technischen Zeichen der Ärzte für die Arzneimittel (Wasser, Salz, Salmiak *rc*) und vielleicht auch die astronomischen Zeichen für die Planeten und den Thierkreis. Indessen sind solche Figuren oft nur scheinbar willkürliche Zeichen und wirklich aus einer Bilderschrift hervorgegangen, indem man die Bilder so sehr abgekürzt und verstümmelt hat, daß sie alle Ähnlichkeit mit der bezeichneten Sache verloren haben. So war es factisch bei den Sinesen (Kopp a. a. O. S. 78) und bei den Ägyptern, bei welchen sich dieser Übergang von Stufe zu Stufe nachweisen läßt (s. *Champollion* a. a. O. p. 12 sq.). Beide Schriftarten, die Bilderschrift und Zeichenschrift, stehen in einem ähnlichen Verhältnisse wie das schallnachahmende und das scheinbar conventionelle Element in den Sprachen. Ersteres ahmt durch das Sprachorgan das fürs Ohr Vernehmbare nach, wie die Bilderschrift das Sichtbare abbildet; Letzteres drückt den Begriff durch scheinbar willkürlich bestimmte Laute aus, die in keinem sichtbaren Zusammenhange mit der zu bezeichnenden Sache stehen; aber ein großer Theil des scheinbar Willkürlichen und blos durch conventionelles Einverständniß Entstandenen geht doch auf ursprünglich Onomatopoetisches zurück, welches nur durch mehrfache Übertragungen gegangen ist[2]).

Die Tonschrift bildet die dem Ohre vernehmlichen Töne einer bestimmten und gegebenen Sprache ab, muß daher von einer Analyse des Wortes in seine Elemente ausgehen und kann nur durch Kenntniß jener Sprache verstanden werden. Sie ist entweder 1) Sylbenschrift, wo jedes Zeichen eine ganze Sylbe bezeichnet, wenigstens einen Consonanten mit anhaftendem Vocale, wie im Äthiopischen; oder 2) Buchstabenschrift, wo jedes Zeichen ursprünglich nur Einen, sei es consonantischen oder vocalischen, Laut bezeichnet, wiewol grade die älteste uns bekannte Buchstabenschrift, die Semitische, nur die Consonanten mit Auslassung der Vocale bezeichnet hat (s. unten). Da die Tonschrift von einer durchaus andern Betrachtungsweise ausgeht als die Begriffsschrift, so könnte es scheinen, und ist es vielfach behauptet worden (s. Tychsen, Bibl. der alten Lit. VI. S. 42 fg. Eichhorn, Gesch. der Lit. V. 1. St. S. 34), daß erstere als eine von letzterer ganz unabhängige Erfindung zu betrachten sei, zumal wir bei manchen Völkern ausschließlich die eine Schriftart ohne die andere antreffen; indessen findet doch grade bei den Ägyptern und Sinesen, den Völkern, welche die ausgebildetste Begriffsschrift haben, ein factischer Übergang in die Tonschrift statt, bei den Ägyptern durch die sogenannten phonetischen Hieroglyphen (s. *Champollion*, Gramm. p 27 sq.), und wird auch die Entstehung der phönikischen Buchstabenschrift aus einer Bilderschrift als wahrscheinlich betrachtet werden müssen.

A. Die phönikische Schrift selbst. Wir wollen von einer Beschreibung derselben, wie sie sich in den vorhandenen Denkmälern darstellt, ausgehen, und darauf einige Betrachtungen über Charakter, Entstehung und Vaterland derselben folgen lassen.

Die Denkmäler der phönikischen Schrift, welche der Verfasser dieses Artikels vor Kurzem in einem besondern Werke: **Scripturae linguaeque Phoeniciae monumenta, quotquot supersunt edita et inedita ad autographorum optimorumque exemplorum fidem edidit additisque de scriptura et lingua Phoenicum commentariis illustravit** *Guil. Gesenius.* **P. I — III. Lipsiae 1837.** gr. 4. mit möglichster jetzt erreichbarer Vollständigkeit herausgegeben und erläutert hat, bestehen aus 77 größern und kleinern Steinschriften und einer großen Anzahl von Münzen. Die erstern sind in Athen (3 bilingues), auf Malta (4, darunter 1 bilinguis), auf Kypern in den Trümmern von Kitium (33), in Sardinien (1), in Sicilien, auf den Trümmern von Carthago (12) und im carthagischen und numidischen Gebiete gefunden, die letztern gehören theils dem eigentlichen Phönikien und daselbst den Städten Tyrus, Sidon, Akko, Laodikea, Marathus *rc.*, theils Kilikien, namentlich Tarsus, theils Sicilien, und daselbst den Städten Panormus, Heraklea Minoa, Motye, Syracus, den Inseln Cossura und Gaulos, theils den spanischen Küstenstädten Gades (Cadiz), Sexti, Abdera, Belus, Malaca (Malaga), theils endlich afrikanischen Herrschern (Juba I., Juba II.) und Städten (Achulla, Vacca, Sabratha, Siga), keine der Stadt Carthago selbst, an. Von hohem Alter ist keines dieser Denkmäler, und im Allgemeinen gehören sie dem Zeitalter zwischen Alexander und der Augusteischen Zeit an. Nur die kilikischen Münzen rühren aus den Zeiten der persischen Herrschaft her, wogegen eine punische Inschrift auf einem dem Sep-

2) Eine eigene Art von Begriffsschrift, und zwar wirklich eine Schrift, nicht eine Sprache, ist die Telegraphenschrift und die Zeichensprache der Taubstummen; erstere meines Wissens willkürliche Zeichenschrift, letztere theils symbolische Bilderschrift, theils Zeichenschrift, in einigen Instituten neben beigemischter Tonschrift, beide, wie jede andere Schrift, für das Auge berechnet, aber, als schnell verschwindend, nicht zugleich für die Zukunft.

timius Severus errichteten Triumphbogen selbst bis in den Anfang des 3. christlichen Jahrhunderts hinabgeht (Monum. Phoenic. p. 213). Der Schriftcharakter auf den meisten dieser Denkmäler ist im Grunde derselbe; am schönsten auf den sicilianischen, maltesischen, kyprischen, carthagischen Monumenten; am ursprünglichsten vielleicht auf den kilikischen; entartend auf den jüngern Münzen des eigentlichen Phönikien, Hispaniens und der benachbarten Inseln; fast zu einer Cursiv (scriptura rustica) geworden auf den Denkmälern der afrikanischen Provinzen, namentlich Numidiens, aus den Zeiten der Hiempsal I, II und Juba I, II. Die Entzifferung der ältern, echtphönikischen Schrift ist zwischen 1750—1760 vorzüglich durch den Engländer Jo. Swinton in Oxford und den berühmten französischen Akademisten Joh. Jac. Barthelemy, unter denen ersterer den Vorzug einer gewissen Priorität, letzterer den weit gelungenerer Leistungen für sich hat, zu Stande gebracht, später im Einzelnen durch den Spanier F. P. Bayer, den Schweden Äkerblad, durch Kopp, Lindberg und den Unterzeichneten weiter gefördert worden, welchem letztern vor einigen Jahren auch die Gesetze der spätern punisch-numidischen Schrift aufzufinden gelungen ist (s. die Abhandlung: Über die punisch-numidische Schrift und die damit geschriebenen größtentheils unerklärten Inschriften und Münzen in: Paläogr. Studien über phönik. und punische Schrift. Leipzig 1835. 4. Nr. 2). Für die ältere Schrift ergibt sich aus den im obigen Werke herausgegebenen ältern Schriftdenkmälern das Taf. I mitgetheilte Alphabet, in welchem jedoch nur die gewöhnlichsten Figuren aufgestellt sind. Für die ältesten unter denselben wird man zu halten haben 1) die vollständigen Figuren; denn offenbar hat die Schrift, wie meistens der Fall ist, den Gang genommen, daß die Schreiber, durch tachygraphisches Bedürfniß getrieben, die Figuren immer mehr abkürzten und vereinfachten (nur selten hat die Figur später einen Zusatz, z. B. beim א einen diakritischen Strich, erhalten); 2) die eckigen Figuren, welche sich für Steinschriften besser eigneten, während die Tachygraphie auf weichen Massen runde Schriftzüge erzeugte; 3) die sich auf den ältesten und mit der meisten Genauigkeit geschriebenen Denkmälern finden. Daß aber die ältesten dieser Figuren zum Theil wirklich die ursprünglichen waren oder doch diesen sehr nahe stehen, zeigt die Übereinstimmung theils mit den altgriechischen Buchstaben, theils mit den Namen, welche diese Elemente führen. Die altgriechische Schrift, die älteste Tochter der phönikischen, ist uns nämlich aus noch ältern Denkmälern bekannt, als die phönikische, und kann ein wichtiges Zeugniß ablegen für die älteste Gestalt der Mutterschrift; die Übereinstimmung der jetzigen Figur mit dem Namen des Buchstaben ist aber ein deutlicher Beweis ihrer Ursprünglichkeit (s. unten). Die Zahl der Buchstaben ist 22, welche genau denen des hebräischen Alphabetes entsprechen, wie auch die phönikische Sprache bis auf wenige Idiotismen der hebräischen Sprache entspricht (s. Monumenta Phoenic. l. IV: de lingua Phoenicia): und werden dieselben (mit Ausnahme einer einzigen sicilischen Münze Monum. Phoen. p. 59) von der Rechten zur Linken an einander gereiht. Von Vocalzeichen zeigt sich so wenig eine Spur, daß diese Schrift selbst derjenigen Bezeichnung von ê, î, ô, û durch י und ו, welche sich in der unpunktirten hebräischen Schrift findet, entbehrt, sodaß man רח (s. רוּחַ) Geist, הא (s. הוּא) er, לארנן (s. לאדֹנֵנוּ) unserm Herrn, צדן (s. צידן) Sidon, בת (s. בית) Haus des — schreibt, mit seltenen Ausnahmen, die aber auch meistens ihre Regel haben, z. B. אבי mein Vater, צדני Sidonier. Doch kommt ein Beispiel einer diakritischen Linie über einem ungewöhnlich auszusprechenden Worte vor, wie bei den Samaritanern, קבר (inscr. Carthag. 8) s. קֶבֶר Grab, nicht קָבַר er hat begraben. Die Worte sind auf den ältesten Inschriften nicht abgetheilt, und erst später finden sich Abtheilungen der Worte durch Punkte und Spatien, doch so, daß engverbundene Worte als Eins betrachtet werden (Monum. Phoen. p. 54 sq.). Daher finden sich auch keine eigenen Finalfiguren, wiewol es vorkommt, daß die Endbuchstaben eines Wortes oder Satzes größer oder mit einem längern Schnörkel am Ende gezeichnet werden (s. Carth. 3. lin. 4). Hier und da sind zwei Buchstaben in Einen Zug verbunden, und in häufigen Formeln kommen Abbreviaturen vor, in deren Auflösung in Verbindung mit dem gänzlichen Mangel an Vocalen und Worttheilung die Hauptschwierigkeit für den Interpreten dieser Denkmäler besteht.

Die punische und numidische Schrift ist eine Art von Cursivschrift, welche sich aus der ältern und regelmäßigen phönikischen und carthagischen Schrift gebildet hat. In ihrem Entstehen zeigt sich diese Entartung schon in mehren Buchstaben der spanisch-phönikischen Münzen, in ihrer Vollendung auf den Inschriften und Münzen, welche dem carthagischen Gebiete außerhalb der Stadt und dem numidischen Reiche angehören, und wiewol einzelne Buchstaben noch die alten sind, ist die Differenz doch so groß, daß viele sie für eine ganz verschiedene Schriftart erklärt haben (*Eckhel*, Doctr. num. IV, 154. *Hamak*. Miscell. phoen. p. 79. *Falbe*, Sur l'emplacement de Carthage. p. 106). Andere, wie Kopp (II, 106) hielten sie zwar für phönikisch, glaubten sie aber deshalb nicht lesen zu können, weil das Numidische eine von der punischen verschiedene unbekannte Sprache sei. Die Entzifferung der Schrift und die Lesung der Denkmäler hat indessen gelehrt, daß die Sprache ganz mit der punischen zusammentrifft, die Schrift aber als eine vernachlässigte und ins Kurze gezogenen Abart der punischen zu betrachten ist, bei welcher man die meisten Figuren auf einen oder wenige schnell zu bildende Züge reducirt hat, von denen mehre in der Figur gänzlich zusammenfallen, auf ähnliche Weise, wie in der Sassanidenschrift auf Münzen und der kufischen, welche aus der regelmäßigen altsyrischen entstanden, aber so abgekürzt sind, daß z. B. im Kufischen fünf Buchstaben (Be, Je, Nun, The, Thse) dieselbe Figur haben. So ist es auch hier, wo das Beth und Daleth oft zu einem kurzen, Nun und Lamed zu einem langen Striche zusammengeschrumpft sind, besonders in öfter vorkommenden Wörtern und Formeln, welche am nachlässigsten und contrahirtesten geschrieben sind, z. B.

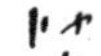 = אדן dominus,

 = בן filius,

 = בעל dominus, Baal.

Auf unserer Schrifttafel haben wir die punisch-numidischen Buchstaben, wo sie abweichen, in dieselbe Rubrik mit den phönikischen aber ans Ende der Zeile und hinter einen Punkt gesetzt, und geben außerdem auf Taf. 2. Nr. 1. 2 von jeder dieser Schriftarten eine vollständige kleine Inschrift als Schriftprobe, damit man einen allgemeinen Eindruck von der Gestaltung derselben auf Monumenten erhalte.

Als Probe der echtphönikischen Schrift wählen wir die schöne inscriptio bilinguis, welche auf dem Fuße zweier antiken zu Malta gefundenen Candelaber (von denen der eine jetzt in Paris auf der bibliothèque Mazarine befindlich ist) steht und zwar über den griechischen Worten:

ΔΙΟΝΥΣΙΟΣ ΚΑΙ ΣΑΡΑΠΙΩΝ ΟΙ
ΣΑΡΑΠΙΩΝΟΣ ΤΥΡΙΟΙ
ΗΡΑΚΛΕΙ ΑΡΧΗΓΕΤΕΙ.

„Dionysius und Sarapion, die Söhne des Sarapion, die Tyrier, dem Herakles *ἀρχηγέτης*" d. h. Hercules conditor, welchen Beinamen Apollon (*Paus.* I, 42. *Thucyd.* VI, 3. *Eckhel*, Doctr. num. I, 206. 248) und Herkules als Städtegründer (*Sallust.* Jug. 89. *Eckhel* IV. p. 349) führten. Die phönikische Inschrift, welche einen vollständigeren Text enthält, wie dieses fast immer mit diesen bilingues der Fall ist, lautet:

לאדנן למלקרת בעל צר אש נדר
עבדך עבדאסר ואחי אסרשמר
שן בן אסרשמר בן עבדאסר כשמע
קלם יברכם

Domino nostro Melcarto, domino Tyri, vir vovens servus tuus Abdosir cum fratre meo Osirschamar, ambo filii Osirschamari, filii Abdosiri. Ubi audiverit vocem eorum benedicat iis.

Zur Erklärung wird Folgendes hinreichen (vergl. *Lindberg* de inscr. Melitensi Phoen. graeca. Havniae 1828. p. 73 fg. Monum. Phoenicia p. 96 sq): מלקרת, zusammengezogen aus מלך קרת rex urbis, ist Name des Herkules, als Schutzgott von Tyrus (s. d. Art. Carthagische Religion. Th. 21. S. 98); עבדך dein Knecht (o Baal) ist die gewöhnliche Bezeichnung dieser Inschriften für: ich (vergl. Ps. 19, 12. 14. 27, 9. 31, 17. 69, 18), daher das Suffixum der ersten Person in אחי, wie 1 Mos. 44, 32: Dein Knecht ist Bürge geworden für den Knaben bei meinem Vater, für: ich bin Bürge geworden... bei meinem Vater. Die Verbindung: עבדך ואחי — ich mit meinem Bruder, wobei der Weihende sich als Hauptperson hervorhebt, ist wie Esth. 4, 16: אֲנִי וְנַעֲרֹתַי אָצוּם ich mit meinen Mägden will fasten. Von den beiden Namen entspricht עבדאסר (servus Osiridis) dem griechischen *Διονύσιος*, nach der bekannten Vergleichung von *Ὄσιρις* mit *Διονύσιος* (*Herod.* II, 42. 144), אסרשמר (quem Osiris custodivit, vergl. שְׁמַרְיָהוּ quem Jehova custodivit) dem griechischen *Σαραπίων*, sofern Sarapis späterer Name für Osiris ist.

Als Probe des punisch-numidischen Schriftcharakters aber diene eine Inschrift, welche vor einigen Jahren im tunesischen Gebiete zwischen Bedsch (Vacca der Alten) und Kâf (Sicca Venerea) gefunden und durch das dänische Consulat nach Kopenhagen ins Museum gebracht worden ist; zuerst edirt vom Consul Falbe (sur l'emplacement de Carthage, tab. 5. nr. 4), dann nach einem Abdrucke genauer und in natürlicher Größe Monum. Phoen. tab. 22, erklärt ebend. S. 202 fg. Sie steht unter allerhand Bildwerken von Vögeln, Fischen, Blumen, Blättern, und ist zu lesen:

לאדן בעל כמן מלך ע' שמען
קלת חכמשבעל אדן בן
חכבעל בן מעשיבעל

Domino Baali Solari, regi aeterno, qui exaudivit vocem Hicemsbalis (Hiempsalis) Domini, filii Hicebalis, filii Magsibal.

Ein Votivstein an Baal, als Sonnengott (חמן f. עמן), von Hiempsal, König von Numidien. Dieser heißt hier in der Originalschrift חכמשבעל d. i. sapiens Baalis (weise durch Baal), von חכם, ש Zeichen des Genitivs, und בעל, im Lat. Hiempsal mit Versetzung des s und b oder p, und Wegwerfung des c, wie in locus, lieu. Sein Vater heißt aber חכבעל, was derselbe Name ist, nur zusammengezogener; Hiempsal, der Sohn des Hiempsal, ist aber Hiempsal II. Der Großvater desselben heißt hier מעשיבעל (Werk Baal's), was vermuthlich die Originalschreibart ist für Micipsa, *Μικίψας*, eigentl. Magsibal, Migsibal, dann mit Versetzung der Sibilans und der gewöhnlichen Wegwerfung des l am Ende Micipsa. Ein zweifelhaftes Zeichen am Ende der Inschrift ist hier weggelassen.

Noch ist das Ziffersystem der Phönikier anzugeben. Es folgt dem Decimalsystem, hat viele Ähnlichkeit mit dem Ägyptischen (s. *Champollion*, Gramm. Egyptienne. I. p. 207 fg.) und findet sich besonders auf den Münzen des eigentlichen Phönikien, um die Jahrzahl auszudrücken. Die Einer 1—9 in demselben sind durch Verticalstriche ausgedrückt, welche gewöhnlich je drei zusammengestellt werden, um sie schneller zu übersehen, als III III II = 8, — ist 10, N 20, מ, מא (für מֵאָה), und die Figur H, welche ebenfalls aus מ entstanden zu sein scheint, ist 100. Also z. B.

III—ÑNH ist 153.

Wenden wir uns hierauf zu einigen Bemerkungen über Charakter und Entstehung dieser ältesten Buchstabenschrift. Sie ist 1) pure Consonantenschrift, sofern die drei Buchstaben א ו י, welche in der hebräischen unpunktirten Schrift neben ihrer Consonantenpotenz auch eine Vocalbedeutung haben, hier nur die erstere zulassen, die Vocale aber gänzlich unbezeichnet bleiben. Eine solche Schrift, in welcher die eine Hauptgattung der Laute, und zwar die belebendste derselben, gänzlich fehlt und von dem Lesenden ergänzt werden muß, ist jedenfalls eine sehr unvollkommene und mehr ein Schattenriß als ein lebendiges Bild der Sprache zu nennen; indessen begreift sich wol, wie ein Semitischer Spracherfinder auf diese Art der Abkürzung (denn das bleibt die Consonantenschrift immer) gekommen sei. Grade in diesem Sprachstamme knüpft sich nämlich die Bedeutung der Stämme ausschließlich an die Consonanten, welche den Körper der Sprache bilden, während die Vocale nur die verschiedenen Modificationen der Stammbedeutung bezeichnen. Eine solche Schrift zu lesen setzte allerdings nicht blos lebendige Sprachkenntniß, sondern auch eine gewisse Fertigkeit und Nachdenken voraus, mußte auch nothwendig in einzelnen Fällen zweideutig sein; aber man muß auch bedenken, daß die Kunst des Lesens und Schreibens vorzugsweise in den Händen der Gebildetern war, und noch unendlich größere Ansprüche an die Kenntniß des Lesenden machen ja andere Schriftarten, z. B. die aus einer höchst reichen Bilderschrift und Tonschrift zusammengesetzte ägyptische Schrift, der Sinesischen nicht zu gedenken, die von wenigen Individuen in ihrem ganzen Umfange gekannt wird.

2) Sie ist eine für einen Semitischen Dialekt erfundene Schrift. Dieses zeigt schon die ausschließliche Hervorhebung und Bezeichnung der Consonanten, welche in jedem andern Sprachstamme, worin auch die Vocale wurzelhaft sind und überhaupt eine größere Bedeutung haben, wie z. B. im Indischen, Griechischen, Teutschen, unmöglich gewesen wäre. Dasselbe erhellt aber auch aus der Beschaffenheit dieser Consonanten, welche der eigenthümlichen Natur des Semitischen Organes trefflich angepaßt sind, wie dieses namentlich die Bezeichnung der vier Gutturale א, ה, ח, ע, und unter diesen des dem Semitischen eigenthümlichen und nationalen Lautes ע zeigt.

3) Die Namen der 22 Buchstaben und die Reihe, in der sie im Alphabete auf einander folgten, lassen sich aus den phönikischen Schriftdenkmälern gar nicht abnehmen, aber doch können wir mit Sicherheit behaupten, daß Namen und Reihe dieselben waren, wie im hebräischen Alphabet. Dieselbe Reihe und dieselben Namen finden wir nämlich von den Griechen beibehalten, welche sie bekanntlich von den Phönikiern, nicht den Hebräern, erhielten, und beides nur im geringen Grade modificirt haben (s. unten). Was die Folge des Alphabets betrifft, wofür wir im Hebräischen an den alphabetischen Gedichten (Ps. 25. 34. 37. Klagel. 1—4) ein altes Zeugniß besitzen, so hat es schwer gehalten, das Princip derselben ausfindig zu machen, wiewol a priori anzunehmen war, daß dieselbe weder willkürlich noch zufällig sein könne. „Es ist noch nicht klar genug, auf welchem Grunde diese Ordnung beruht (sagt Ewald, Gramm. §. 139); auf einem sprachwissenschaftlichen gewiß nicht." Daß sie aber grade auf einem solchen beruhe, wenigstens ursprünglich beruhte, ist neulich von Lepsius (Zwei sprachvergleichende Abhandlungen, Berl. 1836. Nr. 1) auf das Überzeugendste dargethan worden, wenn es auch klar ist, daß diese ursprüngliche von der Natur der Buchstaben hergenommene Ordnung nachmals durch mancherlei Einschaltungen, die auf andern Gründen ruheten, unterbrochen und gestört erscheint. Schon die Aufeinanderfolge der drei weichsten Lippen-, Gaumen-, Zahnlaute, ב, ג, ד, späterhin der drei Liquidae ל, מ, נ führt auf eine solche grammatische Betrachtung der Laute von Seiten des Schrifterfinders; vergleicht man aber die sich durch Ausstoßung einiger (vielleicht neuen) Buchstaben ergebenden analogen Reihen

א ב ג ד
ה ו ח ט
ע פ ק ת

so kann eine ursprünglich grammatische Anordnung keinem Zweifel unterliegen, wenn auch das Princip der spätern Einschaltungen (auffallend ist die Zusammenstellung der vielen Namen für menschliche Glieder: Ain, Phe, Koph, Resch, Schin) zweifelhaft bleibt. Die Namen der Buchstaben bedeuten offenbar diejenigen sinnlichen Gegenstände, welche die Figur derselben, wenn auch in flüchtiger und verkürzter Gestalt, darstellt, und zwar sind Figur und Name jedes Buchstaben so gewählt, daß der Name jedes Elementes mit demjenigen Buchstaben anfängt, der dadurch bezeichnet wird. So stellt Aleph (אָלֶף) die rohe Figur eines Ochsenkopfes dar, diese bedeutet eigentlich einen Ochsen (אֶלֶף), hier aber nur den Anfangsbuchstaben des Wortes für Ochs, auf ähnliche Weise wie in den Runen das U genannt wird Ur (Stier), das O Os (Thür), das Th Thurs (Riese), vergl. Grimm, Über deutsche Runen. Göttingen 1821. Die Form der Namen ist öfters von der hebräischen etwas abweichend und mag theils eine altphönikische sein, theils mit Fleiß etwas abgeändert, um den technischen Buchstabennamen von der Bezeichnung des Gegenstandes selbst zu sondern, z. B. Gamal Kameel, Gimel der Buchstab, der von Kameel den Namen führt; zuweilen mag die ins Griechische übergegangene Form die ursprünglichere sein, z. B. 'Ρῶ (aus Rôs ראשׁ) älter und ursprünglicher als רֵישׁ, die aramäische Form für ראשׁ. Die Bedeutung der meisten ist unzweifelhaft, nur bei einigen ist sie dunkel, bei andern die längst gefundene Wahrheit erst neuerlich gegen unstatthafte Vermuthung aufgegeben worden. Die wahrscheinlichste Erklärung derselben ist: a) Aleph, אָלֶף, so viel als das hebräische אֶלֶף, Rind; dieselbe Form des Segolat-Nomen, welche aber bekanntlich die ursprüngliche ist, haben auch die Buchstabennamen Daleth, Lamed, Samech; über die Figur s. oben. b) Beth, בֵּית, so viel als בַּיִת, Haus, oder vielmehr Zelt, welches durch die dreieckige Figur mit einem linksgebogenen Schweife, das ist die Zeltthür (vergl. Daleth) vielleicht mit einem Zeltseile (?) dargestellt wird. Die Form ist contrahirt, wie in Chêt, Têth, Mêm. c) Gimel, גִּימֶל, so viel als גָּמָל, Kameel; die Figur stellt einen Kameelhals dar; über die Form s. oben. d) Daleth דָּלֶת, Thür, nämlich der dreieckige Eingang des Zeltes, so daß die Figur ohne allen Stiel zur Rechten, wie im Griechischen, die ursprüngliche sein wird. e) Der Name He, הֵא ist am schwierigsten. Das hebräische Wort bedeutet nichts als: siehe! Sollte die Figur mit den zwei rechtsgestreckten Armen vielleicht eine zeigende Person bedeuten, oder gar einen Wegweiser? wenn wir diesen den Phönikiern zuschreiben dürfen. Ewald (hebr. Gramm. S. 15) erklärt es durch „هُوَّةٌ, مَهْوًى, was sich senkt, Loch, Spalte" (eigentlich هُوَّةٌ, tiefes Thal, Graben, مَهْوًى, Kluft zwischen zwei Bergen), und erdichtet eine Figur wie ein umgekehrtes ψ, welche ein Loch darstellen soll, aber damit so wenig eine Ähnlichkeit hat, als sie je als phönikisches He vorkommt, wie denn auch die übrigen a. a. O. gegebenen Erklärungen fast durchgehends auf einer Unbekanntschaft mit den graphischen Thatsachen beruhen. f) Waw, וָו, Nagel, Pflock, ein nur im Pentateuch vorkommendes Wort, vielleicht insbesondere der Zeltpflock, wofür die spätere Sprache יָתֵד hatte. Die Figur ist genau entsprechend. g) Sain, זַיִן, Waffe, vergl. das Chald. זֵינָא, syr. ܙܝܢܐ, welches von Waffen und Rüstung gebraucht wird, insbesondere vom Schwerte (Ps. 44, 7. Pesch.), welchem letzteren die einfache, gerade Figur entspricht. h) Chet, חֵית, wahrscheinlich Umzäunung, von حَاطَ, ܚܳܛ umgeben, umzäunen; einer mehrfach abgetheilten Viehhürde gleicht die Figur, sowol die drei- als zweigestrichene, und חֵית kann füglich für חֵים stehen. Ewald (a. a. O.) erklärt es „ܡܚܛܐ, חָיִיתָא, pera, von حَاتَ umgeben," und meint, daß die Figur ein Bündel mit einem Riemen in der Mitte bezeichne, was auch schon mehrfach nachgesprochen worden ist. Aber weder ist חייתא sacculus, uter (eigentlich Speisesack, von חיה) von حَاتَ abzuleiten, noch bedeutet dieses: umgeben (vielm. circumvolitavit), noch kann endlich ein so neues, nur talmudisches, Wort hier passend angezogen werden. i) Tet oder Teth טֵית oder טֵים, wahrscheinlich طَبَط, Schlange. Oder ist dieses das ägyptische Tot, die Hand, als Buchstabe t, und soll die Figur eine zur Faust geballte Hand vorstellen? Merkwürdig ist die Nähe der beiden andern Zeichen für Hand, Jod und Kaph. k) Jod, יוֹד, so viel als יָד, Hand, und zwar die ausgebreitete Hand, daher durch drei Finger mit einer Handwurzel bezeichnet. Die Form יוֹד verhält sich zu יָד, wie יוֹם zu יָם, wovon יָמִים. l) Kaph, כַּף, ohne Zweifel hohle Hand, was man aber nicht mit der hebräischen Quadratfigur vergleichen darf, die sehr secundären Ursprungs ist. Wahrscheinlich ist die fahnenähnliche Figur Bild einer Faust mit der Handwurzel. m) Lamed, לָמֶד, Ochsenknüttel, Reitel, vergl. מַלְמַד הַבָּקָר (Richt. 3, 31), welchen die gewöhnliche Figur darstellt. n) Mem, מֵים, Wasser. Die Figur ꟼ, deren obere Linie die Wellen bezeichnen soll, mag die ursprüngliche sein; wenigstens bestätigt sich die Bedeutung noch durch den griechischen Namen *Μῦ* = מוּ, Wasser (s. Monum. Phoen 418, 425. b. Lex. man. p. 551), und dem äthiop. Mai, Wasser. o) Nun, נוּן, im Aramäischen Fisch. Die Figur ist wol abgekürzte Darstellung des Kopfes und Leibes vom Fische. p) Samech, סָמֶךְ, Stütze; die Figur stellt eine Stütze mit etwas Gestütztem dar, ein gestütztes Haus, Zelt oder dergl. q) Ain, עַיִן, Auge, wie die Figur zeigt. r) Phe, פֵּא, wol so viel als פֶּה Mund, vergl. das griech. *Πῖ* = פִּי. Die Figur begreift sich dabei nicht leicht, denn wenn sie sich auch zu einem Munde ergänzen läßt, hat sie doch nicht die erwartete Lage in die Breite. s) Zade, צָדֵי, auch צָדִי, am wahrscheinlichsten von צָדָה = צוּד nachstellen, jagen, fischen, etwa: Fischerhaken, womit die Figur stimmt. Ewald: „der Name bedeutet am sichersten Nachteule, صَدَيَة, צְדִיָא, nur ist die Figur sehr unkenntlich geworden." Ja wohl! t) Koph, קוֹף, nicht Öhr der Nadel, nicht Umkreis des Ohrs (nach Ewald), sondern ohne Zweifel so viel als قَفٌ, occiput, Hinterkopf, womit die Gestalt des Buchstaben mit der kopfartigen Figur zur Rechten, die sich als die wesentliche auch in allen abgeleiteten Schriftarten hält, bezeichnet ist. Es folgen also zwei verschiedene Figuren für Kopf (*P* Hinterkopf und ꝗ Vorderkopf) auf einander, wie oben Jod und Caph, die offene und verschlossene Hand. u) Resch, רֵישׁ, chald. Form für die ursprünglichere ראשׁ (daher griech. *Ῥῶ*) Kopf, zunächst Vorderkopf, wie schon die Figur zeigt, vergl. Koph. v) Schin, שִׁין, so viel als שֵׁן, Zahn, welcher durch die dreigespitzte Gestalt mit und ohne Schaft (Wurzel) dargestellt wird. w) Tau, תָּו, Zeichen, und zwar kreuzförmiges Zeichen, dergleichen man dem Zugvieh auf Hals oder Hüften brennt (تَوِيّ).

4) Aus dem Gesagten erhellt, daß die 22 phönikischen Buchstaben eigentlich Bilder waren, deren abgekürzte Figur für uns den Werth von Buchstaben, und zwar der Anfangsbuchstaben der jedesmal bezeichneten Sache, erhalten hat. So haben wir also hier denselben Übergang von Bilderschrift zur Tonschrift, wie er sich in den phonetischen Hieroglyphen der Ägypter findet. Sowie bei diesen das Bild einer Hand, ägypt. tot, nicht die Hand, sondern blos das t, das Bild eines Löwen, ägypt. laboi, nicht den Löwen, sondern blos das l bezeichnet, so bedeutet hier die Hand, Jod, blos das J, und da diese Entwickelung der Buchstabenschrift aus Zeichenschrift grade bei den Ägyptern so klar vorliegt, so möchte auch eine bestimmte Nachahmung von Seiten der Semitischen Schrifterfinder wahrscheinlich sein, zumal dieselben in der Nähe Ägyptens selbst zu suchen sein dürften, wie dieses

5) einige Bemerkungen über das Vaterland der phönikischen Buchstabenschrift zeigen werden. Mit Übergebung der rabbinischen und arabischen Mythen, welche die Erfindung dem vordiluvianischen Propheten Henoch, und einer neulichen astronomischen Berechnung, welche dieselbe dem Noah selbst zuschreibt, stoßen wir im classischen Alterthume auf drei verschiedene Traditionen oder vielmehr gelehrte Meinungen darüber. Während nämlich alle alte Nachrichten darin übereinstimmen, daß die Buchstabenschrift von den Phönikiern zu den Griechen gekommen sei (*Herod.* V, 57. 58. *Diodor.* V, 74), gönnen ihnen doch nicht Alle zugleich die Ehre der Erfindung (Crit. ap. *Athen.* I, 28: *Φοίνικες δ' εὗρον γράμματα λεξίλογα.* *Plin.* V, 12. *Lucan.* Pharsal. III, 220, 221), die von Einigen den Ägyptern (*Plin.* VII, 56. *Cic.* de nat. deor. III, 23), von Andern den Syrern zugeschrieben wurde (*Diod.* und *Plin.* l. c.). Was die Ägypter betrifft, so können diese keinenfalls als Erfinder derjenigen Buchsta-

benschrift, welche zu den Griechen kam, also der phönikischen, betrachtet werden, da diese ihren Semitischen Ursprung deutlich verräth (s. Nr. 1. 2), und könnte die Tradition nur den Sinn haben, daß die Ägypter schon sehr früh und früher als die Phönikier irgend eine Buchstabenschrift (die phonetischen Hieroglyphen) gehabt hätten, wiewol kein classischer Schriftsteller diese Gattung der ägypt. Schrift kennt. An ägyptische Erfinder der Buchstabenschrift hat man nun auch in neuerer Zeit weniger gedacht; dagegen sind Wahl, de Wette (Heidelb. Jahrb. 1816. St. 42. 43. 52. hebr. jüd. Archäol. S. 287), Kopp (Bilder und Schriften II, 156) geneigt, die Erfindung den Babyloniern zuzuschreiben, indem sie sich auf Diodor und Plinius berufen und die *Σύροι*, Syri von den Babyloniern verstehen. Diese Vorstellung scheint mir auf keinen haltbaren Argumenten zu ruhen, im Gegentheil mehre triftige Gründe gegen sich zu haben. Man beruft sich a) auf die erwähnte Tradition oder Meinung der Alten bei Diodor und Plinius[8]). Was berechtigt uns aber, unter Syrern hier die Babylonier zu verstehen? Werden diese je bei den Alten Syri genannt? Offenbar hat man dabei das morgenländische אֲרָמִים vor Augen gehabt; aber kommt denn dieses von den Babyloniern vor? und heißen diese nicht vielmehr im Sprachgebrauche כַּשְׂדִּים? Mag auch bei den Classikern zuweilen **Syria** und **Assyria** verwechselt werden, so ist doch hier diese Verwechselung nicht denkbar, da Plinius **Assyrius** und **Syrus** hier neben einander nennt, und weit aus einander hält: **Literas semper arbitror Assyrias fuisse, sed alii apud Aegyptios a Mercurio, ut Gellius, alii apud Syros repertas volunt.** b) Einen andern Hauptbeweis, der den Anschein von etwas Factischem hatte und daher denen, die nicht nachprüfen konnten oder mochten, am meisten imponirt zu haben scheint, findet Kopp (a. a. O.) in der von Bellino auf einem babylonischen Ziegelsteine neben einer keilförmigen Inschrift gefundenen kleinen Semitischen Inschrift, welche er nach Grotefend (Fundgruben des Orients IV. S. 161. 162) mittheilt (Bilder und Schriften II, 154) und deren Buchstaben er an die Spitze aller seiner ältesten Alphabete stellt. Das Original dieses bei Kopp unvollkommen gezeichneten Ziegelsteins, welches sich zu Paris befindet, habe ich jetzt in einem genauen Gypsabdrucke vor mir und **Monum. Phoenic.** tab. 32. nr. 77, **a a a** abbilden lassen, wornach sich das Resultat ganz anders stellt. Diese Schrift ist nämlich keine andere als die phönikische, doch keineswegs die älteste, sondern eine zu dem etwas spätern aramäischen Charakter hinneigende, wie das ganz runde Beth und das Lamed ohne Unterschenkel zeigt. Was folgt nun aus dieser Inschrift? Nichts anderes als daß in Babylonien, gleichzeitig mit der Keilschrift, also unter den persischen Königen, auch eine gemeine Buchstabenschrift gebräuchlich gewesen sei, welche mit der phönikischen fast gänzlich zusammenfällt. Wahrscheinlich schrieb man mit dieser das Aramäische (die Inschrift scheint zu lesen: ביתא לדלני **domus Dalnii**, und auf den Besitzer des Hauses zu deuten, wie im Mittelalter auf den Bausteinen die Zeichen der Meister sich finden s. **Monum. Phoen.** p. 462) und mit der Keilschrift die persischen Texte. Dieses ist ohnehin wahrscheinlich, beweist aber nicht das Geringste für ein hohes Alter oder eine Ursprünglichkeit der Semitischen Schrift in Babylonien, wie man auch c) keinen Werth auf die angeblich uralte Cultur von Babylonien legen wird, welcher sich die nicht minder alte von Phönikien entgegensetzen läßt. Außerdem daß die angeführten Gründe nicht probehaltig sind, finden sich aber noch andere, welche mehr für die Phönikier als irgend ein anderes Volk sprechen. Ein nicht unwesentlicher Grund liegt 1) in den Namen, von welchen wir annehmen dürfen, daß sie in derselben Form, wie sie von den Schrifterfindern ausgegangen, von den Hebräern beibehalten worden sind. Nun aber sind diese Namen phönikisch, nicht aramäisch, und zwar von einer Sprachform, die von der uns bekannten Conformation der hebräischen Sprache noch etwas verschieden und älter als diese zu sein scheint. Manche dieser Namen finden sich im Hebräischen und Aramäischen (auch andern Dialekten) zugleich, als בית, גמל, זין, נון, עין, ריש, שן, aber andere finden sich im Syrischen nicht, wenigstens nicht in dieser Bedeutung, im Gegentheil gebrauchen die Syrer zur Bezeichnung dieser Begriffe andere Wörter. Dieses ist der Fall mit אָלֶף, im Aram. nur 1000, nicht Rind: דלת, im Aram. תרע Thür; יוד, יד, מַיִם, מא (syr. מים), קוֹף, חר. Die Syrer selbst haben die Buchstabennamen in Formen, die aus den phönikischen entlehnt, aber schon zu technischen Ausdrücken ohne etymologisches Leben geworden sind, z. B. Jud aus Jod, während die Hand ܐܝܕܐ ido heißt, Olaph aus Aleph, Coph aus Caph, Kuph aus Koph. Was man dagegen und zu Gunsten der Syrer anführen könnte, ist die Form der griechischen Buchstaben *Ἄλφα, Βῆτα, Δέλτα*, welche die Gestalt einer aramäischen Artikelform (אַלְפָא, בֵּיתָא, דַּלְתָא) haben, aber es ist noch gar nicht ausgemacht, daß dieser Zusatz überhaupt im Morgenlande hinzugekommen sei, und ist es sehr möglich, daß er von den Griechen herrührt, welche das a anhängten, um diesen Namen eine mehr griechische Form zu geben. Ebenso thaten sie mit andern phönikischen Wörtern, als מַלְטָם *μάλθα*, נֵבֶל *νάβλα*. 2) Es ist nicht wahrscheinlich, daß der aramäische Dialekt die Sprache der Schrifterfinder gewesen sei. In diesem nämlich sind (wenigstens so weit die Sprache uns bekannt ist) die Buchstaben א ע ו י, die bei den Schrifterfindern gewiß körperhafte Consonanten waren, schon so weich geworden, daß sie kaum mehr als solche erscheinen konnten und von einem Schrifterfinder, der einen solchen Dialekt sprach, und blos die Consonanten schreiben wollte,

8) Die Stelle des Diodor steht in dem Zusammenhange, daß er der kretischen Mythen und unter andern der Erfindung der Buchstabenschrift durch die Musen, denen Zeus diese Gabe verliehen habe, erwähnt. Hierauf führt er an, wie die Kreter denen antworteten, welche die Buchstabenschrift andern Erfindern zuschrieben: *Πρὸς δὲ τοὺς λέγοντας, ὅτι Σύροι μὲν εὑρεταὶ τῶν γραμμάτων εἰσὶ, παρὰ δὲ τούτων Φοίνικες μάθοντες τοῖς Ἕλλησι παραδεδώκασιν . . . . καὶ διὰ τοῦτο τοὺς Ἕλληνας τὰ γράμματα Φοινίκια προσαγορεύειν, φασὶ τοὺς Φοίνικας οὐκ ἐξ ἀρχῆς εὑρεῖν, ἀλλὰ τοὺς τύπους τῶν γραμμάτων μεταθεῖναι μόνον καὶ τῇ γραφῇ ταύτῃ τοὺς πλείστους τῶν ἀνθρώπων χρήσασθαι καὶ διὰ τοῦτο τυχεῖν τῆς προειρημένης προσηγορίας.*

nicht durch Zeichen ausgedrückt sein würden. 3) Sind die phönikischen Buchstaben, wie wir oben sahen, aus Bilderschrift entstanden, so läßt sich bei babylonischen Schrifterfindern kein Muster nachweisen, was sie nachahmen konnten, bei den Phönikern dagegen und ihrem uralten Verkehr, namentlich auch mit Ägypten, liegt es äußerst nahe, eine Nachahmung und Benutzung der phonetischen Hieroglyphen anzunehmen. Da die ägyptischen Hieroglyphen theils aus Bilderschrift theils aus Tonschrift bestehen, so läßt sich denken, daß der auf praktische Brauchbarkeit ausgehende phönikische Kaufmann, welcher jene Schriftart in Ägypten kennen lernte, mit Verwerfung der schwer zu erlernenden und schwer zu handhabenden Bilderschrift, sich lediglich die andere Schriftart zur Einführung bei seinem Volke auswählte. Übrigens nahm er doch wol nur die Idee einer solchen Schrift von den Ägyptern. Wie diese die hieratischen und demotischen Buchstaben aus abgekürzten Bildern bildeten (s. *Champollion*, Gramm. Egypt. p. 16. 17), so auch der Phönikier, aber er behielt weder die ägyptischen Figuren, noch die ägyptischen Namen bei [4]), sondern scheint beide nach jener Analogie frei erfunden zu haben, wobei es einige Aufmerksamkeit verdient, daß die Benennungen zum Theil auf ein heerdenreiches Volk hinführen, als Ochs (אלף), Ochsenstecken (למד), Kameel (גמל), Zelt (בית), Zeltthür (דלת), Zeltpflock (וָו), Hürde (חית). Sollte dieses zuletzt auf hebräische Schrifterfinder in Ägypten schließen lassen? Auch hier würden wir gewisse alte Schriftsteller zu Vorgängern haben, die den Moses zum Erfinder der Buchstabenschrift machten (*Eupolemo* ap. *Euseb.* praep. evang. I, 10), und die oben erwähnte Meinung bei Diodor würde sich leicht damit vereinigen, da die Hebräer sehr häufig unter dem Namen Σύροι vorkommen. Unmöglich läßt sich hier etwas mit Gewißheit behaupten: daß aber eine babylonische Schrifterfindung wenig Wahrscheinlichkeit habe, glauben wir gezeigt zu haben.

Von der phönikischen Schrift wenden wir uns jetzt zu

B) den Töchtern der phönikischen Schrift, oder den verschiedenen daraus hervorgegangenen Schriftarten, von welchen wir folgende Genealogie entwerfen:

Phönikisch (Abart: Punisch-Numidisch).

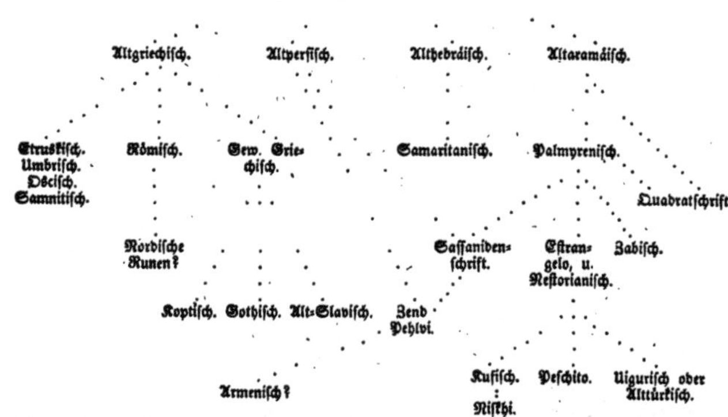

Mehre dieser Schriftarten sind durch mehrartige Einflüsse entstanden, z. B. die Sassanidenschrift aus der palmyrenischen, aber nicht ohne Einwirkung der altpersischen, die Quadratschrift aus der altaramäischen und palmyrenischen, was wir durch die Punkte anzudeuten gesucht haben. Gehen wir jetzt die einzelnen durch.

I. Altgriechische Schrift mit ihren Töchtern, den italischen Schriftarten.

Die ältere Gestalt der griechischen Schrift ersehen wir theils aus den ältesten Inschriften in Böckh's Corp. inscr. gr. (T. I. p. 1 sq.), theils den Münzlegenden, die in zahlreichen numismatischen Werken sehr genau und correct unter andern bei Mionnet abgebildet sind. Aus den letz-

4) Siehe jedoch was oben unter Tet gesagt ist.

tern sind die Alphabete von Dutens, Eckhel (Doctr. num. T. I. p. XCVII sq.), Mionnet (T. I. p. 31 sq.) gezogen, auch die Inschriften sind berücksichtigt bei Kruse (Hellas I. S. 578 fg.) und in den Bemerkungen meiner Monum. Phoenicia, p. 68 sq. Vergl. Böckh, Über die griechischen Inschriften auf Thera. Berlin 1836. 4. S. 17 fg. Diese Schrift unterscheidet sich nun von der spätern in mehren wesentlichen Punkten: 1) In derselben findet sich noch die orientalische Richtung der Schrift von der Rechten zur Linken, jedoch (so weit bis jetzt bekannt) nicht länger als Eine Zeile, theils in kurzen nur Eine Zeile haltenden Inschriften (*Boeckh.* nr. 31. 33. 35. 36. 37), theils in den linksläufigen Zeilen der *βουστροφηδον*-Inschriften (*Boeckh.* nr. 1. 8. 9. 23. 27. 39). In diesen links laufenden Zeilen haben nun auch alle Buchstaben (abgerechnet diejenigen, auf welche die Richtung keinen Einfluß hat, z. B. *O, Θ, H*) noch die orientalische Richtung der Köpfe und Arme nach der Rechten, als *Ꞁ* Gamma, *Ǝ* Epsilon, *ꓘ* Kappa, *ꟼ* Rho, während in den rechtslaufenden Zeilen alle so gewendet sind, wie sie in der gewöhnlichen Schrift erscheinen. Derselbe Fall ist in den ägyptischen Hieroglyphen, in welchen beide Richtungen der Schrift vorkommen, und an der Richtung der Thierfiguren erkannt werden. In unserm Alphabete Taf. 1. haben wir die Figuren der links laufenden Zeilen, so weit sie sich unterscheiden und bestimmt vorkommen, vor den Punkt, die gewöhnlichen hinter denselben gesetzt. 2) Das Alphabet hatte noch drei Buchstaben mehr, die hernach ausgeworfen, aber doch noch im Zahlensystem als Zahlzeichen (*ἐπίσημα*) beibehalten sind, so daß man auch die Stelle weiß, welche sie im alten Alphabet einnahmen. Diese sind: a) das Zeichen *Ϝ*, genannt *Βαῦ*, gesprochen w, an der Stelle des hebräischen Vau und des lateinischen F, später nach Einführung des *Φ* abgeschafft, als Zahlzeichen 6 bedeutend. Es findet sich auf Münzen von Achaja und Böotien. b) Das Zeichen Ϙ genannt *Κόππα*, gesprochen wie ein hartes *κ*, welches vom phönikischen Koph, an dessen Stelle es stand, in das lateinische Alphabet als Q übergetragen ist. Es findet sich auf den Münzen von Crotona, Syracus ꝛc., wurde aber später wegen des fast gleichlautenden Kappa für entbehrlich gehalten und aus dem Alphabet ausgestoßen. c) Ähnliches fand mit den beiden Zischlauten statt. Im alten Alphabet finden sich dafür drei Figuren; Σ das eigentliche *Σίγμα*, entstanden aus dem phönikischen Ҡ Samech; M M aus dem phönikischen Schin, wahrscheinlich das mit einem dickern Laute gesprochene dorische *Σὰν*, *Σὰν κίβδηλον* (*Pind.* ap. *Athen.* XI, 5. S. 467), gesprochen wie ש; und ꝛ ꝛ, in den rechtsläufigen Zeilen S, eigentlich eine Figur des Zeta, entstanden aus dem phönikischen Sain. Nachdem man den dem griechischen Ohre ungefälligen Laut sch gänzlich verbannt hatte, verband man allmälig alle diese Zeichen zu Einem Buchstaben, den man *Σίγμα* und *Σὰν* nannte, als S sprach und mit den ersten beiden Zeichen promiscue schrieb, während das Zeichen S in die italischen Alphabete überging. In die Reihe des Sigma setzte man das spätere *Ξ*. 3) Mehre Buchstaben hatten andere Potenz als später, *E* steht auch für *H* und *EI*; *H* ist der spiritus asper; *O* steht auch für *Ω* und *OY*, für ersteres wird allmälig ꝍ geschrieben, woraus die Figur des *Ω* entstanden ist. 4) Die Buchstaben *Ξ*, *Ψ* finden sich noch nicht; für ersteres wird *ΚΣ* und *ΧΣ* geschrieben (sehr selten das Zeichen +), für letzteres *ΠΣ*.

Dieses altgriechische Alphabet ist nun deutlich unmittelbar aus dem Phönikischen hervorgegangen, sodaß sich die Nachrichten der Alten darüber durch das Sachverhältniß auf das Bestimmteste bestätigen. Die griechischen Buchstaben *A — T* entsprechen nämlich auf das Genaueste den 22 Buchstaben des phönikischen Alphabets, nach Gestalt, Bedeutung, Ordnung und Namen, wobei nur zu bemerken ist: a) in Ansehung der Gestalt, daß die gewöhnlichen griechischen Formen in den rechtsläufigen Zeilen die umgekehrte Gestalt der phönikischen haben (s. oben); b) daß mit Rücksicht auf die Bedürfnisse der griechischen Sprache die Potenz mehrer Buchstaben etwas geändert werden mußte. Des Reichthums an Figuren für die Kehllaute bedurfte man im Griechischen nicht: dagegen konnten Zeichen für die Vocale gar nicht entbehrt werden. Für diese erfand man aber keine neuen Zeichen, sondern benutzte dazu schon gegebene phönikische Gutturale und Halbvocale. So wurde Aleph der Vocal A; He der Vocal E; Jod der Vocal I; Ain der Vocal O. Dieses Letztere dürfte am meisten auffallen; man muß aber wissen, daß das Ain sich in der phönikischen Aussprache sehr stark dem O genähert hat, so daß man den O-Laut gradezu dadurch ausdrückte, z. B. מעקר mocar (Herkules), מעכת mocut f. מלכת (Königreich), eine Aussprache, die sich übrigens schon in den LXX findet, z. B. מעכה *Μωχά* (s. Monum. Phoen. p. 430. 431). Nur das Y ist ein neu hinzugekommener Vocal, und *Ω*, wie wir oben sahen, eine neuere Abart des O. c) Die Ordnung der Buchstaben *A — T* und א — ת ist dieselbe, wenn man nur die drei später ausgeworfenen an ihre Stelle setzt; und das צ, dem im Griechischen nichts entspricht (denn Zeta ist Zain), ganz ausstößt. Es entsprechen sich nämlich:

א	*A*	ט	*Θ*	ע	*O*
ב	*B*	י	*I*	פ	*Π*
ג	*Γ*	כ	*K*	צ	—
ד	*Δ*	ל	*Λ*	ק	*Κόππα*
ה	*E*	מ	*M*	ר	*P*
ו	*F* *Βαῦ*	נ	*N*	ש	*Σ* *Σάν*
ז	*Z*	ס	*Σίγμα*	ת	*T*
ח	*H*				

und man begreift hieraus zugleich, wie die Angabe von 16, richtiger 18 Kadmeischen Buchstaben (*Plin.* VII, 56) entstanden sei. In der That nahmen sie wohl 21 Buchstaben auf, aber da sie bald drei derselben wieder aufgaben, so blieben ihnen nur 18 alte Buchstaben. Die Angabe des Plutarch (Quaest. Sympos. IX, 3) und Plinius (l. c.), daß Palamedes zur Zeit des trojanischen Krieges zu den alten Buchstaben vier neue *Θ Ξ Φ X*, und später Simonides *Z H Ψ Ω* hinzugefügt hätten, kann wenigstens in Ansehung des *Z H Θ* nicht richtig sein, welche offenbar Bestandtheile des ältesten Alphabets waren[5]). d) Die Namen der griechischen Buchstaben sind entweder die phönikischen selbst (Ἒ = אֵהָ, Βαῦ וָ, Ταῦ תָו), oder eine Abkürzung derselben (Νῦ aus Nûn, Ῥῶ aus Rôs), oder haben ein angehängtes a, welches auch andere nach Griechenland übergetragene phönikische Wörter haben (נֶבֶל νάβλα, מַלְתָּ μάλθα) und von welchem schon oben die Rede gewesen ist.

Ohne in ein weiteres Detail eingehen zu können, bemerken wir noch über einzelne Buchstaben: Beim *Γ* kommt neben der gewöhnlichen auch die Figur vor, woraus das lat. C und G wurde, beim *Δ* neben der eckigen auch die rechts gerundete, wie im Lateinischen; das *Θ* muß wohl vom O unterschieden werden, was aber auf den verschiedenen Inschriften auf verschiedene Weise geschieht. Wo nämlich das *ϑ* wie *Θ* aussieht, ist Omikron *O* ohne Punkt; wo dagegen das Omikron einen Punkt hat, ist das *ϑ* — ⊕ oder ähnlich. Auf ähnliche Weise verhält es sich mit *Μῦ* und *Σίγμα*, wo das Sigma die Gestalt M hat, ist das *Μῦ* stets auf der rechten Seite verkürzt ᛗ. Beim *Ρῶ* kommt im Griechischen, wie im spätern Phönikischen, schon die Figur mit dem Strich nach unten: R, wie im Lateinischen, vor, welche ohne Zweifel den Zweck hat, es von Beta und Delta zu unterscheiden. Mit der Wortabtheilung verhält es sich ganz wie im Phönikischen. Die meisten alten Inschriften haben sie gar nicht, wo sie stattfindet, ist sie durch einen, durch zwei oder drei Punkte zwischen den Worten bewirkt, eng verbundene Wörter haben sie jedoch auch dann nicht.

Als Schriftprobe (Taf. 2 nr. 3) wählen wir die Inschrift von Krissa, welche Böckh an die Spitze seines **Corpus inscriptionum** gestellt und zuerst emendirt und erläutert hat, und zwar so, wie sie Böckh hergestellt hat, doch so, daß die von ihm ergänzten Buchstaben nur mit Linien bezeichnet sind. Wir wollen die drei Zeilen, von denen die erste und dritte links laufen, die zweite rechts, zuerst in Uncial umschreiben, sodann in die gewöhnliche Orthographie übertragen. Schon bei der Uncialschrift lassen wir alle drei Zeilen rechts laufen, da wir sonst auch die Buchstaben umdrehen müßten.

ΛΕΤΟΜΗΥΙΕΗΟΜΑΠΘΙΤΟΜΑΙΕΕΙ
[ΑΡΙ]ΣΣΤΟΝΜΕΘΕΚΕΚΑΙΤΕΒΟΙΑΚΑΙΚ[ΑΛΛΙΚ
ΛΕΑΚΑΙΑ]ΓΑΜΙΘΕΛΘΥΓΑΤΡΕΜΟΜΦΙΛΟ[Ι

d. h. *Λητοῦς υἱὲ, ὃς ἄφθιτος αἰεὶ εἶ·*
Ἀρίστων σ' ἔθηκε καί τε Βοία καὶ Καλλίκλεια καὶ Ἀγασιθέα θύγατρες, ὡς φίλοι.

Die Inschrift hat unter der Statue des delphischen Apollon bei Crissa gestanden und zeigt die Personen an, die dieselbe dem Gotte geweiht haben. Für das Paläographische und Orthographische ist zu bemerken: *E* steht zugleich für *η* und *ει*, *O* auch für *ω* und *ου*; daher *ΛΕΤΟΣ* für *Λητοῦς*, *AIE* für *αἰεὶ*, *ΑΡΙΣΣΤΟΝ* für *Ἀρίστων*, *ΕΘΕΚΕ* für *ἔθηκε*, *ΟΣ* für *ὡς*; *H* ist **spiritus asper** in *HYIE* für *υἱὲ*, *HOΣ* für *ὃς*; *M* (welches wir oben so beibehalten haben) ist Σ Sigma; die Orthographie *ΑΡΙΣΣΤΟΝ* mit doppeltem Σ am Ende der Sylbe ist in den ältesten Inschriften nicht selten (s. Böckh S. 42), ähnlich der Lutherischen Schreibweise **anndere**.

Figuren, die aus mehren Buchstaben zusammengezogen sind, enthalten die zahlreichen Monogramme der Städtenamen auf Münzen, s. *Mionnet*, **Descr. des medailles T. I. pl. 1—6. Suppl. II pl. 1.** Vergl. über die griechischen Abbreviaturen und Siglen auf Denkmälern überhaupt: *Maffeii* **Graecorum siglae lapidariae.** (**Veronae 1746.**) *Corsini*, **Notae Graecorum.** (**Florentiae 1749.**) *Placentinii* **de siglis veterum Graecorum, Romae 1757.**

Erst in den Inschriften des Augusteischen Zeitalters, besonders in den zu Rom gefundenen, fängt der Schriftzug vieler Buchstaben sich zu runden an, und zeigen sich die Formen ∂; ∈; C für Sigma, ω für *Ω* und das *Ξ* in einem Zuge wie ξ, welche nachher in den Uncialhandschriften die herrschenden sind (*Montf.* p. 152 fg.). Eine außerordentlich flüchtige und nachlässige, schon fast cursiv zu nennende Schrift mit zusammenhängenden Buchstaben und vielen Siglen enthalten die griechischen Beischriften der ägypt. Papyrusrollen (s. Buttmann, Erklärung der griech. Beischrift auf einem ägypt. Papyrus aus der Minutoli'schen Sammlung. Berlin 1824. 4.); abenteuerliche Künsteleien und eine absichtliche Geheimschrift, findet sich auf den Gemmen der Basilidianer mit dem Abraxas- und andern Bildern (*Montf.* p. 177 **sq.** Bellermann, Die Gemmen der Alten mit dem Abraxasbilde. Berl. 1817 fg. drei Programme. *Kopp* **Palaeographia critica. T. III—IV**). Den Steinschriften aus der Kaiserzeit ziemlich nahe steht der Schriftzug der ältesten noch vorhandenen Handschriften, z. B. des **Codex Colbertinus** des griech. Pentateuch, und der Handschriften des Dioskorides, welche letztere aus dem 6. Jahrh. sind (*Montf.* p. 184 **sq.**). Ihre Uncialschrift hat die oben angegebenen runden Figuren des *A*, *E*, *Σ*, *Ω*, ist ohne Wortabtheilung, ohne Spiritus und Accente, und in ähnlichem Verhältnisse hält sich die Gestalt der **Codices** bis ins 9. und 10. Jahrhundert. Über die häufigen Abbreviaturen derselben, welche meistens die ersten und letzten Buchstaben sehr bekannter Wörter enthalten, z. B. $\overline{\Theta C}$ für *ϑεός*, $\overline{KC}$ für *κύριος*, $\overline{\Pi H P}$ für *πατὴρ* s. *Montf.* **Palaeograph. p. 345 sq. Bibl. Coislin. p. 610.** *Fischer* **ad** *Welleri* **Gramm. gr. I p. 235 sq.** Auch die Wort- und Satzabtheilungen, Spiritus und Accente, waren in dieser Zeit längst erfunden, aber nur in grammatischen Schriften gewöhnlich, nicht in den Gebrauch der Handschriften eingeführt. Die Worte theilte man durch Spatien, die Sätze in abgesetzte Zeilen (*στίχοι*), welche Art *στιχηδὸν* zu schreiben im 5. Jahrh. durch Euthalius für das N. Test. ein-

5) Freytag (Hebr. Gramm. S. 6) sagt: „Kadmus soll 16 Buchstaben aus Phönikien nach Griechenland übertragen haben,.... Herodot nennt folgende: *α, β, γ, δ, ε, ι, κ, λ, μ, ν, ο, π, ρ, σ, τ, υ.*" Wo sollte wol diese ganz neue Nachricht im Herodot stehen? Dem Verfasser dieses Artikels ist nur die einzige Stelle des Herodot (V, 57. 58) bekannt, die bekanntlich weder über die Zahl der Buchstaben, noch welche es waren, etwas aussagte. Die Nachricht des Herodot ist hier mit der des Plinius verwechselt.

gerichtet wurde und allmälig in die Handschriften eindrang. Schon Josephus erwähnt sie, und sein Werk über jüdische Archäologie war in 60,090 Stichen eingetheilt (Archaeol. XX fin.) Außerdem war die Interpunction durch *τελεία στίγμη*, ein Punkt am obern Theile der Linie für die Hauptabtheilung, *ὑποστιγμή* am untern Theile für das Kolon und Komma, *μέση στίγμη* in der Mitte der Linie für die kleinsten Abtheilungen, schon seit Aristophanes von Byzanz (unter Ptolemäus Epiphanes) bekannt, ging aber erst im 9. bis 11. Jahrh. in den Gebrauch über (*Montf.* p. 31. 32). Aus derselben Zeit der alexandrinischen Grammatiker sind die beiden Spiritus, welche diese Gestalt hatten: ⊢ spiritus asper, ⊣ spiritus lenis, und für die zwei Theile des *H* gehalten werden, in Codd. ebenfalls erst im 7. Jahrh. gebräuchlich wurden (*Montf.* p. 224. 293. *Fischer* ad *Well.* p 238). Desgleichen die Accente (*Montf.* p. 217).

Seit dem 10. Jahrh. fängt die Cursivschrift an, in den Codd. gebräuchlich zu werden und die Uncialschrift zu verdrängen, bei deren Lesung die zusammengezogenen Züge, die man Abbreviaturen nennt und zum Theil auch in die gedruckten Editionen aufgenommen hat, richtiger aber Ligaturen nennen sollte, die meiste Schwierigkeit machen und außerordentlich mannichfaltig sind, s. *Montf.* p. 344 sq., über das Paläographische der Cursiv-Handschriften überhaupt aber die classische Abhandlung *Frid. Jac. Bastii* Comment. palaeographica hinter *Gregor. Corinthius* de dialectis. ed. *Schaef.* Lips. 1811. S. 703 fg. mit 7 Kupfertafeln. Griechische Urkunden aus dem Mittelalter mit außerordentlich verschlungenen und frei ausschweifenden Schriftzügen s. *Montf.* a. a. O. S. 266. 408.

Wenden wir uns von dieser spätern Gestaltung der griechischen Schrift zurück zu den Töchtern der altgriechischen Schrift in Italien. Daß nämlich die ältesten Schriftarten alle aus der altgriechischen Schrift hervorgegangen sind, besagt nicht allein das einstimmige Zeugniß der Alten (*Tac.* Ann. XI, 44. *Dionys. Halic.* I, 21. IV, 26. *Plin.* H. N. VII, 58), sondern das Sachverhältniß bestätigt es auf das Entschiedenste. Dabei ist zugleich klar, daß die Schrift zu einer Zeit, welche über die ältesten noch vorhandenen griechischen Inschriften (ungefähr um Ol. 40) hinausgeht, nach Italien übergegangen, mithin aus ihrer ältesten (fast ganz phönikischen) Gestaltung hervorgegangen sei, wie unter andern der herrschende Gebrauch linksläufiger Zeilen zeigt, die in den griechischen Inschriften schon so selten sind, daß man nicht zwei dergl. hinter einander aufweisen kann. Die verschiedenen altitalischen Schriftarten sind:

1) Die etruskische Schrift auf Münzen, Gemmen, Vasen, besonders aber Grabdenkmälern der verschiedensten Art, die in großer Menge erhalten sind und in das 5. bis 8. Jahrh. nach Erbauung Roms gesetzt werden; siehe die Abbildungen in dem Hauptwerke: *Lanzi* Saggio di lingua Etrusca e di altre antiche d'Italia. Roma 1789. T. II. P. I. tab. 1—16, und zur Erklärung der Schrift und Sprache außerdem K. O. Müller, die Etrusker (Breslau 1828). I, 406 fg. II, 290 fg., über das Alphabet *Lanzi* I. S. 208 fg. O. Müller II S. 294 fg. Auf unserer Tafel der Alphabete Nr. 3 haben wir die Buchstaben in der Reihe aufgestellt, wie sie den griechischen (und mittelbar den phönikischen) entsprechen, worüber Folgendes zu bemerken ist: die drei mediae *B*, *Γ*, *Δ* fehlten der etruskischen Sprache, daher nahm man *B* und *Δ* gar nicht auf, *Γ* blos in der Potenz als *K*, so daß C und *K* gleichlautend sind und einer dieser Buchstaben im Grunde überflüssig. Die beiden Figuren, welche wir an die Stelle des ζ gesetzt haben, werden gewöhnlich für verschiedene Formen des M (Sigma) genommen, mit welchem sie auch meistens promiscue gebraucht werden, aber schon O. Müller und Lepsius haben ihre ursprüngliche Verschiedenheit vom Sigma anerkannt (a. a. O. S. 307). Das *O* fehlt ihnen ebenfalls, wenigstens in echt tuskischen Wörtern, welche dafür *N* (N) setzen, nur in Fremdwörtern kommt es vor. Die Buchstaben *Φ*, *X*, *Ξ* konnten sie von den ältesten Griechen kaum erhalten und sind dieselben vielleicht, wie manche andere kleinere Schriftgewohnheiten, durch den fortdauernden Verkehr mit den Griechen nachträglich eingeführt worden. Zuweilen kommen Ligaturen zweier Buchstaben vor; kurze Vocale werden nicht selten, wie im Phönikischen, ganz ausgelassen. Die Zeilen laufen am häufigsten links nach morgenländischer Weise, wiewol auch rechtsläufige und *βουστροφηδὸν* geschriebene, vorkommen (*Lanzi* a. a. O. I. S. 221); die Worte werden, wenn sie abgetheilt werden, durch einfache Punkte getheilt, doch ist diese Wortabtheilung noch sehr ungeregelt. Außer den Buchstaben haben sie ein Ziffersystem, nach den auf Taf. 1 angegebenen Gesetzen, vergl. O. Müller II. 317 fg, wo zugleich die wahrscheinliche Vermuthung ausgesprochen ist, daß diese Figuren wirklich aus den Buchstaben stammen (wie im Lat. M aus Mille), aber absichtlich etwas verändert sind.

Als Schriftprobe geben wir Taf. 2 nr. 4 1) eine Zeile von einer volgterranischen Urne; s. O. Müller's Schrifttafel Nr. 18. Sie lautet:

Urstre Puluotre Clutmsta Charun

d. h. *Ὀρέστης, Πυλάδης, Κλυταιμνήστρα, Χάρων.*

2) Eine kleine Inschrift, die bei Orvieto gefunden, nach *Lanzi* Saggio II. S. 397. Sie heißt:

Mi fenerus finucenas

d. i. sum Venuli, Vinuciae fil.

2) Die umbrische Schrift, welche sich außer einigen kleinern Monumenten auf den berühmten Eugubinischen Tafeln findet. Es sind dieses sieben Tafeln (ursprünglich waren es neun), fünf mit umbrischer, zwei mit lateinischer Schrift, welche im J. 1444 zu Iguvium, einer umbrischen Stadt, unter den Trümmern eines Tempels des Jupiter Apenninus aufgefunden sind, abgebildet in *Dempsteri* Etruria regalis T. I p. 91. *Grut.* Thes. inscr. I p. CXLI, graphisch und philologisch behandelt von *Lanzi* a. a. O. II. S. 657 fg. *Lepsius*, De tabulis Eugubinis (Berol. 1833), philologisch von *G. F. Grotefend* Rudimenta linguae umbricae (Hannov. 1835—37). P. I, IV. Lassen im rheinischen Museum für Philologie. 2. Th. 2. Heft. Die fünf Tafeln mit umbrischer Schrift

pfius gegen das Ende des 4. Jahrh. der
esetze. Über das Alphabet ist zu bemerken:
erscheinen in demselben, wogegen *Γ* oder
as *Θ* ist so selten, daß es fast zweifelhaft
. p. 46). 3) Der Sibilanten gibt es drei:
liche Figur, die wir auch im Etruskischen
die Reihe des Z gesetzt haben, wiewol sie
ttet; die dem Etruskischen Xi entsprechen-
is (p. 59. 65) ebenfalls blos wie s ge-
die Figur, welche in der Reihe des Samech
ngekehrten Pi ähnlich, wofür in den latei-
stets S mit einem Striche zur Linken (S)
es scheint mir wirklich ein ursprüngliches
mit erweichter Aussprache (wie Alexan-
lro); die Entstehung und Natur des letz-
bekannt, und kann es gewiß nicht mit Le-
o der Quadratschrift erklärt werden, welche
ern Ursprungs ist. 4) Sie haben ein dop-
gewöhnliche ohne Stiel und das mit dem
mit einem Zischlaute verbunden war, wahr-
as polnische rz. 5) Das unter *O* gesetzte
eigentlich ein Y und U, welches aber die
O gebraucht haben. Übrigens läuft die
die etruskische, zur Linken und sind die
zwei Punkte getheilt. Der umbrischen Schrift
andt ist

cische und samnitische auf Inschriften
worüber *Passeri* Picturae Etruscae P.
khel D. N. I p. 119 sq. O. Müller,
II. S. 313. *Lepsius* l. c. Sie unter-
n der umbrischen nur durch die verschie-
ger Buchstaben, als A, D, P, welche wir
chrifttafel (Taf. 1) unter derselben Rubrik,
hen Buchstaben, aber hinter einem Punkte,
n. Ganz ausgelassen haben wir

ltiberische Schrift auf den Münzen von
rraconensis und Hispania Baetica (s.
scription des medailles. I. p. 5—21.
Recueil des Planches, t. 16. 17. 18),
in diese Reihe und Verwandtschaft gehört,
bis jetzt einzige darüber angestellte Untersu-
lasquez (Ensayo sobre los alphabetos
desconocidas que se encuentran en las
medallas y monumentos de España.
4. tab. 5) noch nicht zuverlässig bestimmt
libyschen wird unten am Ende des Art.
Von diesen übrigen altitalischen Schrift-
ich indessen

mische Schrift, welche sich als eine unter der griechischen ohne Vermittelung des
nd gibt, und wahrscheinlich von den griech.
aliens, etwa den Campanern, entlehnt ist
r a. a. O. II S. 311 fg.) Von den
sie schon deshalb nicht entlehnt sein, weil
staben (B, O, Q) enthält, welche diese
b ihnen nicht mittheilen konnten; außerdem
Anfangs rechtsläufig, wie die gewöhnliche

griech. Schrift, also in einem etwas spätern Zeitalter von den Griechen entlehnt. In Einem Punkte scheint jedoch die etruskische Schrift auf die römische eingewirkt zu haben. Der dritte Buchstabe des römischen Alphabets C hatte nämlich bis zum zweiten punischen Kriege die Bedeutung des C und G (auf der Duilischen Säule *MACESTRATOS, CARTACINIENSIS*), welche erstere (als nichtgriechisch) von etruskischem Einflusse herrühren muß. Erst später trennte man die beiden Buchstaben und setzte die etwas nach Innen verlängerte Form (G) mit der weichern Aussprache in die (durch Ausstoßung des *Z*) leer gewordene siebente Stelle des Alphabets. Übrigens kommen von den 23 jetzt üblichen Buchstaben schon die 21 ersten *A — X*, und zwar in wenig abweichenden Gestalten, in den ältesten Denkmälern vor, und die Nachricht des Grammatikers Marius Victorinus (p. 2458. 2468 *Putsch.*), daß man ursprünglich nur folgende 16 Buchstaben: A, B, C, D, E, I, K, L, M, N, O, P, Q, R, S, T gehabt habe, scheint so wenig gegründet zu sein, als die ähnlichen Nachrichten über eine allmälige Entstehung des griech. Alphabets (s. oben), im Gegentheil nur auf der Meinung zu ruhen, daß das Alphabet ursprünglich möglichst arm gewesen sei und daher gewisser Buchstaben habe entbehren können. Zu 21 Buchstaben nimmt noch Cicero (de nat. deor. II, 37) das lateinische Alphabet an und Quinctilian (I, 4, 9) nennt das X ultimam nostrarum (litterarum), d. h. der lateinischen Buchstaben, im Gegensatz der beiden hinten angeführten griechischen. Die Einführung der beiden nur in griech. Wörtern gebrauchten Buchstaben Y und *Z* scheint in die letzten Zeiten der Republik zu fallen (siehe über diese Buchstaben K. L. Schneider, Elementarlehre der lat. Sprache. I. S. 38. 375. fg., den ganzen Band aber über die Geschichte und Geltung der einzelnen Buchstaben). In unserer Aufstellung des Alphabets haben wir (da die jetzt recipirte Reihe Jedermann bekannt ist) die lateinischen Buchstaben nach ihrer Entstehung gestellt, mithin in die dritte Stelle C und G als ursprünglich gleichlautend (s. oben); Z in die ursprüngliche siebente Stelle, wiewol es als früher ausgeworfen und erst später wieder aufgenommen die letzte erhielt; Y neben das V, mit welchem es denselben Ursprung hat. Das K wurde von den Meisten nur in Abbreviaturen gebraucht (siehe *Quinctilian.* I, 4, 9. VII, 10. Schneider a. a. O. S. 290); daß das X vom *Ξ* entlehnt sei, ist allerdings klar, aber die Entstehung der Figur ist zweifelhaft, da sich ein *Ξ* dieser Form nicht nachweisen läßt. Gewisse Neuerungen im latein. Alphabet hatte der Kaiser Claudius gemacht, ohne sie aber für länger als seine Regierungszeit durchsetzen zu können (*Tac.* Annal. XI, 14 und das. *Lipsius, Sueton.* Claud. 41, vergl. Schneider a. a. O. S. 4. fg.) Er wollte drei neue Buchstaben einführen, ein umgekehrtes Ⅎ zur Bezeichnung des Consonanten V zum Unterschiede von dem Vocale, den wir jetzt U schreiben (s. die Inschriften aus des Claudius Zeit in *Nahmmach.* de litteratura Romana p. 204 sq.), das Antisigma Ͻ zur Bezeichnung des *Ψ* (*Priscian.* p. 558), welches auf Inschriften sich nicht mehr findet; und endlich ⊢

wie das griech. Aspirationszeichen, für den Mittelton zwischen i und u in optimus, optumus, libet, lubet (s. *Taylor* ad marm. Sandvic. p. 46 sq.) In ganz neuere Zeit, etwa das 17. Jahrh., fällt die Unterscheidung zwischen I und J, sowie zwischen V und U, obgleich Übergänge der alten Zeichen I und V in I und U schon weit früher, wenn auch nicht zu dem gedachten Zwecke, stattgefunden haben (Schneider a. a. O. S. 7. 8). Das W ist teutschen Ursprungs und wird als zuerst im J. 536 auf Münzen in dem Namen Witiges vorkommend angeführt. Auf den ältesten Denkmälern schrieb man ohne Worttheilung; am gewöhnlichsten theilte man die Wörter durch einen Punkt, doch so, daß engverbundene und kleinere Wörter zusammengeschrieben wurden, z. B. INITALIAM, NECHOC, NIQVISCIT (*Lanzi* a. a. O. I. S. 130); Trennungszeichen der Sätze (interpunctiones) werden bei Cicero (pro Muraena c. 11) und Seneca (epist. 40: nos etiam, quum scribimus interpungere consuevimus) erwähnt; Verdoppelung der Buchstaben war in der ältern Zeit, als auf den zwölf Tafeln, nicht gewöhnlich, z. B. adito, ilo für addito, illo, später hatte man auch ein Verdoppelungszeichen, Sicilicus genannt, als Luculus für Lucullus. Eine Nachahmung der etruskischen und mittelbar der orientalischen Weise ist es, wenn hier und da auf alten Denkmälern a und e, selbst wo sie lang sind, ausgelassen werden, z. B. bne für bene, cra für cera, dcimus für decimus, crus für carus, Lebro für Lebero (s. *Lanzi* I. p. 118. *Mar. Victorin.* p. 2459). Unter den zahlreichen Abbreviaturen (s. den Art. Abkürzungen. 1. Sect. 1. Th.) sind die sogenannten notae tironianae (s. *Kopp* Palaeographia critica P. I. p. 22 sq.) die schwierigsten und zum Theil sehr verwickelt und schwer erkennbar. Über den Charakter und die Gestaltung der Schriftzüge in den Handschriften der lateinischen Classiker erscheint jetzt: *Champollion-Figeac* Paléographie des classiques latins. 1. livraison (Paris 1837).

Was das Ziffersystem der Römer betrifft, so ist wol gewiß, daß wenigstens mehre der Ziffern die Anfangsbuchstaben der Zahlwörter enthalten, als C = Centum, M = Mille; anderes mag aus ältern Ziffersystemen mit Modificationen aufgenommen sein. Die Erklärung bei Priscian (p. 1345 *Putsch*) ist gezwungen und spielend.

So weit die Töchter der altgriechischen Schrift. Zu diesen kommen aber noch einige Schriftarten, die in späterer Zeit aus der griechischen geflossen sind, von welchen wir hier nur die koptische, mösogothische und altslavische Schrift namhaft machen wollen.

6) Die koptische Schrift. Sie scheint ungefähr gleichzeitig mit der Einführung des Christenthums an die Stelle der altägyptischen Schriftarten getreten zu sein, und ist ihrer Mutter, der griechischen, noch so ähnlich, daß der Ursprung derselben unverkennbar ist. Sie hat 30 Buchstaben, von welchen die 24 ersten den 24 griechischen entsprechen, wiewol *Γ, Δ, Z, Ξ* im Koptischen nicht vorkommen und nur bei Schreibung griechischer Wörter gebraucht werden. Auch die griech. Namen sind behalten, und zwar zum Theil die ältern, sodaß *E* heißt ЄI, *O*—*Ov*, Y—Hu, und hiernach *Ω*—*Ωv*; andere werden nur weich ausgesprochen, als Lauda, Laula für Lamda, Jauda für Jota. Die sechs übrigen sind: ϣ, Schei = ש; ϥ, Fei = f; ϧ, Hei = ה, blos im memphitischen Dialekt, wofür im Thebaischen Hori; ϩ Hori = h; ϫ, Gangia = dem franz. g vor Vocalen; ϭ, Sima = sh und ebenso gesprochen wie Schei, daher sehr häufig mit demselben verwechselt, aber dem Ursprunge nach verschieden (nämlich griech. Buchstabe, während Schei altägyptischer war). Von dem Ursprunge des sechsten ist so eben gesprochen; die fünf ersten sind aus der demotischen Buchstabenschrift entlehnt, um diejenigen Laute zu bezeichnen, wofür die griech. Sprache keine Bezeichnungen darbot. Deutlich ist dieses gleich bei dem Schei, welches in der hieroglyphischen und hieratischen Schrift mit demselben Zeichen bezeichnet wird,

Hieroglyph. Hieratisch. Koptisch.

oder

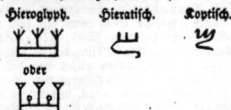

und ursprünglich einen Garten (Schei, Garten), hier durch drei Bäume angezeigt, darstellt. Nicht minder beim Hori (s. Lepsius, Sprachvergleichende Abhandlungen. S. 68. 69). Die einzelnen Buchstaben, die man längst im Drucke hat, aufzuführen, ist hiernach nicht nöthig.

7) Die mösogothische Schrift. Mit dieser Schrift schrieb zuerst Ulphilas ums J. 360—380 seine mösogothische Übersetzung der meisten Bücher A. und N. Test. Daß diese Schrift auch von ihm erfunden sei, sagen die meisten alten Zeugen, z. B. *Socrat.* hist. eccl. IV, 33. *Sozom.* VI, 36. *Philostorg.* hist. eccl. II, 5. *Cassiod.* hist. tripart. VIII, 13. *Jornandes* c. 51; jedenfalls paßte er jedoch nur das griech. Alphabet den Verhältnissen seiner Sprache an. Denn daß das griech., nicht latein. Alphabet, wie Einige meinten (s. Zahn's Ulphilas. S. 22), bei dem Gothischen zum Grunde liege, ist augenfällig. Auf unserer Schrifttafel haben wir die Buchstaben so geordnet, wie sie, nach dem Zahlwerthe zu urtheilen, ursprünglich geordnet waren, und grade dann mit dem griech. zusammentreffen, einige wenige Änderungen abgerechnet, wobei die durch das neue Bedürfniß nothwendig gewordenen Änderungen mit großer Kenntniß und steter Berücksichtigung der frühern Alphabete und möglicher Beibehaltung des früher Recipirten getroffen worden sind. An der sechsten Stelle (des latein. F und oriental. Vav) steht ein U, welches qu gesprochen wird; an der Stelle zwischen N und O, wo im ältesten Alphabet ס stand, hat er ein neues, wie es scheint vom lateinischen G entlehntes, Zeichen für J gesetzt; statt des O hat er, wie der Armenier, ein u, durch ein umgekehrtes n angezeigt, um es von dem qu der sechsten Stelle zu unter-

scheiden; an der Stelle des Koppa ein Zeichen von ungewisser Bedeutung, welches im Texte des Cod. argent. nicht vorkommt, wahrscheinlich doch q; an der Stelle des Psi ein neues Zeichen für hw. Genaue Facsimile's der wichtigsten gothischen Handschriften von den biblischen Versionen, dem Codex argenteus zu Upsala, den neapolitanischen Urkunden u. a. s. bei dem von Mai und Castiglione herausgegebenen Fragmenten (Mediol. 1819. 4.) und in v. Gabelentz und Loebe's Ulphilas (Altenb. et Lipsiae 1836) Vol. I, tab. 1. 2, welche Herausgeber für den folgenden Band auch eine palaeographia gothica versprechen. Vergl. über die gothische Schrift Grimm, Über teutsche Runen. S. 38 fg.

8) Auf die slavischen Idiome angewandt wurde das griechische Alphabet zuerst durch Cyrillus, den Apostel der Slaven im 9. Jahrh., welcher mit Hilfe desselben seine slavische Bibelübersetzung schrieb. Dieses Cyrillische Alphabet und ein anderes ihm ähnliches, das Hieronymianische (weil man den heil. Hieronymus für den Urheber desselben hielt), glagolitische (von den Glagoliten, d. i. slavisch liturgirenden Katholiken), auch Bukwiza genannt, haben außer den dem griechischen Alphabete entsprechenden Buchstaben von *Α — Ω* noch eine Anzahl (das Cyrillische neun, das Glagolitische sieben) neuerfundene Zeichen, besonders für die Zischlaute und verschieden nüancirten J des slavischen Idioms. Die Cyrillischen Schriftzüge sind bis auf die neuere Zeit in Bulgarien, Servien, Bosnien, in der Moldau und Wallachei üblich; der glagolitischen bediente man sich in Kroatien, Dalmatien, Krain und Istrien. Aus ersterer ist unter Peter I. das russische weltliche Alphabet gebildet worden. Die verschiedenen Alphabete nebst Schriftproben aus den ältesten Handschriften s. bei *Dobrowsky* institutt. slav. tab. 2. 3, und *Kopitar*, Glagolita clozianus, Vindobonae 1836. fol. Die Meinung von Dobrowsky, daß die Glagoliza erst im 11—13. Jahrh. ersonnen sei, widerlegt Kopitar S. XXI fg. vergl. M. Haupt in den Wiener Jahrb. B. 76 S. 108 und Grimm, Göttinger Anz. 1836. St. 33—35.

Außerdem erwähnen wir hier als eine jedenfalls unter griechischem Einfluß entstandene Schrift:

9) Die armenische Schrift. Bis ins 3. Jahrh. der christlichen Zeitrechnung hatten sich die Armenier theils persischer, theils griechischer Schriften bedient, und Moses von Chorene, welcher diese Nachricht mittheilt (Hist. Armen. Lib. I c. 2 p. 5 ed. *Whiston*), sagt, daß noch zu seiner Zeit zahlreiche schriftliche Urkunden in jenen Schriftarten erhalten seien. Ohne Zweifel schrieb man in Armenia major, welches unter persischer Herrschaft stand, mit persischer, in Armenia minor, welches zum griechischen Reiche gehörte, mit griechischer Schrift. Eines mit syrischen Buchstaben geschriebenen Briefes des armenischen Satrapen Orontes erwähnt zwar Diodor (XIX, 23), allein diese Stelle beweist nichts für den Gebrauch syrischer Schrift zum Ausdrucke der armenischen Sprache, da jener Brief vermuthlich in persischer Sprache geschrieben war, welche früher mit einem syrischartigen Schriftcharakter geschrieben wurde. Über die Erfindung der gegenwärtigen armenischen Schrift gibt nun aber derselbe Moses von Chorene (III. c. 52. p. 296 sq. ed. *Whiston*) einen umständlichen Bericht. Im 5. Jahrh. nämlich, wo man die Unzulänglichkeit jener fremden Schriftarten zum Ausdrucke der Muttersprache zu fühlen anfing, und zugleich nach Verbreitung der christlichen Religion das Bedürfniß einer Bibelübersetzung rege wurde, legten sich gleichzeitig mehre auf Erfindung eines neuen passendern Alphabets: unter andern ein gewisser Daniel, der das griechische Alphabet bei dem seinigen zum Grunde legte, welches aber von Andern zu dürftig befunden wurde. Um etwas Vollkommeneres zu leisten, übernahm Miesrob, früher Geheimschreiber der armenischen Könige Varazdates und Arsaces IV, späterhin Einsiedler und Mönch, mehre Reisen zu Männern, welche ebenfalls über diese Erfindung nachgesonnen hatten, ohne von einem derselben befriedigt zu werden, worauf er endlich zu Samosata in einer Vision eine Hand dasjenige Alphabet schreiben sah, welches von ihm nach dem Erwachen niedergeschrieben, als das der armenischen Sprache angemessenste befunden und nicht allein auf Befehl des Königs und des Patriarchen Isaak in dem unabhängigen Theile Armeniens eingeführt und bei der ebenfalls von Miesrob veranstalteten Bibelübersetzung angewandt wurde, sondern auch durch eine Communication mit dem griechischen Kaiser und griechischen Patriarchen in Kleinarmenien Eingang gewann. Da wir die Vision des Miesrob wol unbedenklich nach psychologischen Gesetzen auffassen dürfen, so geht also die Nachricht dahin, daß Miesrob dieses Alphabet (vielleicht mit eklektischer Benutzung mehrer frühern Versuche und anderer Schriftarten) erfunden habe [6]), und eine solche Entstehung zeigt auch die Beschaffenheit des Alphabets, in dessen Anlage sich das zum Grunde liegende griechische Alphabet, in welches jedoch fast noch ebenso viele neue Buchstaben eingeschoben sind, nicht verkennen läßt, wenn auch in den Figuren wenig Ähnlichkeit ist. Am wahrscheinlichsten hat die altpersische Schrift einen bedeutenden Einfluß auf die Figuren geübt (vergl. Zend-Avesta II. tab. 2 zu S. 69. Kopp II, 366), insbesondere das reiche Zend-Alphabet; doch scheint vieles freie Erfindung zu sein, was nicht übel zu der Mythe von dem himmlischen Ursprunge dieser Schrift stimmt. Jetzt besteht das Alphabet aus 38 Buchstaben, von denen aber die beiden letzten erst im 12. Jahrh. dazu gekommen sein sollen. Wir setzen von den vier Schriftarten 1) **scriptura picta**; 2) **scriptura ferrea**; 3) **scriptura rotunda**; 4) **scriptura cursiva**, die zweite und dritte mit der Aussprache her, um die Benutzung des griechischen und Semitischen Alphabets, namentlich in der Anordnung (so vielfach diese auch unterbrochen ist) nachzuweisen, machen auch auf die Namen mehrer Buchstaben, die jenen Ursprung nicht verläugnen können (**aip = aleph, alpha; gim = gimel, gamma; wjev = waw**) und auf die Richtung der Schrift von

6) Wenig Auctorität hat dagegen wol die Erwähnung eines Halsbandes, auf welchem mit armenischen Buchstaben gestanden habe: *Βασιλεὺς Ἀρσάκης Θεῷ Νυσαίῳ*, bei *Philostr.* vit. Apollon. II, 2, auf welche Kopp (II, 365) großen Werth zu legen scheint.

der Linken zur Rechten nach griechischer Sitte aufmerksam. Die Buchstaben folgen also:

	Figur.		Aussprache.	Entsprechender griechischer oder Semitischer Buchstabe.
1)	Ա	ա	a	*Α*
2)	Բ	բ	b, aber hart wie p	*B*
3)	Գ	գ	g, aber fast wie k	*Γ*
4)	Դ	դ	d, aber fast wie t	*Δ*
5)	Ե	ե	je [7])	*E*
6)	Զ	զ	gelindes z	*Z*
7)	Է	է	é	} *H*
8)	Ը	ը	kurzes e	}
9)	Թ	թ	th	*Θ*
10)	Ժ	ժ	j im Französischen	} *I*
11)	Ի	ի	Vocal i	}
12)	Լ	լ	l	*Λ*
13)	Խ	խ	ch	
14)	Ծ	ծ	ds	
15)	Կ	կ	k	*K*
16)	Հ	հ	h	
17)	Ձ	ձ	ds	
18)	Ղ	ղ	gh guttural	
19)	Ճ	ճ	ts	
20)	Մ	մ	m	*M*
21)	Յ	յ	h	
22)	Ն	ն	n	*N*
23)	Շ	շ	sh	ס
24)	Ո	ո	ŏ, ă	*O*
25)	Չ	չ	tsch	
26)	Պ	պ	p, b	*Π*
27)	Ջ	ջ	dsch, tsch	ϙ, p gequetscht
28)	Ռ	ռ	r hart	*P*
29)	Ս	ս	s	*Σ*
30)	Վ	վ	w	
31)	Տ	տ	t, fast wie d	*T*
32)	Ր	ր	r gelind	
33)	Ց	ց	tz	
34)	Ւ	ւ	y	*Y*
35)	Փ	փ	ph	*Φ*
36)	Ք	ք	kh	*X*
37)	Ֆ	ֆ	ph	...
38)	Օ	օ	ō	*Ω*

Nur ein einziges Mal ist die Reihe bedeutender und durch Einschaltung ziemlich vieler neuen Zeichen unterbrochen, nämlich in derjenigen Region des Alphabets, wo *K* und *Λ* stehen, welche auch transponirt sind. Die Ähnlichkeit mit den griechischen Buchstaben muß man ausschließlich in der größern Schrift, der **scriptura ferrea s. Miesrobiana** suchen, wo sie sich bei *B*, *E*, *Θ*, *Λ* (nämlich hier der lateinischen Figur), **Koppa** (nämlich dem orientalischen **Kuph**), *P*, *Φ*, *X*, *Ω* (*O*) ziemlich ungesucht darbietet. Ohne Zweifel griechischen Ursprungs sind außerdem die **Spiritus**, ein **asper** und **lenis**, beinahe von der Gestalt der altgriechischen (⊢ ⊣), die aber nur zur Unterscheidung der **consonae tenues** und **aspiratae**, der **simplices** und **compositae** dienen, und blos bei den Grammatikern, nicht in Codd., vorkommen: desgleichen prosodische Zeichen und Accente von gleich beschränktem Gebrauche und eine der griechischen analoge Interpunktion.

II. Altpersische Schrift.

Vor der Sassanidenschrift, welche unten (Nr. IV, 4) unter den Töchtern der syrischen aufgeführt werden wird, hatten die Perser in den ältern Zeiten zwei verschiedene Schriftgattungen gehabt: 1) Die Keilschrift auf den größern öffentlichen Denkmälern, als Gebäuden, Felsen-Inschriften, Backsteinen, auch Cylindern, welche nicht die geringste Analogie mit dem Semitischen Alphabete hat und unter einem besondern Artikel behandelt wird; 2) eine Buchstabenschrift, welche die größte Ähnlichkeit mit der phönikischen hat, und ohne Zweifel eine der ältesten Töchter derselben ist, wiewohl die Entzifferung derselben bisher noch nicht gelungen ist. Erwähnt wird dieselbe bei Epiphanius (adv. haeres. II. p. 629. ed. *Petav.*), wenn er sagt, daß sich die meisten Perser außer den (eigentlich) persischen Buchstaben auch des syrischen Schriftzuges (d. i. der Sassanidenschrift) bedienen; außerdem ist sie wol unter dem Namen der assyrischen Schrift (*Herod.* IV, 87, vergl. *Strab.* XV, p. 502, wo dieselben Inschriften persisch genannt werden, *Thucyd.* IV, 50) zu verstehen. Wir finden diese Schrift noch: 1) auf den Münzen der altpersischen Könige vor Alexander, den sogenannten Dariken, deren Schrift der phönikischen so ähnlich sieht, daß sie von den Numismatikern gradezu phönikisch genannt worden ist; s. die Beschreibungen derselben und Abbildungen der Legenden bei **Mionnet** (T. V. p 640 sq. t 29. nr. 1—14. t. 30 bis, nr. 7—17); 2) auf den Münzen der Arsaciden, die neben den griechischen Inschriften auch altpersische haben (*Mionnet* t. 29, nr. 1—8, vergl. T. V. p. 686 sq.). Der Charakter ist hier etwas von jenen verschieden, verräth aber den phönikischen Ursprung nicht minder; 3) in ähnlicher Form auf den durch Honigberger, Burnes, Allard neuentdeckten und gesammelten Münzen der baktrischen Könige, mit griechischer und persischer Schrift, über welche eine Abhandlung von Jacquet erwartet wird. S. *Raoul-Rochette*, **Premier Supplément à la notice sur quelques médailles des Rois**

Wollte man sie urgiren, so würde sie ja aussagen, daß diese griechischen Worte dort mit armenischen Buchstaben geschrieben gewesen. Da die Sprache nicht erwähnt ist, so will sie ohne Zweifel sagen, daß die Inschrift in armenischer Sprache und der gewöhnlichen Schrift derselben (der persischen) geschrieben gewesen sei.

7) Der Buchstabe heißt Jetsch, und grade an derselben Stelle haben die Slaven das ebenso wie je gesprochene Е *jehst*, was kaum zufällig sein kann.

de la Bactriane. Extrait du Journal des Savans. 1835. Second Supplément 1836. 4. (Die Buchstabenschrift auf einem babylonischen Backsteine, die ich Monument. phoen. (p. 74 sq.) mit Grotefend zu jener altpersischen Schriftart rechnete, ist, wie mich später ein genauerer Abdruck gelehrt, wirklich phönikisch (s. oben). So wenig wir hiernach das Wesen dieser Schrift kennen, ist sie doch ein nothwendiges Glied in der ganzen Kette der Töchterschriften des Phönikischen, da sie höchst wahrscheinlich auf mehre spätere persische Schriftarten eingewirkt hat.

III. Althebräische und samaritanische Schriftart.

Unter althebräischer Schrift verstehen wir diejenige, welche sich auf den Münzen des Makkabäischen Zeitalters vorfindet, im Gegensatze der jetzt gewöhnlichen hebräischen Quadratschrift, welche eigentlich eine auf das Hebräische übergetragene aramäische Schriftart und erst spätern Ursprunges ist (s. IV, 3). Fälschlich hat man dieselbe samaritanische Schrift und die Münzen, auf welchen sie sich befindet, samaritanische Münzen genannt, wiewol man dabei von der richtigen Wahrnehmung ausging, daß diese Schrift große Ähnlichkeit mit derjenigen habe, womit der samaritanische Coder des Pentateuch geschrieben ist. Die Vergleichung dieser Münzschrift mit der der samaritanischen Handschriften führte auch bald auf die richtige Lesung derselben, sowie ferner das Alphabet dieser Münzen den Weg zur Entzifferung des phönikischen Alphabets gebahnt hat. Diese althebräischen Buchstaben stehen nämlich den phönikischen noch äußerst nahe und fallen sehr häufig ganz mit denselben zusammen.

Die Münzen mit dieser Schrift sind im J. 143 v. Chr., in welchem die Makkabäischen Fürsten das Münzrecht erhielten (1 Makk. 13, 41), und in den folgenden Jahren, großentheils unter dem Hohenpriester und Fürsten Simon, einige unter Jonathan und wenige bilingues (mit hebräischer und griechischer Schrift) unter Alexander Jannäus und Antigonus geschlagen, am besten gezeichnet und erläutert von dem spanischen Gelehrten Franc. Perez Bayer, in zwei Schriften: De numis Hebraeo-Samaritanis. (Valentiae Edetanorum 1781. 4.) und Numorum hebraeo-Samaritanorum Vindiciae (ib. 1790. 4.), durch welche alle übrige Arbeiten weit übertroffen und überflüssig gemacht, auch die unkritischen Zweifel von O. G. Tychsen an der Echtheit dieser Münzen niedergeschlagen worden sind. Das Alphabet, welches Bayer aus diesen Münzen gezogen hat (de numis. p. 224. Vindicc. p. 122), ist öfter nachgestochen (*Eckhel* D. N. III, 404. *Mionnet* descr. des médailles, Recueil des planches. t. 26), im Einzelnen vermehrt von Kopp (Bilder und Schriften. II, 222 fg.) und Lindberg, auf die Hauptfiguren zurückgeführt in des Verfassers Monum. Phoen. tab. 3. col. 1 und hiernach auf unserer Schrifttafel. Als Probe zusammenhängender Schrift geben wir die Legende zweier Münzen. Die erste (A) hat Av. drei Blüthen an Einem Stiele, mit den Worten ירושלים הקדושה Hierosolyma sancta. Rev. Ein Opfergefäß mit der Umschrift שקל ישראל siclus Israëlis, und über dem Gefäße die beiden Buchstaben שב, d. i. שנת ב anno secundo, vergl. *Mionnet* descr. des médailles. T. V p. 556. nr. 4. Die andere (B) hat Av. in einem Kranze die Worte שמעון נשיא ישראל Simeon princeps Israëlis. Rev. Ein Opfergefäß mit der Umschrift שנת אחת לגאלת ישראל anno secundo liberationis Israëlis, nach einem Orfor der Original auf Morton's Schrifttafel. Als sehr wahrscheinlich darf angenommen werden, daß diese Schrift während des ganzen Lebens der hebräischen Sprache auch in den Handschriften gebraucht und erst um die Zeit von Christi Geburt durch die Quadratschrift allmälig verdrängt worden sei; womit es zusammenhängt, daß die Samaritaner ihre eigenthümliche Schrift, die, wie gesagt, eine aus der Münzschrift mit allerhand Verschnörkelungen unmittelbar abgeleitete ist, die hebräische Schrift, die Quadratschrift aber die Schrift Esra's nennen.

Die noch vorhandenen Codd. des samaritanischen Pentateuch, in welchen sich diese Schriftart findet, 17 an der Zahl, sind aus dem 13. bis 16. Jahrhunderte; aber noch heute bedienen sich desselben Schriftcharakters die wenigen noch vorhandenen samaritanischen Familien (s. die Briefe derselben an europäische Gelehrte in *de Sacy* Correspondence des Samaritains à Naplouse, Notices et Extraits. T. XII. [Paris 1829]), wiewol diese auch eine abgekürzte Cursivschrift haben, welche in den liturgischen Codd. gefunden wird (s. Schriftprobe und Alphabet derselben aus gothaischen Handschriften in meinen Anecdota Orientalia. Fasc. I. [Lips. 1824.] tab. 1). Auf unserer Schrifttafel haben wir die Figuren gegeben, wie sie sich im Codd. finden, als Schriftprobe aber geben wir das Facsimile von der Aufschrift eines Briefes der Samaritaner an Hiob Ludolf zu Frankfurt am Main (s. Epistolae Samaritanae Sichemitarum ad *Jobum Ludolfum*, S. Caes. Majest. ... Consiliarium. ed. *Cellarius*. [Cizae 1688. 4] ad pag. 1). Sie ist zu lesen:

ימטי לעיר הגדלה
פרנקפורט ליד
המלך הטב איוב
לודלף אשכנזי
יהוה ישמרו וכן
יסגי איקרו אמן

Perveniat ad urbem magnam
Francofurti ad manum
consiliarii boni Jobi
Ludolfi Germani.
Jehova custodiat eum atque
augeat honorem ejus. Amen.

Die Buchstaben der samaritanischen Schrift, obgleich verkünstelt, schließen sich alle an die der Münzschrift an, nur die Sibilanten (Sain, Samech, Zade) abgerechnet, deren Figur sich auch aus keinem der ältern Alphabete erklärt. Die Worte sind in den Handschriften je durch einen Punkt getheilt. Um das Brechen der Worte am Ende der Zeile zu vermeiden, und doch an dieser Stelle keinen leeren Raum zu lassen, haben sie die sonderbare Gewohnheit, stets die zwei letzten Buchstaben an das Ende zu setzen, den leeren Raum also im letzten Worte gegen Ende der Zeile zu lassen. Von Vocalzeichen ist noch keine Spur, dagegen, wie in der phönikischen Schrift, eine diakritische Linie zur Bezeichnung einer seltenern Aussprache, z. B. בדבר 2 Mos. 5, 3, zum Zeichen, daß man בְּדָבָר nicht בַּדָּבָר lese, auch für einige andere Zwecke (s. *Uhlemann* institutt. sam. I p. 9). Die Samaritaner schreiben mit dieser Schrift nicht blos das Hebräische des Pentateuch und ihre Texte in samaritanischer Sprache, sondern gewöhnlich auch das Arabische, wiewohl sie für letzteres sich auch der Niskhischrift bedienen.

IV. Altaramäische Schrift mit ihren Töchtern.

Die älteste Probe phönikisch-aramäischer Schrift, d. i. einer Anwendung phönikischer Schrift auf aramäisches Idiom, haben wir wol in der oft besprochenen Semitischen Inschrift auf dem babylonischen Backsteine zu suchen, dessen Schrift fast ganz phönikisch ist, sich aber doch namentlich im Lamed dem aramäischen Charakter anschließt und ein aramäisches Idiom, welches man auch in Babylon erwarten muß, zu enthalten scheint (s. oben S. 294). Dieser zunächst steht

1) Die Schrift auf den aramäischen Denkmälern Ägyptens, namentlich auf dem zu Carpentras in Frankreich aufbewahrten Denkmale, und auf einigen in Ägypten gefundenen Papyrusfragmenten, die auf der Bibliothek zu Turin und in dem Museum des Herzogs von Blacas befindlich sind, daher **Fragmenta Blacassiana** genannt (s. d. Abbildungen derselben Monum. Phoen. t. 28—33). Alle diese Denkmäler sind in Ägypten gefunden, haben zum Theil ägyptische Bildwerke, das Sprachidiom ist aramäisch, die Schrift der phönikischen allerdings ähnlich, weshalb die frühern Erklärer, z. B. Barthelemy und noch Hamaker und Lanci, sie gradezu phönikisch nannten, aber doch schon wesentlich von derselben verschieden, weshalb sie richtiger mit Kopp alt-aramäische, oder, da die Denkmäler höchstens in das Ptolemäische (und zwar spätere Ptolemäische) Zeitalter gehören, noch sicherer bezeichnend, aramäisch-ägyptische Schrift genannt wird. Um die Entzifferung des Alphabets und die Erklärung der damit geschriebenen Denkmäler hat sich früher vorzüglich Barthelemy verdient gemacht, später Lanci in Rom, dessen Ausstellungen an der Barthelemy'schen Feststellung aber von den nachfolgenden Forschern haben zurückgewiesen werden müssen (s. *Beer* Inscript. et papyri Semitici quotquot in Aegypto reperti sunt. P. I. Lips. 1833. 4. p. 9 und Monum. Phoen. p. 237). Eine nach den verschiedenen Denkmälern entworfene Tabelle haben wir in Monum. Phoen. (T. III. t. 4) gegeben, aus welcher für unsere Schrifttabelle nur die wichtigsten und am meisten charakteristischen Figuren herausgehoben sind. Die Hauptunterscheidung von der phönikischen Schrift besteht darin, daß die Köpfe der Buchstaben ע, ב, ד, ר auf dem Monumente von Carpentras oben geöffnet, auf den (spätern) Blacassischen Fragmenten die des ב, ד, ר fast ganz weggefallen erscheinen, sodaß sich diese Figuren ganz an die Quadratschrift anschließen. Ebenso sieht man im He, Chet, Caph die Figuren der Quadratschrift entstehen, welcher besonders die Blacassischen Fragmente äußerst nahe stehen, daher ein höchst wichtiges Denkmal zur geschichtlichen und graphischen Erklärung der Quadratschrift sind. Von Caph und Nun kommen hier zuerst Finalfiguren vor, die sich durch langgezogene Schweife von den gewöhnlichen unterscheiden. Die Worte sind auf allen diesen Denkmälern getheilt, und zwar durch Spatien; die Orthographie ist von der phönikischen verschieden, sofern ו und י auch als Vocale häufig stehen, in demselben Verhältniß, wie im Chaldäischen des alten Testaments. Wegen der graphischen Wichtigkeit der mehr erwähnten Blacassischen Fragmente haben wir als Schriftprobe (Taf. 3 nr. 7) vier Zeilen von der Rückseite des ersten größern Fragmentes mitgetheilt, welche also zu lesen sind:

. . . . . . לבני על תבהרא זי מלכא ושמע
. . . . . . בר חנס הו אחר ענה מלכא
. . . . . . בר חנס מליא זי מלכא אמר ו
. . . . (p) מלת המן תהך בחרב חילך וח . . . .

d. i.

. . . . . . filiis meis propter splendorem regis. Et audivit
. . . . . . Bar Hanes hoc. Postea orsus est rex
. . . . . . Bar Hanes verba Regis. Dixit . .
. . . . . . (in) terfecisti hos, grassatus es gladio tuo potente et (perdidisti).

S. die nähere Motivirung dieser Lesung und Übersetzung Monum. Phoenic. p. 242. 243. Das Ziffersystem dieser Schrift (s. unsere Taf. 1) beruht auf einem noch unedirten Fragment in der Vaticana.

2) Die palmyrenische Schrift. So nennt man die Schrift derjenigen altsyrischen Denkmäler, welche in Syrien auf den Ruinen der Stadt Tadmor oder Palmyra gefunden worden sind, und den darauf befindlichen Zeitangaben zufolge in das zweite und dritte Jahrhundert nach Christo, das Zeitalter der höchsten Blüthe des palmyrenischen Staates, gehören. Von den Inschriften mit der Jahrzahl gehört die älteste ins Jahr 396, die jüngste in das Jahr 569 der Seleucidischen Zeitrechnung; eine derselben ist indessen in Abilene geschrieben, so daß dieser Schriftzug offenbar nicht der Stadt Palmyra eigenthümlich, sondern der in ganz Syrien verbreitete war. Der Inschriften sind 15, unter denselben 10 bilingues, syrisch-griechische und syrisch-lateinische; zwei derselben sind schon im 17. Jahrh. nach Rom gebracht und am besten abgebildet von Lanci (de monum. Carpentoract. p. 142), vier andere befinden sich zu Oxford (s. Monum. Oxoniens. nr. 8—11), die übrigen hat man nur in den Abschriften von Dawkins und Wood in the Ruins of Palmyra (Lond. 1753 Fol.), woraus sie Swinton entlehnt hat (Philosophical Transactions p. 48). Entziffert wurde die Schrift derselben 1754 etwa gleichzeitig von Barthelemy (Reflexions sur l'alphabet et la langue, dont on se servoit autrefois à Palmyre. à Paris 1754) und Swinton (Philos. Transactions. T. XLVIII), welcher letztere zugleich die meisten jener Inschriften erklärte; vergl. dazu *Eichhorn*, Marmora Palmyrena explicata, in Commentatt. Societ. Gotting. rec. Vol. VI. cl. philol. et hist. p. 80 sq. Die Figur der Buchstaben ist auf den verschiedenen Monumenten ziemlich verschieden, was nicht blos von der verschiedenen Manier der Abzeichner herrührt (auf den Wood'schen Zeichnungen sind die Buchstaben sehr schlank und dünn, während sie auf den Originalien und in den genauern Copien ziemlich grob sind), son-

von wirklich verschiedenem Schriftcharakter. Na-
ich die beiden zu Rom aufbewahrten Inschriften wei-
von den übrigen ab, indem die Buchstaben ב, ד, ר,
:e-Köpfe ganz verloren haben (wie in den Blacassi-
Fragmenten), andere dagegen, z. B. י, ט, ת, den
kischen Figuren noch ähnlich sehen. Auf der Schrift-
e der Monum. Phoen. t. 5 sind die Figuren der
iedenen Denkmäler geschieden, auf der unsern sind
ftens die ursprünglichern Figuren vorangestellt. Das
an dieser Schriftart ist, daß in ihr zuerst Verbin-
mehrer Buchstaben vorkommen, und zwar nicht
m Phönikischen, Griechischen und Lateinischen, Liga-
, die zugleich Abbreviaturen sind (wie Æ für AE),
m bei welchen (wie in der griechischen Cursivschrift)
Buchstabe vollständig gezeichnet, mehre (jedoch nie
als zwei) aber durch einen Zug verbunden werden,
ar eine Folge der Tachygraphie, welche von nun an
n syrischen Schriften immer weiter um sich greift.
Buchstaben Beth, Mem, The, welche schon in der
Schrift einen links gebogenen Schaft haben, verlän-
diesen bis zu dem folgenden Buchstaben und schlie-
ich an ihn an; andere, wie Samech, Ain, erhalten
solchen Verbindungsstrich; noch andere, die früher
geraden Schaft hatten, beugen ihn etwas rückwärts
) und können nur mit dem vorhergehenden Buch-
verbunden werden, sowie jene nur mit dem folgen-
Über Einzelne Buchstaben ist zu bemerken: Beim
l ist der (ursprüngliche) Kopf des Kameels am Halse
:ergeschoben; beim ה ist die dem Ӿ ähnliche erste Fi-
ie ursprüngliche und zugleich die Mutter der Qua-
ur; Jod ist schon der kleinste Buchstabe, wie im
ratalphabet; vom Nun kommt schon eine Finalfi-
vor; das Samech hat oben die Zickzackfigur ganz
en, und durch Hinzukommen des Verbindungsstrichs
t die runde Figur, welche es im Quadratalphabete
Übrigens findet keine Worttheilung statt, die Liga-
erstrecken sich jedoch nie über die Grenzen eines
s. Die Zahlzeichen sind auf der Schrifttafel be-
s angegeben.

Als Schriftprobe (Taf. 3 nr. 8) wählen wir die eine
Rom aufbewahrten Inschriften, und zwar die grie-
lateinische, nach der (nur verkleinerten) Zeichnung von
Im Lateinischen lautet dieselbe:

Soli Sanctissimo sacrum
Ti. Claudius Felix et
Claudia Helpis et
Ti. Claudius Alypus fil. eorum
-Votum solverunt libens merito
Calbiensibus de coh. III.

ei syrischen Zeilen aber sind zu lesen:

עלתא זה למלכבל ולאלהי תדמר
קדם טבריס קלדיס פלקס
ותדמריא לאלהיהן שלם

Hoc altare Malachbelo et diis Palmyrae
consecravit Tiberius Claudius Felix
et Palmyreni diis eorum. Pax!

) Die chaldäische Quadratschrift, mit wel-
ie hebräischen Bibelhandschriften und außerdem die
chaldäischen Texte, von den arabischen Juden des Mittelalters auch ihre arabisch geschriebenen Bücher geschrie-
ben sind. Sie ist, wie schon der Name lehrt, eine ursprünglich aramäische Schriftart, welche erst später auf die hebräische Sprache übergetragen worden ist und der Sage des Talmud (Sanhedrin fol. 21. 22), desgleichen bei Origenes und Hieronymus (Hexapl. T. I. p. 86 ed. *Montfaucon*. Proleg. galeat. ad lib. Regum, Opp. T. IV. p. 7), nach welcher sich die Hebräer bis auf Esra des samaritanischen Schriftcharakters bedient hätten, durch diesen aber die chaldäische Schrift von der chaldäischen Sprache auch auf die Hebräische übergetragen worden sei, liegt gewiß Wahres zum Grunde. Die alte Schrift kann zwar nicht die jetzige samaritanische Schrift gewesen sein, sondern die damit nahe zusammenhängende Münzschrift (s. die Notiz über die kreuzförmige Figur des Tau im alten Alphabet, *Origenes* ad *Ezech.* IX, 4) und die Schriftänderung kann nicht zur Zeit des Esra vorgegangen sein (denn die Quadratschrift zeigt einen spätern Ursprung); aber jedenfalls ist die Quadratschrift nicht, wie es Kopp dargestellt und viele ihm nachgesprochen haben, durch allmälige Umbiegung aus der Münzschrift entstanden, sondern gehört einer anderen Reihe von Schriften an, wenn sie auch zuletzt auf dieselbe Urquelle zurückgeht. Wichtiger als alle historische Nachrichten ist hier das, was sich aus der vergleichenden Betrachtung der ihr zunächst verwandten Schriftarten ergibt, und dieser zufolge kann mit Sicherheit angenommen werden, daß sie sich aus den beiden zuvor behandelten aramäischen Schriftarten, der ägyptisch-aramäischen und der palmyrenischen so gebildet hat, daß man jede Verbindung wegließ, die Verbindungsstriche aber in der Mitte der Wörter meistens beibehielt, und den meisten Buchstaben eine Gestalt gab, die sich in ein Quadrat beschreiben ließ. Bei den meisten Figuren, als א, ב, ג, כ, מ, נ, ס, ע, פ, ת erscheint die aramäisch-ägyptische als die ältere und die palmyrenische Figur steht der Quadratschrift am nächsten, bei andern, als ח, ט, ק, ר ist es umgekehrt und die Quadratschrift schließt sich unmittelbar an die Figuren der Blacassischen Fragmente, bei mehren, als ד, ה, ו, ז, י, ש stimmen die beiden Ältern der Quadratschrift auch selbst schon in ihrer Figur zusammen. Bei Beantwortung der Frage: wann sich das Quadratalphabet gebildet habe? und wann dasselbe in die alttestamentlichen Codices eingeführt worden sei? wird man sich theils von dem (freilich zum Theil problematischen) Alter der ägyptisch-palmyrenischen Monumente, theils der Sage des Talmud und des Origenes, theils dem Gebrauche der alten Schrift auf den makkabäischen Münzen, theils und vorzüglich endlich von der Beschaffenheit der Varianten in den Parallelstellen des alten Test. leiten lassen müssen. Da der Verfasser diese Untersuchung anderswo nächstens wieder aufzunehmen gedenkt, will er hier nur bemerken, daß man die Annahme der aramäischen Schriftart, wie sie früher auf den **Fragmentis Blacassianis** und später auf den palmyrenischen Denkmälern erscheint, und die Entstehung der gegenwärtigen Quadratschrift aus derselben als zwei verschiedene zu verschiedenen Zeiten erfolgte Ereignisse zu betrachten haben wird, von

denen das eine (die Schriftänderung) dem andern (der Bildung des Quadratalphabets) wahrscheinlich eine bedeutende Zeit voranging, daß aber das Letztere nicht früher als in das zweite Jahrhundert nach Christus gesetzt werden kann. Das Letztere war auch Kopp's Absicht, und die noch hier und da geäußerte Meinung, daß das Quadratalphabet ein sehr altes sei (Lepsius' sprachvergleichende Abhandlungen. S. 19. 20), dürfte sich kaum von Neuem vertheidigen lassen. Daß in dieser Schrift, so lange sie existirte, Worttheilung durch Spatien statthatte, ist daraus wahrscheinlich, daß diese wenigstens in der aramäisch-ägyptischen Schrift schon herrschend ist, und auch die Ausbildung von fünf Finalbuchstaben (ך, ן, ם, ף, ץ) setzt dieselbe voraus.

Wohl zu unterscheiden von dem Alter der Consonantenschrift ist nun aber das der hinzugeschriebenen Vocalzeichen, welche in dieser Schrift so zahlreich und systematisch ausgebildet erscheinen, daß man darin nicht die Unvollkommenheit der ersten Erfindung, sondern ein Ergebniß fortgesetzter und sorgfältiger Bemühung von Seiten jüdischer Grammatiker gewahrt. Der alte Streit gegen die Buxtorfe, welche die Vocalzeichen gleich der Quadratschrift für so alt als den Dekalogus erklärten und Alter und Inspiration der Vocalzeichen sogar zu einem Artikel der symbolischen Bücher zu erheben gewußt hatten, ist längst ausgekämpft, und die Entstehung der Vocalzeichen in den jüdischen Schulen des Mittelalters, etwa gleichzeitig mit der Vocalisation des Koran und der syrischen Bücher, oder vielmehr etwas später als diese, ist im Allgemeinen ebenso anerkannt, als das Genauere über Ort und Zeit im Dunkeln liegt, zumal auch die bestimmte Entstehungszeit der Masora, als in welcher die Vocalzeichen schon alle angeführt werden, nicht ausgemacht ist. Aber so viel wird mit Sicherheit behauptet werden können, daß sie zwischen dem siebenten und zehnten Jahrhundert in den jüdischen Schulen des Orients, wahrscheinlich Palästina's, nicht ohne Einfluß der arabischen Grammatik zu Stande gekommen, und wahrscheinlich eine geraume Zeit früher in den Schulen im Gebrauch gewesen sei, ehe sie in die Handschriften zum Privatgebrauche (die **Codices** der Synagogen haben sie noch heute nicht und dürfen sie, der alten Sitte treu, nicht haben) eingeführt wurde (s. meine Gesch. der hebr. Spr. und Schrift. S. 182 fg. Hupfeld in den theol. Studien und Kritiken. 1830. Nr. 3, wo der Beweis geführt ist, daß der Talmud und Hieronymus sie noch nicht kennen). Es liegt bei diesem Vocalsysteme wahrscheinlich die Aussprache der palästinensischen Juden zum Grunde, und nicht blos seine Consequenz, sondern hauptsächlich die Analogie der verwandten Sprachen (selbst der phönikischen und punischen, s. **Monum. Phoen.** p. 434 **sq.**) ist eine wichtige Gewähr für die Richtigkeit derselben, wenigstens im Ganzen und sprachlich (s. Gesch. der hebr. Sprache. S. 207 fg.), wenn auch nicht im Einzelnen und in exegetischer Hinsicht, wo sie von der damals recipirten Erklärung der einzelnen Stelle abhängig ist. In enger Verbindung mit der Vocalisation der alttestamentlichen Texte stehen nicht blos die diakritischen Zeichen (der Punkt über ש und שׂ) und Lesezeichen (Dagesch als Verdoppelungs- und Verhärtungszeichen der Buchstaben ב ג ד כ פ ת; Raphe, der Gegensatz des Dagesch; Mappik, als Bezeichnung, daß einer der Buchstaben א ה ו י als Consonant fungire), sondern auch das Interpunktionszeichen ׃ am Ende der Verse und die Accente, welche bei einem jeden Worte theils die Tonsylbe dieses Wortes, theils das Verhältniß des Wortes zum Satze ausdrücken, also die Geltung von Ton- und Interpunktionszeichen vereinigen; die Accentuation ist aber noch mehr das Werk subtiler grammatischer Bearbeitung, als dieses bei der Vocalisation der Fall war.

Von den vorhandenen Handschriften des alten Test., welche größtentheils in dem Zeitraume von dem zwölften Jahrhundert bis zur Erfindung der Buchdruckerkunst geschrieben worden, sind die Synagogenrollen ohne alle Vocale, diakritische Zeichen und Accente, haben dagegen die sonderbare Verzierung der Coronamente (תגין) über den Buchstaben שעטנז גץ; die **Codices** zum Privatgebrauch aber haben alle jene Hilfen der bequemen Lesung, die jedoch meistens von einer andern Hand herzurühren scheinen. Paläographische Beobachtungen über die Veränderungen des Schriftcharakters in der Zeit, dergleichen es im Griechischen gibt, haben selbst diejenigen Männer, welche die größte Menge Handschriften gesehen und geprüft haben, als Kennicott, Bruns, de Rossi, nicht aufzustellen gewagt, und wirklich scheint die (allerdings auch kurze) Zeit keinen wesentlichen Einfluß darauf ausgeübt zu haben. Dagegen lassen sich die Handschriften und ihr Schriftcharakter nach Ländern unterscheiden. Am schönsten und regelmäßigsten ist der spanische Charakter, einfach, meistens groß und stark aufgetragen; der teutsche ist etwas liegend, fein geschrieben, mit markirter Unterscheidung der Grund- und Haarstriche; der italienische Charakter (**intermedius** bei Kennicott) steht zwischen beiden in der Mitte und hat mehr rundliche Züge, ist aber weniger sauber gebildet (s. *O. G. Tychsen*, **Tentamen de variis codicum hebraicorum V. T. generibus.** [**Rostochii 1772.**] mit einer Kupfertafel. *Kennicott*, **Dissert. generalis in V. T. ed.** *Bruns*. [**Brunsvici 1783.**] p. 340 **sq.** *Bellermann* **de usu palaeographiae hebraicae.** [**Erfordiae 1803. 4.**] und daselbst die Kupfertafeln, auch die Facsimile's einzelner Handschriften, z. B. bei *Schelling*, **Descr. cod. Stuttgard. s. a.**) Außer dem Hebräischen wird mit der Quadratschrift auch das Chaldäische geschrieben, und zwar besonders in den Übersetzungen des alten Testaments (Targum's), gewöhnlich auch mit Vocalzeichen; diese letztern fehlen aber bei der aus der Quadratschrift im Mittelalter gebildeten Cursivschrift (משיט), mit welcher vorzüglich die Handschriften des Talmud und der Grammatiker, überhaupt aber die nichtbiblischen Handschriften in mancherlei Abarten (Raschischrift, Raschicursiv, Spanisch, Teutsch) geschrieben wurden, und deren sich die Juden noch heut, auch im Drucke, und zum Schreiben des Teutschen, Polnischen ꝛc. bedienen.

4) Sassanidenschrift, zugleich von der Zend- und Pehlvi-Schrift. Die erstere ist ebenfalls eine Tochter der altsyrischen oder der palmyrenischen Schrift (s.

an. adv. haeres. II. p. 629), steht derselben aber
n Bedeutendes ferner, und ist nicht ohne bedeuten-
influß der altpersischen Schrift (s. oben Nr. II.) ge-
Diese Schrift findet sich a) auf den Ruinen von
i-Rustan in der Nähe von Persepolis, (s. Nie-
s Reise. 2. Th. t. 27. *Ker Porter*, Travels. I,
vergl. *de Sacy*, Mémoires sur diverses antiqui-
la Perse. p. 1 sq.); b) auf den Inschriften des
Bi-sutûn bei Kirmanschah in Kurdistan (s. *Ker*
II, 178. *de Sacy* l. c. p. 217 sq. 242 sq.);
den Münzen der sassanidischen Könige (*de Sacy*
sq.), auf diesen aber so klein und dabei abgekürzt,
t 4, 5 Buchstaben sich ähnlich sehen (wie in der
n Schrift) und nur durch den Zusammenhang un-
en werden. Das Alphabet unserer Schrifttafel
üglich aus den Inschriften von Nakschi-Rustan ge-
ein vollständigeres nach allen drei Classen der Denk-
f Monum. Phoenic. t. 5), und man wird die
keit vieler Figuren mit dem Palmyrenischen (Beth,
Jod, Caph, Lamed, Resch, Tau) von selbst be-
bei andern aber läßt sich diese Abkunft nicht an-
und nachweisen. Daß diese aber von der altper-
Schrift (einer unmittelbaren Tochter der phöniki-
ntlehnt sei, wird aus dem Umstande klar, daß mehre
Ähnlichkeit mit der phönikischen Schrift zeigen, z. B.
nd He, welches aus dem phönikischen Chet ent-
scheint.

s Schriftprobe (Taf. 3 nr. 9) geben wir die bei
y mit A bezeichnete Inschrift von den Ruinen zu
Rustan, welche dieser Gelehrte mit Hilfe einer ent-
den griechischen, die wir folgen lassen werden, auf
Weise entziffert und erklärt hat:

. . . מסדי]סן בה שחסורי מלכאן
מלכא איראן ואניראן מנוגתרי מן יזתאן
בומן מסדיסן בה ארתחשתר מלכאן מלכא
מלכא אירן מנוגתרי מן יזתאן נפי בה פא

facies cultoris Oro]masdis, excellentis Saporis regum |
ni et Anirani, germinis coelestis ex diis |
ris Oromasdis, excellentis Artaxerxis regum regis |
ni, germinis coelestis ex diis, nepotis excellentis Papeki.

chische Inschrift (*de Sacy* pl. I. B, nr. 3) laude Sacy's Ergänzung, welche aus andern paral-
schriften entlehnt ist, also:

ΟΥΤΟ ΤΟ προςωπΟΝ ΜΑCΔΑCΝΟΥ
ΣΟΥ ΑΡΤαξαρου βασιλεΩC ΒΑCΙΛΕΩΝ
ΡΙΑΝΩΝ εκ γενουC ΘΕΩΝ ΥΙΟΥ
ΣΟΥ ΠΑΠΑκου ΒΑσιλΕΩC.

n parallelen Inschriften läßt sich auch schließen,
Anfangsworte der persischen Inschrift so zu er-
sind, daß sie den griechischen: *Τοῦτο τὸ πρόςωπον*
νου entsprechen. Sie bezieht sich demnach auf
(שחורר, d. i. regis filius) = Sapores I., Sohn
eschir Babegan, des Stifters der Sassanidendyna-
elben Sapores, welcher den römischen Kaiser Va-
efangen nahm, selbst aber von Aurelian besiegt
Den sprachlichen Commentar mag man bei de

Sacy nachlesen. Für die Schrift ersieht man aus dieser Probe, daß man ohne Worttheilung schrieb, und wenigstens Ein Buchstab, das ג, im Persischen andere Geltung gewonnen hatte. Es wurde nämlich gleich dem persischen ג tsch ausgesprochen, wie das Wort מנוגתרי Minotschetri zeigt.

Die Sassanidenschrift hat noch ganz den Semitischen Charakter, auch scheint man keine neue Buchstaben hinzu erfunden, sondern sich mit den überlieferten beholfen zu haben. Etwas anders ist dieses aber mit dem Zend- und Pehlvi-Alphabete. Das erstere, welches wir nun nach den Untersuchungen von Rask (über das Alter und die Echtheit der Zendsprache und des Zend-Avesta aus dem Dänischen von Hagen. 1826.), Burnouf (Yaçna. T. I. p. XL) und Bopp (Vergleichende Grammatik. S. 29 fg.) seiner Bedeutung nach genauer kennen, als früher durch Anquetil (s. Zendavesta T. II p. 426 sq., teutsche Ausgabe 2. Th. S. 69) der Fall war, und jetzt nach dem Muster des von Burnouf lithographisch edirten Codex des Zendavesta (Vendidad-Sadé. Paris 1830 sq.) in Auftrag der Berliner Akademie der Wissenschaften selbst in Drucktypen dargestellt ist [8]), besteht aus wenigstens 46 (nach andern Zählungen, bei welchen man gewisse Modificationen einzelner Buchstaben besonders zählt, mehre als 50), Buchstaben, 11 Vocalen (mit Einschluß der Diphthongen ê und ô) und 35 Consonanten, welche ihrer Bedeutung nach dem Sanskritalphabete analog sind, der Figur nach aber keine Ähnlichkeit mit demselben haben und auf den ersten Blick ebenso wenig mit dem Semitischen Alphabete zu haben scheinen. Doch wird es bei genauerer Betrachtung deutlich, daß gewisse Figuren, als א, ב, ם, י, ש, ח aus dem syrischen und Sassanidenalphabete hergenommen sind; einige, als d, s, erinnern selbst an ältere phönikische, ohne Zweifel aber zugleich altpersische Züge. Bei mehren ist die Ähnlichkeit mit armenischen und georgianischen Schriftzügen auffallend (s. Zend-Avesta a. a. O.), doch sind hier die Zendbuchstaben offenbar die älteren und das Muster der andern geworden. Das l fehlt in diesem Alphabete ganz, da die Zendsprache es nicht hat. Übrigens wird die Schrift von der Rechten zur Linken gelesen, die Buchstaben im Worte stehen abgesondert und die Worte sind durch Punkte getrennt. Das Pehlvi-Alphabet ist ärmer und Anquetil zählt nur 19 Charaktere zu 15 Lauten, worunter fünf Vocale sind; mehre Buchstaben aber werden durch diakritische Zeichen unterschieden. Der Buchstabe r fehlt hier in der Sprache, wogegen aber das l vorherrscht, in der Schrift indessen ist der l gesprochene Buchstab eigentlich ein r. Die Buchstaben im Worte werden verbunden. Beide Schriftarten haben ein Ziffersystem (s. *Anquetil* l. c.), welches dem Phönikisch-Palmyrenischen, wie auch dem Ägyptischen analog ist.

5) Estrangeloschrift. In der Quadratschrift und Sassanidenschrift war der aramäische Schriftcharakter auf zwei verschiedene Idiome, in der Quadratschrift wenigstens

8) Zum ersten Male erschienen diese Typen in Bopp's oben angeführtem Werke: Vergleichende Grammatik des Sanskrit, Zend, Griechischen, Lateinischen, Litthauischen, Gothischen und Teutschen. (Berlin 1833.) Zwei Lieferungen, noch unvollendet.

auf einen verschiedenen Dialekt übergetragen worden. Kehren wir jetzt zu dem Fortgange der aramäischen Schrift bei den Syrern selbst und zum Gebrauche der eigenen Sprache zurück. Hier finden wir vom sechsten bis achten Jahrhunderte in den ältesten Handschriften der nunmehr ausschließlich christlichen Syrer die sogenannte Estrangeloschrift ܐܣܛܪܢܓܠܐ d. i. سطر انجيل Evangelienschrift, so genannt, weil mit dieser großen, stark aufgetragenen Schrift die Evangelienbücher der Kirche geschrieben wurden. Es ist unschwer, in derselben die Abhängigkeit von der palmyrenischen Schrift zu erkennen, und sind in derselben die meisten Buchstaben (manche nur rechts, andere nur links, was seine bestimmte Regel hat und von der Gestalt des Buchstaben abhängt) verbunden, wodurch manche Änderung hervorgebracht wird. Das **Daleth** und **Resch**, die einander schon in den frühern Alphabeten bis zur Verwechselung ähnlich geworden waren, werden in dieser Schrift durch einen diakritischen Punkt beim **Resch** über den Buchstaben, beim **Daleth** unter demselben, unterschieden; das א schließt sich sehr an das der Sassanidenschrift, das ה und ו krümmen sich stark zusammen, sodaß sich beim **Vav** die ganz runde Gestalt der Peschito vorbereitet, das **Nun** hat seinen Oberschenkel gänzlich verloren, das **Samech** mit seinen zwei Krümmungen schließt sich an die palmyrenische Figur mit zwei Krümmungen oben, das **Zade** wird am begreiflichsten, wenn man es mit dem Zabischen vergleicht, welches den alten Buchstaben selbst, nur mit einem Verbindungsstriche nach der Linken, darstellt. Eine unwesentliche Veränderung dieser Schriftart ist die **scriptura duplicata** ([illegible]), bei welcher die dicken und vollen Buchstaben der Estrangelo so gezeichnet werden, daß statt des dicken Striches nur die zwei Außenlinien desselben dargestellt werden; eine Mittelschrift zwischen dieser und der jetzt gewöhnlichen syrischen Cursivschrift, Peschito genannt, ist aber die Nestorianische Schrift, welche die Nestorianer, aber auch viele andere Syrer in Handschriften, neben der Estrangelo gebrauchen. In diesen syrischen Schriftarten findet sich nun auch zuerst in der Semitischen Schrift eine vollkommene Vocalbezeichnung, die man geschichtlich von ihren ersten Anfängen an verfolgen kann. Die älteste unvollkommenste Hilfe, welche man dem Leser gab, bestand hier, wie im Samaritanischen, in einem diakritischen Zeichen, welches sich aber schon bestimmter auf die Vocalaussprache bezieht. Es ist ein Punkt von sehr mannichfachem Gebrauche, welcher über der Linie die Vocale **a, o, ü**, unter derselben **e, i, u** bezeichnet (s. Isenbiehl, Beobachtungen über den Gebrauch des syrischen **puncti diacritici** bei den Verbis. Göttingen 1773. *Hoffmann*. **Gramm. syr. p. 100.** Ewald Abhandlungen zur oriental. und bibl. Lit. S. 59 fg.), und wahrscheinlich schon beim Ephraim Syrus erwähnt ist (**Opp. T. I. p. 184** zu 1 Mos. 36, 24). Im 7. Jahrh. erfand darauf Jacob von Edessa die Bezeichnung von fünf Vocalen durch Punkte: ÷ **a**, ⁚ und ⁚ **e**, ⁚ **i**, ∸ **o**, o÷, o∸ **u**, welcher echtsyrischen Vocalbezeichnung sich die Nestorianische Schrift ausschließlich bedient. Neben derselben bildete aber Theophilus von Edessa im 8. Jahrh. noch eine andere von den griechischen Buchstaben entlehnte Vocalbezeichnung, deren er sich bei seiner syrischen Übersetzung des Homer zuerst bediente, und welche dann im 9. Jahrh. allgemeinen Eingang fand, so daß in den Codd. bald die eine, bald die andere dieser beiden Vocalbezeichnungen statthat, auch beide durcheinander. Die Figuren sind, wie gesagt, ein Miniaturbild der griechischen Uncialschrift, nur oft anders gestellt, auf folgende Art entstanden:

- **a** aus *A*
- **e** aus *Є*
- **i** aus *H* itazistisch gesprochen.
- **o** aus *O*
- **u** aus *Y*

Außerdem haben die Syrer allerhand diakritische Zeichen, die besonders beim Lesen der unpunktirten Schrift nützlich oder nothwendig waren (z. B. des **Ribui**, oder Zeichen des Plural), aber dann auch in der punktirten beibehalten wurden, und endlich sogar eine Accentuation und Interpunction, in welcher die hebräische Accentuation der Quadratschrift sich im Entstehen zeigt (s. Ewald a. a. O. S. 103 fg.). In vielen Codd. fehlt indessen alle Vocalbezeichnung und in vielen andern ist sie erst von späterer Hand beigefügt. Wir geben als Schriftprobe einige Sätze aus einem vaticanischen Codex der Peschito nach Adler, aus dessen Werke: **Novi Testamenti Versiones Simplex, Philoxeniana et Hierosolymitana (Havniae 1789. 4.) t. 1.** Die Worte sind aus Marc. 15, 36. 37 und lauten, mit der gewöhnlichen syrischen Schrift geschrieben, also:

ܘܐܡܪܘ : ܫܒܘܩܘ ܢܚܙܐ ܐܢ ܐܬܐ ܐܠܝܐ
ܡܚܬܗ ܠܗ : ܗܘ ܕܝܢ ܝܫܘܥ ܩܥܐ ܒܩܠܐ
ܪܡܐ ܘܫܠܡ

d. h.

et dixerunt: sinite videamus, num veniet Elias depositurus eum. Ipse vero Jesus clamavit voce alta et exspiravit.

Die gewöhnliche syrische Schrift übergehen wir als nicht mehr in das Gebiet der Paläographie gehörig.

6) Schrift der Zabier. Über die Zabier, ihre Religionsschriften und deren Inhalt, desgleichen ihre Sprache, welche ein ziemlich verdorbener aramäischer Dialekt ist, ist schon anderswo in diesem Werke (Probeheft S. 95 fg.) die Rede gewesen; auch der Schrift derselben kürzlich erwähnt worden, welche zunächst aus der altsyrischen (palmyrenischen) hervorgegangen ist, und der Estrangelo- und Nestorianischen Schrift am nächsten steht, aber auch mehres von der Sassanidenschrift hat (Kopp Bilder und Schriften. II. S. 334 fg.). Eigenthümlich aber ist ihr, daß die Vocale, oft selbst die kurzen, durch abgekürzte oder modificirte Formen der drei Buchstaben א, י, ו ausgedrückt werden, welche den Consonanten angehängt werden, nach Art der Talmudisten und Rabbinen, welche ebenfalls die Vocale durch diese schwachen Buchstaben bezeichnen.

Das A, welches die Figur o und △ hat, ist eigentlich ein Ain, welches in diesem Dialekt von א nicht unterschieden wird, für i und e steht ein abgekürztes < Jod, für o und u ein kurzer, aufrechtstehender Strich, ein abgekürztes Vav. Sehr mit Unrecht hat man demnach diese Schrift ein Syllabarium genannt (s. die Schriftsteller, welche *Hoffmann*, gramm. syr. p. 85 anführt), denn überall sind die Buchstaben א, י, ו deutlich zu erkennen. Die correctesten Alphabete der zabischen Schrift haben Kopp (a. a. O.) nach dem Facsimile eines oxforder Codex und Hoffmann (Gramm. syr. t. 3) nach einem weimarischen Codex gegeben, zugleich mit Beisetzung der verwandten Buchstaben aus den übrigen erwähnten Schriftarten, und letzterer mit Angabe der Art, wie die einzelnen Consonanten theils allein geschrieben, theils mit den Vocalen verbunden werden. In unserm Alphabete haben wir diese Verbindung mit den Vocalen, die keine wesentliche Schwierigkeit darbietet, ausgelassen, und bemerken über einzelne Figuren nur noch, daß ת und ח offenbar Eine Figur sei, und zwar das Chet der Estrangeloschrift, was von der Verwechselung dieser Laute in der galiläischen Sprache, wie א und ע, herrührt. Übrigens werden die Buchstaben innerhalb Worte verbunden, je nachdem es ihre Gestalt erlaubt (auf ähnliche Weise, wie in den ähnlichen syrischen Schriftarten); die Worte selbst sind durch Spatien getrennt; auch kommen Unterscheidungszeichen am Ende der Sätze vor.

Als Schriftprobe geben wir (Taf. 1. nr. 11) eine Stelle aus der einen pariser Handschrift des liber Adami, welches Norberg herausgegeben nach dem Facsimile, welches dieser bei T. I. des genannten Werkes mitgetheilt hat. Wir schreiben dasselbe hier in hebräischer Schrift und zwar so um, daß die drei Vocale durch א, ו, י ausgedrückt werden, denn nicht passend ist die Art, wie Norberg selbst diesen Codex edirt hat, indem er die zabische Schrift in syrische umschreibt und auch die Vocale durch die gar nicht genau entsprechenden syrischen Vocalzeichen wiedergibt.

תום שאביק חאטאייא ניהוילון
לכולהון תארמידיא ומאנדאייא
ויבהאלין סידריא מיתאפרישיא
וקאלא ויהייא צאיתיא ולהייא
קאדמאייא משאבילון

d. h. Tum remissio peccatorum erit iis (scil.)
omnibus discipulis et Mendaeis,
qui in his libris erudiuntur
et vocem Vitae audiunt et Vitam
primam celebrant.

Kenner des Chaldäischen und Syrischen werden diese eigenthümliche und allerdings sehr incorrecte Sprachform größtentheils leicht auf ihre bekannte Etymologie zurückführen können. Doch wollen wir zur Erläuterung bemerken: תארמידיא entspricht dem chaldäischen תַּלְמִידַיָּא Jünger, und מאנדאייא Jünger ist der Eigenname der Secte geworden. ד ist das dem Dialekt eigene Relativum, welches Norberg sehr willkürlich durch das syrische ܕ ausgedrückt hat. Es entspricht vielmehr dem persischen كي, وي, wozu das lateinische qui gehört. Weiterhin in ויהייא kommt es auch als Zeichen des Genitivs vor. משאבילון ist vom Stammworte ܫܒܚ mit weggeworfenem ח.

7) Kufische Schrift. Über diese altarabische Schrift, eine Tochter der syrischen Estrangelo, wie die daraus entstandene jetzt gewöhnliche Nischi-Schrift, ihre Entstehung und Geschichte ist schon anderswo in diesem Werke (s. d. Art. Arabische Schrift) ausführlich gehandelt worden, worauf wir hier nur zu verweisen haben.

8) Tatarische Schrift. Auch diese ist eine Tochter der syrischen und zwar der Nestorianischen Schrift. Von den Nestorianern kam sie zu den Uiguren, von diesen zu den Mongolen und Mantschus. Schon Th. S. Beyer hatte diesen Ursprung der tatarischen Schrift erkannt; genau durchgeführt haben denselben Jul. Klaproth (Über die Sprache und Schrift der Uiguren. Halle 1813) und besonders Abel-Remusat (Recherches sur les langues Tartares Paris 1821. 4.), welcher Letztere auch die Zusätze erklärt, welche diese Schrift aus der indischen erhalten hat.

V. Altarabische und äthiopische Schrift.

Die älteste arabische Schrift, welche wir kennen, ist die sogenannte himjaritische Schrift, auch مُسْنَد Musnad genannt, von welcher mehre arabische Schriftsteller reden, und sie als eine Schrift mit abgesonderten Buchstaben bezeichnen (s. *de Sacy* Mémoire sur l'origine et les anciens monumens de la littérature des Arabes. [Paris 1805.] p. 10 fg. Dess. Chrestomathie arabe. T. II. p 122 sec. ed. *Quatremère* sur la langue et la littérature de l'Egypte. p. 272. *Hamaker* ad *Wakedi* Aegypt. p 118), während sie diesen Namen aber auch von andern unbekannten Schriftarten von allgemeiner Ähnlichkeit mit dem Himjaritischen, z. B. den Phönikischen, gebrauchen (s. *Quatremère* description de l'Afrique. Paris 1831. p. 65). Die Etymologie und Bedeutung jenes Namens ist streitig. Von سَنَدَ stützen, könnte مُسْنَد gestützte Schrift bedeuten, und sich allenfalls auf das Säulenartige der Buchstaben beziehen[9]), wiewol der Ausdruck gestützt natürlicher eine verbundene Schriftart bezeichnen würde. Aber مُسْنَد bedeutet auch spurius, wornach es Ewald (Gramm. arab. Prolegg. p. 8) scriptura spuria erklärt, fremde Schrift; auch könnte es so viel als indische Schrift, eigentlich indisch gemachte sein, مُسْنَد von سند Indien (s. Schulz in Lepsius sprachvergleichende Abhandlungen. S. 77), was dann einen indischen Einfluß auf diese Schrift bezeichnen würde. Ob ein solcher wirklich stattgehabt habe, würde sich sicherer entscheiden lassen, wenn man die Schrift selbst erst genauer kännte und entziffert hätte.

9) So ist der Ausdruck oben u. d. Art. Arabische Schrift erklärt, wo aber statt gestützt fälschlich gestutzt gedruckt ist, ein Irrthum, der aus jenem Artikel schon in einige andere Bücher übergegangen ist.

Dieses ist aber bis jetzt noch nicht geschehen, wiewol sich Proben solcher Inschriften (Fundgruben des Orients. II, 282) und hier und da in Handschriften Alphabete dieser Schrift finden (s. *Lanci*, Dissertazione su gli Omireni e loro forme di scrivere trovate ne' codici Vaticani. Roma 1820.) Auch in einem berliner Codex findet sich ein solches Alphabet, welches Prof. Rödiger nächstens bekannt machen wird.

Aus diesem Grunde läßt sich bis jetzt nur im Allgemeinen als höchst wahrscheinlich annehmen, nicht bestimmt nachweisen, daß die äthiopische Schrift, welche ebenfalls unverbundene Buchstaben hat, eine Tochter jener altarabischen sei, wie die äthiopische Sprache gewiß aus der altarabischen hervorgegangen, wo nicht für diese selbst zu halten ist; wogegen als entschieden angenommen werden kann, daß die äthiopische Schrift nicht etwa griechischen, sondern mittelbar phönikischen Ursprungs sei. Es ist dieses schon in einem besondern Artikel dieses Werkes (s. d. Art. Aethiopische Sprache und Schrift) durchgeführt worden, wozu noch Kopp (Bilder und Schriften. II. S. 344 fg.) und Hupfeld (Exercitat. aethiop. p. 1) zu vergleichen ist. Dem Erstern war jener schon zwei Jahre früher erschienene Artikel unbekannt geblieben, weshalb er einen Werth darauf legt, jenen Semitischen Ursprung zuerst nachgewiesen zu haben. Bei vielen Buchstaben, als 7 Gimel, Λ Lamed, ⅔ Nun, ʊ Ain, Φ Koph, Ш Sin, ist der phönikische Ursprung ganz klar, der Ursprung anderer wird bis zur Entzifferung der himjaritischen Schrift dunkel bleiben müssen. Außerdem ist ein Einfluß des Indischen auf dieses Alphabet nicht unwahrscheinlich, wie man schon früher geahnet (der verstorbene Rosenmüller wollte darüber, wie er mir mittheilte, einen Aufsatz schreiben) und neuerlich Lepsius (a. a. O. S. 76 fg.) mit mehren Gründen belegt hat. Dafür spricht nämlich 1) die indogermanische Richtung der Schrift von der Linken zur Rechten, die sich auch in der Keilschrift findet; 2) die syllabische Schrift, die als eine Weiterbildung der indisch-syllabischen Schrift betrachtet werden kann; 3) die Übereinstimmung der Vocalisation mit der indischen, indem, wie im Indischen, der Buchstabe an sich mit ă gesprochen wird, dagegen â, e, i, o, u, selbst Schwa, durch Striche bezeichnet werden; 4) die Übereinstimmung mehrer äthiopischen Buchstaben mit indischen Figuren auf Inschriften (s. Lepsius nach von Burnouf ihm mitgetheilten Alphabeten); endlich 5) würde damit der Name [Arabic] indisch gemacht combinirt werden können, wobei man annehmen müßte, daß dieser indische Einfluß schon bei den Arabern stattgehabt hätte. Indessen ist diese Combination auch nicht nothwendig, und kann der indische Einfluß erst in Äthiopien eingetreten sein. Auch die eigenthümliche Reihe des äthiopischen Alphabets zeigt übrigens einen fremdartigen Einfluß. Als griechisches Element in dieser Schrift sind ohne Zweifel die Zahlwörter zu betrachten.

* * *

Auf diese allgemeine Behandlung der wichtigsten aus dem Phönikischen hervorgegangenen Schriftarten wollen wir nun beispielsweise noch die Genealogie einiger einzelnen Buchstaben nach den verschiedenen hier behandelten Alphabeten folgen lassen, und wählen dazu die beiden Buchstaben ב, B und מ, M, indem wir wegen der übrigen auf die Bemerkungen bei Kopp II. S. 377 fg. und in unsern Monum. Phoen. lib. 1. §. 12—33 (in den Corollarien am Ende eines jeden Paragraphen) verweisen.

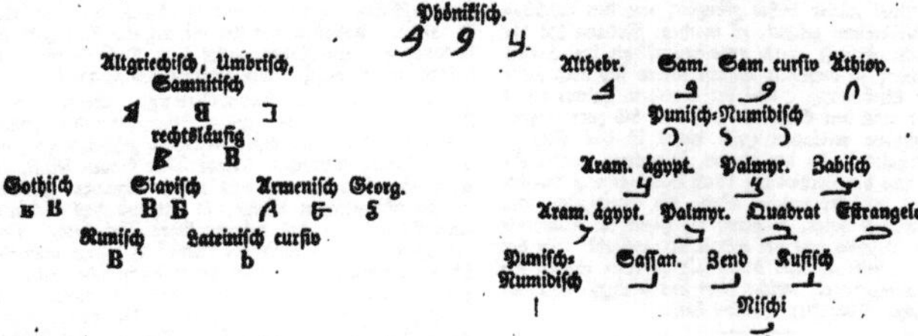

Die Urfigur, ein Dreieck, oder ein gerundeter Kopf (der auch oben geöffnet bleiben kann) mit rechts eingebogenem Stiele, ist hier verschiedene Wege der Abänderung gegangen. Die Griechen haben den Stiel des Buchstaben gänzlich eingebogen, um ihn dadurch deutlich vom P zu unterscheiden. Von den beiden Bäuchen desselben hat sich im Gothischen, Slavischen, Armenischen der obere wieder geöffnet und ist in der lateinischen Cursiv ganz weggefallen, im Ganzen ist aber der Buchstabe im Abendlande seiner ursprünglichen Figur sehr treu geblieben. (Über das slavische Alphabet ist nur zu bemerken, daß B für v, genommen ist, в für b.) Im Orient ist die Figur alle Stufen der Abschwächung durchgelaufen bis zur Verwandlung in einen einfachen Strich, der in der unverbundenen numidischen, Sassaniden- und Zendschrift allein steht, in der kufischen verbunden, in der Nischischrift durch einen diakritischen Punkt von vier andern ähnlichen Buchstaben geschieden werden mußte. Sehr starke Verkürzungen kommen schon in der Punisch-Numidischen Schrift vor, wo der Kopf bald rechts, bald links geöffnet, selbst ganz fehlend erscheint, die übrigen Schriftarten haben fast alle die Verbindungslinie nach der Rechten, und nicht blos diejenigen mit verbundener Schrift, sondern auch einige andere, z. B. die Quadratschrift und die Sassanidenschrift, welche aber aus verbundenen Schriftarten hervorgegangen sind. Die verschiedenen Reihen zeigen, wie der Kopf des Buchstaben sich erst oben geöffnet hat, dann eine Linie desselben nach der andern verschwunden ist. Auch beim Mem zeigt sich, wie die Abendländer die Figur viel treuer bewahrt haben, als die Morgenländer.

Die drei charakteristischen Zacken dieses Buchstaben haben sich in den eigentlich abendländischen Schriftarten unversehrt erhalten, und bilden noch in unserer Cursiv das Eigenthümliche dieses Buchstaben. Der Stiel desselben, welcher in der ursprünglichen linksläufigen Schrift zur Rechten sich befand, ist in der rechtsläufigen zur Linken getreten, aber bald hat man auf der andern Seite einen gleich langen hinzugefügt, sodaß M entstanden ist. Im Koptischen und Armenischen sind die beiden Stiele weggefallen. In dem orientalischen Theile unserer Genealogie ist zuvörderst der Stiel stärker rechts gebogen, um den Buchstaben zur Verbindung geschickt zu machen. Sodann hat die palmyrenische Schrift zuerst angefangen, die drei Zacken zu verwischen; in derselben Schrift finden sich noch beide Arten der Verbindung. Bei der einen, in unserer ersten Figur, hat man den Stiel von rechtsher bis zum folgenden Buchstaben verlängert (und dieses ist das Richtige und Ursprüngliche); bei der andern, in unserer zweiten Figur, hat man die Verbindung durch Verlängerung des linken Stieles bewirkt, welcher Weise die Estrangelo- und Zabische Schrift folgt, während die Figur der Quadratschrift und Peschito von der erstern Art ausgeht. In der Kufischen Schrift ist das Mem bis zu einer runden Figur zusammengebogen, welche nicht das Geringste von dem ursprünglichen Charakter bewahrt hat.

Zum Schluß wird es nicht unzweckmäßig sein, gleichsam recapitulirend nochmals die verschiedenen einzelnen Punkte, welche bei diesen alten Schriftarten in Betracht kommen, einzeln durchzugehen, um die verschiedene Weise, wie man dieselben betrachtet und behandelt hat, unter sich zu vergleichen.

§. 1. Ursprüngliche Zahl der Buchstaben. Die ursprüngliche Zahl der phönikischen Buchstaben bestand aus 22 Consonanten, und es läßt sich keine Zeit geschichtlich nachweisen, in welcher es aus wenigern bestanden hätte. Auch finden wir alle diese orientalischen Buchstaben schon in der altgriechischen Schrift. Zwar bleibt die Möglichkeit, daß das Alphabet einst ärmer gewesen (s. Lepsius, Sprachvergleichende Abhandlungen. S. 7. 8), nur darf man bei seinen Vermuthungen über das, was etwa nicht alt und ursprünglich sein dürfte, sich nicht davon leiten lassen, was uns etwa nach unserm Organ in dem Alphabet entbehrlich scheinen möchte, wie dieses jedoch öfter geschehen zu sein scheint (s. Gesch. der hebr. Spr. S. 162). Erhalten hat sich die ursprüngliche Zahl und Geltung der Buchstaben außer dem Phönikischen in der hebräischen, altsyrischen und altarabischen Schrift.

§. 2. Deren Vermehrung. Wenn man die Töne der Muttersprache genauer belauschte und unterschied, als es von den ersten Spracherfindern geschehen war, oder durch fremde Sprachen fremde Töne kennen lernte, oder wenn ein Alphabet auf eine andere Sprache mit einen Lauten übergetragen wurde, so entstand das Bedürfniß einer Vermehrung des ursprünglichen Alphabets. Dabei verfuhr man auf verschiedene Weise: 1) indem man einen schon gegebenen Buchstaben durch diakritische Zeichen in zwei zerlegte, um die verschiedenen Modificationen der Töne zu unterscheiden. So zerlegten die spätern Hebräer ש (d. h. sch) in שׁ sch und שׂ (scharf s), die Araber ע in ع Ain und غ Ghain, ח in ح Hha und خ Kha, צ in ص Zad und ض Dad, und die Slaven machten aus B ein B bh, v und в b, die Römer aus C das C und G. Eine factische Zerlegung des Zeichens fand statt, als die griechischen Grammatiker aus dem Zeichen H den spiritus asper ⊢ und spiritus lenis ⊣ bildeten. 2) Indem man neue Buchstaben entweder a) aus andern Alphabeten entlehnte, oder b) neu erfand, theils durch Benutzung und Modificirung gegebener Figuren, theils durch freie Erfindung. Aus andern schon vorgefundenen Alphabeten entlehnt sind die Bereicherungen des koptischen Alphabets aus dem Altägyptischen; Benutzung des Vorhandenen ist es, wenn die Umbrier zu Bezeichnung ihres rs, rz ein umgekehrtes P nehmen; neu erfunden scheint das griechische Y. Zuweilen brauchte man auch mehre Buchstaben zur Bezeichnung Eines Lautes z. B. altgriechisch und römisch *ΠΗ*, Ph für f; *ΚΗ*, ch, im deutschen selbst sch für den Laut ש; wogegen man auch früh anfing, wirklich doppelte Laute durch Einen Buchstaben zu bezeichnen, als *Ξ* für *ΚΣ*, *Ψ* für *ΠΣ*. Die reichsten Alphabete sind das Armenische, und das Zendalphabet mit mehren 50 Buchstaben.

§. 3. Deren Verminderung. Nicht selten fand man aber auch, daß gewisse überlieferte Buchstabenfiguren überflüssig wären, entweder weil sie mit andern von verwandtem Laute so sehr zusammenfielen, daß der Gebrauch zweier Zeichen unnütz und verwirrend schien, oder weil einer Sprache, welcher ein Alphabet angepaßt wurde, gewisse Töne ganz fehlten. So warf man aus dem altgriechischen Alphabete das Koppa aus, welches sich nicht wesentlich vom Kappa unterschied, desgleichen das *Βαῦ* (F) und *Σάν* (w), weil die Laute w und sch sich in der spätern Sprache verloren. Die Lateiner warfen auch das K weg, weil sie das C hart zu sprechen pflegten, mußten aber in jüngerer Zeit für w wieder ein Zeichen (das doppelte V) erfinden. Die Etrusker haben kein B und *Δ*, weil ihre Sprache diese weichere Articulationen nicht hat; die Zabier haben eigentlich kein Aleph und kein He, indem sie für Aleph auch Ain setzen, für He — Chet.

Von anderer Art ist die Verminderung der Buchstaben, wenn durch Tachygraphie und Nachlässigkeit eines schreibenden Volkes die Unterschiede ähnlicher Buchstaben allmälig so sehr verloren gegangen sind, daß mehre derselben ganz dieselbe Figur haben, und nur von dem kundigen Leser durch den Zusammenhang unterschieden werden können. Hier ist die Zahl der Buchstaben im Wesentlichen und ihrer Geltung nach nicht vermindert, wol aber die Zahl der Figuren. So ist es in der spätern punischen Schrift, wo das Beth und Daleth oft zu einem kurzen Striche, das Lamed und Nun zu einem längern Striche zusammengeschrumpft sind; in der Sassanidenschrift auf Münzen, wo ein kleiner Strich ד, ר, ז, י, ל, ה sein kann; in der kufischen Schrift, wo dieselbe Figur (ـلـ) b, n, j, t, ts ist. Da die Lesung solcher Schriftarten über Gebühr schwierig wurde, so kam man der Zweideutigkeit wiederum durch diakritische Zeichen zu Hilfe, wie in der Niskhi-Schrift, welche jene fünf gleichgestalteten Buchstaben der kufischen Schrift durch Punkte unterscheidet.

§. 4. Anwendung der Alphabete auf andere Sprachen. Fast jede Sprache hat ihre besondern Bedürfnisse und macht also besondere Ansprüche an ein Alphabet, welches derselben angemessen sein soll. Da das Originalalphabet aber nur Einmal, und zwar von den Phönikern, erfunden worden ist, so mußte dasselbe für alle übrige Sprachen in dem Maße unzulänglich oder unpassend sein, als dieselben von der phönikischen Sprache abwichen; am passendsten für die übrigen stammverwandten Sprachen, weit weniger für die vocalreiche griechische Sprache, am unzulänglichsten für die an mannichfaltig gesonderten Tönen reichen altpersischen Idiome und das Armenische. Von den verschiedenen Wegen, auf welchen man das ursprüngliche Alphabet in solchen Fällen vermehrt hat, ist schon §. 2 die Rede gewesen. Hier ist nur zu erwähnen übrig, daß man ein Alphabet häufig auch dadurch einem andern Idiom anpaßte, daß man die Bedeutung und Geltung der Buchstaben nach dem neu eingetretenen Bedürfniß abänderte. So that man z. B., indem man die phönikischen Gutturale א, ה, ח, ע im Griechischen zu Vocalen (A, E, H, O) machte.

§. 5. Anordnung der Buchstaben im Alphabet. Die Reihe der Buchstaben in dem alten Alphabete, welche von größerer Wichtigkeit ist, als man auf den ersten Blick glauben sollte, ist da, wo es an alten Alphabeten und ausdrücklichen Nachrichten fehlt, häufig aus alphabetischen Gedichten oder aus dem Zahlwerthe der Buchstaben, welcher sich nach ihrer Anordnung richtet, zu ersehen. Daß bei der Reihe des ursprünglichen Alphabets eine grammatische Betrachtung der Laute zum Grunde lag, haben wir oben nach dem Vorgange von Lepsius anerkannt. Diese ursprüngliche Reihe hat sich 1) vollständig erhalten in den ältern Semitischen Alphabeten, dem Hebräischen, Syrischen, Samaritanischen, Zabischen und dem Altarabischen. Im Samaritanischen und Zabischen zeigen dieses alphabetische Gedichte (s. meine Carmina Samaritana [Lips. 1824. 4.] Cod. Nasaraeus ed. *Norberg*. T. II. p. 186 sq.): das altarabische Alphabet führt davon noch den Namen Abudsched أبجد. 2) Mit Modificationen ist sie erhalten im Griechischen, Römischen und den meisten davon abhängigen Schriftarten, als dem Gothischen (nach der alten Ordnung, die im Zahlsystem liegt), Slavischen, Koptischen, Armenischen, ja selbst in unserm teutschen Alphabete. So oft man nämlich für nöthig fand, Buchstaben einzuschalten oder auszuwerfen, oder ihnen andere Geltung zu geben, verfuhr man immer mit möglichster Schonung der alten überlieferten Ordnung. Wo eine Stelle erledigt war, füllte man sie gern mit einem andern Buchstaben aus; war ein Buchstab beizufügen, suchte man gern nach einem erledigten Platze für ihn, um die hergebrachte Ordnung nicht zu stören, welche vorzüglich dann von Wichtigkeit war, wenn das Alphabet auch einen Zahlwerth hatte. Zum Beispiele diene im Griechischen die Einschaltung des ς an die Stelle des *Βαῦ*, im Lateinischen die Einschaltung des G an die Stelle des *Ζῆτα*. Neue Buchstaben in größerer Zahl fügte man dem Alphabete meistens hinten an, wie im Koptischen und Slavischen. Wo man diese ursprüngliche Reihe verließ, stellte man entweder 1) die Buchstaben nach der Ähnlichkeit, wie im Niskhi-Alphabete der Araber, in welchem jedoch noch immer die alte Ordnung durchscheint; oder 2) nach genauer grammatischer Beobachtung, indem man Vocale und Consonanten, und letztere nach den Organen trennte, wie im Indischen, wenn anders diese Schrift von der Semitischen stammt. Eine eigenthümliche Reihe, deren Princip mir nicht klar ist, hat das äthiopische Alphabet; die Zendalphabete bei Anquetil folgen der Reihe des Neupersischen, doch finden sich Spuren einer ältern Anordnung nach den Organen (s. Lepsius a. a. O. S. 57).

§. 6. Namen der Buchstaben. Die Buchstabennamen des Uralphabets waren, wie bekannt und oben gezeigt, eigentlich die Benennungen der Gegenstände, welche die Figur des Buchstaben darstellte; und zwar so gewählt, daß sie mit dem Buchstaben anfingen, welchen sie bedeuteten, zuweilen mit etwas abweichender Form, vielleicht absichtlich, um das Nomen propr. des Buchstaben von dem Gattungsnamen in der Sprache zu unterscheiden. Demselben Princip folgten ohne Zweifel die Ägypter bei Benennung ihrer Buchstaben, wie das Beispiel von Schei (Sch) und Hori (H) zeigt; s. oben S. 304. Theilte man einen Buchstaben in zwei, so behielt man den alten Namen mit Modification bei, z. B. Schin und Sin, welches letztere schon keine etymologische Bedeutung mehr hat, und rein technisch ist, Ain und Ghain (عين und غين), letzteres ohne Bedeutung. Diese alten phönikischen Nomina propria sind nun 1) treu beibehalten im Hebräischen (s. die LXX zu Klagel. 1—4); 2) mit geringen Modificationen im Syrischen, sodann im Griechischen und den davon abhängigen Alphabeten, als dem Koptischen, so daß sich einzelne bis auf uns erhalten haben, als Zet aus *Ζῆτα*, Vau (וָו). Schon abweichender sind die Namen bei den Äthiopiern, wiewol größtentheils noch erkennbar, z. B. Alf, Bet, Geml, Dent, Hoj ꝛc., nur hat man sich hier die Freiheit genommen, für manche phönikische Benennungen gleichbedeutende äthiopische zu nehmen, z. B. statt Jod (Hand) — Jaman (die Rechte), statt Nun (Fisch) — Nahas (Schlange), statt Mem (Wasser) die Form Maj, zum Beweise, daß man diese Nomina propria damals, als sie zu den Äthiopiern übergingen, noch nach lebendiger Etymologie auffaßte. Schon verstümmelter sind viele Namen bei den Arabern, z. B. Dschim, Dal, Lam, Zad, wiewol andere noch vollständig beibehalten sind, als Elif, Vav, Schin, Mim, Nun, Ain, Kef, Qaf. Bei noch andern findet sich aber schon 3) die Art, die Buchstaben blos nach ihrem Laute zu benennen, indem man den Consonanten einen Vocal beifügte, also Be, The, Re, Se. Fast ganz durchgeführt ist diese Benennungsweise im römischen Alphabete (s. *Priscian.* p. 540 *Putsch.*), in welchem nur Vau und Zet die alten Eigennamen bewahrt haben. Die übrigen Consonanten haben meistens ein nachgesetztes e (be, ce, de, ge), die liquidae, f und s ein vorgesetztes e (el, em, en, er und ef, es), einige ein nachgesetztes a und u, nämlich ha, ka, qu, welches mit der gutturalen Natur dieser drei Buchstaben zusammenhängt. Ein ähnliches System befolgen die Indier, wenn sie z. B. das â — â-kâra (A-macher), das ka — ka-kâra benennen. Eigenthümlich sind 4) die Namen der Buchstaben im slavischen Alphabete und in der Runenschrift, welche beliebige mit dem betreffenden Buchstaben anfangende Wörter sind, z. B. im Russischen d — dobro (gut), s — semljä (Erde), j — jehst (es ist), s. über die Runen oben S. 292.

§. 7. Richtung der Schrift. Die älteste bekannte Richtung der Schrift ist die in horizontalen von der Rechten zur Linken laufenden Reihen; und es dürfte am natürlichsten sein, daß man da zu schreiben anfing, wo die schreibende Rechte lag, und zur Linken fortfuhr. Auch hatte dieses keine Schwierigkeit, so lange man trocken schrieb oder in hartes Material eingrub; bei flüssigen Substanzen dagegen war bei der rechtsläufigen Schrift weniger Gefahr des Auslöschens vorhanden. Diese linksläufige Schrift findet sich außer dem Phönikischen [10]) noch in allen Semitischen Schriften, das Äthiopische ausgenommen, ferner im Altgriechischen (doch nur beschränkt), im Etruskischen, Umbrischen, Oscischen, Ägyptischen (*Herod.* II, 36), Altpersischen, der Sassanidenschrift, dem Zend und Pehlvi. Den Übergang zu der Schreibweise von der Linken zur Rechten bildet die Bustrophedonschrift der Griechen; die linksläufige Richtung selbst ist dann herrschend bei den Griechen, Römern und in den davon abhängigen Schriftarten; im Orient in der Keilschrift, der armenischen Schrift, der indischen und äthiopischen Schrift. Auch Columnenschrift oder die Richtung von Oben nach Unten findet sich bei den Syrern (s. *Adler*, N. T. versiones Syriacae. p. 61), welche aber aus horizontaler Schrift entstanden, nicht etwa uralt ist (s. Kopp II, 241). Herrschend ist diese Richtung bei den Sinesen und Japanesen. Die ägyptischen Hieroglyphen kommen in allen diesen Richtungen, rechts- und linksläufig und von Oben nach Unten vor.

§. 8. Wortabtheilung. Eine der bedeutendsten Hilfen bei der Lesung, zumal vocalloser Texte, ist für uns und war ohne Zweifel schon für die Alten selbst die Abtheilung der einzelnen Worte. Und doch dauerte es ziemlich lange, ehe man diese so wesentliche Hilfe gebrauchte; noch weit länger, ehe sie allgemein wurde. Es läßt sich aber hierbei eine mehrfache Stufenfolge beobachten: 1) In der ältesten Zeit nahm man so durchaus gar keine Rücksicht auf die Worttheilung, daß man auch am Ende der Zeile immer so viel Buchstaben setzte, als die Zeile faßte, und dabei lediglich auf die symmetrische Ausfüllung des Raumes, durchaus nicht auf die Worttheilung Rücksicht nahm. Wenn also am Ende der Zeile auch nur für Einen, oder für zwei Buchstaben des folgenden Wortes Platz war, so schrieb man sie hin, das Zusammenordnen der Buchstaben in Worte ganz dem Leser überlassend. So z. B. auf der carthaginensischen Inschrift, welche wir schon anderswo (1. Sect. 21. Th. S. 97) kürzlich behandelt haben, auf welcher wir jetzt (nach genauerer Untersuchung des Originals) also lesen:

לרבתלתנתול
בעלכלאדלב
עלחמכאשכר

10) Über eine ganz einzelne Ausnahme rechtsläufiger phönikischer Schrift s. S. 290. Sp. 1 unten.

דגרעשתרת
הספרבנעבדמלקר

d. h. mit Abtheilung der Worte: לרבת לתנת ולבעלן לאדן לבעל חמן אש נדר גרעשתרת הספר בן עבד מלקר der Herrin Thanith[11]) und unserem Gotte, dem Herrn Baal-Hammon (Sonnen-Baal) der Weihende Gad-Aschtoret (Glück der Astarte), der Schreiber, Sohn des Abd-Milkar (Knecht des Herkules). Ebenso auf den übrigen carthagischen und den kyprischen Inschriften, desgleichen auf vielen altgriechischen, etruskischen, den palmyrenischen, sassanidischen Inschriften, selbst in Handschriften. 2) Ein kleiner Schritt zu größerer Deutlichkeit war schon der, wenn man wenigstens darauf sah, daß am Ende der Zeile stets auch ein Wort geschlossen war, also, wenn noch Raum übrig war, diesen allenfalls leer ließ, um das folgende Wort vollständig und ungetheilt auf die nächste Zeile zu setzen. So auf den beiden phönikischen Inschriften, die wir auf unserer Tafel mittheilen, auch auf vielen griechischen und etruskischen. 3) Anderweitige kleine Hilfen, welche noch vor der durchgängigen Worttheilung vorkommen, sind: a) daß man Unterscheidungszeichen an das Ende des Satzes setzte. So auf Inschriften, z. B. Cit. 3, 1. 8, 2, in griechischen und gothischen Handschriften. b) Daß man die Eigennamen durch Punkte einschloß (inscr. Cit. 15. 23. Sard. lin. 6. 7), oder alle Buchstaben derselben punktirte, oder, wie Ägypter und Sinesen thun, sie in Rahmen einschloß. 4) Die Worttheilung selbst geschah nun a) durch Punkte zwischen den Wörtern, und zwar durch einfache auf mehren phönikischen und griechischen Inschriften, bei den alten Römern, den Samaritanern, in der Zendschrift rc.; durch Doppelpunkte bei den Äthiopiern; b) durch Zwischenräume, in der aramäisch-ägyptischen, in der Quadratschrift, den syrischen und arabischen Schriftarten, und später in den griechischen, lateinischen Handschriften, sowie in der neuern europäischen Schrift. Übrigens pflegte man auch in solchen Schriftarten und auf solchen Denkmälern, welche schon Wortabtheilung haben, eng verbundene Wörter nicht zu trennen, sondern als Ein Wort zu betrachten (s. oben bei der römischen Schrift), in diesem Punkte aber überhaupt nicht sehr sorgfältig und consequent zu sein. — In enger Verbindung mit der Wortabtheilung steht nun aber auch die Bindung der Buchstaben im Worte (§. 9), die Bildung von Finalbuchstaben (§. 10), das Brechen der Wörter am Ende der Zeile und die Arten es zu vermeiden (§. 11).

§. 9. **Bindung der Buchstaben im Worte. Ligaturen.** Das Binden der Buchstaben im Worte findet sich in manchen Schriftarten noch eher, als die Absonderung durch Zwischenräume am Ende des Wortes, und es wird als eine Folge von Tachygraphie zu betrachten sein. In den Semitischen Schriften findet es sich in einiger Ausdehnung zuerst bei den Palmyrenern, doch immer nur bei gewissen Buchstaben, die sich je nach ihrer Gestalt bald rechts bald links verbinden lassen, z. B.

בר
מה
מא

Hiernach haben sich allmälig die verbundenen Schriftarten im Syrischen und Arabischen gebildet. Auf die Gestalt der Schriftzüge hat dieses einen großen Einfluß gehabt, indem auch solchen Buchstaben, die keinen Schaft hatten und daher zur Verbindung minder bequem waren, ein Verbindungsstrich beigefügt werden mußte. Z. B. ע Ain aus ں. Und diese Verbindungsstriche behielten die Buchstaben oft, wenn man sie auch nicht mehr verbunden schrieb, wie denn die Quadratschrift nach Kopp's richtiger Bemerkung eine aus verbundener Cursivschrift (wie die Palmyrenische) wiederum isolirte Fractur zu sein scheint. In den abendländischen Schriftarten findet sich die durchgängige Bindung erst spät nach Entstehung der Cursivschrift.

Von diesen steten Bindungen verschieden ist noch die Gewohnheit, welche sich schon in der ältern Zeit bei Phönikiern, Griechen und Römern findet, hier und da zwei Buchstaben in Einen Zug zu vereinigen, besonders um dadurch an Raum zu ersparen, mithin gewöhnlich so, daß gemeinschaftliche Linien nur einmal gezeichnet wurden, wie z. B. Æ für AF, Æ für AE. Herrschend ist sie auf den Monogrammen der Münzen und dann zugleich Abbreviatur.

§. 10. **Finalbuchstaben.** Sowie die Tachygraphie Veranlassung gab solche Buchstaben zu verbinden, welche der Aussprache nach zusammengehörten, so erlaubte sie auch am Ende der Wörter wieder einen freiern Zug. Wenn also in der Mitte der Wörter die Buchstaben einen Zug erhalten hatten, der sie mit den folgenden verband, so fiel dieser hier weg, und der Finalbuchstabe nähert sich daher in verbundenen Schriftarten seiner ursprünglichen Gestalt, nur daß er länger als gewöhnlich gezogen ist, wie z. B. das ף und ץ noch in der hebräischen Quadratschrift den ursprünglichen Charakter an sich tragen. Die ersten Anfänge von etwas den Finalbuchstaben Ähnlichem glaube ich in der phönikischen Inschrift Carth. 3 (s. §. 8) gefunden zu haben, wo Z. 4 die Schlußbuchstaben des Nomen proprium גרעשתרת, auf welches in dieser Inschrift am meisten ankommt, viel größer und freier gezogen sind, als die übrigen. Ausgebildete Finalfiguren für ך und ן finden sich zuerst auf den Blacassischen Fragmenten, also in der aramäisch-ägyptischen Schrift, sodann in deren Tochter, der Quadratschrift, wo die Zahl derselben bis auf fünf (ך, ם, ן, ף, ץ) steigt. In allen drei erwähnten Fällen findet Wortabtheilung statt, auf der Inschrift Carthag. 3 (s. Monum. Phoen. p. 464), auf den Blacassischen Fragmenten und in der Quadratschrift: dagegen hat Kopp (Bilder und Schriften. II, 132) behauptet, daß sich Finalbuchstaben auch ohne Wortabtheilung gebildet hätten, und dabei auf das Final-Nun, welches sich in einigen palmyrenischen Inschriften von dem gewöhnli-

11) überall, wo man bisher als den phönikischen Namen der Artemis תלת gelesen und Tholath ausgesprochen hat, steht auf den Denkmälern deutlich תנת, lies Thanith, wahrscheinlich ursprünglich das ägyptische ta-Neith, s. Monum. Phoenic. p. 114 fg.

chen unterscheidet, berufen. Aber hierdurch wird der obige Satz nicht aufgehoben: denn die palmyrenische Schrift ist aus der aramäisch-ägyptischen hervorgegangen, in welcher sich Wortabtheilung fand, und hat aus dieser jene Finalfigur überkommen. — Herrschend werden die Finalfiguren später in den gebundenen Schriftarten, besonders den cursiven, als Estrangelo, Kufisch, Peschito, Nischi; in der griechischen und lateinischen Cursiv hat nur das s eine besondere Endfigur.

§. 11. Brechen der Wörter und die Arten, wie es vermieden wird. Wie man auf den ältesten Monumenten die Wörter am Ende der Zeile ohne Weiteres theilte, sahen wir §. 8, und ebenso ist es im Altaramäischen (der fragmenta Blacassiana), Äthiopischen, Sanskrit. Später und in andern Schriftarten vermied man diese Trennung häufig, um aber am Ende der Zeile keine Lücke zu lassen, schlug man verschiedene Wege ein: 1) daß man gewisse Buchstaben, deren Figur dieses zuließ, in die Breite dehnte. So in der Quadratschrift, welche bestimmte litterae dilatabiles hat, deren in den Handschriften noch mehre sind, als in den Drucken. Ebenso im Palmyrenischen, Zabischen, Estrangelo. 2) Daß man die Lücke in der Mitte ließ, und jedesmal die letzten Buchstaben ans Ende der Zeile setzte. So im Samaritanischen. Zum Beispiele diene ein Vers aus den samaritanischen Psalmen (Carm. Samarit. ed. *Gesenius* p. 19):

עבודה · דעל מה :
מן · ישום · רבי כך :
עבדתנה · בר בר :
לגר · אשתה · יומ ין :

Creator mundi,
quis aestimabit magnitudinem tuam?
Fecisti eum magnifice
intra sex dies.

3) Daß man die letzten Buchstaben, für welche wenig oder kein Platz mehr war, kleiner schrieb (in griechischen Handschriften häufig), oder über die Zeile schrieb. 4) Daß man das Wort so weit hinsetzte, als die Zeile gestattete, dann aber diesen Custos auf der neuen Zeile wiederholte. So that man häufig in hebräischen Handschriften (wo dann das halbe Wort am Ende der Zeile unpunktirt blieb), und daraus sind manche auffallende und fehlerhafte Lesarten des Textes zu erklären, z. B. יָפְיָפִיתָ Ps. 45, 3, dessen zwei erste Buchstaben wahrscheinlich nur ein solcher stehen gebliebener Custos sind.

§. 12. Vocalbezeichnung. Die Eigenthümlichkeit der phönikischen, und überhaupt aller ältern Semitischen Schrift, die Vocale, späterhin wenigstens die kürzeren, im Schreiben auszulassen, ist oben bei der phönikischen Schrift besprochen worden. Sie hat sich aber selbst über die Grenzen des Semitischen Sprachgebietes hinaus verbreitet: Im Occident kommt die Auslassung kurzer Vocale auch in etruskischen und altrömischen Inschriften vor, im Orient in der Koptischen und Sassanidenschrift; in der Devanagarischrift und äthiopischen Schrift wird wenigstens ă nicht bezeichnet, und der Buchstabe an sich wird mit a gesprochen, während man die Abwesenheit des Vocals besonders bezeichnet. Eine Schrift ohne Vocalbezeichnung konnte aber höchstens so lange hinreichen, als die damit geschriebenen Sprachen lebende Sprachen waren; selbst in diesen hob sie jedoch keineswegs alle Zweideutigkeit, und wo es darauf ankam, diese möglichst zu vermeiden, z. B. bei dem Verständnisse von Religions- und Gesetzbüchern und Offenbarungsurkunden, mußte man auf eine Abhilfe denken. Hier schlug man nun einen doppelten Weg ein: 1) indem man die vocalähnlichen Elemente des Consonantenalphabetes, d. h. die Buchstaben א, ו, י gradezu als Vocale gebrauchte, um wenigstens die drei Grundvocale a, i, u auszudrücken, wie im Rabbinischen, Zabischen; 2) indem man den Consonanten erst diakritische Zeichen, dann Vocalzeichen beifügte, und diese allmälig so ausbildete, daß man alle mögliche Nüancen der Vocalaussprache dadurch ausdrücken konnte. Diesen letztern Weg wählte man da, wo ein gegebener Text gewisser heiliger Bücher vorhanden war, der nicht verändert und durch Einschaltung neuer Buchstaben willkürlich erweitert werden durfte, wol aber mit erklärenden Zeichen versehen werden konnte, die sich auf den ersten Blick von dem überlieferten Texte unterschieden, als bei dem hebräischen Texte des A. T., bei der Peschito der Christen, dem Koran der Muhammedaner. Wie dieses allmälig geschehen sei, ist oben bei der samaritanischen, der Quadratschrift, der Estrangeloschrift nachzulesen. Auch in denjenigen Schriftarten, die aus der altsemitischen Schrift hervorgegangen sind, kommt jener doppelte Weg vor. Die Griechen haben, wie wir oben sahen, gewisse vocalähnliche Consonanten des altphönikischen Alphabets (א, ה, ח, ע) zu Vocalen umgedeutet, die Äthiopier (und Indier?) haben gleich von Vorn herein die Vocale nur als Zeichen angehängt.

§. 13. Diakritische Zeichen. Die Bestimmung derselben in den aus dem Phönikischen stammenden Schriftarten ist verschieden. Einige dienen zur Unterscheidung der verschiedenen Aussprachsweise eines und desselben Consonanten, als שׁ und שׂ, ع und غ, ح und خ. Andere dienen dazu, die in spätern schon nachlässigern Schriftarten sich zu ähnlich gewordenen und nicht mehr zu unterscheidenden Figuren gewisser Buchstaben zu unterscheiden, wie im Arabischen ب, ي, ن, ت, ث, in unserer Currentschrift ~ und ~̇, ~~ und ~~ nur durch diakritische Punkte unterschieden werden. (Derselbe Zweck wurde auch wohl durch diakritische Striche an den Buchstaben selbst erreicht, wie z. B. ב und ר in der spätern phönikischen und griechischen Schrift durch einen Strich unterschieden wurden: B und R, Ꝗ und R.) Noch andere endlich sind Andeutungen einer seltenen Vocalaussprache, wie im Phönikischen, Samaritanischen und Syrischen. Alle sind aus einem später gefühlten Bedürfnisse hervorgegangen und gehören secundären Epochen an.

§. 14. Zahlzeichen. Zur Bezeichnung der Zahlen hat man im Allgemeinen einen doppelten Weg gewählt: 1) Die Benutzung des Alphabetes selbst, wie bei den Hebräern, Griechen, Syrern, Arabern, Armeniern, Gothen. Bei diesen allen ist das Princip im Allgemeinen dasselbe. Man hat mit den zehn ersten Buchstaben die

Einer, mit den zehn folgenden die Zehner bezeichnet; die noch übrigen zur Bezeichnung der Hunderte und Tausende verwandt, so weit sie reichten. Die Hebräer konnten mit ihren 22 Buchstaben nur 1 — 400 bezeichnen und brauchten zu Tausend wieder א; die Armenier dagegen bezeichnen mit den Buchstaben ihres reichen Alphabets bis 20,000. Griechen und Araber haben, nachdem ihr Alphabet später eine mehr oder weniger veränderte Anordnung erhalten hat, bei der Benutzung des Alphabets zur Zahlbezeichnung die alte Ordnung beibehalten. 2) Die Erfindung eines besondern Ziffersystems, dergleichen sich nach einem und demselben Princip in der ägyptischen (s. *Champollion*, Gramm. Egypt. I S. 207), phönikischen, etruskischen, römischen, palmyrenischen, aramäisch-ägyptischen und in der Pehlvischrift, nach einem andern (aber kaum der Paläographie angehörigen) in den von uns adoptirten arabischen Ziffern findet. Jenes System beruht darauf, daß die Zahlen bis 10 (bei den Römern nur bis 5) durch einfache Striche, die Zahlen 10, 20, 50, 100, 1000 durch besondere Zeichen ausgedrückt werden, von welchen es wenigstens oft noch sichtbar ist, daß sie die (wenn auch absichtlich geänderten) Anfangsbuchstaben des jene Zahl bedeutenden Wortes sind, wie im Phönikischen das Zeichen für 100 aus מ (מאה hundert), im Lateinischen C (100) und M (1000) für centum und mille steht.

§. 15. **Abbreviaturen** (s. d. Art. Abkürzungen. 1. Th. S. 135 fg.).

Die in diesem Artikel ausgeschlossenen Schriftarten, deren Abkunft von der phönikischen Schrift bis jetzt noch nicht gezeigt worden ist, und welche in besondern Artikeln behandelt werden sollen, sind: 1) Die **Keilschrift** der Assyrer, Babylonier, Perser; 2) die **indischen Schriftarten**, deren Semitische Abkunft neulich Lepsius (Sprachvergleichende Abhandlungen. S. 78) behauptet hat (möge er uns recht bald mit einer paläographisch-historischen Untersuchung darüber erfreuen!); 3) die **ägyptische Buchstabenschrift**, deren Ursprung aus der ägyptischen Bilderschrift wol als entschieden angesehen werden kann. Höchst wahrscheinlich zu der Semitischen Geneulogie gehört die **libysche Schrift** in Afrika, womit die liby-phönikische Sprache geschrieben wurde, welche aber bis jetzt erst aus zwei Inschriften bekannt ist (s. Monum. Phoenic. t. 20. 46). Da die eine derselben eine bilinguis ist, so ist mir mit Hilfe der Eigennamen die Entzifferung von 16 Buchstaben gelungen, von 6 andern ist die Bedeutung noch nicht klar. Doch scheint das Alphabet gleich dem Semitischen 22 Buchstaben gehabt zu haben, und seine nächste Quelle in den altitalischen Schriftarten zu haben, wie nächstens an einem andern Orte gezeigt werden soll. Das Alphabet, so weit es deutlich, ist auf der Schrifttafel mitgetheilt; die nähern Bestimmungsgründe der Entzifferung desselben können Monum. phoenic. p. 192—195. 459. 460 nachgelesen werden. (*Gesenius*.)

PALAEOLOGEN. A) **In Constantinopel.** Dieses bekannte byzantinische Geschlecht, von welchem im 17. Jahrh. noch Abkömmlinge vorhanden waren[1]), gehört, wenn auch nicht früher als im 11. Jahrh. der Name desselben genannt wird, gleichwol zu den alten Geschlechtern des griechischen Kaiserthums; nach Otto von Freysingen, welcher eines der ersten bekannten Paläologen erwähnt, waren die Paläologen kaiserlichen Geblüts[2]), womit ohne Zweifel ihre Verschwägerung mit dem Geschlechte der Dukas und dem damals zu Constantinopel herrschenden Geschlechte der Komnenen angedeutet wird.

I. Der Erste dieses Geschlechtes, welcher mit dem Namen desselben in der Geschichte auftritt, ist **Nikephorus Paläologus**, ausgezeichnet durch den Ehrentitel Hypertimos[3]), welcher eigentlich nur den Erzbischöfen gebührte; er war ein treuer Anhänger des Kaisers Nikephorus Botaniates, leistete demselben mehre wichtige Dienste, und wurde für solche Treue mit der Statthalterschaft von Mesopotamien belohnt[4]). Diese Treue bewahrte er dem Kaiser Botaniates bis zu dessen Abdankung und übernahm noch für ihn, als er schon zur Entsagung des Thrones entschlossen war, die auf diese Thronentsagung sich beziehenden Unterhandlungen mit den Komnenen[5]). Mit ebenso standhafter Treue diente er dem Kaiser Alexius Komnenus, dem Nachfolger des Botaniates, und in dem Dienste des Alexius fand er vor Dyrrachium im J. 1081, als der Kaiser diese von dem normännischen Herzoge Robert Guischard belagerte Stadt zu entsetzen versuchte, seinen Tod in einer Schlacht[6]).

II. Noch berühmter als Nikephorus Paläologus war dessen Sohn, **Georgius Paläologus**, nach dem Zeugnisse seines Zeitgenossen Nikephorus Bryennius[7]) ein tapferer und sehr kriegserfahrener Mann (*ἀνὴρ γενναῖος κἀν τοῖς πολεμικοῖς ἔργοις ἄριστος*). Auch er war, wie sein Vater, ein treuer Anhänger des Botaniates und ließ erst, als die Sache des Letztern schon so gut als verloren und er außerdem dem Botaniates durch den Eunuchen Johannes verdächtig gemacht worden war, von den Komnenen sich bereden, ihnen sich anzuschließen, worauf er dem Kaiser Alexius Komnenus mit großer Thätigkeit und Klugheit die Eroberung der Hauptstadt Constantinopel erleichterte[8]). Alexius setzte ein so großes Vertrauen in die

---

1) *Du Cange*, Familiae Byzantinae. (ed. Paris, 1680. fol.) p. 255. Wir wissen nicht, ob noch jetzt Paläologen vorhanden sind, sollte dieses aber auch der Fall sein, so ist doch deren Abstammung von dem alten Geschlechte der Paläologen sehr zweifelhaft, da es in den Fanariotischen Familien seit geraumer Zeit zur Sitte geworden ist, statt ihrer ursprünglichen Namen die Namen berühmter Männer sowol des griechischen Alterthums als der spätern byzantinischen Zeit (z. B. Ptolemäer, Komnenen, Paläologen) sich beizulegen. Cf. Essai sur les Fanariotes par Mr. *Ph. Zallony*. (Marseille 1824.) p. 171, 172.

2) Otto von Freysingen (de gestis Frid. I. Lib. II. c. 25) nennt den Michael Paläologus, in dem Berichte über dessen Gesendung an den teutschen Kaiser Friedrich I., nobilissimum Graecorum regalisque sanguinis procerem. Ebenso nennt ihn Niketas (de Manuele Comn. II, 6. ed. Bonn p. 120) *ἄνδρα δραστήριον, τῶν ἐπισήμων ἕνα καὶ εὐγενῶν*. 3) *Scylitzes* ed. Paris. p. 834. 4) *Anna Comn.* Lib. II, 6. ed. Bonn. T. I. p. 105. *Niceph. Bryenn.* III, 15. ed. Bonn. p. 118. 5) *Fr. Wilken.* rerum a Comnenis gestarum Lib. I. p. 97 sq. Vergl. *Niceph. Bryenn.* Lib. II, 19. Lib. IV, 34. ed. Bonn. p. 83, 84, 160, 161. 6) *Fr. Wilken.* l. c. Lib. II. p. 175. 7) l. c. 8) *Fr. Wilken.* l. c. Lib. I. p. 80, 94.

kriegerische Geschicklichkeit des Georgius Paläologus, daß er demselben, als der Herzog Robert Guischard im Begriffe stand, an der Küste von Illyrien mit einem feindlichen Heere zu landen, die Vertheidigung der zuerst bedrohten Stadt Dyrrachium übertrug, und Georgius entsprach diesem Vertrauen vollkommen, dergestalt, daß erst nach der obenerwähnten für die Griechen unglücklichen Schlacht (im Oct. 1081), als Georgius, welcher wider seinen Willen durch einen kaiserlichen Befehl genöthigt worden war, die Stadt zu verlassen und einem Kriegsrathe im Lager des Kaisers beizuwohnen, nicht zurückzukehren vermochte, Dyrrachium den Normannen übergeben wurde [9]). Zum letzten Male wird des Georgius Paläologus, als eines mit der Sinnesart und der Handlungsweise des Kaisers Alexius sehr vertrauten Mannes, erwähnt in der Geschichte des Krieges, welchen der Kaiser Alexius gegen die Patschenagen (οἱ Πατζινάκαι) führte [10]). Das Todesjahr des Georgius Paläologus ist nicht bekannt; dagegen wissen wir, daß er mit Irene, der Tochter des Protovestiarius Andronikus Dukas, vermählt war [11]).

III. Wahrscheinlich ein Sohn des Georgius war **Michael Paläologus**, dem von dem Kaiser Johannes Komnenus, dem Nachfolger des Alexius, der Titel eines Sebastos verliehen wurde. Gleichwol fiel er bei diesem Kaiser in Ungnade und wurde von demselben nach Sardica verbannt, und erst der Kaiser Manuel, der Nachfolger des Johannes Komnenus, nahm ihn wieder an seinem Hofe auf und gab ihm Gelegenheit, dem griechischen Kaiserthume nützliche Dienste zu leisten [12]). Im J. 1154 begab sich Michael mit Johannes Dukas und dem ehemaligen Grafen von Gravina, Alexander, als Gesandter nach Italien, um mit dem Kaiser Friedrich I., welcher durch eine Gesandtschaft für sich um die Hand der Prinzessin Maria, Tochter des Sebastokrator Isaak Komnenus, einer Nichte des Kaisers Manuel, geworben hatte, sowol wegen dieser Angelegenheit als wegen eines Bündnisses zur gemeinschaftlichen Bekriegung des Königs Wilhelm von Sicilien zu unterhandeln. Michael Paläologus blieb jedoch, während die beiden andern Gesandten ihren Auftrag ausrichteten, in Unteritalien, warb mit den ihm von dem Kaiser anvertrauten Geldsummen eine beträchtliche Zahl von Söldnern und begann in Apulien den Krieg gegen König Wilhelm mit sehr glücklichem Erfolge, indem er mehre Städte eroberte, starb aber im J. 1155 mitten im Laufe seiner Eroberungen an einem bösartigen Fieber in der kurz zuvor von ihm eroberten Stadt Bari [13]).

IV. Ein Zeitgenosse des Vorigen war **Georgius Paläologus**; es wird aber nicht angegeben, ob er Sohn oder Bruder oder ein entfernterer Verwandter desselben war. Georgius wurde von dem Kaiser Manuel Komnenus, welcher ihm den Titel Sebastos verlieh, mit mehren Gesandtschaften beauftragt; er brachte im J. 1161 die Vermählung der Tochter des Kaisers, der Prinzessin Maria, mit dem ungrischen Prinzen Bela, zu Stande [14]), und begleitete hierauf im J. 1162 die Prinzessin Maria Komnena, Tochter des Protosebastos, verlobte Braut des Königs Amalrich von Jerusalem, auf ihrer Reise nach dem gelobten Lande [15]), nachdem er schon zuvor im J. 1158 eine Sendung nach Italien übernommen hatte, angeblich zwar nur mit dem Auftrage, Söldner für den Krieg gegen den König Wilhelm von Sicilien anzuwerben, aber mit der geheimen Anweisung, die apulischen Seestädte durch List oder Gewalt unter die Botmäßigkeit des griechischen Kaisers zu bringen [16]). Ob dieser Georgius derselbe ist, welcher im J. 1193 an der Verschwörung wider den Kaiser Isaak Angelus und der Erhebung des Alexius Angelus auf den kaiserlichen Thron Theil nahm [17]), und 1199 bei der Erstürmung der Burg Kritzimon am Hämus getödtet wurde [18]), wie Du Cange annimmt, lassen wir unentschieden.

V. So wie das verwandtschaftliche Verhältniß des Georgius Paläologus zu den übrigen Paläologen nicht mit Sicherheit bestimmt werden kann, ebenso ist dieses der Fall mit folgenden Paläologen, welche Zeitgenossen der so eben genannten waren, nämlich 1) Nikephorus, um das J. 1179, Fürst oder Statthalter von Trapezunt (τὴν ἀρχὴν τῆς Τραπεζοῦντος ἀνεζωσμένος. *Nicet.* de Alexio Manuelis Comnen. filio. c. 2. ed. Bonn. p. 295). 2) Andronikus, von dem Kaiser Andronikus Komnenus zum Befehlshaber einer Abtheilung des Heeres ernannt (*Nicet.* de Andronico Comn. Lib. II, 1. ed. Bonn. p. 412). 3) Alexius, von dem Kaiser Alexius Angelus, welcher ihm seine älteste Tochter Irene zur Gemahlin gab, zum Nachfolger auf dem Throne ausersehen, leistete dem Kaiser nützliche Dienste durch die Unterdrückung mehrer Empörer und starb nicht lange vor der Ankunft der Kreuzfahrer von Constantinopel, welche seinen Schwiegervater des Thrones beraubten (*Nicet.* de Alexio Angelo. ed. Bonn. p. 673, 678, 696, 703, 708. *Georg. Phranzes* Lib. I, 1). 4) Andronikus, vermählt mit Irene, der ältesten Tochter des Kaisers Theodorus Laskaris (*Georgii Acropolitae* Annales. c. 15, 16. ed. Bonn p 29, 31)

VI. Vollständig läßt sich die Abstammung der Paläologen, wenigstens derer, welche zu dem kaiserlichen Throne gelangten, verfolgen seit Andronikus Paläologus, welcher schon, ebenso wie seine Nachkommen, den Zunamen ὁ Κομνηνός führte, an den Höfen der Kaiser Theodorus Laskaris und Johannes Vatatzes die Würde des Megas

9) *Fr. Wilken* l. c. Lib. II. p. 151 sq., 168, 177, 178. 10) *Id.* l. c. Lib. III p. 270. 11) *Du Cange*, Familiae Byzant. ed. Paris. p. 230. 12) *Cinnam.* Lib. II, 13. ed. Bonn. p. 70. 13) *Id.* Lib. IV, 7. ed. Bonn. p. 151. *Otto Frising.* de gestis Frid. I. Lib. II. c. 29. Vergl. *Fr. Wilken.* de gestis Comnen. Lib. IV. p. 570 sq. Nach dem Berichte des Niketas (de Manuele Comn. Lib. II. c. 7. ed. Bonn. p. 124, 125) entzog der Kaiser Manuel dem Michael Paläologus den Befehl über die griechischen Truppen in Apulien und Calabrien, weil Michael mit den ihm anvertrauten Geldern nicht sparsam genug verfahren war.

14) *Cinnam.* Lib. V. c. 5. ed. Bonn. p. 215. Vergl. *Fr. Wilken.* de rebus gestis Comn. Lib IV. p. 594. 15) *Guilelmi Tyrii* historia Hieros. Lib. XX. 1. 16) *Radevicus*, De gestis Frid. I. Lib. I. c. 20. (ap. *Urstisium* p. 488). Vergl. Fr. v. Raumer, Gesch. der Hohenstaufen. 2. Th. S. 85, 86. 17) *Nicetas*, De Isaaco Angelo Lib. III, 8. ed. Bonn. p. 593 sq. 18) *Nicetas*, De Alexio Isaaci fratre. Lib. III, 2. ed. Bonn. p. 677. *Du Cange*, Familiae Byzant. p. 231.

Domestikos bekleidete, mit Irene Paläologina, der Tochter des vorhin (Nr. 3) genannten Alexius Paläologus, vermählt war, und mit derselben drei Söhne, Michael, den nachherigen Kaiser, Constantinus und Johannes zeugte [19]). Wegen dieser doppelten Abstammung von den Paläologen werden die Söhne des Megas Domestikos Andronikus von Georgius Phranzes (l. c.) *διπλοπαλαιολόγοι* genannt.

VII. Da die Geschichte der einzelnen Kaiser dieses Geschlechtes bereits in besondern Artikeln dieser Encyklopädie behandelt worden ist, und die übrigen Paläologen seit der Thronbesteigung des Kaisers Michael Paläologus weder durch Talente noch durch Thaten ihre Namen berühmt gemacht haben, so wird hier eine genealogische Tafel, welche wir mit Hilfe der von Du Cange zusammengestellten Notizen entworfen, genügen. Mehre Paläologen, deren in der byzantinischen Geschichte ohne genauere Meldung ihrer Verhältnisse Erwähnung geschieht, sind von Du Cange zusammengestellt worden in dem mehre Male in diesem Artikel genannten Werke: Familiae Byzantinae. ed. Par. p. 254—256.

19) *Georg. Phranzes* Lib. I, 1. Vergl. *Georg. Acropol.* c. 46. ed. Bonn. p. 90.

Andronicus Palaeologus Comnenus
Megas Domestikos.
Gemahlin: Irene Paläologina.

Michael I. Ducas Angelus Comnenus Palaeologus, Kaiser, † 11. December 1282. Gemahlin: Theodora. — **Johannes,** Megas Domestikos. — **Constantinus,** Sebastokrator und Cäsar. — Zwei Töchter.

Kinder Michael's I.: **Manuel,** starb als Knabe. — **Andronicus I.,** der ältere, Kaiser, † 1332. Gem.: 1) Anna, Tochter des Königs Stephan von Ungern. 2) Irene (Jolanthe), Tochter d. Markgrafen Wilhelm VI. v. Montferrat. — **Constantinus Porphyrogennetus,** † 1306. Gem.: Tochter des Protovestiarius Johannes Raoul. — **Theodorus,** Despotes. — Drei Töchter.

Sohn des Constantinus Porphyrogennetus: **Johannes Panhypersebastos,** Gem.: Irene, Tochter des Logotheten Theodorus Metochita.

Kinder des Johannes Panhypersebastos: Ein Sohn ungenannt † 1332. — **Maria,** Gem. des Königs Stephan von Servien.

Kinder Andronicus' I.: **1. Michael II.,** Kaiser, † 12. Oct. 1320. Gem.: Ricta (bei den Griechen Xene und Maria genannt), Tochter des Königs Leo II. von Armenien. — **1. Constantinus** Despotes. — **2. Johannes** Despotes. † 1308. — **2. Theodorus,** Markgraf von Montferrat, s. Paläologen in Montferrat. — **2. Demetrius** Despotes. — **2. Simonis,** Gem. des Königs Dragutinus v. Servien.

Kinder Michael's II.: **Andronicus II.,** der jüngere, Kaiser, † 25. Juni 1341. Gem.: 1) Irene von Braunschweig. 2) Anna von Savoyen. — **Manuel** Despotes. — **Anna,** Gem. zuerst des Thomas Angelus, Fürsten von Epirus und Akarnanien, dann des Thomas, Grafen von Kephalonia. — **Theodora,** nach einander Gemahlin der bulgarischen Krale Swetislaus und Michael Strascimir.

Kinder Andronicus' II.: **2. Johannes I. Porphyrogennetus,** Kaiser, † 1382. Gem.: 1) Helena Kantakuzena. 2) Eudoxia Komnena von Trapezunt. — **2. Manuel** Despotes. — **2. Theodorus.** — 2. Drei Töchter.

Kinder Johannes' I.: **1. Andronicus,** starb als Mönch. — **1. Manuel,** Kaiser, † 21. Jul. 1425. Gem.: Irene, Tochter des Fürsten Constantinus Dragases von Makedonien. — **1. Theodorus Porphyrogennetus.** — **1. Demetrius.** — **1. Irene,** Gemahlin des Kaisers Basilius II., Komnenus von Trapezunt.

Kinder Manuel's: **Johannes II.,** Kaiser, † 31. Oct. 1448. Gem.: 1) Anna von Rußland. 2) Sophia Paläologina, Tochter des Johann Paläologus II. von Montferrat. — **Theodorus,** Despotes von Selybrien. † 1448. — **Andronicus,** Fürst von Thessalonich, starb als Mönch. — **Constantinus,** (nach seiner Mutter Dragases genannt) letzter Kaiser v. Constantinopel. — **Demetrius,** Fürst v. Morea. — **Thomas,** Fürst von Achaja, † zu Rom 1465. Gem.: Katharina, Tochter eines genuesischen Nobile.

Kinder des Thomas: **Andreas,** † zu Rom 1502. — **Manuel** begab sich nach Constantinopel und wurde Muselmann. — **Helena,** Gemahlin des Fürsten Lazarus von Servien. — **Zoe,** Gemahlin des Großfürsten Iwan Wasiljewitsch von Rußland.

B) In Montferrat. Durch die letztwillige Verfügung des Markgrafen Johann, welcher im J. 1305 kinderlos starb, waren dessen Schwester Jolanthe (bei den Griechen Irene), Gemahlin des Kaisers Andronikus Paläologus des Ältern, und deren Söhne als Erben des Markgrafenthums Montferrat eingesetzt worden, und Jolanthe trat ihre Erbansprüche an ihren zweiten Sohn Theodorus Paläologus ab, welcher noch im J. 1305 nach Italien kam, den Markgrafen Manfred von Saluzzo, welcher mit einer Räuberbande aus Asti (banditi Astesani) sich des besten Theiles des Landes von Montferrat bemächtigt hatte, vertrieb und von der ererbten Markgrafschaft Besitz nahm [20]).

Da die Geschichte des Markgrafen Theodorus und seiner Nachfolger von sehr geringem Interesse ist, so beschränken wir uns auf die Mittheilung der nachfolgenden, vornehmlich nach den in der Chronik des Benvenuto di S. Georgio, Du Cange und Muratori's Annalen enthaltenen Angaben abgefaßten, genealogischen Tabelle.

(I) Theodorus Comnenus Palaeologus.
† 21. April 1338.
Gemahlin: Argentina von Spinola.

Kinder:

- **(II) Johannes,** Markgraf. † im März 1372.
- **Jolantha,** Gemahlin des Grafen Aymon von Savoyen.

Kinder von (II) Johannes:

- **(III) Secundus Otto,** Markgraf, wurde von einem teutschen Diener getödtet im Dec. 1378. Gem.: Jolantha (Violante), Tochter des Johann Galeazzo von Mailand.
- **(IV) Johannes,** Markgraf, wurde den 25. Aug. 1381 in einem Gefechte getödtet.
- **(V) Theodorus,** Markgraf, † 2. Dec. 1418. Gem.: 1) Johanna, Tochter des Grafen Robert von Bar, † 1403. 2) Margaretha, Tochter Ludwig's von Savoyen, Fürsten von Morea.
- **Wilhelm.**
- **Margaretha,** Gemahlin des Grafen Peter von Urgel.

Kinder von (V) Theodorus:

- **(VI) Johann Jacob,** geb. 23. Mai 1395. † 12. März 1445. Gem.: Johanna, Tochter des Grafen Amadeus VII. von Savoyen.
- **Sophia,** zweite Gemahlin des Kaisers Johann II. Paläologus.

Kinder von (VI) Johann Jacob:

- **(VII) Johannes,** Markgraf, † 19. Jan. 1464 kinderlos. Gem.: Margaretha von Savoyen.
- **(VIII) Wilhelm,** Markgraf, † 28. Febr. 1483. Gem.: 1) Maria von Navarra. 2) Elisabeth, Tochter des Herzogs Franz von Mailand. 3) Bernhardine, Gräfin von Brosse.
- **(IX) Bonifacius,** Markgraf, † 1491. Gem.: 1) Helena von Brosse. 2) Maria, Tochter des servischen Despoten Stephanus.
- **Theodorus,** Cardinal der römischen Kirche.
- **Elisabeth,** Gemahlin des Markgrafen Ludwig I. von Saluzzo.
- **Amadea,** Gemahlin des Königs Johann von Cypern.

Kinder von (VIII) Wilhelm:

- **Johanna,** Gemahlin des Markgrafen Ludwig II. von Saluzzo.
- **Blanca,** Gemahlin des Herzogs Karl I. von Savoyen.

Kinder von (IX) Bonifacius:

- **(X) 2. Wilhelm Johann,** Markgraf, geb. 10. Aug. 1486. † 4. Oct. 1518. Gem.: Anna, Tochter des Herzogs Renatus von Alençon.
- **(XII) 2. Joh. Georg Sebastian,** Markgraf, geb. 20. Jan. 1488. † 30. April 1533 kinderlos. Gem.: Julia v. Aragon, Tochter des Königs Friedrich von Neapel.

Kinder von (X) Wilhelm Johann:

- **(XI) Bonifacius,** Markgraf, † 1530 unvermählt.
- **Maria,** † unvermählt.
- **Margaretha,** Gemahlin des Herzogs Friedrich von Mantua.

Da das Haus der Paläologen von Montferrat, aus welchem zwölf Markgrafen (in der Reihenfolge, welche in der vorstehenden Tabelle durch eingeklammerte römische Zahlen bezeichnet worden ist,) zu Montferrat regiert hatten, mit dem Markgrafen Johann Georg Sebastian erlosch, so besetzten kaiserliche Truppen vorläufig das Land, um welches drei Fürsten sich bewarben, indem sie die bei ihrer Vermählung mit Prinzessinnen des erloschenen Hauses ihnen zugesicherten Erbrechte geltend zu machen suchten, nämlich der Markgraf Ludwig II. von Saluzzo, der Herzog Karl I. von Savoyen und der Herzog Friedrich von Mantua. Der Kaiser Karl V. entschied am 3. Nov. 1536 diesen Erbfolgestreit zu Gunsten des Herzogs Friedrich von Mantua und seiner Gemahlin Margaretha Paläologina, wodurch das zu Mantua herrschende Geschlecht Gonzaga ein Land erwarb, welches bedeutend größer war, als sein ganzes früheres Besitzthum [21]). (*Fr. Wilken.*)

Palaeologica, s. Palaeontologie.

PALÄOLOGUS [Jacob [1])], einer der zahlreichen Mitglieder der katholischen Kirche im 16. Jahrh., welche

---

20) *Benvenuto di S. Georgio*, Origine de' Marchesi di Monferato in *Muratori*, Script. rer. Ital. T. XXIII. p. 403 sq. *Muratori*, Annali d'Italia ad a. 1305. 21) *Du Cange*, Familiae Byzant. ed. Paris. p. 253. *Muratori*, Annali d'Italia ad a. 1533.

1) Theoph. Rainaud (de immunitate Cyriacorum a censuris. p. 3) nennt ihn Johann, was aber Echard (Scriptores Ordinis Praedicatorum. T. II. p. 340) deshalb für falsch erklärt, weil

von der religiösen Richtung der Zeit ergriffen, sich nicht zum Protestantismus in der herrschenden Form ausdrücklich bekannten, aber doch auf dem Boden desselben standen. Über ihn wie über so viele damals ihres Glaubens wegen verfolgte und in strenge Untersuchung gekommene Männer lauten die Nachrichten widersprechend. Nach Florian de Remond [2]) stammte er aus der alten kaiserlichen Familie der Paläologen Griechenlands, trat in den Dominikanerorden und zwar zu Rom an demselben Tage mit dem nachmaligen Papste Pius V., und erlitt den Tod als Strafe für seine Ketzerei. Echard [3]) dagegen will dies Alles nicht zugeben, indem er sich auf das Zeugniß eines Zeitgenossen Marc. Anton. Ciappi's aus Siena beruft, welcher im Leben Gregor's XIII. [4]) die Sache ganz anders darstelle. Dieser berichtet nämlich, es habe in Teutschland ein berühmter Mann, Namens Paläologus, Irrthümer verbreitet, aber so viel Liebe und Schutz gefunden, daß Pius V. es nicht dahin bringen konnte, ihn zur Untersuchung ergreifen zu lassen, und es erst den eifrigsten Bemühungen Gregor's und seinen Unterhandlungen mit den katholischen Fürsten Teutschlands endlich gelungen sei, ihn gefangen nach Rom zu schaffen. Nach gepflogener Untersuchung habe sich die falsche Lehre desselben deutlich herausgestellt (worin sie aber bestand, gibt Ciappi nicht näher an), und da die Halsstarrigkeit keinen andern Ausweg gelassen, sei der Verstockte dem weltlichen Arme zur gerechten Strafe übergeben, habe aber im Angesichte der Todesvollstreckung unaufgefodert und ohne auf Begnadigung Ansprüche zu machen, seine Ketzerei widerrufen, und das Unheil, welches er dadurch früher veranlaßt, schmerzlich beklagt. Der Verurtheilte, erzählt Ciappi weiter, sei nach diesem Geständnisse auf Befehl des Papstes ins Gefängniß zurückgebracht, habe sich von da an als rechtgläubig bewährt und viele fromme und gelehrte Schriften zur Vertheidigung des katholischen Glaubens verfaßt. Echard [5]) meint, daß Jacob überhaupt keinem Mönchsorden angehört habe, weil Ciappi nichts davon erwähne, und bekämpft daher Gottlieb Rainaud, welcher ihn als einen Predigermönch bezeichnete und behauptete, daß er lebendig verbrannt worden sei [6]). Der wahrscheinlichste Verlauf von Paläologus' Lebensgeschichte ist aber dieser: Er war von der Insel Chios, kam nach Rom, wurde der Ketzerei verdächtig und fiel der Inquisition in die Hände, entkam aber im J. 1559 nach Teutschland und hielt sich zu den Protestanten, begab sich von dort nach Polen und gesellte sich zu der dortigen antitrinitarischen Partei. Später wandte er sich nach Siebenbürgen und wurde zu Clausenburg an dem dortigen Socinianischen Gymnasium Nachfolger Johann Sommer's im Rectorat. Nach seinen eignen Schriften und nach wohl unterrichteten Berichterstattern stimmte er in seiner Denkart mit Franz Davidis und Johann Sommer überein [7]). Kein Unheil ahnend, reiste er durch Mähren und wurde auf Kaiser Maximilian's II. Befehl seiner Freiheit beraubt und nach Rom geschickt und dort am 22. März 1585 als Irrgläubiger verbrannt [8]). Seine Schriften sind nach Sand [9]): De Ripetano iudicio Romae et de damnatione optimorum et innocentissimorum hominum, temporibus Pauli IV.; de baptismo; de magistratu politico (Losci 1573), welches Buch von den Racoviern, besonders von Gregorius Pauli, bestritten wurde, und die defensio verae sententiae de magistratu politico (ib. 1580, wogegen sich Faustus Socinus erhob. Paläologus behauptete nämlich, Christus habe die weltliche Obrigkeit nicht aufgehoben, woraus denn natürlich folgte, daß ein Christ ein obrigkeitliches Amt allerdings annehmen könne, was Gregorius Pauli und Andere leugneten. Antheil hatte er an der Defensio Francisci Davidis in negotio de non invocando Jesu Christo in precibus (Francof. ad M. 1580; dann Cracoviae), indem er derselben seine Confutatio vera et solida iudicii ecclesiarum Polonicarum de causa D. Francisci Davidis etc. einverleiben ließ [10]). (*A. G. Hoffmann.*)

PALÄOMERYX (Paläonthologie) ist die Benennung eines von Hermann von Meyer *) aufgestellten Geschlechtes fossiler Wiederkäuer. Der Name stammt von *παλαιός*, alt, und *μήρυξ*, der Benennung eines angeblich wiederkäuenden Fisches. Man kennt davon verschiedene Zähne und Unterkieferstücke. Die wichtigsten bekannten Theile sind:

I) Ein Unterkieferbruchstück mit fünf Backenzähnen (abgebildet a. a. O. t. X. f. 77), vor denen noch ein sechster angedeutet ist, was der Normalzahl der Backenzähne bei den Wiederkäuern, welche nur bei den kameelartigen geringer wird. Die Krone dieser Zähne zeigt als Grundform, wie gewöhnlich, zwei Paare halbmondförmiger Flächen, und die mitteln derselben zeigen am meisten Übereinstimmung mit denen von Moschus. Aber grade von diesem Geschlechte weicht der Hinterste wieder am meisten ab, indem er nämlich, wie bei allen noch übrigen Wiederkäuern zusammengesetzter und mit einem weichern, unvollkommenen Halbmonde versehen ist. So würde der vierte bis sechste Zahn wieder dem entsprechenden bei den Hirschen und Antilopen ähnlich sein, wenn sie nicht an der Hinterseite des vordern Halbmondes einen außen nach der Mitte des Zahnes herablaufenden Wulst besäßen, der jenen fehlt. Der zweite und dritte Zahn sind breiter, auch, wie es scheint, stumpfer als bei Moschus, mehr denen der Hirsche und Antilopen ähnlich. Im übrigen ist der

er bei Andr. Victorellus (Additamenta ad Ciaconium in vita Gregorii XIII) Jacob heiße.

2) Histoire de la naissance de l'hérésie L. IV. p. 478. 3) l. c. p. 341. 4) Vita di Papa Gregorio XIII. (Rom. 1591 et 1596. 4. Bologna 1592.) c. 7. p. 67, 68. 5) l. c. p. 340. 6) l. c. p. 3. 7) *Christoph. Christ. Sandii* bibliotheca anti-Trinitariorum. p. 58 und Lauterbach, polnischer Ario-Socinismus.

8) Echard (l. c. p. 340) gibt als Todesjahr 1580 an. 9) l. c. p. 58 sq. Vergl. Jöcher's Gelehrtenlexik. 3 Th. Col. 1186 und Rotermund, Forts. u. Ergänz. dazu. 5. Bd. Col. 1408. 10) Rotermund (a. a. O) führt auch eine Epistola de rebus Constantinopoli et Chii cum eo actis (Ursellis 1595. 4.) unter den Schriften desselben an; diese müßte also nach seinem Tode erst herausgekommen sein. Vergl. überhaupt über Jac. Paläologus *Spondan.* annales eccles. ad an 1575.

*) H. v. Meyer, Die fossilen Zähne und Knochen und ihre Ablagerungen in der Gegend von Georgensgmünd in Baiern. (Frankf. a. M. 1834. 4.) S. 29—32, 92—102. (N. Jahrb. für Mineralogie. 1835. S. 361—363.)

außen zwischen beiden Halbmonden aufrechtstehende Zacken dreiseitig pyramidal und nur halb so hoch als diese; die Kronen selbst scheinen breiter oder kürzer, niedriger und zierlicher als bei andern Wiederkäuern; die Halbmonde sind an ihrer äußern Seite spitzwinkeliger; die beiden Hauptspitzen an der innern Seite sind höher; die Nebenspitzen daselbst, namentlich die zwischen beiden vorigen, sind kegelförmig. Am fünften Zahne links (t. X. f. 78) ist vorn und hinten ein Ansatz, welcher dreiseitige Zacken darbietet, dann nach Außen und Hinten noch ein kleines Anhängsel, welches bei weiterer Abnutzung verschwindet. Am sechsten Zahne (t. X. f. 77, 79) ist der fünfte Halbmond kleiner als die zwei normalen äußern, schiefer, hinten noch mit einem kleinen Ansatze und vorn, vor dem Einschnitte gegen das vorhergehende Halbmondpaar, ebenfalls noch mit einem Zacken versehen, wie der Einschnitt zwischen beiden Halbmondpaaren. Dieser Zahn hat eine zweifache Wurzel vorn und eine dreifache hinten; die vorhergehenden Zähne haben zwei zweifache. Der vierte Zahn ist dem fünften ähnlich, doch kleiner. Der dritte Zahn ist einfacher, ähnlich dem analogen Ersatzzahne bei Antilopen und einigen Hirschen, schmäler, zumal vorn, außen gerader und mit einem nur schwachen Querthale, vorn und hinten mit einem nur geringen Ansatze. Nach der Größe dieser und einiger andern, lose gefundenen, Zähne darf man auf zwei Species dieses Thiergenus schließen, wie folgende Zusammenstellung nachweist:

			Fig. 77.	Fig. 78.	Fig. 79.	Fig. 75.
Zahn	III.	Länge	0,"017	.....	.....	0,"020
—	—	Breite	0, 009	.....	.....	0, 011
Zahn	V.	Länge	0, 017	0,"019	0,"019	0, 020
—	—	Breite	0, 013	0, 013	0, 014	0, 014
—	VI.	Länge	0, 023	.....	0, 029	.....
—	—	Breite	0, 013	.....	0, 135	.....

H. v. Meier nennt diese zwei Arten

1) **P. Kaupii** (f. 79, 75), an Größe das Mittel zwischen Edelhirsch und Rennthier haltend, sonst der folgenden Art ganz ähnlich.

2) **P. Bojani** (f. 77, 78), kleiner, und am dritten Zahne zieht in der Quervertiefung ein feiner Wulst herab, welcher der vorigen Art fehlt.

3) Außerdem meldet Graf Münster, noch ein linkes Kieferstück mit dem ersten und zweiten Backenzahne erhalten zu haben, welche aber nur ¼ so groß als bei dieser zweiten Art sind.

II. Aus der Oberkinnlade ist bis jetzt nur ein Backenzahn vorgekommen, der dritte oder vierte rechts. Auch hier sind die Halbmonde an der Innenseite spitzer gekrümmt als an den lebenden Wiederkäuern, die Nebenspitzen an der Außenseite auffallend stark und kegelförmig, noch am meisten wie bei Moschus. Auch hier zieht von dem vordern Halbmondpaare ein Wülstchen in das Thal mitten an der Zahnkrone (das wegen der umgekehrten Stellung der Zähne auf der innern Seite ist), deutlicher und schärfer als an den untern Zähnen, welches Wülstchen aber allen andern Wiederkäuern fehlt. Innen an der Basis sind Andeutungen eines schwachen Wulstes.

Übrigens könnte dieses Thier auch, wie Kaup's Dorcatherium, sieben Backenzähne besessen haben, dann müßte der vorderste in die Kinn-Symphyse hineingestanden sein. Sonst sind die Zähne beider Geschlechter hinreichend verschieden. Auch scheinen beide von Geoffroy Saint Hilaire's fossilem Genus, Dremotherium, abzuweichen, welches aber nicht genau genug beschrieben ist.

Diese Paläomeryxreste sind mit vielen andern Pachydermen- und Wiederkäuer- etc. Gebeinen und Dikotyledonen-Blättern zu Georgensgmünd bei Ansbach gefunden worden, in einem dünngeschichteten, ockrigen, zerreiblichen, kleinzelligen Süßwasserkalksteine. Die Genera dieser Thiere sind großentheils dieselben, wie im pariser Gypse und deuten auf eine ältere Tertiairformation hin; aber keine der zahlreichen Arten ist beiden Fundstätten gemeinsam. Wol aber kommen einige derselben auch in den Süßwassergebilden von Montabusard bei Orléans und von St. Géniez bei Montpellier wieder vor. (*H. G. Bronn.*)

PALÄOMYS (Paläozoologie), von *παλαιός*, alt, und *μῦς*, Maus, ist der Name, welchen Kaup einem fossilen Nagethiere gibt *), und die einzige bis jetzt bekannte Art, **P. castoroides** *K.*, ist etwas weniges kleiner als der Biber. Man kennt davon bis jetzt nur einen unvollständigen rechten Unterkieferast und zwei abgebrochene Schneidezähne, welche Kaup (a. a. O. f. 1—4) abbildet.

1) Der Unterkieferast ermangelt hinten aller Fortsätze, besitzt aber ein Schneidezahnstück, das Diastemo, den ersten Backenzahn und die drei folgenden Zahnhöhlen. Der Backenzahn ist sehr abgenutzt, hinten viel breiter als vorn und außen und innen, in der Mitte etwas eingezogen. Die Krone ist rings mit Schmelz umgeben, welcher auf der innern Seite schief abgeschliffen ist. Die Kernfläche, welche nach Vorn viel höher wird, zeigt hinten der Länge nach zwei kleine, in ihrer Mitte gefurchte Schmelzleisten, wovon die innere kleiner und gerade, die äußere etwas gebogen ist. Auch auf dem kleinern Vordertheile des Zahnes zeigen sich zwei kleine, schief von Außen nach Innen gestellte, in ihrer Mitte etwas vertiefte Schmelzpunkte. Die zwei Wurzeln sind kurz, abgerundet, geschlossen; beim Biber sind sie länger und offen. Der zweite Backenzahn war, nach seiner Alveole zu schließen, breiter als lang; der dritte gleich breit und lang, der vierte länger als breit, und eiförmig. Diese Alveolen sind seichter als bei irgend einem andern Nagergeschlechte, sodaß die zweite und dritte nur unbedeutende Zahnwurzeln andeuten, und in der vierten der Zahn nur durch das Zahnfleisch festgehalten sein konnte. Der Schneidezahn läuft in geringer Tiefe unter ihnen hin, sodaß seine Wurzel vom Boden der vierten Alveole nur 1‴ entfernt ist. 2) Ein an beiden Enden abgebrochener Schneidezahn mit einem daran hängenden Theile des Diastema's (f. 3). 3) Ein rechter Schneidezahn, an der vordern Hälfte vollständig erhalten und dem des Bibers ähnlich, aber bei gleicher Breite weniger hoch. Alle diese Reste sind sehr hart. Die Ausmessungen mit denen beim Biber verglichen, ergeben:

*) J. J. Kaup in der Isis. 1882. S. 992 fg. Taf. XXVI. v. Meyer, Paläologica. S. 58, 409.

	Palaeomys	Castor
Kaufläche des ersten Backenzahnes lang	0,‴011	0,‴009
Kaufläche des ersten Backenzahnes breit hinten	0, 009	0, 008
Höhe vom Hinterrande derselben bis ans Ende der Wurzel	0, 019	0, 025
Zweite Zahnhöhle lang	0, 007	0, 007
Zweite Zahnhöhle breit	0, 008	0, 008
Dritte Zahnhöhle lang	0, 007	0, 008
Dritte Zahnhöhle breit	0, 006	0, 007
Vierte Zahnhöhle lang	0, 008	0, 007
Vierte Zahnhöhle breit	0, 004	0, 006
Tiefe der ersten	0, 010	0, 024
Tiefe der zweiten	0, 005	0, 018
Tiefe der dritten	0, 004	0, 016
Tiefe der vierten	0, 002	0, 014

Diese Überreste fanden sich in Gesellschaft der Gebeine von zwei andern Nagethiergeschlechtern, Chalicomys und Chelodus, und vielen andern, meist schon von Kaup beschriebenen Knochentheilen von Pachydermen, auch Raubthieren ꝛc., welche auf eine ältere tertiaire Formation hinweisen, im Sande von Eppelsheim bei Alzey in Rheinhessen. Kaup und H. von Meyer haben diese Thierarten vollständig verzeichnet. *(H. G. Bronn.)*

Paläoniscum, s. Paläoniscus.

PALÄONISCUS (Paläozoologie), von *παλαιός*, alt, und *ὀνίσκος*, ein Seefisch der Alten. De Blainville hatte im J. 1818 [1]) eine gewisse Anzahl fossiler Fische, welche weder dem Geschlechte, noch zum Theile selbst der Art nach verschieden sind, in die drei Genera Clupea (C. Lametherii), Palaeothrissum (P. Freyeslebense) und Palaeoniscum vertheilt, ohne jedoch weder diese letzten neu aufgestellten Geschlechter weiter zu charakterisiren, noch genügend zu beachten, daß jene Fische sich durch ihre dicken, schmelzbedeckten, rhomboidalen Schuppen und durch die in den obern Lappen der Schwanzflosse fortsetzende Wirbelsäule von den meisten lebenden Geschlechtern, insbesondere aber von Clupea, womit auch der Name Palaeothrissum eine nahe Verwandtschaft andeuten sollte, gar weit entfernen. Anderntheils aber hat Blainville das Genus Palaeoniscum zu Accipenser bezogen, eben jener Schuppen- und Schwanzbildung wegen, vielleicht auch unter Voraussetzung eines knorpeligen Skeletts, da man Knochentheile fast nie in dessen Überresten erhalten findet (a. a. O. S. 36—39). Cuvier hat nachher zuerst die Vereinigung der beiden Geschlechter, selbst noch unter Beifügung einiger Blainville'schen Stromateen ausgesprochen [2]), und deren Verwandtschaft mit Accipenser durch die Schwanzbildung, mit Lepisosteus durch die Beschaffenheit der Schuppen mehr herausgehoben. Referent hatte Gelegenheit zu zeigen, daß die Paläonisken sowol als die Paläothrissen wirkliche Knochenfische gewesen sein müssen [3]); Agassiz endlich hat, nach Gründung seiner Ordnung der Ganoiden für die zahlreichen Schmelz- und eckschuppigen fossilen Fische [4]), im J. 1833 noch genauer erwiesen, daß mehre unter Clupea und Palaeothrissum gestellte Arten mit einer Paläoniscumart nicht nur in ein Genus, sondern sogar in eine Species zusammengehören, das Genus genauer charakterisirt, dafür den schon von Cuvier vorgezogenen Namen Palaeoniscum erwählt, weil Palaeothrissum eine unrichtig aufgefaßte Verwandtschaft andeute, und dem Namen, im Einklange mit seinen übrigen Benennungen, eine männliche Endigung gegeben; dagegen ist aber auch eine Paläothrissumart Blainville's der Typus des neuen Genus Pygopterus und eine andere vom Verfasser später beschriebene Species der des Geschlechtes Amblypterus geworden, das hauptsächlich durch die Größe seiner Flossen und die Stellung seiner Rückenflosse abweicht. Noch zahlreiche andere Entdeckungen verwandter Fischgenera haben zur Gründung der Familie Lepidoides geführt, welche fast lauter Geschlechter enthält, welche ihren Namen nach schon in frühern Bänden dieser Encyklopädie hätten aufgeführt werden müssen und über welche wir nun auf den Artikel Lepidoides verweisen.

Das Genus Palaeoniscus gehört daher nach dem, hauptsächlich auf die Schuppen gegründeten Systeme von Agassiz in die erste Ordnung Ganioides (früher Geniolepidoti) mit eckigen schmelzbedeckten Schuppen, — erste Familie Lepidoides (früher Lepidostei) mit Knochenskelett und zahlreichen, den Rumpf überall regelmäßig bedeckenden Schuppen, — erste Section Heterocerci, bei welchen die Wirbelsäule in die Spitze des obern Schwanzlappens fortsetzt und die Zähne bürstenförmig stehen, — erste Gruppe Fusiformes mit gestrecktem Körper. Der generische Charakter ist: Pinnae mediocres, squamulatae, margine antico radiolis auctae; dorsalis inter ventralem et analem intermedia. Squamae mediocres, majores quaedam impares ante pinnas dorsalem, analem (et caudalem) positae.

Das Nasenprofil ist wie bei gewissen Scäniden durch eine vorspringende Schnauze ausgezeichnet; der Vordertheil des Gesichtes bildet einen gerundeten Vorsprung über und vor dem Oberkiefer, welcher durch eine Anschwellung des Ethmoid- und Stirnbeines bewirkt wird. Eine Reihe kleiner schmaler Knöchelchen umgibt den untern Rand der Augenhöhlen; der Rachen ist meistens weit gespalten, die Kiefer sind ziemlich stark, zumal ist der untere breiter als der obere. Die bürstenartig gestellten Zähne sind so klein, daß man sie im Fossilzustande selten gewahrt. Die Strahlen der Kiemenhaut stellen eine Reihe über einander geschobener Knochenblätter dar und mögen 6—9 sein. Der Kiemendeckel besteht aus dem starkbogenförmigen Praeoperculum, dem großen Operculum, dem Suboperculum und dem Interoperculum. Die Schädelknochen sind bald glatt, bald körnig oder gestreift. Auf den Flossen nimmt man Quertheilungen wahr, welche theils von der Gliederung der Flossenstrahlen selbst herrühren, theils aber durch die (oft schon abgefallenen) kleinen Schüppchen veranlaßt wer-

1) Im Artikel Poissons fossiles im Nouveau Dictionnaire d'histoire naturelle. XXVII, 310—395; übers. von Krüger, die versteinerten Fische. (Quedlinburg 1823.) 2) Recherches sur les ossemens fossiles. 2. édit. V, II. 306—309. 3) In der Zeitschrift für Mineralogie. 1829. S. 495.

4) In Recherches sur les poissons fossiles. 1833. II, 41 sq.

den, welche so darauf liegen, daß sie auf jeder Seite reihenweise längs des vordern und hintern Randes jedes Flossenstrahles und seiner Äste hinaufziehen und sich von beiden Seiten her über dessen Mitte wechselständig übereinanderschieben, aber auch Querreihen längs der Horizontalerstreckung der Flossen zu bilden pflegen. Am Rücken- und Afterflosse sind die vordersten Strahlen gewöhnlich die längsten; doch sieht man zuweilen auch einige kürzere vor ihnen und dicht an deren Basis angepreßt. Auf dem Vorderrande dieser Flossen und der Schwanzflossen steht außerdem noch immer eine Reihe kleiner Strahlen der Länge nach, welche zwischen Schuppen- und Flossenstrahlen das Mittel halten. Die Schuppenreihen, welche den Rumpf bedeckend vom Rückenrande gegen die Basis der untern Schwanzflosse schief herabziehen, bleiben einfach bis unter die Seitenlinie, vermehren und verkleinern sich aber dort durch wiederholte Einschaltung neuer Reihen bis zur Flosse, wobei diese Reihen von ihrer schiefen Richtung abgeleitet werden und sich immer mehr horizontal gegen die Schwanzspitze wenden. Im Übrigen sind diese Reihen vorn am Körper senkrechter als hinten, die Schuppen darum höher als lang und mehr rechtwinkelig, in der Mitte der Seiten sind sie am größten und werden durch einige Verlängerung mehr quadratisch, weiter nach Hintern nehmen sie bei der schiefen Richtung der Reihen selbst eine schiefere Lage und damit zuerst eine rhombische und endlich, immer kleiner werdend, eine lang rhomboidische Form an. Dabei überdecken die vordern mit ihrem hintern und untern Rande bald die hintern Schuppen, bald liegen dieselben mit ihren Rändern nur an einander. In diesem Falle sind sie oft, sowie sie in den Reihen von Oben nach Unten an einander liegen, in einander eingezapft, indem nämlich bei vielen Arten jede Schuppe mitten an ihrem obern Rande einen spitz vorstehenden dreieckigen Zahn oder Zapfen besitzt, welcher sich in einen ebenso gestalteten Eindruck auf der inwendigen Seite am Unterrande der nächst höher liegenden Schuppe hineinlegt, ohne äußerlich sichtbar zu werden, oder innerlich sich über die allgemeine Oberfläche zu erheben, wie das bei Dapedium schon länger bekannt und bei Lepidotus noch auffallender ist. In diesem Falle zieht auf der innern Oberfläche von dem Eindrucke am untern Rande der Schuppe zu dem Zahne am obern Rande eine diametrale, bald nur flache, bald hohe und scharfrückige Erhöhung fort. Die gestreckten Arten haben verhältnißmäßig kleinere Schuppen als die hohen. Die Schuppen sind alle dick, außen mit Schmelz belegt, und auf diesem bald mit concentrischen Zuwachsstreifen, bald mit schiefen parallelen, oder bald mit etwas strahlenständigen Streifen und Furchen versehen, bald aber ganz glatt. Die Schuppen der Seitenlinie, welche an der obern hintern Ecke des Kiemendeckels beginnt und ohne starke Biegung nach dem Schwanze geht, sind mit einer sie durchsetzenden feinen Röhre (für Absonderung des Schleimes) versehen, welche bald auf geradem Wege von Innen nach Außen, bald der Länge nach durch dieselbe hindurchzieht und so im vordern Theile, in der Mitte oder hinten und mitunter erst im Hinterrande selbst ausmündet. Dieser ist gewöhnlich einfach, bei einigen Arten aber, besonders an den Schuppen am vordern und mittlern Theile des Körpers, scharfzähnelig ausgeschnitten.

Alle 20 bis jetzt bekannte Arten sind fossil und gehören den Formationen an, vom Bergkalke durch die Steinkohlen hindurch bis in den Zechstein und Kupferschiefer, sind mithin für diese Gebilde sehr bezeichnend und durch ganz Teutschland, Frankreich, Großbritannien und Nordamerika aufgefunden worden; aber jede Localität scheint ihre besondern Arten zu haben, und keine Species sich auf entlegenern Punkten wiederzufinden.

Die Arten werden hauptsächlich nach der Form des Körpers, der Stellung und relativen Größe der Flossen und der Beschaffenheit der Schuppen von einander unterschieden. Jedes dieser Kennzeichen gibt eine andere Gruppirung derselben, daher ihre Aneinanderreihung künstlich und willkürlich erscheint; doch gewährt die Betrachtung der Schuppen wenigstens die leichteste Übersicht eines Theiles der Unterschiede der zahlreichen Arten und mithin auch das beste Hilfsmittel bei Bestimmungen, bei welchen aber die übrigen genannten Merkmale nicht versäumt werden dürfen. Die gestreifte oder glatte Beschaffenheit der Oberfläche der Schuppen entspricht aber auch einigermaßen der geognostischen Verbreitung der Arten. Wir stellen sie daher zunächst in folgende Tabelle zusammen und lassen sie dann in einer Ordnung einzeln folgen, welche ihren speciellen Beziehungen und der Gesammtheit der Merkmale besser entspricht. Nur eine glattschuppige Art kommt im Zechsteine, nur eine sägeschuppige im Bergkalke vor.

Schuppen

	ungestreift				gestreift			
	einfach		eingezapft		eingezapft		einfach	
	sägerandig.	ganzrandig.	ganzrandig.	sägerandig.	sägerandig.	ganzrandig.	ganzrandig.	sägerandig.
In Bergkalk und Steinkohlen.		Duvernoy Minutus Blainvillei Voltzii Augustus Fultus	Vratislaviensis Lepidurus Carinatus			Robisoni Striolatus		Ornatissimus
In Zechstein und Kupferschiefer.				Glaphyrus	Elegans Comtus	Macrophthalmus Freieslebeni	Magnus ? Macropomus	Longissimus

I. Arten mit glatten Schuppen.

1) **P. Vratislaviensis** *Agass.* (Poiss., Feuillet. 9 et Vol. II, 60—63. pl. X. f. 1, 2, 4—6. v. Dechen in Karsten's N. Archiv. IV, 93). Körper mittelmäßig groß, gedrungen mit hohem, kurzem Kopfe; die Schuppen glatt, eingezapft, ganzrandig, gleichbreit bleibende ventro-dorsale Reihen bildend, welche an beiden Enden etwas gebogen sind; die Seitenlinien etwas nach Oben gewölbt; Flossen: Rücken- und Afterflosse gleich; Rücken- und Bauchflosse weiter nach Hinten als gewöhnlich; diese hinter der Mitte zwischen Brust- und Afterflosse, jene zwischen Bauch- und Afterflosse und bis über die Afterflosse hin reichend; die untere Schwanzflosse fast so lang als die obere. Der Rücken ist etwas gewölbt, hinter dem Kopf am höchsten, welcher dick ist, aber kaum $\frac{1}{4}$ der ganzen Länge beträgt. Die Flossenstrahlen lang und zusammengedrückt; die der untern Schwanzflosse länger als gewöhnlich. Beide Kiefer schmäler als gewöhnlich; die Zähne schlank und zurückgebogen. Die großen Brustflossen scheinen bis an die Bauchflossen gereicht zu haben. Die vordern Schuppen nur wenig höher als die an den Seiten; die der Seitenlinie der Länge nach bis zum hintern untern Rande von dem Schleimröhrchen durchzogen. In einem röthlichen Schieferkalk, welcher dem Rothen todtliegenden untergeordnet ist, zu Ruppersdorf, nordöstlich von Braunau in Böhmen an der schlesischen Grenze von Dechen 1833 gefunden. In verschiedenen Sammlungen zu Berlin, Breslau und Waldenburg.

2) **P. lepidurus** *Agass.* (Poiss., Feuillet. 9. Vol. II, 64—66. Pl. X. f. 3, 7, 9. v. Dechen in Karsten's N. Archiv. IV, 95.) Körper mittelmäßig groß, gedrungen mit kurzem Kopfe; die Schuppen glatt, eingezapft und ganzrandig, sehr dick, rhombisch über den ganzen Rumpf von gleichbleibender Form und Größe, sich dachziegelartig überdeckend; längs der Insertion der Strahlen der Schwanzflosse noch eine ausgezeichnete Reihe länglicher Schuppen, hinter welcher die folgenden rasch an Größe abnehmen; Seitenlinie ganz gerade, vorn näher am Rücken, hinten sich gegen den untern Rand senkend; Rücken- und Afterflosse einander gleich, weit nach Hinten stehend, und erstere sich bis über die Mitte der letztern hin erstreckend. Die Schuppenreihe am Schwanze, die gleichbleibende Form und Größe der Schuppen und ihre Aneinanderfügung genügen, um diese Art von allen andern zu unterscheiden. Agassiz sah nur ein am Vordertheile ganz zerdrücktes Exemplar dieser Art, welches v. Dechen zu Scharfeneck, südsüdwestlich von Neurode in der Grafschaft Glatz gefunden hat, unter denselben geognostischen Verhältnissen wie vorige Art.

3) **P. Duvernoy** *Agass.* (Poiss. II, 45—47, 103. pl. VII. f. 1—5. C. Collini, Tagebuch einer Reise rc. übers. v. Schröter [Mannheim 1777.] S. 100, 101. *Beurard* im Journ. des Mines. XIV, 409. v. Leonhard, Taschenb. 1807. I, 69. *de Bonnard* in Annal. des Min. 1821. VI, 510. v. Oeynhausen in Nöggerath's Gebirge in Rheinland Westfalen. 1822. I, 210.) **Palaeoniscum Freieslebense** *de Blainv.* (Zum Theil.) **Palaeothrissum breve** *Agass.* (Catal. mspt.) **Palaeothrissum phractonotum** *Agass.* (Ib. u. *Walchn.* Geognos. 1832. 719.) Körper groß, von nach Hinten schmal zulaufendem, birnförmigem Umrisse mit steilem Profil; die Schuppen glatt, einfach und ganzrandig, an den Seiten sehr groß, ihr außen sichtbarer Theil rautenförmig und deutlich ebenso gezeichnet, übrigens in Form und Größe sehr veränderlich; Seitenlinie gerade; alle Flossen groß, mit einigen kurzen und angepreßten Strahlen vor ihrem Anfange; die Rückenflosse weit hinten hinter der Bauchflosse beginnend und bis über die Afterflosse hin reichend. Nähert sich dem Geschlechte **Amblypterus** mehr, als andere Arten. Der Kopf sehr kurz und stumpf, mit hohem, abgerundetem Profile. Maul weit und bis unter die kleinen Augen gespalten; Kiemenhautstrahlen sehr kurz und breit. Brustflosse lange nicht bis zur Bauchflosse reichend. An den Flossen zählt man folgende kürzere und längere Strahlen

R. 7/24 oder 25, Strahlen sehr lang;

A. 5 oder 6/25 oder 26. Strahlen noch länger, fortsetzend bis zur

untere Schw. 12/15.

obere Schw. /50....., sehr viel länger, als vorige.

Oberfläche der Schuppen gewölbt. Die Art ist mit P. minutus verwandt. Vorkommen in einem bituminösen Schiefer der Steinkohlen-Formation zu Münsterappel bei Kreuznach, zuweilen mit Zinnober angeflogen. In den Sammlungen zu Kreuznach, Strasburg, München rc.

4) **P. minutus** *Agass.* (Poiss. II, 47, 48. pl. VIII. f. 1—3.) **Palaeothrissum minutum** *Agass.* (Catal. mspt. *Walchn.* Geogn. 719.) Ist vielleicht nur ein Junges von voriger Art; doch ist der Körper vorn weniger hoch, die Seitenlinie ist mit dem Rücken parallel und liegt über der halben Höhe des Körpers; die Schuppen sind überall gleich groß und gleich gestaltet; die Flossenstrahlen sind einfacher, die Augenhöhle ist größer, das Maul weiter gespalten. Findet sich, mit voriger von gleichem Fundorte, im strasburger Museum.

5) **P. Blainvillei** *Agass.* (II, 48—55. pl. V. f. 1—7.) **Palaeothrissum inaequilobum** *de Blainv.* (Poiss. foss. 17, in Krüger's Übers. 38. *Walchn.* Geogn. 719). **Palaeothrissum parvum** *de Blainv.* (ib. 17, in Krüger's Übers 38. *Walchn.* Geogn. 719.) Größte Art mit stark zusammengedrücktem, schön ovalem Körper und kleinem Kopfe; Kiemendeckel strahlig gefurcht; Schuppen glatt, einfach, ganzrandig; Seitenlinie an ihrem Anfange etwas nach Unten convex; Rückenflosse von der Größe der Afterflosse, etwas hinter der Mitte des Rückens, genau zwischen Bauch- und Afterflosse, diese aber mitten zwischen Bauch- und Schwanzflosse. Kopf klein, $\frac{1}{4}$ von der ganzen Länge; Kiemendeckel klein, gestrahlt; Augenhöhle groß und mit unebenen Suborbitalbeinen; Maul bis mitten unter erstere reichend; Oberkiefer schmal, Unterkiefer groß, längsgestreift; Kiemenstrahlen 5—6...., groß, fast gleich lang und breit, oft concentrisch gestreift. Schuppen groß, ganz glatt, höher als lang. Alle Flossen außer der Schwanzflosse fast gleichgroß, alle mit kleinen Schuppen bedeckt. Sehr häufig zu Pont à Muse, zwei Stunden nordwestlich von Autun, in einem bituminösen

zelschiefer, welchen Boué dem untern Zechsteine, Bon- und Elie de Beaumont aber mit mehr Wahrschein- it der Steinkohlen-Formation zuschreiben, und bei)er sich auch ein an Fasernabdrücken reicher Schiefer t, — in Gesellschaft einiger andern Arten und des opterus Bonnardi. — In den Museen von Paris, asburg, Lausanne, Neufchatel und in vielen Privat- nlungen.

6) P. Voltzii *Agass.* (II, 55—57 u. 83—84. pl. f. 1—7.) **Palaeothrissum Voltzii** *Agass.* (Catal. t. *Walchn.* Geogn. 1832. p. 719. Körper läng- , Kopf größer, die Kopfknochen fast glatt; Schuppen , einfach, ganzrandig; Seitenlinie nach Oben convex, Schuppen mit vorstehender Röhrenmündung in der e; Rückenflosse kleiner, als die Afterflosse, in der Mitte Rückens; Bauchflosse groß, etwas hinter der Mitte Bauches, der Afterflosse mehr genähert, dem vor- Drittheile der Rückenflosse entsprechend. Der Kopf)her, als bei voriger Art, fast so hoch als der Rumpf; Länge ist jedoch nicht ⅕ des Ganzen. Der Kiemen- l ist größer; die Augenhöhle groß, in der Mitte des fes; die Schuppen sind größer und nehmen gegen den wanz hin mehr ab. Die vordern Strahlen und Schup- der Rückenflosse sind, gegen die hintern genommen, er; die untere Schwanzflosse hat große lange Schup- die der obern sind höher; die Bauchflosse ist größer bei P. Blainvillei. Bei dieser Art hatte Agassiz Ge- heit, die Wirbelsäule am besten zu beobachten (II, -84). Sie kommt in Gesellschaft der vorigen vor, seltener. Man sieht sie in den strasburger und pa- Museen.

7) P. angustus *Agass.* (Poiss. II, 57—60. pl. f. 1—5.) Körper von der Form, wie bei voriger, etwas gestreckter und klein; Schuppen und Stellung Flossen fast wie bei P. Blainvillei; doch stehen die en Schuppen der Seiten mit ihren Hinterrändern immer n auf dem Oberrande der zunächst darunter liegen- Seitenlinie nach Oben convex, ihre Schuppen mit der renmündung vorn auf der Oberfläche; Rücken- und rflosse gleich groß, erstere hinter der Mitte des Rückens, u zwischen Bauch und Afterflosse; Bauchflosse mitten Bauche; alle Flossenstrahlen schlanker, länger geglie- und mit längern und schmälern Schuppen belegt, als andern Arten; Schwanz sehr ungleichgabelig. Kopf i, Kopfknochen glatt; Augenhöhle mittelmäßig; Kie- deckel groß, etwas höher als lang, glatt; Unterkiefer); Kiemenstrahlen schmäler, als bei den zwei vorigen n; Schleimröhrchen diagonal durch die Schuppen. vorigen, zu Pont à Muse. In den Sammlungen Paris, Neufchatel ꝛc.

8) P. fultus *Agass.* (Poiss. II, 43, 44, 102, 103. VIII. f. 4, 5.) **Palaeothrissum** *Hitchcock* (in Ame- Journ. of Scienc. VI, und in Report on the Geo- y of Massachusetts. 1833. p. 236, 237. pl. XIV. 46. Körper groß, gedrungen; die Schuppen groß, t, einfach und ganzrandig, die vordern hoch, die mitt- quadratisch, die hintersten klein und länglich; erste ahlen der Brust- und Afterflossen weit länger, als die folgenden, die Bauchflossen kleiner als erstere; alle Flossen, insbesondere die Afterflosse längs ihres vordern Randes mit strahlenartigen Schuppen besetzt, welche viel größer als bei irgend einer andern Art sind. In bituminösem Schiefer (der Steinkohlen-Formation) dem New red Sandstone untergeordnet, von Sunderland in Massachusetts (ob die Fischreste zu Westspringfield und Deerfield in Connecticut zur nämlichen Art gehören, steht noch zu untersuchen). In den Sammlungen von Brongniart, Bronn ꝛc.

9) ? P. carinatus *Agass.* (Poiss. II, 104, 105. pl. IV. c. f. 1, 2). Körper, wie bei vorigem gestaltet; aber die Schuppen an den Seiten des Bauches größer, als bei irgend einer andern Art, glatt, eingezapft, ganzrandig, die in andern Körpertheilen verhältnißmäßig klein und länglich; die Röhrchen an den Schuppen der Seitenlinie an deren Hinterrand ausmündend. Flossen höchst unvollständig bekannt, daher der Fisch vielleicht ein Amblypterus. Man kennt nur ein Exemplar, in einer Niere thonigen Sphärosiderites zu New-Haven bei Leith, in der Sammlung Lord Greenock's.

10) P. glaphyrus *Agass.* (Poiss. II, 98, 99. pl. X°. f. 1, 2.) Körper klein, länglich, mit sehr kleinem niedrigem Kopfe; Schuppen sehr groß, glatt eingezapft mit sägeförmigem Hinterrande; Seitenlinie gerade bis zum Ende des Schwanzes; Flossen mit entfernt stehenden Strahlen, die Schuppenstrahlen auf ihrem Vorderrande länglich und sehr abstehend. Körperform fast wie bei P. Voltzii; Kopf kaum ⅕ der ganzen Länge einnehmend und sehr niedrig, Augenhöhlen groß, Kiemendeckel sehr klein. Kiemenstrahlen ? .... Rückenflosse mitten am Rücken, etwas hinter der Bauchflosse anfangend; Flossenstrahlen weiter auseinanderstehend, als bei allen vorigen; tiefer und in weniger Äste gespalten. Die größern Schuppen an ihrem Hinterrande mit 12—15 gleichgroßen spitzen Zähnen. Aus Magnesiankalk Britanniens mit Nr. 14. Im yorker Museum.

II. Arten mit horizontal gestreiften Schuppen (und etwas entferntstehenden Flossenstrahlen).

11) P. Robisoni *Hibbert* (**Memoir on the Fresh-water limestone of Burdiehouse.** 22, 23. pl. VI. f. 7. et pl. VII. f. 3. *Agass.* Poiss. II, 88—90, 179. pl. X°. f. 1, 2. Körper sehr lang gestreckt, klein, mit niederm Kopfe; Schuppen nur am Hinterrande etwas schief und fein gestreift, eingezapft, ganzrandig; Brust- und Bauchflossen klein, Vorderrand der Rückenflosse, der Bauchflosse entgegenstehend, die vordern langen Strahlen der gleichgroßen Rücken- und Afterflosse gegen die hintern genommen viel mehr verlängert und die sehr ungleichlappige Schwanzflosse viel größer, als bei irgend einer andern Art. Kopf dünn zulaufend, nicht ¼ des Ganzen betragend; seine Knochen meistens ganz glatt. Der inwendige diametrale Kiel der Schuppen erhaben und scharfrückig. Rückenflosse genau in der Mitte des Rückens mit ihrem Hinterrande bis über den Anfang der Afterflosse reichend, die wieder fast bis zur Schwanzflosse geht. Der Vorderrand beider sehr kleinstrahlig. Die Flossenstrahlen von beiden sind sehr langgliederig und erst gegen ihr Ende hin mehr-

fach getheilt. Schuppen klein, ungleich. Im untern Theile der Steinkohlen-Formation im Süßwasserkalke von Burdiehouse bei Edinburgh die gewöhnlichste Art. In den Sammlungen zu Edinburgh bei Hibbert, Greenock, Jameson, v. Leonhard, zu Neufchatel 2c.

12) **Palaeoniscus striolatus** *Agass.* (**Poiss. II, 91, 92. pl X^a. f. 3, 4**). **P.....** *Agass.* (*Hibbert.* **l. c. pl. VI. f. 6. pl. VII. f. 1.** Der vorigen Art ähnlich, doch etwas weniger schlank, der Kopf kürzer; die Schuppen größer, deutlicher gestreift, eingezapft, ganzrandig; der Schwanz ungleich lappiger als bei irgend einer andern Art; der obere Lappen wohl über $2\frac{1}{2}$ mal so lang, als der untere (vom vordersten Punkte der Theilungslinie an gemessen). Rumpf spindelförmig, Kopf nur wenig über $\frac{1}{4}$ der ganzen Länge ausmachend, Augenhöhlen klein; Rachen weit. Die Schuppen auf der innern Seite nur flach gekielt. Bauchflossen etwas größer und näher an der Afterflosse als bei voriger Art; an dieser und der Rückenflosse sind die hintern Strahlen auch weniger verkürzt und ist der äußere Rand daher weniger ausgeschnitten; die Flossenstrahlen sind kürzer gegliedert und tiefer getheilt. Am Vorderrande der Flossen sitzen einige kurze angepreßte Schuppenstrahlen. Mit voriger Art gefunden. In den Sammlungen zu Edinburgh, bei Hibbert, Jameson 2c.

13) **P. ornatissimus** *Agass.* (**Poiss. II, 92, 93. pl. X^a. f. 5—8.** Körper sehr schlank, mit langem, spitzem Kopfe und hochstehenden Augen; Schuppen gestreift, einfach, mit schwach gezähneltem Hinterrande; Brustflossen größer als die andern Bauchflossen genau in der Mitte zwischen Brust- und Afterflossen, welche letztere wieder mitten zwischen Bauch- und Schwanzflosse steht; die Rückenflosse zwischen Bauch- und Afterflosse; Schwanzflossen ungleich. Ist nächst **P. longissimus** die schlankste Art; der Kopf zugespitzt, $\frac{1}{4}$ der ganzen Länge betragend, Rachen weit; Augenhöhlen groß, am obern Rande des Kopfes liegend; alle Kopfknochen deutlich wellenförmig in die Länge gestreift; der obere Schwanzlappen beträchtlich länger als der untere. Zu Burdiehouse mit beiden vorigen, und zu Burntisland in Fifeshire in einer gleichen Formation. Bei Jameson Torrie und Hibbert.

14) **P. elegans** *Agass.* (**Poiss. II, 69, 76, 82, 95—97. pl. X^b. f. 4, 5.) Palaeoniscum Freieslebense** *de Blainv.* (**in litt.) Palaeothrissum elegans** *Sedgw.* (**in Geol. Transact; N. S. III, 37 sq. pl. IX, f. 1.** *Walchn.* **Geogn. 719.** Körper wohl proportionirt, lang oval, mit kleinem ($\frac{1}{5}$) Kopfe und strahlig gefurchten Kopfknochen; Schuppen vorn am Körper dachziegelartig über einander liegend und nur wenig größer als in der Mitte und nicht viel höher als lang, an ihren horizontalen Rändern gerade, nur am Vorderrande wenig gestreift, eingezapft und am Hinterrande gezähnelt; die der Seitenlinie in ihrer Dicke die Schleimröhre einschließend, welche im Hinterrande selbst ausmündet; Flossen klein, die Strahlen der Rücken- und Afterflosse bis zur Hälfte getheilt und langgliedrig, aber die Glieder wechselständig; Schwanzflosse nicht sehr ungleichlappig. Die Schuppen besitzen auf ihrem inwendigen senkrechten Diameter nur eine sehr flache Verdickung. Der Vorderrand der Flossen trägt nur sehr kleine Schuppenstrählchen. Die Schwanzflosse ist wie bei **P. Freieslebeni** beschaffen, aber ihr Stiel schmäler, der untere Lappen etwas länger. Im Magnesiankalke Englands eine etwas seltenere Art, zu Midderidge, East Thickley, Darlington, um Clarence Railway bei Mainsforth, zu West Bolden, Houghton the Spring, Witley, bei Shields und Rushyford.

15) **P. comtus** *Agass.* (**Poiss. II, 97. pl. X^b. f. 1—3.) Palaeothrissum magnum** *de Blainv.* (**in litt.** *Sedgw.* **in Lond. Geol. Transact. N. S. III. pl. VIII. f. 1, 2.) Palaeothrissum macrocephalum** *de Blainv.* (**in litt.** *Sedgw.* **ib. pl. IX. f. 2.)** Körper groß, wie bei **P. magnum** gestaltet, Kopf $\frac{1}{4}$; alle Kopfknochen mit in unregelmäßigen Reihen stehenden Punkten; Schuppen gestreift, eingezapft und am Hinterrande gezähnelt, in Form und Größe veränderlich, die der Seiten groß, höher als lang, ihre ganze Oberfläche mit dicht gedrängten Streifen und Punkten bedeckt; die vordern mit concavem Ober- und convexem Unterrande, die mittleren geradrandig, die hintern viel kleiner, mit convexem Oberrande, der sich in den hintern umbiegt, und mit concavem Unterrande; die der Seitenlinie über der Mitte von den Schleimröhrchen der Länge nach durchzogen; Flossen etwa wie bei **P. magnum**, meist klein. Die Brustflossen sind mittelmäßig groß, aber verhältnißmäßig größer, als die übrigen Flossen, nur die Schwanzflosse ist wirklich groß. Im Zechsteine Englands an den vorhin genannten Orten, die gemeinste Art.

16) **P. macrophthalmus** *Agass.* (**Poiss. II. 99, 100. pl. X^c. f. 3.** Kopf sehr groß, $\frac{1}{4}$ der ganzen Körperlänge, stumpf und höher als der Rumpf, mit großen Augenhöhlen vorn unmittelbar über den Kiefern; alle Kopfknochen unregelmäßig gestreift und punktirt; Rumpf niedrig; Schuppen unregelmäßig gestreift, schwach eingezapft und ganzrandig, sehr klein, und die hintern fast so groß als die vordern; Rückenflosse etwas näher der Schwanzflosse als dem Kopfe, mitten zwischen Bauch- und Afterflossen; Bauchflossen viel näher an der After- als den Brustflossen; Schwanz fast gleichgabelig. Unterkiefer schmal, Kiemenhautstrahlen 9 und vielleicht mehr, wovon der vordere merklich breiter ist; Rumpf niedrig, ganz von gleicher Höhe, nur am Schwanz etwas mehr zusammengezogen. Rückenflosse mit sehr schlanken, langgliedrigen, nur am Ende getheilten Strahlen und auf ihrem Vorderrande mit sehr feinen, nur unter der Lupe kenntlichen Schuppenstrahlen. Die Schuppen inwendig mit deutlicher diametraler Verdickung. Mit vorigen im Magnesiankalke. In den Sammlungen Sedgwick's, Riepley's 2c.

17) **P. longissimus** *Agass.* (**Poiss. II, 100—102. pl. 10^c. f. 4.** Die gestreckteste (und ursprünglich wol auch dickste oder breiteste) Art des ganzen Geschlechtes, wovon der Kopf nur $\frac{1}{8}$ beträgt; Kopfknochen alle mit reihenständigen erhabenen Körnchen; Schuppen mittelmäßig, etwas länger als hoch, dick gestreift, einfach, die vordern mit gezähneltem Hinterrande; Flossen klein und weit aus einandergerückt, alle vordern mit sehr langgliederigen Strahlen; Rückenflosse mitten am Rücken, der Bauchflosse gegenüber, mit nicht tief getheilten Strahlen. Mit vorigen in Eng-

landes Magnesiankalk. In den Museen zu York, bei Witham, Randyll u. A.

18) **P. macropomus** *Agass.* (Poiss. II, 81, 82, 103. pl. IX. f. 6, 7.) **Palaeothrissum gigas** *Agass.* (Catal. mspt.) Körper sehr verlängert, von gleichbleibender Höhe und nur gegen den Schwanz hin wenig verschmälert, Kopf groß, über ¼ des Ganzen ausmachend, Kiemendeckel sehr groß, insbesondere das Deckelbein, in fast spitzem Winkel nach Hinten vorspringend; Augenhöhle groß; Schuppen überall gleich groß, ihr freier Theil quadratisch, wenig, aber tief gestreift, ...; Flossen sehr klein, Rückenflosse weit hinten, zwischen Bauch- und Afterflosse; Bauchflosse viel näher an der After- als den Brustflossen, mithin ebenfalls hinter der Mitte des Rumpfs; Bauchflosse verhältnißmäßig größer als bei andern Arten. Über die Einzapfung und die Beschaffenheit des Hinterrandes an den Schuppen ist nichts bekannt geworden. In ovalen Geoden — Schwühlen — einiger nun verlassenen Werke im teutschen Kupferschiefergebirge einst häufig: zu Ilmenau in Thüringen, zu Rothenburg im Mannsfeldischen? nie zu Eisleben und Riegelsdorf. In den Sammlungen v. Münster's, v. Zieten's, Scheitlin's, Regley's 2c.

19) **P. magnus** *Agass.* (Poiss. II, 78—80. pl. 13, 14), nicht **Palaeothrissum magnum** *Blainv. Sedgwick.* **Palaeoniscum Freieslebense** auctt. **Rhombus diluvianus** *J. J. Scheuchzer* (piscium querelae et vindiciae [Tigur. 1708.] p. 26, 27. t. IV, f. 1, 2. *Wolfart*, Historia Hassiae inferioris. I. t. XIII, XIV. f. 1 et t. XV. Walch und Knorr, Verstein. I. 1773. t. XX. f. 1.) Körper sehr groß, hoch, oval, gegen den Anfang des Schwanzes stark zusammengezogen, mit kleinem Kopfe, vorstehender Schnauze und kleinen, weit nach Vorn gelegenen Augenhöhlen; Schuppen außen mit wenigen undeutlichen Furchen und mit concentrischer Streifung, nicht eingezapft; auf der innern Fläche etwas wellenförmig, wodurch auch der Hinterrand fein wellenförmig gekerbt, aber nicht gezähnelt erscheint; Schuppen übrigens am Vordertheile groß, gleichseitig, je 30 in jeder Dorso-Ventralreihe, deren obere Enden nach Vorn, die untern Enden nach Hinten umgebogen sind; Bauchflossen von dem Vorderrande der Rückenflosse, von der Afterflosse mehr, als bei P. Freieslebeni gegen die Mitte entfernt und größer; Afterflosse etwas kleiner, näher bei der Schwanz- als der Bauchflosse; Schwanz sehr ungleichlappig. Wird über 1′ lang und besitzt eine hohe Wölbung des Rückens und des Bauches. Der Unterkiefer ist größer und höher als bei P. Freieslebeni. Flossen überhaupt mit langgliedrigen Strahlen und auf ihrem Vorderrande mit länglichen, angedrückten Strahlenschuppen. Findet sich mit P. Freieslebeni zu Neudershausen 2c. In der Sammlung zu München 2c.

20) **P. Freieslebeni** *Agass.* (Poiss. II, 66—78. pl. 11, 12.) **Ichthyolithus Eislebensis** (vett. auctt. *Leibnitz*, Protogaea t. II. *Lang*, Hist. Lapid. figurat. Helvet. t. IV. f. 3. t. VII, f. 4.) **Ichthyites Eislebensis** *Scheuchz.* (Pisc. querel. et vindic. [Tig. 1709.] p. 9. t. II. f. 1.) **Albula diluviana** (ib. p. 26. t. IV. f. 3.) Aalraupe und Hering M(ylius) Memorab. Saxon. subterr. [Lips. 1709. 4.] p. 16. t. IV. f. 2, 3. *Büttner*, Radera diluvii testes [Lips. 1710. 4.] p. 233. t. XVIII. f. 3, 4. *P. Wolfart*, Hist. nat. Hassiae infer. [Cassel. 1719. Fol.] I. t. XII. f. 1. t. XIV. f. 2, 3, 4. t. XVI, XVII, XX. *Liebknecht*, Hassiae subterraneae specimen. [Giessae 1730. 4.] p. 87. t. V. f. 1. Rariora Musei Besleriani t. XXXII. f. 1, 4. Walch und Knorr Verstein. I. t. XVII f. 1, 2. t. XVIII. f. 2. t. XIX. f. 1, 2. t. XX. f. 2, 3. Freiesleben, Geogn. Beiträge zur Kenntniß des Kupferschiefergebirges in Mannsfeld und Thüringen. [4 Bde. Freiberg 1807—1815.] 3. Bd.) **Palaeoniscum Freieslebense** *de Blainv.* (Poiss. foss. 1818 ...., übers. v. Krüger. [1823.] S. 35. Krüger, Urweltliche Naturgeschichte II, 131. Holl, Petrefactenkunde. 117. Goldfuß bei Dechen 460.) **Palaeothrissum macrocephalum** *de Blainv.* (übers. von Krüger 37. Krüger, Urweltliche Naturgeschichte II, 133. Holl, Petrefactenkunde 130. Goldfuß bei Dechen. 460. *Walchn.* Geogn. 719.) **Clupea Lametherii** *de Blainv.* (ib. 38. Krüger, Urweltliche Naturgeschichte. I, 174. Goldfuß bei Dechen 461.) **Acipenser bituminosus** *Germar* (in Leonh. Taschenb. 1824. XVIII, 63—67.) **Palaeothrissum aequilobum** *Huet.* ? **Palaeothrissum blennioides** *Holl.* (Petrefactenkunde 131. Goldfuß bei Dechen 460.) **Palaeothrissum vulgatissimum** *Agass.* (Catal. mspt. *Walchn.* Geogn. 719.) **Palaeothrissum ornatum** *Agass.* (Catal. mspt.) **Palaeothrissum rhynchaeum** *Agass.* (Catal. mspt.) Körper groß, gestreckt, Rumpf nicht viel höher als der Schwanz; Kopf mäßig; alle Kopfknochen concentrisch oder radial gefurcht; Augenhöhle klein, über dem vordern Ende des Unterkiefers; alle Schuppenreihen fast gleich breit mit je 20 Schuppen, welche außen schief, etwas radial gefurcht, eingezapft, ganzrandig sind, die auf dem Rücken zwischen den größern Schildern sehr klein; Seitenlinie Anfangs etwas abwärts gebogen, dann gerade bis zur Mitte der Schwanzflosse; Flossen klein, Rücken-, Bauch und Afterflossen weit nach Hinten liegend. Der Körper wird bis 10″ lang; der Kopf beträgt nicht ¼ der ganzen Länge; das Maul ist weit gespalten, der Unterkiefer schmal; der Kiemendeckel schmal, höher als lang, die 8—9 Kiemenstrahlen sind kurz und breit; die Wangen scheinen ebenfalls beschuppt gewesen zu sein. Die Schuppenreihen bleiben zwar von Vorn bis Hinten gleichbreit, indem sich aber die Schuppen darin drehen, so sind die hintern Schuppen selbst viel schmäler als die vordern. Die Bauchflosse liegt zwar mitten am Bauche, aber näher an der After- als an der Brustflosse; die Afterflosse steht mitten zwischen der Bauch- und dem Anfange der Schwanzflosse; die Rückenflosse mitten zwischen Bauch- und Afterflosse, daher näher am Schwanze als am Kopfe, und ist etwas länger als letztere, und vorn doppelt so hoch als hinten. So sind auch die vordern Strahlen der Afterflosse doppelt so lang als die hintern. De Blainville zählte an einem Exemplare 18 Strahlen in der Brustflosse, 5 in der Bauchflosse, 15 in der Rückenflosse, 12 in der Afterflosse. Die Schuppen auf den Flossen sind von sehr länglicher Form. Beide Schwanzlappen sind fast gleich

breit, schiefer als gewöhnlich gegen einander geneigt, der obere merklich länger als der untere. Gewöhnlich findet man nur die Abdrücke dieser Fische, die Schuppen sind jedoch oft durch Schwefelkupfer ersetzt; der Verfasser besitzt ein Exemplar, woran sie aus gediegenem Kupfer bestehen. Vorkommen im teutschen Kupferschiefergebirge, zu Riegelsdorf und Thalitter in Hessen, zu Eisleben im Mannsfeldischen, auch zu Nendershausen, Willengenrode ꝛc. Verbreitet in den meisten Petrefactensammlungen.

(*H. G. Bronn.*)

Paläontographie, s. **Paläontologie.**

PALÄONTOLOGIE. Man hat diese Benennung „Lehre von den frühern Wesen," wie es scheint zuerst von Frankreich aus, eingeführt, um damit zu bezeichnen bald die Naturgeschichte der organischen Wesen, welche vor dem Zustande der Dinge existirt haben, der das Bestehen der gegenwärtig lebenden Thier- und Pflanzenformen bedingt (Paläontographie), — und die Geschichte ihrer fossilen Überbleibsel, — bald aber den gesammten frühern Zustand der Natur und Naturkörper selbst.

Im ersten Sinne ist das Wort gleichbedeutend mit den Ausdrücken Versteinerungskunde, Petrefactenkunde, oder gar Petrefactologie, und verdient denselben vorgezogen zu werden; denn das erste dieser Wörter bedeutet buchstäblich genommen vielmehr die Kunde von der Art und Weise, wie organische Reste versteinern, und müßte daher für obigen Sinn wenigstens durch Versteinerungenkunde ersetzt werden. Gegen die zwei andern ist zu bemerken, daß sie aus Elementen von je zwei verschiedenen Sprachen zusammengesetzt sind. Gegen alle läßt sich einwenden, daß sie sich nicht nach der Weise anderer wissenschaftlicher Benennungen unmittelbar in allen Sprachen gebrauchen lassen, und daß sie sich wörtlich nur auf die wirklich versteinerten, nicht überhaupt auf alle fossilen Reste beziehen, die man damit wirklich bezeichnen will; endlich daß sie eben nur auf diese fossilen Reste und nicht auf deren Urtypen und deren einstigen Zustand Bezug haben. Diese letztern zwei Vorwürfe nur allein treffen das von Fischer von Waldheim seit 1827 angewendete Wort Petromatognosie; sie haben ihm aber genügt, seit Kurzem selbst dieses Wort wieder zuverlassen und es ebenfalls durch Paläontologie (er schreibt vielmehr Paläonthologie) zu ersetzen. Auch bei diesem Ausdrucke würde sich noch die Bemerkung machen lassen, daß es sich etwas zu allgemein auf frühere Wesen oder auf ein früheres Sein beziehe, sodaß es seiner buchstäblichen Bedeutung nach von dem schon früher für einen andern Zweig der Wissenschaften angewendeten Ausdruck Paläologie (s. d. Art.) nicht wesentlich verschieden sei, sodaß H. von Meyer das Wort **Palaeologica** in demselben Sinne anwenden konnte, in welchem man **Palaeontologica** gebraucht haben würde.

Inzwischen drängt sich uns hierbei noch eine Bemerkung ganz anderer Art auf; daß nämlich das Wissenschaftliche, was man mit allen diesen Benennungen bezeichnen will, keine Wissenschaft sei. Es ist vielmehr eine Zusammenstellung von Theilen aus verschiedenen andern Wissenschaften, insbesondere aus der Zoologie, der Botanik, der Geologie, der Geognosie, selbst Mineralogie und mitunter Astronomie, welche beim Studium der fossilen Reste alle zu Hilfe gezogen werden müssen, daher es allerdings, wenigstens in praktischer Beziehung, bequem ist, diesen besondern Complex wissenschaftlicher Theile auf eine kurze Weise bezeichnen zu können. So ist die Lehre von den fossilen Thieren nur ein Zweig der Zoologie und hat daher auch den Namen Paläozoologie erhalten; die von den fossilen Pflanzen ist ein Theil der Botanik oder Phytologie, und ist deshalb auch Paläophytologie genannt worden. Die Untersuchung, inwiefern diese Reste für die einzelnen Gebirgsschichten bezeichnende Merkmale zu liefern vermögen, gehört der Geognosie an. Die Forschung nach den Bedingnissen ihrer einstigen Existenz und Verbreitung und nach der Art und Weise, wie sie in diese Gebirgsschichten gelangt sind, wie sie darin erhalten und welchen Veränderungen sie hierbei unterworfen wurden (Versteinerungsmittel), geht die Geologie an. Die Resultate aus allen diesen Forschungen ordnen sich endlich zu einem harmonischen Ganzen, worin kein Zweig der Naturwissenschaften mehr überwiegt, sondern alle mit gleichem Rechte und gleicher Bedeutsamkeit zusammentreten, um die schönste aller Wissenschaften zu gründen, deren Ausbildung wol noch das späteste und hehrste Ziel menschlicher Forschungen bleiben wird: die Geschichte der Natur (vergl. die gen. Ausdr.)

Auch von einer Geschichte der Paläontologie im Ganzen läßt sich aus den genannten Gründen kaum sprechen. Die Untersuchungen über fossile Conchylien, fossile Knochen und fossile Pflanzen gingen alle drei einen von einander nur wenig abhängigen Gang. Die über die übrigen organischen Reste sind kaum über ein Decennium alt. Sie gehören in die Zoologie, Botanik, Geognosie und Geologie. Was die Literairgeschichte anbelangt, so haben wir für Italien insbesondere einen Versuch von Brocchi in seiner **Conchologia fossile Subapennina. t. I,** und eine Zusammenstellung der wichtigsten Schriften und Abhandlungen über fossile Thierreste von *G. Fischer de Waldheim*, **Bibliographia palaeonthologica animalium systematica (Mosquae 1834) etc.** (*H. G. Bronn.*)

Paläophytologie, s. **Paläontologie.**

Paläo-Pischini, s. **Pylus Triphyliacus.**

PALÄOPITHECUS (Paläozoologie), von *παλαιός*, alt, und *πίθηκος*, Affe. Eine der wichtigsten naturhistorischen Entdeckungen neuester Zeit ist die Auffindung der Fußspuren von vollkommen organisirten Säugethieren auf den Schichtungsflächen des bunten Sandsteines bei Hildburghausen, gleichzeitig mit der Wahrnehmung ähnlicher Spuren großer Vögel im New red Sandstone von Massachusetts in Nordamerika[1]), durch welche Entdeckungen unsere Ansichten über das Alter warmblütiger Thiere in der Schöpfungsfolge wesentlich geändert werden, indem man bis jetzt keine unmittelbaren Überbleibsel solcher Thiere früher als in den tertiairen Formationen gefunden hatte, einige bisher problematische Vögelknochen in der Kreide

---

1) Vergl. den Art. Ornithichnites.

und zwei bis drei ebenfalls problematische Marsupialen-Kinnladen in den Oolithen Englands ausgenommen.

Die ersten jener Fußspuren bemerkte Consistorialrath Sickler im Frühlinge 1833 und munterte die Arbeiter zur künftigen sorgsamern Beachtung derselben auf, in dessen Folge man denn auch bald eine große Menge derselben entdeckte; die erste öffentliche Kunde davon verbreiteten Bernhardi[2]) und Kaup[3]), welchem Letztern eine Gesteinsplatte mit solchen Abdrücken nach Darmstadt gesendet worden war. Nach ihnen gab Sickler eine ausführlichere Nachricht in einem besondern Sendschreiben an Blumenbach[4]), und haben Kaup, Voigt[5]), Link[6]) als Beobachter an Ort und Stelle, Berthold[7]), von Münster, Bronn[8]), Wiegmann[9]), von Humboldt[10]), theils nach bloßen Musterstücken darüber berichtet, theils sich mit der Erforschung der Thiere beschäftigt, welche solche Fährten gebildet haben könnten, während dieselben von L. v. Buch, H v. Meyer, v. Froriep rc. bei der Naturforscherversammlung in Bonn, wo v. Hoff[11]) darüber im J. 1835 berichtete, vielmehr für zufällige Concretionen, für Naturspiele rc. gehalten wurden. Endlich hat Sickler noch kurz vor seinem Tode angefangen, mit Hofmaler Keßler[12]) die deutlichsten jener Abdrücke in natürlicher Größe genau abzubilden und kurz zu beschreiben und solche so dem größern Publicum mitzutheilen.

Diese Thierfährten zeigen sich auf einer Schichtungsfläche zwischen zwei Flötzen des bunten Sandsteingebirges (die Vermuthung Bernhardi's, bei der Versammlung in Bonn ausgesprochen, daß der Sandstein wol einer jüngern Formation angehören könne, hat sich nicht bestätigt), 16′ tief unter der Oberfläche dieser Formation, 150 bis 160′ über dem Spiegel der Werra in den Brüchen der heßberger und einiger benachbarten Gemarkungen, etwa eine Stunde von Hildburghausen, von wo diese Formation sich auf dem nördlichen Ufer des Flusses noch einige Stunden weit östlich in Begleitung von Muschelkalk fortsetzt und sich gegen das thüringer Waldgebirge hin bis zu 400′ erhebt, während der Muschelkalk auf 350′ zurückbleibt, aber allem Anscheine nach jenen Sandstein überlagert, dessen Schichten ebenfalls in jener Richtung allmälig ansteigen. Von Oben nach Unten sieht man im heßberger Bruche wiederholte Wechsellagerungen von verschieden gefärbten Sandsteinen und Mergeln. Unmittelbar über der erwähnten Schichtungsfläche befindet sich ein 6″ mächtiges Flötz grauen Sandsteines, darunter eine ¼ bis ½″ starke Lage blaugrauen Mergelthones, worunter wieder ein 1¼′ mächtiges Flötz harten, grauen Sandsteines folgt. Auf diesem Mergelthone nun haben die Thiere sich bewegt, als derselbe noch ein weicher Schlamm war, und daher ihre Füße in denselben eingedrückt; ja die schwerern unter ihnen sanken durch die ganze Tiefe desselben bis auf das Sandsteinflötz darunter ein, welches ebenfalls noch weich gewesen, sodaß auch dieses auf seiner obern Fläche die Fährten seichter und undeutlicher begrenzt noch erkennen läßt. Als jener Mergelthon sich entweder blos durch seine Schwere unter Wasser, oder wahrscheinlicher durch Austrocknung außer demselben etwas fester zusammengesetzt und einige Consistenz gewonnen, wurde die Sandmasse über ihn ausgebreitet, welche in alle Vertiefungen seiner Oberfläche eindrang und später zu dem darauf ruhenden Sandsteinflötze erhärtete und so alle in den erstern concav eingedrückt gewesene Fährten convex nachahmte oder Abgüsse davon darstellte. Da aber der Mergelthon in Folge spätern gänzlichen Austrocknens nach allen Richtungen gänzlich zerborsten und zerschiefert ist, so ist es nun nicht möglich, größere Stücke desselben mit den concav eingedrückten Fährten herauszuheben; sehr schön erhält man dagegen die convex abgegossenen, als sähe man die Füße selbst, auf der untern Seite des darauf ruhenden Sandsteinflötzes vorstehen; ihre Höhe ist um die ganze jedesmalige Mächtigkeit der Mergelthonlage beträchtlicher, als ihre Tiefe auf der obern Seite des darunter liegenden Sandsteinflötzes ist, wo man sie daher ihrer weit geringern Deutlichkeit wegen wenig beachtet. Ein erhabenes, überall gleich dick verlaufendes Aderwerk mit sehr oft geschlossenen Maschen von sehr ungleicher Größe und Form bedeckt überall noch die Unterseite desselben Sandsteinflötzes, worauf die Reliefs der Fährten vorkommen. Sickler und selbst Link sehen es für eine Concretion an, die sich an der Stelle gebildet, wo einst Pflanzen oder Pflanzenwurzeln — etwa wie von Calamus, bemerkt Link — in der Oberfläche der Schlammschichte sich umher verbreitet hätten, ohne daß sie sich bei dieser Erklärung um die häufigen Anastomosen und die gleichbleibende Decke zu sehr kümmern. Solche netzartige Concretionen auf der untern Oberfläche der Sandsteinflötze sind aber überhaupt gar nichts Seltenes und ohne Zweifel durch Abguß des Sandsteines in die Risse und Spalten einer durch Austrocknung rc. zusammengezogenen Thonlage darunter entstanden. Eine von Sickler für die erste Ansicht beigebrachte Thatsache, wo eine Tatze auf einer solchen Wurzel gestanden und von ihr getragen worden sein soll, ist keineswegs beweisend.

Diese Thierfährten nun findet man reihenweise hinter einander geordnet, in jeder Reihe in gleichbleibender, regelmäßiger Form, Stellung und Entfernung wiederkehrend, auf große Erstreckungen über die Flächen hinziehend. Regelmäßig wechselt jedoch in den meisten Reihen eine größere mit einer kleinern Fährte, wie beim Gehen der

2) N. Jahrbuch für Mineralogie. 1834. S. 642. 3) Wenn wir nicht irren, zuerst in der Dorfzeitung, — dann in seinem Thierreich, I, 246, später im Jahrbuche 1835, 327. 4) Sendschreiben an Blumenbach über die höchst merkwürdigen, vor einigen Monaten entdeckten Reliefs der Fährten urweltlicher großer und unbekannter Thiere in den heßberger Sandsteinbrüchen bei Hildburghausen, mit mehren Zeichnungen. (Hildburghausen 1834. 4.) 5) Im Jahrbuche 1835, 322—326 und 1836, 166—174. 6) Bei der pariser Akademie. Vergl. Annal. des scienc. natur. 1835. IV, 139—141 und Biblioth. univers. 1835. LIX, 395—399. 7) In den göttinger gelehrten Anzeigen. 8) Im Jahrbuch 1835, 232—234. 9) Archiv für Naturgeschichte, 1835, I, 127—131 und 395—397. Jahrb. 1836. S. 111. 10) Bei der pariser Akademie. Vergl. Ann. des scienc. natur. 1835. IV, 134—138. 11) Jahrb. 1835. 624—628. 12) Die vorzüglichsten Fährtenabdrücke urweltlicher Thiere im bunten Sandsteine bei Hildburghausen nach der Natur lithogr. von Keßler und mit einem Vorworte herausgegeben von Sickler. 1. Heft mit 7 lith. Tafeln. 1836.

Hinter- mit dem Vorderfuße wechselte; regelmäßig folgt auf eine Fährte des rechten eine des linken Fußes, wie man aus der Richtung der Zehen erkennen kann; regelmäßig bleibt auch der Abstand zwischen einer Vorder- und einer Hinterfährte und der zwischen einer Hinter- und einer Vorderfährte sich gleich. Aber in verschiedenen Reihen sieht man Fährten, die sehr ungleich an Größe, Form, Stellung und Abstand sind, sodaß dadurch Thiere verschiedener Arten, deren man schon zehn bis zwölf zu unterscheiden glaubt, und aus fast ebenso vielen Geschlechtern auf das Bestimmteste angedeutet sieht. Unter diesen ist nun eine Art von Fährten, die sich durch ihre Größe, Deutlichkeit und Häufigkeit vor allen übrigen auszeichnet und bisher fast alleiniger Gegenstand vieler Discussionen gewesen ist.

Bei dieser Art zeigen alle Fährten vier dicke, vorn mit einer kegelförmigen Spitze (Klaue) versehene, lange Zehen und einen von diesen rechtwinkelig abstehenden, fast aus der Handwurzel hervorkommenden, an seiner Basis mit einem Ballen versehenen Daumen ohne Spitze, welcher an den rechts von einer, mitten zwischen alle Fährten einer Reihe hin gedachten Linie befindlichen Abdrücken nach Rechts, an den links davon stehenden nach Links, also immer nach Außen gekehrt ist, obschon der Daumen an allen bekannten Thieren auf der inwendigen Seite der Hände steht, was aber ohne Zweifel davon herrührt, daß das Thier beim Gehen die Beine etwas über einander warf, d. h. den rechten Fuß etwas links und den linken Fuß rechts von jener Linie aufsetzte; eine Art der Bewegung, wie sie einer der Redactoren der **Annales des sciences naturelles** an einem Bären beobachtet hat. In diesen Fährtenreihen wechselt regelmäßig eine große ovale mit einer kleinen, flachen, fast rundlichen Hand ab, jene ohne Zweifel den hintern, diese den vordern Tatzen entsprechend, jene mit sehr starkem Daumenballen und langen Zehen, diese mit schwachem Ballen und kürzern Zehen. In beiden Fällen sind die Zehen nur um Weniges kürzer als die resp. Mittelhände und Handwurzeln, so weit sie aufstehen. Die große Tatze steht immer nahe hinter und weit von den zwei nächsten kleinen Fährten derselben Seite; sie hat vom Hinterrande des Daumenballens an bis zur Spitze des Mittelfingers gewöhnlich 8" Länge und bis $4\frac{1}{2}$" Breite; die Vordertatze $3\frac{1}{4}$" Länge auf $2\frac{3}{4}$" Breite und steht $\frac{1}{2}$ bis $\frac{1}{4}$" von der Spitze der vorigen entfernt. Die zwei Hinterfüße lassen im Schritte jedesmal 1′ 2" Raum zwischen sich, und die eigentliche Schrittweite von der Spitze eines Fußes bis wieder zur Spitze seines eignen nächsten Eindrucks ist nach der Zeichnung etwa 3′ 2". Ein sehr großes Individuum jedoch besaß 12" lange Hintertatzen, und zwei Fuß Abstand zwischen den zwei Hinterfüßen, welche Größe der Tatzen bei voriger Proportion auf 4′ 8", und welcher Abstand ebenfalls bei voriger Proportion auf 4′ 7" Schrittweite deuten würde. Alle Fährtenreihen dieser Art ziehen auf der etwas geneigten Sandsteinfläche mehr oder minder bergan, ohne jedoch parallel mit einander zu sein. Von Gleiten auf der Fläche sieht man keine Spur.

Diese Fährten sind es nun, welche Kaup einem besondern Marsupialen-Genus oder allenfalls einem [illegible]
Bernhardi, Berthold und Link einem Reptile, Wieg[illegible]
und weniger bestimmt von Humboldt einem Didelph[illegible]
Bronn und Voigt einem affenartigen Thiere zugeschrie[illegible]
haben. Kaup hat daher den Namen **Chiroterium** ([illegible]
ler **Cheiroterion**) und eventuell **Chirosaurus**, Voigt [illegible]
laeopithecus vorgeschlagen.

Alle vorher aufgezählten Verhältnisse zusammengef[illegible]
so können diese Fährten nur mit denen der Affen in [illegible]
noch lebenden Schöpfung verglichen werden. Denn zu[illegible]
ist an Vögel der zwei Paar Füße wegen gar nicht [illegible]
denken. Ferner deutet 1) das Schnüren der Fährten:
d. h. die Stellung der rechten und der linken Füße [illegible]
eine gerade Linie oder selbst noch etwas links und re[illegible]
über diese Linie hinüber, und mit der Spitze grade n[illegible]
Vorn. — durchaus auf ein hochbeiniges Thier hin [illegible]
wird bei Hirschen, Wölfen rc. regelmäßig, aber schon w[illegible]
mehr bei Katzen, Ottern, Bibern, noch weniger aber [illegible]
den hüpfenden Nagethieren rc. gefunden, oder gar bei d[illegible]
Reptilien bemerkt, wo die niedern Füße weit links u[illegible]
rechts von der Mittellinie bleiben müssen (einige ganz kl[illegible]
auf dünnen Baumzweigen laufende etwa ausgenomm[illegible]
2) Das Niedersetzen des Hinterfußes in einem klei[illegible]
Abstande hinter dem Vorderfuße derselben Seite kom[illegible]
bei den vorher erwähnten hochbeinigen Thieren nicht v[illegible]
indem sie im Schritte (und Alles deutet bei diesen Fäh[illegible]
tenabdrücken nur auf eine Bewegung im Schritte hi[illegible]
den Hinterfuß mehr oder weniger auf die Fährte des Vo[illegible]
derfußes setzen. Jenes Zurückbleiben mit dem Hinterfu[illegible]
mag vielmehr eine Eigenthümlichkeit der Sohlengän[illegible]
sein, wie man es denn unter den teutschen Thieren n[illegible]
bei denen des Bärengeschlechtes zu finden scheint. Nu[illegible]
sind aber nach Wiegmann die Didelphen auch noch Pla[illegible]
tigraden, und wären nach Desmarest die Affen stets D[illegible]
gitigraden, was jedoch in der Strenge des Worts g[illegible]
nommen theils noch bezweifelt werden darf, theils au[illegible]
bei mit einander nahe verwandten Thieren, wie den [illegible]
schen Viverren, manchem Wechsel unterworfen ist, [illegible]
daher insbesondere für ein so schweres Thier, wie das ge[illegible]
wärtige unter den Affen immer sein würde, leicht [illegible]
Ausnahme erleiden könnte. Bei den Reptilien würde [illegible]
gewiß auch eintreten. 3) Die fünf freien Zehen m[illegible]
Krallen an wenigstens vieren derselben sind Chara[illegible]
welche unter den Säugethieren eine Vergleichung nur [illegible]
den Affen, Raubthieren, Beutelthieren und Nagern [illegible]
statten; die Ungleichheit der Hinter- und Vorderfüße, [illegible]
Breite der Fußsohlen, welche bis hinter dem Ballen [illegible]
Daumens abgedrückt sind, die Länge der Mittelhände, [illegible]
Länge der Finger selbst, schließen aber auch diese bis [illegible]
die Affen und etwa die Beutelthiere aus. 4) [illegible]
kommen Hände mit einem von den übrigen Zehen [illegible]
henden Daumen unter den Reptilien nur bei [illegible]
unter den Säugethieren an den Hinterfüßen nur bei [illegible]
Marsupialen und bei Cheiromys (Nager), an den [illegible]
derextremitäten beim Menschen, an beiden zugleich [illegible]
nur allein bei den Affen vor. Bei den Marsupialen [illegible]
aber der Daumen an den Hinterfüßen auch sehr oft [illegible]
lich und trennt sich der innere fünfte Finger der Beu[illegible]

extremitäten immer in gleicher Linie mit den übrigen, ohne als Daumen entgegensetzbar zu sein. Der Nagel des Daumens an den Hinterfüßen mangelt den Marsupialen gewöhnlich, unterliegt aber auch bei den Affen einigem Wechsel. 5) Sickler und Keßler haben auch eine Abbildung von den Fährten des Thieres bei ruhigem Stande gegeben (t. V), wo die beiden Vorderfüße nur ein wenig schief neben einander und die Hinterfüße fast so nahe hinter diesen, wie im Schritte stehen; nämlich nur um die halbe Länge der Vorderfüße von diesen entfernt, was auf eine Stellung mit gekrümmtem Rücken hinweist, wie sie bei den schlankern Affen und Halbaffen mitunter bemerkt wird. 6) Die obenerwähnte Schrittweite von 3′ 6″ würde auf etwa 8′ Länge, von der Schnauze bis zum Schwanze gemessen, und eine Weite von 4′ 8″ gar auf 10′ 8″ Länge hindeuten.

Unter diesen Verhältnissen deutet mithin Alles einen Affen an, sofern nämlich überhaupt ein jedes vierhändiges Säugethier nothwendig ein Affe sein muß; inzwischen haben wir wenigstens keine entgegengesetzte Erfahrung. Wenn daher die obengenannten Naturforscher nicht Alle sogleich einen Affen aus diesen Fährten erkennen wollten, so geschah es ohne Zweifel, weil sie in der Voraussetzung befangen waren, daß, da man vor den Tertiairgebirgen noch keine unmittelbaren Säugethierreste gefunden, als höchstens einige Didelphyskinnladen (die nach Agassiz, wenn auch sicher von Säugethieren, doch wol aus einer ganz andern Familie stammen dürften), diese Fährten auch nicht von Säugethieren, oder höchstens Marsupialen herrühren dürften. Inzwischen hat man in dem nämlichen Sandsteingebirge und in gleichem Bruche, worin jene Fährten vorkommen, einen Block zu Tage gefördert, welcher viele Knochen, insbesondere kenntlich einen Schädel, einige Wirbelbeine ꝛc. enthalten haben soll, der aber leider als Bodenstein eines Ofens vermauert worden ist.

Unter den vorgeschlagenen drei Benennungen kann daher nur die Wahl zwischen Chirotherium und Palaeopithecus sein, und da die erste die Priorität besitzt (Jahrb. 1835. S. 322, 327) und weniger hypothetisch ist als letztere (weil nämlich nicht nothwendig jedes vierhändige Quadruped auch ein Affe sein muß), so geben wir ihr den Vorzug, müssen aber den Gegenstand unter der Benennung Palaeopithecus abhandeln, da die andere in einen schon vollendeten Band der Encyklopädie fallen würde. Wir können daher den Charakter des Geschlechtes so angeben: Chirotherium, ein riesenhaftes Säugethier (wahrscheinlich aus der Ordnung der Affen), auf der Sohle gehend, mit sehr biegsamer Wirbelsäule und hohen Beinen, vorn und hinten mit vier tief getheilten und kegelförmig-kralligen Fingern und einem weit abstehenden nagellosen Daumen. Sein Schritt schnürend, selbst überschlagend, dabei der Hinterfuß jedesmal nahe hinter den Vorderfuß gesetzt. Nach Händen, Schritt und Wirbelsäule zu urtheilen, wahrscheinlich kletternd.

Sickler und Keßler unterscheiden zwei Arten dieses Geschlechtes:

1) Ch. majus (l. c. p. 7). Etwa 8′ und darüber lang, mit plumperm Bau und verhältnißmäßig kürzerm Schritte (Kaup, Thierr. Taf. Sickler, Sendschr. f. 1, 2, 4. v. Humboldt a. a. O. Sickler und Keßler. t. I. f. a. t. II, III, IV, V. ? Voigt im Jahrb. 1836. S. 172. t. III. f. 2). Länge der Hintertatzen 8″ (bis 12″), Breite $4\frac{1}{2}$″, der Vordertatzen $3\frac{1}{2}$″ und $2\frac{1}{2}$″. Zwischenraum zwischen der Ferse des einen und der Spitze des andern Hinterfußes 14″; Schrittweite nach der Zeichnung 32″ und darüber, nämlich etwa viermal die Länge der Hintertatzen.

2) Ch. minus (Sickler und Keßler a. a. O. S. 7, 8). Viel kleiner, aber schlanker und höher gebaut, daher mit verhältnißmäßig längerm Schritte. (Sickler und Keßler a. a. O. t. I. f. b. t. VI. ? Voigt im Jahrb. 1836. S. 173. t. III. f. 3.) Die Länge der Hintertatzen ist $3\frac{1}{2}$″, ihre Breite 2″, die der Vordertatzen $1\frac{1}{2}$″ und 1″; aber dennoch der Zwischenraum zwischen beiden Hinterfüßen im Schritte $14\frac{1}{2}$″ und die Schrittweite 30″, was acht Mal die Länge der Tatzen beträgt. Die Finger sind verhältnißmäßig schmäler, der Daumen kleiner und ist mehr an die Seite der hintern Hand gerückt.

Die Angabe auch der übrigen bis jetzt bekannt gewordenen Fährten von dieser Stelle dürfte hier noch eine geeignete Stelle finden und zur Erläuterung der vorigen dienen. Es sind

3) Eine Fährtenreihe von kleinen rundlichen 3″ langen und 2″ breiten Tatzen, mit je vier verhältnißmäßig kürzer getheilten oder wie durch eine Schwimmhaut verbundenen, spitzkralligen Zehen und einem ganz am Hinterrande befindlichen, völlig querstehenden, über 1″ langen Anhang, welcher ohne Zweifel ebenfalls dem Daumen entspricht. Alle Fährten sind von gleicher Größe, nach Sickler mit 11″ Zwischenraum (die Schrittweite ist $25\frac{1}{2}$″ oder etwa acht Mal die Länge der Tatzen). Alle stehen in fast gerader Reihe und der Daumen abwechselnd rechts und links. Offenbar sind alle diese Fährten nur von einem, ohne Zweifel vom hintern Fußpaare, und die des vordern fehlen; entweder weil, wie beim Hunde, die Hinterfährten genau in die Stelle der vordern gesetzt worden sind, was einen etwas kleinern Vorderfuß voraussetzt, oder weil, wie Wiegmann glaubt, das Thier, sich hauptsächlich auf die Hinterfüße stützend, mit den vordern nur sehr leise auftrat, sodaß sich diese gar nicht abdrückten. Die Kürze der Ferse und die sehr schwache Theilung der Zehen kaum bis über die Krallen zurückreichend, gestatten nicht mehr, dieses Thier zu den Affen zu rechnen, selbst wenn es an den Vorderfüßen einen entgegensetzbaren Daumen gehabt haben sollte; welcher Grund fast im nämlichen Grade auch gegen unsere Beutelthiere zu sprechen scheint. Dieses Thier gehört daher schon in eine zweite, nicht näher bestimmbare Ordnung von Säugethieren. Berthold vermuthete darunter ein Amphibium, das mit den Vorderfüßen gar nicht aufgetreten wäre?, Wiegmann zuerst einen krokodilähnlichen Saurier, nachher ein Thier derselben Art oder doch desselben Geschlechtes mit dem vorigen; Voigt ein digitigrades Raubthier. Zwei verschiedene parallel und nahe neben einander hinziehende Fährtenreihen, die man von einem Individuum ableiten wollen, hatten zu falschen Deutungen Veranlassung gegeben.

(Sickler, Sendschr. S. 9. f. 3 und 46. Jahrb. 1835. 233. Bronn ebend. 234. Voigt ebend. 325. Wiegm. Arch. 130, 396. Jahrb. 1836. 111.)

4) Ein Thier mit verhältnißmäßig sehr breiten Tatzen (Sickler und Keßler S. 8. t. I. f. o. u. t. VII), welche ebenfalls von der geraden Linie zum Zickzack nicht viel abweichen, die zwei rechten und die zwei linken Fährten nahe beisammen, mit fünf nach Vorn gekehrten Zehen, wovon die drei mittlern fast die halbe Länge ausmachen, nach Vorn verdickt und dann kegelförmig zugespitzt, die äußersten nur halb so lang und von ähnlicher Form sind. Keiner der zwei äußersten Zehen scheint als Daumen entgegensetzbar gewesen zu sein. Allein höchst auffallend ist, daß hier die vordere von je zwei beisammenstehenden Fährten länglicher und größer, die hintere kleiner und breiter ist, sodaß jene 2¼″ und 1¾″, diese 1¼″ und 1″ 7‴ mißt; die Schrittweite ist etwa zwölf Mal so groß als die größere Fährte, mithin 27″. Um dieses Verhältniß zu erklären, muß man entweder annehmen, a) daß die Vordertatzen wirklich größer gewesen seien als die hinkern, was aller Analogie widerstreitet, oder b) das Thier war ein Paßgänger und hat im Paß den Hinterfuß vor dem gleichzeitig damit aufgehobenen Vorderfuße derselben Seite wieder niedergesetzt; wogegen einzuwenden ist, daß, außer einigen künstlich dazu gebildeten Pferderassen (meines Wissens) nur die so sonderbar gestaltete Giraffe von Natur ein Paßgänger ist; oder c) das Thier hätte den linken Hinterfuß, stark schnürend, vor dem gleichzeitig damit gehobenen rechten Vorderfuß wieder niedergesetzt, und umgekehrt. Es müßte daher an Ort und Stelle untersucht werden, ob die zwei mehr links unmittelbar vor einander stehenden Fährten ad a) dem linken Vorder- und Hinterfuße, oder ad b) dem linken Hinter- und Vorderfuße, oder endlich ad c) dem rechten Hinter- und linken Vorderfuße entsprechen, und umgekehrt. Für letzte Ansicht läßt sich anführen, daß nach der Zeichnung an dem muthmaßlichen rechten Hinterfuße der von den übrigen am weitesten abstehende der zwei äußersten Zehen (Daumen) wirklich auf der rechten Seite desselben steht.

5) Eine einzelne Fährte eines nur vierzehigen Sohlengängers mit sehr kurzen kralligen Zehen und langer breiter Sohle, 12″ lang und 8″ breit, der Fährte eines Bären so ähnlich, daß Voigt kein Bedenken trägt, sie etwa dem **Ursus spelaeus** zuzuschreiben (Jahrb. 1836. 170. t. III. f. 1ᵃ).

6) Ein äußerst sonderbarer Eindruck von 6″ Länge und 1½″ Breite, ebenfalls mit langer, aber sehr schmaler Fußsohle, die sich vorn in drei wie durch eine Schwimmhaut verbundene und wie mit einer kugelförmigen Anschwellung endigenden Zehen sondert, und welcher einige Ähnlichkeit mit der Fährte eines Laubfrosches haben möchte (Voigt a. a. O. f. 1, b).

7) Eine Fährte, welche Voigt der vom schuppigen Fuße einer Schildkröte vergleicht (ebendas. f. 1ᶜ).

(*H. G. Bronn.*)

PALÄORHYNCHUM (Paläontologie). De Blainville stellte im J. 1818 das Genus Paläorhynchum für die Reste eines Fisches aus den Schiefern von Glaris auf, die er aus einer Abbildung in Scheuchzer's **Herbarium diluvianum** und später durch unmittelbare Anschauung im pariser Museum kennen gelernt hatte, und welche Volta mit seinem **Blochius** vereinigen zu können geglaubt hatte. Blainville gedenkt seiner Ähnlichkeit mit diesem sowol als mit **Belone**, die schon Geßner'n und Scheuchzer'n aufgefallen war, findet ihn jedoch von beiden verschieden, ohne aber diese Verschiedenheit näher zu bezeichnen. Sie schien ihm in den Proportionen der einzelnen Körpertheile und hauptsächlich in der langen Rücken- und hohen Afterflosse gelegen zu sein. Nach ihm ist nämlich der langgestreckte Körper dieses Fisches gleichbleibend hoch, bis wo er sich vorn in den langen Schnabel (als Verlängerung der Oberkinnlade) und hinten zum Schwanze verschmälert. Seine Länge und Höhe sind 0ᵐ478 : 0ᵐ070; der Schnabel macht 0,078 dieser Länge aus. Die Wirbelsäule scheint aus 45 Wirbeln zusammengesetzt. Längs der Rückenlinie sieht man vom Nacken bis zum Schwanze kleine Gräthen zwischen den Dornenfortsätzen hinabragen, wie sie zur Unterstützung der Flossen zu dienen pflegen; stärkere solche Gräthen stehen innerhalb des Bauchrandes zur Befestigung der langstrahligen Afterflosse. Der Schwanz ist schmal und kurz, die Schwanzflosse stark gabelförmig ausgeschnitten mit 16 bis 18 Strahlen.

Agassiz hat die Verwandtschaft dieses Fisches genauer verfolgt und ganz andere Verwandtschaftsbeziehungen entdeckt. Er gehört zu den bandförmigen und langschnäbeligen Scomberoiden und unterscheidet sich als Genus nur wenig von **Histiophorus** und **Tetrapturus**, hauptsächlich nämlich durch die schlankere und längere Form, durch die langen, hohen Rücken- und Afterflossen, wovon die erstere sich längs des ganzen Rückens, die letzte sich über die Hälfte des Unterrandes des Körpers erstreckt; endlich haben auch die am Brustgürtel festsitzenden Bauchflossen einige lange Strahlen. **Belone** und **Blochius**, sowie die Aspidorhynchen der lithographischen Schiefer gehören alle ganz andern Familien an und haben damit außer der äußern Form des Schnabels und des Körpers wenig Beziehung; **Blochius** insbesondere hat nur niedrige Rücken- und Afterflossen. Agassiz unterscheidet auch bereits mehre Arten, welche bisher mit einander verwechselt worden sind unter den Benennungen Hornhecht, Nadelhecht der Autoren. (*Scheuchz.* **Herbarium diluvianum** [Zuric. 1709 s. Lugd. Batav. 1723. fol.] p. 44, 45. t. IX. f. 6). **Palaeorhynchum Glarisianum** *de Blainv.* (Verstein. Fische, übersetzt von Krüger 1823. S. 15—18. Krüger, Urweltl. Naturgesch. 1825. II, 131. Holl, Petrefactenk 121 etc.)

Diese Fische gehören mit andern den schwarzen Schiefern von Glaris an, welchen man früher ein hohes Alter, selbst das der Grauwacke, zugeschrieben. Da sie aber Formen von Fischen enthalten, die in den Juragebilden noch nicht vorkommen, da sich aber auch mehre ausgestorbene Genera darunter finden, da diese Fische im Ganzen genommen, wenn auch keine völlige Übereinstimmung, doch am meisten positive Verwandtschaft mit den Kreidefischen darbieten, so dürfte **Palaeorhynchum** der Kreideformation zuzurechnen sein. Exemplare finden sich in den Sammlungen zu Paris, Zürich, Bern, Basel; bei Scheitlin, v. Leonhard &c. *). (*H. G. Bronn.*)

Palaeornis, s. Psittacus.

PALÄOSAURUS (Paläontologie), von *παλαιός*, alt, und *σαῦρος*, Eidechse. Ein von Geoffroy St. Hilaire aufgestelltes Sauriergeschlecht seiner Ordnung Empydosaurier, welche in die Familien der Krokodilier, Teleosaurier und Lepithenier zerfällt, und wovon die zweite Familie sich von der ersten dadurch unterscheidet, daß der **Canalis cranio-respiratorius** sich hinten nicht völlig an, sondern etwas vor dem Hinterhaupte ausmündet (doch immer noch weiter hinten als bei den übrigen Reptilien), und daß die Form des Styloidfortsatzes sich sehr derjenigen nähert, welche bei den Säugethieren gewöhnlich ist, während die bei den Krokodiliern sehr von dieser abweicht. Diese Familie nun umschließt die vier fossilen Geschlechter **Cryptosaurus**, **Steneosaurus**, **Palaeosaurus** und **Teleosaurus**, welche Cuvier früher alle unter dem Namen des Krokodils von Caen zusammenbegriffen hatte. Sie sind den Oolithgebilden eigen †). (*H. G. Bronn.*)

PALÄOTHERIUM (Paläozoologie), von *παλαιός*, alt, und *θηρίον*, Thier im diminut., ist eines derjenigen untergegangenen Geschlechter, an dessen Wiederherstellung und Zusammensetzung aus zerstreuten fossilen Gebeinen und Unterscheidung in zahlreiche Arten sich des unsterblichen Cuvier's umfassende Kenntnisse und herrliches Genie mit am meisten bewährt haben, wie denn auch durch seine Veranstaltung hauptsächlich die meisten der bis jetzt gesammelten Überbleibsel, die früher fast ganz unbekannt gewesen, zusammengebracht worden sind.

Das Geschlecht gehört zu den Säugethieren, Ordnung der Dickhäuter, und zwar mit unpaarigen Hufen. Es hat von den in derselben Abtheilung stehenden Geschlechtern **Rhinoceros** und **Hyrax** ziemlich die Backenzähne, die sich jedoch etwas denen des Tapirs nähern, mit welchem die Schneide- und Eckzähne und die Stellung der Nasenbeine zu Unterstützung eines Rüssels noch mehr übereinstimmen, sodaß **Palaeotherium** am passendsten zwischen den ebengenannten Geschlechtern stehen wird. Man kann seinen Charakter auf folgende Weise ausdrücken: **Dentes 44, primores:** $\frac{3 \cdot 3}{3 \cdot 3}$, **Laniarii:** $\frac{1 \cdot 1}{1 \cdot 1}$, **acuminati, paullo longiores, inclusi. Molares** $\frac{7 \cdot 7}{7 \cdot 7}$, **basi incrassati, superiores quadrati, inferiores bilunati. Nasus productior, flexilis. Palmae et plantae tridactylae.**

Wenige Theile des Skelettes sind zusammengefunden worden, wie sie zusammengehören, sondern dieses hat durch Combination erzeugt werden müssen. Daher sind die meisten Details über den **Schädel** bei den einzelnen Arten nachzusehen. Die Nasengänge sind auf der obern Seite offen, da die Nasenbeine so verkürzt sind, daß sie die Zwischenkieferbeine nicht erreichen, und unterwärts ausgerandet sind. Sie grenzen nur wenig an die Kieferbeine, mit ihrem Hinterrande aber an die Stirnbeine an. Dadurch erhält das Profil eine eigenthümliche Gestalt, worin die Nasenbeine wie ein Vordach vorspringen (wie beim Elefanten und Tapir), woraus man auf das Vorhandensein einer rüsselförmigen Nase schließen darf, die indessen mehr wie beim Tapir als wie beim Elefanten beschaffen sein mochte. Die Augenhöhlen sind klein, liegen nach Unten und sind mit der sehr tiefen und weiten Schläfengrube zusammenfließend, nur oben durch einen Vorsprung getrennt. Die Gelenkflächen für den Unterkieferkopf sind concaver als beim Tapir. Das Hinterhaupt ist stark nach Hinten vorstehend und ausgebreitet, wie beim Schweine und Tapir. Am Unterkiefer ist der hintere Winkel und der aufsteigende Ast kurz und gerundet, ersterer nicht so vorspringend als beim **Anoplotherium**, der Rand daselbst mehr aufgetrieben; der Kronenfortsatz erhebt sich weniger hoch über den Gelenkkopf. Dieser ist quer, einem Walzenstücke ähnlich, dünner und weniger flach, als am Tapir, wodurch die horizontal vor- und rückwärtsgehende Bewegung des Kiefers mehr gehindert wurde, was auch aus den Längenjochen auf den Zahnkronen kenntlich ist. Beide Kieferhälften mit ihren Zahnreihen stoßen unter einem Winkel von 30° zusammen, und letztere stehen näher beisammen als im Oberkiefer. Die Zähne sind nach Vorn, ihre Kauflächen daher etwas nach Außen, wie die der obern Zähne nach Innen geneigt.

Die **Zähne**, jederseits $\frac{3 \cdot 1 \cdot 7}{3 \cdot 1 \cdot 7}$, erscheinen in derselben Anzahl wie beim Tapir. Die Schneidezähne sind keilförmig und werden durch Abnutzung oben platt und breit. Die Eckzähne sind merklich länger als die übrigen und spitzen sich lang zu, daher sie die entgegengesetzte Zahnreihe unterbrechen, ohne aus dem Maule hervorzustehen. Sie sind von schiefgebogener Kegelform, auf der innern Seite etwas platt, die obere mit einer Leiste der Länge nach, die untere mit zweien dergleichen versehen; beide haben eine große Wurzel, welche bis gegen den ersten Backenzahn fortsetzt; über ihr ist der Zahn von einer ringförmigen Verdickung umgeben. Die Backenzähne, zumal die obern, sind an ihrer äußern und innern Basis mit einer merklichen ringförmigen Verdickung umgeben, sonst denen des Nashorns ziemlich ähnlich. Die obern sind vierwurzelig, mit fast quadratischer Basis, die vordern etwas schmäler als lang; die äußere Seite ist die längste, der vordere äußere Winkel der spitzeste. Die Krone ist gebildet aus drei starken Jochen oder Hügeln, wovon zwei unter sich parallel und durch eine starke Vertiefung getrennt, vorn und mitten durch den Zahn in die Quere ziehen, und sich nächst der innern Seite nach Hinten umbiegen, das dritte sich längs der äußern sehr steilen Seite erstreckt und einwärts mit jenen zusammenhängt. Durch Abnutzung ihrer scharfen Rücken werden sie in immer breitere Flächen umgewandelt. Die äußere Fläche ist sehr stark einwärts geneigt, vorn, mitten und hinten durch drei vorstehende senkrecht verlaufende Leisten in zwei ver-

*) Agassiz im N. Jahrbuch für Mineralogie &c. 1834. S. 302—304.

†) *Geoffroy St. Hilaire*, Recherches sur les grands Sauriens trouvés à l'état fossile vers les confins maritimes de la Basse-Normandie, attribués d'abord au Crocodile, puis déterminés sous les noms de Teléosaurus et Steneósaurus. (Paris 1831. 4.)

tiefte Felder getheilt, die sich gegen die Basis hin zurunden, weil die senkrechten Leisten hier in die ringförmige horizontale Verdickung einmünden, während sie mit ihrem obern Ende außerhalb der Kaufläche in Spitzen auslassen, welche den Querjochen entsprechen. Diese Leisten stellen daher ein W dar. Die untern Backenzähne sind ohne Ring an der Basis, weit schmäler als jene, auf der Krone mit zwei einfach-halbmondförmigen, erst scharfen, dann in Kauflächen sich umwandelnden Erhöhungen versehen, deren jede von Außen und Innen mit Schmelz überzogen ist, und welche alle in einer einfachen Reihe aufeinanderfolgen, mit der hohlen Seite einwärts gekehrt. Der hinterste Zahn allein hat drei solcher Halbmonde hinter einander, der vorderste ist etwas einfacher und zusammengedrückt. Die sehr schmalen Halbmondflächen sind an ihren Berührungspunkten, je nach dem Grade ihrer Abnutzung, erst getrennt, dann allmälig immer mehr in einander zerfließend. Die äußere Fläche dieser Zähne ist nächst ihrer Basis convex nur in horizontaler Richtung. Auf ihr entspricht ein senkrechter halbwalzenförmiger Theil des Zahnes, deren jeder auch seine eigene Wurzel besitzt, jedem Halbmonde oben. Auf der innern schiefern Zahnfläche entspricht jedem der vier Halbmondhörner ein von Unten nach Oben ziehender Vorsprung, wozwischen demnach drei Vertiefungen liegen.

Die zusammengehörigen Vorder- und die Hinterfüße sind nur selten beisammenliegend gefunden worden; aber unter der Voraussetzung, daß die dreizehigen Vorder- und Hinterfüße (im Gegensatze der mitvorkommenden zweizehigen Anoplotheriumfüße) zu diesem Geschlechte und je nach der Größe zu verschiedenen, auch durch die Zähne angedeuteten Arten zusammengehörten, war es leicht sie zu sortiren. Die hintern Füße sind denen des Tapir ähnlich. Ihr Astragalus ist mit einer fast ebenen Tarsus- und einer schmalen Cuboidfläche versehen, wie bei den Pachydermen mit unpaarigen Hufen überhaupt. Das Calcaneum ist ohne Gelenkfläche für das Wadenbein. Die Tibia besitzt einen schiefen untern Kopf (bei Anoplotherium einen rechtwinkligen). Das Wadenbein scheint nicht die Endfläche zu haben, welche das des Anoplotherium so sehr auszeichnet. Das Schenkelbein hat drei Trochaeter, da die Knochenleiste, welche vom großen Trochaeter entspringt, vertikal und ohne auf den kleinen zu treffen, längs des Beines herabzieht und den dritten Trochaeter bildet.

Die vordern Extremitäten sind öfters ganz und mit andern Theilen in Verbindung getroffen worden, als die hintern. Das Vorderarmbein hat an seinem obern Kopfe zwei Rinnen, die durch einen mitteln Vorsprung getrennt werden und bietet gegen die Ellenbogenröhre, wie diese selbst, einige Erhöhungen und Vertiefungen dar, welche beim Anoplotherium nicht vorkommen. Das Oberarmbein hat an seinem untern Kopfe zwei Erhöhungen, welche in jene Rinnen einpassen. Das Schulterblatt ist ohne Acromium, weshalb, wie bei den verwandten Geschlechtern, auf Mangel des Schlüsselbeins zu schließen ist.

Dem Paläotheriumgeschlechte scheinen fossile Becken anzugehören, welche sich von denen der Anoplotherien dadurch unterscheiden, daß der Hals des Infelbeins verhältnißmäßig viel schmäler und mehr prismatisch, der Ausschnitt der **Fossa cotyloidea** weniger tief, und das Ischion an seinem Ursprunge schmäler ist, wodurch sich die Bildung des Beckens mehr dem von Tapir annähert. Den Atlas hat man bei **P. magnum**, die ganze Wirbelsäule bei **P. minus**, den Schwanz bei **P. medium** und **P. crassum**, letztere noch in Verbindung mit dem Becken, am besten erhalten gefunden, weshalb diese Arten zu vergleichen sind. Jedoch scheinen im Allgemeinen die Schwanzwirbel viel kleiner, aber mit viel mehr vorstehenden Apophysen versehen, und der Schwanz selbst kürzer gewesen zu sein als bei Anoplotherium. Die Rippen sind viel schmäler als bei diesem und ihre Köpfe wie bei verwandten Geschlechtern gebildet.

Die Arten, deren man etwa 12 kennt, kommen hauptsächlich theils im pariser Gypse, theils in verschiedenen Süßwasserkalken, theils in einem molass.-ähnlichen Sandsteine wol älterer Bildung, fast überall in Gesellschaft von Anoplotherium- und Lophiodon-Resten vor, und sind mit diesen ebenfalls an Arten sehr reichen Geschlechtern unter allen fossilen Säugethieren am bezeichnendsten für, und fast gänzlich beschränkt auf die ältern (und — sofern man diese annimmt — mittlern) tertiairen Süßwasserbildungen, vor jenen, welche Elefantenreste einschließen, sodaß Brongniart solche mit dem Namen **Terrains paléothériens** bezeichnet (**Tableau des terrains, qui composent l'écorce du globe.** [**Paris** 1829.] p. 154 **sq.** 397 **sq.**), von welchen sie jedoch auch in benachbarte tiefere Meeresgebilde übergehen, insbesondere in den Grobkalk von Nanterre und Passy bei Paris selbst, nach Robert, Cordier und Cuvier, in einem Thon unter dem Grobkalk im Gironde-Departement nach Billaudel und Cuvier, und bei Provins nach Naudot und Cuvier (Arten unbestimmt). Mitunter auch secundair auf jüngere Lagerstätten, wie in der Bohnerze 2c. Doch kommt eine zweifelhafte Art sicher im **Calcaire moëllon** vor. Verschiedene andere von Cuvier früher angenommene Arten sind später von ihm zu Lophiodon versetzt worden. (Vergl. *Cordier, Robert, Billaudel* in der **Revue bibliographique des Annal. de scienc. nat. XVIII. 1829. Oct. Dec. p. 119, 146, 147**; auch **Annal. de scienc. d'observat. 1829. II.** 393—395; dann *Naudot* in den **Annal. de scienc. nat.** 1829. **XVIII**, 426—433 und aus allen im Jahrb. f. Mineral. 1831. 390—392.) Die Verbreitung geht also von dem Thone unter Grobkalk an bis in den Gyps, einige nicht genau bestimmte Süßwasserkalke und Sandsteine in dem Moëllonkalk. Dagegen sind die Paläotheriumreste nie unmittelbar mit Elefanten- und nur selten mit, oder in der Nähe von Mastodonresten gefunden worden (zu Georgensgmünd, Friedrichsgmünd).

Die Arten sind folgende, wobei wir ein für alle Male die Bemerkung voraussenden, daß solche sämmtlich bis jetzt nur durch Cuvier beschrieben und abgebildet worden, einige Zähne ausgenommen von H. v. Meyer in seiner Schrift über Georgensgmünd. Die übrigen Autoren haben sich nur auf Angabe der Localitäten beschränkt, wo sie verschiedene Reste dieser Arten entdeckt haben. Die Beschreibung aller Theile der zahlreichen Arten hier wieder zu geben, dürfte viel zu weit führen, weshalb wir ganz auf Cuvier verweisen.

1) P. magnum *Cuv.* (Oss. III, 47—250. *Pratt* im Philos. Mag. 1831. IX, 49, 50 und Lond. Geolog. Transact. N. S. 1835. III, 451—453. Jahrb. für Mineral. 1832. 457 und 1835. 504. *Noulet* im Instit. 1833. I, 3, 4. Jahrb. für Min. 1835. 721). Von der Größe eines Pferdes: Rumpf, Kopf und Extremitäten dicker, aber kürzer; Höhe am Widerrist 4½′, wie beim javanischen Nashorn; Nasenbeine kurz. Man hat von diesem Thiere fast alle Theile des Schädels in Bruchstücken, mit Ausnahme des Hinterhauptes, einen Atlas, die vordern Extremitäten ohne Schulterblatt, ein Beckenstück und die Hinterextremitäten, fast Alles zerstreut und einzeln gefunden. Vorkommend 1) im tertiairen Süßwassergyps im Montmartre bei Paris, unmittelbar über Grobkalk, Cuv. 2) Ein Backenzahn in der tertiairen untern Süßwasserformation zu Binstead bei Ryde auf der Insel Wight, Pratt. 3) Nicht genannte Theile in den Süßwassermergeln des Garonnethales bei Toulouse, Noulet.

1b) Verschiedene Zähne und Knochenreste deuten eine Art an, welche kleiner als die erste, aber nicht so klein als P. crassum ist (*Cuv.* Oss. V, II, 505). Brongniart hat sie unter P. magnum mit begriffen (Tabl. des terr. 397). Die Molasse im Park de la Grave, Gemeinde Bonsac, Dordogne, dem Herzoge Decaze gehörig, worin sie sich mit Emys-, Trionyx-, Crocodil- und andern Paläotheriumresten gefunden, rechnet derselbe mit zu seinem Terrain paléothérien.

2) P. medium *Cuv.* (*Lamanon* im Journ. de Phys. 1782. Mars. *De la Métherie* ibid. 1800. *Cuv.* Oss III, 26—235. *Marcel de Serres* in Annal. de scienc. nat. 1826. IX, 191—195. pl. 46. f. 1—5. Von der Größe eines Schweines, mit schlanken, hohen Beinen; am Widerrist 31—32″ hoch; die Nasenbeine sehr kurz; die Halbcylinder der untern Mahlzähne verhältnißmäßig etwas bauchiger, die Eckzähne dicker als bei P. magnum. Die Form von P. minus, die Größe von P. crassum, aber die Beine höher und schlanker. Die Nasenbeine sind kürzer als bei den andern Arten, was auf eine längere und beweglichere Nase deutet. Diese Art hat uns 1) die meisten Überreste hinterlassen; mehre ganze Schädel, einige Wirbel, ein ziemlich vollständiges Becken, Schulterblatt, Vorder- und Hinterbeine und einige Hand- und Fußknochen. Fundort aller Reste ist der pariser Gyps, wie bei P. magnum; 2) einige unbedeutende Knochen sind zu Bonsac mit 1b gefunden worden; 3) zwei Backenzähne, ein Eckzahn und einige Langknochen in der Knochenbreccie von Cette bei Montpellier. (Serr.)

3) P. crassum *Cuv.* (Oss. III, 32—245 et V, II, 505. *Noulet* im Institut. 1833 I, 3—4. Jahrb. 1835. 721. Von der Größe eines Schweines, aber mit dicken und kurzen Beinen; die Nasenbeine lang. Es hat die Form von P. magnum, ist aber fast nur ½ so groß; steht in der Form dem amerikanischen Tapir näher, als die andern, ist aber nur so groß, als ein mittles Schwein, und hat am Widerrist 30″ Höhe. Man hat mehre wohlerhaltene Schädel, einen zweiten Halswirbel, ein Becken, die vordern und hintern Extremitäten insbesondere mit der Hand und dem Fuße sehr vollständig. Vorkommen 1) aller genannten Reste im pariser Gypse; 2) Einige Knochen und Zähne dieser oder einer der nächstfolgenden Arten sind mit zu Bonsac vorgekommen, s. o. und 3) ungenannte Reste im tertiairen Süßwassermergel des Garonnethales bei Toulouse vorgekommen (Noulet).

4) P. latum *Cuv.* (Oss. III, 52—203 et 245.) Von der Größe eines kleinen Schweines am Widerrist 24—26″ hoch, aber sehr schwerfällig, mit sehr kurzen und dicken Beinen. Das Thier muß seiner Form nach sehr schwerfällig und träge gewesen sein, unter den Paläotherien etwa wie Phascolomys unter den Beutelthieren, da es nur 24—26″ Höhe, aber so dicken Kopf und Füße wie P. crassum besitzt. Man hat jedoch das Skelett desselben nicht in allen seinen Theilen aufgefunden, sondern vom Schädel nur einige Zähne, die Vorderextremitäten und den Hinterfuß alles im pariser Gyps.

5) P. curtum *Cuv.* (Oss. III, 52—57, 68, 98, 133, 246. Nur von der Größe eines Schafes und gestaltet wie voriges. Diese Art kennt man aus einem fast vollständigen Schädel und mehren Schädeltrümmern, einigen obern Backenzähnen und mehren Hand- und Fußknochen, die von Cuvier alle im tertiairen Gypse von Paris gefunden worden.

6) P. minus *Cuv.* (Oss. III, 57—68, 101—244, et V, II, 505. *Noulet* im Instit. 1833. I, 3, 4. Jahrb. 1835. 721. Hat nur die Größe eines kleinen Schafes, jedoch schlanke, hohe Beine, woran die seitlichen Zehen kleiner sind, die Höhe am Widerrüst beträgt 16—17″; die vordern Backenzähne des Unterkiefers sind einfacher, nicht mehr in Form doppelter Halbmonde. Diese Art ist am vollständigsten bekannt, indem man ihre Reste, wenn auch nicht alle oder am häufigsten, doch am vollständigsten beisammen liegend gefunden hat. Sie hat den Rumpf eines kleinen Tapirs und den Hals und die Beine eines Rehes. Nur der Oberschädel dieses Thieres ist unbekannt geblieben. Vorkommen 1) im Gypse des pariser Beckens; zu Pantin ward das ganze Skelett eines alten Individuums auf zwei Gegenplatten gefunden, von welchem öffentliche Blätter als von einem fossilen Widder berichteten; innerhalb seines Umrisses lag noch ein großer Theil eines viel kleinern, jungen Individuums, dessen Knochen noch alle mit Epiphysen versehen waren; 2) verschiedene Zähne und Knochen dieser oder einer ebenso großen Art sind im Parke von la Grave vorgekommen, s. o., (Cuv.) und 3) ungenannte Überreste im Süßwassermergel des Garonnethales bei Toulouse (Noulet).

7) P. minimum *Cuvier* (III, 103, 250. pl. 61. f. 11. *Pratt* im Philos. Magas. a Annals 1831. IX, 49, 50 und Lond. geolog. Transact. 1835. III, III, 451—453. Jahrb. 1832. 479 und 1835. 504. Von der Größe eines Hasen mit schlanken Beinen. Cuvier kannte von dieser Art nur den Mittelfußknochen des Mittelzehens, der dem des P minus ganz ähnlich, aber viel kleiner, nämlich nur $0^{m}042$ lang und $0^{m}007$ breit ist; aus dem pariser Gypse. 2) Pratt fand im untersten

Süßwasserkalk von Binstead bei Ryde auf Wight einen vordersten Backenzahn, welchen er dieser Art zuschreibt.

8) **P. indeterminatum** *Cuv.* (Oss. III, 95—98. pl. 39. f. 4—12. Von dieser Art kennt man nur zwei, unter sich fast ganz gleiche, Exemplare eines Hinterfußes, der dem von P. latum und P. crassum an Kürze und Breite fast ganz ähnlich ist. Im pariser Gypse.

9) **P. Velaunum** *H. v. Meyer* (*Cuv.* Oss. III, 252, 253. pl. 57. f. 1. a b. *H. v. Meyer*, Palaeologica. 86. Ein vorderes Unterkieferstück mit einigen Schneidezähnen, einem Eckzahn und dem 2., 3. und 4. Backenzahne. Die Schneidezähne scheinen größer, die Lücke zwischen Eck- und Backenzähnen kürzer und die Kinnlöcher anders gestellt, als bei den übrigen Arten. Doch hatten diese Merkmale Cuvier'n nicht genügt, der Art einen besondern systematischen Namen zu geben, was H. v. Meyer ergänzt hat. Jenes Bruchstück wurde von Bertrand Roux in einem mit Gyps durchmengten Süßwasserkalke, der dem pariser Gyps analog ist, zu Puy-en-Velay gefunden.

10) **P. Aurelianense** *Cuv.* (Oss III, 254—256. V, II, 528. Kurr im Jahrb. 1835. S. 55. *Noulet* im Instit. 1833. I, 3, 4. Jahrb. 1835. 721. v. Meyer in Kastner's Arch. VII, 181. Zeitschr. für Mineral. 1827. I, 245. v. Meyer, Knochen von Georgensgmünd. 1834 S. 80—92. Jahrb. 1835. S. 361.) **Lophiodon Aurelianense** *Desmar*, (Mammalogie. Holl, Petrefactenk. 60.) Etwas kleiner als P crassum; die untern Backenzähne auf der Krone am Berührungspunkte der beiden Halbmonde mit einer doppelten (statt überall einfachen) Spitze; der dritte Lappen des hintern Backenzahnes kegelförmig. Man kennt von dieser Art 1) verschiedene Backenzähne und einige Knochentrümmer aus dem an Lophiodonresten insbesondere reichen Süßwassergebilde von Montabusard bei Orléans; dann 2) einige Zähne aus einer damit gleichzeitigen Süßwasserbildung voll Süßwasser-Conchylien, Krokodil-, Schildkröten- und Lophiodon-Knochen zu Argenton im Indredepartement; 3) ungenannte Überbleibsel aus den Süßwassermergeln des Garonnethales bei Toulouse (Noulet); 4) einen mitteln Backenzahn aus einem tertiairen Braunkohlenlager bei Wackendorf und Thalheim in Baiern, von v Voith entdeckt, (Kurr); 5) einige Unterkieferstücke mit Backenzähnen und lose Oberkieferzähne zu Friedrichsgmünd unfern Roth in Baiern, und 6) viele zum Theil abgerollte Zähne in einem Süßwasserkalke zu Georgensgmünd bei Ansbach in Baiern, welcher fast alle Geschlechter mit dem pariser Gypse, einige Arten jedoch nur mit Orléans und St. Géniez bei Montpellier gemein hat (vergl. Nr. 11).

11) ? P . . . . . (*Faujas, St. Fond* in Annal. d. Mus. XIV. (1809) 382. pl 24. *Cuv.* Oss. III, 256, 257. *Marcel de Serr.*, Géogn. des terrains tertiaires. 1829 91.) Ein linkes Unterkieferstück mit einigen Backenzähnen, welches vielleicht der vorigen, vielleicht einer besondern Art angehört, ist in einem feinkörnigen Kalke zu St. Géniez, drei Stunden von Montpellier, in 30′ Teufe nach Cuvier wahrscheinlich in dem dort vorkommenden Süßwasserkalk gefunden worden. Marcel de Serres versichert aber in dieser Gegend einige Lophiodon- und Paläotherium-Zähne in demselben „Calcaire moellon“ (der Tegelformation analog) entdeckt zu haben, aus welchem auch jenes Kieferbein stamme.

12) **P. Isselianum** *Cuv.* (Oss. III, 257, 258, et V, II, 528. *Desmarest* im Dictionn. d. scienc. nat. XXXVII, 347. *Noulet* im Instit 1833. I, 3, 4. Jahrb. 1835. 721. ? *v. Mandelsl.*, Mém. géolog. sur l'Albe de Württemb. 1835. p. 10.) **P. Occitanicum** *Cuv.* früher (nach *Desmar.* l. c.) **Lophiodon Aurelianense** *Desmarest* (Mammalogie. Holl, Petrefactenkunde. S. 61.) Etwas größer als P. curtum, die Krone der untern Backenzähne wie bei Nr. 10, aber der dritte Lappen des hintersten Zahnes auch halbmondförmig. Man besitzt von dieser Art 1) ein Unterkieferstück aus dem an Lophiodonresten reichen nagelflueartigen Gebilde von Issel am Fuße der Montagne noire in Languedoc, Departement de l'Aude, noch mit Resten von Crocodilen und Schildkröten; 2) ungenannte Reste im tertiairen Süßwassermergel des Garonnethales bei Toulouse (Noulet); und 3) v. Mandelsloh glaubt einen Zahn dieser Art in dem die Bohnerzablagerungen der Alb begleitenden Braunkohlenthone gefunden zu haben. (*H. G. Bronn.*)

Paläothryssum, s. **Paläoniscus.**

PALÄOTRIUM oder **PALÄORIUM**, bei Plinius (H. N. IV, 10. s. 17) Stadt in Makedonien am Athos. (*H.*)

PALÄOXYRIS (Paläophytologie), von *παλαιός*, alt, und *ξυρίς*, ein schwertlilienähnliches Gewächs der Alten. Ad. Brongniart hat im J. 1828 auf die im bunten Sandsteine gefundenen Blüthentheile einer monocotyledonischen Pflanze das Genus **Palaeoxyris** gegründet, dessen Name einerseits die Zeit seiner Existenz, andererseits seine Verwandtschaft oder mindestens Ähnlichkeit mit einigen Arten des Geschlechtes **Xyris** aus der Familie der Restiaceen vom Cap andeutet. Man sieht nämlich an einem Stiele zwei spindelförmige Blüthenähren sitzen, welche von sehr regelmäßig, dachziegelartig über einander liegenden Schuppen so dicht umschlossen werden, daß man die freien Ränder dieser Schuppen kaum unterscheidet; die unbedeckten Theile derselben stellen rhomboidale Felder dar. Die einzige bekannte Art ist: **Palaeoxyris regularis** *Ad. Brongn.* (in Ann. sc. nat. 1828. XV, 456, 457. pl. XX. f. 1; im Dictionn. de scienc. nat. LVII, 137—184; im Prodrome de végét foss. 133, 135, 190. Holl, Petrefactenk. 480. v Alberti, Trias 203, 319, 321. v. Sternberg, im Jahrb. 1835. 329 Bronn, Lethäa 1835. 150, 151. Im bunten Sandsteine zu Sulzbad in den Vogesen und im ? Kruzer bei Bamberg. (*H. G. Bronn.*)

Paläozoologie, s. **Paläontologie**

PALÄPHATOS. Über vier Schriftsteller dieses Namens berichtet Suidas, aber die Sichtung dieser Nachrichten ist schwierig, da auch in ihnen der Lexikograph von einer Vermischung verschiedenartiger Personen und Schriften sich nicht frei erhalten hat.

1) Paläphatos, ein epischer Dichter zu Athen, dessen Geburt mit mancherlei Fabeln ausgeschmückt und an verschiedene Sagen geknüpft ist. Nach Einigen ist er

ein Sohn des Aktäos und der Böo (denn *Βοιοῦς* lesen die besten Handschriften statt des alten *Βιοῦς*, offenbar mit Beziehung auf die delphische Dichterin bei *Pausan.* X, 5, 4, vergl. *Philochor.* ap. *Athen.* IX. p. 393. C., in der Sammlung von Siebelis S. 105), nach Andern des Jokles und der Metanira. Wenn aber Suidas hinzusetzt, *οἱ δὲ Ἑρμοῦ*, so ist wol in den Worten desselben eine Lücke, die durch Hinzufügung des Namens einer Mutter ergänzt werden muß; da nun Apollodor bei Schol. Vatic. in *Eurip.* Rhes. 346 und Schol. Venet. in *Hom.* Il. X, 435 Thalia als Mutter des Paläphatos nennen, so dürfte vielleicht bei Suidas *οἱ δὲ Ἑρμοῦ καὶ Θαλείας* zu lesen sein. Die Bestimmung seines Zeitalters knüpft sich an die Angaben über die Phemonoë an, nach welcher er gelebt haben soll. Als einen alten Seher, mit Lorbeer bekränzt, schildern ihn auch die Verse des Christodoros in der Antholog. graec. t. III. p. 162. ed. *Jacobs.*:

δάφνῃ μὲν πλοκαμῖδα Παλαίφατος ἔπρεπε μάντις
στεψάμενος, δόκεεν δὲ χέειν μαντώδεα φωνήν.

Seine Schriften zählt Suidas (cl. *Eudoc.* Ion. p. 356) also auf: *ἔγραψε δὲ Κοσμοποιΐαν εἰς ἔπη ε'. Ἀπόλλωνος καὶ Ἀρτέμιδος γονὰς ἔπη γ'. Ἀφροδίτης καὶ Ἔρωτος φωνὰς καὶ λόγους ἔπη ε'. Ἀθηνᾶς ἔριν καὶ Ποσειδῶνος ἔπη α'. Λητοῦς πλόκαμον.* Nach welchen Grundsätzen und auf welche Auctorität Fabricius (B. Gr. I. p. 182) und die, welche ihn ausschrieben, die Anzahl der Verse für die einzelnen Gedichte bestimmt haben, gehört unter die Räthsel.

2) Paläphatos aus Paros oder Priene, lebte in der Zeit des Artaxerxes. Ihm schreiben Suidas und Eudocia (Ion. p. 359) *ἀπίστων βιβλία ε'* zu, fügen aber ausdrücklich bei, daß von Andern dasselbe Buch dem Athenienser Paläphatos zugeschrieben werde, offenbar dem nachher zu erwähnenden Grammatiker. Daß aber doch viele Gelehrte von diesem die vorhandene Schrift von den unglaublichen Dingen ausgegangen denken, soll nachher weitläufiger erörtert werden.

3) Paläphatos, ein Abydener, den Suidas *ἱστορικός* nennt. Daß er in die Zeiten Alexander's des Großen gehöre, sagt des Suidas ausdrückliches Zeugniß; dasselbe bestätigt auch das Zeugniß zweier Schriftsteller, des Philo *περὶ παραδόξου ἱστορίας* und des Theodorus *ἐν δευτέρῳ Τρωϊκῶν*, die ihn einen Liebling des Aristoteles nennen. Als Schriften stehen bei Suidas und Eudocia (Ion. p. 350) *Κυπριακά, Δηλιακά, Ἀττικά, Ἀραβικά.* Außerdem glauben Huet. (ad *Eusebii* Praep. Evang. p. 99) und Scaliger, daß er der Verfasser der assyrischen Geschichte sei, aus der ein größeres Fragment von Eusebius (P. E. IX. p. 243. *St.*) erhalten ist. Aber mit Unrecht. Wie hätte wol Eusebius einen Schriftsteller blos nach seinem Vaterlande anführen und dabei seinen Namen ganz verschweigen können? Auch nennt ja derselbe ausdrücklich Chronic. p. 5. 13, 41 die Titel *Ἀβιδηνὸς περὶ τῆς τῶν Χαλδαίων βασιλείας* und *ἐκ τῶν Ἀβυδινοῦ Ἀσσυριακῶν.* Ferner widerstreitet die Zeit, da Abydenus unter seinen Quellen den Berosus nennt, welchen doch Paläphatos zu Alexander's Zeiten unmöglich hat benutzen können. Besonnen handelte daher Vossius, wenn er de histor. Gr. III. p. 313 einen Abidenus unter den Geschichtschreibern, deren Zeit unbestimmt sei, aufzählt. Vergl. ibid. I. c. 9. p. 50. *Fabricii* B. Gr. I. p. 197. *Clinton.* F. H. I. p. 265. Aus den historischen Schriften dieses Paläphatos scheint Joh. Malelas viel entlehnt zu haben (vergl. p. 26, 38, 48, 63, 75, 101, 267. ed. Oxon.); überall erwähnt er ihn mit dem größten Lobe und nennt ihn entweder *τὸν σοφώτατον χρονογράφον* oder ganz einfach *τὸν σοφώτατον.* Ihm schreibt man daher die beiden Fragmente *περὶ ἐφευρήσεως κογχύλης* und *περὶ σιδήρου τίς πρῶτος ἐφεῦρεν* zu, die seit Tollius aus dem Chronic. Alexandrin. in die Ausgaben des Paläphatos aufgenommen, am genauesten aber in den Specialausg. jenes Chronikon von Rader (München 1615) und du Cange (Paris 1688) behandelt sind.

4) Den vierten Schriftsteller dieses Namens nennt Suidas *Αἰγύπτιος ἢ Ἀθηναῖος γραμματικός*, und diesen Namen rechtfertigen auch die Titel von Schriften, welche er aufzählt. *Αἰγυπτιακὴ θεολογία. Μυθικῶν βιβλίον α'. Λύσεις τῶν μυθικῶς εἰρημένων. Ὑποθέσεις εἰς Σιμωνίδην. Τρωϊκά*, die aber von Einigen dem Athenienser, von Andern dem Parier zugeschrieben werden. Außerdem aber *ἔγραψε καὶ ἱστορίαν ἰδίαν.* Damit stimmt der Artikel der Eudocia (Ion. p. 359) bis auf die Abweichung *ἀλληγορίας τῶν μυθικῶς εἰρημ.* vollständig überein. Ob diese *λύσεις* und die vorher erwähnten *Μυθικὰ* ein Buch sind, das der Lexikograph nur unter verschiedenen Titeln anführt, ist eine Vermuthung, die sich weder beweisen noch bestreiten läßt, da über den Inhalt desselben nichts bekannt und Fischer's Annahme, daß die Erzählung bei Schol. in *Euripid.* Med. 831, der sich auf Paläphatos bezieht, daher entlehnt sei, ganz unbegründet ist. Sicherer sind die Angaben über die *Τρωϊκά*, welches geographisch-historische Untersuchungen über Kleinasien und besonders dessen nördliche Küste enthalten zu haben scheint. Dies beweisen theils die Nachrichten über die Völkerschaft der *Μακροκέφαλοι* bei *Harpocrat.* p. 123. 8. *Bekk.*, und aus diesem bei *Suid.* h. v., über die der *Χαριμάται* bei *Steph. Byz.* h. v., theils die Erzählung von Äneas bei *Eustath.* in *Hom.* Il. II. p. 326, 4. ed. Rom., über Dysaules bei *Harpocrat.* p 64, 7. *Bekk.*, von den Amazonen bei *Strab.* XII. p. 827 = 550. *Cas.*, aus dem dasselbe *Eustath.* in *Hom.* Il. II. p. 363, 24 geschöpft hat. Über den Umfang läßt sich aus den Angaben der Lexikographen schließen, denn Harpokration und Suidas führen das siebente, ersterer v. *Δυσαύλης* sogar das neunte Buch [1]) an. Vergl. *Th. de Pinedo*, Commentariol. auctor. ap. *Steph. Byz.* p. 767 (T. IV. p. 62. ed. Lips.)

Erst nach Vorausschickung dieser Erörterungen kann sich unsere Untersuchung auf die noch vorhandene Schrift wenden, die den Titel *Παλαίφατος περὶ ἀπίστων* führt. Für diese Aufschrift nämlich entscheidet nicht nur des

1) *Παλαίφατος ἐν δ' Τρωϊκῶν* geben die meisten Handschriften und nur der Angelicanus bietet die Variante *πρώτῃ*, woraus einige *πρώτῳ* gemacht haben.

Schriftstellers eignes Zeugniß (*τάδε περὶ ἀπίστων συγγέγραφα*) und die Mehrzahl der Citationen bei den Alten selbst, z. B. bei *Euseb.* Chron. I. p. 31. *Scal. Theon*, Progymn. c. 6, *Palaepathi librum Apiston*, bei *Prob.* in *Virg.* Georg. III, 115. *De Incredibilibus*, ap. *Oros.* I, 13 und *Hieronym.* ad a. 772 et 844, sondern auch einzelne Handschriften und die Analogie der Bücher ähnlichen Inhalts, wie von Herakleitos, und die allgemeine Sitte des Alterthums. Falsch ist daher, was die meisten Ausgaben darbieten *περὶ ἀπίστων ἱστοριῶν*, obgleich die Corruptel einiger Handschriften *ἐκ τῶν τοῦ Παλ. περὶ τῶν ἱστοριῶν* (so codd. Cant. u. Oxon. 3), oder *περὶ ἱστοριῶν ἀρχαίων* (cod. Venet. 509) darauf führen könnten; was aber das *περὶ μύθων* in der baseler Ausgabe durchaus nicht rechtfertigt. — Über die Zeit und den Verfasser sind die Urtheile der Gelehrten immer sehr schwankend gewesen, was durch die oben behandelten Notizen des Suidas hauptsächlich veranlaßt worden ist. In der frühern Zeit hatte man gar kein Bedenken getragen, jenem vorhomerischen Dichter die Abfassung des Buches zuzuschreiben, daher dasselbe noch bei Fabricius und dessen nächsten Nachfolgern in der Literaturgeschichte der ältesten Zeiten behandelt wurde. Doch kam man bald von einer so ganz grundlosen Annahme zurück und stieg zunächst zu dem Parier Paläphatos hinab, den Suidas in das Zeitalter des Artaxerxes versetzt, und glaubte dazu sich um so mehr berechtigt, als jener unter den Schriften desselben *Περὶ ἀπίστων βιβλία ε'* erwähnt. Dieser Ansicht folgten Cälius Rhodigin. (Lect. ant. XXX. c. 34), Gyrald. (de poet. dial. 2.), Kuster (in *Suid.* h. v.); und Simson (chronic. cathol. col. 779) setzte ihn darum ins Jahr der Welt 3594 oder 409 v. Chr. Aber dem widersprechen die ausdrücklichen Zeugnisse des Alterthums, sowie der Geist der Schrift selbst. Zu einem Zeitgenossen Xenophon's machten ihn daher Lambeccius (prodr. histor, litter. II. c. 13. p. 126) und Böcler (de script. gr. et lat. p. 20), und Saxe (Onomast. I. p. 88) stieg noch ein Jahrhundert weiter hinab und setzt ihn in das Jahr der Welt 3689 oder 322 v. Chr. Aus sprachlichen Gründen vermuthete Fischer (praef. ed. tert. p. IV), daß er in die Zeiten der Ptolemäer gehöre, wofür die Übereinstimmung des Styls mit Eratosthenes und vereinzelte Spuren des Alexandrinischen Dialekts ihm zu sprechen schienen. Andere wählten den leichtesten Ausweg und ließen die Zeit ganz unbestimmt, noch Andere vermutheten einen erdichteten Namen, der dem Inhalte des Buches entsprechen sollte, wie Scaliger (in Cirin. p. 51) und Grotius (ad Gallos epist. 117. p. 216), wofür der Homerische Gebrauch dieses Adjectivs in der Odyssee (XIX, 163) und dessen Erklärung in den Glossarien einen scheinbaren Beleg enthält. Aber bei allen diesen Meinungen ist diesem Schriftsteller noch viel zu viel Ehre erwiesen[2]), der offenbar einer viel spätern Zeit und höchstens dem Ende des 3. oder dem Anfange des 4. Jahrh. angehört. Vorher wird er wenigstens nicht mit Sicherheit erwähnt. Denn die Vermuthung, daß Apollodor und Diodor von Sicilien diesem Paläphatos in ihren Ansichten von den Mythen gefolgt seien, erweist sich als aus der Luft gegriffen. Unbegründet ist auch die Annahme derer, welche das Sprüchwort *καινὸς γάρ ἐστιν οὗτοσὶ Παλαίφατος* von dem Inhalte der hier zu behandelnden Schrift herleiten. Es findet sich dasselbe in Versen eines sonst nicht bekannten Dichters der mittlern Komödie, Athenion (*ἐν Σαμόθραξιν*), bei Athen. (XIV. p. 661. B.) in einem längern Fragmente, wo ein Koch einem Sklaven, wie es scheint, die Geschichte und Verdienste seiner Kunst prahlend auseinandersetzt, worauf dieser nur jenes Sprüchwort erwiedert: der ist ein anderer Paläphatos. Vor Casaubonus stand zwar in dem Texte *καινός* und *παλαίφατος*, aber des Eustathius Worte (ad Odyss. XIX, 688, 14) verlangten jenen Eigennamen. Die Beziehung des Sprüchworts auf diejenigen, welche Lügen zu erfinden und unglaubliche Dinge wahrscheinlich zu machen, meisterhaft verstehen, gibt Eustathius bestimmt an. Nichts aber verhindert, an jenen Zeitgenossen des Artaxerxes und dessen Bücher *περὶ ἀπίστων* zu denken. Ebenso zweifelhaft ist das Zeugniß des Dichters der Ciris, der weder Virgilius noch Cornelius Gallus sein kann. In jenem Gedichte wird allerdings V. 87 zur Bestätigung der Sagen von der Scylla eines Paläphatos Auctorität angeführt mit den Worten: docta Palaephatia testatur voce papyrus, aber diese in den meisten Ausgaben aufgenommene Lesart beruht nur auf einer Conjectur von Parrhasius, die durch die Schriftzüge der handschriftlichen Lesarten keineswegs bestätigt wird. Aber wäre dem auch nicht so, stände vielmehr jene Lesart ganz sicher, so würde daraus nichts für das Zeitalter unsers Buches folgen, da die in diesem (fab. 21) enthaltene Erzählung über die Scylla von der in jenem Gedichte ganz abweicht und diese vielmehr mit Kallimach. (fragm. CLXXXIV) übereinstimmt. Auch bei Plinius (N. H. ind. l. XXIX) ist Palaephato blos eine unnöthige Conjectur Harduin's für Philopatore. So bleiben nur die Erwähnungen übrig, die mit Eusebius beginnen, dann bei Theon weiter gehen und mit großen Lücken bis auf verschiedene Scholiasten, Drosius, die beiden Tzetzes, Eudocia, Eustathius und Michael Apostolios, sich erstrecken, und in welchen der ausdrücklich angegebene Inhalt die Übereinstimmung mit unserm Buche bekräftigt. Erwähnt wird z. B. fab 1 bei *Theon.* Progymn. c. 6. *Tzetz.* Chiliad. VII, 99. v. 9. IX, 273. v. 411. *Eudoc.* p. 253. *Eustath.* in Il I, 268 p. 102. *Phavor.* v. *Κενταύρους. Apostol.* XI, 33; fab. 3 und 4 bei *Theon.* l. c.; fab. 6 bei *Euseb.* Chron. p. 31 und *Is. Tzetz.* in Lycoophr. 1206 und *Jo. Tzetz.* Chil. X, 332. v. 424; fab. 7 bei *Euseb.* p. 29. *Eudoc.* p. 312. *Eustath.* in Od. XI. p. 1684, 21. XIV. p. 1769, 9; fab. 8 bei *Tzetz.* Chil. I, 20. v. 558; fab. 9 bei *Eustath.* in Il. XXIV. p. 1368, 8; fab. 22 bei *Euseb.* Chron. p. 31; fab. 24 bei *Tzetz.* Chil. II, 47. v. 683; fab. 31 bei *Euseb.* p. 31; fab. 41 bei *Tzetz.* Chil. II, 53. v. 838. IX, 273. v. 409; fab. 44 bei *Theon* l. c.

Nähere Nachrichten über den Verfasser fehlen uns gänzlich; obgleich sein Name stehend geworden ist in der

2) s. Böttiger Kunstmythologie. I. S. 187.

Reihe derer, die eine historische oder allegorische Erklärung der Mythen versucht haben, wie bei *Eustath.* in Od. IV. p 1504, 53 und bei *Tzetz.* in Lycophr. 177 (I. p. 455. *Müll.*), welcher ihn mit Cornutus, Domninus (einem noch unbekannten Mythographen, auf den *Fabric.* B Gr. III. p. 171. *Harl.* nicht paßt), Kephalion und Herakleitos nennt und seine eignen Vorzüge weit über die der genannten stellt, weil er von ihnen die richtige Anwendung jener Erklärungsweise gelernt zu haben versichert. Wenn ihn Jo. Tzetzes (Chil. IX, 273. v. 405) erwähnt mit den Worten:

Μεγάλα δ' ἀβρυνόμενός τις ἐν ἀλληγορίαις
Παλαίφατος φιλόσοφος, ἐκ Στωικῶν τοῦ γένους

und auch anderwärts ihn *φιλόσοφος Στωϊκός* (Chil. IX. v. 414, 445) oder blos *Στωϊκός*[5]) (II. v. 838. X. v. 424) nennt, so hat er damit offenbar die Richtung bezeichnen wollen, der unser Paläphatos in der Auffassung der Mythen gefolgt ist, und die im Allgemeinen mit dem Namen der pragmatischen bezeichnet werden kann. Frühzeitig nämlich sind die Mythen durch bloße historische Thatsachen erklärt worden, schon Charax von Lampsacus liefert dazu Belege (Histor. fragm. ed. *Creuzer.* p. 97), am meisten aber haben die Stoiker dies verfolgt, deren Ansichten unter den Römern M. Terentius Varro nicht fremd geblieben ist. Bei dieser Annahme bleibt es aber unerklärlich, wie ebenderselbe Tzetzes (Chil. I. v. 558) ihn *ἀνὴρ ἐκ περιπάτου* nennen konnte.

Das Buch besteht jetzt aus 51 Abschnitten, von denen aber nur 1—46 eigentliche Erklärungen der Mythen enthalten, die folgenden enthalten Erzählungen in einem ganz verschiedenen Tone, ohne Deutung der Fabel, selbst auch in abweichender Sprache. Da sie nun in allen Handschriften des Paläphatos fehlen, so mögen sie wol andern Verfassern angehören, oder vielmehr, wie Gale meint, ex rhetorum lecythis geschöpft sein. Diese Ansicht hat schon Casaubonus in den **Casauboniana** (p. 14) ausgesprochen, und ihm sind Hemsterh. (in *Lucian.* T. I. p. 6) und die meisten Herausgeber gefolgt. In den übrigen Fabeln verfährt Paläphatos in der Regel so, daß er den Mythus einfach erzählt, meist mit *φασὶν ὡς* beginnend, dann seine Zweifel ausdrückt und zuletzt mit einer ziemlich gleichbleibenden Wendung zur Erklärung übergeht. Da heißt es num nicht blos *ταῦτο δὲ ἀδύνατον* (fab. 27), *ἀδύνατον δὲ* (fab. 25), *ὅπερ ἐστὶ δύςπιστον* (fab. 31), *οὐκ ἀνεκτὸς λόγος* (fab. 35), *ψευδὴς ὁ μῦθος* (fab. 34), sondern er macht die Sache lächerlich und beruft sich auf die gesunde Vernunft seiner Leser, wie *ὁ δὲ μῦθος καταγέλαστος* (fab. 24), *καὶ οὗτος ὁ μῦθος παγγέλοιος* (fab. 27), *πολὺ γελοιότερος φέρεται λόγος* (fab. 32), *ὁ δὲ λόγος μάταιος* (fab. 45), *ὡς δὲ μάταιον τίς οὐκ οἶδεν* (fab. 38), *τοιοῦτον εἴ τις πείθεται γενέσθαι, μάταιός ἐστι* (fab. 37) und Ähnliches. In seinem Übergange begnügt er sich nicht, seine unmaßgebliche Meinung vorzubringen, was etwa nur (fab. 34) mit den Worten *δοκεῖ δέ μοι ταῦτα εἶναι* geschieht, sondern in seiner Weisheit hat er die reine Wahrheit gefunden, und er glaubt sich berechtigt, sagen zu können *ἡ δὲ ἀλήθεια αὕτη* (fab. 17, 21), *ἡ δὲ ἀληθεία ἔχει οὕτω* (fab. 23, 31, 46), *τὸ δὲ ἀληθὲς ἔχει ὧδε* (fab. 24, 39, 42, 43) oder *οὕτως ἔχει* (fab. 29, 31), *ἐγένετο δὲ τοῖον δέ τι* (fab. 27, 45) oder *τοιοῦτόν τι* (fab. 32, 40, 41), *ἦν δὲ τοιόνδε τοῦτο* (fab. 25) und dergleichen mehr. In seinen Erklärungen sucht er zunächst durch Etymologien eine historische Grundlage zu gewinnen, und ein zweideutiges Wort leistet ihm dabei treffliche Dienste. Die Kentauren, treffliche Reiter, haben ihren Namen blos daher, weil sie die herumschweifenden Heerden wilder Stiere erlegt haben (fab. 1), Pasiphaë verliebt sich in einen schönen Jüngling, Namens *Ταῦρος*, den für diesen Ehebruch Minos bestrafen wollte, da entfloh er ins Gebirge, schützte sich in einer Höhle und lebte von Raub und Plünderung (fab. 2); ein Mann von Knosus, Taurus genannt, überzog Tyrus mit Krieg und raubte unter andern Jungfrauen auch die Europa (fab. 17); Cottus, Briareus und Gyges bewohnten eine Stadt *Ἑκατονταχειρία* (fab. 20); Geryones ist dreiköpfig geschildert, aber er wohnte blos in der Stadt *Τρικαρηνία* am Pontus (fab. 25); ebendorther ist auch der dreiköpfige Cerberus gekommen (fab. 40). Anderwärts nimmt er den bedeutsamsten Ausdruck des Mythus in einem andern Sinne und erhält dadurch eine ganz einfache Geschichte. So ist Aktäon von Hunden verzehrt, weil er auf Hunde und Jagd all sein Gut verwendete (fab. 3), eine gleiche Erklärung erhalten die menschenfressenden Pferde des Diomedes (fab. 4); Sphinx, Gemahlin des Kadmus, begibt sich aus Eifersucht ins Gebirge und tödtet dort aus einem Hinterhalte (*αἴνιγμα*) viele der Bürger (fab. 7); Niobe hat blos ein steinernes Grab errichtet, und daraus ist die Sage von ihrer und ihrer Kinder Verwandlung entstanden (fab. 9); Dädalus und Ikarus fliehen aus dem Fenster eines Gefängnisses, retten sich auf einen Kahn und werden von Stürmen auf dem Meere umhergetrieben (fab. 13); Scylla ist der Name eines tyrrhenischen Raubschiffes, dem Ulysses glücklich entfloh (fab. 21); die Harpyien sind Töchter des erblindeten Königs Phineus, dessen Vermögen sie verschwendeten; darum wurden sie von Zethus und Kalais vertrieben und Verwalter über das Eigenthum gesetzt (fab. 23); Amazonen sind Männer, die nur wegen des geschornen Bartes Weiber heißen (fab. 33). Die Unmöglichkeiten sucht er auf natürlichem Wege möglich zu machen; die in Löwen oder Bären Verwandelten sind blos von diesen Thieren zerrissen (fab. 14, 15); das trojanische Pferd ist wirklich erbaut worden, aber die hellenischen Führer haben sich in einem Hinterhalte versteckt und sind dann durch das abgebrochene Thor eingedrungen (fab. 17); wer des Amphion Spiel hören wollte, mußte an den Mauern Thebens bauen helfen, dann hatte er es umsonst (fab. 42); Medea kannte ein Kraut zum Färben der Haare, zugleich aber erfand sie die warmen

5) Dadurch erhält die von Müller (bei *Tzetz.* Schol. in Lycophr. 1206. (Vol. II. p. 960) aufgenommene Lesart dreier Handschriften *ὁ Στωϊκός* ihre volle Bestätigung, die Vulgata *ἱστορικός* erweist sich als falsch und des Meursius Conjectur *Τρωϊκός* als ganz verkehrt, da doch an die *Τρωϊκά* des Atheniensers gar nicht gedacht und selbst in solchem Falle jener nicht als *Τρωϊκός* bezeichnet werden könnte.

Bäder, durch welche die Menschen erfrischt wurden, und in einem solchen Bade starb Peleus (fab. 44); die Gewolt der Cither des Orpheus erstreckte sich blos auf die Bakchantinnen, die, mit Baumstämmen aus dem Gebirge kommend, ihm folgten (fab. 34); des Dädalus sich selbst bewegende Statuen beziehen sich blos auf den Fortschritt, welchen die bildenden Künste durch diesen Künstler machten, als er zuerst fortschreitende Statuen bildete (fab. 22). Diese Beispiele können genügen, um ein Verfahren zu charakterisiren, dessen Nüchternheit und Abgeschmacktheit in dem Vorworte (coll. fab. 29, 33) mit dem bündigen Grundsatze gerechtfertigt wird: was einst war, kann auch jetzt noch sein, weil es aber nicht ist, kann auch jenes nicht geschehen sein[4]), §. 3. *ὅσα δὲ εἴδη καὶ μορφαί εἰσι λεγόμεναι καὶ γενόμεναι τότε, αἳ νῦν οὐκ εἰσί, τὰ τοιαῦτα οὐκ ἐγένετο. εἰ γὰρ τότε καὶ ἄλλοτε ἐγίνετο, καὶ νῦν τε γίνεται καὶ αὖθις ἔσται.* Trotz aller dieser Lächerlichkeiten und Verkehrtheiten hat es der Schrift nicht an Bewunderern und Lobrednern gefehlt. Böcler (de script. gr. et lat. p. 20) sagt: **Elegantissimus est libellus et ab omnibus legendus, ut videant quomodo historiae ingenio poetarum in fabulas migraverint et ex fabulis ad veritatem revocari debeant;** und Heumann (Parerg. crit. p. 107): **Libellum istum et ab utilitate et ab elegantia prae caeteris esse commendabilem lectuque dignissimum** (vergl. dessen Poecile T. I. p. 39), vor allen aber Herm. Conring's warme Empfehlung[5]) scheint veranlaßt zu haben, daß dieses Buch bis in die letzten Decennien des vorigen Jahrh. als ein hauptsächliches Hilfsmittel zum Erlernen der griechischen Sprache in den Gymnasien gebraucht wurde und wegen des unterrichtenden und mannichfaltigen Inhalts, sowie wegen der einfachen Schreibart von Harles (*Fabricii* Bibl. graec. I. p. 183. Introduct. in hist. ling. gr. P. I. p. 175), Eschenburg und vielen Andern für besonders tauglich zu diesem Zwecke befunden wurde. Jetzt ist man glücklicherweise davon zurückgekommen. Zwar ist die Schreibart leicht und verständlich, poetische und veraltete Ausdrücke sind vermieden, aber dennoch die Sprache nicht frei von den Fehlern der spätern Zeit, welcher das Buch angehört. Grade der Inhalt aber mußte der Jugend allen Sinn und alles Gefühl für die griechische Götter- und Heroenwelt benehmen und ihr die Lectüre der herrlichsten Dichter und vornehmlich des Homer verleiden. Außerdem erfodert das Verständniß der Erklärungen schon eine genauere Kenntniß der Mythen, bei deren Erzählung Paläphatos sich in der Regel nicht in die kleinsten Details einläßt, und so die Bekanntschaft damit voraussetzt.

Wie trügerisch das Urtheil über den Werth eines Buches aus der großen Anzahl davon noch vorhandener Handschriften sei, zeigt Paläphatos sehr deutlich. Mehr als 20 Handschriften sind von ihm bekannt, außerdem finden sich noch häufig Excerpte, deren Bedeutung für die Texteskritik noch nicht gehörig erforscht ist. Jedoch sind die meisten dieser Codices ziemlich jung, aus dem 14. und 15. Jahrh., auf Papier geschrieben und mit einzelnen Ausnahmen wenig von einander abweichend. Unter den italienischen Bibliotheken besitzt die Marcusbibliothek zu Venedig drei Handschriften (s. Catal. Cod. mss. bibl. Venet. S. Marci p. 273, 277 und *Villoison.* Anecd. gr. T. II. p. 243), die vaticanische außer den Auszügen eine vollständige Handschrift (s. *Montfaucon* T. I. p. 8. E.), die Laurentiana zu Florenz zwei (s. Catalog. bibl. Laurent. T. II. p. 319, 609. *Montfaucon* T. I. p. 347. E. p. 361. D.) Eine Handschrift zu Madrid hat Iriarte umständlich beschrieben, eine andere im Escorial hat zwar Ant. Augustin im Katalog (Nr. 257) angeführt, aber aus dem Schweigen neuerer Reisenden läßt sich vermuthen, daß dieselbe nicht mehr vorhanden ist. Die königl. Bibliothek zu Paris besitzt drei Handschriften (vergl. Catalog. cod. mss. bibl. reg. Par. T. II. p. 521, 543, 562. *Montfauc.* T. II. p. 742. C. 770. E.), außerdem ist in Montpellier eine Papierhandschrift aus dem 15. Jahrh. (s. *Haenel.* Catalog. cod. mss. p. 231). Unter den Handschriften des Vossius in der leydener Bibliothek (Catalog. p. 403. nr. 22) wird auch ein Paläphatos *περὶ ἀπίστων ἱστοριῶν* erwähnt; eben jener Gelehrte hat auch aus fünf andern, aber nicht näher bezeichneten, Handschriften die Varianten gesammelt (s. *Goens.* ad *Porphyr.* A. nymph. p. 115). Aus England hat Gale einen cambridger, drei oxforder und den **Arundelian. s. Londinensis** benutzt, von denen die zuletzt angeführten verschiedene Bücher zu sein scheinen. In Schweden ist ein **cod. Ravianus**, den Christ. Rau aus Constantinopel gebracht hat und den Brunner in seiner Ausgabe mit großem Lobe erwähnt. In Rußland besitzt Moskau eine Handschrift (s. *Matthaei* notitia cod. mss. biblioth. Mosqu. S. Synodi. p. 14), welche von Matthäi für Fischer verglichen worden ist, aber nur geringen Werth hat, weil sie durch eine Menge fremdartiger Zusätze entstellt ist. In Teutschland ist eine augsburger Handschrift (s. *Reiser.* Ind. cod. August. nr. 56. p. 84), von Fischer sorgfältig verglichen; eine andere ist, wenn das Gedächtniß nicht trügt, in Dresden. Ein gutes Hilfsmittel für die Verbesserung des Textes gewährt auch die durchgehende Vergleichung der Eudocia und des Apostolios, weil beide sehr viel aus dem Paläphatos entlehnt haben.

Die erste Ausgabe ist von Aldus Manutius zugleich mit Äsop, dem dort sogenannten Gabrias, Phurnutus, Heraklides Ponticus ꝛc. besorgt. (Venet. 1505. kl. Fol.) Paläphatos nimmt die vierte Stelle ein und steht p. 82—95, der Text ist offenbar aus einer sehr guten Handschrift mit sehr wenigen Veränderungen abgedruckt und daher die Vernachlässigung dieser Ausgabe den spätern

4) So auch *Minuc. Fel.* Octav. 20. Quid illas aniles fabulas, de hominibus aves et feras homines, et de hominibus arbores atque flores? Quae si essent facta fierent; quia fieri non possunt, ideo nec facta sunt. Anders *Augustin.* de Civit. dei XV. c. 9. an incredibile aliquando fuisse quod nunc non est?

5) Palaephati Incredibilia, sagt *Conring.* Notit. script. c. VIII, 5, 16 usque adeo utilis est libellus, ut dignum existimem, qui in Germania recudatur, et publice in scholis praelegatur. Fabulosam antiquitatem, aut intellectu difficilia, quae magna etiam ingenia misere torserunt, plana atque expedita, mira stili elegantia reddidit. Und dann erwähnt er sogar vivendi praeceptiones cuicunque sive aetati sive ordini utiles et summe necessariae.

Herausgebern nur nachtheilig gewesen. Eine Beschreibung s. in den Merkwürdigkeiten der dresdener Bibl. III, 2. S. 219. Etwa 40 Jahre später (1543) ließ Oporin in Basel den Aldinischen Text wieder abdrucken, schickte aber von Phurnutus und Paläphatos lateinische Übersetzungen voraus und ließ den griechischen Text des Letztern (p. 78—126) folgen[6]). Der baseler Ausgabe ist Corn. Tollius gefolgt, der mit lateinischer Übersetzung und erklärenden Noten Paläphatos herausgab (Amstel. ap. *Elzevir*. 1649. 12. und wiederholt Londin. 1656. 8.), hat sich aber viele willkürliche Änderungen erlaubt und die Anmerkungen einem nicht genug verbürgten Gerüchte nach dem Vorstius, dessen Famulus er gewesen, gestohlen. An ihn schloß sich der Professor der griechischen Sprache zu Upsala Martin Brunner, der Text und Übersetzung von Tollius beibehielt, für die Erklärung aber Gutes leistete und einen, freilich sehr unvollständigen, Index verborum hinzufügte und für die Kritik aus dem Cod. Ravian. einzelne vortreffliche Lesarten aufnahm. Seine Ausgabe erschien Upsala 1663. Das Material dieser beiden Ausgaben vermehrte noch der gelehrte Unger Paulus Pater, der Lehrer in Thorn und später in Danzig war (Francof. ap. *J. Meier*. 1685)[7]); er änderte den Text, da der Verleger zur Eile trieb, nur wenig, auch seine Noten würde man leicht entbehren; außerdem fügte er noch doctrinae morales pro pietate exulante in hoc aevum revocanda auf 367 Seiten hinzu. Einen bedeutenden Fortschritt machte die Kritik des Paläphatus durch Thomas Gale, der ihn in die Opuscula mythologica, ethica et physica aufnahm und ihm die erste Stelle anwies (p. 1—74). Die erste Ausgabe (Cantabrig. 1670. 8.) zeigt noch wenig Spuren von der Benutzung der handschriftlichen Hilfsmittel, mehr tritt deren Einfluß in der zweiten durch Marc. Meibomius (Amstel. ap. *Wetsten*. 1688. gr. 8.) besorgten hervor. Für Schulzwecke bestimmte seine Ausgabe Sigm. Fr. Dresig, der den griechischen Text mit spärlichen Anmerkungen herausgab (Leipzig 1735, wiederholt 1751), sich aber viele unnöthige Änderungen, selbst aus Conjectur, erlaubte. Von der dritten Ausgabe an ward die Besorgung dem fleißigen und gelehrten Rector J. F. Fischer, dessen literarische Thätigkeit für die griechische Literatur hauptsächlich die zu jenen Zeiten in den Schulen gangbaren Schriftsteller umfaßte, übertragen, der sich jedoch in der Ausgabe Lips. 1761 noch wenig Änderungen erlaubte. Aber im Laufe der Jahre gewann der Anfangs dünne Paläphatos immer größern Umfang, es folgten die Ausgaben 1772, 1777, 1786, endlich 1789. gr. 8.; der kritische Apparat ward aus Handschriften und alten Ausgaben reichlich vermehrt, die gelegentlichen Bemerkungen der Gelehrten sorgfältig gesammelt, die Angaben der übrigen Schriftsteller über die einzelnen Fabeln zusammengestellt und für die Erklärung der Sprache und Sachen nach dem Standpunkte jener Zeit Treffliches geleistet, und in dem sehr ausführlichen Wortregister noch vieles dazu Gehörige nachgetragen. Seitdem ist aber auch für diesen Schriftsteller nichts geschehen; denn die Ausgaben von Joh. Dav. Büchling (Halle 1788, 1797 und 1809) und J. H. Matth. Ernesti (Leipzig 1816) sind blos dem Schulgebrauche bestimmt.

Übersetzungen in die lateinische Sprache gibt es aus älterer Zeit schon drei, zuerst von Angel. Cospius (Viennae ap. *Pannon*. 1514. 4.), dann von Philipp Phasianus oder Phasianinus (Bonon. 1515. 4. Argentorati 1517) und von Jodoc. Volareus (Antverp. 1528, 1538. 8.) und in der Ausgabe von Tollius. Die letztere ist nicht frei selbst von gröbern Irrthümern, die gelungenste die von Phasianinus. Die drei letztern hat J. Fr. Fischer zu Leipzig im J. 1775 neu abdrucken lassen, die erste in zwei Schulprogrammen, wiederholt zu Leipzig 1799 und 1800. 4. Teutsche Übersetzungen gibt es von Anania Engelschall aus Meißen (Dis 1671. 12.), von J. H. F. Meineke (Quedlinburg 1774. 8.), von J. Dav. Büchling (Halle 1791) und dann umgearbeitet von G. F. W. Grosse (Halle 1821), zuletzt auch von einem Ungenannten zu Halle 1795. Ins Französische ist Paläphatos übersetzt von Guil. Gueroult (Lyon 1558. 4.) und von Charl. God. Polier (Lausanne 1771. 12.). Eine alte italienische Übersetzung erschien Venedig 1545. 8., eine holländische, door N. B. A. zu Amsterdam 1687. 12. Unter den Erläuterungsschriften werden von J. Bened. Carpzov Observationum in Palaephatum periculum (Leipz. 1743), die ganz mit Unrecht von Fischer gelobt werden und zerstreute Bemerkungen von Heumann (in den Parerga critica [Jena 1712] p. 106—112) angeführt. Was endlich das „Bruchstück aus einer Herkulanischen Handschrift, den Paläphatos betreffend, welchem wir das kleine Werk von unglaublichen Dingen schuldig sind," enthalte, vermag ich nicht anzugeben, da mir die Olla Potrida (1780. P. I. p. 41) nicht zur Hand ist; Fischer (p. LXXIV) schreibt es einem ganz andern Verfasser zu.

(Vergl. *Fabricii* Biblioth. Gr. Vol. I. p. 182—192. ed. *Harl*. *Harles*, Introduct. in histor. ling. gr. T. I. p. 122—126. *Groddeck*. Hist. litter. Gr. II. p. 101. Wolf, Vorlesungen über Gesch. der griech. Lit. S. 339. *Hoffmann*. Lex. bibliogr. III. 190—193.) (*F. A. Eckstein.*)

PALÄROS, alter Name einer Stadt in Akarnanien, in der Nähe von Leukas; bei Strabo (X, 450, 459) haben alle Handschriften *Παλαιρός*, und bei Thucydides (II, 30) werden die Einwohner nach den besten Handschriften *Παλαιρεῖς* genannt, sodaß *Παληρεῖς*, was sich in andern findet, mit Recht neuerlich verworfen ist. (*H.*)

Palaesimundi, s. Taprobane.

PALÄSTE, alter Name eines Orts und Hafens in Epirus bei Oricum (*Lucan*. V, 460), woher man diesen Namen auch bei Cäsar (b. c. III, 7), statt des von den Handschriften übereinstimmend dargebotenen Pharsalus oder Pharsalia, was nicht zu passen scheint, ebenfalls geschrieben hat. (*H.*)

6) Eine sehr genaue Beschreibung gibt Hoffmann (Lexic. bibliogr. T. III. p. 254), da das Buch selten geworden ist. 7) Die Exemplare haben verschiedene Jahre, einige auch 1686 und 1687, den von Fischer vermißten index dictionum et phrasium enthält allerdings mein Exemplar. Zu erwähnen ist, daß Muncker (in *Anton*. Liberal. c. 41. p. 288. *Verh.*) eine Ausgabe versprach.

PALÄSTINA ist das kleine Land im vordern Asien, welches so große Bedeutung erlangt hat als der heil. Boden, auf welchem Jesus Christus, der Welt Heiland, gelebt und gelehrt, wo der Stamm seines Kreuzes gestanden, der zum christlichen Lebensbaume geworden, aufstrebend zum Himmel und seit fast 2000 Jahren seine grünenden Äste immer weiter und weiter über das Erdenrund ausbreitend. Es ist das Land der Verheißungen, das den Patriarchen gelobte, d. h. verheißene Land (nach Hebr. 11, 9). Gar oft heißt es in der Bibel das Land Jehova's, das Land Israel's, das Land der Hebräer (1 Mos. 40, 15, bei Josephus und bei Pausanias 1, 6. 6; 24. 10, 12) So weit es diesseit des Jordan liegt und vormaliger Wohnsitz der Kanaaniter war, bekommt es auch den Namen Kanaan (hebr. כְּנַעַן, d. i. Niederland, welches nach dem Meere hin abfällt, im Gegensatz zu Aram, d. i. Hochland. 1 Mos. 13, 12. 2 Mos. 16, 35 u. a. St.) Es heißt ferner bei spätern biblischen Schriftstellern das heil. Land, terra sancta (Zachar. 2, 16. 2 Makkab. 1, 7), und auch in der jetzigen christlichen Welt ist dieser Name nicht ungewöhnlich, z. B. im Englischen the holy land. Bei den griech. und röm. Classikern heißt es meistens Judaea (Juda), das jüd. Land, ein Name, welcher ursprünglich nur dem Gebiete des Stammes Juda, alsdann nach Salomo's Zeit dem Reiche Juda (gegenüber dem Reiche Ephraim oder Israel) zukam, und erst nach der Rückkehr der Juden aus dem Exil, also seit Ende des 6. Jahrh. vor Chr. Geb. auf das ganze Land ausgedehnt wurde, weil Juda Königsstamm gewesen und weil es vorzüglich Judäer waren, die von Cyrus' Erlaubniß der Rückkehr Gebrauch machten. Man sehe schon Hagg. 1, 1. 14. 2, 3. Viel seltener findet sich bei Classikern der Name Palästina, der bei den Muhammedanern in der Form Falestin, und unter uns besonders in wissenschaftlichen Verhandlungen der gewöhnliche geworden ist. Es gebrauchen ihn hin und wieder Herodot (VII, 89), Philo, Ptolemäus (V, 16), Plinius, Strabon, Dio Cassius rc.[1]). Er ist entlehnt von dem hebräischen פְּלֶשֶׁת, welches aber in der Bibel immer nur Philistäa, das Gebiet der Philister an der Meeresküste, bezeichnet. Psalm 60, 10. Jes. 14, 29. 31 u a. St. Daher gebraucht Josephus den Namen Palästina theils noch in dieser ursprünglichen Bedeutung (jüd. Archäol. I, 6, 2), theils schon im weitern Sinne für das ganze gelobte Land (ebend. VIII, 10, 3). Übrigens zog man in diesem weitern Sinne öfter die Bezeichnung: syrisches Palästina oder Palästina der Syrer vor. So Herodot, Ptolemäus, Josephus in den angegebenen Stellen. Die Münzen des Vespasian haben zum Theil die Aufschrift:

PALESTINA IN POTESTATEM P. R. REDACTA.

Hieronymus und Epiphanius berichten, daß zu ihrer Zeit das Land gewöhnlich Palästina genannt worden sei. Auch bei syrischen und spätern jüdischen Schriftstellern findet sich dieser Name zuweilen[2]).

1) S. die Stellen in *Relandi* Palaestina. p. 38 sq. 2) Über die verschiedenen Namen des Landes handelt vollständig *Relandi* Palaestina. Lib. I. c. 1—9.

Nach dieser kurzen Erörterung über die verschiedenen Namen des Landes gehen wir zur Schilderung desselben über. Es ist hier aber nicht der Ort, eine irgend umfassende geographische Beschreibung Palästina's zu geben; wir stellen uns vielmehr nur die Aufgabe, ein besonders mit Hilfe einer guten Karte leicht zu übersehendes Charakterbild des Landes zu entwerfen. Dazu ist vor Allem erfoderlich, den natürlichen Boden desselben zu betrachten und sowol seine stehende Physiognomie, als auch die Productivität und die klimatischen Verhältnisse in Augenschein zu nehmen. Demnächst mustern wir die Nationen und Stämme, welche im Laufe der Zeit heimisch gewesen auf diesem Boden, und knüpfen daran die Angaben über die jedesmalige Art und Form ihrer politischen Existenz, über die hiernach wechselnden politischen Eintheilungen des Landes rc. Die topographischen Einzelheiten sparen wir füglich den betreffenden speciellen Artikeln auf und versuchen in dieser Beziehung hier nur ein Netz des Landes zu entwerfen, wonach sich der Leser vorläufig orientiren kann, indem wir dabei vorzüglich auf die natürliche Lage der Örter und auf ihre Entfernungen unter einander Rücksicht nehmen. Noch bedarf es wol keiner Entschuldigung, wenn wir dem ganzen Artikel die vorherrschende Richtung auf das religiöse Interesse geben, welches uns vorzugsweise an dieses Land fesselt als den geschichtlichen Boden der in der Bibel vorliegenden Thatsachen, als den Schauplatz unserer heiligen Geschichte.

Palästina liegt zwischen 52° und 54° oder 55° Ö. L. und zwischen 31° und 33° 30′ N. B. Als westliche Grenze des Landes kann man im Allgemeinen das mittelländische Meer betrachten, obgleich der äußerste Küstenstrich nur für gewisse Zeiten dem Lande eigenthümlich zugehörte. Denn den südlichen Streifen dieser Meeresküsten hatten vor Alters die Philister inne, welche den Hebräern nur periodisch unterworfen waren, öfter aber selbst die Oberhand über sie gewannen, bis sie bald nach Christi Zeit ganz aus der Geschichte verschwinden (s. das Nähere unter dem Art. Philistor). Ebenso waren oben im Norden die Phöniker (s. d. Art.) im Besitze der Küste, sodaß Josua's Vertheilung, sofern sie sich bis auf diese Theile des Landes ausdehnt, nur als Project zu betrachten ist, welches niemals vollständig realisirt worden. Nur in der Mitte zwischen den Gebieten der Philister und Phöniker reichten die israelitischen Stämme Juda, Dan, Ephraim, Manasse und Ascher wirklich bis an das Meer, und gegen die Zeit Christi hin gewöhnte man sich immer mehr, auch die philistäische Küste unter dem Namen Judäa oder Palästina mit zu befassen. Gegen Süden bildet das peträische Arabien die Grenze Palästina's, oder näher das Gebirge Seir, welches den Edomitern gehörte und, abgesehen von dem wüsten Küstenstriche, der den Zugang nach Ägypten bildet, den ganzen Süden des Landes umlagert (jetzt Dschebâl genannt). Im Norden macht der Libanon die natürliche Grenze, denn grade hier verliert das Gebirge diesen Namen, indem es westlich am Meere in das weiße Vorgebirge und die sogenannte Treppe der Tyrier, östlich aber in die Vorberge des Hermon (Dschebel el-Scheikh) ausläuft. Als Ländergebiete stoßen hier an Palästina das alte Phönike und das damascenische Syrien. Schwankend und unbestimmt war die östliche Grenze, da die jenseit des Jordan wohnenden Hebräer großentheils nomadisch lebten, mit ihren Heerden das anstoßende wüste Arabien, die sogenannte syrische Wüste, wol bis zum Euphrat hin durchzogen und sich nach und nach unter den dort ebenfalls nomadisirenden arabischen Volksstämmen verloren. — In der Bibel werden die Grenzen des Landes verschiedentlich und gewöhnlich nur obenhin angegeben. So 1 Mos. 15, 18: „Vom Strome Ägyptens (dem Nil) bis an den Euphrat." Mäßiger und richtiger wird öfter die Ausdehnung des Landes von Norden nach Süden bestimmt durch die Grenzstädte Dan und Beerseba. Richt. 20, 1. 1 Sam. 3, 20. 2 Sam. 3, 10. Nach 4 Mos. 34, 3 fg. und Jos. 15, 3. 4 streift die Südgrenze die Wüste Zin (צִן) an der südlichen Spitze des todten Meeres und den District von Kadesch Barnea bis an den Bach Ägyptens. Dieser Bach Ägyptens wird auch sonst als der südlichste Grenzpunkt genannt. Jes. 27, 12. 1 Kön. 8, 65. Es ist darunter nicht etwa der Nil zu verstehen, welcher der „Strom Ägyptens" heißt, sondern ein Regenbach bei dem alten Rhinocorura, dem jetzigen Elarisch (in den Zeiten der Kreuzzüge Larissa); denn bis an diesen Bach Ägyptens reichte das Gebiet von Gaza, Jos. 15, 47, welche Angabe den Nil ausschließt. Ebenso wird die Grenze auch im Norden zuweilen weiter hinaufgerückt, „bis man nach Hamath kommt," d. h. bis zum Gebiete von Hamath (Epiphania), welche Stadt tief in Syrien am Orontes liegt und nur zweimal auf kurze Zeit den Hebräern gehörte, nämlich unter Salomo (2 Chron. 8, 3. 4) und unter Jerobeam II. (2 Kön. 14, 25). Vergl. auch 1 Kön. 8, 65. 4 Mos. 34, 8. Jos. 13, 5. Amos 6, 14. Mehre einzelne Bestimmungen über die Grenzen des Landes findet man noch 4 Mos. Cap. 34 und Jos. Cap. 13—19.

Die Arealfläche Palästina's läßt sich nach diesen schwankenden und wechselnden Grenzen nur ungefähr bestimmen. Nach der Angabe des Hieronymus (epist. ad Dardan.) beträgt die Entfernung von Dan nach Beerseba, also vom äußersten Norden bis zum südlichsten Punkte 160 römische Meilen, d. i. 32 teutsche Meilen, also für die Zeiten, wo sich die Hebräer durch ihre Eroberungen im Norden und im Süden weiter ausgedehnt hatten, doch nur etwa 36- bis 40 teutsche Meilen. Die größte Ausdehnung von Westen nach Osten, auf dem Breitengrade von Bethlehem, betrug circa 20 teutsche Meilen, vom Mittelmeere bis zum Jordan nur 14 teutsche Meilen. Das ganze Land hat daher eine Arealfläche von kaum 500 □ Meilen. Dies gibt etwa ein Drittheil des Königreichs Baiern oder zwei Drittheile der Schweiz und kommt ungefähr der Quadratfläche der Insel Sicilien gleich.

Indem wir uns jetzt zunächst zur Schilderung der physischen Beschaffenheit Palästina's wenden, kommt es uns zuerst darauf an, das Profil des Landes zu zeichnen und somit eine Übersicht seiner Gebirgszüge, Ebenen und Thäler zu geben, an welche sich dann zunächst die Beschreibung des betreffenden Flußgebietes anschließen wird. Palästina ist im Allgemeinen ein Gebirgsland zu nennen, was auch in der Bibel zuweilen hervorgehoben wird, wie z. B. im Gegensatze zu Ägypten 5 Mos. 11, 11. Vergl. 3, 25. 1 Kön. 20, 23. Das Hauptgebirge, als dessen Ausläufer und Verzweigungen die bedeutendsten Höhen des Landes betrachtet werden können, dessen Kernmasse aber nicht in Palästina, sondern auf syrischem Boden wurzelt, ist der Libanon (הַלְּבָנוֹן), d. i. der weiße Berg, so benannt von dem Schnee, welcher besonders die östlichen Spitzen beständig deckt, also in etymologischer Hinsicht ein Dawalagiri in Vorderasien. Er heißt drum auch bei den Arabern das Schneegebirge (جبال الثلج, aramäisch טוּר תַּלְגָּא) und bei Tacitus (histor. V, 6) Libanum opacum fidumque nivibus. Das ganze Gebirge theilt sich in zwei von Norden nach Süden parallellaufende Ketten, deren westliche längs der Meeresküste Syrien durchschneidet und südlich bei Tyrus in die tyrische Treppe (κλίμαξ Τυρίων) ausläuft (1 Makk. 11, 59). Dies ist der eigentliche Libanon, der durch seinen Abfall am Meere meistens eine Steilküste bildet, über welche dem Meere entlang Felsenstraßen laufen, und von dessen Höhen in kurzem Laufe viele kleine Flüsse und Bergwasser herabstürzen, unter ihnen der Adonis, Lykus und Tamyras. Die östliche Kette heißt im Griechischen Antilibanos (s. die Alexandrinische Übersetzung in den Stellen 5 Mos. 1, 7. 3, 25. 11, 24. Jos. 1, 4. 9, 1), während sie im Grundtexte des alt. Test. nur unter der gemeinschaftlichen Benennung des Libanon vorkommt, wie z. B. Hohesl. 7, 5: „der Thurm des Libanon, der gen Damaskus schaut." Zwischen beiden Ketten mitten inne liegt ein langes Thal, das alte Cölesyria, jetzt Elbekâ (d. h. das Thal), vom Flusse Leontes durchschnitten, wo die Stadt Baalbek (das alte Heliopolis) mit den Ruinen des berühmten Sonnentempels. Dieses Thal ist aber nicht zu verwechseln mit dem „Thale des Libanon unten am Hermon," in welchem Baal Gad lag (Jos. 11, 17. 12, 7). Dieses letztere ist vielmehr südlicher zu suchen am Fuße des Hermon [3]). Die Höhe des Libanon schätzt man auf 10,000, die des Antilibanos auf etwa 15,000 Fuß. Doch beruhen diese Angaben nicht auf Messungen, sondern nur auf ungefährer Schätzung, weshalb die Bestimmungen der Reisenden sehr differiren. Der Kamm des Libanon ist schon von Cypern her in einer Entfernung von 20 Meilen sichtbar; er ist nicht zackig und nimmt sich aus wie der Jura etwa vom Rigi her. Der Berg hat besonders nach dem Meere hin viel Terrassenform mit angebautem Lande. In den verschiedenen Regionen des Berges wechseln Gärten, Getreidefelder, Waldungen und kahle Steppen. An den höhern Stellen trifft man das ganze Jahr hindurch Schnee, welcher zu Markte gebracht wird und zur Kühlung der Getränke dient. Der Schnee des Libanon wird von Jeremia (18, 14) erwähnt. Maundrell ging im Mai auf dem Libanon eine Strecke von sechs

3) Dieses Thal des Libanon wird für das heutige Elbeka und Baalgad für Baalbek genommen von Iken (in seinen Dissertationen (Haag 1749) Nr. 15), von J. D. Michaelis (Supplement. ad lexic. hebr. p. 196) und Rosenmüller (bibl. Alterthumsk. I, 2. S. 280).

Stunden über Schnee, Korte fand dort Schnee im August, Burckhardt im October. In den Wäldern des Libanon gibt es wilde Thiere (Jes. 40, 16), als Bären, Panther, Schakale, auch Löwen (Hohesl. 4, 8). Der Berg trägt Wein (Hos. 14, 8), Maulbeerbäume, welche wegen des vielen Seidenbaues sehr sorgfältig gehegt werden, Mandelbäume, Ölbäume, Platanen, Eichen, Tannen, Cypressen und anderes Nadelholz. Cedern gibt es jetzt nur noch wenige. Man zählt in dem Cedernhaine bei Eden (Amos 1, 5), der gewöhnlich von den Reisenden besucht wird, 20 bis 30 alte Bäume, die zum Theil 30 bis 40 Fuß Umfang und gegen 90 Fuß Höhe haben. Man traut ihnen ein Alter von einigen tausend Jahren zu. Außerdem stehen dort über 300 junge Stämme. Eine Ansicht dieser Cedern gibt Cassas in der Voyage pittoresque de la Syrie. Es gibt aber noch zwei andere Cedernwäldchen, welche Seetzen besuchte. Das herrschende Gestein des Libanon ist der Jura-Kalkstein, der viele Muscheln und versteinerte Fische einschließt. Aus diesem Steine ist der Sonnentempel von Baalbek gebaut, und auch zu Salomo's Tempel wurden die Bausteine am Libanon gebrochen (1 Kön. 5, 14—18).

Vom Libanon aus laufen nun auf beiden Seiten des Jordan von Norden nach Süden zwei parallele Gebirgszüge, welche sich bis ins petråische Arabien hinein verfolgen lassen [4]). Der westliche Zug diesseit des Jordan hat einen großen Abfall nach dem Mittelmeere zu, der östliche dacht sich ab nach der syrischen Wüste und dem Euphrat hin. Beide schließen das fruchtbare Thal des Jordan ein und verzweigen sich zu beiden Seiten des Flusses in mehre kleine Arme und einzelne Höhen, die zum Theil durch geräumige Ebenen und Thäler unterbrochen werden. Die östlichen Berge sind meist kahl und haben steinigen Boden und viele Höhlen; ebenso sind dort die Thäler größtentheils öde und voller Kiesel. Diesseit des Jordan dagegen gibt es viel bebautes oder doch bebaut gewesenes Land, die Berge sind hier meist beschattet und grün; nur der äußerste Küstenstrich hart am Meere ist flach, und seine Fruchtbarkeit hängt von Regenbächen ab. Wir wollen nun noch die bedeutendsten Höhen des Landes einzeln und namentlich aufführen. Den südlichsten Rücken des Antilibanos bildet der Berg Hermon, welcher nach 5 Mos. 3, 9 von den Amoritern Senir, von den Sidoniern Schirjon genannt wurde; noch ein anderer Name dafür war Sion, שׂיאן 5 Mos. 4, 48 [5]). Diese verschiedenartigen Benennungen mögen ursprünglich verschiedenen Theilen des Berges zukommen, und es darf daher nicht Wunder nehmen, wenn 1 Chron. 5, 23 Senir und Schirjon als Namen zweier Berge vorkommen. Ebendaher erklärt sich auch die Pluralform Hermonim, d. i. die Hermonberge (Psalm 42, 7). Jetzt heißt der Hermon Dschebel el Scheikh und die südlichsten Höhen desselben, die das Land Hule östlich begrenzen, Dschebel el Heisch. — Ein südwestlicher Ausläufer des Antilibanos ist der heutige Dschebel Safed oder Safet im Nordwesten des Sees von Tiberias, wahrscheinlich identisch mit dem Gebirge Naphtali (Jos. 20, 7). Von bedeutender Höhe ist das Vorgebirge Karmel, südlich am Meeresbusen von Akko. Dieser Berg hat ein sehr fruchtbares Erdreich, wiewol er jetzt nicht bebaut wird. Er ist dicht mit Bäumen und Gebüschen besetzt, in den obern Regionen besonders mit Fichten und Eichen, nach Unten mit Öl- und Lorbeerbäumen. Hyazinthen, Narcissen und andere Blumen wachsen dort wild. Er verdient daher mit Recht den Namen Karmel, welcher Gartenland bedeutet. Dieser Berg hat eine große Zahl von Höhlen, welche seit uralter Zeit den Asceten zum Aufenthalte dienten. Nach Jamblichus soll Pythagoras dort sich aufgehalten haben. Es wohnten hier die Propheten Elias und Elisa (1 Kön. 18, 19 fg. 2 Kön. 4, 25). Des Elias Höhle wird noch heute gezeigt. Das Eliaskloster wurde im J. 1180 von den Karmelitermönchen gebaut, welche diesem Berge ihren Namen verdanken. Ein später dort gebautes Kloster liegt in Trümmern, seit die Franzosen im J. 1799 ein Pestspital daraus gemacht hatten. Verschieden von diesem Vorgebirge Karmel ist ein anderer Berg dieses Namens, welcher im Westen des todten Meeres zu suchen ist (1 Sam. 15, 12. 25, 5). Der Tabor, bei den Griechen Atabyrion oder Itabyrion, erhebt sich in Kegelgestalt mitten in einer Ebene, ganz isolirt, nur daß im Nordw. die Berge von Nazareth sich ihm nähern. Er ist eine kleine Stunde hoch und ganz mit Bäumen, besonders Eichen, bewachsen. Den Gipfel bildet eine ovale Ebene, eine halbe Stunde im Umfange. Jetzt sieht man daselbst Ruinen einer alten Feste, vermuthlich aus den Zeiten der Kreuzzüge. Barak hatte hier am Fuße des Berges sein Kriegslager (Richt. 4, 6 fg.); in der angrenzenden Ebene lieferte er dem Sisera eine Schlacht, wie im Mai 1799 die Franzosen unter Bonaparte und Kleber der englisch-türkischen Armee. Nach der Tradition ist der Tabor der Berg der Verklärung Christi. Er gewährt eine weite und schöne Aussicht und hat selbst ungefähr das Ansehen wie der Zobten bei Schweidnitz in Schlesien, nur daß er niedriger ist als dieser. Abbildungen des Tabor finden sich z. B. in den Reisen von Bruyn und von Wilson, auch auf Schincke's Karte von Palästina. Ein minder bedeutender Berg auf einer Hochebene, zwei Meilen nördlich vom Tabor, ist der Berg der Seligkeiten, mons beatitudinum, mit der Aussicht auf den See Genesareth. Auf ihm soll Christus die Bergrede gehalten haben. Jetzt heißt er Korun el Huttin, d. i. die Hörner von Huttin, einem Dorfe, bei welchem im J. 1187 Saladin die Schlacht gewann, die ihm den Weg nach Jerusalem bahnte [6]). Zum Gebirge Ephraim, welches einen großen Theil des ehemaligen Ephraimitischen Gebietes überzieht, gehören die Berge Ebal und Garisim. Sie liegen einander gegenüber, dieser südlich, jener nördlich; zwischen beiden das alte Sichem, später Neapolis, jetzt Nablus genannt, wo noch jetzt einige Samariter leben, die ehe-

4) s. u. A. Josephus jüdischer Krieg IV, 8, 2. Vergl. Buckingham's Reisen in Palästina. I, 259 fg. 5) Man verwechsele nicht mit diesem Sion den Zion, wie v. Raumer gethan (Paläst. S. 28).

6) Vergl. über diesen Berg Tholuck's Commentar zur Bergrede. 2. Ausg. S. 50 fg.

auf dem Garisim ihren Tempel hatten. Der Ebal
n kahler Felsen, der Garisim dagegen besonders an
Südseite terrassenartig geformt und bepflanzt. Der
r führt heutzutage den Namen Dschebel el Be-
Ein nordöstlicher Ausläufer des Gebirges Ephraim
as Gebirge Gilbo, wo Saul starb (1 Sam. 28,
1, 1 fg.). Tiefer nach Süden hin zieht sich das Ge-
e Juda (Jos. 20, 7. Luc. 1, 39 rc.), eigentlich eine
rtzung des Gebirges Ephraim. Der südlichere Theil
vordem das Gebirge der Amoriter (5 Mos. 1, 7.
20). Daran stieß noch weiter südlich das Gebirge
Zum nördlichen Theile des Gebirges Juda gehö-
ie Berge Jerusalems und der Umgegend, namentlich
lion, der Moria und der Ölberg im Osten der Stadt
. Art.). Das Ostjordanland bildet zunächst südlich
östlich dem Dschebel el Heisch, eine Hochebene, welche
ch nach dem Jordan, südöstlich nach der Wüste hin
t und die Landschaften Dschedur (Iturda), Dscho-
nd Hauran umfaßt. Sie hat besonders im Osten
bedeutendere Gebirgshöhen, wie den Kessue, den
Hauran (bei Ptolemäus Alsadamus). Weiter
Süden und näher dem Jordan erheben sich die Ber-
es südlichen Theiles des alten Basan und die Berge
Gilead, worunter als einzelne Höhen der Dschalaad
Dscha zu merken. Von hier nach dem todten Meere
ieht sich wieder eine kahle und mit Ruinen bedeckte
ebene, die zu beiden Seiten nach dem Jordan und
der syrischen Wüste abfällt. Ungefähr auf der Mitte
ben erhebt sich der Attarus oder Nebo, auf wel-
Mose starb und bei welchem sich die Gebirge Aba-
und Pisga vereinigen (s. 4 Mos. 21, 11—13. 33,
. 5 Mos. 3, 17. 32, 49. 34, 1 [7]). Südlich vom
n läuft dann die Hochebene fort, bis sie am Süd-
des todten Meeres an die Berge der Edomiter und
etrdischen Arabiens stößt. Noch haben wir die wich-
n Ebenen und Thäler aus dem Westjordanlande nach-
en. Südlich unter dem galiläischen Plateau, an wel-
sich noch der Tabor anschließt, erstreckt sich in einer
von 7 bis 8 Stunden, vom Jordan bis nach dem
el hin, die große Ebene Jisreel (יִזְרְעֶאל), von ei-
leichnamigen Stadt benannt (Jos 17, 16. Richt. 6,
griechisch Ἐσδρηλών oder Ἐσδρηλώμ (Jud. 1, 8. 4,
uch schlechthin die große Ebene, τὸ πεδίον μέγα
Makk. 12, 49 und öfter bei Josephus z. B. Arch.
2, 3. XII, 8, 5. XV, 1, 22), jetzt Merdsch Ibn
er, d. i. die Weide des Ibn Aamer. Ihre Breite von
en nach Süden wird auf vier Stunden angegeben.
wird vom Flusse Kison durchschnitten und war äu-
fruchtbar, zeigt auch jetzt noch große Fähigkeit des
ns, nur daß sie nicht mehr angebaut wird. Sie
von jeher ein bequemes Schlachtfeld dar. Barak
dort den Sisera (Richt. 4, 13 fg.), Gideon die
r (Richt. 6, 33 fg.), Ahab die Syrer (1 Kön. 20,
.); dort auch wurde die Schlacht von Megiddo ge-
en, wo König Josia durch Necho's Schützen ver-
wundet ward (2 Kön. 23, 29). Vergl. noch 1 Sam. 29, 1. 1 Makk. 12, 49. Im westlichen Theile des Landes zieht sich, die Meeresküste entlang von Cäsarea bis Joppe, die Ebene Saron, ein fruchtbarer Weidestrich mit vielen Wiesenblumen, Tulpen, Lilien, Narcissen (Jes. 33, 9. 35, 2. 65, 10. Hohesl. 2, 1); vergl. Apostelgesch. 9, 35. Heutiges Tages werden dort viele Gurken gebaut. Dazu gehört südlich die sogenannte Niederung, Schephela (הַשְּׁפֵלָה), wo ehedem die Philister wohnten (Jos. 11, 16. Jerem. 32, 44. 1 Makk. 12, 38). Auf der Ostseite Jerusalems zwischen den Hügeln der Stadt und dem Ölberge läuft das tiefe und enge Thal des Kidron, jetzt das Thal Josaphat genannt, von dem dort befindlichen angeblichen Grabmale des Königs Josaphat. In der Bibel kommt das Thal unter diesem Namen nicht vor, denn Joel 4, 2. 12 ist der Name ein prophetisch-symbolischer und bezeichnet nur der Idee nach den Ort, wo Gott Gericht hält. Aber die morgenländischen Christen erwarten nach dieser Bibelstelle in dem jetzigen Thale Josaphat das Weltgericht, weshalb es auch ein beliebter Begräbnißort ist [8]). Auf der Südseite Jerusalems zieht sich zwischen dem Zion und den gegenüberliegenden Höhen das Thal Hinnom oder Ben Hinnom (גֵּיא בֶן־הִנֹּם), wo dem ammonitischen Götzen Moloch Kinder geopfert wurden (Jos. 15, 8. 2 Kön. 23, 10. Jerem. 7, 32. 19, 2. 6). Das Thal hat viele Gärten, die südliche Bergwand eine große Menge Grabhöhlen. Wegen jenes scheußlichen Molochcultus wurde das Thal als profaner Ort und sogar als Vorbild der Hölle betrachtet, mit Rücksicht auf die Feuer des Moloch, in welchen die zu opfernden Kinder verbrannt wurden. Daher heißt die Hölle Gehenna im n. Test. (γέεννα), im Chaldäischen, Rabbinischen und Arabischen (גְּהִנָּם, جهنم). Fast das ganze Land durchschneidet von Norden nach Süden das Thal des Jordan, die Jordansaue, eine Gebirgsrinne längs der Ufer dieses Flusses, ihrem südlichern Theile nach öfter der Kreis oder Umkreis des Jordan genannt (כִּכַּר הַיַּרְדֵּן 1 Mos. 13, 10 fg. 19, 17. 2 Sam. 18, 23, ἡ περίχωρος τοῦ Ἰορδάνου Matth 3, 5. Luc. 3, 3), jetzt El-ghor, الغور, unter letzterm Namen vom See Tiberias bis über das todte Meer hinaus. Die ganze Breite dieses Thales beträgt oben bei Bethsean zwei Stunden. Darin läuft nächst dem Bette des Flusses, um 40 Fuß tiefer, das Uferthal, eine Viertelstunde breit. Von da ab wird das Thal enger und windet sich zwischen den ganz nahe herantretenden Bergen hin, bis es gegen Jericho hin eine neue Weitung bildet von drei Stunden in die Breite. Dies sind diesseit des Flusses die Gefilde Jericho's, עַרְבוֹת יְרִיחוֹ (Jos. 4, 13. 5, 10. 2 Kön. 25, 5), ein fruchtbarer Boden, einst mit Palmenhainen und Balsampflanzungen besetzt, jetzt aber sehr vernachlässigt. Gegenüber jenseit des Jordan liegen die Gefilde Moab's (4 Mos. 21, 1. 26, 3 u. a. St.)

Indem wir nun zu den Gewässern des Landes über-

7) S. über dieses Terrain die Untersuchung bei v. Raumer,
. S. 58 fg.

8) S. z. B. Berggren's Reisen in Europa und im Morgenlande. 2. Th. S. 18 d. t. Übers.

gehen, bemerken wir zuerst, daß das mittelländische Meer, welches die ganze Westseite bespült, im alt. Test. vorzugsweise „das Meer" genannt wird, oder auch „das große Meer" (4 Mos. 34, 6. Jos 1, 4 2c.), oder das hintere[9]), d. i. das westliche Meer (5 Mos. 11, 24). Die Küste des Landes ist zum Theil felsig und steil, zum Theil versandet; sie hat daher nur zwei erträgliche Häfen, Jaffa, d. i. das alte Joppe (als Hafen schon im Buche Jonas 1, 3 erwähnt und 2 Chron. 2, 15), und Akko oder St. Jean d'Acre. Landseen haben sich vorzugsweise nur den Jordan entlang gebildet. Es läßt sich daher die Aufführung derselben bequem an die Beschreibung des Jordan knüpfen. Dieser Hauptfluß Palästina's durchschneidet fast das ganze Land von Norden nach Süden Er wird gebildet durch den Zusammenfluß dreier kleinerer Quellenflüsse. Der eine, der grade von Norden kommt, entspringt eine halbe Stunde westlich von Hasbeia am Fuße des Antilibanos und ist der wasserreichste von den dreien. Der zweite, Namens Dan (nach Josephus Archäol. VIII, 8, 4 auch der kleine Jordan genannt), entspringt weiter östlich bei Tel el Kadi und fällt nach kurzem Laufe in den von Nordosten kommenden Fluß von Banias. Diesen letztern scheint man für gewöhnlich als die eigentliche Quelle des Jordan betrachtet zu haben[10]). Er entspringt bei dem Dorfe Banias, dem alten Paneas oder Cäsarea Philippi, in einer Felsengrotte[11]), soll aber unterirdischen Zusammenhang haben mit einem ein Paar Meilen höher nordöstlich stehenden Teiche, sonst Phiala, jetzt Birket el Ram genannt, welcher sein Wasser aus zwei Quellen erhält. Der Tetrarch Philippus soll diesen Zusammenhang so erprobt haben, daß er Spreu in jenen Teich werfen ließ, welche unten bei Paneas wieder zum Vorscheine kam[12]). Erst nach Vereinigung jener Quellenflüsse erhält der Gesammtstrom den Namen Jordan, hebräisch Jarden (יַרְדֵּן, d. i. wahrscheinlich decurrens, also Strom, wie Rhein von rinnen), bei den Arabern Ordonn (أُرْدُنّ) oder Scheria (الشريعة, die Furt). Er erreicht dann bald den See Merom (Jos. 11, 5), welcher bei Josephus Samochonitis und jetzt See Hule heißt. Dieser See hat etwa 2½ Stunden in der Länge und 1 Stunde in der Breite, ist schlammig und dabei fischreich, im Sommer aber gewöhnlich ausgetrocknet und mit Rohr und Sumpfgebüsch bewachsen, worin sich dann wilde Thiere, Schweine und Schlangen aufhalten. Von hier durchzieht der Jordan ein felsiges Bett, bis er nach etwa dreistündigem Laufe in den See Tiberias einströmt, wo der Fluß eine Breite von 40 bis 50 Schritt erlangt. Dieser zweite See heißt auch der See Genesareth (1 Makk. 11, 67 und im N. Test.) oder das galiläische Meer (Matth. 4, 18. Joh. 6, 1), im A. Test. das Meer Kinnereth (יָם כִּנֶּרֶת, 4 Mos. 34, 11. 5 Mos. 3, 17). Er ist ungefähr fünf Stunden lang und an zwei Stunden breit, gibt frisches Trinkwasser und zahlreiche Fische (Luc. 5, 1 fg. Joh. 21, 1 fg.), obgleich jetzt auf dem ganzen See kein Kahn mehr gesehen und die Fischerei nur vom Ufer aus betrieben wird. Stürmisch ist er selten, weil er fast ringsum und vorzüglich auf der Ostseite von Bergen umschlossen ist; doch s. Matth. 8, 23 fg. und die Parallelstellen. Die Umgebung ist reizend und war es in früherer Zeit noch bei weitem mehr durch Anbau des fruchtbaren Bodens, der jetzt gänzlich vernachlässigt wird. Mitten durch den See zieht sich, wie man deutlich bemerkt, die Strömung des Jordan. Dieser hat bei seinem Austritte aus dem See eine Breite von ungefähr 60 bis 70 Schritten und bietet besonders zur Sommerszeit in dieser obern Gegend mehre seichte Stellen, welche man ohne Gefahr durchwaten kann, wie z. B. Burckhardt durch den Fluß ging bei drei Fuß Tiefe[13]). Ja die anwohnenden Araber kennen sogar Stellen, wo er in der Regenzeit zu passiren ist Solche Furten des Jordan werden in der Bibel öfter erwähnt oder doch vorausgesetzt. So, wenn auch nicht bei dem wunderbaren Durchzuge des Volkes unter Josua, doch bei dem vorher stattfindenden Durchgange der beiden Kundschafter, die Josua nach Jericho schickt (s. das Buch Jos. Cap. 2, bes. V. 7). So ging auch David durch den Fluß mit seinem ganzen Gefolge (2 Sam. 17, 22; vergl. noch Richt. 3, 28. 10, 9. 12, 5. 2 Sam 19, 16). Der Jordan läuft nun in verschiedenen, aber nicht starken Krümmungen, durch das oben schon beschriebene Thal dem todten Meere zu, und nimmt auf diesem Wege mehre Flüsse und Bäche auf Letztere sind meist nur Regenbäche, die im Sommer ganz austrocknen. Burckhardt (S. 594) macht folgende namhaft. Von Westen her vom See Tiberias bis nach Bethsean oder Beisan herunter: Wadi Fedschar, Ain el Esammera, Wadi Dschalud, Wadi el Bire und Wadi el Desche. Südlich von Beisan: Wadi el Maleh, Wadi Medschedda, Wadi el Beidhan aus der Gegend von Nablus kommend, und Wadi el Farah. Die kleinern Wadi's, die von Osten her in den Jordan einmünden, sind nach Burckhardt: Wadi el Arab, Wadi el Kosseir, Wadi el Taibe und Wadi el Seklab. Auf dieser Seite gibt es aber auch einige bedeutendere Nebenflüsse des Jordan. Nur etwa zwei Stunden unterhalb des Sees von Tiberias mündet der Scheriat el Mandhur, d. i. der Hieromiax der Alten, welchen Namen die Araber in Jarmuk entstellt haben. Seine Quellenflüsse entspringen im Gebirge Hauran und Dscholan. Oben strömt er in tiefem Felsenbette, und wo er in die Ebene tritt, ist er 35 Schritte breit und 4 bis 5 Fuß tief. An seinen Ufern, Gadara gegenüber, gibt es heiße Schwefelquellen. In der Bibel wird er nicht erwähnt[14]). Dagegen wird im A.

---

9) Die Hebräer bestimmten nämlich die vier Weltgegenden, indem sie sich mit dem Gesichte nach Morgen wendeten, sodaß sie nach dieser Stellung vorn sagten für östlich, hinten für westlich, rechts für südlich, und links für nördlich. 10) s. Joseph. Jüd. Krieg I, 21, 3. Arch. XV, 10, 3, auch Plin. H. N. V, 15: Jordanis omnis oritur e fonte Paneade. 11) s. Burckhardt's Reisen in Syrien. S. 89 d. t. übers. 12) Joseph. Jüd. Krieg. III, 10, 7.

13) Burckhardt's Reisen in Syrien. S. 598 d. t. übers. 14) Ebendas. S. 425 fg.

Test. häufig genannt der Jabbok, jetzt Wâdi Serkâ (Zerka). Nach Seetzen entspringt er beim Castell Zerka; Buckingham dagegen hält den Nahr Ammân (d. i. Fluß von Amman oder Rabbat Ammon, bei Burckhardt Mojet Amman, d. i. Wasser von Amman) für den Quellfluß, was darum annehmlicher ist, weil der Jabbok nach 4 Mos. 21, 24 und Jos. 12, 12 die Grenze der Hebräer gegen die Ammoniter bildete. Jetzt nicht mehr mit Sicherheit zu bestimmen ist der Bach Kerith, an welchem Elias eine Zeit lang wohnte, als er von Raben gespeist wurde (1 Kön 17). Nach Sanutus und Brochardus fließt er von Westen her in den Jordan bei Phasaelis, nach Hieronymus dagegen von Osten her. Auf der Westseite unterhalb des Berges Quarantania entspringt auch der Bach, der heutzutage der Bach des Elisa heißt, als derjenige, welchen der Prophet Elisa gesund gemacht (2 Kön. 2, 18 fg.). Nach Aufnahme aller dieser Gewässer stürzt sich der Jordan mit reißender Schnelligkeit in jenen merkwürdigen Landsee, das todte Meer genannt, ohne daß dies einen sichtbaren Abfluß hat, wogegen es von beiden Seiten noch einige andere Flüßchen aufnimmt, wie von Osten her besonders den Arnon, jetzt Wadi Mudscheb, welcher die südliche Grenze des transjordanischen Palästina gegen die Moabiter bildete (Jos. 13, 15. 16), und von Nordwesten her den Bach Kidron, der zwischen Jerusalem und dem Ölberge hindurchfließt und im Sommer freilich trocken ist. Man hat nun vermuthet, daß der Jordan sich ursprünglich ins rothe Meer ergossen habe, und daß das vertrocknete Bett des Flusses in dem Wadi Araba zu suchen sei, einem Thale, welches sich von der Südspitze des todten Meeres bis zum älanitischen Meerbusen hinzieht. Burckhardt insbesondere stellte diese Hypothese auf, ohne das Terrain irgend genauer zu kennen, da er vielmehr den Wadi Araba nur an einer einzigen Stelle in die Quere passirte. Dessenungeachtet fand die Hypothese Beifall, ging bald in die geographischen Handbücher, wie z. B. auch in von Raumer's Palästina, über und wurde sogar von dem neuern Reisenden Delaborde bestätigt, welcher den Wadi Araba der Länge nach von Akaba herauf bis zur Breite von Petra, also fast der ganzen südlichen Hälfte nach, durchreiste [15]). Allein die Natur des Bodens in dem Wadi Araba läßt daran zweifeln, sofern man nach Delaborde's eignen Andeutungen, wie sich solche sowol in seinem Reiseberichte als auch auf der beigegebenen Karte finden, glauben muß, daß dieses Thal keineswegs vom todten zum rothen Meere abwärts, sondern von beiden Meeren her bis ungefähr zur Mitte aufwärts steigt, sodaß es daselbst eine Wasserscheide bildet und einerseits nach Süden, andererseits nach Norden sich abdacht [16]). Wenn sich diese Ansicht in Zukunft bei vollständigerer Ermittelung des Terrains bestätigen sollte, so müßte man dann annehmen, daß das todte Meer schon immer seit unvordenklichen Zeiten ein Wasserbecken ohne äußern Abfluß gebildet und daß schon der biblische Bericht vom Untergange Sodoms und Gomorra's (1 Mos. 19) eigentlich nur von einem bedeutenden Nachsturze der Ufer des Sees rede. Dieser selbst nun ist in vieler Beziehung einer der merkwürdigsten Landseen der Erde. Er trägt seinen gewöhnlichsten Namen, todtes Meer, mit allem Rechte, da er nichts Lebendiges, ja nicht einmal Pflanzen hat. In der Bibel heißt er das Salzmeer (1 Mos. 14, 13), oder das Meer der wüsten Ebene (5 Mos. 4, 49), auch das vordere, d. i. das östliche Meer, im Gegensatze zum Mittelmeere (Joel 2, 20. Zach 14, 8), bei den Griechen Ἀσφαλτῖτις, bei den Arabern gewöhnlich See des Lot oder der stinkende See. Er ist 11 Meilen lang und etwa 3 Meilen breit. Ehemals war hier die lachende Ebene Siddim (1 Mos. 14, 3), in deren Nähe Sodom und Gomorra lagen, die nebst einigen andern Städten zur Zeit Abraham's untergingen, wie die Bibel meldet (1 Mos. 19, vgl. *Tacit.* histor. V, 7). Es waren zusammen vier Städte (5 Mos. 29, 23) oder fünf (nach Weish. 10, 6), nach Strabon (XVI, 2, 44) sogar dreizehn. Manche Reisende, wie d'Arvieux, bildeten sich ein, auf dem Grunde des Meeres noch Ruinen jener Städte gesehen zu haben, was natürlich auf Täuschung beruht. Aus der Bibel kann es aber gar nicht streng erwiesen werden, und durch das vorhin Bemerkte wird es noch zweifelhafter, daß jene Städte auf dem Boden gestanden haben, den jetzt das todte Meer einnimmt; vielleicht lagen sie nur in der Umgegend nahe dem Ufer, wo jetzt alles wüste und wie verbrannt ist. Das Wasser des Sees ist klar, aber an Salzgehalt der gradirten Soole gleich. Es läßt am Ufer Salzschollen zurück, und was man eintaucht, bekommt eine Salzcruste; selbst die Kleider der Reisenden werden, wenn sie in die Nähe des Sees kommen, von einer solchen Salzcruste überzogen. Am südwestlichen Ufer gibt es auch Salzminen, und dort ist das Salzthal zu suchen (1 Mos. 19, 22). Häufig lagern dicke Dünste über dem See, und da er so viel Wasser aufnimmt, ohne daß ein Abfluß sichtbar ist, so muß entweder die Ausdünstung so stark sein, daß er dessen nicht bedarf, oder ein unterirdischer Abzug des Wassers stattfinden. Auf der Ober-

---

15) *Delaborde* et *Linant*, Voyage de l'Arabie Pétrée. (Paris 1830. fol) p. 3. 16) Diese Ansicht stützt sich auf eine Stelle in Delaborde's Reise, wo erzählt wird, daß man den Wadi Araba, nördlich von der Einmündung des Wadi Gharandel, auf eine Strecke hin durch eine Hügelreihe der Länge nach in zwei Thäler getheilt fand, deren östliches, wo die Reisecaravane zog, bis zur Mitte aufsteigt und dann nach Norden hin wieder abfällt. Da sich diese Construction des Bodens für das vorausgesetzte Bett des Jordan nicht eignet, so verlegt Delaborde dasselbe auf die Westseite der Hügel. Aber diese Seite hat er nicht selbst untersucht, und es steht zu vermuthen, daß der Wadi dort dieselbe Erhöhung hat. Dazu kommt noch, daß die Wadi's, welche von den östlichen Bergen her in den Wadi Araba einströmen, so weit sie Delaborde auf seiner Karte verzeichnet, von jenem höhern Punkte an alle von Südosten her laufen und ungefähr in derselben Richtung sich ergießen, wie der Wadi el Ahsa ins todte Meer. In dieser letztern Bemerkung bin ich unabhängig mit Letronne zusammengetroffen (Journ. des Savans 1835 Octob.); aber durch die erstere Beobachtung werden diese Zweifel bedeutend verstärkt. S. meine Recension der Delaborde'schen Reise in der Allgem. Literaturzeit. 1836. Jul. S. 306 fg. Seitdem ist mir auch bekannt geworden, daß die Bergströme im nördlichen Theile des Wadi Araba ebenfalls die Neigung nach dem todten Meere hin haben. S. *Camille Callier* im Journ. des Sav. 1836. Jan.

fläche des Sees findet sich schwimmend das sogenannte Judenpech, Asphalt. Am östlichen Ufer gibt es heiße Quellen (vgl. 1 Mos. 36, 20), und Josephus kennt dort warme Bäder (jüd. Kr. I, 33, 5, vergl. *Plin.* H. N. V, 17). Auch Schwefel findet man in der Nähe. Genug, die ganze Beschaffenheit des Sees selbst, wie der Umgebungen, deutet auf vulkanischen Boden. — Noch haben wir einige Flüßchen des Westlandes zu erwähnen, welche sich ins Mittelmeer ergießen. Der berühmteste ist wol der Belus, an dessen Ufern das Glas erfunden sein soll [17]). Er strömt in die Bai von Akko ein. Nach Einiger Meinung heißt dieser Fluß in der Bibel Sihor Libnath (Jos. 19, 26). Man könnte nämlich diesen Namen übersetzen durch Glasfluß, denn das hebräische libna (לִבְנָה) bedeutet Durchsichtigkeit. Doch ist jene Combination nicht ganz sicher. In dieselbe Bai ergießt sich weiter südlich am Karmel der Kischon, der am Tabor entspringt und die Ebene Jisreel durchschneidet (Richt. 4, 7. 13). Er heißt auch das Wasser von Megiddo (Richt. 5, 19). An seinen Ufern schlachtete Elias die Baalspfaffen (1 Kön. 18, 40). Der Bach Ägyptens ist schon oben erwähnt. Sonst hat Palästina noch eine Menge kleinerer Regenbäche und Bergströme, die großentheils nur in der Regenzeit Wasser haben und im Sommer austrocknen. Solchen Regenbach nennen die Araber Wadi (وادي), die Hebräer Nachal (נַחַל), im Gegensatze zu einem perennirenden (אֵיתָן). Die Dichtersprache bezeichnet jene als Lügenbäche und betrachtet sie als Bild der Treulosigkeit (Jerem. 15, 18. Mich. 1, 14. Jes. 58, 11. Hiob 6, 15). Wo es keine perennirenden Quellen gibt, wie z. B. den Jacobsbrunnen (Joh. 4, 6), eine Viertelstunde südlich von Nablus, da bedient man sich der Cisternen, d. i. ausgemauerter Wassergruben in Form eines umgestürzten Trichters, unten weit und oben ganz enge, wie sie schon Diodor (2, 12) beschreibt.

Das herrschende Gestein des Landes diesseit des Jordan ist, wie schon in Betreff des Libanon bemerkt wurde, ein harter, kreideartiger Kalkstein, oft gelblich und mehr Feuerstein, besonders in der Gegend von Jerusalem, dagegen nach dem todten Meere hin weißer und weicher. Sandstein ist selten und tritt erst nach den idumäischen Gebirgen hin stärker hervor. Dagegen ist in gewissen Theilen des transjordanischen Landes, besonders in den vom Jordan entlegenern Bergen, in Ledscha, Dschedur, Dscholan und Hauran die Basaltformation vorherrschend, welche westlich vom Jordan nur an einzelnen Stellen vorkommt, wie in den Bergen von Safet, am Westufer des Sees Tiberias und anderwärts [18]). Die Kalksteingebiete diesseit wie jenseit des Jordan haben viele natürliche und künstliche Höhlen, die von jeher zu Schlupfwinkeln in Kriegen und für Räuberbanden dienten und theilweise noch jetzt als Wohnungen benutzt werden [19]). Oft gedenkt schon die Bibel dieser Höhlen (Jos. 10, 16 fg. Richt. 15, 8 fg. 20, 47. 1 Sam. 22 und 24. 1 Kön. 18, 19 fg. und a. a. O.). Es gibt deren besonders in Batanäa, Trachonitis, am Karmel ꝛc. Edelsteine finden sich in Palästina nicht, sie wurden aus Arabien, Indien, Äthiopien eingeführt. Ebenso wenig erzeugt das Land edle Metalle. Aber Eisen gibt es jenseit des Jordan, wie in Syrien, nicht wenig, vorzüglich am Libanon [20]). Auch Kupfer scheint man vor Alters im Lande gefunden zu haben. Dahin geht nämlich die Bibelstelle 5 Mos. 8, 9: „ein Land, dessen Steine Eisen sind, da du Erz aus den Bergen hauest.“ Was Luther hier und anderswo durch Erz übersetzt hat, das ist Kupfer (נְחֹשֶׁת), welches die Hebräer nach Art des Stahles zu härten verstanden, sodaß sie Waffen daraus bereiteten. Von ehemaligen Bergwerken hat man in Palästina keine Spur gefunden; aber die eben angeführte Stelle scheint doch einigen Bergbau vorauszusetzen, wenn auch die Schilderung desselben im Buche Hiob 28, 1 fg. auf der Anschauung fremder Bergwerke beruhen sollte. Wir können uns aber nicht wohl entschließen, bei Erwähnung des Eisens in obiger Stelle des Pentateuch, sowie des eisernen Bettes des Königs Og (5 Mos. 3, 11) und der eisernen Riegel der Städte Basans (1 Kön. 4, 13) mit Ritter und von Raumer nur an den Basaltstein zu denken, wenn auch die Reisenden dort Basaltthüren und Sarkophage von Basalt vorfanden, und wenn auch der Basalt eisenhaltig ist, wie selbst die Araber wissen, und schon nach Plinius die Farbe und Härte des Eisens hat [21]). Steinsalz geben die Ufer des todten Meeres, besonders im Südwesten, wo schon die Bibel ein Salzthal (1 Mos. 19, 22. Psalm 60, 2) und Salzgruben (Zeph. 2, 9) kennt [22]).

Die Fruchtbarkeit des gelobten Landes wird in der Bibel öfter gerühmt; man s. z. B. 5 Mos. 8, 7 fg. Es heißt ein Land, wo Milch und Honig fließt (2 Mos. 3, 8. 13, 5. 33, 3. 4 Mos. 13, 27 u. a. St.). Die classischen Schriftsteller stimmen in dieses Lob ein. Tacitus (hist. V, 6) rühmt den ergiebigen Boden, die Früchte, den Balsam, die Palmen, die das Land erzeugt, Ammian (XIV, 8) die herrlich bebauten Ländereien, und so noch Andere. Ebendahin deuten die Embleme der Makkabäischen und der auf Palästina bezüglichen römischen Münzen, Palmbaum, Feigenbaum, Mandelblüthe, Weintraube. Noch Josephus und Hieronymus sahen das Land im schönsten Gedeihen. Jetzt aber liegt die Cultur des Landes seit lange darnieder, die unaufhörlichen Verwüstungen des Kriegs und der Druck unersättlicher Eroberer ließen sie nicht aufkommen, auf dem Lande lastet der Fluch in

17) S. *Plin.* H. N. V, 17. XXXVI, 65. *Tacit.* hist. V, 7. 18) In solchen Basaltstücken am Ufer des Sees Tiberias sah die hellsehende Phantasie des Dichters Lamartine vulkanische Auswürfe, ja er will sogar dort „die noch offenen Schlünde von ungefähr hundert“ Vulkanen bemerkt haben!!

19) s. Seetzen in v. Zach's monatlicher Correspondenz. 18. Bd. S. 355, 418. Buckingham's Reise. 1. Th. S. 350. 2. Th. S. 55. v. Richter's Wallfahrten im Morgenlande. S. 31. 20) S. z. B. Volney's Reise in Syrien. I. S. 283. Burckhardt's Reisen in Syrien. S. 73. 21) *Plin.* H. N. XXXVI, 11. Ritter's Erdkunde. II, 362 fg. 22) Über die Mineralien Palästina's vergl. v. Richter's Wallfahrten im Morgenlande (Berlin 1822). 3. Beilage. Rosenmüller's biblische Alterthumskunde. 4. Bd. 1. Abth.

seiner ganzen Schwere, den schon die Bibel in prophetischer Ahnung ausgesprochen (5 Mos. 28, 16 fg. 29, 22 fg.). Die neuern Reisenden erkennen noch die Fähigkeit des Bodens und beklagen nur die äußerste Vernachlässigung desselben. Noch immer sieht man die Spuren der vormaligen fleißigen Bebauung, Terrassen in die Berge gehauen und mit Dammerde belegt, aber jetzt meist gänzlich verfallen oder verwüstet. Mit diesem culturfähigen Boden wechseln allerdings auch unfruchtbare Steppen, doch sind diese selten eigentliche Wüste, sondern haben einen dürftigen Graswuchs, sodaß man sie noch immer als Viehweiden benutzt [23]). — Da wir von den Mineralien des Landes schon gesprochen, so bleibt uns von den Naturerzeugnissen noch das Wichtigste aus dem Pflanzen- und Thierreiche zu erwähnen übrig. Von Getreidearten wird vorzüglich Weizen und Gerste gebaut. An beiden hatte das Land schon vor Alters Überfluß, sodaß von Ausfuhr dieser Getreidesorten die Rede ist (1 Kön. 5, 11. 2 Chron. 2, 10. Ezech. 27, 17). Den Weizen benutzte man nicht nur zu Brot und Kuchen, sondern man aß auch die gerösteten Körner (Jos. 5, 11. 1 Sam. 17, 17). Aus Gerste wurde ebenfalls Brod bereitet; sonst diente sie als Pferdefutter (1 Kön. 4, 28), wie noch heutzutage. Roggen kommt in Palästina so wenig fort als in Ägypten und in Italien. Dafür baute man aber Spelt oder Dinkel (far, כֻּסֶּמֶת). Jetzt findet sich auch Reis in manchen Gegenden und Durra, eine Art Hirse. Außerdem Linsen (Esau's Gericht. 1 Mos. 25, jetzt u. a. bei Hebron), Bohnen (2 Sam. 17, 28), Kümmel (Jes. 28, 27. Matth. 23, 23) ꝛc. Von Baumfrüchten erzeugt das Land Äpfel, Feigen, Mandeln, Granatäpfel, Nüsse, auch Pistazien (בָּטְנִים 1 Mos. 43, 11), Oliven, aus denen man das köstlichste Öl bereitet, welches zum Schmelzen der Speisen verwendet wird, Datteln, aus denen auch Wein bereitet wird. Besondere Erwähnung verdient der Balsam, den man durch Einschneiden der Rinde des Balsamstrauchs gewann und durch welchen Palästina und insbesondere die Gefilde von Jericho einst so berühmt waren (*Plin.* XII, 54. *Strab.* XVI, 2, 41. *Justin.* XXXVI, 2). Jetzt bereitet man bei Tiberias einen Balsam, der dem Balsam von Mekka ähnlich ist (Burckh. S. 564). Der wilde Feigen- oder Maulbeerfeigenbaum (sycomorus) hat ein sehr dauerhaftes Holz, welches das gewöhnliche Bauholz war (Jes. 9, 9. 1 Kön. 10, 27), wie es in Ägypten zu Mumiensärgen verwendet wurde. Die Früchte wachsen hart am Stamme und werden von der ärmern Volksclasse gegessen (vergl. Amos 7, 14). Der Weinstock gedeiht in Palästina außerordentlich gut. Der Stamm desselben hat zuweilen mehr als einen Fuß im Durchmesser, ein einziger Stock bildet oft eine große Laube von 20 bis 30 Fuß Höhe. Man hat Trauben von 10 Pfund Schwere und Beeren von der Größe kleiner Pflaumen. Daher liegt eben keine Übertreibung in der Nachricht (4 Mos. 13, 24), daß man eine Traube auf einem

23) Über die Fruchtbarkeit Palästina's s. die Abhandlung von Marheineke in Eichhorn's Repertorium. 14. und 15. Bd. auch Guénée im 50. Bande der Mém. de littérature. (Paris 1808).

Stecken trug (vergl. auch 1 Mos. 49, 11. Ps. 80, 9—12). Jetzt hat besonders die Gegend von Hebron viel Wein, woraus meist Rosinen und Traubenhonig, eine Art von Syrup, bereitet und nach Ägypten versandt wird (vergl. 1 Mos. 43, 11. Ezech. 27, 17 und 1 Sam. 25, 18. 2 Sam. 16, 1). Vom Weine des Libanon (vino d'oro) war schon oben die Rede. Die Weinpflanzungen wurden bereits im Alterthume nach der Zahl der Weinstöcke geschätzt (Jes. 7, 23), wie noch heute auf dem Libanon. Die Wälder Palästina's haben viele Eichen und Terebinthen, von welchen Terpentin gewonnen wird. Die letztern werden sehr alt, sie dienten oft zu topographischen Bestimmungen, wie Abraham's Terebinthe bei Hebron, welche noch Josephus und Hieronymus gesehen haben wollen [24]). — Über die Fauna des Landes bemerken wir nur Folgendes: Die Heerden der alten Hebräer bestanden am meisten in Schafen und Ziegen, die auch auf magern Triften und in den Bergen gediehen und doch ein gutes Einkommen gewährten. Rinderheerden wurden am besten gezogen in den fettern Weideländern jenseit des Jordan, besonders in Basan, daher in der Bibel die Rinder Basans ausgezeichnet werden. Zum Transport und zum Reiten dienten Esel und Kameele; von letztern kommen in Palästina fast nur die mit Einem Höcker vor. Pferde waren von jeher in diesem Berglande minder im Gebrauche. Salomo erhielt deren aus Ägypten (1 Kön. 10, 28). Von wilden Thieren gibt es dort Wölfe, Panther, wilde Schweine am obern Jordan, Hasen, sehr häufig Gazellen, Füchse, z. B. bei Bethlehem, wo sie den Weinbergen sehr schaden (vergl. Hohesl. 2, 15), Schakale besonders in Galiläa und Philistäa, wilde und herrenlos umherlaufende Hunde [25]). Erwähnung verdient noch das Thier, welches Luther Einhorn nennt nach dem Vorgange der Alexandrinischen Übersetzung und der Vulgata (vergl. *Plin.* H. N. VIII, 21). Der hebr. Name רְאֵם bezeichnet aber wahrscheinlich den wilden Büffel oder doch eine büffelähnliche Antilope, wie man dies aus den Andeutungen der Bibel schließen kann (Hiob 39, 9—12.

24) Über die Pflanzen Palästina's s. man vorzüglich die Reise von Hasselquist im zweiten Theile, auch Klöden's Palästina. S. 34 fg., über die biblischen Pflanzen, außer Scheuchzer's Kupferbibel, des *Olaus Celsius* hierobotanicon. (Upsal. 1745, 1747.) Zwei Bände. Ödmann's vermischte Sammlungen aus der Naturkunde. Sechs Hefte. Aus d. Schwed. (Rostock 1786 fg.) Rosenmüller's bibl. Alterthumskunde. 4 Bd. 1. Abth. S. 71 fg.
25) Löwen werden in der heil. Schrift so oft erwähnt, daß es deren ehedem in Palästina nicht wenige gegeben haben muß. Richt. 14, 5. 1 Sam. 17, 34. 2 Sam. 23, 20. 1 Kön. 13, 24. 20, 36. 2 Kön. 17, 24 fg. Nach Jerem. 49, 19 scheinen sich solche besonders in den Gebüschen am Jordan aufgehalten zu haben, und ebendies versichert noch Johannes Phokas, der gegen Ende des 12. Jahrh. das gelobte Land besuchte. Die neuern Reisenden indessen haben nirgends Löwen gefunden, und Hasselquist versichert ausdrücklich, daß es deren weder in Palästina noch in Syrien, wol aber in Babylonien am Euphrat gebe. Auch die Bären scheinen dort seltener geworden zu sein, die doch in der Bibel nicht selten vorkommen (2 Kön. 2, 23 fg. u. a.). Die Reisenden erwähnen die Bären selten; erst Seetzen, Burckhardt und Buckingham trafen solche in der Nähe des Libanon. Ehrenberg hat von dort einen Bären nach Berlin gebracht, s. die Abbildung in seinen Symbolae physicae. Mammal. Tab. 1.

Psalm 22, 22. 29, 6 u. a. St. [26]). Eine schreckliche Naturplage für Palästina sind die Heuschrecken, die zuweilen in zahlloser Menge das Land durchziehen und alles Grün des Feldes verzehren, sodaß sie oft Hungersnoth herbeiführen (s. besonders die Schilderung im 1. und 2. Cap. des Joel). Gewisse Arten von Heuschrecken pflegten schon die Hebräer zu essen, wie die heutigen Araber 3 Mos. 11, 22. Matth. 3, 4 [27]).

Das Klima ist in den verschiedenen Theilen des Landes verschieden, in den Gebirgen rauher, in den Niederungen, wie im Jordanthale, oft glühend. Im Ganzen jedoch ist es gemäßigt und mild, sodaß der Unterschied der Jahreszeiten nicht eben scharf hervortritt, weshalb auch im Hebräischen gewöhnlich nur zwei Jahreszeiten unterschieden werden. Der Winter umfaßt zugleich den Herbst, er beginnt bald nach der Obsternte mit dem Frühregen gegen Ende October. Es wird dann die Winterfrucht, vornehmlich Gerste und Weizen, gesäet. Die Regenzeit bringt darauf mit dem December oder Januar gewöhnlich auch etwas Schnee und Eis, das aber höchstens bis Mitte Februar anhält. Dann folgt wieder Regen, der sogenannte Spätregen im März und Anfang April, mit welchem man die Sommerfrüchte wie Durra, Bohnen rc. in die Erde bringt (s. 5 Mos. 11, 14. Jerem. 5, 24. Joel 2, 23. Brief Jacobi 5, 7). Der Spätregen bringt die ersten Gewitter oft mit Hagel verbunden. Dieser doppelte Regen zu Anfang und Ende der kältern Jahreszeit ist eine nothwendige Bedingung zum Gedeihen der Ernte. Diese beginnt um die Mitte des April und mit ihr der Sommer. Am längsten Tage, welcher 14¼ Stunden lang ist, steht die Sonne um Mittag nur etwa 10 Grad südlich vom Zenith; der kürzeste Tag hat 9¾ Stunden. Auch bei der größten Hitze sind die Nächte oft empfindlich kalt, mit starkem und frischem Thau, der im hohen Sommer den Regen ersetzt (Hohesl. 5, 2. 1 Mos. 27, 39. 5 Mos. 33, 13). Im Winter herrscht der West- und Südwestwind, welcher Regen bringt (Luk. 12, 54 fg.), im Sommer dagegen der trockne und oft stürmische Ostwind (Hos. 13, 15. Jes. 27, 8. Ezech. 17, 10. Psalm 48, 8). Eine Übersicht der Witterung Palästina's (und Syriens) von Monat zu Monat geben die beiden göttinger Preisschriften von Buhle und Ge. F. Walch, die beide unter dem Titel: Calendarium Palaestinae oeconomicum im J. 1785 erschienen sind. — Erdbeben sind in Palästina nicht selten. Ein solches fand zur Zeit des Elias statt (1 Kön. 19, 11), ein anderes unter König Usia (Amos 1, 1. Zachar. 14, 5), eins zur Zeit Herodes' des Großen im J. 31 v. Chr. (Joseph. Arch. XV, 5, 2). Im J. 1835 wurde Jerusalem durch ein Erdbeben hart mitgenommen, und am Neujahrstage des J. 1837 Tiberias, Saphet und andere Orte verwüstet. Im Allgemeinen ist das dortige Klima gesund zu nennen. Doch herrschen oft als epidemische Krankheiten die Pest und der Aussatz, letzterer in verschiedenen Graden von dem gewöhnlichen weißen Aussatze bis zum schwarzen und der Elephantiasis (s. 3 Mos. 13 und Hiob 2). Von Pestverheerungen handelt 2 Sam. 24, 15 fg. 2 Kön. 19, 35. Als Heilmittel gegen die Pest wandte Jesaia beim Könige Hiskia schon die Auflegung einer Feigenmasse an (2 Kön. 20, 7), wie die griechischen Ärzte in der Türkei.

Die Bevölkerung des Landes scheint in alter Zeit sehr bedeutend und bis zum babylonischen Exil hin immerfort im Steigen gewesen zu sein. Wir haben jedoch über die Anzahl der Bewohner aus keiner Zeit directe und ganz bestimmte und zuverlässige Nachrichten. Die Zahlangaben der Bibel, die man dafür benutzen könnte, lassen sich nicht als gleichzeitige Nachrichten darthun; sie rühren aus verhältnißmäßig später Zeit her, wo die Vorzeit leicht in einem glänzendern Lichte erschien, sodaß sich solche Zahlen in der fortgehenden Geschichtssage unwillkürlich gesteigert haben. Dahin gehört z. B. die Notiz 2 Sam. 24, 9, wonach sich unter David bei einer Volkszählung 1,300,000 waffenfähige Männer im Lande fanden, was eine Gesammtzahl von fast fünf Millionen Einw., also auf die Quadratmeile beinahe 10,000 Menschen geben würde. In ähnlichem Verhältnisse stehen die Zahlen, welche sich 2 Chron. 13, 2. 17, 14 fg. 26, 13 finden. Für eine spätere Periode gibt Josephus (jüd. Kr. VI, 9, 3) Nachricht. Er berichtet, wie beim Beginne des letzten jüdischen Krieges am Osterfeste die Zahl aller im Tempel geschlachteter Paschalämmer aufgezeichnet wurde. Man zählte deren 156,500, woraus man ungefähr auf 2,700,000 Festgäste schließen konnte. Aber es ist dabei zu bedenken, daß unter denselben eine Menge auswärtiger Juden aus Ägypten, Syrien und andern Gegenden sein mußten. Eine Überschätzung liegt sicher auch in der Angabe des Josephus (jüd. Kr. II, 3, 2), daß in Galiläa der kleinste Ort über 15,000 Einw. zähle, sodaß sich also auch hieraus für die damalige Bevölkerung des Landes nichts Sicheres entnehmen läßt. In noch späterer Zeit aber hat die Population unter den vielen Stürmen, die unaufhörlich über Palästina hergezogen sind, ohne Zweifel mehr und mehr abgenommen, und am allerwenigsten sind die neuesten Verhältnisse des Landes einem Steigen derselben günstig.

Palästina scheint in der Urzeit verschiedene Male vom innern Asien her bevölkert worden zu sein. Als die älteste Bevölkerung hat man sich nach den Andeutungen der Bibel einen großen und starken Menschenschlag zu denken, der als ein Riesengeschlecht bezeichnet wird. Es gehören dazu die Horiter, d. i. vermuthlich Troglodyten (חֹרִי von חוֹר, Höhle). Sie wohnten im äußersten Süden Palästina's am Gebirge Seir und wurden im Laufe der Zeit von den Edomitern verdrängt (1 Mos. 14, 6. 36, 20 fg. 5 Mos. 2, 12. 22). Die Avviter (עַוִּים) wurden durch die eingewanderten Philister verdrängt (5

26) Vergl. Lichtenstein in den Abhandlungen der berliner Akademie v. J. 1824. 27) Über die Heuschrecken s. Credner in der Beilage zum Commentar über Joel (Halle 1831) und die daselbst angeführten Schriften und Reisen. Über die Thierwelt der Bibel überhaupt, außer Ödmann's schon angef. Sammlungen vorzüglich *Sam. Bocharti* Hierozoicon. (Lugd. Bat. 1663), neue A. von Rosenmüller (Leipzig 1793—1796). 3 Bde. 4., desgl. Rosenmüller's Handb. der bibl. Alterthumskunde. 4. Bd. 2. Abth., auch *Ehrenberg*, Symbolae physicae. (Berol. 1828 sq. fol.)

Mos. 2, 23). Die Rephaiter (רפאים) waren das Hauptvolk im östlichen Palästina, z. B. in Basan, wo ihr letzter König Og zur Zeit des Josua herrschte (5 Mos. 3, 3 fg. Jos. 12, 4 u. a. St.). Die Emäer und Samsummäer werden ihnen beigezählt (5 Mos. 2, 10. 20). Auch gab es deren westlich vom Jordan, wie unter den Philistern (2 Sam. 21, 16). Die Enakiter (ענקים) wohnten diesseit des Jordan um Hebron, und waren in drei Stämme getheilt (4 Mos. 13, 23. 5 Mos. 9, 2. Jos. 11, 21); später gab es deren noch in Philistäa (Jos. 11, 22). Die Keniter (קינים) hatten sich in den südlichen Bergen, Einzelne auch in andern Theilen des Landes, angesiedelt (1 Mos. 15, 19. 1 Sam. 15, 6. Richt. 4, 11. 5, 24). Die aufgezählten Stämme mögen zu den ältesten gehören, während einige andere bei einer zweiten spätern Einwanderung das Land besetzt zu haben scheinen. So die Kanaaniter im engern Sinne, d. h. die Bewohner der niedern Gegenden, sowol am Meere als am rechten Ufer des Jordan (4 Mos. 13, 30), die westlichen und östlichen Kanaaniter (Jos. 11, 3). Dagegen wohnten die Amoriter, d. i. die Hochländer, auf den Gebirgen, namentlich südlich von Jerusalem auf dem später sogenannten Gebirge Juda, aber auch jenseit des Jordan in Basan, von wo sie sich zu Zeiten bis an den Jabbok herunterzogen (Jos. 11, 3. 5 Mos. 1, 19 fg. 4, 46 fg. u. a. St.). Die Bewohner Jerusalems und der Umgegend hießen Jebusiter und diese Stadt selbst Jebus bis auf David's Zeit (2 Sam. 5, 6. 24, 23). Die Heviter (חוי) bewohnten den Hermon und das daran liegende Gebiet bis Sichem herunter (Jos. 11, 2. Richt. 3, 3. 1 Mos. 34, 2), und noch unter David gab es Reste von ihnen (1 Kön. 9, 20). Die Hethiter (חתי) wohnten auf den südlichen Bergen unter und neben den Amoritern (1 Mos. 23, 3 fg. 25, 9. 10), später auch weiter nördlich (Richt. 1, 26). Erst Salomo machte sie dienstbar (1 Kön. 9, 20; vergl. noch 2 Kön. 7, 6 und Esra 9, 1)[29]. Die Wohnsitze der Girgasiter (5 Mos. 7, 1. Jos. 24, 11. Nehem. 5, 8) und der Pheresiter (1 Mos. 13, 3. 7. 34, 30) lassen sich nicht näher bestimmen. Beide Namen scheinen zwar nach der Etymologie Bewohner von Ebenen zu bezeichnen; aber dessenungeachtet wohnten Pheresiter im Gebirge (nach Jos. 11, 3. Richt. 1, 4. 5), wohin sie vielleicht nur zurückgedrängt wurden.

Diese Völkerschaften standen unter vielen kleinen Fürsten. Jos. 12, 9 fg. werden deren 31 aufgeführt; von 70 kanaanitischen Königen ist die Rede Richt. 1, 7. Sie befehdeten sich oft unter einander (Richt. a. a. O.), standen aber auch zuweilen in gemeinschaftlichem Bunde gegen die Israeliten (Jos. 10, 1—4. 11, 1—6). Jenseit des Jordan hatten die Amoriter zwei Reiche, eins im Süden zwischen dem Arnon und Jabbok mit der Hauptstadt Hesbon, das andere nördlich davon in Basan mit der Hauptstadt Astaroth (4 Mos. 21, 13. 26. 32, 33. 39. 5 Mos. 4, 46 fg. Jos. 9, 10). — Aus dem nördlichen Mesopotamien eingewandert zog Abraham mit seiner Familie und seinen Heerden als Nomadenfürst unter jenen Stämmen umher, ebenso seine Nachkommen unter Isaak und Jacob, bis des Letztern Familie durch Joseph nach Ägypten gezogen wurde. Als die Israeliten unter Josua von Palästina Besitz nahmen, wurde das Land in zwölf Districte getheilt für die zwölf Stämme Israel's. Nur der Priesterstamm Levi erhielt kein in sich abgeschlossenes Gebiet, sondern 48 einzelne Städte, die im ganzen Lande zerstreut lagen; 13 von diesen hatten die eigentlichen Priester inne, sie lagen alle im Gebiete von Juda und Benjamin (Jos. 21, 4 fg.). Der Stamm Joseph war aber getheilt in Ephraim und Manasse, weil diese beiden Söhne Joseph's von Jacob adoptirt waren (1 Mos. 48, 5), sodaß also doch zwölf Stammgebiete entstanden. Dritthalb Stämme erhielten ihr Gebiet noch durch Mose jenseit des Jordans, nämlich Ruben, Gad und die eine Hälfte von Manasse (4 Mos. 32. Jos. 13). 1) Ruben's Theil lag am südlichsten. Im Osten war die Grenze immer sehr unbestimmt (s. oben), im Süden bildete der Arnon die Grenze gegen Moab, im Westen das todte Meer und der Jordan. Dies Gebiet zeichnete sich durch treffliche Viehweiden aus und deshalb ist es noch jetzt von den dortigen Arabern sehr geschätzt. Es heißt jetzt Belkâ. Früher wohnten dort Amoriter. Ruben hatte 17 Städte; von einigen derselben, wie z. B. Hesbon, Jaeser, Eleale, bestehen noch heute die alten Namen und bedeutende Ruinen, die freilich nicht bis in Josua's Zeitalter hinaufreichen[30]. Seit dem Exil der zehn Stämme wurde das Land von den Moabitern besetzt (s. Jes. 15 und 16. Jerem. 48). Nördlich stieß daran 2) der Stamm Gad. Westlich bildete der Jordan die Grenze, nördlich der Jabbok, doch so, daß die Jordansaue bis zum See Tiberias hinauf noch zu Gad gehörte. Das Gebiet umfaßte den südlichen Theil des Gebirges Gilead (5 Mos. 3, 12. 13). Im Osten bildete der obere Jabbok (Nahr Ammân) die Grenze gegen die Ammoniter, welche vordem auch Gad's Antheil besessen hatten, aber nach Osten gedrängt worden waren (Richt. 11, 13). 3) Ostmanasse lag nördlich von Gad und stieß im Westen an die gaditische Jordansaue; sonst lassen sich die Grenzen nicht recht genau bestimmen. — Als Josua über den Jordan vorgedrungen war, wurde zunächst den größern Stämmen Juda, Ephraim und der andern Hälfte von Manasse ihr Gebiet angewiesen. Die Bestimmung wurde zu Gilgal vorläufig so gemacht, daß Juda südlich, die Söhne Joseph's aber nördlich wohnen sollten (Jos. 16, 8 fg. 17, 8 fg.) So erhielt 4) Ephraim sein Gebiet vom Jordan bis zum Meere, nördlich oberhalb Joppe durch den Bach Kanah von Manasse getrennt. Die übrigen Grenzbestimmungen siehe Jos. 16, 5—8.

29) Gesenius hält jetzt diese Hittäer (Hethiter bei Luther) für denselben Stamm mit den Kittäern (כתים) auf der Insel Cypern, welche ohne Zweifel die phönikischen Colonisten in Kition sind. Er denkt sich, daß eben die Hittäer jene Colonie auf Cypern gestiftet haben, und stützt sich darauf, daß auf einer cyprischen Inschrift חתי vorkommt, auf einer andern dagegen כתי. S. *Gesenii* Monumenta phoen. p. 158.

30) Vergl. Burckhardt's Reisen in Syrien. S. 622—626.

5) Für Juda wurde ganz Südpalästina bestimmt. Aber Theile davon fielen nachher andern Stämmen zu und die Küste des Mittelmeeres hatten in dieser Gegend fortwährend die Philister inne. Erst nachdem die Eroberungen weiter vorgeschritten waren, ließ Josua das Land bemessen und nahm nun die Theilung unter die noch übrigen sieben Stämme vor (Jos. 18 und 19), wodurch auch die Gebiete der vorläufig schon placirten Stämme zum Theil näher modificirt wurden. Nämlich 6) Benjamin erhielt seinen Theil zwischen Juda und Ephraim. 7) Simeon, der schwächste Stamm, erhielt nur 19 Städte mit ihren Bezirken, die im Gebiete Juda's zerstreut lagen (Jos. 19, 2—8), also kein ganz zusammenhängendes Terrain, wie es auf mehren Karten, z. B. der Grimm'schen, dargestellt ist. Später breiteten sich die Simeoniten nach Süden hin im Gebirge Seir aus (1 Chron. 4, 28 fg.). 8) Dan bekam einen kleinen Strich am Meere, nördlich von Philistäa und westlich von Juda, mit 17 Städten (Jos. 19, 40 fg.). Die Daniten fanden viele Schwierigkeit, dies Gebiet zu behaupten (Richt. 1, 34. 35). Daher hatte sich schon frühzeitig eine danitische Colonie nach Norden gezogen und an den Quellen des Jordan in und um Lais (später Dan) niedergelassen (Richt. 18). 9) Isaschar wohnte nördlich von Ephraim, die Ebene Jesreel lag in diesem Gebiete. Westlich und südwestlich davon 10) das diesseitige Manasse. Nördlich über Isaschar 11) Sebulon. Noch höher im Norden, von Capernaum an (Matth. 4, 14) 12) Naphtali, und westlich von Naphtali 13) der Stamm Ascher.

So entstanden nach der Zahl der Stämme kleine föderirte Republiken, die aber unter sich keinen recht festen Vereinigungspunkt hatten. Denn wenngleich das theokratische Princip und das Nationalheiligthum einen solchen bilden sollten, so gab es dagegen widerstrebende Elemente genug, welche die Stämme aus einander hielten, wie denn z. B. die transjordanischen Stämme sich um das gemeinsame Interesse Israels wenig gekümmert zu haben scheinen. Mehre Stämme wohnten zu entfernt vom Heiligthume, als daß dieses für sie einen Haltpunkt hätte abgeben können, um so weniger, da man sich oft mit den einheimischen Völkerschaften friedlich vertrug und von ihnen, wie von den benachbarten Nationen, mit denen man in Verkehr trat, fremde Sitte und fremden Cultus anzunehmen, meist sehr geneigt finden ließ, wie dies die Andeutungen der Bibel hinlänglich kundthun. Dazu entstand bald Eifersucht und Zänkerei unter einzelnen Stämmen. Besonders maßte sich schon damals Ephraim viel an. In der nächsten Zeit nach Josua, wo das Volk so verwilderte und wo das Band der Nationalität immer lockerer wurde, stellten sich vorzüglich bei Kriegsgefahren wol einzelne Helden, sogenannte Richter, an die Spitze des einen oder des andern Stammes und bewirkten auch wol das Zusammentreten mehrer Stämme bei gemeinschaftlicher Gefahr oder gleichem Unglücke; aber es gab dies selten einen dauernden Ruhestand für das Volk (s. das Buch der Richter). Erst Samuel weiß das Volk durch seine überwiegende Geistesmacht etwas besser zusammenzuhalten, es bildet sich unter ihm ein gemeinsameres Nationalinteresse, welches unter Saul's Herrschaft noch getheilt, durch den Glanz und die Macht des Davidischen und Salomonischen Reiches sich immer mehr zusammenschließt. Durch sie wird Israel ein mächtiger Staat, der sich vom Mittelmeere bis zum Euphrat und im Norden tief in Syrien hinein ausdehnt, und der dabei im Innern durch Regulirung der öffentlichen Gewalten, durch das stehend werdende Kriegswesen; durch die Wahl einer Hauptstadt, die zugleich Residenz und Mittelpunkt des religiösen Cultus ist, Einheit und Stärke gewinnt. Jerusalem erhebt sich allmälig zum Mittelpunkte des gesammten innern Volkslebens. Dadurch daß diese Hauptstadt den Stämmen Benjamin und Juda angehört, aus welchen auch die herrschende Dynastie entsprungen ist, erhalten diese Stämme und vornehmlich Juda, der bei weitem mächtigere von beiden, ein bedeutendes Übergewicht. Dagegen regt sich aber bald wieder die Eifersucht der übrigen Stämme und besonders Ephraim's, des mächtigsten unter ihnen. Gleich nach Salomo's Tode bricht diese Eifersucht in den Flammen des Aufruhrs hervor und bewirkt die Trennung des Ganzen in zwei besondere Reiche. Das eine, Juda und das bisherige Herrscherhaus, die Davidische Familie an der Spitze, behält für sich nur den mit Juda verschmolzenen Stamm Simeon, den größten Theil von Benjamin mit Jerusalem, und den südlichen Strich von Dan. Dagegen schlossen sich der Rest von Dan und Benjamin, alle nördlichen, sowie die transjordanischen Stämme an Ephraim an, und dieses an Umfang größere nördliche Reich vindicirte sich allein den Namen Israel im Gegensatze des Reiches Juda. Die israelitischen Könige wählten Anfangs Sichem, dann bald Thirza, und seit Omri (929) Samaria zu ihrer Residenz. Während nun Juda seinen Herrscherstamm aus dem Hause David's in ziemlich ungestörter Folge der Regenten bis zum Untergange dieses Staates festhielt und nur im 8. Jahrh. v. Chr. Geb. dem mächtigen assyrischen Reiche tributär wurde, wechselten dagegen in dem minder geordneten nördlichen Reiche verschiedene Dynastien und anarchische Zustände, sodaß es schon in der zweiten Hälfte des 8. Jahrh. (722) der Übermacht der Assyrer unterlag. Der Kern der Bewohner wurde nach dem innern Asien abgeführt, und dagegen erhielten Fremde von dorther und aus Syrien ihre Wohnsitze im Lande Israel (s. 2 Kön. 17). Diese vermischten sich mit der zurückgebliebenen Hefe des Volkes, und so entstand das Mischvolk der Samaritaner und der Galiläer. Das babylonische Exil im Anfange des 6. Jahrh. entriß auch den Bürgern des judäischen Reichs ihren vaterländischen Boden; sie wurden nach Babel geführt, ihre Hauptstadt Jerusalem und der Tempel Jehova's zerstört, das Land zum Theil verwüstet und ein Statthalter, der erste Gedalja, aus jüdischem Stamme, unter chaldäischer Oberhoheit, eingesetzt, welcher seinen Sitz in Mizpa hatte (s. den Art. Hebräer). Dabei scheinen die Nachbarvölker, wie die Edomiter, tief ins Land gerückt zu sein.

Als Cyrus den exilirten Hebräern die Erlaubniß zur Rückkehr gab, machten verhältnißmäßig nur wenige und am meisten noch die vom Stamme Juda und Benjamin nebst den Leviten Gebrauch davon. Sie siedelten sich vorzugsweise in und um Jerusalem an, und das Land hieß seitdem gewöhnlich Judäa, und die Einwohner Judäer oder Juden. Die Eintheilung des Landes nach Stämmen, welche sich bis zum Exil trotz der Centralisation um die Hauptstädte der beiden Reiche immer noch erhalten hatte, trat nach dem Exil nicht wieder ins Leben; denn die Stelle Matth. 4, 13, wo Sebulon und Naphtali namhaft gemacht werden, enthält nur die Wiederholung eines frühern prophetischen Ausspruches (Jes. 9, 1). Nur in den Familiengenealogien hielt man die Abkunft von den zwölf Stämmen noch fest. Judäa erhielt (wie auch Samarien) einen Statthalter, zuerst den Serubbabel aus Davidischem Geschlechte, der das Volk nebst dem Hohenpriester nach dem Mosaischen Gesetze unter persischer Oberherrschaft regierte. Dabei war das Land zu administrativen Zwecken in kleinere Districte oder Kreise abgetheilt, deren jeder seinen Vorsteher, einige auch, wie der von Jerusalem, deren zwei hatten (s. Nehem. 3, 9 fg.). Der Hohepriester scheint allmälig an Macht gewonnen zu haben. Das Amt desselben war zuweilen Gegenstand der Eifersucht und wurde auch wol von den Persern vergeben.

Alexander der Große soll die Juden begünstigt haben, nicht so die Samaritaner, welche den über sie gesetzten Präfecten Andromachus lebendig verbrannten. Daher wurden makedonische Colonisten in Samarien stationirt, und die Samariter zogen sich in Sichem zusammen (*Curt.* IV, 8). Bei der Theilung nach Alexander's Tode kam Syrien mit Palästina zunächst an Laomedon, der es jedoch bald an Ptolemäus Lagi verlor im J. 320 v. Chr. Geb. Dieser zog viele Juden nach Ägypten, wo er ihnen große Privilegien einräumte; ebenso lockte Seleucus Nikator viele nach Syrien und insbesondere nach Antiochien. Durch den Theilungsvertrag nach der Schlacht bei Ipsus kam Palästina nebst Cölesyrien an Ptolemäus, während das eigentliche Syrien mit Mesopotamien und Babylonien dem Seleucus verblieb.

Nun war Palästina bei den unaufhörlichen Kriegen der Ptolemäer und Seleuciden fast immer der Zankapfel beider Mächte, und es wurde dem Lande oft übel mitgespielt. In dieser Periode finden wir an der Spitze des jüdischen Volkes den Hohenpriester, dessen Würde gewöhnlich vom Vater auf den Sohn überging. Er verwaltete, wie es scheint, die innern Angelegenheiten des Landes ganz selbständig und hatte nur die Steuern beizutreiben und an den vorgesetzten Hof abzuliefern, oder er übernahm sie für ein Pachtgeld (vergl. Josephus' Archäol. 12, 4). Ihm zur Seite stand damals schon das Synedrium (s. d. Art.), in welchem er zuweilen auch wol den Vorsitz hatte. So stand es mit der Verwaltung, als der tyrannische **Antiochus IV. Epiphanes** es unternahm, die jüdische Nationalität mit der Wurzel zu vertilgen, den Jehovadienst zu vernichten und das ganze jüdische Volk zu gräcisiren. Die gewaltsamen Schritte, die er dazu that, und die unerhörten Grausamkeiten, die er verübte, weckten den Glaubenseifer der makkabäischen Helden, deren muthiger Kampf endlich dem **Simon** von Seiten des Demetrius von Syrien die Anerkennung nicht nur als Hohenpriester, sondern auch als unabhängigen Fürsten der Juden verschaffte, im J. 143 v. Chr. Geb. (s. d. 1. Buch d. Makkab.) Beiderlei Würden machte das Volk für Simon's Familie erblich. Die Urkunde darüber wurde auf eherne Tafeln eingegraben, die man auf dem Zion aufstellte. Simon's Enkel, Aristobul, nahm den Königstitel an, blieb aber zugleich Hoherpriester. Die Römer faßten immer festern Fuß in Asien, und die letzten makkabäischen Fürsten waren römische Vasallen, bis die idumäische Familie der Herodier die Makkabäer vom Throne verdrängte, mit dem Jahre 37 v. Chr. Geb.

Jetzt hatte sich, wie es scheint, von selbst und allmälig die Eintheilung Palästina's gebildet, welche in der ersten Zeit der römischen Oberherrschaft und zu Christi Zeit die allgemein geltende wurde, und welche daher das N. Test., Josephus und andere Schriftsteller dieser Zeit berücksichtigen (man sehe schon 1 Makk. 10, 30 und 5, 8. 14). Alles Land diesseit des Jordan zerfiel nämlich in drei Provinzen: Judäa, Samaria und Galiläa. Was jenseit lag, hieß zusammen Peräa, doch so daß daneben die kleinern Districte ihre besondern Namen führten. Diese Eintheilung eignet sich am besten, um daran eine kurze **topographische** Übersicht des Landes zu knüpfen, weshalb wir zu diesem Zwecke bei ihr verweilen, um dann zum Schlusse noch die neuern Schicksale des ganzen Landes bis auf unsere Tage zu verfolgen. Wir beginnen mit Peräa und schreiten dann diesseit des Jordan von Norden nach Süden, d. h. von Galiläa zu Samarien, und endlich zu Judäa.

I. **Peräa**, im weitern Sinne das ganze dem Jordan östlich liegende Land (*πέραν τοῦ Ἰορδάνου* Matth. 4, 25. Judith 1, 9; vergl. Richt. 10, 8 u. ö.) umfassend, wurde in **sechs** Districte getheilt.

1) **Trachonitis** oder **Trachon** (Joseph. Archäol. XV, 10, 1 u. ö.), ganz oben im Nordosten stieß nördlich an das Gebiet von Damask, östlich an die syrische Wüste und an Auranitis, westlich an Gaulanitis, und reichte südlich bis nahe der Stadt Bostra. Es hatte seinen Namen von den beiden Bergreihen, welche Trachones (*Τραχῶνες*) hießen. Es gehörte zur Tetrarchie des Philippus, eines Sohnes Herodis des Großen, der von seinem Vater diese Landschaft nebst Ituräa (nach Joseph. Arch. XV, 10, 1 auch Batanäa und Auranitis) erbte (Luc. 3, 1). In den Höhlen dieser Gegend hielten sich viele Räuber auf, gegen welche Herodes agirte, und noch Burckhardt ging hier an einer Diebeshöhle vorüber (Reisen in Syrien. S. 114).

2) **Ituräa**, vermuthlich nur ein Theil von Trachonitis (Luc. 3, 1). Die Ituräer sind ein arabischer Stamm, יְטוּר ein Sohn Ismaels (nach 1 Mos. 25, 14). Sie waren als Bogenschützen, aber auch als Räuber bekannt[34]). Sie wurden von den transjordanischen Israeliten zur Zeit Jotham's geschlagen (1 Chron. 5, 19). So wurden sie auch etwa 100 Jahre v. Chr. Geb. von Aristobul besiegt und zur Beschneidung gezwungen (Jos. Archäol. XIII, 11,

34) *Cic.* Philipp. II. c. 44. *Virg.* Ge. II, 448. *Strab.* XVI, 2, 18.

3). Den Römern unterwarfen sie sich bald, hatten aber noch eigne abhängige Fürsten, bis ihr Land unter Claudius zur Provinz Syrien geschlagen wurde (vergl. *Münter.* de rebus Ituraeorum. [Havn. 1824. 4.]). Der jetzige Landstrich Dschedur, welchen Burckhardt auffand, hat wol höchstens den Namen von Ituräa, aber nichts mehr mit dem alten Gebiete gemein.

3) Gaulanitis, von der Stadt Golan (5 Mos. 4, 43. Jos. 20, 8) benannt, lag mehr westlich und begriff den nordwestlichen Theil des alten Reiches Basan in sich. Es erstreckte sich vom Hermon bis an den Fluß Hieromax und stieß östlich an Auranitis, westlich an das galiläische Meer. Noch jetzt heißt ein dortiger Landstrich Dscholan.

4) Auranitis oder Hauran (Ezech. 47, 16. 18), wie es noch jetzt heißt, östlich neben dem vorigen, genau beschrieben von Burckhardt (Reisen in Syrien. S. 111 fg. 393 fg. 446).

5) Batanäa, dem Namen nach das alte Basan, aber dem Umfange nach nur der südliche Theil desselben bis an den Jabbok. Ein Stück davon heißt noch jetzt El Bottin.

6) Peräa im engern Sinne, zwischen den Flüssen Jordan, Jabbok und Arnon, also etwa das alte Gilead, das jetzige Belkâ.

Jenseit des Jordan lagen auch alle Städte der sogenannten Dekapolis, eine einzige, Skythopolis, ausgenommen, welche diesseit lag (Matth. 4, 25. Marc. 5, 20. 7, 3). In der Angabe der übrigen Städte, die zu diesem Bunde gehörten, herrscht keine Übereinstimmung (*Plin.* N. H. 5, 19. *Ptolem* V, 17); auch weiß man nicht, von welcher Art dieser Städtebund gewesen.

Die wichtigsten Städte jenseit des Jordans sind von Norden nach Süden folgende: Cäsarea Philippi, früher Paneas, jetzt Banias, an einem der Quellenflüsse des Jordan, vom Tetrarchen Philippus verschönert, mit einem Heiligthume des Pan in einer Höhle des Berges Panius. Sie war zu Josephus' Zeit zum Theil von Heiden bewohnt, und lag eine Tagereise von Sidon und etwas weiter von Damask entfernt. Jesus sagte dort zu Petrus, daß er auf denselben seine Kirche bauen wolle (Matth. 16, 13). Nach der kirchlichen Sage war es der Geburtsort des blutflüssigen Weibes (Matth. 9, 20 fg.). Sie soll Berenice geheißen haben. Vor ihrem angeblichen Hause stand das eherne Bild einer männlichen und einer knieenden weiblichen Figur, welche Gruppe man auf ihre Heilung durch Christus deutete, die aber wahrscheinlicher die Stadt selbst vorstellte, wie sie dem Hadrian oder einem andern Kaiser ihre Huldigung bezeugt [32]). In der Zeit nach Constantin dem Großen war die Stadt ein Bischofssitz. Das jetzige Dorf Banias hat 150 Häuser und einige Ruinen (Burckhardt S. 89). — Bethsaida (d. h. Fischort) am Ostufer des Jordan, wo er in den See Tiberias einströmt, vom Tetrarch Philippus der Tochter des Augustus zu Ehren Julias genannt (Luc. 9, 10. Marc. 8, 22. [Nicht zu verwechseln mit dem galiläischen Bethsaida]). — Astaroth und Edrei, einst Königssitze des basanitischen Reiches, fielen Manasse zu (5 Mos. 1, 4. Jos. 9, 10. 13, 31). Beide haben sich in Ruinen erhalten, ersteres noch unter dem alten Namen, der jetzt Draa oder Edra lautet, und letzteres bei dem Dorfe Mesarib [33]). Die andern Städte Basans, 60 an der Zahl, hießen die Flecken Jair's von dem Manassiten Jair, der sie eroberte, auch Argob [34]). — Südwestlich von Astaroth näher dem Jordan lag Gadara, zu Josephus' Zeit die Hauptstadt Peräa's. Sie war befestigt und breitete sich rings um einen Hügel aus, der die Gegend beherrscht. Burckhardt fand dort viele Ruinen bei dem Dorfe Omm Keis, wo es viele Höhlen gibt, theils bewohnbar, theils zu Gräbern benutzt, in welchen sich die beiden Besessenen aufhielten, die Jesus heilte, als er in die Gegend der Gadarener kam (Matth. 8, 28) [35]). Auch die warmen Heilquellen von Gadara, die Hieronymus, der Talmud u. A. erwähnen, hat Burckhardt aufgefunden [36]). — Boßra, bei den Griechen und Römern Bostra, lange eine Hauptstadt der Edomiter, wiewol von ihrem ursprünglichen Gebiete weit nördlich abgelegen (1 Mos. 36, 33 Jes. 34, 7. 63, 1. Amos 1, 12), als moabitische Stadt bezeichnet (Jerem. 48, 24), woraus also folgt, daß sie später die Edomiter an die Moabiter verloren hatten. Es scheint nicht nöthig, daß man das edomitische Boßra südlicher suche, wie es denn z. B. von Raumer in dem heutigen Beßeira (Burckhardt S. 683) wiederfinden will [37]) Vielmehr spricht die Stelle Jerem. 49, 22 für die obige Ansicht. Edom erscheint dort im Bilde als ein Adler, der auf hohen Felsen horstet (dies geht auf Petra und seine ungeheuern Felsenmassen), und der heranfliegt und seine Flügel ausbreitet über Boßra: worin offenbar der Gedanke einer weitgreifenden Eroberung liegt. Die Stadt war nach Eusebius von Edrei 24 röm. Meilen entfernt. Trajan verschönerte sie (daher auf Münzen Trajana Bostra). Die Römer rechneten sie zu Arabien. Später hatte sie Bischöfe, unter andern den Berylus Bostrenus [38]). Abulfeda nennt sie die Hauptstadt von Hauran, und noch jetzt ist sie von großem Umfange, zumal mit den Ruinen, welche beschrieben werden von Burckhardt, Richter und Berggren [39]).

32) S. von Richter S. 172. Burckhardt S. 886 und Leake's Vorrede zu Burckh. S. 18 d. d. Übers.

33) Burckhardt a. a. O. 34) 4 Mos. 32, 40. 41. 5 Mos. 3, 12—14. Sie gingen nachher an die Syrer und Geschurener über (1 Chron. 2, 22), wurden aber zum Theil wieder erobert von einem jüngern Jair (Richt 10, 3. 4); vergl. Rosenmüller's Alterthumskunde. II, 1. S. 279 fg. 35) Luther's Übersetzung: Gergesener drückt eine bloße Conjectur des Origenes aus. Verwerflich ist aber auch die Lesart Gerasener, weil Gerasa zu weit südlich lag (Burckhardt S. 401 fg.), als daß es zu jener evangelischen Geschichte ein passendes Local abgeben könnte. Über Gadara s. Burckhardt S. 427. fg. 36) Reisen in Syrien. S. 434. 37) v. Raumer's Palästina. S. 165 und 184 und derselbe in Berghaus' Annalen 1830. Febr. S. 564 fg. 38) S. über diesen Ullmann im halle'schen Weihnachtsprogramm vom J. 1835. Hier wird Boßra irrig nach Reland's Vorgange mit Beestera (Jos. 21, 27) identificirt und dagegen des wahren alttestamentlichen Namens (בצרה) gar nicht gedacht. 39) S. Burckhardt S. 364 fg. v. Richter S. 181. Berggren's Reisen im Morgenlande. 2. Th. S. 61 fg.

Jabesch in Gilead (Richt. 21, 8 fg. 1 Sam. 11, 1 u. ö.) lag vermuthlich an dem jetzigen Wadi Jabes, der bei Beisan in den Jordan mündet (Burckhardt S. 451). Zur Zeit des Eusebius war es noch ein Flecken, sechs röm. Meilen von Pella in der Richtung auf Gerasa. — Pella gehörte zur Dekapolis und hatte seinen Namen von dem makedonischen Pella. Hierher über den Jordan flüchteten die Christen bei der Zerstörung Jerusalems. (Euseb. K. G. III, 5. Vergl. Korb's Abhandl. über Pella in Jahn's Jahrbb. d. Philol. 9. Bd. 1. H.) — Hesbon ist schon oben genannt. Andere Städte Peräa's kommen in unserer Übersicht weniger in Betracht.

II. Galiläa ist der nördlichste Theil des diesseitigen Palästina, im Osten bis an den Jordan und den galiläischen See, im Süden bis zur Ebene Jisreel, im Westen an das Meer und an Phönikien reichend. Der Name ist entstanden aus dem hebräischen הַגָּלִיל oder הַגָּלִילָה oder vollständiger Jes. 9, 1 גְּלִיל הַגּוֹיִם, d. i. der Kreis, der District der Heiden, *Γαλιλαία τῶν ἐθνῶν* (Matth. 4, 15), *Γαλ. ἀλλοφύλων* (1 Makk. 5, 15 fg.). Es hatten sich nämlich im Laufe der Zeit dort viele Heiden niedergelassen. Daher kam auch die Verachtung der Galiläer bei den Juden. Daher die Worte der Pharisäer an den Nikodemus: „Bist du auch ein Galiläer? Forsche und siehe, aus Galiläa steht kein Prophet auf." Und Nathanael zu Philippus: „Was kann aus Nazareth Gutes kommen?" (Johann. 1, 46. 7, 42. Ap. Gesch. 2, 7). Aus gleicher Rücksicht, da Jesus aus Galiläa stammte, wurden die ersten Christen Galiläer genannt (Ap. Gesch. 1, 11), was noch Kaiser Julian beibehielt, wenn er diesen Namen für die Bezeichnung der Christen gesetzlich machen wollte, und noch sterbend in Bezug auf Christus ausrief: „Du hast gesiegt, Galiläer!" Der nördliche Theil dieses Landes hieß Obergaliläa, der südliche Untergaliläa (Josephus, Jüd. Kr. III, 3, 1). Dem Umfange nach stand Galiläa dem größern Judäa nach, war aber etwas größer als Samaria. Die Länge von N. nach S. betrug etwa 20, die Breite von W. nach O. 8 bis 10 Stunden. Josephus schildert Galiläa als ein sehr fruchtbares, seiner Zeit bebautes und stark bevölkertes Land und seine Bewohner als kriegerische Leute. Auch stimmen, was die Fruchtbarkeit betrifft, die neuern Reisenden in dieses Lob ein, nur daß sie zugleich über die Vernachlässigung des schönen Bodens klagen. Die Galiläer unterschieden sich durch ihren Dialekt von den südlicher wohnenden Juden. Petrus wurde daran als Galiläer erkannt (Matth. 26, 73. Marc. 14, 70). Nach dem Talmud bestanden die Abweichungen besonders in weicher Aussprache der Gutturallaute und in sonstigen Ungenauigkeiten, sodaß sie z. B. sagten usch (ושׁ), Mann für isch (אִישׁ)[40].

Die bedeutendsten Ortschaften Galiläa's waren etwa folgende: Im äußersten Norden lag die Stadt Dan, ehedem Laisch (Richt. 18). Schon die dort eingewanderte Danitencolonie (s. oben) führte daselbst Götzendienst mit einem Orakel ein (Richt. 18, 4—6. 13—20). Später errichtete Jerobeam I. hier und zu Bethel, also an den äußersten Punkten seines Reiches, die beiden goldenen Stiere, die ein Symbol Jehova's sein sollten, offenbar in Nachahmung des ägyptischen Apisdienstes, welchen Jerobeam auf seiner Flucht nach Ägypten kennen gelernt haben mochte (1 Kön. 12). Nach Eusebius lag die Stadt vier röm. Meilen (westlich) von Paneas auf dem Wege nach Tyrus, und zu Hieronymus' Zeit stand dort noch ein Flecken des Namens Dan[41]), ungefähr in der Gegend des heutigen Hasbeya. — Westlicher, nach Josephus auf der Grenze von Galiläa und dem tyrischen Gebiete, lag Kedesch, gewöhnlich Kedesch in Galiläa oder in Naphtali genannt, zum Unterschiede von andern Orten dieses Namens (Jos. 20, 7. Richt. 4, 6. Tobias 1, 2. 1 Makk. 11, 63). Es war der Geburtsort des Barak, früher der Sitz eines kanaanitischen Fürsten (Jos. 12, 22), später eine Asyl- und Levitenstadt (Jos. 20, 7. 21, 32). Auch war Kedesch einer der ersten Orte, die von den Assyrern unter Tiglath Pileser genommen wurden (2 Kön. 15, 29). — Hazor, ganz in der Nähe von Kedesch, war gleichfalls der Sitz eines kanaanitischen Königs gewesen (Jos. 11, 1 fg. 12, 18; vergl. Richt. 4, 1 fg.). Salomo befestigte den Ort (1 Kön. 9, 15). — Akko (עַכּוֹ), später in den Büch. d. Makk., Ap. Gesch. 21, 7, bei Josephus, Strabon u. A. Ptolemais genannt, bei den Arabern Akka, bei den Kreuzfahrern Acra, und, weil es im J. 1192 Sitz des Johanniterordens wurde, auch St. Jean d'Acre. Diese Stadt besteht noch jetzt, sie liegt an einem Meerbusen, nördlich dem Vorgebirge Karmel gegenüber, und bildet mit ihrem Hafen den Ausgangspunkt einer Handelsstraße, welche von Damask zum Meere führt. Die Stadt wurde dem Stamme Ascher zugewiesen, aber die Israeliten scheinen sie nicht erobert zu haben. Erst zur Makkabäerzeit gab es dort auch jüdische Einwohner. Unter Claudius wurde sie römische Colonie und erhielt das römische Bürgerrecht. Frühzeitig war sie Bischofssitz, in den Kreuzzügen wegen des Hafens beständiger Zankapfel. Sie hatte damals bedeutenden Handel und war volkreich, wie sie denn noch jetzt etwa 12,000 Einwohner zählt. Viele Reisende haben sie beschrieben, neuerlich noch Poujoulat in der Correspondance d'Orient. Vol. V. — Am See Genesareth lag Kapernaum, das im A. Test. nicht erwähnt, aber von den spätern Juden כְּפַר נַחוּם geschrieben wird, d. h. Dorf des Nahum. Jesu Stadt heißt sie (Matth. 9, 1. Marc. 2, 1), weil er sich so oft hier aufhielt. Sie scheint zu Christi Zeit in sehr blühendem Zustande gewesen zu sein, was man aus Matth. 11, 23 und Luc. 10, 15 schließen kann. Vermuthlich lag sie an der Handelsstraße, die von Damask zum Meere führte. Josephus gedenkt eines Fleckens Kepharnome und einer Quelle Kapharnaum (de vita sua §. 72. Jüd. Kr. III, 10, 8). Die ältern Reisenden sahen Kapernaum noch als Dorf, die spätern nur in Ruinen. — Ganz in der Nähe lag das galiläische Bethsaida, der Geburtsort der Apostel Andreas und Petrus

40) *Buxtorf.* lex. chald. et rabb. s. v. גליל und Fürst's chald. Grammatik §. 16.

41) So Hieronymus im Onomastikon; dagegen wirft er es in seinem Commentar zu Amos 8, 14 und Ezech. 27, 15 mit Paneas zusammen.

(Matth. 11, 21 fg. Luc. 10, 13 fg. Joh. 1, 45. 12, 21) — Tiberias, von Herodes Antipas erbaut und nach Kaiser Tiberius benannt, jetzt Tabaria, dicht an dem nach dieser Stadt benannten See, von Bergen eingeschlossen, ein ungesunder Ort, aber von Herodes sehr begünstigt und zur Hauptstadt von Galiläa erhoben, was bis dahin Sepphoris (später Dio-Cäsarea, jetzt Safuri mit 600 Einwohnern) gewesen war, daher bald stark bewohnt. Die Stadt unterwarf sich dem Vespasian freiwillig und erlangte dadurch wahrscheinlich wieder mehre Vergünstigungen. So wurde sie nach Jerusalems Zerstörung der Sitz des Synedriums (nachdem es eine Zeit lang in Sepphoris gewesen) und eine hohe Schule jüdischer Gelehrsamkeit, wo die Mischna, der ältere Theil des Talmud, und manche kritische Arbeiten über den Text des A. Test. entstanden. Noch in der neuern Zeit hatten die Juden dort ihr eigenes, durch eine Mauer abgesondertes, Quartier und Religionsfreiheit, weshalb auch viele Juden aus Spanien, Polen, der Berberei ꝛc. dort einwanderten. Vom 4. bis zum 7., wie auch im 12. und 13. Jahrh, hatte die Stadt auch einen christlichen Bischof. Abbildungen der neuern Stadt geben Bruyn und Wilson in ihren Reisen, auch die Schincke'sche Karte von Palästina. Die Stadt hatte neuerlich noch etwa 4000 Einwohner. Aber am Neujahrstage 1837 wurde sie, wie auch Safed und andere Ortschaften, durch ein schreckliches Erdbeben zum großen Theil in Trümmer gelegt, wobei $\frac{9}{10}$ der Einwohner umgekommen sein sollen. — Safet oder Safed, in der Bibel nicht genannt, liegt sehr hoch, sodaß man vom Castell das Meer sieht, vier Stunden von Tiberias, hat jetzt 600 Häuser und ist meist von Juden bewohnt, die hier sieben Synagogen und eine hohe Schule haben. Etwa vier Stunden westlich von Tiberias liegt Kana, jetzt ein ärmliches Dorf, wo noch das Hochzeithaus gezeigt wird, in welchem Jesus sein erstes Wunder verrichtete (Joh. 2, 1 fg.). Abbildung des jetzigen Ortes bei Wilson 2. Th. — Nazareth, der Wohnort der Ältern Jesu, wo er seine Jugendjahre verlebte, etwas südlich von Kana, sieben Stunden von Akko, fast drei Tagereisen von Jerusalem, in einem Bergkessel gelegen und fast ganz von weißen Kalkfelsen umgeben (s. Luc. 4, 29). Im A. Test., bei Josephus und im Talmud wird Nazareth nicht genannt. Es war lange Zeit ganz verfallen und hob sich erst seit dem 17. und 18. Jahrh. wieder; neuerlich lebten die Christen dort ziemlich ungestört bis auf Dschessar Pascha's Tyranneien. Der Ort hat ein Franziskanerkloster mit der Kirche der Verkündigung Mariä, welche nächst der des heiligen Grabes die schönste in Palästina und Syrien ist. Sie soll von der Kaiserin Helena erbaut sein auf der Stelle, wo Maria's Haus stand. Man zeigt in einer Höhle in der Kirche die Stelle, wo die Verkündigung des Engels stattfand; da soll der Keller des Hauses der Maria gewesen sein. Das Haus selbst wurde, nach der Legende, im J. 1291 von Engeln nach Dalmatien und dann nach Loreto getragen. Aber freilich war schon im 7. und 8. Jahrh. an Ort und Stelle kein Haus mehr zu finden, wie Beda und Adamnanus ausdrücklich versichern. Von den Höhen bei der Stadt sieht man über die Ebene Jisreel bis nach Samarien hinein; man erblickt den Tabor und den Hermon. Nazareth war der nördlichste Punkt Syriens, welchen Napoleon im J. 1799 erreichte. Der Ort hat jetzt gegen 500 Häuser und 3000 Einwohner. Abbildungen bieten Bruyn, Wilson und die Schincke'sche Karte. — Dritthalb Stunden südwestlich von Nazareth zeigt man bei dem jetzigen Dorfe Denuni die Ruinen von Endor und die Grotte der Zauberin, welche Saul befragte (1 Sam. 28). — Nain, nach Hieronymus zwei römische Meilen grade südlich vom Tabor (s. Luc. 7), nach Mariti ein kleines Dorf. — Megiddo, am Kischon in der Ebene Jisreel, eine kanaanitische Königsstadt (Jos. 12, 21), dem Stamme Manasse zugetheilt, obgleich eigentlich im Gebiete von Isaschar gelegen (Jos. 17, 11), von Salomo befestigt (1 Kön. 9, 15). In der Schlacht bei Megiddo verlor König Josias das Leben (2 Kön. 23, 29 fg.). Wahrscheinlich ist es dieselbe Stadt mit Magdolon bei Herodot (II, 159).

III. Samaria, שֹׁמְרוֹן, eigentlich Name eines Berges (1 Kön. 16, 24), dann der auf demselben erbauten Stadt und endlich der ganzen Landschaft (1 Kön. 13, 32. 2 Kön. 17, 24 fg.). Stadt und Provinz heißen griechisch Σαμάρεια, letztere auch Σαμαρεῖτις. Sie grenzt östlich an den Jordan, nördlich an Galiläa, südlich an Judäa und westlich ebenfalls an Judäa, da von diesem ein schmaler Strich am Meere bis Akko hinaufging. Das Ganze bildet ein gebirgiges Viereck, etwa sieben Meilen in die Länge und Breite. Nach Josephus war das Land quellenreich und fruchtbar, besonders an Obst, hatte gute Viehweide und eine starke Bevölkerung. Die Samariter waren den Juden höchst verhaßt, seit sich jene als eine besondere Religionssecte constituirt hatten (zur Zeit des Nehemia). Dieser Haß drückt sich z. B. schon Sirach 50, 28 aus, und zur Zeit des N. Test. war er aufs Höchste gestiegen (s. Joh. 4 und 8, 48). An das Christenthum schlossen sie sich Anfangs sehr an (Ap. Gesch. 8, 5 fg. 9, 31); später verfolgten sie die Christen, wurden aber dafür von Zeno und Justinian gezüchtigt. In dem letzten jüdischen Kriege waren viele Samariter umgekommen, und in der folgenden Zeit sind sie mehr und mehr zerstreut und bis auf eine geringe Anzahl zusammengeschmolzen. Im 12. Jahrh. fanden sich deren noch in Damask, Askalon, Gaza, Cäsarea und an andern Orten, vorzüglich aber in Sichem (Nablus), wo v. Richter im J. 1815 15 samaritische Familien fand, Jowett und Fisk nur etwa noch 60 Seelen.

Die Hauptstadt der Provinz Samarien hieß gleichfalls Schomron, Samaria. Sie lag etwa 16 Stunden nördlich von Jerusalem auf dem gleichnamigen Berge mit weiter Aussicht, und war erbaut von Omri, dem sechsten israelitischen Könige, seit welcher Zeit sie Residenz des Reiches Israel wurde (1 Kön. 16). Sie wurde von Salmanassar erobert und zerstört (2 Kön. 18, 9. 10), dann aber wiederhergestellt, sodaß sie unter den Makkabäern für eine starke Feste der syrischen Könige galt. Johannes Hyrkan schleifte sie, der röm. Statthalter Gabinius stellte sie her, aber erst durch Herodes den Großen gelangte sie wieder zur Blüthe. Er baute dort dem Au-

einen Tempel und nannte darum die Stadt Se-
.d. i. Augusta. Später hatte sie christliche Bischöfe.
dem Namen Sebastia wird sie von Abulfeda im
ahrh. erwähnt. Aber schon gegen Ende des 16.
war sie fast verschwunden. Jetzt zeigt man in
uinen, über welchen eine Moschee erbaut ist, die
Johannis des Täufers, des Elias und des Oba-
Bethschean, griechisch, man weiß nicht bestimmt,
lchem Grunde, Skythopolis genannt [42]), lag auf
östlichen Grenze Samaria's gegen Galiläa, sollte Ma-
ngehören (Jos. 17, 11), blieb aber noch lange unerobert
1, 27), vielleicht bis auf David's oder Salomo's
1 Sam. 31, 10 fg.; vergl 1 Kön. 4, 12). Es
bedeutendste Stadt der Dekapolis (s. oben), und
inf Stunden von Tiberias, acht Stunden von Na-
und zwei Stunden vom Jordan entfernt. Sie
einem Flusse, an welchem jetzt die bedeutenden
der alten Stadt sich hinziehen bei dem Dorfe
n. — Jisreel, Stadt in der gleichnamigen Ebe-
ich Esdraela und Stradela genannt, zwölf
Meilen westlich von Skythopolis. Die Könige Ahab
oram von Israel, hielten sich hier auf (1 Kön.
. 2 Kön. 8, 29). Zu den Zeiten der Kreuzzüge
t der Flecken Klein-Gerin (Parvum Gerinum
ilhelm von Tyrus). — Sichem (שְׁכֶם, Συχέμ,
χάρ Joh. 4, 5), etwa zwei Stunden südlich von
ia, zwischen den Bergen Ebal und Garisim (s.
Nach v. Richter liegt diese Stadt wie Heidel-
Sie wird schon in der Geschichte der Patriarchen
t, kam nachher an Ephraim und wurde Freistadt
evitenstadt (Jos. 20, 7. 21, 20. 21). Jero-
wählte Anfangs Sichem zu seiner Residenz, ver-
sie dann aber mit Thirza. Nach dem Exil wurde
uptsitz des samaritischen Cultus. Dem Vespasian
en wurde die Stadt Flavia Neapolis genannt,
Name sich in dem jetzigen Nablus erhalten
bgleich dies nicht mehr ganz an der alten Stelle
Der Ort hat jetzt Handel und Manufacturen.
halbe Stunde südlich davon wird auch noch der Jacobsbrunnen gezeigt (Joh. 4, 6). — Thirza, eine alte kanaanitische Königsstadt (Jos. 12, 24). Jerobeam I. verlegte von Sichem seinen Sitz dahin, und so blieb sie Residenz der israelitischen Könige, bis sich Simri mit dem Palaste verbrannte und sein Nachfolger Omri Samarien wählte. Die Lage von Thirza läßt sich durchaus nicht sicher bestimmen. — Silo lag etwa in der Mitte zwischen Sichem und Jerusalem, nördlich von Bethel [43]). Es war Lagerort der Israeliten unter Josua, und lange, bis zur Zeit Samuel's hin, blieb dort die Stiftshütte aufgeschlagen (Jos. 18, 1. 1 Sam. 4, 3. 4). Der Ort ist seit lange schon verschwunden. — Bethel hieß ehedem Lus (1 Mos. 28, 19) und lag vier Stunden nördlich von Jerusalem auf dem Wege nach Sichem Der Ort stand sehr im Rufe der Heiligkeit; er sollte Benjamin gehören, wurde aber lange noch von den Kanaanitern besetzt gehalten und später von Ephraim genommen. Daher blieb er beim Reiche Israel und wurde neben Dan ein Sitz des Stierdienstes bis auf Josia's Zeit (2 Kön. 23, 15 fg.). Bethel wird noch genannt 1 Makk. 9, 50 und bei Josephus, als ein Flecken auch noch bei Eusebius und Hieronymus. Jetzt ist es nicht mehr vorhanden.

IV. Judäa (als Provinz) grenzte gegen Norden an Samarien, gegen Osten ans todte Meer und den Jordan, gegen Süden an Arabien (das alte Edom) und gegen Westen theils an das Mittelmeer, theils an das philistäische Gebiet, welches letztere jedoch zu Zeiten wenigstens theilweise zu Judäa selbst gerechnet wurde. Die Seestädte Judäa's liefen nördlich bis Akko hinauf. Während des Exils hatten die Idumäer den Süden Judäa's besetzt, erst durch die makkabäischen Helden wurden sie unterjocht (*Strab.* XVI, 2. §. 34), aber auch später noch behielt dieser Theil des Landes den Namen Idumäa (Marc. 3, 8). Zur Zeit des Josephus war Judäa in eilf Toparchien getheilt, nämlich Jerusalem, Gophna, Acrabatta, Thamna, Lydda, Ammaus, Pella, Idumäa, Engedbi, Herodion und Jericho, wozu noch die Bezirke Jamnia und Joppe kamen. Plinius (V, 14) kennt nur zehn Toparchien. Im N. Test. aber ist auf diese Eintheilung noch nirgends Bezug genommen. Judäa ist großentheils gebirgig, da das Gebirge Juda sich von Norden nach Süden ganz hindurchzieht. Nur nach der Meeresküste hin dacht sich das Gebirge zu Ebenen ab und ebenso nach Osten hin bei Jericho. Übrigens ist der Boden auch in den Gebirgen, die von einigen geräumigen Thälern durchschnitten sind, gar nicht unfruchtbar.

Wir nennen hier nur die wichtigsten Landstädte von Judäa und zwar zuerst die an der Meeresküste liegenden in der Richtung von Norden nach Süden: Dor oder Dora, auch Dorum (דּוֹר, דֹּאר) zwischen dem Berge Karmel und Cäsarea, von letzterer Stadt neun röm. Meilen nördlich, in der Nähe eines kleinen Vorgebirges, daher öfter Naphat Dor (נָפַת דּוֹר), d. i. Höhe von Dor, war ein kanaanitischer Königssitz (Jos. 12, 23) und wurde

Man führt diesen Namen auf die Einfälle der Scythen
erasien zurück, welche nach Herodot (I, 205) im 7. Jahrh.
Geb. stattfanden. Dies hat aber schon darum Schwierig-
eil damals in Palästina die griechische Sprache nicht ge-
war, und man hätte der Stadt diesen Namen nur viel
eilegen können, wenn man dort wirklich Scythen fand.
mer hält (Paläst. S. 117) diese Combination fest, weil 2
12, 30 stehe: „Juden, welche bei den Scythen wohnten."
sich hier, wie öfter, durch Luther's Übersetzung täuschen
denn im Texte steht Σκυθοπολίταις. Leider ist das sonst
w und fleißig gearbeitete Buch von Raumer's über Palä-
rch eine Reihe von Fehlern entstellt, welche aus seiner
ntniß des Hebräischen geflossen sind. Sollten wir aber
raussetzen dürfen, daß der Verf. wenigstens das N. Test.
Apokryphen im griechischen Texte benutzt habe? Fast
es nicht so. Bei der Stelle Coloss. 3, 11, welche er noch
Ansicht gebraucht, ist doch zu bedenken, daß weder Co-
Palästina lag, noch Paulus, als er diesen Brief schrieb,
h aufhielt. Nach dem Allen behält die andere Meinung
noch etwas für sich, daß Skythopolis aus Succothpolis
en.

43) S. über die Lage von Silo die Stelle Richt. 21, 19. Auf der Grimm'schen Karte ist es offenbar zu weit westlich gesetzt.

Manasse zugetheilt (Jos. 17, 11), obwol erst später erobert (Richt. 1, 27; vergl. 1 Kön. 4, 11). In der makkabäischen Zeit war Dor eine starke Festung (1 Makkab. 15, 11 fg). Zur Zeit des Hieronymus war sie sehr herabgekommen, aber in den Kreuzzügen Bischofssitz. Jetzt steht dort das Dorf Tortura. — Cäsarea am Meere, gewöhnlich Cäsarea Palästina, zum Unterschiede von Cäsarea Philippi, hieß bis auf Herodes den Großen Straton's Thurm. Erstern Namen erhielt die Stadt dem Augustus zu Ehren durch Herodes, welcher dort viel bauete, namentlich ein Amphitheater, einen Tempel des August und, was der Stadt am meisten Vortheil brachte, einen schönen künstlichen Hafen, den Josephus beschreibt (Arch. XV, 9, 6. Jüd. Kr. I, 21, 5). Die Stadt wurde seitdem eine der bedeutendsten in ganz Palästina. Die Bevölkerung war aus Heiden und Juden gemischt. Letztere wurden aber von den erstern öfter gemishandelt, und einer dieser Tumulte gab den Anlaß zum letzten jüdischen Kriege. Nach Jerusalems Zerstörung wurde Cäsarea die Hauptstadt von ganz Palästina, und schon mehre Jahre zuvor war es der Sitz des römischen Procurators (Apost. Gesch. 23, 23 fg. 24, 27. 25, 1). Der Centurio Cornelius gehörte zur Besatzung von Cäsarea (Ap. Gesch. 10). Der Apostel Paulus saß dort zwei Jahre gefangen (Ap. Gesch. 26). Später war es Bischofssitz und eine von den drei Metropolitanen, die unter dem Patriarchat Jerusalem standen Die Stadt blühte noch in den Kreuzzügen. Jetzt zeigt sie nur noch Trümmer unter ärmlichen Fischerhütten, die noch den alten Namen führen. — Zwischen Cäsarea und Jerusalem lag die Stadt Antipatris, welche Herodes der Große angelegt und nach seinem Vater benannt hatte (Ap. Gesch. 23, 31. 32). Im 8. Jahrh. war sie noch vorhanden, jetzt ist sie spurlos verschwunden. — Joppe, hebr. Japho, jetzt Jaffa, eine sehr alte Stadt hart am Meere. Sie wurde erst von den Makkabäern erobert (1 Makk. 10, 74 fg. 14, 5. 34) und hatte einen altberühmten Hafen, den schon Salomo nutzte (2 Chron. 2, 16; vergl. Jon. 1, 3). Petrus erweckte dort die Tabitha und hatte daselbst seine Vision von reinen und unreinen Thieren (Ap. Gesch. 9, 36 fg und Cap. 10). Im jüdischen Kriege wurde sie zweimal zerstört. In den Kreuzzügen war sie blühend und seitdem fast der gewöhnlichste Landungsplatz der Pilger, obgleich der Hafen jetzt seicht und gefährlich ist. Neuerlich hat ein arabischer Kaufmann eine fahrbare Straße von Joppe auf Jerusalem angelegt, eine Strecke von etwa zwölf Meilen. Eine Abbildung von Jaffa gibt die Reise von Bruyn. — Mehr landeinwärts südöstlich von Joppe liegt Lydda, hebr. Lod (לד). Der Ort gehörte den Benjaminiten (2 Chron. 8, 12. Esr. 2, 33. Nehem. 11, 35). Er gehörte nachher nebst Apherema und Rama zu Samarien, wurde aber mit diesen Städten von dem syrischen Könige Demetrius Soter dem Makkabäer Jonathan geschenkt und zu Judäa geschlagen (1 Makk 10, 30. 11, 33). Das Christenthum fand zu Lydda frühzeitig Anhänger, Petrus heilte dort den Äneas (Ap. Gesch. 9, 32 fg.). Im jüdischen Kriege wurde es zerstört, erstand aber wieder unter dem Namen Diospolis und hatte Bischöfe. Jetzt heißt der Ort Ludd, ein Dorf mit Ruinen. — Ramleh, eine neue erst Anf. des 18. Jahrh. n. Chr. Geb. von den Khalifen erbaute Stadt zwischen Joppe und Lydda, von ersterm zwei kleine Meilen entfernt. — Noch liegen in dieser Richtung Modin, der Stammort der Makkabäer (1 Makk. 2, 1), nahe bei Lydda; Bethschemesch, eine Priesterstadt (Jos. 21, 16); ebenso Libnah (Jos. 12, 15. 21, 13); Lakisch (Jos. 15, 39. 2 Kön. 18, 14 fg.) 2c.

Im östlichen Judäa sind vorzüglich zu nennen: Jericho, jetzt Richa, fünf Stunden östlich von Jerusalem, zwei Stunden vom Jordan entfernt, die erste Stadt, die Josua diesseit des Jordan eroberte. Sie wurde gänzlich verwüstet (Jos. 6), erscheint aber doch schon wieder in der Richterperiode (Richt. 3, 13; vergl. 2 Sam. 10, 4. 5), und unter Ahab wurde sie neu ausgebaut (1 Kön. 16, 34). Es gab dort eine Prophetencolonie (2 Kön. 2, 4 fg. 15 fg), Elias und Elisa hielten sich dort auf. Nach dem Exil wurde sie wieder bevölkert (Esr. 2, 34), von dem Makkabäer Jonathan befestigt (1 Makk. 9, 50). Unter der römischen Herrschaft war sie bedeutend, Herodes der Große hielt sich gern dort auf. Christus war öfter dort (Matth. 20, 29 fg. Luc. 19, 1 fg.). Mit Jerusalems Untergange wurde sie verwüstet, von Hadrian hergestellt, in den Kreuzzügen aber von Neuem zerstört, sodaß sie jetzt nur ein schlechtes Dorf ist. Die Umgegend hatte sonst schöne Balsam- und Palmenpflanzungen, daher Jericho schon Richt. 3, 13 die Palmenstadt heißt. — Gilgal, zwischen Jericho und dem Jordan, war der erste Lagerplatz der Israeliten diesseit und auch nachher noch lange das Hauptlager (s. das Buch Jos.). In der Folge war es ein Sitz des Götzendienstes (Amos 4, 4. 5. Hos. 4, 15. 9, 15. 12, 12). Später kommt es nicht weiter vor. — Zoar lag an der Südspitze des todten Meeres (1 Mos. 19, 30). Die Stadt hieß auch Bela (1 Mos. 14, 2. 8). Eusebius, Hieronymus, Abulfeda erwähnen sie noch.

In dem mittlern Striche Judäa's liegen von Süden nach Norden hinauf: Beerseba, schon oben als einer der südlichsten Punkte von ganz Palästina bezeichnet. Dort hatten Abraham und Isaak schon temporär ihren Aufenthalt (1 Mos. 21 und 26), obgleich für diese alte Zeit noch nicht von einer Stadt dieses Namens die Rede ist, sondern von einem bloßen Brunnen (s. über die Bedeutung des Namens 1 Mos. 21, 28 fg. und die Ausleger). Die Stadt kam nachher an Simeon (Jos. 19, 2). Samuel's Söhne residirten dort (1 Sam 8, 2). Amos (5, 5. 8, 13) bezeichnet sie als Sitz des Götzendienstes. Zu Eusebius und Hieronymus Zeit lag in dem Orte eine römische Besatzung. — Hebron, gegen acht Stunden grade südlich von Jerusalem und drei Stunden westlich vom todten Meere, hieß in der frühesten Zeit Kirjath Arba, d. i. Stadt des Arba, und war überhaupt eine der ältesten Städte Palästina's (s. 4 Mos. 14, 23). Schon Abraham wohnte nahe bei Hebron bei dem Haine Mamre's (1 Mos. 13, 18), und er, wie Isaak und Jacob, wurden dort begraben. Die Hethiter besaßen damals die Stadt. Ein König von Hebron wurde durch Josua besiegt (Jos. 10). Die Stadt wurde Priester- und Ahnstadt. David wählte sie Anfangs zur Residenz (2 Sam. 2, 1). Nach dem Exil wanderten dort Juden wieder ein (Nehem. 11, 25). Aber Judas Makkabäus entriß sie den Idumäern, in deren Besitz sie also zuvor gekommen sein mußte (1 Makk. 5, 65). Im jüdischen Kriege wurde sie hart mitgenommen. Bei den Christen hieß sie St. Abraham, bei den Arabern noch jetzt El-Khalil, d. i. der Freund Gottes, nämlich Abraham (s. den Koran 4, 124. 25, 30. nach Jes. 41, 8. 2 Chron. 20, 7. Jacob. 2, 23). Jetzt wird dort viel Wein gebaut, woraus man besonders Traubenhonig bereitet und nach Ägypten verkauft. Es leben jetzt in Hebron lauter Muhammedaner; über dem Grabe der Patriarchen steht eine Moschee, die ursprünglich christliche Kirche war. — In der Nähe Hebrons lag vor Alters Debir oder Kirjath Sepher oder auch Kirjath Sanna (Jos. 15, 15. 49). — Thekoa, kaum zwei Stunden südöstlich von Bethlehem. Der Prophet Amos war ein Hirt in Thekoa (Am. 1, 1). Es war ein fester Ort (2 Chron. 11, 6. Jer. 6, 1). Hieronymus hatte ihn täglich vor Augen, als er in Bethlehem wohnte. In der dortigen Gegend liegt der steile Frankenberg, auf welchem Ruinen aus der Zeit der Kreuzzüge. — Bethlehem, der Geburtsort David's und Christi, zwei Stunden südlich von Jerusalem, auf einem Bergrücken, an dessen Fuße nördlich von Westen nach Osten ein tiefes Thal läuft. Jetzt hat der Ort etwa 100 Häuser und fast lauter christliche Einwohner. Auf der Ostseite der Stadt liegt ein berühmtes Franziskanerkloster und die alte Kirche der Geburt Christi. In einer Kapelle dieser Kirche soll Hieronymus gewohnt und mehre seiner Schriften verfaßt haben. Ansichten von Bethlehem geben Bruyn und Wilson. — Noch wäre insbesondere Jerusalem mit seinen Umgebungen zu beschreiben. Da aber dieser Hauptstadt Judäa's ein eigener ausführlicher Artikel gewidmet wird, so ziehen wir es vor, auf diesen zu verweisen, wie denn überhaupt unsere kurze topographische Übersicht Palästina's durch die betreffenden speciellen Artikel zu ergänzen ist.

Seit dem Anfange des fünften christlichen Jahrhunderts wurde das Land, welches die Römer damals unter dem Namen Palästina befaßten, in drei größere Provinzen getheilt, nämlich **Palaestina prima**, welches den mittleren Theil umfaßte, ungefähr das frühere Judäa und Samaria nebst der ehemaligen philistäischen Küste und einem kleinen Streifen am Ostufer des Jordan, mit den Städten Jerusalem, Jericho, Gaza, Askalon, Asdod, Joppe, Antipatris, Neapolis (Nablus, Sichem), Sebaste (Samaria), Cäsarea am Meere und andern; **Palaestina secunda** befaßte ungefähr das vormalige Galiläa und den nördlichen Theil von Peräa, mit den Städten Skythopolis, Tiberias, Gadara, Pella u. a.; **Palaestina tertia oder salutaris** lag im Süden und schloß das ganze todte Meer mit seinen Umgebungen und einen Theil des peträischen Arabiens mit ein. Es werden dahin gerechnet die Städte Petra (im alten Test. Sela), Aila (Elath), Berseba, Zoar ꝛc.[44]). Durch das chalcedonische Concil im J. 451 wurde Jerusalem zum Patriarchat erhoben. Unter dem Patriarchen von Jerusalem standen die Metropoliten von Cäsarea, von Skythopolis und von Petra. Bis dahin hatten diese unter dem Patriarchen von Antiochien gestanden. Im J. 615 wurde Syrien von den Persern erobert und auch Jerusalem mit Sturm genommen. Die Juden schlossen sich damals an die Perser an und wütheten gegen die Christen. Dies wurde ihnen vergolten durch den Kaiser Heraklius, welcher im J. 629 die Perser wieder vertrieb. Im J. 636 wurde dann Palästina mit Syrien durch den Khalifen Omar der Herrschaft der Araber unterworfen[45]), welche dann, während der Kreuzzüge durch die Errichtung des christlichen Königreichs von Jerusalem seit 1099 auf kurze Zeit unterbrochen war, bis Saladin 1187 diesem kleinen Reiche ein Ende machte. Zwar erlangte Kaiser Friedrich II. im J. 1229 Jerusalem vertragsmäßig wieder von den ägyptischen Sultanen; aber 1244 ging es abermals verloren, und im J. 1291 verloren die Christen mit Akra auch den letzten Punkt, den sie in Palästina besaßen. Während dieser christlichen Herrschaft in den Kreuzzügen gab es dort vier Erzbisthümer, welche unter dem Patriarchen von Jerusalem standen, nämlich 1) Tyrus mit den Bisthümern Ptolemais, Sidon, Berytus und Paneas, 2) Cäsarea am Meere mit dem Bisthume Sebaste, 3) Nazareth mit dem Bisthume Tiberias, 4) Petra mit dem Katharinenkloster auf dem Sinai.

Den ägyptischen Sultanen wurde das Land von den Osmanen entrissen durch Sultan Selim im J. 1517. Napoleon wollte den Türken Palästina streitig machen. Er drang im J. 1799 von Ägypten her ins Land, nahm Jaffa mit Sturm und belagerte Akre. In der Ebene Jisreel am Tabor schlug er die englisch-türkische Armee. Seine Vorposten drangen bis Safed vor, er selbst nahm als äußersten Punkt Nazareth, und zog sich dann wieder zurück. Seit dem J. 1832 endlich hat der Vicekönig von Ägypten das Land an sich gerissen und so steht es jetzt unter der Herrschaft seines Sohnes Ibrahim Pascha. Das vormalige Palästina bildet einen Theil des Ejalet oder Paschalik Damask, wo ein Pascha von drei Roßschweifen, jetzt Ibrahim Pascha, residirt, und das Paschalik Akka. Unter der Herrschaft des Sultans bestand Damask zuletzt aus sechs Sandschaken, wovon Jerusalem, Nablus und Gaza zum alten Palästina gehören. Das Ejalet Akka war erst in neuerer Zeit gebildet worden. Zu diesem gehören die Gebiete von Akka, Safuri, Nazareth, Tabaria, Kaisarie (Cäsarea) und anderes. (S. hierüber die besondern Artikel.)

Über die Quellen und Hilfsmittel zur geographischen und statistischen Beschreibung von Palästina, sowie über die dahin einschlagenden Karten, siehe die Artikel **Biblische Archäologie** und **Biblische Geographie**, 1. Sect. 9. Th. S. 75 fg. und S. 88. Wir nennen hier nur noch das Wichtigste der Art, was seit Abfassung jener Artikel

44) S. über diese Eintheilung *Relandi* Palaest. p. 205 sq. mit der dazu gehörigen Karte.

45) Über die Verwaltung des Landes unter den Khalifen s. v. Hammer, über die Länderverwaltung unter dem Khalifate (Berlin 1835), bes. S. 49 fg.

hinzugekommen ist. Es gehören dahin die Reisen von O. F. v. Richter (Berl. 1822), Henniker (Lond. 1823), Rob. Richardson (Lond. 1822), Sieber (Leipz. 1823), Jowett (Lond. 1825), Fisk (Edinb. 1828), Wilson (Lond. 1831), v. Prokesch (Wien 1831), Berggren (Stockh. 1827), Lamartine (Strasb. 1835), Monro (Lond. 1835), Madden (Lond. 1835). Auch ist nachzutragen *Cassas*, Voy. pittoresque de la Syrie. (Paris 1797) drei Bände Fol. und ein neueres Kupferwerk von Finden (Lond. 1834). Desgleichen Rosenmüller's Handbuch der bibl. Alterthumskunde (Leipz. 1823 fg.), wovon der zweite Band die Geographie von Palästina enthält, *Mich. Russel*, Palestine or the holy Land, teutsche Übers. von Röder (Leipz. 1833), Palmblad's Palästina. 2. Aufl. (Upsala 1828), Scholz, Handbuch der bibl. Archäologie (Bonn 1834), Crome, Geographisch-historische Beschreibung des Landes Syrien. 1. Th. Palästina. (Göttingen 1834), Karl v. Raumer's Palästina (Erlang. 1835). Endlich die Karten von Asheton, revidirt von Rosenmüller in vier Blättern, von Grimm (1830), von Schincke (1835), von Berghaus (1835), und der Bibelatlas von Weyland (1832).

(*E. Rödiger.*)

PALÄSTINE, Hauptort in der nordamerikanischen Grafschaft Lawrence, Staat Indiana, liegt am White und hat ein Postamt. Ein anderer Ort desselben Namens liegt am Wabasch in der Grafschaft Crawford, Staat Illinois. (*Fischer.*)

PALÄSTINISCHE GÖTTINNEN, Palaestinae deae, heißen bei Ovid (F. IV, 235) die Furien; Niemand weiß, weshalb, und viel wahrscheinlicher ist, daß das Wort verdorben sei. (*H.*)

PALÄSTRA (*παλαίστρα*) heißt bei den Griechen eigentlich der Ringplatz, die Ringschule; jedoch ist die Bedeutung des Wortes sehr schwer so zu bestimmen, daß für alle Fälle auch klar wäre, wie es sich von verwandten Begriffen unterscheidet. Ehe wir hierzu einen Versuch machen, müssen wir noch einige andere Bemerkungen vorausschicken.

Das Wort ist abgeleitet von *παλαίειν*, ringen und *πάλη*, das Ringen, und obgleich diese Turnübung selbst bei Homer schon in vielfacher Übung ist, so kommt bei ihm doch das Wort Palästra noch nicht vor, weil er noch keine andern Anstalten zum Turnen kannte als eine geebnete Fläche, *τυκτὸν δάπεδον*, die ebenso wol auch zum Tanze diente. Wo und von wem zuerst Palästren gebaut sind, läßt sich schwerlich ermitteln; jedenfalls sind sie jüngern Ursprungs als die Gymnasien, die zuerst von den Spartanern gebaut sein sollen. Ein anderer Umstand könnte auf Arkadien führen; mit der großen Leichtigkeit nämlich, mit der die Griechen überhaupt Personen und Sachen in Gottheiten verwandelten, haben sie auch die Palästra zu einer Göttin gemacht, die für eine Tochter des eigentlichen Turngottes, des vorzugsweise in Arkadien verehrten Hermes, ausgegeben wurde, und die in Arkadien das Ringen erfunden haben sollte (s. *Philostr.* Imag. II, 32. p. 858. ed. *Jacobs.*) Aber dieser Mythus ist ohne Zweifel sehr jung, und daß man die Palästra nach Arkadien setzte, geschah wol nur ihrem Vater zu Liebe.

Die ersten sichern Nachrichten über das Vorhandensein der Palästren beziehen sich auf Athen und Solon's Zeit; und in dieselbe Zeit fällt es, daß Klisthenes, der Tyrann von Sikyon, für die aus ganz Griechenland geladenen Freier seiner Tochter zu ihrer Unterhaltung und Prüfung einen Dromos und eine Palästra anlegte (*Herod.* VI, 126. cf. ib. c. 128, wo er beides zusammen *γυμνάσια* nennt).

Der Gebrauch des Wortes Palästra hat nicht in der Art gewechselt, daß etwa eine frühere Bedeutung verschwunden und eine neue an ihre Stelle getreten wäre; sondern spätere Schriftsteller gebrauchen es zum Theil willkürlich in allen Bedeutungen, die es je gehabt hat, und grade dadurch wird die Sonderung derselben sehr schwierig. Sehen wir ab von jenem willkürlichen Gebrauche, so lassen sich füglich drei Bedeutungen von einander scheiden, welche der Reihe nach durchgegangen werden sollen: 1) Palästra, als Gegensatz gegen das Gymnasium, Turnschule der Knaben, besonders in Athen. 2) Palästra, als Theil des Gymnasiums, besonders für die Athleten. 3) Palästra als gleichbedeutend mit dem Gymnasium, besonders bei den italischen Griechen und bei den Römern. Hierzu fügen wir noch 4) Palästra im metaphorischen Gebrauche.

1) Über die Sonderung des gymnastischen Unterrichts nach den Altern, über die Bestimmung der Palästren zu Athen für die jüngern und ältern Knaben (*παῖδες* und *μειράκια*), über den darin durch die Pädotriben ertheilten Unterricht, über das bald übertretene Verbot für die Epheben und Männer, die Palästren zu besuchen und über die daraus hervorgegangene gesellschaftliche Bedeutung derselben etc. ist unter dem Art. Palästrik im Zusammenhange gehandelt, sodaß ich hier nur nöthig habe, einige Einzelnheiten anzuführen, welche dort störend gewesen wären. Wenn späterhin der Unterricht der Knaben in der Gymnastik ein Gegenstand der Speculation wurde und demnach auch die Gründung einer neuen Palästra vielleicht zuweilen von Privatunternehmern ausgegangen ist, so läßt sich dies doch nicht von der frühern Zeit annehmen, wo die Demokratie und Ochlokratie zu Athen noch nicht der Willkür des Einzelnen einen so großen Spielraum gestattet hatte, daß er hätte an den vielen durch Gesetze genau und bestimmt festgestellten Formen der öffentlichen Erziehung rütteln können. Darum waren die Palästren, welche in Solon's Gesetzen vorkamen, gewiß vom Staate begründete Anstalten, und der Mehrzahl nach werden die Palästren dies zu jeder Zeit gewesen sein, wie wir ja aus dem Buche de Rep. Ath. II, 10 sehen, daß die faule und genußsüchtige Ochlokratie, die sich der ernstern Turnkunst gänzlich entschlagen und mithin den Palästren einen vorwiegend gesellschaftlichen Zweck gegeben hatte (s. das. I, 13), doch viele Palästren, Apodyterien und Bäder baute auf öffentliche Kosten zum ausschließlichen Gebrauche desjenigen Theiles der Bevölkerung, der in der bessern Zeit wegen seiner Armuth und banausischen Lebensart nicht hatte die liberalen Genüsse

der reichern Bürger kosten können, und der nun, nachdem die Schranke gebrochen, doch zu schmuzig war, um sich mit anständigern Leuten an demselben Orte vereinigen zu können. Zu dieser Zeit wuchs demnach die Zahl der Palästren bedeutend und zwar nach keinem andern Princip als nach der Laune und Bequemlichkeit der niedern Volksmasse. Dagegen war in der Solonischen Ordnung die Zahl der Palästren gewiß fest bestimmt, und sind wir auch nicht im Stande diese anzugeben, da selbst zu einer ungefähren Angabe die Stützpunkte fehlen, so glaube ich doch das Princip nachweisen zu können, wonach sich die Anlage der Palästren richtete.

Nämlich bei Aristophanes (Nub. v. 962) heißt es, in der frühern Zeit der alten guten Zucht hätten die Knaben, welche aus demselben Stadttheile waren, nackt und geschart, auch wenn es nudeldick schneiete, in die Schule des Kitharisten gehen müssen (*ἔδει — βαδίζειν ἐν ταῖσιν ὁδοῖς εὐτάκτως ἐς κιθαριστοῦ τοὺς κωμήτας γυμνοὺς ἀθρόους, κεἰ κριμνώδη κατανίφοι*). Was Aristophanes hier von der Schule des Kitharisten sagt, wird man gewiß um so mehr auch von der Palästra gelten lassen, als es wahrscheinlich ist, daß grade der erste Gang der Knaben in aller Frühe zum Pädotriben ging, den Aristophanes wol nur aus poetischer Freiheit erst später erwähnt (s. unt. **Palästrik**). Wenn nun diejenigen, die er *κωμήτας* nennt, alle zusammen gehen mußten, *ἀθρόοι*, so ist nicht zu zweifeln, daß sie in dieselbe Palästra, wie auch in dieselbe Kitharschule, zu gehen genöthigt waren. Ferner ist aber der Ausdruck *τοὺς κωμήτας* nicht so unbestimmt zu nehmen, wie es die Ausleger gethan haben, mit Berufung auf die Glosse des Hesychius: *κωμήτης γεύτων*, sondern es ist an eine ganz bestimmte Eintheilung der Stadt in *κῶμαι* oder Stadtviertel zu denken; wie viele deren gewesen sind, darüber weiß ich nichts nachzuweisen; aber die bestimmte gesetzliche Sonderung bezeugt auch *Isocrates Areopag.* p. 149. *Steph.* §. 46. *Bekk.*, wo er ebenfalls von der frühern bessern Zucht spricht und von der strengern pädagogischen Thätigkeit des Areopags. (*διελόμενοι τὴν μὲν πόλιν κατὰ κώμας, τὴν δὲ χώραν κατὰ δήμους ἐθεώρουν τὸν βίον τὸν ἑκάστου κτλ.*) Die Bemühung des neuesten Herausgebers, auch hier jene unbestimmtere Bedeutung von *κώμη* geltend zu machen, entbehrt so sehr der Klarheit und innern Consequenz, daß sie keinen Beifall finden kann. Hiernach ist also mit Sicherheit anzunehmen, daß die Knaben eines jeden Stadtviertels alle vereinigt waren und zu derselben Palästra und Kitharschule gehörten, deren also damals für jedes Stadtviertel eine bestand. Da die Knaben auf diese Weise in den öffentlichen Anstalten den größten Theil des Tages hinbrachten, so ergibt sich hieraus, daß ihre Erziehung mit der Öffentlichkeit zu Sparta in jenen frühern Zeiten eine größere Ähnlichkeit hatte, als man gewöhnlich glaubt, und man muß zugestehen, daß Isokrates für seine allerdings nur aus athenischer Eitelkeit hervorgegangene Behauptung, Lykurg habe seine Einrichtungen von dem alten Athen entlehnt, wenigstens einigen Schein hatte (*Panathen.* p. 264 sq. *Steph.* §. 153. *Bekk.*)

Die Palästren, welche wir namentlich erwähnt finden, werden meistens nach einem Manne genannt, den man theils für den Pädotriben, theils für den Erbauer gehalten hat; nur das Erstere wäre dem Obigen zufolge für die Solonische Zeit wahrscheinlich; aber jene Erwähnungen sind aus späterer Zeit, wo füglich beides zugleich der Fall gewesen sein kann. Am bekanntesten ist die Palästra des Taureas, in der Sokrates zu verkehren pflegte (s. *Heindorf.* ad *Plat.* Charmid. 1). Außerdem kommt vor die Palästra des Sibyrtios, in der Alkibiades als Knabe einen seiner ihn verfolgenden Liebhaber erschlug, wie wenigstens Antiphon behauptete (*Plutarch.* Alcib. c. 3). In der Palästra des Hippokrates saß der fast 98jährige Isokrates, als er die Nachricht von der Schlacht bei Chäronea bekam (*Plutarch.* vit. X. Oratt. IV. p. 241. ed. *Hutten.*), wie auch Sokrates in der Palästra des Taureas seinen Freunden die erste Nachricht von der Schlacht bei Potidäa brachte. (s. *Plat.* l. c.) Eine neu erbaute Palästra, in welcher der Sophist Mikkos lehrte, wird im Lysis erwähnt. Bei Theokrit (id. II, 8, 97) wird eine Palästra des Timagetos genannt, und der Scholiast versetzt diese Idylle nach Athen, was jene Benennung mit dem Genitiv, die an andern Orten nicht vorkommt, einigermaßen bestätigt; auch könnte man dafür die Erwähnung des Theseus anführen (v. 45), jedoch wenn auch sonst der Annahme nichts entschieden widerstreitet, so wird sie doch durch das Colorit des Ganzen sehr zweifelhaft. Während man nun, so lange noch eine geordnete Einrichtung für die Gymnastik in Athen bestand, nie finden wird, daß ein Gymnasium Palästra genannt wurde, so kommt es doch umgekehrt allerdings vor, daß eine Palästra *γυμνάσιον* heißt, z. B. bei Antiphon (tetral. II, 2. §. 3), wo ganz unzweifelhaft der Ort eine Palästra ist, in der ein älterer Knabe mit dem Wurfspieße einen jüngern tödtet, der, vom Pädotriben gerufen, durch die Wurflinie gelaufen war.

Über den Bau einer Palästra ist sehr wenig bekannt; es muß darüber auf den Art. Gymnasium verwiesen werden; denn dieses stellte sie in verkleinertem Maßstabe dar. Nur das bemerke ich hier, daß, wie im Lykeion und überhaupt in den Gymnasien das Apodyterion der Ort ist, an welchem sich der gesellschaftliche Verkehr concentrirt (s. *Plat.* Euthyd. §. 5. p. 272. e), ebenso es sich auch wol in der Palästra verhielt (s. *Plat.* Lys. §. 9. p 206. e). Umgeben ist sie mit einem freien Raume, *ἡ ἔξω αὐλή* (*Plat.* ib.), wo die Knaben spielen; dasselbe scheint *ὁ ἔξω δρόμος* zu sein, die Laufbahn, wo auch gerungen wird, natürlich nur bei günstigem Wetter (*Plat.* Theaet. §. 6. p. 144. c). Denn dies Gespräch ist ebenso wie das an demselben Orte gehaltene, der Sophist, nicht mit Heindorf in das Lykeion zu setzen, sondern in eine Palästra.

2) Die Palästra als Theil des Gymnasiums. So schwer es auch sein wird, wenn man genauer, als es bisher geschehen ist, den Bau eines Gymnasiums entwickeln will, die Palästra als Theil darin nachzuweisen und ihr Verhältniß zu andern Theilen zu bestimmen, mit denen man sie zuweilen für identisch erklärt hat, so steht doch jedenfalls fest, daß sie wirklich ein einzelner Theil des Gymnasiums war, nicht aber der Inbegriff der wich-

tigsten Theile, wie O. Müller (Archäol. S. 344) annimmt; er begreift darunter *σταδιον*, *ἐφηβεῖον*, *σφαιριστήριον*, *ἀποδυτήριον*, *ἐλαιοθήσιον*, *κονιστήριον*, *κολυμβήθρα*, *ξυστοί*, *περιδρομίδες*, sodaß für das Gymnasium nicht viel mehr übrig bliebe. Ganz anders Pollux (Onom. III, 124), der die Palästra nebst Apodyterium und Konistra als die Theile des Gymnasiums nennt. Sehr deutlich sind auch die Stellen bei Pausan. (VI, 21, 2 und 23, 4), wo die Palästren als einzelne, abgesonderte Räume in den Gymnasien zu Olympia und Elis erscheinen, und zwar ausdrücklich für die Athleten bestimmt (vergl. V, 15, 8). Der Redner Lykurg baute zu Athen in dem Lykeion, das er verschönerte, auch eine Palästra (*Plut.* vit. X. Oratt. VII. p. 251. ed. *Hutten*. *τὴν παλαίστραν ᾠκοδόμησε*). Diese war ohne Zweifel auch hier für die Athleten bestimmt, welche früher genöthigt gewesen waren, dieselben Räume mit Allen, die überhaupt im Lykeion turnten, zu theilen; da aber ihre Übungen in vieler Beziehung von den allgemeinen abwichen, so mochte mit der Zeit das Bedürfniß immer fühlbarer geworden sein, ihnen einen besondern Raum anzuweisen, wo sie sich ungestört und ungehindert üben konnten. Spätere Schriftsteller, wenn sie auch sonst weniger genau in dem Gebrauche des Wortes Palästra sind, thun daher gewiß nicht unrecht, wenn sie in dieselbe vorzugsweise die Athleten versetzen; so Plutarch an einer sehr deutlichen Stelle Symp. II. Probl. 4. *τὸν τόπον ἐν ᾧ γυμνάζονται πάντες οἱ ἀθληταί, παλαίστραν καλοῦσι.* Ebenso Galen *π. τοῦ δ. μ. σφαίρ. γυμν.* c. 5. *Athen.* X, 10. p. 416. f. u. A.

3) **Palästra, gleichbedeutend mit Gymnasium.** Dieser Gebrauch steht am entschiedensten fest für die lateinischen Schriftsteller. Die berühmte Beschreibung einer musterhaften Palästra bei dem Architekten Vitruvius (V. c. 11) stellt nichts anderes dar als ein vollständiges Gymnasium und ist daher unter diesem Artikel zu behandeln. Andere Belege sind häufig genug, und es ist daher ein Unterschied zwischen Palästra und Gymnasium bei den Lateinern nicht anzunehmen, wo nicht dem Einen oder Andern der frühere griechische Gebrauch vorschwebte. Übrigens ist diese Verwechselung der ursprünglich geschiedenen Begriffe nicht erst bei den Lateinern entstanden, sondern scheint von den Griechen in Unteritalien und Sicilien zu ihnen gekommen zu sein; so hieß z. B. das öffentliche Gymnasium zu Syrakus Palästra (s. *Polyb.* XV. p. 716. B. ed. *Casaub.* *Cic.* Accus. in Verr. II, 14. §. 36. Vergl. Ignarra, über die Palästra zu Neapel, welche nach ihm der Beschreibung bei Vitruvius als Muster gedient hat.

4) **Palästra in metaphorischem Gebrauche.** Besonders haben die Lateiner das Wort palaestra in übertragener Bedeutung angewendet, mit verschiedenen Beziehungen, und häufiger als die Griechen. Zunächst indem in der Palästra mühselige, anstrengende Übungen vorgenommen werden, bezeichnet sie einen Ort, wo man mit irgend einem Leiden oder einer Schwierigkeit zu ringen hat; so wird bei Terenz (Phorm. III, 1, 20) das Haus eines leno die Palästra des Phädria genannt, weil er sich in eine darin befindliche Citherspielerin sterblich verliebt hatte, und nun vergeblich bemüht war, den Leno abzuhalten, sie zu verkaufen, bis er selbst das nöthige Geld anschaffen könnte. Ähnlich nennt bei Plautus (Bacch. I, 1, 32) ein Jüngling, der eben zu einer Buhlerin eingeladen wird, und der seiner liberalen Erziehung eingedenk glaubt, daß er vielmehr auf den Turnplatz gehöre als dahin, diesen locus latebrosus (s. das. III, 3, 26) eine Palästra, wo man sich zu seinem eignen Schaden in Schweiß arbeitet (damnis desudascitur), wo man statt der Wurfscheibe Schaden, statt des Wettlaufs Schande findet, statt des Schwertes ein Täubchen ꝛc.

Eine andere Art von Übertragung beruht darauf, daß in der Palästra ausdrucksvolle Bewegungen des Körpers gebildet werden, sodaß die Arme gerade, die Hände nicht ungebildet und bäuerisch, der Anstand nicht unzierlich, der Schritt roh, Kopf und Augen im Widerspruche mit der übrigen Biegung des Körpers erscheinen, wie Quintilian (I. c. 19) sagt; oder daß die Turner gleichsam abgedrechselt werden, wie Älian (V. H. XIV, 7) sich ausdrückt (*οἱονεὶ διαγλυφέντες καὶ διατορευθέντες*). Mit Bezug hierauf bezeichnet Cicero den Rhythmus in der Rede, den numerus oratorius, als die Palästra, d. h. die gleichsam palästrische Bildung, welche ihr erst spät bei bewußterer Kunstbildung angeeignet sei (Orat. c. 56 und 68), und in derselben Beziehung schreibt er (de Legg. I, 2) dem Historiker Antipater eine rohe, wilde Kraft zu sine nitore ac palaestra.

Wieder eine andere metaphorische Bedeutung ging von der Betrachtung aus, daß die in der Palästra erlangten Fertigkeiten zu schulmäßig waren und im Leben nicht den Nutzen hatten, den sie eigentlich haben sollten. In diesem Sinne sagt Cicero (Brut. c. 9) von dem höchst gebildeten Demetrius dem Phalereer, daß er nicht sowol in dem Gebrauche der Waffen als in der Palästrik unterwiesen, die Athener mehr ergötzt als entflammt habe. Vergl. de Orat. I. c. 18. Nitidum quoddam genus est verborum et laetum, sed palaestrae magis et olei quam hujus civilis turbae ac fori. (*F. Hasse.*)

PALÄSTRIK (*ἡ παλαιστρική*, nämlich *τέχνη*), heißt bei den Griechen eigentlich **die Ringkunst**, jedoch wird das Wort meistens in weiterm Sinne genommen, sodaß darunter die gesammte Turnkunst verstanden wird [1]).

---

1) Über die Benennung Palästrik ist zu bemerken, daß die Griechen nach *Thom. Mag.* p. 675, nach *Phrynichus* s. v. *παλαιστρικός* und nach Lobeck das. p. 242 die Kunst nicht *παλαιστρική*, sondern *παλαιστική* nannten, sodaß wir hierbei eigentlich dem Sprachgebrauche der Lateiner folgten, welche palaestrica sagten (s. *Quintil.* Institt. or. II, 21, 11). Indessen möchte ich dieser Bemerkung nicht ohne Weiteres beistimmen, es wäre ein auffallender Eigensinn des Sprachgebrauchs, da das Adjectivum *παλαιστρικός* sehr gewöhnlich ist in allerhand Verbindungen, es nur nicht mit *τέχνη* zusammenzustellen. So viel gebe ich unbedenklich zu, daß nur *παλαιστική* richtig ist, wo von der Ringkunst im engern Sinne die Rede ist, wie bei *Paus.* I, 39, 3 und in diesem Falle kommt auch bei den Lateinern palaestica vor, z. B. bei *Tertull.* de spectac., wo er es eine Kunst des Teufels nennt. Daß aber in weiterem Sinne *παλαιστική* für die gesammte Turnkunst gebraucht wurde, möchte noch des Beweises bedürfen; hier scheint vielmehr *παλαιστρική* das Richtige zu sein, sodaß sich die beiden Formen eben so unterscheiden wie die entsprechenden *παλαι-*

Indem wir nun, was über neuere Turnkunst und Gymnastik zu sagen ist, diesen Artikeln vorbehalten, wollen wir hier über die Gymnastik der Griechen und Römer einen Überblick geben, ohne in die Einzelnheiten einzugehen, welche theils in besondern Artikeln abgehandelt werden, theils oft so dunkel und schwierig sind, daß ihre Erörterung einen weit größern Raum erfodern würde, als wir hier in Anspruch nehmen können. Auch die Athletik, über die auf den Artikel Gymnastik verwiesen ist, schließen wir hier insoweit aus, als es möglich ist.

Von den Schriften der Griechen über ihre Turnkunst ist uns nicht viel aufbewahrt; es sind namentlich zwei Dialoge des Lucian, *Ἀνάχαρσις ἢ περὶ γυμνασίων* und *περὶ ὀρχήσεως*, worin natürlich nicht die Ausübung der Kunst im Einzelnen, sondern nur im Allgemeinen ihr moralischer und politischer Nutzen Gegenstand der Unterredung ist. Wichtiger sind die Schriften des verständigen und gelehrten Arztes Galen, der in seinen medicinischen Werken vielfache Rücksicht auf die Gymnastik nimmt, und in einigen sie vorzugsweise von ihrer diätetischen Seite betrachtet, namentlich in der Schrift *περὶ τοῦ διὰ μικρᾶς σφαίρας γυμνασίου*; dann *πότερον ἰατρικῆς ἢ γυμναστικῆς τὸ ὑγιεινόν*; und *τῷ ἐπιλήπτῳ παιδί*. Ein kleines, unsers Wissens noch ungedrucktes, Schriftchen findet sich zu Florenz in der Bibl. Laurent. Plut. LXXIV. Cod. 13. p. 308. b. mit der Überschrift: *περὶ ἀγώνων, οἵ καὶ πένταθλα ὀνομάζεται*. Es fängt an: *Οἱ τῶν Ἑλλήνων ἀγῶνες*, und schließt: *τῶν ἰδίων ποδῶν ἢ τῶν ἵππων* (s. *Baudini* Catal. tom. II. p. 112. n. 54. Von den verloren gegangenen Schriften erwähnen wir mit Übergehung derjenigen, welche sich blos auf die heil. Spiele, deren Chronologie rc. bezogen (worüber s. Meier oben 3. Sect. 3. Bd. S. 293 fg.), nur Kleophanes und Theodorus aus Hierapolis, welche beide *περὶ ἀγώνων* geschrieben haben, vielleicht auch mit besonderer oder ausschließlicher Beziehung auf die heiligen Wettkämpfe. Aber allgemeinern Inhalts waren die Schriften von Istrus, *περὶ ἰδιότητος ἄθλων* (erwähnt beim Schol. *Pindar*. Nem. V, 89 und bei *Clemens Alex*. strom. III. p. 192. ed. *Commel*.) von Philostratus *περὶ γυμναστικῆς*, woraus ein wichtiges Fragment erhalten ist bei dem Schol. ad *Plat*. Polit. I. p. 338. Bedeutend waren auch die Schriften des Alexandriners Theon, der selbst Athlet gewesen war und gegen dessen Meinungen Galen oft ankämpft; eine seiner Schriften, und zwar wahrscheinlich die ausführlichste, führte den Titel *γυμναστικά*; von dieser scheint eine andere, *τῶν κατὰ μέρος γυμνασίων* verschieden zu sein, die nach Galen (de valet. tuend. II, 3) vier Bücher umfaßte; von den *γυμναστικὰ* erwähnt er das. (III. c. 8) das 16. Buch. Mit Theon stellt Galen (*ποτ. ἰατρ. ἢ γυμν. τὸ ὑγ.* c. 47 ad fin.) den Tryphon zusammen; beide stellten in ihren Schriften die methodische Ausbildung der Athleten dar. Über das Ballspiel gab es eine besondere Schrift von dem Lakonier Timokrates. (S. *Athen*. Deipnos I, 15. a.) Inwieweit die von Suidas erwähnten Schriften des Suetonius Tranquillus über die Spiele der Griechen und die Wettkämpfe der Römer hierher gehören, läßt sich nicht ermitteln. Derselbe Suidas nennt auch eine Schrift des zu Rom berühmten, aus Cilicien gebürtigen Pantomimen Pylades über den italischen Tanz, den er erfunden hatte. Teukros, der Kyzikener, schrieb nach Suidas unter andern auch: *ἐφήβων τῶν ἐν Κυζίκῳ ἄσκησιν* in drei Büchern. Eine ganze Reihe von andern verlorenen Schriftstellern führt Mercurial (I c. 12) an; dies waren jedoch Ärzte. Von den noch erhaltenen Schriftstellern der Griechen enthalten zwar sehr viele Einzelnes über die Gymnastik; indessen eine besondere Berücksichtigung verdienen namentlich die Philosophen, welche sie zum Gegenstande ihrer Betrachtung machten, Platon, Aristoteles und Xenophon, der fast alles Heil in ihr sucht; sodann die Erklärungen technischer Ausdrücke bei Pollux und andern Lexikographen, und die Inschriften.

In neuerer Zeit ist wenig geschehen, um die alte Gymnastik in systematischem Zusammenhange darzustellen und die vielen Dunkelheiten hinwegzuräumen, die trotz einzelner schätzbarer Leistungen doch immer noch vorhanden sind. Die beiden ausführlichsten Schriften sind von *Hieronymus Mercurialis* de arte gymnastica Lib. VI. dem Kaiser Maximilian gewidmet 1573; vierte Ausgabe Venetiis ap. *Juntas*. 1601. 4. und Agonisticon *Petri Fabri*, sive de re athletica ludisque veterum gymnicis, musicis atque Circensibus Spicilegiorum tractatus, tribus libris comprehensi. Lugduni 1592. 4., abgedruckt im 8. Bande des Gronov'schen Thesaurus mit Hinzufügung der Paralipomena. Mercurialis war ein Arzt, und da er von diesem Standpunkte aus die Gymnastik betrachtete und behandelte, so ist sein sonst vortreffliches Werk doch sehr einseitig. Faber, ein Jurist, geht zwar zunächst von der Erläuterung eines kaiserlichen Rescripts im Codex Justin. (lib. X. de vacatione munerum athletis concessa) aus, hält jedoch den juristischen Gesichtspunkt nicht fest; seine umfassende Arbeit würde brauchbar sein, wenn nicht das fleißig gesammelte Material ohne alle Ordnung aufgehäuft und mit vielem Fremdartigen vermischt wäre. Große Irrthümer sind bei beiden häufig.

Hiernächst sind zu erwähnen: *Octavius Falconerius*, Notae ad inscriptiones athleticas, in *Gronov*. thesaur. Bd. VIII. *Burette*, Histoire des Athlètes,

---

στής und *παλαιστρίτης*; denn jenes bezeichnet nur einen Ringer, dieses überhaupt einen Turner, ein Mitglied der Turngemeinde, zuweilen mit verächtlichem Sinn einen Menschen, der sich nur auf den Turnplätzen herumtreibt und keine höhern Bestrebungen kennt. Bei den ältern Schriftstellern übrigens möchte allerdings *παλαιστρική* selten sein. Die Begriffsbestimmung, welche *Philipp* de pentathlo p. 14 davon gibt, läßt sich in keiner Beziehung vertheidigen, wie unten noch erwähnt werden wird. Offenbar ist die Athletik von der griechischen Turnkunst im Allgemeinen zu scheiden als eine besondere einseitige Gestaltung derselben. Diese Scheidung ist hier versucht, so weit es möglich war. Beides zusammen begreift *Isocrates π. ἀντιδόσ.* §. 181 unter der *παιδοτριβική*, von welcher nach ihm die *γυμναστική* ein Theil ist, und diese, die Kunst der Gymnasten, ist ihm mit der Athletik identisch. Da nun die Athletik, hiernach ganz passend, in den Artikel Gymnastik verwiesen ist, so scheint es rathsam, die allgemeine Turnkunst der Griechen, wie sie von den freien Bürgern in den öffentlichen Palästren und Gymnasien betrieben wurde, unter der Palästrik zu begreifen.

ferner de la sphéristique und de la danse des Anciens in den Mém. de l'Acad. des Inscr. Tom I. III. Dieser resumirte die frühern Leistungen ohne erhebliche neue Forschungen, jedoch mit Hinzufügung neuer Irrthümer.

Vorzugsweise auf die heil. Spiele und die Athletik beziehen sich van Dahle (dissertationes de antiquitt. et marmor., besonders VII und VIII) und Corsini (dissertationes agonisticae [Florenz. 1747]); ferner G. B Zeibich (Athleta *παράδοξος* e monimentis Graeciae veteris—expos [Vitebergae 1748]), G. Hermann (dissertatio de Sogenis Aeginetae victoria quinquertii [Lips. 1822. 4.]), G. F. Philipp (de Pentathlo commentatio. [Berol 1828.], eine gründliche Untersuchung). Über die Palästren gibt es mehre Schriften, von Dom. Aulysius (de gymnasii constructione in *Salengre* thesaur. Antiqq Rom. tom. III. p. 898). Die wichtigste und gelehrteste ist von Ignarra (de palaestra Neapolitana [Neapol 1770. 4]), wobei noch zwei Abhandlungen angehängt sind: De gymnasio Puteolano und de Buthysiae agone Puteolano. Böttiger, Über die Verzierung gymnastischer Übungsplätze durch Kunstwerke (Weimar 1795), nebst den Werken über alte Baukunst von Hirt, Stieglitz rc., wozu noch die Schriften der Reisenden und die über Alterthümer überhaupt zu fügen sind, nebst vielen einzelnen Erörterungen über verschiedene Gegenstände bei Böckh und Dissen zum Pindar, und besonders in Böckh's Corpus Inscriptt.; vergl. auch den Art. Olympische Spiele in der Encyklopädie.

Die Gymnastik der Hellenen. Ein Versuch von Gerhard Löbker (Münster 1835) gibt einen wenig gründlichen populären Überblick Dagegen beabsichtigt eine umfassende Bearbeitung J. H. Krause, von dem erschienen ist: Theagenes oder wissenschaftliche Darstellung der Gymnastik, Agonistik und Festspiele der Hellenen. 1. Theil 1. Abtheil. (Halle 1835), ein Buch, das zwar durch löblichen Fleiß ausgezeichnet, übrigens aber in jeder Beziehung verunglückt und durch unzählige Druckfehler verunstaltet ist.

Die Griechen haben die hohe Stufe ihrer Ausbildung erreicht durch gleichmäßige harmonische Ausbildung des Körpers und Geistes; diese allein vermochte die ideale Schönheit zu erzeugen, deren sie theilhaftig wurden, und die Höhe der Kunst, welche nach ihnen nicht wieder erreicht ist. Sie stehen in der Mitte zwischen dem Kindesalter der Menschheit im Orient und der kältern, einseitigen Verstandesreife des Abendlandes; vor ihnen herrschte unbewußte Sinnlichkeit, nach ihnen überwiegende Geistigkeit; sie vereinigten beides in sich zu einem schönen Gleichgewichte, und das ist die Aufgabe, welche sie in der Geschichte der geistigen Entwickelung des Menschengeschlechts zu lösen hatten. Die Erbschaft dessen, was die Frucht ihres Lebens war, ist auf die spätern Geschlechter und Völker des Abendlandes übergegangen, und noch wir zehren daran und befruchten damit immer von Neuem unser eignes Leben. Aber die so entstandene Cultur hat besonders durch den Hinzutritt des Christenthums den geistigen Elementen ein entschiedenes Übergewicht gegeben; ihr Ideal ist rein geistig und fodert die vollkommene Nichtachtung und Unterdrückung des Sinnlichen. Wir stehen insofern geistig höher als die Griechen, aber wir sind einseitig; wie auch wir wieder, ohne die Höhe unsers geistigen Standpunktes aufzugeben, der Sinnlichkeit ihr Recht verschaffen können, sodaß sie durch die Geistigkeit gereinigt und geheiligt mit ihr eine neue schöne Harmonie bildet, das muß nach den verfehlten Versuchen neuerer Zeit der Zukunft überlassen bleiben. Wenn wir aber den offenbaren Mangel in dem Leben der heutigen christlichen Völker als solchen erkennen, wird es uns leichter werden, uns die eigenthümliche Vollkommenheit zu klarer Anschauung zu bringen, welche die Griechen auf ihrem Standpunkte erreicht haben.

Der Bildungsgang der ganzen Menschheit vollendet sich in analogem Fortschritte auch in den einzelnen Menschen und in einzelnen Völkern. Den Griechen war die Vollkommenheit, welche die Frucht ihres ganzen Lebens war, nicht schon vom Anfange her eigen; auch sie haben von vorherrschender Sinnlichkeit ausgehen müssen, und nur allmälig brachten sie diese zur ebenmäßigen Harmonie mit der Geistigkeit, worin die höchste Blüthe ihres Lebens sich ausdrückt; ihre Bestimmung war damit erfüllt; das Vorherrschen der Geistigkeit, verbunden mit dem entgegengesetzten Extrem, der durch sie verfeinerten, raffinirten Sinnlichkeit, bezeichnet ihren Fall.

Aber schon in ihrer frühesten Zeit, so weit wir darauf zurückzublicken vermögen, zeigt sich nicht jene Rohheit, welche sich in den Anfängen anderer Völker darbietet, sondern ihre Sinnlichkeit drückt zugleich die geistigen Momente aus, welche ihre Bestimmung vorbilden, Sinn für Schönheit und ordnenden Kunsttrieb. Dies Gepräge tragen die Gestalten und Thaten ihrer Götter, vor allen ihres Apollon; dasselbe zeigt sich ferner in ihren Halbgöttern, in den Dioskuren, Herkules rc., in denen freilich immer mehr oder weniger erst eine spätere Zeit ihr eignes Ideal sich zum Bewußtsein gebracht hat. Aber es entsteht so eine wunderbare Wechselwirkung, indem das Volk seinem Charakter gemäß die Götter erst selbst zu Mustern und Schützern gymnastischer Kunst macht, und dann sich von denselben Göttern aufgefodert glaubt, ihnen durch Übung dieser Kunst zu dienen. Wie alle tiefern Richtungen eines Volkes sich mit seiner Religion innig verbinden und durch sie gestützt und geweiht werden, so bei den Griechen die Gymnastik. Ein zweites sehr wirksames Förderungsmittel derselben war der Wetteifer, der fast alle Bestrebungen der Griechen in Wettkämpfe verwandelte, namentlich aber diese Kunst, welche besonders dazu reizt.

Was den ersten Punkt, die Religion, anbetrifft, so bemerken wir zunächst, daß besonders Apollon und Hermes für die Schutzgötter der Palästrik galten. Jener erscheint so schon bei Homer, wo er namentlich den Faustkämpfern Sieg verleiht (Il. XXIII, 660; vergl. das. *Eustath.* und *Plutarch.* Symposs. VIII, 4, wo ihm noch das Diskuswerfen beigelegt wird). In Olympia sollte er den Hermes im Laufe und den Ares im Faustkampfe besiegt haben (*Pausan.* V, 7, 10). Ihm waren ferner die Pythischen Spiele heilig; in Athen war ihm das Lyceum geweiht, wo seine Statue stand (*Lucian.* Anach. §. 7. *Pausan.* I, 19, 3). Hermes scheint erst

Später vermöge seiner Anlage zu aller Art von Gewandtheit und Geschicklichkeit ein ἐναγώνιος θεός geworden zu sein, wenigstens ist er es bei Homer noch nicht, wol aber bei Simonides (ap. *Athen.* XI, 12. p. 490. *Pindar.* Ol. VI, 79. Pyth. II, 10. Isthm. I, 60. ed. *Boeckh.* *Orph.* H. XXVII, 2. *Horat.* Od. I, 10, 4. *Lucan.* IX, 661; vergl. *Kopp.* ad *Martian. Capella* II. §. 100). Namentlich legt ihm Theokrit (XXIV, 109 sq.) das Ringen, den Faustkampf und das Pankration bei; ihm sind die Hermäen heilig, das Fest der turnenden Knaben und Epheben; daher auch seine Statue sehr häufig in den Palästren aufgestellt war, bald allein, bald in Verbindung mit andern Göttern, namentlich mit Herkules, um die Vereinigung der Gewandtheit und der Kraft auszudrücken (s. *Phurnut.* de N. D. unter Mercur. *Pausan.* VIII, 32, 3). Daher auch die Hermherakleen (s. *Kopp.* ad *Martian. Capella* II. §. 210). Dieselbe Vereinigung zu einträchtigem Zusammenwirken drückte es aus, wenn eine Statue des Eros zwischen beiden stand (s. *Eustath.* ad *Hom.* Od. VIII. p. 1596). Nach Pausanias (VI, 23, 3) waren in dem Gymnasium zu Elis Altäre des Herkules, Eros und Anteros, der Demeter und ihrer Tochter nebst einem Denkmale des Achill. Die Samier weiheten ihr Gymnasium allein dem Eros (*Athen.* XIII. p. 561 sq.). Herkules war das Ideal ausgebildeter männlicher Kraft; er sollte die olympischen und nemeischen Spiele dem Zeus zu Ehren gestiftet oder neu geordnet haben; ja von Zeus selbst sagte man, er habe zu Olympia mit dem Kronos gerungen (*Paus.* VIII, 2, 2. V, 7, 10). Auch Hekate war eine Schützerin der Wettkämpfe (*Hesiod.* theog. 435).

Die große Zahl von religiösen Festen, welche die Griechen feierten, waren fast alle mit gymnischen Wettkämpfen verbunden [2]), sodaß sie beinahe keine Gottheit hatten, der sie nicht dadurch einen angenehmen Dienst zu erweisen glaubten. Aber es würde zu weit führen, dies durch ein Verzeichniß zu belegen. Ebenso unnütz wäre es, alle die Heroen anzuführen, denen eine besondere gymnastische Fertigkeit beigelegt wurde, oder deren Andenken man durch gymnische Kämpfe ehrte. Nur von Lykaon, dem Repräsentanten des pelasgischen Stammes, möge bemerkt werden, daß Einige ihm die Erfindung des Wettkampfes beilegten (*Paus.* VIII, 2, 1). Chiron, der die Tugenden der Heroen als der gemeinsame Erzieher einer sehr großen Zahl derselben darstellt, unterrichtete in aller Art der Gymnastik in Verbindung mit Heilkunde [3]). Kastor und Pollux, besonders bei den Spartanern verehrt, waren jugendliche Muster gymnastischer Fertigkeit, jener als Reiter, dieser als Faustkämpfer, wie Homer in einem öfter wiederkehrenden Verse bezeugt, und in den Cyprien des Stasinus wird der letztere auch ἀεθλοφόρος genannt. Der ordnende Held Theseus, der Stifter der Panathenäen und der dem Poseidon geheiligten isthmischen Spiele (*Plut.* Thes. c. 25) und Erfinder der Ringkunst nach Pausan. (I, 39, 3) hatte eine Statue in dem Gymnasium zu Messene, nebst Hermes und Herakles, und Pausan. (IV, 32, 1) bemerkt dabei, daß diese drei in den Gymnasien und Palästren zu ehren bei allen Griechen und selbst bei vielen Barbaren Sitte geworden sei.

Verwandt mit dem Gottesdienste und der Verehrung der Heroen sind die Leichenbegängnisse, welche schon seit uralter Zeit durch gymnische Kämpfe verherrlicht wurden; als das älteste Beispiel davon führt Pausanias (VIII, 4, 5) die Bestattung des Azan, Sohnes des Arcas, Vaters des Clitor an, wobei ein Pferderennen vorkam; berühmt waren die Leichenspiele des Acastus (s. *Pausan.* V, 17, 9. *Heyne* ad *Apollod.* p. 269). Homer beschreibt ausführlich die vom Achill zu Ehren des Patroklus angestellten Il. XXIII, 258 bis zu E. auch Od. XXIV, 85 werden sie erwähnt; sie bestanden aus Pferderennen, Faustkampf, Ringen, Lauf, Kampf in Waffen, Discuswerfen, Bogenschießen und Speerwerfen. Auch beim Tode des Achill wurden Spiele angestellt (Od. XXIV, 69), und Virgil ahmt dies nach (s. Aen. V, 46 sq.); so finden wir auch noch spätere Helden auf dieselbe Weise geehrt, Miltiades (*Herodot.* VI, 38), Brasidas (*Thucyd.* V, 11), Leonidas und Pausanias (*Paus.* III, 14, 1. *Boeckh.* Corp. inscriptt. nr. 1417, 1421). Aus diesen Bemerkungen geht hervor, wie die den Griechen angeborne geistig-sinnliche Idealität sich in ihrer Religiosität ausdrückte und durch sie gestützt wurde, wie die vergötterten Helden des sagenhaften Alterthums ihnen als Muster vorleuchteten und den Beweis liefern, daß jene Anlage in der That sich schon an die Kindheit des Volkes knüpft. Zu ihrer weitern Ausbildung, aber auch zu ihrer Verbildung, war der Ehrgeiz, wie schon gesagt, ein mächtiger Antrieb, der in der Öffentlichkeit des griechischen Lebens, in der regen, enthusiastischen Theilnahme des ganzen Volkes für gymnastische Vollkommenheit und in den ausgezeichneten, ja überschwenglichen Ehrenbezeigungen dafür die reichste Nahrung fand; er hob die Kunst zur höchsten Stufe, aber er verdarb sie auch, und das übersehen zu lassen und zu entschuldigen, dazu diente dann wieder die Religion.

Die erste Stufe der palästrischen Kunst, welche uns klar vorliegt, finden wir beim Homer; bei ihm hat der Mann keinen größern Ruhm als das, was er mit Händen und Füßen auszurichten vermag, wie die Phäaken zum Odysseus sagen (Od. VIII, 147). Diese, wie die Helden vor Troja und die Freier in Ithaka, halten die ritterlichen Übungen in Ehren; sie sind ein auszeichnender Schmuck des Adels, und es ist ein Makel, darin unerfahren zu sein; darum fodert Alcinous die Seinen auf, sich in allen Wettkämpfen vor den Augen des Fremdlings zu zeigen, damit er einst in seiner Heimat verkünden könne, wie weit sie es Andern zuvorthun im Faustkampfe, im Ringen, Springen und Laufen (Od. VIII, 101). Ein kräftiger Körper, groß und gedrungen, wie ihn fleißige Anstrengung bildet, schöne, volle Hüften,

---

2) Auch bei so außerordentlichen Gelegenheiten, wie bei *Xen.* Anab. IV, 8, 25 sq., wo die glücklich zurückgekehrten 10,000 Griechen dem Retter Zeus und dem Führer Herkules ein Dankopfer darbringen. 3) Der Verfasser des evident unechten abgeschmackten ersten Capitels von *Xenoph.* κυνηγ. zählt §. 2 die Schüler des Chiron auf; er nennt sie μαθηταὶ κυνηγεσίων τε καὶ ἑτέρων καλῶν; diese καλά sind aber eben die Gymnastik, was mit Xenophon's Sprachgebrauch übereinstimmt.

breite Schultern und Brust und nervige Arme erregen Bewunderung und Vertrauen (Od. VI, 230. VIII, 20. XVIII, 67), ein zierliches Äußere (Od. XV, 331), an Arbeit nicht gewöhnte, zarte Hände werden getadelt (Od. XXI, 151). Thersites ist das Bild der Häßlichkeit, die mit Feigheit und Prahlerei verbunden ist (Il. II, 216 sq.), und der Bettler Irus bietet die häßliche Gestalt eines Fressers dar, der groß von Gestalt, aber aufgedunsen ist mit kraftlosem Fleische (Od. XVIII, 2 sq. 76). Die körperlichen Vorzüge sind es auch besonders, welche Penelope am Odysseus zu rühmen weiß (Od. IV, 725, 815). Ihr zu gefallen ringen auch die Freier in ihren Kampfspielen (II, 206), und sie entschließt sich endlich demjenigen als Gattin zu folgen, welcher den großen Bogen des Odysseus am besten zu handhaben wüßte (Od. XIX, 542), sowie später Klisthenes, Tyrann von Sikyon, die aus ganz Griechenland versammelten Freier seiner Tochter durch Kampfspiele prüfte (*Herod.* VI, 126 sq.; vergl. *Pind.* Pyth. IX. v. 109 sq). Wehrhaftigkeit zum Kriege ist überall ein wesentliches Erfoderniß; am nöthigsten ist dem wackern Kämpfer die Schnellfüßigkeit, die dem idealen Achill vor allen beigelegt wird, aber auch Andern. (Od. III, 112. XIII, 260. Il. XVI, 809. XX, 410 etc.)

Sehen wir ab von den eigentlichen Waffenübungen, wie Bogenschießen und Speerwerfen, so bleiben uns ungefähr dieselben Turnübungen übrig, welche auch später im Gebrauche sind; ja selbst ein gleichmäßiges, geregeltes Verfahren, die wirkliche Kunst, läßt sich den Homerischen Helden nicht absprechen; die Übungen sind noch einfacher, reiner, ohne die mannichfaltige Vermischung, welche bei weiterer Fortbildung stattfand; und wenn daher auch die feinere Schönheit und die künstliche Vielseitigkeit fehlt, so ist dagegen die natürliche Zweckmäßigkeit für die Ausbildung aller Kräfte zu kriegerischer Tüchtigkeit größer. Die bedeutendsten Stellen im Homer, aus denen wir die einzelnen Übungen kennen lernen, sind Od. VIII, 120—250, wo die Wettkämpfe der Phäaken, und Il. XXIII, 258—897, wo die vom Achill angestellten Leichenspiele beschrieben werden. Was sich hier und sonst noch findet, im Einzelnen durchzugehen, ist nicht nöthig, da es füglicher an den unten zu gebenden Überblick der ganzen palästrischen Kunst der Griechen angeschlossen werden kann.

Die Lebensordnung der Homerischen Zeit hatte ihren Halt in einem gemeinsamen, naturkräftigen, unbewußten Gefühle und Sinne, wodurch eine mit Bewußtsein ausgeprägte Ordnung nur so lange ersetzt werden konnte, als ebendieser Sinn gesund und mächtig blieb und die noch wenig angeregte geistige Thätigkeit ahnungslos in ihm ihre Schranke und Befriedigung fand. Dieser allgemein verbreitete Sinn war es, welcher auch die Foderung gymnastischer Bildung zu einer zwingenden machte, wenngleich vorzugsweise nur für den Adel.

Aber die großen Bewegungen, Wanderungen und Kämpfe, welche der Homerischen Zeit folgten, weckten ein bewußteres, geistig regeres Streben, das zunächst die Richtung hatte, die Herrschaft der unbewußten Volksthümlichkeit durch deutliche und feste Formen zu ersetzen, in denen sich das Leben aller bewegen sollte; es war das Zeitalter der Gesetzgeber. Nun wurde die Gymnastik nicht mehr der willkürlichen Neigung des Einzelnen überlassen, sondern zu einer mehr oder weniger allgemeinen Pflicht gemacht, und zugleich die Kunst weiter ausgebildet und an Regeln gebunden. Von jetzt an erscheint die Gymnastik als ein über Alles wichtiges Moment für den sichern und ehrenvollen Bestand der Staaten; denn sie galt ja nicht blos als ein Mittel, den Körper rüstig zu machen, sondern sie hatte auch eine große moralische und politische Wichtigkeit. Das frische Kraftgefühl, das zunächst sinnlich ist, läßt sich kaum trennen von der Unverzagtheit des Gemüthes und dem stets zum Handeln fertigen, auf Gefahren gerüsteten Muthe, der daraus hervorgeht; und wenn die Palästra auch den Ehrgeiz nährte, der alle Kräfte weckt und sie bis zu einem so hohen Grade zu steigern im Stande ist, daß er von jeher sowol die wohlthätigste als auch die gefährlichste Leidenschaft für den Staat und für alle menschlichen Lebenskreise gewesen ist, so entsprang doch aus derselben Quelle gegen eine drohende Richtung dieser gewaltigen Kraft auch das wirksamste Schutzmittel, indem die Gymnastik eine gleich große Macht der Selbstbeherrschung und Zucht schuf durch die gründliche Bezwingung der Sinnlichkeit, durch das Ertragen von Entbehrungen und Mühseligkeiten aller Art, durch strengen Gehorsam gegen das Gesetz. Die größte Kraft zum Handeln, gepaart mit dem größten Antriebe dazu, dem Ehrgeiz, und geleitet durch die heilsame Mäßigung, war unverkennbar der sittliche Zweck der Gymnastik, den sie auch erreichte, so lange und wo sie sich rein entwickelte; und sie erreichte ihn nicht blos an einzelnen besonders empfänglichen Individuen, sondern an ganzen Volksmassen, sodaß eine gefährliche Richtung eines begabten Geistes ihre Schranke in den Übrigen fand. Wenn nun allerdings sich besorgen ließ, daß ein vorzugsweise durch Gymnastik gebildetes Volk trotz aller Fülle energischer Tugend in dieser Einseitigkeit zu einer Rauhheit, ja Rohheit gelangen möchte, bei der die Regungen eines tiefern, zartern Lebens keinen Anklang fänden, so war auch dagegen ein Schutz gefunden, indem die Gymnastik nur die eine Seite der öffentlichen Erziehung bildete, welche durch die andere Seite, die Musik, gemäßigt und ergänzt wurde. Beide waren ebenso innig verschwistert und in einander verwachsen, als es überhaupt die geistige und sinnliche Richtung der Griechen war. Wo beide in kräftiger Harmonie wirkten, da entstand das Ideal des griechischen Lebens; wo die eine oder andere zurückgedrängt wurde, da entstand augenblicklich entweder die Schwäche und Weichlichkeit eines überreizten geistigen Lebens, oder die Rohheit einer nicht durch ein inneres Leben getragenen und geheiligten Kraft.

Indem nun Gymnastik und Musik die wesentlichen Bestandtheile der Erziehung ausmachten, war es für die freigeborenen Griechen ganz undenkbar, sich willkürlich diesen Studien zu entziehen; nur den Sklaven und denen, welche eben nicht viel mehr Ansprüche auf persönliche Würde machen mochten, als diese, stand es frei; in Sparta aber ging man so weit, daß an die vollständige Durchbildung in der öffentlichen Zucht der gesetzliche Anspruch an die Rechte der vollkommenen Bürger (der Homöen) geknüpft, daß der Staat beinahe zu einer Erziehungsanstalt, jeder Bürger als solcher zu einem Erziehungsbeamten wurde. Bekannt ist es auch, daß wissenschaftlich die Pädagogik bei den Alten einer der wichtigsten Theile der Politik war; und wenn sich so das Wohl und die Existenz des Staates auf die Erziehung gründete, so ist es nicht zu verwundern, daß sich mit der religiösen Weihe der Eifer der Gesetzgeber, Regierungen und einzelner Bürger vereinte, um sie zu fördern, und daß daher auch die Gymnastik alle nur denkbare Unterstützung und Verehrung fand. Hierbei ist jedoch nicht zu übersehen, daß die damit bezweckte strenge Lebensordnung den Charakter der Stabilität annahm und so der Gymnastik auch eine politische Bedeutung gab; sie erschien den Griechen später als ein aristokratisches Institut, dem die faule Ochlokratie feind war, das aber den Aristokraten ein nicht geringes Übergewicht gab (s. *Aristot.* Polit. IV, 10, 7). Die Grundlage ihrer Stellung, wenn auch mit Abweichungen in äußern Einrichtungen, war übrigens so ziemlich in allen Staaten dieselbe, und das Bewußtsein davon mußte sich daher bald allgemein ausprägen. Der Wetteifer, der sich sonst nur auf jede einzelne Palästra, oder auf die Festspiele einer Stadt beschränkt hatte, ergriff daher die Staaten unter einander und trieb einen jeden, die Kraft und Blüthe seiner Jugend vor aller Augen zur Schau zu stellen. So entstanden die großartigen Institute der heiligen olympischen, pythischen, isthmischen und nemeischen Spiele, deren kleine Anfänge sich zwar in mythisches Dunkel verlieren und mit der Geschichte von Göttern und Halbgöttern verflochten sind, wodurch das Heidenthum alle großen Einrichtungen zu heiligen strebte, deren wahre Bedeutung in dem angedeuteten Sinne aber erst von der Zeit datirt werden kann, wo die Olympiaden aufgezeichnet wurden. Es gab nunmehr kein höheres Glück für den Griechen, als Sieger in den heiligen Spielen, namentlich in den olympischen zu werden; durch den einfachen Kranz, den er vor den Augen des versammelten Hellenenvolks empfing, schien er ein übermenschliches Wesen zu werden, und seine Heimat, stolz auf seinen Besitz, überhäufte ihn mit göttlichen Ehren. Diese Verehrung war nicht blos die äußerliche eines eitlen, schaulustigen Volkes, sondern wir verdanken ihr eins der kostbarsten und großartigsten Denkmäler der griechischen Literatur, die Siegeshymnen des tiefsinnigen Pindar.

Ein so glänzendes Ziel war ganz geeignet, alle Kräfte auf sich zu richten; Übertreibungen und Neuerungen waren davon die natürlichen Folgen, die mit der ursprünglichen Bedeutung der heiligen Spiele in offenbarem Widerspruche standen. Die Ausbildung der Körperkraft zu harmonischer Schönheit und allseitiger Rüstigkeit blieb nicht mehr das, was allein erstrebt und in den öffentlichen Wettkämpfen dargelegt wurde; nur den Sieg wollte man; nur den Anfoderungen, durch die er bedingt war, wollte man genügen; man umging die frühern allgemeinern Ansprüche und erschlich den äußern Erfolg durch eine Einseitigkeit, welche jenen nicht nur nicht genügte, sondern sogar unfähig dazu machte. So bildete sich allmälig die Athletik, eine Kunst, die nur darauf berechnet, für das eine oder andere Kampfspiel auszurüsten, in dieser Beschränkung allerdings bewundernswürdige Erfolge erreichte, dafür aber ihre Zöglinge zu den wirklichen Erfodernissen des Lebens fast untauglich machte. Nur die seit Jahrhunderten tief gewurzelte, durch religiöse und politische Einrichtungen befestigte Verehrung der Sieger in den heiligen Spielen macht es erklärlich, daß man dieser augenscheinlichen Ausartung nicht steuerte, daß Alles aufgeboten wurde, um durch ärztliche Kunst, durch eine wunderbar strenge Diät und Mühseligkeiten aller Art sich zu jener Einseitigkeit zu verbilden.

Anderweitige Neuerungen hatten den Zweck, ohne persönliche Anstrengungen dieser Art den Sieg auf eine bequemere Weise zu erreichen, und dazu boten die Pferde- und Wagenrennen mit ihren verschiedenen Modificationen eine günstige Gelegenheit dar; dabei war es denn freilich nur der Reichthum, durch dessen verschwenderischen Aufwand Könige und vornehme Männer und selbst Frauen sich zu einem Kranze verhalfen, der nur ihnen schmeichelte, ohne dem Vaterlande irgend eine Bürgschaft für den Fall der Noth zu geben. Die Ausartungen der Gymnastik hielten gleichen Schritt mit der nach den Perserkriegen allmälig immer mehr überhandnehmenden sittlichen Verderbniß der Griechen; wie diese das einseitige Übermaß in der Athletik erzeugte, so auch das andere Extrem, Weichlichkeit und Kränklichkeit, während die geistigen Leistungen ihre höchste Blüthe erreichten. Einen Nutzen gewährte indessen auch die Athletik, obgleich sie sich immer allgemeiner einnistete und auch in den Festspielen jeder einzelnen Stadt, folglich bei allem gymnastischen Unterrichte ihre Pflege fand; sie lenkte nämlich ein wissenschaftliches Streben auf sich und führte so zu einer systematischen Ausbildung der palästrischen Kunst, was ihr um so leichter gelang in einer Zeit, die überhaupt schon wissenschaftlich bedeutend rege war. Es theilten sich die Lehrer der Palästrik allmälig in Gymnasten und Pädotriben, von denen jene eine wissenschaftliche Einsicht in die Kunst in Anspruch nahmen und sie vorzugsweise den Athleten zuwandten, diese aber mehr auf die mechanische Technik und den Unterricht der Knaben angewiesen waren (s. d. Art. Pädotribes). Besonders aber wurden die Ärzte angeregt, ihre Aufmerksamkeit der Gymnastik zuzuwenden. Der erste, welcher sie mit der Heilkunst verband, war Herodikos, der Selybrianer, eigentlich aus Megara gebürtig, zu unterscheiden von dem leontiner Ärzte Herodikos, dem Bruder des Gorgias. Jener war eigentlich Pädotribe, und es gelang ihm durch eine Diät, welche das Resultat der Vereinigung beider Künste war, sein sehr sieches Leben bis zu einem hohen Alter hinzuschleppen, und auf dieselbe Weise auch Andern zu helfen (s. *Plat.* Rep. III. c. 14. p. 406. *Heindorf.* ad *Plat.* Phaedr. §. 2). Die so verfeinerte Kunst der Ärzte hatte freilich die üble Folge, über welche Platon klagt, daß sie mit ihren neuen Erfindungen von Krankheiten und Heilmitteln vornehme Leute verweichlichte und sie vergessen ließ, daß sie auch für etwas Anderes zu leben hätten als für ihre Diät, wie bei uns Hufeland's sonst so wohlgemeinte Makrobiotik buchstäblich befolgt einen ähnlichen Erfolg gehabt hat; aber andererseits läßt sich auch nicht leugnen, daß die Ärzte auf eine zweckmäßige Leitung der Gymnastik gewiß einen großen und wohlthätigen Einfluß gehabt haben, wovon noch jetzt in ihren Schriften, besonders in denen des Hippokrates und Galen, die Beweise vorliegen.

Außerdem fehlte es auch nicht an Männern, welche das wahre Bedürfniß des Lebens fest im Auge behielten und der schädlichen Richtung der Athletik eifrig entgegenarbeiteten; die Spartaner blieben in dieser Beziehung musterhaft, wenngleich auch sie sich einer Übertreibung anderer Art zuweilen hingaben. Außer ihnen sind es besonders Sokrates und seine Anhänger gewesen, welche, wie sie überhaupt die Lykurgische Zucht als ein Rettungsmittel gegen die einreißende Sittenverderbniß betrachteten, so namentlich auch von einer gesunden, von einseitigen Übertreibungen gereinigten, auf ethische Einwirkung berechneten Gymnastik die heilsamsten Erfolge erwarteten. Am angelegentlichsten spricht dieß Xenophon in seiner populären Weise aus; die Tugend üben (ἀρετὴν ἀσκεῖν) und das Schöne (τὰ καλά), das, was ein zur Tugend sich Bildender zu leisten hat (siehe meine Bemerkung zu *Xen.* de Rep. Lac. III, 3. p. 96), sind Ausdrücke, die bei ihm fast nichts weiter bedeuten als die sittliche Bildung mittels Gymnastik und körperlicher Abhärtung; über die athletische Einseitigkeit vergl. man des Sokrates Ausspruch bei *Xen.* Conviv. II, 17, und was ich zur Resp. Lac. IV, 6 und V, 9 bemerkt habe. Daß mit dieser richtigen Ansicht von der Palästrik auch die Philosophen, namentlich Platon und Aristoteles, übereinstimmen, bedarf keiner Belege. Aber ebenso dachten auch einsichtige und tugendhafte Staatsmänner und Feldherren, wie Epaminondas (*Corn. Nep.* Epam. c. 2), Alexander (s. *Plut.* Alex. c. 4. a. E.), Philopömen (s. *Plut.* Philop. c. 3) u. A.

Aber grade aus den Bestrebungen solcher Männer erkennen wir nur um so deutlicher, daß der ursprüngliche, gesunde Trieb der Hellenen nach harmonischer Körperausbildung, besonders von der Zeit des peloponnesischen Krieges an, im Erlöschen begriffen war; er sank mit ihrer sittlichen Kraft, und der Verlust ihrer Freiheit an die Makedonier war die Folge davon.

In der spätern Zeit tauchte nur dann und wann an einzelnen Punkten die alte Tüchtigkeit wieder auf, wie in dem erwähnten Philopömen, und am meisten noch bei den Spartanern. Aber als die Herrschaft der Römer den Griechen alle politische Würde genommen hatte, blieb ihnen nur das friedliche Verdienst ihrer höhern Bildung, ihrer Gelehrsamkeit und ihrer Gewandtheit, den raffinirten Genüssen eines feinern Lebens zu dienen. Die Gymnastik wurde zwar auch ferner betrieben, aber sie hatte nicht mehr die hohe Bestimmung, zum Schutze der Freiheit und Ehre des Vaterlandes eine rüstige Jugend heranzuziehen; sie verlor ihre politische Bedeutung und sank zu einem müßigen Zeitvertreibe, zu einem Gegenstande der Eitelkeit und Verschwendung herab. Kunst und Wissenschaft hatten nicht mehr das kräftige, lebensfrohe Streben, das nur in der Freiheit wurzelte und das nur noch einen armseligen Schatten hinter sich ließ in geschäftiger, todter Gelehrsamkeit und oberflächlicher literarischer Liebhaberei und Spielerei, und doch war dies noch die edelste Art, das erniedrigte Leben zu ertragen; denn die übrige Volksmasse stand sogar unter der Ahnung ihrer Entwürdigung und suchte sich nur die physische Existenz möglichst angenehm zu machen, worin die Knechtschaft unbewußt das Vergessen ihrer selbst sucht. Einer solchen Richtung diente im Ganzen wol auch die Gymnastik, obgleich über sie nur unbedeutende Angaben vorliegen. Sie konnte, da sie mit Kosten verknüpft war, unter dem immer mehr verarmenden Volke nur ein Vorrecht der Reichen bleiben; daher finden wir in der römischen Kaiserzeit statt der Masse aller Freigeborenen, welche vormals die Palästren belebten, nur eine kleine Zahl von Jünglingen, deren Beiträge nebst den ehrgeizigen Bemühungen städtischer Beamten nur eben noch im Stande sind, ein Institut zu erhalten, das im Ganzen nur solchen Jünglingen einen Tummelplatz bot, die für den Mangel einer höhern Richtung ihrer Kraft einen Ersatz fanden in der Rohheit, welche die Kraft affectirt und sie nur nährt, um sie in Gemeinheiten zu vergeuden.

Dies war die traurige Gestaltung, welche die Gymnastik annahm und annehmen mußte, als das Leben der Griechen ihr keine höhere Würde mehr geben konnte. Von den Römern wurde sie zwar aufgenommen und gepflegt, jedoch zu einer Zeit, wo auch diese schon zu entartet waren, als daß von ihnen die schöne Bedeutung der Kunst hätte wieder erweckt werden können, die nie recht mit dem römischen Volkscharakter im Einklange stand. Sie verfiel immer mehr und ging unter mit dem Heidenthume, als dessen Erfindung und Stütze sie von den eifernden Christen gehaßt wurde.

Nach diesem Überblicke über die Geschichte der Gymnastik, welcher in dieser Allgemeinheit allen griechischen Stämmen gleich angemessen scheint, wenden wir uns zurück, um die Besonderheiten der einzelnen bedeutendern Staaten kurz zu erwähnen und daran eine Übersicht der Kunst selbst zu schließen.

Es gibt keinen hellenischen Stamm, der die Gymnastik ganz versäumt hätte; jedoch mußten zu einiger Nachlässigkeit am meisten die Joner und Athener geneigt sein, wegen ihrer vorherrschenden geistigen Regsamkeit, am wenigsten die Dorier wegen ihrer zur Abhärtung geneigten, stabilen Strenge. Die Übertreibung aber konnte am leichtesten einreißen in den Staaten von äolischem Stamme, wegen des Mangels der mildernden musischen Elemente, die nur selten ihren hochfahrenden, fast rohen Sinn bezwangen. Hiernach ist es klar, daß die geregeltste Übung der Gymnastik sich bei den Doriern finden muß, und dies ist allerdings der Fall, wie sich das vor allem an den Spartanern deutlich nachweisen läßt.

Palästrik zu Sparta.

Mehr als in irgend einem andern Staate war die Erziehung eine öffentliche bei den Spartanern; sie erstreckte sich auf alle Alter, und selbst das weibliche Geschlecht hatte Theil daran.

Gleich bei der Geburt der Kinder machte der Staat sein Recht über sie geltend; sie wurden in einer Lesche des Stammes, zu dem sie gehörten, vorgezeigt; wurden sie für ungesund und gebrechlich befunden, so mußten sie ausgesetzt werden; nur gesunde wollte man erziehen; diese wurden dann den Ältern zurückgegeben, welche ihre Erziehung bis zum siebenten Lebensjahre zu leiten hatten. Aber schon für diese ersten Jahre galten gewisse Grundsätze, durch welche die Zärtlichkeit der Ältern gebunden war; man bediente sich keiner Windeln; das Lager der Kinder war hart, die Kleidung kaum hinlänglich, die Füße unbedeckt, der Kopf geschoren, die Nahrung höchst einfach; um sie an ruhige Furchtlosigkeit zu gewöhnen, mußten sie oft einsam und im Finstern sein, und körperliche Übungen nahmen schon in diesem Alter ihren Anfang; anstrengende Spiele und der Tanz Pyrrhiche, der schon im fünften Jahre gelernt wurde (*Athen.* XIV, 7. p. 631. A.) dienten besonders dazu.

So vorbereitet verließen die siebenjährigen Knaben das älterliche Haus, um sich der öffentlichen Zucht zu unterwerfen, unter der sie bis zum 30. Jahre standen, wo sie erst als Männer das volle Bürgerrecht erlangten, wofern sie sich untadelhaft benommen hatten. Die ganze Jugend bis zu diesem Jahre war dem Alter nach in verschiedene Classen getheilt, Knaben bis zum 15., Jünglinge bis zum 20. und junge Männer bis zum 30. Lebensjahre mit verschiedenen Unterabtheilungen [4]). Die Altersclasse der Knaben war in Rotten (*ἀγέλαι*, lakonisch *βοῦαι*) und diese wieder, wenn wir uns eines Ausdrucks aus unsern Turnschulen bedienen dürfen, in Riegen (*ἴλαι*) abgetheilt. Die allgemeine Aufsicht über alle Rotten und über die beiden höhern Altersclassen hatte der Pädonom (s. d. Art.), der aus den angesehensten Bürgern zu diesem Amte erwählt war; zu seiner Unterstützung dienten die Geißelträger, einige von den jungen Männern, deren Hauptgeschäft durch ihren Namen hinlänglich angedeutet ist. Jeder Rotte stand ein Rottenführer vor (*βουαγός*), der wol einer der ältesten von den jungen Männern war, und jede Riege hatte einen *εἴρην* zum Vorsteher, d. h. einen jungen Mann von 20 Jahren, der zu diesem Amte besonders tauglich schien. Jedoch war jeder Bürger berechtigt und in Abwesenheit des Pädonomen sogar verpflichtet, die Aufsicht zu führen; jeder Vater behandelte die fremden Kinder, wie er seine eignen von seinen Mitbürgern behandelt zu sehen wünschte, und wie er daher diese bei der festen Einrichtung nicht füglich bevorzugen konnte, so mußte er sich gegen jene aller ungerechten Härte enthalten; die Gemeinschaft gab Allen das Unterpfand, worauf sich ihr gegenseitiges Vertrauen gründete, und dieses drückte sich entschieden genug in dem Grundsatze aus, daß man es für schimpflich hielt, dem Sohne, wenn er über die von einem andern Bürger empfangenen Schläge bei seinem Vater klagte, nicht noch einmal Schläge zu geben. — Die fünf Bidiäer hatten das Amt, bei den angestellten Wettkämpfen Richter zu sein; die höchste Instanz aller Erziehungsbehörden aber bildeten die fünf Ephoren. Eigentliche Lehrer oder besondere Aufseher außer den genannten gab es gar nicht. Die Sophronisten, welche nach Athen gehören, hat O. Müller (Dor. II. S. 303) wol nur durch ein Versehen nach Sparta gesetzt; die einzige dafür angeführte Stelle (Etym. M. p. 742, 39) geht offenbar auf Athen. Krause jedoch (Theag. 1. Bd. S. 231) schreibt den Irrthum getreulich nach, obgleich er zwei Zeilen weiter jene Stelle selbst ganz richtig auf Athen bezieht. Lehrer der Turnkunst waren zu Sparta die Bürger selbst (s. *Plutarch.* an seni sit ger. resp. c. 24); sie hatten keine Pädotriben oder Gymnasten. Auch die Hoplomachen wagten nicht, ihnen ihre Künste anzupreisen (s. *Plat.* Lach. p. 170). Nur Vegetius (de re mil. III. prol.) sagt, sie hätten Lehrer der Taktik gehabt; aber das ist wenigstens für die frühere Zeit gewiß falsch, in der römischen Kaiserzeit wäre es möglich, aber es gibt dafür kein Zeugniß weiter. Die ganze Schar durfte sich wol nur selten zerstreuen und das älterliche Haus besuchen; sie hatten ihre Schlafstellen auf dem Markte in der Nähe der Geschäftslocale der Behörden. Wie nun ihr Lager, ihre Kleidung und Nahrung und die ganze Lebensordnung auf Abhärtung berechnet war, kann hier nicht dargestellt werden, wo es auf die Paläſtrik allein ankommt. Daß aber das Turnen für alle Altersclassen eine der wichtigsten Beschäftigungen war, ist unzweifelhaft; die Dorier hatten es seit unvordenklichen Zeiten geübt; Lykurg, der Mitstifter der olympischen Spiele, hat es noch mehr befördert und durch Gesetze geordnet. Es wurde wahrscheinlich täglich wenigstens zweimal geturnt, vor der Frühmahlzeit und vor der Abendmahlzeit; dies läßt sich daraus schließen, daß es im Kriegslager von den Spartanern so gehalten wurde (s. *Xen.* Rep. Lac. XI. §. 5, 6). Die Lagerordnung aber wurde auch daheim in vielen Stücken befolgt, jedoch mit noch größerer Strenge.

Den uralten Eifer der Spartaner für die Palästrik beweist, wenn es nicht sonst schon glaublich wäre, die genaue Übereinstimmung in diesem Punkte mit den Kretensern, deren Verwandtschaft mit ihnen in die früheste Zeit zurückgeht; sodann der Umstand, daß sie zuerst Gymnasien gebaut haben sollen (s. *Hier. Mercur.* de A. Gymn. I, 6. p. 18). Dem Lykurg wird dann der Einfluß zugeschrieben, daß er athletische Einseitigkeit gehindert habe; namentlich soll er den Faustkampf und das Pankration verboten haben, weil bei diesen Kämpfen der Besiegte gezwungen werde, sich als solchen durch Aufheben der Hand zu bekennen (*Senec.* de Benef. V, 3. *Plut.* Lyc. c. 13. Apophth. Lac. p. 852). Daß dieser Grund wol nicht der richtige sei, ist schon von O. Müller bemerkt; der wahre Grund liegt in der Beschaffenheit dieser Kämpfe selbst. Abrr das ganze Verbot möchte wol nicht von Lykurg herrühren, sondern viel später sein; denn der Faust-

4) Diese drei Hauptabtheilungen der *παῖδες*, *μειράκια* oder *παιδίσκοι* und *ἡβῶντες* haben wir mit Xenophon angenommen, jedoch gibt es eine Reihe von lakonischen zum Theil dunkeln Namen, welche weit mehre Altersclassen bezeichnen; das Genauere darüber findet man bei O. Müller, Dor. II. S. 301 fg. und in meiner Anmerkung zu *Xen.* Rep. Lac. II. § 4. Von dem Worte *βοῦα* werfen wir hier gelegentlich die Frage auf, ob es ursprünglich wol identisch war mit *ὠβά*? Beides nämlich läßt sich, wenn man die Digamma nicht schont, auf *ϜοϜα* zurückführen.

kampf kommt zwar schon bei Homer vor, ja der spartanische Heros Pollux war grade darin ausgezeichnet; aber das Pankration ist viel jüngern Ursprungs; bei den olympischen Spielen ist jener erst in der 23., dieses in der 33. Olympiade eingeführt, und da erst mag die Sitte des Handaufhebens gesetzlich geworden sein. Wenn spätere Dichter das Pankration schon der mythischen Zeit beilegen, so wird man dies schwerlich als einen Gegenbeweis gelten lassen (s. z. B. *Theocrit.* Id. XXIV, 112). Wenn nun auch die eigentlich athletische Übung dieser beiden Wettkämpfe in Sparta verboten war, wie denn auch in beiden kein einziger Spartaner zu Olympia gesiegt hat, so war doch der einfache Faustkampf ohne Cestus in Gebrauch, wenn nicht kunstmäßig in der Palästra, so doch bei jeder Prügelei, wobei sich diese so natürliche Kunst ganz von selbst entwickeln mußte; s. *Xen.* Rep. Lac. IV, 6, wo von dem Zwiste zwischen den 300 jungen Männern die Rede ist, die zu Rittern erwählt sind und denen, die es nicht sind; wo diese zusammentrafen, begann sogleich ein Faustkampf, der, wenn er zu wüthend zu werden schien, von jedem grade dazu kommenden Bürger beendigt werden konnte; wer nicht gehorchte, den führte der Pädonom vor die Ephoren, welche ihn hart straften, um sie zu lehren, sich nie durch Leidenschaftlichkeit zum Ungehorsam verführen zu lassen. Dieselben jungen Männer hatten drei von den Ephoren gewählte Befehlshaber, die Hippagreten, unter deren Anführung sie ihre Fehde ausfochten, was besonders mit großer Heftigkeit in dem feierlichen Kampfe geschah, der nach vorhergegangenen Opfern im Platanistas, einer mit Platanen umkränzten Insel, angestellt wurde (s. *Paus.* III, 14, 8 sq. *Cic.* Tusc. V, 27. O. Müller Dor. II. S. 312). Dort kämpften sie mit großer Heftigkeit ohne Waffen mit Fäusten, Beinen und Zähnen, bald Mann gegen Mann, bald die ganzen Scharen gegen einander, wobei sie sich ins Wasser zu drängen suchten. Der Ehrgeiz war in ihnen auf das Wirksamste angeregt; denn die zu Rittern erwählten galten für die Blüthe der spartanischen Jugend und hatten die Ehre in den Schlachten neben dem Könige zu fechten.

Ohne Zweifel gab es auch für die jüngern Alter dergleichen unregelmäßige Kämpfe, welche ganz geeignet waren, die schulgerechte Turnbildung für alle unvorhergesehene Fälle des Krieges nutzbar zu machen. Ähnliche allgemeinere Vorübungen waren die Diamastigosis für die Knaben [5]), wodurch sie auf eine freilich harte Art in der Ertragung körperlicher Schmerzen geübt und namentlich gegen Wunden und Blutverlust gleichgültig gemacht wurden; die althergebrachte Verehrung der Diana Orthia gab dazu die religiöse Weihe und der Ruhm des Altarsiegers (*βωμονίκης*) den Antrieb des Ehrgeizes her. Noch mehr auf den Krieg, und zwar den schwierigsten, den kleinen Krieg, berechnet war die Einrichtung, daß die Knaben genöthigt waren, sich einen großen Theil ihrer Nahrungsmittel selbst zu verschaffen, und zwar meistens durch Diebstahl, der durch das Gesetz gestattet und bei der theilweisen Gütergemeinschaft weniger auffallend nicht unsittlich war, und daher wurde auch der dabei Ertappte nur wegen seines Ungeschicks gestraft. Eine weitere Ausbildung davon, dem spätern Alter angemessen, war die Kryptie. Die Männer endlich waren freilich von beaufsichtigten Leibesübungen entbunden; aber auch sie hatten die Pflicht, sich rüstig zu erhalten, und zu dem Zwecke lagen sie sehr fleißig der Jagd ob.

Eine große Aufmerksamkeit wendete man auf die Leibesbeschaffenheit nicht nur durch die vorgeschriebenen Speisen und Übungen, sondern auch durch besondere Aufsicht. Es ist nicht unglaublich, was Agatharchides bei Athenäus (XII. p. 550) und Älian (V. H. XIV, 7) erzählen, daß an jedem zehnten Tage alle Epheben nackt von den Ephoren besichtigt wurden und Schläge bekamen, wenn ihr weichliches Fleisch und ein Ansatz zum Fette den Beweis von Nachlässigkeit und Trägheit zu geben schien; daß auch Männer sich einen solchen Vorwurf nicht durften zu Schulden kommen lassen, zeigt das Beispiel des Nauklides bei Älian (l. c.), der wegen ungebührlicher Corpulenz aus der Volksversammlung gejagt und mit Verbannung bedroht wurde, wenn er seine Lebensweise nicht änderte. Verächtlich war den Spartanern ein Feind, der weißes, nicht von der Sonne, dem Öl und Staub der Palästra gebräuntes Fleisch hatte, und es war daher eine gute Maßregel des Agesilaus, daß er die gefangenen Perser nackt zum Verkaufe ausstellte (s. *Xen.* Ages. I, 28. *Plut.* Ages. c. 9).

Übrigens waren die Spartaner die ersten, welche in den Palästren nackt und mit Öl gesalbt kämpften (siehe *Thucyd.* I, 6. *Plat.* Theaet. 50. p. 162. b Rep V. p. 452. c. *Perizon.* ad *Aelian.* V. H. III, 18). Dies benutzte Isadas als Kriegslist gegen die Thebaner (s. *Polyaen* II, 9). Aus diesen allgemeinen Einrichtungen geht hinlänglich hervor, daß die Spartaner ein solches Misverhältniß in der Kraftausbildung, wie es Sokrates namentlich an den Faustkämpfern und Dauerläufern tadelte (*Xen.* Conviv. II, 17), unmöglich billigen konnten. Schade nur, daß wir nicht im Stande sind, aus den wenigen zerstückelten Angaben der alten Schriftsteller das System ihrer Turnkunst zusammenzustellen, die ohne Zweifel sehr vollständig ausgebildet war. Einige Einzelnheiten werden später noch vorkommen; hier erwähnen wir nur die hervorstechendsten Eigenthümlichkeiten.

---

5) Die Fortdauer dieses Festes läßt sich bis in das 5. Jahrh. nachweisen, denn Libanius (de vita sua. p. 8) und Themistius (Orat. XXI. p. 250. A) erwähnen es als noch bestehend, jedoch muß man wol annehmen, daß später nicht Knaben, sondern Jünglinge gegeißelt wurden. Knaben nennt noch Cicero als Augenzeuge (Tusc II, 14. V, 27) auch Muson (ap. *Stob.* Serm. XVII. p. 152. ed *Gesn.*) und Plutarch (Instit. Lac. p. 254), wo er den Xenophon (Rep Lac. II, 11) vor Augen hatte; aber Lyc c. 18 bezeugt er, daß er viele Epheben unter den Schlägen selbst habe sterben sehen (vgl. vit. *Aristid.* c. 17); so nennt denn auch Pausanias (III, 16, 6 und VIII, 23, 1) Epheben, und Tertullian (ad Martyr. p. 480) adolescentes. Auch in der Inschrift bei Böckh (Corp. Inscr. nr. 1364 b.) wird es daher wol rathsam sein, den *βωμονίκης* als Epheben, nicht als Knaben zu denken, da beides angeht.

Wie im Homerischen Zeitalter neben der Übung in den Waffen die Schnellfüßigkeit als die vorzüglichste Eigenschaft rüstiger Kämpfer angesehen wurde, weshalb auch zu Olympia das älteste Spiel der Lauf war, so auch bei den Spartanern, die ja so oft das Bild der heroischen Zeit in ihrem Leben darstellen. Wer sich mit der ihnen eigenthümlichen Taktik vertraut gemacht hat, kann die Verwandtschaft derselben mit dem antiken Tanze nicht verkennen; Schnelligkeit und Gewandtheit in den streng geregelten Bewegungen waren das dringendste Erfoderniß, das durch die Kampf- und Kriegesweise der Alten überhaupt nur noch erhöht wurde. Denn obgleich grade die Spartaner vor allen es verstanden, ein einiges, massenhaftes Zusammenwirken zu erzielen, so war dies doch ohne die persönliche Tüchtigkeit der Einzelnen unmöglich oder unnütz; Jeder mußte nichtsdestoweniger seinen Mann stehen, und dazu war Gewandtheit noch nöthiger als Kraft; sie erstrebten beides und zeichneten sich dadurch vor allen Hellenen aus. Aber die Hauptübungen waren das Gehen und Laufen. Über jenes, den Peripatos, wird weiter unten gehandelt werden bei dem Turnen im Felde.

Was den Lauf betrifft, so wurden sie dazu von Jugend auf gebildet; die Knaben mußten stets barfuß gehen, was Xenophon (Rep. Lac. II. §. 5 [3]) als die beste Maßregel bezeichnet, um bergauf und bergab gehen, in die Höhe und Weite springen und schnell laufen zu lernen. Oft aber gingen auch noch die Männer barfuß, wie der greise König Agesilaus (*Aelian.* V. H. VII, 13). Den glänzenden Erfolg, welchen die Laufübungen der Spartaner hatten, bestätigt die lange Reihe von Siegen, welche sie zu Olympia im Laufe davon trugen; kein Staat kam ihnen hierin gleich. Daß sie aber auch das Springen, Diskus- und Speerwerfen und das Ringen nicht versäumten, geht daraus hervor, daß sie auch im Pentathlon, das aus jenen Spielen nebst dem Laufe zusammengesetzt war, mehre Sieger aufzuweisen hatten; auch wurde das Pentathlon beim Feste der Gymnopädien mimisch dargestellt (s. *Athen.* p. 631. b).

Zur Stärkung der Beine diente namentlich auch das Anfersen, was die Spartaner zu den Tänzen rechneten und *βίβασις* nannten; es war besonders eine Übung der Knaben und Jungfrauen; nach dem Steiß springen (*γυμνάδδομαί γα καὶ ποτὶ πυγὰν ἅλλομαι*) nennt es bei Aristophanes (Lysistr. 81) die Spartanerin Lampito; natürlich sprang man nach dem eignen Steiße, nicht nach einem fremden, wie Krause (Theag. S. 44) sich eingebildet hat; richtig verstand dies schon Hieron. Mercurial. (de A. gymn. II, 11. p. 118). Wer möchte sich auf eine so gefährliche Weise zur Zielscheibe hergeben? auch ist gar nicht abzusehen, warum grade ein Steiß das Ziel sein mußte; überhaupt kam es nicht auf das Zielen an, sondern die Kunst besteht darin, möglichst oft so zu springen, daß man die Beine nach Hinten in die Höhe wirft, und zwar so hoch, daß die Fersen an den Steiß schlagen; wer dies am oftesten gekonnt hatte, war Sieger; Pollux (IV, 14, 102) hat einen Vers erhalten, der eine spartanische Jungfrau rühmt, die öfter als je irgend Jemand angeferst hatte, nämlich 1000 Mal; versteht man nun das Anfersen mit beiden Füßen zugleich unter der Bibasis, so ist dies nach meinem Ermessen eine Unmöglichkeit; ich verstehe daher unter Bibasis das Anfersen abwechselnd mit dem rechten und linken Fuße nach dem Takte und wahrscheinlich mit regelmäßigen Veränderungen des Standorts. Ich vermuthe, daß das Anfersen mit beiden Füßen Dipodia hieß (s. Müller, Dor. II. S. 340). Hierbei möge zugleich der Waffentanz, die Pyrrhiche, erwähnt werden. Dieser von den Spartanern, wie von den Kretern so eifrig geübte Tanz, den die Knaben schon im fünften Jahre lernten, der fast bei jedem Turnen den Schluß bildete (Lucian. *π. ὀρχήσ.* tom. V. p. 130. ed. Bipont.), und bei Festen, wie bei den Gymnopädien, nicht fehlte (*Athen.* p. 631), war sehr anstrengend durch die schnell wechselnde Nachahmung aller in Schlachten vorkommenden Bewegungen, und die geschickte Handhabung der Waffen dabei bewirkte Gewandtheit und Schnelligkeit (s. *Plat.* Legg. VII. p. 815. O. Müller, Dor. II. S. 250 und S. 336 fg. und unt. den Art. Pyrrhiche. Die bildliche Darstellung, welche Hier. Mercur. (II, 6. p. 98) mitgetheilt hat, ist handgreiflich falsch gedeutet; es ist nichts weniger als eine Pyrrhiche, es ist ein Kampf von zehn römischen Gladiatoren.

Die Spartaner hatten noch andere Waffentänze, die uns meistens blos dem Namen nach bekannt sind; aber eine ähnliche Anstrengung und Übung gewährte das Ballspiel, das sie sogar nach Hippasus (bei *Athen.* I, 14) erfunden haben, was freilich wol nur von der ihnen eigenthümlichen Art verstanden werden kann, da ja das Ballspiel überhaupt schon bei Homer vorkommt, wo es nicht nur Nausikaa mit ihren Mädchen (Od. VI, 100), sondern auch die Söhne des Alcinous spielen (Od. VIII, 372). Überhaupt war es im Alterthume sehr beliebt, jedoch wurde es nirgends eifriger betrieben als zu Sparta, wie Eustathius bezeugt (zu *Hom.* Od. VI, 115), und daher hatten auch die jungen Männer, welche nah an 30 Jahre alt waren, den Namen *σφαιρεῖς*, sodaß sie grade ganz besonders dem Spiele ergeben gewesen sein müssen; auch sind sie wol gemeint bei *Xen.* Rep. Lac IX, 5, wo wenigstens jedenfalls junge Männer in kriegsdienstpflichtigem Alter zu verstehen sind. Natürlich werden auch die Jungfrauen Ball gespielt haben, wie bei Homer; von den Knaben bezeugt der Scholiast (zu *Plat.* Legg I. p. 633. c), daß sie damit bei den Gymnopädien auftraten, und Lucian (de gymnas. c. 38) sagt, die Lakedämonier spielten es im Theater, ohne das Alter der Spieler zu bestimmen. Beide stimmen darin überein, daß es mit großer Anstrengung verbunden war, und aus Athen. (l. c. 12. p. 15) sieht man, daß es wie in Sikyon mit Tanz verbunden war, und daß außer den übrigen Theilen des Körpers auch der Nacken dabei angestrengt wurde. Nur die Art des Spieles ist nicht recht klar; auch mag sie sehr vielfach gewesen sein, obgleich die Ephoren Neuerungen mit der Geißel bestraften (s. *Demetr.* de eloc p. 122). Aus Xenophon (l. c.) erhellt, daß die Ballspieler in zwei Parteien getheilt wurden; eine weitere Beschreibung gibt Pollux (Onom. IX, 7, 105). Nach ihm lag der Ball auf einer Linie, die zwischen beiden Parteien gezogen war und die nicht berührt werden durfte; die Parteien selbst waren nicht nur an Zahl gleich, sondern jeder Einzelne war einem ihm gewachsenen Gegner entgegengestellt. Hinter jeder Partei war wieder eine Linie gezogen. Zunächst wurde nun an der mittlern Linie paarweise gekämpft, um den Ball zu greifen; die Partei, welche ihn erwischte, warf ihn über ihre Gegner hin, die ihn im Fliegen aufzufangen suchten, damit sie nicht zu weit rückwärts zu gehen brauchten; am Auffangen suchte man sich zu hindern, dadurch daß einer den andern wegstieß oder ihn um das Genick faßte und zur Erde drückte. Dies nebst dem schnellen Vorwärts-, Seitwärts- und Rückwärtsspringen übte die Kraft und Behendigkeit gleich sehr. Die Partei, welcher es gelang, den Ball bis über die hinter der Gegenpartei befindliche Linie zu bringen, hatte gesiegt. Offenbar war die Partei im Vortheil, welche den Ball an der mittlern Linie gegriffen und dadurch den ersten Wurf bekommen hatte; daher mag es kommen, daß der Scholiast (l. c.), wofern er überhaupt von derselben Art des Ballspiels spricht, denjenigen für den Sieger erklärt, welcher den Ball zuerst greift; übrigens ist aus ihm zu entnehmen, daß die Knaben in der Sonnenhitze dies Spiel trieben, und dasselbe sagt Clemens Alexandrin. (III. c. 10) von Männern. Außer den von Hier. Mercur. (II. c. 4) und Faber (I. c. 6) angeführten Stellen sind noch zwei wichtige bisher übersehene zu vergleichen bei Sidon. Apollin. (epist II, 9 und V, 17).

Das **Ringen** wurde zwar zu Sparta nicht vernachlässigt, indessen doch nicht mit so großer Sorgfalt gepflegt, wie das Laufen; die Thebaner waren ihnen darin überlegen, wenigstens zur Zeit des Epaminondas, der den Seinigen dadurch die Furcht vor den für unüberwindlich gehaltenen Spartanern zu nehmen suchte, daß er sie mit diesen ringen ließ (s. *Plut.* Pelop. c. 7 a. E. *Polyaen.* Strategg. II, 3, 6). Auch leitet Plutarch (Sympos. II, 5, 2) den Sieg bei Leuktra von der Ringfertigkeit der Thebaner her. Derselbe erzählt am Schlusse der Apophth. Lac. eine Geschichte, worin sich die Verachtung der Spartaner gegen diese Fertigkeit ausspricht; nämlich ein zu Olympia besiegter Spartaner sagte auf die Bemerkung, daß ihm sein Gegner überlegen sei (κρείσσων), keineswegs; nur ein besserer Werfer ist er (καββαλικώτερος). Denselben Ausdruck gebraucht auch Galen für die Kunst (καββαλικὴ oder καταβλητική), die auch er als Arzt für ziemlich nutzlos hält (s. *Hier. Mercur.* II. c. 8 und V. c. 5. *Faber*, Agonist. I. c. 11).

Daß die Turnübungen auch im Lager betrieben wurden, und zwar täglich zwei Mal, ist schon oben bemerkt; jedoch waren sie nicht so streng, wie denn überhaupt von den Spartanern gesagt werden konnte, daß bei ihnen allein der Krieg ein Ausruhen von der Kriegsarbeit sei (*Plut.* Lyc c. 22). Daß sie in einzelnen Abtheilungen nach einander turnten, zeigt das Beispiel derer bei Thermopylä (s. *Herod.* VII. c. 208). Das Turnen am Morgen wird gemeint bei Xen. (hist. gr. IV, 8, 18)[6]). Besonders wußte es Agesilaus in seinem Heere zu fördern (s. *Xen.* ib. III, 4, 16, 18 oder *Ages.* I, 25, 27) und er vermochte auch die Bundesgenossen dazu (*Xen.* hist. gr. V, 3, 17).

Unter den im Lager gewöhnlichen Leibesübungen wird außer dem Laufe auch der **Gang**, περίπατος, erwähnt, über den ich zu Xenophon (de Rep. Lac. XII. §. 5) gehandelt habe. Er ist von doppelter Art, entweder der militairische περίπατος, um das taktmäßige Marschiren und die verschiedenen taktischen Bewegungen einzuüben, oder der diätetische, der bei den Spartanern wie auch bei den Athleten nach der Abendmahlzeit im Gebrauche war, und bei Andern, welche eine mäßige Bewegung nach dem Essen für zuträglich hielten (s. unten). Daß man zuweilen den περίπατος zu viel betrieb und darüber die strengern Leibesübungen vernachlässigte, ist abzunehmen aus dem Falle, den Älian (V. H. II, 5) erzählt. Nach der Frühmahlzeit scheint kein eigentlicher Peripatos stattgefunden zu haben, sondern nur gesellschaftliche Unterhaltungen und Ruhe bis zu dem Turnen am Abende (*Xen.* Rep. Lac. XII, 6). Bei den Athleten jedoch und sonst als Diät kommt auch ein solcher Peripatos vor (*Athen.* XII. c. 60. a. E. p 542. f. *Plat.* Phaedr. 1. vgl. §. 42).

Bekannt ist es, daß zu Sparta auch die Mädchen und Jungfrauen durch gymnastische Übungen abgehärtet wurden (s. *Xen.* Rep. Lac I, 4. *Plut.* Lyc. c. 14. *Cic.* Tusc. II, 15). Diese Einrichtung war, neben manchen andern, sehr geeignet, gesunde Kinder zu erzielen, und sie wird daher auch von Philosophen und Ärzten empfohlen (s. *Critias* bei *Clemens Alexandr.* Strom. VI. p. 741. *Arist.* Polit. VII, 14, 8. *Plat.* Polit. V, 6. p. 456 sq.) Natürlich waren für das schwächere Geschlecht nur die leichtern Übungen angemessen (τὰ ἐλαφρότερα, wie Platon sagt a. a. O); namentlich war es auch hier das Laufen und Tanzen, was mit besonderm Fleiße betrieben wurde, nebst dem Anfersen, wovon schon oben die Rede war. Einen Wettlauf der 11 Dionysiaden erwähnt Pausanias (III, 13, 7), und Hesychius hat den Namen ἐνδρειώνας für einen Wettlauf der Jungfrauen bewahrt. Das Springen wurde als nicht zuträglich unterlassen. Dagegen zählt Plutarch (Lyc. 14) und Apophth. Lac. p. 223 außer dem Laufen noch das Ringen, das Diskus- und Speerwerfen auf. Properz (Eleg. III, 14) fügt außerdem noch das Ballspiel, das Radtreiben, Reiten, Jagen, Baden hinzu, und, was das Auffallendste ist, Faustkampf und Pankration. Daß dies reine poetische Dichtung ist, möchten wir nicht mit Manso (Sparta I, 2. S. 162) behaupten; denn Plutarch und die übrigen Schriftsteller, welche das Verbot jener beiden Übungen erwähnen, sprechen blos von der frühern Zeit. Unter der römischen Herrschaft blieben die Spartaner immer noch eifersüchtig auf den Ruhm körperlicher Abhärtung und sie bewahrten ihn durch mancherlei Übertreibungen; so ist es sehr wahrscheinlich, daß sie auch Faust-

6) Daß dort vom Turnen die Rede ist, kann nicht zweifelhaft sein, aber desto dunkler ist das διασχηνῶν, was sich schwerlich in diesem Sinne deuten läßt; man könnte vermuthen διασκεύων; nur wird freilich das Diskuswerfen im Lager sonst nicht erwähnt; vielleicht steckt ἀσκῶν darin.

kampf und Pankration eifrig betrieben, und daß ihnen ihre Weiber hierin nichts nachgeben wollten. Finden wir doch, daß unter dem Kaiser Nero eine lakedämonische Jungfrau mit dem Palfurius Sura, einem vornehmen Römer, einen Ringkampf besteht (s. Schol. *Juvenal.* Sat. IV, 53), und nicht selten war unter den Kaisern die Verkehrtheit, Frauen als Gladiatoren auftreten zu lassen (s. *Lipsius* Satusnal. II. c. 4 und die von ihm übersehenen Stellen *Juvenal.* Sat. I, 23 und VI, 246 sq.) Demnach scheint uns die Nachricht des Properz für seine Zeit nicht unglaublich, und fast möchte man annehmen, er sei, wie Cicero, Augenzeuge gewesen.

Mehr geneigt bin ich die Angabe in Zweifel zu ziehen, daß die Mädchen zu Sparta mit den Jünglingen nackt gerungen haben; denn streng genommen sagt dies Properz gar nicht, sondern nur, daß sie sich unter ringenden Männern nackt, d. h. im bloßen Unterkleide, also wol ebenfalls mit dem Turnen beschäftigt, befanden. Hieraus folgt nur, daß sie an demselben Orte mit den Männern turnten, was grade auch Ovid sagt (Heroid. XVI, 149). Indessen findet sich jene Angabe schon bei Euripides (Androm. 597)[7]) und Nicol. (Sophista progymnas. in den Rhetor. graec. ed. *Walz.* vol. I. p. 276, 27), der vielleicht noch eine andere Stelle des Euripides vor Augen hatte. Bedenkt man, daß die turnenden Spartanerinnen hiernach vielleicht gar nicht einen besondern, weit abgelegenen Turnplatz hatten (denn das einzige Zeugniß, welches O. Müller [Dor. II. S. 314] dafür anführt, die Stelle des Nicol. Damasc. *γυμνάσια ὥσπερ ἀνδρῶν ἐστιν οὕτω καὶ παρθένων*, beweist nur für das Turnen, nicht für den Turnplatz); daß es den Männern daher schwerlich verwehrt war, ihnen zuzuschauen, so kann man sich leicht erklären, wie auffallend dies den lüsternen Athenern sein mußte, die ihre Frauen kaum das Tageslicht erblicken ließen; für die Komiker war das ein ergiebiger Stoff zu anzüglichen Witzen, wovon auch Aristophanes in der Lysistrata einige Proben hat; Übertreibungen machten die Sache noch pikanter; so konnten leicht aus den Zuschauern der Jungfrauen ihre Mitkämpfer werden, und was auf diese Weise einmal gefabelt und unter das Volk gebracht war, das mochte dem Spartanerfeinde Euripides ganz gelegen kommen. Zudem gab es auch analoge Fälle, wie Theopomp z. B. von den Tyrrhenern Ähnliches erzählt (bei *Athen.* XII, 14. p. 517. d. Von den Chioten s. *Athen.* XIII, 2. p. 566. e). So entstanden leicht Fabeln, welche die spätere Zeit in ihrer verkehrten Eitelkeit gern für wahr nahm und wahr machte, wie das erwähnte Beispiel des Palfurius Sura zeigt. Der Vorwurf der Nacktheit gründete sich darauf, daß das dorische, ärmellose Unterkleid der Mädchen etwas kurz und obenein noch an den Seiten, um beim Turnen nicht hinderlich zu werden, aufgeschlitzt war; sodaß leicht bei stärkern Bewegungen die Lenden bis zu den Hüften zu sehen sein mochten und mithin der Spottname der Hüftenzeigerinnen (*φαινομηρίδες*) nicht ohne Grund war. Beim Ringen freilich, wo sich die Jungfrauen nach Art der Männer mit Öl salbten (*Theocrit.* XVIII, 22), muß man wol annehmen, daß auch das Unterkleid noch abgelegt wurde. Wie leicht dies den attischen Witz zum Lachen und Spotte reizen mochte, wußte Platon sehr wohl, als er a. a. O. das Turnen der Weiber empfahl, und er fühlte sich veranlaßt, vorbauend sogleich das unverständige Lachen in strengem Ernste abzuweisen, indem er es mit Pindar's Worten eine unreife Frucht der Weisheit nennt (Polit. V, 6. p. 457. cf. c. 3. p. 452).

Übrigens erreichten die Spartaner ihren Zweck; sie selbst zeichneten sich vor allen Hellenen durch ihre Größe, Kraft und Schönheit aus (s. *Xen.* Rep. Lac. I, 10. V, 9. O. Müller, Dor. II. S. 313), und kein Stamm hat so viele großartige, heroische Weiber an Geist und Körper aufzuweisen; lakedämonische Weiber und thessalische Pferde stellte das griechische Sprüchwort als die besten in ihrer Art zusammen (s. *Athen.* VII. p. 278. E. Jacobs zur Anthol. Vol. II. P. II. p. 500. Coray zum *Heliodor.* Tom. III. p. 117).

Was die Ausartung der Gymnastik bei den Spartanern betrifft, so läßt sich darüber nur das Allgemeine sagen, was oben in dem historischen Überblicke angeführt ist. Jedoch muß nach dem ausdrücklichen Zeugnisse des Aristoteles (Polit. VIII, 3, 3) bemerkt werden, daß zu seiner Zeit, wo die Ausartung noch nicht zu weit von ihrem Beginne entfernt und die Erniedrigung des Volkscharakters noch nicht vollendet war, die falsche Richtung in der Palästrik keineswegs die athletische war, sondern nur eine Übertreibung der alten Richtung, welche eine rohe Wildheit zur Folge hatte (*θηριώδεις τοῖς πόνοις ἀπεργάζονται*), nicht den wahren, schönen Muth eines tüchtigen Mannes. Dies Urtheil war vielleicht etwas zu streng für die Zeit des Aristoteles; er scheint das auch selbst gefühlt zu haben, doch machte es wenigstens die Folgezeit wahr. Nur noch einmal schien Sparta sich zu der alten Tüchtigkeit wieder erheben zu wollen; aber der edle, sanfte Agis erlangte in jugendlicher Begeisterung nur den Ruhm eines schönen Strebens und frühen Tod; der energischere Kleomenes stellte wirklich die alte Zucht wieder her (*Plut.* Cleom. c. 11); aber auch sein Leben war nur eine kurze Tragödie; bei Sellasia fielen Lykurg's nachgeborene Zöglinge, um nie wieder zu erstehen; die römischen Waffen thaten das Übrige. So finden wir Sparta, abgesehen von einer schwachen Reminiscenz an den frühern Ruhm, auf gleicher Stufe mit den übrigen Griechen. Die öffentliche Erziehung verschwand, bis auf wenige Namen; die Bidiäer kommen noch in Inschriften aus der röm. Kaiserzeit vor, auch die Buagen, nur haben diese eine ganz andere Bedeutung; sie sind nicht mehr selbst noch der allgemeinen Zucht unterworfen, sondern

---

7) Diese Stelle berücksichtigt der Scholiast zu Aristides (T. III. p. 479. ed. *Dindorf*). Aber in den Worten: *Ὁ Λυκοῦργος νομοθετεῖ γυμνάζειν τὰς γυναῖκας, καὶ εἰς παλαίστρας καὶ νόμους φοιτᾶν, ἵνα τυγχάνωσι γενναιότεραι*, ist offenbar *νόμους* ein Fehler; es ist *δρόμους* zu lesen. Übrigens ist zu bemerken, daß Platon (Polit. V, 3. p. 452) *γυμνὰς τὰς γυναῖκας ἐν ταῖς παλαίστραις γυμναζομένας μετὰ τῶν ἀνδρῶν* als etwas bis dahin Unerhörtes bezeichnet, und das *μετὰ* drückt doch nur die Gemeinschaft des Ortes aus.

sind Männer mit irgend einer unbekannten gymnastischen Function. Eine Inschrift (bei *Boeckh.* Corp. Inscriptt. n. 1553) erwähnt drei Vorsteher im Gymnasium (*οἱ προστάντες ἐν τῷ γυμνασίῳ*), eine andere (ib. nr. 1429) nennt einen Vorsteher der Knaben bei Festspielen (*ἐπιστάτης*), der wahrscheinlich als Turnlehrer zu betrachten ist. Ein Aliptes als Lehrer der Athleten findet sich in zwei Inschriften (nr. 1383 und 1384), und schon daraus läßt sich abnehmen, daß die Athletik auch in Sparta Eingang gefunden hatte; auch kommt das Pankration vor in den Inschriften nr. 1421 und 1428. Von andern Übungen wird noch erwähnt das Pentathlon der Knaben in nr. 1418; das Ringen der Knaben in nr. 1429, der Unbärtigen (*ἀγενείων*, die zwischen Knaben und Epheben in der Mitte stehen, wie sonst die *μελλείρενες*) in nr. 1424 und 1425), der Männer in nr. 1427 und 1431; endlich das Wettreiten der Knaben (*τὸ παιδικὸν κέλητι νικήσας*) in nr. 1416. Alles dies sind Wettkämpfe, die bei verschiedenen Festen vorkommen. Von den Laufübungen auf dem Turnplatze, als noch zu seiner Zeit fortbestehend, spricht *Paus.* III, 14, 6. Die außerdem noch erwähnten Gymnasiarchen und Agonotheten hatten ohne Zweifel dieselbe Stellung, wie sie unten bei den Athenern besprochen werden wird.

Nur über die Turnplätze der Spartaner haben wir noch das Wenige zu erwähnen, was darüber bekannt ist. Obgleich sie sich nie durch ihre Baukunst sehr ausgezeichnet haben, so ist doch die schon oben erwähnte Angabe nicht unglaublich, daß sie zuerst Gymnasien gehabt haben sollen. Sie brachten ihre Palästrik gewiß schon bei der Einwanderung in den Peloponnes mit, und werden also damals wenigstens solche geebnete Plätze angelegt haben, wie wir sie bei Homer finden, der ein *τυκτὸν δάπεδον* erwähnt (Od. IV, 627. XVII, 169), und bei den Phäaken befindet sich dieser Platz auf dem Markte (Od. VIII, 109). Ob nun etwa Lykurg bei der festern Gestaltung der Gymnastik auch bedeckte Räume hat aufführen lassen, darüber haben wir keine Nachricht; indessen mag dies Bedürfniß in Sparta wol eher gefühlt sein, als anderswo, da sie sich ja Anfangs in der Gymnastik grade deshalb so auszeichneten, weil diese von den übrigen Griechen nicht getrieben wurde; wenigstens behauptet das Aristoteles (Polit. VIII, 3, 4). Daß aber ihr Turnplatz ursprünglich nicht bebaut war, und daß, wie schon oben bemerkt, die vorherrschende Übung, welche sie daselbst anstellten, der Lauf war, zeigt der althergebrachte Name desselben, *Δρόμος*, der ihnen mit den Kretern gemeinschaftlich ist (s. *Pausan.* III, 14, 6. *Suidas* s. v. O. Müller, Dor. II. S. 304), und den daher auch Xenophon in der Cyropädie, wie so vieles Spartanische, auf die Perser überträgt (II, 3, 22). Die später innerhalb dieses Platzes gebauten Gymnasien erwähnt Pausanias (l. c.), ohne sie näher zu beschreiben; selbst die Lage ist aus ihm nicht näher zu bestimmen; jedoch muß nach Livius (XXXIV. c. 27) der Dromos nicht in der Stadt gelegen haben, sondern vor derselben, nahe am Eurotas, an welchen öfter von den Alten die Turnübungen der Spartaner gesetzt werden (*Eurip.* Hippol. 229. sq. *Theocrit.* Id. XVIII, 23. *Propert.* III, 14, 17). Auch hatte man überhaupt gern einen Fluß zum Baden in der Nähe der Gymnasien. Außerdem läßt sich vermuthen, daß der Dromos zu derjenigen der sechs *κῶμαι*, aus welchen Sparta bestand, gehörte, welche Pitana hieß, und als die vornehmste von allen wahrscheinlich der Sitz des königlichen Geschlechts der Herakliden war; denn Pausanias (l. c.) gibt an, daß in der Nähe des Dromos das Grabmal der Könige aus dem Hause des Agis war und dicht daran auch das Haus des Menelaus, als dessen Stadt Euripides (Troad. 1118) grade Pitana nennt; jenes Haus lag wahrscheinlich auf dem Menelaischen Berge am Eurotas (*Liv.* l. c. c. 28). Es ließen sich dafür noch andere Gründe anführen, die ich hier übergehen muß. (Vgl. meine Bemerkung zu *Xen.* de Rep. Lac. XI, 5. p. 203 sq.)

Daß es, zumal in späterer Zeit, noch andere Turnanstalten gegeben hat außer dem genannten Dromos, ist wahrscheinlich; aber es ist darüber nichts Näheres bekannt, denn sehr unbestimmt sind die *παλαῖστραι* bei Platon (Theaet. p. 162) und die *στοά* bei Plutarch (Cim. 16).

Von den mit Sparta zunächst verwandten Staaten ist zuerst Kreta zu nennen, wo seit uralter Zeit eine Lebensordnung herrschte, die mit der spartanischen die größte Ähnlichkeit hatte. Dies kann gewiß auch insonderheit von der Palästrik gelten, obgleich uns darüber nur sehr wenig bekannt ist. Im Allgemeinen versichern die Alten, daß die kretische und spartanische Erziehung auf dasselbe Ziel, die Erweckung kriegerischer Tapserkeit, gerichtet gewesen sei; körperliche Abhärtung und gymnastische Ausbildung waren dabei Hauptsache in beiden Staaten, ebenso war die Öffentlichkeit der Erziehung gemeinschaftlich und gewiß auch vieles Einzelne in äußern Formen und Einrichtungen. Namentlich wissen wir, daß auch die kretische Jugend in Rotten (*ἀγέλαι*) getheilt war, deren jede einen Rottenführer (*ἀγελάτης*) hatte. Auch war die Gymnastik ein Eigenthum der bevorrechteten Bürger; den Sklaven war sie, wie der Besitz von Waffen, ausdrücklich verboten (*Aristot.* Polit. II, 2, 12). Die Jagd war eine der vornehmsten Beschäftigungen; dazu kamen Kämpfe, ähnlich denen der spartanischen Ritter, wo man sich mit Fäusten und Knütteln (*πὺξ καὶ ξύλοις*) schlug, unter Begleitung von Saiten- und Blasinstrumenten, wie sie auch mit Saitenspiel in die Schlacht gingen (*Athen.* XIII. c. 24). Die Sitte nackt zu turnen, welche, wie oben bemerkt, von den Spartanern eingeführt sein soll, war wol schon früher bei den Kretern vorhanden, wie Platon bezeugt (Polit. V. c. 3. p. 452); jedoch wird allerdings die allgemeine Verbreitung der Sitte wol von dem weit einflußreichern Beispiele der Spartaner herzuleiten sein.

Von den einzelnen Turnübungen war auch bei den Kretern die wichtigste der Lauf; daher, wie schon gesagt, ihr Gymnasium *δρόμος* hieß; auch galt ihre Göttin Britomartis für eine besondere Freundin des Laufs und der Jagd (*Paus.* II, 30, 3). Die Knaben und Jünglinge turnten abgesondert von den Männern, welche ihren *δρόμος* für sich hatten; daher hießen jene *ἀπόδρομοι*; die

nnet aber, welche schon zehn Jahre den δρόμος be-
t hatten, hießen δεκάδρομοι (s. *Hesych.* s. v. *Eu-*
'h. ad *Hom.* Il. VIII. p. 727. l. 16—25. ad
rm. VIII. p. 1592. l. 55. p. 1786. l. 56. D.
iller Dor. II. S. 304). Auch lieferte Kreta zu hei-
n Spielen nicht wenige Sieger im Dauerlauf (δολιχο-
μοι) (s. *Xenoph.* Anab. IV, 8, 27), nur nach Olym-
scheinen sie wenigstens zu Pindar's Zeit nicht gekom-
zu sein (s. *Boeckh.* ad *Pind.* Ol. XII. p. 210). Die
rrhiche wurde in Kreta fleißig getanzt, und daß sie
recht eigentlich heimisch war, ist nicht zweifelhaft;
auf die etymologischen Deuteleien, wonach bald Pyr-
, Achill's Sohn, bald Pyrrhichus, ein Lakonier, als
nder genannt wird, ist nichts zu geben. Als kretische
ndung betrachtet den Tanz Strabon (X p. 480).
t sind die Kureten und Korybanten mit ihren Tän-
zu Hause, und namentlich von den erstern sagt Dio-
s von Halikarnaß (VII. c. 72), daß sie mit der Pyr-
e den jungen Zeus erfreuten.
. Ähnliche Einrichtungen wie in Sparta, fanden natür-
ursprünglich auch in den davon ausgegangenen Colo-
statt, so lange dieselben nicht ausarteten, in Tarent,
ra, Kyrene. Von Tarent war der berühmte Gym-
Ikkos, der vorher Wettkämpfer gewesen, und als Sie-
im Pentathlon durch eine Statue zu Olympia geehrt
(*Paus.* VI, 10, 6. *Perizon.* ad *Aelian.* V. H.
3. *Heindorf.* ad *Plat.* Protag §. 20. p. 316 d).
n andern tarentinischen Sieger im Stadium und Dop-
uf erwähnt Pausanias (VI, 14, 11). Von Kyrene
entlich wissen wir, daß dort eine den 300 spartani-
Rittern entsprechende Altersclasse bestand, die τριά-
οι genannt (s. *Hesych.* s. v. et Interpr.); es wird
also wahrscheinlich die Jugend ebenfalls in Rotten
eilt gewesen und auf ähnliche Art erzogen sein. Pin-
nennt Kyrene κλεινὰν ἀέθλοις (Pyth. IX, 72), und
die Jagd dort fleißig geübt wurde, läßt der Mythus
v. 20 sq.) vermuthen. Wie durchgreifend überhaupt
gymnastische Bildung erstrebt wurde, sieht man am
lichsten daraus, daß auch das weibliche Geschlecht dar-
Theil hatte; namentlich bestanden Wettläufe der Jung-
en (s. *Boeckh.* ad *Pind.* l. c. p 328). Auch hat-
die Kyrenäer nicht wenige Sieger in den heiligen Spie-
(s. *Paus.* X, 2, 3. 3, 1. VI, 8, 3. 12, 2. *Aelian.*
H. X, 19. *Pind.* Pyth. 9). Die Hoplomachie war
hnen von Mantinea aus verpflanzt, s. unten.
Über Messenien fehlt es überhaupt an Nachrichten,
entlich aber in Bezug auf Palästrik. Diese wurde
) der dorischen Einwanderung wol nicht vernachlässigt;
ß kam es dort nicht zu einem geregelten, in ruhiger
nung sich haltenden Leben. Daher war die Erziehung
Jugend gewiß nicht mit Sorgfalt geordnet. Beim
bruche der messenischen Kriege waren die Messenier
weniger in den Waffen geübt als die Spartaner (s.
s. IV, 6 fin. 7, 1); jedoch war grade in der neunten
mpiade, in deren zweitem Jahre diese den ersten An-
machten, ein Messenier, Xenodokos, Sieger im Sta-
n gewesen. Die lange und harte Herrschaft der Spar-
r und die späteren wechselvollen Schicksale der Messe-

nier ließen unter ihnen die Palästrik wol erst zu der Zeit zu einigem Bestand kommen, als dieselbe auch bei den übrigen Griechen über ihre Blüthe hinaus war. Über ihre olympischen Siege bemerkt Pausanias (VI, 2, 10, 11), daß sie darin das Glück verlassen habe, als sie aus dem Peloponnes entweichen mußten, und daß sie es erst bei ihrer Rückkehr wiederfanden.

Nicht viel mehr wissen wir von den übrigen dorischen Staaten zu sagen. Argos besaß ein berühmtes Gymnasium, Kylarabis, das bei verschiedenen Ereignissen erwähnt wird (s. *Phot.* Lexic. s. v. *Hesych.* II. p. 373). Es lag außerhalb der Stadt, nicht ganz 300 Passus von ihr entfernt; neben ihm hin führte ein Weg zu einem Thore (*Liv.* XXXIV, 26 *Plut.* Cleom. c. 17, 26. Pyrrh. c. 32, nicht das dort erwähnte Thor Diamperes ist das hier gemeinte, sondern ein anderes). Über die Schreibart des Namens s. Grävius und Geßner zu *Lucian.* Apolog Tom. III. p. 578 ed. Bipont. und Bähr zu *Plut.* Pyrrh. c 32. Der Name rührt her von einem argivischen Könige Kylarabos, dem letzten der Anaxagoriden, welchem Orestes folgte; jener hatte nebst seinem Vater Sthenelos ein Grabmal in dem Gymnasium, auch befand sich darin eine Statüe der Athene Pania, und dicht dabei ein allgemeines Grabmal für die Argiver, welche an der Expedition der Athener nach Sicilien Theil genommen hatten (*Paus.* II, 22, 9). Derselbe Schriftsteller erwähnt eine Statüe, dem Schnellläufer Ladas zu Ehren in einem Tempel der Aphrodite aufgestellt, und eine Statüe des epidamnischen Faustkämpfers Kreugas II, 19, 7. 20, 1. VIII, 40, 3. In dem Theater stand eine Statüe des Perilaos, der den Spartaner Othryadas besiegt und zu Nemea als Ringer den Preis errungen hatte (*Paus.* II, 20, 7). Den Sieg eines andern argivischen Ringers, des Theaos, besingt Pindar (Nem. X). Überhaupt als gute Ringer rühmt die Argiver Theokrit (Id. XX, 109. Vergl. Jacobs zur Anthol. T. I. P. II. p. 163. T. II. P. I. p. 107, zum Delectus Epigramm. p. 76. *Senec.* Herc. fur. 1124) und an diesen Stellen wird zum Theil der gymnastische Ruhm der Argiver ebenso in die mythische Zeit zurückgeführt, wie der Urheber ihres Gymnasiums.

Übrigens hatte, wie es scheint, die Palästrik bei den Argivern nicht den Nutzen für die Ausbildung aller Bürger zu kriegerischer Tüchtigkeit, wie in andern Staaten; vielmehr scheinen sie die ersten zu sein, die statt der Söldner, welche späterhin die gesunkene Wehrhaftigkeit der Bürger stützen mußten, aus sich selbst eine Schar von 1000 jungen Männern wählten, die auf öffentliche Kosten erhalten wurden, damit sie Muße hätten, sich ausschließlich mit kriegerischen Übungen zu beschäftigen. Im dreizehnten Jahre des peloponnesischen Krieges hatte diese Einrichtung schon seit langer Zeit bestanden (*Thucyd.* V. c. 67). Wenig genauer setzt sie Pausanias in die Zeit, wo die Spartaner sich noch nicht mit Unternehmungen außerhalb des Peloponnes befaßten und durch ihre fortwährenden Angriffe auf das Gebiet der Argiver der Haß zwischen beiden Staaten aufs Höchste gestiegen war; als den ersten Anführer der 1000 nennt er den durch eine Schandthat bekannten Bryas (*Paus.* II. c. 20, 1, 2. Vergl. *Diod. Sic.* XII, 75 fin. Eine ähnliche Einrichtung findet sich später bei den Thebanern in der nur aus 300 Mann bestehenden heiligen Schar (s. *Plut.* Pelop. c. 18). Ferner bei den Phliasiern, welche damit den Rath des Agesilaus befolgten und sich durch diese aristokratische Einrichtung um so fester den Spartanern anschlossen (*Xenoph.* hist. gr. V, 3, 17).

Von den Festspielen, welche zu Argos gefeiert wurden, sind besonders zu erwähnen die Heräen; für sie war ein eigenes Stadium bestimmt, in dem außerdem auch ein Wettkampf zu Ehren des nemeischen Zeus stattfand. Dieses Stadium lag an dem Wege, welcher zu der hohen Burg Larissa führte; eine besondere Höhe hieß Deiras, wo Apollon Deiradiotes einen Tempel hatte; an diese schloß sich ein Heiligthum der scharfsehenden Athene und eben jenes Stadium (*Paus.* II, 24, 2). Es ließe sich vermuthen, daß dies ebenfalls auf einer gesonderten Höhe gelegen war, welche den Namen Aspis führte; indessen scheint die Angabe des Plutarch (Cleom. c. 17 fin. cf. c. 21 et Pyrrh. c. 32), daß es ein schwer zugänglicher Ort oberhalb des Theaters gewesen sei (wovon s. *Paus.* II, 20, 7), damit in unvereinbarem Widerspruche zu stehen. Diese Heräen heißen auch Hekatombäen, und der Preis bestand in einem argolischen Schilde (ἡ ἐξ Ἄργους ἀσπίς), welcher oft in Inschriften erwähnt wird (s. *Spanheim.* ad *Callim.* Hymn. in Pallad. 35. p. 570. Böttiger, Kunstmythologie der Juno. S. 130 fg. *Boeckh.* ad nr. 1124 im Corp. inscr. P. IV. sect. II, zu nr. 234. P. II. cl. V., ad *Pind.* p. 175. *Ignarra* de Pal. Neapol. IV, 6) Daß auch Nemeen zu Argos gefeiert wurden, ist aus Pausanias schon erwähnt; eine Zeit lang hatten die Argiver auch Antinoeen (s. *Boeckh.* l. c.) und stifteten zu Ehren der römischen Kaiser Sebasteen, welche erwähnt werden im Corp. inscr. nr. 1123. Außerdem hatten sie zu Nemea bei den heil. Spielen den Vorsitz, wenn auch nicht unbestritten und ununterbrochen, eine kurze Zeit auch bei den Isthmien (s. *Xenoph.* hist. gr. IV, 5, 1). Zu Epidaurus waren berühmt die Festspiele zu Ehren des Asklepios (s. Corp. inscr. nr. 1171, 1515 u. a.).

Von den übrigen dorischen Staaten und ihren Colonien würden sich nur einzelne ungenügende Notizen beibringen lassen, wie sie sich z. B. über die Gymnasien von Korinth finden bei Pausanias (II, 2, 4., [vergl. *Diog. Laert.* VI, 77] II, 4, 5), Pindar (Ol. XIII) preist Korinth und den Korinthier Xenophon, der im Stadium und Pentathlon gesiegt hatte; über Sicyon (*Paus.* II, 10, 1. 7. 11, 8.); über Phlius (*Xen.* hist. gr. V, 3, 17); über Megara (*Paus.* I, 44, 2); über den Megarenser Orsippus, der zuerst zu Olympia ohne Gürtel lief (das. §. 1. *Boeckh.* Corp. inscr. zu nr. 1050 P. III. p. 553—555). Die Festspiele zu Megara berührt Pindar (Ol. VII, 86 [159], s. das. *Boeckh.* explicat. p. 176).

Ägina's gymnastische Bestrebungen haben den schönsten Lohn gefunden durch die zahlreichen Siege, welche von ihnen errungen und von Pindar gefeiert wurden; wir haben von diesem nicht weniger als eilf Hymnen, in denen vier Sieger im Ringkampfe, vier im Pankration, einer im Pentathlon und einer im Stadium gepriesen werden (Ol. 8. Pyth. 8. Nem. 3—8. Isthm. 4, 5, 7). Von den Athleten, welchen zuerst Statuen in Olympia errichtet wurden, war einer ein äginetischer Faustkämpfer (*Paus.* VI, 18, 7). Außerdem erwähnt Pausanias noch drei Ringer, welche Statuen bekommen hatten (VI, 9, 1. 3. 14, 1).

Die gymnischen Festspiele zu Ägina erwähnt *Pind.* Ol. VII, 86 (157). s. das. *Boeckh.* p. 176. Über das Stadium s. *Pausanias* II, 29, 11.

Besonders würdig ihrer Abkunft zeigten sich die dorischen Colonien in Kleinasien, die dorische Pentapolis, Rhodus, Kos und Knidus, indem sie die Palästrik sehr fleißig betrieben, und zwar nicht ohne sich dadurch für den Krieg zu rüsten. Einen glänzenden Beleg davon gibt der Rhodier Diagoras mit seiner Familie, den Pindar preist (Ol. VII); seine zahlreichen Siege im Faustkampfe werden dort v. 81—87 (146—160) aufgezählt. Er stammte von Seiten seiner Mutter aus Messenien, von der Tochter des Aristomenes. Von seinen drei Söhnen siegten Akusilaus im Faustkampfe, Damagetus und der jüngste Dorieus im Pankration, und zwar der letztere drei Olympiaden hinter einander; derselbe hatte außerdem bei den Isthmien acht, bei den Nemeen sieben Siege, bei den Pythien einen ohne Kampf errungen. Die beiden ältern Söhne hatte Diagoras nach Olympia begleitet, und als nun die Sieger ihren Vater durch die Versammlung trugen, da warfen die Hellenen Blumen auf ihn und priesen ihn glückselig wegen seiner Söhne. Aber auch seine Enkel, die Söhne seiner Töchter, erlangten gleichen Ruhm, namentlich die beiden Söhne der Kallipateira, Eukles, der als Mann, und Peisirhodos, der als Knabe im Faustkampfe siegte. Den letztern hatte Kallipateira selbst nach Olympia begleitet unter der Maske seines Gymnasten; als Weib erkannt wurde ihr die Todesstrafe erlassen, die sonst gesetzlich bestimmt war für die sich einschleichenden Weiber, aus Rücksicht auf die olympischen Siege ihres Vaters, ihrer Brüder und Söhne.

Auch als Bürger haben Peisirhodos und Dorieus eine Rolle gespielt; von ihren politischen Gegnern aus Rhodus vertrieben gingen sie nach Thurii in Italien und mußten sich zu Olympia als Thurier ausrufen lassen. Dorieus kehrte später zurück und nahm so eifrig für die Spartaner Partei, daß er mit eigenen Schiffen gegen die Athener kämpfte, die deshalb höchst erbittert auf ihn waren; er wurde gefangen; sein Schicksal schien unzweifelhaft; aber seine Gestalt und sein Ruhm machten einen solchen Eindruck auf die Athener, daß sie ihn unangetastet frei ließen. Die Nachricht, daß er später, als Rhodus in seiner Abwesenheit zu den Athenern übergetreten war, von den Spartanern mit der undankbarsten Rücksichtslosigkeit ermordet worden sei, wird von Pausanias bezweifelt (s. VI, 7, 1—6, vergl. V, 6, 7. 8. VI, 6, 2. Schol. ad *Pind.* Ol. VII). Bewundernswürdig war auch ein anderer Rhodier, Leonidas, der vier Olympiaden hindurch sich als Läufer auszeichnete und zwölf Siege erlangte (*Paus.* VI, 13, 4). Nikasylos aber kam, 18 Jahre alt, nach Olympia, um unter den Knaben zu ringen; das wurde ihm aber nicht gestattet; er wurde unter die Män-

fetzt und siegte, und zwar nicht blos in Olympia,
n auch in Nemea und auf dem Isthmus; aber noch
: nach Rhodus zurückkehrte, starb er 20 Jahre alt
. VI, 14, 2).
lber die Gymnasien auf Rhodus f. Sueton (Tiber.
). Über die Spiele zum Andenken an Tlepolemus
r (Ol. 77 [142]; das. Schol. und *Boeckh.* ex-
p. 174).
luf Kos trug gewiß, wenn wir nach Hippokrates
n dürfen, die Schule der Ärzte viel zu einer zweck-
n Betreibung der Gymnastik bei. Von hier war
ufer Philinos, der in den vier heiligen Spielen zu-
n 24 Siege gewonnen hatte (*Paus.* VI, 17, 2.
Sieger f. das. 14, 12).
Die dorischen Colonien in Sicilien, Syrakus, Gela,
nt, Camarina, Megara rc. haben ebenfalls die Pa-
nicht vernachlässigt; es bildete sich sogar im Rinne eigene sicilische Methode (*Aelian.* V. H. XI, 1).
jedoch die Erziehung nicht den durchgreifenden Ein-
atte, wie in andern Staaten, zeigt der ewige schroffe
el zwischen wilder Demokratie und unbeschränkter
nis, der denn wieder die Erziehung verdarb. Die
nen setzten ihren Ehrgeiz in Pferde und Wagen
rrangen damit viele Siege. Doch fehlt es auch
an andern Siegern, z. B. von Agrigent (*Aelian.*
II, 8).
Von Syrakus f. *Paus.* VI, 2, 6. 3, 11. 13, 1.
, 8. Über die dortige Paläſtra und das Stadium
. XV. p. 716. B. C. ed. *Casaub.* Einen inter-
n Rechtsfall über ein Vermächtniß zur Verzierung
lästra mit Statuen findet man bei *Cic.* in Verr.
. §. 36. Über den späteren Luxus der Syrakuſier
nan *Tacit.* Ann. XV, 49 vergleichen.
Nicht viel mehr läßt sich von den Arkadiern sa-
In ihrem rauhen und düsteren Lande und Klima,
bedeutende Städte und größere Vereinigungspunkte,
n Luxus hätten befördern können, waren sie einfache,
e Menschen, ohne bedeutende geistige Anregungen,
rwiegender Neigung zu körperlicher Tüchtigkeit, die
zur rohen Wildheit ausartete, wo nicht die Musik,
deshalb mit außerordentlichem Eifer betrieben, mil-
eintrat. Die Cynäthenser verwilderten förmlich und
n auf die rohesten Greuel, weil sie die Musik ver-
figten. Aber auch die übrigen Arkadier, obgleich
Einfachheit ihrer Sitten bewahrten und durch Gast-
schaft und Gottesfurcht berühmt waren, hatten doch
orwaltende Neigung zum Kriege und zu kriegerischen
en; kein anderer griechischer Stamm lieferte so zahl-
Scharen, die als Söldner jedem Herrn dienten; in
nea war die namhafteste Schule der Waffenübun-
a eben dort soll Demeas die Hoplomachie erfunden
(f. *Ephorus* ap. *Athen.* IV, 13. p. 154 d). All-
waren die Übungen in Märschen und Tänzen,
für beide Geschlechter (f. *Polyb.* IV. p. 289. C.
1. ed. *Casaub.*). Demnach darf man im Allge-
wol annehmen, daß die Arkadier weniger zur Aus-
g der palästrischen Kunst als der militärischen Fer-
beigetragen haben. Jedoch fehlte es ihnen nicht an be-

rühmten Kampfspielen (über die Lykäen f. *Boeckh.* ad *Pindar.* p. 175 im Corp. inscr. zu P. IV. Sect. IV. nr. 1515). In Tegea waren die Aleäen, zu Ehren der Athene Alea (f. *Paus.* VIII, 47, 4. Corp. inscr. l. c.), wo aber Böckh weniger passend *Paus.* VIII, 23, 1 anführt; ferner feierten die Tegeaten Halotia (f. *Paus.* VIII, 47, 4 und was ich zu *Polyaen.* strategg. I, 8 bemerken werde); Olympia, die Corp. inscr. nr. 1513 erwähnt werden und an denen außer den Bürgern auch Metöken Theil nahmen. In Mantinea gab es Antinoeen (*Paus.* VIII, 9, 8. 10, 1) in Pheneos Hermäen (*Paus.* VIII, 14, 10). In den großen heiligen Spielen hatten die Arkadier viele Sieger, besonders im Faustkampfe; Nikodoros, ein Faustkämpfer, wird als Gesetzgeber der Mantineer genannt (*Aelian.* V. H. II, 23).

In Achaia wird bei ruhigem Bestand einer gesetzlichen Ordnung auch die Paläſtrik nicht versäumt sein; Näheres ist darüber nicht bekannt; jedoch gibt es mehre achäische Sieger in den heiligen Spielen und Kratinos aus Ägeira war zu seiner Zeit der schönste und zugleich schulgerechteste Ringer (*Paus.* VI, 3, 6).

Was wir von Elis wissen, bezieht sich vorzugsweise auf die olympischen Spiele, von denen hier nicht die Rede sein kann. Bei der gerühmten Vortrefflichkeit der Verfassung, welcher sich die Eleer erfreuten, läßt sich annehmen, daß für die Erziehung ihrer Jugend bestens gesorgt war. Die Nähe der olympischen Spiele, ihr Vorsteher- und Richteramt dabei war ein großer Antrieb, sich mit allem Fleiße der Athletik zu ergeben, und sie hatten eine große Menge von Siegern aufzuweisen. Selbst für ihre Jungfrauen bestand am Feste der Heräen ein feierlicher Wettkampf im Lauf (f. *Paus.* V, 16, 2 sq.). Jedoch, obgleich auch die Hoplomachie bei ihnen nicht versäumt zu sein scheint (f. Corp. inscr. P. IV. Sect. IV. nr. 1541), so hinderte sie doch der Gottesfriede, unter dem ihr Land stand, und ihr großer Reichthum (f. *Xenoph.* hist. gr. III, 2, 26. 27), sich zu tüchtigen Kriegern auszubilden; sie wurden als Soldaten verachtet (*Xen.* hist. gr. VII, 4, 30), und als sie daher einmal unerwarteter Weise einen glänzenden Sieg über die Arkadier, Argiver und Athener erfochten, glaubte Xenophon (l. c. §. 32) den Grund davon in unmittelbarer Inspiration des Zeus suchen zu müssen.

Stammverwandt mit den Eleern sind die Böoter, welche die äolische Eigenthümlichkeit am deutlichsten ausgeprägt haben; in Bezug auf die Paläſtrik freilich fehlt es uns dafür an genaueren Belegen. Die übertriebene Knabenliebe, welche hauptsächlich in den Gymnasien ihre Nahrung fand, war ihnen mit den Eleern gemein (f. oben d. Art. Päderastie *Plat.* Sympos. p. 182. b., das. Stallbaum und Rückert. *Xen.* Sympos. VIII, 34. Rep. Lac. II, 12 [13]. *Cic.* Rep. IV, 4. *Plutarch.* de puer. educ. c. 15). Es ist daher sehr glaublich, daß die 300 Auserlesenen, welche die schon oben erwähnte heilige Schar bildeten, und welche in der Kadmea einquartirt auf öffentliche Kosten erhalten wurden, um sich in voller Muße mit allen kriegerischen Übungen zu beschäftigen, aus Liebenden und Geliebten bestanden (*Plut.* Pelop. c. 18. *Athen.* XIII, 12. p. 561. f., vergl. *Aelian.* V. H. XIII, 5). Das leidenschaftliche maßlose Wesen der Böoter, das durch das von ihnen fleißig betriebene Flötenspiel nicht hinlänglich gebändigt werden konnte, zeigte sich rücksichtlich der Paläftrik einerseits darin, daß oft von den Gymnasien Raufereien und Parteiungen ausgingen (*Plat.* Legg. I. p. 636. b.), andererseits darin, daß durch einseitige Übertreibung der athletischen Richtung der praktische Nutzen für den Krieg verloren ging, wogegen zu eifern Epaminondas sich veranlaßt fand (f. *Diod. Sic.* XV, 20. *Corn. Nep.* Epam. c. 5, vergl. *Plut.* Pelop. c. 7).

Daß die Thebaner ausgezeichnete Ringer waren, wie Epaminondas dies gegen die Spartaner benutzte, und wie diesem Umstande der Sieg bei Leuktra zugeschrieben wird, ist oben bemerkt. Daher haben die Thebaner auch bei den heiligen Spielen mehre Sieger im Ringkampf aufzuweisen, wie den Knaben Agenor (f. *Paus.* VI, 6, 2); besonders aber den ausgezeichneten Kleitomachos, der bei den Isthmien an demselben Tage im Ringen, Faustkampf und Pankration siegte und sich auf ähnliche Weise bei den Pythien und Olympien hervorthat (f. *Paus.* VI, 15, 3—5). Im Stadium der Knaben siegte der Orchomenier Asopichos, den Pindar (Ol. XIV), der Thebaner Thrasydäus, den er Pyth. XI. besingt; auf zwei Pankratiasten von Theben beziehen sich Isthm. III und VI. (VII). Die Thebaner hatten ein Gymnasium und Stadium, die dem Herkules geweihet waren, am elektrischen Thore, an dem Tempel des Herkules, und ein anderes Gymnasium und Stadium, dem Iolaos geweiht, vor dem prötidischen Thore (f. *Paus.* IX, 11, 7 und 23, 1. In Tanagra war das Gymnasium ohne Zweifel dem Hermes Promachos, geweiht welcher einst die Epheben zum Siege über die Euböer geführt haben sollte (*Paus.* IX, 22, 2). Von öffentlichen Wettkämpfen erwähnen wir die Pamböotia (im Corp. inscr. P. V. Cl. II. nr. 1588), wo jedoch nur ein militairischer Wettkampf der Reiterei erwähnt wird. Zu Lebadea wurden Basilia, zu Platää Eleutheria gefeiert (f. Böckh das. zu nr. 1589, zu Thespiä Erotidia; f. *Paus.* IX, 31, 3. Corp. Inscr. nr. 1590, 1591 und P. IV. Sect. III. nr. 1430. das. Böckh). Von dem außerordentlichen Aufwande, welcher auf das Gymnasium und die Ptoia, ein Fest des Apollon zu Akräphiä noch im 3. Jahrh. von einem reichen Manne, Epaminondas, verwendet wurde, gibt die Inschrift im Corp. inscr. P. V. Cl. V. nr. 1625 einen interessanten Beleg.

Von gymnastischen Behörden sind uns keine weiter bekannt als die Agonotheten, die öfter in Inschriften genannt werden, wie der eben erwähnte Epaminondas.

Die Thessaler standen ungefähr mit den Böotern auf gleicher Stufe, und es wird daher auch ihre Paläftrik denselben Charakter gehabt haben. Ein kolossales Beispiel davon gibt zur Zeit des peloponnesischen Krieges Pulydamas, der Skotussäer, der unbewaffnet einen Löwen auf dem Olymp würgte, der den größten und wildesten Stier in einer Heerde so fest bei den Hinterbeinen hielt, daß er ihm die Klauen abriß, der einen Wagen mit den Pferden im vollen Laufe zum Stehen brachte, indem er ihn mit einer Hand hinten festhielt[8]), der vor dem Perserkönige Darius II. mit drei auserwählten Persern zugleich kämpfte und sie tödtete, der endlich in einer einstürzenden Höhle umkam, deren Decke er halten wollte. Er war ein Pankratiast von übermenschlicher Größe (f. *Paus.* VI, c. 5). Einen thessalischen Knaben, Sieger im Doppellaufe, feiert Pindar (Pyth. X). Im Ganzen war die Paläftrik der Thessaler wol noch weit weniger auf den Krieg berechnet als die der Böoter; sie waren ausgezeichnete Reiter, und ihre meisten Siege bei den heiligen Spielen haben sie mit Pferden und Wagen errungen, woran es jedoch auch die Böoter nicht fehlen ließen. Die entgegengesetzte Richtung verfolgte Jason, der Tyrann von Pherä, zur Begründung seiner militairischen Herrschaft über ganz Thessalien, wohl wissend, daß in jeder einzelnen Stadt immer nur wenige turnten (*Xen.* hist. gr. VI, 1, 5). Seine 6000 Söldner dagegen waren vortrefflich geübt und er selbst gab ihnen ein ausgezeichnetes Muster (f. *Xen.* l. c. §. 6, vergl. *Polyaen.* strategg. VI, 1, 7). Gymnische Kämpfe zu Phthia erwähnt Pausanias (VI, 11, 5).

Von den Phokiern ist fast nichts zu sagen. Die Bewohner von Daulis zeichneten sich unter ihnen aus durch Größe und Stärke, vielleicht wegen einer Verwandtschaft mit den alten dauliſchen Thrakern (*Paus.* X, 4, 7). Die Stadt der Panopenser hatte kein Gymnasium (f. *Paus.* X, 4, 1), dagegen waren zwei in Antikyra, ein altes und ein neues, in welchem sich Bäder befanden (*Paus.* X, 36, 9), wo auch ein Pankratiast, der in Olympia gesiegt hatte und hier durch eine Statüe verewigt war, erwähnt wird. Aus Parapotamioi war der Knabe, der zuerst in den Pythien als Faustkämpfer gesiegt hatte (*Paus.* X, 33, 8). Von den pythischen Spielen zu Delphi ist an einem andern Orte zu handeln.

Die Lokrer haben immer den Ruhm einer großen Gesetzlichkeit gehabt, und gewiß war die dadurch geregelte Erziehung der Grund, weshalb sie für ebenso tapfer als musikalisch galten. Der erste Pankratiast, dem zu Olympia Ol. 61 eine Statüe gesetzt wurde, war Rheribios, ein Opuntier (*Paus.* VI, 18, 7). Einen Ringer von Opus verherrlicht Pindar (Ol. IX).

Die epizephyrischen Lokrer in Italien standen in demselben guten Rufe, und die Gesetze ihres Zaleukos, so zweifelhaft auch die darüber vorhandenen Nachrichten sind,

8) Dies Stück ist nicht so schwer, als man denken sollte; es gehört dazu weit mehr Muth als Kraft, und der Erfolg ist nur augenblicklich. Ich hatte gehört, daß ein durch seine Stärke berühmter Student in Rostock, Sohn des verstorbenen, als Schriftsteller bekannten Superintendenten Reinhold zu Wolbeck, dasselbe öfter gethan habe, und deshalb versuchte ich es in einer übermüthigen Laune selbst einmal an einem zweispännigen leeren Wagen, der mir zufällig Abends auf der Chaussee begegnete; ich griff aber nicht mit einer Hand, wie Pulydamas, sondern mit beiden in ein Hinterrad, wodurch die Pferde, die in vollem Trabe waren, sogleich zum Stehen gebracht wurden, zu des Fuhrmanns großem Erstaunen und noch größerm Verdruß, den er noch aus der Ferne laut aussprach, ohne meine gymnastischen Bestrebungen im geringsten anzuerkennen. Dieser ἀκουσος war aus Spandau. Übrigens ist es nicht eigentlich die Kraft, welche das Stehen der Pferde bewirkt, sondern offenbar die Plötzlichkeit, mit der das Hinderniß eintritt. Werden die Pferde sogleich wieder angetrieben, so möchte das fernere Festhalten des Wagens auch für die Kräfte eines Pulydamas unmöglich sein, so sehr ich dieselben auch respectire.

ı doch ohne Zweifel eine sittliche Tendenz und beför- ı die Palästrik. Von dort stammte der berühmte kämpfer Euthymos, dessen fabelhafte Geschichte bei ınias (VI, 6, 4—10) und Älian (V. H. VIII, 18) nden ist. Von dort war auch Agesidamos ebenfalls 'aufstkämpfer, der als Knabe siegte (*Pindar*. Ol. X, Eine ähnliche Bewandtniß hat es mit den chalkidischen ten in Italien und Sicilien, Kumä, Neapel, gium, Katana, Leontium ꝛc., wo die Gesetzge- des Charondas heilsam wirkte, sowie mit dem achäi- in welchen der Pythagoreische Bund Einfluß ge- , unter denen vor allen Kroton hervorragt, das Zeit lang sich vor allen Hellenen durch fleißige Übung Gymnastik und durch eine große Menge berühmter r in den heiligen Spielen auszeichnete. Daher läßt hne Zweifel mit Grund annehmen, daß, wenn man eschichte der Gymnastik in Perioden theilen, und die die heroische oder Homerische, die zweite die dorische n wollte, die dritte nach diesen Staaten und ihren gebern, namentlich nach Pythagoras, bezeichnet wer- müßte.

Von den äolischen Niederlassungen in Asien ist nur llgemeinen zu bemerken, daß auch dort die Palästrik ı. Der erste Sieger, den sie nach Olympia liefer- war Sodamas aus Assos in Troas, der als Knabe tadion siegte (*Paus*. VI, 4, 9). Sieger aus My- und von Tenedos werden erwähnt bei *Paus*. VI, ı. 17, 1 im Corp. inscriptt. nr. 1591. *Pind*. XI.

Die Ionier sind so bekannt durch ihre weichliche Bart, daß man erwarten sollte, sie wären die ent- nsten Verächter der Gymnastik gewesen; indessen ist teineswegs der Fall. Den Anspruch, den überhaupt Hellenen an die Bildung jedes Freigeborenen mach- daß sie die Gymnastik als einen wesentlichen Theil h schließe, erkannten auch sie an, nur daß sie ihm hre Weise genügten. Im Ganzen kann man wol men, daß sie die Palästrik vorzugsweise als ein Mit- r Verschönerung der Menschen und des Lebens be- rten, nebenbei als Ausbildung für den Krieg. Schöne lten, Gewandtheit und Anmuth in den Bewegungen für sie den größten Reiz; dies war vor allen das wonach die Turner strebten, dies der Genuß, den alästra und die Wettkämpfe den empfänglichen Zu- en gewährten. Sehr charakteristisch drückt dies schon ste Hymnus auf Apoll (v. 146—154) aus, wo es daß Apoll am meisten sich an Delos ergötzt, wo ie mit langen Kleidern geschmückten Jaoner mit ih- Kindern und züchtigen Weibern zum Wettkampfe ver- eln, um den Gott durch Faustkampf, Tanz und Ge- zu erfreuen; wer sie dort sähe, dem möchten sie wie blich und nie alternd erscheinen, denn an allen würde muth wahrnehmen und sich im Herzen freuen, wenn Männer anschauete und die schöngegürteten Weiber. diese nachher eingegangenen und von den Athenern hergestellten Delia s. *Thucyd*. III, 104. *Boeckh*. orp. inscr. zu nr. 158, 1. 2329.

Wie sehr nun auch die angeborene Beweglichkeit, und mitunter Ehrgeiz und Eitelkeit den Ionier zu Leibesübungen antreiben mochte, so war er doch zu flüchtigen Gemüths, zu leichtfertig und lebendig, als daß er eine geregelte Zucht hätte ausbilden und ertragen können, die einen hohen Grad von Selbstbeherrschung und gleichmäßiger Ausdauer erfodert. Zum Beweise dafür dient die sehr charakteristische Geschichte, welche Herodot (VI. c. 11. 12) erzählt, um nicht mehr Belege zu häufen. An Abhärtung und ununterbrochene ernste Ausarbeitung des Körpers, wie wir sie bei den Doriern finden, ist bei den Ioniern nicht zu denken. Sie waren schlechte Soldaten, wo nicht ihr Muth durch einen augenblicklichen Schlag siegen konnte; langes, mühseliges Ausharren war ihnen nicht möglich.

Demnach werden wir uns die ionische Palästrik heiter, fröhlich und anmuthig denken müssen, ohne gewaltsame Anstrengungen, ohne die Düsterkeit und den Ernst, welchen erzwungene Selbstüberwindung mit sich führt. Dabei ist aber die Leidenschaftlichkeit nicht ausgeschlossen, welcher lebhafte Gemüther grade da am meisten ausgesetzt sind, wo sie das Bewußtsein frischer, physischer Kraft in sich tragen; es ist daher ganz natürlich, daß von den Palästren leicht tumultuarische Parteiungen ausgehen konnten; was Platon (Legg. I. p. 636. B.) namentlich von Milet erwähnt, wie von Thurii und Theben.

Das Gesagte würde sich ohne Zweifel auch durch den Charakter der körperlichen Übungen im Einzelnen bestätigen, wenn wir darüber genaue Nachrichten hätten. Daß eine der vorzüglichsten der Tanz war, wäre an sich schon zu vermuthen, und es wird von vielen Schriftstellern ausdrücklich versichert, wie schon in dem erwähnten Hymnus; außerdem s. die Ausleger zu Horaz (Od. III, 6, 21).

Für die übrigen Übungen geben die Sieger in den heil. Spielen nur einen sehr unsichern Beleg, da der Ehrgeiz der Einzelnen nicht mit Sicherheit auf die allgemeine Gesinnung schließen läßt; auch war die weite Entfernung von Griechenland ein Hinderniß der regeren Theilnahme an den heiligen Spielen, wollen wir auch auf das Geschichtchen bei Älian (V. H. XIV, 18) nichts geben, wonach es einem Chier eine weniger strenge Strafe für seinen Sklaven zu sein schien, ihn in die Mühle zu stecken, als ihn nach Olympia zu führen, um dort von der Sonnenhitze gebraten den Wettkämpfen zuzusehen.

Die Samier rühmten sich in der Athletik wie in Seeschlachten, vor allen Ioniern ausgezeichnet zu sein, wenigstens stand dies auf der Statue eines samischen Siegers im Faustkampfe zu Olympia. *Paus*. VI, 2, 9, das. 13, 5 wird die Statue eines samischen Knaben erwähnt, der ebenfalls im Faustkampfe gesiegt hatte. Ein Sieger im Laufe findet sich im Corp. inscr. nr. 1591.

Die Smyrnäer feierten besuchte gymnische Spiele (*Paus*. VI, 14, 3). Als der Faustkampf in Olympia eingerichtet wurde, Ol. 23, lieferten sie den ersten Sieger (*Paus*. V, 8, 7), einen andern Faustkämpfer finden wir im Corp. Inscr. nr. 1591. Auch war der erste ionische Sieger zu Olympia im Pankration ein Smyrnäer *Paus*. VI, 13, 6. Ein Sieger im Dauerlaufe ist im Corp. inscr. nr. 1590.

Ein Knabe ließ sich bestechen, seinem Gegner aus Elis den Sieg im Ringkampfe leicht zu machen, weshalb sein Vater gestraft wurde.

Zwei Knaben von Milet, Sieger im Faustkampfe, erwähnt *Pausanias* VI, 2, 6. 17, 3.

Die Ephesier erkauften einen Kreter, um ihn unter ihrem Namen im Dauerlaufe siegen zu lassen (*Paus.* VI, 18, 6). Doch haben sie auch wirkliche Ephesier als Sieger aufzuweisen im Dauerlaufe (*Paus.* VI, 3, 13), im Faustkampfe (ib. 4, 1), im Pankration (ib. 4, 5), im Ringen (Corp. inseriptt. nr. 1591).

Über die Ephesia, ein allgemeines Fest der Jonier, s. *Thuc.* III, 104. *Dionys. Halic.* IV, 25. *Spanheim.* ad *Callim.* H. in Delum.

Die Erythräer hatten einen ausgezeichneten Faustkämpfer (*Paus.* VI, 15, 6), ein anderer ist im Corp. inser. nr. 1591.

Zwei Ringer von Kolophon erwähnt *Pausanias* VI, 17, 4, einen dritten Corp. inser. nr. 1591.

Von den Klazomeniern siegte in Olympia zuerst Herodotos, und zwar im Stadium der Knaben (*Paus.* VI, 17, 2).

Von der Insel Andros stand die Statüe eines Siegers im Pentathlon und eines andern im Ringkampfe der Knaben zu Olympia (*Paus.* VI, 14, 13).

Kyzikos hatte, wie es scheint, wenigstens in römischer Zeit ein wohlgeordnetes Turnwesen mit Ephebarchen, Hypoephebarchen und Gymnasiarchen, worüber Teukros eine besondere Schrift in drei Büchern verfaßte. Es lieferte einen bedeutenden Faustkämpfer, der als Knabe und als Mann gesiegt hatte, was nach Aristoteles (Polit. VIII, 4, 1) nicht häufig war (*Paus.* VI, 4, 10). Bei der ersten Bestechung, die unter Athleten vorkam, war auch ein Faustkämpfer von Kyzikos (*Paus.* V, 21, 3). Ein Pankratiast ist im Corp. inscr. nr. 1590. Über die kyzikenischen Feste, und die, welche diese Stadt in Verbindung mit Smyrna und Ephesus feierte, s. Marquardt Cyzicus. S. 141 fg.

Von Thasos war der berühmte Theagenes, der für Herkules' Sohn galt, und der im Leben 1400 Siegeskränze im Faustkampfe, Pankration und Lauf, und göttliche Ehre nach seinem Tode erlangte (*Paus.* VI, 6, 5. 11, 1—9).

Palästrik zu Athen.

Fließen uns auch hier die Quellen reichlicher als bei irgend einem andern Staate, so erstrecken sie sich doch weder auf alle Zeiten noch auf alle einzelnen Gegenstände, über welche man Auskunft wünschen möchte. Wir werden uns also bescheiden müssen im glücklichen Falle für die Blüthezeit Athens ein Bild von seiner Palästrik wenigstens in den Hauptzügen zu bekommen.

Für die ältern Zeiten sind die Nachrichten höchst spärlich; daß aber auch hier die Turnkunst bis in die heroischen Zeiten hinaufreicht, ist nicht zu bezweifeln, und wenn sie schon in früher Zeit, wie alte Mythen berichten, eine gewisse geregelte Ordnung erlangte, so scheint das durch den ursprünglichen Kunstsinn der Athener nur bestätigt zu werden. Namentlich ist von ihrem Theseus schon oben bemerkt, daß er als Stifter oder Wiederhersteller der isthmischen Spiele und der einheimischen Panathenäen, als Erfinder des Ringens angesehen wurde, und daß es daher bei den Griechen allgemeine Sitte war, die sich selbst den Barbaren mittheilte, ihn nebst Hermes und Herkules als die eigentlichen Vorsteher der Palästrik zu verehren. Die Allgemeinheit dieses Cults, sollte sie auch erst allmälig entstanden sein, drückt wenigstens die Meinung aus, daß von jeher die Palästrik in Athen heimisch gewesen, und zwar, wie Pausanias (I, 39, 3) sehr bestimmt sich ausdrückt, war seit Theseus das Ringen nicht mehr ein Kampf, in dem Größe und Kraft allein den Sieg entschied, sondern es war ein Gegenstand des geregelten Unterrichts, es war die gebildete Kunst, mit der Theseus selbst den roh naturalisirenden Ringer Kerkyon überwältigt hatte. Theseus stand insofern auf gleicher Stufe mit Herkules; er war das für den ionischen, namentlich attischen Stamm, was dieser für den dorischen; man nannte ihn den zweiten Herkules, und drückte dies in der Sage von einem Ringkampfe beider aus, der unentschieden blieb (s. *Ptolem.* Hephaest. [ap. *Phot.*] Lib. V. fin., vergl. *Eustath.* ad *Hom.* Il. V. p. 448. ed. Basil.), und es ist hierbei eine überflüssige Frage, ob Theseus seinem Alter nach habe mit dem Herkules ringen können, was Staveren (zu *Hygin.* Excurs. p. 941) untersucht. War nun auch Herkules ebenso wenig den Musen fremd, als Theseus, der auch mit einer Leier abgebildet wurde (*Paus.* V, 19, 1), sodaß man in beiden das gymnastische und musische Element der Erziehung vereinigt finden kann, wie es ihre Stämme im Leben vereinigten, so ist doch eine gewisse Verschiedenheit in beiden nicht zu verkennen. Herkules ist, wie die Dorier, härter, derber, Theseus gebildeter, feiner; daher denn jener recht eigentlich der Gott der schweren Athletik wurde; Theseus repräsentirte mehr die allgemeine geregelte Gymnastik [2]).

Wollen wir nicht noch einige Mythen berühren, die für unsern Zweck nur eine sehr untergeordnete Bedeutung haben, so müssen wir die ganze frühere Geschichte der Athener bis auf Solon übergehen. Diese Lücke läßt sich nur mit der Vermuthung ausfüllen, daß die Palästrik in jener Zeit etwa wie bei Homer zunächst eine Art ritterlicher Auszeichnung der Vornehmen war, daß sie dann, je mehr sich die monarchischen und aristokratischen Formen verloren und den demokratischen näherten, immer allgemeiner als eine würdige Beschäftigung für jeden freien Bürger angesehen wurde, der Vermögen genug hatte, um müßig zu sein, bis sich die geordnete Lebensweise herausbildete, in der die Erziehung zwar nicht wie in Sparta, vom Staate selbst übernommen, aber doch von ihm als ein hochwichtiger Gegenstand anerkannt und beaufsichtigt wurde. Dies geschah so lange mit folgerechter Strenge, als die aristokratischen Verfassungsformen noch eine kraf-

2) Nach Istros hatte er das Ringen von der Athene gelernt, nach Polemo von den Phorbas, der sein Pädotribe genannt und für den Erfinder der Palästrik in Athen erklärt wird von dem Scholiasten zu *Pind.* Nem. V, 89. p. 465 ed. *Boeckh.* Ebend. wird angegeben, daß Theseus das Pankration ohne Cestus erfunden und damit den Minotaurus besiegt habe.

Wirksamkeit ausübten; die Demokratie milderte den
g und gestattete der individuellen Freiheit so viel
raum, als sie der öffentlichen Meinung gegenüber
nehmen vermochte; die Ochlokratie löste endlich alle
e der Zucht und Ordnung und überließ die Antriebe
Guten der Anlage und dem Ehrgeize jedes Einzelnen.
Aristoteles (Polit. VIII, 3, 4) sagt: „von den Lako-
wissen wir, daß sie, so lange sie allein den Leibes-
jen oblagen, den andern überlegen waren, daß sie
en jetzt sowol in der Turnkunst als auch in den
kämpfen des Krieges den Übrigen nachstehen; denn
dadurch, daß sie in ihrer Weise die Jugend turnen
, zeichneten sie sich aus, sondern nur dadurch, daß
Gegner überhaupt nicht turnten [10]);" und weiterhin:
nach der Vergangenheit muß man urtheilen, son-
nach der Gegenwart; denn jetzt wetteifern andere mit
in der Erziehung, früher aber nicht." Ohne Zweifel
n wir diese Stelle auch auf die Athener anwenden,
wäre es unrecht, wenn man ihnen überhaupt das
der Gymnastik absprechen wollte; es kann nur von
icher Regelmäßigkeit darin die Rede sein, und auch
kann nur bis auf Solon's Zeit gemangelt haben,
aus seinen Gesetzen hervorgeht.

In einem nicht mehr deutlich zu erkennenden Stu-
nge bildete sich die Erziehung der Athener bis zu
γκύκλιος παιδεια aus, die wir in ihrer Blüthezeit
, und die bekanntlich außer der Gymnastik die Mu-
d γράμματα, d. h. Lesen und Schreiben nebst dem
ium der vornehmsten Dichter, umfaßte, wozu später
das Malen kam. Wie allgemein und zwingend nun
an jedem freien und anständigen Mann der Anspruch
daß er diese Encyklopädie durchgemacht habe, so über-
och der Staat die Sorge dafür jedem Einzelnen; die
en, in welchen jener Unterricht ertheilt wurde, waren
tanstalten, welche jedoch in gewissen Punkten den Gese-
nd der Aufsicht des Staates unterworfen waren. Die
r wurden von den Ältern der Schüler bezahlt, und sie
n daher unter einander ebenso im Guten und Bö-
wetteifert haben, wie es jetzt bei uns Privatanstal-
un, wo die öffentlichen nicht ausreichen. Es bestand
ser Beziehung natürlich eine vollkommene Gewerbe-
t, und kaum läßt sich annehmen, daß die Persönlich-
rer, welche eine neue Schule gründen wollten, einer
gelinden Prüfung der zustehenden Behörden unterlag. Im Wesentlichen bestand diese Einrichtung sicher schon zu Solon's Zeit; ebenso wenig läßt sich vor ihm die spartanische Öffentlichkeit annehmen.

Das schulfähige Alter bestimmt Xenophon (Rep. Lac. II, 1), indem er angibt, wenn die Knaben verstehen, was man ihnen sagt (vergl. Apol. Socr. §. 16. *Plat.* Protag. §. 42. p. 325. C). Genauer gibt der Verfasser des Axiochos §. 7 das siebente Jahr an (vergl. *Plaut.* Bacch. III, 3, 36. *Arist.* Polit. VII, 15, 6), sodaß hiermit der Anfang der öffentlichen Erziehung bei den Spartanern übereinstimmt. Indessen fanden willkürliche Abweichungen statt. Platon (Protag. §. 44. p. 326. c.) sagt, die Reichen lassen ihre Kinder am frühesten in die Schule gehen und entfernen sie am spätesten daraus.

Was nun den Turnunterricht insbesondere betrifft, so wurden die Knaben, in Begleitung eines Sklaven, ihres Pädagogen, in eine Paläſtra geschickt oder zum Pädotriben (s. d. Art.). Die Zahl der Paläſtren mag in früherer Zeit wol bestimmt gewesen sein nach Maßgabe der Localität, sodaß für jeden Theil der Stadt, für jede κώμη, eine eingerichtet war; späterhin bei zunehmender Bevölkerung und lebhafterer Betriebsamkeit mochte gar keine Schranke dieser Art bestehen. Jeder Paläſtra stand ein Pädotribes vor; dies wird wahrscheinlich früher meistens ein armer Bürger oder Fremder gewesen sein, der zu seinem Lehramte sich besonders geeignet zeigte. Die Paläſtren selbst waren dann entweder vom Staat oder von den betheiligten Privaten erbaut; später scheinen die Pädotriben selbständiger geworden zu sein, sodaß sie auf eigene Hand neue Paläſtren baueten, wenn sie dabei gut zu speculiren glaubten. Daß es schon vor dem 5. Jahrh. vor Chr. Geb. in Athen Lehrer der Palästrik, Pädotriben oder Gymnasten gegeben habe, läßt sich nicht beweisen, und es ist daher wol mit C. F. Hermann (Zeitschr. f. d. Alterthumsw. 3. Jahrg. 5. H. S. 526) zu leugnen. Der Pädotribe war innerhalb der Paläſtra die höchste Person, er hatte nicht nur den Unterricht zu leiten, wobei er auch wol selbst an den Übungen Theil nahm (*Aristot.* III, 4, 5), sondern es lag ihm auch ob, auf Zucht und Ordnung zu sehen und namentlich den Ausschweifungen vorzubeugen, welche die leidenschaftliche Knabenliebe so leicht veranlaßte.

Überhaupt war die Zucht wenigstens in der Solonischen Zeit und in der von Aristophanes geschilderten, aus der die Helden von Marathon hervorgingen, sehr streng (*Arist.* Nubb. v. 962 sq.). Wie bei den Spartanern in allen Fällen, so gab es bei den Athenern, und wol bei allen Griechen besonders in der Paläſtra viele Schläge; auch die Epheben waren davon nicht verschont (s. *Arist.* l. c. 972. *Axioch.* 7, 8. *Plut.* Thes. c. 11. *Aelian.* V. H. II, 6, 1. *Plat.* Protag. p. 325. d. *Plaut.* Bacch. III, 3, 28. 30). Daher auch die gymnastischen Behörden Stäbe trugen, selbst die Richter bei den heil. Spielen, und zwar nicht blos als Symbol ihrer Strafgewalt (s. *P. Faber.* Agonist. I. c. 19, 20).

Morgens in aller Frühe gingen die Knaben, welche aus demselben Stadttheile waren, alle zusammen in ihre Paläſtra, blos mit dem ärmellosen Chiton bekleidet,

[10]) Ἔτι δ' αὐτοὺς τοὺς Λάκωνας ἴσμεν, ἕως μὲν αὐτοὶ
[illegible]ρευον ταῖς φιλοπονίαις, ὑπερέχοντας τῶν ἄλλων· νῦν
τοῖς γυμνασίοις καὶ τοῖς πολεμικοῖς ἀγῶσι λειπομένους
· οὐ γὰρ τῷ τοὺς νέους γυμνάζειν τὸν τρόπον τοῦτον
ον, ἀλλὰ τῷ μόνον μὴ πρὸς ἀσκοῦντας ἀσκεῖν. Die
ist gänzlich misverstanden von P. Faber (Agonist. I, 14.
, obgleich er sich rühmt, sie besser zu verstehen als Victo-
er findet darin einen Beleg, daß die Spartaner ihre Ju-
elbst unterrichteten und keine Pädotriben hatten; aber der
kann nur der oben angegebene sein, αὐτοὶ heißt allein (s.
h. Oecon. VII, 8. Cyrop. VIII, 4, 2. *Heindorf.* ad *Plat.*
n. §. 21. zu Protag. § 1, und was Matthiä hat Gr. Gr.
, 6). Im Folgenden möchte γυμνικοῖς zu lesen sein statt
σίοις; aber ἀλλὰ μόνον τῷ πρὸς μὴ ἀσκ., was Schneider
, ist unnöthig; höchstens wäre ἀλλὰ μόνον τῷ μὴ πρὸς ἀ.
n.

auch bei der strengsten Kälte; sie mußten sich auf der Straße ruhig und ordentlich verhalten. Solon hatte verordnet, daß die Schulen und Paläſtren nicht vor Sonnenaufgang geöffnet und vor Sonnenuntergang geschlossen werden sollten (s. *Aeschin.* in Timarch. §. 9 sq.). Es mag daher, wofern sich die Sitte nicht etwa geändert hat, eine komische Übertreibung sein, wenn es bei Plautus (Bacch. III, 3, 21) in einer Klage über das beschwerliche Leben in der Jugend heißt, es habe harte Strafe gegeben, wenn man nicht vor Sonnenaufgang in der Paläſtra gewesen wäre; es soll damit wol nur gesagt sein, daß die Knaben genau mit Sonnenaufgang da sein mußten. Aus derselben Schilderung des Plautus sieht man auch, daß auf den Unterricht in der Paläſtra der des Grammatisten folgte, die Musik erwähnt er nicht; es scheint eine Ungenauigkeit bei Aristophanes zu sein, wenn er a. a. O. die Knaben erst zum Kitharisten und dann in die Paläſtra gehen läßt; auf die Zeitfolge kam es ihm nicht an, und den Grammatisten läßt er ganz aus; diesen nennt dagegen Platon (Protag. §. 43. p. 325. e. sq.) zuerst, dann den Kitharisten, zuletzt den Pädotriben; dieselbe Reihenfolge hat er Charmid. §. 15. p. 159. c. *Theag.* p. 7. *Alcib.* I. §. 7. p. 106. e. sq. Ebenso *Xenoph.* Rep. Lac. II, 1. Dagegen sagt *Arist.* Polit. VIII, 2, 3: *Γράμματα, γυμναστική, μουσική,* so auch *Terent.* Eun. III, 2, 24. *Aeschin.* in Ctesiph. §. 246 *Bekk.* §. 84 *Brem.* *αἱ παλαῖστραι, τὰ διδασκαλεῖα, ἡ μουσική,* und Platon sagt zuweilen blos *μουσική* und *γυμναστική,* wo die erstere die *γράμματα* mit begreift. Crit. §. 12. p. 50. d. und in umgekehrter Ordnung Rep. II, 17. p. 376. E. Hieraus möchte nun schwerlich ein Resultat über die Tagesordnungen in den Beschäftigungen der Knaben zu gewinnen sein; doch halten wir uns an Plautus. Übrigens haben, abgesehen von willkürlichen Abweichungen der Einzelnen, die Knaben ohne Zweifel die Paläſtra nicht nur Morgens besucht, sondern öfter, wenigstens gewiß noch einmal Nachmittags oder gegen Abend vor der Hauptmahlzeit (*Xenoph.* Sympos. I, 7), nach Galen (*τῷ ἐπιλ. παιδί* c. 3) fand der Unterricht des Grammatisten (*μαθήματα*) zu Hause statt, und erst nachher ging der Knabe zur Paläſtra. Dann folgt (das. c. 4) die Frühmahlzeit, darauf (c. 5) Spaziergang, Unterricht (*μαθήματα*), Spaziergang, Hauptmahlzeit (*δεῖπνον*), worauf dann ohne Zweifel wieder der hier nicht erwähnte *δειλινὸς περίπατος* folgte. Einen Spaziergang setzt Galen übrigens auch vor und nach dem Frühunterricht an, aber von einem zweimaligen Besuche der Paläſtra ist nicht die Rede. Er hatte die athenische Sitte zur Zeit der Antonine vor Augen. Solon scheint die Verirrungen und möglichen Misbräuche der Gymnastik sehr wohl gekannt zu haben. Indem er durch die erwähnte Verordnung bewirkte, daß die Übungen immer nur bei hellem Tage vorgenommen wurden, setzte er der Unzucht und Schamlosigkeit, die das Licht flieht, aber im Dunkeln ungescheut hervortritt, einen starken Damm entgegen; auch bemerkt Äschines (contra Timarch. §. 10, 12, Solon habe damit die Einsamkeit der Knaben verhindern wollen, die allerdings ebenso gefährlich ist als die Dunkelheit; zugleich sehen wir hieraus, daß man voraussetzte, die Paläſtren seien den ganzen Tag über besucht. Eine zweite Verordnung des Solon war diese, wenn die Knaben versammelt wären, sollte kein Erwachsener in die Paläſtra kommen dürfen bei Todesstrafe, ausgenommen Söhne, Brüder oder Schwiegersöhne des Pädotriben. Natürlich waren hierbei auch die Sklaven ausgenommen, welche als Pädagogen die Kinder ihrer Herren in die Paläſtra führten und dort bei ihnen blieben (s. *Plat.* Lys. §. 12. p. 208. e.).

Aber die Athener waren zu leidenschaftlich in ihren Liebschaften mit den Knaben und jenes Gesetz zu streng, als daß es hätte lange bestehen können; ob es durch einen ausdrücklichen Beschluß oder stillschweigend durch die immer häufiger werdende Übertretung desselben beseitigt wurde, wissen wir nicht, aber zu Sokrates' Zeit war es so gänzlich verschwunden, daß die Paläſtren etwa wie Kaffeehäuser von allerhand Leuten zu allerhand Zwecken benutzt wurden; besonders waren sie der Tummelplatz der Liebhaber, welche auf schöne Knaben Jagd machten[a]). Aber wenn dies auch der nächste Grund zu den Besuchen der Erwachsenen war, so bildeten sich doch aus diesen gleichsam stehende Gesellschaften, die, auch abgesehen von dem beiläufigen Genusse, den der Anblick der schönen Knaben gewährte, in sich selbst die Unterhaltung suchten, die dem müßigen und stets außer dem Hause sich herumtreibenden Athener ein so großes Bedürfniß war. Diese Gesellschaften, so lose sie auch waren, mochten doch in jeder besuchtern Paläſtra einen bestimmten, vorherrschenden Ton einführen, und wo Einem dieser zusagte, da ging er hin, wofern ihn nicht die Liebe ausschließlich leitete. So sehen wir den Sokrates öfter in einer Paläſtra, wo er Leute fand, die geneigt und gewohnt waren, sich wissenschaftlich zu unterreden, wenn auch nicht in seinem Sinne; sehr bezeichnend sind die Worte, mit denen er vom Hippothales eingeladen wird, in eine ihm noch unbekannte, neugebaute Paläſtra einzutreten (*Plat.* Lys. 1): hier sagt jener im Namen seiner Begleiter, verkehren wir und Andere, viele und schöne Leute; aber das genügt dem Sokrates noch nicht; er fragt noch weiter nach der Beschaffenheit der Unterhaltung, worauf denn jener erwiedert: Die Unterhaltung besteht meistens in gebildeten Gesprächen (*ἡ διατριβὴ τὰ πολλὰ ἐν λόγοις*), woran wir dich gern möchten Theil nehmen lassen. Endlich erkundigt sich Sokrates noch nach dem Lehrer und — nach dem Schönen, dem der Besuch des Hippothales gelten soll. Die Paläſtra, in welcher sich Sokrates gewöhnlich aufzuhalten pflegte, war die des Taureas, in welche er voll Sehnsucht nach den gewohnten Unterhaltungen auch sogleich noch am Abend geht bei seiner Rückkehr aus dem Feldzuge, der mit der unglücklichen Schlacht bei Potidäa geendigt hatte (*Plat.* Charmid. 1)[11]). Er erkundigt sich dann, wie es

---

a) S. oben den Art. Paederastie. Red.

11) Wenn dort Heindorf *τὰς ξυνήθεις διατριβάς* blos für Aufenthaltsorte nimmt, so ist das nicht richtig; auch wäre dann der Singular erfoderlich. *Διατριβὴ* ist Unterhaltung, wie die angeführte Stelle des Lysis und Phädr. (§. 1) zeigt; ebenso *αἱ ἐν Λυκείῳ διατριβαί* (*Plat.* Euthyphr. a. A. vergl. Apol. Socr. §. 27. p. 37. c. §. 32. p. 41. a. *Xenoph.* Rep. Lac. XII, 6. —

der Philosophie steht, und mit den jungen Leuten, ob
je darunter sind, die sich durch Geist (σοφίᾳ) oder
önheit oder beides auszeichnen. Unter den vielen
nden, die er antrifft, sind auch Chärephon und Kri-
, und daher ist es einleuchtend, was auch jene Frage
ausfetzt, daß er für seine eigenen Interessen in dieser
ellschaft auf Anklang rechnen kann. In andern Palä-
n mochte es freilich ganz anders hergehen, wo unzüch-
Liebesverhältnisse oder leere Witzeleien und Narrens-
m die Gäste beschäftigten, oder wo ein Schwätzer, wie
Theophrast (Charact. VIII) schildert, durch sein un-
s Gerede die Knaben im Lernen hindert und die Leh-
von ihnen abzieht; oder wo die Zuschauer durch übel
ebrachten Beifall den Übungen schaden (*Aelian.* V.
II, 6). Das Schlimmste war, was zwar für einen
rordentlichen Hochmuth galt, aber doch vorkam, wenn
kene Gesellen vom Gelage aus in den Palästren um-
ogen und auf die Unschuld der Knaben Angriffe mach-
(*Aristoph.* Pax 762. Vesp. 1024. Früher war
leichen freilich unerhört; die Sorge für Sittsamkeit
Aristophanes (Nubb. v. 969—976) von dem Ver-
diger der guten alten Zeit so beschreiben:

onst durfte der Knabe nicht anders bei uns, denn mit lang-
ausreichenden Schenkeln
n der Kampfbahn sitzen, um Fremdlingen nichts Unziemendes
offen zu zeigen.
r vergaß dort nie, aufstehend vom Sitz, in dem Sande die
Spur zu verwischen,
aß dem Liebenden nicht der Natur Abbild unreine Begierden
erregte.
ich salbt' er sich nie von dem Nabel hinab; daß ihm stets, wie
dem röthlichen Pfirsich,
as gekräuselte Haar in dem zartesten Wuchs an den männlichen Theilen erblühte.
uch stellt er sich nicht Liebhabern so dar mit dem Blicke der
kuppelnden Frechheit,
och bezähmt er die Rede zu weichem Getön, nachahmend des
Zärtlinges Stimme.

r sehen aus dieser Stelle, daß die völlige Nacktheit der
iben Sitte geworden war, während sie früher um die
ften einen Gurt trugen, sodaß in dieser Region das
r und Fleisch nicht die natürliche Weichheit und Farbe
h das Öl und den Staub der Palästra verlor. Doch
sich aus einer andern Stelle des Aristophanes schlie-
(*Lysistr.* 1082), daß diese Änderung zu seiner Zeit
im Entstehen und noch nicht allgemein war.
Übrigens so viele unzüchtige Ausschweifungen in der
abenliebe auch vorkamen, blieb es doch, wenigstens, wo
h einige Rücksicht auf Anstand obwaltete, immer anstößig, wenn ein Liebhaber mit seinem Geliebten sprach, zumal wenn Niemand gegenwärtig war, der als Angehöri-
ger und Schützer des Knaben jede Ungehörigkeit zu hindern hatte (s. *Plat.* Charmid. §. 5. p. 155. a. Phaedr.
§. 14. p. 232. a. b. Sympos. §. 10. p. 183. e. *Xenoph.* Sympos. VIII, 34. Rep. Lac. II, 12. (13). Doch
alle diese Verhältnisse, so nahe sie auch immer mit der
Gymnastik in Berührung stehen, können hier nicht näher
behandelt werden.

Die Knaben waren in zwei Classen getheilt, welche
getrennt von einander beschäftigt wurden und nur bei Festen sich vermischen durften; ein solches Fest sind namentlich die Hermäen, mit dessen Feier Sokrates bei Platon im
Lysis sie beschäftigt findet (s. das. §. 8 und 9. p. 206.
d. sq.). Der Pädotribe verrichtete ein Opfer, die Knaben
waren mit Kränzen geschmückt und ergötzten sich an Spielen, wie Gerade Ungerade oder mit Würfeln, theils in
einem Winkel des Apodyteriums, theils auf dem Vorhofe
der Palästra; andere sahen zu. Die ältere von den beiden
Classen der Knaben bezeichnet Platon (l. c.) als *νεανίσκοι*,
sonst auch als *μειράκια* (z. B. Charmid. 3. p. 154. b).
Dieselbe Sonderung fand auch bei den öffentlichen Wettkämpfen statt, wo die älteren Knaben nach feststehendem
Sprachgebrauche, namentlich in Inschriften, immer *ἀγένειοι* heißen, wie schon oben für die spätere Zeit der Spartaner bemerkt ist; bei den Römern sind dies die pueri
minores und majores (*Sueton.* Aug. 43. Tiber. c. 6).
Dieselben beiden Classen erwähnt auch bei den Nemeen
Paus. VI, 6, 3 und bei den Spielen zu Smyrna derselbe VI, 14, 3. Bei den Athenern jedoch finden sich in
einigen Inschriften vor der römischen Herrschaft drei Abtheilungen der Knaben bei öffentlichen Festspielen (s.
Boeckh. Corp. inscr. P. II. Cl. V. nr. 232, vergl. nr.
1590, 1969 und über eine ganz abweichende Eintheilung
zu Chios nr. 2214). In Bezug auf das erwähnte Fest
der Hermäen war es noch besonders durch ein eigenes
Gesetz (bei *Aeschin.* l. c.) den Gymnasiarchen eingeschärft,
keine Erwachsenen zuzulassen, was aber ebenfalls gänzlich
abgeschafft war.

Die Turnübungen selbst nun, welche die Knaben in
den Palästren anstellten, werden im Ganzen wol die *κου-
φότερα* gewesen sein, die leichtern, welche nicht die übertriebene Anstrengung und gezwungene Lebensweise der Athleten nöthig machten, und welche mit sehr einleuchtenden
Gründen empfohlen werden von Aristoteles (Polit. VIII,
4, 1. 2). Jedoch hatte der Ehrgeiz, bei den heil. Spielen in den Wettkämpfen der Knaben zu siegen, ohne Zweifel sehr häufig den übelsten Einfluß. Indem die Knaben
durch alle mögliche Mittel sich die *ἀθλητικὴ ἕξις* anzueignen suchten, erlangten sie zwar für eine bestimmte Übung
eine außerordentliche Kraft, aber diese Ausbildung war unnatürlich (*Quinctilian.* institt. orat. XII, 10, 41), sie
verdarb die natürliche Schönheit, hinderte das Wachsen
(*Aristot.* l. c. c. 3, 3) und hatte gewiß oft eine Abkürzung des Lebens oder ein sieches Alter zur Folge, was
durch die Bemerkung des Aristoteles bestätigt wird, daß
es unter den Olympioniken kaum zwei oder drei gäbe, die
zugleich als Knaben und als Männer gesiegt hätten.

---

h von Simonides, dem Ceer, referirt Älian (V. H. IV, 24) eine
bige Unterredung, die er mit den Knaben in der Palästra ge-
en haben soll. — Übrigens erstreckte sich sowol das Verbot des
on, als auch die nachherige Übertretung desselben nicht minder
die Schulen der Grammatisten und Kitharisten; Theophrast's
wätzer treibt sich auch in diesen herum; aber selbst Sokrates
ht sich zum Mitschüler der Knaben beim Kitharisten Konnos,
dafür von seinen Schülern Greisenlehrer genannt wurde (*Plat.*
hyd. §. 4. p. 272. c.), und ebenso finden wir ihn bei einem
mmatisten, wo er und der schöne Kritobulos beide mit den
ten Schultern und mit den Köpfen sich berührend, in demsel-
Buche sehr eifrig studiren (*Xenoph.* Conviv. IV, 27. Vergl.
t. Hipp. maj. 14. p. 286. b).

Waren nun gleich in den Palästren unter den Übungen der Knaben auch die athletischen, so werden sie doch unter einem verständigen Pädotriben nicht mit der Einseitigkeit betrieben sein, wie es diejenigen thaten, die sich zu athletischen Kämpfen ausbildeten und die zu diesem Zwecke noch eine besondere Unterweisung bekamen, in der Regel wol nicht von dem Pädotriben, sondern von einem Gymnasten, der den Wettkämpfer auch zu den heiligen Spielen begleitete, vorher aber seine ganze Lebensweise anordnete und beaufsichtigte. Der schöne Pankratiast Autolykos stellt den ihm nach der Abendmahlzeit vorgeschriebenen Spaziergang in Gesellschaft seines Vaters an (*Xen.* Symp. IX, 1).

Im Einzelnen führt als Übungen der Knaben Plautus (Bacch. III, 3, 24 sq.) folgende auf: Laufen, Ringen, Speer- und Diskuswerfen, Faustkampf, Ballspiel, Springen; auch erwähnt er die Reitbahn, wo sich jedoch nur die Vornehmen herumtummelten, und auch diese meistens erst im spätern Alter. Auch Platon (Charmid. §. 15. p. 159. c.) nennt mehre Übungen der Knaben: Ringen, Faustkampf, Pankration, Laufen und Springen. Aus Plutarch (Sympos. IX, 15) läßt sich vielleicht noch der Tanz und aus Platon (Lach. p. 183) die Hoplomachie hinzufügen. Zum Theil können diese Übungen nur erst von den kräftigern Knaben ausgeführt werden, und auch für diese mußte man sie erleichtern, indem man ihnen z. B. kleinere Wurfscheiben und Speere gab, wie ja auch bei uns die Stangen zum Geerwerfen an Gewicht und Größe verschieden sind. Daß es jedoch nicht an Verletzungen dabei fehlte, zeigen die Reden des Antiphon über den Fall, daß ein älterer Knabe (*μειράκιον*) einen jüngern (*παῖς*) unabsichtlich beim Speerwerfen tödtet.

Es gab aber noch viele andere Übungen, welche mehr zur Vorbereitung dienten, um den Körper und einzelne Glieder allmälig kräftig und gewandt zu machen; daß diese besonders von Knaben geübt wurden, liegt in der Natur der Sache, sodaß es ausdrücklicher Zeugnisse darüber nicht bedarf. Zu demselben Zwecke dienten auch mehre Spiele. Doch da sowol diese als auch jene Vorübungen noch bei reifern Turnern vorkommen, auch nicht grade immer nachgewiesen werden kann, ob sie bei den Athenern im Gebrauch waren und zu welcher Zeit, so versparen wir sie für den unten zu gebenden Abriß der gesammten gymnastischen Technik.

Erreichten nun die Knaben das 18. Jahr, so wurden sie Epheben, und wie diese als solche, d. h. bis zum 20 Jahre wenigstens schon in privatrechtlicher Beziehung als Männer galten, bis sie es auch in jeder andern wurden, so hatten sie nun Theil an der Gymnastik in ihrer ganzen Ausdehnung und konnten hinfort bei den öffentlichen Spielen nur unter den Männern auftreten, mit denen sie auch gemeinsame Übungsplätze hatten. Freilich scheint es, daß die meisten Männer bei ihrem Austritte aus den Epheben sich nur noch sehr wenig mit dem Turnen befaßt haben. Jedoch waren wenigstens die regelmäßigen Spaziergänge in allgemeinerm Gebrauche; auch das Ballspiel und in späterer Zeit, besonders bei den Römern, die gestatio im Tragsessel, *αἰώρα* (s. *Plut.* an seni sit ger. resp. c. 18. *Dio Cass.* LV, 17, ib. *Reimar. Hieron. Mercur.* c. 9—11 und IV. c. 8). Wie der Sokratische Ökonom Ischomachos ohne eigentliche Turnkunst für seine Gesundheit sorgte, ist bei Xenophon (Oec. XI, 14 sq.) zu lesen. Sokrates übte, außer den Spaziergängen, den Tanz, Andere die Cheironomie (*Xen.* Conviv. II, 17—19). Es galt für anstößig, wenn bejahrte Männer sich entkleideten, um zu turnen (s. *Xen.* l. c. *Plat.* Polit. V, 3. p. 452). Wenn es geschah, so waren die Orte dazu nicht die Palästren, sondern die Gymnasien, welche zum allgemeinen Gebrauche der Bürger bestimmt von dem Staate oder für ihn erbaut und erhalten wurden. Die wichtigsten und ältesten sind das Lykeion, das Kynosarges und die Akademie, diese nordwestlich von der Stadt im äußern Kerameikos gelegen, jene beiden nach Osten in der Nähe des Flusses Ilissos. Die Zeit ihrer Entstehung und ihre Erbauer sind ungewiß, und die darüber vorhandenen Angaben verwechseln öfter eine spätere Erweiterung und Verschönerung mit der ursprünglichen Gründung. Das Genauere hierüber ist in besondern Artikeln vorzutragen; inzwischen s. m. d. Art. Attika von O. Müller. 6. Th. S. 226. Das aber steht fest, daß sie alle drei schon zu Solon's Zeit vorhanden waren; denn dieser hatte ein Gesetz gegeben, wonach jeder, der aus diesen drei Gymnasien einen Mantel, ein Ölgefäß oder sonst einen geringfügigen Gegenstand oder ein zum Gymnasium gehöriges Geräth von mehr als zehn Drachmen Werth entwendete, mit dem Tode bestraft werden sollte. (*Demosthen.* in Timocrat. p. 736. ed. *Reisk.*)

Von den Palästren ist oben wahrscheinlich gemacht, daß ihre Anzahl ursprünglich beschränkt und nach den *κώμαις* der Stadt bestimmt war; nach dieser Analogie und nach der anderweit sichern Bemerkung, daß überhaupt in Athen alle Verhältnisse in früherer Zeit durch eine viel strengere Ordnung geregelt und nicht der Willkür des Einzelnen anheimgegeben waren, läßt sich wol nicht ohne Grund vermuthen, daß auch über den Besuch der Gymnasien bestimmte Gesetze vorhanden waren, die späterhin außer Gebrauch kamen. Es ist nicht zu bezweifeln, daß jedem Gymnasium ein besonderer Theil der Bürgerschaft zugetheilt war; der Ausdruck *τελεῖν ἐς Κυνόσαργες*, wie *τελεῖν εἰς ἄνδρας* u. a., zeigt das sehr deutlich; aber welches der Theilungsgrund war, ist schwer zu sagen. Wäre bei Pausanias (I, 39, 3) die Lesart sicher und die darauf beruhende Nachricht glaublich, daß, nachdem Theseus die Palästrik erfunden, auch Schulen dafür eingerichtet seien (*διδασκαλεῖα*. Becker liest *διδασκαλία*), so könnte man an die drei Theseischen Stämme denken, die aber auch für fabelhaft gelten; die vier historischen Stämme könnte man insofern hierher ziehen, als sich annehmen ließe, daß die Handarbeiter (nach Böckh die Argadeis, nach Andern die Teleontes) grade wie die späteren *βάναυσοι* (s. *Aristot.* Polit. I, 4, 3 und meine Bemerkung zu *Xenoph.* Rep. Lac. I, 3), aller Gymnastik fremd waren und daher keines Gymnasiums bedurften. Dafür könnte man noch anführen, daß die Gymnasien ursprünglich wahrscheinlich eine Beziehung auf das Kriegswesen hatten; und in diesten galt bekanntlich die Eintheilung nach den Stämmen. Dagegen ließe sich eine Beziehung auf locale Eintheilung, etwa auf die Stadtgebiete, durch nichts wahrscheinlich machen. Wie es sich hiermit also verhalten haben möge, muß unbestimmt bleiben, da wir nur zwei fragmentarische Angaben haben, an die sich etwa eine Vermuthung knüpfen ließe. Die Lexikographen nämlich, Suidas, Hesychius u. A., versichern, es hätten in dem Lykeion *στρατιωτικαὶ ἐξετάσεις* stattgefunden, was ich nicht mit Meier (de bonis damnat. p. 124. Anm. 414) auf die Musterung der athenischen Reiterei beziehen möchte, die ebenso gut auch in der Stadt auf dem Markte, in der Akademie, im Phalereus und im Hippodromos stattfand (s. *Xenoph.* Hipparch. III, 1. 2. 6. 10. 14). Dagegen scheint das *στρατιωτικαὶ* auf Fußsoldaten zu gehen, und eine ähnliche Hindeutung hat auch der Scholiast zu Aristophanes (Pax v. 354). Bedenken wir, daß schon die Epheben zu einer leichten Art von Kriegsdienst verpflichtet waren als *περίπολοι*, die man mit unsern Gendarmen vergleichen kann, daß sie vor dem 20. Jahre, von wo die wirkliche Kriegspflicht anging, jedenfalls militairische Übungen anstellen mußten, was zur Zeit des peloponnesischen Krieges unter der Leitung der *τακτικοὶ* und *ὁπλομάχοι* in den Gymnasien geschah (s. meine Bemerkung zu *Xenoph.* Rep. Lac. XI, 9. p. 218 sq. und Winckelmann in den prolegg. zu *Plat.* Euthydem.), so ist es wahrscheinlich, daß in früherer Zeit bei strengeren Einrichtungen, und vielleicht auch später, in jedem Gymnasium eine Musterung der jungen Krieger stattfand, die als Hopliten dienen sollten. Dem entspricht dann die Musterung der Reiterei in den beiden Gymnasien; daß diese außerdem noch an drei andern Orten, aber nicht im Kynosarges stattfand, hatte ohne Zweifel im Local seinen Grund, wenn man ihn nicht in Beziehung auf das Kynosarges darin suchen will, daß zu diesem ursprünglich gar keine ritterlichen Familien gehörten. Übrigens muß doch eine Reitbahn dagewesen sein, denn Andocides ritt dort ein Fohlen zu, wobei er stürzte und sich stark verletzte (s. *Andocid.* de myster. §. 61. p. 103. ed. *Bekker*). Aber es findet sich bei Plutarch (Themist. c. 1) die merkwürdige Erzählung, die Wachsmuth (Hellen. Alterthumsk. II, 2. S. 56) wol nur deshalb für unwahrscheinlich erklärte, weil ihm die klare und gelehrte Erörterung der Sache bei Meier (de bonis damnat. p. 73 sq.) entgangen war, daß Themistokles zum Kynosarges gehört habe als *νόθος*, da nämlich seine Mutter keine Bürgerin gewesen war, so war er nach dem Solonischen Gesetze zwar Bürger, aber er wurde doch nicht für voll angesehen, und mußte, hätte sein Vater ebenbürtige Söhne gehabt, diesen die Erbschaft allein überlassen. Nun sei es dem Themistokles verdrießlich gewesen, durch den Besuch des Kynosarges mit dem Makel seiner Abkunft gestempelt zu werden, und er habe deshalb einige von den wohlgeborenen Jünglingen bewogen, mit ihm nach dem Kynosarges zu gehen und dort zu turnen; durch diese List sei es ihm gelungen, den Unterschied, den man bei der verschiedenen Abkunft machte, abzuschaffen. Daß nun wirklich die nicht ebenbürtigen Bürger ehemals das Kynosarges besuchten, bezeugt auch Demosthenes (c. Aristocrat. p. 691. 17) nebst den Grammatikern, die Meier (a. a. O.) erwähnt, und Polemo (bei *Athen.* VI. p. 234. e.), wo sogar ein Decret darüber vorkommt, daß dasselbe aussagt, selbst scheinbar für die Zeit, wo solche *νόθοι* nicht mehr das Bürgerrecht hatten. Als Grund führt Plutarch an, daß Herkules, dem das Kynosarges geheiligt war, auch ein *νόθος* unter den Göttern gewesen sei, da seine Mutter eine Sterbliche war. Nach den vorliegenden Angaben wäre nun der Zwang blos einseitig gewesen, indem die *νόθοι* kein anderes Gymnasium besuchen durften, wol aber zu ihnen Bürger von makelloser Abkunft kommen konnten. Wenn es hierbei sein Bewenden hatte, so konnte die List des Themistokles keinen dauernden Erfolg haben, und es wäre dann leicht begreiflich, daß das Kynosarges immer das Gymnasium der niedern Classe von Bürgern blieb, was man fast noch spät darin bestätigt sehen konnte, daß sich hier die Cyniker um Antisthenes sammelten, während die vornehmern Platoniker und Peripatetiker in der Akademie und im Lyceum waren. Auch werden diese beiden Gymnasien zuweilen allein und vorzugsweise genannt (Axioch. §. 8. *Cic.* de Orat. I. c. 21 fin.), während das Kynosarges selbst sprichwörtlich wurde, als ein Ort, wohin man Jemand verwünscht (s. *Erasm.* Chil. III, 1, 70 p. 651), jedoch ließe sich vermuthen, daß hierbei vielmehr an den Begräbnißplatz gedacht sei, der sich dicht dabei befand (s. *Plut.* vit. X. oratt. IV. p. 240. ed. *Hutten*).

Sokrates besuchte gewöhnlich das Lyceum (s. *Plat.* Euthyphr. ab init.); dort führt er die Unterredung mit Euthydem, und dorthin geht er, aus der Akademie kommend, als er in die Paläſtra geladen wird, wohin Platon den Lysis setzt. Dagegen ist er bei dem Verfasser des Axiochus auf dem Wege zum Kynosarges und geht nach gehaltenem Gespräch auch wirklich dorthin, um seinen diätetischen Spaziergang zu machen. In das Lyceum setzt Heindorf vermuthungsweise die Gespräche Theaetet und Sophist; da aber Theätet, der in dem Dromos mit dem Turnen beschäftigt ist, ein Knabe und *μειράκιον* genannt wird, so ist vielmehr an eine Paläſtra zu denken, wie die des Taureas oder Mikkos.

Daß zu Sokrates Zeit auch die Sophisten in die Gymnasien kamen, daß sich hier überhaupt aller mögliche Verkehr vereinigte, um sich durch körperliche und geistige Übungen und Genüsse zu unterhalten, daß Bürger und Fremde, die in der einen oder andern Art ihre Kunst zur Schau tragen wollten, hier ihren Spielraum und ein stets nach Neuigkeiten begieriges Publicum fanden, das braucht nicht durch Belege im Einzelnen erwiesen zu werden, zumal da in allem diesem Verkehre die Paläſtrik allmälig immer mehr in den Hintergrund tritt und andere Momente wirksam werden, die geschichtlich viel bedeutender sind. Ganz anders schildert der Vertheidiger der alten Erziehung bei Aristophanes (Nubb. v. 998 sq.) das Leben der jungen Männer in den Gymnasien, wie es früher war; es ist damit die Schilderung des Isokrates im Areopagiticus zu vergleichen; jener sagt nach Wolf:

> In Gesundheitsglanz wird jeder vielmehr auf der Kampfbahn
> blühend dich schauen,

Nicht Schwätzer des Markts, nach dem heutigen Brauch, der ein witzloses Stachelgerede
Auf den Gegner studirt, der wider ihn ficht in dem Bettelhalunkenprocesse:
Du eilst in die Akademie und beginnst Wettlauf im Schatten des Ölbaums,
Von dem weißlichen Rohr einen Kranz auf dem Haupt, mit verständigen Altersgenossen,
Wohl duftend von silberner Pappeln Laub, von der Blume der Muße und Taxus,
Mit fröhlichem Herzen, wenn lieblich im Lenz die Platanen dort lispeln zum Ulmbaum.
Wenn du dieses befolgst, wie ich es gesagt,
Und mit Eifer hierauf, wie's Recht ist, denkst,
Dann schaffest du stets dir die volleste Brust
Und die stattlichste Farb' und die Schultern groß,
Und das Zünglein kurz, und †o †o sehr groß,
Und †i †i sehr klein:
Wenn hingegen du so, wie's Mod' ist, lebst,
Dann schaffst du zuerst dir die schwächlichste Brust
Und die blasseste Farb' und die Schultern schmal,
Und das Zünglein lang, und †o †o sehr klein,
Und †i †i sehr groß und den Vortrag breit.
Ja man redet dir ein,
Daß das Schöne nicht schön und das Häßliche schön,
Und daß beides wie eins.
Drauf wirst du dich bald mit dem schweinischen Wust
Von Antimachos' Seuche besudeln (*καταπυγοσύνης ἀναπλήσει*).

Hier und an andern Stellen wird also namentlich darüber geklagt, daß bei zunehmender Unzucht aller Art die jungen Leute frühzeitig auf den Markt laufen, um sich zu zungenfertigen Rednern auszubilden (vergl. *Andocid.* in Alcib. p. 52. *Steph.* §. 22. *Bekk.*), daß brave und ehrenfeste Bürger, die nach alter Zucht in den Palästren und beim Chortanz und würdiger Musik aufgewachsen sind, verhöhnt werden (s. Ran. 727 sq. *Xenoph.* Mem. III. 5, 15), daß darüber die Bäder sich füllen und die Palästren leer werden (Nub. 987, 1050. Ran. 1069 sq.), daß die Feste der Götter und namentlich die Fackelläufe durch den unturnerischen Anstand der Jugend verunziert werden (Nub. 984. Ran. 1087), wo dem Euripides die Schuld beigelegt wird.

Ehe wir aber den Verfall der Gymnastik weiter verfolgen, müssen wir über die gymnastischen Behörden und Lehrer das Nöthige mittheilen und zugleich die Bemerkung machen, daß die Übung der Gymnastik mit der Sorge für die genannten Gymnasien und für die Erbauung anderer in umgekehrtem Verhältnisse steht. Je mehr nämlich daraus Vergnügungsörter wurden, desto eifriger war die immer mehr einreißende Sittenlosigkeit und Verschwendung darauf bedacht, für diese Bestimmung recht viel zu thun. Die drei alten Gymnasien wurden erweitert und verschönert, wie z. B. das Lykeion durch den Redner Lykurg; außerdem aber wurden auch neue gebaut. Gewiß späteren Ursprungs, aus unbestimmter Zeit, ist das Gymnasium des Hermes (bei *Paus.* I, 2, 4). Nahe am neuen Markt lag das Gymnasium des Ptolemäus, nach seinem Erbauer genannt (*Paus.* I, 17, 2. *Plut.* Thes. 36 *Cic.* de Fin. V, 1), doch soll nach Einigen das Ptolemäische Gymnasium, in welchem Cicero den Antiochus hörte, von jenem verschieden gewesen sein. Auch ein Diogeneion wird erwähnt in einer Inschrift in Böckh's Corp. Inscr. (nr. 427). Besonders prächtig war das Adrianeion von dem Kaiser erbaut, dessen Namen es trug (*Paus.* I, 18, 19). Dies hatte einen eigenen Vorsteher, *ἐπιμελητής*, der im Corp. Inscr. (nr. 353) erwähnt wird.

Außerdem hatten die Athener noch ein besonderes Stadium, das für die Wettläufe am Feste der Panathenäen bestimmt und von dem Schatzmeister Lykurg gebaut war (*Plut.* vit. dec. oratt. im Lyc. p. 261. ed. *Hutten*). Dies wurde von dem reichen und ruhmsüchtigen Herodes Atticus mit großem Aufwande wiederhergestellt und verschönert (*Paus.* I, 19, 6. *Philostrat.* vit. sophist. im Herodes V. p. 550. ed. *Olear.*). Der Verfasser der Resp. Athen. (II, 10) sagt, das Volk baue sich viele Palästren, Apodyterien und Bäder, wovon nur der große Haufe Gebrauch mache, nämlich zu seinem Vergnügen, nicht um zu turnen. Zu erwähnen sind noch die *περίπατοι* und *δρόμοι*, bedeckte Säulenhallen in ziemlicher Anzahl zu diätetischen Spaziergängen für das höhere Alter.

Den Hippodromos übergehen wir, da wir Wagen- und Pferderennen überhaupt hier ausgeschlossen haben. Übrigens gab es auch reiche Leute, welche sich privatim Gymnasien in verkleinertem Maßstabe, Apodyterien, Konisterien, Bäder rc. bauten (s. Resp. Ath. l. c. *Theophrast.* Charactt. VI. ib. *Casaub.* p. 172).

Die Stellung und Befugnisse der gymnastischen Behörden sind in vieler Beziehung dunkel, da theils hierin ein bedeutender Wechsel in den verschiedenen Zeiten statt fand, theils die Wirksamkeit dieser Behörden so wenig in die politischen Ereignisse eingreift, daß der Mangel an Nachrichten über sie leicht erklärlich ist.

Wie sich die Entstehung der Gymnasien in eine unbestimmte Zeit verliert und ihre erste öffentliche Einrichtung nicht mehr zu erkennen ist, so verhält es sich auch mit ihren Vorstehern, von denen wir zuerst den Areopag nennen. Die Wirksamkeit dieser merkwürdigen Behörde ist in fast allen ihren Beziehungen besonders deshalb so dunkel, weil die darüber vorkommenden Äußerungen der Alten fast immer sehr allgemein und unbestimmt sind. So viel geht unzweifelhaft daraus hervor, daß die Aufsicht über die Erziehung, das Halten auf Zucht und Ordnung in dem ganzen Leben der Jugend einen Haupttheil der Thätigkeit der Areopagiten ausmachte; aber in welcher Weise sie dieselbe ausübten, läßt sich schwerlich genau nachweisen. Isokrates im Areopagiticus, so weitläufig und zierlich er sich auch über die alte Zucht im Allgemeinen ausläßt, gibt doch hierüber keine Auskunft, wenn nicht etwa die Eintheilung der Stadt in *κῶμαι* hierher zu rechnen ist (s. d. Art. Palästra). Es läßt sich nämlich vermuthen, daß der Areopag aus sich eine Commission erwählte, welche insbesondere mit der Sorge für die *εὐκοσμία* der Jugend beauftragt war; diese Aufsicht ließ sich am leichtesten führen, wenn jene Commissarien sich auf die verschiedenen Stadtviertel mit ihren Palästren und auf die Gymnasien vertheilten. Anders als von einem solchen aufsehenden Ausschuß aus dem Areopag kann man schwerlich die Stelle (Axioch. §. 8) verstehen: *Πῶς δ' οὐ μειρακίσκον χρόνος ἐστὶν ὑπὸ σωφρονισταῖς καὶ τὴν ἐπὶ τοὺς νέους αἵρεσιν τῆς ἐξ Ἀρείου πάγου βουλῆς.* Die weitern Consequenzen dieser Vermuthung ergeben sich von selbst und bedürfen einer weitern Ausführung um so weniger, da es an historischen Nachrichten gänzlich fehlt.

Nächst dem Areopag nenne ich ferner die Gymnasiarchen, welche ebenfalls große Schwierigkeiten darbieten. Daß sie schon zu Solon's Zeiten vorhanden waren, ist aus den oben erwähnten Gesetzen desselben ersichtlich; aber ihre Zahl, die Art und das Princip ihrer Wahl, die Dauer ihrer Amtsführung und, mit Ausnahme der wenigen in jenen Gesetzen enthaltenen Bestimmungen, ihre Obliegenheiten — das alles sind Dinge, über die sich nur nach schwankenden Analogien schwer zu begründende Vermuthungen aufstellen lassen. In der spätern Zeit gehört die Gymnasiarchie zu den regelmäßig wiederkehrenden Staatsleistungen, welche Liturgien heißen; ob das schon in der Solonischen Zeit der Fall war, für die ja überhaupt der Begriff der Liturgie nur durch einen Schluß zu gewinnen ist (s. Böckh, Staatshaush. S. 481), muß dahin gestellt bleiben. Ist aber die oben vorgetragene Vermuthung über die Beziehung der Gymnasien auf die Stämme richtig, so möchte es am natürlichsten sein, wenn man annähme, daß ebenso nach den Stämmen für jedes Gymnasium ein oder mehre Gymnasiarchen gewählt wurden, und daß diese ursprünglich keine Liturgie leisteten, sondern bloße Beamte waren, mit bestimmter amtlicher Gewalt und wahrscheinlich auch mit der einschlagenden Jurisdiction. Daß sie über gute Zucht und Ordnung unter der Jugend, über die Gymnasien und ihr Inventarium zu wachen hatten, geht aus den Solonischen Gesetzen hervor. Ohne Zweifel mußten sie auch darauf sehen, daß die Übungen fleißig betrieben und keine Vorbereitungen versäumt wurden, die zum Kriegsdienst und zu den gymnastischen Leistungen bei Feierlichkeiten erfoderlich waren. Je mehr aber diese an Zahl, Pracht und Aufwand zunahmen, je mehr die Gymnasiarchen selbst wetteifern mochten, den Reiz der Feste zu erhöhen und den Eindruck, den die wohleingeübte Jugend machen mußte, durch andere Genüsse des Luxus zu erhöhen, desto natürlicher war es, das Amt in eine Liturgie übergehen zu lassen, wobei der Staat die Ausgaben sparte, die mit den immer größer werdenden Ansprüchen an geschmackvolle Einrichtungen fortwährend zunahmen, und wobei der Ehrgeiz der Einzelnen die Gewähr gab, daß nicht etwa Kargheit der Sache Eintrag thun würde.

Der purpurne Mantel und das Zeichen wie das Mittel der Strafgewalt, der Stock, blieb den Gymnasiarchen (s. oben), und es ist nicht unglaublich, wenn im Axioch. §. 8 versichert wird noch für die Zeit des Sokrates, daß dieser Stock ein gar strenges Regiment über die Epheben führte. Jedoch wird sich weiterhin zeigen, daß sowol die Liturgie als auch dieses Regiment auf eine sehr kleine Sphäre beschränkt war. — Es wurden jährlich für diese Liturgie zehn Gymnasiarchen erwählt, aus jedem Stamme einer. Worin nun eigentlich die Ausgaben bestanden, welche sie zu übernehmen hatten, ist dunkel; daß sie zur Verherrlichung der Feste dienten, kann freilich nicht bezweifelt werden; aber hätten sie alles dazu Nöthige selbst bestreiten sollen, so würde das die Kräfte des Einzelnen bei weitem überstiegen haben; auch wurde ja an die Choragen, deren Liturgie viel kostspieliger war, ein solcher Anspruch nicht gemacht. Daher hat Böckh (Staatshaush. I. S. 495 fg.) nur folgende Punkte aufgestellt: 1) Besorgung des Öls, und, nach Wolf's Vermuthung 2) des Staubes für die Ringplätze. 3) Ernährung und Besoldung derer, welche sich für die Festspiele einübten. 4) Ausschmückung des Kampfplatzes und andere Anstalten für die Feier 5) Die Lampadarchie.

Wollen wir, abgesehen von den freiwilligen Leistungen, zu denen sich die Gymnasiarchen bewogen fühlten, nur ihre gesetzliche Verpflichtung klar machen, so scheinen die obigen fünf Punkte, wenn sie alle zusammen auf jedem lasteten, wie doch angenommen werden muß, mehr als hinreichend zu sein, um ihn zu ruiniren, wenn er nicht sehr reich war. In der That aber kann man nur einen einzigen, den letzten, Punkt zugeben. Über Öl und Staub fehlt es an älteren Nachrichten; schon Böckh hat selbst erinnert, daß außer dem gewichtlosen Zeugnisse des Ulpian für das Öl, die ganze Annahme nur eine Vermuthung ist. Wenn wir nun aber finden, daß es in mehren Inschriften späterer Zeit als eine freiwillige Liberalität der Gymnasiarchen gepriesen wird, wenn sie auf ihre Kosten das Öl für den allgemeinen Gebrauch besorgt haben, so müßte man annehmen, daß ihnen ihr Amt erleichtert worden sei, gegen die frühere Zeit, wovon man eher das Gegentheil vermuthen dürfte. Für den gewöhnlichen Gebrauch in den Gymnasien besorgte sich jeder Turner sein Öl selbst, und trug daher sein Fläschchen bei sich (s. *Theocrit.* II, 156); indessen kommen unter den verschiedenen Vermächtnissen an die Gymnasien auch solche vor, durch die Öl geschenkt wurde; dabei hatten die Freunde der Gymnasien, wo sie nicht die Feier eines bestimmten Festes dadurch unterstützen wollten, ohne Zweifel die wohlthätige Absicht, den Besuch derselben den ärmeren Epheben zu erleichtern, oder eine größere Bequemlichkeit herbeizuführen. Für die Feste aber lieferte ohne Zweifel der Staat das Öl, indem er von den Besitzern der Ölbäume einen verhältnißmäßigen Beitrag erhob; dies bezeugt ausdrücklich der Scholiast zu Aristophanes (Nub. 1001), jedoch mit Beschränkung auf die Panathenäen, ein Irrthum, dessen Ursprung sehr erklärlich ist aus der dem Scholiasten nahe liegenden Notiz, die er hinzufügt, daß die Sieger einen Krug Öl bekommen hätten. Aber Böckh selbst hat (Staatshaush I. S 45) aus Demosthenes (in Macart. p. 1074) das Gesetz angeführt, daß kein Olivenstamm ausgegraben werden durfte, außer von jedem Eigenthümer jährlich zwei für öffentliche Feste oder zum eigenen Gebrauch für einen Verstorbenen. Und die wichtige salaminische Inschrift (Corp Inscr. nr. 108) rühmt den Gymnasiarchen grade deßhalb, daß er das, was ihm für das Öl zugetheilt sei, noch auf eigene Kosten vermehrt habe (*προσεδαπάνησε δὲ καὶ πρὸς τὸ μερισθὲν αὐτῷ εἰς τὸ ἔλαιον ἐκ τῶν ἰδίων*). Damit stimmt auch der ungenannte Verfasser der Hypothesis zur Midiana überein, der wenigstens in Bezug auf die groden Panathenäen sagt: *Γυμνάσιά τινα ἐγένοντο, καὶ προὐβάλλετο ἀφ' ἑκάστης φυλῆς εἰς γυμνασίαρχος λαμβάνων χρήματα εἰς τὸ γυμνάζειν τοὺς ἐπιτελέσοντας τὴν ἑορτήν.*

Wie mit dem Öle, so wird es sich auch mit dem Staube verhalten haben; es ist darüber nichts Näheres bekannt.

Aber was Böckh für die Hauptsache hält, die wir ohne Vermuthung aus Zeugnissen wüßten, daß nämlich der Gymnasiarch diejenigen, welche sich für die Festfeier übten, ernähren und besolden mußte, das beruht, in dieser Allgemeinheit gefaßt, nur auf einem Mißverständnisse. Böckh selbst erklärt es für eine nicht unbedeutende Last, da die Kämpfer wohl genährt sein wollten. Aber bedenkt man die Masse der Feste, für jedes Fest die Zahl der einzelnen gymnischen Wettkämpfe, und für jeden Wettkampf die Zahl der Turner, die sich darauf vorbereiteten, so ist es offenbar, daß jeder Gymnasiarch eine nicht geringe Zahl von Menschen mit dem besten Appetit das ganze Jahr hindurch ernähren mußte, und wenn er ihnen obenein noch Sold gab, so ist es evident, daß auch bei sparsamster Einrichtung ein Talent schwerlich ausgereicht haben würde für diesen einen Punkt, während die theuerste Liturgie, die wir kennen, dem Verschwender, welcher sie gab, nur 5000 Drachmen kostete (s. Böckh a. a. O. S. 491). Die Gymnasiarchie war aber eine der wohlfeilern Liturgien.

Die Zeugnisse, auf welche sich Böckh beruft, sind *Xenoph.* Vectt. IV, 51 und Rep. Ath. I, 13. Beide beweisen aber nur für die Lampadarchie; ja sie geben sogar sehr deutlich zu erkennen, daß der Gymnasiarch außerdem nichts zahlte für die Turner [12]).

12) Der Verfasser des mit Unrecht dem Xenophon zugeschriebenen Buches vom Staate der Athener sagt: Der Demos verlangt Geld (von den Choragen, Gymnasiarchen und Trierarchen), wenn er singt, läuft, tanzt, zur See dient, damit er selbst etwas habe und die Reichen ärmer werden. Das Singen und Tanzen geht auf die Choragen, der Seedienst auf die Trierarchen; für die Gymnasiarchen bleibt nur das Laufen übrig, womit nur der Fackellauf gemeint sein kann; denn sonst wäre nicht abzusehen, warum hier nicht die andern Wettkämpfe genannt oder ein allgemeiner Ausdruck gebraucht würde, wie *γυμναζόμενος*. Entscheidender ist die zweite Stelle. Dort handelt Xenophon von den Staatseinkünften, welche sich durch bessern Betrieb der Bergwerke vermehren ließen. Er setzt hinzu, der Zuwachs an Gelde sei nicht der einzige Vortheil, den der Staat davon haben würde, sondern es würde auch mehr Gehorsam und Ordnung und bessere Kriegsrüstigkeit erzielt werden. Wir wissen von Xenophon, daß er diese Tugenden über Alles schätzt und für den einzigen Weg, sie zu erzeugen, die Gymnastik hält; darum kann es nicht auffallen, wenn er nun fortfährt: diejenigen, welche angewiesen wären zu turnen (*οἱ ταχθέντες γυμνάζεσθαι*), würden dies mit mehr Sorgfalt thun, wenn sie reichlichern Unterhalt bekämen, als indem sie für den Fackellauf von dem Gymnasiarchen unterhalten werden (*ἢ ἐν ταῖς λαμπάσι γυμνασιαρχούμενοι*). Der Zusammenhang zeigt unwidersprechlich, daß jene öffentlichen Turner vom Staate ihren Unterhalt bekommen sollen, grade wie die nachher erwähnten *φρουροί*, *πελτασταί* und *περίπολοι*. Alle diese haben sich aber früher selbst erhalten müssen, nur nicht die Turner, die von den Gymnasiarchen erhalten wurden; daß aber nicht alle Turner, sondern ausschließlich die Fackelläufer, von diesen ihren Unterhalt bekamen, zeigt der beschränkende Zusatz *ἐν ταῖς λαμπάσι*, den Xenophon unmöglich beifügen konnte, wenn die Gymnasiarchen auch andern Wettkämpfern etwas zu geben verbunden gewesen wären.

Der vierte von Böckh aufgestellte Punkt, die Ausschmückung des Kampfplatzes für die Feier nebst mancherlei andern kostspieligen Anstalten, mag als eine Vermuthung auf sich beruhen; es läßt sich nichts dafür anführen, sofern es auf andere Feste als den Fackellauf bezogen wird.

Somit bleibt nur der fünfte Punkt als eine wirklich sichere und beglaubigte Leistung der Gymnasiarchen übrig, die Lampadarchie, die zugleich das Einzige ist, weswegen sie gerühmt werden oder wofür sie bedeutende Ausgaben machen und womit sie für sich und ihren Stamm einen Sieg erringen. Die Erwähnungen der Gymnasiarchen, welche Böckh selbst anführt, beziehen sich alle auf die Prometheen oder Hephästeen, oder auf die großen Panathenäen, und grade dies sind die Feste nebst denen des Pan und den Bendideen, an welchen der Fackellauf aufgeführt wurde; in andern Stellen wird nicht das Fest, aber der Fackellauf bei der Gymnasiarchie erwähnt; sodaß hiernach das Lexic. Seg. p. 277 wol ganz Recht hat, wenn es die Gymnasiarchen erklärt durch *οἱ ἄρχοντες τῶν λαμπαδοδρομιῶν*, insofern nämlich hier alle übrigen Obliegenheiten der Gymnasiarchen, bei denen sie aus eignen Mitteln keinen Aufwand zu machen hatten, nicht berücksichtigt werden. Ja man wird nicht zu weit gehen, wenn man überhaupt die Wirksamkeit der Gymnasiarchen in Bezug auf die gesammte Gymnastik der Epheben in Frage stellt und ihre Aufsicht darauf beschränkt, daß die Vorbereitungen zum Fackellaufe, den die Athener besonders liebten, mit gehöriger Sorgfalt betrieben wurden. In der That liegt es in der Natur der Sache, daß jene allgemeine Aufsicht über ein so hochwichtiges Institut, wie die Gymnastik der Epheben war, nicht einem Liturgen anvertraut sein durfte, der ja selbst ein Ephebe sein konnte [13]), sondern daß dazu ein ordentlicher Magistrat erfoderlich war, der außer andern Eigenschaften sicher doch auch ein höheres Alter haben mußte, um seinem Amte mit Nachdruck und Würde vorzustehen. Es scheint daher nöthig, die allgemeine Thätigkeit, welche man den Gymnasiarchen gewöhnlich zuschreibt, gradezu abzuleugnen und sie andern Behörden beizulegen, von denen weiterhin die Rede sein wird.

Wir sprechen natürlich hier nur von der frühern Zeit, und müssen, ehe wir die spätere Bedeutung der Gymnasiarchie erörtern, noch einigen Einwendungen zuvorkommen, die gegen die aufgestellte Behauptung gemacht werden könnten.

Böckh bemerkt (a. a. O. S. 496), die Lampadarchie sei eine besondere Art der Gymnasiarchie. Dadurch könnte man unsere oben vorgebrachte Einrede wegräumen, insofern von den angeführten fünf Obliegenheiten den eigentlichen Gymnasiarchen nur die ersten vier zukämen, die indessen doch auch theils eine zu große Last für den Einzelnen gewesen wären, theils, insofern sie nicht auf die Lam-

13) Auch die Choragen konnten Epheben sein schon vor dem Ende des peloponnesischen Krieges; früher aber mußten sie nach dem Solonischen Gesetze (bei *Aeschin.* in Timarch. §. 12) über 40 Jahre alt sein; das hat wahrscheinlich Anfangs auch für die Gymnasiarchen gegolten. Zu Julis auf Keos mußten sie über 30 Jahre alt sein (s. Corp. Inscr. T. II. nr. 2360).

padarchie gehen, nicht bewiesen werden können. Aber abgesehen davon entsteht eine neue Schwierigkeit. Daß nämlich die Lampadarchen den Namen Gymnasiarchen führen, ist aus den beigebrachten Stellen mit der größten Sicherheit abzunehmen. Wählten also die Stämme jährlich nicht einen Gymnasiarchen, sondern zwei? Böckh hat diese Frage weder beantwortet noch gestellt, Wachsmuth, Krause u. A. bemerken die Schwierigkeit gar nicht [14]). Ich halte mich an die erwähnte Definition des Lexic. Seg. und behaupte, daß sich in der Blüthezeit Athens überhaupt kein anderes Officium der Gymnasiarchen nachweisen lasse als die Lampadarchie. Die Stellen, welche man als Gegenbeweis anführen könnte, sind meines Wissens nur folgende, deren Gewicht sehr geringfügig ist.

Zunächst nämlich weisen wir die Gesetze Solon's ab, da schon bemerkt ist, daß in seiner Zeit wahrscheinlich die Gymnasiarchie eine ganz andere Bedeutung hatte; ebenso wenig darf man, wie schon Böckh verlangt, spätere Stellen hierher ziehen, was oft genug sehr sorglos geschehen ist, z. B. noch neuerlich von dem auch der geringsten Kritik ermangelnden Krause, der Altes und Neues lustig durch einander mischt; wenn also bei Plutarch (Amator. c. 10) gesagt wird, daß die beiden Gymnasiarchen ein sehr scharfes Regiment über die Epheben führen, und ihre Handlungen streng bewachen, was sich selbst auf ihr Leben außer den Gymnasien zu beziehen scheint, so darf man hierbei nur an Plutarch's Zeit und nur an Thespiä in Böotien denken. In der That weiß ich nur zwei Stellen, die meiner Behauptung entgegenstehen; beide sind in den untergeschobenen Dialogen, denen man sonst den Namen des Äschines vorsetzte. Daß sie aus der Platonischen Zeit stammen, daran erlaube ich mir noch zu zweifeln, wie es auch Andere thun; der unbekannte Verfasser brauchte nicht allzuviel später zu leben, um von den Gymnasiarchen einen ganz andern Begriff zu bekommen, als für die Zeit seiner Gespräche paßt; und selbst wenn er Platon's Zeitgenosse gewesen wäre, könnte er leicht, weniger vertraut mit den bestehenden attischen Verhältnissen, die Gymnasiarchen in dem Sinne genannt haben, in welchem sie in den Solonischen Gesetzen vorkommen. Welches Ansehen kann demnach die Fabel behaupten, die in dem Dialog über den Reichthum vorkommt (§. 21), daß der Gymnasiarch den Prodikos aus dem Lykeion verwiesen habe, weil seine Lehre über den Reichthum für die Jugend schädlich sei? eine Lehre, die obenein bei Platon mit geringen Modificationen dem Sokrates beigelegt wird. Die andere Stelle im Axiochus §. 8 will noch weniger bedeuten. Dort werden die Beschwerlichkeiten des menschlichen Lebens den Altern nach aufgezählt, und für die Epheben werden genannt: Τὸ *Λύκειον καὶ Ἀκαδήμια καὶ γυμνασιαρχία καὶ ῥάβδοι καὶ κακῶν ἀμετρίαι· καὶ πᾶς ὁ τοῦ μειρακίσκου χρόνος ἐστὶν ὑπὸ σωφρονιστὰς καὶ τὴν ἐπὶ τοὺς νέους αἵρεσιν τῆς ἐξ Ἀρείου πάγου βουλῆς.* Will man hier nicht auch wieder die Solonische Wortbedeutung anwenden, so könnte man bei der Gymnasiarchie an die speciellen Leiden denken, welche der Fackellauf veranlaßt, und die allgemeinen werden erst nachher durch die Aufsicht der Sophronisten angedeutet. Doch wie man auch über diese confuse Stelle denken mag, wird doch so viel zugegeben werden müssen, daß den Gymnasiarchen kein weiterer Wirkungskreis zugeschrieben werden kann, als der oben angegebene, so lange nicht aus bessern, namhaften Gewährsmännern die Beweise dafür geliefert werden.

Gehen wir nun auf die spätere Gymnasiarchie über, so bieten sich auch hier bedeutende Schwierigkeiten dar. Was wir darüber wissen, beruht meistens auf Inschriften, deren es eine ziemlich große Anzahl gibt; indessen da in diesen meistens nur der Ehrgeiz und die Freigebigkeit der Gymnasiarchen insofern gerühmt wird, als sie Dinge leisteten, welche über ihre amtliche Verpflichtung hinausgingen, so wird es immer nicht klar, was sie denn eigentlich thun mußten. Betrachten wir vor allem die attischen Inschriften, so scheint die älteste der Beschluß athenischer Kleruchen auf Salamis zu sein, welcher in Böckh's Corp. inscr. (P. II. Cl. I. nr. 108. p. 148 sq.) sich findet; der nach Böckh's Erörterung nicht füglich vor Ol. 134 oder jedenfalls nicht vor Ol. 123, 3 zu setzen ist. Obgleich nun diese attischen Kleruchen rücksichtlich ihrer politischen Verhältnisse ganz nach Athens Muster eingerichtet sind, so möchte das doch nicht mit gleicher Entschiedenheit von der Gymnasiarchie gesagt werden dürfen. Das wesentliche des Beschlusses lautet folgendermaßen:

„Sintemal Theodotos, des Eustrophos Sohn, vom Piräeus, zum Gymnasiarchen erwählt für das Jahr unter dem Archonten Ergokles, sowol alle die gebührenden Stieropfer verrichtete als auch alle Turner bewirthete, dann aber auch die Hermäen feierte und Alle bewirthete, indem er hierauf nicht geringe Kosten verwendete, außerdem aus eigenen Mitteln einen Zuschuß leistete zu dem, was ihm für das Öl angewiesen war, auch einen Schild weihete, auf welchem er die Sieger in den Wettläufen verzeichnete, und gleicherweise auch die, welche andere Siege [15]) erlangt haben; sodann aber auch die Aufzüge

14) Eine andere Sch[illegible]keit bleibt auch bei meiner Annahme noch; wenn nämlich in demselben Jahre mehre Fackelläufe vorkamen, hatte da der Gymnasiarch sie für seinen Stamm öfter zu bestreiten? — Hier wäre über die Feste Einiges zu erörtern, was nicht an diesen Ort gehört, und am Ende dürfte das Resultat sein, daß auch die Annahme der jährlichen Dauer dieser Liturgie auf sehr schwankenden Füßen steht, und daß sie sich wol immer nur auf ein einzelnes Fest bezog, wie die Choragie. Dafür spricht auch die Ausdrucksweise mit εἰς, z. B. *γυμνασιαρχήσας εἰς τὰ Προμήθεια.*

15) Es ist hier in der Inschrift eine Lücke und ein Fehler; die Zeile endigt *ΟΜΟΙΩΣΔΕΚΑΙ ΤΟΥΣΞΑΝΩ* und die folgende beginnt *ΛΗΦΟΤΑΣ* Auch die Varianten geben nichts Sicheres an die Hand. Böckh's Vermuthung *τοὺς ἔλαιον εἰληφότας* empfiehlt sich zwar durch die Leichtigkeit der Änderung, aber daß die Namen aller Turner auf dem Schilde verzeichnet sein sollten, ist nicht glaublich. Solche allgemeine Register der Epheben gehören in spätere Zeiten, wie Böckh selbst zu nr. 172 erinnert hat. Daher möchte die Inschrift hier in dem Sinne zu vervollständigen sein, wie ich es oben gethan habe. Den griechischen Text zu emendiren, könnte man mehrerlei Versuche machen mit *ἄλλας νίκας, ἆλλα ἆθλα* rc. Aber das Glaubhafteste scheint zu sein, wenn man *τοὺς στέφανον εἰληφότας* schriebe; wobei anzunehmen, daß die Sieger im Wettlauf etwas anderes als einen Kranz bekamen.

ausführte in jedem Monat an den gebührenden Tagen, und auch in den übrigen Dingen sein Amt ordentlich nach den Gesetzen verwaltete, indem er es in keinem Stücke an Ehrgeiz und Eifer fehlen ließ, und darauf außerordentlich viel Geld verwendete (πλεῖον ἀργύριον), außerdem auch aus eigenen Mitteln die südliche Mauer auf dem Markte baute und über alles dieß dem Rathe und Volke Rechnung gelegt und die Prüfung bestanden hat, so —" 2c. Er soll nämlich gelobt, mit einem goldenen Kranze bekränzt, dieser Beschluß bekannt gemacht und auf zwei Säulen eingegraben werden, von denen die eine im Gymnasium, die andere auf dem Punkte des Marktes, der am meisten in die Augen fällt, stehen soll.

Suchen wir nun unter den aufgeführten Verdiensten dieses Gymnasiarchen das, was er freiwillig that, von dem was ihm oblag, zu trennen, so ist es wol klar, daß die Bewirthungen bei den Opfern und Hermäen, der Zuschuß zum Öl, das Weihen eines Schildes, der Bau einer Mauer die freiwilligen Leistungen waren, und als die eigentlichen Amtsverrichtungen bleiben übrig: das Verrichten der Stieropfer, das Feiern der Hermäen, die Besorgung des Öls für das ihm dazu angewiesene Geld, die Leitung der monatlichen Aufzüge der Turner, nebst den übrigen nicht genannten Dingen, in denen er die bestehenden Gesetze eifrig befolgt hat. Da es nun am Schlusse noch heißt, er habe über alle diese Gegenstände Rechnung gelegt, was sich doch auf die freiwilligen Leistungen nicht beziehen kann, so ist es klar, daß er nicht nur für das Öl, sondern ohne Zweifel auch für die Opfer und Festfeier die Kosten aus den öffentlichen Cassen bekam, und daß er darüber zur Rechenschaft verpflichtet war. Vielleicht war selbst für die Schmäuse bei den Opfern etwas angewiesen, und die Freigebigkeit des Gymnasiarchen bestand nur darin, daß er sämmtliche Turner bewirthete. Überhaupt aber ist es klar, daß hier nicht von einer Liturgie die Rede ist; es ist vielmehr ein Magistrat, eine ἀρχή, von jähriger Dauer, und es ist damit keine Leistung verbunden, welche Opfer an Gelde zur Pflicht machte. Vom Fackellauf ist keine Rede; daß er unter den Wettläufen sollte mitverstanden sein, ist nicht glaublich; der Plural deutet nur auf die verschiedenen Arten des Laufs und die verschiedenen Classen der Läufer; sonst hätte jedenfalls der Aufwand für den Fackellauf erwähnt werden müssen. Ebenso wenig ist von einer pädagogischen Seite des Amtes eine Spur zu finden, und diese hätte doch einen nicht zu übersehenden Stoff zu Lobeserhebungen dargeboten, welche in dem Zusatze δικαίως κατὰ νόμους unmöglich enthalten sein können, worin nur die pünktliche Beobachtung von bestehenden Gesetzen und Förmlichkeiten ausgedrückt ist, keineswegs die väterliche Sorgfalt, welche andere Inschriften an erziehenden Behörden zu rühmen wissen.

Nach dieser Analyse ist es, dünkt mich, ziemlich evident, daß der Charakter der Gymnasiarchie als ein vorwiegend priesterlicher anzunehmen ist; der Gymnasiarch ist in Bezug auf die ganze Jugend, die in der Gymnastik erzogen wird, dasjenige etwa, was der ἄρχων βασιλεύς zu Athen für den Staat ist. Er besorgt die Opfer, leitet das gymnastische [illegible] zu [illegible] des Hermes, wie bei Ordnung zu halten ihn schon das Solonische Gesetz verpflichtet hatte; er leitet die monatlichen Aufzüge an gewissen Tagen, was gewiß einen religiösen Anstrich hatte, sollte auch außerdem dabei der Zweck gewesen sein, die Turner zu mustern; solche Aufzüge werden zuweilen zum Andenken an große Verstorbene gehalten, wie zu Sikyon zum Andenken an Arat (s. *Plut.* Arat. c. 53). Dabei kann der Gymnasiarch nur das religiöse Element repräsentirt haben. Ganz übereinstimmend damit ist es, daß zu Elis der Gymnasiarch dem Oxylos ein jährliches Todtenopfer bringt (*Paus.* V, 4, 4). Auch Antonius, als er zu Alexandria als Gymnasiarch fungirte, hatte die Anordnung der Feste, πανηγύρεις, zu besorgen (*Dio Cass.* L, 5). Daß Julius Firmicus die Gymnasiarchen mit Priestern zusammenstellt, und daß ebenso Antoninus Pius verordnet hatte, die Professoren sollten befreit sein von Priesterwürden und Gymnasiarchien, hat Faber (Agon. I, 22) bemerkt.

Einer solchen Würde ist auch der äußere Schmuck angemessen, das Purpurkleid, die weißen Schuhe (φαικάσια), wie sie ägyptische Priester trugen, der Stab (s. ob. Vergl. *Plutarch.* Anton. c. 33. *Sueton.* Domit. c. 4). Irgend eine religiöse Handlung eines Gymnasiarchen stellt auch das Anaglyphum dar, dessen Inschrift sich bei Böckh (Corp. Inscript. n. 257) findet. Eine nicht unwichtige Bestätigung der vorgetragenen Ansicht enthält ferner eine Inschrift von der Stadt Julis auf der Insel Keos, bei Böckh (Corp. Inscript. Vol. II. p. 287. n. 2360). Auch hier handelt es sich von einem bestimmten, einzelnen Feste, an dem unter andern ein gymnischer Wettkampf angestellt werden soll. Dazu soll außer den andern Magistraten auch ein Gymnasiarch gewählt werden, der nicht jünger ist als 30 Jahre. Dieser soll den Fackellauf der Jüngern anstellen (ποιεῖν λαμπάδα) und für die übrigen gymnastischen Angelegenheiten Sorge tragen (τἄλλα τὰ κατὰ τὸ γυμνάσιον); auch soll er die jungen Leute dreimal im Monat hinausführen zu Schießübungen mit Speer, Bogen und Katapulten. Wer nachher am Feste bei diesen Übungen den Sieg davon trägt, bekommt vom Staate eine Belohnung. Daß dieser Gymnasiarch kein Liturg ist, möchte ich nicht so bestimmt mit Böckh behaupten; die Besorgung des Fackellaufes mochte wol auf seine Kosten gehen, grade wie in Athen [16]). Wie lange seine Würde dauert, erhellt aus der Inschrift nicht; wahrscheinlich vom Tage des Decretes bis zum Feste, also ist die Zeit von Umständen abhängig; nach dem Feste hat er nichts mehr zu thun als etwa Rechnung zu legen; und vorher geht ihm die Gymnastik im Allgemeinen auch nichts

16) Böckh nimmt an, daß die Lampadarchen in diesem Decret noch verschieden seien vom Gymnasiarchen, und daß diese die eigentlichen Liturgen wären. Aber der Zusammenhang ergibt aufs Allerentschiedenste, daß der nachher genannte siegende Lampadarch durchaus kein anderer sein kann als ein Fackelläufer, einer von den Wettkämpfern. Ist nun hierbei auch keine Variante angegeben, so ist doch der Text dieser Inschrift überhaupt unsicher, und da man λαμπαδάρχῳ doch wol nicht für λαμπαδοδρόμῳ oder λαμπαδιστῇ verstehen kann, so lese ich λαμπαδούχῳ.

em, da er nur die Wettkämpfer eingeübt hat. Doch ist es möglich, daß man die Wahl immer ein Jahr vorher veranstaltete.

Ob den Gymnasiarchen auch die Sorge für das Gymnasium selbst und das dazu gehörige Turngeräth obgelegen habe, ist nicht zu bestimmen; jene konnten allerdings als ein Heiligthum angesehen werden, und waren stets einem Gotte geweiht; indessen scheint es doch, daß die Gymnasiarchen eben auch nur die wirklich heiligen Gegenstände, die Altäre, Bildsäulen der Götter ꝛc. unter ihrer Obhut hatten, wie Verres, nachdem er von dem Rathe der Tyndaritaner die Statue des Mercur, welche in dem Gymnasium stand, erpreßt hatte, dieselbe von dem Gymnasiarchen ausgeliefert bekommt (*Cic. Accus. in Verr. Lib. IV. c. 42. §. 92*).

Natürlich war es, daß man zu einem so würdigen Amte immer nur vornehme Leute erwählte; daraus erklärt sich dann wieder ganz von selbst die Menge von Inschriften, durch welche sich diese verewigen ließen. Doch bot das heilige Amt auch sehr viel Gelegenheit, sich durch Freigebigkeit beliebt und bemerklich zu machen. An die Opfer schlossen sich von selbst Schmausereien an, welche der Gymnasiarch nicht nur oft auf alle Turner, sondern selbst auf die ganze Volksmasse ausdehnte, um die Feste zu verherrlichen; die heiligen Wettkämpfe konnte er sich leicht veranlaßt fühlen, zu Ehren des Gottes zu vervielfältigen oder zu beleben, indem er Preise aussetzte ꝛc.; alles dies enthält gegen die aufgestellte Behauptung keinen Widerspruch und bedarf keiner weitern Belege.

Sollten auch bei den Athenern Frauen als Gymnasiarchen fungirt haben, wie es wenigstens in Kyrene (s. *Boeckh.* ad *Pind. explic.* p. 328), auf der Insel Paros (s. Corp. inscr. n. 238. Vol. II. p. 346) und zu Mylasa (ib. n. 2714) der Fall war, so wäre auch dies ein Beweis, daß das Amt nur ein priesterliches sein konnte. Doch ist die Sache zweifelhaft (s. *Boeckh.* Corp. inscr. zu n. 267).

Sollte endlich den Gymnasiarchen wirklich jene gewöhnlich angenommene allgemeine Sorge für die Gymnastik obgelegen haben, so möchte es schwer zu erklären sein, wie die Athener dazu kommen konnten, in späterer Zeit die Dauer ihrer Würde auf einen Monat zu beschränken. In andern Staaten scheint dies nicht der Fall gewesen zu sein; bei den Athenern aber möchte der Grund dazu vielleicht in jenen monatlichen Aufzügen liegen, die das Decret der Salaminier als eine Obliegenheit des Gymnasiarchen erwähnt. Wenn die Sitte eintriß, für diese Festlichkeiten seine Freigebigkeit in Anspruch zu nehmen, so war es, zumal da die Masse der attischen Feste solche Gelegenheiten nur zu oft darbot, ganz natürlich, den zur Mode gewordenen Tribut eitler Reichen so zu vertheilen, daß die Last für den Einzelnen nicht zu groß wurde und Widerwillen gegen die kostspielige Ehre zu Wege brachte. Hiernach ergibt sich auch leicht, daß die Gymnasiarchen mit den eigentlichen Behörden der Jugend nicht in einem festen Verhältnisse der Rangordnung stehen konnten, und daß es daher gar nicht zu verwundern ist, wenn sie in der Reihenfolge der in den Inschriften aufgezählten Würden ihren Platz öfter wechseln. Wenn das attische Jahr ein Schaltjahr ist, so sind der Gymnasiarchen natürlich 13, wie in Corp. inscr. nr. 270. Unklar ist es, warum in nr. 268 nur acht aufgezählt werden. Zwölf finden sich in nr. 267, wo sich das Jahr Ol. 208, 1 oder n. u. 805—806 bestimmen läßt. Einmal kommt der Fall vor, daß ein Gymnasiarch zugleich einer von den Lehrern (παιδευταί) ist, nämlich in nr. 270.

Es bleiben noch ein Paar Schwierigkeiten übrig, die, wofern sich nicht nähere Andeutungen finden, schwer zu lösen sein möchten. Nämlich in der Inschrift nr. 270 werden nach den 13 Gymnasiarchen, die mit Angabe ihrer Monate genannt sind, noch zwölf andere Männer aufgeführt, ohne von jenen durch einen Zwischenraum getrennt zu sein, und ohne Monatsnamen; nur der erste von ihnen hat den Beisatz τῷ Ἑρμῇ, für den Hermes. Corsini hielt sie für Sophronisten, was Böckh mit Recht verworfen hat; dieser nimmt vielmehr an, es seien besondere Gymnasiarchen für die Knaben; er schließt dies daraus, weil die Hermäen ein Knabenfest seien, und weil in der Inschrift nr. 274 der Ausdruck vorkommt: ἐγγυμνασιαρχῆσαι τοὺς ἐφήβους, gleichsam als müßte man dazu den Gegensatz τοὺς παῖδας denken. Diese Vermuthung hat wenig für sich. Die Hermäen sind keineswegs ausschließlich ein Fest der Knaben, sondern sie sind ein allgemeines Turnfest, das auch Epheben feiern. Die Vergleichung ferner mit dem Gymnasiarchen in nr. 274 beweist nichts, wenn man dabei nicht das, was erst bewiesen werden soll, schon als bewiesen annimmt; jener Gymnasiarch wird dort ganz allein genannt, und zwar als ein jähriger, nicht als ein monatlicher. Der Zusatz τοὺς ἐφήβους macht den Gegensatz τοὺς παῖδας gar nicht nöthig; auch fehlt er in nr. 274 b. Addend. p. 910, welche Inschrift aus demselben Jahre ist, und von Böckh in die Zeit des Caracalla gesetzt wird. Überhaupt verschwinden in den attischen Inschriften die Knaben gänzlich; sie kommen nur vor in nr. 282, und die Unbärtigen in nr. 236, welche Inschriften aus früherer Zeit sind. Ob sie in nr. 245 wirklich gemeint sind, oder ob dort drei andere Classen von Siegern bezeichnet werden durch die vorgesetzten Buchstaben *A. B. Γ.*, ist schwer zu sagen; die Inschrift bezieht sich auf ein Fest, das zu Ehren des Caracalla und Geta eingesetzt ist und noch nach dem Tode des Septimius Severus fortdauerte; damals kann eine vorübergehende Einrichtung stattgefunden haben, die wir nicht kennen. Übrigens findet sich, was Böckh gar nicht berücksichtigt, auch in nr. 255 ein Gymnasiarch mit dem Zusatze τῷ Ἑρμῇ, und zwar ist dieser wieder ein jähriger. Da es überall an festen Zeitbestimmungen fehlt, so kann man zu allen diesen Schwierigkeiten nur so viel sagen, daß in der spätern römischen Zeit einiger Wechsel stattgefunden hat, daß man namentlich zuweilen nur einen einzigen, jährigen Gymnasiarchen gehabt zu haben scheint, daß über eine abgesonderte gymnastische Erziehung der Knaben gar nichts bekannt ist, und daß eine solche öffentlich vielleicht überhaupt nicht bestand. Die Gymnasiarchie für den Hermes mag demnach vielleicht eine außerordentliche Einrichtung gewesen sein, sei es nun zur Feier der Hermäen als eines allgemeinen Turnfestes, aber in Bezug auf das besondere Gymnasium des Hermes, welches, wie oben erwähnt, zu Athen bestand. Nirgends aber findet sich Etwas, das mit der behaupteten vorzugsweise religiösen Stellung der Gymnasiarchen unvereinbar wäre. Ja dies scheint nicht nur für Athen, sondern auch so ziemlich für alle Orte zu gelten, wo sich Gymnasiarchen finden. Dafür sind schon oben einige Belege angeführt; andere gehören nicht hierher.

Nur zwei Stellen finde ich, welche einen offenbaren Widerspruch enthalten; die eine ist die schon oben angeführte des Plutarch (Amat. c. 10), welche nur auf seine Zeit und auf Böotien geht. Die andere ist bei einem noch spätern Lateiner, Sidonius Apollin. (Epist. II, 2), der da sagt, wenn beim Ringen die Turner sich anstößige Berührungen erlaubten, so würden sie sogleich durch die keusche Ruthe des Gymnasiarchen getrennt werden. Daraus ist nicht viel zu entnehmen [17]). Nur von der Insel Naxos haben wir ein Verzeichniß der Epheben eines Jahres, das nach dem Gymnasiarchen und Hypogymnasiarchen benannt ist (Corp. inscr. nr. 2416).

Fragen wir nun aber nach den Behörden, welche wirklich darauf angewiesen waren, die Zucht und Bildung der athenischen Jugend ins Auge zu fassen und allen Unfug und Sittenlosigkeit zu verhindern, so bieten sich uns die **Sophronisten** und **Kosmeten** dar.

Die erstern, die *σωφρονισταί*, waren der Zahl nach zehn, aus jedem Stamme einer, vom Volke gewählt; sie erhielten täglich eine Drachme Sold. Dies bezeugen die Lexikographen Etym. M. *Phot.* Lexic. Seg. etc. (s. Böckh, Staatshaush. I. S. 256). In den ältern Schriftstellern werden sie fast gar nicht erwähnt; nur Demosthenes (de falsa legat. p. 433, 3) spielt auf sie an; und im Axiochus (§. 8) heißt es, die ganze Zeit des Epheben stehe unter der Aufsicht derselben. Aus des Demosthenes Zeit, nämlich von Ol. 115, 1 ist die Inschrift bei Böckh (Corp. Inscr. n. 214), worin zweien Sophronisten ein Lob und ein Kranz von Ölzweigen zuerkannt wird wegen ihres Eifers, den sie bei dem nächtlichen Feste der Hebe und Alkmene bewiesen hatten. Ohne Zweifel war dies Fest besonders geeignet, die Jugend zu allerlei Unfug und Unzucht zu veranlassen, und darum war hier die Aufsicht der Sophronisten besonders an ihrer Stelle. Ihrer zwei sind es gewiß nicht deshalb, weil es damals nicht mehr gegeben hätte, sondern weil diese beiden für das besondere Geschäft hinzureichen schienen. In späterer Zeit hat sich jedoch die Zahl geändert; im Corp. inscr. nr. 272 und nr. 276 sind es sechs, und in der erstern von diesen beiden Inschriften werden neben ihnen noch sechs Hyposophronisten genannt, in der letztern nur einer, jedoch sind hier mehre Zeilen ausgefallen; in nr. 277 dagegen sind es auffallender Weise nur vier, die außerdem am Schlusse stehen, hinter den Epheben; jedoch scheint hier kein Name weggefallen zu sein. Einzelne werden Sophronisten außerdem noch erwähnt in nr. 262, 271 und 283.

Für die **Kosmeten** ist der älteste Beleg, wie Böckh (Corp. inscr. zu nr. 270) richtig bemerkt, wiederum im Axiochus (§. 8) [18]). Dort wird der Kosmet gleich beim Einschreiben der jungen Leute in die Liste der Epheben genannt als das nächste Schreckniß, was ihnen nun begegnet. Aus der Art, wie hier die Kosmeten und nachher die Sophronisten genannt werden, möchte man schließen, daß jene ausschließlich auf die Sorge für die Gymnastik angewiesen waren, diese dagegen das ganze Leben der Epheben zu beaufsichtigen hatten. Abgesehen von dieser einzigen Stelle, die doch nicht über allen Zweifel erhaben ist, findet sich der Kosmet als gymnastische Würde der Athener nur in Inschriften, und zwar in sehr vielen, etwa 24, die alle aus der spätern Zeit sind.

Hier erscheint nun der Kosmet als die oberste gymnastische Behörde; er ist immer nur Einer; über die Art seiner Wahl ist nichts bekannt, doch war es in der Regel gewiß ein reicher und vornehmer Mann, der zuweilen zugleich Priester irgend einer Gottheit ist (s. z. B. nr. 258, 274, 285), der auch selbst Kampfpreise aussetzt (s. nr. 245).

Es gab bei den Athenern in der römischen Zeit für die gymnastischen Verhältnisse eine besondere Jahresrechnung, die von der gewöhnlichen ganz abweicht und mit dem Monat Boedromion beginnt (s. *Boeckh.* Corp. inscr. nr. 270), der gewiß recht hat, wenn er diesen Anfang von dem Feste Agraulia herleitet, das in diesen Monat fiel, und an dem die Epheben als solche feierlich geweiht und vereidigt wurden. Den Anfang der Turnübungen kann man nicht in den Boedromion setzen, da sie überhaupt wol nicht im Winter unterbrochen wurden, und wäre das der Fall gewesen, so hätten sie doch im Frühlinge wieder beginnen müssen. Dieses gymnastische Jahr nun wird nach dem jedesmaligen Kosmeten bezeichnet (*κοσμητεύοντος* —, oder *ἐπὶ κοσμ.* rc.), wobei zuweilen noch der Archon, der in den zehn noch übrigen Monaten mit ihm gleichzeitig ist, und andere gymnastische Behörden angegeben werden.

Der Kosmetes hat durchaus nichts mit den Knaben zu thun; nur die Epheben gehen ihn an, und daher wird er öfter *ὁ κοσμητὴς τῶν ἐφήβων* genannt. Er führte ein Verzeichniß über die Epheben, welche in seinem Jahre eingeschrieben wurden und an den Turnübungen Theil nahmen (*οἱ ἐπ' αὐτῷ* oder *ὑπ' αὐτῷ ἐφηβεύσαντες*); mehre solche Verzeichnisse sind uns ganz oder stückweise erhalten. Aus ihnen geht hervor, daß der Kosmetes noch einen Stellvertreter oder Gehilfen hatte, der Antikosme-

17) Aristoteles (Polit. VI, 5, 13) sagt, an mehr schulmäßig eingerichteten, in ruhigem Glücke lebenden und für Anstand (*εὐκοσμία*) sorgenden Staaten seien die *γυναικονομία*, *νομοφυλακία*, *παιδονομία*, *γυμνασιαρχία* eigen; *πρὸς δὲ τούτοις περὶ ἀγῶνας ἐπιμέλεια γυμνικοὺς καὶ διονυσιακοὺς κ. τ. λ.* Hier scheint der Philosoph, abgesehen von den wirklichen Gymnasiarchen das Abstractum *γυμνασιαρχία* nur in dem Sinne genommen zu haben, den die Etymologie an die Hand gibt.

18) Krause (S. 228) meint, dies sei ein Versehen von Böckh; er selbst aber hat nicht hingesehen, wie es mit dem Texte steht; das Wort fehlte allerdings in den alten Ausgaben, auch noch bei Fischer, aber dieser hat doch in den Anmerkungen angegeben, daß es bei Stobäus sich findet und dorther zu entnehmen ist.

tes genannt wird; er findet sich im Corp. inscr. nr. 271, 272, 276, 281; er wird auf ähnliche Weise bezeichnet (ἀντικοσμητεύοντος —), wird nebst dem Kosmeten den übrigen gymnastischen Behörden entgegengesetzt und besorgt mit ihm gemeinschaftlich die Abfassung des Verzeichnisses. Böckh erklärt den Namen mit Geßner nach der Analogie von ἀνθύπατος, ἀντιστράτηγος, pro cosmeta; man könnte indessen auch die Analogie von ἀντιγραφεὺς anwenden, sodaß eine Art von Controle darin läge. Einmal, in nr. 270, finden sich zwei Hypokosmeten; ob diese mit dem Antikosmeten identisch sind, muß dahin gestellt bleiben. Merkwürdig ist aber, daß ein Kosmet in nr. 284 erklärt, er habe sich keines Antikosmeten bedient, weil in dem Gesetze darüber nichts bestimmt sei, und es habe ihm sein Sohn diesen Dienst geleistet. Je nachdem man sich das Amt des Antikosmeten denkt, wird man anzunehmen haben, daß es wirklich in der Willkür jedes Kosmeten stand, einen Antikosmeten zu bestellen oder nicht, oder daß nur dieser etwa sich der lästigen Controle unter scheinbarem Vorwande entledigte.

In den genannten Verzeichnissen werden nun nicht nur die Epheben, sondern auch die Collegen des Kosmeten (οἱ συνάρχοντες) und die Turnlehrer (παιδευταί) aufgeführt. Die erstern sind die Sophronisten, Hyposophronisten und die Gymnasiarchen (s. nr. 272, 276)[19]). Diese bilden also zusammen mit dem Kosmeten ein Collegium, das mit getheilten Functionen die aufsehende Behörde über die Epheben ausmacht; früher waren sie ohne Zweifel auch die Anführer derselben, wenn sie als περίπολοι Dienste thaten; denn Äschines bedient sich grade desselben Ausdrucks, indem er π. παραπρ. § 167. ed. *Bekker.* in Bezug auf seinen zweijährigen Dienst als περίπολος sagt: *τούτων ὑμῖν τοὺς συνεφήβους καὶ τοὺς συνάρχοντας ἡμῶν μάρτυρας παρέξομαι.*

Die Turnlehrer sind zunächst die Pädotriben und Hypopädotriben, über welche oben in einem eignen Artikel gehandelt ist. In der Inschrift (nr. 270) werden unter der Überschrift παιδευταί 15 Männer aufgeführt, von denen die beiden letzten, der κεστροφύλαξ und der θυρωρός, wol nicht eigentlich Lehrer waren. Der erste ferner ist ein Gymnasiarch, der vielleicht dem Lehrercollegium präsidirte; somit bleiben uns noch zwölf übrig; von diesen wird einer ἡγεμών, einer γραμματεύς, einer ὁπλομάχος titulirt; was die übrigen neun waren, ist nicht gesagt; der Pädotribe ist nicht unter ihnen, sondern ist vorher hinter den Gymnasiarchen genannt, doch ist aus andern Inschriften zu entnehmen, daß einer van ihnen, Abascantus, später Pädotribe wurde und es dann auf Lebenszeit blieb. Diese mögen also Hilfslehrer gewesen sein, deren Titel und Verrichtungen wir nicht kennen.

Der Führer, ἡγεμών, hat vielleicht seinen Namen mit Bezug auf die leichten Kriegsdienste der Epheben als περίπολοι; er findet sich in nr. 266, 270, 279, 280, 282 und scheint der vornehmste der παιδευταί zu sein.

Der Fechtmeister, ὁπλομάχος, übt die Epheben im Gebrauche der Waffen, und mochte wol, wie es die Sophisten zu Sokrates' Zeit thaten, auch in der Taktik überhaupt unterrichten (s. oben). Er wird erwähnt nr. 266, 270, 279, 280.

Der Schreiber, γραμματεύς, wird, wie gesagt, in nr. 270 zu den Lehrern gezählt; nach nr. 276 verwaltet er sein Amt auf Lebenszeit; sonst kommt er vor in nr. 266, 280, 286. Ein Unterschreiber, ὑπογραμματεύς, findet sich in nr. 279.

Der Schleuderwart, κεστροφύλαξ, ist erwähnt in nr. 268 und 280. Er hatte wahrscheinlich die Aufsicht über die κέστροι, cestrospheudonae, eine Art von Schleudern, welche erst zur Zeit des Krieges der Römer mit Perseus erfunden sind (s. *Suidas* v. κέστρος. *Liv.* XLII, 65. Vergl. *Gyraldi* Opp. Tom. II, p. 887. *Turneb.* Advers. XXX. c. 32).

Der Thürhüter, θυρωρός, war vielleicht der Turnwart, der in dem Gymnasium wohnte und es sammt allem Geräthe bewachte (s. nr. 268, 270, 275, 282).

Der Gürtler, λεντιάριος, wird noch hinter dem Thürhüter in nr. 275 genannt. So viel man aus der Glosse von Hesychius abnehmen kann: λέντιον· περίζωμα ἱερατικόν, ist hier an die Gürtel der übrigens nackten Turner zu denken. Diese Gürtel mochte der Lentiarios verwahren und vielleicht auch selbst machen; zugleich zeigt der Name, daß es linnene Gürtel waren.

Von den in früherer Zeit vorkommenden Lehrern sind der Gymnastes und der Aleiptes bei den Athenern spurlos verschwunden. Der Streit über die höhere Würde des Gymnasten und Pädotriben, den der Arzt Galen zu Gunsten des erstern so angelegentlich führte (s. d. Art. Pädotribes), hat sich hier für den letztern entschieden; dieser ist der wichtigste unter den Lehrern, und hat sich ohne Zweifel auch die ärztliche Kenntniß angeeignet, welche früher den Gymnastes auszeichnete. Jedoch wäre es wol möglich, daß sich unter den obenerwähnten titellosen Lehrern auch ein Arzt und ein Aleiptes befunden hätte; der letztere, von dem Einreiben des Öls benannt, wird ebenfalls öfter als ein mit medicinischen Kenntnissen ausgerüsteter Mann bezeichnet, zuweilen in so weitem Sinne, wie der Gymnastes, jedoch hat er sich ohne Zweifel vorzugsweise auf das Einreiben des Öls verstanden, wovon es nach Galen (de valet. tu. II, 3) unzählige Arten gab, denen man verschiedene Wirkung zuschrieb (vergl. *Plut.* praec. valet. tu. c. 15).

Wir haben oben die gymnastische Erziehung der athenischen Jugend bis zu der Zeit geschildert, wo die Klagen über ihren Verfall besonders bei Aristophanes laut werden, und haben daran die Erörterung über die Behörden und Lehrer geschlossen, welche zum Theil in die frühere bessere Zeit gehören, zum Theil sich erst später ausgebildet haben, ohne daß man im Stande wäre, eine Sonderung nach den Zeiten vorzunehmen. Wir knüpfen daher hier an die obige Darstellung der Erziehung die Fortsetzung an, welche sich ohne die Kenntniß der dabei einwirkenden Personen nicht deutlich machen ließ.

Wenngleich die erwähnten Klagen des Aristophanes

19) Hier ist Krause doch gar zu sehr mit Blindheit geschlagen, indem er (S. 238) die Synarchonten zu einer eigenen, der spätern Zeit angehörenden Behörde macht, welche den Sophronisten vorangehen. Wie ist eine solche Gedankenlosigkeit möglich?

ohne Zweifel sehr begründet waren, so läßt sich doch auch nicht verkennen, daß es eben der Gipfel gymnastischer Ausbildung war, von welchem seine Zeitgenossen herabzusinken begannen. Sie hatten das Ideal der Schönheit, die harmonische Vereinigung der Anmuth und Kraft, so weit es ihnen vergönnt war, erreicht, und diese ideale Höhe hatte sich in ihrer körperlichen Ausbildung gewiß so rein abgedrückt, als in ihrer Plastik und in der Poesie. Ausgegangen von der gesunden Kraft, welche in der Gymnastik die Marathonskämpfer bei Aristophanes und in der Kunst Äschylus repräsentiren, hatte sich diese mit der Anmuth vermählt, welche aus dem feinen, kunstsinnigen, für das Ideale empfänglichen Leben entspringt, dessen Höhenpunkt Perikles darstellt. Aber nur ein innerlich gesundes Leben in reinen Sitten vermag einen solchen Aufschwung zu nehmen; bald gewinnt der einseitige Sinn für Anmuth das Übergewicht; sie wird zu einer buhlerischen Schönheit, während Unsittlichkeit die Kraft verunreinigt und vernichtet. Eine solche Periode stellen Euripides in der Poesie, Phrynis in der Musik dar. Man liebt das Schöne noch und ist begeistert dafür, aber man flieht den Schweiß, durch den es zu erreichen wäre; man sucht es auf bequemerem Wege und findet es auch, aber es ist verwandelt, es ist blos reizend, nicht erhebend; es führt zu unreiner Genußsucht und durch diese unaufhaltsam zum Untergange.

Durch diese allgemeine Betrachtung müssen wir den Mangel an besondern Nachrichten über die fernere Geschichte der Gymnastik ersetzen. Trotz dem, daß würdige Männer aus der bessern Zeit für die alte kräftige Erziehung eiferten, daß namentlich Sokrates, Platon, Xenophon, wol dunkel das nahende Verderben ahnend, darin eine Rettung suchten, die sie mit aller Kraft ihres tugendhaften Eifers empfahlen, war doch der Strom des leichtfertigen, blinden und tauben Zeitgeistes zu mächtig, als daß ihm hätte Widerstand geleistet werden können. Er zersprengte auch im Staate alle bindenden Formen; die niedrigsten Elemente drängten sich zum Herrschen und verschafften sich für frühere strenge Arbeit einen Ersatz in weichlicher Ruhe und maßloser Sinnenlust; die Ochlokratie hob die Verpflichtung, Turnkunst und Musik zu lernen, auf, indem sie dergleichen nicht für schön hielt und überdies einsah, wie der Verfasser der Resp. Ath. I, 13 fast launig bemerkt, daß es nicht möglich sei, solche Studien zu betreiben. Ob hierbei an eine wirkliche Aufhebung der bestehenden Gesetze zu denken ist, wie der Ausdruck allerdings anzudeuten scheint (*τοὺς γυμναζομένους αὐτόθι καὶ τὴν μουσικὴν ἐπιτηδεύοντας καταλέλυκεν ὁ δῆμος*), oder ob blos die allmälig einreißende, stillschweigend gebilligte Unsitte gemeint ist, kann man bezweifeln. Plutarch (Alcib. c. 7) bedient sich ganz desselben Ausdruckes: *ὁ δῆμος ὡς καθυβρισμένον τὸ πρᾶγμα καὶ προπεπηλακισμένον ἀφῆκε παντελῶς καὶ κατέλυσεν* (vergl. *Isocrat*. Panath. p. 262 sq. ed. *Steph*. §. 144. Areopag. p. 143. §. 16). Da jedoch Äschines (Timarch. §. 6—8 und a. a. O.) die Solonischen Gesetze ausdrücklich als noch bestehend nennt, ebenso wie früher Platon (Crit. §. 12. p. 50. D.), so ist gewiß nur der letztere Fall anzunehmen, da jene Gesetze, die ohnehin schon durch den entschiedenen Widerspruch der Sitte ihre bindende Kraft verloren hatten, gewiß nicht wieder von Neuem eingesetzt wären, hätte man sie einmal aufgehoben. Aristoteles erklärt es einmal für eine oligarchische Sophisterei in der Gesetzgebung, wenn die Reichen gezwungen werden, an Volksversammlungen, Gerichten, Waffen- und Turnübungen Theil zu nehmen, den Armen aber hierbei Willkür gestattet wird, da diese dann wegen ihres Unvermögens sich von selbst ausschließen. Ein demokratisches Gegenmittel sei es, fügt er hinzu, wenn man den Zwang für die Reichen aufhebe, den Armen aber für die Theilnahme an Volksversammlungen und Gerichten Sold gebe (*Arist*. Polit. IV, 10, 7. 8). Dies ist offenbar zu Athen geschehen, nur ist es nicht consequent auch auf die Waffen- und Turnübungen ausgedehnt; diese lagen den Ochlokraten doch zu wenig am Herzen, als daß sie sich zu ihnen hätten drängen und dafür bezahlen lassen sollen; auch wußten sie die Staatseinkünfte anderweitig genug auf vergnüglichere Weise unterzubringen; jedoch ist wenigstens der Vorschlag einmal gemacht, die Turner zu besolden, und zwar von dem wohlmeinenden Xenophon (Vect. IV. §. 52); an eine Ausführung ist nie gedacht, auch wenn seine übrigen Vorschläge, welche die Anschaffung des Geldes bezweckten, sehr unpraktisch.

Aus den Rednern der Demosthenischen Zeit geht hinlänglich hervor, daß den gymnastischen Übungen eine ungeheuere Unsittlichkeit im Wege stand, daß sie aber doch immer noch mit Achtung genannt werden als eine edle Beschäftigung der Jugend; dies sind die *συνήθειαι καὶ διατριβαὶ ἐλευθέριοι* bei Äschines (*π. παραπρ*. §. 23. *οὐκ ἀγεννεῖς διατριβαί*; das. §. 149; vergl. §. 182, 184. in *Ctesiph*. p. 84. *Steph*. §. 216. p. 88. §. 246). Dabei wird auch vor der falschen Richtung der Athletik gewarnt, z. B. räth Isokrates dem Demonikos (§. 14), nicht was zur Stärke, sondern was zur Gesundheit dient, zu üben und sich nicht bis zu völliger Ermattung abzuarbeiten; ähnlich sorgte Diogenes von Sinope für die ihm anvertrauten Söhne des Xeniades (s. *Diog. Laert*. VI, 2, 5. *Lycurg*. contr. Leocr. §. 51. ed. *Bekk*.), rühmt es, daß der Markt zu Athen nicht mit Statuen von Athleten geschmückt sei, deren es überall viele gebe, sondern mit Statuen von tüchtigen Feldherren und Tyrannenmördern. Isokrates (*π. ἀντιδόσ*. §. 250) beklagt sich darüber, daß man die Gymnastik höher achte als die Philosophie. Alle diese Äußerungen sind mehr oder weniger subjectiv. An andern Nachrichten fehlt es. Der einzige mir bekannte Beleg für die öffentliche Pflege der Gymnastik ist der von Dinarch (Philocl. §. 15) erwähnte Fall, daß Jemand die Aufsicht über die Epheben durch Volksbeschluß abgenommen wurde, weil er sich des Vertrauens unwürdig zeigte; ob er Kosmet oder Sophronist war, wird nicht gesagt.

Wie sehr nun aber auch der Einfluß der pädagogischen Gesetze geschwächt war und wie großen Spielraum auch die Willkür des Einzelnen in der ausgearteten Demokratie Athens gewonnen hatte, so war und blieb doch der angeborene Sinn für körperliche Schönheit und künstlich ausgebildeten turnerischen Anstand fortwährend bei den

enern wirksam. Es läßt sich das fast für alle Zeiten
igstens durch einzelne Belege darthun. Wie es sich
Aristophanes ausspricht, ist aus den schon angeführten
llen ersichtlich. Über Xenophon's einfachen, militairi-
n Schönheitssinn habe ich Einiges bemerkt zur Resp.
. XI, 3. p. 195. Am deutlichsten tritt bei ihm, wie
Platon u. A., das Bild eines freien Mannes in Hal-
g und Aussehen, die ἐλευθεριότης, im Gegensatze ge-
die Handarbeiter, die βάναυσοι, hervor, die genö-
t eine sitzende Lebensart zu führen oder sich die Tage
beim Feuer aufzuhalten, durch die unedle Arbeit an
per und Geist verkrüppeln und verkümmern (s. Xen.
on. IV. §. 2. Resp. Lac. I, 3. Plat. Alcib. I. §.
Rep. VI, 10. p. 495. Heindorf. ad Theaet. §.
Aristot. Polit. I, 4, 3. Valcken. ad Ammonium
14). Sie sind die, welche, wie die Weiber, im Schatten
n (ἐσκιατραφημένοι, in latebrosis locis sagt Plautus
eb. III, 3, 26; vergl. das. I, 1, 22), nicht im reinen
te der Sonne (s. Heindorf. ad Plat. Phaedr. §.
. Nicht weiß und weichlich muß das Fleisch sein, wie
den stets verhüllten Persern, sondern von der Sonne
dem Staube der Palästra gebräunt und glänzend von
Öle (λιπαροί). Ja es ist nicht nur das Aussehen,
an man die Bildung des freien Mannes erkennt, son-
auch — sein Geruch; er darf nicht nach duftenden
ben riechen, wie die Weiber, sondern er muß den
kteristischen Geruch der Palästra, des Ringeröles haben,
h den er sich sogleich von dem Sklaven unterscheidet
noph. Conviv. II, 4). So bemerkt auch später
ines (in Timarch. p. 26. St. a. E. §. 189), daß
Turner leicht zu erkennen sind an ihrem gesunden
sehen. Bei Theokrit (Id. II, 80) entflammt die schö-
als der Mond glänzende Brust des Delphis, wie er
von dem καλὸς πόνος des Gymnasiums herkommt,
Liebe der Simätha. Noch in der Kaiserzeit schmücken
die athenischen Epheben mit einer Benennung, die ih-
ein kriegerisches, furchteinflößendes Ansehen beilegt, in-
sie sich γοργοί nennen.

Bei Gesandtschaften, politischen sowol als heiligen,
be stets auf die Schönheit der Gestalt bedeutende
sicht genommen. Dabei hatte man nicht nur für die
the der Jugend und die Kraft des Mannes, sondern
für die heitere Würde des Greises offenen Sinn,
sich das besonders an dem Festaufzuge der θαλλοφό-
bei den Panathenäen zeigt (s. Xenoph. Mem. III,
12. Sympos. IV, 17; das. Herbst und Etym. M.
441, 51). Auch bei andern Gelegenheiten spricht sich
aus. (S. z. B. Plat. Parmen. §. 2. p. 127. b.)

Diese Empfänglichkeit für den sinnlichen Eindruck
durchgearbeiteter gelenkiger, mit männlicher Schönheit
bter Körper war natürlich für sich kein hinlänglicher
zpunkt der Gymnastik; sie konnte die Unsittlichkeit und
zheit nicht überwinden, wogegen auch der Eifer der
osophen nichts vermochte. Noch weniger richteten die
nisten aus, welche die Schlaffheit ihrer Zeit durch
entgegengesetzte Extrem heilen wollten; sie waren be-
änkte Menschen, die den Staat zu retten glaubten,
n sie sich beim Turnen immer die Köpfe zerschlugen,
wenn sie barfuß gingen und einen lakonischen, groben und kurzen Mantel und einen ungeschlachten Bart und Knüttel trugen (s. Heindorf. ad Plat. Protag. §. 80. p. 342. b. ad Gorg. §. 151. p. 515. e. Weber, de Laconistis. [Weimar. 1836]). Auch bei uns gab es Leute, die für Teutschland alles Heil ausschließlich vom teutschen Rocke und Zackenkragen, vom Barte und langen gescheitelten Haare erwarteten. So lächerlich solche Beschränktheit werden kann, so drückt sie doch ein tiefer liegendes Bedürfniß, eine innere Krankheit des Volkslebens aus, die sie nur auf verkehrte Weise heilen will.

Ein wahres Glück ist unter solchen Umständen das Unglück; den Athenern hat es daran nicht gefehlt, und es trug zuweilen gute Früchte; indessen war auch dieser Erfolg nur vorübergehend. Ihr Kriegswesen war nicht geeignet, Abhärtung und Enthaltsamkeit zu pflegen; denn ihre Macht lag im Seewesen, und zu Lande in ihrer Reiterei, die aus den reichsten Bürgern gebildet, allerdings vortrefflich war, aber ihr Ehrgeiz war ihre einzige Tugend. Die strenge Gewöhnung zu Gehorsam und Ordnung, die ruhige Festigkeit, das Vertrauen auf eine lange, mühsame Übung, alle die Eigenschaften, welche den Kern der griechischen Soldaten, die Hopliten, zierten, mangelten den Athenern, und sie vernachlässigten daher diese Waffengattung ungebührlich, indem sie glaubten, es sei hinlänglich, wenn sie nur jedem einzelnen ihrer Bundesgenossen darin überlegen wären, denn eine feindselige Vereinigung Aller fürchteten sie nicht, und übrigens verließen sie sich auf ihre Seemacht [s. Resp. Athen. II, 1 [20]). Vergl. Isocr. de pace. p. 179 sq. Steph. §. 102. Bekk.], wo der Landmacht die Übung der εὐταξία und καρτερία beigelegt wird, der Seeherrschaft aber die ἀκολασία. Im Felde war bei ihnen vom Turnen wol nicht viel die Rede; indessen kommt doch der Fall vor, daß die Soldaten des Alkibiades mit denen des Thrasyllus, als diese für feig galten, nichts zu thun haben wollten und sie vom Turnen und jeder andern Gemeinschaft ausschlossen (Plut. Alcib. c. 29). Dies Verfahren kommt sonst nur bei den Spartanern vor (s. Xenoph. Resp. Lac. IX, 4). Der sagt, daß man sich in andern Staaten damit begnüge, Jemand feig zu nennen, übrigens ihn aber auf dem Markte und Turnplatze, und wo er sonst will, mit den Unbescholtenen auf gleichem Fuße verkehren lasse. Freilich mochten die Solonischen γραφαὶ δειλίας (bei Aesch. in Ctesiph. p. 78. Steph. §. 175. Bekk.), die Anklagen wegen Feigheit, sehr selten vorkommen. Gegen Mörder und Andere, auf denen eine große Sünde ruhte, waren natürlich auch die Athener strenger (s. z. B. Lys. in Agorat. p. 137. Steph. §. 79. Bekk.)

Für die körperliche Erziehung der Weiber geschah in Athen so gut als nichts; sie saßen ihr ganzes Leben hin-

20) Νομίζουσι τὸ ὁπλιτικὸν ἄρχειν, εἰ τῶν συμμάχων κρείττονές εἰσι. Schneider wußte mit diesen Worten nichts weiter anzufangen, als τὸ ὁπλιτικόν zu streichen, womit auch noch nicht alle Schwierigkeit gehoben ist. Ich schreibe ἀρκεῖν statt ἄρχειν und halte diese Verbesserung für ganz unzweifelhaft. So sind in demselben Buche (III, 6) ἐπαρκεῖν und ὑπάρχειν verwechselt.

durch im Frauengemache und spannen, und kamen nur selten an das Tageslicht (s. meine Bemerkung zu *Xen.* Resp. Lac. I, 3). Wie gänzlich außer aller Möglichkeit für die attische Sitte die Turnübungen der Mädchen lagen, sieht man aus der Art, wie Aristophanes die Spartanerinnen in der Lysistrata auftreten läßt; auch Xenophon wagt nur einen Ersatz dafür zu empfehlen in allerhand häuslichen Beschäftigungen. (Oecon. X, 10 sq.)

Noch manche andere Momente ließen sich anführen, welche den sittlichen Fall der Athener und damit auch die Vernachlässigung der Gymnastik herbeiführten, beförderten oder darstellten, wenn uns dies nicht zu weit in die politische und Sittengeschichte einführte. Ohnehin würde es uns nicht gelingen, die stufenweise Veränderung in den öffentlichen Einrichtungen für die Palästrik klar zu machen. Wir haben hier eine große Lücke zu übergehen, die bis in die römische Kaiserzeit reicht. Aus dieser geben uns die schon oben öfter benutzten Inschriften wieder ein einigermaßen deutliches Bild von dem Betriebe der Gymnastik; wir finden eine wohlgeordnete, feste Einrichtung, bei der nur immer sehr zweifelhaft bleibt, wie viel davon noch aus der alten Zeit herrührte, und wie viel sich später allmälig gebildet hatte.

Das politische Leben der Athener wie aller Griechen war zu Grunde gegangen; die kleinlichen Reste davon waren der Willkür eines römischen Proconsuls anheimgestellt, und daher bewegte sich das ganze öffentliche Treiben in einem sehr engen Kreise, den Plutarch recht gut erkennt und beschreibt in den praec. reip. ger. c. 32. Die Eigenthümlichkeiten der griechischen Stämme hatten sich sammt ihren politischen Differenzen bis auf geringe Spuren verwischt, und so kamen sie alle erst durch die Knechtschaft zur Einheit. Auch rücksichtlich der Palästrik läßt sich annehmen, daß so ziemlich in allen griechischen Städten dieselben Einrichtungen bestanden, von denen die athenischen sich noch am deutlichsten erkennen lassen.

Von einer allgemeinen Verpflichtung zum Turnen ist nicht mehr die Rede; da es kein Interesse des Staates mehr gab, so ist es zur Privatsache geworden, jedoch verlangte die Eitelkeit jeder Stadt, daß sie ein Gymnasium und eine förmlich constituirte Turngemeinde hatte, an der die reichen Epheben, die nichts weiter hatten, um sich die Zeit zu vertreiben, Theil nehmen konnten. Sie lebten dann doch in Formen und Beschäftigungen, welche ihnen Gelegenheit gaben, sich in die alte Zeit zu versetzen und sich selbst als würdige Nachkommen der Marathonskämpfer zu dünken. Je weniger es nun mit ihrem Bürgerthume zu sagen hatte, desto mehr Werth legten sie darauf, sich als echte Athener anzusehen; sie nannten sich *γνήσιοι*, welcher Titel sich nebst den beiden andern *φίλοι* und *γοργοί* in mehren Inschriften findet. Daß sich Freundschaften unter ihnen bildeten bei diesem abgeschlossenen bevorrechteten Leben, welches mit dem unserer akademischen Jugend in früherer Zeit manche Ähnlichkeit hat, ist ganz natürlich, und es war von jeher bei den Griechen heimisch gewesen, daß die Altersgenossen sich zunächst einander anschlossen; daher das Sprüchwort: ἧλιξ ἥλικα τέρπει. (S. *Plat.* Phaedr. §. 37. p. 240. b., ib. Schol. Rep. I, 3. p. 329. Sympos. §. 18. p. 195, ib. *Wolf.* p. 58. *Aristot.* Ethic. Eudem. Tom. II. p. 1238. Lin. 34. ed. *Bekk. Erasm.* Chil. I, 2, 20. p. 68 sq.)

Jene vornehmen jungen Männer, wenn sie das Alter der Epheben erreicht hatten, ließen sich bei dem Kosmeten in das Verzeichniß der Epheben eintragen, was wahrscheinlich nach altem Herkommen im Monat Boedromion am Feste Agraulia geschah (s. oben). Ob sie bei dieser Gelegenheit auch den Eid leisten mußten, der früher geleistet wurde, wissen wir nicht, doch ist es wahrscheinlich; aber die alte Formel, die nur auf das freie Athen paßte, wäre lächerlich gewesen. (S. **Wachsmuth**, hellenische Alterthumskunde. I, 1. S. 252 fg.) In dem Verzeichnisse waren sie ebenfalls nach alter Weise nach den Stämmen geordnet. Hier werden nun *πρωτέγγραφοι* und *ἐπέγγραφοι* unterschieden (s. *Boeckh.* Corp. inscr. nr. 272). Die *ἐπέγγραφοι*, die Zugeschriebenen, sind ohne Zweifel diejenigen Epheben, welche nicht athenische Bürger waren, und daher auch immer hinter der Reihe der Stämme für sich verzeichnet werden. Sie waren angesehene Fremde, die sich zu Athen aufhielten und ohne Weiteres Erlaubniß hatten der Turngemeinde beizutreten, wovon nach Artemidorus (Oneirocr. I, 56) nur die Sklaven ausgeschlossen waren. Früher hatte es dazu eines besondern Privilegiums für jeden Fremden bedurft. Hiernach möchten denn, wie Böckh annimmt, die *πρωτέγγραφοι* wol alle eigentlichen athenischen Epheben sein.

Außerdem waren diese Turner noch paarweise geordnet, und werden in Inschriften je zwei und zwei Freunde und Nebenmänner, *φίλοι καὶ συστάται*, genannt. Böckh (nr. 273) bezieht dies richtig darauf, daß solche zwei zusammen gerungen hätten; jedoch ist zugleich auch an die Ordnung zu denken, in welcher sie bei ihren militairischen Übungen und bei festlichen Aufzügen standen, und in welcher sie auch in der Schlacht stehen sollten, wenn es dazu käme; mit Unrecht, scheint es, hat das Böckh geleugnet (nr. 268). Ich halte es für einen Nachklang aus der frühern Zeit, wo das Verhältniß der Nebenmänner im Heere etwas Heiliges hatte. Bekannt ist es, wie streng die Wahl der Spartaner war, wenn sie bei den Phiditien einen Tischgenossen erwählten; denn sie fochten in derselben Ordnung, wie sie schmausten (s. zu *Xenoph.* Resp. Lac. V, 2); daher hätte sich dort auch Jeder geschämt, einen Feigen zum *σύσκηνος* im Kriege oder zum *συγγυμναστής* beim Ringen anzunehmen (*Xenoph.* ib. IX, 4). Doch findet es sich auch bei den Athenern, daß auf dies Verhältniß ein großer Werth gelegt wird; das zeigt das schon erwähnte Beispiel der Soldaten des Thrasyllus und das des Agoratos. So erregte es allgemeine Verwunderung, daß der schöne Alkibiades, der gegen seine übrigen Liebhaber höchst spröde war, grade den Sokrates sich als Nebenmann in der Schlacht, als Zelt- und Tischgenossen, als Gegner beim Ringen gefallen ließ (s. *Plut.* Alcib. c. 7). Der obenerwähnte Eid der Epheben verpflichtete ausdrücklich dazu, den Nebenmann nicht im Stiche zu lassen. (S. *Lykurg.* in Leocr. p. 157. *Steph.* §. 77. *Bekk.* etc.)

Die Zahl der Epheben kann verhältnißmäßig nicht

| gewesen sein; sie mußten Leute sein, welche Einkom- genug hatten, um müßig zu leben und die Kosten bestreiten, welche gewiß nicht unbedeutend waren. Aber Verarmung nahm in Griechenland immer zu, und ge- widmeten sich auch manche den Studien oder dem lischen Staatsdienste, sodaß sie an der Turngemeinde ien Antheil nahmen. In einer Inschrift (nr. 274), nach Böckh aus der Zeit Caracalla's ist, gibt der Imet die Zahl der Epheben in seinem Jahre auf 202 ohne sie namentlich aufzuzählen; die Fremden sind ei gewiß mitgerechnet. Böckh findet die Zahl auffal- klein; mir scheint sie in Anbetracht der erwähnten stände sogar sehr groß. In zwei andern Verzeichnis- , welche ziemlich vollständig erhalten sind, findet sich viel kleinere Anzahl; nämlich in nr. 275 aus der der Antonine sind es 113, worunter 39 Fremde, und ar. 284 nach Böckh's Vermuthung unter der Regie- g des Caracalla sind es 145, worunter 50 Fremde; iach in beiden Fällen die Fremden ungefähr den drit- Theil ausmachten. Noch weit geringer muß die Zahl Epheben im J. 138 n. Chr. Geb. gewesen sein; sie n sich nach der unvollständigen Inschrift (nr. 281))t füglich über 50 belaufen haben; über die Fremden nichts daraus zu ersehen.

Oft sind es die Epheben selbst, welche sich eine In- ift setzen, und zwar bald alle, bald einzelne, die dann besondere Veranlassung gehabt haben mögen, z. B. in sie Sieger waren, oder wenn sie sich etwa besonders enehm machen wollten, wie zuweilen Fremde (s. *Boeckh.* 287). Auch sind mitunter Epheben selbst Agonothe- (s. nr. 283, 287). Ob sonst noch Abtheilungen und szeichnungen unter ihnen bestanden, ist unbekannt, au- etwa, daß die Namen der Sieger in den Inschriften Kränzen umgeben werden; denn die Vermuthung ckh's, daß in nr. 285 eine von Epheben bekleidete irde enthalten sei, ist zu unwahrscheinlich [21]).

Mehre Inschriften haben sich erhalten, welche die heben ihren Vorgesetzten zu Ehren gesetzt haben; so) nr. 258, 261 für Kosmeten, 256 für einen Gymna- chen, 262 für die Sophronisten bestimmt; nr. 263 die Inschrift einer Herme mit dem Bildnisse des le- nslänglichen Pädotriben Abascantus, das die Epheben t Erlaubniß des Areopags aufstellten. Aus nr. 260 ist zu ersehen, daß sie zuweilen Jemand dadurch ehrten, daß sie ihn begruben; indessen scheint in dieser Inschrift kein Vorgesetzter gemeint zu sein, sondern ein Ephebe (darauf deutet in Zeile 9 das Wort *φιλοπάτωρ* und an- deres in Zeile 2 und 3, aber in Zeile 1 erkenne ich *υἱὸν μονογενῆ*).

Der Inschriften über gymnische Wettkämpfe und Fest- feiern finden sich nicht viele, und sie bieten für unsern Zweck nichts Bemerkenswerthes dar. Über die Art des Unter- richts und was man sonst noch zu wissen wünschen möch- te, findet sich nichts.

Namentlich bleibt die Stellung der Turngesellschaft in politischer und rechtlicher Beziehung fast ganz dunkel. Der Kosmet, die Sophronisten, vielleicht auch die Gym- nasiarchen und der Schreiber, mögen von der athenischen Volksgemeinde ernannt sein; die übrigen Vorsteher und die Lehrer vielleicht von den Epheben selbst. Die Lehrer und die geringern Beamten, der Thürhüter, der Gürtler rc. wurden ohne Zweifel besoldet, und zwar wahrscheinlich nicht vom Staate, sondern von den Epheben. Überhaupt bil- deten diese eine vom Staate sanctionirte, beaufsichtigte und geleitete Corporation, ähnlich den spätern römischen Colle- gien der Athleten, oder auch den ehemaligen Syssitien in Böotien. Der Name dafür war vielleicht *σύστημα*, wenigstens hat Böckh in der Inschrift (nr. 274. b.) ge- schrieben *οἱ ἐκ τοῦ συστήματος ἔφηβοι*, obgleich er selbst an der Richtigkeit der Lesart zweifelt; das Wort ist sehr passend, um eine Corporation zu bezeichnen (s. *Weber.* zu *Herodian.* VI, 10, 3). Jedoch führen die Züge der Inschrift viel deutlicher auf *σύστρεμμα*, und das möchte, bis sich ein anderer Beleg für *σύστημα* findet, diesem vorzuziehen sein. Es ist ein militairisches Wort, im en- gern Sinne von den Technikern für eine Schar der *ψιλοί* gebraucht; doch findet es sich auch schon bei Polybius (s. *Schaffer.* zu *Arrian.* Tact. p. 40. ed. *Blanc*). Übrigens hat Hesychius v. *τριακάτιοι* von den Epheben zu Kyrene das Wort *σύστημα* gebraucht. Diese Corpo- ration mußte eine Casse besitzen, aus der die Besoldungen, die Erhaltung und Erneuerung der Geräthe und Gebäu- de rc. zu bestreiten waren. Jeder Ephebe mußte demnach einen bestimmten Beitrag geben; jedoch gab es auch an- dere Einnahmen durch freiwillige Schenkungen. Dazu ge- hören namentlich die Vermächtnisse zur Anschaffung des Öls für den allgemeinen Gebrauch oder für bestimmte Feste [22]). Ein auch für den Rechtsgang merkwürdiger Fall dieser Art findet sich bei *Cic.* Accus. in Verr. Lib. II. c. 14. §. 35 sq.; es handelt sich dabei zwar um ei- nen Vorfall zu Syrakus, aber es läßt sich annehmen,

21) Der Text lautet: *Ἐπὶ τῆς Φι... γένους Παλληνέως ἀρ-*, | *κοσμητεύοντος ἱερέως — — Ἱπποκρατείδου | τοῦ Εὐόσου ηνιῶς* ΟΥCΤΕ.. ΤΑΡΧL | *Ἰούλιος Εὐδαμοκλητ.. καὶ Ἰούλιος ιρος τοὺς | ·Φ. αὐτοῖς συνεφήβους ἀνέγραψαν.* Böckh ergänzt *στεφανάρχαι* und nachher *τοὺς ὑφ' αὐτοῖς*. Von welcher Art se Würde gewesen sein könnte, läßt sich nicht einmal vermuthen; enfalls war sie aber so unbedeutend, daß das *ὑπὸ* hier nicht sen würde, das von dem Kosmeten gesagt wird; obenein sind beiden Epheben offenbar Fremde, sodaß die Unterordnung der nepheben unter sie um so unwahrscheinlicher ist. Auch bekommt ch jene Ergänzung die dritte volle Zeile nur 29 Buchstaben, hrend die vierte 38 hat. Daher glaube ich nicht an die Würde beiden Epheben und lese statt *ὑφ'* vielmehr *ἐφ'*. Aus den letz- Buchstaben der dritten Zeile mache ich *γυμνασιάρχου*, und hme an, daß der noch übrige Raum dieser Zeile durch den nicht igen Namen des Gymnasiarchen ausgefüllt war.

22) Solche Schenkungen und Vermächtnisse gingen gewiß von Männern aus, welche wirklich Synepheben gewesen waren und welche nun der Corporation auch ferner angehörten, obgleich sie für ihre Person keinen Antheil mehr an den Leibesübungen nah- men; wenn daher ein Ephebarch zu Teos in der Inschrift nr 3085 geehrt wird von den *ἔφηβοι* und *νέοι καὶ οἱ μετέχοντε. τοῦ γυμνασίου*, so wird diese dritte Classe eben jene Männer be- zeichnen; in nr. 3086 heißt die dritte Classe *οἱ ἀπάλαιστροι*; das ist nun nicht mit Böckh für das Gegentheil der *μετέχοντες* zu nehmen, sondern es sind dieselben nicht active Mitglieder.

daß in jener Zeit dort die Verhältnisse nicht wesentlich von denen zu Athen verschieden waren. Heraklius, ein vermögender Mann, hatte von einem Verwandten einen sehr bedeutenden Nachlaß an baarem Gelde und Kostbarkeiten aller Art geerbt; er war dabei testamentarisch verpflichtet, die Palästra durch Statuen zu verschönern. Diesen Umstand benutzten die Helfershelfer des Verres, um durch eine Chicane die Erbschaft dem Heraklius zu entreißen; sie beredeten nämlich einige Palästriten, d. h. Mitglieder, vielleicht die Vorsteher der Corporation der Turner, zu behaupten, die Statuen seien nicht der Anordnung des Testators gemäß aufgestellt, und in Folge dessen zu verlangen, daß die Erbschaft der Palästra zugesprochen werde. Verres war sicher, nicht leer auszugehen, wenn die Sache überhaupt nur zum Proceß käme; er billigte daher den Plan, und so wurde denn Heraclius sogleich von den Palästriten verklagt. Nun entspann sich ein Streit über die Wahl der Richter, dessen Gründe durch Cicero's Worte nicht klar werden. Der Zweifel scheint sich darauf zu gründen, daß Heraklius die Corporation der Palästriten als eine juristische Privatperson, Verres aber als die ganze Volksgemeinde von Syrakus angesehen wissen wollte; nach jener Ansicht mußten drei Richter nach dem Rupilischen Gesetze durchs Loos bestimmt werden, wie in gewöhnlichen Privatrechtssachen zwischen Siciliern, nach diesen mußten fünf Richter nicht aus Syrakus, welches Partei war, sondern aus den andern Volksgemeinden bestellt werden, welche zu demselben Forum gehörten[23]). Verres befolgte seine Ansicht und erwählte die fünf auswärtigen Richter nach seinem Gutdünken. Als diese am folgenden Tage Recht sprechen wollen, hatte sich Heraklius inzwischen entfernt; ihn abwesend zu verurtheilen, zumal durch die ungesetzlichen Richter, schien dem Verres allzu anstößig; er loset also nach dem Rupilischen Gesetze drei Richter, welche die Verurtheilung aussprechen müssen. Somit erkennt er an, daß die Corporation der Palästriten als eine Privatperson zu betrachten ist; ihr wird nicht nur die Erbschaft, sondern auch das väterliche Vermögen des Heraklius zuerkannt. Auffallend aber ist es, daß nun diejenigen Syrakusaner, welche die Güter einzutreiben hatten, nicht der Corporation, sondern dem Rathe der Stadt darüber Rechenschaft ablegen; es geht daraus hervor, daß die Palästriten in der Verwaltung ihrer Güter nicht selbständig waren; der Senat beaufsichtigte sie auch in dieser Beziehung, aber er führte die Verwaltung nicht selbst, denn sonst würde er als Kläger haben auftreten müssen und nicht die Palästriten. Ganz derselbe Fall wiederholte sich gleich darauf in dem Städtchen Bidis, wo ebenfalls die Palästriten gebraucht werden, um auf eine große Erbschaft Anspruch zu machen. (S. *Cic.* l. c. c. 22. §. 53 sq.) Zuweilen führen diese gymnastischen Corporationen besondere Namen, einem Menschen oder Gotte zu Ehren; so die Herculanei, das Collegium der römischen Athleten; die Eupatoristen auf der Insel Delos (s. *Boeckh.* Corp. inscr. Vol. II. p. 233. nr. 2278).

Das Ende der griechischen Palästrik verliert sich ebenso in das Dunkel, wie ihre Anfänge. Am längsten erhielt sich ihr Auswuchs, die Athletik, welche durch die Fortdauer der öffentlichen Spiele und durch die den Siegern von Alters her bestimmten und in späterer Zeit noch vermehrten Belohnungen und Privilegien gestützt wurde, sodaß sich gewiß manche Athleten ganz auf eigne Hand bildeten, als in ihrer Heimat die öffentlichen Anstalten daselbst verschwunden waren. Athen namentlich wurde immer mehr zu einer Art Universität ausgebildet, wo Sophisten und Rhetoren ihr Wesen trieben. Ihre Studien scheinen die Palästrik immer mehr in den Hintergrund gedrängt zu haben, da sie die Jugend, die einheimische wie die scharenweise aus der Fremde herbeiströmende vorzugsweise anzogen. Wol mögen es früher nur die rohern Naturen gewesen sein, die sich vorzugsweise der Turngemeinde zuwendeten; denn indem sie hierbei prahlen konnten, daß sie nach der Vorfahren Sitte die Jugend übten (ἀρετὴν ἀσκεῖν nannte es Xenophon), führten sie in athletischer Diät, die es an Schlaf und Vielfresserei nicht fehlen ließ, als Müßiggänger halb in Öl, halb in Wein, wie Quintilian (I, 19) sagt, ein Leben, das nicht selten durch Unzucht aller Art befleckt, übrigens leer und nichtig war, indem die Turnmeister, gewöhnlich wol selbst aller wissenschaftlichen Bildung ermangelnde Menschen, eselhaft und dick an Leib und Geist, wie Galen sagt τῷ ἐπιλ. παιδὶ (c. 3), auch ihre Schüler anleiteten, die Studien zu verachten und ihre Zeit mit schlechten Witzen und Possenreißen hinzubringen, sodaß man von ihnen sagte, sie machten ihre Zöglinge ebenso glatt (λιπαρούς) und steinern als die Säulen in ihren Gymnasien[24]). (S. *Plutarch.* de sanit. tu. p. 505. ed. *Reisk.* Vergl. Quaest. Rom. p. 110 sq.) Für ein solches Leben fanden auch die athenischen Studenten der Philosophie und Rhetorik einen hinlänglichen Ersatz in den Lüderlichkeiten, zu denen ihre Gelage und eine Unzahl von Hetären reichlichen Anlaß gaben, und wollten sie athletische Belustigung, so fehlte es nicht an Prügeleien, die zahlreich und oft blutig genug waren, und meistens aus leidenschaftlichem Parteinehmen

28) Zumpt zu der Stelle des Cicero (§. 88) bemerkt, daß dieser seiner eigenen Sache geschadet habe, indem er die palaestritae mit dem Zusatze nennt: hoc est populus Syracusanus; da er dies thut, nicht wo die Ansicht des Verres, sondern wo die des Heraklius vorgetragen wird, so schadet Cicero seiner Sache nicht nur, sondern er verwirrt und verdreht sie gradezu. Er scheint in der That die Natur des Verhältnisses und den eigentlichen Streitpunkt misverstanden zu haben, worauf auch die spätern Äußerungen zu deuten scheinen, daß Verres auch die Stadt Syrakus beschimpft habe, indem er gleichsam in ihrem Namen die Chikane ausführen ließ; und §. 45 palaestrae Syracusanorum, hoc est Syracusanis possessio traditur. Indessen ließe sich diesen Äußerungen zur Noth noch eine andere Wendung geben, wenn man einmal auf den Cicero nichts kommen lassen will; aber §. 88 wäre dann kein anderer Rath als die Worte: hoc est cum populo Syracusano zu streichen, oder statt hoc est zu schreiben non.

24) Mit weniger Härte wendete Huber diesen Vergleich auf Göthe's Eugenie an, indem er sagte: freilich marmorglatt, aber auch marmorkalt. In Bezug auf die Sache selbst ist Cicero's Bemerkung interessant (de Orat. II, 5), daß die ursprünglich zum Turnen bestimmten Gymnasien allmälig alle von den Philosophen in Besitz genommen seien, daß aber deren Zuhörer mitten in den tiefsten Untersuchungen alle davon liefen, wenn sie ein Diskuspfeifen hörten. Solche Störungen fielen später weg.

für und gegen ihre Professoren hervorgingen. Die Belege dafür finden sich bei Libanius (z. B. de vita sua. p. 17 sq. ed. *Reisk.*), Eunapius ꝛc. Das ganze Unwesen erreichte endlich durch das Christenthum seine Endschaft. Die griechische Erziehung hatte sich vollkommen überlebt, und es ist daher auch verzeihlich, wenn die christlichen Eiferer gleichsam das Kind mit dem Bade ausschütteten und alles als ein Werk des Teufels verdammten, da es sehr schwer gewesen sein würde, die bessern Momente wieder zu erwecken und für das neue christliche Leben zu benutzen.

Nachdem wir nun so die Geschichte der griechischen Palästrik in ihrer Heimath überblickt haben, wollen wir nur noch einiges Wenige über ihre Pflege bei den Römern hinzufügen, ohne uns auf ihre Verbreitung unter die Barbaren, unter die Makedonier und die aus Alexander's Herrschaft hervorgegangenen Staaten einzulassen, da sich hier die ursprüngliche reine und schöne Gestaltung der Turnkunst gar nicht bilden konnte, sondern nur die spätere, wie sie sich ohne erhebliche Unterschiede bei allen Griechen, nach dem Verluste ihrer Freiheit, unter dem Schutze fremder Herrschaft erhielt.

Die Erziehung der Römer, auch die körperliche, war von der griechischen wesentlich verschieden; jene zu schildern gehört nicht an diesen Ort; was man von der griechischen damit vereinigte, erschien immer als ein fremdes Element, und selbst die fast ununterbrochene Pflege der Kaiser hat nicht vermocht, der Palästrik wirklich allgemeinen Eingang in ihre Erziehung zu verschaffen. Überhaupt verhielt es sich mit dieser Kunst wie mit allen andern, welche die Römer erst dann von den Griechen annahmen, als diese besiegt waren; Graecia victa ferum victorem cepit et artes intulit agresti Latio, sagt Horaz sehr schön (vergl. *Liv.* XXV, 40); jedoch gewann der griechische Einfluß den großen Spielraum, den er später einnahm, zwar ziemlich schnell, aber doch nicht ohne heftigen Widerstand derjenigen Römer, welche ihre Volksthümlichkeit selbst auf Kosten der Bildung bewahren wollten, bis der Fortschritt der Zeit und die Überlegenheit der Griechen mit Nothwendigkeit herbeiführte. Indessen brachte es die Natur der Sache und die Verschiedenheit der Sprache mit sich, daß zunächst nur die Vornehmen sich dem griechischen Einflusse hingeben konnten, und diesen vor dem Volke zu verbergen war noch zu Cicero's Zeit jeder bemüht, dem es um Popularität zu thun war. Was nun die Palästrik insbesondere betrifft, so bietet wol der ältere Scipio Africanus das erste Beispiel von der Beschäftigung damit, was ihm sehr übel genommen wurde (s. *Liv.* XXIX. c. 19). Männer wie Cato konnten darin nur einen schnöden Abfall von der alten löblichen Zucht der Väter erblicken. So spricht sich auch Varro aus (de re rust. II. ab in.). Die großen Vorfahren, sagt er, hätten durch fleißigen Betrieb des Landbaues beides erreicht, daß ihre Äcker im besten Stande und sie selbst von kräftiger Gesundheit gewesen wären; sie hätten daher die städtischen Gymnasien der Griechen nicht vermißt, von denen man jetzt nicht einmal mehr eins für jeden Ort hinlänglich finde, und sähe eine Villa nicht für voll an, die nicht nach griechischem Muster eingerichtet, unter andern auch eine Palästra und ein Apodyterion enthalte. So läßt ferner auch Tacitus (Ann. XIV, 20) zu der Zeit, als Nero die quinquennales ludi nach griechischem Muster zu Rom einrichtete, die strengern Römer sagen: die allmälig vernichteten vaterländischen Sitten würden durch die neue Ausschweifung von Grund aus ausgerottet, sodaß alles, was nur irgend Andere verderben oder selbst verdorben werden könne, in der Stadt zu sehen sei, und die Jugend durch die ausländischen Studien ausarte, indem sie sich den Gymnasien mit ihrem Müßiggange und ihrer unzüchtigen Liebe hingebe, und das auf Veranlassung des Kaisers und Senats, die, indem sie solche Schmach gestatteten, vielmehr dazu zwängen. Möchten die vornehmsten Römer sich unter dem Anscheine von rhetorischen und poetischen Leistungen entwürdigen lassen; was sei dann noch übrig, als daß sie auch nackt aufträten und zum Cestus griffen und solche Wettkämpfe betrieben, statt sich in den Waffen zu üben und zum Kriege zu rüsten. — Ebenso beklagt es auch Plinius (Panegyr. c. XIII), daß die körperlichen Übungen der Jugend nicht mehr wie sonst von alten Veteranen geleitet würden, die sich eine Mauer- oder Bürgerkrone verdient hätten, sondern von einem Graeculus magister. Übrigens war das eigne Landgut des Plinius von der Einrichtung, wie sie Varro (l. c.) tadelt; es enthielt Apodyterium, Sphäristerium ꝛc. (s. Epp. II, 17. V, 6). Ähnliche Klagen findet man bei Seneca (de brev. vit. c. 12. Epp 85) und ein sehr entschiedenes Urtheil der Römer überhaupt über die griechische Gymnastik bei Plutarch. (Quaest. Rom. p. 110. ed. *Reisk.*) Indessen war es nur die vornehme Jugend, welche die griechische Palästrik betrieb, und auch diese nie mit der Ordnung und dem Eifer, wie es bei den Griechen geschehen war. Die griechische Bevölkerung in Italien war unter römischer Herrschaft wol immer gleichgültiger gegen die alten Turnübungen geworden, jedoch bekamen sie durch die Kaiser einen neuen Antrieb, wie denn z. B. Augustus, als er zu Kapreä noch aus alter Einrichtung her einen Rest von turnenden Epheben fand (quorum aliqua adhuc copia ex vetere instituto Capreis erat), ihren Übungen gern zusah und sie dann aufs Freundlichste bewirthete (*Suet.* Aug. c. 98). Manche Kaiser zeichneten sich selbst als Turner aus, wie z. B. Alexander Severus. (S. *Ael. Lampridius*, p. 185. ed. *Casaub.*) Andere, und das war das Gewöhnlichste, nahmen wenigstens in ihrer Diät griechische Gewohnheiten an (s. *Sueton.* Aug. c. 80 sq., über Antonin *Galen.* de valet. tu. VII. c. 5). Wenn jedoch Plutarch im Leben des ältern Cato erzählt (p. 348), daß er seinen Sohn in allerhand Leibesübungen unterrichtet habe, daß er sein *γυμναστής* gewesen sei und ihn *πὺξ παίειν* gelehrt habe, so ist dabei natürlich nicht an einen griechischen Gymnastes, noch an den griechischen Faustkampf zu denken.

Beliebt war besonders das Ballspiel, was indessen gewiß schon vor dem Einflusse der Griechen vorhanden war, wenngleich es durch diese nach ihren Weisen modificirt wurde (s. *Plin.* Epp. III, 1. *Sidon.* Apoll. II, 9. V, 17. *Valer. Max.* VIII, 8, 2. *Sueton.* Aug. 83. *Faber.* Agonist. I. c. 6).

Vorzugsweise war übrigens die griechische Turnkunst nur ein Gegenstand der Schaulust des Volks, das öfter griechische Wettkämpfe verlangte (s. *Tac.* Ann. XIV, 21); daher war es fast nur die Athletik, für welche die Kaiser besonders sorgten. Zuerst hatte M. Fulvius Nobilior nach seinem Triumph über Ätolien und Kephallenia Spiele mit griechischen Künstlern aufgeführt, wobei namentlich Wettkämpfe der Athleten zuerst zu Rom gesehen wurden (*Liv.* XXXIX. c. 22, von dem *Valer. Max.* II, 4, 7 etwas abweicht). Später kamen sie öfter vor (s. z. B. *Sueton.* Caes. c. 39. Aug. c. 43—45. Ner. c. 12); so auch Pugiles, nicht blos griechische, sondern auch Afrikaner und Campaner (*Sueton.* Calig. c. 18); auch aus Latium, und zum Theil gar nicht schulmäßig geübt (das. Aug. c. 45).

Doch diese Spiele im Einzelnen durchzugehen und die verschiedenen Liebhabereien der Kaiser zu erwähnen, gehört nicht hierher, da diese Dinge gar nicht die Palästrik in dem Umfange betreffen, an den ich mich hier meistens gebunden habe, sondern die Athletik, über welche unter dem Artikel Gymnastik gehandelt werden soll. Inzwischen verweise ich über die römischen Athleten, die Herkulanei, ihre Zünfte, *σύνοδοι*, collegia (*Sueton.* Domit. c. 4), über ihre durch mehre Kaiser bestätigten und vermehrten Privilegien (*Suet.* Aug. c. 45. *Plin.* Epp. X, 119 sq.) auf des Juristen Faber Agonistikon, der von einem darauf bezüglichen kaiserlichen Rescript im Cod. Justin. ausgeht, sowie auf die Ausleger zu den angeführten Stellen.

Indem ich nun eine Übersicht der wichtigsten gymnastischen Übungen, welche bei den Griechen im Gebrauche waren, geben will, bieten sich für die Anordnung des Stoffs nicht geringe Schwierigkeiten dar, die, abgesehen von Löbker's schwachem Versuche, noch von Niemand gelöst sind. Am leichtesten könnte man ihnen entgehen, wenn man zur alphabetischen Aufzählung seine Zuflucht nähme; dabei würde man jedoch auf jede zusammenhängende Einsicht verzichten müssen. Platon theilte (de Legg. VII. p. 795 D.) die gesammte Gymnastik in *ὄρχησις* und *πάλη*; aber es möchte theils sehr schwer sein, die Grenzen dieser beiden Begriffe im Einzelnen überall genau zu bestimmen, theils scheint auch Platon die *πάλη* in einem so weiten Sinne genommen zu haben, daß ihre Eintheilung ebenso schwierig sein möchte, als die der gesammten Gymnastik. Philipp dagegen (de Pentathlo p. 11 sq.) verweist mit Unrecht alle Orchestik aus der Gymnastik, die er auf die Agonistik beschränkt, und will alle übrigen Übungen, die nicht Gegenstände öffentlicher Wettkämpfe wurden, nur anhangsweise betrachten. Diese vorwiegende Rücksicht auf die Athleten ist aber ebenso sehr dem von mir befolgten Plane zuwider, als sie eine systematische Erkenntniß der gymnastischen Kunst, insoweit sie von den Griechen ausgebildet und uns bekannt ist, in hohem Grade erschwert. Hier kommt es darauf an, die athletischen Kämpfe der Turnkunst selbst einzuverleiben, von der sie sich nur durch einseitige Übertreibung getrennt haben; diese letztere kann daher hier nur beiläufig berücksichtigt werden; sie gehört zur Athletik. Wenn ich nun auf diese Weise den Umfang der Palästrik bedeutend erweitere, so möchte es doch immer bei einzelnen Übungen zweifelhaft bleiben, ob sie hierher gehören; der einzige Entscheidungsgrund dürfte darin liegen, ob sie Gegenstand des öffentlichen Unterrichts waren, oder nicht; und die Eintheilung im Einzelnen kann nur eine medicinische Grundlage haben, da es sich ganz allgemein von der liberalen, regelmäßigen Ausbildung des Körpers handelt, nicht von der zu besondern Zwecken, wie Kriegskunst, Athletik, Thaumaturgie u. s. w. Nun hat zwar die Rücksicht auf die einzelnen Theile des Körpers auch ihre Schwierigkeit, weil die meisten Übungen mehre zugleich betreffen; indessen werde ich mich doch so viel als möglich daran halten, da allein auf diesem Wege eine systematische Anordnung der Kunst möglich ist. Der darin sichtbare historische Fortschritt und die athletischen Besonderheiten sollen, so viel sich thun läßt, bemerklich gemacht werden; doch ist nichts schwieriger, als Unterschiede dieser Art festzustellen.

Beginnen wir mit denjenigen Übungen, wobei vorzüglich die Beine betheiligt sind, so sind die einfachsten das Stehen und das Gehen, welches Jedermann von Natur übt und welche daher erst bei consequenterer Ausbildung der Turnkunst ein Gegenstand derselben werden konnten. Wie weit dies geschehen ist, läßt sich nicht mit Bestimmtheit nachweisen: indessen da wir über diese Übungen sehr viele Bemerkungen bei den alten Ärzten finden, welche überhaupt auf eine durch ihre Wissenschaft geleitete gymnastische Behandlung des Körpers einen sehr großen Werth legten, so läßt sich annehmen, daß die mit ihnen so genau verwandten Gymnasten auch auf den Turnplätzen jene medicinischen Vorschriften zur Anwendung brachten, wenn auch nicht allgemein, so doch nach den Bedürfnissen, welche die Einzelnen vermöge verschiedener körperlicher Beschaffenheiten hatten. Gewiß war dies besonders der Fall bei kränklichen Constitutionen und im höhern Alter, und es entsteht hier eine neue Schwierigkeit, nämlich die Grenzen zwischen der Turnkunst an sich und den von den Ärzten vorgeschriebenen körperlichen Übungen zu finden. Was das Stehen anbetrifft, so hat darüber *Hieron. Mercur.* III. c. 3 und VI. c. 1 die Äußerungen der Ärzte zusammengestellt; es geht daraus hervor, daß sie auch von den künstlichern Arten des Aufrechtstehens nur geringen Gebrauch machten. Indessen kam Manches davon gewiß in den Gymnasien vor, wenn auch nicht leicht bei den Spartanern, die dergleichen Künsteleien verachteten. Man sieht dies z. B. aus der Anekdote, daß ein sich zu Sparta aufhaltender Fremder einen Spartaner gefragt habe, ob er wol ebenso lange als jener auf Einem Beine stehen könne, worauf die Antwort erfolgte: Nein, aber jede Gans könne es (*Plut.* ap. Lac. 237 ed. *Hutt.*). Daß auch den Römern diese Übung nicht fremd war, sieht man aus *Horat.* Sat. I, 4, 10. Hierher gehört das *πιτυλίζειν* oder der *πίτυλος*, welche Übung Galen (de val. tu. II. c. 10) beschreibt; sie besteht darin, daß man auf den Zehen stehend beide Hände in die Höhe streckt und sie dann schnell bewegt, abwechselnd immer die eine nach Hinten, die andere nach Vorn; man stellte sich i gewöhnlich nahe an eine Wand, um sich daran richten, wenn man das Gleichgewicht verlor.

Hierher gehört auch die besonders die Schenkel stär- e Übung, welche der Athlet Milo liebte, indem man, ein Glied zu rühren, fest auf seinem Platze stehend n gegen das Drängen eines Andern zu behaupten : (Galen a. a. O. Cap. 9).

Die Geh- und Marschirübungen sind schon oben nehren Gelegenheiten erwähnt, und namentlich ist bei Palästrik der Spartaner darauf aufmerksam gemacht, der *περίπατος* theils ein militairischer, theils ein diä- her ist. In ersterm Sinne kommt er nur bei den rtanern vor, so lange bis ihre Taktik allgemeiner ver- et und namentlich durch die Makedonier weiter aus- bet wurde. Nach ihrem Vorbilde wurden stets die nden Heere von Söldnern, wie das des Tyrannen n von Pherä und deren Vorläufer, die 1000 Aus- hlten in Argos, die heilige Schar in Theben einexer- und ebenso alle diejenigen, welche in der Zeit des rates sich von den sophistischen Hoplomachen in der ik unterrichten ließen. Die strenge Ordnung in den hiedenen Bewegungen, Schwenkungen, Änderungen Front und Tiefe, wie dies die Spartaner systema- ausgebildet hatten [25]), machte ein taktmäßiges Mar- n nothwendig, das früher unbekannt war, wenigstens m nicht dorischen Staaten. Die anschaulichsten Schil- ngen solcher Marschübungen nach spartanischem Muster n wir in Xenophon's Cyropädie.

Der diätetische *περίπατος* war auch bei den Spar- n im Lager gebräuchlich; er fand Abends nach der lzeit statt (*Xenoph.* Rep. Lac. XII, 5. Anab. 4, 15), und dieselbe Ordnung befolgten sie gewiß daheim; daß ein *περίπατος* nach der Frühmahlzeit bei nicht ausdrücklich erwähnt wird, ist vielleicht nur ll; sonst kommt er vor, wie z. B. Sokrates im Phae- sich offenbar auf dem Morgenspaziergange befindet, Xenophon (Mem. I, 1, 10) bezeugt, daß es seine e war, gleich früh Morgens die Spaziergänge und nasien zu besuchen, wo er immer zahlreiche Gesell- t fand; so auch Demetrius Poliorcetes bei *Athen.* c. 60 a. C. p. 542 sq. Aber weit häufiger ist der lbend, namentlich auch bei den Athleten (s. *Xenoph.* viv. IX, 1. *Lucian.* Lexiph. a. A. *Plin.* N. H. 53. *Athen.* V. p. 207 d. *Plut.*, De sanit. tu. 06 sq. ed. *Reisk.*). In Athen gab es viele Säu- llen, welche zu Spaziergängen verwendet wurden, in den Gymnasien die Laufbahnen, die theils nicht baut, aber von Oliven beschattet waren, wie in der emie (s. *Aristoph.* Nub. 1005. *Diog. Laert.* vit. .), theils waren sie überbaut, wie der *δρόμος κατά- στεγος* im Lykeion (s. *Plat.* Euthyd. §. 5. p. 273 a. Cf. *Ruhnk.* zu *Tim.* Lex. p. 89. Schneider im Inder zu *Xen.* Mem. unt. d. W. *περίπατος*). Die Ärzte gaben allerlei Vorschriften für den Spaziergang; so zog der alte Akumenos den unter freiem Himmel dem in den überbauten Laufbahnen vor, womit auch die andern übereinstimmten (*Heindorf.* ad *Plat.* Phaedr. §. 1). Herodikos namentlich, der bekannte Arzt und Gymnast von Selymbria, empfahl nicht nur, die Spaziergänge bis nach Megara hin auszudehnen, sondern auch unter der Stadtmauer, ohne dort einzukehren, sogleich wieder umzuwenden (*Plat.* Phaedr. §. 2). Fußreisen wurden zwar auch für zuträglich gehalten, jedoch, wie es scheint, nicht sehr geliebt (*Xenoph.* Mem. III, 13, 5. 6. *Galen*, De sanit. tu. II, 10). Dagegen waren die Griechen fleißige Jäger, besonders die Kreter und Spartaner (s. meine Anm. zu *Xen.* Rep. Lac. IV, 7 und *Liban.* Artem. p. 230 ed. *Reisk.*). Doch war besonders in früherer Zeit auch bei den Athenern die Jagd in Gebrauch (s. *Isocr.* Areopag. p. 148. *Steph.* §. 45. *Bekk.*) Andere ärztliche Vorschriften hat Hier. Mercurialis (IV, c. 10. V. c. 11 et 12) angeführt, woraus hervorgeht, daß man mit großer Genauigkeit die Erfolge des Gehens, auf den Zehen oder Hacken oder auf dem ganzen Fuße, bergauf oder bergab, im Sande oder auf hartem Boden, auf offenen Feldern oder unter Bäumen und bei verschiedenem Winde und Wetter beobachtete und darnach Anwendungen auf das jedesmalige körperliche Befinden machte. Bekannt ist es, wie Demosthenes seine Brust stärkte durch fleißiges Bergaufgehen, verbunden mit lauter Recitation. Auch bei den Römern war die ambulatio im Gebrauch, sowol die militairische (wovon s. *Veget.* De re mil. I, 9, 27), als auch die diätetische (s. *Cels.* I. c. 2. *Cic.* Fin. V. c. 1. *Plin.* Epp. III, 1. *Seneca*, De an. tranq. c. 15 g. E.), wo besonders die Spaziergänge im Freien empfohlen werden; jedoch hatten auch die Römer ihre ambulacra oder ambulationes, über deren Bau Vitruv (V, 9) handelt (cf. *Cic.* ad Q. fr. III, 1, ad Att. XIII, 29. *Ernesti* Clav. Cic. s. v. *spatium*.

Das Laufen war von allen griechischen Turnübungen die allgemeinste. Schnellfüßigkeit war schon in den ältesten Zeiten eine Eigenschaft, die, wie sie im Kriege höchst nöthig war, so auch keinem Heroen fehlen durfte, den man als Muster ritterlicher Tugend preisen wollte. Wie entschieden sich dies bei Homer zeigt und in wie großen Ehren bei den Kretern und Spartanern der Lauf gestanden hat, ist schon oben gezeigt. Jedoch scheint er auch bei den übrigen Griechen immer eine der gewöhnlichsten Übungen gewesen zu sein, welche der Freund mit dem Freunde im Gymnasium anstellt, wobei man einen Kranz von der Weißpappel trug (*Aristoph.* Nub. 1005 sq. *Theocrit.* II, 115, 121). Der Lauf war auch die hauptsächlichste Übung für die Jungfrauen, wo diese, wie besonders in Sparta, turnen durften; doch ist der Wettlauf der Jungfrauen zu Elis ebenfalls schon oben erwähnt; gab es doch dergleichen selbst bei uns, wie z. B. noch gegenwärtig beim Schäfermarkt zu Markt-Gröningen in Würtemberg Schäfer und Schäferinnen auf einem

25) Den ersten Versuch, die taktische Kunst der Spartaner, gstens insoweit sie Xenophon (de Rep. Lac. c. XI sq.) dar- lt hat, im Zusammenhange zu erläutern, habe ich in meiner gabe dieses Buches gemacht, wo S. 218 fg. von den Hoplo- en, S. 240 fg. von dem *περίπατος* gehandelt ist. Eine voll- igere populäre Übersicht des Ganzen habe ich in der Zeitschrift Kunst, Wissenschaft und Geschichte des Krieges. 1836. 8. Hft. 179—200 gegeben.

Stoppelfelde barfuß einen Wettlauf anstellen, wobei die männlichen Sieger einen Schöps, die weiblichen Halstücher und Bänder als Preis bekommen.

Auch in diätetischer Beziehung hielten die Griechen viel auf das Laufen, das für verschiedene Zustände in verschiedener Art vorwärts, rückwärts, im Kreise, auf ebenem Boden oder im Sande, bergauf und bergab, im Winter und Sommer, im Sonnenschein und Schatten, mit und ohne Kleider von den Ärzten empfohlen wurde (s. *Hieron. Mercur.* II. c. 10 et V. c. 7).

Natürlich war es demnach, daß diese ebenso nutzbare als gesunde Übung bei der großen Achtung, in welcher sie von Alters her stand, auch vor allem berücksichtigt wurde, als man die großen heiligen Spiele einrichtete. Daher war der Wettlauf das älteste Kampfspiel zu Olympia, ja ursprünglich, wie es scheint, das einzige, das auch später immer den Anfang machte, und mit den Namen der Sieger im Stadium wurde die Olympiade bezeichnet.

Bei Homer machen auch die Phäaken mit dem Laufe den Anfang, welcher nebst dem Tanze ihre vorzüglichste Übung ist (Od. VIII, 120). Dagegen folgt in der Il. XXIII, 740 bei den Leichenspielen zu Ehren des Patroklus der Lauf erst nach dem Pferderennen, Faustkampf und Ringen. Der Auslauf ist mit der *νύσσα* bezeichnet; die Bahn ist bei den Phäaken auf dem Markte; vor Troja wird ein ebener Platz dazu gewählt, ohne künstliche Vorrichtung, ja selbst ohne gereinigt zu sein; denn Ajax hatte das Unglück, an der Stelle, wo Achill Stiere zum Opfern geschlachtet hatte, auszugleiten und mit dem Gesichte in den Koth zu fallen.

Bei den heiligen Spielen kamen allmälig verschiedene Gattungen des Wettlaufs in Gebrauch, die sich zunächst durch ihre Länge unterschieden; sie sind: das einfache Stadium, vom Auslaufe bis zum Ziele, ohne Biegung, *δρόμος εὐθύς, ἁπλοῦς, ἄκαμπτος*; die Länge betrug zu Olympia 600 griechische Fuß, den 40. Theil einer geographischen Meile. Das doppelte Stadium ist der *δίαυλος*, wo vom Ziele bis zum Auslaufe im Bogen zurückgelaufen wird. Wiederum hiervon war eine Verdoppelung der *ἐφίππιος δρόμος*, der also vier Stadien lang war. Endlich der längste Lauf war der eigentliche Dauerlauf, der *δόλιχος*, über dessen Länge die Angaben der Alten sehr verschieden sind, indem theils 7, theils 20 und 24 Stadien angegeben werden; nach Böckh's Vermuthung im Corp Inscr. Vol. 1. No. 1515 war der gewöhnliche *δόλιχος* 7 Stadien lang, und 24 Stadien betrug der *δόλιχος ἵππιος*, welcher jedoch nicht weiter erwähnt wird, als in jener Inschrift. Etwas analoger würde der Fortschritt, wenn man zwischen den einfachen *δόλιχος* und diesen *ἵππιος* noch einen andern setzte, der sich zu jenem beinahe verhielte, wie der *δίαυλος* zum Stadium, und auf den denn die von Andern angegebene Länge von 12 Stadien paßte; von diesem doppelten *δόλιχος* wäre dann der *δόλιχος ἵππιος* eine Verdoppelung; dabei bleibt jedoch die Zahl 7 immer verdächtig, und möchte vielleicht in 6 zu verwandeln sein.

Alle diese Wettläufe stellten die Athleten nackt an; jedoch gab es auch einen *δρόμος ὁπλίτης*, bei welchem die Läufer Helm, Schild und Beinschienen trugen, in späterer Zeit blos einen Helm.

Das Genauere über diese Gattung ist unter d. Art. Gymnastik abzuhandeln, da sie nur die Athleten angehen, und von dem Laufe, welcher zum Pentathlon gehörte, s. diesen Artikel. Vgl. oben Sect. III. Bd. III. S. 303 fg.

In der allgemeinen Gymnastik mochten jene athletischen Wettläufe schwerlich viel geübt werden; sie erfoderten eine sehr große Anstrengung, und waren nicht ohne Gefahr, da sie leicht, wie Galen bemerkt, das Springen eines Blutgefäßes und den Blutsturz veranlaßten. Außerdem wurden dadurch die Schenkel zu vorwiegend ausgebildet, während Schultern und Arme schwach blieben (s. *Xenoph.* Conviv. II, 17. *Galen π. τοῦ διὰ μικρ. σφαίρ. γυμν.* c. 3).

Eine wichtige Art des Laufs war der **Fackellauf**, von dem schon oben gezeigt ist, daß er zu Athen von den Gymnasiarchen angestellt wurde, die grade für diese besondere Liturgie von den zehn Stämmen erwählt waren. Allerdings ist auch der Fackellauf keine Übung, welche regelmäßig und fortwährend auf den Turnplätzen angestellt wurde, sondern er kam nur an den oben angeführten Festen der Feuergötter vor, und es wurden dazu eigene Vorübungen angestellt unter der Leitung der Gymnasiarchen, wie besonders deutlich aus der Inschrift von Julis hervorgeht (in die Gymnasien setzt den Fackellauf der Auctor ad Herenn. IV, 46). Jedoch nahmen an ihm nicht Leute Theil, welche ihn gleichsam als ihre Profession betrieben, wie die Athleten ihre Übungen, sondern die in den Gymnasien sich bildende Jugend lieferte die Fackelläufer, sodaß diese, wenn sie sich durch Schönheit und Gewandtheit auszeichneten, als ihrer Stadt eigenthümlich angehörend, ganz besonders deren Stolz und Schmuck waren. In Athen, wo der Fackellauf mehr als an irgend einem andern Orte beliebt war, wurde daher ein besonderer Werth darauf gelegt, daß die Stadt schöne Fackelläufer besitze, und deren Mangel bezeichnet Aristophanes als eine Folge der einreißenden Sittenlosigkeit und der *ἀγυμνασία*, welche das Fest der Götter und die Stadt beschimpft (Ran. 1087. Nub. 984). Die allgemeine Fürsorge und Aufsicht hatte beim Fackellaufe der Archon Basileus nach Pollux VIII, 90.

Manche Einzelnheiten bei diesem Wettlaufe sind sehr dunkel, doch läßt sich ungefähr Folgendes darüber als ziemlich sicher annehmen, nach den Stellen, welche bei **Böckh**, Staatshaush. I. S. 496 fg. **Schneider** zu *Xenoph.* De Vectigg. IV, 52 und das. im Index unt. d. W. *λαμπάς*, auch bei **Krause**, Theag. I, 1. S. 220 gesammelt sind.

Der Ort, an welchem zu Athen die Fackelläufe statt fanden, war der Kerameikos, und zwar durchlief man ihn von der Akademie aus, und das Ziel war, wie es scheint, die Akropolis. Bei den Prometheen wurden die Fackeln am Altare des Prometheus, bei den großen Panathenäen an dem des Eros angezündet; im letztern Falle ging der Lauf bis an den Altar des Anteros, und das Feuer beim Opfer für die Athene wurde von der Fackel des Siegers genommen. Die Fackeln selbst waren, wie

nus bildlichen Denkmälern sieht, keineswegs unsern
ckeln ähnlich, sondern es waren Lichtträger mit
ken versehen, auf welchen Wachslichte befestigt wa-
diese erfoderten natürlich beim schnellen Laufen große
erksamkeit, wenn sie nicht verlöschen sollten. Daß
e Aufgabe war, die Fackel im möglichst schnellen
brennend zu erhalten, ist offenbar; wer bedächtig
konnte doch vielleicht Sieger werden, wenn den
ern ihre Fackeln verlöschten; aber eben darum, da-
r sich nicht auf diese Weise den Sieg erschleichen
e, wurde er von den Zuschauern durch Spott und
durch Schläge zu größerer Eile angetrieben. Nun
iefen aber die Fackelläufer nicht die ganze Bahn von
g bis zu Ende, sondern dieselbe war in mehre, viel-
in drei Abtheilungen getheilt und in ebenso viele
ackelläufer selbst; von diesen scheinen immer drei
so viele, als Abtheilungen waren), gleichsam in Com-
um den Sieg gelaufen zu sein, indem Jeder von
einen Theil der Laufbahn lief; kam der erste mit
brennender Fackel am Ende seines Laufes an, so
ichte er sie dem zweiten, welcher dann mit frischen
n den Lauf bis zum dritten fortsetzte; erreichte nun
glücklich das Ziel, so hatte er gemeinschaftlich mit
ndern beiden den Sieg errungen. Wenn jedoch dem
die Fackel verlöschte, so konnte deshalb doch der
und dritte noch siegen, und ebenso der dritte, wenn
iden unglücklich gewesen waren. Wurde nun in diesen
die erlöschte Fackel wieder angezündet? Das scheint
cht glaublich, da es bei dieser heiligen Fackel wahr-
ch darauf ankam, eben das vom Altar genommene
bis an das Ziel zu einem andern Altare zu brin-
Daher muß man wol annehmen, daß für die zweite
ritte Abtheilung der Laufbahn verhältnißmäßig we-
läufer aufgestellt waren, und vielleicht auch die bes-
sodaß sie, wenn auch die Fackel des eigentlich mit
verbündeten Fackelläufers verlöscht war, doch noch
ndere bekommen konnten. Demnach wären vielleicht
m ersten Stande etwa 3, auf dem zweiten 2, auf
dritten einer von zusammengehörigen Fackelläufern
n.

Übrigens waren alle Fackelläufer nach den zehn
men, denen sie angehörten, von einander gesondert;
gende Stamm ehrte seinen Gymnasiarchen, der die
ungen besorgt und manche Kosten getragen hatte,
Belobung und Bekränzung, und die Sieger selbst
n ohne Zweifel auch auf ähnliche Art belohnt, näm-
rch einen Olivenkranz und eine Ölvase; die Fackel
würde den Göttern geweiht.

In Athen dauerte der Fackellauf bis in spätere Zei-
rt, wenngleich er ohne Zweifel nicht mehr mit dem
Glanze, und weder so oft, noch von einer so gro-
schar rüstiger Jünglinge als früher ausgeführt wurde
rp. inscr. nr. 242—244, 250, 257, 287). Von
aus ist in Folge eines Orakelspruchs der Fackellauf
Neapel gebracht (s. *Lycophr.* Alex. 732 sq. und
s bei Tzetzes zu dieser Stelle); dies geschah zur
es peloponnesischen Krieges nach Böckh zu Corp.
nr. 287. Eine anderweitige Verpflanzung des

Fackellaufs nach Thrakien vermuthet derselbe zu Corp. inscr. Vol. II. nr. 2034. Sonst findet sich der Fackellauf noch an manchen andern Orten; z. B. zu Korinth zu Ehren der Athene (s. Schol. ad *Pind.* Ol. XIII, 56, zu Paros nach Corp. inscr. Vol. II. nr. 2396 zu Teos nach nr. 3088).

Zu Sokrates' Zeit wurde auch in Athen der Fackellauf zu Pferde eingeführt (*Plat.* Polit. l. X.).

In einer Grabschrift (Corp. inscr. Vol. II. nr. 2237) wird mit dem Fackellaufe bildlich ein kurzes Leben bezeichnet, im Gegensatze gegen das *δεῖν δόλιχον* des langen Lebens. Eine andere Anwendung zu rednerischem Schmuck machte der Auctor ad *Herenn.* IV. c. 46 von dem Fackellaufe, indem er nicht auf dessen Kürze, sondern auf den Wechsel der Läufer sieht; er sagt: „Non enim, quemadmodum in palaestra qui taedas candentes accipit, celerior est, in cursu continuo, quam ille qui tradit, ita melior imperator novus, qui accipit exercitum, quam ille, qui decedit, propterea quod defatigatus cursor integro facem, hic peritus imperator imperito exercitum tradit.“

Von besondern nicht athletischen Laufübungen weiß ich nur noch das *ἐκπλεθρίζειν* anzuführen, das Galen (de valet. tu. II, 10) beschreibt; man könnte es etwa übersetzen: das Plethron auslaufen; dies ist zwar nur der sechste Theil eines Stadiums, jedoch ist deshalb die Übung keine geringe; das Plethron wird nämlich ohne Bogen in gerader Linie vorwärts und rückwärts durchlaufen, aber jedesmal von der Länge, sobald man den Endpunkten naht, ein wenig abgelassen, sodaß zuletzt nur ein Schritt in der Mitte übrig bleibt.

Das Springen. Alle Arten des Springens, welche in der neuern Turnkunst bekannt sind, werden auch bei den Alten erwähnt, und die Ärzte haben ihre diätetischen Wirkungen genau beobachtet, worüber s. *Hieron. Mercur.* II. c. 11, V. c. 8; jedoch finden sich nur wenige Nachrichten über die Übung des Sprungs in den Gymnasien. Es sind besonders vier Arten zu unterscheiden: der Sprung in die Höhe, in die Tiefe, in die Weite und das Hüpfen auf demselben Platze mit verschiedener Bewegung der Beine. Für das Springen mit der Springstange habe ich bei den Alten keinen Beleg gefunden. Das *ἅλμα* kommt schon bei Homer als Leibesübung vor, wo sich die Phäaken darin auszeichnen (Od. VIII, 103, 128). Von den Spartanern sagt Xenophon (Rep. Lac. II, 5 [3]), daß das Barfußgehen außer dem Gehen und Laufen auch das *πηδῆσαι* und *ἀναθορεῖν* besonders fördern; jenes scheint den Sprung in die Weite, dieses den in die Höhe auszudrücken. Auf dieselbe Weise wird im Allgemeinen auch *πηδᾶν* und *ἅλλεσθαι* unterschieden, wenngleich dieser Unterschied nicht immer genau beobachtet wird. Angemessener würde es scheinen, unter *πηδῆσαι* beide Arten des Springens zu verstehen, und *ἀναθορεῖν* auf das Hüpfen (Bibasis u. s. w.) zu beziehen, wenn nicht dies eine Fertigkeit wäre, die blos auf dem Turnplatze ihre Anwendung findet, und nicht in den Geschäften des Lebens, von dem Xenophon dort allein spricht.

Merkwürdig ist besonders der Sprung der Athleten, welcher einen Theil des Pentathlons ausmachte, und welcher wahrscheinlich in ähnlicher Weise auch auf den allgemeinen Turnplätzen geübt wurde. Es war dazu ein Springgraben angelegt, eine große, mit Sand gefüllte Vertiefung, *τὸ σκάμμα*, welches Wort bei spätern Schriftstellern ganz allgemein für den Turnplatz genommen wird, auf dem auch andere Übungen als das Springen angestellt werden. Auf der einen Seite jenes Springplatzes befand sich der Ort zum Abspringen, *ὁ βατήρ*, der wol etwas erhöht war, wenn nicht etwa das *σκάμμα* eine ziemliche Tiefe hatte. Ob der Absprung vielleicht durch ein Sprungbret erleichtert wurde oder sonst eine Vorrichtung, welche den Schwung des Körpers vermehrte, wissen wir nicht. Philipp (de pentathlo p. 36) leugnet sogar, daß die Pentathlen einen Anlauf genommen hätten; da sich aber, wie ich glaube, keine Stelle bei den Alten findet, welche der Annahme des Anlaufs ausdrücklich entgegen wäre, so möchte ich die Sache noch zweifelhaft lassen. Einer Unterstützung jedoch bedienten sich die Griechen beim Springen; dies waren die sogenannten *ἁλτῆρες*, Wuchtkolben, oder auch Handel in unserer neuern Turnsprache genannt, bleierne Massen, in der Mitte mit Vertiefungen versehen, um sie bequem und fest fassen zu können; sie waren jedoch in verschiedenen Zeiten von verschiedener Einrichtung (s. Philipp a. a. O. S. 36 fg.). In jede Hand nahm man einen solchen Kolben, wodurch der Schwung verstärkt und beim Niederspringen das Rückwärtsfallen verhindert wurde. An den Punkten, bis wohin die Athleten gesprungen waren, wurden kleine Furchen im Sande gezogen, über welche dann immer jeder folgende hinwegzuspringen suchte; dies ist das *ὑπὲρ τὰ ἐσκαμμένα πηδᾶν*, was sprüchwörtlich geworden ist, aber merkwürdiger Weise nicht in dem Sinne, den man hiernach erwarten müßte, daß nämlich das Siegen, das Übertreffen Anderer dadurch ausgedrückt würde, sondern es bedeutet vielmehr nach Platon's Ausdruck (Cratyl. §. 64) mehr thun als sich gebührt, *μακρότερα τοῦ προσήκοντος*, etwa unser: über das Ziel schießen. Die Erklärungen, welche Dissen und Philipp (S. 42 fg.) von dieser wunderbaren Übertragung gegeben haben, genügen nicht; jedoch läßt sich darüber nichts mit Bestimmtheit festsetzen, so lange noch manche Einzelnheiten bei den Springübungen nicht gehörig aufgeklärt sind. Inzwischen läßt sich vermuthen, daß das Sprüchwort nicht von dem athletischen Sprunge herrührte, sondern von den allgemeinen Gymnasien und Palästren, wo vielleicht der Turnlehrer oder der beste Springer vorsprang und sein Sprung als das Ziel für die übrigen bezeichnet wurde, wenn nicht etwa ein solches Ziel ein für alle Mal schon bezeichnet war. Dies zu erreichen, war gewiß schon keine kleine Foderung; wer darüber hinaussprang, that mehr, als von ihm verlangt wurde.

Wie sehr nun auch die Wuchtkolben den Sprung unterstützen mochten, so ist es immer etwas ganz Außerordentliches, daß der Krotoniate Phayllos 55 Fuß weit sprang. Übrigens sprangen die Athleten unter Begleitung des Flötenspiels.

Die Übungen im Hüpfen, wobei man auf demselben Platze stehen bleibt und die Beine hinten in die Höhe wirft, oder vorn eins um das andere, erwähnt Galen (de valet. tu. II. c. 10). Damit ist das *ῥαθαπυγίζειν* zu verbinden, das Pollux (IX. §. 126) als ein Spiel anführt und erklärt durch *σιμῷ τῷ ποδὶ τὸν γλουτὸν παίειν* (vgl. Hesych. unt. d. W. Eustath. zu Hom. Il. S. 861; Od. S. 1818). Diese Übungen gewähren den natürlichsten Übergang zum Tanzen.

Denn wenn auch die Spartanerin bei Aristophanes das „an den Steiß springen" als eine Turnübung bezeichnet (*γυμνάδδομαί γα καὶ ποτὶ πυγὰν ἅλλομαι*, s. oben), so war doch der spartanische Tanz, die Bibasis und vielleicht die Dipodia, davon schwerlich sehr verschieden; nur daß dabei wahrscheinlich die Hände über dem Kopfe gehalten, die Bewegungen taktmäßig nach der Musik gemacht und der Platz nach einer gewissen Symmetrie öfter gewechselt wurde. Daß die Bibasis gewiß nur das Anfersen mit einem Beine erfoderte, ist oben bei der Palästrik der Spartaner erinnert.

Von der Tanzkunst der Griechen überhaupt kann hier nicht die Rede sein; des Meursius Orchestra zeigt hinlänglich, wie weitläufig dieser Stoff ist, wie große Schwierigkeiten die fragmentarischen Nachrichten oft darbieten, die häufig wenig mehr als einen bloßen, unverständlichen Namen enthalten. Läßt sich auch nicht verkennen, daß in den griechischen Tänzen Kraft, Gewandtheit, Grazie, und überhaupt der Erfolg langer und regelmäßiger Leibesübungen weit mehr hervortrat, als bei uns, wo die wilden Gallopaden und andere Pferdetänze oft nichts weniger als einen edlen Anstand zeigen, und den Leib um so eher ruiniren, als sie für die meisten Tänzer und Tänzerinnen die einzige Leibesübung in ihrem Leben ausgemacht haben, so ist es doch ein offenbarer Misgriff, wenn Löker die ganze Orchestik in die Gymnastik gezogen hat; mit eben dem Rechte könnte man z. B. auch die Taktik hineinziehen. Denn die Orchestik enthält so viele eigenthümliche Elemente von Musik, Poesie und Mimik, daß sie sich dadurch von der Gymnastik ganz sondert. Auch wurde sie nicht in den Palästren und Gymnasien gelehrt, ausgenommen bei den Spartanern, wo wenigstens die Pyrrhiche, ebenso wie die Bibasis und wol noch andere Tänze, unter die Turnübungen aufgenommen waren, und wo überhaupt die Orchestik und Gymnastik weit enger mit einander verbunden waren, als bei den übrigen Griechen. Über die Pyrrhiche ist das Nöthige oben bemerkt; hier füge ich nur hinzu, daß sie sich auch bei den übrigen Griechen findet (s. z. B. *Plut.* Sympos. IX, 15. Corp. inscr. Vol. II. nr. 3089, 3090), und selbst bei den Römern (s. *Sueton.* Caes. c. 39. Ner. c. 12). Wenn indessen auch vielleicht einige Äußerlichkeiten von der echten Pyrrhiche beibehalten wurden, so gab man doch den dabei vorkommenden pantomimischen Darstellungen ganz andere als kriegerische Gegenstände, sodaß die ursprünglich dabei beabsichtigte kriegerische Übung sich ganz verlor. Zu Athen war es eine besondere Liturgie der Choragen, Pyrrhichisten von verschiedenem Alter zu stellen und für ein Fest einzuüben; diese Liturgie war eine von

:nigex kostspieligen; Böckh (Staatshaushaltung I.
) führt zwei Beispiele von unbärtigen Pyrrhichisten
: einen zu den großen, die andern zu den kleinen
endäen; jene kosteten 800, diese 700 Drachmen.
n Athenern war demnach der Tanz durchaus nicht
Ausdehnung ein Theil der Gymnastik, wie bei den
nern; darum konnten auch viele von ihnen nicht
welche sonst einer liberalen Erziehung nicht er-
ten, wie Charmides bei Xenophon (Conviv. II, 19).
nten es nämlich in der Regel wol nur diejenigen,
von den Choragen veranlaßt waren, bei den fest-
chortänzen öffentlich aufzutreten, und dazu verstan-
) die Vornehmern nicht gern. Daß Sokrates den
ehr liebte und ihn für eine ausgezeichnete, den gan-
örper gleichmäßig ausbildende Leibesübung hielt,
r eine ihm eigenthümliche Meinung, welche genug
iderung, aber wenig Nachahmung erregte (s. Xe-
a. a. O. und das. Herbst). Übrigens leistete die
omie etwa dieselben Dienste, wie der Tanz, und
den in den Palästren und Gymnasien gelehrt (s. unt.).
ie übrigen Tänze gehören nicht in die Gymnastik;
gerischen, welche es etwa noch gab, sind zu wenig
', als daß es sich verlohnte, sie zu besprechen.
he wir zu den weit wichtigern Übungen der Arme
, müssen noch ein Paar andere erwähnt werden,
namentlich zur Stärkung der Hüften und des
rats dienen; sie werden von Galen (de valet. tu.
11) erwähnt. Die eine besteht darin, daß man,
nselben Flecke stehen bleibend, sich anhaltend nie-
: und wieder aufrichtet, indem man irgend ein
t vom Boden aufhebt, oder während der ganzen
Gewichte in den Händen hält. Eine zweite Übung
darin, daß man zwei Wuchtkolben vor sich hin-
einer Entfernung von einer Klafter (ὄργυια); in-
an nun gleichweit von beiden entfernt steht, bückt
h und hebt mit der rechten Hand den zur linken,
: linken den zur rechten Seite liegenden Wuchtkol-
die Höhe und legt sie dann wieder an ihre Plätze.
muß oft wiederholt werden, ohne die Füße vom
zu bewegen.
bungen der Arme. Die meisten von diesen er-
sich zugleich auf andere Theile des Körpers, und
daher auch von den Ärzten oft mehr für diese als
: Arme empfohlen. Das Genauere hierüber muß
lichen Betrachtung überlassen bleiben, hier genügt
n den einfachern Übungen zu den zusammengesetz-
rtzuschreiten.
nächst erwähne ich eine Reihe von Übungen, welche
(de valet. tu. II, 9) angeführt hat. Es war
bung der Knaben in der Palästra, an einem Seile
Höhe zu klettern. Ferner ergriff man ein Seil
ine Stange und ließ sich daran möglichst lange
. Man streckte die Arme mit geballten Fäusten
orn oder in die Höhe, und suchte sie möglichst
unbeweglich still zu halten. In solcher Stellung
man oft einen Andern auf, die Hände herunter-
n, wogegen man sich mit aller Kraft stämmte;
ahm in jede Hand ein Gewicht, wozu mei-

stens die Wuchtkolben in den Palästren dienten, und hielt es mit steifen Armen nach Vorn oder in die Höhe gestreckt. Hieran schließt sich die schon oben erwähnte Übung im Feststehen, wobei man nicht nur die Arme, sondern auch die Schenkel und das Rückgrat gegen jede Beugung stämmt. Dies scheint das Spiel ἀκινητίνδα zu sein, was Pollux (IX. §. 115) anführt. Milo foderte oft Jemand auf, ihm die geschlossene Faust zu öffnen, oder ihm einen Apfel oder etwas Ähnliches daraus zu entwinden. Hierauf folgen Übungen, welche dem Ringen schon sehr nahe kommen; nämlich es umfaßt Einer den Andern über den Hüften, schließt auf dem Rücken die Hände fest in einander, und sucht ihn so zu halten, während jener sich der Umarmung zu entwinden bemüht ist. Ferner, Einer neigt sich etwas vorn über, der Andere umschlingt ihn um die Weichen und nimmt ihn wie eine Last auf, hebt ihn in die Höhe und bewegt ihn nach Vorn, und wenn man dabei selbst sich noch bald niederbückt, bald aufrichtet, wird das ganze Rückgrat sehr gestärkt. Andere stämmen sich mit der Brust gegen einander und suchen sich dann mit Gewalt zurückzustoßen. Wieder Andere hängen sich Jemand um den Nacken und suchen ihn niederzuziehen. Diese Übung könnte gemeint sein bei Xenophon (Rep. Lac. V, 9), wo er sagt, daß die Spartaner beim Turnen gleichmäßig Schenkel, Arme und Nacken üben, wenn es nöthig wäre, dort an eine besondere Nackenübung zu denken, wie Weiske und Müller (Dor. II. S. 309. 6) wollten; aber der Nacken wird bei mehren andern Übungen mit gestärkt, wie ich dort erinnert habe; namentlich ist das eigentliche τραχηλίζειν, das Galen hier erwähnt, stets mit dem Ringen verbunden, und Xenophon wollte überhaupt sagen, daß die Turnübungen der Spartaner nicht einseitig auf einzelne Glieder berechnet wären, sondern auf alle.

Ehe ich nun zum Ringen selbst übergehen kann, wie es Galen hier thut, sind noch ein Paar andere Übungen zu erwähnen, welche dazu vorbereiten oder überhaupt damit in Verbindung stehen; Galen selbst nennt (a. a. O. Cap. 11) den Akrocheirismos und die Skiamachie als eigenthümliche Übungen der Arme, wozu noch die Cheironomie zu fügen ist. Die bisher über diese drei Turnübungen gegebenen Erörterungen (s. z. B. *Philipp*, De pentathlo p. 77 sq. *Herbst* ad *Xenoph*. Conviv. II, 19. *Hieron*. *Mercur*. III, 4. VI, 2 et 3) leiden an großer Unklarheit; ich glaube, daß sich das Wesentliche kürzlich folgendermaßen fassen läßt.

Die Cheironomie wird von Einigen geradezu als ein Tanz betrachtet, wie Hesychius *χειρονόμος* durch *ὀρχηστής* erklärt; bei Athenäus (XIV. c. 29. p. 631 c.) heißt es, die Pyrrhiche werde auch Cheironomie genannt, und Lucian (de Saltat. c. 78) sagt, daß die *ἐναγώνιος χειρονομία* mit dem Tanze verbunden sei. Der Grund hiervon liegt darin, daß sowol der Tanz als die Cheironomie mimische Darstellungen gaben, und wo deren Gegenstände gemeinsam waren, mochte allerdings ein wesentlicher Unterschied nicht vorhanden sein; nur hatte der mimische Tanz das musikalische und poetische Element voraus, während die Cheironomie zwar auch taktmäßig und ohne Zweifel auch mit dem Streben nach Grazie doch immer nur eine Turnübung war, die sich weder einer begleitenden Musik harmonisch anschloß, noch den Zweck hatte, eine poetische Idee angemessen darzustellen, sondern die nur darauf berechnet war, die Glieder allseitig zu üben, indem man mit ihnen die Bewegungen nachahmend ausdrückte, die man zu verschiedenen Geschäften gebrauchte. Da es nun besonders turnerische und kriegerische Kämpfe waren, welche man auf diese Weise darstellte, so ist die Verwandtschaft mit dem Tanze, namentlich mit der Pyrrhiche, augenscheinlich, und doch leuchtet auch der Unterschied, dünkt mich, klar genug ein.

Ganz anders ist das Verhältniß der Cheironomie zum Scheinkampfe, *σκιαμαχία* oder *σκιομαχία* (über diese Verschiedenheit s. *Lobeck* ad *Phrynich.* p. 646); es läßt sich dies schwerlich anders bestimmen, als daß man die Skiamachie für einen Theil der Cheironomie erklärt; erst so wird es deutlich, warum Platon (Legg. VIII. p. 830) beide Ausdrücke scheinbar als ganz gleichbedeutend gebrauchen konnte. Die Cheironomie nämlich umfaßte wol alle möglichen Gegenstände, welche die Griechen durch Bewegungen der Hände, natürlich in Verbindung mit angemessenen Stellungen des Körpers, auszudrücken wußten; daher bezeichnet das *χειρονομεῖν* bei Älian (V. H. XIV, 22) die Zeichensprache; so auch Dio Caſſ. (XXXVI. c. 13). Auch wird es bei Herodot (VI, 129) von dem Athener Hippokleides gebraucht, der sich auf den Kopf stellte und nun mit den Beinen in der Luft allerhand Bewegungen machte, *χειρονομεῖν τοῖς σκέλεσι*; derselbe Ausdruck wird bei *Eustath.* ad *Hom.* Il. p. 121. 3. ed. Basil. gefunden; ob er dort dieselbe Bedeutung hat, oder ob er die höhere Tanzkunst bezeichnet, wie Philipp (a. a. O. S. 78) meint, kann ich nicht entscheiden. Von der Cheironomie werden auch die Turnübungen zu verstehen sein, welche Galen (de valet. tu. II. c 10) anführt, indem er von häufigen und schnellen Bewegungen der Hände spricht, die man mit geballter Faust mache oder ohne dieselbe, und mit Wuchtkolben oder ohne diese. Natürlich wurden die Bewegungen bedeutend schwerer, wenn man solche Gewichte dabei zu schwingen hatte, aber das war auch nicht das Gewöhnliche. Am häufigsten gesticulirte man wol mit geballter Faust, und stellte dadurch den Faustkampf dar, den ja die Faustkämpfer selbst auch auf diese Weise eröffneten, indem sie dem Gegner gleichsam mit den Schlägen droheten, welche sie in der Faust führten. Der gewaltige Timokreon machte den Schluß damit, nachdem er sehr viele Perser niedergeschlagen hatte, und als man ihn nach dem Grunde fragte, sagte er: so viele Schläge habe er noch übrig, wenn etwa Einer herankommen wolle (*Athen.* X. c. 9. p. 416 a). Obgleich nun nicht zu zweifeln ist, daß auch andere Kämpfe durch die Cheironomie dargestellt wurden, so mochte doch der Faustkampf wol der beliebteste sein, wie er auch der angemessenste war. Aber grade von der Darstellung des Faustkampfes wird auch das *σκιαμαχεῖν* bei Platon (a. a. O.) und bei Antyllus (ap. *Oribas.* p. 121. ed. *Matthaei*) gebraucht. Demnach ist die Skiamachie weiter nichts, als die Art der Cheironomie, welche einen Kampf mit einem Gegner darstellt. Auffallend ist der Irrthum, in welchen hierbei Philipp verfällt; der Arzt Antyllus nämlich empfiehlt, bei der Skiamachie nicht nur die Hände zu üben, sondern auch die Schenkel, indem man sich auf die Zehen stellt. Dies ist offenbar nur eine weitere Ausdehnung und Erschwerung der Übung, wie die des Galen, wornach man Wuchtkolben in die Hände nahm; keineswegs aber darf man mit Philipp das Stehen auf den Zehen für eine wesentliche und charakteristische Eigenthümlichkeit der Skiamachie halten. Platon sagt (a. a. O.), wenn man sich im Faustkampfe üben wolle, so würde man, in Ermangelung eines mitübenden Gegners, sich nicht scheuen, statt seiner ein todtes Bild hinzuhängen trotz dem Spotte der Unverständigen. Es kann demnach diese Methode, wenn sie überhaupt vorkam, wenigstens nicht gewöhnlich gewesen sein; Plutarch (Sympos. VIII, 10, 3) hat zwar denselben Ausdruck *σκιαμαχεῖν πρὸς τὰ εἴδωλα*, der aber dem Zusammenhange nach nicht für die Existenz der Sache zeugt. Darum ist es auch ganz unrichtig, wenn Hieronymus Mercurialis die Fechtübungen der römischen Soldaten und Gladiatoren an einem Pfahle hierher zieht (wovon s. *Veget.* de re mil. I. c. 11). Diese sind schwerlich je bei den Griechen vor der römischen Zeit in Gebrauch gewesen. Überhaupt darf man bei der *σκιαμαχία* ihrer ursprünglichen Bedeutung nach nicht an Fechtübungen mit unschädlichen Waffen denken; denn das ist das *ὁπλομαχεῖν* oder *ἐν ὅπλοις μάχεσθαι* (wovon s. unten), sondern es ist hier der Ausdruck, den der Apostel Paulus gebraucht hat an die Kor. Br. I. Cap. 9. V. 26 ganz unpassend: „die Luft gerben."

Bei dem bildlichen Gebrauche von *σκιαμαχία* ist nicht an unsere Spiegelfechterei zu denken, sondern das tertium comparationis liegt in dem Mangel eines Gegners, gegen den man kämpft; so *Plat.* Apol. Socr. §. 2. p. 18 D. und ähnlich Rep. VII, 5. p. 520, wo jedoch nicht der Gegner, sondern der Gegenstand des Kampfes das Ungesehene, Unerkannte ist. Später freilich wird das Wort allerdings gebraucht von einem Scheinkampfe, wo Gegner vorhanden sind, und auch Waffen, wo man es aber nicht ernsthaft meint; so *Dio Cass.* LXVI. c. 15. LXXII. c. 19.

Ganz anders verhält es sich mit dem *ἀκροχειρισμός* (die schlechte Form *ἀκροχειριασμός* bei *Lucian* Lexiph. 5 halte ich für absichtlich, nicht, wie Philipp, für verdorben). Diese Übung war eine Art Fechten mit den bloßen Händen, indem jeder der beiden Kämpfer theils dem Gegner auf eine vortheilhafte Weise an den Leib zu kommen suchte, theils sich selbst dagegen vertheidigte. Wenngleich nun diese Übung auch für sich allein betrieben wurde, wie die darüber vorhandenen Vorschriften der Ärzte zeigen, so war sie doch ihrer Natur nach nur ein Vorspiel zu einem andern Kampfe, namentlich zum Ringen und Pankration, wahrscheinlich auch zum Faustkampfe. Da nämlich bei diesen Kämpfen sehr viel darauf ankommt, einen guten Griff und einen guten Stand gegen den Gegner zu erlangen, so suchte man eine günstige Gelegenheit dazu während jenes Spiels mit den Händen zu erwarten und herbeizuführen. Pausanias (VI, 4, 1) führt hiervon zwei Beispiele an, eins von einem

Pankratiasten, und eins von einem Ringer, welche beide ihre Gegner mittels des Akrocheirismos besiegten, indem sie die Hände derselben in ihre Gewalt zu bekommen wußten, ihnen dann die Finger umbrachen, und nicht eher nachließen, als bis sie auf diese Weise den Sieg entschieden hatten, noch ehe es zum eigentlichen Kampfe kam. Der erstere von ihnen, der Sikyonier Sostratos, bekam daher den Beinamen Akrochersites; der Ringer, Leontiskos von Sicilien, legte sich deshalb so eifrig auf den Akrocheirismos, weil er es nicht verstand, im eigentlichen Ringen seinen Gegner niederzuwerfen (s. *Philipp*, De pentathlo p. 72, 75 et 78). In einem hübschen Bilde ist der Akrocheirismos angedeutet bei *Onosander*, Strateg. XL, 3.

Das Ringen. Diese vorzüglich wichtige Übung heißt bei den Griechen *πάλη*, was mit *πάλλω*, schütteln, zusammenhängt; diese Etymologie hat schon Isidor (Etymoll. XVIII, c. 24), andere schlechtere sind bei Plutarch (Sympos. II, 4) angeführt. Davon sind abgeleitet *παλαίω*, ringen, *πάλαισμα*, ein einzelner Ringkampf oder ein Kunstgriff im Ringen, *παλαιστής*, der Ringer, *παλαιστικός*, der Ringkundige, *παλαίστρα*, der Ringplatz u. s. w. Das Ringen galt bei den Griechen für die Hauptsache, und daher wurde es oft für das Turnen überhaupt genommen. Es war schon seit den ältesten Zeiten im Gebrauche; schon bei Homer finden wir es sehr ausgebildet und mit den schlauen Kunstgriffen verbunden, zu welchen dieser Kampf vor allen andern besondere Gelegenheit gibt. Weiterhin wurde das Ringen immer mehr vervollkommnet, nach verschiedenen künstlichen Methoden gelehrt und in einzelnen Kunstgriffen sehr bedeutend verfeinert, sodaß es unmöglich ist, Alles, was etwa eine vollständige Anweisung eines kundigen griechischen Turnlehrers enthielt, auch nur in einiger Vollständigkeit zusammenzustellen; von den vorhandenen Nachrichten der Alten ist Manches unverständlich, weil es nur abgerissene Bruchstücke sind, wobei Bekanntschaft mit der Sache vorausgesetzt wurde, und weil es überhaupt nicht leicht ist, eine Beschreibung der hierher gehörigen Dinge mit Worten recht deutlich und anschaulich zu machen, weshalb ja selbst Platon (Legg. VII. p. 814 C.) eine solche ablehnte. Das Meiste, was sich aus directen Äußerungen, aus poetischen Beschreibungen und bildlichen Phrasen gewinnen läßt, wird etwa Folgendes sein.

Von den verschiedenen Methoden im Ringen, wie sie sich wahrscheinlich bei den einzelnen griechischen Stämmen mit mehr oder weniger Besonderheiten ausbildeten, ist uns nur eine namentlich bekannt, nämlich die sicilische, erfunden von einem gewissen Orikadmos, der daher als Gesetzgeber für die Ringkunst galt (*Aelian*. V. H. XI. c. 1). Über die Person dieses Mannes ist ebenso wenig bekannt, als über die Eigenthümlichkeit seiner Erfindung, und man kann daher nach Belieben diese sicilische Methode als eine besondere Frucht der dorischen Turnkunst ansehen, oder sie auch in Verbindung bringen mit den Turnordnungen, welche sich an die Gesetzgebungen des Charondas, Zaleukos oder Pythagoras anschlossen.

Übrigens konnte sich natürlich jeder Ringer eine besondere Methode aneignen, welche er für sich angemessen fand, indem er von den vielfachen Mitteln, welche zum Siege führen konnten, grade dasjenige hauptsächlich zur Anwendung zu bringen suchte, in dem er sich die Meisterschaft erworben zu haben meinte. Außerdem fand, wie zu erwarten, ein Unterschied statt zwischen der athletischen Ringkunst und der allgemeinen.

Wir gehen billig von der Beschreibung der ältesten Ringkämpfe aus, die sich bei Homer finden; denn wenn auch spätere Dichter andere Ringkämpfe besingen, welche in noch frühere Zeiten gehören, so können sie doch nicht als authentische Zeugen angesehen werden. Bei Homer nun rühmen sich die Phäaken als gute Ringer (Od. VIII, 103). Doch wird der bei ihnen angestellte Ringkampf (das. V. 126) nicht näher beschrieben. Auch Odysseus rühmt sich das. V. 206 seiner Ringfertigkeit, und einst hatte er auf Lesbos den Philomeleides, mit dem er in Folge eines Zwistes rang, so kräftig geworfen, daß alle Achäer ihre Freude daran hatten (Od. IV, 342). Für ihn, den Schlauen, Gewandten, war der Ringkampf grade von allen der angemessenste, wie auch Homer andeutet, indem er Il. XXIII, 709, wo sich Odysseus als Gegner des Ajax erhebt, nicht vergißt, ihn als *πολύμητις* und *κέρδεα εἰδώς* zu bezeichnen, als einen, der sich auf die Vortheile versteht. Hier wird nun das Ringen Beider genauer beschrieben. Sie gürten sich und treten dann, übrigens nackt, auf den Kampfplatz; von der Einreibung mit Öl ist noch keine Rede. Sie umfassen sich mit kräftigen Armen, drücken und ziehen sich, daß das Rückgrat knackt, daß sie von Schweiß triefen und blutige Schwielen sich an den Schultern und Seiten erheben. Offenbar stehen sie Beide mit weit vorgebeugtem Oberleibe, um dem Gegner nicht den Vortheil des Untergriffs zu gestatten; daher vergleicht sie auch Homer sehr anschaulich mit ein Paar Dachsparren auf einem Hause. Übrigens bemerken die alten sachkundigen Erklärer, daß die Art, wie Homer hier die Ringer sich greifen läßt, eine altfränkische und bäuerische sei; es habe nämlich jeder mit der linken Hand die rechte Seite und mit der rechten die linke Schulter oder den linken Oberarm des Gegners gefaßt, und mit dem Gesichte hätten sie sich gegen einander gestämmt. Daß man später eine andere Methode befolgte, wird sich unten zeigen.

Da nun auf die beschriebene Weise keiner dem andern an den Leib kommen kann, der Kampf also zum Misvergnügen der zuschauenden Achäer gleichförmig und unentschieden bleibt, wird Ajax endlich ungeduldig und sagt: „Hebe mich auf, oder ich dich! Zeus wird Alles lenken!“ Und damit hob er den Odysseus in die Höhe; dieser ist sogleich auf eine List gerüstet; er ist vom Ajax so hoch gehoben, daß er mit seinen Beinen die Kniekehle desselben erreichen kann; in diese schlägt er ihm, sodaß jener auf den Rücken fällt und Odysseus ihm auf der Brust zu liegen kommt. Somit hatte dieser gesiegt. In den Scholien zu dieser Stelle wird bemerkt, daß die Ringer oft einander einen Griff (*λαβή*) gestatten und den Rücken, Nacken, oder oft auch einen Fuß preisgeben; dabei wird also nicht mit Unrecht vorausgesetzt, daß Odysseus selbst auf die erwähnte Anrede des Ajax es freiwillig zugab, daß jener ihn umfaßte und aufhob. Das Schlagen in die Kniekehle wird mit einem spätern Kunstausdruck *ἰγνυῶν ὑφαίρεσις* (oder *ἀφαίρεσις*, was indessen unrichtig scheint) genannt, und wird für eine Erfindung des Kerkyon ausgegeben. Platon (Legg. VII. p. 795 D.), wo er die Erfindungen des Antäos und Kerkyon verwirft, die nur zu einem nutzlosen Wetteifer dienen, scheint damit grade diesen und alle ähnlichen Kunstgriffe gemeint zu haben, die allerdings eine eigentliche gymnastische Übung nicht gewähren.

Zu einem vollständigen Siege war aber in der Homerischen Zeit, wie auch später, ein dreimaliges Werfen nöthig. Darum erneuert sich der Kampf zwischen Odysseus und Ajax, und zwar unterlassen sie jetzt das nutzlose Ringen, womit sie vorher begonnen hatten, und nun ist es Ajax, welcher sich in die Höhe heben läßt. Odysseus hebt ihn nur ein klein Wenig, entweder weil er ihm zu schwer war, oder in der Besorgniß, sich demselben Kunstgriffe bloßzugeben, durch den er vorher gesiegt hatte. Darauf krümmte er das Knie und Beide fielen neben einander nieder und beschmutzten sich im Staube. Offenbar hat nun hier Ajax gesiegt; denn als sie sich zum dritten Kampfe erheben wollen, hindert es Achill, indem er erklärt, Beide hätten gesiegt, weßhalb er ihnen auch gleiche Kampfpreise gibt. Aber die Art, wie diesmal gesiegt wurde, ist nicht recht klar; man möchte zunächst das *ἐν δὲ γόνυ γνάμψεν* mit einer freilich etwas harten Änderung des Subjects auf den Ajax beziehen; auch scheint Philipp (S. 74) dies zu thun, indem er das hier angewendete Kunststück als vom Ajax angewendet bezeichnet, ohne sich weiter darüber zu erklären, was um so nöthiger gewesen wäre, da er sich hierdurch in Widerspruch befindet mit dem Scholiasten, dessen Erklärung er unangefochten hinstellt. Allerdings scheint das Kunststück, das die Alten bald Metaplasmos, bald Parakatagoge nennen, ebenfalls vom Odysseus angewendet zu sein, der, wie der Scholiast sagt, nachdem er den Ajax nur so viel in die Höhe gehoben hatte, um ihn aus seiner festen Stellung zu verdrängen, mit seinem rechten Knie den linken Schenkel desselben wankend machte (*παρατρίψας*), dabei aber hinfiel [26]). Hierbei stand er nämlich auf dem linken Beine, das die ganze Last nicht zu tragen vermochte, sodaß er das Knie beugen mußte und den Ajax nicht werfen konnte, sondern selbst rücklings niedergedrückt wurde; fiel nun auch Ajax nicht mit dem ganzen Leibe auf ihn, sondern fielen sie *πλάγιοι*, wie der Scholiast sagt, so hatte doch Ajax die Hand oben, und war folglich Sieger. Diese Erklärung ist der Sache vollkommen angemessen, und es bleibt dabei nur die außerordentliche Kürze des Homer auffallend, die sich freilich wol daraus erklärt, daß er eine genaue Bekanntschaft mit der Sache voraussetzen konnte.

Gehen wir nun auf die spätere Ringkunst über, so ist zu unterscheiden das Stehringen und Wälzringen, *ὀρθὴ πάλη* und *ἀνακλινοπάλη*. Das erstere ist offenbar im Wesentlichen das Homerische, das nachher die Athleten ausschließlich übten und das Platon ganz besonders empfahl (s. Legg. VII. p. 795 D.). Dies wurde allein bei den öffentlichen Spielen geübt, und es war dazu, wie bei Homer, ein dreimaliger Kampf nöthig (*τριάξαι*, *ἀποτριάξαι*; s. *Philipp.* p. 78 sq.). Es wurde aber nicht sogleich mit einer Umschlingung der Arme begonnen, sondern der oben geschilderte Akrocheirismos ging vorher, und erst durch diesen entschied es sich, wie die Ringer einander faßten. Eine andere wesentliche Veränderung war die, daß man sich mit Öl einrieb, wodurch der Körper sehr schlüpfrig wurde; darum war hierbei Ringerstaub nöthig, mit dem man die Hände rieb und sich gegenseitig zu bewerfen suchte, um einen festern Griff zu haben. Man rang also, wie Lucian Anacharf. (a. A.) sagt, *ἐν τῇ κόνει*; oder es bedurfte, wie Galen (de val. tu. II. c. 9) sagt, *κόνεως βαθείας ἢ παλαίστρας*. Kamen nun die Ringer einander an den Leib, so entstand ein sehr vielfältiger Kampf, der durch das Entwinden (*ἐξαλλαγαῖς* bei Platon a. a. O.) des Nackens, der Arme und Seiten die graziöse Gewandtheit, Kraft und Gesundheit in hohem Grade beförderte; auch die Beine hätte Platon noch hinzusetzen können, und selbst der Steiß fand seine Arbeit. Je nachdem man nämlich auf die eine oder die andere Art den Gegner zu Falle zu bringen suchte, wurde bald dieser, bald jener Theil des Körpers angestrengt, und wenn die Gegner verschiedene Plane verfolgten und geschickt genug waren, die Angriffe abzuwehren, so konnte sich der Kampf lange hinziehen und in allen seinen Methoden erschöpft werden.

Die einzelnen Arten, wie man den Gegner niederzuwerfen suchte, waren etwa folgende [27]):

Die einfachste Art wäre die, daß man den Gegner umschlingt, ihn in die Höhe hebt und so niederwirft; indessen ist das nur dem an Kräften sehr Überlegenen möglich, und auch einem solchen wird sich ein gewandter Ringer zu entziehen suchen. Es kommt daher darauf an, den Körper noch auf andere Weise wankend zu machen, und dazu ist das gewöhnlichste Mittel das *ὑποσκελίζειν*, ein Bein stellen (s. *Pollux* III, 30) bildlich gebraucht z. B. (*Plat.* Euthyd. §. 18. p. 278 b.). Auch dies ist auf verschiedene Weise möglich; Galen (de val. tu. II, c. 9) beschreibt eine Art folgendermaßen: Die Ringer umschlingen mit ihren beiden Schenkeln den einen des Gegners und binden einander die Arme, indem sie den einen mit Gewalt auf den Nacken des Gegners stämmen, und zwar

26) Der Text lautet: *ὅρας δὲ τοσοῦτον ὅσον τῆς στάσεως παρακινῆσαι, τῷ δεξιῷ γόνατι παρατρίψας τὸ ἀριστερὸν αὐτοῦ σκέλος ἔπαισε, καὶ πλάγιοι πίπτουσιν· ἔστιν οὖν τὸ δεύτερον πτῶμα Ὀδυσσέως κ. τ. λ.* Statt *ἔπαισε* ist aber offenbar *ἔπεσε* zu lesen, und danach habe ich oben übersetzt. Die so häufige Verwechselung von *ε* und *αι* in den Handschriften hat namentlich in diesem Verbum öfter einen Fehler veranlaßt; s. *Koen.* ad *Gregor.* Corinth. p. 408, der jedoch irrt, wenn er bei *Polyaen.* V, 11 *ἐξέπαισε* statt *ἐξέπεσε* lesen will. Dagegen möchte ich lieber bei *Plutarch.* Philop. c. 10 diese Veränderung vornehmen.

27) Diese einzelnen Kunstgriffe und Methoden sind die eigentlichen *παλαίσματα*, deren jedes einen besondern Namen führte, wie die oben erwähnten *ἰγνυῶν ὑφαίρεσις*, *μεταπλασμός*, *παρακαταγωγή*. Plutarch (Sympos. II, 4) führt außerdem noch als *ἀγωνίσματα* die schwer zu erklärenden Kunstausdrücke an: *Ἐμβολαί*, *παρεμβολαί*, *συστάσεις*, *παραθέσεις*.

chten, wenn sie den linken Schenkel umschlungen haben,
umgekehrt, und indem sie ferner mit dem andern
den Oberarm des Gegners fassen, der ihnen im
m liegt, und dessen Wirkung sie zu hemmen suchen.
ei kann der Sieg zunächst dadurch herbeigeführt wer-
daß der *eine* mit beiden Beinen fest steht, aber dem
er das eine Bein wegzieht, wodurch jener seinen
Stand verliert. Diese Kunst war zwar natürlich
ll gebräuchlich, indessen scheinen sich doch die Argi-
ie überhaupt als Ringer gerühmt werden, darin be-
rs ausgezeichnet zu haben (s. *Theocrit.* XXIV,

Wenn dieselben aber an dieser Stelle Steißdreher
nt werden, *ἑδροστρόφοι*, so ist das nicht, wie O.
r (Dor. II. S. 309, 6.) zu thun scheint, als der Aus-
für eine besondere Eigenthümlichkeit anzusehen, son-
eben das *ὑποσκελίζειν* ist es, wobei der Steiß eine
ere Beweglichkeit zu entwickeln hat; er kann in die-
Falle nicht anders, weder bei den Argivern, noch bei
n Menschen, wie einen Jeden der Augenschein beim
n überzeugt, wenn die Ringer ein Bein stellen und
gegenseitig verhindern wollen.

Zwei andere Arten des Beinstellens bezeichnet Galen
O.) gleich nachher, deren Eigenthümlichkeit mir aber
einleuchtet; er nennt es: wenn der Eine mit seinen
keln den einen des Gegners gürtet, oder beide mit bei-
mfängt (*ὅσα ζώσαντος τοῖς σκέλεσι θατέρου τὸ ἕτερον
ἀμφοῖν ἄμφω καθέντος γίνεται*). Vielleicht meint
mit, daß man mit seinen Schenkeln den einen des
rs nicht nur aufhebt und vom Platze drängt, son-
ihn mit aller Kraft zwischen den Lenden festpreßt
jede Bewegung desselben hindert. Ebenso besteht
ht die zweite Art darin, daß man beide Schenkel
egners zugleich zwischen den eigenen festklemmt.

Daß die Spartaner nicht die besten Ringer waren,
on früher erinnert; indessen scheinen sie doch auch
Besonderheit vor andern geliebt zu haben, nämlich
λιμακίζεσθαι, worüber O. Müller (a. a. O.) den
ler Platon (bei *Aspos.* ad *Aristot.* Eth. Nicom.
7. p. 156. ed. *Zell.* u. *Plut.* Apophth. Lac. p.
angeführt hat. Pollux hat das *κλιμακίζειν* über-
als einen beim Ringen vorkommenden Ausdruck hin-
t, ohne weitere Erklärung; man pflegt es für gleich-
end mit *ὑποσκελίζειν* zu halten; indessen ist das
wahrscheinlich, zumal da Pollux nicht einmal beide
ücke zusammengestellt, sondern das *πλαγιάζειν* da-
en geschoben hat. Im Etym. M. p. 267, 17 wird
μακίσαι, *κλίμαξ* und *κλιμακισμός* als gleichbedeu-
mit dem Ringen überhaupt hingestellt. Bei Sopho-
Trach. 520) führen die *κλίμακες* in diesem Sinne
Beiwort *ἀμφίπλεκτοι*. Doch wird aus alle dem
Sicheres gewonnen. Vielleicht ist damit das Gür-
r Schenkel gemeint, was oben aus Galen angeführt
, zumal wenn man dabei nicht an die eigentliche
tung von *κλίμαξ* denkt, sondern an die, wornach
Folterinstrument bezeichnete. Sonst aber könnte
noch vermuthen, daß wirklich eine Art von Leiter-
bezeichnet sei, indem man den einen Schenkel um
es Gegners schlägt, mit dem andern aber gleichsam

in die Höhe steigt und ihn etwa gegen das Knie dessel-ben Schenkels stämmt, wodurch man sich mit seinem ganzen Gewichte um den Nacken des Gegners hängt und ihn so niederdrückt; gelingt dies nicht, so ist man freilich um so mehr im Nachtheile.

Konnte man nicht von Unten auf durch das Beinstellen den Gegner zu Falle bringen, so konnte man es von Oben versuchen, indem man den Nacken umschlang und nun den Gegner hinten überzuziehen suchte. Statt dessen konnte man, wie Galen (a. a. O.) bemerkt, den Arm auch oben um den Kopf schlingen und ihn mit Gewalt rückwärts pressen (*δύναιτο δ' ἂν καὶ περὶ τὴν κεφαλὴν ἄκραν τὸ ἅμμα περιθεὶς ἀνακλᾶν εἰς τοὐπίσω βιαζόμενος*). Auf den erstern Fall bezieht sich der Ausdruck *τραχηλίζειν* und *ἐκτραχηλίζειν*, worüber eine reiche, aber ganz unklare Sammlung zu finden ist bei Cuper (Observat. I, 12. p. 86 sq. et p. 90 sq.). Ebendahin gehört auch das ebenfalls von Pollux angeführte *ἄγχειν* und *ἀπάγχειν* (denn so ist wol zu lesen statt *ἀπάγειν*); man würgt den Gegner, wenn man den Arm so um seinen Nacken schlingt, daß man auch vorn den Hals überreicht und diesen mit Gewalt nach Hinten drückt. Auf das Halsumdrehen bezieht sich vielleicht auch das *λυγίζειν*. Endlich *πλαγιάζειν* nannte man es vielleicht, wenn man den Gegner in eine schiefe Stellung zu sich drehte, wodurch derselbe nothwendig in den Nachtheil kam, daß er einen Arm nicht gebrauchen konnte.

Ferner gehört hierher noch *παρακρούειν*. Davon sagt das Etym. M. p. 652, 49: *Παρακρούεται, ἀπατᾷ· ἀπὸ μεταφορᾶς τῶν παλαιστῶν οὐ καταβαλλόντων, ἀλλ' ἐν ὥρᾳ παρακρουόντων ἢ ποδὶ ἢ χειρὶ, καὶ οὐ ῥεπτόντων*, Diese Erklärung ist sehr undeutlich; Buttmann zu Platon (Phaedr. epimetr. p. 383) und Stallbaum zu Platon (Crit. §. 6) haben sie gebraucht, aber nicht aufgehellt. Vielleicht war *παρακρούειν* dasselbe beim Ringen, was wir beim Fechten „eine Finte anziehen" nennen. Dies wäre auch nicht unpassend in der Stelle bei Plutarch (Apophth. Lac. p. 241. ed. *Hutt.*) *ἐν χειραψίᾳ περικρούοντος τοῦ προστραχηλίζοντος κενοσπούδως καὶ κατασπῶντος ἐπὶ τὴν γῆν* u. s. w.

Die übrigen von Pollux angeführten Ausdrücke sind theils ganz unklar, theils deuten sie nicht einen einzelnen Kunstgriff an, sondern haben einen allgemeinern Sinn. *Ἀγκωνίζειν* ist wahrscheinlich nichts weiter als das Umfassen, *ἀγκαλίζεσθαι* bei Plutarch (Sympos. II, 4), bei Homer (a. a. O.) *ἀγκὰς ἀλλήλων λαβεῖν*. *Θλίβειν*, das Drücken und Pressen; *κατέχειν*, das Festhalten. Für das Werfen ist der gewöhnlichste Ausdruck *καταβάλλειν*; daher der verächtliche Name für die Ringkunst *καταβλητικὴ* oder *καββαλική*, wovon s. oben. Daher ferner die Redensart *καταβαλόντα πίπτειν*, wenn man Einen geworfen hat, selbst fallen, bildlich gebraucht bei Platon (Euthyd. §. 40. p. 288 a.). Ebenso gewöhnlich ist *ἀνατρέπειν*, besonders wenn das Werfen mittels des Beinstellens bewerkstelligt wird; es findet sich ebenfalls häufig bildlich gebraucht von der Redekunst und anderweitig (s. *Plat.* Euthyd. §. 18. p. 278 b. §. 36. p. 286 c. *Onosand.* Strateg. XL, 3).

Das bisher Gesagte bezog sich auf die ὀρθὴ πάλη, das Stehringen.

Das **Wälzringen**, ἀνακλινοπάλη, auch ἀλίνδησις genannt, wurde nicht bei den öffentlichen Wettkämpfen, sondern nur auf den Turnplätzen angewendet, indem nicht das bloße Werfen den Sieg entschied, sondern es war nothwendig, daß einer unten lag, ohne Hoffnung, sich wieder in die Höhe zu arbeiten. Wer fiel, hatte noch Hoffnung, sich wieder aufzurichten, und hierauf, glaube ich, bezieht sich die sprüchwörtliche Redensart: πεσὼν κείσομαι, oder καταπεσὼν κ. und οὐ κείσομαι an diesen noch nicht zusammengestellten Stellen: *Aristoph.* Nub. 126. Eccles. 1002. *Eurip.* Phoen. 1709. Troad. 481. *Theocrit.* III, 53; cf. *Abresch.* ad *Aristaen.* p. 204. Dieselbe Beziehung scheint auch den Lateinern oft bei recumbere vorgeschwebt zu haben, zumal im Gegensatze gegen cadere (s. z. B. *Propert.* IV, 1, 71. *Tacit.* Ann. III, 46.

Zu dem Wälzringen war ein weicher Boden nothwendig; daher geschah es ἐν τῷ πηλῷ, wie Lucian Anach. (§. 8) sagt. Über die dabei angewendete Kunst habe ich keine Andeutungen gefunden. Übrigens wälzte man sich auch allein, ohne einen Gegner, wie aus Galen (de val. tu. II, 10) hervorgeht, und darüber finden sich noch einige unbedeutende ärztliche Beobachtungen. In obscönem Sinne wird ἀνακλινοπάλη gebraucht von Martial (XIV, 201), und eine Anspielung darauf enthielt wol auch das von Domitian erfundene κλινοπάλη (*Suet.* Domit. c. 22).

Das Ringen im Allgemeinen wird bildlich oft für ein mühsames, anhaltendes Kämpfen gegen Etwas gebraucht (s. *Boeckh.* ad *Pindar.* Explic. p. 447), dann aber auch für einen Kampf, bei dem man gegenseitig sich zu überlisten sucht; denn es ist τεχνικώτατον καὶ πανουργότατον τῶν ἀθλημάτων (*Plat.* Symposs. II, 4); daher παλαιστής etwa mit πανοῦργος gleichbedeutend gebraucht wird (s. *Valcken.* ad *Eurip.* Hippol. 921); so findet man oft πάλαισμα, z. B. von Kriegslisten bei Plutarch (Sertor. c. 18), ohne solche Nebenbedeutung bei *Soph.* Oed. Tyr. 875.

Die einzelnen Beziehungen, in denen das Ringen Gelegenheit zu Metaphern gegeben hat, sind meistens schon erwähnt; nur den Ausdruck λαβή, λαβὴν διδόναι führe ich hier noch an; daß damit die Gelegenheit zu einem guten Griffe, eine Blöße, die man dem Gegner gibt, bezeichnet wird, ist schon erinnert; wie es metaphorisch gebraucht wird, bedarf keiner Erläuterung; doch stehe hier das auch in anderer Beziehung weiter ausgeführte Beispiel aus Plutarch (Ages. c. 38): αἱ ἀπάται τὸ παράδοξον ἐπάγουσι τοῖς πρὸς ἄμυναν ὑπονοοῦσι καὶ προσδοκῶσι τρεπομένοις· ὁ δὲ μὴ προσδοκῶν μηδ' ὑπονοῶν μηδὲν οὐ δίδωσι τῷ παραλογιζομένῳ λαβήν, ὥσπερ οὐδὲ τῷ παλαίοντι ῥοπὴν ὁ μὴ κινούμενος.

Zuweilen wird bei ungenauern Schriftstellern der Ringkampf mit dem Faustkampfe verwechselt; so ist von dem letztern καταπαλαίειν gebraucht bei Ptolemäus (Hephaest. Lib. III.), bei Phot., während der Scholiast zu Apollonius (Argon. II, 98) von derselben Sache richtig καταποντεύειν setzt.

Der **Faustkampf**. Auch dieser war schon in den frühesten Zeit bei den Griechen vorhanden; Polydeukes, Amykos und Epeios galten für die hauptsächlichsten Heroen des Faustkampfes; man schrieb ihnen auch allerlei Erfindungen in demselben zu; jedoch wurde er in der allgemeinen Gymnastik wenig getrieben; die Spartaner verwarfen ihn, wenigstens in seiner athletischen Form; so auch Platon (Legg. VII. p. 795). Sokrates bemerkte, daß die Faustkämpfer ihre Schultern vorwiegend ausbildeten und darüber schwach an Beinen würden (*Xenoph.* Conviv. II, 17). Selbst Homer hatte es als etwas Charakteristisches an dem ausgezeichneten Faustkämpfer Epeios nicht unbemerkt gelassen, daß er in der Schlacht sich keineswegs auszuzeichnen wisse. Kommt nun auch der Faustkampf bei Homer ebenso oft vor, als die übrigen Wettkämpfe, jedoch einfacher als später, da die Hände nur mit Riemen von Rindsleder (ἱμάντες), nicht mit den μύρμηκες, metallenen Nägeln und Buckeln gedeckt, noch mit eisernen Kugeln gewaffnet wurden, so verlor sich doch allmälig die Lust zu diesem blutigen Kampfe. In Athen besonders wurde er gewiß nur von Wenigen betrieben, namentlich von den Lakonisten, welche als οἱ τὰ ὦτα κατεαγότες verrufen waren, und sich übrigens bei ihren Übungen der ἱμάντες bedienten (s. *Plat.* Protag. §. 80. p. 342 c). In Sparta selbst kam nur der natürliche Faustkampf mit bloßen Händen vor (s. oben). Einiges über denselben ist schon bemerkt, namentlich daß er auch mit dem Akrocheirismos begonnen wurde, weil man auf diese Weise einen guten, sichern, gegen die Sonnenstrahlen geschützten Stand erlangen wollte (*Aeschines* in Ctesiph. p. 83. *Steph.* §. 206: περὶ τῆς στάσεως διαγωνίζεσθαι. Cf. *Cic.* Brut. cap. 69. *Faber*, Agonist. I, 14). Aber in die Einzelnheiten des Kampfes einzugehen, ist hier nicht der Ort, da diese ausführlicher in der Athletik zu behandeln sind.

Das **Pancration** übergehe ich hier gänzlich, theils weil es ebenfalls nur eine athletische Übung ist, theils weil ich es als solche bald nachher in einem eigenen Artikel besprechen werde.

Die **Hoplomachie** möge gleich hier erwähnt werden. Der Kampf in Waffen kommt als Wettkampf schon bei Homer vor (Il. XXIII, 811 sq.), wo sich Ajax und Diomedes bei den von Achill angestellten Leichenspielen darin messen. Sie treten ganz bewaffnet mit Schild und Panzer auf und die Waffe, welche sie gegen einander führen, ist der Speer, das δόρυ, die Hauptwaffe der griechischen Infanterie. Der Sieg soll demjenigen zuerkannt werden, der zuerst dem Gegner eine ordentliche blutige Wunde beibringt[28]); indessen da die Achäer für das Le-

---

28) Achill beschreibt die Wunde (v. 805 sq.) mit diesen Worten: Ὁππότερός κε φθῇσιν ὀρεξάμενος χρόα καλόν, ψαύσῃ δ' ἐνδίνων, διά τ' ἔντεα, καὶ μέλαν αἷμα, τῷ μὲν ἐγὼ δώσω τόδε φάσγανον κ. τ. λ. Hier an die Eingeweide zu denken, wie es Passow thut, ist nicht möglich; dann würde ja eine tödtliche Wunde verlangt, und doch will Achill beiden Kämpfern ein schönes Mahl vorsetzen. Darum ist offenbar die Foderung die, daß nicht etwa nur Schild oder Panzer beschädigt oder die Haut geritzt, sondern eine ordentliche Wunde beigebracht werde. Quod si componere magnis parva mihi fas est, so möchte ich an den

des[1] Ajax besorgt werden, hemmen sie den Kampf, lassen sie gleiche Kampfpreise empfangen. Die ei- liche Kunst der Hoplomachie ist, wie schon oben erin- wurde, in Mantinea von Demeas erfunden; dort e sie ihren hauptsächlichen Sitz und verbreitete sich von weiter, namentlich auch nach Kyrene; nur in Sparta den die Hoplomachen nie aufgenommen, weil man die Waffen- und Kriegskunst nach eigener Weise be- en wollte und keiner fremden Lehrer bedurfte. Offen- beschränkte sich die Hoplomachie anfänglich auf den rricht, Spieß, Schwert und die Schutzwaffen zu ge- chen; für das Bogenschießen und Speerwerfen war besonderer Lehrer angestellt. In der Sokratischen Zeit h finden wir, daß die Hoplomachen sich über ihre anische Handfertigkeit erhoben und einen wissenschaft- n Anlauf genommen haben; sie waren Sophisten oder n wenigstens von diesen die Tendenz angenommen, Fertigkeit in eine Kunst zu verwandeln. Da sie nun Zweifel auch schon vorher die Marschübungen der liten einexercirt hatten, so lag es sehr nahe, daß sie die e niedere Taktik in den Kreis ihres Unterrichts zo- Unverkennbar war die dorische, insbesondere die spar- sche Taktik ihr Muster, und was die Spartaner nach n Herkommen praktisch geübt hatten, das stutzten sie Hilfe der Geometrie etwas systematisch auf, und mein- auf diese Weise den Kern aller Kriegswissenschaft zu en; gegen diese Anmaßung kämpfte Sokrates oft an eine Anm. zu *Xen.* Rep. Lac. XI, 9. p. 218 sq.). ffen läßt sich wol nicht leugnen, was ich dort be- tet habe, daß die wissenschaftliche Form, in welcher griechische Taktik durch Älian und Arrian auf uns ge- nen ist, von jenen Sophisten hergeleitet werden muß, gleich die unmittelbare gemeinsame Quelle dieser bei- Schriftsteller, nach Casaubonus' Vermuthung, Poly- war. Einiges hierher Gehörige ist schon oben bei Gymnastik der Athener bemerkt. Über den Unterricht und die Einzelnheiten der Kunst fehlt es an Nach- n. Über die Hoplomachen ist noch zu vergleichen p. inscr. Vol. I. nr. 1541. Vol. II. nr. 3059. Aus n Inschriften geht hervor, daß es bei den Festen auch liche Wettkämpfe in der Hoplomachie gab, wie im enschießen, Speerwerfen und später auch in dem Schie- mit Katapulten (s. Corp. inscr. Vol. II. nr 2360). den Römern gab es auch hoplomachi, welche eine von Gladiatoren waren (s. *Lips.* Saturnal. II. c. *Fr. Modius*, De ludis II, 21 et interpr ad *Mar-* . VIII, 74. *Sueton.* Calig. c. 35). C. Licinius hatte den Beinamen Hoplomachus erworben (s. *Valer.* . VIII, 6, 1).

An die Hoplomachie mögen sich die Wurfübungen ßen, zunächst

das Speerwerfen, ἀκοντισμός. Diese alte krie- che Übung betreiben schon die Homerischen Helden fleißig (s. Il. II, 774. Od. IV, 626. XVII, 168), sie hatten dazu die αἰγανέαι, welche eine kleinere Art der Wurfspieße waren, so tadelt auch Anacharsis bei Lucian (c. 32) die zu geringe Schwere der ἀκόντια, deren sich die athenischen Turner bedienten; und auch die Athleten hatten leichte Speere, ἀποτομάδες genannt. Es wurde nämlich das Speerwerfen nicht nur bei den öffentlichen Festen der einzelnen Städte geübt, sondern es kam auch bei den großen Festspielen vor, wo es einen Theil des Pentathlons ausmachte (s. *Philipp.* p. 53 sq.). Daß zu Athen schon die älteren Knaben (μειράκια) in den Palästren diese Übung betrieben, ist oben erwähnt. Übrigens war es dabei nur darauf abgesehen, ein bestimmtes Ziel zu treffen, nicht etwa blos in die Weite zu werfen, und ich stimme Philipp (p. 55) ganz bei, wenn er gegen Hermann annimmt, daß bei Lucian Anacharsis (c. 27: περὶ ἀκοντίου βολῆς εἰς μῆκος ἁμιλλῶνται) nicht an ein Werfen ohne Ziel, sondern an das Werfen nach einem immer weiter und weiter entfernten Ziele zu denken sei.

Im Kriege war der Wurfspieß nur eine Waffe der leichten Truppen, der Peltasten; ein Riemen, ἀγκύλη, amentum, war daran befestigt, in den man griff, wenn man werfen wollte (s. *Xenoph.* Anab. IV, 3, 28. V, 2, 12). Mehr Gebrauch machten die Römer von ihren pila, plumbatae, martiobarbuli, welche zu werfen die Soldaten durch fleißige Übung lernten (s. *Veget.* de re mil. I, 17).

Diskuswerfen. Dies war, wie das Speerwerfen, ein Theil des Pentathlons und ebenfalls schon seit den ältesten Zeiten in Gebrauch. Bei Homer (s. Od VIII, 129, 186 sq. IV, 626. XVII, 168. Il. II, 774. XXIII, 826) zu Athen warf man mit dem Diskus in den Palästren und Gymnasien, wie schon oben bemerkt, und die Spartaner liebten ebenfalls diese Übung sehr und behielten sie länger bei als die übrigen Griechen (*Lucian.* Anach. c. 27). In der Regel kam es immer nur darauf an, die Wurfscheibe möglichst weit zu schleudern; der Krotoniate Phayllos brachte es auf 95 Fuß. Bei Wettkämpfen warfen alle Kämpfer mit demselben Diskus; wo ein Jeder hingetroffen hatte, wurde von einem Diener ein Zeichen aufgesteckt, über das jeder folgende hinauszukommen suchte. Wenn der Diskus von kräftiger Hand geworfen durch die Luft sauste (increpuit sagt davon *Cic.* de Orat. II, 5), so bückten sich unwillkürlich alle Hellenen, grade wie es jetzt geschieht, wenn in der Schlacht die Kugeln pfeifen.

Δίσκος oder *σόλος* bedeuten wol ohne erheblichen Unterschied die Wurfscheibe in allen den Verschiedenheiten, welche sie zu verschiedenen Zeiten, an verschiedenen Orten und bei verschiedenen Personen hatte; von Metall, Stein oder Holz, bald größer, bald kleiner hatte sie meistens im Mittelpunkt eine Öffnung, welche dazu eingerichtet war, um zwei Finger hineinzulegen, oder um einen Riemen durchzuziehen, wenn man lieber diesen fassen und so die Scheibe wegwerfen wollte. Zuweilen hatte sie kein Loch, und dann war es freilich schwerer sie zu werfen. Doch über alle diese Einzelnheiten sind noch genauere Untersuchungen, besonders mit Hilfe alter Kunstdenkmäler, zu wün-

ment der Studenten erinnern, wonach bei den Duellen jede be, die für einen richtigen Anschiß oder An— gelten sollte, nd Eigenschaften haben mußte: sie mußte bluten und klaffen, gstens einen Zoll Länge haben, und die drei äußern Häute en durchgeschlagen sein.

ſehen, als ſie bisher vorliegen. Einſtweilen hat Philipp (p. 43 sq.) ſchätzbare Nachweiſungen gegeben.

Der Fünfkampf, das πένταθλον, der Athleten war hiernach ein Inbegriff von Übungen, welche meiſtentheils und ohne erhebliche Unterſchiede auch auf den allgemeinen Turnplätzen betrieben wurden. Zugleich gewährten die fünf Kämpfe: Sprung, Lauf, Ringen, Diskus- und Speerwerfen eine ſo vielſeitige Ausbildung des Körpers, daß zwar in der Regel dabei nicht ſolche faſt übernatürliche Leiſtungen zu erreichen möglich waren, wie ſie bei den andern einſeitigen Beſtrebungen der Athleten vorkamen; aber vor allen befolgten die Fünfkämpfer eine verſtändige Methode bei der Ausbildung ihres Körpers; ſie waren im Ganzen die ſchönſten unter den Athleten und daher fand auch das Pentathlon noch die meiſte Billigung bei denen, welche im Übrigen der Athletik feind waren (ſ. *Aristot.* Rhetor. I, 5).

Es iſt nicht zu bezweifeln, daß in den Gymnaſien noch manche andere hierher gehörige Übung betrieben wurde, wie z. B. das einfache Werfen mit Steinen, was Platon in den Leges empfiehlt; aber ob es wirklich geübt wurde, darüber habe ich keinen Beleg; im Kriege machten die ψιλοὶ davon Gebrauch (ſ. *Arrian.* Tact. p. 12. ed. *Blanc.*) und bei den Römern wurde Infanterie und Cavalerie darin geübt (ſ. *Veget.* de re mil. I, 16. *Arrian.* l. c. p. 95). Übrigens war das, was bei uns in verſchiedenen Provinzen Seejungferwerfen, Butterſtollenwerfen ꝛc. heißt, auch bei den Griechen ein beliebtes Spiel, ἐποστρακισμός genannt (ſ. *Pollux* IX. §. 119). Hierher gehört auch der ἐφεδρισμός daſelbſt, wobei mit Bällen oder Steinen nach einem aufgerichteten Steine geworfen wird; wer dieſen nicht umwirft, muß den, der ihn umgeworfen, auf dem Rücken tragen, mit zugehaltenen Augen, ſo lange, bis er den Stein erreicht. Daß das Schleudern eingeführt war, wenigſtens das mit der erſt zur Zeit des Krieges zwiſchen den Römern und Perſeus erfundenen cestrosphendona, geht hervor aus der Erwähnung eines κεστροφύλαξ in ſpätern Inſchriften, die oben angeführt ſind. Für den leichten Kriegsdienſt, den die Epheben als περίπολοι zu thun hatten, war das Schleudern und Speerwerfen ganz geeignet; dabei wird denn das Bogenſchießen nicht gefehlt haben, das ſehr oft mit dem Speerwerfen zuſammen genannt wird; und für Beides hatte man vielleicht gewöhnlich, oder wenigſtens zuweilen, nur Einen Lehrer (ſ. Corp. inser. Vol. II. nr. 3059). Die intereſſanteſten Stellen über die Übung im Bogenſchießen befinden ſich in den Cestis des Julius Afrikanus (B. VII. c. 32—34), wovon Guiſchardt in den Mémoires militaires (Bd. III.) einen ſehr ungenügenden Auszug gegeben hat. Die einzige davon vorhandene Ausgabe in den Mathematici veteres von Thevenot (Paris 1693. Fol.) ſteht mir nicht zu Gebote, und die Handſchrift, welche ich vor mir habe, iſt ziemlich fehlerhaft; auch ſind die drei Capitel zu lang, um ſie hier in ihrer ganzen Ausdehnung mitzutheilen. Julius Afrikanus ſagt, man fordere von einem Bogenſchützen dreierlei, daß er gut treffe, daß er ſtark und daß er ſchnell ſchieße, εὐστόλως (l. εὐστόχως), ἰσχυρῶς und ταχέως βάλλειν. Er ſpricht über die verſchiedenen Stellungen, im Stehen oder in der Bewegung nach einem ſtehenden oder beweglichen Ziele zu ſchießen, über den Gebrauch der Finger beim Spannen des Bogens, über das Anlegen deſſelben ꝛc. Am anziehendſten iſt in c. 33 die Beſchreibung einer Scheibe, welche zugleich als Kraftmeſſer für die Stärke des Schuſſes dienen ſoll, worin die Bogenſchützen beſonders mit einander wetteifern (ποιεῖ δὲ μάλιστα τοῦτο ἡ τῶν γυμναζομένων πρὸς ἀλλήλους ἔρις). Dieſe Scheibe ſcheint, wenn ich die Worte meiner Handſchrift recht verſtehe, folgende Geſtalt gehabt zu haben:

A iſt eine hölzerne Scheibe von drei Finger Dicke und zwei Spannen im Durchmeſſer; ſie iſt befeſtigt an einer cylinderartigen Nadel b c, welche von Eiſen iſt, und welche in dem Mittelpunkte von d e ſteckt, ſodaß ſich die Scheibe um den Cylinder bewegen kann, aber nicht allzu leicht. d e iſt ebenfalls eine hölzerne Scheibe (δίσκος genannt, während A κύκλος heißt); durch den Mittelpunkt derſelben ſollen wenigſtens 360 Linien gezogen ſein. Je nachdem nun der Schuß, welcher die Scheibe A trifft, ſtärker oder ſchwächer iſt, wird ſie mehr oder weniger von den Linien in d e paſſiren. Die Pfeile haben keine Spitzen, ſondern eiſerne Köpfe. Offenbar iſt dieſe Maſchine höchſt unvollkommen und kann ihre Beſtimmung keineswegs erfüllen; denn theils wird die Bewegung der Scheibe A durch anhaltenden Gebrauch immer leichter werden, theils und beſonders iſt dabei gar keine Rückſicht genommen auf die Verſchiedenheit der Punkte, in denen die Scheibe getroffen wird; ein ſchwacher Schuß an die Peripherie wird die Scheibe mehr drehen als ein ſtarker, der der Linie b c nahe kommt; und wird dieſe Linie ſelbſt getroffen, ſo kann ſich die Scheibe gar nicht drehen. Dabei ſind alſo die beſten Schützen im größten Nachtheile. Julius Afrikanus gibt die Sache nicht für ſeine eigene Erfindung aus; er hatte ſie alſo vielleicht von Andern gehört und nicht recht verſtanden. Überhaupt aber hat er auch an andern Orten über das Schießen und über die Jagd ganz wunderbare Äußerungen, die den Beweis liefern, daß die ſogenannten Jagdgeſchichten, mit deren Erfindung ſich heutzutage unſere Jäger ſo gern unterhalten, auch bei den Alten ſchon beliebt waren. Im c. 34 macht er ein Paar Vorſchläge, wie man die Übungen im Schnellſchießen, während man ſteht oder ſich bewegt, einrichten ſoll.

Das Ballſpiel machte einen der wichtigſten Theile der griechiſchen Gymnaſtik aus; es war bei Jung und Alt beliebt und ſelbſt die gravitätiſchen Römer ſchämten ſich deſſelben nicht. Die vorzüglichſte Art deſſelben iſt ſchon oben, wo von den Spartanern die Rede war, beſchrieben. Als Namen dafür gibt Pollux (IX, 104) an ἐπίσκυρος, ἐφηβική, ἐπίκοινος. Sehr beliebt war ferner.

ιστίνδα παίζειν, nach Pollux dasselbe mit dem ἁρ-
ν, bei den Lateinern harpasta, wobei man sich
, als wolle man Jemand den Ball zuwerfen, warf
der dann einem Andern zu (s. die Beschreibung des
hanes bei *Athen.* I. p. 15. *Hemsterh.* ad *Ari-*
. Plut. p. 282). Dies ist eben jenes Spiel mit
kleinen Ball, zu dessen Empfehlung Galen ein be-
res Buch geschrieben hat unter dem Titel: *Περὶ τοῦ*
ικρᾶς σφαίρας γυμνασίου, er zeigt darin, daß dies
nicht nur dem Körper einen sehr vielfältigen Nutzen
rt, sondern auch auf den geistigen Zustand des Men-
einen wohlthätigen Einfluß hat.

Eine verschiedene Art des Ballspiels ist die *ἀπόῤ-*
(bei *Pollux* IX, 105), dabei wird der Ball mit
chster Kraft auf den Boden geworfen, wenn er in
öhe springt, schlägt man ihn mit der Hand wieder
, sodaß er abermals in die Höhe springt. Wer dies
ftesten zu Stande bringt, ist König der spielenden
en, und wer am wenigsten, muß als Esel dasitzen
thun, was der König befiehlt (vergl. *Plat.* Theaetet.
16. a). Jedoch werden diese Rollen auch in einem
dern Spiel, *βασιλίνδα*, durch das Loos bestimmt,
wer sich zum Diener loost, muß alles thun, was
geheißen wird; ähnlich ist unser Fürst der Thoren (s.
ux IX. §. 110) auch bei dem Spiel *ὀστρακίνδα*
§. 111) kommt das Eselsitzen vor.

Schon aus der Bezeichnung des Spiels *διὰ μικρᾶς*
ας ist auf den Gegensatz, den großen Ball, zu schlie-
und das Spiel damit erwähnt Galen (de valet. tu.
8) ausdrücklich; wie dies aber beschaffen war, hat
er noch sonst Jemand näher berichtet. Bei Homer
bekanntlich Nausikaa mit ihren Jungfrauen Ball;
ihre Brüder zeichnen sich dadurch aus, bei diesen
steht das Ballspiel mit dem Tanz in Verbindung;
zwei treten nur auf, von denen der Eine den Ball
chst hoch und möglichst gerade in die Luft wirft,
er sich rücküber biegt, während der Andere vom Bo-
ufspringend ihn mit Leichtigkeit auffängt, bevor er
fällt. Hierauf folgt dann der Tanz (*Hom.* Od.
374 sq.). Diese Art des Ballspiels hieß nach Pol-
IX. §. 106) *οὐρανία*, weil der Ball *εἰς τὸν οὐρα-*
geworfen wurde. Wie allgemein übrigens die Lust
Ballspiele war, sieht man auch daraus, daß wenig-
in der spätern Zeit bekanntlich jedes Gymnasium ein
risterium enthielt.

Ebenso hatte das Sackwerfen, die Übung mit
κώρυκος, die *κωρυκοβολία* und *κωρυκομαχία* ei-
besonderen Platz im Gymnasium, das Korykeion.
hing nämlich von der Decke herab ein lederner Sack,
t mit Feigenkernen (*κεγχραμίδες*) Mehl und Sand;
atte also wol eine nicht geringe Schwere, sodaß er
wie man früher that, für eine Art Ball oder Bal-
u halten ist. Diesen Sack warf man einander zu
wehrte ihn von sich selbst ab.

Hiermit beschließe ich die Aufzählung der eigentlichen
Übungen, so viele deren hierher gehörten und aufzu-
i waren. Zu bemerken ist nur noch Einiges theils
gewisse Geschäfte des Lebens und über die Turnspiele,
welche zugleich als Übungen angesehen wurden, theils über die allgemeine gymnastische Diät.

Galen bemerkt (de valet. tu. II. c. 8), daß die Leibesübungen theils eigentliche Turnübungen sind, theils gewisse Geschäfte des Lebens, die auch aus andern Absichten verrichtet werden, ohne dabei den Körper ausbilden zu wollen; als solche zählt er auf: graben, rudern, ackern, Weinstöcke abbrechen (*κλᾶν*), Lasten tragen, mähen, reiten, fechten, wandern, jagen, fischen rc. Vornehme Leute konnten sich natürlich solche Beschäftigungen nach Gefallen verschaffen; von der Jagd ist das an mehren Orten erinnert; für Andere war der Landbau und das Reiten ihre Gymnastik, wie das ebenfalls schon angeführte Beispiel des Atheners Ischomachos zeigt. Es handelt sich also von Leibesübungen, welche mit dem Turnplatze nichts zu thun haben; indessen scheint doch das Graben hierbei eine Ausnahme zu machen, das wahrscheinlich in den Gymnasien geübt wurde. Galen nennt grade das Graben sehr oft als eine Leibesübung, obgleich er es nicht ausdrücklich in die Gymnasien verlegt. In der That wurden die Athleten damit beschäftigt in den Prüfungstagen, bevor sie zum öffentlichen Wettkampfe zugelassen wurden; hierauf geht die *σκαπάνη* bei Theokrit (Id. IV. v. 10, s. das. die Scholien, vergl. *Faber*, Agonist. II. c. 8). Demnach ist es nicht unwahrscheinlich, daß auch in den Gymnasien das Graben zur Stärkung der Arme betrieben wurde. Nahe lag hierbei besonders die Übung und der Wetteifer im Sandschaufeln, arenam ruere, da in jedem Gymnasium ein reichlicher Vorrath von Sand war; daß dies wirklich vorkam, läßt sich entnehmen aus Festus unter d. W. rutrum.

Nun sind ferner noch zu erwähnen die Turnspiele, durch welche sich die rüstige Jugend zugleich stärkte und ergötzte. Hierher gehört das *ἑλκυστίνδα* oder *διελκυστίνδα παίζειν*, bei *Plato* Gorg. §. 94. p. 181, a. *διὰ γραμμῆς παίζειν*, s. *Pollux* IX, 112, das. *Jungerm.* und *Hemsterh.* Es wurde meistens in den Palästren von den Knaben gespielt, indem sie sich in zwei Hälften theilten, die durch eine Linie getrennt waren, über welche jede Partei die andere zu ziehen suchte; wer in der Mitte über der Linie fiel, hatte den Nachtheil, daß er, wenn er nicht zeitig entwischte, von Freund und Feind nach verschiedenen Seiten hin gezerrt würde.

Die *σκαπέρδα* war ein Spiel der Jünglinge, das sie besonders am Feste der Dionysien ergötzte. Es war dazu ein Baum aufgerichtet, der oben mit einer Öffnung versehen war, durch welche ein Seil lief, an jedes Ende desselben hängte sich Einer, dem Andern den Rücken zukehrend, und so suchten sie beide einander in die Höhe zu ziehen. Doch konnte das Seil auch anderweitig in der Höhe befestigt sein, ohne Baum, sodaß die Spieler sich mit den Rücken berührten (s. *Hesych.* s. v. *Pollux* IX. §. 116. *Eustath.* ad Il. XVII). Pollux zählt dort noch eine lange Reihe von Spielen auf, deren einige schon oben erwähnt sind. Die wichtigsten sind: *μυΐνδα*, eine Art Blindekuh, *σχοινοφιλίνδα*, wobei die Spieler im Kreise sitzen; der Strick (Knievel) wird heimlich neben Einen gelegt, und merkt dieser es nicht, muß er um den

Kreis laufen, wobei er geprügelt wird; *ἀποδιδρασκίνδα* ist ganz unser Versteckenspielen. Der *κυνδαλισμός* entspricht genau dem, was bei uns plattteutsch Prickpahl heißt; spitze Pflöcke werden so auf die Erde geworfen, daß sie aufrecht stehen bleiben und zugleich die schon vorher stehenden umwerfen; ähnlich ist *στρεπτίνδα* mit Scherben oder Münzen, die durch das Werfen umgedreht werden; *ἀσκωλιασμός*, auf einem Beine in die Weite, oder möglichst oft in die Höhe springen oder sich haschen, oder auch auf einen mit Luft gefüllten und mit Öl bestrichenen Schlauch springen. Die gymnastischen Spiele, welche Pollux (a. a. O.) als Mädchenspiele bezeichnet, verrathen sich sehr deutlich als spartanische oder überhaupt als dorische.

Was endlich die Diät anbetrifft, so kann hier nicht von den unzähligen Regeln die Rede sein, durch welche dieselbe für die Athleten bestimmt war. Die übrigen Turner aber banden sich nicht an Vorschriften, welche ihnen jede andere Sorge als die für ihre Diät fast unmöglich machten. Indessen waren doch gewisse Observanzen vorhanden, welche, durch die allgemeine Sitte unterstützt, nicht leicht vernachlässigt wurden. Dies waren besonders die Einreibungen, oder das Streichen der Haut und die Bäder.

Jenes Reiben (*τρῖψις*, früher *ἀνάτριψις* genannt (s. *Galen.* de valet. tu. II. c. 11), wurde theils als Vorbereitung zum Turnen angewendet, *τρῖψις παρασκευάζουσα πρὸς τὰ γυμνάσια*, über welche Galen seine Vorschriften (l. c. c. 2) mittheilt; theils war sie ein wichtiger Theil der sogenannten *ἀποθεραπεία*, d. h. der medicinischen Behandlung, welche nach dem Schlusse des Turnens eintrat; Galen hat darüber de valet. tu. III. c. 2 sq. gehandelt. Wie es bei jener die Absicht war, den Körper allmälig in die Erwärmung und Erhitzung übergehen zu lassen, zu welcher er durch unmittelbares Beginnen anstrengender Turnübungen zu schnell gelangt wäre, so hatte diese *ἀποθεραπεία* den Zweck vor schneller Erkältung zu bewahren, den Körper überhaupt von Schmutz und Schweiß zu reinigen, die Ausdünstung zu befördern und übermäßige Ermattung zu verhindern. Die Reibungen waren von sehr verschiedener Art, trocken oder mit Öl, stärker und schwächer, in die Länge und Quere mit bloßen Händen oder mit verschiedenem Zeuge rc., worüber auf die alten Ärzte zu verweisen ist, welche dieses Reiben selbst als eine Art von Gymnastik für den Geriebenen ansehen.

Aber ein sehr wichtiger Theil der *ἀποθεραπεία* waren die Bäder, über welche die alten Ärzte ebenfalls reich an einzelnen Vorschriften sind. Im Ganzen war es Regel, daß nach dem Turnen kalt gebadet wurde, wovon etwa nur die jüngsten Knaben eine Ausnahme machten, die entweder gar nicht oder warm badeten. Hierbei wurde dann zugleich das Schwimmen geübt, das ohne Zweifel auch die Spartaner im Eurotas fleißig trieben; von den Athenern aber bezeugt ein Sprüchwort selbst mit einiger Übertreibung, daß sie das Schwimmen für ebenso nöthig hielten als Lesen und Schreiben; daher bezeichneten sie mit *μήτε νεῖν μήτε γράμματα* einen ganz ungebildeten Menschen. Aber die schon oben angeführten Klagen über zunehmende Sittenverderbniß, bei Aristophanes besonders, beziehen sich namentlich auch darauf, daß die Paläsfren leer werden und die Bäder sich füllen, und daß die Weichlichkeit der Athener auch die kalten Bäder verachte und die warmen außerordentlich liebe. Dieser Misbrauch nahm nachher immer mehr zu, und in später Zeit, z. B. der des Libanius, wo sich fast keine Spur mehr von Gymnastik findet, ist doch der Besuch der Bäder ein überall feststehender Theil der gewöhnlichen Lebensordnung.

Ungefähr auf gleicher Stufe mit den Reibungen steht die körperliche Bewegung, welche man sich mittels Tragsessel, Sänften rc. verschaffte, die *αἰώρα* und die auch bei den Römern beliebte gestatio. Doch diese höchst gelinde Dosis von Gymnastik, die ursprünglich nur Kranken und Greisen angemessen schien und für diese von den Ärzten oft empfohlen wurde, konnte nur in späterer Zeit bei immer zunehmender Weichlichkeit als Ersatz für die Gymnastik angesehen werden und zu allgemeinerer Anwendung kommen. Näher darauf einzugehen, würde sich für die griechische Palästrik nicht schicken. (*F. Haase.*)

PALAFOX Y MENDOZA (Juan [Johann] de)[1]. Dieser unter den spanischen Schriftstellern[2], Staatsmännern und Geistlichen nicht ganz unberühmte Mann stammte aus einer vornehmen Familie Aragoniens, wo er im J. 1600 geboren wurde. Seine früh sich entwickelnden Fähigkeiten bewogen seinen Vater, Jacob von Palafox, Marquis von Hariza, ihn studiren zu lassen und ihn deshalb auf die damals mehr als jetzt blühende Hochschule zu Salamanca zu senden. Johann legte sich hier mit Eifer auf die Philosophie und Rechtswissenschaft, erwarb sich die Doctorwürde und fand bald nach Vollendung seiner Studien einen Wirkungskreis als Mitglied des obersten Kriegsrathes in Madrid, von welchem er zu dem Rathe der beiden Indien überging. Die Thätigkeit, Geschicklichkeit und strenge Rechtlichkeit, welche er in beiden Stellungen bewies, verschafften ihm die Gunst König Philipp's IV. in einem hohen Grade. Als er sich daher, wie Einige sagen, der Welt müde, ganz dem Himmel zu weihen beschloß,

---

1) Sein Leben ist mehrfach beschrieben worden, z. B. von Anton Resendus und von dem Jesuiten Champion, wie man glaubt, dessen 1688 erschienene Lebensbeschreibung 1767 vom Abbé Dinouart, vorzüglich durch lange in dieselbe verwebte Auszüge aus der Morale pratique des Jésuites sehr entstellt, von Neuem herausgegeben worden ist. 2) Palafox gehörte zu den größten Polygraphen seiner Zeit, obgleich nicht zu den schlechtesten, und einige seiner Schriften sind ins Französische und ins Teutsche (z. B. seine geistreichen Schriften, sowie seine Briefe an Innocenz X.) übersetzt worden. Diese bestehen größtentheils in Homilien, Paraphrasen und mystischen Tractätchen, doch hat er auch einige auf Geschichte und Ethnographie sich beziehende Werke herausgegeben, welche noch immer ihren Werth haben. Zu jenen gehören seine Homilien über die Leidensgeschichte Christi, seine Paraphrase des 1. B. der Könige, das innere Leben eines reuigen Sünders, die von ihm mit Noten begleiteten Briefe der h. Therese, sowie sein Hirt in der Weihnachtsnacht und sein geistliches Jahr; zu diesen seine Geschichte der Eroberung China's durch die Tataren, die Geschichte der Belagerung von Fontarabia und sein Buch über die Natur und Sitten der Indianer. Sein größtes Werk erschien unter dem Titel Obras 1669 in acht Foliobänden zu Madrid.

ch aber wol mehr sich in eine freiere und unab- re Lage versetzt sehen wollte, ernannte ihn der Kö- Belohnung seiner Dienste am 3. Oct. 1639 zum von Puebla de los Angelos in Mexico, zugleich uch zum Verwaltungsrathe der drei indischen Kö- he, und als Letzterer vertrat er zuweilen die Stelle cekönige, was namentlich während der Abwesenheit rzogs von Escalone, Diego Pacheco, der Fall war. uhe, welche er gesucht hatte, sollte ihm jedoch nicht ico gewährt werden, vielmehr fand er hier bald als Verdruß, Ärger und Gefahr. Sein Eifer für teressen der Kirche, sowie für die Aufrechterhaltung bischöflichen Ansehens, verwickelte ihn wegen der Aus- der ihm zustehenden Gerichtsbarkeit und der Ent- g des Zehnten in einen heftigen Streit mit den und zanksüchtigen Jesuiten. Von beiden Seiten eine Menge Streitschriften herausgegeben; der Bi- ndte eine Vertheidigung seines Verhaltens an den und verklagte die Söhne Loyola's in zwei Briefen 5. Mai 1647 und vom 8. Januar 1648[3]) beim Innocenz X., und dies erbitterte diese so sehr ge- , daß er sich mehrmals verbergen mußte, um ih- ensgefährlichen Nachstellungen zu entgehen. Die- ngenehme Verhältniß verleidete ihm seinen Aufent- Mexico so, daß er unter dem Vorwande, sich per- rechtfertigen zu wollen, um die Erlaubniß nachsuch- h Spanien zurückkehren zu dürfen. Diese wurde cht nur ohne Zögerung ertheilt, sondern Philipp ihm auch seine völlige Zufriedenheit mit dem von obachteten Verhalten dadurch, daß er ihn am 24. 1653 zum Bischofe von Osma ernannte, als wel- am 30. Sept. 1659, geachtet wegen seiner Pflicht- Mildthätigkeit, Frömmigkeit und übrigen Tugenden lgemein betrauert, starb. Nach seinem Tode hätte spanische Hof mit Beistimmung der Geistlichkeit gern einen Fürbitter mehr im Himmel verschafft n unter die Heiligen versetzt gesehen, allein alle e[4]), die deshalb bis zum J. 1777 und selbst spä- h bei der röm. Curie gethan wurden, scheiterten an rtnäckigkeit derselben und an der Parteisucht[5]).

(*Fischer.*)

ALAFOXIA. So nannte Lagasca eine Pflan- zengattung aus der ersten Ordnung der 19. Linné'schen Classe und aus der Gruppe der Eupatorinen (Adenostyleen Cassini's), der natürlichen Familie der Compositae. Kurz nachher hat Cassini dieselbe Gattung Paleolaria genannt. Char. Der gemeinschaftliche Kelch ablang, mehrblätterig, mit fast dachziegelförmigen, zuletzt sternartig ausgebreiteten Blättchen, der Fruchtboden nackt; die Achenien stehen im Umfange der Blüthe, sind in die Blättchen des gemeinschaftlichen Kelches gehüllt und haben eine Samenkrone, welche aus einer Reihe breiter, ablanger, zugespitzter, durchscheinender, einnerviger Spreublättchen besteht. Es sind zwei Arten dieser Gattung bekannt: 1) P. linearis *Lagasc.* (Gen. et sp. pl. p. 26. Bot. mag. t. 2132. Stevia linearis *Cavanilles*, Descr. n. 464. St. lavandulaefolia *Wildenow*, Suppl. enum. p. 57. Ageratum lineare *Cav.* ic. III. t. 205. Paleolaria carnea *Cass.* bull. philom. Mars 1818. p. 47), ein kleiner Strauch mit gegenüberstehenden, linienförmigen, stumpfen, seidenhaarigen Blättern, wenigblumigen Doldentrauben und fleischfarbenen Blumen. In Neuspanien. 2) P. fastigiata* (Polypteris integrifolia *Nuttall.* gen. Hymenopappus integrifolius *Spreng.* syst. III. p. 449. Paleolaria fastigiata *Lessing.* syn. p. 155), ein ästiges Kraut mit zusammengedrängten, linien-lanzettförmigen, ganzrandigen, sehr scharf anzufühlenden Blättern und dreispaltigen, fast doldentraubigen Blüthenstielen. In Georgien.

(*A. Sprengel.*)

PALÁGY (spr. Paladj), ein Dorf im kaposer Gerichtsstuhle der unghvárer Gespanschaft, im Kreise diesseit der Theiß Oberungerns, in waldreicher Gegend gelegen, von Magyaren bewohnt, mit einer eignen griechisch-katholischen und einer reformirten Pfarre, wovon die erstere zum griechisch nicht unirten Bisthume von Munkács gehört, einer griechischen Kirche, einem Bethause der Reformirten, 54 Häusern und 697 Einwohnern (486 Reformirte, 193 unirte Griechen und 18 Juden). Die Bewohner treiben Ackerbau.

(*G. F. Schreiner.*)

PALAIS (St.). 1) Flecken und Hauptort des Cantons Belle Isle en Mer, sowie der Insel dieses Namens im franz. Departement des Morbihan (Bretagne), Bezirk Lorient, liegt, 14 Lieues von dieser Stadt entfernt, auf der Nordküste der Insel im Hintergrunde eines Meerbusens, der Halbinsel Quiberon gegenüber, ist der Sitz eines Friedensgerichts, sowie eines Einregistrirungsamtes und hat eine Pfarrkirche, 500 Häuser und 3258 Einwohner, welche zwei Jahrmärkte unterhalten. Der kleine Hafen dieses Fleckens, welcher einen guten Ankergrund hat, wird durch eine Citadelle beschützt. Einige Geographen nennen diesen Ort le Palais. 2) P. St. (Br. 43° 21′, L. 16° 34′, oder nach dem pariser Meridian Br. 43° 18′ 35″, westl. L. 3° 21′ 44″), kleine Stadt im franz. Departement der Niederpyrenäen (Navarre), Bezirk Mauléon, liegt, sechs Lieues von dieser Stadt und 204 Lieues von Paris entfernt, auf dem linken Ufer der Bidouze, ist Hauptort des gleichnamigen Cantons, Sitz des Friedensgerichts, eines Einregistrirungs-, Etappen- und Briefpostamtes, sowie einer Gendarmeriebrigade, und hat eine Pfarrkirche, 190 Häuser und 1133 Einwohner. — Der

---

Der letzte dieser Briefe (beide, sowie die erwähnte Verthei- schrift, finden sich in dem von Palafox herausgegebenen al por la dignidad episcopal) ist mit einer solchen Bit- geschrieben, daß Einige vermutheten, man habe ihn dem ungerechter Weise zugetheilt, wobei sie sich darauf berie- Palafox in einzelnen Stellen seiner spätern Schriften mit äßigung von den Jesuiten gesprochen habe. Allein Arnold, ol in seinen Briefen als in seiner Morale pratique oft lafox redet und die Geschichte seiner Streitigkeiten mit den ausführlich gibt, bestreitet dies bestimmt. 4) Wen chritte mehr interessiren, findet sie ausführlich aufgezählt Biographie universelle. T. XXXII. p. 396 sq., welcher diesem Art. größtentheils gefolgt sind. Unparteiisch ist che behandelt in den von Mamachi unter dem Namen Phi- erausgegebenen Briefen. 5) Diese letztere regte sich be- , als Clemens XIV. sich der Heiligsprechung des Präla- eigt zeigte, und sie ging sogar so weit, Palafoxen des Jan- s zu beschuldigen.

Canton St. Palais enthält in 42 Gemeinden 15,373 Einwohner. — Ein Fluß Palais vereinigt sich im Departement der Obervienne mit der Vienne, und drei Dörfer dieses Namens, Palais de Negrignac St., Palais de Philin St., Palais de Royan St., mit 873, 569 und 729 Einwohnern, liegen im Departement der Niedercharente. (Nach Expilly und Barbichon.) (*Fischer.*)

PALAISEAU, PALOISEL, Flecken im franz. Departement der Seine und Oise (Ile de France), Hauptort des gleichnamigen Cantons, Bezirk Versailles, liegt drei Lieues von dieser Stadt und fünf Lieues von Paris entfernt, an der Straße nach Chartres, in einem schönen Thale an der Yvette, ist der Sitz eines Friedensgerichts, eines Einregistrirungs- und Briefpostamtes, und hat eine Pfarrkirche, 250 Häuser und 1634 Einwohner, welche zwei Jahrmärkte unterhalten und starken Heuhandel treiben. — Der Canton Palaiseau enthält in 17 Gemeinden 9926 Einwohner. (Nach Expilly und Barbichon.) (*Fischer.*)

PALAISIEUX, Pfarrdorf von 240 Einwohnern, im eidsgenössischen Canton Waadt, im Bezirk und Kreise Oron, der bis zum J. 1798 eine bernerische Landvoigtei war. Das Dorf liegt an der Broye, war früher mit Mauern umgeben und hatte ein festes Schloß, von welchem noch die Ruinen eines Thurmes übrig sind. Es hat auch sein Jahrmarktsrecht behalten. In den Jahren 1811 und 1813 ist ein römischer Mosaikboden und einige andere Alterthümer hier entdeckt worden. (*Escher.*)

PALAIS-ROYAL. Dieses berühmte Prachtgebäude mit seinem Garten, seinen Höfen, Galerien und Arcaden, welches seinen Ruf weniger den sich daran knüpfenden geschichtlichen Ereignissen, obgleich auch diese nicht ganz unbedeutend sind, als den geistigen und sinnlichen Genüssen zu verdanken hat, die es in größtem Umfange darbietet, liegt auf dem rechten Ufer der Seine, zwischen den Straßen St. Honoré, Montpensier, Beaujolais und Valois, fast in der Mitte von Paris, und verdankt seinen Ursprung Ludwig's XIII. allmächtigem Minister Richelieu, welcher es von 1629 an durch Mercier, den besten Architekten seiner Zeit, auf der Stelle der von ihm zu diesem Ende erkauften und niedergerissenen Paläste Rambouillet, Mercoeur und Brion erbauen und mit Aufwendung ungeheuerer Summen [1]) bis zu seinem Tode verschönern ließ. Sterbend vermachte er diesen Palast, welchen man damals nach einer daran befindlichen Inschrift, **Palais cardinal** nannte, nach Einigen Ludwig XIII., nach Andern Ludwig XIV., welcher letztere ihn auch vom J. 1642 an während der Frondeunruhen eine Zeit lang bewohnte, — daher der Name Palais-Royal — dann aber denselben Anfangs seinem zum Herzoge von Orleans ernannten Bruder Philipp auf Lebenszeit, dann aber dessen Sohne, dem Herzoge von Chartres, als förmliches Eigenthum abtrat. Von dieser Zeit an ist das Palais-Royal, kurze Unterbrechungen abgerechnet, fortwährend im Besitze der Familie Orleans geblieben und gehört jetzt, obgleich nicht mehr in seinem ganzen Umfange, dem Könige Ludwig Philipp, welcher es seinem ältesten Sohne, dem Herzoge von Orleans, überlassen hat. Da das ursprüngliche Gebäude, weniger durch die Schuld Mercier's als durch den Eigensinn des Cardinals, manche Unregelmäßigkeiten hatte, so ließ es der Herzog von Orleans im J. 1763 verschönern und vergrößern, im J. 1786 erhielt es durch den lüderlichen Egalité, der hier mitten unter den wildesten und schimpflichsten Orgien seine staatsverbrecherischen Plane schmiedete, die den Garten umgebenden Galerien, die der Baumeister Louis anlegte, und der jetzige König hat ihm durch den Architekten Fontaines die Vollendung gegeben [2]). Gehen wir jetzt zu der Beschreibung des Palastes über. Kommt man von der Seite des Wasserschlosses, so erblickt man die von Moreau erbaute, nach der Straße St. Honoré zu liegende Vorderseite des Palastes. Sie zeigt zwei durch eine von Säulen durchbrochene und einen Absatz bildende Mauer, in welcher sich von beiden Seiten her drei Eingänge befinden, verbundene Pavillons, deren Hauptzierde dorische und ionische Säulen, sowie die über denselben durch Pajou angebrachten Frontons mit dem Wappen der Familie Orleans ausmachen. Auf den Seiten des linken Fronton stehen die Bildsäulen der Klugheit und Freigebigkeit, auf den Seiten des rechten die Statuen der Gerechtigkeit und Kraft. Die beiden Flügelgebäude des ersten Hofes zieren dorische und ionische Pilaster, Säulen derselben Ordnung auch das Vordergebäude desselben oder den eigentlichen Palast. Diese Säulen stützen ein halbbogenförmiges Fronton, in welchem zwei Figuren eine Sonnenuhr halten. Oberhalb der Attika erblickt man Kriegstrophäen tragende Genien. Die nach dem Garten zu liegende Façade hat eine größere Länge als die nach dem Château d'eau hinsehende, und man erblickt hier zwei Vordergebäude, deren jedes mit acht ebenso viel Statuen tragenden Säulen prangt. Die zur Rechten und Linken hinlaufenden Flügel bilden, indem sie die Façade mit der Endgalerie verbinden, einen viereckigen Hof. Beide Flügel, welche sich in zwei viereckigen Pavillons endigen, zeigen einen von dorischen Säulen, über denen sich Blumenvasen befinden, getragenen Absatz, welcher gleiche Höhe mit dem ersten Stockwerke des Palastes hat, und unter welchem sich vorn ein öffentlicher Spaziergang, hinten Kaufläden befinden. Die rechts befindliche Galerie ist mit Schiffsschnäbeln geschmückt. Die schlechten Holzgalerien, welche früher Alles entstellten, sind jetzt niedergerissen und an ihre Stelle ist die prächtige, 300 Fuß lange Galerie d'Orleans getreten, welche die beiden zuletzt erwähnten Pavillons verbindet und den zweiten Hof (cour royale) schließt. Das Innere dieser mit einem Glasge-

---

1) Die Anlegung der 1786 niedergehauenen Kastanienallee kostete ihm mehr als 300,000 Franken.

2) Während der Revolution, wo hier 1789 die dreifarbige Cocarde zum ersten Male aufgesteckt, 1791 das Bild des Papstes verbrannt, 1792 der Parlementsrath Espremenil erschlagen wurde und der Palast eine Zeit lang Palais-Egalité hieß, wurde das Palais-Royal der Familie Orleans entrissen. Im J. 1796 nahm eine Militaircommission in dem Palaste ihren Sitz, an deren Stelle dann die Mitglieder des Tribunats traten, weshalb das Palais-Royal den Namen Palais du Tribunat bekam, und während der hundert Tage bewohnte Lucian Bonaparte den Palast.

gedeckten Galerie dient zu einem breiten Spazier-
, an dessen beiden Seiten durch Pilaster getrennte
n von Kaufläden hinlaufen. Die Ordnung dersel-
hre äußere Ausschmückung — alle Thüren und Fen-
ımen sind z. B. von Messing, — sowie ihre Grö-
sind gleich. Jede der beiden Reihen hat eine dop-
Façade, die eine auf die Promenade, die andere
en Hof oder den Garten. Dieser bildet ein 700
anges und 300 Fuß breites Parallelogramm. Auf
beiden Seiten laufen Lindenalleen hin, und in sei-
Mitte befinden sich mit Blumenbeeten und Sträuchern
ene Rasenflecke. In dem am Palaste gelegenen
desselben erblickt man eine bronzene Statue der
, ihr gegenüber eine Statue des Apollon aus glei-
Metalle. In den vier äußersten Winkeln befinden
ioske mit vergoldeten Dächern, welche jetzt ein Li-
enhändler und ein Journalverleiher inne haben. Von
Seiten ist dieser Garten durch drei Stockwerke hohe
ıde umschlossen, an welchen sich unter den theils von
lern, theils von den Miethern der Läden bewohnten
arden, eine von Säulen, über welchen sich ebenfalls
enwasen befinden, getragene Balustrade hinzieht. Zu
Erde befindet sich eine von 180 Bogen, die nach
Garten zu durch eiserne Gitter geschlossen sind, und
en welchen sich steinerne Bänke befinden, getragene
bte Galerie, über welcher sich das erste Stock mit
, palastartigen Fenstern erhebt.

In diesen Arcaden, in den Galerien Orleans, Char-
ınd des Proues, sowie im Innern des Gebäudes,
findet man Alles, was Geist und Körper bedürfen,
gt, und für jeden Sinn ist im Übermaße gesorgt.
Theater nämlich, das Theatre français, das Thea-
Palais-Royal, sowie ein Kindertheater, befinden
dem Gebäude. Buchhändler bieten die Werke der
ngenheit und die Erzeugnisse der neuesten Zeit und
ugenblicks in geschmackvollen Gewändern dar. Mit
chem Luxus bietet Chevet, der Hoflieferant des
s, in der Galerie des Proues, die ausgesuchte-
Lebensmittel, welche Erde, Wasser und Luft ge-
n, zugleich mit den besten fremden Weinsorten und
genen Wassern. Ebenso finden sich bei ihm die
en Erstlingsfrüchte aller Jahreszeiten. In andern
sieht man Gold- und Silberarbeiter, Juweliere,
acher, Porzellan-, Bijouterie-, Seiden-, Leinwand-
Tuchhändler, Maler, Petschaftstecher, Kleiderhändler,
nen man sich in der kürzesten Zeit nach dem neue-
Geschmacke kleiden kann, Restaurateurs, Obsthändler
Geldwechsler. Berühmt sind die Cafés de Foi, wo das
Eis zu haben ist, du Caveau oder de la Rotonde im
n, welches den diesen Besuchenden Erfrischungen je-
rt darbietet, und des Aveugles, in welchem Blinde
[illegible]en Musikstücke aufführen. Wer Geld zu verlie-
ren hat, findet dazu hinreichende Gelegenheit in den hier befindlichen Spielsälen. Was Wunder, wenn sich Fremde und Einheimische aller Classen in den Galerien, wie in dem Garten[4]), welcher namentlich Abends, wo die Arcaden prachtvoll erleuchtet sind, einen bezaubernden Anblick gewährt, in Menge versammeln, und wol kann man sagen, daß das Palais-Royal das in Paris sei, was dieses selbst in der Welt ist. (*Fischer.*)

Palajoki und **Palojaervi**, s. **Palojoënsa**.

PALALAIKA, die russische Zither, unter der niedern Volksclasse in Rußland sehr gewöhnlich, ungefähr dasselbe, was in Teutschland Hummel oder Hümmelchen genannt wird, und nur noch in einigen Gegenden unter dem Volke gebraucht wird. Diese russische Zither hat gewöhnlich nur zwei Stahlsaiten, zuweilen auch drei. Beide Saiten werden mit den Fingern oder mit einer Feder gerissen. Die unterste Saite behält beständig einen und denselben Ton, wie bei der Leier oder dem Dudelsack; die andere Saite gibt durch Griffe der Finger die verschiedenen Töne der Melodie. Das einfache Instrument hat entweder einen dreieckigen, hohlen Holzkörper, oder auch, wenn es schöner gearbeitet ist, einen lautenähnlichen, an welchem sich ein noch einmal so langer Hals mit einem Griffbrete befindet. Zuweilen vertritt ein krummes Stück Holz, über welches die Saiten gespannt sind, die Stelle des beliebten Dorfinstruments. Auch in Polen wird ein ähnliches Instrument, wie die Hummel, gebraucht. (*G. W. Fink.*)

PALALDA, PALAUDA, Gemeindedorf im franz. Departement der Ostpyrenäen (Roussillon), Canton Arles, Bezirk Céret, liegt, zwei Lieues von dieser Stadt entfernt, nahe am linken Ufer des Tech und hat eine Succursalkirche, 100 Häuser und 594 Einwohner, welche einen Eisenhammer unterhalten, der jährlich 2500 Centner Eisen lieferte. (Nach Expilly und Barbichon) (*Fischer.*)

PALAMAS (**Gregorius**), Erzbischof von Thessalonich um die Mitte des 14. Jahrh., berühmt durch seine Theilnahme an den damaligen dogmatischen Streitigkeiten der griechischen Kirche, die einen tiefen Blick in deren innere Zerrüttung gestatten. Aus Asien gebürtig, am kaiserlichen Hofe erzogen, verzichtete er nebst zwei Brüdern auf Besitz und Ehrenstellen und begab sich zu den Mönchen auf dem Berge Athos, um der Askese zu leben; bald starb einer der Brüder, wie der erste Vorsteher der mönchischen Verbindung, in die sie eingetreten waren; die beiden Brüder suchten sich einen andern, unter dem sie acht Jahre lang mönchisch lebten. Darauf zogen sie in die Wüste Skete bei Berrhöa zu einer neuen zehnjährigen Askese. Indessen die angestrengten Übungen, wie die Kälte der Höhle, die sie sich zum Aufenthalte erwählt hatten, zog dem Palamas eine Krankheit zu, die ihn nöthigte, zur Heilung nach Thessalonich zu gehen (*Joh. Cantacuzeni histor. L. II. c. 39*). Hier ward er durch Bewe-

Jeder Laden ist nach der Gartenseite 19, nach der Hofseite
Fuß groß. Unter denselben befindet sich ein kleiner Saal
fen, eine Küche, ein Keller und ein das Ganze erwärmender
über denselben ein Zwischenstockwerk. Die gewöhnliche Miethe
en solchen Laden beträgt 4000 Franken jährlich.

4) Seit Ludwig Philipp den Thron bestiegen, sind die berüchtigten Freudenmädchen theils ganz verbannt, theils auf ihre Zimmer beschränkt.

gungen, die über mystische Contemplation der Mönche am Berge Athos entstanden waren, in die dogmatischen Händel verflachten. Unter dem Namen Hesychasten (ἡσυχάζοντες waren mehre derselben in die Beschaulichkeit so versunken, daß sie durch fortwährende Senkung des Kopfes und Richtung der Augen auf die Nabelgegend dort ein eigenthümliches Licht zu erblicken glaubten. Das Überspannte dieser Behauptung ward von einem calabrischen Mönche Barlaam aufgedeckt, der zwar der griech. Kirche zugethan war, aber doch große Neigung für die lateinischen Lehrsätze bewies. Von einem jener Quietisten erhielt er ausführliche Auskunft über die vermeinte Erscheinung und benutzte dies zu bittern Ausfällen gegen die ganze Überspanntheit. Die Mönche im benachbarten Thessalonich nahmen sich ihrer Brüder an, und Palamas trat als Wortführer gegen Barlaam auf. Zwar sucht er jene Einwürfe dadurch abzuweisen, daß er den Berichterstatter, von dem Barlaam geschöpft, als geistesschwach darstellt; dennoch aber übernimmt er für jenes Factum selbst die dogmatische Begründung: auf dieselbe Art sei ein solches Licht manchen heiligen Männern erschienen, so manchem Eremiten in der Wüste, dem heil. Antonius, als er mit dem Teufel kämpfte, ja das Licht bei der Verklärung Christi auf Thabor, das von den Jüngern erblickt ward, sei nichts anderes, als dasselbe unerschaffene Licht, in welchem Gott wohne. Durch diese Wendung bekam der ganze Streit ein dogmatisches Fundament. Barlaam brauchte jetzt nicht blos die Mönche lächerlich zu machen, sie als Eucheten und Messalianer mit frühern längst in der griech. Kirche verdammten Schwärmern zusammenzustellen, sondern er konnte auf das Princip des Palamas eingehen, es gebe ein unerschaffenes Licht; sofort war die Consequenz da, nur Gott ist unerschaffen, also jenes Licht ist Gott selbst; Gott wird mit leiblichen Augen gesehen; also gibt es zwei Götter, den Schöpfer des Alls und jenes unerschaffene Licht rc. Der Streit ward von jetzt an so geführt, daß auf Seiten des Barlaam und seiner Anhänger mehr dialektische Thätigkeit aufgeboten ward, um das Ungereimte jener Behauptung zu enthüllen; die abendländische Scholastik stand ihm dabei zu Gebote. Dagegen Palamas ließ sich, da er nur ein Factum behauptete, die Wahrnehmung jenes Lichtes, nicht sowol auf dialektischen Beweis ein, als auf Erhärtung jener Sätze durch Autoritäten der Kirchenväter. Dadurch war er bei der erstarrten Form byzantinischen Staats- und Kirchenlebens gewiß immer als Vertreter der Orthodoxie gegen Barlaam im Vortheile, dem außerdem noch seine Verbindung mit der lateinischen Kirche Haß erregte. Indessen nicht durch Palamas' Schuld ward die Angelegenheit im weitern Kreise verhandelt, sondern Barlaam ging nach Constantinopel, weil er sich in Thessalonich vor den Nachstellungen der fanatischen Mönche nicht mehr sicher hielt, und bewirkte bei dem Patriarchen Johann und dem Kaiser Andronikus Paläologus im J. 1341 eine Synode in der Sophienkirche, in der seine dialektische Beweisführung gegen die Autoritäten, womit Palamas stritt, nicht ausreichte; der Sieg desselben war bald so entschieden, daß sein Gegner frühzeitig für gut fand, nachzugeben und auf den Rath des Anführers der Leibwache seinen Irrthum einzugestehen; Palamas mit den Seinen nahm ihn herzlich auf. Der Sieg des Palamas auf dieser Synode erklärte sich ganz allein aus der engen Verwandtschaft des mönchischen Fanatismus, wie ihn jene Nabelseelen (ὀμφαλόψυχοι) ausbildeten, mit der byzantinischen Erstarrung in der Theologie. Eine eigentlich politische Farbe hatte jener Gegensatz noch nicht angenommen, erhielt sie aber bald genug durch die enge Verbindung zwischen Palamas und Johannes Kantakuzenos, der nach der Kaiserwürde strebte. Schon längst hatte dieser viel Vorliebe für mönchische Askese bewiesen, sich am Berge Athos aufgehalten, angeblich um für die Gesundheit des Andronikos zu beten, wie man ihm aber nachsagte, um ein Orakel über seine Hoffnungen zum Throne von den Mönchen zu erlangen; auch später zog er sich wieder hierher zurück An ihm hatte Palamas einen gewaltigen Beschützer. Bei dem Kriege, der im J. 1345 zwischen Kantakuzenos und den Paläologen um die Kaiserkrone geführt ward, war Palamas von dem Patriarchen Johannes Kalekas zum Anathem gegen seinen Gönner aufgefodert, und da er dies verweigerte, selbst excommunicirt und eingekerkert. Indessen die Eroberung der Stadt durch Kantakuzenos im J. 1347 änderte sein Geschick; die Kaiserin Anna entnahm ihn dem Kerker, sandte ihn dem Sieger entgegen, um dessen Zorn zu besänftigen. Dieser wollte ihn mit dem Patriarchat von Constantinopel belohnen, allein die Bischöfe setzten doch die Ernennung eines Isidor durch. Auch seine Erhebung zum Erzbischofe von Thessalonich, wozu Kantakuzenos den Patriarchen Isidor nöthigte, hatte keinen Erfolg, da Palamas bei den weltlichen Behörden daselbst Widerstand erfuhr und sich darauf mit Unterstützung des Kaisers nach Lemnos in literarische Ruhe zurückzog. Der weitere Streit über jene quietistischen Erscheinungen des Nabellichtes ward nach Barlaam's völligem Übertritte zur lateinischen Kirche von dessen Schüler Akyndinus fortgesetzt, und Palamas war jedesmal auf den darüber gehaltenen neuen Synoden Vertreter jener mönchischen Schwärmerei, doch nahm durch Hinzutreten politischer Interessen der Streit bald eine bittere Wendung; Verdammung und Absetzung erfolgte gegen die Anhänger des Barlaam, namentlich gegen die Bischöfe von Ephesus und Gannus, Gregoras und Dexius, auf der viertägigen im Blachernerpalaste gehaltenen zweiten Synode. Der Streit war allmälig durch die weitern Erörterungen von der bloßen Frage um das Nabellicht, oder die thaboritische Erscheinung, auf mancherlei dogmatische Fragen ausgedehnt, namentlich ob das Wesen Gottes von dessen Wirkung, ἐνεργεία, verschieden sei, was Palamas behauptete, um das unerschaffene Licht als Wirkung neben Gott stellen zu können, während die Barlaamiten nach dem Vorgange der lateinischen Scholastiker Wesen und Wirkung Gottes für identisch erklärten. Andere Fragen knüpfen sich daran: ist jene Wirkung erschaffen oder unerschaffen, darf Gott bei dieser Behauptung für zusammengesetzt erklärt werden, verdient jene Wirkung den Namen der Gottheit? entsteht daraus ein Dualismus, eine Verdoppelung der Gottheit? trifft die Verbindung, die der Mensch mit Gott eingeht, sein Wesen oder seine ἐνεργεία rc.?

dosynodus Constantinopolitana 1350. *Mansi*
XXVI. p. 127 sq.). Bei allen jenen Fragen ant-
: Palamas nach Verjagung der Barlaamiten und
aner von der Synode nur mit patristischen Autori-
und seine Ansicht ward so sehr Lehrform der grie-
Kirche, daß die Lateiner dagegen als Palamitische
kämpfen und Barlaam's Sache von der Einheit
esens und der Wirkung Gottes überall in Schutz
. Der Jesuit Petavius führte die Untersuchung
: in seiner Dogmengeschichte durch die ganze patri-
Erudition hindurch und stempelte den Palamas über-
Ketzer. Auch unter den Griechen redet die Ge-
et des Kantakuzenos nicht vortheilhaft über ihn;
lich Nikephorus Gregoras überträgt auf ihn und
wärmerischen Mönche überhaupt seinen Haß gegen
Beschützer, leitet ihre quietistischen Träume und Hell-
von voraufgegangener Unmäßigkeit im Essen und
ab, beschuldigt den Palamas aller möglichen Ke-
der Annahme zweier Principien, der Bilderstür-
c. Desto höher wird er von der griechischen Kirche
n; eine panegyrische Rede auf seinen Tod hielt der
ch Philotheus, der Hymnen auf ihn dichtete, ihn
en Heiligen pries (*Fabricii* bibliotheca graeca.
XI. ed. nov. p. 496). Sein Gegner Nikephorus
as muß ihm nachrühmen, über 60 Reden verfaßt
n; indessen die handschriftlich von ihm aufbewahr-
milien und Tractate übersteigen diese Zahl bei wei-
elleicht redet jener nur von den Streitschriften des
s. Seine Schriften sind größtentheils polemisch,
lein gegen Barlaam und dessen Anhänger Akyndi-
ondern auch gegen die Lateiner überhaupt, gegen
das bekannte Dogma vom Ausgange des heiligen
vom Vater behauptete. Gedruckt ist von ihm 1)
opoeia, sive Orationes II judiciales mentis,
accusantis et corporis se defendentis una cum
a sententia, graece, ed. *Andr. Turnebi* (Pa-
553. 4.); latine in Bibl. Patr. maxim. Lugd.
XXVI. p. 199 sq.; französisch von *Claude Es-*
(Paris. 1570. 8.). 2) Libri II *ἀποδεικτικοί*,
on ex filio, sed ex solo patre procedat Spi-
., graece. Tom. V. et a. (Londin. 1624). 3)
φαφαί contra Joannem Beccum, patriarcham
at, seu confutatio *ἐπιγραφῶν* XI, quas Joan-
ccus pro Latinis proposuit, graece et latine
Arcad. Opusc. aureis theolog. (Rom. 1630,
.) 4) *Jambi* adversus Acyndini carmina, ad
Tom. I. Graeciae orthodoxae *Leon. Alla-*
) Orationes duae in transfigurationem Dei ac
ris nostri Jesu Christi, quibus probatur lu-
ea increatum esse, nec tamen Dei essentiam,
e Cod. MS. Mazariniano cum versione latina
Combefisii in biblioth. Patr. max. Lugdun.
XXVI. p. 209. 6) Encomium S. Petri Atho-
x MS. Cod. Cardin. Mazarini, graece et la-
terprete *Conr. Janningo* in Act. SS. Antv.
. Tom. II. p. 538. Außerdem werden noch zahl-
Abhandlungen des Mannes in Bibliotheken hand-
aufbewahrt; so libri contra Acyndinum decem

continui, eine ziemlich bedeutende Anzahl Briefe etc.; vgl. *Fabricii* biblioth. graeca. Tom. XI. p. 497.

(*Fr. W. Rettberg.*)

PALAMCOTTA. 1) Ziemlich bedeutende Handelsstadt im Districte Tinevelly und in der zum vorderindischen Reiche Dekan gehörigen Provinz Karnatik, liegt, gegen 11 Meilen vom Cap Comorin entfernt, am Potschi Aroo und hat ein Seminar für 30 zu bildende christliche Prediger, Katecheten und Schullehrer, sowie eine Schule für eine gleiche Anzahl Mädchen. 2) Stadt im südlichen Districte von Arcot.

(*Fischer.*)

PALAMEDES (*Παλαμήδης*). 1) Quellen und Hilfsmittel. So eng auch spätere Schriftsteller diesen Heros mit dem trojanischen Sagenkreise verknüpft haben, und so bedeutend die Rolle ist, welche dieselben ihm übertragen, so wenig findet sich doch von ihm und seinem Geschlechte eine Spur in den Homerischen Gedichten — eine Weglassung, welche die Köpfe müßiger Grammatiker viel beschäftigt und zu den abenteuerlichsten Vermuthungen veranlaßt hat. So glaubt Philostratos[1]) das nur aus einem feindseligen Verhältnisse zwischen dem Dichter und dem Helden erklären zu können, ja er denkt sogar an einen förmlichen Vertrag des Erstern mit dem Odysseus, in welchem dieser des Palamedes Verschweigung und dadurch die Verhüllung seiner eigenen Schandthaten stipulirt habe[2]), welcher Einfall selbst einem Tzetzes[3]) ganz lächerlich und seines Urhebers würdig erschien. Erst nachhomerische Epiker haben ihn in diese Sagen hineingezogen, und so finden wir ihn nicht blos in den Nosten des Kerkops[4]), sondern noch umständlicher in den Kyprien erwähnt[5]), die seines Verhältnisses zu Odysseus bis zu dem unglücklichen Tode gedenken und vielleicht auch die Motive der Feindschaft zwischen Beiden ausführlicher entwickelt haben[6]). Ja, der Grammatiker Mnaseas, der bekannte Schüler des Eratosthenes aus Patara in Lykien, gedenkt eines eigenen Gedichtes *Παλαμήδεια*, und führt aus demselben die Anrufung der Muse *Ὑμνῶ* an[7]), welches nicht ohne Grund zu den Kyprien gerechnet worden ist. Auch die lyrischen Dichter haben ihn nicht unerwähnt gelassen; Pindaros gedenkt in einem Fragment[8]) seiner

---

1) Vit. Apollon. Tyan. III, 22. 2) *Heroic.* XVIII, 3. cl. II, 19. 3) *Tzetz* Schol. ad exeg. in Iliad. p. 148. *τῶν ἄλλων γελοίων καὶ Φιλοστράτου ὄντως ἐπάξιον*, der sich selbst auch p. 44 mit einer Erklärung dieser Erscheinung gequält hat. *Suid.* v. *Παλαμήδης* vermuthet dahinter den Neid und die Misgunst der Nachkommen des Agamemnon. 4) Nach *Apollodor.* II, 1, 14 vielleicht im Aegimios. 5) s. *Procli* chrestom. p. 525 *Gaisf.* ed. Lips. und dazu *Paus.* X, 31, 1. 6) s. Welcker in der Zeitschrift f. A. W. 1834. Nr. 6. S. 54 fg. 7) Diese Notiz haben wir erst jetzt aus *Cramer.* Anecdot. Oxon. T. I. p. 278, 2. gewonnen, wo es heißt: *Μνασέας δέ φησιν ὅτι αἱ πᾶσαι (sc. μοῦσαι) τρεῖς εἰσίν· Μοῦσα, Θεά, Ὑμνώ· ἐν μὲν οὖν Ἰλιάδι μεμνῆσθαι τῆς θεᾶς, ἐν δὲ Ὀδυσσείᾳ τῆς Μούσης, ἐν δὲ τῇ Παλαμηδείᾳ τῆς Ὑμνοῦς.* Wahrscheinlich ist es aus dem umfassenden Werke *αἱ περιηγήσεις* entlehnt, in welchem viele mythologische und geschichtliche Gegenstände verhandelt zu sein scheinen. Dieselbe Notiz kannte auch *Arnob.* adv. gent. III, 37. Die Folgerungen, welche Jahn S. 2 hieraus macht, sind ziemlich grundlos. Viel wahrscheinlicher sagt Welcker (Epischer Cyklus. S. 459), die Palamedeia könne nur ein Gesang der Kypria sein. 8) Bei *Aristid.* T. II. p. 339. *Dind.* Fragm. 178. p. 651.

Weisheit, und Stesichoros, der Himeräer, seiner Erfindung der Buchstaben [9]). — Ganz besondern Einfluß aber auf die Ausbildung und Erweiterung dieser Sagen haben die drei großen Tragiker ausgeübt, die daher häufig ohne nähere Angabe angeführt werden, wenn es sich um Bestätigung irgend einer Erzählung von Palamedes handelt [10]). Selbst die wenigen Bruchstücke, die uns von ihnen erhalten sind, zeigen deutlich, mit welcher Leichtfertigkeit sie ältere Überlieferungen umgestaltet und durch Zuthun oder Wegnehmen den dramatischen Zwecken, die sie verfolgten, angepaßt haben. Daß aber grade dieser Stoff sie so sehr anzog, läßt sich größtentheils aus dem hohen Interesse erklären, welches die athieniensischen Zuschauer an den gerichtlichen Verhandlungen selbst auf der Schaubühne zu nehmen pflegten, und welches die Veranlassung war, daß keiner der drei ersten tragischen Dichter diesen Stoff verschmähte, ja Sophokles ihn zu drei Stücken benutzte. Daß Äschylos einen Palamedes geschrieben habe, war schon früher von Gataker (Advers. misc. X. p. 350) scharfsinnig vermuthet, ist aber erst durch die venetianischen Scholien zur Gewißheit geworden [11]); in einer besondern Rede scheint der Held des Stücks ausführlich entwickelt zu haben, wie große Verdienste er um das Heer der Achäer habe [12]). Umfassendere Kunde ist uns von Sophokles erhalten, der in drei, oder sogar nach einer freilich ziemlich unwahrscheinlichen Vermuthung in vier Dramen diesen Stoff behandelt hat; zuerst im *Ὀδυσσεὺς μαινόμενος*, der den verstellten Wahnsinn des Odysseus und die Enthüllung seines Betrugs enthielt [13]); dann im *Παλαμήδης* die Feindschaft zwischen den beiden Helden selbst und die hinterlistige Ermordung des Palamedes darstellte [14]); endlich im *Ναύπλιος καταπλέων* oder *πυρκαεύς* die Katastrophe in der Rache herbeiführte, welche der alte Nauplios an den heimkehrenden Achäern nahm, indem er durch falsche Feuerzeichen den Schiffbruch ihrer Flotte veranlaßte [15]). Die meisten Bruchstücke sind aus dem gleichnamigen Stücke des Euripides erhalten, das sich überhaupt eines größern Rufes im Alterthume darum zu erfreuen hatte, weil man in dem Schlußchore eine Anspielung auf das ziemlich gleiche Geschick des Sokrates fand und daran die Anekdote knüpfte, daß dabei das ganze Theater in Thränen versetzt sei. So erzählen der Verfasser des Argum. Isocr. Busir. p. 247. *Bekk.* und *Diog. Laert.* II, 44 [16]); wenn aber schon diese Quellen ziemlich trübe sind, so ergibt sich noch mehr die Unwahrscheinlichkeit solcher Erfindung aus chronologischen Gründen, die von Valckenaer (Diatribe p. 190 e.) am scharfsinnigsten entwickelt sind. Euripides starb ja viel früher als der von ihm so hoch gestellte Freund, und auch des Palamedes Aufführung muß wenigstens in Ol. 91, also vier Olympiaden vor dem Tode des Sokrates, verlegt werden. Übrigens vermuthet eben jener Gelehrte, Euripides möge des berühmten Philosophen Schicksal geahnet, und so die Worte bei einer spätern Aufführung allgemein auf diesen gedeutet sein, was wenigstens größere Wahrscheinlichkeit hat als Böckh's Vermuthung, daß die Worte Glossen seien [17]). Euripides hatte namentlich des unglücklichen Helden Vorzüge und große Verdienste hervorgehoben und dadurch das Urtheil der richtenden Menge günstiger zu stimmen versucht, und am Schlusse die Nachricht von der Hinrichtung den Oax auf Schiffsbalken schreiben lassen, von denen doch einer zu dem Vater gelangen sollte [18]). Daß auch die lateinischen Tragiker diesen Stoff benutzt haben, ist nicht erweislich, da die auf vorliegende Sagen bezüglichen Verse bei Cicero (De offic. III, 26, 98) aus einem armorum judicium entweder des Pacuvius oder auch des Attius entlehnt sein können. Die von den Tragikern entwickelte Sage von dem Verrathe ward auch die nächste Veranlassung, daß die Rhetoren sich dieses Stoffes bemächtigten, weil er ihnen treffliche Gelegenheit darbot, durch Hin- und Widerreden ihre dialektische Kunst zu bewähren. Das deutet im Allgemeinen schon Cicero (Topic. XX, 76) an, bestätigen aber die noch jetzt erhaltenen zwei Declamationen, die unter den Namen des Gorgias und Alkidamas aus Elea verbreitet und in die meisten Sammlungen der griechischen Redner aufgenommen sind [19]). Die Echtheit beider Reden

9) Vergl. *Bekker.* Anecd. II. p. 786 u. p. 783 mit der genaueren Angabe *ἐν δευτέρῳ Ὀρεστείας.* Bei Kleine ist es Fragm. 38. 10) So schon *Plat.* Rep. VII. p. 522, d. *ἐν ταῖς τραγῳδίαις Παλαμήδης ἑκάστοτε ἀποφαίνει* oder in andern Beziehungen bei *Polyaen.* Strateg. I. praef. *οἱ τραγῳδοὶ ᾄδουσιν* u. *Cic.* Off. III, 26, 97 sed insimulant eum *tragoediae.* 11) Schol. Venet. Il. IV, 319. *Αἰσχύλος Παλαμήδῃ· τίνος κατέκτας ἕνεκα παῖδ' ἐμὸν βλάβης;* offenbar des Odysseus Worte, der den Palamedes wegen des Versuches, den Telemachos zu tödten, hart anläßt. 12) Bei *Athen.* I. p. 11, E. *Dindorf.* corp. scen. p. 14 und Welcker's Äschyl. Tril. S. 467 fg., dessen Vermuthung, daß dieses Stück mit dem *Ὀδυσσεὺς ἀκανθοπλήξ* und den *Ψυχαγωγοί* eine Trilogie ausgemacht habe, wenig Beifall gefunden hat. Die Vermuthung Blomfield's (ad Prometh. p. 35), daß die bei *Stobaeus* Eclog I, 2. p. 4 stehenden vier Verse auch aus diesem Stücke entlehnt seien, ist unwahrscheinlich, und Jahn (S. 6) durfte ihr nicht so voreilig beipflichten. 13) Fragmente, nur in Citationen der Grammatiker bestehend, außer zwei Versen bei Schol. *Pindar.* Isthm. V, 86, sammelt *Dindorf.* Corp. scenic. p. 49. Die Erzählung bei *Hygin.* Fab. XCV. scheint den Inhalt zu geben. 14) s. *Dindorf.* l. c. p. 50. 15) s. *Dindorf.* l. c. p. 47. Man hat auf zwei verschiedene Dramen aus den beiden Namen geschlossen und in dem N. *καταπλέων* die Fahrt nach Troja vermuthet, um Sühne zu fordern für den hingerichteten Sohn (*Tzetz.* in Lycophr. 386), und die Schändung der Weiber mit hineingezogen (so Brunck in den Fragmenten, *Lennep.* in Phalar. Epist. p. 56 und auch wol Welcker, Äschyl. Tril. S. 467), und dann für den N. *πυρκαεύς* jenen Schiffbruch der Flotte in Anspruch genommen. In schwieriger und höchst zweifelhafter Sache für die eine oder andere Meinung entscheiden, würde unbesonnen sein, da die vorhandenen Fragmente zu sichern Annahmen keine Veranlassung geben.

16) *Ὅτι τὸ θέατρον ἅπαν ἐδάκρυσε, διότι περὶ Σωκράτους ᾐνίττετο.* 17) Vergl. *Boeckh.* trag. gr. princ. p. 185, gegen den Hermann (praef. *Arist.* Nub. p. XXXVI sq.) auftrat. Wie übrigens solch Geschichtchen entstehen konnte, ist leicht erklärlich, da die Vergleichung nahe lag und auch vielfach von den Sokratischen Philosophen in andern Schriften angezogen worden ist. Die Fragmente stehen bei *Dindorf.* l. c. p. 104. 18) *Aristoph.* Thesmoph. 772 hatte darüber gespottet, und der Scholiast zu der Stelle erzählt: *Ὁ γὰρ Εὐριπίδης ἐν τῷ Παλαμήδει ἐποίησε τὸν Οἴακα τὸν ἀδελφὸν Παλαμήδους ἐπιγράψαι εἰς τὰς πλάτας τὸν θάνατον αὐτοῦ, ἵνα φερόμεναι ἑαυταῖς ἔλθωσιν εἰς Ναύπλιον τὸν πατέρα αὐτοῦ καὶ ἀπαγγείλωσι τὸν θάνατον αὐτοῦ.* 19) In

hat in den neuesten Zeiten zu sehr gründlichen Untersuchungen Veranlassung gegeben, als deren Resultat sich ergibt, daß des Alkidamas Ὀδυσσεὺς ἢ κατὰ Παλαμήδους προδοσίας, nicht jenem alten Sophisten, sondern weil sie dem Charakter der Sophistik, die jenem Aristoteles (Rhetor. III, 3) zuschreibt, ganz und gar nicht entspricht, einer spätern Zeit angehöre, ob nach Diodoros von Sicilien, wird sich schwerlich erweisen lassen [20]). Des Gorgias ἀπολογία Παλαμήδους hat zwar an Schönborn einen rüstigen Vertheidiger ihrer Echtheit gefunden, dieser aber auch an Foß, nach dem Vorgange Anderer, wie Hardion's, Amersfoordt's, einen so gründlichen Gegner, daß die Streitfrage bis auf einige Nebenumstände als abgethan betrachtet werden kann [21]). Übrigens zeichnen sich beide Producte ebenso sehr durch ihre Langweiligkeit als durch die Abgeschmacktheit und Abenteuerlichkeit des Inhalts aus, und haben ganz besonders dazu beigetragen, die Überlieferung von Palamedes zu verfälschen. Und so war es möglich, das bunte Gewirr von Mährchen zusammenzubringen, das sich bei Philostratus (Heroic. c. X.), dem in den meisten Dingen Tzetzes gefolgt ist, Dictys, Dares, Eudocia und andern spätern vorfindet.

Unter den Neuern hat diesem Mythus Heyne zuerst seine Aufmerksamkeit zugewendet und im Excurs. IV.* ad *Virgil.* Aeneid. Libr. II. mehr die Quellen desselben, als den Inhalt berücksichtigt, dann in fleißiger Zusammenstellung Jos. Anton Fuchs (De varietate fabularum Troicarum. cap. VIII. p. 88—92) uns jüngst erst die sehr sorgfältige, im Einzelnen nur zu umständliche Monographie: *Palamedes*, Dissertatio philologica (?), scripsit *Otto Jahn* (Hamburgi 1836), der d. V. d. A. eine Menge von Nachweisungen zu verdanken hat.

2) Geschlecht und Vaterland des Palamedes. Einstimmig nennen die Alten als Vater desselben Nauplios, der nach *Eurip.* Iphig. 198. *Paus.* II, 38, 2. IV, 36, 2. *Apollodor.* II, 1, 13 ein Sohn des Poseidon und der Amymone war. Über die Mutter sind die Überlieferungen verschiedener, bei den Tragikern heißt sie Klymene, in den Nosten Philyra, bei Kerkops endlich Hesione [22]); für die Erstere spricht die Mehrzahl und das Ansehen der Zeugen, daher sich Apollodor später dafür entscheidet [23]). Klymene ist Tochter des Katreus [24]), Enkelin des Minos, Schwester der Aërope, die in ihrer Ehe mit Pleisthenes den Menelaos und Agamemnon gebar. Außer Palamedes geben ihr die meisten noch einen Sohn Oiax, nur Apollodorus (II, 1, §. 14) fügt einen dritten, Nausimedon, hinzu, sodaß sich folgendes Stemma ergibt:

Minos
|
Katreus

Pleisthenes ◡ Aërope — Klymene ◡ Nauplios

Agamemnon Menelaos — Palamedes Oiax Nausimedon.

Größere Schwierigkeiten bietet das väterliche Geschlecht dar, wenn Palamedes des Danaus Enkel von väterlicher Seite nicht blos an der Argofahrt, sondern auch an dem trojanischen Feldzuge Theil genommen hat. Diese chronologischen Bedenklichkeiten, welche Strabon (VIII. p. 368. d.) erregt hat, veranlaßten die Annahme von zwei Nauplios [25]), und die Genealogie bei Apollonius dem Rhodier (I, 133 fg), nach welcher jener ältere Nauplios zum Sohne hatte Proitos, dieser den Lernos, dieser den Naubolos, dieser den Klytoneus, dieser den zweiten Nauplios, als dessen Sohn neben Palamedes Damastor genannt wird (Schol. A. Rh. IV, 1091. *Sturz.* Pherecyd. p. 72 sqq.), eine Genealogie, die sich schon durch ihre Namen als dichterische Erfindung ergibt [26]). Ganz unbegründet endlich ist die Ansicht Heyne's, der (ad *Apollodor.* T. II. p. 180) außer jenem alten Göttersohne einen zweiten als Argonauten und einen dritten als Vater unsers Helden annehmen zu müssen geglaubt hat. Von der Mutter Geschlecht her führt er den Namen Belides bei Virgil (Aen. II, 81), den ich nicht mit Heyne und Brunck in Naupliades umändern mag [27]). Dichter machten ihn seiner Weisheit wegen zum Sohne eines Gottes [28]). Als Vaterland des Helden müssen wir die Insel Euböa betrachten, dahin führen, trotz einiger Zweifel und leicht zu

den Sammlungen von Reiske (T. VIII), Dukas (T. IX), Bekker (T. V), Dobson (T. I).

20) Für die Echtheit der Declamation stritt besonders Spengel (Artt. script. p. 178—180), dessen Widerlegung Foß (de Gorgia Leontino. p. 81—85) gut gelungen, gegen dessen weitere Argumentation aber über die Zeit noch manche Bedenklichkeit zu erheben ist. 21) *C. Schoenborn*, De authentia declamationum, quae Gorgiae L. nomine exstant. (Vratisl. 1826.) p. 14; gegen die Echtheit erklären sich Hardion (Mém de l'acad. d. inscript. XIX. p. 203), Amersfoordt (in *Schaefer.* App. crit. in *Demosth.* I. p. 793) Foß (l. c. p. 78—106). Ob die Vermuthung von Belin de Ballu (Hist. crit. de l'éloquence chez les Grecs. p. 108), daß der spätere Rhetor Gorgias, der in Cicero's Zeitalter zu Athen nicht eben in dem besten Rufe stand, Verfasser sei, Grund habe oder nicht, mag dahin gestellt bleiben. Jahn (l. c. p. 17) sucht dieselbe weiter zu bekräftigen. 22) So erzählt *Apollodor.* II, 1, 13. Im Allgemeinen vergl. *Schubart.* Quaest. geneal. histor. p. 47 sq.

23) III, 2, 2 und dazu Schol. *Eurip.* Or. 322. *Matth. Tzetz.* ad *Lycophr.* 386. Bei der Eudocia (p. 321) steht Παλαμήδης ὁ Ναυπλίου καὶ Πλημίτης, was keine verständige Erklärung gestattet und wol corrumpirt ist. 24) Bei Apollodor stand vor Heyne Καστρέως, Andere haben die Form Ἀγρέως, die von Welcker (Trilog. S. 130, 608) und Fuchs (de var. fabul. p. 20) für ebenso richtig gehalten wird, während doch letztere Form als allbekannter Name leicht von Abschreibern für jenen seltenern und daher unbekannteren eingeschwärzt werden konnte. 25) Schol. *Eurip.* Or. 54. Ναύπλιος λιμὴν ἐκλήθη ἀπὸ Ναυπλίου, ἀνδρὸς Ἀργείου, υἱοῦ Ποσειδῶνος καὶ Ἀμυμώνης, εὑρόντος πρώτου τὰ ναυτικά· ἔστι δὲ καὶ ἕτερος ἀνὴρ Ναύπλιος πατὴρ Παλαμήδους. 26) Ihr folgen *Serv.* ad *Virg.* Aen. II, 81. *Lactant.* ad *Stat.* Achill. I, 94 und, wie es scheint, auch Varro Atacinus, aus dessen Argonautica das Fragment in den Ambrosianischen Scholien zu der obigen Stelle. 27) Belus ist ja Vater des Danaus und Agenor, wornach auch der siebente Grad, in welchem Servius den Palamedes einen Abkömmling nennt, nicht richtig. 28) *Aphthon.* progymn. p. 90. (Rhett. *Walzii* Vol. I.) διὸ καὶ θαυμάσαι τοὺς ποιητάς μοι περίεστιν, οἳ Παλαμήδην καὶ Νέστορα καὶ εἴ τις ἄλλος ἐν τοῖς πρώτοις σοφωτάτοις ᾄδεται, θεῶν παῖδας ἐποίησαν, οὐ κατασιάντας τὴν φύσιν θεῶν.

besitzender Abweichungen die meisten alten Zeugnisse, vornehmlich die Glosse des Hesychius, nach welcher „der Euböenser" von Palamedes zu verstehen ist [29]).

3) Leben und Tod. Die Erziehung des Knaben übergeben die Sagen dem Chiron und lassen ihn bei diesem zugleich mit Herakles, Aias, Achilleus verweilen [30]), ja Philostratus (Her. X, 1) gibt dem Knaben die von Selbstgefühl zeugende Antwort in den Mund: er würde die Heilkunst wol erfunden haben, aber die von Andern erfundene zu erlernen, spüre er keine Lust. Am häufigsten erscheint er als Berather und Lenker in den troischen Begebenheiten. Als die Kunde von dem Raube der Helena zu dem auf Kreta bei Idomeneus weilenden Menelaos kam, war dieser so erschüttert, daß er alle Besinnung verlor, und nur endlich in des Palamedes Zuspruche Trost und in ebendesselben besonnener Klugheit Mittel fand zu schleuniger Rückkehr [31]). Als darauf die Achäer eine Gesandtschaft nach Troja zu schicken beschlossen, um die Helena und Alles, was mit derselben geraubt war, zurückzufodern, ward neben Odysseus und Menelaos auch Palamedes ernannt, den wenigstens, wie es scheint nach dem Vorgange der dramatischen Dichter, Diktys (I, 4) und aus diesem Joh. Malel (p. 122) und Tzetzes (Anteh. 154 ad *Lycophr.* 447. Exeg. in Iliad. p. 155) nennen, von dem aber die ältern Zeugnisse [32]) nichts wissen. Die Gesandten hatten nichts ausgerichtet, der Heereszug ward besonders auf der Atriden Betrieb beschlossen. Auch hier zeigte sich Palamedes thätig; er war es, der die Ausrüstung der Truppen betrieb (*Serv.* in *Virg.* Aen. II, 81), er, der neue Theilnehmer zu dem Kriege zu gewinnen suchte, wie er denn zum Kinyras nach Cypern geschickt sein soll [33]); seinem Scharfsinne dankte man die Entdeckung derer, die sich trügerischer Weise der Theilnahme entziehen wollten. Schon die Kyprien erzählten genau, wie Odysseus sich wahnsinnig gestellt und Palamedes den Knaben Palamachos genommen und vor die Füße der Zugthiere geworfen habe, dadurch sei jener gezwungen worden, die Verstellung abzulegen und den Übrigen sich anzuschließen [34]). Worin aber Odysseus seinen Wahnsinn gezeigt habe, darüber haben die Alten allerlei Anekdötchen ersonnen, die jedoch alle darauf hinausgehen, daß er ungleiche Thiere, sei es nun Stier und Esel, oder Stier und Roß, an den Pflug gejocht habe [35]). Das hier bewährte Geschick veranlaßte wol die spätern Dichter, wie Tzetzes (Anteh. 177), ihm neben dem Odysseus und Diomedes Antheil zu geben an der Entdeckung des unter den Lykomiden verborgenen Achilleus, während davon Homer (Il. XI, 768) nichts weiß und auch im Cyklus blos Odysseus, Phönix und Nestor genannt waren (Schol. Il. XIX, 338) [36]). Er war es auch, der, nachdem schon das Heer die troianische Ebene erreicht hatte, die Epipole, Trachion's Tochter aus Karystos, entdeckte, als sie in männlicher Kleidung den Kämpfenden sich zugesellt hatte [37]). Solche Klugheit verlangte auch außerordentliche Ehre für den, welchen sie zierte, und stellte ihn neben Odysseus und Diomedes an die Spitze des Heeres im Lager (*Dictys* I, 16), rief auch die zahlreichen Erfindungen ins Leben, durch welche er sich nach den Phantasien der dramatischen Dichter so unsterbliche Verdienste erwarb. An den Eroberungszügen gegen einzelne Städte nahm er in der Genossenschaft des tapfern Achilleus rüstigen Antheil [38]), und der Ruf, dessen er sich wegen seiner ausgezeichneten Vorzüge zu erfreuen hatte, soll sogar ihm den Oberbefehl an Agamemnon's Statt erworben haben, entweder schon zu der Zeit, als dieser zum Wohle des Ganzen die Tochter aufzuopfern in Aulis sich weigerte (*Ptol.* Heph. p. 30. *Roul.*), oder auch viel später (*Dictys* I, 19. *Dares* c. 25) [39]), nach dem Falle Hektor's. Aber alles dies und der lange verhaltene Groll wegen der enthüllten Verstellung ließen den Odysseus zur Ausführung des ruchlosen Planes schreiten, einen so tüchtigen Nebenbuhler aus dem Wege zu schaffen. Wie dieser Tod, der so ziemlich einstimmig den Ränken des Odysseus zugeschrieben wird, erfolgt sei, darüber gibt es eine dreifache Erzählung. In den Kyprien stand nach der Erstürmung von Lyrnesos und Pedasos und der Vertheilung der Chryseis und Briseis an Agamemnon und Achilleus sei der Tod beschlossen; Palamedes war ausgegangen auf den Fischfang und wurde dabei von seinem Todfeinde, dem, wie immer, Diomedes zur Seite steht, hinterlistig erdrosselt [40]). Anders die Mehrzahl der Schriftsteller. Odysseus klagt den unschuldigen, aber seinem Ruhme im Wege stehenden des Verraths an, indem er mit der ausgesuchtesten List Beweise für ein Einverständniß mit den Troern beibringt und endlich das vorher heimlich vergrabene Gold als Lohn der Verrätherei in dem Zelte des Palamedes den versammelten Griechen zeigt. Das schien genügend; es wird ein Gericht gebil-

29) *Hesych.* Εὐβοεὺς ὁ Παλαμήδης, ὁ πολλῶν εὑρέτης. Zweifelnd spricht es aus *Gregor. Nazianz.* or. 3. p. 99. εἴπερ Εὐβοεὺς ὁ Παλ. Die ihn Argiver nennen, wie *Tacit* Annal. XI, 14. *Suid.* h. v., scheinen an die Herkunft seines Geschlechts dabei gedacht zu haben. 30) Vergl. *Eudoc.* p. 84. *Xenoph.* Cyneg. I, 2. 31) *Dictys* I. 4. In den Kyprien scheint Nestor der Tröster gewesen zu sein. *Wüllner*, De cyclo epico. p. 75. 32) *Hom.* Il. III, 205. *Ovid.* Met. XIII, 296. *Philostr.* p. 680. 33) *Eustath.* ad *Hom.* Il. XI, 20. *Paus.* I, 3, 22. *Alcidam.* p. 671. *Bkk.* *Heyne* ad *Apollod.* T. II. p. 325. 34) *Proclus* p. 525 *Lips.* καὶ μαίνεσθαι προσποιησάμενον τὸν Ὀδυσσέα ἐπὶ τῷ μὴ θέλειν συστρατεύεσθαι ἐφώρασαν Παλαμήδους ὑποθεμένου τὸν υἱὸν Τηλέμαχον ἐπὶ κόλασιν ἐξαρπάσαντες. 35) Vergl. überh. *Lucian.* saltat. 46. *Aelian.* V. H. XIII, 12. Schol. *Soph.* Phil. 1025. Die ungleichen Zugthiere nennen im Allgemeinen *Lucian.* de dom. 30. *Serv.* in *Virg.* Aen. II, 81, den *Lactant.* ad *Stat.* Achill. I, 94 aufschreibt; Esel und Stier *Tzetz.* ad *Lycophr.* 818; Stier und Pferd *Hygin.* 95. *Plin.* N. H. XXXV, 11, 40, 129. *Tzetz.* ad *Lycophr.* 386. Endlich leugnet die ganze Geschichte *Philostr.* X, 8

36) Die große Verschiedenheit der Sagen sieht man bei *Norrmann* ad *Aristid.* II. p. 698 *Dindorf.* *Fuchs*, De var. fabb. Tr. p. 85 sq. cl. 89. 37) *Ptolem.* Hephaest. p. 29 *Roulez.* 38) *Philostr.* l. c. X, 2. Vit. *Apoll. Tyan* IV, 5. p. 175. *Joan Malel.* p. 128. *Suid* v. Παλαμήδης und Τάφος. 39) Eine Vermuthung über die Entstehung dieser Sage gibt Dederich im Dictys p. XXVIII. 40) Procl. l. c., aber genauer *Paus.* X, 31, 1 Παλαμήδην δὲ ἀποπνιγῆναι προσελθόντα ἐπὶ ἰχθύων θήραν, Διομήδην δὲ τὸν ἀποκτείναντα εἶναι καὶ Ὀδυσσέα ἐπιλεξάμενος ἐν ἔπεσιν οἶδα τοῖς Κυπρίοις. cf. *Henrichsen* fr. XVI. Welcker Zeitschr. f. A. W. 1834. S. 54 fg.

det, Palamedes von diesem verurtheilt und von dem gesammten Heere, nach Einigen blos von den Kephaleniern und Ithakesiern, gesteinigt [41]). Endlich ließ man den Neid des Odysseus daher entstehen (*Dictys* II, 15), daß Palamedes nach dem pythischen Orakel dem Apollon Smintheus eine Hekatombe durch Chryses habe opfern lassen; darum habe er ihn überredet, in einem Brunnen liege ein kostbarer Schatz, und den nichts Arges Ahnenden veranlaßt, zuerst hineinzusteigen, um denselben zu heben, und dabei ihn mit Diomedes' Hilfe verschüttet — offenbar eine Combination der beiden frühern Erzählungen. Bei solcher Übereinstimmung darf der Erzählung weniger und unbedeutender Zeugen [42]), daß er durch Paris' Geschoß gefallen sei, durchaus kein Gewicht beigelegt werden, und dies um so weniger, je häufiger sich des Palamedes Erwähnung findet bei jedem ungerechten Urtheil, bei jedem unverdienten Todesurtheile [43]). So bei dem Geschicke des Perikles von Aristides (Vol II p. 341. *Dindf.*), so namentlich bei dem Tode des Sokrates. Jene Sagen waren durch die häufige Behandlung auf der Bühne dem Publicum wol bekannt, die Vergleichung lag ziemlich nahe und der Gedanke in dem Euripideischen [44])

> ἐκάνετ', ἐκάνετε
> τὰν πάνσοφον, ὦ Δαναοί,
> τὰν οὐδὲν ἀλγύνουσαν
> 'Αηδόνα Μουσᾶν,
> τὰν Ἑλλάνων τὸν ἄριστον

eine Anspielung auf Sokrates zu finden, an sich, wenn nicht chronologische Gründe im Wege ständen, nicht unwahrscheinlich. Des Philosophen Anhänger und Freunde gedenken des gleichartigen Schicksals regelmäßig in ihren Schutzreden für die hochverdienten Lehrer, so Xenophon [45]), Platon [46]), Lucian [47]), Libanios [48]) und Andere. Agamemnon hatte die Beerdigung untersagt, aber Aias, des Königs Befehl nicht weiter achtend, nahm den Leichnam auf seine Schultern, trug ihn mitten durch das Heer und besorgte ein ehrenvolles Begräbniß [49]). Auf dem Berge Lepetymnon bei Methymna ward ein Grabmal und Heiligthum ihm errichtet, dessen die spätern Schriftsteller bisweilen gedenken und das durch Apollonios von Tyana erneuert ward [50]). Die Kunde von des Sohnes Unglück reizte den alten Vater zu der vielfach erwähnten Rache [51]); nach Philostratos auch den Achilleus, sich zurückzuziehen von dem Kampfe (*Norrmann* ad *Aristid.* Vol. II. p. 590).

Die bildende Kunst faßt ihn als Ideal jugendlicher Schönheit, schlank wie Aias, schön wie Achilleus und Antilochos, mit schwachem Barte, abgeschorenem Haupthaare, großen Augen, zierlichen Braunen. So wenigstens schildert ihn Philostrates (Her. X, 9), und damit stimmen die Nachrichten von dem Bilde des Polygnotos, auf der linken Seite der Lesche zu Delphi, auf welchem er mit Thersites und Aias spielend dargestellt war (*Pausan.* X, 31, 1). Ein Bild von der hinterlistigen Ermordung sah Alexander zu Ephesos [52]), welches vom Tzetzes (Chil. VIII, 198. p. 401) dem Timanthes zugeschrieben wird. Eine andere Darstellung der Steinigung des Palamedes glaubte Welcker (Aeschyl. Tril. S 469 fg) in einem Vasengemälde bei Millin (II, 33) gefunden zu haben, auf dem ein junger, bartloser, schöner Mann mit Steinen überschüttet wird, auf ihn ein Drache losstürzt und darüber ein Caduceus gebildet ist, mit den Worten *ΑΓΑ*. Diese Buchstaben, *Γ* für *Δ* genommen, sind ja aus der Mitte des Namens unseres Helden, der, so meint wenigstens Welcker, jene oben erwähnten Euripideischen Worte sprechend vorgestellt sein soll. Sowie aber gewiß ist, daß jene Worte einem Chorgesange entlehnt sind, so ist es auch wahrscheinlich, daß die symbolische Deutung der Umgebungen höchst unsicher und die Anwendung manches andern Mythus zur Erklärung des Bildes erlaubt ist. Nicht jede Steinigung muß auf Palamedes bezogen werden [53]).

Überall aber erscheint als der ausgezeichnetste Vorzug bei Palamedes die Klugheit, das Geschick, das ihn eine Menge von Erfindungen machen ließ, welche zu vermehren Schriftsteller späterer Zeiten eifrigst beflissen zu sein scheinen. Darauf deutet auch sein Name, denn während Völcker's (Mythol. des Japet. Geschlechts S. 74) und Schwenck's (Etym. myth. Andeutungen S. 185) Scharfsinn an eine Herleitung desselben von ἅλς, ἅλιος mit vorgesetztem π dachten und in sämmtlichen Namen dieses Mythus Andeutungen auf physikalische Erscheinungen des Meeres entdeckte, scheint Passow's (Lexik. v. παλαμάομαι) Deutung nicht nur einfacher, sondern entspricht auch viel besser dem Charakter des Helden. Er denkt an παλάμη, die Geschicklichkeit, etwas auszuführen, παλαμάομαι, etwas geschickt haben, und erkennt hier dieselbe Etymologie,

41) So erzählt, nach den Tragikern offenbar, *Hygin.* fab. 105 (bei dem die Anfangsworte quod — dolo erat deceptus die Änderung detectus dem Sinne nach verlangen und auch leicht zulassen). Damit stimmen mit unbedeutenden Abweichungen überein *Philostr.* Her. X, 7. *Tzetz*, Antehom. 363. ad *Lycophr*, 386. 1093. *Serv.* ad *Virg.* Aen. II, 81. *Boeth.* ad *Cic.* Topic. 20, 76. p. 388. *Bait.* und der Schol. *Eurip.* Or. 422 fügt hinzu, daß drei Örter angegeben würden, an denen diese Steinigung erfolgt sei, Geraistos, Tenedos oder Kolonoi. Vergl. *Meziriac* ad *Ovid.* Heroid. I. p. 32, 33. 42) *Dares.* c. 28. *Jos. Iscan.* VI, 136. *Henr. Brunsvig.* c. 61. fol. 110. 43) *Dio Chrysost.* XIII. p. 428. *Himer.* XXII, 8. *Virg.* Aen. II, 82. *Ovid.* Metam. XIII, 56, 619. 44) Vergl. *Valcken.* ad Phoen. 321, p. 112. 45) Apol. §. 26. παραμυθεῖται δ' ἔτι με καὶ Παλ. ὁ παραπλησίως ἐμοὶ τελευτήσας. Memor. IV, 2, 33. 46) Apol. p. 41 b. θαυμαστὴ ἂν εἴη ἡ διατριβὴ αὐτόθι, ὁπότε ἐντύχοιμι Παλαμήδει καὶ Αἴαντι τῷ Τελαμῶνος καὶ εἴ τις ἄλλος τῶν παλαιῶν διὰ κρίσιν ἄδικον τέθνηκεν. cf. Cic. Tusc. disp. I, 41, 98. *Plat.* Rep. VII. p. 522 d. 47) *Lucian.* dial. mort. XX, 4. *Ver.* Hist. II, 17. De salt. 46. De calumn. non tem. cred. 28. 48) pro Socrat. p. 242 *Mor.* 49) *Philostr.* Her. X, 7. *Tzetz.* Anteh. 386.

50) *Philostr.* X, 11. *Tzetz.* ad *Lycophr.* 386, 1093. *Philostr.* Vit. Apoll. Tyan. IV, 16. Vergl. *Koehler*, Sur les iles et la course consacrées à Achille. p. 180, 286. 51) *Fuchs,* De var. fab. Tr. p. 161 sq. 52) *Ptolem.* Hephaest. p. 11 *Roul.* Die Angabe wegen des Timanthes bestreitet *Sillig* catal. artif. p. 448 nicht mit Unrecht, ebenso gut könnte jeder andere namhafte Maler, welcher Sterbende mit Meisterschaft darzustellen verstand, gedacht werden, wie Apelles (*Plin* N. H. XXXV, 10, 36). 53) So erklärt sich Wachsmuth's (H. A. II, 1, 437) Irrthum, die Worte ἐν λευσίμῳ πετρώματι bei Schol. *Eur.* Or. 434 seien aus einer Tragödie, die Palamedes zum Vorwurfe gehabt, entlehnt, da sie doch einige Verse später Orestes von sich selbst sprechend anwendet.

welche bei dem Namen des Palamaon oder Eupalamos, der des Dädalos Vater heißt, sich findet [54]). Palamedes erscheint den Alten als Muster der Klugheit (*Plat.* Legg. III. p. 667. cf. *Theoph.* ad Autolyc. III. p. 127), Palamedeische Erfindung ist sprüchwörtlich für eine kluge und geschickte [55]), er heißt der Weiseste und Kunstfertigste [56]), sein Name wird auf jeden andern ausgezeichneten Mann übergetragen, der Kunstfertiges hervorgebracht hat [57]). Daher rühmt man ihn als Erfinder einer Menge von Dingen, über die sich die verschiedenartigsten Überlieferungen finden. Hierher gehört zunächst die Erfindung der Buchstaben, die im Allgemeinen ihm zugeschrieben wird von Stesichoros (fr. 38), Euripides (Palamed. fr. 2) und einer Menge Anderer [58]); Andere beschränken es auf 16 Buchstaben, wie Tacitus (Annal. XI, 14), Theodosios (gr. p. 1) und Tzetzes (Exeg. in Iliad. p. 46, 77) und der Anonym. bei Walz (zu Arsen. p. 463). Da sich aber dies mit dem allgemein bekannten phönikischen Ursprunge der Buchstaben nicht gut vereinigen ließ und man wenigstens 16 derselben als *Καδμήϊα* oder *φοινίκια* bezeichnete, sah man sich andere Auswege zu suchen genöthigt, zumal auch Simonides oder Epicharmos auf gleiche Ehre Ansprüche machten. Darum soll Palamedes dem Kadmeischen Alphabet nur vier Buchstaben beigefügt haben (*Plutarch.* Symp. IX, 3), und zwar ζ, η, φ, χ nach Suidas und Hesychios dem Milesier (p. 44. Or.); ζ, ϑ, φ, χ nach dem Grammatiker bei Bekker (Anecd. II. p. 782); η, ψ, φ, χ nach Marimus Victorinus (p. 1944. *Putsch.* = 276 Lind. cf. *Endlicher*, Anal. gr. p. 199); ϑ, φ, χ, ξ nach den Schol. *Greg. Nazianz.* ad Stel. I. p. 66; ja Einige begnügen sich mit drei, wie Isidorus (Orig III, 1, 6) mit η, χ, ω und Servius (in Aen. II, 86) mit ϑ, φ, χ. Viel verbreitet ist auch die Sage, daß ein Schwarm Kraniche ihn auf die Erfindung des φ geleitet habe (*Auson.* Id. XIII. de litt. monos. 25. *Martial.* XIII, 75. *Nemes*, De aucup. 15) [59]). Damit hängt nothwendig zusammen, was aus solcher Erfindung erwachsen mußte, die Einführung geschriebener Gesetze (*Gorg.* p. 698), ja sogar der Rhetorik, was Syrian (in Hermog. ap. *Spengel* p. 17) nur aus dem Scherze im Platonischen Phädros ableiten konnte. Ein anderer Theil seiner Erfindungen bezog sich auf das Kriegswesen, Taktik [60]), Eintheilung und Ordnung des Heeres [61]), Wachen und Parole, ja sogar auf das Ökonomische in der Anordnung der Mahlzeiten und der Mischung des Weines [62]). Ebenso zieht man auf ihn zurück, was die Erfindung der Zahlen, die man ihm zuschreibt (*Sophocl.* ap. *Achill. Tat.* isag. in Arat. c. 1 und andere bei *Jahn* p. 55. n. 105) hervorrufen mußte, Eintheilung der Jahreszeiten (*Philostr.* Her. X, 3), geprägtes Geld (*Alcidam.* p. 671), Zahl und Gewicht [63]), endlich die *πεττεία* und *κυβεία*, das Bret- und Würfelspiel, das die Römer calculorum oder latrunculorum ludus nannten [64]). Bei Euripides (Iphig. Aulid. 193. *Herm.*) ergötzt er sich am Würfelspiele mit Protesilaos, worauf Panofka (Hyperb. röm. Stud. S. 166) ein Vasengemälde bezieht, dessen Deutung schon Gerhard (a. a. O.) und auch Müller (Archäol. S. 655 der 2. Ausg.) bezweifeln. Mit Thersites spielte er Würfel auf dem Bilde der Lesche zu Delphi (*Pausan.* X, 31, 1), und die ersten von ihm geweihten Würfel zeigte man in dem Tempel der Tyche zu Argos (*Pausan.* II, 20, 3). Ein Scholiast fügt auch noch den Diskos und die *ἀστράγαλοι* (Würfel, die vier ebene und zwei runde Seiten hatten) hinzu [65]). Das Meiste dieser Art scheint Erfindung der dramatischen Dichter zu sein, die Alles hervorsuchten, was ihrem Helden vor den wenig begünstigten Agamemnon und Odysseus höhern Glanz geben konnte.

Palamedes heißt auch ein griechischer Grammatiker, unter dessen Schriften Suidas (h. v.) *κωμικὴν καὶ τραγικὴν λέξιν*, *ὀνοματολόγον* und *ὑπόμνημα εἰς Πίνδαρον ποιητήν* anführt. Der Lexikograph nennt ihn *Ἐλεάτης*, Athenäos, dessen Zeitgenosse er gewesen zu sein scheint, *Ἐλεατικός* (IX. p. 397 a.). Dieses Namens richtige Erklärung aus einem Misverständnisse der vorher erwähnten Platonischen Stelle im Phädros hat Böckh (*Pindar.* T. II. p. XIX) gegeben; ihm folgt Meineke (Quaest. scen. III. p. 6). Er führte den Beinamen *ὀνοματολόγος* (Suidas ist verdorben), weil er in seinen Schriften Erklärungen dunkler Wörter, die sich bei den tragischen und komischen Dichtern fanden, aufstellte. Das zeigen die Erwähnungen bei Etym. M. v. *ἁρματεῖον μέλος*. *Παλαμήδης ὁ ἱστορικὸς* (Böckh liest *Ἐλεατικός*) *ὁ τὴν κωμικὴν λέξιν συναγαγών*, und bei mehren Scholiasten, die Hemsterhuys (ad *Arist.* Plut. p. 98) anführt, nur zu weit gehend in seinen Behauptungen. Cf. *Fabric.* Bibl. Gr. I. p. 206. *Harl. Jahn*, Palamedes p. 58. n. 117. (*F. A. Eckstein*).

54) Ihm folgen Welcker (Anhang zu Schwenck. S. 334) und Jahn (S. 30). 55) So *Eupolis* ap. *Athen.* I. p. 17 e. *Παλαμηδικόν γε τοῦτο τοὐξεύρημα καὶ σοφόν του* (so verbessert Welcker Nachtr. S. 164) das gewöhnliche *σου*) und mit Bezug hierauf der Grammatiker in den Lex. Seguer. (*Bekker.* Anecd. I. p 58, 5): *Παλαμηδικὸν τοὐξεύρημα· οἷον σοφὸν καὶ εὐμήχανον*; desgl. *Aristoph.* Ran. 1472. *Εὖ γ' ὦ Παλάμηδες, ὦ σοφωτάτη φύσις.* 56) *Tzetz.* Anteh. 265 sq. *Fr. Uffenbach* p. 667. *Οὗτος γὰρ σοφώτατος ἦν καὶ μηχανικώτατος.* 57) So heißt der Eleat Zeno *Ἐλεατικὸς Παλαμήδης* bei *Plat.* Phaedr. p. 261 D. cf. *Diog. Laert.* IX, 25. Schol. *Plat.* p. 318 *Bkk.* f. Tiedemann, Geist der specul. Phil. I, 296. H. Ritter, Gesch. d. Philos. I. S. 489. 58) *Lucian.* indic. vocal. 5. *Dio Chrysost.* XIII. p. 425. *Hygin.* fab. 274. *Gorg.* decl. 690. *Alcidam.* p. 671. *Bekker.* Anecd. II. p. 784. 59) Diese ganze sehr sorgfältige Zusammenstellung verdankt der Verf. Jahn (S. 23—25), der auch des Tzetzes lächerlichen Einfall hinzufügt, Palamedes könne darum nicht Erfinder der Buchstaben sein, weil es ältere Orakelsprüche gäbe. Chil. V, 804. X, 442. XII, 26.

60) *Sophocl.* fr. 379. *Philostr.* X, 8. *Plin.* N. H. VII, 56, 202. *Aristid.* II. p. 339 *Dindf.* 61) *Aeschyl.* fr. 168. 62) Es ist die Mischung von drei Humpen Wassers zu einem Humpen Weins bei Ion *ἐν τῷ περὶ χίου* (*Athen.* X. p. 426 a.); welche Worte fälschlich von Casaubonus in jambische Verse verdreht sind. Vergl. *Nieberding* Ion. Chii fragm. p. 89. *Koepke*, De Ionis vita et scriptis. p. 70. 63) *Soph.* fr. 380. *Plin.* N. H. VII, 56, 197. *Valcken.* ad Phoen. p. 251. 64) *Eustath.* ad Il. II, 228. Od. I. p. 1397. *Alcidam.* p. 671. S. besonders *Salmas.* in *Vopisc.* Procul. 13. T. II. p. 741. Thes. A. Graec. T. VII. p. 997 und anderes bei Jahn S. 27 fg. 65) Schol. *Eur.* Or. 422.

PALAMEDES, PALAMEDESZ oder **PALA-**
DISSEN, gewöhnlich auch **Stevens**, wie Houbra=
ihn in der Lebensbeschreibung der holländischen Maler
t, wird zu den Künstlern der delfter Schule gerechnet.
wurde zu London im J. 1607 geboren; sein Vater
von Delft gebürtig, und wurde, weil er ganz vor=
iche und kostbare Gefäße von Porphyr, Achat und
vis fertigte, vom Könige Jacob nach England geru=
Später ging er wieder zurück nach Holland, wohin
auch der junge Palamedes folgte, der sich für das
der Schlachtenmalerei als ein tüchtiger Künstler aus=
det hatte und darin sich einen Namen erwarb. Er
te sich viel nach dem Geschmacke des berühmten Esaias
der Velde, und malte auch viele Gesellschaftsstücke,
hescenen und dergleichen, die einige Ähnlichkeit mit
von J. Le Ducq besitzen. In seinen Schlachtscenen
cht viel Geist und Lebendigkeit in der Auffassung,
ruck und ein kräftiges Colorit zeichnen ihn aus. Auch
eses in den von ihm vollendeten Lagerscenen, Mär=
und sonstigen militairischen Darstellungen nicht zu
nnen. Im Allgemeinen sind seine Gemälde nicht zu
g zu finden. Er starb den 26. Mai 1638, 31 Jahre
und hinterließ einen Bruder, Namens Anthony
amedes Stevens, welcher als ein sehr guter Bild=
und Genremaler bekannt ist und im J. 1680, 76
e alt, als Director der Malerakademie S. Lucas zu
t verstarb. — **Le Festin Espagnol**, ein vorzügliches
erblatt, von Lempereur gestochen und Seitenstück zu
Blatte **le Jardin d'Amour**, nach Rubens, ist je=
lls nach dem erstgenannten Palamedes Palamedissen,
nicht nach Anthony Palamedes, wie Manche glauben.
er Sammlung der nach van Dyk gestochenen Künst=
bnisse ist das von Palamedes Palamedissen von Paul
tius sehr gut gestochen; ebenso ist es auch in Houbra=
s Lebensbeschr. holländ. Künstler, S. 294. (*Frenzel*).

PALAMING, Flecken im franz. Departement der
gdronne (Languedoc), Canton Cazères, Bezirk Mu=
liegt neun Lieues von dieser Stadt entfernt, in einer
s bergigen, aber fruchtbaren Gegend und hat eine
rrfalkirche, 400 Häuser und 900 Einwohner. (Nach
illy und Barbichon.) (*Fischer.*)

PALAMOS (n. Br. 41° 51′ 10″, ö. L. 20° 44′ 45″),
igte und durch eine Citadelle vertheidigte Seehafen=
an der Küste des mittelländischen Meeres, liegt an
Mündung des Ter, 22 engl. Meilen von Gerona ent=
, in der nach dieser Stadt benannten Vegeria in der
inz Cataluña. Der Hafen gehört zu den bessern die=
Küste. (*Fischer.*)

PALAMOW (n. Br. 34° 48′, östl. L. 84° 20′
Merid. von Greenwich), Stadt und Hauptort des
namigen Circars oder Districts in der ostindischen
nz Kalkutta (Bengalen), ist 120 engl. Meilen in
westlicher Richtung von Patna entfernt. Der Cir=
on P. wird nördlich von Bahar, östlich von Koon=
Toreah und Nagpour, südöstlich von Burwah, süd=
ch von Sirgoosga und westlich von Bittounja be=
;, und hat 80 engl. Meilen in der Länge und 40
Meilen in seiner größten Breite. (*Fischer.*)

PALAMPORIS, Teppiche von gemalter Leinwand, auch große, ausgenähte Bettdecken, welche in Ostindien verfertigt werden. (*Karmarsch.*)

Palanatha, s. **Palnaud**.

PALANCHE, ein grobes Gewebe, halb aus wollenem, halb aus leinenem Garne bestehend, das zum Unterfutter der Matrosenkleider gebraucht wird (Matrosenzeuch). (*Karmarsch.*)

PALANDER, 1) zweimastige Handelsschiffe, welche sich durch die trapezförmige Gestalt der Segel von den Briggs unterscheiden; 2) platte, im mittelländischen Meere gebräuchliche Fahrzeuge, deren man sich sowol zum Fischfange als im Kriege zu Bombardirgallioten bedient. (*Fischer.*)

PALÁNK, PALÁNGH, 1) ein altes, in Ruinen liegendes, Schloß in der heveser Gespanschaft Ungerns. 2) Ein zur Herrschaft Drégely gehöriges Dorf im ipolyer Gerichtsstuhle der honther Gespanschaft Niederungerns, von Teutschen und Magyaren bewohnt, mit 86 Häusern, 575 katholischen Einwohnern und 13 Akatholiken. Der hiesige Tabak ist weit und breit berühmt. Die Bewohner nähren sich außerdem von Wein- und Ackerbaue, zu dem man hier den Boden sandig findet. (*G. F. Schreiner.*)

PALANKA. 1) P., Festung in der russischen Provinz Bessarabien, liegt 32 engl. Meilen nordwestlich von Akjerman am Dniester, und besteht aus einer Citadelle und einer Vorstadt von 30 Häusern. 2) P., Stadt im türkischen Sandschak Kostandil, liegt 40 engl. Meilen von Sophia entfernt, am südlichen Abhange des Orbelus und hat 2500 türkische und bulgarische Einwohner. 3) P., diesen Namen führen zwei ungrische Dörfer (O- [Alt] und Uj [Neu] P.) im untern Bezirke der bacser Gespanschaft. Uj-P., in welchem sich ein Contumazhaus und ein Postamt befinden, ist mehrmals von den Türken belagert und 1738 von ihnen erobert worden. Die damals von ihnen zerstörten Befestigungswerke sind indessen wieder hergestellt. Die Einwohner treiben zum Theil Goldwäscherei. (*Fischer.*)

PALANKA, ein von den Ungern zu den Türken übergegangenes Wort, welches einen Wall aus Erde bezeichnet, den ein Graben mit Palissaden umzieht. Palan erinnert an das lat. **palus** und unser **Pfahl**; seiner Endung nach aber kann das Wort **palanka** ebenso wol slawisch, als ungrisch sein, die affigirte Sylbe **ka** bildet bei den Slawen und Ungern Diminutiva — bei den Erstern auch Substantive weiblichen Geschlechtes, ohne den Nebenbegriff der Verkleinerung. (*W. Schott.*)

PALANKIN, PALANQUIN. So nennt man eine in China, sowie im übrigen Osten, vorzüglich aber in Ostindien gewöhnliche Art von Sänften, deren man sich theils wegen ihrer Bequemlichkeit, theils in Gegenden, welche nur für Fußgänger zugänglich sind, selbst bei größern Reisen bedient. Sie bestehen aus einem mit vier Füßen, einem Geländer und einer gewölbten Decke versehenen Gestelle, welches für eine oder mehre Personen eingerichtet und im Innern mit Polstern und Decken, sowie mit Vorhängen, welche man, um sich gegen den Luftzug oder den Stich der Insekten zu schützen, niederlassen kann, ver=

sehen ist. In Ostindien heißen die Träger*) Kulies, sie gehören zu der niedrigsten Classe, den Schuters, und man gebraucht deren acht zu einem Palankin, indem je vier und vier mit einander abwechseln. Auf besuchten Straßen findet man solche Kulies von Station zu Station; sie haben eine große Fertigkeit im Schritthalten und man legt mit ihnen große Strecken in kurzer Zeit zurück. (*Fischer.*)

Palantia, in Spanien, s. **Pallantia**.

PALANTIUM (*Παλάντιον*), alter Name einer arkadischen Stadt, der von Xenoph. (h. gr. VI, 5, 9), von Diod. (XV, 59), von Dion. v. Hal. (I, 31) mit einem λ, dagegen von Pausanias, der ihrer an verschiedenen Stellen gedenkt, und von Stephanus von Byzant (s. W.) mit λλ geschrieben wird, die Einwohner nennt Xenophon (VII, 5, 5) *Παλαντιεῖς*, Pausanias (VIII, 43, 2) *Παλλαντιεῖς*, Diodor *Παλάντιοι*. Die Schreibung des Pausanias scheint aber die beglaubigtere zu sein, denn Abschreiber konnten leicht ein λ statt λλ schreiben, aber wenn Pausanias (a. a. O.) das römische Palantium von diesem Pallantium durch Ausfall der Buchstaben λ und ν ableitet, so ist freilich diese Ableitung sehr problematisch, aber daß Pausanias die Schreibung λλ anerkenne, ist dagegen unzweifelhaft. Und dieselbe Schreibung wird auch durch die Sage bestätigt, daß Pallas, der Sohn des Lykaon, der Gründer des arkadischen Pallantiums sei (*Paus.* VIII, 3, 1). Diese Stadt, westlich von Tegea gelegen, wird am ersten aus der Zeit des Epaminondas und als eine der Städte genannt, deren Einwohner nach Megalopolis versetzt wurden, wodurch der Ort zu einem Flecken herabsank, sodaß er bei Strabo und Ptolemäus weiter nicht mehr unter den Ortschaften Arkadiens aufgeführt wird. Nachdem sich aber einmal die Sage ausgebildet und bei den römischen Antiquaren befestigt hatte, daß Euander von hier aus eine Colonie Arkader nach der Tiber geführt und auf dem ältesten nachherigen Bestandtheile Roms einen Ort gleichen Namens gegründet habe, aus dem das Palatium hervorgegangen wäre, eine Sage, die vielleicht nur in einer falschen Etymologie ihren Grund hat, haben die Römer ihre Aufmerksamkeit auf den Ort gerichtet und der Kaiser Antonin hat ihm sogar aus diesem Grunde besondere Privilegien ertheilt (*Paus.* VIII, 43. 44, 5). Pausanias erwähnt in Pallantium einen Tempel und Statue des Pallas, Statue des Euander, Tempel der Demeter und Proserpina; der die Stadt beherrschende Hügel hätte in alten Zeiten als Akropole gedient, in seinen (des Pausanias) stände auf demselben noch ein Tempel der Götter, welche sie „die Reinen" (*καθαροί*) ohne weiter nähere Bezeichnung nennen; hier bei diesen Göttern schworen sie die feierlichsten Eide. (*H.*)

PALAPATTA heißt bei den Hindu-Ärzten die tonische fieberwidrige Rinde von **Wrightia antidysenteria** *R. Brown*, welche die Engländer **Cortex Conessi** nennen. (*A. Sprengel.*)

PALAPRAT (**Jean, Seigneur de Bigot**), geboren zu Toulouse 1650, ein jetzt beinahe vergessener dramatischer Dichter, von dessen Werken nur wenig, und auch dies nur selten noch, auf der Bühne erscheint, und welcher, auch in der Zeit seiner eigentlichen Blüthe den größten Theil seines Ruhms einem Freunde verdankte, mit welchem er viele Jahre lang gemeinschaftlich für das Theater arbeitete. Die Familie Palaprat's gehörte zu denen, welche in der juristischen Laufbahn Auszeichnung gefunden; es war eine sogenannte **famille de robe**, weshalb denn auch er, wie es damals Sitte war, diesen Weg zu Ämtern und Ehren einschlagen sollte; allein die unüberwindliche Neigung zur Poesie und zu einem ungebundenen Leben entfernten ihn bald von dieser Bahn. Einige Preise, die er bei der bekannten **Académie des jeux floraux** in seiner Vaterstadt gewann, entschieden ihn die ernsten Studien des Rechts aufzugeben und das Leben eines Dichters und **homme de lettres** zu ergreifen. Auf seinen Reisen kam er 1686 nach Rom, wo die Königin Christine von Schweden, welche eine Art von poetischem Hof um sich versammelte, ihn gern zurückgehalten hätte. Er kehrte indessen bald nach Paris zurück, wo er 1691 zwar als Geheimschreiber in die Dienste des sogenannten **Grand Prieur de Vendôme**, eines Enkels Heinrich's IV, trat, aber dies Verhältniß seinem heitern und unbefangenen Charakter gemäß mit großer Freiheit behandelte. Viel Gehalt mochte er nicht beziehen, da er seine ersten Arbeiten für die Bühne nur in der Absicht schrieb, sich damit ein Freibillet für das Theater français zu verschaffen. Dies erste Stück war das **Concert ridicule**, woran indessen schon sein Freund Brueys einigen Antheil hatte. Bald folgten **Le Secret révélé** und **La Prude du temps**. Diese jetzt ganz verschollenen Stücke und einige Gedichte, meist zu Ehren des Prinzen, in dessen Dienste er stand und dessen Bruders, des Herzogs von Vendôme, enthält die von dem Verfasser selbst besorgte Ausgabe 1711. 1. B. 12., man findet sie auch in den Ausgaben 1712. 2. B. 12. und 1735. Ihm allein gehören die Stücke **Hercule et Omphale**, **Les Sifflets**, **Le Ballet extravagant** und **La Prude du temps**, wovon sich kein einziges auf dem Theater erhalten hat. In Gemeinschaft mit Brueys, doch so, daß ohne Zweifel diesem der unnendlich größte Antheil gebührt, schrieb er **Le Secret révélé**, **Le Sot toujours Sot**; **Le Grondeur**, **Le Muet**, nach dem Eunuchus des Terenz; **Le Concert ridicule** und vermuthlich auch die Bearbeitung einer vortrefflichen uralten Posse, **L'Avocat Pathelin**. Von allen diesen Sachen kann höchstens der Grondeur als noch existirend genannt werden. Eine Reise nach Italien, auf welcher Palaprat seinen Prinzen begleiten mußte, unterbrach die gemeinschaftlichen Arbeiten, und später nach Paris zurückgekehrt schrieb er nichts mehr fürs Theater, während Brueys, der nun in Montpellier lebte, noch Mehres herausgab. Palaprat starb zu Paris 1721 in dem Rufe eines liebenswürdigen und achtungswerthen Mannes. Das Verhältniß der beiden Dichter hat dem neuern Dichter Etienne den Stoff zu einer artigen Komödie geliefert. (*Blanc.*)

PALAST bedeutet ein Prachtgebäude. Gewöhnlich

*) Bei den vornehmen Eingeborenen und den in Ostindien sich aufhaltenden Engländern gehören diese Kulies zur stehenden Dienerschaft.

wird damit im engern Sinne das durch Größe und Pracht ausgezeichnete Wohngebäude der Fürsten und Großen bezeichnet, im weitern Sinne oft auch der Sitz hoher Behörden ꝛc. und aus dem Alterthume, besonders dem ägyptischen, auch manche der auf uns gekommenen Gebäude, die zu Gräbern der Könige bestimmt gewesen sind, und denen der Name, Grabpalast, beigelegt wird.

Statt Palast im engern Sinne ist auch oft die Bezeichnung Schloß gebräuchlich, und wie jene Bezeichnung aus der Zeit des Augustus, dessen Wohnhaus auf dem palatinischen Hügel in Rom stand, stammt, so stammt diese aus dem Mittelalter und bezeichnete damals, außer Feste überhaupt, eine feste Wohnung der Großen, einen festen Palast.

Sowie sich gewissermaßen beim Bürger und niederen Adel im Mittelalter das unbefestigte Haus zur festen Burg verhielt, so verhielt sich der Palast zum Schlosse bei den Fürsten und Großen. Die in jetziger Zeit errichteten Prachtgebäude dieser Art sind hiernach allemal Paläste, wenn auch örtliche Gebräuche den Namen Schloß, Burg ꝛc. wählen, denn der Begriff desselben findet sich nicht mehr in der kriegerischen Anlage solcher Gebäude. Ein Palast ist jetzt nicht mehr zugleich Festung und umgekehrt. Alte Schlösser sind auch wol durch Entfernung ihrer Befestigung in Paläste umgewandelt.

Um den Namen eines Palastes zu verdienen, muß ein Gebäude der bezeichneten Art Großartigkeit mit angemessener Pracht verbinden. Ein prächtiges und schönes Gebäude von den Maßen eines gewöhnlichen Bürgerhauses kann ebenso wenig dem Begriffe eines Palastes genügen, als ein Gebäude von der allergrößten Ausdehnung, aber mit kleinlichen Eintheilungen und Verhältnissen und casernenartiger Schmucklosigkeit.

Größe im Raume und Größe im Gedanken seiner Anlage, wie in jeglichem Verhältnisse, gediegene Pracht in Stoff und Schmuck, edelste Ausbildung der Kunst, die ihn errichtete, und Verschwisterung aller bildenden Künste zu seiner Vollendung; diese Eigenschaften bilden das Ideal eines Palastes. Sie werden zwar wol niemals sich in Einem vereinigt finden; ihr mehr oder minder vollständiges Vorhandensein wird aber stets auch einem Gebäude mehr oder weniger Anspruch auf diesen Namen geben.

Was nun im Einzelnen der Anlage zu einem Palaste gehört, darüber läßt sich wenig Allgemeines sagen. Eine ganz andere Anlage im Wesentlichen erfodert ein Palast im Norden Europa's, als einer im Süden und eine andere wieder der in der heißen Zone. Andere Foderungen werden gemacht an einen Palast, der einen großen Monarchen aufnehmen soll, andere an den, den sich ein reicher Unterthan errichtet. — Einen großen Unterschied bedingt auch der Umstand, ob der Palast ein Landsitz oder ein Stadtgebäude ist, und außer diesen werden noch viele andere, weniger wesentliche, Umstände und die Eigenthümlichkeit oder Laune des Erbauers dem Palaste diese oder jene besondere Einrichtung und Gestalt geben und bedingen, sodaß unendliche Abwechselung darin bei jedem möglich ist, ohne doch den Begriff des Palastes zu zerstören.

Im Allgemeinen würden jetzt in Bezug auf Anlage in räumlicher Hinsicht folgende Anfoderungen an einen Palast zu machen sein.

Derselbe muß in Bezug auf die Wohnungsräume des Besitzers in engerem Sinne Alles enthalten, was der Luxus und die Bequemlichkeit der Großen in dem Lande nur irgend fodern kann. Daneben sind die Wohnungsräume für zu bewirthende Fremde in angemessener Ausdehnung und ähnlicher Art zu berücksichtigen. Daß alle diese Räume möglichst angenehm in der Lage vertheilt sein müssen, was Himmelsgegend sowol, als was Aussicht betrifft ꝛc., versteht sich von selbst. Mit den Wohnräumen in angemessener Verbindung müssen Vorsäle, Empfangszimmer, Säle und Badezimmer, in Palästen regierender Fürsten auch der Audienz- und Thronsaal stehen; desgleichen dürfen Speisezimmer und Speisesäle nicht zu entfernt liegen. Entfernter können Prunksäle und müssen Tanz- und Concertsäle, das Theater, und überhaupt dergleichen Räume für große Versammlungen, Feierlichkeiten und Gesellschaften liegen. Die Wohnungen für eine zahlreiche Dienerschaft müssen zum Theil in der Nähe des Herrn, doch freilich so angebracht sein, daß sie deshalb in keiner Art stören, oder in die großartigen Verhältnisse kleinlich eingreifen. Räume für eine Bibliothek, und Galerien für Kunstsammlungen jeder Art müssen in dem Palaste vorhanden sein. Mit ihm verbunden, oder doch in der Nähe, muß eine Reitbahn mit dem Reitpferdstalle sein, und außerdem erfodern andere körperliche Übungen verschiedener Art auch noch verschiedene bedeckte, angemessene Räume.

Hierher gehören ferner offene und geschlossene Hallen und Wandelgänge, Balcone und Altane für den Genuß der frischen Luft und der Aussicht, wobei auf die Himmelsgegend besonders Rücksicht zu nehmen ist. Die Räume für die Wirthschaft sind entweder im Kellerbau oder in besondern bequem liegenden Gebäuden anzubringen, wohin auch die Ställe, Schuppen ꝛc. gehören.

Auch in der Stadt muß sich mit der Architektur des Palastes wo möglich die Schönheit der Natur in prächtigen, wenn auch nicht ausgedehnten, Gartenanlagen, vereinigen, die bei einem Palaste auf dem Lande freilich niemals fehlen dürfen. Jene Gartenanlagen müssen nun in der unmittelbaren Umgebung des Gebäudes aus schattigen Laubengängen, schönen Rasenplätzen, mit Gebüsch in angemessenen Gruppen, Springbrunnen und in der Regel nur aus niedrigen, unter der Scheere gehaltenen Bäumen, bestehen, wozu im Norden sogenannte Orangerie benutzt wird. Entfernter vom Gebäude mögen große imposante Baummassen und Alleen von Waldbäumen, in möglichster Fülle und unbeschränkter Natur, Platz finden.

Bei Landpalästen ist für die Umgebung vor allen der englische Park zu empfehlen, welche Gartenanlage allgemein bekannt ist und hier nicht näher berücksichtigt werden kann.

In Bezug auf die Bauart des Gebäudes, so muß dieselbe der Hoheit und der Macht des Besitzers angemessen sein, und dazu gehört als Grundlage bedeutende Ausdehnung in Weite und Höhe. Liegt das Gebäude auf einem Hügel, so wird dies zur Erhabenheit seines Eindrucks wesentlich beitragen.

Es ist möglich jeden Baustyl mit Glück auf Paläste

anzuwenden, und man hat Beispiele von gelungenen Prachtbauen dieser Art wol in jedem Style.

Es wird jedoch nicht anzurathen sein, kleinliche oder unwesentliche Eigenthümlichkeiten eines besondern Styles überall eigensinnig und starr durchzuführen, weil oft unter dergleichen das Ganze des Eindrucks leidet.

Um ein großes, ein schönes Verhältniß zu erlangen, um hier etwas Schönes besonders hervortreten zu lassen, um dort einen besondern Effect zu erlangen, muß man Kleines, Unwesentliches des Styles aufgeben können. Es ist indessen hier nicht entfernt eine Stylmengerei gemeint. Das Eigenthümliche jeder Bauart liegt in Hauptformen, die stets festgehalten werden müssen; was von den Nebenformen entbehrt, oder geändert, oder vertauscht werden kann und muß, hat der Architekt nach den Verhältnissen, die grade in Betracht kommen, zu beurtheilen, und wenn er dies mit weiser Mäßigung und Geschmack, und durch wichtige Gründe bestimmt, thut, wird er grade durch diese Freiheit, welche der Palastbau vor allen erlaubt, im Ergebniß glücklich sein.

Man wird wahre Schönheit und Großartigkeit gewiß erreichen, wenn für die Bauform eines Palastes überhaupt entweder die griechischen Verhältnisse und Bildungen oder die der gebildetsten Zeit des Mittelalters, wie wir sie an den zahlreichen Denkmälern sehen, gewählt werden. Wenn bei erstern auch dem gewandtesten Architekten die Grenzen nur eng gezogen sind, so sind sie desto weiter bei dem andern und lassen dem Genie ein weites Feld zu immer neuen Erzeugnissen.

Der neuere sogenannte italienisch-französische Styl, in dem, neben manchem Tüchtigen und Großartigen, auch sehr viel Schlechtes hervorgebracht worden, möchte weniger für einen Palastbau zu rathen sein, da die Eigenthümlichkeiten dieses Styles, besonders an den in Frankreich errichteten Gebäuden, keine gesunden Wurzeln haben und hauptsächlich in misverstandenen antiken Formen, mehr und mehr bis zur Unkenntlichkeit verbildet, Überladung und bedeutungslosem Verzieren bestehen. Vor allen möchte dem Style des teutschen Mittelalters für Paläste im Norden Europa's der Vorzug zu geben sein, welcher allein nur sich dem Lande und der ihm zugehörigen Lebensart anschließt.

Das Innere muß dem Äußern gemäß durchgeführt werden, doch wird hier eine größere Freiheit, ein leichteres Auffassen des Styles, eine Milderung der strengen Formen, mit Geschick gehandhabt, ganz am rechten Orte sein.

So lange es Herrscher gibt, so lange sind Paläste erbaut worden, mehr oder weniger groß, prächtig und schön, je nach der Macht und Bildung des bezüglichen Herrschers und Volkes; im Süden gewiß stets prächtig, im Norden dagegen wol meist nur ärmlich. Aus dem entferntesten Alterthume des Südens möchten vielleicht jetzt noch die von der Erde verschwundenen Paläste unsere Bewunderung verdienen; aus dem Norden würde wahrscheinlich mancher Königspalast kaum mit einem jetzigen gewöhnlichen Bürgerhause wetteifern können.

Nur spärliche Nachrichten haben wir von den meisten ältesten Palästen Griechenlands und Asiens im Bereiche unserer Geschichtskenntniß. Hin und wieder will man sie noch in Trümmerhaufen aufgefunden haben. Ägypten zeigt noch jetzt auch in dieser Art seine Wunder in unvergänglichen Werken, und die Nachrichten und die Trümmer von den Palästen der Römer geben uns einen Begriff von ihrer Pracht und Größe.

Die Paläste des Alterthums waren in ihrer Bauart gewiß stets aus der Bauart der gefeiertesten Gebäude, der Tempel, entsprungen. In Ägypten waren zum Theil die Tempel zugleich Paläste, Wohnungen der Könige, auch der Priester. Es bauten sich die ägyptischen Könige auch vor der Zeit der Errichtung der Pyramiden, die denselben Zweck hatten, prachtvolle Grabpaläste, zum Theil von ungeheurer Größe, und in ihren Überresten jetzt noch Staunen erregend; als zu Thebä (Diospolis) die Paläste des Memnon und des Sesostris und der des erstern zu Abydos, die Paläste zu Karnak und Luxor rc.

Hierher gehört auch der Grabpalast des Königs Mausolus zu Halikarnaß in Kleinasien, der — besonders der ihn zierenden Sculpturwerke wegen — zu den sieben Wundern der Welt gerechnet wurde und zum Theil aus Ziegeln erbaut war. Im Ganzen sind uns sehr wenig genaue Nachrichten über Paläste vorchristlicher Zeit zugekommen, und weder dies Wenige, noch die Überbleibsel der Baue, geben ein bestimmtes Bild ihres Styles und besonders ihrer Einrichtung. In Alexandrien glaubt man in alten sehr ausgedehnten Ruinen noch die Reste der Paläste der griechischen Könige zu besitzen. Von dem Palaste des Krösus zu Sardes, der wie der Königspalast zu Tralles von gebrannten Steinen gebaut war und als Muster dieser Bauart bei den Römern galt, will man die Ruinen wieder aufgefunden haben. Die hangenden Gärten der Semiramis (auf Gewölben ruhende Anlagen), aus gleichem Stoffe erbaut, waren wahrscheinlich ein Theil des babylonischen Königspalastes.

Da die Perser als Sonnendiener keine Tempel hatten, so sind sämmtliche Überbleibsel ihrer Prachtgebäude, wahrscheinlich Wohnungen der Könige, Paläste gewesen. Bei dem jetzigen Schehelmina in den Ruinen des alten Persepolis haben sich weitläufige, von großer Schönheit und Kostbarkeit zeugende, Trümmer eines alten Königspalastes erhalten. Er liegt auf einer hohen Felsenfläche, zu der schöne Treppen hinaufführen. Der ganze Bau von Marmor ist im Style meist den griechischen Werken ähnlich, und die angewandten Blöcke von zum Theil erstaunlichen Maßen sind ohne Mörtel, mit metallenen Klammern, verbunden gewesen. Der Unterbau ist noch gut erhalten. Ebenso stehen noch viele mit Bildwerken bedeckte Mauern, viele aufs Schönste und Geschmackvollste gearbeitete Säulen von den größten Maßen rc.

In Griechenland scheinen die Burgen der alten Zeit zugleich die Paläste der Könige gewesen zu sein. In Syracus, das später mit ausgezeichneten Palästen geschmückt wurde, war des Dionysius Palast wegen seiner Schönheit, Künstlichkeit und Festigkeit berühmt.

Die Römer fingen erst später an, Paläste zu bauen, und es mögen die prächtigen Stadt- und Landhäuser des Lucullus, die gewiß den Namen Paläste verdient haben, vielleicht die ersten Roms gewesen sein. Prächtiger noch soll Scaurus die seinigen gebaut haben, und alles dies wurde wahrscheinlich von Nero's Palaste, dem sogenannten goldenen Hause, übertroffen.

Von Titus' Palaste auf dem esquilinischen Berge findet man noch bedeutende Unterbaue, in deren ausgedehnten labyrinthischen Gewölben sich noch Wandmalereien erhalten haben. Auch von Domitian's Palaste, der mit ausgezeichneter Pracht errichtet worden, sieht man noch weitläufige, erstaunenerregende Überbleibsel. Die Villa des Kaisers Adrian bei Tivoli war ein mit unvergleichlicher Pracht von diesem kunstliebenden und kunstverständigen Monarchen errichteter Palast. Er war aber auch ausgezeichnet geschmückt durch die herrlichsten Erzeugnisse aller bildenden Künste. In seinen noch erhaltenen unermeßlichen Trümmern fand man in neuerer Zeit die berühmte Warwick-Vase (jetzt in England befindlich).

Die jetzige Stadt Spalatro in Italien liegt in den Grenzen des Palastes, den sich der Kaiser Diocletian auf dieser Stelle als Landsitz, unendlich an Umfang und von der größten Pracht, erbaute. Es ist noch sehr vieles von den dazu gehörigen Gebäuden gut erhalten und gibt Gelegenheit, den damals so über. Alles ausgearteten, verdorbenen Geschmack der Römer in der Baukunst auch in dieser Art von Gebäuden kennen zu lernen. Leider hat man später in diesem und ihm verwandtem Geschmacke sehr viele und große Gebäude aufgeführt. Die Trümmer geben übrigens jetzt noch ein Bild von der außerordentlichen Kostbarkeit dieses Palastes und zeigen die größte Dauerhaftigkeit.

Kaiser Constantin baute in Byzanz unter vielen Anderem einen prächtigen Palast, dessen Stelle das jetzige Serail einnehmen und das noch Spuren des alten Palastes umschließen soll.

Von dem Palaste des Ostgothen-Königs Theodorich zu Terracina, ebenso von seinem Palaste zu Ravenna (jetzt ein Franziskanerkloster) haben sich noch Überbleibsel erhalten, die denen von Diocletian's Palaste zu Spalatro sehr ähnlich sind.

Das Wenige, was wir von allen diesen und andern Palästen des Alterthums aus ihren Überbleibseln und durch Nachrichten kennen, zeigt, daß der Styl dieser Bauwerke stets mit dem Style der gottesdienstlichen Gebäude, so weit die verschiedenen Zwecke es zuließen, übereinstimmte, und daß sich, strenge genommen, damals ein Palaststyl ebenso wenig als in jetziger Zeit selbständig ausgebildet hat. Bei den Persern allein nur könnte man das Gegentheil annehmen, da hier die Königspaläste wahrscheinlich die vornehmsten Gebäude waren, sowie in andern Ländern die Tempel, die sich dort nicht fanden. Obgleich es gewiß ist, daß die griechische und ägyptische Baukunst auch hier auf Ausbildung der Architektur der Paläste bedeutenden Einfluß gehabt hat, so ist derselben doch, nach vielen Spuren in den Trümmern, bedeutende Selbständigkeit nicht abzusprechen.

Im spätern Mittelalter, besonders dem 15. Jahrh., haben sich große Baumeister in Italien unter andern durch musterhafte Palastbaue in einem eigenthümlichen Style, und der mehr als jemals von dem Style der religiösen Gebäude abwich, ausgezeichnet. Vor allen war dies der große Brunelleschi, der diesen Styl zuerst in dem ausgedehnten Palaste Pitti zu Florenz ins Leben treten ließ. Ihm folgten nach der vortreffliche Michelozzo, sein Schüler, der in dem noch ausgedehntern Palaste Ricardi daselbst dieselbe Großartigkeit jenes Palastes mit größerer Ausbildung der Architektur und mit mehr Zierlichkeit verband und in diesem Werke eines der schönsten seiner Art überhaupt aufgestellt hat. Ein dritter ähnlicher Bau, der Palast Strozzi, wurde nach dem vorigen, aber ebenfalls im 15. Jahrh. von Benedetto da Maiano angefangen und von Cronaca vollendet, fast ebenso wie der Palast Ricardi in seinem Äußern, nur um Weniges leicher und zierlicher, aber bedeutend kleiner.

Diese Paläste, eigentlich Schlösser, die musterhaftesten ihrer Art, begründeten den Styl, den man den florentinischen nennt und der im Allgemeinen in großartigen Gebäudemassen selbst und darin besteht, daß ihre äußern Wandflächen nur durch wenige und nicht große Öffnungen unterbrochen, von Unten bis Oben in gewaltig großen, stark vortretend gearbeiteten Quadern (Bossagen), massiv und ohne alle Pilaster oder dergl., in der Regel drei Geschoß hoch sich erheben und oben durch ein schweres, sehr weit ausladendes, oft reiches, Gesims gekrönt werden, das indessen beim Palaste Pitti fehlt; dabei ist jedes Geschoß, besonders aber das untere, sehr hoch und durch äußerst wenige, ganz kleine Fenster unterbrochen. Die Öffnungen sind meist rundbogig geschlossen und hervortretende Zierden weiter nicht vorhanden. Daß sie meist alle im Viereck einen oder mehre Höfe umschließen, die mit bogentragenden Säulen oder Pfeilern verziert sind, haben sie zwar mit manchen Palästen andern Styles gemein, doch ist dies in ihrem Charakter begründet und fehlt bei ihnen nie.

Dieser Styl entstand besonders durch die damalige Fehdesucht, bei der die Großen gezwungen waren, ihre Paläste zugleich als Festungen zu gebrauchen, wodurch möglichst wenig und geringe und schwer zugängliche Öffnungen nach Außen und starke Mauern bedingt wurden. Außerdem entstand er in Bezug auf die durchgehende Quaderung — als einzige Zierde der Wände — dadurch daß in Toscana die größten Steinmassen sehr leicht zu haben waren, die für die Vorderseite nur an den Rändern sauber, sonst aber roh bearbeitet werden konnten, um dennoch dem Ganzen neben der wahren Dauerbarkeit auch das kräftigste Ansehen und eine unzerstörbare, die weiten Massen angenehm füllende, Zierde zu geben.

Vor Brunelleschi im 13. und 14. Jahrh. war der Palaststyl zwar ebenso großartig und voll trotziger Kraft in seinem Charakter, aber auch roher und von wenig Kunstbildung zeugend. Hierher gehört der berühmte, großartige und würdevolle, aber keineswegs musterhafte Dogenpalast in Venedig und der alte Palast, vecchio oder gran ducale, zu Florenz, von Arnolfo di Lapo im 13. Jahrh. erbaut.

Nach dem Tode der früher genannten Meister im 16. Jahrh. wandte man sich mehr und mehr von diesem eigenthümlichen Style ab, vermischte ihn zuerst mit mehr antik-römischen Formen, verlor mehr und mehr die großartigen, kräftigen, dem Zeitalter zu wenig zierlichen und gefälligen Massen aus dem Gesichte und vertauschte sie endlich ganz mit misverstandenen, antiken und neu erfundenen Formen, wie man sie bei den Kirchen anwandte, bis im Zeitalter Ludwig's XIV. mit der Baukunst überhaupt alle Kunst des Palastbaues unterging.

Wie jener Palaststyl in Italien sich durch die Kraft und Unruhe des Jahrhunderts besonders ausbildete, also daß die Paläste festungartig, eigentliche Schlösser, wurden, so hatte sich im 13. Jahrh. bei den teutschen Rittern in Preußen an den eigentlichen Festungen, in denen sie sich gegen das kriegerische Land hielten, ein eigenthümlicher Styl für den Schloß- oder Palastbau ausgebildet. Die Ritter waren reich und mächtig. Bloße Festigkeit ihrer Wohnungen genügte ihnen nicht, sie wollten auch Pracht und Schönheit in angemessener Art damit verbinden, und so entstanden hier im teutschen Charakter, wie dort im italienischen, befestigte Paläste; nur hier in den Festungen selbst. Die meisten sind nur noch in unbedeutenden Trümmern oder durch Umbaue gänzlich entstellt vorhanden. Aber in Marienburg steht noch der Haupttheil des alten Schlosses, Festung und Palast zugleich, einzig in seiner Art und auf dem höchsten Gipfel eigenthümlicher, bewundernswürdiger Ausbildung, in seiner ganzen Herrlichkeit. In seinem Style erkennt man nicht blos die Eigenthümlichkeit, die ihn vor dem aller Schlösser anderer Länder auszeichnet, sondern auch diejenige, die ihn gänzlich entfernt vom Style aller andern Gebäude, am meisten der kirchlichen, sodaß hier von teutschen Meistern, ebenso als dort von italienischen, für den Bau fester Paläste ein ganz neuer, angemessener Styl selbständig aufs Herrlichste ausgebildet worden ist.

Wenn sich das Schloß in Marienburg im Allgemeinen noch bei weitem mehr vor allen übrigen Gebäuden auszeichnet, als der florentinische Palast, so kann man dies der gewissermaßen bestehenden Verschiedenheit ihres Zweckes zuschreiben. Die Italiener wollten einen Palast, in dem sie Schutz fanden und sich allenfalls gegen einen raschen, nicht dauernden Anlauf vertheidigen konnten. Die teutschen Ritter wollten und mußten dagegen mehr eine wirkliche Festung in ihrem Palaste haben, in der sie sich lange Zeit halten konnten, abgesehen von der sonst befestigten Lage des Gebäudes. Im Einzelnen findet man aber auch nicht die volle Eigenthümlichkeit bei den Italienern als hier bei den Teutschen. Jene hatten das Hauptgesims und die Bossagen ganz so wie sie sie vorfanden von den antiken weltlichen und geistlichen römischen Gebäuden entnommen; bei diesen findet man auch nicht die geringste Nachahmung fremder Werke. In Allem waltet ein eigenthümlicher Geist, von der Erfindung bis zur technischen Ausführung des Unbedeutendsten.

Für die Erkenntniß der außer Marienburg noch vorhandenen Überbleibsel jener preußischen Baudenkmäler dient dies fast noch ganz vollständige, einzig dastehende Werk, und man sieht, daß der Styl desselben, obgleich minder prächtig und großartig, doch in seiner Eigenthümlichkeit durch alle hindurchging und sich also an einer großen Zahl von Gebäuden vollständig bis zur größten Schönheit und Erhabenheit in der Marienburg ausgebildet hatte. Mit der Macht der teutschen Ritter verschwand auch ihr Baustyl von der Erde.

Er besteht wie der florentinische in großen Mauermassen, die dem Lande gemäß nicht von Quadern, sondern von Ziegeln aufs Genaueste und Festeste zusammengesetzt sind. Um die Eintönigkeit der glatten, weiten Mauerflächen zu verhüten, bilden verschiedenfarbige Ziegel mancherlei regelmäßige Figuren darin, statt jener Quaderung. Im Innern ruhen weite, hohe Kreuzgewölbe auf einem in der Mitte stehenden schlanken Pfeiler, welche Gewölbe wieder Strebepfeiler nothwendig machten, die dem Äußern den Begriff gewaltiger Kraft und Festigkeit geben. Diese Strebepfeiler waren bei den flachen Decken oder den Tonnengewölben der Italiener nicht nothwendig. Statt des bei letztern fast nur zur Zierde dienenden Hauptgesimses waren hier krönende Zinnen zur Vertheidigung aufgebaut. Nirgends findet man freistehende Zierden, wie bei den Gebäuden des Friedens, welche bei den Schlössern sogleich ein Opfer des Angriffs und der Vertheidigung geworden wären; sondern wo man schmücken wollte, that man dies mit flachen, scheinbaren Durchbrechungen und dem oben erwähnten mosaikartigen Mauerwerke. Außer den unverwüstlichen, trefflichen Ziegeln wurde besonders noch der vaterländische Granit als Baustoff verwandt.

Nirgends weiter hat sich, wie in Preußen und Florenz, ein Palaststyl selbständig ausgebildet.

Im 16. Jahrh. wurden in und bei Rom, Venedig, Genua, Bologna, Mailand, Florenz und andern Städten Italiens schöne und große Paläste aufgeführt. Die Formen ihrer Architektur aber waren der römischen Antike, meist aus den spätern Zeiten des Kunstverfalls, entlehnt, dabei oft misverstanden und ihr Styl derselbe, den man bei den kirchlichen Gebäuden anwandte, wie dies z. B. der von dem berühmten Palladio erbaute Palast Trissini zeigt, der ebenso wol in seinem Äußern für ein Kirchengebäude jener Zeit gehalten werden könnte, als die Façade der Peterskirche für die eines Palastes.

Wachsend ging diese Armuth der Kunst durch das 17. und einen Theil des 18. Jahrh. hindurch. Dennoch findet man, wenn man den Mangel eines eigenthümlichen Styles übersieht, viele sehr achtungswerthe Palastgebäude dieser Zeiten, in Bezug auf Zweckmäßigkeit und Schönheit ihrer Anlage, auf Großartigkeit der Verhältnisse und einzelne, höchst gelungene Theile. Einer der größten und schönsten ist der von San Gallo im 16. Jahrh. erbaute Palast Farnese in Rom, meist von vortrefflicher Architektur, dem sich in Größe, Schönheit und edler Einfachheit der von Fontana gebaute lateran'sche Palast aus derselben Zeit würdig anschließt. Ebenso ist ein sehr großes und vorzügliches Werk aus diesem Jahrhunderte, das Schloß Caprarola bei Rom, von Vignola erbaut. Außer diesen sind unter den römischen Palästen noch besonders berühmt, zum Theil ihrer Kunstschätze wegen: der unermeßliche Vatican, der Palast von Monte cavallo, der kolossale Barberin'sche Palast, von Bernini gebaut, und der große und schöne, von Bramante erbaute Palast Borghese &c. In Genua wurden im 16. Jahrh. außerordentlich viel Paläste, besonders durch Alessi, erbaut, unter dessen hiesigen Werken sich aber vorzüglich als einer der prächtigsten in ganz Italien der Palast Sauli auszeichnet. Derselbe Meister erbaute auch unter andern, bei Perusa einen Palast für den Herzog della Corgna, der in Pracht und Größe überhaupt wenige seines Gleichen hat. In Venedig ist der ganze Canal grande von Palästen eingefaßt, die aus dieser Zeit stammen, und unter denen sich der Palast Balbi, von Palladio, auszeichnet.

Im 18. Jahrh. wurde zu Caserta von Vanvitelli für den König von Neapel ein prächtiger Palast gebaut, der in Anlage, Größe, Würde und Schönheit zu den ersten Europa's gehört.

Unter den Palästen auf Sicilien zeichnen sich in Palermo der königliche und der bischöfliche durch guten Styl, durch Größe und Pracht aus.

In Frankreich, besonders im Süden, findet man viele alte, feste Schlösser, ziemlich eigenthümlichen Styles, an deren Erbauung aber die schöne Kunst wenig Antheil hatte, und die dem Eingangs entwickelten Begriffe gemäß weniger den Namen Palast, als den einer bloßen Burg verdienen.

Ausnahmen macht hiervon unter andern das feste Lustschloß Amboise bei Tours, das Ludwig XI. baute und Karl VIII. verschönerte, und das durch seine frühere Pracht und durch große Festigkeit berühmt ist. Unter mehren andern großen und prächtigen Schlössern, die im Lande zerstreut sind, ist doch keines von vorzüglicher Bauart.

Im Ganzen gibt es hier bei weitem weniger Paläste als in Italien, und für ihren Baustyl war letzteres immer das Muster, von dem die Franzosen nur unglücklich abwichen.

Die bemerkenswerthesten Paläste in Paris sind: der Louvre, das älteste königliche Palais und der größte Palast Frankreichs, die Tuilerien, ebenfalls Residenz, im 16. Jahrh. angefangen, und das, aus dem 17. Jahrh. stammende, Palais Royal. Alle weder schön, noch eigenthümlich in der Architektur.

Der in der Bauart vorzüglichste Palast in Paris ist wol der Palast Luxemburg, der zugleich der größte in Frankreich außer dem Louvre ist, und dem 17. Jahrh. angehört.

In Versailles, der Schöpfung Ludwig's XIV., baute dieser eines der größten und prächtigsten Lustschlösser; es hat indessen wenig Schönheiten und trägt im Ganzen den Stempel des tiefen Verfalls der Baukunst jener Zeit. In Lyon und den andern bedeutenden Städten Frankreichs befinden sich viele Paläste, aber alle ohne großen Anspruch auf wahre Schönheit zu haben.

In Spanien sind aus älterer Zeit keine Paläste weiter besonders berühmt geworden, als die der Mauren aus dem 13. und 14. Jahrh.

In keinem Theile Europa's hat es, zu dieser Zeit und wahrscheinlich seit dem Untergange des römischen Reichs bis jetzt, schönere und prächtigere Paläste gegeben, als in dem Reiche der Mauren in Spanien, vor allem in Granada. Hier war das berühmte Alhambra, Festung und Palast der maurischen Könige, von der Mitte des 13. bis zur Mitte des 14. Jahrh. erbaut. Alle Kunst des kunstsinnigen, prachtliebenden, erfindsamen und reichen Volkes hatte hier zur Verherrlichung ihrer Könige, in Höfen, Hallen und Gemächern, in Säulengängen und Springbrunnen mit fast überreicher Phantasie, mit den schönsten, kostbarsten Steinarten, mit Mosaik, den reichsten Vergoldungen und den schönsten Farben wetteifernd gewaltet und aufs Prächtigste und Geschmackvollste, wie das Pflaster des Hofs, so die Wände und Decken der Prunkhallen, geschmückt und verziert. Baukunst, Malerei und Bildhauerkunst und alle die lieblichen, verzierenden Künste gingen hier Hand in Hand, das schönste Ganze, das noch jetzt in allem Verfalle von keinem seiner Art übertroffen wird, hervorzubringen.

Ausgezeichnet schön ist hier besonders der sogenannte Löwenhof und die Halle der Abenceragen, beide durch herrliche Architektur, jener noch besonders durch einen großen von Löwen getragenen Springbrunnen, diese durch die schönste, zierlichste Bildhauerarbeit von der besten Zeichnung und in den heitersten Farben und Vergoldungen, womit die Flächen gänzlich bedeckt sind, ausgezeichnet.

Wie in Granada das Alhambra, so war in Sevilla aus etwas späterer Zeit das Alcazar, die Residenz der maurischen, später auch der castilianischen Könige, ein prächtiger, umfangreicher Palast von großer Schönheit, wenn er auch nicht das herrliche Alhambra erreicht. Weitläufige, reizende Gärten umgaben den feenhaften Bau. Die Wände sind auch hier aufs Reichste mit den schönsten und prachtvollsten Arabesken verziert.

Vor Allem ist in diesem Gebäude an Schönheit, Pracht und Fülle der Zierden die sogenannte Gesandtenhalle ausgezeichnet.

Auch in Malaga, in Cordova und in Segovia stand ein prächtiger königlicher Palast der Mauren, und außerdem zeichneten sich die Paläste ihrer Großen zu Granada und in andern Städten würdig aus.

Der Charakter der Architektur dieser Gebäude ist im Äußern, wo sie zur Vertheidigung dienten, einfach und kriegerisch. Hohe und weite einförmige Massen, wenige und kleine Durchbrechungen und wenige Verzierung. Das Innere aber, die Höfe und die Hallen, zeigten den hohen Grad der Kunstbildung des Volkes und den Styl seiner Baukunst, der unter dem Namen des maurischen bekannt ist. Er ist in den Palästen im Ganzen nicht unterschieden von dem seiner gottesdienstlichen Gebäude. Fast sämmtliche Bogen haben die Hufeisenform, oder die der sogenannten Eselsrücken. Die Säulen sind äußerst schlank und zierlich und tragen meistens ebenso zierliche Galerien oder leicht geschwungene Gewölbe. Die Verzierungen sind öfter von gitterartiger, mannichfaltiger Form, gemalt und in Stuck oder Mosaik, oder in Stein gehauen. Vor allen zeichnen sich die bekannten Arabesken oder Moresken aus, die in dieser Architektur ihren Ursprung haben, in Stuck mit Gold und den glänzendsten, heitersten Farben. Marmor, besonders weißer, Alabaster, Jaspis und andere edle, schöne Steinarten sind in Fülle angewandt; ersterer auch besonders zu den Säulen, und alle Arbeit ist mit bewundernswürdiger Kunst, Sorgfalt und technischer Vollendung, die sich noch jetzt, nach fünf Jahrhunderten, bewährt und noch Vieles wie neu erscheinen läßt, ausgeführt.

Von strengen Regeln ist in diesem Style nichts zu finden; und wie sich derselbe durch Zierlichkeit, Leichtigkeit und glänzende Pracht auszeichnet, so war in ihm auch der Phantasie keine drückende Fessel angelegt, und so scheinen diese Baue weniger der Wirklichkeit, als einer längst entschwundenen, glücklichern Fabelwelt anzugehören.

Aus den spätern Jahrhunderten zeichnet sich der Palast Escurial, zugleich Kloster, wegen seiner ungeheuern Größe und Pracht aus. Er liegt in der Nähe von Madrid und wurde im 16. Jahrh. von Philipp II. erbaut. Außerdem sind mehre Lustschlösser, z. B. San Ildefonso, berühmt. In Sevilla sind in den neuern Zeiten manche Paläste entstanden, aber ohne beachtungswerth zu sein. Das prachtvolle königliche Schloß in Madrid, aus dem vorigen Jahrhundert, hat manche Schönheiten und ist im Ganzen imponirend, ohne im Style musterhaft zu sein.

In Portugal findet man keine vorzüglichen Palastgebäude.

In England zeichnen sich viele Paläste der reichen Großen, besonders auf dem Lande durch ihr Alter, ihre Größe und Kostbarkeit, durch den Reichthum ihrer Sammlungen und durch ihre Parks, weniger durch schöne und eigenthümliche Architektur aus. Sie sind entweder im italienischen Baustyle der letztern drei Jahrhunderte, oder im altenglischen Style, der nahe verwandt mit dem altteutschen (gothischen) ist.

Im erstern Style tritt keiner der englischen Paläste ausgezeichnet hervor; im letztern Style zeichnet sich Eaton Hall aus, der große und prächtige Palast des Grafen Grosvenor in Cheshire, im Innern und Äußern folgerecht durchgeführt. Er wurde erst in diesem Jahrhundert erbaut, und die Formen seiner Architektur sind mit Glück, besonders dem Münster von York entlehnt. Er ist ein herrlicher, großartiger Bau, und als ein Beweis anzusehen, wie glücklich sich dieser so verkannte Styl auch auf Gebäude dieser Art anwenden läßt.

Noch weit großartiger erscheint derselbe, und glücklicher angewandt in dem jetzt im Bau begriffenen Parlamentspalaste an der Themse zu London, der eins der schönsten und großartigsten Palastgebäude überhaupt werden wird.

Aus dem 13. Jahrh. steht noch unversehrt der großartige Lambethpalast, ein festes Schloß im Style seines Landes und Jahrhunderts, und eins der ältesten Gebäude in London.

Ihm ähnlich im Style, aus derselben und noch aus älterer Zeit, findet man noch in verschiedenen Theilen Großbritanniens merkwürdige alte Schlösser, z. B. das uralte, wohlerhaltene Bamborough Castle an der Küste von Northumberland, das großartigste und vielleicht älteste, von Wilhelm dem Eroberer erbaut.

Hier ist auch anzuführen das alte Schloß der schottischen Könige zu Edinburgh, zum Theil noch aus dem 16. Jahrh., das früher Kloster war, dessen größter Theil aber nach der Zerstörung des alten aus dem 17. Jahrh. stammt.

In Brigthon bei London steht der berühmte Sommerpalast Georg's IV. ganz im orientalischen Style, der prachtvollste Palast in Europa, der 3,000,000 Pfund gekostet hat, aber ohne durchgehenden guten Geschmack. Der neue Buckinghampalast in London für den König zeichnet sich nur durch die größte Geschmacklosigkeit, Überladung und Verschwendung aus. In Dublin ist das prächtige Schloß in manchen Theilen ein schätzenswerther Bau.

In Rußland hat der Palastbau, wie überhaupt die schöne Baukunst, nirgends und zu keiner Zeit Triumphe gefeiert. In Petersburg sind einige Paläste, ungeheuer groß und prachtvoll, aber weder schön noch eigenthümlich, meist von Franzosen oder Italienern in ihrem Style erbaut. Hierher gehört die kaiserliche Residenz, der Winterpalast, der Marmorpalast und der Michaelow'sche Palast ꝛc.

In Moskau ist der alte Residenzpalast der Zaren, der Kreml, zwar geschichtlich berühmt, aber ohne allen architektonischen Werth.

Er besteht aus einer Menge von Gebäuden, für die Herrscher selbst und den Hofstaat sowol, als auch für die obersten Behörden ꝛc., dabei Zeughäuser, Kirchen und Klöster ꝛc.

Die Hauptform des Ganzen ist ein Dreieck mit hohen Mauern umgeben, die ein Italiener im 15. Jahrh. baute. Zu sehr verschiedenen Zeiten ist von meist italienischen Baumeistern in den verschiedensten Baustylen, doch größtentheils orientalisch, daran gebaut worden.

Der Kreml ist ein Gemisch von den verschiedensten Gebäuden in jeder Hinsicht, bei dem, dicht neben der größten Pracht, Barbarei und Verfall herrscht.

In Warschau haben weder die königlichen, noch die in großer Menge vorhandenen, zum Theil prächtigen Paläste der reichen Magnaten, besondere Großartigkeit, Eigenthümlichkeit oder sonstige Vorzüge in der Baukunst. Ebenso wenig ist dies der Fall in den Schlössern, auf den Landsitzen der Großen; nur aus der neuesten Zeit zeichnen sich einige, deren Erbauer Schinkel ist, durch edle und zum Theil eigenthümliche Architektur aus.

Skandinavien ist ebenfalls nicht reich an ausgezeichneten Palästen. In Kopenhagen brannte am Ende des vorigen Jahrhunderts einer der vorzüglichsten Paläste nieder. Mehre andere königliche Paläste hier und im Lande, alle im italienischen Style, sind nicht ausgezeichnet.

In Stockholm ist das im vorigen Jahrhundert auch im italienischen Styl erbaute, große königliche Schloß, ebenso wenig als die übrigen Paläste der Stadt und des Landes bemerkenswerth.

Noch weniger findet man in Norwegen.

In den Niederlanden hat man nicht viel Bedeutendes in Palästen aufzuweisen.

In Amsterdam ist jedoch der jetzige königliche Palast, das ehemalige Rathhaus, als das schönste Gebäude des Landes und als das schönste und größte aller Rathhäuser überhaupt, beachtenswerth. Es ist noch besonders dadurch berühmt geworden, daß es auf einem Roste von beinahe 14,000 Pfählen steht. Der Architekt van Campen führte es im 17. Jahrh. auf.

Im Haag ist das königliche Schloß, der Palast des Prinzen Moritz, auch von van Campen aufgeführt, und der Palast der Staaten von Holland bemerkenswerth.

In Brüssel zeichnet sich unter mehren Palästen keiner besonders aus.

In Teutschland, dem Lande, das jede Kunst zu hoher Vollendung ausgebildet hat, findet man große, schöne und merkwürdige Paläste und Schlösser, aus allen Zeiten und viele sind durch ihre Kunst als Muster, durch t und Großartigkeit berühmt.

Von einem der merkwürdigsten, dem Schlosse zu nburg, ist schon vorhin ausführlich die Rede gewe- Zum Theil aus derselben Zeit, zum größten Theil aus späterer, stammt das berühmte heidelberger ß, frühere Residenz der Kurfürsten von der Pfalz, aber seit dem Ende des 17. Jahrh. in Ruinen liegt. aber die herrlichste und größte Schloßruine Teutsch- die auch als solche und in den noch erhaltenen n durch ihre Pracht und Großartigkeit Bewunderung. Ihre Architektur, aus den verschiedensten Jahr- rten, ist zum Theil großartig ernst, zum Theil ro- sch schön, wenn auch nirgends musterhaft.

Von den prächtigen Palästen, die Karl der Große heinlich von römischen Baumeistern zu Aachen, zu egen, zu Ingelheim rc. erbauen, und zu denen er Marmorsäulen aus Italien kommen ließ, sind lei- ur noch in Ingelheim einige Trümmer vorhanden, ie Nachrichten über sie sind äußerst ärmlich. Nur l wissen wir, daß diese Paläste höchst prächtig und ielen Säulen geziert waren. Einige derselben aus heim sollen die zu einem Brunnen im heidelberger sse verwendeten sein.

Von dem Palaste der Hohenstaufen in Gelnhausen nur noch unbedeutende Reste, die ein schwaches Bild frühern Zustandes geben, vorhanden, doch zeugen sie roßartigkeit und Pracht und von Anwendung des da gebräuchlichen, sogenannten byzantinischen Baustyles. Der Barbarossapalast zu Kaiserslautern ist leider, wie andere, gänzlich zerstört und verschwunden.

In Regensburg hatte Kaiser Arnulph einen Palast , von dem wir indessen ebenso wenig etwas Nähe- issen.

Berühmt ist das Residenzschloß der alten Landgrafen hüringen, die Wartburg, im 11. Jahrh. gegründet. Es sich hier in Einzelnheiten und in manchen Anlagen Überbleibsel der ältesten Architektur, die in Überein- ung mit den Nachrichten von der Pracht des ehemali schlosses zeugen. Weniger indessen seines Baues, als hr des dort im 13. Jahrh. stattgehabten Sänger- und glanzvollen Ritterwesens und des Aufenthalts 's wegen, ist dies Schloß so berühmt.

Von derselben Bauart und aus noch früherer Zeit ist urg zu Nürnberg, unter andern mit einer wohl er- en, höchst merkwürdigen Kapelle aus der ältesten und außer der Architektur ehrwürdig ihres Alters we- und als öftere Residenz teutscher Kaiser.

Das Schloß der berühmten mansfelder Grafen liegt ntheils in Schutt und Trümmern, doch das noch ndene beweist die kolossale Größe, die Festigkeit und acht der verschiedenen Theile desselben, deren bedeu- aus dem 15. Jahrh. stammen.

Wien besitzt keine in der Architektur ausgezeichneten e. Die kaiserliche Burg, aus verschiedenen Zeiten, n 13. Jahrh. gegründet, ist von Außen unansehn- nd ohne architektonischen Werth, im Innern indessen prächtiger. – Ebenso ist der kaiserliche Palast Belve- dere und sind die Paläste der Großen in Wien ohne ar- chitektonische Bedeutung.

In Prag ist der Hradschin ein außerordentlich gro- ßes und prächtiges kaiserliches Schloß, das Karl IV. im 14. Jahrh. gründete und das in seinen in verschiedenen Jahrhunderten erbauten Theilen ebenso wol vortreffliche Muster altteutscher Architektur, als auch der neuern und neuesten, bis zu Maria Theresia's Zeiten, aufzuweisen hat.

Außer diesen sind die Paläste einiger Großen hier nicht ohne architektonischen Werth.

Nahe bei Prag baute Kaiser Karl IV. ebenfalls auch das berühmte Schloß Karlstein mit einer Pracht, die ih- res Gleichen im teutschen Reiche nicht hatte, und von der man noch jetzt die Reste bewundert.

Unter den vielen im österreichischen Lande zerstreuten Palästen der Fürsten und Großen verdient vielleicht den ersten Rang der im Style des vorigen Jahrhunderts er- baute kolossale, schöne und höchst prächtige Palast des Fürsten Esterhazy in Ungern am Neusiedler-See.

Das königliche Schloß zu Berlin ist einer der aus- gezeichnetsten, großartigsten und würdevollsten Paläste. Wenn auch von verschiedenen, in Hinsicht ihres Genies sehr ungleichen Baumeistern, im Style des 17. Jahrh., aufgeführt, ist es doch in diesem Style eins der vorzüg- lichsten und schönsten Gebäude überhaupt, mit dem Cha- rakter eines gediegenen, großen Ganzen. Nur ein unbe- deutender Theil des ältesten Schloßtheiles steht noch in dem malerischen Style des 15. und 16. Jahrh.

Einige neuerdings hier von Schinkel im Innern aus- gebaute Paläste zeichnen sich in diesem durch höchst ge- fällige Architektur, sinnreiche Construction und Anordnun- gen und durch eine Fülle wahrhaft genialer Ideen aus.

Die Paläste bei Potsdam sind meist weniger durch ihre architektonische Größe oder Schönheit, als durch Fried- rich den Großen, ihren Schöpfer, berühmt geworden, doch gehört das sogenannte neue Palais zu den bedeutendern und schönern Teutschlands.

Zu Königsberg ist das königliche Schloß groß und prächtig, ohne indessen im Style sich auszuzeichnen.

Bei Cassel ist der Palast auf der Wilhelmshöhe ein großes, schönes, beachtenswerthes Gebäude. Das mann- heimer Schloß ist eins der größten Teutschlands, jedoch in der Architektur nicht bedeutend.

Der neue Königsbau in München, der königliche Re- sidenzpalast, ist in den letzten Jahren im Style der flo- rentinischen Paläste, in der Hauptform nach dem Palaste Pitti gebaut, ohne aber die Großartigkeit der Vorbilder zu erreichen. Das Innere ist indessen außerordentlich präch- tig und zeichnet sich besonders durch die Ausschmückung seiner Säle und Zimmer mit den herrlichsten meisterhafte- sten Fresken und Wachsgemälden aus.

In Constanz ist der alte bischöfliche Palast zum Theil durch seine schöne altteutsche Architektur bemerkenswerth.

Die fürstbischöfliche Residenz in Würzburg, aus der ersten Hälfte des 18. Jahrh., ist ein sehr ausgedehntes, in seiner Einrichtung und Anordnung musterhaftes Gebäude, großartig und mit angemessener Pracht im besten Style damaliger Zeit und mit vollkommener Einheit in einem

Gasse aufgeführt. Eins der vorzüglichsten Palastgebäude Teutschlands.

Das jetzt im Baue begriffene neue Schloß in Braunschweig, die Wilhelmsburg, wird dem Plane nach ein sehr großes, äußerst prächtiges Gebäude, vielleicht der allerprächtigste Palast unter den Teutschen.

In Altenburg ist das herzogliche Schloß, aus dem 15. Jahrh. stammend, ein nicht ausgedehntes, aber zum Theil großartiges und anziehendes Gebäude.

Unter den in den hier nicht genannten Haupt- und Residenzstädten Teutschlands vorhandenen und in den verschiedenen Gegenden des weiten Vaterlandes zerstreuten Palästen und Schlössern finden sich noch manche große und prächtige und von lobenswerther Bauart. Doch wiederholen sich in ihnen nur die Formen und Anordnungen der vorher genannten Bauwerke, oder sie sind doch weniger musterhaft oder merkwürdig, und darum konnten sie hier gänzlich übergangen werden.

Dasselbe wird meist von den im übrigen Europa und in den andern Welttheilen vorkommenden und hier nicht bemerkten Palästen gelten.

Was nun die Paläste der neuesten Zeit und ihren Styl betrifft, so sind einige der vorzüglichsten schon früher angeführt worden. In allen Ländern ist im Wesentlichen ihr Baustyl jetzt, wie seit Jahrhunderten, ein und derselbe und beruht auf dem antiken Style, nur mit dem Unterschiede zwischen früher und jetzt, daß man sonst aus Unkenntniß der Gebäude Griechenlands von den im verdorbenen Geschmacke gebauten römischen Gebäuden seine Muster entlehnt hatte, jetzt aber zur Quelle, zu der reinen Architektur, wie sie Griechenlands Trümmer erhalten haben, zurückgegangen ist und daraus schöpft. So hat man in der That große Fortschritte gemacht, und auf solchem Grunde ist allerdings viel Gutes erwachsen. Aber Allem kann dieser Styl noch weniger als der altrömische Genüge leisten. Unser Klima, unser Material und unsere Bedürfnisse passen nicht dazu. Mehr und mehr sieht sich der Architekt genöthigt, von der Reinheit des Styles und seinen wesentlichen Eigenthümlichkeiten abzuweichen und dadurch, und da jeder große und kleine Architekt auf eigne Art abweicht, entsteht zuletzt dasselbe wieder, was die Kenntniß der griechischen Gebäude verdrängt hatte: Willkür, Ungeschmack und Verfall, den nur wenige Hochbegabte aufhalten, nie aber ganz hindern können. So wird man endlich vielleicht erkennen, daß in der fremden Architektur der Keim nicht liegt, der bei uns zum frischen, freudigen Baum erwachsen kann.

Von einer Eigenthümlichkeit des Palaststyls gegen den Kirchenstyl kann unter solchen Umständen nun gar nicht die Rede sein, und wir haben schon erwähnte und noch andere Beispiele, daß das Äußere einer Kirche ebenso wol einem Palaste, oder einem Schauspielhause als das solcher Gebäude auch dem einer Kirche ꝛc. in diesem Style gerecht sein würde.

Das Höchste glaubt man meist erreicht zu haben, wenn man in einem Palaste, einer Kirche, oder irgend einem andern Gebäude der verschiedensten Art, möglichst nahe die Form eines griechischen Tempels einricht hat.

Das Streben der größten Baumeister neuester Zeit, auf diesem Grunde einen für den Norden passenden Styl auszubilden, wird gewiß vergebens sein.

Nur darin kann man Heil für unsere Baukunst überhaupt und besonders auch für die Palastbaukunst sehen, daß man zurückkehrt zum Gebrauche und zur Ausbildung für unsere Zeit, des vaterländischen teutschen Styles, der sich in den herrlichsten Denkmälern jeder Art bewährt hat, und in dessen Festhalten und Ergreifen die Engländer uns so glücklich immer schon, und auch in der neuesten Zeit, vorgegangen sind. (*Stapel.*)

PALATA, ein großes Dorf im nordöstlichsten Theile der Intendanza Molise im Königreiche Neapel, in gebirgiger Gegend, vier Miglien nordnordwestlich von dem Borgo Guardia Alfiera gelegen, mit 2075 Einwohnern, einer katholischen Pfarre, Kirche, einem Sanctuarium, einer Kapelle und nicht unwichtigem Feldbaue. (*G. F. Schreiner.*)

PALATINE, ein Kleidungsstück der Frauen, welches zum Putz oder zur Abhaltung der Kälte über den Oberkleidern getragen wird, und demzufolge bald aus leichten und zierlichen Stoffen, bald aus feinem Pelzwerk besteht. Es hat die Form eines Halskragens, der vorn mit zwei langen und schmalen Enden weit herabreicht. Der Name (französisch Palatine, Pfalzgräfin) soll davon herrühren, daß Charlotte Elisabeth, eine Tochter des Kurfürsten Karl Ludwig von der Pfalz, und im J. 1671 an den Herzog Philipp von Orleans vermählt, dieses Kleidungsstück erfunden und am französischen Hofe eingeführt habe. (*Karmarsch.*)

PALATINE, eine Poststadt in der nordamerikanischen Grafschaft Montgomery, Staat Newyork, liegt auf der Nordseite des Mohawkflusses und enthält 3517 Einwohner. Der zusammengebaute Theil des Orts besteht aus 20 bis 30 Häusern und einer holländisch-reformirten Kirche. (*Fischer.*)

PALATINE-TOWN, ein von ausgewanderten Pfälzern angelegter Marktflecken, in der irischen Grafschaft Carlow. (*Eiselen.*)

Palatinische Bibliothek, Palatinischer Apoll, Palatinischer Berg, s. Palatium

PALATINUS (**Comes Palatinus**). Denkt man bei dem Worte Palatinus, als einem Adjectivum, zunächst an den Begriff des Substantivs (Palatium), von dem es abgeleitet ist, so kann der Ausdruck im Allgemeinen von Allem dem gebraucht werden, was auf irgend eine Weise auf das Palatium Bezug hat, oder damit in Verbindung steht [1]). Demnach wird dann auch der Plural **Palatini** (scil. homines), seinem ursprünglichen Sinne und Bedeutung nach, von allen Denen gesagt werden können, welche zu dem Palatium, d. h. zu dem kaiserl. Hoflager, gehören, und somit im Dienste des Kaisers, von dem zugleich die gesammte Staatsverwaltung ausging, stehen; es ist demnach der allgemeinste Ausdruck zur Bezeichnung des gesammten Hofpersonale, das nach Maß-

1) Einen Beleg dazu gibt Suidas (T. III. p. 6, 7), wo Παλατῖνοι (scil. ἄρτοι Palatini panes) als eine besondere Art von Brod, welches Constantin der Große während seines Consulats dem Volke schenkte, vorkommen — Kaiserbrod; und der Grammatiker setzt ausdrücklich hinzu: οὕτως ὀνομάζονται ἄρτοι, ὡς ἐκ Παλατίου χορηγούμενοι.

und Geschäften in zahlreiche Abstufungen, Classen und ilungen zerfällt, zumal wenn wir bedenken, daß die idung zwischen Hofämtern und Staatsämtern, wie tzt in den meisten Staaten besteht, damals durchaus nicht in der Weise, wie dies jetzt der Fall ist, be-, und demnach die ganze Staatsverwaltung, als von Palatium ausgehend und dahin ressortirend, betrachwurde. In dieser Beziehung also begreift der Aus- Palatini nicht blos das eigentliche Hofpersonale, zunächst und unmittelbar den Dienst bei Hofe, bei Person des Kaisers besorgt, sondern er begreift auch zahlreiche Classe von eigentlichen Staatsdienern und tsbeamten, die zunächst der Centralverwaltung oder eigentlichen Ministerien (nach unserer Weise zu reden) heilt sind, und demnach mehr oder minder zu dem tium oder zu dem kaiserl. Hoflager gehören, und von den höchsten Hof- und Staatswürden, von dem Oberhofmeister, Obersthofmarschall und Obersthofschatzmei- u.s.w. an bis zu den untersten Lakaien, Kanzleibedienund Copisten herab. Sie standen alle im Dienste des tiums; daher der lateinische Ausdruck Officium Palader auch Palatina militia und militare in Palatio [2]), daß wir dabei an militairischen Dienst zu denken haobwol auch diejenigen auserlesenen Truppen, welche Dienst an dem kaiserl. Hoflager zu thun hatten, mit n auszeichnenden Namen der Palatini bezeichnet werwie wir denn daher in der Notitia dignitatum *illationes Palatinae, legiones Palatinae, auxi- Palatina* [3]) genannt finden, seitdem die frühere Leib- der berüchtigten Praetoriani eingegangen oder vielaufgehoben worden war. Diese, zunächst für den des kaiserl. Hoflagers bestimmten, Truppen hatten besondern Befehlshaber; wie auch ihre besondern Ausungen und Privilegien vor den übrigen Truppen, sie behielten auch Alles dieses bei, wenn sie von dem l. Lager weg in die Provinzen geschickt wurden [4]). Unter denjenigen Personen, welche im Gefolge des rs (Comites) an dessen Hoflager sich befanden, nahbekanntlich der Comes largitionum sacrarum und Comes rerum privatarum eine der bedeutendsten höchsten Stellen ein; jener, beauftragt mit der Aufüber den Staatsschatz und der ganzen dahin einschlä- Verwaltung, dieser in gleicher Weise die Aufsicht die kaiserl. Casse oder den Fiscus führend und alle ahmen wie Ausgaben beaufsichtigend, jener demnach oberster Trésorier de l'état, dieser als Trésorier la couronne oder als Intendant der Civilliste, wie dies zu nennen pflegen [5]). Jener, als oberster Staatsmeister [6]), hatte natürlich ein zahlreiches Personal in weniger als zehn oder eilf Bureaux (scrinia), deren jedes seiner Vorsteher oder Bureauchef (Primicerius, magister scrinii), sowie die gehörige Anzahl von Officianten, Secretairen, Copisten u. dgl. m. zur Besorgung des Dienstes hatte, vertheilt je nach der Verschiedenheit der Geschäfte, und zu diesen kamen noch eine Anzahl anderer Beamten, die in die Provinzen geschickt wurden, um dort die Vollziehung der von dem Comes largitt. sacrr., d. i. von dem Finanzministerium oder der Steuerdirection, ausgegangenen Verordnungen und Befehle zu beschleunigen, oder überhaupt über deren pünktliche und prompte Vollziehung zu wachen. Diesem ganzen, dem Comes sacrarum largitionum untergeordneten, Personale kommt nun speciell der Ausdruck Palatini zu, der auf diese Weise schon, neben der allgemeinen Bedeutung, die er seiner Natur nach hatte, eine engere, bestimmtere Bedeutung im Sprachgebrauche erhalten hatte und in einem beschränktern Sinne gebraucht ward. „*Παλατῖνοι*," sagt eine alte Glosse [7]), „*κοινῷ ὀνόματι πάντες ἐκαλοῦντο, οἱ ἐν τοῖς κατὰ τὸ παλάτιον θησαυροῖς ὑπηρετοῦντες ταξεῶται.*" Nicht minder richtig heißt es (Scholiast. *Juliani* Antecessores cap. 82): „*Palatini* dicuntur, qui pertinent ad Comitem rerum privatarum vel ad comitem sacrarum largitionum." Denn es bedarf wol kaum einer besondern Bemerkung, daß der Schatzmeister der Krone, der Comes rerum privatarum [8]), der in Bezug auf das Vermögen der Krone dieselben Obliegenheiten und Verpflichtungen zu erfüllen hatte, wie jener in Bezug auf den Staatsschatz, in gleicher Weise seine verschiedenen Bureaux, zur Besorgung der verschiedenen Branchen seiner Verwaltung und das dazu erfoderliche Personale unter sich hatte, das, obwol unter besondern, von der Art und Beschaffenheit des Dienstes der Einzelnen speciell entlehnten Namen, doch auch wieder mit dem allgemeinen Namen der Palatini bezeichnet wurde. Bekanntlich ist es die Notitia Dignitatum [9]), oder das, wahrscheinlich aus dem Anfange des 5. Jahrh. nach Christo herrührende Verzeichniß des Hof-, Civil- und Militairstaates der byzantinisch-römischen Monarchie, ein ziemlich vollständiger Staatsschematismus, der uns, in Verbindung mit dem Codex Theodosianus [10]), diese Bureaux und Unterbeamten nach ihren besondern Benennungen verzeichnet und deren Geschäftskreis, sowie deren Vorrechte, Auszeichnungen und Besoldungen näher kennen lernen läßt. So wird denn weiter das dem Comes rerum privatarum zugetheilte, also zur Hof- und Domainenverwaltung gehörige Personale mit dem Ausdrucke Privatiani [11]) bezeichnet, während diejenigen, welche zu der Staatscassenrechnung gehören und dem Comes sacrarum largitionum untergeordnet sind, häufig mit dem Ausdrucke Largitionales [12]) oder auch Largitionales Comitatenses bezeichnet werden.

2) S. Cod. Theodosian. VI, 30 (in der Ritter'schen Ausnach der auch im Verfolge stets citirt ist). T. II. p. 205 stratition. 3) Vergl. *Panciroli*, Comment. in Notit. imorient. c. 39, 41 sq. 51 sq. imper. occid. c. 21, 22, 26. ergl. *Panciroli* a. a. O. 5) Vergl. diese Encykl. Bd. 18 . Sect. S. 347. 6) Vergl. über den Comes sacrarr. leinsbesondere *Panciroli* a. a. O. (imper. orient.) c. 73, *Guther*, De offic. dom. Aug. III, 24.

7) Bei *Guther* l. c. 8) Vergl. *Panciroli* a. a. O. c. 87, 88 sq. *Guther* l. c. III. c. 25. 9) Vergl. meine röm. Lit. Gesch. §. 381 der zweiten Ausgabe nebst der Schrift von Böcking: über die Notitia dignitt. utriusque imperii. Eine Abhandlung ꝛc. (Bonn 1834.) 10) Hierher gehört zunächst der Titel XXX. des sechsten Buchs mit seinen verschiedenen — vierundzwanzig — darauf bezüglichen Constitutionen, und den Erörterungen von Gothofred und Ritter. 11) Vergl. Cod. Theod. VI, 30 leg. 24. T. II. p. 222. 12) Vergl. Cod. Theodos. l. c. Panciroli und Guther in den Not. 5 angeführten Stellen.

Dieser Zusatz Comitatenses bezieht sich wol darauf, wenn sie bei der Hauptkassenverwaltung am kaiserl. Hoflager blieben und in eines der daselbst angeordneten Bureaux eingetheilt waren; Mittendarii dagegen nannte man diejenigen Offitianten, welche in die Provinzen geschickt wurden, um hier die Ablieferung der dem Staatsschatze (oder auch der Hofcasse) schuldigen Gelder von Zöllen, Pachten, den jährlich bestimmten Steuern u. dgl. zu betreiben [13]). Die schon oben angeführte griechische Glosse fügt den bereits oben mitgetheilten Worten weiter bei: „ἀλλ' οἱ μὲν ἀεὶ τῷ παλατίῳ προσεδρεύοντες, ἐλέγοντο Κομιτατίνσιοι· κομιτάτον γὰρ ὁ τόπος ἔνθα διάγει ὁ βασιλεύς· οἱ δὲ εἰς τὰς ἐπαρχίας πεμπόμενοι, μετενδάριοι· μίτω γὰρ τὸ ἀποπέμπω." Doch scheint der Unterschied nicht immer ganz scharf beobachtet worden zu sein, indem bei der Allgemeinheit der Ausdrücke Comitatus, Comites auch die Mittendarii bisweilen unter der Bezeichnung Comitatenses vorkommen, insofern auch sie im Dienste des Comes (sacrarum largitionum) stehen und in den Provinzen in dessen Namen und Auftrag die öffentlichen, dem Staatsschatze zufälligen Gelder eintreiben. Die zur ständigen Verwaltung gehörigen Personen oder Palatini waren, wie oben schon bemerkt, nach zehn oder eilf Bureaux vertheilt, deren Benennungen wir aus den oben bemerkten Quellen noch nachweisen können, wenn wir auch nicht so klar und bestimmt den Geschäftskreis eines jeden Einzelnen zu bestimmen vermögen [14]). So führte z. B. das erste Bureau die Benennung Scrinium Canonum, weil bei ihm wahrscheinlich die Verzeichnisse dessen, was jede Provinz, jede Stadt und Gemeinde an die Staatscasse zu leisten hatte (Canones), gefertigt und alles darauf Bezügliche eingetragen und bestimmt wurde; mit den Verzeichnissen der Einnahmen und Ausgaben war das scrinium tabulariorum und Numerariorum beauftragt; das scrinium aureae massae führte die Rechnung über das roh (ungeprägt) eingeschickte Gold und dessen Verwendung zur Münze oder zu andern Zwecken u. s. w. Die Zahl dieser Beamten war durch kaiserl. Verfügung festgesetzt, und es werden dabei außer den ständigen oder etatmäßigen (ordinarii, statuti) Palatini noch außerordentliche (supernumerarii) genannt, wahrscheinlich ohne bestimmte Anstellung zu außerordentlichen Diensten oder zur Aushilfe bestimmt, daher auch aus ihnen die ordinarii ergänzt wurden. So finden wir z. B. durch Honorius in einer Verordnung vom J. 399 die Zahl der Palatini, also den Normalstand, bei dem Comes sacrar. largitt. auf 546, bei dem Comes rer. privatt. aber, wegen der geringern Ausdehnung der Geschäfte, auf 300 festgesetzt [15]), was insbesondere dadurch nöthig geworden zu sein scheint, weil Viele sich unter dieses Personale eingeschlichen hatten, ohne dazu eigentlich zu gehören, blos in der Absicht, um die aus dem Dienste hervorgehenden Vortheile und Privilegien zu genießen. Ebendaher sollten aber auch nur die zu diesem Dienste zugelassen und unter die Zahl der Palatini aufgenommen werden, welche ihre Anhänglichkeit, Treue und Dienstpflicht bereits bewährt hatten [16]). Denn da sie als Palatini aller der Vorzüge und besondern Vergünstigungen sich erfreuten, welche den auf irgend eine Weise bei dem Palatium oder bei dem kaiserl. Hoflager verwendeten und angestellten Personen zukamen, und demnach von manchen beschwerlichen Leistungen, Abgaben u. dgl., die auf den übrigen Bewohnern des Reichs lasteten, befreit waren [17]), so mochten solche Stellen, zumal damit neben diesen Vorrechten und Vergünstigungen auch ein bestimmter Gehalt verbunden war, sehr gesucht sein. Dieser Gehalt [18]) bestand in einem Fixum an Naturalien, oft auch zu Geld angeschlagen [19]) (annona), und verschieden nach der Würde und dem Range des Einzelnen, dann weiter in besondern Gratificationen oder Geschenken, meistens in Gold, auf bestimmte Feste oder bei besondern feierlichen Gelegenheiten ertheilt (strenae), endlich auch in einer bestimmten, vom Staate gestellten Uniform (vestis). Ja es scheint wol, daß manche dieser Beamten (Palatini) ihre Stellung benutzt, um unter mancherlei Vorwänden sich außer diesem Fixum noch andere Vortheile in Accidenzien, Sporteln, Diäten u. dgl., wie wir dies zu nennen pflegen, sich zuzuwenden, da wir die bestimmte Verordnung des Theodosius vom J. 386 n. Chr. besitzen [20]), wornach den Palatinis außer dem festgesetzten, ordentlichen Gehalte nichts weiter verabreicht werden oder unter irgend einem Titel zufließen soll.

Gehen wir weiter auf das Mittelalter, so finden wir bald auch den Ausdruck Palatini so gut wie den Ausdruck Palatium (s. oben) aus der römisch-byzantinischen Hofsprache entlehnt, auf die Reichs- und Hofverhältnisse, wie sie sich damals auszubilden begannen, übergetragen, und es wird uns nicht befremden, wenn wir bei manchen Schriftstellern dieses Zeitalters die Vornehmen des Reichs, die sich zunächst am Hofe des Königs aufhielten, also den höhern Adel, die Magnaten, mit diesem Ausdrucke im Allgemeinen bezeichnet finden [21]), oder wenn wir auch dafür den Ausdruck Paladini finden [22]), an den sich dann zugleich der Begriff heldenmüthiger, ritterlicher Tapferkeit im Kriege knüpfte; wie z. B. ein Roland und andere Begleiter Karl's des Großen in diesem Sinne Paladine (Paladin im Französischen, Paladino im Spanischen und Italienischen) genannt werden. Aber der Ausdruck Palatinus kommt auch bald, zunächst in der Verbindung mit Comes (Comes Palatii, Comes Palatinus [23]) in einem bestimmtern Sinne vor, um denjenigen höhern Beamten des Königs zu bezeichnen, der dessen Pfalz oder Palatium vorgesetzt war, und demnach alles darauf Bezüg-

13) Vergl. Cod. Theodos. l. c. p. 207, 212. 14) Vergl. Cod. Theodos. l. c. p. 211 sq. *Guizot*, Cours d'histoire moderne. T. III. p. 180 sq. nach der basler Ausg. 15) S. Cod. Theodos. p. 217, 218.

16) S. Cod. Theodos. VI, 30, 12. 15 u. 18 (p. 215, 216, 218, 219). 17) Die einzelnen Bestimmungen darüber finden sich in den einzelnen Constitutionen des genannten Titels 30 des Cod. Theodos. 18) S. Cod. Theodos. VI, 30, 7. 11. (s. p. 214.) 19) Vergl. die Not. 31 zu meiner Rede De liter. universitatis Constantinop. condit. (Heidelberg. 1835.) p. 24. 20) S. Cod. Theodos. VI, 30. 11. p. 215 sq. 21) S. *Du Cange*, Glossar. med. et inf. Latin. sub voc. (T. III.) 22) Ibid. 23) Vergl. die Schriften von *Petr. Pithoeus* und *Marq. Freher.* Origg. Palatt. (Heidelberg. 1686. 4.), woselbst des Pithöus Abhandlung vorangestellt ist.

zu beaufsichtigen, die ganze Verwaltung, sowie insbe dere die Rechtspflege im Namen des Königs und dessen Stellvertreter zu besorgen hatte und in allen ichen Angelegenheiten sein nächster, vortragender Rath [24]). Es ist bekannt, daß schon unter den Karolin ein großer Theil der Functionen, welche früher der or domus besaß, mit wol aus dem Grunde, um Allgewalt zu brechen und dadurch das königl. An zu heben, auf diesen Comes Palatii oder Comes tinus (Pfalzgraf) überging, dem nun die Anführung önigl. Leute, der Vorsitz bei dem Gerichte derselben gl. zukam und an den selbst Appellationen von an Gerichten und Urtheilen anderer königl. Beamten itas) gingen; wie denn die Wichtigkeit und das An dieses Comes Palatinus mit der Ausdehnung der l. Gerichtsbarkeit und des Vasallenwesens in gleichem e steigen mußte [25]). Am bedeutendsten ist in dieser cht der Comes Palatinus Rheni oder der Pfalz bei Rhein geworden, dessen Nachkommen, wie be , die Kurwürde daher erhalten haben.

Noch hat sich diese Würde ihrem alten Namen und r Sinne und Bedeutung nach bis auf unsere Tage ten in dem ungrischen Palatinus, Comes scil. regni, m tenens, wie sein Titel lautet. Dieser Palatinus er vornehmste unter allen Beamten des Königs, er r königl. Statthalter, welcher der königl. Statthalte der Landesverwaltung (Consilium regium locum tiale) präsidirt und in allen wichtigen Angelegen des Reichs des Königs Stelle vertritt, bei dessen erjährigkeit sein natürlicher Vormund ist; und eben igentlicher Stellvertreter des Königs und Regent mit dern, fast königl. Vorrechten und Auszeichnungen be ist [26]). *(Baehr.)*

PALATINUS (Magnus Comes, Großgraf, Nagy span [verstümmelt Nándor Ispan]). Durch diese iedenen Benennungen wird der erste unter den grö Baronen oder Magnaten des ungrischen Reichs be et. Unter allen Würden, die noch in der Christen bestehen, ist die seinige unstreitig die glänzendste und tendste. Der königl. Majestät am nächsten gestellt, er, unter dem Könige zwar, und an diesen durch hm schuldige Treue gebunden, ein Mittler zwischen g und Reich, ein Schirmer der öffentlichen wie der nlichen Sicherheit und Freiheit. Den Ursprung dieser de glaubt Engel dem heil. Stephan zuschreiben zu müssen; dieser soll unmittelbar vor der Heidenschlacht an der Gran die Anführer seiner teutschen Leibwache, den Hunt und Pazmann, zu ungrischen Pfalzgrafen, Comites palatii, ernannt haben; doch seien diese Pfalzgrafen keineswegs den fränkischen Pfalzgrafen vergleichbar, sondern lediglich Commandanten der Leibwache gewesen, und nur nach und nach sei es ihren Nachfolgern im Amte gelungen, ihre amtliche Wirksamkeit so unendlich weit auszudehnen. Andere ungrische Schriftsteller, indem sie den Aba oder Ceba als ersten Palatin nennen, halten sein Amt ebenfalls für eine Anordnung des heil. Stephan. Wir, die wir in den Magyaren, wo nicht Türken von der ersten Formation, doch ungezweifelt ein Jahrhundert lang von Türken und türkischen Einrichtungen beherrschtes Volk erblicken, wir sehen in dem Palatinus einen Bezier, der mit dem ganzen Volke von der Wolga her einwanderte, und der sich späterhin, in dem Triumphe des Christenthums und einer der germanischen nachgebildeten Verfassung, in einen Pfalzgrafen nach fränkischem Zuschnitte verwandelte. Ursprünglich wird demnach der König allein den Palatinus ernannt haben; es finden sich aber bereits unter Andreas, dem Hierosolymitaner, Spuren, daß er von der Nation erwählt wurde, und König Albrecht hat dieses Wahlrecht der Nation ausdrücklich bestätigt. Die Candidaten der Würde werden von dem Könige in Vorschlag gebracht und die auf dem Reichstage versammelten Stände wählen; der Erwählte wird dem Könige vorgestellt, schwört den in des Königs Wladislaw Decret I. Art. 33 vorgeschriebenen Eid (die Formel wird von dem Kanzler verlesen) und empfängt sodann von dem Könige die Collationales. Die Befugnisse des Palatinus waren nicht allezeit dieselben, und noch schwankender die Bestimmungen über die Dauer seines Amtes. Nach einer Urkunde des Königs Andreas II. vom J. 1233 war sie auf ein Jahr beschränkt, wiewol schon damals manche Palatine Jahre lang im Amte blieben; unter Matthias Corvinus wurde die Würde zum ersten Male auf Lebenszeit verliehen, und dabei ist es seitdem geblieben [1]). Unter der Regierung Bela's IV. wurde mit derselben die Stelle eines Richters der Cumaner, unter Leopold I. die eines Obergespans der vereinigten Comitate Pesth, Pilis und Solt, unter Karl VI. die Stelle eines Präsidenten des königl. Statthalterei-Raths und der Septemviral-Tafel verknüpft. Die Würde selbst soll nie über ein Jahr lang unbesetzt bleiben, und sind auch gegenwärtig noch ihre Befugnisse, zumal in politischer Hinsicht, sehr ausgedehnt und wichtig. Denn 1) schreibt der Palatinus bei einer vorzunehmenden Königswahl den Reichstag aus, gleichwie er auf demselben zuerst seine Stimme [2]) abgibt. 2) Er ist der Vormund des minderjährigen Königs und regiert in dessen Namen. Alle Glieder und Unterthanen des Reichs sind gehalten, dem Vormunde zu gehorchen, wie sie dem Könige gehor-

24) Eichhorn, Teutsche Staats- und Rechtsgeschichte. (4.) I. S. 195 fg. und daselbst die Stellen Hincmar's §. 19: s Palatii de omnibus secularibus causis vel judiciis susdi curam habebat etc. etc. Oder §. 21: Comit. Palatii caetera paene innumerabilia in hoc maxime sollicitudo erat, ones contentiones legales, quae alibi ortae propter aequijudicium Palatium adgrediebantur, juste ac rationabiliter minaret, seu perverse judicata ad aequitatis tramitem reut. 25) Vergl. Zöpfl, Teutsche Staats- und Rechtsgete. §. 44. 26) Über die Comites Palatini im römischen teutscher Nation vergl. neben den allgemeinen Bemerm im obigen Artikel noch den Artikel Pfalzgraf, über die ischen s. Waiwoden, über die ungrischen handelt der fole Artikel.

1) Art. 22. de anno 1626. Alias duret semper ipsum Palatinatus officium vita Comite, et superinde sua Majestas regia litteras dare dignetur, quas penes sacram Coronam conservandas locari faciat, ne quis in futurum tumultuose contra Palatinum invehi audeat. 2) Decret des Königs Matthias vom J. 1485. Art. 1.

chen würden. 3) Er ist der Mittler, wenn Misverständnisse zwischen dem Könige und den Ständen sich erheben, salva tamen semper authoritate regia. 4) Er verhandelt, im Falle einer Verhinderung des Königs, mit den fremden Gesandten. 5) Er bringt die Klagen der Regnicolen vor den König. 6) Er ist zuweilen Statthalter des abwesenden Königs[3]), und führt daher den Vorsitz in dem Statthalterei-Rathe. 7) Er kann die an die Krone per defectum aut notam verfallenen Güter, so nicht über 32 Sessiones oder Bauernhöfe betragen, vergeben, jedoch nur an Edelleute. Dergleichen Verleihungen sind dem Könige anzumelden[4]), werden aber keineswegs durch Unterlassung dieser Anmeldung ungültig[5]). Güter, die wirklich schon in Form Rechtens dem königl. Fiscus zugetheilt wurden, können aber keineswegs von dem Palatinus vergeben werden. 8) Er ist Obergespan der vereinigten Comitate Pesth, Pilis und Solt, wie es vor der türkischen Occupation der Castellan von Ofen gewesen. 9) Als oberster Curator des Reichsarchivs läßt er die Ausfertigungen, um welche gebeten wird, reichen[6]); auch verleiht er, kraft seiner Vicariatsgewalt, Tutelas dativas, welche letztere Befugniß er zwar heutzutage nur als Präsident des Statthalterei-Raths übt. Dieses Präsidium wurde ihm auf dem Reichstage zu Presburg vom J. 1723 durch den Art. 97 übertragen. 10) Er ist des Reiches supremus Capitaneus[7]). In dieser Eigenschaft waren vormals alle Hauptleute der Schlösser oder der Confinien, ohne Unterschied der Nation, von ihm abhängig[8]), in spätern Zeiten ist er aber dieser Gewalt und Sorge enthoben und dieselbe dem Praefectus supremus armorum regiorum übertragen worden. 11) Bei der Krönung trägt er dem Könige die Krone vor. 12) Nach dem Tode des Königs ordnet er den Reichstag an, auf welchem die Krönung des neuen Königs vorgenommen werden soll. 13) Die Magnaten, welche den Reichstag besuchen, oder ihre Abgeordneten, haben sich bei ihm zu melden, dürfen auch ohne seine Erlaubniß den Reichstag nicht verlassen. Endlich empfängt er 14) aus des Königs Hand, durch den Hofkanzler, die königl. Propositionen, und ist er gehalten, die Antworten und Vorstellungen der Stände mit seiner Unterschrift und mit dem königl. Siegel zu bekräftigen, auch die hierdurch vervollständigte Schrift, in Begleitung des Erzbischofs von Gran oder eines andern Erzbischofs, dem Könige zu überreichen. Andere politische Rechte, die der Palatinus vordem übte, sind nach und nach in Abgang gerathen. Auch seine richterliche Gewalt war in frühern Zeiten ausgedehnter, wie er denn verschiedene Arten von Rechtshändeln, pro potestate sua seu ordinaria, seu extraordinaria, zu entscheiden, weniger nicht sogenannte congregationes proclamatas zu halten und die Missethäter zu richten pflegte. Diese Gerichtsbarkeit hat König Matthias aufgehoben[9]), sie theilweise den Comitaten, theilweise dem Judex Curiae zugewendet, und seitdem beschränkt sich des Palatinus Richteramt auf das ihm durch den Reichstagsschluß vom J. 1723, Art. 24, zugesicherte Präsidium bei der Septemviral-Tafel, sodann ist ihm das Recht geblieben, bei der königl. Tafel seinen Vicepalatinus und seinen Protonotarius zu haben und diese nach Willkür zu ernennen. Ferner entscheidet er in den Grenzstreitigkeiten, welche sich zwischen den Comitaten erheben[10]); er ist auch der oberste Richter der Cumaner und Jazyger, und fertigt unter seinem Insiegel richterliche Mandate aus, die von allen Gerichtsbehörden beobachtet werden müssen. Ehedem pflegte der Palatinus, wenn er sich von dem königl. Hofe entfernte, sein Siegel dem Propalatinus zu übergeben[11]), heutzutage bleibt das eine Siegel stets in seinen Händen, das andere führt sein Protonotarius. Übrigens hat auch die neuere Gesetzgebung alle Befugnisse des Palatinus bestätigt[12]). Wie hoch sein Einkommen sich gegenwärtig belaufe, können wir nicht angeben; der Palatinus Bathiany bezog jährlich 30,000 Fl. Seit 1800 besitzt der Palatinus ein eigenes Husarenregiment (Palatina nr. 12).

Verzeichniß der Reichspalatine.

Aba oder Samuel, nach dem Zeugnisse des Biographen des heil. Gerhard's Cap. 17. Es ist daher ungewiß, ob Ceba, der bisher den Meisten als der erste Palatin gegolten hat, diese Würde bekleidete; in dem Privilegium der S. Martinsabtei wird Ceba nur Comes, nicht Comes Palatinalis, genannt. 1055 Zache, in dem Stiftungsbriefe der Abtei Tihány genannt. 1057. Rado, in dem Stiftungsbriefe des Klosters S. Demeter (Mitrovicz) an der Save; vielleicht eine Person mit Radowan, der unter König Salomon in dem Stiftungsbriefe des Klosters Zazty vorkommt. Atha, Acha, ebenfalls unter König Salomon (vid. *Thurotz* p. 2. c. 47). Der angebliche Palatinus Vidus, de ann. 1072, ist nirgends nachgewiesen. 1075 Jula, in dem Stiftungsbriefe von S. Benedictsabtei bei Gran, auch 1085 in den Urkunden der agramer Kirche. Paulus, unter König Koloman, nach einer Urkunde, welche in Diss. de sacra dextera D. Stephani Regis p. 22 angeführt. 1106 Joannes, in der der Abtei Zabor verliehenen Urkunde, ferner 1108 in einem Diplom für die Bürger von Trau, und 1111 in einer Urkunde für das Bisthum Arbe. — 1116, Janus, des Urosa Sohn, nach Thurotz S. 2. Cap. 63; dagegen ist der Lambertus des Jongelin den Alten unbekannt. 1135 Paulus comes Bachiensis,

3) Heutzutage ist die Würde des Palatinus und Locumtenens dergestalt durch das Gesetz verbunden, daß ein Palatinus zugleich nothwendig Locumtenens sein muß. 4) Art. 55 de anno 1615. 5) Art. 20. de anno 1741. 6) Art. 31 de anno 1622. 7) Art. 21 de anno 1715. Annuente sua Majestate decretum est... Dominus regni Palatinus modernus, et futuri, generalis regni Capitaneus ultro quoque manebit. 8) Art. 4. de anno 1618: Et ut omnes et singuli Capitanei et Gentium praefecti, cujusvis nationis, ab eodem Domino Palatino dependant.

9) Decret 6. Art. 1 u. 2. 10) Art. 19 de anno 1655. Visum est Statibus et Ordinibus, ut talium possessionum metae, ubi nimirum duorum Comitatuum limites concurrunt, quandocunque per Dominum regni Palatinum, vel ipsius Commissarios revideantur et complanentur. 11) S. Ladislai Lib. III. c. 5. 12) Art. 9 de anno 1741. Quod Palatinale, et a lege conjunctum Locumtenentis officium ultra annum vacare non sinatur. Ideoque in legalem et plenam authoritatem et jurisdictionem repositum in eadem conservabitur.

nde der Propstei Bozok. 1137 Fanzal, Fauzal; ner Urkunde der Propstei Demes vom J. 1138 wird ioufol genannt. 1145 Bela; ihn nennt das dem len Kämmerer Bykach ertheilte Privilegium. Jonge- Palatinus Gereon (1148) ist auszumerzen, denn eine nde von besagtem Jahre kennt den Gereon nur als alis comes Regis. 1156—1157 Belus. 1163 nas, wird gewöhnlich, aber unrichtig, dem Ampudinus gesetzt. 1165, 1166 Ompud, Ampudinus. 1175, l, 1183 Farkas. Jongelin's Dionysius (1184) wird schwerlich in Urkunden zu finden sein. 1186 Tho- . 1188, 1190 Mogh. 1193 Mogh, comes Bansis. Statt seiner hat Jongelin 1193 den Dominicomes de Bodrog, gleichwie das Keler'sche Register 1196 den Farkas als Palatinus nennt. 1197 Esau, es Bachiensis. 1198, 1199 Mogh, comes Bansis. 1200 Myke. In dem Keler'schen Register steht seiner Henricus, der Graf von Presburg. 1201, l Myke, comes Bihariensis. Das Keler'sche Regi- hat 1203 den Cephalus de Hedervára, comes Bansis. 1204 Benedictus. 1206 Mocho, comes Biensis. 1207—1209 Chephanus, comes Bachien- des Stephan von Hedervára Sohn. 1209—1211 l, ein anderer Sohn dieses Stephan, comes Mososis. 1212 Bank, comes Kewejensis. 1213 Ni- s, comes Chanadensis. 1214 Nikolaus, comes rugensis. 1215—1218 Jula, comes Budrug.)—1222 Nikolaus, filius Bohrz, comes Suprusis. Der Verfasser der Palatinorum Regni Hun- e, Tyrnaviae (1760) nennt ihn Gyletus dux Syr- 1222—1223 Jula, comes Budrug. Das Keler's Register (zum J. 1223) und Jongelin (1225) nen- einen Philippus comes de Szepesujvar, von dem h in Urkunden nicht die Rede ist. 1224—1225 Ju- comes Szepus.. Das Keler'sche Register verlängert Jula Termin bis zum J. 1226, und läßt 1227 den laus, filius Bors, comes Supruniensis, dann den nysius Bialka de Hedervára auf ihn folgen. 1228 nysius. 1229—1230 Moys. In dem J. 1229 war nysius Palatinus des jüngern Königs, Bela's IV., aus folgender Urkunde ersichtlich: „Bela Dei gratia . primogenitus Regis Hungar. — unde nos cum tro Palatino Dionysio sententionavimus contra leles servos Abbatis (monasterii de Cend bei n), quod semirasis capitibus ecclesiae reddeur etc. Datum per manus Mathiae Zagrab. Eciae Praepositi, aulae nostrae Cancellarii, anno ine 1229." 1231—1235 Dionysius. Nach dem e des Königs Andreas wurde er auf Bela's IV. Be- der Augen beraubt. Willermus Drugeth de Homa ist dagegen (zum J. 1235) aus dem Verzeichnisse Palatine zu streichen; die Drugeth kamen viel später, r Karl I., aus Italien nach Ungern. 1238—1239 nysius, comes de Zonuk. Jongelin, Keler und An- wollen auf das J. 1240 den Ladislaus, comes Si- iensis, einschieben, können aber keine Zeugnisse bei- gen. 1242 Arnoldus. 1242, den 17. Dec., Ladis- l. 1243 Stephanus. 1244—1246 Ladislaus, comes Simigiensis. Jongelin und Andere machen (zum J. 1244) aus dem Ban Dionysius de Bialka einen Palatinus. Für 1246 aber führt der Verfasser der Palatinorum Regni Hungariae nach einer Urkunde den Mike, comes Bihar., als Palatin auf. 1247 Stephanus (nicht Demetrius) de Chák. 1251 Rolandus, comes Posoniensis. Jongelin hat statt Roland fälschlich Konrad gelesen. 1252 Dionysius. Jongelin läßt auf ihn 1253 den Henricus folgen, den nach Keler Andere auch Detricus nennen, und der zugleich Graf von Zolyom war. 1254—1255 Rolandus, comes Bosoniensis. Jongelin und Andere lassen ihn seine Würde noch 1257 bekleiden. 1263 Ladislaus, comes Simigiensis. In einer Urkunde des jüngern Königs Stephan, vom Kreuzerfindungstage d. n. J., wird als sein Palatinus der Dionysius, comes Bakachiensis (Báchiensis) genannt. 1267—1268 Laurentius, comes Simigiensis et Supruniensis. 1268 Henricus. Jongelin nennt ihn bereits zum J. 1263. Auch der jüngere König Stephan erwähnt seiner, als er 1267 seinem Janitorum Magistro, Andreas, filius Iwani, die Possession Aranyladu Barth verlieh; hier heißt es: „ad haec in Ilsvaszeg in conflictu, quo Henricus Palatinus cum duobus filiis suis, ipse non ultimus, sed primus et etiam primo prior lancea sua fuit, ubi tres milites, qui in eum irruerant, per hastam suam succubuerunt." 1270 Laurentius, filius Kemen. 1270—1272 Moys, comes Soproniensis. 1272—1273 Rolandus, zugleich Ban von Machow. Das Keler'sche Register erwähnt bei dem J. 1273 des Laurentius, comes Soproniensis et de Baranya. 1274—1275 Dionysius de Oklich. 1275 Rolandus. 1275 Petrus, comes Sopron. 1275—1277 Nikolaus, comes Sopron 1278 Petrus, comes Simigiensis. 1278—1279 Matthäus, comes Soproniensis et Simigiensis. König Ladislaus gedenkt seiner in einer Urkunde, 1279 dem Magister Dionysius, filius Petri, aus dem Geschlechte Osl gegeben, mit diesen Worten: „in exercitu nostro, quem contra Regem Bohemiae pridem moveramus, in quo quidem conflictu idem Rex Bohemiae exstitit miserabiliter interemtus, gloriosum exhibuit famulatum, in eo videlicet, quod Matthaeum Palatinum praedictum, Dominum suum, Principem tunc ipsius militiae nostrae, de equo suo ejectum, ab acie opposita, non sine sui cruoris effusione defensavit." 1281 Pintha, sonst auch Fintha. Jongelin und Andere haben für das J. 1284 einen Palatinus Nikolaus, der vorher comes Simigiensis et Albensis gewesen sein soll. 1285 Omodeus, comes Mosoniensis. Es scheint, daß er seiner Würde entsetzt worden, denn im besagten Jahre befahl der König Ladislaus, daß seine Schlösser eingenommen und seine gefangenen Hausgenossen sogleich vorgeführt werden sollten. 1285 Nikolaus, der Sohn Heinrich's, des ehemaligen Bans von Slavonien. 1286 Mokyanus, zugleich comes Soproniensis, Mosoniensis et Simegiensis, auch einer der Stammväter des ehemals berühmten Geschlechtes von Debrew. 1290 Matthäus. 1291—1292 Nikolaus, comes Simigiensis. 1295 Omodeus, aus dem Geschlechte Aba: Judex citra Danubialis ad omnos causas decernendas per Dominum Regem deputatus. 1298 Joannes. 1299 Rolandus. 1300 Omodeus. In dem Keler'schen Verzeichnisse steht Opor sive Petrus, Matthiae pater. 1302 Matthäus de Chák, sonst auch Trenchiniensis genannt; denn im besagten J. 1302 schenkte ihm König Wenceslaus, der sich in Urkunden Ladislaus nennt, das Schloß und den Comitat Trynchzine erblich. In dem Schenkungsbriefe heißt es unter Andern: „Idem Matthaeus Palatinus, dum adhuc essemus in Bohemia, primus et praecipuus inter omnes Regni Hungariae nobiles, suo consilio et auxilio nos promovit, et sollicite procuravit, ut eligeremur in Regem Hungariae, nosque suis providis et fidelibus persuasionibus ad dignitatem Regii culminis invitavit, ac in ipsum Regnum, Hungariae manu suae, ac amicorum suorum potentiae introduxit .... multis se rerum suarum pro honore nostro exponens sumptibus et expensis." 1303 Stephanus, filius Ernei Bani, aus dem Geschlechte Akus. 1304 Omodeus, Norandus, Opour; vergl. die Urkunde in Pray's Hierarchia Hungarica. Part. II. p. 343. 1307 Omodeus, filius comitis David, aus dem Geschlechte Aba, comes Scepusiensis; Kopasz, aus dem Geschlechte Borsa, und Stephanus, der Sohn des Bans Erneus oder Irenäus, aus dem Geschlechte Akus. Alle drei versprachen in einem öffentlichen Instrument dem Könige Karl Gehorsam und Treue. 1308 Kopos oder Kopasz, der Sohn des Thomas, aus dem Geschlechte Borsa, zugleich mit Omodeus; Beide werden in des Cardinallegaten Gentilis Constitution Palatine genannt. 1309 Omodeus und Matthäus, in einem öffentlichen Diplom über die Krönung des Königs Karl genannt. 1310 Omodeus, wurde im folgenden Jahre von den Bürgern von Kaschau ermordet; wie es scheint, hatte er sich die Stadt, die schon damals königliches Eigenthum, von König Karl schenken lassen, ihre Realitäten an sich gezogen und die Einwohner aus dem Besitze der ihnen von den frühern Monarchen verliehenen Waldungen gesetzt. Die Witwe und ihre Söhne, Magistri Joannes, Nicolaus, David et Ladislaus, wurden mit der Gemeinde Kaschau den Freitag nach St. Michaelsoctave 1311 vertragen. 1311 Stephanus, der schon mehrmals genannte filius Ernei Bani. 1313, 1315, 1317, 1318, 1322 Dominicus (ungrisch Dausa oder Dosa) de Haßnos, aus dem Geschlechte der Rathold, erscheint in den letzten Jahren zugleich als Obergespan des szathmárer und sabottscher Comitats. Bisher kamen nur in Zeiten des Bürgerkrieges mehre Palatine in demselben Jahre vor, jetzt aber, nachdem Karl das Reich allein beherrschte, mußte auch Dominicus andere Palatine neben sich dulden. Ein solcher war, urkundlich 1313 und 1315, jener Stephanus, filius Irenaei Bani, ferner, nach dem Keler'schen Register, 1316 und 1318 der unruhige Matthäus, Graf von Trentschin, 1317 Nikolaus, 1320 Joannes. 1322—1327 Philippus, Graf von Zips und Ujvár, aus dem Geschlechte der Drugeth von Homonna. 1327 den 26. Sept. und 1328 den 29. Mai vacat. 1329—1333 Joannes Drugeth, kommt 1333 zugleich als Obergespan des simegher, tolner, bátscher, stuhlweißenburger, semppliner und unghvarer Comitats vor. 1334—1342 Wilhermus Drugeth, legte nach des Königs Ludwig Krönung seine Würde freiwillig nieder. 1342—1343 Nikolaus Gilethus. 1344—1351 Nikolaus Konth. 1352—1355 Nikolaus Gilethus, der Sohn des gleichnamigen Palatinus. 1356—1367 Nikolaus Konth, zum zweiten Male; noch am 24. April 1367 saß er im Amte. 1367—1372 Ladislaus, Herzog von Oppeln. 1373—1374 Emericus. 1375—1386 Nikolaus de Gara, wurde, als er den Königinnen Elisabeth und Maria das Geleite gab, unweit seines Stammschlosses mit vielen Wunden getödtet. 1386 Nikolaus de Széch. 1387—1391 Stephanus. 1392 den 11. Nov. vacat. 1392—1396 Leustachius de Ilsva, comes Albensis. 1397—1402 Detricus Bubek de Pelsewcz. Jongelin's und Keler's Nikolaus Marczalthegmy, oder, richtiger, Marczaltewy (zum J. 1400), stimmt nicht mit dem Zeugnisse des Nikolaus de Gara. Dieser, der seinen Vorgänger am besten kennen mußte, schreibt in einer Urkunde vom J. 1402: „ipsis denique octavis (B. Michaelis Archangeli) occurrentibus interim dicto honore Palatinatus ab ipso Detrico Palatino ablato, et eodem nobis dato .... 1402—1432 Nikolaus de Gara, der Sohn des gleichnamigen, im J. 1386 ermordeten Palatins. 1434 den 27. Dec. vacat. 1435—1436 Mattyros (Matthäus) de Pálócz. 1437—1447 Laurentius de Hedervára, bekleidete sein Amt noch am 25. Jul. 1447. 1447—1458 Ladislaus de Gara. 1458—1483 Michael Országh de Guth. Bonfin und nach demselben Jongelin machen den Urban de Nagyuche, den Bischof von Erlau und früher von Raab, zum Palatin. Urban hat in der That nach des Michael Orszách und des Emmerich de Zapolya Ableben, in gewisser Art die Geschäfte eines Palatinus versehen, bediente sich aber des Titels davon niemals, wie das seine Urkunden sattsam beweisen, und wird darum als ein Locumtenens zu betrachten sein. 1485—1487 Emmericus de Zapolya, comes perpetuus terrae Scepus. Er starb auf dem zipser Schlosse im J. 1487. 1489 den 24. Jul. vacat. 1492—1499 Stephanus de Zapolya, comes perpetuus terrae Scepus. Er wurde zu Ofen den 29. März, Freitag nach Mariä Verkündigung, 1492 erwählt, hatte an Besoldung 4000, aus dem Salze 2000 Gulden, und starb auf seiner Burg zu Papa den 25. Jan. 1499. 1500—1503 Petrus Gereb de Wyngarth. 1504 den 8. März vacat. 1504—1519 Emmericus de Perén, comes perpetuus Abaujvár, honoribus et dignitate prope regiis clarus, starb den 5. Febr. 1519. 1519—1533 Stephanus de Báthor. Vor der aufrührischen Versammlung zu Hatwan (1525) wurde ihm Stephan Werbewcz als Palatin entgegengesetzt, es dauerte aber nicht lange und Báthor trat in alle seine Rechte wieder ein. Weil er jedoch dem Könige Ferdinand I. streng ergeben, stellte Johann eine Reihe von Gegenpalatinen auf. Der erste war Michael Kesserew de Gybarth, 1526—1529; sodann 1530—1532 Joannes Bánffy de Alsó-Lindva, comes de Verewcze, endlich 1532—1534 Ludovicus Gritti, der zwar nicht mehr Palatin, sondern Gubernator von Ungern und Herzog von der Marmarosch hieß. Daß seine Wahl auf r Abenteurer, wie Gritti, fallen konnte, mag uns als zweites Urtheil Salomonis dienen, und beweiset, daß ann Zapolya so wenig ein König, wie sein Gritti ein atin war. Der rechtmäßige Palatinus, Stephan de Bá-, soll nach Istvanfy im J 1535 gestorben sein; diese abe ist irrig, indem bereits 1534 der Judex Curiae, ius Thurzo, als Locumtenens erscheint, 1534 war nach kein Palatinus mehr vorhanden. Vacanz von 19 ren. 1553—1562 Thomas, Graf von Nadasd. Va- von 46 Jahren. 1608—1609 Stephan Illeshazy. 9—1617 Georg Thurzo. 1618—1621 Sigismund jacs; er starb den 30. Jun. 1621. 1622—1625 nislaus Thurzo; er starb den 1. Mai 1625. 1625 645 Nikolaus Ezterhazy; erwählt den 22. Nov. 1625, er den 11. Sept. 1645. 1646—1648 Johann, f Draskovich; er starb den 5. Aug 1648. 1649— 5 Paul Palffy. 1655—1667 Franz Wesselény de Ha- Vacanz von 14 Jahren. 1681—1713 Paul, Fürst rhazy; er starb den 26. März 1713. 1714—1732 f Nikolaus Palffy; erwählt den 15. Oct. 1714, starb en 23. Febr. 1732. Vacanz von 9 Jahren. 1741— 1 Johann, Graf Palffy, erwählt den 22. Jun. 1741, den 24. März 1751. 1751—1765 Ludwig Ernst, f Batthiany, erwählt den 11. Mai 1751, starb den Oct. 1765. Vacanz von 25 Jahren. 1790—1795 ander Leopold, Erzherzog von Österreich, erwählt den Nov. 1790, starb den 12. Jul. 1795. 1796 Jo- Anton Johann, Erzherzog von Österreich, erwählt Nov. 1796. (*v. Stramberg.*)

PALATIUM. Unter den sieben Hügeln, auf wel- die weltbeherrschende Roma lag, ist unstreitig derje- der den Namen des palatinischen oder des Pa- um's trägt, der bedeutendste, der wichtigste, insofern ihm die erste Anlage der in der Folge so ausgedehn- Weltstadt sich befand, und später die kaiserliche Burg, Sitz der römischen Imperatoren und damit der Mit- nkt des römischen Reichs in seiner Ausdehnung über Theile der den Alten bekannten Welt, den ganzen m dieses Berges bedeckte.

Es liegt dieser Hügel, der somit den Mittelpunkt Glanzpunkt des alten Roms bildet, auf der linken e der Tiber in der Breite von 41 Gr. 53 Min. und Sec., in der Länge von 30 Gr. 39 Min. und 45 von Ferro oder 10° 9′ 55″ von Paris [1]); seine Er- ng über den Spiegel der Tiber beträgt jetzt nur 136 [2]), oder 160 par. Fuß (bei der Kirche di S. Bona- ura) und 203 Fuß (auf der höchsten Spitze) über die resfläche [3]); er gehört der südlichen Hügelreihe an, durch den capitolinischen, aventinischen, cölischen und minischen Berg gebildet wird, und liegt gewissermaßen eren Mitte; seinen Hauptbestandtheil bildet der soge- nte Bröckeltuf (tufa granulare), derselbe Stein, dem die Katakomben größtentheils erbaut sind, schwärz- raun oder gelblichbraun gefärbt, aus dicken, schlecht zusammenhaltenden Körnern bestehend und hinsichtlich seiner Festigkeit, seines Gefüges ꝛc. sehr verschieden [4]). Nördlich oder vielmehr nordwestlich dem palatinischen Hügel gegenüber erhebt sich der capitolinische, mit seinen steilen und jähen Felsabhängen, an den sich weiter nordwärts der quirinalische, der nördlichste von allen, anschließt, nächst diesem der viminalische und dann der cölische, durch ein tiefes Zwischenthal von dem palatinischen getrennt; südwärts ist der palatinische Hügel von dem Aventinus durch ein Thal geschieden, das ursprünglich wol in tiefer Einsenkung mit Wasser angefüllt, Teiche und Sümpfe bildete, bis durch Ableitung des Wassers mittels unterirdischer Kanäle der Boden trocken gelegt wurde. Dies ist das sogenannte Velabrum, über welches man in den frühesten Zeiten auf Booten gesetzt und dafür einen Quadrans bezahlt haben soll [5]). Ein anderes, zwar an Umfang kleineres, aber sehr tiefes Thal schied den Palatinus von dem capitolinischen Hügel; hier befand sich ein tiefer Abgrund, lacus Curtius, über dessen Schließung die Sage eine wundersame Erzählung aufbewahrt hat [6]); hier war auch das sogenannte kleine Velabrum [7]). Wol mochten die Niederungen westwärts nach der Tiber zu (das forum Romanum) gleich den übrigen, diese Höhe umgebenden Thälern und Niederungen ursprünglich mit Wasser angefüllt sein, das bei der quellenreichen Natur des Bodens, bei den öftern Überschwemmungen der nahen Tiber sich fortwährend erhalten mußte, bis man durch künstliche Anlagen es abzuleiten und so den Boden, dessen die immer mehr sich ausdehnende Stadt und die zunehmende Anzahl ihrer Bewohner so nöthig bedurfte, trocken zu legen verstand. Wenn daher in diesen Niederungen noch längere Zeit der Aufenthalt ungesund und dem Entstehen von Fieberkrankheiten äußerst förderlich war, so erfreuten sich die Höhen, insbesondere der minder schroffe und abschüssige, mehr eine Fläche darbietende palatinische Hügel einer desto gesundern Lage, die es uns auch in dieser Hinsicht begreiflich und erklärlich macht, warum wir grade auf diesem Hügel die erste Anlage der Stadt, wie die historische Überlieferung meldet, zu suchen haben. „Locum delegit," schreibt Cicero (de Republ. II, 7) von Romulus, „et fontibus abundantem et in regione pestilenti salubrem: colles enim sunt, qui cum perflantur ipsi, tum adferunt umbram vallibus [8])."

Auf dieser Höhe war es, wo nach Erzählung des Dionysius von Halicarnaß [9]) eine Schar Griechen, die

1) S. Beschreibung der Stadt Rom von E. Platner, C. sen ꝛc. (Stuttgart 1830.) I. S. 26. 2) Ebend. S. 27. bend. S. 36. C. Sachse, Geschichte und Beschreibung der Stadt Rom. I. S. 698.

4) Hoffmann in der Beschreibung der Stadt Rom. I. S. 51. 5) *Varro*, De ling. Lat. V, 7. p. 49 *Speng.*: — olim paludibus mons (Aventinus) erat ab reliquis disclusus: itaque eo ex urbe advehebantur ratibus, quoius vestigia, quod ea qua tum dicitur *velabrum* et unde escendebant ad rumam novam viam, locus sacellum [Latum]. *Velabrum* a vehendo. Velaturam facere etiam nunc dicuntur, qui id mercede faciunt. — Huic vecturae qui ratibus transibant, Quadrans. 6) *Varro* ibid. V, 32. p. 148 sq. *Speng.* 7) *Varro* ibid. p. 156 *Speng.*: Ab his palus fuit in minore Velabro, a quo quod ibi vehebantur lintribus, Velabrum, ut illud majus, de quo supra dictum est. 8) Vergl. überhaupt über die Luft Roms Bunsen, in der Beschreibung von Rom ꝛc. S. 82 fg. 99. Die Colles saluberrimos nennt auch Livius V, 30. 9) Antiq. Rom. I, 31.

aus **Palantium**, einer arkadischen Stadt, etwa 60 Jahre vor dem troischen Kriege, in Folge innerer Zwiste freiwillig ausgezogen waren, unter ihrem Anführer **Evander** sich niederließ, freundlich aufgenommen von **Faunus**, der damals das Reich der dort wohnenden **Aborigines** als erblicher König empfangen hatte. Der neuen Anlage gaben sie nach dem Namen ihrer Mutterstadt den Namen **Palantium**, woraus, setzt Dionysius hinzu, in der Folge, als die genauere Schreibart verwischt wurde, **Palatium** geworden ist; ein Name, der zu vielen andern ungereimten Deutungen und Ableitungen Veranlassung gegeben hat. Dionysius gedenkt selbst[10]) darauf einer solchen Ableitung, obwol er sie gänzlich verwirft, von einem daselbst verstorbenen Jünglinge **Palas**, einem Sohne des Herkules. Mehr darüber erfahren wir aus einer höchst merkwürdigen Stelle des Varro[11]), deren Worte wir hier theilweise anführen wollen: „Quartae regionis *Palatium*, quod *Palandes* cum Evandro venerunt, qui et *Palatini*. Aborigines ex agro Reatino qui appellatur, Palatium ibi consederunt; sed hoc alii a Palantio uxore Latini putarunt: eundem hunc locum a pecore dictum putant quidem, itaque Naevius *Balatium* appellat etc. etc.“, womit wir zugleich die Stelle des Festus[12]) verbinden können: „*Palatinus* mons Romae appellatus est, quod ibi pascens pecus *balare* consueverit: vel quod *palare*, id est errare, ibi pecudes solerent; alii quod ibi Hyperborei filia Palanto habitaverit, quae ex Hercule Latinum peperit; alii eundem, quod Pallas ibi sepultus sit, existimant appellari;“ und gleich darauf nennt derselbe Festus einen flamen *palatualis*, bestellt zu dem Dienste derjenigen Göttin, in deren Schutz das Palatium stehe, also einer Dea Palatua. Wir könnten diesen schon von den Alten versuchten Deutungen des Namens noch andere, wie z. B. von der Pales[13]), einer Heerdengöttin, der man in Rom vor Alters das Fest der Palilien oder Parilien feierte, beifügen, wenn es überhaupt räthlich oder nur möglich sein könnte, die Wahrheit aus solchen Versuchen gewinnen zu wollen, welche immerhin irgend ein historisches oder sprachliches Element, irgend eine Andeutung oder einen Wink für uns enthalten, ohne darum in ihrer Vereinzelung die volle Wahrheit und die einzig richtige Erklärung und Deutung zu bieten. Will man aber die von Dionysius uns aufbewahrte Nachricht einer griechischen Niederlassung als unhistorisch verlassen, so wird man doch immerhin wieder auf die Annahme zurückkommen müssen, daß auf der unter dem Namen des Palatinos oder des palatinischen Hügels bekannten Höhe[14]) zuerst eine städtische Anlage der Ureinwohner Italiens — wir wollen die Frage nach ihrer Abkunft hier nicht weiter berücksichtigen — gewesen, zumal da wir wissen, daß die alten Städte Italiens sämmtlich auf Anhöhen angelegt waren; oder wir müßten der Annahme eines neuern Forschers[15]) folgen, der den Namen des palatinischen Hügels in Rom und die daselbst befindliche Niederlassung von der durch die Pelasger, 25 Stadien von Reata (Rieti) angelegten Stadt Palatium ableitet, wo noch jetzt Reste pelasgischen Mauerwerkes, ganz ähnlich den im Innern Griechenlands gefundenen, über dem Hügel hinter der Villa Ferri, zwischen diesem Punkte und dem Kloster La Foresta, sich finden sollen, von denen der genannte Forscher sogar eine Abbildung gegeben hat.

An jene erste Niederlassung knüpft die Sage weiter die Anlage mehrer Tempel und Heiligthümer, deren Locale genau auszumitteln und mit Bestimmtheit nachzuweisen, um so schwerer sein dürfte, als schon zu den Zeiten des Augustus die ganze Fläche mit aneinanderstoßenden Gebäuden bedeckt war, die in der Folge unter manchen Veränderungen Theile des kaiserlichen Hoflagers oder des Palatiums ausmachten. So wird unter andern aus jener Zeit ein Tempel des lycäischen Pan an einer Kluft des Abhangs — das später sogenannte Lupercal[16]) —, ferner ein Tempel der Siegesgöttin, der Ceres etc. angeführt. Während nun, bald nach dieser ersten Niederlassung auf dem nordwärts gegenüber liegenden, zumal an der Südseite sehr abschüssigen Hügel, dem **Saturnischen** [nachher **capitolinischen**[17])] sich gleichfalls, wie die Sage meldet[18]), eine Anzahl Griechen, Begleiter des Herkules, die bei dessen Abzuge zurückgeblieben waren, niedergelassen, und bald darauf troische Flüchtlinge unter Äneas in der Nähe die Städte Lavinium und Alba gegründet, ward, derselben Überlieferung zufolge, sechszehn Menschenalter nach Troja's Zerstörung, von Alba aus, durch Romulus und seine Scharen an der Stelle des alten Palatium eine neue Stadt in größerer Ausdehnung gegründet und mit dem Namen **Roma** bezeichnet[19]). Romulus, heißt es, nachdem er den Göttern geopfert, umschrieb mit einem Vierecke den Hügel und umzog ihn mittels eines von zwei Rindern gezogenen Pfluges mit einer Furche, welche die Grundlage des Mauerumfanges seiner Stadt bildete, die diesen Tag ihrer feierlichen Gründung fortan feierlichst alljährlich beging [das Fest der **Parilien** oder **Palilien**[20])]. Und fortan, wird uns weiter erzählt, blieb diese Sitte[21]), mittels des Pflugs den Umkreis einer neu anzulegenden Stadt oder einer Colonie zu bezeichnen. Was den Umfang dieser nach einem Viereck angelegten Stadt (daher Roma quadrata) und das **Pomörium**[22]) betrifft, so beschränkte sich dieselbe nicht mehr blos auf die Höhe selbst, wo das alte Palatium des Ev-

10) Antiq. Rom. I, 32. 11) De ling. Lat. V, 8. p. 59. 12) p. 321. ed. *Dacer.* 13) p. 322. ed. *Dacer.*: — *Pales* dicebatur dea pastorum, cujus festa *Palilia* dicebantur, vel, ut alii volunt, dicta *Parilia*, quoniam pro partu corporis eidem sacra fiebant. Ein Mehres s. bei Creuzer, Symbol. II. S. 996 fg. 14) Vergl. Beschreibung von Rom. I. S. 130—132 fg. Nur dem Titel nach bekannt ist mir die Schrift: *Palatium*, ossia il principio di Roma par *J. Riva*. (Vicenza 1830. 4.)

15) *Gell* Rom. and its vicinity. II. p. 368 fg. 376, vergl. 201, 202. 16) Vergl. *Nardini* Rom. vet. VI, 12. 17) Vergl. Zoega's Abhandlungen; herausgegeben von Welcker. S. 331 fg. 18) *Dionys. Halicarn.* Antiqq. Romm. I, 34. 19) Ibid. I, 88. 20) S. Creuzer's Symbolik. II. S. 996 fg., und über das Jahr der Gründung Roms bess. römisch. Antiq. S. 16 der zweiten Ausg. 21) *Dionys.* Antiqq. l. c. nebst *Varro*, De ling. Lat. V, 32. p. 144 *Speng.* *Plut.* Romul. c. 11. 22) S. Tacitus (Annal. XII, 24) und andere Stellen bei Sachse, Gesch. und Beschreib. von Rom. I. S. 51 fg.

r gelegen war, sondern sie schloß auch die Seiten die Abhänge des Berges, dessen Fuß sie umkreiste, in ohne jedoch den capitolinischen Berg, das Forum ꝛc. einzubegreifen. Die westlichste Spitze, oder der Raum, jetzt zwischen der Kirche S. Anastasia und S. Teo- liegt, hieß Velia, wobei man Velia summa, oder eigentliche Spitze, und Velia ima, oder die Abdachung, rschied; weiter nordwärts, da ungefähr, wo jetzt S. doro liegt, war das Germalum [23]), ein anderer Vor- ng, der in der Sage von Romulus bedeutsam ist; an nördlichsten Spitze, oberhalb der Kirche S. Maria Li- trice, das Volcanale, dem Vulkan geweiht. Drei tern schlossen die Stadt des Romulus ein, eine Zahl, weil sie die durch die etrurischen Ritualbücher vorge- ebene ist, mehr für sich hat, als die von Andern be- ste Vierzahl; doch herrscht über die einzelnen Namen r Thore und über die Bestimmung ihrer Lage große chiedenheit in den Ansichten der neuern Alterthums- her, veranlaßt mit durch die unbestimmten und un- en, mitunter auch sich widersprechenden, spärlichen ichten der alten Autoren. Nach Bunsen [24]) würde t die Porta Mugonia, Porta Mucionis, auch Por- etus Palatii zu nennen sein, und zwar an der Seite, e nach dem Forum zu lag, unweit des später dort Romulus erbauten Tempels des Jupiter Stator und Wohnungen des Ancus Marcius, des ältern Tar- ꝛc., dann die Porta Romanula und die Porta Ja- lis. Hingegen nach Piale's abweichender Untersu- g [25]) würden wir folgende drei Thore erhalten und im folgender Ordnung: die Porta Capena, Mugo- und Romanula. Bei den großen Veränderungen, e nachher dieser Boden erlitten, bei der Unsicherheit Verschiedenheit der Angaben, welche bei den alten riftstellern über diese Punkte sich finden, möchte es er, wo nicht unmöglich sein, alle Zweifel zu lösen über alle Bedenklichkeiten hinweg zu einem festen und m Resultat zu gelangen. Ebenso wenig Gewicht wol- wir daher auch auf andere Nachrichten über Umfang Ausdehnung dieses ältesten Roms auf dem palatini- Hügel legen, wie z. B. wenn Plutarch, offenbar älteren Quellen, die Zahl der Herdstellen auf 1000 bt [26]) oder Plinius [27]) einem jeden Bürger nur zwei ert Ackerlandes als Besitz zutheilt. Gewiß aber ist, das von Romulus eröffnete Asylum außerhalb der tinischen oder romulischen Stadt auf einem mit Bäu- besetzten Platze des Saturnischen (capitolinischen) Hü- lag [28]), ebenso auch der Ort [29]), wo die Spiele des sus gehalten wurden (wo nachher der Circus Maxi-), welche durch den dabei vorgefallenen Raub der inerinnen einen Krieg herbeiführten, der nach einem ren Kampfe in der Ebene zwischen dem palatinischen und capitolinischen Hügel durch die Dazwischenkunft der Frauen beendigt, — an dem von diesem Zusammentreten benannten Orte Comitium [30]), unmittelbar an dem nörd- lichsten Vorsprunge des palatinischen Hügels — einen Frie- den und damit die Vereinigung der beiden streitenden, nun in Ein Volk, in Eine Stadt vereinten Völker her- beiführte; indem die Sabiner zunächst auf dem capitolini- schen und dem nordwärts daran stoßenden quirinalischen sich niederließen. Nun ward die Waldung dicht vor dem capitolinischen Hügel ausgerodet, und die Sümpfe und Lachen ausgetrocknet; es entstand das Forum, wo beide in Eine Nation vereinigten Völker zur Besorgung und Besprechung öffentlicher Angelegenheiten zusammenkamen. Wie nun unter den Nachfolgern des Romulus die Stadt sich immer weiter auf die nahen, vordem noch unbewohn- ten Hügel ausdehnte, sodaß schon Servius die sieben Hü- gel in die Ringmauer, die er der erweiterten Romulischen Stadt gab, einschließen konnte, ist bekannt, und kann hier nur insoweit bemerkt werden, als sie eine neue lo- cale Eintheilung herbeiführte, die bekanntlich bis auf Au- gust im Ganzen fortgedauert hat. Servius Tullius näm- lich theilte die ganze, die sieben Hügel umfassende Stadt in vier Bezirke, Regionen oder Tribus genannt [31]), wor- aus die vierzehn Regionen August's nachher entstanden sind. Die Unterabtheilungen dieser Stadtviertel sind die von Varro, aber leider nicht vollständig aufgeführten 27 sacraria Argeorum. Unter jenen Stadtvierteln oder Tribus wird die vierte als Palatina aufgeführt; sie ging später in die zehnte Region August's über. Es ist sehr zu beklagen, daß die Beschreibung, die Varro von dieser topographisch-kirchlichen Abtheilung des Servius gibt, grade bei dem vierten Bezirk, dem palatinischen, mangel- haft und lückenhaft erscheint, indem er zwar das Pala- tium als einen Theil dieses vierten Bezirkes nennt [32]), dann aber blos noch die Notiz von zwei damit verbunde- nen Sprengeln, dem Germalum und der Velia, als dem fünften und sechsten beifügt, ohne daß sich die vier andern Sprengel angeführt finden. Jener, der germalen- sische, lag, wie wir schon oben bemerkt, an der Nordseite des palatinischen Hügels, da wo jetzt die Kirche S. Teo- doro steht, der velische aber etwas mehr westwärts, ober- halb der Kirche S. Anastasia. Immerhin mochte die pa- latinische Tribus nicht blos die eigentliche Höhe des gleich- namigen Berges, sondern auch die Abhänge desselben und die daran stoßenden Niederungen, nach den verschiedenen Seiten hin, also die ganze Strecke zwischen dem palatini- schen, capitolinischen und aventinischen Berge, oder das Velabrum und das Forum Romanum, den Circus ꝛc. befassen. Daß später die Verheerung der Stadt durch die Gallier, von welcher blos das Capitol ausgenommen blieb, auch über den palatinischen Hügel und seine Anlagen sich

23) S. *Varro*, De ling. Lat. V, 8. p. 60 sq. und insbe- re Sachse a. a. O. I. S. 150 fg. 24) S. Beschreib. Rom. I. S. 144 fg. verglichen mit Sachse I. S. 57 fg. Della fondazione di Roma, del pomerio mura e porte fatte a Romulo. (Rom. 1833. 4.) p. 18 sq. 26) Vit. Romul. 27) Hist. Natur. XVIII, 2. 28) Vergl. Sachse a. a. O. I. S. 63, 64. 29) Ebend. S. 65.

30) S. diese Encyklopädie 1. Sect. Band 18. S. 362 fg. unter Comitium. 31) S. Varro (De ling. Lat. V, 8. p 50 sq.) und Andere nebst Sachse a. a. O. I. S. 250 fg. 32) Es heißt nämlich in der angeführten Stelle S. 59: *Quartae regio- nis* (er nennt sie vorher Palatina) *Palatium*, quod Palantes etc. Vergl. Sachse a. a. O. I. S. 674 fg. und Bunsen Beschreib. von Rom. I. S. 699 fg.

erstreckte, läßt sich wol nicht bezweifeln; ebenso wenig aber wol auch, daß bei dem Wiederaufbaue der Stadt diese, im Mittelpunkte derselben gegenüber dem Capitolium, zunächst dem Forum gelegene, und dabei auch durch die gesunde Lage besonders begünstigte Anhöhe insbesondere bebaut und bevölkert wurde, sodaß wir in den letzten Zeiten der Republik und später, bis Augustus hier seinen dauernden Sitz nahm, in dieser Gegend die Wohnungen der angesehensten Männer Roms, und zahlreiche Tempel oder kleinere Heiligthümer antreffen [33]). So wird uns, außer den schon oben bemerkten Tempeln, hier ein Tempel der Juno Sospita neben dem der Victoria genannt; hier befand sich der aus gemeinsamer Beisteuer errichtete Tempel der Cybele, hier der Tempel der Penaten auf der sogenannten Velia (s. oben); hier stand das Heiligthum der salischen Priester, wo sie sich zu ihrer religiösen Feier versammelten; hier stand auch nach den Angaben des Cicero und Valerius ein Tempel der Febris, gewiß nicht ohne Beziehung auf die Lage des Orts und die durch die Ausdünstungen in den ihn umgebenden Niederungen herbeigeführten Krankheiten; hier ward auch die von Q. Catulus aus Veranlassung des Siegs über die Cimbern geweihete Porticus errichtet; Catulus selbst hatte hier seine Wohnung, sowie der berühmte Redner Crassus, der nicht minder bekannte M. Ämilius Scaurus, die beiden Gracchen und der berüchtigte Catilina; hier stand auch Cicero's Wohnung; die durch Clodius von Grund aus zerstört, einer Halle der Freiheit Platz machen mußte; hier die seines Bruders, Quintus, sowie die seines ebengenannten Feindes Clodius. Hier ward auch in einem kleinen Häuschen, das auf der Südspitze der Anhöhe (gegenüber von S. Gregorio) bei den Rindsköpfen (ad capita bubula) lag, und nach August's Tode von dessen Besitzer, einem jungen Patricier, der von einer Criminalstrafe freigesprochen war, zu einem Heiligthume bestimmt wurde, der berühmte Kaiser Augustus im J. 691 geboren [34]). Nachher, wahrscheinlich seit seiner Rückkehr nach Cäsar's Ermordung, bewohnte er, wie Sueton [35]) erzählt, das Haus des Redners Licinius Calvus, das in der Nähe des Forums, oberhalb der Scalae anulariae, wahrscheinlich an dem Abhange des palatinischen Hügels lag, und dann erst bezog er das auf der Höhe des Berges selbst gelegene Haus des Hortensius, das er nebst dem des Catilina und einigen andern in der Nähe befindlichen, wahrscheinlich durch Kauf an sich gebracht hatte, um dadurch zugleich einen Platz für die Anlage des von ihm schon in der Schlacht bei Actium gelobten und nachher so prachtvoll ausgebauten Tempels des Apollon zu gewinnen. Denn er selbst brachte, wie uns sein Biograph [36]) versichert, Sommers und Winters in einem und demselben Schlafgemache 40 Jahre in dieser Wohnung zu, welche weder durch Geräumigkeit, noch durch Pracht von Außen wie von Innen sich auszeichnete, da sie nur kurze Säulengänge von albanischem Marmor besaß und die Zimmer weder mit marmornen Bekleidungen noch mit schön ausgelegten Böden versehen waren. Dieses Haus des Hortensius, seit es die Wohnung des Augustus geworden, oben auf der Höhe des palatinischen Hügels, in der Nähe des alten palatinischen Thores (s. oben) gelegen (domus Augustana), bildet nun den eigentlichen Stamm und Grund des schon unter Augustus unter diesem Namen vorkommenden Palatium oder der kaiserlichen Burg, die bald durch neue Anlagen erweitert, mit ihren Gebäuden, Gärten, Parks rc. über den ganzen palatinischen Hügel sich ausbreitete, und diesen Hügel zum Sitze der römischen Monarchie und zur Residenz der römischen Kaiser erhoben hat. Augustus bewohnte, wie bemerkt, während seines Lebens jene wenig geräumige und einfach in ihrem Innern eingerichtete Wohnung, die wahrscheinlich auch bei dem Wiederaufbaue nach dem Brande, den sie im J. 756 erlitten, nicht sehr verändert wurde (höchstens etwa durch Vereinigung mehrer vorher vereinzelter Gebäude zu Einem größern Ganzen und dadurch erleichterter Communication [37]), und als Palatium oder Kaiserpalast von nun an vorkommt [38]), nach dem Neronischen Brande aber als ein besonderer Theil oder als ein Flügel des Palatiums oder der kaiserlichen Burg bezeichnet wird. Mit desto mehr Pracht hatte Augustus unmittelbar in der Nähe seiner Wohnung an der Stelle der im J. 718 durch den Blitz getroffenen Häuser, den Tempel des Apollon [39]), welcher daher den Beinamen des palatinischen erhielt, aufführen lassen; seine Vollendung fällt auf das Jahr 726. Den Platz, auf welchem das Heiligthum selbst sich erhob, umgaben Hallen, in welchen eine Sammlung griechischer und lateinischer Bücher für den öffentlichen Gebrauch — die so berühmte palatinische Bibliothek, die erste öffentliche in Rom [40]) — angelegt war. Die Säulen selbst waren von ausgewähltem afrikanischem Marmor, und in den Zwischenräumen Statuen, Werke der Kunst, aufgestellt, während andere Bildwerke auf dem freien Platze vertheilt waren. Der Tempel selbst war aus weißem lunensischem Marmor, der damals am meisten geschätzt und allen andern Marmorarten vorgezogen wurde, aufgeführt; die Außenseite, sowie der Giebel mit Bildwerken und Reliefs geschmückt; im Innern stand des Gottes Bildsäule, ein herrliches Werk des Scopas, umgeben zu beiden Seiten von den Statuen der Latona und Diana, zwei Meisterwerken des Praxiteles und Timotheus; in das Fußgestelle der Bildsäule aber waren in zwei goldenen Kapseln die Sibyllinischen Bücher niedergelegt, anderer Werke der Kunst zu geschweigen, welche den Tempel von Innen wie von Außen schmückten. Auf dem Vorplatze stand das kolossale, 50 Fuß hohe, aus Erz gegossene Standbild des toscanischen Apollon.

Unter Tiberius, dem Nachfolger des Augustus, scheint

33) Die Belege zu den folgenden einzelnen Angaben finden sich schon bei *Nardini* Rom. vet. VI, 14, 15 und *Donat.* De urb. Rom. III, 8. 34) *Sueton.* Vit. Octavian. c. 5. Sachse a. a. O. II. S. 13 fg. 35) Ebend. c. 72. Vergl. Sachse II. S. 14, 15. 36) Am angef. Orte. 37) Vergl. Sachse a. a. O. II. S. 25. S. auch *Sueton.* Octav. 57. 38) *Dio Cass.* LIII, 16. p. 507 B. *Zonaras* Hist. II. p. 186. 39) s. Sachse a. a. O. II. S. 10 fg. 40) S. die Geschichte der röm. Literat. §. 14. b. Not. 2 (der zweiten Ausg.) nebst *Canina*, Indicazione topografica di Roma antica. (Rom. 1831,) p. 202 sq. über den Platz dieser Bibliothek.

diese Residenz, in welcher Tiberius selbst geboren worden war, keine Veränderung erlitten zu haben, außer daß sie mit einem neuen Anbaue westwärts, dem Capitol mehr gegenüber, vermehrt wurde, **Domus Tiberiana** genannt [41]), wenn man anders nicht unter diesem Namen eine Abtheilung der Residenz, und zwar oberhalb des Velabrum, das von Tiberius bewohnt wurde, und nicht sowol eine ganz neue Anlage verstehen will. Die gewöhnliche Annahme setzt diese **Domus Tiberiana**, deren muthmaßliche Trümmer hinter der Kirche S. Anastasia gesucht werden, mit dem Palaste des Augustus oder der **domus Augustana** in Verbindung und läßt durch beide, als Mitte und als Hauptpunkt des Palatiums oder der kaiserlichen Burg, die ganze obere Fläche des Hügels von dem bemerkten Punkte an, oberhalb S. Anastasia über den nordwestlichen Rand des palatinischen Hügels hin bis zu dessen Nordspitze, hinter Maria Liberatrice [sodaß die **Domus Tiberiana** mehr die westliche, die **Domus Augustana** aber die nordöstliche Seite einnahm] [42]), bedecken. Größere Erweiterungen nahm Caligula vor [43]), da er durch einen Vorbau das Palatium bis zum Forum vorrückte, und zugleich den Tempel des Castor und Pollux in ein Vorhaus umschuf, das jedoch schon unter seinem Nachfolger Claudius seiner ursprünglichen Bestimmung wieder zurückgegeben wurde; dann aber soll er [44]) durch eine Brücke, welche über den Tempel des Augustus, der in der Nähe des Tempels des Jupiter Stator gelegen haben muß, hingeführt war, die beiden Höhen, die palatinische und die capitolinische, mit einander verbunden haben; doch scheint dieses großartige Werk nicht von Dauer gewesen zu sein, da alle weitere Spur desselben nachher verschwindet. Weiter erzählt uns sein Biograph [45]) von einem **lupanar**, das er in dem Palatium angelegt habe, sowie von andern Einrichtungen. Bekannt ist, daß dieser Kaiser in einem der Krypten oder Souterrains dieses Palastes selbst ermordet wurde [46]). Einzelne Einrichtungen und Ausschmückungen abgerechnet, scheint sein Nachfolger Claudius Nichts von Belang verändert oder erweitert zu haben; ja es scheint, daß damals noch ein ziemlicher Theil des palatinischen Hügels von Privatwohnungen besetzt war, und das Palatium oder die kaiserliche Burg nur den obern nördlichen Theil von der westlichen Spitze (zwischen S. Giorgio in Velabro und S. Anastasia) an bis zu dem östlichen Punkte, zu dem von der Via sacra zu der Farnesischen Villa führenden Haupteingang, einnahm.

Desto größer waren die Veränderungen, welche Nero vornahm [47]), obwol ihrer ganzen beabsichtigten Ausführung nach, kaum vollendete, zumal da seine Nachfolger, wie es scheint, in seine Riesenplane nicht eingingen und das Begonnene in seinem Geiste fortführten. Nero [48]) nämlich setzte durch einen Anbau den Palast bis auf den esquilinischen Hügel (also in nordöstlicher Richtung), fort und verband so, wie sich Tacitus ausdrückt [49]), das Palatium mit den (auf dem Esquilin gelegenen) Gärten des Mäcenas. Diesem Anbaue gab er den Namen **Transitoria** (**domus**), wahrscheinlich, weil er über mehre Straßen, für welche Durchgänge an den betreffenden Punkten gelassen worden waren, hinwegging. Als aber dieser Bau sammt den übrigen angrenzenden, nähern und fernern Gebäuden in dem großen Brande des Jahres 815 u. c. oder 65 n. Chr. zerstört worden war [50]), ward ein neuer Bau aufgeführt, prachtvoller und umfangreicher als irgend einer der frühern, daher auch **aurea domus**, das g o l d e n e H a u s, genannt. Von der Ausdehnung dieser Anlagen können uns Sueton's Worte [51]) einen Begriff geben; in dem Vestibulum stand, so erzählt er, Nero's Colossalbild in der Höhe von 120 Fuß, aus getriebenem Erze, ein Werk des Zenodorus. Die Anlage selbst war so ausgedehnt, daß sie unter andern eine dreifache Porticus von 1000 Fuß enthielt, ferner einen großen Teich, der wie ein Meer aussah und ringsherum mit Gebäuden umgeben war, die das Ansehen einer Stadt hatten (**stagnum maris instar, circumseptum aedificiis ad urbium speciem**), große Felderstrecken, die mit Ackerland, Weinbergen, Weiden und Waldung abwechselten und mit zahlreichen Heerden und Wild belebt waren, einschloß. Dieser gewaltigen Ausdehnung entsprach die innere Einrichtung, die dabei aufgewendete Pracht und der ungemeine Luxus an Gold und edlen Metallen. Nach demselben Suetonius [52]) war Alles in den übrigen Theilen dieser Anlage vergoldet, mit Edelsteinen geschmückt und mit Perlmutter ausgelegt. Die getäfelten Decken der Speisezimmer waren mit beweglichen Feldern aus Elfenbein versehen, um Blumen, Salben und wohlriechende Essenzen von Oben herab auf die Speisenden träufeln zu lassen;

41) S. *Nardini* Vet. Rom. VI, 13. Sachse a. a. O. II. S. 26, der die Annahme eines eigenen Baues durch Tiberius verwirft und die domus *Tiberii* oder *Tiberiana* als einen aus späterer Zeit herrührenden Anbau, lieber dem jüngern Tiberius, dem Adoptivsohne des Caligula, beilegen möchte. 42) Vergl. *Nardini* l. c. und Del Palazzo de Cesari, opera postuma di *Francesco Bianchini* (Veron. 1738 Fol.) p. 81 sq. 91 sq. 105 sq. 111 sq. 121 sq. nebst den großen Tafeln der versuchten Restauration. *Venuti* Descriz. topogr. del Antichit. di Rom. (ed. 3a.) I. p. 29 sq. 43) *Sueton.* Caligul. 22. — „partem Palatii ad forum usque promovit atque aede Castoris et Pollucis in vestibulum transfigurata, consistens etc. etc. *Nardini* l. c. Sachse II. S. 27. 44) *Sueton.* l. c. Sachse II. S. 29 fg. 45) *Sueton.* Caligul. 41. Sachse II. S. 31. 46) *Sueton.* Caligul. 58.

47) Sachse II. S. 32 fg. 48) *Sueton.* Neron. 31: Non in alia re tamen (Nero) damnosior quam in aedificando. Domum a Palatio Esquilias usque fecit. Quam primo *Transitoriam*, mox incendio absumptam, restitutamque *Auream* nominavit. 49) Annal. XV, 39. 50) S. *Tacit.* Annall. XV, 38. 51) Sueton's eigene Worte Ner. 31 lauten: Vestibulum ejus fuit, in quo colossus centum viginti pedum staret ipsius effigie: tanta laxitas, ut porticus triplices milliarias haberet: item stagnum maris instar, circumseptum aedificiis ad urbium speciem. Rura insuper arvis atque vinetis et pascuis silvisque varia, cum multitudine omnis generis pecudum ac ferarum. 52) In ceteris partibus cuncta auro lita, distincta gemmis, unionumque conchis erant. Coenationes laqueatae tabulis eburneis versatilibus ut flores, fistulatis, ut unguenta desuper spargerentur. Praecipua coenationum rotunda, quae perpetuo diebus ac noctibus vice mundi circumageretur: balineae marinis et Albulis fluentes aquis. *Sueton.* ibid. *Tacit.* Annall. XV, 42: Caeterum Nero usus est patriae ruinis exstruxitque domum, in qua haud perinde gemmae et aurum miraculo essent, solita pridem et luxu vulgata, quam arva et stagna et in modum solitudinum hinc silvae, inde aperta spatia et prospectus etc.

besonders zeichnete sich unter diesen Speisesälen ein runder aus, der in einer beständigen, Tag und Nacht ununterbrochenen Bewegung, gleich dem Himmelsgewölbe sich herumdrehte. Auch fehlte es nicht an Bädern, in welchen man im Seewasser oder in albulischem (schwefelhaltigem) Wasser baden konnte. So war ein Gebäude beschaffen, von dem Nero bei der Einweihung sagen konnte, nun fange er erst an als ein Mensch zu wohnen[53])! Es kann demnach kaum einem Zweifel unterliegen, daß die Privatwohnungen, die vordem noch einen Theil des palatinischen Hügels (wahrscheinlich den südlichern, da die nördliche Hälfte den Palast selbst mit seinen Nebengebäuden einnahm) füllten, nachdem sie in dem großen Brande ein Raub der Flammen geworden, nun auch zu der kaiserlichen Burg oder zu dem Palatium geschlagen und zu den bemerkten parkähnlichen, englischen Gartenanlagen benutzt worden, die sich, nach den oben gegebenen Mittheilungen über ihre gewaltige Ausdehnung, gewiß auch noch außerhalb des palatinischen Hügels weiter erstreckten. Indessen scheint selbst bei Nero's Ermordung im J. 821 die nach 817 so großartig begonnene Anlage kaum in ihrer ganzen Vollendung ausgeführt gewesen zu sein, da Otho, als er durch Galba's Ermordung im J. 822 auf den Kaiserthron gelangt, noch eine Anweisung von mehren Millionen auf ihre Vollendung ausstellte[54]). Unter Vitellius geschah durchaus Nichts für diesen Palast; noch weniger unter Vespasianus[55]). Ja dieser Kaiser, der sich überhaupt selten hier aufhielt, weil er den Aufenthalt in den Sallustischen Gärten vorzog, ließ sogar einen großen Theil der schönsten Werke der Kunst, die das Innere des Palastes schmückten, daraus zur Verschönerung seines Friedenstempels wegbringen, sonderte die großen Parkanlagen ab, um sie theilweise zu neuen Anlagen zu benutzen, wie z. B. das an der Stelle des großen Sees angelegte Amphitheatrum Vespasianum, und überließ den Rest an Privatleute zur Anlage neuer Wohnungen. Ebenso wenig geschah unter Titus Etwas für den Palast; beide Kaiser mochten es vorziehen, an andern Punkten der Stadt ihre großartigen Bauwerke anzulegen. Desto mehr mochte Domitian[56]), der in dem Palatium seinen gewöhnlichen Aufenthalt hatte, dafür gethan haben, da mehre alte Schriftsteller, Plutarch, Statius, Martialis u. A.[57]), mit so großer Bewunderung von diesen Bauten, sowie der prachtvollen Einrichtung, von den hohen, aus dem seltensten Gesteine aufgeführten Säulen, der kostbaren Ausschmückung u. dgl. m. reden. Bestanden diese Bauten nicht in veränderten und erweiterten Anlagen eines besondern Flügels oder besonderer Theile des frühern Palatium, das, wie wir gesehen, die ganze obere nördliche Seite des palatinischen Hügels einnahm, so können sie, als neue Anlagen, kaum anders als gegen Süden zu, in den südwestlichen Strichen der jetzigen Farnesianischen Gärten gedacht werden, sodaß vielleicht die in neuerer Zeit daselbst entdeckten Bäder der Livia ursprünglich Theile dieses Domitianischen Baues gewesen sein dürften. Was die nachfolgenden Kaiser für das Palatium gethan, darüber schweigt die Geschichte fast ganz; sie mochten wol eher auf Erhaltung der weitläufigen und ausgedehnten Anlagen, als auf deren Erweiterung durch Aufführung neuer Bauten bedacht sein. Nerva, obwol er den Palast wenig bewohnte, ließ, wie man sagt, an denselben die Aufschrift Aedes publicae[58]) setzen, ohne daß jedoch dieselbe der herrschend gewordenen Benennung des Palatium einen Eintrag gebracht zu haben scheint. Trajan, hören wir, ließ sogar einen Theil der Kostbarkeiten, mit denen Domitian seine Zimmer geschmückt hatte, von da weg in den Tempel des capitolinischen Jupiter's bringen[59]); Hadrianus, so groß auch seine Baulust war, scheint zu sehr durch andere Bauten beschäftigt gewesen zu sein, um für die kaiserliche Residenz, für die er wol auch keine besondere Anhänglichkeit hatte, Etwas besonderes in dieser Hinsicht zu thun[60]); Antonin der Fromme aber, obwol er den Tiberinischen Flügel (die domus Tiberiana, s. oben) bewohnte, war kein Freund prachtvoller Bauten rc., doch ließ er den seit dem Neronischen Brande eingefallenen Tempel des Augustus auf dem Palatium wiederherstellen. Noch mehr scheinen Marc Aurelius und dessen Mitregent L. Verus das Palatium vernachlässigt zu haben, als unter Commodus[61]) im J. 944 u. c. oder 191 n. Chr. ein gewaltiger Brand einen großen Theil des Palatium, wahrscheinlich den nordöstlichen Flügel sammt dem Atrium, wo die Archive (die bei dieser Gelegenheit zu Grunde gingen), aufbewahrt waren, verzehrte. Wahrscheinlich ließ Commodus diesen Flügel alsbald wieder herstellen (Commodiana domus). Auch von Pertinax wissen wir, daß er das Palatium bewohnte, in dessen Innern er ermordet wurde. Daß damals und in der nächstfolgenden Zeit das Palatium oder die Kaiserburg über die ganze Höhe des palatinischen Hügels, wie schon oben bemerkt worden, noch immer ausgedehnt war, geht auch aus dem Umstande hervor, daß Septimius Severus im J. 952 dicht unter der südlichen Spitze des palatinischen Berges einen Prachtbau, das sogenannte Septizonium[62]), aufführen ließ, welches aller Wahrscheinlichkeit nach zu nichts anderm bestimmt war, als daß es einen prachtvollen Eingang, der aus sieben Thoren oder Portalen bestand, zu der kaiserlichen Burg bilden sollte, deren Anlagen demnach sich bis zu diesem Punkte erstrecken mußten. In diesen südlichen und südöstlichen Theil des Hügels müssen wol auch die Anlagen des Heliogabalus[63]) verlegt werden; der Tempel des syrischen Gottes Heliogabalus (dessen Priester er war), der indessen nach des Tyrannen Ermordung wieder niedergerissen wurde, aber ohne Zweifel doch

53) *Sueton.* ib. 54) *Sueton.* Othon. 7: Nec quidquam prius pro potestate subscripsit, quam quingenties sestertium ad peragendam auream domum. 55) Vergl. Sachse a. a. O. II. S. 41 fg. 56) Vergl. Sachse a. a. O. II. S. 42 fg. nebst *Francesco Bianchini* l. c. p. 105 sq., nebst Tav. VIII. 57) *Plutarch.* Public. 15. *Statius* Silv. IV, 2, 18—31. *Martial.* VIII, 36, 39. II, 59. XII, 15. *Suet.* Domit. 14.

58) Vergl. *Plin.* Panegyr. 47. §. 4. 59) *Martial.* XII, 15. 60) S. auch wegen des Folgenden die einzelnen Belege bei Sachse II. S. 49 fg., vergl. mit *Nardini* Vet. Rom. VI, 13. 61) Vergl. *Dio Cass.* LXXII, 24 und Anderes bei Sachse und Nardini a. a. O. 62) s. Sachse II. S. 52 fg. 56 f. 63) Ebend. S. 58 fg.

en übrigen Anlagen dieses Kaisers in Verbindung
ferner neue, prachtvolle im Innern eingerichtete
ungen nebst großen, dem öffentlichen Gebrauche zu-
enen Bädern, deren Reste noch jetzt einen großen
der an die Farnesianischen Gärten anstoßenden Villa
a und der Roncionischen Gärten einnehmen, wo sich
bedeutende Reste eines Hippodromus finden. Spä-
hören wir blos noch von einem Prachtbaue[64], den
der Severus etwa um 985 u. c. oder 232 n. Chr.
ren ließ, und den er zu Ehren seiner Mutter Mam-
benannte, und der auch noch zu Constantin's Zeit
päterhin bestand, desgleichen von den Vogelhäusern,
nen dieser Kaiser zu seinem Vergnügen zahlreiches
gel jeder Art — unter andern blos an 20,000 Stück
uben — unterhielt. Muthmaßlich mögen auch diese
n auf der Südseite des palatinischen Hügels gewe-
in, da mit Bestimmtheit darüber sich Nichts aus-
n läßt.

Von nun aber verschwinden fast alle Nachrichten[65])
den Zustand dieser kaiserlichen Burg, die, zumal seit
Verlegung des Reichssitzes nach Constantinopel verö-
nd immer mehr vernachlässigt worden zu sein scheint,
ol auch in der bedrängten Lage des Reichs schwerlich
Mittel vorhanden waren, so ausgedehnte Anlagen und
n nur einigermaßen zu erhalten und vor dem Ver-
nd Untergang zu sichern, der hier wirklich weniger
Feindeshand und durch gewaltsame Zerstörung als
die Zeit bewirkt worden zu sein scheint. Noch im
6 n. Chr. wohnte Constantius bei einem Besuche
m, einen Monat lang daselbst, und es wird in der
. Jahrh. angehörigen Notitia dignitatum ꝛc., sowie
m Verzeichnisse des Publius Victor, wenn dasselbe
s ein Product des 4. oder 5. Jahrh. und nicht, wie
neuerdings zu behaupten geneigt ist[66]), ein aus äl-
Quellen zusammengesetztes Machwerk neuerer Zeit,
des 15. Jahrhunderts oder aus dem Anfange des
t, noch immer der kaiserlichen Burg sammt ihren
nheiten gedacht. Zwar soll Genserich vor seinem
e aus Rom 455 n. Chr. auch das Palatium, gleich
n Palästen Roms, völlig geplündert haben; indessen
zehn Jahre nachher, um 465, erscheint dasselbe wie-
n bewohnbarem Zustande; auf Ricimer's Betrieb ward
rus im Palaste mit Gift ums Leben gebracht. Noch
. 539 wohnte darin Belisarius, als kaiserlicher Statt-
, und nach ihm 546 u. 550 Totilas; Cassiodorus kennt
den Palast und fodert den Theoderich zu dessen Er-
ng auf[67]). Die letzte Nachricht von dem Palatium
sich aus dem Jahre 708 unter dem Papst Con-
us bei dem Römer Anastasius mit dem Beinamen
iothecarius, und ebenso ersieht man aus der Elegie,
e Hildebert über den Ruin der Stadt Rom, zu Andes 12 Jahrh., schrieb, daß damals der Kaiserpalast
gstens zum Theil noch bestand und in bewohnbarem
Zustande war[68]). Indessen, wenn auch einzelne Theile der ausgedehnten Kaiserburg noch erhalten und bewohnbar waren, so mochte doch schon damals ein großer Theil durch allmäligen, in Folge der gänzlichen Vernachlässigung herbeigeführten Verfall, oder auch durch mehrfache Plünderung und Zerstörung, wie sie ja auch andere Theile Roms betraf, zerfallen oder doch dem Einsturze nahe gebracht sein, der in den nachfolgenden innern Streitigkeiten und Kämpfen der mächtigen Familien Roms während des Mittelalters, wo man das treffliche Baumaterial zur Anlage fester Thürme und Wohnungen wegschleppte, immer mehr in der Art befördert wurde, daß wir jetzt nur noch einzelne, freilich sehr ausgedehnte Trümmer auf der Stelle erblicken, welche einst der Sitz der römischen Kaiser einnahm. In dieser Hinsicht mag namentlich die mächtige Familie der Frangipani diese Zerstörung wesentlich befördert haben[69]). Später im 16. Jahrh. legte Papst Paul III., aus dem Hause Farnese, hier die Villa Farnesiana mit ausgedehnten Gärten, die den größten Theil der noch vorhandenen Ruinen und Bauresté der alten Kaiserburg in sich schließen, an; andere Reste finden sich, wie schon bemerkt, in der daranstoßenden Villa Spada und in den diese Villa begrenzenden Roncionischen Gärten. An der Nordostseite liegt der Bogen des Titus, weiterhin der Triumphbogen Constantin's und von diesem ostwärts das gewaltige Colosseum oder Amphitheatrum Vespasiani[70]).

Überblickt man die Richtung der einzelnen, von den ausgedehnten Anlagen des Palatium noch jetzt vorhandenen und sichtbaren Baureste, so beweisen diese hinreichend, wie das Palatium in Anlage und Einrichtung, sowol dem Ganzen als den einzelnen Theilen nach, äußerst ungleich gewesen, wie dies bei der Art und Weise der Entstehung des Baues und den zahlreichen Veränderungen, welche im Laufe der Zeit von den einzelnen Imperatoren vorgenommen wurden, wol nicht anders zu erwarten war. Noch jetzt will man in einzelnen noch vorhandenen Trümmern, wie sie sich auf der bemerkten Strecke ausbreiten, Reste von dem Baue des Augustus, von der angeblichen Anlage des Tiberius (oberhalb der Kirche S. Anastasia), sowie von den Anlagen des Caligula und Nero, zunächst von dessen Theater, von den Anlagen des Domitian (s. oben) ꝛc. erkennen[71]). Daß diese Trümmer sehr ausgebreitet und bedeutend sind, kann um so weniger befremden, wenn wir bedenken, daß in dem Palatium zugleich das ganze zahlreiche Hofpersonale, Alles, was zum Dienste des Kaisers und des kaiserlichen Hauses, somit zum Hoflager gehörte, auch mit Einschluß der zur Bewachung nöthigen militairischen Umgebung[72]) (denn die eigentlichen Casernen der kaiserlichen Garden, die Castra Praetoria, lagen außerhalb des Palatiums in der fünften Region) untergebracht war und seine ständige Wohnung hatte, mithin das Palatium in seiner ganzen Ausdehnung wol das

64) Vergl. *Lamprid.* Alex. 26. Sachse II. S. 61. 65)
. wegen der folgenden Angaben *Nardini* l. c. Sachse II.
2 fg. 66) Bunsen in der Beschreibung v. Rom. I. S.
fg. 67) *Varro* VII, 5.

68) s. Bunsen Beschreib. von Rom. I. S. 120, 121. 69) Vergl. *Nibby*, Itinerario di Rom. (5. Ausg. 1830.) p. 151, 153 sq. 70) s. Encykl. 18. Band der ersten Sect. S. 329 fg. 71) s. insbesondere *Venuti* Descrizion. topografic. dell. Antichit. di Roma (ed. 3a di *Steph. Piale* Rom. 1824. 4.) T. I. p. 33 sq. 72). Vergl. *Francesco Bianchini* l. c. p. 270.

Ansehen einer eignen kleinen Stadt mitten in der großen Weltstadt haben mochte. Aber bei dem Unzusammenhängenden dieser Baureste und bei der gewaltigen Zerstörung, welche dieselben betroffen hat, bei den Veränderungen, die der Boden selbst, auf dem sie stehen, im Laufe der Zeiten durch andere Bestimmungen erlitten, möchte es schwer, wo nicht unmöglich sein, daraus ein vollständiges Bild der alten Kaiserburg mit allen ihren zahlreichen Nebenanlagen, Seitengebäuden, Gärten, Parks rc. zu entwerfen und eine einigermaßen sichere und zuverlässige Restauration des Ganzen zu versuchen. Es ist zwar ein solcher Versuch einer Restauration, und zwar in äußerst vollständiger Weise, in dem schon oben Note 42 angeführten, aber nicht beendigten Werke des Francesco Bianchini (denn es bricht bei den Bauten des Nero plötzlich ab), insbesondere in den großen es begleitenden Kupfertafeln gemacht worden; die Richtigkeit dieses Versuches aber im Ganzen sowol wie in seinen einzelnen Theilen, möchten wir freilich nicht verbürgen.

Was endlich die Schreibart des Wortes Pälätium betrifft, so unterliegt es wol kaum einem Zweifel, daß die Schreibung mit Einem l die gewöhnlichere und herkömmliche, mithin auch wol richtigere ist; seltener findet sich, meist nur in spätern Quellen, Pallatium mit verdoppeltem l [73]). Ebenso wenig zweifelhaft ist es, daß aus dem altrömischen Worte Palatium, dessen erste Bedeutung als Bezeichnung einer Localität wir oben nachgewiesen haben, ohne uns in unsichere und ungewisse Deutungen dieses Namens und seiner ursprünglichen Ableitung weiter einzulassen, die in den Töchtersprachen des Lateinischen vorkommenden Ausdrücke: Palais im Französischen, Palazzo im Italienischen, Palacio im Spanischen, ja selbst das teutsche Palast oder Pallast, entnommen scheinen, in der Art, daß die Bedeutung dieser Wörter einen erweiterten Sinn erhielt und auf jedes größere, fürstliche Gebäude übergetragen ward. Noch näher dem altrömischen Palatium, mit welchem in der Sprache des Mittelalters [74]), zunächst in den Karolingischen Zeiten und auch später noch, die in den verschiedenen Theilen des Reichs befindlichen kaiserlichen Schlösser, zur Aufnahme des Kaisers und dessen Gefolges, oder in Abwesenheit des Kaisers auch zur Beherbergung der kaiserlichen Beamten (der Missi Dominici) bestimmt, bezeichnet werden, liegt das daraus offenbar entstandene Pfaltz oder Pfalz, ein Ausdruck, mit welchem bekanntlich, bei der Gewohnheit der teutschen Könige und Kaiser, keinen festen Wohnsitz, keine feste Residenz zu haben, sondern in dem Reiche herumzureisen, die ihnen zugehörigen Schlösser oder königlichen Höfe in den verschiedenen Provinzen des Reichs, in denen sie bei ihren Reisen sich längere oder kürzere Zeit aufhielten, Recht sprachen, Reichstage hielten rc., oder auch den Vergnügungen der Jagd rc. oblagen, bezeichnet werden, worauf denn auch weiter die Ausdrücke Pfalzstadt, Pfalzgraf und ähnliche sich beziehen. (*Baehr.*)

73) Vergl. A. L. Schneider, Elementarlehre der lateinischen Sprache. I. S. 412. 74) *Du Cange*, Glossar. s. v., wo auch die einzelnen in alten Nachrichten vorkommenden Palatia verzeichnet sind.

PALATIUM LEPORIS (Hasenpalast) nennt Cesalpini den feinblätterigen Spargel (Asparagus tenuifolius *Lamarck.*). (*A. Sprengel.*)

PALATUA, war der Name der den palatinischen Berg beschützenden Göttin; Palatualis hieß der ihr von Numa bestimmte Flamen; Palatuar das ihr dargebrachte Opfer (vergl. *Varr.* l. l. VII. §. 45. *Müll. Fest.* in Septimont.). (*H.*)

PALATUM, Gaumen, wird die obere und hintere Begrenzung der Mundhöhle genannt. Man unterscheidet am Gaumen seinen vordern Theil oder den harten Gaumen und den hintern Theil, den weichen Gaumen, oder das sogenannte Gaumensegel. Der harte Gaumen, palatum durum, aus dem Gaumenfortsatze des Oberkiefers und dem horizontalen Theile des Gaumenbeines bestehend, bildet insbesondere die Scheidewand zwischen der Mund- und Nasenhöhle. Seine untere Fläche ist gewölbt und in der Mitte der Länge nach durch eine Naht, sutura palatina, getheilt, die vorn und hinten gewöhnlich auch die spina nasalis anterior und posterior durchschneidet. In dieser Naht nimmt man vorn, hinter den mittlern Schneidezähnen, eine Öffnung wahr, welche dadurch entsteht, daß sich hier zwei kurze Kanäle vereinigen, welche auf jeder Seite den innern Rand des Gaumenfortsatzes vom Oberkieferbeine schief von Oben und Hinten durchbohren. Diese Öffnung heißt das vordere Gaumenloch, foramen incisivum s. palatinum anterius, und läßt die vordern Gaumenschlagadern durch. Hildebrandt und F. H. Weber nehmen an, daß vor dem f. incisivum sich zwei kleine Kanäle befinden, durch welche die N. nasopalatini zum Gaumen gelangen; andere Anatomen beschreiben den Verlauf dieser Nerven so, als ob dieselben durch das vordere Gaumenloch träten. Hinter dem letzten Backenzahne sieht man an jedem Gaumenbeine zwei bis drei Öffnungen von verschiedener Größe; es sind die Mündungen der canales pterygopalatini, durch welche gleichnamige Nerven und Blutgefäße zu dem weichen Überzuge des harten Gaumens und zum Gaumsegel gelangen und von dort zurückkehren. Die untere Fläche des Gaumengewölbes ist meist ziemlich rauh, vorzüglich hinten und an den Seiten, ist bedeckt von einer dicken Schicht kleiner Drüsen, zwischen denen sich die Gefäße und Nerven bis zu der Haut verbreiten, welche das Ganze überzieht und eine Fortsetzung der Haut der gesammten Mundhöhle ist. Diese weichen Theile stoßen im ganzen Umfange des Zahnfortsatzes an das Zahnfleisch, von welchem sie durch keine scharfe Grenze getrennt sind. Die obere Fläche des harten Gaumens ist gleich der untern ausgehöhlt, allein in der Mitte durch die dem Kiefer- und Gaumenbeine angehörige crista nasalis, worauf sich die Pflugschar legt, mit einer Scheidewand versehen. Diese Fläche wird bekleidet durch die eigenthümliche Schleimhaut der Nasenhöhle.

An den hintern Rand des harten Gaumens legt sich das Gaumsegel, velum palatinum s. palatum mobile s. molle, das ist eine von der Schleimhaut der Mund- und Nasenhöhle gebildete, mit besondern Muskeln versehene Falte, von bestimmter Gestalt. Sie hat nämlich unten einen freien Rand, der zu beiden Seiten aus- ·itten, in der Mitte mit einer Verlängerung, dem ·fchen, uvula s. staphyle, versehen ist. Zu beiden ·n geht dieser Rand in zwei andere gleichfalls concave ·n, die Gaumenbogen oder Schenkel des Gaumsegels.

Durch den weichen Gaumen wird die Mundhöhle ·dem obersten Theile oder Gewölbe des Schlundkopfes ·nnt. Zwischen den beiden Blättern der Schleimhaut, ·e das Gaumensegel vorn und hinten überziehen, lie- ·iemlich viele kleine Schleimdrüsen, besonders sind sie ·r Gegend des Zäpfchens dicht gedrängt und auch ·nlicher. Daher ist auch der mittlere Theil des Gau- ·gels am dicksten, und weil außerdem sich hier der ·arige oder Zapfenmuskel, M. azygos uvulae, ·et. Er besteht aus zarten, aber deutlichen Mus- ·ern, die, in ein rundliches Bündel zusammengedrängt ·von den beschriebenen Drüschen bedeckt, vom Gau- ·achel entspringen und zur Verkürzung des Zäpfchens ·n. Außer diesem einfachen Muskel stehen aber auf ·n Seiten noch vier Muskeln mit dem weichen Gau- ·in Verbindung, welche auch als seine Bestandtheile ·ehen werden müssen. Zwei von diesen Muskelpaaren ·ringen an der Basis des Schädels; es sind die Gau- ·panner und Gaumenheber; die beiden andern Muskeln ·jene der Gaumenbogen. Das erstgenannte Paar ent- ·gt dicht neben einander. Der Gaumenspanner, ·ensor palati mollis s. circumflexus, ist breit, läng- ·viereckig, kommt vom Knorpel der Ohrtrompete und ·großen Flügel des Keilbeines, zunächst der spina an- ·is, auch gehen einige Fasern der Sehne zuweilen ·Felsenbein aus, er schlägt sich um den innern Flügel- ·el, wird allmälig dünner und sehnig, um sich mit ·Flechse in den Ausschnitt am Haken des Flügelfort- ·zu legen. Dann breitet sich die Sehne wieder aus ·heftet sich endlich, im Gaumensegel selbst ausstrahlend, ·n hintern Rand des harten Gaumens. Der Gau- ·heber, M. levator palati mollis, liegt an der in- ·Seite des vorigen, gleichfalls von der Trompete und ·er äußern Fläche des Felsenbeins entspringend. Die ·igen Fasern dieses Muskels vereinigen sich mit den- ·n von der andern Seite und den gleich zu beschrei- ·n Muskeln und bilden einen nach Unten concaven Bo- — Die breiten Muskeln der Gaumenbogen sind schwä- ·ls die eben beschriebenen. Besonders schwach sind die ·enschlundkopfmuskeln oder Rachenschnürer, ·. glossopharyngei s. constrictores isthmi faucium, ·sie bestehen blos aus einigen Muskelfasern, die sich, ·die vordern Gaumenbogen selbst, zu beiden Seiten ·er Wurzel der Zunge gegen das Zäpfchen hin er- ·n. Man erkennt diese Fasern schon deutlich durch ·Schleimhaut. Der Gaumenschlundkopfmuskel, ·alatopharyngeus, hat seinen Anfang zu beiden Sei- ·n Schlundkopfe und läßt sich bis zum obern Horne ·Schildknorpels verfolgen; er geht innerhalb der ·ndkopfschnürer in die Höhe und im hintern Schen- ·es weichen Gaumens ebenfalls fast bis zur Uvula, ·Theil sich mit dem gegenüberliegenden Muskel verei- ·d, zum Theil mit den Fasern der andern Gaumenmuskeln verflochten. Es ist deutlich, daß die Wirkung der Gaumenspanner darin besteht, das Gaumensegel nach den Seiten zu dehnen oder anzuspannen und etwas herabzuziehen; die Gaumenheber dagegen vermindern die Höhe des weichen Gaumens oder erheben ihn; diesen Muskeln wirken die Rachenschnürer grade entgegen, indem sie die Zunge und das Gaumensegel einander nähern und auch die sogenannte Rachenenge von der Seite zu schließen trachten; die Schlundkopfgaumenmuskeln endlich ziehen ähnlichermaßen das velum herab, nähern sich aber dabei zuweilen von beiden Seiten so sehr, daß sie den Rachen von der Nasenhöhle gänzlich absperren, und darauf beruht die große Wichtigkeit dieser Muskeln für das Schlingen, wie Dzondi in seiner Schrift: Über die Functionen des weichen Gaumens (Halle 1831. 4.) dargethan.

Fast allgemein gilt der knöcherne Gaumen, wie auch oben angeführt ist, für eine vollständige Scheidewand zwischen der Mund- und Nasenhöhle. Es nehmen jedoch einige Anatomen eine regelmäßige Communication zwischen diesen beiden Räumen an und suchen sie in dem vordern Gaumenloche. Was den Menschen anlangt, so steht über die Existenz dieser Communication nichts als allgemein gültig fest. In neuerer Zeit hat sich aber für dieselbe Rosenthal erklärt (Tiedemann und Treviranus, Zeitschrift für Physiologie. 2. Bd. S. 289). Dieser Anatom führt an, daß bereits dem Vesal ein Kanal zwischen der Nasenhöhle und dem Gaumen bekannt gewesen, daß später Ric. Stenson auf denselben aufmerksam gemacht und ihn bei den Thieren größer gefunden als beim Menschen. Rosenthal beschreibt den fraglichen Gang folgendermaßen. Er beginnt 1¼ Zoll hinter der Nasenspitze auf dem Grunde der Nasenhöhle, wo er als eine längliche Spalte in der Schneider'schen Haut erscheint, geht durch den Oberkiefer schief nach Vorn und Unten, der Verlauf beträgt einen halben Zoll. In der drüsigen Substanz des Gaumens vereinigen sich die Kanäle beider Seiten, werden sehr eng und münden auf einer Papille hinter den mittlern Schneidezähnen. Die Öffnung erscheint rund und ist sehr klein, gewöhnlich wird sie durch Schleim verstopft, den man vorsichtig abspülen muß, da Einblasen von Luft oder Injectionen nicht geeignet sind, dieselbe sichtbar zu machen. Rosenthal bekennt jedoch, daß ihm Fälle vorgekommen, wo er die Öffnung des gedachten Kanals an der gewöhnlichen Stelle des Gaumens durchaus vermißt; zuweilen sind auch die Eingänge der Kanäle in der Nasenhöhle von verschiedener Weite, ja einer oder der andere verwachsen. An der hintern Seite dieser Kanäle sollen sich die N. N. nasopalatini verbreiten. Beim Menschen fehlt das sogenannte Jacobson'sche Organ, welches bei mehren Thieren mit den gedachten Verbindungsgängen zwischen der Nase und dem Munde zusammenhängt.

Der Gaumen ist keine ursprüngliche Bildung, sondern entsteht nach Burdach erst im dritten Monate, nach Meckel zwischen dem zweiten und dritten Monate, daher ist in den ersten Perioden des Embryonenlebens eine freie Gemeinschaft zwischen der Mund- und Nasenhöhle vorhanden. Das Gaumengewölbe ist nämlich anfänglich seiner ganzen Länge nach gespalten; es gibt Fälle, wo sich diese Spaltung noch nach der Geburt zeigt, und dies sind diejenigen angebornen Misbildungen, die unter dem Namen von Hasenscharte und Wolfsrachen bekannt sind. Man unterscheidet zweierlei solcher Misbildungen, nämlich einfache oder doppelte Hasenscharte und Wolfsrachen. Die Hasenscharte wird hier nur deshalb angeführt, weil sie gewöhnlich den Wolfsrachen begleitet. Dieser aber besteht in einer widernatürlichen Communication der Nasenhöhle mit dem Munde. Beim einfachen Wolfsrachen pflegt sich die Spalte des Gaumens meist so zu verhalten, daß nur die eine Hälfte der Nasenhöhle, rechte oder linke, in dem Munde geöffnet ist, beim doppelten Wolfsrachen dagegen sind wegen Kürze der mittlern Scheidewand die beiden Hälften der Nasenhöhle nicht vollständig getrennt und gehen beide in die Mundhöhle über.

Wenn der Wolfsrachen sehr vollständig ist, findet sich auch der ganze weiche Gaumen, selbst das Zäpfchen, gespalten; in einem seltenen Falle sah man jedoch bei Hasenscharte und Spaltung des harten Gaumens vollkommene Integrität des Gaumensegels und Zäpfchens. Ebenso sind Spaltungen des weichen Gaumens und selbst der Uvula beobachtet, die nicht mit Trennung des knöchernen Gaumens begleitet waren. Auch hat man zuweilen das Zäpfchen ganz und gar vermißt ohne anderweitige Difformität. Außerdem hat man die Erfahrung gemacht, daß alle diese angebornen Spaltbildungen in einzelnen, freilich seltenen, Fällen, wenn die Kinder am Leben bleiben, allmälig von selbst verschwinden, indem die Natur die versäumten Theile manchmal ziemlich vollständig nachbildete und die in den gewöhnlichen Fällen durch Kunsthilfe, besonders Operation, vermittelte Verwachsung von selbst einleitete (vergl. J. F. Meckel, Pathol. Anatomie. 1. Bd. S. 522 fg.). Man erkennt also auch bei der Bildung des Gaumens eine Äußerung des allgemeinen Bildungsgesetzes, daß Theile, deren Function erst nach der Geburt eintritt, auch erst in der Mitte oder gegen das Ende des Fötuszustandes entstehen, denn erst dem gebornen Kinde ist der Gaumen zum Saugen, Schlingen, Schreien und besonders späterhin zum Sprechen rc. nothwendig.

(*d'Alton.*)

PALAUR, bedeutender Fluß, welcher auf den Hochebenen der ostindischen Provinz Karnatik entspringt, bei Arcot vorbeigeht, die Flüsse Shewaroo und Pony aufnimmt und sich unterhalb Sadras in das Meer ergießt.

(*Fischer.*)

PALAVA (**Palavia** *Schreber.*) nannte Cavanilles eine Pflanzengattung aus der letzten Ordnung der 16. Linné'schen Classe und aus der natürlichen Familie der Malvaceen, nach dem spanischen Botaniker Don Antonio Palau y Verdera, welcher in der zweiten Hälfte des 18. Jahrh. lebte, eine Zeit lang Vorsteher des botanischen Gartens in Madrid war, Linné's **Philosophia botanica** ins Spanische übersetzte, dessen **Genera et species** herauszugeben anfing und, mit Ortega vereint, ein botanisches Handbuch (**Curso elemental de botanica** [**Madr.** 1785]) lieferte. Der Gattungscharakter besteht in einem nackten, fünfspaltigen Kelche, fünf Corollenblättchen und zahlreichen, einsamigen Kapseln, welche ohne bestimmte Ordnung knopfförmig zusammengehäuft sind (dagegen stehen sie bei **Sida** *L.* kreisförmig um ein Mittelsäulchen). Die drei bekannten Arten sind bei Lima in Peru auf Sandboden einheimisch, als kleine, einjährige Malvengewächse mit ästigen Zweigen, abwechselnden, gestielten, herzförmigen Blättern, dunkelgefärbten (bei der zweiten Art hellgrünen) Afterblättchen und einzeln in den Blattachseln stehenden, gestielten, purpurrothen Blumen. 1) **P. malvaefolia** *Cavanill.* (**Diss. I. p.** 40. **t. 11. f. 4**), fast glatt, niedergestreckt, die Blattstiele fast so lang als die Blätter. 2) **P. rhombifolia** *Graham.* (**Edinb. new philos. Journ. Oct.** 1830. **p.** 369. **Bot. reg. t. 1375. Bot. mag. t.** 3100), wie die vorhergehende Art, aber drüsigbehaart. 3) **P. moschata** *Cavan.* (**l. c. f. 5**), filzig, aufrecht, stark nach Moschus riechend, die Blattstiele länger als die Blätter.

Eine andere Pflanzengattung, aus der fünften Ordnung der 13. Linné'schen Classe und aus der Gruppe der Sauravieen, der natürlichen Familie der Ternströmieen, welche Ruiz und Pavon (**Prodr. fl. per. p.** 88. **t.** 22) ebenfalls **Palava** genannt haben, und für welche Candolle (**Mém. de la société de Genève. Vol. I.**) den Namen **Apatelia** vorschlägt, scheint kaum von **Sauravia** *Wildenow* wesentlich verschieden. Char. Der Kelch nackt, fünftheilig; die fünf Corollenblättchen sind an ihrer Basis fast mit einander verwachsen; zahlreiche Staubfäden stehen in fünf Büscheln beisammen; die Antheren öffnen sich an der Spitze in je zwei Löchlein, fünf Griffel; die Kapsel fünffächerig, fünfklappig, vielsamig. **Sauravia** unterscheidet sich nur durch stärkere Verwachsung der Corollenblättchen, drei oder fünf Griffel und beerenartige Kapsel. Die fünf bekannten Arten von **Apatelia** wachsen als Bäume oder Sträucher im tropischen Südamerika. 1) **Ap. lanceolata** *Cand.* (**Prodr. I. p.** 526. **Palava lanceolata** *Ruiz.* **et** *Pavon.* **syst. veg. flor. per. p.** 181), mit lanzettförmigen, gesägten, unten rostbraunen Blättern, striegelicht-behaarten Zweigen, Blatt- und Blüthenstielen und rispenförmigen Blüthen. Wächst, wie die beiden folgenden Arten, auf den peruanischen Gebirgen. 2) **Ap. glabrata** *Cand.* (**l. c. Palava** *R.* **et** *P.* **l. c.**), mit ablangen, zugespitzten, feingesägten, fast glatten Blättern und striegelichten, einblumigen Blüthenstielen. 3) **Ap. biserata** *Cand.* (**l. c. Palava** *R.* **et** *P.* **l. c. Sauravia** *Spreng.* **cur. post. p.** 211), mit umgekehrt eiförmig-ablangen, doppelt gesägten, behaarten Blättern und dreiblumigen Blüthenstielen. 4) **Ap. scabra*** (**Palava** *Humboldt.*, *Bonpland.* **et** *Kunth.* **nov. gen. VII. p.** 221. **t.** 648), mit keilförmig-ablangen, zugespitzten, feingesägten, steifen, rauhbehaarten Blättern und achselständigen Blüthenrispen. Bei Santa-Anna in Neugranada. 5) **Ap. tomentosa*** (**Palava** *H.*, *B.* **et** *K.* **l. c. t.** 649), mit lanzettförmigen, fein gezähnelten, oben rauhen, unten weißfilzigen Blättern, achselständigen Rispen und weißen Blumen. In Quito. (*A. Sprengel.*)

PALAVICINO (**Benedetto**), geboren zu Cremona, blühete zu Ende des 16. Jahrh. als Kapellmeister des Herzogs von Mantua, war einer der berühmtesten Componisten seiner Zeit, und hat sich vorzüglich durch acht

: Madrigalen und einige Sammlungen heiliger Ge-
bis auf 12 und 16 Stimmen ausgezeichnet. Ein
fünfstimmiger, in Venedig 1591 gedruckter Madri-
findet sich auf der Bibliothek zu München.

(*G. W. Fink.*)

Palawang, f. **Paragoa.**

PALAYE (St.), Kirchdorf an der Yonne und an
on Avallon nach Auxerre führenden Straße, in dem
e von Auxerre des Yonnedepartements, verdankt sei-
lamen der heil. Paladia, die hier im J. 448 zur
bestattet wurde und zu deren Grabe schon im 9.
. häufige Wallfahrten geschahen. Noch zeigt man
Gruft der Pfarrkirche dieses Grab, obgleich dasselbe
eise von den Hugenotten zerstört wurde, als sie die
der Heiligen den Winden übergaben. Ihr Fest
den 8. Oct. begangen, und sie hat ihr eigenes, sehr
ßig geordnetes Officium, welches im J. 1752, mit
migung des Bischofs Caylus, für den Gebrauch des
piels im Drucke erschienen ist. Auch in der Diöcese
ens hatte die heil. Paladia eine ihr geweihte Kirche;
verwechsele aber diese der Diöcese von Auxerre ange, in den Bollandisten nicht genannte heilige Jung-
nicht mit einer andern Heiligen gleichen Namens,
der Romagna und in den Marken verehrt wird. —
hatellux, das große, in der Nachbarschaft weit und
egüterte Geschlecht, haben ganze drei Jahrhunderte
St. Palaye besessen, bis eine Tochter die Herrschaft
577 an ihren Eheherrn, Olivier d'Esterling, brachte.
uern Zeiten wurde sie von den Lacurne und nach
von den Clement besessen. Die Lacurne haben das
ß in seiner heutigen, ansehnlichen Gestalt erbaut
m den von der Yonne begrenzten Park, sowie die
ufigen Gärten hinzugefügt. Der berühmteste La-
de St. Palaye ist jener Johann Baptist, dessen
: **Mémoires sur l'ancienne Chevalerie; considé-**
omme un établissement politique et militaire,
1 Klüber's Verteutschung (Nürnberg 1786—1790.
.) besitzen. Durch einen Zufall befinden wir uns
Unmöglichkeit, über den Verfasser befriedigende Aus-
zu geben; hoffentlich wird ein anderer Artikel unsere
d abtragen. Doch wollen wir nicht verschweigen,
ohann Baptist, Mitglied der französischen Akademie,
der Akademie **des inscriptions** und **des belles**
s und **della Crusca**, im J. 1697 zu Auxerre, in
Kirchspiele N. D. Ladhors, geboren wurde und am
rz 1781 das Zeitliche gesegnete. Einer seiner Brü-
it sich ebenfalls durch gelehrte Arbeiten bekannt ge-
und scheint reges literarisches Streben von jeher in
amilie zu Hause gewesen zu sein. Ein älterer, Jo-
Lacurne, **Lieutenant-criminel** in Burgund, em-
von Salmasius das Zeugniß, „daß er in jedem
schaftlichen Fache so bewandert sei, wie irgend Eiden man zu nennen vermöge, daß er, mit einem
, Apollon's und der Musen Liebling sei." Seine
ung von 24 griechischen Sinngedichten sendete Sal-
s von Heidelberg aus an J. Guyon, und sein Le-
at Johann von Chevannes beschrieben, wie das Phi-
de la Mare in den **Conspectus Hist. Burgund.**
berichtet. In seiner Ehe mit Huguette Desvoyo hatte Johann keine Kinder, daher er durch Testament vom 11. April 1631 sein ganzes Vermögen den Jesuiten von Autun vermachte; dafür sollen sie in seiner geliebten Vaterstadt zwei Regenten anstellen, von welchen die Jugend in der christlichen Lehre, in guten Sitten und schönen Wissenschaften unterrichtet werde. „Sollte sich aber fügen, daß der Orden die Stadt Autun verlassen müsse, so substituire ich statt seiner die Stadt Arnay, auf welche zugleich die Verbindlichkeit, zwei Regenten zu unterhalten, übergehen soll." Arnay-le-duc scheint der Lacurne eigentliche Heimath gewesen zu sein; in dem Verzeichnisse der Maires dieser Stadt findet sich ein Abraham Lacurne. Ein anderer Zweig der Lacurne hat ein ganzes Jahrhundert durch das Lehen le Thielay bei Savigni-sur-Seille, in der Bresse Chalonaise, besessen. Beinahe hätten wir vergessen, daß das zu der Herrschaft St. Palaye gehörig gewesene Dörfchen Fontenet oder Fontenay-sous-Fouronne, auf dem linken Ufer der Yonne, nach Jacob Taveau (**Histoire des archevêques de Sens 1608. p. 32**) das berühmte Fontenay sein soll, wo Ludwig's des Frommen Söhne sich die Entscheidungsschlacht lieferten. Dieser Meinung ist Dom Georges Viole beigetreten, der Abbé le Beuf hat sie aber in dem ersten Bande seiner **Dissertations** p. 138 widerlegt, gleichwie dieser von Pasumot widerlegt worden. Le Beuf suchte das Schlachtfeld in der Ebene von Estet und Druyes, an dem Bache von Andrie, dem Berge Fontenailles beinahe gegenüber. Pasumot hat sich für das Dorf Fontenoy bei Thuray (Tauriacus des Nithard) entschieden. Hier fand er den **étang de la guerre** und eine von jeher unter dem Namen **de la fosse aux gendarmes** bekannte Vertiefung, und noch überzeugender sprachen zu ihm die Bewegungen der beiderseitigen Heere, die Nähe einer römischen Heerstraße und das anstoßende alte Kloster Fontenoy, **Fontanetum**, das auf das **champ du malheur** stößt.

(*v. Stramberg.*)

PALAZZI (Giovanni), geb. zu Venedig etwa 1640, gest. etwa 1703, ein Polygraph, aber mittelmäßiger Historiker. Er stammte von adeligen Ältern, trat aus Armuth in den geistlichen Stand, wurde im J. 1684 Professor des kanonischen Rechts an der Universität zu Padua, zeigte sich aber in diesem Amte so nachlässig, daß er nur durch Einreichung seiner Entlassung der Entsetzung entging. Später wurde er Erzpriester an der Collegiatkirche von S. Maria Mater Domini in Venedig, und Kaiser Leopold I. ernannte ihn zum Hofrath und kaiserl. Historiographen. Seine Schriften sind: 1) **De dominio maris** (**Vened.** 1663. 12.); eine Vertheidigung der venetianischen Ansprüche auf das adriatische Meer. 2) **Monarchia occidentalis, scilicet aquila inter lilia, Saxonica sancta sive Bavarica, Franca, Sueva et vaga Austriaca, Romana etc.** (ebend. 1671—1673) in 9 Bdn. gr. Fol., wovon der 9. Bd. italienisch geschrieben ist, unter dem Titel: **Aquila Romana overo Monarchia occidentale** u. f. w. Dieses Werk gibt eine Geschichte des teutschen Reichs von Karl dem Großen bis auf Leopold I., aber weder der prächtige Druck, noch die schönen Kupferstiche haben es vor verdienter Vergessenheit schützen können. 3) Gesta pontificum Romanorum (Vened. 1687—1690). 5 Voll. fol., mehr panegyristische Lobrede auf die Päpste, als Geschichte derselben. 4) Aristocratia ecclesiastica cardinalium usque ad Innocentium XII. cum stemmate gentilicio etc. (ebend. 1703). 5 Voll. fol. Fortsetzung des vorhergehenden Werkes und ganz im Geschmack desselben. 5) Vita Justiniani Venetorum ducis (ebend. 1688. f.). 6) Fasti ducales ab Anafesto ad Sylvestrum Valerium Venetorum ducem cum eorum iconibus, insignibus u. s. w. (ebend. 1696. gr. 4.). (Nach der biogr. univ.) (*H.*)

PALAZZINO (St. Andrea di), kleines Dorf in der zum lombardisch-venetianischen Königreiche gehörigen Provinz Verona, District Zevio, welches fälschlich von einigen als Marktflecken aufgeführt wird und 500 Einwohner hat. (*Fischer.*)

PALAZZO ADRIANO, ein Flecken in der sicilischen Intendanz Caltanisetta (an dem von Salemi nach Castronovo und Corleone führenden Wege, am linken Ufer des Calatabellottaflusses), welcher mit den drei Marktflecken Contessa, Liana und Mezzafuso den gemeinschaftlichen Namen Casali de Grechi führt und von Nachkommen ausgewanderter Albaneser bewahnt wird, welche sich hier im J. 1480, nach der Zerstreuung ihres heldenmüthigen Volksstammes, niedergelassen haben und gegenwärtig Ackerbau treiben. Der Ort gehört dem Prinzen von Villafranca. In der Gegend werden mehre Achatarten und Jaspisse gefunden. Die Einwohner haben noch größtentheils ihre Sitten, Gebräuche, Religion und eigenthümliche Kleidung behalten; ihre Priester verheirathen sich, die reichen Frauen tragen noch den griechischen Schleier u. dgl. m. (*G. F. Schreiner.*)

PALAZZO GIARDINO, ein herzogliches Lustschloß, fünf Miglien westlich von der Hauptstadt, im Herzogthume Parma, an der von dieser Stadt nach Piacenza führenden Poststraße, am rechten Ufer des Taro, in anmuthiger Gegend gelegen, mit einem schönen Garten und einer überaus prachtvollen Brücke über den Fluß, welche die Herzogin Maria Louise, zur größten Bequemlichkeit des Verkehrs, der früher häufig durch den Torrente unterbrochen wurde, erbauen ließ. Das Schloß ist alt und seiner Bauart und Verzierungen wegen merkwürdig. In der Nähe dieses Schlosses erfochten die Franzosen unter Anführung des Königs von Sardinien und des M. de Coligny am 29. Jun. 1734 einen Sieg über die Kaiserlichen, welche der Graf Mercy, der in der Schlacht sein Leben verlor, befehligte. Die Schlacht wird nach der benachbarten Stadt Parma benannt. (*G. F. Schreiner.*)

PALAZZOLA, Parlamentsstadt der Intendanz Siragosa der Insel Sicilien, auf dem Wege von Chiaramonte nach Carlentini, am linken Ufer des Abissoflusses auf einem Hügel gelegen, mit 8579 Einwohnern, die sich von der Landwirthschaft nähren und meistens einen kleinen Handel treiben, und dem sehenswerthen Museum des Baron Judica, welches eine Menge in der Nähe ausgegrabener Alterthümer besitzt. Hier soll das alte Acre gestanden haben, von dem noch die Reste eines Theaters und des Palastes des Hiero gezeigt werden. (*G. F. Schreiner.*)

PALAZZOLA, PALAZZUOLA, Stadt in der sicilischen Intendantur Siragosa, liegt 20 engl. Meilen von dieser Stadt entfernt im Notothale, auf einem Hügel und an der Straße, welche von Caltagirone nach Siragosa und Noto führt, und hat 8500 etwas Handel und Feldbau treibende Einwohner. (*Fischer.*)

PALAZZOLO, 1) eine Stadt (45° 26′ 34″ nördl. Br., 28° 29′ 34″ östl. L.) und Gemeindeflecken im District VIII (Chiari) der Provinz Brescia des venetianischen Königreichs, am linken Ufer des Oglio, über den hier eine schöne Brücke führt, an der von Bergamo nach Brescia führenden Poststraße, in fruchtbarer, wohlbewässerter Gegend gelegen, nur durch den Fluß von der Provinz Bergamo geschieden, mit einem Gemeinderathe (Consiglio communale), einer der Himmelfahrt Mariä geweihten Pfarrkirche und Pfarre (welche zum Bisthume Brescia gehört), drei Aushilfskirchen, drei Sanctuarien und drei Kapellen, 3030 Einwohnern, welche wichtige Gärbereien unterhalten. Hier war es, wo der Tyrann Ezzelino da Romano, der Schrecken Oberitaliens, mit seinen Reitern über den Oglio setzte, ehe er bald darauf bei Cassano geschlagen und gefangen wurde (1259). 2) Ein Flecken im District Marradi des Compartimento Aretino, im Großherzogthume Toscana, im Gebirge gelegen. 3) Ein an der von Latisana nach Muzzana führenden Straße, am linken Ufer des Stelaflusses, über den hier eine Brücke gespannt ist, in der großen venetianischen Fläche liegendes, auch Palaziolo genanntes Gemeindedorf im District X (von Latisana), in der Provinz Friaul des lombard.-venet. Königreichs mit einer eigenen katholischen Pfarre, einer Kirche, einem Oratorium, zwei Filialen, einer Gemeindedeputation, den vier zu dieser Gemeinde gehörigen Casali: Giambrenz, Isola, Modeum und Voldaria, und einer Mühle. (*G. F. Schreiner.*)

PALAZZUOLO, großes Dorf in der Generalintendanza Novara (der ehemaligen Provinz Vercelli), der festländischen Staaten des Königs von Sardinien, in der großen piemontesischen Ebene, zwei Miglien westlich von der Stadt Trino, an der nach Crescentino führenden Straße gelegen, mit 1024 Einwohnern, die vom Feldbaue, der Viehzucht, der Cultur der Seidenraupe und von Gewerben leben, einer katholischen Pfarre, Kirche und einem kleinen Schlosse. Durch diesen Ort führt auch eine der Straßen von Mailand nach Turin. Eine Miglie südlich von Palazzolo fließt der Po. (*G. F. Schreiner.*)

PALCANI (Luigi Caccianemici), einer der vielseitigsten Gelehrten, deren Bologna im 18. Jahrh. sich rühmen darf. Er gehörte den angesehensten wissenschaftlichen Vereinen seines Vaterlandes, namentlich der Società italiana, dem Institut zu Bologna, der Accademia di Cortona u. s. w. an, in deren Schriften man denn auch von ihm mehre gehaltreiche Abhandlungen findet, als z. B. De prodigiosis solis defectibus. Dissertazioni dell' Accademia di Cortona IX. p. 345; Del natro orientale. Memoria della Società italiana VIII. p. 77; Elogio d'Antonio Maria Lorgna, ibid. VIII.

Elogio di Leonardo Ximenes, ibid. V. p. IX; o d'Eustachio Zanotti u. s. w. Erst mehre nach seinem Tode sind seine belletristischen Schrif- esammelt unter dem Titel: Le prose italiane di i *Palcani* (Milano 1817) erschienen. S. Orazione de di *Luigi Caccianemici Palcani* recitata Regia Università di Bologna dal professore po *Schiassi* in occasione del rinovellamento studj l'anno 1808. Bologna.

(*Graf Henckel von Donnersmarck.*)

PALCATI NOR, großer See in dem Lande der Tataren gehörigen Eluttis, welche ihn Tchoi nen- iegt 30 engl. Meilen westlich von Harcas. (*Fischer.*)

PALCO oder PALCKO (Franz Xaverius Karl), 1724 zu Breslau und gest. zu Prag 1767. Sein war auch Künstler und ist als Nachahmer des Jo- Breughel bekannt. Der junge Palco studirte in bei Bibiena die Architektur, widmete sich aber be- s der Malerei, wo er die venetianische Schule und Giovanni Maria Crespi von Bologna sich als Vor- nahm. Er arbeitete in München und Dresden, wo die in der Mitte des 18. Jahrh. neuerbaute katho- Hofkirche mehre Gemälde lieferte, auch eine der klei- Kapellen daselbst in Fresco malte. Während des sie- jährigen Krieges wendete er sich nach Prag, wo er n sein Lebensende verblieb und dort auch Manches irchen malte. Er besaß ein sehr durchsichtiges und tes Colorit, vielen Ausdruck und freie Bewegung in Compositionen seiner Figuren, doch weniger einen hö- classischen Styl. Dennoch gehört er zu den vorzüg- Meistern des 18. Jahrh. Nach ihm sind mehre er, selbst von Bartolozzi, gestochen worden. Auch selbst Einiges radirt. Ein von ihm hinterlassener war auch als Künstler bekannt. (*Frenzel.*)

PALDAMO, ein, auch nach geschehener Abscheidung Pfarrei Hyrynsalmi, noch ansehnliches Pastorat in finnischen Landschaft Kajana, Län Uleåborg, Provinz botten, im J. 1815 mit 4156 Seelen, von welchen in der Muttergemeinde Paldamo, 965 in der Lands- nde Kejana, 317 in der Stadt Kajana und 1266 Filialgemeinde Säräsniemi; letztere Kirche liegt fünf, Kirche Kajana eine Meile von der Kirche Paldamo nt. Nur in Kajana wird zuweilen schwedisch, sonst ll finnisch gepredigt. Manche der 13 Districte des Pa- s Paldamo haben noch zwei bis fünf Meilen zur en Kirche; in diesen Districten halten die Geistlichen Zeit zu Zeit Gottesdienste in den Wohnhäusern, die nnten Kantpredigten; mit diesen Gottesdiensten sind, der Feier des heiligen Abendmahls, Katechisationen andere kirchliche Amtsverrichtungen verbunden; auch n dann Hausverhöre statt. Der Pastor durchreist auf Weise zwei Mal jährlich das gesammte Pastorat; je- al beträgt die Reise 36 Meilen; die Kapelläne berei- jeden Kirchendistrict zwei bis drei Mal im Jahre; reist man dort nicht gar bequem; oft muß man e Meilen zu Fuß über Moräste wandern, auch oft türmen zu Boot unter Lebensgefahr den großen Land- lleåträsk überfahren. Wie viel wäre von solcher apo- stolischen Amtsführung für teutsche Geistliche zu lernen; denn haben letztere in evangelischen Landen zwar nicht so ausgedehnte Kirchenkreise, nicht so weite und beschwerliche Wege, so erfodert doch treue Seelenpflege nicht selten ähn- liche Opfer. Bemerkenswerth ist noch, daß 1626 die Kirche Paldamo durch Erdbeben zerstört ward. (*v. Schubert.*)

PALDAMUS (Friedrich Christian), geboren den 7. Aug. 1763 zu Opperode im Herzogthume Anhalt-Bern- burg, verdankte seinem Vater, einem dortigen Prediger, der im J. 1804 als Consistorialrath und Superintendent in Bernburg starb, den ersten Unterricht. Bereits in frü- hem Alter entwickelten sich seine Geistesanlagen. Er machte rasche Fortschritte in seiner wissenschaftlichen Bil- dung, vorzüglich in der Kenntniß der alten Sprachen. Auf der Domschule zu Halberstadt bereitete er sich zur Universität vor. Seine akademische Laufbahn eröffnete er, dem Stu- dium der Theologie sich widmend, zu Halle. Das Jahr 1785 führte ihn nach Wien, wo er einige Jahre bei dem Reichsgrafen von der Lippe eine Hauslehrerstelle bekleidete. Mit dem Prediger Meßmer in Dresden, der ihn (1792) zu seinem Gehülfen in die genannte Residenz berief, lebte er in innigen Freundschaftsverhältnissen, die sich noch fester knüpften, als Paldamus sich mit Meßmer's Tochter ver- mählte. Als sein Schwiegervater, zunehmender Kränklich- keit wegen, seinem Amte als Prediger bei der reformirten Gemeinde in Dresden nicht mehr vorstehen konnte, erhielt Paldamus die von Meßmer bisher bekleidete Pfarrstelle, die er bis zu seinem Tode, den 17. März 1806, mit rastlosem Eifer und unermüdeter Berufstreue verwaltete.

Mit ausgebreiteten Kenntnissen, die sich nicht blos auf sein eigentliches Fach, die Theologie, beschränkten, ver- einigte Paldamus ein sehr richtiges Urtheil und einen fei- nen Geschmack. Für den letztern sprechen mehre Gedichte, die er in frühern Jahren in verschiedenen Journalen und Musenalmanachen mittheilte. Auf diese poetischen Erzeug- nisse, die mit Beifall aufgenommen wurden, legte er selbst, bei der Bescheidenheit und Anspruchslosigkeit seines Cha- rakters, nur einen geringen Werth. Er war nicht eitel genug, jene Gedichte mit seinem Namen zu bezeichnen. Als theologischer Schriftsteller ward er vortheilhaft bekannt durch eine zweifache Sammlung von Predigten [1]), die sich durch ihren natürlichen Ideengang, lichtvolle Darstellung und eine edle Sprache empfehlen. Für die Prediger des Herzogthums Anhalt-Bernburg schrieb er Gebete und For- mulare bei dem öffentlichen Gottesdienste [2]). Er lieferte außerdem mehre Beiträge zu Journalen, besonders zu der leipziger Literaturzeitung [3]). (*Heinrich Döring.*)

PAL DE CHALANÇON (St.), Marktflecken im

---

1) Zehn Predigten, meistens moralischen Inhalts. (Dresden 1795.) Predigten für Freunde christlicher Weisheit und Tugend aus gebildeten Ständen. (Ebend. 1806.) Auch unter dem Titel: Zweites Zehend Predigten. 2) Bernburg 1800. 4. 3) Vergl. Klebe's gelehrtes Dresden. S. 112 fg. Haymann, Dresdens Schriftsteller und Künstler. S. 30, 65. Intelligenzblatt der Allgem. Literaturzeitung. 1806. Nr. 65. S. 516. Schmidt's an- haltisches Schriftstellerlexikon. S. 278 fg. Meusel's gel. Teutsch- land. (5te Ausgabe) 6. Bd. S. 11 fg. 15. Bd. S. 4. 16. Bd. S. 368. 19. Bd. S. 55 fg.

französischen Departement der Oberloire (Forez), Canton Bas, Bezirk Issingeaux, liegt 6½ Lieues von dieser Stadt entfernt, und hat eine Succursalkirche und 2192 Einwohner, welche vier Jahrmärkte unterhalten. (Nach Barbichon.) (*Fischer.*)

PALE (*πάλη*), das Ringen bei den Griechen, ist oben in dem Artikel Palästrik im Allgemeinen beschrieben. Insofern es einen eigenen Wettkampf der Athleten ausmachte, wird davon unter dem Artikel Gymnastik die Rede sein, und als Theil des Fünfkampfs ist es unten bei Pentathlon zu erwähnen. (*F. Haase.*)

PALE, die bedeutendste von den vier Städten der Insel Kephallenia; *Πάλη* heißt sie beim Schol. Thuc. II, 30; die Einwohner heißen bei Herodot IX, 28 *Παλέες*, und *Παλῆς* mit einem λ bei Thuc. I, 27, und so auf einer Inschrift *ΠΟΛΙΣ ΠΑΛΕΩΝ ΤΗΣ ΚΕΦΑΛΛΗΝΙΑΣ* bei Böckh C. J. no. 340; *ο δῆμος Παλέων* ebend. no. 1929, und diese Schreibart mit einem λ hat der Etym. M. Tzetz. zu Lykophr., während die Schreibung λλ sich in einigen Mspt. bei Thuc. findet. *Παλοῦς, οῦντος* hat Polyb. V, 5, 10; *Παλαιεῖς* für die Einwohner V, 3, 4, was also *Παλαία* als Namen für die Stadt gibt. Sie lag in der Nähe des heutigen Orts Lixuri. An der Schlacht von Platäa nahmen die Einwohner auf der Seite der Griechen Antheil. Cf. *Poppo* ad *Thuc.* P. I. Vol. II. p. 153 sq. (*H.*)

PALEA DE MECHA (Spreu von Mekka), ist bei K. Bauhin (Pin. p. 11) als ein gewöhnlicher Beiname des wohlriechenden Schönanthus (s. Cymbopogon *Spr.*) angeführt. (*A. Sprengel.*)

PALEACATE, PALIACATE, 1) vorderindischer See auf der Küste Coromandel, welcher einige Inseln enthält und sich durch zwei Mündungen in den bengalischen Meerbusen ergießt. 2) Stadt in dem nördlichen District Arcot der vorderindischen Provinz Karnatik, mit dem Fort Geldern, gehörte bis zum J. 1814 den Niederländern und hat 15,000 Einwohner, welche Kattun-, Mousselin- und Seidenwebereien unterhalten. (*Fischer.*)

PALEARIUS ist als ein ausgezeichneter Gelehrter und mehr noch als standhafter Märtyrer der Reformation berühmt.

Wenn man mit Recht die Reformation als eine Folge des neuen und frischen Lebens der Wissenschaften betrachtet, das im 14. und 15. Jahrh. aus den wiedergefundenen und wiedererstandenen Resten des Alterthums aufblühte, so muß es auffallen, daß die Reformation nicht eben da ihren Sitz hatte, wo die Wissenschaften sich verjüngten, in Italien. Der Grund davon ist in der Bildung der romanischen Volksthümlichkeit, in ihrer Fähigkeit zu leichter Auffassung und in ihrer oberflächlichen Erregbarkeit zu suchen, wie ausführlicher nachgewiesen ist von Salgo (Vergangenheit und Zukunft der Philologie. [Leipz. 1835.] S. 20 fg.). Dort heißt es S. 23: „Das Leben der Italiener wurde keineswegs in seiner tiefsten Wurzel von der neuen Aufklärung ergriffen; es war diese nicht eine innere Gemüthserregung, sondern weit mehr ein Schmuck eines feinen, äußerlich gebildeten, Lebens, ein geistreiches Spiel für die Phantasie, eine Ergötzung für den gebildeten Geschmack, eine ehrenvolle Beschäftigung für die Muße, ein anständiger Gegenstand des Aufwandes und der Curiosität. Der tiefe Ernst, welchen die Teutschen mit denselben Studien verbanden, war den Italienern fremd; daher blieben auch die ernstesten und tiefsten Interessen des menschlichen Geistes, die religiösen, davon fast unberührt, und jene schnell auflodernde allgemeine Liebe und Begeisterung ermäßigte sich bald zu einem für die Hierarchie unschädlichen, ruhigen Interesse. Aus demselben Grunde bildeten denn auch gemeinschaftliche Bestrebungen unter den italienischen Gelehrten keineswegs ein inniges, die Persönlichkeiten versöhnendes Verhältniß, im Gegentheil bieten sie, gegenüber ihrer hohen Bestimmung und mitten in weltgeschichtlicher Thätigkeit begriffen, den oft widerlichen Anblick engherziger Eitelkeit, kleinlicher Ehr- und Streitsucht dar." So tiefe Gemüther, wie früher Savonarola, sind im 15. und 16. Jahrh. unter den Gelehrten Italiens sehr selten; sie spotteten mit leichtem, oft auch beißendem Witze über die Kirche und ihre Gebrechen, aber sie fochten sie nicht im Ernste an. Erst als in Teutschland die Reformation mit jugendlicher Gewalt hervortrat, entstand auch in Italien hin und wieder eine religiöse Aufregung, die manche Gemüther aufs Tiefste ergriff und sie zu einem heldenmüthigen Kampfe trieb, von dem indessen kein anderer Erfolg zu erwarten war, als ein siegloses Leiden oder ein schöner Tod für die neugeborne göttliche Wahrheit.

Ein solcher Mann war Aonius Palearius Verulanus. Den letztern Namen trug er von seiner Vaterstadt Veroli in der römischen Campagna, einem damals angesehenen Orte und Sitze eines Bischofs [1]). Sein Vorname war eigentlich Antonius; aber aus Vorliebe für die classischen Musen, die nach den Aonischen Bergen bei der Quelle Aganippe in Böotien von den Dichtern sehr häufig Aonides, Aoniae sorores etc. genannt werden, machte er daraus Aonius, und obgleich dieser Name nicht heidnischer ist als Antonius, so wollten seine abgeschmackten Verketzerer doch finden, daß ihm der letztere ein Ärgerniß gegeben habe, wegen der Kreuzesform, die das darin enthaltene t führt [2]). Sein Familienname soll eigentlich degli Pagliarri gewesen sein, indessen nennt er sich selbst auch in italienischen Briefen nur Paleario. Seine Vorfahren waren in Salerno einheimisch und bei den dortigen Fürsten angesehen gewesen (siehe die Dedication der Reden an den Fürsten von Salerno). Sein Vater hieß

---

1) Der damalige Bischof von Veroli war Ennius Philonardus, ein würdiger Mann, den Palearius oft rühmlich erwähnt und dem er viel verdankte. Derselbe wurde später Prolegat in Perugia und dann Cardinal in Rom; sein Nachfolger in Veroli war sein Neffe Antonius Philonardus (Epp. I, 4. 7. II, 7, 17) nach der Ausgabe von Hallbauer, nach welcher im Folgenden immer citirt wird. 2) Mit ihren Namen trieben die Italiener in damaliger Zeit viele Spielereien, die bald von den Philologen gemisbilligt wurden (s. z. B. *Palear.* Epp. IV, 6, 7), bald von zelotischen Mönchen. Interessant ist die zehnte Rede des M. Antonius Majoragius, der zu Mailand angeklagt wurde, weil er seinen Vornamen Maria in Marcus verwandelt hatte; er führt in seiner Vertheidigungsrede viele andere Beispiele von Namensveränderungen an.

häus Palearius, seine Mutter Clara Janarilla, über
: nichts Näheres bekannt ist, als daß sie beide schon
. 1530 verstorben waren (s. *Palear.* Epp. I, 9),
lbst war im J. 1504 geboren, wie weiter unten ge-
werden wird, wo von seinem Todesjahre die Rede
Über seine Jugendgeschichte ist nur sehr wenig be-
; seine Familie war zwar nicht reich, indessen hatte
ch Vermögen genug, um ihm die nöthigen Mittel
ier sorgfältigen Erziehung zu gewähren, wie sie seine
schon früh eigne Bildung voraussetzt. Auch scheint
r einzige Sohn gewesen zu sein; nur ein Paar
estern erwähnt er noch, Elysa, Franziska und Ja-
welche aber ebenfalls im J. 1530 schon todt waren
. I, 9). Eine von diesen hatte vielleicht den Sohn
lassen, für den er später Sorge trug; derselbe wurde
m erzogen; er war weder körperlich noch geistig sehr
t, und daher bestimmte ihn Palearius nicht für die
ophischen und philologischen Studien, sondern für die
in. Diese Sorge theilte mit dem Palearius ein Vet-
Epp. II, 7), und sonst erwähnt er von Verwandten
eine Tochter der Schwester seiner Mutter, Namens
a, welche in Veroli lebte (Epp. I, 9).
Palearius selbst brachte die ersten Jahre seines Lein Veroli zu; dort nahm sich seiner besonders ein
ser Johann Martell an, dem sein Vater großes Ver-
n schenkte, sodaß er sich sehr freute, diesem Manne
Kinder mit Sicherheit zuweisen zu können; in wel-
Weise dies geschah, ob etwa während Matthäus Pa-
s von Veroli entfernt sein mußte, oder als er starb,
t nicht; aber Aonius äußert sich später sehr dankbar
as Wohlwollen des Martell, das ihm von Jugend
nentbehrlich gewesen sei (Epp. I, 10). Seine fernere
hung empfing er in Rom, wo er sich ungefähr seit sei-
16. Lebensjahre aufhielt, sechs Jahre lang mit phi-
hischen und philologischen Studien beschäftigt, bis
im J. 1527 von den kaiserlichen Truppen erobert
geplündert wurde (Epp. I, 4). Damals flüchtete er
scheinlich, jedoch finden wir ihn später wieder in Rom,
em er seine Studien zwei Jahre lang ausgesetzt hatte,
er größten Lust erfüllt dieselben fortzusetzen, und zwar
in Rom selbst, das noch, wie ganz Latium, sehr un-
n Folgen der schlimmen Behandlung litt, die es von
kaiserlichen Truppen erfahren hatte; auch waren ge-
hohe Personen zu geizig, um für die Anstellung tüch-
Lehrer zu sorgen (Epp. I, 4). Dagegen verlautete
den Schulen in Siena, Perugia, Padua viel Gutes,
für den Palearius den größten Reiz hatte. „Was
hmählicher, schrieb er damals an seinen Freund Mau-
Arcanus, als daß ich in so kräftigem Alter hier in
hocke in träger, thaten- und ruhmloser Muße? Die
ten Philosophen haben, um ihre Kenntniß zu vermeh-
so viele barbarische Länder zu Fuß durchwandert;
es mich verdrießen, um die Unwissenheit abzulegen,
aufs Pferd zu werfen und einen Theil Italiens zu
hen? Hätten mir die Götter ein reichliches Vermögen
ieben, so würde ich nichts Wichtigeres zu thun haben,
nicht nur Italien, Frankreich, Teutschland, die gebil-
en christlichen Länder, sondern auch ganz Griechenland

kennen zu lernen, worin es fast keinen Fuß Landes gibt, der nicht in der Gewalt der Türken wäre." (Epp. I, 4.) So machte er sich denn im J. 1529 auf und kam zunächst nach Perugia, wo ihn sein Gönner, der Prolegat Ennius Philonardus, sehr freundlich aufnahm und ihn in jeder Weise unterstützte; namentlich wollte er auch auswirken, daß er auf die ehrenvollste Weise in das dortige Gymnasium aufgenommen wurde. Aber da darin die alte Barbarei noch herrschte, so entfernte sich Palearius sehr schnell wieder und ging nach Siena, wo er am 27. Oct. 1530 ankam (Epp. I, 9. Oratt. III. p. 84 sq.). Aber auch hier fand er seine Erwartung getäuscht; denn die Lehrer, nach denen er sich gesehnt hatte, waren theils durch Krankheiten, theils durch den Krieg umgekommen, und sowol unter der Jugend als unter den reifern Bürgern ging ein unruhiger, blutiger Parteigeist im Schwange. So war er denn auch hier schon nach kurzer Zeit im Begriff, seine Wanderung fortzusetzen, als ihn zwei ausgezeichnete Männer, Bartholomäus Carolus und Bernardinus Bono zurückhielten. Diese hatten sich aus der Verwirrung des öffentlichen Lebens zurückgezogen, um wissenschaftlichen Beschäftigungen zu leben; der Eine besaß eine reiche Bibliothek, durch welche er den Palearius unterstützte, der Andere führte ihn ein in den Umgang mit mehren der vornehmen Saneser, welche sich aus Siena entfernt und auf ihren Schlössern oder in Landstädten ihren Wohnsitz genommen hatten. So scheint Palearius unter diesen Leuten ein ebenso angenehmes als ehrenvolles Leben geführt zu haben, zumal da damals die Furcht vor den kaiserlichen Truppen und der beliebte Feldhauptmann der Stadt, der Herzog von Amalfi, neue, gewaltsame Ausbrüche von Unruhen hinderten (s. Leo, Geschichte der italien. Staaten. 5. Bd S. 448). Ein ganzes Jahr verfloß auf diese Weise, und vielleicht wäre Palearius noch länger geblieben, hätte ihn nicht die Sorge für seine eigne Sicherheit angetrieben, seine frühern Reisepläne fortzusetzen. Zu den vornehmen Männern, deren Bekanntschaft er gemacht hatte, gehörte auch Antonius Bellantes, ein Mann von altem Adel und, wie es scheint, auch von bedeutendem Vermögen, dessen Vorfahren eine wichtige Rolle in Siena gespielt und sich bedeutende Verdienste um die Stadt erworben hatten. Auch Antonius Bellantes selbst war auf diese Weise ausgezeichnet, aber der Parteihaß und der Neid ließ es ihm an Feinden nicht fehlen, die endlich unter Anführung eines gewissen Otho Melius Cotta ihn durch eine Chikane zu stürzen suchten, welche, mochten sie dabei einigen Grund haben oder nicht, jedenfalls mehr den Zweck hatte, den Haß Einzelner zu befriedigen, als die Gesetze zu wahren. Es handelte sich um eine Salzsteuerdefraudation, auf welche als Strafe Confiscation der Güter und der Tod stand. Palearius versichert, die Furcht vor den Räubern und Mördern, welche sich gegen Bellantes verschworen hatten, sei die Ursache gewesen, daß ein so ausgezeichneter Mann keinen Vertheidiger habe finden können; er selbst, ein Fremder in Siena, übernahm daher die Vertheidigung seines Freundes und führte sie mit ebenso viel Muth als Geschick und Glück; es gelang ihm, die Freisprechung zu bewirken, und wir haben noch die lateinische Rede, welche er bei dieser Gelegenheit gehalten hat; sie gehört zu den interessantesten Denkmälern der damaligen Zeit; in einer vortrefflichen Sprache verfaßt zeichnet sie sich aufs Rühmlichste aus vor den gewöhnlichen selbst glücklichern Nachahmungen des Cicero, da eine außerordentliche Kraft, eine große Frische und Lebendigkeit darin hervortreten.

War nun auch die nächste Gefahr für den Bellantes abgewendet, so läßt sich doch erwarten, daß damit der Haß seiner Feinde nicht erloschen war; was sie nicht unter dem Schutze der Gesetze zu erreichen vermochten, wünschten sie nun gewiß durch geheime Nachstellungen zu erreichen, und diese wendeten sich mit um so größerer Wuth auch auf den Palearius, weil dieser als ein Fremdling sich so keck hervorgethan, den Räubern ihre Beute entrissen und sie selbst mit der schonungslosesten Kühnheit angegriffen hatte. Daher hielt er es für rathsam zu entweichen; er ging nach Padua, und wahrscheinlich begleitete ihn Bellantes dahin, wenigstens sehen wir aus Epp. III, 7, daß dieser nachher wenige Tage vor seinem Tode von Padua abreiste, und beim Abschiede dem noch dort zurückbleibenden Palearius seine Kinder empfahl. Gewiß verband beide die innigste Freundschaft, wie sie aus dem aufopfernden Dienste des Palearius und aus den gemeinschaftlichen Gefahren entstehen mußte. Aber auch die überlebende Familie des Bellantes blieb dem Palearius als ihrem größten Wohlthäter in dankbarer Liebe zugethan, und Dienste und Gegendienste erhielten diese Verbindung auch später in nachhaltiger Wärme.

Vielleicht wurde Palearius durch Bellantes auch mit Gelde unterstützt; findet sich darüber auch keine ausdrückliche Äußerung, so läßt es sich doch vermuthen aus dem Verhältnisse, in welchem jener zu dem Cincius Phrygepan stand, an den Ep. I, 6 und 8 gerichtet sind (vgl. I, 12). Dies war ein Jüngling, den Palearius schon von Jugend auf besonders liebte, mit dem er zu Rom zusammengelebt hatte, und den er auf seiner Reise nach Padua zum Begleiter zu haben, überaus wünschte, nicht nur weil ihm dies für den Cincius das Rathsamste schien, sondern auch, weil er für sich dessen Unterstützung bedurfte; er schreibt ihm ohne allen Rückhalt: „Es gebührt deiner offenen und hochherzigen Gesinnung zu bedenken, wohin du mich geführt hast, und dich zu erinnern, was du versprochen hast. Als ich nach Etrurien kam (d. h. nach Siena), brachte ich so viel Geld mit, als mir deine Freigebigkeit gewährt hatte; ich meinest du, so würde ich an Nichts Mangel haben. Dein Vermögen, was die Götter segnen mögen, ist groß, deine Familie klein, deine Gesinnung vortrefflich und auf Hohes gerichtet. Was ist so göttlich und himmlisch, als einen Menschen in allen Dingen zu unterstützen? was so sehr eines Römers würdig, als einen Gast und alten Freund zu erhalten? was so sehr deiner würdig, als die Anhänger der besten Studien aufzunehmen und mit ganzer Liebe zu umfassen? Ich bedarf deiner Freigebigkeit, wenn ich den Studien obliegen soll, welche dir die liebsten und theuersten sind; ich muß mir eine griechische Bibliothek anschaffen und die lateinische vervollständigen; die lateinischen Bücher sind sehr theuer, die griechischen sind außerordentlich schwer zu haben. Kurz glaube nur, du bist in jenem Stande, in jenem Reichthum und mit jener Gesinnung geboren, um mir zu helfen.“ Als ihm nun Cincius dessenungeachtet nicht nachfolgte, sucht er ihn nochmals aufs Eindringlichste dazu zu bewegen; obgleich er seine Sachen schon vorausgeschickt hat, erbietet er sich doch noch einen Monat in Siena zu warten; für die angebotene Unterstützung dankt er aber, weil er inzwischen Geld geliehen und seinem Freunde Pterix aufgetragen habe, all sein Hab und Gut in Veroli zu verkaufen. Indessen scheint doch die Besorgniß des Palearius in Erfüllung gegangen zu sein, daß Cincius, obgleich bis zu Thränen gerührt durch die Bitten seines Freundes, und überzeugt von der Vortrefflichkeit seines wohlgemeinten Rathes, dennoch zu schwach sein möchte, um den Zuredungen seiner Altersgenossen zu widerstehen und sich von Roms Reizen zu trennen. Wenn nun auch Palearius allein reisen mußte, so wurde dadurch doch ihre Freundschaft nicht gestört (s. Epp. III, 7. 9).

Der Güterverkauf kam wirklich zu Stande, jedoch wissen wir nicht, wie hoch sich der Preis belief; er scheint nicht gering gewesen zu sein, obgleich Palearius die Sache mit solcher Hast betrieb, daß er darauf verzichtete, seinen Vortheil aufs Genaueste wahrzunehmen; das Haus kaufte sein alter Freund Johann Martell, dessen Bedingungen er nicht nur annahm, sondern er schenkte ihm auch noch ein Sechstel der Kaufsumme (Epp. I, 10). Wie es mit dem Garten und den Äckern wurde und dem Mobiliar nebst einer nicht unbedeutenden Bibliothek (s. Epp. I, 8. 12), wissen wir nicht; jedoch gab es Leute, die ihn dabei arg zu übervortheilen suchten, sodaß er dem Pterix, den er in dieser Angelegenheit nach Veroli geschickt hatte, den Rath gab, sich klug aus der Sache herauszuziehen, ein etwa schon gegebenes Versprechen nicht weiter zu bekräftigen, auf Briefe vom Palearius zu vertrösten und sich allmälig so durchzuwinden, daß er unverrichteter Sache davon gehen könne. Da jedoch späterhin nie wieder von einem Besitze in Veroli die Rede ist, so muß wol eine Einigung mit den Käufern stattgefunden haben.

Noch vor seinem Abgange von Siena sorgte Palearius auch dafür, daß seinen verstorbenen Ältern und Schwestern in der Kirche zu Veroli ein großer Leichenstein mit einer Inschrift gesetzt wurde, und zwar an der Stelle, wo das Grabmal seiner Mutter gewesen war; dieses nämlich hatten einige junge Leute seines Alters, die ihm von der frühesten Jugend auf feind gewesen waren, zum Theil zerstört. Wenn einerseits der fromme Eifer und die kindliche Liebe, mit der Palearius diese Angelegenheit betreibt, einen sehr angenehmen Eindruck macht, so stört uns dagegen desto mehr die grobe Äußerung des Hasses, der für ihn ein Grund mehr war, sich von Rom zu entfernen. Da sich der Ursprung desselben in die Kindheit verliert, so ist an eigentliche Gründe wol kaum zu denken; später war es vielleicht der Neid, den die glänzenden Fortschritte des Palearius, und der Widerwille, den seine Richtung auf die neuere, erleuchtetere und geschmackvollere Bildung erregte, weshalb sich jene Feindschaften eher steigerten als verloren. Schon oben ist im Allgemeinen bemerkt, wie

h die kleinlichen persönlichen Zänkereien und die zum
sehr rachsüchtigen Feindschaften bei den Gelehrten
ens hervortreten zu einer Zeit, welche wol im Stan-
wesen wäre, ruhigere und edlere Gemüther zu einem
ern Verkehr und zu großartigern Bestrebungen zu er-
. Diese Erscheinung tritt auch in das Leben des
arius hinein. Schon vor seiner Abreise von Rom
n ihm seine Neider vor, er habe aus der ihm an-
uten Bibliothek des Cataneus sich eine Abschrift von
Arbeit dieses Gelehrten über den Livius genommen;
wenn man ihm diesen Diebstahl nicht grade zur
legen könne, so habe er wenigstens dem Cataneus
Methode abgesehen; überhaupt könne man nicht wis-
ob er nicht sonst noch etwas aus jener Bibliothek
ndet habe, und er müsse daher, wenn er abreisen
, Bürgschaft stellen. Letzteres that sein Freund Cin-
Phrygepan; gegen jene Vorwürfe aber vertheidigt er
n einem Briefe an seinen Freund Maurus Arcanus
), der es wußte, daß die Zeit zu kurz gewesen war,
eine Abschrift von jener Arbeit zu nehmen, die es
in nicht einmal verdiente, und daß seine eigne Samm-
von bemerkenswerthen Dingen aus Cicero's Reden
vollendet gewesen war, ehe er jene Schrift in die
e bekommen hatte, sodaß sie also auch nicht einmal
Muster sein konnte. Übrigens scheinen diese Commen-
zu Cicero's Reden, welche als die früheste Arbeit des
rius erwähnt werden, ein alphabetisch oder sonstwie
netes Verzeichniß von Phrasen 2c. gewesen zu sein,
nan theils zur Erklärung des Textes, theils zur Bildes Styles gebrauchen konnte; er hatte es auf Bit-
nes sehr angesehenen Mannes und für dessen Ge-
h gemacht und wurde dafür sehr reichlich belohnt.
Bei einer andern Gelegenheit nennt er als die haupt-
hsten von seinen römischen Feinden einen gewissen
inus und Delius, sehr windige Leute, welche sich
n und es bekräftigten, als im J. 1534 Bernardino
ei darüber gespöttelt hatte, daß ein Brief des Palea-
an ihn mit vielen eingestreuten griechischen Brocken
e (s. Epp. I, 17. 11. 18. 19). Maffei hatte es
böse gemeint und entzweite sich mit Palearius nicht.
Eine andere Feindschaft erwähnt Palearius in Ep. I, 13,
m, als er schon zu Siena war, der Bruder seines
des Maurus Arcanus verursacht hatte, durch unbefugte
fentlichung eines Briefes, in dem manche scharfe Ur-
über verschiedene Personen enthalten waren. Sind
hier auch die nähern Umstände unbekannt, so ist doch
zu bezweifeln, daß weder in diesem Falle noch über-
in dem ganzen Leben des Palearius sich eine Spur
kleinlicher Empfindlichkeit und Eigensucht findet, die
ätte verleiten können, auch seinerseits Anlaß zu nich-
Zänkereien zu geben. Er schreibt a. a. O.: „Ich
nichts für angemessener, als wenn wir über diese
e nichts mehr schreiben, denn diese Streitigkeiten beun-
n mich. Wie groß oder klein der Groll auch sein
ich wünsche ihn loszuwerden; jenen wird vielleicht
eit zu einer andern Gesinnung gegen mich bringen;
er inzwischen etwas schwatzt, so werde ich nicht ant-
n; ich habe mich so an die Muße und die Musen
gehängt, daß ich mich nicht davon trennen kann. Einen großen Gefallen wirst du mir thun, wenn du hierüber meinetwegen deinem Bruder keinen Vorwurf machst, noch ihm etwas anderes als das Mildeste sagst; es wird hinreichen, wenn du seiner Zeit ihn brüderlich bittest, daß auch er an unserer gegenseitigen Liebe und Freundschaft möge Theil haben wollen."

Die nächstfolgende Zeit war für die Ausbildung des Palearius ohne Zweifel von der größten Wichtigkeit durch seinen Aufenthalt zu Padua; um so mehr ist es zu bedauern, daß darüber nicht mehr und genauere Nachrichten vorhanden sind. Was zunächst die Zeitbestimmung betrifft, so schreibt er (I, 12), daß er am 26. September nach Padua abreisen wolle, wahrscheinlich im J. 1531. Aus Epp. II, 1, 2 ist zu sehen, daß er am 11. Februar 1536 wieder von dort abreiste; jedoch ist er nicht die ganze Zeit hindurch in Padua gewesen; aus Ep. I, 11 erhellt, daß er, nachdem er vorher schon einmal sich dort aufgehalten hatte (wie aus dem Ausdrucke et Lampridium et Bembum *nostros* — salvere jubeas hervorgeht), nach Siena zurückgekehrt war, und daß er dann, als er wieder nach Padua zurückreisen wollte, nur bis Bologna gelangte, wo ihn Briefe trafen, die ihn zur schleunigsten Rückkehr nöthigten; es handelte sich um die Angelegenheiten von Freunden, denen er sehr vielen Dank schuldig war; Näheres gibt er darüber nicht an; später jedoch ist er wirklich wieder in Padua (s. Ep. I, 19). Jene Abwesenheit ist ohne Zweifel dieselbe, welche auch durch die Briefe I, 14—17. II, 1 bestätigt wird; sie dauerte ein Paar Jahre lang, obgleich Palearius gehofft hatte, in kurzer Zeit wieder nach Padua reisen zu können; obenein waren damals so bedeutende Unruhen in Siena, daß der Aufenthalt daselbst für seine Studien nicht günstig sein konnte (Ep. I, 16); es ist also höchst wahrscheinlich das Jahr 1534 gemeint (s. Leo, Geschichte der ital. Staaten. 5. Bd. S. 448). Damals hatte er sein Gedicht über die Unsterblichkeit der Seelen noch nicht ganz vollendet, jedoch hatte er schon die Absicht, es dem Könige Ferdinand zu widmen und es ihm durch den Bergerius überreichen zu lassen, über den er deshalb Erkundigungen einzog. Wenn er nun Epp. I, 14 schreibt, er wünsche am 27. October wieder nach Padua abzureisen, so ist damit wol das Jahr 1534 gemeint, sodaß er daselbst bis zu seiner abermaligen Abreise am 11. Februar 1536 etwa noch ein Jahr und drei Monate zugebracht haben möchte [5]). Betrachten wir nun die Studien, welche Palearius in Padua betrieb, und welche überhaupt der Gegenstand seiner Liebe waren und seine ganze Richtung bestimmten, so ist es vor allen Dingen die Kenntniß des griechischen und römischen Alterthums, namentlich der Aristotelischen Philosophie und deren Anwendung auf die Theologie,

5) Wir bestimmen hiernach die Data folgender Briefe: I, 15 vom 25. December 1533. I, 16 im Januar oder Februar 1534. I, 11, 14, 17 kurz vor dem 27. Oct. 1534. I, 19 vom 1. Februar 1535 und I, 18 vom 5. März 1535. Die Jahre 1533 und 1534 sind diejenigen, welche er in Etrurien zu Siena, zum Theil auch in Veroli zubrachte; denn nach I, 15 war er am 25. December 1533 schon ein Jahr von Padua abwesend. Vergl. II, 1.

woraus denn eine freiere Erklärung der Bibel und geläuterte Ansichten über die römische Kirche hervorgingen. In allen diesen Beziehungen ist aber etwas Wesentliches die Form der Darstellung; eine reine Latinität ist das nothwendige Merkmal der freiern Richtung, welcher Palearius anhing, sodaß er in keiner Akademie verweilen, noch die Erklärung des von ihm selbst hochverehrten Aristoteles anhören will, wenn man sich nicht einer reinen Sprache dabei bedient. Er schreibt z. B. vor seiner Abreise von Rom an Maurus Arcanus Epp. I, 4: „Es sollen in Perugia namhafte Philosophen sein; wenn ich dort die eingewurzelte Barbarei, mit der die pseudolateinischen Commentatoren diese Facultät befleckt haben, nicht finde, so werde ich mich nirgends lieber aufhalten; ist aber die Verderbniß der Sprache auch dort eingedrungen, so wünsche ich nichts mehr als nach Oberitalien zu gehen. Zu Padua wird, wenn es wahr ist, was man erzählt, der griechische Text des Aristoteles sowol griechisch als lateinisch und in zierlichem Ausdrucke vorgetragen von Lampridius, einem Manne von ausgezeichnetem Geiste und fast einziger Gelehrsamkeit." So sagt er ferner Epp. II, 14: „Wir wollen nichts zu schaffen haben mit der Hefe von Philosophen, jenen Affen mit Ring und Mantel, welche, was nicht barbarisch ausgedrückt ist, nicht für Aristotelisch halten," und Epp. I, 17 lobt er den Petrus Victorius: „Seine Commentare," sagt er, „haben die verborgenen Schätze des Aristoteles erschlossen, und was lateinisch auszudrücken unmöglich schien, ist nicht nur lateinisch, sondern auch elegant ausgedrückt." Es ist fast Sitte geworden, die Humanisten jener Zeit zu bespötteln und zu verachten als eine überaus nichtige und gedankenlose Menschenclasse, die das Heil der Welt in Ciceronianischen Phrasen suchte, und in der That kann nicht geleugnet werden, daß es einzelne leere Köpfe gab, welche dieser Vorwurf mit Recht trifft; aber im Allgemeinen ist man doch etwas zu ungerecht. Die reinere Latinität war für Palearius, wie für so manche andere tüchtige Männer (z. B. Jac. Sadoletus, P. Victorius, selbst den sonst allerdings etwas pedantischen P. Bembus), nur das äußere Merkmal der neuen aufgeklärtern Richtung, während die Anhänger der veralteten Scholastik das barbarische Latein kenntlich machte; und es ist darum kein Wunder, wenn dieser so offen hervortretende Unterschied in der Form, der aber stets auch einen großen Unterschied in den Sachen und zwar in den wesentlichsten bezeichnete, von jeher Anlaß zu vielen Streitigkeiten gab; bekannt ist es, wie eifrig Angelus Politianus und Hermolaus Barbarus damit beschäftigt waren; selbst der geistreiche Picus von Mirandola, der sich weit über den Scholasticismus erhob, vertheidigte doch, wenn auch nicht im Ernste, dessen Sprache; die Ciceronianer, wenngleich oft beschränkt und engherzig, gehörten doch im Ganzen immer den neuern Richtungen an, und wenn Palearius in den angeführten und manchen andern Äußerungen einen ungebührlichen Werth auf den Styl zu legen scheint, wenn sich dies selbst auch in einigen seiner Schriften zeigen sollte, so wird sich doch sehr leicht aus seinem Leben die höhere Tendenz herausstellen, welcher er folgte; auch fehlt es nicht an eignen Aussprüchen von ihm, welche dies bestätigen. Daß er nicht auf das Latein allzusehr versessen war, geht daraus hervor, daß er selbst oft italienisch schrieb und diese Sprache sehr lobte (s. Or. IV. p. 118. Epp. IV, 7); und Epp. II, 14 schreibt er: „Ich billige sehr den Ausspruch des Milo: nicht der Worte wegen sind die Sachen, sondern der Sachen wegen die Worte; es kommt nichts darauf an, ob man etwas griechisch oder lateinisch oder italienisch sagt, wenn nur gut. Die Philosophen haben so viele Begriffe, daß Eine Sprache nicht hinreicht; aber eine gewisse Nachlässigkeit und Trägheit müssen wir ablegen, daß wir nicht die Redeweisen verwechseln ꝛc." Auch haßte er eine Beredsamkeit, der es blos auf die Worte und Phrasen ankam, ohne sich eben um den innern Gehalt zu kümmern; er sagt Or. XIII. p. 200: „Zwei Dinge, welche einst aufs Innigste verbunden waren und nicht getrennt werden konnten, sind durch die Trägheit und den Stumpfsinn, die schlimmsten Feinde der Studien, aus einander gerissen und geschieden; nämlich die Sachkenntniß und die Beredsamkeit haben die Alten, welche in diesen Studien ausgezeichnet waren, mit der größten Sorgfalt zu erwerben gestrebt, und wenn man nicht beide zugleich sich zu eigen gemacht habe, hielten sie die Mühe für verloren." — „Von der Geschicklichkeit im Ausdrucke kann die Erkenntniß der Sachen, wie von der Seele der Leib, nicht ohne Verderben getrennt werden; nimmst du die Sachen hinweg, was sind die Worte? und was willst du über die Sachen sagen, wenn die Worte fehlen?" Noch mehre Stellen aus derselben Rede verdienten hier angeführt zu werden, wenn nicht noch späterhin genug deutliche Belege für die tiefern Bestrebungen des Palearius zu erwähnen wären.

Übrigens war es der allgemeine und nicht unbegründete Glaube, daß die alten Autoren die Quelle des guten Geschmacks, einer gründlichen Philosophie und überhaupt aller der geistigen Freiheit wären, deren man sich erfreute; darum wurden sie mit großer Liebe studirt; sie wurden die hauptsächlichste Grundlage aller Bildung, und was die Schönheit der Form anbetrifft, so war kein Volkscharakter mehr geeignet, daran eine harmlose Freude zu haben beim Genusse und beim Nachahmen, als der italienische. Auch am Palearius bestätigt sich dies; er ist begeistert von der Geschicklichkeit, mit welcher Lampridius den Demosthenes interpretirte; er schreibt darüber an Maffei Epp. I, 19: „Über unsern Lampridius wirst du wol schon von Andern gehört haben, mit wie großem Beifall er uns in den letzten Monaten die Reden des Demosthenes erklärt hat. Er stellte alle die Rathsherren vor, welche jener nennt, den Demosthenes selbst aber mit der Haltung, der Miene, der Modulation der Stimme, nachdrücklich, voll von Leben und Feuer, und volltönend in den Worten, daß es nichts Schöneres geben konnte. Wärest du nur bei uns gewesen! ich weiß gewiß, du würdest alle jene Pracht Roms und den Ruhm beim Volke nicht vergleichen mit Einer kleinen Vorlesung des Lampridius."

Ohne Zweifel hat also Palearius die Erwartung, die er von diesem berühmten Lehrer hatte, keineswegs getäuscht gefunden; im Gegentheil wurde derselbe für ihn sein Muster und zugleich auch sein vertrauter Freund (s. Epp. I,

7). Besonders war es die griechische Literatur, mit
: dort vertraut wurde, jedoch hat er uns nichts Nä-
über seine Studien in Padua überliefert. Wichtig
m war es, daß er dort auch die Bekanntschaft des
mten P. Bembus machte, der damals den Staats-
ften fern in stiller Muße zu Padua lebte und seine
ichte von Venedig schrieb. Während seines ersten
thaltes daselbst hatte Palearius ihn nicht häufig beer stand ihm ohne Zweifel etwas fern, und ein
dafür ist es auch, daß er von Siena aus ein gan-
ahr hindurch nicht an ihn geschrieben hatte, wiewol
ür aus Höflichkeit andere Gründe angab. Bembus
n antwortete ihm so freundlich, daß sich erwarten
das Verhältniß wird etwas wärmer gewesen sein,
alearius zum zweiten Mal nach Padua kam (Epp.
16). Jedoch ist ein späterer Brief, ohne Zweifel
J. 1539 (II, 16), in dem Palearius dem Bembus
r ihm verliehenen Cardinalswürde Glück wünscht,
wieder in einem Tone verfaßt, der keineswegs ein
schaftlicher, sondern mehr ein diplomatisch höflicher
anen ist, wie er gegen einen hohen Gönner geführt

In Padua war es, wo Palearius seine erste nam-
Schrift, das Gedicht über die Unsterblichkeit der
, begann, und wo er es auch bei seinem zweiten
halte vollendete. Dies Gedicht besteht aus drei Bü-
von denen das erste das Dasein Gottes und der
ischen Geister, das zweite die Unsterblichkeit der See-
handelt, beides meistens nach den alten Philosophen,
rn und Peripatetikern; das dritte beschäftigt sich
m Zustande der Seelen nach dem Tode, zu Folge
istlichen Glaubenslehre. Das Ganze bewährt eine
ewöhnliche Kenntniß der alten Philosophie, die mit
Einsicht auf das gewählte Thema angewendet ist.
e Darstellungsweise hat der lateinische Dichter Lu-
s Muster gedient, und in der That ist dessen Ton
glücklich getroffen, am meisten jedoch äußerlich im
u 2c.; an tiefer, ursprünglicher Poesie fehlt es frei-
ndessen ist doch der Ausdruck nie schlecht und stel-
e in hohem Grade gelungen; darum ist das Ge-
uch nicht ohne Grund von Parcus, einem Heraus-
des Lucrez, für würdig gehalten, diesem beigefügt
rden (Frankf. 1631. 8.). Das Einzige, was Jac.
etus daran auszusetzen fand, war an einigen weni-
tellen eine kleine Dunkelheit, die nicht durch den
stand, sondern durch den Ausdruck verschuldet sei
II, 3). Joh. Gerh. Vossius nannte es (de arte
n. II. c. 31) ein göttliches und unsterbliches Gedicht;
Julius Cäsar Scaliger (im Hypercriticus) lobte es
desgleichen Orgetorix Sphinter in einem langen Brie-
licher in der leydener Ausgabe des Gryphius ganz
i Hallbauer (S. 46 fg.) im Auszuge abgedruckt ist.
ersen rühmten es Johannes Matthäus Toscanus
oh. Baptista Pigna; die des Erstern sind vor dem
te selbst zu finden, die des Letztern stehen in seiner
tsammlung (Lib. III. p. 81 und bei Hallbauer
). Zuerst wurden die drei Bücher de immortali-
nimorum gedruckt in Italien ohne Wissen und Wil-
len des Palearius (s. p. 4 in der Dedication seiner Reden); im Februar 1536 schickte er ein Exemplar davon an Jac. Sadoletus, welcher es im Mai empfing; darauf bemerkte er aber, daß dieser Druck viele Fehler enthalte; daher wünschte er eine neue Ausgabe zu Leyden bei Gryphius besorgt zu sehen; auf seine Bitte (s. Epp. II, 2) vermittelte dies Jac. Sadoletus, dessen empfehlender Brief von Gryphius mit abgedruckt wurde (Epp. II, 3. u. p. 624); er ist datirt vom 29. Jun. 1536, und noch in demselben Jahre erschien die leydener Ausgabe in 8. Die Absicht, welche Palearius hatte, sich dem Könige Ferdinand zu empfehlen, der in dem Gedichte angeredet ist, schlug gänzlich fehl, trotz dem, daß er in einem voraufgeschickten Briefe den Vergerius gebeten hatte, dem Könige das Werk zu überreichen; dies war aus unbekannten Gründen nicht geschehen, was Palearius sehr leid that (s. Epp. IV, 26. 27). Ob er, wie er in dem letztern Briefe von 1548 hofft, bei der Ankunft des Maximilian in Italien Gelegenheit fand, das Buch dem, dem es gewidmet war, zuzustellen, ist unbekannt; aber das ist gewiß, daß er nie von Seiten der teutschen Könige Unterstützung oder Schutz genossen hat.

Wenn nun bis hierher das Leben des Palearius fast nur mit seiner wissenschaftlichen Vorbereitung ausgefüllt war, so gewinnt es in der nächsten Zeit eine größere Wichtigkeit durch die äußere Wirksamkeit, welche er nun in einem bestimmten Lebenskreise fand. Er wendete sich wieder nach Siena, welcher Ort trotz der vielen dort herrschenden Parteiungen und Unruhen ihn besonders anzog; er fand die Saneser scharfsinnig und witzig, die Weiber von ausgezeichneter Schönheit; die jungen Männer zeigten ein gewisses wissenschaftliches Streben, das sie durch die Errichtung von Akademien unter sich pflegten; nur ließen sie sich durch ihre Vorliebe für die italienische Literatur von der mühseligern Beschäftigung mit der lateinischen und griechischen abhalten; besonders aber war es die Familie des Bellantes und andere vornehme, mit fast königlichem Glanze lebende Leute, deren Freundschaft den Palearius nach Siena zurückführte (Epp. I, 9).

Wie er dort lebte, welchen Wirkungskreis er hatte, ist nicht recht klar; auch über die Zeitrechnung walten erhebliche Zweifel ob; mit ziemlicher Sicherheit läßt sich etwa Folgendes annehmen.

Palearius kam im Anfange des Jahres 1536 von Padua zurück; seine Wünsche waren weniger auf ein öffentliches Amt gerichtet, als auf einen ruhigen Sitz und ungestörte Muße für seine fernern Studien; indessen scheint er doch von Anfang an eine Anzahl sanesischer junger Leute um sich gehabt und unterrichtet zu haben; ein solches Privatverhältniß war damals sehr häufig, und es war nach Umständen ebenso ehrenvoll und oft noch einträglicher als ein öffentliches[4]); Palearius aber hatte dazu bei seinen zahlreichen und bedeutenden Verbindungen gewiß die günstigste Gelegenheit. Daher kann es wol nicht auffallen, daß er sehr bald, etwa im J. 1537 oder

4) Ein ähnlicher Fall kommt selbst in den Briefen des Palearius vor (s. IV, 14. p. 683 und 15. p. 685).

1538, im Stande war, sich ein Landgut zu kaufen. Er nannte es Cäcinianum, indem er versicherte, es sei einst ein Eigenthum des A. Cäcina gewesen, den Cicero vertheidigt hat; es lag auf dem Gebiete der kleinen, nicht weit von Siena entfernten, Stadt Collinum (Colle di Valdenza?), hatte aber früher zu dem volaterranischen Gebiete gehört. Hier wollte Palearius eine Bibliothek anlegen und sich allein mit seinen Studien beschäftigen. Indessen gelang ihm dies wenigstens in den ersten beiden Jahren durchaus nicht. Die Villa kam ihm theurer zu stehen, als er erwartet hatte, und statt ihm für seine wissenschaftlichen Beschäftigungen die gewünschte Ruhe zu gewähren, war sie es grade, die ihn davon abhielt; denn die bedeutenden Schulden, in welche er sich ihretwegen gestürzt hatte, machten ihm viele Sorgen und Noth, und wahrscheinlich sah er sich genöthigt, mit neuem Eifer alle seine Zeit dem Unterrichte zu widmen (s. II, 7. 8. 12). Darum sind auch wol mehre seiner Briefe nicht ex Caeciniano, sondern ex municipio Collino datirt, wo er nicht etwa der Jahreszeit und Witterung wegen wechselte. Um ihm übrigens den Aufenthalt an diesen Orten angenehm zu machen, trug viel die Nähe von Florenz bei, das nur eine Tagereise entfernt öfter von ihm zu Pferde besucht wurde. Er trat dort mit den bedeutendsten Männern in freundschaftlichen Verkehr, mit Campanus, Verinus, P. Franc. Riccius, besonders aber mit Petrus Victorius, einem der ausgezeichnetsten und verdientesten Humanisten der damaligen Zeit, und es gibt eine heitere Vorstellung von der Frische seines Lebens, wenn wir lesen, wie er, nachdem er von Florenz nach Collinum geritten ist, nicht eher ausruht, als bis er einen Brief geschrieben hat über eine Streitfrage, welche Verinus aufgeworfen hatte, als er mit Victorius zu Florenz bei ihm zu Tische war (s. Epp. II, 10—14. III, 1. 2).

Wenn nun die Klagen über die äußere Noth, in welche den Palearius der Kauf seiner Villa gebracht hatte, zwar nicht ganz aufhören, aber doch selten werden, so läßt sich annehmen, daß theils seine vornehmen Schüler ihn unterstützten, theils vielleicht auch seine übrigen Freunde, wie etwa Cincius Phrygepan zu Rom, und nach Rom war er in dieser Zeit einmal gereist (Epp. II, 7); besonders scheint ein Beweis dafür zu sein die äußerst glückliche Ehe, welche er in dieser Zeit, wahrscheinlich im Februar 1538 oder 1539, schloß. Seine Vermögensumstände konnten sich jedoch hierdurch nicht verbessern, da die Mitgift seiner Frau nicht angegriffen wurde. Schon in dem Jahre vorher hatte ihn sein alter Gönner, der Cardinal Ennius Philonardus, bei seinem Besuche zu Rom dazu ermuntert, mit Anführung der Stelle des Paulus (1 Kor. 7, 9): „Es ist besser heirathen, als Brunst leiden," sodaß sich Palearius überzeugt hatte, die Ehe stehe mit seinem Vorsatze, ein wahrhaft christliches Leben zu führen, keineswegs in Widerspruch; „als ich daher nach Etrurien zurückgekehrt war," schreibt er, „und das Cäcinianum gekauft hatte —, gab ich leicht meinen Freunden nach, die mich zum Heirathen ermahnten, und auch ich selbst dachte bei mir: siehe, ich habe hier Niemand, der mit mir verwandt oder verschwägert wäre; ich bin im 34. Jahre, ich befinde mich zuweilen nicht recht wohl, die etrurischen Sitten gefallen mir. Warum sollte ich nicht ein junges Mädchen vom besten Herkommen (optimis parentibus), gut und züchtig erzogen, zur Frau nehmen? zumal da das Cäcinianum, wohin ich mich einst, entfernt von den Augen der Welt, zu begeben beschlossen habe, um zu schreiben, auf dem Gebiete von Collinum liegt; da die Bürger dieser Stadt mir die größten Ehren erwiesen haben und mir die Stadt gefällt, sowol wegen der Gesundheit der Gegend als wegen der schönen Bauart, wegen des gebildeten Verkehrs der Leute, und weil Siena ganz nahe und die blühendste Stadt Etruriens (Florenz) nicht weit entfernt ist." Da er hinzufügt, daß ihm nichts Wünschenswerthes mehr fehle, als die Gesellschaft seiner Verwandten und des Ennius Philonardus, an den der Brief gerichtet ist, so ist es klar, daß er sich sehr wohl fühlte. Das Verhältniß zu seiner Gattin war und blieb ein äußerst glückliches; sie hieß Mariette, ihr Familienname und ihre Herkunft ist nicht bekannt; ihre Familie jedoch benahm sich gegen Palearius nicht so gut, als er erwartet hatte.

So günstig nun auch die Lage des Palearius war und so glücklich er sich in ihr zumal kurz nach seiner Verheirathung gefühlt haben mag, so fehlte es doch auch nicht an Unannehmlichkeiten, welche gar bald sein Leben nicht nur verbittern, sondern selbst in Gefahr bringen sollten. Der Beifall, welchen er sich durch seinen Unterricht bei der vornehmen Jugend erwarb, erregte ihm Neid und Haß, der vielleicht auch seine politische Gesinnung traf; seine alten Feinde hatten es noch nicht vergessen, welche schmähliche Niederlage sie durch ihn lange vorher in dem Proceß des Ant. Bellantes erlitten hatten, und nun kam das Wichtigste dazu, daß seine religiöse Gesinnung verdächtig wurde. Er hatte sich, wie es scheint, sehr eifrig mit theologischen Studien beschäftigt, hatte die Bibel, die Kirchenväter und wahrscheinlich auch manche Schriften der teutschen Reformatoren gelesen, und zwar mit dem vorurtheilsfreien Sinne, welcher ihm schon längst eigen war, und in dem er mit seinen zum Theil hochgestellten Freunden, wie Bembus, Jac. Sadoletus, Maffei, Lampridius, P. Victorius, Campanus ꝛc., vollkommen übereinstimmte; die schamlose Schlechtigkeit des Klerus mußte ihm immer mehr die Augen öffnen über das Verderbniß der Kirche, die schon zu fühlen begann, daß sie die erloschene innere, reine Lebenskraft durch äußere Gewalt und blutigen Zwang ersetzen müsse, da die scholastische Barbarei, welche einst ihr System schützte, vor dem neuen Lichte der Aufklärung nicht mehr bestehen konnte. Palearius schreibt über Sadoletus an dessen Neffen Paullus Sadoletus (Epp. II, 6. p. 486): „Da die heilige Theologie von Leuten, die mehr spitzfindig als gelehrt waren, mit Dunkelheit erfüllt und in unzugängliche Tiefen begraben war, sodaß die heilige Schrift in ewige Nacht gehüllt zu sein schien, so ist jener alles Lobes würdig, durch den wir hierin einiges Licht zu erblicken begonnen haben. Denn ich will es, wie ich pflege, frei heraussagen, mein lieber Paullus, es gab einst eine verderbliche und spitzfindige Menschenclasse, welche aus Eitelkeit oder Gewinnsucht Dunkelheit in die klarsten Dinge brachten, und wenn sie dies

der menschlichen Weisheit gethan hätten, so könnte
abei vielleicht ruhig sein; aber da sie jene göttliche
eit, in der wir leben, aus der wir Licht schöpfen, und
die wir uns zum Himmel erheben, mit ihren großen
en und zänkischen Disputationen erdrückt haben, so
as billigen, wer will; Männer von wahrhaft guter
nung thun es gewiß nicht. Freilich gibt es auch
ch Manche, die sich wie Nachteulen in ihren Schlupf-
r wohl fühlen und seufzen, wenn ihnen das Licht
ntritt; von diesen ist nicht zu verlangen, daß sie
en sollen, verkehrt zu sein. Ihnen hat zuerst dein
widerstanden und hat zuerst unsere Zeitgenossen ge-
über die religiösen Dinge lateinisch, deutlich und
u reden, und da er nun zur Regierung der christ-
Kirche berufen ist, so besorgen alle Wohlgesinnten,
jene Studien aufgeben wird. Denn ach! welche
en Verwirrungen in allen Dingen sind plötzlich zu-
ngetroffen! Das göttliche Recht und jene ursprüng-
heilsamen Einrichtungen, welche unsere Vorfahren
r größten Ehrfurcht verehrt wissen wollten, wer ver-
ie nicht jetzt? Die Völker sind von einer grausa-
yrannei belastet; die Wohlgesinnten wagen der Zeit-
wegen den Mund nicht aufzuthun; von christlicher
igkeit haben wir vielleicht noch einen Schatten, sie
ber schon lange nicht mehr." Wenn nun Palea-
ol auch, wie alle Männer seiner Gesinnung, einige
t anwendete, um sich nicht den Chikanen derer
tellen, welche der Inquisition in die Hände arbei-
so fühlte er doch den Drang, dem allgemeinen
ben zu widerstehen, zu tief, als daß er hätte seine
gung ganz verbergen können; ja er vermochte das
weifel weit weniger als seine obengenannten Freun-
tliche zum Theil in ihrer Stellung dazu die drin-
Auffoderung fanden. Es läßt sich annehmen,
seinen Schülern mit einer reinern Latinität auch
Ansichten beibringen wollte, und daß es ihm nicht
um eine Stylübung zu thun war, wenn er ihnen
Vorträge über theologische Gegenstände zu halten
te (s. Epp. III, 15. p. 545). Ein Beleg dafür
auch, daß er nicht in lateinischer, sondern in italie-
Sprache, wahrscheinlich im J. 1542, ein Buch
über die heilsamen Wirkungen des Todes Christi
s Menschengeschlecht (s. Oratt. III. p. 101. Der
sche Titel ist: Beneficio di Christo Crocifisso. S.
erer, Nachrichten zur Kirchen-, Gelehrten- und
geschichte. 4. Bd. S. 236). Darin hatte er nach
eignen Angabe a. a. O. gesagt und bewiesen, daß
dem liebreichen Opfertode des göttlichen Heilandes
an der göttlichen Liebe und Gnade gezweifelt wer-
rfe, daß die Herrschaft des Bösen gebrochen, die
von uns genommen sei, wenn wir mit vollem
en, Vertrauen und Hoffnung uns dem hingäben,
mals täuscht. Offenbar führten solche Äußerungen
Überzeugung von der Rechtfertigung durch den
en und von der Richtigkeit der kirchlichen guten
sodaß die Gegner des Palearius nicht ohne Grund
erdacht einer Übereinstimmung mit den teutschen Re-
toren rege machten.

Zu alle dem kamen nun noch einige persönliche feindliche Berührungen mit Klerikern, welche unter dem Deckmantel frommer Rechtgläubigkeit sich die größten Unsittlichkeiten hatten zu Schulden kommen lassen. Für die Kinder des Ant. Bellantes waren bedeutende Geldsummen bei ihrer Großmutter in Verwahrung gebracht; als diese aber gestorben war, fand man nur die leeren Geldbeutel; ein Paar Priester hatten sich der alten Frau unentbehrlich zu machen gewußt; sie waren täglich in ihrem Zimmer gewesen, und hatten das Geld ohne Zweifel entwendet; Palearius nahm sich der Kinder seines Freundes an; er bewog sie einen Proceß einzuleiten und unterstützte sie durch seinen Rath; aber die Priester reinigten sich durch einen schmählichen Eid und legten die Hände nicht anders an die Hostie, als wenn sie von Holz gewesen wären (Epp. III, 5). Einen andern ganz ähnlichen Fall, ja vielleicht denselben, erwähnt Palearius (Or. III. p. 100 sq.) von zwei Mönchen, Hieronymus Cianus und Andreas Pausa, die von ihm wegen verpraßten Geldes vor Gericht gestellt die Anklage auf ihn zurückwenden wollten (quasi talione mecum agere voluerunt). „Aber," setzt er hinzu, „die Unschuld kann man wol angreifen, doch nicht überführen; die Räuberei kann nichts verdecken und entschuldigen. Es ist schmählich, daß die beiden frommen Ungethüme so frei in der Stadt herumschweifen, um die Häuser zu leeren und straflos zu stehlen. Als ich diese verklagte, merkte ich wohl, daß ich mir auch die übrigen Kuttenträger zu Feinden gemacht hatte, die wie die Schweine, wenn Einer verletzt ist, alle haufenweise angreifen."

Den nächsten Anlaß nun, welchen die Feinde des Palearius benutzten, um ihm zu schaden, gaben wahrscheinlich im J. 1541 seine Schüler, welche bei den acht Gymnasiarchen zu Siena darauf antrugen, ihn öffentlich beim Gymnasium zur Erklärung der alten Schriftsteller anzustellen. Diese Stelle hatte ein gewisser Machus Platero, ein unwissender und lächerlicher, dabei aber sehr boshafter Mensch, der früher zu Venedig gewesen und dort von Aretin durch eine italienische Komödie dem öffentlichen Spotte preisgegeben war, zehn Jahre lang inne gehabt; wahrscheinlich war jetzt sein Contract zu Ende und außer ihm selbst hatte sich noch ein gewisser Licianus um jene Stelle beworben; Palearius wünschte sich nicht auf einen Wettkampf mit ihnen einzulassen, weil das neue Amt wenig Gehalt und doch genug Arbeit brachte, sodaß es ihm keine Zeit zum Schreiben übrig ließ, und ihm doch obenein noch die Verpflichtung auflegte, gegen Menschen dankbar und devot zu sein, die er im höchsten Grade verachtete. Andrerseits wollte er aber auch den Eifer seiner jungen Freunde nicht verschmähen und sie nicht kränken durch kalte Gleichgültigkeit gegen eine öffentliche Anerkennung, welche sie ihm so gern verschaffen wollten. Daher gab er denn mehr gezwungen seine Zustimmung zu der Bewerbung, ohne sich jedoch derselben ernstlich anzunehmen; obenein hatte ihn der Gymnasiarch, welchem er die Führung seiner Sache anvertraute, gänzlich getäuscht und unterstützte einen Andern; so kam es denn, daß er übergangen und Machus Blatero von Neuem ernannt wurde (s. Epp. III, 13—15). Bei dieser Gelegenheit nun kam der ganze Haß der Feinde des Palearius zum Ausbruche, unter denen der thätigste und angesehenste Otho Melius Cotta war, derselbe, den er schon bei dem Proceß des Ant. Bellantes bekämpft hatte. Dieser lief täglich mit einer Schar von Gleichgesinnten zu dem Amtshause der Gymnasiarchen und dort wurden denn fortwährend laute Schmähungen und grobe Verleumdungen gegen Palearius ausgestoßen; Otho legte das Zeugniß ab, daß jener ein Ketzer sei und zu den Teutschen halte; auch hatte er nach Palearius' Versicherung 300 von den sogenannten Johannesbrüdern (Joannelli) bewogen, sich bei nächtlicher Weile zu verschwören, daß sie nie wieder eine Lampe in der Kirche anzünden wollten, bis Palearius zu Grunde gerichtet wäre. Aus diesen 300 wurden nun zwölf erwählt, um als Zeugen und zugleich als Ankläger aufzutreten. Mit großem Lärm zogen sie durch die Stadt zum Erzbischofe, die Einen meinten, wenn die Zeugen verhört wären, müsse man den Ketzer sogleich ins Feuer werfen, ohne seine Vertheidigung zu hören; Andere wollten das Letztere gestattet, dann aber sogleich die Strafe vollzogen wissen; Einer wendete sich besonders an die Theologen und meinte, es sei ein Gesetz vorhanden, wonach ein von ihnen wegen Ketzerei angeklagter keinen Augenblick länger leben dürfe. So gelangten sie zum Erzbischofe, vor dem ein gewisser Alexis das Wort führte; jedoch brachte er nichts weiter vor, als die heftigsten Schimpfreden. Der Erzbischof äußerte, es scheine ihm die Anklage sehr unbegründet zu sein und mit Leichtsinn unternommen; Alexis erwiederte, das fände bei einer Anklage nicht statt, die von 300 Personen ausginge. Ei, soll hierauf der Erzbischof gesagt haben, ich habe 600 Männer, welche selbst eidlich zu bekräftigen bereit sind, daß du der hartherzigste Wucherer bist, und dennoch habe ich ihnen kein Gehör gegeben; habe ich daran Recht gethan oder nicht? — Alexis verstummte; aber die Andern warfen sich dem Erzbischofe zu Füßen und baten um die Erlaubniß, nach dem Gesetze wider die Ketzer verfahren zu dürfen, und so legte denn jeder sein Zeugniß ab. Außerdem sandten sie nach Volaterrä und Florenz, wo Palearius einige alte Feinde hatte, um diese zur Unterstützung der Anklage zu bewegen; namentlich war es auch ihre Absicht, den Herzog Cosimo von Florenz für sich zu gewinnen. Inzwischen gelang es dem Palearius, die Sache vor das weltliche Gericht zu bringen, wo weder seine Ankläger noch ihre Zeugen auf sein Verlangen öffentlich erscheinen wollten; vielmehr waren die letztern, welche Widersprechendes ausgesagt hatten, entflohen. Palearius wollte sie alle wegen Calumnie belangen; zu diesem Zwecke verfaßte er in zwei Tagen eine Apologie, welche wir noch haben (Orat. III); sie hatte die Bestimmung, vor dem Rathe von Siena gehalten zu werden, und er wollte ihr alle wünschenswerthen Documente beilegen, namentlich auch eine ausführliche Darlegung seiner theologischen Ansichten. Seinem Hauptgegner theilte er eine Abschrift davon mit, und dadurch, sowie durch die Bemühungen einiger Freunde, wurde jener bewogen, zu einer Versöhnung die Hand zu bieten, welche von Palearius' Seite vollkommen ehrlich gemeint war; er vernichtete alle Exemplare der Apologie, welche zu ihrer weitern Verbreitung bestimmt waren, sodaß nur drei übrig blieben, eins bei seinem Gegner, eins bei seinem Freunde P. Victorius, und eins bei ihm selber. Diese Rede ist durch dieselben Vorzüge ausgezeichnet, welche oben an der Vertheidigungsrede für A. Bellantes gerühmt sind, nur daß sie noch eine größere Lebensfrische zeigt, eine wahrhaft bewundernswürdige Kraft und Schärfe in den kühnen Angriffen auf seine Feinde und einen unerschütterlichen Muth in der Vertheidigung des reineren Glaubens, dessen sich jetzt Palearius theilhaftig fühlte. Er sagt in Bezug auf den Inhalt der erwähnten Schrift über den Tod Christi: „Dies ist jenen zwölf, ich will nicht sagen Menschen, sondern blutgierigen Raubthieren so bitter, abscheulich und fluchwürdig vorgekommen, daß sie den Verfasser ins Feuer gestürzt wissen wollten, und wenn ich diese Strafe erleiden muß für das abgelegte Zeugniß, denn für ein Zeugniß will ich es lieber gelten lassen als für ein Buch, so gibt es keinen glückseligern Menschen als mich, versammelte Väter; denn es stehet zu dieser Zeit, wie ich glaube, keinem Christen zu, auf seinem Lager zu sterben; wenig will es sagen, angeklagt und ins Gefängniß geschleppt zu werden; nein sich mit Ruthen peitschen, am Galgen erhängen, in den Sack nähen, den wilden Thieren vorwerfen, am Feuer rösten zu lassen, das geziemt uns, wenn durch solche Qualen die Wahrheit ans Licht gebracht werden muß. Wenn nicht durch die Ankündigung des allgemeinen Concils bei den Wohlgesinnten die Hoffnung erweckt wäre, daß die Geistlichkeit und Kaiser und Könige vereinigt das heilsame Werk unternehmen werden unter dem Zulauf von Gesandten aller Völker und Länder, so würden wir an der Möglichkeit verzweifeln, daß jener Dolch, der auf alle Schriftsteller gezückt ist, den Händen derer entwunden werden könne, welche, wäre es auch aus den geringsten Ursachen, aufs Grausamste zu morden verstehen; von denen einst der frömmste und unbescholtenste Mann, mein theurer Sadoletus, angetastet ist; eine schmähliche Schandthat, wie sie die Sonne in vielen Jahren nicht gesehen hat." Hierauf beklagt er in den rührendsten Ausdrücken das jammervolle Schicksal des in fremden Ländern heimathlos umherirrenden Bernardinus Ocellus und schildert seine erhabene Tugend mit den glänzendsten Farben. Die mitgetheilten und einige andere Äußerungen waren natürlich nicht sehr geeignet, die Rechtgläubigkeit des Palearius über alle Zweifel zu erheben und die offene Sprache über die Inquisition, welche allein mit dem den Schriftstellern an die Kehle gesetzten Dolche gemeint ist, konnte ihm nur Gefahr bringen.

Indessen, obgleich er die beabsichtigte Anklage wegen Calumnie fallen ließ und seine Feinde mittels friedlicher Aussöhnung der Strafe entgingen, welche ihnen bevorstand, so hatte er sie doch einstweilen so eingeschüchtert, daß sie ihn in Ruhe ließen; auch wurde er selbst vorsichtiger; er ließ sich nicht mehr auf die großen Fragen der Theologie ein und beschäftigte sich, wie er selbst sagt, mit zahmern Musen (Epp. IV, 10).

Aber zwei Jahre später, wahrscheinlich im J. 1544, brach ein neuer Sturm gegen ihn los, der in der Zwischenzeit des treulosen Friedens vorbereitet war. Seine

Gegner und ihre Beschuldigungen waren wieder dieselben; die Apologie war ein Actenstück, das wider ihn zeugte; auch andere Schriften von ihm suchte man aufzutreiben, um sie für denselben Zweck zu benutzen. Otho Melius Cotta sagte den Senatoren, so lange Palearius straflos fortlebe, könne keine Spur vom wahren Glauben in Siena übrig bleiben; denn als man ihn einst gefragt, welches das wichtigste Geschenk Gottes an die Menschen sei, worin ihr Heil beruhe, habe er geantwortet: Christus; dann nach dem nächstwichtigen gefragt, habe er wieder Christus, und als das Dritte ebenfalls Christus genannt. Die Mehrzahl der Senatoren war so überzeugt von der Gottlosigkeit einer solchen Äußerung, Andere so sehr gegen ihn eingenommen oder so sehr besorgt für den guten Ruf ihrer eigenen Rechtgläubigkeit, daß sich kein einziger fand, welcher sich des Palearius angenommen hätte; er konnte daher schwerlich von dem Senat ein günstiges Urtheil hoffen, und dennoch mußte er noch froh sein, daß er nicht in die Hände geistlicher Richter fiel, bei denen er ohne Urthel und Recht bestraft worden wäre. Übrigens war er grade abwesend, als die neue Verschwörung gegen ihn zum Ausbruche kam; er scheint nur in Rom gewesen zu sein, und der Grund dieser Entfernung war wol zum Theil das Misvergnügen über allerhand Verdrießlichkeiten, welche ihm seine ihm sonst so gewogenen Mitbürger in Collinum machten; auch mehre seiner Verwandten von Seiten seiner Frau und frühern Freunde, selbst aus der Familie des Bellantes, traten feindlich gegen ihn auf; namentlich veranlaßte eine gewisse Cäcilia, die Frau des Bruders von Anton Bellantes, sehr gehässige Klätschereien und wußte damit ihren Gatten gänzlich gegen Palearius einzunehmen, sodaß selbst Faustus Bellantes, Anton's ältester Sohn, der dem Palearius mit kindlicher Liebe anhing, besorgte, dieser möchte auch gegen ihn und die Seinen eingenommen sein, was indessen nicht der Fall war. Überhaupt aber hatten die Johannesbrüder ohne Zweifel dies Mal sich so gerüstet und so vorsichtig ihre Maßregeln genommen, daß sie sich einen bessern Erfolg versprechen konnten, als sie bei dem frühern Angriff erreicht hatten; sie waren sehr zahlreich und hatten auch die geringere Volksmasse in ihr Interesse zu ziehen gewußt, sodaß diejenigen den Schein der größten Frömmigkeit für sich hatten, welche am heftigsten und blutdürstigsten gegen Palearius predigten. Was konnte dieser unter solchen Umständen für Hoffnung haben? — Er baute auf Christus, dem er immer treu gedient hatte, und so verlor er den Muth und die Besonnenheit nicht, alles zu thun, was er zu seiner eignen Rettung zu thun sich und den Seinigen schuldig war. „Wenn ich erlangen kann," schreibt er an F. Bellantes (III, 6), „daß die Zeugen in meiner Gegenwart vorgeführt werden, so habe ich gesiegt; diese aus Lügen zusammengesetzten Menschen werden das Feuer meines Blicks nicht aushalten. Vielleicht scheine ich dir zu prahlen; und wenn sie es aushalten, werde ich dafür sorgen, daß sie unvorbereitet das Zeugniß noch einmal ablegen müssen; unglaublich ist die Vergeßlichkeit eines verlogenen Menschen. Aber niemals, glaube mir, werden jene den Leuten unter die Augen treten; sie werden Alles mit heimlicher Hinterlist betreiben, Haß erregen, Gerüchte ausstreuen, damit Weiber, Kinder und Sklaven, wenn sie mich antreffen, mir mit den Nägeln die Augen auskratzen." Inzwischen war er in Rom, wo ihm sein Freund, der Cardinal Maffei, guten Muth machte, ihn durch freundliche Geschenke von Münzen erfreute, ihm Geld, Bücher und alles, was er nöthig hätte, sehr freigebig versprach, und ihn zu längerem Aufenthalt nöthigte. Seine Landsleute in Veroli luden ihn zu sich ein; aber er wollte den weiten und damals während der Unruhen des Hauses Colonna unsichern Weg nicht unternehmen; auf das Äußerste gefaßt empfiehlt er dem F. Bellantes in den rührendsten Ausdrücken die Sorge für seine tiefbekümmerte Gattin und für seine Kinder. Die Versuche seiner Feinde, wieder, wie früher, in Florenz Hilfe zu suchen, vereitelt er dadurch, daß er seine Freunde P. F. Riccius und F. Campanus von der Sachlage unterrichtet, die denn auch ihren Einfluß beim Herzoge Cosimo mit dem glücklichsten Erfolge geltend machten. Inzwischen bekommt er die Nachricht, daß der Erzbischof von Siena, Franc. Bandini, sein Richter sein würde, ein wohldenkender und ihm sonst sehr befreundeter Mann, den ihm aber seine Feinde ganz abhold gemacht hatten. Daß er in Rom war, hatte man in Siena noch nicht erfahren, und er verheimlichte es; damals grade wollte Sadoletus als Gesandter nach Frankreich reisen und Siena berühren; Palearius beeilte sich, mit ihm zusammenzutreffen, wie wenn er nur von Collinum käme; unterweges aber schrieb er noch nach Rom an den Magister sacri palatii, und setzte ihm seine Lage ausführlich aus einander, um den Einflüsterungen seiner Feinde zuvorzukommen, was ihm um so mehr gelang, da er zugleich auch den Pterix nach Rom schickte, um den Bembus und die Philonardi zu seinem Beistande aufzurufen. So hatte er sich von allen Seiten gedeckt, wohin seine Feinde etwa ihr Augenmerk richten mochten; er eilte nach Collinum, indem er Siena vermied, das er nicht ohne Gefahr glaubte betreten zu können; sehnsüchtig wartete er auf die Ankunft des Sadoletus, denn er wünschte nichts mehr als vor dessen Augen gegen seine Feinde zu kämpfen; auch wußte er, daß er mit ihm in den zur Frage kommenden Glaubenssätzen übereinstimmte, da er sich in Rom oft mit ihm darüber besprochen hatte. Welchen Gang nun der begonnene Proceß nahm, darüber geben uns die Briefe des Palearius keinen genügenden Aufschluß; ehe es zu einer Entscheidung kam, schrieb er an den Erzbischof, von dem er dieselbe zu erwarten hatte, einen merkwürdigen Brief (III, 12), der in mehren Punkten dunkel ist, jedoch scheint seine hauptsächliche Absicht gewesen zu sein, den Erzbischof auf die schamlosen Lügen seiner Ankläger aufmerksam zu machen, die sich nicht scheuten, ihn selbst als den eigentlichen Urheber und die eifrigste Stütze der Anklage darzustellen, und Dinge zu verdrehen, die vor seinen eigenen Augen geschehen waren. Dahin gehörte vor allen die Zusammenkunft des Palearius und Sadoletus, welche bei dem Erzbischof stattgefunden hatte. Über diese hatten die Ankläger die schlimmsten Gerüchte verbreitet; man sagte, Palearius habe vom Sadolet heftige und zornige Vorwürfe und Schmähungen hören müsfen, er sei nicht im Stande gewesen, ein Wort zu erwiedern; Andere sagten, er habe geantwortet, aber eben dabei habe er harte Verweise bekommen. Das Wahre erzählt Palearius selbst, indem er den Erzbischof zum Zeugen dafür nimmt, der dabei gewesen war, der sich aber selbst so sonderbar gegen ihn benommen hatte, daß er nicht wußte, wie er mit ihm daran sei. Als nämlich Palearius nach Siena kam, um dem Sadolet seine Aufwartung zu machen, erfährt er, daß vier der angesehensten Senatoren gleichsam als Gesandte des Senats beim Erzbischofe gewesen seien, um sich bei ihm nach dem Leben und den Bestrebungen des Palearius zu erkundigen; die Antwort sei außerordentlich ruhmvoll für ihn ausgefallen. Darüber von Freude und Dank erfüllt eilt Palearius hin, um nicht nur dem Sadolet, sondern auch dem Erzbischofe seine Aufwartung zu machen. Als er ankommt, wird er dem Letztern von Sadolet angelegentlich empfohlen, der zugleich seine Zufriedenheit mit seinen Studien und seine Liebe zu ihm bezeigt. Der Erzbischof aber erschien hierbei keineswegs so freundlich, wie Palearius erwartet hatte, vielmehr nahm er die Empfehlung etwas kalt entgegen und wiederholte zugleich alles, was jenem seine Gegner zum Vorwurf machten, mit Übertreibung. Natürlich kam dies dem Palearius gänzlich unerwartet und machte ihn verlegen, indessen antwortete er doch bescheiden und höflich, und maß alle Schuld seinen Feinden bei, welche ihn in grundloser Weise angeschwärzt hätten. Eine nachdrücklichere Widerrede gegen den Erzbischof hielt er im Beisein des Legaten für unangemessen. Übrigens hatte ihn Sadolet seinen Freund genannt, hatte seine dogmatischen Unterredungen mit ihm beifällig erwähnt; und dann bat er ihn ohne allen amtlichen Nachdruck auf das Freundschaftlichste, sich keinen Neuerungen hinzugeben. Palearius antwortete, der thue das nicht, dem niemals etwas über die Wahrheit gegangen sei; und als Sadolet beim Abschiede den Palearius zu sich rief und seine Bitte im Beisein des Erzbischofs nochmals wiederholte, versprach Palearius, daß er immer in der Gesinnung verharren werde, welche stets jeder Wohlgesinnte für die beste gehalten habe. „Ich bekenne es," setzt er hinzu, „die Worte des Sadolet machten einen so großen Eindruck auf mich, daß ich mir alle ersinnliche Mühe geben werde, in den Dingen, welche mit der Frömmigkeit streiten, nicht nur jedem Vergehen fern zu bleiben, sondern mich auch von Verdacht frei zu erhalten. Daß aber jener Mann, den ich so hoch achte wie sonst Niemanden, zornig und heftig mich geschmäht haben soll, das lügen meine Feinde so, wie sie immer zu lügen pflegen." Nachdem er dann noch die Lügen erwähnt hat, welche seine Gegner über den Erzbischof selbst verbreiteten, fügt er hinzu: „Die Elenden ärgern und schämen sich, glaube ich, daß sie so großen Lärm gegen mich angeregt haben, der ich doch in meinen Reden und Schriften nichts für fromm und gültig gehalten haben will, außer so weit es die katholische und apostolische Kirche billigt; und diese Meinung, die ich mit ganzem Herzen und frommem Muthe ausspreche, lege ich bei dir, dem heiligsten Manne, als das stärkste Zeugniß nieder, weil ich kein geweihteres Heiligthum weiß, aus dem ich es sicherer im Nothfalle wieder entnehmen könnte, um die Bosheit meiner Gegner zu brechen und ihre Frechheit zurückzuweisen."

Daß nun Palearius auch dieses Mal glücklich und mit Ehren aus dem schlimmen Handel hervorging, daß er zu seiner Vertheidigung eine ausführliche Rede schrieb, und daß nach Widerlegung und Abweisung seiner Feinde die Saneser wieder gut von ihm dachten und sprachen, geht hervor aus Epp. III, 17. p. 554; auch ist aus den Briefen an P. F. Riccius und F. Campanus III, 1, 2) ersichtlich, daß diese beiden in Florenz beim Herzoge Cosimo für ihn thätig gewesen waren; ob er an diesen appellirt oder auf eine andere Weise von dort her eine günstige Entscheidung erlangt hatte, wissen wir nicht, und er bedauert es nur, daß er eines so verächtlichen Menschen wegen, wie sein Hauptgegner war, so hohe Unterstützung habe in Anspruch nehmen müssen. Übrigens war ihm, trotz aller Siege über seine Gegner und trotz der freudigen Rüstigkeit, mit welcher er ihnen Widerstand leistete, dennoch dies stets von Haß und Neid bewachte und beunruhigte Leben in und bei Siena zuwider geworden; er sehnte sich fort, und er schreibt an Campanus, daß er keinen Ort lieber zu seinem Aufenthalte wählen würde, als Florenz, wenn er nur erst von den Sorgen erlöst wäre, die ihm seine Schulden machten. Zugleich aber mußte es ihm auch klar werden, daß er in Zukunft wol nicht im Stande sein würde, immer mit gleichem Glücke den Chikanen seiner Gegner zu widerstehen, deren Haß er bis aufs Äußerste gereizt hatte, und denen es doch leicht einmal gelingen konnte, die tyrannische Macht, in deren Namen und Sinne sie die Verfolgung betrieben, zu einem unmittelbaren Eingreifen zu bringen, und dann freilich war an keine Rettung mehr zu denken. Das Verfahren der Dominikaner, in deren Händen die Inquisition war, ist bekannt genug, und Palearius sah wol ein, daß hier ein offener Widerstand nur zu einem nutzlosen Opfertode führen könne[5]). Er schrieb an Riccius (p. 511): „Ich Bejammernswerther, mit was für Gespenstern habe ich nun zwei Jahre lang gerungen! Da du sie nun endlich durch deinen gewichtigen Beistand von mir abgewehrt hast, will ich in Zukunft auf meiner Hut sein, daß ich nie wieder etwas mit ihnen zu thun bekomme; die theologischen Abhandlungen (**commentaria** θεολογικά) und die Reden, welche ich zu schreiben begonnen hatte, und die Lobschrif-

5) Bei der großen Gewalt, welche die Inquisition ausübte, bei der Macht der Geistlichkeit überhaupt, die dem alten Papismus anhing und den Neuerungen feind war, wenn sie auch nicht grade die Inquisition billigte, besonders aber bei der noch ganz im krassen Aberglauben und geistlichen Servilismus befangenen Volksmasse würde ein sich opfernder Heroismus ohne Zweifel von denselben Leuten für Thorheit erklärt werden, welche jetzt den Mund sehr voll nehmen, wenn sie einen Stein auf die Gelehrten der damaligen Zeit werfen; es ist freilich keine Kunst, in das große Horn des philosophisch-legitimen Staatspietismus zu stoßen und durch einen heroischen Ton sich das Recht anzumaßen, von aller Welt Heroismus zu verlangen. Diese Leute fühlen sich vollkommen sicher; in der Politik halten sie sich den Rücken frei und erklären klüglich die einzigen großen Opfer, welche unsere Zeit verlangt, die politischen nämlich, für Sünde. — Übrigens sollen hiermit die italienischen Gelehrten weder alle, noch die bessern ganz entschuldigt werden.

ten, welche ich in Versen verfasse, werde ich vielleicht unterdrücken, so lange, bis jener Dolch den Händen der unwissenden und boshaften Menschen entwunden wird, welche über nichts verdrießlicher sind, als wenn man die heilige Theologie mit dem Lichte der Beredsamkeit erleuchtet." Von den hier erwähnten Schriften ist uns nichts erhalten; auch erwähnt Palearius sonst nichts darüber, als daß er die begonnenen Reden als Beleg seiner Studien an den **Magister sacri palatii** geschickt habe mit dem oben erwähnten Briefe. Außerdem sehen wir noch aus **Epp. III, 4,** daß er Komödien (**fabellas**) in italienischer Sprache geschrieben hatte; sie waren ohne Zweifel bestimmt, seine Feinde durch die Waffen eines scharfen Witzes niederzuschlagen, an dem es dem Palearius nicht mangelte; besonders hatte er es gegen die Cäcilia abgesehen, und er trug dem F. Bellantes auf, jene Komödien nicht länger zurückzuhalten, wenn sie nicht aufhören wolle, ihm durch ihre Redereien zur Last zu fallen. Sie war freilich wol im Leben eine höchst unleidliche Person, für die Komödie aber mochte sie eine ergötzliche Figur abgeben; Palearius sagt von ihr, man müsse ihr etwas zu Gute halten; sie sei das allergeschwätzigste und leichtfertigste Weib, von ungewissem Vater, eine kleine Magd, nicht von freier Herkunft; wenn ihr, während sie nach ihrer Gewohnheit mit grimmigen Worten und Geberden schimpfte, ihr Mann auf den Mund geschlagen hätte, so würde er sie wol wieder höflich gemacht haben (**Epp. III, 4**). Auch von diesen Schriften ist uns nichts erhalten; wir sehen aber daraus, daß Palearius nicht blos durch seinen feurigen Eifer für einen reinern Glauben ausgezeichnet und durch die geistlichen Waffen geschützt war, welche ihm derselbe lieferte, sondern er hatte auch viele Weltklugheit und wußte sich nach jeder Seite hin immer mit den Mitteln zu vertheidigen, welche grade die wirksamsten waren. Die Rede, sagte er, ist für den Gelehrten Speer, Schwert und Dolch (**Epp. III, 17. p. 553**); er war dieser Waffen Meister, und daher mag es auch wol gekommen sein, daß er noch lange nach jenen Kämpfen sich unangefochten behauptete, obgleich er seine Ansichten schwerlich so änderte, daß er dadurch den herrschenden Glaubenstyrannen wohlgefälliger geworden wäre.

Hier mag zugleich noch eine Schrift erwähnt werden, deren Entstehung vielleicht in diese Zeit von 1544 und 1545 fällt, wo die Hoffnung auf ein allgemeines freies Concil zu Trident rege gemacht war, wo jedoch Palearius selbst in so großer Gefahr schwebte, daß er es nicht mehr zu erleben meinte. Es ist die Actio gegen die römischen Päpste und ihre Anhänger, an den römischen Kaiser, die Könige und Fürsten der Christenheit und oberste Vorsteher des ökumenischen Concils. Diese merkwürdige Schrift hatte die Bestimmung, auf dem Concil vorgetragen zu werden; indessen scheint es, daß das zu Trident gehaltene gar bald dem Palearius als ein solches erschien, auf dem eine mit voller Freiheit unternommene Berathung und eine gründliche Reformation nicht möglich sei. Deshalb hielt er seine Schrift zurück, um sie für ein wirklich freies allgemeines Concil aufzubewahren, auf das er hoffte; da aber seine Hoffnung nicht in Erfüllung ging und er seinen Tod nahe glaubte, gab er sie zuverlässigen Männern, wahrscheinlich Teutschen, in Verwahrung, um sie so auch nach seinem Tode noch für die Bestimmung zu erhalten, welche er bei ihrer Abfassung im Auge gehabt hatte. Es wird nicht unangemessen sein, die Einleitung, welche er ihr in spätern Jahren vorsetzte, hier in teutscher Übersetzung mitzutheilen, da daraus am besten sein frommer Eifer zu ersehen ist.

Aonius Palearius, Diener Jesu Christi, den Verwahrern seines Buches, den treuen und frommen Männern, Friede und Gnade von unserm Herrn Jesu Christo.

„Mehre Briefe von mir, welche ich in frühern Jahren, ohne meinen Namen zu nennen, an die Schweizer und Teutschen geschrieben habe[6]), konnten zeigen, welche Hoffnung, welche Absicht, welche Gesinnung ich hatte. Gott, der Vater unsers Herrn Jesu Christi, ist mein Zeuge, daß ich mich lange darnach gesehnt habe, daß die christlichen Fürsten mit Zuziehung guter und gelehrter Männer an einer allgemeinen Kirchenversammlung Theil nehmen und sie leiten möchten, damit ich in ihrer Mitte ein festes und frommes Zeugniß ablegen, und wenn es nöthig wäre, zur Ehre Christi muthig sterben könnte. Da ich nun diese Hoffnung viele Jahre genährt hatte, aber sah, daß die Fürsten mit andern Dingen beschäftigt waren und die Zeit meiner Auflösung herannahete, so schrieb ich dies Zeugniß und die damit verbundene Actio gegen die römischen Päpste und ihre Anhänger, um, wenn mich wohlgerüstet zur Verachtung des Todes der Tod vorher ereilte, auch nach dem Tode noch meinen geliebten Brüdern zu nützen, deren Leiden ich durch dies Zeugniß auf dem Concil zu beendigen wünschte. Dasselbe, wie es offen und redlich mit bestem Wissen und Gewissen geschrieben ist, lege ich bei frommen und zuverlässigen Männern nieder, damit es auf diese Weise erhalten werde bis zu der Zeit des zukünftigen Concils, welches ohne Zweifel als ein ökumenisches, freies, heiliges und feierliches zu seiner Zeit zu Stande kommen wird, und daß diese Zeit bald kommen möge, deshalb beuge ich meine Knie vor dem Vater unsers Herrn Jesu Christi. Wenn aber dieses Concilium so lange aufgeschoben wird, daß ihr, die Verwahrer des Zeugnisses, bei zunehmendem Alter fürchtet von dem Tode überrascht zu werden, so erwählt und setzt an eure Stelle Männer von gutem Rufe und eifrig für den evangelischen Glauben von den treuen Schweizern oder euern Teutschen, damit das Verwahrte fortgeerbt werde und es der Eine vom Andern unversehrt empfange bis zur Zeit des zukünftigen Concils. Inzwischen sorget da-

6) Einen solchen Brief, der nicht mit in der Hallbauerschen Ausgabe steht, hat zuerst Schellhorn (in den **Amoenitates historiae ecclesiasticae. T. I. p. 425—452**) im J. 1737 herausgegeben; derselbe ist neuerlich mit verbessertem Texte nach einer wolfenbüttler Handschrift wieder erschienen in der Schrift: **Ad memoriam ecclesiae christianae instauratae. Interprete** ***Christ. Fr. Illgen.*** **Inest** ***Aonii Palearii*** **de concilio universali et libero epistola emendatius edita atque praefatione adnotationibusque illustrata. (Lips. 1832. 4)**

für, daß es nicht ans Licht komme und verbreitet werde, und daß es deshalb Niemand liest und in die Hände bekommt außer den Verwahrern. Darum bittet euch der Diener Jesu Christi und beschwört euch bei der Treue, die ihr einem treuen Zeugen schuldig seid und dem Richter der Lebendigen und Todten, der einem Jeden geben wird nach seinen Werken. Wenn nun aber der ersehnte Tag anbricht, wo aus Begehren nach öffentlichem Frieden und kirchlicher Eintracht die Völker, welche dem Evangelio gehorchen, unter sich verhandeln und es von dem römischen Kaiser, den Königen und Fürsten der Christenheit fodern und erlangen, daß dem römischen Papste ein Concil alles Ernstes angekündigt werde, daß er sich mit seinen Cardinälen und Bischöfen und ihren Anhängern an einem gewissen Orte versammele, um eine allgemeine und freie Kirchenversammlung zu halten aus allen Völkern und Nationen, welche den Namen unsers Herrn Jesu Christi anrufen, wobei alle Völker gern und mit Achtsamkeit angehört werden durch ihre Gesandten, welche ohne Gefahr, Trug und Furcht frei reden können in Gegenwart des Kaisers, der Könige, Fürsten und Gesandten der Städte, damit, wenn für Alle gleiche Gerechtigkeit ist, durch das Schwert des göttlichen Wortes die Misbräuche abgethan, die Glaubensstreitigkeiten geschlichtet, die Kirchen gereinigt und geheilt werden, damit sie Einen Leib bilden; — wenn ihr sehet, daß ein solches Concil angekündigt ist und zugerüstet wird, dann erinnert euch, ihr Verwahrer, und machet, daß diese meine Schrift unversehrt und unverfälscht an die Vorsteher der Kirche der gläubigen Schweizer und Teutschen und die Vertheidiger des heiligen Evangelii gebracht werde, welche ich im Namen unsers Herrn Jesu Christi im heiligen Geiste zu wahren und gesetzlichen Schützern dieses Buches mache und einsetze, sobald es aus den Händen der Verwahrer gekommen ist."

An die Vorsteher der gläubigen Kirchen in der Schweiz und in Teutschland.

Wenn dieses Buch nun zu euch gelangt ist, ihr Vorsteher ꝛc., so steht es euch zu, es entweder zurückzuhalten oder es zur rechten Zeit ausgehen zu lassen, damit nämlich mit eurer Empfehlung und amtlicher Beglaubigung auf dem ökumenischen, freien, heiligen und feierlichen Concil selbst das Zeugniß eines frommen Mannes vorgetragen werde, der, da er aus dem Leben schied, keinen Grund hatte, gegen Christus zu lügen, sodaß dies Zeugniß mit der Actio gleichsam ein plötzlicher Blitz sei, welcher den Antichrist treffe, dem man keine längere Zeit, ihr Männer meine Brüder, zum Antworten geben muß. Durch das Wort Gottes muß man jenen Bösen so schnell als möglich unterdrücken, auf dem Concil selbst, vor den Augen und Ohren der großen Fürsten. Er hat, wie ihr wol wißt, Sophisten und Betrüger, durch die er, wenn man ihm Zeit läßt, wie er es vordem gethan hat, die Könige und Kaiser berücken wird, und deshalb muß dieses Buch nicht anderswo als auf dem Concil selbst vorgezeigt werden. Wenn nun der alte schlaue Fuchs von Rom Hoffnung macht auf ein Concil, er selbst aber sich zurückzieht und arglistiger Weise doch einige Bischöfe schickt, wie er es oft gethan hat, um die Herzen der Fürsten zu versuchen und die Kirche des Herrn zu verspotten, so hütet, ihr Männer meine Brüder, das Buch an euch. Denn gewiß, Gott der Vater unsers Herrn Jesu Christi wird geben, daß einst die Völker zusammenströmen und er von den Königen gezwungen, ja gezwungen wird, zu erscheinen. Wenn ihr das seht, dann, meine Brüder, richtet die Augen auf, strecket die Hände aus und erhebet eure Herzen: das ist die Zeit, die Kirche aufzurichten. Dann bittet und beschwört euch der Diener Jesu Christi bei der Ankunft des Herrn und dem Geiste Gottes, daß ihr Sorge traget und machet, daß diese meine Schrift mit eurer Empfehlung und öffentlicher Beglaubigung unverletzt und unverfälscht in die Hände der Fürsten, welche bei dem Concil gegenwärtig sein werden, komme, damit der für die Ehre Christi glühende Geist, welcher mich beim Schreiben erfüllte, die Herzen der großen Fürsten ergreife, damit sie über so wichtige Dinge den römischen Papst, die Bischöfe und ihre Anhänger sich verantworten und dieses Zeugniß sammt der Actio mehrmals lesen und erwägen und prüfen lassen von denen, welche als Vorsteher des Concils die Kirche Gottes reinigen werden. Ihr indessen, gute und treue Diener und Vertheidiger des Evangelii, lebet wohl! Die Liebe Gottes und die Gemeinschaft des heiligen Geistes und der Friede unsers Herrn Jesu Christi sei mit euch Allen! Amen."

Dieselbe Gesinnung, welche sich in dieser Vorrede ausspricht, durchdringt die ganze Schrift; besonders aber äußert sie sich noch sehr deutlich in der Vorrede zu dem zweiten Theile derselben, welche eine Anrede an das Concilium selber ist. Der erste Theil umfaßt das testimonium, eine Reihe von 20 Sätzen, welche theils gegen die papistische Glaubenslehre, theils gegen die in der römischen Kirche eingerissenen Misbräuche, Unsittlichkeiten u. s. w. gerichtet sind. Alle diese Sätze werden in dem zweiten Theile der Schrift, in der Actio wörtlich wiederholt, und dann an jeden eine weitere Ausführung und Begründung angeschlossen; es ist also eine Reihe von Abhandlungen, welche ebenso klar als scharfsinnig immer gestützt sind auf die heilige Schrift, mit der sich Palearius, wie sich sehr deutlich zeigt, eine äußerst genaue und gründliche Bekanntschaft erworben hatte. Seine Ansichten stimmen mit den protestantischen fast durchweg überein; nur darin weicht er ab, daß er die Ehe für ein Sacrament erklärt, und daß er es für unchristlich hält, einen Eid zu schwören; auch tritt bei ihm die Moral weit weniger gegen die Dogmatik in den Hintergrund, als es bei den meisten teutschen Reformatoren der Fall war. Seine Sprache ist einfach und schmucklos; er hält sich hier frei von dem Bestreben nach Ciceronischer Latinität, die auf dem Gebiete der Theologie, zumal vor dem Concil, nur hätte als eine Ziererei erscheinen können und zum Theil auch unverständlich gewesen sein würde; dennoch ist sein Styl weit reiner und angenehmer als bei den Theologen gewöhnlich ist; er sagt selbst (S. 251): „Da nun aber die Kraft meines Bekenntnisses nicht auf dem geläufigen Flusse der Worte beruht, sondern auf der Sache selbst, so werde ich mich aller Ausschmückungen der Rede enthalten, die mich in de ner andern Sache vielleicht ergötzt hätten, aber in der Sache Christi, welche solcher Hilfsmittel nicht bedarf, ergötzen sie mich keineswegs. Ich thue dies um so lieber, damit nicht Jemand meine, ich strebe nach dem Schatten eines Ruhmes, oder überhaupt nach etwas Anderm außer dem Ruhme Christi, der uns durch den Apostel ermahnt (Coloss. 2, 4), daß wir uns nicht betrügen lassen sollen durch schöne Reden. Daher werde ich mich einer einfachen und niedrigen Ausdrucksweise bedienen; ja, ich würde gern in der gewöhnlichen Sprache meiner Heimath über diese Dinge handeln, damit es um so weniger den Anschein habe, als wäre mein Vortrag mit Fleiß ausgearbeitet und verziert, wenn ich nicht vor Männern redete, welche nur zum Theil Italienisch verstehen, Lateinisch aber Alle; wenn diese den Schmuck der Rede vermissen, so will ich das gern leiden; aber die Aufrichtigkeit, Reinheit und Festigkeit meines Bekenntnisses, welche mir mein Christus eingegeben hat, werden sie, hoffe ich, nicht vermissen."

Wer die Verwahrer dieser merkwürdigen Schrift gewesen sind, ist unbekannt; sie wurde im J. 1596 zu Siena aufgefunden in der eigenen, sehr saubern Handschrift des Verfassers; sie hatte damals, sagt man, ungefähr 50 Jahre im Staube verborgen gelegen. Nach dem, was oben bemerkt ist, muß man diese Zeitbestimmung auf die Abfassung der Schrift beziehen, um das J 1544, aber eigentlich niedergelegt zur Verwahrung ist sie ohne Zweifel erst in späterer Zeit, im höhern Alter des Palearius, wie aus der oben mitgetheilten Einleitung zu folgern ist. Gedruckt wurde die Schrift erst im J. 1606 zu Leipzig; der Herausgeber nannte sich nicht (s. Acta erud. Lips. mens. Jun. a. 1696 und Bibl. Antiq. Jen. 1705. p. 29 sq.).

Kehren wir nun zu dem weitern Lebenslaufe des Palearius zurück, so ist nur zu erwähnen, daß im J. 1544 bei dem allgemeinen Schrecken, das die Muhammedanischen Seeräuber durch ihre Plünderungen und Eroberungen in dem Gebiete von Siena erregten, Palearius Schutz fand auf einem Schlosse des Bellantes (s. Epp III, 16. Vgl. Leo, Gesch. der ital. Staaten. 5. Bd. S. 450 fg.). Demnächst haben wir seinen Aufenthalt in Lucca zu schildern. Das Leben in und bei Siena, so viel Reize es auch für ihn haben mochte, war ihm doch zu sehr verbittert, und bot für die Zukunft der Gefahren zu viele dar, als daß er nicht hätte Alles thun sollen, um anderswo eine sicherere Stellung zu erlangen. Es bildete sich bei ihm die Ansicht aus, die er bald nachher in einem zu Lucca geschriebenen Briefe (Epp. IV, 17. p. 590) ausspricht: die Zeitumstände und die Gesinnungen der Menschen seien von der Art, daß es nichts Besseres gäbe, als nirgends zu sein, oder wenigstens, da das nicht möglich sei, nirgends lange zu sein. Übrigens waren seine Vermögensumstände nicht so beschaffen, daß er nicht hätte sollen nach einer besoldeten Stellung streben, und eine solche war die des öffentlichen Lehrers der lateinischen Literatur zu Lucca, welche jedoch nach der von jeher in Italien beobachteten Sitte (s. Heeren, Gesch. der Philol. 2. Bd. S. 10) nicht auf Lebenszeit verliehen wurde, sondern man schloß einen Contract auf eine bestimmte Anzahl von Jahren, und mit Palearius wurde nur auf zwei Jahre contrahirt. Ebenso war es mit Machus Blatero in Siena, der, als er bei seiner Bewerbung über Palearius gesiegt hatte, wie oben erzählt, wahrscheinlich auf drei oder vier Jahre in Sold genommen wurde; nach Ablauf dieser Frist, ein Jahr vor Palearius, begab er sich nach Lucca, wo er reichlichern Verdienst zu finden hoffte. Er war noch nicht lange dort, als man an die Berufung des Palearius zu denken begann; natürlich mußte ihn das sehr verdrießen, und er gab sich alle Mühe, die nachtheiligsten Gerüchte über Palearius zu verbreiten und die Luccheser ihm abgeneigt zu machen. Indessen scheint es, daß er bald Krankheit vorschützte, um sich mit guter Manier zu entfernen und nicht in den Fall zu kommen, seine Unwissenheit, deren er sich wol bewußt war, bloß geben zu müssen. Außerdem kam ihm Palearius zuvor, der an Alexander, den Präfecten von Lucca, eine Schilderung des Machus Blatero und seiner Verhältnisse zu ihm sandte (Epp III, 17). Außer diesem Alexander waren es besonders Bembus und Sadoletus, welche durch ihre nachdrücklichen Empfehlungen den Palearius unterstützten, sodaß er denn im Sommer wahrscheinlich des J. 1545 [7]) den Ruf nach Lucca bekam und annahm. Wol mochten hierbei jene beiden ihm so befreundeten Cardinäle nicht ganz frei von der Besorgniß sein, daß er durch seinen Eifer und seine Freimüthigkeit in religiösen Dingen sie selbst, die ihn stets so angelegentlich empfohlen hatten, in einige Verlegenheit bringen möchte; interessant ist in dieser Beziehung eine Stelle in einem Briefe des Sadoletus, der noch vor der völligen Beendigung der Verhandlung mit den Lucchesern geschrieben ist; er sagt: „In meinem und in Bembus Namen ermahne ich dich nicht nur, sondern ich bitte dich, höre auf die, welche dich so innig lieben; da wir einmal in so schlimme Zeiten verschlagen sind, in denen man am meisten nicht auf unsere wahre Gesinnung, sondern auf die üble Nachrede gewisser Leute achtet, so lege dich auf die Verfassung solcher Schriften, durch welche jene uns nicht unbekannte Richtung deines Gemüths weiter geführt, nicht aber gehindert wird. Du bist in eine Stadt gekommen, welche sich der besten Gesetze und Sitten erfreuen soll; warum solltest du, um den Bürgern gefällig zu sein, deinen Sinn nicht auf das richten, was über die Sittlichkeit von der ganzen Secte deiner Peripatetiker oft geschrieben, niemals aber auf eine angemessene Weise in lateinischer Rede erläutert ist. Es ist nicht nöthig, dir Alles vorzuhalten, was dir selbst nicht entgeht; es gibt gewisse Leute, welche gegen die Schriftsteller sehr feindselig gesinnt sind; bei der Übersetzung oder Erläuterung der Peripatetiker aber ist keine Gefahr. Das Letzte ist, daß du die Ruhe nicht störst; denn wir, die wir deine Studien, Leben, Gesinnung und Neigung so gut kennen, als hätten wir immer mit dir gelebt, würden nie wagen, das zu lesen oder anzurühren, worin du uns auf das Ehrenvollste erwähnst

7) Dies ist besonders zu schließen aus Epp. IV, 2. p. 559, wo während der Verhandlungen über die Anstellung in Lucca ein Brief erwähnt wird, der in dem vorhergegangenen Jahre an den Mann geschrieben sei, den der Papst den scriptionibus rerum divinarum vorgesetzt habe; dies ist ohne Zweifel der oben erwähnte Thomas, Magister sacri palatii.

und auf das Freundschaftlichste beurtheilst, wenn wir dich im Stich ließen." Diese, wenngleich etwas verhaltenen, Andeutungen zeigen hinlänglich, in welche Verlegenheit die erleuchteten Cardinäle zu kommen besorgten, und welchen Rath sie dem Palearius gaben; es geht aus seinem spätern Leben hervor, daß er ihren Rath befolgte.

Bei seiner Ankunft in Lucca fand Palearius eine sehr freundliche Aufnahme. Seine Familie war auf seinem Gute bei Collinum zurückgeblieben; so fehlte es ihm in seiner Wohnung in Lucca an allen Bequemlichkeiten, welche er, einsam, wie er war, sich nicht verschaffen konnte; es war inzwischen die Regenzeit eingetreten; die Wege waren schlecht und er wollte deshalb den Seinigen die Reise nicht zumuthen; aber er fand von vielen Seiten so freundliche Unterstützung, daß er bei dem Mangel an Allem doch an Allem Überfluß hatte; nur seine Wohnung wollte er, der dringendsten Bitten ungeachtet, nicht verlassen (Epp. IV, 3). Im folgenden Jahre ist ihm wahrscheinlich seine Familie nachgefolgt, und wir sehen aus mehren seiner Briefe, daß er sich in gesellschaftlicher Beziehung zu Lucca sehr wohl befand (s. Epp. IV, 3, 10—13). Indessen kehrten doch später seine Gattin und Kinder nach dem Cäcinianum zurück.

Über seine amtlichen Arbeiten spricht er sich in einem Briefe (IV, 4) an seinen Freund Barth. Riccius aus, der keine Schrift herausgab, ohne ihn auf das Ehrenvollste zu erwähnen; „da ich," sagt er, „dir nicht auf gleiche Weise danken kann, so fühle ich mich wahrhaftig sehr gedrückt durch meine widerlichen Vorlesungen über lateinische oder griechische Schriftsteller, in die ich mich gleichsam wie in eine Stampfmühle geworfen habe, nicht sowol aus Unvorsichtigkeit, als aus Noth. Denn wie du aus meinen Arbeiten hast ersehen können, habe ich es für die, deren Geist etwas Glänzenderes schaffen kann, immer für eine ruhmlose und schmuzige Arbeit gehalten, wenn sie bei der Erklärung fremder Schriften niedrig und demüthig gleichsam Knechtsdienste thun. Aber da ich ein sehr knappes Vermögen hatte, eine zierliche Gattin, prächtige Kinder, und deshalb größe Kosten zu bestreiten hatte, so habe ich mich gleichsam an die Studien verkauft, denen ich immer abgeneigt gewesen bin; als nämlich die sehr ehrenwerthen Luccheser mich einluden, für eine bestimmte Besoldung täglich Eine Stunde über die alten Autoren zu lesen, nahm ich diese Stellung an, obgleich sie mir hart und widerwärtig, ja selbst verhaßt war. Denn man hat täglich zu reden, und zwar aus dem Stegereif, was besonders die Sache eines Sophisten ist. Um dies zu vermeiden, nehme ich mir immer einige Zeit zur Vorbereitung, wobei mir besonders die Nächte helfen. Da ich aber die Ärmlichkeit und Nüchternheit der gewöhnlichen Erklärer nicht billige und glaube, daß man Vieles aus dem reichen Schatze der griechischen Literatur schöpfen muß, so verwende ich den übrigen Theil des Tages auf das Lesen der griechischen Schriftsteller. Aber überhaupt ist der Lehrvortrag concis, und wenn man ihn lange übt, so ist die größte Gefahr vorhanden, durch diese schulmäßige Übung alles das zu verlieren, was man von Kraft und Saft hatte. Ich merkte, daß mir dies begegnete, und um nicht an dieser Schwindsucht zu verkümmern, habe ich mich nun wieder zu den Übungen gewendet, welche du am meisten billigst. — Da ich aus deinem letzten Briefe ersah, daß dir meine Schreiberreien gefallen, so faßte ich große Hoffnung, einige Reden schreiben zu können; von welcher Art sie sind, sollst du bald sehen, wenn nur nicht der Drucker zu langsam ist."

Es geht hieraus hinlänglich hervor, mit wie großer Gewissenhaftigkeit Palearius seine Pflicht erfüllte (vgl. Orat. X. p. 169 sq.); die Reden, welche er zu schreiben sich vornahm, werden seinen Vorlesungen eben keinen großen Abbruch gethan haben. Dieselben sind uns noch erhalten; es sind ihrer neun (Orat. IV—XII); er hielt sie vor dem Senat von Lucca, und zwar jährlich zwei; dabei war ihm eine halbe Stunde zum Reden zugemessen (s. Orat. V. p. 131. XI. p. 180). Die erste handelt vom Lobe der Beredsamkeit, die zweite vom Staate, die dritte von der Eintracht der Bürger, die vierte, sechste, siebente, achte von den vier Cardinaltugenden, die neunte vom Glück; die fünfte ist eine Vertheidigung der Studien, deren Lehrer er war, und bezieht sich auf einen unangenehmen Angriff, den dieselben von Leuten erfahren hatten, welche der alten Barbarei anhingen und die Lehrstelle des Palearius für überflüssig hielten. Auch war diese erst bei seinem Antritt gegründet, wo durch einen Senatsbeschluß das frühere Unterrichtswesen geändert und außer dem Lehrstuhle für die Rhetorik auch einer für die Dialektik und einer für die Jurisprudenz gegründet war. Daher konnte er mit Recht von sich sagen (p. 158 sq.): „Ich habe zuerst in dieser Stadt die Schranken der Barbarei durchbrochen, eure umzingelte und belagerte Jugend herausgeführt und sie gleichsam aus dem ekelhaftesten Gefängnisse befreit." Mit welchem Feuereifer er sich anstrengte, und in wie hohem Grade es ihm gelang, die Jugend für seinen Unterricht zu gewinnen und zu eigenem Fleiße zu entflammen, geht aus derselben Rede hinlänglich hervor (s. p. 159. 156 sq.). Dessenungeachtet erhob sich nach Verlauf der zwei Jahre, auf welche er angestellt war, eine starke Partei, welche die vornehmsten Männer umfaßt zu haben scheint, um den neuen Lehrstuhl des Palearius wieder umzustürzen. Er selbst bewarb sich nicht um Erneuerung seines Contracts, wol aber thaten es seine Freunde, und überhaupt die, welche den erleuchtetern Ansichten über wissenschaftliche Bildung huldigten; indessen drangen sie Anfangs nicht durch; Palearius wurde zurückgewiesen. Jedoch erhoben sich nun die angesehensten Männer und führten im Senat seine Sache, sodaß er durch ihre eifrigen Bemühungen wieder auf drei Jahre in sein Amt eingesetzt wurde (s. p. 159). In der hierauf bezüglichen Rede sind ziemlich starke Vorwürfe enthalten, die er nach seiner Wiedereinsetzung den Luchesern wegen ihrer Verblendung und ihrer Undankbarkeit gegen seine von den Bessern stets anerkannten außerordentlichen Anstrengungen machte; übrigens ist zu bemerken, daß dieser Rede offenbar der Schluß fehlt, und es bleibt daher zweifelhaft, ob und in welcher Gestalt sie gehalten ist.

Über die Vorlesungen des Palearius haben wir nun

wenige Andeutungen; als die Autoren, welche er der Wahl der Gymnasiarchen vorschlug und empfahl, führt er (Orat. IV. p. 119 sq.) Cicero's Reden, Aristoteles' Dialektik, Demosthenes und Isokrates an. Seine halbjährlichen Reden waren sehr beliebt (s. Orat. VIII. p. 156. Epp. IV, 19, 20); sie scheinen immer einzeln sogleich gedruckt zu sein, und sind ebenso sehr durch eine schöne Latinität ausgezeichnet, als durch die geistreiche und für die Zuhörer höchst zweckmäßige Behandlung des Gegenstandes. Zu Lucca, und zwar, wie es scheint, im J. 1547 [8]), wurde auch die Rede gegen L. Muräna verfaßt, welche gegen die Rede des Cicero für denselben gerichtet ist. Hier hatte Palearius offenbar alle Mühe angewendet, um seine große und schwierige Aufgabe würdig zu lösen, und wenn es auch eine sehr nahe liegende Schmeichelei war, zu sagen, daß er den Cicero glücklich überwunden habe, sowol durch die Schönheit der Sprache, als durch das Gewicht seiner Gegengründe, so muß doch anerkannt werden, daß jene Rede in der That ein Meisterstück ist, voll antiken Geistes und Haltung, wenn auch nicht mit dem Feuer und der Kraft, die Palearius in seinen eigenen gerichtlichen Reden entwickelt. In dem Briefe an den berühmten Rechtsgelehrten A. Alciatus, von dessen Urtheil er die Herausgabe der Rede abhängig machte, und der sich darüber mit wahrer Bewunderung aussprach, thut er die freisinnige Äußerung, die so mancher Philolog der damaligen und der neuern Zeit in unbedingter Verehrung der classischen Autoren für eine philologische Ketzerei erklären würde: „Wenn das, was die Alten uns in Schriften hinterlassen haben, weder erwogen, noch geprüft werden darf, so ist das Feld unserer Übung sehr beschränkt, und es gibt keine Möglichkeit, die Wahrheit zu erforschen, von der die Schriftsteller sich oft sehr weit entfernen konnten, indem sie der Zeit und ihrer Sache dienten, und sie haben sich oft wirklich sehr weit davon entfernt, vielleicht durch Haß und Neid verleitet." Da sich die Rede sehr schnell handschriftlich verbreitete, so rieth Orgetorix Sphinter dem Palearius, sie bald selbst drucken zu lassen, damit ihm nicht ein unberufener Herausgeber mit einem vielleicht sehr fehlerhaften Druck zuvorkäme; zugleich schickte er ihm aus Teutschland einen Auszug aus Cicero's Rede pro Muraena, worin alle Stellen, die in der Widerlegung berücksichtigt sind, zusammengestellt waren; dieser Auszug rührte von einem Freunde des Orgetorix, Namens Heinrich, her, und ist wahrscheinlich derselbe, welcher nachher wirklich mitabgedruckt wurde (s. Epp. IV, 26, 27. Anh. ep. V. p. 620). Palearius ließ aber bald darauf noch zu Lucca nicht nur jene Reden, sondern auch noch andere, wahrscheinlich die zu Lucca gehaltenen, drucken, und widmete sie dem Fürsten von Salerno, Fernando Sanseverino, dessen persönliche Bekanntschaft er bald darauf machte (Epp. IV, 17).

Von den Reisen, die Palearius während seiner Anstellung in Lucca nach Rom, Florenz, Pisa und andern Orten, wahrscheinlich auch nach seinem Gute, machte, ist nichts Näheres bekannt. Zu den schmerzlichsten Ereignissen, welche ihn in dieser Zeit trafen, gehörte der Tod des Bembus im Januar und des Sadoletus im October 1547, sodann der des Flaminius im J. 1550, eines Mannes, dem er vielleicht noch inniger zugethan war als jenen, da er in religiösen Dingen eine entschiednere Gesinnung hatte, und sich, wie er selbst, den teutschen Reformatoren unbedenklich anschloß, jedoch ebenfalls ohne öffentliches Aufsehen zu machen (s. Epp. IV, 23, 24, 28). Dazu kam, daß Palearius kränklich zu werden anfing, und grade als er schwer darnieder lag an Fiber und Brustschmerzen, fügte es sich, daß auch seine ihm über Alles theure Gattin, die nach Collinum zurückgekehrt war, bei ihrer Niederkunft in Lebensgefahr kam. Da sein getreuer Pterix ihm die Nachricht von ihren schmerzlichen Wehen brachte und schon drei Stunden nachher ein anderer Freund, M. Casalis, zu Pferde in der größten Hast ankam, so glaubte er, seine Gattin sei gestorben, und ließ sich durch die feierlichsten Versicherungen nicht vom Gegentheil überzeugen. Durch diesen Schmerz vergrößerten sich auch seine körperlichen Leiden, und rührend ist die Beschreibung, welche M. Casalis von der traurigen Nacht gibt, welche der doppelt gepeinigte Mann schlaflos hinbrachte (Epp. IV, 25). Um Mitternacht ließ er sich Papier, Tinte und Feder bringen, als ob er etwas schreiben wollte; gegen Morgen ließ er sein Bett in ein anderes Zimmer tragen, wo das Bild seiner Gattin hing; dort fing er an zu schwitzen und verfiel in einen stärkenden Schlaf. Seine Freunde fanden bei ihm ein Blättchen, auf dem er mit zitternder Hand einige lateinische Verse niedergeschrieben hatte, die ein schönes Zeugniß von seiner innigen Liebe zu seiner Gattin und von seiner Frömmigkeit ablegen; sie mögen in langbeinigen Alexandrinern etwa folgendermaßen lauten:

> Gäbe Christus mir nicht Hoffnung, dem Du, Theure, dich ergeben,
> Nimmermehr vermöcht ich ferner, wärst Du mir geraubt, zu leben.
> Doch er weidet meine Seele noch mit süßer Liebeswonne;
> Er versprach es, wiederkehren sollst du mir zum Licht der Sonne.
> Mögest Du indeß, Geliebte, in des Paradieses Garten
> Den Aonius, der zu Dir schnellen Laufes eilt, erwarten.

Die Gefahr ging für beide Gatten glücklich vorüber, nur fehlt es über die Entbindung der Frau an näherer Nachricht [9]). Die Vermögensumstände des Palearius scheinen

8) Dies geht hervor aus den Briefen des Orgetorix Sphinter (p. 606 u. 620); beide sind im Januar 1548 geschrieben, wie die Erwähnung von Sadoletus' Tode zeigt. Daher sind auch Epp. IV, 21, 22 in das Jahr 1547 zu setzen; der letztere Brief ist vom 1. October; durch ihn wurde Palearius zur Bekanntmachung der Rede bewogen; im December las sie Orgetorix Sphinter zu Mailand und im Januar fand er sie schon in den Händen teutscher Gelehrten, aber sie war bis dahin noch nicht gedruckt.

9) Hallbauer behauptet (S. 22), das Todesjahr der Gattin des Palearius sei ungewiß; gewiß aber sei es, daß sie vor ihm gestorben. Worauf diese so entschiedene Behauptung beruht, hat er nicht angegeben, und ich habe es nicht ausfindig machen können. Übrigens wird bei des Palearius Tode seine Frau Mariette noch als lebend genannt; daß dies etwa die zweite Frau gewesen sein sollte, ist unglaublich. Hätte sich Hallbauer hier nicht so bestimmt geäußert, würde ich diesen Irrthum ebenso stillschweigend berichtigt haben, wie die andern, deren er nicht wenige hat.

während seines Aufenthaltes zu Lucca günstiger gewesen zu sein, als früher; dies geht namentlich hervor aus den Bauten und Verschönerungen, welche er auf seinem Gute vornehmen ließ; einige nachträgliche Anordnungen darüber und ein Paar kleine Gedichte, die als Inschriften gebraucht werden sollten, sind in Epp. IV, 9 enthalten; obgleich er ausdrücklich erklärt, er liebe die Frugalität und hasse die Verschwendung, was er auch dadurch bethätigt, daß er seiner ältesten Tochter Aspasia einen Wunsch abschlägt, so zeigt er doch im Übrigen eine so ruhige Behaglichkeit, daß man wol mit Sicherheit annehmen kann, seine Stellung in Lucca hatte ihm eine gewisse Wohlhabenheit zu Wege gebracht, zumal da wir wissen, daß die Mitgift seiner Frau nicht angegriffen wurde. Übrigens mag wol auch das Gut selbst allmälig durch sorgfältige Bewirthschaftung in einen Zustand gekommen sein, der seinen Besitz einträglich machte, wie er ja auch schon in der Vorrede zur Actio. (p. 248) erwähnt, daß er von seinem Landgütchen lebe, obgleich er sich damals mit Recht arm und hilfsbedürftig nannte. Ob er außer seinem öffentlichen Unterrichte auch noch Einzelne nach besonderer Übereinkunft unterrichtete, wissen wir nicht; bei seiner, wie es scheint, ziemlich ausgebreiteten Bekanntschaft unter dem Adel von Lucca konnte es ihm daran, wenn er wollte, nicht fehlen; war er doch im Stande, die Anstellung des Paganus Paganius als öffentlichen Lehrers zu Lucca großentheils durch seinen Einfluß zu bewerkstelligen (Epp. IV, 14—16). Bedenken wir aber außerdem noch, daß Lucca damals ein ruhiger, von einer kräftigen Aristokratie nach republikanischen Formen wohl geleiteter Staat war, so ist es nicht recht deutlich, warum Palearius nach Ablauf seines Contracts einer Verlängerung desselben freiwillig entsagte, auf welche er mit Gewißheit hätte rechnen können, wie aus seinem spätern Schreiben an die Regierung zu Mailand (bei Hallbauer S. 28) hervorgeht; es mochte ihn theils vielleicht das Aufhören der Geldnoth bewegen, die ihn früher drückte, sodann der schon oben mit seinen Worten ausgesprochene Widerwille gegen das Amt, die alten Schriftsteller zu erklären, das ihm obenein fast alle Zeit raubte, um eigene Werke zu schaffen, und dazu kam endlich noch die zunehmende Kränklichkeit, die durch das ihm nicht zusagende Klima immer schlimmer wurde. Er hielt, wahrscheinlich im J. 1550, seine letzte öffentliche Rede, mit welcher er sein Amt niederlegte; darin spricht er sich über seine Beweggründe sehr unbestimmt aus, jedoch zugleich über die Luchesen so freundlich, daß in diesen der Grund nicht gelegen haben kann. Er erklärt das Leben in der Beschauung für das, was auch Gott führe; für den Menschen aber gäbe es kein höheres Glück, als in der Beschauung des göttlichen Geistes zu leben; dazu ziehe es ihn unwiderstehlich fort, und er bitte deshalb, ihn seines Amtes zu entbinden und es jüngern und durch ihren Geist ausgezeichneten Männern zu verleihen, damit er sich dem ergeben könne, wozu ihn Gott selbst rufe. Es mag also, wie von jeher, so auch jetzt, sein Wunsch gewesen sein, sich in die Stille seines Landgutes zurückzuziehen und sich da mit seinen Studien, namentlich mit theologischen, zu beschäftigen; dort konnte er ungestört sich des reinern Glaubens erfreuen und ihn in sich selber und in den Seinigen weiter ausbilden, ohne befürchten zu müssen, daß jede seiner Handlungen und Äußerungen von argwöhnischen Augen bewacht, von dem Hasse gedeutet und von tyrannischer Grausamkeit bestraft werden möchte. Wenn er übrigens um Erlaubniß bittet, sein Amt niederzulegen, so ist das nur als ein höflicher Ausdruck zu nehmen, keineswegs ist daraus zu schließen, daß etwa sein Contract noch nicht abgelaufen war; vielmehr macht es die Zahl seiner halbjährlichen Reden, von denen die zehnte vielleicht durch irgend einen Zufall entweder gar nicht gehalten oder nicht aufbewahrt ist, höchst wahrscheinlich, daß er volle fünf Jahre in Lucca gedient hat; auch ist schon oben erwähnt, daß er dort noch den Tod des Flaminius erlebte, der im J. 1550 erfolgte. Daß er aber nach der Niederlegung seines Amtes sich noch länger als zur Anordnung seiner Angelegenheiten nöthig war, in Lucca aufgehalten haben sollte, ist nicht zu erwarten, da seine Familie fern war und das Klima ihm dort nicht zusagte; daher gehört gewiß der Brief IV, 28 auch noch in das J. 1550, worin er schreibt: „Ich kann die hiesige schwere Luft nicht ertragen; die gute Gesundheit, mein lieber Pter, habe ich verloren; täglich werde ich kränker, und weder Hunger noch Ausleerungen erleichtern mich. Bei Nacht sticke ich fast an Schleim, zuweilen auch bei Tage; sehr oft habe ich Brustschmerzen. Zu diesen Leiden kommt eine fast ununterbrochene Traurigkeit, die mich schmerzlich beängstigt, sei es nun wegen eben des Trübsinns, in den sich die Macht der Krankheit verwandelt hat, sei es, daß ich die vortrefflichen, innig geliebten Männer, den Sadoletus, Bembus, Flaminius, Sfondratus vermisse, die in den letztverflossenen Jahren abgeschieden sind, jene starken Stützen meiner Vertheidigung, jene schützenden Genien meiner Schriften; oder sei es, weil alles voll ist von Böswilligen und Neidern, in deren Hände ich einst nothwendig fallen muß. Ich wünsche, zu Euch zu fliegen. Du glaubst nicht, welchen Überdruß ich an den Studien habe. Ganze Tage wollen wir uns auf dem Cäcinianum sonnen, oder wollen, wie es uns grade gefällt, früh morgens oder gegen Nachmittag mit dem Lampridius und Phädrus, meinen lieben Kindern, und mit unsern Freunden in den Landhäuschen umherschweifen. Gewiß bin ich durch Unterlassung der Leibesübungen in diese Krankheit gerathen. Hier hatten wir mehrere Tage Regen, sodaß man keinen Fuß aus der Thür setzen kann; dort bei Euch ist immer mehr Heiterkeit. Du schreibst, daß unsere Leute mit Liebe auf meine Ankunft harren; ich bin in der That bei keinen Menschen lieber als bei diesen; denn sind sie auch nicht frei von Leidenschaften, so sind sie doch glückseliger als wir. Laß sie den Garten bauen, damit sie uns mit Gemüse pflegen können. Von dem Aufwande in der Stadt bin ich ganz erschöpft; Küchenkräuter, Schnecken, Eier, Fische, junge Hühner, Krammetsvögel wird uns das Land liefern, und überhaupt sind die Mahlzeiten viel zuträglicher und angenehmer, zu denen das Nöthige auf unserm Felde wächst, oder zu Hause gezogen, oder von uns selbst mit den Netzen gefangen wird, als wenn wir dies Alles vom Markte holen. Walten wir uns noch besser pflegen, so wird dein Tyrotarichus [10]) eine königliche Zukost sein; und kann man ihn nicht leicht verdauen, so werden wir ländlich leben, werden arbeiten, damit wir müde werden, bis wir ihn verdauen. Rüste dich also: sorge, daß ich auf dem Lande eine Säge finde, ein Beil, einen Keil, einen Spaten, Karst und Hacke; so lange wir aber uns nicht recht wohl befinden, wollen wir Bäume säen, die einem andern Geschlechte nützen sollen."

Daß Palearius diese lieblichen Vorsätze ausführte, daß er wenigstens in den nächsten Jahren in Collinum und auf seinem Gute lebte, ist kaum zu bezweifeln; aber es verlassen uns hier auf einige Zeit alle Nachrichten über ihn, und überhaupt sind über den ganzen Rest seines Lebens nur noch sehr wenige und ungenügende vorhanden, was um so mehr zu bedauern ist, da deshalb sogar der unglückliche Untergang des Palearius in seinen Gründen und seinem Verlaufe dunkel bleibt. Das J. 1554 war für Siena und die ganze Umgegend weit und breit sehr verhängnißvoll; es wüthete dort der Krieg, den der Marchese von Marignano, der Feldherr Cosimo's von Florenz, im Namen Karl's V. und Philipp's II., und von ihnen unterstützt mit der größesten Grausamkeit gegen die mit den Franzosen verbündeten Saneser führte; erst am 17. April 1555 fand die Capitulation statt, durch welche sich die Stadt wieder unter kaiserl. Schutz begab (s. Leo, Geschichte der ital. Staaten. 5. Bd. S. 458—461). Wie es dem Palearius und seiner Familie in dieser Zeit ergangen, wo er gewesen ist, was aus dem Bellantes wurde, seinen treuen Freunden und Schützern, deren Burgen gewiß den Feinden keinen Widerstand leisten konnten, das Alles ist unbekannt; nur so viel steht fest, daß die grausame Verwüstung des ganzen Landes auch das Gut des Palearius traf; so war nun alle die Pflege, welche er mit so vieler Liebe darauf verwendet hatte, unnütz gemacht; das Vieh war geraubt, und kaum reichte der Bodenertrag des mehr lieblichen als einträglichen Besitzes hin, die Bewohner zu ernähren; dazu waren die städtischen Abgaben verdoppelt; außerordentliche Steuern kamen dazu, die unerschwinglich waren; die Töchter waren herangewachsen; ihre Verheirathung war in Kurzem zu erwarten, und doch war kein Pfennig baaren Geldes zu einer Mitgift vorhanden. Unter diesen traurigen Umständen war es wol natürlich, daß Palearius sich wieder nach einer öffentlichen Anstellung umsah, und eine solche fand sich auch in Mailand, wo er am 17. Oct., wahrscheinlich des J. 1556, eintraf, wo er am 29. vor einer sehr zahlreichen Versammlung der Behörden und aller Stände, die in dichtgedrängten Massen selbst vor den Eingängen der Kirche standen, seine Antrittsrede hielt und am folgenden Tage in das öffentliche Gymnasium eingeführt wurde, um eben da die lateinischen und griechischen Schriftsteller zu erklären, wo einst, wie man ihm sagte, der heilige Augustin die lateinischen erklärt hatte (Epp. IV, 30). Aus der Antrittsrede (Orat. XIII.) ersehen wir, daß er schon ein Paar Jahre vorher mit mailänder Beamten in eine freundliche Verbindung getreten war, und daß er dann im Namen König Philipp's II. nach Mailand berufen wurde mit Erhöhung des bis dahin gewöhnlichen Gehaltes und mit freigebiger Fürsorge für seine Reise und seine Einrichtung in Mailand. Übrigens setzt er in der Rede den Plan seines Unterrichtes aus einander, der sich sehr geschickt an das Lob der Mailänder und die Eigenthümlichkeit ihrer politischen Stellung anschließt. Der oben erwähnte Brief (IV, 30) an seine beiden Söhne Lampridius Dorotheus und Phädrus Theophilus, bald nach seinem Amtsantritte geschrieben, ist der letzte in der aus vier Büchern bestehenden Briefsammlung, die vielleicht Palearius selbst noch herausgegeben oder wenigstens zur Herausgabe angeordnet hat; dies geht hervor aus seiner Äußerung über einen Brief von M. Casalis, welcher mit einigen Änderungen in das vierte Buch aufgenommen werden könne (Epp. IV, 9); ob dies nun aber wirklich der weiterhin im vierten Buche befindliche 25. Brief ist, läßt sich nicht entscheiden. Sehr erklärlich wäre es aber, daß Palearius gleich bei seiner Ankunft in Mailand ein neues Werk herauszugeben wünschte, und daß er dazu grade seine Briefe wählte, da er zu andern Schriften noch keine Muße hatte finden können; hieraus ginge auch hervor, warum sich dieselben nicht über jenen Zeitpunkt hinaus erstrecken.

Aus den wenigen Briefen, welche aus der Sammlung des Michael Brutus entnommen, von Hallbauer im Anhange mitgetheilt sind (S. 614—620), und wenigen andern Documenten läßt sich nur etwa Folgendes noch entnehmen.

Palearius war, wie auch der erwähnte Brief an seine Söhne zeigt, ohne seine Familie, allein, nur in Begleitung eines Dieners nach Mailand gekommen zu einer Zeit, wo die Stadt durch Krieg und Theuerung sich in übler Lage befand; er wohnte bei einem Gastwirthe und machte keinen Anspruch auf die ihm ohne seine Bitte zugestandenen Immunitäten, welche ihm damals wenig helfen konnten. Aber im J. 1559 hatte er seine Familie nach Mailand kommen lassen, und die Reise sowol wie die neue nun nöthige Einrichtung verursachten viele Unbequemlichkeiten und Kosten, zumal da die Theuerung noch immer fortdauerte. Nun bat Palearius um Erneuerung und Bekräftigung der ihm zustehenden Privilegien, und dieselbe wurde ihm im April 1559 unter ehrenvoller Anerkennung seiner Verdienste gewährt, gültig vom 1. Januar dieses Jahres, und der Stadtzahlmeister angewiesen, ihm nach herkömmlichem Maßstabe den Betrag für Getreide, Wein und Fleisch für sieben Personen auszuzahlen, wobei also außer Palearius und seiner Gattin wol noch fünf Kinder mitgezählt sind. Die Urkunden hierüber sind bei Hallbauer (S. 27 fg.) abgedruckt.

Man sollte hiernach erwarten, daß sich Palearius in Mailand sehr wohl gefühlt haben müßte, zumal da er auch außer seinem öffentlichen Amte noch von den vornehmsten Jünglingen besucht wurde, die seinen Umgang und seinen Unterricht suchten, wie Andreas Marini (s. Epp. Anh. p. 614—617). Aber grade im Gegentheile finden wir in einem Briefe vom J. 1560 sehr starke Kla-

10) Bei den Alten bezeichnet dieser Name ein eigenthümliches Gericht aus Käse und eingesalzenen Fischen nebst vielen Gewürzen und andern Bestandtheilen.

gen. „Ich bin hier," schreibt er an einen Freund in Spanien, „für einen mittelmäßigen Sold zu öffentlichen griechischen und lateinischen Vorlesungen verpflichtet; ich kann nicht sagen, daß ich unzufrieden wäre mit dem Erfolge meiner Anstrengung; denn der Glanz meiner Schüler ehrt mich und meine Mühe ist nicht vergebens; die Jünglinge schreiben lateinisch und griechisch. Ich schicke dir hierbei einige Vorübungen (προγυμνάσματα), damit auch du deine Freude darüber hast, und zugleich, damit du mich bedauern mögest, daß ich für meine tägliche Arbeit bei einem so geringen jährlichen Sold, doch noch, um ihn nur zu erlangen, so viele Mühseligkeiten ausstehen muß, daß mir das Leben zuwider ist. Frage nur den Rorarius, wie viel Unwürdiges ich zu ertragen habe bei den fortwährenden Besuchen, die ich dem Zahlmeister machen muß, und wie ich täglich an den Thüren des Rentamts lange warten muß; das ist empfindlich für die Freunde der schönen Wissenschaften und für mich unwürdig."

Dies sind die Nachrichten, welche über den Aufenthalt des Palearius zu Mailand vorliegen; wie lange er dort noch nach dem J. 1560 und wo er etwa sonst gewesen ist, wissen wir nicht; auch von seinen dort etwa vorgenommenen Arbeiten verlautet nichts; öffentliche Reden hatte er wahrscheinlich nicht zu halten und am Schreiben mochte ihn, wie zu Lucca, sein öffentliches Amt hindern. Nur eine dort verfaßte Rede außer der oben erwähnten haben wir noch (Orat. XIV), die über den Frieden, welche im J. 1559 vor dem Kaiser Ferdinand, vor den Königen Philipp II. und Heinrich III. und vielen andern Fürsten gehalten werden sollte auf einer großen Versammlung zu Mailand, die aber ebenso wenig zu Stande kam, als der Friede in der gehofften Ausdehnung und die übrigen Plane, welche dort verwirklicht werden sollten; daher ist auch jene Rede nicht wirklich gehalten; sie steht den übrigen grade nicht nach, jedoch entwickelt sie auch nicht den Glanz der Beredsamkeit, den man ihrer Bestimmung gemäß hätte erwarten sollen; vielleicht ist sie nicht ganz so ausgearbeitet, als es geschehen sein würde, wenn sie wirklich gebraucht wäre. Die Hoffnung auf den günstigen Einfluß, welchen der Friede für die religiösen Angelegenheiten haben würde, konnte natürlich nur mit der größten Vorsicht ausgesprochen werden, da die vorausgesetzten Zuhörer sehr verschiedenen Ansichten zugethan waren; indessen verleugnet doch Palearius auch hier seine Gesinnung nicht, indem er wenigstens die stattgehabten Neuerungen nicht grade verdammt, sondern nur die Vielheit der Parteien tadelt, während ein papistischer Redner nur auf eine vollkommene Unterdrückung aller religiösen Bewegungen gedrungen haben würde. Am wichtigsten ist es, daß Palearius nachdrücklich die Freiheit des Concils von den Fürsten zu fodern wagte.

Ist nun schon hieraus hinlänglich ersichtlich, daß er seine religiösen Überzeugungen und Hoffnungen treu und fest bewahrte, wie das auch aus einem Briefe von Lucca (IV, 20) und aus seiner genauen Verbindung mit dem des Glaubens wegen nach der Schweiz ausgewanderten Cälius Secundus Curio hervorgeht (Epp. IV, 29), so kann es nicht Wunder nehmen, daß er ein der Inquisition längst verdächtiger Mann war, die auf die gehässigste und [illegible] Weise den geringsten und geheimsten Anzeichen erleuchteter Gesinnung nachspürte, und die in Ermangelung genügender Beweise den bloßen Verdacht als einen hinreichenden Grund zu Hinrichtungen oder jahrelangen Gefangenschaften betrachtete. Schon unter Paul IV. waren viele Opfer gefallen; aber als vollends der finstere und harte Pius V. im Januar 1566 den päpstlichen Stuhl bestieg, er, der schon vorher ein allen Milderungsgründen unzugänglicher Ketzerrichter gewesen war, da wurden die Verfolgungen der Verdächtigen mit einer bis dahin unerhörten Grausamkeit betrieben, die sich bald über ganz Italien erstreckte, und die selbst politische Gründe zum Blutvergießen benutzte. Ob Palearius in dieser gefährlichen Zeit etwa unvorsichtig oder unglücklich genug war, seine religiösen Ansichten auf irgend eine Weise an den Tag zu legen, wissen wir nicht, aber es bedurfte dessen gar nicht; sein früheres Leben und einige Äußerungen in seinen Schriften waren Gründe genug, ihn zu verdammen; vielleicht kamen aber noch besondere Umstände hinzu, wie vielleicht die Nachricht von seinen Briefen an die teutschen Reformatoren, von seiner Verbindung mit Cälius Secundus Curio u. s. w.; obenein fehlte es ihm nicht an alten Feinden, und so wurde er denn im J. 1570 von der Inquisition zum Feuertode verurtheilt und am 3. Jul. den Dienern derselben zur Vollziehung des Urtheils übergeben. Es liegt uns darüber ein kleines Protokoll vor, das abgedruckt ist in den Novelle Letterarie dell' anno 1745. p. 328 sq. und dorther von Paulus entlehnt in den Heidelberger Jahrb. Jul. 1833. 26. Jahrg. 7. Heft. Danach war er damals nicht in Mailand wohnhaft, sondern sammt seiner Familie in Colle di Valdenza; er erklärte, daß er als guter Christ sterben wolle, und daß er Alles glaube, was die heilige römische Kirche glaube. Das Letztere war indessen ohne Zweifel nur eine Formel, die bei Palearius gewiß nicht den Sinn haben sollte, daß er seine frühern Überzeugungen als Irrthümer anerkenne, eine Erklärung, die man sonst wol mit Grund für eine Eingebung der Schwäche und Todesfurcht halten würde; vielmehr bezeugt Palearius in zwei Briefen, welche jenem Protokoll gleichsam als sein letzter Wille beigefügt sind, da er kein Testament machte, daß er mit heiterer Ruhe und vollkommener Zufriedenheit seinem Tode entgegenging. Der erste dieser Briefe ist an seine Gattin gerichtet, welche er eben dadurch tröstet, daß er ihr sagt, es geschehe ihm nur das, was er längst gewünscht und von Gott erbeten habe, und es sei Gottes Wille; er selbst sei überdies alt und unbrauchbar. Dann ermahnt er sie, für die Familie zu sorgen, sie in der Furcht Gottes zu bewahren und ihr Mutter und Vater zugleich zu sein: „Gott, der Vater," schließt er, „und unser Herr Jesus Christus, und die Gemeinschaft des heiligen Geistes sei mit eurem Geiste!"

Der zweite Brief ist an seine beiden geliebten Söhne, Lampridius und Phädrus, gerichtet, welchen er sagt, daß auch sie mit dem Wege zufrieden sein würden, auf dem ihn Gott zu sich rufe, wenn sie bedächten, daß er ihn mit der größten Zufriedenheit und Freude betrete und daß sie sich dem Willen Gottes fügen müßten. Er hinterlasse ihnen

Erbtheil die Tugend und den Fleiß mit dem wenigen rmögen, welches sie hätten. Er hinterlasse ihnen keine hulden, wol aber Schuldner; obenein seien sie nicht pr in väterlicher Gewalt, über 18 Jahre alt, und nicht bunden, seine Schulden zu bezahlen. Wollte man sie r dennoch in Anspruch nehmen, so würden sie gewiß huß finden, wenn sie sich an Sua Excellenza il Signor ea wendeten; wer dies war, ist mir unbekannt. So- n zeigt er ihnen noch an, von wem die Mitgift ihrer itter zu erheben wäre, empfiehlt ihnen die Erziehung r kleinen Schwester und bittet die beiden andern, Aspa- und Aonilla zu grüßen. Dann setzt er hinzu: „meine ınde nahet. Der Geist Gottes tröste euch und erhalte) in seiner Gnade.“ In der Aufschrift beider Briefe b der Wohnort der Familie noch näher angegeben: a- lle di Valdenza, in Borgo vicino a S. Caterina.

Da das Protokoll beim Anbruche der Nacht abge- t ist, so mag Palearius den Tod erst am 4. Jul. 1570 tten haben. Thuanus und der erste Herausgeber der tio sagen einfach, er sei lebendig verbrannt. Jöcher t nach einer mir unbekannten Autorität, er sei erst ge- kt und dann verbrannt.

Daß es im J. 1570 geschah, ist nach dem obigen cument nicht zu bezweifeln, und das hatte auch schon). Simler in der Bibliotheca Gesneri angegeben; Herausgeber der Actio dagegen irrte sehr, wenn er 8 angab; näher kam Thuanus, der 1566 nannte, und sind Bayle, Moreri und fast alle Neuern gefolgt. r müssen hierbei jedoch noch einmal auf das Geburts- des Palearius zurückkommen; da er nämlich in dem n der beiden ebenerwähnten Briefe sagt, er sei 60 re alt (io era già di sextant' anni vecchio, e stile), so müßte er nicht 1504, sondern 1510 geboren , was sich theils nicht recht mit dem hohen Grade von bildung verträgt, den wir an ihm schon in seinen äl- n Briefen und Reden finden; theils und besonders e dies der entschiedenste Widerspruch gegen seine ei- e Angabe, daß er im 34. Jahre geheirathet habe; denn n ich auch seine Heirath (wie die meisten wichtigern ignisse seines Lebens) nur nach Vermuthung und Com- ation in das Jahr 1538 gesetzt habe, so scheint doch n eine andere Annahme möglich zu sein, als entwe- diese oder höchstens 1539; denn in dem Epilog seiner logie erwähnt er schon seine Kinder, also wenigstens l. Hiernach nehme ich an, daß entweder die obige rsbestimmung di sextant' anni sehr ungenau ist, oder in dem überhaupt sehr fehlerhaften Abdrucke jenes efs hier etwas ausgefallen ist, sodaß Palearius sein r nicht auf 60, sondern auf 66 Jahre bestimmte; sex vor sextant' konnte leicht übersehen werden. rch diese Annahme fallen alle Widersprüche weg.

Über die Kinder des Palearius ist nur noch zu be- ken, das Lampridius sich außer der lateinischen, beson- mit der griechischen Literatur und mit philosophischen dien beschäftigen sollte, Phädrus dagegen sollte Jurist den, und sich daher mehr des Lateins befleißigen, „da- ,“ schreibt ihnen ihr Vater (Epp. IV, 30) „alle Leute n, daß mir an Euch nicht nur sehr liebe Söhne, sondern auch Zöglinge meines Unterrichts zu Theil geworden sind.“ (Vergl. Epp. IV, 18.) Was seine Töchter anbetrifft, so muß es auffallen, daß in dem oben angeführten Abschiedsschreiben an seine Söhne außer einem kleinen Schwesterchen derselben (sorellina), welche wahrscheinlich ein spätgeborenes Kind ist, nur Aspasia und Aonilla genannt werden; wenn nicht die sonst erwähnte Sophonisbe mit Aonilla identisch ist, was kaum zu glauben, so möchte wol anzunehmen sein, daß Sophonisbe inzwischen gestorben, Aonilla aber das Kind war, was dem Palearius seine Gattin bei der schweren Niederkunft gebar, die auch ihm, wie oben erzählt, so viele Schmerzen verursachte.

Fassen wir schließlich noch die einzelnen Charakterzüge zusammen, welche sich in dem Leben des Palearius darstellen, so erscheint er uns als ein Mann von hoher, edler Natur, den nicht nur ein liebevolles Herz und eine auch Gefahren trotzende Treue in den Verhältnissen zu seiner Familie und zu seinen Freunden auszeichnen, sondern der auch die schönste Erhebung und Richtung seiner Zeit sowol mit Geist auffaßt und versteht, als sich ihr auch mit ganzem Herzen, mit inniger Liebe und kräftigem Muthe anschließt, ohne Schwanken immer feststehend auf seinem Standpunkte, dessen Höhe ihm selbst, seinen niedrigen Feinden gegenüber, sehr wol bewußt ist; daher sein Kampf gegen diese nie den Adel seines innern Lebens verleugnet; daher fehlt ihm auch nie der Muth, seine scharfen Waffen, ernste Dialektik oder beißenden Spott und Witz zu gebrauchen, jedoch mit der klugen Mäßigung, welche die Zeitumstände gebieterisch foderten. Dabei schmückte ihn innerlich und äußerlich die Heiterkeit, welche die Begleiterin eines über die Alltäglichkeit erhabenen Geistes und eines in sich festen, erhebenden Glaubens zu sein pflegt (vergl. Epp. IV, 3. p. 561); nothwendig gehörte dazu auch, daß er nicht ein für die Wirren des Lebens unbrauchbarer Stubengelehrter war, sondern er wußte sich darin frisch und geschickt zu tummeln, und hatte im Beobachten der Verhältnisse und Menschen ein scharfes Auge (vergl. Orat. XI. p. 185). Von Körper scheint er trotz einiger Kränklichkeit, die ihn namentlich in dem ihm nicht zusagenden Klima von Lucca heimsuchte, doch ziemlich fest und gesund gewesen zu sein.

Über die Schriften des Palearius im Einzelnen habe ich schon oben, wo die Zeitfolge uns auf sie führte, das Wichtigste bemerkt, wozu hier nur noch Einiges nachzutragen ist. Außer den drei Büchern über die Unsterblichkeit der Seele haben wir noch eine Anzahl kleinerer Gedichte, deren Echtheit man nicht anfechten kann, obgleich sie nicht beglaubigt ist; diese poëmatia sind zuerst (Paris 1577) von Joh. Matthäus Toscanus herausgegeben, und später zu Genf (1608. 12.). Diese sind offenbar nur ein kleiner Theil von denen, welche Palearius geschrieben hatte; Orgetorix Sphinter sagt in einem Briefe an ihn (IV, 26), daß man auf seine Lieder (τὰ μέλη) warte, durch die er selbst auch geehrt zu werden hoffte. Davon ist noch nichts aufgefunden, ebenso wenig von den oben erwähnten poetischen Lobschriften, den theologischen Commentaren und den zu Siena geschriebenen Reden und italienischen Komödien; jedoch ist zu hoffen, daß, wie sich die bis jetzt vorliegende Sammlung nur allmälig vervollständigt hat, so auch künftig noch Einiges entdeckt werden wird; ist doch selbst das, was schon gedruckt ist, noch nicht alles nachgewiesen; so finden sich z. B. einige bisher ganz übersehene kleine Gedichte von und an Palearius in *P. Francisci Spinulae Mediolanensis* opera, und zwar in dem letzten Bändchen Epigrammaton libri tres. (Venetiis, Ex officina stellae *Jordani Ziletti*. 1563.) p. 35, 36, 39, 48, 62, 63, 85 sq.

Orgetorix Sphinter nennt am angeführten Orte auch Dialoge, welche man für verloren gehalten hat; indessen gibt es wenigstens Einen Dialogo intitulato il Grammatico, overo delle false esercitazioni delle scuole da *Antonio Paleario*. (Perugia, 1717.) Vergl. Leipziger Zeitung 1717. S. 779. Dies Buch, seine Echtheit vorausgesetzt, würde uns den Palearius von einer ganz neuen Seite zeigen, wenn es uns zu Gebote stände.

Als Ausgaben der sämmtlichen Werke des Palearius führt man an die von Basel. 1540. 8. Lugd. Bat. 1552. 8., wo natürlich nur die Reden, Briefe, und das große Gedicht zu finden sind; ebenso verhält es sich vielleicht mit zwei undatirten baseler Ausgaben. Dann folgt eine in usum scholarum mit Vorrede von Matth. Martinius (Bremae 1619. 12., darnach Amsterdam. 1696. 8. und 1728.

Die hier benutzte Ausgabe ist die von F. A. Hallbauer (Jenae 1728.) 56 und 722 Seiten nebst Index; vorhergeht eine dissertatio de vita, fatis et meritis *Aonii Palearii*, worin meistens nur des Palearius eigne Worte zusammengewebt sind, jedoch in einer Weise, daß viele Irrthümer mit unterlaufen. Leider ist dies die einzige Vorarbeit, welche mir hier zu Gebote gestanden hat. Nur aus Anführungen weise ich nach: Aonius Palearius immortalitatis animorum praeco atque vates quondam praestantissimus idemque infelicissimus ab oblivione vindicatus, von L. G. Kasegarten 1801, jetzt enthalten in dessen Reden und kleinen prosaischen Schriften herausgegeben von Mohnike. (Stralsund 1832.) 3. Bd.

Joh. Gurlitt hat eine Biographie geliefert im Biographen 4. Bd. S. 405 fg. und in einem Programm, (Hamburg 1805. gr. 4.) 28 S.

D. Gieseler, Zeitschrift für gebildete evangelische Christen. 1. Heft. 1823, und Erinnerungen an Aonius Palearius von Bruch, in der theolog. Zeitschrift von Gieseler und Lücke 1833.

Die bekannten Schriften von Jöcher, Bayle, Niceron 2c. brauchen nicht erwähnt zu werden; aber wol ist zu bemerken, daß in Schellhorn's Dissertatio epistolica de Mino Celso noch zwei Briefe enthalten sein sollen, welche Palearius kurz vor seinem Tode geschrieben hat, und welche, wenn sie nicht die oben schon benutzten italienischen sind, vielleicht noch einige neue Ausbeute liefern.

(*F. Haase.*)

Paleiakarer, s. Polygaren.

PALEMBANG, PALAMBANG, PALIMBANG. 1) Königreich. Unter den Staatsgebieten der Insel Sumatra ist das Königreich oder Sultanat Palembang das bedeutendste. Es liegt unter 2° und 4° 3′ südl. Breite, grenzt nördlich und östlich an die Straße von Banka, nordwestlich an das Gebiet des Sultans von Jambee, südlich an das Land der Lampuhn, westlich und südwestlich an Benkulen und das Land der Redschangs, von welchen Ländern es durch eine Gebirgskette getrennt wird, und besteht aus dem eigentlichen Reiche Palembang und den Inseln Banka und Billiton. Das Reich ist größtentheils ein sumpfiges Küstenland, doch im Innern fruchtbar und reich an mannichfaltigen Producten. Man gewinnt Safran, Pfeffer[1]), welcher hier Sahan und Ladan heißt, vorzüglich an den Ufern des Muhsi, Gambir[2]), Baumwolle in zwei, Kapol und Kapok, genannten Sorten, Rotang oder Rattan, wovon man jährlich gegen hundert Büschel erbaut, Tabak, Rohr, außerdem Alaun, Arsenik, Drachenblut, welches die Einwohner Jaranang nennen, Bezoar (Kaminian), Diamanten, von welchen die Holländer gegen 1000 Karat jährlich erhalten, Elefantenzähne und vorzüglich viel Zinn. Unter den Flüssen, welche das Land durchschneiden, und zu denen der Banguassing und Kamoryn gehören, ist der Mousi, Muhsi, Moassij oder Palembang der bedeutendste. Er entspringt auf den gleichnamigen Höhen Benkulens, nimmt alle andere Gewässer auf und ergießt sich unterhalb Palembang in verschiedenen Mündungen, welche hier eigne Namen[3]) bekommen, in die Straße von Banka, wo er eine beträchtliche Bai bildet. Das Klima ist trotz der Sümpfe größtentheils gesund. Die Einwohner, deren Zahl man auf 1,100,000 schätzt, bestehen aus Malaien, Javanesen, Anamesen, Siamesen und Pataniern. Im Innern findet sich der wilde Stamm der Orang-Kabu oder Kobuh, welche Einige zu den Papuas rechnen und für die Urbewohner[4]) der Insel halten. Sie sind friedlich, leben ganz für sich, doch stehen sie in einiger Handelsverbindung mit den übrigen Einwohnern. Weiß man, wo sie sich aufhalten, so bringt man Tuch, Tabak und andere ihrer Bedürfnisse und gibt ihnen durch ein geräuschvolles Instrument ein Zeichen. Sie holen dann die Waaren, deren Besitzer sich jedoch entfernt haben muß, und legen an ihre Stelle Honig, Wachs und andere Erzeugnisse der Wälder und Wildnisse, in denen sie sich aufhalten. Die herrschende Religion ist die Muhammedanische, die Sprache und Schrift des gemeinen Volkes das Malaiische, die des Hofes der javanesische etwas entstellte Hochdialekt. Die Regierungsverfassung ist die monarchische, und man findet auch hier das malaiische Lehnssy-

1) Die Holländer erhalten jährlich gegen zwei Millionen Pf. Pfeffer zu dem Preise von 1½—2 Stüver. 2) Diesen Namen führt eine Pflanze, deren Blätter mit Betel vermischt werden. 3) Ein Arm dieses Flusses, welcher voller Alligatoren ist, welche oft die auf ihm stehenden Barken oder Pantjallans umwerfen und die Mannschaft derselben auffressen, heißt Sösang. Auf ihm werden die Waaren auf Kähnen, welche hier Bidaks heißen, von der Stadt nach dem Hafen geschafft. Über diesen führt ein vom Sultan ernannter Schabudar, welcher zur Schlichtung der vorfallenden Streitigkeiten einige Beisitzer hat, die Oberaufsicht. 4) Hierauf möchte auch wol das Wort Orang deuten, welches wie das teutsche Auer, z. B. Auersberg, Auerochs, Auerhahn, gleich großer Berg, großer Ochse, großer Hahn, im Malaiischen groß bedeutet, indem sich aus demselben wol auf die früher größere Bedeutung dieses Volksrestes schließen lassen dürfte.

:ingeführt. Die erste Classe des Adels oder die Pan-
gs bilden die Kinder des Sultans, dessen Vorfahren
von dem Bosche und Marsden aus Java stammten;
veite Classe, die Mantris, mit verschiedenen Würden
Titeln, und zu ihr können alle Einwohner ohne Uned gelangen. Die Dörfer wählen sich ihre Vorsteher
doch muß sie der Sultan bestätigen. Die Strafen
gelinde, selbst ein Mord kann mit Geld abgekauft
n, doch wird der Bedienite, welcher seinen Herrn
, mit dem Tode bestraft.

Der Sultan war früher ganz unabhängig und nur
Verträge gebunden, den Holländern den Pfeffer, so-
as Zinn der Insel Banka für einen bestimmten Preis
erlassen. Allein da er im J. 1811 die niederländi-
factorei zerstörte, so griffen die Engländer 1812 Pa-
ng an und zwangen den Sultan, ihnen die Inseln
und Billiton zu überlassen. Als darauf im J.
die Niederländer wieder in den Besitz von Java ka-
glaubte sich der Sultan nicht mehr an die mit den
ndern geschlossenen Verträge gebunden, er unterlag
der holländischen Macht und wurde 1820 mediati-

Das Reich Palembang besteht jetzt aus dem eigent-
Palembang, welches sich an der Küste von Jambee
m Lande der Lampuhn hinzieht, aus den Districten
und Pussummah und den Inseln Banka und Bil-

) Hauptstadt des gleichnamigen Distrikts und
große, dem Sultan noch jetzt angehörige, Stadt.
egt unter 2° 48′ südlicher Breite und 103° 24′
, in einem ebenen, aber sumpfigen Boden, an und
ngl. Meilen von der Mündung des Mousi, an wel-
sie sich wol an zwei engl. Meilen hinzieht. Ihre
: stehen theils auf durch Anker an den Ufern befe-
Flößen, welche nach der Ebbe und Fluth steigen
allen, theils auf Pfählen, welche in der Regenzeit
am zu Inseln werden, theils an den Ufern der sich
Mousi ergießenden Bäche, und sind mit Palmen-
n gedeckt, doch hängen kaum vier oder fünf Häu-
mittelbar zusammen. Der von Ziegelsteinen erbaute,
ner Mauer umgebene Palast oder Dalan des Sul-
bildet ein mehre andere Gebäude einschließendes
!. Wie er, ist auch die Hauptmoschee massiv. Die
hner, deren Zahl man auf 25—30,000 schätzt, und
nen die Araber, etwa 300 Familien, ein besonderes
ier, die Chinesen aber einen Kompang auf dem rech-
fer des Flusses bewohnen, treiben einen starken Han-
it Java, Malakka, Banka, Rhio und der Westküste
Borneo, und in dem Hafen, welcher sich an der
ung des Flusses befindet, sieht man Schiffe aus
Boli, Madura und Celebes, welche wollene Tü-
und baumwollene Waaren jeder Art aus England
en Niederlanden, Waaren aus Bengalen und Ma-
Kupfer und Stahl, roh und verarbeitet, Thee und
aus China, Droguereien, Fayence, Salz und Tü-
us Java bringen und dagegen die obenerwähnten
sproducte einnehmen. Einen besondern Handelsar-
nacht der Goldsand, der in den neuern (mouda)
und den alten (touah) zerfällt. Jedes in den Hafen von Palembang einlaufende Schiff muß dem Sultan eine bestimmte Summe entrichten; so zahlen z. B. die kleinsten aus Siam einlaufenden Schiffe von 800 Tonnen 75 Dollars, eine chinesische Jonke 1500 Dollars. *(Fischer.)*

PALENA, ein zur neapolitanischen Provinz Abruzzo Citeriore gehöriges Apenninenthal, dessen vereinzelt wohnende Einwohner als Verfertiger des feinen Peluzzotuches berühmt sind. *(Fischer.)*

PALENCIA. 1) Hauptstadt der spanischen Provinz Palencia und des gleichnamigen Partido, liegt unter 41° 59′ nördl. Br. und 4° 34′ östl. L., nach dem Meridian von Greenwich, 57 engl. Meilen südöstlich von Leon, in der fruchtbaren Tierra de Campos, am Carrion und unweit des sumpfigen Sees Nava, ist ummauert und der Sitz eines Suffraganbischofs von Burgos, welcher 24,000 Dukaten Einkünfte zieht, und hat außer der prächtigen Kathedrale San-Antolin, welche der König Sancho gründete, als er auf der Bärenjagd einer großen Gefahr entgangen war, fünf Pfarrkirchen, eilf Klöster, zwei Hospitäler, ein bischöfliches Seminar und 9000, nach Balbi 11,000 Einwohner. Die vom Bischof Rodrigo unter Alonso IX. im J. 1209 gegründete Universität wurde 1239 nach Salamanca verlegt. 2) spanische Provinz, welche zwischen 12° 45′ bis 13° 45′ östl. L. und 41° 41′ bis 42° 58′ nördl. Br. liegt, einen Flächenraum von etwas mehr als 84 □Meilen einnimmt, nördlich von Burgos, östlich von Toro und Burgos, südlich von Valladolid, westlich von Toro und Leon begrenzt wird, castilisches Recht hat, zur Diöcese Palencia gehört und in einen Partido und neun Jurisdiciones zerfällt. Im Norden, wo das holzreiche cantabrische Gebirge hinstreicht, zum Theil auch im Süden und Südwesten, wo sich der Monte del Rey, sowie die Gebirge de los Cabezos und de Torozos erheben, bergig, doch nicht unfruchtbar und weidenreich, hat sie im Süden gutes Ackerland, und man gewinnt Weizen, Roggen, Gerste, Hafer, Hülsenfrüchte, Lein und Flachs. Unter den Obstsorten, welche man in großer Menge gewinnt, zeichnen sich besonders die Pflaumen aus. Der Gewinn des Johannisbrodes und der Trüffeln ist nicht unbedeutend, weniger hat der des mittelmäßigen Weines zu sagen, obgleich man gegen 500,000 Cantoros erbaut; auch wird viel Branntwein erzeugt. Die Vieh- und Schafzucht, besonders die letztere, sind nicht unbedeutend; man gewinnt jährlich über 6000 Centner Wolle, mehr jedoch von der groben als von der feinen und Mittelsorte. An Wildpret und Geflügel fehlt es nicht, selbst Wölfe kommen vor. Die Bienenzucht und der Fischfang sind unbedeutend. Das Mineralreich liefert Marmor, Kalk- und Bruchsteine; es finden sich einige Mineralquellen, doch liegt der Bergbau gänzlich. Der Hauptfluß der Provinz ist die Pisuerga, welche hier den Burejo, die Valdavia, Cieza und den Carrion aufnimmt, und an welcher sich der castilische Kanal hinzieht. Die Zahl der Einwohner, welche Tuch, halbwollene Zeuche, Bettdecken, Leinwand, Leder, Hüte und Töpferwaaren verfertigen und zum Theil verfahren, beläuft sich auf 330,000. *(Fischer.)*

PALENQUE. In dem District von Peten (Departement Verapaz, Republik von Mittelamerika) erstreckt sich ein Bergzug von mittlerer Höhe, welcher das Land der wilden und unabhängigen Mayas vom Staate oder Departement Chiapas trennt, und auf seiner Schneide in einer Länge von 20 engl. Meilen mit Ruinen einer alten Stadt bedeckt ist, die von dem unbedeutenden und unsern gelegenen Dorfe Palenque ihren Namen erhielten. Die Zeit der Erbauung jener Stadt und nicht minder ihrer Zerstörung fällt in eine Periode der amerikanischen Geschichte, zu welcher keine Überlieferung hinaufreicht, die aber um so räthselhafter und merkwürdiger dasteht, je mehr die in den neuern Zeiten an den entlegensten Orten Nord- und Südamerika's häufig aufgefundenen, oft sehr kolossalen Baureste, auf eine lange vor der Entdeckung des Welttheils untergegangene Civilisation hindeuten, die mit der Cultur der weit spätern Mexicaner und Peruaner nichts gemein hat, und auffallend von der Versunkenheit der gegenwärtigen Indier absticht. Zwar scheinen viele Umstände zu dem Schlusse zu berechtigen, daß jene verschwundenen Völker physisch von den Menschen nicht abwichen, die wir, aus Mangel besserer Kenntniß, heutzutage mit dem Namen der Ureinwohner Amerika's belegen; allein sie haben sich nicht allein durch einen sehr hohen Grad von Civilisation, sondern überhaupt durch eine Bildungsfähigkeit unterschieden, die an dem Indier, seit ihn Europa kennt, noch nie bemerkt worden ist, und aller Wahrscheinlichkeit nach ihn ebenso wenig beglückte, ehe noch der Weiße auf ihn einen großen, jedoch wol überschätzten, Einfluß zu üben begann. Von den Urbewohnern Mittelamerika's, den Erbauern jener alten Stadt nicht allein, sondern der vielfachsten Reste, die auch in großen Entfernungen, über Yucatan und Campeche verstreut, die einstige Verbreitung beweisen, ist wenigstens so viel gewiß, daß sie lange vor dem 14. Jahrh. unserer Zeitrechnung gelebt haben müssen, indem in jene Periode (1325) die Einwanderung der Azteken in Mexico und die Gründung dieser Stadt fällt, nichts aber andeutet, daß zwischen diesen Eroberern und den Bewohnern von Palenque Verbindung bestanden hat. Die letztern besaßen nach den neuesten Forschungen *) die Kunst des Schreibens, welche ohne Zweifel auf die durch Unternehmungsgeist und Talente ausgezeichneten Azteken übergegangen wäre, hätte das Urvolk von Mittelamerika zu jener Zeit noch existirt. Ist der Untergang dieses letztern überhaupt einem feindlichen Anfalle wandernder Nationen zuzuschreiben, so müßte diese Begebenheit in die ersten Jahrhunderte der christlichen Ära fallen, indem vor der Einwanderung der Azteken in Mexico (gegen das Jahr 1160) kein Einbruch von ähnlicher Art während langer Zeit stattgefunden hatte, und ein Angriff in anderer Richtung als von Norden höchst unwahrscheinlich ist. So stellt sich also der Satz hervor, daß die Ruinen von Palenque ein Alter von mehr als tausend Jahren haben müssen. Sie scheinen die Hauptstadt des verschwundenen Reichs gebildet zu haben, indem ihre Lage in mehren Beziehungen bedeutende Vortheile bot, sei es durch die größere Kühle der Berggegenden, oder durch die Nähe des ebenen und heißen Yucatan und Tabasco, die, an Producten der warmen Zone reich, dadurch, daß sie mit vielen Flüssen durchschnitten sind, dem Handel eines industriösen Volkes größere Leichtigkeit gewähren mußten und die Verbindung mit dem Meere herstellten. Die Menge der Ruinen ist überaus groß, allein seit ihrer Bekanntwerdung in der Mitte des 18. Jahrh. ist, ungeachtet der Nähe der englischen Niederlassungen von Honduras, so wenig Behufs der nähern Untersuchung geschehen, daß nur einige Gebäude beschrieben worden sind, die im mindern Grade als die übrigen mit Erde, Buschwerk und Hochwald überdeckt liegen. Merkwürdig ist die Thatsache, daß alle Gebäude, welche auch die anscheinende Richtung der Straßen gewesen sein mag, nach Süd-Süd-Ost und West-Nord-West Fronte machen. Die öffentlichen Gebäude, namentlich die für Paläste der Könige angesehenen, sind von den großartigsten Verhältnissen und sehr hoch. Die gewöhnlichen Häuser bestehen aus acht engl. F. breiten Galerien, die durch drei Fuß dicke, neun Fuß hohe Wände getrennt, durch ein sehr niedriges, aus Steinplatten zusammengesetztes Dach geschlossen werden, ziemlich große Thüren besitzen, aber nur durch wenige, kleine und absichtlich sehr unregelmäßig angebrachte Fensteröffnungen ein sparsames Licht erhalten, also, wenigstens in dieser Beziehung, den Bauwerken der alten Peruaner gleichen. Sehr unterscheidend ist jedoch die Menge der im Innern aller, wahrscheinlich den öffentlichen Zwecken gewidmeter, Gebäude vorkommenden Bildwerke aus Stein und Mörtel, der Wandmalereien und namentlich der Inschriften, welche zeilenartig fortlaufen und keineswegs allein aus Bilderschrift bestehen sollen, ein um so mehr bemerkenswerther Umstand, als nirgends in Amerika die von den ersten Eroberern aufgefundenen Völker von Buchstabenschrift Begriffe gehabt haben. An vielen jener Reste soll sich Sinn für gute Verhältnisse, Ebenmaß und hohe Kunstfertigkeit bemerklich machen, jedoch geben die Basreliefs bei dem Mangel aller Anhaltspunkte, um über Cultur und Geschichte jenes Volkes urtheilen zu können, Räthsel auf, die Niemand deuten wird, da die dargestellten Scenen historische Beziehung zu haben scheinen. Die Mythologie und die Symbole des Volkes haben mit denen des alten Ägyptens Verwandtschaft gehabt, doch ist zu vermuthen, daß der Cultus ebenso blutig und grausam und mit Menschenopfern verbunden gewesen sei, wie unter dem weit jüngern Volke der Mexicaner. Öffentliche Gebäude, gleich den Privathäusern, durchgängig aus behauenem Steine errichtet und von großem Umfange, sind mehre aufgefunden worden. Welchem Zwecke sie gewidmet waren, ist kaum zu sagen, indem ihre innere Einrichtung von allem Bekannten abweicht, und manche Vorkehrungen in denselben durchaus nicht zu deuten sind. Allein wenn auch Entfernung der Zeit, Unähnlichkeit unserer Cultur und vor Allem wol der Mangel an scharfsinnigen Untersuchungen die Erklärung erschweren, so leidet es doch keinen Zweifel, daß Aufgrabung und Nachsuchung in jenen Ruinen in der Zukunft auf die ältere Geschichte der neuen Welt ein bisher schmerzlich entbehrtes Licht werfen werden. *(Poeppig.)*

*) *Colon. D. Juan Galindo*, Descr. of the ruins of Palenque. Trans. of the Royal Geogr. Soc. (Lond. 1835.)

PALENQUES. Indiervolk, welches den Spaniern zuerst im J. 1542 bekannt wurde, als Hernan Perez de Quessada die Eroberung von Neugranada unternahm (*Herrer.* D. VII. L. IV. c. 12). Eine Abtheilung der Weißen drang bei dieser Gelegenheit weit nach Osten in die Provinz Canelos vor, litt den größten Mangel an Lebensmitteln, zog sich nach manchen Verlusten mit Mühe zurück und traf in der Sierra auf ein Volk, welches zwar nicht sehr zahlreich, aber dafür sehr kriegerisch war, die Spanier angriff, und hinter Palisaden (spanisch Palenques) verborgen, die Engpässe vertheidigte, wegen dieser Gewohnheit seinen Namen erhielt und zuletzt besiegt wurde. Die Palenques wohnten neben den Guamos an den obersten Confluenten des Flusses Napo und sind im Laufe der Zeit theils mit den Indiern der Missionen jener Gegend verschmolzen, theils ausgestorben. (*Poeppig.*)

PALENZER-THAL, s. **Blegno-Thal**, wo aber der Name Bellenzer-Thal unrichtig ist. Der teutsche Name dieser ehemals den drei eidgenössischen Orten Uri, Schwyz und Unterwalden nid dem Wald gehörigen Herrschaft ist Bollenz, welcher von Bellenz zu unterscheiden ist (s. die Art. **Herrschaften**, **Gemeine**). (*Escher.*)

PALENZUELA, Villa im gleichnamigen Partido der spanischen Provinz Valladolid (Altcastilien), liegt 25 engl. Meilen südwestlich von Burgos entfernt und hat 1400 Einwohner. (*Fischer.*)

Paleo-Castro, s. **Palaeo-Castro**.

Paleolaria *Cassin.*, s. **Palafoxia** *Lagasc.*

Paléontographie etc. (französ.), s. **Palaeontographie etc.**

PALERMO (geographisch). 1) Die Intendanza di Palermo, eine der sieben Provinzen, welche gegenwärtig die Insel und das Königreich Sicilien bilden, begreift den größern Theil des Val di Mazzara und einen kleinen Theil des Val di Demona. Sie wird im Norden vom Meere bespült und grenzt im Osten an die Intendanz Messina, im Süden an jene von Caltanisetta und Girgenti und im Westen an die Intendanz von Trapani. Diese Provinz umfaßt zum Theil wunderschöne Gegenden, welche theils durch steinige Kalk- und Brecciengebirge, theils durch Flächen gebildet werden, die aus rother, thonig-kalkiger Erde und schwerem Boden, worunter kein Sand sich befindet, bestehen, aber doch trefflichen Weizen tragen, oft in unabsehbaren, zusammenhängenden Breiten. Hier und da bringen alte, sehr starke Ölbäume einen Wechsel in die Ebenen zwischen den steilen, unfruchtbaren Bergen, welche aus grauem Kalksteine der frühern Epoche, Muschelkalk, Breccia, Hornstein und in den obersten Lagen aus rothem Thone bestehen, breiten sich auch weite hügelige Thäler aus, Alles in der Nähe von Palermo schön bebaut, sowie man sich aber von der Hauptstadt entfernt, wird der Abfall der Cultur und des äußerlichen Wohlstandes ziemlich grell. Überhaupt erblickt man in vielen Gegenden fast gar keine Bäume, an Wald ist nicht zu denken. Wiesen gibt es keine, daher fehlt es an Heu; auf den Bergen findet sich einige Weide. Die wichtigsten fließenden Gewässer sind der Fiume di Termini, der F. torto, F. grande, F. Milicia. Den Küstenbewohnern liefert die See eine Menge schmackhafter Fische; in der Nähe der Hauptstadt zieht man Gemüse; auch die palermische Seide wird fast nur in der Umgegend derselben gewonnen und gewöhnlich roh versendet. Sonst ziehen sie viele Orangen, Citronen, Feigen und Mandeln, Weinreben und Caruben. Schafe gibt es wenige, auch bei weitem weniger Pferde als Maulthiere. Große Steinbrüche von Muschelkalk, woraus die Stadt gebaut ist, finden sich in der Nähe des Monte pellegrino; Äpfel, Birnen und dergleichen Früchte sind selten und schlecht. Spelt, woraus das Brod bereitet wird, ist nebst dem Weizen der Hauptgegenstand des Feldbaues. Die Provinz zählt gegen 415,000 Einwohner, welche zum größern Theile in Städten wohnen, und doch zugleich Landbauern sind. Die meisten Orte, obgleich aus Stein gebaut, haben ein trauriges, wüstes Ansehen, sind schmuzig und höhlenhaft. Die bedeutendsten Städte nächst Palermo sind: Termini, Corleone und Cefalu, welche zugleich die Hauptorte der vier Districte dieser Provinz sind. An Gewerbsthätigkeit ist in den meisten Städten nicht zu denken und der Binnenhandel liegt auch fast ganz darnieder. Straßen fehlen beinahe gänzlich. Die Straße von Monreale nach Palermo und andererseits nach Alcamo (28 sicilische oder 6 teutsche Meilen) ist die einzige fahrbare in Sicilien. Man muß daher hier die Waaren auf Maulthieren transportiren. Wirthshäuser gibt es entweder gar nicht, oder sie sind über alle Vorstellung elend; darum geschieht fast aller Transport zur See. Die Verwaltungsbehörden der Intendanz und des Districts haben in Palermo ihren Sitz.

2) Der Golfo di Palermo ist einer der malerischsten Busen der Welt, welchen zwei gigantische Felsenwälle in seltsam ausgezackten Formen, im Norden von der Stadt, decken — es ist dieses der kahle, felsige, durch die Kapelle und Höhle der heil. Rosalia, der Schutzpatronin Palermo's, berühmte Monte Pellegrino, der Erkte der Alten, während von Osten, wo ein niedrigeres Vorgebirge bei Torre di Mongerbino — Capo di Zafferano — weit in die See hineingreift, das lange, hingestreckte Ufer, an vielen schroffen, wohlgebildeten, waldbewachsenen Felsen hin, bis an die Fischerwohnungen der Vorstädte Palermo's heraufzieht. Südwärts umbordet die mächtige Stadt, welche ihre Häusermasse dem Norden zukehrt, den weiten, durch zwei Castelle geschützten Hafen, und breitet sich in einer üppigen Ebene gegen die schön geformten Hügel aus, welche die Stadt im Rücken amphitheatralisch umfassen, und deren sanft anschwellende Höhen, mit glänzenden Schlössern, immer grünenden Oleandern, Maulbeerbäumen und Gebüschen besäet, hoch über die platten Dächer der Paläste herüberschauen. In diesen Golf ergießen sich die Flüßchen Oreto, in der Nähe der Stadt, und Bagaria, weiter gegen Osten. Der Golf bildet bei der Stadt den schönen, großen Hafen, dessen, dem Handel günstiger, Beschaffenheit die Stadt ihren alten Namen verdankt. An ihm liegt der botanische und der daran stoßende öffentliche Garten, der den Namen **Flora** führt. Zwischen ihm und dem Meere zieht sich der Corso am Seeufer oder der Marina hin, das man viele hundert

Schritte weit mit einem unverwüstlichen Quaderndamme eingesäumt hat, auf welchem die Palermitaner in den Sommerabenden zu Wagen, zu Pferde und zu Fuß sich der Kühle und der entzückenden Ansicht des Busens erfreuen.

3) Die große und schöne Hauptstadt der Insel und des Königreichs Sicilien (Br. 38° 6′ 45″, L. 31° 1′ 30″) ist zugleich der Hauptort der Intendanz und des Districtes, welche von ihr den Namen erhalten; die Residenz des General-Gouverneurs, welcher jetzt nur den Titel eines Statthalters (Luogotenente) führt; des Erzbischofs, der zugleich Primas von Sicilien ist und sich eines großen Einflusses erfreut; der höchsten Verwaltungsbehörden des Königreichs, und jener der Intendantur und des Districtes, namentlich des höchsten Gerichtshofes, eines Appellations- und eines Handelsgerichtes. Die Volksmenge der Stadt belief sich in 35,400 Feuerstellen 1834 auf 171,000; 1835 auf 173,661 und am 1. Jan. 1836 auf 175,197 Seelen. Einst der Sitz der Könige und der Versammlungsort des sicilischen Parlaments, erfreut sie sich einer überaus malerischen und reizenden Lage an der Nordküste der Insel, am südöstlichen Fuße einer breiten, gewaltigen Felsenmasse, des durch seine zierlichen Formen ausgezeichneten Monte Pellegrino, in einer üppig-fruchtbaren, wohlangebauten Fläche, welche das Flüßchen Oreto, heut Amniraglio, durchschlängelt, das sich im Osten an der Stadt in die See ergießt, an deren flachem Gestade sich die Stadt im Halbkreise ausbreitet, und die hier einen großen, tiefen Hafen bildet, der mit einem Molo versehen ist und durch eine Citadelle und mehre feste Werke vertheidigt wird. Die Stadt ist mit Mauern umgeben, durch welche vier Hauptthore und eilf Nebeneingänge ins Freie führen; unter den erstern zeichnen sich die Porta nova und die Porta felice durch schöne Porticos aus. Sie wird von einer beinahe eine Meile langen, geraden Straße, il Cassaro, auch Toledo genannt, welche vom Meere bis gegen die im Süden der Stadt sich erhebenden, schön geformten Hügel (ai colli) reicht, durchzogen, und ungefähr in der Mitte — dort einen wegen der herrlichen Fernsicht nach allen Seiten und wegen der schönen Paläste, Statuen und Fontainen, mit denen er geschmückt ist, merkwürdigen, viereckigen Platz, L'Ottangolo, bildend — von einer andern, ebenfalls geraden Straße, der Strada nuova und ihrer Fortsetzung der Macqueda, durchschnitten, in die sich die übrigen wichtigern Gassen der durch die beiden Hauptstraßen gebildeten vier Quartiere ausmünden, welche mit Schrittsteinen versehen und meist gut gepflastert sind und mit den zahllosen andern kleinern schmuzigen und stinkenden Gäßchen ein Labyrinth bilden, in dem man sich nur schwer zurecht findet. Unter den sieben Hauptplätzen der Stadt zeichnet sich, außer dem Ottangolo, noch die Piazza grande, in der Nähe des vorigen gelegen, durch die unfern des Theaters Real Carlino befindliche Fontana del Pretore (so genannt, weil er dem Palaste des Prätors gegenübersteht) aus, einen in verschiedenen Absätzen kegelförmig emporsteigenden Brunnen, aus köstlichem Material gebildet, mit Bildsäulen und den Köpfen verschiedener Thiere geschmückt, doch, gleich den übrigen öffentlichen Monumenten dieser Stadt, von gutem Geschmack weit entfernt. Die Plätze del Palazzo, delli Bologni und S. Anna enthalten Standbilder von Regenten. Der Marienplatz am Hafen mit einem prächtigen Concertsaale und das Piano della Marino gewähren, besonders des Abends, einen herrlichen Spaziergang.

Palermo dürfte schwerlich Jemandem, der Verona, Mailand, Bologna, Turin und andere große Städte Italiens gesehen hat, gefallen, indem die wenigen geraden, und mit schönen Häusern gezierten Hauptstraßen durchaus nicht für die zahllose Menge der schlechten und schmuzigen Gäßchen und Winkel schadlos halten, welche die vier Quartiere der Stadt ausfüllen. Die Häuser sind durchaus nach der süditalienischen, an den Orient erinnernden Art erbaut. Sie haben fast immer platte Dächer und die Fenster sind eigentlich Glasthüren mit Balconen, auf denen eine Stunde vor Sonnenuntergang die Frauen, wenn sie nicht im Wagen am Seeufer, der Marina, an dessen östlichem Ende die Flora, der Lieblingsgarten der Palermitaner, liegt, auf- und abfahren, sich zeigen. Die öffentlichen Gebäude sind in einem phantastischen und geschmacklosen Styl angelegt. Darunter zeichnet sich die höchst interessante Hauptkirche, La Cathedrale, von den Palermitanern auch Madre chiesa genannt, welche der heil. Rosalia geweiht ist, durch die Eigenheiten der sarazenisch-normannischen und italienischen Bauart als das Merkwürdigste aus. Ihr Dach ist platt; aus dem Hauptgebäude treten Seitengebäude heraus, die sämmtlich oben gothisch ausgezackt und deren Wände übrigens fast ohne alle Verzierungen sind. Die Fenster sind klein, mit gothischen Spitzbogen, und darum das Innere ernst, ja düster. Diese Kirche enthält die Särge Friedrich's II. und der Seinigen [1]). Friedrich liegt in einem der beiden Porphyrsärge, die er aus Cefalu bringen ließ, in dem andern sein Vater, Kaiser Heinrich VI.; ganz ähnlich den vorigen sind auch die Särge der Gemahlin Heinrich's (Constanze), Friedrich's Mutter, und ihres Vaters, Roger's I., des letzten normännischen Königs. Alle vier Särge sind von Porphyr und wirklich Arbeiten des Mittelalters, und nicht römische Badewannen, wie Winckelmann wollte, der sie aber nicht gesehen. Das fünfte Grabmal ist der Constanze, Gemahlin Kaiser Friedrich's II. und Schwester Peter's von Aragonien, ein antiker weißer Marmorsarg mit erhabenem Bildwerke. Diese Kirche wurde im J. 1184 in vorgothisch-morgenländischer Art erbaut. Außer dem Dome sind von den 41 andern, unter denen sich 11 Pfarrkirchen befinden, noch bemerkenswerth: die Kirche der Jesuiten, mit dem Collegio vecchio, die in Hinsicht der Architektur und des Reichthums ihrer Verzierungen keinem andern Tempel dieses Ordens nachsteht; sie enthält auch mehre Gemälde von Zoppo di Gangi; S. Giuseppe ist bemerkenswerth wegen der unterirdischen Kirche, die

---

1) S. Briefe in die Heimath aus Teutschland, der Schweiz und Italien, von D. Fr. H. v. d. Hagen. (Breslau 1818.) 3. Band. S. 100 fg. Die Abbildung der Kathedrale findet sich in *J. F. de Osterwald's* Voyage pittoresque en Sicile. Dedié à Son Altesse royale Madame la Duchesse de Berry. (Paris 1822.) Tom. I. 7. livr. pl. 1.

so geräumig als die obere ist und von einer großen
von marmornen Säulen getragen wird; die Kirche
Kapuziner, ungefähr eine Meile von der Stadt, ver-
t eine Erwähnung nur wegen der unter ihr und dem
ster befindlichen Katakomben, welche die Eigenschaft
zen, die dort in Nischen befindlichen, aufgestellten
nlichen (denn weibliche dürfen hierher nicht gebracht
den) Leichname auszutrocknen und gegen die Fäulniß
Zerstörung zu sichern. Sie werden am Festtage aller
len von den Angehörigen neu bekleidet, mit Blumen
müsckt und bei dieser Gelegenheit die unterirdischen
me reich beleuchtet[2]); in S. Giacomo sind alle Al-
lätter von Olivio Sozzi aus Catania, und insbeson-
in der Tribune drei reiche Bilder aus der Kindheit
Heilandes; in S. Rosalia sind vier große Bilder aus
Leben des heil. Benedict's von Giovacchino Marto-
, die sehr gelobt werden; auch die große Kapelle der
ztráger wird wegen der Bilder desselben Meisters sehr
ot; in der Kirche S. Giuseppe de' Teatini, einer der
isten Kirchen der Stadt, ist die Decke von Filippo
crebi, einem Schüler des Maratti; dasselbe ist auch
Giesu Nuovo der Fall; in der Kirche der Conventua-
ist das größte Werk des Pietro Novelli, deren in
e Felder abgetheilte Decke er ganz allein malte; in
Kirche zur Pietá sind zwei Bilder von Pietro Aquila
Marzella, welche die Geschichte des verlornen Soh-
darstellen, der Betrachtung würdig; von Onofrio Lu-
sind in der Kirche de' Paolotti zwei Bilder vom
tyrthume des heil. Oliva; große Wandbilder von Fi-
Randazzo, so auch von Tommaso Sciacca in meh-
Kirchen dieser Stadt[3]). Durch die Eigenheit ihrer
rn Bauart und im Innern durch 14 schöne Serpen-
ulen ausgezeichnet ist die Kirche der Maria della Ca-
[4]), so genannt von der Kette, mit welcher der in ih-
Nähe gelegene kleine Hafen gesperrt und die unfern
ihr am Quai befestigt wurde; sie liegt dicht an der
ta della Dogana, auf einem unregelmäßigen Platze,
ein unfern von der zu ihren Eingangshallen empor-
enden Doppeltreppe, errichtetes Standbild Philipp's V.
; die im J. 1113 von dem Admiral des Königs Ro-
Georg Antiocheno, erbaute und durch ihre vortreff-
Bauart ausgezeichnete Kirche della Martorana ent-
im Innern kunstgeschichtlich-merkwürdige Wandmo-
en und Altarblätter von dem Palermitaner Vincenzo
rmolo und Zoppo de Gangi[5]); in der Kirche della
della bewundert man eine Rafael zugeschriebene heil.
ngfrau und einen heil. Ignazius, welcher die Palme
Blutzeugen empfängt, von Filippo Paladini von Flo-
; in Santa Zita zeigt man die Abnahme vom Kreuze

und die sterbende Magdalena, ein vorzügliches Werk des Malers Pietro Novelli von Monreale[6]). Unter den öffentlichen Palästen verdienen gesehen zu werden: der Palazzo reale, in der Nähe der schönen Porta nuova, welche aus dem Cassaro, den sie im Südwesten schließt, gegen Monreale und Alcamo hinausführt und an der Piazza del Palazzo, die mit der bronzenen Statue Philipp's IV. geschmückt ist, gelegen, ein durch seine Massen auffallendes Gebäude, das durch seinen vorgothisch-morgenländischen Styl, die seltsam gearbeiteten Säulen und kühnen Bogen das Interesse des Beschauers fesselt; am meisten verdient es aber besucht zu werden wegen der auf dem höchsten Punkte des Hauses im J. 1791 errichteten und mit vortrefflichen Instrumenten versehenen Sternwarte, die ihre Bedeutung in der literarischen Welt dem Namen ihres ehemaligen Vorstehers Giuseppe Piazza, des Entdeckers der Ceres, zu verdanken hat, und wegen der von dem Normannenfürsten Roger im J. 1129 erbauten Kapelle, welche, ungeachtet ihrer geringen Größe, durch die engen, hohen Fenster mit scharf zugespitzten Bogen, deren schmale Öffnungen nur wenig Licht verbreiten und die kostbaren, wiewol von der Zeit geschwärzten Mosaikbekleidungen der Wände einen sehr feierlichen Charakter erhält, und durch die seltsam gestalteten Pfeiler, die tiefen Nischen, die großen Bogen und die alten, kunstgeschichtlich-merkwürdigen Musivbekleidungen der Decke und Wände einen sehr tiefen Eindruck macht; sie hat drei Schiffe und eine doppelte Reihe von Säulen; merkwürdig ist endlich auch die Unterkirche; das Rathhaus, der Justizpalast oder La Vicaria im Cassaro mit den Gefängnissen u. m. a. — Unter den Palästen der Großen, welche aber meist jenen, so man in Genua, Rom, Venedig und andern Orten Italiens sieht, gar sehr nachstehen, zeichnen sich besonders aus: der Palast des Fürsten Butera an der Marina, unstreitig der schönste in Palermo, von dessen Terrasse man das Gewühl des öffentlichen Spazierganges am besten übersehen kann; der des Fürsten Trabia mit einer sehenswerthen Gemäldesammlung; der Palast des Erzbischofs; jener des Fürsten Ventimiglia oder auch Belmonte, mit einer unbedeutenden Gemäldesammlung, aber einer um so herrlichern Aussicht über das Meer und den Golf; das ehemalige Profeßhaus (casa professa) der Jesuiten; der Palast des Fürsten Malvagna, in welchem man eines der berühmtesten Gemälde Siciliens, eine Madonna von Albrecht Dürer oder Mabuse, bewundert. Übrigens ist Palermo arm an eigentlichen Merkwürdigkeiten, an Gegenständen der Kunst und an Erzeugnissen eines reinen Geschmacks, die den Fremden interessiren könnten, und in dieser Hinsicht mit andern ähnlichen Städten des Festlandes der italienischen Halbinsel nicht zu vergleichen. Aus dem griechischen und römischen Alterthume ist durchaus nichts mehr übrig. Aus der Zeit der Herrschaft der Sarazenen findet man noch zwei sarazenische Lustschlösser, Cuba und Zisa, von denen das erstere auf dem Wege nach Monreale gelegen, jetzt in eine Caserne umgewandelt und, außer einigen arabischen Inschriften, ihres frühern Glanzes durchaus be-

2) Der Kreuzgang des Capucinerklosters ist abgebildet eben-
dst T. I. 3. livr. pl. 1. 3) Gesch. der Malerei in Italien
Wiederherstellung der Kunst bis Ende des 18. Jahrh. Von
anzi. Aus dem Italienischen übersetzt und mit Anmerkun-
von J. G. v. Quandt, herausgegeben von Adolf Wag-
. (Leipzig 1830.) Erster Band. S. 597 u. 610 4) Die
re Ansicht dieser Kirche s. in *de Osterwald's* Voy. pitt. en
le. T. II. 13 livr. pl. 3. 5) s. Manuel de voyageur en
le, avec une carte, par le Comte *Fedor de Karaczay*.
ttgard et Paris 1826.) p. 79.

6) Ebendas. S. 84 und 85.

raubt, und darum eines Besuches nicht mehr werth, die Zisa aber in der Vorstadt Olivuzza noch wohl erhalten ist. Es wurde nach der Tochter eines Emirs von Palermo, Aziza, so genannt [7]), und versetzt den Beschauer durch die an der Eingangspforte angebrachte Fontaine, durch die an den Wänden sichtbaren arabischen Sprüche und durch seine ganze Bauart in die Zeiten der Herrschaft der Khalifen. Von seinem flachen Dache aus genießt man einer unbeschreiblich herrlichen Aussicht auf die Umgebungen der Stadt, wie man sie in Sicilien, die Ansicht des Faro di Messina allein abgerechnet, nicht wieder antrifft, und erblickt, sowie auch vom Monte Pellegrino, das schneebedeckte Haupt des Ätna [8]). Unter den 67 Abteien und Klöstern der Stadt zeichnen sich aus: das Kloster S. Francesco durch einige sehenswerthe Alterthümer, das Kloster der Olivetaner, das St. Klarenkloster und das Jesuitencollegium. Von den 19 Oratorien ist das prächtige Oratorium St. Filippo das interessanteste. Von den gelehrten Unterrichts- und Hilfsanstalten sind einer Erwähnung werth: die im J. 1394 gestiftete und vom Kaiser Ferdinand neu organisirte Universität, mit welcher man die Akademie der schönen Künste vereinigt hat; sie besitzt eine Münzsammlung, ein Antikencabinet, in dem sich einige sehenswerthe Stücke befinden, und eine erst jüngst begonnene Bildergalerie [9]), und zählt an 400 Studirende; das k. Lycäum [10]); das Seminarium; ein adeliges Collegium (Collegio dei Nobili); die k. Bibliothek mit 50,000 Bänden, vielen Ausgaben von Werth, besonders im Fache der Classiker, und dem chinesischen Confutsée mit der lateinischen Interlinearversion [11]); zwei andere öffentliche Büchersammlungen; neun Erziehungshäuser; der botanische Garten am Meeresufer, einer der ersten und am besten unterhaltenen Italiens, mit mehr als 4000 exotischen Pflanzen, der überdies mit einem von dem Baumeister Dufournay aufgeführten schönen Gebäude zum Unterrichte in der Naturgeschichte geschmückt ist; ein anatomisches Theater; ein Naturaliencabinet; das Münzcabinet der Universität und jenes des Prinzen Torremuzza [12]) und einige andere wissenschaftliche Sammlungen. — Von gelehrten Gesellschaften besitzt Palermo die k. Akademie der Medicin und die **Accademia del Buon gusto** oder der Literatur. — Von Wohlthätigkeitsanstalten verdienen Erwähnung: das große Hospital und vier andere Spitäler, 15 Versorgungshäuser für Weiber und Mädchen, drei Waisenhäuser, ein Findelhaus, zwei Pfandleihhäuser [13]) und das Irrenhaus, welches nach dem Muster der Anstalt zu Aversa eingerichtet wurde. Palermo hat fünf Casernen, zwei Theater, davon das Teatro real Carolino für die Opera seria und jenes von S. Cecilia für kleinere Stücke mehr geeignet ist, und ein Concerthaus an der Marina.

Der literarische Verkehr ist, wie überhaupt in ganz Italien, wenig lebhaft, doch findet sich hier außer vielen Büchertrödlern und einigen Bücherantiquaren auch eine Buchhandlung und eine Buchdruckerei. Palermo ist der Mittelpunkt des sicilischen Handels, welcher hier eine ziemliche Thätigkeit entwickelt und zwei Häfen für die Schiffe findet, zu denen aus der Stadt, außer der schönen Porta felice, welche das untere Ende des Cassaro bildet, die Porta della Dogana bei der Kirche S. Maria della Cateria hinausführt [14]); davon der große nördlich von der Stadt unter dem Monte Pellegrino liegt, durch einen starken Molo, an dessen äußerstem Ende der Leuchtthurm sich erhebt, gegen die, besonders im Winter, häufigen und heftigen Nordostwinde geschützt und durch die Wasserbatterie l'Arenella und durch jene des Molo vertheidigt wird, und zur Aufnahme aller großen Schiffe bestimmt [15]), der kleine Hafen aber für kleinere Handelsfahrzeuge geeignet ist; dieser bildet dicht an der Stadt eine mäßige Bucht, hat weder guten Ankergrund, noch hinlängliche Tiefe für einigermaßen bedeutendere Schiffe. Wer etwa, von Messina kommend, den Anblick Palermo's und des Golfs [16]) von der Seeseite noch nicht genossen hat, der lasse sich hinausrudern in die offene See und genieße des herrlichen Anblickes des ganzen Landstriches, der sich von dem Vorgebirge des Monte Pellegrino bis zum Cap Zaffarano ausbreitet, nach der Entfernung beider Vorgebirge in gerader Linie beiläufig drei und im Bogen des Ufers etwa einen Raum von vier Stunden einnimmt und eine seltene Lieblichkeit und Großartigkeit des landschaftlichen Charakters entwickelt [17]). Hafen und Stadt werden durch eine Citadelle und durch mehre feste Werke vertheidigt. Die Hauptgegenstände der Ausfuhr sind: Weizen, Südfrüchte, Manna, Mandeln, Seide, Öl, Sardellen, Salz und Thunfische; jene der Einfuhr Colonial- und Specereiwaaren und Industrieerzeugnisse, denn die Gewerbsthätigkeit der Stadt und der Insel entspricht ihrer Größe und Bevölkerung durchaus nicht. Große Fabriken und Manufacturanstalten darf man hier nicht suchen, doch bestehen einige größere Gewerbe in Gold- und Silberwaaren, Leinwand, Seidenzeuchen, Wachsbleichen, Färbereien und Tischlerwerkstätten. Auf den Straßen herrscht viele Lebhaftigkeit, die dadurch erhöht wird, daß die Bewohner mehr auf der Gasse als im Innern der Häuser leben und der größere Theil

7) s. *Thomae Fazelli*, Ord. Praedic. De rebus siculis decades duae in den Rerum sicularum scriptores etc. (Francof. ad M. 1579.) p. 157. 8) s. *F. C. de Karaczay* a. a. O. p. 91 und Briefe aus Sicilien von Justus Tommasini [Westphal]. (Berlin 1825.) S. 71 u. 81. 9) *F. C. de Karaczay* l. c. p. 64 sqq. 10) A. W. Kephalides, Reise durch Italien und Sicilien. (Leipzig 1822.) 1. Th. S. 239. 11) S. gesammelte Werke der Brüder Christian und Leopold Friedrich Grafen von Stolberg. (Hamburg 1822.) 8. Bd. S. 385 u. Spaziergang nach Syrakus im J. 1802. von J. G. Seume. (Reutlingen 1815.) S. 159. 12) s. Göthe's italienische Reise in der vollständigen Ausgabe seiner Werke. (Stuttgart u. Tübingen 1829.) 28. Bd. S. 122. 13) *F. C. de Karaczay* l. c. p. 47.

14) Ibid. p. 53 sqq. 15) Die Ansicht des Einganges in den Hafen s. in *v. Osterwald's* Voy. pitt. en Sicile. T. I. 6. livr. pl. 3 und das Innere des Hafens T. I. 5. livr. pl. 2. 16) In *v. Osterwald's* Voy. pitt. ist die Ansicht der Stadt T. I. 9. livr. pl. 4 nicht von dieser, sondern von der Seite des Klosters S. Maria di Gesu aufgenommen. 17) s. über Palermo's Merkwürdigkeiten auch Joh. Bernoulli, Zusätze zu den neuesten Nachrichten von Italien nach der in D. J. J. Volkmann's historisch-kritischen Nachrichten vorgenommenen Ordnung rc. (Leipzig 1782.) 3. Bd. S. 61 fg.

Gewerbsleute im Freien arbeitet. Unter den verschie-
n Läden sind jene der Wasser- und Eisverkäufer am
absten, die mit terrassenförmig in der schönsten Ord-
g ausgelegten Orangen, Citronen, Granaten und an-
Arten kühlender Südfrüchte ausgelegt, von kleinen
ingbrunnen gekühlt und mit Blumen geschmückt sind,
hen denen große Wassergläser mit Goldfischchen ste-
Das meiste Leben und der regste Verkehr herrschen
ch, besonders Morgens und gegen Abend, in dem
) Schritte langen und 40 breiten, mit großen Stein-
en gepflasterten und zu beiden Seiten von Kaufläden,
etterien, Kaffeehäusern und Gewölben eingefaßten
aro, wo sich die glänzenden Fuhrwerke der eleganten
: versammeln, um hier den in ganz Italien üblichen
o zu beginnen, der noch außerhalb der Porta felice
dem schönen breiten Quai oder der sogenannten Ma-
längs des Meeresufers, dem belebtesten Spaziergange
passegiata) der Stadt, wo oft ein unbeschreibliches
ühl herrscht, fortgesetzt, und auf dem nur zuweilen
einem Pavillon, worin dann Musik ertönt, auf kurze
angehalten wird, dessen Genuß aber dem daran
gewöhnten Fremden der Gestank des faulenden See-
s verleidet, für dessen Hinwegschaffung die Stadt-
de jedoch täglich Sorge trägt. An die Passegiata
ßen sich der botanische und der unbeschreiblich reizende
tliche Garten der Flora an, der mit einer gut gear-
en Gruppe Marabitti's, eines Palermitaners und
lers des Bernini, und mit den Denkmälern berühmter
lianer geziert ist [18]). Am stärksten ist aber das Trei-
n der Stadt am Feste der heil. Rosalia, der Schutz-
nin der Stadt, welches jährlich am 15. Jul. mit ei-
großen, in seiner Art einzigen Gepränge gefeiert wird,
e Tage dauert, der Regierung und der Stadtbehörde
Beisteuer von beiläufig 6000 Ducati kostet und eine
heure Volksmenge, selbst aus entfernteren Gegen-
der Insel und von Neapel herüber, in Palermo ver-
melt. Auch die Eröffnung des Thunfischfanges und
n Vorhofe der Kathedrale jährlich abgehaltene, ziem-
ebhafte Christinenmesse gehören zu den anziehendsten
sbelustigungen.
In der nächsten Nähe der Stadt verdienen besucht
erden: die schöne Villa Wilding, ein Eigenthum
Fürsten Butera, fast gegenüber der Zisa; das im chi-
hen Geschmacke erbaute k. Lustschloß la Favorita
r Ebene, welche den Monte Pellegrino von der gro-
Bergkette trennt, die Palermo im Süden umfaßt; es
t einen hübschen Garten und gewährt vom Belvedere
sehr schöne Übersicht über die Stadt und deren Um-
g; das reizende Landhaus Ficuzza mit einem an-
igen Parke, und das Kloster S. Maria di Giesu,
Miglien östlich von Palermo, am Abhange des Ber-
Griffon gelegen, aus dessen Garten die schönste und
ischeste Ansicht der Stadt und des ganzen Meerbu-
sich darstellt [19]). Von den entferntern Umgebungen
Palermo's sind eines Ausfluges werth: der Monte Pellegrino, welchen die grünende Ebene Sfera dei Cavalli vom Gebirge trennt, und an dessen östlichem Gehänge eine bewundernswürdig angelegte Kunststraße, die auf Arcaden ruht, im Zickzack geführt ist und herrliche Ansichten darbietet; er hat auf seinem höchsten Punkte einen Telegraphen, und an einer tiefern Stelle ein Kloster mit der in eine Kirche umgebildeten Grotte der heiligen Rosalia [20]); la Baggaria, ein sieben Miglien ostwärts von Palermo entferntes Dorf, in dessen Nähe sich eine schöne Wasserleitung und mehre Landsitze des sicilischen Adels, und darunter die durch unsinnige Bildsäulen und andere Sonderbarkeiten berüchtigte Villa des Prinzen Pallagonia und die Villa Valguernera befinden, welche letztere sich durch ihre herrliche Aussicht auszeichnet; das nur fünf Miglien entfernte Städtchen Monreale mit einem sehenswerthen Dome; das reiche Benedictinerstift San Martino mit hübschen Sammlungen; Bocca di Falco, merkwürdig wegen seiner landwirthschaftlichen Musterwirthschaft, Gewerbsanstalten und seines botanischen Gartens, endlich die Ruinen des alten Soluntum, jenseit Baggaria. Einen der schönsten Spaziergänge unter den üppigsten Orangen- und Citronengärten, zwischen Gruppen von Pinien, Granatbäumen und Oleander und an phantastischen Zäunen von Aloe-, Agavearten und indianischen Feigen, gewähren die Ufer des Orethe (Ammiraglio) bis nach Monreale hinauf [21]). Aus diesen Pflanzen kann man schon auf das Klima der Stadt und ihrer Umgebungen schließen, das aber nicht blos warm, sondern auch sehr gesund ist [22]).

Palermo (historisch) ist eine der ältesten Städte der Insel, welche im Alterthume den Namen Panormus führte, der (Πάνορμος λιμήν) einen großen, zum Landen der Schiffe sehr bequemen, Hafen bedeutet, und da auch heutzutage noch die Rhede ziemlich sicher und der Hafen gut ist und für die Bedürfnisse des phönikischen und griechischen Handels geräumig genug gewesen sein mochte, so hat diese Ableitung unstreitig die größte Wahrscheinlichkeit für sich [23]). Sie soll nach Einigen eine phönikische oder phocensische Colonie gewesen, nach Andern schon in jener Periode, als noch Cyklopen, Lästrygonen und Sikaner das Eiland bewohnten, nach Andern durch eine Colonie von Chaldäern gegründet worden sein [24]). Die [25]), welche ihr die Phönikier zu Gründern geben, stützen ihren Beweis auf Thukydides [26]), welcher sagt: „Nachdem viele der Griechen herübergeschifft waren, verließen die Phönikier ihre meisten Sitze und ließen sich nieder in Motya, Solus und Pa-

18) s. Göthe a. a. O. S. 107 und Tommasini a. a. . 54 u. 65. 19) Diese findet man in v. *Osterwald's* pitt. en Sicile. Tom. I, 9. livr., pl. 4 und der Kreuzgang losters ist ebendaselbst abgebildet Tom. I, 10. livr. pl. 5.

20) s. Göthe's Werke. 23. Bd. S. 102 fg. Die äußere Ansicht der Kapelle und des Klosters der heil. Rosalie und jene der Grotte findet man in der oft erwähnten malerischen Reise Tom. II. 11. et 12. livr. pl. 1 et 2. 21) s. Kephalides a. a. O. S. 258 und J. Tommasini a. a. O. S. 62 fg. 22) s. *Karaczay* l. l. p. 58. Von Palermo handelt ausführlicher Hager's Gemälde von Palermo. (Berlin 1799.) 23) *Diodor.* XXII. ed. *L. Rhodomani.* (Hanoviae 1604.) Tom. II. p. 871. 24) s. *Thomae Fazelli* l. c. L. VIII. p. 149. 25) s. Geographie der Griechen und Römer. Italia nebst den Inseln Sicilia, Sardinia, Corsica rc. Aus den Quellen bearbeitet von K. Mannert. (Leipzig 1823.) 9. Th. 2. Abth. S. 399. 26) *Thucyd.* VI. ed. *Henrici Stephani.* 1588. p. 411

normus, nahe zu den Elymern, auf Verbindung mit diesen sich verlassend, und auf die Nähe der Carthager." Derselbe Geschichtschreiber sagt kurz vorher: „Zu diesen (den alten Einwohnern nämlich) kamen noch als Anwohner einige Phocenser, von jenen, welche von Troja durch Sturm zuerst nach Lybien verschlagen wurden, hierauf von Lybien nach Sicilien übersetzten [27])." Auf diese wenigen Worte gestützt, stellt Fr. Leopold, Graf von Stolberg [28]), die Vermuthung auf, daß die Phocenser diese Stadt entweder gegründet, oder nach Vertreibung älterer Bewohner benannt haben.

Von den Phönikiern oder Phocensern ging der Besitz Palermo's zur Zeit des Königs Gelo auf die Carthager über; als nämlich Xerxes, der König der Perser, die Griechen bedrohte, versprach Carthago, die griechischen Städte auf Sicilien anzugreifen. Es sandte daher Amilcar mit 300,000 Mann Landungstruppen, 2000 Kriegsgaleeren und mehr als 1000 Lastschiffen gegen Sicilien aus. Dieser landete zu Palermo, verweilte dort drei Tage, um dem Heere Ruhe und der Flotte Zeit zur Ausbesserung zu gönnen, und brach hierauf gegen Himera auf [29]). Dieser Kriegszug mislang zwar, aber Palermo blieb von da an in den Händen der Carthager, die es zum Stützpunkte der weitern Verbreitung ihrer Herrschaft auf Sicilien machten. Als Dionysius der Ältere, Tyrann von Syracus, um das J. 395 v. Chr. Geb. den Carthagern den Krieg erklärte [30]), fielen ihm rasch die meisten Städte und Völkerschaften Siciliens bei, nur Palermo blieb mit vier andern Städten den Carthagern treu, wofür der Tyrann ihre Ländereien plünderte, ihre Baumpflanzungen zerstörte und sie dadurch empfindlich strafte. Die Stadt, von Leptines, dem Bruder des Dionysius, auch von der Seeseite vielfältig geneckt, widerstand heldenmüthig, bis im folgenden Jahre Himilcon mit der Flotte der Carthager hier landete, seine Truppen ausschiffte und nun wieder angriffsweise zu Werke ging [31]). Hierauf hören wir fast nichts mehr von dieser Stadt, nicht als ob sie in jener Epoche von geringer Bedeutung gewesen wäre, sondern weil sie als punische Besitzung den Augen der Griechen entrückt, und auch bei den Kriegen Carthago's mit Syracus von der letztern Stadt zu sehr entfernt war, als daß sie als Kriegsschauplatz häufig hätte erwähnt werden können. Daß sie aber auch in dieser Zeit unter die Zahl der bedeutendsten Städte der Carthager gehört habe, bezeugt Polybius [32]), der sie das Haupt der Städte in dem Gebiete der Carthager nennt, wo sich auch die Hauptstation der punischen Flotte befand, und wo ihre Armeen das Winterquartier nahmen [33]). In dieser Gestalt zeigte sie sich gleich im ersten punischen Kriege. Noch früher aber, als dieser ausbrach, hatte sich Pyrrhus, König von Epirus, dem die Syrakusaner, als dem Eidam ihres Beherrschers Agathokles, die Herrschaft angeboten hatten, um sich seines siegreichen Armes gegen die Carthager zu bedienen, Palermo's auf kurze Zeit bemächtigt [34]) und selbst die Festungswerke des Berges Erkte eingenommen. Vier Jahre nach Eröffnung des ersten punischen Krieges (im J. 493 n. Erb. R.) sandte Hannibal, ein Feldherr der Carthager, welcher eben damals in Palermo sich befand, und die Besetzung von Lipari durch Cajus Cornelius erfahren hatte, den Senator Boodes mit 20 Schiffen von Palermo aus dahin, welcher nach wenigen Tagen hierher zurückkehrte, den Consul und seine aus 17 Schiffen bestehende Flottille im Triumphe mit sich zurückbringend [35]). Als bald darauf C. Duilius den Römern den ersten Sieg verschafft hatte, erfuhr Hamilkar, der Anführer der carthagischen Landtruppen zu Palermo, es sei Zwist zwischen den Römern und ihren Hilfstruppen in seiner Nähe ausgebrochen, in Folge dessen die letztern sich zwischen Paropos und den Bädern von Himera abgesondert gelagert hätten; dieses benutzend, zog er rasch aus der Stadt, überraschte die letztern, noch ehe sie das Lager bezogen, und tödtete ihrer über 4000, worauf Hannibal mit dem Reste der Flotte, den er aus dem unglücklichen Seetreffen mit Duilius noch gerettet hatte, von Palermo nach Carthago zurückkehrte [36]). Im J. 499 n. E. R., nur wenige Monate nach der Einbuße einer schönen Flotte durch Sturm, fühlten sich die Römer endlich mächtig genug, mit einer neuen Flotte von 300 Schiffen vor Palermo, der wichtigsten Stadt der Carthager in Sicilien, zu erscheinen und sie zu belagern. Mit Gewalt eroberten sie die Neustadt; bald darauf sahen sich die Einwohner genöthigt, sich den Römern zu ergeben. Die beiden Consuln, Cn. Cornelius und Aulus Atilius, welche die Belagerung in Person geleitet hatten, kehrten, nachdem sie eine Besatzung hier zurückgelassen, nach Rom zurück [37]). Von da an blieb Palermo in der Gewalt der Römer. Strabon bemerkt von ihr nur das Eine, daß Panormus sogar eine römische Colonie habe [38]), doch gibt er nicht an, noch läßt sich auch sonst ermitteln, zu welcher Zeit sie dahin geführt worden sei. Plinius, der sie Panhormum nennt, und anderer römischer Colonien erwähnt, übergeht diesen Umstand mit Stillschweigen [39]).

Mit Sorgfalt bewachten die Römer von nun an den für sie wichtigen Platz, der bald darauf ihrer Flotte zur Zuflucht diente, als sie unter der Anführung der beiden Consuln, C. Servilius und C. Sempronius (im J. 500 n. E. R.), an der Küste von Afrika in Untiefen gerathen und stark beschädigt worden war [40]). Drei Jahre darauf erfocht L. Cäcilius Metellus an den Mauern der Stadt diesseit des Orethe-Flusses einen großen Sieg über den Carthager Hasdrubal, der für die Römer von einer um so größern Wichtigkeit war, als sie durch ihn die so sehr gefürchteten Elefanten des Feindes, deren die meisten gefangen wurden, besiegen und ihre Wuth zu ihrem eigenen Vortheile gegen den Feind benutzen lernten [41]). Im

27) *Thucyd.* VI. ed. *Henrici Stephani.* 1588. p. 411. 28) Fr. Leop. Gr. v. Stolberg a. a. O. S. 376. 29) *Diodor.* XI. ed. *L. Rhodomani.* T. II, p. 16. 30) Ib. XIV. p. 274. 31) Ib. XIV. p. 279. 32) *Polyb.* hist. ed. *Casaub.* 1609. Lib. I. p. 39. 33) Ib. Lib. I. p. 45.

34) *Diodor.* Eclogae. Lib. XXII, 14. p. 871. 35) *Polyb.* hist. Lib. I. p. 22. 36) Ib. p. 24. 37) Ib. p. 39. 38) *Strabo* VI. p. 410. 39) *Plin.* H. N. (Bipont.) Vol. I. L. III. p. 235. 40) *Polyb.* Lib. I. p. 40. 41) Ib. p. 41.

Jahre des ersten punischen Krieges (506 n. E. R.),
rt ganz Siciliens keine Stadt mehr den Carthagern
g, und von keiner Seite her für sie mehr einige
ung leuchtete, führte Amilcar-Barcas, nach einer
dehnten Plünderung der italienischen Küsten, den
ten Streich aus, dessen sich die Römer am wenig-
versahen; er landete mit seiner Flotte zwischen Paler-
und dem Berge Eryx und besetzte den Berg Erkte
Monte-Pellegrino, nach Andern den gegenwärtigen
e-Baida) [41]), der, von allen Seiten steil, leicht zu
digen war, auf dem Gipfel ein natürliches, unein-
bares Castell hatte, Gelegenheit zum Feldbau und
Viehzucht darbot und an seinem Fuße einen Hafen
, der reichliches Wasser besaß [42]). Dadurch nahm er
zwischen den römischen Truppen eine feste Stel-
ein, aus der er durch keine Anstrengung des Fein-
erdrängt werden, und doch die Gegner durch häufige
ffe nach allen Seiten in beständiger Unruhe erhalten
, und nöthigte die Römer, eine Beobachtungsar-
auf der Ostseite bei Panormus aufzustellen, um diese
t und die ganze Nordküste Siciliens gegen seine Un-
nmungen zu decken. Hier behauptete er sich drei Jahre,
so auf den Gang und die Ereignisse der drei letzten
des ersten punischen Krieges einen wichtigen Einfluß
und wurde erst durch den abgeschlossenen Frieden aus
drohenden Stellung verdrängt [44]). Durch die Vertau-
g der Herrscher gewann Palermo ungemein. Sie
unter die freien, den gewöhnlichen Abgaben der Un-
nen nicht unterworfenen Städte der Insel gezählt [45]);
Münzen, und zwar eherne, noch als römische Co-
und scheint in ihrer Volkszahl durch viele Griechen,
Wohnplätze in den vieljährigen Unruhen vernichtet
en, verstärkt worden zu sein. Damals erhob sich
mo zu seinem höchsten Glanze und Wohlstande. Un-
er Regierung Vespasian's fanden Unruhen hier statt,
eren Folge das umliegende Land unter die Vete-
vertheilt wurde. In der Peutinger'schen Tafel
zwar bei ihr die Thürmchen, durch welche dort be-
ndere Orte bezeichnet werden, dennoch scheint sie auch
noch wichtig gewesen zu sein, da in dem Itinera-
Antonini mehre Seitenstraßen von ihr abgeleitet
n. Bei der Theilung des römischen Reichs kam sie
der ganzen Insel unter die Herrschaft der Kaiser von
nz und wurde im J. 515 von den Gothen, deren
er Platz sie wurde, wie überhaupt ganz Sicilien er-
. Erst nach beiläufig 14 Jahren wurde sie diesen
Belisar mit Gewalt entrissen und dem morgenlän-
n Kaiserreiche wieder einverleibt. Während nämlich
brigen Städte Siciliens ihm leichten Preises zufielen,
e Palermo dem Feldherrn Justinian's einen lebhaf-
Widerstand. Als er sah, daß sie von der Landseite
leicht zu nehmen sei, griff er die Stadt von der Ha-
te an und bemächtigte sich der Mauern mit Hilfe von
en, die er mit Schützen besetzte und den Stadtmauern

gegenüber auf seinen Schiffen an den Mastbäumen empor zog und dort befestigte, worauf sich die Stadt ihm ergeben mußte [46]). Nun genoß die Insel eines mehr als 300jährigen Friedens, aber auch in dieser Zeit wird Palermo oft genannt. Die Insel hatte schon in den ersten Zeiten unserer Zeitrechnung viele Christen unter ihren Einwohnern, und Palermo schon seit den frühesten Zeiten des Christenthums einen Bischof. Unter dem heil. Gregor besaß die Kirche schon bedeutende Güter auf der Insel und übte dort eine Art von Gerichtsbarkeit mittels zweier Legaten aus, deren einer hier seinen Sitz hatte.

Erst im Anfange des 9. Jahrh. fing die Zeit der Noth für die Insel wieder an; sie wurde durch die Sarazenen herbeigeführt, welche mehre Jahre hindurch sowol die Küsten, als auch das Innere von Sicilien verheerten, und endlich die ganze Insel unterjochten. Ein Grieche, Namens Euphemius, den der Patriarch in Sicilien wegen Entführung einer Nonne, in die er verliebt war, auf das Heftigste verfolgte, hatte sich nach Afrika geflüchtet; dort gab er den Sarazenen die Mittel an, sich Siciliens zu bemächtigen und kehrte im J. 828 mit einem Heere Araber, die dieser Unternehmung sich unterzogen, in diese Insel zurück. Kaum waren sie in Sicilien gelandet, so erhielten sie schon über die Truppen Michael's des Stammlers, der damals zu Byzanz herrschte, und seines Nachfolgers, Theophil's, die Oberhand. Im J. 831 bemächtigten sich die Afrikaner der Stadt Messina, und im folgenden Jahre auch der Stadt Palermo, die sie nun zum Mittelpunkte ihrer Herrschaft machten, und die es seitdem auch beinahe zwei Jahrhunderte hindurch blieb [47]). Wegen ihrer herrlichen Lage, ihres sichern Hafens und ihrer Festigkeit wurde sie allein von allen Städten der Insel verschont, zum Sitze des Oberstatthalters des Sultans von Ägypten gemacht, von wo aus sie ihre Raubzüge nach allen Gegenden des weiten Mittelmeeres unternahmen, befestiget und mit Palästen und Landhäusern geschmückt, deren einige noch heutzutage zu sehen sind. Die Stadt war in dieser Epoche reich an Bevölkerung, erfüllt von Gewerben, lebhaft durch Handel und umgeben von weitläufigen Vorstädten, Gärten, Landhäusern und anmuthigen Hainen [48]). Dem Emir von Palermo waren alle übrigen der Insel untergeordnet. Allein dieses der Behauptung ihrer Herrschaft günstige Verhältniß dauerte nicht lange, sondern sie schwächten sehr thöricht bald darauf ihre Macht durch innere Befehdungen [49]). Ihre Monarchie war im Laufe des 9. und 10. Jahrh. in kleine, beinahe unabhängige, Fürstenthümer zerfallen; beinahe jede Stadt gehörte einem kleinen Fürsten oder Emir, über welche der in Afrika residirende Sultan doch noch immer

42) K. Mannert a. a. O. S. 387—389. 43) *Polyb.* I. p. 57. 44) Ib. p. 58—63. 45) *Cicero* in Verr. III, 6.

46) *Procopius* de bello Gothorum. Lib. I, 4. s. *Justiniani Augusti* Historia, in qua bellum persicum in Asia etc. continentur. Nova Editio. (Lugduni apud *Franciscum Le Preux* 1594.) p. 302. 47) *J. E. L. Simonde Sismondi*, Histoire des républiques italiennes du moyen âge. (Paris 1809.) T. I. p. 35 et 281. Chronicon siculum ex cod. arabico cantabr. ad an. 832 ap. *Murat.* rer. ital scr. Tom. I. Pars II. p. 245. 48) Epistola Theodosii Monachi ap. *Murat.* Tom. I. Pars II. p. 263. 49) *Sismondi* l. c. p. 281.

seine Oberherrschaft zu behaupten sich eifrigst bemühte. Die palermitanischen Sarazenen waren von ihm im Anfange des zehnten Jahrhunderts abgefallen. Abrachen sandte darum seinen Sohn Abul-Abbas mit einem Heere und einer Flotte nach Sicilien. Dieser schlug das Heer der Palermitaner, drang mit den Flüchtlingen zugleich in die Stadt ein, wo er unter den Bewohnern ein großes Blutvergießen anrichtete, segelte hierauf den Befehlen seines Vaters gemäß nach Reggio, um die Griechen für ihr Bündniß mit seinen rebellischen Unterthanen zu züchtigen, eroberte und plünderte es, und kehrte mit einer ungeheuren Beute in kurzer Zeit wieder nach Palermo zurück [50]). Damit war aber die Herrschaft des Sultans noch keineswegs befestigt; die des Gehorsams ungewohnten Einwohner Palermo's lehnten sich wiederholt auf, tödteten den Emir und mußten sich ebenso oft auch wieder ins Joch bequemen [51]). Die aus dieser innern Zerwürfniß und dem Sittenverfalle hervorgehende Gefahr wurde durch die unablässigen Anstrengungen der morgenländischen Kaiser, Sicilien wieder zu erobern, noch vergrößert [52]), ihr Untergang aber erst durch die Normannen herbeigeführt, denen jedoch auch wieder Verrath der Sarazenen selbst die Insel eröffnete. Die Uneinigkeit zweier Emire, Ben Humiena und Ben Hamed, von denen der erstere nach Reggio kam, um Roger, den Bruder Robert Guiscard's, um Schutz zu bitten, erleichterte diesem das Eindringen in die Insel [53]). Anfänglich unternahm er bloße Raubzüge nach Sicilien; erst nachdem sein Bruder Robert Sigelgayta die Tochter des Fürsten Gaimar von Salerno zur Gemahlin genommen und so von dieser Seite Sicherheit erlangt hatte, verwandelte er seine Raubzüge in eine förmliche Eroberung. Mit der Einnahme von Messina durch nächtlichen Überfall faßte Roger festen Fuß auf der Insel (im J. 1062); doch bald vereinigten sich Griechen und Sarazenen gegen ihren gemeinschaftlichen Feind und schlossen ihn in der Burg Traina so eng ein, daß er hier beinahe ganz unterlegen wäre; nur sein Muth und die den Normannen eigene List retteten ihn. Schon im nächsten Jahre durchzogen beide Brüder fast ungestört die ganze Insel, und nur die befestigten Städte hielten sich ruhig oder schlugen alle Angriffe zurück. Nur die Ungeübtheit der Normannen in Belagerungen erschwerte die Eroberung der Insel, zu der er 30 volle Jahre brauchte. Darum lag Roger auch eilf Jahre vor Palermo, ehe er sich der Stadt bemächtigen konnte [54]). Erst nachdem ihm, nach vorhergegangener Einschüchterung aller feindlich gesinnten Städte Calabriens, sein Bruder Robert mit einem Heere zu Hilfe gekommen war, um ihn bei der Belagerung zu unterstützen, konnte er einem glücklichen Ausgange entgegensehen. Ob nun gleich hier die Schiffe der Sarazenen besiegt, gefährliche Ausfälle zurückgeschlagen und einst durch voreilige Schließung der Thore viele Sarazenen ausgesperrt und getödtet wurden, so beharrten dennoch die Belagerten bei der hartnäckigsten Vertheidigung. Deshalb unternahmen die Normannen einen Sturm, und während falscher Angriffe auf einer Seite gewann der Herzog auf der andern ein Thor und einen großen Theil der äußern Stadt [55]). In dieser Lage schlossen die Bewohner, um sich, die Fürsten und die Stadt zu retten, am 10. Jun. 1072 einen Vertrag, wonach Niemanden Leid angethan und christlicher Gottesdienst wieder hergestellt wurde, ohne jedoch die Religionsübungen der Sarazenen zu beschränken, oder sie von allen öffentlichen Ämtern auszuschließen [56]). Die Normannen versahen die Stadt mit neuen Festungswerken, schmückten sie mit Kirchen und Palästen, und verlegten später auch ihre Residenz hierher. Hier empfingen die Könige ihre goldenen Kronen; in der unter der Regierung des Königs Wilhelm II. von dem Bischofe Walter im Laufe von 23 Jahren, von 1166—1189, erbauten herrlichen Kathedralkirche wurden jederzeit die Könige von Sicilien und die Erzbischöfe, außer ihnen aber Niemand, begraben [57]). Roger wurde von seinem Bruder zum Großgrafen von Sicilien ernannt; sein Sohn Roger II., der erste König von Sicilien, wurde am 25. Dec. 1130 in Palermo von dem Cardinal Conti gesalbt und der Fürst Robert von Capua setzte ihm die Königskrone auf. Das Volk jauchzte, nur einige Barone empörten sich. Hier ließ auch er seinen einzigen, ihm noch übrig gebliebenen Sohn Wilhelm I. zum Könige von Sicilien krönen. Unter Roger lebte die h. Rosalia, welche den Gegenstand einer innigen Verehrung Palermo's bildet. Wilhelm, der Böse genannt, hatte in dieser Stadt, wo er seine Residenz nahm, mit den Intriguen der Herrschsucht seines Ministers und Lieblings Majo, welcher sich mit dem Erzbischofe von Palermo verbündet, ihm aber später, als er ihm mistraute, Gift beigebracht und auch des Königs Untergang beschlossen hatte, — und mit der von ihm angezettelten Verschwörung zu kämpfen. Palermo war der Schauplatz der Ermordung Majo's am 10. Nov. 1160 durch Bonello und seine Mitverschworenen [58]). Hier brach zwei Jahre später unter der Leitung desselben Bonello eine Verschwörung gegen ihn selbst aus, der er schon unterlegen, aber nach kurzer Besiegung wieder entrissen worden war. Am 14. Mai 1166 starb dieser unwürdige König und hinterließ die Regierung seinem 14jährigen Sohne Wilhelm II. Auch er hatte sein ganzes Leben hindurch mit den Hofränken zu kämpfen, deren Schauplatz das Schloß und die Stadt Palermo waren.

50) Chronicon Siculum. p. 245 und Epistola Theodosii l. c. p. 269. 51) s. Chron. Siculum. l. c. p. 245—247. 52) s. *F. Th. Fazelli*, De rebus siculis decad. poster. Lib. VI. p. 369 sq. 53) Hist. saracen. sicul. ap. *Murat.* Tom. I. Pars II. p. 253. Chron. S. Monast. Casin. notis illustr. Lib. III. c. XLV. *Murat.* T. IV. p. 461. 54) s. *Lupi Protospatae* chron. *Murat.* T. V. p. 44. Chron. varia Pisana. *Murat.* T. VI. p. 168.

55) Die einzelnen Schriftsteller weichen gar sehr von einander ab, sowol über das Jahr der Eroberung, über die Veranlassung zur Belagerung und über den Hergang bei derselben. Man vergleiche *Gaufr. Malat.* T. II. p. 45. *Novairi* hist. Sicula 764. *Guilielmi Pauli* histor. poëma de rebus normannorum. Lib. III. ap. *Murat.* Tom. V. p. 265. *Anonymi Vaticani* hist. Sicula ap. *Murat.* T. VIII. p. 764 sq. 56) Geschichte der Hohenstaufen und ihrer Zeit von Friedrich von Raumer. (Leipzig 1823.) 1. Bd. S. 578. 57) s. *Muratori* sc. rer. ital. T. V. p. 265. not. 10. 58) *Hugonis Falcandi* historia sicula ap. *Murat.* Tom. VII. p. 272 sq. *Romualdi Salernitani* chron. ap. *Murat.* Tom. VII. p. 200.

elm starb zu Palermo kinderlos am 16. Nov. 1189, von dem königlichen Hause der Normannen war nur tanze, die Tochter König Roger's, die erst nach des es Tode geboren worden, noch übrig; sie hatte Kaiser rich I. Barbarossa zu Mailand am 27. Jan. 1186 seinem Sohne Heinrich vermählt. Nach Wilhelm's entstand nun die nicht in Güte zu beseitigende Fra- ob Kaiser Heinrich VI., Sohn Friedrich's Barbarossa, Gemahl von Wilhelm's Tochter Constanze, oder ob natürliche Sohn von dessen Oheim Roger, Tankred, von Lecce, den Thron besteigen solle; der Letztere den größten Theil des Reiches inne, in dem sogleich Wilhelm's Tode die entgegengesetztesten Ansichten sich gefährlicher Heftigkeit entwickelten. Zuerst brach in mo eine Fehde aus zwischen den Christen und den gleichbegünstigten Sarazenen, wobei diese zwar An- unterlagen, dann aber in die Berge des Innern nsel flohen und von da aus den Krieg fortsetzten [59]. entbrannte auch der Streit über die Erbfolgefrage, der Erzbischof Walter Ophamille, welcher unter Regierung des Königs Wilhelm II. die herrliche Ka- lle erbaut und auch die Heirath Heinrich's und Con- ns betrieben hatte, für diese; der gewandte, kräftige einflußreiche Reichskanzler Matthäus von Salerno gen für Tankred Partei genommen hatten. Dieser den Baronen des Reichs, welche sich zur Entschei- der öffentlichen Angelegenheiten in Palermo einge- n hatten, seine Ansichten vor, fand bei vielen und em Volke Beifall, und bewirkte, daß Boten an Tan- abgingen, um ihn nach Palermo zu berufen und ihm rone anzubieten. Dieser zögerte zwar lange, die gött- Strafe des Meineides, da er Heinrichen und Con- n geschworen hatte, fürchtend, endlich kam er doch wurde im Januar 1190 hier unter großen Feierlich- gekrönt [60]). Nicht lange sollte sich aber dieser der genen Krone freuen. Heinrich zog mit einem Heere und eroberte Neapel, die Genueser und Pisaner en zu seinen Gunsten große Zurüstungen; sie schiff- ach Sicilien hinüber, Tankred's Flotte bei Castella und bei Ischia aufzusuchen, allein Krankheiten ver- ten bald sein Heer, seine Gemahlin gerieth in Sa- in Tankred's Gefangenschaft, die er aber in kurzer ohne Lösegeld und ohne alle Bedingung großmüthig erhielt [61]); er selbst erkrankte, und bald sah er sich auch bigt seinem Gegner zu weichen. Tankred stellte rasch Ruhe in Apulien und Campanien wieder her, und e seiner Siege froh bald wieder nach Sicilien zu- hen. Gleich nach seiner Ankunft in Palermo starb sein erstgeborner hoffnungsvoller Sohn Roger, und Verlust schmerzte den zärtlichen Vater so sehr, daß um Kraft und Fassung behielt, die Krönung seines n Sohnes Wilhelm anzuordnen; dann erkrankte er selbst und starb am 20. Febr. 1191 [62]). Sobald Hein- rich von diesem Ereignisse Kunde erhielt, beschleunigte er seinen Zug nach Italien so sehr, daß er schon am 30. Nov. desselben Jahres in Palermo, dessen Bürger ihn gebeten hatten, als Herrscher in seine Hauptstadt einzu- ziehen, mit seinem zur strengsten Zucht ernstlich angewie- senen Heere seinen festlichen Einzug halten und im fol- genden Monate nach einem mit der Witwe und dem Sohne Tankred's abgeschlossenen Vertrage, nachdem Wil- helm selbst seine Krone zu den Füßen Heinrich's nieder- gelegt hatte, sich dieselbe in der Domkirche aufs Haupt setzen lassen konnte [63]). So mild sich Heinrich anfänglich gezeigt, so tyrannisch bewährte er sich bald darauf, nachdem er in Peter von Celano einen Richter gefunden hatte, wie er ihn wünschte. Weihnachten war bestimmt, den Schleier der innern Gesinnung des Herrschers zu lüften. Am 26. Dec. 1194, an demselben Tage, an dem ihm durch die Fügung der Vorsehung zu Jesi seine Gattin Constanze den einzigen Sohn Friedrich II. gebar, wurden die Gräber Tankred's und seines Sohnes Roger erbrochen, und ihnen, als unrechtmäßigen Königen, die Kronen vom Haupte gerissen; es wurden Erzbischöfe, Bischöfe, Grafen und Edle, — unter ihnen drei Söhne des Kanzlers Matthäus — der Erzbischof von Salerno und der große Seeheld Margaritone als Verräther verhaftet und einige aufgehenkt, andere geblendet oder gespießt, oder in die Erde vergraben oder verbrannt Von weitern Grausamkeiten hielt ihn nur die Besorgniß über die Gesinnung und Theilnahme der Stadt Palermo ab [64]). Diese Grausamkeit entfremdete ihm nicht nur seine Unterthanen, sondern zog ihm auch den Haß seiner Gemahlin Constantia zu, welche die Drangsale ihrer Landsleute lebhaft empfand, und, wie man lieset, selbst gegen das Leben ihres Gemahls sich verschwor, um ihnen ein Ziel zu setzen [65]). Nur drei Jahre überlebte er jene Zeit. Er starb zu Messina am 28. Sept. 1197 und wurde in Palermo feierlich beigesetzt. Auch seine Gemahlin überlebte ihn nur 14 Monate und so ward der vierjährige Friedrich II., den seine Mutter im Frühlinge des Jahres 1198 von Jesi nach Palermo hatte bringen und dort feierlich krönen lassen, eine älternlose Waise, der Heinrich durch seine Härte keine Anhänger, nur Nebenbuhler hinterlassen hatte [66]). Dieser wurde hier erzogen, hier vermählte er sich im Februar 1209 mit Constanzen, der Schwester Königs Peter II. von Aragonien; doch wurden die Festlichkeiten schnell und schrecklich gestört, da an einer bösartigen ansteckenden Krankheit viele Ritter rasch dahin starben, sodaß die Neuvermählten in tiefer Trauer ob des Todes des geliebten Bruders der Königin, Alphonso's, den die Seuche auch hinweggerafft hatte, aus Palermo flüchten und gesundere Gegenden aufsuchen mußten; hier wurde ihm, unter großer Bedrängniß im folgenden Jahre sein Sohn Heinrich geboren; hier wollte ihn auch

9) *al Khattib* chron. in *Gregorii* coll. 179. *Cassin.* Alberic. 884. 60) *Richardi di S. Germano* chron. ap. *r.* T. VII. p. 970. Chron. Monast. Fossae novae, ib. '. 61) *Richardi di S. Germano* chron. ap. *Murat.* T. p. 975. Chron. Siciliae. c. 18. ap. *Murat.* T. X. p. 62) Chron. Siciliae. c. 20. T. X. p. 816. 63) Chron. Siciliae. c. 21. T. X. p. 816. 64) Historie fiorentine di Giovanni Villani cittadino fiorentino ap. *Murat.* T. XIII. p. 114. Istoria fiorentina di *Giachetto Malespini* ap. *Murat.* T. VIII. p. 87. 65) *Murat.* Annal. T. X. p. 185. 66) Chron. Sicil. c. 24. ap. *Murat.* T. X. p. 816, 817.

seinen Nebenbuhler K. Otto von Wittelsbach aufheben, wurde aber daran durch die aus Teutschland anlangende Nachricht gehindert, daß die Fürsten dem Papste Innocenz III. gehorcht und Friedrich auf einem Tage zu Bamberg als König anerkannt, die ihn dahin zurückberief; von hier segelte Friedrich, nachdem Constanze zur Regentin ernannt und der junge Heinrich als Thronerbe gekrönt war[67]), am Palmsonntage, den 18. März 1212 aus, um die ihm zugefallene Krone in Besitz zu nehmen. Hier hielt er noch als Kaiser, umringt von allen Genüssen des schönen Siciliens, und von arabischer Bildung, die hier bei der Nähe des Orients blühete, vertraut mit dem Schönheitssinne der Alten und mit der Naturweisheit der Araber, seinen heiteren Hof; hier führte der kunstliebende Kaiser, sowie zu Neapel und Messina und mehren andern Orten, einen herrlichen Palast auf, ausgeschmückt mit aller Pracht der damaligen Kunst; hierher wurde endlich, nach seinem zu Fiorentino am 13. Dec. 1250 erfolgten Tode auch sein Leichnam gebracht und in der Kathedralkirche neben der Gruft seines Vaters bestattet. In dieser Zeit erreichte Palermo seinen höchsten Glanzpunkt, mit dem Tode Friedrich's sank auch seine Lieblingsstadt immer mehr und mehr, ohne jedoch sogleich zur politischen Unbedeutenheit herabzusinken. Nach Friedrich's Tode hielt Manfred, des Kaisers natürlicher Sohn und der Erbe seiner großen Geistesgaben, durch sein äußerst kluges Benehmen Alles in der gewohnten Ordnung, die aber bald durch des Papstes Schuld gestört wurde[68]). Innocenz IV. hob alle Gesetze und Einrichtungen des Kaisers, noch ehe er Italien betreten hatte, auf, welche dem Kirchenrechte widersprachen. Er verlangte, so schreibe es das Lehenrecht vor, unter dem das Königreich beider Sicilien stehe, die Verwaltung des durch Friedrich's Untreue erledigten Reichs, bis er ihm aus eigener Macht einen Nachfolger ernenne. In Angemessenheit zu diesen Ansichten schickte er viele Bettelmönche aus, um Anhänger für diese Ansicht zu gewinnen, der selbst viele Geistliche, und unter diesen auch der Erzbischof von Palermo, dem der Papst hierüber strenge Verweise ertheilte, widersprachen. Nun bot der Papst die Krone aus, ohne jedoch einen tüchtigen Vasallen zu erhalten, der dem K. Konrad im Lande selbst hätte gefährlich werden können. Der größte Theil des Reichs wurde dem letztern erhalten. Vor ihm stellte sich, gleich nachdem er in Apulien angekommen war, Petrus Rufus, der Marschall über ganz Sicilien, und erklärte, daß ganz Sicilien dem Könige Treue schwöre[69]), und überbrachte ihm im Namen Palermo's eine große Summe als freiwilliges Geschenk. Zwei Jahre darauf, am 19. März 1254, starb Konrad. Sein Tod zog in mehr als einem Lande denkwürdige Veränderungen nach sich[70]), Manfred nöthigte er, mit Vorbehalt der Rechte Konradin's, dem Papste nachzugeben und ihn selbst in das Reich einzuführen, ohne dadurch den Zweck, der Sache seines noch unmündigen Neffen zu nützen, irgend zu erreichen. In dieser Ferne, den Einheimischen fremd, den hier drohenden Gefahren nicht gewachsen, und durch ein allgemein verbreitetes Gerücht für todt erklärt, gab Manfred, der nach vielen glücklich überstandenen Gefahren gegen den Papst Alexander IV. obgesiegt hatte, dem Andringen der Barone, Prälaten und der Abgeordneten der angesehenern Städte endlich nach, und ließ sich am 11. Aug. 1258 in der Hauptkirche Palermo's zum Könige krönen, und hielt gleich seinem Vater in dieser Stadt mit seiner jungen Gemahlin Helene seinen heitern lebensfrohen Hof. Indessen erhoben sich neue Gefahren, größere als alle vorhergegangene waren. Papst Urban IV. war es endlich gelungen, den Bruder Ludwig's IX. von Frankreich, Karl von Anjou, zur Annahme der ihm angebotenen Krone beider Sicilien geneigt zu finden. Ohne Verzug brach dieser nach Italien auf und gelangte, durch Verrath und glückliche Umstände begünstigt, trotz der kräftigen Gegenanstalten Manfred's, nach einer einzigen Schlacht bei Benevent über Manfred's Leiche in den Besitz Neapels, dem auch jener von Sicilien bald folgte. Von hier aus und wieder von Palermo sollte ihm aber und dem übermüthigen Volke der Franzosen ein Rächer erstehen. Giovanni da Procida, der Arzt und vertraute Freund Friedrich's II. und Manfred's, und Anhänger der Familie der großen Hohenstaufen, deren letzter Sprößling Manfred's Tochter, Constanze, die Gattin des Königs Peter von Aragonien war, brachte vor die Ohren des Königs und der Königin von Aragonien die wehmüthigen Klagen der Sicilianer, die, entfernter von Karl, seinen ihn an Härte noch übertreffenden Statthaltern und dem Übermuthe der Franzosen Preis gegeben und grausamer noch als die Apulier gepeinigt wurden. Durch seine Bemühungen gelang es, den König zur Ausrüstung einer Flotte zu bestimmen, mit der er, um seine Endabsicht zu bemänteln, einen Kreuzzug gegen die Sicilien benachbarte afrikanische Küste unternehmen und die Sicilianer in steter Spannung, und die Leidenschaften des Volkes in immerwährender Bewegung erhalten sollte. Es sollte auf jedes Ereigniß gefaßt sein, sollte gleich bei der ersten Beleidigung auflodern; an Aufreizung, wußte er, würde es nicht fehlen; und so kam es auch.

Den Tag nach Ostern, Montag den 30. März 1282, machten sich die Palermitaner, ihrer Gewohnheit zufolge, auf den Weg, in der Kirche zu Monreale, drei Miglien von ihrer Stadt, die Vesper zu hören. Zu dem frei über die Felder sich ergießenden Volke, das sich des Frühlings freute, gesellten sich auch der königliche Statthalter und viele Franzosen. Doch hatte jener ein Verbot erlassen, daß kein Palermitaner an diesen der Ruhe und Andacht geweiheten Tagen Waffen tragen, oder sich darin üben sollte. Mitten unter den Gruppen der Lustwandelnden erfrechte sich plötzlich ein Franzose, unter dem Vorwande, nachzusehen, ob sie keine Waffen verberge, einer blühenden Jungfrau, die an der Hand ihres Verlobten und umringt von Brüdern und Verwandten, nach dem Gotteshause lustwandelte, mit schamloser Hand nach dem Busen zu greifen. Die Entrüstung über diese Frechheit raubte der Jungfrau das Bewußtsein und preßte ihrer Begle-

67) Chron. fossae novae. 892. 68) s. *Nicolai de Jasmilla*, Historia de rebus gestis Friderici II. imperatoris, ejusque filiorum ap. *Murat.* T. VIII. p. 495 sq. *Giovanni Villani* ap. *Murat.* T. XIII. p. 155. 69) *Petrus Vin.* I, 180. 70) *Nicol. de Jasmilla* l. c.

das Geschrei der Wuth: „Nieder mit den Franzo-
aus, und der Freche fiel sogleich von mehren Schwer-
durchbohrt, als das erste Opfer des gewaltsam aus-
nden Volksgrimmes. Von allen anwesenden Fran-
entkam auch nicht einer. An 200 wurden sogleich
a Feldern, an 4000 in der darauf folgenden Nacht
r Stadt ermordet [71]). So heftig erbittert auch die
aner waren, so zauderten sie doch, dem Beispiele der
t Palermo zu folgen; der Monat April verfloß unter
lichen Angriffen der Franzosen auf die Stadt und
Unterhandlungen der Palermitaner mit andern Si-
rn. Erst nach und nach steckte die Wuth der Ein-
r jener Stadt auch die übrigen Orte an, die nun
eihe nach der Empörung beitraten, Messina, unter
die letzte, erst am 28. April. Indessen hatten die
mitaner Gesandte dahin und an den Papst Martin IV.
t; die ersten sollten Messina zur Theilnahme auf-
, was diese lange ablehnte; die letztern durch ihn
Gnade zu erflehen suchen; allein auch das Letztere
ens [72]). Selbst Peter von Aragonien überließ die
aner mehre Monate hindurch sich selbst, und der
, Karl's ganzer Rache anheimzufallen. Erst nach-
r aus der Erzählung Procida's die Sicilianer in der
rung so weit vorgerückt sah, daß kein Mittel zum
itt ihnen übrig schien, langte er mit seinem Heere
0. August 1282 vor Trapani an. Indessen versam-
sich alle Barone der Insel zu Palermo, ihren
König zu empfangen, und beeilten sich ihn durch
Bischof von Cefalu krönen zu lassen und ihm den
er Treue zu schwören. Im folgenden Jahre kam
Constanze mit ihren Kindern und feierte zu P. mit
Familie die Osterfeiertage. Zwischen Peter und Karl
nnte ein vieljähriger Kampf, und vieljährig war auch
rennung beider Sicilien. Bis zum Ende des spa-
Erbfolgekrieges gehörte Sicilien und so auch Paler-
r spanischen Monarchie. Die Rolle, welche Paler-
der Periode, die zwischen diesen beiden Epochen
spielte, war fortan von einer viel geringern Wich-
, obgleich sie noch immer die erste Stadt des Kö-
hs war. Gelegentlich, aber immer nur auf kurze
war sie die Residenz seiner aragonischen Könige.
sondere hielt sich Alfons V. im J. 1420, als er
er Königin Johanna II. von Neapel adoptirt wur-
d auch später, als sie ihn aller Ansprüche auf Nea-
r verlustig erklärt hatte, oft und lange hier auf, da
Sicilien aus vergebens nach Neapel zurückzukehren
te. Auch Kaiser Karl V., welcher Sicilien und
l vereinigt besaß, hielt, nachdem er Tunis erobert

hatte, im J. 1535 zu Palermo feierlich seinen Einzug, verweilte hier einen ganzen Monat und ordnete während dieser Zeit die Angelegenheiten der Insel [73]). Diese wurden in jener Zeit und später durch einen königlichen Statthalter oder Vicekönig, der zu Palermo seinen Sitz hatte, geleitet. Gegen ihn brach hier eine Empörung (nach dem J. 1674) unter der Anführung des Joseph d' Alesi aus, die, wie immer, mit der Enthauptung des Rädelsführers endete [74]). Nach dem Tode Kaiser Karl's II. von Spanien, der ohne Nachkommen starb, wurde Sicilien, gleich Neapel, der Zankapfel der europäischen Mächte. Nach dem wechselvollen spanischen Erbfolgekriege kam die Insel im utrechter Frieden (1713) an Savoyen; allein König Philipp V. von Spanien eroberte die Insel im J. 1717 wieder, mußte sie aber 1720 an Österreich abtreten, wodurch Sicilien ein Theil der österreichischen Monarchie wurde. Allein in dem Kriege, welcher im J. 1733 wegen der Königswahl in Polen entstand, trat Don Carlos für Spanien gegen den Kaiser Karl VI. in Neapel und Sicilien auf; die spanische Armee war schon am 29. August 1734 in Sicilien gelandet, Don Carlos folgte ihr aber erst am 3. Januar 1735; an ihn ging nun eine Stadt nach der andern über, sodaß er schon am 30. Juni seinen feierlichen Einzug in Palermo halten konnte. Am 3. Juli ward er bereits durch den Erzbischof von Palermo als Karl III. zum Könige beider Sicilien gekrönt und behauptete sich auch im wiener Frieden vom 30. October 1735 im Besitze des Königreichs [75]). In dieser Zeit wurde die Stadt am 1. September 1726 durch ein Erdbeben bedeutend erschüttert und theilweise beschädigt. Seit der aragonischen Zeit versammelte sich hier das aus drei Ständen, dem Adel, der Geistlichkeit und den Städten, zusammengesetzte sicilische Parlament.

Als Karl III. im J. 1759 auf den spanischen Thron berufen wurde, bestimmte er seinen dritten Sohn, Ferdinand IV., zu seinem Nachfolger im Königreiche beider Sicilien. Unter seiner Regierung wurden im J. 1781 bei einer Ausbesserung die porphyrnen Särge der im Dome zu Palermo begrabenen Kaiser Heinrich VI. und Friedrich II., geöffnet. Man fand die Leichname fast ganz unverwest, und auf ihren Kleidern Inschriften in der heutigen arabischen Cursivschrift. Heinrich sah noch immer finster und trotzig aus. In König Roger's Sarge fand sich ein Stück vom Saume des königlichen Kleides, kunstreich gewirkt, allerlei Thiere, Vögel, Pflanzen und zwei gewaffnete Männer zu Roß, alles zwar roh und ungestalt, und in den Feldern von zwei großen schuppigen Verschlingungen mit Vogelköpfen. Der Leichnam Friedrich's II. lag noch unversehrt, die Kaiserkrone auf dem

1) Istoria fiorentina di *Giacchetto Malespini* c. 209. ap.
. T. VIII. p. 1029. Chronicon Siciliae. c. 38 ap. *Mu-*
T. X. p. 830. Memoriale potestatum regensium *Murat.*
II. p. 1151. Historie fiorentine di *Giovanni Villani* cit-
fiorentino. L. VII. c. 10. ap. *Murat.* T. XIII. p. 277.
olomaei de Neocastro hist. sicula. c. XIV. ap. *Murat.*
II. p. 102. Nur setzen einige dieser Schriftsteller dieses
is in das Jahr 1281 und andere sogar in das Jahr 1280.
rth. de Neocastro c. 21 sq. ap. *Murat.* T. XIII. p.
. *Giovanni Villani* p. 283 sq. Chron. Sicil. ap. *Mu-*
p. 833, 834.

73) s. *Th. Fazelii* de rebus siculis l. c. p. 870. 74) Parlamenti generali del regno di Sicilia dal a. 1446 fino al 1748; con le memorie istoriche dell' antico e moderno uso del Parlamento, appresso varie nazioni, ed in particolare della sua origine in Sicilia e del modo di celebrarsi, di *D. A. Mongitore*, ristampati colle addizioni e note del *D. Fr. Scrive Mongitore*. (Palermo 1749.) 2 Voll. Fol. 75) Histoire des rois de deux Siciles de la maison de France par *d'Egly*. (Paris 1741.) 4 Vol.

Haupte, den Ärmelrock (Dalmatica) mit dem Schwerte umgürtet, und Stiefeln an den Beinen. Am Ärmel des Hemdes (Alba) war Stickerei in kufischer Schrift, sowie am königlichen Mantel Roger's, welchen dieser im Jahre 1133 zur Krönung von seinen sarazenischen Unterthanen erhielt, und Heinrich VI. unter die Reichskleinodien aufnahm [76]).

Ferdinand IV. war vom Schicksale dazu bestimmt, die bedeutendsten Wechselfälle des Lebens zu erfahren. In Folge der Ereignisse, welche die französische Revolution über Italien herbeiführte, mußte die königliche Familie am 24. Dec. 1798 von Neapel nach Palermo flüchten. Erst am 10. Juli 1800 konnte Ferdinand seine alte Residenz aufs Neue begrüßen. Am 25. Jan. 1806 sah er sich abermals genöthigt, und zwar diesmal auf längere Zeit, Neapel zu verlassen und nach Palermo überzuschiffen. Hier behauptete er sich auch mit Hilfe der Engländer. Nun war Palermo wieder die königliche Residenz. Am 17. Juni 1815 zog aber Ferdinand wieder in Neapel ein, und Palermo sah sich abermals dieses Vorzugs beraubt, nicht ohne darüber mit der Nebenbuhlerin zu grollen. Am 8. Dec. 1816 nahm Ferdinand den Titel Ferdinand I. an und erklärte Sicilien für eine Provinz des Königreichs beider Sicilien, hob das unter Bentink im J. 1812 auf Sicilien eingeführte Parlament, welches seine Sitzungen zu Palermo gehalten hatte, auf, und so verlor die Insel viele alte Vorrechte, sie, die sich als abgesandertes Reich betrachtete, wodurch der Groll und die Unzufriedenheit der Sicilianer und der Haß, den sie gegen Neapel hegten, noch mehr gesteigert wurde, und so wurde Palermo im J. 1820 auch der Schauplatz einer für die Insel folgenreichen Revolution.

In Folge der am 14. Jul. 1820 in Palermo angelangten Nachricht von der im Neapolitanischen ausgebrochenen Revolution und der stattgefundenen Proclamation der spanischen Constitution, brach am folgenden Tage auch in Palermo ein Aufstand aus, in dem sich der Haß der Insulaner gegen die Neapolitaner durch unmenschliche Grausamkeiten gegen die königlichen Truppen und gegen die Angestellten Luft machte. Die Gefechte und Metzeleien dauerten mehre Tage. Gleich im Anfange befreite man die Galeerensklaven, griff die königlichen Truppen an, verfolgte und mordete sie und die Beamten, setzte eine provisorische Junta ein, und erklärte, nicht mehr von einem neapolitanischen Könige regiert werden zu wollen [77]). Die Einwohner gossen siedendes Öl und Wasser auf die Truppen aus den Häusern und warfen Steine und Hausgeräth auf die in den Straßen Kämpfenden herab. Dem Cardinal Gravina, Erzbischofe von Palermo, gelang es endlich nach den entsetzlichsten Grausamkeiten das unbändige Volk zur Menschlichkeit zu bewegen. Alle Gewalt ging rasch in die Hände des Pöbels über. Eine Deputation, die aber den erwarteten Erfolg nicht hatte, wurde nach Neapel abgeschickt, und die aus Neapel nach Palermo abgesandte Flotte zurückgewiesen. Die Zeit der Unterhandlungen wurde von Palermo dazu benutzt, sich durch die Theilnahme und Unterstützung mehrer anderer Städte, welche gleich ihr die Unabhängigkeit Siciliens, oder wenigstens ein eignes Parlament verlangten, zu verstärken, Guerillas zu bilden, um auch die übrigen Städte der Insel zu zwingen, ihrer Sache sich anzuschließen, Proclamationen zu erlassen, Anleihen zu bewerkstelligen und sich in den Stand zu setzen, die gegen dasselbe ausgesandte Expedition mit Nachdruck zurückweisen zu können. Indessen drangen die königl. Truppen von Messina aus immer weiter in das Innere der Insel vor und zwangen die Palermitaner zum Rückzuge, und zugleich segelte die Flotte am 2. Sept. unter dem Befehle des Generals Florestan Pepe, von Neapel ab. An ihn sandte die Junta bald nach seiner Ankunft zu Cefalu den Obersten Dolce ab, um Unterhandlungen einzuleiten, die aber nicht zum Ziele führten. Nach kurzer Frist brach der General gegen Palermo auf, überschritt am 25. Sept. das Oretheflüßchen und rückte, den ihm entgegengesetzten Widerstand mit Leichtigkeit bekämpfend und von der Flotte bestens unterstützt, gegen die Flora vor, besetzte sie, den botanischen Garten, die Bastion, die Casina della Catolica und alle Häuser der Vorstädte S. Antonio und Termini, nachdem er die Feinde daraus vertrieben oder getödtet hatte. Um die Stadt ohne vieles Blutvergießen zur Übergabe zu nöthigen, ging der General nach diesem ersten glücklichen Erfolge sehr schonend zu Werke. Mit Anbruch des Tages schickte er am 26. den Capitain Gaddi in einer Barke nach Porta felice mit einer Adresse an das Volk, um es zur Ruhe zu ermahnen. Allein weder der Capitain noch die Barke kehrten zurück. Nun drangen die neapolitanischen Truppen von la Flora aus durch die Porta reale in die Stadt ein und trieben einen zahlreichen Haufen bewaffneter Leute vor sich her. Es wurde aus den Häusern lebhaft auf die Truppen gefeuert, welche sich aber dadurch vom Vordringen nicht abhalten ließen, sondern die Häuser erstürmten und bis gegen die Mitte der Stadt, deren Zerstörung jetzt, da auch die Flottille mit Erfolg viele Bomben und Granaten hineingeworfen und bereits 30 Häuser und zwei Kirchen in Asche gelegt hatte, nahe schien, vordrangen. Mittlerweile zog Pepe, überzeugt, Schrecken genug verbreitet zu haben, um den Einwohnern Zeit zum Nachdenken und Capituliren zu lassen, die Truppen in der Nacht zurück. Am 27. hielten wenige Posten la Flora und die Vorstadt des Thores di Termini besetzt; der Überrest bildete eine Reserve. Im Laufe des Tages gewährte man den Einwohnern mehre Vergünstigungen, gestattete die Benutzung der von den Truppen besetzten Mühlen 48 Stunden, erquickte die geflüchteten Familien und schickte die Gefangenen mit Friedensanerbietungen in die Stadt zurück. Auch aus der Stadt kamen zahlreiche Deputationen, welche der General anhörte und auf ihr Ansuchen eine Unterredung mit dem Fürsten Paterno, welcher an die Stelle des dem Volke verdächtigten und dadurch ihm verhaßten Fürsten von Villafranca und an die Spitze der provisorischen Junta getreten war. Aber während man den Ausgang dieser Unterhandlungen erwartete

76) s. Briefe in die Heimath aus Deutschland, der Schweiz und Italien, v. D. Fr. H. v. d. Hagen. (Breslau 1818.) 3. Bd. S. 101 fg. 77) s. Allgem. Zeitung. August 1820. S. 875, 879 fg.

)er Beendigung der Feindseligkeiten schon zunächst :ensah, wurden die Thore neuerdings geschlossen und :eindseligkeiten abermals begonnen. General Pepe nun den Entschluß, die Stadt für jetzt blos zu be- n und zu bombardiren, weil ein Sturm den Brand großen Theiles der Stadt und den Untergang vie- uch gut gesinnter, Bürger hätte nach sich ziehen 1.

In Folge dieses neuen Bombardements trat in der selbst ein Umschwung ein, der zehn Tage alle nur lichen Excesse über die Stadt herbeiführte. Durch matischen Priester Baglica wurde das Volk von 1 aufgewiegelt, und in der Meinung, es sei früher jangen und verrathen worden, veranlaßt, neuerdings 1 Waffen zu greifen. Nun griff der bewaffnete Pö- r Nationalgarde, worin die ganze militairische Macht no's bestand, an, und entwaffnete sie und folgte fort- nes Menschen Befehlen mehr, sondern nur seinem Triebe nach Raub, Zerstörung, Rache und Blut- Während nun ein Theil desselben von den Mauern mit den königlichen Truppen kämpfte, plünderte das el im Innern der Stadt die Häuser, beraubte oder :e die Paläste der ihm verhaßten Großen, öffnete efängnisse von Neuem und vermehrte dadurch die)er Verwüster, und verübte Grausamkeiten, die nur ahnsinn der Verzweiflung veranlassen konnte. End- ard am 5. October zwischen dem General Pepe und ürsten Paterno eine Capitulation abgeschlossen, der : die Truppen die Forts und Batterien besetzten, al- r übrige Theil des Heeres außer der Stadt Quar- ezog, was sich schon am nächsten Tage als sehr 1 bewährte, über die politischen Verhältnisse Sici- zu Neapel sollte erst die Mehrzahl der zu einem Par- e zusammenberufenen Sicilianer entscheiden. Wäh- sich so die provisorische Regierung und der bes- heil der Bürger ruhig ergeben hatten, griff der Pö- 1 6. von Neuem zu den Waffen, wurde jetzt aber zur Ordnung gewiesen und den Gräueln für immer nde gemacht, sodaß selbst die vom neapolitanischen nente in seiner Sitzung vom 14. Oct. beschlossene om Souverain genehmigte Verwerfung der Capitula- e öffentliche Ruhe zu stören nicht vermochte. Palermo nun militairisch besetzt, die Einwohner entwaffnet, die verübten Greuel und Verbrechen der Revolu- Verflochtenen verhaftet, Baglica und Andere nach l abgeführt, ein Kriegsgericht niedergesetzt, um die :cher zu richten, und durch Strenge die Ruhe ge- Bald trafen unter Coletta neue Truppen von l ein und unterstützten die Thätigkeit der neu einge- provisorischen Regierungsjunta, die nun das Elend dern hatte, welches in Folge der vorhergegange- ufregung, Zerstörung und Kraftanstrengung unver- meidlich eintrat. Nach der in Neapel eingetretenen Katastrophe warf die am 29. Mai 1821 unter Segel gegangene kaiserl. österreichische Division Walmoden am 31. auf der Rhede von Palermo Anker und rückte am folgenden Tage ruhig in die Stadt ein, während die Escadre die königl. neapolitanischen Truppen nach dem festen Lande zurückbrachte. Palermo wurde nun wieder als der Sitz der Centralverwaltung der Insel anerkannt, ein Vorzug, dessen es das neapolitanische Parlament beraubt hatte. Bis zum Jahre 1823 blieb die Stadt von den österreichischen Truppen besetzt. Es dauerte sehr lange, ehe die Wunden, welche die Revolution dem Volkswohlstande geschlagen hatte, heilen konnten. Am 10. Jan. 1822 wurde eine Verschwörung entdeckt, welche, von Advocaten, drei Priestern und einem Mönche angestiftet, den Zweck hatte, den Statthalter und den Cardinal Erzbischof Gravina zu ermorden, und den General Walmoden zur Unterschrift eines Befehls zu nöthigen, nach welchem die Festungen des Landes von den Österreichern geräumt werden sollten. Hierauf entwaffneten die Österreicher das Landvolk und den unruhigsten Stadttheil von Palermo; 28 Verschwörer wurden entwaffnet und neun davon erschossen. Am 23. Febr. 1823 wurde die Stadt durch eine furchtbare Feuersbrunst und am 5. März durch ein heftiges Erdbeben heimgesucht. In den ersten Tagen des Monats Juni 1837 brach, ungeachtet aller Vorsichtsmaßregeln und aller Absperrungen, welche die Stadt Monate lang in Anwendung gebracht, und die Bevölkerung von Palermo durch Mangel und Theuerung fast bis zur Verzweiflung gebracht hatten, die Cholera aus und erreichte rasch eine solche Heftigkeit, daß am 2. Jul. schon zwischen 4—500 Personen starben, ein Ereigniß, welches das leicht aufgeregte und zu Ausschweisungen geneigte Volk abermals zu Gewaltschritten hinriß und die Autorität der öffentlichen Behörden in Besorgung der öffentlichen Angelegenheiten lähmte, zu deren Besorgung vom Volke eine Deputation aufgestellt wurde, welche während der Dauer der Krankheit Alles selbst verwalten sollte. S. Biazo Gamboa's „Geschichte der neapolitanischen Revolution zu Palermo" und Oliv. Poli's „Erzählungen aus der Militairexpedition nach Sicilien im J. 1820."

(*G. F. Schreiner.*)

PALERMO-SEIDE, die in der Gegend von Palermo erzeugt und von da ausgeführt wird. Sie steht etwas unter der Seide von Messina und wird in drei Sorten unterschieden, die man im Handel mit **M** (die geringste), **MB** (die Mittelsorte) und **O** (die beste) bezeichnet. Ein Ballen wiegt gewöhnlich 300 Pfund sicilisches Gewicht. Die meiste Seide wird roh ausgeführt, doch ein Theil auch filirt, wovon man die verschiedenen Sorten ebenfalls mit Buchstaben bezeichnet, nämlich **PFM, VM, OBV** ꝛc.

(*Karmarsch.*)

Ende des neunten Theiles der dritten Section.

Druck von F. A. Brockhaus in Leipzig.

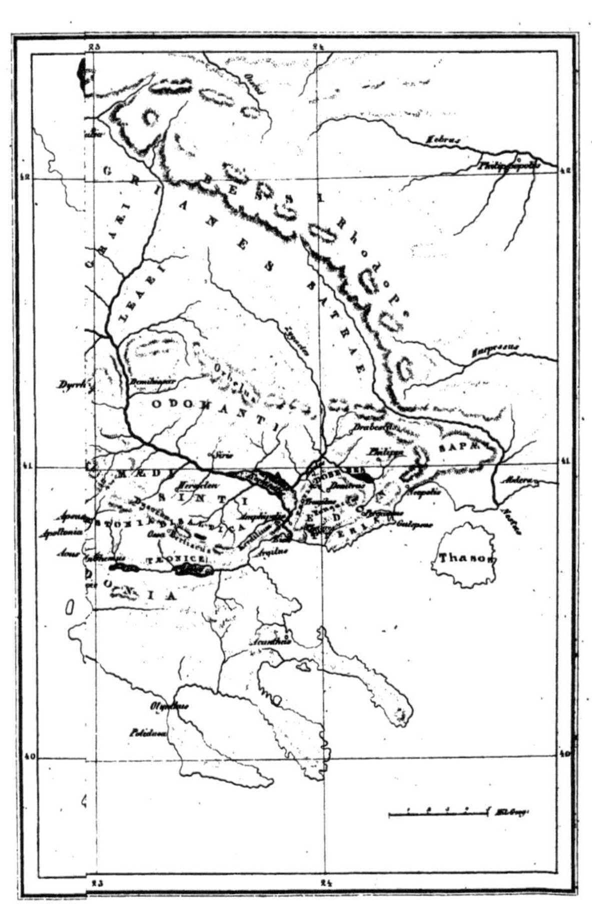

4. Etruskisch.

5. Althebraeisch.

A.

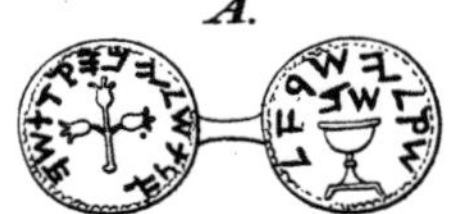

B.

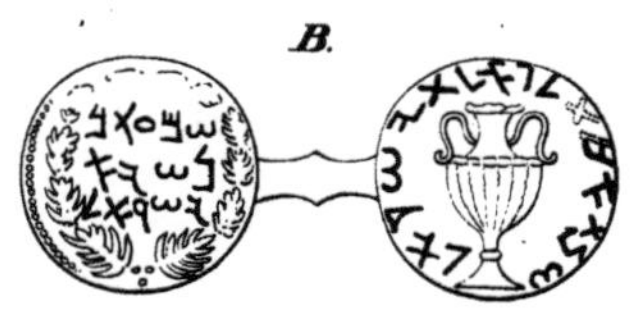

6. Samaritanisch.

miden-Schrift.

12

bische Schrift.

2

Zur Allgem. Encyklopaedie der Wissenschaften u. Künste.

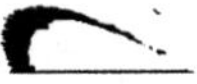

Allgemeine

Encyklopädie der Wissenschaften und Künste.

Allgemeine
Encyklopädie
der
Wissenschaften und Künste
in alphabetischer Folge
von genannten Schriftstellern bearbeitet
und herausgegeben von
J. S. Ersch und J. G. Gruber.
Mit Kupfern und Charten.

Dritte Section
O — Z.
Herausgegeben von
M. H. E. Meier und L. F. Kämtz.
Zehnter Theil.

PALES — PANUS.

Leipzig:
F. A. Brockhaus.
1838.

Allgemeine

ncyklopädie der Wissenschaften und Künste.

Dritte Section

O — Z.

Zehnter Theil.

PALES — PANUS.

P A L E S.

PALES, war den Römern Gottheit der Hirten, die diesen und ihren Heerden Gedeihen und Glück verleiht. Die meisten Gelehrten des Alterthums sahen in ihr ein weibliches Wesen, das sie mit der Vesta oder Mater Deûm oder Ceres zusammenstellten [1]); auch wird sie neben den uralten italischen Göttinnen Anna Parenna, Panda rc. genannt [2]). Varro und Andere machten diese Gottheit zu einem männlichen Wesen [3]). Hartung [4]) bringt Pales mit dem Palatinus zusammen, als dem Mittelpunkte aller Überlieferungen und Institute der Hirtenreligion; den Namen bringt er in Verbindung mit dem Wortstamme, der dem Pan, ποιμήν und andern ähnlichen Wörtern zum Grunde liegt.

Für jene Verbindung mit dem Palatinus scheint besonders der Umstand zu sprechen, daß die Palilia am 21. April gefeiert wurden, welcher Tag zugleich für Roms Stiftungstag galt; an diesem Tage war der Palatinus zuerst umfurcht und das Gebiet für die Hirtenstadt geweiht.

Die am Festtage der Gottheit, den Palilia, gebräuchlichen Ceremonien schildert Ovidius [5]) sehr anschaulich: waren die Heerden in die Ställe getrieben, schmückte man die Ställe mit Lorbeer und durchräucherte sie, wie sich selbst; keine Hostie wurde geschlachtet, auf daß dieser Tag völlig blutlos sei [6]). Dann betete der Hirt bei dem aus Kuchen und Milch bestehenden Opfer um Schutz und Gedeihen der Heerden und Hirten, sowie um Entsühnung, falls er etwa heilige Stätten betreten und entweiht. Darauf überließ sich Alles der heitersten Festlust [7]), der Hirt stimmt trunken Lieder an, man springt durch die angesteckten Stoppelhaufen, wie man das Vieh durch die heilige Flamme jagt, die Jugend lagert sich im Schatten eines Baums oder baut ein Schutzdach aus ihren Kleidern und umwindet es mit Kränzen, bekränzt steht der Humpen vor ihnen, dann wird mit den Mädchen geschäkert und gehadert.

Jener Ritus, über die Flamme zu springen und das Vieh durch die Flamme zu treiben, ist ganz derselbe wie bei unserm Johannisfeuer und Notfeuer [8]). Und wie es der Zeit nach mit unserm Osterfeste zusammenfällt, entsprechen sich auch die bei beiden Völkern üblichen Festgebräuche [9]).

Das Bild der Gottheit stand in alter Zeit neben Pan, aus Holz geschnitzt, mit einer Sichel versehen [10]).

(F. W. Schneidewin.)

PALESTRINA, PALAESTRINA (eigentlich PELESTRINA), 1) eine große Gemeinde von 5936 Seelen auf einer schmalen sandigen Düneninsel, Lido di Pelestrina genannt, im Districte IV. (von Chioggia) der Provinz Venedig des lomb.-venet. Königreichs, längs der Lagune ausgedehnt und von dem adriatischen Meere nur durch den bewundernswürdigen Steinwall der Murazzi getrennt, von Fischern und Schiffern bewohnt. Hierher pflegen die Fremden gewöhnlich von Venedig zur Besichtigung der Murazzi zu fahren. *(G. F. Schreiner.)*

2) Stadt im Kirchenstaate, ist der Sitz eines Bischofs und hat eine Kathedralkirche, vier Mönchs- und ein Nonnenkloster und 1500 Einwohner. Sie steht an der Stelle des alten Präneste, von welchem man noch bedeutende Reste, namentlich von einem Tempel der Fortuna, sieht. *(Fischer.)*

PALESTRINA (Giov., oder Praenestinus genannt, eigentlich Giov. Pierluigi da Palestrina). Der Mann ist so berühmt, daß Wahrheit und Dichtung nicht nur in den Erzählungen seines Lebens, sondern auch in vielfachen Verhandlungen über seine Werke mit einander Hand in Hand gehen. Bei aller Verehrung für ihn war doch bis in die neuesten Zeiten die Geschichte seines Wirkens noch mit so mancherlei Fabeln und Unsicherheiten durchwebt, daß keine einzige Darstellung der Verhältnisse jenes Ruhmgekrönten, die älter als das Jahr 1828 ist, ja noch manch-

---

1) *Serv.* ad *Virg.* Georg. III, 1. Pastoria Pales *Flor.* I, 20. 2) *M. Varro* in Satira Menippea. *Gell.* N. A. XIII, 22, 4. 3) Ap. *Serv.* l. c. 4) Die Religion der Römer. II. S. 149. Daß grade an Roms Stiftungstag sich ein Hirtenfest anschließt, ist für Alter und Bedeutung des Festes bedeutsam genug; vgl. *Hartung.* l. c. p. 153 sq. Müller, Dor. II. S. 347 identificirt die Θεοὶ Παλικοί auf Sicilien mit der Pales, die zu dem sikulischen Theile der römischen Religion gehöre. 5) *Ovid.* Fast. IV, 748 sq. Wenn die Alten behaupten, die Palilia hießen eigentlich Parilia, so wollten sie nur eine Etymologie haben, aus der sie das Wesen der Gottheit, die für Gedeihen und glückliches Gebären der Heerden wie der Hirtenweiber sorgte, erklären möchten. Vergl. *Dion. Hal.* 1, 88. *Jo. Lydus*, De Menss. IV, 50 und *Hartung.* II. p. 149. Indessen muß diese Annahme unter dem Volke selbst Wurzel geschlagen haben, da die Weiber sich zu Bett zu legen pflegten, als ob sie gebären wollten, s. *Fest.* s. v. Parilia. 6) *Plut.* Romul. 12. *Solin.* p. 2. D. 7) S. *Tibull.* II, 5, 87 sq. Dissen zu I, 1, 35.

8) Grimm, Teutsche Mythologie. S. 356. 9) *Voss.* ad *Virg.* Georg. III, 1. 10) *Tibull.* II, 5, 28.

spätere auch von namhafter Feder jetzt mehr zu gebrauchen ist. In diesem Jahre erschien nämlich, nach langem Harren darauf, das sehr ausführliche, aus zwei starken Quartbänden bestehende Werk von Baini: Memorie storico-critiche della Vita e delle Opere di *Giov. Pierluigi da Palestrina* etc., woraus 1829 in der leipziger allgemeinen musikalischen Zeitung S. 781 die übersetzte Vorrede mit beigefügten Memorabilien aus dem (neu berichtigten) Leben dieses Musikheroen mitgetheilt wurde. Haben nun auch Einige von diesen wesentlich sichern Notizen Einzelnes in neuern Darstellungen benutzt, jedoch ohne die Quelle anzugeben, aus welcher sie schöpften, vielmehr stets sich auf den Urborn beziehend, aus dem sie zu schöpfen vorgaben, so lag es doch für jeden Sehenden offen vor Augen, daß die meisten dieser Herren Baini's Werk nicht einmal gesehen, geschweige daraus geschöpft hatten. Unter den achtbarsten Teutschen konnten jedoch diese in unsern Tagen nicht seltenen Schriftstellersünden ebenso wenig verborgen bleiben, als die Überzeugung vom Werthe einer Schrift, die schlechthin ausführlichere Darlegungen verlangte, als der Raum irgend einer Zeitung zu fassen im Stande war. Franz Sales Kandler in Wien hatte daher die nicht geringe Mühe über sich genommen, das überaus langgedehnte, nach hesperischer Weise oft zu gesprächige und ausschweifende Werk, wie es vorlag, zu verteutschen. Dabei fanden sich aber Schwierigkeiten eigener Art, die nicht blos in der oft zu großen Breite und Zerrissenheit mancher wichtigen Gegenstände ihren Grund hatten. So sehr man nämlich im Danke einig war, den man für Aufhellungen vielfacher Art den geschichtlichen Forschungen Baini's, des Directors der päpstlichen Kapelle, schuldete, dem alle Hülfsmittel zu Gebote standen, wie keinem Andern; so sehr man es auch mit Recht pries, wie kräftig, gründlich und belehrend er die römische Schule abgehandelt habe, so wenig oder auch nur immer so gerecht, als man es nothwendig finden mußte, sah man doch in seinem Werke andere italienische Schulen und noch minder die Schulen anderer Länder bedacht, die oft nur obenhin berührt sind, sei es, weil sich Baini's Untersuchung nicht so weit erstreckte, sei es, weil er ihnen vielleicht die Ehre neben der römischen nicht zugestehen wollte. Es wurde darum alles nicht streng zur Sache Gehörende vom Übersetzer, der dadurch zum Bearbeiter wurde, ausgeschieden, das für Kunst- und Literargeschichte Wichtige und Neue an seinen Platz gestellt oder in den Anhang verwiesen, das Mangelhafte in Anmerkungen unter dem Texte ergänzt und berichtigt. Und so ist ein teutsches Werk entstanden, das dem Original in vielfacher Hinsicht vorzuziehen ist. Kandler, der uns selbst sein überaus nutzreiches Werk übersandte, daß wir es zur Herausgabe förderten, erlebte trotz unserer Mühen die Freude nicht, es gedruckt zu sehen; er starb im September 1831 in einem Alter von 37 Jahren an der Cholera. Alle Verleger, die wir dafür zu gewinnen suchten, hielten die Zeit für Veröffentlichung solcher Werke für zu ungünstig. Erst 1834 hatten wir das Vergnügen, das vortreffliche Buch bei Breitkopf und Härtel in Leipzig gedruckt zu sehen und zwar noch vermehrt mit sehr schätzbaren Anmerkungen und Berichtigungen von R. G. Kiesewetter, welcher den Verstorbenen zu dieser seiner letzten Arbeit ermuntert hatte und nun noch die letzte Hand an dasselbe legte. Unterdessen hatte Hr. C. von Winterfeld 1832 in Breslau eine ausführliche Beurtheilung der Leistung Baini's in einer eigenen kleinen Schrift unter dem Titel herausgegeben: Johannes Pierluigi von Palestrina. Seine Werke und deren Bedeutung für die Geschichte der Tonkunst. Mit Bezug auf Baini's neueste Forschungen, 66 Octavseiten. So schätzenswerth diese Schrift ist, was die Lebensverhältnisse Palestrina's und die Anzeige der Werke dieses einflußreichen Italieners betrifft, so sehr dieser Auszug gedrängter Art Jeden befriedigen wird, der nicht tiefer in die Zeit Palestrina's einzudringen Lust hat: so wenig ist doch dadurch für jeden gründlichen Liebhaber Baini's Werk, vorzüglich in der Bearbeitung Kandler's, entbehrlich gemacht worden. Die teutsche Bearbeitung führt den Titel: Über das Leben und die Werke des G. Pierluigi da Palestrina, genannt der Fürst der Musik, Sängers, dann Tonsetzers der päpstlichen Kapelle, auch Kapellmeisters an den drei Hauptkirchen Roms. Nach den Memorie etc. Giuseppe Baini's, verfaßt und mit historisch-kritischen Zusätzen begleitet von Franz Sales Kandler. Nachgelassenes Werk herausgegeben mit einer Vorrede und mit gelegentlichen Anmerkungen von R. G. Kiesewetter. Leipzig 1834. Diese beiden Hauptwerke und die leipziger allgemeine musikalische Zeitung sollen unserer Beschreibung dieses höchst wichtigen Mannes, der eine genauere Darstellung erheischt, zum Grunde gelegt werden.

Giovanni Pierluigi, nach seinem Geburtsorte, einem Städtchen an dem Fuße der Apenninen in der Campagna di Roma, an den Grenzen des alten Latiums, gewöhnlich Palestrina (das alte Präneste) genannt, wurde nach Baini's Angabe im Spätsommer 1524 geboren. Da die Archive der Stadt Palestrina 1557 im Kriege zerstört und in Feuer aufgegangen sind, kann diese Annahme Baini's nur als die vermuthlich richtigste unter allen angesehen werden. Kandler selbst sucht an verschiedenen Orten darzuthun, Palestrina sei 1514 geboren worden, was aber auch von Kiesewetter, welcher Baini beistimmt, für zu früh gehalten wird und mit Recht. Die bisher gewöhnlichen Angaben von 1528 und 1529 sind offenbar zu spät. Seine übrigens unbekannten Ältern waren arm. Ihr zweiter Sohn war Bernardino, von welchem gleichfalls nichts bekannt ist, bis auf eine nichts aufhellende Notiz. G. Palestrina's Jugend bleibt dunkel, bis er etwa 1540 im 16. Jahre nach Rom ging, um Musik zu lernen. Damals war die praktische und theoretische Tonkunst Italiens im Besitze fremder, namentlich der Spanier, Franzosen und Niederländer. Vor allen zeichnete sich in Rom der Niederländer Claudio Goudimel aus, von welchem der Vatican und andere römische Kirchen noch Manuscripte bewahren. Dieser hielt damals in Rom eine öffentliche Musikschule, in welche sich auch Giov. Palestrina begab, wo er mit G. Animuccia, Stef. Bettini, Al. Merlo, nachmals della Viola genannt, Giov. Maria Nanini rc. seine Ausbildung erhielt. Es ist also nicht mehr wie bisher zu bestreiten, daß Goudimel Palestrina's Leh-

war. Unter Julius III. (1549—1555) erhielt Pale-
a bereits eine Anstellung an der vom Papst Julius II.
)5—1513) an der vaticanischen Basilica von S. Pe-
gestifteten und nach ihm genannten Juli'schen Kapelle
angs unter dem Titel magister puerorum, dann als
ister capellae. Während dieser Zeit verheirathete
ich mit einer gewissen Lucretia, die als sehr rechtliche
geschildert wird. Sie gebar ihm vier Söhne, An-
, Ridolfo, Silla und Igino, von denen die drei ersten
liche Proben der Tonsetzkunst ablegten, die sich jedoch
über das Stelfe jener Zeit erhoben. Sie starben
dem Vater und nur der vierte überlebte ihn, welcher
der Tonkunst keinen Antheil nahm und sogar wider
Vaters Willen, nach dem Ableben desselben, die geerb-
Compositionen des Vaters an zwei Freunde veräu-
. Lucretia starb ebenfalls vor ihm. Palestrina's er-
öffentlich bekannt gemachtes Werk bestand aus vier
sen zu vier und fünf Stimmen, die er dem Papste
us III. widmete, gedruckt 1554. Es war die erste
hennusik, die ein Italiener einem Papste weihete.
Papst bot ihm für diese in der Folge noch zwei
aufgelegten, sehr günstig aufgenommenen Arbeiten
Stelle unter den päpstlichen Sängern an, um deret-
n Palestrina sein Kapellmeisteramt niederlegte und am
Jan. 1555 seinen neuen Posten antrat. Zum Unglück
ihn starb Julius schon am 23. März desselben Jah-
und dessen Nachfolger Marcello Cervino (Marcellus II.),
strina's Gönner, war nur 21 Tage Papst. Palestrina
ein vierstimmiges Madrigalenwerk vollendet, was er
dem Julius, dann Marcellus II. widmen wollte. Dieser
te Band seiner gedruckten Compositionen erschien nun
Dedication 1555 in Rom bei Luigi Dorici. Die Texte
n mitunter von etwas schlüpfriger Beschaffenheit,
über Palestrina selbst späterhin sein Bedauern bezeigt.
demselben Jahre kam Paul IV. auf den päpstlichen
hl (1555—1559). Kaum hatte er diesen bestiegen,
er auch schon die Deputirten des Sängercollegiums
ich berief und sich nach Allem erkundigte. Verlegen
te man ihm endlich auch antworten, daß sich jetzt drei
irathete Sänger in der päpstlichen Kapelle befänden:
ardo Barré, Ferrabosco und Pierluigi. Die Depu-
n nahmen sie bestens in Schutz, der Papst billigte ihr
ahren und verhieß ihnen deshalb nächstens seine Mei-
bekannt zu machen. Als Pierluigi dies erfuhr (18.
1555), verfiel er in eine schwere Krankheit, die über
Monate dauerte. Am 30. Juli wurden die drei
mer motu proprio des Papstes aus dem Collegio
ssen und jedem monatlich sechs Scudi angewiesen.
schmerzlich Palestrina dies auch fühlte, so wurde er
aus dieser drückenden Lage schon im folgenden Mo-
erlöst (auch dem Barré widerfuhr ein ähnliches
). Er wurde an die Stelle des Bernh. Lupocchino,
wegen Vernachlässigung sein Amt verloren haben soll,
Capitel der lateranischen Kirche zum Kapellmeister
ngt, was er, obwol nur spärlich besoldet, dankbar
hm. Doch behielt er dabei die päpstliche Verwilli-
der Pension von sechs röm. Thalern monatlich. Am
Oct. 1555 trat er das Amt an und verwaltete es

bis zum 1. Febr. 1561. In diesen Jahren war er unglaublich thätig im Fache der Composition, oft wiederhallte die Kirche des h. Johannes, das Haupt der Christenheit, von seinen neuen heiligen Gesängen. Unter den vielen Bänden mühevoller Arbeiten befand sich auch ein Band vierstimmiger Lamentationen des Jeremias und ein Band Magnificat zu fünf und sechs Stimmen. Das Hauptwerk jener Zeit, das seinen späterhin so großen Ruhm begründete, waren die sogenannten Improperia, die am Charfreitage 1560 das erste Mal von seinen Sängern aufgeführt wurden und in ihrer einfachen Größe Aller Herzen so rührten, daß Pius IV. selbst eine Abschrift derselben verlangte, von welcher Zeit an sie nun stets an demselben Tage in der päpstlichen Kapelle bis auf heute aufgeführt und stets mit Erhebung gehört wurden. Diese Gesänge ertönen während der Verehrung des Kreuzes, das in der alles Schmucks entäußerten Kirche allein enthüllt wird, dem sich die Gläubigen paarweise nahen und sich vor ihm niederwerfen. Im Namen des Herrn hallen einzelne Stimmen dem Volke vor, was er an ihnen gethan und wie sie ihm dafür gelohnt haben. Wechselchöre rufen dazwischen: Heiliger Gott, heiliger starker Gott, heiliger ewiger Gott! erbarme dich unser! Hat nun die ganze Gemeinde diese Kreuzesanbetung vollbracht, wird die Feier mit dem Crux fidelis beschlossen, einem Doppelchor für vier tiefe und vier hohe Stimmen, alles so einfach und der Sache angemessen, daß Kunst und Natur völlig vereinigt erschienen und Künstler und Laien ergriffen wurden. So viel er in dieser ganzen Zeit auch leistete und so sehr er von jetzt an dadurch seinen nachmals so großen Ruhm begründete, so ließ er doch in diesen Jahren gar nichts drucken. Man suchte ihm Einiges durch List zu entwenden. Von diesen ist ein Madrigale für fünf Stimmen, Donna bella e gentil, in Venedig erschienen. So belobt und geehrt Palestrina auch in den letzten Jahren war, so wenig wohl befand er sich in seiner bürgerlichen Lage, die durch die unruhigen Zeitverhältnisse immer drückender wurde. Er sah sich genöthigt, um Verbesserung der Stelle oder um Entlassung anzuhalten und man gewährte, wie gewöhnlich, die letzte. Er gab also im Februar 1561 diese Stelle auf und wurde vom Capitel der Liberianischen Hauptkirche, auch S. Maria maggiore genannt, zum Kapellmeister berufen, welchen Dienst er am 1. März dieses Jahres antrat. Auch hier mußte er die Chorknaben unterrichten. Hier legte man schon im folgenden Jahre alle Vollmacht über die Sänger in seine Hände, die er nach seiner Wahl zu berufen und in Ordnung zu halten hatte. Redlich verwaltete er diesen Posten zehn volle Jahre bis zum 31. März 1571. Diese Epoche war die glänzendste seines Lebens. Er hatte 1562 der päpstlichen Kapelle die Messe: Ut, re, mi, fa, sol, la geschenkt und zwei Motetten: Beatus Laurentius und Estote fortes in bello. Im J. 1563 hatte er das erste Buch seiner Motetten zu vier Stimmen drucken lassen und sie dem Cardinal Ridolfo Pio von Carpi gewidmet.

Unterdessen drohete wirklich von Seiten des tridentinischen Conciliums und in Folge päpstlicher Beschlüsse der heiligen Musik Gefahr. Man fand die Kirchenmusik jener Zeit so unangemessen, daß man damit umging, sie aus der Kirche zu verbannen, wenn sie nicht einer bedeutenden Verbesserung fähig wäre. An welchen Fehlern und Unanständigkeiten die damalige fromme Musik gelitten habe, wird von verschiedenen Schriftstellern sehr verschieden vorgestellt. Baini widmet diesem Gegenstande eine sehr ausführliche Untersuchung, von welcher das Wichtigste nothwendig zu klarer Erkenntniß der Angelegenheit überhaupt und dessen insbesondere, was Palestrina für die heilige Musik that, beigebracht werden muß, da immer noch die unrichtigsten Ansichten darüber vorherrschen. Einige Schriftsteller des 17. Jahrh., wie Doni der jüngere, behaupten, die Figuralmusik sei durch Verzierungen zu weichlich, zu einer bloßen Unterhaltung geworden und sei nicht mehr geeignet gewesen, den Geist zum Göttlichen zu erheben. Dem wird mit Recht widersprochen; diese dem Ohre schmeichelnde Entartung trat erst im 17. Jahrh. ein. Wol gab es damals zweierlei melismatische Verzierungen oder Zergliederungen der Hauptnote in mehre kleinere, die von der einen oder der andern Stimme nach Willkür des Sängers ausgeübt wurden, während die übrigen Stimmen im Chor ihre vorgeschriebenen Noten sangen. Diese Art hieß der Contrapunkt aus dem Stegreife (contrappunto alla mente), welcher aber den Gesang eher schwerfällig und verworren, als üppig machen mußte. Die andere Art war die Ausschmückung der Gesänge mit Passagen und willkürlichen Accorden, auf die sich manche Sänger etwas einbildeten, so beleidigend dieses Verfahren auch sein mußte. Das waren jedoch Fehler der Sänger, nicht der Musik selbst, gehören also im Grunde nicht hierher; dann war auch der zweite Fehler damals lange nicht so arg als spätere Schriftsteller annehmen, aus ihrer Zeit auf frühere fälschlich schließend. Hierin fand demnach Palestrina nichts zu verbessern. Noch weniger kann jener Zeit eine übermäßige Anwendung der musikalischen Instrumente (der organischen Musik) zur Last gelegt werden. Früher hatte man sich zwar auch in einigen Kirchen der Instrumente zur Unterstützung des Gesanges bedient, allein seit der Entstehung des Contrapunktes hatte dies aufgehört und kam erst nach der Einführung mehrchöriger Compositionen, nach der Mitte des 16. Jahrh. wieder auf zur Erleichterung und Zusammenhaltung der Sänger. Auch hierin fand Palestrina nichts zu verbessern. — Andere behaupten, die Kirchenmusik wäre darum in Gefahr gekommen unterdrückt zu werden, weil sie sich in ein übertriebenes und trockenes Kunstgewebe gehüllt, durch Misbrauch der Kunstmittel mit argem Prunke sich dergestalt überladen habe, daß der Sinn des Textes, die heiligen Worte, die doch das Mark heiliger Musik sein müssen, ganz unverständlich und bedeutungslos geworden. Diese Beschuldigung trifft. Man arbeitete noch für das Auge, für imitatorische Verknüpfung der Stimmen, für Umkehrungen und die künstlichsten Verwebungen, ohne sich um Text und Ausdruck, den man in den Anfängen der harmonischen Kunst noch nicht zu geben vermochte, zu kümmern. Man ließ in verschiedenen Stimmen verschiedene Texte auf einmal hören, schrieb nur die Anfangsworte des Textes unter eine Composition und überließ es den Sängern, das Weitere nach Willkür unterzulegen, suchte erst Texte nach verfertigter Composition; auch wird das Zerreißen der Worte unter diese Anschuldigungen gerechnet, was durch den fugirten Contrapunkt herbeigeführt wurde. So sehr wir auch diese Irrungen als richtig anzuerkennen haben, so geht man doch hierin zu weit, wenn man auch den letzten Punkt mit als Fehler anrechnet. Wenigstens würde man nicht mit Recht sagen können, daß er von Palestrina verbessert oder auch nur vermieden worden sei. In seinen allermeisten und für außerordentlich gehaltenen Werken hat er den Text ebenso zerrissen, wie es die Niederländer thaten, von denen er seine Kunst gelernt hatte. Selbst in der Missa Papae Marcelli ist es der Fall. Man geht also hierin zu weit, indem man an Vielen tadelt, was man an Einem preist. — Dazu hatte man sich erlaubt, das Heilige mit dem Unheiligen völlig zu vermischen im Gesange und für die Orgel, die ihre gewöhnlichen Vorträge von Gesängen nahm und für das Instrument arrangirte. Man legte den Messen nicht blos alte beliebte Kirchenmelodien zum Grunde, sondern auch Volkslieder oft sehr anstößiger Art. So erhielten die Messen oft sehr wunderliche, widersprechende Titel, z. B.: O Venere bella; Adieu mes amours; Mio marito mi ha infamato; Baisez moi; Des rouges nez etc. Schon längst war von Päpsten und Concilien gegen mancherlei Misbrauch der Musik in Kirchen geeifert worden, und es wäre ein Gewinn für die Geschichte der Tonkunst, wenn die wichtigsten Anschuldigungen, welche die Musik von Zeit zu Zeit erfuhr, der Reihenfolge nach zusammengestellt würden. Das tridentinische Concil, vorzüglich unter Pius IV., setzte nur fort, was schon öfter geschehen war, was man ebenso wol wußte, als daß frühere Verbote ohne großen Erfolg geblieben waren. Man wollte also ernstlicher einschreiten. Am besten wird es sein, wir setzen aus dem zu Antwerpen 1674 bei Hieron. und Joh. Bapt. Verdus sen. gedruckten Werke: Sacrosancti et oecumenici Concilii Tridentini — Canones et Decreta etc. die darauf bezügliche Stelle her. S. 165 und 166 heißt es: Ab ecclesiis musicas eas, ubi sive organo, sive cantu lascivum aut impurum aliquid miscetur, item saeculares omnes actiones, vana atque adeo profana colloquia, deambulationes, strepitus, clamores arceant: ut domus Dei vere domus orationis esse videatur ac dici possit. — Quarundam Missarum et cantelenarum certum numerum, qui magis a superstitioso cultu, quam a vera religione inventus est, omnino ab ecclesia removeant. Ferner wird den Geistlichen S. 219 anbefohlen: Omnes divina per se, et non per substitutos, compellantur obire officia; atque in choro, ad psallendum instituto, hymnis et canticis Dei nomen reverenter, distincte devoteque laudare. Das sind aber keine Verbote der kirchlichen Musik, sondern nur Abwendungen der oft getadelten Misbräuche und weiter nichts. Die angeführten Einschränkungen musikalischer Unziemlichkeiten wurden in der 22. und 24. Sitzung vorgetragen, also viel später, als daß Marcellus II. Antheil daran gehabt haben konnte. Diejenigen, welche dem Marcellus II. die Anregung der Umgestaltung der kirchlichen Musik zuschreiben, sind völlig im Irrthum. Baini beweist genau, was wir früher, freilich nur aus der Kürze seiner Regierung schließend, gegen die allgemeine Meinung äußerten, daß Marcellus in den 21 Tagen seines Papstthums mit den Krönungsfeierlichkeiten und den Functionen der Charwoche und des Osterfestes vollauf beschäftigt gewesen. Es ist nicht einmal ein gültiges Zeugniß vorhanden, daß er auch nur den Gedanken gehabt habe, für ernstliche Verbesserung der Kirchenmusik zu sorgen. Erst viel spätere Schriftsteller, als Angelo Berardi und Antimo Liberati, haben dieses Mährchen in Umlauf gebracht. Selbst die hierher gehörende Messe Palestrina's ist nicht 1555 zum Ostermontage, sondern erst zehn Jahre später zum ersten Male aufgeführt worden nicht in der päpstlichen Kapelle, nicht in Trident vor den versammelten Vätern, am letzten Orte auch nicht später. Wenn aber überhaupt der Wille des Concils nur nach den gedruckten Beschlüssen genommen werden darf, nicht nach dem, was vielleicht Einige unter ihnen meinten: so ist es nicht einmal wahr, daß sie die Figuralmusik gänzlich aus der Kirche verbannt wissen wollten. Vielmehr sollten nach ihrem ausdrücklichen Willen die Knaben fortwährend im Gesange unterrichtet werden: **Grammatices, cantus, computi ecclesiastici, aliarumque bonarum artium disciplinam discent.** Und in der 24. Sitzung ist eigentlich nur nebenbei von der Musik die Rede, und gar nicht daß sie abgeschafft, nur daß sie in Ordnung gehalten werden sollte; nur die schlechte, unanständige Kirchenmusik wollten die heil. Väter nicht. Haben nun auch in der Folge einige hohe Erklärer der Anordnungen des tridentinischen Concils diese Angelegenheit auf die äußerste Spitze gestellt, so hatten sie nur um so mehr Irrthümer verbreitet, die um des Ansehens ihrer Person willen um so stärker wurzelten. Ehe die Gegenstände in den Sitzungen verhandelt wurden, bestimmte man zum Voraus, worüber in der nächsten gesprochen werden sollte. Diese Anzeigen wurden auch den Rednern der Fürsten gemacht. Die Abgesandten des Kaisers Ferdinand sandten sie sogleich am 10. Aug. 1563 ihrem Herrn und dieser schrieb ihnen, nicht den Vätern des Concils, also auch nicht „humblement,“ wie eine oft abgeschriebene Stelle sagt, man möge nur nicht den Figuralgesang ganz verbannen wollen, weil er nicht selten eine Aneiferung zur Andacht sei. Der Kaiser wollte also nur einer möglichen Übertreibung des Eifers vorbauen. Zum Glücke war diese sehr gute Vorsorge des Kaisers diesmal gar nicht nöthig, denn an eine wirkliche Verbannung der Kirchenmusik dachten die Väter nicht, und wir glauben, daß in der Folge verschiedene Schriftsteller die Sache nur darum verdreht und ungemein übertrieben haben, um unsern Palestrina desto höher hinzustellen. Baini widerlegt selbst die Meinung, daß der Legat Ridolfo Pio von Carpi die Sache der Musik vor dem Concil in Schutz genommen habe, zeigend, daß er nicht auf das Concil gesandt worden sei. Daß aber dieser Cardinal und Legat ein großer Beschützer der Künste und namentlich Palestrina's war, ist gewiß. Ihm widmete Palestrina auch 1563 einen vortrefflichen Band vierstimmiger Messen: **Motecta festorum totius anni etc.**, welche noch vier Auflagen erlebt haben. Als nun in demselben Jahre das Concil zu Trident endete, ernannte Pius IV. eine Congregation von acht Cardinälen, welche für die beste Ausführung der Beschlüsse der Väter Sorge tragen sollten (2. Aug. 1564). Unter diesen waren auch der junge 33jährige Cardinal Vitellozzo Vitellozzi, ein großer Freund der Musik wie der Papst, und Karl Borromäus, welche beide zum Besten der Musik handeln sollten. Der letzte, ein Freund des Papstes, schärfte besonders ein, daß man vor Allem auf Deutlichkeit der Worte dringen solle. Vitellozzo, als Bevollmächtigter in dieser Angelegenheit, begehrte und erhielt acht geschickte Sänger der päpstlichen Kapelle zur Berathung. In mehren Sitzungen wurden folgende Punkte ausgemacht: 1) Es dürfen weder Motetten noch Messen mit Vermischung von fremden Worten gesungen werden; 2) keine Messen, welche über weltliche Themen und Lieder verfaßt wurden; 3) daß auch Motetten über von Privatpersonen erfundene Worte auf immer von der päpstlichen Kapelle ausgeschlossen sein sollten. Nur darüber konnten die Cardinäle mit den Sängern nicht einig werden, ob die heiligen Worte, vom Chore gesungen, nicht noch deutlicher hörbar gemacht werden könnten. Die Cardinäle wünschten es, die Sänger erklärten dagegen: das sei wol in einfachern Gesängen, nur nicht immer möglich, wegen der Fugen und Nachahmungen, die den Charakter der Harmonie ausmachten, und weil bei Hintansetzung jener Mittel der musikalischen Kunst ihr eigenthümlichstes Element entzogen würde. Die Cardinäle führten ihnen Beispiele an, die Beides verbunden zeigten, erinnerten an das **Te Deum** von Costanzò Festa und an Palestrina's Improperien, das Quartett seiner Messe **Ut, re, mi, fa, sol, la.** Hier wurde Palestrina zum ersten Male als Muster aufgestellt, was höchst wahrscheinlich von dem Präses dieser Angelegenheit, einem besondern Gönner P.'s, welchem er seine Motetten gewidmet hatte, ausging. Die Sänger blieben aber dabei: kurze Sätze entschieden nicht für alle; beim **Gloria** und **Credo** der Messe z. B. werde ihre Foderung nicht erreichbar sein, wenn man sie nicht beschränke. Endlich kam man überein, es auf einen Versuch ankommen zu lassen, der dem Palestrina aufgetragen werden sollte, den man bereits als Beispiel angeführt hatte, und für welchen sich auch Karl Borromäus zunächst erklären mußte, da er Erzpriester an der Basilica der St. Maria Maggiore war, welcher Palestrina als Kapellmeister vorstand. Karl Borromäus erhielt daher den Auftrag, mit Palestrina darüber zu reden. Er ließ ihn zu sich kommen und ersuchte ihn, eine Messe zu schreiben, welche den Anfoderungen der Congregation der Cardinäle in allen Punkten entspräche. Es sollten also alle jene Ausschweifungen gewöhnlicher Compositionen wegfallen, dabei jedoch volle Harmonie und reiche Kunstverwebung beibehalten werden; dieser Reichthum künstlicher Verflechtung dürfe aber durchaus einem würdigen Ausdrucke nicht nachtheilig sein, vielmehr müsse er die Andacht befördern; vor Allem sei dabei darauf zu sehen, daß die heil. Worte nicht verwischt, sondern vollkommen verständlich blieben.

Würde Palestrina dieser Aufgabe Genüge leisten, so solle es wegen der Musik in den Kirchen beim Alten bleiben; wo nicht, würden Verfügungen im Sinne des tridentinischen Concils getroffen werden müssen. — Nun hat aber das tridentinische Concilium, wie wir gesehen haben, niemals die Absicht gehabt, die Musik ganz aus der Kirche zu verbannen, nur die eingerissenen Übelstände wollte man beseitigen, die weltlichen Unziemlichkeiten entfernt wissen. Die Congregation der acht Cardinäle, die für Vollstreckung jener Beschlüsse Sorge tragen sollte, konnte es daher rechtlicher Weise auch nicht wollen und sie wollte es in der That auch nicht; vielmehr waren bedeutende Freunde der Tonkunst unter ihnen, wie es der damalige Papst selbst war. Man hat also offenbar höchlich übertrieben, wenn man oft genug die Welt überreden wollte, die ganze Tonkunst habe in Gefahr gestanden, aus der Kirche entfernt zu werden. Nicht die Tonkunst im Ganzen war gefährdet, sondern allein die übertriebenen und allerdings nicht zu selten abgeschmackten Künsteleien jener Zeit, die zu weit um sich greifenden und allein für Kunsthauptsache gehaltenen Fugen, Inversionen rc., soweit sie dem Ausdrucke der Sache und den heiligen Worten nachtheilig wären. Das ist aber etwas Anderes, als das, was man bis jetzt daraus gemacht hat und was man nach verschiedenen Ausdrücken Baini's noch jetzt daraus machen kann und wirklich noch zuweilen daraus macht. Baini legt dem Cardinal Borromäus, indem er dem Palestrina den Auftrag ertheilt, in den Mund, er empfehle dem Componisten alle mögliche Aufmerksamkeit, damit sowol der Papst, als die Congregation der Cardinäle der Musik ihren Schutz nicht entziehen möchten. Auch das ist Übertreibung, denn was allgemein hier von der Musik gesagt wird, kann nur von der künstlichen Musik jener Zeit nach Art der niederländischen Schule verstanden werden. Wäre es demnach dem Palestrina nicht gelungen, die neue Kunst durch seine Leistung zu schützen: so würden die Cardinäle d i e s e n e u e Kunst für die Kirche verboten haben und würden mehr oder weniger zum Gregorianischen Gesange zurückgekehrt sein. Hat nun auch die Vorliebe für Palestrina die Gefahr, in welcher die gesammte Musik schweben sollte, offenbarlich vergrößert, so verliert doch durch Wegnahme der Übertreibung der Auftrag nichts von seiner Bedeutung, Schwierigkeit und Folgewichtigkeit. Die Liebe der Sänger für diese damals gebräuchlichen Formen künstlich verwebter Sätze war groß, wie wir aus ihren Einwürfen gegen die Cardinäle gesehen haben; sie rechneten diese Fugen der neuen Kunst als ihr Charakteristisches an. Die Componisten sahen ihre Ehre darin und Palestrina selbst hat in diesem Style geschrieben. Schweifte man auch Anfangs darin aus, von diesen kunstreichen Verbindungen der Stimmen noch zu sehr in Anspruch genommen und in anderer Hinsicht davon beschränkt: so lag doch unverkennbar etwas Großartiges für die Zukunft in diesem Style, sobald man nur seiner sich nicht allein völlig bemeistert, sondern ihn auch mit den übrigen Anfoderungen an die Kunst geschmackvoll zu verbinden gelernt haben würde. Die Tonkunst hätte einen großen Rückschritt gethan, wenn sie allein und wahrscheinlich zu viel und zu einseitig nur auf einfachen Gesang oder völlig auf den Gregorianischen von den Kirchenvorstehern beschränkt worden wäre. In dieser Hinsicht wird man allerdings behaupten dürfen, daß auf Palestrina's Composition sehr viel ankam und daß das Schicksal der Kirchenmusik von ihr abhängig gewesen sei, nämlich der Art nach und nicht so im Allgemeinen, wie man es in der Regel glaubt. Es mußte also ein Mittelweg eingeschlagen werden, sodaß die Kunst der Stimmenverflechtung der Wortdeutlichkeit nicht zu sehr hinderlich sei; und hierin hat Palestrina sich als umsichtigen und gefühlvollen Meister bewiesen, schon in der Wahl der Vielstimmigkeit. Er wählte sechs Stimmen, weil diese Zahl bei großen Messen in der päpstlichen Kapelle schon gebräuchlich war, weil hierbei die Bässe in Consonanzen mitgehen, die Melodie nicht beeinträchtigen und doch eine kräftige Harmonie erzielen konnten, wobei auch die Stimmen ohne Verundeutlichung der Worte in zwei Chöre getheilt werden konnten. Für wie überaus wichtig Palestrina selbst diesen Auftrag hielt, geht daraus hervor, daß er nicht blos eine, sondern drei Messen für diesen Zweck schrieb. Die erste dieser Messen war im alten, strengen Style in E-mol der phrygischen Tonart für zwei Bässe, zwei Tenore, einen Contrealt und einen Sopran geschrieben, völlig ernst und würdig. Er hatte auf sein nach seinem Tode gefundenes Originalmanuscript die Worte gesetzt: Illumina oculos meos, als eine Bitte um göttlichen Beistand. Sie ist später 1600 in Venedig bei Agnetis gedruckt worden. Die zweite Messe in G-dur, im 7. Tone des Canto fermo, wurde bewegter gehalten, weniger ernst, mehr im kindlichen Vertrauen, das sich zuweilen ins Freudige steigert, weshalb sie auch in den Contrathemen mitunter getheilte Nebenfiguren enthält. Außer dem Basse war noch der Alt verdoppelt worden. Diese ist ungedruckt geblieben, wird aber als Manuscript in der päpstlichen Kapelle aufbewahrt. Beide Messen tragen den Charakter der niederländischen Schule, vorzüglich im Styl des Josquin, des Mouton, Carpentrasso und des Cost. Festa; doch so, daß die Worte größtentheils vernehmlich bleiben, bis auf einige Fugenstellen. Baini erklärt sie für Werke eines nach der Wahrheit ringenden, sie von fern erblickenden, aber noch gefesselten, zuweilen strauchelnden, sich wieder aufraffenden Mannes, der schwankend, doch muthig seinem Ziele entgegeneilt. Die dritte aber in G, nach dem achten Kirchentone für zwei Bässe, zwei Tenore, einen Contrealt und einen Sopran geschrieben, erklärt er für ein Werk, wozu er Alles, was Kunst und Natur im Vereine mit der lebendigsten Phantasie zu schaffen vermögen, im reichsten Maße aufbietet. Andächtig und doch belebt heißt es bei Winterfeld, ist der Gesang der einzelnen Stimmen, ergreifend sind die Harmonien, von der höchsten Mannichfaltigkeit ist die Anordnung der Stimmen, die bald in künstlichen Nachahmungen verflochten, bald zu drei-, vier-, ja fünfstimmigen Chören vereint wechselnd einander gegenüberstehen, oder alle vereint die bedeutsamsten Worte der heiligen Gesänge nachdrücklich eintragen. Diese Worte sind überall vollkommen verständlich, und die Schönheit des Ganzen ist eine heilige, nicht den Sinnen schmeichelnde. Baini bezeichnet die einzelnen Sätze so: Das Kyrie ist andächtig, das Gloria lebendig, das Credo majestätisch, das Sanctus himmlisch, das Agnus Dei demüthig flehend; mit einem Worte, Alles ist in dieser Messe vollkommen und unübertrefflich. Dennoch würde man zu weit gehen, wenn man sich die Einfachheit dieser Messe, die späterhin vom Verfasser selbst Missa Papae Marcelli genannt wurde, zu groß und das Abweichende vom künstlichen Styl der Zeit, was auch gar nicht in der Absicht lag, ohne alle Annäherung denken wollte. Die heiligen Worte selbst sind keineswegs in solcher Aufeinanderfolge, wie etwa in den Gregorianischen Gesängen geblieben, daß man, hätte man dies gewollt, gar keine Zerrissenheit des Textes hätte darin finden können. Allein den Sängern kam auf die Beibehaltung dieser künstlichen, wol aber von zu weit getriebenen Ausschweifungen entblößten Musikgattung sehr viel an, wie dem Componisten. Sie werden sich also natürlich bestens angestrengt haben, den Text möglichst vernehmlich zu machen. Dazu waren wenigstens mehre aus der Congregation der Cardinäle, die zu entscheiden hatten, erklärte Freunde der Tonkunst, auch nicht unbedingte Gegner der künstlichern, am allerwenigsten Männer, die in die Kunst Palestrina's einen Zweifel setzten. Denn die erste Aufführung dieser drei Messen fand im Palaste des Cardinals Vitellozzo im Beisein der übrigen am 28. April 1565 Statt. Palestrina leitete die Aufführung. Alle drei dieser Messen, also auch diejenigen, denen Baini ein Suchen nach dem Echten wegen des zu offenbar dem niederländischen ähnlichen Styles zuschreibt, fanden Beifall, allein die dritte gefiel am meisten. Man wünschte dem Palestrina Glück, empfahl ihm, diesen Styl auf seine Schüler zu verpflanzen und beruhigte die Sänger mit dem Ausspruche, daß die Kirchenmusik keiner Veränderung (von Aufhebung war nicht die Rede) unterworfen sein, immer aber nur Würdiges gewählt werden solle. Sogleich wurde der Copist Giov. Parvi beauftragt, alle drei Messen zum Dienste der päpstlichen Kapelle in die großen Bücher einzutragen. In ein Q (Qui cum patre) schrieb er in der zweiten Messe die Jahreszahl 1565, und die dritte wurde größer geschrieben. Alle drei Messen haben keinen besondern Titel und man liest nur auf der ersten Seite: Joannis Petri Aloysii Praenestini. — Karl Borromäus, des Papstes Neffe, benachrichtigte den heiligen Vater sogleich, daß der Kapellmeister seiner Kirche mit seinen drei Messen den Wünschen des Conciliums und der Congregation so vollkommen entsprochen und daß vorzüglich die dritte ein Meisterstück des menschlichen Genies wäre; Pius IV. äußerte deshalb sein Verlangen, diese Messe nächstens zu hören. Und so wurde denn die dritte Messe den 19. Juni 1565, als der römische Hof wegen des mit den Schweizern geschlossenen Bündnisses besonders zur Freude gestimmt war und der Cardinal Borromäus das Amt hielt, vor dem Papste und vielen angesehenen Zuhörern in der Sixtinischen Kapelle zum ersten Male aufgeführt zum allgemeinen Entzücken. Pius IV. soll ausgerufen haben: „Hier gibt ein Johannes in dem irdischen Jerusalem uns einen Vorschmack jenes neuen Liedes, das der heil. Apostel Johannes in dem himmlischen einst in prophetischer Entzückung vernahm." Des Papstes Freude äußerte sich auch in Thaten zur Belohnung des Meisters, den er enger an seine Kapelle zu knüpfen beschloß. Damit aber diese desto geschickter sei, solche Gesänge würdig vorzutragen, wurden 14 alternde Sänger in Pension gesetzt, an deren Stelle Tüchtigere gewählt wurden. Palestrina aber erhielt durch ein Motu proprio den neugeschaffenen Posten eines Tonsetzers (Compositore) der päpstlichen Kapelle, nicht eines Kapellmeisters derselben, welches Amt damals nur ein Prälat vom Range bekleiden konnte. Zu der frühern Pension Palestrina's wurden noch 3 Scudi und 18 Bajocchi monatlich gethan, sodaß sich der Monatsgehalt auf 9 Scudi belief, wozu noch jährlich 16 Ducati Geschenk kamen, die seinen Gehalt monatlich auf 11 Scudi erhoben. War auch die Einnahme nicht groß, so war es doch die Ehre; wirklich wurde seitdem die Aufmerksamkeit seiner Zeitgenossen verdoppelt. Der Cardinal Pacheco foderte den neuen Compositore, der von den pensionirten Sängern, unter welchen nambafte Tonsetzer waren, vielfach beneidet wurde, auf, er möge die Messe, welche den Sieg davon getragen habe, dem Könige von Spanien Philipp II. widmen. Palestrina besprach sich darüber mit seinem Gönner, dem Cardinal Vitellozzi. Man fand es am rathsamsten, dem Könige einen ganzen Band Messen mit der gewünschten zu widmen; diese aber müsse einem Römer, am schicklichsten einem Papste, zugeeignet werden, damit Rom die Ehre verbleibe; man müsse aber einen frühern Papst nehmen, um auf keinen Fall zu verstoßen. Daher wurde diese Messe dem Marcellus II. zugeeignet und nach ihm benannt. Dieser Band enthält vier vierstimmige Messen, zwei fünfstimmige und die sechsstimmige Missa Papae Marcelli unter dem Titel: Joannis Petri Aloysii Praenestini Missarum liber secundus. (Romae. Apud haeredes *Valerii* et *Aloisii, Doricorum* fratrum Brixiensium 1567. Eine neue Auflage erschien in Venedig 1598). Die Zueignung mit bescheidenen und anziehenden Äußerungen Palestrini's wurde sehr gnädig aufgenommen. Man hat auch die Missa Papae Marcelli vierstimmig von Anerio (Giov. Franc.) bearbeitet und von Franc. Soriani achtstimmig, wiederholt gedruckt, sie kommen aber der Originalcomposition natürlich nicht gleich. Im J. 1568 gab Vinc. Galilei seinen Fronimus heraus, worin die Regeln der Lauten-Tabulatur gelehrt werden. Hierin nahm er auch vier fünfstimmige Madrigale Palestrina's auf und nannte ihn „den großen Nachahmer der Natur," welchen Ehrennamen Baini unter vielen andern am meisten gebraucht. Im J. 1570 widmete Palestrina ein drittes Buch seiner Messen dem Könige von Spanien. Es enthält acht Messen, vier vierstimmige, zwei fünf- und zwei sechsstimmige, die meisten schon früher geschrieben. Als der bisherige Kapellmeister zu St. Peter im Vatican, Giov. Animuccia, 1571 starb, wurde Palestrina vom Cardinal Aless. Farnese im Namen des Capitels aufgefodert, die Stelle zu übernehmen. Palestrina trat am 1. April dieses Jahres ein, war also nun Compositore und Kapellmeister der vaticanischen Hauptkirche zum zweiten Male, und hat das Amt bis an seinen Tod verwaltet. Zugleich übergab ihm auch der heil. Philipp Neri, dem Animuccia gleichfalls gedient hatte, die Leitung der Musik in seinen Oratorien, wo schon viele seiner Motetten und ähnliche Werke aufgeführt worden waren. Denn Neri wollte keinen Kirchendienst ohne Musik. Palestrina hat Vieles für die Versammlungen dieses Heiligen gesetzt, als Motetten, Psalmen, zwei- und dreistimmige Arien, nicht einstimmige, die damals noch nicht gesetzt wurden. Das Meiste liegt in Kirchenarchiven, Anderes ist in den Sammlungen des Simon Verovio und des Francesco Soto theils mit, theils ohne Namen gedruckt worden. Noch in demselben Jahre schenkte er der päpstlichen Kapelle zwei neue Messen, eine fünf- und eine sechsstimmige. Beide als Manuscript im Archive. Um diese Zeit fällt seine höchste Blüthe. Seine in den nächsten Jahren herausgegebenen Werke wurden dem Hause Este geweiht, z. B. das zweite Buch seiner fünf- und sechsstimmigen Motetten 1572 (öfter aufgelegt). Die Sammlung enthält auch vier Motetten von der Composition seiner drei ersten Söhne. Die sieben achtstimmigen, was damals noch selten war, vom Vater gearbeitet, stehen seinen fünf- und sechsstimmigen nach. Der dritte Band Motetten jener Art erschien 1575. In diesem Bande sind auch die achtstimmigen meisterhaft, besonders diejenigen, welche einen Chor mit höhern und den andern mit tiefern Stimmen bilden. Erfunden hat aber Palestrina diese Compositionsart nicht. In diesem Jahre 1575 kamen auch, wegen eines unter Gregor XIII. gefeierten Jubiläums, die Bewohner von Palestrina in feierlicher Procession nach Rom, wobei Pierluigi drei Musikchöre anführte, was damals Aufsehen machte.

Um diese Zeit eröffnete G. M. Nanini, Schüler Goudimel's, mit Palestrina eine öffentliche Musikschule des Gesanges und der Composition in Rom, die erste daselbst, die von einem Italiener errichtet wurde. Palestrina stand ihm bei und gab den von Nanini vorbereiteten Schülern die letzte Ausbildung. Außer denen, die in dieser Schule von beiden Meistern gebildet worden sind, kennt man nur sieben unmittelbar von Palestrina gebildete: seine drei Söhne, die früh starben, Annibale Stabile, Ant. Dragoni di Meldola, Adriano Ciprari (der nichts hinterlassen hat) und Giovanni Guidetti, ein guter Kenner des Gregorianischen Gesanges. Nur die beiden erstgenannten sind achtbare, obgleich nicht ausgezeichnete Componisten. Aus der gemeinschaftlichen Schule gingen hervor: Ant. Brunelli, Fel. Anerio, Giov. Franc. Anerio, Bernardino Nanini, Ruggero Giovanelli, Franc. Juriano. — Als später Palestrina sich dem Unterrichte nicht mehr anhaltend widmen konnte oder wollte, traten B. Nanini (der jüngere) und Juriano als Hilfslehrer ein. — Im J. 1576, von welchem Jahre an sein Monatsgehalt auf 15 röm. Thaler erhöht worden war, übernahm Palestrina auf Befehl Gregor's XIII. (reg. 1572—1585) gemeinschaftlich mit seinem Schüler Guidetti die Prüfung und Verbesserung des Gregorianischen Gesanges, oder die Reform des Breviers und des röm. Meßbuches. Alles sollte wieder nach den alten, ehrwürdigen Weisen gesungen werden. Dabei machte Palestrina die Vorstellung, daß viele Gesänge eine Änderung nöthig hätten, weshalb ihm der Papst die Erlaubniß gab, Alles nach bestem Wissen und Gewissen für die Kirche einzurichten. Auch erlaubte ihm der Papst, seinen Schüler zum Beistande zu nehmen, welcher die röm. Codices genau kannte und überhaupt die Arbeit so besorgte, daß Palestrina sie nur noch durchsah. Der erste Theil wurde von Guidetti dem Papste vorgelegt, und er erhielt am 13. Nov. 1581 das Privilegium zum Drucke, der 1582 zu Rom erfolgte unter Guidetti's Namen, und mehre neue Auflagen erlebte. Später geschah dasselbe mit der Passion und im J. 1587 mit den Gesängen der Charwoche; endlich 1588 mit den Gesängen der Präfationen. Der Mann starb aber am 30. Nov. 1592 in seinem 60. Lebensjahre. Palestrina hatte also sichtbar das ganze Werk seinem Schüler Guidetti, einem Priester, überlassen, der es auch besser besorgte, als es der Meister der Composition vermocht hätte. Palestrina fühlte selbst, daß er einer solchen Aufgabe nicht gewachsen war, die ganz andere Kenntnisse, als er besaß, und ausdauernden Fleiß in Vergleichung und Schätzung des Vorhandenen voraussetzte. Nach Guidetti's Tode ging auch die Arbeit nicht mehr vorwärts, obgleich er sich auch hierin viel Mühe gegeben haben soll. Man fand nach seinem Tode, denn bis dahin hatte Palestrina die Fortsetzung verzögert, nichts als das Graduale de tempore, was er auch für das Fest Allerheiligen setzen wollte, wovon aber nur ein zerrissenes Manuscript vorgefunden wurde, ein Beweis, daß Palestrina selbst mit dieser Arbeit nicht zufrieden war. Sein hinterlassener Sohn Hygin, der von Allem Nutzen ziehen wollte, ohne nur im Geringsten auf die Ehre des Hingeschiedenen zu sehen, ließ es von dem ersten dem besten ergänzen und verkaufte es an einen Verleger, welcher, von Kennern belehrt, den Verkäufer verklagte, der zur Zurückgabe des Geldes verurtheilt wurde. Die Censur fand die Arbeit für die Herausgabe nicht geeignet.

Vom Jahre 1575—1580 gab Palestrina kein neues Werk heraus, lebte seinen Ämtern und den Studien, zurückgezogen in seiner einsamen Wohnung, im Ginnasio della Cappella Giulia, wo ihm am 21. Jul. 1580 seine Gemahlin Lucretia starb, welcher Verlust ihn in tiefe Trauer versetzte. Um diese Zeit hatte ihn der Prinz Jacob Buoncompagni, der Neffe Gregor's XIII., zum Director seiner Hausconcerte gemacht, welche die röm. Großen damals zu halten pflegten. Der Fürst gewann ihn lieb und machte ihm oft ansehnliche Geschenke. Palestrina, welcher von seinem Bewunderer Rinaldo del Mel wieder zu neuer Thätigkeit in Compositionen aufgemuntert, gab im folgenden Jahre 1581 zwei Werke heraus, beide dem Prinzen Buoncompagni gewidmet. Das erste enthält frühere Compositionen, sein erstes Buch fünfstimmiger Madrigalen, die dann wiederholt aufgelegt wurden. Das zweite: Joa. Petral. Praenestini Motettorum 4 vocibus partim plena voce et partim paribus vocibus. Liber II. Dieses Werk erlebte noch drei Ausgaben. Sie sind in jener trüben Zeit verfaßt, wo er sich vorgenommen hatte, neben dem Grabe seiner Gattin zum letzten Male zu singen: „An den Wassern Babylons saßen wir und weinten &c.“ Wirklich gehören die Motetten zu vier gleichen Stimmen zu seinen schwermüthigsten und schönsten. Unter den Madrigalen, r wol für Neri geschrieben hatte, sind manche ganz lmäßige. — Im J. 1582 weihte er dem Papste den n Band seiner vier- und fünfstimmigen Messen, ge- t zu Rom und noch in demselben Jahre auch zu Ve- . Die meisten im leicht fließenden Style, nur ei- fünfstimmige künstlicher, worunter auch die frühere agnum mysterium sich befindet, mit manchen An- gen gegen die frühere Composition. Baini findet hön, aber nicht ausgezeichnet. — In diesen Beschäf- gen und unter dem Zuspruche mancher Freunde er- ich seine Seele wieder, daß er im J. 1583 zwei e schaffen konnte, die seinen Ruhm auf den höchsten l des Glanzes brachten. Im J. 1584 erbat er sich Gunst, sie dem Papste widmen zu dürfen, als für geschrieben, und erhielt sie. Die Ausgabe wurde be- nigt: *Joannis Petraloysii Praenestini* Motetto- 5 vocibus, Lib. 4., ex Canticis Canticorum. ae, apud *Aless. Gardanum*. 1584. Diese 29 tten aus dem hohen Liede geben nicht das Ganze Lieder, mit Weglassung solcher Verse, die für sich ei- Anstoß geben können, und nicht stets in der Folge hohen Liedes. In der Zueignung bezeigt er seine , daß er in frühern Jahren auch Texte profaner in Töne gebracht und versichert, sich hier eines neuen höhern Styles befleißigt zu haben. Dem war so, nie erreichte er diesen hohen Flug wieder. Seitdem te man ihn principe della Musica. Sie wurden mehr als zehnmal wieder aufgelegt. In demselben e war das fünfte Buch seiner fünfstimmigen Motet- geschrieben, die in demselben Jahre in Rom erschienen dem jungen Fürsten und Cardinal Andreas Bathory ge- et wurden. Davon erschienen noch drei Ausgaben. t alle Motetten dieser Sammlung sind aus dieser manche über zu geringe Texte; vier derselben, offen- aus dieser Periode, sind vorzüglich. Im J. 1585 eichte er dem kunstsinnigen Gregor XIII. drei sechs- nige Messen, die beiden ersten über Themen der Mo- n Viri Galilaei und Dum complerentur geschrieben, echte über den Canto fermo des Ambrosianischen Lob- nges, welche bis nach seinem Tode Manuscripte blie- . Mehre seiner Werke hat er ausschließlich für die liche Kapelle geschrieben, die also nur dort zu finden . Eine zweichörige Messe, Confitebor, kam zufällig ie Hände eines Domherrn von Fiesole; des Giov. i, welcher sie ohne Wissen des Meisters im J. 1585 Venedig drucken ließ, was auch mit einigen Madriga- geschah, die in Sammlungen aufgenommen wurden. h Gregor's XIII. Tode wurde Felice Peretti unter Namen Sixtus V. Papst (vom J. 1585 am 24. l). Palestrina widmete ihm eine fünfstimmige Mo- in zwei Theilen: Tu es pastor ovium und eine stimmige Messe unter demselben Titel. So sehr ihm der neue Papst gewogen war, fand doch die vor aufgeführte Messe seinen Beifall nicht; er äußerte gegen einige Vertraute; Palestrina hat diesmal die se des Marcellus und die Motetten aus dem hohen e vergessen. — Das Urtheil des Papstes war nur ge- l, nicht hart; Palestrina hatte sich vergriffen, wie man- cher große Meister, welcher die heterogensten Dinge zu ver- einigen sich Kraft zutraut. Er hatte die Messe auf Themen aus dem alten Kirchengesange gebaut und damit die Leben- digkeit des Ausdrucks seiner letzten Werke verbinden wollen, ohne hier die Unmöglichkeit eines solchen Vorhabens zu er- kennen. Sehr gut, daß der Papst nicht unzeitig schon- te. Palestrina bemühte sich, den Fehler zu bessern, aber auch zu zeigen, daß er beide Arbeiten nicht vergessen ha- be und beide auch recht wohl vereinigen könne. Er stellte sich also mit Absicht eine gleiche Aufgabe zum nächsten Feste der Himmelfahrt Mariä und schrieb Motette und Messe über den Gregorianischen Gesang **Assumpta est Maria**, welcher an und für sich schwunghafter ist, sodaß ihm lebhaftere Bewegung, der Natur der Sache nach, wohl ansteht, weil die Grundlage der alten Hauptmelodie es schon ist bei aller Würde, die diesen Gregorianischen Gesängen stets eigen bleibt. Durch das Sechsstimmige und das Theilen der Chöre, sowie durch wunderbare Har- monienfolgen mußte das Großartige der Messe des Mar- cellus in einigen Stellen sich gut erreichen lassen, nament- lich bei weit größerer Vorsicht, die der Meister diesmal anwendete. Die Hauptsache, die Palestrina vielleicht sich weniger gestand, war aber doch, daß das jetzige Fest und die Grundmelodie mit sammt dem Grundtexte weit besser zu seinem Vorhaben paßten. Wie groß sein daran verwen- deter Fleiß war, ergibt sich daraus, daß er so kurz vor dem Feste erst die Arbeit fertig brachte, daß kein Notenschreiber sie mehr in die Bücher der Kapelle eintragen konnte. Pa- lestrina sorgte, daß die Messe in fünf Tagen im größten Formate gedruckt aufgelegt werden konnte. Sie hat we- der Ort, noch Jahrzahl, noch Verleger: **Joa. Petri Aloy- sii Palestrini Missa sex vocibus: Assumpta est Maria.** Am 15. Aug. 1585 wurde sie in S. Maria Maggiore, wo Sixtus V. den Gottesdienst hielt, aufgeführt, erhielt all- gemeinen, auch des Papstes Beifall, welcher sich so äu- ßerte: „Das war heute wieder eine wahrhaft neue Messe, die nur von Palestrina herrühren kann. Heute bin ich wieder mit ihm ausgesöhnt. Wir wollen hoffen, er wer- de unsere Andacht noch öfter auf so löbliche Weise zu er- frischen suchen." Die Messe wird noch jetzt höchst wirk- sam gefunden, so oft sie aufgeführt wird. — Jetzt wünschte Sixtus das alte Herkommen aufgehoben zu sehen, daß immer ein Prälat zum Maestro di Capella ernannt wer- den müsse, und leitete es durch den damaligen, ziemlich untauglichen Kapellmeister, Ant. Boccapadule, selbst bei den Sängern ein, daß sie sich für Palestrina erklären möchten. Einige junge Sänger wurden dafür gewonnen, allein die Mehrzahl behauptete ihre Rechte. Der Papst zürnte; vier Sänger wurden plötzlich ihrer zu freien Re- den wegen entlassen, zwei derselben wieder angenommen. Der Papst, in seinem Willen fest, suchte nun selbst die Sänger zu gewinnen mit Achtung ihrer Vorrechte. Durch die Bulle in Suprema vom 1. Sept. 1586 hob er die bisherige Sitte, daß immer ein Prälat zum Kapellmeister gewählt werden müsse, völlig auf und gab dem Sänger- collegium das Recht, sich aus ihrer Mitte einen Vorsteher zu wählen, der alle Rechte eines Kapellmeisters genießen sollte. Palestrina hingegen verblieb auf seinen Befehl

Compositore della Capella, da er als Laie nicht zu den Sängern gehörte. Palestrina hatte Ursache, über diese Vorfälle betrübt zu sein. Offenbar war eine Spannung zwischen die Sänger und ihn getreten, da die ersten meist noch glaubten, er selbst habe aus Eitelkeit die Sache dahin gebracht. Dennoch überreichte er der Kapelle drei dem Sixtus gewidmete Messen. Man nahm sie kalt auf und ließ sie unbeachtet ruhen. Erst kurz vor Palestrina's Tode wurden sie abgeschrieben und erst nach seinem Ableben wieder zurückgegeben. Sie werden für durchaus schön, großartig, klar und höchst kirchlich erklärt. — Von jetzt wendete sich Palestrina, vielleicht durch Kränkung dahin gebracht, wieder dem Weltlichen zu, doch ohne Anstößiges in den Texten. Er gab das zweite Buch seiner Madrigalen zu vier Stimmen heraus, die dem Fürsten von Palestrina, Jul. Cäsar Colonna, gewidmet wurden (Venedig 1586). Auch erschienen mehre einzelne Madrigale in Sammlungen, vielleicht um seiner immer noch bedrängten Glückslage etwas aufzuhelfen. Um Vieles wichtiger sind Palestrina's erste Lamentationen. Bisher waren die Lamentationen des Elziario Genet, genannt Carpentrasso, fortwährend vorgetragen worden. Sixtus, der sie im J. 1586 hörte, fand sie nicht genügend; sie waren schwerfällig, künstlich und nicht ergreifend. Er befahl Änderungen, vorzüglich daß die erste mehrstimmig gesungen werden solle. Damit versuchte sich Palestrina und übergab sie als päpstlicher Tonsetzer zum Versuchen. Sie wurde sehr wirksam befunden und im J. 1587 zum ersten Male aufgeführt am grünen Donnerstage, worüber Sixtus hoch erfreut war und für die beiden frühern Tage sie auch von ihm wünschte. Palestrina ging sogleich an die Arbeit und übergab dem Papste einen Band derselben, worin auch seine frühern für S. Giovanni in Laterano ähnlich geschriebenen aufgenommen worden waren, was sehr freundlich aufgenommen wurde. Sie sind alle vierstimmig, von ehrfurchtgebietendem Ausdrucke. Im J. 1588 wurde dieser Band gedruckt. Ein zweiter Band erfolgte nicht.

Später wurden zwar für einige Zeit auch Palestrina's Lamentationen verdrängt, jedoch zwei derselben wieder in ihre Rechte eingesetzt. Darauf wählte er aus den Gregorianischen Hymnen diejenigen, die sich am besten für harmonische Bearbeitung eigneten, wodurch er dem Papste, der sie sehr liebte, eine würdige Huldigung darbringen konnte; im J. 1589 zu Rom gedruckt und noch einige Male aufgelegt. Sie sind vierstimmig, schließen aber oft mit einem fünf- oder sechsstimmigen Gloria. Bald ertönen sie im Chore, bald von einzelnen Stimmen gehoben, bald in gleichen Noten, bald melodischer, bald kanonisch, stets großartig. Allein Sixtus V. starb am 27. Aug. 1590; Urban VII. folgte und noch in demselben Jahre am 5. Dec. Gregor XIV. Noch in diesem Jahre, wo Palestrina seine Einnahme als päpstlicher Tonsetzer verlor und in übeln Umständen sich befand, widmete er dem freigebigen Herzoge von Baiern, Wilhelm V., einen Band Messen zu vier-, fünf- und sechs Stimmen, wo Palestrina in der Vorrede des Herzogs Großmuth überaus preist, die er schon früher dem Componisten erwiesen hatte. Palestrina übte daher mit dieser Dedication nur die Pflicht der Dankbarkeit, mochte auch wol eine Hilfe für seine gedrückte Lage davon hoffen, und endlich konnte er gewiß sein, daß seine Gaben dort am besten gewürdigt wurden, denn Orlandus Lassus war Vorsteher der vortrefflichen Kapelle des Herzogs. Dieses fünfte Buch seiner Messen enthält acht, von denen einige kurze in den Hauptkirchen Roms noch jetzt aufgeführt werden und wirksam sind. Im J. 1591 gab Palestrina einen Band Motetten, sieben sechsstimmige und acht achtstimmige, heraus und widmete sie Gregor XIV. Unter den sechsstimmigen wird die letzte mit ihrem strengen Kanon von Baini für eine schwerfällige Maschine niederländischer Art erklärt. Unter den achtstimmigen zeichneten sich vornehmlich das Magnificat und Stabat Mater aus, von welchem letztern gerühmt wird, es sei allein im Stande, den Namen des Verfassers zu verewigen. Es ist bei Kühnel in Leipzig unter dem Titel: Musica sacra, quae cantatur quotannis etc. gedruckt worden; das Übrige dieser Sammlung ist noch Manuscript. Dafür erhöhte der Papst Palestrina's Gehalt bei Gelegenheit der Veränderung, die er mit den Einkünften der Sänger vornahm, denen er alle Abteien und sonstige Kirchenzahlungen nahm, und ihren Gehalt in eine bestimmte Summe verwandelte. Für Palestrina wurden monatlich 24 Scudi vom März 1591 an ausgesetzt, die ihm bis an sein Ende blieben. Dafür widmete er ihm: Magnificat octo tonorum liber primus, nunc recens in lucem editus. Rom., apud *Alex. Gardanum*. 1591. Es enthält 16 Magnificat in einer Schreibart, in welcher sich bis jetzt der Spanier Morales vorzüglich ausgezeichnet hatte. Auch dieses Werk gehört unter *seine* mit Recht berühmten, an Kunst und Ausdruck großartigen. Im J. 1592 wurde Palestrina bedenklich krank, zwar wieder hergestellt, blieb ihm doch eine fühlbare Schwäche, die ihn an sein baldiges Ende erinnerte. Im J. 1593 brachte er vier bedeutende Werke. Seine fünfstimmigen Offertorien für das ganze Jahr (gedruckt zu Rom bei Coattino) wurden dem P. Antonio, Abte von Baume in der Franche-Comté, welcher sich damals in Rom aufhielt und als Verehrer Palestrina's ihn sehr freigebig unterstützte, dankbar gewidmet. Es ist in der Folge wiederholt aufgelegt worden. Noch wurden in demselben Jahre zwei Bücher Litaneien gedruckt und der heil. Jungfrau geweiht, endlich der sechste Band der Messen (vierstimmig), den er dem jungen Cardinal Aldobrandini, Neffen Clemens' VIII., gewidmet hatte, da ihn dieser, der ihn persönlich kannte und achtete, unter sehr annehmlichen Bedingungen zu seinem Concertdirector gewählt hatte. Das war sein letztes geistliches Werk, wozu noch ein zweites Buch fünfstimmiger Madrigali spirituali kommt (Rom bei Coattino 1594), was sein eigentlicher Schwanengesang ist, weit vorzüglicher, als seine frühern Madrigalen. Palestrina hatte diese letzten auf eine sehr andächtige Preghiera an die heil. Jungfrau gegründet, die im Oratorio des heil. Neri gesungen wurde und ihm ein Lieblingsgesang geworden war. Am 26. Jan. 1594 überfielen ihn heftige Seitenstechen von einer Rippenfellentzündung, daß er bettlägerig wurde; am 28. beichtete er, erhielt des folgenden Tages das heil. Abendmahl und die letzte Ölung. Philipp Neri verließ ihn keinen Augenblick und sprach ihm Trost zu. Am 31. Jan. rief er seinen Sohn Igino, ermahnte, segnete ihn, und gebot ihm, seine vielen ungedruckten Compositionen drucken zu lassen, wozu ihm die vorzüglichsten Gönner des Scheidenden behilflich sein würden; er solle Alles möglichst bald zum Dienste der Kirche ins Werk setzen. Palestrina hatte früher schon dem Papste Sixtus V. offen gestanden, daß ihn nur seine beschränkten Vermögensumstände an der Herausgabe mehrer seiner Werke gehindert hatten. Um so mehr lag ihm die Sache jetzt am Herzen. Am 2. Febr. 1594, als am Tage der Reinigung Mariä, verschied er bei vollkommenem Bewußtsein voll Vertrauen auf Gott. Er war in den Armen des heil. Neri sanft entschlafen. Noch am Abende desselben Tages wurde die Leiche, der eine große Anzahl Menschen folgte, unter dem Geleite zweier Brüderschaften, vieler Geistlichen und des Pfarrers, die vor der Bahre hergingen, von Fackeln umgeben, in die Basilica Vaticana gebracht. Der Leiche folgten die Sänger der Kapelle, alle Musiker und andere Künstler Roms nebst vielen Einwohnern. Hier wurde der Leichnam eingesegnet und an seinem Grabe nach den Statuten der päpstlichen Kapelle das Responsorium: Libera me, Domine gesungen. Erst am 14. Febr. wurde ihm in der Kapelle Santa Maria del soccorso das feierliche Seelenamt gehalten. Auf eine Bleiplatte seines Sarges setzte man: Joannes Petrus Aloysius Praenestinus, Musicae Princeps. Sein Grab ist in der Kapelle der Heiligen Simon und Judas zu St. Peter, welche später demolirt wurde. Kein abgesondertes Grab und kein Denkstein wurde ihm zu Theil. Im J. 1606 sind seine Gebeine, mit andern vermischt, an den Begräbnißplatz vor dem neuen Altare beider Apostel (Simon und Judas) gebracht worden, wo sie noch ruhen. — Der Cardinal Aldobrandini wählte an Palestrina's Stelle zu seinem Concertdirector den Felice Anerio und brachte es bei seinem Oheime, dem Papste Clemens VIII., dahin, daß er diesem Manne die Stelle eines Compositore der päpstlichen Kapelle verlieh, die nach ihm keiner wieder erhalten hat, da die Kapelle unter ihren Sängern stets kunstgeübte Componisten aufzuweisen hatte. Am 9. Febr., als am Krönungstage Clemens' VIII., zog der Papst von den versammelten Sängern an seiner Tafel Erkundigungen über die Manuscripte des verstorbenen Palestrina ein und versprach, eine Ausgabe sämmtlicher Werke besorgen zu lassen. Hygin erfuhr dies, beeilte die Ausgabe des siebenten Buches der Messen seines Vaters und überreichte sie dem heil. Vater. In der Zueignung erheuchelte er zu schwache Mittel, den letzten Willen des Geschiedenen erfüllen zu können und wendete sich an die Milde des Papstes, der die Unwahrheit erfuhr und sich deshalb von der Sache abwendete. Hygin dagegen, in Ungnade gefallen, suchte vielmehr aus den hinterlassenen Manuscripten möglichsten Vortheil zu ziehen und verkaufte sie endlich an zwei Venetianer, Tiberio de Argentis und Andrea de Agnetis, die noch fünf Bücher Messen herausgaben. Außerdem sind in Italien nur noch vier achtstimmige Motetten, unter diesen die berühmte Fratres ego enim in der Sammlung des Fabio Costantino gegen das J. 1614 zu Rom erschienen. Was aus den übrigen verkauften Manuscripten geworden ist, ist unbekannt. Bedeutende Handschriften besitzt das Archiv der päpstlichen Kapelle, des Vaticans, Laterans, der Kirche S. Maria in Vallicella, des römischen Collegiums und die vaticanische Bibliothek, von denen jedoch mehre durch Unachtsamkeit sich nur unvollständig vorfinden. Baini, der eifrigste Verehrer Palestrina's, hat einen großen Theil seines Lebens darauf verwendet, alles Gedruckte und Handschriftliche, was sich nur mit dem sorglichsten Fleiße auffinden ließ, zu sammeln. Im J. 1830 schon beabsichtigte er eine große Sammlung aller noch vorhandenen Werke des Hochgerühmten in mehr als 30 Folianten herauszugeben. Bis jetzt ist aber aus dem bedeutenden Unternehmen noch nichts geworden, und es scheint fast, als ob das kostspielige Vorhaben nicht genug Unterstützung gefunden hätte. Es wäre zu bedauern, wenn es nicht zu Stande käme. — Welchen Dank jeder nur einigermaßen die Geschichte der Tonkunst und besonders der wichtigen Zeit Palestrina's achtende Kenner der Musik dem fleißigen und kenntnißreichen Manne, dem die besten Quellen zu einer solchen Darstellung vor allen Andern zu Gebote standen, schuldig ist, das ist oft kräftig ausgesprochen worden, am meisten von Männern, die selbst für Aufhellung des Ganges der Tonkunst viel gethan haben. Die vorzüglichsten Kenner haben ihm zugestanden, daß sie aus seinen begründeten Darstellungen nicht wenig gelernt haben. Das nicht selten Schwerfällige, Zerrissene, Verworrene, Weitschweifige und Schwülstige seines Styles übersieht man willig: das kann aber nicht mit dem Verfehlten geschehen, was zum Nachtheile anderer Schulen, als der römischen, die er nicht hinlänglich kennt, geschehen, damit der Nachtheil nicht ebenso groß werde, als der Gewinn von einer Seite. Dieser Vortheil würde noch viel größer geworden sein, wenn uns Baini, indem er uns höchst lobende Beschreibungen von den meisten Werken seines Helden gibt, auch Belege dafür aus Palestrina's Werken gegeben hätte, was freilich nicht geschehen ist. Wir haben schon gesagt, daß mehre Nachtheile der italienischen Schrift durch die Verteutschung Kandler's gehoben worden sind. Baini's Urtheile sind hier öfter berichtigt worden, nicht minder von Winterfeld und Andern. Hier soll nur noch auf Folgendes aufmerksam gemacht werden. Baini gefällt sich vorzüglich in dem Lobspruche Palestrina's, er sei der große Nachahmer der Natur. So oft er dies auch wiederholt und beschreibt, wird doch das Verhältniß der Kunst zur Natur nicht deutlich, ja es sind öfter nichts mehr als gesuchte Redensarten, die keine Begriffe geben, im Gegentheil die schon vorhandenen verwirren. Das geht in der Regel aus übertriebenen Lobpreisungen hervor, die Baini gar nicht genug über einander zu häufen weiß. Es ist nichts Großes auf Erden, womit er den Gefeierten nicht vergleicht; bald nennt er ihn Homer, bald Rafael, den Fürsten der Tonkunst, den großen Philosophen der Tonkunst ꝛc. Kurz neben Palestrina kann nach der Meinung Baini's nichts Großes unter den Tonkünstlern bestehen; er ist ihm durchaus der Einzige, mit dem Keiner sich vergleichen läßt; auf seiner Höhe steht Niemand; er hält den Gipfel des Herrlichsten ganz allein. Das Alles sind italienische Übertreibungen, die ihren Grund in Ruhmrederei haben, welche neben dem Vergötterten ihres Landes nicht allein, sondern sogar nur ihrer Stadt, nichts Anderes anerkennen will. Deshalb setzt Baini den Orlandus Lassus tief herab, sodaß es ihm kaum zu verzeihen ist. Die Teutschen kennt er gar nicht. — Was er über die zehn Style Paléstrina's sagt, ist ebenso unbefriedigend und unter einander geschoben, daß abermals kein Begriff gewonnen wird. So groß auch Palestrina ist, so steht er doch weder ohne Vorbilder, noch ohne Nebenmänner für sich allein, gibt ein zeitgemäß und individuell, aber nicht ein absolut und allseitig Großes, was kein Einziger vermag. (*G. W. Fink.*)

Palet le, s. Pallet, le.

PALETTE. 1) Dieser französische, auch ins Teutsche aufgenommene Ausdruck (wo man es auch Palet und altteutsch Polite [Malerpolite] nannte) bezeichnet die Tafel, worauf die Maler ihre Farben aufsetzen. Sie besteht bei den Ölmalern in einer ovalen dünnen Scheibe von polirtem Apfel-, oder auch Nußbaumholze; auch kann zu gewöhnlichen noch anderes Holz genommen werden. An dem Ende einer langen Seite einer solchen Palette ist eine Öffnung angebracht, wodurch der Maler mit dem Daumen der linken Hand, die zugleich auch Pinsel und Malerstock hält, die Palette erfaßt.

Auf diese Palette werden die Farben in ihren einzelnen Abstufungen aufgesetzt und aus solchen die zum Gemälde einzeln anzuwendenden Töne gemischt und diese Mischungen wieder, einer musikalischen Tonleiter gleich, in richtigem Maße neben einander aufgesetzt. Es ist für den Künstler eine nicht ganz geringe Aufgabe, durch die Mischung der Töne auf der Palette schon im Voraus den harmonischen Einklang für sein Werk zu bestimmen, und besonders ist dieses für die Fleischtöne, die gewöhnlich mit dem Namen Carnatio belegt werden, von großer Wichtigkeit, neben dem Roth und Weiß, das Gelbe, Blau und Grün in gehöriger Verbindung und Übereinstimmung aufzusetzen, um nur dann durch kleine Nüancirung und weitere Mischung mit dem Pinsel die innere Zartheit, einem Zauber gleich, hervorzubringen. Bei aller praktischen Lehre, die einem Schüler beim Aufsetzen einer Palette (denn dieses ist der technische Ausdruck) zu Theil wird, muß dennoch sein eigenes Gefühl für Ton und Haltung besonders wirken.

Gewöhnlich werden nach dem Aufsetzen der Localfarben die gemischten Töne oder Tinten immer stufenweise vom Licht aus aufgesetzt. Für Fleischtöne z. B. würde mit dem höchsten Lichtgelb im Übergange zum Roth, aus diesem ins Violett, dann ins Blau, Grünliche und in die braunen Schattentöne der Aufsatz der Palette geschehen.

Man sagt oft bei harmonischen Gemälden: der Künstler hat eine gute Palette. Umgekehrt aber sagt man, wenn in den Farben kein Schmelz und kein Guß ist: Das Bild schmeckt nach der Palette. (*Frenzel.*)

2) Palette, nennen die Töpfer und Schmelztiegelmacher ein hölzernes Instrument, welches bald breit-oval und mit einer Handhabe versehen, bald rund oder ausgehöhlt triangelförmig ist, bald sich in die Gestalt eines breiten Messers endigt und dazu dient, den Gefäßen die gehörige Rundung und Glätte zu geben. Bei den Goldschmieden führt den Namen P. ein aus dem Schwanze eines Eichhörnchens gemachtes Instrument, welches sie beim Vergolden gebrauchen. Auf Schiffen heißt ein Platz im Kielraume P., welcher zur bessern Ballastirung dient. Bei den Uhrmachern heißt derjenige Theil einer Uhr so, durch welchen das Steigrad die Spindel in Bewegung setzt. (*Fischer*).

Paletuveria *Aub. du Pet. Thouars*, s. Bruguiera *Lam.* (Rhizophora *L.*).

PALETUVIER nennen die französischen Pflanzer zwar vorzugsweise den Mangle-Baum (Rhizophora Mangle *L.*), aber auch andere Bäume derselben Gattung sowol, als auch ganz verschiedener Familien, wenn sie dicht am Wasser wachsen und von der Fluth zum Theil bespült werden. So heißt auf den Antillen Avicennia nitida *L.*: Paletuvier gris; am Senegal Avicennia tomentosa *L.*: Paletuvier blanc; auf Martinique Clusia venosa *L.*: Paletuvier de montagne; in Cayenne Conocarpus (Sphenocarpus *Richard*) recemosus *Jacquin*: Paletuvier soldat; in Westindien conocarpus erectus *Jacquin*: Paletuvier flibustier, und in Gujana Inga marginata *Wildenow* (Mimosa Bourgoni *Aublet*): Paletuvier sauvage. (*A. Sprengel.*)

Paleu, s. Pelev.

PALEY (William), geboren im Jul. 1744 zu Peterborough, war der Sohn eines Schulmeisters und widmete sich zu Cambridge dem theologischen Studium. Er ward Doctor der Theologie, Archidiakon und Kanzler der Diöcese von Carlisle, Pfarrer zu Bishop's Wearmouth und Präbendar bei mehren Capiteln, und starb am 25. Mai 1805 im 62. Lebensjahre zu Newcastle (s. Biograph. IV. S. 487). Seine Muße hat er zur Abfassung einer Reihe von Werken benutzt, in denen er sich die Aufgabe stellte, die christliche Religion und deren heilige Schriften zu vertheidigen, christlichen Sinn unter allen Classen der Gesellschaft zu verbreiten, und er hat diesen Zweck durch einfache, verständige und kräftige Sprache, sowie durch überzeugende und zum Herzen sprechende Gründe mit so glücklichem Erfolge erreicht, daß die Mehrzahl jener Schriften in vielfachen Auflagen wiederholt, von seinen Landsleuten zum Gegenstande lebhafter Discussionen gemacht und in mehre fremde Sprachen übersetzt worden ist. Seine theologisch-philosophischen Schriften sind: 1) the principles of moral and political philosophy (London 1785. 4.) und wiederholt im folgenden Jahre, für welches Werk ihm der Verleger ein Honorar von 2000 Pf. St. zahlte, eine Summe, die bei dem großen Aufsehen, welches dasselbe neben Newton's und Locke's Schriften erregte, nicht auffallen kann. Gegenschriften von Roberts (Lond. 1796), le Grice, Croft, Pearson, sind auch in Teutschland beachtet worden (s. Allg. Lit.-Zeit. 1800. Intell.-Bl. S. 908 und 1802 S. 1178). Eine franz. Übersetzung gab J. L. Vincent (Paris 1817. 2 Bde.). 2) Horae Paulinae, or the truth of the scripture history of St. Paul evinced, by a comparaison of the epistles wich bear his name with the acts of the apostles and with one another (zu London 1787, 1790 und öfter). Die Absicht der Schrift war aus der wechselseitigen Beziehung der Apostelgeschichte und der 13 Paulinischen Briefe zu zeigen, daß diese Bücher, selbst wenn sie nur in späten Handschriften überliefert wären, Gründe genug darbieten würden, Briefe und Personen für nicht erdichtet, ja die Briefe für authentisch und die in ihnen erzählte Geschichte für wahr zu halten. Mit bewundernswürdigem Scharfsinne hat er die kleinsten Umstände hervorzuheben und für seine Untersuchung zu benutzen gewußt. Da hierbei auch über viele biblische Stellen ein neues Licht verbreitet ist, waren die teutschen Theologen frühzeitig auf das Buch aufmerksam geworden (s. Eichhorn's Bibl. für bibl. Lit. III. 508. Allg. Lit.-Zeit. 1792. Nr. 28), und es erschien eine teutsche Übersetzung mit einigen Anmerkungen von Ph. K. Henke (Helmstedt 1797), desgleichen eine holländische und eine französische von J. D. P. Et. Levade (Nimes 1809 und wiederholt zu Paris 1821). 3) The young christian instructed in reading, and the principles of religion, erschienen 1788, eine Compilation für die Jugend und daher im Auslande nicht gekannt. 4) Reasons for contentment addressed to the labouring part of the british Public (London 1793), zur Beruhigung der durch die französische Revolution aufgeregten Gemüther der arbeitenden Classe geschrieben. 5) A view of the evidence of christianity (London 1794. III. und 1798. II. in 8.), ebenfalls durch Levade ins Französische übersetzt unter dem Titel: Tableau de preuves evidentes du Christianisme (zu Lausanne 1806. II. in 8. und ins Teutsche zu Leipzig 1797). Von diesem Buche gibt es on analysis (London 1798). 6) Natural theology or Evidences of the existence and attributes of the Deity, collected from the appearances of nature, erschien zu London 1802 und hatte 1804 bereits sieben Auflagen erlebt, ist auch nachher bei James Parton (Oxford 1826. 2 Bde.) und 1836 mit sehr reichhaltigen Bemerkungen und Zusätzen vom Lord Brougham und dem berühmten Physiologen und Chirurgen Karl Bell herausgegeben und dadurch der Text nicht nur nach dem gegenwärtigen Zustande der Wissenschaft berichtigt, sondern auch durch geistreiche, anregende Skizzen Bell's ansehnlich bereichert. Ch. Pictet in Genf übersetzte es im J. 1804 auf sehr freie Weise ins Französische und hat dadurch den eigentlichen Charakter des Werks fast ganz verwischt, was auch in der neuen Ausgabe (1817) nicht verbessert wurde. In teutscher Bearbeitung gab dies Buch D. H. Hauff heraus (Stuttg. und Tübing. 1837) mit zweckmäßigen Weglassungen. Es ist von praktischen Philosophen und Naturforschern hochgeschätzt und das unerreichte Muster vieler ähnlichen Abhandlungen geworden. Paley geht davon aus, Beweise von dem Dasein Gottes aus den Erscheinungen der Natur zu entwickeln, und thut dies in streng logischer Darstellung, den Schmuck der Rede verschmähend, aber dennoch anziehend und den Leser bis zum Ende festhaltend. Es ist nicht für Theologen und Philosophen berechnet, die in Teutschland längst über den Standpunkt des Verfassers hinaus sind, wol aber geeignet, als Anregung und Einleitung zu umfassenden Studien der Naturgeschichte empfohlen zu werden. Solchen Zweck zu erreichen, sind die mehrfach in England dazu erschienenen Bildwerke sehr dienlich. 7) Nach seinem Tode hat seine Witwe Sermons and tracts herausgegeben, die ebenfalls mit vielem Beifalle aufgenommen sind. Außerdem aber ist Paley auch der politischen Schriftstellerei nicht fremd geblieben, und er hat die politischen und gerichtlichen Institutionen Englands nach ihrem Werthe in besondern Schriften beurtheilt, die mir freilich nur nach den von M. Th. P. Bertin veranstalteten französischen Übersetzungen bekannt sind, nämlich des différentes formes du gouvernement et de leurs avantages ou désavantages respectifs, de la constitution anglaise et de la liberté civile (Paris 1789) und réflexions sur l'établissement des jurés et sur l'administration de la justice civile et criminelle (Paris 1789 und 91). Sammlungen von the entire works of *W. Paley* kenne ich vier, die erste London 1805—8. 8 Bde. in 8., dann with a life by *Alex. Chalmers* (London 1821. 5 Bde.), dann with a life by *Lynam* (London 1823), und endlich die beste with an account of his life and writings by his sun (London 1825. 7 Bde. in 8.), bei der sich auch ein Portrait findet. Für sein Leben sind auch zu benutzen: Memoirs of *W. Paley* by *G. Wilson Meadley* (Sunderland 1809).

(*Eckstein.*)

Paleya *Cassin.*, s. Picridium *Desf.*

PALEYRAC, Flecken im franz. Dordogne-Departement (Périgord), Cant. Cadouin, Bezirk Bergerac, liegt, 8¼ L. von dieser Stadt entfernt, in einer fruchtbaren Gegend und hat eine Succursalkirche, 170 Häuser und 440 Einwohner. (Nach Expilly und Barbichon.)

(*Fischer.*)

PALFFY, das große ungrische Haus, wird gewöhnlich von einem Grafen Konrad von Altenburg hergeleitet, der um das J. 1028 als Abgesandter Kaiser Konrad's II. nach Ungern gekommen und der Stammvater des ausgebreiteten Geschlechtes Konth geworden sein soll. Die Erfinder dieser Herleitung hatten nicht bedacht, daß das Volk der Magyaren eines derjenigen ist, in welchen die ursprüngliche Eintheilung aller Völker in Stämme (Kasten) sich am längsten und vollständigsten erhielt, und wie schwer, wo nicht unmöglich, es wird, einem in dieser Weise geordneten Volke, einem Stamme, in dem jeder seinen bestimmten Platz hat, Fremdes aufzubringen. Ebenso wenig können wir den von Thuroß (P. II. c. 14. p. 34) gepriesenen Poth oder Both als den Ahnherrn des ganzen Stammes betrachten. Poth war gewiß nichts anderes, als das Oberhaupt eines Stammes, dessen Ursprung mit jenem des Volkes selbst zusammentrifft. Noch im 12. Jahrh. entstand eine Spaltung in dem Stamme, der vielleicht zu sehr angewachsen war, er theilte sich in die Geschlechter Konth und Hedervar. Nikolaus Konth kommt im J. 1344—1351 und dann wieder 1356—67 als Palatinus vor; Paulus Konth, der mit Elisabeth Illyes verheirathet war, hinterließ einen Sohn, Paulus II., der sich zuerst des zusammengezogenen Namens Palffy, d. i. Pauli filius, bediente. Dieses Sohn, Nikolaus I. Palffy, kommt als Besitzer von Dertzika, in der Schütt, in dem untern eiländischen Bezirke des presburger Comitats, und von Raro, in dem czilisközer Bezirke des raaber Comitats vor. Sein Sohn, Laurentius Palffy, auf Cseleskö, wohnte der Schlacht bei Mohacs, im J. 1526, als Hauptmann der Insurrection des presburger Comitats bei und wurde der Vater von Paul III. auf Dertzika und Raro, der mit Judith Erdödy von Csorna verheirathet war, und den Sohn Peter Palffy auf Csabragh, in dem bozoker Bezirke der honther Gespanschaft hinterließ. Aus seiner Ehe mit Sophia Dersffy hinterließ Peter die Söhne Thomas I., Georg, Freiherrn, Johann I., Hauptmann zu Tata, Stephan I., Hauptmann zu Komorn, und Nikolaus II., dann die Töchter Katharina und Magdalena. Magdalena heirathete in erster Ehe den Peter Balassa, in anderer Ehe den Rudolf Khuon von Belasy. Katharina wurde des tapfern Johann Krusith Hausfrau; auf seinem Sterbelager, das er zu Kanisa, in seiner Hauptmannschaft, gefunden, empfahl der Held ihr seinen Lieutenant, den vielgeprüften Stephan Illieshazy, als denjenigen, der vor allen andern befähigt, ihr in jenen unruhigen Zeiten Schutz und Beistand zu gewähren. Die junge reiche Witwe wurde demnach des Illieshazy Gemahlin und in gewisser Weise zugleich sein Schicksal; denn die Pfandherrschaft St. Georgen und Pösing, die sie in die zweite Ehe brachte, wurde eigentlich Veranlassung zu allen den mannichfaltigen Verwickelungen in Stephan's Lebensgeschichte, die damit endigten, daß er als Palatinus den Gipfel der Ehren und der Macht erstieg. Witwe zum zweiten Male im J. 1609, wurde Katharina schon am 15. Dec. 1610 durch Urtheil und Recht des Besitzes von St. Georgen und Pösing entsetzt. Sie ruht an der Seite des Palatinus Illieshazy, in der von diesem kurz vor seinem Ende an der ehemaligen Pfarrkirche vor dem Oberntbore zu Pösing erbauten Kapelle. Thomas I. Palffy, der älteste von Peter's Söhnen, war Hauptmann zu Palota, erwarb auch für sich und seine Nachkommenschaft die freiherrliche Würde. Diese Nachkommenschaft beschränkte sich indessen auf einen Sohn, Thomas II., dessen Tochter Sabina, an Stanislaus Riczizky verheirathet wurde, während der einzige Sohn, Thomas III., nach einander die Bisthümer Waitzen, Erlau und Neitra (seit 1671), sowie die Propstei zu Presburg besaß, das Reichskanzleramt bekleidete und im J. 1679 starb. Nikolaus II., der Begründer der Größe seines Hauses, geboren im J. 1552, scheint eine Erziehung genossen zu haben, wie sie nur höchst selten in jenen Zeiten die Großen des westlichen Europa's zu empfangen pflegten. Er bereiste Griechenland und Constantinopel, Teutschland, Niederland, Frankreich und Spanien, genoß den praktischen Unterricht der berühmtesten Feldherren jener Länder und begann alsbald nach seiner Rückkehr in die Heimath das Gelernte in Anwendung zu bringen. Die Hauptmannschaft in Komorn war das erste Amt, das er bekleidete (1584), und von hier wurde er bald nach Gran und endlich nach Neuhäusel versetzt. Viel zu weitläufig würde die Aufzählung aller der Unternehmungen sein, die er mit gleich viel Kraft und Glück gegen die Ungläubigen ausführte. Eine seiner wichtigsten Waffenthaten, von der er jedoch, wie billig, die Ehre mit dem obersten Feldherrn, mit dem versuchten Adolf von Schwarzenberg, zu theilen hatte, war die mit ebenso viel Verwegenheit als Glück ausgeführte Wegnahme der Hauptfestung Raab (29. März 1598); dafür wurde Nikolaus, nach alter biederer Sitte, von den Ständen von Österreich mit einem werthvollen, künstlich gearbeiteten Goldbecher beschenkt (von diesem Becher wird mehrmals die Rede sein), die ungrischen Stände aber — ein in Ungerns Geschichte bisher unerhörter Schritt — kamen freiwillig und unaufgefodert, im Namen des ganzen Königreichs, bei dem König um eine angemessene Belohnung für den tapfern Landsmann ein (1599)[1]). Verdienst und Verwendung sprachen gleich lebendig zu des Gefeierten Gunsten, und die Hauptmannschaft des presburger Schlosses, zugleich mit den sehr bedeutenden Schloßgütern, wurde an Nikolaus Palffy verliehen, anfänglich zwar nur für seine Person, später wurden aber auch sein Sohn Stephan und sein Enkel Nikolaus in die Verleihung aufgenommen. Es scheint jedoch nicht, daß er diese Ausdehnung der ihm zugedachten Gnade erlebt habe. Denn er starb sehr unerwartet den 23. April 1600, wie das Isthuanffy[2]) berichtet. Er war aber bereits zu einem vollendeten Feldherrn erwachsen, und nimmt der heilige Vater keinen Anstand, ihn, den mann-

1) „Cum apud omnes," so drückt sich ihr Empfehlungsschreiben aus, „omnium statuum et nationum reges et principes, ac ipsam etiam Serenissimam et Augustissimam Domum Austriacam, ex qua tot imperatores regesque prodiere; semper observatum ac in more positum fuerit, ut iis, qui domi forisque res praeclare gessissent, et rempublicam armis defendissent, praemia et remunerationes decernerent. Cumque status et ordines regni Hungariae spectabilem et magnificum dominum Nicolaum Palffy, ab eo toto tempore, quo in aula Majestatis Caesareae, Domini ipsorum clementissimi, educatus, ac deinde praefecturis militaribus ornatus fuit, ita se gessisse, optime sciant, ut merito inter viros virtute et fortitudine praestantissimos, numerari possit et debeat. Nam et initio praesentis belli in expugnatione plerimarum arcium reipublicae Christianae, ac patriae et Majestati Caesareae servivit fideliter et utiliter, ut taceantur alia ejus servitia, cum sanguinis sui effusione praestita, et quotidie praestari solita; tum erga omnes militares, exteros pariter et nostrates, per studia et officia. Horum igitur et aliarum virtutum ejus memores regnicolae, motu proprio ac spontanea humilitate et demissione, Majestati Suae Caesareae, Domino ipsorum Clementissimo, supplicant, dignetur Sua Caesarea Majestas ipsi Domino Nicolao Palffy, ejusque haeredibus masculis, quamdiu ii claruerint, cum titulo Comitis perpetui, arcem et bona Posoniensia clementer conferre . . . Quae petitio regnicolarum, et humilis supplicatio, cum in similis personae commendatione prima sit, et nullo petente, sed sponte unanimiterque fiat; sperant Status et Ordines, Majestatem Suam Caesaream, pro solita sua benignitate, gratiose admissuram." 2) „Palffyus primo veris initio a principe Matthia ad consultandum de progressu belli, et de ejus ad Transilvaniam gubernandam profectione, vocatus (ea enim provincia, decreto Caesaris, nisi mors, ultimus rerum terminus, praevertisset, ei decreta erat) quum Viennam domum rediisset, in repentinum gravemque morbum incidit, ac quinto post die, vi ejus exstinctus fuit, quum nondum L aetatis annos exegisset, ac incredibile sui desiderium tam Caesari, quam patriae et omnibus reliquisset. Erit enim magna omnium de eo spes concepta, fore eum in praeclarum et omnibus numeris consummatum ducem evasurum."

n Vertheidiger des christlichen Glaubens, als einen
n, als einen Helden, zu begrüßen. Aber nicht nur
ich selbst war Nikolaus ein Mann, sein Haus war
eine Schule, in der Männer erzogen wurden. Wir
ern nur an Franz Ezterhazy, den das berühmte Haus
einen andern Stammvater verehrt, an Peter Kohary,
Stephan Illieshazy, den Nikolaus als seinen Geheim-
ber zu gebrauchen pflegte, und der nachmals die Größe
Familie gründete. Zu Presburg war Palffy ge-
n, daselbst wurde er auch in St. Martin's Stifts-
beerdigt. Wir ersehen aus seiner Grabschrift [*]), daß
aus, außer den presburger Schloßgütern, auch zwei
e bedeutende Gebiete, die Herrschaften Stampfen
mpha), in dem transmontaner, und Biebersburg
sko) in dem obern äußern Bezirke des presburger
tats, an sich gebracht hatte. Biebersburg hatte er
Theil als die Aussteuer seiner Gemahlin, Maria Fug-
erhalten, zum größern Theile aber von den Fugger's
Erben erkauft. Maria Magdalena Fugger über-
wie es eine Sterbemünze anzudeuten scheint, ih-
heherrn um 46 Jahre. Es zeigt diese Münze, ein
en, im Av. innerhalb eines Lorbeerkranzes, in neun
, die Worte: Maria Fuggerin Stephani et Joan-
Palffyorum mater, qui simul sepulti Posonii 29.
1646. Rev. Diana, mit einem Lorbeerkranze ge-
ckt, hält mit beiden Händen die Geweihe der von
Seite hervorkommenden Hirsche (das Palffy'sche Wap-
über ihrem Kopfe befindet sich der halbe Mond in
len, darüber steht auf einem Bande: ad astra me-
. Maria Magdalena, durch welche auch die Herr-
Ballenstein an die Palffy'sche Familie gebracht wor-
hatte die sechs Kinder Stephan II., Nikolaus III.,
n II., Paul IV., Sophia und Katharina. Sophia
an den Grafen Maximilian von Trautmannsdorf
rathet, an jenen Trautmannsdorf, dem Teutschland
estfälischen Frieden verdankt; Katharina wurde des un-
n Palatinus, des Grafen Nikolaus Forgach, Gemahlin.
aus III. war Propst zu Presburg, Johann II., einer
Kronhüter, fiel im J. 1621 in einem Gefechte mit
Türken; er hinterließ aus seiner Ehe mit Judith von
e den einzigen Sohn Ferdinand, der als Bischof zu
sein Leben beschloß, nachdem er früher Jesuit gewesen.
IV. war Kammerpräfect in Ungern und k. k. Ge-
ath, sodann aber durch Wahl vom J. 1649 Reichs-
nus. Nach des Bruders Tode bekleidete er zugleich
Schloßhauptmannschaft in Presburg. Ihm verdankt
die Familie außerordentlich viel: er hat Theben, das bisher an die Palocsai versetzt gewesen, Blasenstein, das von den Balassa an den Fiscus gefallen war, und 1637 auch Bajmocz (Boynitz), in der neitraer Gespanschaft, von der Hofkammer an sich gebracht, vorerst zwar nur pfandweise, man weiß aber, was eine ungrische Pfandschaft in mächtiger Hand bedeutete. Er hat ferner das Schloß Biebersburg nach seiner heutigen Gestalt erbaut, das Franziskanerkloster zu Malaczka gestiftet und durch eine Majoratsordnung für die späte Nachkommenschaft gesorgt. Zu dem von ihm gegründeten Majorat gehört der goldene Becher, den die österreichischen Stände seinem Vater, dem tapfern Nikolaus II., verehrt hatten. Er war, wie wir bald hören werden, an Bethlen Gabor gekommen; dieser hatte ihn dem Sultan überreichen lassen, und als Ferdinand III. mit den Türken Frieden schloß (1653?), war derselbe Becher in die Zahl der Geschenke aufgenommen worden, welche bei dieser Gelegenheit von Seiten der Pforte dem kaiserlichen Hofe gemacht wurden, und so kam er in die kaiserliche Schatzkammer. Ferdinand III., seine ursprüngliche Bestimmung ehrend, gab ihn dem Palatinus zurück, und so wurde er, zugleich mit dem Säbel, den Nikolaus II. bei der Einnahme von Raab geführt, zu einem noch heute vorhandenen Fideicommiß des Palffy'schen Hauses gewidmet. Paul IV. starb im J. 1655; mit Franziska, des Grafen Johann Euseb Khuon von Belasy Tochter, hat er die sehr bedeutenden Herrschaften Alten- und Neuen-Lengbach, Baumgarten und Reimpolsdenbach, in dem österreich. Viertel O. W. W. erheirathet. Seine Tochter, Theresia war in erster Ehe des Grafen August von Sinzendorf, in anderer Ehe des Marchese Ferdinand Obizzo Gemahlin, und starb im J. 1684. Sein älterer Sohn, Johann III. Anton, Hauptmann des königl. Schlosses zu Presburg, starb ohne Kinder, obgleich er zwei Frauen, Anna Theresia, Gräfin Nadasdy, und Maria Eleonora, Gräfin von Molart, gehabt. Sein jüngerer Sohn hingegen, Karl I., Generalmajor von der Cavalerie, bei dem Ausbruche des großen Türkenkriegs im J. 1683, starb als Generalfeldmarschall in Mailand, im J. 1694, aus seiner Ehe mit Agnes Sidonia, einer Tochter des Fürsten Hartmann von Liechtenstein, zwei Söhne, Franz I. und Nikolaus V., hinterlassend. Franz I. fiel unvermählt in einem der italienischen Feldzüge. Nikolaus V., Hauptmann des königlichen Schlosses zu Presburg, hatte keine Kinder aus seiner Ehe mit einer der Homonnay'schen Erbtöchter, und es erlosch mit ihm die Nachkommenschaft des Palatinus Paul. — Stephan II., der älteste Sohn von Nikolaus II. und von der Maria Magdalena Fugger, folgte dem Vater in der Würde eines Obergespans des presburger Comitats, war aber zugleich auch königlicher Rath, Kronhüter, General der ungrischen leichten Reiterei, Oberhauptmann des Districts diesseit der Donau und Commandant der Festung Neuhäusel. Des Vaters wahrhaftiger Sohn, erwarb er sich durch eine Reihe verwegener Thaten den Beinamen des Türkenschreckens. Als Bethlen Gabor, der Fürst von Siebenbürgen, seine siegreichen Waffen über die Grenzen von Ungern hinaus bis in das Herz von Mähren trug, war mit der Hauptstadt Pres-

[*]) Illustri heroi Nicolao Palffy ab Erdöd, Petri filio, co-
osoniensi et Comaromiensi, libero baroni in Vereskö et
ha, equiti aurato, regii cubiculi in Hungaria magistro,
phi II. Imper. Rom. et Regis etc. consiliario et cubicu-
intimo, Hungariae cis Danubium Generali praesidiorum
nien. Comarom. Ujvarien. Posonien. supremo Capitaneo.
par generi et titulis, virtus rem Hungaricam difficillimis
ibus, cum omnium admiratione et gratulatione conserva-
amplificavit. Die XXIII. Aprilis, ipso S. Georgii festo,
MDC pie defuncto, cum vixisset annis XLVII. m. VII.
II. Maria Fuggera, Kirchbergae et Weissenhorni baro-
marito, de republica, deque se optime merito, cum qua-
uperstitibus liberis, moerens posuit.

burg zugleich die heilige Krone in seine Gewalt gefallen; er hielt es jedoch nicht gerathen, von ihr irgend Gebrauch zu machen, so lange es ihm nicht gelungen, durch des Kronhüters Zustimmung das Dispositionsrecht über das Kleinod zu erhalten. Glänzende Versprechungen, harte Drohungen wurden angewendet, um Stephan's Treue zu dem rechtmäßigen Könige zu erschüttern; da er aber in die Auslieferung der ihm anvertrauten heiligen Krone nicht einwilligen, ebenso wenig in Bethlen's Dienst übertreten wollte, so wurde er als Gefangener nach der fernen Burg Ecsed gebracht und dort noch strenger behandelt. Auch den Schrecknissen des Kerkers widerstand Stephan, und Bethlen Gabor mußte den Unbeugsamen freigeben. Der Ketten entlastet, bot Stephan alle seine Kräfte auf, dem Türkenknechte auch im Felde Widerstand zu leisten, das Glück aber war nicht mit ihm. In einem hitzigen Gefechte an der Tatra gerieth er, schwer verwundet, in der Siebenbürger Gefangenschaft. Nicht so leicht wollte Bethlen nunmehr den gefährlichen Feind losgeben, und das in jener geldarmen Zeit beinahe unerschwingliche Lösegeld von 24,500 Dukaten war der Preis der Befreiung eines so wichtigen Gefangenen. Die trostlose Mutter, die jugendliche, kaum vor drei Jahren heimgeführte Gattin, thaten das Äußerste, den Geliebten zu retten. Nur 10,000 Dukaten konnten baar aufgebracht werden, aber die zwei edlen Frauen, als Witwe und Tochter gepriesener Helden mit den Geschicken des Kriegs näher vertraut, opferten mit liebender Hast Gold- und Silbergeräthe, Geschmeide und reiche Gewänder, um die fehlenden 14,500 Dukaten zu ersetzen. Das noch vorhandene Verzeichniß der geopferten Kleinodien beweist, daß auch des Liebsten und Theuersten nicht geschont wurde, auch jener Becher, den Nikolaus II. Palffy einst von den österreichischen Ständen empfangen, befand sich darunter. Im Lager vor Ungrischbrod, am 15. Nov. 1621, stellte Bethlen den Empfangsschein über das ganze Lösegeld aus, und Stephan wurde den Seinigen und dem Vaterlande wiedergegeben. Als ein guter Wirthschafter wußte er den an seinem Vermögen erlittenen Schaden bald zu ersetzen, denn er befand sich im Stande, am 24. April 1626 der Hofkammer ein Darlehen von 260,000 Gulden, später, am 13. März 1635, auf 310,000 Gulden erhöht, zu machen, wofür ihm die Herrschaften St. Georgen und Pösing, jedoch ohne die Städte, pfandweise übergeben wurden. Es war dieses Geschäft um so wichtiger, da die Pfandschaft nachmals, im J. 1734, von Kaiser Karl VI. in Erbe umgewandelt wurde. Im J. 1634 wurde Stephan in den Grafenstand erhoben. Seine Gemahlin Eva Susanna war eine Tochter des berühmten Feldherrn, des Grafen Hans Christoph von Puchheim, und sind durch sie späterhin die Puchheimischen Herrschaften Kirchschlag, Krumbach und Saubersdorf V. U. W. W., an ihren Enkel, Nikolaus VI. Palffy, vererbt worden. Ihr einziger Sohn, Nikolaus IV., geb. im J. 1634, Kronhüter, k. k. Kämmerer und Geheimrath, früher aber Malteserritter, vermählte sich mit Eleonora, des Grafen Karl von Harrach und der Prinzessin Franziska von Eggenberg Tochter, erhielt wol hauptsächlich in Betracht dieser Vermählung von Kaiser Ferdinand III. die erbliche Verleihung der presburger Schloßhauptmannschaft und der Schloßgüter, welche, gleichwie es bisher der Fall gewesen, als Seniorat besessen werden sollten. Das Gut Kemnitz, in dem schlesischen Fürstenthume Jauer, erkaufte Nikolaus aus des Johann Ulrich von Schafgotsch Confiscation, er überließ es jedoch im J. 1667 an die Zierotin. Er starb im J. 1679, mit Hinterlassung von fünf Kindern, Nikolaus VI., Franz II., Johann IV., Maria Susanna und Maria Eleonora. Maria Susanna heirathete am 28. Febr. 1672 den ungrischen Hofkammerpräsidenten, den Grafen Christoph Erdödy, Maria Eleonora (starb den 26. Dec. 1699) den Grafen Maximilian von Waldstein. Franz II., geb. den 3. Aug. 1660, wurde als Oberstlieutenant bei einem Angriffe auf die esseker Brücke erschossen, im August 1687; er hatte keine Kinder aus seiner Ehe mit Juliana, einer der Homonnay'schen Erbtöchter. Johann IV., der Stammvater der noch blühenden jüngern Hauptlinie, war den 20. Aug. 1659 geboren. Seine ersten Feldzüge scheint er gegen die Türken gethan zu haben; in Biebersburg hängt unter dem Schloßthore ein kleines Schiffchen, mittels dessen er aus der türkischen Sklaverei entflohen war. In dem kurpfälzischen Erbfolgekriege machte er sich als glücklicher Parteigänger bekannt, und schon im J. 1689 erhielt er das Czobor'sche Husarenregiment, bei dem er bisher als Rittmeister gestanden hatte. Unmittelbar darauf spielte er der Besatzung von Philippsburg einen argen Schlimmstreich. Vor ihren Augen ließ er durch einige Husaren eine Heerde Ochsen und Schafe entführen, auf die man in Philippsburg vorzüglich gerechnet hatte. Die Franzosen thaten einen Ausfall, das Vieh zu retten, fielen aber in den Hinterhalt, wo Palffy sie mit seiner Hauptmacht erwartete; 300 Mann Infanterie und 23 Offiziere ließen sie auf dem Platze liegen; sieben Offiziere wurden zu Gefangenen gemacht, der Commandant selbst entkam mit genauer Noth auf einem frischen Pferde, das ihm der Diensteifer eines gemeinen Soldaten verschaffte. Palffy blieb bei der Rheinarmee, auch nachdem er im J. 1693 zum Generalmajor ernannt worden, bestand noch manchen Strauß mit den Franzosen, und gewöhnlich waren Sieg und Beute sein Lohn. Indessen waren es nicht allein die Feinde, die seinen verwegenen Muth erfahren mußten, er hatte auch mehre Duelle; in einem solchen verwundete er den Prinzen Johann Friedrich von Würtemberg-Stuttgart durch einen Pistolenschuß dergestalt, daß der Prinz bald hernach, den 15. Oct. 1693, starb. Palffy wurde deshalb vor ein Kriegsgericht gestellt, aber freigesprochen. Eines der heftigsten Scharmützel bestand er im J. 1695 mit dem französischen General Villars, in der Nähe von Mainz; er wurde hierbei selbst schwer verwundet, doch glücklich wieder geheilt. Nach dem ryswyker Frieden übernahm er die Stelle eines Landrichters in Ungern, er vertauschte auch im J. 1700 sein Husarenregiment gegen das Kürassierregiment, welches bisher der Obrist von Scheidau gehabt hatte. Mit diesem Kürassierregimente folgte er im J. 1701 dem Prinzen Eugen über die Alpen, oder vielmehr Palffy, jetzt Feldmarschalllieutenant, ging mit drei Cavalerieregimentern und

Feldstücken der Hauptarmee voraus. Bei Castel-
schlug er eine Brücke über die Etsch, mittels wel-
die Armee den 9. Jul. den Übergang des Flusses be-
telligen und das Treffen bei Carpi liefern konnte.
en Lorbeeren dieses Tages, an dem Siege bei Chia-
ihm Palffy wesentlichen Antheil; bei der Austheilung
Winterquartiere wurde ihm und den von ihm befehlig-
Regimentern das Land zwischen der Fossa Mantuana
dem Mincio, das sogenannte Seraglio, zur Verthei-
g angewiesen. Auch in dem Feldzuge vom J. 1702
er unter Eugen's Befehlen, doch war der mühsame
nkrieg, auf den die kaiserliche Armee sich beschränkt
nicht geeignet, die glänzenden Eigenschaften eines
istri equitum zu offenbaren, und es wird in diesem
t der Name Palffy nur selten genannt. Im folgen-
Jahre nach Baiern versetzt, befand er sich bei der
sabtheilung, die unter Styrum's Befehlen am 20.
. 1703 zwischen Höchstätt und Donauwerth die
re Niederlage erlitt, für Palffy zwar nicht ohne
n. Ein französisches Corps, mit welchem der Mar-
d'Usson den Kaiserlichen in den Rücken und in die
ge fiel, wurde durch ihn zurückgetrieben, in einen
ist gesprengt und großentheils zusammengehauen.
s von Kroatien, Dalmatien und Slavonien, seit
Februar 1704, General von der Cavalerie, seit dem
ai nämlichen Jahres, wurde ihm zugleich der schwie-
Auftrag, die Grenzen von Österreich und Steiermark
die ungrischen Malcontenten zu decken. Er leistete
eser Hinsicht, was nach der geringen ihm anvertrau-
Macht möglich, bemeisterte sich noch in dem nämli-
Jahre des für die Sicherheit der Steiermark wichti-
Postens Csaktornya und der ganzen Insel Muraköz,
te das getreue Ödenburg, das durch eine strenge
abe auf das Äußerste gebracht worden, proviantirte
l-Weißenburg und errang einen bedeutenden Vortheil
die bei Nagy-Magyar in der Schütt verschanzten
rgenten. Später, als unter Heister's Obercomman-
nreichende Streitkräfte zusammengezogen worden, er-
Palffy den Befehl, im Norden der Donau zu ope-
Er nahm nach einem kurzen Bombardement das
Neitra (24. Aug. 1708), empfing am 31. Aug. die
werfung des ganzen Rebellenregiments, Oczkay, den
ral an der Spitze, und schlug hinter Neuhäusel eine
feindliche Partei, deren Anführer, der Oberst Bo-
, selbst gefangen genommen wurde. Den hierdurch
eiteten Schrecken benutzend, nöthigte er 70 Edelleute
Nachbarschaft zur Unterwerfung; er eroberte ferner, am
ct., das feste Schloß Boynitz, an welchem der Rebel-
führer Rudolf Bertseni und dessen Hausfrau so viel
ben gefunden hatten, daß sie diese Palffy'sche Besi-
und die gesammte Herrschaft während der Dauer
Insurrection, als ihr Eigenthum behandelten, nahm
Burg Budetin mit Accord und brachte, nachdem er
Obersten Thuroczi gewonnen, die ganze trentschiner
anschaft unter kaiserliche Botmäßigkeit. Zum Beschluß
Feldzuges besetzte er die Stadt Leutschau, wohin die
llen kurz vorher eine Generalversammlung ausgeschrie-
hatten, um ein allgemeines Aufgebot anzuordnen.

Im f. J. 1709 siegte Palffy bei Schemnitz über eine bedeutende von Bertseni angeführte Rebellenschar, gleichwie er 1710 das wichtige Neuhäusel nach einer langwierigen Blokade einnahm. Dafür wurde er mit der Feldmarschallswürde belohnt, gleichwie ihm schon in dem vergangenen Jahre aus den confiscirten Gütern der Rebellen eine Summe von 150,000 Gulden zu Theil geworden. Wichtiger noch als diese kriegerischen Ereignisse war indessen der Einfluß, den Palffy durch dieselben und durch seine diplomatischen Erfolge gegen die Rebellen auf den Hof gewonnen hatte. Man erkannte in Wien, daß ein Unger, der dem Kaiserhause treu ergeben, am Leichtesten Gehör finden würde bei seinen bethörten Landsleuten, und Cusani, Heister's Nachfolger im Commando, wurde abgerufen, statt seiner Palffy mit dem Oberbefehle der Truppen bekleidet, und zugleich mit Vollmachten für die Abschließung eines Vergleiches ausgerüstet. Jetzt endlich, nachdem das Pacificationsgeschäft in den Händen eines Mannes, der dabei wahrhaft interessirt, kam der Schluß der langen, verderblichen Fehde. Am 12. Febr. 1711 nahm Palffy das feste Schloß Zolyomkö, wodurch er den Malcontenten die Verbindung mit Siebenbürgen abschnitt; am 23. April unterwarf sich der Graf Karoly mit allen seinen Truppen der Gnade des Kaisers, und am 26. April ergab sich das letzte Bollwerk der Rebellion, die Stadt Kaschau, worauf durch Annahme des am 29. April zu Zathmar, namentlich auch von Palffy unterzeichneten Generalpardons der Friede vollkommen zu Stande kam. Palffy hatte dem Königreiche und dem Erzhause einen gleich großen Dienst geleistet, denn am 17. April war Kaiser Joseph I. gestorben, und der Wechsel der Herrschaft konnte leicht neue und gefahrvolle Verwickelungen erzeugen. Bei der ungrischen Krönung Kaiser Karl's VI. trug Johann, als Bannus von Kroatien, den Reichsapfel; damals wurde er auch als wirklicher Geheimrath vereidet. Die nächsten Jahre verlebte er mehrentheils auf seinen Gütern, in dem Türkenkriege vom J. 1716 erhielt er aber das Commando über die Reiterei der im Lager bei Futtok versammelten Armee. Am 2. Aug. ging er, das türkische Lager zu recognosciren, mit 1400 Reitern und 400 Husaren über die Donau und alsbald traf er auf die feindlichen, ebenfalls aus Reiterei bestehenden, Vortruppen. Es kam zu einem hitzigen Gefechte, in welchem Palffy selbst in die äußerste Gefahr gerieth, und endlich, nachdem er Wunder von Tapferkeit gegen den sich stets mehrenden Schwarm der Feinde verrichtet, mit Verlust von 400 Todten und Verwundeten den Rückzug nach Peterwardein antreten mußte. Aber schon drei Tage später, am 5. Aug. 1716, wurde ihm durch den an dem glorreichen Siege bei Peterwardein genommenen Antheil der vollständigste Ersatz für eine Schlappe, die an sich schon manchen Sieg verdunkelt. Des Tages von Peterwardein Frucht war die Einnahme von Temeswar, Palffy hatte aber mit einem detachirten Corps am 27. Aug. diese Festung berennen und nachmals von seiner Position jenseit der Bega aus, die Belagerung bedecken müssen. Auch Belgrad wurde durch ihn, der hierbei 48 Schwadronen Kürassiere und Dragoner führte, am 18. Jun. 1717 berennt, und er mußte sodann die Belagerung decken, gleichwie er in der Schlacht vom 16. Aug. die Cavalerie befehligte und den ersten Angriff that. Er stieß dabei auf ein in der Nacht entstandenes und darum nicht recognoscirtes Werk, auch geschah der Angriff früher, als man berechnet, und bevor noch der linke Flügel des Heeres sich aufgestellt hatte. Das Gefecht wurde daher zweifelhaft, Palffy stürzte mit dem dritten Pferde — die zwei ersten waren ihm unter dem Leibe erschossen worden — und empfing dabei eine Contusion, endlich aber konnte das zweite Treffen zu seiner Unterstützung heranrücken, und die Türken erlitten auf diesem, wie auf allen übrigen Punkten, eine vollständige Niederlage. Im J. 1726 erwirkte Johann, gemeinschaftlich mit seinem Bruder Paul, daß der bisher nur hypothekarische oder Inscriptionalbesitz von Boynitz in erblichen Besitz umgewandelt wurde; des Bruders Antheil hatte er schon vorher an sich gebracht. In dem nämlichen J. 1726 begann er den neuen, prachtvollen Schloßbau zu Königsaden, Királyfalva, das alte Schloß hatten die Malcontenten zerstört, um ihm weh zu thun. Im Oct. 1731 wurde er zum Judex curiae ernannt, wogegen er das Bannat an den Grafen Joseph Ezterhazy abtrat. Im J. 1734 wurde, vornehmlich auf seine Verwendung, der Pfandbesitz von Biebersburg in Erbe verwandelt. Commandirender General in Ungern, seit dem J. 1736, übernahm er in dem nämlichen Jahre den Oberbefehl des bei Futtok zusammengezogenen Heeres; bei dem Ausbruche des Türkenkrieges, im J. 1737, löste ihn aber Seckendorf in diesem Commando ab. Am 29. Nov. 1739 wurde er in die Zahl der Ritter des goldenen Vließes aufgenommen, und am 25. Febr. 1740 als solcher in Wien eingeführt. Acht Monate später wurde er durch einen Courrier von Presburg nach dem kaiserlichen Hoflager entboten. Karl VI., es war drei Tage vor dem 20. Oct. 1740, sprach zu ihm in den gnädigsten Ausdrücken von seiner vielfältig bewährten Treue und äußerte zugleich die Hoffnung, er würde auch im Falle einer Veränderung dem Hause Österreich treu ergeben verbleiben, wie er es bisher gewesen, sonderlich möge er fest auf die durch die pragmatische Sanction eingeführte Successionsordnung halten, der Thronbesteigung der ältesten Erzherzogin kein Hinderniß in den Weg legen, und vielmehr dieselbe wider alle Gegner, die sich etwa regen möchten, standhaft vertheidigen. Tief ergriffen fühlte sich Palffy von der hohen Bedeutung des Augenblickes, weinend versprach er dem sterbenden Kaiser, daß er an der Tochter vergelten wolle, was er von dem Vater empfangen, und unter großen Gnadenbezeigungen, vielleicht auch mit der Aussicht, dereinst die Palatinuswürde zu empfangen, wurde er entlassen. Karl VI. verschied am Morgen des 20. Oct. 1740, und gleich darauf richtete die Erzherzogin an Palffy ein ungemein gnädiges Handschreiben, worin sie ihm dieses Ereigniß mittheilte, ihm, unter Versicherung ihrer höchsten Gnade, das Generalcommando aller Truppen in Ungern übertrug, und ohne Hehl bekannte, daß sie von seiner Freundschaft und Treue Beistand aller Art und guten Rath erwarte. Der beste Rath, den er unter den gegenwärtigen Umständen geben konnte, war, daß man die Krönung der jungen Königin so viel möglich beschleunigen solle. Zu dem Ende wurde auf den 18. Mai 1741 ein Reichstag ausgeschrieben, auf welchem Palffy als Judex curiae und zweiter Reichsbaron die Stelle des Palatinus zu vertreten hatte. Die allgemeine Stimmung war im hohen Grade günstig für die junge Fürstin, nur eine Schwierigkeit erhob sich wegen der Mitregentschaft, die sie am 21. Nov. 1740 ihrem Gemahle ertheilt hatte. Palffy wußte die Schwierigkeit zu heben, indem er die Stände belehrte, daß sie wohl thun würden, aus eigener Bewegung dem Großherzoge die Mitregentschaft anzubieten, denn dadurch würde das Ansehen vermieden, als sei diese Mitregentschaft ohne der Stände Bewilligung aus königlicher Machtvollkommenheit verliehen worden. Sein Temperament fand allgemeinen Beifall, und die Krönung wurde auf den 25. Jun. angesetzt. Ihr mußten indessen verschiedene Anordnungen vorhergehen, welche die allgemeine Stimmung foderte. Eine solche war die Wiederbesetzung der seit dem J. 1732 erledigten Palatinuswürde. Drei Candidaten wurden dazu von dem Könige in Vorschlag gebracht, der Judex curiae, der Banus von Kroatien, Graf Ezterhazy, und der Kammerpräsident, Graf Erdödy, und die Wahl der Stände entschied am 22. Jun. für den Grafen Johann Palffy. Bei der Krönung hätte er demnach der Verrichtungen viele zu besorgen gehabt; sie mußten ihm indessen erlassen werden, und auch bei der Krönungsprocession hatte er einen Stellvertreter, indem er Alters und Schwachheit halber nicht reiten konnte, doch wohnte er der Salbung und Krönung in der Kirche bei und hatte seinen Platz zuoberst an der Evangelienseite des Altars. Auch gab er, als die Solennität beendigt, die Königin mit allen Kroninsignien bekleidet war, als Palatinus das Zeichen für die Eröffnung der Kirchenthüren, und während die Königin in dem Krönungsschmucke offene Tafel hielt, war er unter den weltlichen Magnaten der einzige, der an solcher zu sitzen die Ehre hatte. Der Gang des Krieges nöthigte die Königin bald darauf, in Presburg Zuflucht zu suchen, so lange sie daselbst weilte (bis zum 11. Dec. 1741), mußte Palffy beinahe täglich an den Hof kommen und den geheimen Conferenzen beiwohnen. Jedesmal ließ Maria Theresia ihm einen Stuhl reichen, oft brachte sie „dem Vater," wie sie ihn nannte, den Erzherzog Joseph (geb. 13. März 1741), und dann pflegte Palffy das Kindlein auf den Schoos zu nehmen. Als das Glück sich wendete und die Waffen der Kaisertochter begünstigte, wie früher die Feinde, gleichwol aber stets Soldaten und Geld erfodert wurden, um den Krieg mit Macht und Erfolg fortzusetzen, da war Palffy unablässig besorgt, beides im Reiche aufzubringen, und der Einfluß, den er übte, ließ das hochherzige Volk nicht erkalten in der Begeisterung für eine so gerechte und schöne Sache, für eine Sache, die mit so feurigem Eifer geführt wurde von dem Manne der freien Wahl des Volkes. Dagegen wußte aber auch die Königin mit weiblicher Feinheit stets neue Wege aufzufinden, um einem so getreuen und so wichtigen Diener ihre Dankbarkeit zu bezeigen. Als im Jul. 1744 die Siegesbotschaft eintraf von dem Rheinübergange und von der Einnahme der lauterburger

n, und der Oberst Morocz die bei dieser Gelegenheit
teten Pauken, Fahnen und Standarten zu den Fü-
der Königin niederlegte, schickte sie ihn alsbald nach
burg, um die Zeitung und die Siegeszeichen dem al-
Palatinus zu überbringen, sammt einem lateinischen
reiben der Königin, welches gleich einem elektrischen
ken auf das ganze Volk wirken mußte. Und wirklich
der Palatinus dem Großherzoge, als dieser, ihn zu
chen von Kittsee nach Presburg gekommen war, so
tausend Mann an, als Hunderte vor Weißenburg und
erburg gefallen seien; vollständig ausgerüstet und be-
net, setzte er hinzu, erwarteten sie mit Ungeduld den
hl zum Aufbruch. „Ich selbst,“ so schloß seine Re-
bin bereit, im Fall der Noth ein Corps von 25,000
rgenten gegen die Feinde ins Feld zu führen.“ Dar-
schickte die Königin ihm das Pferd, welches sie damals
eiten pflegte, mit prächtigem Zeug, auch einen Säbel
Ring, beide von großem Werthe; zugleich schrieb sie
Beschenkten: „Vater Palffy! Nehmet dieses Pferd
welches würdig ist, daß es von dem eifrigsten meiner
uen Unterthanen bestiegen werde. Nehmet diesen Sä-
an, um mich gegen meine Feinde zu vertheidigen;
et aber auch diesen Ring, daß er Euch ein Pfand
neiner Gewogenheit.“ Solche Worte blieben gewiß
ohne Einfluß auf das Circulare vom 19. Aug. 1744,
rch der Palatinus die gesammten Gespanschaften und
sie bewohnende Nationen zu einer General- und Per-
Insurrection aufbot. „Ich will mich selbst an ihre
e stellen,“ so schloß der begeisterte Greis, „und ver-
e dieses hiermit, dafern mich, welches Gott verhüte,
Schwachheit meiner Gesundheit nicht abhält.“ Die Insur-
n kam zu Stande, aber Palffy war nicht vermögend, sie
s Feld zu führen; er mußte diese Ehre dem Feldmarschall
hazy überlassen. Im J. 1746 machte er zum letzten
e der Kaiserin, als sie der Jagdlust in Kittsee genoß,
Aufwartung. Am 26. Aug. 1750 beging er zum
n Male seinen Geburtstag; von dem an nahm seine
undheit dergestalt ab, daß er bald das Bett nicht mehr
ssen konnte. Zu Anfang des J. 1751 wurde er von
npfen befallen, die man für tödtlich hielt. Im
s schien diese Gefahr gehoben, und man glaubte, er
e sich vollkommen erholen können. Allein die schlim-
Zufälle stellten sich wieder ein, und am 24. März
l, Abends gegen 7 Uhr, erfolgte zu Presburg des gro-
Palatinus Ableben. Am 27. März wurde der Leich-
mit den gewöhnlichen kriegerischen Ehrenbezeigungen
r großen Feierlichkeiten in St. Martin's Stiftskirche
dem Hochaltar beigesetzt. Johann hatte sich am 4.
1687 mit Theresia, Gräfin von Czobor, und nach
n am 4. Oct. 1733 erfolgtem Ableben zum andern
e, den 28. Aug. 1741, mit Maria Juliana, Gräfin
Stubenberg, des Grafen Karl Zichy Witwe, verhei-
et. Aus der ersten Ehe kamen drei Töchter, dann die
ne Johann VI., Paul Karl III. und Nikolaus VII.
nn VI., geb. den 2. Febr. 1696, war k. k. Käm-
r, Oberst-Lieutenant und Commandant von seines Va-
Kürassierregimente, als er in der Schlacht bei Bel-
, den 16. Aug. 1717, den schönsten Tod fand. Seine

Witwe, Anna Eleonora, des Fürsten Michael Ezterhazy Tochter, vermählt den 12. Mai 1715, überlebte ihn um 32 Jahre und starb den 26. Sept. 1749. Sie hatte nur Töchter geboren, von denen die ältere, Maria Anna, den 1. Mai 1739, an den sardinischen Staatsminister und Gesandten zu Wien, Grafen Ludwig Malabaila von Canale, verheirathet wurde und am 18. Jul. 1773 starb. Paul Karl III., geb. den 29. Oct. 1697, erbte, nach des Vaters letztem Willen, außer einem Capital von 200,000 Gulden, auch die sämmtlichen Herrschaften, insonderheit Biebersburg, Königsaden, Also-Nyarasd und Erdöd, in der veroviticzer Gespanschaft von Slavonien. Von Jugend an hatte er den Feldzügen in Ungern, Italien, Niederland, Schlesien, Baiern und am Rheinstrome beigewohnt. Er war Oberst bei dem Dragonerregimente Prinz Friedrich Ludwig von Würtemberg, als er die Nachricht von dem Treffen bei Quistello (15. Sept. 1734) nach Wien brachte, und da der Prinz wenige Tage darauf, den 19. Sept., bei Guastalla den Heldentod starb, erhielt er dessen erledigtes Regiment und Generalmajorsrang. Im März 1739 ward er Feldmarschalllieutenant und Hofkriegsrath, im Sept. 1741 wirklicher Geheimrath, den 15. Oct. 1745 General von der Cavalerie, den 29. Jun. 1754 Generalfeldmarschall, und im J. 1763 commandirender General in Ungern und Siebenbürgen. Er war ferner Magister Janitorum, und seit des Vaters Tode erblicher Obergespan des presburger Comitats und Hauptmann des dasigen Schlosses, und starb zu Presburg, den 14. Sept. 1774. Ein Andenken von ihm sind die Gemälde in Königsaden, welche die Schlösser des Kurfürsten von Cöln, des prachtliebenden Clemens August, darstellen [4]). In erster Ehe war er, seit dem 22. Nov. 1718, mit Maria Margaretha, Gräfin von Stubenberg (sie starb den 10. Oct. 1724), in anderer Ehe, seit dem 1. März 1734, mit der Gräfin Josepha von Pergen, verwittweten Gräfin von Proskau (sie starb den 1. Aug. 1748), in dritter Ehe, seit dem 12. Oct. 1749, mit der Gräfin Maria Elisabeth Josepha von Starhemberg (sie starb den 27. Jun. 1778), verheirathet. Die zweite Ehe war kinderlos, die beiden Kinder der dritten Ehe lebten nur wenige Wochen. Aus der ersten Ehe kamen aber zwei Töchter, von denen Maria Theresia, geb. den 2. Oct. 1719, an den Grafen Karl Philipp von Cobenzl, den k. k. Minister an dem Hofe zu Brüssel; Maria Antonia, geb. den 28. Mai 1724, an den Grafen Joseph Ezterhazy verheirathet wurde. Nikolaus VII., des Palatinus jüngster Sohn, geb. den 24. Oct. 1699, blieb in der Schlacht bei Parma, den 29. Jun. 1734; er war k. k. Kämmerer, Oberst und Commandant des Althann'schen Dragonerregiments, seit dem 29. April 1726 mit der Gräfin Josepha von Schlick verheirathet, und Vater von drei Kindern. Eine Tochter, Maria Theresia, heirathete den Präsidenten der

---

4) Während des österreichischen Erbfolgekrieges pflegte er seine Winterquartiere in Bonn zu nehmen. Fast möchte es scheinen, die alliirten Generale hätten sich nicht ungern alljährlich in den Niederlanden schlagen lassen, einzig um den Winter an dem üppigen Hofe des Kurfürsten Clemens August hinbringen zu können.

ungrischen Hofkammer, den Grafen Johann von Erdödy, die andere Maria Leopoldina Monica, den Fürsten Franz Joseph Kinsky. Der Sohn, Johann Leopold Nikolaus Joseph, geb. den 18. Aug. 1728, Erbherr der Herrschaften Biebersburg, Boynitz, Alsó-Nyarasd, St. Georgen und Pösing, Erbgraf zu Presburg, und zuletzt, als Geschlechtsältester, wirklicher Obergespan des presburger Comitats und des königlichen Schlosses zu Presburg, Erbhauptmann, k. k. Geheimrath und Kämmerer, Capitaine-Lieutenant der ungrischen adeligen Leibgarde, General-Feldzeugmeister und Inhaber eines Infanterieregiments, starb zu Presburg, den 23. Febr. 1791, seine Witwe, Maria Gabriele, des Reichsvicekanzlers Fürsten Rudolf Joseph von Colloredo Tochter, den 23. Mai 1801. Sie war ihm den 27. Jan. 1752 angetraut worden und hatte ihm zwei Söhne und zwei Töchter geboren. Der ältere Sohn, Johann Gabriel Ladislaus Moritz, geb. den 6. April 1775, lebte in kinderloser Ehe mit Euphemia Christina, einer Tochter des Fürsten Karl Joseph von Ligne, vermählt den 11. Sept. 1798, und es ist daher nach dessen Abgang das Majorat an seinen jüngern Bruder, an den Grafen Franz Aloys Meinrad, geb. den 22. Jun. 1780, gefallen. Dieser Erbherr zu Biebersburg, Boynitz, Königsaden, Alsó-Nyarasd und Schmolenitz, Erbobergespan des presburger Comitats, Erbhauptmann des presburger Schlosses, auch Graf von und zu Presburg, ist seit dem 1. März 1824 mit der Gräfin Natalie von Erdödy (Schmolenitz ist bekanntlich der Erdödy Eigenthum gewesen) verheirathet und hat von ihr einen Sohn und eine Tochter.

Die ältere Hauptlinie. Nikolaus VI., des heil. röm. Reichs Graf Palffy von Erdöd und Vöröskö, Freiherr zu Stampfen, Graf der Grafschaft Blasenstein, Herr der Herrschaften Theben, Batorkesz, Krumbach, Heidenreichstein, Marcheck, Erbobergespan des presburger Comitats, geb. den 1. Mai 1657, führte in dem großen Türkenkriege ein eigenes Husarenregiment, und wurde 1687 Commandant zu Gran, 1690 Generalmajor und 1692 Feldmarschall-Lieutenant und k. k. Kämmerer. Als einer der Kronhüter wurde er 1700 in die Zahl der k. k. Geheimräthe aufgenommen, auch zum Hauptmanne der Leibgardetrabanten, sowie 1701 zum Hauptmanne der Arcierengarde, zum General-Feldzeugmeister und zum General über die Land- und Feldzeughäuser ernannt. Die verwitwete Kaiserin Eleonora ersah sich ihn zu ihrem Oberststallmeister, welche Stelle er, sammt dem Amte eines Judex Curiae, bis zum J. 1714 bekleidete. Im J. 1712 wurde er Ritter des goldenen Vließes und General-Feldmarschall, und 1714, durch Wahl vom 15. Oct., Palatinus. Er starb den 23. Febr. 1732. Man hat von ihm eine Kupfermünze. Av. Verglichen den 4. Juni 1698. Der Namenszug. Rev. Wolckherstorf und Marchegg. Ein Namenszug, in dem man die Buchstaben A t f erkennen will und eine Krone. Ob dieses Münzchen sich auf die Erwerbung der Herrschaft Marcheck, oder auf einen Grenzstreit mit der Herrschaft Wolkersdorf bezieht, können wir nicht sagen, ebenso wenig, auf welche Weise Nikolaus das Eigenthum der gräflich volkraschen Herrschaft Heidenreichstein erlangte. Im Dec. 1680 hatte er sich mit Katharina Elisabeth von Weichs verheirathet und mit ihr (sie starb den 5. Juni 1724) die Söhne Leopold I., Johann V., Franz III. und Karl II., dann vier Töchter erzeugt. Karl II., Oberstlieutenant bei dem Althann'schen Dragonerregiment, geb. den 16. Aug. 1687, starb den 13. Jan. 1720 an den Folgen einer in der Schlacht bei Belgrad empfangenen Wunde. Franz III., geb. den 11. Aug. 1686, war Malteserritter, Generalmajor und Inhaber eines ungrischen Infanterieregiments, und starb den 24. März 1735. Johann Baptist V., Oberst und Generaladjutant, geb. den 25. Jun. 1685, fiel in der Schlacht bei Peterwardein den 5. Aug. 1716. Leopold I. endlich, geb. den 14. Dec. 1680, k. k. wirklicher Kämmerer, Oberst und Generaladjutant, vermählte sich den 17. Jun. 1708 mit Maria Antonia Gräfin von Souches, und starb den 13. März 1720, seine Witwe den 18. Aug. 1750. Leopold I. hinterließ vier Kinder, Nikolaus VIII., Leopold II. Stephan, Rudolf und Maria Augusta. Letztere, geb. den 28. Aug. 1714, starb den 3. März 1759, als des böhmischen Hofkanzlers, des Grafen Franz Ferdinand Kinsky Witwe. Die Söhne hinterließen alle drei Nachkommenschaft, daher mit ihnen diese ältere Hauptlinie abermals in drei Äste zerfällt. Der älteste der drei Brüder, Nikolaus VIII., Erbherr von Biebersburg und von der Fideicommißherrschaft Stampfen, geb. den 4. Sept. 1710, vermählte sich den 14. Jan. 1733 mit Maria Anna Ernestina, einer Tochter des ehemaligen kaiserl. Oberststallmeisters und Lieblings des Grafen Michael Johann von Althann. Im J. 1745 wurde er zum k. k. Geheimrath, den 14. März 1758 zum ungrischen Hofkanzler, den 30. Nov. 1759 zum Ritter des goldenen Vließes, im November 1762 zum Judex Curiae und den 22. Aug. 1767 zum Großkreuz des St. Stephansordens ernannt. Dem Palatinus Johann Palffy folgte er als Erbobergespan des presburger Comitats. Er starb den 6. Febr. 1773. Nebst vier Töchtern hinterließ er den einzigen Sohn Karl Hieronymus, geb. den 2. Oct. 1735. Dieser, Graf in Blasenstein und Heidenreichstein, Erbherr auf Biebersburg, Stampfen, St. Georgen, Pösing, Boynitz, Erdöd rc., Ritter des goldenen Vließes, ward 1791 Geschlechtsältester, resignirte als ungrischer Hofkanzler den 4. Nov. 1807, an eben dem Tage, wo er in den österreichischen Fürstenstand erhoben wurde, und starb als Obersthofmeister im Königreiche Ungern, den 25. Mai 1816. Er hatte sich am 24. April 1763 mit Maria Theresia, des Fürsten Emanuel von Liechtenstein Tochter (sie starb den 30. Junius 1766) vermählt, und von ihr die Söhne Joseph Franz und Nikolaus Joseph. Nikolaus Joseph, k. k. Kämmerer, Generalmajor, auch des Malteserordens Ritter, geb. den 3. Dec. 1765, starb den 26. Mai 1800, nachdem er kurz vorher im Kampfe mit den Franzosen bei Romano, in dem aoster Thale, tödtlich verwundet worden. Joseph Franz, des Vaters Nachfolger in der fürstlichen Würde und in dem Majorat, geb. den 2. Sept. 1764, war wirklicher Hofrath bei der ungrischen Hofkanzlei, Geschlechtsältester und des presburger Comitats Erbobergespan (seit dem 23. Febr. 1825) und starb den 13. April 1827, aus seiner Ehe mit Maria Karoline Gräfin von Hohenfeld, verm. den 19. April 1792, zwei Söhne und eine Tochter hinterlassend. Der jüngere Sohn, Graf Nikolaus, geb. den 7. Jan. 1797, k. k. Kämmerer und Rittmeister bei Toscana-Dragoner, starb den 6. Aug. 1830; aus seiner Ehe mit der Gräfin Therese Rossi sind drei Söhne und zwei Töchter vorhanden. Sein älterer Bruder, der Fürst und Majoratsherr Anton Karl, ist den 26. Febr. 1793 geboren und seit dem 15. Januar 1820 mit Leopoldine Dominica Prisca, des Fürsten Aloys von Kaunitz Tochter, verheirathet; diese Ehe ist aber bisher kinderlos.

Der mittlere Ast. Leopold II. Stephan, Erbherr von Biebersburg und von der Fideicommißherrschaft Stampfen, war den 14. Dec. 1716 geboren. Er errichtete im J. 1734 ein ungrisches Nationalregiment (Nr. 19. Hessen-Homburg), diente als Generalmajor von 1742—1745 bei der Armee in Baiern, dann am Main, wurde im Jul. 1751 Feldmarschall-Lieutenant, den 29. Jun. 1754 Feldzeugmeister, den 26. Jul. 1758 Kronhüter, den 4. Oct. 1760 General-Feldmarschall, den 30. Jan. 1765 Großkreuz des St. Stephanordens, endlich Cubiculariorum Regalium Magister und commandirender General in Ungern, und starb zu Presburg den 9. April 1773, als er sich eben zur Tafel setzen wollte. Vermählt hatte er sich den 21. Jan. 1739 mit der Gräfin Maria Josepha von Waldstein, und als diese, eine Mutter von sieben Kindern, am 29. März 1763 das Zeitliche segnete, trat er am 14. April 1765 in die zweite (kinderlos gebliebene) Ehe mit der Gräfin Wilhelmina von Ogilvy, des k. k. Feldmarschalls Karl Heinrich Ogilvy Tochter. Sein Sohn Leopold, der einzige, der die Kinderjahre überlebte, geb. den 29. Oct. 1739, des presburger Comitats Obergespan, Erbherr von Biebersburg und Stampfen, war bis 1777 Hofrath bei der ungrischen Hofkanzlei, von 1775 an des csongraber Comitats Obergespan, endlich Janitorum Regalium Magister, vermählte sich den 12. Jul. 1762 mit Moria Theresia, des Feldmarschalls Grafen Leopold von Daun Tochter, und starb den 4. Oct. 1799. Es überlebten ihn die Söhne Leopold, Franz, Karl und Ferdinand; der jüngste Sohn, Philipp Nerius, war den 17. April 1794 vor Landrecies, als Hauptmann in dem Freicorps von Michalkowitz, gefallen. Ferdinand, geb. den 1. Febr. 1774, ist der heutige Erbobergespan des presburger Comitats und Hauptmann des presburger Schlosses. Ihm gehört die bei Appel (3. Bd. S. 694) beschriebene Medaille. Leopold, geb. d. 24. Jun. 1764, k. k. Kämmerer, Generalmajor (seit 1801) und Obergespan des presburger Comitats, auch seit dem 22. Sept. 1802 mit Charlotte von Jöchlinger verheirathet, starb den 24. Febr. 1825. Er hat einen Sohn und eine Tochter hinterlassen; der Sohn, Graf Ferdinand Leopold, geb. den 1. Dec. 1805, ist seit dem 6. Nov. 1832 mit Sidonia Karoline, der jüngsten Tochter des Fürsten Ferdinand Joseph von Lobkowitz, verheirathet.

Der jüngste Ast. Rudolf, Erbherr von Biebersburg und von der Fideicommißherrschaft St. Georgen und Pösing, geb. den 4. März 1719, ward im September 1741 k. k. wirklicher Kämmerer, im J. 1742 Oberst bei der ungrischen Insurrection, 1744 Generalmajor, 1757 Feldmarschall-Lieutenant und 1759 Inhaber des erledigten Husarenregiments Karoly Nr. 6. Alles dieses hatte er sich redlich verdient, von 1742 an allen Feldzügen beigewohnt, und sich besonders als Parteigänger gegen die Preußen ausgezeichnet. Im Jan. 1743 vermählte er sich mit Maria Eleonora, des nachmaligen Staatskanzlers Kaunitz Schwester, die ihn um mehre Jahre überlebte; sie starb den 7. Mai 1776, Rudolf aber den 1. April 1768. Er hatte neun Kinder. Der ältere Sohn, Johann, Erbobergespan und Erbhauptmann des presburger Comitats und Schlosses, geb. den 28. Oct. 1744, quittirte als Major bei Zeschwitz Kürassier, und starb den 22. Febr. 1794, seine Gemahlin, Maria Anna Gräfin von Ezterhazy, vermählt den 5. Jul. 1772, hatte schon am 27. Aug. 1776 diese Zeitlichkeit verlassen. Sein Sohn Johann Karl, geb. den 27. Jul. 1776, ehemals Lieutenant bei Kavanagh Kürassiere, hat aus seiner ersten Ehe mit der Gräfin Louise von Rindsmaul, vermählt den 16. Jul. 1799, nur Töchter hinterlassen, während dessen zweite Ehe mit einer von Pruglach, vermählt den 10. Febr. 1813, gestorben 1828, kinderlos geblieben ist. Rudolf Karl, des Grafen Rudolf jüngerer Sohn, geboren den 11. Febr. 1750, quittirte als Major bei Kinsky Chevaurlegers, und starb den 29. März 1802, aus seiner Ehe mit der Gräfin Maria Antonia von Kollowrat-Krakowsky, vermählt den 30. Jan. 1782, sechs Söhne und fünf Töchter hinterlassend. Der älteste Sohn, Graf Franz, geboren den 23. Mai 1785, vermählte sich am 2. Mai 1808 mit der Gräfin Josephine von Erdödy, und hat von ihr, die den 1. April 1813 das Zeitliche segnete, zwei Söhne und eine Tochter. Fidelis, ein anderer Sohn des Grafen Rudolf Karl, ist den 24. Aug. 1788 geboren, k. k. Kämmerer, Geheimrath, Tavernicorum Regalium Magister und Obergespan des arvenser Comitats, seit dem 24. April 1816 mit Ernestine, Gräfin Döry, verheirathet und Vater von zwei Söhnen. Sein Bruder Vincenz, k. k. Kämmerer und Rittmeister, geb. den 13. Jan. 1792, ist seit 1818 mit der Gräfin Apollonia Csaky verheirathet und hat von ihr einen Sohn und zwei Töchter.

Das Palffy'sche Eigenthum, — wir sprechen zunächst von den Stammbesitzungen in dem presburger und neitraer Comitat, — von wenigen in der Monarchie an Ausdehnung und Wichtigkeit übertroffen, hat seines Gleichen kaum in der Anmuth, Bequemlichkeit und Fruchtbarkeit der Lage; das ganze östliche Ufer der March, von ihrer Mündung an bis Rabenspurg gegenüber, ist Palffy'sches Besitzthum, das sich mit der Herrschaft Marcheck auch über das westliche oder österreichische Ufer der March ausdehnt. Es sind die Güter aber dreifacher Natur, nämlich Seniorat (es ist das die Eigenschaft der presburger Schloßgüter), Majorat oder Fideicommiß. Zu den presburger Schloßgütern gehören, nebst dem Marktflecken Somerein und Szerbahely, 14 Dörfer, Benke, Patony, Vögel-Patony, Csecseny-Patony, Csentófa, Dios-Patony, Egyhazas-Paka, Hegysur, Kis-Lucse, Löger-Patony, O-Gelle, Pintekfur, Posfa, Joncz und Bodok. Zunächst bei Presburg, in dem **Processus transmontanus**, ist gelegen die Majoratsherrschaft Dévén (Theben), wozu außer dem Marktflecken gleiches Namens auch die Dörfer Recse (Ratschdorf), Dévén-Ujfalu (Neudorf), Hidegkút, (Kaltenbrunn) und Potzneusiedl gehören. Nordwärts grenzt mit Theben die ungleich bedeutendere Fideicommißherrschaft Stampfen (Stompfa) oder Ballenstein (Borostyankö), sie enthält den Marktflecken Stampfen, am Fuße der Burg Ballenstein und die Dörfer Wisternitz (Besztercze), Hochstetten, Láb, Lozorno, Maszt, Zohor und Paistun (Ballenstein). Auf dem Ballenstein befindet sich das Archiv und die Rüstkammer des Hauses. Mit Stampfen grenzt nördlich die ungeheure Herrschaft Malaczka, oder, wie sie in der Verleihungsurkunde Kaiser Ferdinand's III. genannt wird, die Grafschaft Blasenstein. Sie dehnt sich von der March bis zu der Mitte des Weißenbergs, in einer Breite von 3¼ — 4¼ Meilen, dann von Sándorf, im neitraer und Biran, im presburger Comitat, bis zum lozorner Hotter in einer Länge von 4¼ teütschen Meilen aus, ist im östlichen Theile gebirgig, im westlichen und nördlichen Theile sind schöne Ebenen, und wenn auch die Ufer der March zum Theil mit Flugsand bedeckt sind, so erhalten sie doch durch den großen Kieferwald Bur, von dem die Herrschaft 11,000 Joch besitzt, einen eigenthümlichen Werth. Andere ökonomische Verhältnisse mag man daraus beurtheilen, daß seit dem Frühjahre 1814 auf herrschaftlichen Gründen weit über zwölf Millionen Bäume gepflanzt wurden, daß durch eine ungeheuere Entwässerungsarbeit der Ertrag der herrschaftlichen Wiesen um jährliche 50,000 Centner Heu erhöhet worden. Der Blasenstein (Detrekö) liegt in Ruinen; Malaczka aber, der Marktflecken, hat ein Schloß, von dem Palatinus Paul Palffy zwischen 1634 und 1650 mit Pracht und Einsicht erbaut und von einem herrlichen, auf einem Sandhügel angelegten, ummauerten Park, anmuthig umgeben. Von des Schlosses Größe zeugt die Fensterzahl: von Außen 214, von Innen 91, überhaupt 305 Fenster. In dem Franziskanerkloster befindet sich des Hauses Erbbegräbniß. In die Herrschaft gehören noch der Marktflecken Gairing (Gajar), die Dörfer Kiripölcz, Zankendorf (Csötörtök), Jacobsdorf (Jacabfalva), Dirnburg (Timburg), Ungeraden, Klein-Schützen (Kis-Lévárd), Breitenbrunn, Hausbrunn (Haszprunka), Detrekö-Szent-Peter, St. Nikolaus (Detrekö-Szent-Mikloß), Rohrbach, Kuchel, Pernek, Apfelbach (Almas), Podhrady, die Prädien Nikelhof und Detrekö-Barallya, das Jagdschloß Károlyház, viele Meierhöfe und Mühlen, überhaupt 2815 Häuser und 20,176 Menschen. Im Osten grenzt mit Stampfen und Malaczka, die nicht minder bedeutende Fideicommißherrschaft St. Georgen und Pösing, in dem **Processus extraneus superior**. Es gehören zu derselben außer den Schlössern zu St. Georgen und Pösing, wovon zwar jenes gänzlich verödet, die Schlösser Königsaden (Királyfalva) und Teutsch-Grub (Német-Guráb), die Marktflecken Grünau (Grinava) und Loibersdorf (Csötörtök), die Dörfer Alsó-Szely, Csattaj, Duna-Ujfalu, Kroatisch-Grub (Horvath-Gurab), Sárffö, die halben Dörfer Filistal, Alsó-Nyárasd, Vámosfalu, Missérdi, Szemeth, Torcs, der vierte Theil von Eberhard, Fél, Kürth, Lak-Paka und Pruk. Alsó-Nyárasd und Vámosfalu liegen jedoch in dem **Processus insulanus inferior**, Königsaden in dem **Processus insulanus superior**; der Palatinus Johann IV., nachdem er das dasige Schloß erbaut, bildete daraus eine eigene Herrschaft, wozu er noch Egyhazas-Falva, Sap zum größern Theil, Bothszegh (hier legte er den schönen Fasanengarten an), Papkörmesd und Bodohaz erwarb. Im Norden grenzt an die Herrschaft St. Georgen, wie im Osten an Malaczka, die Herrschaft Biebersburg. Biebersburg selbst, Vöröskö, ist eine Prachtburg, in der prachtvollsten Lage; zu derselben gehören das Castell Szuha, die Märkte Szuha (Dürrenbach), Alsó-Dios Csészte, Ompithal und die Dörfer Bogdanócz, Klucsovan, Zwoncsin, Borova, Dubowa, Helmes, Hoszúfalu, Istvánfalu, Kápolna, Kossolná, Pudmericz, Selpicz und Vistuk. Zu der Herrschaft Boynitz (Bajmócz), in dem bajmóczer Bezirk der neitraer Gespanschaft, gehören die Märkte Boynitz, Priwitz und Teutsch-Pron, dann 14 zum Theil sehr große Dörfer; das alte Schloß in Boynitz, dem die Sage, wie so vielen andern Schlössern in verschiedenen Gegenden, 365 Fenster beilegt, wurde besonders durch den Palatinus Paul IV. verschönert und befindet sich noch gegenwärtig in wohnbarem Zustande. Hiervon gehören dem Fürsten Palffy 1) Blasenstein, 2) Theben, dann ferner 3) die Herrschaft Bátorkesz, in dem parkanyer Bezirk des graner Comitats, sammt Marczelhaza, in dem comorner Comitat, 4) Béry, im graner, 5) Kis-Gyarmath im honter, 6) Chuda sammt Leand im barser Comitat, 7) Marcheck, in dem österreichischen V. U. M. B. 8) Heidenreichstein, die Grafschaft, mit den einverleibten Gütern Eisenreich und Weißenbach, V. O. M. B. 9) Krumbach mit Saubersdorf und 10) Kirchschlag. Die beiden letzten Herrschaften liegen im V. U. W. W. und werden von einer Straße durchschnitten, die der Fürst Joseph Franz Palffy in den Nothjahren 1816—1818, mit einem Aufwande von einer halben Million (30,000 Klafter der herrlichsten Chaussee) anlegen ließ. Im J. 1790 wurden für des Hauses sämmtliche Besitzungen 340,000 Gulden Einkünfte berechnet, unbeschadet der 40,000 Gulden jährlich, die der Geschlechtsälteste als Erbobergespan des presburger Comitats und Erbschloßhauptmann zu Presburg zu beziehen hatte. Malaczka oder Blasenstein insbesondere sollte jährlich 70,000, Theben 12,000, Bátorkesz 24,000, Marcheck 17,000 Gulden ertragen. Alle diese Sätze müssen jedoch für unsere Zeit unendlich erhöhet werden, nachdem allein in dem Zeitraume von 1814—1820 der Ertrag der fürstlichen Güter um reine 50,000 presburger Metzen Getreide und 100,000 Centner Heu vermehrt, der Hornviehstand von 300 auf 1200 Stück, der Absatz an Hammeln auf 4000 Stück jährlich gebracht worden. Doch ist es nicht allein des Besitzthums Größe, der Ahnen lange und glänzende Reihe, auf denen der Ruhm des Hauses Palffy beruhet, sein höchster Ruhm wird für alle Zeiten bleiben, daß, wie hoch auch jemals Gefahr und Verwirrung gestiegen, doch nicht ein Palffy an König und Vaterland untreu wurde. — Das Prädicat von Erdöd beruhet nicht auf der kleinen Herrschaft

Erdöd in Slavonien, die ein Eigenthum der jüngern Hauptlinie, sondern wurde von Paul III. angenommen, als er sich mit der Erbtochter Judith Erdödy von Csorna verheirathet, und ist seitdem seinen Nachkommen geblieben. (*v. Stramberg.*)

PALFURIANA, alter Name einer Stadt in Hispania Tarraconensis, östlich von Tarraco, jetzt Vendreth. Vergl. Itiner. *Antonin.* p. 398. (*H.*)

PALFURIUS (Sura), daß die Schreibung mit f die richtige, das Wort also ein rein lateinisches, die mit ph, welche sich z. B. in einigen Manuscripten des Juvenal findet, dagegen verwerflich sei, beweist das Palfurianus auf einer Inschrift bei Gruter (p. 303, 3). Über diesen Mann haben wir durch den Scholiasten des Juvenal noch die ausführlichsten Nachrichten; hiernach war er der Sohn eines Consularen (das kann nur von einem Consul suffectus oder durch consularia ornamenta ausgezeichneten gelten, denn ein consul ordinarius dieses Namens findet sich nicht in den Fasten), hat unter Nero im Ringen einen Wettkampf mit einer lacedämonischen Jungfrau bestanden, wurde unter Vespasian aus dem Senate gestoßen, trat in die stoische Schule, zeichnete sich auch als Redner und Poet aus, benutzte sein Ansehen bei Domitian zu den heftigsten und gehässigsten Angebereien, ward daher auch nach dieses Kaisers Ermordung angeklagt und verurtheilt. Sueton (Domit. 13) erzählt, Domitian wäre, als Palfurius Sura in den capitolinischen Spielen den Preis als Redner erhalten hatte, vom Publicum allgemein gebeten worden, ihn, der früher (wie wir gesehen haben, durch Vespasian) aus dem Senate gestoßen war, wieder in seinen vorigen Stand einzusetzen, worauf der Kaiser weiter keine Antwort gegeben, sondern durch den Herold dem Publicum Stillschweigen befohlen hätte. Einen Palfurius Sura, Verfasser eines Journals über das Leben des Kaisers Gallien erwähnt Trebellius Pollio c. 18. (*H.*)

PALFYN (Jan, von den Franzosen Jean Palfin genannt), ein berühmter Wundarzt, ward 1649 zu Kortryk in Westflandern geboren und starb als Professor der Anatomie und Chirurgie zu Gent im J. 1730. Da in seinem Vaterlande damals Zergliederungs- und Wundarzneikunst noch in ihrer Kindheit waren, so fühlte Palfyn um so dringender das Bedürfniß, sich durch Lectüre und Reisen auszubilden. In der That begab er sich bis an seinen Tod regelmäßig alle Jahre nach Paris und besuchte oft Leyden und London, um dort Belehrung sowol zu empfangen, als späterhin auch mitzutheilen. Wie schon Mehre vor ihm, namentlich Riolan, vereinigte er in seinen Schriften den Vortrag der Chirurgie mit dem der Anatomie, wobei er aber in der letztgenannten Wissenschaft durchaus nichts Neues zu Tage förderte. Vielmehr verdankte er den hohen Ruf, welchen er als Lehrer, als Schriftsteller und als ausübender Arzt genoß, vorzüglich seinen Leistungen in der Chirurgie und Geburtshilfe. Er gab zweckmäßige Anleitung, die Operationen des Krebses und des Empyems besser als bisher zu verrichten und die Zeit und den Ort für die Ausführung des Bauchstichs bei der Wassersucht zu wählen; er verbesserte die zu seiner Zeit fehlerhaft vollzogene Darmnaht, machte ein neues Bistouri für die Operation eingeklemmter Brüche bekannt, welches Ledran späterhin für seine Erfindung ausgab, bestätigte die Entdeckung Lasnier's (nach Andern Quarré's, oder Rolfink's), daß der Staar kein Fell, sondern eine Verdunkelung der Krystalllinse sei und erfand ein Werkzeug, welches aus zwei ungleichen stählernen Löffeln bestand und zur Herausbeförderung des eingekeilten Kopfes bei schweren Geburten dienen sollte. Dieses Instrument, Kopfzieher (tire-tête) genannt, legte er um das Jahr 1723 der pariser Akademie der Wissenschaften vor; Heister, dem er es mittheilte, ließ es abbilden (Institution. chirurg. p. 980, 995. t. 33. f. 16—18), verband die beiden Löffel durch ein Gewerbe und bildete so eine Zange, die wol noch jetzt zuweilen in Anwendung kommt. Die Schriften Palfyn's sind: 1) Waare en zeer naauwkeurige beschryving der beenderen vans menschen lichaam (Gent 1702. Leyden 1727; Teutsch: Breslau 1730; Französisch mit Zusätzen von dem Verfasser: Paris 1731. 12.). Am besten sind in dieser Knochenlehre die Kopfknochen abgehandelt. 2) Description anatomique des parties de la femme, qui servent à la génération etc. (Leyde 1708. 4.). Der erste Theil dieses Werkes gibt eine kurze Beschreibung der Geschlechtstheile mit den Abbildungen Swammerdam's; der zweite eine Übersetzung der Abhandlung Fortunio Liceti's über die Misgeburten; der dritte die Beschreibung zweier Fetus, eines doppelten, durch die Schambeine zusammengewachsenen und eines andern ohne After, Harnröhre und Scheide. Diesem sind einige Bemerkungen über den Blutumlauf im Fetus, zunächst gegen Mery gerichtet, angehängt. Der letzte Theil wurde auch für sich gedruckt (Franz. Gent 1713; Holländ. Leyden 1714). 3) Heelkonstige ontleeding vans menschen lichaam (Leyden 1710; Teutsch: Leipzig 1717; Französisch durch den Verfasser in zwei Bänden, Paris 1726; die zweite vermehrte Ausgabe durch Baudon Paris 1734, zwei Bände; die dritte, jetzt seltene und geschätzte, gänzlich umgearbeitete Ausgabe durch Anton Petit Paris 1753, zwei Bände; danach ist auch die italienische Übersetzung, Venedig 1759, drei Bände 4., gearbeitet). In dieser mit der Anatomie verbundenen Chirurgie hat Palfyn die anatomischen Abbildungen Verheyen's wiedergegeben, aber auch alle chirurgischen Instrumente, welche ihm bekannt waren, abbilden lassen. (Nach der Biogr. univ. und Biogr. médic. s. v. *Jean Palfin.*) (*A. Sprengel.*)

PALHAMPOOR (Br. 24° 11′, Länge 89° 54′), Stadt und Hauptort eines Pergunnah von 130 Dörfern in der vorderindischen Provinz Gujerate, District Puttunwar, ist der Sitz eines dem Guicowar tributpflichtigen Fürsten und hat ein Fort mit 29 Thürmen, zwei Vorstädte, 6100 Häuser und 30,000 zu den Coolies gehörige Einwohner. (*Fischer.*)

PALI, eine Mundart des Sanskrit, welche seit dem 5. Jahrh. mit dem Buddhismus (s. d. Art.) über Ceylan und die östliche Halbinsel vom Reiche der Birmanen bis nach Siam sich verbreitete, hat, als damaliges Idiom jener indischen Sekte, nur noch in deren religiöser Literatur sich erhalten, und ist, aus dem Mutterlande entrückt, sofort zu einer todten Sprache geworden. Laloubère erwähnte derselben zuerst in seiner Relation de Siam, und lieferte neben drei verschiedenen Alphabeten die Übersetzung einer Palischrift; näher ging hierauf Leyden (Asiat. Res. X. p. 276 sq.) in eine Vergleichung dieses Dialektes ein, indem er sowol durch eine Reihe von Wörtern die nahe Berührung des Pali mit dem Zend und Prakrit nachwies, als besonders durch einen größern Palitext die innige Verwandtschaft, worin dasselbe mit dem Sanskrit steht, zu veranschaulichen suchte. Die gründlichste Untersuchung über das Pali ist erst von Burnouf und Lassen (in ihrem Essai sur le Pali, ou langue sacrée de la presqu'île au-delà du Gange [Paris 1826]) geführt worden, und es hat sich daraus als sicheres Resultat ergeben, daß der Dialekt mit den Wanderungen und Schicksalen der Buddhareligion zusammenhänge und daß kein Idiom sich mehr dem alten Sanskrit nähere als die heilige Sprache der nach Südosten ausgewanderten Buddhisten, während die nach Norden hin verbreitete Sekte sich sogar noch des Sanskrit selbst in ihren religiösen Schriften bedient. Das Pali ist nach bestimmten dialektischen Regeln, nach welchen es seine grammatischen Endungen abschleift oder verweicht, aus dem Sanskrit geflossen, es hat dasselbe System der Orthographie, dieselben Declinationen und Conjugationen, und es findet sich keine grammatische Form, welche nicht in jener Sprache ihren Typus hätte. Die Sprache ist überall, wohin sie mit der Religion eingewandert, dieselbe geblieben, hat keine Mundarten, sondern ist in einem andern Sprachgebiete plötzlich erstarrt; außerhalb des Mutterlandes trifft sie am nächsten mit dem Zend der persischen Religionsbücher zusammen, in Indien selbst aber steht sie in dem genauesten Verbande mit demjenigen Prakrit, welches als religiöses Idiom der Jainas (s. d. Art.) erscheint, wie denn auch diese Religionspartei mit dem Buddhismus selbst in nahe Berührung tritt. Die Schriftarten, deren sich das Pali bedient, haben sich durch häufige Abschriften der Religionsurkunden in den verschiedenen Ländern verschiedentlich gestaltet, jedoch bilden sie sämmtlich die verbindenden Mittelglieder zwischen der Devanagari und deren Töchterschriften, der tibetanischen, dem Kavicharakter, dem Bengali und andern südlichen Alphabeten; ein roherer Schriftzug enthält noch den Keim der übrigen Alphabete. Die Literatur des Pali ist bedeutend, aber meist religiösen Inhaltes; mehre Handschriften finden sich auf der königlichen Bibliothek zu Paris. (*v. Bohlen.*)

Paliacate, s. **Paleacate**.

PALIAKATE-TÜCHER, zuweilen auch Madrastücher, nennt man farbige baumwollene Schnupftücher von der Küste von Koromandel (Ostindien). Im Stücke sind zwölf Tücher, jedes ¾ par. Stab im Quadrate, enthalten; die Zahl der Fäden im Aufzuge beträgt 2760—5760. Ihre Feinheit, sowie die Lebhaftigkeit und Dauerhaftigkeit der Farben, haben sie sehr beliebt gemacht. (*Karmarsch.*)

PALIBOTHRA, Hauptstadt des großen prasischen Reiches in Indien, welches von Sandrokottos oder Tschandraguptas, dem Zeitgenossen des Seleucus Nicator, gestiftet wurde, in der die beiden griechischen Geschichtschreiber Megasthenes und Deïmachus längere Zeit verweilten, beide als Gesandte, der erste von Seleucus an Sandrocottus, der zweite von dem Sohn Antiochus Soter an den Nachfolger und Sohn des indischen Königs Amitrochates, auf Indisch Amitraghâtas, beide bei der Nachwelt weniger bekannt und mehr berüchtigt, als sie wahrscheinlich verdienen. (S. *Strabon*. II. init. Meine Abhandlung de Pentapot. Indic. p. 44.)

Bei den Indiern heißt die Stadt Pataliputra, ein Name, dessen Ursprung durch ein Mährchen erklärt wird, welches vor Kurzem von Hermann Brockhaus (Gründung der Stadt Pataliputra &c. [Leipzig 1835]) herausgegeben worden ist.

Die Lage dieser Stadt hat zu sehr verschiedenen Ansichten und ziemlich weitläufigen Erörterungen Veranlassung gegeben. Durch die Bekanntwerdung der indischen Literatur ist die Frage leicht zu entscheiden und wir wollen daher mit Angabe der abweichenden Meinungen nicht viel Raum verschwenden. Sammeln wir aber zuerst die Nachrichten der Alten.

Arrian beschreibt im 10. Capitel der Indica nach Megasthenes die Stadt als die größte Indiens, und diese Beschreibung ist kaum übertrieben, wenn man weiß, wie schnell im Orient ein luxuriöser Hof eine zahlreiche Bevölkerung um sich versammelt und wie vielen Raum orientalische Paläste mit ihren Gärten und innern Höfen ausfüllen. Die Länge war 80 Stadien, die Breite 15, der Stadtgraben 600 Fuß breit, 30 Ellen tief, die Mauer hatte 570 Thürme und 64 Thore. Strabon (XV. p. 483) fügt hinzu, daß sie regelmäßig ein Parallelogramm bildete, die Mauern von Holz und mit Schießscharten versehen waren, der Graben zum Schutz sowol als zur Wegschaffung der Unreinlichkeiten der Stadt erbaut war.

Der Name, den einige Alte auch Palimbothra schreiben (die zweite Sylbe ta lassen alle aus, um in den Sylben Palim einen mehr griechischen Anklang zu finden —) wurde von Megasthenes nach Strabon's Bericht auch den Königen des Landes beigelegt; dieses wäre nicht gegen den Sprachgebrauch des Sanskrit. Andere, erzählt Plinius (VI, 22. *Hard.*), gaben auch dem umwohnenden Volke und dem ganzen Striche am Ganges diesen Namen, wegen der Größe und des Reichthums der Stadt. Wir führen dieses nur an, weil man aus dem Ausdrucke des Plinius, daß der Yamunâ „per Palibothros" in den Ganges münde, die Lage der Stadt hat bestimmen wollen, der eigenen Bemerkung des Verfassers uneingedenk. Das Volk heißt das der Prasii (*Strabon*. l. c.), d. h. auf Sanskrit Prâtschya, wörtlich östlich. Man findet dafür bei einigen Prâsii; die lächerliche Verstümmelung Parrhasii bei Curtius (IX, 7) hat Zumpt weggeschafft.

Doch die Prasier gehen uns hier nichts an, wir müssen jetzt die Lage der Stadt zu bestimmen suchen.

Am Ganges lag die Stadt, das bezeugen Ptolemäus, Strabon, Arrian. Der vorletzte sagt, am Zusammenflusse mit einem andern Flusse, ohne ihn zu nennen; der letzte nennt diesen Erannoboas, von dem er sagt (Ind. c.

er sei nach dem Indus und Ganges der größte in
en.
Die Sache war nun den Erannoboas aufzufinden.
:rtson nahm, auf Plinius' Stelle gestützt, den Yoma-
oder Yamuna dafür; dann wäre die Stadt jetzt bei
)abad zu suchen, er stützte sich dabei auf eine große
aritát, auf d'Anville. Aber der Yamuna, obwol na-
eich bei den indischen Dichtern, hat nie einen ähnli-
Namen. Gibbon (c. LVII. n. 6) nimmt Canoje
Lage der Stadt, also für den Fluß den Kali, im
b; dieses ist aber ein kleiner Fluß, an dem nebenbei
Kalinipara anzusetzen ist, welches unsere Karten des
Indiens über den Ganges nach Osten hinausschie-
Wilford nahm Râjmahal an; ein Oberst Franklin
b vier Abhandlungen (Inquiry concerning the site
ancient Palibothra, conjectured to lie within the
s of the modern district of Bhaugulpoore. Parts
. London 1815—1822. 4.), um zu beweisen, daß
Stadt bei Bhagalapura gelegen habe, kam aber spä-
on seiner Meinung ab und kehrte zu der Rennel'schen
k. (S. *Wilson* Hindu theatre. II, 136. 3. Ausg.)
Croix (Examen etc. p. 743. 2. Ausg.) nahm seine
icht zum Äußersten und wollte die Stadt an die
dung des Ganges versetzen. Der große Geograph
iel, der dazu die Örtlichkeit genau kannte, nahm Pa-
an, also den Fluß für den Sônas. Es bleibt aber
Schwierigkeit, daß Arrian (Ind. 4) des Sônas als
verschiedenen Flusses von Erannoboas erwähnt. Nun
sich dieses Räthsel einfach, wenn man erfährt, daß
anyabâhus der Goldbringende ein anderer Name
Sônas ist. (S. *Wilson* s. v.) Dieses ist nun un-
eifelt der Name, woraus Megasthenes Erannoboas,
lieblich rauschenden, gemacht hat (v. Schlegel in-
Bibl. I, 201). Es ist kaum glaublich, daß Mega-
es jenes Misverständniß sich hat zu Schulden kom-
lassen. In Arrian's Indica sind auch andere Spu-
einer flüchtigen Compilation. Doch ist es billig an-
)ren, daß auch Plinius die falsche Unterscheidung bei-
Namen aus Megasthenes aufgenommen hat. Daß
wirklich der Sônas, also für Pataliputra Patna an-
)men ist, beweist noch, daß in dem Schauspiele Mu-
Rûasa, dessen Held Tschandraguptas und dessen Scene
Pataliputra ist, der Sônas als benachbart geschildert
(*Lassen.*)

PALICANUS (Marcus Lollius), oder, wie auf
Münzen geschrieben steht, **Palikanus**, war ein Zeit-
sse Cicero's und hat sich besonders als Volkstribun
rklich gemacht. Die wenigen Nachrichten, welche über
vorhanden sind, ergeben etwa Folgendes.
Er war aus der Landschaft Picenum gebürtig, von
rer Herkunft (*Sallust.* Hist. IV. p. 228. ed. *Ger-
min.*), also wol nicht in Verbindung mit der zu
bedeutenden Familie der Lollier. Die Zerrüttung,
e in der Sullanischen Zeit das römische Staatsleben
ffen hatte, mochte es ihm leicht machen, sich eine
anzueignen, die er zu andern Zeiten nicht hätte spie-
önnen; er hatte dazu eine unter solchen Verhältnissen
wichtige Eigenschaft, er war der Rede mächtig, wenn-
gleich es bei Sallust (l. c.) heißt, er sei mehr geschwätzig als beredt gewesen. Gewiß war er im Stande, eine den Plebejern verständliche, eindrückliche Sprache zu führen, und diese stand ihm jederzeit zu Gebote; auch Cicero sagt von ihm (Brut. c. 62. §. 223), er habe es noch besser verstanden als L. Quintius, den Unerfahrenen nach dem Munde zu reden (aptior auribus imperitorum); es war eine natürliche, nicht schulmäßige demagogische Beredsamkeit, etwa wol wie sie zu Athen Cleo besessen hatte, ebenso geschickt das Volk aufzuregen, als die Vornehmen mit allem möglichen Schimpf zu überhäufen.

Über das Volkstribunat des Palicanus hat Zumpt (zu *Cic.* in Verr. I. §. 122. p. 204) gehandelt. Er trat es an am Ende des Jahres 72 vor Chr. Geb. unter dem Consulat des L. Gellius und Cn. Lentulus; und verwaltete es im folgenden unter den Consuln Cn. Orestes und P. Lentulus; dies erhellt aus den Nachrichten, die wir über einzelne Acte seiner Amtsführung haben.

Sulla's Dictatur hatte die Aristokratie in Rom zu einer bedeutenden Macht erhoben; das Volk hatte die Früchte langer Kämpfe eingebüßt, und seine Tribunen waren der Gewalt beraubt, mit welcher sie es früher so nachdrücklich vertreten hatten. Als Sulla seine Herrschaft niedergelegt hatte und bald darauf gestorben war, erhoben sich die politischen Kämpfe mit erneuter Heftigkeit, indem die Aristokratie die erlangten Vortheile zu behaupten, das Volk dagegen dieselben zu zerstören und seine frühere Macht wiederzugewinnen bemüht war. In diesem Treiben spielte Palicanus nebst einigen andern Volkstribunen eine nicht unwichtige Rolle; ja es konnte vorzugsweise als sein Verdienst betrachtet werden, daß die Tribunen ihre Gewalt nach zehnjähriger Unterbrechung in der frühern Ausdehnung wieder erlangten. Indessen war dies Verdienst nicht groß; Palicanus ist nicht in eine Reihe zu stellen mit den ehrenwerthen Tribunen der frühern Zeit, die in heiligem Eifer mit unerschrockenem Muthe das Volk gegen ungerechte Bedrückungen vertheidigt hatten; die politische Bewegung, an welcher er Theil nahm, entbehrte jener höhern Bedeutung; sie war eine nothwendige Rückwirkung gegen die nur durch besondere Umstände errungene, keineswegs innerlich begründete, Übermacht der Aristokratie. Es kann nicht als ein großer Ruhm angesehen werden, eine solche sich von selbst machende Bewegung mit Geschrei zu begleiten und sich als ihren Urheber und Leiter zu benehmen; obenein erreichte Palicanus seinen Zweck nicht durch einen selbsterrungenen Sieg über die Gegner, sondern der Eigennutz einzelner nach Alleinherrschaft strebender Aristokraten schenkte den Tribunen ihre Gewalt wieder, nur um sie zur Verstärkung ihrer eignen Absichten zu benutzen. Es war Cn. Pompejus, der mehr durch Glück als eignes Verdienst ruhmgekrönte Zögling Sulla's, der sich gegen seine eigne Partei durch die Gunst des Volkes waffnen wollte. Als er nach glücklicher Beendigung des Sertorianischen Krieges aus Spanien zurückgekehrt und zum Consul designirt war, mochte es ihm zweckmäßig scheinen, durch eine populaire Rede den Plebejern seine Zuneigung zu bezeigen und seinen Beistand zu versprechen; er that dies in einer Volksversammlung, welche der Tribun Palicanus für ihn zu diesem Zwecke veranstaltet hatte (s. *Cic.* in Verr. Act. I. c. 15. §. 45 und das. die Bemerkung des Pseudo-Asconius); im folgenden Jahre als Consul stellte Pompejus wirklich die tribunicische Gewalt wieder her. Wenn nun auch auf diese vorzugsweise das Streben des Palicanus gerichtet war, so fanden sich doch auch andere Gelegenheiten, seinen Eifer für die Plebejer zu beweisen und ihre Gegner anzufeinden. Daß der übermüthige Verres als Praetor urbanus sich selbst körperliche Mishandlungen gegen die Plebejer erlaubt hatte, konnte ihm Palicanus nicht vergessen; drei Jahre nachher stellte er als Tribun dem Volke den Gemishandelten vor (s. *Cic.* Accus. in Verr. I. c. 47. §. 122 und das. Asconius). Vielleicht wurde er dazu durch ein Ereigniß veranlaßt, welches damals zu Rom viel Aufsehen machte; Verres hatte als Prätor von Sicilien einen vornehmen Thermitaner, Sthenius, auf die schamloseste Weise und gegen alle Gesetze in einen Proceß verwickelt und ihn abwesend verurtheilt; jener war nach Rom geflohen und hatte den Schutz seiner Freunde angerufen; der Senat verhandelte über die Sache; jedoch gelang es dem Vater des Verres, einen förmlichen Beschluß erst zu verzögern und dann zu verhindern, indem er sich verbindlich machte, seinen Sohn von jedem für den Sthenius nachtheiligen Verfahren abzuhalten, was er jedoch nicht vermochte. Dieser Fall war ganz geeignet, die Plebejer zu reizen und den grenzenlosen Hochmuth der Patrizier in ein grelles Licht zu stellen; Palicanus ließ sich auch die Gelegenheit nicht entgehen, davon in einer Volksversammlung zu handeln. Bald darauf sprach sich auch das ganze Collegium der Volkstribunen gegen den Verres aus; da sie nämlich verordnet hatten, daß sich kein verurtheilter Criminalverbrecher zu Rom aufhalten solle, hätte auch Sthenius die Stadt meiden müssen, wenn die Verurtheilung des Verres anerkannt wurde; aber auf den Antrag des Cicero entschieden sie, daß ihre Verordnung für den Sthenius kein Hinderniß zu sein scheine, um sich zu Rom aufzuhalten, eine Entscheidung, die freilich wol den Verres erschrecken mußte (s. *Cic.* Accus. in Verr. II. c. 41. §. 100).

Aber noch in anderer Beziehung war dieser Vorfall von Wichtigkeit, indem dadurch ein Präjudiz gegeben wurde für den am Ende desselben Jahres geführten Proceß des Verres. Die Plebejer waren darauf um so mehr gespannt, weil damals die Gerichte in Folge der Einrichtung des Sulla nicht mehr in den Händen der Ritter, sondern der Senatoren waren, denen man stets Parteilichkeit zum Vorwurfe machte und von denen insbesondere auch Schonung gegen Verres erwartet wurde. Daher betrieben es die Plebejer mit dem größten Eifer, die vor Sulla seit den Gracchen bestandene Einrichtung des Gerichtswesens wiederherzustellen; der Prätor L. Aurelius Cotta war dafür äußerst thätig, und sein Gesetzvorschlag ging durch (s. *Cic.* Accus. in Verr. III. c. 96. §. 223. V. c. 69. §. 177. Daß ihn dabei Palicanus unterstützte, ließe sich ohnehin schon erwarten; aber es wird noch ausdrücklich bezeugt vom Schol. *Gronov.* ad *Cic.* Accus. in Verr. I. p. 386.

Nicht gering war die Gunst, welche sich Palicanus durch seine Bemühungen als Tribun beim Volke erworben hatte; jedoch ist es ihm nicht gelungen, für sich die Früchte zu erlangen, die er sich davon versprechen zu können schien. Wir wissen nicht, daß er nach seinem Tribunat noch eine andere Würde bekleidet hat, obgleich er sich darum bemühte; jedenfalls wußte er sich nicht so zu benehmen, daß er auch seinen Gegnern, den gebildeten Patriziern, einige Achtung abgenöthigt hätte; diese betrachteten ihn vielmehr immer als einen gemeinen Menschen. Sehr verächtlich erwähnt ihn Cicero als seinen Mitbewerber um die Prätur im J. 67 v. Chr. Geb. (ad Attic. I, 1). Höchst merkwürdig aber ist es, daß er sich nach Valerius Maximus (III, 8, 3) in demselben Jahre auch um das Consulat beworben haben soll; man möchte dies zu bezweifeln geneigt sein, wenn nicht die kecke, ungeschickte Anmaßung des Palicanus und die bis zum Unsinn gesteigerte, gewaltsame Gunst des gemeinen Volkes alles glaublich machte; obenein sind die nähern Umstände unbekannt. Valerius Maximus spricht vom Palicanus in den stärksten Ausdrücken, die nur irgend ein heftiger Aristokrat gebrauchen konnte; er bezeichnet ihn als einen verbrecherischen Aufrührer, der für seine Thaten weit eher die Todesstrafe als das Consulat verdient habe; aber das Volk war darauf versessen, ihn zum Consul zu machen, die Volkstribunen unterstützten ihn; sie zogen den Consul Cajus Piso fast mit Gewalt auf die Rednerbühne und wollten ihn nöthigen, ihre Wahl zu begünstigen; aber dieser bewies der heftigsten Zudringlichkeit gegenüber eine sehr ehrenwerthe Festigkeit. Als man ihn fragte, ob er den Palicanus, falls derselbe durch die Stimmen des Volkes zum Consul erwählt wäre, öffentlich proclamiren würde, antwortete er zuerst, er glaube nicht, daß der Staat so mit Blindheit geschlagen sei, um sich so weit zu erniedrigen. Aber die hartnäckigen Plebejer ließen sich damit nicht abweisen; „wie," sagten sie, „wenn es nun dennoch geschähe?" — „So werde ich ihn nicht proclamiren," war Piso's Antwort, die durch ihre entschlossene Bestimmtheit die Hoffnung des Palicanus scheitern machte, und die für einen ähnlichen Fall in der Zeit des Augustus als Muster gedient zu haben scheint (s. *Vellejus Pat.* II. c. 92, 4). Später finden wir den Palicanus als Theilnehmer an den wilden tribunicischen Bewegungen, in denen sich Clodius bemerklich machte. Im J. 60 vor Chr. Geb., als Q. Cäcilius Metellus und L. Afranius Consuln waren, machte Clodius Anstalten zu seiner Aufnahme unter die Plebejer, besonders diente ihm hierbei der Volkstribun C. Herennius, aber auch Palicanus unterstützte ihn; wenigstens bezeugt Cicero von ihm, daß er täglich den Consul Afranius mit frechen Schmähungen überhäufe, der dies durch seine Unentschlossenheit und Unthätigkeit wol verdiente, da er sich doch nicht günstig für die Plebejer erklärte, was Metellus in Bezug auf den Clodius wenigstens scheinbar that (s. *Cic.* ad Attic. I, 18). In der dem Cicero untergeschobenen Rede pro domo (c. 5. §. 13) findet sich die Nachricht, daß ein M. Lollius mit Andern nach dem Consul Metellus mit Steinen geworfen, auch dem Cicero und Pompejus nach dem Leben getrachtet habe; ob hiermit Palicanus gemeint ist, bleibt ebenso ungewiß, als die e Nachricht sehr zweifelhaft und wahrscheinlich von dem kannten Verfasser jener Rede erdichtet ist. Ganz ohne nd aber ist es, wenn Pighius im Jahre d. St. 695 dieselbe Stelle gestützt, den M. Lollius Palicanus plebejischen Ädilen macht, denn es liegt auch nicht die ngste Hindeutung auf ein solches Amt vor.

Über die Münzen des Palicanus s. *Perizon.* dis- de aere gravi. p. 274. *Eckhel.* doctr. num. V. 36 sq. Es sind ihrer drei, von denen sich die ersten wol auf sein Volkstribunat beziehen mögen. Die hat auf der einen Seite das Bildniß der Freiheit mit Umschrift LIBERTATIS, auf der andern die Rostra die Umschrift PALIKANUS. Die zweite zeigt eben- einen weiblichen Kopf mit der Umschrift FELICITA-; außerdem eine Victorie auf dem Wagen mit dem en des Palicanus. Die Bedeutung der dritten Münze zen ist sehr unklar; ihre eine Seite stellt nämlich den eines Jünglings dar, mit Lorbeer bekränzt, und mit Erklärung HONORIS. Auf der andern Seite steht r Palicanus' Name und ein curulischer Sessel zwi- zwei Kornähren; man vermuthet, daß Palicanus Aedilis curulis gewesen sei, als solcher für Ernie- ng der Getreidepreise gesorgt und dies Verdienst durch Münze verewigt habe.

Da übrigens auf allen drei Münzen PALIKANUS ieben steht, so mag diese Orthographie wol die in Familie übliche gewesen sein, die aber schwerlich von Schriftstellern beobachtet wurde (s. *Zumpt.* ad *Cic.* ıs. in Verr. II. c. 41. p. 337). (*F. Haase.*)

PALICE (*Παλική*), alter Name einer Stadt Sici- , woven die Einwohner *Παλικῖνοι* hießen, in der des Sees und Tempels der Palici (s. d. Art.); vgl. lor. XI, 89. *Stephan. Byzant.* s. v. (*H.*)

Palici, s. Paliken.

PALICOUREA *Aublet* (Stephanium *Schreber*, ania *Vandelli*). Eine Pflanzengattung aus der er- Ordnung der fünften Linné'schen Classe und aus der pe der Coffeaceen, der natürlichen Familie der Ru- n. Char. Der Kelch krugförmig, fünfspaltig; die le röhrig, an der Basis bauchig, auf der einen Seite inem Höcker versehen, innerhalb unter der Mitte bär- mit fünfspaltigem, zurückgeschlagenem Saume; die bfäden aus der Corolle hervorragend; der Griffel mit ltener Narbe; die Frucht ist eine gefurchte, zweiker- mit dem Kelche gekrönte Beere. Psychotria *L.* scheidet sich nur durch die trichterförmige, nicht höcke- am Rachen bärtige Corolle; dagegen weicht Colla- *Spreng.* (s. d. Art.) mehr ab durch eine präsen- erförmige Corolle, eingeschlossene Staubfäden und dreifächerige, dreisamige Beere. Dennoch vereinigt olle (Prodr. IV. p. 524) die letztgenannte Gattung Palicourea, weil er selbst neuerdings einer Umbella- ttung den Namen Colladonia (l. c. p. 240. Ca- triquetra *Spreng.*) beigelegt hat. Es sind 54 dieser Gattung bekannt, welche, als meist glatte ucher mit gegenüberstehenden oder quirlförmigen, ganz- gen Blättern, mit einander verwachsenen Afterblätt- am Ende der Zweige stehenden Blüthenrispen und weißen, gelben oder rothen Blumen, im tropischen Ame- rika wachsen. Aublet, der Begründer der Gattung, kannte nur eine Art, P. guianensis *Aubl.* (Guj. I. p. 173. t. 66. Stephanium guianense *I. F. Gmelin* syst. veg. Simira Palicourea *Poiret* enc. suppl. Psychotria Pa- licourea *Swartz* fl. Ind. occ.) in den Wäldern von Gujana, mit fußlangen, eiförmigen Blättern. Von den brasilischen Arten werden in ihrem Vaterlande mehre, z. B. P. sonans *Martius* (Spix und Mart. Reise. II. S. 544), P. diuretica *Mart.*, P. officinalis *Mart.* P. strepens *Mart.* (Gritadeira oder Dom Bernardo der Brasilianer) und P. aurata *Mart.* (Dourandinha der Mineiros), als kräftige diuretische und diaphoretische Heilmittel benutzt. Man reicht einen schwachen Aufguß der lederartigen Blätter mit etwas Gewürz, vorzüglich gegen Wassersucht und Syphilis. Drei andere Arten: P. Marcgravii *Aug. de St. Hilaire* (Pl. us. du Brés. p. 281. t. 22. f. A., Erva do rato *Marcgrav.* bras. 60. f. 2., Galvania Vellozi *Römer* et *Schultes* syst. veg.), P. noxia *Martius* (l. c.) und P. longifolia *Martius*, haben giftige Beeren; man bereitet daraus in Brasilien Ratten- und Mäusegift (daher der portugiesische Name Erva do rato, Rattenkraut). Ihre Blätter wer- den aber auch als diuretisch, jedoch nur in der Thierheil- kunde, angewendet. P. tinctoria *Röm.* et *Schult.* (syst. V. p. 194, Psychotria tinctoria *Ruiz* et *Pavon* fl. peruv. II. p. 62. t. 211) in den Wäldern der Andes von Peru, scheint, wie so viele andere Gewächse dieser Familie, als Färbematerial zu dienen. (*A. Sprengel.*)

PALIGHAUT. Dieser am Fuße der westl. Ghauts liegende District der vorderindischen Provinz Malabar wird nördlich von Neerganad, östlich von Coimbator, südl. und westl. von Cochin begrenzt, und gehört einem Nairenfür- sten aus der Shekurydynastie. Der Hauptfluß, welcher ihn bewässert, ist der Ponany, und sein vorzüglichstes Product ist das Thikholz, welches seine großen Waldun- gen liefern. (*Fischer.*)

PALIGHAUTCHERRY, PALICAUDCHERRY (n. Br. 10° 58′, östl. L. 76° 45′), Stadt und Fort in der Nähe des Ponany, liegt 26 engl. Meilen von Coimbator entfernt in der Nähe des Ponany, ist der Haupt- ort des vorderindischen Districts Palighaut, wurde im J. 1783 von dem Sultan von Mysore, Hyder Ali und später von den Engländern erobert und diesen 1792 förm- lich in dem damals geschlossenen Frieden abgetreten. In ihrer Nähe findet sich ein berühmter Paß, welcher durch das Gap nach Coimbator führt. (*Fischer.*)

Palikaren, s. Pallikaren.

PALIKEN. Die unter dem Namen Paliken be- kannten sicilischen Zwillingsgötter genossen am Ätna eine Verehrung, die an Alter und Heiligkeit keinem Culte der Hauptgottheiten nachstand, und in Hainen, Asyl- und Orakeltempeln und Krateren sich aussprach. Während Äschylus [1]) sie als Söhne des Zeus und der Nymphe Thalia, Tochter des Hephästos, bezeichnet, werden von Silenos im zweiten Buche seiner sicilischen Geschichte [2])

1) *Steph. Byz.* v. *Παλική*. *Macrob.* Saturn. V, 19. 2) *Steph. Byz.* v. *Παλική*. *Serv.* ad *Virg.* Aeneid. IX, 584.

Hephästos selbst und die Nymphe Ätna [3]), eine Tochter des Okeanos, als ihre Ältern genannt. Den Ursprung der Paliken leitet die Legende davon her, daß die vom Zeus am Flusse Symäthus geschwängerte Nymphe aus Furcht vor dem Zorn der Hera die Erde bat, sie zu verschlingen. Ihre Bitte ward erhört, und erst zur Zeit ihrer Entbindung öffnete sich wiederum die Erde, und zwei Knaben kamen hervor, die Paliken genannt wurden, weil sie wiederkamen (ἀπὸ τοῦ πάλιν ἱκέσθαι), nämlich aus der Erde, die sie bis dahin verborgen hatte [4]).

Schon d'Orville [5]) hat die in dieser Legende bald Thalia, bald Ätna genannte Mutter der Paliken mit Recht für eine und dieselbe Person zu halten sich veranlaßt gefühlt, indem ja die Erde des Ätna feuerspeiend sei, wie es der Name Αἴτνα, von αἴθω brennen, andeutet, zugleich aber auch im höchsten Grade fruchtbar, worauf der Name Θαλία, von θάλλω wachsen, sich bezieht. Hinsichtlich des bald als Zeus, bald als Hephästos, angegebenen Vaters der Paliken dürfte es aber zweckmäßig sein, einerseits an jenen auf dem Ätna mit besonderm Standbild und Fest verehrten ätnäischen Zeus [6]), und andererseits an des Hephästos Ätnäos Tempel, der an demselben Berge stand [7]), zu erinnern, um auch diesem Theile der sicilischen Legende die nöthige religiöse Begründung zu verschaffen.

So befriedigend aber auch diese Forschungen über die Ältern der Paliken erscheinen mögen, so sehr vermissen wir doch in den auf uns gekommenen Überresten der alten Literatur die nöthigen Aufschlüsse über den eigentlichen Grund des Namens Paliken und über ihr Wesen und ihren Charakter. Glücklicherweise tritt hier einer der nicht seltenen Fälle ein, wofür das Schweigen der Schriftsteller die beredte und anschauliche Sprache der Kunstdenkmäler uns entschädigt.

Während früher nur die Köpfe der beiden Paliken durch eine von Burmann [8]) publicirte Münze von Catana bekannt geworden, so zeigen uns zwei Bilder griechischer Vasen, beide dem Style nach einer alten, mehr symbolischen, als in schönen Formen sich versuchenden Kunst, angehörig, die Hauptpersonen dieses Hephästischen und tellurischen Cultus. Auf der ungleich wichtigern [9]) erblickt man das kolossale Brustbild der Thalia, deren übriger Körper in der Erde versteckt zu denken ist. Blättergewinde entsprießen ihrer Stirn. Links hinter derselben hat ein nackter, bärtiger Mann, dessen Haupt mit langen Blätterzweigen umkränzt ist, den Hammer über die linke Schulter erhoben, im Begriff, auf den Kopf der Thalia wie auf einen Ambos aufzuschlagen. Rechts vor dem Haupte der Thalia steht ein von dem eben beschriebenen nicht unterschiedener Mann, dessen Hammer bereits auf dem Kopfe der Thalia ruht. Zwei dorische Säulen an den Grenzen der Darstellung bezeichnen ohne Zweifel den Tempel der Gottheiten. Nicht zu übersehen ist aber der linke Fuß des rechts befindlichen Hämmerers, der aus der erhobenen Hand der Thalia hervorzugehen scheint. Denn ihm verdanken wir vorzugsweise die Gewißheit, daß in der beschriebenen Scene die Geburt der beiden Paliken dargestellt sei. Als Söhnen des Hephästos kommt es diesen zu, Schmiedearbeit zu verrichten, und als Bewohner des Ätna ist es natürlich, daß sie cyklopenartig um die große Esse des sicilischen Erdfeuers beschäftigt sind [10]). Diese ist in unserm Bilde durch den kolossalen weiblichen Kopf versinnbildet, welchem der Legende gemäß der Name Ätna vorzugsweise zukommen dürfte. Was nun das Hämmern betrifft, so läßt es sich zwar als Handlung von Seiten der Söhne des Hephästos vollkommen rechtfertigen; indessen das Hämmern auf den Kopf ihrer Mutter, welches nach griechischen Begriffen so gut wie nach den unsrigen als ein Beweis großer Impietät gelten möchte, bedarf einer besondern Motivirung und eines eigenthümlichen Grundes. Wenn nicht geleugnet werden kann, daß die beiden Paliken bei ihrem Hammerschlage den Kopf ihrer Mutter statt Ambos (ἄκμων) gebrauchen [11]), wenn andererseits Ovid [12]) grade einem der Cyklopen des Ätna den Namen Akmonides beilegt; so liegt die Versuchung nahe, zu vermuthen, die Mutter der Paliken sei nicht blos unter dem Namen Thalia und Ätna verehrt worden, sondern auch mit dem der Akmone, welcher vor den beiden andern den unbestreitbaren Vorzug hat, die Eigenschaften beider in eins zusammenzufassen, insofern er mit dem Worte ἄκμων, Ambos, zusammenhängt, als Feuer gebend wie der Ätna, und andererseits an ἀκμή und ἀκμάζω, als Blüthe bringend, der Thalia entsprechend sich offenbart [13]). Bei dieser Voraussetzung findet alle Rohheit des Verfahrens der Söhne gegen ihre Mutter eine befriedigende Lösung, der sie von Seiten der frühern Ausleger durchaus entbehrte [14]).

Mit Hilfe dieses Vasenbildes hat Welcker [15]) ebenso scharfsinnig als wahr den Namen Paliken aus dem

3) Nach Simonides (Schol. *Theocrit.* I, 65) schlichtet sie den Streit zwischen Hephästos und Demeter um den Besitz Siciliens. Ihren Kopf zeigt eine Bronzemünze der Stadt Ätna in Sicilien, die Combe (Mus. Hunt. p. 15) beschreibt: Caput muliebre ad d. *ΑΙΤΝΑΙΩΝ* Cornu Copiae. Vid. *Havercamp.* tab. CXXXIII. f. 1. Alius paulo diversus *Pellerin* Rec. d. méd. d. Peupl. t. CVIII. f. 5. 4) *Aeschyl.* Aetn. ap. *Macrob.* Saturn. V, 19:

Τί δῆθεν αὐτοῖς ὄνομα τίθενται βροτοί;
Σεμνοὺς Παλικοὺς Ζεὺς ἐφίεται καλεῖν.
Ἦ καὶ Παλικῶν εὐλόγως μένει φάτις;
Πάλιν γὰρ ἥκουσ' ἐκ σκότους τόδ' ἐς φάος.

Macrob. l. c. In Sicilia Symetus Fluvius est: juxta hunc Nympha Thalia compressu Jovis gravida metu Junonis optavit ut sibi terra dehisceret. Factum est; sed ubi venit tempus maturitatis infantum, quos alvo illa gestaverat, reclusa terra est, et duo infantes de alvo Thaliae progressi emerserunt; appellatique sunt Palici ἀπὸ τοῦ πάλιν ἱκέσθαι, quoniam prius in terram mersi, denuo inde reversi sunt. Für Symetus steht Symaethus (mit αἴθω, brennen, zusammenhängend). *Virg.* Aen. IX, 584 und *Serv.* ad h. l. 5) *Sicul.* p. 235 u. 246. 6) *Schol. Pindar.* Olymp. VI, 162. 7) *Eurip.* Kykl. 599. *Aelian.* de natur. Anim. XI, 3: Freunde des Hephästos streicheln die Guten, beißen die Bösen. *Valer. Flac.* Argon. II, 420. 8) Append. ad *d'Orville* Sicul. p. 472.

9) Ann. de l'Instit. Archéol. Vol. II. tav. d'agg. T. 1830. 10) *Eurip.* Kykl. 298. *Cic.* de divin. II, 19. *Propert.* III, 15, 21. 11) *Welcker.* Ann. de l'Instit. Archéol. Vol. II. p. 247. 12) Fast. IV, 287, 288. 13) Ann. de l'Instit. Vol. IV. p. 396. Panofka, Zeus und Ägina. S. 17. 14) *Welcker* l. c. p. 247. 15) p. 250. 251.

Schlag und Wiederschlag der Hämmernden zu deuten versucht, nachdem er die frühere Erklärung des Wiederkehrens aus der Erde, insofern sie auf die Mutter, aber nicht auf die Kinder bezüglich sei, zugleich mit der des Wiederauflebens der gestorbenen Zwillinge [16]), mit Recht verworfen. Demselben Gelehrten [17]) verdanken wir auch die richtige Auffassung der eben erwähnten Eigenthümlichkeit des Vasenbildes, auf welchem der linke Fuß des einen Paliken mit der Hand seiner Mutter verwachsen erscheint. Es kann dies nichts anderes bedeuten, als daß die Paliken von Thalia aus ihrer Hand geboren wurden, jeder wahrscheinlich aus einer verschiedenen, weshalb auf dem Bilde auch beide Hände sichtbar sind. So gewinnen wir zu der Kopfgeburt des Zeus, durch welche Athene ans Licht tritt, zu der Schenkelgeburt desselben Gottes, welcher Dionysos seine Existenz verdankt, ein neues, nicht minder merkwürdiges Analogon in der Händegeburt unserer Thalia, aus welcher die Paliken hervorgehen.

Als Söhne des Hephästos geborene Handwerker und Kunstarbeiter, ist es dem Geiste alter Religion und Kunstsymbolik durchaus gemäß, dieselben aus der Hand hervorgehen zu lassen; und wenn die bei den alten Schriftstellern für die Paliken so gut wie für andere Cyklopen angewandten Beinamen *χειρογάστορες* [18]), *ἐγχειρογάστορες* [19]), *γαστρόχειρες* [20]), bisher blos als Bezeichnung der Handwerker und Handarbeiter aufgefaßt wurden, so verleitet die Beschauung unsres Vasenbildes, neben diesem gewiß prädominirenden Begriffe vielleicht noch eine Anspielung auf die Händegeburt in diesem Beiworte zu vermuthen, um so mehr als ein bisher unverständlicher Ausdruck des Hesychius, *χειρογονία ἡ Περσεφόνη*, wahrscheinlich auf die Mythe der Paliken bezüglich, die Händegeburt unserer Thalia gemeint hat. Dasselbe Vasenbild, auf welchem an der Stelle des einen Fingers der Thalia der linke Fuß des Paliken erscheint, legt es uns nahe, diesem Paliken den Charakter eines Daktylen zuzuerkennen, und die Vermuthung daran zu knüpfen, es möchten vielleicht sämmtliche idäische Daktylen auf keine andere Weise ans Licht getreten sein, als durch die Händegeburt ihrer Mutter Anchiale [21]).

Während das Gemälde dieses volcentischen Gefäßes uns einen nicht hoch genug anzuschlagenden Aufschluß über den Doppelcharakter der Mutter, sowie über das Wesen und den Beruf der beiden Söhne gibt, so hat ein zweites schon längst publicirtes [22]), darum für uns ein neues Interesse, weil es als Rückseite des von zwei Cyklopen umgebenen Hephästos dieselben drei Personen des beschriebenen Bildes uns vorführt, nicht ohne den Zusatz einer vierten, in welcher wir vermuthlich den Vater der Paliken zu erkennen haben. Auf diesem Bilde erscheint Thalia aus der Erde hervorkommend, in welcher blos noch ein Theil des Unterkörpers versteckt ist. Als Göttin des Wachsthums bezeichnet sie ein aus ihrem linken Arme emporwachsender Baum. Zwei bärtige und als Handwerker mit dem Schurz unterhalb bekleidete Männer scheinen rechts mit ihren erhobenen Hämmern Thalia zu bedrohen, deren nach ihnen gerichteter Blick in Verbindung mit der erhobenen Linken Rücksicht und Schonung zu erbitten scheint. Eine fast gleiche Absicht möchten wir einem bejahrten, mit einem Peplos leicht bekleideten Manne zutrauen, der links in der Nähe der Thalia, ebenfalls gegen die Paliken gerichtet, seine Linke bittend ausstreckt. Die Stelle, die er auf unserm Bilde einnimmt, und das Verhältniß, in welchem er zu den Paliken zu stehen scheint, führt von selbst auf die Vermuthung, daß hier der Gemahl der Thalia, der Vater unserer Zwillingsgötter, gemeint sei. Nur dürfen wir uns nicht verhehlen, daß seine Gestalt für einen Zeus, als den König der Götter, nicht würdig genug erscheint; ebenso wenig paßt sie für den ätnäischen Hephästos, der in seinem Äußern der Bekleidung sowol, als in seinen Attributen, die Zunft, der er vorsteht, verrathen müßte, und der sich offenbar auf der Rückseite dieses Gefäßes in der Mitte zweier Cyklopen zeigt. Dieser Umstand veranlaßt uns zu glauben, der Künstler unsers Vasenbildes möchte einer etwas verschiedenen Genealogie gefolgt sein, welche indessen in dem Cultus der Paliken eine vielseitige Bestätigung findet, und deren kurze, aber unzweideutige Angabe wir dem Hesychius [23]) verdanken.

Dieser Genealogie zufolge sind die Paliken Söhne des Adranos, dessen Name von *ἁδρος*, voll, fett, reich und reif herzuleiten, offenbar den Überfluß bedeutet [24]). Dieser Heros oder Gott, zu vergleichen mit Plutos und Pluton [25]), dem bonus Eventus der Römer, erscheint auf einer Münze der Catanenser [26]), sehr bedeutungsvoll mit einer Ähre in der Hand, als Gemahl der Thalia, während auf der Rückseite die Köpfe der Paliken geprägt sind. Ihm zu Ehren ward ein Fluß, der auf dem Ätna entsprang, Adranos genannt [27]), desgleichen eine kleine Stadt, welche Dionysius am Fuße des Ätna erbaute,

16) Silenus im zweiten Buche seiner sicilischen Geschichte bei *Steph. Byz.* v. *Παλική*. 17) Ann. de l'Instit. Vol. II. p. 246. 18) *Hesych.* 19) *Hesych.* Etym. M. *Eustath.* ad *Hom.* Il. II, 559. p. 286, 21. ad *Hom.* Odyss. IX. 188. p. 1622, 53. *Athen.* I. p. 4 D. 20) *Strab.* VIII. p. 373. 21) Siehe den Scholiasten zu *Apollon.* Rhod. Argonaut. I, 1129, 31: *Διὰ τὸ φῦναι αὐτοὺς διὰ τῶν χειρῶν, Δάκτυλοι κληθῆναι. — Οἱ δέ φασιν, ὅτι Ἰδαῖοι Δάκτυλοι ἐκλήθησαν, ὅτι ἐντὸς Ἴδης ἐντυχόντες τῇ Ῥέᾳ ἐδεξιώσαντο τὴν θεὸν, καὶ τῶν δακτύλων αὐτῆς ἥψαντο.* 22) *Passeri* Pict. Etr. t. CCIV. Ann. de l'Instit. Vol. II. tav. d'agg. K.

23) v. *Παλικοί*. 24) Vergl. die mysischen Erzmünzen von Adramyttium (*Combe*, Mus. Hunter. T. II. n. XVII), deren Vorderseite einen lorbeerbekränzten Apollokopf zeigt, während an der Rückseite ein Füllhorn zwischen den beiden Sternmützen der Dioskuren und die Inschrift *ΑΔΡΑΜΥΤΗΝΩΝ* sichtbar ist. Welcker (l. c. p. 251) hat schon darauf aufmerksam gemacht, daß die Wiederkehr ans Licht, noch mehr aber die Zwillingsnatur eine Verwechslung der Paliken mit den Dioskuren leicht veranlassen konnte, der zufolge Varro bei Servius (ad *Virgil.* Aen. IX, 584) zu dem Irrthum verleitet ward, die Paliken seien Schiffsgötter (nautici Dii). 25) Der Name Adranos wäre vielleicht der passendste für jenen mit großem Füllhorn auf prächtiger Kline neben Dionysos ruhenden Gott bei jenem Festmale, zu welchem Hephästos, auf einen Silen gestützt, langsam heranhinkt (*Panofka*, Cab. Pourtalès. pl. XVII). 26) *Burmann.* Append. ad *d'Orville* Sicul. p. 478 u. 307. *Mionnet* T. I. p. 259. Supplém. T. I. p. 359. 27) *Diod.* XIV, 37. *Plut.* Timol. XII.

mit einem prächtigen Tempel für diese Gottheit [28]). Plutarch [29]) nennt ihn einen Gott, der in ganz Sicilien eine besondere Verehrung genoß. Älian [30]) berichtet von seiner besondern Güte gegen seine Anbeter, die, wenn sie sich an den mit den Opfern verknüpften Festmahlen in dem Haine des Gottes berauscht hatten, durch die Hunde des Tempels, deren es Tausend gab, in ihre Behausung zurückgeführt wurden. Mit Berücksichtigung dieses Umstandes wird es klar, warum auf einer mamertinischen Münze [31]) ein Hund neben dem Gott Adranos dargestellt ist [32]).

Was den Tempel und Hain der Paliken betrifft, so versichert Diodor [33]), daß er durch sein Alter und seine Heiligkeit sich vor allen übrigen auszeichnete, in einer reizenden Ebene gelegen, mit Hallen und andern Wohnungen versehen war, zugleich für Sklaven ein unfehlbares Asyl darbot, insofern sie daselbst von ihren erzürnten Herren Verzeihung erhielten. Dieses Asyl, welches sich hier an den Cultus der Söhne der Thalia knüpfte, gewinnt an Bedeutung, sobald wir uns erinnern, daß dieselbe Thalia unter dem Namen Dia in einem Haine in Phliunt verehrt, gleichfalls ein Asyl nicht blos für Sklaven, sondern auch für jede Art Verbrecher darbot, welche an den Bäumen des Haines dieser Göttin ihre Ketten aufhingen [34]). Die Verknüpfung unserer sicilischen Thalia mit jener Göttin von Phliunt könnte, sobald sie nur auf der Gemeinschaft eines Asyls beruhte, als täuschend erscheinen, wenn nicht die Gleichheit des Namens beider Göttinnen [35]) noch durch ein bisher nicht richtig gewürdigtes Zeugniß der Homiliae Clementinae [36]) an Bedeutung gewänne, nach welchem Zeus mit der Nymphe Hersaia unter der Gestalt eines Geiers Umgang pflog und die sicilischen Paliken zeugte. Denn die von Zeus als Geier besuchte Thalia findet so gut wie die von Zeus als Adler geraubte phliuntische Göttin in mehren antiken Pasten, wo Zeus bald als Geier [37]), bald als Adler [38]), der Thalia sich nähert, die vollkommenste Bestätigung. Übrigens wenn wir erwägen, daß die Mutter der Paliken in der einen Legende die brennendheiße, Ätna, in der andern die blühende, Thalia, genannt wird, so werden wir auch daran keinen Anstoß nehmen, daß der Erzeuger der Paliken in der einen Legende als Zeus Ätnäos, d. i. als Gott des Erdfeuers, in einer andern als Adranos, d. i. als Fülle- und Segenspender, als fruchtbringender Begleiter der Demeter [39]) vorkommt. Wenn aber nach Servius [40]) Jupiter einen Paliken aus Furcht vor dem Zorne der Juno in einen Adler verwandelte, so dürfte demselben wol kein Name besser passen als *Αἴθων*, der Brennende, womit bekanntlich jener des Prometheus Herz fressende und von Herakles erlegte Adler bezeichnet ward [41]). Neben dem Tempel der Paliken baute Duketios in der 8. Ol. eine neue Stadt, der er den Namen Palike gab, und wohin er die Bewohner seiner in der Nähe gelegenen Vaterstadt Menä versetzte [42]).

Obwol der Begriff der Feuergötter durch die Localität des feuerspeienden Berges hervorgerufen oder unterstützt, in dem Cultus der Paliken der ursprüngliche zu sein scheint, so ist es doch nicht zu verkennen, daß das Bild von Erdgöttern in ihrer wohlthuenden und vernichtenden Beziehung später mit in diese Palikenreligion hineingezogen ward und derselben einen umfassendern Kreis von Anbetern verschaffte. So erklärt es sich, wie mit dem Tempel der Paliken sogar ein Orakel verknüpft sein konnte, das, als einst Sicilien an Dürre und Unfruchtbarkeit litt, den Rath gab, sie möchten einem gewissen Heros ein gewisses Opfer bringen, und als die Siculer diesen Rath befolgten, stellten sich Fülle und Segen wieder ein [43]); daher sie alle Art Früchte auf den Altar der Paliken zusammenbrachten und demselben den Namen des fetten beilegten [44]). Daß in dem Orakelspruche der Heros Adranos der Anbetung der Siculer anempfohlen ward, hat schon Welcker [45]) bemerkt; nur möchte dessen Gattin Thalia bei dem Gebete und Opfer der Andächtigen zugleich mit betheiligt gewesen sein.

Der bei den Paliken geschworene Eid galt in ganz Sicilien als der heiligste und furchtbarste [46]). In der Mitte ihres Haines und Tempels befanden sich zwei sehr kleine, aber tiefe Seen mit siedendem Schwefelwasser erfüllt, die auch Kratere genannt wurden [47]). Wer des Diebstahls oder eines andern Verbrechens angeklagt war, den führte man zu diesen Krateren hin, um eine Art Gottesgericht zu bestehen. Was er eidlich aussagte, war auf ein Täfelchen geschrieben, das man in den zwölf Fuß hoch aufbrausenden Schwefelkrater hineinwarf; erhielt das Täfelchen sich auf der Oberfläche, so zeugte dies für die Unschuld des Angeklagten, ward es aber von dem Krater verschlungen, so galt der Eid für falsch, und der ihn geleistet, ward in den Krater hineingeworfen. Vor dieser Ceremonie aber mußte der Angeklagte Bürgen stellen, welche den Auftrag hatten, im Falle er durch falschen Eid die Gottheit er-

28) *Diod.* l. c. 29) l. c. 30) De Nat. Anim. XI, 20. 31) *Mionnet.* T. I. p. 259. Supplém. T. I. p. 359. 32) Dieses Thier, bekanntlich ein Begleiter der Hekate und des Ares, veranlaßt uns zu bemerken, daß derselbe Gott Adranos, gleich dem Ares und Amykläischen Apollon, nicht blos auf Münzen, sondern auch in seiner Tempelstatue, mit einer Lanze dargestellt wurde (*Diod.* XIV, 37). 33) L. XI, 89. 34) Panofka, Zeus und Ägina. S. 3—6. 35) Ders. S. 14. 15. 36) *Cotelerius* I, 659. *'Ερσαίᾳ* (wie ich statt *'Ερσαίου* lese) *Νύμφῃ* (*συνῆλθε ὁ Ζεύς*) *γενόμενος γύψ, ἐξ ἧς οἱ ἐν Σικελίᾳ Παλικοί.* Hersaia nehme ich gleichbedeutend mit Herse, welche so gut wie Thalia mit aufsprossenden Zweigen dargestellt wird. 37) Zeus und Ägina. Taf. II, 3 u. 4. 38) Ebend. Taf. I, 1—7. Taf. II, 1, 2, 5, 6, 12. 39) Etym. M. v. *'Αδρανός*. 40) Ad *Virg.* Aen. IX, 584, dem Welcker (Ann. de l'Instit. Vol. II. p. 255. a. 30) mit Unrecht nachsagt, er habe Zeus selbst die Gestalt eines Adlers in dem Palikenmythos annehmen lassen.

41) *Hygin.* f. 31. 42) *Diod.* XI, 88 u. 90. 43) *Macrob.* Saturn. V, 19. 44) *Macrob.* l. c. *Virgil.* Aen. IX, 585. 45) Ann. de l'Instit. Vol. II. p. 254. 46) *Polemon* ap. *Macrob.* Saturn. V, 19. *Steph. Byz.* v. *Παλική.* 47) Callias im siebenten Buche der sicilischen Geschichten und Polemon von den merkwürdigen Flüssen Siciliens bei *Macrob.* Saturn. V, 19. *Diod.* XI, 89. *Strab.* VI. p. 275 u. 276. *Steph. Byz.* v. *Παλική.* *Aristot.* Ausc. Mir. 58. *Ovid.* Metam. V, 405. 406:

Perque lacus altos et *olentia sulfure* fertur (scil. Proserpina a Plutone rapta)

Stagna Palicorum, rupta ferventia terra.

Ovid. Epist. ex Pont. II, 10, 25.

zürnte, das entweihte Heiligthum auf seine Kosten zu reinigen [48]). Ein etwas davon abweichendes Verfahren bestand darin, daß bisweilen der Ankläger den Inhalt des Täfelchens vorlas, und der Angeklagte mit einem Blätterkranz umwunden, mit einer gürtellosen Tunica bekleidet, einen Zweig in der Hand, das Vorgelesene Wort für Wort nachsprach, den Rand des Kraters berührend, und wenn er eine falsche Aussage geleistet, durch die Macht und Rache der Paliken augenblicklich von dem Krater verschlungen oder wenigstens seines Gesichts beraubt zu werden pflegte, dagegen aber, war seine Aussage wahr, heil und unverletzt von dannen ging [49]).

Diese beiden Kratere führten den Namen *Δειλλοι*, die Bösen, und wurden als Brüder der Paliken bezeichnet [50]); Macrobius [51]) übersetzt dieses Beiwort mit Recht durch **implacabiles**, die Unversöhnlichen, das er dem Beiworte **placabilis**, welches Virgil [52]) den Paliken gibt, gegenüberstellt; ich würde sogar geneigt sein, dieser Doppeltheit tellurischer Dämonen einen ähnlichen religiösen Sinn beizulegen [53]), als der ist, welcher jenen weiblichen Gottheiten zum Grunde liegt, die bald als Erinnyen, bald als Eumeniden angerufen und besonders als Wächterinnen des wahren Schwures verehrt wurden. Von diesem Gesichtspunkte aus erhalten des Äschylus [54]) Worte: *σεμνοὺς Παλίκους* einen bestimmtern Sinn, sowie der Name des im Ätna entspringenden Flusses Amenas [55]) oder Amenanos [56]) und des Ortes Mená in der Nähe der Paliken [57]) uns auf den im Namen der Eumeniden hervortretenden Begriff *μένος* zurückführt.

Wenn der Zweig in der Hand der Angeklagten und Schwörenden nach Welcker [58]) nicht blos in der allgemeinen Bedeutung des Symbols der Schutzflehenden, sondern als aus dem heiligen Haine der Thalia [59]) abgeschnitten, aufzufassen sein möchte: so dürfte der Blätterkranz auf dem Haupte derselben Person ebenfalls auf Namen und Charakter der Thalia symbolisch zu beziehen sein, und nach dem einmal festgestellten Charakter dieser Göttin der Name mater, welchen ihr Virgil [60]) beilegt, ohne Zweifel eine Damater Thallo uns vergegenwärtigen, gleichbedeutend jener *Δημήτηρ Χλόη* [61]), die in Athen neben der Knaben nährenden Erde, *Γῆ κουρότροφος* [62]), in einem besondern Hieron verehrt ward.

Dies ist das Bild, welches wir aus den vorhandenen Notizen über den sicilischen Localcultus mit Hilfe zweier Vasenbilder in Betreff des Wesens der Paliken und der mit ihnen zugleich verehrten Ältern zusammenzusetzen im Stande waren; und da die Hauptquellen für diesen sicilischen Cultus, welche noch dem Macrobius [63]) zu Gebote standen, nämlich des Äschylus Tragödie, Ätna oder die Ätnaerinnen, des Kallias siebentes Buch der Geschichten Siciliens, Polemon's Schrift über die merkwürdigen Flüsse Siciliens, und das dritte Buch der Geschichte des Xenagoras, verschlossen sind, so bleibt uns nichts mehr zu wünschen übrig, als daß aus etruskischen oder sicilischen Gräbern neue Vasenbilder hervorgehen möchten, unsern Ideenkreis über die Paliken zu erweitern, vielleicht auch zu berichtigen. (*Panofka.*)

PALILIA. Ob dieses oder Parilia die richtigere Form sei, darüber wird man jetzt um so weniger zur Entscheidung kommen können, als beide Formen und zwar aus derselben Zeit gleiche Beglaubigung für sich haben; die römischen Gelehrten haben zwar beide von verschiedenen Stämmen abgeleitet, die eine von Pales, die andere von parere, aber es ist wahrscheinlich, daß es doch nur ein und dasselbe Wort sei, bei dem r und l nach der im Lateinischen häufigen Variation in einander übergingen (Schneider's Elementarlehre. I, 299). Palilia waren das Hirtenfest des Frühlings, das Fest zugleich der Gründung Roms, und ist dasselbe immer a. d. XI. Calend. Mai., d. h. den 21. April, gefeiert worden. S. Pales. (*H.*)

PALILICIUM oder PABILICIUM, Name des Gestirns der Hyaden, weil sie um die Zeit der Parilia heliadisch untergingen. (*Plin.* N. H. XVIII, 66.) (*H.*)

PALILLO heißt in Peru eine Art Gujavenfrucht, von Campomanesia lineatifolia *Ruiz* et *Pavon*. (*A. Sprengel.*)

PALILLOGIE (denn so ist der Name zu schreiben wegen der Zusammensetzung aus *πάλιν* und *λόγος*, nicht Palilogie, wie man noch immer gedruckt findet), ist eine rhetorische Figur, welche das Wiederholen des Gesagten bezeichnet. Je umfassender dieser Begriff der Wiederholung ist, um so unsicherer und schwankender sind die Erläuterungen jener Redefigur bei Ältern und Neuern. Wenn Aquila Romanus (§. 29) sagt: Haec figura repetito eodem verbo aut nomine, non diversa vult intelligi, sed idem quod significatur efficere vehementius, so gibt er Ort und Zweck derselben am deutlichsten an. Sein Beispiel aus *Cicer.* pro Caec. IX, 24 ferro, ferro,

---

48) *Arist.* Mirab. Ausc. 58 und *Polemon* ap. *Macrob.* l. c. 49) *Polemon, Diod.* l. c. *Plin.* H. N. XXI, 2. 50) *Callias* ap. *Macrob.* l. c. *Polemon* ap. *Macrob.* l. c. οἱ δὲ Παλίκοι προσαγορευόμενοι παρὰ τοῖς ἐγχωρίοις αὐτόχθονες (als Söhne der Erde, wie Erichthonios) θεοὶ νομίζονται. ὑπάρχουσιν δὲ τούτων ἀδελφοὶ κρατῆρες χαμαίζηλοι, nicht wie Schneider's Wörterbuch erklärt, „die Erde suchend," sondern vielmehr „in der Erde siedend," für diese Deutung zeugt das Etym. M. v. Ζῆλος· ὁ φθόνος παρὰ τὸ ζέω — θερμὸς γάρ ἐστι λίαν. ἢ παρὰ τὸ ζέειν ὃ φλεγμαίνειν καὶ ἐκκαίεσθαι τὴν ψυχὴν ποιῶν. φλέγει γὰρ ἐν τῷ βάθει. Der Composition nach erinnert das Wort χαμαίζηλοι an χαμαιευναί, und an die die Statue der Vesta umgebenden Chametärä bei Plinius. 51) *Saturn.* V, 19. 52) Aen. IX, 585. 53) *Serv.* ad *Virg.* Aen. IX, 583 sq. hi primo humanis hostiis placabantur, postea quibusdam sacris mitigati sunt et eorum immutata sacrificia. Inde ergo *Placabilis* ara; quia mitigata sunt eorum numina. Hiernach wären die Paliken selbst früher *δειλλοί*, die Bösen, gewesen, gleich dem unter dem Ätna begrabenen Typhon, oder — wenn wir statt des religiösen den mythischen Namen gebrauchen wollen, — dem im Ätna wohnenden Menschenfresser Polyphem; später aber milder geworden und durch Opfer von Früchten hinlänglich befriedigt. 54) Bei *Macrob.* l. c. 55) *Pindar*, Pyth. I, 130 sq. 56) *Welcker*, Ann. de l'Instit. Vol. II. p. 252. not. 16. 57) *Welcker* l. c. 58) p. 253. 59) *Calpurn.* Bucol. VI, 78.

60) Aen. IX, 584. 585:
Eductum Matris luco, Symaethia circum
Flumina: pinguis ubi et placabilis ara Palici.
61) *Paus.* I, 22, 3. 62) Vergl. die den Erichthonios heraufreichende Ge mit der Ge, wie sie in der Legende der Paliken in Bezug auf deren Geburt geschildert wird. 63) Saturn. V, 19.

inquit te reieci atque proterrui führt auf die Species, welche gewöhnlich Epizeuxis oder Epanalepsis heißt, wie in den Goethe'schen Worten (1. Th. S. 93):

Immer zu! Immer zu!
Ohne Rast und Ruh;

oder im Faust (XII, 169):

Du lieber Gott! was so ein Mann
Nicht alles, alles denken kann!

und eben dort (238): „Bin ich doch noch so jung, so jung," oder in einer prosaischen Stelle desselben (X, 55): „Die Weiber, die Weiber! Man vertändelt gar zu viel Zeit mit ihnen." Hierher gehört Klopstock's: „Auferstehn! ja auferstehn wirst du mein Staub nach kurzer Ruh," und Körner's:

In's Feld, in's Feld! die Rachegeister mahnen,
Auf, teutsches Volk, zum Krieg!
In's Feld, ins Feld! Hoch flattern unsre Fahnen,
Sie führen uns zum Sieg.

Mit dieser Definition stimmt *Alexander* *περὶ σχημάτων* II, 2 (bei *Walz*. Rhett. VIII. p. 462) und *Tiberius* *π. σχημ.* XXVI. (ib. VIII. p. 554), wo als Urheber derselben nach einer sehr wahrscheinlichen Conjectur Norrman's und Boissonade's der Rhetor Caecilius genannt wird. Zu vergleichen sind auch *Demetr.* *π. ἑρμ.* 140. *Serv.* ad *Virg*. Aen. IX, 744. *Isidor*. Origg. I, 36. Eine andere Definition zugleich mit dem lateinischen Namen egressio bei Julius Rufinian (§. 6) sagt: Palillogia est, cum verbum, quod in prima sententia est ultimum, in sequente primum, womit Zonaras und dessen Abschreiber bei *Walz*. Rhett. VIII. p. 681 und 706 übereinstimmen und zugleich einen andern Namen *δευτερολογία* anführen. Beispiele sind: *Virg*. Eclog. X, 72.

Pierides, vos haec facietis maxima Gallo,
Gallo, cuius amor tantum mihi crescit in horas.

Ibid. VI, 20.

Addit se sociam, timidisque supervenit Aegle,
Aegle, Naiadum pulcherrima.

Id. Aen. VI, 495.

Deiphobum vidi lacerum crudeliter ora,
Ora manusque ambas.

Vielen heißt diese Figur Anadiplosis; für die ein teutsches Beispiel im Sänger von Goethe (I, 179): Doch darf ich bitten, bitt' ich eins. Ja einige gehen noch weiter, wie *Voss*. Instit. Rhet. II. p. 269, und bezeichnen mit dem Namen Palillogie sogar die Exergasie, wenn nämlich der Ausdruck durch Verbindung des Subjectbegriffs mit mehren, nicht wesentlich verschiedenen, Prädicaten erweitert wird, um ihn dadurch kräftiger und lebhafter darzustellen, wie bei Virgil (Aen. III, 237) et scuta latentia condunt und bei Silius (IX, 99) sepulcro Aetoli condit membra occultata Thoantis, oder bei Schiller in der Glocke:

Was unten tief dem Erdensohne
Das wechselnde Verhängniß bringt.

Vergl. *Ernesti* Lex. technol. graec. p. 239 und latin. p. 230 u. Düntzer in d. Zeitschr. f. A. W. 1837. S. 422. (*Eckstein.*)

PALIMBACCHIUS, bei den Griechen *παλιμβάκχειος*, *παλιμβακχειακὸν μέτρον* (bei *Draco* Strat. p. 166) auch *παλίμβακχος* (bei Schol. in *Aristoph*. Vesp. 1003) ist der Name eines dreisylbigen Versfußes, über dessen Anwendung die alten Überlieferungen von einander abweichen. Jedoch bestimmt die Mehrzahl der alten Metriker und Grammatiker diesen Namen für den aus zwei Längen und einer Kürze bestehenden Fuß (— — ⏑), wie praeclarus, peccata, legisse, so *Draco* p. 128, 23. *π. ἐκ δύο μακρῶν καὶ βραχείας, ἐναντίος ὢν τῷ βακχείῳ*, Schol. *Hephaest*. p. 159. *Gaisf*. *ἐκ δύο μακρῶν καὶ βραχείας, οὕτω κεκλημένος διὰ τὸ ἀντίστροφος εἶναι τῷ βακχείῳ*. *Quintil*. IX, 4. §. 82. totidem (duabus) longis brevem praecedentibus palimb. erit (wo freilich einige ältere Ausgaben den Text verderbt und sogar die Conjectur succedentibus eingeschwärzt haben), an welche Zeugnisse *Victorin*. p. 1956, 16. 2488, 2. *Diomed*. p. 476. *Donat*. p. 1739, 21 sich anreihen. Einige andere aber bezeichnen mit diesem Namen das umgekehrte Verhältniß (⏑ — —), wie *Terentianus* v. 1411. *Probus* p. 1491, 25. *Asper* p. 1727, 30, welchen Zweifeln man entgehen würde, wenn man sich über die Bezeichnung Bacchius a brevi für diesen, B. a longa für den hier behandelten Fuß vereinigen könnte. Der Name ist gewählt, weil dieser Fuß dem Bacchius entgegengesetzt ist, und daher wird er von einigen Grammatikern auch Antibacchius genannt, wie von *Servius* in *Virgil*. Eclog. II, 65. *Donat*. p. 1739, 21. *Sergius* p. 1832. 1835, 17. *Beda* 2364, 38. Es wird aber derselbe vom Dionysos erwähnt, und angegeben, daß Bacchische Tänze und Lieder diesem Rhythmus hauptsächlich gefolgt seien (*Plotius* p. 2626. *Victorin*. p. 2488. *Diomed*. p. 475). Daher lassen sich auch die andern Namen erklären, welche theils Schol. *Hephaest*. l. c. anführt: *ὁ καὶ Διονύσιος, καθὰ καὶ αὐτὸς πρὸς τὰ διονυσιακὰ μέλη πεποίηται· ὁ καὶ προσοδιακὸς καὶ πομπευτικὸς, διὰ τὸ ἐν προσοδίοις ὕμνοις οὕτω καλουμένοις καὶ ἐν ταῖς διονυσιακαῖς πομπαῖς ἐπιτήδειος εἶναι*, theils in etwas verdorbenen Formen *Victorin*. p. 2488, 33 als Pompicus, Latius, Saturnius, Thessaleus, Proponticus, wofür alte Ausgaben Propompicus bieten, was vielleicht dem griechischen *πομπευτικός* analog in Pompicus zu ändern sein dürfte. Bei den Dichtern hat dieser Fuß keine Anwendung gefunden, ja Hephästion (c. 13) spricht ihm alle Tauglichkeit dazu ausdrücklich ab: *τὸ παλιμβακχειακὸν*, sagend, *ὃ καὶ ἀνεπιτήδειόν ἐστι πρὸς μέτρον*. Und während der Bacchius von Griechen noch hin und wieder (s. *Gaisford*. ad *Heph*. p. 332), von Lateinern aber sehr häufig (s. *Hermann*. elem. doctr. metr. p. 292 sq.) angewendet, ist der Palimbacchius nirgends zu Versen verbunden worden. Desto mehr haben auf die Anwendung desselben die Rhetoren hingewiesen und das Kräftige und Männliche, was diesen Rhythmus charakterisire, zu fleißigem Gebrauch in verschiedenen Theilen der Sätze empfohlen. Dionysius der Halikarnasier sagt ausdrücklich (de compos. verb. p. 226. *Schaef*): *ἐὰν δὲ τὴν ἀρχὴν αἱ δύο μακραὶ κατάσχωσι, τὴν δὲ τελευτὴν ἡ βραχεῖα, ἀνδρῶδές τε πάνυ τοῦτο τὸ σχῆμα καὶ εἰς σεμνολογίαν ἐπιτήδειον* und führt Beispiele solcher Anfänge aus Demosthenes und Platon an; indeß *Quintil*. IX, 4. §. 102 ihn für den Schluß geeigneter nennt. Die Gram-

: Probus (p. 1491 sq. 2388) und Bassus (p.
schwanken. Vergl. Santen in *Terentian.* Maur.
(*Eckstein.*)

'alimbang, s. Palembang.

'ALIMBIA. So nannte Besser (Enum. pl. Volh.
eine Pflanzengattung aus der zweiten Ordnung
nften Linné'schen Classe und aus der Gruppe der
aneen der natürlichen Familie der Doldengewächse.
Die Doldenhülle wenig blätterig oder fehlend; die
ablang oder eiförmig; die einzelnen Achenien mit
denförmigen, stumpfen Rippen, von denen die seit-
twas breiter sind, und mit drei Saftgängen (Strie-
n jeder Vertiefung zwischen den Rippen. Peuce-
unterscheidet sich blos durch einstriemige Vertiefun-
r Achenien. Die drei bekannten Arten sind peren-
, glatte Kräuter mit dreifach zusammengesetzten
rn, ästigen, drehrunden Stengeln und weißgelben
n. 1) B. salsa *Bess.* (l. c., Peucedanum re-
m *Pallas* Mém. de l'Académ. de St. Peters-
1779. p. 252. t. 8., Sison salsum *L. fil.* suppl.
., Sium nudicaule *Lamarck* encycl., Agasyl-
sa *Spreng.* prodr. umb. p. 22., Siler salsum
mb. sp. p. 90), auf dürrem Salzboden in Beß-
, Taurien, Volhynien und im südlichen Rußland.
einbar trockene Pflanze wird durch Anfeuchtung wie-
ch, daher der Gattungsname (παλίμβιος, redivi-
wieder auflebend). 2) P. ramosissima *Cand.*
. IV. p. 176., Selinum ? ramosissimum *Wal-*
t. herb. soc. angl. ind. n. 578), auf den Ge-
welche die ostindische Provinz Silhet begrenzen.
Chabraei *Cand.* (l. c., Selinum Chabraei *Ja-*
ustr. t. 72., Sel. Carvifolia *Crantz.* austr. p.
. 3. f. 2., Peucedanum carvifolium *Villars*
., Oreoselinum Chabraei *Marsch. Bieberstein*
cauc., Imperatoria Chabraei *Spr.* umb. sp.,
danum Chabraei *Gaudin* helv. — eine Abart
oselinum podolicum *Bess.* en. pl. Volh.). Auf
ura, in Österreich, Sicilien, in der Mark, im süd-
Rußland und bei Tiflis. (*A. Sprengel.*)

ALIMPHYES (Paläontologie) (παλιμφυής heißt
ian „Wiederbelebt") ist ein von Agassiz angegebe-
ber nur unvollständig bekanntes Genus fossiler Fi-
essen bis jetzt einzige Art Walch und Knorr (Ver-
. t. XXI. f. 1) abgebildet und de Blainville als
elongata (Verst. Fische übers. v. Krüger 1823.
. 20) beschrieben haben. Nach Letzterm ist der Kör-
ggestreckt mit 40 Wirbeln und sehr vielen feinen
; der Kopf ? länglich; die Brustflossen sind nur
wenige zurückgebliebene Spuren angedeutet; die
lossen liegen mehr nach Hinten, die Rückenflosse
ch Vorn, von der Afterflosse entfernt. Die Schwanz-
t tief gabelförmig ausgeschnitten mit zwei lang zu-
n Lappen. Nach Agassiz aber hat dieser Fisch
stimmt zwei Rückenflossen und am Gürtel befestigte
lossen, ist mithin von Clupea sehr verschieden und
is sich eine Gelegenheit zu genauerer Untersuchung
t, bei den Gadoiden. Da außer den Schiefern
laris keine Spur dieses Geschlechtes vorgekommen
sind, so muß es als auf die Kreide beschränkt angesehen werden, worüber Palaeorhynchum zu vergleichen*).

(*H. G. Bronn.*)

Palimpsestus, s. Rescriptus Codex.

PALINDROM, nennt man diejenige Art von Versen oder Sätzen, die, mag man sie von der rechten Seite zur linken, oder von der linken zu rechten lesen, immer dieselben bleiben. Das griechische πάλιν und δρόμος erklärt den Namen. Dahin gehören die bekannten Verse:

Signa te, signa, temere me tangis et angis
Roma tibi subito motibus ibit amor.

Ja man hat die Spielerei bis auf die einzelnen Wörter ausgedehnt, wie in dem oft angeführten Verse:

Odo tenet mulum, madidam mappam tenet Anna,
Anna tenet mappam madidam, mulum tenet Odo.

Die Franzosen nennen sie vers rétrogrades oder réciproques. Oft bezeichnen wir damit ein der Entstehung des Namens entsprechendes Räthselspiel. (*Eckstein.*)

PALINGENESIE (παλιγγενεσία, Wiedererzeugung, Wiedergeburt, Wiederentstehung). Es ist eine altorientalische Idee, daß die Welt dereinst durch Feuer untergehen, aber eine allgemeine Wiederherstellung und neues Aufleben folgen werde. Modificirt findet sich diese Idee bei griechischen Phiosophen, zuerst bei Herakleitos, bei welchem die Weltbildung und Weltauflösung durch denselben Proceß erfolgen, je nachdem das Weltprincip, das alles verwandelnde und in alles verwandelte Feuer, in seiner unaufhörlichen Bewegung nach Oben und nach Unten einen Bestand gibt oder aufhebt. Diese Weltansicht ging in die Stoa über. Wenn es aber bei Herakleitos mehr als zweifelhaft bleibt, ob der ununterbrochene Wechsel von Weltbildung und Weltauflösung nicht blos eine stetige Weltverwandlung sei ohne eigentliche Zerstörung, bei welcher alles untergeht außer dem Feuer selbst, so war dagegen dieses Letztere die Meinung der Stoa. Nach der Rückkehr in Feuer entsteht neue Weltbildung, sodaß sich an das Weltende wieder ein Weltanfang anreiht. Alles entwickelt sich wieder auf dieselbe Weise wie früher, sodaß die neue Weltbildung stets der alten gleicht. Die Umwandlung erfolgt also hier durch Weltverbrennung (ἐκπύρωσις). Offenbar ist es, daß hierüber in der Stoa selbst Verschiedenheit der Meinung herrschte. Wol mag nach Einigen ein solches Weltende, welches an gewisse astronomische Perioden geknüpft wurde, nicht als Weltuntergang (φθορά), sondern blos als Umwandlung (μεταβολή) gemeint gewesen sein und die Ekpyrosis nur ein Ausbrennen und nicht ein gänzliches Verbrennen bedeutet haben, allein wenn doch alles in Feuer aufgelöst wurde, und aus diesem sich alles erst wieder herstellen mußte, wie es gewesen war, und sich nur reiner wieder herstellte (wie auch in der Zoroastrischen Lehre); so ist doch ohne Zweifel jedesmal ein Weltende und ein neuer Weltanfang gesetzt, und zwar auch — in der Zeit, wenngleich nicht, wie man nach Cicero (N. D. II, 46) meinen könnte, in der letzten Zeit. Alles dieses wird jedoch bei Darstellung

*) Agassiz im Neuen Jahrbuche für Mineralogie. 1834. S. 304.

der stoischen Philosophie erörtert werden; hier kommt es weniger auf die Sache, als auf den Namen an. In der stoischen Wiederherstellung einer in ihren Urgrund aufgelöst gewesenen Welt in ihre ehemalige Beschaffenheit, ist der Ursprung des Wortes Palingenesie zu suchen; denn Diogenes Laertius (VII, 72) hat doch wol ältere Schriften vor sich gehabt, aus denen er entnahm, daß die Stoiker die Welt für Gott erklärt, welcher unvergänglich und ungezeugt, der Demiurg der Allordnung, alles Wesen in sich auflöst und aus sich wieder erzeugt (*πάλιν ἐξ ἑαυτοῦ γεννῶν*). Nachmals bedienten sich auch christliche Schriftsteller dieses Ausdrucks, der im neuen Testamente zweimal vorkommt, jedesmal in verschiedener Bedeutung. Bei Matthäus (19, 28) bedeutet Palingenesie Wiederherstellung im Sinne der jüdischen Christologie, und bezieht sich also auf Auferstehung, Weltgericht und reinigende Umwandlung der durch den Sündenfall verderbten Welt. In dem Briefe an Titus dagegen (3, 5) bedeutet es moralische Wiedergeburt (s. d. Art. Wiedergeburt). Bei den Kirchenschriftstellern bedeutet Palingenesie die Auferstehung. In neuerer Zeit fand die Palingenesie große Freunde an den Chemikern, welche viele Versuche machten, zerstörte Körper, unorganische und organische, in ihrem vorigen Zustande wieder herzustellen. Digby in seinem Werke: De la végétation des Plantes sagte: „Wir können eine verstorbene Pflanze wieder zum Leben erwecken, ja sie unsterblich machen, und ihr, indem wir sie aus ihrer Asche neu aufleben lassen, eine Art verklärten Körpers geben, wie wir ihn nach unserer Auferstehung zu erhalten hoffen." Athanasius Kircher hat in seinem mundus subterraneus ein Geheimniß dazu veröffentlicht, welches das kaiserliche Geheimniß genannt wird, weil Kircher es von Ferdinand III. erhalten, der es von einem Chemiker erkauft hatte. Auch an Beispielen von Thieren, die man aus ihrer Asche wieder hergestellt haben wollte, fehlt es nicht. Eine mit den Offenbarungslehren des Christenthums übereinstimmende naturphilosophische Palingenesie suchte Bonnet aufzustellen in seiner Palingénésie philosophique ou idées sur l'état passé et sur l'état futur des êtres vivans (Genf 1769. Zwei Bände), worin es ihm lediglich darum zu thun ist, nach seiner Theorie, daß alle Erzeugung in der Natur nichts anderes ist als Entfaltunng der organischen Keime aller Wesen, die aber unendlicher Verwandlungen fähig sind, und nach seiner Hypothese von dem Seelenorgane die Auferstehung der Leiber, und also nicht blos eine Unsterblichkeit der Seele, sondern des ganzen Menschen zu erweisen, wobei er jedoch eine steigende Vervollkommnung nicht ausschließt (vergl. 11. Bd. S. 407). Nicht blos in neuer, sondern auch schon in alter Zeit hat man übrigens das Wort Palingenesie auch in Beziehung auf eine Umgestaltung politischer Verhältnisse gebraucht. Josephus (Ant. XI, 3, 9) spricht schon von einer Palingenesie des Vaterlandes, und in neuester Zeit erschien eine Palingenesie von Europa, Essais de Palingénésie sociale von Ballanche u. A. Im Sinne der Stabilität könnte damit wol eine bloße Wiederherstellung des aus seinen Fugen gegangenen Alten gemeint sein, man meint jedoch gewöhnlich eine reinigende Umbildung damit, und also analog der moralischen Wiedergeburt eine politische. (*Gruber.*)

PALINGENIUS (Marcellus), mit dem Zunamen Stellatus, Verfasser eines sehr bekannten, einst hochberühmten lateinischen Gedichts: Zodiacus vitae, hoc est de hominis vita, studio ac moribus optime instituendis. Libri XII, ist übrigens seinem Leben und seinen Verhältnissen nach so gänzlich unbekannt, daß man nicht einmal seinen wahren Namen, seinen Geburtsort, das Jahr seiner Geburt und seines Todes weiß. Einige vermuthen, daß der Name Marcello Palingenio das Anagramm von Pier Angelo Manzolli sei, womit aber auch nicht viel gewonnen ist, da man von diesem Manzolli nicht mehr als vom Palingenius weiß. Den Zunamen Stellatus leiten Einige, wie Tiraboschi, von dem angeblichen Geburtsorte des Dichters Stellata im Ferronensischen ab, Andere, wie Bayle, halten ihn wahrscheinlicher für eine Beziehung auf den Titel, welchen er seinem Gedichte gegeben. Am wahrscheinlichsten möchte man den Namen Palingenius für die Gräcisirung eines uns unbekannten italienischen Familiennamens halten; er selbst hat übrigens diesen Namen als Akrostich in den ersten Versen seines Gedichts angebracht. Daß er schon am Anfange des 16. Jahrh. gelebt und gedichtet, geht aus mehren Stellen seines Gedichts hervor, worin Anspielungen auf Leo X. und auf Clemens VII., als auf damals Lebende, sich befinden. Scévole de St. Marthe, welcher einige Stellen des Zodiacus ins Französische übersetzt hat, nennt den Dichter auf dem Titel seines Buchs Leibarzt des Herzogs Ercole II. von Ferrara, man weiß aber nicht, aus welchem Grunde. Das Gedicht ist allerdings diesem Herzoge zugeeignet, aber aus der Dedication selbst geht deutlich hervor, daß der Dichter, als er sie schrieb, entfernt von dem Herzoge lebte und seine persönliche Bekanntschaft noch nicht gemacht hatte. Seckendorf (in seiner Historia Lutheranismi) hält den Palingenius, aus welchen Gründen aber, ist unbekannt, für einen von den protestantisch gesinnten Gelehrten, welche die hochgebildete und der Reformation zugethane Renata, Herzogin von Ferrara, Gemahlin Ercole's II., an ihrem Hofe versammelte. Gewiß ist nur, daß das Gedicht, obwol es allerdings in einem dem römischen Geiste feindseligen Geiste geschrieben ist und bittere Ausfälle gegen die Mönche, die römische Geistlichkeit überhaupt und selbst gegen die Päpste enthält, doch bei Lebzeiten des Verfassers unangefochten geblieben ist. Erst als nach dem Tode des Dichters die Protestanten anfingen dies Werk zu rühmen und den Verfasser als einen der Ihrigen zu behandeln, ward es auf den Index, und zwar unter die Rubrik der Ketzer erster Classe, gesetzt und der Leichnam des Dichters ausgegraben und verbrannt, wie ein Zeitgenosse, Lylius Giraldi*), berichtet. Der Dichter selbst spricht sich in seiner Dedication als guter Katholik aus, unterwirft Alles, was er etwa Irriges könne gesagt haben, dem Urtheile der Kirche und schiebt die Schuld seiner etwanigen Irrthümer auf die Philosophen Epikur, Platon, Aristoteles, deren Mei-

*) De poetis suorum temp. Dial. II.

ı er nur anführe. Selbst Protestanten aber behaup- : stelle freigeisterische Meinungen mit Vorliebe auf, ie zu misbilligen oder zu widerlegen. Das Gedicht woran er, wie er in der Dedication sagt, viele gearbeitet hatte, zeichnet sich weder durch Erfindung urch Eleganz der Sprache aus; am wenigsten ist dnung zu rühmen, in welcher er die disparatesten auf einander folgen läßt. Eher möchte man eine Leichtigkeit und Einfachheit des Ausdrucks daran ı, sowie eine ernste, über das Verderben seiner Zeit uernde Gesinnung. Die in den einzelnen Gesän- gehandelten Gegenstände haben nicht die mindeste ung auf die Himmelszeichen, deren Namen die des Gedichtes tragen. Es gibt viele Ausgaben und ungen **) dieses Werkes. Nicht zu verwechseln ist ß der Zodiacus des Palingenius mit dem fast gleich- n Werke des Kaspar Barth: Zodiacus vitae anae, Satiricon pleraque omnia verae sapien- ysteria singulari suavitate enarrans, dessen ein- esänge ebenfalls nach den zwölf Zeichen des Thier- überschrieben sind. (*Blanc.*)

ALINGES, Gemeindedorf im franz. Departement ône und Loire (Bourgogne), Hauptort des gleich- n Cantons, Bezirk Charolles, liegt 3¼ L. von die- adt entfernt und hat eine Pfarrkirche und 1314 ner, welche Hochöfen und Schmelzhütten unter- — Der Canton Palinges enthält in neun Gemein- 91 Einwohner. (Nach Barbichon.) (*Fischer.*)

ALINODIE (*παλινῳδία*) bedeutet ursprünglich den en Widerruf dessen, was man gegen Jemanden in Gedichte Beschimpfendes oder Unwahres gesagt hat. führt die in den Zusammensetzungen nicht seltene ung von *πάλιν*, welches das Entgegengesetzte, das heil (contra) bezeichnet, darauf auch die bei den exikographen ziemlich gleichlautende Erklärung: *ἐν- ῳδὴ ἢ τὸ τὰ ἐναντία εἰπεῖν τοῖς προτέροις*, wie sagt, mit dem Hesych, Photius, das Etymolog. und Zonaras (bei dem noch eine Corruptel zu eint) verglichen werden können. Des Namens Ge- wird auf den Himeräer Stesichoros zurückgeführt n vielen alten Schriftstellern eine nur im Einzel- weichende Erzählung überliefert. Dieser Dichter ie Helena in einem seiner Gesänge verletzt, da traf Strafe für diesen Frevel Blindheit, und erst als elben durch einen neuen Gesang, den man eben *δία* nennt, wieder gut gemacht hatte, ward ihm ht der Augen wieder geschenkt. Es ist schwer, aus ewirre von Meinungen, welche hierüber aufgestellt inen leitenden Faden zu finden. Man sehe nur, Hauptsächlichsten zu gedenken, *Leo Allatius* de Homeri c. 8 (in *Gronov.* thes. A. Gr. T. X.), . ad *Fabric.* bibl. gr. II. p. 155. *Creuzer.* ad *Bekkeri* specim. var. lect. in *Philostrat.* p. 126. *Ast.* in *Plat.* Phaedr. p. 355 sq. *Kleine*, *Stesichori* fr. p. 20—25. 95 sq., dessen Anordnung und Behandlung grade in diesem Theile seiner Schrift sehr unbequem ist, v. *Köhler* mém. sur les isles et la course consacrées à Achille d. l. Pont-Euxin. p. 223. not. 416. Welcker in Jahn's Jahrbb. 1829. Heft 3. S. 265 fg.; endlich *G. Hermann.* praef. *Eurip.* Helen. p. VIII. Platon nämlich, nachdem er im Phädros (p. 243. A.) in Bezug auf eine Rede über den Eros der Reinigung von mythologischen Sünden durch die Palinodie gedacht hat, fügt hinzu: *τῶν γὰρ ὀμμάτων στερηθεὶς διὰ τὴν Ἑλένης κακηγορίαν οὐκ ἠγνόησεν, ἀλλ', ἅτε μουσικὸς ὤν, ἔγνω τὴν αἰτίαν καὶ ποιεῖ εὐθὺς κτλ.* Ob Helena selbst, oder ein Traum, oder endlich ein Orakel Apollon's ihn über seine Schuld aufgeklärt habe, wird nach der richtigen Erklärung des Platonischen *μουσικός*, als lyrischen Dichters, nicht weiter zu fragen sein. Nachdem er gleich in den ersten Versen [1])

Οὐκ ἔστιν ἔτυμος ὁ λόγος οὗτος, οὐδ' ἔβας
ἐν νηυσὶν εὐσέλμοις
οὐδ' ἵκεο Πέργαμα Τροίας

seine Angaben widerrufen, leugnete er im Verlaufe des Gedichts die Wegführung der Helena gänzlich (*Dio Chrysost.* XI. p. 162. A = 323. *Rsk.*) und ließ ein Schattenbild dorthin führen und um dieses kämpfen (*Tzetz.* Lycophr. 113. *Plato* de republic. IX. p. 586. C.). Da sie aber auch nicht in Sparta zurückbleiben durfte, ließ er sie vielleicht nach der Insel Leuke entführen und dort ihre Verehrung begründen (*Paus.* III, 19, 11) [2]). Dieses Gedicht ist zu einer solchen Berühmtheit gelangt, daß es sprüchwörtlich wurde, zu sagen *παλινῳδίαν ᾄδειν*, wovon auch in andern Zusammensetzungen, wie *ποιεῖν*, *ἀποδοῦναι* Belege in Platon (*Phaedr.* p. 243. B. 257. A.) und bei demselben auch das Verbum *παλινῳδέω* (Alcibiad. II. p. 142. D. 148. B.), und noch mehr bei den spätern Sophisten (wie *Liban.* epist. 841 u. a., wie *Nicephorus* progymn. ap. *Walz.* Rhett. I. p. 492). Auch Cicero bedient sich des griechischen Wortes in seinen vertrauten Briefen an Atticus (II, 9. IV, 5. VII, 7) und hat jene Anfangsworte *οὐκ ἔστ' ἔτ. λόγ.* als Widerrufsformel ad *Attic.* IX, 13. Die Lateiner haben canere palinodiam (*Macrob.* Saturn. VII, 5. *Hieron.* ep. 69. [T. I. p. 608] ep. 76. [p. 641]), cantare palinodiam (*Hieronym.* adv. *Ruf.* I. p. 359), und die Franzosen sagen noch heute chanter la palinodie, i. e. se retracter. Nach solchen Vorgängen ist es leicht erklärlich, wie das Horazische Gedicht (Carm. I, 16) die Aufschrift palinodia erhalten und die Scholiasten das ganze Gedicht für eine Nachahmung des Stesichorischen erklären konnten, ein grober Irrthum, zu dem sie höchstens durch die Worte v. 27: dum mihi fias re-

Cime, Venet. s. a. (1531?) Basil. 1537. S. l. 1569 1722. 1789. Französisch von *De la Monnerie.* La Haye Englisch von *Barnabe Googe.* Lond. 1561 oder 1565. Teutsch von J. Sprengel. Frankfurt 1564. 1599; von Fr. ing. Leipzig und Wien 1785; von Jos. Pracht. Mün- iS. 2 Bde.

1) Das Fragment ist verschieden abgetheilt; hier steht die von Buttmann, Abhandl. der berl. Akad. 1815. S. 24 vorgeschlagene. Andere siehe bei Kleine, Naeke zu Choeril. S. 120 *Boissonade* in Poett. gr. syllog. XV. p. 79. Welcker in Jahn a. a. O. S. 269. 2) Eine untreue Geliebte des Dichters, Namens Helena anzunehmen und die Sage von der Blendung für erdichtet zu halten, mit Archelaos bei *Ptolem.* Heph. p. 25. ed. *Roxb.*, ist keine Veranlassung.

cantatis amica opprobriis verleitet werden könnten, den aber schon Buttmann in der Abhandlung über das Geschichtliche und die Anspielungen im Horcz (Mytholog. I. S. 300 fg.) berichtigt hat. Denselben Namen führt bei den Kirchenvätern, wie namentlich Clemens (cohort. c. 7. p. 63 = 48) ein Gedicht, das unter Orpheus' Namen das Lob des alleinigen Gottes verkündet und von diesen für den glänzendsten Widerruf der heidnischen Götterwelt erklärt wird. Das Genaueste hierüber gibt, wie natürlich, Lobeck (Aglaoph. I. p. 438 sq.). Dasselbe Wort hat auch in der Rhetorik Anwendung gefunden und ist von Aristides zur Bezeichnung einer Rede gebraucht, die er, nachdem er in der μονῳδία ἐπὶ Σμύρνῃ das über die Stadt gekommene Erdbeben beklagt hatte, bei der Wiederherstellung der Stadt schrieb unter dem Titel: παλινῳδία ἐπὶ Σμύρνῃ καὶ τῷ ταύτης ἀνοικισμῷ (T. I. pag. 460. Cant. 263. *Jebb.* 429. *Dindf.*). — Nicht zu verwechseln ist das franz. palinod, mit welchem Namen die zu Ehren des unbefleckten Empfängnisses der Jungfrau Maria geschriebenen Gedichte benannt werden, auf deren Anfertigung die Akademien zu Rouen, Caen und Dieppe jährliche Preise gesetzt hatten. (*Eckstein.*)

PALINURUS, Sohn des Jasius, Äneas' rastloser Steuermann, der nach der Sage auf der Fahrt nach Italien, als sie dieses Land beinahe erreicht hatten, in einer stillen heitern Nacht vom Gotte des Schlafs, welcher in der Gestalt seines Reisegefährten Phorbas ihn täuschte, überwältigt wurde, sammt dem Steuerruder ins Wasser fiel, drei Tage und drei Nächte auf dem Meere herumgetrieben ward, den vierten Tag Italien erreichte, von den barbarischen Küstenbewohnern getödtet und wieder ins Meer gestürzt ward und so dem lukanischen Vorgebirge Palinurus oder Palinurum den Namen gab, bei dem ihm ein Grab errichtet ward und jährliche Todtenspenden gebracht wurden. Es liegt zwei Meilen östlich von Velia und heißt heute Paliuro oder capo di Palinuro und Spartivento. Dionys von Halikarnaß (I, 53) spricht auch von einem Hafen dieses Namens und allerdings heißt noch heute eine Einbucht Porto di Palinuro; auch er leitet den Namen von einem daselbst gestorbenen Steuermanne des Äneas ab, und ebenso Pomponius Mela (II, 4, 9) Palinurus, olim Phrygii gubernatoris, nunc loci nomen. Vergl. *Strab.* VI, 252. Die Sage hat ausführlich behandelt *Virgil.* Aen. III, 202. V, 835 sq. VI, 337 sq. und das. Servius. (*H.*)

PALINURUS (Paläozoologie). Desmarest hat in seinem Werke über fossile Crustaceen*) drei Arten dieses Geschlechtes, als in fossilem Zustande gefunden, angegeben, nämlich:

1) P. ....., *Desm.* (p. 131), = P. quadricornis *Holl* (Petrefcth. 151). Füße und Fühler zeigen den Charakter des Geschlechts deutlich, der Kephalothorax ist nur unvollkommen erhalten, die Größe entspricht dem noch im Mittelmeere lebenden P. quadricornis *Lamarck*. Ein Exemplar, aus den Kalkmergelschiefern des Monte Bolca, also der Zeit des Grobkalkes, befindet sich im pariser Museum.

2) P. Suerii *Desm.* (p. 132), ist inzwischen der Typus des Meyer'schen Geschlechtes Pemphix geworden (s. d. Art.).

3) P. Regleyanus *Desm.* (p. 132—133), zu welchem sich inzwischen noch eine ganze Reihe verwandter Arten gesellt hat, liegt dem neuen Fossilgeschlechte Glyphea *v. Meyer* zu Grunde. Da dieses Genus zur Zeit des Druckes des entsprechenden Bandes der Encyklopädie noch nicht bekannt war, so tragen wir hier dessen Charaktere und Arten nach, so weit sie aus einzelnen Bruchstücken erhaltener Gypsabgüsse und brieflichen Mittheilungen bekannt sind, da die Originalarbeit in den Memoiren der straßburger Societät noch nicht erschienen ist.

Glyphea *v. Meyer*. Kopfbrustschild (gewöhnlich nur allein erhalten) hochgewölbt, lang und schmal, von Oben gesehen oval, vorn schmäler und in einen kurzen, meist doppelspitzigen Schnabel ausgehend, neben demselben am Vorderrande jederseits mit einem schwachen Ausschnitte, und auf beiden äußern Ecken dieses Randes mit einer kleinen, meist quer-ovalen Erhöhung, der Hinterrand ist in seiner Mitte tief ausgeschnitten und besitzt eine verdickte Einfassung und vor derselben eine damit parallel gehende Furche. Das Rückenprofil ist gerade, die Mittellinie scheint sich vorn in eine Kante zu erheben, hinten aber in eine Furche zu vertiefen. Die ganze Oberfläche ist mit Wärzchen, Stacheln oder Grübchen bedeckt, welche letztere aber wol erst durch Entfernung der obersten Lage der Kruste entstanden zu sein scheinen. Durch zwei nach Hinten convex gebogene Querfurchen wird der Kopfbrustschild in drei sehr ungleiche Regionen hinter einander getrennt; die vordere, dem Magen und der Leber entsprechende, ist gewöhnlich mit longitudinalen Erhöhungen und Vertiefungen versehen; die mittle, über den Genitalien und dem Herzen, ist Vförmig und umfaßt die vorige an den Seiten; auf der Mittellinie geht sie sehr weit nach Hinten, wird hinter ihrer Mitte noch von einer andern gebogenen Querfurche getheilt und zeigt an den Seiten oft einige Unterabtheilungen; — die hintere Region, die Leber und die Kiemen bedeckend, ist in der Mitte nur kurz, geht aber an den Seiten sehr weit nach Vorn.

Das Abdomen scheint aus den normalen sieben Gliedern zu bestehen und mit fünf Schwimmflossen zu endigen, welche nach Phillips Quertheilung zeigen. Von den Füßen scheint wenigstens das vordere Paar mit Scheeren versehen zu sein; die andern sind länger und spitzer als beim Hummer und Flußkrebse und dürften schwerlich in Scheeren geendet haben. Die Fühler kennt man nur unvollkommen.

Dieses Geschlecht kommt dem obenerwähnten Pemphix so nahe, daß es vielleicht kaum davon getrennt zu werden verdient, wenn nicht die Fühler und Füße noch wesentliche Unterschiede an die Hand geben. Von Astacus, womit es Phillips vereinigt, und von den verwandten lebenden Geschlechtern überhaupt, weicht es ab durch die bis zu den Seitenrändern ausgebreitete mittle Region des Kephalothorax und durch die Theilung der Regionen durch

*) *Brongniart* et *Desmarest*, Histoire naturelle des Crustacées fossiles. (Paris 1822. 4.)

eine Mittellinie, von **Astacus** insbesondere aber noch durch die Länge der Füße, von welchen die mitteln Paare sich schwerlich in Scheeren geendigt haben; — von den garneelen-artigen Krebsen endlich durch den rauhen, durch tiefe Furchen getheilten Brustschild und die Bildung seines kurzen Schnabels.

H. v. Meyer unterscheidet bis jetzt wenigstens sechs Arten, welche alle den Oolithen, und zwar meistens einem obern Theile derselben, dem Terrain avec chailles bezeichnend angehören, wozu vielleicht auch noch Phillips' **Astacus ornatus** aus Speeton-clay, König's **A. longimanus** des Lias von Lyme Regis (icon. sectil. fg. 229) und Mantell's **A. Leachii** und **A. Sussexiensis** aus Kreide (Geology of Sussex. pl. XXIX, XXX. fg. 3) gehören, von welchen mir jedoch nur die erste noch aus einer ungenügenden Abbildung bekannt ist. Diese Arten sind nun:

1) **Gl. ventrosa** *v. Meyer* (im Jahrb. f. Mineral. 1835, 328. 1836, 56. *Bronn*, Lethaea 478), Kopfbrustschild hinten mit nur flachem Einschnitte, der Schnabel kurz, aber mit zwei getrennten Spitzen, zwischen welchen noch eine feine Doppelspitze hervorragt; die Erhöhung auf den zwei Vorderecken spitz; die Seitenränder gleichförmig und regelmäßig gebogen; die Unterabtheilungen der zwei vordern Felder nur schwach angedeutet, jedoch die am Hinterrande des mitteln deutlich, gabelförmig, schmalschenkelig; die Wärzchen der Oberfläche sind rund, licht und nach dem Rücken hin noch lichter gestellt. Die Glieder der äußern Fühler sind kurz. — Im Terrain avec chailles in der obern Saône-Gegend in Frankreich.

2) **Gl. Mandelslohi** *v. Meyer* (in litt.; *Bronn*, Lethaea. p. 479). Mit voriger übereinstimmend, doch fehlt das Vorderende; der hintere Einschnitt ist tiefer, und kleine, dicht stehende Grübchen bedecken, statt der Wärzchen, die Oberfläche, indem sie nach Vorn und Oben etwas lichter werden. — Im Gebirgsschutte am Fuße des Farrenberges bei Mössingen in Würtemberg, durch Graf Mandelsloh gefunden im Gebiete des untern Oxford-Thones, aber wahrscheinlich aus den obern Mergeln des Unter-Ooliths stammend.

3) **Gl. Regleyana** (nob. Lethaea 479. Palinurus Regleyanus *Desmar.* (Crust. foss. 132. pl. XI. f. 3. Holl, Petrefctk. 151. *Thirria*, Géogn. d. la Haute Saône. p. 9. *Defrance* im Dictionn. des scienc. nat. XXXVII, 265). Glyphea vulgaris *v. Meyer* (im Jahrbuch. 1835, 328). Glyphea Regleyana *v. Meyer* (ibid. 1836, 56). Der hintere Einschnitt des Kopfbrustschildes ist tief, der Schnabel lang, am Ende einfach zweispitzig und etwas abwärts gebogen; der Seitenrand gegen die vordere Querfurche fast rechtwinkelig eingebogen; die mittle Region ist oben stark nach Hinten verlängert und gleich dem vordern deutlich unterabgetheilt; die ganze Oberfläche mit Wärzchen und Grübchen bedeckt, wovon erstere nach Vorn größer werden. Die Glieder der äußern Fühler sind so lang als breit, die des Hinterleibes sind in drei hinter einander liegende Querbinden getrennt und noch mit andern Erhöhungen und Vertiefungen versehen; ihre Seitenfortsätze breit und gerundet; die äußere Schwimmschuppe ist jederseits groß, feinstrahlig, längs gekielt und quer gegliedert, die innere warzig, gekielt, feinstrahlig, hinten rund. — In den Chailles des obern Oxford-Thones der obern Saône-Gegend zu Ferrière-les-Secy.

4) **Gl. rostrata** *Bronn* (Lethaea. p. 479. tabul. XXVII. fig. 3?). Palinurus Regleyanus *Desmarest*, *Holl*, *Thirria*, *Defrance* (l. c. *Woodward*. synopt. tabl. p. 8). Astacus rostratus *Phillips* (Geolog. of Yorkshire. 131, 142, 164. pl. IV. fg. 20. *Woodw.* l. c. p. 8). Palinurus Münsteri *Voltz* (Jahrb. 1835, 62. *Thirria* l. c. p. 9. *v. Mandelsloh*. géogn. de l'Albe de Würtemberg. p. 17). Glyphea speciosa *v. Meyer* (im Jahrb. 1835, 328). Glyphea Münsteri *v. Meyer* (ib. 1836, 56). Der hintere Einschnitt des Kopfbrustschildes ist tief und regelmäßig concav; der Schnabel lang ....; die Einbiegung des Seitenrandes stumpfwinkelig, die Regioneneintheilung ähnlich der bei voriger Art, doch im Detail etwas verschieden, die Oberfläche mit stachelförmigen, nach Vorn aufgerichteten Wärzchen, die nach den Seiten hin kleiner, runder und dichter werden. — Vorkommen in den Chailles des obern Oxford-Thones an der obern Saône zu Ferrière-les-Secy und zu Frétigny am häufigsten; — zweifelhaft im Liasschiefer zu Metzingen in Würtemberg, vielleicht auch im obern Oxford-Thone zu Dettingen und Weißenstein daselbst; — dann im Kalke von Leeds, im Korallenoolith zu Malton und Scarborough, im Kalkgrit, im Kelloways-Rock zu Hackneß und im obern Liasschiefer, Alles in Yorkshire.

5) **Gl. Dressieri** *v. Meyer* (im Jahrb. 1836, 56. *Bronn*, Lethaea. 480). Kopfbruststück breiter als bei den andern, auch länger, hinten tief eingeschnitten, der Schnabel ...., die Quererhöhung auf den vordern Ecken schwach, die Einbiegung des Seitenrandes gegen die vordere Querfurche rundeckig, die Regionen im Ganzen wie bei voriger Art, die vordere hin und wieder mit starken Warzen besetzt, welche nach dem Rücken hin kleiner, während sie in der mitteln Region dort größer und glatter werden; die hintere Region dagegen besitzt am Nebenrande kleine glatte Knötchen, welche sich in vorn abgerundete, hinten spitze, durch Rinnen getrennte Plättchen wie zu Schuppen umgestalten, die sich nach dem Rücken verflachen und zu mehren mit einander verschmelzen. In den Chailles des obern Oxford-Thones bei Besançon.

6) **Gl. pustulosa** *v. Meyer* (im Jahrb. 1836, 56. *Bronn*, Lethaea. 480). Kopfbruststück sehr schmal, Schnabel ...., Hinterrand tief eingeschnitten, die Vorderregion einfacher, der mittle mit einigen seitlichen Unterabtheilungen und einer sehr schiefen hintern Abtheilung, die Oberfläche mit erhabenen Punkten bedeckt rc. Im Bradford-Thon von Bourviller im Elsaß.

7) **Gl. ornata** n. **Astacus ornatus** *Phill.* (Geol. of Yorkshire. pl. II. fg. 3. Aus dem Speeton-clay oder Gault zu Speeton in Yorkshire. (*G. H. Bronn.*)

Palisaden, s. Pallisaden.

PALISOT DE BEAUVAIS (**Ambroise Marie François Joseph**), geb. zu Arras am 27. Jul. 1752, gest. zu Paris am 21. Jan. 1820, studirte die Rechte zu Paris, wurde im J. 1772 als Parlamentsadvocat angenommen und bald darauf zum Generaleinnehmer der Domainen ernannt. Als diese Stelle im J. 1777 aufgehoben wurde, fand Palisot Muße, seiner Neigung zu der Naturkunde und besonders zu der Botanik nachzuhängen. Zum Correspondenten der Akademie der Wissenschaften gewählt (1781), überreichte er derselben mehre Abhandlungen, z. B. über die Mittel, den Waldbau zu verbessern; über die Spiralgefäße der Pflanzen und über die rankenden Gewächse. Im J. 1786 benutzte er die ihm dargebotene Gelegenheit, mit einem königl. Schiffe nach Guinea zu segeln und war der erste Naturforscher, welcher die Negerstaaten Owar und Benin bereiste. Früher, als er es wünschte, zwangen ihn Krankheit und mancherlei Unannehmlichkeiten Afrika zu verlassen, worauf er sich nach St. Domingo begab (1788) und dort ein wichtiges Amt bei der Civilverwaltung übernahm. Allein nur kurze Zeit konnte er hier rasten, da die ausbrechende Empörung der Schwarzen ihn in Lebensgefahr setzte, ihn fast seines ganzen Eigenthums beraubte und ihn zwang, nach Philadelphia zu flüchten. Hier erfuhr er, daß er in seinem Vaterlande auf der Emigrantenliste stehe und entschloß sich daher, in den Vereinstaaten zu bleiben und als Lehrer in der Musik und in den Sprachen seinen Unterhalt zu suchen. Auch verschaffte ihm der französische Geschäftsträger die Mittel, eine Reise in das Innere von Nordamerika unternehmen zu können. Sobald Palisot vernahm, daß er von der Emigrantenliste gestrichen sei, kehrte er nach Frankreich zurück, wurde nach Adanson's Tode (1806) als Mitglied in das Institut aufgenommen und widmete nun bis an sein Ende seine ganze Thätigkeit der Bearbeitung und Bekanntmachung der auf seinen Reisen gesammelten naturhistorischen Schätze. Als seine Hauptwerke sind zu nennen: 1) Flore d'Oware et de Bénin (Paris 1804—1821. 2 Voll. fol. mit 100 Kupfertafeln — unvollendet!); 2) Essai d'une nouvelle Agrostographie, ou Nouveaux genres des Graminées (Paris 1812, 8.; mit 25 Kupfertaf. in 4.); 3) Prodrome d'Aethéogamie (Cryptogamie, Paris 1805); 4) Insectes recueillis en Afrique et en Amérique (Paris 1805—1821. fol.; mit 90 color. Kupfertafeln — ebenfalls unvollendet!); 5) Éloge de Fourcroy (Paris 1811. 4.). Außerdem lieferte er zahlreiche Beiträge zu den meisten in Paris erscheinenden naturhistorischen Zeitschriften und encyklopädischen Werken. Überall bewährte er sich als einen scharfsinnigen und kenntnißreichen Beobachter, und wenn auch seine oft spitzfindigen Distinctionen und Classificationen und seine zuweilen unglücklich gewählten Benennungen nicht durchgängig Beifall gefunden haben, so sind ihm doch bleibende Verdienste um die Naturgeschichte, vorzüglich der Gräser, keineswegs abzusprechen.

Ihm zu Ehren haben Mirbel, Desvaux und Reichenbach Pflanzengattungen benannt. Mirbel's Farrengattung Belvisia (s. d. Art. wo die Druckfehler: Aerostalum, l. Acrostichum, Lomasia, l. Lomaria, Ptaris, l. Pteris zu berichtigen sind) war auf ungenaue Untersuchung gegründet und ist mithin eingegangen. Dagegen ist Desvaux's Passifloreen-Gattung Belvisia (Palisot selbst hatte sie unter dem Namen Napoleona bekannt gemacht) angenommen (in Candolle's Prodromus steht sie indessen nicht unter den Passifloreen. — S. d. Art. Belvisia, wo es heißen muß B. coerulea *Desvaux*, st. B. owarensis). Von der Gattung Palisota *Reichenbach* (Consp. regn. veg.) endlich, aus der natürlichen Familie der Commelineen, ist bis jetzt nur der Name bekannt. (*A. Sprengel.*)

PALISSE (La), Städtchen an dem Flüßchen Besbre, in der vormaligen Landschaft Bourbonnais, mit einer Bevölkerung von 1800 Seelen, ist der Hauptort eines Bezirkes des Allierdepartements, welcher in sechs Cantonen 77 Gemeinden und 71,574 Einwohner zählt. In vorigen Zeiten war der Ort durch seine zwölf stark besuchten Jahrmärkte berühmt, er hatte auch eine stattliche, großartige Ritterburg, in der man besonders die schöne, von verschiedenen Päpsten privilegirte Kapelle bewunderte. Die Herrschaft la Palisse wurde von Jacob I. von Chabannes, dem Großmeister von Frankreich, erkauft und hat seitdem der Hauptlinie des berühmten Hauses Chabannes den Namen gegeben, ein Umstand, der uns berechtigt, den an Ort und Stelle nicht vorkommenden Artikel Chabannes hiermit zu suppliren. Das Stammhaus Chabannes ist ein Kirchdorf der Provinz la Marche, dessen erste Besitzer man, ohne Beweis, von den Grafen von Angoulême herleiten will. Humbert Guido von Chabannes verheirathete sich um 1312 mit Contour, einer Tochter des Vicomte Wilhelm IV. von Thiern. Robert von Chabannes, Herr von Charlus-le-Pailloux, in Auvergne, ein Sohn Hugo's, fiel bei Azincourt 1415, sein ältester Sohn Stephan, Herr von Charlus, bei Crevant 1423, als Hauptmann über eine Compagnie Lanzen. Robert's jüngster Sohn, Anton, gründete die Linie der Grafen von Dammartin, von welcher hernach Jacob I., der mittlere von Robert's Söhnen, Herr von la Palisse, Charlus, Passy, Curton, Montaigu-le-Blin, Rochefort und Châtel-le-perron, Ritter, königlicher Rath und Kämmerer, Großmeister von Frankreich, Seneschall und Marschall von Bourbonnais, sowie später von Toulouse, widmete sein ganzes Leben dem Dienste Karl's VII. Als Marschall von Bourbonnais befand er sich in des Grafen von Dunois Gefolge, als dieser 1428 dem belagerten Orleans zu Hilfe eilte, sowie 1429 bei dem Gefechte von Rouvrai, 1430 bei dem Entsatze von Compiegne, 1433 bei jenem von Mont-Saint-Vincent, und 1436 den 26. Jul. bei jenem von S. Denys. In dem nämlichen Jahre 1436 und 1437 kommt er als Hauptmann von Corbeil und Vincennes, 1438 als Hauptmann von Brie-Comte-Robert vor; bei der Einnahme von Montereau 1437 diente er mit 120 Glenen und 240 Schützen unter des Connétable Oberbefehl. Am 17. Nov. 1439 wurde er mit dem Amte eines Seneschalls von Toulouse bekleidet, wogegen er das gleiche, wegen Bourbonnais geführte Amt aufgeben und den Schaden ersetzen sollte, der von seinen Reisigen angerichtet worden, als er sich im Genusse der Hauptmannschaft Corbeil und Vincennes befand; gleichwol behielt er fortwährend die Eigenschaft eines Seneschalls von Bourbonnais bei. Zugleich mit seinem Bruder schloß er sich 1439 der Praguerie an. Gleichwie er der einzige unter den Aufrührern, der sich eines Erfolgs rühmen konnte, indem er bei Aigueperse des Königs Artillerie wegnahm und das Pulver verbrannte, so scheint er auch der Einzige gewesen zu sein, der in seiner leidenschaftlichen Bewegung das Interesse des Staats nicht ganz aus den Augen verlor. Der Graf von Dunois wollte den Connétable niederwerfen; ihm widersetzte sich la Palisse mit aller Macht, dann gab er zu bedenken, es sei der Connétable Gouverneur der Ile-de-France, und durch seine Gefangennehmung würden alle Städte dieser Landschaft den Engländern Preis gegeben. Jacob's Meinung behielt die Oberhand. Am 2. Aug. 1440 ernannte ihn der Herzog von Bourbon zum Hauptmann und Castellan von Chantel-le-châtel, der wichtigsten Burg, die der Herzog in Auvergne besaß; dieser übernahm zugleich den Sold der Reisigen, die Jacob's Burg Montaigu-le Blin, zwei Stunden nordwestlich von la Palisse, zu bewachen hatten. Im J. 1449 befand sich la Palisse bei des Königs feierlichem Einzuge in Rouen, er diente 1450 bei der Belagerung von Valognes und Caën, und wurde vor der Mitte des Maimonats 1451 mit dem Amte eines Großmeisters von Frankreich bekleidet. Als solcher folgte er alsbald dem König in seinen Siegeszug nach Aquitanien; er wurde von demselben am 4. Jun. 1451 mit der durch den Connétable von Navarra verwirkten Herrschaft Curton in Bazadois beschenkt, er unterhandelte die Capitulationen von Blaye und Bourg, die Übergabe von Fronsac, befehligte am 23. Jun. 1451 bei des Grafen von Dunois prunkendem Einzug in Bordeaux eine Schar von 1500 Lanzen, und nahm den lebhaftesten Antheil an dem Betriebe der so berühmten Belagerung von Bayonne. In Gesellschaft der Marschalle von Loheac und Jalongnes belagerte er 1453 Castillon, Talbot rückte zum Entsatze heran, und am 17. Juli wurde das Treffen geliefert, in welchem Talbot Sieg und Leben einbüßte, Chabannes aber eine Wunde empfing, die am 20. Oct. 1453 seinem Leben ein Ende machte. Er wurde bei den Augustinern zu Bordeaux beerdigt, wie das ein stattliches Grabmonument beurkundet. Aus seiner zweiten Ehe mit Anna von Lavieu, genannt von Fougerolles, vermählt 1435, hinterließ er, außer einer Tochter Anna, die Söhne Gottfried und Gilbert. Gottfried von Chabannes, Herr von la Palisse, Charlus, Châtel-le-perron, Montaigu-le-Blin, des Herzogs von Bourbon Rath und Kämmerer, empfing bei der Belagerung von Bayonne 1451 von des Grafen von Foix Hand den Ritterschlag. Am 22. Jun. 1469 ernannte der Herzog von Bourbon ihn zu seinem Generallieutenant in dem Bereiche des Gouvernements von Languedoc, auch zum Hauptmanne der Stadt und Grafschaft l'Ile-Jourdain. Im Januar 1477 kommt er als Hauptmann über 25 Lanzen, später als Gouverneur von Pont-Saint-Esprit vor, und noch im J. 1495 bezog er von Staatswegen eine Pension von 500 Livres. Er hatte sich im J. 1462 mit Charlotte von Prie verheirathet und von ihr die Söhne Jacob II., Johann und Anton, dann fünf Töchter. Anton, Protonotarius apostolicus und Prior von S. Martin d'Ambert im J. 1494, Bischof von Puy im J. 1516, wurde im J. 1523 als Theilnehmer an der Verschwörung des Connétable von Bourbon eingezogen und starb im September 1535. Johann von Chabannes, Herr von Vandenesse, traf in der Schlacht bei Agnadello 1509 mit Bartholomäus von Alviano zusammen; ein Stoß seiner Lanze ging dem feindlichen Feldherrn in das Auge und warf ihn aus dem Sattel, und er mußte sich dem kleinen Löwen gefangen geben. Im J. 1521 hatte Johann die Vertheidigung von Como übernommen, und sie lange genug fortgesetzt, um von dem Marquez von Pescara eine ehrenvolle Capitulation zu erhalten; allein sie wurde nicht beobachtet, die Stadt geplündert und die Besatzung theilweise ihres Eigenthums beraubt. Vandenesse schrieb darum an den feindlichen Feldherrn und erbot sich, ihm im ehrlichen Zweikampfe zu beweisen, daß er als ein meineidiger Schurke gehandelt habe. Pescara entschuldigte sich mit der Unbändigkeit seines Volkes, fügte aber hinzu, daß Vandenesse, falls er fortfahren sollte ihn anzuklagen, ein böslicher Lügner sei, und daß er ihn dessen mit gewaffneter Hand überführen wolle. Der Fehdehandschuh wurde geworfen und aufgenommen, dabei aber ausgemacht, daß man Frieden oder Waffenstillstand abwarten wolle, um den Streit auszumachen; so lange der Krieg dauerte, hielten Vandenesse so wenig wie Pescara sich berechtigt, über ihr Leben zu verfügen. Allein es war geschrieben, daß keiner von ihnen des Krieges Ende erblicken sollte. Bei dem Rückzuge über die Sesia im April 1524 mußte Vandenesse die Artillerie bedecken. An diesem Tage wetteiferte er mit Bayard in Anstrengung und Kühnheit, und fast in dem nämlichen Augenblicke, als Bayard die tödtliche Wunde empfing, wurde Vandenesse durch einen Büchsenschuß todt hingestreckt. „Vandenesse," so schreibt Brantôme, „était fort petit de corsage, mais très grand de courage, de sorte que, dans les vieux romans, on l'appelait le Petit-Lion." Jacob II. Herr von la Palisse und Pacy, Ritter des königl. Ordens, Gouverneur und Lieutenant-général von Bourbonnais, Auvergne, Forez, Beaujolais, Dombes und Lyonnais, ist am bekanntesten unter dem Namen des Marschalls de la Palisse. Bereits 1494 verschrieb ihm Karl VIII. wegen früherer Dienstleistungen ein Jahrgeld von 1500 Livres, und bei des Königs Einzug in Neapel, 22. Febr. 1495, befand er sich in dessen Gefolge. Ludwig XII. diente er in den lombardischen Kriegen, und in dem Zweikampfe zwischen Bayard und Sotomayor, 1502, war er der erbetene Kampfrichter. Während der Großcapitaine in Barletta von den Franzosen eingeschlossen war, erschien la Palisse an der Spitze eines verwegenen Haufens tagtäglich vor den Thoren, um den feindlichen Feldherrn, oder irgend einen andern Spanier herauszufodern, und sodann, weil Niemand sich blicken lassen wollte, unter höhnendem Jubel die Mauern zu umreiten. Das Spiel trieb er lange, endlich am Abend des 22. Febr. 1503, zog der Großcapitaine mit 400 Lanzen, 600 leichten Reitern, 3000 Fußgängern und eilf Stücken von Barletta aus, es galt dem Städtchen Ruvo, wo la Palisse sein Standquartier genommen hatte.

Mit Tagesanbruch befand sich die Schar an Ort und Stelle, die Kanonen wurden gerichtet und es begann der Angriff. Zwei Stunden dauerte, trotz der Überraschung, der Kampf, dann waren die Franzosen überwältigt. La Palisse selbst, nachdem er mit Löwenmuth gestritten, befand sich unter den Gefangenen; mit augenblicklichem Tode soll Gonsalvo ihn bedroht haben, wenn er nicht seinen Lieutenant, der noch die Citadelle behauptete, zur Übergabe vermöge. La Palisse läßt sich an das Thor der Citadelle führen. „Cormon," so redet er den Lieutenant an, „Gonsalvo, der hier vor Euch steht, drohet mir den Tod, wo Ihr Euch nicht alsbald ergebet. Betrachtet mich als einen Todten und wehret Euch wo möglich bis zu des Herzogs von Nemours Eintreffen. Damit erfüllet Ihr eure Schuldigkeit." Cormon blieb standhaft und die Citadelle mußte mit Sturm genommen werden, aber Gonsalvo war eines Mordes nicht fähig, und ließ vielmehr den verwundeten la Palisse durch die geschicktesten Ärzte pflegen. So erzählen die Franzosen, die Spanier hingegen wissen von der Probe nichts, und nennen des la Palisse Lieutenant, der die Citadelle durch Capitulation übergab, nicht Cormon, sondern Amadeo de Savoya. Noch schlechter begründet ist die Angabe der Biographie universelle, daß Gonsalvo alle Anträge, den gefangenen la Palisse auf Lösegeld zu setzen, abgewiesen habe. Schon in dem Treffen bei Cerignola, 28. April 1503, wird er unter den Anführern des französischen Heeres genannt. Auch an der Einnahme von Bologna 1506, von Genua 1507, an der Schlacht von Agnadello, die für ihn besonders glorreich, nahm la Palisse Antheil. Bei der Belagerung von Padua 1509, befehligte er die dem Kaiser zugesendeten Hilfsvölker, 700 Lanzen; von dem Kaiser aufgefodert, seine Reisige absitzen zu lassen, und sie in Gesellschaft der Landsknechte zum Sturme zu führen, erwiederte er: nur Edelleute habe er unter seinen Befehlen, denen könne er nicht zumuthen mit den teutschen Knechten, d. i. mit Bauern untermengt, zu fechten. Wolle aber der Kaiser seine Fürsten, seine Ritterschaft absitzen lassen, so sei der französische Adel bereit, ihnen den Weg zur Bresche zu zeigen. Maximilian's Begleiter erklärten, sie würden nur ritterlich, d. i. zu Pferde, streiten, und die Belagerung mußte aufgehoben werden. Nach des von Chaumont Tod, 1511, wurde la Palisse zum Großmeister von Frankreich ernannt. Einer der Helden des Tages von Ravenna übernahm er den durch Gaston's Tod erledigten Oberbefehl des Heeres; an ihn mußte Ravenna sich ergeben, und er that sein Äußerstes, die Stadt vor Plünderung zu bewahren, ließ sogar den Hauptmann Jac[illegible]n, der das erste Beispiel des Plünderns gab, aufknüpfen. Dem Beispiele der Hauptstadt folgten die sämmtlichen Städte und Festen der Romagna, allein la Palisse, ungewiß, ob der König ihn in dem Commando, das er nur auf der Soldaten Zuruf angetreten, bestätigen werde, beunruhigt durch drohende Bewegungen der Schweizer und der Kaiserlichen, fand es nicht für rathsam, seinen Vortheil weiter zu treiben, sondern führte vielmehr seine Hauptmacht nach dem Mailändischen zurück. Es verließen ihn die schweizerischen Söldner, auch die durch geschärfte kaiserliche Avocatorien erschreckten Landsknechte; das italienische Fußvolk mußte er aus Mangel an Geld abdanken, und es blieben ihm zur Vertheidigung des von allen Seiten bedrohten mailändischen Staates nur 10,000 Fußgänger und 300 Lanzen. Bei Castiglione delle Stivere bezog er eine Stellung, um der Schweizer Beginnen abzuwarten. Von dort aus schrieb er an den Kriegszahlmeister nach Mailand; belastet mit schweren Sorgen konnte er sich nicht enthalten daran zu gedenken und das Geständniß hinzuzufügen, wie er sich für verloren halte, wenn der Feind den Weg nach Mailand einschlage. Von streifenden Stradioten aufgefangen, wurde dieses Schreiben in dem Lager der Schweizer verlesen und zur Stunde dort beschlossen, daß man nicht, wie ausgemacht, zunächst den Herzog von Ferrara überziehen, sondern alsbald den Mincio überschreiten wolle. Bei der Annäherung der Feinde verließ la Palisse den Posten von Valleggio, um sich auf den Oglio, nach Pontevico, dann in ziemlicher Unordnung nach Pizzighettone an die Adda zurückzuziehen; vorher hatte er, in der Hoffnung, auf diese Weise die nur unwillig seinen Befehlen gehorchenden Generale zu gewinnen, einen Kriegsrath versammelt, und dieser war der Meinung gewesen, daß man durch Absendung starker Detachements die Besatzungen von Brescia, Cremona und Bergamo verstärken, und durch vorsichtiges Zaudern die Schweizer, die im gegenwärtigen Falle ohne Sold dienten, ermüden müsse. Die Detachirungen fanden statt, die Hauptmacht wurde aber durch sie dergestalt geschwächt, daß es nur einer Demonstration der Schweizer gegen die Hauptstadt Mailand bedurfte, um den französischen Feldherrn von Pizzighettone nach Pavia zu verscheuchen. Aber auch hier konnte seines Bleibens nicht sein, die Schweizer drangen in die Stadt ein, als die Franzosen kaum angefangen hatten sie zu verlassen; in allen Straßen wurde gefochten, und als la Palisse endlich den Ticino hinter sich, nur noch einen Seitenarm, den Gravelone, zu überschreiten hatte, brach die hölzerne, über diesen führende Brücke, und der Theil der Nachhut, der noch auf dem linken Ufer des Gravelone war, war verloren, das gesammte französische Italien mit ihr, mit den übrigen Truppen gelangte la Palisse ohne weitern Unfall nach Piemont (1512). Nur wenige Augenblicke der Ruhe wurden ihm vergönnt, noch im Spätherbste desselben Jahres finden wir ihn bei dem Heere, welches den entthronten König von Navarra in seine Staaten wieder einführen sollte; eine Schar von 1000 Lanzen war ihm unmittelbar untergeben, konnte aber, so wenig wie ihr Führer, auf den Gang des fruchtlosen Feldzuges einwirken. Im J. 1513 stand la Palisse bei dem kleinen Heere, welches die Grenzen der Picardie beschützen, das belagerte Terouanne retten sollte. Durch Wunder von List und Kühnheit wurde ein Convoi in die Stadt gebracht, aber zu bald glaubte die Reiterei, unter deren Schutze dieses gelungen, sich aller Gefahr einer Verfolgung von Seiten des Feindes entrückt. Statt eiligst und in Ordnung ihren Rückzug zu vollenden, saßen die meisten Reisige ab, um zu trinken, denn die Hitze war groß (16. Aug. 1513). In dem Augenblicke allgemeiner Sorglosigkeit und Verwirrung verkündigt ein Geschrei des Feindes Annäherung; ein Corps

10,000—12,000 Engländern und 500 Landsknech-
atte auf Seitenwegen die Lys überschritten, und brei-
sich im Rücken der Franzosen aus, während Hein-
VIII. Reiterei einen Frontangriff ausführte, so viel
Angriff möglich auf Leute, die sich nicht zu wehren
ten. Denn ohne ihn abzuwarten, stürzten die Fran-
in wilder Hast ihren Rossen zu, um mit verhäng-
Zügel davon zu jagen, nur la Palisse und der Her-
von Longueville hielten Stand, mit der kleinen An-
von Reisigen, die auf ihr Wort hörten. Auf dieser
en Stelle entspann sich ein hartnäckiges, durch die
macht zwar bald entschiedenes Gefecht; wie der Her-
on Longueville wurde auch la Palisse gefangen, aber
cher als sein Gefährte entrann er den ihm gegebe-
Wächtern und auf Umwegen erreichte er die Grenze.
I. nahm ihm bei seiner Thronbesteigung das Groß-
rthum, ernannte ihn dafür aber zum Marschall
Frankreich. Als solcher nahm er Antheil an dem
ige von 1515 insonderheit an des Prosper Co-
Heimsuchung in Villafranca, und an der Schlacht
Marignano. Am 9. Oct. 1516 wies König Franz I.
seinem Marschall, Rath und Kämmerer, auch
des St. Michaelordens, die Einkünfte von Com-
zu lebenslänglichem Genusse an; er war auch
der Bevollmächtigten Frankreichs auf dem Con-
der sich 1521 unter Wolsey's Vorsitze, zu Calais
melte. Er stand unter Lautrec in dem lombar-
Feldzuge von 1522, und seine Bemühungen,
schweizerischen Söldner von dem thörichten Angriffe
Bicocca abzubringen, waren ebenso vergeblich, wie der
und die Anstrengung, mit welchen er in dem An-
selbst das Unmögliche zu erreichen strebte. Dafür
es ihm, in den ersten Tagen des Jahres 1523
Entsatz von Fuenterabia zu bewerkstelligen. Eine
sollte ihn darin unterstützen, wurde aber durch wi-
Winde zurückgehalten. Von der Noth der Belager-
nterrichtet, beschloß la Palisse für sich allein das
tück zu bestehen. Mit seinen Landsknechten hielt
Wilhelm von Fürstenberg die Ufer der Bidassoa be-
durch ein heftiges Feuer wurde er zu einer retrogra-
Bewegung genöthigt. Sie benutzte la Palisse au-
blich, um mit seinem Heere überzusetzen; Spanier
andsknechte, über seine Verwegenheit entsetzt, ver-
ben hinter den Bergen, und Fuenterabia war be-
Bereits am 1. Aug. 1522 hatte la Palisse die
haft Chauveroches, in Bourbonnais, von dem Her-
von Bourbon an sich gebracht; am 5. Sept. 1523
r nämliche Fürst ihm auch Bort-le-comte und He-
Diese mit der Katastrophe des Connétable beinahe
nentreffende Schenkung mag wol einigen Verdacht
Palisse selbst gelenkt haben, und vielleicht geschah
r, um diesen Verdacht zu tilgen, daß er das einem
hall von Frankreich wenig anständige Geschäft über-
den Herzog auf seiner Flucht von Chantel zu ver-
Bei dem Einfalle der Kaiserlichen in die Pro-
1524, war es vorzüglich la Palisse, welcher sich
r Vertheidigung des Landes befaßte; er bemächtigte
es wichtigen Punktes von Avignon, er wählte für

das nach und nach zusammengebrachte Heer die Stellung bei Salon, von welcher aus er die mit der Belagerung von Marseille beschäftigten Feinde dergestalt bedrängte, daß ihnen nichts übrig blieb, wie ein eiliger und schimpflicher Rückzug über den Var. Bis dahin verfolgte la Palisse sie unermüdlich, als aber der König die Absicht äußerte, das Heer weiter zu führen, die Wiedereroberung der Lombardei zu versuchen, da widersprach la Palisse mit gewichtigen Gründen, ohne doch den verderblichen Zug hintertreiben zu können. Mailand öffnete seine Thore, aber in Pavia vertheidigte sich Anton von Leiva mit Entschlossenheit. In dieser denkwürdigen Belagerung befehligte la Palisse die Vorhut, sein Quartier hatte er dem Schlosse gegenüber, am Ticino. Bei der Annäherung des Entsatzes war er der Meinung, daß eine Schlacht zu vermeiden, man dürfe nur Zeit gewinnen, denn in 14 Tagen müsse das kaiserliche Heer sich aus Mangel an Sold und Lebensmitteln zerstreuen. Er hatte sich das wohl überdacht und sprach darum gegen seine Neigung, denn er war, also schreibt des Marchese von Pescara Biograph, „mas valeroso y bravo, que moderado y recatado." In der Schlacht vom 24. Febr. 1525 bestand la Palisse, wie Brantôme berichtet, eine Reihe von Kämpfen, so glänzend, als er sie kaum in der vollen Manneskraft bestehen können. Zweimal warf er nieder, was ihm entgegen stand, bei dem dritten Angriffe stürzte sein Roß, und er mußte sich an Joh. Bapt. Castaldo, der als Feldherr K. Ferdinand's I. berühmt werden sollte, ergeben. Im nämlichen Augenblicke trat ein Spanier, der Hauptmann Busarto, hinzu, einen Antheil an dem Gefangnen und dem Lösegelde zu haben; von solcher Theilung wollte der Italiener nicht hören, und der Spanier, mit der Mündung seiner Hakenbüchse beinahe den Brustharnisch des gefangenen Feldherrn berührend, legte die Lunte an, und todt sank la Palisse zu seinen Füßen. „Il ne pouvait mourir autrement, car qui a bon commencement a bonne fin," schreibt Brantôme. Lange aber blieb sein Name den französischen Heeren in gepriesenem Andenken, und in vielen Kriegsliedern wurde sein Lob verewigt. Das Lied von Monsieur de la Palisse, wie es der gemeine Mann noch heute singt, gehört jedoch keineswegs dem 16. Jahrhundert an, sondern wurde von la Monnaye gedichtet, und von den Zeitgenossen mit noch lebhafterem Beifall aufgenommen, als selbst dessen Noëls bourguignons. In des Volkes Munde hat es manche lächerliche Zusätze und Abänderungen erlitten, daß es an Abgeschmacktheit dem bekannten Marlborough zu vergleichen; in der ursprünglichen Gestalt befindet es sich in la Monnaye's Werken und in den Menagiana von 1715. Nicht nur den Franzosen war la Palisse ein gefeierter Held, auch die Spanier nannten ihn el grand capitan de muchas guerras y victorias. Sein Leben haben Thevet (in seinen Hommes illustres), Brantôme und Franz de Pavie, Baron de Forquevault (in Vies de plusieurs grands Capitaines. [Paris 1643. 4.]) beschrieben. Er war in erster Ehe mit Johanna von Montberon (sie lebte noch 1504), in anderer Ehe mit Maria von Melun, Frau auf Montricourt, Authon und la Basoche, der Witwe Johann's von Bruges, verheirathet, und hinterließ einen Sohn und vier Töchter. Der Sohn Karl, Herr von la Palisse, Montaigu, Châtel-le-perron, Chizelles, Dompierre, Vandenesse, kön. Kammerherr, starb im J. 1552, aus seiner zweiten Ehe mit Katharina von la Rochefoucault, Frau auf Combronde, den Sohn Anton, dann vier Töchter hinterlassend. Anton lebte noch 1554, unter der Vormundschaft seiner Mutter, starb unverheirathet, und wurde von seinen Schwestern beerbt. Jacob's I. von Chabannes jüngerer Sohn, Gilbert, Baron von Rochefort und Caussade, Herr von Curton, Auriere, Madic, kam in früher Jugend an den Hof des Herzogs von Guyenne, der ihn zu seinem Rath und Kämmerer, 1465 zum Amtmann und Hauptmann zu Gisors ernannte, ihm, zum Lohne der Bemühungen, die er gehabt, bei der Bestimmung von der Apanage des Herzogs eine Rente von 1000 Livres anwies (statt deren wurde ihm, im Februar 1469, die Herrschaft Caussade und Ste. Livrade in Agenois übertragen), und ihm am 25. Januar 1470 die Städte Mirebel und Reauville verkaufte, und damit eine Schuld von 10,000 Thalern, die Gilbert von dem Prinzen zu fodern hatte, bezahlte. Nach des Herzogs Tode trat Gilbert in Ludwig's XI. Dienste, der nicht nur im März 1472 alle ihm von seinem vorigen Gebieter bewilligte Vortheile bestätigte, sondern ihn auch 1473 zum Gouverneur von Limosin mit einem Gehalte von 4000 Livres ernannte. Im J. 1474 ging Gilbert als des Königs Abgesandter an den burgundischen Hof, um den Waffenstillstandsvertrag von Bouvines unterzeichnen zu lassen; im Juni 1478 verpfändete der König ihm die Castellanei Mirebel, und im Januar 1479 wurde ihm von demselben die Gerichtsbarkeit in dem Umfange seiner Herrschaften Mirebel und Reauville verliehen. Im Januar 1481 erhielt er die Jahrmarktsgerechtigkeit für Madic und Nebousan, und zugleich die Vergünstigung, bei Madic eine Brücke über die Dordogne zu schlagen, oder statt deren einen Hafen anzulegen. Katharina von Bourbon, eine Tochter des Grafen Johann II. von Vendôme, vermählt durch Vertrag vom 30. Aug. 1484, die 1493 als Witwe mit ihrem Stiefsohne rechtete, war seine zweite Frau; die erste, Franziska de la Tour, Bertrand's VI., des Grafen von Auvergne und Boulogne, Tochter, hatte, unabhängig von den ihr mitgegebenen Herrschaften Saignes und la Roche, einen Brautschatz von 20,000 Goldthalern gehabt. Es war ihr Sohn, Johann von Chabannes, der 1493 mit seiner Stiefmutter im Processe lag. Johann's Sohn, Joachim, hinterließ aus vier Ehen eine zahlreiche Nachkommenschaft, insbesondere stammt von Franz, dem ältern Sohne der vierten Ehe, die Linie der Grafen von Saignes und Rozeroles (sie ist um 1770 erloschen), mit den Nebenzweigen in Verger und Ste. Colombe, und von Trussy, während von Gabriel, dem jüngern Sohne der vierten Ehe, die Linie der Grafen von Pionssac abstammt, und insbesondere der im J. 1767 verstorbene Bischof von Agen, Gilbert Kaspar von Chabannes, und dessen Vetter, Johann von Chabannes, Graf von Pionssac, Marquis von la Palisse, Baron von Abchon, in Auvergne, erster Baron von Ober-Auvergne, auch Maréchal-des-camps, der im J. 1764 mit Maria Olivia Bernard de Coubert in kinderloser Ehe lebte. Der Sohn der dritten Ehe Joachim's, Franz von Chabannes, setzte die Hauptlinie fort, war Marquis von Curton, durch königliche Briefe vom December 1563 Graf von Rochefort, Vicomte von la Roche-Masselin, Staatsrath, Hauptmann über 50 Lanzen, besiegte in dem Treffen bei Issoire, 1590, den ligistischen General Grafen von Randan, der selbst an den in diesem Treffen empfangenen Wunden sterben mußte, wurde hierauf an dessen Stelle zum Lieutenant-général in Auvergne ernannt, und war im März 1605 nicht mehr unter den Lebenden. Sein Urenkel, Heinrich von Chabannes, Marquis von Curton in Bazadois, Graf von Rochefort, in Auvergne, Baron von Auriere und Madic, starb den 16. Mai 1714. Er hatte sich in der Schlacht bei Senef, auch bei andern Gelegenheiten ausgezeichnet, und war in erster Ehe mit Gabriele von Montlezun, in anderer Ehe mit Katharina Kasparina von Scorailles, einer Schwester der bekannten Duchesse de Fontanges und Witwe des Marquis von Mesme, verheirathet. Aus der ersten Ehe allein kamen Kinder, namentlich drei Söhne, und einer dieser Söhne war der Vater von Jacob Karl von Chabannes, Marquis von Curton, Graf von Rochefort, Herr von Madic, Florac Auriere, Oberst bei den Grenadieren von Frankreich, der sich im Februar 1759 mit Maria Elisabeth von Talleyrand verheirathete und zwei Söhne mit ihr erzeugte. Die Güter dieser Linie waren, gegen die französische Sitte, zu Gunsten des Mannsstammes substituirt.

Anton von Chabannes, Graf von Dammartin, Baron von Toucy und du Tour, ein jüngerer Sohn des bei Azincourt gefallenen Robert, geb. 1411, war des Grafen von Ventadour, dann des tapfern Lahire Page, wurde in dem Treffen bei Verneuil von den Engländern gefangen, und wohnte, nachdem er sich aus dieser Gefangenschaft gelöset, der Belagerung von Gergeau, dem Gefechte bei Patay, 1429, und dem Entsatze von Compiegne, 1430, bei. Im J. 1432 wurde ihm die Hauptmannschaft von Stadt und Schloß Creil übertragen und er unternahm von dort aus häufige Streifzüge, insbesondere warf er den Bastard vor S. Paul und den Baron von Humières nieder, und beide mußten ihm ein starkes Lösegeld bezahlen. Sein wachsender Ruf versammelte um ihn eine starke Schar von Abenteurern; sie zu beschäftigen und zu ernähren führte er sie 1437, wiewol der Herzog von Burgund seit zwei Jahren mit dem Könige ausgesöhnt war, nach Cambresis und Hennegau. In diesen reichen Provinzen verübten seine Ecorcheurs, wie man sie nannte, arge Gewaltthätigkeiten, bis sie in den Sold des Grafen von Vaudemont traten, und hierdurch Gelegenheit fanden, Lothringen in gleicher Weise zu verheeren. Im August 1438 schloß Chabannes einen neuen Soldvertrag mit dem Herzoge von Bourbon, in dessen Erfüllung er zu der Wiedereroberung von Meaux, 1439, mitwirkte. Nebenbei trieb er gleichwol auch das vorige Gewerbe, daher ihn der König eines Tages als Capitaine des Ecorcheurs begrüßte. „Eurer Feinde allein," versetzte der Beleidigte vielmehr trotzig als wahr, „Eure Feinde allein habe ich geschunden, und wie

bedünkt, ist ihre Haut Euch einträglicher gewesen,
mir.“ Sich weiter zu rächen, nahm Anton Antheil
er Praguerie, und auch nach ihrer Unterdrückung
er fest zu dem Dauphin; er befand sich in dessen
ge bei der Einnahme von Pontoise, 1442, bei dem
ze von Dieppe, 1443, und in dem Zuge nach Ba=
444, war er unter allen Hauptleuten der gewaltig=
enn auch nicht, wie uns Johannes Müller versichern
Marschall von Frankreich. In der Schlacht bei St.
, 26. Aug. 1444, begegneten sich in dem Felde von
elen die Armagnaken und über anderthalbtausend
eizer. Die Schweizer kamen nicht unerwartet. Bei=
von Farnsburg und schnelle teutsche Reiter, die für
Marschall Graf Dammartin bis hinauf nach Seckin=
igen, unterrichteten von ihrem Zug und ihrer Zahl.
- Anton von Chabannes, ein Held, so bieder, als
mit heftigen Leidenschaften es sein kann — hervor
Prattelen, tet alles Troßvolk von Im, ordnete 100
, die Feinde zu locken, andere um jene zu unter=
, andere um dem Feind in die Seite zu fallen. So
tete sie Dammartin auf den Wiesen. Sie kamen.
em die hundert leicht umgeworfen worden, rannten
an den Zeug, er war bedeckt; sie sprengten die Be=
g. Sie drangen mit einer so fürchterlichen Gewalt
kraft ein, daß die Kunst zu Schanden wurde, und
Marschall das einzige Heil in der Übermacht erkannte.
r sich mit beträchtlichem Verlust (40 Mann, ein
n Teil, et wie vill) in die Stellung bei Muttenz
zog, da er mit verdoppelter Macht und auf ver=
tem Boden jetzt wieder stand, vermochte weder die=
och die Ermüdung des Marsches und der That, die
nossen dem Befehl ihrer Hauptleute gelehrig zu ma=
und sie warfen mehr Tausende, als sie selbst Hun=
hatten, in die Flucht über die Birs. Die Scharen
Marschalls, den Feind bewundernd, doch getrost auf
eit überlegene Zahl und auf die Anstalt ihres Füh=
hielten in Vereinigung mit dem Gewalthaufen des
hins nicht weit von dem Wasser. Wie getrieben
nversöhnten Schatten der bei St. Jacob an der
nißhandelten, der bei Greifensee ermordeten, rannten
chweizer Haufen stürmisch in die Birs, um vor der
ung des feindlichen Geschützes und im Angesichte
nzähligen Scharen am andern Ufer hinauf zu klet=
Die ganze französische Artillerie brannte los. Hanns
Rechberg, Ritter mit 600 teutschen Reitern, nach
000 schwere Pferde, die ganze Macht der Armagna=
der Heerhaufen Ludwig's (des Dauphin), drang,
sprengte mit äußerster Gewalt in die Reihen der
eizer, welche, da sie durch die Birs nicht ohne Ver=
ekommen waren, jetzt vergeblich trachteten, sich wie=
 formiren. Denn die Scharen wurden dergestalt
nt, daß 500 Mann auf eine Aue zwischen den
en herabgedrängt und sofort umringt, die übrigen
igt wurden, mitten durch die Feinde einen Weg
Basel zu suchen. Finden aber konnten sie ihn nicht,
Chabannes, den Gang der Schlacht voraussehend,
schon früher 8000 Mann auf die der Stadt nahe
den Höfe Gundoldingen und nach St. Margarethen

gelegt, damit nicht die Besatzung durch Ausfall oder Vereinigung die Kräfte des Feindes erneuere, oder ihn in die Stadt aufnehme. Der Hilfe aus der Stadt beraubt, ermüdet vom Marsch, ermüdet von Siegen, des Todes gewiß, entschlossen, unbezwungen, bemächtigten sich die 500 des Gartens und Siechenhauses bei St. Jacob, sodaß diese eingeschlossen, jene auf der freien Aue, in verschiedener Lage gleich offenbar verloren waren. Der Dauphin, der ihre Tapferkeit ehrte, und viele französische Feldherren, überzeugt, daß keiner ungerochen sterben würde, wünschten durch Capitulation den Weg zum Frieden zu bahnen. Da fiel der österreichische Ritter Peter von Mörsberg dem Marschall von Dammartin zu Füßen, flehentlich erinnernd, wie er versprochen, keinen zu schonen. Und es folgte der drei Mal erneuerte, drei Mal abgeschlagene Sturm, bis der Kampf ein Ende nahm, weil keiner der Schweizer mehr am Leben, um ihn fortzusetzen. Der Dauphin aber führte sein Heer nach dem Elsaß zurück, um bald darauf, den 28. Oct. 1444, zu Ensisheim mit den Eidgenossen Frieden zu schließen Hiermit scheint zugleich Anton's Verbindung mit dem Dauphin aufzuhören; er trat neuerdings in Karl's VII. Dienste, empfing von demselben mancherlei Aufträge, auch Pensionen, und war der erste, welcher dem Könige Kenntniß gab von der Verschwörung des Dauphin (1446). In dem Verhöre, welches er deshalb am 17. Sept. 1446 vor dem Kanzler bestand, erklärte Chabannes, noch vor der Reise, die er auf des Königs Befehl nach Savoyen thun müssen, habe er mit dem Dauphin in dem Schlosse zu Chinon am Fenster gelegen; da habe der Prinz auf einen vorübergehenden Schützen von der schottländischen Leibwache deutend, zu ihm gesagt: „Hier sehet ihr die Leute, die das Königreich Frankreich in Unterthänigkeit erhalten, mit denen, meine ich, sollte man bald fertig werden können.“ Als er dagegen von der Nothwendigkeit einer Sicherheitswache für den König gesprochen, habe der Prinz die Unterredung abgebrochen, mit den Worten, daß er gesonnen sei, ihm Chabannes, eine erbliche Rente von 1000 Livres auf die Grafschaft Valentinois zu geben. Aus Savoyen heimgekehrt, habe er dem Dauphin seine Aufwartung gemacht und das Gespräch sei wieder auf die Schottländer gekommen. Vertraulich den Arm auf seine Schulter lehnend, habe der Prinz zu ihm gesagt: „Es ist Zeit, daß wir darauf denken, sie fortzuschaffen.“ Das möchte schwer fallen, habe er erwiedert. „Funfzehn bis zwanzig Armbrustschützen habe ich,“ so fuhr der Prinz fort, „und 30 reitende Schützen wenigstens, auf die ich mich verlassen kann. Ihr gebt mir noch fünf oder sechs Schützen, insbesondere den Richard, den ihr von dem Herzoge von Bourbon habt. In Rasilly, wo der König sich jetzt aufhält, findet jedermann freien Eingang, auch meine Leute kann ich einen nach dem andern einschwärzen und dann bin ich Meister von der Burg; denn ihr sollt wissen, daß ich auch unter dem Hofadel meine Freunde habe, als ein solcher ist mir kürzlich noch Nicole Chambre angegeben worden.“ Chabannes entgegnete, er würde sich, wenn er auch die Burg Rasilly gewönne, schwerlich halten können, indem in allen Städten der Nachbarschaft Ordonnanzcompagnien lägen, die sich alsbald dem Könige zu Hilfe einfinden würden. „Das laßt euch nicht kümmern, ich werde dabei sein. Jeder fürchtet freilich dem König in die Augen zu schauen, und glaube ich gern, daß meinen Leuten dann der Muth entgehen sollte, aber in meiner Gegenwart wird ein Jeder thun, was ich haben will.“ Diesen Worten folgten große Verheißungen, der Graf von Dammartin sollte Güter erhalten, wie er sie noch nicht gehabt. Auch sprach Chabannes von geheimen Berathungen zwischen Johann von Daillon, Ludwig von Bueil und Ludwig von Laval-Châtillon, deren bekannte Ergebenheit für den Dauphin sie als Mitwissende um die Verschwörung bezeichnete. Eine so wichtige Mittheilung veranlaßte genaue Untersuchungen, mehre der Verbrecher zweiten Ranges wurden überführt und bestraft, aber der Dauphin selbst nannte Alles, was Dammartin vorgebracht, eitel Unwahrheit und Betrug. Sie wurden confrontirt, und der Ankläger sagte dem Prinzen ins Angesicht, daß er nichts vorgebracht habe, als die reine Wahrheit. Der Dauphin strafte ihn Lügen, worauf jener erwiederte, zu gut kenne er die Ehrerbietung, die er dem Sohne seines Herrn schulde, aber er sei bereit, gegen einen jeden von des Dauphin Hofe, der ihn der Lüge bezüchten wolle, seine Ehre zu wahren. Der Dauphin verließ den Hof, Chabannes aber, dessen Gesinnung nun nicht mehr zweifelhaft sein konnte, wurde des königlichen Vaters Liebling. Den 18. Nov. 1449 empfing er die Würde eines Groß-Panatier von Frankreich, und am 8. Sept. 1450 die Amtmannsstelle zu Troyes, welcher er bis zum 20. Mai 1452 vorstand. Seiner Hut wurde Jacob Coeur anbefohlen, nachdem der König dessen Einziehung verordnet hatte, und er präsidirte auch der Commission, welche sich mit der Untersuchung der angeblichen Verbrechen dieses Mannes beschäftigte. Wie er sich nicht geschämt, zu Gericht zu sitzen über Coeur, dem er stets ein erbitterter Feind gewesen, so schämte er sich noch weniger, sich dessen confiscirte Güter, insonderheit St. Fargeau, in dem Licitationstermin um 20,000 Goldthaler zusprechen zu lassen, nachdem ihm der König eine bedeutende Summe aus Coeur's Confiscation zu erheben geschenkt hatte. Im J. 1455 zog er in Gesellschaft des Marschalls von Lobeac nach Rouergue, um die dort gelegenen Festungen des Grafen von Armagnac einzunehmen, und mehre derselben wurden ihm von dem Könige verliehen, gleichwie schon den 1. April 1453 mit Blancafort in Guyenne geschehen. Diese Herrschaft foderte Chabannes als seiner Frauen Erbstück, und er hatte sie mit gewaffneter Hand den Engländern entrissen. Im J. 1456 wurde er zum Seneschall von Carcassonne und zum Anführer des Heeres ernannt, welches bestimmt, den fortwährend rebellischen Dauphin zu züchtigen. Von seinen Unterthanen in Dauphiné gehaßt, zählte Ludwig für den bevorstehenden Kampf hauptsächlich auf den Beistand seines Schwiegervaters, des Herzogs von Savoyen. Chabannes besuchte diesen an seinem Hofe, und fand es nicht allzuschwer, ihn der Verbindung mit dem unzuverlässigen Schwiegersohne zu entziehen, gleichwie der Herzog solches Vergnügen an dem gewandten und angenehmen Unterhändler fand, daß er demselben eine Summe von 10,000 Goldthalern anwies, zu deren Sicherheit die Baronie Clermont in Genevois dienen sollte. Ohne Aussicht auf Hilfe aus Savoyen, wollte der Dauphin den Anzug der Kriegsvölker nicht abwarten, er entfloh in geringer Begleitung unter dem Scheine einer Wallfahrt nach S. Claude (Aug. 1456). Der Graf von Dammartin blieb in hohem Ansehen, so lange Karl VII. lebte, erhielt auch zu seinen vielen Ämtern noch eine Compagnie von 100 Lanzen. Kaum hatte aber der König am 22. Jul. 1461 zu Mehun die Augen geschlossen, als der Graf die Gefahren bedachte, die seiner unter der neuen Regierung warten mußten. Sein erster Gedanke war, Zuflucht im Auslande zu suchen. Seine Diener sollten ihn begleiten, und er befragte darum einen nach dem andern, ob er wol gesonnen, eines Flüchtlings Loos zu theilen; so gütig und wohlthätig er sich gegen sie erwiesen, antworteten doch Alle verneinend. Viele versicherten ohne Hehl, sie würden sich um seinetwillen nicht in die mindeste Gefahr begeben. „Et mesmement un nommé Carville, son valet-de-chambre et tailleur, auquel le dit Comte demánda un petit courtault, qu'il avait, qui ne valait pas cent sols, pour envoyer un page dehors; lequel Carville lui respondit tels mots ou semblables: Mgr. si vous me voulez donner le mulet, que Mgr. de Nemours vous a donné, je vous baillerai mon courtault, et non autrement, dont le dit Comte eut grand deuil, et lui dit: Ha! Carville, vous ne monstrez pas que vous soyez bon serviteur, ne loyal, de m'abandonner maintenant en ma grande necessité, et de me refuser si petite chose, c'est mal reconneu les biens et honeurs, qu'avez eu de moi.“ An der Möglichkeit einer Flucht verzweifelnd, gelang es dem Grafen doch zuletzt, unter seinen Leuten einen wahrhaft ergebenen Menschen zu finden, der es übernahm, die Briefe zu befördern, so er an den Herzog von Burgund, an den Admiral von Montauban, an den Piemonteser Bonifaz von Valperga und an Joachim Rouault geschrieben, um ihre Vermittelung bei dem zürnenden Könige nachzusuchen. Voyault Dimonville, so hieß der Abgesandte, erreichte ohne Hinderniß Avesnes, wo Ludwig XI. damals noch weilte, sah den Admiral und den von Valperga und fand bei beiden kläglichen Empfang; der Admiral insbesondere ertheilte ihm die Versicherung, daß der König, wenn er den von Chabannes nur hätte, sein Herz den Hunden vorwerfen lassen würde, und so viel ihn selbst betraf, sollte er ersäuft werden, wenn er um sieben Uhr Abends noch an dem königl. Hoflager zu finden. Der Bote flüchtete zu einem königl. Secretair, der ihm die verschiedenen Bittschriften zeigte, in denen um Antheil an der gegen den Grafen von Dammartin auszusprechenden Confiscation gebeten war, und der ihm zugleich die Mittel verschaffte, den bereits nach Laon abgegangenen Rouault zu ereilen. Rouault bewährte sich als ein Ehrenmann, äußerte seine Bereitwilligkeit, dem gefährdeten Freunde zu dienen, empfahl jedoch vor der Hand als das Wesentlichste, daß derselbe seine Person in Sicherheit bringe. Das Nämliche rieth der Herzog von Burgund, den die Krönungsfeier nach Rheims führte, und an den Voyault bei dieser Gelegenheit erst sein Schreiben abgeben konnte. Darum hielt sich Chabannes eine Zeit lang verborgen, dann aber wurde das Gefühl seiner Unschuld in ihm allzumächtig, und er trat vor den König, sich ein Urtheil nach aller Strenge der Gesetze, „sans consulter sa miséricorde," zu erbitten. Der Monarch behandelte ihn mit Härte, ließ ihn nach der Conciergerie, später nach dem Thurme vom Louvre bringen und seine Güter in Beschlag nehmen; auch wurde Karl von Melun, der Großmeister, „homme qui ne perdait aucune occasion, de ruiner les personnes auprès du Roi, desquelles il pouvait espérer la confiscation," zum Verwalter dieser Güter ernannt, „avec promesse de confiscation en cas de condamnation." Melun war nicht säumig, und seinen Bruder Nantouillet zu Hilfe nehmend, bemeisterte er sich aller beweglichen Habe des Grafen von Dammartin; Silber- und Bettwerk, Tapeten, Mobilien, was sich der Art zu Dammartin, St. Fargeau, Rochefort, Bourges, oder in dem Hôtel de Beautreillis, Straße St. Antoine zu Paris vorfand, das zu Boulne, in Auvergne, aufbewahrte Hausarchiv, sogar ein eisernes Gitter, welches noch nicht befestigt, ließ Melun wegnehmen, das Gitter namentlich, um solches an seinem Hause zu Paris anzubringen. Die Einkünfte der Güter verwendete er nach Belieben, und da auch die Baronie Clermont auf die erste Nachricht von Anton's Katastrophe von dem Herzoge von Savoyen eingezogen wurde, gerieth seine Hausfrau dergestalt in Noth, daß sie mit ihren Kindern drei Monate lang von der Mildthätigkeit ihres Pächters zu Mitry bei Dammartin leben mußte. Mittlerweile ging der gegen Chabannes eingeleitete Proceß seinen raschen, vorzüglich durch Melun's Bemühungen und Betrügereien beförderten, Gang, und durch Urtheil vom 20. Aug. 1463 wurde er des Majestätsverbrechens für schuldig befunden, für immer aus dem Königreiche verwiesen und sein Eigenthum confiscirt; Mitry vergab der König an Karl von Melun, St. Fargeau an die Kinder des Jacob Coeur, welche sich in den Proceß eingelassen und die ihrem Vater genommenen Güter zurückgefodert hatten, doch mußten sie dafür an den von Melun 2000 Thaler bezahlen. Baste de Montespedon, der Amtmann von Rouen, erhielt die Herrschaften Rochefort und Aurière in Auvergne, der von Lau die Herrschaft Blancafort. Durch einen weitern Parlamentsbeschluß vom 2. Jul. 1464 wurde die Insel Rhodus als Verbannungsort für Anton angewiesen, allein dergleichen Beschlüsse pflegten den König wenig zu kümmern; er ließ den Verbannten nach der Bastille bringen und enger verwahren als vorher. Bei dem Ausbruche des Kriegs für das Gemeinwohl fand Anton Gelegenheit, dem Kerker zu entrinnen (12. März 1465); von seinem Neffen und seinen Freunden unterstützt, wendete er sich stracks nach St. Fargeau, wo sich Gottfried Coeur in tiefer Sicherheit wähnte, die Burg wurde erstiegen und geplündert, gleichwie das benachbarte St. Maurice-sur-l'Averon, Coeur selbst als Gefangener fortgeführt; von da sich nach Süden wendend, durchzog Chabannes die Auvergne, im Vorbeigehen nahm er St. Pourçain, und ohne Hinderniß gelangte er zu dem Herzoge von Bourbon. Er kämpfte bei Montlhery und erlangte, daß dem Friedensschlusse vom 27. Oct. 1465 der Art. 18 beigefügt wurde, der seine vollkommene Restitution verordnete. Diese erfolgte auch in aller Form Rechtens durch eine Reihe von Decreten und Parlamentsbeschlüssen, und was noch auffallender, Chabannes kam alsbald bei dem König in Gunst. Am 23. Febr. 1466 wurde ihm die Würde eines Großmeisters von Frankreich, die noch eben Karl von Melun gehabt, am 19. Oct. 1466 eine jährliche Pension von 9000 Liv. verliehen, am 6. April 1467 erhielt er Bestallung als Lieutenant général von Champagne, „avec pouvoir de remettre tous crimes et délits," und am 5. Dec. 1472 eine weitere Pension von 3000 Liv. Er wurde in den Staatsrath gezogen, auch bei der Stiftung des St. Michaelordens in denselben aufgenommen; ein Umstand, der den Herzog von Bretagne veranlaßte, die ihm zugesendete Ordenskette zurückzuweisen, mit den Worten: „qu'il ne voulait point tirer au collier avec Chabannes." Der Herzog schien demnach nicht an des Chabannes Abkunft von den Grafen von Angoulême zu glauben. Reichlichen Ersatz für seine Verachtung mußte Anton in der steigenden Vertraulichkeit des Königs finden. Ein eigenes Chiffre wurde ihm angewiesen, um mit dem Monarchen zu correspondiren, und zu den delicatesten Angelegenheiten wurde er vorzugsweise verwendet. Eine solche war insbesondere der Kampf der Lütticher gegen den Herzog von Burgund; der König von Frankreich durfte ebenso wenig die Lütticher sinken lassen, als den Herzog von Burgund herausfodern, und beides erreichte Ludwig XI., indem er zu Anfange des J. 1468 den Lüttichern eine starke Hilfsmacht zusendete, diese aber paralysirte, indem er sie den Befehlen des in alle Geheimnisse des Cabinets eingeweihten Grafen von Dammartin übergab. Als Ludwig XI. sich im Herbst 1468 nach Peronne und in die Gewalt des Herzogs von Burgund begab, ließ er an der Grenze ein kleines Heer unter Anton's Befehlen zurück. Von Peronne aus richtete Ludwig am 9. Oct. ein Schreiben an den Grafen, worin er sagt, daß er dem Herzoge versprochen habe, mit ihm die Lütticher zu überziehen, und Befehl gibt, die Lehenpferde und die Francs-archers, eine Art von Landwehr, zu entlassen. Von Zwang, von einem Misbehagen an des Herzogs Benehmen, findet sich in dem Schreiben keine Spur, gleichwol konnte der Graf sich nicht überzeugen, daß der König ernstlich spreche, es schien ihm, als müsse der Befehl, das Volk abzudanken, durch die Umstände erzwungen sein. Darum heißt es in seinem Antwortsschreiben, er halte sich überzeugt, daß der König sich nicht in vollkommener Freiheit befinde und wider Willen gegen die Lütticher ausziehen müsse, darum könne er sich nicht entschließen, die Lehenpferde und die Francs-archers abzudanken, man würde ihrer vielleicht sehr bald bedürfen. Er erhielt darauf einen zweiten Brief, d. d. Namur, 22. Oct., worin der König versichert, daß er willig gegen die Lütticher streite, niemals in größerer Zufriedenheit eine Reise angetreten habe, und daß auch nicht die fernste Veranlassung zu einem Zwiste mit dem Herzoge von Burgund vorliege. Er erkenne die große Ergebenheit, die ihm der Graf bei dieser Gelegenheit bezeigte, es habe derselbe ihm den größten Dienst, der nur zu erwarten gewesen, erwiesen. „Denn," setzt er hinzu, „des Herzogs von Burgund Leute möchten besorgen, ich wollte sie betrügen, und jene dort (die Franzosen) dürften meinen, ich sei ein Gefangener, daß ich also, bei gegenseitigem Mistrauen, unglücklich werden könnte." Ludwig XI. erklärt sich nicht deutlicher über den großen Dienst, den er von dem Grafen empfangen hat. Fast will es scheinen, daß derselbe vielmehr darin bestand, daß die Truppen entlassen, als zusammengehalten wurden, indem durch des Grafen Verfahren den Burgundern der Argwohn eines Betrugs, den Franzosen der Gedanke an eine Gefangenschaft benommen wurde; beides konnte aber nur durch die Abdankung, keineswegs durch das Zusammenhalten der Truppen erlangt werden, und es wird daher wahrscheinlich, daß Dammartin vor dem Empfange des zweiten Briefs gehorcht habe. Das letzte Schreiben wurde durch einen königl. Officier überbracht, den ein Burgunder, Nikolaus Boisseau, begleitete. Dem Burgunder sagte der Graf, er wundere sich gewaltig über seines Herrn Verfahren, und daß derselbe so treulos handle an einem Könige, dem er so viele Verbindlichkeiten schuldig sei. Wenn der König nicht nächstens wiederkomme, würde das ganze Reich sich erheben, ihn zu holen. Man würde mit des Herzogs Landen verfahren, wie er mit den Lüttichern verfahren wolle, Frankreich sei nicht arm an wackern Rittern, die ihren Herrn wohl zu finden und zu rächen wüßten. Nach der Verurtheilung Karl's von Melun verschenkte der König dessen confiscirte Güter an Chabannes, der sich jedoch aus Mitleiden für die zurückgelassenen minderjährigen Kinder mit den Gütern St. Mars und les Tournelles begnügte; diese wollte er als eine Entschädigung für seine von Melun verkauften Mobilien und für die von demselben während eines Zeitraums von vier Jahren gehobenen Einkünfte seiner Güter gelten lassen. Im J. 1469 schickte der König den Grafen nach Guyenne, mit Vollmachten, wie sie wol schwerlich jemals ein Unterthan gehabt, um den Landfrieden herzustellen, zunächst aber den Grafen von Armagnac zu unterwerfen. Dieser versuchte der Mittel viele, um das drohende Ungewitter abzuwenden oder wenigstens den Marsch des Heeres aufzuhalten; allein Anton ließ sich nicht irren, rückte vor Lectoure und nahm Besitz von allen Staaten von Armagnac, während der seiner Länder entsetzte Fürst Zuflucht in Fuenterabia suchte. Alles bewegliche Eigenthum des Grafen von Armagnac wurde eingezogen und verkauft, mit seinen Beamten ein allgemeiner Wechsel vorgenommen, und die Bestrafung derjenigen, die man als seine Mitschuldigen ansehen konnte, verordnet. Die Vertheilung der confiscirten Besitzungen blieb dem Könige vorbehalten, und wie zu erwarten, erhielt Chabannes von denselben seinen reichlichen Antheil; durch zwei verschiedene Urkunden vom November 1470 wurden ihm die Herrschaften Severac, la Guyole, Cabrespines, Banavant, Montesce, Lepuech und la Care in Rouergue verliehen. Als der König und der Herzog von Burgund sich am 10. April 1470 zu einem Waffenstillstande auf drei Monate einigten, war Chabannes unter den Bürgen des Königs, und zwar betraf seine Bürgschaft die Grenzen von Amiens, an denen er nachmals als Generallieutenant für Beauvoisis, seit dem 8. Dec. 1740, den Oberbefehl führte. Bei dem Ausbruche des Krieges nahm er Amiens, Montidier und Roye, und es richtete der wegen dieses Verlustes nicht wenig erzürnte Herzog von Burgund an ihn ein sehr hartes und trotziges Schreiben, welches aber Chabannes in gleichem Tone beantwortete: „Très-haut et puissant Prince," so beginnt die Antwort, „j'ai veu vos lettres, que vous m'avez escrites, lesquelles je croy avoir esté dictées par vostre Conseil et très grands Clercs, qui sont gens pour faire lettres mieux que moy, car je n'ay point vescu, du mestier de la plume ..... pour vous faire réponse touchant l'article de Conflans, que vous appelez le bien public, et que véritablement doit estre appelé le mal public ..... je veux bien que vous entendiez, que si j'eusse été avec le Roy, lorsque commençastés le mal public vous n'en eussiez pas éschapé à si bon marché, que vous avez fait, et mesmement à la rencontre de Montlhery, par vous induement entreprise." Daß er hierin nicht prahle, bewies Chabannes hinreichend im folgenden Jahre bei der Vertheidigung von Beauvais, von dannen der Herzog von Burgund mit Verlust und Schande abziehen mußte. Seitdem zumal galt Chabannes als der erste Krieger seiner Zeit, wie sich das besonders aus dem Standpunkte, welchen die Romane des 15. Jahrh. dem Grafen von Dampmartin anweisen, ergibt. Peter von Rohan, der Marschall von Frankreich, erbat sich das Schwert, mit dem sein Freund so rühmliche Thaten verrichtet hatte. „Ich will," ließ Chabannes ihm entbieten, „das Verbot des seeligen Königs nicht überschreiten; man soll seinem Freunde nichts Spitziges schenken. Aber ich schicke das Schwert an Bajaumont, und aus dessen Händen soll der Marschall es empfangen." Bajaumont erhielt die Weisung, das Schwert um Six-blancs an einen Bettler zu verkaufen, für das erlöste Geld eine Messe zu Ehren de Monsieur St. George lesen zu lassen, sodann das Schwert zurückzukaufen und es dem Marschall von Rohan zuzustellen. Auch das Glück schien in seiner Gunst für Chabannes unermüdlich, es ließ ihn den Untergang seiner beiden mächtigsten Feinde, des Connétable von St. Paul und des Herzogs von Burgund, erleben, und damit sein Triumph vollständiger werde, übergab Ludwig XI. ihm den Befehl des Heeres, das bestimmt, die Eroberung oder vielmehr Verwüstung von Flandern zu vollführen. Er sollte, so lautete sein Auftrag, die Verwüstung so weit treiben, daß es dem Lande nimmer möglich werde, sich davon zu erholen. „Denn," schrieb ihm der König, „Ihr seid ebenso wol ein Beamter der Krone, wie ich, bin ich König, so seid Ihr Großmeister." Indessen nährte der König schon geraume Zeit einen Verdacht gegen seinen Großmeister; bereits am 1. Oct. 1476 schrieb er an St. Pierre: „Il me semble que vous n'avez qu' à faire une chose, c'est dé sçavoir, quelle seureté le Duc de Nemours avait baillée au Connétable d'estre tel comme luy, pour faire le Duc de Bourgogne regent, et pour me faire mourir, et prendre M. le Dauphin, et avoir l'autorité et gouvernement du royaume, et le faire parler clair sur ce point-cy, et le faire gehenner bien estroit. Le Connétable en parle plus clair par son procès, que ne fait Messire Palamedes et si nostre Chancelier (d'Oriolle) n'eust eust peur qu'il eust decouvert son Maistre, le Comte de Dammartin et luy aussi, il ne l'eust pas fait mourir sans le faire gehenner et sçavoir la vérité de tout.“ Dieser Verdacht erwuchs im J. 1480 zu solcher Stärke, daß Ludwig dem Großmeister seine Ordonnanzcompagnie nahm, ihm auch erklärte, daß er beschlossen habe, „ihn nicht weiter zum Kriegsmanne zu machen, ungeachtet ich sehr wohl erkenne, daß kein Mann in meinem Reiche den Krieg besser versteht wie Ihr, und daß ich keinem mehr vertrauen könnte, falls mir Wichtiges zustoßen sollte.“ Über solchen Entschluß beklagte sich der Großmeister in den ehrerbietigsten Ausdrücken, er blieb aber bis zu Ende der Regierung Ludwig's XI. in Ungnade. Karl VIII. hingegen bestätigte ihn am 23. Sept. 1483 in der Würde eines Großmeisters und verlieh ihm am nämlichen Tage die Hauptmannschaft von Harfleur, Montierviller und Château-gaillard. Als auf dem Reichstage zu Tours, im Jan. 1484, Karl von Armagnac sich dem Könige zu Füßen warf, beredt und wahr die an seinem Hause verübten Greuel erzählte, und hierauf die erbetene Erlaubniß erhielt, die Urheber solcher Greuel gerichtlich zu belangen, da sagte Chabannes laut, in Allem, was geschehen, sei dem Grafen von Armagnac ganz Recht geschehen, denn er sei an dem Könige zum Verräther geworden.“ Der Graf von Comminges und andere Freunde des Hauses Armagnac versetzten, „daß der Graf von Dammartin solches in seinen Hals hinein gelogen habe.“ Sogleich flogen die Schwerter aus der Scheide, und wäre der König nicht zugegen und mit aller Macht bemüht gewesen, diese Zwistigkeit beizulegen, so würde viel Blut vergossen worden sein. Chabannes selbst hatte keinen Antheil an der Ermordung des Grafen von Armagnac, an der Vergiftung der hochschwangern Gräfin, wol aber sein Neffe Balsac; und wir haben gehört, wie bedeutend sein Antheil an der Beute gewesen. Am 2. Febr. 1486 wurde Chabannes zum Commandanten und Gouverneur von Paris ernannt. Er starb daselbst im 77. Altersjahre, den 25. December 1488, und wurde in der Stiftskirche zu Dammartin beerdigt (er hatte bei derselben sechs Präbenden und ebenso viele, laut Urkunde vom Dec. 1483, bei der Kirche zu St. Fargeau gestiftet). Durch Eheberedung vom 20. Sept. 1439 hatte er sich mit Margaretha von Nanteuil, Gräfin von Dammartin, der einzigen Tochter und Erbin von Reinald von Nanteuil, Herrn von Acy und von Maria de Fayel, Gräfin von Dammartin, Vicomtesse von Fayel, verheirathet, und mit ihr den Sohn Johann, dann drei Töchter erzeugt. Johann, der bei seines Vaters Lebzeiten der Herr von St. Fargeau hieß, empfing am 18. Jan. 1488 und 14. Jul. 1498 die Belehnung über die Grafschaft Dammartin und war in erster Ehe mit einer natürlichen Tochter des Nikolaus von Anjou, Herzogs von Calabrien und Lothringen, mit Margaretha von Calabrien, und in zweiter Ehe mit Susanna von Bourbon, Gräfin von Roussillon, Frau auf Montpensier-en-Loudunois, einer Tochter von Ludwig, dem Bastard von Bourbon, und Grafen von Roussillon, verheirathet. Susanna erhielt als Witwe im J. 1503 eine Frist, um die Lehen wegen Dammartin zu empfangen, und heirathete in zweiter Ehe den Karl von Boulainvilliers. Johann von Chabannes hinterließ drei Töchter, Anna, Antonia und Avoye, von denen einzig Anna der ersten Ehe angehörte. Sie wurde im J. 1496 mit Jacob II. von Coligny verheirathet, starb aber 1501 ohne Kinder, daher ihre Grafschaft Dammartin an die Schwestern zurückfiel. Antonia, Frau auf St. Fargeau und des Landes Puisaye, heirathete den Herrn von Mezières, Renat von Anjou, aus einer unechten Linie der Angeviden, und starb im J. 1527. Avoye, Gräfin von Dammartin, war nach einander an Edmund von Prie, Jacob von la Tremouille und Jacob von Brisay verheirathet. Gemeinschaftlich mit dem dritten Manne verkaufte sie am 20. Jan. 1532 die halbe Grafschaft Roussillon an Blanca von Tournon, Jacob's II. von Coligny Witwe, gleichwie sie die Grafschaft Dammartin an ihre Anverwandte, Franziska von Anjou, verschenkte, als diese den Philipp von Boulainvilliers heirathete. Später, den 27. Febr. 1542, sehen wir die Geberin mit der Frau von Boulainvilliers im Rechtsstreite begriffen; mit ihr ging die gesammte Nachkommenschaft des großen Grafen von Dampmartin zu Grabe. Vergl. Mémoires sur la maison de Chabannes, par l'abbé *de Chabannes* (Par. 1759. 3 part.). Vies de Jacques et Antoine de Chabannes, p. M. *du Plessis* (Paris 1617). Mémoires de la vie d'Antoine de Chabannes, extraits des titres et généalogies de sa maison (fol.), Handschrift der königl. Bibliothek zu Paris, vormals die Nr. 8437 tragend. (*v. Stramberg.*)

PALISSOT (Charles) de Montenoy, geboren zu Nancy, gestorben zu Paris 1814. Wenn zu irgend einer Zeit eine bedeutende geistige Aufregung in einem Volke entsteht, und Männer von entschiedener Geistesüberlegenheit neue Bahnen brechen und dabei freilich in ihrem Neuerungseifer nicht immer sich innerhalb der Schranken der Mäßigung halten, dann fehlt es auch nie an Menschen, welche halb aus Eifer für das bisher für allein richtig Gehaltene und Bewunderte, halb aus Neid über die Talente und den glänzenden Erfolg der Freunde der neuen Schule, oder weil sie bei der Mittelmäßigkeit ihrer Kräfte, deren sie sich dunkel bewußt sind, verzweifeln, es jenen gleichzuthun, sich leidenschaftlich der angefochtenen Doctrinen und Zustände annehmen, die eifrigen Vertheidiger aller Herkömmlichkeit und die ungerechtesten Beurtheiler der Neuerer werden. Ein solcher Mann von unleugbaren, wenn auch freilich nur mittelmäßigen Talenten, ein solcher Verfechter der alten, abgestandenen Ansichten in der Literatur, Philosophie und Politik, war Palissot, welcher sich zu seinen glänzenden Zeitgenossen, ungefähr sowie später Kotzebue und Merkel zur Schlegel'schen Schule, verhielt. „Eine von den mittlern Naturen,“ nennt ihn

Göthe in seinen Anmerkungen zu Rameau's Neffen, die nach dem Höhern streben, das sie nicht erreichen, und sich vom Gemeinen abziehen, das sie nicht los werden, indem sie Alles nach einem gewissen kleinern Maßstabe messen," fährt er fort, „fehlt ihnen der Sinn fürs Außerordentliche, und indem sie sich gegen das Gewöhnliche gerecht halten, werden sie ungerecht gegen das vorzügliche Verdienst, besonders Anfangs, wenn es sich ankündigt." Mit diesen scharfsinnigen und geistreichen Worten hat Göthe in der That die ganze literarische Richtung und Thätigkeit des Mannes angedeutet, denen er bis an sein Ende treu geblieben. Sein Leben ist ihm in fast ununterbrochenen und von beiden Theilen nicht immer mit den würdigsten Waffen geführten Streitigkeiten mit den ausgezeichnetsten Männern seiner Zeit, wie Dalembert, Diderot, Rousseau, Helvetius u. A., welche man mit dem Namen der Encyklopädisten oder der Philosophen zu bezeichnen gewohnt ist, verflossen. Palissot hatte eine gute Schulbildung erhalten, und seine Fähigkeiten entwickelten sich so früh, daß er im zwölften Jahre seinen philosophischen Cursus, wie man es damals nannte, beendigt, eigentlich aber nur das Gymnasium verlassen hatte und Magister geworden war. Im 16. Jahre erhielt er das Baccalaureat der Theologie, gab aber bald das Studium der Theologie wieder auf, um sich lediglich mit Poesie und Schriftstellerei zu beschäftigen. Schon in seinem 18. Jahre hatte er eine Tragödie geschrieben, die indessen nicht aufgeführt wurde, und hatte sich verheirathet. Eine zweite Tragödie, Zarès und später Ninus betitelt, ward zwar ein Paar Mal aufgeführt, doch scheint der junge Dichter selbst dabei gefühlt zu haben, daß er keinen Beruf für die tragische Bühne hatte. Er wandte sich nun ganz dem Komischen und dem Satyrischen zu. Seine ersten Arbeiten, zwei Komödien, **Les tuteurs**, im J. 1754 erschienen, und **Le barbier de Bagdad**, erwarben ihm Achtung, ohne ihm noch Feinde zu erwecken. Bald aber begannen durch seine eigne Schuld die literarischen Fehden, welche fast sein ganzes Leben ausfüllten. Der König Stanislaus, Schwiegervater Ludwig's XV., hatte diesem eine Statue in Nancy errichten lassen, und zur Einweihung dieses Denkmals, im J. 1755, sollte Palissot eine Komödie schreiben. Er entledigte sich dieses Auftrags durch ein kleines Stück: **Le cercle**, worin er unter andern Rousseau auf eine ebenso plumpe als unverzeihliche Weise auf die Bühne brachte, wodurch er sich den Unwillen aller Freunde des ihm so weit überlegenen Mannes zuzog. Damit nicht zufrieden, ließ er im folgenden Jahre seine **Petites lettres contre de grands philosophes** erscheinen, in welchen vorzüglich Diderot angegriffen wird, dessen genialen, freilich mit den herkömmlichen Begriffen von Correctheit nicht immer übereinstimmenden Styl Palissot weder zu begreifen noch zu würdigen verstand. Was aber den Streit mit den sogenannten Encyklopädisten vollends unheilbar machte, war die im J. 1760 erschienene Komödie: **Les philosophes**, ein sehr mittelmäßiges, den **Femmes savantes** von Molière ziemlich sklavisch nachgebildetes Stück, welches indessen anfänglich mit großem Beifall aufgenommen wurde, weil man eine Menge berühmter Personen und namentlich abermals Rousseau, darin wieder erkannte, welche alle auf die unwürdigste Weise, nicht blos literarisch, sondern in ihrem Charakter und ihrer Ehre darin angegriffen wurden. Eine Fluth von Schriften und Pasquillen aller Art war die Folge dieses Angriffs, und es ist nicht zu leugnen, daß auch seine Gegner sich nicht minder unwürdiger Waffen gegen ihn bedienten; wie denn namentlich Diderot in seinem, freilich erst später bekannt gewordenen Rameau's Neffen, den armen Palissot auf das Grausamste und Unverantwortlichste mishandelte. Auch Voltaire, obgleich nicht von Palissot angegriffen, war entrüstet und schrieb ihm mehre verweisende Briefe, denen man jedoch eine gewisse heimliche Furcht, mit in den Streit gezogen zu werden, leicht ansieht. Endlich erschien nach dem J. 1764 die ebenfalls gegen die Encyklopädisten gerichtete Dunciade in drei Gesängen, welche Palissot später zu zehn Gesängen ausdehnte, ja in seinen spätern Jahren höchst ungeschickterweise noch mehre Stellen einschob gegen Menschen, wie Marat, Robespierre, St. Just u. A., welche sich dadurch mit ehrenwerthen Männern, wie Diderot, Marmontel &c., gleichsam auf eine Linie gesetzt fanden. Dies Gedicht fand schon wegen seiner Länge wenig Beifall und ist als ganz verschollen zu betrachten. Nicht viel mehr Glück machte die im J. 1762 aufgeführte Komödie **Les nouveaux Ménechmes** und zwei andere Stücke: **Le satirique** und **Les courtisanes** konnten gar erst nach vielen Schwierigkeiten 1782 und zwar mit geringem Beifall aufgeführt werden. Von den prosaischen Werken Palissot's nennen wir die **Mémoires sur la littérature**, eine ziemlich oberflächliche und so ganz von Parteisucht eingegebene Schrift, daß er in den verschiedenen Auflagen, die sie erlebte, die nämlichen Menschen und Werke, welche er früher gelobt, später wieder tadelte und umgekehrt, wie gerade der Stand seiner literarischen Fehden es mit sich brachte. Trotz aller dieser Werke, denen man wenigstens eine gewisse, in Frankreich stets hochgeachtete Correctheit der Sprache und des Styls nicht abstreiten kann, gelang es Palissot doch nie, Mitglied der Akademie zu werden. In seinen spätern Jahren veranstaltete er eine Ausgabe der Werke Voltaire's in 55 Bdn., welche aber weder vollständig noch sonst empfehlenswerth ist. Ebenso besorgte er auch eine Ausgabe der Werke des P. Corneille, in welcher er den berüchtigten Commentar Voltaire's zwar wieder abdrucken ließ, ihn aber vielfältig berichtigte. Die Revolution führte auch für Palissot manchen Verlust herbei; er mußte ein Landgut in Argenteuil, welches er lange besessen hatte, veräußern, und wohnte die letzten Jahre seines Lebens theils in Pantin, dicht bei Paris, theils in der Mazarini'schen Bibliothek, bei welcher er als Administrator angestellt war. Sein Gedächtniß erhielt sich bewundernswürdig bis ins höchste Alter; er war beinahe 85 Jahre alt, als er starb. Von seinen Werken hat man drei mehr oder weniger vollständige Ausgaben. Die eine in Lüttich in sieben B. erschienene, die andere **Paris, imprimerie de Monsieur**, 1788, vier starke B., die dritte von ihm selbst besorgte Paris 1809. 6 B.

(*Blanc.*)

PALISSY (Bernard), ein äußerst talentvoller Fran-
wurde im Anfange des 16. Jahrh. im Bezirke von
t, wo noch jetzt eine Familie dieses Namens lebt,
armen Ältern geboren, welche fast nichts auf seine
ehung verwenden konnten. Jedoch lernte er Lesen und
reiben, späterhin auch die Feldmeßkunst, mit deren
übung er sich zu einigem Wohlstande verhalf. Da er
dieser Beschäftigung oft geometrische Figuren zu ent-
en hatte, so erwachte in ihm die Lust, sich im Zeich-
und Malen auszubilden, und nachdem er einige Zeit
älde, wie sie sich ihm darboten, copirt hatte, hielt
ihn bald für geschickt genug, um ihm Aufträge zu
raits und gemalten Kirchenfenstern zu ertheilen. Mit
n schwachen Hilfsmitteln durchreiste er die meisten
vinzen Frankreichs, untersuchte die Alterthümer, die
vorkamen und machte über die verschiedenen Arten
Mineralien Bemerkungen, deren Scharfsinn noch jetzt,
die Oryktognosie um so viel weiter gediehen ist, er-
ten macht. Bald fühlte er auch, wie unerläßlich es
ihn sei, wenn er die Natur der Mineralien genauer
en lernen wollte, ihre Mischungsverhältnisse zu unter-
en. Die Chemie als Wissenschaft bestand aber da-
s noch nicht, und so mußte er sich damit begnügen,
Laboratorien der Alchymisten und Apotheker zu besu-
, wo er einige Arkana, welche die damalige Chemie
nachten, mehr errieth, als durch Unterweisung kennen
e.

Um das J. 1539 hatte Palissy seine Reisen beendigt
sich in oder bei Saintes niedergelassen, wo er sich
seine Familie als Maler ernährte. Als er hier zu-
g eine emaillirte irdene Schale von besonderer Schön-
sah, fiel ihm ein, daß, wenn er das Geheimniß der
melzarbeit ausfindig machen könnte, er durch diese Ent-
ung in den Stand gesetzt werden würde, seine Kinder
r zu erziehen, und von jetzt an bekamen alle seine
anken und Bestrebungen eine neue Richtung. Bald
e er seine ganze Habe auf erfolglose Versuche verwen-
Da wurde ihm im J. 1543 der Auftrag, eine
e der Salzteiche von Saintonge anzufertigen, aber
die nicht unbedeutende Summe, welche ihm diese
eit einbrachte, gab er schnell wieder für neue, ebenso
g glückliche, Experimente aus. Weder die Klagen
r Frau, noch die Vorstellungen seiner Freunde konn-
ihn zurückhalten, die einmal gewählte Bahn unabläs-
zu verfolgen. Er lieh Geld zur Erbauung eines neuen
ns und verbrannte, in Ermangelung anderweitiger Feue-
g die Tische und Dielen seines Hauses, um nur die neue
be beendigen zu können, die indessen auch nur unvoll-
men gelang. Endlich mußte er auch den Arbeiter ent-
n, welcher ihm bei Bereitung des Thons geholfen
e und statt des Geldes lohnte er denselben mit einem
lle seiner Kleider ab. Zu jener Zeit war er in so
lichen Umständen, daß er aus Furcht, sich den Spöt-
en derjenigen auszusetzen, die ihn in glücklichern Ta-
gekannt hatten, gar nicht mehr seine Wohnung zu
assen und die Seinigen, deren Hagerkeit ihn der Fühl-
keit anzuklagen schien, kaum anzusehen wagte. In
r großen Noth wurden endlich nach 16 kummervollen
Jahren seine Versuche durch den günstigsten Erfolg gekrönt. Im J. 1555 entdeckte Palissy die Bereitung seines Schmelzes irdener Gefäße und bald machten ihn seine schönen Töpferwaaren, welche er selbst „ländliche" (rustiques figulines) nannte, in ganz Frankreich auf das Vortheilhafteste bekannt. Der König, Heinrich II., und die Großen des Reichs beeilten sich, ihre Gärten durch Palissy's Kunst ausschmücken zu lassen. Namentlich lieferte Palissy viele seiner Vasen und Figuren in das Schloß Ecouen des Connetable's von Montmorency, wo man Einige derselben noch vor Kurzem bewundern konnte *).

Palissy hatte die Grundsätze der Reformation angenommen. Als die Gesetze den Protestanten die öffentliche Ausübung ihres Gottesdienstes untersagten, vereinigte er sich mit andern Künstlern seines Glaubens zu einer Gesellschaft, in welcher Jeder nach der Reihe das Evangelium auslegte. Dabei schützte ihn der Herzog von Montpensier, welcher Palissy's Wohnung für ein Freihaus erklärte. Allein dessenungeachtet ließ der Gerichtshof von Saintes ihn verhaften, ja sogar seine Werkstatt zerstören, und nur die Reclamation des Königs konnte ihm das Leben retten und die Freiheit wiedergeben. Nicht zufrieden mit dieser Gunstbezeugung, berief ihn der König nach Paris und gab ihm eine Wohnung in den Tuilerien, wo er auch, wie sein Glaubensgenosse, Ambr. Paré, dem Blutbade der Bartholomäusnacht glücklich entging.

Die Muße, welche ihm in Paris zu Theil wurde, verwendete Palissy auf die Anlegung des ersten zweckmäßig geordneten Naturaliencabinets. Auch hielt er vom J. 1575 an öffentliche Vorträge über Naturgeschichte und, zuerst in Frankreich, über Experimentalphysik. Die angesehensten und unterrichtetsten Männer drängten sich zu diesen Vorlesungen, welche Palissy bis zum J. 1584 fortsetzte und in welchen er unter Anderm über den Ursprung der Quellen, die Bildung des Gesteins und der fossilen Muschelschalen, deren Natur er zuerst richtig erkannte, treffende Ansichten darlegte.

Alle diese großen Verdienste ließen inzwischen Palissy vor den Machthabern der Ligue keine Gnade finden; er wurde auf Befehl der Sechszehner verhaftet und in die Bastille eingekerkert. Als ihn hier Heinrich III. besuchte und zu ihm sagte: „Mein lieber Mann, wenn Ihr Euch im Betreff der Religion nicht fügt, so wird man mich zwingen, Euch in den Händen meiner Feinde zu lassen," antwortete der muthige Greis: „Sire, Diejenigen, welche Sie zwingen, werden nie etwas über mich vermögen, denn ich weiß zu sterben!" Jedoch kam es nicht zum Äußersten. Der Herzog von Mayenne konnte Palissy zwar nicht seiner Haft entlassen, hielt aber die Untersuchung so lange hin, daß ein natürliches Ende um das J. 1589 den fast neunzigjährigen Gefangenen befreite.

---

*) Lenoir hat mehre schöne Bruchstücke von Palissy's Arbeiten dadurch vor dem ihnen drohenden Untergange bewahrt, daß er sie im französischen Museum aufstellen ließ. Derselbe glaubt, daß Palissy nicht blos die Fußböden im Schlosse Ecouen gemalt, sondern auch die Glasmalereien daselbst, welche die Geschichte der Psyche nach Rafael's Zeichnungen darstellen (Musée des monumens français. Tom. VI), angefertigt habe.

Mit außerordentlichen Geistesgaben verband Palissy große Redlichkeit und Seelenstärke. Er war sehr kenntnißreich, ja gelehrt, ohne Lateinisch und Griechisch zu verstehen. Sein einfacher, klarer Styl hat etwas von der Lebhaftigkeit und Kraft Montaigne's. Seine Schriften sind: 1) Déclaration des abus et ignorances des médecins, oeuvre très-utile et profitable à un chacun studieux et curieux de sa santé. Lyon (*la Rochelle*) 1557. Dieses sehr seltene Buch ist eine Antwort auf Collin's Schrift gegen die Apotheker. Man findet darin gesunde physikalische Ansichten und interessante Angaben über die Art, wie in jener Zeit die Heilkunst in Frankreich ausgeübt wurde. Der Verfasser nennt sich Meister Pierre Braillier, Apotheker in Lyon; Gobet hat aber nachgewiesen, daß sich Palissy unter diesem falschen Namen verbarg. — 2) Recepte véritable par laquelle tous les hommes de la France peuvent apprendre à multiplier et augmenter leurs trésors etc. la Rochelle 1563 oder 1564. 4. Dieses Werk, in Form eines Zwiegesprächs, zerfällt in vier Bücher; das erste handelt vom Ackerbau und besonders vom Dünger; das zweite von der Naturgeschichte, namentlich der Steine; im dritten wird über den Garten- und Waldbau gesprochen; das vierte gibt den Plan zu einer befestigten Stadt. Wie Vieles auch gegen die logische Ordnung der Gegenstände eingewendet werden kann, so zeigt der Verfasser doch auch in dieser Schrift, welche gewiß manchen Nutzen gestiftet hat, umfassende Kenntnisse. — 3) Discours admirables de la nature des eaux et fontaines, tant naturelles qu' artificielles, des métaux, des sels et salines, des pierres, des terres, du feu et des émaux, avec plusieurs autres excellents secrets des choses naturelles; plus un traité de la marne etc. (Paris 1580.) Dies sind Gespräche zwischen Théorique und Pratique, in welchen Palissy unter dem Namen Pratique alle seine Kenntnisse und Erfahrungen über die angegebenen Gegenstände mit bewundernswürdiger Einfachheit darlegt. Die beiden zuletzt angeführten Bücher sind im J. 1636 in einer uncorrecten und unvollständigen Ausgabe unter dem Titel: Le moyen de devenir riche etc. 2 Vol. zu Paris neu aufgelegt. Endlich haben Faujas de St. Fond und Gobet die gesammten Schriften Palissy's herausgegeben (Paris 1777. 4.) und sowol Anmerkungen als Untersuchungen über Palissy's Leben (von Gobet), wie auch Zeugnisse anderer Schriftsteller über Palissy hinzugefügt (*Weiss*, Biogr. univers. Tom. 32. p. 424). (*A. Sprengel.*)

PALITSCHER, PALISCHER, See oder vielmehr Sumpf in dem batscher Bezirke der koloscher Gespanschaft in Ungern, welcher drei Meilen im Umfange und an manchen Stellen sechs Fuß Tiefe hat. Er ist reich an Fischen, sowie an Alkali. (*Fischer.*)

PALITZSCH (Johann Georg), ein Bauer, geboren im Jun. 1723 in dem Dorfe Prohlis bei Dresden und gestorben ebenda im Febr. 1788, beschäftigte sich neben seinen Berufsarbeiten viel mit Stern- und Pflanzenkunde. Schwerlich würden jedoch seine allerdings ungewöhnlichen Kenntnisse ihm einen Namen verschafft und die Akademien zu London und Petersburg ihn zu ihrem correspondirenden Mitgliede erwählt haben, wenn nicht er zuerst in der Nacht vom 25. zum 26. Dec. 1758, mitten in den Unruhen des siebenjährigen Krieges, den Kometen entdeckt hätte, dessen Rückkehr Halley angesagt hatte, den alle Astronomen seit geraumer Zeit erwarteten, und den Messier in Paris erst einen Monat später auffinden konnte. Delisle konnte, so spricht er sich in den Denkschriften der pariser Akademie aus, kaum begreifen, „wie dieser Bauer mit unbewaffnetem Auge und ohne darnach zu suchen, jenen Kometen einen Monat früher hat entdecken können, ehe man ihn in Paris in so schwachem Lichte sah, daß es unmöglich war, ihn ohne Teleskop zu erkennen." Allein als Messier endlich den Kometen auffand, war er schon der Sonne so nahe, daß sein Licht sich fast in den Strahlen derselben verlor. Dagegen war er einen Monat früher noch weit entfernt von der Sonne, zeigte sich längere Zeit und war mithin viel leichter wahrzunehmen, wie ihn denn in der That wenige Tage nach Palitzsch mehre Gelehrte in Dresden und Leipzig beobachteten. Wahrscheinlich suchte sich Delisle auch nur durch jenen vorgeblichen Zweifel insofern zu rechtfertigen, als die ungenügende Anweisung, welche er seinem Schüler Messier gegeben, einen so unvollkommenen Erfolg gehabt hatte. (Nach *Delambre*, Biogr. univ. Tom. 32. p. 427). (*A. Sprengel.*)

PALIUROS (*Παλίουρος*), alter Name 1) eines Orts in Cyrenaica oder Marmarica (*Strab.* XVII, 838), wofür ein altes Itinerarium Paniuros hat; 2) eines Sees und Flusses in Cyrenaika bei Ptolemäus; der Fluß entspringe aus dem See und ergieße sich bei der Stadt gleiches Namens ins Mittelmeer. (*H.*)

PALIURUS. Unter diesem altgriechischen Namen trennte Tournefort (Institut. t. 387) eine Gattung aus der dritten Ordnung der fünften Linné'schen Classe und aus der natürlichen Familie der Rhamneen von Rhamnus und Zizyphus. Char. Der Kelch fünfspaltig; die Corollenblätter nagelförmig; die den Corollenblättchen gegenüberstehenden Staubfäden sind mit diesen auf einer fleischigen Scheibe, welche den Fruchtknoten umgibt, eingefügt; drei kurze Griffel; die korkartige, dreifächerige, dreisamige Steinfrucht ist mit einer horizontalen kreisförmigen Flügelhaut gekrönt. Zizyphus unterscheidet sich durch zusammengewachsene Griffel und eine ungeflügelte, saftige, meist zweisamige Steinfrucht. Die beiden bekannten Arten sind stachlichte Sträucher vom Ansehen der Judendorne (Zizyphus), mit dreinervigen Blättern und kleinen gelbgrünlichen Doldentrauben in den Blattachseln. 1) P. australis *Gärtner* (De fruct. I. p. 203. t. 43. f. 5). *Sibthorp* et *Smith* (flor. graec. t. 240). Rhamnus Paliurus *Linn.* (sp. pl.). Zizyphus Paliurus *Wildenow* (sp. pl.). Paliurus aculeatus *Lamarck* (ill. t. 210). P. vulgaris *Don* (prodr. fl. nep.). P. Petasus *Dumont Courset* (bot. cultiv. VI. p. 266, auf Französisch Porte-Chapeau oder Epine du christ, weil einige alte Botaniker glaubten, daß aus diesem Strauche die Dornenkrone Christi gemacht sei, (in Languedoc lous Capélés, in der Provence Argalou), auf nen, steinigen Plätzen im Gebiete des Mittelmeeres. Strauch, welcher zehn bis zwölf Fuß und darüber ht, mit zickzackförmigen Ästen und glatten, gestielten, nigen Blättern. Statt der Afterblättchen befinden an der Basis eines jeden Blattes zwei spitze Dor- von denen der Eine gerade, der Andere aber zurück- mmt ist. Die Steinfrüchte sind mit einer schwach schweiften Flügelhaut gekrönt und gleichen kleinen kehrten Hüten. Man benutzt diesen Dornenstrauch mzäunungen, doch nur in Verbindung mit andern uchern, da er nicht gern geschlossen wächst. Die Al- ühmen den öligen, dem Leinsamen ähnlichen Samen, utes Mittel gegen Husten und Heiserkeit. Die Blät- Wurzeln und Rinde sind adstringirend und styptisch. ist ohne Zweifel der Paliurus bei Theophrast, Vir- Columella und Dioskorides (παλίουρος *Theophrast.* pl. I, 3, 1. I, 10, 6. III, 18, 3. *Dioscorid.* med. I, 121. Paliurus *Virg.* eclog. V, 38. *Co-* de re rust. II, 3), auch der eine Paliurus bei Pli- (H. N. XVI, 41. XXIV, 71), während der an- (H. N. XIII, 33) in der Cyrenaika einheimische, Früchte wohlschmeckender als die des Lotus sein , vermuthlich Zizyphus vulgaris *Lamarck* ist. 2) rgatus *Don* (Prodr. fl. nep. p. 189. Bot. mag. 35) mit schief herzförmigen, zugespitzten, glänzenden tern, einem geraden und einem sichelförmigen Dorne ganzrandiger Flügelhaut der Frucht. In Nepal. — rus reticulata *Vahl* (Eclog. III. p. 6. t. 23) in merika gehört zu Zizyphus (Z. reticulata *Can-* (Prodr. II. p. 20); ebenso auch Paliur. Aubletia et *Schultes* (Syst. veg. V. p. 343. P. ramosis- *Poiret* encycl. suppl., Zizyphus ramosissima g. syst., Aubletia ramosissima *Loureiro* fl. co- h. ed. *Willd.* I. p. 348), im südlichen China.

(*A. Sprengel.*)

PALIXANDERHOLZ, Violettholz, Purpurholz, s Ebenholz, Luftholz, alle diese Namen bezeichnen us Amerika in den Handel kommendes Holz, welches Tischlern öfters verarbeitet und über Hamburg in 6 Zoll dicken Stämmen bezogen wird. Es ist etwa so als Mahagoni, ziemlich schwer, von grobem Gefüge; Anfangs grau- oder bräunlichrothe Farbe verwandelt n der Luft allmälig in eine schön violette (daher olz).

(*Karmarsch.*)

PALIZEUL, Marktflecken in der niederländischen inz Luxemburg, Hauptort des gleichnamigen Cantons, k Neufchâteau, ist 18 engl. Meilen von Sedan ent- und hat 800 Einwohner. Der Ort gehört zur desherrschaft des Herzogs von Bourbon. Der Can- Palizeul enthielt in zehn Gemeinden 6203 Einwoh- welche auf einem Flächenraum von 300 Kiliometres en.

(*Fischer.*)

Palkati Nor, s. Palcati Nor.

PALLA, 1) so hieß bei den Römern das weite, lang hängende, die Füße bedeckende (*Ovid.* Am. III, 13, et tegit auratos palla superba pedes) weibliche Kleid, was namentlich die edleren römischen Matronen trugen, und zwar so, daß sie einen Theil desselben über die linke Schulter warfen und unter dem Arme festhiel- ten, ohne daß dabei ein Bausch gebildet wurde[1]); den Na- men leitete Varro (l. l. V. §. 131) von palam, weil sie von den Frauen bei ihrer öffentlichen Erscheinung ge- tragen würde, derselbe aber bei Servius (ad Aen. I, 648) von πάλλειν ab, weil die Ecke derselben zum Faltenwurf „geschwungen" würde. Wie nun schon aus jener Stelle Varro's hervorgeht, daß die Palla ein Oberkleid war, was nicht angezogen, sondern umgeworfen wurde, so wird uns bezeugt, daß es ein weibliches Obergewand und zwar edlerer Matronen sei von Nonius (c. XIV, 7): Palla est honestae mulieris vestimentum, von Ulpian (Dig. XXXIV, 2. fr. 23. §. 2): Vestimenta muliebria sunt, quae matris familiae causa sunt comparata, quibus vir non facile uti potest sine vituperatione, veluti stolae, pallia (al. palla); daß es lang herabhing, sagt Servius (ad Aen. XI, 576): Palla proprie est muliebris vestis deducta usque ad vestigia, und Vir- gil's pro longae tegmine pallae spricht schon selbst da- für; unter den Geschenken, welche der römische Senat dem Könige von Ägypten, Ptolemäus IV. Philopator schickte, war daher auch eine gestickte Palla für die Königin Kleopatra (*Liv.* XXVII, 4). Die römischen Dichter gaben dieses Gewand den Göttinnen (*Ovid.* Met. II, 672. III, 167), der Diana, der Deyrrhoe, der Circe (XIV, 261) den Furien (IV, 481) rc., den Trojanerinnen (*Juven.* X, 262). Wenn die Palla von Männern getragen wurde, so waren das entweder Weichlinge (*Plaut.* Men. III, 2, 48: Omnes cinaedos esse censes, tu quia es; tun' me indutum fuisse palla praedicas), oder Barbaren (*Curt.* III, 3, 18 führt unter dem Schmuck des Darius auf „eine goldgestickte Palla," und ebendarauf ist Gallica palla bei *Mart.* I, 93, 8 zu beziehen), oder Künstler einer gewissen Art; nämlich die tragischen Schauspieler und Citha- röden haben allerdings dieses lange Schleppkleid getragen. Diese Künstler konnten natürlich das Gewand nicht so um- nehmen, wie die Frauen, weil sie beide Hände frei behal- ten mußten, sie hefteten es daher mit Agraffen an beiden Schultern und das ist die Palla Apollinis citharoedi und seiner Kunstgenossen (Böttiger, Sabin. II, 164), des Orpheus, Arion, Mopsus, und die römischen Dichter geben noch andern männlichen Gottheiten und Helden, wie dem Merkur, Bacchus, Jason u. a. ebenfalls die Palla (vergl. *Forcellini* s. v.). Daß die Palla zuwei- len kurz war, zeigt *Martial.* l. c. dimidiasque nates Gal- lica palla tegit, daß zuweilen über dieselbe noch ein an- deres Gewand getragen wurde, beweist Auct. ad *Herenn.* IV, 47. Nach der Meinung älterer Gelehrten war die Palla in einem länglichen Vierecke zugeschnitten; Winckel- mann (Werke V, 26) behauptet, daß es ein völlig rund- geschnittenes Tuch war; gegen diese zu unbedingte An- sicht und zu allgemeine Behauptung Winckelmann's haben

1) *Apulej.* Met. XI, post init. p. 258, 26. *Elmenh.*: Palla nigerrima, splendescens atro nitore, quae circumcirca remeans et sub dextrum latus ad humerum laevum recurrens umbonis vice, dejecta parte laciniae, multiplici contabulatione dependula ad ultimas oras nodulis fimbriarum decoriter confluctuabat.

sich verschiedene Gelehrte erklärt (vergl. d. Anm. z. d. St. S. 342). In der Trauer trug man schwarze und dunkle Pallen *); sonst weiße und glänzende. In den im 6. B. des Grävius'schen Thesaurus enthaltenen Schriften von Baysius (de re vest. 13), Ferrarius (de re vest. III, 18. IV, 3) und Anderer über römische Kleidung wird man auch hierüber die nöthigen Nachweisungen finden; dann ist besonders Visconti (Mus. Pio-Clem. I. p. 105 sq. ed. Mediol.) zu vergleichen und Salmasius (zu *Tertulliani* de pallio. p. 469.) 2) Alter Name einer Stadt in Corsica, nördlich von Marianum Promontorium, bei Ptolemäus; auch im Itinerario Antonini (p. 86) kommt als südlichster Punkt der Ostküste ein Ort Namens Palas vor; einige glauben ihn im heutigen Bonifacio zu erkennen. 3) Alter Name einer Insel im indischen Meere bei Ptolemäus. (*H.*)

4) **Palla**, ein Stück des kirchlichen Altarapparates. In den ältern Zeiten waren bekanntlich die Altäre Tische, (*τράπεζα*, **mensa = altare**). Daher für diese, wenn auf und an ihnen die Eucharistie gefeiert wurde, T ü c h e r gebraucht wurden. Solche Tücher nannte man **palla, pallae.** Man unterschied eine **palla magna**, welche ein den ganzen Altar bedeckendes Tuch war, und eine **parva**, die zur Unterlage bei der Consecration der Abendmahlselemente, zur Bedeckung der Kelche rc. diente *). Später verblieb der Name **palla** vorzugsweise einer kleinen Decke von Linnen, die über Pappe gezogen wird, etwa einen halben Fuß ins Gevierte, mit der man bei der Messe den Kelch zudeckt. Die obere Seite trägt die Farbe der Meßgewänder, ist öfter von Seidenstoff rc. Den Gebrauch derselben gibt das Missale in seinen Rubricae an. Sie wird bischöflich consecrirt und benedicirt. Unterschieden von diesem Kelchdeckel wird die **corporalis palla**, oder das sogenannte Corporale (**sc. velum**). Es ist dies ein einfaches weißes Leintuch, auf dem Hostie und Kelch bei der Consecration stehen und in welches die Hostie bei der Weihung eingelegt wird. Dieses darf von keinem andern Stoff, als von Linnen sein, weil es eine Beziehung hat auf die reine Leinwand, in die Joseph (Matth. 27, 29) und Nikodemus Christum legten. Das Corporale wird sorgfältig in einer die Meßfarbe tragenden Kapsel (**bursa, theca corporalis, la bourse, arca**) nach gemachtem Gebrauch aufbewahrt und darf von Profanen nicht berührt werden. (*Rheinwald.*)

5) **Palla** (n. B. 3° 4'; östl. L. 125° 28' nach dem Meridian von Greenwich), eine der größten der 47 zu der Sangiogruppe, welche selbst zu den Molukken gerechnet wird, gehörigen Inseln. Sie wird von Malaien bewohnt, deren Hauptnahrung die Cocosfrucht ausmacht. (*Fischer.*)

Palla, s. Pala.

PALLACOPAS (*Παλλακόπας*), alter Name eines Flusses, oder vielmehr eines aus einem Arme des Euphrat abgeleiteten Kanals. Er fing etwa 800 Stadien von Babylon an, ging bis zu den Sümpfen und Morästen an der Grenze Arabiens, und wie er das Land im Frühling, wenn der Schnee auf den Bergen Armeniens schmilzt, vor Überschwemmungen schützte, beraubte er im Hochsommer den Euphrat einer so großen Wassermenge, daß Assyrien durch ihn nicht hinreichend bewässert wurde, ein Übelstand, dem Alexander der Große abzuhelfen dachte (vgl. *Arrhian.* VII, 21). Diesen Kanal nennt Appian (de bell. civil. II, 153) „Pallacotta" (*Παλλακόττα*). (*H.*)

PALLADAS, Verfasser einer großen Anzahl griechischer Epigramme in der Anthologie (T. II. p. 406 *Br.* T. III. p. 114—145 *Jacobs*, wozu noch aus den Adespotois und aus der vaticanischen Handschrift einige hinzukommen). In der vaticanischen Handschrift heißt er ein Alexandriner. Seine Zeit ergibt sich wenigstens ungefähr aus dem 115. Epigramm, in welchem er die 415 n. Chr. von christlichem Pöbel ermordete, wegen ihrer heidnischen Weisheit bekannte und bei den Alexandrinern geachtete Tochter Theon's, Hypatia als eine noch lebende rühmt. Ob er Heide oder Christ war, ist nicht bestimmt zu ermitteln; sein kaustisches Epigramm gegen die Mönche und deren Unzahl und noch mehr das Epigramm auf die heidnischen Götterbilder, die der Zerstörungswuth dadurch entgingen, daß man sie christianisirte (epigr. paralip. 67), und das, worin er den christlichen Gottesdienst als einen Dienst der Thorheit, als eine Hoffnung auf begrabene Todte zu bezeichnen scheint (ep. 70), scheinen allerdings für das Erste zu sprechen. In der vaticanischen Handschrift erhält er einmal das Beiwort *Μετέωρος*, wovon sich jetzt schwerlich noch die Beziehung nachweisen läßt. Aus seinen Epigrammen geht hervor, daß er seinem Stande nach ein Grammatiker war, und der Stand ihm ebenso wenig, als seine zänkische Ehefrau gefallen habe. Tzetzes (Prolegg. ad *Lycoph.* p. 285 *Müll.*) führt ihn unter den Epigrammendichtern zwischen Proklus und Agathias auf. (Nach *Fr. Jacobs* Anthol. Gr. XIII. p. 927.) (*H.*)

PALLADIA. So nannte Lamarck zu Ehren des römischen Schriftstellers P a l l a d i u s (s. d. Art.) eine Pflanzengattung aus der ersten Ordnung der achten Linné'schen Classe und aus der natürlichen Familie der Gentianeen. Gärtner machte diese sehr ausgezeichnete Gattung zuerst unter dem Namen **Blackwellia** bekannt; da aber eine Commerson'sche Gattung dieses Namens (s. d. Art. **Blackwellia**) aus der natürlichen Familie der Homalinen schon zwei Jahre vorher durch Jussieu (Gen. pl. p. 343) publicirt war, so hielt Lamarck es für nöthig, den Namen zu ändern. C h a r. Der Kelch trichterförmig, gefärbt, der Saum mit vier umgekehrt-eiförmigen Fetzen; die Corolle trichterförmig; die Röhre lang, achtfaltig, der Saum mit acht ablangen Fetzen; die Staubfäden in der Corolle angewachsen, steif, stehen bleibend; ein flachgedrückter, linienförmiger, an den Rändern scharfgezähnelter Griffel mit zwei fadenförmigen, kurzen, abstehenden Narben steht zwischen zwei umgekehrt-kegelförmigen, an der Spitze abgerundeten Fruchtknoten; zwei prismatische, einfächerige, zweiklappige, vielsamige Kapseln mit säulenförmigen, schwammigen Mutterkuchen und sehr kleinen, eckigen Samen. Die einzige Art, **P. antarctica** *Lam.* (Ill. t.

---

*) *Non.* 16, 13: funere ipso pullis palliis amictae.

*) *Innocent.* de myster. missae I, 56: duplex palla, una quam Diaconus super altare totum extendit, altera quam super calicem plicatam imponit.

286, Blakwellia antarctica *Gärtner* de fruct. II. p. 169. t. 117. f. 1) ist wahrscheinlich durch Forster an der Südspitze von Amerika entdeckt und nur nach dem angeführten Gattungscharakter bekannt. Eine andere Gattung dieses Namens, welche Mönch aufgestellt hat, unterscheidet sich von Lysimachia nur dadurch, daß bei ihr die Staubfäden durchaus frei, bei Lysimachia aber an der Basis verwachsen sind. Palladia atropurpurea *Mönch.* ist Lysimachia atropurpurea *Linn.* (*A. Sprengel.*)

PALLADIO (Andrea), der berühmte Architekt, geboren im J. 1518 zu Vicenza, war Zeitgenosse mehrer großer Künstler seines Fachs. Unter Andern lebte zu seiner Zeit in Frankreich Philibert Delorme, der berühmte Erfinder der Bohlendächer. In Italien hatte Palladio gleichzeitig mehre Nebenbuhler, von denen besonders Domenico Fontana durch Erbauung des lateran'schen Palastes in Rom und durch Aufrichtung des Obelisken vor der Peterskirche, Giacomo Barozzio mit dem Zunamen Vignola (von seinem Geburtsort), als Schriftsteller über Architektur und vorzüglich durch Erbauung des Schlosses Caprarola in der Nähe Roms, endlich vor Allen Michael Angelo Buonarotti außer als Maler und Bildhauer auch als Architekt durch Vollendung der Peterskirche, besonders ihrer Kuppel, sich auszeichnete.

Sowie diese Zeitgenossen und ihre Werke, so mußten auch die seit dem 14. Jahrh. von den großen Architekten dieses Zeitraums von Brunelleschi, Michelozzo, Bramante, San Gallo u. A. errichteten Bauwerke höchst wohlthätig und bildend auf Palladio wirken, und man bemerkt in den seinigen das fleißigste Studium jener.

Seit zwei Jahrhunderten hatte man im Süden Europa's, besonders in Italien, nach und nach die hier ganz misverstandene Architektur der Teutschen, die diese mit ihrer Herrschaft ins Land gebracht hatten, und die hier niemals den gedeihlichen Boden finden konnte, der sie im Norden ins Leben gerufen hatte, verlassen. Man ging, wie es natürlich und ersprießlich war, zu der alten Kunst des Landes, zur Architektur der Römer, zurück und suchte aus der großen Menge ihrer damals noch vorhandenen Werke, aus Trümmern und aus den Schriften der Römer diejenigen Grundsätze zu erforschen, die diese bei ihren Gebäuden angewendet hatten, und den Geschmack sich zu eigen zu machen, der jene geleitet. Unter den Schriften standen Vitruv's zehn Bücher von der Architektur oben an, und nicht blos Architekten, sondern auch Maler und Bildhauer, deren Kunst damals mehr als jetzt mit der Architektur verschmolzen war, studirten sie, und die Monumente, aus denen besonders auch Rafael so manches für seine unsterblichen Werke geschöpft hat.

Alle diese Vorbilder waren aber leider nicht mehr ein lauterer ungetrübter Quell. Die alten Bauwerke waren zwar fast alle großartig, von ausgezeichneter Technik, mannichfaltig, zumeist mit Geschmack und mit dem oder jenem Vorzuge oder irgend einem musterhaften Theile, der sie vor andern auszeichnete, angeordnet; aber ebenso fand man auch fast in allen Überladung, Verkennung wahrer Schönheit in den Verhältnissen, und das Streben, nicht in diesen und der einfachen Zierlichkeit und Größe jene hervorzurufen, sondern in Nebendingen, die oft sogar die anderseits schon errungenen Schönheiten wieder zerstörten, in Glanz und bunter Pracht und in übermäßigem Reichthum. Alte Schriftsteller von Fach waren außer Vitruv nicht vorhanden und dieser selbst kein bedeutender Künstler gewesen, der auch wenig Wahres von den griechischen Werken, die er in seinem Buche allenthalben vor Augen haben will, gewußt zu haben scheint.

Außerdem war die schöne Kunst bei den Römern überhaupt nie zu Hause gewesen. Griechenlands Kunstleben, das sie nie ganz begriffen, war versiegt, als sie reich und mächtig wurden. Sie waren die Kunsterben der Griechen; aber statt das Erbe fleißig zu bebauen und auszubeuten, vernachlässigten sie es, und ihr eigener Genius, der der Kunst nie hold gewesen, schaffte das Neue. Aber dies war nur der Ausbildung der mechanischen Kunst und der Technik günstig; die schöne Kunst ging in ihm Schritt für Schritt zu Grabe.

Demnach konnten nun auch die römischen Werke der Architektur, die bis tief ins Mittelalter hinein sich erhalten hatten, nur wenig Gutes für die damals wiederauflebende alte Kunst wirken. Die griechischen Werke kannte man nicht und hatte gar keine Ahnung von der wahren Schönheit, die sie lehrten. Die Künstler des 15. und 16. Jahrh. hatten nun zwar neben den jüngern Werken aus der Zeit des gänzlichen Verfalls aller Kunst aus dem Zeitalter der Barbarei, auch die ältern aus der besten Zeit der römischen Kunst vor Augen, und strebten, die Vorzüge derselben an Großartigkeit und Schönheit und in jeder andern Hinsicht, welche durch jene Denkmäler der schlechtesten Zeit nur noch mehr gehoben wurden, zu erfassen. Aber sie sichteten dennoch nicht genug und nahmen neben dem Weizen auch die Spreu auf. Leider suchten sie das Höchste der Kunst fast allein in den bei den Römern schon in der besten Zeit aufs Äußerste gemisbrauchten Pilastern und Säulen mit Zubehör. Alles basirte sich bei ihnen auf die Anordnung derselben, die nirgends, wo Schönheit verlangt wurde, fehlen durfte. Die Vitruv'schen Vorschriften für sie, und neuere hinzugekommene, die aus den Monumenten geschöpft waren, wurden streng zum Grunde gelegt und die Schönheit wurde nach dem Buchstaben der Vorschrift gespendet und nach Ellen gemessen.

Hierdurch entbehrte nun gleich im Anfange die neu erwachende alte Kunst die erfrischende Eigenthümlichkeit und die Fähigkeit, nach den neuen Anfoderungen sich zu bilden. Man wandte Säulen und reiche Gebälke allenthalben und ebenso wol bei Kirchen als bei Festungen, bei Palästen und bei Wirthschaftsgebäuden an und hielt solche Anordnungen, sie mochten nun passend sein oder nicht, stets für schön. Immer mehr ahmte man bewußtlos nach, sogar, neben dem Guten der alten Denkmäler, auch das Schlechteste derselben, und alles dies aus übertriebener blinder Hochachtung vor den Werken der Römer.

Diese Verhältnisse muß man ins Auge fassen, wenn man die Leistungen eines Architekten des 15. und 16. Jahrh. betrachten will, und man darf den neuern Maßstab, der durch die griechischen jetzt erst wieder bekannt gewordenen Werke geschärft worden ist, bei Beurtheilung jener nicht anlegen.

Wenn man diesen Architekten, wie schon den Römern, die erwähnten Abwege mit Recht vorwerfen darf, so kann man auch nicht verkennen, daß ihre Werke, fast ebenso wie die ihrer Vorbilder, oft den großartigsten Eindruck machen, eine höchst ausgebildete Technik und manche dabei eine Kühnheit zeigen, welche die größten Werke des Alterthums hinter sich zurückläßt, und an welche auch die jetzige Zeit hinaufstaunen muß. Ebenso wird der Grundriß und die übrige Anordnung manches Palastes und manches andern Gebäudes dieser Architekten in seiner Art stets ein Muster bleiben.

Wenn nun auch Andrea Palladio nicht Gelegenheit hatte, sich in so kühnen, gewaltigen öffentlichen Werken oder in Erbauung der bedeutendsten Paläste besonders auszuzeichnen, wenn er auch die damaligen hervorstechendsten Mängel seiner Kunst nicht gänzlich abzulegen vermochte und im Allgemeinen dem Geschmacke seiner Zeit folgte und huldigte, so hatte er dagegen Gelegenheit, durch eine größere Anzahl gelungener Bauwerke zweiten Ranges, als vielleicht je ein anderer Architekt, und dadurch, daß er mit Erfolg gegen manche eingerissene Geschmacklosigkeiten in der Architektur kämpfte und in vielem Tüchtigen seiner Zeit und der Folgezeit voranging, seinen Namen groß und berühmt zu machen.

Er hatte, wie es scheint, eine sorgfältige Erziehung genossen, die ihn mit der Geometrie und der Literatur vertraut gemacht hatte, namentlich gibt er in seinen eignen Schriften das Studium des Vitruv als die Beschäftigung seiner Jugend an, die auch schon manche Kenntniß voraussetzt.

Außer dem Vitruv waren die Schriften und Werke der neuern Meister, die in dem Jahrhundert vor ihm sich hervorgethan hatten, seine Führer. Aber vor Allen bildeten ihn später die in seinem Vaterlande und besonders in Rom vorhandenen Bauwerke der Alten, zu welcher Kenntniß ihm der berühmte Gelehrte Trissino, sein Gönner und Freund, der ihn dreimal mit nach Rom nahm, verhalf.

Die ganze Zeit seit dem Wiederaufleben der Künste bis zum Ende des 16. Jahrh. war der Ausbildung der Baukunst außerordentlich günstig, die in dieser Zeit allenthalben ein Bedürfniß war. Die Fürsten, die Städte und die Privatleute von Rang und aus den Mittelständen wußten ihren Reichthum nicht würdiger als durch verhältnißmäßig große Bauwerke, die ihren Namen verherrlichten, geltend zu machen. Dies erzeugte zu einer und derselben Zeit und lange nach einander eine Reihe berühmter Architekten und war dem Genie und dem Ruhme Palladio's besonders günstig.

Palladio studirte eifriger, als einer vor ihm die alten Denkmäler in ihrem ganzen Umfange, unternahm Ausgrabungen und Restaurationen, suchte unter dem Gewonnenen das Schöne von dem Unschönen zu unterscheiden, und näherte sich dadurch, daß er die erhaltenen Ergebnisse und Kenntnisse, daß er die dadurch gewonnene Läuterung seines Geschmacks glücklich auf seine Werke anwandte, so viel als damals möglich — als noch römische und griechische Kunst für eine und dieselbe gehalten wurde —, dem wahren Schönen und dem Ziele, das er stets vor Augen hatte, so zu bauen wie die Alten, wenn sie zu seiner Zeit gelebt hätten, gebaut haben würden.

Diese Vorzüge in Palladio's Werken erhöhten den damals durch die Blüthe und den Reichthum der italienischen Städte und Familien schon hervorgerufenen Sinn für das Bauen, und jeder Bauende suchte eifrig von Palladio Pläne zu seinen Zwecken zu erhalten. Dieser wußte mehr als seine Vorgänger und als gleichzeitige Architekten sich von Pedanterie in der Kunst loszumachen, alle alt hergebrachten Formen mehr den neuen Bedürfnissen anzupassen, auch im Kleinen Tüchtiges zu leisten, die verschiedenen vorhandenen Materialien nach ihrer Eigenthümlichkeit beim Bau glücklich zu benutzen und den Entwurf überhaupt den Umständen und dem Vermögen des Bauenden bestens anzupassen; kurz er war ein allgemein gesuchter und Alle befriedigender Künstler, dessen Ruhm und Geschmack sich nach und nach über ganz Europa verbreitete.

In seinem 29. Jahre, nachdem Palladio in Rom den erwähnten Studien aufs Fleißigste obgelegen, kehrte er wieder nach Vicenza zurück. Hier erwartete ihn die Ausführung des ersten bedeutenden Werks, das seinem Genie anvertraut wurde. Es war die Wiederherstellung und gänzliche Umwandlung der alten, im sogenannten gothischen Styl erbauten, nunmehr sehr baufälligen, Basilika. Er stellte das Gebäude vollkommen und mit vieler Kunst wieder her und zwar gänzlich im römischen Style. Dies machte seinen Namen berühmt, und hierdurch und durch die Empfehlung des Trissino beim Papste Paul III. erhielt er einen Ruf nach Rom zu den Berathungen über den Bau der Peterskirche.

Aber der gleich darauf erfolgte Tod des Papstes und Trissino's gab seiner Thätigkeit eine andere Richtung, und er benutzte diesen vierten Aufenthalt in Rom wieder zum genauesten Studium der alten römischen Gebäude und wahrscheinlich diesmal auch zur Ausführung einiger seiner Projecte.

Die literarische Ausbeute dieser fortgesetzten Studien der Alten war sein erstes im J. 1564 erschienenes Werk über die Denkmäler, das, obgleich nicht von großer Bedeutung, doch vielen Beifall erhielt.

Palladio hatte sich jetzt, nachdem er, wie es scheint, zum fünften und letzten Male in Rom gewesen war, in seiner Vaterstadt niedergelassen, und hier schuf er die Pläne zu den außerordentlich vielen städtischen und ländlichen Palästen und Villen, die er in seinem größern Werke, den vier Büchern über die Architektur, selbst ausführlich darstellt und beschreibt, und womit er hauptsächlich das ganze venetianische Gebiet verschönert hatte.

Unter andern baute er einen reichen und großen Palast in Vicenza für Giuseppe de Porti, welcher seinen Styl besonders charakterisirt und Beweis seiner Kunst ist. Unweit Venedig baute er an der Brenta, deren Ufer mit außerordentlich vielen seiner Werke prangen, eins seiner berühmtesten Werke dieser Art, den Palast Foscari. Zu Venedig baute er das Kloster St. Johann von Lateran, zu dem er sich die Vitruv'sche Beschreibung eines römischen Wohnhauses als Richtschnur und Vorbild nahm. Der Bau brannte aber noch unvollendet wieder ab.

Zugleich wurde daselbst nach seinen Zeichnungen das Refectorium von St. Georg Major erbaut, und in Folge dessen erhielt er den Auftrag, auch die Kirche gleiches Namens an die Stelle der alten, welche deshalb abgebrochen wurde, ganz neu aufzuführen. Sie bildet ein lateinisches Kreuz mit einer Kuppel, zeichnet sich durch vorzügliche Anordnung und Ausführung aller Theile und durch edle Verhältnisse aus, und ist eins seiner besten Werke. An der von Sansovino errichteten Kirche di San Francesco della Vigna baute er ein großes schönes Portal korinthischer Säulen, und endlich erbaute er auch gegen das Ende seines Lebens die Salvatorkirche zu Venedig. Hier hatte er auch schon früher ein kleines Theater errichtet.

In seiner Vaterstadt entwarf er im J. 1561 ein Theater für den großen Saal des Stadthauses, und zu verschiedenen Zeiten hatte er bei öffentlichen Festen Gelegenheit, den Reichthum seiner Ideen in Errichtung von angemessenen Werken des Augenblicks, in Säulengängen, Triumphbogen, Obelisken, Springbrunnen und Figuren &c. zu zeigen. Als Heinrich III. auf seiner Reise von Polen, um den französischen Thron zu besteigen, durch Venedig kam, wurde besonders dem Genie Palladio's die Verherrlichung der Gegenwart dieses Monarchen übertragen.

Im J. 1567 hatte die aus ihren Ufern getretene Brenta die Brücke von Bassano zerstört, wodurch Palladio Gelegenheit erhielt, sich in einem andern Theile der Baukunst zu zeigen. Nachdem er den Plan zu einer neuen steinernen Brücke entworfen hatte, deren Ausführung aber zu theuer gefunden wurde, erbaute er hier im J. 1570 eine hölzerne Brücke, die einfach und zierlich ist, und die er, sowie den ersten Plan, in seinen Werken abgebildet hat. Außer dieser erbaute er mehre andere Brücken, die noch viel rühmlicher sind und von denen später näher die Rede sein wird.

Das größte und letzte Werk Palladio's, in dem er am erfolgreichsten die Früchte seines Studiums der Alten niederlegen konnte, ist das sogenannte olympische Theater zu Vicenza, das von der Akademie der Olympier daselbst, für die Vorstellungen der dramatischen Werke der Alten aufzuführen beschlossen wurde, für welche Zwecke Palladio die schon früher erwähnten vergänglichern Theater hergestellt hatte. Er wußte in diesem Bau das Alte mit dem Neuen und seine Ideen mit den gegebenen Bedingungen aufs Befriedigendste zu vereinigen, erlebte aber dessen Vollendung durch einen seiner Söhne, nach Andern durch Scamozzi im J. 1583 nicht mehr.

Es sind bisher die vorzüglichsten Werke Palladio's nur im Allgemeinen erwähnt und benannt worden, um seine Thätigkeit einigermaßen anschaulich zu machen und einen Beweis seiner Berühmtheit zu geben. Ein weiteres Eingehen in dieselben und jede nähere Beschreibung wäre ohne dazu gehörige Abbildungen so trocken als unverständlich und gehört mehr in ein architektonisches Lehrbuch.

Eine kurze Charakteristik seiner Werke nur möchte hier noch an seinem Orte sein.

Palladio war besonders stark in Anordnung des Grundrisses seiner Gebäude und von unerschöpflichem Gedankenreichthume darin, der es ihm leicht machte, auch bei den beschränktesten örtlichen Verhältnissen und den schwierigsten Bedingungen ein erwünschtes Ziel zu erreichen. Besonders zeichnen sich auch einige seiner Paläste durch die schönsten Treppenanlagen aus. Seine Façaden sind mannichfaltig, meist zierlich und gefällig, und wiederholen sich nie, trotz der großen Menge der von ihm entworfenen Pläne von Gebäuden einerlei Art. Er schöpfte auch hier aus dem reichsten Ideenvorrathe.

Geht man indessen streng nach heutigem Maßstabe auf seine Werke der schönen Baukunst ein, so findet man seine Anlagen fast nur auf große Kosten basirt. Seine Façaden erhalten ihren Schmuck und ihr Leben nur durch Säulen und Pilaster, die Ornamente sind meist von schwacher Zeichnung und wenigem Geschmack, die Profile selten nachahmungswerth, oft schlecht, und Verkröpfungen der Glieder, von Quadern durchschnittene Säulen und Pilaster, runde Giebel und andere dergleichen geschwungene Formen verunzieren sehr oft seine Façaden. Wenn er auch mit manchem Erfolge das Schöne in den Alten aufgesucht hat, wenn ihm dies auch mehr als allen seinen damaligen Kunstgenossen gelang, so blieb er doch stets von dem Schönsten der alten Architektur, von dem griechischen Style, den er erreichen wollte, weit entfernt, da dieser in den römischen Denkmälern nicht mehr zu erkennen war.

Seine dorische Säulenordnung ist im Ganzen die von den Römern verbildete, ebenso kennt er nur die römisch-jonische Säule und wendet oft das plumpe römisch-korinthische Kapitäl an. Von dem korinthischen Kapitäl sieht man bei ihm vortreffliche Muster.

Im Brückenbau sind Palladio's Verdienste um die Fortschritte der Baukunst eigentlich größer als im Prachtbau, aber dergleichen Werke sind unscheinbarer und daher auch undankbarer. Er war der erste Verbesserer des Holzbrückenbaues, den man damals meist nur in gewöhnlichen Jochbrücken ausführte, und wandte wahrscheinlich zuerst Hangesäulen dabei an. Seine Brücke von Bassano, mit 40 Fuß-weiten Jochen, ist ein Sprengwerk, lobenswerth, doch nicht bedeutend; aber seine Brücke über den Cismone, zwischen Trient und Bassano, hat 105 Fuß weite Joche, die von einem höchst einfachen und sehr verständig angeordneten Hangewerke überspannt werden. Neben der Beschreibung und Abbildung dieser Brücken im dritten Buche seines Werks gibt Palladio noch die Abbildung einiger anderer Projecte von Holzbrücken, die alle viel Vorzügliches haben und wovon das eine besonders von großem Genie zeugt und die ersten Anfänge der in neuerer Zeit so oft angewandten hölzernen Bogenbrücken enthält. In demselben Buche theilt Palladio auch außer dem Project zur steinernen Brücke von Bassano die Ideen zu andern prächtigen steinernen Brücken mit, die seine tiefen praktischen Kenntnisse und den in aller Art gewandten Künstler erkennen lassen.

Außer dem bisher gelegentlich erwähnten Inhalte seines großen Werks, der vier Bücher über Architektur, enthält das vierte Buch besonders sehr genaue Risse und Details der Denkmäler Roms und der römischen Monumente anderer Gegenden, und wird dadurch vorzüglich werthvoll.

Dies Werk, das von großer Gelehrsamkeit und fleißiger Forschung sowol, als von seinem Genie Zeugniß gibt, macht Palladio die größte Ehre. Es wurde auch glänzend anerkannt, in fast alle europäische Sprachen übersetzt und erlebte, in 72 Jahren nach seinem Erscheinen im J. 1570 in Venedig, drei Auflagen. Auch im vorigen Jahrhunderte wurde es in Vicenza neu aufgelegt und in diesem in Paris.

Palladio starb zu Vicenza den 19. Aug. 1580 und hinterließ drei Söhne, Leonidas, Horatius und Sylla, wovon letzterer sein Nachfolger in der Architektur wurde, ohne indessen Nachfolger in seinem Ruhme zu sein.

(*Stapel.*)

Palladischer Gerichtshof in Athen, s. Palladium.

PALLADIUM (*Παλλάδιον*), Schnitzbild der Pallas auf der Burg von Ilios, an dessen Ursprung sich verschiedene Legenden knüpfen. Als Ilos, erzählt Apollodoros [1]), Ilios gebaut, bat er Zeus um das Erscheinen eines Wahrzeichens und fand das vom Himmel herabgefallene Pallasbild (τὸ διϊπετὲς Παλλάδιον). Es war drei Ellen hoch, mit eng an einander gefügten Füßen (τοῖς ποσὶ συμβεβηκός) [2]), hielt in der Rechten einen in die Höhe gehobenen Speer, in der Andern aber Spindel und Rocken. Zur Erklärung dieser Gestalt des Bildes erzählte man die Legende, Athene sei beim Triton erzogen, der eine Tochter Namens Pallas hatte. Beide Jungfrauen lagen kriegerischen Übungen ob und als Pallas mit Athene einst in Streit gerathen und im Begriffe war, auf ihre Gegnerin einzuschlagen, hielt Zeus die Ägide vor: Pallas erschrak und sank von Athene getroffen. Athene aber darob betrübt bereitete ein der Pallas ähnliches Schnitzbild, legte um die Brust die gefürchtete Ägide und stellte es auf neben Zeus. Nachher warf sie es in das Ilische Land herab, Ilos erbaute einen Tempel und ehrte es hoch. Nach einer andern Sage erblindete Ilos beim Anblick des Palladion [3]): wenn aber Pallas Tochter, Chryse, dem Dardanos zwei Palladien als Mitgift zugebracht haben soll, deren eins Odysseus raubt, deren anderes Äneas als Kleinod und Unterpfand eines neuen Staats mitnimmt [4]); so soll diese Umänderung der Sage die verschiedenen Sagen über den Raub des Palladion und die Rettung desselben unter Äneas' Penaten ausgleichen [5]). Eine späte Sage erzählt, ein Philosoph und Telest Asios habe das Palladion [6]) dem Könige Tros gegeben: womit denn in Zusammenhange steht, daß Leute wie Jamblichos und Tzetzes magische oder astrologische Kraft an ihm fanden [7]). Nach dem Cyklographen Diomysios im fünften Abschnitte des Cyklos war es aus den Gebeinen des Pelops gefertigt [8]); gegen welchen Apellas in den delphischen Geschichten geltend machte, es habe zwei Palladien gegeben, beide von Menschenhand gefertigt [9]). Daß es vom Himmel herabgeworfen, sollte auch Pherekydes' Herleitung des Namens von πάλλειν so viel als βάλλειν sagen [10]).

An die Erhaltung jenes alten Schnitzbildes in Ilios knüpfte sich die Rettung der Stadt: so lange dieses ἔρυμα τῆς πόλεως unversehrt, konnte Ilios nicht fallen [11]). Nach ziemlich übereinstimmender Sage rauben es Odysseus und Diomedes, die schlauesten und verwegensten der Achäer, beide die Göttin Athene besonders ehrend; entweder rauben sie es bei ihrer Gesandtschaft an Priamos durch den Verrath der Theano, des Weibes Antenor's, der Priesterin der Pallas [12]), oder nach der gewöhnlichen Sage, indem sie heimlich in die Stadt drangen und mit dem Palladion aus einem unterirdischen Bogengange hervorkamen [13]). Entweder Odysseus oder Diomedes erzählte dieser Sage gemäß in Sophokles *Λάκαιναι* [14]):

Wir stiegen in den engen, argbeschmutzten Schlund.

Mit Gewalt rauben sie es auch bei Virgilius [15]), indem sie die Wächter der Burg tödten und mit blutbespritzten Händen das Bild der gewaltigen Göttin entführen, daher denn bei der Ankunft im Lager Schweiß vom Bilde herabrann, die Augen flammten und es sich dreimal vom Boden erhob mit Schild und Lanze. Nach einer andern leicht zu erklärenden Wendung des Mythos folgte die Göttin willig und gern den Achäern stets wohlgesinnt, ihren Schützlingen [16]).

Unterwegs versuchte Odysseus den Diomedes zu tödten, wurde aber daran verhindert und bei der Ankunft im Lager entspann sich Streit um den Besitz des Kleinods. Nach der Sage der Athener gaben Odysseus und Diomedes dasselbe dem Demophon in Verwahrung [17]), der es nach Athen brachte. Es war im Süden der Stadt aufgestellt und wurde von den Buzygen bedient, dort war die Mahlstätte für unfreiwillige Mörder [18]). Nach

1) *Apollod.* Bibliothec. III, 12, 3. coll. *Tzetz.* Lyc. 355. 2) Nach Art uralter Schnitzbilder, s. *Müller.* Archaeol. §. 68. Vergl. auch die etwas abweichende Beschreibung bei *Eustath.* Il. p. 627, 6. 3) *Dercyllus* περὶ κτίσεων. *Plutarch.* Parall. Min. p. 309. F. 4) Callistratus et Satyros. *Dionys. Hal.* I, 68. 5) *Heyne*, Excurs. IX. *Virg.* Aen. Lib. II. 6) Scholl. B. Il. VI, 311, wo das Palladion heißt ζῴδιον μικρὸν ξύλινον. 7) *Heyne*, Observat. *Apollod.* p. 296.

8) Ap. *Clem. Alex.* Protrept. IV, 47. p. 14. *Sylb.* 9) *Apellas* ap. *Clem. Alex.* l. c. 10) *Pherec.* Et. M. s. v. *Tzetz.* Lyc. 355. Schol. *Aristid.* p. 102 sq. *Frommel.* Παλλάδια ἐκάλουν, καθὰ λέγει Φερεκύδης, τὰ βαλλόμενα εἰς γῆν ἐκ τοῦ οὐρανοῦ ἀγάλματα· πάλλειν γάρ φησι τὸ βάλλειν ἔλεγον. Nach einem andern Scholiasten zum Aristides (h. l.) hatte Pherekydes von den Palladien geredet, die beim Kampfe der Giganten vom Himmel gefallen. S. *Sturz.* Pherecyd. p. 208. 11) *Quintus Smyrn.* X, 355 sq. Daher fatale *Virg.* Aen. II, 165. 12) Schol. B. Il. VI, 311. *Suid.* s. v. *Παλλάδιον.* 13) So erzählte Lesches nach der Tab. Iliac., vgl. auch *Con.* Narr. 34, nach welchem es Hellenos verrieth. Procl. Chrest. p. 86 (482. *Gaisf.*). 14) *Poll.* IX, 49. Στενὴν ἔδυμεν ψαλίδα κοὐκ ἀβόρβορον. Daß der Stoff der *Λάκαιναι* in Lesches' *Ἰλιὰς μικρά* lag, sagt *Aristot.* Poet. 23. Vergl. Theod. Bergk, Rhein. Mus. für Philologie. 1836. II. S. 227 fg. Auch *Serv.* Aen. II, 166 sagt: Diomedes et Ulixes, ut alii dicunt cuniculis, ut alii cloacis ascenderant arcem. 15) Aen. II, 165 sq. Vergl. *Serv.* h. l. 16) *Tryphiodor.* 54. *Ovid.* Fast. VI, 431. 17) *Clem. Alex.* Protr. IV, 47. p. 14. *Sylb.* Poll. VIII, 119. 18) Nur dieses Pallasbild heißt eigentlich Palladion, s. *Plut.* Thes. 27. *Polyaen.* Strateg. I, 5. Corp. inscriptt. nr. 491. *Bossler.* de Gentt. Attic. p. 12. not. 14. Nach Polyän sollte es deshalb ein Buzyge

r. zweiten Sage hatte es Demophon vom Diomedes aubt [19]); und um zu erklären, warum Demophon beim llabion zuerst vor Gericht gestellt, bildete man die Sage in aus, Diomedes sei auf der Heimkehr von Ilios chts in Attika ans Land gestiegen, Demophon sei ohne wissen, daß die Fremden von Argos seien, ihnen entengezogen, habe mehre getödtet und das Palladion ih abgenommen, weil er aber unvorsichtiger Weise einen ener übergefahren mit seinem Streitwagen, sei er zu am Pallasbilde vor Gericht gestellt worden [20]).

Aber auch im Argos [21]) glaubte man das Palladion orgen, in Siris, in Önotrien [22]), endlich im Lavinium, eria, Rom [23]). Denn „unersetzliche Heiligthümer von Art des Palladium, wenn sie zu Grunde gehen, kom angeblich anderswo wieder ans Licht, wo denn oft mehre der Anspruch gemacht wird, das echte zu sein [24])."

Argiver behaupteten den Besitz des echten Palladions s Diomedes wegen, die Bewohner von Siris oder aklea und Luceria ließen es den Diomedes mit nach r Küste gebracht haben, an die sich so viele Niederingen von Troja heimkehrender verschlagener Achäerfürknüpften. Nur etymologische Spielerei läßt das ladion in Pesinos vom Himmel gefallen sein [25]). Die ner aber nahmen an, Äneas habe es nach Lavinium acht, von wo es nach Rom gekommen sei [26]). Daher auf der ilischen Tafel die Rettung des Palladion Arktinos als die Hauptthat des Helden dargestellt Andere erzählten, Diomedes habe es dem Äneas in ibrien zurückgegeben, nach einem Ausspruche des Ora[27]). Äneas habe es dem Nautes abgetreten, worauf gens Nautia ihre Bedienung dieses pignus imperii ibete. Andere sagten, die Troer hätten das Pallaversteckt und erst Fimbria habe es im Mithridatischen ge nach Rom gebracht. Um das wahre Palladion Diebstahl zu sichern, habe man durch den Mamumehre ähnliche machen lassen, das echte sei kenntan der Beweglichkeit des Speers und der Augen [28]). Metellus es aus dem Brande des Tempels rettete, erblindete er [29]), Heliogabalus aber ließ es aus dem Tempel später in den kaiserlichen Palast bringen [30]). Auch das römische Palladion war im langen Chiton, mit alterthümlicher, angeblich ägyptischer, Gesichtsbildung [31]).

Die bildende Kunst stellt besonders den Raub mannichfach dar [32]). (*F. W. Schneidewin.*)

PALLADIUM (Chemie). Das Palladium ist in geringer Menge im Platinerze enthalten. Der Gehalt dieses Erzes an Palladium beträgt ½ bis 1 pr. C. Es findet sich auch in gediegenem Zustande. Wollaston hat in einem Erze von Brasilien metallische Blättchen und Bleche von strahlenförmiger Textur beobachtet, welche nach seiner Angabe aus Palladium mit einer sehr kleinen Menge Platin und Rhodium bestehen. Auch am Harze ist gediegenes Palladium von Zinken und Bennecke in kleinen, glänzenden Schuppen sparsam eingesprengt in dem, von Selenblei umgebenen, gediegenen Golde aufgefunden worden.

Das Palladium wurde im Jahre 1803 von Wollaston entdeckt. Derselbe übergab eine gewisse Menge davon dem Mineralienhändler Forster in London zum Verkaufe, welcher die Eigenschaften des neuen Metalles beschrieb. Obgleich diese richtig befunden wurden, so hielt man doch das neue Metall für eine Mystification. Der englische Chemiker Chenevix kaufte den ganzen Vorrath des neuen Metalles von Forster, untersuchte dasselbe und erklärte es für Platinamalgam. Zugleich machte er bekannt, daß er es durch Fällen einer gemischten Auflösung von Platin und Quecksilber mittels schwefelsauren Eisenoxyduls und Schmelzen des erhaltenen Niederschlages dargestellt habe. Diese Angaben wurden mehrfach geprüft und wiederholt; allein es gelang Niemand, hiernach ein Metall mit den Eigenschaften des von Forster verkauften Metalles darzustellen. Als hierauf im J. 1803 Smithson Tennant das Osmium und Iridium entdeckte und diese Entdeckung der königl. Gesellschaft der Wissenschaften in London vorlegte, übergab Wollaston derselben das Palladium als ein neues, im Platinerze enthaltenes, eigenthümliches Metall, bekannte sich zum Entdecker desselben und theilte seine Methode zur Darstellung dieses neuen, bisher zweifelhaft gewesenen Metalles aus dem Platinerze mit.

Eigenschaften. Das Palladium ist graulich weiß und dem Platin sehr ähnlich, nähert sich aber mehr der Farbe des Silbers, als der des Platins. Es ist sehr geschmeidig und leichter zu bearbeiten, als Platin. In der stärksten Hitze unserer Öfen schmilzt es nicht vollkommen, aber es kommt in mußigen Fluß, und man kann es dann

---

Athen gebracht haben. Die Scholl. *Aristid.* p. 103. *Fromm.* fälschlich von drei Palladien auf der Burg in Athen, von deins das ἀρχαῖον καὶ διιπετές sei, ein zweites χαλκοῦν nach Perserkriegen geweiht, welches ein Scholiast dem Praxiteles zubt; das dritte das vom Pheidias. Über den Blutgerichtshof Παλλαδίῳ. Hauptstelle *Paus.* I, 28, 9. 19) *Lysias* ἐν πὲρ Σωκράτους πρὸς Πολυκράτην λόγῳ in Scholl. *Aristid.* 02. *Frommel.* 20) *Paus.* I, 28, 9. cll. Et. M. s. v. *ocrat.* s. v. ἐπὶ Παλλαδίῳ, wo statt Diomedes Agamemnon nt wird, und *Hesych.* s. v. ἀγνῶντες. 21) *Strab.* VI. p. 22) *Strab.* l. c. Lycophr. 988. Niebuhr R. G. I. S. vgl. S. 196. Die Sagen von den καταμύσεις der Palladien, . B. des von Siris, entstanden durch die ὄμματα καταμεrα. 23) *Serv. Virg.* Aen. II, 165. 24) Niebuhr R. , S. 196. 25) Weil es κατέπεσεν ἐν Πεσινοῦντι, Διός καὶ Δίων τὸν τόπον κληθῆναί φασιν, *Tzetz.* Lycophr. 26) Beim Brande der Stadt unter Commodus erblickten e Menschen zum ersten Male, als die Priesterinnen der Vesta tteten. *Herodian.* I, 14. 27) *Varro* apud *Serv. Virg.* II, 165. 28) Auch die Trojaner sollen dieselbe Vorkehrung Entwendung ihres Palladion getroffen haben. *Conon.* Narr. Von den Nautii Hartung, Die Relig. d. Röm. I. S. 75.

29) Wie vom Ilos Ähnliches erzählt wird; s. *Dion. Halic.* II. p. 126. *Plin.* H. N. VII, 43. *Ovid.* Fastt. VI, 431. Nur eine Priesterin durfte die Trojana Pallas sehen (*Lucan.* I, 598). 30) *Herodian.* V, 6. 31) So beschreibt es sehr genau nach einem Relief im Templum Fortunae *Procop.* B. G. I, 15. 32) S. Levezow über den Raub des Palladions auf den geschnittenen Steinen des Alterthums. 1801. Müller, Handbuch der Arch. S. 575. ed. I. *Spanheim.* Callim. Lav. Pall. 39. Die Darstellung des Raubes auf einer Vase bei *Millingen* Unedited Monument. I, 28, wo Odysseus und Diomedes zwei Bilder rauben, erklärt sich aus *Ptolem.* Heph. p. 18. *Roulez.*, wie denn auch Xpellas (not. 9) von zwei Palladien redete. Dadurch sollten wol die Ansprüche von Argos und Athen oder zwei andern Städten ausgeglichen werden.

auf sich selbst löthen und hämmern. Es gelang Bréant, Münzquardein in Paris, zuerst das Palladium zu schmelzen, und er überreichte dem Könige von Frankreich im J. 1823 eine Medaille davon. Nach Bréant ist der Schmelzpunkt des Palladiums dem des Eisens gleich. Vor dem Sauerstoffgebläse schmilzt es vollkommen, und wenn es einige Zeit lang im Schmelzen erhalten wird, so fängt es an zu sieden, und brennt unter lebhaftem Funkenwerfen. Wird das pulverförmige Palladium mit Borax erhitzt, so nimmt es Metallglanz an. Im geschmolzenen Zustande besitzt das Palladium wenig Elasticität. Zum Sauerstoff hat dieses Metall nur schwache Verwandtschaft. Wird dasselbe bei Zutritt der Luft bis zum Rothglühen erhitzt, so läuft es blau an, ohne merklich an Gewicht zuzunehmen. Diese Färbung verschwindet in der Weißglühhitze und in Berührung mit Wasserstoffgas, was dafür spricht, daß sie von einer anfangenden Oxydation herrührt. Das schwammförmige Palladium wird im Wasserstoffgase bei +20°, im Kohlenoxydgase bei 120° C. rothglühend. Wird metallisches Palladium der inneren Flamme einer Weingeistlampe in der Nähe des Dochtes ausgesetzt, so wird es spröde und überzieht sich mit einem schwarzen, kohlenartigen Pulver, welches Kohlenstoffpalladium ist. Das specifische Gewicht des Palladiums ist 11,3 und steigt nach dem Walzen auf 11,8.

Das Palladium wird von concentrirter Salpetersäure angegriffen, und diese löst es, selbst in der Kälte, mit braunrother Farbe auf. Hierdurch unterscheidet es sich vom Platin. Die Auflösung enthält Palladiumoxydul. Schwefelsäure und concentrirte Chlorwasserstoffsäure greifen es selbst bei der Siedehitze nur unbedeutend an. Königswasser löst es leicht auf. Die Auflösung ist ein Gemisch von Palladiumchlorür und salpetersaurem Palladiumoxydul, und enthält ein wenig Chlorid. Das Palladium wird in der Rothglühhitze von Kali und Salpeter angegriffen, doch weit schwächer als Platin; es wird hierbei in Oxydul verwandelt. Auch von zweifach schwefelsaurem Kali wird es angegriffen, und es bildet sich dabei ein in Wasser lösliches schwefelsaures Doppelsalz.

Das Palladium verbindet sich direct mit Schwefel, Phosphor und Arsenik. Die Verbindung erfolgt unter Erglühen. Gasförmiges Chlor greift es leicht an. Von einer Auflösung von Jod in Alkohol, welche auf metallisches Palladium abgedampft wird, wird dasselbe schwarz, was beim Platin nicht der Fall ist. Hierdurch können beide Metalle, wenn sie verarbeitet sind, leicht von einander unterschieden werden.

Unter allen Metallen besitzt das Palladium die stärkste Verwandtschaft zum Cyan. Es verbindet sich mit allen Metallen und hat eine starke Verwandtschaft zum Quecksilber. In kleinen Mengen vermindert es die Ductilität der hämmerbaren Metalle nicht, aber in großer Menge macht es sie öfters spröde. Das Atomgewicht des Palladiums (Pd) ist 665,84.

Darstellung von schmiedbarem Palladium. Wollaston gibt (Poggendorf's Annalen der Physik. 16. Bd. S. 166) folgendes Verfahren an, um schmiedbares Palladium zu erhalten. Man verbinde den Rückstand von der Verbrennung des Cyanpalladiums mit Schwefel, und reinige, nachdem man das Schwefelmetall geschmolzen hat, den Kuchen zuletzt durch Calcination in einem offenen Tiegel, mit Borax und etwas Salpeter. Denn röste man das Schwefelmetall bei einer schwachen Rothglühhitze auf einem Backstein, und drücke es, wenn es die Consistenz eines Teiges erhalten hat, in einen vierseitigen, oder ovalen flachen Kuchen. Darauf röste man es wieder langsam bei schwacher Rothglühhitze, bis es auf der Oberfläche schwammig wird. Während dieses Processes, besonders in den Momenten einer zufälligen Abnahme der Hitze, geht der Schwefel als schweflichte Säure davon. Nun lasse man den Zain sich abkühlen, und wenn er völlig kalt geworden ist, schlage man ihn mit einem leichten Hammer, um ihn zu verdichten und die schwammigen Auswüchse auf seiner Oberfläche fortzuschaffen. Das abwechselnde Rösten und gelinde Hämmern erfodert die äußerste Sorgfalt und Ausdauer, denn eher erträgt der Kuchen keine harten Schläge; allein er kann auf diesem Wege zuletzt so dünn und dicht gemacht werden, daß man ihn durch ein Walzwerk gehen lassen und dadurch beliebig dünne Bleche darstellen kann. So bereitet, ist das Palladium immer etwas spröde, so lange es heiß ist, wahrscheinlich von einem geringen Gehalte an zurückgebliebenem Schwefel. Durch Glühen von Palladiumcyanür in verschlossenen Gefäßen wird das Palladium unmittelbar rein erhalten. Ist es im Zustande des rothen Doppelsalzes von Palladiumchlorid und Chlorkalium, so glüht man dieses in einem Porzellantiegel unter Zusatz von Chlorammonium, wodurch die Reduction erleichtert wird.

Scheidung des Palladiums vom Kupfer. In den Platinerzen kommt das Palladium immer zugleich mit Kupfer vor, und diese beiden Metalle verhalten sich im Allgemeinen einander so gleich, daß es schwer ist, sie mit völliger Genauigkeit von einander zu trennen. Berzelius hat jedoch eine zu diesem Zwecke führende Methode angegeben. Diese besteht darin, daß man das kupferhältige Palladium in Kalium-Palladiumchlorid verwandelt und dieses mit Alkohol behandelt. Das Doppelsalz des Kupfers ist hierin auflöslich, das des Palladiums nicht.

Sauerstoffhaltige Verbindungen.

A. Oxyde. Das Palladium besitzt zum Sauerstoffe eine stärkere Verwandtschaft als das Platin, und bildet damit zwei Oxyde, welche isolirt dargestellt werden können.

I. Palladiumoxydul. Dieses Oxyd des Palladiums ist schon seit längerer Zeit bekannt. Es ist schwarzbraun, hat halbmetallischen Glanz und gleicht etwas dem Mangansuperoxyd. In den Säuren löst es sich nur schwierig auf. Sein Hydrat ist dunkelbraun; beim gelinden Erhitzen verliert es sein Wasser und wird schwarz; bei starker Glühhitze wird es reducirt. Es löst sich in allen Säuren mit Hilfe der Wärme auf, dagegen ist es in den Alkalien und in Ammoniak unauflöslich. Das Palladiumoxydul (Pd) besteht aus 1 Atom Palladium und 1 Atom Sauerstoff, oder aus

Palladium	86,94
Sauerstoff	13,06.

Sein Atom wiegt 765,890. Man erhält das Palladiumoxydul: 1) Durch Zersetzung des salpetersauren Palladiumoxyduls in mäßiger Glühhitze. 2) Durch Erhitzen eines Gemenges von einem Palladiumsalze mit kohlensaurem Kali oder Natron. Das Hydrat wird durch Zersetzung einer Palladiumauflösung mit einem Überschusse von kohlensaurem Kali erhalten. Ätzendes Kali kann nicht angewendet werden, weil sich ein basisches Salz niederschlagen würde, welches in einem Übermaße des Alkalis auflöslich wäre.

II. Palladiumoxyd. Es hat in völlig reinem Zustande noch nicht dargestellt werden können, sondern nur in Verbindung mit Wasser und einer gewissen Menge Kali. Seine Existenz ist von Berzelius nachgewiesen worden. Es bildet sich durch den Zusatz von Kalihydrat oder kohlensaurem Kali zu einer Auflösung von Palladiumchlorid. Es kann sich in einem Übermaße des Fällungsmittels wieder auflösen, aber es scheidet sich daraus freiwillig in gelatinöser Gestalt ab. Dieses Hydrat ist dunkelgelblich braun, fast wie Umbra. Durch Sieden im Wasser wird es schwarz und scheint sich in wasserfreies Oxyd umzuändern. Wird das trockene Hydrat in Destillationsgefäßen erhitzt, so zersetzt es sich mit solcher Heftigkeit und das Wasser entwickelt sich so plötzlich zugleich mit der Hälfte des Sauerstoffs, daß die Masse aus dem Gefäße geschleudert wird. Das wasserfreie Oxyd entwickelt ruhig Sauerstoffgas. Das feuchte Hydrat löst sich, obgleich langsam, in allen Säuren auf. Die Auflösungen sind rein gelb. Mit verdünnter Chlorwasserstoffsäure behandelt, entwickelt sich Chlor, mit concentrirter Chlorwasserstoffsäure bildet sich wieder Kalium-Palladiumchlorid. Das Palladiumoxyd ($\ddot{\mathrm{Pd}}$) besteht aus 1 Atom Palladium und 2 Atomen Sauerstoff oder aus

Palladium	76,92
Sauerstoff	23,08.

Sein Atom wiegt 865,809.

B. Salze. Das Palladium bildet zwei Reihen von Salzen, wovon nur die einen, die Oxydulsalze, ein wenig bekannt sind. Die Oxydsalze sind fast noch unbekannt. Die Palladiumoxydulsalze sind gelblich oder bräunlich gelb. Die ätzenden und kohlensauren Alkalien bilden darin braune Niederschläge, welche in einem Überschusse des Fällungsmittels wieder auflöslich sind. Die Flüssigkeiten werden braun. Ammoniak erzeugt darin gelbbraune Niederschläge, welche sich in einem Übermaße des Alkalis wieder auflösen, ohne die Flüssigkeiten zu färben. Schwefelwasserstoff und die schwefelwasserstoffsauren Salze schlagen daraus schwarzbraunes Schwefelplatin nieder, welches in den schwefelwasserstoffsauren Salzen unauflöslich ist. Selbst wenn in Flüssigkeiten nur $\frac{1}{1000}$ Palladium enthalten ist, so nehmen sie doch eine entschiedene gelbe Färbung an. Das Palladium wird im metallischen Zustande durch Phosphor, Zinn- und Eisenoxydulsalze, schweflichte Säure und alle Metalle niedergeschlagen, welche das Silber reduciren. Eine Auflösung von Quecksilbercyanid erzeugt in Palladiumauflösungen einen gelblichweißen, gelatinösen Niederschlag von Cyanpalladium, welcher durch Stehen fast ganz weiß wird und in einem großen Überschusse von Chlorwasserstoffsäure auflöslich ist. Die Verwandtschaft des Palladiums zum Cyan ist so stark, daß das Cyanpalladium sich selbst mit den unlöslichen Verbindungen dieses Metalles bildet, wenn man dieselben mit angefeuchtetem Quecksilbercyanid in Berührung bringt.

Schwefelhaltige Verbindungen.

1) Schwefelpalladium. Das auf trockenem Wege dargestellte Schwefelpalladium ist von metallisch bläulichweißer Farbe und von glänzendem, blättrigem Bruche. Es schmilzt in der Rothglühhitze; in einer hohen Temperatur wird der Schwefel abgeschieden, und es bleibt reines metallisches Palladium zurück. Durch Rösten ändert es sich in basisch schwefelsaures Oxyd von dunkelrother Farbe um, welches in Chlorwasserstoffsäure auflöslich ist und durch starkes Glühen reducirt wird. Das Schwefelpalladium ($\acute{\mathrm{Pd}}$) besteht aus 1 Atom Metall und 1 Atom Schwefel oder aus

Palladium	76,80
Schwefel	23,20.

2) Die braunen Niederschläge, welche durch Schwefelwasserstoff oder schwefelwasserstoffsaure Alkalien in den Palladiumauflösungen hervorgebracht werden, sind Schwefelverbindungen des Palladiums, welche den in jenen Lösungen enthaltenen Oxyden entsprechen.

3) Schwefelsaures Palladium. Es wird durch Zersetzung des salpetersauren Oxyduls mittels Schwefelsäure erhalten, ist roth und in Wasser leicht löslich.

Phosphor-, Arsenik- und Stickstoffhaltige Verbindungen.

1) Phosphorpalladium ist leicht schmelzbar.

2) Arsenikpalladium ist sehr spröde.

3) Salpetersaures Palladiumoxydul. Es entsteht durch Auflösen des Palladiums in Salpetersäure. Die Auflösung liefert nach dem Eindampfen ein rothes Pulver, welches als ein basisches Salz angesehen wird. Durch schwaches Erhitzen wird es in schwarzes, metallähnliches Oxydul umgewandelt. Nach Fischer gibt es zwei Verbindungen von salpetersaurem Palladiumoxydul und salpetersaurem Ammoniak. Man erhält die erstere, indem man dem salpetersauren Palladiumoxydul so viel Ammoniak zusetzt, als nöthig ist, um den Niederschlag, der sich zuerst bildet, wieder aufzulösen, dann zur Krystallisation abraucht, und mit etwas Wasser abwäscht, um das überschüssige salpetersaure Ammoniak zu entfernen. Dieses Doppelsalz krystallisirt in langen, vierseitigen Prismen oder in Blättchen, welche durchsichtig, glänzend und völlig farblos sind. In Wasser und Ammoniak ist es löslich, in Alkohol aber unlöslich. In der Hitze detonirt das salpetersaure Palladiumoxydul-Ammoniak schwach unter Lichterscheinung.

4) Ein basisches salpetersaures Palladiumoxydul-Ammoniak wird erhalten, wenn salpetersaures Palladiumoxydul, nachdem es zur Trockniß verraucht worden ist, in der Wärme mit Ammoniak behandelt wird. Die Flüssigkeit enthält das vorher beschriebene, neutrale salpeter-

saure Salz und das basische Salz bleibt unaufgelöst. Es bildet ein braunes, metallischglänzendes Pulver, welches selbst in der Siedehitze in Wasser und Ammoniak unlöslich ist. Von Salpetersäure wird es in der Wärme aufgelöst. In Chlorwasserstoffsäure löst es sich ziemlich leicht auf und durch Verdunsten erhält man nun das krystallisirte neutrale Ammonium-Palladiumchlorid.

Chlorhaltige Verbindungen.

Chlorpalladium. Es gibt **zwei** Verbindungen von Chlor mit Palladium, welche beide verschiedene Verbindungen mit den Chlormetallen bilden:

1) Das **Palladiumchlorür** ist pulverig und grün; es löst sich in Wasser auf, welches dadurch grün gefärbt wird. Seine Verbindungen mit den übrigen Chlormetallen sind im Allgemeinen sehr löslich in Wasser und selbst in Alkohol; ihre gewöhnliche Farbe ist kastanienbraun. Man erhält das Palladiumchlorür, wenn man Palladium in Chlorwasserstoffsäure auflöst, welcher ein wenig Salpetersäure zugefügt worden ist. Die Auflösung wird zur Entfernung aller Salpetersäure zur Trockniß abgedampft. Man erhält eine krystallinische, dunkelbraune Salzmasse, welche nach dem Verluste des Krystallwassers braun ist. Man kann sie in Glasgefäßen schmelzen. Erhitzt man sie in einem Platingefäße, so nimmt sie Platinchlorid auf, und erhält hiervon eine bräunlichgrüne Farbe. So oft die Auflösung des Palladiumchlorürs zur Trockniß verdampft wird, zersetzt sich ein Theil des Salzes unter Entwickelung von Chlorwasserstoffsäure. Löst man die trockene Masse dann wieder in Wasser auf, so hinterläßt sie ein braunrothes Pulver, welches basisches Palladiumchlorür ist. Das Palladiumchlorür enthält:

Palladium	60,03
Chlor	39,97
	100,00

2) Das **Palladiumchlorid** kann in festem Zustande nicht dargestellt werden, sondern nur in Auflösung. Es entsteht, wenn trockenes Palladiumchlorür in concentrirtem Königswasser aufgelöst und die Auflösung schwach erwärmt wird. Die Auflösung hat eine dunkelbraune Farbe. Man erhält diese Verbindung auch durch Behandlung des Oxydhydrates mit concentrirter Chlorwasserstoffsäure; es bleibt hierbei gewöhnlich ein kleiner Rückstand von kalihaltigem Chlorid, welcher von dem Kaligehalte des Oxydes herrührt. Mit den positiven Chlormetallen bildet das Palladiumchlorid Verbindungen. —

Kohlenstoffhaltige Verbindungen.

Kohlenpalladium. Wöhler hat die Beobachtung gemacht, daß das Palladium, der Flamme einer Spirituslampe in der Nähe des Dochtes ausgesetzt, spröde wird und sich mit einem schwarzen Ruß überzieht. Diese Substanz ist Kohlenpalladium.

1) **Palladiumcyanür. Cyanpalladium.** Wird zu einer Palladiumauflösung, die nur wenig Palladium enthält, eine Auflösung von Cyanquecksilber gesetzt, so entsteht nicht sofort ein Niederschlag, sondern die Flüssigkeit trübt sich erst nach einiger Zeit. Der Niederschlag ist blaßgelb und wird nach dem Trocknen graugelb. Das Palladiumcyanür wird in der Rothglühhitze zersetzt, löst sich in den Chloralkalien auf und bildet mit diesen eigenthümliche Doppelsalze.

2) **Palladiumcyanid.** Es entsteht, wenn eine Auflösung von Cyanquecksilber auf fein gepulvertes Cyanquecksilber gegossen und damit bewegt wird. Es bildet sich ein blaßrothes Cyanid, das sich bald zersetzt und rein weiß wird, während die Flüssigkeit den Geruch nach Cyanammonium annimmt.

Legirungen.

Fischer hat beobachtet, daß die Verbindung des Palladiums mit leicht schmelzbaren Metallen, wie Antimon, Zinn, Zink und Blei mit einer sehr schönen Phosphorescenz erfolgt, während dasselbe Phänomen bei der Verbindung mit Gold &c. nicht stattfindet. Das Palladium bildet auch viele Legirungen auf nassem Wege mit denjenigen Metallen, durch die es aus seinen Auflösungen gefällt wird.

Eisen und **Zinn** machen das Palladium spröde.

Die Legirung mit **Kupfer** ist gelblich, spröde und hart, wird aber von der Feile angegriffen.

Die Legirung mit **Wismuth** ist spröde und fast so hart wie Stahl.

Das Palladium verbindet sich sehr leicht mit Quecksilber. Wird viel Quecksilber mit einer Palladiumauflösung geschüttelt, so erhält man ein flüssiges Amalgam. Die Verwandtschaft des Palladiums zum *Quecksilber* ist so stark, daß es in der Rothglühhitze 1 Atom davon auf 2 Atome zurückhält. Indessen wird das Quecksilber doch in starker Weißglühhitze vollständig ausgetrieben. Schlägt man Palladium aus einer Auflösung durch Quecksilber im Übermaße nieder, so bildet sich ein Amalgam aus

Palladium	51,3
Quecksilber	48,7

Die Legirung mit dem **Blei** ist grau, sehr spröde und äußerst hart. Man kann sie durch Abtreiben mittels des Löthrohrs zersetzen; es bleibt eine schwammige, silberweiße Masse zurück.

Die **Silberlegirung** ist weißer als Palladium, härter als Platin und strengflüssiger als Silber.

Die Legirungen des **Goldes** mit Palladium sind ductil, aber weniger als jedes der Metalle für sich. Ihr Bruch ist grobkörnig. Es bedarf nur einer sehr kleinen Menge von Palladium, um die Farbe des Goldes zu verändern. Die meisten dieser Legirungen sind grau. Die Legirung zu ziemlich gleichen Theilen ist beinahe weiß.

Man hat vorgeschlagen, das Palladium auf astronomische und mathematische Instrumente, worauf genaue und feine Theilung nothwendig ist, anzuwenden, und zwar statt des Silbers, welches sich mit der Zeit schwärzt. Dies findet bei dem Palladium nicht statt; man hat daher dieses Metall mit Vortheil zu dem getheilten Kreisbogen auf dem berühmten Muralkreise auf der Sternwarte zu Greenwich in England angewendet *). (*Kersten.*)

*) **Literatur.** Wollaston, über das Palladium, Geh.

PALLADIUS 1) (**Rutilius Taurus Aemilianus**), ein römischer Landwirth, welcher wahrscheinlich im 5. Jahrh. n. Chr. lebte (wenigstens citirt er einmal Apuleius), Güter bei Neapel und auf Sardinien besaß, und von welchem noch 14 Bücher über die Landwirthschaft und das Pfropfen der Bäume (**de re rustica et insitione**) in ziemlich barbarischem Latein vorhanden sind. Das erste Buch enthält allgemeine Vorschriften; die zwölf folgenden geben einen Wirthschaftskalender für jeden Monat, und das letzte, dem Pasiphilus dedicirt, behandelt das Pfropfen in 170 elegischen Versen. Diese Schrift ist öfters einzeln oder in der Sammlung römischer Schriftsteller über Landwirthschaft, als der Geßner'schen (II. S. 3—174, in *Jo. Gottl. Schneider*. Scriptores rei rusticae. Tom. III. (Lips. 1795). *Fabric.* bibl. Latin. III, 4. p. 68. ed. *Ern.*), abgedruckt.

2) Ein medicinischer Schriftsteller, Palladios, mit dem Zunamen der Jatrosophist aus der Alexandrinischen Schule, soll um das 7. Jahrh. zu Antiochia gelebt haben. Von seinen Schriften sind erhalten seine Commentare zum Hippokrates (über das sechste Buch der Volkskrankheiten, über die Knochenbrüche und über die Fieber, worin er fast durchgängig mit Galen übereinstimmt. Vergl. *Fabricii* bibl. Gr. T. X. p. 112 sq. *Harles*. (*A. Sprengel.*)

3) Bischof von Helenopolis und begeisterter Lobredner der mönchischen Ascese zu Ende des 4. Jahrh. Über seine persönlichen Umstände, Schicksale und Leistungen herrscht einige Verwirrung, da verschiedene Werke unter seinem Namen aufgeführt werden, deren kritische Sichtung hier entscheiden muß. Nach seiner eigenen Aussage stand Palladius aus Galatien, der Verfasser einer Mönchsgeschichte (**Historia Lausiaca**, da sie einem angesehenen Hofbeamten Lausus zugeeignet ist), beim zweiten Consulate des Theodosius im J. 388, im 20. Lebensjahre, ist also 368 geboren. In jenem Jahre begab er sich auf Reisen und wünschte in Alexandrien bei dem Presbyter Isidor zu mönchischen Übungen angeleitet zu werden. Dieser übergab ihn einem damals berühmten Asceten, Dorotheus von Theben, unter dessen Aufsicht Palladius drei Jahre stand. Unter andern Vorstehern setzte Palladius seine Übungen fort, bis er zu dem Evagrius aus Pontus kam, der ihn mit den Grundsätzen der Origenistischen Theologie bekannt machte. Nicht allein dieser Lehrart, sondern auch Pelagianischer Lehrsätze wegen wird er von den orthodoxen Wortführern angegriffen; Hieronymus gibt ihm gradezu Schuld, die Pelagianische Ketzerei erneut zu haben; Epiphanius hat alle frühere Verbindung mit ihm abgebrochen und war[illegible]netwegen den Patriarchen Johann von Jerusalem; bekanntlich hatte Origenes unter den ägyptischen Mönchen, wo Palladius seine Bildung erhielt, immer einen großen Anhang, und zum Pelagianismus neigte sich der mönchische Sinn stets, um durch die Lehre von menschlichem Verdienste überhaupt, auch den Preis der eigenen übernommenen Mühen zu sichern. Stete Wanderungen zu den berühmtesten Asceten und eremitisches Verweilen in der Wüste Skete zog ihm endlich eine bedeutende Krankheit des Magens und der Milz zu, sodaß er zur Heilung nach Alexandrien gesandt ward und von da nach Palästina ging. Unter Anleitung eines Abtes Innocenz verweilte er hier aufs Neue drei Jahre, worauf er nach Bithynien ging und zum Bisthume von Helenopolis gelangte, etwa im J. 400 oder 401. In dieser Würde schrieb er im 20. Jahre des Episkopates, im 53. seines Lebens jene Mönchsgeschichte, also 421. Diese bisherigen Lebensumstände sind sämmtlich aus seinen eigenen Angaben entlehnt, dagegen von jetzt an, wo seine Verbindung mit Johann Chrysostomus beginnt, erliegen unsere Quellen größerem Bedenken. Die weitern Berichte sind aus einer Schrift: **dialogus de vita S. Joa. Chrysostomi** zu entlehnen, die aber jenem Palladius, Bischof von Helenopolis, schwerlich beigelegt werden darf; indessen es wird doch über ihn darin gesprochen, und mit der Authenticität derselben kann doch noch nicht deren historische Glaubwürdigkeit fallen; auch stimmen die darin angegebenen Lebensumstände des Palladius mit dem bisher Berichteten wohl überein. Durch seine schon oben berührte Vorliebe für Origenistische Sätze ward er mit Chrysostomus, dem edeln Patriarchen von Constantinopel, bekannt, der ja, obgleich selbst aus der Antiochenischen Schule hervorgegangen, den ägyptischen Mönchen Schutz verlieh, die des Origenianismus wegen von ihrem Patriarchen, Theophilus von Alexandrien, verfolgt wurden. Palladius ward von ihm nicht allein zu kirchlichen Geschäften gebraucht, namentlich im J. 400 mit zwei andern Bischöfen nach Ephesus zur Untersuchung einer Angelegenheit des Bischofs Antonin versandt, sondern als treuer Genosse des Chrysostomus ward er auch in dessen Sturz verwickelt und entfloh ins Abendland zu Innocenz I. von Rom im J. 404, wo er die Gewaltschritte des Kaisers Arcadius und der Alexandrinischen Partei gegen den edeln Johann gehörig ins Licht setzte. Mit einer Gesandtschaft lateinischer Bischöfe und mit Briefen des abendländischen Kaisers Honorius versehen, kehrte er nach Constantinopel zurück, ward aber sofort nach Syene, einer Stadt an der äthiopischen Grenze, exilirt; unter dem militairischen Transport dorthin hatte er Mishandlungen auszustehen, sein Diener ward ihm genommen, seine Schriften entrissen. Die Rückkehr von dort an seinen Bischofssitz Helenopolis mag nach der endlichen Anerkennung der Unschuld des Chrysostomus (nach dessen Tode im J. 407) erfolgt sein; doch soll er nach einer anderweitigen Angabe (*Socrat.* h. ecc. VII, 26) diesen Ort aufgegeben und das Bisthum von Aspona angetreten haben.

Von den unter dem Namen des Palladius vorhandenen Schriften gehört die schon genannte **historia Lausiaca** gewiß jenem Bischof von Helenopolis an; sie war

len's Journ. f. Chemie und Physik. I. S. 231. Berzelius, Schweigger's Journal. 7. Bd. S. 66. *Vauquelin*, Ann. de Ch. LXXXVIII. p. 167. Berzelius, Pogg. Ann. XIII. S. 454. Fischer, Kastner's Archiv. XVI. S. 218. XVIII. 105 und Schw. Journ. LI. S. 192 fg. Wollaston, über Darstellung von schmiedbarem Palladium, Pogg. XVI. S. 166. Über Kohlenstoffpalladium: Wöhler, Pogg. Ann. III. S. 71. Über Palladiumchlorid und dessen Verbindungen: Bonsdorff in Pogg. Ann. XVII. S. 264. XIX. S. 347.

Anfangs nur in einer alten lateinischen Übersetzung des Rufinus vorhanden; dann übersetzt von Gentianus Hervetus (Paris 1555. 4.); darauf cum notis *Heriberti Rosweidii* in vitis patrum (Antwerp. 1615 und 1618. fol.); endlich griechisch mit Anmerkungen von Joh. Meursius (Lugdun. Batav. 1616. 4.); dann griechisch und lateinisch von Fronto-Dundus im auctuarium graeco-latinum Veterum Patrum (Paris 1624). Tom. II. p. 893. Auslassungen, die aus Mangelhaftigkeit des Codex nicht vermieden waren, ergänzt Joh. Baptista Cotelier in Veteribus graecae ecclesiae monumentis. Tom. II. p. 341, und eilf Fragmente daraus Tom. III. p. 117 et 158; ferner griechisch und lateinisch in der pariser magna bibliotheca Patrum (1654). Tom. XIII. p. 893 sq. Das Werk selbst besteht aus kurzen Notizen über die Lebensumstände und mönchischen Verdienste berühmter Heiligen, sowol Männer als Frauen, und ist ein treffendes Denkmal jenes einseitigen Enthusiasmus, der Heiligkeit auf eine so seltsame Weise zu erlangen strebte, durch Zurückziehen aus der Gesellschaft, durch Kasteiungen aller Art. Palladius hat recht den einseitigen Sinn verbreitet und gestützt, der kein größeres Verdienst kennt, als in die Wüste hinauszuziehen, mit den Thieren des Feldes zu leben, Gras zu essen, wie sie; den Meisten seiner Heiligen sagt er nur Leistungen dieser Art nach, wie sie ihre Stellung in der Welt aufgaben, unter welchen Kämpfen sie die Keuschheit bewahrt haben, mit Dämonen gerungen rc.

Der zweiten Schrift unter des Palladius Namen ist schon oben die Authenticität abgesprochen: de vita S. Johannis Chrysostomi dialogus; eine lateinische Übersetzung davon erschien von dem Camaldulenser Ambrosius zu Venedig im J. 1533, die nachher bei den Ausgaben des Chrysostomus öfter abgedruckt ward; darauf endlich griechisch nach demselben florentiner Codex, den jener Ambrosius gebraucht hatte, mit einer neuen Übersetzung von Emericus Bigot (Paris 1680. 4.) und öfter. Dieser Herausgeber hat besonders die Gründe geltend gemacht, weshalb dem Palladius, Bischof von Helenopolis und Verfasser der historia Lausiaca, dieses Werk nicht beigelegt werden kann. Jenes Palladius von Helenopolis wird darin wiederholt als einer ganz fremden Person gedacht, seine Schicksale berichtet. Wollte man auch darin einen Kunstgriff erblicken, wodurch der Verfasser seine wahre Person hätte verstecken wollen, so ließe sich dann für solche absichtliche Täuschung der Leser durchaus kein Grund auffinden; während der Dialog in Rom gehalten wird, soll nach den eignen Angaben der Schrift jener Palladius im Orient in der Gefangenschaft schmachten; derselbe war bei dem Tode des Chrysostomus erst 39 Jahre alt und sechs Jahre Bischof; dagegen der im Dialog auftretende Bischof als Verfasser des Werkes wird von dem mitredenden Diakonus Theodorus als Greis behandelt. Auch sonst findet man in dem Verfasser des ziemlich künstlich angelegten Dialogs durchaus den mönchisch einseitigen Verfasser jener Heiligengeschichte nicht wieder. Mit der Authenticität des Werks für den Bischof von Helenopolis fällt aber übrigens die historische Glaubwürdigkeit der berichteten Facta über den Chrysostomus, und so auch über dessen Anhänger, den Bischof Palladius, nicht, wer auch immer der Verfasser des Gesprächs gewesen sein mag.

Endlich kennt man unter dem Namen des Palladius noch eine Schrift, deren Vertheidigung aber nicht leicht Jemand übernimmt, de gentibus Indiae et Bragmanibus. ed. *Edoardus Bissaeus* (London 1668. 4.). Das Werk selbst gibt zu keinen Vermuthungen über den Verfasser Anlaß, und am wenigsten begreift es sich, wie der Bischof und Legendenschreiber Palladius zu einer Reise nach Indien gekommen wäre, ohne darüber in seiner historia Lausiaca, die gewiß ziemlich am Ende seines Lebens liegt, etwas zu erwähnen. (*Fr. W. Rettberg.*)

4) Neben diesen drei genannten führt Fabricius (Biblioth. graec. V, 29. Vol. X. ed. *Harles.* p. 109 sq.) noch einige und 50 andere Schriftsteller des Namens Palladius an, die von zu geringem Belange sind, als daß sich ein längeres Verweilen bei ihnen rechtfertigen ließe. (*H.*)

PALLAND, Burg und Hof in einer angenehmen und fruchtbaren Ebene, nahe an dem Flüßchen Inde, bei Weisweiler, Bürgermeisterei Weisweiler, Kreis Düren, gelegen, ist das Stammhaus eines bedeutenden Geschlechtes, welches der Aberwitz vergangener Jahrhunderte von Wilprand Germinitzki, einem Königssohne aus Polen, herleiten wollte. Wilprand soll auch, unter dem Schutze Karl's des Großen, die Burg an der Inde erbaut und sie, nach der Heimath, Poland benannt haben. Dieses Wilprand's Nachkommenschaft ist in den *Stammtafeln* sorgfältig verzeichnet; sie nennen uns die Tourniere, welchen die von Palland beiwohnten, die Frauen, die sie sich freiten, und dergl. mehr, Alles in großer Vollständigkeit, Alles aber, wie natürlich, erdichtet, und ist, wie es häufig geschieht, ob solcher Erdichtungen die Wahrheit ganz in den Hintergrund getreten. Daher, und obgleich die von Palland zu den ältesten Geschlechtern Ripuariens gehören, befinden wir uns außer Stand, vor der Mitte des 13. Jahrh. irgend ein Datum von der Existenz der Familie beizubringen; im J. 1248 aber verbürgt sich Werner von Palland im Namen des Heinrich von Wittenhorst. Sein Sohn, ebenfalls Werner genannt, soll vom Kaiser Friedrich III. im J. 1316 in den Freiherrenstand erhoben worden sein; die das besagende Urkunde würde sicherlich von hoher Merkwürdigkeit sein, allein es schreibt Hinsen: „Johann. Jacob. de Pallant, Commendator Ord. Melit. Vesaliae mihi 1685 retulit, diploma illud, quamvis solerter quaesitum, non inveniri, neque copia ejus.“ Wir müssen demnach diese Standeserhöhung verwerfen, wie nicht weniger die zw[illegible]geblichen Brüder, Thomas und Giselbert von Palla[illegible]; sie erscheinen in einer Urkunde vom 21. Sept. 1289 als Vasallen des Edelherren Heinrich von Schinnen, und sind demnach Junker von Broech oder Hoensbroech. Carsilius, allem Ansehen nach der Sohn des jüngern Werner von Palland, erwarb durch seine Heirath mit Agnes von Bachem, um das J. 1320, Bachem und Frechen, in der Bürgermeisterei Frechen des Landkreises Cöln, wozu sein Enkel Werner III., ein Sohn jenes Carsilius, der in der Eheberedung Gottfried's II. von ɩsberg mit Philippa von Jülich, den 7. Febr. 1357, ɩr den Bürgen des Herzogs von Jülich vorkommt, ɩ noch die Herrlichkeit Weisweiler ankaufte. Aus sei- zweiten Ehe mit Alveradis von Engelsdorf, Edmund's hter, der Erbin von Engelsdorf, Kinzweiler und Mau-), vermählt im J. 1395, hatte Werner III. acht Söh- von welchen Adam die Hauptlinie in Palland und Weis- er fortsetzte. Reinhard war Propst zu Aachen und besaß eich das Gut Engelsdorf. Carsilius gründete die Li- zu Breitenbend und Gladbach. Werner, auf Frechen, für den Herzog von Jülich streitend, in der Schlacht 3. Nov. 1444; er war unvermählt. Dietrich wur- der Stammvater der ältern Linie zu Wildenburg, wel- die Grafen von Kuylenburg angehören. Johann der re pflanzte die Linie zu Reuland. Edmund, auf Mau- , hinterließ einen einzigen Sohn, ebenfalls Edmund mnt, der unverehelicht blieb. Johann der Jüngere der Stammvater der Linie zu Rothberg und Kinzwei- geworden, von welcher sich späterhin die Nebenlinien Wachendorf und Wildenburg absonderten. Der älteste Werner's III. Söhnen, Adam von Palland auf Pal- und Weisweiler, starb im J. 1440, seine Hausfrau, tegunde von Bourscheid, im J. 1465. Seine Söhne, nhard und Adam, seine Brüder Dietrich, Edmund und silius, wurden im J. 1444 von dem Herzoge Ger- von Jülich zu Rittern des St. Hubertusordens, hen derselbe zum Andenken des am 3. Nov. nämli- Jahres über den Herzog von Geldern erfochtenen ges gestiftet hatte, ernannt, gleichwie die Gemahlinnen Carsilius und des Bernhard unter die Frauen dieses ens aufgenommen wurden. Bernhard's Gemahlin, von Raesfeld, schenkte ihm den Sohn Bernhard II., mit Anna von Belsperg die gleichnamige Herrschaft irathete, auch im J. 1468 wegen des dieser Herr- ft anklebenden Kirchensatzes zu Uerzig an der Mosel Urtheil des trierischen Officialats erwirkte. Bernhard hinterließ aber nur Töchter, von denen die ältere, Ger-), an Johann von Helmstatt zu Bischofsheim verhei- ɩet, das Haus Palland an Johann von Palland, Herrn Wittem, verkaufte. Auch Bernhard's I. jüngerer Bru- , Adam von Palland zu Weisweiler, hatte aus seiner mit Johanna von Gryn nur eine Tochter, Johanna, che Weisweiler, sowie die mütterliche Besitzung Cos- , an ihren Eheherrn, Adam von Harf zu Linzenich, chte.

Der Hauptlinie in Breitenbend Stamm- er, Carsilius I., ein Sohn von Werner III., erkaufte den Grafen von Mörs die Herrlichkeit Gladbach und terließ aus seiner Ehe mit Agnes von Hoemen zu enkirchen, vermählt im J. 1418, zwei Söhne und ei Töchter. Von dem jüngern Sohne, von Gerhard, mmt die Nebenlinie in Gladbach ab, die auch Maubach aß und deren Mannsstamm in der Person des Johann drich Adolf erloschen ist (nach 1723). Des Carsilius älterer Sohn, Werner I., Drost zu Wassenberg, war Adriana, der Tochter und Erbin von Elbert, dem rggrafen von Alpen, auf Hamm, Hennepel und Sel- , verheirathet und hatte von ihr fünf Kinder, worun- ter die Söhne Werner II., Elbert und Gerhard uns in- teressiren. Gerhard erheirathete mit Johanna Krümmel von Eynatten die Rittersitze Flammersheim und Bachem, die aber bald wieder in andere Familien übergingen, da er nur Töchter hinterließ. Werner II., Herr zu Breiten- bend und Drost zu Wassenberg, der nämliche, dem Erz- bischof Jacob II. von Trier am Freitage nach Mariä Heimsuchung im J. 1504 auf Zoll und Kellnerei Cochem 50 Gulden jährlich zu Mannlehen verschrieb, wurde in seiner zweiten Ehe mit Johanna von Bronkhorst der Va- ter von Dietrich und von Carsilius. Carsilius erwarb durch seine Vermählung mit Ottika von Flodorf im J. 1560 einen Antheil an der Herrschaft Reuland, dem sein Sohn Balthasar durch Heirath mit Elisabeth von My- lendonk noch einen zweiten Antheil hinzufügte, es ist aber diese Nebenlinie zu Breitenbend-Reuland mit Balthasar's Töchtern, Ottilia und Johanna Gertrudis, erloschen. Diet- rich, Werner's II. älterer Sohn, war des Herzogthums Jülich Kammermeister, auch Amtmann zu Wassenberg, besaß Breitenbend und hinterließ aus seiner ersten Ehe mit Irmgard von Leerad acht Söhne und drei Töchter. Der jüngste Sohn, Otto, Drost zu Wassenberg und Boßlar, wurde bei der Belagerung von Breitenbend, im J. 1610, getödtet. Elbert war Canonicus zu Xanten, Dechant zu Cleve und Propst zu Emmerich. Christoph starb als Oberst in einem der Türkenkriege des 16. Jahrh. und liegt zu Salzburg begraben; im J. 1584 hatte er sich mit Margaretha von Harff, Frau auf Borsenich oder Borsenbeck, verheirathet, und heißt seine Nachkommen- schaft darum die borsenich'sche Linie. Es ist deren Manns- stamm aber um J. 1726 in der Person des Freiherrn Theodor Adolf von Palland erloschen. Werner V., Diet- rich's und der Irmgard von Leerad ältester Sohn, auf Breitenbend und Rode, starb im J. 1609; seine Gemah- lin, Francisca von Merode, die Erbin von Moriamez und Briffeur, hatte ihm acht Kinder geboren. Der älte- ste Sohn, Karl Theoderich, eben derjenige, der im J. 1609 das Schloß Breitenbend dem von dem Kaiser be- stellten Curator der jülich'schen Erbschaft, dem Erzherzoge Leopold, Bischof zu Passau und Strasburg, überlieferte und dadurch die Belagerung von Breitenbend veranlaßte; Karl Theoderich war Amtmann zu Brüggen, jülich'scher Marschall, Geheimrath und Oberst, verkaufte sowol Mo- riamez als Breitenbend, letzteres an seines Vaters Bru- der Carsilius, und starb den 4. Sept. 1642, aus seiner Ehe mit Margaretha Wilhelmina von Wittenhorst eine einzige Tochter, Isabella Francisca, hinterlassend, die an Bernhard von Palland zu Eyll verheirathet wurde. Ernst Johann, der zweite von Werner's V. Söhnen, lebte als Capucinermönch im J. 1616. Werner VI. war mit Agnes, Gräfin von Eberstein-Naugard, der Witwe eines Grafen von Fahrensbach, aus dem bekannten livländischen Heldengeschlechte, verheirathet. Rudolf Ernst erhielt durch seines Oheims Carsilius Testament das Haus Breiten- bend, starb aber im Kriege vom J. 1633, ohne Kinder aus seiner Ehe mit Maria Antonia von Wylich zu hin- terlassen, daher Breitenbend an seinen ältesten Bruder, Karl Theoderich, zurückfiel. Andreas von Palland, Burggraf oder Vicomte von Alpen, scheint ebenso wenig Nachkommenschaft aus seiner Ehe mit Eleonora von Merode hinterlassen zu haben; und da die übrigen Brüder unverheirathet, so ist die Hauptlinie in Breitenbend gegen die Mitte des 17. Jahrh. erloschen. Noch besteht aber die von ihr ausgegangene

Nebenlinie in Selem und Keppel, gegründet von Elbert, dem dritten Sohne Werner's I. in Breitenbend und der Adriana von Alpen. In der Bruderthei lung hatte Elbert, der im J. 1527—1538 als Drost zu Huyssen und Dinslaken vorkommt, die Herrschaft Selem erhalten; er erheirathete mit Elisabeth von der Horst die Güter Horst in dem kölnischen Amte Kempen, Issum in dem Amte Rheinberg und Hamm, sowie das clevische Erbmarschallamt. Nur zwei seiner Söhne, Werner und Johann, waren vermählt. Der jüngste, Johann, auf Horst, Hamm und Issum, stand, gleichwie der Vater, in besonderer Gunst bei Karl von Egmont, dem Herzoge von Geldern, und scheint diese Gunst ihm vorzüglich zu statten gekommen zu sein in seiner Bewerbung um Friedrich's von Voorst von vielen Freiern gesuchte Tochter, Elisabeth. Im J. 1526 war sie ihm bereits angetraut, denn in dessen Laufe erscheint Johann von Palland als Herr zu Keppel und Voorst; das schöne Gut Keppel, unweit Doesburg an der Yssel, war aber derer von Voorst Hauptbesitzung gewesen. Johann starb den 1. Oct. 1562, seine Witwe im J. 1571, beide ruhen zu Issum. Von ihren Kindern sind allein Friedrich und Johann zu erwähnen. Johann's Erbtochter, Anna Adriana, brachte Horst und Issum an ihren Eheherrn, Johann von Dort zu Pesch, vermählt im J. 1602, gest. 1623 in Brasilien. Friedrich P. zu Keppel, Voorst und Hamm erwarb durch Heirath mit Alexandrina von Raesfeld die Güter Eyll, Hameren und Hordel, desgleichen ein Haus zu Wesel auf der Steinstraße, und starb im J. 1605. Von seinem jüngsten Sohne, Elbert IV., stammt die Linie zu Eyll ab, von welcher alsbald zu handeln. Friedrich's ältester Sohn, Johann, Herr zu Keppel und Hamm, Bannerherr zu Voorst, auch Erbmarschall des Herzogthums Cleve, seit dem tödtlichen Abgange Werner's von Palland zu Selem, baute im J. 1615 das Haus Keppel und hinterließ aus seiner Ehe mit Elisabeth von Raesfeld die Söhne Johann Friedrich und Adolf Werner. Von diesem stammt das Haus Schadenburg, von dem hernach. Johann Friedrich, Herr zu Keppel und Hamm, Bannerherr zu Voorst, war seit dem J. 1633 mit Elisabeth Gertrud von Brempt verheirathet und hatte von ihr zehn Kinder, darunter die Söhne Adrian Werner und Elbert Anton. Adrian Werner, Herr zu Keppel und Voorst, Bürgermeister zu Doësburg, wurde im J. 1650 bei der Ritterschaft der Grafschaft Zutphen aufgeschworen und vermählte sich den 10. März nämlichen Jahres mit Elisabeth von Wassenaër-Opdam, einer Tochter Jacob's, des berühmten Seehelden. Adrian Werner hatte von ihr acht Kinder, worunter der Sohn Karl Wilhelm, auf Keppel, Voorst und Oesterveen, Generalmajor und Inhaber eines Infanterieregiments im Dienste der Generalstaaten; alle acht blieben aber unverehelicht, bis auf die einzige Agnes Emilia, die im J. 1685 an Adolf Werner von Palland zu Zuithem verheirathet wurde. Elbert Anton, des Adrian Werner's jüngerer Bruder, Herr zu Hain, Batingen Oesterveen und Cloofter, Drost von Drenthe und Koëverden, hatte eine einzige Tochter, welche im J. 1683 ihres Vetters, des Adolf Werner von Palland zu Zuithem erste Hausfrau wurde, aber im Wochenbette verstarb.

Die Nebenlinie in Schadenburg. Adolf Werner, Johann's von Palland zu Keppel und der Elisabeth von Raesfeld zweiter Sohn, besaß Sinderen, Bovenholt und Grethusen, wozu er auch noch die Bannerherrlichkeit Baër und Lathum in dem zütphen'schen Quartiere erwarb; er war ferner clevischer Erbmarschall, Präsident der Ritterschaft von Cleve und Mark, Drost zu Huissen und Lobith, starb im J. 1656 und wurde in St. Reinhold's Kirche zu Dortmund begraben. Seine Witwe, Ida Margaretha von Bodlenberg, genannt Schirp, starb im J. 1683. Sie hatte zehn Kinder, darunter die Söhne Heinrich Bertram, Johann Werner und Adolf Werner geboren. Der älteste, Heinrich Bertram, Herr zu Magerhorst, zu Leimkulen und Hamm, Erbmarschall von Cleve (aufgeschworen als solcher im J. 1661), verkaufte Hamm, erwarb dagegen durch seine Vermählung mit Anna Sibylla von Pieck die Güter Schadenburg, in der Grafschaft Mark, und Odenthal, und starb im J. 1683. Sein Sohn, Adolf Wilhelm, auf Schadenburg und Odenthal, clevischer Erbmarschall und Ritterschaftspräsident, hinterließ aus seiner Ehe mit Anna Mechthilde von Aschenberg ebenfalls nur einen Sohn, den Johann Stephan Heidenreich. Dieser, geboren im J. 1705, besaß außer Schadenburg und Stackum auch den schönen Rittersitz Heiden bei Unna, den ihm ein Oheim vermacht hatte, war Erbmarschall und erblicher Präsident der Ritterschaft der Länder Cleve und Mark, starb aber 1756, ohne Kinder aus seiner Ehe mit Amalia Sophia Clara von Berchem zu haben. Das Erbmarschallamt kam an die Familie von Quad-Huchtenbrück zu Gartrop. — Johann Werner, der dritte Sohn von Adolf Werner und von der Ida Margaretha von Bodlenberg, Herr zu Eerde und Beerse, General der Infanterie und Inhaber eines Regiments im Dienste der Generalstaaten, auch Gouverneur zu Breda (früher zu Tournay), starb den 14. Oct. 1741, daß er demnach seinen einzigen Sohn, der als Oberst bei seinem Regimente gestanden hatte und zugleich Gouverneur in Koeverden gewesen war, überlebte. Darum hatte er seines Bruders Adolf Werner's jüngsten Sohn, August Leopold, zu seinem Erben ernannt. — Adolf Werner, des Adolf Werner und der Ida Margaretha von Bodlenberg jüngster Sohn, Herr zu Zuithem, Mitglied der Ritterschaft von Overyssel und Generalmajor von der Cavalerie, war im J. 1656 geboren, starb den 11. Nov. 1706 an den in der Belagerung von Ath empfangenen Wunden und wurde zu Keppel beigesetzt. Seine erste Gemahlin, Ernestina, des Freiherrn Anton Elbert von Palland zu Hamm Tochter, war in dem ersten Wochenbette, sammt dem Kinde, gestorben, von seiner zweiten Gemahlin, Agnes Emilie, der Tochter von Adrian Werner von Palland zu Keppel, hatte er zwölf Kinder, von welchen Elbert Anten, Friedrich Wilhelm Florenz und August Leopold Nachkommenschaft hinterließen. Elbert Anton auf Zuithem, Comthur des teutschen Ordens (in der Ballei Utrecht), Statthalter der Lehen und Präsident des obersten Gerichtshofes von Overyssel, geb. den 12. Sept. 1695, vermählt 1724 mit Johanna Christina von Dedem, starb im J. 1759; unter seinen zehn Kindern erwähnen wir der Söhne Adolf Werner und Gisbert Johann. Adolf Werner auf Zuithem, geb. im J. 1727, und Drossart von Ysselmuiden seit 1752, war einer der Führer der dem Erbstatthalter entgegenstrebenden Partei und mußte darum 1787 die Niederlande verlassen. Zurückgerufen durch die Revolution vom J. 1795, wurde er Mitglied der Nationalversammlung und später Drossart von Salland. Er starb zu Zuithem den 23. Febr. 1803 und wurde zu Zwoll begraben. Witwer seit dem J. 1766 von Adelgunde Rogge und ohne Kinder, hatte er einen Vetter, den von Haersolthe zu Doorn, zu seinem Universalerben ernannt, doch sollte sein jüngerer Bruder, Gisbert Johann, Zeitlebens die Zinsen des Vermögens beziehen. Dieser Gisbert Johann, Herr auf Glinthers und zugleich Comthur des teutschen Ordens, geb. 1734, war ganzer 25 Jahre Deputirter der Provinz Overyssel bei den Generalstaaten. Er war auch zugleich Oberamtmann von Axel und ter Neuse, und seit dem J. 1785 Generaleinnehmer des Quartiers von Salland. In den Unruhen vom J. 1787 war er für den Erbstatthalter. Er starb zu Zuithem den 2. Febr. 1805; da er unverheirathet, hatte er seine Erbschaft seinen Vettern, denen von Palland zu Keppel, Eerde und Egede, zugesichert. Friedrich Wilhelm Florenz, ein anderer Sohn von Adolf Werner und von Agnes Emilie von Palland, war den 10. Jan. 1700 geboren. Von seinem mütterlichen Oheime, dem Generalmajor Karl Wilhelm von Palland, erbte er Keppel und Voorst; er war Mitglied der Ritterschaft der Grafschaft Zütphen, Oberamtmann der Stadt und des Amtes Doësburg, und starb den 23. Nov. 1779. Der Sohn seiner Ehe mit der Erbin von Walfort, mit Sophia Dorothea von Lintelo (vermählt 1731), Adolf Werner Karl Wilhelm, geb. den 12. Sept. 1733, erbte von einer Tante, von der Frau von Ripperda, das Gut Eere, wurde im J. 1756 Mitglied der Ritterschaft von Zütphen, in dem nämlichen Jahre Bürgermeister zu Doësburg, dann Drossart von Breedevart, Rath und Rechnungsmeister der Provinz Geldern, und im J. 1802 Großdrossart der Grafschaft Zütphen; er starb zu Keppel den 26. Febr. 1813. Im J. 1771 hatte er sich mit Maria Heilwig Charlotte Barbara von Heeckeren vermählt und mit ihr zwei Söhne und fünf Töchter erzeugt. Der ältere Sohn, Friedrich Wilhelm Florenz Theodor, Freiherr von Palland auf Keppel, Voorst, Barlhem und Hagen, in der Provinz Geldern, ist königl. niederländischer Staatsminister. — August Leopold, des Generalmajors Adolf Werner und der Agnes Emilia von Palland jüngster Sohn, geb. im Dec. 1700, erhielt durch seines Oheims, des Johann Werner von Palland, Testament, Eerde und Beersen, erwarb auch Osterveen und starb den 23. Nov. 1779, aus seiner Ehe mit Anna Elisabeth von Haersolthe, Witwe von Mulart und Frau auf Egede, fünf Söhne und zwei Töchter hinterlassend. Der älteste Sohn, Adolf Werner, auf Eerde und Beersen, geb. den 15. Dec. 1745, wurde im J. 1813 Generalcommissarius, Ritter des Löwenordens und Mitglied der ersten Kammer der Generalstaaten, und starb zu Eerde den 8. Dec. 1823, seine Gemahlin, Anna Elisabeth Schimmelpenninck von der Oye, den 28. Jun. 1822. Er hinterließ fünf Söhne und vier Töchter. Sein Bruder, Adolf Karl, auf Osterveen, geb. den 27. Oct. 1746, erheirathete mit Sophia Charlotte Louise Henriette von Strünkede das Gut Strünkede in der Grafschaft Mark, und starb im J. 1815; er hinterließ einen Sohn und fünf Töchter. Friedrich Theodor, der jüngste Sohn von August Leopold, war den 9. April 1754 geboren, Besitzer des Gutes Egede, und starb im J. 1812, aus seiner Ehe mit Philippine Charlotte von Rechteren einen Sohn und drei Töchter hinterlassend. — Elbert IV., der jüngste Sohn Friedrich's von Palland zu Keppel und der Alexandrina von Raesfeld, erhielt in der Theilung Eyll und Hamern, vermählte sich im J. 1600 mit Katharina von Dobbe zu Lier, und scheint sich mit seiner gesammten Nachkommenschaft zu der katholischen Kirche gewendet zu haben. Von seinen zehn Kindern nennen wir die Söhne Elbert V., Crato Werner, Johann Jacob und Bertram. Elbert V., Propst zu Emmerich und Dechant zu Cleve, starb im J. 1652, Crato Werner, Dombechant zu Osnabrück, im J. 1691. Johann Jacob, des Malteserordens Comthur zu Lage, Wesel, Borken und Hervord, Großprior von Dacien, erwirkte bei Kaiser Leopold I. das Diplom vom 12. Jul. 1675, wodurch der freiherrliche Stand derer von Palland, und namentlich der Linien in Breitenbend, Keppel, Eyll, Hamern, Borsenbeck, Hamm, Gladbach und Voorst, erneuert, oder, denn dieses Erneuern ist nur eine Phrase, denselben die Freiherrenwürde verliehen wird. Bertram endlich, Herr zu Hamern, Eyll (in dem Amte Rheinberg) und Brockhausen, Drost zu Rheinberg, hatte in der Ehe mit Isabella Franziska von Palland zu Breitenbend sechs Kinder. Der jüngere Sohn, Karl Elbert Matthias, war Domherr zu Osnabrück, der ältere, Anton Werner Guido, auf Eyll, Hamern und Brockhausen, Drost zu Rheinberg, vermählte sich im J. 1688 mit Johanna Katharina von Gysenberg, und hatte von ihr den einzigen Sohn Johann Adolf Karl Anton. Dieser starb zu Cöln, wo er sich den Studien widmete, den 16. Dec. 1709, und ist mit diesem Jünglinge die Linie in Eyll erloschen. Das Gut Eyll wurde von der Mutter, die Mann und Sohn überlebte, an die Familie von Eerde gegeben. Die Hauptlinie in Breitenbend vollends zu beschreiben, bleibt uns noch übrig, von dem ältesten Sohne Elbert's und der Elisabeth von der Horst zu sprechen, von jenem Werner, der als der Ahnherr der Linie in Selem gelten kann. Werner, clevischer Erbmarschall und Herr zu Selem, starb im J. 1594, ihm folgte in Gut und Erbamt der Sohn seiner zweiten Ehe mit Jutta von Raesfeld. Dieser, Elbert, Gouverneur von Huyssen, vermählte sich im J. 1608 mit Janna von Wylich, der Erbin von Diersfort bei Wesel, und starb den 23. April 1623, mit Hinterlassung von neun Kindern, worunter ein einziger, aber blödsinniger Sohn. Dieser, Werner Dietrich, starb im J. 1645, die älteste Tochter, Janna, den 29. Mai 1665; sie war an Jan Hermann von Wylich zu Pröbsting verheirathet und hatte in der Theilung mit ihren Geschwistern das prachtvolle Diersfort, auch Selem bei Mehr, in der Bürgermeisterei Niel des Kreises Cleve übernommen.

Die Hauptlinie in Wildenburg und Kuylenburg. Der Stammvater dieser Linie, Dietrich, war der fünfte Sohn Werner's III. von Palland zu Weisweiler und der Alveradis von Engelsdorf. Er wurde mit der mütterlichen Herrschaft Wildenburg in dem heutigen Kreise Gemünd abgefunden, erkaufte aber auch am 29. Jun. 1466 von Friedrich von Wittem die reichsunmittelbare Herrschaft Wittem an der Geule, westlich von Aachen, und erhielt am 4. Jun. 1477 von der Herzogin Maria von Burgund die Herrschaft Valkenburg als Pfandschaft für ein Darlehen von 9000 Goldgulden. Auch erhielt er von seinem Neffen, Johann von Palland zu Rothberg, tauschweise, gegen Überlassung der halben Herrschaft Wildenburg, das Gut Kinzweiler. Aus seiner Ehe mit Apollonia, einer Tochter Johann's von der Mark zu Aremberg und der Gräfin Anna von Virnenburg, hatte er einen Sohn und eine Tochter. Die Tochter, Anna, wurde an Georg von Brandenburg, Herrn von Esclaye, verheirathet, der Sohn, Johann, kaufte von Gertrud von Palland, der Hausfrau Johann's von Helmstatt, das Gut Palland zurück und verheirathete sich im J. 1495 mit Anna von Kuylenburg, Kaspar's Tochter. Johann's Sohn, Eberhard von Palland, Herr zu Kinzweiler, Engelsdorf und Frechen, erbte von seiner Tante, Isabella von Kuylenburg, die zuerst mit Johann von Luxemburg, dann mit Anton von Lalaing verheirathet gewesen, die Herrschaft Kuylenburg in Geldern, und starb im J. 1540, aus seiner Ehe mit Anna von Lalaing den Sohn Florenz und vier Töchter hinterlassend. Florenz, Herr zu Palland, Wittem, Wildenburg, Kinzweiler, Engelsdorf, Frechen, Werth (an der Yssel, in dem Umfange des münster'schen Kirchspiels Bocholt), Leede, Lingen und Molderick, Erbschenk von Geldern, geb. den 25. Jul. 1539, wurde am 21. Oct. 1555 von Kaiser Karl V. in den Grafenstand, seine Herrschaft Kuylenburg zu einer Grafschaft erhoben. Als Graf von Kuylenburg bestätigte er am 9. Dec. 1555 die Stadt Kuylenburg in ihren Rechten, Handvesten, Privilegien, Statuten und Verträgen; im J. 1566 soll er auch daselbst die lutherische Kirchenordnung eingeführt haben, es kann uns demnach nicht befremden, wenn er in demselben Jahre als einer der eifrigsten Theilnehmer des Bündnisses erscheint, wozu sich der der Regierung feindliche Adel der 17 Provinzen vereinigt hatte. Am 4. April 1566 fand in dem kuylenburgischen Hofe zu Brüssel die Versammlung statt, welche die Übergabe der Remonstranz an die Herzogin von Parma vorbereitete, und bei der Übergabe selbst erschien Kuylenburg unter den handelnden Personen. Darum war er auch unter den Ersten, welche auf die Nachricht von dem Anzuge des Herzogs von Alba die Flucht ergriffen, und er befand sich in behaglicher Sicherheit auf seinen Gütern in den Rheinlanden, als die Ladung an ihn gelangte, sich vor dem Rathe der Unruhen in Brüssel zu stellen, um sein Treiben zu verantworten. Er stellte sich nicht, und am 28. Mai 1568 wurde er in contumaciam verurtheilt, seine Person geächtet, sein Eigenthum confiscirt, später auch sein Hof in Brüssel geschleift, als die Stätte, „woselbst eine verfluchte Verschwörung gegen die alte katholische Religion, gegen den König und gegen die Niederlande gemacht worden." So sagt die Inschrift (in vier Sprachen) der auf dem Platze selbst errichteten Schandsäule. Wörtlich heißt es in dem Flamändischen also: Regnerende Philips II. catholycke coninck van Hispanien in dese zyn Erfnederlanden, ende wesende aldaer zynder connincklycke Majesteyts Gouverneur Don Ferdinando de Alvarez van Toledo, Herthoge van Alva, Marquis van Coria etc. Is ghedecreteert gheweest dat het huys ende hof van Floris van Pallandt graeve van Cuelenborgh af gheworpen ende gheraseert soude werden, omme de vervloeckte conjuratie die daer inne ghemaeckt heeft geweest, tegen de oude catholycke Roomsche religie, tegen de Majesteyt van den conninck ende tegen syne Majesteyts Nederlanden. Schandsäule und Inschrift bestanden bis zum J. 1610, wo sie einem auf der Stelle des kuylenburger Hofes erbauten Karmeliter-Discalceatenkloster weichen mußten. Das erlebte aber Florenz nicht, er starb den 9. Oct. 1598; Kuylenburg hatte die siegende Revolution ihm zurückgegeben, im übrigen blieb er von seinen frühern Verbündeten vergessen, wie so mancher Andere, der thöricht genug gewesen, sich für fremden Ehrgeiz aufzuopfern. Man hat von ihm eine Kupfermünze, die folgendergestalt zu beschreiben. Av. Florentius Comes d Culemborch. Das geviertete Wappen, worin das Palland'sche Wappen als Herzschild. Rev. Oben P. (Lakett'?) II. In einem Cartouche in vier Zeilen die Inschrift: Libertas vita carior. Darunter: 1590. — Florenz hatte zwei Frauen gehabt, die erste, Elisabeth (sie kommt 1568 und 1572 vor), war eine Tochter des Grafen Franz von Manderscheid-Schleiden und der Anna von Isenburg, und erhielt aus der isenburg'schen Erbschaft die Herrschaft Verburg in dem Herzogthume Luxemburg, die andere, Philippa Sidonia, war eine Tochter des Grafen Hans Gerhard von Manderscheid-Gerolstein. Aus der ersten Ehe kamen die Töchter Anna und Elisabeth. Anna starb unvermählt. Elisabeth war mit Jodok von Bronkhorst verlobt, gab aber nachmals dem Markgrafen Jacob III. von Baden den Vorzug und wurde demselben im Sept. 1584 zu Cöln angetraut, trotz aller Einreden des verlassenen Bräutigams, der sogar um die Ungetreue mit dem Markgrafen einen Proceß führte (*Gylmann.* decision. Cameral. T. I. p. 697). Jacob III. starb den 17. Aug. 1590, und die Witwe heirathete in anderer und dritter Ehe den Grafen Karl von Hohenzollern und den Freiherrn Johann Ludwig von Hohensax. Ihr Leben beschloß sie im J. 1620. Aus der zweiten Ehe des Grafen Florenz von Kuylenburg kam ein einziger Sohn, ebenfalls Florenz genannt. Dieser, geb. den 28. Mai 1578, führte in Kuylenburg das reformirte Glaubensbekenntniß ein, vermählte sich den 22. Febr. 1601 mit Katharina Margaretha, des Grafen Wilhelm von S'Herrenberg Tochter, und starb den 4. Jun.

1639. Weil er selbst ohne Kinder war, vermachte er den größten Theil seines reichen Besitzthums, und namentlich die Grafschaft Kuylenburg, dem Grafen Philipp Dietrich von Waldeck, der ein Sohn des Grafen Vollrath IV. und der badischen Prinzessin Anna war, und folglich ein Enkel von des Grafen Florenz II. von Kuylenburg Stiefschwester Elisabeth.

Die Hauptlinie in Reuland. Johann der Ältere, der sechste Sohn Werner's III. und der Alveradis von Engelsdorf, wurde mit einem Theile der mütterlichen Herrschaft Reuland in dem Luxemburgischen bei Prüm abgefunden. Aus seiner Ehe mit Barbara oder Agnes von Pyrmont, vermählt im J. 1422, kamen die Söhne Gerhard und Anton (Thönis), dann eine Tochter, Margaretha. Gerhard lebte mit Agnes oder Anna von Boedberg in kinderloser Ehe. Anton, der in einer Urkunde vom J. 1463 als Pfandherr zu Montjoie und Herr zu Reuland vorkommt, wurde 1487, in dem Rechte seiner Hausfrau, Agnes von Neersen, von dem cölnischen Erzbischof Hermann mit Schloß und Herrschaft Neersen in dem Amte Kempen und mit der Voigtei zu Anrath und Uerdingen belehnt. Aber schon im J. 1489 übertrug er diese Güter an seine einzige Tochter, Agnes, als er sie an Ambrosius von Virmond zu Bladenhorst verheirathete. Margaretha, Gerhard's und Anton's Schwester, die an Johann von Hoemen, den Burggrafen von Odenkirchen, verheirathet, scheint des kinderlosen Gerhard Erbin geworden zu sein und insbesondere dessen Antheil an Reuland besessen zu haben.

Die Hauptlinie in Rothberg und Kinzweiler, mit den Nebenlinien zu Wachendorf und Berg und zu Wildenburg. Johann, der achte und jüngste von Werner's III. Söhnen, besaß ursprünglich nur Rothberg und Kinzweiler, erwarb aber auch Berg mit der Hand von Fulgentia von Schwelmen, und muß sich besonders mit Geldgeschäften abgegeben haben. Namentlich borgte er im J. 1445 dem Erzbischofe Theoderich von Cöln, Behufs des soest'schen Krieges und zu Bezahlung der böhmischen Söldner, eine bedeutende Geldsumme, für deren Sicherheit ihm mehre Orte, insbesondere Brühl sammt der Feste, verpfändet wurden. Theoderich's Nachfolger, der Erzbischof Ruprecht, wollte die verpfändeten Ortschaften zurücknehmen, ohne das Capital abzutragen, und begann darum Fehde. Drei Monate lang wurde Brühl von Johann von Palland, Clas von Drachenfels und Gerlach von Breitbach vertheidigt, endlich aber doch von den Erzbischöflichen gewonnen (1469). Johann von Palland gerieth hierbei selbst in Gefangenschaft und wurde eine Zeit lang in Poppelsdorf verwahrt. Außer dem Sohne, Johann II., hatte er auch Töchter, von denen Eva den Ägidius von Merode zu Schloßberg, Alveradis den Heinrich von Drachenfels, und als Witwe einen böhmischen Edelherrn, den Hinek von Schwanberg, heirathete. Vielleicht war dieser mit den böhmischen Söldnern des Erzbischofs Theoderich nach den Rheingegenden gekommen. Johann II. von Palland vertauschte Kinzweiler gegen einen Antheil von Wildenburg an seinen Oheim Dietrich, den Stammvater der Hauptlinie in Wildenburg und Kuylenburg, und wird noch im J. 1490, sammt seiner Hausfrau, Katharina von Boetzelaër, unter den Lebenden genannt. Sein Sohn, Johann III., auf Rothberg und Wildenburg, erheirathete mit Cäcilia von Hompesch das Haus Wachendorf und wurde ein Vater von zehn Kindern, worunter die Söhne Werner, Johann IV., Adam (Stifter der erloschenen Nebenlinie in Wildenburg), Carsilius (von ihm kommt die Nebenlinie in Wachendorf her), Dietrich, Reinhard und Edmund. Edmund lebte in kinderloser Ehe mit Anna von Merode; früher soll er sich dem geistlichen Stande gewidmet haben, der Angabe aber, daß er bereits Archidiakon zu Trier gewesen sei, müssen wir widersprechen. Reinhard, Domherr zu Trier, wurde den 14. Jul. 1551 als Archidiaconus, tit. S. Mauritii in Tholeya vereidet und kommt im J. 1553 als solcher, 1565—1569 als Archidiaconus major vor, resignirte sodann, wie das wildenburger Scheffenweisthum meldet, um sich mit Anna von Hatzfeld, der Erbin von Linzenich bei Jülich, zu verheirathen, und starb ohne Kinder im J. 1571. Dagegen wissen unsere Verzeichnisse trierischer Domherren nichts von seiner Resignation, sie lassen ihn im J. 1572 sterben, und berichten, daß sein Nachfolger, Hugo von Schönberg, am 29. Oct. 1572 zum Archidiaconus major ernannt wurde. Dietrich war des teutschen Ordens Comthur zu Coblenz, Werner war mit Maria von dem Bongart verheirathet, Johann IV. hingegen setzte in seiner Ehe mit Maria von Flodorf die Hauptlinie in Rothberg und Berg fort und lebte noch im J. 1561. Sein einziger Sohn, Johann V., war mit Anna von Gertzen, genannt Sinzenich, verheirathet und hatte von ihr die Söhne Johann VI. und Wilhelm. Johann VI. befand sich im J. 1585 auf der jülich'schen Hochzeit und starb 1591 an seinem Hochzeitstage. Wilhelm blieb unvermählt und starb im J. 1602; mit ihm endete der Mannsstamm dieser Hauptlinie. — Von Adam, dem dritten Sohne Johann's III., stammt die Nebenlinie in Wildenburg ab. Adam besaß nämlich den gegen Kinzweiler eingetauschten Antheil von Wildenburg, erheirathete aber auch mit Katharina von Rollingen die Herrschaft Wiebelskirchen. Sein Sohn, Hartard, Herr zu Wildenburg, Wiebelskirchen und Dalenbruch, lothringischer Rath und Amtmann zu Sirk, war in erster Ehe, seit dem J. 1564, mit Anna von Flodorf, der Erbin von Dalenbruch, in anderer Ehe, seit 1591, mit Magdalena von Reifenburg verheirathet und starb im J. 1615, mit Hinterlassung von drei Töchtern, von denen Anna und Katharina der ersten, Margaretha der zweiten Ehe angehören. Anna wurde des Peter Ernst von Rollingen zu Ansemburg Hausfrau und vererbte Dalenbruch auf ihre Kinder. Katharina, Frau auf Wiebelskirchen, heirathete im J. 1594 den Samson von Warsberg, den Burggrafen zu Rheineck und Herrn zu Freysdorf. Margaretha „ist vermählt worden mit dem Wollgebohrnen Grafen und Herren Adamen Grafen von und zu Schwartzenberg, zur Zeit Gubernator des Landes Gülich, anno 1613. Circa festum D. Martini celebrarunt nuptias in arce hambach. Auf St. Martins Abendt hatte der Edeler und Gestrenger Herr (Adrian Balthasar von Flodorp) Herr zu Leuth und Well, Bannerherr, mit Hilff des Statischen Capitain Zwiggel genandt, zwischen Gimnick und Froitzheim, mit vorß. Graffen Kutschwagen, daran sechs brauner Pferdt gantz zierlich zugerüstet gewesen, die Brauth geraubet und auf das Schloß Heyrtzbach geführet, nach der Hand durch Hilff der zweier Chur- und Fürsten Trier und Cöln auf Coblenz und Hermannstein durch vielg. Bannerherrn geliebert und von den zweyen Churfürsten die Braut gen Hambach gantz stattlich zu Pferdt und zu Fuß convoyiren lassen." Margaretha, die Ahnfrau des fürstlich Schwarzenberg'schen Hauses, starb im J. 1615; das Drittel von ihres Vaters zwei Dritteln an der Herrschaft Wildenburg, so ihr zugefallen, überließ ihr Sohn, Graf Johann Adolf von Schwarzenberg, an die von Rollingen, zwei ungemein bedeutende Höfe, die sie in der Nähe von Jülich besessen, sind bis auf die neueste Zeit Schwarzenberg'sches Eigenthum geblieben. — Die Nebenlinie zu Wachendorf wurde von Carsilius, dem vierten Sohne Johann's III., gegründet. Er besaß Wachendorf und erheirathete mit Clara von Haës die Güter Türnich, Frechen und Bachem. Der jüngere seiner Söhne, Werner, war Malteserritter, der ältere, Marsilius I., hinterließ von zwei Frauen, Anna von Winkelhausen und Maria von Botberg, fünf Söhne, Marsilius II., Konrad, Kaspar Adolf, Johann III. und Marsilius III., dann zwei Töchter, von welchen Katharina den Reinhard von Geldern zu Arssen heirathete und demselben die Güter Frechen und Bachem zubrachte. Konrad soll in der Belagerung von Nantes, im J. 1598, von der wir aber nichts wissen, geblieben sein. Auch Kaspar Adolf blieb vor dem Feinde im J. 1627, und Johann Dietrich war schwachsinnig. Marsilius II. hingegen, auf Wachendorf, der ältere Sohn der ersten Ehe, war mit Regina Scheiffard von Merode zu Bornheim verheirathet, hatte aber von ihr nur eine Tochter, Anna Franziska, die im Jahre 1697 mit dem jülich'schen Hofmarschall Hermann Dietrich von Syberg zu Eicks vermählt wurde und einen Antheil an Wildenburg an die Syberg vererbte. Aber auch der Freiherr Marsilius III. von Palland, der älteste Sohn aus der andern Ehe von Marsilius I., der mit Anna Elisabeth von Merode zu Schloßberg verheirathet war (sie starb 1656), die Amtmannsstelle zu Düren bekleidete und im J. 1669 das Zeitliche gesegnete, hinterließ nur eine Tochter, Amalia Raba, welche die Gemahlin des Grafen Adolf Alexander von Hatzfeld-Weisweiler wurde, auch demselben einen Antheil von Wildenburg zubrachte. Darum nahm der Graf von Hatzfeld das Palland'sche Wappen, von Schwarz und Gold sechsmal quergestreift, in sein Wappenschild auf. Den Hof Palland und das benachbarte Weisweiler besitzt gegenwärtig, durch Kauf von dem Fürsten von Bretzenheim, der Graf von Hompesch.

So ausgedehnt dieser Artikel geworden*), vermögen wir dennoch nicht die Linie anzugeben, welcher der Treßler des teutschen Ordens, Sweder von Palland (nicht Pelland) angehörte, unter dessen Verwaltung aus dem Ordensschatze zu Marienburg durch die Arbeiter der anstoßenden Bäckerei 12,000 ungrische Gulden entwendet worden (1364), und in dergleichen Unwissenheit befinden wir uns in Ansehung eines Herrn von Palland, dessen Grabschrift in der Stiftskirche von Kloster-Neuburg bei Wien zu sehen. Sie lautet also: **Weiland Carl Freiherr von Pallant. Hochfürstlichen Braunschweigischen Lvneburgischen Obersten der Leibgvarde ist geblieben bey der Schlacht vor Wien gegen den leidigen Tvrken den 14. September im Jahre vnsers Heilandes Jesu Christi 1683.** (*v. Stramberg.*)

*) Zum Theil kommt diese Ausdehnung auf Rechnung unsers verehrten Freundes, des Herrn Regierungsrathes Bärsch in Trier. Er hat die Güte gehabt, uns die seit dem J. 1829 erwartete Fortsetzung seiner *Eiflia illustrata* in der Handschrift mitzutheilen, und wir sagen ihm hiermit öffentlichen Dank, sowol für dieses noble Verfahren an sich, als auch für das treffliche Materiale, das uns dadurch zugänglich geworden.

PALLANTEUM, Name einer mythischen Stadt, welche der Sage nach Evander auf dem nachher nach ihr genannten palatinischen Berg errichtet hat, nach dem Vorgange der arkadischen Stadt Pallantion oder Palantion (s. d. Art.). *Virgil.* Aen. VIII, 54. 341. IX, 196. 242. (*H.*)

PALLANTIA, Tochter des Evander, soll dem mons Palatinus den Namen gegeben haben, weil man glaubte, sie sei vom Herkules geschwängert dort begraben worden, s. *Varro* ap. *Serv. Fuldens.* *Virgil.* Aen. VIII, 51. (*Schneidewin.*)

PALLANTIA oder PALANTIA (*Παλλαντία* oder *Παλαντία*), alter Name einer Stadt in Hispania Tarraconensis, nach Strabo (III, 162) im Gebiete der Areuaker, nach Plinius (III, 4. s. 3), Ptolemäus (II, 6), Appian (de reb. Hispan. 80) die größte Stadt im benachbarten Gebiete der Vaccäer. Die Rechtschreibung schwankt zwischen l und ll. Heute Palencia am Carrion. (Vergl. *Tzschucke* ad *Mel.* II, 6, 4. Not. crit. et Not. exeget. Ukert, Geogr. II, 1, 432.) (*H.*)

PALLANUM, alter Name eines Fleckens in Italien, in Samnium. (*H.*)

PALLARS, PAILHARS, das Thal von — wird östlich von dem Thale von Andorra, westlich von dem Thale von Arran, nördlich von Frankreich begrenzt und von der in dem Thale von Arran entspringenden Noguera Pallaresa, durchströmt. Dieser Lage verdankte das Thal frühzeitige Befreiung von dem Joche der Ungläubigen. Raymund, Graf von Pallars, der angeblich aus dem Königshause der Karolinger entsprossen, unterschrieb des Königs Fortunius Garcias Urkunde für das Kloster Labasal, vom J. 893, und sein Sohn Bernhard bekriegte mit Hilfe seines Schwiegervaters, des Grafen Galindo II. von Aragon, die Muhammedaner in Sobrarve, vertrieb sie aus dem Gebirge, bemeisterte sich der wichtigsten Pässe, besetzte den Landstrich von Aras bis nach S. Christoval und von dem Flusse Isaverna bis zu dem Schlosse Ribagorça mit christlichen Colonien, daß seine Herrschaft sich demnach über beide Ufer der Noguera, über Sobrarve und Ribagorça, bis nach Calasanz hin ausdehnte, und er die ganze Grafschaft Pallars, von der sein Vater nicht viel mehr als den Titel gehabt haben wird, besaß. Sobrarve scheint Bernhard, wenigstens theilweise wieder an die Ungläubigen verloren zu haben, was ihm davon geblieben, erhielt, nach seinem gegen das Jahr 926 erfolgten Ableben, sein ältester Sohn, Raymund, dem auch Ribagorça unterthä-

während der jüngere Sohn, Borel, die Grafschaft
rs zu seinem Antheile erhielt und sie auf seinen
n Sunier vererbte. Durch die Eroberungen und Er-
ungen Sancho's des Großen, des Königs von Na-
r, geriethen die Grafen von Pallars in Abhängigkeit
dem neuen Königreiche Aragon. Raymund Amelius,
von Pallars, wird im J. 1252 wegen seiner Zwi-
iten mit dem Grafen von Foix genannt; kurz vor-
war seine Grafschaft von Aragon getrennt und der
schaft Barcelona zugetheilt worden. Arnold Roger,
von Pallars, war einer der misvergnügten Herren,
ch 1274 wider den König Jacob I. von Aragon verbün-
, bekriegte 1277 und 1278 den König Peter III., und
te im J. 1326 neue Unruhen im Lande, da man ihn
Mordes von Wilhelm Queralt beschuldigte und Ray-
Folch de Cardona mit gewaffneter Hand des Frev-
Bestrafung foderte. In dem Kriege, der nach König
nn's I. Tode wegen der Erbansprüche der Grafen
Foix entstand, war der Graf von Pallars unter den
herren Cataloniens der erste, der die Angriffe der Gra-
on Foix abzuweisen hatte (1395), und seine und des
en von Urgel Bewegungen versetzten gar bald die
zosen in die äußerste Noth, sodaß der Graf von Foix,
gleichwol schon Balbastro erreicht hatte, gezwungen
e, unverrichteter Dinge über die Pyrenäen zurückzu-
, zumal nachdem der Herren von Lille und anderer
ösischen Ritter Bemühen in die Grafschaft Pallars
bringen, und auf diese Art den bedrängten Landsleu-
uft zu machen, an des Grafen von Pallars, und sei-
Bruders, des Bischofs von Urgel, Widerstande geschei-
war. Im J. 1411 gerieth der Graf von Pallars
den Einwohnern von Tremps in Fehde. Unterstützt
dem Bischofe von Urgel plünderten sie sein Schloß
s, wogegen der Graf, sich um so empfindlicher zu
n, mit der Gräfin von Comminges ein Bündniß
, und über Val de Rabana ihre Hilfstruppen an
zu ziehen suchte. Ernstliche Folgen hiervon befürch-
trat jedoch das Parlament von Catalonien in das
el, indem es dem Grafen volle Genugthuung ver-
, dem Bischofe von Urgel aufgab, sich vor dem Erz-
fe zu rechtfertigen und die Landrichter von Lerida
Pallars nach Tremps schickte, um die Straffälligen
chtigen, und allen in Croles angerichteten Schaden
ten zu lassen. Hugo Roger, Graf von Pallars,
e von den empörten Cataloniern 1462 zu ihrem
en Feldherrn erwählt und bezeichnete den Antritt sei-
Commando's alsbald durch den über Bernan Talet
die Bauern (los Pages) de la Remensa erfochtenen
; bekanntlich hatte dieser Vasallenaufruhr gegen ihre
schaften, den die Königin begünstigte, Barcelona, die
längst schwierige Stadt, hingerissen, die Waffen ge-
die Regierung zu ergreifen. Der Graf unternahm
n (Mai 1462) die Belagerung von Girona. Die
t wurde nach lebhaftem Widerstande mit Sturm ge-
men, aber die Königin, die hier Zuflucht gesucht,
sich zeitig, sammt dem Prinzen Ferdinand, in den
ptthurm, Ginorela genannt, eingeschlossen. Der Kö-
versuchte es, ihr zu Hilfe zu eilen, sah sich aber auf

allen Punkten durch der Empörer überlegene Streitkräfte zurückgehalten; aber der Graf von Foix, dem sich der französische Marschall von Albret mit 700 Lanzen beigesellt, bahnte sich, um die Königin aus ihrer Noth zu erretten, einen Weg durch Roussillon, schlug den Vicomte von Rocaberti, der die Pässe verwahren sollte, und zwang hierdurch den Grafen von Pallars, der ihm in keiner Art gewachsen, von der Belagerung der Ginorela abzulassen. Augenblicklich begab sich die Königin mit ihrem Sohne nach Aragonien. Im J. 1463 bestand der Graf von Pallars an den Thoren von Cervera ein unglückliches Gefecht mit den Königlichen, und in der Schlacht bei Calaf, 31. Jan. 1465, wurde er selbst ihr Gefangener. Durch des Königs von Frankreich Vermittelung befreit (1471), verharrte er nicht nur in dem Aufruhre, sondern er ließ sich auch in die innigste Verbindung mit Ludwig XI. ein, dem er seine Schlösser öffnete, den er nach Kräften bei der Eroberung von Roussillon unterstützte, und stets von einem billigen Abkommen mit Aragonien abzuwenden suchte. Die Angelegenheiten von Castilien waren es vornehmlich, welche den König Ferdinand nöthigten, solchen Trotz zu dulden. Kaum aber war Granada gefallen, kaum hatte der König Karl VIII. sich zur Rückgabe von Roussillon verstanden, so erließ der Herzog von Segorve, als Generallieutenant von Catalonien, am 12. Dec. 1492 ein Urtheil, wodurch der Graf von Pallars zum Hochverräther erklärt, sein Besitzthum eingezogen, und der Graf von Cardona mit der Vollstreckung dieses Urtheils beauftragt wurde. Die Schlösser des Grafen wurden nach einander genommen, er selbst, ein geächteter Bettler, entfloh nach Frankreich, um dort von fremder Gnade zu leben. Ludwig XII. gebrauchte ihn bei der Occupation von Neapel, er befand sich unter den Vertheidigern des Castello nuovo zu Neapel, als dieses am 12. Jun. 1503 von den Spaniern eingenommen wurde, und der Großcapitain schickte ihn nach dem Castell von Xativa, wo er in trauriger Haft, hochbejahrt, sein Leben beschloß. Die Grafschaft Pallars hatte Ferdinand der Katholische im Augenblick der Confiscation als ein Marquezado an den neuen Herzog von Cardona gegeben und sie kam mit der Hand seiner ältesten Tochter an das Haus Segorve, sodann an die Herzoge von Medina Celi, als die heutigen Besitzer.

(*v. Stramberg.*)

PALLAS ist der Name für einen der vier kleinen Planeten (Vesta, Juno, Pallas, Ceres), deren Bahnen zwischen den Bahnen des Mars und des Jupiter liegen[1]). Das für die Pallas gebräuchliche Zeichen ist eine Lanze ⚴.

---

1) Man nannte früher dieses Gestirn auch nach seinem Entdecker Pallas Olbersiana, doch verbat sich D. Olbers diesen Beinamen ausdrücklich, indem er an den Freiherrn von Zach (Zach, Monatliche Correspondenz. VII. S. 370) schrieb: „Noch immer, mein verehrungswürdigster Freund! fahren Sie fort, der Pallas den Beinamen Olbersiana zu geben, ob ich mich gleich so oft dagegen erklärt habe. Ich muß Sie nochmals dringend bitten, wenigstens meine Protestation öffentlich bekannt zu machen. Dieser Zusatz ist unnöthig, da es keine andere Pallas am Himmel gibt, ungerecht gegen Herschel und Piazzi, und da Piazzi seiner Ceres den Beinamen Ferdinandea gegeben hat, auch, erlauben Sie mir es zu sagen, unschicklich."

Es wurde zuerst von Kepler bemerkt, daß die Entfernungen der einzelnen Planeten von der Sonne ein ziemlich regelmäßiges Gesetz befolgen: wenn man nämlich die Entfernung des Merkur von den Entfernungen der übrigen Planeten abzieht, so erhält man beinahe genau eine geometrische Progression, deren erstes Glied = 3 und deren Exponent = 2 ist, sodaß die Entfernung des nten Planeten von der Sonne $= a + 2^{n-2} . d$ wird, wo a die Entfernung des Merkur von der Sonne und d den Unterschied der Entfernungen des Merkur und der Venus bedeuten. Setzt man also die Entfernung der Erde von der Sonne = 10, so stellen sich für die Entfernungen der damals bekannten Planeten folgende Verhältnißzahlen heraus:

Entfern. d. Merkur v. d. Sonne = 4 = 4,
— Venus — — $= 7 = 4 + 2^0 . 3$,
— Erde — — $= 10 = 4 + 2^1 . 3$,
— Mars — — $= 15 = 4 + 2^2 . 3$ beinahe,
. . . .
— Jupiter — — $= 52 = 4 + 2^4 . 3$,
— Saturn — — $= 95 = 4 + 2^5 . 3$ beinahe,

worin das genannte Gesetz sichtbar hervortritt, nur daß zwischen dem Mars und dem Jupiter eine Lücke zu sein scheint. Diese interessante Entdeckung blieb längere Zeit unbeachtet liegen, bis sie am Ende des 18. Jahrh. von mehren Astronomen wieder aufgenommen wurde und besonders Bode die Wahrscheinlichkeit aussprach, daß wirklich zwischen dem Mars und Jupiter ein wegen seiner Kleinheit noch nicht aufgefundener Planet vorhanden sein dürfte. Diese Vermuthung gewann an Stärke, als Herschel am 13. März 1781 den Uranus entdeckte, für dessen Entfernung von der Sonne die Verhältnißzahl in obigem Sinne = 192 (beinahe $= 4 + 2^6 . 3$) war, sodaß also dasselbe vorhin angegebene Gesetz befolgt wurde. Die Astronomen bemühten sich nun mit größerer Sorgfalt unter der großen Menge von kleinen Sternen einen herauszufinden, der vielleicht statt Fixstern zu sein, nur von ihnen bisher unbemerkt seinen Umlauf um die Sonne vollendete. Bei dem im Jahre 1800 am 20. September in Lilienthal entworfenen Plan einer vereinigten astronomischen Gesellschaft wurde der Thierkreis bis auf eine ansehnliche südliche und nördliche Breite nach den Zeichen unter die Mitglieder vertheilt, wobei die Absicht war, sich mit dieser reichhaltigen Himmelsgegend so vertraut zu machen, daß auch der kleinste noch erkennbare Stern dem Beobachter nicht entgehen könne, und daß unter vielen andern Himmelsgegenständen auch endlich der, längst vorausgesetzte, aber noch fehlende Planet zwischen Mars und Jupiter entdeckt werden möge. Das Ergebniß dieser vereinten Bemühungen war die Entdeckung nicht eines, sondern vier neuer Planeten. Den ersten, die Ceres, entdeckte Piazzi, Director der königlichen Sternwarte zu Palermo, am 1. Jan. 1801. Als darauf D. Olbers in Bremen am 28. März 1802 das Gestirn der Jungfrau, wo er am 1. Januar desselben Jahres die Ceres zum ersten Male wieder aufgefunden hatte, sorgfältiger beobachtete, um sich mit den dort vorhandenen Sternen ganz genau bekannt zu machen, damit er in Zukunft die Ceres leichter herausfinden könnte, bemerkte er einen Stern siebenter Größe, von dem er gewiß wußte, daß er im Januar und Februar nicht sichtbar gewesen war [2]. Die erste Vermuthung, daß dieses ein veränderlicher Stern, etwa wie o Mira Ceti sei, der sich jetzt vielleicht in seiner größten Lichtstärke zeige, mußte Olbers bald aufgeben, nachdem er ihn ungefähr drei Stunden hindurch beobachtet hatte und dabei seine gerade Aufsteigung immer kleiner und die Abweichung immer größer fand, ohne daß diese Unterschiede den Beobachtungsfehlern allein zugeschrieben werden konnten, so wurde er also noch an demselben Abend von der Bewegung des neuen Sterns fast sicher überzeugt. Am folgenden Abende, da glücklicher Weise wieder heiteres Wetter war, fand er seinen Stern schon merklich fortgerückt, die scheinbare Rectascension war um 10′ 13″ kleiner und die scheinbare nördliche Declination um 19′ 29″ größer geworden. Nachdem sich am dritten Tage ein ähnlicher Unterschied gezeigt hatte, theilte Olbers seine sonderbare Entdeckung den andern Astronomen mit, welche alle sich natürlich sogleich eifrig mit der Aufsuchung und Beobachtung des neuen von seinem Entdecker mit dem Namen Pallas belegten Gestirns beschäftigten.

Niemand wußte, was er aus diesem Sterne machen sollte, der erste Gedanke war freilich ihn für einen Kometen zu halten, doch dann wäre er von der sonderbarsten noch nie gesehenen Gattung gewesen, denn alle sonst beobachteten Kometen hatten sich durch ihr nebelartiges Ansehen, meistens auch durch einen Schweif vor den übrigen Gestirnen ausgezeichnet; hiervon war jedoch bei der Pallas keine Spur zu entdecken, im Gegentheile erschien sie vollkommen rein, von einem Stern siebenter oder achter Größe gar nicht zu unterscheiden, ja sogar noch reiner als der damals in der Nachbarschaft stehende Planet Ceres Ferdinandea. Anderer Seits aber dieses Gestirn für einen Planeten zu erklären, wollte auch nicht recht zulässig sein, denn die Neigung seiner Bahn gegen die Ekliptik war ganz ungewöhnlich groß: während diese nämlich bei den andern Planeten von 0° bis 7° variirte, auch die der Ceres, bei der sie 10° ist, sich noch ziemlich nahe an diese Zahl anschloß, betrug sie bei der Pallas 34°; ferner schien die schöne im Anfange dieses Artikels erwähnte Symmetrie zwischen den gegenseitigen Entfernungen der Planeten hierdurch gänzlich gestört zu sein, da die Bahn der Pallas ziemlich in derselben Entfernung von der Sonne lag als die der Ceres.

Um über die Natur dieses neuen Gestirns ein begründetes Urtheil aussprechen zu können, war es vor allen Dingen nothwendig seine Bahn vollständig zu bestimmen, daher versuchte Olbers gleich, nachdem nur einige sichere Beobachtungen gemacht waren, die Bahn durch einen Kreis darzustellen, doch vergebens — ebenso wenig glückte es ihm mit einer Parabel, was auch der Hauptmann von Wahl, D. Burkhardt und de la Place vergeblich unternahmen [3]. Da diese beiden Extreme von Kurze

2) Bode, Astronomisches Jahrbuch für 1805. S. 102 fg. v. Zach, Monatliche Correspondenz. V. S. 481 fg. 3) Bode, Astronomisches Jahrbuch für 1805. S. 104 fg. und S. 110.

von den Beobachtungen durchaus nicht genugthun wollten, so schloß Olbers, daß die Bahn der Pallas wahrscheinlich eine Ellipse von zwar nicht unbeträchtlicher, aber doch nicht gar zu großer Excentricität sein dürfte, doch verschob er die Berechnung derselben, bis eine größere Zwischenzeit zwischen den Beobachtungen sichere Resultate versprechen könnte. Allein ihm und allen andern kam D. Gauß in Göttingen zuvor, indem derselbe, nachdem er Anfangs auch eine Kreisbahn vergebens versucht hatte, nach seiner vortrefflichen Methode ohne alle vorläufige Methode die Bahn bestimmte, welche sich als eine nicht sehr excentrische Ellipse ergab, deren Elemente der ausgezeichnete Rechner, obgleich ihm erst sehr wenige Beobachtungen zu Gebote standen, ziemlich richtig bestimmte [4]).

Nach dieser Bahnbestimmung mußte man die Pallas nothwendig für einen Planeten erklären und Olbers sprach bald, obgleich er es selbst kaum für eine Muthmaßung gehalten wissen wollte, die Idee aus, daß Ceres und Pallas, da sich beide in ziemlich gleicher Entfernung von der Sonne bewegen, vielleicht durch Zertrümmerung eines größern Planeten entstanden seien [5]), wozu besonders die Bemerkung veranlaßte, daß während die übrigen Planeten eine ziemlich bedeutende Größe haben, diese auffallend klein gefunden wurden. Schröter [6]) nämlich fand bei der Pallas den scheinbaren Durchmesser der Kugel nebst der umgebenden Atmosphäre = 4",670, also den aus einem Abstande gleich der mittlern Entfernung der Erde von der Sonne gesehenen ganzen Durchmesser = 6",514 oder den wahren Durchmesser 658,68 geographische Meilen; der Durchmesser der Kugel allein war = 4",504 oder 455,43 geographische Meilen, also die einfache senkrechte Höhe von der Oberfläche der Kugel bis zur äußersten noch kenntlichen feinsten Grenze der Atmosphäre 101,62 geographische Meilen. Herschel [7]) fand sogar für dieselben Quantitäten noch bedeutend kleinere Werthe; nach seiner Beobachtung nämlich ergab sich der scheinbare Durchmesser 0",17 oder gar nur 0",13, also in einem Abstande gleich der mittlern Entfernung der Erde von der Sonne 0",3199 oder nur 0",2399, d. h., der wahre Durchmesser 147 Meilen oder 110¼ Meilen. Es ist eine höchst auffallende Thatsache, daß die Durchmesser der Ceres (s. d. Art.) sowol als der Pallas von zwei gleich ausgezeichneten Observatoren beobachtet, auf so auffallende Weise verschieden sich ergeben konnten, während bei andern Gelegenheiten ihre Resultate stets ganz vorzüglich übereingestimmt hatten. Ungeachtet der großen Zuverlässigkeit, auf welche sonst Schröter's Messungen mit Recht Anspruch machen, haben doch die Astronomen hier der Messung Herschel's den Vorzug gegeben.

Indem man die vorhin erwähnte Vermuthung von Olbers, daß früher zwischen Mars und Jupiter ein größerer Planet gewesen sei, welcher durch irgend ein bedeutendes Naturereigniß zertrümmert wurde, weiter verfolgt, so ist leicht zu schließen, daß die einzelnen Stücke ziemlich in derselben Entfernung von der Sonne bleiben müssen und Bahnen beschreiben werden, welche mehr oder weniger gegen die Ekliptik geneigt alle denselben Knoten haben und also, wenn man sie dort sucht, leichter zu finden sind. Diese Folgerung und somit zugleich die zum Grunde gelegte Hypothese wurden bald nach Entdeckung der Ceres und Pallas durch die Auffindung der beiden übrigen Planeten, Juno und Vesta, aufs Herrlichste bestätigt. Für alle vier Planeten liegen die Knoten im Sternbilde der Jungfrau.

Eigene Untersuchungen über die Lage der Bahnen der beiden Planeten Ceres und Pallas, welche in ziemlich gleicher Zeit ihren Umlauf um die Sonne vollenden, hat Bode angestellt [8]), er zeigte, daß von der Sonne aus gesehen die Pallas um die Ceres eine Bahn zu beschreiben scheine, ferner bestimmte er, wie sich die Bahn der Pallas einen Bewohner der Ceres darstellen müßte; doch haben diese Bestimmungen, wenn auch an sich nicht ohne Interesse, keinen bleibenden Werth, da sie nur für die Zeit des einen Umlaufs vom 1. Jan. 1803 bis zum 10. Aug. 1807, für welche die gegenseitigen Stellungen berechnet sind, gelten, indem grade diese Planeten bedeutende Störungen durch den Jupiter erleiden, wie schon Gauß im J. 1810 bemerkte, sodaß rein elliptische Elemente die Bahn durchaus nicht darstellen können.

In dem eben Gesagten liegt auch der Grund, weshalb die numerischen Werthe der Elemente, welche man für die vier Planeten Ceres, Pallas, Juno, Vesta angibt, eine etwas andere Bedeutung haben als bei den übrigen Planeten, während nämlich bei diesen letztern die Elemente für jede Zeit gelten und der Einfluß der Störungen für eine bestimmte Zeit berücksichtigt wird; hat man bei den vier kleinen Planeten die vollständig richtigen Elemente für eine als Ausgangspunkt festgesetzte Zeit bestimmt und fügt nun für jede neue Zeit den Unterschied der Störungen hinzu.

Die folgenden Elemente der Pallasbahn gelten für 1831 Juli 23.0^h mittlere berliner Zeit [9]):

Mittlere Entfernung der Pallas von der Sonne 2,77263 oder 57 Millionen geographische Meilen.

Ihre siderische Umlaufszeit war $1686^d,305$ oder 4 Jahre $225^d 7^h 19'$, ihre tropische Umlaufszeit $1686^d,003$ oder 4 Jahre $225^d 0^h 4'$ und ihre synodische Umlaufszeit 1 Jahr $191^d 0^h$.

Ihre mittlere tägliche Bewegung war 12′ 48″,7.

Ihre mittlere Länge war 290° 38′ 11″,8.

Die Länge ihres Perihels 121° 5′ 0″,5.

Ihre Excentricität 0,241998.

Ihre größte Mittelpunktsgleichung 27° 55′ 22″,2.

Die Neigung ihrer Bahn gegen die Ekliptik 34° 35′ 49″,1.

---

4) Bode, Astronomisches Jahrbuch für 1805. S. 106. v. Zach, Monatliche Correspondenz. VII. S. 369 fg. 5) Bode, Astronom. Jahrbuch für 1805, S. 108 und 109. 6) Lilienthalische Beobachtungen der Planeten Ceres, Pallas und Juno von Schröter. S. 227. 7) Philosophical Transactions. 1802. p. 213 sq. und 1807. p. 260.

8) Bode, Astronom. Jahrbuch für 1807. S. 216 fg. 9) Encke, Astronom. Jahrbuch für 1831. S. 250. Die obenstehenden Zahlen sind entnommen aus dem Jahrbuche für 1837, herausgegeben von Schumacher (Stuttgart und Tübingen 1837).

Die Länge ihres aufsteigenden Knotens auf der Ekliptik 172° 38′ 29″,8.

Die Neigung ihrer Bahn gegen den Erdäquator war 11° 40′ 17″ und die Länge des dahin gehörigen Knotens 158° 55′ 54″. (*L. A. Sohncke.*)

PALLAS, der Freigelassene des Kaisers Claudius, gehört zu den nichtswürdigen Creaturen, welche die Schlechtigkeit ihrer Zeit zu benutzen wissen, indem sie dieselbe überbieten, und welche sich auf diese Weise zu einer Höhe erheben, zu der die reine Tugend jeden Zugang verschlossen findet. Die römische Kaisergeschichte ist reich an solchen Menschen, welche einander alle darin ähnlich sind, daß sie ebenso schlau als schamlos auch die allerabscheulichsten und unwürdigsten Mittel für ihren Vortheil zu benutzen verstanden, und die einzelnen Verschiedenheiten, welche sich in ihren Charakteren finden, machen wenigstens rücksichtlich ihres Werthes eben keinen Unterschied. Ihre niedrige Herkunft entband die Freigelassenen sowol in ihren eigenen Augen als in denen der Kaiser von der Pflicht, für ihre persönliche Würde Sorge zu tragen und sich nicht zu Allem gebrauchen zu lassen; aber grade hierdurch wurden sie die bequemsten Werkzeuge für alle Abscheulichkeiten, welche je einem wahnwitzigen Kaiser in den Sinn kamen, oder durch welche sie diesen beschäftigten, um inzwischen die wichtigsten Regierungsgeschäfte in ihre Hände zu bekommen, sich Macht und Reichthümer, und in sittlicher Beziehung vollkommene Ungebundenheit anzueignen.

Woher Pallas eigentlich stammte, wird nicht erzählt, denn seinen Ursprung von den uralten Königen Arkadiens herzuleiten, wozu wol sein Name als Anlaß benutzt wurde, war nur einem Senat möglich, der mit dem Kaiser Claudius in Albernheiten wetteiferte (s. *Tacit.* Ann. XII, 44). Es läßt sich nicht einmal mit Bestimmtheit annehmen, daß er aus Griechenland stammte. Er war zuerst Sklave der Antonia, der Mutter des Claudius, welche auf ihn das größte Vertrauen setzte und ihm deshalb, wie Josephus erzählt (Antiqtt. Jud. XVIII, 8. p. 632. E. ed. Colon.) den wichtigen Auftrag ertheilte, dem Kaiser Tiberius im J. 31 n. Chr. Geb. einen geheimen Brief zu überbringen mit der Anzeige von den verdächtigen Umtrieben des mächtigen Sejanus, in Folge dessen dieser gestürzt wurde. Hiernach hätte sich erwarten lassen, daß Pallas sich sehr bald eine bedeutende Stellung verschaffte; indeß scheint er dazu keine Gelegenheit gefunden zu haben, zumal seitdem sechs Jahre später seine Herrin Antonia durch den Caligula ums Leben gebracht und er nun ein Eigenthum des Claudius, ihres Sohnes, wurde, der eine höchst untergeordnete Rolle spielte. Darum wird er auch während der ganzen Regierungszeit des Caligula nicht weiter erwähnt. Die unverhoffte Fügung, welche den Claudius auf den Thron erhob, führte auch ihn zu einer Macht, deren er unter diesem Kaiser ebenso sicher sein mochte, als er vorher nicht hatte darauf rechnen können. Claudius hatte ihn freigelassen, wir wissen nicht, ob vielleicht gleich nach dem Tode der Antonia oder erst später; doch war er nicht gleich von Anfang an der einflußreichste unter den Freigelassenen; Narcissus übertraf ihn bei weitem an Besonnenheit und Energie, Callistus an berechneter Schlauheit; er selbst zeigte sich feig, als sie alle drei durch die Sorge für ihre eigene Sicherheit sich aufgefodert fühlen mußten, die grausame Gemahlin des Claudius, Messalina, aus dem Wege zu räumen, da sie in ihren maßlosen, übermüthigen Ausschweifungen so weit gegangen war, in Abwesenheit des Claudius sich förmlich mit dem C. Silius zu vermählen, und nun die Besorgniß sehr nahe lag, daß sie sammt dem Claudius alle Macht an dieses Ehepaar würden abtreten müssen. Callistus wollte weniger aus Feigheit als aus Vorsicht keinen entscheidenden Schritt thun; Narcissus allein wagte es, und führte es mit wunderbarer Entschlossenheit und Geschicklichkeit aus (*Tacit.* Ann. XI. c. 29 sq.). Erst als er die Sache zu einem erwünschten Ende geführt hatte, scheinen ihn Pallas und Callistus unterstützt zu haben, indem sie den Kaiser abhielten, mit denen Mitleiden zu haben, welche mit oder ohne Schuld durch ihre nahe Verbindung mit der Messalina und dem Silius in deren Schicksal hineingezogen wurden (*Tacit.* l. c. c. 36). So hatten diese beiden zwar den Claudius scheinbar nicht im Stich gelassen und zugleich hatten sie sich für den Fall gesichert, daß etwa Messalina die Oberhand behielte; aber darüber hatte ihnen die glückliche Kühnheit des Narcissus den Rang abgelaufen, der außer der quästorischen Würde den weit wichtigern Lohn empfing, daß er den bei weitem größten Einfluß auf Claudius hatte (*Tacit.* l. c. c. 38). Übrigens waren die Würden unter ihnen so vertheilt, daß Callistus Requetenmeister, Narcissus Geheimschreiber und Pallas kaiserlicher Schatzmeister war; seit welcher Zeit läßt sich nicht bestimmen (s. *Dio Cass.* u. *Zonaras* p. 563. D. sq., angeführt von *Reimarus* zu *Dio* T. II. p. 968; vergl. *Tacit.* Ann. XIII. c. 14. *Sueton.* Claud. c. 28).

Was Pallas verloren hatte, gewann er bald wieder. Es entstand nämlich sofort nach dem Tode der Messalina die Frage, wen Claudius nun heirathen sollte, da er einmal ohne Leitung eines Weibes nicht leben konnte. Diese wichtige Frage wurde von den drei Freigelassenen mit dem größten Eifer verhandelt, da jeder eine andere Candidatin vorschlug und begünstigte. Pallas war so glücklich, mit der seinigen den Sieg davon zu tragen; es war Agrippina, des Germanicus Tochter, Nero's Mutter, welche ihn aufs Kräftigste unterstützte, indem sie als Nichte des Claudius diesen häufig besuchte und ihn durch buhlerische Künste bestrickte (*Tacit.* Ann. XII. c. 1—3); den Pallas selbst aber hatte sie ebenfalls dadurch gewonnen, daß sie sich ihm preis gab, oder wenigstens belohnte sie ihn nachher dadurch für seine Bemühung und verband ihn sich zu fernern Diensten (*Dio Cass.* LXI. 3. *Tacit.* XII. c. c. 25, 65. Schol. ad *Juvenal.* Sat. I, 109). War nun auch diese Verbindung keine dauernde, da Agrippina die Unzucht überhaupt nur aus Politik benutzte, um ihre eigenen Zwecke zu erreichen (*Tacit.* XII. c. 7), so konnte es doch nicht fehlen, daß Pallas durch sie vorzugsweise begünstigt wurde und so über seine Nebenbuhler das Übergewicht gewann. Im J. 50 n. Chr. Geb. wurde die bis dahin unerlaubte Verheirathung so naher Verwandten wirklich vollzogen und sogleich hatte sich Agrippina mit kräftiger Hand der Regierung bemächtigt. Pallas blieb ihr getreuer Helfer, und namentlich war er es, der die Erfüllung ihres angelegentlichsten Wunsches ins Werk setzte und die Adoption ihres Sohnes, des nachherigen Kaisers Nero, beim Claudius bewirkte, welcher dumm genug war, nicht zu bemerken, daß hiermit der erste Schritt geschah, seinen eigenen Sohn Britannicus zu verdrängen (*Tacit.* Ann. XII. c. 25.)

Im J. 53 wurde im Senat der Vorschlag zu einem Strafgesetze gemacht für die Weiber, welche sich mit Sklaven verbänden, und es wurde festgesetzt, daß diejenigen, welche sich ohne Wissen des Herrn so weit erniedrigt hätten, Sklavinnen werden sollten; hätte aber der Herr seine Zustimmung gegeben, so sollten sie Freigelassene sein. Als Erfinder dieses Gesetzes nannte Claudius im Senat den Pallas, ohne Zweifel in der Absicht, diese Gelegenheit zu benutzen, um demselben nicht blos für die Erfindung des Gesetzes, sondern auch für seine Dienste überhaupt einen erklecklichen Lohn zuzuwenden. Der Senat verstand das auch; er decretirte dem Pallas auf den Vorschlag des designirten Consuls Barea Soranus Prätorsrang und eine Geldbelohnung von 15 Millionen Sesterzen (d. h. ungefähr 800,000 Thaler); dies konnte auch der vortreffliche Barea noch den Zeitumständen angemessen und mit seiner und des Senats Würde verträglich finden; aber es fanden sich Leute, welche den Senatsbeschluß zu einem merkwürdigen Document niedriger Schmeichelei machten. Tacitus (XII. c. 53) sagt, durch Cornelius Scipio sei noch hinzugefügt, man müsse dem Pallas öffentlich Dank sagen, daß er entsprossen von den Königen Arkadiens, seinen uralten Adel weniger berücksichtigte als das Wohl des Staates, und sich zu des Fürsten Dienern zählen ließe. Darauf versicherte Claudius, Pallas, zufrieden mit der Ehre, beschränke sich auf seine frühere Armuth; und so wurde der Senatsbeschluß in Erz gegraben öffentlich aufgestellt, worin dieser Freigelassene, Besitzer von 300 Millionen Sesterzen, mit Lobsprüchen auf seine alterthümliche Sparsamkeit überhäuft wurde. Der jüngere Plinius erzählt uns (Epp. VII, 29 und VIII, 6) von einem Denkmale des Pallas, das an der Tiburtinischen Straße innerhalb der ersten Miglie stand, worauf der Senatsbeschluß erwähnt wurde. Begierig auf diesen suchte er ihn und theilt ihn (Epp. VIII, 6) mit, indem er ihn mit seinen eigenen Bemerkungen durchflicht. Er sagt: Ich will übergehen, daß dem Pallas, einem Sklaven, die Ehrenzeichen eines Prätors angeboten werden; es geschieht ja von Sklaven; ich übergehe, daß sie beschließen, man müsse ihn nicht nur ermahnen, sondern dazu treiben, daß er sich der goldenen Ringe bediene; denn es war gegen die Majestät des Senats, wenn er sich mit Prätorsrang der eisernen bedient hätte. Das ist geringfügig und zu übergehen, aber das Folgende verdient erwähnt zu werden: Der Senat dankt für den Pallas dem Kaiser, daß er sowol selbst den Namen desselben auf die ehrenvollste Weise genannt als auch dem Senat Gelegenheit gegeben hätte, seine wohlwollende Gesinnung gegen ihn zu bezeugen. Dann wird hinzugefügt, damit Pallas, dem sich alle persönlich verpflichtet zu fühlen bekennen, den wohlverdienten Lohn seiner außerordentlichen Treue, seiner außerordentlichen Thätigkeit empfangen möge, und da dem Senat und römischen Volke keine erwünschtere Gelegenheit zur Freigebigkeit dargeboten werden könne, als wenn es ihnen vergönnt wäre, zu dem Vermögen des anspruchlosesten und getreuesten Hüters der kaiserlichen Schätze etwas beizusteuern, so habe der Senat gewünscht zu bestimmen, daß demselben aus der Staatscasse 15 Millionen Sesterzen gezahlt würden, und, je mehr seine Gesinnung dergleichen Wünschen abgeneigt sei, desto dringender den Vater des Vaterlandes zu bitten, daß er ihn vermöge, dem Wunsche des Senats nachzugeben: jedoch da der beste Kaiser und Vater des Vaterlandes auf die Bitte des Pallas verlangt habe, daß der Theil des Beschlusses, der die Zahlung der 15 Millionen Sesterzen aus der Staatscasse betraf, unterdrückt würde, so bezeuge der Senat hiermit, daß er gern und nach Verdienst unter den übrigen Ehrenbezeugungen auch diese Summe dem Pallas wegen seiner Treue und Gewissenhaftigkeit zuzuerkennen im Begriffe gewesen sei, daß er jedoch dem Wunsche seines Kaisers, dem in irgend einer Sache zuwider zu sein er für Sünde halte, auch in dieser Sache gehorche. Ferner da es nützlich sei, die stets so bereitwillige Güte des Kaisers, verdiente Männer zu loben und zu belohnen, überall bemerklich zu machen, besonders aber an denjenigen Orten, wo die mit der Sorge für seine Angelegenheiten Beauftragten zur Nachahmung angefeuert werden könnten, und da die durchaus bewährte Treue und gute Gesinnung des Pallas durch ihr Muster den Trieb zu einem so edlen Wetteifer erwecken könne, so beschließe er, daß dasjenige, was am letzten 29. Januar in der Senatsversammlung der beste Kaiser vorgetragen hätte, und die darüber gefaßten Senatsbeschlüsse in Erz gegraben und dieses Erz an der geharnischten Statue des göttlichen Julius aufgestellt werden solle.

Es ist nicht nöthig, die Betrachtungen wieder zu geben, welche Plinius hierbei über den schnöden Hochmuth des Pallas, über die Willenlosigkeit des Kaisers, über die niedrige Gesinnung des Senats anstellt. Pallas hatte damals vielleicht den Gipfel seiner Macht erreicht. L. Vitellius, der Vater des nachmaligen Kaisers, ein Mensch, der überhaupt die niedrigste Schmeichelei auf eine wahrhaft kolossale Art betrieb, ehrte die goldenen Bilder des Narcissus und Pallas unter seinen Hausgöttern (*Sueton.* Vitell. c. 2). Pallas stützte sich auf die energische Herrschaft der Agrippina; dem Befehl der Kaiserin schreibt der ältere Plinius die Verleihung der Prätorwürde zu (N. H. XXXV. c. 18); und wie er ihr in allen ihren Interessen diente, so konnte er gewiß auch in den seinigen ihres Beistandes gewiß sein. Daher war es ganz natürlich, daß sein Bruder Antonius Felix, bei Josephus Claudius Felix genannt, der schon seit längerer Zeit Statthalter in Judäa war, im Vertrauen auf die Macht des Pallas, sich alle mögliche Gewaltthaten erlauben zu können glaubte; und in der That, als er die unterdrückte Provinz zu blutigem Aufstande gebracht und eine gerichtliche Untersuchung veranlaßt hatte, entging er der Strafe und war noch unter Nero Procurator in Judäa, bis ihm Festus folgte. Übrigens war dieser Antonius Felix, obwol früher ebenfalls Sklave, selbst mit dem Kaiser Claudius verwandt geworden, indem er die Drusilla, eine Enkelin von der Cleopatra und dem Antonius heirathete, dessen Enkel Claudius war. Ein Sohn aus dieser Ehe fand nebst seiner Gattin unter dem Kaiser Titus durch den Ausbruch des Vesuv seinen Tod (s. *Tacit.* Ann. XII, 54. Hist. V, 9. *Joseph.* Antiqtt. Jud. XX. c. 5, 6. p. 693 sq. de B. Jud. II. c. 21—23. p. 795 sq. ed. Colon.).

Von den beiden Nebenbuhlern des Pallas tritt Callistus ganz zurück; Narcissus aber, der dem Claudius und Britannicus treu anhing, war der Agrippina verhaßt und wurde durch sie gleich nach dem Claudius ermordet (*Tacit.* Ann. XII. c. 57. 65. XIII. c. 1). Pallas behauptete sich, und wenn Josephus (l. c.) erzählt, Agrippina habe nach der Ermordung des Claudius die einflußreichsten von den Freigelassenen benutzt, um sogleich ihrem Sohne Nero die Kaiserwürde zu sichern, so muß damit vor allen Pallas gemeint sein.

Indessen hatte der Regierungswechsel weder für ihn noch für Agrippina den günstigen Erfolg, welchen sie sich davon versprochen. Nero fand bald das strenge Regiment seiner Mutter lästig; ihre Rathgeber und Helfer waren natürlich die ersten, welche sein Unmuth traf, und so mußte vor Allen Pallas schon im J. 56 die Geschäfte niederlegen, mit denen er vom Claudius beauftragt worden war und durch die er sich berechtigt glaubte, die Rolle des ersten Lenkers der Regierung zu spielen. Als er nun das Palatium verließ, von einer großen Menschenmenge begleitet, soll Nero witzig gesagt haben, Pallas gehe jetzt, um abzuschwören (d. h. seine Geschäfte feierlich, wie ein öffentliches Amt, niederzulegen, mit dem Schwure, dasselbe gewissenhaft verwaltet zu haben). Nero bezeichnete hiermit, daß Pallas seinen Dienst beim Kaiser gleichsam als ein öffentliches Amt betrachtet habe, über das mit jenem Schwure gleichsam Rechenschaft gegeben werde. In der That hatte er es sich ausbedungen, nicht über jede Handlung für die Vergangenheit verantwortlich gemacht zu werden und überhaupt nicht anders gestellt zu sein, als ob er ein öffentliches Amt verwaltete (*Tac.* Ann. XIII. c. 14) *).

Vergeblich kämpfte die gewaltige Agrippina, ihre allmälig ganz hinschwindende Macht wieder zu befestigen; sie hatte sammt ihrem Anhange allen Einfluß verloren, und ihr Widerstreben beschleunigte nur ihren gewaltsamen Untergang. Dieser Wechsel mochte der Grund sein, weshalb ein gewisser Pätus, Auctionator der confiscirten Güter beim Schatze, der wie die meisten Leute von diesem Fache, die Anklagen zu einem Gegenstande der Speculation machte, ein gutes Geschäft zu machen und dem Nero einen willkommenen Dienst zu leisten glaubte, wenn er den Pallas nebst dem Burrus auf Hochverrath anklagte; er beschuldigte sie des Planes, den Cornelius Sulla, Schwiegersohn des Claudius, zum Kaiser zu machen. Aber er hatte nicht bedacht, daß er den Seneca zum Gegner haben würde (*Dio Cass.* LXI. c. 11), und daß mit diesem auch Burrus noch zu fest in seinem Ansehen stand, und so mußte für diesmal auch die Unschuld des Pallas anerkannt werden. Jedoch wie leicht demselben auch seine Vertheidigung wurde und wie glänzend er durch die Bestrafung des Anklägers gerächt war, so trug doch dieser Vorfall dazu bei, den Haß des Nero noch mehr gegen ihn zu reizen. Er benahm sich nämlich bei seiner Vertheidigung mit einem sehr lästigen Hochmuth; gegen die Beschuldigung, daß einige seiner Freigelassenen seine Mitwisser wären, erwiederte er, er habe niemals in seinem Hause anders als durch einen Wink einen Befehl gegeben, und wo das nicht ausreichte, sei es schriftlich geschehen, um sich nicht auf das Sprechen mit seinen Leuten einzulassen **). (*Tac.* Ann. XIII. c. 23. *Dio Cass.* LXII. c. 14.) Überhaupt war dem Pallas eine widerwärtige Anmaßung und ein Stolz eigen, der den Freigelassenen dem Kaiser gegenüber unleidlich machen mußte (s. *Tacit.* XIII. c. 2); wo ihm eine tristis arrogantia beigelegt wird; Dio Cassius (l. c.) sagt: *δυσκολίᾳ τρόπων πολλῇ ἐχρῆτο*, und nennt ihn LXI, 3 φορτικός und *ἐπαχθής*. Dazu kam nun noch der große Reichthum des Pallas, um den Nero zu seiner Ermordung zu reizen. Daß er 300 Millionen Sesterzen besaß, ist schon oben nach Tacitus erwähnt; Dio Cassius (LXII. c. 14) schreibt ihm noch mehr zu, nämlich 100 Millionen Drachmen; überhaupt war er fast sprüchwörtlich geworden wegen seiner Schätze, die für einen Freigelassenen allerdings ungeheuer waren (s. *Juvenal.* Sat. I, 109. *Plin.* N. H. XXXIII. c. 10); schon unter der Regierung des Claudius, als dieser einst über die Armuth des Fiscus klagte, war das Witzwort verbreitet, der Kaiser würde Überfluß haben, wenn er von seinen beiden Freigelassenen, Pallas und Narcissus, zum Compagnon angenommen würde (*Sueton.* Claud. c. 28. *Aurel. Vict.* epit. c. 4).

Als nun Agrippina gemordet war und Nero weder in seiner Grausamkeit noch in seiner Verschwendung irgend ein Maß mehr kannte, wurde auch Pallas, wie man meinte, durch Gift aus dem Wege geräumt, weil dem Nero die Zeit zu lang wurde, bis er dessen Schätze erben konnte. Er starb in hohem Alter im J. 63 nach Chr. Geb. (*Tac.* Ann. XIV. c. 65. *Dio Cass.* LXII. c. 14).

(*F. Hanse*).

*) Der hier mit non absurde eingeführte witzige Ausspruch ist seinem Sinne nach den Auslegern ebenso dunkel gewesen, als ein anderes haud absurde dictum bei Vellejus (II. c. 83), über welches ich mich an einem andern Orte erklärt habe. Die verschiedenen Ansichten der Ausleger über die Worte des Tacitus möge man bei ihnen nachsehen; die oben gegebene Erklärung scheint die einzig mögliche, dem Zusammenhange vollkommen angemessene zu sein.

**) Schon seit Augustus war die Sitte aufgekommen, auch mit Gegenwärtigen schriftlich zu verhandeln; Augustus that dies immer in wichtigern Angelegenheiten, sogar mit seiner Gemahlin, um nicht, wenn er aus dem Stegreif sprach, zu viel oder zu wenig zu sagen (s. *Sueton.* Aug. c. 84). Vergl. Lipsius (zu *Tacit.* Ann. IV. c. 39), wo es als Sitte angegeben wird, den Kaiser, auch wenn er gegenwärtig war, schriftlich anzugehen, und dieser Sitte fügte sich auch Sejanus.

PALLAS (Peter Simon), ein ausgezeichneter Naturforscher, wurde geboren zu Berlin am 22. September 1740 und starb ebenda am 8. Sept. 1811. Nachdem er im väterlichen Hause*), auf mehren teutschen Universitäten und in Leyden eine gründliche Bildung empfangen, auch eine wissenschaftliche Reise nach England gemacht hatte, gab er zu Leyden seine ersten zoologischen Schriften heraus (Diss. de insectis viventibus intra viventia. [L. B. 1760. 4.] Elenchus zoophytorum. [Hag. Com. 1766. 4.]**) Miscellan. zoologic. [Hag. Com. 1766. 4.]), denen er den ehrenvollen Ruf als Akademiker nach St. Petersburg verdankte. Bald nach seiner Ankunft in Rußland erhielt er die Bestimmung, die astronomische Expedition, welche den Sonnendurchgang der Venus in Sibirien beobachten sollte, als Naturforscher zu begleiten. Unter den eifrigsten Vorbereitungen zu der Reise gab er wiederum wichtige Beiträge zu der Zoologie heraus (Spicilegia zoologica [Berol. 1767—1780]. Fasc. I—XIV. 4.), welche er auch später fortsetzte. Die Expedition verließ Petersburg im Jun. 1768. Den Winter über blieb Pallas in Simbirsk an der Wolga, folgte im Frühjahre 1769 dem Laufe des Jaïk bis zu seiner Mündung in das kaspische Meer und verweilte in Gurief, um die Natur jenes großen Sees zu beobachten. Im J. 1770 untersuchte er die beiden Abhänge des Uralgebirges und brachte den Winter in Tscheläbinsk am südöstlichen Abfalle des Ural zu. Die Reise des folgenden Jahres ging nach den Gruben von Kolywan am nördlichen Saume des Altaï bis nach Krasnojarsk am Jeniseï. Dann im J. 1772 weiter nach Osten, über den Baikalsee und die dahurischen Gebirge bis an die chinesische Grenze. Von hier kehrte Pallas nach Krasnojarsk und dann im folgenden Jahre nach Astrachan zurück. Endlich näherte er sich dem Kaukasus, brachte den letzten Winter zwischen Wolga und Don zu und langte am 30. Jul. 1774 wieder in Petersburg an. Die Beschreibung dieser sechsjährigen Reise (Reise durch verschiedene Provinzen des russischen Reichs [Petersb. 1771—1776]. 3 Bde. 4.; in das Französische und Russische übersetzt), zum Theil noch während derselben im Druck erschienen, enthält einen großen Reichthum von naturhistorischen, ethnographischen, geographischen und statistischen Beobachtungen, und würde allein hinreichen, den Namen des Verfassers zu verewigen.

Obgleich nun seine Gesundheit durch die Mühseligkeiten und Entbehrungen dieser Reise sehr angegriffen war, so gönnte sich Pallas doch keine Ruhe, sondern war unermüdlich in der Bekanntmachung seiner eigenen Beobachtungen und Erfahrungen sowol, als der Notizen seiner Begleiter, von denen mehre gestorben waren (Sammlung historischer Nachrichten über die mongolischen Völkerschaften [Petersburg 1776—1801. 2 Bde. 4.]. Observations sur la formation des montagnes et les changemens arrivés à notre globe [St. Pétersb. 1777. 8.], enthält die wichtigsten Mittheilungen über die Lagerungsverhältnisse der Gebirgsformationen. Novae species quadrupedum e glirium ordine [Erlang. 1778. 4.]. Neue nordische Beiträge zur physikalischen und geographischen Erd- und Völkerbeschreibung, Naturgeschichte und Ökonomie [Petersburg 1781—1796. 7 Thle.]. Icones insectorum, praesertim Rossiae Sibiriaeque peculiarium [Erlang. 1781, 1782. 4.]. Enumeratio plantarum, quae in horto viri ill. *Procop. a Demidof* Moscuae vigent [Petrop. 1781]. Flora rossica [Petrop. 1784—1788. fol.]. mit 100 Kupfertafeln; unvollendet. Linguarum totius orbis vocabularia comparativa [Petrop. 1787—1789. 2 Voll. 4.]). Die Kaiserin Katharina II. erkannte Pallas' große Verdienste an, übertrug ihm den Unterricht der Großfürsten Alexander und Constantin in der Naturgeschichte und belohnte ihn durch Ehrenstellen und Geschenke (u. a. wurde er zum wirklichen Staatsrathe und zum Ritter des St. Wladimir- und des St. Annenordens zweiter Classe ernannt). Nach der Eroberung der Krim durch die Russen benutzte Pallas die Jahre 1793 und 1794 zu einer Reise in die südlichen Provinzen Rußlands. Er fand die Krim so reizend und machte davon eine so anlockende Schilderung (Tableau physique et topographique de la Tauride [Pétersb. 1795. 4.]; teutsch ebenda 1796. 8., Bemerkungen auf einer Reise in die südlichen Statthalterschaften des russischen Reichs [Leipzig 1799—1801. 2 Bde. 4.]), daß sich die Kaiserin veranlaßt fand, ihm zwei Dörfer in der Krim, ein großes Haus in Sympheropol und eine beträchtliche Summe zu seiner Einrichtung daselbst zu verleihen. Hier lebte Pallas 15 Jahre, welche er zur Fortsetzung seiner Werke und zur Herausgabe dreier neuen wichtigen naturhistorischen Schriften benutzte (Species Astragalorum [Lips. 1800. fol.], mit 91 Kupfertafeln. Illustrationes plantarum imperfecte vel nondum cognitarum [Lips. 1803. fol.], mit 59 Kupfertaf. Zoographia Rossiae asiaticae [Petrop. 1811. 3. Voll. 4.]). Dann kehrte Pallas in seine Vaterstadt zurück und starb daselbst 14 Monate nach seiner Ankunft, allgemein geachtet als ein Naturforscher ersten Ranges.

(*A. Sprengel.*)

*) Sein Vater, Simon Pallas, geb. zu Berlin 1694, gest. daselbst 1770, war erster Chirurg an der Charité und Professor der Chirurgie am medico-chirurgischen Collegium. Er gab mehre chirurgische Schriften heraus (Anleitung zur praktischen Chirurgie [Berlin 1763 und 1770]. Über die chirurgischen Operationen [Berlin 1763. Anhang 1770]. Anleitung, die Knochenkrankheiten zu heilen [Berlin 1770]). **) Teutsch unter dem Titel: Peter Simon Pallas, Charakteristik der Thierpflanzen, aus dem Lateinischen übersetzt von J. Fr. W. Herbst. Mit 27 Kupfertaf. (Nürnb. 1787. 4.)

PALLAS-ATHENE (Mythologie). §. 1. I. Name der Gottheit. Von den beiden Benennungen, welche die Gottheit bei den Griechen führte, Pallas und Athene, erscheint die erste in der ältesten Quelle, bis zu der wir hinaufsteigen können, als eine für sich nicht hinreichende Bezeichnung, die daher nie für sich allein steht. Homer nennt die Göttin niemals blos *Παλλὰς*, sondern *Παλλὰς Ἀθήνη* oder *Παλλὰς Ἀθηναίη*[1]); da-

1) *Παλλὰς Ἀθήνη* steht (die Stellen weist Damm nach) Il. IV, 78. XV, 614. XX, 33. XXIII, 771. Od. I, 125, 327. II, 405. IV, 828. XIII. 252, 300. *Παλλὰς Ἀθηναίην* Il. I, 200.

gegen die zweite Benennung Ἀθήνη oder Ἀθηναίη oft für sich allein die Gottheit bezeichnet. Wiewol dieser Sprachgebrach mit Homer und Hesiod [2]) aufhört, und z. B. Pindar Παλλὰς ebenso gut wie Ἀθάνα oder Ἀθαναία als für sich genügenden Eigennamen der Göttin braucht: so liegt doch hierin schon eine Hinweisung darauf, daß die Bedeutung von Παλλὰς ursprünglich eine allgemeinere war. Schon von dieser Seite empfiehlt sich die Deutung „die Jungfrau Athena" besser als die andere „die Schwingerin Athena;" auch würde bei der letzten Benennung die Auslassung der Lanze, welche geschwungen wird, sehr befremden. Die alten Grammatiker leiten das Wort meist von πάλλω her [3]); doch berichten sie auch, daß πάλλαντες im männlichen Geschlecht, παλλάδες im weiblichen kräftige Jünglinge und Jungfrauen bedeute [4]). Jungfräuliche Priesterinnen nicht blos der Athene, sondern auch anderer Gottheiten, werden παλλάδες genannt. Auch ist πάλλαξ (als Masculin und Feminin) nur eine andere dialektische Ausbildung derselben Wurzel, und das daraus durch Verlängerung entstandene παλλακή hat nur durch eine besondere Ungunst des Schicksals, das oft sonderbar mit den Worten spielt, die Bedeutung: Kebsweib, Concubine, erhalten. Dagegen wird die ehrende Benennung junger Krieger im Neugriechischen, παλληκάριον (Pallikari), von Kennern der Entwickelung dieser Sprache auf denselben Stamm, πάλλαξ oder πάλληξ zurückgeführt [5]). Gewiß enthielt die Benennung παλλὰς, sowie die männlich entsprechende πάλλας [6]), außer der darin liegenden Bezeichnung der Jugend, noch eine besondere Hindeutung auf gewaltige Kraft und gigantische Kühnheit. So erscheint der Titanensohn Pallas bei Hesiod, der Gemahl der unterirdischen Styx, der Vater von Zelos, Nike, Kratos und Bia [7]); so der Gigant Pallas, der von der Göttin Pallas erlegt wird, aber mit merkwürdiger Paradoxie der Sage (die wir noch mehr zu beobachten Gelegenheit haben) auch ihr Vater genannt wird [8]); sehr ähnlich die Pallas als ein der Athena verwandtes, aber doch zugleich mit ihr streitendes Wesen, eine Schwester, die sie tödten will und von ihr selbst erlegt wird [9]); auch der attische Pallas nebst den Pallantiden als ein dem Theseus feindliches, wildes und gigantisches Geschlecht [10]) paßt in diese Art von Vorstellungen herein. Weiter wagen wir für jetzt nicht in die Ursprünge dieses Namens einzudringen, sondern bemerken nur, daß die griechischen Localnamen Παλλήνη und Παλλάντιον mit dem Cultus der Pallas in unverkennbarem Zusammenhange stehen, und also gewiß von derselben Wurzel abgeleitet sind. Der attische Demos Pallene besaß ein Hauptheiligthum der Athena, und die Halbinsel Pallene in Chalcidice wird als Local des Gigantenkampfs geschildert, in welchem Pallas-Athene die Hauptrolle spielt. Pallantion aber, ein bekannter Flecken in Arkadien, hat zu seinem Heros den Pallas, einen Sohn Lykaon's und Vater der Chryse, welche dem Dardanos das troische Palladion zugebracht haben soll [11]). Noch bemerken wir, daß neben der Form Παλλάς, Παλλάδος, noch eine Nebenform mit dem τ statt des δ existirt haben muß, wie Ἀρτέμιτος bei den Doriern für Ἀρτέμιδος üblich war; dies beweisen die Pallatischen Felsen am Berge Kreion in Argolis, wohin ein argivischer Priester mit dem Palladion geflüchtet sein soll; offenbar haben diese von der Pallas den Namen, (vergl. §. 28).

§. 2. Was den andern Namen der Gottheit anlangt, der bei Homer als der eigentliche Hauptname gilt, so ist Ἀθηναίη offenbar ein bloßes Adjectiv, welches die Göttin als eine athenische bezeichnet. Daß sie so genannt werden konnte, ist ein schlagender Beweis für Athen als Wurzel oder wenigstens als einen Hauptstamm in der Verbreitung dieses Cultus. Besonders mögen es die Ionier gewesen sein, die den attischen Pallasdienst nach allen ihren Städten verpflanzten, durch welche Athen als Heimath der Göttin zu solchem Ruhme gelangte. Der gewöhnliche attische Name Ἀθηνᾶ ist durch Zusammenziehung aus dem Adjectiv entstanden; in ältern Denkmälern von Attika ist noch Ἀθηναίη und dann Ἀθηναία nachzuweisen [12]). Aber eine davon getrennte Frage ist, ob auch Ἀθήνη, die gewöhnliche Benennung bei Homer, Ἀθάνα bei Pindar, Ἀσάνα im Munde der Spartaner [13]) nichts als Abkürzung des Adjectivs und darnach auch eine Ableitung von der Stadt Athen sei, wofür doch in der That keine genügende sprachliche Analogie aufzufinden ist. Es ließe sich recht wohl denken, daß ein und dasselbe Wort — dessen Ursprung und eigentliche Bedeutung freilich noch ganz unbestimmt gelassen werden muß, da wenigstens die Ableitungen alter Grammatiker nicht die geringste Wahrscheinlichkeit haben [14]) — in der einfachen Zahl zum Namen einer Gottheit, in der mehrfachen zur Bezeichnung einer Stadt geeignet gefunden wurde [15]).

---

2) Auch Hesiod verbindet in den drei Stellen, wo er den Namen der Pallas braucht, Παλλὰς Ἀθηναίη. Theog. 577. Erg. 76. Scutum 126. 3) s. *Henr. Stephanus* Lexicon s. v. πάλλω. T. V. p. 7183. ed. Angl. 4) *Eustathius* ad Iliad. I. p. 84. ad Odyss. I. p. 1419. XIII. p. 1742. ed. Rom. *Favorin.* s. v. Παλλάδα. Vergl. Sturz zum Pherecyd. S. 63. Unter den Neuern sind mehre dafür, von diesem alten Nomen den Namen der Pallas abzuleiten. S. besonders Schwenck, Etymol. Mythol. Andeutungen. S. 230. *Lucas*, Quaest. Lexicolog. §. 105. 5) Korais zum Heliodor. II, 19. *Theod. Kind*, τραγῳδία τῆς νέας Ἑλλάδος p. 84. 6) Das Verhältniß ist dasselbe, wie zwischen dem männlichen Δρύας, αντος, und den weiblichen Dryaden. 7) Theogonie 383 sq. 8) s. indessen besonders die sondernden Theologen, bei *Cicero*, De Nat. Deor. III, 23. Pallas Minerva est dicta, quod Pallantem Gigantem interfecerit, vel, sicut putabant, quod in Pallante palude nata est. Paulus Excerpte aus Festus S. 119, Lindemann'sche Ausg. 9) s. weiterhin §. 52. 10) Diese Vorstellung ist bei Sophokles und in dem einen Friese des Theseustempels nachgewiesen von dem Verf. in den hyperboreisch-römischen Studien, herausgegeben von Gerhard. 1. Bd. S. 276.

11) s. weiterhin §. 33. (Arkadischer Cultus.) 12) *HOPOΣ TEMENOΣ AΘENAIEΣ*. Corp. Inscript. n. 526. Ἀθηναία ist die herrschende Form in den Urkunden der Perikleischen Zeit, sowie auf den Basen von Volci, deren Atticismus derselben Zeit angehört. 13) *Aristoph.* Lys. 1300. 14) über diese s. u. A. Muncker zum Fulgentius. II, 2. S. 68. 15) Die eigentliche Wurzel von Ἀθήνη und Ἀθῆναι ist gewiß nur in der ersten Sylbe zu finden und ηνη eine Ableitungsform. Das zeigt auch die Vergleichung mit Ἀτθίς, sowie mit Ἀττική, obgleich die Identität der Wurzeln *ΑΤΤ* und *ΑΘ* noch in Zweifel gezogen werden darf.

Die Darstellung der Gebräuche, Sagen und Vor- ngen der Alten, die sich auf die Athena beziehen, n wir so einrichten, daß wir zuerst den Dienst der in in seiner **örtlichen** Erscheinung, bei den einzel- griechischen und verwandten Stämmen, im Zusam- ange mit allen sich daran knüpfenden Herkommen, malern und Erinnerungen in Betracht ziehen, und erst versuchen, eine hinlänglich begründete Ansicht den **allgemeinen Grundvorstellungen** zu , welche die Griechen älterer und späterer Zeit mit Namen dieser Gottheit verbanden [16]).

§. 3. II. **Attischer Cultus.** Athen kündigt sich, emerkt worden ist, schon durch den Namen als eine Heimath des Athena-Cultus an: wiewol die mit dem n verbundenen Ansprüche dem attischen Athen nicht ließlich zukommen. Auch in Böotien, am kopaischen gab es nach der Tradition der Landeseinwohner ein Athen, und ein Städtchen im nördlichen Euböa, r. Nähe von Dion, bei dem Vorgebirge Kenäon, den Namen Athenä-Diades. Es ist glaublich, daß weig der **Pelasger-Nation**, welche dem größten von Griechenland seine Bewohner und zugleich seine r gegeben hat, mit dem Cultus dieser Gottheit auch Namen für ihre Heiligthümer und seine eigenen Nie- sungen mit sich geführt habe, wie es andere Zweige en großen Volkes gegeben zu haben scheint, die mit Dienste des Zeus und der Dione den Namen Do- , mit der Verehrung des Zeus und der Hera die nnung ihrer Burgen Larissa, mit dem Cultus der ter den Ortsnamen **Eleusis** verpflanzten [17]). In war der Dienst der Athena sicher pelasgisch, da as entschiedene Zeugniß (nicht etwa die Äußerung eigenen Meinung) von Herodot haben, daß die er von Ursprung Pelasger waren [18]), und auch, er Erscheinung der Ionier, kein anderer Stamm- in Attika vorkommt, aus dem etwas Anderes ge- en werden könnte. Allerdings gedenken die atheni- Dichter und Redner in keiner erhaltenen Stelle der ger als der Väter ihres Volks, aber, abgesehen da- daß wir kein Werk eines Atheners übrig haben, wel- sich mit den Sagen der vorionischen Zeit ex professo beschäftigte, kann doch auch das feindliche Verhält- niß, in welches die Athener in ihrer ionischen Periode mit einem Volksstamme geriethen, der die alte Benennung festgehalten hatte, den Pelasgern-Tyrsenern, den Pelasger- namen bei ihnen so verhaßt gemacht haben, daß sie sich nicht mehr gern daran erinnern ließen, einst derselben Na- tion angehört zu haben [1]).

§. 4. Daß die Gründung von Athen selbst mit der Stiftung des Athena-Cultus verbunden gewesen sei, nimmt man aus der innigen Verschmelzung wahr, welche zwi- schen den ältesten Erinnerungen der Athener und den Ge- bräuchen und Sagen von der Göttin stattfindet. Der autochthonische König Attika's, Kekrops, ist Zeuge bei der Besitznahme Athens durch die Athena, oder auch Richter bei ihrem Streite mit dem Poseidon [20]), als diese Gott- heiten, Poseidon durch die salzige Quelle auf der Akro- polis, Athena durch die Pflanzung der ersten Olive, Besitz von dem Lande ergreifen wollten [21]). Seine Töch- ter, Aglauros (Agraulos) [22]), Herse und Pandrosos sind Dienerinnen der Göttin, insbesondere Pandrosos, welcher die Pallas als mysteriöses Pfand (*παρακαταθήκη*) die Kiste mit dem kleinen Erichthonios anvertraute [23]). Vor allem ist Erichthonios (oder nach Homer im Verzeichnisse der Schiffe und andern alten Gewährsmännern Erech- theus [24]) mit der Pallas aufs Engste verbunden, die my-

---

ιθήνη zu *Ἀτθίς*, verhielt sich *τιθήνη* zu *τίτθη*. Vergl. auch η, in Verbindung mit *γελανής*, und *σελήνη*, von den Wur- *ΕΛ* und *ΣΕΛ*.

6) Ähnlich, wie es in dem gedankenreichen Buche von D. **Rückert**, Der Dienst der Athena, nach seinen örtlichen Ver- sen dargestellt (Hildburghausen 1829) geschehen ist. 17) merke, daß Athenä-Diades in einer Gegend liegt, deren Na- nd Erinnerungen auf **nördliche Pelasger** hinweisen, die aftsnamen Hestiäatis und Hellopia, die Stadt Dion, die Er- ng von Perrhäbern. Doch hindert dies nicht, die Gründung thenä-Diades einem andern Pelasgerstamme zuzuschreiben. rodot. VIII, 44. *Ἀθηναῖοι δὲ ἐπὶ μὲν Πελασγῶν ἐχόντων ὺν Ἑλλάδα καλεομένην ἦσαν Πελασγοί, οὐνομαζόμενοι* οί. Vergl. I, 57. Auch in **Thucyd.** I, 3 darf man eine tung darauf finden, daß die alten Athener, welche den Sohn llen Xuthos herbeiriefen, Pelasger waren. Vergl. Orchome- nd die Minyer S. 127, wo es wol keiner Erläuterung be- daß Herodot nicht für die Pelasger als Teleonten der Ionier hrt wird.

19) Die Athener betrachten sich indessen immer als Verwandte der Arkader, dadurch daß beide **Autochthonen** seien. S. *Demosth.* de falsa leg. p. 424. 20) Apollodor (III, 14, 1. §. 5) verwirft dies mit den Worten: *Ζεὺς κριτὰς ἔδωκεν, οὐχ, ὡς εἶπόν τινες, Κέκροπα καὶ Κραναὸν οὐδὲ Ἐρεχθέα, θεοὺς δὲ τοὺς δώδεκα.* Aber die Handschriften scheinen meist *Δαναόν* zu haben, welches Heyne verwirft, vielleicht mit Unrecht. Das alte Epos, die Danais, behandelte auch die attischen Mythen von Erich- thonios (s. Anm. 24. §. 4), und dazu mag die Veranlassung gege- ben haben, daß Danaos an dem Gericht über den Besitz von Attika Antheil nahm. 21) Dies ist die ursprüngliche oder wenigstens die ältere Form des Mythos. s. *Herodot.* VIII, 55. *Callim.* ap. Schol. ad Il. XVII, 54. *Apollod.* l. c. *Paus.* I, 26, 6. 27, 2. Vergl. **Creuzer**, Symbol. I. S. 640. Daß Poseidon damals das Pferd geschaffen habe, ist Hineintragung einer fremden Sage. S. *Serv.* ad *Virg.* Georg. I, 12. Aen. VIII, 128. *Lactant.* ad *Stat.* Theb. XII, 632. 22) Bei dem Schwanken der Lesarten *Ἄγλαυρος* und *Ἄγραυλος* geben die Inschriften auf Kunstdenkmä- lern den Ausschlag dahin, daß wenigstens in der Blüthezeit Athens die erstere Form im Gebrauche des Volks herrschte. Eine sehr aus- gezeichnete Vase von Volci stellt den Raub der Oreithyia (*ΩΡΕΙΘΥΑ*) durch Boreas (*ΒΟΡΑΣ*, d. i. *Βοῤῥᾶς*) aus dem Kreise der Kekropiden dar, welche durch Inschriften *ΕΡΣΕ*, *ΠΑΝΔΡΟΣΟΣ* und *ΑΓΛΑΥΡΟΣ* bezeichnet werden. S. *J. de Witte*, Descr. d'une coll. de vases peints. 1837. n. 105. p. 57 sq. Auch das Fragment bei *Inghirami*, Monum. Etruschi. p. V. tav. LV. n. 5. 23) Vergl. **Welcker**, Äschyl. Trilogie. S. 285, welcher mit Recht ähnliche *παρακαταθῆκαι* aus dem Kreise des Demeter- und Kabiren-Cultus vergleicht. 24) Il. II, 547 sq. eine Stelle von besonderer Wichtigkeit: *Δῆμον Ἐρεχθῆος μεγαλήτορος, ὅν ποτ' Ἀθήνη θρέψε Διὸς θυγάτηρ, τέκε δὲ ζείδωρος ἄρουρα, κὰδ δ' ἐν Ἀθήνῃς εἷσεν ἑῷ ἐνὶ πίονι νηῷ, ἐνθάδε μιν ταύροισι καὶ ἀρνειοῖς ἱλάονται κοῦροι Ἀθηναίων περιτελλομένων ἐνιαυτῶν.* Die alten Erklärer bezogen *μὶν* ganz richtig auf den Erechtheus, da Homer auch (Od. VIII, 81) den Tempel der Athene *Ἐρεχθῆος πυκινὸν δόμον* nennt. Ebenso sagt Herodot (V, 82), daß die Epidaurier sich verpflichteten jährliche Opfer darzubringen *τῇ Ἀθηναίῃ τε τῇ πολιάδι καὶ τῷ Ἐρεχθεῖ.* Dies geschah gewiß an den jährlichen Panathenäen, zu denen auch die Colonien Athens Opfer

stische Frucht der Buhlschaft des Hephästos mit ihr, ihr Pflegling als Kind in Drachengestalt und ihr Schützling als herangewachsener Held und Herrscher, der Gründer ihres Cultus und insbesondere des panathenäischen Festes [25]). Hernach tritt der Cultus der Athena in der mythologischen Geschichte mehr zurück, indem er nun als hinlänglich begründet angesehen wird; die Mythen von Theseus drehen sich mehr um die Feste und Gebräuche des Poseidon und Apollon, wiewol natürlich Athena nicht aufhört, die Nationalhelden Athens zu beschirmen und zu leiten, und für die Geschichte des Nelidengeschlechts, welches zuletzt die königliche Würde in Athen besaß, sind der Dienst der Demeter und des Dionysos von besonderer Wichtigkeit.

§. 5. Obwol in diesen Verhältnissen der Athena zu der Familie des Kekrops und dem Erichthonios die Athener, schon lange vor den Zeiten des Mythenpragmatismus aus Ephoros Schule, die Geschichte ihres Landes und seiner alten Könige sahen, und alle diese Sagen als Überlieferungen geschichtlicher Art aus der Vorzeit auffaßten, wie sie nach ihrem Glauben auch gar nicht anders konnten: so beweist doch schon der Antheil, welcher dem Erechtheus oder Erichthonios und den Töchtern des Kekrops am Gottesdienste der Athena als gebührend zugewiesen war, daß diese Personen von Ursprung einen untergeordneten Kreis göttlicher Wesen um die Athena bildeten, die sich zu dieser Hauptgottheit ähnlich verhielten, wie etwa die Tritonen und andere Meerdämonen zum Poseidon und die Satyrn und Pane zum Dionysos. Die drei Töchter des Kekrops heißen zusammen die agraulischen oder auf dem Acker hausenden Jungfrauen [26]), und sind also eine Art agrarische Nymphen. Ihre einzelnen Namen (Aglauros als ältere Form genommen) bedeuten die hellglänzende [27]), den Thautropfen und die Allbethauende [28]). Wie nahe sie der Athena stehen, geht auch daraus hervor, daß auch die Hauptgöttin selbst als Aglauros und Pandrosos in Athen angerufen wurde [29]). Der Bruder dieser Kekropstöchter, Erysichthon, führt denselben Namen, wie der Sohn des Triopas auf dem dotischen Felde, dessen Mythos mit dem Demetercult genau zusammenhängt [30]). Der Streit der Athena mit dem Poseidon tritt auch in der Genealogie und dem Schicksale dieser Familie hervor, Aglauros, mit dem Ares vermählt, hat eine Tochter Alkippe (Starkroß), welcher Halirrhotios (Meergebraus), der Sohn des Poseidon und der Nymphe Euryte (der wohlströmenden), Gewalt anthun will, aber von dem Ares dabei getödtet wird [31]), derselbe Halirrhotios, der auch in seinem Haß gegen die Athena an den heiligen Ölbäumen der Göttin (μορίαι) gefrevelt haben soll [32]). Zur Vervollständigung dieses Kreises gehören noch die sogenannten Erechtheischen Jungfrauen (παρθένοι Ἐρεχθηΐδες), Protogeneia und Pandora, deren Namen — die Erstgeborene und die Segensreiche — deutlich auf Ursprung und Ausbreitung der Gaben der Natur hinweisen. Von diesen Erechtheiden erhielt die Pandora jedesmal das Opfer eines Schafes (oder Widders), wenn der Athena eine Kuh geschlachtet wurde [33]). Auch wurde dieser Pandora, wie es scheint, von den kleinasiatischen Joniern an den Thargelien geopfert [34]), einem Feste, das zwar dem Apollon geweiht war, aber, wie wir weiter unten sehen werden, Einiges vom Athenacultus an sich nahm. Die Vermischung dieser Erechtheiden mit den geopferten oder sich selbst opfernden Hyakinthiden müssen wir hier zur Seite liegen lassen. Auch die kinderernährende Erde, Ge-Kurotrophos, bildet ein Glied dieses Göttersystems, nach der Sage, daß Erichthonios ihr zuerst geopfert haben soll; darum lag ihr Heiligthum an dem Aufgange zur Akropolis [35]). Daß

---

sendeten, und so wird also das Panathenäenfest selbst von Homer und Herodot als Feier der Athena und des Erechtheus angesehen. (Vergl. *Herod.* VIII, 55.) Dagegen wird der σύνοικος und Pflegling der Pallas Erichthonios schon in dem Epos Danais sowie von Pindar genannt. S. *Harpokration* s. v. αὐτόχθονες... ὁ δὲ Πίνδαρος (Fragm. inc. *Boeckh.* 37) καὶ ὁ τὴν Δαναΐδα πεποιηκώς φασιν Ἐριχθόνιον τὸν Ἡφαίστου (καὶ Ἡφαιστιον die Handschr.) ἐκ γῆς φανῆναι. Aus der Danais schöpft auch wol das Borgia'sche Täfelchen (bei Heeren, Historische Werke. 3. Th. S. 156 u. 162) die Fabel des Erichthonios. Vergl. Etymol. M. s. v. Ἐρεχθεύς. Ebenso nennen die Athener meist den Zögling der Göttin Erichthonios, wie Euripides im Jon an mehren Stellen; jedoch braucht Xenophon (Memor. Socr. III, 5, 10) den Namen Erechtheus für denselben.

25) *Hellanikos* ap. *Harpocrat.* s. v. Παναθήναια, Fragm. 13 *Sturz.* *Androtion* ap. *eund.* p. 109 *Siebel.* *Philochoros* ap. *Harpocrat.* s. v. κανηφόροι und den Schol. ad *Aristoph.* Vesp. 542. p. 24. 25 *Siebel.* *Apollodor.* III, 14, 6. Vergl. auch die Anm. 44. §. 22 (bei Erichthonios Wagensiege) angeführten Schriftsteller. 26) Παρθένοι Ἀγραυλίδες, *Eurip.* Ion. 23. 27) Ἄγλαυρος geht, da das α nur ein euphonischer Vorschlag ist, auf die Wurzel ΓΛΑΥ (ΓΛΑϜ) zurück, wovon ΓΛΑΥΚ eine Nebenform ist, da die griechische Sprache sehr oft schon in den Wurzeln eine doppelte Form, eine vocalisch auslautende und eine durch einen Consonanten verstärkte, zeigt. So hängt also, da ρος eine gewöhnliche Form der Nominalbildung ist, Ἄγλαυρος mit Γλαυκῶπις etymologisch nahe zusammen. Ausführlicher behandelt diesen ganzen Wortstamm mit gelehrter Sorgfalt *Lucas* Quaest. lexicol. I. 28) Es bleibt immer auffallend, daß die beiden Namen Herse und Pandrosos sich in ihrer Bedeutung so nahe liegen, und es möchte daher leicht die eine dieser Kekropiden aus einem Beinamen der andern entstanden sein. Man schwur nur bei der Aglauros und Pandrosos, nicht bei der Herse. Schol. Ravenn. ad *Arist.* Thesmoph. 533.

29) *Aristoph.* Lysistr. 439 mit den Scholien. *Harpocrat.* et *Suidas* s. v. Ἄγραυλος. 30) Der Inhalt dieser Mythen, worin Erysichthon (Äthon) der Demeter feindlich erscheint, empfiehlt allein die Ableitung des Namens von ἐρυσίβη, robigo (vergl. Creuzer, Symb. IV. S. 135), wiewol die Alten selbst bei diesem Worte an den die Erde aufreißenden Pflugstier gedacht haben. 31) *Apollodor.* III, 14, 2 mit Heyne's Nachweisungen. *Paus.* I, 21, 7. 32) Schol. ad *Aristoph.* Nub. 1001. *Suidas* s. v. μορίαι. 33) *Philochoros* ap. *Harpocrat.* s. v. Ἐπίβοιον, wo Bekker zwar nach den meisten Handschriften τῇ Πανδρόσῳ schreibt; doch hat der Angelicanus Πανδώρᾳ, und dafür spricht auch das Etym. M. s. v. ἐπίβοιον. (*Suidas* s. v. προτόνιον und *Fulgentius* II, 14. p. 88, 89 *Munck.* sehen dagegen die Pandora unrichtig für die Pandrosos.) Offenbar geht auch auf diesen Cult der Drachenvers bei *Aristoph.* Av. 971: Πρῶτον Πανδώρᾳ θῦσαι λευκότριχα κριόν. 34) In dem Fragmente des Hipponax (bei *Athen.* IX. p. 370 b.)

Ὁ δ' ἐξολισθὼν ἱκέτευε τὴν κράμβην
τὴν ἑπτάφυλλον, ᾗ θύεσκε Πανδώρῃ
Θαργηλίοισιν ἔγχυτον πρὸ φαρμάκου

ist wol Πανδώρῃ zu schreiben, sodaß die Pandora, der geopfert wird, mit der heiligen κράμβη identificirt wird. Doch verlangt die Stelle noch weitere Erörterung. 35) *Suidas* s. v. Γῆ κουροτρόφος. *Paus.* I, 22, 3.

lich auch die attischen Horen, Thallo und Karpo, die: Kreise wenigstens nicht fern stehen, erhellt daraus, daß erstern von ihnen mit der Pandrosos gemeinsame Cul: feierlichkeiten erwiesen wurden [36]).

§. 6. Der Cultus dieser Gruppe altattischer Gott: en knüpft sich hauptsächlich an eine Stätte an, welche dem Felsen der Akropolis, dem Nordrande derselben e lag und auf welcher der Tempel der Pallas-Polias des Erechtheus erbaut war. Wiewol nun der ältere npel der Polias im Kriege des Xerxes verbrannt wur: und der von Pausanias beschriebene und noch in be: tenden Ruinen vorhandene derjenige ist, welcher an der elle desselben gebaut, und im Laufe des peloponnesi: n Krieges allmälig vollendet wurde [37]): so kann man mit Zuversicht annehmen, daß dieser neuere Tempel seiner Eintheilung und der Bestimmung der einzelnen ume ganz dem Muster des alten gefolgt sein wird, da e Abtheilungen alle ihren Grund im Cultus der Athena in alten an das bestimmte Local gebundenen Erinnerun: und Gegenständen hatten. Hiernach [38]) zerfiel das ze Heiligthum in zwei Haupttheile, eine östliche und tliche Cella. Die östliche war der Tempel des echtheus oder das Erechtheion im engern Sinne an dieser Name wird auch auf das Ganze angewandt). nannten auch die Athener immer noch diesen Theil Heiligthums, in einer Zeit, in welcher sie sonst den hn des Hephästos, den erdgeborenen Zögling der Athena, dem nach Homer der Tempel das Haus des Erech: us heißt, nicht mehr Erechtheus, sondern Erichthonios nnten. Nur bei Apollodor heißt die in diesem Theile Tempels verehrte Gottheit Poseidon Erichtho: os [39]); während der gewöhnliche Sprachgebrauch den men Poseidon mit Erechtheus verband [40]). In: man diesen Erechtheus Poseidon nannte, betrachtete n den Tempel gewissermaßen als ein Versöhnungs: nd, wodurch dem Streite der Athena mit dem Was: otte ein Ende gemacht war (wiewol eigentlich dieser seidon-Erechtheus niemals Gegner der Athena gewesen r), und baute zum Ausdrucke dieser Idee einen Altar Lethe, des Vergessens, in dem vereinigten Heilig: m [41]).

§. 7. In diesem Erechtheion waren drei Altäre, der Poseidon, auf welchem aber nach einem Orakel, wie, Pausanias sagt, zugleich dem Erechtheus geopfert wurde (aus dem Zusammenhange erhellt vielmehr, daß dieser Po: seidon selbst eine hinzugetretene Benennung des Erechtheus war), der des Heros Butes und der des Hephästos. Die andere gegen Westen gelegene Celle war der Tempel der Athena-Polias im engern Sinne. Hier stand das alte heilige Hauptbild der Göttin, von dem der ganze Tempel in der bekannten Inschrift ὁ νεὼς ὁ ἐν πόλει ἐν ᾧ τὸ ἀρχαῖον ἄγαλμα genannt wird, dasselbe, welches vom Himmel gefallen und von Erichthonios und den Auto: chthonen Attika's aufgestellt worden sein soll [42]). Ebenda befand sich ein altes Bild des Hermes, ein Weihgeschenk des Kekrops nach der Überlieferung, aus Holz geschnitzt und in Myrthenzweigen versteckt. Auch enthielt diese Celle den Brunnen mit dem Seewasser (θάλασσα ἐρε- χθηΐς), das unter Poseidon's Dreizack hervorgesprudelt sein sollte, und daneben auf einem Felsen den Eindruck dieser Triana [43]). Der Lychnos, welcher diese Cella er: hellte, kommt nicht blos als ein Mittel, einen sonst dun: keln Raum zu erleuchten, in Betracht, sondern hat offen: bar als eine heilige, unverlöschliche Flamme, die stets zu unterhalten religiöse Pflicht war, eine größere Bedeutung für den Cultus der Göttin [44]). An das Heiligthum der Athena-Polias stieß unmittelbar das Pandroseion, ein schmales, mit Fenstern versehenes Gemach, das auch der Priesterin der Göttin zum Aufenthalte gedient zu haben scheint, und eine Art Nachcelle zum Heiligthume der Po: lias bildete, indem dieses von der Seite des Erechtheion seinen Haupteingang hatte. Das Pandroseion war durch zwei Hallen erweitert, wovon die eine kleinere nach Sü: den, deren Decke in dem noch vorhandenen Bau von Ka: ryatiden getragen wird, einen Altar des Zeus-Herkeios und den angeblich uralten Ölbaum (ἐλαία πάγκυφος) [45]) enthielt, den die Göttin bei jenem Streite gepflanzt haben sollte; die andere größere aber, gegen Norden, mit einem Altar für Räucheropfer (βωμὸς τοῦ θυηχοῖ) versehen war. Außer diesen Heiligthümern enthielt dieser Tempel: raum noch das angebliche Grab des Erichthonios [46]) und

36) *Paus.* IX, 35, 1. 37) Nach der berühmten Inschrift ΙΣΤΑΤΑΙ ΤΟ ΝΕΟ ΤΟ ΕΝ ΠΟΛΕΙ war der Bau unter Archon Diokles Olymp. 92, 3 noch nicht ganz bis zum Dache geschritten. 38) Die Kenntniß des Tempels der Polias be: t besonders auf *Paus.* I, 26, 27 und der erwähnten architekto: hen Inschrift, wegen deren Erläuterung und der vollständigern gründung der obigen Angaben theils auf die Schrift: De Mi- vae Poliadis sacris et aede scr. *C. O. Müller*, theils auf ckh's Erörterungen im Corp. Inscript. Gr. n. 160. T. I. p. sq. verwiesen wird. Die neuerdings in Athen gefundenen Bau: nungen versprechen neues Licht über diesen Tempel. 39) *Apol- l.* III, 15, 1, wo nichts zu ändern ist. 40) s. besonders utarch im Leben deß Lykurg unter den zehn Rednern, außerdem cophr. 158. *Athenagor.* Leg. I, 3. *Hesych.* s. v. Ἐρεχθεύς. rgl. *Cic.* de N. D. III, 19. 41) *Plutarch.* Quaest. Symp. , 6. p. 411. *Hutten.*

42) s. *Apollod.* III, 14, 6. §. 9. *Paus.* I, 26, 7. *Plu- tarch.* ap. *Euseb.* Praepar. Evang. III, 8. Fragment. T. XIV. p. 291. *Hutten.* 43) Hält man sich genau an Pausanias' Be: schreibung, so muß man annehmen, daß man aus dem Erechtheion durch eine Thüre in die Cella der Polias kam, welches sich mit der Einrichtung eines διπλοῦν οἴκημα verträgt (*Paus.* II, 10, 2. VI, 20, 2) und der Brunnen mit dem Seewasser in der innern der Polias geweihten Cella (ἔνδον) war. Der Erklärung von Wester: mann (Acta Societ. Graec. V. I. p. 184), daß διπλοῦν οἴκημα einen Oberstock und Unterstock bedeute (wie bei dem οἰκίδιον δι- πλοῦν, *Lysias*, De Eratosth. caede. §. 9) möchte doch Pausanias' Sprachgebrauch, sowie das ἔνδον, widerstreiten, außerdem der Um: stand, daß alsdann Pausanias ohne Weiteres die Cella der Athena beschreibt. Aus dieser Cella geht hernach Pausanias durch eine schmale Thür in der Ecke, wie sie Hirt und Böckh annehmen, in das Pandroseion, erwähnt aber erst vorgreifend den Ölbaum in der Karyatidenhalle, ehe er von dem Pandroseion selbst spricht. Über den Eindruck des Dreizacks vergl. *Hegesias* ap. *Strab.* IX. p. 396. 44) s. Minervae Poliad. aed. p. c. 5. p. 25, auch *Dio Cass.* Fragm. CXXIV. *Plut.* Num. 9. 45) *Meursius* Att. lectt. IV, 6. Opp. ed. *Lami.* T. II. p. 1154. 46) *Apollod.* III, 14, 6. *Clem. Alex.* Protrept. 3. p. 13 *Sylb.* 39 *Pott.* *Arnob.* adv. gent. VI, 6. *Theodoret.* Ἑλλ. θερ. παθ. 8. T. IV. p. 908 Hal.

ein Denkmal des Kekrops [47]) (*Κεκρόπιον* in der Inschrift), welche aller Wahrscheinlichkeit nach in kryptenartigen Souterrains der Cella der Polias und des Pandroseion gelegen waren [48]). Wahrscheinlich hatte auch in diesen Krypten die heilige Schlange (*οἰκουρὸς ὄφις*) ihren Schlupfwinkel, welche noch in römischer Kaiserzeit [49]) in diesem Heiligthume gehalten, und mit monatlicher Darbringung von Honigkuchen gefüttert wurde [50]). Auch in dieser Drachenpflege waren — worauf der Mythos von Erichthonios deutet — die Töchter des Kekrops bereits ihren Nachfolgerinnen im Priesterthume der Athena vorangegangen [51]). Noch ist der Altar des Zeus Hypatos vor dem Eingange zum Erechtheion zu bemerken, und allerlei von Pausanias aufgezählte Anatheme, die in einem Tempelhofe standen, der sich wahrscheinlich auf der untern Terrasse um die Nord- und Westseite des Tempels herumzog. In diesem Temenos lagen wahrscheinlich noch mehre für die Dienerschaft des Cultus bestimmte Gebäude, namentlich das von Pausanias erwähnte Haus, in welchem die Arrhephoren der Pallas wohnten.

§. 8. Aber nicht blos der Raum um den Tempel der Polias, sondern die ganze Akropolis war ein Heiligthum der Göttin, und wurde wenigstens in der Blüthezeit von Athen dem gemäß behandelt — durch Freiheit von allen Privatwohnungen und profanen Staatsgebäuden, Einschließung mit einer architektonisch geschmückten Mauer, prachtvolle Propyläen und Auszierung des ganzen innern Raums mit Weihgeschenken und geheiligten Denkmälern. Da der Tempel der Polias dem Nordrande der Burg näher lag, so hatten die Athener zeitig, wenigstens vor dem Perserkriege, den mittlern und zugleich höchsten Theil des Burgfelsens zu einem größern Gebäude für denselben Cultus, das **Hekatompedon** oder den **Parthenon**, benutzt [52]), das in der erneuerten Gestalt, die es unter Perikles' Verwaltung erhielt, allgemein bekannt ist. Für den Cultus und die Mythologie der Pallas hat dies große, prachtvolle Bauwerk nicht die Wichtigkeit wie der kleine Tempel der Polias; wir wissen nur so viel davon, daß es seine Bestimmung besonders bei der glänzenden Feier der Panathenäen erfüllte. Die Weihgeschenke, welche der Staat bei diesem Feste in heiligen Geräthen von Gold und Silber der Göttin darbrachte, erhielten in verschiedenen Abtheilungen des Hekatompedon ihren Platz, wie man aus den bedeutenden Überresten der Verzeichnisse weiß, welche die Schatzmeister der Athena (*ταμίαι τῆς θεοῦ*) alle vier Jahre in ebendiesem Tempel aufstellten; und daß die panathenäische Procession in zwei Colonnen nördlich und südlich von diesem Tempel hinzog und vor der östlichen Fronte desselben Halt machte, geht aus der Art und Weise, wie sie am Fries des Parthenon abgebildet ist, deutlich hervor. Außer der Athena-Polias und der Parthenos in ihren Heiligthümern befand sich auf der Burg von Athen noch ein Schnitzbild der **Athena-Nike**, welche ungeflügelt, in der linken Hand einen Helm, in der Rechten einen Granatapfel haltend vorgestellt war [53]). Die attischen Dichter gedenken ihrer öfter, sie nennen sie Nike-Athena-Polias [54]), nicht als wenn sie mit der im Tempel der Polias aufgestellten identificirt werden sollte, sondern weil sie auch die Akropolis von Athen beschützte, und erklären ihren Beinamen hauptsächlich aus dem Siege, den sie über die Giganten davongetragen. Die Statue der **Athena-Kleiduchos** aber, welche die Athener durch Phidias *aufstellen* ließen [55]), hat offenbar den Sinn, daß die Athener dadurch ihre Burg, den Wohnsitz ihrer Macht und ihres Reichthumes, unter die Obhut der Göttin stellten [56]); ihr wurden gleichsam die Schlüssel zu den Propyläen anvertraut. Auch kommt Athena mit dem Beinamen Pylaïtis vor.

§. 9. Wenden wir uns nunmehr von der Burg zu den darunter gelegenen Gegenden, so ist es offenbar von großer Bedeutung für den ganzen Zusammenhang dieses Cultus, daß die Kekropide **Aglauros** ihr Heiligthum nicht auf der obern Fläche der Akropolis, sondern unter den steilen und hohen Felsen hatte, die sich unweit des Tempels der Polias von der Nordseite gegen Osten hinziehen und den Namen der langen Felsen (*Μακραὶ πέτραι*) führten [57]). Offenbar hängt dieser Platz des Heiligthums mit

---

47) *Antioch.* IX. bei *Clem. Alex.* l. c. und den andern kirchlichen Schriftstellern. 48) Der Tempel hat nämlich die eigene Lage (wie am deutlichsten aus Leake's Topographie von Athen. Taf. 4. erhellt), daß er an der Grenze zwei verschiedener Terrassen oder planirter Flächen des Burgfelsens liegt. Das Erechtheion mit seiner Vorhalle (*πρόστασις πρὸς ἕω*) und der ganzen südlichen Mauer liegt auf dem höhern Plateau, gegen den Parthenon hin; dagegen die Cella der Polias, das Pandroseion, die Halle gegen Norden (*πρόστασις πρὸς τοῦ θυρώματος*) und die ganze nördliche und westliche Mauer auf dem niedern gegen den Abhang des Burgfelsens. Wahrscheinlich war die Nothwendigkeit, dies verschiedene Niveau in die Anlage des Tempels aufzunehmen, durch die heiligen Denkmäler des Streits der Gottheiten gegeben; der Ölbaum war am Saume der obern Terrasse gewachsen, und der Brunnen in die darunter liegende Fläche gebrochen. Dies doppelte Niveau gab nun aber, nach Hirt's und Böckh's Bemerkung, Gelegenheit in den niedriger gelegenen Theilen des gesammten Heiligthums, durchweg oder wenigstens zum Theil, einen obern Boden anzubringen, unter dem sich die erwähnten sepulcralen Krypten befanden. Doch wird diese Sache vollkommen erst durch neue Untersuchungen an Ort und Stelle aufgeklärt werden. 49) Philostratos Gemälde. II, 17. S. 837. 50) *Herodot.* VIII, 41. *Lycurg.* Fragm. ed. *Kiessling.* p. 101. Nach Hesychios *οἰκουρὸν ὄφιν* nahmen Einige zwei solcher Schlangen an. 51) Sophokles hatte in den Tympanisten das Epitheton *δράκαυλος* nicht der Drachenhöhle, sondern den Töchtern des Kekrops gegeben, wie aus den Erklärungen des Etym. M., Suidas, Hesychios hervorgeht. 52) Nach der bekannten Stelle des Hesychios s. v. *Ἑκατόμπεδος νεώς*.

53) Heliodor über die Akropolis bei *Harpocrat.* s. v. *Νίκη*. Vergl. Photios und das Etym. M. *Siebelis* ad *Paus.* I, 22. Eine andere Vorstellung gibt Ulpian (zu *Demosth.* contr. Timocr. p. 738, 14. [p. 821 Francof.]) davon, wonach es ein geflügeltes Bild war. Vergl. Anm. 7. §. 68. 54) *Sophocl.* Philoctet. 134 mit Gedike's Note. *Eurip.* Ion. 457. 1529. Vergl. *Aristoph.* Lysistr. 317. S. auch Schol. *Hom.* Il. XXI, 410. 55) *Plin.* N. H. XXXIV, 8, 19, 1. Vergl. zu der Stelle *Heyne*, De auctor. formar. in den Commentatt. Soc. Gotting. T. VIII. p. XXVIII. Petersen in einem Programm der kopenhagener Universität vom J. 1824. 56) In diesem Sinne ruft der Chor in *Aristoph.* Lysistr. 1142 die Athena als *κλῃδοῦχος* an. 57) s. *Herod.* VIII, 52, 53. *Paus.* I, 18. Euripides bezeichnet den Platz besonders durch die Verse, im Ion. 492 sq. *Ὦ Πανὸς θακήματα καὶ παραυλίζουσα πέτρα μυχώδεσι Μακραῖς, ἵνα χοροὺς στείβουσι ποδοῖν Ἀγραύλου κόραι τριγόνοι στάδια χλοερὰ πρὸ*

der Sage zusammen, daß nur Pandrosos das Pfand, das Athena den Töchtern des Kekrops überliefert, die geheimnißvolle Wiege des Erichthonios, treu bewahrt; die andern Schwestern aber — also Aglauros und Herse — das Behältniß geöffnet, und durch die Erblickung des Drachenkindes in Angst und Verwirrung gesetzt sich von den Felsen herabgestürzt hätten [58]). In dieser Sage scheint die Herse nur zufällig der Aglauros beigegeben worden zu sein, da sie sonst viel besser sich zur Pandrosos gesellen würde; ursprünglich war offenbar die helläugige Aglauros die Entdeckerin der geheimen Frucht, die ihre Schwester, die Allbethauende, treu bewahrt hatte; wie ja auch das Heiligthum an den steilen Burgfelsen nur der Aglauros gehörte. Auch in einer andern Sage spielt sie dieselbe Rolle, der zudringlich jedes Geheimniß erspähenden, bei der Liebe des Hermes zu ihrer Schwester Herse [59]). Aglauros unterscheidet sich deutlich von ihren Schwestern durch ein wilderes und rauheres Wesen; es treten in ihrem Mythus und Cultus Züge hervor, die sich auf die furchterweckende Seite der Natur der Athena beziehen. Sie ist die Geliebte des Ares; die Epheben schwören in ihrem Tempel den Waffeneid; auch mag ehemals in Attika selbst der blutige Dienst der Aglauros bestanden haben, der sich später in Salamis auf Cypern (einer Colonie des attischen Salamis) noch erhalten hatte, wo Aglauros mit der Pallas und dem Diomedes einen heiligen Bezirk hatte, in welchem der Priester dieser Gottheiten zu bestimmten Zeiten (im Monat Aphrodisios) einen Menschen mit der Lanze durchbohren mußte [60]).

§. 10. Ein Heiligthum der Athena selbst ist in der Unterstadt von Athen nicht weiter bekannt, als das Palladion, bei welchem das Collegium der Epheten über unvorsätzlichen Mord Gericht hielt (*ἐπὶ Παλλαδίῳ*) [61]). Dies Palladion ist von dem alten Bilde auf der Burg genau zu unterscheiden, welches niemals mit jenem Namen bezeichnet wird. Palladion heißt, nach genauerem Sprachgebrauche, eine stehende, mit der Ägis gepanzerte, Schild und Speer emporhaltende Pallasfigur; solche Palladien wurden ziemlich überall, wo sie sich seit alten Zeiten vorfanden, mit dem trojanischen Dienste der Göttin in Verbindung gebracht; es entstanden vielerlei Sagen, wie das troische Palladion aus den Händen der Heroen, die es geraubt hatten, nach der und jener Stadt gekommen sein könnte; auch die Athener wußten auf verschiedene Weise [62]) den Ursprung ihres Palladions von Troja mythologisch zu erklären und zu rechtfertigen. Dies attische Palladion befand sich in den südlichen Gegenden der Stadt [63]), und das alt-attische Geschlecht der Buzygen hatte die Aufsicht über dasselbe, wie eine alte Sage [64]) und eine spätere Inschrift [65]) im besten Einklange mit einander beweisen, aus welcher zugleich hervorgeht, daß mit dem Palladion ein Heiligthum des Zeus verbunden war. Warum grade hier die Mahlstätte über unvorsätzlichen Mord angeordnet war, wird aus den weitern Erörterungen über die Bedeutung der Palladien (bei dem trojanischen Cult. §. 52) erhellen. Übrigens ist bei der warmen Anhänglichkeit, mit der die Athener ihre Landesgöttin verehrten, zu erwarten, daß eine Menge Bilder und Altäre in verschiedenen Theilen der Stadt der Gottheit in mannichfaltigen Beziehungen gewidmet waren. Als Phratrien-Göttin (*Ἀθηνᾶ φρατρία*) nahm sie an dem Feste der Apaturien Antheil [66]); in derselben Beziehung als Geschlechter-Vorsteherin heißt sie auch Genetias [67]). Als Vorsteherin und Lenkerin des ganzen athenischen Staats heißt sie Archegetis [68]). Als Rathsgöttin (*βουλαία*) wurde sie im Buleuterion durch Eingangsopfer der Prytanen verehrt [69]). Als rettende Göttin hatte sie im Piräeus einen prächtigen Tempel mit dem Zeus-Soter zusammen, den wahrscheinlich Konon bei seiner Herstellung der athenischen Hafenmauer errichtete [70]). Besonders beliebt war der Cultus der Athena als Gesundheitsgöttin (*Ὑγίεια*), die ein von Perikles errichtetes Bild auf der Burg [71]), und ein anderes im Demos von Acharnä hatte [72]); verwandt ist die Athena-Päonia, die in der Stadt Athen und in Oropos verehrt wurde [73]). Auch werden die Athener als Gründer des Dienstes der Athena-Ergane gerühmt [74]), und es ist sehr wahrscheinlich, daß die attischen Dädaliden, wie nachmals die von Phidias sich ableitenden Phädrynten in Elis, ihre zunftmäßige Kunstübung unter den Schutz dieser Gottheit gestellt hatten [75]), sowie auch in

Παλλάδος ναὸν κ. τ. λ. Diese Stelle ist der beste Commentar zu dem Bildwerke im Mus. Worsleyanum. I, 9.

58) *Apollod.* III, 14, 6. *Paus.* I, 18, 2. *Hygin.* fab. 166. vergl. *Eurip.* Ion. 270 sq. 59) *Ovid.* Metam. II, 748.

Adspicit hunc oculis iisdem, quibus abdita nuper
Viderat Aglauros flavae secreta Minervae.

Die dort erzählte Metamorphose scheint aus einem Spiele der Natur, einem einer Frau ähnlichen Felsen in den Grotten der *Μακραὶ πέτραι*, entstanden zu sein. 60) *Porphyr.* de abstin. 2. §. 54. *Euseb.* Praepar. Evang. 4, 16. p. 155 c. de laud. Constant. c. 13. p. 646 b. 61) Das hier und im Folgenden über das Palladion von Athen Gesagte ist ein Auszug aus der Erörterung in den Abhandlungen zu den Eumeniden. S. 155. 62) s. Creuzer Symbol. 2. Bd. S. 690 fg. und in den Anm. von Frommel zu den Schol. *Aristid.* p. 10. (321).

63) *Plutarch.* Thes. 27. 64) Bei *Polyaen.* Strateg. I, 5. Durch diese Erzählung, wie Demophon dem Buzyges das wahre Palladion übergeben habe, wird der Zweifel von *Meier.* de gentil. Attica. p. 39 gelöst: Sacerdotium genti (Buzygiae) fuisse Jovis *τοῦ ἐπὶ Παλλαδίου* ex inscr. quadam conjiceres, si Polyaeni filio hoc sacerdotium eo nomine fuisse constaret, quod Buzyges esset. 65) Corp. Inscr. Graec. n. 491 . . . . *ἱερ]εὺς τοῦ Διὸς τοῦ ἐπὶ Παλλαδίου καὶ Βουζύγης, Πολ[ναίν]ου Μαραθώνιος, χρήσαντος τοῦ Πυθίου Ἀπόλλωνος, ὅτι χρὴ ἕτερον ἕδος τῆς Παλλάδος κατασκευάσασθαι, ἐκ τῶν ἰδίων ποιήσας τοῖς τε θεοῖς καὶ τῇ πόλει ἀνέθηκεν.* 66) Vergl. *Platon.* Euthydem. p. 302 mit den Schol. *Aristoph.* Acharn. 146. Vergl. die Apaturia Athena von Trözen. §. 27. 67) *Creuzer.* Meletemm. I. p. 23. 68) S. *Boeckh.* zum Corp. Inscr. Graec. 477. 69) *Antiphon.* de choreut. §. 45. *Suidas* s. v. *εἰσιτήρια.* 70) *Pausan.* I, 1, 3. Vergl. *Siebel.* Daß dieser Tempel von Konon gebaut wurde, kann man aus *Plin.* XXXIV, 19, 14. *Isocrat.* Euagor. §. 57 schließen. Vergl. *Hesych.* s. v. *Σώτειρα* und *Lykurg.* contr. Leocr. p. 114. auch *Demosth.* Prooem. p. 1460. 71) *Paus.* I, 23, 5. *Plutarch.* Pericl. 13. Vergl. *Plin.* N. H. XXII, 17, 20. Aristides auf Athena. p. 25. ed. *Steph.* 72) *Paus.* I, 31, 3. 73) *Paus.* I, 2, 4. 34, 2. 74) *Paus.* I, 24, 3. Vergl. *Siebelis.* Der Cultus wurde nach Samos verpflanzt. *Suidas* s. v. *Ἐργάνη.* 75) *Paus.* V, 14, 5. Vergl. *Hygin.* fab. 39.

dem Hephästeion im innern Kerameikos — dem Hauptheiligthume der ehemals hier wohnhaften Töpferzunft, — neben dem Feuergotte die Athena aufgestellt war [76]).

§. 11. Unter den Pallasheiligthümern in den attischen Demen haben besonders drei eine höhere Bedeutung für die Geschichte des Cultus. Das erste ist die Akademie, worunter eigentlich ein Gymnasium mit einer parkähnlichen Anlage verstanden wird, welches sechs Stadien von dem Stadtthore Dipylon, im Gebiete des Demos Kerameikos, gelegen war und sich gegen den Kephissos hin hinzog. Diese Anlage schloß aber auch ein Heiligthum der Athena (Ἀθηνᾶς τέμενος) ein, wo außer der Göttin Prometheus und Hephästos verehrt wurden, die man an einer alten Basis am Eingange zum Tempel in Relief abgebildet sah, zuerst Prometheus als einen alten Mann mit einem Scepter, dann Hephästos in jüngerm Alter, zwischen ihnen den beiden gemeinschaftlich geweihten Altar [77]). Die hauptsächliche Feier, welche allen diesen Gottheiten hier erwiesen wurde, waren Fackelläufe; man veranstaltete sie an den Prometheen, Hephästeen und Panathenäen, und zwar wol alle in der Akademie oder dem äußern Kerameikos [78]). Zugleich war die Athena in der Akademie eine besondere Beschützerin des Olivenbaues. Nach einer Nachricht war hier der erste Ableger von dem Olivenbaum auf der Burg aufgesproßt; nach einer andern machten zwölf Bäume an demselben Orte den gleichen Anspruch; sie galten für die ältesten unter allen jenen heiligen Ölbäumen (μορίαι) in der Ebene um Athen, auf welche der Staat eine so sorgfältige Aufsicht wandte [79]). Dabei war ein Altar des Zeus Morios oder Kataibates als des Beschützers dieser heiligen Ölbäume. Wenn hier die Athena in der Gesellschaft der Feuergötter erscheint, so hatte sie wenige Stadien weiterhin auf dem Rossehügel (Κολωνὸς ἵππειος) einen und denselben Tempel mit dem Meergotte Poseidon, und beide Gottheiten werden hier als Beschützer der Rosse und Reiter (ἵππειοι) verehrt [80]).

§. 12. Weit dunkler und schwieriger sind die Beziehungen aufzufassen, die sich an einen zweiten Cultus der Athena in der Landschaft um Athen anknüpfen, den der Athena-Skiras. Hier sind zwei verschiedene, aber gewiß im Ursprunge des Cultus zusammenhängende Heiligthümer zu unterscheiden, der Tempel der Athena-Skiras im Demos Phaleron, bei welchem das Fest der Oschophorien gefeiert wurde [81]); und der heilige Fleck Skiron an der heiligen Straße von Athen nach Eleusis, wohin die Procession des Skirophorien-Festes ging, diesseit des Kephissos, an dem Winterbache Skiros gelegen [82]). Die Beziehung der Athena zum Ackerbau, und eine gewisse Verwandtschaft mit dem Demeterdienste tritt bei diesen Heiligthümern gleich deutlich hervor. Ein dodonäischer Weissager, Skiros, der den Eleusiniern im Kriege mit Erechtheus zu Hilfe gekommen, soll den Tempel der Athena-Skiras gestiftet haben und in Skiron begraben worden sein [83]). Von den durchaus agrarischen Ceremonien, welche an dem Orte Skiron verrichtet wurden, werden wir weiterhin handeln (§. 18. 23). Fragen wir aber nach der wahren Etymologie des Namens Skiron und der damit zusammenhängenden, so hat offenbar die Erklärung sehr viel für sich, daß dadurch die weiße, kreidige Beschaffenheit des Erdbodens in der Gegend bezeichnet werde [84]), zumal da ein merkwürdiger Cultusgebrauch aufs Bestimmteste darauf hinweist [85]). Man rieb ein altes Schnitzbild der Athena-Skiras mit weißer Erde an, wie man die Artemis Alpheionia mit Alpheios-Schlamme, den Dionysos mit Hefen oder auch mit Mennig salbte. Auch lassen sich von derselben Wurzel die Skeironischen Felsen mit dem darauf wohnenden Unholde Skeiron und der Name Skiras für die Insel Salamis sehr gut ableiten [86]). So darf die Athena-Skiras mit Sicherheit als die Bewohnerin des weißen, thonigen oder kreidigen Landes genommen werden.

§. 13. Die dritte Gegend von Attika ist der Demos Pallene, ziemlich in der Mitte zwischen Athen und Marathon in ziemlich bergiger Gegend gelegen. Hier lag auf einer Höhe ein berühmter Tempel der Athena (Παλληνίδος Ἀθηναίης ἱερόν, auch Παλλήνιον genannt), reich an Weihgeschenken und Merkwürdigkeiten, welche Themison in einer besondern Schrift (Παλληνίς) verzeichnet hatte. Den Dienst versah eine Priesterin mit Hilfe von Paras-

76) *Paus.* I, 14, 5. 77) Die Hauptstellen darüber sind bei *Sophocl.* Oed. Col. v. 55 und den Scholien zu v. 56. Apollodor (zu v. 56) sagt: Συντιμᾶται δὲ ὁ Προμηθεὺς καὶ ἐν Ἀκαδημίᾳ τῇ Ἀθηνᾷ, καθάπερ ὁ Ἥφαιστος, καὶ ἔστιν αὐτῷ παλαιὸν ἵδρυμα καὶ ναὸς ἐν τῷ τεμένει τῆς θεοῦ. Pausanias dagegen übergeht das Heiligthum der Athena mit Stillschweigen, deutet jedoch durch die Art seiner Beschreibung (I, 30, 2) auf diesen Tempel hin. Er erwähnt nämlich einen Altar des Prometheus in der Akademie, von dem die Fackelläufe begannen, dann einige andere, die auch im Freien gedacht werden müssen, dann den der Athena inwendig (ἔνδον) d. h. offenbar in einem Tempel, sowie den des Herakles. 78) s. die Stellen bei *Meursius* de populis Att. s. v. Κεραμεικός und in der besondern Schrift de Ceramico gemino; besonders aber Böckh, Staatshaushalt. 1. Bd. S. 496. 79) Die erste Angabe bei *Paus.* I, 30, 2; die zweite beruht auf Istros bei den Schol. *Sophocl.* Oed. Col. 701, dessen Stelle aus *Suidas* s. v. μορίαι richtig ergänzt wird. *Siebelis* Phanodemi etcc. fragm. p. 60. Vergl. *Aristoph.* Nub. 1001 mit den Scholien. *Apollodor.* ap. Schol. *Soph.* 705. 80) *Paus.* I, 30, 4. Schol. *Sophocl.* Oed. Col. 711. *Bekker.* Anecd. Gr. p. 350. Vergl. besonders Sophokles selbst, Oed. Col. 707, 1070. Ödipus hat bei Sophokles im Oed. Col. den Hain der Σεμναί und den οὐδὸς χαλκοῦς vor sich, links den Kolonos mit dem Heiligthume des Poseidon, rechts das Heiligthum der Athena und des Prometheus mit den Morien; im Hintergrunde liegt die Stadt Athen.

81) *Paus.* I, 1, 4. 36, 3. *Philochor.* (p. 31. *Siebel.*) ap. *Harpocrat.* s. v. Σκίρον. *Photios* s. v. Schol. *Aristoph.* Eccles. 18. *Athen.* XI. p. 495 e. *Bekker.* Anecd. Gr. p. 318. *Hesych.* s. v. Ὠσχοφόριον. Athena-Skiras auf Salamis, *Herod.* VIII, 94. 82) *Paus.* I, 36, 3. Vergl. unten §. 23. (Skirophorien.) 83) *Paus.* l. c. cf. *Philochor.* l. c. *Heyne* ad *Apollodor.* III, 15, 5. 84) s. *Bekker.* Anecd. p. 304. Σκιρὰς Ἀθηνᾶ . . . ἀπὸ τόπου τινός, ἐν ᾧ γῆ ὑπάρχει λευκή. Offenbar sind σκῖρος, der Gyps, und σκιῤῥός, verhärtet, eines Stammes; ein trockener, harter, weißlicher Boden ist die Grundvorstellung. Über die Art des Bodens, welche in den Herakleischen Tafeln ΣΚΙΡΑ heißt, s. vorläufig *Mazochi* tab. Heracl. p. 232. 85) Schol. *Aristoph.* Vesp. 961. Ὅτι λέγεται καὶ γῆ σκιῤῥάς, λευκή τις ὡς γύψος, καὶ Ἀθηνᾶ Σκιῤῥάς, ὅτι λευκῇ χρίεται. 86) Vergl. *Strab.* IX. p. 393. Der Unterschied der Quantität gibt

ten [87]). In diesem Pallene wurzelte der Mythos von den **Pallantiden**, einem Geschlechte, welches in der Sagengeschichte Athens dem Theseus feindlich gegenübersteht [88]). Die Palleneer betrachteten die Pallantiden als ihre einheimischen Heroen, sodaß sie mit den Bewohnern eines andern Demos, den Hagnusiern, blos deswegen keine Eheverbindungen zuließen, weil ein Mann aus Hagnus die Pallantiden an Theseus verrathen habe [89]). Der Mythus von den Pallantiden hängt eng mit der Gigantomachie der Athena zusammen; Sophokles nennt den Pallas den rauhen, Giganten auferziehenden [90]); ohne Zweifel war auch dies Pallene als Schlachtfeld der Giganten und Götter in einheimischen Sagen berühmt, obgleich die herrschend gewordene Mythologie der **Halbinsel Pallene** oder Phlegra, einem Theile von Chalkidike, diesen Ruhm zuerkannt hat [91]). Noch hat sich ein abgerissenes Stück attischer Traditionen erhalten, das einem größern Cyklus von Götterkämpfen anzugehören scheint [92]). Athena reißt aus der Gegend von Pallene einen Felsen los, den sie zur Befestigung der Akropolis anwenden will; wie sie aber in die Nähe der Stadt kommt, vernimmt sie durch eine Krähe die Nachricht, daß Erichthonius durch die Neugier der Kekrops-Töchter ans Licht getreten sei; aus Schrecken darüber läßt sie den mitgebrachten Felsen fallen, der nun als der Felsenhügel Lykabettos (Hagios-Georgios) nordöstlich von Athen liegen bleibt.

§. 14. Die andern Tempel der Athena in Attika sind von geringerer oder weniger entschiedener Bedeutung für den Cultus. Wir erwähnen nur kurz das schöne Tempelgebäude der Pallas auf dem Vorgebirge **Sunion**, den Altar der **Athena-Tithrone** im Tempel der Demeter zu Phlya [93]), die Verbindung der Athena **Pronáa** oder **Pronóa** mit dem Apollon zu Prasiá [94]), das Heiligthum der **Athena-Hellotis** in den Niederungen von Marathon [95]), welches von Korinth abzustammen scheint [96]), den Altar der **Athena-Hippia** zu Acharná [97]), und das Bild der Athena auf dem Gipfel des Pentelikon [98]). Sehr dunkel sind die Sacra der Athena, welche die Gephyräer, an der Brücke des Kephissos, wie es scheint, übten, welche auch ein vom Himmel gefallenes Palladion (daher **Athena-Gephyritis**) zu besitzen behaupteten [99]).

§. 15. Außer den **Orten** muß die Geschichte des Cultus besonders die Personen berücksichtigen, denen der Dienst der Gottheit nach altem Herkommen oblag, namentlich die **Geschlechter**, welche ihn erblich fortpflanzten und als Ehrenrecht behaupteten. In Athen stehen eine bedeutende Anzahl von Geschlechtern in einem solchen Verhältnisse zu den Pallasheiligthümern, und zwar insbesondere dem alten Tempel der Burggöttin. Vor allen die **Butaden**, oder, wie sie zum Unterschiede des Demos genannt werden, die **Eteobutaden** [1]). Ihr mystischer Ahnherr Butes wird Sohn des Pandion und der Zeuxippe, oder auch des Teleon, welcher der Eponymus der attischen Phyle der Teleonten ist, oder des Poseidon-Erechtheus genannt. Nach der herrschenden Sage erhält er nach dem Tode seines Vaters Pandion, während das Königthum an den Erechtheus übergeht, das Priesterthum der Athena und des Poseidon. Doch ist der Natur der Sache und der Analogie anderer Fälle nach zu glauben, daß das Geschlecht früher den Dienst der Athena als einen Gentilcult mit besonders eifriger Anhänglichkeit geübt, ehe es dadurch das öffentliche Priesterthum erwarb [2]). In den historisch bekannten Zeiten bekleidete aus diesem Geschlechte eine Frau, welche verheirathet gewesen sein mußte [3]), das Priesterthum der **Athena-Polias**, welche die Aufsicht und Sorge für den Tempel hatte und dafür mancherlei Ehren und Einkünfte genoß. Das Leben dieser Priesterin wurde als eine Nachbildung der Thätigkeiten der ersten Dienerin der Athena, der Kekropide Pandrosos, betrachtet; mit andern Worten, die Mythen von Pandrosos und den Kekropiden sind großentheils aus den Cultusgebräuchen der Pallas-Polias hervorgegangen. Pandrosos sollte mit ihren Schwestern das erste Kleid von Wolle verfertigt haben; davon sollte das **Protonion** ein Abbild sein, das die Priesterin selbst trug und einem jeden Opfernden umlegte [4]). Darum durfte auch wol diese

---

schen *Σκῖρον* und *Σκεῖρων* oder *Σκείρων* (*Elmsley* ad *Eurip.* Heracl. v. 860) hindert doch die etymologische Verwandtschaft nicht.

87) *Herodot.* I, 62. *Eurip.* Heracl. 849, 1031. c. not. *Elmsl.* *Athen.* VI. p. 234. 235. Der Artikel des Hesychios: *Παρθένος Παλληνίδος* ist wol mit Recht für ein Misverständniß von Euripides (Heracl. 1031) erklärt worden. 88) Ausführlicher ist über die interessanten Mythen von den Pallantiden gehandelt in den hyperboreisch-römischen Studien für Archäologie, herausgegeben von Ed. Gerhard. 1. Th. S. 280 fg. 89) *Plutarch.* Thes. 13. 90) *Ὁ σκληρὸς οὗτος καὶ Γίγαντας ἐκτρέφων … Πάλλας*, *Sophocl.* Aegeus (Fragm. 1. *Brunck.*) ap. *Strab.* IX. p. 392. 91) *Ephorus* ap. *Theon.* Progymn. c. 6. p. 221. *Walz.* Skymn. Ch. v. 634 sq. *Eudox.* ap. *Stephan. Byz.* *Lycophron.* 127. 1407. *Apollodor.* I, 6. 1. *Strab.* Exc. l. VII, 12. p. 330. Schol. *Apollon.* III, 234. Äschylos und Pindar brauchen nur den Ausdruck *Φλέγρα* für dies Schlachtfeld. 92) Bei *Antigon.* Karyst. mirab. hist. 12, aus dem alten attischen Sagenschreiber Amelesagoras. (Über die Fabel von der Krähe s. *Ovid.* Met. II, 562. *Hygin.* fab. 166.) Vergl. zur Topographie Athens, von D. Forchhammer und K. O. Müller. S. 8. 19. 93) *Paus.* I, 31, 2. Dies *Τιθρώνη* ist wol nur ein versetztes *Τριτώνη* (nach der Art wie *δίφρος* und *δρίφος*, *τάφρος* und *τράφος*), und das *θ* eine Wirkung der Aspiration in dem *ρ*, wie in *θράσσω*. Vergl. §. 40. 94) Davon unten §. 46. 95) Schol. *Pind.* Ol. XIII, 56 (40). Etymol. M. p. 332, 48.

96) s. §. 31 (Hellotis in Korinth), und über die alte Verbindung von Marathon mit Sikyon und Korinth *Paus.* II, 1, 1. 6, 2, 3. 97) *Paus.* I, 31, 3. Corp. Inscr. Gr. n. 474. 98) *Paus.* I, 32, 2. 99) s. *Pherekyd.* und *Antiochos* ap. Schol. *Aristid.* p. 103 *Frommel.*, p. 320 *Dindorf.* (wo in *αὐτεγυρᾶν* — *γεφυρᾶν* zu stecken scheint). *Servius* in d. Intpp. Maii ad *Virg.* Aen. II, 165 und *Laur. Lydus*, de mens. III, 8. p. 45. Vergl. Preller, Demeter und Persephone. S. 394.

1) *Βουτάδαι ἔτυμοι* Corp. Inscr. Gr. 666. Cfr. p. 916. 2) Über die Butaden s. außer des Verfassers Minervae Poliadis sacra c. 2 besonders *Bossler* de gentibus et familiis Att. sac. p. 1. sqq. *Meier.* de gentilit. Attica p. 39. Über die Inschrift *ΙΕΡΕΩΣ ΒΟΥΤΟΥ* (Corp. Inscript. n. 468) vergl. jetzt Schorn's Kunstblatt 1836. Nr. 84. 3) Plutarch (in Num. 9) bemerkt, daß in Athen die Frau, welche den *ἱερὸς λύχνος* unter ihrer Aufsicht hatte, *γάμου πεπαυμένη* sein mußte. Ein einzelnes Beispiel gibt *Plut.* V. X. Oratt. p. 256 an der Philippe. 4) *Photios* et *Suidas* s. v. *προτόνιον*. Wie complicirt der Opfer-

Priesterin kein ungeschorenes Lamm opfern⁴). Besonders merkwürdig ist die Theilnahme der Priesterin der jungfräulichen Göttin an Ehe und Geburt. Die Priesterin ging mit der Ägis angethan in das Haus der Neuverehelichten⁵). Den Neugeborenen wurden aus Gold getriebene Schlangen (als eine Art von Amulet) angelegt, wie einst Erichthonios von den Agrauliden unter Schlangen erzogen worden war[7]). So erscheinen auch der Pallas mütterliche Sorgen nicht ganz fremd[8]), die am schönsten hervortreten, wenn die Göttin in interessanten Kunstdarstellungen[9]) in untergebreiteter Ägis den kleinen Erichthonios aufnimmt, um ihn mütterlich zu hegen und zu pflegen. Zugleich verwaltete ein Mann aus demselben Geschlechte, der durch das Loos erlesen war, das Priesterthum des Poseidon-Erechtheus bis in das erste Jahrhundert nach Chr. Geb. hinab, wo das Amt durch verwandtschaftliche Verbindungen auf das Geschlecht der Lykomiden und die Familie des Themistokles überging. Auch nahm das ganze Geschlecht der Eteobutaden an der Procession der Skirophorien Antheil[10]).

§. 16. Das attische Geschlecht der Praxiergiden verrichtete am 25. Thargelion (*Θαργηλιῶνος ἕκτη φθίνοντος*) geheime Cultusgebräuche, indem sie den Schmuck von dem alten Bilde der Athena abnahmen, das Bild selbst verhüllten und den Tempel mit Seilen umzogen, damit Niemand der Göttin in dieser Zeit nahen dürfe[11]). An diesem Tage wurde nämlich die Garderobe der Göttin auf der Burg, die zur Bekleidung des alten Holzbildes diente, gewaschen, und das darauf bezügliche Fest der Plynterien gefeiert. Die Praxiergiden waren wahrscheinlich eine alte Innung von Künstlern, Holzschnitzern und Ausstaffirern alterthümlicher Idole (von *πράττειν* und *ἔργον* genannt), denen von früher Zeit an dieser Dienst, der mit der Instandhaltung des Bildes eng zusammenhing, übertragen worden war, wiewol auch eine andere scharfsinnige Auslegung des Namens in Vorschlag gebracht worden ist.

§. 17. Außer diesen Personen aus bestimmten Geschlechtern hatte die Pallas auf der Burg noch eine ausgedehnte Dienerschaft, besonders vom weiblichen Geschlechte und jugendlichen Alter. Vier Mädchen, zwischen sieben bis eilf Jahren, wurden vom Archon-Könige[12]) aus den vornehmen Geschlechtern genommen, von denen zwei eine Aufsicht bei der Verfertigung des panathenäischen Peplos hatten, den die Ergastinen webten, zwei aber, als Ersephoren oder Arrhephoren, gewisse geheime Heiligthümer an den Festen der Gottheit zu tragen hatten[13]). Sie lebten ein ganzes Jahr in einem Gebäude, welches in der Nähe des Tempels, im Tempelhofe, lag, wohin ihnen ihre Mütter die Nahrung durch die sogenannten Deipnophoren geschickt haben sollen[14]), und hatten bei der Göttin selbst den Dienst von Kammermädchen, wovon sie die besondern Namen Kosmo und Trapezophoros oder Trapezo erhalten zu haben scheinen (wiewol die Einheit dieser Dienerinnen und der Ersephoren nicht ausdrücklich bezeugt wird)[15]). Diese Ersephoren sind genau von den Kanephoren zu unterscheiden, welche nicht jüngere Mädchen, sondern Jungfrauen von angesehenen Familien waren, die keinen beständigen Dienst bei der Göttin hatten, sondern für bestimmte Opfer und Feste in großer Anzahl gewählt wurden, um dabei die Körbchen (*κανᾶ*) mit dem Opfergeräthe zu tragen[16]). Die Wäsche der Gewänder der Göttin besorgten die Plyntriden, die Verfertigung des Peplos die Ergastinen, ein besonderer Kataniptes reinigte den untern Saum des Peplos, wenn er schmuzig wurde[17]): so besaß die Athena-Polias wol eine ebenso reiche und vollständige Dienerschaft als irgend eine Fürstin der heroischen Zeit.

§. 18. Dem Geschlechte der Buzygen, welches mit den Butaden in einiger Namensverwandtschaft steht, ist nicht das Bild auf der Burg, sondern, wie bereits gezeigt worden ist, das Palladion in der untern Stadt zur Aufsicht anvertraut worden. Jedoch hatte dies Geschlecht, welches zum alten Adel von Athen gehört, und von dem auch Perikles von väterlicher Seite abstammt, auch andere Ceremonien zu verrichten, welche mit der Verehrung der Athena und den ältesten Ideen ihres Cultus in engem Zusammenhange stehen. Der Heros Buzyges sollte zuerst die Stiere an den Pflug gespannt und ebendarum — unter andern Hauptsätzen der griechischen Volksmoral — geboten haben, den Pflugstier nicht zu tödten[18]). Dieser alte Buzyges wurde noch immerfort durch eine bestimmte Person aus dem Buzygischen Geschlechte repräsentirt, welche den Namen Buzyges führte und gewissen heiligen Gebräuchen des Pflügens (*ἱεροὶ ἀρο-*

---

dienst dieser Priesterin war, sieht man besonders aus den Anführungen der Rede des Lykurg *περὶ ἱερείας*.

5) Wie man bei *Athen.* IX. p. 375 aus dem Zusammenhange abnimmt. 6) *Zonaras* Lex. p. 77. 7) *Eurip.* Ion. 25, 1427. 8) Vergl. die Gebete an Pallas um Kindersegen *Eurip.* Ion. 469. Phoen. 1060. 9) Handbuch der Archäolog. §. 371, 4. 10) Schol. ad *Aristoph.* Eccles. v. 18. *Harpocrat.* et *Phot.* s. v. *Σκίρον*. 11) *Plut.* Alcib. 34. *Hesych.* s. v. *Πραξιεργίδαι*. *Pollux* VIII, 141. Vergl. *Bossler* l. c. p. 8, besonders *Meier* l. c. p. 50. 12) f. *Suidas* s. v. [illegible]. *Pierson* ad *Moer.* p. 142. 13) f. besonders *Aristoph.* Lysistr. 643. *Paus.* I, 27, 4. Corp. Inscr. Gr. n. 431. *Meursius* Graec. fer. s. v. *Ἀῤῥηφόρια*. Minervae Poliad. aed. p. 14.

14) *Harpocrat.* s. v. *δειπνοφόροι*, wo wol nicht zu zweifeln ist, daß die *κατακεκλειμέναι παῖδες* die Ersephoren sind. (Eigentlich galt die Deipnophoria den Töchtern des Kekrops, f. §. 24.) Nimmt man das *ἱερὸν* der Athena bei Hyperides an dieser Stelle für das Temenos und nicht den Tempel, so verschwindet aller Widerspruch mit *Paus.* I, 27, 4. 15) *Harpocr.* s. v. *Τραπεζοφόρος*. Etymol. M. *Hesych.* *Suidas.* 16) Für die Panathenäen führt Erichthonios die Kanephoren ein nach Philochoros (p. 24 *Siebelis*), bei *Harpocr.* v. *κανηφόροι*. Nach Ktesikles (p. 233 *Sturz.*) bei den Schol. ad Odyss. VI, 538 schmückt Erechtheus die Oreithyia und sendet sie auf die Akropolis zu einem Opfer der Polias. Über die Kanephoren vergl. Spanheim zu Kallimachos auf Demeter v. 127. Meier in den Nachträgen zu Leake's Topographie. S. 448. 17) Etymol. M. p. 494, 25. Hesychios und Photios nennen auch *Λουτρίδες* als zwei Mädchen *περὶ τὸ ἕδος* (wie auch bei Hesychios zu schreiben); sie identificiren sie mit den Plyntriden, aber vielleicht besorgten die Lutriden die Wäsche des Bildes selbst. 18) Etymol. M. v. *Βουζυγία*. *Hesych.* v. *Βουζύγης*. *Varro* de R. R. II, 5 c. annot. Vergl. *Bossler* l. c. p. 10.

ros) vorstand. Nun gab es bei den Athenern drei solche heilige Ceremonien des Pflügens, die erste auf dem Skiron, die zweite auf dem rarischen Felde, die dritte unter der Burg [19]). Die erste gehört einem Orte an, wo eleusinischer und athenischer Cult sich zu begegnen scheinen; die zweite ist ausschließlich Cerealisch, die dritte aber hängt offenbar mit den Heiligthümern der Burg zusammen, und diese ist es, welche eigentlich die Buzygische (Βουζύγιος ἄροτος) hieß. Die Gegend, wo diese Ackerung vorgenommen wurde, war aller Wahrscheinlichkeit nach das Bukoleion, welches beim Prytaneion, also an der Ostseite der Akropolis, lag [20]); hier mögen die heiligen Stiere, welche zu jener Ceremonie dienten, geweidet [21]) und daneben ein Stück Feld für diesen Gebrauch aufgespart worden sein. Die beim Cultus von Pallene beschäftigten Personen sind oben schon erwähnt worden.

§. 19. Von den Personen des Cultus gehen wir zu den Zeiten desselben über, wohin insbesondere die Feste, gleichsam als die Epochen, gehören, in denen der Dienst sich concentrirt, und die ihm eigenthümlichen Gedanken und Empfindungen in ungewöhnlicher Stärke und Lebhaftigkeit hervortreten. Natürlich haben aber die Gebräuche der Feste in dem ganzen Charakter des Cultus überhaupt ihren Grund, und selbst die Festzeiten beruhen, wie man bei den meisten Götterdiensten nachweisen kann, auf der Heiligkeit gewisser Monatstage und Jahreszeiten im Cultus bestimmter Götter. Der Athena waren die dritten Tage in den Dekaden des griechischen Monats geweiht [22]), insbesondere aber der dritte des beginnenden und des ablaufenden Monats (die τρίτη ἱσταμένου und φθίνοντος) [23]), d. h. der dritte Tag nach der Conjunction des Mondes und der Sonne und der dritte Tag vorher. Dies sind die Tage, an welchen der Mond vor dem Neumonde vom Himmel verschwindet und wieder nach dem Neumonde sichtbar wird, woraus auch die Alten schon die Heiligkeit dieser Tage erklärt haben [24]), sowie auch der Name der Tritogeneia, aber auf eine unzulässige Weise (s. §. 40), davon hergeleitet worden ist. Im athenischen Cultus finden wir unstreitig die Ehre des drittletzten Tages, der φθινὰς ἁμέρα, wie sie Euripides nennt [25]), vorwiegend. An diesem Tage, am achtundzwanzigsten, wurden, nach sicherer Angabe, im Hekatombäon alle vier Jahre die großen Panathenäen gefeiert [26]), und es kann keinem Zweifel unterliegen, daß auch die kleinen Panathenäen, welche man in den drei Zwischenjahren beging, auf keinen andern Monatstag fielen [27]). Diesen drittletzten Tag des Mondmonats deutet auch gewiß die kleine und sehr schmale Mondsichel an, die auf den Münzen Athens, besonders den ältern Tetradrachmen, neben der Nachteule gefunden wird und regelmäßig mit der converen Seite nach der Linken gedreht ist, wie es bei dem abnehmenden Monde der Fall ist [28]).

§. 20. Das panathenäische Fest galt allgemein als das Hauptfest der Göttin in Athen, die Sage verbindet seine Entstehung und Ausbildung mit der mythischen Geschichte von Athen selbst. Erichthonios soll es gestiftet, aber erst Theseus, als er die Einwohner Attika's in eine Stadt versammelte, aus den Athenäen Panathenäen gemacht haben [29]). Eine bestimmte historische Nachricht finden wir nicht vor dem Archontat des Hippokleides, eines der Vorfahren des Miltiades aus dem Geschlechte der Philaiden (Ol. 53, 3), unter dem die gymnischen Agonen an den Panathenäen eingeführt worden sind [30]). Daß in der Zeit der Pisistratiden das Fest schon mit allem Glanze, den der damalige Staat von Athen aufbieten konnte, gefeiert wurde, ist aus der Geschichte von der Ermordung des Hipparch durch Harmodios und Aristogeiton bekannt. Auch bestand damals schon die Unterscheidung der großen und kleinen Panathenäen [31]), von de-

19) *Plutarch.* praec. conjugal. T. VII. p. 425 H. Ἀθηναῖοι τρεῖς ἀρότους ἱεροὺς ἄγουσι, πρῶτον ἐπὶ Σκίρῳ, τοῦ παλαιοτάτου τῶν σπόρων ὑπόμνημα· δεύτερον δὲ ἐν τῇ Ῥαρίᾳ, τρίτον ὑπὸ Πόλιν, τὸν καλούμενον Βουζύγιον. Aristides auf Athena (p. 23 *Steph.* Vol. I. p. 20 *Dind.*) sagt: Καὶ Βουζύγης τις ἐπῆλθέ με τῶν ἐξ ἀκροπόλεως. 20) s. *Pollux.* VIII, 111. *Bekker.* Anecd. I. p. 449. *Suidas* Ἄρχων. Der Archon Basileus saß hier zu Gericht — wahrscheinlich über die γέρα der Priester, die größtentheils aus Einkünften der sogenannten βουκολίαι bestanden. 21) Schol. ad *Aristid.* πρὸς Πλατ. p. 215 e. Vol. III. p. 473, 25 *Dind.* (p. 71 *Frommel.*) Βουζύγαι καλοῦνται οἱ τὰς ἱερὰς βοῦς τὰς ἐν Ἐλευσῖνι ἀροτριώσας τρέφοντες. Auch die Eleusinier hatten sich nämlich die Buzygischen Gebräuche angeeignet, und nannten ihren Heros Triptolemos den Buzyges. 22) Philochoros gab an: Πάσας τὰς τρεῖς (d. i. τὰς τρίτας) εἶναι τῆς Ἀθηνᾶς, bei Proklos zu Hesiod's Werken und Tagen V. 778. 23) *Harpocrat.* p. 176 ed. Lips. Τριτόμηνις· Λυκοῦργος ἐν τῷ περὶ τῆς ἱερείας· τὴν τρίτην τοῦ μηνὸς τριτομηνίδα ἐκάλουν. δοκεῖ δὲ γενέσθαι τότε ἡ Ἀθηνᾶ. Ἴστρος δὲ καὶ Τριτογένειαν αὐτήν φησι διὰ τοῦτο λέγεσθαι, τὴν αὐτὴν τῇ σελήνῃ νομιζομένην. Im Ganzen dasselbe bei *Phot.* p. 603, 21. ed. *Pors.* *Bekker.* Anecd. Gr. I. p. 306, 32. *Eustath.* ad Il. IV. p. 504, 27 u. a. Stellen. *Tzetzes* ad *Lycophr.* v. 519. Vergl. auch das Etymol. s. v. Τριτογένεια. — Τριτογένεια, ὅτι τρίτῃ φθίνοντος ἐτέχθη, Schol. Il. VIII, 39.

24) *Tzetz.* ad *Lycophr.* v. 519. Ὅτι ἡ αὐτή ἐστι τῇ σελήνῃ, ἡ δὲ σελήνη ἀπὸ συνόδου τριταία φαίνεται. Übereinstimmend Etymol. M. s. v. Τριτογένεια. 25) *Eurip.* Heracl. v. 777. Ἀλλ' ἐπὶ σοὶ (Athena) πολύθυτος ἐξαεὶ τιμὰ κραίνεται οὐδὲ λήθει μηνῶν φθινὰς ἁμέρα, νέων τ' ἀοιδαὶ χορῶν τε μολπαί. ἀνεμόεντι δὲ γᾶς ὄχθῳ ὀλολύγματα παννυχίοις ὑπὸ παρθένων ἰαχεῖ ποδῶν κρότοισιν. Darauf geht die Stelle des *Hesych.* s. v. φθινὰς ἁμέρα, die etwa so zu ergänzen ist: [οὐ] τὴν ἱσταμένου τρίτην ἢ τριτομηνίδα λέγει, [ἀλλὰ τὴν φθίνοντος.] 26) *Procl.* Commentar. ad *Plat.* Timaeum p. 9. Schol. ad *Plat.* Remp. I. p. 3, 1. ed. *Bekker.* Die Panathenäen nennt ein geschraubter Redekünstler bei *Athen.* III. p. 98. b. γενέθλιον τῆς ἀλέκτορος Ἀθηνᾶς ἁμέραν. 27) Der Beweis dafür ist an anderer Stelle (Philological Museum. N. IV. p. 227 sq.) gegen *Corsini* aus *Demosthen.* contr. Timocr. p. 706. *Eurip.* Heracl. v. 777. Corp. Inscr. Graec. n. 157, mit Beseitigung von *Proclos* ad Timaeum p. 9, geführt worden. 28) Daß der Athena der 5. Monatstag heilig sei, wie *Servius* ad *Virgil.* Georg. I, 217 angibt, ist sonst nicht bekannt (s. indessen über die Quinquatrien §. 59). Ebenso wenig läßt sich Dionysios von Hal. Behauptung (Art. rhet. III. p. 248), daß der 15. der Tag dieser Göttin sei, anderweitig bestätigen. 29) *Plut.* Thes. 24. Sonst ist hier um der Kürze willen indessen auf *Meursius* Panathenaicus (*Meursii* Opp. ed. *Lami* II. p. 554. *Gronov.* Thesaur. Antt. Graec. Vol. VII.) c. 23 zu verweisen. 30) *Pherekyd.* ap. *Marcellin.* Vit. Thuc. p. 313, ed. *Poppon.* (*Pherec.* Fragm. ed. *Sturz.* V. p. 84). *Euseb.* Chron. ad ann. LIII, 3 nach Hieronymus. Vergl. besonders *Rutgers.* Varr. Lectt. p. 31. 31) s. *Thucyd.* VI, 56. Aus

nen die erstern immer in das dritte Jahr der Olympiade fallen.

§. 21. Da die meisten der Feierlichkeiten, mit denen namentlich die großen Panathenäen verherrlicht wurden — die große Procession vom äußern Kerameikos über den Markt im innern Kerameikos durch die Hauptstraßen der Stadt nach der Burg hinauf, die Darbringung von goldenen und silbernen Gefäßen als Weihgeschenken, die mit den Opfern verbundenen großen Mahlzeiten, die Kampfspiele mit Pferderennen, gymnastischen Leistungen und seit Perikles auch musikalischen Wettstreiten — blos auf eine Entwickelung von Macht, Reichthum und festlicher Lust hinausgehen und gleichsam nur ein heiteres Schauspiel bilden, das die Athener vor ihrer Schutzgöttin aufführen; so ist hier nur der weit beschränktere Theil der Ceremonien dieses Festes anzuführen, in welchem etwas von dem eigenthümlichen Gepräge dieses Zweiges der griechischen Religion wahrzunehmen ist. Dazu gehören besonders die Weihung des Peplos, eines reichen Obergewandes der Göttin, welches — wenigstens ursprünglich — wirklich zur Bekleidung des hölzernen Schnitzbildes der Athena-Polias bestimmt war [32]). Es wurde vom Feste der Chalkeia an (dem letzten Tage des Pyanepsion), welches dem Hephästos und der Athena-Ergane geweiht war [33]), von den Ergastinen gewebt und mit Stickereien reich geschmückt, unter denen die Vorstellung des Kampfes der Götter mit den Giganten die ursprünglichste und hauptsächlichste war, wozu aber viele andere Sujets aus der heroischen Mythologie, sowie auch aus der Geschichte Athens (daher hochverdiente Männer ἄξιοι τοῦ πέπλου genannt werden), hinzugefügt wurden [34]). Die Vorstellung der Schlacht der Athener gegen die Atlantiner an dem Peplos, der für die kleinen Panathenäen gewebt wurde [35]), scheint später eingeführt worden zu sein, da die Athener alle philosophischen Dichtungen in Platon's Timäos und Kritias sich als alte Landessage angeeignet hatten; auch wird das sonderbare Schauspiel eines Schiffes, das mitten in der Procession von Maschinen bewegt, auf den Straßen dahinglitt und woran der Peplos als Segel befestigt war, wol nur eine neue, außerordentliche Zugabe zu den Lustbarkeiten des Festes gewesen sein, womit Herodes-Attikus die Athener erfreute, die indessen in den folgenden Panathenäen — da die Einrichtung dazu einmal gemacht war — öfter wiederholt worden sein mag [36]). Sonst hören wir vielmehr, daß der Peplos in der römischen Kaiserzeit auf einem Wagen dahergefahren wurde [37]), über dem er aber auch segelartig ausgespannt gewesen zu sein scheint, wie die Ägis der Athena ihrem Wagen nach Äschylos (Eumen. 382) als Segel dient. Eine andere wichtige Darbringung geschieht durch die Ersephoren, Errhephoren oder Arrhephoren [38]). Diese beiden Mädchen, welche das ganze Jahr im Dienste der Pallas zubrachten, erhielten in der Nacht vor dem Feste gewisse geheimnißvolle Gegenstände, um sie auf den Kopf zu nehmen, die sie selbst ebenso wenig kannten, als die Priesterin der Athena, welche sie ihnen auflegte. Damit gingen sie von der Burg hinab in einen heiligen Bezirk bei dem Heiligthume der „Aphrodite in den Gärten," und legten hier in einer unterirdischen Grotte die mitgebrachten Heiligthümer ab, womit sie zugleich von ihrem Dienste entlassen waren, und andern Mädchen die neuen Heiligthümer überließen, welche sie dort in verhüllter Gestalt bekamen [39]). Ohne es gradezu errathen zu wollen, was dies für Heiligthümer gewesen, dürfen wir doch schon aus dem Namen der Ersepharen selbst schließen, zu welchen Verrichtungen sie am meisten bestimmt waren. Sie heißen Thaubringerinnen, und brachten insbesondere der Herse oder Thaugöttin selbst den Thau [40]), worunter in diesem Zusammenhange natürlich nicht eine gewöhnliche Todtenspende verstanden werden kann [41]), sondern nichts,

der Verbindung: Περιμένον δὲ Παναθήναια τὰ μεγάλα, ἐν ᾗ μόνον ἡμέρᾳ οὐχ ὕποπτον ἐγίγνετο ἐν ὅπλοις τῶν πολιτῶν τοὺς τὴν πομπὴν πέμψαντας ἀθρόους γενέσθαι, muß man schließen, daß an den kleinen Panathenäen damals keine solche Pompa aufgeführt wurde.

32) Daher *Aristoph.* Av. 828.

Τίς θεὸς Πολιοῦχος· τῷ ξανοῦμεν τὸν πέπλον;

Die dresdener Pallas stellt ein mit einem solchen Peplos geschmücktes Xoanon dar, wiewol die Stellung der Figur nicht die der Athena-Polias ist, welche man durch andere Bildwerke kennen lernt. 33) s. *Meursius* Att. lectt. IV, 24. Auf dies Fest scheinen die Verse des Sophokles bei *Plutarch*, de fortuna, Vol. VII. p. 307. *H.* Fragm. inc. 60. *Brunck.* sich zu beziehen. 34) s. darüber besonders *Boeckh*, trag. Graec. princ. p. 194. 35) Schol. ad *Plat.* Rempubl. I. p. 395. *Bekker.* 36) Offenbar geht die Stelle des Philostratos (Vit. Sophist. II, 1, 5. p. 550. *Olear.*): *κἀκεῖνα περὶ τῶν Παναθηναίων τούτων ἤκουον*, auf die einzelne Panathenäen-Feier des Herodes-Attikus, und auch Pausanias (I, 29, 1) spricht davon als von einer singulären Sache. Die Stellen bei Meursius (Panathen. c. 19) gehören der Zeit der Antoninen oder einer spätern an. Auch in Smyrna wurde in dieser Zeit am Dionysos-Feste im Anthesterion eine Triere durch die Straßen nach dem Markte gezogen; der Priester des Dionysios regierte sie als Steuermann. *Philostratos*, Vit. Sophist. I, 25, 1. Vergl. *Olearius.*

37) Durch die Stelle aus dem Pseudo-Virgilischen Ciris, V. 21 fg.

Qualis (peplus) Erechtheis olim portatur Athenis,
Debita cum castae solvuntur vota Minervae,
Tardaque confecto redeunt Quinquennia lustro,
Cum levis alterno Zephyrus concrebruit Euro,
Et prono gravidum provexit pondere currum etc.

38) Daß von diesen Formen *Ἐρσηφόροι* die ursprünglichste und *Ἀῤῥηφόροι* die zuletzt gebildete ist, kann nicht zweifelhaft sein, da das attische *ῤῥ* für ein älteres ionisches *ρσ* eintritt, und vor *ρ* und *ρσ* das *ε* sehr oft in ein *α* übergeht. Vergl. insbesondere *ταρσός* von *τέρσομαι* (torreo), *θάρσος*, äolisch *θέρσος* (daher *Θερσίτης*, der Freche), *ἔρσην* und *ἄῤῥην*, *Ἀρσῖνος* für *Ἐρασῖνος* (*Strab.* VIII. p. 371) u. dergl. Auch ist wol die mittlere Form *Ἄρση* (Appendix *Photii* p. 671. *Pors.* p. 582. Lips. s. v. *κήρυκες*) nicht ohne Weiteres zu verwerfen. 39) *Paus.* I, 27, 4, wo jetzt mit Recht *ἀῤῥηφόροι*, statt des frühern *κανηφόροι*, geschrieben wird. Der Fries des Parthenon stellt diese Arrhephoren, welchen die Priesterin der Pallas die verhüllten Heiligthümer zu tragen gegeben, neben dem Knaben dar, der vom Priester des Erechtheus (oder dem Archon-Basileus) den Peplos zur Überbringung an die Göttin erhält. 40) *Ἐρσηφόροι αἱ τὴν δρόσον φέρουσαι τῇ Ἕρσῃ*, *Moeris.* *Ἐρσηφορία δροσοφορία*, *Zonaras.* Vergl. Schol. *Aristoph.* Lysistr. 642: *Τῇ γὰρ Ἕρσῃ πομπεύουσι, τῇ Κέκροπος θυγατρί, ὡς ἱστορεῖ Ἴστρος.* 41) Wie Lobeck (Aglaopham. p. 872) und mit ihm Koch (ad *Moer.* p. LXXXVI) ganz willkürlich annehmen.

als was die Ausdrücke in ihrer natürlichen Auffassung besagen. Wenn diese Darbringungen an die Herse auch von den Panathenäen getrennt waren und ein besonderes Fest bildeten, so darf man doch annehmen, daß die panathenäischen Gaben verwandter Art waren. — Es wäre von Wichtigkeit, genau zu wissen, wie das panathenäische Fest nach seiner kalendarischen Festsetzung sich zur Pflege des Ölbaums in Attika verhielt. Die Olive spielt in den Gebräuchen dieses Festes die bedeutendste Rolle, Greise, sowie alte Frauen[42]) mit Olivenzweigen (θαλλοφόροι) schritten in dem Zuge einher; die Sieger in den Agonen wurden mit Ölzweigen bekränzt und erhielten als Preise panathenäische Amphoren mit dem Öle der Morien gefüllt[43]).

§. 22. Von den Agonen sind die hippischen, deren Einführung allgemein auf den Stifter des Festes, den Erichthonios selbst, zurückgeführt wird[44]), während von dem gymnischen Ol. 53 als Epoche der Einführung bekannt ist[45]), und die musischen erst durch Perikles um Ol. 84 hinzukamen, aller Wahrscheinlichkeit nach die ältesten; auch hatte sich in dem eigenthümlichen Wettkampfe der Apobaten eine Nachahmung der heroischen Kampfart erhalten[46]). Die Athena wurde offenbar auch in den Panathenäen als Hippia oder Hippeia, Roß- und Reitergöttin, gefeiert, die das wilde Roß gebändigt und den Menschen die Kunst gelehrt, es an den Wagen anzujochen. Auch in der panathenäischen Pompa nahm die Reiterei der Athena, wie der Fries des Parthenon am deutlichsten zeigt, den größten Raum ein. — Aber außer dem Verhältnisse zum Poseidon steht Athena auch in naher Beziehung zum Hephästos, und auch diese drückt sich in den Gebräuchen des panathenäischen Festes aus. Das Fackelwettrennen (λαμπαδοῦχος ἀγών, λαμπαδηδρομία), welches an den Panathenäen gehalten wurde[47]), ist durchaus keine müßige Zuthat, so wenig wie an den Festen des Hephästos, des Prometheus in Athen, des Pan, der thrakischen Bendis, des Apollon zu Amphipolis (wie man aus den Münzen dieser Stadt schließen muß), es bezeichnet alle diese Gottheiten als Licht- oder Feuergötter. Bei den Panathenäen mag noch überdies die Dunkelheit der mondlosen Nacht[48]) dazu eingeladen haben, sie durch Fackelläufe oder Tänze auf eine höchst malerische und effectvolle Weise zu beleuchten. Es stand damit eine Nachtfeier, ein Pervigilium, in Verbindung, das durch Gesänge und Tänze auf der Burg selbst von der Jugend beider Geschlechter verherrlicht wurde[49]). Sonst sind auch die Pyrrhichistenchöre, die außer den gewöhnlichen Männer- und Knabenchören an den Panathenäen, auch an den kleinen, auftraten[50]), als ein Spiel, das den Charakter der gefeierten Gottheit besonders auszudrücken schien, hervorzuheben; Pallas selbst sollte nach der Sage zuerst die Pyrrhiche nach Überwindung der Titanen getanzt haben[51]).

§. 23. Den Panathenäen gingen, etwas über einen Monat, die Skirophorien (am zwölften Skirophorion) vorher, mit denen die Ersephorien wahrscheinlich eng verbunden waren[52]). Was die ersten anlangt, so bedeutet der Name offenbar die Tragung von Schirmen, wiewol die scheinbar verwandten Namen des Ortes Skiron und der Athena-Skiras schwerlich auf dieselbe Wurzel zurückgeführt werden können (§. 12). Auch hier scheint also die alte hieratische Sprache damit gespielt zu haben, daß sie in einem Ausdrucke durch verschiedene Etymologien mehrfache Beziehungen auf die Eigenschaften derselben Gottheit darlegte, wie es bei den Beinamen des Apollon Lykeios und Päon unverkennbar ist. Bei den Skirophorien würde wirklich in einer Procession ein großer Schirm einher getragen; darunter gingen die Priesterin der Pallas-Polias, der Priester des Poseidon-Erechtheus und der des Helios; die Eteobutaden trugen ihn[53]). Diese Schirmtragung ist offenbar keine müßige Zuthat und bloße Ausschmückung, sondern, wie der Name des Festes selbst besagt, der Hauptgebrauch und die Grundlage des Ganzen. Da das Fest in den letzten Monat vor dem Sommersolstitium fällt, so ist der Grund des Gebrauches offenbar in der Hitze, welche jetzt bald ihre Akme erreicht und darum durch Hilfe der Gottheit abgewandt oder gemildert werden soll, gegeben[54]), wiewol die Alten selbst auch eine andere Erklärung versucht haben[55]). Man trug dabei das Dioskodion[56]), das Fell eines dem Zeus Meilichios geschlachteten Sühnwidders, dessen Beziehung auf Versöhnungs- und Reinigungsgebräuche am Tage liegt;

42) Dikäarch bei den Schol. ad *Aristoph.* Vesp. 564. 43) Über diese genügt es auf Bröndsted über die panathenäischen Preisgefäße, Transactions of the Royal Society of Literature. Vol. II. P. I. IV., mit der Erinnerung in den götting. gel. Anz. 1832. St. 154. S. 1533 zu verweisen. 44) Erichthonios wird sehr oft als Erfinder des Viergespanns — durch Athena's Eingebung — und erster hippischer Sieger an den Panathenäen genannt. S. *Virgil.* Georg. III, 113. *Varro* ap. *Servium* et *Philargyr.* zur Stelle. *Plin.* N. H. VII, 56. *Aristid.* Panathen. p. 184. *Aelian.* V. H. III, 38. Marmor Par. ep. 10 und andere Chronologen (s. *Boeckh.* Corp. Inscr. II. p. 325); besonders die Schriftsteller über Sternbilder (beim Bilde des Fuhrmanns) *Eratosthen.* Catast. 13. *Hygin.* Poet. Astr. II, 13 und andere, auch *Themist.* Or. XIX. p. 485. *Petav.* *Himerius* Or. II, 162. *Tertullian.* de spectaculis 9. *Fulgentius* II, 14. p. 90. 45) s. oben §. 20. Anm. 30. 46) s. *Boeckh.* in den Annali dell Instituto di corrisp. archeol. I. p. 156 und vergl. die Zusätze zur teutschen Ausgabe von Stuart's Alterthümern Athens. 2. Bd. S. 686. 47) Vergl. oben §. 11. 48) Daß es bei diesen Lampadedromien vollkommen finster war, sieht man aus den Details der Beschreibung bei *Aristoph.* Ran. 120. Vergl. *Lobeck* ad *Sophocl.* Aiac. 250. p. 190. ed. sec.

49) Darauf deutet die oben Anm. 25 zu §. 19 angeführte Stelle aus Euripides. Vergl. *Lucret.* de rer. nat. VI, 755. 50) *Lysias* Ἀπολ. δωροδ. §. 4. p. 162. 51) *Dionys. Hal.* Arch. Rom. VII, 72. p. 1488. Vergl. *Plat.* Leg. VII. p. 796. b. Unten §. 55. 52) Ἀῤῥηφόροι καὶ ἀῤῥηφορία, ἑορτὴ ἐπιτελουμένη τῇ Ἀθηνᾷ ἐν Σκιῤῥοφοριῶνι μηνί. Etymol. M. 53) So nach der genauesten Nachricht des Lysimachides bei *Harpocrat.* s. v. σκίρον, wo Bekker offenbar die richtige Lesart aus den besten Handschriften eruirt hat: Τὸ σκίρον σκιάδιόν ἐστι μέγα, ὑφ' ᾧ φερομένῳ κ. τ. λ. Vergl. sonst *Meursius* Graec. fer. s. v. Σκιροφόρια und *Creuzer* Meletemm. I. p. 24. 54) Lex. Rhetor. in *Bekker.* Anecd. Gr. I. p. 304. Πρώτη γὰρ Ἀθηνᾶ σκιάδιον ἐπενόησε πρὸς ἀποστροφὴν τοῦ ἡλιακοῦ καύματος. 55) *Harpocr.* l. c. Σύμβολον δὲ τοῦτο γίνεται τοῦ δεῖν οἰκοδομεῖν καὶ σκέπας ποιεῖν, ὡς τούτου τοῦ χρόνου ἀρίστου ὄντος πρὸς οἰκοδομίαν. 56) *Suidas* et *Hesych.* s. v. Διὸς κῴδιον.

es ist klar, daß auch hier durch diesen Ritus der Zorn der Götter, welche das Land durch übermäßige Hitze zu versengen drohten, erweicht werden sollte. So ging der Zug nach dem oben [57]) erwähnten Orte Skiron an der eleusinischen Straße, nach demselben, wo eine der heiligen Ackerungen des athenischen Cultus veranstaltet wurde [58]), wonach man nicht zweifeln kann, daß überhaupt Überlieferungen, die den Ackerbau betrafen, agrarische Ideen, sich an diese Stätte anknüpften. Wie schön die Ersephorien, als das Fest der Thautragung, sich mit den Skirophorien vereinigen, bedarf keiner weitern Ausführung.

§. 24. Von den Skirophorien, die um die Zeit des Solstitiums fallen, sind die Skira ganz zu unterscheiden, welche sich ohne Zweifel an die bereits erwähnte Ackerung anknüpften [59]). Sie mußten den Thesmophorien, welche sich ebenfalls an die Zeit der Ackerbestellung anschlossen, nahe liegen, und werden wie diese von Frauen gefeiert [60]), worin eine Hindeutung liegt, daß sie sich auf die fruchtbare, gebärende Natur bezogen. Sie grenzen unter allen Athena-Festen am nächsten an den Cultus der Demeter, sodaß die Alten selbst schwankend waren, welchem von beiden Götterkreisen sie das Fest zueignen sollten [61]). Mit den Skira hingen die Oschophorien nahe zusammen, die beim Tempel der Athena-Skiras in Phaleron (§. 12) im Anfange des Monats Pyanepsion gefeiert wurden und hauptsächlich aus einem Wettlaufe weiblich gekleideter Jünglinge bestanden, welche, Weinranken mit reifen Trauben haltend, vom Heiligthume des Dionysos nach jenem Tempel der Athena rannten [62]). In derselben Zeit wurden den Kekropiden, Pandrosos, Herse und Aglauros, Mahlzeiten dargebracht, die in Beziehung auf eine mystische Sage standen; man nannte den Gebrauch δειπνοφορία und setzte ihn auch, sowie die Oschophorien, mit Theseus' Abenteuer in Kreta in Verbindung [63]).

§. 25. Andere Feste der Athena fielen in den Monat Thargelion [64]), die Kallynteria und Plynteria. Jene wurden (nach Photios) am 19. des Monats gefeiert; die letztern nach Plutarch am 25. (ἕκτῃ φθίνοντος), nach Photios am 29. (δευτέρᾳ φθίνοντος). Beide beziehen sich auf die Wartung des alten Bildes, des ἀρχαῖον βρέτας, im Tempel der Polias; an dem einen wurde wahrscheinlich das Bild selbst gewaschen und neu angestrichen oder gebohnt [65]), an dem andern die Garderobe der Göttin gewaschen. Das Bild, welches zu diesem Behufe entkleidet werden mußte, wurde deswegen verhüllt, und der ganze Tempel war so lange unzugänglich; der Verkehr der Athener mit ihrer Göttin schien so lange abgebrochen, als die heilige Wäsche dauerte; daher diese Tage als unglücklich und zu allen Handlungen des öffentlichen Lebens ungeschickt angesehen wurden [66]). Daß das Fest der Plynterien der Aglauros gefeiert wurde, hat wol nur darin seinen Grund, daß man diese Kekrops-Tochter als die erste Plyntride der Athena ansah. Wiewol auch Erinnerungen an den unheilvollen Tod dieser Kekropide damit verbunden wurden, die dem Cultus die mystische Farbe mittheilten, welche der Todtendienst bei den Griechen jederzeit hatte [67]). Die Darbringung der zusammengedrückten Feigenmassen, welche man ἡγητηρία nannte, gibt auch dem Plynterienfeste einen agrarischen Charakter [68]); sie kommt auch an den Thargelien vor und wird hier weniger auf den Apollon, als auf die das Fest mit ihm theilenden Horen und den Helios, bezogen [69]); wir haben aber oben gesehen, daß die Horen in Attika auch den Kekropiden nicht fern standen (§. 5). Athena gehört auch zu den Gottheiten, welche das alte Geschlecht der Pflanzer (der Phytaliden) verehrte, welche besonders mit der Zucht der Feigenbäume sich beschäftigten [70]).

§. 26. Was nunmehr die Verbreitung der Religion

---

57) §. 12. 58) §. 18. 59) Schol. Ravenn. ad Thesmophor. 834. Ἀμφότεραι (τὰ Στήνια καὶ τὰ Σκίρα) ἑορταὶ γυναικῶν (vergl. Eccles. 18. 59), τὰ μὲν Στήνια πρὸ δυεῖν τῶν Θεσμοφορίων, Πυανεψιῶνος θ', τὰ δὲ Σκίρα (schr. Σκίρα, mit ι) λέγεσθαί φασί τινες τὰ γινόμενα ἱερὰ ἐν τῇ ἑορτῇ ταύτῃ Δήμητρι καὶ Κόρῃ. οἱ δὲ, ὅτι ἐπὶ Σκίρῳ θύεται τῇ Ἀθηνᾷ. Schreibe: ἐπὶ Σκίρῳ θ. τ. Α. Ἐπὶ Σκίρῳ wird die Ackerung auch oben, Anm. 19 zu §. 18 genannt, und Strabon (IX. p. 393) bezeichnet sie durch die Worte: ἐπὶ Σκίρῳ ἱεροποιία τις, nach den Handschriften. Auch Stephan. Byz. s. v. Σκίρος sagt: Ἐπὶ Σκίρῳ Ἀθήνησι (Ἀθηνᾷ nach Meursius) θύεται . . . . καὶ ἡ ἑορτὴ αὕτη Ἐπίσκυρα (ἐπὶ Σκίρῳ) κέκληται. 60) s. die vorige Anm. Hängen wol mit den Skiren die Σκιέρεια in Alea zusammen, wobei die Frauen gegeißelt wurden? Pausanias (VIII, 23, 1) nennt sie ein Fest des Dionysos, doch war in Alea die Athena Hauptgottheit. 61) s. die obige Anm. und vergl. die zu §. 12 angeführten Sagen von dem Weissager Skiros. (S. auch Steph. Byz. s. v. Σκίρος.) Clemens Alex. (Protrept. 2. §. 17. p. 5. Sylb.) rechnet die Skirophorien und selbst die Arrhephorien zu den Festen, welche die Weiber wegen des Raubes der Pherephatta feierten, wobei offenbar eine Verwechselung der Skira und Skirophoria vorgefallen ist, welche auch die Schol. ad Aristoph. Lysistr. 18 begehen. 62) Aristodemos ἐν τρίτῳ περὶ Πινδάρου schreibt denselben Gebrauch den Σκίροις zu, der nach Plutarch (Thes. 23) und Andern die Oschophorien bildete. Vergl. oben §. 12. Anm. 31. über die Zeit der Oschophorien Corsini (F. A. I, II. p. 354. 370), welcher Gelehrte aber auch durch Vermischung der Skira und Skirophorien die Untersuchung verwirrt hat. Hesychios' Glosse: Σκίρα ἑορτὴ Ἀθήνησιν ἀρσίανος ist schwer mit Sicherheit zu emendiren.

63) s. besonders Bekker. Anecd. Gr. p. 239. Hesych. s. v. δειπνοφόροι. Vergl. Plutarch. Theseus. 23 und oben §. 17. 64) s. Procl. ad Plat. Timaeum. p. 21: Ἀριστοτέλης ὁ Ῥόδιος ἱστορεῖ, τὰ μὲν ἐν Πειραιεῖ Βενδίδεια τῇ εἰκάδι τοῦ Θαργηλιῶνος ἐπιμελεῖσθαι, ἕπεσθαι δὲ τὰς περὶ τὴν Ἀθηνᾶν ἑορτάς. 65) s. besonders Bekker. Anecd. Gr. p. 270, wo der Name Καλλυντήρια ausgefallen ist. Bezieht sich die Pompa, wobei das Xoanon ans Meer getragen wird (Suidas s. v. οἱ νομοφύλακες) auf die Kallynterien? 66) s. besonders Plut. Alcib. 34. Vergl. Baehr p. 239. 67) Ἀγραύλῳ Ἀθηναῖοι καὶ τελετὰς καὶ μυστήρια ἄγουσι καὶ Πανδρόσῳ, Athenagoras Leg. c. 1. Vergl. auch Bekker. Anecd. p. 270. 68) Photios s. v. ἡγητηρία. 69) Porphyr. de abstin. 2. Vergl. Schol. ad Aristoph. Eq. 725. 70) Paus. I, 37, 2. Vergl. Bossler. de gentibus. p. 51. Schließlich bemerke ich, daß die Procharisterien (Προχαριστήρια oder Προχαιρητήρια), das Begrüßungsfest der aus der Unterwelt hervorkommenden Kora, im Anthesterion, nicht rathsam schien hier mit aufzuführen, wiewol einige Grammatiker (Bekker. Anecd. Gr. p. 295. Suidas) es der Athena zueignen, indem hier doch wol eine Verwechselung der Athena und Kora anzunehmen ist. Vergl. Ebert Σικελ. p. 108. Kiessling. Lycurg. fragm. p. 107. Preller. Demeter p. 124. Warum der Streit der Athena mit dem Poseidon und die Schöpfung des ersten Ölbaums auf den zweiten Boedromion gesetzt wird (Plutarch. Quaest. Sympos. IX, 11), davon findet sich in Culturgebräuchen kein Grund.

Athena von Athen aus anlangt, so kann man nur den Kolonien Athens in Jonien mit Sicherheit aupten, daß sie ihren Dienst der Göttin von Athen übergenommen hatten. Auch hier wurde daher die ena besonders als Polias verehrt, wie namentlich in ythrä, wo sie in einem großen Holzbilde auf einem one sitzend, in jeder von beiden Händen eine Spindel end, auf dem Kopfe die kreisförmige Bedeckung Po- von dem alten Künstler Endöos dargestellt war [71]). Tempel der Athena-Polias in Priene ist durch e Ruinen im schönsten ionischen Style berühmt [72]). Tempel der Göttin in Phokäa galt für besonders [73]); auch in der phokäischen Colonie Massalia war ena eine Hauptgottheit [74]), daher die massalische Colo- Athenopolis. Von Milet ist die Assesische Athena annt [75]); von der milesischen Colonie Kyzikos die onische Athena, deren Weihung man mythisch an den onautenzug anknüpfte [76]). Zu Teos bezog man die ena wahrscheinlich auf die dort bestehende Einrichtung Burgen (*πύργοι*) statt der Demen [77]), daher die Athe- Epipyrgitis in der teischen Colonie Abdera [78]).

Wir gehen zu den peloponnesischen Culten , unter denen wir jedoch nur diejenigen hervorheben len, die durch die Geschichte oder die Gestalt deß Göt- ienstes eine gewisse Merkwürdigkeit haben.

§. 27. Trözenischer Cultus. Mit Athen steht r den peloponnesischen Staaten Trözen in nächster ührung, und es kann nach verschiedenen Umständen t gezweifelt werden — wenn es auch nicht ausdrück- überliefert wird — daß vor der Zeit der dorischen Er- ung des Peloponnes Trözen, ebenso wie Athen, in Händen von Joniern war [79]). Auch über Trözen sol- Athena und Poseidon gestritten haben [80]); hier aber Zeus den Streit so geschlichtet haben, daß beide die end gemeinschaftlich besitzen sollten. „Deswegen," sagt isanias [81]), „verehren die Trözenier sowol die Athena, he sie zugleich Polias und Sthenias nennen, und Poseidon mit dem Beinamen Basileus. Auch ihre a Münzen haben als Typen auf der einen Seite eine ina, auf der andern einen Kopf der Athena. Der pel der Sthenias lag auch auf der Akropolis [82]), wäh- der alte Altar des Zeus-Sthenios auf dem Wege nach Hermione gezeigt wurde, ein roher Fels, unter dem Ägeus die Sohlen und das Schwert verborgen haben sollte, die sein Sohn Theseus hervorholen mußte [83]). Athe- na wurde aber von den Trözeniern noch unter einem drit- ten Namen verehrt, als Apaturia [84]). Dieser Dienst hängt offenbar mit dem athenischen und überhaupt ioni- schen Feste der Apaturien eng zusammen, von dem jetzt anerkannt ist, daß dadurch die Vereinigung der Bürger zu Geschlechtern (*πάτραι*) und Phratrien eine religiöse Weihe und Feier erhielt [85]). Athena, die in Athen als Phratriengöttin (*φρατρία*), wie Zeus als Phratrios, ver- ehrt wurde (§. 10), hieß bei den Trözeniern eben davon Apaturia, die Geschlechterverbindende. Daher der Gebrauch, daß jede Jungfrau von Trözen, wenn sie heirathete, der Athena-Apaturia vorher den Gürtel weihte [86]); durch Hei- rathen treten Familien eines Geschlechtes, sowie verschie- dene Geschlechter, mit einander in Verbindung. Daß die Jungfrauen und Jünglinge in Trözen vor der Hochzeit auch dem Hippolytos eine abgeschnittene Haarlocke weihten [87]), deutet auf einen Zusammenhang zwischen die- sem alten trözenischen Gotte (denn Hippolytos genoß ei- nes göttlichen Cultus) und der Athena-Religion [88]). Noch ist, für die weitere Erforschung der Ideen dieses Cultus, die Sage zu bemerken, daß Äthra, die Tochter des Pit- theus, nach der kleinen trözenischen Insel Sphäria oder Hiera hinübergegangen sei, um dem Sphäros, dem Wa- genlenker des Pelops, eine Todtenspende darzubringen; dabei soll Poseidon sie umarmt haben, und darum an der Stelle der Tempel der Athena-Apaturia gebaut wor- den sein [89]). Man erräth leicht, daß im trözenischen Dienste Äthra (die Helligkeit) in einem ähnlichen Verhältnisse zur Athena stand, wie im Attischen Aglauros.

§. 28. Argivischer Cultus. Die Verehrung der Athena in Argos ist von so eigenthümlicher Art und steht mit ebenso eigenthümlichen Landessagen in Verbin- dung, daß wir sie gewiß ganz von der athenischen tren- nen und als einen seit uralter Zeit abgesonderten und für sich wachsenden und blühenden Sproß dieser Religion ansehen müssen. Zwei Heiligthümer erscheinen als die äl- testen und merkwürdigsten [90]); das eine lag an dem Stie- ge zur Akropolis von Argos, auf der langgestreckten An-

71) *Paus.* VII, 5, 4. Die Chariten und Horen standen vor Standorte des Bildes. 72) Antiquities of Ionia. T. I. . 2. Pausanias (VII, 5. 3) gibt den Beinamen nicht an, aber Inschrift Corp. Inscr. Gr. 2904. 73) *Paus.* II, 31, 9. . II, 5. ?. *Xenoph.* Hell. I, 3, 1. 74) *Justin.* XLIII, . 75) *Herod.* I, 19. *Steph. Byz.* s. v. *Ἀσσησός*. 76) om. und die Minyer. S. 287. Ist dies derselbe Tempel, den yzikener, angeblich zuerst in Asien, der Athena gebaut, weil nen das erste Kunstwerk, den dreieckigen Charitenpfeiler, ge- lt? Anthol. Palat. VI. 342. Vergl. auch *Plut.* Lucull. 10. Corp. Inscr. Gr. 3064. 78) *Hesych.* s. v. *Ἐπιπυργῖτις*. thenaisten als ein Sodalitium zu Teos, Corp. Inscr. Graec. 073. Athenäon beim alten Ephesos, *Strab.* XIV. p. 634. f. Dorier. I, 5, 4. 1. Bd. S. 82. 80) *Paus.* II, 30. über Argos kämpft nach Apollodor (II, 1, 4. §. 9) Poseidon der Athena, nach Andern mit der Hera. Vergl. Creuzer, b. II. S. 587. 81) *Paus.* II, 30, 6. 82) Ib. II, 32, 4.

83) *Paus.* II, 32, 7. 84) Ib. II, 33, 1. 85) s. be- sonders *Meier.* de gentilitate Attica. p. 11. 86) *Paus.* II, 33, 1. Vergl. Prolegomena zu einer wissenschaftlichen Mythol. S. 402. Nach Statius (Theb. II, 253) soll auch in Argos ein entsprechender Gebrauch stattgefunden haben: Hic (Larissae) more parentum Iasides, thalamis ubi casta adolesceret aetas Virgi- neas libare comas, primosque solebant Excusare toros. Vergl. *Lactant.* ad l. 87) *Paus.* II, 32, 1. *Eurip.* Hippolyt. 1425 (1415) mit den Scholien. Lucian v. d. syrischen Göttin. c. 60. 88) Gewiß steht Hippolytos dem Asklepios weniger nahe, wie nach der Identificirung mit dem Virbius von Aricia — einem Werke italischer Mythologen — gemuthmaßt worden ist, als dem Posei- don, was schon aus dem Namen Hippolytos abgenommen werden kann. 89) *Paus.* II, 33, 1. Nach Hygin (fab. 37) haben Po- seidon und Ägeus die Äthra in fano Minervae in einer Nacht umarmt. 90) Nur in der Anmerkung nennen wir die andern Heiligthümer der Athena in Argos: Das Hieron der Athena Sal- pinx am Markt (*Paus.* II, 21, 3. Vergl. Etrusker III, 1, 4. 2. Bd. S. 206), die Statue der Pania Athena im Gymna-

höhe Deiras[91]) und war der Athena-Oxyderkes, der Scharfsehenden, gewidmet, die mit der spartanischen Optiletis, der Augengöttin[92]), zunächst verglichen werden muß; dies sollte Diomedes gegründet haben, weil ihm beim Kampfe Athena die Dunkelheit von den Augen genommen haben soll, die ihn Götter und Menschen zu unterscheiden und zu erkennen verhinderte[93]). Auf der Burg selbst aber, der argivischen Larissa, lag, neben dem Tempel des Zeus-Larissäos, ein anderer der Athena, mit einem alten Bilde von eigenthümlicher Gestalt[94]), welche davon 'Ἀκρία oder 'Ἀκρία hieß[95]); hier lag der Sage nach Akrisios begraben[96]). Nach diesen beiden Partien der argivischen Mythologie, die man durch die Benennungen: Perseus- und Diomedes-Sage bezeichnen kann, zerfällt auch der Dienst der Athena in Argos in zwei verschiedene Zweige. Es gab in Argos ein wirkliches Geschlecht der Diomediden, welches diesen Cultus durch Jahrhunderte festhielt. Ein Nachkomme des Diomedes, Ergiäos, soll das Palladion, welches sein Vorfahre nach Argos gebracht hatte und das man noch in späten Zeiten daselbst vorwies, dem Herakliden Temenos überliefert und den Doriern dadurch zur Eroberung der Stadt verholfen haben[97]). Nach einer andern Sage soll der Priester der Athena, Eumedes, damals angeschuldigt worden sein, daß er das Palladion an die Feinde verrathen wolle, und deswegen von Argos flüchtig das Palladion mit sich genommen und es auf dem Gebirge Kreion auf den steilen Felsen, welche Pallatides (vgl. §. 2) genannt wurden, aufgestellt haben[98]). Demselben wurde die Einführung des Gebrauchs zugeschrieben, bei dem Zuge der Pallas zum Bade im Inachos, wo Jungfrauen aus dem Geschlechte der Arestoriden als Badejungfern (λωτροχόοι) dienten, während ehrwürdige Matronen, die Gerarader genannt, zu vergleichen mit den attischen Geräen, das enthüllte Bild wieder bekleideten[99]), den Schild des Diomedes einherzutragen[1]); ja es soll auch das Bild dieses Heros oder Gottes neben dem der Athena zu dem Bade im Inachos getragen worden sein[2]). Ferner wird erzählt, daß die Menschenopfer der (mit der Athena so eng verbundenen) Aglauros auf Kypros auf den Diomedes übergetragen worden, und ihm zu Ehren zu bestimmten Zeiten ein Jüngling von den Priestern mit einem Speere durchstochen worden sei[3]). Auch sonst wurde die Gründung von Athena-Heiligthümern dem Diomedes beigelegt, namentlich am adriatischen Meere, an dessen beiden Gestaden die Diomedes-Sage erstaunend verbreitet war, sowie er auch selbst zahlreiche Tempel und Altäre in diesen Gegenden besaß[4]). Besonders merkwürdig ist, daß er dem Hippolytos zu Trözen zuerst geopfert und sein Heiligthum geweiht haben soll[5]). Gewiß ist Diomedes ursprünglich der Name eines mit der Athena verbundenen Gottes, eines ähnlichen Wesens, wie der mit der Aglauros verbundene Ares (§. 9), eines kriegerisch gerüsteteten Vollstreckers ihres strengen Willens. Die heroische Mythologie faßt indessen natürlich bei diesem, wie bei allen andern Heroen, die aus ältern Göttern entstanden sind, das heroische Dasein als das ursprüngliche, und erklärt das Factum der göttlichen Verehrung, welches sie vorfand, durch die besondere Gunst und Gnade der Gottheit, der Athena, welche ihm Unsterblichkeit, wie einem Gotte, ertheilt habe[6]). Ebenso dreht sie in der Geschichte vom Raube des Palladions, wobei Diomedes immer die Hauptrolle spielt, das wirkliche Verhältniß um, indem es in der Wirklichkeit nicht der Heldenmuth des Diomedes war, der ihn zum Räuber des Palladions und dadurch wieder zum Verbreiter des Cultus dieser Göttin machte, sondern die Verbindung, in der Diomedes bereits mit diesem Dienste stand, die Sage veranlaßte, daß er Palladien an verschiedene Orte gebracht und darum jene Heldenthat in Troja verrichtet habe. Selbst in der Homerischen Poesie, welche doch als die reinste und vollkommenste Ausbildung der rein heroischen Vorstellungsweise gelten kann, blickt in der Behandlung des Diomedes ein anderer Geist und Charakter durch als bei allen andern Heroen. Er erscheint in noch näherer Verbindung mit der Athena, als die sonst von ihr so begünstigten Hauptdelden Achill und Odysseus; sie besteigt in eigner Person denselben Wagen mit ihm, daß die buchene Achse unter ihrer Wucht erkracht, und

---

sium des Kylarabos (*Paus.* II, 22, 6) und das angeblich troische Palladion (*Paus.* II, 23, 5).

91) s. über die Deiras und überhaupt die Localität von Argos insbesondere *Leake* Morea. T. II. chap. 21. pl. 6. 92) *Paus.* III, 18, 1. *Plut.* Lyc. 11. ὀπτίλος s. v. a. ὀφθαλμός. 93) *Paus.* II, 24, 2. Vergl. Il. V, 127. 94) *Paus.* II, 24, 4. Vergl. II, 25, 9. Daher πολιοῦχος bei *Callimach.* Lav. Pall. 53. 95) *Hesych.* s. v. 'Ἀκρία. ἡ Ἀθηνᾶ ἐν Ἄργει, ἐπί τινος ἄκρας ἱδρυμένη, ἀφ' ἧς καὶ Ἀκρίσιος ὠνομάσθη. (Die Ableitung billigt *Valckenaer* Observ. ad orig. Graec. p. 65. *Scheid.*) ἔστι δὲ καὶ ἡ Ἥρα καὶ Ἄρτεμις καὶ Ἀφροδίτη προσηγορευομένη ἐν Ἄργει, κατὰ τὸ ὅμοιον ἐν ἄκρῳ ἱδρυμένῳ. Vergl. *Paus.* II, 24, 1. 96) Ἐν τῷ νεῷ τῆς Ἀθηνᾶς ἐν Λαρίσσῃ ἐν τῇ ἀκροπόλει, *Clemens.* Protrept. p. 13. *Sylb.* (39. *Pott.*) vergl. *Euseb.* Praepar. Evang. II, 8. *Arnob.* adv. gent. VI, 6. Von diesem Grabe auf der Larissa ist wol das Heroon des Akrisios beim thessalischen Larissa zu unterscheiden, welches vor der Stadt (πρόσθεν τῆς πόλεως. *Pherecyd.* ap. Schol. *Apollon.* IV, 1091. ἔξω τῆς πόλεως, *Apollodor.* II, 4, 4. §. 3) lag. Akrisios, der Argiver, wurde nämlich auch als Gründer der thessalischen Larissa angesehen (*Pherecyd.* ap. Schol. *Apollon.* I, 40); beide Larissen standen in pelasgischer Zeit in naher Verbindung. 97) *Plut.* Qu. Gr. 48. p. 404. *H.* 98) *Callim.* Lav. Pall. v. 37 sq. Die Veranlassung der Flucht wird nur von den Scholien berichtet, wo übrigens ΙΦΕΙΟΝ in ΚΡΕΙΟΝ zu bessern ist. Das Keraunion-Oros, wo Diomedes ein Temenos der Athena geweiht haben soll, woher es auch Athenäon genannt worden, in Argolis unfern des Inachos (*Pseudo-Plutarch.* de fluv. 18, 12), ist wol im Grunde dasselbe.

99) *Bekker.* Anecd. Gr. p. 231 s. v. Γεραράδες.

1) *Callim.* Lav. Pall. 35. 2) Schol. *Callim.* Vol. I. 3) *Porphyr.* de abstin. II. §. 54. Vergl. oben §. 9. 4) Sammlungen über diesen reichen Gegenstand bei *Heyne* ad *Virgil.* Aen. IX. Exc. 1. *Koehler,* Ile et course d'Achille. p. 169. *Schneidewin,* Ibyci fragm. p. 156 sq. Ein wichtiger Punkt für den Diomedes-Cult ist Metapont (Schol. *Pind.* Nem. X, 12), welche Stadt ihre Bewohner großentheils aus Ätolien (aus der Gegend von Metapa) erhalten hatte. S. götting. gel. Anz. 1836. S. 37. 5) *Paus.* II, 32, 1. 6) Das erste bestimmte Zeugniß über die Vergötterung (die aber nur eine Folge der Gottheit des Diomedes ist) aus Ibykos, bei den Schol. *Pind.* N. X, 7, fragm. 20. *Schneidewin;* dann bei *Pind.* N. X, 7.

die Kämpfe, die er unter ihrem Schutze besteht, sind hauptsächlich Kämpfe mit Göttern.

§. 29. Der Cultus des Diomedes und der mit ihm verbundenen Pallas muß nach den Fingerzeigen, die in der mythischen Genealogie und Geschichte des Tydiden selbst gegeben sind, aus Ätolien abgeleitet werden (wodurch sich auch allein die Verbreitung am adriatischen Meer erklärt) [7]; dagegen gehört der andere schon erwähnte Zweig des Pallas-Cultus gewiß den pelasgischen Urbewohnern der Ebene von Argos an. Es ist der, um welchen die Mythen von Perseus, dem Sohne der Danae, dem von der Pallas ausgesandten Gorgotödter, sich drehen, und der auch in den Mythus von den Danaiden eingreift. Perseus, der Enkel des Akrisios, ist ein ganz argivischer Heros, wenn auch in Attika im Demos der Perrhiden eine schwache Spur seiner Verehrung sich erhalten hat [8]. Nur auf der kykladischen Insel Seriphos war seine Verehrung ebenso sehr zu Hause, was wol nur durch eine frühere Verpflanzung von Argivern nach diesem Eilande erklärt werden kann [9]. Man zeigte auf dem Markte von Argos einen Erdhügel, von dem die Sage war, daß darunter das Haupt der Gorgone Medusa liege [10]; es tritt darin — wie oft in solchen einfachen und kunstlosen Denkmälern der Vorzeit — am deutlichsten der Gedanke hervor, daß jenes Symbol lebenvernichtender, dämonischer Gewalt durch heilsame Gaben der Götter bezwungen und in ein verborgenes Dunkel versenkt sei. Der Gorgonenmythos hängt sich aber so eng an den Dienst der Athena an, daß er sich auch in Verbindung damit bei den Athenern und Tegeaten in Arkadien findet, wohin er — schon nach geographischer Probabilität — wol von dem gemeinschaftlichen Mittelpunkte dieses Mythenkreises Argos gekommen sein mag. In Tegea, wo der uralte Dienst der Athena-Alea blühte, glaubte man Haarlocken der Gorgone Medusa zu haben, welche die Göttin dem Stadtheros Kepheus gegeben habe, und die man nur von der Mauer herab einem herannahenden Feinde zeigen dürfe, um ihn zur Flucht zu nöthigen [11]. In Athen soll Erichthonios von der Athena zwei Tropfen von dem Gorgoblute erhalten haben, den einen tödtend, den andern heilend, nachdem Athena selbst in dem Gigantenkampfe auf den phlegräischen Gefilden die von der Erde geborene Gorgo erlegt hatte [12], eine interessante Sagenform, weil der Gegensatz von Athena und Gorgo hier in unmittelbarem Kampfe, ohne Einmischung des Perseus, hervortritt. Auch hing an den Mauern der athenischen Akropolis ein großes Gorgoneion [13], wie zu einer dämonischen Schutzwehr. Es wäre sehr wichtig zu wissen, welchem Locale die Sage angehört, daß Poseidon die Medusa (ähnlich wie die Äthra) in einem Heiligthume der Athena geschändet und die keusche Göttin deswegen das schöne Haar der Tochter des Phorkys in Schlangen verwandelt habe [14]. Wahrscheinlich ist es doch, daß das damit gemeinte Heiligthum der Athena kein anderes als das argivische ist. Die Buhlschaft des Poseidon und der Medusa ist übrigens auch dem Hesiod bekannt, nach dem sie auf weicher Wiese unter den Blumen des Frühlings stattfand [15]. Die Früchte dieser Verbindung sind das Flügelroß Pegasos und der Chrysaor, die aber erst durch das Schwert des Perseus aus der Haft des mütterlichen Körpers befreit werden.

§. 30. Beachten wir den merkwürdigen Glauben, daß die Adern der Gorgone Medusa ebenso heilsames wie verderbliches Blut enthielten (beides soll auch Asklepios in seine Gewalt bekommen haben [16]), und das eigne Schwanken in der Vorstellung der Gorgone, wonach ihre fürchterliche Häßlichkeit aus ebenso großer Schönheit hervorgegangen sein soll; so entdecken wir eine doppelte Natur in ihr, in der das Grausenhafte nur wie eine Seite eines andern Grundwesens erscheint. Dasselbe doppelseitige Wesen ist aber bei der Athena schon in ihrem Ver-

7) Vergl. Rückert §. 21. S. 86. 8) Der Demos *Πεῤῥίδαι* heißt bei Harpokration *Περσίδαι*. Der Heros Perrheus, den die Athener nach *Hesychius* s. v. *Πεῤῥεύς* verehrten, hieß natürlich früher Perseus. Jener Demos lag in der Gegend von Aphidne, unter dem Parnes (s. d. Encykl. d. Art. Attika. S. 225), in einem Striche von Attika, der von Erinnerungen an den Peloponnes, die Dioskuren und Herakliden angefüllt war, und gewiß einmal von daher einen Theil seiner Bevölkerung erhalten hatte. Einen sehr bedeutenden Cult des Perseus in Attika würde Pausanias (II, 18, 1) beweisen, wenn die Stelle: *Ἔχει μὲν δὴ καὶ ἐνταῦθα* (bei dem Heroon zwischen Mykene und Argos) *τιμὰς παρὰ τῶν προσχωρίων, μεγίστας δὲ ἔν τε Σερίφῳ· καὶ παρ᾽ Ἀθηναίοις Περσέως τέμενος, καὶ Δίκτυος καὶ Κλυμένης βωμὸς σωτήρων καλουμένων Περσέως* (so nach Siebelis' Text) unverdorben wäre. Da diese aber sowol im Ausdruck als auch im Inhalte viel Befremdendes hat, so wird wol die Prolegomena (S. 311. 434) vorgeschlagene und auch von G. Hermann (de Minerva p. 21) gebilligte Verbesserung: *ἐν τῇ Σερίφῳ, οὗ καὶ παρ᾽ Ἀθηνᾷ* (vergl. *Thuc.* V, 23) *Περσέως τέμενος κ. τ. λ.* an die Stelle zu setzen sein. Im Tempel der Athena in Seriphos sollte Perseus von Polydektes erzogen worden sein. *Hygin.* fab. 63. 9) Den Cultus des Perseus in entferntern Colonien, wie Tarsos, und von da in manchen hellenisirten Städten Kleinasiens, lassen wir hier bei Seite liegen. 10) *Paus.* II, 21, 6. Neben diesem Erdhügel war ein Grab der Gorgophone, der Tochter des Perseus, deren Namen ein in der Mythologie sehr gewöhnliches *γεράνυμον* (*Bekker.* Anecd. Gr. p. 868) darstellt.

11) *Paus.* VIII, 47, 4. *Apollod.* II, 7, 3, wo eine Sage erzählt wird, in der Herakles den Vermittler macht. Auf einer Münze von Tegea (Mus. San Clementino tav. 12. n. 120. *Millingen* Médailles Inédites. pl. 3. n. 9) sieht man Athena dem Kepheus die Locke der Gorgo übergeben, und Kepheus' Tochter Sterope ein Gefäß unterhalten, um die Locke oder das davon triefende Blut aufzufangen. Eckhel (Numi anecd. p. 142. Doctr. num. Vol. II. p. 298) hat den Typus schon ganz richtig erklärt; Millingen bezieht die Vorstellung auf die Geschichte des Orestes. 12) *Eurip.* Ion. v. 1006 sq. Daher Pallas selbst *Γοργοφόνος*, z. B. *Orph.* Hymn. 32 (31), 8. 13) *Paus.* I, 21, 4. Wahrscheinlich geben die spätern Tetradrachmen von Athen, welche neben der Eule eine Menge merkwürdiger athenischer Kunstwerke in kleinen Abbildungen darbieten, ein Bild dieses Gorgoneion. S. *Ch. Combe*, Museum Hunterianum. tab. 9. n. 19. Aber die bekannte Stelle aus Euripides Erechtheus (Fragm. 17, 46. *Matthiae*): *οὐδ᾽ ἀντ᾽ ἐλάας χρυσέας τε Γοργόνος τρίαιναν ὀρθὴν στᾶσαν ἐν πόλεως βάθροις Εὔμολπος οὐδὲ Θρᾷξ ἀναστέψει λεὼς στεφάνοισι*, kann sich nicht auf dies Gorgoneion, sondern muß sich auf ein Cultusbild der Athena beziehen, das von dem daran hervortretenden Gorgoneion selbst Gorgo genannt wird. 14) *Ovid.* Met. IV, 795. 15) *Hesiod.* Theog. v. 278 sq. 16) *Apollod.* III, 10, 3.

hältnisse zur Pallas (§. 1) und zur Aglauros (§. 5. 9) hervorgetreten, und diese ganze historische Entwickelung des Athena-Cultus wird grade diesen Zug als den hervorstechendsten darthun. Athena wird selbst nach der gewöhnlichen Darstellung factisch zur Gorgone dadurch, daß sie das versteinernde Gorgoneion auf der Ägis an ihrer Brust trägt; auch scheuen die Dichter sich nicht, sie *γοργῶπις* und mit ähnlichen Epithetis zu nennen. Daß die Pallas selbst mit dem Namen **Gorgo** genannt wird, kann — nach den herrschenden Vorstellungen — nur in verlorenen und verdunkelten Spuren vorkommen [17]); aber in ihren Handlungen und Wirkungen werden wir die Göttin in bedeutenden Cultusmythen (wie im Pellenischen §. 37 und Itonischen §. 42) ganz als Gorgone erscheinen sehen. Gewiß war auch die Liebe des Poseidon ursprünglich der Athena selbst zugewandt, und Athena selbst verwandelte nach dem Urmythus ihre Locken in Schlangen, und blickte ihn mit Gorgonen-Augen an, wie Demeter und Kora in ähnlichen Lagen zur Erinnys und Brimo werden.

Daß **Perseus**, welcher im argivischen Mythus dasselbe ausführt, was im Athenischen die Athena selbst vollbringt — die gute Göttin von dieser grauenvollen Doppelgängerin zu befreien — ein dämonisches Wesen ist, geht schon aus dieser seiner Stellung hervor, und die ganze Sage von ihm — die Zeugung durch den goldenen Regen im unterirdischen Thalamos, die Versenkung im Kasten ins Meer, die Gefangenschaft beim Polydektes (Hades) — deuten auf einen gewaltigen Genius in der Natur, verwandt dem Titanensohne Perses, den Hesiod als Sohn des Kreios und Bruder des Pallas aufführte. Indessen unterliegt bei der Schwierigkeit der Etymologie [18]) auch die richtige Auffassung dieses Wesens noch großem Bedenken, und man wird sich sehr unter die Phantasiegebilde der ältesten Griechen zurückversetzen müssen, um die Vorstellung von einem so eigenthümlichen Wesen in ihrem Grunde ergreifen zu können.

§. 31. **Korinthischer Cultus.** An den argivischen Cultus schließt sich der korinthische wie ein Filial an und enthält in seinen Mythen eine Art von Fortsetzung und weiterer Entwickelung der Ideen, welche in den argivischen Sagen angedeutet sind. Athena hatte erstens in der Stadt Korinth einen Tempel der **zaumerfindenden** (Chalinitis) **Athena**, dessen Name und Ursprung auf die Bändigung des Pegasos bezogen wurde, wozu die Göttin dem Bellerophon geholfen [19]). Nach Pindar, der diesen Mythos am Ausführlichsten und Schönsten entwickelt, muß Bellerophon, nachdem er den Zügel im Traume empfangen, auf Geheiß der Göttin, dem Poseidon-Damäos einen Stier opfern und der Athena-Hippia einen Altar bauen [20]); auch hier war ohne Zweifel der Dienst der Rosse-Athene mit dem des Meergottes verbunden. Wie wichtig und bedeutend dieser Dienst und Mythus den Korinthiern erschien, zeigt schon der durchgängige Typus ihrer alten Silbermünzen, das Haupt der Athena auf der einen, das Flügelroß auf der andern Seite. Es ist unbekannt, wie sich zu diesem Heiligthume der Athena-Chalinitis das der **hellotischen Athena** verhielt, da Pausanias — der nur das von Julius Cäsar neugegründete Korinth beschreiben konnte — davon keine Erwähnung enthält [21]). Auch dieser Name wird etymologisch von der Bändigung des Pegasos (*ἀπὸ τοῦ ἑλεῖν*) hergeleitet [22]); in den Festgebräuchen herrscht indessen die dem Hephästos zugekehrte Seite der Athena weit mehr vor als die Beziehung zum Poseidon. Der Hauptgebrauch war ein Fackellauf (*λαμπαδοδρομικὸς ἀγών*) [23]), und diese Hephästische Natur blickt auch in allen den Sagen durch, welche man in Korinth über die Entstehung des Dienstes erzählte. Die Dorier sollen, als sie unter Aletes Korinth erobert, den Tempel angezündet und darin die Jungfrauen Hellotis und Eurytione verbrannt haben, oder die Hellotis soll sich mit einem Kinde, das Chryse genannt wird (ein sehr wichtiger Name in dieser Religion) selbst in die Flammen gestürzt haben.

§. 32. **Arkadischer Cultus.** Mit Übergehung der übrigen Athena-Heiligthümer in den dorischen und dryopischen Städten von Argolis [24]) wenden wir uns zu den besonders merkwürdigen Sitzen des Cultus in Arkadien. In **Tegea** war der Dienst der Athena der Hauptdienst, wie in dem angrenzenden Mantinea der des Poseidon; dort findet man, wie es scheint, den Priester

17) Wie bei *Palaephat.* 32, wo die Athena-Gorgo den Kyrenäern (nach Fischer den Kernäern) zugeschrieben wird. Bei *Eurip.* Helena. 1331 wird mit großer Wahrscheinlichkeit von Hermann *Γοργώπα πάνοπλος* geschrieben. Vergl. sonst **Völcker**, Myth. Geogr. S. 24 fg., der Kyrene als Hauptsitz des Gorgonen-Mythus behandelt; doch scheint nur die **Tritonsfabel** (§. 40 fg.) dort wirklich local gewesen zu sein, an welche dann die Gorgonen angeknüpft wurden. S. auch **Klausen**, Schulzeitung 1833. 2. Abth. Nr. 47. S. 371. 18) Die Etymologie von der Wurzel *ΠΕΡ* — Perseus est qui penetrat — hat viel für sich, aber die davon gemachte Anwendung, daß Perseus das Durchbrechen eines in Cisternen gesammelten Wassers bezeichne (*Hermann*, de Graeca Minerva. p. 19) bleibt im Geiste der Mythenerklärung noch hinter Paläphatos zurück. Man kann aber auch Perseus von der Wurzel von *πίμπρημι* (in der Gestalt *ΠΡΕ*, in *ἔπρεσα*, mit Umstellung der Liquida) ableiten, und dadurch die schöne Deutung **Rückert's** S. 127, wonach Perseus der Blitz, eine Art **Zeus-Keraunios** ist, unterstützen. Nach **Klausen**, Schulzeitung 1833. 2. Abth. Nr. 45, ist **Chrysaor** in dieser Sage der Blitz.

19) *Paus.* II, 4, 1. Nach Leake ist es der Tempel, von dem noch die merkwürdigen Ruinen im ältesten dorischen Styl vorhanden sind. 20) *Pindar.* Ol. XIII, 80. Vergl. *Boeckh.* p. 217. **Völker**, Mythol. der Japetiden. S. 184. 21) Rückert (D. d. Athena. S. 98) hält die Chalinitis und Hellotia für dieselbe, welches ohne bestimmtere Gründe nicht vorausgesetzt werden darf. 22) Schol. *Pind.* Ol. XIII, 56 (40). 23) Schol. *Pind.* l. c. In diesen Fackelläufen hatte der Stadiodrome Xenophon von Korinth sieben Male gesiegt. 24) Nur in der Anmerkung nennen wir kurz in **Sikyon** den alten Tempel der Athena, den Epopeus gegründet haben und von dem als Zeichen der Gnade der Göttin Öl geflossen sein soll (*Paus.* II, 6, 2. 11, 1) und das Heiligthum der **Ath. Kolokasia** (*Athen.* III, 72. b.) von einer eßbaren Pflanze benannt; in **Titane** der Tempel der Athena, in welchen bei den Asklepiosfesten das Xoanon der **Koronis** gebracht wurde (*Paus.* II, 11, 7, 9. Vergl. **Rückert** a. a. O. S. 102); in **Kleonä** ein Tempel der Athena mit einem Bilde von Dipönos und Skyllis (*Paus.* II, 15, 1); in **Epidauros** ein Tempel der **Athena-Kissäa**, wahrscheinlich von einem Bilde aus Epheuholz (*Paus.* II

der Athena, hier den des Poseidon als Eponymen, deren Namen zur Bezeichnung der Jahre dienten [24]). Der Hauptcultus war der der Athena-Alea, deren Tempel in seiner erneuerten Gestalt, durch Skopas von Paros, der größte und prächtigste des Peloponnes war [26]), den priesterlichen Dienst verrichtete ein Knabe vor der Zeit der Mannbarkeit; auch wurden nicht weit vom Tempel in einem Stadium zwei verschiedene Agonen gefeiert, der eine Alaia, der andere Halotia genannt. Der Dienst der Alea hatte sich weiter in Arkadien verbreitet; auch in Mantinea und in dem Orte Alea bei Stymphalos hatte die Göttin Tempel unter diesem Namen [27]), sowie auch die Spartaner auf dem Wege von Sparta nach Therapne ein Heiligthum der Alea geweiht hatten [28]). In Tegea aber war dieser Cult ungefähr ebenso das Fundament der ältesten Landessage, wie der Dienst der Polias in Athen. Von der Athena-Alea ist der alte Landesheros Aleos benannt, der Sohn des Apheidas, d. h. des Reichen, der den fruchtbaren Theil Arkadiens, dem es an Humus nicht fehlt, sodaß er für die Agricultur brauchbar ist, d. h. die Ebenen von Tegea, Mantinea, Kaphyä, repräsentirt [29]). Dieser Aleos soll den Tempel der Alea gegründet haben [30]). Unter seinen Kindern ist Kepheus oder Kapheus (der Gründer von Kaphyä) schon oben (§. 29) als der Empfänger der Gorgonen-Locke erwähnt worden, die aber nicht im Tempel der Alea, sondern in dem der Athena-Poliatis zu Tegea bewahrt wurde, welches darum auch das Heiligthum des Bollwerks (τὸ τοῦ ἐρύματος ἱερόν) hieß [31]). Die Tochter des Aleos aber, Auge, wird als Dienerin oder Priesterin der Pallas-Alea gedacht; Herakles bewältigt sie bei einer Quelle in der Nähe des Tempels, sie verbirgt ihr Kind in dem Heiligthume der Athena [32]). Wenn darin einige Ähnlichkeit mit der Sage von Erichthonios stattfindet, so erinnert die Erzählung, wie Auge mit ihrem Knaben Telephos, in einen Kasten eingeschlossen, nach Mysien hinübergeschwommen und durch die Vorsorge der Athena gerettet worden sei [33]), noch mehr an die Danae und den Perseus. Der Auge, deren Name Glanz bedeutet, ist die Mära verwandt, welche ebenfalls die Schimmernde heißt (daher Mära als ein Name des Sirius gefunden wird), deren Grab man bei der Quelle Alalkomenia im mantineischen Gebiete zeigte, und die man auch als Gattin des Tegeates nannte [34]). — Nach der Hindeutung, die im Namen der Auge liegt, wird man auch wol die Athena-Alea selbst besser von ἀλέα (ἀλέω) in der Bedeutung milde, gedeihliche Wärme (tepor), als von ἀλέα, Zuflucht, ableiten, obgleich es vollkommen richtig ist, daß dieses arkadische Heiligthum durch sein allgemein anerkanntes Ansehen auch frühzeitig Asylrechte erhalten hatte [35]).

§. 33. An den Grenzen des Gebietes von Tegea, in der Landschaft Mänalien, lag die kleine Stadt Pallantion, berühmt und von den römischen Kaisern selbst geehrt und begünstigt als Mutterstadt des römischen Palatium. Hier lag ein Tempel mit den Bildern des Pallas und Euandros [36]). Weiterhin auf dem Wege durch Mänalien nach der neuen Stadt Megalopolis lag ein Ort, der Athenäon hieß, von einem dabeiliegenden Tempel dieser Gottheit [37]). Diese Gegend ist als Heimath sehr eigenthümlicher Sacra und Mythen der Pallas bemerkenswerth. Wenn man aus der pragmatischen Darstellung bei Dionysios von Halikarnaß, welche darauf hinausgeht, den Ursprung römischer Heiligthümer in Arkadien, Troja und Samothrake nachzuweisen, das herauszieht, was sich auf die Pallas bezieht und den ältesten Bestandtheil ausmacht [38]), so war Pallas, der Sohn des Lykaon und Gründer von Pallantion, der Erzieher

---

29, 1); auf dem Vorgebirge Buporthmos, bei Hermione ein Tempel der Athena Promachorma, der Schirmerin des Hafens (*Paus.* II, 34, 8) und zwei Tempel der Athena auf dem Poseidion, wo das alte Hermione lag (*Paus.* II, 34, 10), auch ein Bild beim Tempel der Demeter und der andern chthonischen Götter der Dryoper.

25) *Boeckh.* Corp. Inscr. I. p. 701 zu n. 1513. *L. Ross.* Inscr. Graec. ined. n. 2. 9. In der Inschrift bei Roß n. 2 kommt auch eine Priesterin der Athena-Alea vor. Auch hieß eine Phyle der Tegeaten Athaneatis (*Paus.* VIII, 53, 3) oder οἱ ἐπ' Ἀθαναίαν Corp. Inscr. Graec. n. 1513. 26) *Paus.* VIII, 47. Vergl. *Herod.* I, 66. IX, 70. 27) *Paus.* VIII, 9, 3. 23, 1. 28) *Xenoph.* Hell. VI, 5, 27. *Paus.* III, 19, 7. 29) Arkas hatte nach der Sage der Arkader drei Söhne, Azan, Apheidas und Elatos. Azan repräsentirt die Azanen, d. h. die Bewohner des westlichen Arkadiens, das im Ganzen wasserarm und wenig für Cultur geeignet ist (s. über die azanischen Orte Dorier Beilage 1. §. 21. 1. Bd. S. 449, auch Orestheion, *Eurip.* Orest. 1668), Elatos, der Fichtenmann, die starkbewaldeten Gebirge, besonders Kyllene, daher sein Sohn Äpytos, der Hochländer; Apheidas das reiche fruchtbare Land, besonders Tegea mit seinem von Gewässern zusammengeschwemmten Fruchtboden (deep alluvial soil, *Leake.* Morea. Vol. I. p. 92). Dieser Theil Arkadiens heißt mit Auszeichnung Ἀφειδάντειος κλῆρος (*Apollon. Rh.* I, 162. *Paus.* VIII, 4, 2); ein Demos von Tegea behielt immer den Eigennamen der Apheidanten (*Paus.* VIII, 45, 1). Die Bedeutung, die hier dem Namen Apheidas (von ἀ- und φείδομαι) gegeben wird, wird völlig bestätigt durch *Homer.* Od. XXIV, 304, wo ein Sohn eines reichen Königs υἱὸς Ἀφειδάντος Πολυπημονίδαο ἄνακτος heißt. Ein merkwürdiges Zeugniß über diese alte Eintheilung Arkadiens, aus den Schol. ad *Dionys.* Per. 415, fügen wir vollständig bei, da es einiger Verbesserung bedarf: Ἔλατος μὲν ἔλαχε μοῖραν Ὀρχομενὸν, Μαντίνειαν καὶ τὴν Κυνουρικὴν, ἥτις Θυρέα καὶ Ἀνθήνη καὶ τὰ περὶ τοὺς καλουμένους Ηρίνους (nach Bernhardy's Vermuthung). Ἀφείδας δὲ Τέγεαν καὶ τὰ περὶ Μαιναλίους (ΜΕΝΑΛΑΗΣ die Handschr.). Ἀζὰν δὲ καὶ τὴν ἀφ' ἑαυτοῦ Ἀζανίαν [καὶ] τὰ περὶ Παῤῥασίαν, ἐν ᾗ τὸ τοῦ Λυκαίου Διὸς ἱερὸν, [οἳ] εἰς τὰς κοινὰς συνόδους ἤλασαν. Freilich ist in dem letzten Satze Mehreres sehr unsicher. 30) *Paus.* VIII, 45, 3.

31) *Paus.* VIII, 47, 4. 32) *Paus.* VIII, 47, 3. *Apollod.* II, 7, 4. III, 9, 1. 33) s. besonders *Strab.* XIII. p. 615. 34) *Paus.* VIII, 12, 4. 48, 4. 35) Auch Gerhard, in einer gelehrten Abhandlung über die Athena-Alea, Text zu den antiken Bildwerken, 1. Liefer. 4. Abschn., führt diese Göttin als ätherische Lichtgöttin auf. 36) *Paus.* VIII, 44, 5. 37) *Paus.* VIII, 44, 2. Auch in der Nähe bei Asea ein Tempel der Athena-Soteira und des Poseidon, angeblich von Odysseus erbaut (*Paus.* VIII, 44, 4). 38) *Dionys.* I, 68 citirt für seine Geschichte den Kallistratos über Samothrake, den Satyros in einer Sammlung alter Mythen, und den alten Dichter Arktinos, aus dem aber nur das genommen sein kann, was sich auf das Palladion bezog. Da aber nach Arktinos das Palladion dem Dardanos von Zeus zukam, so kann die Erzählung von der Chryse nur aus dem Satyros abgeleitet werden.

der Athena, indem Zeus sie ihm gleich von der Geburt aus seinem Haupte zur Pflege übergeben hatte. Er erzog mit ihr seine Tochter Nike, welche ihre Macht und Ehre von ihrer Freundin Athena erhielt[39]). Dadurch kam das Palladion in das Haus des Pallas, dessen Tochter Chryse den Arkader Dardanos[40]) geheirathet und ihm das Palladion als Mitgift zugebracht haben soll, welches Dardanos hernach mit nach dem von ihm gegründeten Troja nahm. Mit dieser Chryse von Pallantion ist ohne Zweifel die Chryse von Lemnos identisch, da schon die Mythen von Dardanos auf eine alte Verbindung der Inselgruppe im Norden des ägäischen Meeres mit jenen Gegenden des südöstlichen Arkadiens hinweisen. Diese Chryse, die bald als Athena selbst, bald als eine besondere Nymphe behandelt wird, war eine alte Hauptgöttin von Lemnos und der Umgegend; hier — entweder auf Lemnos oder der kleinen Nebeninsel Chryse — sollten die Argonauten unter Herakles' und Jason's Anführung ihr geopfert haben, sowie später wieder die nach Troja ziehenden Achäer, nachdem Philoktet ihnen den Altar, den er als Herakles' Begleiter kennen gelernt hatte, nachgewiesen[41]). Obgleich Sophokles in seinem Philoktet die Chryse durchaus als eine Nymphe behandelt, und weit entfernt ist, sie mit der Athena zu identificiren, blickt doch auch bei ihm die Verwandtschaft mit dieser Gottheit durch, besonders in der Schlange, die als Wächterin ihres Heiligthums mit demselben Ausdrucke (οἰκουρῶν ὄφις) bezeichnet wird, wie die Schlange im Tempel der Polias zu Athen[42]). Auch beruht die ganze Fabel des Sophokles, wenn sie sich auch ganz um menschliche Charaktere und ethische Ideen dreht, doch auf dem aus alter mystischer Religion entnommenen Fundamente, daß die Chryse als eine Troja befreundete, verwandte Gottheit gedacht wird, die mit Opfern versöhnt werden muß, wenn Troja erobert werden soll. Da sie es nun nicht verhindern kann, daß Philoktet den Achäern, die zur Eroberung Troja's ausgezogen sind, ihr geheimnißvolles Heiligthum anzeigt, so straft sie wenigstens durch ihre Schlange den Anzeiger und hält dadurch zugleich den Untergang Troja's so lange auf, als Philoktet vom griechischen Heere entfernt bleibt[43]). So zeigt diese Dardanische Chryse den Troern sich in der That verwandter und befreundeter, als die von der epischen Poesie ergriffene und umgewandte Athena-Ilias.

§. 34. Noch ein dritter Cultus der Athena in Arkadien verdient besonders hervorgehoben zu werden, der der Athena-Koria, welche auf einem Berge, 30 Stadien von Kleitor, einen Tempel hatte[44]). Pausanias erwähnt dies Heiligthum nur mit zwei Worten; wir wissen aber durch andere Mythologen des Alterthums[45]), daß die Arkader von dieser Koria mehr erzählten, daß sie eine Tochter sei des Zeus und der Koryphe, einer Tochter des Okeanos, und daß sie (als Rossegöttin) die Viergespanne erfunden habe. Die Ableitung von der Koryphe, dem Scheitel oder Gipfel, fällt im Wesentlichen mit der gewöhnlichen Entstehung der Pallas aus dem Haupte des Zeus zusammen; aber die Arkader haben damit auf eine naive Weise eine ganz andere Sage, welche die Göttin aus dem Elemente des Wassers hervorgehen läßt, ohne viel Umstände so verbunden, daß die Koryphe eine Tochter des Okeanos genannt wird. Andere, welche aus derselben arkadischen Localsage schöpfen, lassen die Athena-Hippia oder Hippeia von Poseidon und des Okeanos Tochter Koryphe geboren werden[46]). Die Erfindung der Wagen gehört auf jeden Fall der Athena als Hippeia an, unter welchem Namen sie auch im Flecken der Manthureer verehrt wurde[47]). Auch mancher andere Dienst in Arkadien beruht auf der Vorstellung von der Athena als einer dem Poseidon verwandten Wassergöttin. Auf der Burg von Pheneos, über dem Binnensee des Thales, lag ein Tempel der Athena-Tritonia, in oder neben dem auch ein Bild des Poseidon-Hippios aufgestellt war[48]). Auch zu Aliphera im Alpheiosthale, wo nach der Behauptung der Landeseinwohner Athena erzogen sein sollte — daher Zeus als Lecheates (Kindbetter) bei ihnen verehrt wurde — hatte eine Quelle den Namen Tritonis[49]). Die andern Heiligthümer in Arkadien sind für die Geschichte des Dienstes von geringerer Bedeutung[50]).

§. 35. Lakonischer Cultus. In Sparta wurde die Athena in vielen Heiligthümern verehrt, doch ist keines so mit der Urgeschichte des Landes verflochten, wie in Athen, Argos und Tegea; auch knüpfen sich keine dunkeln, mysteriösen Mythen von physischer Beziehung dar-

39) So weit *Dionys.* I, 33, ohne Zweifel aus derselben Quelle, wie I, 68, da der oben angegebene Zusammenhang ganz klar ist. 40) Über Dardanos als Sohn des Korythos, des tegeatischen Heros der Korytheer, s. Etrusker IV, 4, 5. 2. Th. S. 276 fg. 41) Über diese Sagen und die sie darstellenden Kunstwerke: Uhden in den Schriften der berliner Akademie 1815. Abhandl. der philol. Cl. S. 63. *Millingen*, Peintures de vases de div. coll. pl. 50. 51. *Welcker*. ap. *Dissen*. Explic. Pind. p. 512 ed. *Boeckh*. Buttmann zum Philoktet des Sophokles S. 57 fg., auch Wunder in seiner Ausgabe dieser Tragödie, Sophoclis tragoediae. I, 1. p. 6 sq. Vergl. auch Dorier II, 9. 6. 1. Th. S. 384, wo besonders nachgewiesen ist, wie dieser Dienst der Chryse — ebenso wie der der Iphigeneia — auf die Fabeln von Agamemnon's Familie eingewirkt hat. Über Sophokles Intentionen spricht mit Einsicht Sommer in der Schulzeitung 1832. 2. Abth. Nr. 135. 42) *Sophocl.* Philoct. 1300. Vergl. oben §. 7. 43) Die Identität der Chryse und Athena hat Buttmann schon bemerkt, wenn ihm auch der ganze Umfang der Fabel noch nicht ganz deutlich war. Die Einwendungen Hermann's (zu v. 1311) und Wunder's (p. 11) machen wol keine große Schwierigkeit. Vergl. auch weiterhin §. 51.

44) *Paus.* VIII, 21, 3. Wenn die arkadischen Koreia zu Kleitor gefeiert wurden (wie *Dissen* ad *Pind.* Nem. X, 37. p. 470 ed. *Boeckh.* wahrscheinlich macht), so konnten sie sich wol ebenso auf diese Athena-Koria, wie die Kora, beziehen. 45) Bei *Cic.* de N. D. III, 23, 59. Was hier von der arkadischen Koria gesagt wird, wird bei *Clem. Alex.* Protr. c. 2. p. 8. (24) auf die Athena-Koryphasia in Messenien (vergl. *Paus.* IV, 36, 2) bezogen. 46) *Mnaseas ἐν Εὐρώπῃ* ap. *Harpocration.* s. v. Ἱππία. Lex. Coislin. ap. *Bekker*. Anecd. Gr. p. 350. Bibl. Coislin. p. 604. 47) *Paus.* VIII, 47, 1. 48) *Paus.* VIII, 14, 4. 49) *Paus.* VIII, 26, 4. Vergl. über das Bild der Gottheit *Polyb.* IV, 78. 50) Athena-Mechanitis auf dem Wege durch Mänalien nach Megalopolis, *Paus.* VIII, 36, 3; Athena-Poliatis und Ergane in Megalopolis, *Paus.* VIII, 31, 6. 32, 3; Athena als Verwundete in Teuthis, mit einer sonderbaren Legende über den Namen, *Paus.* VIII, 28, 3.

an, sondern die Bedeutung der verschiedenen Culte und Beinamen ist meist sehr klar auf ethische und politische Verhältnisse gerichtet. Auf dem Hügel, welcher die Burg (Polis) von Sparta vorstellte, wurde die Athena im ehernen Hause (χαλκίοικος) verehrt, welche ihren Namen blos der Ausschmückung zu danken hat, den ihr Tempel durch den Künstler Gitiadas (um Ol. 60) erhielt[51]). Dem Volke in seinen Versammlungen steht sie als Hellania[52]), auf dem Markte als Agoräa, dem Rathe als Ambulia, den Fremden als Xenia, der arbeitenden Classe als Ergane vor[53]); auch hieß sie in Sparta Axiopoinos, die würdig Vergeltende[54]). Als einer Kriegsgöttin wurden ihr neben dem Zeus Agetor die Opfer bei der Überschreitung der Landesgrenze, Diabateria, dargebracht[55]). Die Keleutheia, welche an der Straße Aphetais drei von einander abgesonderte Heiligthümer hatte, bezog sich wol auf die Wettläufe, welche ehemals auf dieser Straße (wie die Chortänze auf dem Markte) gehalten wurden; das erste dieser Heiligthümer befand sich am Anfange der Straße, bei dem Amthause der Bidiäer, welche gewiß als Kampfrichter dabei thätig waren, die andern wahrscheinlich in bestimmten Abständen an demselben Wege, zu dessen Vollendung Athena Kraft und Muth geben sollte[56]). Die Spartiaten verbanden die Athena besonders gern mit den Dioskuren[57]), die als Staatsvorsteher, Kriegshorte und Aufseher kriegerischer Übungen, besonders der Pyrrhiche, mit der Athena in nahe Berührung kamen, indem diese Göttin nach spartiatischer Sage den beiden Jünglingen zu ihren Waffentänzen die Flöte blies[58]), wie sie überhaupt als Erfinderin der kriegerischen Musik (die in Sparta hauptsächlich aus Flöten bestand) gefeiert wurde (vgl. §. 55)[59]).

§. 36. Eleischer Cultus. In Elis stand auf der Burg ein prächtiger Tempel der Athena mit einem chryselephantinen Bilde von Phidias, auf dessen Helme ein Hahn, das Symbol der Wachsamkeit, gebildet war[60]). Merkwürdiger ist der eleische Dienst der Mutter-Athena (Ἀθηνᾶ Μήτηρ)[61]), da in der herrschenden Vorstellungsweise die strenge Jungfräulichkeit der Göttin so sehr die früher vorhandenen mütterlichen Eigenschaften verdrängt hatte. Aus der wunderlichen Legende, die wir bei Pausanias von der Entstehung dieses Dienstes finden, können wir wenigstens so viel abnehmen, daß man von dieser Mutter-Athene Kindersegen, schnellen und kräftigen Nachwuchs der Bevölkerung, erwartete. Daß in einem Nationalheiligthume, wie Olympia, die Athena in mannichfachen Functionen erscheinen mußte, läßt sich auch ohne Zeugnisse annehmen; wir wissen übrigens durch ausdrückliche Meldung, daß sie als Ergane mit der Kunstarbeit am Koloß des Zeus, und als Hippia mit den Wagenrennen in Verbindung trat[62]). Die Athena-Narkäa, angeblich von einem Sohne des Dionysos, Narkäos, zuerst verehrt[63]), erinnert an die versteinernde Kraft der Gorgo.

§. 37. Achäischer Cultus. In Achaia ist allein Pellene, die Nachbarstadt von Sikyon, durch einen eigenthümlichen und offenbar sehr alten Pallas-Cultus merkwürdig. Obgleich Pellene (Πελλήνη, auch Πέλλανα) die gebräuchliche Form des Namens dieser Stadt ist, so hat doch wol auch die andere, in Handschriften so oft vorkommende Form Pallene[64]) einen Grund im Alterthume; Pellene und Pallene scheinen nur verschiedene Aussprachen eines Namens zu sein. Wahrscheinlich war dies Pellene, welches ja früher auch pelasgisch und ionisch gewesen war, eine Schwesterstadt des attischen Pallene, wo die Sage vom Gigantenkampfe zu Hause war (§. 13); Achäer aus Pellene sollen die chalkidische Halbinsel Pallene bevölkert und benannt haben[65]), welche in Griechenland gewöhnlich als Schlachtfeld der Giganten galt (Anm. 91. §. 13). Dem gemäß wurde auch — nach alten, an den Pallasdienst sich anknüpfenden Vorstellungen — Pellene selbst als eine Gründung des Titanen (oder vielleicht auch des Giganten) Pallas angesehen[66]). Der Tempel der Athena, welcher vor der Stadt lag, enthielt ein unterirdisches Adyton, welches sich unter dem goldenen und elfenbeinernen Bilde von Phidias befand[67]); hier stand wol in der Regel jenes sonst verborgen gehaltene und unberührte Bild (βρέτας), das nur zu bestimmten Zeiten von der Priesterin herausgetra-

51) Das häufig erwähnte Heiligthum ist besonders aus der Geschichte des Pausanias bekannt. 52) Wenn diese Verbesserung für Ὑλλανία in der Rhetra des Lykurg (bei *Plutarch.* Lyk. 6) annehmlich ist. Der Ort Hellenion (*Paus.* III, 12, 5) ist nicht in unmittelbarer Verbindung mit dem von den Tarentinern geweihten Athenabilde zu denken. 53) *Paus.* III, 11, 8. 13, 4. 17, 4. 54) *Paus.* III, 15, 4. Dunkel ist die Bedeutung der Athena-Pareia, *Paus.* III, 20, 8. 55) Dorier IV, 6, 6. 2. Th. S. 334. 56) Daher Ἀφεταῒς ὁδός von ἀφίημι, wie die ἄφεσις in Olympia. Ohne diesen Gebrauch hätte auch die Sage von den Wettläufen der Freier der Penelope auf dieser Straße nicht entstehen können. Und daß Odysseus nach deren siegreicher Vollendung die drei Heiligthümer der Keleutheia weihete, begründet wol hinlänglich die obige Erklärung. *Paus.* III, 12, 2—4. 57) *Paus.* III, 11, 8, wo die Dioskuren auch als Ambulioi mit Zeus und Athena unter gleichen Beinamen zusammengestellt werden. In Brasiä standen drei Dioskuren oder Korybanten mit der Athena zusammen. *Paus.* III, 24, 4. Die Dioskuren sollen das Heiligthum der Athena-Asia in dem Küstenorte Asia gegründet haben, *Paus.* III, 24, 5, welches man — blos wegen einer schlechten Ableitung des Beinamens Asia von dem Welttheil Asien — aus Kolchis herleitete. 58) *Epicharm.* Μῶσαι bei *Athen.* IV. p. 184 sq. Schol. ad *Pind.* Pyth. II, 127. Aristides auf Athena. S. 26. 59) Noch sind in Lakonika und Messenien der Tempel auf dem Vorgebirge Onugnathos (*Paus.* III, 22, 8), der der Athena-Hippolaitis zu Hippola (*Paus.* III, 25, 6), der der Athena-Nedusia in Nedon (*Strab.* VIII. p. 360. X. p. 487. *Steph. Byz.* s. v. Νέδων), der Athena-Kyparissia in Kyparissiä (*Paus.* III, 22, 7. Vergl. *Steph. Byz.*), der Athena-Anemotis in Mothone (*Paus.* IV, 35, 5), das Bild mit der Krähe in der Hand in Koroneia (*Paus.* IV, 34, 3. Vergl. Anm. 32 §. 24) zu nennen. Vergl. auch *Steph. Byz.* s. v. Δεῤῥα.

60) *Paus.* VI, 26, 2. 61) *Paus.* V, 3, 3. 62) *Paus.* V, 14. 5. 15, 4. Der Altar der Athena-Kydonia auf der Burg von Phrixa in Pisatis, *Paus.* VI, 21, 5, bei Olympia deutet auf denselben alten Verkehr mit Kreta, aus welchem die idäische Grotte und die idäischen Daktylen zu Olympia abstammen. 63) *Paus.* V, 16, 5. 64) s. über das Schwanken dieser Formen *H. Stephanus* Lex. in der englischen Ausgabe T. I. p. 454 b — 456 d. 65) *Skymnos* Chios v. 637. *Polyaen.* Strateg. VII, 47. 66) *Paus.* VII, 26, 5. 67) *Paus.* VII, 27, 1.

gen wurde und dann einen solchen Schauder erregte, daß nicht blos die Menschen die Blicke davon abwenden zu müssen glaubten, sondern auch, nach der Meinung der Pelleneer, die Bäume davon unfruchtbar wurden und die Landfrüchte zu Grunde gingen, durch welche das Bild dahin getragen wurde [68]). Auch wird von dem pellendischen Cultus überliefert, daß die Priesterin der Göttin bei bestimmten Feierlichkeiten in der vollen Rüstung der Athena erschien [69]). — Sonst herrscht in Achaia die gewöhnliche spätere Vorstellung von der Athena und die darin liegende politische Beziehung vor. Athena hieß bei den Achäern Panachais und hatte als solche einen Tempel am Fuße des Berges Panachaikos bei Paträ [70]); auch wurde sie neben Zeus Olympios auf dem Markte von Paträ verehrt, wie sie auch sonst mit Zeus zusammengestellt wird [71]). Unfern von Paträ lag das Castell der Athena (τὸ Ἀθηνᾶς τεῖχος) am Meere. Die Athena in dem Heiligthume zu Dyme, an Achaia's Grenzen gegen Elis, wurde als eine Beschirmerin der Landespforte betrachtet [72]). Von dem Cultus in Tritäa s. §. 41.

§. 38. Megarischer Cultus. In Megara hatte die Athena auf der Burg drei Tempel, den einen als Aiantis, den andern als Nike (wie in Athen), den dritten, ohne daß ein bestimmter Beiname dabei angegeben wird [73]). Aiantis hieß sie offenbar nicht sowol als Schutzgöttin des Telamonischen Aias, sondern weil sich ihre rächende und strafende Gewalt besonders an ihm bewährt hatte, wie aus Sophokles bekannt ist. Räthselhafter ist der Cult der Athena-Aithyia, welcher eine Klippe in der Nähe von Megara geweiht war [74]), da dieser Beiname einerseits sehr wol von der ätherischen Herkunft und Natur der Göttin erklärt werden kann [75]); andererseits aber Zeugnisse vorhanden sind, daß die erhabene Göttin wirklich mit dem Vogel dieses Namens (der Seekrähe oder dem Taucher) in eine nahe symbolische Verbindung gebracht worden ist. Nach einer Sage der Megarer nahm Athena, in diesen Seevogel verwandelt, den Kekrops unter ihre Flügel und brachte ihn so nach Megara [76]). Auch paßt in der That der Wohnsitz der Athena-Aithyia, eine Klippe am Meere, sehr gut zu ihrem Vorsatze, wenn sie wie ein Taucher, der beim Anfange des Sturms vom hohen Meere nach der Küste fliegt und das Land aufs Schleunigste zu erreichen sucht, die Schiffer zu warnen vorhatte [77]). — In der megarischen Colonie Byzanz wurde die Göttin als Ekbasia, Beschirmerin der Landenden, verehrt [78]), sowie auch als Poliuchos [79]), was sie ja in Megara auch war, wenn auch nicht unter diesem bestimmten Namen.

§. 39. Böotischer Cultus. Sehr merkwürdig und für die gesammte Geschichte des Cultus von hoher Bedeutung sind die Heiligthümer der Athena in Böotien. Ihrer Stiftung nach zerfallen sie in solche, welche die äolischen Böoter, die Beherrscher des Landes in der geschichtlichen Zeit, schon bei ihrer Einwanderung vorgefunden und — nach dem allgemeinen Gebrauche der griechischen Stämme [80]) — sich angeeignet haben, und in solche, welche sie nach den Erinnerungen an ihre frühere Heimath im thessalischen Äolis neu gegründet haben. Für beide Arten von Heiligthümern war indessen dieselbe Gegend, die Landschaft um den kopaischen See, der Hauptsammelplatz. Fast in allen Städten um diesen See hatte die Göttin Altäre und Tempel [81]), und wenn die Behauptung der Landeseinwohner, daß hier ehemals ein altes Eleusis und Athen existirt habe, welches der allmälig anwachsende See mit seinen Wellen bedeckt habe [82]), auch nicht grade in streng historischem Sinne zu nehmen ist, so läßt sich doch so viel mit Sicherheit wahrnehmen, daß an diesen Seeufern ursprünglich eine der attischen verwandte Bevölkerung vorhanden gewesen, die mit gleichem Eifer dem Dienste der Pallas-Athene anhing. Auch die in Attika mit dieser Religion eng verbundene Sage von Kekrops war hier vorhanden; jene Städte sollen unter Kekrops gegründet sein, und in Haliartos am See existirte noch später ein Heroendenkmal des Kekrops [83]). Unter den nicht verschwundenen Ortschaften dieser Gegend hat Alalkomena am meisten Anspruch darauf, eine uralte Wiege des Athena-Dienstes zu sein [84]). Der Name selbst ist ein Epitheton der Pallas als der schützenden und wehrenden Göttin, ἀλαλκομένη, nur nach üblicher Weise in den Pluralis übertragen und mit verändertem Accente (Ἀλαλκο-

68) *Plutarch.* Arat. 32. Freilich gibt Plutarch nicht bestimmt an, welcher Göttin Bild dies βρέτας war, und man könnte nach dem Vorhergehenden in seiner Erzählung glauben, daß es die Artemis sei, für deren Cultus indessen dieser ganze Ritus nicht paßt. Vergleicht man aber Plutarch mit Pausanias und Polyän (VIII, 59), so sieht man, daß jener glückliche Angriff des Arat auf die in Pellene eingedrungenen Ätoler in der gegen Ägira gelegenen Vorstadt sich begab, wo das Heiligthum der Artemis-Soteira, und darunter der Tempel der Athena lag, und das furchtbare Bild sehr wol aus diesem Tempel sein konnte, wenn auch die Tochter des Epigethes im Heiligthume der Artemis saß. 69) s. *Polyaen.* Strateg. VIII, 59, dessen Erzählung freilich einigem Bedenken unterliegt. 70) *Paus.* VII, 20, 2. 71) *Paus.* VII, 20, 2. Vergl. VII, 26, 3. 72) *Paus.* VII, 17, 5. *Euphorion* ap. *Steph. Byz.* s. v. Δύμη, Fragm. 68 *Meinecke*: Ἥτις ἔχεις κληῖδας ἐπιζεφύροιο Δυμαίης. Die Athena Larisäa am Grenzflusse Larisos gegen Elis (*Paus.* VII, 17, 3) hängt vielleicht mit dem argivischen Cultus zusammen. 73) *Paus.* I, 42, 4. 74) *Paus.* I, 5, 3. 41, 6. *Lykophr.* 359 mit den Scholien des Tzetzes. 75) Αἴθυια von αἴθω, etwa wie Εἰλείθυια von ἐλεύσομαι. So erklärt *Eustath.* ad Odyss. I, 22. p. 1385. 64. Vergl. III, 372. p. 1472. Rom. Rückert a. a. O. S. 95. 76) *Hesych.* s. v. ἐνδαρθυία, wo schon von Hemsterhuis ἐν δ' αἰθυίᾳ, oder lieber ἐν δ' αἴθυια (aus irgend einem Dichter) geändert worden ist. 77) s. *Virgil.* Georg. I, 356 sq. Vergl. *Siebelis* ad *Paus.* II, 34, 8. p. 254. 78) Dorier I. S. 121, 1. Vergl. Rückert a. a. O. über die Beziehung der Athena in Ägina auf das Seewesen Aeginetica p. 113. 79) *Hemsterhuis* ad *Pollucem* IX, 6. p. 1053 nach Marinus Leben des Proklos. 80) Der Satz, den die Athener bei *Thuc.* IV, 98 aussprechen: Καὶ γὰρ Βοιωτοὺς καὶ τοὺς πολλοὺς τῶν ἄλλων, ὅσοι ἐξαναστήσαντές τινα βίᾳ νέμονται γῆν, ἀλλοτρίοις ἱεροῖς τὸ πρῶτον ἐπελθόντας οἰκεῖα νῦν κεκτῆσθαι, ist für die Geschichte der griechischen Culte von großer Wichtigkeit. Die meisten Heiligthümer der griechischen Stämme waren eroberte. 81) Vergl. Kallimachos Bad der Pallas v. 60 fg. 82) *Strab.* IX. p. 407. Vergl. *Steph. Byz.* s. v. Ἀθῆναι. Der Verf. Orchomenos und die Minyer. S. 57. 83) *Paus.* IX. 33, 1. Mehr darüber Orchomenos und die Minyer. S. 122 fg. 84) Gewiß hat die Stadt in Ithaka, Alalkomenä, davon den Namen, welcher mit Odysseus' Verehrung der Athena zusammenhängt. Orchom. und die Minyer. S. 213.

μεναί); davon heißt bei Homer schon Athena die alalkomenische[85]). Alalkomenä lag im Gebiete von Haliartos oder Koroneia, wo die Anhöhen von Tilphossion sich in die Uferebene hinabsenken; weiter unten in der Niederung lag das alalkomenische Heiligthum der Athena mit einem elfenbeinernen Bilde der Göttin[86]). Auch hier finden wir Anknüpfungen an den attischen Athena-Dienst; Kekrops soll zuerst die alalkomenische Göttin verehrt haben; auch wird ein Berg Alalkomenion in Attika angegeben[87]), von dessen Lage freilich Niemand etwas Genaueres meldet. Doch behaupteten die Alalkomenier auch, daß die Göttin bei ihnen geboren[88]) und von dem Autochthon Alalkomenes erzogen und zuerst verehrt worden sei[89]), auch muß es Sagen von einem alten Holzbilde der Göttin gegeben haben, das Alalkomenes oder Alalkomeneus zuerst durch besondere Schickung empfangen habe[90]). Von der eigenthümlichen Beschaffenheit des Cultus und den Ideen, die sich daran knüpften, ist uns weiter nichts bekannt geworden, als die enge Verbindung, in welche auch hier die Göttin mit Gottheiten des Wassers gesetzt wurde, wiewol es grade nicht Poseidon-Hippios ist, der neben der Athena verehrt wird. Denn das einige Meilen davon gelegene Heiligthum des Poseidon zu Onchestos steht mit dem alalkomenischen Tempel in keinem nachweislichen Zusammenhange[91]). Ogyges, eine Sagenperson, welche sich auf Überschwemmungen durch austretende Seen, besonders den kopaischen, bezieht, wird der Vater der Alalkomenia genannt[92]). Diese Alalkomenia wird nebst der Thelxinoia und Aulis als Praxidikä genannt[93]), ein Verein von Göttinnen, der ein besonderes Heiligthum am Berge Tilphossion im Gebiete von Haliartos hatte, wo besonders feierliche Eide geschworen wurden[94]). Man verehrte sie in hermenartigen Bildsäulen, welche aus einem Kopfe auf einem Pfeiler bestanden, und brachte ihnen auch nur Thierköpfe als Opfer dar[95]). Der Name der Praxidikä, in Verbindung mit den bei ihnen geleisteten Eidschwüren, beweist, daß man darunter Gottheiten verstand, welche das Recht schützen, und wenn es verletzt wird, die Buße einfodern (δίκην πράσσειν παρά τινος)[96]); dazu muß aber in Böotien die besondere Meinung gekommen sein, daß die Überschwemmungen des Sees als göttliche Strafen über die frevelnde Menschheit verhängt würden, daher die Praxidiken Töchter des Ogyges genannt wurden. Jedoch ist in den einzelnen Namen wieder die Herstellung eines bessern Zustandes angedeutet; Thelxinoia ist die ihren Sinn erweichende, Alalkomenia bezieht sich auf die schützende Athena; weniger klar ist die Bedeutung der Aulis, wenn sie nicht etwa die neuen Niederlassungen nach der Überschwemmung bezeichnen soll.

§. 40. Ebenso tritt die Beziehung der Athena zu den Dämonen des Wassers in der mit dem alalkomenischen Dienste eng verbundenen Triton-Sage hervor. Nahe bei Alalkomenä strömte ein nicht eben großer Gießbach, welchen die Umwohner Triton nannten, und behaupteten, daß hier Athena erzogen worden sei und hier auch das alte Athen und Eleusis gelegen hätte[97]). Und daß dieser Triton wirklich in den böotischen Sagen eine gewisse Bedeutung hatte, und nicht etwa blos aus einer nichtigen Eitelkeit in späterer Zeit dahin gefabelt worden war, läßt sich aus der Festsage der Dädalen, welche die Böoter auf dem Kithäron feierten, abnehmen. In dieser kommen nämlich die tritonischen Nymphen vor, welche dem Eichenbilde, das als die Braut des Zeus herumgeführt wird, das hochzeitliche Bad bringen[98]). Wenn wir nun auch nicht zu behaupten wagen, daß dieser böotische Triton der einzige Fluß oder Bach in Griechenland gewesen, dem dieser geheiligte Name vom Anfang an zu-

85) Ἥρη τ' Ἀργείη καὶ Ἀλαλκομενηῒς Ἀθήνη Il. IV, 8. V, 908. Die alten Grammatiker leiten zum Theil das Epitheton unmittelbar von ἀλαλκεῖν ab, gegen die deutliche Analogie. Die Etymologie Alalkomenä's von ἀλαλκεῖν liegt auch der Sage zum Grunde, daß die von Theben vertriebenen Kadmeer in diesem Orte Schutz gefunden hätten. S. Orchom. und die Minyer. S. 234. 86) Zu den Orchom. und die Minyer S. 70 angeführten Stellen ist *Suidas* s. v. ἀπιθής zu fügen, aus einem Historiker, der vielleicht Sylla's Thaten beschrieb: Ἀλαλκομεναὶ πόλις ἐστί· καὶ ἀκούω αὐτὴν μήτ' ἐφ' ὑψηλοῦ κεῖσθαι καὶ ἀπιθοῦς λόφου μήτε τειχῶν περίβολον ἔχειν. 87) Beides nach den Schol. Il. IV, 8. 88) *Strabo* IX. p. 413. Φασί γε τὴν θεὸν γεγενῆσθαι ἐνταῦθα. 89) *Paus.* IX, 33, 4. Schol. Il. IV, 8. Etymol. M. p. 56 u. A. 90) Hier ist die in mehrfacher Beziehung wichtige Stelle aus den Scholien zu *Aristid.* Panathenaikos. p. 327 b. (p. 103 *Frommel*, p. 320 *Dindorf.*) nach ihrem Zusammenhange anzuführen: Λέγοι δ' ἂν (Aristides erwähnt οὐράνια ἀγάλματα in Athen) καὶ περὶ ἄλλων πολλῶν Παλλαδίων, τοῦ τε καταλυόμενον (κατταλκόμενον eine Handschr.) τὸν αὐτόχθονα καὶ τῶν περὶ αὐτεψυρῶν καλουμένων, ὡς Φερεκύδης καὶ Ἀντίοχος ἱστοροῦσι (vergl. Anm. 95), καὶ τῶν κατενηνεγμένων ἐν τῇ τῶν Γιγάντων μάχῃ (s. unten §. 69). Hier sind die Worte τοῦ τε καταλυόμενον von dem Verf. in den Abhandlungen zu den Eumeniden S. 106 schon in τοῦ τε κατ' Ἀλαλκόμενον verbessert worden, da auch eine solche Form des Namens kein Bedenken gegen sich hat. 91) In der Genealogie bei *Steph. Byz.* s. v. Ἀλαλκομένιον — Alalkomene's Frau Athenais, die Tochter des Hippobotes, sein Sohn Glaukopos — welche mit den im Cultus üblichen Namen ein freies Spiel treibt, schimmert einige Beziehung auf die ἤπιοι θεοί durch. 92) *Paus.* IX, 33, 4. Vergl. Orchom. und die Minyer. S. 127. fg. 93) *Dionysios* κτίσεις, bei *Suidas* Πραξιδίκη. Daher auch die Praxidiken überhaupt νύμφαι Ὠγυγίαι genannt werden. S. Dionysios und Panyasis bei *Steph. Byz.* s. v. Τρεμίλη.

94) *Paus.* IX, 33, 2. 95) *Hesychius* und *Suidas* s. v. Πραξιδίκη. Mehr bei *Meursius*, Regn. Athen. I, 6. p. 24. Doch ist es nicht sicher, ob jene Angaben sich auf die böotischen Praxidikä bezieht, da Mnaseas bei Suidas (l. c.) auch andere noch mehr allegorische und abstracte Praxidiken erwähnt, und nach *Paus.* III, 22, 2 Menelaos nach seiner Rückkehr von Troja auf der lakonischen Insel Kranaë bei der Aphrodite Migonitis, welche Paris verehrt haben sollte, ein Bild der Thetis (Themis?) und der Göttin Praxidike aufstellte. 96) So ist auch die Praxidike auf der Insel Kranaë offenbar als die Gottheit zu nehmen, welche an Paris die gebührende Strafe vollzogen. Hiernach wird auch die Praxidike des Mnaseas, die Gemahlin des Zeus Soter, nicht für eine Rechtthuende (wie Hermann will, Rec. von Äschyl. Eumen. ꝛc. S. 208), sondern für eine Richtende und nach Umständen Strafende genommen werden müssen, womit auch die dort angegebene Genealogie sich vollkommen vereinigen läßt. 97) *Paus.* IX, 33, 5. *Strab.* IX. p. 430. 98) Plutarch v. d. Dädalen Fr. 4. bei Hutten 14. Th. S. 289. aus *Euseb.* Praepar. Evang. III, 2. p. 86. Offenbar war die Sage von dieser Hochzeit besonders in der Gegend von Alalkomenä local, daher hier der Eichbaum geschlagen wurde, woraus man das Dädalische Bild schnitzte (*Paus.* IX,

kommt[99]), sondern es viel wahrscheinlicher finden, daß der ursprüngliche Triton nur eine ideale Existenz in der Phantasie der Verehrer der Athena gehabt habe, so ist doch gewiß die Localisirung des Triton in Böotien älter als die Fabel, daß Athena an einem libyschen Flusse oder See Triton geboren worden sei. Es ist sicher, daß die Übersiedelung des Triton nach Afrika in der Niederlassung der Kyrenäer (deren Fürstengeschlecht von den Minyern abstammte) ihren Grund hat, daher auch der Tritonische See eher an der großen Syrte, bei Kyrenaika, gefunden wurde (nach Pherekydes und Pindar), ehe man einen See an der kleinen Syrte, Karthago näher, mit diesem Namen benannte[1]). Es ist klar, daß die Griechen gleich mit dem Wunsche und der Erwartung in jene Gegenden kamen, einen großen Strom und See Triton zu entdecken und darin die wahre Geburtsstätte ihrer Athene, für welche ihnen die Heimath bereits zu eng und dürftig vorkam, aufzufinden. Ebenso wenig kann es mit Grund in Zweifel gezogen werden, daß der Beiname Tritonis vom Anfang an auf die Verbindung der Athena mit einem Wasserwesen abzielt. Triton kommt in der griechischen Mythologie immer nur als ein Seedämon vor, wie schon Hesiod in der Theogonie als Sohn des Poseidon und der Amphitrite den weitwaltenden großen Tritun kennt, „der auf dem Grunde des Meeres bei seinen Ältern im goldenen Hause wohnt, ein furchtbarer Gott." Später hat sich die Phantasie der Griechen grade in der Gestalt des Triton die freieste Verbindung und kühnste Verschmelzung der menschlichen Formen mit Seegeschöpfen erlaubt. Ohne im Stande zu sein, die Etymologie des Namens genügend nachzuweisen, ist doch wol klar, daß er von derselben Wurzel gebildet ist, wie der Name der Gemahlin des Poseidon, Amphitrite. Auch haben die Griechen, als sie anfingen die Heimath der Pallas in Libyen zu suchen, dort immer nur einen Fluß oder See Triton und Tritonis zu finden geglaubt, an dem die Göttin geboren sein sollte, nie aber Locale anderer Art und Beschaffenheit. Die Tritonis selbst wurde als eine Seenymphe angesehen, mit der Poseidon die Athena gezeugt habe, welche Poseidonische Herkunft der Göttin mit ihrem Verhältnisse zu Zeus so ausgeglichen wurde, daß sie von ihrem natürlichen Vater, dem Meergotte, zum Unwillen gereizt, sich aus freien Stücken dem Zeus zur Tochter gegeben habe[2]). Diese Poseidonische, mit den Wassergöttern verbundene, Athena ist aber im Cultus mit der Hippeia einerlei, und so fanden die Kyrenäer mit ihren Colonisten, den Barkäern, in ihren heimathlichen Sagen ebenso, wie in der ausgezeichneten Pferderace Libyens, das begründetste Anrecht, sich als die ersten Zöglinge der Athena in der Zucht und Bändigung von Rossen zu betrachten[3]). Von dem Beinamen Tritonis, der bei den ältesten Dichtern noch nicht gefunden wird, ist der bereits bei Homer und Hesiod vorkommende Tritogeneia oder Tritogenes schwerlich zu scheiden, da er auch überall, wo er vorkommt, die erste Sylbe lang hat[4]). Dadurch wird die in anderer Beziehung sich empfehlende und von den Grammatikern häufig angeführte Ableitung der Tritogeneia von der Dreizahl[5]) entschieden abgewiesen. Daß aber Trito der Kopf geheißen, nach einem mundartlichen Ausdrucke, der meistens den sehr unbekannten Athamanen in Epirus zugeschoben wird[6]), ist leicht als ein Product derselben Tendenz alter Mythenerzähler zu erkennen, welchen die oben (§. 34) angeführte Fabel von der Koryphe als einer Tochter des Okeanos ihre Entstehung dankt; man wollte die Idee von der Geburt der Athena aus dem Zeushaupte, welche Hesiod und sein Homerischer Hymnos schon kennen[7]), mit ihrer Ableitung von Wasserwesen in Einklang bringen.

S. 3). Daher auch Zeus und Hera als alalkomeneische Götter (Etymol. M. p. 547, 1) vorkommen. Sehr wahrscheinlich ist die Vermuthung Rückert's (S. 64), daß am Triton auch ein Badefest der Pallas gefeiert worden sei, wie in Argos, und die Sage, daß Teiresias, der am Tilphossion begraben lag, die badende Göttin gesehen habe, sich darauf beziehe.

99) Tritonflüsse oder Bäche werden erwähnt in Thessalien, Arkadien, Kreta, Thrakien. Schol. *Apoll.* Rhod. I, 109. *Paus.* VIII, 26, 4. *Diodor.* V. 72. s. *Vibius* Sequ. p. 285. Der thrakische Triton war wol der auf Pallene, *Ovid.* Met. XV, 358. Kallimachos nannte die libysche Tritonis Pallantias, *Plin.* N. H. V, 4. §. 28.

1) Die Ausführung davon: Orchom. und die Minyer. S. 354 fg. und bei Völcker, Myth. Geographie. S. 23 fg. Über den Cult und die Spiele der Athena in Kyrene s. *Thrige*, Res Cyrenensium. §. 77. p. 286. Auch in Thera, der nächsten Mutterstadt von Kyrene, war ein Heiligthum des Poseidon und der Athena, dessen Stiftung dem Kadmos beigelegt wurde. *Theophrast.* Schol. *Pind.* Pyth. IV, 11.

2) *Herod.* IV, 180. Vergl. *Paus.* I, 14, 5. 3) *Herod.* IV, 189. Schol. *Pind.* Pyth. IV, 1 u. Andre. Die Barkäer behaupteten die *ἱπποτροφία* von Poseidon, das *ἡνιοχεῖν* von der Athena gelernt zu haben. *Steph. Byz.* s. v. *Βάρκη*. *Hesych.* s. v. *Βαρκαίοις ὄχοις* nach *Mnaseas ἐν Λιβύῃ*. 4) Bei Aristophanes (Eq. 1189) in einer scherzhaften Anwendung der pompösen Orakelverkündigungen, durch welche Kleon das attische Volk betrog:

ἡ Τριτογενὴς γὰρ αὐτὸν ἐνετριταίνισεν,

findet allerdings ein Wortspiel mit der Dreizahl statt; da indessen in *τριτωνίζω*, von *Τριτωνίς*, das ι keine Verkürzung zuließ, so wird wol auch hier *τριτογενής* —∪∪— zu messen sein. 5) Wie die Dreizahl auf sehr verschiedene Weise zur Erklärung des Namens angewandt wurde, s. bei *Brzoska*, De geographia mythica. Spec. I. p. 33 sq. Vergl. oben §. 19. Daher nennt sie Lykophron (Alex. 519) *Τριγέννητος*. Lächerlich ist die Art, wie *Suidas* s. v. *Τριτογενής* und andere Lexikographen zwei verschiedene Ableitungen confundiren, indem sie den Namen erklären: *Ὅτι ἐκ τῆς νηδύος καὶ τῆς μήτρας καὶ τῆς κεφαλῆς τοῦ Διὸς ἐξῆλθε· τριτὼ γὰρ ἡ κεφαλὴ κατὰ διάλεκτον.* Denn wenn die Athena Tritogenes hieß, weil sie auf dreifache Weise geboren wurde, so thut der angebliche dialektische Ausdruck *τριτώ* für Kopf nichts mehr zur Sache. Neuerdings hat auch Hermann (de Minerva) die Tritogeneia als die dritte Gottheit, die zum Cultus des Zeus und der Hera hinzugekommen sei, gedeutet. 6) s. besonders *Nikander.* ap. *Hesych.* s. v. *τριτώ*. Vergl. *Villoison* ad *Apoll.* Lex. p. 655. ed. *Toll.* *Brzoska* l. c. p. 35. Andere schreiben indessen diesen Ausdruck den Kretern, auch den Böotern zu. *Eustath.* ad Il. IV. p. 524, 26 und sonst *Tzetz.* ad *Lycoph.* 519. Die von Brzoska angenommene Ableitung der *Τριτογένεια* — ἡ τὸ τρεῖν γεννῶσα — hat schon grammatisch die größten Bedenken gegen sich. 7) *Hesiod.* Theog. 924, wo der Ausdruck: *αὐτὸς δ' ἐκ κεφαλῆς γλαυκώπιδα Τριτογένειαν* auch leicht zu solchen Misdeutungen Veranlassung geben konnte, Hymn. *Homer.* 28, 4. Hier springt sie auch schon mit Waffen gerüstet aus dem Haupte des Zeus, was nach den Schol. zum Apollon (II, 1310) Stesichoros (Fragm. 76. *Klein*) zuerst gedichtet haben soll.

§. 41. Noch in einer dritten Form hat sich der Name der tritonischen Athena in der griechischen Mythologie erhalten. Es ist nämlich klar, daß auch die Tritáa der Achäer mit der Tritonis oder Tritogeneia ursprünglich identisch war. In der Stadt Tritáa war ein Tempel der Athena, wo der alte Gebrauch bestand, dem Ares und der Tritáa zu opfern. Diese Tritáa war nach der Sage eine Tochter Triton's und eine Priesterin der Athena, welche Ares geschwängert haben sollte. Ihr Sohn Melanippos (Schwarzroß) sollte die Stadt gegründet und nach dem Namen der Mutter genannt haben [8]). Hier ist wol auf den ersten Blick klar, daß die Tritáa nicht blos ein der Athena angehöriges Wesen, sondern ursprünglich die Göttin selbst war [9]), und nur die consequente Durchführung der Vorstellung von der Jungfräulichkeit der Athena — wenn man die alte Sage von der Buhlschaft des Ares festhielt — die Landeseinwohner nöthigte, ihre Tritáa von der Athena zu unterscheiden. Die Verbindung mit Ares entspricht der oben schon erwähnten der Aglauros mit demselben Gotte, aus welcher Vermählung nach attischem Mythus Alkippe entstand (§. 4). Auch die Tritogeneia scheint auf ähnliche Weise in die Genealogien der orchomenischen Könige, deren Herrschaft den Tritonbach einschließen mochte, eingewebt worden zu sein [10]).

§. 42. Während alle Traditionen des alalkomenischen Heiligthums auf einen uralten Ursprung hinweisen, bürgen bei dem benachbarten Tempel der Athena-Itonia schon die Localnamen dafür, daß es erst der Einwanderung der Aioleis-Boiotoi aus dem thessalischen Arne seine Entstehung verdankt. Er lag im Gebiete von Koroneia (welches früher Arne geheißen haben soll) in der Ebene, welche sich gegen den See und Alalkomená hin ausbreitet, an dem Flüßchen Kuralios oder Koralios [11]). Wir werden die Namen Kuralios, Iton, sowie Arne selbst, weiterhin in den thessalischen Ursitzen der Böoter wiederfinden [12]). Wahrscheinlich setzten die Böoter in diesem Theile der Landschaft sich zuerst fest, ehe sie Theben und Orchomenos eroberten; auch mag der Ruhm des alalkomenischen Heiligthums in ihnen den Glauben erweckt haben, daß die Göttin grade in dieser Gegend, in der Uferebene des kopaischen Sees, sich gern aufhalte [13]). Darum wurde auch bei diesem itonischen Heiligthume das Stamm- und Bundesfest der Böoter, die Pambóotia, gefeiert [14]), wie ohne Zweifel auch schon bei dem gleichnamigen Tempel in der frühern Heimath geschehen war. Zur Andeutung dieser mit dem Itonischen Cultus verbundenen Amphiktyonie wird Itonos oder Iton ein Sohn des Amphiktyon genannt [15]). Der Cultus der Athena-Itonia zeigt einige eigenthümliche Züge, die besonders auf der Verbindung der Göttin mit Wesen der Unterwelt beruhen. Die Athena war in diesem Heiligthume mit Hades zusammengestellt [16]), wofür Pausanias den Zeus, wahrscheinlich in der weitern Bedeutung, in welcher er auch den Chthonios umfaßt, angibt [17]). Ferner erzählte man hier von einer Jobama, einer Tochter des Itonos, die mit der Athena aufgewachsen sein soll; auch wird Athena selbst die Schwester dieser Jobama genannt [18]). In den Übungen des Waffenkampfes aber wird Jobama von der Athena (wie sonst die Pallas) erlegt; oder — nach anderer Überlieferung — Athena versteinert die Jobama durch das Gorgoneion [19]). Daraus erklärte man den sonderbaren Gebrauch, daß im Tempel der Itonia alle Tage dreimal der Ruf erscholl: „Jobama lebe und verlange Feuer," wiewol das Verlangen nach Feuer durch die überlieferte Sage noch gar nicht begründet scheint. Doch erräth man so viel, daß die Jobama Sühnopfer erhielt, wie sie einem chthonischen Wesen zukommen. Es ist bekannt, daß eine Hauptsache beim Todtendienste die Errichtung von Scheiterhaufen war, auf denen das zerstückelte Fleisch des Opferthieres verbrannt wird; auch heißen Sühn- und Reinigungsopfer κεῖα, κήϊα oder κηῦα [20]). Zu Soloi hieß eine Priesterin der Pallas ὑπεκκαύστρια, weil sie gewisse Opfer und Ceremonien verrichtete, wodurch der Zorn feindlicher Dämonen abgewandt wurde [21]).

8) *Paus.* VII, 22, 5. 6. 9) So deutet die Tritáa auch schon Welcker, Äschyl. Trilogie. S. 283. Anm. 193. 10) Schol. *Pind.* P. IV, 120. *Μινύαν τὸν Ποσειδῶνος καὶ Τριτογενείας τῆς Αἰόλου.* Bei *Tzetz.* ad *Lycophr.* 874 liest man: *Οὗπερ Μινύου καὶ Τριτογενείας τῆς Αἰόλου οἱ πλείους τῶν Ἀργοναυτῶν.* Freilich wird sonst die Mutter des Minyas-Chrysogeneia oder Chrysogone genannt (wonach Orchom. S. 138 vorausgesetzt ist, daß auch die Schol. *Pind.* l. c. zu ändern seien); aber es konnte sehr gut eine doppelte Ableitung der Minyas geben. Ja es muß die Frage sein, ob die Chrysogeneia und Chryse in den Genealogien der Minyer, außer dem Goldreichthume, nicht auch dem Cultus der Athena-Chryse ihre Entstehung dankt. 11) *Strabo.* IX. p. 411. *Paus.* IX, 34. Vergl. III, 9. *Diod.* V, 83. XIII, 41. *Plut.* Agesilaos 19 und Andere. Ein Schreibfehler bei *Polyb.* XXVI, 5, 2, wo früher *Σιτωνία* für *Ἰτωνία* gelesen wurde, hat eine Athena-Sitonia hervorgebracht, welche sich in manche mythologische Bücher eingeschlichen hat. 12) Das Fragment des Alkáos bei *Strab.* IX. p. 411. d wird von Seidler in Niebuhr's rheinischem Museum. 3. Bd. S. 221 nach Vermuthung etwa so restituirt:

Ἄνασσ' Ἀθάνα, ἅ ποτε Θεσσαλῶν
ἀπαὶ, Κορωνείας ἐπ' ἐδέων ἄνω
πάροιθεν ἀμφήριστος ἴζευ
Κωραλίω ποτάμω παρ' ὄχθαις.

13) Daher Bakchylides die itonische und alalkomenische Pallas als dieselbe auffaßte. *Lactant.* ad *Stat.* Theb. VII, 330. Hinc Bacchylides Minervam Itoniam dixit et Alalcomenem (Alalcomeneidem?) ipsam significat, quem imitatus est Horatius in illa oda, in qua Proteus Troiae futurum narrat excidium. Die Stelle des Bakchylides entsprach also Horaz Carm. I, 15. v. 11; und da bei Bakchylides Kassandra dem Paris das bevorstehende Unheil verkündete, so war die Beschreibung der zürnenden Pallas noch mehr an ihrem Platze. 14) *Strabo* IX. p. 417. *Plut.* Amator. narr. 4. T. XII. p. 76. *Hutten.* *Paus.* IX, 34. 15) *Paus.* IX, 34, 1. Hekatáos und Armenides bei den Schol. *Apollon.* I, 551 beziehen diese Sage ausdrücklich auf die Athena-Itonia in Thessalien. 16) *Strab.* IX. p. 411. Aus einem mystischen Grunde, sagt Strabon. 17) *Paus.* IX, 34, 1. Vergl. Siebelis im Commentar. p. 118. Ein geschnittener Stein, auf welchem Hades und Athena als *σύνθρονοι* abgebildet sind, ist in Wicar's Werke über das florentinische Museum. T. IV. pl. 3 mitgetheilt. 18) Simonides der Genealog beim Etym. M. p. 479. *Tzetzes* ad *Lycoph.* 355. 19) *Paus.* IX, 34, 1. 20) s. *Hesych.* s. vv. *κεῖα*, *κήϊα*, *κειώσασθαι*, und besonders die delphische Inschrift im Corp. Inscr. Graec. n. 1688. v. 34 mit Böckh's Auslegung T. I. p. 811. 21) *Plutarch.* Quaest.

§. 43. Auch in Theben wurde die Athena als eine Hauptgöttin verehrt, daher sie die Tragiker in den aus diesem Cyclus genommenen Fabeln sehr häufig erwähnen. Am berühmtesten ist der Dienst der Athena-Onka oder Onga. Pausanias erwähnt, indem er von der Vorstadt am elektrischen Thore sich nach der Akropole Thebens, der Kadmea, wendet, welche an der Grenze der Stadt selbst gegen Süden lag, den Altar und das Bild der Athena-Onga, welches Kadmos geweiht haben sollte, und beschreibt gleich darauf die Denkmäler an der Agora, welche auf ebendieser Burg lag [22]). Es kann wol keinem Zweifel unterliegen, daß dies dasselbe Heiligthum ist, welches Äschylos bezeichnet, indem er die Onka die der Stadt nahewohnende, dem Thore benachbarte, nennt [23]). Es erhellt daraus, daß sie außerhalb, aber wahrscheinlich in größter Nähe des Thores, verehrt wurde, das von ihr das Onkäische hieß und mit dem Ogygischen einerlei ist [24]), welches nirgends anders als an der Südseite Thebens, gegen Attika, gesucht werden kann, indem hier allein die Burg die Grenze der Stadt selbst bildete [25]). Also hier, wo die Mauer Thebens an dem Hügel selbst hinlief, auf dem die Kadmeische Burg erbaut war, und zwar unterhalb der Mauer, aber wahrscheinlich am Aufstiege zum Burgthore, lag das Heiligthum der Onka [26]). Nonnos, welcher die sieben Thore Thebens auf eine sehr willkürliche Weise von den sieben Planetengöttern ableitet, läßt den Kadmos das Onkäische Thor der Mondgöttin zutheilen, welche wegen ihrer dreifachen Gestalt Tritonis-Athena heiße, und gibt ebendeswegen dem Thore eine westliche Lage [27]). Darin folgt aber Nonnos durchaus keinen eigenthümlichen Überlieferungen von Theben, sondern trägt, wie an so vielen Stellen seines Werkes, Ideen und Einrichtungen des hellenistischen Orients auf das alte Griechenland über. In Antiocheia war, angeblich seit Titus, an dem westlichen Thore, welches nach Jerusalem führte, auf einer Säule eine Selene von einem Viergespann von Rindern gezogen aufgestellt [28]), und auf solche Zugthiere der Mondgöttin spielt auch Nonnos an. Alexandreia hatte ein Sonnen- und ein Mondthor, wie es scheint, jenes gegen Süden, dies gegen Norden [29]), und wahrscheinlich war diese Benennung und Ausschmückung von Thoren in vielen Städten jener Gegenden zu finden. Nicht sehr viel früher als diese Deutung scheint die Meinung aufgekommen zu sein, daß dieser Cult aus Phönikien stamme, wo die Athena mit dem Namen Onga genannt werde; jedoch stimmen die Meinungen der alten Gelehrten darin keineswegs überein, indem Andere den Namen Onga für ägyptisch erklären [30]). Wahrscheinlicher ist, daß Onka ein Localname der Gegend war, da alte Erklärer auch von einem böotischen Dorfe Onkä reden [31]); ὄγκος, etymologisch verwandt mit ὄχθος, mag eben die Erhöhung des Bodens bezeichnen, an welcher das Heiligthum gelegen war [32]). Auffallend ist jedoch immer, daß die Göttin niemals Onkäa, sondern immer Onka (Onga) heißt, sodaß ihr Name sich zu dem des Ortes ebenso verhält, wie Ἀθήνη zu Ἀθῆναι; man muß daher wol den Begriff der Erhebung und Höhe auf das Wesen der Göttin selbst beziehen [33]). Über die Gedanken, die sich bei den ältesten Thebanern an diesen Cultus knüpften, sind wir ganz ohne Kunde; denn auch die Verbindung, in welche Äschylos die Athena-Onka mit dem Poseidon-Hippios bringt, kann ebenso leicht aus den Ideen der Athener auf den thebanischen Gottesdienst übergetragen, wie aus den Traditionen der Böoter selbst entnommen sein [34]). Athena wurde übrigens in Theben auch unter andern Namen verehrt [35]), sowie in Böotien auch sonst noch ihr Dienst gefunden wird, namentlich in Platää, wo sie als Areia einen durch ein Bild des Phidias verherrlichten Tempel hatte. Auch wird die stierspannende Athena (Βοαρμία) als eine böotische Göttin erwähnt, die

Graec. 3. *Τίς ἡ παρὰ Σόλοις ὑπεκκαύστρια, τὴν τῆς Ἀθηνᾶς ἱέρειαν οὕτω καλοῦσιν ὅτι ποιεῖταί τινας θυσίας καὶ ἱερουργίαν ἀποτροπαίους.* Auf solche Sühngebräuche geht das ὑποκαλεῖν (nach Casaubonus' Conjectur) und ὑπολείβειν in *Aeschyl.* Agam. 69.

22) *Paus.* IX, 12, 2. 3. Vergl. *Siebelis.* Einen Tempel der Onka nennt der Schol. ad *Eurip.* Phoen. 1068. Über die Formen Onka und Onga vergl. *Boeckh.* Corp. Inscr. Graec. ad n. 48. p. 77. 23) *Ὄγκα Παλλὰς ἥτ' ἀγχίπτολις Πύλαισι γείτων* *Aeschyl.* Septem c. Th. 483. Vergl. *Σύ τε μάκαιρ' ἄνασσ' Ὄγκα* (*Ὄγγα* Mosqu. 1) *πρὸ πόλεως Ἑπτάπυλον ἕδος ἐπιῤῥύου*, ib. v. 148. 24) *Hesych.* *Ὄγκας Ἀθηνᾶς* (*Aeschyl.* Septem c. Theb. 492). Vergl. *Steph. Byz.* *Ὀγκαῖαι.* 25) *Arrian.* I. 7 erwähnt ein Thor, welches nach Eleutherä und Attika führte und der Kadmea sehr nahe lag; dies war aller Wahrscheinlichkeit nach das Onkäische. 26) Man kann daher wol nicht K. A. Unger's Angabe billigen, der in der sonst sehr sorgfältig gearbeiteten Dissertation: Libri primi Thebanarum rerum specimen p. 11 das templum (auch dies ist zweifelhaft) Oncae Minervae in *Cadmea* setzt. 27) *Nonnos* Dionys. V, 69—73.

πρῶτον μὲν ἐς ἑσπέριον κλίμα πήξας
Ὀγκαίην ἐπένειμε πύλην γλαυκώπιδι Μήνῃ,
ἐκ βοὸς ὀγκηθμοῖο φερώνυμον, ὅττι καὶ αὐτὴ
ταυροφυὴς κερόεσσα, βοῶν ἐλάτειρα, Σελήνη,
τριπλόον εἶδος ἔχουσα πέλει Τριτωνὶς Ἀθήνη.

28) *Malelas* p. 261. ed. Bonn. (Ven. 110). Chronicon Paschale, p. 462 (p. 247 c. Par.) Vergl. *Malelas* p. 281 (119). 29) *Achilles Tatius.* V, 1. Vergl. *Bonamy* in den Mémoires de l'Acad. des Inscript. T. IX. p. 420. 30) Vergl. *Paus.* IX, 12, 2 mit den Schol. *Aeschyl.* Septem c. Theb. 492 (471) und zu *Eurip.* Phoen. 1068. 31) Schol. ad *Pind.* Ol. II, 39 und *Tzetz.* ad *Lycophr.* 1225. *Phavorin* s. v. *Ὄγκαι.* Ein verwandter Name ist das arkadische Onkeion, welches auch in mythischer Verbindung mit Theben steht. 32) Die Kadmea lag ὄχθῳ ἐπ' ἀκροτάτῳ nach dem Orakel bei den Schol. zu *Eurip.* Phoen. 641. zu *Aristoph.* Ran. 1256 (1249). 33) s. auch *Valckenaer* ad *Eurip.* Phoen. l. c. Rückert S. 76. 34) *Aeschyl.* Septem c. Th. 120. Man kann nicht zweifeln, daß in diesem Stücke die Bilder von sieben Gottheiten als die Schutzgötter Thebens auf der Orchestra zusammengestellt waren, nämlich Zeus einzeln, und Apollon und Artemis, Poseidon und Athena, Ares und Aphrodite paarweise. Vergl. *C. G. Müller*, De *Aeschyli* Septem c. Th., dissert. inaugur. (Gott. 1836.) p. 68. 35) Namentlich unter den homoloischen Göttern (Orchom. und die Minyer. S. 233), als Zosteria, d. h. zum Kampfe gürtende (*Paus.* IX, 17, 2), wie sie auch bei den epiknemidischen Lokrern verehrt wurde (*Steph. Byz.* s. v. *Ζωστήρ*), als Trakonthia in der Nähe Thebens (Orchom. S. 33). Welches aber die beiden Tempel der Pallas an einem Markt von Theben waren, welche Sophokles (Oed. Tyr. 20) erwähnt (vergl. *K. A. Unger*, Theban. par. p. 11), ist schwerlich auszumachen.

ohne Zweifel mit der thessalischen Athena-Bubeia geschichtlich zusammenhing[36]).

§. 44. **Phokischer Cultus.** Unter den Heiligthümern der Athena in Phokis heben wir besonders den delphischen Tempel der Pronáa, oder, nach anderer Auffassung, der Pronóa hervor, wegen seiner besondern Wichtigkeit für die Geschichte der griechisch[illegible]eligionen überhaupt. Wir verbinden aber gleich da[illegible]entsprechenden Heiligthümer, in denen Athena [illegible]leiterin des Apollon erscheint. Sie liegen alle in [illegible] Richtung von Delos nach Delphi, an jener heil. Straße, welche Apollon selbst gewandert sein soll, als er von seinem Geburtseilande sich zur Stiftung seines Orakels aufmachte, und auf der später die heiligen Sendungen der griechischen Staaten, insbesondere der Athener, nach dem pythischen Tempel zogen. Es leuchtet ein, daß damals, als der Dienst des Apollon sich von seinen ältesten Gründungen aus über die dazwischenliegenden Landschaften ausbreitete, die attischen Verehrer der Athena sich in ein freundliches Verhältniß dazu gesetzt und die Niederlassungen des Apollon-Cultus befördert haben[37]), jedoch mit dem stillschweigenden Vertrage, daß auch ihrer Göttin Athena ein Antheil an den Heiligthümern des jüngern Gottes zustehen solle. In Delphi selbst lag der Tempel der Pronáa ganz in der Nähe des pythischen Heiligthums an der Straße, die von Panopeus und Daulis her aus Böotien und Attika dahin führte[38]), unterhalb des kleinen Heiligthums des Heros Phylakos, der als ein Tempelwächter an ebendieser Straße, vor dem großen Hieron des Apollon, aufgestellt war[39]). Als die Schar der Perser, welche den Orakeltempel plündern wollte, auf diesem Wege vordrang, stürzten nach der Erzählung der Delpher durch göttliche Wundermacht die Felsblöcke, die sich von den steilen Abhängen des Parnaß ablösten, in den geweihten Bezirk der Pronáa herab und wurden hier noch später vorgezeigt; auch erscholl aus dem Heiligthume der Göttin selbst Kriegsgeschrei gegen die heranziehenden Tempelräuber[40]). Der Tempel wird bekanntlich von Frühern der der Pronáa (*Προναία, Προνηίη*)[41]), von Spätern, jedoch schon im Zeitalter der attischen Redner[42]), der der Pronóa (*Πρόνοια*), genannt; aber für die Ursprünglichkeit der Benennung Pronaia spricht, außer dem größern Alter der Zeugnisse, die Lage des Tempels selbst, an der Hauptstraße zum Heiligthume, auf welcher die meisten Griechen dahin pilgerten, vor der östl. Pforte zum Temenos, welche bei den griechischen Heiligthümern die bedeutendste zu sein pflegt, neben dem Heroon des Tempelwächters (Phylakos). Daß die Athena selbst als eine **Beschützerin des pythischen Heiligthumes** gedacht wurde, zeigen die schon angeführten Sagen von dem persischen Überfall; auch Kallimachos hebt die Stiftung des Heiligthums vor dem Tempel offenbar mit besonderer Bedeutung hervor[43]), und wenn man die Worte des Äschylos: „Pallas-Pronáa hat bei der Nennung der Götter den Vorrang[44]),“ recht genau nimmt, so deuten sie augenscheinlich darauf hin, daß Pallas unter den delphischen Gottheiten einen besondern Ehrenplatz hatte. Diodor nennt diese pythische Athena auch einmal zur Vermeidung aller Zweideutigkeit Pronaos[45]). Übrigens galt diese Athena für eine der Hauptgottheiten von Delphi, daher sie in den Amphiktyonischen Verwünschungen neben Apollon, Artemis und Leto als die vierte genannt wird[46]); ihr Tempel war ansehnlich und mit Weihgeschenken reich geschmückt[47]).

---

36) *Βοαρμία Ἀθηνᾶ* bei den Böotern nach *Tzetz.* ad *Lycophr.* 520 (der auch den Beinamen *Λογγᾶτις* von einem Orte Böotiens herleitet). *Βούδεια* in Thessalien nach *Tzetz.* ad v. 359. *Eustath.* ad Il. XVI, 571. p. 1076. Rom. (wo indessen auch von einer böotischen Heroine Bubeia die Rede ist). *Steph. Byz.* s. v. *Βούδεια.* Athene-Ergane in Thespiä *Paus.* IX, 26, 5. 37) Daher auch nach einer wenig bekannten, aber doch von Aristoteles selbst hervorgezogenen Tradition (s. *Cic.* de N. D. III, 22, 55 mit dem Commentar von Creuzer) Apollon selbst ein Sohn der athenischen Götter, des Hephästos und der Athena, genannt wird. 38) *Paus.* X, 8, 4. 39) *Herodot.* VIII, 39. Genau stimmt damit der Redner gegen Aristogeit. (p. 780), wonach der Tempel *εὐθὺς εἰσιόντι εἰς τὸ ἱερόν*, d. h. grade vor dem Eingange in den heiligen Peribolos, lag. 40) *Herod.* VIII, 37, 39. Vergl. *Diod.* XI, 14. 41) s. *Aeschylos* Eumen. 21 (wo man neuerdings ganz willkürlich hat ändern wollen). *Herodot.* l. c. et I, 92 (vergl. *Schweighäuser* T. IV. P. II. p. 19). *Callimach.* ap. Schol. ad *Aeschyl.* l. c. Die Contraction *Προναία* (nicht *Προνάα*) aus *Προναΐα* hat wol auch ihre euphonischen Gründe. 42) *Demosthen.* c. Aristogeiton p. 779. R. *Aeschin.* c. Ctesiphon. §. 111. *Bekk.* *Paus.* l. c. *Plutarch.* reip. ger. praec. 32. T. XII. p. 201. H. (p. 825 b.) *Parthen.* Erot. 25. *Julianus.* Or. IV. p. 149. *Spanh.* vergl. den Dichtervers daselbst). An manchen dieser Stellen ist ohne hinlänglichen Grund *Προναία* corrigirt worden. Phurnutus legt *Πρόνοια* aus, de N. D. 20. p. 184. *Gale.* In dem Lexic. Rhetor. p. 293. *Bekk.*, sowie bei Photios und Andern, werden in der Erklärung des Beinamens beide Formen vermischt und verwechselt. Da im spätern Alterthume die Form *Πρόνοια* offenbar die herrschende war, so hat nach bekannten Regeln der Kritik die Lesart *Προναία* und *Προνηίη*, wo sie sich in den ältern Schriftstellern findet, eine größere Wahrscheinlichkeit für sich, als *Πρόνοια* oder *Προνοίη*. *Lennep.* Phalarid. p. 144 (oder 160. ed. *Schaefer.*) wollte die *Προναία* der *Πρόνοια* ganz aufopfern; Creuzer Symbol. II. S. 793 nimmt eine ursprüngliche und absichtliche Ambiguität des Namens an.

43) An der schon angeführten Stelle: *Χὴ Παλλάς, Δελφοί νιν ἔσθ' ἱδρύοντο Προναίην*, wo *ἱδρύεσθαι Προναίην* eng zu verbinden ist. Ebenso sagt *Harpocr.* s. v. *Προναία*, welcher auch bei Äschines *Προναία* zu lesen und überhaupt nur diese Form zu kennen scheint (s. *Bekker.* Harpocr. p. 158): *Ὠνομάζετό τις παρὰ Δελφοῖς Ἀθηνᾶ Προναία διὰ τὸ πρὸ τοῦ ναοῦ ἱδρύσθαι.* 44) *Παλλὰς προναία δ' ἐν λόγοις πρεσβεύεται.* 45) *Diod.* Exc. Vatic. XXII, 2. p. 47. ed. *Mai.*, bei der Erzählung von dem gallischen Plünderungszuge, wo das Orakel von den *λευκαὶ κόραι* so erklärt wird: *Ὄντων δὲ ἐν τῷ τεμένει δυεῖν νεῶν παντελῶς ἀρχαίων Ἀθηνᾶς προνάου καὶ Ἀρτέμιδος, ταύτας τὰς θεοὺς ὑπέλαβον εἶναι τὰς διὰ τοῦ χρησμοῦ προσαγορευομένας λευκὰς κόρας.* Freilich setzt Diodor den Tempel der Athena-Pronaos in das Temenos selbst, während nach Pausanias (X, 8, 4, 5) die Pronáa oder Pronóa offenbar außerhalb des heiligen Peribolos ihren Tempel hatte; doch darf dies, bei einem so wenig genauen Schriftsteller, als Diodor ist, uns nicht etwa verführen, noch einen besondern Tempel der Athena-Pronaos anzunehmen. Übrigens nennt derselbe Diodor, bei der Beschreibung des persischen Angriffs, diese delphische Athena Pronoia (XI, 14), wo um so weniger zu ändern ist, da der Ausdruck: *δαιμονίᾳ τινὶ προνοίᾳ* auf den Namen der Göttin selbst anspielt. 46) *Aeschines* c. Ctesiph. §. 108, 110. 111. 121. 47) *Κάλλιστος καὶ μέγιστος νεώς* *Demosth.* c. Aristogeit. l. c. über die Weihgeschenke *Herodot.* I, 92. *Parthenios* Erot. 25. *Paus.* X, 8, 4. Auch die Delphica tabula

§. 45. Ferner stand Athena, nebst Hermes, als Pronaos, vor dem Haupttheiligthume des Apollon zu Theben, dem Ismenion [48]).

In Attika finden wir den delphischen Verein von Gottheiten in dem Demos Prasiá wieder, welcher an der Ostküste gegen die Kykladen gelegen, frühzeitig zu einem vermittelnden Punkte zwischen Athen und Delos diente [49]). In dieser Gegend war die Sage von der Verfolgung der Leto durch die Hera auf mannichfache Weise local geworden, und der Athena wurde dabei die Rolle einer vorsorgenden Führerin zugetheilt. Auf dem Vorgebirge Zoster (Gürtel) löst sie den Gürtel; hier hatte Athena mit Apoll, Artemis und Leto zusammen einen Altar [50]); von da geht Leto nach Aristides' Erzählung [51]) unter der Führung der Athena-Pronoia immer nach Osten (wo sie nothwendig in die Gegend von Prasiá kommt), und setzt von der Landspitze von Attika nach Delos über, um dort den Apollon zu gebären. Diese Landspitze ist wol nicht Sunion [52]), sondern eins der Vorgebirge, welche die Bucht von Prasiá einschließen, da eben hier Athena-Pronóa neben den Gottheiten von Delos verehrt wurde [53]).

Endlich ist hinzuzufügen, daß in Delos selbst mit dem Heiligthume des Apollon und seiner Mutter Leto ein Tempel der Athena-Pronóa verbunden war, deren Vorsorge die Geburt des Gottes erleichtert haben sollte [54]).

§. 46. Nach diesen Angaben wird es sehr wahrscheinlich, daß der Cultus der Athena auf der ganzen oben bezeichneten Linie frühzeitig in Verbindung mit dem Apollon trat, daß aber in den südlichern Punkten (Prasiá, Delos) die Athena zeitig den Namen Pronóa erhielt, wobei noch nicht an die göttliche Vorsehung im Sinne der Stoiker, sondern einstweilen nur an die Vorsicht der Athena, wodurch sie alle Hindernisse der Geburt des Apollon in Delos beseitigte, gedacht wurde, während in den nördlichern Heiligthümern, wo die Geburt des Apollon weniger celebrirt wurde, Athena lieber als Pronaos oder Pronáa mit dem Hauptgotte in Verbindung gebracht wurde, bis später, wahrscheinlich durch die vor[illegible]ende Einwirkung der Athener, auch hier die Benenn[illegible]er Pronóa in Umlauf kám und bei ihrer leichte[illegible]schbarkeit mit Pronáa diesen Beinamen immer m[illegible] Schatten stellte.

Außer diesem delphischen Dienste haben wir in Phokis nur das Heiligthum der Athena-Kranáa bei Elateia [55]), genannt von dem Haupte des Zeus, oder einer Berghöhe, oder dem Helme, den Dienst der Athena in Daulis, welchen man durch die Pandionische Prokne von Attika ableitete [56]), und bei den benachbarten Lokrern den Dienst in Amphissa zu bemerken, der sich an den ätolischen anzulehnen scheint, wiewol man das Bild der Göttin von Ilion herleitete [57]).

§. 47. Thessalischer Cultus. In Thessalien ist besonders das Heiligthum der itonischen Athena, die Mutterkirche des Bundestempels der Böoter, merkwürdig, wenn man auch nicht mehr als die Localität davon nachweisen kann. Die Böoter waren in Thessalien die Haupteinwohner der Landschaft Äolis gewesen, wie sie auch selbst Böotoi-Äoleis heißen; dieses Äolis wurde aber alsdann der Hauptsitz der Thessaler [58]), die ihre Macht durch eine große Schlacht mit den Böotern bei Arne gewannen [59]); darnach kann es keinem Zweifel unterliegen, daß Äolis im Ganzen derjenigen Tetrarchie Thessaliens angehörte, welche Thessaliotis genannt wurde, weil sie die Thessaler zuerst occupirt und sich selbst dort zum großen Theile niedergelassen hatten, während von den andern Tetrarchien, Pelasgiotis, Hestiäotis und Phthiotis, die beiden letztern von abhängigen, aber für sich bestehenden Völkerschaften bewohnt wurden, und Pelasgiotis seiner Lage nach erst später von den Thessalern besetzt wurde als Thessaliotis. In Thessaliotis nun, welches in der westlichen Hälfte Thessaliens südlich vom Peneios lag, ist der Platz der Stadt Kierion, welche an die Stelle des böotischen Arne getreten war [60]), durch neuere Entdeckungen von Münzen und Inschriften mit völliger Sicherheit bestimmt worden. Es lag in der großen Ebene des Peneios, zwischen dem Enipeus (oder Apidanos) und einem Nebenflusse desselben [61]). Eine der hier gefun-

---

antiqui aeris mit der Inschrift *ΝΑΥΣΙΚΡΑΤΗΣ ΑΝΕΘΕΤΟ ΤΗΙ ΔΙΟΣΚΟΡΗΙ* rc. bei *Plin.* VII, 58 stammte gewiß aus diesem Tempel.

48) *Paus.* IX, 10, 2. 49) Von hier sollten die hyperboreischen Gaben nach Delos abgesandt sein, *Paus.* I, 31, 2; hier zeigte man das Grab des Erysichthon, der das älteste Apollonbild nach Delos gestiftet haben sollte. *Paus.* I, 18, 5. Vergl. Böckh, Erkl. einer att. Urkunde über das Vermögen des Apollinischen Heiligthums auf Delos. §. 2. (Abhandl. der Akademie zu Berlin. 1834.) 50) *Paus.* I, 31, 1. (Von einer andern Athena-Zosteria oben §. 43. Anmerk. 35.) Die Sage vom Zoster erzählte Hyperides in der delischen Rede, s. Böckh a. a. O. §. 7. 51) *Aristid.* Panath. I. p. 97. *Jebb.* Derselbe Aristides deutet aber auch durch die Worte p. 16. *Jebb.* (28 *Steph.*) *Ἄπολλων τοῖς μὲν ἄλλοις αὐτός ἐστι προπύλαιος, αὐτοῦ δὲ τὴν Ἀθηνᾶν πεποίηται*, auf die delphische Pronáa. 52) Wie der Scholiast des Aristides (T. III. p. 27. *Dind.*) erklärt. 53) s. das Lex. Rhetor. ap. *Bekker.* p. 299 s. *Προναία Ἀθηνᾶ· ἀγάλματος ὄνομα ἐν Δελφοῖς πρὸ τοῦ ναοῦ τοῦ Ἀπόλλωνος ἱδρυμένου. Πρόνοια δὲ Ἀθηνᾶ ἐν Πρασίαις τῆς Ἀττικῆς ἵδρυται ὑπὸ Διομήδους.* Hier soll offenbar der Streit des Pronáa und Pronóa so geschlichtet werden, daß jenes die delphische, dies die attische Benennung sei. Daß Diomedes auch in Attika als Gründer eines Pallasheiligthums genannt wurde, ist auffallend. Vergl. indessen oben §. 9. 54) *Macrob.* Sat. I, 17. Sed divinae providentiae vicit instantia, quae creditur juvisse partum, ideo in insula Delo ad confirmandam fidem fabulae aedes Providentiae, quam *ναὸν προνοίας Ἀθηνᾶς* appellant, apta religione celebratur.

55) *Paus.* X, 34, 4. Ein Knabe verwaltete dort fünf Jahre lang, bevor er mannbar wurde, das Priesterthum. 56) *Paus.* X, 4, 6. Vergl. Corp. Insc. Graec. 1725. *Steph. Byz.* s. v. *Δαῦλις.* 57) *Paus.* X, 38, 3. Vergl. Rückert S. 83, welcher mit Wahrscheinlichkeit die Namen des Thoas, der das Bild der Göttin gestiftet haben sollte, und seiner Ältern Andrämon und Gorge auf einen alten blutigen Dienst der Pallas bezieht. Vergl. Anm. 35. 58) *Herod.* VII, 176. *Diod.* IV, 67. 59) *Charax* ap. *Steph. Byz.* s. v. *Ἄρνη* und Andere. 60) *Steph. Byz.* s. v. *Ἄρνη.* 61) *Leake,* Transactions of the Royal Society of Litterature. Vol. I. p. 154. Über die Einheit von Kierion und Pierion und den ursprünglichen Namen (QVIERION), sowie einige verwandte Gegenstände, s. die Beilage zu den Doriern: Zur Karte des nördlichen Griechenlands. §. 14 fg.

denen Inschriften bezeugt den Cultus des Poseidon mit dem Beinamen *Κουέριος* (*ΚΟΥΕΡΙΟΣ*), auf den auch die Münzen durch den Kopf des Gottes hinweisen, sowie sie auch seine Geliebte, Arne, knieend und nach einer Fackel greifend, nach einem noch unerklärten Mythus darzustellen scheinen [62]). Nicht weit von diesem Arne muß das thessaliotische Itonos gelegen haben, über welches sich ein Zeugniß des Strabon erhalten hat, das nach den erwähnten Entdeckungen sich mit genügender Sicherheit berichtigen läßt [63]); hier lag das älteste und ursprünglichste Heiligthum der itonischen Athena, an einem Flüßchen Kuarios oder Kuralios, welcher sich weiterhin (aber wol erst mit dem Enipeus vereinigt) in den Peneios ergoß [64]). Früher die Hauptgöttin der Böoter, wurde sie später nach dem schon oben [65]) erwähnten Grundsatze der griechischen Stämme, die eroberten Heiligthümer sich vollkommen anzueignen, ebenso als Nationalgottheit der Thessaler verehrt [66]). Ohne Zweifel stand dieses Heiligthum der itonischen Pallas in naher Verbindung mit dem Tempel des Poseidon-Kuerios (welches von Kuarios nur dialektisch verschieden sein kann), und die Verbindung dieser beiden Gottheiten gehörte demnach ebenso gut zur böotischen wie zur attischen Religion.

§. 48. Nun haben aber die Böoter auch außer diesem Mittellande von Thessalien in mythischer Zeit einen Landstrich am pagasetischen Meerbusen besessen [67]), und auch hier lag ein Arne, im nachmaligen Phthiotis [68]), und ein Iton oder Itonos an einem Flüßchen Kuralios [69]), sowie auch von Strabon und Ptolemäos in diesen Gegenden eine Stadt Koroneia erwähnt wird, welche wahrscheinlich dem böotischen Koroneia, in dessen Gebiete das itonische Bundesheiligthum lag, seinen Namen gegeben hat. Auch dieses Heiligthum der itonischen Pallas scheint ansehnlich und berühmt gewesen zu sein [70]).

Die in Thessalien verehrte Athena-Budeia möchte wol auch diese böotische Nationalgottheit gewesen sein, da ein ganz entsprechendes Epitheton, Boarmia, bereits in Böotien nachgewiesen worden ist [71]).

§. 49. Kretischer Cultus. Unter den griechischen Inseln ist es besonders nur Kreta, welches bedeutendere Tempel der Athena besaß; die kleinern Eilande waren auf ihren Vorgebirgen und Landspitzen durchaus nicht so mit Heiligthümern dieser Göttin, wie des Poseidon und der Aphrodite, besetzt, woraus man wol abnehmen kann, daß der Grund der so häufigen Verbindung des Poseidon mit der Athena nicht in der Schiffahrt und überhaupt dem Seeleben gelegen haben kann [72]). Die Kreter, welche freilich sich allmälig den Ursprung aller griechischen Götter zu vindiciren suchten und von einer Schule pragmatisirender Mythologen darin eifrigst unterstützt wurden, zeigten auch ein Athenäon in einem Gefilde Thenä (*Θεναί*), an einem Flüßchen Triton, von wo die Göttin entsprungen sein sollte [73]); es lag in der Nähe von Knossos [74]), wo auch ein Dädalisches Schnitzbild der Göttin gezeigt wurde [75]). Die Athena-Minois, wie sie Apollonios von Rhodos nennt, auf dem salmonischen Vorgebirge [76]), sonst Salmonia (oder Samonia) genannt, wird unter den Hauptgottheiten des benachbarten Hierapytna genannt [77]), welches auch die Athena-Oleria und Polias verehrte [78]) und im Ganzen der Hauptort für den Cultus dieser Gottheit in Kreta gewesen zu sein scheint [79]). Auch hatten die Hierapytnier die Athena mit den ebenda einheimischen Korybanten und der benachbarten Religion des Helios in eine Familienverbindung gebracht, indem sie die Korybanten zu Söhnen der Athena und des Sonnengottes machten, eine Sage, deren sich einmal die Nachbarn und alten Stammgenossen der Hierapytnier, die Präsier, be-

62) Außer Leake haben Millingen (Ancient Coins. p. 47), Dumersan (in dem Cabinet von Allier de Hauteroche S. 88) und Sestini (in dem Museum von Chaudoir) neuerdings Münzen von Kierion publicirt. 63) *Strab.* IX. p. 435 (615 *Tzschucke*): *Τούτου* (*τοῦ Ἀμφρύσου ποταμοῦ*) *ὑπέρκειται ὁ Ἴτωνος, ὅπου τὸ τῆς Ἰτωνίας ἱερὸν, ἀφ' οὗ καὶ τὸ ἐν Βοιωτίᾳ, καὶ ὁ Κουάριος ποταμός. εἴρηται δὲ περὶ τούτων ἐν τοῖς περὶ τῆς Ἄρνης Βοιωτικῆς. Ταῦτα δ' ἐστὶ τῆς Θετταλιώτιδος μιᾶς τῶν τεσσάρων μερίδων τῆς ὅλης Θετταλίας, ἧς ἦν καὶ τὰ ὑπ' Εὐρυπύλῳ, καὶ ὁ Φύλλος, ἔνθα Ἀπόλλωνος τοῦ Φυλλαίου ἱερόν· καὶ Ἴχναι, ὅπου ἡ Θέμις Ἰχναία τιμᾶται· καὶ Κιερὸς δ' εἰς αὐτὴν συντελεῖ καὶ* [*πάντα τὰ μέχρι*] *τῆς Ἀθαμανίας.* So lautet die Stelle nach den besten Manuscripten und einer muthmaßlichen Ergänzung, durch welche Berichtigungen aber unmöglich ein Grundirrthum des Strabon entfernt werden kann, nämlich die Verwechselung und Vermischung des phthiotischen Itonos mit dem thessaliotischen. 64) *Strab.* IX. p. 438. Die ithomische Pallas beruht blos auf falscher Lesart bei Strabon. 65) §. 39. 66) In der Schlacht der Thessaler und Phokeer am Parnaß war das Feldgeschrei der Thessaler die Athena-Itonia, *Paus.* X, 1, 4. 67) Schol. Il. XVI, 233 und zu *Aristoph.* Nub. v. 133. Die Parömiographen unter *Ἐς Κόρακας*, besonders *Apostolios* IX, 6 und *Arsenios* p. 247 *Walz.* 68) Nach Plinius. Dies ist auch wol das in Hesiod's Schild (v. 381. 475) gemeinte. 69) *Strab.* IX. p. 435. Vergl. Anm. 63. d. Sp. 70) Pausanias (I, 13, 2) scheint dies zu meinen, indem er von einem Tempel der itonischen Pallas zwischen Pherä und Larissa spricht, wenn man annehmen darf, daß er unter Larissa die Stadt Larissa-Kremaste verstehe.

71) s. über beide Epitheta §. 40 am Ende. Das thessalische *Ὁμάριον* mit dem Heiligthume des Zeus und der Athene (*Stephan. Byz.* s. v.) scheint dem Bundesheiligthume der Achäer, *Ὁμάριον*, verwandt. 72) Von dem Heiligthum auf Thera oben §. 40. Auf Andros wurde Athena unter dem Beinamen *Ταυροβόλος* verehrt; s. *Suidas* s. v. *Ταυροβόλος*. *Photios* s. v. *Ταυροπόλον*. Schol. *Aristoph.* Lysistr. 448 nach Xenomedes. Vergl. *Hesych.* s. v. *Ταυροπόλαι*. In Lesbos Athena und Zeus als *ὑπερδέξιοι* verehrt, d. h. als beschirmende Götter. 73) *Diod.* V, 70. Vergl. Schol. *Pind.* Ol. VII, 66. 74) *Callimach.* Hymn. in Jovem. v. 43. 75) *Paus.* IX, 40, 2. *Solinus* XI, 10: Cnossii Minervam deam civem (*Πολιάδα* vermuthet Heffter, Lindischer Athenadienst S. 122, habe das griechische Original gehabt) numerant. 76) Apollonius Rhod. (Argon. IV, 1691) läßt die Argonauten in Kreta ein Heiligthum der minoischen Athena gründen und sich dort mit Wasser versorgen, bevor sie das salmonische Vorgebirge umschiffen; dazu liefert den besten Commentar der Periplus von Kreta (Höck Kreta. III. S. 427) durch die Worte: *Σαμώνιον . . , ἀκρωτήριόν ἐστι τῆς Κρήτης ἀνέχον πρὸς βοῤῥᾶν ἐπιπολύ. ἔστι δὲ ἱερὸν Ἀθηνᾶς· ἔχει ὕφορμον καὶ ὕδωρ· τὰ δὲ ἄλλα ἠφανισμένα.* 77) s. die Inschrift von Hierapytna im Corp. Inscr. Graec. n. 2555. 78) s. Corp. Inscr. 2555 u. 2556, aus welcher letztern Inschrift man sieht, daß auch die Priansier die Athena-Polias verehrten. Vergl. *Steph. Byz.* s. v. *Ὤλερος*. 79) Die Münzen von Hierapytna haben in ihren Typen Ähnlichkeit mit den athenischen.

dienten, um ihre Verwandtschaft und alte Befreundung mit den Rhodiern darzuthun[80]), und welche die Orphiker berechtigte, die Athena als Anführerin der durch gleiche Liebe zu den Waffen und zur Musik ihr verwandten Kureten darzustellen[81]).

§. 50. Rhodischer Dienst. Auch auf Rhodos gehörte der Dienst der Athena zu den angesehensten. Auf der Akropolis von Lindos stand ein berühmter Tempel der Göttin[82]), derselbe, den nach einer Sage die Heliaden, da sie von ihrem Vater von der Geburt der Athena die erste Nachricht empfangen, gestiftet und in der Eile mit feuerlosen Opfern eingeweiht hatten — nach der andern Danaos und seine Töchter, auf ihrer Fahrt von Ägypten nach Argos, gegründet haben sollten[83]). Da nun aber Danaos und die Danaiden ihrer mythischen Bedeutung nach durchaus der Localität von Argos angehören und von ebenda, von Argos, auch die herrschende Bevölkerung von Rhodos, die Herakliden und Dorier, nach Rhodos gekommen ist, so ist gewiß große Wahrscheinlichkeit vorhanden, daß der lindische Athena-Cultus der argivische sei und in der mythischen Periode von Rhodos (von der sich überhaupt so wenig echte Überlieferungen erhalten haben), noch gar nicht auf dieser Insel existirt habe[84]). Dann erscheint auch die Fabel von dem goldenen Regen, den Zeus auf Rhodos fallen ließ, als dort seine Tochter mit solchem Eifer verehrt worden war, nur als eine Übertragung der argivischen Sage von dem goldenen Regen, in welchem Zeus zur Danae hinabstieg (§. 30); auch dürfen die erwähnten feuerlosen und wol auch unblutigen Opfer der Sonnensöhne als ein Beweis angesehen werden, daß die Rhodier die Athena noch als eine große Naturgöttin und Segenspenderin kennen lernten. Jedoch trat in dem historischen Zeitalter in den Vorstellungen der Rhodier weit mehr die Rücksicht auf die Gattungen von Cultur und Bildung hervor, wie sie sich in Rhodos grade entwickelt hatten, wobei auch zeitig ein bedeutender Einfluß der Athenischen Ansichten wahrzunehmen ist. Auf der Burg von Lindos, zwischen den Felsen des Berges, war ein Olivengarten, welchen Nireus, der König der benachbarten Insel Syme, der Athena geweiht haben sollte; auch hier wurde also Athena besonders als Vorsteherin des Olivenbaues verehrt[85]). Zugleich wurde Athena, wie von den attischen Dädaliden[86]), so auch von den Rhodiern als die Erfinderin der bildenden Kunst gefeiert, welche nach Pindar den alten Meistern von Rhodos verlieh; Werke „lebenden und wandelnden gleich" zu schaffen[87]). Diese alten Bildwerke wurden in Rhodos den Telchinen beigelegt, deren mythologische Gestalt das ganze Treiben von zunftmäßigen und ebendarum misgünstigen und abgeschlossenen Verbindungen bezeichnet, durch welche Schiffahrt, Metallarbeit, bildende Kunst in jenen Gegenden eine Zeit lang betrieben wurden. Insofern Athena nun solchen Innungen vorstand, wurde sie selbst Telchinia genannt[88]). Von dem lindischen Heiligthume ging durch die Colonie der Rhodier und Kreter nach Gela, von welcher wieder Akragas, sowie Kamarina, eine Tochter-Colonie war, der Dienst der Pallas-Polias in diesen beiden sicilischen Städten aus[89]), mit welcher der Zeus-Atabyrios oder Polieus in Agrigent, und wahrscheinlich auch in Kamarina, verbunden wurde[90]), dessen Cultus wol schon in Rhodos mit dem der Athena in ein näheres Verhältniß getreten war[91]).

§. 51. Cultus von Ilion. Unter den Athena-Heiligthümern der kleinasiatischen Küste ist unstreitig der Tempel der Göttin in Ilion der merkwürdigste. Dem Homer ist dieser Tempel wohlbekannt; er lag auf der Burg von Troja und enthielt nach den Vorstellungen des Dichters ein großes sitzendes Bild, indem die Frauen,

80) *Strab.* X. p. 472. Von dem Cultus der Athena-Koresia in Korion (*Steph. Byz. s. v. Κόρσιον*). 81) Dahin zielende Anführungen aus Orphischen Gedichten bei *Lobeck.* Aglaoph. I. p. 541. 82) *Pind.* Ol. VII, 49. *Philostrat.* Pict. II, 27. Anthol. Palat. XV, 11. Sehr ausführlich hat neuerlich M. W. Heffter, Die Götterdienste auf Rhodos. 2. Heft, den lindischen Athenadienst behandelt. 83) *Apollod.* II, 1, 4. §. 8. Marm. Par. Ep. 9. *Diod.* V, 58 (der aber auch die andere Sage V, 56 erzählt). *Strab.* XIV. p. 655. Darauf gehen auch die Verse des Kallimachos bei *Euseb.* Praep. Evang. III, 8: *Ὧδε καθιδρύοντο θεοὺς τότε· καὶ γὰρ Ἀθήνης Ἐν Λίνδῳ Δαναὸς λεῖον ἔθηκεν ἕδος. Λεῖον ἕδος* ist ein glattes, d. h. ungeschnitztes, Holzbild, ein Bret oder Pfahl oder dergl. 84) Die *ἄπυρα ἱερά* der lindischen Athena lassen sich freilich in Argos ebenso wenig wie in andern Gegenden nachweisen, doch könnte uns leicht ein entsprechender argivischer Gebrauch verborgen geblieben sein; oder es könnten auch Ideen und Gebräuche des altrhodischen Sonnendienstes eine solche Einwirkung auf den neuen Athenacult gehabt haben.

85) Das interessante Epigramm (Anthol. Palat. XV, 11) welches am Eingange dieses Olivengartens auf der Burg von Lindos gestanden haben muß, und der poetischen Fiction nach die Schenkung des Nireus verewigen sollte, wird etwa so herzustellen sein:

Ἐσσὶ μὲν ἀρχαίης Λίνδου κλέος, Ἀτρυτώνη,
Δεξαμένης σ' ὄχθοις οὐρανίοισιν ἄκροις.
Μέζων δ' οἱ κατὰ γαῖαν ἐπήρατος ἔπλετο φήμη,
Παρθενικῆς γλαυκῶν πλησαμένης χαρίτων.
Νῦν γὰρ Ἀθηναίης βοάᾳ θαλερὸς ἔμεν οἶκος
Χῶρος, καρπογόνους δερκόμενος σκοπέλους.
Ἄνθεμα γὰρ τόδε λαρὸν Ἀθηναίῃ πόρε Νιρεύς
Ἀγλαόχαρτος, ἑῶν νειμάμενος κτεάνων,
Κρέσσον γ' ἢ Κελεοῖο καὶ Ἰκαρίοιο κατ' αἶαν,
Πάμπαν ἀεξῆσαι τὴν πιερὴν ἐλάην.

86) s. oben §. 10. 87) *Pindar.* Ol. VII, 51 nebst Böckh's (p. 172) und Dissen's (p. 87) Commentar. 88) Nikolaos von Damask bei *Stob.* Serm. XXXVIII, 225 (Fragm. *Orell.* p. 146) übersetzt die telchinische Athena durch *Ἀθηνᾶ βάσκανος*, insofern wol richtig, als Athena nicht blos deswegen Telchinisch hieß, wie wol manche andere Götter, weil ihr Bild von den Telchinen verfertigt worden sein sollte. Merkwürdig ist auch die Übertragung des Dienstes der Athena-Telchinia auf Teumessos in Böotien (*Paus.* IX, 19), das um so mehr mit Telmessos in Lykien, Rhodos gegenüber, in Verbindung gebracht werden darf (wie Rückert S. 162 thut), da nach dem kretischen Dialekt Telmessos in Teumessos verwandelt werden konnte (wie *ἅλμα* in *αὖμα*); und da eine kretische Niederlassung in der Gegend von Teumessos deutliche Spuren hinterlassen hat (Welcker über eine kretische Colonie in Theben. S. 21 fg. 89) s. Böckh im Commentar zu *Pind.* Ol. II, 1. p. 123. 90) Böckh a. a. O. zu Ol. V, 9. p. 150. Heffter, Götterdienste auf Rhodus. III. S. 19. 91) Zwei Inschriften aus Taurien von Sympheropel, offenbar von einem Monument, welches wahrscheinlich von einem rhodischen Handelsmann herrührte, nennen den Zeus-Atabyrios und die lindische Athena. Corp. Inscr. Graec. n. 2103. b. c. T. II. p. 147.

welche auf Hektor's Rath der Göttin einen Peplos darbringen, um sie zu versöhnen, ihn auf die Kniee der Statue legen[92]). Daß eine Hauptgottheit der Troer, welche bei ihnen vorzügliche Ehre genießt und inbrünstig von ihnen angefleht wird, doch ihnen immer abgeneigt und ihren Feinden im höchsten Grade günstig bleibt, gehört zu den Motiven der Ilias, auf denen das lebendige Interesse und der geheimnißvolle Zauber dieser Dichtung beruhen, und daß wir durch Homer selbst von den Gründen dieser Abneigung, welche die spätere Poesie meist in der Zurücksetzung der Göttin im Gerichte des Paris sucht, nichts erfahren, vermindert die eigenthümliche Wirkung dieses Verhältnisses zwischen den Troern und ihrer Stadtgöttin nicht im Geringsten. Da indessen das Heiligthum der Athena auch nach der Verwüstung der Stadt auf der alten Burg fortbestand, so ist gewiß auch Vieles von dem, was uns spätere Dichter über Ursprung und Einrichtung dieses Dienstes melden, für alte Localtradition zu nehmen. Noch Xerxes, Alexander und C. Livius im Kriege gegen Antiochos brachten der Athena-Ilias die seit alten Zeiten gewöhnlichen Kuhopfer[93]), und die Lokrer von Opus schickten bis zur Zeit des phokischen Krieges (Ol. 108, 3) der Athena auf Ilion Jungfrauen oder Mädchen, aus dem Stamme der Aias, Oileus' Sohnes, als Sühnopfer (*ποινή*) für den Frevel, den dieser lokrische Held beim Altar der Göttin an der Kassandra verübt hatte. Man erzählt, daß diese Jungfrauen, wenn sie vor ihrem Eintritte in das Heiligthum von der Dienerschaft desselben aufgefangen wurden, wirklich den Opfertod litten; wenn sie aber unbemerkt in den Tempel kamen, verrichteten sie in Sklavenkleidern und mit geschorenem Haupte als Mägde der Göttin den niedrigsten Tempeldienst[94]). Der Zusammenhang des troischen Cultus mit dem attischen und arkadischen ist nach den Sagen von Ilion nicht zu bezweifeln; auch Homer kennt unter den ersten Königen Troja's den Erichthonios, der unmöglich durch Zufall denselben Namen führen kann, wie der attische, und wenn dieser Erichthonios bei Homer als Eigenthümer großer Heerden von Rossen erscheint, so tritt die Verwandtschaft mit dem Poseidon-Erichthonios der Athener noch deutlicher hervor[95]). Daß auch die ilische Athena eine Hippia gewesen, muß aus der Sage vom hölzernen Pferde geschlossen werden, die ja auch dem Homer schon bekannt ist. Daß es auf Anstiften der Athena verfertigt wurde[96]) und von den Troern als Weihgeschenk in den Tempel derselben Göttin auf der Burg gebracht wurde[97]), scheint der Grundzug dieses Mythus, indem man wahrscheinlich die Idee von dem Hasse der Burggöttin gegen ihre eigene Stadt so ausführte, daß sie selbst durch ein ihr geweihtes Roß die Troer bekriegen ließ[98]). Nach den von Dionys von Halikarnaß aufbewahrten Sagen, welche oben (§. 33) schon erwähnt wurden, hängt die troische Athena eng mit der arkadischen Chryse zusammen, und es wird in hohem Grade wahrscheinlich, daß der in Lemnos noch später bekannte Dienst dieser grausamen Göttin nur ein Überrest eines an diesem Küstenstriche und auf den gegenüberliegenden Inseln einst viel weiter verbreiteten eigenthümlichen Cultus der Athena war. Wie diese Chryse durch ihre haushütende Schlange (*οἰκουρὸς ὄφις*) den Philoktetes verwundet, so kommen auch die Schlangen, welche den Laokoon umbringen, damit das hölzerne Pferd seine Bestimmung erfüllen könne, auf Antrieb der Athena, und verbergen sich nach vollbrachter That im Tempel der Göttin unter ihrem Schilde[99]).

§. 52. Vor Allem knüpfen sich an Ilion die sämmtlichen griechischen Sagen von dem Palladion, indem alle Staaten, welche im Besitze solcher Bilder waren, von deren eigentlicher Beschaffenheit wir oben (§. 10) schon gehandelt haben, den Ursprung und die Herkunft derselben an die überall verbreiteten Sagen von dem trojanischen Kriege anreihten. Diese Sagen sind merkwürdig durch die alterthümlichen, später mehr in Schatten gedrängten Vorstellungen über die Natur und Wirksamkeit der Göttin, welche überall hindurchblicken. Das troische Palladion wird als ein Schnitzbild von Holz beschrieben, von geringer Größe, oder doch wenigstens unter Lebensgröße (nach Apollodor und Diodor drei Ellen hoch), sodaß es leicht weggetragen und auf Zügen und Fahrten mitgenommen werden konnte. Nach Apollodor führte es in der Rechten den Speer, in der Linken Rocken und Spindel (*ἠλακάτην καὶ ἄτρακτον*) — eine Andeutung der friedlichen Wirksamkeit, die sich in der Athena mit der kriegerischen vereinigt[1]). Indessen ist dies nicht die

92) Il. VI, 273 sq. Die Palladien dagegen stellten eine aufrechte Figur dar, daher die Frage der alten Erklärer zu Il. VI, 92: *Πῶς δὲ ὀρθοῦ ὄντος τοῦ Παλλαδίου τὸν πέπλον ἐπὶ γούνασι θεῖναι παρακελεύεται.* Strabon (XIII. p. 601) entscheidet die Frage, wie im Texte geschehen ist. 93) *Herodot.* VII, 43. *Arrian.* I, 11. *Livius* XXXVII, 8. Xerxes opferte *βοῦς χιλίας*. Vergl. Il. VI, 308. Jedoch ist zu bemerken, daß Xerxes zwar nach Herodot nach dem Pergamon des Priamos hinaufstieg, um da zu opfern, aber seit Alexander's Zeit der Athenatempel in Neuilion sich ganz die Ehre des ursprünglichen zueignete. *Strab.* XIII. p. 593. 94) f. *Timaeos* ap. *Tzetz. Lycophr.* 1141, 1159. *Aeneas* Tact. 31. *Callimach. Αἴτια* Fragm. 6. *Bentl.*, bei den Scholien zur Il. V, 66. *Strab.* XIII. p. 600 (897 A.). *Plutarch.* de sera num. vindicta 12 mit Wyttenbach's Anmerkung. *Aelian.* ap. *Suidam* s. v. *ποινή*. Jamblich, Leben des Pythag. 8. *Serv.* ad *Virg.* Aen. I, 41, welcher ausdrücklich eine virgo ex Aiacis tribu nennt; daher zu glauben ist, daß von den 100 edlen Familien, welche *Polyb.* XII, 5, 7 dabei nennt, doch nur die, welche zu dieser Phyle gehörten, dazu herangezogen wurden. Oder gehörten vielleicht alle zu einer aristokratischen Phyle?

95) Il. XX, 220. Vergl. *Strab.* XIII, p. 604. 96) Il. XV, 71. Od. VIII, 493. 97) *Arctinos* *Ἰλίου πέρσις* ap. *Proclum.* Die Od. VIII, 509 sagt unbestimmter: *Μέγ' ἄγαλμα θεῶν θελκτήριον εἶναι.* 98) Vergl. Völcker, Mythol. der Japet. S. 170 fg. und in der allgem. Schulzeit. 1831. 2. Abth. S. 334, welcher Gelehrte das Roß im Athenaheiligthum auf einen Kampf des Poseidon und der Athena bezieht. Rückert S. 174 fg. nimmt ein Orakel an, in welchem die Schiffe der Achäer das hölzerne Roß genannt worden seien. 99) *Virg.* Aen. II, 225 (wahrscheinlich nach Arktinos). Vergl. Rückert S. 173.

1) *Apollod.* Bibl. III, 12. 3. §. 5. 8. Vergl. *Diod.* Fragm. 26. p. 640 *Wessel.* Bei Eustathios zur Ilias (VI, 91. p. 627, 6 Rom.) wird dem Palladion ein *στέμμα καὶ ἠλακάτη* zugeschrieben, und auf dem Kopf ein *πῖλος*, wie ihn auch die Athena von Alea hatte, *Paus.* VIII, 46. Und so mit einer Art von Barett, statt des Helms, kommt das troische Palladion öfter in Vasengemäl-

gewöhnliche Vorstellung, indem sowol andere Schriftsteller, als die zahlreichen Bildwerke, welche den Raub des Palladions oder die Flucht der Kassandra zu diesem Bilde vorstellen, es immer nur mit kriegerischen Attributen versehen, sodaß es in der Rechten den Speer zückt und mit der Linken den Schild emporhebt. Auch die Ägis wird als wesentliches Attribut der Palladien angegeben [2]). Ein solches Bild sollte bald die Chryse, Pallas' Tochter, dem Dardanos, bei ihrer Vermählung mit ihm, zugebracht haben [3]), nach anderer Sage soll Ilos, der Gründer von Ilion, das vom Himmel gefallene Palladion am Hügel der Ate gefunden haben [4]). Die griechische Mythendichtung hat nämlich in sehr mannichfachen Formen den Gedanken ausgedrückt, daß das Palladion einer Ate, d. h. im ursprünglichen Sinne des Worts, einer leidenschaftlichen, in Geistesverblendung vollführten That, seine Entstehung danke, und immer von Neuem die Ate über die Menschen bringe. Athena selbst sollte in einer solchen Verblendung des Sinnes eine Schwester oder Gespielin, die Pallas, mit der sie zusammen von Triton erzogen wurde, bei Gelegenheit gemeinschaftlicher Waffenübungen getödtet haben. Worauf Athena zu ihrem eigenen Troste als ein Ebenbild dieser Pallas das Palladion macht und es beim Zeus zur göttlichen Verehrung aufstellt [5]). Hernach aber, als Elektra sich zu diesem Bilde flüchtet, soll Athena es mit der Ate zusammen auf das Land von Ilion herabgeworfen haben [6]). Der Gedanke, daß das Palladion Denkmal einer Ate sei, liegt auch der Sage zum Grunde, daß es von Hephästos aus den Gebeinen des Pelops verfertigt sei [7]); nämlich als die Götter in einer Verblendung des Sinnes den Pelops bei seinem Vater Tantalos verzehrt hatten. In andern Sagen wird die Vorstellung, daß eine wilde Mordthat durch das Palladion verewigt worden, noch abenteuerlicher ausgeführt. Das Palladion sollte mit einer Menschenhaut überzogen sein [8]), und Athena, die Tochter des Pallas und der Titanis, der Tochter des Okeanos, diese Haut ihrem eigenen Vater, den sie getödtet, als Spolie abgezogen haben [9]). Aber nicht blos an die Entstehung, sondern auch an die fernern Schicksale des Palladions knüpft sich die Vorstellung einer damit verbundenen Ate auf eine merkwürdige Weise an. Theils gerathen die achäischen Helden selbst unter einander über das Palladion in Streit, theils werden die, welche sich dessen bemächtigt haben und es nach ihrer Heimath bringen wollen, von Andern überfallen und das Palladion ihnen entrissen. Auch dabei wirkt vorzüglich Täuschung, Verblendung, eine Leidenschaft, die ihren Gegenstand nicht kennt — also grade die Gemüthszustände, welche ursprünglich durch den Ausdruck Ate bezeichnet werden. So werden die Argiver, welche das Palladion mit sich führen, da sie in dem attischen Hafen von Phaleron landen, von befreundeten Griechen getödtet, welche ihre Landsleute nicht erkennen; auf diese Weise kommt das Palladion in die Hände der Athener [10]). In Athen wurden bei diesem Palladion die Gerichte der Epheten über unvorsätzlichen Mord gehalten, ohne Zweifel wieder, weil man über Thaten, die meist aus einer leidenschaftlichen Verblendung des Sinnes hervorgegangen waren, am besten zu richten meinte bei einem Gottesbilde, das selbst als Denkmal einer solchen Gemüthsverfassung gedacht wurde. Es ist wol klar, daß alle diese Sagen und Gebräuche auf einem gemeinschaftlichen Grunde wurzeln, und eine und dieselbe Idee, welche sich an den Palladiencultus knüpfte, ausführen, aber weder einseitig blos aus dem athenischen Institut des Ephetengerichts, noch aus dem unglücklichen Schicksale von Troja erklärt werden können.

So verhängnißvoll und oft verderblich dies Heiligthum auch seinen Besitzern leicht wurde, so groß war doch der Ehrgeiz der griechischen Staaten in der Behauptung der Ansprüche auf das echte troische Palladion. Eine Menge Sagen, besonders unteritalischer Staaten [11]), gehen nur darauf hinaus zu zeigen, wie die Heroen, welche dort als κτίσται verehrt wurden, das Palladion dahin gebracht hätten, und derselben Richtung folgend, haben alsdann die römischen Mythographen kein Mittel unversucht gelassen, um das Palladion in die Hände des Äneas gelangen zu lassen und die Echtheit und Ursprünglichkeit des in Rom unter den Pfändern des Heils aufbewahrten zu erweisen [12]).

§. 53. Außer den erwähnten Gebräuchen und Sa-

den vor, z. B. *Raoul-Rochette*, Monumens inédits pl. 60. Darnach sind die Scholien zu Ilias (VI, 92) zu corrigiren.

2) *Apollod.* l. c. *Tzetz.* ad *Lycophr.* 355 und besonders *Herod.* IV, 189. 3) *Dion. Hal.* I, 68. Dieser Schriftsteller redet von Palladien in der Mehrzahl, weil er der Meinung folgt, daß auch in Troja (wie nachmals in Rom) mehre gewesen seien. Nach *Ptolemaeos Hephaest.* ap. *Photium* p. 148 *Bekk.* (246 H.) und einer Vase bei *Millingen*, Uned. Mon. I, 28 rauben sogar Diomedes und Odysseus zwei Palladien. Vergl. auch *Serv.* ad Aen. II, 166. 4) *Apollod.* Bibl. III, 12, 3. Vergl. *Hesych.* s. v. Ἀτιολόφος (Ἄτης λόφος) und *Steph.* s. v. Ἴλιος nach der Verbesserung von *Meursius* ad *Lycophr.* v. 29. 5) *Apollod.* III, 12, 3. *Tzetz.* ad *Lycophr.* 355. Vergl. *Herod.* IV, 180. Die Griechen scheinen nationale Spiele, die sie bei den Ausern in Libyen vorfanden, auf die ihnen vorher schon bekannten Mythen von der tritonischen Pallas bezogen zu haben. 6) *Apollod.* l. c. Vergl. *Heyne* p. 295, 298. Die Schändung und Flucht der Elektra ist ein Vorbild des Schicksals der Kassandra, die auch auf dem Hügel der Ate wohnt. *Lycophr.* v. 29. 7) *Dionys.* ap. *Clem.* Protr. c. 4. §. 14 *Sylb.* (p. 42 *Pott.*) 8) Die Schol. ad Il. VI, 92. *Eust.* ad Il. VI, 91. p. 27. Rom. 9) *Clem. Alex.* Protr. c. 2. p. 8 *Sylb.* (24 *Pott.*) *Tzetz.* ad *Lycophr.* l. c. Dieselbe Sage auch bei *Cic.* de N. D. III, 23, 59. *Arnob.* adv. gent. IV, 14, 16. *Jul. Firmicus* de err. prof. rel. c. 17. *Ampelius*, Lib. memor. c. 9. Überall heißt die Mutter der Pallas in dieser Genealogie Titanis, und wenn man es auch wahrscheinlich finden muß, daß dafür Tritonis gestanden habe (wie Scaliger bei Firmicus ändern wollte), so muß der Fehler doch in den alten Schriftstellern selbst liegen.

10) *Phanodemos* ap. *Suid.* s. v. ἐπὶ Παλλαδίῳ und Andern. *Paus.* I, 28, 9. *Eustath.* ad Od. I, 321. p. 1419 Rom. Auf diese Argiver wurden die θεοὶ ἀγνῶτες oder ἄγνωστοι in Phaleron bezogen, vergl. *Paus.* I, 1, 4 mit *Pollux* VIII, 10, 118. 11) s. *Strab.* VI. p. 264. 12) s. darüber *Heyne* Exc. IX ad Aen. II. Am meisten verschiedene Berichte bei *Servius* ad Aen. II, 166. Wenn die Nachricht zuverlässig ist: *simulacrum hoc a Trojanis absconditum fuisse intra exstructum parietem, . . . quod postea bello Mithridatico dicitur Fimbria quidam Romanus inventum indicasse: quod Romam constat advectum*, so würden alle die Er-

gen ist noch der Name Glaukopis der ilischen Athena als ein eigenthümlicher Cultus-Name zuzueignen. Homer braucht ihn häufig, und zwar auch ganz für sich als Hauptnamen der Gottheit (während er Pallas nur mit Athena verbunden gebraucht. §. 1) [13]), und es ist nicht bekannt, daß im griechischen Mutterlande Athena mit dem speciellen Beinamen Glaukopis Heiligthümer gehabt hätte. Auch wird noch später der Tempel der Athena zu Sigeion, welcher Ort aus den Trümmern von Ilion erbaut war, Glaukopon genannt [14]). Daß auch die Burg von Athen Glaukopion genannt worden sei, wie Einige behaupteten (die attischen Dichter zeugen nicht dafür), erscheint nach einer Bemerkung von Apollodor sehr zweifelhaft [15]); vielmehr vertrat im athenischen Cultus der Name der Aglauros den der Glaukopis. Die darin liegende Beziehung auf das Licht tritt noch in späterer Zeit bei der ilischen Athena besonders hervor. Der Athena-Ilias wurden Fackelfeste gefeiert, und sie selbst kommt auf den Münzen als ein Idol in alterthümlichem Style mit dem Speer über der Schulter und einer kleinen Fackel oder Lampe in der Hand vor [16]). Merkwürdig ist die Festigkeit, mit welcher die Nachkommen der alten Troer, der Rest der Nation der Teukrer, die alte vaterländische Religion festhielten. Diese Trümmer des Teukrer-Volkes fanden sich nicht eigentlich im spätern Ilion vor (einem äolischen Flecken, der sich den alten Namen und Ruhm anmaßte), sondern im Innern des Ida-Gebirges, zu Gergis, wo Herodot die Teukrer als damals noch vorhanden kennt, und zu Skepsis, wo noch später Äneaden herrschten. Auch hier, zu Gergis und Skepsis, war noch immer die Athena Hauptgöttin und hatte ihren Tempel auf den Akropolen [17]).

§. 54. **Lydischer Dienst.** Von den übrigen Heiligthümern in Kleinasien — die ionischen sind bei dem attischen Cultus (§. 26) aufgeführt worden — hat keines eine besonders hervorstechende Wichtigkeit für die Geschichte des Cultes. Wahrscheinlich würde indessen die lydische Athena-Gygäa eine solche haben, wenn uns mehr von der Eigenthümlichkeit dieses Cultes bekannt wäre, und auch jetzt läßt sich noch ein und der andere interessante Zug zur Charakterisirung dieser lydischen Athena ans Licht ziehen. Sie wurde an demselben See, Gygäa, später Koloë, verehrt, der ein Mittelpunkt der Mythologie der Mäoner oder Lyder schon bei Homer ist [18]), an dem auch die Grabmäler der lydischen Könige lagen. Ohne Zweifel haben die Lyder, deren Religion halb griechisch und halb phrygisch war, diesen Glauben von den Pelasgern angenommen, und wol zunächst die mäonischen Torrheber von den pelasgischen Tyrrhenern. In dem Völkerverkehre dieser Gegend hat sich, nach deutlichen Spuren, zuerst die Vorstellung der musikalischen, flötenspielenden Athena gebildet. Daß die Lyder, nebst den Phrygern, besonders als Erfinder und erste Ausbilder der Flötenmusik galten, ist bekannt; und zwar kommt dieser Ruhm insbesondere dem Theile der lydischen, oder vielmehr mäonischen Nation, zu, welcher den speciellen Namen der Torrheber führte. Es gab einen torrhebischen See in diesem Gebiete, an dessen Ufern Karios, der Sohn des Zeus und der Torrhebia, umherschweifend die Stimme der Nymphen, welche die Lyder als Musen verehrten, vernommen haben und darnach seine Landsleute in der Musik unterwiesen haben soll [19]). Offenbar gehörte es zu den Eigenthümlichkeiten des Glaubens dieser interessanten Nation, in der die glühende und melancholische Phantasie der Phryger sich mit griechischer Heiterkeit und Anmuth auszusöhnen scheint, daß sie an den schönen, von reicher Vegetation umgrünten, Seen ihres Landes im Rauschen der Gewässer, der Bewegung des Schilfes, dem Flüstern des Windes, begeisternde Stimmen und harmonische Töne zu vernehmen glaubte, die ihre poetische und musikalische Phantasie zu sanften, lieblichen Weisen anregten. Wir hören von einem See in Lydien, wo man die heiligen Fische durch Flötenspiel an das Ufer lockte, und wo Inseln vom Winde bewegt nach der Flöte einen Tanz aufzuführen schienen [20]); Inseln, welche aus Schilfrohr, das auf leichtem, bimssteinartigem Boden wuchs, bestanden und davon Kalaminä hießen, wie auch der ganze See [21]).

---

zählungen, wie das Palladion durch Äneas nach Rom gekommen sei, erst einem sehr jungen Zeitalter ihre Entstehung verdanken.

13) s. besonders Il. VIII, 373, 406, 420. XXIV, 26. Od. III, 135. XIII, 389. XXIV, 540. 14) *Alcaeos* ap. *Strab.* XIII. p. 600. Vergl. indessen Seidler in Niebuhr's rhein. Mus. III. S. 312. 15) s. *Apollod.* ap. *Strab.* VII. p. 297. Vergl. *Eustath.* ad Od. II, 395. p. 1451. ed. Rom. Schol. ad Il. V, 422. 16) s. *Choiseul Gouffier*, Voy. pittor. T. II. pl. 38. *Eckhel* Doctr. num. Vol. II. p. 484. Vergl. *Guigniaut* Mythologie de *Creuzer*. T. II. p. 735. Über das Fest Ilieia *Hesych.* s. v. *Ἰλίεια* nach Meursius Verbesserung. 17) *Xenoph.* Hell. III. 1, 21. 23. Vergl. *Herod.* V, 122. VII, 43. 18) Il. II, 865. XX, 391. Vergl. *Strab.* XIII. p. 625.

19) *Nicolaos Damasc.* ap. *Steph. Byz.* s. v. *Τόῤῥηβος.* Torrhebos wird auch von Plutarch (de mus. 15) als Urheber der lydischen Tonart, und in Bekker's Anecdotis (p. 452) unter dem Namen „Tyrrhenos der Lyder" als Erfinder des Trigonon gerühmt. 20) s. *Varro* de re rust. III, 17: Pisces sanctiores, quam illi in Lydia, quos sacrificanti tibi, Varro, ad tibicinem Graecum gregatim venisse dicebas ad extremum litus atque aram, quod eos capere auderet nemo (dies setzt doch wol voraus, daß die Fische auch sonst dem Flötenspiele zu folgen pflegten; vergl. *Aelian.* H. A. VIII, 5): cum eodem tempore insulas Ludiorum ibi choreuusas vidisses, nach der Lesart von Schneider, der indessen Ludiorum auch nicht für sicher hält. *Martianus Capella* IX. c. 1: In Lydia Nympharum insulas dicunt, quas etiam recentior M. Terentius Varro se vidisse testatur, quae in medium stagnum a continenti procedentes cantu tibiarum primo in circulum motas dehinc ad litora revertantur. 21) *Sotion Παραδοξολογούμενα* (bei *Aristot.* Mirab. Ausc. ed. *H. Steph.*) *Ἐν Λυδίᾳ ἐστὶ λίμνη καλαμίνη καλουμένη, ἱερὰ δὲ οὖσα Νυμφῶν, ἣ φέρει καλάμων πλῆθος. — θυσίας δὲ καὶ ἑορτὰς ἐπιτελοῦντες, ἐνιαυσίους ἐξιλάσκονται. τούτων δὲ ἐπιτελουμένων, ἐπειδὰν ἐκ τῆς ἠϊόνος κτύπος συμφωνίας γένηται, πάντες οἱ κάλαμοι χορεύουσι κ. τ. λ.* *Plin.* N. H. II, 95. §. 209: In Lydia quae vocantur calaminae, non ventis solum, sed etiam contis quo libeat impulsae, multorum civium Mithridatico bello salus. Sunt et in Nymphaeo (d. h. dem Fluß in Latium bei Terracina, Salmasius [Exerc. Plin. I. p. 125] ist im Irrthum) parvae, Saliares dictae, quoniam in symphoniae cantu ad ictus modulantium pedum moventur. *Seneca* Natur. quaest. III, 25. p. 109 Bipont.: Sunt enim multi (lapides) pumicosi et leves, ex quibus quae constant insulae, in Lydia natant. Cälius Rhodiginus hat in seinen Lection. antiqq. (IX, 5) mit einer sehr freien Combination der Stelle des

Dieser See war aber kein anderer als der obengenannte gygäische, wie man aus einer Stelle des Strabon sehr bestimmt errathen kann [22]); die Inseln werden (von Martianus Capella) auch die Nympheninseln genannt. Ohne Zweifel war es besonders dieser See, an welchem jener eigenthümliche Cult der Musennymphen oder Nymphenmusen bei den Lydern wurzelte, der auf jeden Fall auf einer viel engern Verbindung der Gesangsgöttinnen mit den Gottheiten des feuchten Elements und der Vegetation beruhte, als sie sich bei den Griechen in der Zeit ihrer Bildung erhalten hatte [23]). Mitten in dem Kreise dieser lydischen Musennymphen stand nun auch die gygäische Athena, wie man zwar schwerlich durch ein directes Zeugniß belegen kann, aber doch nach der Natur der Sache sehr wahrscheinlich finden muß. Beachtet man, daß Athena nach der bekannten Sage [24]) die Flöte zwar erfunden, aber dem Marsyas entweder freiwillig übergeben oder die weggeworfene überlassen haben soll — dem Dämon eines Flüßchens, das zwar in dem Gebiete der phrygischen Stadt Kelänä entspringt, aber den Grenzen Lydiens sehr nahe liegt — ferner, daß die Athena als Flötenspielerin in den rein griechischen Vorstellungen von dieser Göttin keine gehörige Erklärung findet, dagegen in der Religion der Etrusker als Schutzgöttin dieser Art von Musikern wiedergefunden wird — eines Volkes, das mit den Lydern und zwar grade mit den Torrhebern in einem historisch ausgemachten Zusammenhange stand —, so leuchtet es wol ein, daß wir hier, in Lydien, am gygäischen See, die wahre Heimath des Flötenspiels der Athena gefunden haben. Übrigens war auch in Kelänä, der Nachbarstadt Lydiens und Vaterstadt des Marsyas, ein mystischer Cultus der Pallas, den Nonnos durch den Ausdruck: „die sühnenden Weihen der Gorgo" bezeichnet [25]).

§. 55. In Griechenland haben die von Kleinasien herüberkommenden Flötenspieler zuerst eine willige und freundliche Aufnahme bei den Böotern gefunden, deren enthusiastische Götterdienste, insbesondere des Dionysos, einer andern Instrumentalmusik, als der althellenischen, bedurften, und deren ausgezeichnetes Landesproduct, das Flötenrohr am kopaischen See, die Ausbildung dieser Gattung von Tonwerkzeugen sehr begünstigte. Daher auch hier Athena als Flötenspielerin, von welchem Amte sie bei den Böotern den onomatopoetischen Namen Bombylia erhielt [26]) (so hieß auch ein Hügel und eine Quelle, woran wahrscheinlich vorzügliches Flötenrohr wuchs) [27]), und die Sage bei den Böotern, welche Pindar in dem Epinikon auf den Flötenspieler Midas von Agrigent verherrlicht hat [28]): daß das Zischen der Schlangen um die Häupter der Gorgonen, welche den Tod ihrer Schwester Medusa bejammerten, von der Athena auf dem Flötenrohre nachgeahmt worden und so der Nomos-Polykephalos entstanden sei.

Da die Flöten nicht blos den Zug von lydischen Armeen begleiteten, sondern auch — freilich nicht seit der ältesten Zeit — bei dem Marsche des spartanischen Kriegsheeres ertönten, und auch der bei den Doriern besonders beliebte Waffentanz, die Pyrrhiche, zur Flöte aufgeführt wurde, so konnte die Athena als Flötenspielerin wieder auf die kriegerische Athena zurückgeführt werden, wiewol darin schwerlich der Ursprung jener Sage von der Flötenerfindung gesucht werden kann, indem dabei nirgends eines kriegerischen Zweckes der Göttin Erwähnung geschieht. Jedoch verrichteten die Spartaner doch wol deswegen beim Überschreiten der Grenze mit einem Heere außer dem Zeus auch der Athena Diabaterien, weil diese durch die Flöten den Taktschritt des Heeres leitete [29]). Auch verbanden sie, wie oben schon bemerkt wurde (§. 35), die Athena so mit den Dioskuren, daß diese die Pyrrhiche tanzten und Athena ihnen die Flöte dazu blies. — Zur Flöte erhielt Athena auch die Trompete (σάλπιγξ) und ward eine Vorsteherin der Salpinkten. Und zwar geschah auch dies durch die pelasgisch-lydischen Tyrrhener, die sowol allgemein als Erfinder dieses kriegerischen Instruments, als auch als Gründer

---

Stephanus und der aus Plinius und einigem Misverständniß der letztern die Sache so gefaßt: Memoriae proditur id quoque, in Torrebia palude seu lacu, quem dici item Nymphaeum volunt, esse Nympharum insulas, quae tibiarum cantu in ambitum moveantur, proptereaque Calaminas vocari a calamis, atque item Saltares, quoniam in symphoniae cantu ad ictus modulantium moventur, ut Plinius scribit, tametsi a Calaminis distinguere videtur.

22) *Strab.* XIII. p. 626: *Ἐν δὲ σταδίοις τετταράκοντα ἀπὸ τῆς πόλεώς ἐστιν ἡ Γυγαία μὲν ὑπὸ τοῦ ποιητοῦ λεγομένη, Κολόη δὲ ὕστερον μετονομασθεῖσα, ὅπου τὸ ἱερὸν τῆς Κολοηνῆς Ἀρτέμιδος, μεγάλην ἁγιστείαν ἔχον. Φασὶ δ' ἐνταῦθα χορεύειν καλάθους κατὰ τὰς ἑορτάς· οὐκ οἶδ' ὅπως ποτὲ παραδοξολογοῦντες μᾶλλον ἢ ἀληθεύοντες.* Vergl. *Eustath.* ad Il. II, 865. p. 366. Mag nun Strabon *καλάθους* für *καλάμους* verstanden haben, oder auch die Lesart bei ihm zu ändern sein, oder auch die Schilfinseln die Gestalt von *καλάθοις* erhalten haben; auf jeden Fall bezieht sich doch seine Nachricht auf dieselbe Sache, wie die obigen. 23) Dies hat Buttmann (über die mythologische Vorstellung der Musen, Mythol. II. S. 276. 289) mit gesundem Blicke gegen Hermann (de Musis fluvialibus, Opuscul. Vol. II. p. 288 sq.) festgehalten. 24) Welche am ausführlichsten Böttiger (über den Mythus der Flötenerfindung, attisches Museum. 1. Bd. 2. Heft. S. 334) behandelt hat. Ein altes Gemälde bei Winckelmann (Monum. ined. 92) stellt die Athene als Flötenerfinderin im Kreise von Nymphen dar. 25) *Nonnos Dionys.* XIII, 516:

οἵ τε Κελαινὰς
Χρυσοφόρους ἐνέμοντο καὶ ἱλαστήρια Γοργοῦς.

Vielleicht hat Nonnos dabei den Mythus von Pindar (Pyth. XII) in Gedanken. Der Nomos der Athene von Olympos (*Plut.* de mus. 33) war von dem jüngern Olympos um Olympiade 30—40 componirt. Vergl. *H. Stephanus* Thesaurus. T. I. p. 828 der Didot'schen Ausgabe.

26) *Hesych.* s. v. *Βομβυλία*. *Tzetz.* ad *Lycophr.* 786.
27) *Tzetz.* ad *Lycophr.* 786. Eine Quelle Bombylia in Böotien erwähnt *Hesych.* s. v. Auch in Böotien schwimmende Inseln von Schilf s. Orchom. und die Minyer. S. 79 fg. 28) *Pindar.* Pyth. XII, 7 sq. Vergl. Böckh's Commentar. Der Künstler Demetrios (um Olymp. 80) bildete eine Athene, quae musica appellatur, quoniam dracones in Gorgone ejus ad ictus citharae tinnitu resonant, nach *Plin.* XXXIV, 8, 19. §. 76. 29) Xenophon Staat der Laked. 13, 2. *Polyaen.* I, 10, aus dessen Erzählung erhellt, daß dieselben Flötenspieler bei dem Opfer der Diabaterien bliesen, die hernach den Marsch des Heeres leiteten.

des Cultus der Athena-Salpinx von den Griechen genannt wurden [30]).

§. 56. Der Cultus der Athena zog sich, und zwar bereits vor Alexander's Zeiten, tief in das innere Kleinasien hinein. Wir erwähnen kurz den Tempel in Pedasos, der alten Lelegerstadt in Karien, wo die Priesterin der Göttin einen Bart bekam, wenn dem Volke eine große Gefahr bevorstand [31]); das Heiligthum in Phaselis in Lycien, wo man den Speer des Achilleus zu besitzen glaubte [32]) und den angesehenen Cultus in Magarsos in Cilicien, wo Alexander vor der Schlacht von Issos opferte [33]). Es möchte bei diesen und andern Heiligthümern Kleinasiens nicht leicht sein, Ansiedelungen des griechischen Athenadienstes genau zu unterscheiden von ursprünglich asiatischen und blos hellenischen Culten, da auch die große Göttin von Komana, sonst Enyo und Artemis genannt, mitunter zu einer Athena gemacht worden ist. Die Tempel, welche erst nach Alexander in den makedonisch-griechischen Städten Asiens gegründet worden sind, sind für die hellenistische Culturgeschichte wichtiger als für die griechische Mythologie [34]).

§. 57. Großgriechische Heiligthümer. In Großgriechenland gab es eine Anzahl berühmter Athenaheiligthümer, welche man alle nach der vorherrschenden Richtung der Localsagen in diesen Colonien, auf mythische Heroen, besonders auf die Eroberer Troja's, zurückführte, und mit deren Irrfahrten bei der Rückkehr nach der Heimath in Verbindung brachte. Odysseus sollte das Athenäon auf dem gleichnamigen Vorgebirge bei Surrentum, der Insel Capreä gegenüber, gegründet haben [35]), wiewol bei den einheimischen Völkern dieser Tempel als ein Werk der etruskischen Colonien in Campanien galt und die Inhaberin desselben Minerva-Etrusca genannt wurde [36]); auch brachte man ohne Zweifel den Altar der Göttin auf dem Circeischen Vorgebirge mit demselben Heros in Verbindung, da man an ebendiesem Orte eine Phiale von Odysseus aufzubewahren behauptete [37]); ja man dehnte diese Stiftung von Minervenheiligthümern durch den Heros von Ithaka noch weiter auf den Westen Europa's aus und erzählte von einem Tempel der Athena zu Odysseia in Hispania-Bätica, welchen Odysseus gegründet und mit Weihgeschenken geschmückt haben sollte [38]). Im Lande der Daunier rühmte sich Luceria durch Diomedes sein Heiligthum der Minerva erhalten zu haben; auch hier galten alte Weihgeschenke als Bürgschaft [39]); doch scheint diese ganze Gegend die Diomedessage und den damit verbundenen Pallascultus zeitig von Ätolien herüberbekommen zu haben. In Japygien, im Lande der Salentiner, welche sich von den Kretern des Idomeneus ableiteten, stand ein alter und reicher Tempel der Göttin, das Castrum Minervä (Castro) genannt [40]). Bei Metapont lag ein Heiligthum der Athena-Eilenia, welches Philoktet gegründet, und wo Epeios seine Werkzeuge, die er beim Dureios-Hippos gebraucht hatte, als Weihgeschenke niedergelegt haben sollte [41]).

§. 58. Am meisten in Mythen und fabelhafte Sagen gehüllt erscheint der Pallasdienst von Siris am Flusse Siris. Der Glaube, daß hier das echte troische Palladion vorhanden sei und das ganze Heiligthum der Göttin eine Stiftung von Troja her sei, war hier so tief gewurzelt, daß die ganze ältere Geschichte von Siris sich darnach gestaltete. Siris selbst wurde als eine Colonie der flüchtigen Trojaner angesehen, welche von den Joniern, die wol als die wirklichen ältesten Gründer von Siris anzusehen sind [42]) (abgesehen von einem früher vorhande-

30) Hierüber erlaubt sich der Verfasser dieses Artikels der Kürze wegen nur auf sein Werk über die Etrusker (III, 1, 4. 2. Bd. S. 206 fg.) zu verweisen. 31) *Herod.* I, 175. Vergl. *Strab.* XIII. p. 611. Sonst war das Haupttheiligthum daselbst dem Zeus geweiht, s. *Aristot.* Mirab. auscult. 149. Athena Myndia, *Lycophr.* 950. Athena in Mygisoi in Karien, *Steph. Byz.* s. v. *Μόγισοι.* 32) *Paus.* III, 3, 6. Von einem Tempel in Side in Pamphylien *Strab.* XIV. p. 667. Nach *Hesych.* s. v. *Ἀηδών* hieß die Athena in Pamphylien *Ἀηδών*, was an den *ἀηδόνιος πάγος* des Euripides (Ion. 1482) erinnert. 33) *Arrian.* II, 5, 9. *Steph. Byz.* *Μαγαρσός.* *Tzetz.* ad *Lycophr.* 444. *Reinesius*, Syntagma Inscr. I, 121. p. 166. 34) Ich bemerke nur, daß das Heiligthum der kyrrhestischen Athena in Syrien (*Strab.* XVI, p. 751. *Steph. Byz.* s. v. *Κύῤῥος*) eine Übertragung des Athenacultus von Kyrrhos in Makedonien (*Diod.* XVIII, 4) auf das eroberte und hellenisirte Land war. 35) *Strab*, I. p. 22. V. p. 247. 36) *Statius Sylv.* II, 2, 2. III, 2, 24. V, 3, 165. 37) *Strab.* V. p. 232. Vergl. *Polyb.* XXXIV, 11, 5.

38) *Strab.* III. p. 157. Vergl. Uckert, Geographie der Griechen und Römer. II, I. S. 351. Ein Hauptgewährsmann für solche Fabeln ist Asklepiades von Myrlea, der in Turdetanien Grammatik lehrte, und den jungen Spaniern den Homer durch solche locale Deutungen offenbar interessanter zu machen suchte. 39) *Strab.* VI. p. 284. Dieselbe ist die Athena-Achäa bei *Aristot.* Mirab. Auscult. 117. 40) *Strab.* VI. p. 281. Vergl. *Dionys. Hal.* I. 51. *Virg.* Aen. III, 531 mit Heyne's Anm. 41) Etym. M. p. 298. *Lycophr.* 950 nebst *Tzetzes.* *Aristot.* Mirab. Auscult. 116 nach Hemsterhuis' Verbesserung. *Justin.* XX, 2. 42) Nur muß man dann nicht die Gründung von Siris mit Heyne (Opuscc. Acadd. II. p. 236 sq.) um Olympia 50 setzen, da gar kein Grund vorhanden, die lydischen Könige, vor deren Angriffen diese Jonier flohen (*Strab.* VI. p. 264 [405]), grade für Halyattes oder Krösos zu halten. Schon Gyges und Ardys hatten, vor der Zeit der kimmerischen Eroberungen, die Jonier mit Glück bekriegt, und grade von Kolophon, von wo diese ionischen Colonisten ausgegangen sein sollen (*Athen.* XII. p. 523 c.) war die Unterstadt bereits von Gyges erobert worden (*Herod.* I, 14). Daß Archilochos die Gegend von Siris als so sehr reizend und lieblich preist, ist ein hinlänglicher Beweis, daß sie den Joniern schon in Gyges' und Ardys' Zeit wohl bekannt war, und die Niederlassung entweder früher oder gleichzeitig stattfand. Wäre aber die Niederlassung erst gegen Olymp. 50 erfolgt: so hätte Siris nur wenige Jahre bestanden, und hätte unmöglich zu der Macht und dem Glanze gelangen können, der sich nach der Überlieferung hier entwickelte; denn nach dem Zusammenhange der Erzählungen bei Justin (XX, 2) muß man glauben, daß Siris nicht viel nach Olympiade 50 bereits von den Lokrern und Krotoniaten zerstört wurde. Auch das ist nicht zu glauben, daß Siris durch die Jonier seinen Namen geändert und Polieion genannt worden sei (*Steph. Byz.* s. v. *Σῖρις.* *Aristot.* Mirab. Ausc. c. 114), da die Historiker es grade in dieser Zeit immer Siris nennen; auch geben sich die Einwohner der Stadt, welche die Zerstörung überlebt hatten, und, mit den Bürgern von Pyxoeis zusammen, bekannte nummos incusos schlugen, auf diesen den Namen Siriner. Polieion kann also wol nur der Name einer Akropolis von Siris, mit dem Tempel der Athena-Polias, gewesen sein.

nen Flecken der Ureinwohner vom Stamme der Choner), hier vorgefunden und grausam vertilgt worden sein sollen. Auch hier bewährt das Palladion sein eigenthümliches Schicksal, mit Mordthaten in nahe Berührung zu kommen und Ausbrüche wilder Wuth mit ansehen zu müssen. Man erklärte die Bildung der Augen an diesem Palladion — welche nach der Weise der ältesten Kunst wenig oder gar nicht geöffnet erschienen — daraus, daß die Göttin die Augen zugedrückt habe, um den Greuel nicht anzuschauen, wie die Jonier die Troer an ihren Altären ermordeten [43]). Solche Geschichten ereignen sich leicht in verschiedenen Zeitläufen von Neuem, eben weil sie gar nicht historischer, sondern rein ideeller Natur sind und auf überlieferten geistigen Anschauungen beruhen, die sich bald so, bald so verkörpern. Daher, als die benachbarten großgriechischen Staaten, Kroton, Metapont und Sybaris, Siris eroberten, wieder die schutzflehenden Siriner, welche jetzt Jonier waren, von den grausamen Siegern vor dem Palladion niedergehauen worden sein sollen [44]). Aller Wahrscheinlichkeit nach hatten die Jonier selbst, welche die Athena als eine Hauptgottheit verehrten (§. 26), diesen Dienst sammt dem alten Palladion nach Großgriechenland gebracht, und das Orakel, auf das die Athener in der Zeit der Perserkriege sich berufen, daß ihnen verkündet sei, mit ihrer ganzen Bevölkerung nach Siris zu ziehen, welches ihnen seit alten Zeiten gehöre [45]), hat wol ebendarin seinen Grund, daß man Siris als einen Hauptwohnsitz des ionischen Stammes in Italien und als eine geliebte, neue Heimath der Göttin Athena in jenen hesperischen Gegenden, welche den Griechen als eine Art Elysion erschienen, betrachtete. Als später an die Stelle dieser ionischen Hauptstadt eine dorische Colonie, das von Tarent aus gegründete Herakleia, trat, blieb doch der Cultus der Göttin, und zwar unter dem Namen der Polias [46]), der grade bei den Joniern am meisten gebräuchlich war.

§. 59. **Etruskische Minerva.** Wir knüpfen hier einige Nachrichten über den etruskischen Cultus der Pallas an, wiewol wir damit schon den Boden der echtgriechischen Athena verlassen und in ein Gebiet übergehen, in welchem sich mit griechischen Ideen und Gebräuchen solche, die auf einem andern Boden gewachsen sind, vermischen. Die Etrusker nannten die Göttin mit einem rein italischen Namen Menerva, auch Menrva geschrieben (*MENEPFA*, *MNEPFA*), welcher Name auf zahlreichen etruskischen Kunstwerken vorkommt [47]) und aller Wahrscheinlichkeit nach selbst etruskisch war. Varro, dem die sabinische Sprache und die Alterthümer dieses Volks besser bekannt waren als die etruskischen, leitet den Namen aus dem Sabinischen her [48]), wo er ohne Zweifel auch gebräuchlich war, wie auch sonst diese beiden benachbarten Völker manchen religiösen Cultus und Namen von einander angenommen hatten [49]). Da die etruskische Sprache, wenn auch von der griechischen und lateinischen weit verschiedener, als diese beiden unter einander waren, doch zu der indo-germanischen Sprachenfamilie gehörte, so darf die oft geäußerte Vermuthung nicht abgewiesen werden, daß die weit verbreitete Wurzel *MEN*, welche sinnen und denken bedeutet, in dem Namen der Minerva enthalten sei; wir wissen sogar, daß in den Liedern der Salier promenervare für monere vorkam [50]). Die Minerva hatte eine wesentliche Stelle im etruskischen Götterdienste, da nach den Kennern der etruskischen Disciplin drei Tempel, des Jupiter, der Juno und der Minerva, wie sie auf dem römischen Capitol seit den Zeiten der etruskischen Könige vereinigt waren, zu jeder eigentlichen Urbs Etruriens gehörten [51]). Ebenso gehörte sie zu den neun Göttern, welche eigenthümliche Blitze von besonderer Art und Bedeutung (manubias) warfen [52]); besonders warf sie nach etruskischem Glauben um die Zeit des Frühlingsäquinoctiums gewaltige und furchtbare Blitze [53]). Dies war aber überhaupt die Zeit des Jahres, welche der Minerva nach italischem — nicht nach griechischem — Glauben insbesondere geweiht war, wo sie ihre Hauptfeste hatte und besonders wirksam gedacht wurde [54]). In der mit der etruskischen Fulgurallehre nahe zusammenhängenden Eintheilung des Himmels in 16 Regionen, die als ebenso viele verschiedene Häuser von Gottheiten angesehen wurden, wohnt Minerva in der dritten, während Juno ihren Sitz in der zweiten, Jupiter hauptsächlich in der ersten hat [55]); es sind hier die glücklichsten Gegenden der Welt, von denen freilich auch verderbliche Einwirkungen ausgehen konnten. — Nach Rom war, außer der capitolinischen Minerva, auch die Minerva-Capta auf dem cälischen Berge aus Etrurien gekommen, da die ein-

43) *Strab.* VI. p. 264 (405). 44) *Just.* XX, 2. Eine sehr verworrene Gestalt dieser Sage hat *Lycophr.* 978 sq. Er läßt die Jonier (Xuthiden) im Tempel der Athena durch die Achäer niederhauen, und folgt insofern der zweiten Sage, aber versetzt die Sache in uralte Zeiten, indem diese Achäer, nach seiner Vorstellung, von Troja aus nach Siris segeln. 45) *Herod.* VIII, 62. *Lycophr.* V, 986. 46) In den Tafeln von Herakleia wird das heilige Grundstück der Athena-Polias in seine alten Grenzen wieder hergestellt. 47) Einige sogenannte Pateren oder besser Spiegelzeichnungen mit dem Namen der Minerva sind in dem Werke: die Etrusker III, 3, 1. 2. Bd. S. 48 (worauf wir uns auch wegen des Folgenden beziehen) angeführt.

48) *Varro* de L. L. V, 10. §. 74. Vergl. *Jac. Henop.* de lingua Sabina. p. 35. 49) Im sabiner Lande, im ager Reatinus, hatte die Athena einen alten Tempel auf der Burg eines Städtchens, welches Dionysius Halik. (I, 14) Orvinium nennt. 50) *Festus* p. 182 *Ursin.* 51) Interprr. *Virg.* ap. *Serv.* ad Aen. I, 422: Quoniam prudentes Etruscae disciplinae ajunt, apud conditores Etruscarum urbium non putatas justas urbes fuisse, in quibus non tres portae essent dedicatae et votivae, et tot templa, Jovis, Junonis, Minervae. 52) s. Servius und die andern Interprr. ad *Virg.* Aen. I, 42 sq. und vergl. Etrusker III, 4, 2. 2. Bd. S. 84. 53) *Serv.* ad Aen. XI, 259: Aequinoctio vernali, quando manubiae Minervales, id est fulmina, tempestates gravissime commovent. 54) In dem römischen Kalender bei Gruter (Inscriptt. p. 138. 139. Antiques du Musée Royal [Par. 1820]. n. 381. p. 162) hat Minerva die tutela Martii mensis. Daß der Widder im Zodiakus der Athene angehörte, kommt bei Schriftstellern der römischen Kaiserzeit öfter vor, und scheint auf einer Combination von Cultusgebräuchen mit dem lanificium der Athena-Ergane zu beruhen. Meist wird jedoch dieser Glaube aus der ägyptischen Religion hergeleitet, doch, wie es scheint, ohne ganz genügende Gründe (Tölken zu Minutoli's Reise nach Ägypten. S. 140. 376. 439 fg. Heffter, Athenadienst zu Lindus. S. 93). 55) *Marcianus Capella*, De nupt. phil. I, 15. p. 15 sq. ed. *Grot.*

zige verbürgte Nachricht über den Ursprung dieses Dienstes und Namens die ist, daß sie nach Einnahme Falerii's von da nach Rom verpflanzt worden [56]). Dieser faliskischen Göttin wurde nach Ovid [57]) im März, a. d. XIV. Kal. April. [58]), das Fest Quinquatrus gefeiert, ein Wort, das der Sprache der Etrusker, insbesondere der Falisker und Tusculaner, angehört, und den fünften Tag nach den Iden bezeichnet; doch verstanden die Römer selbst zum großen Theil irrthümlicher Weise darunter ein Fest von fünf Tagen, und gaben wirklich den Quinquatrus deswegen eine fünftägige Dauer [59]). An diese Quinquatrus schloß sich unmittelbar (a. d. X. Kal. April.) [60]) das Tubilustrium oder die Trompetenweihe an, an welchem Tage man die Trompeten, deren man sich bei religiösen Feierlichkeiten bediente, lustrirte [61]). Gewiß beruht diese Verbindung darauf, daß man auch in Etrurien die Minerva als Trompetenbläserin (Ἀθηνᾶ Σάλπιγξ) verehrte, wiewol berichtet wird, daß am Tubulustrium den sabinischen Schlachtengöttern Mars und Neriene geopfert worden sei [62]). — Außer diesen Quinquatrus, welche als Hauptfest der Göttin bei den Römern galten und darum selbst mit den attischen Panathenäen verglichen werden, feierte man in Rom noch kleine Quinquatrus (Quinquatrus minusculae), welche nicht von der Zeit des Monats, denn sie fielen auf die Iden des Junius, sondern nur davon den Namen haben, daß sie ebenfalls der Minerva galten [63]). Dies war ganz und gar ein Fest der Flötenspieler, welche dann in ihrer eigenthümlichen Kleidung durch die Stadt umherschweiften; man sieht daraus, daß auch im etruskischen Gottesdienste — denn die Flötenspieler in Rom waren großentheils Etrusker — diese Art von Musik unter dem Schutze der Minerva stand. Ohne Zweifel haben diese Ideenverbindung, Minerva als Göttin des Flötenspiels, die pelasgischen Tyrrhener aus ihrer frühern Heimath, den Küsten Lydiens, nach Etrurien herübergebracht.

§. 60. **Römischer Cultus** [64]). In Rom gab es außer den beiden erwähnten Heiligthümern der Göttin, der capitolinischen Cella und dem Minervium auf dem cälischen Berge, noch mehre Tempel, deren hohes Alter indessen sich weniger bestimmt nachweisen läßt. Von dem Tempel der Minerva auf dem Aventin weiß man nur, daß im zweiten punischen Kriege den Dichtern, die man damals Schreiber nannte, und den Schauspielern erlaubt wurde, in diesem Heiligthume zusammenzukommen und Weihgeschenke zu stiften zu Ehren des Livius Andronicus, der durch ein von Jungfrauen gesungenes Lied die Götter, wie man glaubte, mit der Republik versöhnt hatte und beides, Dichter (oder Schreiber) und Schauspieler war [65]). Der Tempel der Minerva Medica, von dem angebliche Ruinen gezeigt werden, und der Minerventempel vor dem capenischen Thore sind noch weniger bekannt. Glänzender war ohne Zweifel der Tempel der Göttin, welchen Pompejus auf dem Campus Martius, und der, welchen Augustus nach dem Siege bei Actium — man weiß nicht, an welcher Stelle — baute [66]). Von dem prächtigen Tempel, welchen Domitian der Göttin auf dem Forum, welches von ihm gebaut wurde, aber gewöhnlich forum Nervae hieß, errichtete [67]), sind noch Säulen und Friesbildwerke übrig, welche die Göttin besonders als Ergane darstellen. Das Palladion wurde bekanntlich nicht in einem Minervenheiligthume, sondern im Tempel der Vesta aufbewahrt; man brachte mit diesem Pfande der Herrschaft Roms das Geschlecht der Nautier in Verbindung, welche wirklich gentilicische Sacra der Minerva hatten, und deren Namen sich so auslegen ließ, daß sie Mitschiffer des Äneas gewesen seien [68]); durch diese sollte es nach Lavinium und Alba-Longa und so nach Rom gekommen sein [69]). — Aber alle jene Tempel haben für die Geschichte der Religion sehr wenig Bedeutung, da der Dienst der Göttin darin, so viel wir wissen, gar nichts Eigenthümliches und Charakteristisches hatte. Welche Vorstellungen überhaupt der alte Latiner vor der Zeit der

---

56) *Ovid.* Fast. III, 843. Über die Lage dieses Minervium vergl. *Varro* de L. L. V, 8. §. 47. 57) s. Fast. III, 837. Nach Festus (s. v. Quinquatrus p. 65 *Ursin.*) soll das Quinquatrusfest zum Andenken der Weihung des Tempels auf dem Aventin gestiftet worden sein. Über die Lage dieses Tempels im Armilustrium Sachse, Gesch. und Beschreibung Roms. 2. Th. S. 6. 7. 58) Nach den alten Kalendarien, dem Maffei'schen, pränestinischen, Farnesischen und vaticanischen. 59) Dies merkwürdige Factum wird durch Varro (de L. L. VI, 3. §. 14), sowie durch Festus (s. v. Quinquatrus p. 64 *Ursin.*) überliefert: Quinquatrus; hic dies unus ab nominis errore observatur, proinde ut sint quinque. Dictus, ut ab Tusculanis post diem sextum Idus similiter vocatur sexatrus, et post diem septimum septimatrus, sic hic, quod erat post diem quintum Idus, Quinquatrus — sagt Varro, und durch Ovid's Darstellung (Fast. III, 810) bestätigt. 60) Nach dem Kalend. Maff., Farnes. und vatik. 61) *Varro* de L. L. VI, 3. §. 14. Dies Tubulustrium appellatur, quod eo die in atrio sutorio sacrorum tubae lustrantur. Verrius im pränestinischen Kalend.: Hic dies appellatur ita, quod in atrio sutorio tubi lustrantur, quibus in sacris utuntur. 62) *Jo. Laur. Lydus* de mens. Mart. 6. p. 86 *Schow.*, wo Νερίνη geschrieben wird, aber wol Νεριήνη (nach Gellius) herzustellen ist. 63) *Varro* de L. L. VI, 3. §. 17. *Ovid.* Fast. VI, 651 sq. *Festus* s. v. minusculae quinquatrus. 64) Vergl. Hartung, Religion der Römer. II. S. 78, in welchem Buche der Unterzeichnete indessen hauptsächlich die Trennung der wirklichen römischen Religion von den mythologischen Vorstellungen, die mit der griechischen Bildung und Poesie in Rom gäng und gäbe geworden waren, vermißt. Wenn man lateinisch ebenso gut sagen konnte: sus Minervam, wie griechisch: ὗς πρὸς Ἀθηνᾶν, so ist dies darum noch kein Gedanke der römischen Religion. Selbst das Opfer unberührter Kalben, welches nach Fulgentius: injuges boves (p. 561 *Merc.*) den Römern beigelegt wird — die Stelle lautet: Manilius Chrestus libro, quem de deorum hymnis scripsit, ait Minervae injuges boves sacrificari etc. — ist wohl nur aus *Hom.* Il. VI, 308 genommen. Vergl. oben Anm. 93. §. 51.

65) *Fest.* s. v. Scribas. p. 141 *Ursin.* Nach *Ov.* Fast. VI, 728 hatte der Cultus an einem 18. Juni begonnen. 66) Vergl. Sachse, Gesch. und Beschreibung der Stadt Rom. 2. Th. S. 6 fg. 67) Domitian errichtete der Minerva auch auf seiner arx Albana ein Heiligthum, und eine besondere Priesterschaft. Seine sehr eifrige Verehrung dieser Göttin, wovon verschiedene Geschichten aus seinem Leben zeugen, bestätigen auch die unter seiner Regierung geprägten Münzen. 68) *Servius* in Aen. II, 166. III, 407. V, 704, nach *Varro* de famil. Trojanis. Vergl. *Dionys. Hal.* VI, 69. *Festus* s. v. Nautiorum p. 15 *Ursin.* 69) Doch behaupteten die Bewohner von Lavinium, das Palladion noch zu haben (*Strab.* VI. p. 264).

griechischen Bildung mit der Verehrung der Minerva verband, ist uns völlig unbekannt, da alle Zeugen, die wir vernehmen können, unter dem entschiedensten Einflusse des Cultus Griechenlands stehen und der Zeit angehören, wo die Römer und ihre Minerva sich grade ebenso, wie ein späterer Grieche die Pallas-Athena, als die ebenso weise wie tapfere Göttin des Krieges und der nützlichen Künste und Wissenschaften dachten. Auch den Etymologien, durch welche man den Namen Minerva zu erklären und speciel-ler zu erläutern suchte [70]), liegen keine andern als diese ganz ins Allgemeine und Abstracte gezogenen Vorstellungen der Griechen zum Grunde; und nur so viel ist als sicher festzuhalten, daß der Name Menerva bei den italischen Völkern eine erinnernde, den Geist anregende Göttin bedeutete (§. 59.) [71]).

III. Allgemeine Grundvorstellungen von der Athena. §. 61. Versuchen wir nach dieser Darlegung der einzelnen Culte der Athena mit ihren Gebräuchen, Einrichtungen und daran geknüpften Localsagen die Idee der Athena, wie sie im griechischen Volke lebte, als ein in allen einzelnen Zügen zusammenhängendes Gedankenbild aufzustellen, so werden wir doch nicht erwarten können, daß diese Idee zu allen Zeiten dieselbe geblieben sei, sondern gleich von Vorn herein Veränderungen in dieser Totalvorstellung voraussetzen müssen, welche mit dem Gange der religiösen Bildung bei den Griechen überhaupt organisch zusammenhängen. Stellen wir auf die eine Seite die Vorstellungen, die sich aus den Cultusgebräuchen und Localsagen ergeben, und auf die andere Seite die bei den Dichtern herrschenden und mit derjenigen Mythologie verflochtenen, welche die epische Poesie ausgebildet hat, so wird ein sehr bedeutender Unterschied keinem unbefangenen Beobachter entgehen können, und ebenso wenig kann es irgend einem Zweifel unterliegen, daß im Durchschnitt genommen die im Cultus ausgedrückten Vorstellungen die ältern sein müssen, zumal da die Dichter, die epischen, lyrischen und dramatischen, sich im Ganzen in ihrer Auffassung der Athena so treu bleiben und sich so genau an einander anschließen, daß man daraus schließen muß, nach Homer habe die Idee der Griechen von der Athena keine bedeutenden Umbildungen mehr erlitten. Geht man mit der Gesammtvorstellung, welche sich aus der Poesie Jedem von dieser Göttin einprägt, und die wir in abstracter Form vorläufig so bezeichnen mögen, daß Athena die besonnene kräftige Thätigkeit des menschlichen Geistes, den praktischen Verstand darstelle — geht man mit dieser Vorstellung an den Gottesdienst und sucht sich zum Bewußtsein zu bringen, wie etwa die Feste der Athena beschaffen gewesen sein mußten, wenn die alten Pelasger, die Gründer des attischen, argivischen und arkadischen Cultus, von dieser geistigen Idee geleitet worden wären, so wird man Gebräuche erwarten, in denen die Verbindung der Menschen zum Staate und die Erfindung von Künsten gefeiert wird, aber keine Schirmtragung und Thautragung, man wird im Cultus Wesen mit ihr verbunden erwarten, wie Apollon und die Musen als musikalische Götter und den Hermes als erfindenden Verstand, aber nicht den Poseidon und die agraulischen und Erechtheischen Jungfrauen (§. 5), den Erichthonios und den Perseus. Die Festgebräuche und Localmythen in ihrem Zusammenhange mit der Natur der einzelnen Landschaften und den Jahreszeiten ruhen offenbar auf einer vorherrschend physischen Grundlage, während die später herrschend gewordene Vorstellung ausschließlich geistig, intellectuell ist und sich auf das sociale, insbesondere auf das politische und kriegerische Leben bezieht. Dies ist der Gang und stetige Fortschritt, welchen der griechische Götterglaube im Ganzen und Großen befolgt hat, wie eine sorgfältige Erforschung jedes bedeutendern Götterdienstes nachweisen kann; die älteste Geschichte des Geistes der griechischen Nation dreht sich ganz um diese Angel. Eine vollkommene Überzeugung kann freilich nur eine systematisch zusammenhängende Darstellung der gesammten griechischen Religionsgeschichte gewähren; doch wollen wir, ohne weitere Hülfs- und Lehnsätze aus einer allgemeinen Wissenschaft, den aufgestellten Satz auch an der Athena für sich nachweisen.

§. 62. Die Athena erscheint im Cultus und localen Mythus hauptsächlich mit drei Gottheiten verbunden, welche — weil ihr Wesen klar am Tage liegt — wie drei feste Punkte betrachtet werden können, von denen aus der vierte minder bekannte genau bestimmt werden kann, mit Zeus, Poseidon und Hephästos, den Göttern des Äthers, Wassers und Feuers. Für den Cultus ist die Verbindung mit Poseidon ebenso wichtig als die mit Zeus; doch stellen wir diese voran, weil von dieser aus auch die andere erst richtig gefaßt werden kann. Zeus, der Gott des lichten Äthers, dessen Name selbst Tag und Himmel bedeutet, ist Vater der Athena; er gebiert sie ohne Mutter aus seinem Haupte. Die Vorstellung der aus dem Haupte des Äthergottes, in den höchsten Regionen, hervortretenden Athena ist gewiß uralt, da auch im Cultus von Aliphera Zeus davon Lecheates hieß (§. 34), und wenn auch erst Hesiod dafür ausdrücklich zeugt (§. 40. Anm. 7), so kann doch auch Homer sich nicht vorgestellt haben, daß Athena auf gewöhnliche Weise vom Weibe geboren sei; er müßte — bei der häufigen Erwähnung ihres Verhältnisses zum Vater — doch auch der Mutter einmal gedenken. Das höchst innige Verhältniß, welches zwischen der Athena und dem Zeus stattfindet, daß sie „ganz des Vaters ist“ und „an allem Väterlichen Theil hat“ [72]), hat, so manche An-

70) *Paulus* Exc. Festi. Lib. XI. p. 91. ed. *Lindem.* Minerva dicta quod bene *moneat*; hanc enim pagani pro sapientia ponebant. Cornificius vero, quod fingatur pingaturque *minitans* armis, eandem dictam putat. 71) Das Gesetz über den clavus annalis war nicht an den Tempel der Minerva (Hartung S. 78), sondern nur an die rechte Wand der Cella des Jupiter Capitolinus, wo die Cella der Minerva angrenzte, angeheftet; daher die Erklärung: quia numerus inventum Minervae sit (*Liv.* VII, 3) wenig anwendbar erscheint.

72) *Aeschyl.* Eumen. 708. *Callimach.* Lav. Pall. 132. Τὰ τοῦ Διὸς ἔργα κοινὰ τοῦ Διὸς καὶ τῆς Ἀθηνᾶς, sagt Aristides auf die Athena p. 31 *Steph.*, in welcher Rede der Charakter der Göttin überhaupt mit Einsicht und Gefühl aufgefaßt ist. S. besonders p. 29.

wendung geistiger Art hernach auch davon gemacht worden ist, seinen ersten Grund schon in der ursprünglichen physischen Vorstellung. Athena hat bei Homer auch keine andern Schutz- und Trutzwaffen als die des Zeus [73]), insbesondere den Sturmschild, die funkelnde, von Blitzen umloderte Ägis [74]); sie wirft Blitze, aber durch besondere Verwilligung des Zeus [75]). Das gewiß sehr alte Epitheton, die Ὀβριμοπάτρη, drückt in einem Worte den Gedanken aus, daß alle ihre furchtbare Kraft vom Vater komme. Der Hera ist die Athena fremd; die Erdgöttin ist nicht ihre Mutter; sie ist eine reine Geburt aus der Höhe. Ein Dichter der Hesiodischen Sekte, der die Theogonie weiter ausdichtete, ließ sogar aus demselben Streite (ἐκ ταύτης ἔριδος) der beiden Gatten, Zeus und Hera, Athena als eine Geburt des Mannes ohne Weib und Hephästos als eine Geburt des Weibes ohne Mann hervorgehen [76]). Es wird dadurch sehr schön das Tellurische, das der Feuergott Hephästos überall an sich hat, dem Ätherischen der Pallas entgegengesetzt [77]). Auch in der Pallas-Athene verbindet sich, wie im Zeus, wie im Worte αἰθήρ selbst, mit der Vorstellung der Luft- und Himmelsregion die von Licht und Glanz; aber es ist kein brennendes Erdfeuer, wovon dieser Glanz ausgeht. Die geheiligten Epitheta der Göttin, und die Wesen, die sie im Cultus umgeben und nur Ausdrücke ihres Wesens sind, Aglauros (§. 5. 9), Glaukopis (§. 53), Hellotia (§. 14. 31) [78]), Chryse (§. 33), Äthra (§. 27), Auge (§. 32) und Mära (§. 32) drücken immer nur Glanz, aber keine brennende Flamme aus; die funkelnden Augen, die das zweite Epitheton hervorhebt, deuten zugleich auf einen Lichtglanz aus der Höhe. In dieser Vorstellung, einer ätherischen Lichtgöttin, hat auch die Jungfräulichkeit der Athena ihren ersten Grund, die — wenn sie auch ursprünglich nicht so consequent durchgeführt wurde wie in der herrschenden Poesie — doch zu den wesentlichsten Eigenschaften dieser Göttin gehört. In Athen heißt sie vorzugsweise Parthenos; ihr Tempel ist ein Jungfrauengemach (§. 8). Während nämlich die immer neue Gestalten hervorbringende Erde unter den großen Naturwesen vorzugsweise als die Gebärerin, die Mutter der Lebendigen, gedacht wird, erschien dagegen ein Wesen, das in dem Firmament, dem immer gleichen Äther, der keine neuen bleibenden Gestalten aus sich producirt, seinen Ursprung und seine Existenz hat, als jungfräulich unfruchtbar, in einer gewissen kalten Erhabenheit über die auf dieser Erde herrschenden Triebe. Da die Erde nicht der Wohnsitz dieser Göttin ist, und doch das Bedürfniß des religiösen Cultus heilige Stätten auf der Erde verlangt, so stieg man Anhöhen, steile Felsen hinan, um sie anzubeten; hier schien die Äthergöttin wenigstens am nächsten zu sein. Die Beschützerin der Burgen hat sich offenbar erst aus der Bewohnerin der Anhöhen allmälig entwickelt; die Athena-Polias ist eine Art von politischer Anwendung der Athena-Akria [79]).

Dies sind die Gedanken, die sich zunächst an die Geburt der Athena aus Zeus, als dem Äthergotte, anknüpfen, Gedanken, die auch den alten Mythologen großentheils bekannt waren, und die — nur zu beschränkte und dürftige — Deutung der Athena, als der Luft, veranlaßt haben [80]).

§. 63. Wir gehen zu dem Verhältnisse über, in welchem Athena zu den Wasserwesen, insbesondere zum Poseidon, steht. Hier ist es zuerst bemerkenswerth, wie bescheiden in gewissen Darstellungen, die an der Geburt der Athena aus Zeus festhalten, der Antheil ausgedrückt wird, den Poseidon daran genommen habe. Ein altes Gemälde im Tempel der Artemis-Alpheioa in Pisatis, welches den die Athena gebärenden Zeus darstellte, stellte mit dieser Gruppe den Poseidon zusammen, der dem Zeus einen Thunfisch darreichte [81]). In den Reliefs, mit denen Gitiadas (um Olymp. 60) den Tempel der Athena-Chalkiökos in Sparta schmückte, befand sich eine Vorstellung der Geburt der Athena, und dabei Poseidon und Amphitrite [82]). Andere Sagen gehen weiter und geben der Athena neben dem Vater Zeus eine Tochter des Okeanos zur Mutter, wie die Localsagen von Kleitor (§. 34), oder eine Seenymphe Tritonis, wie die böotischen und verwandten Mythen (§. 40). Ja dieselben eigenthümlichen Sagen setzen auch den Poseidon selbst als den ursprünglichen Vater der Athena voraus, von dem sich die Tochter nur losgerissen und dem Himmelsgotte Zeus zum Kinde übergeben habe (§. 34. 40). Im alalkomenischen Cultus (§. 39) fanden wir den Seegott Ogyges als Vater der Praxidike-Alalkomenia, welche die Göttin Athena selbst ist. Auch ist gezeigt worden,

73) Il. V, 736. Vergl. II, 447. XXI, 400. Od. XXII, 297. 74) Vergl. Buttmann, über die Entstehung der Sternbilder (Schriften der berliner Akademie. 1826.) S. 22, und Böttiger Ideen zur Kunstmythologie. 2. Th. S. 88. 75) *Aeschyl.* Eumen. 817. *Eurip.* Troad. 80. In einer pragmatischen Behandlung der Sagen von der Athena (bei *Tzetzes* ad *Lycophr.* 111) heißt Belonike-Athena, die Tochter des Brontes, von Hephästos Mutter des Erichthonios. 76) s. über dieses wichtige Stück, welches Galen (de Hippocr. et Platon. dogmat. III, 8) aus Chrysippos erhalten hat, *Ruhnken*, Epist. crit. p. 100. *Mützell.* De theogon. p. 367. 77) Vergl. die übereinstimmenden Ansichten von Welcker, Äschyl. Trilogie. S. 278 fg. u. Schwenck, Mythol. Skizzen. S. 61. 78) Gewiß ist in diesem Beinamen die Wurzel nur in der ersten Sylbe enthalten; der Beiname Hellesia (*Hesych.* s. v. Ἑλλωτίς) ist nur eine andre Form davon. Auch λευκὴ κόρη heißt die Athena, nebst der Artemis, in einem delphischen Orakel. S. *Diod.* Exc. Vatic. XXII, 2. p. 47. ed. *Mai.* *Tzetzes* Chil. XI, 372.

79) Ähnlich Aristeid. auf Athena. S. 21 Steph. Zeugnisse über die Akria und Polias bei Heffter, Athenadienst. S. 15. 119. Ἐρυσίπτολις Il. VI, 305. Vergl. oben §. 7. 26. 27. 28. 50 und über die Onka §. 43. 80) Die Deutung der Athena als Luft war bei den Stoikern vor Chrysipp gewöhnlich. S. das Fragment des Epikureer Phädros (de nat. deorum) in der Bearbeitung von Petersen (Index Scholar. Hamb. 1833). S. 20, vergl. 42. Vergl. sonst *Phurnutus* de N. D. 20. *Sallust.* de diis 6. *Jo. Laurent. Lydus* de mensibus IV, 7 und andere Allegoriker des spätern Alterthums. In der Überlieferung des Aristokles (bei den Schol. *Pind.* Olymp. VII, 66), daß Zeus in Kreta die in eine Wolke verborgene Göttin durch Zerschlagen der Wolke habe hervortreten lassen, weiß man nicht recht, wie viel Sage und wie viel gelehrte Deutung ist. Minerva summum aetheris cacumen erklärt *Macrob.* Saturn. III. 4. *Arnob.* adv. gent. III, 31. Mehr hierüber die sonst wenig brauchbare Schrift *F. Evelii* de Minerva Syntagma. (Lovan. 1730.) c. II. 81) *Athen.* VIII. p. 346, verglichen mit *Strabon.* VIII. p. 343. 82) *Paus.* III, 17, 3.

daß der bereits bei Homer übliche Name der Göttin Tritogenes nichts als diese Herkunft von den Wassergöttern bezeichnen könne (§. 40). — Alle diese Sagen hatten nun aber gewiß nicht die Intention, die Athena im eigentlichen Sinne zu einer Wassergottheit zu machen, in welchem Falle sie theils mit Beinamen, welche diese Natur ausdrücken, bezeichnet worden wäre, theils die Gebräuche ihres Cultus sich weit mehr auf das Meer oder die Flüsse und Bäche bezogen haben müßten, worauf die auch bei andern Göttinnen vorkommenden Badefeste in Athen, Argos, Böotien (§. 26. 28 und 40. Anm. 98) doch nicht mit Bestimmtheit gedeutet werden können. Die Sache ist vielmehr die, daß Athena, ohne darum weniger Äthergöttin zu sein, doch von den Wassergottheiten gleichsam gepflegt und erzogen wird. Es liegt dabei der wichtige Satz der mythischen Kosmologie und Physik zum Grunde, daß das Licht, die Gestirne, die feurigen Meteore, aus dem Wasser Kraft und Nahrung ziehen, daher sie auch wieder im Stande sind, der Erde erfrischende Feuchtigkeit abzugeben. Daher die Meinung von den thauenden Gestirnen[83]) und dem Monde, der roscida luna, die mit dem Himmel zusammen den Thau erzeuge[84]). Mit dieser Ansicht stimmt es vollkommen, daß Athena selbst die Allbethauerin hieß (§. 5); daß Pandrosos und Herse ihr nahe beigeordnete Gottheiten sind, von denen Herse von dem Hermes, jenem in Myrtenzweige gehüllten chthonischen Gotte, dessen Bild im Tempel der Athena-Polias stand, geliebt wird (§. 7 und 9); daß die Thautragung (Ἑρσηφόρια §. 23) zu ihren ältesten und wichtigsten Cultusgebräuchen gehört. Man bemerkte im Alterthume, daß der Thau im umgekehrten Verhältnisse zum Regen stehe, daß er in heißen Gegenden, die den Regen entbehrten, allein die Pflanzen nähre und in der Mitte des Sommers am stärksten falle, daher die Cicade, die in der Erntezeit am hellsten zirpt, allein vom Thaue zu leben schien[85]). Darin liegt auch der Grund, warum die Ersephorien in dem letzten Monate vor dem Sommersolstitium, dem Skirophorion, gefeiert wurden, wahrscheinlich um die Mitte des Monats, da der Vollmond am meisten Thau brachte[86]). Auch verband sich ein entsprechender Gebrauch mit den Panathenäen (§. 21), die im ersten Monat nach dem Solstitium gefeiert wurden. Ebenso war man gewiß schon in den ältesten Zeiten gewahr geworden, daß in recht heitern, stern- und mondhellen Nächten mehr Thau falle als bei bewölktem Himmel[87]); um so mehr war Athena, die Äthergöttin, geeignet, als Urheberin des Thaues angesehen zu werden.

§. 64. Indem der Athena selbst wieder eine Einwirkung auf die der Feuchtigkeit bedürfende Natur zugeschrieben wurde, erklärt es sich, wie das Verhältniß, in dem wir die Göttin zu den Wassergottheiten gefunden haben, sich auch umdreht und sie nicht blos als Tochter oder Pflegling, sondern auch als Mutter und Pflegerin solcher Wesen erscheint. Zum Poseidon hat überhaupt die älteste locale Mythologie die Athena in alle denkbaren Verhältnisse gebracht. Daß sie auch eine Vermählung der Äthergöttin mit dem Meergotte statuirte, mußte freilich immer mehr in Vergessenheit gerathen, je mehr die Idee der jungfräulichen Göttin streng durchgeführt wurde; aber die Buhlschaften der Äthra und Medusa in den Heiligthümern der Athena mit dem Poseidon (§. 27. 29.) sind noch deutliche Reste jener ältern Sagenform[88]). — Wenn nun ferner Erichthonios, das Kind oder wenigstens Pflegekind der Athena, im Cultus selbst Poseidon heißt, so sehen wir, daß auch die Nachkommenschaft der Göttin in die Poseidonische Sippschaft einschlägt. Schwerlich werden sich die Hauptzüge dieses Mythus — die Abkunft von dem Feuergotte, der Name Poseidon-Erechtheus (§. 7), die Drachengestalt, die Pflege der ländlichen Jungfrauen, Glanz und Thau — anders vereinigen lassen, als daß man im Erichthonios die aus Feuchtigkeit und Wärme hervorgehende Vegetation, das Kind der nährenden Erde (Ge-Kurotrophos s. §. 5, der ζείδωρος ἄρουρα bei Homer) erkennt. Indessen lag den alten Verehrern der Athena die Ideenassociation ebenso nahe, wie den Stiftern des Cultus der Demeter und Persephone, wodurch die Menschheit der Vegetation gleichgesetzt und beide Reiche in einem Begriffe der Kinder der Erde zusammengefaßt werden; so wurde — wie wir §. 15 gezeigt haben — Erichthonios der Prototyp aller Kinder athenischen Ehen, der ganzen athenischen Bevölkerung. Grade im Kreise der Athena ist diese Ideenverbindung die allernatürlichste, da man weiß, daß die alten Griechen junge animalische Geschöpfe bethauten Pflanzensprossen so ähnlich fanden, daß sie dieselben Ausdrücke für beide brauchten[89]). Tritt nun endlich Poseidon auch als Gegner der Athena auf und setzt sich dieser Kampf in der Sippschaft und dem Anhange beider Götter fort (§. 4. 5), so erklärt sich das hinlänglich daraus, daß zwar ursprünglich Poseidon ein lebenerweckender Quellen- und Stromgott war, aber allmälig immer mehr in der Vorstellung von ihm die Beziehung auf wildbewegte, ungestüme Gewässer, insbesondere auf das unfruchtbare Meer, vorwaltete.

§. 65. Auch die Athena-Hippia oder Hippeia (§. 11. 14. 22. 36. 40. 50) erklärt sich allein befriedigend aus dem Verhältnisse der Göttin zu den Wasserwesen. Das Roß als ein Erzeugniß des nassen Elements, als ein Bild springender Quellen und schäumender Wogen anzusehen, ist eine in das Ganze der griechischen Religion so

83) Pervigil. Veneris v. 20.
Udor illa, quem serenis astra rorant noctibus,
Mane virgineas papillas solvit humenti peplo,
wie wol zu schreiben ist. Ältere Zeugnisse aus Aristoteles und Andern bei *J. L. Ideler*, Meteorologia vet. Graec. et Rom. p. 142. *Οὐρανία ἄχνη* heißt der Thau bei Sophokles (Oed. Col. 681. 84) *Διὸς θυγάτηρ Ἔρσα τρέφει καὶ Σελάνας δίας*, *Alkman.* ap. *Plut.* Quaest. Sympos. III, 10. p. 153. Quaest. natur. 24. p. 21. de facie in orbe lunae 25. p. 32 Hutten. 85) s. besonders *Hesiod.* Clyp. 393 sq. Vergl. Sappho Fragm. 48. Kruse Hellas. 1. Bd. S. 250. 380. 86) *Plut.* Quaest. Sympos. l. c. 87) *Aristot.* Meteorol. I, 10.

88) Vergl. *Procl.* Hymn. in Athenam. 24. Welcker, Äschyl. Trilogie. S. 284. 89) *Δρόσοι* für junge Thiere bei Äschylos; *ἔρσαι* junge Lämmer; *μόσχος* ein Wort mit *ὄσχος*; *ψάκαλον* verwandt mit *ψεκάς* u. dgl. m.

tief verwachsene Vorstellung, daß man sie als einen der Grundgedanken der mythologischen Physik der Griechen ansehen muß, und es bedarf nicht der darauf zielenden Andeutungen, die sich bei Homer finden, um das hohe Alter dieser Ideenverbindung zu sichern [90]). Nun müssen die Verehrer der Athena geglaubt haben, daß auch die ätherische Göttin bei der Wechselwirkung, die zwischen ihr und den Wasserwesen stattfindet, auf die Schöpfung des Rosses eingewirkt habe. Die Hippias-Athena erscheint daher in Kolonos (§. 11), wie in Korinth (§. 31), Kleitor (§. 34) und Barke (§. 46), mit dem Poseidon-Hippios verbunden, und grade der Athena, welche ihren Ursprung unmittelbar aus dem Wasser haben sollte, der Tritonischen und Kleitorischen, wird am eifrigsten von ihren Verehrern die Zähmung der Rosse und Zusammenjochung von Zwei- und Viergespannen zugeschrieben (§. 34. 40). Auch nach attischem Mythus ist es Erichthonios oder Erechtheus, also eine Art Poseidon, welchem Athena das erste Viergespann von Rossen an den Wagen schirren gelehrt hat (§. 22), von welcher Beziehung auf die Pferdezucht auch die Sage vom troischen Erichthonios (§. 51) noch deutliche Spuren aufweist. Erichthonios spielt in dem attischen Mythus ganz dieselbe Rolle, wie in Mantinea, wo Poseidon-Hippios seit uralter Zeit als Hauptgott verehrt wurde, Samos, der Sohn des Halirrhotios, des Meerbrausers, der in Olympia zuerst mit dem Tethrippon gesiegt haben soll [91]). Freilich dachte man, nach den später herrschenden Vorstellungen, bei der hippischen Athena besonders an die kunstreiche Erfinderin des Zügels und übrigen Pferdezeugs; in Korinth hatte sie einen Tempel als Chalinitis (§. 31) [92]), und besonders bei den Athenern gefallen sich Dichter und Künstler [93]) darin, die Athena als die kluge, besonnene Bezähmerin der wilden Rosse zu feiern. Aber die Combinationen des Cultus können daraus nicht erklärt werden, und auch aus den Mythen der Dichter von dem aus der enthaupteten Gorgone geborenen, mit Athena's Hilfe gebändigten Pegasos, dem Quellenrosse, geht immer noch ganz deutlich hervor, daß dabei ursprünglich von andern Dingen, als von einer nützlichen Erfindung, die Rede war.

§. 66. Die Stellung der Athena zu dem dritten der angeführten Götter, dem Hephästos, können wir nicht bestimmen, ohne genauer in die Frage einzugehen, auf welche Weise Licht und Wärme der Athena angehören. Die Verwandtschaft der Athena mit dem Hephästos beurkundet der gemeinschaftliche Cultus, besonders bei den Athenern (§. 7. 10. 11), ferner der beiden Gottheiten gemeinsamen Gebrauch der Lampadedromien (§. 11. 22. 31. 53); auch der Lychnos in dem Heiligthume der Athena (§. 7) und in der Hand der Göttin selbst [94]) erklärt sich aus dieser Feuer- und Lichtnatur der Göttin. Aber Hephästos ist nie im Zusammenhange der griechischen Mythologie als das Feuer der höhern Regionen, die Wärme und das Licht des Äthers, angesehen worden; er ist immer ein irdisches, es sei durch Natur oder Kunst auf der Erde entzündetes Feuer, das Feuer der Vulcane, der Essen und Heerde; das Element erscheint in ihm beschränkt, gebändigt, nicht in seiner vollen Kraft und erhabenen Größe. Athena dagegen hat mit dem Feuer auf der Erde als solchem nichts zu schaffen; der Glanz des Äthers, das Licht vom Himmel war in der ältesten Vorstellung ihr Element. So viel man nun nach den erhaltenen Spuren urtheilen kann, muß man diesen Begriff im Allgemeinen festhalten, und die Athena nicht auf einen der einzelnen lichtverbreitenden Körper, die am Himmel erscheinen, beschränken. Die alte Kosmologie, sowol die der Genesis als auch die Hesiodische, behandelt die Begriffe Licht, Ätherhelle, Tag, als unabhängig von der Sonne und den andern Gestirnen, die allgemeine Ätherhelle ist eher vorhanden als die einzelne Erscheinung der Sonne. Auch war die Sonne durch eine besondere Gottheit bei den Griechen vertreten, die mit der Athena in keine nähere Verbindung gesetzt wird. Dagegen muß das größte Licht am nächtlichen Himmel, der Mond, den Athena-Verehrern als ein besonderes Product oder Zeichen der Göttin erschienen sein, wenn wir auch nicht mit Aristoteles den Begriff der Athena ganz auf den einer Mondgöttin beschränken möchten [95]). Diese Behauptung, welche mit Aristoteles' ganzer Ansicht, daß die mythischen Götter die Gestirne mit ihren besondern Sphären als erste Principe der Bewegung bedeuteten [96]), in nahem Zusammenhange steht, stimmt mit sehr vielen Factis des Cultus und Mythus auf eine merkwürdige Weise überein. Die Heiligkeit der dritten und drittletzten Monatstage (§. 19), an welchen der Mond zum ersten und letzten Male sichtbar ist, die Beziehung auf den Thau, der bei mondhellen Nächten am meisten fällt [97]), die Verbindung, in welche die Eule mit der Athena gesetzt wird, die der Göttin offenbar wegen der großen und grallen Augen und des Gesichtes in der Nacht zugeeignet worden, und erst durch diese Verbindung zum Vogel der Weisheit geworden ist, der Beiname Glaukopis, welchen Empedokles auch dem Monde gab [98]), das Gorgoneion, welches die Orphiker von dem

90) Bei Homer werden Pferde von den Troern als ein Opfer in die Strömung des Skamander gestürzt, Il. XXI, 132 (vergl. *Paus.* VIII, 7, 2), und Poseidon erscheint auf verschiedene Weise als *Ἵππιος* thätig. Il. VIII, 440. XXIII, 277, besonders 584. Vergl. *Paus.* VII, 21, 3. 91) *Σᾶμος ἁλιῤῥοθίου*, *Pind.* Ol. XI, 70 mit den gelehrten Anführungen in den Scholien. 92) Vergl. Heffter Athenadienst. S. 128, welcher die Athena als Vorsteherin des Riemerhandwerks auch Zügel machen läßt. 93) s. die Abhandlungen des Unterzeichneten de Phidia. III. p. 70.

94) *Hom.* Od. XIX, 34. *Πάροιθε δὲ Παλλὰς Ἀθήνη χρύσεον λύχνον ἔχουσα φάος περικαλλὲς ἐποίει.* Der Lychnos wird auch in mythologischen Genealogien von der Athene abgeleitet (*Spanheim ad Callimach.* p. 644), gewiß nicht blos wegen der künstlichen Arbeit der Candelaber. 95) *Aristot.* ap. *Arnob. adv. gent.* III, 31. Vergl. *Orelli* p. 159. Etym. M. p. 767, 45. Gegen eine solche Erklärung darf man nur nicht den Einwand machen, sie komme vor Aristoteles nicht vor; dies wußte Aristoteles selbst recht wol und glaubte darum nicht weniger Recht zu seiner Behauptung zu haben. 96) s. die merkwürdige Stelle bei *Aristotel.* Metaphys. XII, 8. p. 1075 *Bekker.* 97) Über den Einfluß des Mondlichts auf das Pflanzenleben überhaupt bemerkt Einiges Dierbach (Flora mythologica. p. 10), aber nur in Beziehung auf die Artemis, nicht die Athena. 98) *Plut.* de facie in orbe lunae. c. 21. p. 67 *Hutten.*

Gesichte, das man im Monde zu sehen glaubt, erklärten [99]), konnten alle zu der Meinung führen, daß Athena ursprünglich mit der Selene identisch gewesen sei. Auch nennt ja ein Homeriden-Hymnus [1]) die Selene eine Tochter des Pallas, des megamedidischen Herrschers, und da dieser Pallas als Vater des Mondes im griechischen Göttersystem nur in der Reihe der ältern Gottheiten seine Stelle finden kann, also im Wesentlichen mit dem Titanen Pallas zusammenfällt, für dessen Tochter Athena in gewissen Mythen erklärt wurde (§. 1. 52), so lassen sich Athena und Selene auf dasselbe Titanen-Geschlecht zurückführen. Es muß eine Form der Titanen-Fabel gegeben haben, welche diese Lichtwesen nicht — wie die Hesiodische Theogonie — unter Hyperion, sondern unter Pallas, den Sohn des Kreios (oder Megamedes) stellte, denn auch Eos heißt bei Ovid Pallantis. — Dessenungeachtet würde die Deutung der Athena auf den Mond viel zu wenig von ihren Eigenschaften und Cultusgebräuchen erklären, und überhaupt kann man nach dem Ganzen der griechischen Mythologie sich sicher überzeugen, daß die Götter, welche von Anfang an einzelne Naturkörper und Erscheinungen bedeuteten, auch immer dieselben geblieben und niemals davon losgerissen worden sind (wie Gäa, Helios, Eos ꝛc.), und nur solche, welche allgemeinere Potenzen des Naturlebens darstellten, ihrer physischen Geltung immer mehr beraubt und auf geistiges Leben bezogen worden sind. So bleiben wir also dabei stehen, die Athena ganz nach ihren Beinamen, als die goldene, glänzende, lichtstrahlende, funkelnde (§. 62), als gedeihliche Wärme (Ἀλέα §. 32) bei Tage und erfrischende Thaukühle bei Nacht zu fassen [2]).

§. 67. Noch bleibt es uns übrig, die Athena in Beziehung auf die Erdgottheiten zu betrachten und dabei die Art ihrer Einwirkung auf die Erde näher zu bestimmen. Obgleich Athena selbst auf keine Weise Erdgöttin ist, finden wir sie doch in Verbindung mit der Gäa (§. 5), sowie mit Demeter und Kora (als Tithrone §. 14), ja ein Theil der Athenafeste, wie namentlich die Skira (§. 18. 23), trägt einen fast ganz Cerealischen Charakter. Sie lockt durch ihre milden Einflüsse von Oben den Samen aus der Scholle, das Leben aus der Erdtiefe hervor. Daß in ihrem Cultus zu Athen zwei heilige Ackerungen vorgenommen wurden (§. 18. 23), ist auch ein zu alter und mysteriöser Gebrauch, als daß man sich, bei unbefangenem Nachdenken, mit der Erklärung zufrieden geben könnte, Athena werde nur als die kunstreiche Arbeiterin, die den Pflug erfunden, durch diese Feier verehrt, wiewol allerdings der Pflug auch in dieser Beziehung ein Werk der Athena heißen kann [3]). Aber daraus erklärt sich keineswegs, daß die Skira ein Weiberfest waren, daß die Agrauliden daran gespeiset wurden ꝛc. Auch in physischer Beziehung konnte grade der Act des Pflügens, wodurch die Erde aufgerissen und den Einwirkungen von Luft und Feuchtigkeit offen gelegt wird, je nachdem man ihn von dieser oder jener Seite betrachtet, ebenso der Athena wie der Demeter zugeeignet werden. In der altattischen Religion wurde offenbar Athena ganz besonders als Ackerbauerin verehrt, wie am klarsten ihre Priester, die Butaden und Buzygen, beweisen (§. 15. 18); den Namen der Rinderspannerin haben wir in Böotien und Thessalien gefunden (§. 43. 48). Aber besonders wurde eine Art von Boden als Gegenstand der Sorge und Obhut der Athena gedacht, der weiße, thonige, auch wol kalkhaltige, Boden, der in Attika so sehr verbreitet ist und der — wie oben bemerkt wurde (§. 12) — den Namen σκιῤῥὰ γῆ führte, wonach die Athena-Skiras genannt worden ist. War nun die weiße Farbe des Erdreichs, oder irgend eine andere Vorstellung, die sich daran anknüpfte, der Grund davon, kurz Athena wurde in Attika insbesondere als Patronin so beschaffener Landstriche angesehen. Nun ist es aber grade ein solcher feiner, weißer, thoniger und kalkiger Boden, auf dem der Ölbaum gedeiht [4]), welchen deswegen Attika in höchster Vorzüglichkeit hervorbringen sollte, und darin liegt wol der erste Grund, warum Athena grade diesen Theil der Agricultur sich so zu eigen gemacht hat (s. §. 7. 11. 21. 50; vergl. indessen auch über ihre Theilnahme an der Feigencultur §. 25), wiewol hernach noch manche andere sinnvolle Beziehungen hinzutraten, durch welche die Liebe der Athena zum Ölbaume auf verschiedene Weise erklärt wurde. Denn theils nährt das Öl den Docht der Lampe, und Athena mußte es als Lichtgöttin hochschätzen [5]); theils wurde die Einreibung mit Öl — jedoch erst in nachhomerischen Zeiten — regelmäßig mit den gymnastischen Übungen verbunden, und so ist der Ölbaum für die Göttin mannhafter Kraft und Tüchtigkeit von doppeltem Werthe [6]). In dieser Fortbildung positiver Ideen, wodurch ihnen immer neue Anwendungen und Folgerungen abgewonnen werden, liegt eins der wichtigsten Mittel, durch welche die alte Mythologie so lange die Gemüther zu beherrschen im Stande war.

§. 68. Noch haben wir aber der feindlichen Verhältnisse zu gedenken, in denen Athena sich auch schon in der ältern, mehr physischen und kosmischen Vorstellungsweise befand. Wir dürfen hierbei nicht vergessen, daß die positiven Wesen der alten Mythologie zu keiner Zeit

99) *Clem. Alex.* Strom. V, 8. p. 244 *Sylb.* 676 *Pott.* Vergl. Creuzer, Symbol. II. S. 716 fg.

1) Auf den Hermes, v. 100. 2) Daß die Athena dem Herakles die warmen Quellen schafft (Heffter, Rhod. Götterdienste. 1. Heft) wird nicht auf die Hephästische Natur der Göttin, sondern auf ihren Antheil an der Athletik zurückzuführen sein. 3) s. besonders *Hesiod.* Ἔργα v. 429 sq.

ὃς γὰρ βουσὶν ἀροῦν ὀχυρώτατός ἐστιν,
εὖτ' ἂν Ἀθηναίης δμῷος, ἐν ἐλύματι πήξας,
γόμφοισιν πελάσσας, προσαρήρεται ἱστοβοῆι.

Vergl. *Aristid.* in Minerv. p. 24. *Lobeck.* Aglaoph. p. 873. Auch Ἀγρίφα, Hacke, hieß Athena nach Hesychios.

4) Die Geoponica nennen den Boden, welchen der Ölbaum verlangt, γῆ λευκάργιλος. In den Herakleischen Tafeln werden ἐν τοῖς σκίροις (vergl. Anm. 84. §. 12) Olivenpflanzungen angelegt, nach *Mazochi* p. 234. 5) Athena zürnt in der Batrachomyomachie (v. 180) den Mäusen, weil sie das Öl von den λύχνοις naschen. 6) Sophokles führte ἐν Κρίσει (dem Urtheile des Paris) die Athena als eine Art von Arete ἐλαίῳ χρωμένην καὶ γυμναζομένην ein. *Athen.* XV. p. 687. Vergl. *Spanheim* ad *Callimach.* Lav. Pall. v. 15.

abstracte Begriffe waren, sondern von jeher concrete, eigenthümliche Wesen, die der Grieche mit den Augen der Phantasie in der ihn umgebenden Welt auf eine bestimmte Weise wirken sah. Daher alle Dialektik und Kritik nur den Boden zu reinigen und der Untersuchung reine Bahn zu machen, im Stande ist, aber ohne die Thätigkeit einer dichterischen Einbildungskraft jene Gebilde auch nicht von fern nachgeschaffen werden können. Doch wagen wir bei der Vorsicht und Schüchternheit, welche sich die Mythologie in ihrer gegenwärtigen Lage zur Pflicht machen muß, nur etwa so viel zu sagen: Jene ätherische Göttin erschien von Anfang an den Griechen in einer gewissen strengen Erhabenheit, in einer kalten Höhe über den irdischen Trieben und Bedürfnissen; ihr Wesen hat weder unter den Händen der Dichter noch der Künstler je eine gewisse Herbigkeit verloren; dies liegt offenbar schon in der Grundvorstellung. Die ältere, locale und mit dem Cultus verbundene Mythologie ging nun aber viel weiter und, stellte die Pallas-Athene theils selbst feindselig, grimmig und furchtbar dar, theils gab sie ihr Wesen bei, die in dem sonderbarsten Verhältnisse zu ihr stehen, nahe Verwandte von ihr, ja eigentlich sie selbst sind, aber doch von ihr bekriegt und endlich glücklich überwunden und vertilgt werden. In diesem Verhältnisse haben wir die Schwester Pallas (§. 52), die Jodama (§. 42), die Gorgone Medusa (§. 30) und von männlichen Wesen den Titanen oder Giganten Pallas als Vater der Athena (§. 1. 52) und die Pallantiden (§. 13) nachgewiesen. In der Hesiodischen Theogonie vermählt sich Pallas, der Sohn des Titanen Kreios und Bruder des Asträos und Perses, mit der unterirdischen Okeanos-Tochter Styx, dem Sinnbilde einer düstern unterirdischen Gewalt, und erzeugt ein Geschlecht gewaltiger Kinder, Zelos, Kratos, Bia, und darunter die Nike, welche der theogonische Dichter wahrscheinlich für die Athena-Nike in einer ältern Cultuspoesie gesetzt hat [7]). Dies erinnert daran, daß Athena selbst in dem Itonischen Cultus (§. 42) mit dem Hades verbunden wurde, sowie auch aus den Seriphischen Perseusmythen abgenommen wird (§. 30), daß dort der „viel aufnehmende Hades" (Polydektes) in Verbindung mit dem Cultus der Athena stand, aber freilich in einer solchen, daß Athena durch ihr Gorgoneion ihn versteinert und die Erde von seinen Einwirkungen befreit haben sollte. Aber Athena kann diese versteinernden Wirkungen ihres Gorgonischen Antlitzes auch gegen die fruchtbare, wohlthätige Natur, gegen Saaten und Bäume, kehren, wie der Cultusgebrauch von Pellene (§. 37) zeigt, ja sie tödtet selbst, ohne es zu wollen, ihre liebste Freundin, wie die Jodama (§. 42). Wie diese Idee einer dämonischen Gewalt, die selbst, ohne es zu wollen, tödtet und vernichtet, den Palladienbildern anhaftet, ist oben (§. 10. 52. 58) gezeigt worden. Fragt man aber, welchen speciellen physischen Grund dieser Glaube hatte, so muß man auf die Cultusgebräuche zurückgehen, in welchen Athena als eine furchtbare Göttin vorgestellt wird. Dies waren in Athen besonders die Skirophorien, welche mit Sühngebräuchen (dem Tragen des Dioskodion §. 23) verbunden waren; folglich wird grade in dieser Zeit des Jahres, um das Sommersolstitium, die Athena furchtbar gedacht, wo bei großer Dürre und Hitze der Fluch der Mosaischen Bücher in Erfüllung zu gehen scheint: „Der Himmel über deinem Haupte soll ehern sein und die Erde unter dir eisern, und der Herr wird deinem Lande Staub und Asche geben für Regen vom Himmel" [8]). Auch ist es immer die Lichtgöttin Athena, die Pallastochter Chryse (§. 1. 33. vgl. 51), die mit Ares verbundene, blutige Opfer verlangende Aglauros (§. 9), die mit Diomedes zusammen verehrte Athena-Oxyderkes (§. 28), welche als zürnend und verderbend gedacht wird und Sühnungen verlangt. Doch kommt auch in Achaia die Tritäa, d. h. die Tritonische Pallas, als Geliebte des Ares und Mutter des Melanippos von ihm vor (§. 41).

§. 69. Der wichtigste Kampf, welchen Athena besteht, ist immer der Gigantenkampf (§. 13. 21), und wenn auch alle Götter daran Theil nehmen, ist doch Athena vorzugsweise Gigantomachos. Dies erdgeborene, unbändige Geschlecht, in dem eine regellose Productionskraft der Erde sich ausdrückt, ist der Äthergöttin besonders verhaßt [9]). Und doch tritt auch hier wieder eine nahe Verwandtschaft der Göttin und ihrer Feinde hervor; die Giganten, welche sie bekämpft, Enkelados, Pallas [10]), haben dieselben Namen wie die Göttin [11]); auch die Gorgo erhebt sich unter den Giganten (§. 29), während nach anderer Dichtung Athena den Pallas und andere Giganten durch das Gorgonenhaupt versteinert [12]). Daraus, daß die Palladien mit den Exuvien eines erlegten Gegners der Göttin, des Giganten Pallas, gerüstet sein sollten (§. 52), erklärt sich die von Phylarch aufbewahrte Sage von den Palladien, die bei der Gigantenschlacht vom Himmel gefallen seien (§. 39. Anm. 90).

§. 70. Was nunmehr den Übergang der Vorstellung der Athena in das Reich des Geistigen, Ethischen und Politischen anlangt [13]), so geschah dieser ganz auf

---

7) *Hesiod.* Theogon. 383. Vergl. *Paus.* VIII, 18, 1. *Hygin.* Fab. Prooem. p. 8 *Munck.* Daher die Athena, die ihren Vater Pallas tödtet, von ihm pinnarum talaria annimmt (*Cic.* de N. D. III, 23, 59. *Tzetz.* ad *Lycophr.* 355), was doch wol auf eine Darstellungsweise der Athena-Nike deutet; vergl. oben Anm. 58. §. 9. Auch die Athener denken bei der Athena-Nike hauptsächlich an den Gigantenkampf §. 8.

8) 5 Mos. 28, 23. Die Stelle ist bereits von Rückert (S. 127) glücklich angewandt worden. 9) Vergl. die ähnliche Ansicht von der Bedeutung des Gigantenkampfs bei Aristides auf die Athena. (p. 20). 10) *Apollod.* I, 6, 2. §. 3. *Tzetz.* ad *Lycophr.* 355. *Aristid.* l. c. Vergl. Böttiger, Ideen zur Kunstmythol. 2. Bd. S. 88. 11) *Ἐγκέλαδος ἡ Ἀθηνᾶ*, *Hesych.* 12) *Claudian* Gigantomach. 91 sq. 13) Hier am Schlusse der Erörterung über die physische oder kosmische Grundidee der Athena können wir die Frage wol nicht abweisen, wie sich nun die so aufgefaßte Pallas-Athene zu der oft damit verglichenen Neith der ägyptischen Religion verhalte. Ein gewisses Zusammentreffen wesentlicher Eigenschaften ist nun gewiß nicht zu leugnen, namentlich ist die Verwandtschaft mit dem Feuer und Licht beiden Gottheiten gemein. Nach der berühmten Inschrift von Sais war die Frucht, die Neith geboren, Sonne geworden; der Hauptgebrauch ihres Festes war eine große Illumination. Unter den männlichen Gottheiten scheint Phthas-Hephästos, der Vater des Helios, mit ihr verbunden gewesen zu sein. Aber im übrigen sind die Eigenschaf-

dieselbe Weise wie bei dem Zeus selbst, an den Athena sich so nahe anschließt. Alle Götter, welche in der griechischen Religion dem Zeus-Olympios, als dem Gotte des Himmels, verwandt sind, haben — mit Zurückdrängung der physischen Beziehungen — ihre Richtung auf das menschliche Leben, wie es auf dieser Oberwelt hervortritt, genommen, und sind idealische Darstellungen menschlicher Charaktere und Thätigkeiten geworden, während diejenigen Götter, die in den Tiefen der Erde lebend und webend gedacht wurden, die Chthonischen, ihren Bezug auf das Naturleben fester halten und das menschliche Leben weniger in seinem ruhigen Bestande und seiner irdischen Entwickelung, als in seinem Entstehen und Vergehen beherrschen. Diese beiden Göttersysteme, die in der ältesten Zeit einander viel näher berührten, sind hernach beinahe wie zwei verschiedene Religionen aus einander getreten, die auch einen ganz verschiedenen äußern Cultus mit sich brachten, die der Olympischen Götter einen heitern, feierlichen, den Charakter der Öffentlichkeit tragenden und das Gemüth mit Behagen an der irdischen Existenz und ruhigem Vertrauen erfüllenden Dienst, und die der Chthonischen Gottheiten dagegen Gebräuche leidenschaftlicher, bald ausgelassener, bald trübsinniger Art, die sich gern in das Dunkel mysteriöser Ausübung zurückzogen [14]). Selbst in der Jahreszeit ihrer Feier trennen sich diese beiden Religionen, indem die olympischen Götter, wie Zeus, Athena, Apollon, ihre Hauptfeste in der schönen Jahreszeit, wenn das Wetter einen festen Charakter angenommen hat, angesetzt haben, die chthonischen dagegen, wie Demeter, Kora, Dionysos, hauptsächlich in der rauhern und mannichfacher gestalteten Jahreszeit, in der die Natur abzusterben und bald wieder aufzuleben scheint, verehrt wurden.

§. 71. Je mehr aber ein Götterwesen von Anfang an dem Himmelsgotte Zeus verwandt und befreundet ist, um so mehr hat es auch Antheil an jener über die Erde waltenden und herrschenden Weisheit, die durch eine uralte Symbolik des religiösen Glaubens dem Himmels- und Tagesgotte zugeschrieben wurde. Athena ist es, die an dieser ordnenden und regierenden Weisheit am meisten Antheil hat; sie geht daher, nach der Hesiodischen Theogonie, eigentlich aus der *Μῆτις*, hervor, welche Zeus auf den Rath der Gäa und des Uranos verschlungen und dadurch für immer mit sich vereinigt hat. Die attische Sage drückte dies noch auf eine andere Art dadurch aus, daß Prometheus, der im Kerameikos verehrte Titane (§. 11), dem Zeus das Haupt geöffnet habe, aus welchem Athena hervorgehen sollte [15]). Diese Metis äußert sich nun in der Athena anders als im Zeus, indem diese jüngern Gottheiten sich tiefer in das menschliche Leben einlassen und die verschiedenen Sorgen und Geschäfte der irdischen Existenz theilen. Athena wurde insbesondere als Vorsteherin aller der Künste angesehen, welche dem Nutzen dienen, aller mit Verstand und Erfindungsgeist verbundenen Werkthätigkeit (daher Mechanitis §. 34. Anm. 50). In dieser Beziehung heißt sie mit einem weit verbreiteten Beinamen Ergane (§. 10. 21. 35. 36) [16]), wobei bald mehr die Thätigkeit männlicher Künstler und Handwerker [17]), wie der Praxiergiden (§. 16), bald die Geschicklichkeit in weiblichen Arbeiten (wie sie die Ergastinen übten §. 17) ins Auge gefaßt wird, welche schon Homer von der Athena ableitet [18]). Bekannt ist die Sage, wie Arachne (die Spinne) in Kunstliebe mit ihr wetteifert, sowie auch der Fleiß der Ameise, Myrmex, als ein von der Athena empfangenes Erbtheil dargestellt wurde [19]). Die Ausführung dieser Eigenschaft der Athena ins Einzelne hat natürlich keine andere Grenzen als die Bedürfnisse des Lebens und die menschliche Erfindungsgabe im Alterthume hatten; am meisten treten in frühern Zeiten die Schiffsbaukunst [20]), die Arbeit an Wagen [21]), und die im

---

ten der Neith — ihre mannweibliche Natur, der Geier und der Löwe als ihre Symbole — von denen der Athena so verschieden, daß ein Zusammenhang dieser positiven Götterwesen nichts weniger als wahrscheinlich ist. Die Deutung der Neith auf die Luft (bei *Diod.* I, 12 und *Euseb.* Praep. Evang. III, 3) ist offenbar von den griechischen Philosophen angenommen, und von der Pallas auf die Neith übertragen worden. Doch genügte jene allgemeine natürliche Ähnlichkeit dazu, daß schon die alten Jonier nach Psammetich's Zeit die Göttin von Sais Athena nennen, und bei den Griechen am Ende ihre Gestalt ganz mit der der Athena zusammenfließen konnte, wie z. B. die Neith auf den Münzen der Nomos-Saites ganz als Pallas-Athene erscheint. Aber an eine historische Ableitung der attischen Athena von der Neith konnte nicht eher gedacht werden, ehe nicht Theopomp im Trikaranos das alte patriotische Mährchen der Jonier, daß Sais eine Colonie von Athen sei, umgedreht und das Gegentheil als viel wahrscheinlicher dargestellt hatte. Da erst kann jene Statue der auf einem Krokodil reitenden Athena auf der Akropolis von Athen, von der Charax, in der römischen Kaiserzeit, erzählte (Schol. ad *Aristid.* Panathen. p. 95, 7. p. 9 *Frommel*, vergl. *Tzetz.* ad *Lycophr.* 111), verfertigt worden sein, sowie auch erst seit dieser Zeit eine Athena-Saitis (*Paus.* II, 36, 8, in der Gegend des lernäischen Sees, welche nach Rückert's Vermuthung ursprünglich Saotis hieß, Dienst der Athena S. 122) aufgekommen sein kann. Nach Manchen hieß die Athena in Ägypten selbst Sais (*Paus.* IX, 12, 2. *Tzetz.* Chil. V. v. 657 u. A.).

14) Nach Hippokrates (de insomn. p. 47 *Foes.*) wurde bei guten Zeichen vom Himmel Helios, Zeus Uranios, Zeus Ktesios, Athena Ktesia (die gütige, die Habe vermehrende Göttin), Hermes, Apollon, bei bösen aber die ἀποτρόπαιοι θεοί, die Erde und die Heroen (als Chthonische Dämonen) angerufen.

15) *Eurip.* Ion. 465. *Apollod.* I, 3, 6. (Auch soll Prometheus die Athena geliebt haben. *Duris* ap. Schol. *Apollon. Rhod.* II, 1249.) Sehr verschiedene Traditionen bei den Schol. zu *Pind.* Ol. VII, 66. Vgl. Guigniaut zu Creuzer's Symbolik. 2. Th. S. 781. Böttiger, Ideen zur Kunstmythol. 2. Th. S. 73 fg. 16) Davon sind auch Organe und Orgas (*Hesych.* s. v. Ὀργάνη und Ὀργάς Ἀθηνᾶν) ganz richtige Formen. 17) s. besonders *Sophocl.* Fragm. inc. 60 ap. *Brunck.*

Βᾶτ' εἰς ὁδὸν δὴ πᾶς ὁ χειρώναξ λεώς,
Οἳ τὴν Διὸς γοργῶπιν Ἐργάνην στατοῖς
Λικνοισι προστρέπεσθε.

Vergl. Fragm. 72. Von einer Dädale, Mutter der Metis, bei der Athena erzogen worden sei, *Eustath.* ad Il. XVI, 222. p. 1056. ed. Rom. 18) Il. V, 735. I, 390 und sonst. Vergl. Od. XX, 72. *Hesiod.* Theogon. 573. 19) *Serv.* ad *Virg.* Aen. IV, 402. 20) Il. V, 59, wo Harmonides, der kunstreiche Zusammenfüger, der dem Paris die Schiffe gebaut, von der Pallas Athene geliebt heißt. Vergl. XV, 411, wo bei der στάθμη oder rubrica des Schiffbauers erwähnt werden kann, daß Athena auch Σταθμία hieß, nach Hesychios. Auch der Erbauer der Argo, Argos, ist Zögling der Athena. Vergl. Heffter, Athenadienst. S. 124. 21)

Alterthume mit so großer Vorliebe geübte Töpferkunst[22]) hervor, die eines nähern Antheils der Athena würdig schienen. Ovid gefällt sich darin auszuführen, wie auch der Walker, der Färber, der Schuhmacher der Hilfe der Athena ebenso wenig entbehren könne, wie der Ciseleur, der Enkaust, der Sculptor[23]). Den Zusammenhang der ersten Anfänge der bildenden Kunst mit dem Cultus der Athena haben wir bei dem attischen, rhodischen und kyzikenischen Dienste (§. 10. 26. Anm. 76. 50) beobachtet.

§. 72. Weniger liegen diejenigen Künste, in welchen der Mensch nicht werkthätig den unlebendigen Stoff nach seinen Zwecken zurichtet, sondern von Innen heraus die Bewegungen seines Gemüths in Rede, Gesang und rhythmischer Körperbewegung darstellt, im Bereiche der Athena, wie denn überhaupt der besonnene, praktische Geist der Athena da seine Grenze findet, wo eine lebhaftere Affection des Gemüths, ein enthusiastischer Aufschwung des Geistes eintritt, in welchem Kreise statt der Athena Apollon, Dionysos und die Musen thätig sind. Daß eine bestimmte Art der Musik, die Flötenmusik, der Athena zugeschrieben wird, haben wir oben aus einem nicht eigentlich hellenischen Cultus der Göttin, von den Lydern und Tyrrhenern, hergeleitet (§. 54. 59). Dagegen liegen wieder diejenigen Künste der Athena sehr am Herzen, welche die mannhafte, kräftige Ausbildung des menschlichen Körpers befördern; sie hat an der Gymnastik großes Gefallen (vergl. §. 67), wenn auch eben keine einzelne Übung besonders unter ihrer Obhut steht, wie Herakles das Pankration, Hermes den Ringkampf, Apollon den Lauf besonders in Ehren halten[24]). Von der Tanzkunst liebt Athena nur die martialische Pyrrhiche (§. 22. 35. 55, vergl. §. 49); sie nimmt sonst auch nicht an großen Götterchören Theil, wie andere jugendliche Götter und Göttinnen[25]). Der Krieg ist von jeher für eine Hauptbeschäftigung der Athene angesehen worden; wovon der erste Grund schon in der ältern physischen Vorstellung liegen muß, da sich schwerlich aus den übrigen, eben geschilderten Neigungen der Göttin eine solche Vorliebe für die Kriegführung entwickeln läßt. Im Cultus trug sie davon den Beinamen Areia (§. 43), auch vielleicht Kranáa (§. 46), und durch Vermittelung eines Localnamens Alalkomeneïs (§. 39); verwandt ist der Name Alkis, die starke Wehrerin, welchen sie in dem Haupttempel Makedoniens, in der alten königlichen Burg von Pella, führte[26]). Diese Alkis ist es wahrscheinlich, welche auf den Münzen der makedonischen Könige von Antigonos' Stamm, nach einem Idol in hieratischem Styl, als eine vollständig gerüstete vordringende Kämpferin, mit der Linken den Schild hebend, in der Rechten den Blitz schwingend, abgebildet erscheint. Zahlreicher sind die dichterischen Epitheta, welche die Göttin als schlachtenerregende, unermüdliche, in die Flucht schlagende, beutemachende Gottheit führt: ἐγρεμάχη, ἐγρεκύδοιμος, ἀτρυτώνη, φοβεσιστράτη, ἀγελείη, ληῖτις, doch bezeichnet keins derselben, was nach den Erzählungen der epischen Poesie immer die Hauptsache bei der Kriegführung der Athena bildet, die besonnene, wohlgeleitete Tapferkeit, die kaltblütige, ruhig umblickende Beherztheit, die — wenn Athena mit dem Ares in Kampf geräth — mit dessen ungestümem Trotz und blutgierigem Wüthen den schönsten Contrast bildet. Später, wie man auch aus der epischen Poesie abnehmen kann, wurde der Athena dieselbe verständig leitende Thätigkeit im Staatsleben zugeschrieben; der Cultus der Agoráa und Buláa (§. 16. 35, vergl. §. 37) ist schwerlich vor der Einführung republikanischer Verfassungen gegründet worden. Die ältern Staatenordner sollten von Zeus oder Apollon, Zaleukos zuerst von der Athena seine Gesetze empfangen haben[27]). Dagegen gehört der Dienst der Apaturien, und die damit verbundene Idee der Athena als Vorsteherin der attischen Geschlechter und Phratrien (§. 16. 27) auf jeden Fall dem ionischen Stamm schon vor der Wanderung nach Kleinasien an (vergl. auch die Epipyrgitis von Keos §. 26). Der Athener dachte sich überhaupt seine Athena-Polias mit der Geschichte seiner Heimath und der Schicksalsführung des Volks so eng verflochten, daß er in allen wohlthätigen Instituten der frühern Zeiten ihre milde Waltung zu erblicken glaubte. So stellt Äschylos den Areopag als eine Stiftung der Athene dar, durch welche sie den unversöhnlichen Streit rächender Dämonen und schirmender Gottheiten geschlichtet habe; diese menschliche Theilnahme, treue Fürsorge und kluge Überlegung, mit der dort Athena Alles zum Besten wendet, schien dem Charakter der jüngern olympischen Götter damals am meisten angemessen. Wie tief diese Vorstellung von der Athena im Volke selbst wurzelte, zeigt schon genug der eine Ausdruck: der Stimmstein der Athena; es wurde als eine Entscheidung der Göttin angesehen, daß bei gleichen Stimmen der Richter das Zünglein der Wage der Gerechtigkeit nach der Seite der Menschlichkeit und Barmherzigkeit hinschlägt.

§. 73. Gehen wir nun aufwärts von den Angelegenheiten einzelner Staaten zu der göttlichen Regierung des ganzen Menschengeschlechts: so kann Athena, bei dem Ansehen, in welchem sie bei Zeus steht, auch von den Berathungen darüber nicht ausgeschlossen sein; jedoch dachten die Griechen in der Blüthezeit ihres Glaubens sich die Athena nie als eigentliche Schicksals-

---

s. besonders den Homerid. Hymnus auf Aphrod. (v. 12), wonach Athena σατίνας καὶ ἅρματα ποικίλα χαλκῷ zu machen versteht.

22) s. das kleine Gedicht Κάμινος ἢ Κεραμίς unter den Homerischen (v. 2). Athena sollte den Keramos, den Sohn der Erde, des Rades und der Feueresse zuerst ans Licht gebracht haben (*Critias ap. Athen.* I. p. 28. c. 23) *Ovid. Fast.* III. 815 sq. Mille dea est operum. v. 833. 24) Doch soll nach Istros (bei dem *Schol. ad Pind. Nem.* V, 89) Theseus den Ringkampf von der Athena gelernt haben. S. auch über die Athena Keleutheia in Sparta §. 35 und vergl. *Callimach.* Lav. Pall. 23. 25) s. Hymnus auf den Pyth. Apoll. v. 10 fg. 26) s. *Livius* XLII, 51. Ipse (Perseus) centum hostiis sacrificio regaliter Minervae, quam vocant Alcidem, confecto etc. An der Richtigkeit der Form Alkis ist nicht zu zweifeln. Vergl. *Hesych.* Ἀλκίδι δυνάμει.

27) Aristoteles und Chamäleon bei *Clem. Alex.* Strom. I. p. 152 Sylb. und Andere.

gottheit, erfüllt von den Verhängnissen und Schicksalen, die da kommen sollen und in tiefem Gemüthe darüber sinnend. Vielmehr hat es Athena nur mit dem eben Vorliegenden zu thun (*τὰ δέοντα πρᾶξαι*); sie macht bei Zeus den Anwalt der Heroen und Völker, denen sie wohl will, aber es kommt wol vor, daß ihre Verwendung nach den tiefern Rathschlüssen des Schicksals nicht durchdringen kann[28]). Auch als Pronöa war sie ursprünglich nur eine hilfreiche Freundin der delischen Gottheiten (§. 45). Daher auch Athena nicht als weissagende Gottheit erscheint, wenn sie auch nach einer Sage dem Teiresias, und nach Virgil's Dichtung dem Nautes diese Gabe und Kunst verliehen haben soll[29]). Nach allem Gesagten dürfen wir behaupten, daß die allegorischen Mythenerklärer des Alterthums, insbesondere die Stoiker, zwar einen Hauptpunkt richtig, aber doch das Wesen der Göttin viel zu abstract und einseitig auffaßten, wenn sie dieselbe für die Klugheit oder Weisheit (*φρόνησις, σοφία*) schlechthin erklärten[30]). Wäre die Athena nie mehr als ein solcher allgemeiner Begriff gewesen, hätte nicht eine concrete Anschauung, die mit diesem Namen bezeichnet wurde, in den Gemüthern der Griechen und insbesondere der Athener gelebt, so hätte auch die Wirkung dieser Idee auf das gemüthliche und thätige Leben nie so mächtig sein können. In dieser Beziehung gehört eine solche positive Idee nicht blos der Religion und Mythologie, sondern zugleich der ganzen Bildungsgeschichte der Griechen an, da es wol keinem Zweifel unterliegt, daß, wenn einerseits der Stammcharakter der Athener sehr viel zu den Zügen dieses idealen Gebildes beigetragen hat, andererseits auch wieder ein solches Ideal mit großer Macht dahin wirkte, die Bildung und Thätigkeit des Volks in einer gewissen stetigen Richtung zu erhalten. Jeder Athener, der sich seiner Landesgöttin nahe und von ihren Fittigen geschirmt glaubte[31]), mußte in dieser Vorstellung einen Sporn zu besonnener, kräftiger Thätigkeit, rüstiger und aufgeweckter Übung der Künste, humaner und wohlwollender Leitung der öffentlichen Angelegenheiten, beherzter Abwehr der Feinde des Vaterlands erhalten. (*K. O. Müller.*)

PALLASCH, ein vorzugsweise zum Hauen bestimmtes, einschneidiges Seitengewehr, für das Fußvolk kürzer, für die Reiterei länger, mit starkem Rücken und zweischneidiger, sowie etwas gekrümmter Spitze, ohne Stichblatt, aber zum Schutze der Hand mit einem korb- oder muschelartig geformten Schilde versehen. Das Wort ist slawischen Ursprunges (im Polnisch- gleichbedeutend damit palasz, von palić, hauen). Die teutsche und schwedische Reiterei führten schon in ältern Zeiten, in neuern auch die Grenadiere, Pallasche, und sie sind jetzt in den meisten Heeren eine Waffe der Cuirassiere. (*Heymann.*)

PALLASIA. Nach dem auch um die Botanik sehr verdienten Naturforscher P. S. Pallas (s. d. Art.) sind nach und nach vier verschiedene Pflanzengattungen benannt worden, welche jetzt aber alle unter andern Namen aufgeführt werden. Allerdings ist auch für die Gattung Pallasia *Aiton* der Adanson'sche Name Encelia älter; man thut aber wohl, für diese Gattung, da die Adanson'sche Nomenclatur überhaupt wenig Aufnahme gefunden hat, den Namen Pallasia, wenigstens vorläufig, beizubehalten. Diese Gattung gehört zu der dritten Ordnung der 19. Linné'schen Classe und zu der Gruppe der Radiatae (Untergruppe Heliantheae *Cassini*) der natürlichen Familie der Compositae. Char. Der gemeinschaftliche Kelch besteht aus vielen, dachziegelförmig über einander liegenden Schuppen; die Blümchen der Scheibe sind zwitterig, die des Strahls geschlechtslos; der Fruchtboden ist kegelförmig, spreublätterig; die Achenien sind breit gedrückt, mit einem gewimperten Rande versehen, ohne Krone. Die drei bekannten Arten sind in Peru und Mexico einheimisch, als ästige Staudengewächse mit abwechselnden, ungetheilten, dreifach-nervigen Blättern und gelben Doldentrauben. 1) P. halimifolia *Aiton* (Hort. Kew., Encelia canescens *Cavanilles* ic. I. p. 45. t. 61. Coreopsis limensis *Jacquin* ic. rar. III. t. 594). 2) P. procumbens *Spreng.* (Syst. veg., Encelia parvifolia *Humboldt*, *Bonpland* et *Kunth* n. gen. IV. p. 162). 3) P. grandiflora *Willdenow* (Sp. pl., Encelia halimifolia *Cavanilles* ic. III. p. 6. t. 216). Eine vierte Art aus Quito, P. dentata *Humb.* et *Bonpl.* (Pl. aequin. II. p. 101. t. 111) gehört nach Kunth zu Verbesina (V. dentata *H.*, *B.* et *K.* n. gen. l. c. p. 161). Die Gattung, welche der jüngere Linné (Suppl. p. 37) Pallasia nannte, ist von Calligonum *L.* (s. d. Art.) nur dadurch unterschieden, daß bei ihr die Frucht mit vier häutigen Flügeln versehen, bei Call. aber borstig-dornig ist: Pallasia caspica *L. fil.* (l. c. p. 252. Pterococcus aphyllus Pallas, Reise II. S.

---

28) Wie nach dem Orakel vor dem Perserkriege und der Verwüstung Attika's bei *Herod.* VII, 141:

Οὐ δύναται Παλλὰς Δί' Ὀλύμπιον ἐξιλάσασθαι,
Λισσομένη πολλοῖσι λόγοις καὶ μήτιδι πυκνῇ.

Dasselbe Verhältniß kommt bei Domitian wieder (von dessen Minervadienst oben §. 60), der vor seiner Ermordung träumte: Minervam excedere sacrario, negantem, ultra se tueri eum posse, quod exarmata esset *a Jove*. Vergl. auch *Plutarch.* Lucull. 10. 29) *Callimach.* Lav. Pall. 121 mit Spanheim's Anm. *Virg.* Aen. V, 704 sq. Die Weissagung aus calculis, *θριαί*, welche der Athena, wie auch dem Hermes, zugeschrieben wird (*Steph. Byz.* *Θρία.* *Bekker.* Anecd. Gr. p. 265 s. v. *Θριάσιον πεδίον*, vergl. p. 300), hängt mit der Erfindung der Würfel zusammen, die sie dem Palamedes mittheilt (daher auf den gemalten Vasen besonders aus Volci, öfter würfelspielende Heroen um ein Palladion sitzen oder kauern). Beides, die Thriai und Würfel, wurden der Pallas wol nur wegen einer Etymologie (*Παλλὰς* von *πάλλειν*) zugeschrieben. 30) So Chrysipp, der auch den Namen Tritogeneia von der Zusammensetzung der *φρόνησις ἐκ τῶν φυσικῶν καὶ τῶν ἠθικῶν καὶ τῶν λογικῶν* erklärte. S. besonders das Fragment des Epikureers Phädros de natura deorum, p. 21 in der Bearbeitung von Petersen. Darnach *Diod.* III, 69. Aristides auf die Athena, S. 13, Herakleides, Phurnutus, Eustathios an vielen Stellen und Andere. Joh. Laur. Lydus (de mens. III, 8. p. 45. IV, 7. p. 66) nennt die Athena *τὴν ψυχήν*, ein Ausdruck, den die Stoiker mehr für den Zeus selbst brauchten. Die *Ἀναξαγόρειοι* erklärten die Athena für die *τέχνη* nach *Synkellos* p. 119. b. Ven. Vergl. *Heyne Apollodor.* T. I. p. XXXIX.

31) *Παλλάδος δ' ὑπὸ πτεροῖς ὄντας ἅζεται πατήρ*, *Aeschyl.* Eumen. 955.

738. t. S.) ist Calligonum Pallasia *Aiton*. — Houttuyn's Gattung Pallasia hat Thunberg Calodendron (s. d. Art.) genannt. Pallasia capensis *Houttuyn*. (Pflanzensyst. III. t. 22. Dictamnus capensis *L.* Dict. Calodendron *Loureiro*) ist Calodendron capense *Thunb*. — Endlich hat Scopoli die bekannte Grasgattung Crypsis *Aiton* (s. d. Art.) ebenfalls Pallasia genannt. (*A. Sprengel.*)

Pallast, s. Palast.

PALLAST, PALATIUM, so heißt seit den ältesten Zeiten die in der Stadt Trier befindliche, jetzt in eine Caserne verwandelte, Burg der Erzbischöfe von Trier. Es ist nicht unwahrscheinlich, daß sie von Constantin dem Großen erbaut worden, doch sind nur noch der kolossale Heiden- oder Helenenthurm und der westliche Flügel mehr oder weniger in ihrer ursprünglichen Gestalt erhalten. In diesem Pallaste vertheidigte sich der Propst Adalbero von St. Paulin, Kaiser Heinrich's II. unruhiger Schwager, gegen die ganze Macht des Reichs vom Sonntag nach Ostern bis zum 1. Sept. 1009, an welchem Tage der Kaiser genöthigt wurde, die Belagerung aufzuheben. In dem Erzbisthume konnte sich Adalbero gleichwol nicht behaupten, er wurde am Ende gezwungen, dem neuen, von dem Kaiser aufgestellten, Bewerber, dem Babenberger Poppo, zu weichen. Unter Poppo ist bereits die Rede von einem Burggrafen im Pallast, nur daß die Gesta Trevirorum ihn, als Praefectus urbis, unkenntlich machen. Zu Anfang des 12. Jahrh. kommt Ludwig, Wilhelm's de Palatio Sohn, als Burggraf im Pallast vor. Lodewich de Palatio bekräftigt, unmittelbar nach dem Grafen Mefried, des Erzbischofs Bruno Urkunde für das Collegiatstift zu Münstermayfeld vom 29. Nov. 1103. Unter den Erzbischöfen Gottfried und Adalbero erscheint Ludwig (1125) als Vicedom oder Burggraf, in Kaiser Lothar's Urkunde für Echternach vom J. 1131, als Palatii custos et Primor Trevirorum, nachmals auch als Praefectus urbis. Unter den Ministerialen der trier'schen Kirche der Erste, hatte Ludwig sich den Erzbischof Gottfried gänzlich unterwürfig gemacht. Er behauptete, mit dem Pallast belehnt zu sein, und nach dem Pallast müßten alle erzbischöfliche Gefälle geliefert werden, davon hätte er den Erzbischof und dessen Kapellane zu unterhalten, und alles Übrige, so viel dem Erzstifte zuständig, falle ihm in Folge seiner Belehnung zu. Der Erzbischof habe Messen zu lesen, Priester und Kirchen zu weihen, seines Amtes sei es, das Land zu regieren und das Kriegswesen zu ordnen. Als der eigentliche Regent ließ er für des Erzbischofs Tafel täglich einen Sester Wein und zwei Sester Bier verabfolgen; er selbst tafelte Tag für Tag in großer Gesellschaft, herrlich, als ein mächtiger Fürst, ließ sich aller Orten von einer Schar Kriegsleute begleiten und benahm sich als des Landes wahrer Gebieter. Die Geistlichkeit empfand es hoch, daß der Erzbischof ihren Umgang und Rath verschmähte, um sich ausschließlich einem Laien hinzugeben und dachte an dessen Absetzung. Von Armuth niedergedrückt, war Gottfried nicht im Stande, seinen Gegnern zu widerstehen, er dankte im J. 1127 ab. Der Nachfolger, Meginher, regierte kaum zwei Jahre, unter Bedrängnissen, welche ihm nicht erlaubten, Einspruch gegen das Treiben seines Burggrafen zu erheben. Allein nun wurde von einem Theile des Klerus der bisherige Primicerius von Metz, Adalbero von Montreuil, zum Erzbischof ausersehen, während Adel und Volk lebhaft sich solcher Wahl widersetzten. Keiner trieb aber seine Widersetzlichkeit so weit als der Burggraf im Pallast. Die Häuser der Geistlichen, die nicht ausdrücklich gegen die Wahl Adalbero's sich erklärten, ließ er aufbrechen und ausplündern, den Inhabern der höchsten Würden, denjenigen, welche in Rang und Verdienst die ersten unter den Klerikern der trier'schen Kirche, legte er, da sie nach Metz aufbrechen wollten, um den Erwählten heimzuführen, bei der conzer Brücke einen Hinterhalt; sie wurden ihrer Rosse und Kleider beraubt, und, was erschrecklicher zu berichten, sie, die edelgeborenen Männer, wurden mit harten Stößen und Schlägen mishandelt. Dies Alles vermochte indessen nicht, die Wahl des Primicerius von Metz zu hintertreiben, und Ludwig, insoweit seine Ohnmacht erkennend, zettelte eine Verschwörung an; der Neugewählte sollte ermordet werden, falls er jemals die Stadt betreten würde, und Ludwig verpflichtete sich, die erste Hand an den Fremdling zu legen; denn er kannte Adalbero's hohen Geist und Vorsichtigkeit, der sich nicht beherrschen lassen, sondern zu herrschen begehren würde. Adalbero wußte, was man ihm bereite, und zog an der Spitze einer zahlreichen, bewaffneten Mannschaft nach Trier. An der Porta alba empfing ihn die gesammte Klerisei mit Lobgesang und ungewöhnlichen Ehrenbezeigungen. Auch Ludwig und die übrigen Verschworenen kamen ihm entgegen, und als sie den Erzbischof so gerüstet und bewacht fanden, entsank ihnen der Muth, sie heuchelten freundliche Gesinnung, und der Erste unter Allen begrüßte Ludwig in unterwürfigem und schmeichlerischem Tone den Ankömmling, von dem er sich zugleich den Friedenskuß erbat. Als aber Adalbero, nach empfangenen Regalien, in Trier seinen Wohnsitz nehmen wollte, fand sich nicht so viel vor, daß ihm am ersten Tage eine Mahlzeit hätte gereicht werden können; alle zu der erzbischöflichen Tafel gehörigen Gefälle waren verpfändet, oder, als angebliche Lehen, von Ludwig und dessen Helfern verschlungen. Um nicht zu darben, mußte der Erzbischof beim Papst Innocentius II. ein Indult suchen, welches ihm erlaubte, die Beneficien, die er vor seiner Erhöhung besessen, noch drei weitere Jahre zu genießen. Denn nach wie vor nahm der Burggraf, was an Korn, Wein und Lebensmitteln nach dem Pallast geliefert wurde, unter seinen Beschluß, und Tag für Tag ließ er davon zu der erzbischöflichen Tafel verabreichen, so viel ihm gefällig; den Überschuß verzehrte er mit seinen Hausgenossen. Adalbero ertrug dies eine Zeit lang, bis eines Tages Fremde seinen Hof besuchten und er diesen am Nachmittage nach Hofsitte einen Trunk vorsetzen wollte. Er schickte nach dem Pallast, um Wein zu fodern, aber des gestrengen Burggrafen Procurator vermaß sich, er würde nichts geben ohne Ludwig's ausdrücklichen Befehl. Dies schien dem Erzbischof nach so vielen Unbilden unerträglich; er erhob darum Palaciolum (das heutige Pfalzel) des Julius Cäsar unweit der Stadt belegene Burg, die verfallen und unbewohnt, mit großen Kosten aus dem Schutte, ließ fortan dahin seine Gefälle liefern und sagte spöttisch: „Jetzt mag Ludwig seinen Pallast behalten." In der That verfiel dieser, nachdem ev eine Weile in dem leeren Pallast auf eigene Kosten gezehrt hatte, in solche Demuth, daß er baarfuß, im härenen Bußgewande, nach Pfalzel pilgerte, des Erzbischofs Kniee umfaßte, seine Barmherzigkeit anrief und ihm den Pallast überlieferte. So ward der stolze Bau dem rechtmäßigen Eigenthümer zurückgegeben, und um sich gegen fernere Ansprüche einer übermächtigen Familie zu verwahren, trachteten die Erzbischöfe, das ganze Geschlecht der bisherigen Burggrafen aus der Hauptstadt zu entfernen. Vom Erzbischof Hillin wurde Wilhelm, ein Sohn des trotzigen Burggrafen Ludwig, als Burgmann nach der dem Erzstifte heimgefallenen Feste Ehrenbreitstein versetzt, und dieser Wilhelm ist der Stammvater des berühmten Geschlechtes von Helfenstein, bei Ehrenbreitstein, geworden. Ein anderer Zweig wurde an die Salm versetzt und blühte dort unter dem Namen der Freiherren von Esch bis gegen das Ende des 16. Jahrh. Ein dritter Zweig blüht noch heute in den Herren und Grafen von Elz. Die drei Häuser Elz, Esch und Helfenstein führen ein und das nämliche, nur verschiedentlich aufgeputzte, Wappen, einen quergetheilten Schild, oben mit einem wachsenden Löwen. Bei den Helfenstein war das Erbmarschallamt, bei den Esch das Erbkämmereramt des Erzstiftes, was sich daraus erklärt, daß der gemeinsame Stammvater, der Burggraf Ludwig, selbst in des Kaisers Lothar Augen als Primor Trevirorum gelten konnte. Es kommen aber auch nach Ludwig Ritter de Palatio vor, die jedoch eines andern, den Erzbischöfen minder furchtbaren, Geschlechtes sein müssen. Hermann de Palatio, de Familia St. Petri, findet sich im J. 1142, 1143 und 1156, auch 1152, zugleich mit seinem Bruder Walter. Ein anderer Walter ist vielleicht derjenige, der im J. 1158, 1163, 1164, 1167, 1179, 1181 genannt wird. Fridericus de Palatio lebte im J. 1152, Reiner 1179 und 1181, Jacob 1181. Im J. 1203 werden Reiner und Richard, Gebrüder, im J. 1212 Richard und Hermann de Palatio aufgeführt. Seitdem verschwinden Namen und Geschlecht. Man vergleiche übrigens die Art. Elz, Esch und Helfenstein. (*v. Stramberg.*)

PALLAVICINI, in veralteter lateinischer Form **Pelavicinus**, italienischer, hochberühmter Geschlechtsname, der drei verschiedenen Häusern eigen. Man kennt lombardische und genuesische Pallavicini, und unterscheidet von jenen die Pallavicini von Barano. Wir werden zuerst von den lombardischen Pallavicini handeln, die in dem 13. Jahrh. beinahe alle Geschlechter des nördlichen Italiens in Ansehen und Macht übertrafen, und die lange ihren Rang unter den souverainen Häusern behauptet haben. Während die Einen sie von einem edeln Longobarden herleiten, erzählen Andere von einem Adalbert, der im J. 960 mit K. Otto's des Großen Heere nach Italien kam, tapfere Thaten verrichtete, und zur Belohnung zum Statthalter und Vicarius in der Lombardei ernannt wurde. Von Hause aus mit den Markgrafen von Baden verwandt [1]), soll Adalbert darum den markgräflichen Titel geführt haben, und wegen seiner vielfältigen, getreuen Dienste im Felde im J. 981 von K. Otto II. mit Castello Pellegrino, Guasalechio, Val di Mugella und Fortiliera, Gütern, die in den Hochstiftern Parma, Piacenza und Cremona gelegen, belehnt worden sein; drei andere Schlösser und verschiedene Güter in dem Piacentinischen erwarb er durch Kauf. Er baute und begiftete reichlich das Kloster Santa Colomba zu Fiorenzuola, die Kirche und das Kloster zu Castel Lione bei Borgo San Donnino (mit diesem aufblühenden Orte wurde er von K. Otto III. belehnt), dann die Abtei Castiglione und starb in hohem Alter, aus seiner Ehe mit Adelheid, einer Anverwandten des sächsischen Kaiserhauses, drei Söhne hinterlassend. Beigesetzt wurde er in seinem Gestifte zu Castiglione, zwischen Busseto und Borgo San Donnino; das marmorne Grabmonument trägt folgende Inschrift:

Hectoreos cineres, et Achillis busta superbi
Caesareumque caput, parique hoc sub marmore tectum
Credere ne dubites, pietate Adalbertus et armis
Inclytus Ausoniae quondam spes fida carinae,
Quo duce, Romuleus Cyrnus subjecta triumphis
Barbara gens, Italaque procul dispellitur urbe.
Marchio, Dux Latii, sacer aedis conditor hujus
Hac tumulater humo, melior pars aethere gaudet.
Obiit anno Sal. 1034. die 6. Januarii.

Einer seiner Söhne, Berthold, der im J. 1047 mit den Brüdern theilte, und unter andern Borgo San Donnino davontrug, soll in dem Alter von 96 Jahren zwei Söhne, den Friedrich und Otto, gezeugt haben, *die aber beide* unbeerbt geblieben sind. Hubertinus, des Berthold Bruder, erschien in Rom bei der Krönung K. Konrad's, 26. März 1027, als einer der großen Vasallen des lombardischen Königreichs, wird auch noch gelegentlich von dieses Kaisers letztem italienischen Zuge genannt. Von der ersten Frau hatte Hubertinus den Alexander und den Vicecomes, von der andern Frau den Hubert. Dieser der Gemeinschaft mit den Halbbrüdern überdrüssig, veranlaßte im J. 1087 eine Theilung, durch welche ihm Castel Pellegrino Guasalechio, Castell Barano, Castell Polesine di S. Vito, Vigolengo, Scipione, Fiorenzuola, Castello Arde und Corte maggiore zufielen. Johann Pallavicini empfing von K. Friedrich I. nach der Einnahme von Mailand, 1162, verschiedene Lehen und Privilegien, der getreuen Dienste wegen, welche er dem Reiche geleistet. Ähnliche Gnaden wurden im J. 1175 des Berthold Pallavicini's Söhnen Otto und Friedrich gespendet; unter ihren Lehen wird Borgo San Donnino genannt. Im J. 1188 verheirathete der obengenannte Johann seinen Sohn Wilhelm mit Constantia, der Tochter des Markgrafen Obizzo von Este. Johann hatte noch einen zweiten Sohn, den Manfred, dessen stete Zwistigkeiten mit Wilhelm den

---

1) Diese Verwandtschaft wurde ersonnen, um die markgräfliche Würde der Pallavicini zu erklären. In der Wirklichkeit nahmen sie gleich andern, von den Königen unmittelbar zu Lehen gehenden, Grafen den Markgrafentitel an, um sich von den von Bischöfen abhängenden Grafen zu unterscheiden. Wie in allen Dingen, so ging auch in Etikette und Titulatur Italien dem Norden und Osten voraus.

Vater nicht selten beunruhigten. Die Veranlassung derselben zu tilgen, nahm Johann noch vor seinem Ende eine Theilung unter den beiden Söhnen vor. Manfred erhielt Varano, Banzola, Migliano, Noceta, Fontanellato, Casalbarbato, Parola, Grezo und Medesana; auf Wilhelm's Antheil kamen Scipione, Fontana broerola, Casale Albino, Vigolengo, Grotta, Pietra collereta, Castell Pellegrino mit der Herrschaft Greci, Scisano, Tusca, Corniglia, Landasco, der Palast zu Fiorenzuola. Die Salzwerke von Pozzuolo, die Herrschaften Sevio, Parmigiana, Soragna, Bergo, Castelnuovo, Corticella, Tollarolo, behielt der Vater für sich, ohne ihrer doch bei seinem hohen Alter lange mehr genießen zu können. Sein Sohn Wilhelm, der nach Manfred's Tode das ganze Eigenthum wieder vereinigt hatte, starb im J. 1217, mit Hinterlassung von drei Söhnen, Hubert III., geb. 1197, Pallavicinus, geb. 1199 und Manfred II., geb. 1209. Eine Tochter Johanna wurde an den Pfalzgrafen Guido von Toscana, st. 1241, verheirathet. Pallavicinus erhielt in der brüderlichen Theilung Castell Pellegrino und hinterließ diese Besitzung seinen vier Söhnen, Heinrich, Hubertinus, Guido und Vicecomes, die darum auch gewöhnlich die Pallavicini von Pellegrino heißen. Manfred II. nahm neben andern Lehen auch Scipione und vererbte dasselbe auf seine Söhne Hubert und Guidotto. Von dem einen oder dem andern derselben stammen die Pallavicini von Scipione ab, die sich nachmals in die Linien von Corte Maggiore und Busseto vertheilten. Hubert III. (Uberto, Oberto) endlich ist jener berühmte Markgraf Pallavicino, mit welchem das Haus seinen höchsten Glanzpunkt erreichte, der durch Beharrlichkeit und Kunst sein Geschlecht über alle andere der Lombardei erhöhte, aber zuletzt noch den Sturz des stolzen Baues erleben mußte. Hubert war beinahe noch ein Knabe, als er an der Spitze einer glänzenden Schar von Edeln und Rittern des parmesanischen Gebietes über die Alpen nach Teutschland zog, um dem jungen Kaiser Friedrich II. seine Huldigungen und seine Hilfleistungen darzubringen. Als Friedrich II. am 22. Nov. 1220 in Rom die Kaiserkrone empfing, befand sich Hubert abermals in dessen Gefolge, und als der Kaiser am 11. Jul. 1226 in Borgo San Donnino über die widerspenstigen Lombarder die Reichsacht verhängte, war der Markgraf Pallavicini einer der Vasallen, auf deren Beistand Friedrich in dem bevorstehenden Kampfe mit den Rebellen vorzüglich zu rechnen schien. Und er täuschte sich nicht, unwandelbar in seiner Treue gegen den Kaiser, mag Hubert unter allen Gibellinen derjenige gewesen sein, der die uneigennützigste Zuneigung für denselben empfand. Darum ward der Markgraf der Gegenstand besonderer Feindseligkeit, nicht nur von Seiten der Welfen, sondern auch für die Kirche, damals schon, als diese noch nicht entschieden gegen den Kaiser aufgetreten war. Bereits im J. 1235 wurde er durch den Cardinalbischof Jacob von Palestrina aus der Stadt Piacenza verbannt, angeblich um daselbst den Frieden herzustellen. Dafür wurde Hubert 1240 zum kaiserlichen Vicarius in der Lunigiana ernannt, und während der Kaiser 1241 die Belagerung von Faenza führte, mit den ausgedehntesten Vollmachten in der Lombardei zurückgelassen, um des kaiserlichen Feldherrn Marino de Evoli Operationen gegen die Genueser zu unterstützen. Während Evoli auf der Küstenstraße von Vado und Savona aus gegen Arenzano zog, drang der Markgraf, unterstützt von den gibellinischen Städten in Toscana und von dem Adel der Lunigiana, auf der östlichen Küste, von Spezzia her, vor. Marino wie Obetto stießen aber nicht nur auf streitbare Gebirgsvölker, sondern auch auf natürliche Schwierigkeiten, die jetzt noch, obgleich des Landes Ansehen durch die Kunst so sehr verändert worden, einen Feldzug auf der genuesischen Küste zu einer ungemein dornigen Aufgabe machen. Evoli wurde vor Arenzano abgetrieben, Pallavicini nahm die Burgen Goviglioni und Zolaschi, setzte sich durch Einverständniß mit den Bewohnern in Besitz der das Varathal beherrschenden Stadt Pietro di Vara, mußte aber die Belagerung von Vernazza aufheben, und nach der Lunigiana zurückkehren. Der einzige Vortheil, der ihm von diesem, gleichwie von dem folgenden Feldzuge blieb, war eine Übung in der hochwichtigen Kunst, ein Heer zu bilden und abzurichten. Im Mai 1249 erhielt der Markgraf von dem in Pisa weilenden Kaiser eine Urkunde, welche nicht nur die alten Privilegien und Besitzungen des Hauses Pallavicini bestätigte, sondern denselben auch eine Menge neuer Lehen hinzufügte. Dergleichen Lehen waren die Castelle Ripamarana, Bringhiera und Acquaviva, das Castell Montevolterrano, in dem Gebiete von Volterra, Busseto, Borgo San Donnino, Solignano, Montepalliero, Ravarano, Seravalle, Pietra Mogolana, Tabiano, Bargone, Parola, Castelvechio di Soragna, San Bose, Costamezzana rc. Hubert bewies seine Dankbarkeit durch den Sieg, den er am 18. Aug. 1250 bei Agrola über die Parmesaner erfocht; er befehligte an diesem Tage nicht nur seine Haustruppen, sondern auch die Cremoneser, denen er als Podesta vorstand, und die Parmesaner wurden auf das Haupt geschlagen, mußten auch ihr Carocio den Siegern zur Beute lassen. Seitdem genoß Hubert nächst Ezzelin unter den Gibellinen in der Lombardei das höchste Ansehen und bald sollte sein Einfluß sich noch über Piacenza ausdehnen. Dort hatten die Gibellinen die Oberhand gewonnen, die aus der Stadt Verwiesenen wendeten sich um Hilfe an die Parmesaner und nöthigten hierdurch die Gegner den Markgrafen herbeizurufen. Um Piacenza stritten demnach die Republiken Parma und Cremona, wie früher Mailänder und Cremoneser um Lodi gestritten hatten. Die Parmesaner, in Gesellschaft der vertriebenen Piacentiner, nahmen Bardi ein, Hubert besiegte die Parmesaner bei Brescello und eroberte die Burgen Rivalgario und Raglio, zu immer größerem Einflusse führte ihn das Glück seiner Waffen. Gleichwol blieb er aus Parma verbannt, bis der päpstliche Legat, Gregor von Montelongo, die Belagerung des Castells Medesana vornahm, 1251; die Belagerung wollte nicht vorwärts rücken, geschickt die Verlegenheit des Legaten benutzend, bot der Markgraf seine Dienste an, und es gelang ihm, die Übergabe des Castells zu vermitteln. Der Gunst des Legaten hierdurch versichert, fand er es nicht mehr schwierig, einen Frieden mit den Parmesanern zu schließen. Gleichwol bewahrte er dem Sohne Friedrich's II. unverbrüchliche Treue, und wenn Konrad IV. theilweise in der Lombardei als König anerkannt wurde, so verdankte er dieses lediglich den von Hubert gemachten Anstrengungen. Dafür wurde dieser 1253 zu des Königs Stellvertreter in der Lombardei ernannt; eine Würde, die zwar in der Verwirrung jener Zeit an sich keine große Macht verleihen konnte, wol aber einem Mächtigen Gelegenheit und Vorwand gab, nach allen Seiten hin seine Befugnisse auszudehnen. Im Brachmonate des n. J. 1253 in depopulatione Neapolis, in castris, belehnte der König den Markgrafen, der demnach an dem Zuge gegen Neapel Theil genommen haben muß, mit allem dem Lande, so gelegen zwischen der von Piacenza nach Parma führenden Via Claudia, im Süden, und dem Po im Norden, dergestalt, daß der Taro gegen Osten, der Chiavenafluß gegen Westen die Grenze bilde. Dieses Lehen ist beiläufig der bis in die neuesten Zeiten sogenannte Stato Pallavicino. Des Königs Absterben, indem es den Markgrafen auf seine eigenen und auf seiner Freunde Kräfte beschränkte, gab ihm Gelegenheit zu ungleich wichtigern Erwerbungen. Eng verbündet mit Ezzelino de Romano, verfolgte er gleichwol eine Politik, die dem in Venetien eingeführten Schreckenssystem durchaus unähnlich, und wenn er allmälig sich ein wohlgeordnetes Heer von 12,000 Mann angeschafft hatte, war Hubert immer nur bemühet, auf friedlichem Wege seine Macht zu erweitern. Beinahe unmerklich verwandelte er den Einfluß, den er als Podesta in Cremona zu üben hatte, in eine wahre Herrschergewalt, von der er jedoch so weisen Gebrauch machte, daß die Piacentiner aus eigenem Antriebe den verdächtigen Nachbar zu ihrem Podesta wählten, im J. 1252 und 1254 ihm die höchste Gewalt übertrugen (dominus perpetuus heißt er von diesem Jahre an in den Annalen von Piacenza, und ist das ohne Zweifel das erste Beispiel von einem durch Vertrag mit den Bürgern entstandenen Fürstenthum in der Lombardei). Die Erfindung war indessen zu neu, um gänzlich der Anfechtung zu entgehen, und bereits am 24. Jul. 1257 erhob sich in Piacenza ein Aufruhr, der mit der Vernichtung der neuen Herrschaft endigte. Sie bestand aber in Cremona vornehmlich dadurch, daß Hubert sie mit einem in dieser Stadt sehr mächtigen Herrn, mit Boso von Doara, getheilt hatte, und sie wurde auch bald in Pavia anerkannt, dessen Bürger in dem Markgrafen einen Beschützer zu finden hofften. Aber mittlerweile waren die Gibellinen aus Brescia vertrieben worden, und Hubert sah sich genöthigt, im Vereine mit Ezzelino de Romano die durchaus welfisch gewordene Stadt zu befehden. Mit den Milizen von Cremona belagerte der Markgraf die brescianischen, an dem Oglio gelegenen, Castelle Volongo und Torricella, was den päpstlichen Legaten, den Erzbischof von Ravenna, nöthigte, mit der Stadtmiliz, mit den Mantuanern und den Kreuzfahrern, aus Brescia auszuziehen, um den Entsatz zu bewerkstelligen. Während er sich bei Gambara zu einem Angriffe auf des Markgrafen Heer vorbereitete, traf Ezzelino in einem nächtlichen Gewaltmarsch über Peschiera ein, und seine Scharen entwickelten sich im Rücken der Kreuzfahrer. Mit dem Morgen des 28. Aug. 1258 sollte die Schlacht beginnen, als aber die Kreuzfahrer vor sich die Cremoneser, hinter sich Ezzelin's Panier erblickten, da zerstäubten sie in der schrecklichsten Verwirrung. Der Legat selbst, der Bischof von Verona, die Podesta von Brescia und Mantua und 4000 Brescianer wurden gefangen und die ihrer Vertheidiger beraubte Stadt Brescia ergab sich ohne Widerstand. Nach dem zwischen den Verbündeten errichteten Vertrage hätte diese Eroberung ihnen in Gemeinschaft verbleiben sollen, aber nie achtete Ezzelino eines Vertrags. Die Herren von Cremona ihres Antheils an der Beute zu berauben, suchte er den einen durch den andern zu verderben. Er rieth dem Markgrafen, sich des Boso von Doara zu entledigen, des Einzigen, der seinen Absichten auf fernere Vergrößerung hinderlich werden könne, er suchte den Boso zu verlocken durch die Aussicht auf die Statthalterschaft in Verona. Aber Ezzelino's Rathschläge und Anerbietungen pflegten vielmehr Schrecken, statt Zutrauen zu erwecken, und als nach einigen Monaten die Dienstzeit der Cremoneser ablief, wollte weder der Markgraf noch Boso es wagen, allein in Brescia zurückzubleiben. Mit reicher Beute beladen gingen sie in Gesellschaft nach Cremona zurück, um bald genug zu erfahren, wie Ezzelino in Brescia als alleiniger Gebieter verfahre und wüthe. Es hätte sie diese Mittheilung nicht überraschen sollen, gleichwol erweckte sie den lebhaftesten Unwillen. In diesem Unwillen theilten die Herren von Cremona sich gegenseitig die von Ezzelino gemachten Vorschläge mit. Auf das Äußerste entrüstet durch seine Treulosigkeit, nicht weniger entrüstet über Grausamkeiten, deren Schande auf sie zurückfiel, indem sie so lange des Tyrannen Helfer gewesen, bearbeitet auch von dem Bischof von Brescia, der ein Gefangener des Markgrafen, gelobten Boso und Hubert sich, ein Ungeheuer niederzuwerfen, das dem Schöpfer und den Geschöpfen gleich unerträglich geworden zu sein schien. Sie schlossen d. d. Cremona 11. Jun. 1259 mit dem Markgrafen von Este, mit dem Grafen von S. Bonifacio und mit den Städten Mantua, Ferrara und Padua ein Bündniß, worin Manfred's Rechte an das Königreich Sicilien anerkannt waren, zugleich aber gegen Ezzelino und Alberich von Romano der Vertilgungskrieg erklärt wurde. Schnell auf diese Erklärung folgten die Feindseligkeiten. Ezzelino belagerte Orci nuovo, den einzigen von den Cremonesern noch besetzten brescianischen Ort; alsbald erschien Hubert im Felde, und von der bei Soncino genommenen Stellung aus machte er es dem Feinde unmöglich, die Belagerung fortzusetzen. Das veranlaßte den Tyrannen zu dem verwegenen Marsch auf Mailand, der mit seiner Niederlage und Gefangenschaft endigte; Ereignisse, an denen Hubert den rühmlichsten Antheil hatte. Ihm mußte Ezzelino sich ergeben, und sein Ansehen allein konnte den Gehaßten gegen die Wuth des Volkes und der Soldaten schützen. Nach Ezzelino's Sturze blieb Hubert als der alleinige Führer der Gibellinen in Oberitalien übrig, und der wichtige Dienst, den er in Bekämpfung der Patarener so eben der Kirche geleistet, ließ ihn die Schwierigkeiten seiner isolirten Lage weniger empfinden, bahnte ihm sogar den Weg zu neuen Erwerbungen. Noch im J. 1259 brachte er es dahin, daß Gilbert von Correggio, der ihm fortwährend feindselig geblieben seines Amtes als Podesta von Parma entsetzt wurde. Im November 1259 schloß er mit Martin de la Torre, dem Oberhaupte der Republik Mailand, einen Vertrag, wonach er als Generalcapitain mit einer Schar von 800 Gleuen in der Mailänder Dienste trat. Fünf Jahre lang sollte er in Mailand den Kriegsbefehl und dafür eine jährliche Besoldung von 1000 Pf. Silber haben. Am 11. Nov. 1259 zog er unter dem Jubel des Volkes in Mailand ein. Die erste Frucht dieser Verhandlung, wodurch Hubert berufen war, mit de la Torre sich in die Herrschaft des mächtigsten Staates der Lombardei zu theilen, wurde für ihn die Unterwerfung von Piacenza. Dort hatte die aus Mailand vertriebene Adelspartei Zuflucht gesucht, und dahin verfolgte sie der Markgraf. Der vereinigten Macht des Pallavicini und la Torre konnten die Piacentiner nicht widerstehen. Der Urheber der Empörung von 1257, Albert Fontanese, wurde sammt seinen Anhängern verjagt und die Partei der Gibellinen, an ihrer Spitze der Graf Ubertino von Lando, der Anverwandte und Freund der Pallavicini zurückgerufen; dann mußten die Capitane und Valvassoren von Mailand das piacentinische Gebiet räumen. Sie wendeten sich nach Bergamo und eroberten von hier aus, im Frühjahre 1261, Licurti, einen festen Ort im Mailändischen. Gleich aber zog der Markgraf, an der Spitze der Völker von Mailand, Cremona, Novara und Brescia zu Felde; die Bergamasken mußten, um Frieden zu erlangen, die vertriebenen Mailänder aus ihrem Gebiete entfernen, und diesen blieb als letzte Zuflucht die Feste Tabiago. Hier hielten sie eine harte Belagerung aus, endlich wurden sie durch Hunger, Durst und Seuchen gezwungen, sich auf Gnade an den Markgrafen zu ergeben. In dem n. J. 1261 ließ Hubert seinen Neffen Wilhelm, einen der Markgrafen Pallavicini von Scipione, mit der Würde eines Podesta von Mailand bekleiden. Kurz vorher hatte er einen andern Vetter, den Heinrich Pallavicino von Pellegrino, nach Tortona gesendet, um Besitz von dieser Stadt zu nehmen, die sich freiwillig unter seine Botmäßigkeit begab, nachdem er von König Manfred zum Feldhauptmann der Gibellinen in der westlichen Lombardei ernannt worden. Fast um dieselbe Zeit verheirathete der Markgraf seine Tochter Maria mit dem Grafen Guido von Romena, aus dem Geschlechte der mächtigen Pfalzgrafen von Toscana, und zum Jahresbeschlusse, oder Anfangs 1262, vermochte er die Brescianer, daß sie ihn mit der Herrschaft bekleideten, die er auch in Novara auszuüben hatte, hier jedoch nur für bestimmte Zieljahre, die 1263 abliefen. Dafür wollte er sich der Stadt Parma bemeistern, wovon er jedoch gegen einen jährlichen Tribut von 1000 Pf. abstand, und es gelang ihm ferner, eine Ernennung durchzusetzen, die sehr leicht zur Alleinherrschaft über Mailand führen konnte. Sein Neffe Ubertino Pallavicino von Pellegrino wurde von der Republik als Podesta angenommen. Indessen wurde dieses Ereigniß der Wendepunkt in Hubert's Glücke. Beunruhigt durch das Auftauchen eines aus den Gebieten von Cremona, Brescia, Piacenza, Mailand, Como, Lodi, Tortona, Pavia, Alessandria, Parma, Reggio und Modena zusammengesetzten Staates, gereizt durch den Schutz, welchen dessen Beherrscher den Ketzern angedeihen ließ, entrüstet über die von Hubert gegen Otto Visconti, den neuen Erzbischof von Mailand, verübten Feindseligkeiten, sprach der Papst über die Pallavicini la Torre und ihre Anhänger den Bannfluch aus; Philipp de la Torre, des Martin Nachfolger, nicht weniger beunruhigt durch Hubert's Bemühungen sich die Gunst der Mailänder zu erwerben, benutzte den Umstand, daß mit dem November 1264 die fünf Jahre abliefen, für welche dem Markgrafen der Kriegsbefehl übertragen worden, und verhinderte die Erneuerung des Vertrags. Der Feldhauptmann wurde demnach entlassen, und zwar unter so bedenklichen Äußerungen, daß der Podesta Ubertino Pallavicino sein Leben sogar für gefährdet erachtete, und bei nächtlicher Weile aus Mailand entfloh. Hoch empfand Hubert die Undankbarkeit der la Torre, und er äußerte seine Empfindlichkeit, indem er alle mailändische Kaufleute, die ihm während seines Rückzuges nach Cremona aufstießen, plünderte, ja eine ganze Handelsflotte auf dem Po wegnahm; allein Mailand blieb verloren, und er mußte sogar befürchten, die Kräfte der mächtigen Republik gegen sich zu haben, da Napus de la Torre ein Abkommen mit Karl von Anjou traf, und aus dessen Hand Mailand bald genug einen neuen Podesta, den Barral des Baux, empfangen sollte. Denn es nahete der Augenblick, der ein Heer von französischen Kreuzfahrern über die Alpen führen sollte; umsonst schrieb Pallavicino halb bittend, halb drohend an König Ludwig IX., er möge seinen Bruder von einem Angriffe auf das nördliche Italien abhalten; vergeblich hoffte er, die Armuth des Grafen von Anjou und seiner Ritter werde, wie schon so lange, auch für immer, ihnen die Ausrüstung eines Heeres unmöglich machen. Im Juni 1265 überschritt dieses Heer den Col de Tenda, und nirgends war eine Anstalt zu Widerstand sichtbar. Umsonst hatte Pallavicino, den unruhige Bewegungen in Brescia noch mehr schwächten, den Gibellinen zu beweisen gesucht, „wie nöthig es sei, daß sich Alle, der frühern Streitigkeiten vergessend, gegen die neuere und größere Gefahr vereinigten; denn, sobald es den Franzosen einmal gelungen sei, sich gleich einem verheerenden Strome von den Alpen herab über das schöne Land zu ergießen, so dürfte Hoffnung und Begierde die Beutelustigen zu steten Wiederholungen solcher Einfälle anreizen, und statt der Teutschen und des Kaisers (welche man ungeachtet ihres bessern Rechtes verwünsche) würde sich jenes Volk eindrängen, leichtsinniger, verwegener und begehrlicher, es würde das größere Übel an die Stelle des kleinern treten, und Italien in den Kämpfen zwischen Teutschen und Franzosen zu Grunde gehen, oder beiden dienen müssen." Piemont hatten die Franzosen hinter sich, Tortona und Alessandria, die wichtigen Städte, von dem Markgrafen der Hut seines Neffen Ubertino vertraut, wurden durch dessen Feigheit den Feinden überliefert, Mailand zögerte eil

Tage lang, ohne sich für oder wider die Franzosen zu erklären, da zogen diese, des Harrens überdrüssig, vorwärts. Auf seine Hausmacht und auf die Milizen der ihm noch ergebenen Städte beschränkt, stand Hubert zuerst zwischen Piacenza und Pavia, sodaß er die Kreuzfahrer zwang, von der kürzesten Straße von Asti nach Parma führend, abzuweichen; in Allem befehligte er etwa 3000 teutsche oder lombardische Reisige. Der Franzosen rasches Vordringen durch das Mailändische störte seinen Operationsplan, und er wurde genöthigt, sich nach dem Oglio, auf Soncino zurückzuziehen. Hier an dem Grabe Ezzelino's, seine linke Flanke durch Cremona, sein Rücken durch Brescia gedeckt, konnte er hoffen zu siegen, oder doch lange genug die Franzosen aufzuhalten. Allein diesen öffneten die Verbindungen mit dem Hause la Torre die Landstraßen des Gebietes von Bergamo, und Boso von Doara, großen Gewinnst erwartend von dem Untergange des Hauses Pallavicini, oder durch Geld erkauft, hinderte mit scheinbar ehrlichem, in der That aber treulosem Rathe jeden kräftigen Entschluß, während er von allen Bewegungen des Heeres, von allen Entwürfen des Feldherrn dem Feinde Kenntniß gab. Eine kostbare Zeit ging, unbenutzt für die Gibellinen, verloren, während sich in ihrem Rücken bei Mantua, unter dem Markgrafen von Este und dem Grafen von S. Bonifacio eine bedeutende welfische Macht zusammenzog. Von dieser Diversion begünstigt gingen die Franzosen bei Palazzuolo, oberhalb Soncino, über den Oglio; sie siegten bei Capriolo, wo Hubert sich ihnen mannhaft entgegenstellte, sie drangen bis unter die Mauern von Brescia vor, eroberten Montechiaro und vereinigten sich daselbst mit dem Markgrafen von Este, daß Pallavicino es als ein Glück ansehen mußte, den Rückzug nach Cremona offen zu finden. Von Boso's Verrath hatte er keine Ahnung, und es war das nicht der einzige Verräther, der um ihn thätig war; auch in Brescia gab es deren, und in dieser Stadt brach eine Empörung aus, die mit der Vertreibung von Hubert's Söldnern endigte (30. Jan. 1266). In der nämlichen Zeit beinahe focht sein Neffe, der Markgraf Heinrich Pallavicino von Scipione, an der Spitze der auserlesenen Schar, die Hubert dem Könige Manfred zur Hilfe geschickt hatte, und in der Schlacht bei Benevent wurde der tapfere Neffe der Franzosen Gefangener. Hart traf den Oheim dieser letzte Streich, und sofort bot er, um wenigstens von einer Seite gesichert zu sein, die Hand zu einer Aussöhnung mit dem Papste. Jetzt endlich wol die Treue Boso's von Doara beargwohnend, verschwieg er diesem die Unterhandlung. Den Augen des Listigen blieb sie aber nicht lange verborgen, und Boso zürnte oder stellte sich erzürnt, um seinen frühern Abfall zu verdecken und zu beschönigen. Bei dieser Gelegenheit ging auch Cremona für den Markgrafen verloren, obgleich seine Besatzung noch lange die Rochetta behauptete; die Eroberungen in Toscana hatten sich schon früher losgerissen, und es blieben ihm nur noch die angestammten Gebiete und die Herrschaft über Pavia. Zu großem Spiele gewöhnt, stand Hubert nicht an, selbst diese Trümmer noch einmal an großes Spiel zu setzen. Von seiner gewöhnlichen Residenz, von Borgo San Donnino, aus, schickte er Abgesandte an den jungen Konradin, um ihn einzuladen zu einem Zuge nach Italien, sich und die Seinigen im Voraus dem Dienste des verwaiseten Kaiserhauses zu weihen. Konradin fiel in dem Kampfe um das väterliche Erbe, und einzeln, ohne irgend eine ferne Aussicht auf Hilfe, blieb Hubert zahllosen Feinden gegenüber. Am 21. Oct. 1268 wurde Borgo San Donnino nach harter Belagerung, von den Parmesanern erobert und geschleift, die Einwohnerschaft aber in die benachbarten Flecken vertheilt. Auch die Feste, in welche Hubert sich nach dem Verluste von Borgo San Donnino warf, hatten die Feinde umringt, da brach das stolze Herz, welches in so großem Unglück ihn standhaft erhielt. Er starb im Mai 1269. Hubert Pallavicino war ein ausgezeichneter Krieger, beinahe der Erste in Italien hatte er sich eine zahlreiche und glänzende Reiterei herangezogen, die allein von ihm abhängig; diese Reiterei machte ihn den Nachbarstädten wichtig und sie wurden genöthigt sich die Freundschaft und die Hilfsleistungen des Anführers zu erkaufen. Der Feldhauptmann aber, den sie sich auf solche Weise gewannen, wurde fast unmerklich ihr Fürst. Ihr Tyrann konnte Hubert nicht werden, denn er besaß nicht den wilden, unersättlichen Ehrgeiz eines Ezzelin. Indem er es aber verschmähte, seine Usurpation durch Verbrechen zu befestigen, blieb sie unvollständig, und die Unbeständigkeit der Völker, die Feindschaft der Kirche, machte der zwar ziemlich milden, aber immer ungesetzlichen Herrschaft ein Ende, bevor sie durch die Zeit sanctionirt werden konnte. Die Feindschaft der Kirche hatte sich Hubert nicht nur durch seine treue Anhänglichkeit zu dem schwäbischen Kaiserhause zugezogen, sondern auch durch seine Nachsicht für die patarenische Ketzerei. Patarenische Prediger wurden geschützt in allen Städten seiner Herrschaft und entgingen durch diesen Schutz dem Strafgerichte der Inquisition; „in ogni luogo dove lui dominava gli heretici pubblicamente tenevano gli errori suoi et havevano le manifeste sinagoghe, ne nessuno inquisitore poteva l'ufficio suo contra tali delinquenti ministrare," klagt Corio. Ihn selbst hielt man der Ketzerei wo nicht für überwiesen, doch verdächtig, und nach einigen Schriftstellern starb er, „Gottes und der h. Kirche Feind," darum im Kirchenbanne, während andere versichern, daß er zugleich mit den Mailändern von Papst Urban IV. losgesprochen wurde. Jacomo Filipo da Bergamo, im 13. Buche des Supplements, rühmt ihn als „huomo giusto et da bene, quantunque perseguitasse i Guelfi," auch als „magnanimo, savio, di gran consiglio, et che nel suo tempo fece molte cosi honorate, et finalmente mori grande et felice." Sein ungewöhnliches Geschick zu Unterhandlungen wird besonders sichtbar in seinen Verhältnissen zu der Kirche; mehrmals gelang es ihm, eine Macht zu entwaffnen, der selbst Friedrich II. hatte unterliegen müssen. In seinem Äußern besaß Hubert sehr wenig Empfehlendes, mager und schwächlich, war er zugleich einäugig. Das andere Auge hatte ihm, als er noch in der Wiege lag, ein Hahn ausgebissen. Die Erzählungen aber von seiner ursprünglichen Armuth, welche so groß gewesen, daß er nur ein einziges jämmerliches Pferd besessen und sich glücklich schätzen müssen, daß man ihn in Parma als Bürger duldete, hat lediglich der Parteihaß aufgebracht. Die Örtlichkeit der Lombardei brachte es mit sich, daß selbst die mächtigsten Fürsten, wie die Markgrafen von Este und von Montferat, in die Städte ziehen und Bürger werden mußten, und so viel die Armuth betrifft, dürfen wir nur auf das Verzeichniß der Besitzungen, die Hubert's Vater hinterlassen hat, sowie auf die Erbschaft, die Hubert, allen seinen Feinden zum Trotz, auf den Sohn bringen konnte, verweisen. Die Subsidien, die er von den Städten beziehen konnte, wurden auf den Unterhalt der Truppen verwendet; den Aufwand für seine Hofhaltung, ohne Brot und Wein täglich 25 Pfund Silber, mußte er aus seinen Erbgütern bestreiten; hundert Jahre nach ihm hat es noch kein Tyrann in Italien wagen dürfen, die Abgaben der Städte über das hergebrachte Maß zu steigern. Seine erste Frau, die Tochter des Grafen Rainer von Pisa, entließ Hubert unter dem Vorwande der Unfruchtbarkeit; in einer zweiten Ehe wurde er Vater von zwei Söhnen und drei sehr schönen Töchtern. Davon wurde die uns schon bekannte Maria an den Grafen Guido von Romena, Johanna im J. 1284 an den Salinguerra Torello und Margaretha 1289 an Riccardo della Scala verheirathet. Von den Söhnen überlebte den Vater der einzige Manfredino, dem, weil er kaum das 17. Jahr erreicht, seine Vettern Ubertino und Visconte Pallavicino da Scipione, Graf Ubertino von Lando und Boso von Doara, zu Vormündern gesetzt waren; außerdem hatte der Vater ihn besonders der mächtigen Partei empfohlen, die in Cremona, Parma, Piacenza und Pavia noch immer zu ihm hielt. Diese Empfehlung und die Sorgfalt der Vormünder zeigten sich gleich wirksam, und für Manfredino wurde ein sehr wichtiges Besitzthum gerettet. Als solches werden genannt das bald wieder hergestellte Borgo San Donnino, Cortemaggiore, Castello Arde, Busseto, Medesana, Blose, Rugginoldo, Rio Sanguinaro, Castiglione, Gibello, Santa Croce, Ragazzola, Lagoscuro, Tollarola, Polesine de Manfredi, Guasalechio, Bargone, Tabiano, Monte Pallerio, Ravarano, Seravalle, Solignano, Parola, Pietra Mugolana, Castellvechio di Soragna, die Stadt und das Gebiet von San Bose, Costamezzana, le Cellette, Migliano, Landasio, Varano de Melegari, die Dörfer und Thäler von Muzzola. Alle diese Orte werden auch aufgeführt in der Bestätigungsurkunde, die Manfredino im J. 1327 von König Ludwig dem Baier erhielt. Obgleich auf seine Hausmacht beschränkt, konnte er immer noch als das Oberhaupt der Gibellinen gelten. Dem Papste Bonifaz VIII. ward er ein Gegenstand besonderer Zuneigung. „Lodato da diversi scrittori per huomo eccellente, quantunque non si trovino di lui molti particolari.“ Er starb im J. 1328 mit Hinterlassung dreier Söhne, von denen Wilhelm, Markgraf von Cassano, im J. 1353 von dem Erzbischof Visconti zum Statthalter in Genua bestellt wurde. Der wichtigste Theil seiner Aufgabe als solcher war die Vertheidigung der Republik gegen die Angriffe der Venetianer, und das that er in glänzender Weise in dem großen Seetreffen bei den Inseln de Sapienza, den 3. Nov. 1354. Wilhelm ließ auch Straßen durch das Gebirge brechen, um die Verbindung mit der Lombardei zu erleichtern. Sein Bruder, Hubert II., hatte im Auftrage von Barnabas und Johann Galeaz Visconti eine Gesandtschaft an den Hof Kaisers Wenceslaus ausgerichtet und bei dieser Gelegenheit für sich selbst verschiedene Privilegien und Freiheiten erlangt; hochbejahrt erkrankte und starb er auf der Rückreise. In der St. Bartholomäuskirche zu Busseto wurde er beigesetzt. Ihm folgte in der Regierung sein Sohn Nikolaus, der die angestammte Bedeutsamkeit durch mancherlei Kriegsfahrten erhöhte. Darum fanden die Herren von Mailand, Galeaz und Barnabas sich bewogen, ihm, dessen Mediatisirung unabwendbar geworden, wenigstens in der Capitulation die vortheilhaftesten Bedingungen zu gewähren. Ihm und seinen Vettern, Johann und Friedrich Pallavicini, wurde der Besitz aller Herrschaften und Orte, die sie von ihren Voräitern geerbt, garantirt; sie erhielten die Erlaubniß, Festungen anzulegen oder die vorhandenen zu erweitern und zu verstärken, insbesondere Bargone zu befestigen, was ihnen früher von Barnabas untersagt gewesen. Tabia, dessen sich Barnabas bemeistert hatte, wurde an Nikolaus zurückgegeben, gleichwie der Pallast in Mailand, und es wurde ihm auch vergönnt, den von Barnabas begonnenen Festungsbau in Soragna und einen ähnlichen Bau in Costamezzana zu vollführen. In des Johann Galeaz Kriege mit Florenz empfing er von Nikolaus die wichtigsten Dienste; dieser war es namentlich, welcher des Peter Gambacorta, des Gebieters von Pisa, Neigung, den Florentinern wider seinen Verbündeten in Mailand Beistand zu leisten, errieth und demnächst dessen Anschläge vereitelte. In jener Zeit hielt sich Nikolaus in Pisa auf, in der Eigenschaft eines Gran Consigliero des Beherrschers von Mailand. Im J. 1397 wurde er nochmals nach Pisa gesendet, angeblich, um in des Herzogs von Mailand Namen dem Gerhard Appiano, dem Sohne des Fürsten Jacob, den Ritterschlag zu ertheilen, eigentlich aber, um mit Jacob wegen des Ankaufs von Pisa zu unterhandeln. Die Unterhandlung währte noch, als Nikolaus, dem Paul Savelli mit 300 mailändischen Lanzen beigegeben, in der Nacht vom 2. Jan. 1398 in das Schlafgemach des Fürsten von Pisa einbrach und von ihm die Schlüssel der Citadellen von Pisa, Livorno, Piombino und Cascina forderte. Nikolaus wurde aber mit Redensarten hingehalten, unterdessen das Volk sich bewaffnete. Mit Tagesanbruch sahen die Mailänder sich belagert in dem Palaste, der ihnen zum Quartier angewiesen; sie mußten sich ergeben, und Pallavicino und Savelli wurden in die Rocca von Pisa gebracht und in strengem Gewahrsam gehalten, bis des Jacob Appiano Nachfolger, Gerhard, sich mit dem Herzoge von Mailand einigte und den Verkauf von Pisa vollzog. Nikolaus überlebte seine Befreiung nicht lange; er starb im J. 1400 an Gift, wie man glaubt, dergleichen auch seine Gemahlin empfangen haben soll. Sein Sohn Roland (Orlando), der Prächtige (il Magnifico, ein Beiname, den das Zeitalter häufig an berühmte Condottieri verschwendete), war schon mit acht Jahren eine

Waise und in seiner Hilflosigkeit den Anfällen der Nachbarn ausgesetzt. Ottobuono Terzo, der sich nach Austreibung der Rossi der Herrschaft über Parma bemeistert hatte, nahm das ihm wohlgelegene Borgo San Donnino weg, und Gabriel Fondolo in Cremona that ein Gleiches mit Cortemaggiore, Besenzon, San Martino und andern Orten. Von diesen übermächtigen Feinden geängstigt, suchte Orlando sich durch Heirath einen wirksamen Beistand zu gewinnen. Man freite ihm des Grafen Johann Scotto Tochter, Katharina, deren Vater damals in Piacenza die höchste Gewalt übte, auch bei allen Tyrannen der Lombardei in hohem Ansehen stand; nach einer andern Version aber soll der Herzog von Mailand, Johann Maria, der an Orlando Vaterpflicht übte, ihn mit einer Tochter des Hauses Anguisola verheirathet haben, um auf diese Weise der Pallavicini und Anguisoli erbliche Feindschaft zu beschwichtigen. Im Bunde mit dem Markgrafen von Este und mit dem Schwiegervater befehdete Orlando den Herrn von Parma, mit Erfolg, zumal seitdem der Markgraf von Este sich durch Meuchelmord des Ottobuono Terzo entledigt hatte (17. Mai 1409), und dieses Stelle nur unvollkommen durch seinen Bruder, Jacomo Terzo, ersetzt wurde. Borgo San Donnino und Fiorenzuola wurden mit gewaffneter Hand von ihrem Erbherrn wieder gewonnen. Es waren dieses aber keineswegs Orlando's erste Waffenthaten. Einer seiner Vettern, Uguccione Pallavicino, hatte die nach des Johann Galeaz Visconti Ableben entstandene allgemeine Verwirrung zu benutzen gesucht, um mit Hilfe der Rossi und der Herren von Correggio anderen Vettern, den Markgrafen Pallavicini von Scipione, gewaltsam das Ihrige, und namentlich Scipione, zu entreißen. Das würde ihm gelungen sein, hätte nicht Orlando, damals ein dreizehnjähriger Knabe, sich an der Spitze von 600 Reisigen aufgemacht, um den Bedrängten beizustehen. Bei seiner Annäherung wurde die Belagerung von Scipione aufgehoben, und die Feinde zogen sich nach dem Gebiete von Costamezzana zurück; auch dahin folgte ihnen der junge Krieger, und in einem nächtlichen Angriffe auf ihr Lager erbeutete er das gesammte Gepäck. Hiermit begann eine Reihe von Feindseligkeiten, die während vieler Jahre fortgesetzt, besonders den Pallavicini von Varano verderblich wurden; sie büßten darüber ihren ganzen Staat ein. Durch den ersten Erfolg ermuthigt, überschritt Orlando stracks den Po, um Pieve und Altavilla, in dem Cremonesischen, den Flammen zu übergeben; hundert Lanzen lagen dort, mehrentheils von den Geschlechtern Summo und Cavalcabo aufgebracht, die zeither, als Freunde der Rossi und der Welfen, in Orlando's Besitzungen sehr übel gewirthschaftet hatten, jetzt aber entflohen, ohne ein Zusammentreffen abzuwarten. Die Rossi nahmen ihre Rache in der Einäscherung von Costamezzana, wo viele mit den Pallavicini befreundete Gibellinen wohnten. Auch zerstörten sie den prachtvollen und festen Pallast, den Orlando in Varano besaß und die Häuser anderer Gibellinen ebendaselbst; viele Menschen wurden dabei erschlagen. An sich möchte dieser parmesanische Krieg kaum so langwierig haben werden können, aber die Rossi empfingen den Beistand der Kirche und der Florentiner, und Orlando wurde von den Herzogen von Mailand unterstützt, lange nur sehr spärlich, daß es ihm kaum möglich, den grimmigen Verheerungen der Markgrafen von Varano und des Gilbert Ardigieri von Cortignaga Einhalt zu thun. Als aber Johann Maria Visconti allmälig wieder sein zerrüttetes Herzogthum zusammenbrachte, gewannen auch die Angelegenheiten seines treuen Kämpen ein anderes Ansehen, und Orlando wurde nicht nur in den Stand gesetzt, sich allen seinen Gegnern furchterlich zu zeigen, sondern empfing auch die wohlverdiente Belohnung und Vergrößerung. Borgo San Donnino, dessen die Parmesaner sich neuerdings bemeistert hatten, wurde ihnen entrissen, und die Stadt Salso, südlich von Borgo San Donnino, die Orlando aus des Herzogs von Mailand Händen empfing, war ein schöner Ersatz für die in der langwierigen Fehde erlittene Einbuße. Die letzten Dienste, die Orlando dem Herzoge leisten konnte, waren gegen die Welfen gerichtet. Von Castelleone und Frimenengo aus führten sie in dem Lande zwischen Oglio und Adda einen wahren Vertilgungskrieg. Zuletzt brach in diesen Räuberscharen eine Empörung aus, sie erschlugen ihren Anführer, den Uguccione Pallavicino, und steckten sein Haupt auf eine Lanze, die sie über dem Hauptthurme des Castells zu Crema aufpflanzten. Orlando, der Zeitlebens den Vetter bekämpft hatte, fühlte sich tief verletzt durch die demselben angethane Schmach; er rief den Peter von Gambara zu Hilfe und vergalt durch erbarmenlose Streifzüge in der Cremoneser Gebiet alle die Greuel, die sie zeither zwischen Oglio und Adda ausgeübt hatten. Aber der Herzog Johann Maria starb und der Nachfolger Philipp Maria ließ sich gegen den Markgrafen einnehmen. Er verlangte die Auslieferung von Borgo San Donnino und andern Lehen. Die Rossi und die Pellegrini hatten die ihrigen schon übergeben, und eine mailändische Kriegsmacht war im Anzuge, um nöthigenfalls Gehorsam zu erzwingen. So mußte denn Orlando sich fügen. Als aber die Venetianer sich erhoben, um die Florentiner, nach sechs verlorenen Schlachten, vom gänzlichen Untergange zu erretten, im J. 1426, da ersah auch Orlando seinen Vortheil, und indem er sich dem Bündnisse gegen den Universalmonarchen der Lombardei anschloß, gelang es ihm, sich in dem ersten Frieden von Ferrara, den 30. Dec. 1426, die Rückgabe von Castel Guelfo und Monticelli, auch von dem Patronatrechte der Abtei Santa Colomba stipuliren zu lassen. Versöhnt war er darum freilich nicht mit dem Herzog, und als nach kurzer Unterbrechung die Fehde sich erneuerte, stritt Orlando abermals für Venedig und Florenz, und nicht ohne Glück führte er den kleinen Krieg in den Gebieten von Parma, Piacenza und Cremona, besonders nachdem zu seinen Fußknechten ein venetianischer Befehlshaber, der Graf Nikolaus von Tolentino, mit 400 Reisigen gestoßen war. Orlando war selbst in der Republik Sold getreten, hatte sich von ihr seine Besitzungen garantiren lassen und für sich und seine Nachkommen die Eigenschaft eines venetianischen Nobile empfangen. Allein die Vortheile, die ihm die Venetianer bewilligten, oder die er den Mailändern abdrang, standen in keinem Verhältnisse mit den Kosten, die darauf zu verwenden, und Orlando war ganz eigentlich zu Grunde gerichtet, als der zweite Friede von Ferrara, den 18. April 1428, ihm eine höchst erwünschte Ruhe verschaffte. In dem Vertrage wurden sowol Orlando, als das verwandte Haus von San Pellegrino, als der Venetianer Bundesgenossen anerkannt. Nochmals entbrannte der Krieg im J. 1431, und wie herkömmlich übernahm es Orlando, die Gebiete von Parma und Piacenza zu beunruhigen; dafür war ihm von den Venetianern ein starker Sold zugesichert. Aber er sollte es mit einem der ausgezeichnetsten Feldherren des Herzogs aufnehmen, mit Franz Sforza, und dem war er nicht gewachsen. In kurzer Zeit wurde Orlando dahin gebracht, daß er die ihm bewilligte Neutralität als eine hohe Gunst annehmen mußte. Noch verharrte er in der erzwungenen Unthätigkeit, als der Herzog ihm Fiorenzuola und Cortemaggiore zu Kaufe bot; des Piccinino Niederlage bei Anghiari, den 29. Jun. 1440, war nur mit Geld unschädlich zu machen, und darum mußte Alles zu Gelde gemacht werden. Orlando ließ die Gelegenheit nicht unbenutzt, ein altes Erbstück wieder an sich zu lösen, weckte aber, wie es scheint, indem er bei dieser Gelegenheit seinen Reichthum blicken ließ, des Herzogs Begehrlichkeit. Um ferner Geld von ihm zu erpressen, wurde Piccinino ausgesendet, und einer wohl geordneten Armada konnte Orlando, verlassen von allen seinen Bundesgenossen, jetzt viel weniger widerstehen, als in frühern Jahren. Es blieb ihm nichts übrig, als seinen Staat und sich selbst dem Herzoge zu überliefern. Unter sicherm Geleite, dessen Gültigkeit aber auf einen Monat beschränkt, begab er sich mit seinem ältesten Sohne nach Mailand; ein Abkommen war aber auch noch nicht getroffen, seine Sicherheit vielmehr dringend gefährdet, indem das Geleit zu Ende ging, als der Herzog ziemlich unerwartet, am 13. Aug. 1447, die Augen schloß. Franz Sforza, der Höheres suchte, als in der Beraubung kleiner Fürsten zu erreichen, buhlte nun selbst um die Freundschaft des ritterlichen Markgrafen, und freudig ergriff Orlando die zur Versöhnung gereichte Hand. Als Sforza in die Dienste der ephemeren Republik Mailand trat, errichtete er im Namen derselben mit Pallavicino ein Bündniß, von welchem alle Vortheile für Sforza waren. Als z. B. Piacenza sich an die Venetianer ergab, und Sforza auf das Tiefste gebeugt durch den Abfall einer so wichtigen Stadt, entschlossen war, die ganze westliche Lombardei ihrem Schicksale zu überlassen und sich nach Cremona zu flüchten, dessen zahlreiche Gibellinen immer noch in Orlando ihren Führer verehrten, war es einzig dieser, der sich so kleinmüthigem Beginnen widersetzte und durch seine Vorstellungen zu neuen Anstrengungen begeisterte. Auf seinen Rath zog Sforza seine ganze Truppenmacht in der Gegend von Parma zusammen, hoffend, dort Einlaß zu finden. Allein auch die Parmesaner wagten es ihm zu trotzen, und Sforza, in die äußerste Noth versetzt, konnte einzig noch auf des Markgrafen Beistand hoffen. Ungewiß und zögernd richtete er seinen Marsch gegen das befreundete Gebiet, und schon an der Grenze fand er zwei Söhne Orlando's, von dem Vater abgesendet, um den heimathlosen Gast aufzunehmen und den ermüdeten Scharen Labung und Unterkommen zu sichern. Dankbaren Herzens betheuerte Sforza, es sei dies die erste Tröstung, die ihm seit dem Tode des Herzogs Philipp Maria werde. In den verschiedenen Castellen Orlando's vertheilt, fanden die Truppen allmälig ihre kriegerische Haltung wieder, daß es ihnen sodann möglich wurde, Cremona gegen die Anstrengungen der Venetianer zu behaupten. Zu dem Kampfe um Cremona hatte Orlando an der Spitze seiner Truppen mitgewirkt; ihn dafür zu züchtigen, daß er den ehrgeizigen Entwürfen Sforza's diesen entscheidenden Vorschub geleistet, ließen die Mailänder ihn durch ihre Generale, Jacob und Franz Piccinino, heimsuchen. Der Stato Pallavicino wurde beinahe gänzlich von der Fattioni Braccesche überschwemmt, und noch in den letzten Tagen seines Lebens mußte Orlando sich abmühen, um das Verlorene wieder zu erobern. Er hinterließ acht Söhne, Nikolaus, Galeazzo, Manfred, Karl, Pallavicino, Johann Ludwig, Johann Franz und Hubert, alles Männer von kriegerischen Gaben und mehr oder weniger durch Waffenthaten berühmt. Des Erstgeborenen, des Nikolaus, Ankunft hatte der Vater dadurch gefeiert, daß er sich vom Kaiser Sigismund die Bestätigung aller seiner Lehen und Privilegien ertheilen ließ; in dem kaiserlichen Diplom sind die Pallavicini als Nobili von Pavia, Piacenza, Mailand, Cremona und Parma und als vollkommen unabhängig von dem Herzogthume Mailand anerkannt. Johann Franz stand in Genua, als des Herzogs Galeaz Sforza Lieutenant, konnte aber der Revolution, die sich auf die Nachricht von des Herzogs gewaltsamem Ende (26. Dec. 1476) erhob, nicht Meister werden. Des Pallavicino Sohn Galeaz, einer der mächtigsten Männer des mailändischen Staates und gepriesen durch die ganze Lombardei, wurde der Vater von Adalbert, einem kühnen Krieger, der mit 100 leichten Reitern den Venetianern diente und nachmals als des Franz Maria, des ersten Herzogs von Urbino, Luogotenente vorkommt. Adalbert erzeugte in der Ehe mit Angela Morone die Söhne Hieronymus, Cäsar und Galeazzo. Hieronymus stand zehn Jahre lang im Dienste der Venetianer als Hauptmann einer Compagnie Kürassiere und wurde der Vater von Cäsar und Manfred. Der ältere Cäsar, des Hieronymus Bruder, starb zu Wien in hoffnungsreichem Jünglingsalter; er war in seines Vetters, des Sforza Pallavicino, des obersten Feldherrn der Venetianer, Dienste getreten. Galeazzo, des Hieronymus anderer Bruder, hatte gleichfalls Bestallung von den Venetianern angenommen und befehligte eine Compagnie schwerer Reiter. Er hinterließ den Ruhm eines würdigen, verständigen und tapfern Rittersmannes und die Söhne Hieronymus, der mit zwölf Jahren in kaiserliche Dienste eintrat, Sforza, Albert und Hermes. Johann Ludwig, einer von den acht Söhnen des prächtigen Orlando, wurde der Vater eines jüngern Orlando, der in kriegerischem Ruhme mit dem Vater wetteifernd dem Hause viele Ehre brachte. Ein Sohn dieses jüngern Orlando war Manfred, dessen Name in den Kriegen zu Anfang des 16. Jahrh. so häufig genannt wird. Manfred, lange dem französischen Interesse ergeben, wurde von Lautrec, dem

Statthalter der Lombardei, gekränkt und gemishandelt. In dem Unwillen hierüber trat er in Verbindung mit Hieronymus Morone, dem Haupte einer Verschwörung, welche die gesammte französische Lombardei bedrohte. Er versicherte sich des Beistandes von Johann, dem sogenannten Narren von Brienzi, einem berühmten Räuberhauptmanne des Gebirges; er ließ aus Tyrol, durch des Grafen Gerhard von Arco Vermittelung, 400 Landsknechte kommen, er fügte 400 Italiener hinzu, und mit der ganzen Schar näherte er sich am Johannisabende 1521 der Stadt Como. Diesen Abend pflegte man in der ganzen Christenheit durch Feuer, Spiel und andere Lust im Freien zu begehen. Manfred zweifelte nicht, daß er unter Begünstigung dieser Lust in die Stadt eindringen werde. Aber Gratien des Guerres, der französische Commandant, wiewol er nur 200 Mann befehligte, war stark durch seine Wachsamkeit und seinen Muth. Manfred, die Anstalten auf den Mauern bemerkend, zögerte und schickte einen Bürger von Como, der ihm zum Wegweiser gedient, auf Kundschaft aus. Der Kundschafter täuschte zweimal die feindlichen Wachen und kam zurück mit der Verheißung, daß Anton Rusca, einer der angesehensten Männer der Stadt, in der Nacht in der Mauer hinter seinem Hause eine Öffnung machen würde, groß genug, daß ein Bewaffneter durchschlüpfen könne. Der Erfüllung dieser Verheißung entgegensehend, gönnte Manfred sich und seinen ermüdeten Leuten einige Ruhe. Aber die von ihm aufgestellten Posten waren der Betrachtung des franz. Commandanten nicht entgangen, so wenig wie die Bewegungen in des Rusca Hause. Dieser, beaufsichtigt und bewacht, fand keine Gelegenheit, sein Versprechen zu erfüllen, und allmälig begaben sich selbst Manfred's Posten zur Ruhe. Dies gewahrend, that Gratian einen Ausfall auf die sorglosen Schläfer, und Landsknechte und Italiener dachten in der Überraschung nur an die eiligste Flucht. Auch Manfred entlief; er war schon entschlossen, seine Flucht über den See fortzusetzen und ließ sich zuletzt von den Hauptleuten der Landsknechte überreden, daß er auf der Straße fortziehe. Auf diese Weise dachten sie ihr Volk wieder zu sammeln. Aber dies schlug fehl, denn viele warfen sich in die Schiffe, um zu Wasser zu entkommen, andere zerstreuten sich in das Gebirge. Solche Unordnung noch ferner zu benutzen, hatte aber auch Gratian mit einiger Mannschaft sich eingeschifft, von dem Winde begünstigt gewann er einen weiten Vorsprung vor denen, die zu Lande flohen, und an einem Engpasse, den die Fliehenden nicht vermeiden konnten, legte er sich in Hinterhalt. Zum zweiten Male geschlagen, ohne daß er sich vertheidigen konnte, gerieth Manfred, sammt dem Narren von Brienzi, in Gefangenschaft; er wurde nach Mailand gebracht, und daselbst, nach gar kurzem Proceß, geviertheilt. Seine confiscirten Güter schenkte Lautrec an seinen Bruder, den Marschall von Foix. Der unglückliche Manfred hinterließ zwei Söhne, den Herkules und Sforza, die mit ihrer Mutter, Ginevra, einer Tochter von Santo Bentivoglio, dem Fürsten von Bologna, nach Trident flüchteten, doch schon mit Ende des Jahres durch die glücklichen Waffen der Verbündeten in die Heimath zurückgeführt wurden. Sforza, damals ein zweijähriger Knabe, sollte studiren, sein Beruf war aber anders. Seine erste Kriegsschule hatte er vor Fossano, unter Anton's von Leiva Befehlen. Der Marchese del Vasto verlieh ihm die früher von Cäsar Pallavicino geführte Compagnie, und mit ihr diente er in den italienischen Feldzügen, unter dem Oberbefehl des Fürsten von Bisignano, des Generals der Reiterei. Mit 600 auf eigene Kosten geworbenen Reitern zog Sforza nach Ungern, und sein Wohlverhalten gewann ihm die Achtung des Erzherzogs. Von Ferdinand mit dem Kammerherrnschlüssel beehrt, kehrte er nach Italien zurück, um sich mit Julia Sforza, einer Tochter des Grafen Boso von Santa Fiora und der Constantia Farnese zu vermählen. Julia war demnach die Enkelin des Papstes Paul III. Nach des Marchese del Vasto Niederlage bei Cereginola, im J. 1544, trat Sforza neuerdings mit 2000 Fußknechten in kaiserlichen Sold und an ihm fand Peter Strozzi bei seinen zweimaligen Zügen nach Italien einen sehr wachsamen und thätigen Gegner. In des Herzogs Ottavio Farnese Gefolge nahm Sforza Theil an dem Kriege gegen die schmalkaldischen Bundesverwandten, dann bewohnte er sein Erbgut Cortemaggiore, bis die Verschwörung gegen Peter Ludwig Farnese zum Ausbruche kam. Er nahm sehr lebhaft Partei gegen die Mörder, wurde darum von dem jungen Herzog, von Ottavio Farnese, an den Kaiser abgesendet, um dessen Schutz anzurufen, und folgte, unausgesetzt diese Angelegenheit betreibend, dem Monarchen nach Rom. Allein auch hier wollten die Unterhandlungen nicht gedeihen; wiederholt von dem Kaiser abgewiesen, erwarb er sich aber um so größeres Verdienst in den Augen des alten Papstes Paul III. Dieser nahm den Markgrafen als Mastre di Campo generale in seinen Dienst, belehnte ihn auch mit dem Castell Sant Arcangelo, westlich von Rimini, und zwar sollte er dasselbe als den Brautschatz seiner Gemahlin besitzen. Dafür mußte er sich in den Unterhandlungen um Parma und Piacenza vielfältig von dem Papste gebrauchen lassen. Nach Paul's III. Tode empfing er von dem römischen Könige Bestallung als Generalcommissarius in Siebenbürgen, und er stieß mit einigen Fähnlein Spaniern und 3000 teutschen Knechten zu dem Heere, womit Castaldo den Entsatz von Temeswar vornahm (Oct. 1551). Vorzüglich nützlich wurde er diesem Heere bei der Wiedereinnahme von Lippa, dessen Belagerung er leitete und dessen Besatzung dahin gebracht war, sich ohne Bedingung ergeben zu müssen, als der Cardinal Martinuzzi den Türken zum Besten doch noch eine Capitulation vermittelte. Wüthend darüber, daß er auf diese Weise um seine Beute gebracht werden sollte, jagte Sforza (für dies Mal von de Thou der Marquis Balassi genannt) in Gesellschaft des Spaniers Savedra mit 200 Reisigen den abziehenden Türken nach. Eben hatte die von Martinuzzi gegebene Escorte sich beurlaubt, da stürzten die Reisigen sich auf die Türken, Sforza insonderheit in der blindesten Wuth, daß sein Pferd alsbald erstochen, er selbst zu Boden geworfen wurde. Während seine Begleiter sich anstrengen mußten, ihn herauszuhauen, vollführten die Türken ihren Rückzug mit bewundernswürdiger Ordnung und Standhaftigkeit. Das Ereigniß war nicht gemacht, um den ungünstigen Eindruck zu tilgen, den die durch Martinuzzi's Künste herbeigeführte Capitulation von Lippa in dem leidenschaftlichen Italiener zurückgelassen hatte. Es bedurfte nur eines Winkes von Castaldo, um ihn zur Theilnahme an dem Morde des Cardinals zu vermögen. Mit seinen Spaniern zog er nach Alvintz, dem Aufenthalte des Cardinals, und während die Truppen auf dessen Befehl in Vorberek, das durch die Marosbrücke mit Alvintz verbunden, untergebracht wurden, besprachen Castaldo und Pallavicino die Weise, wie das Werk der Finsterniß am sichersten zu vollführen. Andreas Lopez, Monino und Campeggio wurden dem Markgrafen zugesellt, Männer von wenig Bedenklichkeit und raschen Entschlusses. Doch fand Pallavicino nöthig, vor ihnen die Beweggründe des Unternehmens zu entwickeln. Er zeigte ihnen die Gefahren, die von allen Seiten den König Ferdinand umgaben, um den es geschehen sei und um alle Diener des Erzhauses, wenn nicht schleunigst der Cardinal aus dem Wege geschafft werde. Dieser habe der Stände Versammlung zu Máros-Vásárhely zu dem Entschlusse verleitet, dem Könige den Gehorsam aufzusagen und dessen Völker, mit Hilfe der Türken, aus dem Lande zu werfen. Deshalb seien dem königlichen Heere die ausgedehnten und weit von einander entlegenen Quartiere angewiesen worden; unbewacht und zerstreut, würden die Truppen aufgerieben sein, bevor die Annäherung der Gefahr wahrzunehmen. In ihre, der Anwesenden, Hände, so endigte der Vortrag, sei nicht nur des Königs Ruhm, sondern auch die Frage um Sein oder Nichtsein gegeben; beispielloses Unglück zu verhüten, dürften sie sich nur zu einem kühnen Streiche ermuthigen, eine strafende Hand an den einzigen Bösewicht legen. Die Hauptleute waren bald gewonnen, und Lopez erhielt den Befehl, mit dem grauenden Morgen 24 Mann seiner besten Leute herüberzuführen; um die Wachen zu täuschen, sollte er sie als Türken kleiden, dann, wann er in das Schloß eingelassen, sich der vier Eckthürme bemeistern. Hierbei kam ihm ein Sturmwind, begleitet von kalten Regenschauern, zu gute, indem die Burgwache sich stets in der Wachstube hielt, ja nicht einmal ausrückte, als das Gesinde früher als gewöhnlich mit seinen Karren zur Feldarbeit auszog. Lopez gelangte ohne Anstoß in das Innere der Burg und erhielt alsbald Verstärkung von Seiten einer andern spanischen Compagnie, die Peter von Avila, wie es ihm befohlen worden, auf dem nördlichen Ufer der Máros herbeigeführt hatte. Am Morgen, es war, so schreibt Castaldo, der 17. Decemb. 1551, kam es also nur noch darauf an, sich die Zimmer des Cardinals öffnen zu lassen. Dies bewirkte ohne alles Aufsehen des Castaldo Secretair, Marcus Antonius Ferraro, ein kühner, geschmeidiger Taugenichts. Indem er zum Scheine seinen General verrieth, war er bei dem Cardinal zu solcher Vertraulichkeit gelangt, daß die Diener sich gewöhnten, ihn zu jeder Stunde ein- und ausgehen zu sehen. Noch vor Tage fand sich Ferraro, mit Depeschen und Papieren beladen, vor der Hauptthür ein; auf sein Pochen wurde geöffnet und um die Ursache des frühen Besuches befragt, gab er vor, die Papiere müßten augenblicklich unterzeichnet werden, Pallavicino, der ihm auf dem Fuße folgte, sei beauftragt, sie nach Wien zu überbringen und wolle eben aufsitzen. Der Kammerdiener suchte des Pallavicino Eintritt zu verhindern, dieser drängte sich gleichwol durch und nahm bescheiden Platz an der Thür. Martinuzzi saß im Schlafrock am Tische und übersah, nach seiner Gewohnheit, das Register der im Laufe des Tages vorzunehmenden Geschäfte. Ferraro trat zu ihm in vertraulicher Demuth und meldete, auf Castaldo's Geheiß sei der Marchese Pallavicino gekommen, um auch seine Befehle zu empfangen und demnächst sich auf die Reise zu begeben; sodann legte der Secretair seine Briefschaften aus einander. Indem der Cardinal die Feder ergriff, um zu zeichnen, stieß Ferraro ihm den Dolch ins Herz; augenblicklich stürzte Pallavicino mit gezücktem Säbel hinzu, und mit einem grimmigen Hiebe spaltete er dem Cardinal das Haupt. Mit den Worten: „Ach Gott, meine Brüder!" sank er zu Boden; andere Mörder, die hinzueilten, nahmen ihm vollends das Leben. Monino und Ferraro starben später auf dem Blutgerüste, Campeggio wurde im J. 1562 auf der Jagd, in Böhmen, unter den Augen des Kaisers von einem Eber zerrissen. Pallavicino selbst wollte im J. 1552 in Gesellschaft von Erasmus Teufel die Belagerung der Burg Dregel, in dem groß-honter Comitat, vornehmen. Unter seinen unmittelbaren Befehlen standen 3000 Italiener und 3000 teutsche Knechte und 500 Reiter, von Fabian von Schönaich geliehen. Allein bevor Erhebliches gegen die Burg geschehen, kam der Pascha von Ofen mit 15,000 Reitern zum Entsatz. Bei Palast, an der Krupiná, trafen sich die beiden Heere am 8. Aug. 1552. Mit mehr Muth als Vorsicht brachen die Christen in der Feinde Geschwader ein. Diese, wie gewöhnlich in des halben Mondes Form aufgestellt, zogen die Hörner an einander, und Teufel's Reiterei, in Folge dieser Bewegung in Fronte, Rücken und Flanke angegriffen, erlitt eine gänzliche Niederlage. Mit dem Fußvolke suchte Pallavicino den nahen Wald zu erreichen, aber die Mannschaft war entmuthigt durch das, was sie gesehen, und als die Türken ansprengten, zerstäubten sie nach geringem Widerstande. Pallavicino that das Äußerste, um nicht lebend in die Hände der Ungläubigen zu fallen, aber das Schwert entsank der verwundeten Hand, und der Entwaffnete wurde, gleichwie sein Vetter Hippolyt Pallavicino, nach Ofen und sodann nach den sieben Thürmen gebracht. Vier Jahre dauerte seine Gefangenschaft, bis er sich mit 15,000 Goldthalern löste. Er diente hierauf noch geraume Zeit in Ungern als General sämmtlicher Confinien und Generalcommissarius der Festungen, dann aber ließ er sich von der Republik Venedig zum General der Infanterie für die Dauer von drei Jahren bestellen. Zu dem Posten eines Governatore generale der gesammten Landmacht befördert, ließ er sich vornehmlich die Befestigung der Grenzen angelegen sein. Die Festungen Bergamo und Zara entstanden auf seinen Betrieb, das Vertheidigungssystem von Corfu, Candia und Cypern wurde durch ihn vervollständigt, die Befestigung von Verona hergestellt. Cypern ging verloren, weil man seine

Rathschläge nicht gehört, aber an der Schlacht von Lepanto nahm er den rühmlichsten Antheil. Nach dem Frieden vom J. 1574 erweiterte der Senat seinen Wirkungskreis noch mehr, und die ihm übertragene Gewalt, gleich unverträglich mit den Gesetzen und mit den Staatsmaximen der Republik, wurde für ihn selbst ein Gegenstand der Verwunderung. Darum ermahnte er auch, als er in hohem Alter das Commando niederlegte, den Senat, niemals dergleichen Macht einem Fremden zu übertragen, wogegen man ihn belehrte, daß sein ungewöhnliches Verdienst zu ungewöhnlichem Zutrauen eingeladen habe; dieses Zutrauens sei er auch noch absonderlich würdig gewesen als der Abkömmling solcher, die mit Recht die Söhne des heil. Marcus geheißen hätten. Sforza starb zu Busseto im J. 1585.

Lange vor seinem Auftreten hatte das Geschlecht sich in so viele Linien vertheilt, daß wir ihren Zusammenhang nicht mehr zu finden vermögen, doch müssen die Brüder Camill, Hieronymus und Alexander Pallavicini, Scipio's Söhne, zu des Sforza nächsten Anverwandten zu rechnen sein. Peter Ludwig Farnese, der neugeschaffene Herzog von Parma, hatte sich vielfältige Gewaltthaten gegen sie erlaubt, ihre Güter, besonders die Stadt Borgo San Donnino, eingezogen und den Alexander des Landes verwiesen. Auf die ersten von dem Grafen Landi gemachten Eröffnungen traten darum die Brüder der gegen den tyrannischen Herzog gerichteten Verschwörung bei. Alexander verließ alsbald Turin, seinen zeitherigen Aufenthaltsort, und befand sich, gleichwie Camill, in der kleinen Schar, welche sich durch List des Thores der Citadelle von Piacenza bemeisterte, und Hieronymus hielt an der Spitze einer Reserve die Bürgerschaft in Ehrfurcht, während im Innern der Citadelle der Herzog geschlachtet wurde (10. Sept. 1547). Ihre Rache hatten die Brüder hiermit befriedigt, aber zu vollkommener Restitution gelangten sie nicht, denn der Generalstatthalter von Mailand, Ferdinand von Gonzaga, besetzte nicht nur Piacenza, sondern auch Borgo San Donnino, und um Cortemaggiore mußte Hieronymus lange streiten, sogar die Burg in aller Form belagern. Während diese drei Brüder in so tödtlicher Feindschaft mit dem Hause Farnese begriffen, nahm ein anderer Pallavicino, Hippolyt, den Sohn des ermordeten Herzogs, in seine Burg Torchiara, südlich von Parma, auf, und nachdem Ottavio's Anschlag auf Parma fehlgeschlagen, übernahm Hippolyt sogar das schwierige Geschäft, über dessen Aussöhnung mit dem Kaiser zu unterhandeln. Dagegen ließ sich Alexander, der Theilnehmer an dem Morde des Herzogs von Parma, auch ferner in kaiserlichen Diensten gebrauchen, und war ihm namentlich die Vertheidigung von Borgo San Donnino gegen den Herzog Ottavio und dessen Verbündete, die Franzosen, übertragen. Er ließ aber während der Blokade von Parma durch die Kaiserlichen, im J. 1551, den Belagerten Lebensmittel zukommen, und diesen sträflichen Verkehr mußte er, nach dem Ausspruche eines Kriegsgerichtes, mit dem Leben büßen. Ein anderer Marchese Alexander, vermuthlich des Unglücklichen Sohn, wurde der Gemahl der Lavinia Farnese, einer natürlichen Tochter des Herzogs Ottavio von Parma, und könnte der Vater sein jenes Alexander's Pallavicino, der mit Franziska Sforza, aus dem Hause Segni, der Witwe von Ascan della Cornia, dem Marchese von Castiglione, verheirathet war. Dieser Alexander, obgleich ein Neffe des Herzogs Alexander Farnese, wurde von der parmesanischen Regierung alles angestammten Eigenthums entsetzt und wendete sich darum nach Rom.

Hier wurden Alexander's sämmtliche Kinder geboren; hier erblickte namentlich das Licht der Welt der älteste Sohn, Sforza Pallavicino, geb. den 28. Nov. 1607. Die glänzendsten Anlagen schienen ihn zu berufen, der Wiederhersteller des Familienglanzes zu werden, aber Sforza, einen höhern Beruf fühlend, widmete sich dem geistlichen Stande. Er ließ sich ungeachtet des Widerstandes seiner Anverwandten in denselben aufnehmen, nachdem er, nur 21 Jahre alt, drei ganze Tage lang mit dem allgemeinsten Beifalle Thesen aus sämmtlichen Fächern des theologischen Wissens vertheidigt hatte. In die geistliche Laufbahn begleitete ihn ein so ausgezeichneter Ruf von Gelehrsamkeit und Tugend, daß er sofort in die Congregationen dell buon governo und dell' immunità ecclesiastica aufgenommen wurde. Den Pflichten seines Berufs sich mit Eifer widmend, pflegte er die Stunden der Muße zu schönwissenschaftlichen Übungen zu benutzen, und die Akademie degli Umoristi gewann ihn zu ihrem Mitgliede, erhob ihn auch zu verschiedenen Malen auf den Präsidentenstuhl. Urban VIII. gab ihm nach einander die Gouvernements von Jesi, von Orvieto und endlich von Camerino, und noch glänzendere Aussichten schien die Zukunft zu verheißen. Aber Urban VIII. warf eine Ungnade auf den Secretair Ciampoli, ohne daß sich derdurch der Prälat Pallavicino verhindern ließ, den Verkehr, den er mit dem gelehrten Manne gehabt, fortzusetzen. Dies nahm der Papst übel, und er erkaltete in seinem Wohlwollen für Sforza; dieser aber, indem er die Wandelbarkeit menschlicher Dinge und Neigungen betrachtete, erstarkte in einem Vorhaben, womit er sich seit längerer Zeit beschäftigte. Zum ersten Male wendete er einen Blick auf die Angelegenheiten seines Hauses, er suchte die Trümmer vormaligen Reichthums zusammen, er ordnete und verwendete sie mit der Einsicht, die in allen Zuständen des Lebens ihn geleitete; dann übertrug er die Verwaltung des mühsam Geretteten, die Pflege des alten vom Unglücke gebeugten Vaters, seinem jüngern Bruder, und hierdurch befreit von allen irdischen Sorgen und Verpflichtungen trat er in die Gesellschaft Jesu ein (1638). Zwei Jahre verbrachte er im Noviziat, nachdem er zuerst Philosophie, dann Theologie vorgetragen, wurde er als Studienpräfect bei dem Collegio romano angestellt. Daneben mußte er sich in den wichtigsten Angelegenheiten vom Papste Innocentius X. befragen oder verwenden lassen, und als sein Freund, der Cardinal Fabius Chigi, unter dem Namen Alexander VII. den päpstlichen Thron bestieg, wurde der Präfect zum päpstlichen Beichtvater bestellt. Bereits am 19. April 1657 ernannte Alexander seinen Beichtvater zum Cardinal; allein Sforza lehnte die ihm gewordene hohe Auszeichnung ab zum andern Male in Bescheidenheit ab, und nur auf des Ordensgenerals Befehl ließ er sich die dritte Ernennung, vom 10. Nov. 1659, gefallen. Er werde nun den Vortheil haben, daß er sich im Winter bei seinen Studien am Kaminfeuer wärmen könne, äußerte er gegen seine Freunde; dieses Labsal ist in Italien den Jesuiten untersagt, in den nördlichen Ländern wird aber die gemeinschaftliche Studirstube geheizt. Der Cardinal, tit. S. Susannae, lebte gleichwol in aller Regelmäßigkeit und Strenge eines Religiosen, die Zeit, die ihm von seinen Berufsgeschäften übrig blieb, verwendete er zu den anstrengendsten Studien, und die nahe Berührung mit dem Hofe hatte nicht den mindesten Einfluß auf seine Unabhängigkeit. Alexander VII. war sein Freund, er hat dies mehrfach in seinen Schriften ausgesprochen, aber als auch Alexander sich seiner Familie hingab, als der außerdem fleckenlose Papst anfing, sich von dem Nepotismus beherrschen zu lassen, da erhob sich Sforza mit Macht gegen diese unglückliche Richtung, und in einer eigenen Abhandlung suchte er dieselbe zu bekämpfen und zu bestrafen. Der Cardinal starb den 5. Jun. 1667; als letztes Wort sprach er ein Dankgebet, daß Gott ihn würdig befunden habe, in der Gesellschaft Jesu zu leben und zu sterben; er wurde beerdigt in der Kirche von Sant Andrea dei Gesuiti, in welcher, als in dem Noviziathause, er vor 30 Jahren sein Gelübde abgelegt hatte. Das wichtigste und bekannteste von Sforza's Werken ist die Istoria del concilio di Trento (Roma 1656 und 1657). 2 Bde. fol. Im J. 1665 gab er eine zweite verbesserte Ausgabe in drei Quartbänden; diese wurde sogleich unter des Verfassers Aufsicht von dem Jesuiten Johann Baptist Gattino in das Lateinische übersetzt, und die Übersetzung erschien zu Rom und Antwerpen 1672, 3 Bde. 4.; auch Coloniae 1717. fol.; Augustae Vind. 1769. 3 t. fol.; Genevae 1775. fol. maj. etc. Die zweite Ausgabe war kaum vollendet, als der Cardinal sein Werk nochmals mit der größten Sorgfalt überarbeitete, auf seiner Freunde Rath mehre der langen gegen Sarpi gerichteten theologisch-polemischen Discussionen ausmerzte [2]) und dem Ganzen eine veränderte, gefälligere Gestalt gab. Diese Umarbeitung trat zu Rom im J. 1666 an das Licht, und zwar unter dem Namen von Johann Peter Cataloni, obgleich es ausgemacht, daß sie, wenigstens dem größten Theile nach, ein Werk des Cardinals war. Diese dritte Überarbeitung hat Klitsche in der neuesten Zeit in einer Übersetzung nach Teutschland verpflanzt (Augsburg 1835 — 1837. 8 Bde.). Die Geschichte des Conciliums von Trident ist ein bewundernswürdiges Werk, unübertrefflich in Gelehrsamkeit und in Schärfe des Urtheils. Genau den Geist der katholischen Kirche und eine der wichtigsten Bedingungen ihrer Fortdauer auffassend, ist Pallavicino der eifrigste Vertheidiger des monarchischen Systems in derselben. Diese Richtung hat ihm die Feindschaft der Jansenisten und aller jener Katholiken zugezogen, welche gewohnt, sich eine Religion auf die eigene Hand zu machen. Sein Eifer hat ihn auch verfeindet mit der sogenannten gallicanischen Kirche, mit jenem Fragmente, welches seine Ehre, seinen Stolz darin findet, vielmehr von den Geheimschreibern des Königs von Frankreich als von dem Statthalter Jesu Christi abzuhängen [3]). Endlich hatte sich Sforza selbst in heftige Opposition gesetzt zu dem frühern Geschichtschreiber des tridentinischen Conciliums, zu dem Serviten Paul Sarpi, dessen Irrthümer zu bekämpfen er sich vorgesetzt, und dem er nicht weniger denn 366 offenbare, böswillige Verfälschungen und Irrthümer nachweisen konnte. Aus der Vereinigung von Sarpi's Schülern und Nachbetern mit den übrigen so zahlreichen und mächtigen Feinden Pallavicino's erwuchs eine Partei, der es gelungen sein würde, das Werk gänzlich in den Hintergrund zu schieben, ohne die triftige, in ihm selbst beruhende, Empfehlung. Man mußte sich darum begnügen, Pallavicino's Arbeit zu brandmarken, als ein jesuitisches Kunststück, als ein Gewebe der niederträchtigsten Schmeicheleien für den röm. Hof und für die röm. Kirche (man vergl. den Tractat: Sfortia Pallavicinus, infelix concilii Tridentini vindex). Die Zeit, die jedes unverständige Urtheil richtet, hat auch allgemach die Gegner Pallavicino's zum Schweigen gebracht, und gleichwie der Fortgang der Zeit uns in Sarpi's Werke die Eingaben der Leidenschaft, des Hasses, der Übereilung erkennen läßt, so hat sie nicht minder zu Anerkennung der Treue und Sorgfalt geführt, welche der Cardinal auf sein Werk verwendete. Man ehrt in ihm nicht nur den gründlichen, zuverlässigen und scharfsinnigen Geschichtschreiber [4]), sondern auch ein theologisches Wis-

2) Diese Abhandlungen sind auch in der neuern Zeit ein Gegenstand des Vorwurfs geblieben. Diejenigen, die ihn erheben, scheinen die Eigenthümlichkeiten der Geschichte eines Conciliums und die Umstände, welche Veranlassung gaben zu der Kirchenversammlung von Trident, nicht genugsam zu würdigen.

3) Jean Lenoir, Theologal an der Domkirche zu Seez, schrieb les Nouvelles lumières politiques, ou l'évangile nouveau du cardinal Pallavicino, révélé par lui dans son histoire du concile de Trente. Von der andern Seite durfte auch nicht eine der französischen Übersetzungen von Pallavicino's Geschichte, dergleichen z. B. die Abbés Godon und Lévêc ausgearbeitet hatten, gedruckt werden. Für Frankreich wäre es aber von besonderer Wichtigkeit gewesen, die trüglichen Künste eines Sarpi genauer kennen zu lernen. 4) Dieses zu thun, verräth auch die Biographie universelle einige Neigung, doch in einer Weise, die der Rüge nicht entgehen darf. Weiß, der Verfasser ihres Artikels, sucht des Cardinals Verdienst dadurch nachzuweisen, daß Robertson ihn häufig in seiner Geschichte Karl's V. anführt. Wol ist die Geschichte Karl's V. das vorzüglichste von Robertson's Werken; verdankt ja ein berühmter Minister der neuesten Zeit seine ganze literarische, vielleicht auch diplomatische, Wichtigkeit dem von ihm, in eigenem Namen, französisch gelieferten Abdrucke von der Einleitung, die Robertson seiner Geschichte voraussendet. Allein darum kann Pallavicino von des Schotten Urtheil nicht abhängen. Pallavicino ist ein glänzender, ein tiefsinniger, ein fleißiger Geschichtschreiber, der das vorzüglichste Materiale zu seiner Verfügung hatte, und der seine Arbeit nicht eher begann, als bis er dieses Materials und des Stoffes überhaupt vollkommen Meister geworden. Robertson war in den Sprachen und in den Eigenthümlichkeiten der Reiche Karl's V. ein Fremdling, also schon aus diesem einzigen Grunde genöthigt, bei Engländern und Franzosen, d. i. bei Karl's Todfeinden, sich zu befragen. Wie dürftig, wie trübe dergleichen Quellen sein müssen, liegt am Tage. Eine ungewöhnliche Stärke des Urtheils hätte ihn vielleicht befähigen können, die Einseitigkeit, die Verkehrtheit seiner Gewährsmänner zu verbessern, allein daß sein Urtheil nicht stark, sondern schwach, ergibt sich auch aus

sen sonder Gleichen, während Sarpi dieses Wissens gänzlich entbehrt; man bewundert bei ihm endlich eine Sprache, die ihn den größten Meistern Italiens gleichstellt. Mit Recht gilt Pallavicino als einer der Wiederhersteller der italienischen Sprache, als der würdige Nachfolger eines Tasso, Petrarca und Boccaccio. Seine Werke, gleich denen seines Schülers, des Jesuiten Paul Segneri und des Jesuiten Daniel Bartoli, befinden sich in den Händen aller gelehrten Italiener und werden als Goldgruben der Sprache gepriesen. Außer der Geschichte des Conciliums hat Pallavicino noch geschrieben: De univ. theologia. Lib. 9 — es ist dies ein vollständiger theol. Cursus —; ferner Disputationes in primam secundae D. Thomae; de bono. Lib. 4; Vindicationes societatis Jesu (Romae 1649. 4.); Gli fasti sacri, in ottava rima. Dieses Epos sollte in zwölf Büchern die Großthaten und Tugenden der Heiligen besingen und befand sich unter der Presse, als Sforza in den Jesuiterorden eintrat. Sofort ließ er sämmtliche Druckbogen vernichten, und nur ein einziges Exemplar eines Fragments, das zwei Bücher oder Gesänge begreift, wurde gerettet. Dieses Exemplar befindet sich in einer Bibliothek zu Parma. Die Tragödie Erminigilde (Roma 1644 und 1655) wurde in dem Collegio Romano aufgeführt. Tiraboschi rühmt den Vorbericht wegen der ungemein schätzbaren Betrachtungen über die Schauspielkunst. Gli Avvertimenti grammaticali (Roma 1661 und 1675. 12.), ebenfalls reich an beachtenswerthen Vorschriften, erschienen unter dem Namen des P. Fr. Rainaldi. Trattato dello stile e del dialogo (ib. 1662. 12.) erlebte mehre Auflagen. Die Lettere wurden zum ersten Male von Joh. Bapt. Pavarelli (Roma 1668. 8., dann zu Venedig 1669. 12.) herausgegeben. Crasso, in seinen Elogii d'uomini letterati, hat ein Elogio des Cardinals, sammt dessen Portrait, gegeben. Seine Lebensgeschichte liefern Affo in dem fünften Bande der Raccolta Ferrarese und Tiraboschi (VIII. 132—136). Rinaldo Lucarini, Bischof von Pieve, und Augustin Maria Taja, haben Sammlungen von Sentenzen und Maximen, aus Sforza's Werken gezogen, herausgegeben*). Von dem Bruder des Cardinals und von dieses Bruders Nachkommenschaft, die Castello Madama bei Tivoli besessen zu haben scheint, wissen wir

---

der flüchtigsten Vergleichung der Charakterschilderung des Kaisers und des Königs von Frankreich, wie sie von Robertson geliefert worden, der sich außerdem von den crassesten religiösen und Nationalvorurtheilen beherrschen läßt. Für die Magerkeit und Unfruchtbarkeit seiner Erzählung, die natürliche Folge der Armuth seiner Quellen, sind moralische Gemeinplätze und philosophische Betrachtungen ein sehr unvollständiger Ersatz, zumal letztere mehrentheils auf falscher Basis beruhen, auf mangelhafter Kenntniß der Umstände namlich. Alles dieses kann dem Scharfblicke eines Weiß, dem die Biographie universelle viele ihrer gediegensten Artikel verdankt, nicht entgangen sein, und wenn er in Robertson immer noch einen Geschichtschreiber des ersten Ranges erblickt, so kommt dies einzig auf Rechnung der Schule. So mächtig und nachtheilig wirkt dieser Einfluß.

5) Sforza Pallavicini*), geb. zu Rom 1607 und gest. 1667. Seine Familie gehörte zu den ersten Italiens; sein Vater Alessandro Pallavicini stammte aus einem ehemals regierenden Hause, und eine Mutter, Francesca Sforza ward aus dem Geschlechte der Herzoge von Segna. Obwol der Erstgeborne unter seinen Geschwistern faßte er doch früh den Entschluß in den geistlichen Stand zu treten, und erhielt eine angemessene Bildung in dem Collegio romano. Seine Geburt verschaffte ihm bald bedeutende Anstellungen und er verwaltete eine Zeit lang die päpstlichen Statthalterschaften von Jesi, Orvieto und Camerino. Obwol er sich nun auf dem Wege zu den höchsten kirchlichen Würden befand, trat er dennoch, vermuthlich von Ungunst, die er bei Hofe erfahren, dazu bestimmt, 1637 in den Orden der Jesuiten und lehrte fleißig erst Philosophie, dann Theologie in ihren Bildungsanstalten in Rom. In der Jugend war er sehr mit einem zur Schule Marini's gehörenden Dichter und päpstlichen Secretair Ciampoli befreundet und dichtete ebenfalls in dieser, mit Recht der Unnatur und des Ungeschmacks beschuldigten Manier. Seine einzelnen Gedichte finden sich nur in verschiedenen Sammlungen zerstreut. Wie es die Art der Jesuiten war in ihren Schulen zuweilen dramatische Darstellungen zu veranstalten, so dichtete er für einen solchen Schulact eine gänzlich verschollene Tragödie Ermenegildo (Roma 1644 u. 1658. 8.) in gereimten Versen, welche ungewöhnliche Form er in der Vorrede zu rechtfertigen suchte. Später beschäftigten ihn nur ernste, seinem Berufe angemessenere Werke, und man kann ihm wenigstens das Lob unermüdlichen Fleißes nicht versagen. Diese Werke sind theils moralischen und religiösen, theils geschichtlichen Inhalts, theils endlich beziehen sie sich auf die italienische Sprache. Unter den Werken der erstern Art verdienen Erwähnung der Trattato del Bene oder della Felicità (Roma 1644. 4. Napoli 1681. 4. Venet. 1698. 4.) in vier Büchern in Gesprächsform und L'arte della perfezione cristiana (Roma 1665. 8. Milano 1820. 16.), ein Werk seiner spätern Jahre. Als eifriger Jesuit vertheidigte er seinen Orden gegen die Angriffe des Giulio Clemente Scotti in dessen: De monarchia Solipsorum, durch ein in höchst zierlichem Latein geschriebenes Werk: (Vindicationes Societatis Jesu (Roma 1649) Sein Hauptwerk aber ist seine Storia del concilio di Trento (Roma 1656—1657. 2 Vol. Fol., 1664 3 Vol. 4. Faenza 1792. 6 Vol. 4., mit dem Leben des Verfassers von Ireneo Affo. Er selbst gab davon einen Auszug unter dem Namen seines Secretairs, Cataloni, heraus [Roma 1666. F.], und veranlaßte den Jesuiten Bompiani es ins Latein zu übersetzen; die Arbeit ist aber ungedruckt geblieben. Eine spätere lateinische Übersetzung von Giattino [Antw. 1670. 3 Vol. 4. 1673 Fol.] ist gedruckt). Die Geschichte dieses Concils von Fra Paolo Sarpi, welche zuerst 1619 erschienen war, hatte die römische Curie so tief verletzt, daß sie Alles aufbot, um dies Werk widerlegen zu lassen. Zuerst ward der Jesuit Terenzio Alciati damit beauftragt. Dieser aber fühlte bald, daß er der Arbeit nicht gewachsen wäre, und so kamen seine gesammelten Materialien und Vorarbeiten, und alles was der mächtige Einfluß Roms an Urkunden und Documenten zusammenzubringen vermochte, in die Hände Pallavicini's, welcher den Absichten der Curie in soweit wenigstens entsprach, daß er Alles, was sein Vorgänger zum Nachtheil der Päpste gedeutet hatte, auf eine ihnen günstige, ja ehrenbringende Weise auszulegen, und die rechtmäßige Gewalt der Päpste über die Concilien zu beweisen suchte. Sein Styl ist dabei, ebenfalls im schärfsten Contrast, mit dem schlichten und fast nachlässigen Sarpi, im höchsten Grade ausgearbeitet und gefeilt (calamistris inustum hat Jemand das Werk genannt); mit Blumen der Rhetorik und mit Sentenzen überschüttet, sodaß man sogar eine Sammlung (Detti sentenziosi che si leggono nell' istoria etc. raccolti da Rinaldo Lucarini [Roma 1662. 12.], und dasselbe unter dem Titel: Massime od espressioni di civile ed ecclesiastica prudenza estratte etc. [Roma 1713. 8.]) dieser Maximen veranstaltet hat. Über den wahren Werth dieses Werks, im Vergleiche mit dem von Sarpi, ist unter den Theologen und Geschichtsforschern, selbst katholischer Seits, kein Streit mehr. Zum Lohne für diese allerdings bedeutende Arbeit ward Pallavicini, doch aber erst 1659, zum Cardinal ernannt. Fast mehr noch als diese Auszeichnung lag ihm am Herzen für einen classischen Schriftsteller im Sinne der

*) Über Sforza Pallavicini gibt diese Note die Ansicht eines protestantischen Mitarbeiters.

nichts zu sagen, und beinahe gleich arm sind wir in Bezug auf die vielen in der Lombardei zurückgebliebenen Linien. Einer dieser Linien gehörte an der vorzüglich durch sein tragisches Ende bekannte Literator Ferrante Pallavicino. Geboren zu Piacenza im J. 1618, wurde Ferdinand von den Ältern dem geistlichen Stande bestimmt, und bei den lateranensischen Chorherren in dem Kloster della Passione zu Mailand eingekleidet. Er beendigte nicht ohne Ruhm seine Studien zu Padua und bewohnte sodann seines Ordens Haus zu Venedig. Eigene Wahl hatte ihn dem Kloster nicht zugeführt, und er gerieth darum bald auf Abwege. Einer Liebschaft zu fröhnen, erbat er sich die Erlaubniß zu einer Reise nach Paris, und während seine Obern ihn an den Ufern der Seine suchten, lebte er in strenger Verborgenheit zu Venedig; dies Incognito um so besser zu bewahren, schrieb er an seine Freunde Berichte von dem, so ihm in Paris vorkommen sollte. Die anziehenden Berichte erhöhten den Briefsteller gar sehr in der öffentlichen Meinung, und als er, gesättigt in seiner Leidenschaft, endlich für gut fand, in Venedig wieder aufzutreten, wurde ihm ein ausgezeichneter und freudiger Empfang. Schon vorher hatte ihn die Akademie der Incogniti in ihre Mitte aufgenommen, jetzt erhielt er eine Einladung von Ottavio Piccolomini, dem Herzoge von Amalfi und k. k. Generallieutenant; Ottavio hatte sich den anmuthigen Schöngeist zu seinem Feldkaplan ausersehen. Ein Jahr lang trieb sich Ferdinand in den Schlachtfeldern und Cantonirungen von Teutschland herum, dann sehnte er sich nach den Genüssen von Venedig. Der Generallieutenant ließ ihn ziehen, aber was sich nicht verzog, das war der Eindruck, den vielfältiger Verkehr mit teutschen Gelehrten und protestantischen Theologen auf den italienischen Dichter gemacht hatten. Unmittelbar nach seiner Rückkehr begannen seine Ausfälle gegen den römischen Hof und gegen die Barberini, von denen er sich verletzt wähnte. Buchhändler, die von seiner Laune Gewinn hofften, reizten ihn zur Herausgabe von satyrischen Schriften; der Ertrag, den er auf Befriedigung seiner Gelüste wendete, und der Beifall der Menge ermuthigten ihn, die gefährliche Laufbahn zu verfolgen. Auf eine Klage des päpstlichen Hofes wurde der Satyriker ins Gefängniß geschickt, doch nach sechs Monaten entlassen, auf Verwendung einer Dirne seines Verkehrs. Gewarnt, aber nicht gewitzigt, legte er das Ordenskleid ab, um ungehindert Satyren zu schreiben. In Rom wurde ein Preis auf seinen Kopf gesetzt, aber in Venedig, unter dem Schutze des Senats, konnte er des Zornes der Barberini spotten. Karl de Bresche, eines pariser Buchhändlers Sohn, in Italien wohl bekannt unter dem Namen Carlo di Morsi, ersah sich die Gelegenheit, Vortheil zu ziehen von diesem Zorne und einigte sich mit den Barberini, ihnen um 3000 Pistolen den Pasquillanten zu überliefern. Bresche kam nach Venedig und fand es nicht schwer, des Dichters Vertrauen zu gewinnen, zumal da dessen Umstände nicht glänzend waren. Bresche meinte, ein so ausgezeichnetes Talent müsse in Frankreich die vollständigste Anerkennung finden, verhieß auch des Cardinals von Richelieu Schutz und Wohlwollen. Pallavicino glaubte gern, weil er gezwungen war zu hoffen, und die Reise über die Alpen wurde angetreten. Zunächst sollte sie nach Orange gehen, dort, in dem Gebiete eines protestantischen Fürsten, wollte man mit dem Ministerium in Paris über eine geziemende Stellung für den Dichter unterhandeln. Orange war beinahe erreicht, aber Bresche wählte, um dahin zu gelangen, die kürzere Straße, die Pont-de-Sorgues, in dem Staate von Avignon, berührte, und in der Nähe hatte der von dem Verräther benachrichtigte Vicelegat seine Häscher aufgestellt. Die Reisenden wurden angehalten und nach Avignon gebracht. Bresche erhielt, beinahe zu schnell, die Freiheit wieder, Pallavicino aber suchte in seinem Kerker das Zutrauen des Kerkermeisters zu gewinnen. Dies gelang, und es wurden ihm Kerzen bewilligt, damit er seine Betrübniß durch Lesen beschwichtigen könne; statt dessen versuchte er die Thüre des Kerkers in Brand zu stecken. Die Thüre war aber mit Eisen beschlagen, und der Gefangene wurde seit dem vergeblichen Versuche noch genauer beaufsichtigt. Gegen 14 Monate hatte die Gefangenschaft gewährt, und Pallavicino schöpfte Hoffnung, wenigstens das Leben zu retten, versuchte sich auch neuerdings in Dichtungen, als von Rom aus der Befehl gegeben wurde, seine Bestrafung zu beschleunigen. Er wurde demnach am 5. März 1644 in dem Alter von 26 Jahren zu Avignon enthauptet. In jenem Zeitalter war der Tod die gewöhnliche Strafe von Pasquillanten, die sich an Mächtigen versündigt hatten. Eine Sammlung von Pallavicino's Opusculen, denn anderes hat er nicht geschrieben, die **Opere permesse**, erschien zu Venedig (1655. 4 Bde. 12.), und hat Brusoni derselben die Lebensgeschichte des Dichters beigefügt, es ist diese Sammlung aber in den Augen der Liebhaber ohne Werth, dergleichen für sie nur haben die **Opere scelte** (**Villafranca** [Genf] 1660. 2 Bde. 12.). Von diesen **Opere scelte** erschienen Nachdrucke in Holland im J. 1666 und 1673 und eine teutsche Übersetzung zu Freywald oder Frankfurt im J. 1663. Die vorzüglichsten Stücke der Sammlung sind: **Il rete di Volcano, il divorzio celeste**, eine bittere Satyre auf die Misbräuche des römischen Hofs (nur das erste Buch ist von Pallavicino, die beiden andern soll Greg. Leti hinzugefügt haben; eine teutsche Übersetzung erschien unter dem Titel: Himmlische Ehescheidung, zu Berlin 1787. 8.); **Il Corriero svaligiato, la Buccinata, overo Batarella per le api Barberini**, ein un-

Toscaner zu gelten, und als solcher im Wörterbuche der Crusca citirt zu werden. Durch die Bemühungen eines Freundes, dessen Briefe noch vorhanden sind, und durch die Fürsprache des Großherzogs, ward ihm dieser Wunsch in soweit erfüllt, daß er wirklich als **Testo di lingua** in die dritte Auflage des **Dizionario della Crusca** aufgenommen wurde; aber in der vierten, nach seinem Tode erschienenen, verschwand sein Name wieder daraus. Er hatte sich in der That sehr ernstlich mit dem Studium der toscanischen Sprache beschäftigt, wie sein **Trattato dello stile e del Dialogo** (**Bologna** 1662. 12. **Roma** 1662. 12. **Modena** 1819. 8.) und seine **Avvertimenti grammaticali** (**Roma** 1661. 12. **Padova** 1722. 4., von Facciolati besorgt. **Foligno** 1756. 4.) beweisen, welche letztere von **Francesco Rainaldi** herausgegeben wurden. Nach seinem Tode ist noch eine Sammlung seiner Briefe (**Lettere Roma** 1668. 12. **Venet.** 1669. 12.) erschienen. (*Blanc.*)

gemein heftiger Ausfall gegen die Barberini; dialogo tra due soldati del duca di Parma, ebenfalls eine Satyre auf Papst Urban VIII. und dessen parmesanischen Krieg, geschrieben im Auftrage des Herzogs von Parma, der jedoch keinen Schritt zu Gunsten seines Dichters in dessen Nöthen versuchte; La Pudicizia schernita und la rhetorica delle P., zwei schmuzige Productionen. Des Dichters Tod gab Veranlassung zu den Dialogen, welche gedruckt unter dem Titel: Anima errante di Ferrante Pallavicino erschienen; er hatte aber noch weitere Folgen. Karl de Bresche empfing seinen bedungenen Lohn halb in baarem Gelde und halb in Gemälden. Er ging nach Paris, die Gemälde zu verkaufen, und dahin verfolgte ihn ein weitläufiger Anverwandter des Hingerichteten, Ganducci, der es übernommen hatte, Blutrache zu üben. Ganducci erschien als ein Handelsmann, der wohlriechende Dinge, Essenzen, Handschuhe und dergleichen Waaren führte, verschaffte sich des Bresche Kundschaft und nahm für seine Waaren statt der Zahlung Gemälde. Eine gewisse Vertraulichkeit war des Handels Folge. Einst kam Ganducci in des Bresche Wohnung auf der Place Maubert, als dieser noch im Bette lag; unbemerkt schloß er die Thüre, und er fing an zu schelten auf den letzten mit Bresche geschlossenen Handel, verwünschte auch denjenigen, der ihn so unverschämt habe betrügen können. Mit Heftigkeit wies Bresche den Vorwurf zurück, er nannte den andern einen Lügner. Dies hatte Ganducci erwartet und er antwortete mit zwei oder drei Dolchstichen. Obgleich verwundet, faßte Bresche dennoch den Mörder, sie rangen und fielen mit einander zu Boden. Das Gepolter rief die Bewohner des untern Stockwerkes herbei, sie fanden die Thüre verschlossen und wollten es nicht wagen, sie zu erbrechen. Eine Gerichtsperson wurde gerufen und diese ließ, weniger bedenklich, die Thüre einschlagen. Man fand den Bresche im Sterben, man versicherte sich des Mörders, der sofort nach dem Petit Châtelet gebracht wurde. Unverzüglich aber kam ein Befehl von dem Cardinal Mazarin, der den Lieutenant criminel anwies, den Ganducci in Freiheit zu setzen. Und so geschah es im J. 1646. — Der Prälat Ranuccio Pallavicino, von Geburt ein Parmesaner, hatte im J. 1696, als Governatore von Rom, wegen des Ranges viele Händel mit dem k. k. Gesandten, dem Grafen von Martinitz; noch lebhafter äußerte sich seine Abneigung gegen den kaiserlichen Hof, nachdem Clemens XI. den päpstlichen Stuhl bestiegen. Es waren vorzüglich die Sbirren, deren sich der Prälat bediente, um den neuen k. k. Gesandten, den Grafen von Lamberg, zu necken. Viel größeres Aufsehen aber erregte das Todesurtheil, das er gegen den Marchese del Vasto, einen Neapolitaner, der wegen seiner Anhänglichkeit an das Erzhaus die Heimath fliehen müssen, aussprach. Es erregte darum auch in Wien die unangenehmsten Gefühle, als Ranuccio am 17. Mai 1706 mit dem Purpur bekleidet wurde. Ein Marchese Pallavicino wurde bei dem im Jul. 1769 in Parma neu errichteten Hofstaate als Oberkammerherr angestellt. Gegenwärtig (1834) zählt die k. k. Armee unter ihren Offizieren drei Marchesen P., einer führt den Lieblingsnamen Hippolyt.

Die Souverainität des Hauses war, wie gesagt, vor Ablauf des 16. Jahrh. untergegangen, aber die Erinnerung daran hat sich in dem Stato Pallavicino erhalten, den unsere Geographien bis zum Jahre 1800 unter den Bestandtheilen des Staates von Parma und Piacenza aufführten. Er grenzte gegen Norden mit dem Cremonesischen, sodaß er noch einige Dörfer jenseit des Po besaß, westlich mit dem Piacentinischen, östlich mit dem Parmesanischen, hatte einen Umfang von 50,000 Schritten und enthielt außer Busseto und Borgo San Donnino, auch noch Cortemaggiore, Fiorenzuola, Castello Gibellino, Scipione, Monticello rc. Zu Zeiten wurde dieses Gebiet auch Stato di Busseto genannt.

Ausgemacht ist es nicht, aber doch wahrscheinlich, daß die Pallavicini von Varano mit den eben beschriebenen eines Herkommens sind, wenngleich die Tradition sie aus Frankreich herleitet. Sie besaßen Roccalanzone und Varano, in dem Parmesanischen, letztern Ort gemeinschaftlich mit den andern Pallavicini, führten auch gleich diesen ein Schachbret von Silber und Roth, dem sie jedoch als eigentliches, angebornes Wappen einen Delphin hinzufügten. Sie behaupteten sich in Ansehen und Unabhängigkeit, bis des Herzogs von Mailand Krieg mit den Rossi sie, gegen das J. 1400, um Varano und Roccalanzone brachte. Statt dieser Lehen mußten sie einige Mühlen in Parma, und Ländereien in den Gebieten von Borgo San Donnino und Soragna annehmen, auch wurde das zerstörte Schloß in Soragna ihr Eigenthum. Mit den Stammgütern ging der Glanz und beinahe der Name des Hauses verloren, denn die drei allein noch übrigen Brüder Orlando, Delfino und Varano, hießen im gemeinen Leben nur noch Marchesi (als vormalige Marchesen von Varano.) Doch änderte sich das wieder, und seitdem heißt die Nachkommenschaft Orlando's, des ältesten Bruders, allein Marchesi, die von Delfino und Varano abstammenden Linien führen aber die Namen Delfini und Varani. Man verwechsele indessen nicht diese neuern Varani mit den Varani, Herzogen von Camerino, welche die Sage zwar ebenfalls von den Pallavicini von Varano herleitet, gleichwie sie das Wappen des Hauses Pallavicini führten.

Die genuesischen Pallavicini scheinen dem Herkommen nach ganz verschieden zu sein von den lombardischen Namensbrüdern, haben sich auch niemals des Markgrafentitels bedient. Anton Pallavicino, des Babilan Sohn, geb. zu Genua 1440, war dem Handel bestimmt, und handelte geraume Zeit, im Auftrage seiner Brüder in verschiedenen Städten Spaniens. Des Geschäftes überdrüssig ging er 1470 nach Rom, er wurde von dem Cardinal Johann Baptist Cibo aufgenommen, und auf dessen Verwendung als päpstlicher Secretarius angestellt. Papst Sixtus IV. gab ihm das Bisthum Ventimiglia, aber als Antonius die Reise antreten wollte, um Besitz von seinem Bisthume zu ergreifen, starb Sixtus, und Innocentius VIII., der bisherige Cardinal Johann Baptist Cibo, trat an dessen Stelle. Sofort wurde Anton zum Datarius und 1489 zum Cardinal ernannt, auch mit verschiedenen Bisthümern ausgestattet (nebst Ventimiglia besonders Pamplona). In Alexander's VI. Namen unterhandelte er den Vertrag, wodurch Karl VIII. mit dem in der Engelsburg eingeschlossenen Papst versöhnt wurde (1495), und als der Papst fünf Monate später, dem von Neapel heimziehenden König auszuweichen, nach Orvieto flüchtete, ließ er den Cardinal zurück, mit Vollmachten zu einer neuen Unterhandlung. Sie konnte nicht schwierig sein, Karl VIII. mußte sich freuen, daß Jemand sich fand, die von den Franzosen besetzten Plätze des Kirchenstaats zu übernehmen. Das nach Alexander's VI. Ableben versammelte Conclave war nicht ungeneigt, ihm den Cardinal Pallavicino, der mittlerweile nach und nach als Cardinalbischof von Frascati, Albano, Sabina und Palestrina fungirt hatte, zum Nachfolger zu geben. Indessen siegte Francesco Tobeschini, Pius III., den nach 26 Tagen Julius II. ersetzte. Julius II. verwendete den Cardinal in wichtigen Angelegenheiten, und schickte ihn namentlich als Legaten nach Savona, um die Zusammenkunft der Könige von Frankreich und Aragon zu beobachten. Zu Ende des Augustes traf Anton wieder in Rom ein, er hatte aber kaum über seine Sendung berichtet, als eine Krankheit ihn befiel, die am 10. Sept. 1507 seinem Leben ein Ende machte. Seines Bruders Cyprian Sohn, Johann Baptist, studirte die Rechte, empfing in Padua den Doctorhut, später das Bisthum Cavaillon, und 1518 von Leo X. die Cardinalswürde, wurde von diesem Papst, auch von Adrian VI. und Clemens VII., in den wichtigsten Angelegenheiten gebraucht, schrieb gegen die Reformatoren de indulgentiis und de pragmatica Christi servatoris praesentia, und starb zu Fabrica, wo er eine Luftveränderung suchte, den 14. Aug. 1524. Er hat verschiedene Stiftungen angeordnet. Christoph Pallavicino befehligte zugleich mit Philippino Doria die Truppen, die Andreas Doria ans Land setzte, um die Franzosen aus Genua zu vertreiben (1528). Cyprian Pallavicino, geb. 1511, erhielt 1567 das Erzbisthum Genua, hielt ein Provinzial-Concilium und starb 1587. Fabricius, geb. 1555, trat in den Jesuitenorden, lehrte griechische Sprache und Mathematik zu Rom und Florenz, Philosophie zu Krakau und Avignon, stand als Rector dem Collegium in Krakau, dann jenem in Avignon vor, und starb zu Genua den 7. Sept. 1600. Man hat von ihm Abhandlungen de perfectione religiosa e SS. Patribus, und de Cambiis mercatorum. Horatius Pallavicino war einer der bedeutendsten Männer Italiens, welche der neuen Lehre huldigten. Das nöthigte ihn zum Auswandern, und er ließ sich in England nieder, wo seine Reichthümer und sein Haß gegen den Vorfechter des alten Glaubens, gegen Philipp II., ihm die freundlichste Aufnahme und die Gunst der Regierung sicherten. Von Jugend auf mit dem Geldhandel sich beschäftigend, leistete er der Königin bei Finanzverlegenheiten die wichtigsten Dienste. Namentlich wurden bei ihm alle die Summen geborgt, deren die Königin 1581 bedurfte, um die von Alexander Farnese unternommene Belagerung von Cambray durch den Herzog von Alençon aufheben zu lassen, und alle Subsidien, welche die Königin nach Teutschland, Niederland und Frankreich übermachte, gingen durch seine Hände und wurden auf seine Wechsel ausgezahlt. In jeglicher Rücksicht das Vorbild des 50 Jahre später in Schweden so wirksamen Charles de Geer, hatte Horatio auch eigene Schiffe in der zu Bekämpfung der unüberwindlichen Armada ausgerüsteten Flotte. Als ein sehr geschickter Unterhändler wurde er im J. 1591 an den Kurfürsten Christian von Sachsen gesendet, um diesen zu einer großen Unternehmung zu Gunsten Heinrich's IV. zu bewegen. Auch auf das gesellschaftliche Leben in England hat Horazio vielfältig eingewirkt, italienische Kunstliebhaberei und italienische Genüsse wurden durch ihn eingeführt, und zu Little Shelford, in Essex, hat er das erste Landhaus in italienischem Geschmacke erbaut. Augustin Pallavicino wurde zu Rom von den Jesuiten erzogen, schrieb paraphrasin in libb. physicorum Aristotelis, und starb sehr jung, im J. 1618. Ein anderer Augustin, zum Doge in Genua erwählt 1637, ist unter den Dogen der erste, der sich einer Königskrone bediente. Nikolaus Maria, geb. 1621, war der Hoftheolog und der Panegyrist der Königin Christina und schrieb Gregorii Thaumaturgi vitam, auch verschiedene theologische Abhandlungen in italienischer Sprache. Die wichtigste seiner Arbeiten ist aber ohne Zweifel die Defensio ecclesiae catholicae (Romae 1686) 3 Bde. Fol., ein Werk voll der gründlichsten Gelehrsamkeit, indem viele Vertheidiger der katholischen Kirche ihre Beweise schöpften, ohne daß es ihnen eingefallen wäre, den Gewährsmann zu nennen. Nikolaus Maria war ein Jesuit und starb 1692. Sein Vetter, Julius Pallavicino, schrieb Historiam patriam et praecipuarum familiarum genuensium, dann Relationem legationis Lucae Pallavicini apud Ferdinandum magnum Etruriae Ducem. Von einem andern Julius Pallavicino der ein Jesuit (er starb zu Genua, den 11. Jun. 1697 in dem Alter von 60 Jahren), hat man, anonym, Civem christianum. Lazarus Pallavicino wurde 1669 von Papst Clemens IX. zum Cardinal ernannt und starb den 20. April 1680. Obizzo Pallavicino, geb. zu Genua den 15. Oct. 1632, trat in Rom die gewöhnliche Prälatenlaufbahn an. Mehre Gouvernements hatte er bekleidet, dann ging er als Nuntius an den florentinischen und sodann an den polnischen Hof. Am 2. Sept. 1686 wurde er von Innocentius XI. zum Cardinal und bald darauf zum Legaten von Urbino gemacht. Innocentius XII. gab ihm das reiche Bisthum Osimo, und es gewann das Ansehen, als dürfte er dieses Papstes Nachfolger werden. Allein Obizzo, jetzt Cardinalpriester, tit. San Martino de Monti, starb sieben Monate vor dem Papste, den 11. Febr. 1700. Er ward unter die sogenannten Cardinal-Zeloten gezählt, und als fromm, gerecht, gelehrt und klug gepriesen, doch konnte er als ein Genueser dem Vorwurfe des Geizes und der Heuchelei nicht entgehen. Maria Camilla Pallavicini, die Erbtochter des reichsten Patriziers von Genua, starb den 6. Sept. 1710; sie war an den Fürsten Johann Baptist Rospigliosi verheirathet, und trug, da ihr Bruder Nikolaus Maria Pallavicino, Fürst von Civitella, bereits 1679 nur 22 Jahre alt, die Welt verlassen hatte, große

Besitzungen in das Haus Rospigliosi, namentlich das Fürstenthum Civitella, in dem Patrimonio, westlich von Bracciano und den Palazzo Pallavicino in Rom, von welchem Keyßler rühmt, daß er in Ansehung der neuen und großen Gemälde von Poussin, Claude Lorrain, Salvator Rosa, Carlo Maratti, Andreas Sachi, Bachiche Piola, Titian und Guido, wenige seines Gleichen in Rom finde. Seit dieser Erbschaft führen die Rospigliosi den Beinamen Pallavicini. Hieronymus Pallavicino wurde im J. 1733 als General-Commissarius von Corsica angestellt. Lazarus Obizzo Pallavicino, geb. den 30. Oct. 1719, war Gouverneur von Macerata, Nuntius zu Neapel, seit 1753, und Referendarius beider Signaturen, dann seit dem 1. April 1754 Erzbischof von Lepanto und seit dem November 1759 Nuntius zu Madrid. Sein Benehmen, oder vielmehr seine Unthätigkeit während der über die Jesuiten gekommenen Krisis wurde von dem römischen Hofe nicht gebilligt, scheint ihm aber die Freundschaft des Hofes von Madrid erworben zu haben. Am 26. Sept. 1766 wurde er in die Zahl der Cardinalpriester aufgenommen, und am 1. Dec. n. J. zu der Legation von Bologna ernannt. Am 19. Mai 1767 empfing er den Cardinalshut und im Julius bei Eröffnung des Mundes den Titel SS. Nerei et Achillei. Von Clemens XIV. wurde er unmittelbar nach dessen Erhebung zum Staatssecretair ernannt. Er war auch Präfect von Avignon, von Loreto und von der h. Consulta, dann Protector der Erzbrüderschaft S. Hieronimo della Carita. Johann Lucas Graf Pallavicino kam 1731 als der Republik Genua außerordentlicher Gesandter an den k. k. Hof, entsagte aber dem Gesandschaftsposten, um in kaiserliche Dienste zu treten, und wurde 1733 Viceadmiral und Generalintendant des Seewesens in Istrien. Als solcher verrichtete er in dem eben damals um die polnische Königswahl ausgebrochenen Kriege rühmliche Thaten, indem er nicht allein verschiedene verlorene Galeotten wieder eroberte, sondern auch spanische Transportschiffe wegnahm. Im J. 1735 wurde er Generalmajor und im J. 1736 erhielt er das Infanterieregiment Wuttgenau Nr. 3, welches er aber noch in demselben Jahre gegen jenes des Prinzen Karl von Lothringen Nr. 15 vertauschte. Wirklicher Kammerherr war er seit dem 19. Febr. 1736. In dem sofort beginnenden Türkenkriege befehligte er nicht ohne Ruhm, bis 1738, die aus acht Kriegsschiffen und fünf Galeeren bestehende Donauflotte. In dem J. 1738 wurde er nach Genua gesendet, um ein Anlehen von 600,000 Fl. zu machen; 200,000 Fl. gab er aus eigenem Vermögen, den Rest schossen verschiedene Privaten vor. Feldmarschallieutenant seit dem 19. März 1741, führte der Graf 1742 die Belagerung von Mirandola, gleichwie er den Schlachten von Camposanto 1743, und Cuneo 1744 beiwohnte. Zum Geheimrath und Plenipotentiarius in der Lombardei ernannt, trat er 1745 eine Reise nach Genua an, und er entdeckte ohne Schwierigkeit der Genueser feindliche Gesinnung, und daß alle ihre Wünsche für Frankreich und Spanien waren. In dem Feldzuge von 1746 wurde die Citadelle von Parma unter seiner Anführung erobert, in der Schlacht bei Piacenza führte er den rechten Flügel, und bei Rottofreddo wurde er durch eine Flintenkugel am Kopfe verwundet. Die Wunde war kaum verbunden, als er sich abermals an die Spitze der Truppen setzte und nach dem hartnäckigsten Widerstande den Feind aus dem Felde schlug. Streitigkeiten, die wegen der Besetzung von Piacenza unter den k. k. und sardinischen Truppen walteten, wurden durch seine Gewandtheit bald genug ausgeglichen. Bei dem ersten Ausbruche der Feindseligkeiten mit Genua verließ er jedoch das Heer, um von Mailand aus für dessen Bedürfnisse zu sorgen und noch in dem n. J. übergab ihm die Kaiserin die Generalstatthalterschaft ihrer Lande in Italien; als er dieselbe 1747 dem Grafen Ferdinand von Harrach übergab, folgte ihm die Liebe aller Lombarden, und der Wunsch der Provinz mag nicht wenig beigetragen haben, daß Pallavicino im J. 1748 die Stellen eines Castellans von Mailand, eines commandirenden Generals aller Truppen in Italien und eines obersten Finanzministers in der Lombardei erhielt. Nach des Grafen von Harrach Abrufung wurde er 1750 abermals zum Generalstatthalter in der Lombardei ernannt, und manche treffliche Anstalt erinnert an seine Wirksamkeit in dieser hohen Stelle. Insbesondere beendigte er auf dem Congreß zu Varese, 1752, die langwierigen Grenzstreitigkeiten mit den italienischen Landvoigteien der Schweizer. Es war darum keineswegs eine Ungnade, als er 1753 der Statthalterschaft entlassen und diese dem Erzherzog Ferdinand übergeben wurde. Von den Segenswünschen des Volkes begleitet, begab Pallavicino sich den 22. Sept. 1753 nach Bologna, um dort seinen Wohnsitz zu wählen. Am 30. Nov. 1753 wurde er zum Ritter des goldenen Vließes ernannt, und am 23. Jun. 1754 wurde ihm von dem Herzog von Modena, im Namen des Kaisers, mit vielen Feierlichkeiten zu Modena die Ordenskette umgehängt. Am 29. Jun. 1754 wurde er zum General-Feldmarschall ernannt, und im J. 1756 erkaufte er um 100,000 Dukaten in Gold des Herzogs von Modena in dem Ferrarischen belegene Allodialgüter Diamantina und San Martino, einen andern Theil dieser Allodialgüter, vornehmlich die Mesola, erkaufte um die nämliche Zeit der wiener Hof, der an die Erwerbung einiger Sümpfe unter päpstlicher Landeshoheit die ausschweifendsten Projecte für den Seehandel des Litorale knüpfte, zu diesen Projecten aber ohne Zweifel durch unsern Grafen verführt wurde. Im September 1765 wurde er zum Präsidenten des Raths von Mailand ernannt, und im J. 1768 hatte er die Ehre die Königin von Neapel, die Erzherzogin Marie Karoline, durch Italien zn begleiten, und dem für sie gebildeten neapolitanischen Hofstaate zu überliefern. Er erschien bei dieser Gelegenheit in gewohnter, seinem großen Vermögen angemessener Pracht, hielt bei der Überlieferung der Fürstin zu Terracina eine wohlgesetzte Rede und ging darauf nach Rom, die Merkwürdigkeiten dieser Stadt in Augenschein zu nehmen, und dem heil. Vater seine Aufwartung zu machen. Dieser beschenkte ihn mit einem kostbaren Rosenkranze, Pallavicino ergriff aber zugleich die Gelegenheit sich seiner nutzlosen, durch die Streitigkeiten mit dem Legaten in Ferrara ihm gehässig gewordenen Erwerbung zu entledigen. Er verkaufte Diamantina und San Martino um 400,000 Scudi an die päpstliche Kammer. Von nun an hielt er sich unverrückt zu Bologna auf, wo er auch am 27. Sept. 1773 in hohem Alter sein Leben beschloß. Er war von mittler Größe und ernsthaften Ansehens, eifrig in seinem Glauben, hielt strenge Kriegszucht, war reich an großen Entwürfen und geschickt sie auszuführen, liebte Pracht und Ergötzlichkeiten, war erfinderisch dergleichen zu veranstalten, und ward noch im greisen Alter von jugendlichem Feuer belebt. Seine erste Gemahlin, Anna Marchesin von Anguisola, hatte ihm keine Kinder geboren, lebte überhaupt größtentheils in Genua. Sie starb an einer Brustentzündung den 16. Nov. 1751 zu Genua, wie sie es verheißen, denn als der Graf sie bei der bevorstehenden Belagerung 1747 zu sich nach Mailand eingeladen, hatte sie erwiedert, sie wolle bei ihren Genuesern leben und sterben. In ihrem Testamente war der Graf, der sie noch in den letzten Augenblicken besucht hatte, reichlich bedacht; nächstdem vermachte sie dem Spital Pammatone 100,000, der Armenherberge 80,000 Lire, Haupterbe wurde aber ein Vetter, der jüngere Marchese von Serra, dem hierdurch ein jährliches Einkommen von 100,000 Lire zufiel. Im August 1753 vermählte sich hierauf der Graf zum zweiten Male mit Maria Katharina Fava di Ferro, der Witwe des Marchese von Canradini, welche ihm am 24. Jan. 1756 den einzigen Sohn, Karl, schenkte. Karl stand als Hauptmann bei seines Vaters Regiment, und war mit vieler Sorgfalt erzogen. Auf einem Hofball in Wien, 1768, erregte seine Tanzkunst solches Aufsehen, daß die Kaiserin veranlaßt wurde, einer Erzherzogin zu sagen, daß sie diesen jungen Cavalier von zwölf Jahren zum Tanz aufziehen möge. Dieses geschah. Nach dem Brauche des wiener Hofs können nur Kammerherren solcher Gnade theilhaftig werden, und der junge Pallavicino wurde nach dem Tanze von seinen Freunden als k. k. Kammerherr begrüßt. Das ließ er sich nicht vergeblich sagen, er ging zur Kaiserin und stattete ihr für die genossene Gnade, auch Ernennung zum Kammerherrn, den allerunterthänigsten Dank ab. Die unerwartete Nutzanwendung wurde auch von der Kaiserin nicht ungnädig aufgenommen, und die Verdienste des Vaters zu belohnen, machte sie den Sohn zum Kammerherrn. Ein Pallavicino, der sich per fas et nefas den Kammerherrnschlüssel ertanzt, bildet in Wahrheit einen höchst auffallenden Gegensatz zu jenem Hubert Pallavicino, den der größte der Kaiser als seinen treuesten und mächtigsten Bundesgenossen ehrte. Der glückliche Tänzer starb im J. 1790 als Generalmajor und Inhaber des Infanterieregiments Nr. 8. Noch heute blühen in Genua mehre Linien des Hauses, die sich großentheils mit Geldgeschäften befassen; als Keyßler die Hauptstadt von Ligurien besuchte, hatten die Pallavicini von allen Handelshäusern das größte, gleichwie ihr Palast in der Strada nuova mit der Aufschrift: Sapientia aedificabitur domus, einer der schönsten war. Auf die Ausschmückung der Kirche von S. Syro hat die Familie große Summen verwendet. (*v. Stramberg.*)

PALLE, PALLEN, nennt die Schiffsbaukunst diejenigen hölzernen oder eisernen Sperrkegel, welche dazu dienen, die Spillen am Zurücklaufen zu verhindern und zu deren Verstärkung die Pallklampe dient. Sind die Pallen des Bretspiels am Glockengalgen befestigt, so erhält dieser Stützen, welche Palkbätinge heißen. Palliot wird bei den Galeeren der Schiffsraum genannt. Vergl. die Art. Schiffsbaukunst und Galeere. (*Fischer.*)

PALLEIROS, Gebirge in Arabien, in der Provinz Oman, 80 englische Meilen WSW. von Maskat. (*H.*)

PALLENE, alter Name 1) der kleinen, nach Ptolemäus nicht viel über etwa zwei geogr. M. langen, fruchtbaren [1]) Halbinsel — denn mit Unrecht wird sie von Einigen Insel genannt [2]) — die früher Phlegra geheißen haben soll [3]), später *Παλλήνη* mit λλ, obgleich die falsche Schreibart mit λ sich hier und da findet. Weist der ältere, d. h. dichterische Name, auf die vulkanischen Erscheinungen und Erdbeben hin, die sich hier früher öfter ereigneten und die Veranlassung wurden, diese Gegend zum Schauplatze der Giganten und ihres Kampfes zu wählen [4]), so wird der spätere Name von Stephanus auf die mythische Pallene, Tochter des Sithon, eines Königs der Hodomanten, und Frau des Klitus zurückgeführt, der nach den Erzählungen des Conon (Narrat. 10) und Parthenius (Erot. 6) mit Dryas um die Pallene kämpfte, und diesen durch List überwand und erlegte. Der gewöhnliche Gentilname der Bewohner ist *Παλλήνιος*, die Macedonier selbst sollen die Landschaft Ballene mit B genannt haben; heute heißt sie Palluri, Plajur. Die Schriftsteller rechnen sie theils zu Thracien, theils, was wenigstens für die späteren Verhältnisse richtiger ist, zu Macedonien [5]). Eingeschlossen ist sie östlich vom toronäischen, westlich vom thermäischen Busen (*Θερμαῖος κόλπος*); sie beginnt mit dem Isthmus von Potidäa im Norden und reicht südlich bis zum Vorgebirge Kanaströum (heute Capo Canistro), was bei Skylax „das heilige Vorgebirge Pal-

1) *Strab.* Epitom. Lib. VII. p. 330. *Ὅτι ἡ Παλλήνη χεῤῥόνησος — Φλέγρα τὸ πρὶν ἐκαλεῖτο.* 2) *Antonin.* Itinerar. p. 525 u. das. *Wesseling.* 3) *Herod.* VII, 123. *Ἡ νῦν Παλλήνη, πρότερον Φλέγρη καλεομένη.* *Theon.* Progymn. p. 91. *Καὶ τὴν πάλαι μὲν Φλέγραν, νῦν δὲ Παλλήνην.* Ebenso Strabo, Polyän u. a. Daher Apollodor mit Unrecht unterscheidet (I, 6) *ἐγένοντο δὲ ὡς μὲν τινες λέγουσιν, ἐν Φλέγραις, ὡς δὲ ἄλλοι, ἐν Παλλήνῃ.* 4) Daher heißt Pallene bei *Lycophr.* 127 *γηγενῶν τροφός.* Es hängt damit der Name eines Orts *Γίγωνος* bei Potidäa oder *Γιγάντιοι* in A. L. Z. 1838. Int. Bl. Juni. Nr. 39 zusammen. Der Name „Phlegra" — denn das ist die gewöhnliche, *Φλέγραι* die seltenere Form — und „Phlegräische Gefilde" „Phlegraei campi" *Φλεγραῖον πεδίον*, wurde mit dem Gigantenkampf in denselben auch auf andere Gegenden übertragen, welche vulkanische Erscheinungen darboten, z. B. nach Italien auf die Gegend in der Nähe von Cumä. Vergl. *Heyne* ad *Apollod.* l. l. 5) Zu Thracien rechnen Pallene *Dionys. Halic.* I, 49. p. 124, 10 *R.* *Paus.* I, 25, 1 *οἱ περὶ Θρᾴκην ποτὲ καὶ τὸν ἰσθμὸν τῆς Παλλήνης ᾤκησαν.* VIII, 29, 1 *ἐν τῇ Θρᾳκίᾳ Παλλήνῃ*, *Stephanus*, *Harpocr.* s. v. *Παλληνεύς — ὅτι δ' ἔστι καὶ ἐν Θρᾴκῃ Παλλήνη γνώριμον* u. a. Zu Macedonien dagegen *Scylax* p. 62. ed. *Gronov.* *Diod.* V, 71. *τῆς Μακεδονίας περὶ Παλλήνην*, *Plin.* IV, 17. s. 10. *Ptolem.* III, 13.

lene's" heißt. Nach Stephanus bildet sie ein Dreieck, das seine Basis nach Süden zu hat; am Genauesten beschreiben Livius[6]) und Mela[7]) ihre Lage. Der Letztere gibt ihr fünf Städte, wovon er aber nur die drei bedeutendsten Potidäa, Mende und Scione anführt; Skylax nennt die beiden andern Aphytis und Therambus oder Thrambeis, Herodot fügt noch drei hinzu, Nea, d. h. Neapolis[8]), Äge und Sane; die späteren[9]) Schriftsteller erwähnen noch eine südlich gelegene Stadt Pallene, sowie auch ein Vorgebirge gleiches Namens, wovon die älteren Autoren nichts wissen, und eine solche Stadt hat gewiß nie existirt. Stephanus nennt auch Mekyberna oder Mekyperna[10]) eine Stadt Pallene's. Als Kassander, der Sohn Antipater's, Cassandrea errichtete, zog er in die neue Stadt die Einwohner nicht nur des alten, von Philipp zerstörten Potidäa's, an dessen Stelle es trat, sondern auch der kleinern benachbarten Städte; daher ihrer schon bei Skymnus und noch mehr bei Ptolemäus keine Erwähnung geschieht; die Gegend war besonders weinreich und der Wein von Mende (*Μενδήσιος* oder *Μενδαῖος οἶνος*) ein Gegenstand des Ausfuhrhandels. Für die Geschichte des Landes ist uns in der Schrift des Hegesipp *περὶ Παλλήνης*, wie sie Dionys von Halik., *Παλληνιακά*, wie sie Stephanus (i. W. *Παλλήνη* und *Μηκύβερνα*) nennt, eine um so bedeutendere Quelle verloren gegangen, da jener den Verf. einen „alten und der Rede werthen Schriftsteller" nennt. Dieser und andere Autoren, wie Kephalon aus Gargethus und zum Theil auch Hellanicus meldeten, daß hier ein barbarischer thracischer Volksstamm, welcher der Krusische (oder Krossische) hieß, gewohnt habe; zu dem seien die mit Äneas fliehenden Trojaner gekommen, die bei ihm eine freundliche Aufnahme fanden, dort auf einem der Vorgebirge einen Tempel der Aphrodite und eine Stadt Äneia gründeten, welche bis zur Gründung von Thessalonice durch Kassander fortdauerten; von hier aus seien die Trojaner nach Delus gegangen. Später wurde von einer korinthischen Colonie die dorische Stadt Neptun's, Potidäa, gegründet; Mende nennt Mela eine Colonie von Eretria, Skione eine Colonie der nach Eroberung Ilions zurückkehrenden Achäer; über Mende stimmt Thucydides (IV, 123), Harpokratio und Suidas (i. W.) mit ihm überein. Vergl. übrigens noch über Pallene Mannert, Geographie der Griechen und Römer. VII, 463 fg. *Tzschucke* ad *Melam* III, 2. p. 159 sq. *Poppo* ad *Thucydid.* P. I. Vol. II. p. 370 sq.

2) War Pallene der Name eines attischen Gaues (demos), der zum antiochischen Stamme gehörte; die Mitglieder des Gaues hießen *Παλληνεῖς* oder *Παλλήνηθεν*, nur bei Plutarch (Thes. 13) *Παλληναῖοι*, wo berichtet wird, daß zwischen den Mitgliedern dieses Gaues und denen von Agnus keine Eheverbindungen eingegangen würden, und hier auch der sonst beim Gottesdienste gewöhnliche Ruf „*Ἀκούετε λεώς*" nicht gehört werde. Die Pallenische Minerva *Ἀθηναίη Παλληνίς*[11]), deren Tempel auf dem Wege von Marathon nach Athen lag, hat offenbar von diesem Demos seinen Namen; es ist dies das Pallenion, in dessen Nähe die Schlacht zwischen Pisistratus und seiner Gegenpartei vorfiel[12]). Der Demosname *Παλληνεύς* wird unter andern erwähnt bei *Demosth.* c. *Leochar.* 1083, 19 im Corp. Inscr. Gr. nr. 172. 272. 295 und in den in der allgem. lit. Zeitung 1837. Nov. Intelligenzbl. S. 468 herausgegebenen Inschriften. (*H.*)

3) Pallene (Zoologie), s. Anthonomus.

PALLENEUS, Name eines Giganten bei Claudian (Gig. 109). (*H.*)

Pallenis, Beiname der Minerva, s. Pallene. (*H.*)

PALLENIS. Unter diesem Namen hat Cassini (Bullet. de la soc. philom. Nov. 1818. p. 166; Diction. des sc. nat. Tom. XXXVII. p. 275) aus Buphthalmum spinosum *Linn.* (s. den Art. Buphthalmum n. 13) eine Pflanzengattung gebildet, welche nur als Untergattung von Buphthalmum betrachtet werden kann und sich unterscheidet durch stachelige, verlängerte Schuppen des gemeinschaftlichen Kelches, durch zweireihigen, vielblumigen Strahl und durch die Corollen der Scheibe, deren dicke, fleischige Röhre mit einem Längsflügel versehen ist. (*A. Sprengel.*)

PALLERSDORF, ungrisch Bezenye, auch Bezenya, ein zur Herrschaft des Erzherzogs Karl von Österreich, Ungrisch-Altenburg gehöriges großes Dorf, im neusiedler Gerichtsstuhle (Processus) der wieselburger Gespanschaft, im Kreise jenseit der Donau Niederungerns, in der kleinen oder obern ungrischen Ebene, an der von Wien und Presburg nach Pesth und Ofen führenden Haupt- und Poststraße, ¼ Stunden vom rechten Donauufer entfernt, mit 133 Häusern, 987 teutschen katholischen Einwohnern, welche vom Ackerbaue und der Viehzucht leben, einer eigenen katholischen Pfarre des raaber Bisthums, einer katholischen Kirche und einer Gegend. Die Gegend herum wird der Heuboden genannt, und ist wirklich reich an Heu, welches von hier selbst bis Wien verführt wird. (*G. F. Schreiner.*)

PALLET, PALET (le), Gemeindedorf im franz. Departement der Niederloire (Bretagne), Canton Ballet, Bezirk Nantes, liegt 4½ Lieues von dieser Stadt entfernt auf dem rechten Ufer der Sevre und hat 1102 Einwohner, welche einen Jahrmarkt unterhalten. Hier und nicht zu Palais wurde der berühmte Abeilard, der davon den Beinamen Palatinus bekam, 1079 geboren. (Nach Expilly und Barbichon.) (*Fischer.*)

6) *Liv.* XLIV, 11. Condita est (Cassandrea) a Cassandro rege in ipsis faucibus quae Pallenensem agrum ceterae Macedoniae jungunt, hinc Toronaicó, hinc Macedonico septa mari — *Eminet namque in altum lingua, in qua sita est; nec minus, quam in altum magnitudine Atho mons, excurrit, obversa in regionem Magnesiae duobus imparibus promontoriis, quorum majori Posideum est nomen, minori Canastraeum.* 7) *Pomp. Mel.* II, 2 ad fin. et add. *Tzschucke*: Pallene *soli tam patentis*, ut quinque urbimu sedes sit atque ager, tota in altum abiit, angusta satis, unde incipit. 8) s. A. L. Z. a. a. O. S. 324. 9) *Plin.* l. c. *Oppida* Pallene, Phlegra. *Stephan.* *Παλλήνη πόλις Θρᾴκης.* 10) A. L. Z. a. a. O.

11) *Herod.* I, 62 und das. *Valcken.* 12) *Andocid.* de Myster. §. 106 und vergl. meine Commentat. tert. de Andocid. p. VI. Hierauf bezieht sich das *βλέπειν Βαλλήναδε* bei *Aristoph.* Acharn. 235, vergl. das. die Schol.

Pallet bei den Malern rc., s. Palet.

PALLI, Stadt in der asiatischen Türkei, 85 engl. ND. von Diarbekir. (*H.*)

PALLIA, auf der Peutingerschen Tafel alter Name Flusses in Etrurien, heute Paglia, s. d. W. (*H.*)

PALLIANO oder PALIANO, kleine Stadt in der hen Campagna. (*H.*)

Palliata und Palliati, s. Pallium.

PALLIATIV (von pallium), nennt man, was ei- Gegenstand, wenigstens für den Augenblick zu ver- oder überhaupt der Wahrnehmung zu entziehen Vorzugsweise häufig wird aber dies Wort in der schen Medicin gebraucht, indem man in derselben Palliativ-Indicationen solche Momente be- et, welche den Arzt bestimmen, einer einzelnen nders lästigen oder gefährlichen Äußerung krankheit ein bestimmtes Heilverfahren entgegen- en, durch Palliativcuren das ganze nach einer t Indication geleitete Heilverfahren selbst, durch iativmittel endlich solche, durch welche eben je- ndicationen genügt wird. Vielen ärztlichen Schrift- n sind zugleich diese Indicationen, Curen und Mit- leichbedeutend mit den symptomatischen, und r That haben beide mit einander gemein, daß bei entweder an sich oder überhaupt auf Entfernung rsache der Krankheit keine Rücksicht genommen wird, ch zugleich beide zu der Radicalcur, deren nächster in der Beseitigung der Krankheitsursache besteht, welche ebendeshalb auch curatio caussalis genannt in Gegensatz treten. Indessen werden schon nach Wortbedeutung Palliativcuren richtiger von den sym- tischen insofern unterschieden, daß die erstern nur besondere Gattung der letztern ausmachen, indem omatische Curen zwar auch nur einzelne Symptome rankheit bekämpfen, aber nicht vorzugsweise lästige efährliche.

Wenn symptomatische Curen streng genommen nie- zu rechtfertigen sind, weil der rationelle Arzt drin- : Veranlassung bedarf, um die Ursachen einer zu pfenden Krankheit, wäre es auch nur für einige Zeit, em Auge zu setzen, so haben dagegen Palliativcuren urch die erwähnte Verwechselung der Art mit der ng, sowie durch den Misbrauch, den Unwissenheit Charlatanerie auch mit wahren Palliativcuren von getrieben haben und wol immer treiben werden, diese n Curen in den zweideutigen Ruf bringen können, lchem sie im Allgemeinen stehen. Denn es bleibt nicht nur in der That auch in der Praxis eines ellen Arztes ein weites Feld höchst segensreicher An- ng, sondern es gehören auch viele Fälle, welche Palliativcur nothwendig machen, grade zu den wich- und dringendsten. Es ist nämlich die Palliativ- ion vorhanden, wenn entweder

) ein Krankheitszufall dem Leben unmittelbar Ge- roht, ohne daß diese Gefahr durch eine Radicalcur durch ein verändertes Verhältniß der bereits einge- n Radicalcur, zeitig genug beseitigt werden könnte. — ender als diese ist keine Anzeige der Palliativcur, und mit Recht erhält sie in solchem Falle den Namen der indicatio vitalis, weil Lebenserhaltung augenblicklich so ganz ausschließlich den Zweck der ärztlichen Bestrebungen ausmacht, daß ihm jede andere Rücksicht auf die einzelnen Verhältnisse der Krankheit, und daher namentlich auch auf die Causalindicationen nachstehen muß. Heftige Blutcongestionen nach edlen Organen, Blutflüsse und gefährliche Profluvien überhaupt, Erstickung drohende Zustände, manche Gattungen und Grade heftiger Krämpfe, und große Schwäche der Lebenskraft fodern zu Palliativ-Curen dieser Art am häufigsten auf. Auch finden sie oft da eine sehr nützliche Anwendung, wo es darauf ankommt, das Leben eines unheilbar Kranken durch Beseitigung der gefährlichsten Zufälle wenigstens möglichst zu verlängern. Oder wenn

2) ein Symptom der Krankheit rückwirkend die Ursache derselben unterhält und deshalb gleichzeitig mit der Radicalcur besondere Berücksichtigung fodert, wie z. B. der Husten bei vielen Arten hitziger und langwieriger Brustkrankheiten, profuse symptomatische Ausleerungen bei nervösen und fauligen Fiebern rc. — Wenn ferner

3) ein Symptom den ungestörten Fortgang des Heilungsprocesses, oder die Anwendung der zu demselben erfoderlichen Heilmittel hinderte, z. B. Schlaflosigkeit, Schmerzen, Krämpfe, welche die Krisen stören, anhaltendes Erbrechen, welches den wirksamen Genuß von Nahrungsmitteln und Arzneien unmöglich macht. — Endlich wenn

4) ein dem Kranken besonders lästiges Symptom ohne Nachtheil für die Radicalcur durch ein eigenes Heilverfahren beseitigt werden kann. Auch dieser Fall ist ungemein häufig; wir begnügen uns aber statt aller andern Beispiele daran zu erinnern, daß es so oft, um das Vertrauen eines Kranken, zumal eines hypochondrischen oder hysterischen, zu gewinnen oder zu befestigen, unumgänglich nothwendig ist, ein einzelnes Symptom der Krankheit zu bekämpfen, und daß bei der Behandlung unheilbar Kranker es heilige Pflicht des Arztes ist, wenigstens die beschwerlichsten Zufälle so viel als möglich zu lindern.

So nothwendig demnach, ja unentbehrlich in zahlreichen Fällen sich Palliativcuren bewähren, so arten sie doch leicht in das aus, was wir oben symptomatische Curen genannt haben, oder schaden, wie schon erwähnt, durch misbräuchliche Anwendung, wenn man nicht hinsichtlich dieses Gegenstandes folgenden Grundsätzen unverbrüchlich treu bleibt. Abgesehen von dem einzigen Falle, in welchem die Palliativcur curatio vitalis wird, dürfen die Causalindicationen niemals um der Palliativanzeigen willen hintangesetzt werden, oder gar die Palliativcur mit der Radicalcur in Widerspruch treten. Niemals darf daher eine Palliativcur angestellt werden, wo der Zweck ebenso schnell und sicher mit der Radicalcur erreicht werden kann; niemals darf die erstere länger als nothwendig fortgesetzt werden, sondern überall muß, nachdem der Palliativanzeige Genüge geschehen, auf die Radicalcur zurückgegangen werden; niemals darf endlich eine Palliativcur gegen abnorme Zustände eingeleitet werden, die wie ähnlich sie oft wahren Krankheitszufällen sind, zur

Erhaltung des individuellen Organismus durch die Heilkraft der Natur herbeigeführt wurden (C. L. Klose, Über Krankheiten als Mittel der Verhütung und Heilung von Krankheiten. Breslau 1826). Aber die Unkunde der Nichtärzte macht der Menge die Palliativmittel zu den willkommensten, weil sie den lästigen Zufällen zu begegnen versprechen. Die Unerfahrenheit junger Ärzte und die Unwissenheit roher Empiriker findet weit häufiger Anzeigen zu Palliativcuren, als es ihr gelingt, das ursächliche Verhältniß der Krankheiten zu erforschen, und da das Letztere ohne Vergleich schwieriger ist, als das Erstere, so gewöhnt sie sich bald, die Bekanntschaft mit zahlreichen Palliativmitteln und mannichfachen Formen ihrer Anwendung als das Kriterium eines tüchtigen Arztes anzusehen. Von der Charlatanerie endlich wird recht wohl erkannt, daß Palliativcuren niemals radicale sein können, daß jene vielmehr nur in einzelnen Fällen angewendet werden können und müssen, um diese möglich zu machen; aber sie verschmäht den mühevollen Weg, der zum Auffinden von Causalanzeigen und zur Erfüllung derselben führen könnte, und begnügt sich, die Sicherheit ihrer Palliativmittel anzupreisen. Dagegen nimmt der rationelle Empiriker, der in Gaub's Morbus est complexus symptomatum keine Aufforderung zu symptomatischen Curen, keine Ahnung homöopatischer Grundsätze findet, im Verhältnisse zu der Zahl seiner Causalcuren zu den palliativen selten seine Zuflucht, wo es aber geschieht, so bahnen sie ihm ebenso oft den Weg zu glücklichen Radicalcuren oder dienen menschliches Elend wenigstens zu erleichtern, als sich Unkunde und Betrug ihrer bedienen, die Zufälle der Krankheiten, wenigstens die heftigsten und beschwerlichsten, verschwinden zu machen, unbekümmert, ob die Krankheit selbst dabei fortdauert, vielleicht durch die Anwendung jener Mittel eine wesentliche Verschlimmerung erleidet, oder auch wol zu einer unheilbaren wird, oder das Palliativmittel ein neues Übel erzeugt, wie dies und Ähnliches im Kreise ärztlicher Beobachtung leider nur zu gewöhnliche Erscheinungen sind. (*C. L. Klose.*)

PALLICODE, eine ostindische Stadt in Mysore, liegt eilf englische Meilen von Darempoury entfernt an dem Ende eines Engpasses, Namens Paß von Pallicode oder Dodeaburgum, durch welchen die mysorischen Heere gewöhnlich in die Nabobschaft Karnatik einfielen. (*Fischer.*)

PALLIGORAM, Stadt in Hindostan, in Golkonda. (*H.*)

PALLIJOW, hindustanische Stadt in Bahar. (*H.*)

PALLIKAREN. Mit diesem Namen werden im neuen Griechenland vorzugsweise die freien Bergbewohner, die sogenannten Klephten, welche sich der türkischen Regierung nie unterworfen, sowie nach Ausbruch der Revolution im J. 1821 und nach Einführung einer bestimmten Ordnung, die undisciplinirten Krieger unter ihren Kapitanis (im Gegensatze zu den regelmäßigen Truppen, den *ταχτικοί*) bezeichnet. Sie müssen, bei dem echtnationalen, fast reingriechischen Elemente in welchem sie wurzeln, als eine besondere Classe des neugriechischen Volks, und zwar als eine Art militairischer Kaste mit originalen und kräftigen, wenn auch rauhen Eigenthümlichkeiten um so mehr betrachtet werden, als ohne sie die Revolution vom J. 1821 wol nicht entstehen, gewiß aber, wenigstens auf dem festen Lande, nicht, so wie geschehen, hätte durchgeführt werden können. Als eine solche Kaste zum Theil ganz entsprechend dem Charakter des Landes und der geschichtlichen Entwickelung seiner Zustände, haben sie sich den bisherigen Gewalthabern in Griechenland gegenüber zwar geltend, aber nichtsdestoweniger ihnen auch nützlich gemacht; und sie müssen daher auch, als Bewahrer reingriechischer Nationalität, um so sorgfältiger gepflegt und um so wohlwollender behandelt werden. Wie Griechenland in manchen Beziehungen mit Tyrol, und namentlich mit Schottland, Ähnlichkeit hat, so gleichen die Pallikaren Griechenlands in vielen Stücken den tyroler Schützen und den Bergschotten. — Nach der Erklärung des Griechen Korais hängt übrigens das Wort: *παλληκάριον* mit dem altgriechischen *πάλλω* zusammen, wovon ebenso *παλλάς*, als *πάλλαξ*, *πάλληξ* herzuleiten, sodaß darnach *παλληκάριον* als das Deminutivum von diesem Letztern erscheint. Ursprünglich bedeutet dasselbe einen Jüngling in dem kräftigsten Alter körperlicher Entwickelung und Energie, und ist dann ganz das französische brave, wie denn auch der Franzose Boutier in seinen Mémoires sur la guerre actuelle des Grecs (1823) von dem Worte *παλληκάριον* sagt: ce nom, que l'on donne aux soldats d'élite, emporte avec lui l'idée de bravoure, d'ardeur, d'agilité. Der vorzugsweise Gebrauch dieses Ausdrucks von den kriegerischen Bergbewohnern Griechenlands erklärt sich hiernach von selbst. (*Kind.*)

Pallinges, s. Palinges.

Palliobranchiata, s. Brachiopoda.

PALLIOT (Pierre), geb. zu Paris 1608, ließ sich in Dijon nieder, wo er die Tochter eines Druckherrn heirathete, nach dessen Tode er die Officin übernahm. Seit den frühesten Jahren mit Diplomatik und Heraldik beschäftigt, wußte er sich allmälig eine bedeutende Sammlung von Handschriften zu verschaffen und legte sich ganz besonders auf die Erforschung der Alterthümer seines zweiten Vaterlands, Bourgogne, und erwarb sich genaue Bekanntschaft mit der Geschichte der adligen Familien dieser Provinz. Die Talente, die er hier entwickelte, erwarben ihm den Titel eines königl. Historiographen und eines Genealogisten der Stände von Bourgogne. Seine Werkstätte wurde fleißig von allen Literaten Dijons besucht, für die er ein lebendiges und zuverlässiges Orakel war. Man hat von ihm 1) eine Geschichte des Parlements von Dijon unter dem Titel: Le parlement de Bourgogne, son origine, son établissement et ses progrès etc. (Dijon 1649. 2 Voll. Fol.), später fortgeführt bis auf 1733 durch François Petitot. 2) Fondation, construction et règlement des hôpitaux du Saint-Esprit et de Notre-Dame de la Charité en la ville de Dijon (ebend. 1649. 4.). 3) Dessin et idée historique et généalogique de la Duché de Bourgogne (1654. 4.). 4) Eine von den Heraldikern sehr geschätzte Schrift, La vraie et parfaite science des armoiries ou Indice armorial (ebend. 1660 oder 1664. Fol.). Das Werk hatte Palliot's Vetter, Louvan Gebot,

ll aus Betrübniß über den Verlust seines einzi-
hnes starb, verfaßt, Palliot aber es mit einer gro-
zahl Bemerkungen und mit mehr als 6000 Wap-
eichert. 5) L'Histoire généalogique des com-
Chamilly (ebend. 1671. Fol.). Außerdem hat
ndschriftlich von ihm mehre Genealogien. Er starb
m Alter den 5. April 1698. (Nach Weiß in der
univers.) (*H.*)
lliot, s. Palle.

ALLISADEN gehören als Annäherungshindernisse
Verstärkungsmitteln der Befestigungen und beste-
sechs bis acht Zoll dicken und acht bis eilf Fuß
entweder ganz dicht neben oder zwei bis höch-
rei Zoll aus einander gestellten, oben zugespitzten
wöhnlich dreikantigen Pfählen, welche drei Fuß in
de eingestampft und auf der inwendigen Seite,
ben in der Brusthöhe, theils um sie noch fester
enzuhalten, wenn man Zeit dazu hat, auch un-
Fuße durch angenagelte Latten verbunden werden.
nmen sowol bei permanenten Festungswer-
s auch bei Feldbefestigungen in Anwendung.
stern: Auf dem Austritte des bedeckten Weges acht
ng, fünf Fuß über der Erde, neun Zoll über den
des Glacis hervor und drei Fuß davon abstehend;
n den Umgängen der Traversen zehn bis eilf Fuß
eben bis acht Fuß über der Erde; dann an dem
Theile des innern Grabenrandes vor den Reduits
aus- und eingehenden Winkeln des bedeckten We-
er vor denen in den Außenwerken, wo sie nach
Sturmpfähle *) keine gerade, sondern eine auswärts
Richtung erhalten, und auch zur Schließung der
in den vorliegenden Fleschen oder Lünetten, wo
n Pallisadirungen zu ihrer eigenen Bestreichung
rspringende, als Tambours eingerichtete Theile gibt,
Tambours überhaupt, wo sie nur anzubringen
gen. Zu den beiden letztern Zwecken werden die
en auch bei Feldbefestigungen verwendet; man
afür immer die stärkste und längste Gattung, in-
hier auf eine größere Widerstandsfähigkeit als an-
ankommt, und legt auch oft, um die Annäherung
weren, Verpfählungen davor an. Bei den Kehl-
rungen bringt man ferner gern eine Vertheidigung
chütz, und diese besonders dann an, wenn sie dem
en nicht ausgesetzt sind. Zu dem Ende schneidet
an den geeigneten Stellen in der Kniehöhe ab,
Spitzen auf eine Art Verstrumpfung und schließt
nung durch eine Blendlade. Will man Pallisadi-
zur Vertheidigung mit Infanterie einrichten, wozu
ntweder die Zwischenräume und die an die Palli-
ngenagelten obern Latten, oder bei dicht neben
stehenden einzuschneidende Schießscharten dienen,
man zu mehrer Ordnung unmittelbar hinter dem
Theile der Spalten oder unter den Schießscharten
noch eine kürzere und nur brusthohe Pallisadenreihe (fr. palissades à la Turque) ein. Dies geschieht namentlich bei Belagerungen auf der angegriffenen Fronte des bedeckten Weges.

Bei Feldbefestigungen werden Pallisadirungen besonders auch in den Vorgräben angewendet und in den Hauptgräben entweder am Fuße der Contreescarpe, um das Hinabsteigen zu erschweren, oder am Fuße der Escarpe, als Hinderniß gegen die Ersteigung des Walles, wo sie dann gewöhnlich zur Kleingewehrvertheidigung eingerichtet werden. Auch legt man Pallisadirungen zum Schutze von Truppen auf Höhen an, die der Feind nicht mit Geschütz treffen kann.

Sollen sie schnell hergestellt werden, so bedient man sich dazu oft nur gehörig abgedsteter oder nur auf der inwendigen Seite abgekanteter Baumstämme. Von dreikantigen Pallisaden können zwei Zimmerleute mit einem Gehilfen täglich gegen 40 Pallisaden von weichem und gegen 60 von hartem Holze verfertigen und ebenso viele Leute 50 bis 60 einsetzen und mit Latten benageln. Die Zahl der erfoderlichen Pallisaden für eine damit zu besetzende Linie berechnet sich leicht nach der Breite derselben und nach der Entfernung, in der sie von einander gestellt werden. (*Heymann.*)

PALLISADENHOLZ. Das Holz zu den Pallisaden, welche gewöhnlich sechs bis acht Fuß lang und sieben bis zehn Zoll dick sind, wird am zweckmäßigsten aus 50 bis 70jährigen geschlossenen Nadelholzbeständen gegeben, welche sich mehr zum Brenn- als zum Bauholze eignen; auch kann man dazu das Durchforstungsholz aus 80 bis 100 und 120jährigen Beständen sehr gut gebrauchen; dauerhafter, nur zu kostbar, ist Eichen- und Ulmenholz; ganz vortrefflich ist das Holz der Aspe, populus tremula, wenn man es vorher gehörig austrocknen läßt; denn dieses Holz splittert nicht, ist ungemein zähe, auch der Fäulniß weniger ausgesetzt als junges Nadelholz. (*Pfeil.*)

PALLISER. 1) Vorgebirge an der Südküste von Eaheinomauwe, der nördlichen der größern Inseln, aus welchen Neuseeland besteht, liegt unter 41° 38′ südl. Br. und 175° 23′ 12″ östl. L., und ist die nordöstl. Spitze der Cooksstraße. 2) Pallisers Islands, eine Inselgruppe im südlichen Theile des stillen Meeres, welche durch Korallenriffe verbunden und schwer zugänglich ist. Die größte dieser Inseln, welche Kokosbäume tragen und von Australindiern bewohnt werden, ist gegen 15 engl. Meilen lang und neun Meilen breit. Cook entdeckte diese Inseln, welche unter 15 bis 16° südl. Br. und 146 bis 147° westl. L. nach dem Meridian von Greenwich liegen. (*Fischer.*)

PALLIUM ist bei den Römern theils im weitern Sinne Bezeichnung jeglichen Gewandes überhaupt [1]), auch der über Bett und Sopha gelegten Decken [2]), theils

---

*) Sturmpfähle sind im Wesentlichen von den Pallisaden
erschieden; nur sind sie von schwächerm Holze und gewöhn-
5 Fuß lang; man bringt sie immer nur an Dossirungen
stellt sie schräg oder parallel, nie senkrecht gegen den Ho-

1) So öfter bei Martial z. B. III, 63. VIII, 59 u. ö. Bei *Ovid.* Am. III, 2, 25. — A. Am. I, 153 u. ö. römisches Frauengewand. 2) *Prop.* IV. 3, 31. *Ovid.* Am. I, 2, 27. Heroid. XXI, 169. *Suet.* Ner. 48.

im engern Sinne Bezeichnung des langen, weiten, griechischen Gewandes, der *στολὴ Ἑλληνική*, im Gegensatze gegen die toga oder das römische Gewand, wie soccus und crepida griechische Fußbedeckung im Gegensatze gegen römische bezeichnet (vergl. *Cic.* Rabir. post 10. *Liv.* XXIX, 19. *Sueton.* Tiber. 13. redegitque se deposito patrio habitu ad pallium et crepidas); daher hießen die, welche griechische Kleidung trugen, palliati, im Gegensatze gegen die togati, welche römische trugen, und fabulae palliatae hießen die Schauspiele mit griechischer Kleidung und Sitte, während togata das Stück hieß, in welchem römisches Costüm und römische Sitte herrschte (*Varro* ap. *Diomed.* III, 487. *Donat.* fragm. de Com. et Tragoed. vor seinem Commentar zum Terenz); daher der bildliche Ausdruck pallium togae subjicere, d. h. die Griechen den Römern unterordnen; daher öfter Graecus oder Graeculus palliatus, Pythagoras palliatus. In älterer Zeit wurde es bei einem Römer für unanständig gehalten, im Pallium zu erscheinen, wie aus *Cic.* Verr. II, 5, 13 und den andern angeführten Stellen des Cicero und Livius hervorgeht; August jedoch verschenkte auf seiner letzten Seereise unter andern kleinern Gaben auch Togen und Pallien, mit der Bestimmung, daß die Römer sich griechischer, die Griechen römischer Kleidung und Sprache bedienen sollten (*Suet.* Aug. 98); die spätern Kaiser aber erschienen selbst im Pallium. Es bezeichnet aber pallium das griech. Oberkleid überhaupt (*ἱμάτιον*), sowol das männliche als das weibliche; und da wir von diesem dreierlei Species unterscheiden, die kürzern Chläna und Chlamys und den längern Tribon, so bezeichnen die Römer mit ihrem pallium noch specieller die Chlamys und ganz besonders häufig den Tribon, namentlich den groben Philosophenmantel, der mit dem struppigen Zottelbart und dem Stocke das Philosophen-Costüm bildete (*Gell.* IX, 2. Video, inquit, barbam et pallium, philosophum nondum video. *Apul.* Met. 11. *Id.* Flor. n. 7. Pallio tenus philosophos imitari [5]). (*H.*)

PALLIUM (in kirchlicher Bedeutung), ein Stück des priesterlichen Ornats, das nach dem Gebrauche der römisch-katholischen Kirche nur der höhern Hierarchie, vom Metropoliten aufwärts, zukommt.

Geschichte des Palliums. Die ersten Spuren desselben finden wir in der orientalisch-griechischen Kirche. Dort trugen im 4. Jahrh. die Bischöfe höhern und niedern Ranges das *Ὠμοφόριον*, ein auf der Schulter ruhendes, wollenes [1]) Gewand. Die Bischöfe erhielten dasselbe von ihrem Metropoliten, diese von ihren Patriarchen bei den Inthronisationen, die letztern legten es sich selbst an. Bei der Entlassung oder förmlichen Entsetzung vom bischöflichen Amte galt die Abnahme des *Ὠμοφόριον* als Zeichen der Remotion (s. unten).

In der zweiten Hälfte des 5. Jahrh. kommt diese Auszeichnung auch im Abendlande, besonders in der röm. Kirche zum Vorschein. Hier erhielt sie den Namen pallium. Die römischen Bischöfe ergriffen auch diese Gelegenheit, ihre kirchliche Oberhoheit über das Abendland auszudehnen und zu befestigen. Sie sendeten nämlich angesehenen Kirchenfürsten der occidentalischen Kirchenprovinzen das Pallium. Anfangs galt es ohne Zweifel nur als Ehrengeschenk und collegialische Aufmerksamkeit, die man von dem Bischof der alten Weltstadt gern annahm; bald indessen trat die Eitelkeit einzelner Bischöfe, die Eifersucht auf solche Auszeichnungen, die einem Collegen zu Theil wurden rc., hinzu; man suchte das Pallium in Rom nach. Die römische Klugheit und Gewandtheit verfehlte nicht, hiervon Gebrauch zu machen und sofort mit Hilfe der Observanz eine Prärogative, die den Inhabern des römischen Stuhls, als solchen, zukomme, zu formiren. Diesen Gesichtspunkt hat schon Papst Symmachus (gest. 514) [2]). Er bewilligte das Pallium dem Metropoliten von Laureacum in Pannonien. Dieser hatte es in Rom nachgesucht. Der Papst lobte ihn deshalb, knüpfte Ermahnungen an die Ertheilung, bezeichnete das Pallium als Sinnbild der Unanimitas mit Rom rc. Auch im Verlaufe dieses Jahrhunderts, besonders unter Papst Vigilius, kommen Verleihungen des Palliums vor, am häufigsten bei Gregor I. Er sendet es an Bischöfe und Erzbischöfe in seiner eigenen Diöcese (in den suburbanischen Provinzen, an den Metropoliten von Korinth, Prima Justinianea rc.), sondern auch hinüber nach Britannien (an Augustinus, Metropoliten von Canterbury), nach Gallien (Arles, Autun rc.). Ihm ist das Pallium ein Insigne humilitatis, justitiae ceterarumque virtutum. Diese Verleihungen dauerten fort unter seinen Nachfolgern Johann V., Gregor II. (an den Bischof von Freysing) u. A. Als noch die Abhängigkeit Roms von den griechischen Kaisern bestand, bedurfte es bei Ertheilung der kaiserlichen Einwilligung, jedoch, wie es scheint, mehr aus politischen Rücksichten, wenn nämlich das Land, wohin das Pallium ging, mit der kaiserl. Regierung in gespannten oder offenbar feindlichen Beziehungen stand.

---

5) Man vergl. noch die Schrift Tertullian's de pallio mit den Noten von Salmasius und *Ferrarius*, De re vest. II, 4.

1) *Isidorus Pelus.* Epp. L. I. ep. 136: „Das Omophorium des Bischofs, aus Wolle, nicht von Linnen, gefertigt, weiset zurück auf jenes verirrte Schaf, das der Herr suchte, und als er es gefunden, auf seinen Schultern zurückbrachte. Der Bischof, als Stellvertreter Christi, gibt aber durch dieses Gewand zu erkennen, daß er dem Vorbilde des guten und großen Hirten, welcher die Schwächen der Heerde mit Nachsicht tragen wollte, nachstrebe."

2) Symmachi P., ep. ad Theodorum Arch. Laureacensem (*Mansi* Conc. Coll. T. VIII, 228): *Diebus vitae tuae* pallii usum, quem ad sacerdotalis officii *decorem* et ad ostendendam unanimitatem, quam cum b. Apostolo universum gregem dominicarum ovium, quae ei commissae sunt, habere dubium non est, ab apostolica sede, *sicut decuit, poposcisti*, quod utpote ab eisdem apostolis fundatae ecclesiae *majorum more* libenter *indulsimus* ad *ostendendum* se magistrum et *archiepiscopum*, tuamque sanctam Laureacensem ecclesiam provinciae pannoniorum sedem fore metropolitanam. Idcirco pallio, quod ex apostolica *caritate* tibi destinamus, quo uti debeas *secundum morem ecclesiae tuae* solerter admoneam, pariterque volumus, ut intelligas, quia ipse vestitus, quo ad missarum solemnia utaris, signum praetendit crucis, per quod scito se cum fratribus debere compati ac mundialibus illecebris in affectu crucifigi. Cfr. Liber diurnus pontiff. Rom. c. IV. Tit. 3.

Eine neue Periode in der Geschichte des Palliums int mit Winfrid (Bonifacius), dem Apostel und Hie- ıen der Teutschen. Er selbst wurde nach seiner Er- ıung zum Archiepiskopus und apostolischen Vicar mit Pallium vom Papste Gregor III. (732) beschenkt;) seinen Einfluß ging in die Beschlüsse der ersten chen Synode (743) über [5]), daß die Metropoliten Pallium in Rom nachzusuchen hätten. Gleichzeitig Bonifacius auch dem Papste Zacharias einen Wink, llte den Metropoliten von Rheims, Rouen und Sens ien senden. Der Papst wollte keinen Anstand neh- , dies zu thun, aber die Metropoliten von Sens Rheims wünschten das Pallium nicht; denn nachher : Bonifacius in seinem Berichte an den Papst nur Ein Pallium für den Bischof von Rouen. Dies be- higte den Papst einigermaßen, wie man aus seinem eiben sieht; denn er mochte wol den Grund errathen ı, weshalb die beiden andern Kirchenfürsten diese De- ion ablehnten. Auch in der Folge kamen in der gal- n Kirche noch mehre Beispiele vor, daß dortige Me- liten das römische Pallium gar nicht oder nicht als- nachsuchten.

Indessen schon vor dem Erscheinen des Pseudo-Isidor e es immer gewöhnlicher, das Pallium sich von Rom ubitten. Die römischen Bischöfe unterließen es auch , bei der Conferirung die Sache als etwas Noth- iges, die Metropolitengewalt Bedingendes darzustellen sich für die einzigen legitimen Dispensatoren zu er- n [4]). Der energische Nikolaus I., der Schrecken al- Metropoliten, knüpfte an die Ertheilung eine neue, itsame Bedingung. Wer es erhalten wollte, mußte r einen Gehorsam gegen alle päpstliche Verordnun- versprechen und dieses durch Eid und Revers bekräf- . Das erste Beispiel unter seiner Regierung kam Bremen vor. Als nämlich die beiden Stühle von burg und Bremen combinirt wurden, gab Nikolaus Erzbischof Anschar ein neues Pallium (864). In hierüber ausgefertigten Diplom heißt es: Porro te o uti nonnisi *more* (?) *sedis* concedimus aposto- ;, *scilicet* ut successores tui, per semetipsos vel legatos suos, et scriptum, fidem nobiscum te- , — atque *decreta omnium* sedis Romanae prae- m et *epistolas*, quae sibi delatae fuerint, *vene- liter observare* atque *perficere omnibus diebus* , *scripto* se et *juramento* profiteantur [5]). Gre- IV., der Anschar'n als Erzbischof von Hamburg) das Pallium gegeben, hatte an eine solche Condi- nicht gedacht.

Derselbe Nikolaus nahm es sich auch heraus, das sche Patriarchalverhältniß auf alle Metropoliten des Abendlandes zu übertragen. Er verlangte [6]) in seinen amtlichen Responsis an die bulgarische Kirche, daß der Erzbischof, bevor er das römische Pallium erhalte, nicht von seinem Stuhle Besitz nehmen und, mit Ausnahme der Messe, keine Pontificalhandlungen verrichten dürfe. Er schildert dies als anerkannte Praxis in den gallischen, teutschen und andern Kirchen.

Der in seinem Geiste regierende Hadrian II. ließ auf dem achten ökumenischen Concil in Constantinopel (869) die Metropolitanverhältnisse, wie sie sich in der Praxis des Occidents gebildet hatten, bestätigen [7]). Dadurch wurde mittelbar auch die Conferirung des Palliums in der Art, wie sie bis jetzt geschehen war, legitimirt. Die Metropoliten konnten es von nun an wol nicht mehr in Zweifel ziehen, daß der röm. Papst es sei, von dem sie es sämmtlich begehren und erhalten müßten, um dadurch in den Vollgenuß ihrer Gewalt zu kommen.

Weil aber dessenungeachtet an manchen Orten, besonders in der gallischen Kirche, die Erzbischöfe mit Einholung des Palliums sich eben nicht beeilten und ihre erzbischöflichen Rechte auch ohne dasselbe übten, erließ Johann VIII. an seinen Vicarius in Gallien eine Decretale, in welcher er ihn ermahnt, dergleichen nicht mehr zu gestatten; „er sollte seinem untergeordneten Clerus befehlen, das Pallium alsbald von Rom zu begehren rc.;" daß aber auch dies nicht viel gefruchtet habe, möchte hervorgehen aus einer die Sache verschärfenden Constitution, die dieser Papst (877) auf dem Concilium in Ravenna [8]) zu geben für gut fand, und die er schon im folgenden Jahre auf einer Synode zu Troyes [9]) erneuern ließ. Kann es num auffallen, daß trotz aller dieser Verordnungen und Beschlüsse noch in der nachisidorischen Periode mehrfache Renitenz gegen diese päpstliche Anmaßung ausging, so muß es noch mehr befremden, wenn Fulbert, Bischof von Chartres, im ersten Viertel des 11. Jahrh. einem seiner Collegen zu schreiben wagt: falls er zu rechter Zeit das Pallium begehrt habe in Rom und man es doch ohne Rechtsgrund verweigere, brauche er sich nicht weiter darum zu bekümmern [10]), sondern könne ungehindert sein Amt fortführen.

---

5) *Bonifacii* ep. ad Cudberthum (N. 73. ed. *W.*): decre- s — sancto Petro et Vicario ejus velle subjici — *metropo- s pallia ab illa sede quaerere* — und nachher metropolita- qui sit *pallio sublimatus* etc. 4) Schmeichler in der Pro- wie Theodulphus, Bischof von Orleans, sangen:

Solius illud opus Romani praesulis extat,
Cujus ego accepi Pallia sancta manu!

Harzheim, Conc. Germ. II. p. 172.

6) Niculai I. respons. ad consulta Bulgarorum. §. 73. (*Mansi* C. Coll. XV, 426.) 7) c. 17 (blos in den lateinischen von Anastasius Biblioth. übersetzten Acten vorhanden) sagt in Beziehung auf das Pallium nichts besonders Neues aus, ist aber für unsere Materie dadurch von Bedeutung, daß er die Unterthänigkeit der Metropoliten in so entschiedenem Tone ausspricht und legalisirt. Die römischen Bischöfe, obgleich sie diese Beschlüsse durch ihre Agenten hauptsächlich herbeigeführt hatten (wenigstens in diesem pseudoisidorischen Colorit), konnten sich auf dieselben berufen, ohne im Occident Argwohn zu erregen, auch fürderhin aus solchen hier festgesetzten Oberhoheitsrechten das Specielle der Conferirung des Palliums leicht deduciren. 8) Conc. Ravenn. c. 1. 9) C. Tricassinum. c. 3. Quisquis metropolitanus in tres menses consecrationis suae, ad fidem suam exponendam palliumque suscipiendum ab apostolica sede, nulla inevitabili necessitate imminente non miserit, *commissa sibi careat dignitate*, ita ut, tamdiu illi episcopalis sedes cedat, omnique consecrandi licentia careat, quamdiu in exponenda fide et in expetendo pallio, priscum morem contemserit. 10) Fulbertus, Ep. Carnotensis ad Archiep. Turonensem, ep. 47 (Bibl. pp. max. T. XVIII. p.

Gregor VII. bezeichnet auch in der Geschichte des Palliums eine neue Entwickelungsstufe. Er führte bald nach seinem Regierungsantritte das, was sein Vorgänger Johann VIII. nur gedroht hatte, wirklich aus. Der neue Erzbischof von Rouen weigerte sich nämlich, das Pallium von Rom zu fodern. Alsbald gab der Papst Befehl, der Erzbischof solle sich aller Ausübung der Pontificalrechte begeben, bis er das Pallium erhalten habe. Ferner verlangte Gregor, die Empfänger des Palliums sollten sich dasselbe persönlich holen. Weil der Bischof von Verona, (der überdies nicht direct unter ihm stand, sondern unter einem selbständigen Metropoliten) dies nicht that, verweigerte er ihm das Pallium. Von ihm rührte es ohne Zweifel her, daß der neue Unterthänigkeitseid (welcher den alten zu Bonifacius' Zeit üblichen weit überbot) von den neu zu bestallenden Erzbischöfen bei Empfang des Palliums, und um dasselbe zu erhalten, geschworen werden mußte. Ein Widerspruch hingegen wird zuerst unter seinem dritten Nachfolger laut von Seiten des polnisch-ungrischen Episkopates. Dieser weigerte sich, das Pallium unter solcher Bedingung anzunehmen. Der Papst suchte indessen die Bischöfe zu beschwichtigen, indem er ihnen das Beispiel der Sachsen und Dänen anführt, „welche willig in diese und ähnliche Foderungen der Curie sich fügen [11])." Eine noch bedeutsamere Protestation gegen dieses Ansinnen kam unter der folgenden päpstlichen Regierung von einem der ältesten und geachtetsten Stühle in der Nähe der Curie.

In Mailand war ein neuer Oberhirt gewählt worden [12]). Er schickte sich an zur Abreise nach Rom, um dem päpstlichen Statut gemäß, unter Leistung des Subjectionseides das Pallium daselbst entgegenzunehmen. Die Mailänder, von Alters her stolz auf den Glanz und die Würde ihrer Kirche, der einst ein Ambrosius vorgestanden, fanden ein solches persönliches Erscheinen unanständig — denn bisher war ihrem Erzbischofe das Pallium übersendet worden —, und noch mehr die Leistung des drückenden Eides. Sie suchten ihn daher von seinem Vorhaben abzubringen. Indessen Anselm unternahm die Reise doch, um den Papst nicht zu reizen. Er hatte in Rom mehre Conferenzen mit Honorius II. und dem Cardinalscollegium, in denen er die alten Ehrenrechte und Observanzen des mailändischen Stuhles „vivis et bonis rationibus" vertheidigte. Nachher erinnerte man ihn, sich das Pallium geben zu lassen. Er verlangte von seinen Begleitern Rath. Diese widerriethen, und einer bemerkte ihm sogar: „Er würde lieber sich die Nase bis an die Augen aufschlitzen lassen, als daß er ihm den Rath gäbe, das Pallium in Rom zu nehmen und der mailändischen Kirche diese Schmach zu bereiten." Anselm dankte daher für das ihm zugedachte Pallium und begab sich nach Mailand zurück. — In der Folge freilich schlug die Sache sehr nachtheilig um. Bei der Wahl Konrad's zum Kaiser traten die Mailänder auf die Seite Konrad's und agirten gegen Lothar und seinen Bundesgenossen, den Papst. Konrad kam nach Mailand, ließ sich von Anselm daselbst krönen ꝛc. (1128), worauf Honorius das Absetzungsurtheil über den Erzbischof aussprach. Bei dem sodann (1130) eintretenden päpstlichen Schisma nahmen die Mailänder und ihr Oberhirt Partei für Papst Anakletus II. Indessen Lothar und sein Papst Innocenz II. hatten eine Partei in Mailand, die in dem Grade zunahm, in welchem der Kaiser Lothar und Innocenz ihre Sache glücklich führten. Endlich konnte die Stadt nicht mehr widerstehen, und sie opferte ihren Erzbischof auf. Aber erst später, besonders bewogen durch die Bitten des angesehenen Bernhard von Clairvaux, gaben die Mailänder zu, daß der neue Erzbischof Robald in Pisa dem Papste den neuen Vasalleneid schwur [13]) (1136).

Wurde die päpstliche Politik auf der einen Seite durch glückliche Conjuncturen unterstützt, so sieht man wie sie von andern Orten her durch die Metropoliten selbst zu solchen Anmaßungen inducirt wurde. Anselm, Erzbischof von Canterbury, schrieb an Paschalis II., er möchte dem neuen Erzbischofe von York das Pallium nicht eher ertheilen, bis dieser sich ihm (Anselm) unterworfen hätte. Zugleich bittet er den Papst, dem Bischofe von London, der das Pallium auch sich ausbitten wolle, dieses gradezu abzuschlagen. Nach solchen Vorgängen konnte dem Innocenz III. [14]), ohne auf Widerspruch zu stoßen, den Satz hinstellen: Inter caetera *privilegia*, quae sibi sedes apostolica *reservavit*, unum est, et non minimum, quod patriarchae, primales et metropolitani pro recipiendo pallio, pontificalis videlicet officii plenitudine, ad eam, tanquam ad magistram et matrem, *debeant* habere recursum.

Bis jetzt sahen wir, daß die occidentalischen Kirchen von Rom, als dem Sitze des einzigen Patriarchen im Westen [15]), das Pallium zu empfangen gehalten waren und sich gehalten meinten. Die großen Heereszüge nach dem heil. Grabe im 12. Jahrh. gaben indessen den röm. Päpsten Veranlassung und Gelegenheit, auch in der orientalischen Kirche dieses Recht sich anzueignen.

Anfänglich empfingen die neuen von den Eroberern im Orient ernannten Bischöfe das Pallium (omophorion,

---

17) si pallium requisistis a Romano pontifice et ipse vobis illud sine causa legitima denegavit, *propter hoc non est opus dimittere ministerium vestrum*. At si vestra tarditate nondum est requisitum, cautela est expectare donec requiratur, ne vos ex improviso praesumtionis arguere possit.

11) Paschalis II. ep. ad Archiep. poloniae (bei *Mansi* XX. p. 984. Auch in den Decret. Gregor. I. T. VI. c. 4. Die dortige Überschrift: Panormitano Archiep. ist, nach dem in dem Briefe vorkommenden, in Colocensi Archiep. zu ändern). 12) *Landulphus jun.*. Hist. Mediol. c. 28 (bei *Muratori* scriptt. rer. Ital. T. V. p. 569.

13) *Landulphus* l. c. c. 43. Juravit papae et jurando libertatem ecclesiae mediolanensis in contrarium convertit. 14) Epp. L. II. ep. 174. Dieser Papst hatte auch, als er noch Archidiakon der römischen Kirche war (in seinem Liber de mysteriis missae I. c. 63), eine Symbolik der einzelnen Theile des Palliums gegeben. Dieselbe drückt ganz den hochfahrenden Sinn dieses Mannes und der Curie jener Zeit aus, und ist im übrigen, namentlich von ästhetischer Seite, unbedeutend. 15) Der Patriarch von Aquileja-Grado, früher von einiger Bedeutung im Abendland, hatte schon zu Gregor's VII. Zeit nichts mehr weiter als den Namen eines Patriarchen. Er erhielt das Pallium selbst von Rom und mußte daselbst Dispensation nachsuchen, wenn er sich desselben außer den kanonisch bestimmten Zeiten bedienen wollte.

rale) von den respect. griechisch-orientalischen Me-
liten und Patriarchen. Dieser Ordnung fügten sich
die weltlichen Herren gern, als plötzlich Bischof Wil-
von Tyrus, gegen alle bisherige Gewohnheit, statt
seinem Patriarchen, dem Bischofe von Jerusalem, sich
Pallium von Rom ausbat und selbst zum Empfange
abreiste. Papst Honorius ertheilte es ihm nicht
nit Vergnügen, er notificirte es sogar an seinen Pa-
hen in Jerusalem durch ein Schreiben. Als nach
Tode Wilhelm's der neue Bischof Fulcherius eben-
sich das Pallium von Rom ausbitten wollte, suchte
ver Patriarch zu verhindern. Innocenz II. conferirte
es ohne Weiteres und verwies noch dem Patriarchen
Jerusalem seinen Eingriff, da der Bischof von Ty-
s ja „more praedecessorum suarum" von der Cu-
ch ausgebeten habe. Doch dies war nur das Vor-
viel größerer Übergriffe. Zu dem Patriarchalstuhle
Antiochien wurde ein lateinischer Prälat, Rudolf,
sächlich nach dem Wunsche der Gemeinden, gewählt.
oriental. Kirchensitte gemäß nahm er bei seiner Wei-
selbst das Pallium vom Altar und legte es sich um.
erweile berichtete sein Archidiakon über diese Wahl,
welcher der Clerus der Patriarchalkirche und die übri-
Prälaten nicht zufrieden waren, an den Papst. In-
z II. citirte alsbald Rudolfen nach Rom. Dieser
ch durch die Ungunst der Zeitverhältnisse genöthigt,
lgen. Anfangs ließ ihn der Papst gar nicht vor.
man ihm endlich eine Audienz bewilligte, ließ er sich
zen, das antiochenische Pallium an die Curie abzu-
t und ein neues aus den Händen des Cardinaldia-
zu empfangen. Schon in der Mitte des 12. Jahrh.
i die Patriarchen des Orients so heruntergekommen,
ver Patriarch von Jerusalem durch einen seiner Bi-
sich dasselbe von Rom bei Hadrian IV. ausbitten

Doch den größten Triumph feierte die Curie unter
cenz III. Nachdem Constantinopel (1204) erobert
ließ er den neuerwählten lateinischen Patriarchen
Bischof weihen und gab ihm, unter den üblichen
ltionen und Bestimmungen über den Gebrauch, das
um. Zugleich verlieh er ihm das Recht, solches wie-
m seine Metropoliten zu geben, so jedoch, daß sie
der röm. Kirche Gehorsam geloben mußten. So-
var denn Alles erreicht, was die römischen Päpste
Gregor I. allezeit so sehnlich gewünscht, aber bis jetzt
als verwirklicht gesehen hatten, und Innocenz konnte
im Vollgefühle seiner Macht über den christlichen
reis, auf dem zwölften ökumenischen Concilium im Late-
[16]) decretiren lassen: **Patriarchas orientis pallium
omano pontifice, praestito fidelitatis et obedien-
jurejurando recipere, metropolitas suffraganeos
illud a patriarchis, praestita pro illis canonica
essione, et pro Romana ecclesia sponsione obe-
tia, accipere debere.** Obgleich nun später die Ver-
iße sich wieder ganz änderten, so hielt doch Rom
einmal erworbene Recht fest, und so werden denn

16) Conc. Rom. Lateran. (IV.) a. 1215. c. 5.

bis jetzt in Rom für alle vier orientalische Patriarchate lateinische Patriarchen geweiht und auch mit Pallien versehen.

Form, Stoff, Farbe rc. des Palliums. Die Ansichten älterer Archäologen, daß das erzbischöfliche Pallium ursprünglich ein den ganzen Körper umhüllender Prachttalar gewesen, von dem heutzutage nur noch ein Segment übrig sei, und welchen die Herrscher des Orients den Patriarchen, besonders dem römischen, geschenkt haben, sind ebenso unhistorisch und arbitrair, als die Angaben von dem Pallium des Evangelisten Marcus in Alexandria (welchem es der heil. Petrus conferirte), des Bischofs Linus von Rom rc. Erörtert sich die letztere von selbst, so ist die erstere mit mehr Schein von Petrus de Maria [17]), Garnier [18]), Thomassinus [19]) u. A. vorgetragen, von protestantischen Auctoren nachgeschrieben, von Pertsch aber (i. d. u. a. W.) gründlich widerlegt worden [20]). Sie hat ihren nächsten Grund wol immer in der lateinischen Bezeichnung dieses Ornats gehabt.

So viel man nun aus den Angaben der Griechen im 4. Jahrh. abnehmen kann (s. ob. N. 1), war das alte Omophorion äußerst einfach, von gewöhnlicher Schafwolle gewebt, und also ohne Zweifel weiß. Ob es mit Kreuzen durchwirkt war, wagen wir wenigstens nicht sicher zu behaupten, denn das im 4. Jahrh. bei Johannes Chrysostomus u. A. vorkommende *πολυσταύριον* ist nicht identisch mit dem Omophorion [21]). Das Polystaurion ist ein Gewand, ähnlich dem jetzigen katholischen **Superpelliceum, Roccetto** rc. und dem אפוד des Hohenpriesters; es war durch und durch mit Kreuzen gestickt, und das Omophorion wurde über demselben getragen. Daß das Omophorion in der griech. Kirche bis ins 8. Jahrh. hinein so blieb, sieht man aus der Geschichte der orientalischen Streitigkeiten; wenn die Patriarchen die Absetzung eines ihrer Collegen schildern oder officiell berichten, bemerken sie: dem Wolfe wurde das Schafsfell abgezogen; oder die mildere Formel: es ist ihm die *ποιμαντικὴ δορά* abgenommen worden. Noch Simeon, Erzbischof von Thessalonich [22]), beschreibt das griech. Omophorion als einen wollenen Streif, der sich um die Schultern kreisförmig herumziehe. Das Omophorion ist ihm ein Symbol der Menschwerdung Gottes und unserer Erlösung. „Dies Gewand," sagt er, „zeigt an, daß das Wort Fleisch geworden, von der Jungfrau geboren und die menschliche Natur angenommen habe, um unsertwillen. Deshalb aber wird es aus Wolle gewebt, weil es das irrende Schaf, d. h. unsere Natur, bezeichnet, und daß

17) De Concord. Sacerd. et Imper. L. VI. c. 6. 18) *Theodorus Ruinart.*, De pallio archiepiscopali. 19) *L. Thomassinus*, De vet. et nov. eccl. Disc. P. I. L. II. 20) Wir möchten die Gründe wissen, welche Eichhorn (K. Recht. 2. Th. S. 671) bewogen haben, die alte Meinung wieder aufzunehmen. Das einzige bezeugende Document ist die Donatio Constantini. Diese wird ja aber selbst von romanisirenden Kanonisten unserer Tage nicht für eine Quelle gehalten, aus der dieses Insigne des römischen Bischofs abgeleitet werden könnte. Freilich gibt es auch noch andere Gründe, welche es den Ultramontanen abrathen, das Pallium vom daher zu deriviren. 21) Wie ich früher falsch in meiner kirchlichen Archäologie §. 20. Anm. 2 angab. 22) gest. 1430.

das Lamm für uns in den Tod gegeben sei." Simeon gibt auch, zur Bestätigung der Richtigkeit seiner Deutung, die Worte an, mit denen dasselbe von dem Consecrator dem neuen Oberhirten umgelegt werde. Jener spricht betend: „Aufgenommen hast du, o Christus, auf deine Schultern die Natur, die geirrt hatte; zum Himmel aufgehoben hast du sie Gott, deinem Vater, dargebracht!"

Das Omophorion der heutigen griechisch-russischen Bischöfe, Metropoliten ꝛc. ist eine starke handbreite Binde, die sich um den Hals verschlungen windet und bis auf die Enden des bischöflichen Sakkos herabläuft. Früher war sie auch noch von Wolle, jetzt aber gewöhnlich von Seide oder noch reicherm Stoffe, mit Frangen, Quasten, Knöpfen ꝛc. Man sieht auf ihr drei griechische Kreuze, eins auf der linken, eins auf der rechten Brust, eins in der Mitte.

In der römischen Kirche erhielt das Pallium in verschiedenen Perioden verschiedene Formationen. Nach Beschreibungen und Abbildungen [23]) hatte das ältete römische Pallium die größte Ähnlichkeit mit dem griechischen der Gegenwart. Es reichte ebenfalls tief herunter bis gegen die Enden der Alba, hatte nur Einen Hauptstreif, in welchen die beiden um den Hals liegenden auf der Brust zusammenliefen; fünf bis sechs Kreuze zierten dasselbe, die in einer Entfernung von ungefähr sechs Zoll von einander abstanden. Einem abgekürzten, aber immer noch einstreifigen, Pallium begegnet man auf Abbildungen des 15. und 16. Jahrh. [24]). Der Streif reicht kaum bis auf die Mitte des Körpers und legt sich oben ganz rund um Hals und Brust. An den Pallien, die seit dem vorigen Jahrhundert und jetzt ertheilt werden, ist die letztgenannte Formation um Hals und Schulter beibehalten, sie enden aber spitz auf dem Rücken, und statt eines laufen zwei, jedoch nur sehr kurze, Streifen auf die rechte und linke Brust herunter. An dem Winkel der Rückenspitze des Palliums sieht man ein oder zwei Kreuze, in den Enden der Bruststreifen zwei oder vier [25]). In den Enden sind kleine, mit schwarzer Seide bedeckte, Bleigewichte eingenäht, damit die Streifen sich gut an den Körper anlegen. Die Farbe des Palliums ist die weiße, die der Kreuze wechselt. Gegenwärtig sind sie carmoisin, früher öfter schwarz [26]). Es wird mit drei goldenen Nadeln, die in die Kreuze eingestochen werden (ohne Zweifel eine Anspielung), an die bischöfliche Kleidung befestigt [27]). Der Stoff des Palliums ist in der röm. Kirche der alte einfache geblieben und wird dies mit einer ans Peinliche grenzenden Ängstlichkeit noch immer festgehalten. Einem eigenen Collegium von fünf Subdiakonen ist die Anfertigung (nicht des Palliums selbst, sondern) des dazu nöthigen Wollenstoffes anvertraut. Sie haben dafür zu sorgen, daß am Tage der heil. Agnes [28]), 21. Januar, zwei Lämmer (*agni* duo candidissimi) der schönsten Art und Farbe auf den Platz geschafft werden. Man ladet sie in zwei Körben auf ein Pferd und geleitet sie in feierlichem Zuge nach der Kirche San Agnese auf der Piazza Navona. Die Procession muß an dem Vatican vorübergehen. Wenn sie ankommt, tritt der Papst an das Fenster und weiht die Thiere durch seinen Segen. In San Agnese erfolgt nun eine feierliche Messe. Die an dieser Kirche stehenden Canonici bringen die Lämmer dar, wenn in der Messe das Agnus Dei beginnt. Sofort übergeben sie die geweihten Lämmer zwei Geistlichen von San Giovanni in Laterano, und diese wieder an einige Subdiakonen. Diese müssen die Lämmer zu bestimmter Zeit auf die in dem Kloster der Nonnen von San Agnese hierzu bestimmte Weide bringen, sie scheren und die Wolle den Nonnen zum Spinnen geben. Ein Theil der hier gewonnenen Wolle wird für die Pallien verwendet. Sind die Pallien gewebt, so werden sie nach der Peterskirche gebracht und von den hier angestellten Geistlichen auf den Hochaltar, über die Leichname der Apostelfürsten [29]), gelegt. Es erfolgt sodann an einem Seitenaltar die Benediction durch den Cardinalarchipresbyter, worauf sie noch eine Nacht auf dem Hauptaltar liegen und sofort von den Diakonen zur Aufbewahrung übernommen werden.

---

23) Vergl. die Beschreibung des römischen Diakonus Johannes, Biographen Gregor's I. (Ende des 9. Jahrh.), welche er von dem Pallium Gregor's aus eigener Anschauung desselben und nach Gemälden entwirft (Vita Gregorii. L. IV. c. 80. 84). *Rabanus Maurus*, EB. v. Mainz (um die Mitte des 9. Jahrh.) de. institut. Cleric. L. I. c. 23. Wichtig sind hier besonders die Abbildungen älterer römischer Päpste auf einer Absis Oratorii S. Nicolai zu Rom, die von Anastasius IV. (Mitte des 12. Jahrh.) verziert worden sein soll. Diese und andere sind mitgetheilt von Dan. Papebroche in einer Abhandlung de forma pallii (im Monat Mai der Acta sanctorum; wieder abgedruckt bei *Pertsch* p. 294 sq.

24) Z. B. des Carolo Borromeo, Erzbischofs von Mailand (bei *Nicol. de Bralion*, De Archiep. pallio; wieder abgebildet bei *Pertsch*, p. 15. 19).

25) *Pertsch* p. 20. Die neuere Form deutet schon der päpstliche Ceremonienmeister C. Marcel an, in seinem Liber ceremoniarum S. Rom. eccl. (Ven. 1582. 4.) p. 78. a.

26) Pallia tunc humeris crucibus candentia *nigris*
Imposuit Levita,
singt der Cardinal Jacobus, bei Beschreibung der Krönung Bonifacius' VIII.

27) Die älteren Archäologen (und nach ihnen einige neuere Nachzügler) entdeckten an dem Pallium eine Ähnlichkeit mit dem Ornat des jüdischen Hohenpriesters, besonders dem sogenannten Ephod. Wie verfehlt dies sei, gibt eine genauere Betrachtung des hohenpriesterlichen Schmuckes. Vergl. Winer, Realwörterbuch 2. Aufl. (u. d. W. Hoherpriester). Will man Analogien im Alterthum auffinden, so möchte man am ehesten an die consularischen Ehrenstreifen (fasciae) denken, deren Form dem Pallium, besonders dem griechischen und altrömischen, nahe kommt. (S. die Abbild. bei Papebroche und nach ihm bei *Pertsch* p. 306.) Die Bischöfe, Metropoliten und Patriarchen hätten dann, als die geistlichen Vorsteher einer Provinz, sich dieses Analogon der weltlichen Gewalt angelegt. Hierzu paßte denn auch die mehr äußerliche Art, in der man das Pallium gleich Anfangs in Rom auffaßte, weniger die Anschauung des Isidorus (s. o. Anm. 1).

28) Anspielung auf den Namen (!) und die Schicksale dieser Heiligen.

29) Daher wol der technische Ausdruck pallium de corpore B. Petri sumtum. Eine andere Ableitung, mit näherer Beziehung auf den Leib des h. Petrus, bei *J. Ciampini* (im 17. Jahrh.), De sacr. aedif. a Const. M. construct. c. 4. Die Ableitung und der ganze angegebene Proceß ist etwas künstlich. Auf jeden Fall muß der Gebrauch erst in der nachreformatorischen Periode entstanden sein, denn der genannte päpstliche Ceremonienmeister, ein Zeitgenosse Leo's X., kennt ihn noch nicht.

Die bisherige Entwickelungsgeschichte des Palliums hat uns gezeigt, wie das successive Wachsthum der päpstlichen Gewalt von Einfluß war auf die Art und Weise der Verleihung des Palliums, der Bedingungen, die man an dasselbe knüpfte ꝛc.; hinwiederum wie das Pallium selbst, da und sofern man an die Nothwendigkeit desselben glaubte, zu Befestigung und Vergrößerung jener Macht beitrug; beides bedingt sich gegenseitig und geht in der Geschichte des Papstthums fast immer parallel. Die weitere Betrachtung, besonders die der nächstfolgenden Materie, wird uns ein Barometer für die Decadence der Curialgewalt und ihres gegenwärtigen niedern Standes abgeben können.

Palliengelder. Je geringfügiger der Werth des Palliums, als Stoff, war, desto mehr muß man sich wundern, daß schon die Bischöfe Roms vor [30]) Gregor I. sich für dasselbe eine Taxe bezahlen ließen. Gregor fühlte das Unschickliche hiervon; er schaffte sie auf einem Concilio ab [31]). Auch seine Nachfolger Leo II. [32]), Zacharias u. A. hielten an dieser Weise fest. Als Zacharias vernahm, es sei für das Pallium etwas verlangt worden (vielleicht von seinen Umgebungen oder der Kanzlei), äußerte er sich höchst ungehalten darüber an Bonifacius. Indessen im Verlaufe des 9. Jahrh. wurde die Sitte eine andere. Man verlangte in Rom von den Metropoliten, denen es zu Theil wurde, nicht unansehnliche Summen. Der englisch-dänische König Canut beklagte sich hierüber bei seinem Aufenthalte in Rom im J. 1027. Johann XX. versprach, es sollte künftig nicht wieder vorkommen [33]). Aber die Praxis ward bald wieder schlechter; grade aus demselben Lande, von dem die ebengenannte Klage über Erpressung ausgegangen war, erhielt der Papst ein freiwilliges Geschenk (munusculum), als er dem Anselm von Canterbury (1093) das Pallium conferirte. In den folgenden Zeiten der Verweltlichung und Verwilderung der Curie wurde aus directen und indirecten Geschenken allmälig eine Curialtaxe (die sogenannten Palliengelder). Diese wurde bestimmt je nach der mindern oder größern Wohlhabenheit der Kirche oder des Empfängers. Wie bedeutend die Taxen für Teutschland besonders gewesen sein müssen, sieht man aus den Klagen auf dem baseler Concil. Dieses beschloß, die Camera sollte künftig nichts mehr für das Pallium zu fodern befugt sein [34]). Die Praxis blieb aber dieselbe, und unter dem Schutze des aschaffenburger (wiener) Concordats [35]) verlangte man die alten Preise. Dies erhellt aus den Beschwerden der teutschen Nation, welche von ihren Repräsentanten zu den verschiedensten Zeiten geführt wurden [36]). Einer der auffallendsten Fälle ereignete sich in dem Kurerzbisthume Mainz. „Dort," (heißt es in den Gravaminibus, die unter Maximilian I. vorkamen,) „wurden vor Alters bei der Stuhlbesetzung 10,000 Gulden nach Rom bezahlt. Als einer der Neuerwählten dies zu entrichten sich weigerte und bis zu seinem Ableben hierin beharrte, zeigte sich der neue Nachfolger willfährig, jene Summe zu erlegen. Aber man verweigerte ihm die Bestallung und das Pallium, bis er auch die rückständigen 10,000 Gulden gab. „Propter nova officia et novos *familiares*" erhöhte später der Papst die bisherige Summe für den neuen Erzbischof auf 20,000, später sogar auf 25,000 und 27,000 Gulden. Dieses letztere bezahlte der Erzbischof Jacob baar nach Rom. Jacob regierte nur vier Jahre, und der neue Erzbischof Uriel mußte 25,000 entrichten. Kurmainz zahlte nach einer hier präsentirten Berechnung in der Zeit eines Menschenalters gegen 200,000 Gulden, eine für diese Zeit ungeheuere Summe. — Da die Erzbischöfe diese Gelder nicht aus ihren Chatullen erschwingen konnten, so mußten sie auf verschiedene Mittel denken, dergleichen zu decken. Man machte Umlagen auf die Unterthanen [37]), erpreßte Geld von den Suffraganbischöfen und gebrauchte noch unwürdigere Mittel. Auch hier muß wieder Mainz in Erinnerung gebracht werden. Der Kurfürst Erzbischof Albrecht sollte bei seiner Thronbesteigung an die päpstliche Schatzkammer 30,000 bezahlen. Die Fugger zu Augsburg streckten ihm die Summe vor und übermachten sie nach Rom. Um es aber wieder den Gläubigern restituiren zu können, mußte Albrecht seine Zuflucht zu dem heillosen Ablaßwesen nehmen [38]), welches denn bekanntlich eine der äußern Veranlassungen zu Luther's Schritten gegen die Zeitmisbräuche geworden ist [39]). Neben diesen allgemeinen Aversalsummen und Ta-

30) Prius nisi dato commodo non dabatur, sagt Gregor I. 31) Districta interdictione. (Decr. Grat. Dist. C. can. 2. pal.) 32) Platina, der päpstliche Biograph (im 15. Jahrh.), setzt bei der Nachricht hierüber bei: utinam hodie observaretur! 33) Canuti regis ep. ad Anglorum proceres. (*Mansi* c. c. XIX, 499.) Conquestus sum iterum coram domino papa et mihi valde displicere dixi, quod mei archiepiscopi in tantum angariabantur immensitate pecuniarum, quae ab eis expetebantur, dum pro pallio accipiendo secundum morem apostolicam sedem expeterent. 34) Conc. oecum. Basil. Sess. XXI. de annatis: statuit haec s. Synodus, quod pro pallio *nihil* penitus ante vel post exigatur. 35) Doch räumte dieses dem Staate das Recht ein, auf eine angemessene Ermäßigung der Pallientaxe zu bringen.

36) Gravamina Germ. Nat. von 1510. Vergl. die Grav. zu Nürnberg von 1523. (*Goldast*, Constit. imper. T. II. 37) Coactus est (Archiepiscop. Moguntinus) imponere subsidium aut *exactionem* in suos populos et pauperes agricolas, quorum aliqui *nondum* satisfecerunt tributo. 38) Luther: „Da kame herfür, daß Bischoff Albrecht diesen Tezel gedinget hatte, weil er ein großer Clamant war. Denn das pallium gestehet, wie man saget, 26, andere aber 30,000 Gülden. So theuer kann der Allerheiligste Flachsfaden verkauffen, der sonst kaum sechs Pfennig werth ist. Da erfand nun der Bischoff dieß Fündlein und gedachte das Pallium denen Fakkeren zu bezahlen mit des gemeinen Mannes Beutel und schickte diesen großen Beuteldrescher in alle Länder, der drasch auch weidlich ꝛc." Vergl. auch *Paul Langius*, Monachus, in Chron. Ziticens. ad a. 1523 (bei *Pertsch*. p. 242). 39) So stellt es Luther selbst dar (wie das Papstthum zu Rom vom Teufel gestiftet, verf. 1545. Werke Walch. Ausg. B. XVII. S. 1412). „Man kann wol Bischof sein zu Rom und in aller Welt, ob man nicht das Pallium verkaufe oder Annaten stehle und andere Schinderreien treibe, Könige mit Füßen trete und Füße küssen lasse. Und weil ich's Pallium gedenke, muß ich die Historie sagen, was es hat gewirkt. Dieser Hader, der sich zwischen mir und dem Papste hat erhoben, hub sich über dem Pallio an. Pallium ist ein hänfen oder flächsen Faden, gestrickt und gewirkt als ein Kreuz, daß man hinten und fornen über die Casel werfen kann, ist etwa dreier Finger breit, soll alles und alles bei sechs oder sieben Löwenpfennig oder eines Schwertgroschens werth sein; so köstlich Ding ists. Sol-

zen deutet der päpstliche Ceremonienmeister Marcel noch Sporteln an, welche der Empfänger des Palliums an den Cardinaldiakon[40]) und dessen Kämmerer, sowie eine Art von Trinkgeld, die er an das niedere, dabei dienstthuende, Kirchenpersonal zu entrichten habe[41]).

Auch noch zu unserer Zeit wird das Pallium conferirt und darf von den Metropoliten angenommen werden; von einer Bezahlung aber wissen wenigstens die teutschen Concordate (nach der Restauration des Papstes) nichts. Zu freiwilligen Gaben möchten unsere teutschen Erzbischöfe auch nicht eben geneigt sein, ihre Tische müßten denn so reichlich dotirt sein, wie die des Erzbisthums Ollmütz und Gran[42]).

So steht denn die Sache, wenigstens in Teutschland, jetzt ungefähr wieder auf dem Punkte, wie zur Zeit des Symmachus. Das Pallium ist ein Ehrengeschenk des römischen Papstes, das man sich gefallen läßt, das aber nicht viel mehr Werth und Geltung hat, als ein Orden von einem weltlichen Herrn, ja von letzterm an wahrem Werthe übertroffen wird. Der große Unterschied aber zwischen dem 19. und 5. Jahrh. ist der, daß Niemand mehr an die Nothwendigkeit des Palliums glaubt, wenigstens nicht aufrichtig. Eine Verweigerung desselben, besonders in der Weise der mittelalterlichen Päpste, würde auf die Bischöfe und das katholische Volk wenig, auf die Staatsregierungen gar keinen Eindruck machen.

Ertheilung und Gebrauch des Palliums. Da das Pallium durchaus etwas Persönliches ist und nicht auf den Nachfolger sich vererbt[43]) (daher es auch dem Erzbischof mit ins Grab gegeben wird), so hat jeder neugewählte Erzbischof (nach neuerer Praxis) in dem Zeitraume von drei Monaten von der erhaltenen Confirmation an, sich das Pallium von Rom aus „instanter, instantius et instantissime“ zu erbitten, brieflich oder durch einen Abgeordneten. Das persönliche Abholen durch den Metropoliten selbst, was Gregor VII. zum Statut machte und einige Zeit durchsetzte, hat die Curie längst nachgelassen. Ist nun die Sache im Consistorio vorgekommen, hat das Collegium die Collation beschlossen, so geschieht sie an den persönlich gegenwärtigen oder dessen Mandatar auf folgende Weise: Der Vorsteher des Collegiums der Cardinaldiakonen beraumt einen Tag an und eine Kirche, in welcher der Empfangende zu erscheinen hat. Gewöhnlich geschieht dies in der Hauskapelle des Cardinals, zuweilen in St. Peter. Ein Subdiakon bringt das Pallium und breitet es aus auf der Mitte des Hochaltars. Der Empfänger kniet indessen nieder an den Stufen des Altars, während sich der Cardinal auf die Evangelienseite gestellt hat und dort die Bitte, mit folgenden herkömmlichen Worten vernimmt: Ego N. *electus* ecclesiae N. instanter, instantius, instantissime peto mihi tradi et assignari pallium de corpore b. Petri sumtum, in quo est plenitudo pontificalis officii. Hierauf nimmt ein Diakon das Pallium vom Altar, hängt es dem Empfänger, wenn er zugleich auch Inhaber des Palliums ist, um, mit den Worten: Ad honorem omnipotentis Dei et b. Mariae semper virginis atque beatorum Apostolorum Petri et Pauli, nec non Ecclesiae N. tibi commissae, tradimus tibi pallium, de corpore b. Petri sumtum, in quo est plenitudo pontificalis officii cum Patriarchalis vel Archiepiscopalis nominis appellatione, ut utaris eo infra ecclesiam tuam certis diebus, qui exprimuntur in privilegiis ab Apostolica sede concessis, in nomine etc. Ist das Pallium an seinen Körper angepaßt, so wird er zum Friedenskusse zugelassen. Zum Schluß werden noch die Zeugen dieses Actes vernommen und ein Protokoll darüber ausgefertigt. Empfängt ein Geschäftsträger im Namen des Erzbischofs den Ornat, so ist das Ceremoniel ungefähr dasselbe, nur bei der Bittformel spricht der Mandatar noch: Et promitto pallium reverenter portare eidem Rev. patri Domino N., nec pernoctabo indigno loco, nisi una nocte tantum, praepeditus fuero legitime et tunc in cathedrali ipsius — remittam et honorifice reponam. Sic me Deus adjuvet et haec S. Dei Evangelia. In der Collationsformel ist eine bedeutende Variante. Hin und wieder

---

ches segnet der Papst und lüget dazu, daß es über den Körpern St. Petri und Pauli geweihet sei; denn sie haben weder St. Petri noch St. Pauli Körper, darnach verkauft er's den Bischöffen, einem höher denn dem andern, darnach die Bisthümer groß und reich sind. Vorzeiten gabens die Päpste umsonst, ließen ihnen genügen, daß sie damit die Gewalt über andere Bischöfe kriegten. Hernach haben sie Eidespflicht und Geld darauf gelegt, als die verzweifelten Buben. Nun sagt man, das Pallium zu Menz koste 26,000 Gulden. Etliche meinen, man bringe es nicht unter 30,000 von Rom. Solch Pallium konnte der Bischoff nicht bezahlen. Da ließ er mit dem Ablaß etliche ausgehen, der Leute Geld zu erheben, das nicht sein war; die machtens so grob, daß ich dawider mußte predigen und schreiben. Also hat sich das Spiel gehaben über einen hänfen Faden. Und weiß noch niemand des Spiels Ende. Möchte kommen, der Papst sollte wol an selbem Faden erwürgen und ersticken; dazu helfe mein lieber Herr Jesus Christus, unser aller Heiland, gelobet in Ewigkeit, Amen. Ja sage ich, man kann wol Bischoff sein, ohne das Pallium, und ist nicht noth, daß man den Erzkirchendieb, Stifträuber, Klosterfresser, Seelmörder zu Rom, so groß Geld lasse zusehends rauben und dafür uns seinen Teufelsdreck und Stank, eitel Lügen, Gotteslästerung, Abgötterei und ewiges Verdammniß zum Lohn geben. Wir Deutschen wollen solch Geld wol sonst anlegen, daß uns der Papst nicht dürfe so schändlich stehlen. Vergl. die Schrift: Vom Papstthum zu Rom, wider den hochberühmten Romanisten zu Leipzig. Menz hat bei Menschengedenken fast acht Bischoffsmäntel aus Rom gekauft, der ein jeglicher bei 30,000 Gulden gestehet. Ich schweige die andern unzähligen Bisthümer, Prälaturen und Lehen. Also soll man uns deutschen Narren die Nasen schneuzen und darnach sagen, es sei göttlich Ordnung, keinen Bischoff ohne röm. Gewalt zu haben. Mich wundert daß Teutschland noch einen Pfennig hat, von den unaussprechlichen, unzähligen untreulichen römischen Dieben, Buben und Räubern.“ (Werke. B. XVIII. S. 1201 fg.

40) Liber cerem. (p. 79. b): Solent qui pallium accipiunt, Diacono Cardinali duo bireta et totidem suis camerariis dono dare. Antiquitus dabant, ut legi, vinum album et species. Portabant etiam duas faculas cereas etc. 41) l. c. *Clerici ceremoniarum* et ipsi ratione officii sui et instrumenti mercedem suam *exigunt* etiam ad proportionem taxae et valoris ecclesiarum, non tamen tantum, quantum *subdiaconi*. 42) Jener bezieht 200,000, dieser 400,000 Gulden C. M.

43) Der Grund liegt lediglich darin, damit die Curie Gelegenheit hat, dem neuen Erzbischofe das Pallium zu verweigern und sonst ihren Nutzen dabei wahrzunehmen. Andere Gründe kennt Walter, K. Recht. §. 160.

kommt es auch vor, daß der Papst selbst bei dieser Ceremonie anwesend war, sogar selbst es umhing.

Das Pallium kann aber auch brieflich begehrt werden. Ist es bewilligt, so sendet der Papst einen Abgeordneten an die betreffende Kirche oder delegirt zum Geschäfte der Übergabe einen oder zwei Bischöfe. Der Commissarius der Curie setzt einen Tag fest, an welchem er in der Metropolitankirche oder in einer andern des Sprengels sich mit dem Metropoliten einfindet. Letzterer hält die Messe. Nach Schluß derselben wird das Pallium verdeckt und eingewickelt in das römische Tuch auf den Altar gelegt. Der Commissarius sitzt im Ornat vor dem Altar, das offene Evangelienbuch im Schooße haltend und empfängt Namens der Curie den Schwur der Treue von dem knieenden Metropoliten. Letzterer ist im vollen Ornat, mit Ausnahme der Bischofsmütze (mitra) und der Handschuhe (chirotecae). Der Conferirende spricht sodann: Deo gratias. Darauf erhebt er sich, nimmt das Pallium vom Altar und hängt es dem vor ihm Knieenden, mit der oben angeführten Formel, um, die er schließt mit den Worten: In nomine Pa † tris, et Fi † lii. et Spiritus † Sancti. Resp.: Amen. Hierauf erhebt sich der Metropolit, dem, wenn der Act in seiner Diöcese stattfindet, jetzt zum ersten Male das Kreuz vorgetragen wird. Sofort ertheilt er dem Volke den Segen, mit den Worten: Sit nomen Domini benedictum! Der Empfang des Palliums muß amtlich bescheinigt werden. Wer dieses vernachlässigt, geht der Metropolitengewalt verlustig. Von nun an bedient sich der Erzbischof des Palliums nach der Vorschrift, an den (unten zu nennenden) bestimmten Tagen und bei bestimmten Gelegenheiten. Schon die ältern Päpste hielten hierin auf eine bestimmte Regel (s. oben Anm. 2). Symmachus bemerkt dem Theodorus zwar, er sollte es brauchen secundum morem ecclesiae suae, fügt aber doch gleich nachher eine nähere Bestimmung bei (ornatus hic pertinet ad *missarum* solemnia). Gregor I. und seine Nachfolger wollten keinen Gebrauch außer der Kirche zulassen. Sie untersagten das Tragen nicht nur im gewöhnlichen Leben (auf Straßen, in Gesellschaften ꝛc.), sondern auch bei kirchlichen Feierlichkeiten, die nicht in dem Raume des Kirchengebäudes statt hatten (Processionen ꝛc.). Einen Misbrauch des Palliums zu eiteln, blos ostentirenden, Zwecken bekämpfte auch das achte ökumen. Concil (s. oben). Es räumt zugleich dem Patriarchen gegen den Metropolitan, der dies übertrete, die strengste Strafgewalt ein [44]). Die Päpste von Nikolaus I. ab, gaben in der Regel bei der Verleihung auch zugleich Vorschriften über den Usus, die Tage, die Art des Umlegens ꝛc. [45]). In Bestimmung der Feste, an denen es getragen werden soll, wechseln sie nach Willkür. Am liberalsten war Agapet II. (Mitte des 10. Jahrh.). Er ertheilte dem Erzbischofe von Cöln, Bruno, die Erlaubniß das Pallium zu tragen, so oft, wann und wo er wolle. Seit indessen in dem (von Clemens VIII. und Urban VIII. edirten) Pontificale Rom. die Tage verzeichnet sind, werden keine Specialbestimmungen mehr bei Ertheilung des Palliums gegeben. Die Tage und Veranlassungen sind folgende: Weihnachtsfest, St. Stephan, Johannes (Apostel und Evang.), Beschneidung, Erscheinungsfest, Palmtag, Gründonnerstag, Charsamstag, Ostersonntag, Montag, Dinstag, Quasimodogeniti, Himmelfahrt, Pfingstfest, Frohnleichnam, Mariä Reinigung, Verkündigung, Himmelfahrt, Geburt, Johannes der Täufer, Aller Heiligen, alle Aposteltage. Einweihung der Kirchen, die Hauptlocalfeste, Ordination, Consecration der Bischöfe und Nonnen, Kirchweih und Jahrestag der bischöflichen Consecration.

Der Bischof, wenn er ein Pallium erhält (s. unt.), trägt es nur in seiner Diöcese, der Metropolit in seiner ganzen Erzdiöcese, der Primas und Patriarch in seinem Patriarchalsprengel. Der Papst allein trägt es immer und bei allen liturgischen Handlungen [46]). Hat nun der Erzbischof das Pallium, so tritt er in den Vollbesitz seiner Gewalt. Bis dahin kann er die Actus ordinis nicht vollziehen, keine Bischöfe und Kirchen weihen, keinen Cleriker ordiniren [47]), kein Chrisma bereiten, kein Concil bereisen; er darf nicht einmal den Namen eines Erzbischofs führen [48]); er heißt blos Electus. Wird ein Metropolit auf ein anderes Erzbisthum versetzt, so ist er gehalten, ein neues Pallium zu begehren, ebenso sein Nachfolger an dem Orte, den er verließ. Wer zwei erzbischöfliche Stellen bekleidet (wie z. B. früher Albrecht neben Mainz auch Magdeburg hatte), oder neben dem Erzbisthume noch ein Bisthum, dem die Ehre des Palliums zukommt (wie z. B. Kurmainz auch Bamberg hatte), so muß der Erzbischof zwei Pallien von Rom lösen.

Ausnahmsweise und honoris gratia, auch um einzelne Prälaten für sich zu gewinnen ꝛc., wurde das Pallium auch an bloße Bischöfe verliehen. So erhielten es Bamberg, Passau, Eichstädt, Minden, Halberstadt, Ermeland. Zur Entschädigung für die an Fulda abgetretenen würzburgischen Bisthumspartikeln gab es Benedict XIV. (1753) an den Fürstbischof von Würzburg. Sein Metropolit, der Kurerzbischof von Mainz, fühlte sich hierdurch beeinträchtigt von der Curie. Für Kurmainz und gegen die Apologeten des päpstlichen Handelns [49]) trat in

44) In diesem Theile des Kanons ist auch in Beziehung auf das Pallium der Einfluß Pseudo-Isidor's nicht zu verkennen. 45) Daher wol die verschiedene, etwas bunte Praxis in den Metropolitan-Kirchen.

46) Quoniam assumtus est in plenitudinem ecclesiasticae potestatis. Decr. Gr. I. Tit. VIII. c. 4. Der Papst erhält es bei seiner Krönung aus der Hand des Vorstehers der Cardinaldiakonen. 47) Doch darf der Erzbischof nach Alexander's III. (1159) Erlaubniß seine Suffraganbischöfe deputiren zu Ordinationen in der Diöcese. Decr. Gr. I. Tit. VI. c. 11. 48) So schon Nikolaus I. Resp. ad cons. Bulgar. Vergl. Innocenz III. (in Decr. Greg. I. T. VIII. can. 3 und T. VI. c. 28). Über diese und ähnliche Dinge bemerkt der freisinnige Edmund Richer, Doctor der Theologie und Syndicus der Sorbonne (gest. 1631): Signum hoc honoris cessit in onus gravissimum, quum tamen sit res pure caeremonialis, *nihil* ad potestatem ecclesiasticam conferens. Vergl. oben Anm. 39. 49) *a*) Series facti et juris circa erectionem novi episcopatus Fuldensis et concessionem pallii Herbipolensis ac laesa sedis metropolitanae Moguntinae jura. Auct. *J. C. Barthel*, Th. et. U. J. Dr. Ep. Herb. Consil. etc. (Herbipoli 1753. 4.) *b*) Fidelissimum specimen juris

die Schranken der protestantische Rechtsgelehrte, Johann Georg Pertsch zu Helmstedt. Pertsch hatte schon im J. 1745 eine Anzahl akademischer Dissertationen über das Pallium geschrieben. Der Streit zwischen Würzburg und Mainz veranlaßte ihn, dieses Thema aufs Neue zu bearbeiten, und dies geschah, nach guter, alter, gründlicher Weise, in seinem bis jetzt unübertroffenen Werke: De origine, usu et auctoritate pallii archiepiscopalis, tractatio canonica. (Helmstadii MDCCLIV. 4.)

(*Rheinwald.*)

Pallium (Zoologie), s. Pecten.

Pallklampe, s. Palle.

Pall-Maille, s. Maille.

PALLÓ, ein zur Herrschaft Unghvár gehöriges Dorf, im kaposer Gerichtsstuhle der unghvárer Gespanschaft im Kreise diesseit der Theiß Oberungerns, an der von Nagy-Kapos nach Unghvár führenden Straße mit 61 Häusern, 514 magyarischen Einwohnern, welche Feldbau und Viehzucht treiben, und 256 Calviner, 238 Katholiken und 20 Juden unter sich zählen, einem Bethause der Evangelischen helvetischer Confession und ergiebigen Gründen.

(*G. F. Schreiner.*)

PALLON, alter Name einer Stadt in Arabien, bei *Plin.* N. H. VI, 28. s. 32. (*H.*)

PALLOR, eine römische Gottheit; wie die Römer, hierin den Dorern unter den Griechen ähnlich, moralische Eigenschaften überhaupt personificirten und zu Göttern ausbildeten, so haben sie auch eine Gottheit der „Todtenblässe" oder des Pallor. Tullus Hostilius gelobte in einem Treffen mit den Fidenaten dem Pallor und dem Pavor Tempel und brachte dadurch die Römer zum Stehen (*Liv.* I, 27, 8). Auf einer Münze des L. Hostilius Saserna erscheint Pallor als weibliche Gottheit mit herabhängenden und ungeordneten Haaren; vergl. ***Moreau de Mautour***, Dissert. sur la Peur et la Paleur, divinitez représentées sur les médailles Romains in hist. de l'acad. des b. l. T. V. p. 11—20. (*H.*)

PALLU (la), Flecken im franz. Mayennedepartement (Maine), Canton Couptrain, Bezirk Mayenne, liegt, 8¼ Lieues von dieser Stadt entfernt, an der Grenze der ehemaligen Normandie und hat eine Succursalkirche, 232 Häuser und 700 Einwohner (Nach Expilly und Barbichon.) (*Fischer.*)

PALLUAU, 1) Gemeindedorf im franz. Vendéedepartement (Poitou), Hauptort des gleichnamigen Cantons, Bezirk Sables d'Olonne, liegt 10¼ Lieues von dieser Stadt und 115 Lieues von Paris entfernt, ist der Sitz eines Friedensgerichts, eines Etappen- und Briefpostamtes, sowie einer Gendarmeriebrigade, und hat eine Pfarrkirche, 118 Häuser und 482 Einwohner, welche zwölf Jahrmärkte unterhalten. Die Baronie dieses Namens wurde 1622 zu einer Grafschaft erhoben. Der Canton Palluau enthält in neun Gemeinden 9880 Einwohner. 2) P. Villebernin und Ouzay, Marktflecken im Indredepartement (Berri), Canton Châtillon, Bezirk Châteauroux, liegt acht Lieues von dieser Stadt entfernt, auf dem rechten Ufer der Indre, über welche hier eine Brücke geht, und hat eine Succursalkirche, 220 Häuser und 1889 Einwohner, welche drei Jahrmärkte unterhalten. (Nach Expilly und Barbichon.) (*Fischer.*)

PALLWALZE, so nennt man eine Winde, welche dazu dient, je nach der Tiefe oder Höhe des Wasserstandes bei fliegenden Brücken das mit der Kette der Brücke zusammenhängende Seil anzuziehen oder nachzulassen. (Vergl. den Art. Winden.) (*Fischer.*)

PALLY, 1) einer der Flüsse, welche das Land der Redschangs auf der Insel Sumatra bewässern; 2) eine an diesem Flusse gelegene Ortschaft mit einer niederländischen Factorei in Benkulen. (*Fischer.*)

PALLYIN auch PALYIN, ein mehren Grundbesitzern gehöriges großes Dorf, im szobranczer Gerichtsstuhle der unghvárer Gespanschaft, im Kreise diesseit der Theis Oberungerns, in ebener Gegend, in der Nähe eines großen Teiches und der von Nagy-Kapos nach Mihály führenden Straße, mit 121 Häusern, 822 slawischen Einwohnern, welche 496 Reformirte, 239 nach Szenna (Bisthum Szathmár) eingepfarrte Katholiken und 20 Juden unter sich zählen, mit einer eigenen Pfarre der Evangelischen helvetischer Confession, einer Kirche der Reformirten, einer Schule und einer jüdischen Synagoge.

(*G. F. Schreiner.*)

PALM. Die Familie Palm leitet ihren Ursprung zwar zunächst aus der Schweiz her, will aber zugleich ihre Abstammung auf die altspanische Familie de Lullis zurückgeführt wissen. Sie gibt an, daß diese letztere 1235 mit dem Könige Jacob von Aragonien nach Majorca gekommen, ein Zweig dann aber von dort unter dem Beinamen „de Palma" über Mailand in die Schweiz verpflanzt worden sei, wo derselbe bereits im 13. Jahrh. unter den angesehensten helvetischen Herren aufgetreten sein soll. Man nennt in dieser Beziehung namentlich Guntram Lullus de Palma als angeblichen Reichsvoigt in Unterwalden, und dessen Enkel Alphons als besonders geehrt am Hofe des Kaisers Rudolf von Habsburg, von welchem die Familie auch den habsburgischen rothen Löwen ihrem Wappen zugetheilt erhalten zu haben behauptet [1]). Gewiß nun ist, daß wenn auch die Familie Palm in den mit der Regierungszeit Albrecht's von Habsburg beginnenden Wirren ihre schweizerischen Besitzungen eingebüßt, und unter diesen insonderheit das Stammschloß Palmeck an die Freiherren Sere von Müchingen verloren, sie dennoch zur Zeit der Reformation, als eifrige Anhängerin derselben, reich begütert in Schwaben hervortritt. Seit der Mitte des 17. Jahrh. theilt sie sich dann mit den Söhnen Johann Heinrich's von Palm in zwei Hauptlinien [2]). Die älteste, deren Stifter Johann David ist, war schon damals zur katholischen Kirche zurückgekehrt; sie bildet das gegenwärtig fürstliche Haus

moguntinensium — contra pallium Herbipolense deductorum, Ecclesiasticis, Catholicis, aliisque per Germaniam proceribus caeterisque aequi bonique aestimatoribus inscriptum. 1753. Fol.

1) Gothaisches genealogisches Taschenbuch. Jahrg. 73. (1836) S. 182 fg. 2) Genealogisches Staatshandbuch. Jahrgang 66. 1. Abth. S. 592 fg.

Palm-Gundelfingen. Die jüngere, freiherrlich und protestantisch gebliebene Linie theilte sich wiederum in zwei Äste, den Johann Heinrich'schen und Johann Jonathan'schen. — Was nun zunächst 1) die fürstliche Linie betrifft, so zeichnete sich der schon genannte Stifter derselben 1683 bei der Belagerung Wiens aufs Ehrenwertheste aus; er war es, dem man die Rettung der ungrischen Königskrone zu verdanken hatte. Zur Belohnung ward ihm das Indigenat des Königreichs Ungern ertheilt. Ebenso ausgezeichnete Dienste leistete dem Kaiserhause sein Sohn Karl Joseph (geb. 1698, gest. 1770) als Gesandter in mehrfachen Functionen und zuletzt als Concommissar auf dem Reichstage zu Regensburg; er wurde 1750 in den Reichsgrafenstand erhoben. Sein Sohn Karl Joseph (geb. 1749, gest. 1814) war der erste Fürst von Palm, eine Würde, mit welcher er am 24. Juli 1783 vom Kaiser Joseph II. begnadigt wurde. Ihm folgte am 22. August 1814, als zweiter Fürst, sein Sohn Karl Joseph Franz (geb. 1773), welcher, obgleich seit 1829 zum fünften Male vermählt, keine Nachkommen in directer Linie hat [3]). Das fürstliche Haus besitzt, nachdem es die reichsritterschaftliche Herrschaft Illeraichheim 1788 an den Fürsten von Schwarzenberg verkauft, die Herrschaften Hohen-Gundelfingen mit Dürrstetten auf der Alp im Königreiche Würtemberg, Karlswalde, Bystritz ob der Angal, Großlipnitz und Unter-Kralowitz in Böhmen, sowie Holzmühl und Berenau in Mähren, und erfreut sich seit 1711 der Herrn- und Landmannschaft im Erzherzogthume Österreich unter der Enns und in der Grafschaft Tyrol. Das Wappen ist in sechs Felder getheilt, und hat außerdem einen Mittelschild. Das erste und sechste Feld führen einen halben gekrönten schwarzen Adler in Gold; das zweite die teutsche Reichskrone in Blau, kraft einer Vergünstigung Kaiser's Franz I.; das dritte einen rothen, schräg gestellten Ast in Gold; das vierte drei goldene Schnallenbügel in Schwarz; das fünfte eine grüne Palme auf grünem Hügel, durch welche ein rother Balken geht, in Silber; das Mittelschild endlich enthält den rothen gekrönten Löwen Habsburgs über drei aufrechtstehenden silbernen Pfählen oder Ständern in Blau, welche das ursprüngliche Palmische Wappen bilden. Schildhalter sind zwei Löwen mit Fahnen, auf deren rechter das Motto: Justus ut Palma, auf der linken dagegen eine grüne Palme in Silber steht [4]). — Ein Nebenzweig, die Frei- und Panierherren von Palm, abstammend von Leopold Gottlieb, des Grafen Karl Joseph von Palm Bruder, wurde fortgesetzt von dessen zweitem Sohne Gottlieb Joseph, Besitzer der Herrschaft Brunn am Steinfeld. Der Sohn dieses letztern, der Freiherr Joseph Karl (geb. 1771), Herr der Herrschaft Gerosdorf, lebte wenigstens noch im J. 1808 [5]). II. Die freiherrliche Linie ist im Johann Heinrich'schen Zweige erloschen. Derselbe besaß in Schwaben die Hälfte der früher von Österreich zu Lehen gehenden Herrschaft Balzheim (zwischen Ulm und Memmingen), wozu Oberbalzheim, Unterbalzheim und Simingen gehörig, und die beim vormaligen Rittercanton am Kocher immatriculirten Herrschaften Steinbach (unweit Eßlingen) und Bodelshofen (unweit Kirchheim unter Teck). Der letzte Freiherr von Palm dieser Branche, Christian Heinrich, trat schon bei seinen Lebzeiten 1796 jene fideicommissarischen Besitzungen dem Jonathan'schen Zweige ab [6]), welchem außerdem noch die ehemals gleichfalls reichsritterschaftliche Herrschaft Mühlhausen am Neckar, und in Sachsen das Gut Lauterbach [7]) gehört. (*Pernice.*)

PALM (Johann Georg), war den 7. Dec. 1697 zu Hanover geboren. Die erste wissenschaftliche Bildung verdankte er den Lehranstalten seiner Vaterstadt. Zu Jena widmete er sich der Theologie, die sein Hauptstudium blieb, beschäftigte sich aber zugleich viel mit den ältern und neuern Sprachen. Nach Beendigung seiner akademischen Laufbahn wurde er (1716) von dem Herzoge August Wilhelm zu Braunschweig und Lüneburg in das Kloster Riddagshausen aufgenommen. Jener Fürst gab ihm mehrfache Beweise seiner Huld, ernannte ihn 1720 zu seinem Reiseprediger und drei Jahre nachher zum Hofkaplan in Wolfenbüttel. In diese Periode seines Lebens fällt seine ascetische Schrift: Die Fallstricke der Sünde [1]), durch die er zuerst in der theologischen Literatur bekannt ward. Von der Gunst und dem Wohlwollen seines Fürsten hatte er so unzweideutige und wiederholte Beweise erhalten, daß er nicht ohne Schwanken die im J. 1727 ihm angetragene Hauptpastorstelle in Hamburg annahm. Das durch Winkler's Tod (1738) erledigte Seniorat ging, nachdem Neumeister und Wolf die Annahme dieser Würde abgelehnt, auf Palm über. Er starb den 17. Febr. 1743 und hinterließ den Ruf ebenso gründlicher Gelehrsamkeit in Theologie und andern Wissenschaften, als den eines liebenswürdigen persönlichen Charakters. Sein Sinn für Humanität bewahrte ihn vor jeder Intoleranz gegen Andersdenkende. Er überschritt nicht die Grenzen der Mäßigung, als er in einer Abhandlung die Unschuld Gottes bei der Zulassung des Bösen und bei dem Falle der ersten Menschen gegen den Propst Reinbeck zu rechtfertigen suchte, und mit diesem Theologen in eine literarische Fehde gerieth [2]). Auf moralische Veredlung drang er sowol in den evangelischen Reden über die Sonn- und Festtagsevangelien [3]), als in einzelnen Predigten, die von ihm im Druck erschienen. Der größte Theil seiner Schriften war ascetischen Inhalts [4]). Doch schrieb er auch einige historische Werke, unter andern eine Einleitung in die Geschichte der augsburgischen Confession [5]) und eine Geschichte der Bibelübersetzung Luther's. Das zuletztge-

3) Gothaisches genealogisches Taschenbuch. 75. Jahrg. (1838.) S. 136. 4) Hassel, Genealogisch-historisch statistischer Almanach auf das Jahr 1824. S. 287. 5) Genealogisches Staatshandbuch a. a. O. S. 593.

6) Genealogisches Reichs- und Staatshandbuch auf das Jahr 1805. 1. Th. S. 470. 7) Gothaisches genealogisches Taschenbuch. 73. Jahrg. S. 183.

1) Sechs Zehende. (Braunschweig 1725—1728.) 2) Diese Abhandlung erschien zu Hamburg 1737 und eine Fortsetzung derselben ebend. 1738. 3) Wolfenbüttel 1731. 4 Theile. 4) So schrieb er unter andern ein Vorbild der Himmelsleiter Jacob's (Hamburg 1732). Des brennenden Busches (Ebend. 1733). Der Ruthe Aaron's (Ebend. 1734) u. a. m. 5) Hamburg 1730.

nannte Werk aus seinem handschriftlichen Nachlasse von J. M. Götze herausgegeben[6]), erschien erst eine Reihe von Jahren nach seinem Tode[7]). (*Heinrich Döring*.)

PALM (Johann Philipp). Unter den Opfern, die Napoleon der Befestigung und Ausbreitung seiner Herrschaft fallen lassen zu müssen glaubte, war Palm gewiß eins der unschuldigsten; allein grade deshalb, und das bezweckte man wol hauptsächlich, war die moralische Wirkung, welche sein Tod hervorbrachte, außerordentlich. Denn wer durfte es noch wagen, für Teutschlands Freiheit zu reden oder zu handeln, wenn ein Mann das Leben verlieren mußte, der weder das Eine noch das Andere gethan, sondern blos, ohne es zu wissen, und nur vermöge seiner Stellung als Buchhändler, zur Verbreitung einer Schrift beigetragen hatte, welche allerdings geeignet war, die Teutschen aufzuschrecken und zu ermannen, der ihnen, wie einst von Rom, jetzt von Frankreich her drohenden Gefahr der schmachvollsten Knechtschaft sich kühn entgegenzustellen. Wäre daher der Name Palm's ohne sein trauriges Ende wahrscheinlich wie der Tausend Anderer der Vergessenheit anheimgefallen, so verdient er doch gewiß jetzt derselben und zwar um so mehr entrissen zu werden, da sich an ihn die Erinnerung einer Zeit knüpft, die für Teutschland zwar niederschlagend, aber grade auch deshalb merkwürdig ist, weil sie in die Erniedrigung zugleich den Keim legte zu so vielem Herrlichen, welches eine spätere Zeit gebar. Palm wurde im J. 1766 zu Schondorf im Würtembergischen geboren. Innere Neigung trieb ihn zur Erlernung des Buchhandels, und diese fand Unterstützung und Leitung bei des Knaben Oheim, dem Buchhändler Johann Jacob Palm in Erlangen. Nach überstandenen Lehrjahren trat Palm, um seine Kenntnisse zu erweitern und von mehren Seiten empfohlen, zuerst als Diener in die Andreä'sche Buchhandlung zu Frankfurt am Main, vertauschte diese dann mit der Vandenhöck'schen in Göttingen und kehrte darauf mit den Zeugnissen der Geschäftserfahrenheit und großer Rechtlichkeit zu seinem Oheime nach Erlangen zurück. Doch bald sollte er diesen wieder verlassen. Er lernte in Nürnberg die Tochter des Buchhändlers Stein kennen, und es gelang ihm, ihr Herz und ihre Hand zu gewinnen, wodurch er zugleich in den Besitz der Stein'schen Buchhandlung kam, die er mit Thätigkeit fortführte, ohne die bisherige Firma zu verändern. Obgleich seine Vermögensumstände nicht glänzend, vielmehr beschränkt waren, fühlte er sich doch glücklich im Kreise seiner Familie, die durch sechs Kinder nach und nach vermehrt worden war, von denen ein Sohn jetzt Buchhändler in München ist; doch auf schreckliche Weise wurde er diesem entrissen. Das Jahr 1806 erschien. Napoleon's stolze Scharen ruhten auf teutschem Boden von den Anstrengungen des vorjährigen Feldzuges gegen Österreich aus, eine Ruhe, die Napoleon ihnen um so lieber gönnte, da sie ihm nichts kostete, indem die Besiegten und Verbündeten die Last derselben tragen mußten, und er wol überdies den bevorstehenden Krieg mit Preußen voraussah. Da erschien im Frühlinge des genannten Jahres, man weiß nicht wo und von wem, — einige nennen den Freiherrn von Gentz[1]) als Verfasser, — eine Flugschrift unter dem Titel: „Teutschland in seiner tiefsten Erniedrigung." Die Stein'sche Buchhandlung erhielt sie als Speditionsartikel und versandte sie als solchen an den Factor der Stage'schen Buchhandlung, Jenisch, in Augsburg. Von diesem wurde sie einem dasigen Geistlichen zugesendet, der sie unvorsichtigerweise einigen teutsch verstehenden französischen Officieren, welche grade bei ihm im Quartiere lagen, vor Augen kommen ließ. Der Titel der Schrift erregte die Aufmerksamkeit, ihr Inhalt den Zorn dieser Herren, die Napoleon als ihren Gott zu betrachten gewohnt waren und es bitter empfanden, daß man es zu sagen wage, wie lästig und drückend ihre eigene Persönlichkeit den armen Teutschen sei. Die Schrift wurde nach Paris gesandt, und welchen Eindruck sie auf Napoleon machen mußte, von dem Lord Whitworth schon in seinem Berichte vom 21. Febr. 1803 sagt: **Il parla ensuite de la manière injurieuse dont il était traité dans les feuilles anglaises**, und der die Beschränkung der Preßfreiheit zu einer Hauptbedingung des letzten Friedens gemacht hatte, braucht wol nicht gesagt zu werden. Die geheime Polizei, deren Agenten in tausendfachen Gestalten Teutschland umstrickt hielten, bekam Auftrag, den Verfasser, und als dies nicht gelang, den Absender der Schrift zu erforschen. Bald hatte diese es ausgespürt, daß die Versendung durch die Stein'sche Buchhandlung erfolgt sei, und so wurde diese nicht lange darauf im **Journal de Paris** als Verbreiterin aufrührischer Schriften bezeichnet. Palm, dem dies alles nicht verborgen blieb, trug bei seiner Obrigkeit, der Buchhändlerbehörde zu Nürnberg, darauf an, sich bei ihr rechtfertigen zu dürfen, allein die Furcht ließ diese dies von sich weisen. Palm reiste darauf auf die Messe nach München, wo der franz. Gesandte Otto die Nachforschungen wegen der Schrift fortsetzen ließ. Seine Abwesenheit wurde nicht unbenutzt gelassen. Am 28. Jul. erschienen vier schwarzgekleidete Herrn in Palm's Wohnung, sie fragten nach der mehr erwähnten Flugschrift und ließen nichts undurchsucht, um sich zu überzeugen, daß sie nicht vorhanden sei. Palm's besorgte Gattin meldete diesen Vorfall sogleich ihrem Manne, allein dieser hielt denselben im Bewußtsein und Vertrauen auf seine Schuldlosigkeit nicht für bedeutend und kehrte am 9. Aug. nach Nürnberg zurück. Erst als er die Verhaftung des Buchhändlers in Augsburg erfuhr, fing er an, für sich besorgt zu werden. Er begab sich daher nach Erlangen, welches damals noch unter preußischer Hoheit stand, doch die Sorge für seine Familie ließ ihn bald wieder nach Nürnberg zurückkehren. Hier fand sich ein Knabe bei ihm ein und bat, auf Zeugnisse angesehener Männer fußend, um eine Unterstützung für die Witwe eines Soldaten. Palm, in der Unschuld keinen Verderber ahnend und mitleidigen Herzens, reichte diese Gabe; bald sollte er sehen, daß er

6) Halle 1772. 4. 7) Vergl. Acta histor. eccles. Vol. VII. p. 613 sq. Jöcher's allgem. Gelehrtenlexikon. 3. Th. S. 1302. Hirsching's histor. literar. Handbuch. 7. Bd. 1. Abth. S. 31 fg.

1) Vergl. Biographie universelle im Art. Palm.

sich durch dieselbe seinen Feinden in die Hände gegeben habe. Denn kaum hatte sich der Knabe entfernt, als zwei franz. Gendarmen eintraten, Palmen aufsuchten, fanden, festnahmen und zu dem General der französischen Besatzung Nürnbergs führten. Da er hier weder den Verfasser der Flugschrift noch die Buchhandlung nennen konnte, von welcher er sie erhalten hatte, so wurde er einstweilen festgehalten und am andern Tage nach Ansbach abgeführt, wo der damalige Marschall Bernadotte sein Hauptquartier hatte. Palm bat um Gehör, dies wurde ihm jedoch nicht nur abgeschlagen, sondern der Adjutant des Marschalls gab ihm zugleich den niederschlagenden Bescheid, seiner Verhaftung liege ein unmittelbarer Befehl aus Paris zu Grunde, und er werde nach Braunau abgeführt werden. Die Wahl dieser Stadt hatte ihren guten Grund. Denn da sie zu den von Frankreich zurückbehaltenen österreichischen Orten gehörte, so konnten die franz. Schergen unter einem Scheine des Rechts hier nach franz. Gesetzen verfahren. Die Abführung nach Braunau erfolgte, und Palm langte am 22. Aug. daselbst an. Seine Gattin hatte sich indessen mit einer Bittschrift an den franz. Minister Otto in München, und als diese erfolglos, ja unbeantwortet blieb, mit einer gleichen an den Marschall und Fürsten von Neufchatel, Berthier, gewendet, auf welche wenigstens die Antwort erfolgte, daß nichts zu hoffen sei. In der ersten Bittschrift fand sich unter andern folgende Stelle: „Leider scheint das Unglück meines Mannes daher zu rühren, daß seine Erklärung über die Art und Weise, wie er zur Versendung des Pakets gekommen, der Untersuchungsbehörde nicht so einleuchtend zu sein scheint, als glaublich sie jedem ist, dem der Gang des Buchhandels in Teutschland geläufig ist. Der Fall kann am häufigsten auf dem Hauptspeditionsplatze Nürnberg vorkommen, daß Buchhändler „nackte Pakete" zur Spedition erhalten und der Verleger erst am Jahresschluß die Rechnung einschickt," und grade auf diesem Umstande beruhte Palm's vorgebliche Schuld, sowie seine unleugbare Unschuld. Doch nur die erste kam hier in Betracht. Kaum in Braunau angekommen, wurde Palm vor eine Militaircommission gestellt, welche aus den Obersten der Marschälle Soult, Bernadotte, Ney, Mortier, Davoust, dem Chef des Generalstabes der ersten Division des vierten Armeecorps, dem Adjutant-Commandanten Binot, sowie einem franz. Kriegsauditeur vermöge eines kaiserlichen Decrets vom 17. Messidor des zwölften Jahres vom Marschall Berthier außerordentlich zusammengesetzt war. Nur zwei Verhöre fanden statt, Palm, dem man keinen Vertheidiger gestattet hatte, vertheidigte sich selbst mittels eines Dolmetschers, sodaß er vor jedem andern Gerichte gewiß freigesprochen worden wäre, allein hier fand das alte Wort: „daß Gewalt vor Recht" gehe, seine völlige Anwendung. Sein Tod war im Voraus befohlen, — wie dies auch bei den Schill'schen Officieren der Fall war, welche späterhin in Wesel erschossen wurden, — und die Commission hatte ja nur über die zwei Fragen zu entscheiden: War der Kaiser und die Armee in der mehr erwähnten Flugschrift beleidigt, und war Palm der Verbreiter derselben? Fragen, die bejahend beantwortet werden mußten; was war daher anders zu erwarten, als daß das Todesurtheil ausgesprochen werden würde. Dies geschah wirklich am 25. Aug. [2]), und das Urtheil wurde — denn Schrecken wollte man ja erregen — gedruckt und in vielen tausend Exemplaren verbreitet. Eigentlich hätte das Urtheil erst nach 24 Stunden nach der Ankündigung desselben vollstreckt werden sollen, allein man hatte Eile. In der eilften Vormittagsstunde des 26. Aug. wurde Palmen, der seine Lossprechung erwartete, seine Verurtheilung bekannt gemacht und zugleich, daß die zweite Nachmittagsstunde desselben Tages seine Todesstunde sein werde. Palm betheuerte, aufs Höchste ergriffen, nochmals vor Gott seine Unschuld und verlangte nach einem Geistlichen. Statt des Einen fanden sich deren zwei bei ihm ein, der Weltpriester Thomas Pöschel und der Spitalprediger Johann Michael Gropp, beides Männer, die frei von jeder Bekehrungssucht, hier sich ganz ihres Berufes würdig zeigten. Palm erkannte dies auch dankbar an und übergab ihnen, wie später Hofer, einen an seine Gattin gerichteten und kurz vor seinem Tode geschriebenen Brief, in welchem er nochmals seine Unschuld betheuerte, seine Ringe, sowie sein Schnupftuch, damit sie diese traurigen Reliquien den unglücklichen Seinen zustellen möchten. Indessen machten Braunau's edle Frauen einen letzten Versuch, Palmen zu retten, indem sie den damaligen Commandanten Braunau's, den General St. Hilaire, auf das Dringendste anflehten, Palm's Hinrichtung aufzuschieben, um dadurch seine Begnadigung möglich zu machen. Der General schlug die Bitte ab, indem er die Unmöglichkeit darstellte, eigenmächtig in einem vom Kaiser befohlenen Urtheile eine Änderung zu treffen. So trat denn Palm nach zwei Uhr den letzten Gang seines Lebens mit Fassung und christlicher Ergebung an. Man band ihm die Hände, ein mit Ochsen bespannter Leiterwagen führte ihn und die genannten Geistlichen auf den Richtplatz, wo sich eine große Menge weniger neugieriger als wahrhaft theilnehmender Zuschauer eingefunden hatte. Das Todeswort erscholl, die Gewehre krachten, Palm fiel, ohne todt zu sein. Als der Geistliche Pöschel deshalb ein Geschrei erhob, traten drei andere Soldaten vor, allein ihre Schüsse verfehlten den Unglücklichen. Da setzten endlich zwei andere Soldaten die Mündung ihrer Flinten dicht an Palm's Schläfe und machten, indem sie ihm den Kopf im eigentlichen Sinne des Worts zerschmetterten, endlich seinen Leiden und seinem Leben ein Ende. — Der Eindruck, welchen dieser Act der Despotie in Teutschland, sowie in den meisten übrigen Ländern Europa's hervorbrachte, war unbeschreiblich; Mitleid, Unwille und Schrecken gingen Hand in Hand, doch Napoleon hatte seinen Zweck erreicht, der Weg zur geistigen und moralischen Unterjochung Teutschlands war gebahnt. Da das

2) Zugleich mit Palm wurde der Weinhändler Joseph Schoderer aus Donauwörth, der Stage'sche Commis Jenisch, der Buchhändler Kupfer in Wien, der Buchhändler Eurich in Linz, sowie der Gastwirth Merkel aus Neckarsulm, letztere vier jedoch nur in absentia, da man sich ihrer nicht hatte bemächtigen können, als des Hochverraths schuldig zum Tode verurtheilt. Schoderer wurde jedoch auf die Verwendung seines Landesherrn nach einer sechswöchentlichen Haft begnadigt.

Vermögen des Gemordeten zur Bezahlung der Gerichtskosten in Beschlag genommen werden sollte, so wurden bald überall Sammlungen für die unglückliche Familie veranstaltet. Die erste Auffoderung dazu erschien von Cöln in der berliner Zeitung; ihr folgten der Buchhändler Klostermann und der Propst Lampe in Petersburg, wo selbst der Kaiser reichliche Beiträge lieferte. Dresden, Hamburg, Dorpat, Berlin und London blieben nicht zurück [3]). (*Fischer.*)

PALMA. I. Anatomie. Bezeichnet ursprünglich die flache Hand, die Hand im ausgestreckten Zustande, im Gegensatze zu Pugnus, die geballte Faust, und wird so auch als Längenmaß benutzt, wo man dann bis zur Handwurzel rechnet, die daher auch den Namen Palma prima erhalten hat. Da nur beim ausgestreckten Zustande die innere Fläche der Hand sichtbar ist, so hat man auf diese selbst die Benennung Palma übergetragen und sie auch mit Vola synonym gebraucht. Über die nähere Beschreibung der Handfläche s. d. Art. Hand und Chiromantie. (*Rosenbaum.*)

P. II. Botanik, s. Palmae.

P. III. Alte Geographie. Alter Name einer noch heute gleichbenannten Stadt und eines Castells auf der größern der balearischen Inseln, dem heutigen Majorca, eine Coloniestadt röm. Bürger; vergl. *Strab.* III, 167. *Plin.* N. H. III, 5. prop. fin. s. 11. *Mela* II, 7, 20. *Ptolem.* II, 6. (*H.*)

P. IV. Neue Geographie. 1) (n. Br. 28° 36′; westl. L. 18° nach dem Meridian von Greenwich), seit dem J. 1493 spanische und zu den Canarias, von denen sie die mittelste ist, gehörige Insel im atlantischen Ocean, wird von den Alten entweder von einem Vulkan dieses Namens oder von der Menge der auf ihr befindlichen Ziegen Capraria genannt und ist 57 Meilen von Madera, 20 Meilen von Teneriffa, 12 Meilen von den Inseln Ferro und Gomora entfernt. Die Insel war wahrscheinlich schon den Phöniziern bekannt, und neuere Gelehrte haben es wahrscheinlich zu machen gesucht, daß die Juden dieser Kenntniß die Idee des Paradieses, sowie des Cherubs mit den bloßen, hauenden Schwerte verdanken, weshalb wir auf den Art. Paradies verweisen. Ihr Umfang wird auf 60 engl. Meilen, ihr Flächenraum auf 15 bis 20 □ Meilen berechnet. Obgleich ein hochgelegenes, vulkanisches Land — der höchste Berg, der Mont aux chevres (7200 Fuß), welcher am 13. und 30. Nov. 1677 während eines heftigen Erdbebens zum letzten Male Feuer auswarf —, dem es im Süden fast gänzlich an Quellen mangelt, während der Norden deren einige, sowie einige kleine Bäche hat, was vielleicht die Abnahme der Wälder verursacht, die man jetzt blos noch auf den Bergen findet, ist die Insel bei ihrem herrlichen Klima doch äußerst fruchtbar, vorzüglich an Wein, von welchem man den herrlichen Palmensekt keltert, welcher als der beste unter den canarischen Weinen betrachtet und dem Malvasier, von den Engländern aber dem Malmsey gleich geachtet wird. Man gewinnt jährlich zwischen 10—13,000 Faß. Außerdem gedeiht das Zuckerrohr, sowie der Mandelbaum, doch reicht der Getreidebau für den Verbrauch nicht hin, und man bezieht das nöthige Korn aus Teneriffa. Obst, Drachenblut, Vierfüßler und Vögel verschiedener Art sind im Überfluß vorhanden und der Seidenbau wird stark getrieben. Die Bewohner, 33,000 an der Zahl, sind größtentheils spanischer Abkunft und bekennen sich zur katholischen Religion. Die geltenden Gesetze sind die spanischen. Ein Gesundbrunnen, der sogenannte heil. Brunnen, befindet sich in der Ebene los Cainos. Die Hauptstadt ist Santa Cruz de la Palma. Ihr Hafen, sowie der von Tassacorta, werden des Weines wegen stark besucht. Die ältern Geographen pflegten durch diese Insel den ersten Meridian zu ziehen. — 2) (Br. 39° 34′ 4″; L. 20° 19′ 32″) Hauptstadt der Insel und des Königreichs Mallorca, ist der Sitz des Generalcapitains, sowie einer königl. Audienz, welche in Civil-, Criminal- und Militairangelegenheiten als höchste Instanz entscheiden. Der hier residirende Bischof, welcher 45,000 Piaster Einkünfte hat, und dessen Diöcese 40 Kirchspiele umfaßt, steht unter dem Erzbischofe von Valencia. Die sechs Würdenträger des Domcapitels genießen zusammen 42,000 Piaster Einkünfte. Die Stadt selbst, deren Huerta durch einen zwei Leguas östlich von ihr gelegenen Pantano bewässert wird, liegt auf der Südwestseite der Insel, an der gleichnamigen Bai zwischen den Vorgebirgen Blanco und Cala Figueira an einem Abhange, und ist mit Mauern umgeben, welche durch zwölf Basteien und nach der Landseite außerdem durch einen dreifachen Graben vertheidigt werden. Die Castelle von Belver und S. Carlos, in deren ersterm sich ein alter Königspalast befindet, schützen die Stadt von der Seeseite. Von den acht Thoren der Stadt führen drei nach dem Meere. Die Straßen, welche in den höher gelegenen Theilen der Stadt eng und schlecht gepflastert sind, werden in den untern Theilen breit und regelmäßig, auch findet nächtliche Erleuchtung derselben statt. Zu den merkwürdigen Gebäuden gehören der große Regierungspalast, vorzugsweise das Palacio genannt, mit weitläufigen Gärten, der bischöfliche Palast aus Marmor erbaut, die neben diesem und im höchsten Theile der Stadt erbaute Kathedrale, welche drei Flügel hat und sich durch ein stark gewölbtes Dach auszeichnet — in ihr ist dem Marquis de la Romana ein Denkmal gesetzt —, die gleichfalls im gothischen Style und im 14. Jahrh. erbaute Börse, welche zum Versammlungsorte der Kaufleute, sowie zu Maskenbällen und öffentlichen Gastmählern dient, endlich das Stadthaus, welches besonders merkwürdig durch eine Uhr ist, welche Tag und Nacht die Stunden nach dem Weiterrücken der Sonne und den verschiedenen Solstitien zeigt und die einzige ihrer Art in der Welt sein soll. Unter den fünf reichen Pfarrkirchen war die alte Michaeliskirche früher Moschee; die übrigen sind erst nach der maurischen Zeit erbaut. Ferner befinden sich hier 24 Klöster, mehre Bet-, zwei geistliche und neun Bußhäuser, sowie vier Hospitäler. Für den Unterricht und die öffentliche Bildung sorgen

3) Man vergl. Joh. Phil. Palm, Buchhändler zu Nürnberg. Ein Beitrag zur Geschichte des letztern Jahrzehnds. (Nürnberg 1814.) Vom Grafen Julius von Soden. Halle'sche Literaturzeitung. 1814. Nov. Nr. 256. Biograph. univers. Art. Palm.

zwei Collegien, eine Schiffahrts- und eine Zeichnenschule, eine ökonomische Gesellschaft, zwei Bibliotheken, Bildergalerien und Naturaliencabinette; für das Vergnügen ein Theater, sowie eine schöne Alamada. Die Gesammtzahl der zum Theil aus Marmor erbauten Häuser schätzt man auf 3000, die Zahl der Einwohner nach Balbi auf 30,000, nach Andern auf 35,000. Diese fabriciren Hüte, seidene, wollene, linnene Zeuche; auch treiben sie einigen Fischfang und bedeutenden Handel. Den letztern begünstigen zwei Häfen, deren ersterer bei der Stadt liegt, durch einen 4380 Fuß langen Molo gebildet und durch einen Leuchtthurm erhellt wird. Der zweite, Puerto Py genannt, liegt etwas von der Stadt entfernt auf der Westseite. Beide Häfen sind nicht groß, aber sicher. Im J. 1707 wurde Palma von den Engländern erobert und bis 1715 behauptet, wo Philipp es ihnen wieder entriß. — 3) Spanische Villa in der Campiña der Provinz Cordova, liegt an der Vereinigung des Xenil mit dem Guadalquivir in einer an Granaten reichen Gegend, und hat ein Schloß und gegen 5000 Einwohner. Eine gleichnamige Villa in der span. Provinz Sevilla zählt 6000 Einwohner und ein drittes Palma in Castilien wurde im J. 1342 vom König Alfons IX. einem gewissen Ägidius Boccanegra geschenkt, welcher der Stammvater der seit 1507 gräflichen Familie Portocarero wurde. — 4) Villa in der portugiesischen Provinz Estremadura. — 5) P., auch Montechiaro genannt, Stadt in der sicilischen Intendanz Girgenti, liegt im Mazzarathale an einem See in der Nähe des Meeres, und hat 8000 Einw., welche die benachbarten reichen Schwefelminen bearbeiten. In der Umgegend finden sich weiße Rephühner. — 6) Fluß in dem brasilischen Districte Parannan, welchen die Quellenflüsse Palmeiras, Mosquito, Torno, Sobrado und Arrayas verstärken. — 7) Stadt in dem südamerikanischen Freistaate Columbien, ist 36 engl. Meilen von Santa Fé de Bogota entfernt. — 8) Vorgebirge an der Küste von Ancona, n. Br. 43° 3′; östl. L. 13° 15′ nach dem Meridian von Greenwich. Ein gleichnamiges Vorgebirge findet sich im Angoylande auf der Westküste von Afrika. — 9) Kleine neapolitanische Insel, welche zur Provinz Neapel gehört und gegen 7000 Einwohner hat, welche sich mit Fischfang beschäftigen. (*Fischer.*)

V. Biographie. 1) P. (Aulus Cornelius), ein Liebling des Kaisers Trajan, unter welchem er in den Jahren 852 und 862 der Stadt, 99 und 109 n. Chr. Geb. das Consulat bekleidete, als Gouverneur oder Statthalter von Syrien Arabia Peträa eroberte und zur röm. Provinz machte und dafür vom Kaiser durch die Ehre einer Statue ausgezeichnet wurde (*Dio Cass.* XLVIII, 14 et 16. *Gruter.* Inscr. p. 305. nr., 3). Doch gerieth er noch unter Trajan in Verdacht, mit Celsus auf Umsturz der Regierung zu conspiriren und beförderte dadurch grade, daß Hadrian, gegen den er sich beständig als Feind gezeigt hatte, adoptirt wurde. Kurz nach der Thronbesteigung dieses Kaisers wurde er auf Befehl des Senats zu Terracina hingerichtet, nach Hadrian's Äußerung in seiner Selbstbiographie wider seinen Willen (*Ael. Spartian.* in Hadrian. c. 4 et 7). (*H.*)

2) P. (Jacopo oder Giacomo), il vecchio genannt, um ihn von seinem Neffen, der unter dem Namen Palma giovane bekannt ist, zu unterscheiden, war geboren zu Serinalto im Gebiete von Bergamo, nach einigen Kunstbiographen im J. 1540, nach Andern 1548, wieder nach Andern 1546, am wahrscheinlichsten zwischen 1516 und 1526; seinen Tod setzen Einige in das Jahr 1596, Andere 1588; Andere lassen ihn zu Venedig 1566 gestorben sein. Palma vecchio gilt als einer der vorzüglichsten Meister der venetianischen Schule.

Frühzeitig der Kunst zugewandt, hatte er den großen Titian zum Lehrer, unter dessen Schülern er sich auf eine glänzende Art auszeichnete. Das Weiche, Markige, die Lebendigkeit des Colorits, das Duftige und Schmelzende in den Farbentönen der Natur, Eigenthümlichkeiten, die sein großer Lehrer in vollem Maße besaß, wußte er sich auf die trefflichste Art anzueignen und nachzuahmen, sodaß seine Werke oft für die seines Lehrers gehalten wurden. Einen Beweis des großen Vertrauens, dessen man ihn würdigte, gibt schon der Umstand, daß man ihn ein von Titian unbeendigtes Bild, eine Kreuzabnahme, vollenden ließ.

Neben dem, was er diesem Lehrer entlehnte und verdankte, studirte er auch das Großartige des Giorgione Barbarelli, und nahm sich auch diesen zum Muster, daher er sich dann durch die Verbindung einer verständigen, breiten und großartigen Ausführung als großer Künstler für das Geschichtsfach wie für Bildnisse zeigte und herrliche Werke lieferte, in denen eine reizende, angenehme und wahrheitvolle Darstellung sich ausspricht. Wie mehre seiner Landsleute und Zeitgenossen, so wählte er bei historischen Darstellungen oft die damalige Kleidung für seine Figuren, besonders für die der Frauen. Auch wußte er so wie Titian die Landschaft trefflich zu behandeln und einen großartigen Styl darin zu zeigen.

Vasari spricht von ihm und seinen Werken mit großem Lobe (P. III. p. 240; alte Ausgabe), wo er einige seiner merkwürdigen Gemälde, z. B. auch einen Gewittersturm während des Transportes des Leichnams des heil. Marcus, in der Marcusschule zu Venedig nennt und auch eines höchst ausgeführten Bildnisses gedenkt*). Eines seiner berühmtesten, im großartigen Charakter umfaßten, historischen Gemälde ist die heil. Barbara in S. Maria Formosa zu Venedig; so lieferte er ganz im Charakter Titian's ein vorzügliches Werk, ein Abendmahl, wel-

*) Das der Künstler von sich selbst gemacht hat; er hat sich dargestellt, eine Sphäre betrachtend; Vasari stellt es über alle ähnliche Werke, und meint, daß dieses Portrait allein genüge, um seinen Urheber den größten Malern an die Seite zu setzen. — Das pariser Museum besitzt vom ältern Palma außer dem im Text angeführten noch drei andere Bilder: 1) einen Bayard, der seinen Degen in die Scheide steckt, nachdem er Franz I. den Ritterschlag gegeben; 2) ein ex voto, die Jungfrau und der heil. Joseph bieten das Christuskind der Anbetung eines Hirten dar. 3) Die Jungfrau mit dem Christuskinde, der heil. Katharina, dem heil. Johannes und der heil. Agnes. Übrigens beruhen die obigen falschen Angaben über sein Geburts- und Todesjahr auf einer Verwechselung des ältern Palma mit dem im folgenden Artikel erwähnten jüngern. (*H.*)

ches sich in S. Maria Mater Domini zu Vicenza befand. Bemerkenswerth sind auch die im pariser Museum befindlichen Gemälde, eine mit sechs Heiligen umgebene Familie Christi *), Christus mit den Jüngern zu Emmaus in der Galerie von Florenz, mehre Gemälde in der wiener Galerie (die sonst in der zu Brüssel waren, und wovon Teniers in seinem Werke Abbildungen gibt), vier Hauptgemälde in der dresdener Galerie (wovon eins die drei Marien, eins eine heil. Familie, ein drittes eine Venus, die die ehemals Titian zugeeignet wurde); diese zeigen den Meister in seinem hohen Glanze.

Die Weichheit und Zartheit, die er besonders seinen weiblichen Gestalten auf eine eigene Art zu geben wußte, in denen sich die höchste Liebenswürdigkeit ausspricht, ist besonders in den letztgenannten Gemälden zu erkennen.

Das Bildniß seiner ausgezeichnet schönen Tochter Violanta, welche, wie die Geschichte sagt, von Titian geliebt wurde, erscheint sehr oft in seinen historischen Gemälden. Ein von ihm gemaltes treffliches und sehr seltenes Bildniß derselben war in der Galerie Sera.

Es ist noch zu bemerken, daß sein Farbenton und die großen Massen von Schatten oder Licht, selbst auch mehres im Charakter der Figuren, sich sehr dem Giorgione naht. Nach Lanzi war Palma Mitschüler des Lorenzo Lotto und dieser sein Nebenbuhler. Zuweilen beschuldigte man ihn einer zu großen Vollendung und einer zu oft wiederholten Retouche.

Nach Palma Vecchio's Gemälden ist manches, meist aber von ältern Kupferstechern, als Falck, Magalli, Picart, auch von Wencesl. Hollar die Laura des Petrarca und von Andern gestochen worden. Die Venus der dresdener Galerie würde für eine Ausgabe derselben im Jahre 1836 lithographirt. Auch Ant. H. Riedel radirte eins jener zwei andern lieblichen Bilder derselben Galerie.

3) P. (Giacomo), il giovane, oder der Jüngere, geboren zu Venedig im Jahre 1544, gestorben 1628, 84 Jahre alt, der letzte Maler des großen Jahrhunderts der venet. Schule und zugleich der erste, von dem der Verfall der Kunst sich datirt, war der Sohn von Antonio Palma, einem mittelmäßigen Maler, und Klein-Neffe des Palma vecchio. Sein Vater hielt ihn zeitig zum Zeichnen an und ließ ihn nach guten alten Meistern, Titian u. A. copiren. Übrigens nennt man ihn einen Schüler des Tintoretto. Da er früh ein großes Talent zeigte, wurde der Herzog von Urbino, Guido Ubaldo, sein Beschützer, der ihn in seinem 15. Jahre in seine Hauptstadt mitnahm und ihn bald nach Rom schickte. Da studirte er die Werke des Rafael, Michael Angelo und ganz besonders des Polydoro, wie er denn diesen und den Tintoretto sich vorzüglich zum Muster nahm. Durch Empfehlungen gelang es ihm, vom Papste den Auftrag zu erhalten, eine Galerie und einen Saal im Vatican zu malen, was er auf eine rühmliche Weise ausführte.

Nach längerm Aufenthalte in Rom kehrte er nach Venedig zurück, wo er Anfangs wenig gebraucht wurde, worüber man sich nicht wundern kann, wenn man bedenkt, daß Paul Veronese und Tintoretto seine Rivalen waren; allmälig aber wußte er den einflußreichen Bildhauer Vittorio für sich zu interessiren, sodaß er mit jenen beiden großen Meistern sich in die Arbeiten theilte. Man wollte an ihm die Entwickelung eines großen Genies, große Leichtigkeit in der Behandlung und Freiheit und Geschmack in seinen Draperien bemerken. Palma malte mit Tintoretto zugleich im Dogenpalaste zu Venedig besonders den berühmten Seesieg des Francesco Bendo und ebenda mit Cesar Arpinas, genannt Josepino, in dem großen Barmherzigkeitstifte, wo er gereizt durch seine Nebenbuhler, zu denen auch Jacob Bassano gehörte, Außerordentliches leistete und nach Tintoretto's Tode in Venedig als einer der großen Künstler betrachtet, auch ihm unendlich viele Aufträge ertheilt wurden. Durch zu viele Aufträge und überhäufte Arbeit gerieth er in eine gewisse Nachlässigkeit und in eine etwas zu freie und breite Manier, wobei jedoch immer, wenn auch die Arbeiten mehr skizzenhaft erscheinen, dennoch ein bewundernswürdiger Geist sich zeigte. Er war so emsig fleißig, daß man ihn, wie erzählt wird, als er seine Frau beerdigen ließ, bei der Arbeit traf.

Obgleich er so viele Gemälde lieferte, so blieb ihm doch so viel Zeit, um Einiges zu radiren, und er hinterließ der Kunstwelt auch da die geistreichen vervielfältigten 27 Blätter von leichten Entwürfen, die durch die leichte Nadel dieselbe Schnelligkeit als in seinen Bildern zeigen. Merkwürdig bleibt dabei das Zeichnenbuch in 26 Blättern †).

Neben seiner Kunst pflegte er auch den Umgang mit Gelehrten, besonders mit Guarini und Marin.

Von seinen Gemälden sind außer Venedig viele anderwärts zerstreut. Wien besitzt in der k. k. Galerie und in der Lichtenstein'schen mehre. Dresden besitzt vier, worunter ein sehr großes, die Landung des Friedrich Barbarossa (14 Fuß breit), sich auszeichnet. Nach ihm ist Vieles in Kupfer gestochen von Egid. Sadeler, Heinr. Goltzius, Bartsch (Nr. 266), welcher einen heil. Hieronymus vortrefflich stach, v. J. Mathem, Wolfgang Kilian, Jac. Männl in Schwarzkunst, Ossenbeck u. A. Vieles zu dem Werke der Galerie von Brüssel. (*Frenzel.*)

PALMA CHRISTI ist ein Beiname des Wunderbaumes (Ricinus communis *L.*). Doch bezeichnen ältere botanische Schriftsteller (Brunfels, Matthioli, Tragus u. A.) mit diesem Namen (für welchen Ray Palmata hat) diejenigen Orchis-Arten, welche handförmig getheilte Wurzelknollen haben. (*A. Sprengel.*)

PALMACITES (Paläophytologie) ist die Benennung, welche nach der Analogie anderer zur Bezeichnung fossiler Palmenreste gebildet worden, worunter aber vor genauerer botanischer Untersuchung derselben gar heterogene und den Palmen fremdartige Reste mit begriffen worden sind. Selbst gewisse Pflanzenthiere, Pentacriniten, hat man mit dem Namen **Seepalmen**, **Palmiers marins**, belegt.

---

*) Wovon St. Picart für das Werk: Cabinet du Roy ein schönes gestochenes Blatt lieferte.

†) *Bartsch*. Peintre Graveur. Vol. XVI. p. 286.

Um rücksichtlich der eigentlichen Pflanzenreste nicht zu weit zurückzugehen [1]), bemerken wir, daß I) von Schlotheim [2]), ohne jedoch eine Definition des Begriffes zu geben, unter jenem Ausdrucke zusammenbegreift

A) solche Stammtheile, welche eine mit deutlichen permanenten Blattnarben versehene Oberfläche besessen, ohne Rücksicht darauf zu nehmen, welches die Form und Beschaffenheit dieser Narben gewesen sei. a) Die meisten dieser Stammtheile rühren von baumartigen Fahren her und sind von Sternberg [3]) und Brongniart in verschiedene Genera getrennt worden, nämlich in

α) Lepidodendron *v. St.* < Sagenaria *Ad. Brgn.*
P. squamosus *v. Schl.* 395. = L. obovatum *v. St.* IV, x.
P. affinis *v. Schl.* ib. = L. tetragonum *v. St.* IV, xii.
P. quadrangulatus *v. Schl.* ib. = L. tetragonum.
P. curvatus *v. Schl.* ib. = L. confluens *v. St.* IV, xi.
P. incisus *v. Schl.* ib. = L. imbricatum *v. St.* IV, xii.

β) Favularia *v. St.* = ? Clatraria *Ad. Brgn.*
P. hexagonatus *v. Schl.* 394. = F. hexagona *v. St.* IV, xiii.
P. variolatus *v. Schl.* 395 = F. variolata *v. St.* IV, xiii.
P. verrucosus *v. Schl.* 394 = F. variolata.

γ) Rhytidolepis *v. St.* = Sigillaria *Ad. Brgn.*
P. oculatus *v. Schl.* 394. = Rhyt. undulata *v. St.* IV, xxiii.

δ) Syringodendron *v. St. Brgn.*
P. sulcatus *v. Schl.* 396. = Syringod. sulcatum *v. St.* IV, xxiv.
P. canaliculatus *v. Schl.* ib. = Syringod. sulcatum var.

b) Andere scheinen, obschon ebenfalls ausgestorbenen Geschlechts, mehr den Equisetaceen zu entsprechen, wie P. lanceolatus *v. Schl.* 394. = Columnaria lanceolata *v. St.* IV, xxv.

c) Andere stehen den Euphorbiaceen näher und gehören Variolaria *v. St.* = Stigmaria *Brgn.* V. ii. wie P. annulatus *v. Schl.* 396.

B) Kräuter aus der Familie der Najaden nach v. Sternberg, oder aus ganz unbekannter Familie nach Brongniart, wie P. verticillatus *v. Schl.* 396. = Rotularia marsileaefolia *v. St.* IV, xxxii. = Sphaenophyllites *Brgn.*

C) Einige fächerförmige Blätter, welche allein wirkliche Palmentheile zu sein scheinen, und welchen Brongniart diese erste generische Benennung ebenfalls eine Zeit lang gelassen; so P. flabellatus *v. Schl.* 393. = Flabellaria raphifolia *v. St.* IV, xxiv; wobei zu bemerken, daß den Namen Flabellaria schon ein Pflanzenthier trägt.

D) Endlich ganz unbestimmt gebliebene Stammtheile: P. obsoletus *v. Schl.* 396, aus Quadersandstein bei Gotha. — Die vorhergenannten Reste gehören sämmtlich der Steinkohlenformation an.

II. In der Folge gab Ad. Brongniart den generischen Namen Palmacites nur den fächerförmigen Blättern, welche mit denen verschiedener Palmen wirklich eine nahe Übereinstimmung zeigen, und denen Sternberg, wie eben erwähnt, den Namen Flabellaria beigelegt hatte; so P. Lamanonis *Brgn.* class. [4]) p. 38, 52. pl. III. fig. 1. = Flabellaria raphifolia *v. St.* IV, xxxiv. (s. o.) P. Parisiensis *Brgn.* ib. pl. V. fig. 1 aus pariser Grobkalk. = Flabellaria Parisiensis *v. St.* ib., wozu denn auch noch von Sternberg's Flabell. borassifolia (IV, xxxiv) aus Steinkohle, und das Palmenblatt in der Molasse bei Lausanne kommen würde, welches Studer [5]) von Chamaerops humilis ableitet. Später hat Brongniart [6]) inzwischen für diese Blätter den Sternbergischen Namen Flabellaria angenommen.

III. Graf Sternberg begreift seit 1825 und früher unter der Benennung Palmacites alle diejenigen Reste, welche — außer Flabellaria — ihm wirklich von Palmen herzurühren scheinen, und zwar

A) Stammtheile mit Endogenen-Structur, zu den sogenannten Staarsteinen gehörig, in welchen man neuerlich mehr Ähnlichkeit mit Fahrenstämmen zu finden geglaubt hat; insbesondere P. macroporus *v. St.* IV, xxxiv. = ? Psaronius asterolithus *Cotta* Dendrol. 29, 30. P. microporus *v. St.* ib. = ? Psaronius helmintholithus *Cotta* ib. 31 sq. = Porosus communis *Cotta* ib. 39, beide auch theilweise gehörend zu Endogenites Psarolithus *Cotta* ib. 43.

B) Früchte (Palmacites Carpolites), von welchen Brongniart einige, die durch drei Löcher in der Fruchthülle ausgezeichnet sind, zu seinem Genus Cocos bringt: Palmacites astrocariiformis *v. St.* IV, xxxv, früher Carpolites reticulatus *id.* I. pl. VIII. fig. 23, aus Kohlenschiefer.
P. coryphaeformis *v. St.* IV, xxxv, früher Carpol. Mantelli (Geol. Transact. N. S. I, 2. pl. 46. fig. 3, 4).
P. Faujasii *v. St.* ib. = Carpol. areciformis *v. Schl.* 420. Cocos Faujasii *Brgn.* [7]) 121; *Faujas* in Annal. d. Mus. I, 445. pl. 29 in Braunkohle.
P. Noeggerathi *v. St.* ib. Taf. LV. fig. 6. 7.
P. dubius *v. St.* ib. Taf. LVIII. fig. 3. (Nöggerath, Aufrechte Baumstämme. I, 49. t. 2.)
Hierzu würden nun noch zwei Arten bei Brongniart (p. 121), nämlich Cocos Burtini und C. Parkinsonis, so wie wahrscheinlich die Frucht kommen, deren Webster (in

1) Man vergl. übrigens z. B. Walch im Texte zu Knorr's Petrefactenwerk. II, 108 fg. und III, 9 fg. 2) v. Schlotheim, Die Petrefactenkunde auf ihrem jetzigen Standpunkte. I. (Gotha 1820.) 3) v. Sternberg, Die Flora der Vorwelt. 4s Heft. (Leipzig und Prag 1825. Fol.)

4) *Ad. Brongniart*, Classification des végétaux fossiles in den Mémoires du Musée d'histoire naturelle. VIII, 203 sq. 5) B. Studer, Beiträge zu einer Monographie der Molassen. (Bern 1825.) 6) *Ad. Brongniart*, Prodrome d'une histoire des végétaux fossiles (Paris 1828), aus dem Dictionnaire des sciences d'histoire naturelle. Vol. LVII. 7) s. Anm. 6.

Geolog. Transact. A. II, 191) und Mantell (ib. B. III, 204 gedenken, alle drei aus tertiären Schichten. Auch Young und Bird (in ihrem geological survey of the Yorkshire Coal) sollen Palmenfrüchte mit drei Löchern anführen und auf Taf. III. Fig. 7 abbilden.

C) Gefiederte Blätter, denen gewisser Palmen ähnlich (Palmacites Phyllites). Palmacites caryotoides v. *St.* IV, xxxv. Taf. 48. fig. 2 in Kohlenschiefer.

IV. Zuletzt hat Brongniart[8]) den Ausdruck Palmacides in einem ganz beschränkten Sinne, blos zur Bezeichnung wirklicher, äußerlich als solcher erkennbarer Theile von Palmenstämmen beibehalten mit folgender Definition für die eine bis jetzt bekannte Art: Caulis cylindricus, simplex, petiolorum basibus amplexicaulibus tectus. Palmacites echinatus *Ad. Brongn.*[9]) 117, 120. (Endogenites echinatus id. in Descript. géol. de Paris 356. pl. X. fig. 1.) Es erhellt mithin aus dem Vorstehenden, daß wirkliche Palmenreste, Früchte und Blätter bis jetzt nur wenig, und nur in den Steinkohlen- und in den tertiären Bildungen vorzukommen scheinen. (*H. G. Bronn.*)

PALMA DI SOLO, Seehafenstadt in der sardinischen Provinz Cagliari, liegt unter 39° 20′ nördl. Br. und 6° 24′ östl. L., nach dem Meridian von Greenwich. Der gleichnamige Hafen wird von den Inseln Palma di Solo und San Pedro gebildet. (*Fischer.*)

PALMAE (Palmen). Eine sehr ausgezeichnete, von allen die natürliche Methode befolgenden Pflanzenforschern anerkannte monokotyledonische Pflanzenfamilie, welche sich einerseits an die Junceen und Gräser (namentlich an die Gruppe der Bambuseen), andererseits aber an die Asparageen anschließt. Die Cycadeen (s. d. Art.), welche in ihrer Tracht den Palmen allerdings am ähnlichsten sind, keimen nach neuern Untersuchungen mit zwei Samenlappen, haben aber weit unvollkommenere Blüthen und reihen sich zunächst an die Zapfenbäume (Coniferae) an, mit denen sie auch in ihrem innern Bau übereinstimmen (s. H. Mohl, Über den Bau des Cycadenstammes und sein Verhältniß zu dem Stamme der Coniferen und Baumfarren. [München 1832. 4.]). Die Wurzel der Palmen besteht aus zahlreichen, einfachen, dicken Fasern. Ihr meist baumartiger, seltener strauchartiger, oder ganz fehlschlagender Stamm (Strunk, Stock, Caudex) ist, mit einer einzigen Ausnahme (Hyphaene coriacea *Gärtner*), immer einfach, cylinderisch, fast gleich dick, oder nach Oben, zuweilen auch nach Unten, verjüngt, oder bisweilen in der Mitte angeschwollen; außen statt der Rinde mit den schuppenförmigen Überresten der Blattstiele, oft auch mit Stacheln und Fasern, oder, wenn die Blattstiele ganz abfallen, mit ringförmigen Narben bedeckt. Im Innern zeigt der Strunk den Bau der monokotyledonischen oder endogenischen Gewächse, d. h. zahlreiche Bündel von Schraubengängen und Saftröhren, welche, von geringem Durchmesser, im Querdurchschnitt elliptisch oder eiförmig gestaltet, nach der Peripherie zu dichter gedrängt und von kleinerm Lumen, nach Innen zu größer und weitläufiger, ohne bestimmte Ordnung (wenigstens bei ältern Strünken) das Zellgewebe durchsetzen. Ganz ebenso zeigt sich auch der Bau der holzigen Röhre des Bambusrohres, und dieselbe Structur habe ich auch bei einer Versteinerung, wahrscheinlich aus der ältesten Flötzformation, nachgewiesen und abgebildet (Endogenites Palmacites. Comment. de Psarolith. p. 39. f. 6. a. Fasciculites Palmacites *B. Cotta.* Dendrolith. S. 49. 50. T. IX. F. 1 und 2. Vgl. *H. Mohl.* de palmarum structura. Monach. 1831. fol.). Die Blätter (das Laub) der Palmen entwickeln sich immer aus einer einzigen Knospe auf der Spitze des Stammes oder des Wurzelstocks; sie sind stets gefiedert oder fächerförmig zusammengesetzt oder getheilt, mit breiter, scheidenförmiger Basis des rinnenförmigen Blattstiels; sie sind nervenreich und steif. Die ersten Blätter des jungen Pflänzchens sind einfach, und die Entwickelung der Blätter ist nicht spiralförmig, wie bei den Cycadeen und Farren, sondern zusammengefaltet, wie bei den Gräsern. Zwischen dem Laube stehen die meist ästigen, sehr reichblühenden Blüthenkolben (Spadices), welche aus einer oder mehren klappenförmigen, häutigen oder lederartigen Scheiden (Spathae) hervortreten. Die Blüthen sind klein, grünlich, mit Stützblättchen versehen, regelmäßig, selten zwitterig, meist durch Fehlschlagen getrennten Geschlechtes oder polygamisch. Die Blumendecke (Perigonium) ist frei, sechstheilig oder blätterig; mit drei äußern, meist größern (dem Kelche) und drei innern, mit jenen abwechselnden Blättchen (der Corolle). Im Grunde der Blumendecke sind sechs oder mehre, selten drei freie oder mit einander verwachsene Staubfäden mit aufrechten, parallelzweifächerigen Antheren angeheftet. Der Fruchtknoten steht über der Blumendecke und besteht aus drei, mehr oder weniger mit einander verwachsenen Eierstöcken, mit je einem Eichen; selten ist nur ein Eierstock vorhanden. Die drei Griffel sind oft zusammengewachsen und tragen einfache, ebenfalls oft mit einander verwachsene Narben. Die fleischigen oder trockenen, oft faserigen Steinfrüchte oder Beeren sind dreifächerig und dreisamig, oder einfächerig und einsamig. Der Eiweißkörper ist groß, hornartig, wie gekaut (ruminatum), oft mit einer Höhlung in der Mitte oder an den Seiten versehen. Der kleine kegel- oder kreiselförmige oder cylindrische Embryo liegt meist entfernt vom Nabel in einer kleinen Höhle an der Basis, an der Spitze oder an der Seite des Eiweißkörpers, mit der beim Keimen beträchtlich anschwellenden, das kaum sichtbare Federchen verbergenden Keimspitze nach Innen gerichtet.

Die Palmen sind in ihrem Vorkommen auf die heiße und warme Zone beschränkt; nur wenige Arten übersteigen die Wendekreise um mehr als zwölf Grad. So findet sich die Zwergpalme (Chamaerops humilis *L.*) in Europa nördlich bis in die Gegend von Nizza (43—44° n. Br.), wo auch die freilich angepflanzte Dattelpalme noch im Freien gedeiht (bei Bordighera ist ein Wald von ungefähr 4000 erwachsenen Stämmen). Dagegen wächst die nordamerikanische Zwergpalme (Cham. Palmetto *Michaux*) nur bis zum 36. Gr. n. Br. In der südl. Hemisphäre zeigen sich die Palmen kaum unterhalb 35°. Von

8) s. Anm. 6. 9) Ebend.

175 Arten von Palmen, welche bis jetzt überhaupt bekannt sind, kommen 119 auf das tropische Amerika, 42 auf das südliche Asien und Australien, und 14 auf Afrika und die dazu gehörigen Inseln. Allein ohne Zweifel würde sich das Verhältniß günstiger für die letztgenannten Welttheile gestalten, wenn ihre Palmen von einem Humboldt oder Martius beobachtet worden wären. Die Palmen lieben bald einen leichten, trockenen Boden, bald dichte, schattenreiche Urwälder, bald die Nähe des Meeres, bald hohe Berge. Manche, besonders nutzbare, Arten sind jetzt fast über alle heiße Länder verbreitet, während andere an ein sehr beschränktes Vorkommen gebunden sind. Einige stehen stets einzeln, andere gruppenweise oder gar in Wäldern beisammen. Die höchsten Gewächse des Erdbodens gehören dieser Familie an; so erreicht Calamus rudentum *Loureiro* in Cochinchina und Ostindien bei geringer Stärke die ungeheuere Höhe von 500 Fuß. Andere sind bei ansehnlicher Höhe auch verhältnißmäßig dick; bei nicht wenigen verschwindet der Strunk ganz. Wegen ihrer ausgezeichneten Schönheit nannte Linné die Palmen die Fürstinnen des Gewächsreiches; aber nicht minder groß ist der mannichfache Nutzen, den sie vor allen übrigen Gewächsen dem Menschen gewähren. Ihr Stamm ist zwar im Innern weich und enthält oft ein feines Satzmehl, den Sago (der schönste kommt von Metroxylon Sagus *König* in Ostindien, aber die meisten übrigen Palmbäume und auch mehre Cycadeen liefern ihn ebenfalls); allein die äußere Schicht ist gewöhnlich sehr hart und wird dann als Nutzholz gebraucht. Die dünnern Strünke, die Laubstiele und das Laub werden zu Stöcken (spanisches Rohr und Stuhlröhr: Calamus scipionum und verus *Lour.*), Spießen, Pfeilen und mancherlei Flechtwerk verwendet. Die pferdehaarartigen Fasern, welche die Basis der Blattstiele und häufig auch die Früchte einhüllen, geben vortreffliche, dauerhafte Stricke und Taue (coir-rope der Engländer), sowie grobe Matten und auf Sumatra einen fast unverwüstlichen Stoff (dort Edschu genannt) zur Bedeckung der Häuser. Die wollige Substanz, welche sich bisweilen unter diesen Fasern und als Hülle der Laubknospe findet, kann als Zunder und statt des Wergs benutzt werden. Die Laubknospen der meisten Arten werden als Palmenkohl (Chou palmiste) verspeist. Die Blätter dienen außer zu mancherlei Flechtwerk und zu Dachbedeckungen, auch bei manchen Volksstämmen, um mit eisernen Griffeln darauf zu schreiben. Aus den unentwickelten Blüthenscheiden, bei mehren Arten auch aus dem Strunke selbst, quillt bei Verwundungen ein süßer Saft, aus welchem man Palmenwein (Toddy), Arrack und Palmenzucker (Jagery) bereitet. Die Steinfrüchte enthalten in ihrer äußern fleischigen Bedeckung nicht selten einen scharfen Saft, bisweilen ist aber diese Hülle eßbar oder reich an Öl. Die Nuß hat oft eine sehr harte Schale, welche zu allerlei Drechslerarbeit verwendet wird. Ehe sich der Samenkern entwickelt, besteht er fast ganz aus süßem, flüssigem Eiweiß (Kokosmilch), dann wird er meist hornartig oder ölig und ist bisweilen mit einer klaren, süßen Flüssigkeit umgeben. Aus den Früchten einiger Palmen wird ein fettes Öl gewonnen, welches entweder von flüssiger oder mehr butterartiger Beschaffenheit ist: Palmenöl und Palmenbutter (vorzüglich von Elaeis guineensis *Jacquin*). Als eigenthümliche Erzeugnisse dieser Familie verdienen noch das Drachenblut, das unechte Katechu und das Palmenwachs erwähnt zu werden. Das ostindische Drachenblut tritt als ein hochrothes Harz unter den rückwärts gerichteten Schuppen der Beerenfrucht von Calamus Draco *Willdenow* hervor, jedoch wird es auch von einigen Bäumen anderer Familien gewonnen. Das unechte Katechu (das echte wird von Acacia Catechu *Willd.* und Nauclea Gambir *Hunter* hergeleitet) ist das trockene Extract aus den Früchten der Areca Catechu *L.*, welche unter dem Namen Betelnüsse im Orient als Kaumittel dienen (s. d. Art. Areca und Catechu). Von dem Palmenwachse sind zwei Arten aus Südamerika bekannt: die eine, mehr dem Bienenwachse ähnliche (Cera de Palma), bedeckt den Stamm von Iriartea Andicola *Sprengel* (Ceroxylon Andicola *Humb.* et *Bonpl.*) auf dem Andes-Gebirge (s. d. Art. Iriartea); die andere, mehr harzige, schwitzt aus den Laubwedeln der brasilischen Carnaiba-Palme (Corypha cerifera *Arruda*, *Martius* gen. Palm. p. 56. t. 49. 50), welche in schattigen Wäldern am Rio S. Francisco und in den Provinzen Pernambuco und Bahia wächst. Dieses brasilische Palmenwachs untersuchte Brande (Philos. transact. 1811. p. 263), der es als ein hellgraues Pulver von angenehmem, fast heuartigem Geruche erhielt. Bei 206° F. kam es vollständig in Fluß und ließ sich dann, durch Leinwand gepreßt, von den fremdartigen Beimischungen (40 %) reinigen. Erkaltet war es schmuzig grün, mäßig hart und brüchig, und hatte ein specifisches Gewicht von 0,980. Wasser, Ätzkali, Alkohol und Äther lösten es gar nicht oder nur höchst unvollständig auf, dagegen war es in fetten Ölen schnell und leicht löslich. Es lieferte gute Kerzen, sowol für sich, als mit Talg oder Bienenwachs vermischt.

Die Gattungen der Palmen haben sich gegenwärtig besonders durch die Entdeckungen Humboldt's und Bonpland's (*Humb.*, *Bonpl.* et *Kunth* nov. gen. et sp. I.) und Martius' (*Mart.* Palmarum familia. Monach. 1824. 4. und Genera et species Palmarum. Monach. 1823. fol.) bis auf 49 Arten vermehrt, deren Namen hier folgen: Borassus *L.* (Lontarus *Rumph*, *Jussieu*), Lodoïcea *Commerson*, Latania *Commers.* (Cleophora *Gärtner*), Hyphaene *Gärtn.* (Cucifera *Delile*), Rhapis *L. fil.*, Chamaerops *L.*, Livistonia *R. Brown*, Corypha *L.* (Saribus *Rumph.*), Taliera *Mart.*, Morenia *Ruiz* et *Pavon*, Thrinax *L. fil.*, Sabal *Adanson*, Licuala *Rumphius*, Chamaedorea *Willdenow* (Nunnezharia *R.* et *P.*, Nunnezia *Willd.*), Hyospathe *Mart.*, Geonoma *Willd.* (Gynestum *Poiteau*), Cariota *L.*, Iriartea *R.* et *P.* (Ceroxylon *Humb.* et *Bonpl.*), Seaforthia *R. Br.*, Ptychosperma *Labillardière*, Wallichia *Roxburgh*, Euterpe *Gärtn.* (Aïphanes *Humb.*, *Bonpl.* et *Kunth*, Pinanga *Rumph.* pr. p.), Oenocarpus *Mart.* (Oreodoxa *Willd.*), Areca *Ray*, *L.* (Pinanga *Rumph.* pr. p.), Kunthia *Humb.*,

Leopoldinia *Mart.*, Syagrus *Mart.*, Elate *Aiton*, Cocos *L.*, Maximiliana *Mart.*, Martinezia *R.* et *P.*, Jubaea *Humboldt*, *Bonpl.* et *Kunth*, Diplothemium *Mart.*, Bactris *Jacquin*, Desmoncus *Mart.*, Guilielma *Mart.*, Gomutus *Rumph.* (Areng *Labill.*), Attalia *Humb.*, *Bonpl.* et *Kunth*, Elaeis *Jacq.* (Alphonsia *H.*, *B.* et *K.*), Acrocomia *Mart.*, Astrocaryon *G. F. W. Meyer*, Manicaria *Gärtner* (Pilophora *Jacq.*), Lepidocaryon *Mart.*, Mauritia *L. fil.*, Harina *Hamilton* (Seguaster *Rumphius*), Metroxylon *Rottböll* (Sagus *Rumph.*, Raphia *Palisot*), Calamus *L.*, Phoenix *L.*, Nipa *Thunberg*. — Diese Gattungen vertheilt Martius in sechs Gruppen: I. Sabalinae. Mit zahlreichen, unvollkommenen Blüthenscheiden, dreifächerigem Fruchtknoten und ein- bis dreisamiger Beere oder Steinfrucht. Z. B. Sabal, Chamaedorea, Thrinax. II. Coryphinae. Von den drei Eierstöcken reift nur einer zu einer mehrsamigen Frucht. Z. B. Corypha, Rhapis, Phoenix. III. Lepidocaryeae. Die Blüthenkolben kätzchenförmig; die Beere einsamig, mit schuppiger Schale. Z. B. Lepidocaryon, Mauritia, Calamus. IV. Borasseae. Wie die vorige Gruppe, aber die Beere oder Steinfrucht dreisamig. Z. B. Borassus, Hyphaene. V. Arecinae. Keine, eine oder mehre vollkommene Blüthenscheiden; die Beere einsamig. Z. B. Areca, Leopoldinia, Wallichia. VI. Cocoinae. Eine oder mehre vollkommene Blüthenscheiden, die Steinfrucht ein- bis dreisamig. Z. B. Cocos, Elate, Bactris.

Über diejenigen Palmengattungen, welche in den schon erschienenen Theilen der allg. Encykl. nicht erwähnt worden sind, mag das Nöthige hier eingeschaltet werden.

Acrocomia. Mit diesem Namen (von ἀκρόκομος mit einem Schopfe auf der Spitze bezeichnete Martius (Gen. et sp. palm. p. 66) eine Palmengattung aus der ersten Ordnung der sechsten Linné'schen Classe. Char. Die Blüthen androgynisch; die Blümchen stehen in Gruben des Kolbens; die drei innern Blättchen der Blumendecke zusammengerollt, prismatisch; in dem weibl. Blümchen steht um den Fruchtknoten eine becherförmige, sechszähnige Drüse; der kurze Griffel spaltet sich in drei Narben; die linsenförmige Nuß der einsamigen Steinfrucht hat drei halbmondförmige, gleichweit von einander abstehende Löcher an den Seiten; der Eiweißkörper ist gleichförmig, in der Mitte hohl; der Embryo liegt in einer seitlichen Höhle. Die einzige Art, Acroc. sclerocarpa *Mart.* (l. c. t. 56. 57. f. 1. Palmier mocaya *Aubl.* guj. suppl. p. 98., Bactris minor *Gärtn.* (de fruct. I. p. 22. t. 9. f. 1., Cocos aculeata *Jacqu.* amer. p. 278. t. 169. C. fusiformis *Swartz* fl. Ind. occ. I. p. 616), ist eine in Westindien und Südamerika einheimische Palme, deren 20—30 Fuß hoher, einen Fuß im Durchmesser haltender, nach Oben verdickter Strunk, sowie die Stiele des gefiederten Laubes und die Blüthenscheiden mit Dornen besetzt ist. Die Hülle der Steinfrucht und der Samenkern werden als erweichendes, auflösendes Mittel in Brasilien gegen katarrhalische Beschwerden gebraucht, daher heißen dort diese Früchte Frutta do catarro. Die jungen Laubknospen geben einen sehr schmackhaften Palmenkohl.

Astrocaryon *G. F. W. Meyer*. Eine Palmengattung aus der ersten Ordnung der sechsten Linné'schen Classe. Char. Die Blüthen monöcisch mit einfacher Scheide; die männlichen Blümchen in Gruben des Kolbens eingesenkt; die drei innern Abschnitte der Blumendecke glockenförmig; die weiblichen Blümchen stehen einzeln unterhalb der männlichen; sie haben eine krugförmige, meist dreizähnige äußere und eine glockenförmige, ebenfalls meist dreizähnige innere Blumendecke; ihr kegelförmiger Griffel trägt eine einfache Narbe; die Nuß der einsamigen, außen faserigen Steinfrucht hat drei sternförmig gestellte Löchlein an der Spitze (daher der Gattungsname κάρυον Nuß, ἄστρον Stern); der Embryo liegt in einer kleinen seitlichen Höhle des innen hohlen, gleichförmigen Eiweißkörpers. Die einzige Art, Astr. aculeatum *G. F. W. Meyer* (Prim. fl. Essequ. p. 266), auf welcher die Gattung begründet ist, kommt sowol in Gujana, als in Brasilien vor; außer derselben hat aber Martius noch neun andere Arten in Brasilien gefunden, welche oft stachelig sind, einen hohen, niedrigen oder gar keinen Strunk und gefiedertes Laub haben. Über ihren Nutzen ist nichts bekannt, als daß die Ureinwohner Brasiliens aus dem harten Holze von Astr. Ayri *Mart.* (Gen. et sp. palm. p. 71. t. 59. A. Toxophoenix aculeatissima *H. Scholl* Nachrichten über die österr. Naturf. in Brasilien. II. Anh. S. 12) Bogen und anderes Geräth verfertigen.

Attalia. Diese Palmengattung aus der dritten Ordnung der 13. Linné'schen Classe hat Kunth (*Humboldt, Bonpland* et *Kunth* nov. gen. I. p. 248. t. 95. 96) so genannt nach dem Könige von Pergamus, Attalus Philometor, welcher mit besonderm Eifer die Heilkräfte der Pflanzen erforscht haben soll. Char. Die Blüthen androgynisch, ungestielt, nach einer Seite gerichtet; der Kolben ästig, mit einfacher Scheide; die äußere Blumendecke sehr klein, dreiblätterig; die drei Blättchen der inneren fleischig; die Staubfäden sind auf dem Rudiment eines Pistills eingefügt; drei Griffel; die dreifächerige, außen faserige Steinfrucht enthält in jedem Fache einen Samen; die Nuß ist holzig, gefurcht, an der Basis mit drei durchdringenden Löchlein, der Eiweißkörper solid. Humboldt und Bonpland haben eine Art dieser Gattung wegen der Ähnlichkeit der Früchte mit Mandeln Attalia amygdalina *Kunth* (l. c.) genannt, in Neugranada entdeckt, wo sie Mandelpalme (Palma Almendron) heißt. Sieben andere Arten hat Martius in Brasilien gefunden. Sie wachsen in fettem, heißem Boden und haben bald einen sehr hohen, bald einen niedrigen Strunk und gefiedertes Laub. Zu erwähnen sind: Att. funifera *Mart.* (Gen. palm. p. 136. t. 95. 96. f. 4. Piaçaba der Brasilier) und Attalia compta *Mart.* (l. c. p. 137. t. 41. 75. 97. Indajá, Pindova und Palmeira der Brasilier). Von jener werden die Fasern des Strunks und der Frucht zu Besen und Seilerarbeit benutzt; die Früchte der letztern sind eßbar und geben Öl.

Harina. So hat Hamilton (Mem. of the Wern. soc. V. p. 317) eine Palmengattung aus der ersten

Ordnung der sechsten Linné'schen Classe genannt. Char. Die Blüthen androgynisch; wenige männliche Blümchen nehmen die Spitze des Kolbens ein, an dessen Basis zahlreiche weibliche in schuppigen Grübchen stehen; innere und äußere Blumendecke dreiblätterig; die ausgerandete Narbe sitzt unmittelbar auf dem Fruchtknoten; die Steinfrucht ist hart, zweifächerig; der Embryo nistet auf dem converen Rücken des Eiweißkörpers. Die einzige Art, Harina caryotoides *Hamilt.* (l. c. Segnaster minor *Rumph.* amb. I. p. 67. t. 15), ist auf den Molukken und in Neu-Guinea einheimisch. Ihr Strunk wird gegen zwölf Fuß hoch, bei einer Dicke von ein bis zwei Zoll; es werden Spieße und anderes Geräthe daraus verfertigt. Das Laub ist gefiedert, die Blättchen stehen abwechselnd, keilförmig, an der Spitze unregelmäßig gezähnt, die obersten mit einander verschmelzend. Das Fleisch der Steinfrucht ist brennend scharf von Geschmack. (*A. Sprengel.*)

PALMAJOLA, (n. Br. 42° 53', östl. L. 9° 35' nach dem Meridian von Greenwich) kleine, nur von Fischern bewohnte Insel, im mittelländischen Meere, liegt nahe an der italienischen Küste und gehört zum Großherzogthume Toscana. (*Fischer.*)

PALMA LA NUOVA, P. NUOVA, Stadt und Festung im eilften nach ihr benannten Districte der lombardisch-venetianischen Provinz Friaul, liegt am Kanale la Roja, ist der Sitz eines k. Districtscommissariats, einer Prätur, einer Festungsinspection, eines Festungs- und Platzcommando's, einer Finanzverwaltung, eines Gemeindevorstandes und hat drei Kirchen, an deren ersteren, welche dem Santissimo Redemtore geweiht ist, ein Erzpriester und drei Kaplane angestellt sind. Außerdem befindet sich hier eine Districtsbriefsammlung, so wie ein Postpferdewechsel auf der Straße nach Venedig. Die Einwohner, deren Zahl auf 2400 angegeben wird, unterhalten einige Seidenspinnfabriken. Die Befestigungswerke wurden 1593 und 1594 von den Venetianern angelegt, um die Stadt gegen die Türken zu schützen, und daher kommt es, daß die neun Bastionen der Festung die Namen von neun venetianischen Nobilis führen. Der District Palma nuova wird östlich von der Provinz Illyrien, südlich von Bagnaria, westlich von Gonars, nördlich von S. Maria la longa, den Anhöhen Rosazzo und Coglio, sowie von dem schiffbaren Corno begrenzt und es gehören zu ihm Jalmico, Palmada, Ronchis, S. Lorenzo und Sotto Selva. (*Fischer.*)

PALMA-PINUS werden bei Lobel und Dalechamp mehre Palmen genannt, deren Früchte (wie dies bei Calamus der Fall ist) mit Schuppen bedeckt sind. (*A. Sprengel.*)

Palma prima, s. Palma.

PALMAR. Diesen Namen führen I) in dem südamerikanischen Freistaate Colombia 1) eine Bucht an der Westküste, 2) einer der größten colombischen Flüsse, welcher sich in den Maracaibosee ergießt, 3) ein Missionsort im Gebiete des Cuyuni. II) In Afrika ein Fluß in Benin, welcher sich unter 6° 25' n. Br. und 3° östl. L. nach dem Meridian von Greenwich in den atlantischen Ocean ergießt, sowie ein Vorgebirge auf der Westküste unter 5° 30' nach demselben Meridian. (*Fischer.*)

Palmara (neue Geogr.), s. Palmaria.

PALMARAPONEUROSE, Handflechse, Hohlhandbinde, nennt man die feste, aus dichten Sehnenfasern bestehende, unter der Haut liegende, ligamentöse Membran, welche am Volarligament des Carpus entspringt, sich gegen die Finger ausbreitet und daselbst mit mehren Zacken oder Schenkeln an das erste Fingerglied ansetzt. Sie wird durch zwei eigene Palmarmuskeln angespannt, sichert die unter ihr gelegenen Theile vor Druck und unterstützt die Wirkung der Handmuskeln. (*Rosenbaum.*)

PALMARES, einer der größern brasilischen Flüsse, in dessen Nähe entlaufene Neger einen kleinen Staat gründeten, der von 1630—1697 bestand, wo ihn die Portugiesen nicht ohne vielfache Kämpfe zerstörten, da die Neger, deren Zahl sich von den 40 ersten Gründern bis auf 20,000 Köpfe vermehrt hatte, sich auf das Äußerste vertheidigten. (*Fischer.*)

Palmarfläche, s. Palma.

PALMARIA, 1) alter Name einer kleinen Insel bei Italien an der Tiber, heute Palmaruota. *Mel.* II, 7, 18. *Plin.* N. H. III, 6. s. 12. (*H.*)

2) Eine zur Generalintendanza Genua der Staaten des Königs von Sardinien gehörige Insel. Sie liegt am Eingange in den Busen von Spezzia, dicht an der Küste des Festlandes, von der sie und von dem gegenüberliegenden Flecken Porto venere nur durch einen schmalen Kanal und auf gleiche Weise im Süden von dem Eilande Tino getrennt wird. Die Insel ist gebirgig, mit Schiefer- und Kalkfelsen bedeckt, welche in ihrem Innern reiche Marmorlager enthalten, auf ihren Höhen Fichten und an den sonnigen Abhängen Olivenpflanzungen tragen, und erfreuet sich eines milden Klima's. Die Einwohner, deren Zahl sich auf beiläufig 1228 Seelen beläuft, wohnen in 136 zerstreut liegenden Häusern, die nur an der nordöstlichsten Spitze den kleinen Flecken Scala bilden, bearbeiten die Marmorbrüche und nähren sich meist von der Fischerei, dem Wein- und Ölbau, und der Viehzucht. (*G. F. Schreiner.*)

3) Kleine neapolitanische Insel, ist 45 englische Meilen von der Küste Neapels und drei engl. Meilen von der Insel Ponza entfernt und liegt unter 40° 58' n. Br. und 12° 53' östl. L. n. d. M. v. Gr. (*Fischer.*)

PALMARIA. Unter diesem Namen begriff Tabernämontanus eine Pflanze, welche er im unentwickelten Zustande sah; es ist Saxifraga Cotyledon *L.* In neuerer Zeit haben Link und Lamouroux Algengattungen genannt: Palmaria *Link* ist Laminaria *Lamouroux* und Palmaria *Lamouroux* = Grateloupia *Agardh.* (*A. Sprengel.*)

PALMARIGI, Stadt im Neapolitanischen, in der Provinz Otranto, drei engl. Meil. W.S.W. davon. (*H.*)

PALMARIUS (Julius), franz. Julien de Paulmier de Grentemesnil, war zu Coutance in der Normandie 1520 geboren und studirte zu Paris unter Fernelius die Medicin, welche er nachher in der Hauptstadt Frankreichs mit vielem Glück ausübte. Während des Bürgerkriegs zog er sich auf ein Landgut in der Nähe von

Rouen zurück, um ungestört seine Beobachtungen ordnen zu können. Von hier aus wurde er an den Hof Karl's IX. gerufen, um den König von einer habituellen Schlaflosigkeit zu heilen, was ihm glücklich gelang, obschon er selbst in Folge der Anstrengungen einen Erethismus des Herzens mit bedeutenden hypochondrischen Anfällen sich zuzog, von welchen Leiden er sich durch den Genuß des Ciders endlich befreite, wie er selbst in seiner Schrift de vino et pomacco. Libri II. (Paris 1588), die er später auch in das Französische übersetzte (Caen 1589) und worin er den Cider auf Kosten des Weins erhebt, erzählt. Außerdem besitzen wir von Palmarius folgende Schriften: 1) Traité de la nature et curation des plaies de pistolet, arquebuse et autres bâtons à la feu. (Paris 1568. 8. Caen 1569. 4.) 2) De morbis contagiosis. Libri septem. (Paris. 1578. 4. Francof. 1601. 4. à la Haye 1664. 8.) Es ist dies das beste seiner Werke, worin er, trotz der Galenistischen Ansichten, manche treffliche Beobachtung niedergelegt hat. So finden wir darin eine Beschreibung des Aussatzes, den er in Frankreich beobachtet hatte, ein von Guldenklee gerühmtes Mittel gegen Hydrophobie, sowie manches Interessante über die Petechialfieber und den Sudor anglicus. (*Rosenbaum.*)

PALMARMUSKELN (Musculi palmares), Hohlhandmuskeln, Handflechsenspanner, sind die beiden zur Anspannung der Palmaraponeurose dienenden Muskeln, von denen der lange Handflechsenspanner (M. palmaris longus) zwischen dem Musculus flexor radialis und ulnaris am innern Condylus des Oberarms entspringt, über das Ligamentum carpivolare hinweggeht und sich in die Palmaraponeurose verliert, welche er nach Oben anspannt; der kurze Handflechsenspanner (M. palmaris brevis) dagegen ist ein Hautmuskel, welcher in der Gegend des Metacarpus des kleinen Fingers entspringt und die Handflechse nach der Ulnarseite hin anspannt. (*Rosenbaum.*)

PALMAROLA, eine der Ponza-Inseln, welche bei den Alten den Namen Palmaria führte und eine der önothridischen Inseln war, gegenwärtig aber zur neapolitanischen Intendanza Terra di Lavoro gehört. Von ihr konnten die Alten nichts als den Namen anführen. Sie ist gleich der Insel Sannone eine Art von Gemeingut der Einwohner von Ponza, die hier ihre kleinen Schaf- und Ziegenheerden, welche auf diesem Inselchen eine Menge nahrhafter Kräuter finden, weiden, Holz zum Kohlen- und Kalkbrennen fällen und die Steinbrüche bearbeiten. Auf der ganzen vier oder fünf Miglien östlich von Ponza gelegenen Insel, welche ungefähr sechs Miglien im Umfange hat, ist kein Haus und wohnt keine Seele; irrig gibt daher Hassel dem Eilande 735 Einwohner. Zuweilen werden die Gefangenen von Ponza hierher auf Arbeit gesendet, und da es zu beschwerlich wäre, das Holzwerk auf der Schulter bis zum Orte der Einschiffung zu tragen, so schleppt man die Reißigbündel und Baumstämme bis an den Rand des Abgrundes und läßt sie über die hohen, unersteiglichen Felsenwände, von denen die Insel von allen Seiten umgeben ist, hinabkollern, wo sie dann mittels Barken im Meere aufgefischt werden. Die Insel ist auf einem bis zwei Punkten zugänglich, und nachdem man die Höhe des jähen Gestades erklommen hat, findet man eine schmale, aber lange terrassenartige Fläche, die mit Gesträuchen und wilden Bäumen bedeckt ist. Im Munde des Volksaberglaubens spielt Parmarola eine wichtige Rolle, denn sie wird von ihm als einer der Sitze des Teufels und als einer der abschreckendsten Aufenthaltsorte dargestellt, den nur Uhu, Eulen und scheue Seevögel bevölkern und mit ihrem schaurigen Gekrächze erfüllen. Auf diese Insel wurde der h. Papst Sylvester verwiesen, der hier lebte, sich aber später nach Ponza begab, wo er auch starb, und im nordwestlichen Theile der Insel, da wo man noch die Überbleibsel von einem Benediktinerkloster zeigt, auch begraben worden sein soll *). (*G. F. Schreiner.*)

PALMAROLI (Pietro), ein berühmter Gemälderestaurateur in Rom, dessen Arbeiten in neuer Zeit Aufsehen erregten. Besonders bemerkenswerth war, daß er Frescogemälde von den Wänden abnahm und auf Leinwand oder Tuch (?) unversehrt übertrug. Einen glänzenden Beweis soll er davon in dem berühmten Frescogemälde von Dan. da Volterra in Trinita del monte zu Rom, die Kreuzabnahme darstellend, gegeben haben, welchen Übertrag er 1809 glücklich vollendete. (Vergl. Almanach von Rom 1810. S. 290. 291).

Palmaroli wurde auf Befehl des Königs Friedrich August von Sachsen im J. 1826 nach Dresden berufen, um einige merkwürdige Gemälde der königl. Galerie zu restauriren. Er entledigte sich dieses Auftrags mit aller Ehre, indem er die vier Hauptbilder von Correggio, die Madonna Sistina von Rafael, einige venetianische Gemälde und noch einige andere in ihrer Reinheit wiederherstellte und nicht allein den Kunstfreunden einen erhöhtern Genuß verschaffte, sondern auch dadurch für die spätere Erhaltung jener Meisterwerke trefflich sorgte. Es muß Palmaroli unparteiisch nachgesagt werden, daß er bei den Restaurationen mit aller Sorgfalt und mit einer wahren heiligen Ehrfurcht für jene Werke verfahren habe. Seine Restaurationen geben das Originalbild in seinem wirklichen Zustande, ohne daß von seiner Hand fremdartige Zusätze den Charakter des Meisters unkenntlich gemacht hätten. Palmaroli starb bald nach seiner Rückkehr in Rom 1828. (*Frenzel.*)

Palmarum, s. Palmsonntag u. Osterfest.

Palmaruola, s. Palmarola.

PALMAS, ein kleiner See, welcher sich in der Generalintendanz Cagliari im südwestlichen Theile der Insel und des Königreichs Sardinien, in der Nähe der Stadt Iglesias vorfindet. Die Gegend ist ihrer Käse wegen, die für die besten der ganzen Insel gelten, berühmt. (*G. F. Schreiner.*)

PALMAS, 1) auch Ciudad de las Palmas genannt, Hauptstadt der Insel Kanaria, ist der Sitz eines Bischofs, liegt an einer Bai, welche einen guten Hafen

*) s. wiener Zeitschrift für Kunst, Literatur, Theater und Mode. 1826. Erstes Quartal Juni 1826. Nr. 68. S. 537.

bildet und hat eine Kathedrale, drei andere Kirchen, mehre Klöster und 10,000 Einwohner, welche Seidenweberei und Hutfabriken unterhalten. 2) Eine Stadt in der argentinischen Provinz Tucuman. 3) Eine der Philippinen, nahe an der Südostküste von Mindanao. 4) Ein Fluß in Mexico, welcher sich unter 18° 20′ n. Br. und 94° 20′ w. L. in die Campechebai ergießt, endlich 5) mehre unbedeutende Inseln an der Küste von Peru und Brasilien. (*Fischer.*)

PALMAS, Bischof zu Amastris in Pontus (*Euseb.* hist eccl. IV, 23) zu Ende des 2. Jahrh. bekannt durch Theilnahme an dem Osterstreite, der damals den Orient und Occident entzweite. Der Streitpunkt betraf die Frage, ob Ostern nach jüdischer Sitte am 14. Nisan gehalten, an diesem Tage das Passahlamm verzehrt, und drei Tage darauf das Auferstehungsfest begangen werden sollte; so der Orient; oder ob man dabei nach römischer Praxis den Wochencyklus zu Grunde legen, am Freitage nach dem 14. Nisan das Kreuzigungs-, am Sonntage darauf das Auferstehungsfest begehen wolle. Der Streit ward dadurch bedeutend, daß nicht allein jener Differenzpunkt in Frage kam, sondern auch das dabei zu Grunde liegende Princip sich geltend machte, dort sorgfältiges Anschließen an die jüdische Praxis, also ein mehr traditionell historischer Bildungsgang; hier im Abendlande größere Beweglichkeit und Durchführung einer selbständig begonnenen Entwickelung. Grade das Auftreten verschiedener Principien erklärt es, wie Palmas, obgleich geographisch den Asiaten angehörig, dennoch die mehr abendländische Ansicht vertrat, wie sie später auf der Synode zu Nicäa (325) mit Hilfe kaiserlicher Autorität durchgesetzt ward. Wir wissen über seine Thätigkeit weiter nichts, als daß er, nach einigen kurzen Notizen bei Eusebius, an der Spitze der Bischöfe von Pontus, über die er des Alters wegen den Vorsitz hatte, einen Synodalbrief zu Gunsten der abendländischen Feier erließ (*Euseb.* V, 23) und darin dem Beispiele Paläſtina's unter Theophilus von Cäsarea und Narcissus von Jerusalem, und einiger andern morgenländischen Gemeinden folgte; während die eigentlich asiatische Praxis durch Polykrates von Ephesus vertreten ward. Die bei dieser Gelegenheit gehaltenen zahlreichen Versammlungen sind als die erste Ausbildung des Instituts der Provinzialsynode bedeutsam. (*F. W. Rettberg.*)

Palmata *Ray*, s. Palma Christi.

Palmata (toga und tunica), s. Toga und Tunica.

PALMATAE, alter Name einer Stadt in Untermösien, auf der Peutinger'schen Tafel. (*H.*)

PALMATII. hieß seit den Zeiten des Kaisers Valens ein kaiserliches Gestüt kappadocischer Rennpferde (curules equi), benannt nach einem gewissen Palmatus, der unter anderm großen Reichthum auch bei Cäsarea, in Kappadocien, in der Nähe von Tyana, ein kostbares Gestüt besaß, was später, als sein übriges Vermögen confiscirt wurde, mit den greges dominici oder den kaiserlichen Gestüten vereinigt ward. Diese Palmatischen Pferde waren von bester Qualität, sie wurden den spanischen und griechischen noch vorgezogen und blieben für den Kaiser und dessen Vergnügen ausschließlich vorbehalten. Schwere Geldstrafe stand darauf, wenn Privatpersonen sie benutzen würden. Man findet hierüber die nöthige Auskunft mit Belegen in Gothofred's Commentar zum *Theod.* Cod. Lib. X. Tit. 6. Tom. III. p. 440 sq. ed. *Ritt.* Im J. 412 n. Chr. war ein Palmatus in Rom Stadtpräfect. (*H.*)

PALMAU, Stadt in Bengalen, 24 englische Meil. S.S.W. von Rogonatpour, unter 23° 13′ n. Br., 86° 54′ ö. L. (*H.*)

PALMBAUMARTIGE THIERE, Seepalmen, Meerpalmen, nannten einige ältere Naturforscher die Stylastriden oder Crinoideen. (*H. G. Bronn.*)

PALME *), **PALMO**, ein italienisches und spanisches Längenmaß (die Spanne), welchem die Länge der ausgespannten Hand zum Grunde liegt, wie dem Fußmaße die Länge des Fußes. Die Länge der Palme ist an verschiedenen Orten sehr verschieden, wie folgende Übersicht zeigt: Ein Palmo in Alikante enthält 84,25 altfranzös. Linien, in Barcelona 29,64, in Bari 116,50, in Cagliari 89,80, Carrara 108,10, Corsica 110,90, Genua 110,75, Lissabon 97,27, Mallorka 95,04, Malta 115,28, Messina 117,06, Neapel 117,08, Nerac 102,00, Nizza 117,30, Palermo 107,62, Pisa 132,30, Rom (Handelsmaß) 110,25, Rom (Baumaß) 99,00, Sardinien 110,10, Spanien (Castilien) großer Palmo 93,97, kleiner 31,32, Valencia 103,11. (*Karmarsch.*)

PALMEGGIANO (Marco) oder **PALMEGIANI** †), oder wie er nach Lanzi's Bericht sich selbst schrieb, Marcus Palmasanus, pictor Foroliviensis (er war nämlich von Forli gebürtig), ist ein wenig bekannter Maler der bolognesischen Schule aus der ersten Hälfte des 16. Jahrh. Früher arbeitete er in dem einfachen Styl der ältern Meister des 14. Jahrh., vergoldete sogar vieles auf seinen Gemälden; dann arbeitete er in einem andern Charakter, großartiger, feiner und mit breiten Umrissen. Der Ausdruck in seinen Madonnenköpfen ist nach Lanzi's Urtheil schöner als in denen des L. Costa, weniger schön aber als in Francia's Bildern. Auch als Landschaftsmaler wird er geschätzt. Von ihm befindet sich zu Forli eine Kreuzigung; einige seiner Werke sind zu Padua in S. Agostino, zu Bassano und zu Vicenza im Palast Vicentini ein Begräbniß Christi, was als ein vorzügliches Meisterwerk gerühmt wird. *Lanzi*, Storia pittorica. Vol. IV. p. 40. (*Frenzel.*)

PALMEIRA, eine kleine Insel im persischen Meerbusen, in der Nähe von Cap Bardistan. (*H.*)

PALMELA, PALMELLA, Villa im portugiesischen Correição de Setuval, Provinz Estremadura, liegt sechs engl. Meil. nördlich von Setuval am Abhange der Serra Arabida, auf welcher sich das als Wallfahrtsort dienende Kloster Nossa Senhora d' Arabida befindet, wird durch eine auf einem Felsen angelegte Citadelle vertheidigt und hat zwei Kirchen, ein Kloster, 900 Häuser

*) Die Composita von Palme suche man unter Palmen —, und nur dann unter Palm —, wo der Sprachgebrauch entschieden diese Form vorzieht. Red.

†) Vasari, der nur sehr kurz von diesem Meister spricht, nennt ihn Parmeggiano.

und gegen 4000 Einwohner, welche einen Freimarkt unterhalten. (*Fischer.*)

Palmella *Lyngbye*, s. Coccochloris *Spreng.*, Protococcus *Ag.* und Ilosporium *Mart.*

Palmen, s. Palmae; fossile s. Palmacites.

Palmenblätter, fossile, s. Palmacites.

PALMENBLÄTTER, werden von den Schlossern und in der Verzierungskunst überhaupt schmale und lange, rinnenartig ausgehöhlte, rippenlose, etwas gekrümmte Blätter genannt, welche als Bestandtheile von Ornamenten vorkommen. Die Schlosser bringen dergleichen gruppenweise auf Gittern u. dgl. an. (*Karmarsch.*)

Palmenbutter, s. Palmae, Palmenöl u. Elaeis.

PALMENCAP, Capo de Palmas, Cap an der afrikanischen Küste von Oberguinea, welches nebst dem Cap Mesurado die Malaghetta- oder Pfefferküste einschließt. (*Fischer.*)

Palmenesel, Palmenfest, s. Osterfest, Palmsonntag und Passah.

Palmenfrüchte, fossile, s. Palmacites.

Palmengraupen, s. Sago.

Palmenhirn, s. Palmenkohl.

PALMENHONIG oder Krauthonig wird derjenige Honig genannt, welchen die Bienen in der Knospenzeit (Palmenzeit) eintragen sollen. (*Karmarsch.*)

PALMENINSELN, Inselkette an der Nordostküste von Neuholland, welche sich etwa 30 engl. Meilen lang an dem Eingange der Halifaxbai hinzieht. Sie sind berühmt wegen der auf ihnen wachsenden maldivischen Nuß, werden von Einigen zu den Sechellen gerechnet und liegen unter 18° 53′ südl. Br. und 213° 25′ östl. Länge nach dem Meridian von Greenwich. (*Fischer.*)

PALMENKÄSE, die eingemachten Blätter der Dattelpalme. (*Karmarsch.*)

PALMENKOHL, auch wol PALMENHIRN, der eßbare, kohlartige, grüne Gipfel einiger Palmenarten, insbesondere der Kohlpalme (Areca oleracea, Cabbage-tree), welche in Amerika (auf den karaibischen Inseln ꝛc.) wächst. Die Blattscheiden dieser Palme umschließen einander sehr fest und bilden im höchsten Punkte einen 1½ Fuß langen, äußerlich grünen, innerlich weißen, Gipfel, der mit einem Kohlkopfe Ähnlichkeit hat. Man schneidet denselben ab, nimmt den innersten, weißlichen, zwei bis drei Zoll dicken, aus zusammengefalteten Blättern bestehenden, Theil heraus und genießt ihn als Gemüse, entweder roh mit Salz und Pfeffer, oder mit Butter gebraten. Der Geschmack wird als dem der Artischocken ähnlich angegeben. Vergleiche auch den Artikel Palmae. (*Karmarsch.*)

PALMENLAND übersetzen und nennen einige Geographen das zur Berberei gehörige Biledulgscherid. (*Fischer.*)

Palmenmehl, s. Sago.

Palmennuss, s. Kokosnuss.

PALMENÖL. Unter diesem Namen werden öfters zwei verschiedene, im Handel vorkommende, vegetabilische Fettarten zusammengefaßt:

a) Das weiße Palmenöl, die Kokosnußbutter, das Kokosnußöl, wird durch Auspressen und Auskochen mit Wasser aus dem öligen, mandelartigen Kerne der Kokosnüsse (der Frucht von Cocos nucifera, Cocos butyracea) in Ostindien gewonnen. Es ist weiß, weich wie Schweineschmalz, von mildem, butterartigem Geschmacke, schmilzt bei einer Temperatur von + 16 bis 20° R. zu einem wasserhellen, dünnflüssigen Öle und erstarrt — wieder abgekühlt erst bei + 14° R. Weingeist löst wenig davon auf. Die Hauptanwendung des Kokosnußöls besteht in dessen Gebrauch zu Seifen, da es mit Natron-Ätzlauge eine schöne, weiße und feste Seife bildet; mit Kalilauge verseift es sich weniger leicht. In England werden die schlechten Sorten wie andere fette Öle zur Darstellung von Leuchtgas benutzt.

b) Das eigentliche Palmenöl, rothe Palmenöl, die Palmenbutter, aus der Frucht von Avoira elais durch Auspressen und Auskochen bereitet, kommt aus Guinea und Guyana. Es ist von pomeranzengelber Farbe, specifisch leichter als Wasser, weich und butterartig, besitzt einen milden Geschmack und einen Veilchengeruch. Im Alter verliert sich der Geruch, indem zugleich die Farbe blässer wird. An der Luft wird das Palmenöl leicht ranzig. Es schmilzt bei + 23° R. und erstarrt wieder bei + 15° R. Es löst sich in kaltem Weingeiste wenig (doch mehr als das Kokosnußöl), besser in kochendem auf. Äther verbindet sich damit in jedem Verhältnisse der Menge. Die Bestandtheile des Palmenöls sind: 69 ölartiges und 31 talgartiges Fett, nebst einer geringen Menge färbender und riechender Substanz. Anwendung: zum Brennen in Lampen, zur Gasbeleuchtung, zur Seifenfabrication. Die Seife (Palmenölseife, Palmenseife) ist weich von Kali, hart und fest von Natron, und besitzt die eigenthümliche rothgelbe Farbe des Öls. Doch hat man neuerlich Mittel gefunden, das Palmenöl zu bleichen, wodurch es auch zur Darstellung weißer Seifen tauglich wird. Das Bleichen geschieht:

a) Nach Zier durch Hitze. Man filtrirt das rohe, geschmolzene Öl, um alle darin befindliche fremde Körper zu entfernen, und läßt es dann, mittels eines geeigneten Apparates, in dünnen Strahlen auf eine rostfreie, gußeiserne, etwas schräg liegende, mit einem Rande eingefaßte und von Unten erhitzte Platte fallen, über welche es herabfließt. Indem es hierbei, dünn ausgebreitet, der Hitze ausgesetzt ist, entfärbt es sich vollkommen und verliert zugleich seinen Geruch. Die erwähnte Platte ist 2½ Fuß lang, einen Fuß breit und in einem Ofen so festgelegt, daß der Raum darüber bedeckt werden kann und das Öl auf das Vollkommenste von dem Feuerraume abgesperrt ist. Der Apparat zum Aufgießen des Öls besteht aus einem horizontal liegenden eisernen Rohre, in welches an einem Ende durch einen Trichter das Öl eingeschüttet wird, während es durch einige auf der Länge des Rohrs vertheilte Löcher wieder ausfließt und auf den höchsten Theil der erhitzten Platte fällt. Staub und andere Unreinigkeiten müssen sorgfältig abgehalten werden, weil sie das Öl bräunlich färben. Die zur Entfärbung nöthige Temperatur scheint ein wenig über der Schmelzhitze des Bleis (+ 257° R.) zu liegen. Die aus dem heißen Öle sich entwickelnden Dämpfe werden durch ein Abzugrohr in einen Kühlapparat geführt, wo sie sich verdichten, ohne Unbequemlichkeit zu verursachen; sie bestehen aus Essigsäure und enthalten bei zu großer Erhitzung der Platte auch ätherisches (brenzliches) Öl. Würde das Palmenöl, wegen zu geringer Hitze der eisernen Platte, nicht vollständig entfärbt, so dürfte man es nur zum zweiten Male der Behandlung unterwerfen, um des Erfolges sicher zu sein.

b) Nach demselben durch Schwefelsäure. Diese Säure zerstört jedoch den Farbestoff nur dann völlig, wenn sie stark und im concentrirten Zustande auf das Öl einwirkt, wobei sich eine kohlige Substanz abscheidet, welche man nebst der Säure entfernen muß, bevor das Öl auf Seife verarbeitet wird. Dadurch stellt sich diese Methode viel weniger vortheilhaft für die praktische Anwendung, als die vorige. Bringt man ein Loth Palmenöl in einen kleinen gläsernen Kolben, erhitzt es, bis es einige Blasen wirft, setzt acht oder neun Tropfen englische Schwefelsäure hinzu, schüttelt um und fährt mit dem Erwärmen fort, so setzt sich ein schwarzer Körper ab, und das Öl kann entfärbt (eigentlich blaßgrau von Farbe) und fast klar abgegossen werden. Neutralisirt man die freie Säure durch Pottasche-Auflösung, Kreidemilch oder Kalkmilch, so erscheint das Öl blaß schmuziggelb. Es lassen sich daraus Seifen sieden, welche an Farbe der gewöhnlichen guten Hausseife gleichkommen und an Licht und Luft schnell den letzten Rest von Färbung verlieren. Zier hat, hierauf gestützt, folgendes Verfahren im Großen ausführen lassen: rohes Palmenöl wurde in einem blanken kupfernen Kessel erhitzt, bis es zu dampfen anfing, dann schnell in ein neben dem Kessel aufrechtstehendes Faß geschöpft und unter Umrühren mit concentrirter englischer Schwefelsäure (8½ Pfund auf zwei Centn. Öl) vermischt. Das noch sehr heiße Öl blieb einige Zeit in Ruhe, worauf mit warmer Kalkmilch die freie Schwefelsäure gesättigt und das sich oben absondernde klare Öl abgezapft wurde. Noch heiß wurde letzteres in den Siedekessel gebracht und auf gewöhnliche Weise zu Seife gesotten, welche, wenn sie ganz weiß sein sollte, vor dem Gutsieden in den Kasten geschlagen, nach dem Erstarren zerschnitten, in Späne gehobelt, an Licht und Luft gebleicht, endlich wieder in den Kessel gebracht und gutgesotten (fertig gekocht) wurde.

c) Nach Michaelis durch Braunstein und Schwefelsäure (mittels des aus ersterm entwickelten Sauerstoffgases?). 32 Theile rohes Palmenöl werden bei gelindem Feuer in kupfernem Kessel geschmolzen und durch Einrühren mit zwei Theilen fein gepulverten Braunsteines vermengt. Nach fünf bis zehn Minuten (während welcher man nicht aufgehört hat, zu rühren) gießt man 16 Theile kochendes Wasser hinzu, bringt die Masse zum Kochen, setzt behutsam mittels einer Brause einen Theil concentrirter englischer Schwefelsäure zu, rührt noch einige Zeit um und läßt die Mischung abkühlen. Hierbei sammelt sich das Öl auf dem Wasser, der Braunstein aber fällt in demselben zu Boden. Das Öl hat nun eine gelbliche oder gelblich-grüne Farbe, wie Baumöl, und wird durch den Einfluß des Lichts und der Luft in kurzer Zeit ganz weiß. Es liefert eine vollkommen weiße Seife, taugt auch besser zum Brennen in Lampen als das rohe Öl, indem es nicht wie dieses den Docht mit Kohle bedeckt. Diese Methode ist von Walwer in Magdeburg im Großen mit dem angezeigten Erfolge ausgeführt worden.

d) Nach Lampadius durch Chlor. Acht Theile Wasser werden über Feuer oder durch Wasserdampf zum Kochen gebracht, ein Theil des besten (kein freies Kalkhydrat enthaltenden) Chlorkalks wird zugesetzt und dann das rohe Palmenöl (vier Theile) eingetragen. Sobald das letztere geschmolzen ist und als eine dunkelgelbe Flüssigkeit die Chlorkalkauflösung bedeckt, setzt man ¼ Theil englische Schwefelsäure, mit ebenso viel Wasser verdünnt, zu. Allmälig erfolgt die Entfärbung, worauf man die Masse erkalten läßt. Das erstarrte Fett wird abgenommen und mit dem 20—30fachen Gewichte Wasser ausgekocht, um den eingemengten Gyps aufzulösen. Es ist weiß und liefert eine völlig weiße Seife von ganz schwachem Veilchengeruche.

e) Nach demselben durch Sonnenlicht. Wird das Palmenöl in einer dünnen, geschmolzenen Schicht dem Sonnenscheine ausgesetzt, so erfolgt die vollständige Bleichung schnell (bei kleinen Mengen innerhalb eines Tages). Wenn die Sonnenwärme nicht zur Schmelzung hinreicht, müßte man künstliche Erwärmung zu Hilfe nehmen. Im Großen dürfte aber diese Methode zu viel Raum und zu viel Gefäße erfodern.

f) Nach einer englischen Angabe durch Ammoniak. Drei Theile Salmiak und zwei Theile gebrannter Kalk (letzterer mit einem Theile Wasser gelöscht) werden mit einander vermengt und in einer Retorte oder einer bedeckten eisernen Pfanne erhitzt. Das sich entwickelnde Ammoniakgas leitet man durch ein Rohr in einen Kessel, worin sich gleiche Theile Wasser und Palmenöl befinden. Sobald die Gasentwickelung eintritt, setzt man in dem Kessel allmälig kochendes Wasser zu, bis dessen Gewicht dreimal so viel beträgt, als das des Palmenöls. Das Öl nimmt durch diese Behandlung schnell eine blaßgelbe Farbe an; allein es ist zu zweifeln, daß dieses Verfahren im Großen mit der nöthigen Ökonomie sich ausführen lasse.

g) Nach Erdmann durch Kohle. Mehrtägige Digestion des geschmolzenen Palmenöls mit thierischer Kohle bewirkt eine vollkommene Entfärbung; es ist aber schwierig, die fein zertheilte Kohle wieder gänzlich abzusondern. Holzkohle wirkt viel langsamer.

Aus dem Vorhergehenden ergibt sich, daß Palmenölseife sowol gelb als weiß dargestellt werden kann, je nachdem man das rohe oder das gebleichte Öl anwendet. Die Verfahrungsarten bei der Bereitung dieser Seifen sind die gewöhnlichen. Unter dem Namen gelber Seife, Palmenölseife, kommt aber auch häufig Seife vor, zu welcher nur wenig Palmenöl, dagegen hauptsächlich Harz und Talg gebraucht ist. Der Zusatz von Palmenöl dient in diesem Falle, um die schöne gelbe Farbe hervorzubringen, welche durch Harz allein mehr braun wird. Solche Seifen erhält man aus 26 Theilen Talgs, sieben Theilen rohen Fichtenharzes und zwei Theilen Palmenöles, oder 22 Theilen Talgs, eilf Theilen Terpentins und einem Theile Palmenöles. Vgl. d. Art. Palmae u. Elaeis. (*Karmarsch.*)

Palmenölseife, s. Palmenöl.

PALMENORDEN. A) Der fruchtbringende, oder Orden der fruchtbringenden Gesellschaft. Als im betrübten Würg- und Todtenjahre 1617, wo alle Felder mit Harnischen und Todtenbeinen besäet waren und die stolze Uneinigkeit in den teutschen Gauen wüthete, viele Fürsten und Ritter sich auf dem Schlosse Hornstein, das nach dem Wiederaufbau Wilhelmsburg genannt wurde, versammelt hatten, um in solchen traurigen Verhältnissen sich zu berathen, schlug der thüringische Ritter und weimarische Oberhofmarschall, Kaspar von Teutleben, ein vielgereister, welterfahrener und gelehrter Mann, sowol zur Ablenkung der Gemüther von den traurigen und niederbeugenden Verhältnissen, als auch, um teutschen Muth und Sinn ergötzlich zu beleben und in seiner Würzel zu nähren, klüglich vor, man solle sich einmüthig dahin verbinden, unsere uralte, noch nicht vollkommene und durch fremdes Wortgepränge verunreinigte teutsche Muttersprache in beste Aufnahme zu bringen, sie vom fremddrückenden Sprachjoche befreien, durch alte und neue Kunstwörter befestigen, damit sie immer herrlicher endlich auf den ruhmwürdigsten Ehrenthron gelange, der ihr gebühre. Kaspar von Teutleben wußte seinen Vorschlag durch Beispiele aus der Geschichte, namentlich durch Beschreibungen italienischer Gesellschaften, welche zur Anreizung der Jugend für volksthümlich ehrbare Sitten und für Veredlung der Landessprache fast überall blühten, zu schmücken, allerlei erquickliche, phantasiereizende Einrichtungen in Anregung zu bringen, und dem Allen noch besonders dadurch Kraft zu geben, daß grade vor 100 Jahren das Licht des Evangeliums durch des großen Luther's kunstgründliche Verdolmetschung der Welt ein Segen geworden, für welche hohe Wohlthat, durch den Fleiß eines einzigen Mannes, auf die teutsche Sprache verwendet, herbeigeführt, Gott nicht besser zu danken sei, als daß sie sich beeiferten, den werthen Schatz des teutschen Wortes rein zu erhalten und seine Kraft zu veredeln, wodurch teutsches Gemüth und vaterländische Tugend am schönsten gepflegt und gemehrt werde. Dies schlug durch, und die ganze Versammlung war einsinnig entschlossen, eine solche löbliche Gesellschaft zu beginnen und dem Kaspar von Teutleben die erste Ehrenstelle zuzueignen. So entstand am 24. Aug. 1617 der Orden des fruchtbringenden Palmbaums, dessen Hauptbestrebung dahin ging, teutsches Vertrauen und teutsche Sprache zu fördern und zu heben. Man dichtete unter Anderm mitten im Kriegsjammer von ihr:

Auf, hocheble Heldin, auf! auf, dich zu besinnen!
Zeuch die Jammerdeck' herab, ändre dein Beginnen.
Stell zuvörderst Gott anheim, nimm mit eigner Macht
Und mit eigner Hand das Schwert, nimm dich selbst in Acht.
Stoß dein Eigennutz hinaus, lieb das Allgemeine,
Nimm die wahre Gottesfurcht, nicht als Zier zum Scheine,
Glaubens- und Gewissensrecht, nächst der Freiheit Ruhm,
Leg' in deinem Vaterland, als dein Heiligthum.
Halt, behalt die Muttersprach, die so rein und züchtig,
Und zu allem Sinnbegriff herrlich, reich und tüchtig.
Was der böse Fremdlingsmann bei uns eingeflicket,
Teutscher Geist und teutsches Herz wiederum zerstücket ꝛc.

Die Satzungen der fruchtbringenden Gesellschaft waren kurz und bündig folgendermaßen niedergeschrieben worden:

I. Jedweder Gesellschafter soll ehrbar, weis, tugendhaft, höflich, nützlich und ergetzlich, gesell- und mäßig sich überall bezeigen; rühm- und ehrlich handeln; bei Zusammenkünften sich gütig, fröhlich und vertraulich, in Worten, Gebehrden und Werken treulichst erweisen, und gleichwie bei angestellten Zusammenkünften keiner dem andern ein widriges Wort vor übel aufzuehmen höchlich verboten, also soll man auch dagegen aller unziemenden Reden und groben Scherzens sich zu enthalten festiglich verbunden sein.

II. So soll auch den Gesellschaftern vor das Zweite und vor allen Dingen obliegen, unsere hochgeehrte Muttersprache in ihrem gründlichen Wesen und rechten Verstande, ohne Einmischung fremder ausländischer Flickwörter sowol in Reden, Schreiben als Gedichten aufs Allerzierlichste und Deutlichste zu erhalten und auszuüben; auch so viel möglich, insonderheit bei den Mitgesellschaftern, zu verhüten, daß diesem in keinem nicht möge zuwider gehandelt, vielmehr aber gehorsamlichen nachgelebt werden; wozu dann ein jedweder seine beiwohnende Höflichkeit ohn das vielfältige Anleitung geben werde.

III. Drittens sollen auch alle Gesellschafter zu gebührender Dankbezeugung der erwiesenen Ehre sich belieben lassen, ein in Gold geschmelztes Gemäle, worauf einseitig der Baum und das Wort der fruchtbringenden Gesellschaft zugeordnet, anderseitig aber des Gesellschafters selbsteigenes Gemäl an einem sittiggrünen Seidenband zu tragen; damit die Gesellschaftsgenossen sich unter einander bei ergebenden Zusammenkünften desto leichter erkennen, und dadurch dero hochrühmliches Vorhaben kündig gemacht werden möchte.

Diese Hauptsatzungen wurden noch mannichfach erläutert, woraus das Wichtigste in Folgendem bestand: Die Gesellschaftsbrüder sollen sich mit treuer Ehrerbietung begegnen, nicht mit gefärbten Worten, sondern wirklich in der That sich liebreich erweisen, Gott um seine Gnade anflehen, die Zeit des Lebens in guten Künsten und Wissenschaften zubringen, freundlich in allen Begegnissen, freudig in Widerwärtigkeit und unverdrossen im Guten sich erweisen, damit durch der Welt Ergetzung nicht das Ewige in Gefahr gesetzt werde. Der andern Hauptsatzung Zweck beruhet vornehmlichen in dem, daß wir unsere hochprächtige Muttersprache vor allen Dingen von dem Unflat bettelerischer Wortbesudelung, so viel jedem müglichen, ausreuten, säubern, auszieren, und keineswegs damit ferner behelligen: sondern dieselbe dagegen in ihrer Grundfarbe und rechten Verstand erhalten, behalten und fortzupflanzen uns höchlichen angelegen sein lassen.

Das Gemälde auf der einen Seite des goldenen Pfennigs führte in der Mitte einen Palmbaum und auf beiden Randseiten einen in zwei Hälften getheilten; oben stand der allgemeine Wahlspruch des Ordens: Alles zu Nutzen; unten war geschrieben: die fruchtbringende Gesellschaft. — Auf der andern Seite, das selbsteigene Gemälde eines Jeden war nicht sein abconterfeites Bild, sondern irgend ein erwähltes Symbol aus dem Pflanzenreiche, was in der Mitte des goldenen Rundtheiles abgebildet wurde, daneben mit dem Pflanzennamen, z. B. „Beerenklau." Oben stand ein gewählter Spruch, der sich auf das Symbol bezog, z. B. zur Beerenklau: „In heilsamen Wirkungen." Unten war ein Beiwort geschrieben, das sich möglichst auf das Symbol bezog und den Gesellschaftsnamen des Mitgliedes bildete, z. B. der Unverdrossene." Dieser Unverdrossene war Karl Gustav von Hille, welcher über diese Gesellschaft folgendes sehr selten gewordene Werkchen schrieb: Der Teutsche Palmenbaum; das ist: Lobschrift von der hochlöblichen fruchtbringenden Gesellschaft Anfang, Satzungen, Vorhaben, Namen, Sprüchen, Gemählen, Schriften und unverwelklichem Tugendruhm. Allen Liebhabern der teutschen Sprache zu dienlicher Nachrichtung, verfasset durch den Unverdrossenen Diener derselben. Mit vielen Kupfern gedruckt und verlegt durch Wolfgang Endlern (Nürnberg 1647). Der Unverdrossene hat sich in seinem Büchlein selbst abconterfeien lassen. Auch sein Sohn Philipp Karl war bei der Gesellschaft.

Diese Einrichtungen waren gleich Anfangs getroffen worden, und der Gründer dieser Gesellschaft, Kaspar von Teutleben, hieß unter Nr. I. der Wohlweise. Unter den ersten Mitgliedern sind die Herzoge von Sachsen, Johann Ernst, der Jüngere, genannt der Keimende, Friedrich (der Hoffende) und Wilhelm (der Schmackhafte) zu nennen; ferner Joh. Kasimir, Fürst von Anhalt (der Durchdringende); Dietrich von Werthern, (der Vielgekrönte); Friedrich von Kosboth (der Helfende); Christoph von Krosigk (der Wohlbekommende) ꝛc. Alle diese Herren wählten sich gleich im ersten Jahre der Stiftung des Ordens zu ihrem Oberhaupte den wissenschaftlich gebildeten Fürsten von Anhalt, Ludwig, genannt der Nährende. Dieser dafür sehr empfängliche Mann übernahm die Leitung der Gesellschaft nur versuchsweise; man wollte sehen, ob die nicht zu ausgedehnte Verbindung zur Belebung eines teutschen Sinnes und zur Förderung unserer Sprache in gebundener und ungebundener Rede etwas Gutes wirke. Die Thätigkeit der Mitglieder, mehr noch vielleicht die politische Lage Teutschlands, machten bald die Gesellschaft so beliebt, daß sich nicht wenige geistreiche Männer um Aufnahme in den Palmenorden bewarben. Sie erweiterte sich immer mehr, und selbst in den Jahren des härtesten Krieges kam man von Zeit zu Zeit zusammen. Der Schutzherr selbst schrieb mehre eigene Schriften und Übersetzungen, um Andere dazu anzuspornen. Nur eigentliche Gelehrte hatte der Orden Anfangs wenige. Im Jahre 1646 zählte er über 450 Mitglieder, unter denen zwei Kurfürsten, 32 Herzoge, zwei Pfalzgrafen, vier Landgrafen, vier Markgrafen, 17 Fürsten, 32 Grafen ꝛc.

Der höchstgeehrte Nährende machte gleich die Einrichtung, daß jedes Mitglied nach geschehener Ernennung und nach der Wahl seines Ordenszeichens seinen angenommenen Namen Spruch, und Symbol auf grauem Atlas auf das Künstlichste gestickt einsenden mußte, dann auch sein angebornes Wappen auf sittiggrünem Atlas in einer vom Haupte der Gesellschaft verordneten, gleichmäßigen Größe. Auf der zweiten Stickerei mußte das Jahr des Eintritts beigefügt stehen. „Solche unterschiedene kostbare, nach der Ordnung zusammengefügte Stücke machen die allerprächtigste und zierlichste Tapezereien, so in der ganzen Welt den Menschen können vor Augen kommen; maßen dieselben in des höchstgeehrten Nährenden fürstlichem Schlosse zu Köthen auf dem prächtigen Saal der hochlöblichen Fruchtbringenden Gesellschaft zu stets währendem Ehren und Andenken vorgestellt und mit höchst nachdenklicher Verwunderung anzuschauen seind. Bei welchem auch insonderheit die wohlangestellte Gesellschaftsordnung gleichfalls zu beobachten; daß gleichwie von Jahren zu Jahren die Gesellschafter ohn Unterschied des Standes und Würden, auch nach Beliebung des Urhebers eingenommen, also auch dieselbe ohn Unterschied in Schriften und Gesellschaftszusammenkünften gezeichnet und gesetzet werden sollen; damit der vorfallende Ehrengeprängsstreit dadurch aufgehoben und die Gesellschafter zur Einigkeit nach dem Alter der Eintretung, und nicht des Standes Vorzug, angewiesen werden mögen: allermaßen wie auch in den italienischen Gesellschaften die Gesellschaftsnamen zu solchem Ende gegeben werden, daß sie dadurch als Gesellschafter und Mitglieder eines Leibes sein sollen; ohne Beobachtung ungleichen Herkommens. Dieser Ordnung ist nachgehends in Benamung der Gesellschafter schuldig gehorsamt."

Auf unterschiedenes Glaubensbekenntniß wurde bei der Aufnahme nicht im Geringsten gesehen, versichert, daß hier nicht von streitigen Glaubenspunkten gehandelt werde, sondern das Christenthum nur in Thaten aufrichtiger Frömmigkeit gesucht werden solle, im Vertrauen, im Eifer für Förderung der teutschen Sprachreinigkeit. Sie hielten damals den Ascanas, sonst auch Thuisco genannt, der in Ascanien, das ist in Anhalt, gewohnt habe, für den Gründer der teutschen Sprache, erbauten ihm eine Ehrensäule und machten manchen Reim auf ihn, sowie auf Karl den Großen, welcher gleichfalls eine Ehrensäule erhielt ꝛc. — Unter den 457 Gesellschaftsnamen ist der letzte der Rüstige. Das ist Johannes Rist, Prediger zu Weckel und kaiserlich gekrönter Poet.

Von den vornehmsten Mitgliedern wollen wir Namen, Symbol und Spruch übersichtlich angeben, ohne die beigefügten Reime:

Ludwig, Fürst zu Anhalt, hieß der Nährende, führte ein Weizenbrod, mit dem Spruche: Nichts Besseres. Wilhelm, Herzog zu Sachsen-Weimar, hieß der Schmackhafte, führte eine Birne mit einem Wespenstich und den Spruch: Erkannte Güte. Dietrich von dem Werder hieß der Vielgekornte, führte einen aufgeborstenen Granatapfel mit dem Spruche: Abkühlend stärkt. Christian, Fürst zu Anhalt, hieß der Unveränderliche und führte einen Cypressenbaum mit dem Spruche: Dringt in die Höhe. Friedrich Wilhelm hieß der Untadelige, führte Mirabolanen mit dem Spruche: Kräftiger Tugend. August, Herzog zu Braunschweig und Lüneburg, hieß der Befreiende, führte Gamandrele, mit dem Spruche: Vom Schlage (weil diese Pflanze vom Schlage befreien sollte). Christian Ludwig, Herzog zu Lüneburg, hieß der Reinherzige, führte die Citronenblüthe mit dem Spruche: Labt und stärket. Hermann, Landgraf zu Hessen, hieß der Fütternde, führte zahme Wicken und den Spruch: Mit Rath. Kurt von Borgsdorf hieß der Einfältige, führte ein Einblatt mit dem Spruche: Hat viel in sich. rc. Man hatte ein Gesellschaftsbuch, in welchem Namen, Gemälde, Sprüche und Beischriften aller Mitglieder in Kupfer gestochen worden waren. Die Gesellschaft hatte sich von der Elbe an die Weser, die Donau und den Rhein verbreitet; selbst Schweden ließen sich aufnehmen, ihres teutschen Ursprungs eingedenk, z. B. Achsel Ochsenstirna (der Gewünschte); Dorsten Stallhans (der Verjüngernde); auch einige andere auswärtige Feldherren sind aufgenommen worden, als Robert Duglas (der Lebhafte); Ottavio Piccolomini (der Zwingende) rc. Einigen Antheil und Aufnahme erhielten auch etliche ausgezeichnete Frauen vornehmer Mitglieder. Die Fürsten, die in der Gesellschaft sich befanden, übersetzten manches Werk ins Teutsche, und Ludwig von Anhalt schrieb zu einigen Übersetzungen noch „von den weisen Alten." Der Vielgekörnte (Dietrich von dem Werder) übersetzte Tasso's Gottfried oder das erlöste Jerusalem, was zwei Auflagen erlebte. Justus Georg Schottelius, Hof- und Kirchenrath zu Wolfenbüttel, in der Gesellschaft der Suchende genannt, schrieb über die teutsche Sprache, wodurch er sich viel Ruhm erwarb, eine Harmonie der vier Evangelisten rc. Joh. Michael Moscherosch hieß der Traumende und machte sich am beliebtesten durch seine Strafschriften, worin er die arge Welt abmalte; er nannte sie „Gesichte" und gab sie unter dem Namen Philander von Sittewald heraus. Sie erlebten fünf Auflagen. Besonders viele kleine Gedichte, unter denen manche Witzspiele sind, die uns freilich nicht mehr behagen mögen, wurden von den Mitgliedern der Gesellschaft gefertigt. Man gab sich also Mühe, und für Aufnahme der teutschen Sprache in Schriften und im Leben wurde nicht wenig gethan. Die Gesellschaft verdient unsern Dank, und man geht zu weit, wenn man ihr Spiel mit Gesellschaftsnamen, nach Art der italienischen Gesellschaften, hart tadelt. Ohne dieses Spiel und die dadurch bezweckte Gleichstellung der Stände hätte die Gesellschaft höchst wahrscheinlich nicht so lange geblüht und im Ganzen nicht so vortheilhaft gewirkt. Als Ludwig, der Nährende, Fürst von Anhalt, im J. 1650 gestorben war, wählte der Verein den Herzog von Sachsen-Weimar, Wilhelm den Schmackhaften. Unter der Leitung dieses Fürsten stieg der Palmenorden bis zu seiner schönsten Blüthe und brachte manche gute Früchte. Er hatte sich so vergrößert, daß er über 800 Edle und Gelehrte unter seinen Mitgliedern zählte, dazu noch 45 Freiherren, 60 Grafen, 19 Fürsten, 8 Pfalzgrafen, 10 Landgrafen, 4 Markgrafen, 49 Herzoge, 3 Kurfürsten und der schwedische König Karl Gustav. Unter den Gelehrten, welche noch unter der Leitung des Nährenden aufgenommen worden waren, war auch der bekannte und immer schätzenswerthe Dichter Georg Neumark, Bibliothekar und Registrator zu Weimar, welcher des Palmenordens schon in der Vorrede zu seinem „fortgepflanzten Lustwald" im J. 1657 gedenkt, später noch ein eigenes Werkchen für die Gesellschaft schrieb: „Neusprossender teutscher Palmenbaum." (Nürnberg 1668.) Die Acten der Gesellschaft liegen im Archive zu Weimar. Nach dem Tode des Herzogs Wilhelm von Weimar im Jahre 1662 wurde zum Oberhaupte der Gesellschaft Herzog August von Sachsen gewählt, der letzte Administrator des Erzbisthums Magdeburg. In der fruchtbringenden Gesellschaft führte er den Namen der Wohlgerathene. In der ersten Hälfte seiner Verwaltung stand der Orden immer noch in großem Ansehen und suchte seine Wirksamkeit bedeutend geltend zu machen. Nur waren viele in der Sorge für die teutsche Sprache zu weit gegangen. Ihre zu raschen und nicht selten wunderlichen Neuerungen in Veränderung der Orthographie wurden schon auffallend; noch mehr Gegner fanden sich, als man so weit ging, kein Wort in der teutschen Sprache beibehalten zu wollen, was auch nur einen fremden Ursprung hatte. Man ersann dafür eine Menge neuteutscher Wörter, die freilich mitunter seltsam genug waren. Dieser wunderliche, neue Wörterhaufen war es, der die nützliche Sache lächerlich machte. Nach dem Tode des Wohlgerathenen wollte sich kein regierender Fürst, und solche waren bisher stets Oberhäupter des Ordens gewesen, der Leitung desselben annehmen. Und so ging die fruchtbringende Gesellschaft im J. 1680 aus einander. Ihr Nutzen ist geblieben.

(*G. W. Fink.*)

B) Weiblicher Palmenorden. Dieser wurde durch Fürst Christian's I. zu Anhalt-Bernburg Gemahlin Anna, Graf Arnold's von Bentheim Tochter, für Damen gestiftet. Die Geschichtschreiber rühmen die geistige Bildung dieser Fürstin und ihr Bestreben, durch wohlthätige und nützliche Einrichtungen Gutes zu wirken. Diesem edeln Bestreben allein hat dieser Orden seinen Ursprung zu verdanken. Sie errichtete ihn während ihres Aufenthaltes in Amberg in der Oberpfalz am 21. Oct. 1617, nannte ihn **la noble académie des Loyales** oder die getreue Gesellschaft, wozu in der Folge noch die Benennung **L'ordre de la Palme d'or** kam. Sie selbst war Patronin desselben, ließ die festgesetzten Statuten in französischer Sprache abfassen, welche im J. 1633 etwas vermehrt in teutscher Sprache erschienen und im Wesentlichen folgende Punkte enthielten: „Die Zahl der Ordensdamen beläuft sich auf 20, wovon zehn fürstlicher, sieben gräflicher und drei adeliger Abkunft sein müssen. Jedes Glied muß gottesfürchtig, der Religion zugethan, züchtig, ehrbar sein und seinem Berufe getreu leben. Zur Patronin darf nur eine Fürstin gewählt werden. Unter dem zwölften Jahre und ohne Zustimmung der Patronin und der ersten Glieder findet die Aufnahme nicht statt. Untreue gegen Andere, sowie gegen die Gesetze des Ordens; ferner öffentlicher Haß, Neid, Heimtücke, Stachelwort und Falschheit, machen des Ordens wieder verlustig. Jedes Glied wählt sich ein Symbol, läßt es malen und nimmt einen Namen an, bei welchem es von den Übrigen mündlich und schriftlich genannt wird. Dem Symbole sucht jedes treulich nachzuleben, Ermahnungen mit Sanftmuth zu geben und mit Dank zu empfangen. Bei Zusammenkünften soll die Zeit mit ehrlichen Gesprächen, auch fröhlichen Übungen in Musik, Poesie &c. verkürzt werden. Der Abwesenden soll immer im Besten gedacht werden. Wird von einem übel gesprochen, so sollen es die übrigen vertheidigen und seine Mängel bestmöglichst zudecken. Jedes Glied gibt jährlich einen, zwei, auch drei Thaler, oder nach Belieben mehr her, um Arme damit zu unterstützen. Ein verstorbenes Glied wird von allen andern sechs Wochen lang, nach Umständen auch länger, betrauert. Das Ordenszeichen wird nach dem Tode der Patronin zurückgegeben. Nach obigen Angaben war es also Hauptzweck der Stifterin, durch ihn dem Laster der Schmähsucht und Klätscherei entgegenzuwirken. Im Ordenszeichen sah man einen durch die Sonne entzündeten Phönix, in dessen Nähe ein Tempel stand. Auf Bergen und Ebenen lagen Schlösser und Städte. Die Umschrift war: Rare, mais perpetuel. Die hiermit verbundene Allegorie der Stifterin war: Sowie der Phönix einzig sei, wie er uralt werde, den Tod nicht scheue, durch ein neues Leben belohnt werde, so wäre auch Treue selten, ewig, fähig den Tod zu erleiden und der höchsten Belohnung würdig. Auf welche Art dies Ordenszeichen getragen wurde und wie es geformt war, davon sagen die Statuten nichts. Die bildlichen Symbole jedes Mitgliedes waren der eigenen Wahl überlassen und daher nach dem verschiedenartigen Ideengange der Inhaberinnen verschieden. So hatte die Prinzessin Anna Sophia von Anhalt: „zwei fliegende junge Störche leiteten zwischen sich einen alten Storch." Darüber standen die Worte: A bon exemple. Sybille, Fürstin zu Anhalt-Köthen, hatte einen schlechten Tisch, worauf ein Brod, ein Glas Wein und eine zusammengelegte blaue Decke lagen. Er stand unter einem grünen Portale, das mit Citronen, Weintrauben, Äpfeln, Birnen und Pflaumen ausgeziert war. Über diesem las man: A suffisance. Susanna von Börstel hatte eine Glucke mit ihren Jungen, dabei ein Haus, in der Ferne ein Dorf und die Worte: Sans loyer etc. Die angenommenen Namen waren von der Art, wie sie die Glieder der fruchtbringenden Gesellschaft führten, als: die Wahrhaftige, die Vergnügte, die Unveränderliche, die Friedsame &c. In der Bibliothek des Fürsten Wilhelm von Anhalt-Bernburg-Harzgerode soll sich ein Buch befunden haben, in welchem sämmtliche Mitglieder verzeichnet, ihre Sinnbilder und Denksprüche abgebildet und die Jahre der Aufnahme in den Orden und des Todes derselben beigefügt waren. Nach dem Tode der Stifterin im J. 1624 wurde eine Herzogin von Mecklenburg Patronin, unter deren Patronat die Statuten von Neuem bestätigt erschienen. Durch die Unruhen des 30jährigen Krieges, welche die Zusammenkünfte der Mitglieder verhinderten, erlosch jedoch der Orden wieder und starb nach und nach aus. (*F. Gottschalck.*)

PALMENSEE, heißt auf einigen Karten der Georgssee in dem nordamerikanischen Gebiete Florida. Er wird von dem aus dem Mayacosee abziehenden St. Johnfluß gebildet und ist reich an Inseln. (*Fischer.*)

Palmenseife, s. Palmenöl.

PALMENSECT, eine Art süßen Weines (Sect) von der kanarischen Insel Palma, welche ihm den Namen gegeben hat. Er ist hellgelb, von wenig Körper, aber sehr lieblichem Geschmacke. (*Karmarsch.*)

Palmenstadt, s. Jericho.

Palmenwachs, s. Palmae.

PALMENWEIN, das weinartige Getränk, welches durch die geistige Gährung aus den zuckerhaltigen Säften mehrer Palmenarten entsteht (s. Palmenzucker). Auch wird wol der rohe Saft selbst unter dem Namen Palmenwein verstanden. Dieser ist an Farbe und Consistenz der Milch ähnlich, sehr süß und nicht berauschend. Durch Einwirkung der Luft wird er zuletzt sauer und soll dann giftige Eigenschaften besitzen. Faraday fand darin: Zucker, Gummi, Eiweißstoff, Essigsäure, Kohlensäure, Wasser. Vergl. d. Art. Palmae. (*Karmarsch.*)

PALMENZUCKER, 1) eine Art großen Hutzuckers, der von Holland aus, in Palmblätter gewickelt, versandt wird; 2) der Zucker aus dem eingekochten Safte der Weinpalme (Borassus flabelliformis) und anderer Palmenarten. Aus der Blüthenkolbe der Kokospalme gewinnt man in Ostindien einen süßen Saft, indem man die Spitze desselben abschneidet, den Stumpf festbindet und mit einem Stocke klopft, wodurch der Saft (Toddy genannt) an der verwundeten Stelle ausfließt. Eine gesunde Blüthenkolbe liefert täglich zwei bis vier engl. Pinten Saft (ein bis zwei berliner Quart), und ist manchmal vier bis fünf Wochen lang benutzbar. Auch die Dattelpalmen liefern einen süßen Saft (täglich fünf bis sieben berliner Quart, und dies wol zwei Monate lang), welcher sogar zuckerreicher ist als der Zuckerrohrsaft, sodaß man aus einem berliner Quart Saft 12—13 Loth Zucker gewinnen kann. Der Saft wird zur Zuckergewinnung gleich dem Zuckerrohrsafte behandelt. Läßt man ihn in Gährung gehen, so erzeugt er ein weinartiges Getränk, welches bei der Destillation Arrak liefert. Vergl. d. Art. Palmae und Gomutus. (*Karmarsch.*)

PALMER. Unter den Engländern dieses Namens wird hier nur erwähnt 1) Anton, ein zelotischer auch in dieser Art schriftstellerisch-thätiger presbyterianischer Geistlicher, der unter Karl II. abgesetzt wurde, aber in London Conventikel zu halten fortfuhr, und 1679 den 26. Jan. starb. 2) John, ein Geistlicher des 18. Jahrh., den unbesonnener Eifer für politische Freiheit sogar endlich nach Botany-Bay führte, Vertheidiger auch der moralischen oder der Willensfreiheit gegen den Determinismus von Priestley in seinen Observations in defence of the liberty of man, as a moral agent, in answer to Dr. Priestley's illustrations of philosophical necessity (Lond. 1779.). Priestley erließ darauf in demselben Jahre a lettre to Jo. Palmer in defence of the illustr. of philosophical necessit., worauf Palmer 1780 replicirte und Priestley triplicirte (s. Krug's Phil. Lex.). 3) Eine ansehnliche Familie in Northamptonshire, aus der Gottfried P. 1660 die Baronetswürde erhielt, Roger P. von Karl II. zum Grafen von Castlemaine in Irland erhoben, von Jacob II. 1686 an den päpstlichen Hof geschickt wurde und sich bei dieser Gesandtschaft mit unbesonnenem Eifer (er war ein leidenschaftlicher Katholik und den Jesuiten affilirt) benahm (s. Rapin und Burnets). 4) S. Palmer, gest. 1734, Verf. einer 1735 erschienenen Geschichte der Buchdruckerkunst, namentlich in England, General history of printing from the first invention of it etc. 5) Ein bekannter Schauspieler gegen Ende des vorigen Jahrhunderts. (*H.*)

PALMER, Township in der Grafschaft Hampden des nordamerikanischen Freistaates Massachusetts mit einem Postamte und 1200 Einwohnern. (*Fischer.*)

PALMERA, 1) Vorgebirge auf der Ostküste der spanischen Pithyuseninsel Formentera unter 38° 42′ n. Br. und 1° 30′ östl. L. nach dem Meridian von Greenwich. 2) Nach einigen Geographen ein Arm des Gambia. (*Fischer.*)

PALMERI (C.), oder auch **PALMERIUS**, Zeichner und Kupferstecher aus Parma, geb. gegen 1750, studirte in seiner Vaterstadt und später zu Paris und widmete sich ländlichen und auch historischen Darstellungen. Einige Blatt, L'occupation champêtre, L'amour maternel, das Innere eines Kuhstalls, La vieille, Le repos, sind sehr geistreich aufgefaßte und elegant radirte Blätter mit Aquatinta oder Tuschen überzogen. Nach ihm ist der Tod Turenne's in reicher, aber etwas manirirter Composition von Chambers in London in einem großen Blatt gestochen. (*Frenzel.*)

PALMERINHO, Cap in Unterguinea, nicht zu verwechseln mit dem Cap Palmarinho auf der zur Provinz Loanda im südafrikanischen Königreiche Angola gehörigen Halbinsel Korimba. (*Fischer.*)

PALMERINI (....), ein sehr guter, aber wenig bekannter Maler aus Urbino, Mitschüler des Rafael Sanzio, der (nach *Lanzi's* Storia pittorica. Vol. II. p. 42) gegen 1500 blühte, in seinen Arbeiten einen trefflichen Styl zeigte, von dem sich ein schönes Gemälde mit vielen Heiligen in St. Antonio zu Urbino befindet. (*Frenzel.*)

PALMERIUS[1]), oder mit seinem vollständigen Namen Jacob le Paulmier de Grentemesnil, stammt aus einem alten Geschlechte, das aus seiner Theilnahme an den Kreuzzügen die drei Palmen in dem Wappen der Familie herleitete. Sein Vater Julian war Mitglied der medicinischen Facultät zu Paris und stand in dem Rufe eines der tüchtigsten und gelehrtesten Ärzte, den er durch mehre Schriften, wie de morbis contagiosis libri VII. (Paris 1587. 4.) und de vino et pomaceo libri II. (Paris 1588), noch weiter verbreitete. Am 6. Jul. 1574 hatte er sich mit Margarethe (nicht Maria) de Chaumont verheirathet, und das eheliche Glück war bald durch die Geburt eines Sohnes erhöht. Die Religionsverfolgungen, denen die Protestanten ausgesetzt waren, veranlaßten Julian noch in seinem Alter Paris zu verlassen und sich nach Caen zu begeben, wo er in seiner Religionsübung weniger beschränkt war. In dieser Zeit war es, wo ihm jener zweite Sohn am 5. Dec. 1587 geboren wurde, zu Grentemesnil nahe bei Sainte Barbe in dem Lande Auge, auf einem Landgute seines Großvaters von mütterlicher Seite. Kaum ein Jahr alt war der Knabe, als ihm der Vater im 68. Jahre durch den Tod entrissen wurde und die ganze Sorge für die Erziehung der nachgelassenen Kinder (zwei Knaben und zwei Mädchen) in die Hände der Mutter fiel, welche sich, wie natürlich, mit ganz besonderer Vorliebe dem jüngst gebornen Kinde zuwandte. Unter der Leitung dieser trefflichen und gelehrten Mutter (denn sie gab sogar ein Buch von der christlichen Sittenlehre heraus) machte der Knabe schnelle Fortschritte und bildete sich frühzeitig sehr vortheilhaft aus. In seinem zwölften Lebensjahre verließ er Caen und verweilte zunächst bei einer Verwandtin in Rouen, die für einen sehr geschickten Lehrer in der griechischen Sprache gesorgt hatte. Der Tod desselben machte diesem Unterrichte leider zu bald ein Ende, und zu dem Schmerze über diesen Verlust des geliebten Lehrers kam noch der über den größern und unersetzlichen seiner Mutter. Da übernahm die Sorge für seine Erziehung der ältere Bruder, welcher den wißbegierigen Knaben nach Paris schickte und den gelehrten Pater Dumoulin veranlaßte, ihm durch die Aufnahme in sein Haus nicht nur die Theilnahme an seinem trefflichen Unterrichte zu verschaffen, sondern auch durch seinen lehrreichen Umgang förderlich einzuwirken. In dieser Zeit war es auch, wo er von Casaubonus den Herodot erklären hörte. Im 16. Jahre ging er nach Sedan und setzte dort nicht nur sein Studium der griechischen Literatur fort, wozu ihm in dem Hause Berchel's, das er bewohnte, die schönste Gelegenheit dargeboten wurde, sondern wandte sich auch zu philosophischen Studien. Jedoch erfuhr dieser rege wissenschaftliche Eifer eine höchst unangenehme Unterbrechung durch die Verführung eines Edelmanns, der ihm die Romanen-Lecture so angenehm und so fesselnd gemacht hatte, daß Palmerius während eines ganzen Jahres, allen ernstern und edlern Beschäftigungen entfremdet, nur diese Lesesucht zu befriedigen suchte. Aber sein gesunder Sinn führte ihn wieder auf den rechten Weg und er gewann aus dieser Verirrung neben dem erbittertsten Hasse gegen alle Romane eine kräftige Aufforderung zu desto regerem und anhaltenderem Fleiße. Um den Kreis seines Wissens noch mehr zu erweitern, wählte er zunächst das Studium der Jurisprudenz und besuchte zu diesem Behufe Orleans, wo er in dem Hause Joachim's Dumoulin, des Vaters von Peter, dieselbe freundliche Aufnahme fand, die ihm bei dem Sohne in Paris zu Theil geworden war. Der Bruder, dem die Verwaltung des gemeinschaftlichen Vermögens zu drückend ward, rief unsern Jacob von der Akademie zurück und, obgleich er erst 19 Jahre alt war, erlangte er doch leicht die Erklärung seiner Mündigkeit, welche am 31. Aug. 1606 erfolgte. Die dadurch ihm auferlegten Geschäfte konnten indessen den Jüngling nicht fesseln,

1) Die Hauptquelle für das Leben des Palmerius ist die ausführliche Biographie von Stephan Morinus, welche vor der Descriptio antiquae Graeciae fast vier Bogen füllt und wieder abgedruckt ist in Vit. selector. quorund. eruditissimorum virorum (Vratislav. 1711.). p. 186—239. Aus ihr hat geschöpft *Niceron* Mémoires VIII. p. 274 (der teutschen Übersetzung Thl. VIII. S. 330—341), wovon die Aufsätze bei Jöcher III. S. 1204, in der Historia bibliothecae Fabricianae. P. VI. p. 129 und in der Biographie universelle. XXXIII. p. 211 nur dürftige Excerpte sind. Einige Notizen gibt *Saxe*, Onomastic. V. p. 12. Huet's Origines de Caën konnte der Verf. dies. Art. nicht benutzen.

er kannte höhere geistige Bedürfnisse, nach deren Befriedigung er verlangte, und kaum war das Nöthigste beendigt, so eilte er schon wieder nach Paris, um dort nachzuholen, was er bis jetzt versäumt hatte, und namentlich die mathematischen Disciplinen und die Musik, so weit dieselbe zu kunstverständiger Beurtheilung der Leistungen anderer erfoderlich ist, kennen zu lernen. Auch die ritterlichen Künste übte er fleißig, sodaß er nicht nur bei seinem Kriegsdienste daraus den größten Nutzen zog, sondern sogar noch im 60. Jahre ein Meister in allen Arten des Kampfes war. Auf der Reise, die er nach Beendigung der akademischen Studien unternahm, besuchte er die bedeutendsten Städte seines Vaterlandes und fand namentlich zu Marseille bei theuern Verwandten die freundlichste Aufnahme und für seinen Eifer in der Untersuchung der Alterthümer vielfältige Gelegenheit. Nach seiner Rückkehr zog er sich auf des Bruders Gut zurück, um in ungestörter Muße sich ganz der Beschäftigung mit den Sprachen, alten sowol als neuern, unter denen ihm sogar die teutsche Sprache nicht ganz fremd war, zu widmen. Die Besorgnisse, welche die Protestanten wegen der überhandnehmenden Beeinträchtigungen des Edicts von Nantes beängstigten und sie den Verlust freier Religionsübung befürchten ließen, veranlaßten eine Gesandtschaft an den König, zu der auch Palmer erwählt ward, und die mit dem glücklichsten Erfolge gekrönt war. Erst im 33. Jahre begann bei ihm die Neigung zum Kriegsleben, und da ihm die Ruhe Frankreichs keine Gelegenheit dazu gab, so ging er 1620 in holländische Dienste, um an dem Kriege der Niederländer gegen die Spanier Antheil zu nehmen. Er diente hier acht Jahre und fand Anfangs unter Moritz und dann unter Heinrich von Nassau an beiden Führern die schönsten Vorbilder und in ihrem Heere besonders bei der Belagerung von Breda Gelegenheit glänzende Beweise seines Muthes und seiner Tapferkeit zu geben. Nach Beendigung des Kampfes kehrte er in seine Heimath zurück und ward durch seinen ritterlichen Sinn und sein lebhaftes Gefühl für Recht in einen Streit verwickelt, der ihm später viel Sorgen und Unruhe bereitete. Ein angesehener und reicher Edelmann seiner Gegend verfolgte einen vornehmen Geistlichen und versuchte allerlei Angriffe gegen denselben, die unsern Palmerius um so mehr empörten, als das Unrecht offenbar auf der Seite des erstern war. Er warf sich daher zum Vermittler auf und suchte die beiden streitenden Parteien zu versöhnen. Aber der Friedensstifter ward von jenen schlecht aufgenommen und mit Schmähungen und Hohn überhäuft; ja derselbe ging in seinem Ingrimme so weit, daß er einen offenen Angriff auf Palmerius und dessen wenige Begleiter unternahm. Es kam zum Kampfe und in diesem wurde der Angreifende mit der Mehrzahl seiner Genossen getödtet. Die Sache machte großes Aufsehen und ein Proceß wurde bei dem Staatsrathe selbst anhängig gemacht, der, da er langwierig zu werden schien, des Angeklagten Gegenwart in Paris selbst nothwendig machte. Außer der Genugthuung, daß er förmlich von aller Schuld freigesprochen wurde, hatte er von dem lästigen Handel auch noch den Vortheil, daß er durch den Umgang mit den Gelehrten der Hauptstadt zu den selbst im Feldlager nie ganz aufgegebenen Beschäftigungen mit der alten Literatur zurückkehrte. Um Erholung von den Verdrießlichkeiten jenes Processes zu finden, hatte er den Lucanus zur Hand genommen und bei diesem Dichter so viele Schönheiten entdeckt, daß er ihn den übrigen Epikern der römischen Literatur weit vorzog. Von einem Freunde zu einer Vergleichung seines Lieblings mit Virgil aufgefodert, schrieb er 1629 pro Lucano contra Virgilium apologia, in welcher Abhandlung er die Vorzüge dieses in der dichterischen Kunst zwar nicht leugnet, bei jenem aber mehr Hoheit und Erhabenheit findet [2]). In Paris fand er sich auch durch die Freundschaft der ausgezeichnetsten Männer beglückt und mit mehren von ihnen dauerte wenigstens der briefliche Verkehr in den spätern Jahren noch fort. Darunter waren Pontanus, Petitus, Guyet, Blondell und andere. Erst nach der glücklichen Beendigung jenes Rechtshandels kehrte er in die Provinz zurück zu seinen gewohnten Beschäftigungen. Aber bald wurden dieselben von Neuem unterbrochen, da ein junges Frauenzimmer von Adel so lebhaften Eindruck auf Palmerius gemacht und eine so feurige Liebe in ihm erweckt hatte, daß er alles Andere bei Seite setzend, nur dieser Leidenschaft sich hingab und seine Zeit mit Verherrlichung seiner Geliebten in Versen und in Prosa verschwendete. Die Mahnungen der Freunde hatten Anfangs keinen Eindruck auf ihn gemacht, als er aber selbst ruhiger geworden und dadurch zu reiflicherem Nachdenken über jenes Verhältniß befähigt war, hatte er Selbstverleugnung genug, nicht nur die Liebe ganz aufzugeben, sondern auch den Verlauf des Verhältnisses in einem griechisch geschriebenen Gespräche zu schildern, welches er treffend *Δυςεραστής* betitelte [3]). Der Krieg im Vaterlande veranlaßte ihn seiner Ruhe zu entsagen und sich mit mehren Waffengenossen zu dem Herzoge von Longueville zu begeben, der ihn nicht nur an die Spitze einer Reitercompagnie stellte, sondern ihm auch so großes Vertrauen schenkte, daß er ihn zu mehren wichtigen Sendungen benutzte. Der Friede führte ihn wieder nach Hause, wo es ihm gelang seinen Mitbürgern gegen den Übermuth und die frechen Foderungen der Soldaten kräftigen Schutz zu gewähren. Als aber 1648 sein älterer Bruder starb und bald darauf auch dessen Gemahlin, von dem Schmerz über des Gatten Verlust überwältigt, dem Tode unterlag, sah sich Palmerius zu einer Änderung seiner bisherigen Lebensweise genöthigt; er verließ des Bruders Haus, wo er seit der Beendigung seiner Studien gewohnt hatte und begab sich auf der Freunde Rath nach Caen, wo ihm der Aufenthalt unter einer größern Anzahl gebildeter, selbst gelehrter Männer um so

2) Der Aufsatz wurde erst 1704 in einer von Jan. Berkel veranstalteten Sammlung dissertationes selectae criticae de poetis graecis et latinis, rec. et edid. *J. B.* (Lugd. Bat. 1704. 8.) gedruckt und ebendaselbst 1707 wiederholt. Aufgenommen ist derselbe in Oudendorp's Ausgabe dieses Dichters S. 911—945. und in die Ausg. London 1751. p. I—LX. 3) In dem Titel folgt er dem Aristophontes, dessen Dyserastia nach *Fulgent.* p. 718 *Stav.* dem Apulejus in dem Mährchen von Amor und Psyche vorgeschwebt haben soll.

angenehmer sein mußte. Um ihn noch fester an diesen Wohnort zu fesseln, veranlaßten seine Freunde ihn zu heirathen, und wirklich vermählte er sich am 5. Oct. 1648 mit Margarethe Samborn, einer Engländerin von guter Familie, mit der er bis zu ihrem Tode im Jahre 1663 in den glücklichsten Verhältnissen lebte. Seine Gegenwart gereichte der Stadt Caen zum größten Nutzen, denn er gehörte zu den eifrigsten Beförderern der daselbst zu errichtenden Akademie und ward deren wärmster Beschützer gegen alle Angriffe der Widersacher und die Intriguen der Verkleinerer, die trotz aller Bemühungen doch nichts zu erreichen im Stande waren. Vielmehr vereinigten sich dort eine Menge ausgezeichneter Männer, unter denen Huet's, Menage's, Bochart's und einiger Anderer Namen noch immer glänzen, und die zu dem wachsenden Rufe der neuen Akademie nicht wenig beitrugen. Dem Palmerius waren alle zu dem lebhaftesten Danke verpflichtet und sie erkannten dies auch öffentlich an. Während so auf der einen Seite die allgemeine Achtung und die freundschaftlichen Verhältnisse ihm das Leben verschönerten, litt er an schweren körperlichen Leiden, gegen die nur die ernste Beschäftigung mit den Wissenschaften ihm Trost gewährte. Es nahmen jedoch diese Steinschmerzen so zu, daß er sich 1659 zu einer Operation entschloß, nachdem er, das Schlimmste befürchtend, Alles auf den vielleicht zu erwartenden Tod vorbereitet hatte; mit der größten Geduld ertrug er den Schmerz und ward von neun Steinen, deren jeder größer als eine Haselnuß war, befreit. Aber noch hörte die Krankheit nicht auf, er mußte sich einer zweiten Operation unterwerfen und erst bei dieser gelang es, das Übel völlig zu bannen. Am 29. Sept. 1664 ward er durch des Königs Vertrauen zu einem der Richter ernannt, welche über die Streitigkeiten zwischen Katholiken und Protestanten entscheiden sollten; aber der ehrenvolle Auftrag machte ihm bei der Schwierigkeit der Sache viel Noth. Im Aug. d. J. 1669 verfiel er in eine schwere Krankheit, und obgleich dieser erste Anfall derselben glücklich überwunden ward, so kehrte sie doch im Februar des folgenden Jahres zurück und benahm dem ohnehin schon schwachen Greise die noch übrigen Kräfte. In anhaltender Fieberhitze ward er von beunruhigenden Phantasien gequält, seine Umgebungen wurden ihm unkenntlich, die Theilnahme an einem Gespräche unmöglich. Aber in den letzten Augenblicken kehrte ihm die Besinnung wieder, er konnte noch ein Vaterunser beten [4]), und verschied, nachdem er ein Jahr lang krank gelegen hatte, den 1. Oct. 1670 Abends um zehn Uhr.

Palmerius war nach der Schilderung seiner Zeitgenossen schlank und wohlgebaut, hatte eine hohe Stirn, schönen Mund, durch eine spitze Nase scharf hervortretende Züge, braunes, gelocktes Haar. Die Wangen waren ihm von anhaltender Arbeit gebleicht, sonst aber hatte er Kraft und Gewandtheit des Körpers bis in spätere Jahre bewahrt und nur der Steinschnitt ihn auf einige Zeit zum Gebrauche einer Krücke genöthigt. Er war frei und offen, dabei aber doch bescheiden, und da ihm eigene Kinder versagt waren, zuvorkommend und freigebig gegen Andere in einem hohen Grade. Das zeigte sich namentlich in der ungehinderten Mittheilung der Ergebnisse seiner gelehrten Studien, die er keinem vorenthielt, der davon zweckmäßigen Gebrauch zu machen im Stande war. So hatte er schon 1659 seine Bemerkungen zu Polybius durch Bigot's Vermittelung an Böcler in Straßburg gesandt, der eine neue Ausgabe dieses Schriftstellers vorbereitet, und gleicher Dienstfertigkeiten hatten sich Menage bei Diogenes von Laerte und Ez. Spanheim, als er Lucan zu bearbeiten beabsichtigte, zu erfreuen. Seine Verbesserungen zu der parischen Marmorchronik hatte er an Selden geschickt, aber der Tod dieses Gelehrten veranlaßte die Zurücksendung derselben.

Die Bestimmung des Werthes, welcher dem Palmerius als Philologen zukommt, hängt von der Beurtheilung der beiden einzigen Schriften ab, die er hinterlassen hat. Philolog von Profession war er nicht, aber er hatte von Jugend auf seinen Geist an alter Literatur genährt, tüchtiger Lehrer sich erfreut, und in den spätern Jahren hinlängliche Muße, die liebgewordenen Studien zu pflegen. **Ab ineunte aetate studiis satis deditus vixi usque ad vigesimum annum**, sagt er selbst, **ab eo tempore vita mea fuit militaris potius quam studiis dedita, sed postquam senectus et calculi dolores intensissimi mihi a muniis militiae vacationem dederunt, litterarum et praecipue graecarum amor recruduit et in doloris solatium studia repetenda duxi.** Aber selbst auf seinen Feldzügen hatten ihn seine griechischen Schriftsteller begleitet und boten ihm gegen die Langeweile der Winterquartiere das kräftigste Mittel. Was ihm bei solcher Lecture einfiel, pflegte er auf dem Rande zu bemerken [5]), und die Masse der dadurch gewonnenen Resultate veranlaßte die Auffoderung seiner Freunde zu einer Sammlung dieser Bemerkungen. Die Besorgung der Herausgabe hatte Ludw. Fabricius in Heidelberg übernommen, aber der Tod des Buchdruckers verhinderte dieselbe und das Manuscript kam erst nach langen Wanderungen in Teutschland wieder in des Verf. Hände. Erst durch J. Fr. Gronov's Vermittelung erschienen die **Exercitationes in optimos fere auctores graecos (Lugd. Bat. 1668. 4.)** und blos mit neuem Titel **Trajecti ad Rhen. 1694. 4.**, die nicht etwa blos Emendationen, sondern auch zahlreiche Beiträge zur Erklärung und Beurtheilung der von andern gemachten Verbesserungen enthalten. Den meisten Raum nehmen die Historiker und

4) In diesem Gebete hatte er die vierte Bitte um tägliches Brod, als für einen Sterbenden unnöthig, weggelassen und dafür um baldige Befreiung gebetet. Dies veranlaßte die zu Lübeck 1712 erschienene **Disquisit. sacra num moribundus quarta petitione orationis dominicae uti possit?** (4 Blätter.) Vergl. Gelehrte Fama v. 1712. S. 570.

5) Die königl. Bibliothek zu Dresden besitzt mehre Ausgaben griechischer Schriftsteller mit Bemerkungen und Verbesserungen von Palmerius, so *Stephan. Byz.* ed. *Alding.*, **Xenophon** ed. *H. Stephan.*, *Philonis* ed. Paris. 1552., *Pollux* ed. *Aldin.*, *Suidas* ed. *Mediolan.*, welche mit Ausnahme des Xenophon in den Exercitatt. nicht behandelt sind. Genauere Auskunft fehlt selbst bei Ebert, Gesch. der Bibl. zu Dresden. S. 288. Die leipziger Rathsbibliothek besitzt einen Herodot, ed. *Steph.*, in welchem der Name **Jacobus Palmerius. Eques. Dominus a Grentemesnil Vendozeranus** eingeschrieben ist; s. Naumann's trefflichen **Catal. bibl. senat.** p. 4.

Geographen ein, wo auch das chronicon marmoris Arundeliani eine sehr umfassende Behandlung gefunden hat (p. 677—714)[6]), worauf dann Diogenes, Aristides, Athenäus, Lucian, Theophrast und die Redner folgen. An der Vollendung des zu den Dichtern Bemerkten ward er durch Krankheit verhindert und so behandelte er nur als Anhang zu jenen (p. 715—819) Aristophanes und Theokrit. Seine Kritik stützt sich meist nur auf Vergleichung anderer Stellen und zeigt einen gelehrten Charakter, sehr selten sind solche Fälle, wo er mit glücklichem Scharfsinn Fehler entdeckt und berichtigt hat. Daher ist auch Lobeck's Lob (Aglaoph. p. 663) pereruditus minimeque temerarius treffend [7]). Das zweite seiner Werke, die Frucht 20jähriger Arbeit, erschien erst nach seinem Tode, nicht von J. Fr. Gronov, der an der Herausgabe verhindert war, sondern von dem in diesem Fache weit mehr bewanderten Abrah. Berkel, es ist Graeciae antiquae descriptio, zuerst Lugd. Bat. 1678., wiederholt mit neuem Titel Trajecti ad Rhen. 1694. 4. Zwar hatte Palmerius den Plan des Ganzen entworfen und zur Ausführung desselben viel gesammelt, aber an der Vollendung hinderte ihn der Tod, und so besitzen wir in dieser Monographie über das alte Hellas nur Illyricum, Epirus, Akarnanien, Ätolien, Lokri und Phokis behandelt. Als erster Versuch aus dem mühselig zu gewinnenden Material ein Ganzes aufzubauen ist dieses Werk höchst ehrenwerth, für unsere Zeit aber nur als Materialiensammlung, die noch dazu meist eine zufällige ist, zu gebrauchen. Die Bewunderung, die Berkel in *Steph. Byz.* v. *Δωδώνη* p. 321 aussprach, verdient es nicht mehr, und nicht ganz ungerecht ist Valckenaer's Urtheil in *Herod.* VIII, 33: **Istas urbes pro doctrina sua geographica tractavit Palmerius, sic tamen, ut saepius vir egregius errare debuerit, nec critica sollertia neque instructus accurata linguae graecae peritia.** Aber zugestehen muß man, daß er wenigstens Meursius' unkritische Sammlungen noch weit übertrifft [8]). Außerdem hat sich Palmerius vielfach in der Poesie versucht und eine Menge von Versen nicht nur in neuern Sprachen, namentlich in der Französischen und Italienischen, bei den verschiedenen Verhältnissen seines Lebens geschrieben, sondern selbst noch in seinem Alter sich in griechischen Versen versucht. Als nämlich Ludwig XIV. ein Erbe geboren war, hatte die erfreuliche Kunde unsern Palmerius so begeistert, daß er schon am zwölften Tage nach jener Geburt ein umfassenderes Gedicht vollendet hatte, in welchem sich der neugeborne Dauphin mit dem Delphine, der unter den Sternbildern ist, unterhält und durch diese Erfindung, daß selbst die stummen Fische redend eingeführt werden, zu mancherlei Spöttereien Veranlassung gab. Der Ausgabe der Briefe des Claude Sarran (Oran. 1654) hat er ein éloge de Sarran vorausgeschickt. (*F. A. Eckstein.*)

PALMERO (Capo-), eines der merkwürdigern Vorgebirge des Königreichs und der Insel Sardinien, welches an der Ostküste in der Generalintendanz Cagliari, nordwärts von dem Eilande Cira, weit in das Meer hinaus tritt. (*G. F. Schreiner*)

PALMERSTON. 1) P. Cap, ein Vorgebirge auf der nordöstlichen Küste von Neuholland, unter 21° 30′ s. Br. und 210° 54′ westl. L. 2) P.n's Island, eine von Cook im J. 1774 entdeckte Inselgruppe, welche unter 18° 4′ südl. Br. und 214° 29′ westl. L. im Australocean zwischen den Freundschafts- und Gesellschaftsinseln liegt. Sie besteht aus acht oder neun kleinen Inseln, welche fast einen Kreis beschreiben und durch ein Korallenreef zusammenhängen. Capitain Wilson landete an einer dieser Inseln, welche kaum eine englische Meile im Umfang hatte und bei hohem Wasser nur vier oder fünf Fuß über dem Meeresspiegel emporragte. Der Boden bestand aus Korallensand, welcher mit schwärzlicher Pflanzenerde bedeckt war. Im Innern derselben fanden die Reisenden viele Kokosnußbäume, auch sahen sie Fregatten und andere tropische Vögel, vorzüglich viele Tölpel. Zwischen den Bäumen war eine Unzahl rother Krabben, die hinter sich her eine Schale von zwei bis drei Zoll im Durchmesser schleppten. Beim Laufen streckten sie ihre Scheeren aus, berührt, zogen sie sich schnell ganz in die Schalen zurück. Sie sahen auch die in Cook's dritter Reise beschriebene Grotte. Einen herrlichen Anblick gewährte ihnen ein Korallenfelsen, welcher vom Ufer aus, wo er festhing, sich so weit erstreckte, daß er endlich über dem Wasser zu schweben schien und im Lichte der Sonne die prachtvollsten Farben spielte. Dies Schauspiel erhöhte eine zahllose Menge Fische, welche ihn furchtlos umspielten und in dem mannichfaltigsten Glanze der Schuppen prangten. Von Bewohnern fanden sie keine Spur. (*Fischer.*)

PALMERSTON, irländischer Viscount-Titel, der vorzüglich häufig um des heutigen Inhabers willen genannt wird. Peter Temple, Esq. auf Stowe, in Buckinghamshire, starb im J. 1577 und ward am 27. Mai zu Stowe beerdigt. Johann, sein ältester Sohn, ward der Ahnherr der Temple von Stowe, als deren Repräsentant der Herzog von Buckingham und Chandos erscheint, während Peter's jüngerer Sohn, Anton, der Vater jenes Wilhelm Temple wurde, der als Secretair bei dem unglücklichen Grafen von Essex stand. Wilhelm's Sohn, Johann Temple, Ritter, war Master of the rolls in Irland, bei dem Ausbruche der Unruhen im J. 1641. In dem Zustande der höchsten Aufregung wurde die Hauptstadt noch mehr beunruhigt durch das Gerücht von der Annäherung einer starken Rebellenschar; das Gerücht war ungegründet, aber Temple machte sich dies zu Nutze, um die reichen Kaufleute zu überreden, daß sie ihre Baarschaften nach dem Schlosse und folglich in Sicherheit brachten. Dort waren diese Gelder, bei der Erschöpfung aller Cassen, eine höchst willkommene Aushilfe. Johann starb im Jahre 1677. Sein ältester Sohn war der berühmte Wilhelm Temple auf East-Sheen, einer der bedeu-

6) Wiederholt in Maittaire's Ausg. Ox. 1732. p. 200—221. In gleicher Weise sind die notae in *Scylacis* periplum wiederholt in der Ausg. Lugd. Bat. 1700. 4., die in *Strabonem* Amstelod. 1707 und in *Polybium* durch Grävius 1716. 7) Vergl. auch *Morhof.* Polyhist. V, 1. §. 9. p. 925. *Albert.* praef. *Hesych.* I. §. IV. p. XVIII. Observatt. miscell. IX, 3. p. 452. 8) Auffallend ist es, daß A. Gronov diese Schrift nicht in den Thesaur. antiquit. graec. aufgenommen hat.

tendsten Diplomaten des 17. Jahrh., sein zweiter Sohn, Johann, wie der Vater genannt, starb den 10. März 1704, als Attorney-General von Irland, und ward der Vater von Heinrich Temple, geb. im J. 1673, der am 12. März 1722 zum Baron Temple und Viscount Palmerston ernannt wurde, sich in erster Ehe mit Anna, einer Tochter von Abraham Houblon, Esq. (sie starb den 8. Dec. 1735) und in anderer Ehe, den 11. Mai 1738, mit Isabella, einer Tochter des Baronet Franz Gerard von Harrow-on-the-hill, in Middlesex, einer Witwe des Baronet Johann Fryer, verheirathete und den 10. Jun. 1757 das Zeitliche segnete. Ihm waren nach des großen Temple Ableben die reichen Stammgüter, namentlich auch East-Sheen in Surry, anheimgefallen. Seine kinderlose Witwe starb den 11. Aug. 1762, aus der ersten Ehe aber hinterließ der Viscount die Söhne Heinrich und Richard. Richard, Parlamentsglied für Downton, verheirathete sich den 18. Mai 1748 mit Henriette, der Tochter von Thomas Pelham von Stanmer, in Sussex und starb den 8. Aug. 1749, mit Hinterlassung eines Sohnes, der, geboren den 18. Febr. 1749, die Kinderjahre nicht überlebte. Heinrich, des ersten Viscount älterer Sohn, starb vor dem Vater den 18. Aug. 1740, aus seiner zweiten Ehe mit Johanna, einer Tochter von Sir John Barnard, den einzigen Sohn Heinrich hinterlassend. Dieser, geb. den 4. Dec. 1739, verheirathete sich den 6. Oct. 1767 mit Franziska, einer Tochter des Baronet Franz Poole, von Poole, in Cheshire; sie starb den 2. Jun. 1769, und der Viscount ging am 5. Jan. 1783 eine zweite Ehe ein mit Maria, der Tochter von Benjamin Mee, Esq. Er starb den 17. April 1802, seine Witwe den 8. Febr. 1805. Aus der ersten Ehe hinterließ er die einzige Tochter Elisabeth, aus der zweiten Ehe drei Kinder, Heinrich Johann, Wilhelm und Franziska. Elisabeth, geb. den 16. Mai 1769, ist seit dem 6. Dec. 1811 mit Laurenz Sullivan von Ponsborne-Park verheirathet. Heinrich Johann, geb. den 20. Oct. 1784, folgte dem Vater als dritter Viscount von Palmerston, und ist der Minister, der eben jetzt auf England, gleichwie auf die europäische Gesammtpolitik, den größten Einfluß übt und nicht geringe Schuld trägt an den heillosen Wirren unserer Zeit, mehr zwar durch gedankenloses Gehenlassen, als durch irgend eine angeborene oder erworbene Kraft. Wilhelm, geb. den 19. Jan. 1788, wird dereinst dem Bruder in Titel und Gütern succediren, vielleicht sogar im Amte, denn auch er ist eine diplomatische Potenz. Franziska ist seit dem 9. Aug. 1820 mit Wilhelm Bowles verheirathet. In des Viscount geviertem Wappenschilde erscheint im ersten und vierten ein rother Adler im goldenen Felde, im zweiten und dritten im silbernen Felde zwei rothe Querbalken, jeder mit drei rothen, gestümmelten Amseln besetzt. Motto: Flecti non frangi. Von Besitzungen können wir, außer East-Sheen, nur noch Broadlands in Hampshire nennen. Vgl. d. Art. Temple. (*v. Stramberg.*)

Palmetten. s. Palmenblätter.

PALMETTO, PALMITTO, PALMILLO, PALMISTE, nennen die Spanier, Engländer und Franzosen zunächst die Zwergpalme (Chamaerops humilis *L.*). Dann ist dieser Name aber auch auf andere Palmen von niedrigem Wuchse übertragen worden. (*A. Sprengel.*)

PALMETTO. 1) Stadt auf der Insel St. Christopher, gelegen an der gleichnamigen Bai, drei Meilen westlich von Basse-Terre. 2) Vorgebirge auf der Nord-, 3) auf der Südküste von Jamaica. (*H.*)

PALMFELT (Freiherr Gustav), schwed. Reichsrath, geb. zu Stockholm im J. 1680, gest. ebendaselbst 1744. Nachdem er geringere Ämter bekleidet, ward er Landeshauptmann (Landshöfding, Provinzialgouverneur) über Skaraborgs Län, im J. 1733 über Stockholms Län, nachdem er 1731 in den Freiherrnstand erhoben worden, 1737 Präsident des königl. Kammercollegiums und 1742 Reichsrath. Er war gründlicher Gelehrter, ausgezeichneter Staatsmann und ein vorzüglicher Dichter. Virgil's Eklogen und einen Theil der Georgica übertrug er in schwedische Verse, Zeile für Zeile nachbildend (P. Virgilii Maronis Ecloges, eller Herdaquåden, öfversatte på Svensk vers, efter Latinska prosodien, uti lika verseslag och lika många verser med originalet. [Stockholm 1740. 4.]). Sein Geschlecht erlosch mit dem Tode seines Sohnes, des Ceremonienmeisters Freiherrn Gustav Palmfelt. (*v. Schubert.*)

PALMI, eine Stadt und Hauptort des Districtes in der neapolitanischen Intendanz Calabria ulteriore I., in der Nähe der großen von Reggio nach Neapel führenden calabresischen Heerstraße, am Abhange eines Berges hoch über dem Gestade des tyrrhenischen Meeres gelegen, seit dem Erdbeben, durch dessen Erschütterungen das Städtchen im J. 1783 sehr viel gelitten, neu erbaut, mit 630 Häusern, 6600 betriebsamen Einwohnern, welche sich mit Seidenweberei, Wollen- und Seidenzeuchmanufacturen, Wein- und Ölbau und mit dem Küstenhandel beschäftigen. Dieser ist ziemlich lebhaft und beschäftigt sich mit Bergamottenöl, Reglisen und andern Essenzen. Am Gestade des Meeres steht zwischen cactus opuntia, Reben und wildem Gebüsch ein alter Küstenthurm (Torre di Palmi), und gegen Süden von dem Städtchen thront auf hohem Berge die Chiesa di S. Elia. (*G. F. Schreiner.*)

PALMIERI (Giuseppe), geboren im J. 1721 zu Martignano, einem seiner Familie gehörenden Lehen unweit Lecce im Königreiche Neapel. Nachdem er es im Kriegsdienste bis zum Oberstlieutenant gebracht hatte, bekleidete er mehre Civilämter und ward im J. 1791 zum Vorsteher des königl. Finanzcollegiums zu Neapel ernannt. In diesem hohen Posten starb er im J. 1794 mit der Überzeugung, viele für das Ganze nützliche Einrichtungen ins Leben gerufen zu haben. Das öffentliche Wohl ging ihm über Alles. Mit rastloser Thätigkeit suchte er dasselbe zu befördern, obgleich er, voll gelehrter Kenntnisse, fast bis zur Schüchternheit bescheiden sein konnte. Noch als Oberstlieutenant gab er im J. 1761 seine Riflessioni critiche sull' arte della guerra heraus, ein Werk, das den Beifall des Königs von Preußen, Friedrich's II., sich erwarb und ins Englische übersetzt wurde. Bei seinen staatswirthschaftlichen Schriften verfolgte er den dreifachen Zweck, das vaterländische Publicum von den Vortheilen der neuen Verwaltungsmaßregeln zu unterrichten, der Privatindustrie die für den Staat ersprießlichste Richtung zu geben und endlich die öffentliche Meinung für sich zu gewinnen, um mit Hilfe derselben die Schwierigkeiten zu überwinden, welche Neid, Misgunst und Vorurtheile bei den Großen gegen die von ihm eingeführten staatswirthschaftlichen Verbesserungen zu erregen wußten. Seine gesammelten Schriften sind unter dem Titel erschienen: Opere militari ed economiche, corrette da *L. C. Federici* (Napoli 1816. 4.). Custodi in seiner herrlichen Sammlung der Scrittori classici italiani di economia polit. Parte moderna. Tomi XXXVII et XXXVIII hat von Palmieri's staatswissenschaftlichen Werken abdrucken lassen: 1) Riflessioni sulla pubblica felicità relativamente al regno di Napoli. 2) Osservazioni sulle Tariffe (daziarie, con applicazione al regno di Napoli. 3) Della ricchezza nazionale.

(*Graf Henckel von Donnersmarck.*)

2) Matteo, ein Florentiner von Geburt. Giambattista Gelli in seinen bekannten Capriccj del Bottajo nennt ihn einen Mann von geringer Herkunft, wogegen Apostolo Zeno (Dissertazioni Vossiane T. I. p. 100 sq.) gründlich bewiesen hat, daß die Familie Palmieri zu den angesehensten und edelsten von Florenz gehörte; obwol er doch genöthigt ist zuzugeben, daß Matteo nicht blos, wie es die Sitte mit sich brachte, einer Zunft angehörte, sondern daß er selbst, wenn auch vielleicht als Großhändler, einer Apotheke oder einem Gewürzladen, was damals wol das Nämliche war, vorgestanden. Dieser Umstand scheint auch durch den Scherz des Königs Alfons von Neapel bewiesen, welcher, als Palmieri florentinischer Gesandter bei ihm war, voll Erstaunen über seine Beredsamkeit und seine Bildung ausgerufen haben soll: Wie müssen die Ärzte in Florenz beschaffen sein, wenn es dort solche Apotheker gibt! In der That aber waren die Palmieri von Florenz mit dem mächtigen Geschlechte der Grafen Guidi im obern Arnothale verwandt, und man glaubte, wie auch in der ihm gehaltenen Leichenrede erwähnt wird, daß sie von teutschen Fürsten abstammten. Sein Vater Marco hatte wichtige Ämter in der Republik verwaltet, und er selbst ward zweimal, im J. 1445 und 1468, einer der Priori; 1453 aber bekleidete er das höchste Amt der Republik, eines Gonfaloniere di giustizia, und ward vielfältig zu wichtigen Gesandtschaften gebraucht. So war er im J. 1455 bei Alfons von Neapel, wo er Reden in spanischer, italienischer und lateinischer Sprache gehalten haben soll; 1466 ward er zum Papste Paul II., später an die Republik Siena und noch im nämlichen Jahre an einen Cardinallegaten nach Bologna gesandt. Noch einmal, im J. 1473, ward er zum Papste Sixtus IV. geschickt. Er hatte eine durchaus gelehrte Erziehung genossen, und Karl von Arezzo, Johannes Argyropulo und Ambrosius Camaldulensis (Traversari) waren seine Lehrer im Lateinischen und Griechischen gewesen. Von seinen zahlreichen Schriften sind uns folgende bekannt: Libro della vita civile, dialoghi. L. IV. Ein Gespräch über die Pflichten des Menschen zwischen Franco Sacchetti, Luigi Guicciardini und andern ausgezeichneten Florentinern, angeblich im J. 1430, zur Zeit einer in Florenz herrschenden Seuche, in einem Landhause gehalten. Die erste Ausgabe ist Firenze, *Giunta* 1529. Es ist ins Französische übersetzt von Claude de Roziers (Paris 1557). Vita Nicolai Acciajuoli in *Muratori* Script. rer. ital. T. XIII. Eine italienische Übersetzung von Donato Acciajuoli ist Firenze, *Sermartelli* 1588. 4. erschienen. De captivitate Pisarum, ap. *Muratori* Tom. VIII. P. II. und Schleswig 1656; es ist die Erzählung des Kriegs von 1405—1406, welcher mit der Eroberung von Pisa endete. Matthaei Palmerii Florentini de temporibus. Eine Chronik von Erschaffung der Welt bis auf seine Zeit. Es existiren davon mehre Manuscripte, unter andern zwei vollständige in der Universitätsbibliothek zu Leipzig. Gedruckt ist es nie vollständig; schon der erste Herausgeber Bonino Mombrizio, o. O. u. J. (Milano etwa 1475. 4.), ließ den Anfang, bis zum Jahre Christi 448, weg, weil ihm dieser Theil nur ein Auszug des Eusebius und des Prosper Aquitanus schien, deren Werke er dafür einschob. Ebenso ist es in der Ausgabe (Venedig 1483. 4.), die noch die Fortsetzung des Mattia Palmieri von 1449 bis 1481 enthält. Andere Ausgaben sind Paris, *Henricus Stephanus*, 1512. 4., worin sich eine neue Fortsetzung von Johannes Muvalle oder Multivalle von 1482 bis 1512 befindet. Ebenso Paris, *Henr. Steph.* 1518. Basil. 1529. f. und öfter. Der neueste Abdruck, der aber mit dem J. 1294 beginnt, ist in Script. rer. ital. Florentinorum (Firenze 1748). Eine dem Original gleichzeitige italienische Übersetzung ist Manuscript geblieben. Annali fiorentini, eine Geschichte seiner Zeit von 1432 bis 1474, und zwar lateinisch bis 1445, dann italienisch bis 1466 und endlich wieder lateinisch bis 1474, ist nie gedruckt worden; ein Manuscript davon befindet sich in der Strozziana in Florenz. Istoria della traslazione del glorioso corpo di S. Barbara di Nicomedia, portato a Venezia da Costantinopoli 1258. Padova 1671. Auch einige Epistolae und Orationes von ihm haben sich erhalten. Sein berühmtestes, aber ungedruckt gebliebenes Werk ist ein großes theologisches Gedicht in drei Cantiche und in 100 Capitoli, in Terzinen, betitelt Cicta (città) di vita. Schon die äußere Einrichtung und Eintheilung weist deutlich darauf hin, daß es eine Nachahmung der divina commedia sein sollte, hinter der es aber freilich, nach den wenigen Proben, die uns davon vorliegen, zu urtheilen, an Sprache und Poesie unendlich zurückbleibt; über den Werth des Inhalts können wir nichts sagen. Es schildert die Wanderungen der Seele nach dem Tode, bis sie zur Stadt des Lebens gelangt. Der Dichter durchwandelt in einer Vision oder einem Traume die außerirdischen Räume, unter der Leitung der Sibylle von Cumä; seine Reise von Neapel nach diesem Orte wird im Eingange als die Veranlassung zu diesem Traume und dieser Dichtung angegeben, woraus man wol zu voreilig geschlossen hat, er habe das Gedicht selbst im Jahre 1455, wo er in Neapel war, begonnen. Er erntete dafür großes Lob von ausgezeichneten Personen, namentlich von dem päpstlichen Secretair Lionardo Dati, welcher sogar im Jahre 1473 einen lateinischen Commentar dazu

schrieb, und bei seinem Leichenbegängnisse hatte man ihm dies Werk auf die Brust gelegt. Dennoch ward es später von der Inquisition verdammt, und durfte daher nicht gedruckt werden; nicht weil es, wie Einige fälschlich behaupten, Arianische Irrthümer enthält, sondern weil der Dichter darin lehrt, die Menschenseelen seien diejenigen Engel, welche bei der Empörung dieser Geister neutral geblieben, und denen Gott nun im Menschenleben eine zweite Prüfungszeit gestatte, um danach ihr ewiges Schicksal zu entscheiden; also solche Engel, welche Dante mit richtigerem Takte Quel cattivo coro nennt, Degli angeli che non furon ribelli, Nè fur fedeli a Dio, ma per sè foro, und welchen er daher, als vom Himmel und von der Hölle verstoßenen, den Vorhof der letztern zum Aufenthalte anweist. Man kennt drei Manuscripte dieses Gedichts, das eine in der Laurentiana, das zweite in der Ambrosiana, das dritte in der Strozziana in Florenz; dies letztere ist eine Abschrift vom Autographon des Dichters, welche dieser selbst durchgesehen und verbessert hat. Das ehrenvolle Leichenbegängniß des Dichters und die noch vorhandene lateinische Leichenrede, welche ihm Alamanno Rinuccini hielt, widerlegen hinlänglich die Gerüchte, welche einige verbreitet, er sei wegen seines Gedichtes lebendig verbrannt worden, oder wie Andere erzählen, sein Leichnam sei ausgegraben und verbrannt worden. Aus der Leichenrede ergibt sich auch, daß Matteo Palmieri wahrscheinlich im J. 1405 geboren war; er starb 1475. (*Blanc.*)

3) **Mattia**, obgleich im Vor- und Zunamen dem Vorigen fast ganz gleich, war er doch von einer ganz andern Familie und von Geburt ein Pisaner. Er war 1423 geboren und starb 1483. Er war ein classisch gebildeter, durchaus rechtschaffener, dem Geschlechte der Medici sehr zugethaner Mann, in deren Hause er auch von Kindheit an erzogen worden war. Später ward er päpstl. Secretair und erhielt viele geistliche Pfründen. Nur eine seiner Schriften ist gedruckt, eine lateinische Übersetzung nämlich der Geschichte der angeblichen Entstehung der Septuaginta von Aristeas. Zuerst findet sie sich in der lateinischen Bibel (Rom. 1471. 2. v. F.) und dann noch oft, theils einzeln, theils in verschiedenen Sammlungen. Ungedruckt geblieben sind: die Übersetzung der Metedra des Aristoteles in vier Büchern, wovon sich ein Manuscript in der pariser königl. Bibliothek unter Nr. 6583 befindet, und eine ebenfalls lateinische Übersetzung des Herodot, oder, wie Andere behaupten, nur des sechsten Buches dieses Geschichtschreibers in der Vaticana. (*Blanc.*)

4) **Vincenzo**, gestorben im J. 1820, gehörte zu den bessern neuern asketischen Schriftstellern in Italien. Von seinen zahlreichen Werken, denen allen man Sachkunde, ausgezeichneten Vortrag und Vermeidung aller scholastischen Spitzfindigkeiten nachrühmt, führen wir nur an: 1) sein in mehre Sprachen übersetztes **Trattato sulle indulgenze** und 2) sein **Trattato apologetico sulle verità della santa religione evangelica.** Der Verfasser war Abbate und lehrte als Professor die katholische Theologie erst auf der Universität zu Pisa und später auf der zu Pavia. Vgl. **Biblioteca italiana. Milano. T. XXI. p. 450.** (*Graf Henckel von Donnersmarck.*)

PALMIJUNCUS nennt Rumphius sowol mehre Arten von **Calamus**, als **Flagellaria indica** *L.* (*A. Sprengel.*)

PALMIPEDA (Mammalia). Eine von Illiger (**Prodromus Systematis Mammalium et Avium Berolini 1811. p. 88**) aufgestellte Familie der Säugethiere, als deren Kennzeichen angegeben sind: Oben und unten zwei Schneidezähne, statt der Eckzähne eine Lücke, die abgesetzten Backenzähne sind zusammengesetzte Mahlzähne und entweder auf jeder Seite zwei oder oben auf jeder Seite vier, unten vier oder fünf, der Körper mit Haaren bedeckt, die Füße deutlich, fünfzehig, die Zehen der hintern durch eine Haut verbunden, Krallen einzeln. Es gehören hierher nur die beiden Gattungen Hydromys und Castor. (D. *Thon.*)

PALMIPEDES (Aves), Schwimmvögel, von Manchen auch Natatores genannt, begreifen alle diejenigen, deren Zehen durch eine Haut mit einander verbunden sind. Diese zum Schwimmen eingerichteten Füße charakterisiren sie zugleich als Wasservögel. Hierzu kommt noch ein eigenthümliches Gefieder, welches stärker mit Fettigkeit versehen und im Grunde mit mehr Flaumenfedern dem Eindringen des Wassers besser widersteht. Ihre Füße sind in der Regel sehr kurz und stehen weit nach Hinten, dagegen der Hals oft sehr lang ist. Das lange Brustbein bedeckt den größten Theil der Eingeweide und hat auf jeder Seite einen Ausschnitt oder ein mit einer Haut überzogenes Loch. Ihr Kropf*) ist meist fleischig, die Blinddärme lang und der untere Larynx einfach, bei einer Familie zu knorpeligen Kapseln aufgeblasen.

Cuvier theilt diese Vögel in vier Familien. I. Taucher oder kurzflügelige. Hierher die Linné'schen Gattungen **Colymbus, Alca, Aptenodytes.** II. Langflügler. Hierher die Gattungen **Procellaria, Diomedea, Sterna, Rhynchops.** III. Ganzschwimmfüßler, weil bei ihnen auch der Daumen mit den übrigen Fingern durch eine Haut verbunden ist. Hierher **Pelecanus, Plotus, Phaeton.** IV. Blätterschnäbler, weil der Rand des Schnabels mit kleinen Zähnchen oder Blättchen besetzt ist. Hierher **Anas** und **Mergus.**

Die Eintheilung anderer Naturforscher weicht wenig oder nur in den Namen von dieser ab. (D. *Thon.*)

PALMIPES, ein altrömisches Längenmaß, welches $1\frac{1}{4}$ römische Fuß oder 5 römische Palmi enthielt; hiervon wurde das Adjectiv **palmipedalis** gebildet (z. B. **palmipedalis latitudo, crassitudo**). Vergl. *Wurm*, **De ponder. etc. p. 64.** (*H.*)

Palmipora, s. Millepora.

PALMNIKEN, Dorf von zwölf Häusern in dem Kreise Fischhausen, der preuß. Provinz Preußen, war ehedem ein königl. Domainenamt, und ist nach Germau eingepfarrt. Der königl. Strandinspector, sowie der Bernsteinpächter, haben hier ihren Sitz, da von hier bis Pillau der meiste Bernstein gefischt wird. (*Fischer.*)

Palmo, s. **Palme** (Längenmaß).

---

*) Voigt in seiner Übersetzung von Cuvier's Thierreich hat Gosier falsch durch Magen übersetzt.

PALMROT (Johann), der Theologie Doctor und Professor zu Upsala, Sohn eines Kaufmanns zu Arboga, wo er 1659 geboren ward, gestorben zu Upsala den 14. Mai 1727; ein gründlicher Theolog und Orientalist. Bereits als Student durfte er zu Upsala über Theologie und classische Philologie Vorlesungen halten; dann erhielt er 1685 den philosophischen Magistergrad, und bald darauf eine philosophische Adjunctur. Mit Unterstützung des Königs Karl XI. trat er 1689 eine mehrjährige theologische Reise an durch Teutschland, Italien, Frankreich, Holland, England. Auf dieser Reise hielt er sich auf mehren Universitäten auf, namentlich 1½ Jahr zu Wittenberg. Im J. 1696 ward er Professor der morgenländischen Sprachen; 1703 Professor der Theologie und Pastor von Waxala, 1705 Doctor der Theologie. Sein steter Wahlspruch war: „Der Tag dauert nicht lange." In diesem Sinne arbeitete er, bis die Nacht kam. Mehre gelehrte Abhandlungen hat er herausgegeben. (*v. Schubert.*)

PALMSKÖLD (sprich Palmschöld). 1) Erik, der Vater, königl. Secretair im Reichsarchiv, geb. 1608 zu Öfver-Säló in Södermanland, Sohn des Gerichtsschreibers Laurentius Erici, nach dem väterlichen Gute Runsjö benannt Runell, 1681 von König Karl XI. unter dem Namen „Palmsköld" in den Adelstand erhoben; gest. 1684. Neun Jahre alt, kam er zur Schule in Strengnäs, wo er bald vorzügliche Anlagen und unermüdeten Fleiß zeigte; der frühe Tod des Vaters aber rief ihn bald nach Säló zurück. Vier Jahre später zog die Mutter nach Stockholm, wo Erik auf der großen Schule (Stor-Skole) der beste Schüler war. Im J. 1627 begann er seine Universitätsstudien zu Upsala, 1629 ward er Kanzellist, 1644 Actuar, dann Secretair im königl. Reichsarchiv zu Stockholm. Er ordnete die Documente des Archivs und fertigte über dieselben Register an, eine Arbeit, die sein Sohn Elias fortsetzte. Bei acht Reichstagen redigirte er die Beschwerdeschriften des Volks 1649—1660 und verwaltete 1654—1667 die Rentkammer. Er war ein frommer Christ, ein treuer Beamter und ein rechtschaffener Mitbürger.

2) Elias, der Sohn, königl. Secretair im Reichscollegio, geboren zu Stockholm 1667, gestorben 1719, mit seinem Tode erlosch sein adeliges Geschlecht. Er studirte die Rechte zu Upsala, und erfuhr im Archiv dieselbe Stufenfolge der Ämter, die sein Vater bekleidete; Secretair des Archivs ward er 1702. Mit unbeschreiblicher Ausdauer vermehrte er die Sammlungen des Vaters; copirte alte Documente, Berichte ꝛc. des Archivs und von wo er sie erlangen konnte, insofern dadurch die vaterländische Geschichte gefördert zu werden vermochte. Nach seinem Tode erstand diesen literarischen Schatz die Universitätsbibliothek zu Upsala, wo derselbe in mehren Bänden unter dem Namen der Palmsköld'schen Sammlungen aufbewahrt wird. Eine nähere Beschreibung dieser Sammlungen hat der nachherige Bischof D. Celsius in seiner historia bibliothecae Upsaliensis 1745 noch als Vicebibliothekar zu Upsala geliefert. Sie sind sehr wichtig für schwedische Geschichte und Geographie, insbesondere zu Gustav's I. Zeit; zum Theil ergänzen sie Dahlberg's (gest. 1703) Suecia antiqua et hodierna, wie der Sammler zuerst bezweckte. (*v. Schubert.*)

PALMSONNTAG, dominica palmarum, oder in palmis, auch in ramis palmarum, der Sonntag vor Ostern, der den ganzen Ostercyklus eröffnet, wie ja die hohen Feste von der alten Kirche als eine Zusammensetzung einzelner festlicher Tage betrachtet wurden. Der Name und die an dem Tage übliche Procession mit Palmzweigen, wie deren Weihung, ist durch die Perikope des Sonntags vom Einzuge Christi bedingt; doch waren feierliche Processionen mit Umtragen grüner Zweige, *Βαϊοφορία*, sowol im Judenthume, am Laubhüttenfest, am Feste der Tempelweihe (2 Maccab. X, 6. 7. 1 Maccab. XIII, 51. Apocal. VII, 9. *Joseph.* Archaeol. XIII, 13, 6. III, 10, 4) allgemeine Volkssitte, als auch aus dem Heidenthume das Umhertragen grüner Zweige, besonders Weinranken, die athenische *ὀσχοφορία*, verglichen werden kann. In der griechischen Kirche findet sich das Palmenfest recht früh, schon im 4. Jahrh., nach Epiphanius; am kaiserlichen Hofe wurden Geschenke, Münzen ausgetheilt, die gleichfalls *Baïa* hießen, Palmgeschenke. Das Fest gilt, ungeachtet es in den großen Fasten liegt, für ein freudiges, und wird deshalb sehr bestimmt von der hebdomas magna abgesondert, die man erst mit der Feria secunda, dem Montage, beginnen läßt. Homilien für dieses Fest finden sich schon von Epiphanius gehalten. Dagegen in der lateinischen Kirche kommt dasselbe erst einige Jahrhunderte später zu solcher Geltung; zwar will man schon Homilien darauf bei Maximus von Turin finden, allein die Reden haben auf das Fest gar keinen Bezug und der Titel ist wol erst später hinzugesetzt. Sonst wird die Einrichtung des Festes gewöhnlich Gregor d. Gr. zugeschrieben; wirklich ist ein solches Ceremoniel aus Griechischem und Jüdischem entlehnt ganz in seinem Geschmacke, aber aus seinen Schriften läßt sich doch kein Beweis dafür liefern. Die erste lateinische Homilie auf das Fest gehört Beda dem Ehrwürdigen; vermuthen läßt sich deshalb, daß jener Theodor von Tarsus, der als Erzbischof von Canterbury so viel für griechische Bildung in England that, und aus dessen Schule Beda hervorging, auch diese Sitte in das Abendland verpflanzt habe. In Karolingischer Zeit ist dann das Palmenfest schon ganz allgemein, im Geschmacke des Abendlandes wird die Procession eine förmliche Darstellung des Einzugs Christi auf dem Esel, Palmenesel, unter Begleitung des palmentragenden Volks; doch wird es hier nicht als festum palmarum, sondern nur als dominica in palmis begangen. Andere Namen für den Tag sind pascha floridum, mit Bezug auf die grünen Zweige, dominica Osanna von dem üblichen Hosiannahrufen, dominica Competentium in Bezug auf die Katechumenen, denen das Symbolum mitgetheilt ward, um in der Osterzeit die Taufe zu erhalten, dominica indulgentiae wegen der hergebrachten Loslassung Gefangener, Erlassung der Schulden, Absolution der Büßenden, dominica capitilavii, des Kopfwaschens als Vorbereitung zur Ostertaufe, auch allgemeiner, als Abwaschung alles Schmuzes der Fasten; bei den Griechen auch dominica Lazari, weil dessen Auferweckung Tags zuvor begangen ward. Vergl. *Jo. Frider. Mayer*, ecloga historico-theologica de dominica Palmarum. (Gryphiswaldiae 1706. 4.) (*Fr. W. Rettberg.*)

PALMSTJERNA [sprich Palmscherna] (Freiherr Nils), geboren zu Stockholm 1696, Sohn des Lagman (Provinzialrichters) Magnus Palmstjerna, gestorben auf seinem Gute Sörby in Nerike 1766. Nachdem er zu Lund und Upsala studirt, auch dort disputirt, stand er lange in schwedischem und französischem Kriegsdienste, in letzterem war er Adjutant des Grafen Moritz von Sachsen; 1739—1744 war er schwedischer Botschafter am dänischen Hofe. Als Kanzler zu Lund, seit 1752, hat er sich durch eifrige und uneigennützige Thätigkeit große Verdienste um Förderung verschiedener akademischer Anstalten erworben; als Reichsrath, 1746 bis 1761, zeichnete er sich durch Kenntnisse, Eifer und Strenge zum Besten des Vaterlandes aus, wodurch er es aber mit den Parteien verdarb. Wie ernst er Schwedens Industrie zu heben suchte, zeigen vielfache Opfer, die er derselben brachte; des Beispiels halber trug er auch nur in Schweden bereitete Kleidung. Ihm gebührt der Ruhm eines gelehrten und rechtschaffenen Staatsmannes und eines warmen Vaterlandsfreundes. (*v. Schubert.*)

PALMWOCHE, ist die mit dem Palmsonntag (s. d. Art.) beginnende Woche. (*H.*)

PALMULA (Paläozoologie), ist ein Genus, welches Lea*) für zwei Exemplare eines fossilen Körpers aufgestellt hat, welcher nach dessen Beschreibung und Abbildung nur eine Art von Frondicularia d'Orbigny's ausmacht, obschon er selbst, mit diesem Geschlechte noch unbekannt, es zwischen Textularia und Saracenaria *Defr.* zu stellen vorschlägt. Er bezeichnet es so: Palmula: testa palmata, angulatim striata, striis loculorum dissepimenta interna indicantibus; apertura terminalis.

Die einzige Art P. sagittaria *Lea* (pl. VI. f. 228) hat eine beiderseits flachgedrückte Schale von rautenförmigem Umriß, wovon die stumpfen, seitlichen Ecken abgerundet, die hintere aber am spitzesten ist, in der vordern liegt die ovale, etwas lippenartige Mündung; mit den sie einschließenden zwei kürzern Rändern parallel sieht man auf beiden Seiten vertiefte Streifen ziehen, welche gegen die Basis, oder die entgegengesetzte spitze Ecke hin immer undeutlicher werden; sie entsprechen den Scheidewänden, welche innerlich die Fächer von einander trennen. Die Dicke ist 0,05, die Länge 0,20, die Breite 0,10 Zoll. In einer Kreideablagerung beim Timber Creek in New-Jersey vorkommend, mithin eine der wenigen aus secundairen Formationen bekannt gewordenen Foraminiferen. (*H. G. Bronn.*)

PALMULARIA (Paläozoologie), ist die Benennung, welche Defrance[1]) seit 1825 vorschlägt zu Bezeichnung eines wahrscheinlich zu den Polypen-Stöcken gehörenden fossilen Körpers, den er so definirt: Polyparium affixum?, solidum, planum, lineare altera facie laeve, altera convexiuscula costis rotundatis distichis e media ad margines iisdem dentatos pergentibus ornatum; cellulae inconspicuae. Einzige Art:

P. Soldanii *D fr.* ist zwei Linien lang, eine Linie breit, mit 10—15 schiefen Rippen auf jeder Seite, welche manchmal in der Mittellinie zusammentreffen, wodurch das Fossil ein lineares fiedernerviges Blatt nachahmt, bald aber durch einen glatten Streifen längs der Mitte getrennt bleiben. In den Gruben in tertiärem Muschelsand zu Orglandes, Departement de la Manche.

De Blainville[2]) stellt dieses Geschlecht in seine vierte Classe der Zoophyten, die der Polyparien, Unterclasse Polyparia membranacea, Familie Operculifera, zwischen Larvaria und Cellepora, bestätigt jedoch den Mangel aller mit Bestimmtheit erkennbaren Zellen. (*H. G. Bronn.*)

PALMUS, bei den Römern eigentlich die flache Hand, dann ein Längenmaß, und zwar ein doppeltes; die ältere Zeit kennt nur eins, den nachher sogenannten kleinern Palmus (p. minor), welcher vier römische Zolle (digiti) enthielt; davon gingen sechs auf die römische Elle (cubitus), vier auf den römischen Fuß (vergl. *Vitruv.* III, 1: Palmus habet quattuor digitos; ita efficitur ut pes habeat XVI digitos. *Plin.* N. H. XII, 13. s. 28), daher die sprüchwörtliche Redensart bei Columella (XXI, 33): Ad palmum decoquere von dem, der sein Vermögen verpraßt; dieser Palmus ist das griechische *δῶρον* oder *παλαιστή*. Erst bei Hieronymus (in Ez. XII, 40, 5) kommt der größere Palmus vor (p. major), welcher etwa dem heutigen italienischen Palmo entspricht, wie der griechischen *σπιθαμῇ*, und drei kleinere Palmi oder zwölf Zoll enthielt. (Vergl. *Wurm.*, De mensurr. etc. p. 64.) (*H.*)

PALMYRA ist der griechische Name der von Salomo erbauten und im A. T. (1 Kön. 9, 18. 2 Chron. 8, 4) Tadmor (תַּדְמֹר), d. i. Palmenstadt, arab. تُدْمُر oder تَتْمُر, oder Tamar (תָּמָר), d. i. Palme, genannten Stadt. Salomo baute sie „in der Wüsten," d. h. in einer rings von Sandwüsten umgebenen fruchtbaren Oase zwischen Emessa (Hims حمص) und dem Euphrat, nordöstlich von Damaskus in der syrisch-arabischen Wüste, nach d'Anville unter dem 57° der Länge und 34° der Breite, während Abulfeda sie unter dem 62° oder nach einer andern Messung unter den 67° der Länge setzt. Zwar behaupteten schon früher die dortigen Einwohner, d. h. die in den bewohnbaren Trümmern hausenden Araber, daß ihre Stadt schon vor Salomo erbaut worden sei, dieser also sie nur wieder hergestellt oder vergrößert habe, doch ist sicherlich jener Behauptung, als durch die bloße Tradition begründet, allein noch keine Folge zu geben. Sie mit ihrem Gebiete (Palmyrene) gehörte zur Zeit des Cha-

*) *J. Lea*, Contributions to Geology. (Philadelphia 1833.

1) *Defrance* im Diction. des Sciences d'hist. nat. 1825. XXXVII, 293.

2) *De Blainville* ibid. 1830. LX, 407. 408; — und Atlas desselben Werkes, Zoophytes pl. 46. f. 6; — Bronn (Lethäa, t. 35. fig. 21) gibt eine Copie dieser Figur.

ffats in der Verwaltung zu dem Gebiete von Emessa, von welcher Stadt sie drei Stationen nach Osten entfernt liegt. Ebenso weit wird von Salaminias (سلمية Golius in not. ad *Alfr.*) gerechnet, dagegen von Haleb fünf Tagereisen, von Damaskus 59 und von Rahba 102 arab. Meilen. Vom Euphrat war sie nur drei Tagereisen entlegen, wie Josephus berichtet, und führte bei den Syrern den Namen Θαδάμορα (ܬܕܡܪ und ܬܕܡܘܪ). Der Name Palmyra ist vom römischen Palma als Übersetzung von Tamar abzuleiten, und dann erst entstand bei den Griechen die Benennung Παλμιρά oder richtiger Παλμύρα, wie auch die Meisten schreiben. Veranlassung zu derselben gab der große Reichthum an jenen Bäumen, die in der mit Brunnen und einem Flüßchen versehenen Oase herrlich gediehen.

Seine politische Bedeutsamkeit. Hat nun entweder Salomo im 20. J. seiner Regierung die Stadt wirklich neu gegründet oder nur befestigt, vergrößert und ausgebaut, wie nach Josephus (Antiq. Jud. VIII. c. 6, wo er geradezu sagt, daß er daselbst feste Mauern aufgeführt, um es behaupten zu können) selbst Neuere, z. B. Volney, annehmen, indem Palmen sich nur in bewohnten Ländern fänden, der Verkehr zwischen Mesopotamien und Syrien nicht ohne Berührung für jene Oase vorübergegangen sein könne, da er älter sei als Salomo, das Interesse dieses letztern an jener von Jerusalem entfernten Gegend deren Bedeutsamkeit und Wichtigkeit verrathe, und neben dem Schutze, den sie dem Königreiche gegen von Osten eindringende nomadische Horden gewähre, hauptsächlich auch den Handel zu Wasser auf dem persischen Meerbusen und dem Euphrat begünstige — also, möge die Stadt älter als Salomo oder unter ihm entstanden sein, so viel ist gewiß, da sie später solche Macht, Pracht und großen Umfang erreichte, daß die Wahl der Gegend zu ihrer Erbauung recht glücklich genannt werden muß. Das Klima, welches Ptolemäus gleichartig mit dem von Antiochia, Seleucia, Hierapolis und Emessa schildert, beförderte die Fruchtbarkeit des Bodens ungemein (**Palmira nobilis urbs situ, divitiis soli, et aquis amoenis, vasto undique ambitu arenis includit agros.** *Plin.* H. N. IV. c. 25), und verweilt auch die Sonne für jene Gegend selbst am längsten Tage nur 14 Stunden am Himmel, so fördert sie bei dem Reichthume an Quellen das Wachsthum nur um so gedeihlicher, da ihre sengenden Strahlen nicht schädlich werden können. Longinus in seinem Briefe an Porphyrius bestätigt dieses Lob des Klima's. Als nun aber mit dem Tode ihres sogenannten Erbauers die Trennung der zwölf Stämme erfolgte, blieb diese ohne Zweifel nicht ohne Einfluß auf unsere Stadt. Entweder gerieth sie unter syrische Oberherrschaft (Rezin ward König von Damaskus), oder sie ward schon jetzt selbständig. Keine Nachricht berichtet etwas Näheres, und jede Annahme ist nur Muthmaßung. In dem Kampfe der assyrischen und babylonischen Herrscher mit dem ägyptischen konnte sie kaum ohne Theilnahme bleiben, und nach Malela, dem bekannten Mährchenerzähler von Antiochien und Patriarch daselbst gegen das Ende des 9. Jahrh., eroberte sie sogar der zweite Herrscher von Chaldäa, Nebukadnezar, vor seiner Einnahme von Jerusalem, um hinter seinem Rücken von dieser Feste nicht bedroht zu sein. Wäre dieses gegründet, so wäre auch ihr Schicksal in der nächsten Folgezeit leicht zu errathen. Von den Babyloniern würde sie in persische Gewalt und aus dieser in makedonische, d. h. Seleukidische, übergegangen sein, jedoch vielleicht so, daß ihr eine unabhängigere, innere Verwaltung gestattet war. Daß sie wenigstens in näherem Verkehre mit Syrien stand, zeigen Inschriften, die durch ihre Namen und Zeitangaben diese makedonisch-syrische Abhängigkeit wenigstens in dieser Beziehung verrathen. Nur erst später wird sie wieder zu Folge der röm. Welthändel im Osten erwähnt. Ob der Fall des Crassus auf sie Einfluß gehabt, ist nicht zu ermitteln; wir finden aber, daß im Jahre 41 v. Chr. sie durch Marcus Antonius übel berührt ward. Appianus bemerkt ausdrücklich, daß ihre Kaufleute im Rufe großen Reichthums gestanden und Marcus Antonius nach der Schlacht bei Philippi (41) seine Reiter zur Plünderung unter dem nichtigen Vorwande dahin gesandt habe, daß, da die Stadt auf der Grenze des römischen und parthischen Reichs (**quod cum essent in Romanorum et Parthorum confiniis**) gelegen sei, ihre Stellung für zweideutig und ihre Treue für unzuverlässig gehalten werden müsse, während sie nur als Handelsleute indische und arabische Waaren aus Persien in das Gebiet der Römer zu spediren beschäftigt seien. Die Hauptabsicht aber war, daß Antonius seine Reiterei für die erlittenen Strapazen entschädigen wollte. Dessenungeachtet scheint dieser Überfall nicht unerwartet gewesen zu sein, und es hatten entweder die Einwohner wirklich um ihrer zweideutigen Stellung willen denselben verwirkt, oder waren sie offen den Römern entgegengetreten, kurz derselbe Schriftsteller bemerkt, daß die Einwohner den Überfall gewußt, deshalb ihre sämmtlichen Kostbarkeiten an das jenseitige Ufer ihres Flusses geschafft, dieses aber durch ihre Bogenschützen, die in großem Rufe standen, vertheidigt hätten. Die Reiter fanden somit die Stadt beuteleer, und die Expedition war nicht nur verunglückt, sondern auch insofern bedenklich, als von jetzt an alle jene syrischen unabhängigen Städte mit um so größerem Rechte sich an Parthien anschlossen. Schon Plinius bemerkt an obiger Stelle: **Ac velut terris exemta (urbs) a rerum natura, privata sorte (i. e. sui juris) inter duo imperia summa, Romanorum Parthorumque, et prima in discordia semper utrimque cura.** Es mußte also diese Stadt schon zu Plinius' Zeit sehr bedeutend sein, wenn sich so mächtige Staaten um ihre Gunst sorgfältig bewarben. Jene Stelle beweist aber auch zugleich durch die Worte: **privata sorte,** welche Verfassung sie in der Folgezeit hatte. Sie war eine freie Stadt, d. h. hatte ihre eigene Verwaltung und ihre eigenen Gesetze unter den Kaisern, muß aber in den fortdauernden Kämpfen der Römer mit den Parthern, und zunächst unter Trajan zwischen 114—116) bei seinen Eroberungszügen gegen Armenien, Mesopotamien, Assyrien und selbst Arabien, außerordentlich gelitten haben, da des Trajan Nachfolger,

Hadrian (117—138) als ein Freund der Künste und des Friedens sie so wieder herstellen ließ, daß sie nach ihm den Namen Hadrianopolis erhielt. Er selbst besuchte sie vielleicht bei seinem Aufenthalte in Asien (123). Mehre Inschriften scheinen wenigstens darauf hinzudeuten; und daß Hadrian die größte Verehrung nicht nur in der Hauptstadt, sondern in ganz Palmyrene genoß, beweist ein in der Mauer einer Moschee drei Tagereisen von Palmyra gefundener Stein mit der Inschrift, daß ein Agathangelus aus Abila dem Jupiter für die Gesundheit seines Kaisers in einer besonders erbauten Kapelle (camera) ein Lectisternium errichtet. Überdies ward ihm, als er nach seinem Tode unter die Götter versetzt worden war, in Palmyra ein Tempel mit dem dazu gehörigen besondern Dienstpersonale errichtet. Überhaupt mußte sie jetzt gut römisch gesinnt sein, da sie sogar Caracalla (211—217) zu einer röm. Colonie erhob, und zwar juris Italici, also mit der Steuerfreiheit, die den Grundstücken des italischen Bodens zu Gute kam. Auch unter Alexander Severus (222—235) besaß sie diese Vorzüge einer Colonie, und sie wußte ihm Dank dafür durch ihre Unterstützung, die sie seinem Feldherrn Rutilius Crispus gegen die Perser unter ihrem eigenen Anführer Aurelius Zenobius zukommen ließ.

Eine ganz neue Wendung erfuhren die Zustände Palmyra's mit der eintretenden Epoche der röm. Geschichte während der Regierung des Valerian und Galienus, die uns unter dem Namen der Herrschaft der dreißig Tyrannen bekannt geworden ist. Valerian hatte nämlich im J. 260 das Unglück, den Persern für immer als Gefangener in die Hände zu fallen. Dadurch geriethen natürlich die dem persischen Reiche zunächst gelegenen, vom römischen Scepter mehr oder weniger abhängigen, Staaten Asiens in die augenscheinlichste Gefahr. Das vom siegreichen persischen Könige Sapores geplünderte und verwüstete Antiochien hatte Syrien in den größten Schrecken gesetzt, und da Palmyra nicht eben sich sehr neutral in der jüngsten Vergangenheit (vor dem Zuge des Valerian nach Asien scheint jedoch Palmyra und Odenathus mit Sapores in freundschaftlicher Verbindung gestanden zu haben) gegen die Perser benommen hatte, und durch seinen bekannten Reichthum die Beutegier dieser Asiaten um so mehr zu einem Angriffe reizen konnte, blieb dieser Stadt keine Wahl hinsichtlich ihres Verhaltens übrig. Man beschloß, durch die glanzvollsten Geschenke den Wünschen der Eroberer entgegenzukommen und einen Angriff derselben abzulenken. Das Schreiben, welches diese Geschenke begleitete, war von Odenathus ausgefertigt, den Einige von niederer Herkunft abstammen lassen, Andere zu einem Decurio von Palmyra, d. h. zu einem Mitgliede des Stadtraths, noch Andere zu dem General en chef machen, welche letztere Angabe jedoch die frühere und spätere Zeit zu verwechseln scheint. Auf gleiche Weise sind andere Bemerkungen zu deuten, wie wenn er als König der Sarazenen bezeichnet wird. Ein aufgeweckter Geist und durch glückliche Handelsunternehmungen erworbener Reichthum hatten ihn unstreitig zu einem der Vertreter der Stadt gemacht, und als solcher schrieb er an den fremden König. Die vielen Kameele, welche die kostbarsten, für einen Perser vorzüglich werthvollen Geschenke trugen, kamen glücklich bei Sapores an; dieser aber, mit dem Tone des Briefes, der ihm nicht genug knechtische Unterwürfigkeit verrieth, höchst unzufrieden, ließ die sämmtlichen Geschenke in den Euphrat werfen, zerriß den Brief, trat ihn mit Füßen und ließ seinen Unmuth in Drohungen gegen den Briefsteller und seine Vaterstadt aus (s. d. Art. Odenathus). Odenathus, dadurch keineswegs entmuthigt, bestand auf kräftigem Widerstand und bekämpfte glücklich alle Vorschläge der Palmyrener, die auf Unterwerfung hinausliefen. Wenn Einige den Odenathus im Auftrage des Galienus die Waffen gegen die Perser ergreifen lassen, so verkennen sie wiederum Zeit und Umstände. Hier mußte rasch gehandelt werden. Ein Heer, bestehend aus Palmyrenern und den sich anschließenden Arabern, unter ihnen wahrscheinlich Reste der römischen Armee, bewies, daß Odenathus das Richtige gewählt; er warf die Perser über den Euphrat, eroberte Mesopotamien zurück, und die Flucht des Feindes über den Euphrat war bereits so eilig gewesen, daß die glücklich über denselben gelangten Perser sich vor Freude umarmten. Sapores sah sich sogar genöthigt, um ungehindert nach Persien zu entkommen, sich die Möglichkeit einer raschen Flucht von der Besatzung von Edessa (Roha) in Mesopotamien durch Geschenke zu erkaufen. Die meisten diesseit des Tigris gelegenen Städte wurden erobert, und sogar Ktesiphon, eine der Residenzen der persischen Fürsten damaliger Zeit, wurde bedroht (*Eutrop.* c. 9. vita Gal.), nachdem, wie Pollio erzählt, das Harem des Fürsten mit großer Beute in die Hände des Siegers gefallen war. Derselbe Schriftsteller gibt auch zu, daß, wenn Odenathus mit seinen Palmyrenern dem Feinde im Orient keinen Widerstand geleistet hätte, dieser für das röm. Reich auf immer verloren gewesen wäre. Zu Folge dieses glücklichen Feldzuges nun, auf dem ihn seine Gemahlin Zenobia und sein ältester Sohn Herodes nebst den beiden jüngern Herennianus und Timolaus begleitete, warf er sich zugleich mit den übrigen römischen Statthaltern, die wir unter dem Namen der dreißig Tyrannen kennen, zum unabhängigen Fürsten auf, nannte sich Imperator und ließ den Herodes zu seinem Mitregenten mit dem Namen Princeps juventutis erklären. Pollio meint zwar, er habe blos den Namen eines Königs angenommen, und die griechischen Geschichtschreiber lassen ihn selbst von Galienus nur zu einem Dux Orientis erklärt werden. Galienus konnte jedoch in der That nichts Besseres thun, als Palmyra zu einer zweiten Residenz des röm. Reichs, und zwar für den Augustus des Orients, zu welchem er den Odenathus ernannte, zu erheben und die Erlaubniß zuzugestehen, daß Münzen in seinem Namen geschlagen wurden. Dieser scheinbar freiwillige Act des ohnmächtigen römischen Augustus war wohlberechnet, da es offenbar war, daß, sobald er sich mit Odenathus entzweite, dieser sich die Krone des Orients ohne fremdes Zuthun angemaßt haben würde. Die im Namen des neuen Kaisers geprägten Münzen stellen auf der Kehrseite gefangene Perser dar, wie sie dem Triumphwagen des Siegers folgen. Dessenungeachtet bleibt der wahre Zeitpunkt dieser Ernennung bei den unsichern Nachrichten noch immer zweifelhaft. Zugleich aber lag es in der Natur der Sache, daß Odenathus andere Usurpatoren in seiner Nähe nicht dulden konnte, und da er vor Allen als der durch Verdienst und Anerkennung dieses Verdienstes Bevorzugte dastand, so mußte es ihm sogar eine Aufgabe sein, durch Schützung des Ansehens Roms seinen eigenen Staat zu schützen. Als nächsten Usurpator hatte er den Statthalter von Phönikien, Macrianus, zur Seite. Der bedrohte tapfere Besieger der Gothen und von seinen Soldaten verehrte und zum Kaiser ernannte Feldherr wich nach Illyrien, wo er vor Odenathus fliehend mit seinem gleichnamigen ältern Sohne einem andern Prätendenten, Aureolus, unterlag. Dagegen folgte ihm sein jüngerer Sohn Quietus unter Vormundschaft des erfahrenen Generals Balista, den uns Trebellius Pollio als einen ausgezeichneten Mann schildert. Beide aber fielen im Kampfe gegen Odenathus vor und zu Emessa, der Feldherr im Kampfe, der junge Fürst wahrscheinlich durch Meuchelmord der Soldaten und Bürger jener Stadt (oder nach Andern als Gefangener im Lager des Odenathus). Andere lassen den Balista sich zum Augustus ausrufen und nachher ermordet werden, und die Münzen wenigstens schreiben ihm wirklich eine dreijährige Regierung unter der Benennung Servius Ancius (oder Sergius Anicetus) Balista zu.

So erhielt also Palmyra durch Odenathus das größte Ansehen als Beherrscherin des Orients, und Galienus, dem Odenathus die gefangenen vornehmen Perser nach Rom schickte, feierte sogar über diese Siege einen Triumph, von dem jene einen Glanzpunkt ausmachen mußten. Dessenungeachtet hatte Odenathus ein Ende, wie es sein ruhmvolles Leben nicht verdiente. Ein neuer Feind, die Gothen, setzten Vorderasien, vorzüglich Phrygien, Kappadokien und Galatien in Schrecken, weshalb Odenathus gegen sie durch Kappadokien nach Heraklea aufbrach. Auf diesem Zuge (die andern Nachrichten, daß er auf Befehl des Galienus oder bei Emessa bei einem Geburtsfeste umgekommen, verdienen weniger Glauben) nahm es seines Bruders Sohn, Mäonius, auf sich, die Absichten der Zenobia, die ihren Stiefsohn, den weibischen Herodes, ihren Söhnen vorgezogen sah, in Ausführung zu bringen, wobei für ihn wol die heimlichen Triebfedern des Neides oder der Lust, selbst Herrscher zu werden, den bedeutendsten Antheil haben mochten. Odenathus scheint überdies allerdings diesen Sohn seiner ersten Gemahlin rücksichtslos bevorzugt, und Herodes wiederum durch seine schwelgerische und weichliche, den Persern abgeborgte, Lebensweise Ursache zum Tadel gegeben zu haben. Wenigstens dienten dergleichen Anklagen dem Mörder als Beschönigungsgründe seiner That. So fiel denn Odenathus und sein Sohn Herodes im J. 267 (oder 268) n. Chr., nach einer vierjährigen Regierung, wie es scheint. Mäonius fand sogleich ebenfalls seinen Tod (ob auch zu Heraklea, bleibt ungewiß) als Opfer seiner That, durch die Gemahlin des Odenathus, Septimia Zenobia, die auch auf diesem Feldzuge das Heer begleitet hatte. Dieses Mannweib, eine der größten Herrinnen, stand durch kriegerische Eigenschaften ihrem Gemahle nicht nur nicht nach sondern wird sogar von Einigen noch höher gestellt, und sie verschmähte keineswegs, drei oder vier Meilen mit der Armee den Weg zu Fuß fortzusetzen. Ihre Söhne wurden sogleich zu Principes Juventutis und Augusti ernannt, und sie selbst hatte sich einen Wagen machen lassen, auf welchem sie triumphirend in der Weltstadt Rom einzuziehen gedachte, während ihre Minister, unter ihnen der große Kenner der alten Literatur, einer der bekanntesten Kritiker, Longinus, ihre Pläne unterstützten. Sie selbst nannte sich Augusta und erbaute ihrem Namen Zenobia zu Ehren eine Stadt nordwestlich von Circesium (drei Tagereisen davon) diesseit des Euphrat. Die erste größere That ihrer Selbständigkeit zeigte auch sogleich ihre Gesinnung gegen Rom. Galienus schickte auf die Nachricht von des Odenathus Ermordung seinen Hauptmann der Garde, Heraclianus, gegen die Perser, um den schmählichen Tod seines Vaters an ihnen zu rächen. Zenobia, diese römische Heeresmacht in ihrer Nähe fürchtend, glaubte sie angreifen zu müssen und schlug sie völlig. Galienus fiel darauf durch Meuchelmord, und Claudius ward Kaiser, der, da er mit den Gothen vielfach zu thun hatte, die Zenobia im ruhigen Besitze ihres Reiches ließ, obwol man ihm bei seiner Thronbesteigung siebenmal zurief: Befreie uns von der Zenobia. Diese hielt dagegen den Zeitpunkt für höchst günstig, ihre Eroberungen weiter auszudehnen und richtete zunächst ihren Blick auf Ägypten, das dem Claudius bereits gehuldigt hatte, aber auch deshalb ihre Hoheitsrechte als gekränkt ansah. Ihr Feldherr, Zabdas, trug mit seinen 70,000 Palmyrenern, Syrern und Arabern, den Sieg über die 50,000 Ägypter davon, ließ eine Besatzung von 5000 zurück und kehrte nach Palmyra heim. Probus dagegen, der Statthalter Ägyptens, und damals mit Bekriegung der Seeräuber beschäftigt, trieb nach erhaltener Nachricht jene Besatzung aus Ägypten und schlug auch Zabdas, als dieser mit seinem Heere von Neuem in das Land einbrechen wollte. Dagegen tödtete er sich selbst, als er sich von den zurückziehenden Palmyrenern durch einen Hinterhalt überlistet sah. Ägypten fiel somit der Zenobia anheim, und so beherrschte sie jetzt Vorderasien bis an den Pontus Euxinus und nach Ancyra, der Hauptstadt Galatiens, hin, unter fortwährenden Plänen, diese Eroberungen weiter auszudehnen. Aurelian, der im J. 270 den Thron bestieg, hatte die ersten beiden Jahre seiner Regierung vollständig mit der Besiegung der Alemannen, Gothen und Vandalen zu thun und konnte also ebenfalls an den entfernten Feind nicht denken. Als er endlich jene Völker besiegt, rückte er gegen die Zenobia vor, die er in der Nähe von Antiochia zum Widerstande gerüstet antraf. Durch List siegte der Kaiser (273) bei Immä nicht weit von obiger Stadt, indem er die Hauptkraft der Palmyrener, die in der schweren Reiterei bestand, zu ermüden wußte und sie erst dann mit Macht angriff. Durch List wußte sich aber auch Zabdas mit seiner Herrscherin und dem Überreste seiner Truppen ohne einen feindlichen Angriff der Antiochianer aus ihrer Stadt heraus glücklich bei Nacht nach Emessa zurückzuziehen. Zu Folge dieses Sieges fiel außer Antiochien auch Apamea, Larissa und

Arethusa in die Hände des Aurelian. Die Zenobia faßte jetzt von Neuem bei Emessa mit 70,000 Mann festen Fuß. Auch hierhin zog ihr der Kaiser mit seinen gemischten Völkern nach und lagerte sich gegenüber. Das jetzt stattfindende noch blutigere Treffen schlug wiederholt zum Nachtheile der Zenobia aus und hatte ihren Rückzug nach Palmyra zur Folge. Aurelian nahm die Stadt und die daselbst zurückgelassenen Schätze der Augusta in Besitz und rückte ihr auf der Stelle nach. Nachdem er sich gegen die räuberischen Streifcorps gesichert, begann er sogleich die Belagerung der befestigten Hauptstadt. Aurelianus schildert mit eigenen Worten bei Vopiscus, wie reich sie mit Vertheidigungsmitteln versehen war. Dabei war der Geist der Besatzung lobenswerth; er selbst ward durch einen Pfeil gefährlich verwundet. Unter solchen Umständen gedachte er zuerst durch Unterhandlungen die Übergabe der Stadt zu erlangen, mit der Bedingung, daß Zenobia und ihr Anhang an einem zu bestimmenden Orte des Reichs Wohnung und reichlichen Unterhalt erhalten, sie aber ihre Schätze, Waffen, Pferde und Kameele, ihm übergeben, die Stadt Palmyra aber wiederum zu einem Freistaate erhoben werden sollte. Das abschlägige Antwortschreiben der Fürstin hat uns Vopiscus im Leben des Aurelian aufbewahrt. Es enthielt die moralische Auffoderung an den Kaiser, um auch von seiner Seite Alles zu thun, um den Muth des stolzen Weibes zu brechen. Die Hilfsvölker der Perser, Armenier und Araber, mit denen ihm Zenobia gedroht, machte er sich unschädlich, die einen durch Kampf, die andern durch Bestechung. Der jetzt auch durch Mangel an Lebensmitteln bedrängten Stadt blieb nichts mehr übrig, als bei den Persern in der Ferne Hilfe zu suchen und ihre Herrscherin über den Euphrat zu retten. Zenobia bestieg ein Kameel, das sie sicher ans Ufer brachte. Aber in demselben Augenblicke von der Reiterei des Aurelian eingeholt, als sie in das Schiff gestiegen war, um überzusetzen, wurde sie zur Gefangenen gemacht und im Triumphe in das Lager des Aurelianus gebracht. Die Stadt capitulirte und ward vom Kaiser auf das Möglichste gegen jede feindselige Handlung geschützt. Mit den Schätzen der Fürstin und ihr selbst kehrte er nach Emessa zurück, und während er ihre Rathgeber, unter ihnen Longinus, hinrichten ließ, bewahrte er gegen den anfänglichen Willen seines Heeres die Zenobia zum Triumphe in Rom auf. Der Aufbruch nach Europa mit Zurücklassung einer Besatzung in Palmyra schien jetzt möglich, und Aurelianus zögerte nicht überzusetzen, als er unterwegs in Thrakien die Nachricht erhielt, daß die Palmyrener, ihrer erfahrenen Demüthigung überdrüssig, die Garnison ermordet und Miene gemacht hätten, ihr Reich in seiner Integrität wieder herzustellen. Aurelianus kehrte sogleich um, kam unerwartet in Syrien an und zog ohne Schwertstreich in Palmyra ein, das geplündert, in Blut fast getränkt und zuletzt beinahe gänzlich geschleift wurde. Auch der herrliche Sonnentempel, dessen Ruine noch sichtbar ist, hatte gleiches Schicksal. Doch wies Aurelianus die nöthigen Summen an, um ihn wieder in seiner Pracht herzustellen. Nicht besser erging es dem Marcus Firmius, der von Ägypten aus das Recht der Zenobia vertheidigen wollte. Alexandria, worin er sich befestigte, fiel ebenfalls dem Aurelianus in die Hände, und Firmius fand seinen Tod am Kreuze. Der Triumphzug, den Aurelianus allen diesen Siegen in Rom folgen ließ, war einer der letzten prächtigen. Ihn zierten außer der Zenobia viele Fürsten und drei prächtige Wagen, der des Odenathus, ein zweiter als ein Geschenk des persischen Chosroen an Aurelianus, und der dritte, den Zenobia sich zum Triumphwagen bei ihrem vermeintlichen Einzuge in Rom hatte machen lassen, in dem sie aber jetzt als Gefangene saß. Diesem folgte dann unmittelbar der Kaiser im Siegeswagen. Nach solcher Demüthigung wies Aurelianus der Zenobia einen Palast in Rom mit Zubehör und einen Landsitz nicht weit von Tivoli an, der auch ihren Namen erhielt. Hier lebte sie ruhig bis an ihren Tod. Auch ihre Söhne genossen dieselbe Nachsicht in Rom, und ihr Geschlecht soll noch später eins der ausgezeichnetsten unter den Patriziern gewesen sein. Aurelian aber hielt jenen Sieg so hoch, daß er zu seinem kaiserlichen Titel den von Palmyra hinzufügte. Auch konnte er den Persern den Beistand, den sie den Palmyrenern zu leisten gedachten, nicht verzeihen, sondern stand bereits wieder in Kleinasien, um den Feldzug gegen sie zu eröffnen, als er ermordet wurde. Vorher hatte er noch dafür gesorgt, daß Palmyra so weit wieder hergestellt ward, als es zur Schutzwehr an der Grenze gegen eindringende Feinde dienen konnte, ernannte auch den Cerronius Bassus zum Statthalter daselbst. Die Stadt erhob sich jedoch nie wieder zu ihrem frühern Glanze, da sie auch ihre Privilegien verlor und von nun an den Römern eigentlich zu weiter nichts diente, als zu einem Garnisonplatze, der seinen römischen Befehlshaber hatte und gewöhnlich zu Syrien gerechnet ward. Wichtig dagegen ist, daß sie unter Justinian bereits der Sitz eines Bischofs war, und derselbe Kaiser scheint sie auch wieder von Neuem mehr befestigt und die Wasserleitung angelegt zu haben, deren Spuren noch jetzt vorhanden sind. Der Zweck dieser Befestigung aber war nicht ein rein militairischer, sondern der Kaiser suchte dadurch hauptsächlich die christliche Kirche und ihren dortigen Hirten vor den Anfällen der Nomaden zu bewahren; ja er erhob sogar die Stadt zur Residenz seines Gouverneurs im Oriente. Später natürlich blieb auch diese Gegend nicht frei von den Umwälzungen, die das Vordringen des Islam überall herbeiführte. Zumal mußte der Kampf gegen Persien von bedeutendem Einflusse auf den Zustand der Stadt werden, denn die Eroberung Syriens konnte erfolgen, ohne daß man besonders an Palmyra dachte, welches dadurch völlig von seinen christlichen Staaten abgeschnitten dalag. Zwar wird die Stadt von nun an weniger erwähnt, allein was um sie herum vorging, läßt schließen, daß sie selbst ebenfalls nicht ohne Berührung blieb. Wäre der Platz jedoch damals noch wichtig gewesen, so würde er sicher nicht so namenlos geworden sein oder doch mehr gelegentlich erwähnt werden. Benjamin Tudelensis läßt im 12. Jahrh. (1172) 2000 tapfere Juden daselbst wohnen, die weder Christen noch Araber scheuten und mit beiden sich wacker herumgestritten haben sollen. Der Parteienkampf um das

Khalifat zwischen Ali und Moawija, wovon jener in Irak, dieser in Syrien sich behauptete, wurde auch Veranlassung zu feindlichen Einfällen in Palmyrene, ja wir wissen sogar, daß im J. 659 ein Treffen zwischen den genannten beiden Gegnern zu Gunsten der Anhänger Ali's entschieden ward. Noch gab der Ort einen militairischen Anhaltepunkt her; denn als der Sektengeist unter den Muhammedanern immer mehr um sich griff und selbst die Ruhe des Khalifen gefährdete, sehen wir, wie im J. 744 ein solches Sektenhaupt, Soleiman, sich gegen Merwan erhob und sieben Monate lang in Palmyra eine strenge Belagerung aushielt. Später wird die Stadt von dem königlichen Schriftsteller Abulfeda als ein Flecken erwähnt (zu Anfang des 14. Jahrh.), der voll herrlicher Ruinen sei. Man wußte jedoch Jahrhunderte lang in Europa wenig von dem Dasein derselben. Am wenigsten aber konnte man hoffen, dieselben so ausgezeichnet zu finden, als sich später ergab. Muthmaßungen nährte man zwar, wagte aber nicht, dieselben auszusprechen. Robert Huntington (s. d. Art.), der Prediger an der engl. Factorei zu Haleb war, beredete zuerst (1678) engl. Kaufleute, sich von dem Vorhandensein der Überreste der alten Kaiserstadt durch eigene Ansicht zu überzeugen, da sie schon immer Araber und andere Einwohner Halebs von der Pracht der Ruinen Tadmors (denn so heißt es jetzt wieder bei den Eingebornen) hatten sprechen hören. Die Schwierigkeiten des Weges wurden glücklich überwunden, dagegen hinderte der Emir der in den dortigen Gegenden hausenden Araber, Melkam, ihre weitere Reise; sie wurden völlig ausgeplündert, ohne das Geringste gesehen oder nur mehr gehört zu haben, als sie schon wußten. Desto glücklicher waren sie drei Jahre später (1691), wo sie nicht nur an Ort und Stelle gelangten, sondern auch Zeit gewannen, die Ruinen sich genau zu besehen, die Inschriften, die sich auf Säulen, Obelisken und marmornen Altären befanden, zu copiren und so eine vollständige Nachricht von dem, was vorhanden war, nach England hinüberzubringen. Dort unternahm es William Halifax, einer der glücklich nach Palmyra gelangten Kaufleute, ihren Reisebericht und eine Beschreibung Palmyra's, der gefundenen Münzen und copirten Inschriften abdrucken zu lassen (in den Philosophical Transactions. Vol. XIX. Num. 217. n. 2 ad mens. Octobr. 1695. p. 83, und die Fortsetzung in demselben Bande Num. 218. p. 129, unter folgender Aufschrift: An Extract of the Journals of two several Voyages of the English Merchants of the Factory of Aleppo, to Tadmor). Beide Notizen fanden wenig Glauben, indem man ihre Schilderungen von der Pracht der vorhandenen Baudenkmäler in so entlegener Gegend für unwahrscheinlich oder wenigstens für übertrieben hielt. Da unternahm es Abraham Seller, die Glaubwürdigkeit der Kaufleute und ihre gegebenen Nachrichten zu rechtfertigen, sowie die Münzen und Inschriften geschichtlich zu erklären. Auch bewies er durch Darstellung der Geschichte dieser Stadt in früherer Zeit, wie allerdings die Möglichkeit so großer Herrlichkeit in jener Gegend vorhanden sei. Sein Werk, dem wir mit Hinzuziehung der Quellen vielfach gefolgt sind, erschien in Lonbereits im J. 1696 unter dem Titel: The Antiquities of Palmyra, containing the History of the City, and its Emperors, with an Appendix of critical observations on the Names, Religion etc. and a Commentary on the Inscriptions. Dasselbe Buch gab teutsch übersetzt heraus Philipp Georg Hübner unter dem Titel: Antiquitäten von Palmyra oder Tadmor (Frankf. a. M. 1716. 470 S.). Die Briten fanden die Ruinen fast in dem nämlichen Zustande, wie sie noch jetzt beschrieben werden. Nur war der herrliche Sonnentempel vom Pascha von Bagdad in eine Citadelle verwandelt und von einigen hundert Türken besetzt, um auch jetzt noch eine Schutzmauer gegen die unabhängigen Beduinenstämme abzugeben, die öfter Einfälle in das Gebiet jenseit des Euphrat machten. Allein schon die ihnen nachfolgenden nächsten Reisenden fanden auch diese Feste zerstört. Es war dies der englische Ritter Dawkins mit seiner Reisebegleitung, der im J. 1751 an Ort und Stelle Zeichnungen und Pläne mit der größten Sorgfalt aufnahm, welche 1753 Robert Wood unter dem Titel: The Ruins of Palmyra, otherwise Tadmor in the Desert durch den Druck zu London bekannt machte. Dieser Gelehrte nämlich begleitete jenen Reisenden, und wir verdanken ihm zugleich eine lebendige Beschreibung der Örtlichkeit des Gebietes, auf welchem sich diese Ruinen befinden. Auch Volney hat uns einen Auszug dieses Reiseberichts in seiner Reise nach Syrien und Ägypten (S. 208 fg. des zweiten Theiles der teutschen Übersetzung [Jena 1788]) und ihm nach Rosenmüller (Handbuch der biblischen Alterthumskunde, ersten Bandes zweiter Theil [Leipzig 1825. Seite 277 folg.]) hinterlassen. Es kann hier nicht unsere Aufgabe sein, in das Einzelne der Beschreibung dieser Ruinen einzugehen. Es würde gradezu unmöglich sein, so außerordentlich, so prachtvoll sind diese traurigen Überreste der herrlichsten Werke alterthümlicher Baukunst, die sich stolz denen Griechenlands und Italiens an die Seite stellen, wenn nicht dieselben übertreffen. Man denke sich den prächtigen, in eine Moschee mit einem auf schlechten Bogen ruhenden Dache verwandelten Sonnentempel, der von kolossalen Säulen und einer großen, viereckigen Mauer, die eine Doppelsäulenhalle im Innern bildet, umgeben ist; die vier staunenswerthen Granitsäulen, die obeliskenartig im Mittelpunkte des Eingangs liegen, die Trümmer dieses Eingangs, die eine 3000 Schritte lange Säulenhalle bilden: das sind die Überreste nur eines Gebäudes, in dessen Trümmern Bauernhäuser ein elendes Dorf bilden, von einigen dreißig arabischen Familien bewohnt, die überdies das Handwerk des Räubers mehr lieben als den stillen Erwerb. Allein noch ehe man sich der Stadt selbst naht, erblickt man schon rechts und links viereckige Thürme von einer ansehnlichen Höhe. Das sind die Begräbnißplätze der alten Palmyrener. Kaum verläßt man diese, so trennt sich das Gebirge auf beide Seiten, und mit einem Male liegt vor dem staunenden Blicke eine so ungeheuere Masse der großartigsten Trümmer, daß hinsichtlich des Umfangs und der Pracht des zu ihrem Bau angewendeten Stoffes nur die bewunderten Überreste Baalbeks und Thebens mit ihnen verglichen werden können. Der viereckige Umfang des Hofes, der den vorher erwähnten Tempel einschließt, hat auf jeder Seite allein 179 Fuß, und von jener doppelten Reihe aus großen, vortrefflich in einander gefügten Massen gebildeter Säulen standen im November des J. 1815 noch mehr als 60 gut erhalten. Die das längliche Viereck oder den eigentlichen Tempel umlaufenden Säulen waren cannelirt, und auch von diesen standen zu jener Zeit noch zwanzig, doch ohne Capitäle, die aus Metall waren und deshalb wahrscheinlich frühzeitig weggeschleppt wurden. Auch Volney hat uns eine Ansicht der Ruinen von Palmyra in seiner Reisebeschreibung (zweiter Band) gegeben, die er (Seite 211. 212) mit folgendem Commentar begleitet:

Um die Wirkung des Ganzen vollkommen zu begreifen, muß die Einbildungskraft die Gegenstände vergrößern. Diesen kleinen Raum muß man sich als eine ungeheuere Ebene denken, diese dünnen Säulenstämme als Säulen, deren Fußgestelle allein höher als ein Mensch sind. Man muß sich vorstellen, daß diese noch aufrechtstehenden Colonnaden eine Strecke von mehr als 1300 Klaftern einnehmen, und daß hinter ihnen noch eine Menge anderer Gebäude verborgen sind. Auf diesem Platze entdeckt man bald einen Palast, von dem weiter nichts mehr als der Hof und die Mauern übrig sind; bald einen Tempel, dessen Peristyl halb eingefallen ist, bald einen Porticus, bald eine Galerie oder Triumphbogen; hier bilden die Säulen einige Gruppen, deren Symmetrie durch den Einsturz verschiedener davon zerstört worden ist, hier sind sie in so langen Reihen gestellt, daß sie wie Alleen von Baumstämmen und endlich in der Entfernung dem Blicke wie lange Reihen hoher Pfähle vorkommen. Wenn der Blick sich von den noch aufrechtstehenden Trümmern zur Erde kehrt, so stoßen ihm ebenso mannichfaltige Erscheinungen auf; man sieht allenthalben nichts als umgestürzte Säulenschäfte; einige sind noch ganz, andere zerbrochen, oder die einzelnen Theile, aus welchen sie bestanden, nur zerstreut; die Erde ist mit Steinen bedeckt, die noch halb aus ihr hervorragen, mit zerbrochenem Simswerke, abgestoßenen Capitälern, verstümmelten Simsen, entstellten Basreliefs, halb vernichteter Bildhauerarbeit und Altären, auf welchen dicker Staub und Schutt liegt. Dieses Palmyra war, wie schon oben kurz angedeutet wurde, seit dem höchsten Alterthume der Haupthandelsplatz, den die Waaren des Morgen- und Abendlandes füllten. Dieser lebhafte Handel machte sie zu einer der mächtigsten Städte, zur Nebenbuhlerin Roms. Plinius (VI, 32) bezeugt, daß die, welche von Gaza kamen, daselbst ihren Durchzug zu nehmen genöthigt waren, weil den Reisenden aus dieser ganzen Gegend und aus Petra in Arabien kein anderer Weg nach dem persischen Meerbusen offen stand. Vorzüglich aber war es ein Stapelplatz für die indischen Waaren, die über den persischen Meerbusen kamen, alsdann auf dem Euphrat oder durch die Wüste weiter befördert und nach Phönikien und Kleinasien und von da nach Europa geschickt wurden, und wer sich nun die eingesunkenen Galerien als die Einfassungen von Marktplätzen denkt und unter ihnen die Kaufleute des Orients versammelt, „zu tauschen den Purpur von Tyrus, die Gürtel von Kaschmir, die lydischen Teppiche, die Perlen und die Specereien Arabiens und das Gold von Ophir gegen die Waaren des Abendlandes, das Zinn Britanniens, den Bernstein der Ostsee, carthagischen Schmuck und römische Waffen," in dessen Herzen kämpft Bewunderung und Wehmuth, und der Blick ruht voll Trauer auf diesen Trümmern. Jenen Verkehr belebte eine eigene Handelsgesellschaft, an deren Spitze ein Präsident stand, und Palmyra selbst lieferte außer eigenen Kunstproducten vorzüglich Salz und Datteln. Fragt man endlich, wann entstand die Pracht der eingestürzten Tempel und Paläste, der verschütteten Straßen, wann jene Brunnen und unterirdischen Kanäle, die das Wasser des Euphrat durch die Wüste leiteten, und wann die zahllosen Bogen, auf welchen Wasserleitungen das Quellwasser mitten in die Palmenstadt führten, so wollen jene englischen Reisenden zwei Arten der Ruinen unterscheiden, die der ältesten Zeit aus lauter unförmlichen Trümmern bestehend, und die der spätern Periode, die zum Theil noch jetzt recht wohl erhalten sind und aus architektonischen Gründen in die Zeit vor Diocletian gesetzt werden müssen, wo die korinthische Säulenordnung allen andern vorgezogen ward.

Berühren wir nun noch schließlich die Frage, welche Religion und Sprache in Palmyra geherrscht habe, so muß diese wol dahin entschieden werden, daß beide von den politischen Schicksalen der Stadt und ihres Landes abhängig waren. Unstreitig war, ehe die Römer mit Palmyra in Berührung kamen, die jüdische Einwohnerschaft dem jüdischen Cultus ergeben, vermischt mit syrischem Götzendienste, wie offenbar die Namen der Götter und die Bestimmung der Tempel beweisen. Der syrische Götzendienst mochte sich jedoch schon frühzeitig das Übergewicht angeeignet haben; die Verehrung der Sonne galt als der Gottesdienst des höchsten Wesens, welchem der Mond zur Seite stand. Es hatten daselbst außer Alagbel (Andere Aiglibel) und Malachbel, die man für die Gottheiten der Sonne und des Mondes hält, auch andere Gottheiten, wie Jaribalus, die Venus Aphacitis, ihre Tempel, und auch Zenobia soll von Hause aus dem heidnischen Gottesdienste zugethan gewesen, später aber Jüdin geworden sein, dabei jedoch höchst freundliche Gesinnungen gegen die Christen gehegt haben. Das Christenthum nämlich muß ebenfalls in Palmyra frühzeitig festen Fuß gefaßt haben, da schon die Acten des ökumenischen Conciliums zu Nicäa ein Bischof von Palmyra, Marinus, im J. 325 unterschrieben haben soll. Auf der chalkedonischen unterzeichnete anstatt des palmyrenischen Bischofs Johannes, der Erzbischof von Damaskus, und es scheint bis zum Jahre 900, wo in der Notitia des Leo Sapiens als unter dem Patriarchen von Antiochien stehend auch ein Bischof von Palmyra erwähnt wird, Palmyra der Sitz eines Bischofs geblieben, später aber mit dem Glanze der Stadt auch das Christenthum der Muhammedanischen Religion gewichen zu sein. Doch wollte Benjamin Tudelensis, wie wir oben sahen, noch im 12. Jahrh. eine starke Gemeinde seiner Glaubensgenossen daselbst gefunden haben. Jetzt, wo Palmyra zum Paschael von Damaskus gehört, sieht man daselbst nur arabische Wüstenbewohner und hört nur ihre Sprache. Früher natürlich setzte sich mit dem Eindringen des syrischen Götzendienstes auch die syrische Sprache immer mehr fest, wie viele Namen in den Inschriften, selbst der der Zenobia beweisen, und das Hebräische ward so allmälig verdrängt. Doch kannte man auch als diplomatische Sprache später das Griechische, und nach den Inschriften und Münzen zu urtheilen, selbst das Römische. Was übrigens letztere, d. h. hauptsächlich die Inschriften, anlangt, so vergl. man oben den Art. Paläographie.

Außer den schon oben angeführten und hier benutzten Quellen erwähnen wir noch *Christophori Cellarii* Dissertatio historica de imperio Palmyreno (Hal. 1693. 4.), wieder abgedruckt ebendaselbst 1708 und am Ende der Hübner'schen Übersetzung von Seller's Werke; ferner *Ernest. Frid. Wernsdorf.* de Septimia Zenobia Palmyrenorum Augusta (Lips. 1742. 4. p. 54), wo die alte Literatur vollständig nachgewiesen ist; vorzüglich aber die Scriptores Historiae Augustae, z. B. *Trebell. Pollion.*, *Galieni duo* Cap. III.; ferner desselben Triginta Tyranni XIV—XVII.; ferner des *Vopiscus* Divus Aurelianus Cap. XXVI sq. und anderwärts; *Eutrop.* Lib. IX. Cap. X. XI. XIII. Außer andern Werken vgl. noch Histoire de Palmyre par *St. Mart.* (Paris 1823). (*Gustav Flügel.*)

PALMYRA (Annulata). Savigny hat unter diesem Namen in der Familie der Aphroditen eine Gattung der Ringelwürmer aufgestellt, welcher er folgende Kennzeichen gibt: Die Rückenschilder fehlen, von den fünf Tentakelcirrhen ist das äußere Paar das größte; es ist nur ein Paar Augen vorhanden und die Kiefer sind halb cartilagineux, die Tentakeln am Rüssel fehlen. Nur eine Art, P. aurifera, an den Küsten von Isle de France. Der Körper aus 30 Ringen und ebenso viel Fußpaaren bestehend, ist an beiden Enden stumpf, die Kiemen sind kaum sichtbar, die Borsten, die büschelförmig auf den Rückenrudern stehen, sind flach, wie gewölbte Palmblätter rückwärts gebogen und glänzen metallisch. (D. *Thon.*)

PALMYRASINSELN (5° 55′ n. Br., 215° 3′ östl. L.), eine fast noch völlig unbekannte, aus niedrigen Eilanden gebildete Inselgruppe in der nördlichen Hälfte des Australoceans. (*Fischer.*)

PALNATOKI, eine berühmte geschichtliche Person, wiewol die nähern Umstände seiner Lebensgeschichte dem größten Theile nach der Sage angehören, war der Sohn Palnir's Tobason's und Ingibiorg's, der Tochter des Jarls Ottar von Gautland. Palnatoki's Voraltern und er selbst herrschte lange Zeit über Fion (Fünen). Hier wuchs er bei seinem Vater auf, und ward bald einsichtsvoll und beliebt, und keinem Menschen gleicher an Antlitz, als seinem Vaterbruder Aki. Als er kaum den größten Theil seines Kindesalters hinter sich hatte, starb sein Vater. Er erhielt das ganze Vermögen, und waltete mit seiner Mutter darüber. Das wird von ihm gesagt, daß er lag auf Heerfahrten in den Sommern, und heerte weit durch die Länder, sobald als es sein Alter erlaubte. Als er einen Sommer in der Wiking (auf der Raubfahrt) mit zwölf wohlbesetzten Schiffen lag, gedachte er im Reiche des Jarls Stefnir [1]) von Bretland (Wallis) zu heeren. Dieser hatte eine kluge und allgeliebte Tochter, Namens Oløf, welche eine gute Wahl war. Als sie von Palnatoki's feindlicher Absicht gegen das Reich ihres Vaters hörte, faßte sie mit ihrem Pflegebruder [2]), Biørn dem Britischen, diesen Rathschluß. Sie lud Palnatoki'n zu sich ein zu einem Schmause und großer Ehrenbezeigung, daß er lieber Friedland hätte und nicht heerte. Palnatoki nahm es an, warb um des Jarls Tochter, verlobte sich mit ihr und heirathete sie. Palnatoki erhielt Jarlsnamen und die Hälfte des Reichs des Jarls Stefnir, wenn er dort seinen Sitz nehmen wollte, und sollte nach seines Schwiegervaters Tode das ganze Reich haben, indem Oløf einzige Erbin war. Palnatoki blieb den übrigen Theil des Sommers in Bretland und auch den Winter über. Aber als es Frühling ward, eröffnete er dem Jarl Stefnir, daß er heim nach Dänemark fahren werde. Der Jarl Stefnir war sehr alt. Daher beauftragte Palnatoki Biørn den Britischen, daß er mit Stefnir der Regierung des Landes vorstehen, und im Falle, daß der Jarl stürbe, das ganze Reich bewahren sollte, bis er wiederkäme. Palnatoki fuhr mit seiner Gemahlin Oløf heim nach Fion, blieb nun eine Zeit lang zu Hause und galt für den klügsten, mächtigsten und größten Mann in Dänemark sogleich nach dem König. Der König Haralld Gormsson reiste im Lande herum und empfing Schmäuse bei seinen Freunden. Palnatoki lud den König zu einem herrlichen Gastmahle ein. Auf dem Wege dahin überfiel ihn Unwetter und er übernachtete bei einem armen Bonden (Bauer), Namens Atli dem Schwarzen. Dieser hatte eine große heldenhafte Tochter Ása, und mit dem Bezeichnungsnamen Saum-Ása geheißen. Der König brachte den Bonden endlich durch große Verheißungen dahin, daß er bei Ása'n die Nacht zubringen durfte. Den Tag darauf begab sich der König zum Schmause bei Palnatoki und war hier lange. Saum-Ása, des Bonden Tochter, gebar ein Knabenkind, welches den Namen Swein [3]) erhielt, und nach seiner Mutter mit den Bezeichnungsnamen Saumáso-Swein (Saumása's Swein) genannt ward. Im dritten Sommer darauf kam der König wieder zu Schmausen nach Fünen und auch zu Palnatoki. Zu diesem begab sich auch Ása mit ihrem Kinde,

---

1) Am umständlichsten von Palnatoki handelt die Jomswikingasaga in der Fornmanna-Sögur 11. Bd. Cap. 15 fg. S. 51 fg. Das, was sie von Palnatoki's Fahrt nach Bretland erzählt, leitet sie ein durch: that er sagt at Palnatóki kómr, das wird gesagt, daß Palnatoki kommt ꝛc. Sie nimmt es also als Sage. Unter Bretland verstehen die Isländer der ältern Zeit Wales (Wallis) in Großbritannien; s. F. Wachter, Snorri Sturlus. Weltkr. 1. Bd. S. 221. 227. 2. Bd. S. 9. 10. Stefnir und Oløf sind nordische Namen; will man die geschichtliche Wahrheit retten, so muß man annehmen, ein nordmannischer Häuptling habe sich damals in Wales festgesetzt gehabt. Aber dem scheint entgegen zu stehen, daß Oløf's Pflegebruder Biørn, welches auch ein altnordischer Name ist, und zwar Biørn hinn Brezki, der Britische genannt wird. Der Erzähler scheint also Biørn als einen Britten oder Walliser zu nehmen. Man müßte denn annehmen, er heiße so, weil er in Bretland (Breitland hier Wales) geboren sei. 2) Für fóstbródhir hennar hat die Flateyjarbók fóstbródhir jarls. 3) Bedeutet Knabe, Diener.

welches sie dem Könige zuschrieb, und mit Recht, da sie mit keinem andern Manne in solchem Verhältnisse gestanden hatte. Palnatoki unterrichtete sie, wie sie kühn vor den König treten, den Knaben mit sich führen, und sagen solle, wie der Vater des Knaben kein anderer als der König und er mit ihr den Knaben besitzen solle. Palnatoki werde sie dabei unterstützen. Åsa that so und sagte die Rechtsformel [4]), wie sie ihr Palnatoki gelehrt. Der König schalt über des Weibes Keckheit und Thorheit. Palnatoki nahm sich ihrer an und vertheidigte sie. Es erbitterte den König noch mehr, daß Palnatoki sich der Sache des Weibes annahm. Palnatoki aber war kein Mann, der sich schrecken ließ, und erklärte, daß er mit dem Knaben in allen Stücken so verfahren werde, als wenn er des Königs einziger Sohn wäre. Palnatoki war des Königs theuerster Freund gewesen, aber der König, nun so erbittert, daß er sich zur Fortreise schnell darauf anschickte, die Abschiedsgaben von Palnatoki nicht annehmen wollte, es zwar endlich auf Vermittelung Fiolnir's, des Vaterbruders Palnatoki's, der bei dem Könige war, that, aber ohne ihm zu danken. Seitdem war Haralld's und Palnatoki's Freundschaft niemals wieder in demselben günstigen Verhältnisse, als früher. Palnatoki nimmt Swein Haralldsson und seine Mutter Åsa zu sich heim, denn sie hatte ihrem Vater Atli den Schwarzen verloren, und aufgegangen war fast das ganze Vermögen. Nun wuchs Swein auf Fünen bei Palnatoki'n auf. Dieser ging so gut mit ihm um, als wenn er sein Sohn wäre und hielt ihn in Ehren in allen Stücken; er liebte ihn auch sehr. Kurz nachher, als der König von Palnatoki's Gastmahl hinweggereist war, erhielt Letzterer von seiner Gemahlin einen Sohn, der Aki genannt ward. Er ward daheim bei seinem Vater [5]) aufgezogen, und er und Swein waren **Fostbraedir** (Pflegebrüder). Als Swein Haralldsson ein Alter von 15 Jahren erreicht hat, will sein Pfleger ihn zur Zusammenkunft mit seinem Vater Haralld senden, gibt ihm 20 Mann und unterrichtet ihn, wie er in die Halle seines Vaters, des Königs, gehe, und ihm sagen solle, daß er sein Sohn sei, und bitten solle, daß er seine Blutsfreundschaft mit ihm anerkennen solle. Swein Haralldsson that so, aber der König schalt ihn einen Thoren. Da er seine Blutsfreundschaft mit ihm nicht anerkennen wollte, so bat Swein, daß er ihm drei Schiffe und Kriegsvolk gäbe, damit er aus dem Lande fahren könne. König Haralld gab ihm, damit er nie wieder unter sein Angesicht kommen sollte, drei Schiffe und 100 Mann. Mit ihnen kam Swein zu seinem Pfleger Palnatoki, und dieser gab ihm zu dem, was er von dem König erhalten, noch drei gute Schiffe nebst 100 Mann, und rieth ihm, sich die Sommer über auf Raubfahrten zu versuchen, aber zuerst nicht weiter fortzufahren, sondern hier in Dänemark im Reiche seines Vaters zu heeren, mit Heerschilde über das Land zu fahren und alles zu verbrennen. Swein that so, und verübte großen Schaden im Reiche des Königs, seines Vaters, und der König erkannte, wie unvorsichtig er gehandelt, daß er ihm Stärke gegeben. Als es zum Winter kam, nahm Swein mit großer Beute seinen Heimweg zu seinem Pfleger Palnatoki. Aber auf der Heimfahrt überfiel ihn ein großer Sturm und Unwetter, und brach die Schiffe alle, die ihm sein Vater gegeben hatte und all das Kriegsvolk, das darauf war. Hierauf segelte Swein heim und brachte den Winter bei seinem Pfleger Palnatoki zu. Als es Frühling wird, heißt [6]) ihn sein Pflegevater wieder zur Zusammenkunft mit seinem Vater gehen, und von ihm sechs Schiffe, und so viel Kriegsvolk als zur vollkommenen Besetzung derselben nöthig ist, zu fodern. Swein thut so. Der König schilt über seine Dreistigkeit. Swein aber erklärt, er werde nicht eher fortgehen, bis der König ihm seine Foderung gewährt, und setzt hinzu, erlange er es nicht, so werde ihm sein Pfleger Palnatoki Kriegsvolk geben, und er (Swein) auf des Königs Mannen heeren und nicht sparen, so viel Übles zu thun, als er könne [7]). Da spricht der König: Habe sechs Schiffe und 200 Mann und komme nun nie mehr unter meine Augen. Swein fährt zu seinem Pfleger Palnatoki und dieser gibt ihm gleichviel Unterstützung, als ihm sein Vater gegeben. Swein hat nun zwölf Schiffe und 400 Mann. Als Pfleger und Pflegling sich scheiden, räth ihm dieser wieder in Dänemark zu verheeren, aber härter, als im vorigen Sommer, da er größeres und besseres Kriegsvolk habe, aber nicht dort soll er heeren, wo er es am vorigen Sommer gethan, sondern an frischen Orten und zum

4) s. dieselbe in der Jomswikingasaga Cap. 17. S. 53.

5) Diese Bemerkung der Jomswikingasaga ist nicht müßig, da im Norden die Kinder nicht selten bei den Verwandten ihrer Mutter aufgezogen wurden. Ob Aki wirklich Palnatoki's Sohn war, ist zweifelhaft, ungeachtet ihn die Jomswikingasaga so behandelt. Die große Olafssaga Tryggvasonar sagt nämlich: Palnatoki war der Sohn Palnir's Tokason's und Ingibiorg's, der Tochter des Jarl Ottar's von Gautland. Die Blutsfreunde, Palnatoki und seine Voraltern, hatten über Fünen geherrscht lange Zeit; aber als Palnatoki ward Landwehrmann (landvarnamadhr, Befehlshaber der Besatzung zur Vertheidigung des Landes) des König Burislaf's auf Windland und Häuptling der Jomswikingar, da setzte er den Jarl, der Aki hieß, zur Regierung (til forradha) auf Fünen, er war Gleichalter Swein's, des Sohnes des Königs Haralld, sie waren **Fostbraedhir** (Pflegebrüder), so lange sie aufwuchsen beide zusammen auf Fünen bei Palnatoki. Die Mutter Aki's war Alof, die Tochter Stefnir's, der Jarl auf Bretland war. Nur der Cod. B. hat: thá sotti hann jarl son sinn (seinen Sohn) er Aki hét. Da die übrigen Handschriften diesen Zusatz nicht haben, und der Verfasser der großen Olafssaga Tryggvasonar also Aki'n nicht als Palnatoki's Sohn kennt, so hat man später aus einem Pflegesohne Palnatoki's einen wirklichen Sohn gemacht, und hiermit fällt auch Palnatoki's Vermählung mit Alof, der Tochter des Jarl Stefnir's von Bretland, der spätern Sage anheim.

6) Das Folgende gehört natürlich der reinen Sage an. Es ist nicht wahrscheinlich, daß Swein, nachdem er das Reich seines Vaters verheert, sich zu diesem gewagt haben wird, und noch unwahrscheinlicher, daß der König nach diesen Erfahrungen ihm sechs Schiffe und zweihundert Mann gegeben haben wird.

7) Durch diese Drohungen sucht der Erzähler das Unwahrscheinliche zu modificiren; Aber es ist nicht wahrscheinlich, daß der König sich habe schrecken lassen, und noch unwahrscheinlicher, daß er ihm das Kriegsvolk so ohne Weiteres gegeben. Gab er es ihm ja, damit er aus dem Lande fahren solle und in Rücksicht dessen, daß die Schiffe, welche er ihm vorher gegeben, gescheitert waren, so hätte er sich vorher ihm den Eid abgenommen, daß er nicht in Dänemark heeren, und niemals wieder dahinkommen wolle.

Winter soll er heim, hierher nach Fünen zu seinem Pfleger kommen. Swein und sein Kriegsvolk fahren mit Heerschilde über das Land. Er heeret namentlich durch Seeland und Halland, erschlägt viele Menschen und verbrennt viele Bezirke (herodh). Im Herbste fährt er heim nach Fünen zu seinem Pfleger Palnatoki, und er und all sein Kriegsvolk bringt bei ihm den Winter zu. Im Frühlinge heißt Palnatoki seinen Pflegling alle seine Schiffe rüsten und mit allem Kriegsvolke zur Zusammenkunft mit seinem Vater fahren, und ihn zur Schlacht herausfodern, nämlich so, daß der Vater mit zwölf ganzbesetzten Schiffen an die zwölf Schiffe des Sohnes anlege [8]). Swein thut, wie ihm Palnatoki räth, trifft den König, und fodert ihn zur Schlacht. Der König jedoch versteht sich nur zu Scheltwarten, leugnet, daß er sein Sohn sei, und gebietet ihm aus dem Lande zu fahren. Swein fährt zu seinem Pflegevater zurück. Dieser sagt ihm, daß ganz Dänemark ihm frei zur Heerung sein solle, nur in Fünen solle er nicht heeren, und dieses Friedland sein. Zugleich eröffnet er seinem Pfleglinge, daß er selbst diesen Sommer nach Bretland zu seinem Schwiegervater dem Järl Stefnir zu fahren gedenke, und setzt hinzu, der König werde nicht länger dulden, daß Swein sein Reich angreife, Palnatoki werde deshalb seinem Pfleglinge Kriegsvolk geben, und dieser möge nicht aus der Schlacht fliehen, obgleich er kleineres Kriegsvolk habe, als der König. Darauf fährt Palnatoki nach Bretland. Swein befolgt den Rath seines Pflegers und heeret von Neuem furchtbar im Reiche seines Vaters. Die Menschen des Landes fliehen vor ihm zum König, und bitten um Abstellung jenes großen Übelstandes. Dem Könige däucht, daß er Swein nicht länger nachsehen dürfe, was er von keinem Andern geduldet haben würde [9]). Er läßt nun 50 Schiffe ausrüsten, und fährt selbst mit dem Kriegsvolke, um Swein und all sein Kriegsvolk zu erschlagen. Im Herbste treffen sich König Harald und Swein bei Borgundarholm (Bornholm). In der Schlacht, welche den ganzen Tag währet, werden zehn Schiffe des Königs aller Mannschaft entblößt und zwölf von Swein. Dieser legt am Abend seine Schiffe hinein in das Ende einer engen Bucht. Der König läßt außen davor seine Schiffe quer durch die Bucht zusammenfügen und schließt Swein so ein, daß er nicht mit seinen Schiffen entkommen zu können scheint. Harald und seine Mannen gedenken am Morgen ihre Schiffe an die feindlichen anzulegen und jedes Menschenkind und namentlich Swein zu erschlagen. Denselben Abend, als so große Ereignisse sich vorbereiteten, kommt Palnatoki von Westen von Bretland und gelangt denselben Abend an das Land in Dänemark [10]), und hat 24 Schiffe. Er legt unter das Vorgebirge auf der andern Seite, schlägt die Zelte auf seinen Schiffen auf, und geht dann von dem Schiffe einsam auf das Land hinauf und hat einen Pfeilköcher [11]) auf dem Rücken. König Harald begibt sich auch auf das Land hinauf und Mannen mit ihm. Sie gehen dort in den Wald, machen Feuer für sich und wärmen sich dabei. Es war Nacht geworden. Palnatoki geht hinauf in den Wald, legt einen Pfeil auf die Senne, und schießt den König. Dieses ist des Königs Tod. Fiolnir räth den Mannen, die mit ihm beim Könige waren, daß sie alle einstimmig sagen sollen, der König sei in der Schlacht erschossen worden. Hierauf verbinden sie sich hierzu und halten alle die Erzählung [12]). Palnatoki geht zu seinen Schiffen zurück und dann mit 20 Mann zu seinem Pfleglinge Swein, erzählt, was er von König Harald gehört, daß er ihn am Morgen anzugreifen gedenke, und vertraut nur ihm, daß der König todt, und räth ihm, mit den Schiffen so gewaltig als möglich auf die Flotte des Königs zu rudern. So werden drei Snekkjor [13]) des Königs in den Grund gebohrt und Palnatoki und Swein kommen mit allen ihren Schiffen hinaus, und dahin, wo Palnatoki seine Flotte hatte. Am Morgen darauf legen sie an die Schiffe der Mannen des Königs an, und Palnatoki stellt ihnen die Wahl, entweder sich mit ihnen zu schlagen, oder daß alle die Mannen, die bei dem König Harald, dessen Tod sie erfahren, gewesen, dem Könige Swein, seinem Pfleglinge, Land und Unterthanen zu schwören und ihn zum König über ganz Dänemark annehmen sollen. Die Königsmannen wählen das Letztere, und schwören Schwein'n das Land und die Unterthanen zu. Palnatoki und Swein reisen nun durch ganz Dänemark, und überall, wo sie hinkommen, läßt Palnatoki zum Hausthung fodern (quedhja til hústhings), und Swein wird zum Könige über ganz Dänemark genommen. So nach der Jomswikingasaga, welche diese Hergänge mit der ver-

8) Über die damalige Art der Schiffschlachten s. F. Wachter, Snorri Sturluson's Weltkreis. 1. Bd. S. 178. 2. Bd. S. 261. 9) Daß das, was die Jomswikingasaga von Palnatoki und ihrem Pflegling umständlich erzählt und wir kurz andeuten, reine Sage ist, geht daraus hervor, daß es ganz unwahrscheinlich ist, daß der König den großen Unfug, den Swein trieb, so lange geduldet haben würde, und daß Palnatoki, als er voraussieht, daß der König sich nun mit seinem Pfleglinge schlagen werde, diesem nicht persönlich beigestanden, sondern sich nach Bretland begeben haben werde. 10) Wie aus dem Zusammenhange hervorgeht, meint der Sagenerzähler den Bestandtheil Dänemarks, bei welchem die Seeschlacht war, nämlich bei Bornholm. Aber wir wissen nicht recht, wie Palnatoki, der seinen Sitz auf Fünen hat, und von Bretland heimkehrt, statt nach Fünen, plötzlich als Deus ex machina nach Bornholm kommt.

11) Örvamaelir. 12) Der Erfinder dieser Sage in der Jomswikingasaga bemerkt dieses ausdrücklich, um seiner Erfindung Glauben zu verschaffen, der König sei nicht in der Schlacht umgekommen. Zuvor bemerkt die Jomswikingasaga, welche auf das Umständlichste von des Königs Ende handelt (Cap. 21. S. 64): ok er svá sagt af flestam fraedhimönnum, und wird so gesagt von den größten Wissenschaftsmännern (geschichtskundigen Männern, af flestum froedhimönnum), daß der Pfeil fliegt gerade in den Hintern (i rasinn andere Form für i arsinn) dem Könige, und ihn entlang und kam vor in den Mund, und fällt der König sogleich auf die Erde todt nieder ꝛc. Es ist nämlich zuvor erzählt worden, wie der König, um auch seine Achseln zu wärmen, seine Kleider unter sich geworfen, und sich sehr niedergebückt hat. Es ist entweder Dichtung, daß die meisten frodhimenn dieses sagen, oder wahrscheinlicher, es bestand diese Sage wirklich und galt für Wahrheit. Aber hieraus, daß die meisten Wissenschaftsmänner dieses als die Todesart des Königs angaben, folgt noch nicht, daß sie auch erzählt hätten, wie der König die Todeswunde am nächtlichen Feuer erhalten. Er konnte auch in der Schlacht von einem Pfeile in den Mund getroffen worden sein und hieraus die wunderbare Sage entstehen. 13) Eine Art leichter Fahrzeuge.

dächtigsten Umständlichkeit erzählt, einer Umständlichkeit, aus der sich sogleich schließen läßt, daß es nicht wirklich geschichtliche Überlieferung sein könne, sondern das Meiste der reinen Sage angehöre, welches sich schon aus unserer einfachen Inhaltsangabe ergibt, aber noch weit mehr in die Augen springt, wenn man diese umständliche Darstellung selbst liest. In der That erzählt auch Snorri Sturluson den Hergang ganz anders. Er sagt nämlich Saga von Olaf Tryggvason (Cap. 38; bei F. Wachter, Snorri Sturluson's Weltkreis. 2. Bd. S. 249): Swein, Sohn des Königs Haralld, der, der nachher genannt ward Tjuguskegg[14]), erbat sich Reich von dem Könige Haralld, seinem Vater, aber da war wieder wie vorher[15]), daß König Haralld nicht wollte zwietheilen die Dänenmacht, und will nicht Reich geben ihm. Da sammelt Swein sich Heerschiffe, und sagt, daß er fahren will auf Wiking (Raubung), aber als sein Kriegsvolk kam alles zusammen, war auch da zum Kriegsvolke (oder Beistande) bei ihm von den Jomswikingen Palnatoki. Da hielt Swein nach Sialand (Seeland) und hinein in den Isafiord. Da war davor mit seinen Schiffen König Haralld, sein Vater, und bereitete sich zu fahren auf Seezug. Swein legte da sogleich zur Schlacht wider ihn; ward dort großer Kampf. Da strömte Kriegsvolk zu ihm, sodaß Swein von dem Übervolke ward getragen (bewältigt), und floh. Dort erhielt König Haralld Wunden, die, die ihn leiteten zum Tode. Hierauf ward Swein zum Könige genommen in Dänemark. So Snorri Sturluson. Daß er auch wußte, daß Palnatoki dabei eine wichtige Rolle gespielt, geht daraus hervor, daß er bemerkt, daß in Swein's Kriegsvolke auch Palnatoki gewesen. Snorri hat nämlich niemals etwas Müßiges, und läßt sich schließen, daß Snorri durch die Bemerkung auf die große Rolle hindeuten will, die Palnatoki bei Haralld's Fall und Swein's Gelangung zum Königthume spielte, aber freilich waren die Hergänge anders, als wie sie uns die Jomswikinga glaublich machen will. Dieses erhellt aus Folgendem. Die große Olafssaga Tryggvason hat in den Fornmanna-Sögur Cap. 84. 1. Bd. S. 154 alles buchstäblich aus Snorri Sturluson entlehnt, schickt aber dieser voraus: Swein, der Sohn des Königs Haralld, der, der nachher genannt ward Tjuguskegg, wuchs auf, so lange er jung war, bei einem mächtigen Häuptlinge, der Palnatoki hieß. Er herrschte auf Fünen, aber als Swein erwachsen war, erbat er sich Reich von seinem Vater rc. Das Folgende ist nun buchstäblich aus Snorri entlehnt, nur daß bemerkt wird, daß zu Swein sein Pfleger Palnatoki mit großem Kriegsvolke gestoßen sei und endlich, nachdem von den Wunden des Königs Haralld erzählt worden, wird hinzugesetzt: und so wird gesagt, daß Palnatoki ihm reichte die Wunden. Der Verfasser der großen Olafssaga kannte also die Sage, daß Haralld von Palnatoki tödtlich verwundet worden, aber nicht beim nächtlichen Feuer, sondern in der Schlacht. Auch die Knytlingasaga stimmt fast ganz mit Snorri Sturluson überein. Sie sagt (Capitel 4. Seite 182): Swein, der Sohn des Königs Haralld's Gormsson's, erbat sich ein Reich vom König Haralld, seinem Vater, aber Haralld liebte ihn wenig, denn er war ein Geliebtensohn[16]) (fridlu-sonr, filius concubinae) und er wollte ihm kein Reich zur Beherrschung geben. Aber als Swein vollkommener Mann ward, da schaffte er sich Schiffe und heerte weit beides im Aus- und Inlande; da ward König Haralld ihm erzürnt, und sammelte Kriegsvolk wider ihn, da war gekommen zum Kriegsvolke[17]) (oder Beistande) zu Swein Palnatoki, sein Pfleger, wie gesagt wird in der Saga der Jomswikingar, und hielten sie da nach Sjoland (Seeland) und hinein in den Isafiordh, da war davor König Haralld mit seinen Schiffen. Swein legte sogleich zur Schlacht wider ihn, ward dort große Schlacht, strömte da Kriegsvolk zu König Haralld, sodaß Swein ward vom Übervolke getragen (bewältigt), und er floh. In dieser Schlacht erhielt König Haralld eine Todeswunde, und ward er geschossen mit einem Pfeile zu Tode. So die Knytlingasaga, welche fast ganz dasselbe sagt, was Snorri Sturluson erzählt. Sehr merkwürdig ist hierbei, daß die Knytlingasaga dabei die Jomswikingasaga anführt, nämlich in Beziehung darauf, daß Palnatoki der Pfleger Swein's Haralldson's war, und doch die Hergänge ganz anders erzählt. Hieraus muß man schließen, entweder daß der Verfasser der Knytlingasaga die Erzählung verwarf, die sich in der Jomswikingasaga fand, oder wahrscheinlicher, daß die ursprüngliche Jomswikingasaga den Hergang erzählte, wie Snorri und die andern, und nur umständlicher, z. B. daß König Haralld in der Schlacht von Palnatoki durch einen Pfeilschuß getödtet worden war. Der spätere Bearbeiter und Erweiterer der Jomswikingasaga war mit dieser einfachen Erzählung nicht zufrieden, und schob an ihrer Statt jene Erzählung ein, die in das Mährchenhafte ganz hinüberstreift. Nach Adam von Bremen unternimmt Svenotto, der Sohn des großen Haralld, des Dänenkönigs, viele Nachstellungen wider seinen Vater, um ihn, der alt und kraftlos ist, des Reiches zu berauben, und berathet sich mit denen, die sein Vater wider ihren Willen zum Christenthume gezwungen. Schnell entsteht eine Verschwörung. Die Dänen sagen sich vom Christenthume los, und stellen Swein als König auf und bekriegen Haralldden. Auch dieser ergreift die Waffen. In der schrecklichen Schlacht wird die Partei Haralld's besiegt. Er selbst wird verwundet, flieht aus der Schlacht, besteigt ein Schiff und entkommt zur Stadt der Slawen, die Julin (nach anderer Lesart Jumno, also Jomsburg (s. d. Art.) heißt. Wider Verhoffen wird er von ihnen, die Heiden sind, aufgenommen und stirbt nach einigen Tagen an den Wunden[18]). Nach Saxo Grammaticus dient

14) Gabelbart. 15) Dieses ist nicht so zu verstehen, als wenn Swein schon vorher seinen Vater angegangen gehabt hätte, um einen Theil des Reichs zu erhalten, sondern auf die Ansprüche, die Goldharalld gemacht hatte; s. F. Wachter, Snorri Sturluson's Weltkreis. 2. Bd. S. 176—179.

16) Frillusson, filius concubinae. 17) Til lidhs; lidh bedeutet Volk, Kriegsvolk, Beistand. 18) *Adamus Bremensis*, Historia Ecclesiastica. Lib. II. c. 17 ap. *Lindenbrog*. Scriptt. ed. *Fabricii*. p. 20. 21. Cfr. *Helmold*. Lib. I. c. 15 ap. *Leibnitz*. Scriptt. T. II. p. 550. 551 et Rerum Danicarum scriptores ap.

ein gewisser Toko [19]) als Kriegsmann bei dem König Haralld, übertrifft seine Kameraden an Eifer, und seine Vorzüge machen aus vielen derselben Feinde. Bei einem Gelage, bei dem es nicht an starker Berauschung fehlte, rühmt er sich seiner großen Fertigkeit im Bogenschießen, er könne einen kleinen Apfel, der auf einen fernen Stock gesteckt sei, auf den ersten Schuß treffen. Seine Neider fangen die Rede auf, und sie kommt zu des Königs Ohren. Dieser befiehlt Toko'n, seinen Sohn an die Stelle des Stabes zu setzen, treffe er den Apfel nicht auf den ersten Schuß, solle er seine Ruhmredigkeit mit dem Tode büßen. Toko verliert den Muth nicht, und ermahnt den Knaben, beim Sausen des Pfeiles sich nicht im Mindesten zu rühren. Drei Pfeile nimmt er aus den Köcher, um, wenn er den Knaben treffe, den zu erlegen, der seine Ermordung veranlaßt. Der Sohn steht unbewegt. Des Vaters Kunst trifft den Apfel. Toko, vom Könige befragt, warum er mehre Pfeile aus dem Köcher genommen, da er nur einmal habe schießen sollen, antwortet, daß wenn er mit dem ersten Pfeile vom Ziele abgeirrt, die übrigen zur Rache habe auf den König wegen seiner Lieblosigkeit schießen wollen [20]). Haralld rühmt sich, daß er in der Kunst, mit der die Finnen über die Schneeberge laufen, erfahrener sei. Toko wagt sich eines Gleichen zu

Ludewig, Reliquiae Manuscriptorum. Tom. IX. Num. I. p. 11. 12.

19) Toko ist latinisirt aus dem nordischen Tóki, Pálnatóki ist kénningarnafn (Bezeichnungname) und er hieß ohne Vermehrung des Namens Tóki. Pálnatóki ist aber so gewöhnlich geworden, daß die Jomswikingasaga erzählt: und waren sie kurze Zeit zusammengewesen, bevor sie hatten einen Sohn, und wird dem Knaben ein Name gegeben und genannt Pálnatóki. Hiernach erscheint Palnatoki nicht mehr als kénningarnafn, Name näherer Bezeichnung, nämlich hier zur Unterscheidung von den andern, die auch Toki hießen, sondern als Name, den die heidnischen Nordmannen den Kindern gaben, wenn sie mit Wasser begossen wurden (s. F. Wachter, Snorri Sturluson's Weltkreis. 1. Bd. S. 195. 237. 238. 2. Bd. S. 163. 275). Wie aus Saxo Grammaticus erhellt, war aber Palnatoki Bezeichnungsname, und der Name der heidnischen Taufe Toki. Sein Vater hieß Palnir, wahrscheinlich hatte er hiervon den Bezeichnungsnamen erhalten, aber so daß für Palnir die Form Palni (Beugung Palna) angenommen wurde, weil Palnistoki zu hart geklungen haben würde. Die gewöhnliche Bezeichnung wäre gewesen Toki Palnisson, doch auch die andere ist nicht ganz ungewöhnlich. So erzählt die Jomswikingasaga, Swein sei von seiner Mutter Ása, welche mit dem Bezeichnungsnamen Saum-Ása hieß, Saum-Ásu-Swein genannt. Toki war ein Name, der in Palnatoki's Geschlechte gewöhnlich war. Die große Olafssaga Tryggvasonar (Cap. 84. 1. Bd. S. 154) sagt: Palnatoki war der Sohn Palnir's Tokason's (des Sohnes Toki's). 20) Die Sage von Palnatoki's Apfelschuß hat durch ihre Ähnlichkeit mit der Sage von Tell's Apfelschusse die größte Berühmtheit erlangt. Geschichtsforscher haben sie benutzt, um die Sage von einer Auswanderung der Schweizer aus dem skandinavischen Norden in die Alpen zu bestätigen, indem man annimmt, die Schweizer haben diese Sage mit aus dem Norden gebracht, und sie sich in den Alpen an Tell geknüpft. Andere haben die Sage von Palnatoki's Apfelschuß zu Hilfe genommen, um die zu widerlegen, welche Tell's Apfelschuß als etwas wirklich Geschehenes oder etwas Geschichtliches annehmen, da er doch der reinen Sage angehört. Um die geschichtliche Wahrheit des Tell'schen Apfelschusses durch den Apfelschuß Palnatoki's nicht gefährden zu lassen, haben seine Vertheidiger angenommen, es habe sich ein solcher Apfelschuß zweimal zugetragen, einmal in Dänemark, das andere Mal in der Schweiz, und behauptet, es zeuge von wenig geschichtlicher Einsicht und Kenntniß ein Factum darum leugnen zu wollen, weil sich ein ähnliches Ereigniß schon früher einmal zugetragen habe. Gewiß! aber man muß dabei vorzüglich die innere Glaubwürdigkeit solcher Erzählungen, welche sich oft wiederholt haben sollen, in Anspruch nehmen, und vorzüglich darauf Rücksicht nehmen, ob die Sage sehr beliebt war, und das ist die Sage vom Apfelschuß von des Kindes Haupt in hohem Grade; denn sie hat sich nicht blos an Palnatoki und an Tell, sondern auch an Egill (s. die Wilkinasaga Cap. 27) und an Endridi (s. die Saga Olafs Kónúngs Tryggvasonar, Fornmanna Sögur. T. II. p. 272. Scripta historia Islandorum. Vol. II. p. 256) geknüpft. Und wer hat sie entlehnt? Teutschland aus dem Norden, oder der Norden aus Teutschland? Die Wilkinasaga ist laut der Angabe ihres Verfassers aus teutschen Sagen und Liedern zusammengesetzt. Die Teutschen in engerer und die Nordmannen in weiterer Bedeutung haben also gleich Ansprüche, bei jenen hat sie sich an Egil und Tell, bei diesen an Palnatoki und Endridi geknüpft. Oder ist vielleicht die Sage mehre Male erfunden worden? Allerdings kann man sagen: So gut die Sage ein Isländer erfinden konnte, so gut konnte sie auch wieder ein Schweizer erfinden. Einen Apfel vom Haupte seines Kindes einem berühmten Schützen auf Befehl eines Tyrannen schießen zu lassen, ist eine zu natürliche Erfindung, als daß nicht auch mehre sie unabhängig von einander machen könnten. Diese Möglichkeit ist allerdings nicht zu bestreiten, denn man findet z. B. ähnliche Gebräuche und Sprüche bei den Germanen des kalten Nordens und bei den Arabern der heißen Wüste, denn der menschliche Geist ist sich überall gleich (für gleiche Gebräuche der Germanen mit den Arabern s. ein Beispiel im Art. Otar, und für gleiche Sprüche bieten die Hávamál Beispiele). Im Betreff beliebter Volkssagen ist es aber, wenn wir sie bei den verschiedenen Stämmen eines und desselben Volkes finden, nicht nöthig, zwei- oder mehrmalige Erfindung anzunehmen. Sie sind als ein gemeinsames Ureigenthum, wie die Sprache und die Göttersage anzunehmen, nur daß sie sich bei den verschiedenen Stämmen an verschiedene Gelegenheiten angeknüpft haben; man nehme z. B. die beliebte Sage von einer weißen Hindin (Hirschkuh) als Wegweiserin über einen Fluß oder Sumpf. Die Gothen knüpfen die beliebte Sage an den für sie so verhängnißvollen Übergang der Hunnen über den mäotischen Sumpf (s. *Jordan.*, De reb. Got. c. 24 ap. *Hugonem Grotium*, Scriptt. Goth. et Langobard. p. 68 ap. *Muratori*, Scriptt. Rer. Ital. T. I. P. I. p. 203). Die Franken verwenden sie für den für sie so wichtigen Heerezug Chlodowig's gegen den westgothischen König Alarich, des eifrigen Katholiken gegen den Arianer, jenes Heereszug, welcher den Sturz der Macht der Westgothen in Gallien zur Folge hatte (s. *Gregor. Turonens.* Histor. Lib. II. c. 37 ap. *Freher*. Corpus Histor. Franc. p. 48. Cfr. *Aimoin*. de Gestis Franc. L. I. c. 21. l. c. p. 268). Die Sachsen knüpfen sie an den Übergang der Franken über den Main im großen sächsischen Kriege unter Karl dem Großen, und an die Entstehung des Namens Franconofurt (Furth der Franken, Frankfurt) s. *Dithmar ab Merseburg*, Chron. Lib. VII. ed. *Wagner*. p. 245). Hier darf man nicht annehmen, die Franken haben die Sage von der Hindin als Wegweiserin der Hunnen über den mäotischen Sumpf den Gothen entlehnt und an den Übergang der Franken über die Wigenne geknüpft und die Sachsen haben sie von den Franken entnommen, und an den Übergang derselben über den Main geknüpft, und noch weniger behaupten, Gregor von Tours habe sie von Jordanes und Dithmar von Merseburg von Gregor von Tours erborgt, sondern die Sage von der Hindin als Wegweiserin über die Gewässer war eine beliebte allgemein gültige Volkssage bei den Germanen, und jeder Stamm knüpfte sie an ein für ihn wichtiges Ereigniß. Eine ähnliche Bewandniß hatte es, muß man annehmen, mit der Sage von des Vaters Apfelschuß von des Kindes Haupte. Es kann dabei nicht in Untersuchung kommen, welcher Volksstamm sie von dem andern entlehnte, sondern welcher sie früher oder später an diesen oder jenen Helden knüpfte, und hierbei ist allerdings der Norden im Vortheil. Denn die Sage von Palnatoki's Apfelschuß findet sich schon bei Saxo Grammaticus, also weit früher als

rühmen, und wird genöthigt, an dem Felsen Kol seine Kunst zu versuchen. Er steigt auf die Spitze des hohen Felsen, fährt die gefährlichste Strecke des Felsen auf einem Stücke Holz herab. Als dieses an den Klippen zerbrochen ist, auf einem Bruchstücke desselben, und endlich auf den Schneeschrittschuhen selbst[21]). Im Meere unter dem Felsen wird er von Schiffern aufgefangen. In Harald's Nähe hält er sich für gefährdet, und geht in die Dienste Swein's, des Sohnes des Königs. Die Befehlshaber der Flotte Swein's hassen Harald's Regierung, da er dem Christenthume so hold ist, und das Volk durch ungewöhnliche Lasten drückt und verleiten Swein'n, die Waffen gegen den Vater zu ergreifen, und sich des Reichs zu bemächtigen. Harald verwendet eben seine Macht darauf, einen großen Felsen von Jütlands Küste durch Menschen und Vieh herbeischaffen zu lassen, um damit das Grab seiner Mutter zu bezeichnen, als er die Nachricht erhält, daß er das Reich verloren. Er wird von Swein in der Schlacht besiegt, flieht nach Seeland, verstärkt sich hier, und schlägt wieder eine unglückliche Seeschlacht. Nun verläßt er das Vaterland, und begibt sich in das von dänischen Waffen angefüllte Julin. Unterdessen stellt Swein den heidnischen Götterdienst wieder her. Ihn greift sein Vater mit Truppen, welche aus Dänen und Slawen bestehen, bei Helgenes[22]) an. Sie schlagen eine Schlacht den ganzen Tag hindurch, doch auf keine Seite neigt sich der Sieg. Den folgenden Tag haben sie eine Unterredung. Harald setzt sein Vertrauen darauf, daß ein Vergleich werde zu Stande kommen, spaziert zu frei herum, geht in eine enge Gegend des Waldes. Während er hier sich auf einen Busch setzt, um seinen Leib auszuleeren, erhält er von Toko, der wegen der erlittenen Kränkungen nach Rache dürstet, durch einen Pfeilschuß eine Wunde. Der Versehrte wird von den Seinen nach Julin gebracht, und stirbt hier bald. So nach Saxo Grammaticus[23]), der also im Betreff des Pfeilschusses Palnatoki's außerhalb der Schlacht eine ziemlich ähnliche Erzählung, als die Jomswikingasaga hat. Wir geben nun weiter an, was diese von Palnatoki umständlich erzählt. Swein bittet vor allen Palnatoki'n, seinen Pfleger, zum Erbtrunk (erfi), den er nach seines Vaters Tode vor den Winternächten halten will. Palnatoki antwortet, daß er vor den nächsten Winternächten nicht kommen könne, da er gehört, daß sein Schwiegervater Stefnir, Bretlands Jarl, gestorben sei, und er nöthig habe dahin zu fahren, da er nach dessen Tode das Reich dort zu besitzen habe. Da Palnatoki glaubt, zur Erbfeier nicht kommen zu können, wird nichts aus der Todtenfeier für den König, da Swein durchaus will, daß sein Pfleger bei dem Gastgebote sei. Palnatoki fährt nun aus dem Lande fort im Herbste mit seinem Schiffvolke, und bevor er fährt, läßt er dort zurück seinen Sohn[24]) Aki, zu herrschen dort über seine Höfe auf Fünen, und alles das, was er dort hatte, und erbittet ihm Ehren bei dem Könige Swein, und der König verheißt das Palnatoki'n, daß er wollte auf Aki'n die größte Rücksicht nehmen, und das vollführte er. Hierauf fährt Palnatoki nach Bretland und nimmt das Reich an, das Stefnir, sein Schwiegervater, und Biorn, der Britische, gehabt haben, und so verflossen die nächsten Halbjahre. Aber im Sommer darauf sendet Swein Botschaft nach Bretland, daß Palnatoki dahin kommen solle zu seinem Gastgebote, und so viel Kriegsvolk mit ihm, als er haben wollte, der König wollte nun die Erb- und Todtenfeier für seinen Vater halten[25]). Aber Palnatoki entschuldigt sich, daß er nicht kommen könne, da er dieses Halbjahr Abhaltungen wegen Verrichtungen habe, und überdies eben eine Krankheit hatte. Als die Gesandten fort sind, schwindet alle Krankheit von Palnatoki'n. Der König unterläßt den Herbst die Haltung des Erbtrunkes, und verfließt von da der Winter und der Sommer; und nun war so gekommen, daß Swein nicht könnte dünken tüchtiger König (gildr konungr), wenn er nicht sollte die Todtenfeier für seinen Vater und den Erbtrunk zum Antritte der Erbschaft halten[26]) vor den dritten Winternächten, und der König will nun es gewiß nicht unterlassen. Er sendet dieselben zwölf Männer wieder nach Bretland, und bittet ihn zum Gastgebote wie zuvor, und äußert, daß er großen Zorn auf ihn legen würde, wenn er nicht käme. Palnatoki antwortet den Sendmännern des Königs, daß der König die größten Anstalten zu dem Schmause treffen möge, daß er auf das Prächtigste sein möge; er werde diesen Herbst zum Erbtrunke kommen. Der König läßt den Schmaus auf das Beste bereiten. Als alle geladene Männer gekommen sind, fehlt Palnatoki. Als am Abend die Männer auf die Sitze in der Halle geordnet sind, da läßt der

---

sich der Tell'sche zugetragen haben soll. Auch an Endridi hat sie sich eher geknüpft als an Tell, und auch früher an Egill als an den saglichen Helden der Schweiz, da die Abfassung der Wilkinasaga im 13. bis 14. Jahrh. statthatte, und ihr Verfasser aus ältern Liedern schöpfte und wenigstens die schriftliche Aufzeichnung der Tell'schen Sage erweislich später fällt, als die Abfassung der Wilkinasaga. Über Palnatoki's Apfelschuß und die verwandten Sagen vergl. auch J. L. Ideler, Die Sage von dem Schuß des Tell (Berlin 1836) und hiermit J. E. Kopp, Urkunden zur Geschichte der eidgenössischen Bünde.

21) So verstehen wir die pomphafte, aber dunkle Beschreibung des Saxo Grammaticus, nämlich, was dieser nicht bemerkt, um die Schneeschrittschuhe (skid) zu schonen, oder wahrscheinlicher die gefährlichsten Stellen herabzukommen, wo man mit den Schneeschuhen nicht fahren konnte, bedient sich Toko (d. h. soll sich bedient haben) eines Stückes Holzes als Fahrzeugs, fährt darauf einen Theil des an Felsenklippen reichen Vorgebirges Kol (in Jütland) herab, und als das Stück Holz und auch ein Bruchstück desselben, auf welchem er zuletzt fährt, zerbrochen ist, läuft er vollends auf den Schneeschuhen herab. 22) In Jütland, unfern der Stadt Ebeltoft. 23) Hist. Dan. Lib. X. Baseler Ausgabe v. 1534. Bl. 92. S. 2. Bl. 93. S. 1 u. 2.

24) s. die fünfte Anm. in diesem Artikel. 25) Heißt in der Urschrift blos: ok vill konúngr nú erfa föđor sinn, und will der König nun erfen seinen Vater. Vergl. F. Wachter, Snorri Sturluson's Weltkreis. 1. Bd. S. 101—103, 2. Bd. S. 251. 26) In der Urschrift blos: ef hann skylde erfa fôđhur sinn fyrir þriu vetrnaetr, wenn er sollte nicht erfen seinen Vater vor den dritten Winternächten, d. h. wenn er das dritte Jahr vorübergehen ließ. Über die Gebräuche bei diesen Erbtränken s. F. Wachter, Snorri Sturluson's Weltkreis. 1. Bd. S. 102. 103. 2. Bd. S. 251. 252.

König, wie gesagt wird, Raum liegen auf der Bank unter dem Hochsitze und außerdem für 100 Mann, und bestimmt den Raum für Palnatoki, seinen Pfleger, und seine Fahrtgenossenschaft. Da Palnatoki's Kommen sich verzögerte, fing man an zu trinken. Von Palnatoki muß gesagt werden, daß er und Bjørn der Britische von Hause hinweg fuhr mit drei Schiffen und hundert Mann, halb Dänen, halb Briten. Sie kommen nach Dänemark und denselben Abend an Swein's Wohnort. Bevor sie die Schiffe verlassen, legen und bereiten sie die Fahrzeuge so, daß sie, wenn es nöthig, so schnell als möglich fortfahren können. Hierauf geht Palnatoki und die andern mit ihm, in die Halle des Königs und vor diesen, und er weiset ihnen ihre Sitze an. Bei dem Trinkgelag ist auch jener Fjølnir Tokason, Palnatoki's Vaterbruder, der bei Haralld Gormsson gewesen war, als er von Palnatoki erschossen wurde, und dem todten Könige den Pfeil aus der Wunde und zu sich genommen hatte. Der Pfeil war leicht kenntlich, da er ein goldenes Rohr hatte[27]). Als sie eine Zeit lang getrunken haben, wendet sich Fjølnir zum König und spricht eine Zeit lang leise mit ihm. Der König verwandelt sein Antlitz, wird roth und aufgeschwollen. Dem Kerzenknaben[28]) des Königs, Namens Arnoddr, gibt Fjølnir einen Pfeil in die Hand, und sagt, daß er ihn vor jeden Mann, der in der Halle wäre, tragen sollte, bis einer sich zum Eigenthume des Pfeils bekenne. Arnoddr that so, und Niemand bekannte sich zum Pfeil, bis er zu Palnatoki kam und diesen fragte. Palnatoki antwortete: Warum soll ich meinen Pfeil nicht kennen? Gib mir ihn, denn er ist mein Eigenthum. Der König sprach: Du, Palnatoki! wo schiedest du dich von diesem Pfeile das letzte Mal? Palnatoki antwortet: oft bin ich dir nachlassend gewesen, Pflegesohn! und wenn dir das dünkt mehr Ruhm, daß ich dir das sage bei einer großen Menschenversammlung, da will ich es dir leisten. Ich schied mich von ihm auf dem Bogenstrange, König! damals, als ich schoß in den Hintern[29]) deinen Vater, und ihn entlang, so daß er durch den Mund herauskam. Da fodert der König alle auf, die in der Halle sind, die Hände an Palnatoki und seine Fahrtgenossen zu legen und sie alle zu erschlagen, denn nun sei alle Freundschaft zwischen dem König und Palnatoki, und allem dem Guten, das zwischen ihnen gewesen war, niedergeschlagen. Alle springen auf und großes Getümmel entsteht. Das erste ist, was Palnatoki thut, daß er seinen Verwandten Fjølnir bis zu den Schultern mit dem Schwerte spaltet. Da er aber so viele Freunde am Hofe des Königs sieht, will er an sie die Waffen nicht legen, und er und all die Seinen kommen aus der Halle hinaus, bis ein einziger britischer Mann aus Bjørn's Kriegsvolke. Aber auch diesen Todten will Bjørn nicht in der Halle lassen, er geht in sie zurück, und trägt ihn hinaus[30]). Palnatoki und Bjørn eilen auf die Schiffe und gelangen glücklich nach Bretland zurück. Der König aber geht wieder in die Halle hinein und hält mit den Seinen den Erbtrunk und die Todtenfeier weiter. Den nächsten Sommer darauf stirbt Oløf, die Frau Palnatoki's. Nach ihrem Tode gefällt es Palnatoki'n nicht auf Bretland, und er setzt zum Reiche Bjørn den Britischen, es zu bewahren. Er selbst fährt nun mit 30 Schiffen auf Wiking (Raubfahrt) und heeret diesen Sommer in Schottland und Irland, und schafft sich großes Gut und Ruhm auf den Heerfahrten. Er treibt dieses zwölf Sommer zusammen, und es geht ihm gut dabei sowol in Beziehung auf Beute, als Ehre (nach damaligen Begriffen). Einen Sommer fährt er nach Windland (Wendenland), und heeret dort, und hat sich verschafft noch zehn Schiffe und im Ganzen vierzig. In dieser Zeit herrschte über Windland der König Burislafr und dachte Übles von dieser Heerfahrt, denn ihm war von Palnatoki gesagt worden, daß er fast überall den Sieg hatte, wo er heerte, und der berühmteste Wikingur (Seeräuber) in dieser Zeit war, und klüger und erfahrner als Jedermann zu sein deuchte, und es den meisten wider ihn misging. Daher sandte Burislaf, als Palnatoki dort an das Land kam, seine Mannen zu ihm, und ließ ihm entbieten, daß er Frieden und Freundschaft gegen ihn haben wollte und bot ihm ein Fylki (Landschaft) oder Reich von seinem Lande an, daß Jóme[31]) heißt, daß er sich dort festsetzen und verbunden sein sollte, das Land und Reich mit dem Könige zu vertheidigen[32]). Palnatoki und alle seine Mannen nahmen dieses an. Er läßt bald in seinem Reiche eine große und starkbefestigte Burg an der See bauen, welche den Namen Jómsborg erhielt und in der Burg (Festung) einen Hafen, in welchen er 300 Langschiffe legen konnte. Der Hafen ward mit großer Kunst erbaut. Über dem Eingange desselben war ein großer steinerner Schwibbogen und eiserne Thüren vor dem Thore, welche innen, vom Hafen aus, verschlossen wurden. Auf dem Steinbogen ward ein großes Castell gebaut, und große Schlachtschleudern (val-slöngur, Bliden, balistae) darin. Ein Theil der Burg stand draußen in der See, und das wurden die Seeburgen (saeborgir) genannt, die so gemacht waren, und von ihnen innerhalb war der Hafen der Burg[33]). Hierauf gibt

27) Var gulli reyrdh, war mit Golde geröhrt, da der Pfeil eine so wichtige Rolle spielen sollte, mußte die Sage ihm diese Auszeichnung geben. 28) Kertasveinn, d. h. Lichthalter. 29) í rassian. 30) Was die Jomswikingasaga von den Auftritten auf dieser Todtenfeier erzählt, und wir angedeutet haben, gehört natürlich der reinen Sage an. Snorri Sturluson hat keine Andeutung, wol aber knüpft er an Swein's Erbtrunk und Todtenfeier für seinen Vater die Veranlassung zu einem äußerst wichtigen Ereignisse; s. F. Wachter 2. Bd. S. 251 fg. 31) S. d. Art. Jomsburg. 32) Dieser Antrag hat insofern nichts Unwahrscheinliches, als auch andere Fürsten ähnliche Verträge mit den seeräuberischen Nordmannen schlossen. So erhielten Nordmannen Lehen in Friesland, daß sie das Land gegen die Einfälle ihrer Landsleute vertheidigen sollten. S. Annal. Fuldens. P. IV. ad ann. 882 ap. *Pertz*, Monum. Germ. Hist. T. I. p. 396. Reginonis Chron. ad ann. 882 ap. eund. p. 593. So war Karl der Einfältige genöthigt Hrolfen (Rollo'n) das Land zwischen der Andelle und der See zu ertheilen. *Dudo*, de moribus et actis Nordmannorum bei *du Chesne*, Hist. Norm. Scriptt. p. 82. So erhielt Erik Blodør vom englischen Könige Adalstein Northumberland zu Lehen, daß er das Land vor Dänen und andern Wikingen (Seeräubern) vertheidigen sollte, s. Snorri Sturluson's Weltkreis übers. von F. Wachter. 2. Bd. S. 8. 33) Die Jomsburg oder Jumne, wie sie Adam von Bre-

Palnatoki mit Zurathezlehung kluger Männer Gesetze in Jomsborg zu dem, daß darin mehr Stärke sein sollte, als damals noch geworden war. Dahin sollte kein Mann zur Fahrtgenossenschaft bei Palnatoki geordnet werden, der älter wäre als 50 an Alter und kein jüngerer als 18 Winter alt; dazwischen sollten alle sein an Altern. Durchaus kein Mann sollte darin sein, der flöhe vor gleichwieglichem und gleichgerüstetem Manne, als er. Jeder Mann, der dahin geordnet wurde in ihre Fahrtgenossenschaft, sollte das festlich verheißen, daß jeder derselben sollte rächen den andern[34]), wie seinen Speisegenossen[35]) oder Bruder, und durchaus keiner sollte dort Zwist beleben zwischen den Männern; so auch, obschon dahin Zeitungen vernommen wurden, da sollte (doch) kein Mann so rasch-weise (hvatvis) sein, daß (er) die sagen sollte, indem Palnatoki sollte dort zuerst Zeitungen sagen. Und der, der befunden wurde an diesem, was nun aufgezählt ist, und abwich von diesen Gesetzen, da sollte der sogleich (sein) vertreibbar und vertrieben aus den Gesetzen derselben (thá skylde sá thegar raekr ok rekinn or lögum theirra). So auch, obschon aufgenommen wäre der Mann, der erschlagen hätte Bruder oder Vater des Mannes, und dort war schon vorher, oder ein ganz verbundener Blutsfreund, und käme das auf (würde das bekannt) nachher, daß er aufgenommen wäre, da sollte Palnatoki das richten (daema). Durchaus kein Mann sollte dort ein Weib innerhalb der Burg (Festung) haben, und keiner sollte aus der Burg länger hinwegsein als drei Nächte, außer wenn Palnatoki's Rathschluß und Erlaubniß dazu wäre. Alles das, was sie fingen auf Heerfahrten, das sollte man zu den Stangen (Fahnen) tragen, größeres Ding oder kleineres, und alles das, was geldeswerth (femaett) wäre, und wenn das erprobt würde wider einen, daß er nicht so gethan hätte, da sollte er fortfahren aus der Burg, was immer auf ihn käme Größeres oder Kleineres. Kein Mann sollte auch andere Worte dort sprechen oder singen, wie verzweifelt auch es sich für sie wendete. Kein Ding sollte sich mit ihnen innerhalb der Burg zutragen, das nicht sollte Palnatoki Alles festsetzen und darüber walten, wie er wollte. Keinen Einfluß sollte dabei haben Blutsverwandtschaft oder Freundschaft, obschon Männer wollten dahin gesetzt sein, die nicht in diesen Gesetzen waren, und obschon die Männer, die dafür waren, dahin die bäten, die nicht tauglich zu diesen Gesetzen waren, da sollte das ihnen doch nichts nützen. Bei diesem sitzen sie nun in der Burg in gutem Frieden und halten wohl ihre Gesetze. Sie fahren jeden Sommer aus der Burg und heeren auf verschiedenen Ländern und erwerben sich großen Ruhm und dünken zu sein die größten Heermänner, und keine fast deuchten ihnen in jener Zeit gleich zu sein, und genannt werden sie Jomswikingar (Seeräuber von Jom). So nach der Jomswikingasaga. Nach Snorri Sturluson (bei Ferd. Wachter Bd. II. S. 249 fg.) bestehen die Jomswikingar schon, als Palnatoki Swein'n Harralldsson zu Hülfe zieht und Harallد Gormsson gegen sie die letzte Schlacht schlägt. Nachdem Snorri erzählt hat, wie König Harralld an der Wunde gestorben und hierauf Swein zum König angenommen worden, fährt er fort: Damals war Sigwaldi Jarl über Jomsborg auf Windland (Wendenland ꝛc., weiter oben sagt er, bevor er von Harralld's letzter Schlacht handelt: auch war da zum Kriegsvolke (oder Beistande, til lids) bei ihm (Swein) von den Jomswikingen Palnatoki. Snorri kennt also Palnatoki'n zwar als den berühmtesten von den Jomswikingen, aber als Häuptling in Jomsborg nicht, oder wenigstens nicht als den obersten Häuptling. Oder das thá (damals) ist nicht so streng zu nehmen und bezieht sich mehr auf das Folgende als das Vorhergehende, nämlich er sagt: Hierauf ward Swein zum Könige genommen in Dänemark. Damals war Sigwaldi Jarl über Jomsborg auf Windland; er war Sohn Strut-Harralld's, des Königs, der geherrscht hatte über Skani; Brüder Sigwaldi's waren die, Hemingr und Thorkell der Hohe. Damals war auch Häuptling über die Jomswikingar Bui der Dicke von Borgundarholm und sein Bruder Sigurd. Dort war auch Wagn, der Sohn derer, Aki's und Thorgunna's, Schwestersohn derer (und) Bui's. Jarl Sigwaldi hatte (mit Händen) ergriffen den König Swein und gebracht ihn nach Windland nach Jomsborg ꝛc. Die große Olafssaga Tryggvasonar (Capitel 84. S. 154), nachdem sie die Sage angegeben, daß Harralld'n Gormsson die Wunden Palnatoki beigebracht, fährt fort: Palnatoki war der Sohn Palnir's Tokason's und Ingibiorg's, der Tochter des Jarl Ottar von Gautland. Die Blutsfreunde, Palnatoki und seine Voreltern, hatten über Fünen geherrscht lange Zeit, aber als Palnatoki ward Landwehrmann (landvarnamadhr) des Königs Burislaw auf Windland und Häuptling der Jomswikingar, da setzte er den Jarl, der Aki hieß, zur Regierung (til forradha) auf Fünen, er war Gleichalter Swein's, des Sohnes des Königs Harralld, sie waren Fostbraedhir (Pflegebrüder), so lange[36]) sie aufwuchsen, beide zusammen auf Fünen bei Palnatoki. Nachdem die Olaf's Saga Tryggvasonar hierauf bemerkt hat, wer Aki's Mutter gewesen, nämlich Alof, die Tochter des Jarl Stefnir auf Bretland, handelt sie von dem Könige Struthalldr von Skaney (Schonen) und dessen Söhnen und von Weseti, dem Häuptling von Borgundarholm und dessen Söhnen und Tochter Thorgunna, die Aki heirathete, und ihrem Sohne Wagn und fährt dann fort: Diese jungen Männer alle, von denen nun gesagt ward, die Söhne Strutharalld's und die Söhne Weseti's aus Borgundarholm und Wagn Akason, waren gekommen nach Jomsborg auf Windland, bevor als Pal-

men nennt, war allerdings die berühmteste Seefestung jener Zeit an der Nordsee. Aber die nähere Beschreibung, welche die Jomswikingasaga Cap. 23. S. 74. 75 davon gibt und wir nach ihr, gehört der Sage an.

34) Also eine große Fastbrüderschaft. 35) Sem mötunauta sins edha bródhur sins. Hierfür hat Cod. B. sem födhur sins edhr bródhur, und die Flateyjarbók: Sem bur (Sohn) edhr brodhir vaeri.

36) D. h. sie setzten den Bund der Brüder (fóstbraedhralag) nicht fort. Nach der Jomswikingasaga hingegen würdigt Swein das fraedralag zwischen sich und Aki'n sehr.

natoki gestorben war, und waren gegangen unter die Gesetze der Jomswikingar, die, welche Palnatoki hatte gesetzt (gegeben). Und nicht lange nachher erhielt Palnatoki Krankheit, die, welche ihn zum Tode führte, ward da Sigwaldi, der Sohn Strutharalld's, gesetzt, als Häuptling über die Jomswikingar; nicht lange verfloß, bevor von den Gesetzen derselben abgegangen ward in manchem Gesetze, sodaß dann waren Weiber lange in der Burg, so auch wurden Unthaten und Erschlagungen innerhalb der Burg unter den Jomswikingen selbst, und viele andere Gesetzlosigkeiten. Unter Palnatoki also allein war die Blüthe jener musterhaften Einrichtung eines Seeräuberstaates. In der Zeitrechnung sind zwischen Snorri Sturluson und der ihm folgenden großen Olafssaga Tryggvasonar auf der einen und der Jomswikingasaga auf der andern Seite die größten Abweichungen. Nach jener stirbt Palnatoki kurz nach der Schlacht, in welcher Harалld Blauzahn verwundet worden war, und Swein hält die Todtenfeier, erst nachdem Swein wieder aus der Gefangenschaft bei Palnatoki's Nachfolger in Jomsborg befreit worden ist. Nach dieser verzögert Palnatoki die Todtenfeier um drei Jahre, indem er in Bretland weilt, fährt von der Todtenfeier in Dänemark zurück nach Bretland und heert dann nach dem Tode seiner Gattin zwölf Sommer in Schottland und Irland, fährt dann nach Wendenland, baut Jomsborg, gibt die Gesetze der Jomswikingar. Diese heeren jeden Sommer und werden berühmt. Hierauf erzählt sie Folgendes umständlich, dessen Inhalt wir nur andeuten. König Swein zeigt sich auf das Beste gegen Aki, den Sohn Palnatoki's, sowie ihre Freundschaft stets gut gewesen war, und obgleich etwas Trübe zwischen ihnen entstanden war, so läßt der König doch dieses Aki'n nicht entgelten und würdigt sehr ihre Pflegbrüderschaft (fostbraedhralag), und Aki ist auf Fünen und herrscht darüber, sowie sein Vater ihn dazu gesetzt hatte. Weseti, der über das Fylki Borgundarholm (Bornholm) herrscht, hat von seiner Frau drei Kinder, Bui Digri, Sigurdr Kapa und Thorgunna. König Swein bittet um sie für Aki'n, den Sohn Palnatoki's und sie haben den Sohn Wagn. Über Seeland waltet der Jarl Strut-Haralldr und hat von seiner Frau Ingigerd zwei Söhne, Sigwaldi und Thorkell den Hohen und die Tochter Tofa. Aki, der Sohn Palnatoki's, wohnt auf Fünen mit großer Herrlichkeit und Würde, und Wagn wächst dort auf zu Hause bei seinem Vater, bis er einige Winter alt ist. Er wies sich sogleich aus, daß er ein sehr lustiger Mensch seiner Gemüthsart nach war. Er war manchmal daheim, manchmal in Borgundarholm bei seinem Großvater. Am meisten war er befreundet mit seinem Mutterbruder Bui, der für ihn sprach, und zeichnete sich durch Schönheit, Bui durch Stärke und Sigurd-Kapa durch Höflichkeit und Sigwaldi durch seine schönen Augen aus. Sigwaldi und sein Bruder Thorkell gedenken aus dem Lande und zur Jomsborg zu fahren. Sie haben zwei Schiffe und 100 Mann. Aber ihr Vater, Strut-Haralldr, will sie nicht mit Lebensmitteln und den andern Bedürfnissen ausrüsten und sagt, daß sie sich dieselben anderwärts holen sollen. Da plündern sie einen Hof Weseti's auf Borgundarholm und zwar den reichsten, und fahren nach der Jomsborg und liegen außen vor der Burgthüre. Palnatoki ist gewohnt, stets mit großem Kriegsvolke vor in das Castell zu gehen, welches über dem Sund erbaut ist, und mit den Menschen zu sprechen, die vor die Burg gekommen sind. Jetzt thut er auch so, fragt, wer sie sind. Sigwaldi nennt sich und seinen Bruder Thorkell und bittet unter Palnatoki's Kriegsvolk aufgenommen zu werden. Palnatoki trägt die Sache seinen Genossen, den Jomswikingen, vor. Die Jomswikingar stellen die Sache unter Palnatoki's Gutachten und Willkür. Die Jomsborg wird aufgeschlossen, Sigwaldi und sein Bruder rudern in die Burg. Ihr Kriegsvolk wird probirt, ob es tauglich ist, namentlich ob es den gehörigen Muth und Männlichkeit hat, unter die Gesetze der Jomswikingar zu gehen. Die Hälfte desselben wird unter die Gesetze von den Jomswikingen aufgenommen, aber die andere Hälfte senden sie zurück. Sigwald und Thorkell auch in die Gesetze der Jomswikingen eingeführt, erlangen bei Palnatoki höhere Würdigung als alle andern. Weseti, im Unwillen, daß sein reichster Hof geplündert ist, beklagt sich persönlich bei dem Könige Swein. Dieser räth ihm, zuerst ruhig zu sein, er selbst wolle Strutharalld'n angehen, daß er das geraubte Vermögen für seine Söhne ersetzen solle. Er läßt den Jarl Haralld zu sich kommen. Jarl Haralld versteht sich jedoch dazu nicht, für seine Söhne zu büßen. Da fahren Weseti's Söhne mit drei großen Schiffen und 200 Mann nach Sjóland (Seeland) und plündern dort die drei reichsten Höfe des Jarls Haralld. Strutharalld sieht nun ein, daß eingetroffen ist, was ihm der König geweissagt hat und sendet sogleich Männer zum Könige. Dieser aber antwortet, da der Jarl Haralld seinen Rath nicht befolgt, möge er sich selbst rathen. Haralld fährt mit zehn Schiffen nach Borgundarholm und verheert drei Höfe Weseti's. Dieser reiset zum Könige Swein, und der König antwortet, er werde bald zum Isevarthing fahren und dahin den Jarl Haralld entbieten, und dort wolle er den Vergleich stiften. König Swein kommt zum Thinge mit 50, Haralldr mit 20 und Weseti mit drei Schiffen. Seine Söhne, Bui Digri und Sigurdr Kapa, sind nicht bei dieser Fahrt. Weseti schlägt seine Zelte unten an der See auf, bei dem Sunde, der an die Thingstätte stößt. Strutharalldr hatte seine Zelte oben, und dazwischen setzt der König seine Heerbuden. Als es gegen den Abend ging, erscheinen zehn Schiffe, und auf ihnen Weseti's Söhne, Bui und Sigurdr. Bui ist angethan mit jenen kostbaren Kleidern und jenem Hute, mit dem köstlichen Schmucke, welche Kostbarkeiten, sowie zwei Goldkisten, sie dem Jarl genommen hatten. Die beiden Brüder gehen ganz gewaffnet und mit ihrem Kriegsvolke, das in Schlachtordnung gestellt ist, auf das Thing. Bui erbittet sich Gehör und stößt nun drohende Worte gegen den Jarl Strutharalld heraus, welche eine Herausfoderung zur Schlacht enthalten. Der König hält es gegen seine Würde, wenn sie sich auf dem Thinge schlagen und läßt sie nicht dazu kommen. Bui will die beiden Goldkisten durchaus nicht herausgeben, und der König spricht sie ihm zu. Aber die kostbaren Würdekleider des Jarls und den Hut und die andern Kostbarkeiten muß Bui herausgeben, und der König stiftet den Vergleich, daß Sigurd Kapa Tofa'n, die Tochter Weseti's, erhalten und ihr diese Schätze folgen sollen. Weseti legt hinzu den dritten Theil seines ganzen Vermögens, und es deucht Sigurd'n die schönste Heirath. Sie wird vollzogen. Eine Zeit lang sind nun die Brüder daheim bei ihrem Vater. Da faßt Bui den Entschluß, nach Jomsborg zu fahren. Sigurd will auch mit, obschon er neulich erst beweibt ist. Sie fahren mit zwei Schiffen und 100 Mann dahin und legen sich draußen hin vor den Steinbogen und das Hafenthor. Die Häuptlinge Palnatoki, Sigwaldi und Thorkell gehen auf den Steinbogen vor, und die beiden letztern erkennen die, die über die Schiffe walten. Bui sagt, daß er und sein Bruder mit allem ihrem Kriegsvolke unter das Kriegsvolk bei den Jomswikingen aufgenommen sein wollen, wenn Palnatoki es genehmigt. Sigwaldi fragt, wie es mit ihrem Rechtsstreite mit ihrem Vater, dem Jarl Strutharalld, stände. Bui berichtet den endlichen Vergleich. Palnatoki schlägt seinen Genossen, den Jomswikingar, die Aufnahme dieser viel versprechenden Männer vor. Die Jomswikingar antworten: sie wollen, daß Palnatoki diese Männer in die Gesetze bei ihm und ihnen aufnehme, und dieses solle seinem Ausspruche unterliegen, wie alles Andere. Da wird die Jomsborg aufgeschlossen, und Bui und sein Bruder legen in den Hafen. Ihr Kriegsvolk wird probirt und 80 Mann aufgenommen, und vierzig fahren nach Dänemark zurück (wenn nämlich in den altnordischen Denkmälern von Hunderten die Rede ist, sind der Regel nach Großhunderte zu verstehen, sowie auch noch jetzt die Isländer am liebsten nach Großhunderten, d. h. 120, zählen). Nun sind Häuptlinge in der Jomsborg Palnatoki, Sigwaldi, Thorkell, Bui und Sigurd. Sie heeren jeden Sommer auf verschiedene Länder und erwerben sich beides, Gut und großen Ruhm, und Niemand ist den Jomswikingen gleich. Jeden Winter sind sie in Jomsborg in Ruhe. Palnatoki's Enkel, Wagn Akason, wuchs daheim auf bei seinem Vater auf Fünen und ist manchmal bei seinem mütterlichen Großvater Weseti. Er war ein so unruhiger Mensch in seiner Kindheit, daß dieses mehrmals seiner Gemüthsart nachgesagt wird, daß er da, als er neun Winter alt war, drei Menschen erschlagen hatte. Seine Übelthätigkeit war, als er zwölf Winter alt war, so gewachsen, daß seine Blutsfreunde nicht wußten, wie sie dieser Schwierigkeit abhelfen sollten. Da faßte man diesen Rathschluß. Sein Vater Aki gibt ihm ein halbhundert, wie aus dem Obigen zu schließen, ein Halbgroßhundert, also 60 Mann, und dazu ein Langschiff, und ebenso viel Kriegsvolk ertheilt ihm sein Großvater Weseti, und dazu ein anderes Langschiff, und kein Mann, der ihm folgt, ist älter als 20 und jünger als 18 Winter, und nur Wagn allein zwölf Winter alt. Er nimmt allein die Mannschaft und Schiffe an, Kost und die andern Bedürfnisse will er sich selbst verschaffen. Er fährt nun zuerst auf Heerung längs der Küste von Dänemark hin und läßt Strandhieb [37]) ungespart, raubt Kleider und Waffen. Nachdem er so sich mit Waffen, Heerkleidern und Kost versehen, fährt er von Dänemark hinweg und, zur Jomsborg und legt hier am Morgen nach Sonnenaufgang mit den Schiffen an den Steinbogen an. Die Häuptlinge der Festung, Palnatoki, Sigwaldi, Thorkell, Bui und Sigurd, gehen, wie sie gewohnt sind, auf das Castell und fragen, wer angekommen sei. Wagn fragt dagegen, ob Palnatoki auf dem Castell wäre und bittet um Aufnahme unter das Kriegsvolk bei den Jomswikingen. Palnatoki macht ihn darauf aufmerksam, daß er sich hier ruhig verhalten müsse, was er zu Hause nicht gethan. Wagn antwortet, sein Charakter sei geeignet, bei tapfern Männern zu sein. Da befragt Palnatoki die Jomswikingar, was sie meinen. Bui sagt, daß, obgleich Wagn sein bester Blutsfreund sei, er doch rathen müsse, ihn hier niemals aufzunehmen. Wagn beruft sich darauf, daß Palnatoki entscheiden solle. Palnatoki fragt Wagn, wie alt er sei. Er antwortet: zwölf Winter. Palnatoki sagt: Da sprichst du Ungesetze [38]) gegen uns, Blutsfreund! da du ein viel jüngerer Mensch an Alter bist, als so, daß du wie wir in die Gesetze in Jomsborg aufgenommen haben, bei uns sein kannst. Wagn antwortet: Ich werde nicht an dem halten, Blutsfreund, daß du deine Gesetze brichst, wenn ich bin wie einer, der 18 Winter oder älter ist. Palnatoki bietet ihm an, daß er ihn lieber nach Bretland zu Bjørn dem Britischen senden und ihm aus Ursachen der Blutsfreundschaft dort das halbe Reich zu Eigen und zur Steuerung aufgeben will. Wagn dagegen besteht darauf, unter die Jomswikingen aufgenommen zu werden und schlägt vor, daß er und Sigwaldi, der Sohn des Jarls Strutharalld, zusammen ein Spiel haben und sich mit gleich viel Kriegsvolk gegen ihn schlagen, und wenn er ihn zum Weichen bringe, in die Jomsborg aufgenommen werden will. Palnatoki gibt nun die gehörigen Vorschriften, welche bei diesem Kampfe beobachtet werden sollen. Sigwaldi fährt mit zwei Schiffen aus der Festung, und Palnatoki und die Seinen sehen dem Kampfe vom Castelle aus zu. Sigwaldi wird nach langem Kampfe, der auch umständlich beschrieben wird, endlich zum Weichen gebracht, und Palnatoki und die Jomswikingar lassen, damit er und sein Kriegsvolk mit dem Leben entkommen möge, die Festung aufschließen. Palnatoki räth nun zur Aufnahme Wagn's, obgleich er etwas jünger ist, als in den Gesetzen ausgesprochen ist. Sie thun darnach, wie Palnatoki ihnen vorgeredet, die Jomsborg wird aufgeschlossen, und Wagn und alle seine Mannen werden in die Gesetze angenommen. Wagn wird in der Jomsborg der bescheidenste und sittigste Mensch, steuert ein Schiff und legt sich auf Heerung, und keiner der Jomswikingen ist ein größerer Kämpe. Die drei Sommer, nachdem Wagn unter das Kriegsvolk bei den Jomswikingen aufgenommen ist, liegen sie draußen auf Heerschiffen und haben stets den Sieg, aber in den Wintern sind sie da-

37) Strandhögg, Strandhieb, d. h. treibt das Vieh an die Küste zusammen und schlachtet es hier; s. F. Wachter, Snorri Sturluson's Weltkreis. 1. Bd. S. 202. 2. Bd. S. 243.

38) Ölög, d. h. Verletzungen der Gesetze.

heim in Jomsborg, und sie werden weit durch die Welt erwähnt. Im dritten Sommer, als es gegen den Herbst sich neigt, wird Palnatoki krank, und Wagn ist damals 15 Winter alt. König Burislaw wird sogleich in die Festung entboten, da Palnatoki fühlt, daß die Krankheit ihn zum Tode führen werde. Er bittet den König, daß er an seiner Statt einen andern Häuptling in die Jomsborg setzen soll, der darin die Angelegenheiten leite und für den König die Landwehr (landvörn) habe, wie Palnatoki gethan, und schlägt hierzu Sigwaldi'n vor. Der König rühmt, daß Palnatoki ihm oft gut gerathen habe und nimmt seinen Vorschlag an und bestimmt auch, daß alle die alten Gesetze, die Palnatoki mit einsichtsvoller Männer Rathe in der Jomsborg gesetzt, bestehen sollen. Sigwaldi unterzieht sich dem, was ihm mit des Königs Burislaw's und Palnatoki's Rathe unter die Hände gelegt ist. Palnatoki gibt Wagn, seinem Blutsfreunde, das halbe Reich Bretlands zu Eigen und zur Beherrschung mit Bjørn dem Britischen, und bittet seinen Enkel, die Jomswikingar und insbesondere den König zu ehren, und die Jomswikingar und den König, daß sie gut mit Wagn verfahren. Kurz darauf stirbt Palnatoki, und es deucht dieser Verlust des besten Helden allen ein großer Schade. Sigwaldi regiert nach den Gesetzen der Jomswikingar, aber nicht lange, so wird der Gebrauch der Gesetze etwas gebrochen, und werden die Gesetze nicht mit der gleichgroßen Strenge gehalten, wie da, als Palnatoki regierte. Bald geschieht, daß Weiber in der Festung sind zwei Nächte oder drei, so auch geschieht, daß die Männer länger aus der Festung fort sind, als dieses die Gesetze gestatten. Auch haben in der Festung manchmal Unthaten unter den Männern und seltene Ermordungen statt. So nach der Jomswikinga-Saga [39]). Da die Gestaltung der Erzählung von Palnatoki dem größten Theile nach der reinen Sage angehört, so ist nothwendig zu fragen, was ist der Sinn dieser Sage? Palnatoki's Geschichte beginnt damit, wie er eine Erbtochter heirathet, durch welche er nachher ein eigenes Reich erhält. Doch ist er lieber in Jomsborg als Häuptling der Jomswikingar und als Landwehrmann für den König Burislaw, als in seinem Reiche. Es ist dieses nur schwach motivirt, nämlich daß es ihm nach seiner Gattin Tode [40]) nicht mehr in Bretland gefällt und er sich auf Raubfahrten legt und endlich nach Windland kommt. Als wirkliche Geschichte betrachtet, ist es sehr unwahrscheinlich, daß ein Mann, der sein eigenes Reich hat, für einen andern Landwehrmann wird. Wir glauben daher, daß Palnatoki in der Wirklichkeit kein Reich in Bretland hatte. In der Sage hat aber dieses guten Sinn. Sie stellt Palnatoki'n als so vollendeten Seeräuber dar, daß er lieber Stifter und Häuptling eines vollkommenen Seeräuberstaates als Beherrscher eines erheiratheten Reiches sein will. Da aber die Jomswikingasaga das Geschichtliche nicht aufgeben will, so muß dieser vollendete Seeräuber zugleich der Vertheidiger des Landes für einen Andern sein. Wie wir oben sahen, ist es sehr zweifelhaft, ob Aki Palnatoki's Sohn war. Die Jomswikingasaga nimmt ihn als solchen, um dadurch Wagn Akason als Palnatoki's Enkel zu erhalten. Auch er, das Ebenbild seines Großvaters, will lieber Jomswiking als Beherrscher von Bretland sein. Zu Gunsten seines Enkels bricht Palnatoki selbst eins der Gesetze, die er gegeben. Er zwar thut es nur dem Buchstaben, nicht dem Geiste dieser Gesetze nach, da der zwölfjährige Knabe ebenso stark als der stärkste 18jährige Jüngling ist. Aber dieses Brechen des Gesetzes durch den Gesetzgeber selbst beliebt die Sage, um ein Vorspiel dazu zu haben und ahnen zu lassen, wie die Gesetze nach Palnatoki's Tode nicht nur dem Buchstaben, sondern auch dem Geiste nach werden gebrochen werden. Zugleich will sie veranschaulichen, daß jene Gesetze ohne Palnatoki's Persönlichkeit nichts waren und er allein Kraft genug hatte, sie aufrecht zu erhalten. Auch konnte Palnatoki, da er älter war, das schwierigste Gesetz, das Gesetz im Betreff der Weiber, besser aufrecht erhalten, als der jüngere Sigwaldi. Palnatoki hätte nach dem Buchstaben seiner Gesetze die Jomswikingar nicht um ihre Einwilligung auch bei den wichtigsten Angelegenheiten zu fragen gebraucht, da Alles geschehen sollte, wie er es bestimmte. Aber so tief hatte die Gewohnheit der Germanen, nach welcher die Häuptlinge sich mit denen, welchen sie vorstanden, beriethen, durchdrungen, daß die Sage auch Palnatoki'n dieses beobachten läßt, um zu veranschaulichen, daß die Jomswikingar Palnatoki'n nicht darum in allen Stücken unbedingt gehorchten, weil es die Gesetze vorschrieben, sondern weil er Palnatoki war und nichts vorschlug, was nicht annehmbar war. Besonderer Betrachtung werth ist auch, wie die Sage Palnatoki's Verhältniß zu seinem Pfleglinge Swein gestaltet. Der Grund zur Empörung Swein's Haralldson's gegen seinen Vater wird schon ganz früh eingeleitet, nämlich dadurch, daß Haralld ihn nicht als seinen Sohn anerkennen will. Palnatoki nimmt sich des armen, verlassenen Weibes und des Knaben kräftig an und geräth dadurch in eine feindliche Stellung gegen den König. Gegen die Wahrscheinlichkeit der Wirklichkeit ist, daß der Pfleger seinen Pflegling zwar unterstützt, aber immer allein handeln läßt, diese Handlungen nicht durch seine Gegenwart, sondern nur durch seinen Rath leitet und ganz dem Geiste der Sage gemäß ist, daß erst zuletzt, als sein Pflegling verloren scheint, Palnatoki wie ein **Deus ex machina** ihn unerwartet rettet. Ganz sagenhaft ist auch, daß Swein Palnatoki'n durchaus bei der Todtenfeier seines Vaters haben will, und Palnatoki doch mit Swein nicht darüber verglichen ist, daß er seinen Vater getödtet hat. Nichts ward heiliger gehalten als die Blutrache. Hatte Palnatoki im Dienste seines Pfleglings dessen Vater erlegt, so hatte er in der Wirklichkeit nichts Angelegentlicheres zu thun, als sich nach der Erlegung des Vaters mit dem Sohne zu versöhnen. Schon zu Tacitus' Zeit mußte man die Freundschaften des Vaters oder eines an-

39) Jomswikinga-Saga in den Fornmanna-Sögur 2. Band. Cap. 15—35. S. 49—99. 40) Ähnlich gefällt es auch Olaf'n Tryggvason nach seiner Gattin Tode nicht in Wendenland, und er unternimmt seine Raubfahrt nach Westen; s. F. Wachter, Snorri Sturluson's Weltkreis. 2. Bd. S. 233. Aber auch das ist reine Sage, daß Olaf Tryggvason in Wendenland ein Reich erheirathet hat.

dern Blutsfreundes sowol, als auch ihre Feindschaften, übernehmen. Diese währten nicht unversöhnlich, denn auch selbst der Todtschlag ward durch eine gewisse Anzahl[41]) Rind- und Schafvieh gebüßt, und diese Genugthuung nahm das ganze Haus an. Gleiches fand auch im germanischen Norden statt, und bei tragischen Verwickelungen, wenn Jemand einwilligte, daß der Andere seinen Blutsfreund erschlagen durfte, wurde sogleich bedingt, daß der Todtschläger von dem Blutsfreunde des Erschlagenen in Sühne und Vergleich aufgenommen werden sollte. So läßt Snorri Sturluson bei F. Wachter 2. B. S. 185 den Jarl Hakon zu dem Dänenkönige Haralld Gormsson sagen: Nun werde ich gewinnen Noreg unter dich und erschlagen Gold-Harralld'n, wenn du willst das verheißen mir, daß ich solle leicht verglichen werden mit Euch für das ꝛc. Weiter unten bemerkt Snorri: Dieses wird festgesetzt zwischen dem König und dem Jarl, da fährt Hakon mit seinem Kriegsvolk, zu suchen Gold-Harralld'n ꝛc. Seite 180 erzählt dann Snorri, wie Hakon Gold-Harralld'n in der Schlacht fängt und hängen läßt, und fährt fort: Hierauf fuhr Hakon zu Funde des Dänenkönigs und verglich sich mit ihm leicht um Erschlagung Gold-Harralld's, seines (Bluts-) Freundes. Daß dieser Vergleich leicht statthatte, kam daher, daß Gold-Harralld seinen Blutsfreumd, den Dänenkönig Harralld Gormsson, dadurch erbittert hatte, daß er von ihm einen Theil des Reichs verlangt und der Sohn Gorms deshalb in die Erschlagung Harralld's durch den Jarl Hakon einwilligte. Aber einen Vergleich hielt man für durchaus nothwendig, wenn der Todtschläger von der Blutrache verschont werden sollte. In der Jomswikingasaga ist keine Sylbe davon die Rede, daß Palnatoki um Vergleich bei Swein nachsucht. Auch später nicht, als Swein mehrmals Gesandte an ihn schickt und ihn zur Todtenfeier seines Vaters einladet, gibt Palnatoki als Entschuldigungsgrund, warum er nicht kommen könne, diesen wichtigen Grund nicht an und bedingt sich auch dann, als er die Einladung annimmt, keinen Vergleich aus, ungeachtet er, wie aus seinen Vorkehrungen hervorgeht, Unheil ahnet, und erscheint auf der Todtenfeier des von ihm Erschlagenen, wie ein tollkühner Abenteurer, und doch ist Palnatoki der verständigste, einsichtsvollste, erfahrenste Mann seiner Zeit. Es geht hieraus hervor, daß auch diese ganze Partie der Erzählung von Palnatoki's Lebensgeschichte der reinen Sage angehört, und daß der Erfinder dieser Partie entweder ein sehr mittelmäßiger Dichter war, indem er seinen Hörern oder Lesern zu viel zumuthete, oder wahrscheinlicher, daß diese Partie erst in einer Zeit gestaltet und rücksichtlich gedichtet worden ist, als die Heiligkeit und Wichtigkeit der Blutrache zwar noch aus alten Liedern und Sagen bekannt, aber im Leben bedeutend von ihrer Wirksamkeit verloren hatte. *(Ferdinand Wachter.)*

PALNAUD, Hochebenenthal in dem zur vorderindischen Provinz Balaghaut (Karnatik) gehörigen Districte Guntoor, liegt nach dem Flusse Kistnah zu, ist rings von Gebirgen umgeben, über welche mehre Pässe nach Balaghaut führen, und hat Timerycotta zur Hauptstadt. *(Fischer.)*

PALO. 1) Ein großes Dorf in der neapolitanischen Intendanza Principato citeriore, auf der Höhe eines Berges gelegen, an dessen Fuße im Thale sich der Lago di Palo ausbreitet mit beiläufig 311 Häusern, 2800 Einwohnern, welche sich durch Landwirthschaft ernähren, einem alten Schlosse und einer in einiger Entfernung vom Orte gelegenen Kirche der Madonna di Palo. Den östlich vom Dorfe gelegenen See überragt im Norden der Monte S. Erta, im Süden die Costa delle Pezzelle und im Südosten der Cornito. Alle diese Berge sind meist kahl. 2) Ein Dorf der päpstlichen Delegation Viterbo und Civita-Vecchia, am Gestade des mittelländischen Meeres eben gelegen, mit einem festen Schlosse; Hassel versetzt es fälschlich an den See von Bracciano, von dem es ungefähr eilf italienische Meilen gegen Südsüdwesten entfernt ist. 3) Ein Dorf in der päpstlichen Delegation Perugia, von der von Foligno nach Tolentino führenden Poststraße, 3½ italienische Meilen ostwärts von der erstern Stadt, am Eingange einer romantischen Schlucht hoch über dem von Orzano herabrauschenden Torrente gelegen, in dessen Nähe sich eine nicht uninteressante Stalaktitenhöhle vorfindet. *(G. F. Schreiner.)*

PALO (Holz) nennen die Spanier, wie die Portugiesen Pao eine Menge von Bäumen und Sträuchern, besonders solche, deren Holz zu irgend einem Zwecke dienlich ist. Am berühmtesten ist in neuester Zeit der Palo de Vaca (Kuhbaum, Brosimum Galactodendron *Don.* New Edinb. phil. Journ. 1830. Jan. — Apr.) in Caracas geworden, welcher bei Verwundungen einen wohlschmeckenden Milchsaft von sich gibt. Einen ähnlichen genießbaren Milchsaft liefern u. a. der Milchbaum oder Hya-Hya (Tabernaemontana utilis *Walker-Arnott*) in Guyana, und die unreifen Früchte des Melonenbaums (Carica Papaya *L.*). Die Milch des Palo de Vaca enthält etwas Zucker, Wachs und Faserstoff; die des Hya-Hya noch außerdem Kautschuk und Harz; die der Papaya ist der Thiermilch am ähnlichsten, denn in ihr treten Eiweiß und Käsestoff auf. Palo de Calenduras (Fieberholz) heißen auf spanisch die Chinabäume. Palo dulce oder Orozuz ist das Süßholz (Glycyrrhiza glabra *L.*), Palo Mesto sowol Quercus Aegilops *L.* als Rhamnus Alaternus *L.*, Palo de Campeche und del Brasil das Campeche- und Brasilienholz. Pao d'Arco der brasilischen Portugiesen (Uruparibá der Eingebornen), ist Tecoma pentaphylla *Jussieu*, aus deren Holze die Botokuden ihre Bogen machen. Pao de Cobra oder de Solor in Ostindien ist das officinelle Schlangenholz (Lignum colubrinum von Strychnos colubrina *L.*), ein berühmtes Mittel gegen Schlangengift. Pao Seringa ist der Kautschukbaum von Cayenne (Siphonia *Richard.*). Palo-Extract, s. Pachana. *(A. Sprengel.)*

PALOCSA, Marktflecken in dem obern tarczer Bezirke der ungrischen Gespanschaft Saros, liegt am Poprad und hat ein Hauptdreißigstamt. *(Fischer.)*

41) Eine gewisse Anzahl Vieh hieß im Altteutschen Son, und da Vieh zur Sühne gegeben wurde, erhielt Son die Bedeutung von Sühne, Versöhnung, Friede; s. F. Wachter, Forum der Kritik. 1. B. 2. Abth. S. 103. 104.

PALÓCZ auch **PALLÓCZ**, unrichtig **PÁLÓCZ**, ein mehren Grundbesitzern gehöriges, nach Doboruszka (Bisthum Szathmár) eingepfarrtes Dorf, im kaposer Gerichtsstuhle (Processus) der ungvárer Gespanschaft, im Kreise diesseit der Theiß Oberungerns, an der von Unghvár nach Mihály führenden Straße, ¼ Meile vom linken Ufer des Unghflusses entfernt, eben gelegen, mit 155 Häusern, 1304 magyarischen Einwohnern, welche Feldbau treiben, einer eigenen katholischen Pfarre, einer katholischen Kirche, einer Schule und einem dem Grafen Barkóczy de Szala gehörigen Schlosse. Das Dorf ist 2¼ Meilen ostwärts von Unghvár entlegen. (*G. F. Schreiner.*)

PALÓCZA auch **PALÓTSA**, slaw. **Plavets** und **Plavec**, ein der freiherrlich Hórváthschen Familie gehöriger Marktflecken im obern tarczer Gerichtsstuhle der sároser Gespanschaft im Kreise diesseit der Theiß Oberungerns, am linken Ufer des Popradflusses, zwischen ihm und dem Berge Kurczin, ungefähr eine Meile von der galizischen Grenze entfernt, mit 130 Häusern, 958 slowakischen Einwohnern, von denen nur 22 Juden, die übrigen aber, mit Ausnahme zweier Protestanten, sämmtlich Katholiken sind, einem schönen, in neueren Style erbauten herrschaftlichen Schlosse, sehenswürdigen Gartenanlagen, einer eigenen katholischen Pfarre des Bisthums Kaschau, einer katholischen Kirche, einer Schule und Fischerei. Von diesem Orte führt die freiherrliche Familie Palotsay den Namen. (*G. F. Schreiner.*)

PALOIN, ein Gewicht auf der Küste Koromandel, gleich 713 holländischen As oder 34,258 Milligramm. (*Karmarsch.*)

PALOIS, alter Name einer Stadt an der Grenze Äthiopiens und Ägyptens bei *Plinius* N. H. VI, 29 s. 35. (*H.*)

PALOJTA, irrig auch **PALOJTHA** und **PALLOJTHA** geschrieben, drei große an demselben Bache, welcher sich in das Kürtösflüßchen ergießt, nahe unter einander gelegene Dörfer, im bozoker Gerichtsstuhle der honther Gespanschaft im Kreise diesseit der Donau Niederungerns, nur ungefähr ½ Meile westwärts von der Grenze des neograder Comitates entfernt, sie heißen: 1) Felsö-P., slow. Horne-Plachtince, teutsch Ober-Plachtnitz, ein mehren adeligen Familien dienstbarer Ort, mit 50 Häusern und 300 slowakischen Einwohnern, welche, mit Ausnahme von eilf Katholiken, sämmtlich zur evangelischen Kirche augsburgischer Confession sich bekennen und der Pfarre in KözépP. zugetheilt sind. 2) Közép-P., slow. Stredne-Plachtince, teutsch Mittel-Pl., ein mehren adeligen Familien gehöriges, von Also-P. nur eine halbe Stunde entferntes Dorf, mit 116 Häusern, 700 slowakischen Einwohnern, welche meist Lutheraner sind und nur 32 nach Also-P. eingepfarrte Katholiken unter sich zählen, einer eigenen Pfarre der evangelisch-augsburgischen Confession, einem Bethause und einer Schule der Akatholiken. 3) Alsó-P., slow. Dolne-Pl., teutsch Unter-Pl., ein zu der dem rosenauer katholischen Domcapitel gehörigen Herrschaft Ipoly-Sägk dienstbares Dorf, zwei Meilen nordwärts von Balassa-Gyarmath entfernt, mit 129 Häusern, 786 slowakischen Einwohnern, welche außer sieben Protestanten sämmtlich Katholiken sind, einer eigenen alten katholischen Pfarre von (1834) 869 Pfarrkindern, welche zum mittlern honther Vicearchidiakonats-Districte gehört und unter dem Patronate des rosenauer Domcapitels steht, einer katholischen Kirche und einer Schule. (*G. F. Schreiner.*)

PALOMAR, Stadt in Spanien, in Aragonien. (*H.*)

PALOMAS, kleine, zur spanisch-andalusischen Provinz Sevilla gehörige Insel mit einem Fort Namens Ossuna. Sie führt auch den Namen grüne Insel. (*Fischer.*)

PALOMBARA. 1) Eine Salzquelle in der Nähe des Fleckens Rocca S. Felice, in der neapolitanischen Intendanz Principato ulteriore, dessen Salz aber so wenig, wie die in der Nähe befindlichen Steinkohlenlager benutzt werden. 2) Ein Marktflecken in der päpstlichen Delegation Rieti, hoch über dem linken Ufer der Nera, ungefähr eine italienische Meile südlich von Ferentillo, an der von hier nach Arrone führenden Straße gelegen. (*G. F. Schreiner.*

PALOMBARO (nach Rizzi Zannoni **PALOMMANO**), ein Städtchen in der neapolitanischen Intendanz Abruzzo citeriore, auf einer Gebirgsstufe des Monte Palommano, der sich im Südwesten der Stadt in mehren hohen Gipfeln erhebt, über dem rechten Ufer des Avelloflusses, welcher sich ungefähr sechs italienische Meilen unterhalb Palombaro in den Aventino ergießt. Die Einwohner beschäftigen sich viel mit der Obstbaumzucht, und erzeugen viel und gutes Obst. (*G. F. Schreiner.*)

PALOMERA, **PALUMARIA**, Seehafenstadt auf der Nordostküste der spanischen Insel Majorca, deren bei den Alten Columbria genannter Hafen durch eine felsige Insel geschützt wird. Man findet in ihrer Nähe Corallen. (*Fischer.*)

PALOMET, **Palombette**, **Blavette**, heißt in den Landes und in Béarn ein wohlschmeckender Blätterpilz mit dünnem, zerbrechlichem Hute, welcher am Rande weiß, auf der Scheibe röthlich ist. Er gehört zu der Abtheilung der Röthlinge (**Russula**) und Thore (**Essai d'une chloris du département des Landes**) hat ihn **Agaricus Palomet** (s. *Candolle* Flor. franç. VI. p. 49) genannt. Außerhalb des südwestlichen Frankreichs ist er bis jetzt nicht gefunden worden. (*A. Sprengel.*)

PALOMINO. 1) **Alonso**, ein Spanier, der während der bürgerlichen Unruhen Peru's von 1538—1544 keine ganz unbedeutende Rolle spielte. Die Partei Almagros hielt die Ferdinand Pizarro's in Lima blokirt (1538), in der Absicht ihr die Besitznahme von Cuzco, welche über den Ausgang des Krieges entscheiden mußte, unmöglich zu machen. Pizarro hingegen mußte um so mehr an einer schnellen Beendigung des Krieges und Ergreifung unbestrittener Macht liegen, als die bald zu erwartende Ankunft eines königlichen Bevollmächtigten die Unruhen zu beseitigen und dem Ehrgeize der Führer des Heeres ein Ziel zu setzen drohte, von denen ein jeder nur durch Vernichtung seines Nebenbuhlers genug Macht erringen konnte, um später auch dem Könige widerstehen zu können. Alonso Palomino gewann durch Überfall den Gebirgspaß von Guaitara unfern Lima für Pizarro und diente diesem bis zur Besiegung Almagros treulich. Er schloß sich 1539 dem Pedro Anzures, einem Officier Pizarro's, an, der zur Belohnung seiner Dienste in der Schlacht von Salinas (Tag vor Palmensonntag 1538) die Erlaubniß zu einem großen Entdeckungszuge erhalten hatte [1]). Von der Stadt la Paz begab sich der von 5000 Indianern begleitete Zug der Spanier nach dem Thale des Chuquiabo und drang von da, wie es scheint, in nordöstlicher Richtung, ziemlich weit vor, doch ist es gegenwärtig, aus Mangel genauer Nachrichten, und der immer noch sehr dunkeln Geographie jener Gegenden, nicht möglich, den genommenen Weg zu verfolgen. Die Entdecker fanden jedoch eine solche endlose Folge von dichtbewaldeten und undurchdringlichen Gebirgen, ihre Bewegung wurde so durch zahllose und gefährliche Ströme gehindert, daß sie nach Ertragung außerordentlicher Leiden umzukehren beschlossen. Sie scheinen den Beni zum Rückwege gewählt zu haben, und erfuhren während der letzten Periode dieses Zuges einen so fürchterlichen Mangel an allen Bedürfnissen und waren so oft genöthigt die feindlich entgegentretende Natur zu bekämpfen, daß 143 Spanier und mehr als 4000 Indianer und Neger den Mühen erlagen. Palomino war auf diesem Zuge „als ein Mann, der mit der Art des Landes, den Sitten und der Kriegführung der Indianer innig vertraut war" von großem Nutzen. Wir finden ihn 1540 als Alkalden der Stadt wieder in Lima. Die Partei des jüngern Almagro setzte ihn ab und hielt ihn gefangen nach der Ermordung des Marq. Franc. Pizarro. Er trat 1543 in die Dienste der Oidores von Lima, die sich, wenn auch noch im Geheimen an die Spitze der großen Partei gestellt hatten, die mittels der neuen Gesetze für Indien (v. 20. April 1542) so in ihrem Streben nach Vergrößerung und Unabhängigkeit beschränkt worden waren, daß der größte Unwille herrschte und ein Abfall von Spanien vorbereitet wurde. Palomino überredete den bis dahin ruhigen Gonzalo Pizarro zur Ergreifung der Waffen, tritt nachher bald in Cuzco, bald in Lima in diese Händel verwickelt auf, und verschwindet aus der Geschichte, nachdem er bei der Gefangennehmung des Vicekönigs Blasco Nuñez de Vela (Oct. 1544) hilfreiche Hand geleistet hatte.

2) **Diego**, war einer der zwanzig kühnen Abenteurer, die sich an der Spitze von etwa 80 Soldaten am 14. Nov. 1524 in Panama unter der Führung Franc. Pizarro's einschifften, um die Eroberung Peru's zu beginnen. Er scheint alle Züge mitgemacht zu haben und Pizarro's Sache immer treu geblieben zu sein. Um 1544 lebte er in Piura, und um 1549 erhielt er von dem staatsklugen Licent. Gasca, dem an der Aussöhnung aller alten Anhänger Pizarro's mit der Regierung viel lag, die Erlaubniß Chuquimayo (Jaen de Bracomoros) für sich zu erobern. Diego Palomino kam mit dem Titel eines Capitains bekleidet an der Spitze von 150 Soldaten am 10. April 1549 am Flusse Chuquimayo (Chinchipe) an, den er von den Eingebornen unterstützt ungeachtet seiner Wildheit und Größe glücklich passirte. Ohne viele Kämpfe eroberte er nach und nach die kleinen Districte, in welche das Land getheilt war, und begründete die Stadt Jaen, die sich jedoch nie zu irgend einer Bedeutung erhoben hat [2]).

3) **Melchor**, wahrscheinlich ein Bruder des vorhergehenden. Von ihm ist nichts weiter bekannt, als daß er ebenfalls mit Pizarro nach Peru gekommen ist, von den Schätzen Atahualpa's seinen Theil empfing, die Bürgerkriege überlebte und 1553 in Guamanga ansässig war, wo er eine gegen die Rebellion des Franc. Hernandez Givon gerichtete Erklärungsacte der Bürgerschaft mit unterzeichnete. (*E. Poeppig.*)

4) **P. de Velasco (Aciscle Antonio)**, einer der bedeutendsten spanischen Maler des 17. Jahrh., war geboren 1653 zu Bajalanca, einer kleinen Stadt in der Nähe von Cordua. Da er auf den Wunsch seiner Ältern Philosophie, Jurisprudenz und Theologie studiren mußte, so konnte er auf die Malerei nur im Geheimen sich legen, indem er alle möglichen Kupferstiche und Gemälde copirte, die er irgend aufzutreiben vermochte. Förmlichen Unterricht erhielt er vom Maler Valdes. Im J. 1678 ging er nach Beendigung seiner Studien nach Madrid, um sich an dem Muster der hier vereinten großen Maler weiter zu bilden. Die enge Freundschaft, in die er hier mit Coello trat, verschaffte ihm den Auftrag, die Fresken in einer Galerie im Prado zu malen. Indem er sich zu seinen Darstellungen die Fabel der Psyche wählte, wußte er in einer Reihefolge sich hierauf beziehender Gemälde solche Mannichfaltigkeit anzubringen, so viel Talent zu zeigen, daß er kurz darauf den Titel eines königl. Malers und 1690 auch ein ansehnliches Jahrgeld erhielt. Sehr bald wurden ihm bedeutende Aufträge in verschiedenen Städten Spaniens zu Theil, namentlich in Valencia, Grenada, Salamanca, Cordua. Man rühmt an seinen Gemälden die verständige Perspective, das Colorit, die correcte Zeichnung. Doch hat er oft den Reiz seiner anmuthvollsten und edelsten Compositionen dadurch zerstört, daß er seine Modelle aus zu gemeiner Natur wählte; seine bedeutendsten Gemälde sind zu Valencia die Confession des h. Petrus, die Fresken in der Johanniskirche und in der Kapelle Unserer Lieben Frauen, fünf Gemälde im Chor der Kathedrale zu Cordua, die Fresken in der Stephanskirche zu Salamanca ꝛc. Neben seinen Leistungen als Maler erwarb er sich auch noch das Verdienst, der erste Geschichtschreiber der spanischen Maler zu sein. Er schrieb nämlich: **El Museo pictorico y escala optica etc.** (Madrid 1715—1724, in drei Foliobänden); die beiden ersten behandeln die Theorie und Technik der Malerei; der dritte enthält die Lebensbeschreibung der bedeutendsten spanischen Maler; er zeigt sich hier etwas zu nachsichtig, wo es die Producte seiner Landsleute gilt, und zu streng gegen die ausländischen Künstler, deren Werke Spanien aufzuweisen hat; dieser letzte Theil ist in London 1742 und 1746 in zwei Bänden wieder aufgelegt, wovon der erste die Lebensbeschreibungen der spanischen Künstler, der zweite die Nachricht über die Städte, Kirchen und Klöster gibt, die ihr

1) *Herrer*. Dec. VI. L. VI. c. 2.

2) *Herrer*. Dec. VIII. L. V. c. 2.

Werke besitzen. Auch eine franz. Übersetzung hat man unter dem Titel: L'histoire abrégée des plus fameux peintres espagnols par *Palomino* (Paris 1749. 12.). Nach dem Tode seiner Frau, die ihm einen Sohn geboren hatte, trat er in den geistlichen Stand und starb zu Madrid am 13. April 1726. (Nach Depping in der Biogr. univ.) (*H.*)

PALOMINOS, kleine Inseln an der Küste von Peru, etwas westlich von der St. Laurentius-Insel. (*H.*)

Palomydes, s. Myodarii.

PALOONSCHAH, PALUNSCHAH (n. Br. 17° 56', Länge 98° 36'), große Stadt und Hauptort einer dem Nizam zinspflichtigen Zemindarie in dem zur vorderindischen Provinz Hyderabad gehörigen Districte Cummumait, hat ein Fort und wird von Telingas bewohnt, die Waffenschmieden unterhalten. (*Fischer.*)

PALOS. 1) (n. Br. 37° 37', w. L. 0° 48' nach dem Meridian von Greenwich) Vorgebirge in der spanischen Provinz Murcia, in welchem sich ein Zweig der iberischen Bergkette endigt. 2) (nördl. Br. 37° 10', westl. L. 8° 58' nach dem genannten Meridian), Seehafenstadt in der spanischen Tesoreria und Provinz Sevilla an der Mündung des Tinto in den Rio del Huelva, liegt zwei engl. Meilen südlich von Moguer und hat 500 Einwohner und einen kleinen, durch Ebbe und Fluth gebildeten Hafen, aus welchem Columbus im J. 1492 seine erste Entdeckungsreise antrat. (*I'ischer.*)

3) P., slaw. Palus, teutsch Königsdorf, ein eigener Bezirk oder Gerichtsstuhl (Processus) der obern weißenburger Gespanschaft, im Lande der Ungern des Großfürstenthums Siebenbürgen, welcher 16 Dörfer enthält, worunter das Dorf Hevisz seiner Mineralquelle wegen das merkwürdigste ist. 4) Ein mehren Familien gehöriges Dorf und Hauptort des gleichnamigen Bezirkes, zwischen Gebirgen an einem in den Kis-Homorod-Fluß sich ergießenden Bache, an der von Köhálom nach Udvárhely führenden Straße gelegen, von Magyaren und Walachen bewohnt, mit einer eigenen gr. Pfarre und Kirche. (*G. F. Schreiner.*)

PALOTA. 1) Ein der königl. Kammer gehöriges Dorf in der csanader Gespainschaft, im Kreise jenseit der Theiß Oberungerns, in der großen ungrischen Ebene, an der von Szegedin nach Arad führenden Straße gelegen, 2¼ Meilen ostnordostwärts von Makó entfernt, mit 493 Häusern, 3667 ungrischen Einwohnern, welche sich vom Feldbau und von der Viehzucht nähren, einer eigenen katholischen Pfarre, welche zum Bisthume Canad gehört, einer katholischen Kirche, einer Dorfschule und einer Mahlmühle. 2) Ein dem Grafen Fekete dienstbares Dorf im waizner Gerichtsstuhle der pesther Gespanschaft im Kreise diesseit der Donau Niederungerns, in der großen ungrischen Ebene, an der von Pesth nach Veresegyháza führenden Verbindungsstraße gelegen, drei Stunden nordnordostwärts von Pesth entfernt, nach Dunakeszi (Bisthum Waitzen) eingepfarrt, mit einer eigenen Pfarre der evangelischen helvetischen Confession, einer katholischen Filialkirche, einem Bethause der Reformirten, einer Schule, 204 Häusern und 1421 magyarischen Einwohnern, welche 805 Protestanten und 649 Katholiken unter sich zählen und vom Ackerbau und der Viehzucht leben. 3) Eine dem Grafen Zichy de Vasonykeö gehörige große Herrschaft im veszprimer Gerichtsstuhle und Comitate, im Kreise jenseit der Donau Niederungerns, die einen Theil des berüchtigten bakonyer Waldes auf ihrem Gebiete hat. 4) Ein zur gräflich Zichy'schen Herrschaft gleiches Namens gehöriger Marktflecken am bakonyer Walde, an der von Stuhlweißenburg nach Veszprim führenden Poststraße gelegen, von jeder dieser Städte 1½ Posten entfernt, doch der erstern um eine halbe Stunde näher als der letztern, mit 526 Häus., 3994 magyar. Einw., die sich mit der Landwirthschaft beschäftigen, einem schönen herrschaftlichen Schlosse, mit einem wohlgeordneten Familienarchive und hübschen Parke, einem alten, von Nikolaus Ujlaky begründeten Schlosse und der Ruine von Puszta-Palota, welche ungefähr eine Stunde oberhalb des Marktes auf einem der äußersten Hügel des bakonyer Waldes liegt; einer katholischen und einer Pfarre der Evangelischen helvetischer Confession, einer katholischen und griechischen Kirche, einem Bethause der Reformirten und der Akatholiken augsburgischer Confession, und einer jüdischen Synagoge, einem im J. 1791 errichteten evangelischen Waisenhause, einem Postamte und Station, welche mit Veszprim und Stuhlweißenburg Pferde wechselt, und einer Tuchfabrik. Von den hiesigen Bewohnern bekennen sich 2449 zum katholischen, 1061 zum helvetischen, 478 zum Mosaischen Glaubensbekenntnisse und sechs zur orientalisch-griech. Kirche. In einer Entfernung von einer halben Meile beginnt der Sumpf Sár-Rét, welcher aber durch die Vollendung des Palatinalkanals in seinem Umfange bedeutend beschränkt worden ist. 5) Ein der gräflich Csáky'schen Familie gehöriges Dorf im göröginyer Gerichtsstuhle der zempliner Gespanschaft, im Kreise diesseit der Theiß Oberungerns, im hohen Gebirge in der Nähe der galizischen Grenze, mit 76 Häusern, 559 Einwohnern, welche mit Ausnahme von eilf Juden sämmtlich Rußniaken und Katholiken sind, einer griechisch-katholischen Filialkirche und einer Mahlmühle. 6) Uj-P., ein Cameraldorf im nagyszalontaer Gerichtsstuhle der biharer Gespanschaft im Kreise jenseit der Theiß Oberungerns, in der großen ungrischen Ebene, am Peczebache gelegen, eine Meile westwärts von Großwardein entfernt, mit einer eigenen katholischen Pfarre (des Bisthums Großwardein), einer katholischen Kirche, 57 Häusern und 367 teutschen Einwohnern, weshalb das Dorf auch Sváb-Palota heißt, einer Trivialschule und einem ergiebigen Ackerbaue. (*G. F. Schreiner.*)

PALOTAS (spr. Palotasch), ein dem Fürsten Eszterházy gehöriges, großes Dorf im szécsényer Gerichtsstuhle der neograder Gespanschaft im Kreise diesseit der Donau Niederungerns in der Nähe der von Pásztó nach Aszod führenden Straße, zwischen Hügeln gelegen, 2¼ Meilen nordnordostwärts von dem letztern Markte entfernt, mit 88 Häusern, 698 Einwohnern, welche, mit Ausnahme von sechs Juden, sämmtlich Magyaren und Katholiken sind, einer eigenen katholischen Pfarre (Bisthum Waitzen), einer katholischen Kirche, einer Schule und einem sehr guten Melonenboden. (*G. F. Schreiner.*)

PALOVEA nannte Aublet mit einem barbarischen

Namen, für welchen Scopoli Ginannia (nach dem Grafen Giuseppe Ginanni aus Ravenna) setzte, eine Pflanzengattung aus der ersten Ordnung der neunten Linné'schen Classe und aus der Untergruppe der Cassieen der Gruppe der Cäsalpinieen, der natürlichen Familie der Leguminosen. Char. Die zwei obersten Stützblättchen sind zu einem zweilappigen Hüllblatte verwachsen; der Kelch ragt aus der Hülle hervor, hat eine umgekehrt kegelförmige Röhre und einen vier- bis fünflappigen, offenstehenden Saum; drei oder vier hinfällige Corollenblättchen tragen auf einer innern Spitze eine unfruchtbare Anthere; die freien, sehr langen, pfriemenförmigen, vor dem Aufblühen zurückgeschlagenen Staubfäden sind im Kelchrachen eingefügt; der Fruchtknoten ist gestielt, linienförmig, schmalgedrückt; der Griffel fadenförmig, glatt, mit knopfförmiger Narbe; die Hülsenfrucht ablang, zusammengedrückt, sechs- bis siebensamig. Die einzige Art, P. guianensis *Aubl.* (Guj. I. p. 365. t. 41. *Lamarck* illustr. t. 323. Ginannia *Scop.*, *Schreber* gen. p. 231. Brownea pauciflora *Willdenow* sp. pl.), wächst in den Wäldern von Gujana, als ein Strauch oder Bäumchen von 15 Fuß Höhe mit abwechselnden, ablangen, ganzrandigen, glatten, langzugespitzten, kurzgestielten Blättern, zwei kleinen Afterblättchen an der Basis des Blattstiels, kleinen Blüthenähren am Ende der Zweige und rothen Blumen. — Die allerdings verwandte Gattung Brownea *Jacquin* (s. d. Art.), welche zwar zu derselben Familie (nicht zu der der Polygaleen) und Gruppe, aber zu einer andern Untergruppe (Geoffraeaceae) gehört, unterscheidet sich hinlänglich durch fünf nagelförmige Corollenblättchen, 10 bis 15 zu einer Scheide verwachsene Staubfäden und durch faserig-schwammige Ausfüllung der Hülsenfrucht. Von der Gattung Brownea sind jetzt sieben Arten bekannt, nämlich: 1) Br. Rosa de Monte *Bergius* (Act. angl. 1773. p. 171. t. 8, 9. *Lamarck* illustr. t. 575. f. 3. Br. speciosa *Reichenbach* in *Sieber*. Flor. Trinit. exs. n. 68) auf den Gebirgen der Landenge von Panama, der Tierra firma und der Antillen. 2) Br. coccinea *Jacquin* amer. p. 194. t. 121. *Lamarck* l. c. f. 1) in Gebirgswäldern bei Venezuela. 3) Br. latifolia *Jacquin* (Fragm. p. 25. t. 17) in Caracas. 4) Br. racemosa *Jacquin* (l. c. t. 16) ebenda. 5) Br. capitellata *Jacquin* (l. c. p. 26. t. 18, 19) ebenda, wo sie Rosa Macho heißt. 6) Br. leucantha *Jacquin* (l. c. t. 20, 21) ebenda. 7) Br. grandiceps *Jacquin* (Collect. III. p. 287. t. 22. f. a—i. Fragm. t. 22, 23. *Lam.* l. c. f. 2) in Bergwäldern von Caracas und Cumana. (*A. Sprengel.*)

PALOVECZ. 1) Ein zur gräflich Festeticsischen Herrschaft Csaktornya gehöriges Dorf im mura-közer oder insulaner Gerichtsstuhle der szalader Gespanschaft im Kreise jenseit der Donau Niederungerns, unfern vom rechten Ufer des Ternawaflusses, in waldreicher, sanft geschwungener Gegend gelegen, nach Szoboticza (Bisthum Agram) eingepfarrt und davon ¼ Stunden nordwärts entfernt, mit 61 Häusern und 536 slawischen katholischen Einwohnern, welche sich vom Feldbaue nähren. 2) Ein auch Paulovecz genanntes Dorf im kreutzer Gerichtsstuhl und Comitate des Königreichs Kroatien nächst dem rechten Ufer des Cherneczbaches, in gebirgiger Gegend gelegen, der adeligen Familie Raffay gehörig, nach Dubovecz (Bisthum Agram) eingepfarrt, mit 76 Häusern und 519 slawischen, katholischen Einwohnern, welche Ackerbau treiben. (*G. F. Schreiner.*)

PALPAH (Br. 28° 11′, L. 100° 34′) liegt am Gunduk und ist die Hauptstadt eines Districts in dem vorderindischen Reiche Nepaul. (*Fischer.*)

PALPATA (Insecta), eine von Macquart (Histoires naturelles des Insects Diptères [Paris 1834]) in der Tribus Syrphydae aufgestellte Zweiflüglergattung mit folgenden Kennzeichen: Der Körper etwas schmal, die Palpen groß, über dem Rüssel in die Höhe tretend, zusammengedrückt, spatelförmig erweitert, das Gesicht vorragend, die Fühler auf dem Vorsprunge der Stirn eingefügt, das dritte Glied eiförmig, die Augen behaart, bei beiden Geschlechtern getrennt, die hintern Schenkel verdickt, die Schienen gebogen, die Randzelle geschlossen, die Unterrandzelle fußförmig. Nur eine Art, P. scutellata, sechs Linien lang, schwarz, Palpen blaßgelb, das Gesicht mit blauem Schiller und schwacher, weißlicher Haarbedeckung, Stirn schwarz glänzend, ebenfalls weiß behaart, ein sammetartiger Fleck am Scheitel, Griffel der Fühler rothgelb, Thorax schieferfarben schillernd, vorn drei sammetartige, hochrothe Flecken, Hinterleib blaugrau glänzend, die Ränder der Leibesringe sammetschwarz, Schienen und Tarsen rothgelb, die Flügel in der Mitte mit einem großen braunen Flecken. So das Männchen. Ein weibliches Individuum, das Macquart zu dieser Art rechnet, hat auf dem zweiten Hinterleibsringe zwei rothe Flecken, und die ganze Hinterhälfte der Flügel ist braun. Das Vaterland ist Brasilien. (D. *Thon.*)

PALPATORES (Insecta), eine Abtheilung der Käfer, und zwar der Familie der Keulenhörner in der Section der Pentameren. Ihre Fühler, wenigstens so lang wie Kopf und Thorax, sind entweder gegen das Ende verdickt oder fast fadenförmig, die beiden ersten Glieder länger als die übrigen. Der Kopf ist eiförmig und hinten eingeschnürt, die Maxillarpalpen sind lang, vortretend, gegen das Ende angeschwollen. Der Hinterleib ist groß, eiförmig oder eiähnlich, seitlich von den Flügeldecken umfaßt. Die Füße sind lang, die Schenkel dick und die Tarsenglieder ganzrandig. Es gehören hierher die beiden Gattungen Mastigus und Slydmanus. (D. *Thon.*)

Palpebrae, die Auglider, s. Auge.

PALPICORNES (Insecta), eine von Latreille gegründete Familie der Käfer in der Section der Pentameren. Die Fühler sind bei ihnen keulenförmig, meistentheils durchblättert, aus neun Gliedern bestehend, unter den vorragenden Kopfrändern eingefügt, kaum länger als der Kopf und die Maxillarpalpen oft an Länge übertreffend. Das Kinn ist groß und schildförmig. Der Körper ist im Allgemeinen eiähnlich oder halbkugelig, gewölbt. Die Füße sind bei mehren Schwimmfüße und haben dann nur vier deutliche Fußglieder oder auch fünf, wo aber das erste Glied ganz kurz ist, die Tarsenglieder sind alle ganzrandig. Sie zerfallen in zwei Tribus, Hydrophilii und Sphaeridiota. (D. *Thon.*)

PALPULA *Treitschke* (Insecta), eine aus den Tineen (Tineae) Linné's gesonderte Schmetterlingsgattung, mit folgenden Kennzeichen: Die Palpen der Schmetterlinge sind sehr lang, buschig, am Ende mit einer hervorstehenden nackten Spitze (welches Kennzeichen leicht zerstörbar und nur bei frischen Stücken deutlich und ganz vorhanden). Die Hinterfüße zeigen sich meistens an den Schenkeln stark behaart. Die Vorderflügel sind messerartig, am Hinterrande schief abgeschnitten und wie die gleichgeformten, etwas kürzern hintern, kurz gefranzt. — Von den Raupen ist nur die der einzigen nachgenannten Art bekannt, welche zugleich als Typus zu betrachten.

P. daphnella, Wiener Verzeichniß (*Hübner*, Tin. t. 12. f. 81. foem. Larv. Lepid. VIII. Tin. 1. Bombycif. B. c. f. 2. a. b). Der Schmetterling mit ausgespannten Flügeln zollbreit. Palpen, Kopf und Rücken sind oben weiß, bräunlich angeflogen, an den Seiten braun, die Fühler braun und weiß geringelt. Hinterleib und Füße weißgrau, ersterer auf den vordern Gelenken mit purpurfarbigem Scheine. Die breiten und fast ovalen Vorderflügel haben einen weißgrauen Grund, dessen Hälfte gegen den Vorderrand mit hellern und dunklern purpurbraunen Flecken bewölkt ist. Auf der Flügelmitte, gegen die Wurzel, stehen zwei schwarze weißumzogene Punkte, nach der Länge unter einander und weiter gegen den Hinterrand ein länglicher, schwarzer, weiß umzogener Strich. Neben beiden ist das Purpurbraune am hellsten. Die Gegend des Hinterrandes ist mit verloschenen bräunlichen Längsstrichen gewässert. Vor den ebenso gefärbten Franzen findet sich eine enge deutliche schwarze Punktreihe. Die Hinterflügel sind weißgrau, die gleichen Franzen mit einer dunklern Linie eingefaßt. Die Fläche schimmert mit mattem Purpurbraun. Die Raupe lebt im Mai in Wäldern auf dem Kellerhalse (Daphne Mezereum). Sie ist von gedrungener Gestalt, nach Vorn und Hinten nur wenig schmal zulaufend, fleischfarbig, mit zwei breiten braunen Längsstreifen zu beiden Seiten des Rückens, in welchen auf jedem Ringe ein weißliches Fleckchen liegt. Über den Rücken zieht eine weiße Längslinie, der Kopf ist gelb, mit einigen braunen Punkten; das Nackenschild schwarzbraun mit weißen Strichen und die Brustfüße sind schwarzbaun. In ihrer Verwandlungsweise weicht sie auffallend von verwandten Raupen ab. Sie hängt sich ohne weiteres Gespinnst, wie die Raupen der Gattung Pontia (unter den Tagschmetterlingen, die Kohlweißlinge) an ein Blatt oder einen Zweig fest und wird zu einer sonderbaren Puppe. Diese hat nämlich die Gestalt eines Vogelkopfs mit dickem Schnabel; vom Rücken der Puppe erhebt sich eine allmälig steigende, oben zugespitzte und schnabelförmig gekrümmte Erhöhung; der Hintertheil der Puppe hingegen ist nach der Bauchseite gekrümmt. Sie äußert nur wenig Leben. Ihre Verwandlung geschieht Anfangs Juni und nach ungefähr 14 Tagen erscheint der Schmetterling, der in Teutschland und Ungern einheimisch, aber nirgend häufig ist.

Es gehören zu dieser Gattung noch P. labiosella, semicostella, bicostella, rostrella etc. (D. *Thon.*)

PALQUASCHOGEUMA, ein See in Untercanada. (*Eiselen.*)

PALQUIN nach Feuillé, oder **PAGNKIN** nach Ruiz und Pavon heißt in Chile und Peru Buddlea globosa *Lamarck* (s. d. Art. Buddlea n. 32), ein hoher Strauch, welcher in europäischen Glashäusern häufig gezogen wird. (*A. Sprengel.*)

PALSA (Joh.), geb. zu Jermeritz in Böhmen am 20. Juni 1752, gest. am 24. Jan. 1792, einer der größten Waldhornisten, der mit seinem Gehilfen und Freunde Thürrschmidt ebenso Bewundernswürdiges als Schönes leistete nach dem Zeugnisse aller Kenner jener Zeit. Im J. 1770 kam er mit seinem Gefährten nach Paris in die Dienste eines französischen Prinzen, wo beide 13 Jahre lang glänzten. Auf einer Kunstreise nach Kassel gekommen, wurden die Freunde sogleich vom Landgrafen gut angestellt, obgleich die Hörner gut besetzt waren 1783. Zwei Jahre später hatten beide Hornisten auf einer Reise nach London ihren Ruhm vermehrt und feierten zurückgekehrt in Kassel 1786 das glänzendste Musikjahr. Ihre Fertigkeit übertraf Alles und die Reinigkeit und Schönheit des Tones ihrer pariser Silberhörner machte einen bezaubernden Eindruck. Da kurz darauf der kunstliebende Fürst starb, wurden beide Meister noch in demselben Jahre nach Berlin berufen. Von beiden Freunden sind Duos à II Cors de Chasse. Op. I. et II. zu Paris herausgekommen, die vortrefflich sein sollen, besonders diejenigen, die in Moll stehen. (*G. W. Fink.*)

PALSGRAVE (Johann), geb. etwa 1480 zu London, gestorben gegen 1554, Verfasser der ältesten bis jetzt bekannten französischen Grammatik. Er erhielt in London Elementarunterricht, studirte in Cambridge, ging darauf nach Paris, wo er mehre Jahre den Studien lebte, den Grad eines Magister artium erlangte, und sich im Französischen so vervollkommnete, daß man ihn zum Lehrer der Prinzessin Maria, Schwester Heinrich's VIII., Braut König Ludwig's XII., wählte. Da dieser König drei Monate nach der Hochzeit starb, so kehrte er mit der Königin nach England zurück, gab hier mehren vornehmen Herren Unterricht im Französischen, erhielt bald eine einträgliche Präbende und wurde von Heinrich VIII. zu einem seiner ordentlichen Kapläne ernannt. Im J. 1531 lebte er einige Zeit in Oxford, ließ sich hier wie in Paris den Grad eines artium magister und darauf den eines Baccalaureus in der Theologie ertheilen. Die französische Sprache war in England freilich schon seit 1362 aus den gerichtlichen Verhandlungen, und seit dem Anfange der Regierung Heinrich's VII. aus den Parlamentsacten verbannt, aber ein gewisser französischer Jargon, aus Altfranzösisch und Englisch zusammengesetzt, wurde damals noch fortwährend in den Schriften der Rechtsgelehrten angewandt, und stand auch beim Adel in Achtung; dieser Verfall des Französischen in England mußte erst gegen das Ende des 15. Jahrh. eingetreten sein, denn der Kanzler Fortescus behauptete noch in einem 1463 erschienenen Werke über die englischen Gesetze, daß sich das Französische in England, wo es eine mehr geschriebene, als gesprochene Sprache sei, reiner als in Frankreich selbst erhalten habe. Palsgrave wurde durch den Herzog von Suffolk, dessen Sohn, den Herzog von Richmond, er im Französischen unterrichtete, veranlaßt, ein Lehrbuch der französischen Sprache zu schreiben; er nahm sich dabei die griechische Grammatik des Theod. Gaza zum Muster und benutzte die handschriftlich vorhandenen, erst unter der Regierung Heinrich's VIII. aber vor 1530 verfaßten grammatischen Schriften über die französische Sprache von Gyles Dewes, Alex. Barclay und Petrus Vallensis; Palsgrave's Schrift bestand Anfangs aus zwei Büchern, von denen das erste über die Aussprache, das andere über die Redetheile handelt; er überreichte sie dem Herzog von Suffolk und dessen Gemahlin, der Königin Marie; aber diese Gönner riethen ihm, es dem Könige Heinrich VIII. zu dediciren, zu welchem Ende er ein drittes Buch, das bedeutendste des Ganzen, hinzufügte, in dem er theils den Inhalt des zweiten weiter ausführte, theils lexikalische Tabellen zugab. Das Ganze erschien 1530 in klein Folio unter dem Titel: **Lesclarcissement de la langue francoyse, compose par maistre *Jehan Palsgrave*, angloys natif de Londres et gradue de Paris** auf 1134 Seiten. Es ist dieses Buch jetzt äußerst selten, und kaum dürfte man über neun Exemplare jetzt nachweisen. Was nun den Werth desselben betrifft, so kann man ihm nicht großen Scharfsinn abstreiten, mit dem er in das damalige Chaos der französischen Sprache und ihrer Grammatik einige Ordnung gebracht, ihre Gesetze, ihren Genius entdeckt hat (er, nicht der nachher zu nennende Dubois, hat zuerst die Bezeichnung des Accent Aigu eingeführt), wenngleich natürlich seine Grammatik noch keine gute ist; historischen Werth wird sie immer behalten, wenn auch seine Ansichten über die Aussprache manches Bizarre haben; während er sich nämlich einbildet, die zwischen der Seine und Loire übliche Aussprache zu lehren (der dortige Dialekt war allmälig besonders durch die von Karl V. bis auf Franz I. herab veranstalteten Übersetzungen aus dem Griechischen und Lateinischen zur herrschenden Landes- und Schriftsprache erhoben worden, und noch vor der Ordonnance Franz I. wurde zu jedem Amte die Kenntniß dieses Französischen verlangt), verfällt er offenbar öfters in die in England seit den frühern Jahrhunderten üblich gewesene provencale Aussprache. Seine lexikalischen Tabellen können noch jetzt für die Bedeutung veralteter Wörter mit Nutzen gebraucht werden; aber bedenkt man, daß diese Grammatik die erste in ihrer Art war, daß Jacob Dubois, dessen in lateinischer Sprache verfaßte französische Grammatik sechs Monate nach der des Palsgrave erschien, ohne von ihr Kenntniß zu haben (**nulla**, sagt Dubois, **quod sciam, de sermonis gallici proprietate scripta in hunc usque diem aut vidi aut a quoquam visa audivi**), nicht weniger zu wünschen übrig läßt, endlich daß Palsgrave ein Ausländer war, so wird man ihm nicht seine Achtung versagen können. Schade, daß das von ihm in verschiedenen Stellen seines Buchs angekündigte französische Vocabulaire und die verheißene Abhandlung über die französischen Sprüchwörter nicht erschienen sind; man hatte von ihm nur noch eine wörtliche englische Übersetzung eines lateinischen Drama von G. Fullonius, welche unter dem Titel: **The comedye of Akolastus** (1540. 4.) erschienen. (Nach **Barbier**.) (*H.*)

PALSUM, alter Name eines Flusses im Innern Libyens bei *Plin.* N. H. V, 1. s. 1, wo jedoch auch die Schreibung Passum sich findet. (*H.*)

PÅLSUNDET (sprich Pòlsundet), einer der vier Einläufe, die aus der Ostsee nach Stockholm führen, nämlich der Eingang bei Warholm, Ordjupet, Pålsundet und Södra Stäket. Der Einlauf Pålsundet liegt ¼ Meile von Warholm, zwischen Warön und dem Vorgebirge Bogesund, ward 1726 versenkt, sodaß nur Boote diese Straße befahren können; zur Vertheidigung dieses Einlaufs ward 1823 eine Schanze errichtet *). (*v. Schubert.*)

PALTE, großer tibetanischer See, liegt auf der Nordseite des Himalih in der Provinz Tzang und an der Straße von Lassa nach Butan. Rings von hohen Gebirgsketten eingeschlossen, hat er einen geringen Spiegel, dafür aber in seiner Mitte eine sieben Meilen im Durchschnitt haltende Felseninsel, welche jedoch nicht unfruchtbar und daher mit Dörfern und Klöstern besetzt ist. In einem auf der Ostküste gelegenen Kloster hat die Großlamanin Furcepamo ihren Sitz, unter welcher alle übrigen Mönchs- und Nonnenklöster stehen. (*Fischer.*)

PALTHAN (Joh. Franz v.), geb. 1724, gest. 1804 als Justizrath zu Wismar, verfaßte theils eigene belletristische Schriften (Anakreontische Versuche [Stralsund 1751.], Versuche zum Vergnügen [Rostock 1758—1759. 2. Bde.], theils übersetzte er die Jahreszeiten von Thomson (Rostock 1754), Blackmore's Schöpfung (Bützow 1764) und Gay's Fabeln (Hamb. 1784). (*H.*)

PALTHE (Gerard Jan), ein holländischer Genremaler gegen Ende des 17. Jahrhunderts, welcher vorzüglich Gemälde von Abendlichteffecten oder sogenannte Nachtstücke und Scenen aus dem bürgerlichen Leben malte. Seine Gemälde sind sehr gut gezeichnet und von trefflichem Effect, doch nicht mit den Werken von Gottfried Schalken zu vergleichen. Sein Bildniß von ihm gemalt, war in der van der Mark'schen Portraitsammlung zu Leyden. Es ist übrigens derselbe Künstler, von welchem van Gool in seinem Werke (1. Th. S. 469—471) spricht. Seine Söhne widmeten sich ebenfalls der Malerei und namentlich:

1) Jan, Sohn des Vorigen, wird von van Gool als ein sehr guter Bildnißmaler geschildert; ein Bildniß des Professors Tiberius Hemsterhuis ist nach ihm in Schwarzkunst gearbeitet worden. Er starb 1769 im 56. Jahre seines Lebens zu Leyden.

2) Antony, Brudet des Jan, war ein recht guter Bildnißmaler, wenn er gleich weniger als Jan leistete, der sich mehr dem Rembrandt näherte.

3) Adrian, dritter Bruder des Vorigen, zwar ebenfalls als guter Bildnißmaler berühmt, so glich er doch nicht seinen Brüdern, auch trieb er die Kunst mehr als Dilettant oder als bloßer Liebhaber. Er war Anfangs

*) Nach *Tuneld*, Geografi öfver Sverige. 3. Aufl. 1. Bd. 1827.

Secretair eines holländischen Grafen, Wassenaer Obdam, mit dem er auch an verschiedene Orte reiste. Später bekleidete er ein öffentliches Amt als Vorsteher oder Einnehmer in einer Staatscasse. Zeit und Mittel erlaubten ihm eine sehr schöne Gemäldesammlung von guten holländischen Meistern anzulegen; eben so hinterließ er eine treffliche Sammlung von Originalhandzeichnungen, worunter herrliche Sachen von ihm nach Does Hobbema und andere waren *). (*Frenzel.*)

PALTONENSES, bei Plinius (N. H. III, 11. s. 16) erwähnter alter Name einer Völkerschaft in Unteritalien, doch ist die Lesart unsicher. (*H.*)

Paltoria *R.* et *P.*, s. Ilex.

PALTOS (*Πάλτος*), Name einer alten Stadt in Syrien, an der Seeküste in der Nähe von Phönicien, zwischen Balanea und Gabala, 20 Millien von Laodicea. Auf den Trümmern von Paltos steht nach Pococke das heutige Boldo; nach Shaw sollen sich die Ruinen von Paltos in der Nähe des Fleckens Melleck finden. (Vergl. *Mel.* I, 12. 5 et add. *Tzschucke*, Strab. XVI, 728. *Cass.* in *Cic.* ad famil. XII, 13. *Plin.* N. H. V, 20. s. 18.) (*H.*)

PALTRONIERI (Pietro), genannt von seiner Geburtsstadt il Mirandolese, war ein sehr guter Architekturmaler, geb. 1673. Giov. Francesc. Cassana und Marc. Antonio Chiarini zu Bologna waren seine Lehrer. Als er seine Lehrer verließ, ging er nach Rom, wo er viel nach Antiken zeichnete. Hierdurch erwarb er sich eine so große Leichtigkeit, daß er mit vieler Praktik sehr fleißige und zarte Wasserfarben- als Ölgemälde vollendete, die er mit schöner Architektur, Säulengängen und großen Arkaden sehr lebendig mit schönen Landschaften, Aussichten und weiten Fernen zierte. Die königl. Gemäldegalerie zu Dresden besitzt zwei Gemälde mittlerer Größe von ihm. (*Frenzel.*)

PALTSCHOWICE, eigentlich **PALCZOWICE**, ein den Lodzinski'schen Erben gehöriges Gut im nördlichen Theile des wadowicer Kreises des Königreichs Galizien, von der Skawa bewässert, mit einem eigenen Wirthschafts- und Justizamte und dem Dorfe gleiches Namens. Dieses liegt unfern von dem rechten Ufer des Skawaflusses, der hier eine ziemlich lange Insel bildet; ist nur eine halbe Meile von der Stadt Zator stromabwärts entfernt, und besitzt eine eigene katholische Pfarre von (1834) 950 Seelen, die zum wadowicer Decanat des tarnower Bisthums gehört und unter dem Patronate der Herrschaftsbesitzer steht, eine alte katholische Kirche, eine Schule und einen Meierhof. (*G. F. Schreiner.*)

Paltz, s. Neu-Paltz.

PALU, PALOU. 1) (n. Br. 38° 52′, östl. L. 39° 40′), Hauptstadt eines kjurdischen Fürstenthums gleiches Namens, liegt 60 engl. Meilen nördlich von Diarbekr, in dem nach dieser Stadt benannten asiatisch-türkischen Ejalate. 2) Kleiner Fluß im franz. Vienne-Departement. (*Fischer.*)

PALU, LA PALU, altes edles Geschlecht in der französischen Landschaft Bresse einheimisch, von dem ein Zweig aber große Besitzungen in Hochburgund erworben hatte. Peter, Herr von Varambon, Ritter, lebte im J. 1158. Dieses Enkel, Wilhelm, hatte die Söhne Gerhard und Guido, mit denen das Haus sich in zwei Linien theilte. Gerhard de la Palu, Ritter, Herr von Varambon, Richemont, Bouligneur und Toissia, war ein Vater von sechs Kindern. Peter, von diesen sechs das jüngste, geb. ums J. 1280, besuchte die Schule in Lyon, trat in den Dominikanerorden und kam nach Paris, um in dem Kloster der Straße St. Jaques die letzte Weihe der Wissenschaft zu empfangen. Im J. 1314 promovirte er als Doctor der Theologie, um demnächst mit allgemeinem Beifalle theologische Vorlesungen zu halten. Im J. 1317 präsidirte er als General-Vicarius in dem zu Pamplona abgehaltenen Ordenscapitel, indem der General, Berengar von Landon, durch eine für den h. Stuhl zu verrichtende Sendung an den französischen Hof gebunden war, und im nächsten Jahre wurde Peter von dem Papste an den Grafen Robert von Flandern abgeschickt, um diesen zum Gehorsam gegen seinen Lehensherrn, den König von Frankreich, zurückzuführen. Ein Waffenstillstand auf ein Jahr war das Höchste, was er erhalten konnte, und darum wurde ihm Schuld gegeben, daß er seiner Instructionen wenig eingedenk gewesen. Eine scharfe Untersuchung erwies des Verleumdeten Unschuld, aber er kehrte gleichwol in sein Kloster zurück, um sich abwechselnd mit Vorlesungen, Predigen und schriftstellerischen Arbeiten zu beschäftigen. Im J. 1329 wurde er von dem Papste Johannes XXI. zum Patriarchen von Jerusalem geweiht, und sofort begab er sich auf die Reise nach dem heil. Lande. Schmerzlich ergriffen von den Leiden und der Lage der morgenländischen Kirche, trat er vor den Sultan von Kairo, um für die gepeinigten Christen zu bitten. Seine Redegabe scheiterte an des Heiden blinder Wuth, und Peter ging nach Frankreich zurück, um für die Verkündigung eines neuen Kreuzzuges des Papstes Genehmigung zu suchen. Auch den Hof des Königs Philipp von Valois besuchte er, und der Monarch, auf dessen Veranlassung zum Theil der Patriarch nach Syrien gegangen war, an Ort und Stelle die genauesten Nachrichten über den Zustand des Landes und die Stärke der Zwingherren eingesammelt hatte, berief seine Prälaten und Großen. In glänzender Versammlung, in begeisterter Rede, handelte Peter von dem jammervollen Zustande der Kirche im Orient, von der Natur und Folge der auf den Urbewohnern lastenden Knechtschaft und von der Schwachheit der barbarischen Regierungen, welchen das Land der Gotterwählten preisgegeben. Von dem Feuer des Redners ergriffen, fuhren die Herren auf, um zu schwören, daß Gut und Blut geweihet sein sollten dem heil. Werke der Erlösung, und am Freitage nach dem St. Michaelstage im J. 1333 nahmen der König und viele seiner Baronen, überhaupt eine unzählige Menschenmenge, öffentlich das Kreuz; bald thaten die Könige von Böhmen, Navarra und Aragon ein Gleiches, und der erste August 1336 wurde als letzter Termin für den Aufbruch festge-

*) v. Ejinden und v. Willigen. 2. Bd.

setzt. Aber es kamen andere Sorgen, die Verwickelungen mit England, Eduard III., Robert von Artois, die Flamänder, und der Zug über Meer mußte unterbleiben. Doch soll der Patriarch nochmals in dem heil. Lande gewesen sein, schwerlich wird er aber lange verweilt haben, da alle Aussicht einer wirksamen Hilfe verschwunden war. Wie man glaubt, hat Peter nach seiner zweiten Heimkehr die Administration des Bisthums Couserans übernommen; er legte sie nieder, um die letzten Jahre seines Lebens in vollkommener Einsamkeit zuzubringen, und starb zu Paris den 31. Jan. 1342. Seine Ruhestätte wurde durch ein Monument in der Klosterkirche (rue S. Jaques) bezeichnet, das jedoch seit etwa 60 Jahren verschwunden ist. Peter war ein ungemein fruchtbarer Schriftsteller. Wir nennen seinen Commentar zu der ganzen Bibel, Postillen über die Psalmen, und über die Briefe des heil. Paulus; Commentarios ad IV. libros Sententiarum; Sermones de tempore et de Sanctis per annum; Homilien unter dem Titel: Thesaurus novus; eine Geschichte der Kreuzzüge, Liber bellorum Domini betitelt; Directorium terrae Sanctae, welches von Sebast. Mamerot in das Französische übersetzt worden; Chronicon regum Hierosolymitanorum; Tractatus de paupertate Christi et Apostolorum; Epistola ad Hug. de Vauceman, quomodo FF. Praedicatores possint reditus et anniversaria retinere, determinatio de visione beatifica, die in des Launoy regii Navarrae gymnasii Parisiensis historia zu finden; De causis potestatis ecclesiasticae; De confessione; Tabula alphabetica super legendas Sanctorum Jac. de Voragine (von Einigen zwar dem Nikolaus de Hanapes zugeschrieben). Der Commentar zu Lib. III. Sententiarum wurde zu Paris bei Peter von Nimwegen (1517. fol.) gedruckt, den Commentar zu Lib. IV. gab Paul Soncino zu Venedig 1493 heraus, sammt einem Briefe über des Verfassers Leben und Schriften. Hiervon erschien noch in demselben Jahre zu Paris eine zweite Ausgabe. Einen richtigern Abdruck des Commentars zu Lib. III. und IV. liefert die pariser Ausgabe vom J. 1530 in zwei Foliobänden. Des Patriarchen älterer Bruder, Amadeus de la Palu. Herr von Varambon, St. Julien, Toissia, la Balme und Bouligneux, hinterließ die Söhne Peter und Hugo. Von Hugo stammt die Linie in Bouligneux, deren Besitzthum die letzte Erbin, Anna, in das Haus Varambon zurücktrug. Peter de la Palu, Herr auf Varambon, Maitre des requêtes unter König Philipp von Valois, erhielt von demselben im J. 1341 eine Pension von 500 Livres und wurde 1347 zum Amtmanne der Städte Amiens, Lille und Douay, auch zum Hauptmanne der Grenzen von Flandern ernannt. Aus Peter's Ehe mit Maria de Luyrieux kamen ein Sohn und eine Tochter. Die Tochter, Clementia, verheirathete er im J. 1348 an Wilhelm de la Baume, den Hofmeister des Grafen Amadeus des Grünen von Savoyen. Der Sohn, Amadeus de la Palu, hatte aus zwei Ehen Kinder, und ist von denselben insbesondere zu merken Ludwig de la Palu de Varambon, der Sohn der Adelheid de Courgenon. Ludwig trat jung in den Benedictinerorden; Mönch und demnächst Abt zu Tournus, erhielt er neben dieser Abtei noch jene von Ambronay und von St. Just zu Susa. Als dreifacher Abt erschien er auf dem Concilium zu Constanz, und mußte in der Wahl Papst Martin's V. einer von den Hütern des Conclave sein; er besuchte auch das Concilium von Siena und empfahl sich dergestalt durch ungewöhnliche Kenntniß von den Angelegenheiten der Kirche und durch eine noch ungewöhnlichere Fertigkeit in deren Behandlung, daß die in Basel versammelten Väter ihm das Bisthum Lausanne zuwendeten, ihn auch in der delicatesten aller Unterhandlungen an den Papst Eugen IV. absendeten, sowie nach Griechenland, um die Kirchenvereinigung zu bewirken. Aber in Lausanne fand Ludwig einen mächtigen Gegner an dem bisherigen Domsänger, an Johann von Prangin, dem es gelang, am 2. März 1434 von dem Bisthume Besitz zu nehmen, der auch seitdem von der Mehrzahl der Insassen, vom Papste und Savoyen als rechtmäßiger Bischof anerkannt wurde, während Ludwig nur in dem kleinern Theile des Sprengels Gehorsam fand, z. B. zu Peterlingen, dessen Propstei sein Neffe, Johann de la Palu, besaß (in des Propstes Namen belehnt Bischof Ludwig im J. 1432 den Heinrich von Eptingen). Im J. 1440 gab zwar Johann von Prangin das Bisthum auf, um jenes von Aosta besitzen zu können, allein Eugen IV. ernannte sogleich für Lausanne einen andern Bischof, den Anton du Pré, und der Graf Amadeus VIII. von Savoyen, nachdem er sich als Felix V. dem Papst Eugen entgegensetzen lassen, konnte den Schaden nicht mehr heilen, den er durch seine frühere eifrige Verwendung für Johann von Prangin dem Schützlinge des Conciliums von Basel gebracht hatte. Zu einem Ersatze gab er dem Bischofe Ludwig die Verwaltung des Hochstiftes Maurienne, und im J. 1443 die Cardinalswürde, tit. S. Anastasiae. In dieser Würde wurde sodann Ludwig vertragsmäßig bestätigt, als Felix V. in die Hände von Papst Nikolaus V. im J. 1449 verzichtete; ja er erhielt sogar den Rang eines Legaten und 1451 das Erzbisthum Tarantaise. Sein Ende erfolgte zu Rom im J. 1455, und es gedenkt seiner Papst Pius II. verschiedentlich mit Hochachtung. Wilhelm de la Palu besaß im J. 1428 das Lehen Eschamp bei Couches in Autunois. Franz de la Palu de Varambon vermählte sich im J. 1432 mit Margaretha, alias Johanna von Lützelstein, einer Tochter des Grafen Burkhard von Lützelstein und der Ägidia (Gilette) von Villersexel *). Margaretha war eine reiche Erbin, ihr Oheim, der Graf von la Roche, Humbert von Villersexel, der kinderlos war, vermachte ihr seine ansehnlichen Besitzungen in Hochburgund, insonderheit die Grafschaft la Roche-Saint-Hippolyte am obern Doubs und Villersexel an der obern Saône, dagegen verkaufte Franz im J. 1445 an Johann, den Bastard von Vergy, um 6500 Goldgulden, alle seine Rechte an den Herrschaften Ozilly, Bezeuotte und Dampierre-sur-Vingeanne in Dijonais. Sein Sohn, Philibert Philipp de

*) Von Schöpflin (II, 618) fälschlich Anna de Viler genannt. Darum wage ich es nicht, mit Schöpflin die Tochter Johanna zu benamsen.

la Palu, Graf von la Roche und Herr von Barambon, verheirathete sich, laut Eheberedung vom 17. Mai 1470, mit Isabella von Neufchâtel, nahm auch nach Wilhelm's, des letzten Grafen von Lützelstein, Absterben im J. 1460 dessen sämmtliche Besitzungen in Anspruch; allein der Grafschaft Lützelstein selbst hatten die Pfalzgrafen sich mit gewaffneter Hand bemeistert, und der Graf von la Roche mußte sich mit den Lehen begnügen, welche die Lützelsteiner von der Kirche von Metz gehabt, d. i. mit der Herrschaft Geroldseck in den Vogesen. Sterbend empfahl Philibert Philipp seinen Söhnen, daß sie allen Fleißes ihre Wiedereinsetzung in das lützelsteinische Erbe suchen möchten, statt dessen verkaufte einer derselben, Claudius, im Jahre 1485 den letzten Rest, oder die Herrschaft Geroldseck, an seinen Vormünder, an Wilhelm von Rappoltstein. Johann von la Palu, Marquis von Barambon, führte zum Dienste Kaiser Marimilian's I. eine starke Schar burgundischer Reiter nach Italien; in der Schlacht bei Ravenna, wo er für die Spanier stritt, befehligte er das zweite Treffen. Mit großer Standhaftigkeit hielten seine Truppen das feindliche Artilleriefeuer aus, allein in dem Handgemenge wurden sie von den franz. Gensdarmen durchbrochen. Johann selbst**) verlor ein Auge und gerieth in Gefangenschaft (1512). Er starb im J. 1533, und es beerbte ihn ein Vetter, Johann Philibert de la Palu. Die Linie, welcher dieser angehörte, beginnt mit einem Guido; dieses Urenkel, ebenfalls Guido genannt, wurde der Vater von Guido und Johann. Jenes Sohn, Hugo von la Palu, Graf von Varax, Vicomte von Salins, Gouverneur von Dauphiné, Marschall von Savoyen und Ritter des Annunciadenordens, war in erster Ehe, seit 1462, mit Gilberta, des Grafen Kaspar II. von Varax, in Bresse, Tochter und Erbin, in anderer Ehe, seit 1482, mit Antonia von Polignac verheirathet. Sein Sohn erster Ehe, Johann Philibert, beerbte die Linie in Barambon, wurde aber selbst, indem er kinderlos war, von Johann de la Palu beerbt, dem Urenkel jenes Johann, den wir als Hugo's, des Grafen von Varax, Oheim kennen lernten. Johann, Graf von Varax und la Roche, Marquis von Barambon, hatte nur aus seiner zweiten Ehe, mit Claudina de Rye, Kinder, und zwar Töchter, von denen Maria an den Grafen Renat von Chalant, Isabella, alias Franziska, an Ferdinand von Lannoy, Herzog von Bayona, den vierten Sohn des berühmten Karl von Lannoy, verheirathet wurde. Beide, die Gräfin von Chalant und die Herzogin von Bayona, starben aber kinderlos vor ihrer Mutter, der sie durch Testament ihr ganzes Eigenthum vermacht hatten. Claudina von Rye, die Witwe von la Palu, starb im J. 1593; durch Testament v. J. 1592 gab sie alle Güter des Hauses la Palu, Barambon, Varax, la Roche-Saint-Hippolyte, Villersexel und das nahe Abenans, Mesche, südlich von St. Hippolyte, Châteauneuf-en-Vannes rc. an ihre Brüder und Brudersöhne, als ein Fideicommiß für den Mannsstamm des Hauses Rye. Noch bestand die jüngere Linie in Bouligneux, die von Stephan, dem Vatersbruder des letzten Mannes der Linie in Varax, ausgegangen. Diese Linie besaß außer Meilly Rouvre und Chaudenai-le-château in dem Herzogthume Burgund, Amt Arnai-le-duc, auch die Grafschaft Bouligneux in Bresse, südwestlich von Bourg. Johann de la Palu de Bouligneux, Herr von Meilly, starb im J. 1594, und ruhet in der Pfarrkirche zu Meilly, sammt seinem 1612 verstorbenen Sohne Karl. - Johann, ebenfalls Johann's Sohn, war Elu des Adels von Burgund, im J. 1629. Karl, der als der ältere Bruder Bouligneux besessen hatte, war mit Jacobine von Saux verheirathet, gleichwie sein Sohn, Johann de la Palu, mit Gabriele Damas. Zu dieses Gunsten wurde Bouligneux zu einer Grafschaft erhoben. Seine Tochter, Henriette, heirathete im J. 1654 den Peter Rouxel, Grafen von Grancey. Des Grafen von Bouligneux, des Jacob Claudius de la Palu Witwe, Maria Henriette le Hardy, kommt im J. 1700 und in den nächstfolgenden Jahren vor. (*v. Stramberg.*)

PALUD (la). 1) Gemeindedorf im franz. Departement der Niederalpen (Provence), Canton Moustiers, Bezirk Digne, liegt, 15 Lieues von dieser Stadt entfernt, auf dem rechten Ufer des Verdon und hat 862 Einwohner. Die hier befindlichen berühmten Höhlen werden schon von Sidonius Apollinaris erwähnt. 2) Gemeindedorf im Charentedepartement (Angoumois), Canton und Bezirk Angoulême, liegt 1¼ Lieues von dieser Stadt entfernt und hat eine Succursalkirche und 1264 Einwohner. (Nach Expilly und Barbichon.) (*Fischer*).

PALUDAMENTUM, bei den alten Römern Bezeichnung des Kriegskleides ihrer Feldherren; denn wenn auch in den Auguralbüchern paludati nach der Erklärung des Veranius bei Festus in einem allgemeinern Sinne für „bewaffnet," „geschmückt" steht, wozu Veranius die Bemerkung fügt, „denn jeder militairische Schmuck hieße paludamentum," wenn gleich Livius (I, 26) das (nach Dionys v. Halik.) von seiner Braut und deren Mutter gearbeitete Kriegsgewand des einen der Curiatier, der doch kein Feldherr war, paludamentum nennt, Plinius (N. H. XXXIII, 3. s. 19) der Mutter Nero's, der Agrippina, dieses Gewand beilegt, wofür Tacitus (Ann. XII, 56) chlamys aurata hat, und auch noch andere Schriftsteller mit ähnlicher Ungenauigkeit paludamentum für Kriegsgewand überhaupt gebrauchen, so ist doch gewiß*), seitdem Jo. Fr. Gronov in einer reichhaltigen Anmerkung zu Livius (XLI, 10, 5) die paludati lictores aus Livius (XLI, 10 und XLV, 39) verbannt hat, daß paludamentum, streng genommen, immer nur vom Gewande des Feldherrn gesagt wurde, was derselbe, wenn er in die Provinz oder zur Armee abging, nachdem er das übliche Gebet im Capitol gehalten (votis in Capitolio nun-

**) Der P. Daniel und Sismondi nennen ihn le Marquis de la Palude. Sie wußten eine lateinische Übersetzung nicht in das Französische zu übertragen. Im gemeinen Leben würde für verrückt gelten, wer von Personen schriebe, die ihm unbekannt, in historischen Untersuchungen scheint man auch von Unbekannten handeln zu können.

*) *Apulej.* Apol. p. 288, 20. *Elmenh.* Hoc Diogeni pera et baculus, quod regibus diadema, *imperatoribus paludamentum*, pontificibus galerum, lituus auguribus.

cupatis), bei seiner Abreise aus Rom anlegte und bei der Rückkehr, ehe er die Stadt betrat, wieder ablegte und mit der Toga vertauschte; jenes hieß paludatum proficisci, exire, egredi urbe, daher die bildliche Redensart des Sallust „togam paludamento mutavit," d. h. „den Frieden mit dem Kriegsstande vertauschen," bei Isidor (XIX, 24), und paludamento mutare praetextam bei Plinius (Paneg. 56). Selbst die Kaiser**) bis auf Gallien erschienen in Rom nicht im Paludamentum, sondern in der Toga; als Vitellius im Begriff war, in diesem Gewande seinen Einzug in Rom zu halten, legte er es auf die Vorstellung seiner Freunde ab, er möchte doch nicht Rom wie eine eroberte Stadt betreten, und nahm die Prätexta an (*Tacit.* H. II, 89). Dasselbe beobachtete auch Alexander Sever vor seinem glänzenden Einzuge in Rom; als er ans Thor gekommen war, stieg er vom Pferde, legte die Toga an und ging zu Fuß in die Stadt. Dieser Kriegsmantel war rund oder vielmehr oval, und wurde über der völligen Rüstung dergestalt getragen, daß er über die linke Achsel herunterhing, diese bedeckte und auf der rechten Achsel durch einen großen Knopf zusammengeheftet wurde, sodaß der rechte Arm frei blieb. In der Regel war die Farbe desselben weiß oder purpur; ein böses Omen war es, daß dem Crassus, als er zum parthischen Feldzuge abging, ein paludamentum pullum, d. h. von schwarzer Farbe, gegeben wurde (*Valer. Max.* I, 6, 11); es kommt auch ein aureum paludamentum, d. h. goldgesticktes (*Aurel. Vict.* epit. 3. extr.) vor, und Isidor erklärt paludamentum pallium imperatorium, *cocco, purpura et auro distinctum*, und Scharlach oder coccum als Farbe dieses Kriegsmantels hat auch Plinius (XXII, 2. s. 3: coccum imperatoriis dicatum paludamentis). Vergl. außer Gronov und die übrigen Ausleger zu Livius (l. c.) *Lipsius*, de milit. Rom. III, 12. *Ferrarius*, de re vestiar. II, 3, 5. Winckelmann, Geschichte der Kunst des Alterthums. III, 68 fg. (*H.*)

PALUDAPIUM nennt Tabernämontanus in seinem Kräuterbuche den wilden Selleri oder Eppig (Apium graveolens palustre). (*A. Sprengel.*)

PALUDE, Stadt im asiatisch-türkischen Ejalet Erzerum (Armenien), liegt unter 38° 35′ nördl. Br. und 39° 14′ östl. L. nach dem Meridian von Greenwich, auf einem hohen, fast unzugänglichen, Felsen und hat ein festes Schloß. Früher war Palude, dessen zahlreiche, aus Armeniern und Türken bestehende, Einwohner einen starken Handel trieben, der Sitz eines eigenen Fürsten, welcher sich von der hohen Pforte ziemlich unabhängig zu erhalten wußte. Man sagt, daß in Palude die armenischen Buchstaben erfunden worden wären. (*Fischer.*)

Paludella *Ehrh.*; s. Pohlia *Hedw.*

PALUDI, ein großes Dorf in der neapolitanischen Intendanza Calabria citeriore, ungefähr drei italienische Meilen südsüdostwärts von der Stadt Rossano entfernt, auf einem Berge zwischen den Thälern (Valloni) di Colagnati und Carva, hoch über dem Wildbache, der das letztere durchfließt, gelegen, mit einer katholischen Pfarr- und Kirche. Außerhalb des Ortes steht eine dem heiligen Antonius geweihte Kapelle. (*G. F. Schreiner.*)

PALUDINA (Mollusca). Eine Schneckengattung, von Lamarck gegründet, unter die Pectinibranches *Cuvier* oder Ctenobranchia *Menkes* und dessen Unterordnung Pomatostoma, Familie Turbinea, gehörig. Linné stellte die Gattung zu Helix, Andere zu Turbo, und früher war sie mit Cyclostoma vereinigt. Das Thier ist spiralförmig gewunden, der Fuß eiförmig, vorn mit einer Randfurche, der Kopf rüsselförmig, die Tentakeln konisch, stumpf, zusammenziehbar, der rechte ist am Männchen stärker als der linke und an der Wurzel durchbohrt, um das männliche Geschlechtsorgan durchzulassen; die Augen stehen auf einer Anschwellung am untern Drittheile der Fühler, der Mund ist zahnlos, aber mit einer kleinen stacheligen Zungenmasse versehen*), der After steht am Ende einer kleinen Röhre an der Decke der Athmenhöhle. Die Organe der Respiration bestehen aus drei Reihen Kiemenfäden in einer weiten Höhlung, mit einem untern, rechten und linken ohrförmigen Anhange. Die Geschlechter sind getrennt auf verschiedenen Individuen, der weibliche Geschlechtsapparat öffnet sich durch eine große Mündung in die Kiemenhöhle, das männliche Organ ist cylindrisch und sehr stark. Die Schale ist mit einer Epidermis überzogen, kegelförmig, mit rundlichen Windungen, die Spitze warzenförmig, die Mündung rundlich, eiähnlich, mehr lang als breit, oben eckig, die beiden Ränder vereinigt, schneidend, nicht nach Außen gebogen, der Deckel hornartig angedrückt, schuppig, oder gleichsam aus Schuppen zusammengesetzt, die Spitze der scheinbaren Windungen desselben ziemlich in der Mitte. Über den nähern Bau vergleiche Cuvier's Abhandlung in den Annalen des Museums 1808. Anatomie der P. vivipara.

Die ziemlich zahlreichen Arten, von denen man mehre zu eigenen Gattungen erhoben hat, hat Menke (Synopsis Molluscorum 1830) auf folgende Weise eingetheilt: A) Turritae. B) Conicae v. oblongae (Hydrobia *Hartm.* Leachia *Risso*). C) Ovato-conoidae (Paludina *Hartm.* Viviparus *Montf.* Bithynia, Prid. *Gray*). D) Ovatae spira brevi (Lithoglyphus *Zgl.*).

Die bekannteste Art ist P. vivipara, zur Abtheilung C) gehörig (Swammerdam, Bibl. der Natur. Taf. 9. Fig. 10. Chemnitz, Conchyliencabinet. 9. Fig. 1182. Sturm's Fauna. Taf. VI. 2. 3. Pfeiffer, Mollusken. Taf. 1. Fig. 14). Die grünliche, glatte, zollgroße Schale hat zwei bis drei purpurbraune Längsbinden. Sie lebt in stehenden Gewässern, besonders auf Thonboden. Das Weibchen gebiert im Frühjahre lebendige Junge, wie schon Swammerdam beobachtete.

Eine zweite merkwürdige Art ist P. thermalis, erbsengroß, weiß, kugelförmig, zur Abtheilung B) gehörig, lebt in kaltem und heißem Süßwasser, namentlich in den

**) Wenn der K. Claudius edidit in Martio campo expugnationem direptionemque oppidi *praeseditque paludatus* (*Suet.* 21. med.), so gehörte das Marsfeld nicht zum Pomörium der Stadt.

*) So lauten die überall angegebenen Kennzeichen, indessen hat in neuerer Zeit Troschel (Wigmann's Archiv 1836. I, 270) zahnartige Organe nachgewiesen, die von bewunderungswürdigem Bau sind.

rn von Pisa, in welchen das Wasser fast eine Hitze
40° Reaumur hat. (D. *Thon.*)

PALUDINA (Paläozoologie). In Lamarck's Ge-
hte Paludina, welchem er und Denis Montfort frü-
en Namen Vivipara gegeben hatten, den auch So-
y Anfangs für einige fossile Arten Englands beibe-
kann man zwei Gruppen unterscheiden: Größere Ar-
welche immer in Süßwassersümpfen wohnen und de-
Schalen nur zufällig einzeln ins Meer gerathen, und
re, welche auch oft in Salzsümpfe oder in die ru-
, durch vorliegende Sandbänke fast ganz vom offenen
e getrennte seichte Meeresbuchten übergehen, ja sich
zum ausschließenden Aufenthaltsorte wählen und
a in unsäglicher Menge vervielfältigen, wie das von
n andern Mollusken bekannt ist. Für letztere hatte
krussac den Namen Litorina vorgeschlagen, eine Be-
ung, welche dem Geognosten insbesondere erwünscht
würde, wenn es möglich wäre, an den in dieses
Genus aufzunehmenden Arten ein gemeinschaftliches
scheidendes Merkmal wahrzunehmen, was jedoch um
niger zu erwarten steht, als manche Arten, wie es
bei Limneen, Neritinen rc. der Fall ist, in einer
nd Süßwasserbewohner sind, welche anderwärts in
wassern gefunden werden. Der Geognost muß daher
Umsicht verfahren, will er nicht durch das Vorkom-
solcher Arten zu Fehlschlüssen über die Entstehungs-
der sie enthaltenden Gesteine verleitet werden. Eine
e Schwierigkeit ist die Unterscheidung der Paludina-
unter einander, wofür sich an der ganz glatten
le der meistens nur kleinen Arten selten andere Kenn-
n als die Maßverhältnisse darbieten, sodaß die Auf-
g mancher Formen als Arten oder Abarten von in-
uellen Ansichten abhängig bleibt.

Man hat bis jetzt über 50 Arten im fossilen Zu-
: angegeben, welche sich auf ungefähr 40, nach Des-
auf 41 Arten reduciren lassen. Sie beginnen in
Wealden-Formation und reichen durch die nachherigen
ationen hindurch, immer zahlreicher werdend, bis in
etzige Schöpfung herein. Nach Deshayes vertheilen
ie fossilen Arten auf folgende Weise:

	Formation.	Becken.	Zahl.	
Secun-re.	a. Wealden Form.	1. England	3	4
	b. ?-Kreide.	2. England	1	
rtiäre.	c. Eocene.	3. Paris	17	20
		4. Valogne	3	
	d. Miocene.	5. Dax	4	9
		6. Bordeaux	2	
		7. Mainz	2	
		8. Wien	1	
	e. Pliocene.	9. Subapenninen	6	10
		10. Baden	2	
		11. Engl. Crag	2	
				43

Der Überschuß von zwei in der Summe ergibt sich
das doppelte Vorkommen zweier Arten in zwei ver-
enen Becken. Inzwischen sind wir weder mit Deshayes in der Eintheilung der einzelnen Becken in die drei tertiären Altersclassen einverstanden, indem wir wenigstens die Becken 7 und 8 noch mit dessen pliocener Periode vereinigen, noch hat derselbe in dieser Übersicht auch auf die bei Montpellier und in Spanien vorkommenden Arten Rücksicht genommen, wie wir selbst dagegen nur drei, statt sechs, Arten aus den Subapenninen kennen. Etwa zehn dieser Arten kommen jedoch auch noch lebend vor, in welchem Zustande 25 Species überhaupt bekannt sind.

Wenn es auch nicht gestattet ist, hier alle fossile Arten ausführlich zu beschreiben, so wollen wir doch versuchen, einen Prodromus für eine derartige Arbeit mitzutheilen, und die Arten zu dem Behufe in vier recht scharf von einander getrennte Gruppen sondern, deren jede, was ihren Habitus betrifft, eine ausgezeichnete und bekannte lebende Art zum Typus hat.

A. Gruppe der Viviparinen.

Die größten, immer etwas bauchigen, mit P. vivipara verwandten Arten, von 0,‴035 bis zu 0,‴018 Höhe; beständige Süßwasserbewohner, obschon eine oder die andere fossile Art vielleicht einzeln auch mit Resten von Meeresbewohnern vorkommt (?P. concinna).

1) **Paludina clathrata.** **P. clathrata** ***Deshayes*** **[Mor.[1]) 1836. III, 148. 149. pl. XXV. f. 3. 4]. P. testa elongato-subturbinata, apice obtusa; anfractibus convexiusculis, transversim costatis, plicis longitudinalibus clathratis, ultimo anfractu ad peripheriam angulato, basi plicato; apertura rotundata, apice subangulata** ***Desh.*** Sie hat die Größe der P. achatina, 0,‴035 Höhe und 0,‴035 Breite, einen stumpfen Scheitel, sechs an einander absetzende Umgänge, worauf drei bis vier spirale Kiele sich mit senkrechten Furchen durchkreuzen, und quadratische Maschen bilden, eine Beschaffenheit, welche sich entfernt ähnlich nur bei einer lebenden Art wiederfindet. Der letzte Umgang bildet in seiner Mitte eine Kante, unter welcher er sehr convex, mit undeutlichen Spiralstreifen und deutlichen radialen Falten versehen ist. Mundränder scharf. In tertiären Schichten auf Rhodos.

2) **Paludina achatina** ***Drp.*** **Helicites viviparoides** ***v. Schloth.*** [Petrefactenk.[2]) 1820. I, 106]. **P. viviparoides** ***Bronn.*** [in litt.] **P. Hammeri** ***Defr.***[3]) [1825. im Dict. XXXVII, 306. *Krüger*[4]) II, 39. Volz[5]) 1828. Mineral. 62. *Brongn.*[6]) t. 379]. **P. vivipara** ***Krüg.*** [II, 139. Holl[7]), Petrefactenk. 304]. **P. achatina** ***Marc. de Serres***[8]) [1829. Géogn. 100. *Deshay.* b. *Lyell*[9]) 1833. III, 20]. Diese in Sümpfen

---

1) Expédition scientifique de Morée, IIIe Partie. (Paris 1836.) Mollusques par Mr. *Deshayes*. 2) v. Schlotheim, Die Petrefactenkunde. (Gotha 1820.) 3) *Defrance* im Dictionnaire des sciences naturelles. Vol. XXXVII. 1825. Art. *Paludine*. 4) Krüger, Urweltliche Naturgeschichte in alphabetischer Ordnung. II. (Leipzig 1825.) 5) Volz, Die Mineralogie der beiden Rheindepartemente. (Strasb. 1828.) 6) *Alex. Brongniart*, Tableau des terrains, qui composent l'écorce du globe. (Paris 1829.) 7) Holl, Petrefactenkunde. (Dresden 1830. 12.) 8) *Marcel de Serres*, Géognosie des terrains tertiaires. (Montpellier 1830.) 9) *Deshayes* in *Lyell's* Principles of Geology. (London 1833.) Vol. III. Appendix.

Südeuropa's lebende Art findet sich fossil a) mit etwas minder abgerundeter Spitze zu Bourviller am Fuße des Bastberges im Elsaß, in einer tertiären Süßwasserformation, welche Brongniart auch zu seinem Groupe paléotherien des terrains thalassiques rechnet, und dem pariser Gypse gleichsetzt. Deshayes scheint diese Art mit den vier ersten Synonymen zu P. unicolor zu rechnen; ich finde sie aber von der lebenden von Pavia außer durch eine weniger abgerundete Spitze nicht verschieden. b) Im Calcaire moellon bei Montpellier (Serr.) und in der Subapenninen=Formation Italiens (Serr. Deshay.). c) In der Crag=Formation Englands (Desh.). d) In einem merkwürdigen Flötze an der Tanne (v. Schloth.), was aber der Bestätigung bedarf.

3) **Paludina orbicularis.** Phasianella orbicularis *Sow.*[10] [1818. II, 167. pl. 175. f. 1]. Kleiner als die zweite und vierte Art, mit rundern Umgängen und tieferer Naht als die zweite, dagegen spitzer gebaut und flacher als die vierte. Meine zwar nicht ganz vollständigen Exemplare stimmen mit den bei Sowerby abgebildeten von gleichem Fundorte aufs Genaueste überein, und tragen die Charaktere von Paludina, nicht aber jene von Phasianella an sich, womit auch ihr Vorkommen nicht übereinstimmen würde. In der ersten oder zweiten Süßwasserformation (groupe épilymnique *Brongn.*) zu Shalcomb auf der Insel Wight.

4) **Paludina vivipara.** Vivip. fluviorum (*Montf.*) *Sow.* [I, 77. pl. 31. f. 1. *Krüg.* II, 419]. P. fluviorum *Krüg.* [II, 139. *Brongn.* t. 409]. P. vivipara *Mantell* [Tilgate Foss. pl. X. f. 8. 9 und in Lond. geolog. Trans. N. S. 1829. III, 212. 214. 215 und Geol. of S. E. Engl.[11]) 248. f. 4, 5, 390. 393. 396. *Woodw.* Syn.[12]) 25. *Holl.* 304. *Serr.* Géogn. 260. Klöden 150[13])]. P. vivipara antiqua *Serr.* [in Ann. sc. nat. XI, 406[14])]. P. testa anfractibus 4—6 convexis, testa duplici aperturae altitudine, superficie lineis incrementitiis acutis striolata (*Sow.*) Nicht ganz zwei Mal so hoch als breit, $1\frac{1}{4}$" hoch, $\frac{1}{2}$" breit, der lebenden Art ähnlich, und wie sie in der Höhe der Windung sehr veränderlich. Vorkommen a) in der Hastings= oder Wealden=Formation in Kent zu Ashford (Sow.), und in Sussex, und zwar α) in Kalk und Schiefermergel der Ashburnhamschichten in Barnetts=Wood bei Tramfield; β) darüber im Tilgate grit von Tunbridge wells im Tilgate=Forest; γ) am häufigsten in Wealden=Thon zu Laughton bei Lewes, mit Cypris faba den Sussex Marble zusammensetzend; desgleichen am Tilbusterhill in Surrey (Mant.). b) Als Kern (daher nicht sicher bestimmbar) in den gelblichen Kalkmergeln über dem Moellon und in den Süßwasserbänken zwischen diesem unter dem Meeresniveau von Cette. c) Noch jugendlicher in ältern Sand=Alluvionen über Elennknochen in Berlin, mit Farbe erhalten und in den neuesten Süßwasserbänken des Scharmützelsees in Brandenburg. Es würde eine sehr merkwürdige Thatsache sein, wenn eine und dieselbe Conchylienart von der Oolithgrenze an bis in die jetzige Schöpfung sich erhalten hätte; weshalb die Sowerby'sche Bestimmung wiederholter Prüfung zu empfehlen ist. Im Wealdenclay am Deister im Handverschen kommen ebenfalls verschiedene Paludinen vor.

5) **Paludina angulosa.** Phasianella angulosa *Sow.* [II, 168. pl. 175. *Woodw.* Syn. 27]. Auch diese Art trägt völlig alle Merkmale der Paludinen und nicht der Phasianellen, so viel ich aus meinen Exemplaren beurtheilen kann; auch bei ihr spricht das Vorkommen für das erstere Genus. Sie zeichnet sich vor allen Arten durch eine sehr merkliche Kante aus, welche unter der Mitte der Umgänge spiral herabzieht und sich gegen die Mündung hin mehr abrundet. — In der ersten oder zweiten tertiären Süßwasserformation zu Shalcomb auf Wight.

6) **Paludina Desnoyersii.** P. Desnoyersii *Desh.* [Paris.[15]) II, 127. pl. XV. f. 7. 8 und coquill. car.[16]) 163. 164. pl. V. f. 1. 2]. P. testa ovato-conica, turgidula, tenui, fragili, profunde umbilicata, tenuissime striata; apertura ovato-rotundata, superne subangulata *Desh.* Wird $0,^{m}032$ hoch; die fünf Umgänge sind durch eine sehr tiefe Naht getrennt; der letzte ist sehr groß, aufgetrieben; die Mündung ist fast oval; ihre Ränder sind an der obern Ecke auffallend verdickt, der Scheitel ist abgestumpft. Keine andere Art von dieser Größe hat einen so weiten Nabel. Zu Epernay in einem weißen tertiären Süßwasserkalkmergel mit Ancylus, Physa, Gyrogoniten ꝛc., der am Berge Bernon die unterste Schichte der Lignite bildet. Eine ihr sehr ähnliche Art, welche sich nur durch dickere Schalenwände unterscheidet, besitze ich vom Plattensee in Ungern, wo sie mit den sogenannten versteinten Ziegenklauen (Congeries, Driessenia etc.) vorkommt.

7) **Paludina unicolor.** Cyclostoma unicolor *Oliv.* [Lév.[17]) pl. XXXI. f. 9. *Férussac* Mém. géol. p. 63. nr. 3[18])]. P. semicarinata *Brard.* [im Journ. de Physiq.[19]) LXXII, 452. f. 4 et 5]. P. semicarinata *Desh.* [Paris. II, 127. pl. XV. f. 11. 12]. P. unicolor *Defr.* [Dict. XXXVII, 306, mit P. lenta verwechselt. Krüger II, 139. *Deshay* b. *Lyell* III, 20]. P. testa ovato-conica, turgida, tenui, laevigata, in medio aliquantisper subcarinata; anfractibus rotundatis, valde separatis. Höhe $0,^{m}028$, Windung höher als bei voriger, mit fünf Umgängen; diese convex, mitten

10) *Sowerby*, Mineral Conchology of Great Britain. (London I, 1812. II, 1818. VI, 1830.) 11) *G. Mantell*, Geology of South East England. (Lond. 1833.) 12) *Woodward*, Synoptical table of the British organic remains. (Lond. 1830.) 13) Klöden, Die Versteinerungen der Mark Brandenburg. (Berlin 1834.) 14) *Marcel de Serres*, Observations sur des terrains d'eau douce découverts recemment dans les environs de Sète, inférieurs au niveau de la Méditerranée, in Annales des sciences naturelles. (Paris 1827.) XI, 393—429.

15) *G. P. Deshayes*, Description des coquilles fossiles des environs de Paris. Tome II. cah. 12 et 14. (1825. 4.) 16) *Id.* Description des coquilles caractéristiques des terrains. (Paris 1831.) 17) *Olivier*, Voyage dans l'empire Ottoman, l'Egypte et la Perse. III. Voll. 4. (Paris 1807.) 18) s. Not. 42. 19) s. Not. 26.

it einer undeutlichen Kante; Mündung fast rund, kaum eckig und ohne Verdickung; Nabel enger als origer. Diese nach Olivier in den Süßwassern der te lebende Art findet sich fossil im tertiären Becken Paris zu Beaurain, Crissay, Pontchartrain und Sep- Desh.). Deshayes scheint zu dieser Art auch noch achatina von Bourviller zu rechnen.

) Paludina lenta. Helix lenta *Brander* [Fos- Hantonensia. f. 60]. Vivipara lenta *Sow.* [I, . 31. f. 3. Krüger II, 420]. Paludina lenta y. [Paris. II, 128. pl. XV. f. 5. 6. Krüger 9. *Passy*[20]) 335. *Deshay.* b. *Lyell* III, 20]. ina unicolor *Brongn.* [t. 401]. P. testa ovato- , laevigata, crassa, solida; apice obtuso; an- bus 5 rotundatis; apertura rotundata margini- rassis, continuis; umbilico nullo (*Desh.*). So als P. unicolor, mit fünf bis sechs Umgängen; ände dick, minder glatt, die Naht weniger tief als er; der Scheitel stumpf, oft angefressen, die rund- Mündung oben kaum eckig. Findet sich a) in der oder zweiten Süßwasserformation der Insel Wight, rdwell und Barton cliffs in England (Sow.); b) stischem Thon beim Leuchtthurm von Ailly, Depar- der untern Seine; c) eine etwas minder hoch ge- ne Varietät zu Mainz in gemischten Tertiärschichten lter der Tegelformation.

) Paludina concinna. Vivipara concinna *Sow.* . pl. 31. f. 4. 5]. P. concinna *Woodw.* [Syn. P. testa conica, anfractibus 4—5 parum con- parte superiore subangulatis (*Sow.*). Höhe ; Zuwachsstreifung undeutlich; Umgänge minder und oben mehr kantig, als bei P. lenta, die Win- kürzer, doch spitz. In London-clay von Barton Hants.

5) Paludina suboperta. Vivipara suboperta [I, 79. pl. 31. f. 6). P. suboperta *Woodw.* 25). P. testa anfractibus 5 convexis, parte iore linea impressa ornatis, subrugosis, labio ore supra aperturae partem superiorem inflexa; duplici aperturae altitudine (*Sow.*). Windung Höhe 0,‴019. Ob wirklich von diesem Geschlechte? .) Im Crag von Holywell bei Ipswich.

1) Paludina ampullacea. P. ampullacea *Bronn.*) p. 74]. Paludinae n. sp., viviparae affinis *nd-Geslin*[22]) [in Mém. géol. I, 168; N. Jahrb. . 1833, 691]. P. testa mediocri tenui sub- a, anfractibus 4 convexis, spira obtusa, labio o fere evanescente; fissura umbilicali semi- Höhe 0,‴019, Breite 0,‴016. Man kann diese icht leicht mit andern verwechseln, da sie unter de- rer Größe die kugelförmigste Gestalt hat. Unter wol 100 Exemplaren fand ich kein größeres, als angege- ben. Von der jungen P. achatina unterscheidet sie sich durch eine etwas höhere Form, eine schmälere, unterwärts mehr verlängerte Mündung, einen offneren Nabel rc.; die jungen P. viviparae sind gekielt rc. In dem der Subapenninen-Formation untergeordneten Süßwassermer- gel zu Figline im obern Arnothale bei Florenz.

Ob Helicites viviparinus v. *Schloth.* [Petrefactenk. 107) von Bott in Oxfordshire zu diesem Geschlechte und zu einer der obigen Arten gehöre, läßt sich aus der ange- führten Stelle nicht erkennen.

b) Gruppe der Paludinen.

Höhe 0,‴016—0,‴008; Form kegelförmig oder bau- chig, ein bis zweimal so hoch als breit. Ihr Typus für Größe und Form ist P. impura, von welcher manche dieser fossilen Arten nicht so sehr abweichen, als die in verschiedenen Ländern lebenden Individuen dieser Art un- ter sich. Einige Arten finden sich im Süßwasser und zu- gleich in ruhigen Meeresarmen, in Salzquellen rc.

12) Paludina carinifera. Paludina carinifera *Sow.* [VI, 12, pl. 509. f. 3. *Mantell* in Geol. Trans. III, 213 und Geol. S. E. Engl. p. 248. f. 3 und p. 390]. P. testa ovato-conica, laevi; anfractibus con- vexis, inferioribus duobus carina lineari marginis superioris (*Sow.*). Nicht höher als breit (nach Man- tell's Zeichnung, jedoch 0,‴016 hoch und 0,‴011 breit) und an den gerändeten Umgängen sehr kenntlich; in kleinen Exemplaren der P. impura sehr ähnlich. Im Wealden- Thon zu Resting Oak Hill in Sussex und zu Compton Grange auf Wight (Mant.); ? Kerne in Sandstein zu Hollington bei Hastings in Sussex (Sow.).

13) Paludina impura (*Brard*). Helix tentaculata (*Lin.*) *Brocchi*[23]) [II, 302]. P. impura (*Brard*) *Bronn* [Ital. 74. *Bertrand-Geslin* in Mém. géol. I, 168. > Jahrb. 1833, 691. *Deshay.* b. *Lyell* p. 20. *Mantell* geol. of Sussex 287[b], *id.* in Geol. Transact. III, 201, *id.* in Geol. S. E. England 362. *Brongn.* t. 398. *Klöden* Brandb. 149. Ezquerra del Bayo[24]) im Jahrb. 1836, 192]. Höhe 0,‴012—0,‴014, Breite bis 0,‴007; innen ist die Mündung mit einem schwach verdickten Ringe einge- faßt, welcher diese in Flüssen und Salzquellen von ganz Europa lebende Art sehr auszeichnet. Die mir durch Autopsie bekannten fossilen Reste stellen sich in zwei Va- rietäten dar, nämlich var. a. crassa n. etwas dickschali- ger, niedriger, stumpfer, die innere Lippe mehr abgelöst, die Nabelspalte deutlicher, als an der im Neckar lebenden Varietät; mit P. ampullacea zu Figline; wahrscheinlich dieselbe Form auch zu Poggiborzi unter ähnlichen Ver- hältnissen (Brocchi). Schon in den pontinischen Süm- pfen nähert sich P. impura dieser Form, bleibt aber noch dünnschalig. Var. b. spectabilis n. etwas größer, rei- ner kegelförmig als gewöhnlich, spitz, sehr dünnschalig, blos-

---

) *Passy*, Description géologique du département de la férieure. (Paris 1832. 4.) 21) Bronn, Italiens Ter- de und deren organische Einschlüsse. (Heidelberg 1831.) . Bertrand-Geslin, Beschreibung des Knochen-Schutt- im obern Arnothale (Mémoires de la Société géologique nce. 1833. I, 161—173. > Neues Jahrbuch der Minera- eologie rc. 1833. 689—692.

23) *Brocchi*, Conchiologia fossile Subapennina. (Milano 1814.) II, 4. 24) Ezquerra del Bayo, über das Becken des Duero, im N. Jahrbuch für Mineralogie, Geologie rc. 1835. S. 188—193.

etwas calcinirt in tertiärem (wahrscheinlich quartärem) Süßwasserschlamm zu Valladolid in Spanien und ? als Kern in einem ? gleichzeitigen harten Süßwasserkalk zu Cavilla la vieja im Tajobecken (Ezquerra) mit andern noch lebenden Arten. In mir unbekannten Varietäten findet sich diese Art noch in den Marnes lymniques der paläotherischen Gruppe der terrains thalassiques zu Quercy (Brongn.); in Alluvialablagerungen bei Lewes in Sussex (Mant.); in Gesellschaft einer stumpferen und bauchigern Varietät mit runderer Mündung, in den zu neueren Alluvionen gehörigen Wiesenmergeln am Weberlinsee in Brandenburg; endlich sehr häufig subfossil im Schlamme der durch die jährlichen Überschwemmungen des Rheines sich mit verdunstendem Wasser füllenden Vertiefungen.

14) ? Paludina Helvetica. P. Helvetica *Defr.* [im Dict. XXXVII, 306. ? *Studer* Molasse [25]) 289]. Der P. impura nahe verwandt, doch kleiner, nur 0,‴008 hoch, nicht weiter bekannt. Findet sich mit großen Planorben (Pl. corneus?) über einem Braunkohlenlager zu Neuchâtel (Coulon, Defr.). Die von Studer angeführte, welche die Form und Größe der Limnea peregra besitzt in einem Süßwasserkalke zu Reconvilliers im Jura.

15) Paludina conica. ? Bulimus conicus *Brard* [in Ann. du Mus. [26]) XV, 416. pl. XXIV. f. 14—17 [27])]. P. conica *C. Prévost* [im Journ. d. Phys. [28]) 1821. XCII, 427. *Deshay.* Paris 129. pl. XVI. f. 6. 7. *Defr.* im Dict. XXXVII, 307. Krüger II, 139. *Serr.* Géogn. 100]. P. testa ovato-conica, laevigatissima acuminata; spira producta, anfractibus planulatis, sutura superficiali separatis; apertura ovato-angulata, marginibus acutis (*Desh.*). Der P. impura ähnlich, doch nur 0,‴009 lang, die Schale dünner, die Form schlanker, die sechs Umgänge flach und weniger getrennt, der letzte nicht ¼ der ganzen Höhe betragend. Die Mundränder scharf, der innere vom vorhergehenden Umgange etwas abgesondert. Der Nabel kaum angedeutet. Häufig mit P. Desmarestii und Cyrena depressa und zufällig mit einigen Seeconchylien in Schichten erdigen Lignites mitten im Grobkalk des pariser Beckens zu Baugirard (Desnoy, C. Prévost), zu Septeuil (Héricart-Ferrand) und zu Maulle bei Grignon (Desh.); sowie im gelblichen Kalkmergel, über Moellon, des Beckens von Montpellier (Serr.).

16) ? Paludina extensa *Sow.* [I, 78. pl. XXXI, f. 2. *Brongn.* t. 409. *Woodw.* Syn. 25. Goldfuß b. Dechen [29]) 339]. P. testa laevi, anfractibus 4—5 subconvexis, parte inferiore magis angularibus, labio interno prope umbilicum parum incrassato, externo extrorsum extenso; testa duplici aperturae altitudine (*Sow.*). Höhe 0,‴009. Unterscheidet sich von P. impura fast nur durch die Ausbreitung der äußern Lippe. Ein Kieselkern, welcher aber auch dem Turbo canalis *Montagu* entspricht, erscheinend in Gesellschaft von lauter Seeconchylien vorkommend in weißer Kreide (Goldf.), im obern oder untern Grünsand (Woodw.), oder in der sandigen Gruppe des Wälderthones (Brongn.) zu Blackdown, daher unsicher.

17) Paludina Desmarestii. [? *Desmarest* im Journ. des Mines, 1813. Juillet. Nr. 199]. P. Desmarestii *C. Prévost* [im Journ. Phys. 1821, 426. *Deshay.* Paris. II, 129. pl. XV. f. 13. 14 und Coq. caract. 165. p. V. f. 3. 4. *Defr.* im Dict. XXXVII, 306. *Serr.* Géogn. 100 187. *Silvertop* [30]) im Philos. Mag. VIII, 150. 152. Jahrb. 1831, 108]. P. testa ovato-conica, turgidula, tenuissime transversim striata; anfractibus sex convexis, valde separatis; apertura ovata bimarginata; marginibus continuis (*Desh.*). Länge 0,‴009. Windung mit sechs Umgängen, sehr spitz; Nabel sehr klein; eine doppelte ringförmige Verdickung, wie sie einfach bei vielen Landschnecken vorkommt, bildet den äußern Rand der Mündung. Vorkommen: Im pariser Becken mit P. conica bei Baugirard und häufig in der Ebene von Montrouge bei Bagneux in Schichten erdigen Lignites unter Grobkalk (Defr.), im Groupe tritonien (Brongn.), dann in gelben Kalkmergeln über Morllon des Beckens von Montpellier, und im Moellon über Ligniten desselben (Serr.); endlich in Süßwasserkalk des Alhama-Beckens in Granada (Silv.).

18) Paludina elongata. [*Fitton* Annals of Philos. N. S. VIII, 379.] P. elongata *Sow.* [VI, 11. pl. 509. f. 1. 2. Krüger II, 139. *Mantell.* Suss. Foss. 26. pl. X. f. 7, in Geol. Transact. III, 213. 214. 215, in Geol. 248. f. 1. 390. 393. 396. *Brongn.* t. 409. Goldf. b. Dech. 348.] P. testa ovato-lanceolata laevi, anfractibus 5 convexis, apertura elongata (*Sow.*). Ist der P. impura ähnlich, doch größer, verhältnißmäßig länger, zweimal so hoch als dick; jung leicht damit zu verwechseln. Vorkommen in der Hastings- oder Wealdenformation (Wealdenabtheilung des groupe arenacé des terrains pélagiques *Brongn.*) in England, und zwar in den Ashburnhamschichten in Barnett's wood bei Tramfield in Sussex; häufig im Grit der Tilgateschichten im Tilgateforest in Sussex; endlich in Septaria, Thon und Schiefer des Wealdclay bei Cooksbridge in Sussex und zu Compton Grange auf Wight (Mant.).

C. Gruppe der Acutinen.

Klein und gestreckt, von der Form der P. acuta, selten 0‴,010—0,‴008 hoch, und dann zwei bis drei mal

25) B. Studer, Beiträge zu einer Monographie der Molasse. (Bern. 1825.) 26) *G. Brard*, Trois Mémoires sur les Lymnées fossiles des environs de Paris, et sur les autres coquilles, qui les accompagnent, in Annales du Muséum d'histoire naturelle. 1810, 1811. Vol. XIV, 426—440. XV. p. 406—421, und im Journal de Physique 1811. Vol. LXXII, 448—470. 27) Die Brard'sche Abbildung ist jedoch merklich spitzer, als die bei Deshayes, und scheint mehr mit P. pygmaea übereinzukommen. 28) *C. Prévost*, Note sur un nouvel exemple de la réunion de coquilles marines et de coquilles fluviatiles fossiles dans les mêmes couches, im Journal de Physique, de Chimie et d'histoire naturelle 1821. Tom. XCII, 418—427. 29) v. Dechen, Teutsche Bearbeitung von De la Beche Handbuch der Geognosie. (Berlin 1832.)

30) Silvertop, über die Geognosie des Alhamabeckens in der Provinz Granada in Spanien, im Philosophical Magazine and Annals 1830. Aug. VIII, 150—152. > N. Jahrb. für Mineral. Geol. rc. 1831, 107. 108.

ch als dick, oder nur 0,"005—0,"002 hoch und im- wenigstens 1½mal so hoch als breit. Manche sehr g in den ruhigen Hinterwassern des Meeres.

19) Paludina striatula. P. striatula *Deshay.* ·is. II, 133. pl. XV. f. 15. 16]. P. testa co-turrita, elongata, subtiliter striata, striis spi- us depressis, anfractibus planulatis, sutura pro- a valde separatis; apertura ovato-acuta; margi- s acutis, continuis *Desh.* Eine durch ihre große hohe Gestalt, 0,"010, und gegitterte Oberfläche sehr ezeichnete Art, vom Ansehen einer Melania, aber mit undern Mündung und der innern Lippe der Paludi- Sie hat zehn Umgänge, eine fast ungestreifte Ba- einen sehr kleinen und durch die innere Lippe fast verdeckten Nabel; eine oben nur wenig eckige Mün- . Tertiär zu Soissons.

20) Paludina pygmaea. Bulimus pygmaeus ign. [Annal. d. Mus. XV, 376. 384. pl. XXIII. t. 379.] Cyclostoma pygmaea *Fér.* [mém. géol. I. nr. 6]. P. pygmaea *Desh.* [Paris. II, 130. pl. f. 9. 10. *Serr.* in Ann. sc. nat. XI, 407.] P. . conoidea, acuminata, laevigata substriatave; actibus sex subconvexis; apertura ovata, su- e angulata, marginibus continuis. Länge 0,"006 "009. Vorkommen im obern tertiären Süßwasserkalk Quarz (groupe lymnique des terrains thalassi- ; *Brongn.*), zu Montmorency und Palaiseau im pa- Becken; ähnlich, doch etwas kürzer und die innere deutlicher, im Süßwasserkalkstein zu Mans (Brongn.), P. acuta im jungen Süßwasserkalk von Cette.

21) Paludina. Bulime pygmée *Brard* [Annal. . XIV, 435. pl. XXVII. f. 1—4]. Länge 0,005. ünge 6—7, converer, folglich die Mündung runder, dadurch der P. acuta näher stehend, als vorige, mit ie anfänglich gleichen Namen erhalten hatte. Im ter- i Becken von Paris, zu St. Leu und Belleville; sehr ähnliche Form soll auch mit P. acuta lebend in Etangs des Mittelmeeres bei der Insel Maguelone mmen.

22) Paludina acuta. Buccin *Deluc* [in den Let- physiqu. 82*. p. 535. 103*. p. 367. 104*. p. [31])]. Bulime *Faujas St. Fond* (in Ann. de Mus. 293 [32])]. Bulimus elongatus Mogontianus *id.* [33]) ial. de Mus. VIII, 376. pl. LVIII. f. 5—8. XV, pl. VIII. f. 6. 8.] Helicites paludinarius *v.* *oth.* [Petrefactk. I, 108. (Paludina) Merian [34]) in veizer. Denkschr. I, 48—85. > Jahrb. 1831, 107]. Paludine *Al. Brongn.* [35]) [terr. calc. trapp. 36—39]. Paludina coerulescens (*Lam.*) *Krüg.* [II, 139]. Paludina acuta *Serr.* [Ann. XI, 406]. P. testa elato-conica, acuta, laevi; anfractibus 6 rotundato-convexis, sutura profunda; apertura ovato-rotundata, superne subangulata; umbilico minuto. Länge 0,"004 (bis 0,"006), Dicke kaum 0,"002, Höhe der Mündung etwa 0,35 von der ganzen Höhe; zeichnet sich aus durch ihr sehr gleichförmiges Abnehmen an Dicke von der Basis bis zur Spitze und durch die stark gewölbten Umgänge [Philippi [36]) hält übrigens diese Art von P. muriatica — s. d. Globulinen — nicht für verschieden]. Die fossile Art, mit der in den Etangs des Mittelmeeres lebend vorkommenden (*Faujas* l. c. Vol. XV. pl. 8. f. 2. 4) in Form und Lebensweise sehr übereinstimmend, findet sich 1) mit P. vivipara in den Süßwasserbänken des Moellon unter dem Meeresspiegel bei Cette (Serr.); 2) in unsäglicher Menge in der durchaus gemischten Formation des ganzen mainzer Beckens, hauptsächlich mit noch einer Paludina- und einer Driessenia- (Congeries-) Art (Mytilus Brardii); bei Mombach unfern Mainz aber die Gebirgsschichten in einer Mächtigkeit von mehr als 30′ und 40′ mit letztern fast allein, nur mit spärlichem Cement zusammensitzen, welche daher auch an der Luft gänzlich in einen Schneckensand zerfallen; 3) nach Merian in einem Süßwasserkiesel, welcher, der Molasse untergeordnet, zu Breitenbach zwischen Basel und Kestenholz vorkommt (meine Samml.). Die mehr verwandte oder nach Philippi (p. 128) identische P. muriatica *Lamarck* (Holl, Petrefctk. S. 304. = P. thermalis *Krüger* II, 139) wurde in den Kalkminen von Montmartre citirt, was aber nur durch Verwechselung mit einer andern Art geschehen sein mag.

22*) Paludina baltica *Nilsson* hat Philippi zu Militello auf Sicilien fossil gefunden.

23) Paludina macrostoma. P. macrostoma *Deshay.* [Paris. II, 131. pl. XV. f. 23. 24]. P. testa ovato-conica, tenuifragilissima, tenuissime transversim striata, anfractibus quinque rotundatis; suturis profundis; apertura magna ovata (*Deshay.*). Höhe 0,"003; der letzte Umgang groß, die Oberfläche äußerst fein gegittert, indem sich eine zarte Spiralstreifung mit den Zuwachsstreifen kreuzt; die Mundränder scharf, die innern etwas abgelöst, der Nabel klein. In den Grobkalkbänken von Parnes und Grignon selten.

24) Paludina melanoides. P. melanoides *Deshay.* [Morée III, 149. pl. 24. f. 12. 14]. P. testa minima elongata, apice acutissima, basi obtusa, laevigata; apertura ovato-obliqua; marginibus continuis simplicibus (*Deshay.*). Länge 0,"008, Breite 0,"003. Soll der P. muriatica nahe stehen, welche aber viel kleiner ist, und nach Draparnaud kaum höher als dick wäre. Umgänge 9, wovon der letzte verhältnißmäßig größer ist

31) *Deluc*, Lettres physiques et morales sur l'histoire na- e de la terre. VI Vol. (à la Haye 1779.) 32) *Faujas* *ond*, Voyage géologique de Mayence à Oberstein (Annales Iuséum d'histoire naturelle de Paris. Tom. V, 293 fg.); les coquilles fossiles des environs de Mayence (ibid. 1806. 372—382); Additions (ibid. 1810. XV, 142—153). 33) ige Note. 34) P. Merian, Geognostischer Durch- t durch das Juragebirge, von Basel bis Kestenholz bei Aar- en 2c. (Denkschriften der allgemeinen Schweizer-Gesellschaft für esammten Naturwissenschaften. 1829. I, 48—85. > Jahrb. Mineralogie 2c. 1831, 105—109.

35) *Al. Brongniart*, Mémoire sur les terrains de sédiment supérieurs calcaréo-trappéens du Vicentin; avec 6 planches. (Paris 1823. 4.) 36) *R. A. Philippi*, Enumeratio Molluscorum Siciliae cum viventium, tum in tellure tertiaria fossilium. (Berolini 1836. 4.) Genus Paludina. p. 148. 149.

(wie oben bei P. muriatica); die Mündung ist klein und oben scharfeckig, wie bei Melanien; die Mundränder werden mit dem Alter etwas dicker. Auf Morea, mit tertiären Seeconchylien häufig.

25) Paludina subulata. P. subulata *Desh.* [Paris. II, 133. pl. XV. f. 19. 20. 25. 26.]. P. testa conico-turrita acuminata, subulata, laevigatissima; anfractibus septem, planulatis; apertura ovata; umbilico minimo (*Desh.*). Var. a. testa basi latiore, anfractibus convexiusculis. Länge 0,‴003; mit P. pusilla verwandt, aber etwas größer, mit zahlreichern und minder gewölbten Umgängen, regelmäßiger kegelförmig; Scheitel spitzer; die Ecke der Mündung nicht sehr deutlich; diese mit etwas dickern Rändern, welche den kleinen Nabel fast ganz verdecken. Im tertiären Becken von Paris, theils im untern Meeressandstein zu Beauchamp und Pierrelaye, theils im Grobkalk zu Grignon.

26) Paludina pyramidalis. B. pyramidalis *Brard* [Ann. du Mus. XV, 416. pl. 24. f. 18—21]. Cyclostoma pyramidalis *Fér.* [mém. géol. p. 62. nr. 10]. P. pyramidalis *Desh.* [Paris. II, 134. pl. XVII. f. 5. 6. *Serr.* géogn. 100. *Silvertop* Philos. Mag. VIII, 150—152. > Jahrb. 1831; 108]. Testa conoidea turrita acuminata, laevigata; anfractibus septem convexis, approximatis; sutura profunda; apertura integra, ovato-rotundata; marginibus continuis. Länge 0,‴005. Leicht kennbar an ihrer Kegelform mit breiter Basis, aber kleiner Mündung mit scharfen Rändern und ohne obere Ecke. In Süßwassermergeln des pariser Beckens zu La Villette, St. Ouen ꝛc. (Desh.) In gelblichen Kalkmergeln über Moellon im Becken von Montpellier. (Serr.) In tertiärem Süßwasserkalk über Gyps und Mergel im Alhama-Becken in Granada. (Silv.)

27) Paludina pusilla. Bulimus pusillus *Brongn.* [Ann. du Mus. XV, 377. 384. pl. 23. f. 3. t. 398. ? *C. Prévost* im Journ. de Phys. 1821. XCII, 427.] Bulimus cylindricus *Brard* [Ann. d. Mus. XV, 416. pl. 24. f. 22—25]. Cyclostoma pusilla *Bast.* [37]) [Bord. p. 31. *Desh.* Paris. 134. pl. XVI. f. 3. 4. *Serr.* géogn. 100. *Silvert* im Philos. Magas. VIII, 150. > Jahrb. 1831, 108.] P. testa turrita, laevigata, subcylindracea; anfractibus 6 convexis, valde separatis; apertura rotundata; marginibus continuis. Länge 0,‴003. Scheitel bald stumpf, bald lang zugespitzt, die drei vorletzten Umgänge fast gleich groß, der letzte Umgang auffallend größer; die Mündung klein, scharfrandig, der Nabel sehr klein. Lebt noch an der Westküste Frankreichs (Bast.) und findet sich fossil a) in unsäglicher Menge in den weißen Süßwassermergeln der ersten Süßwasserformation (Brongn.), oder nach späterer Angabe in den marnes lymniques du groupe paléothérien des terrains thalassiques (Brongn.) des pariser Beckens zu Mesnil-Aubry, St. Ouen und La Briche bei St. Denis; dann mit P. pyramidalis; b) in den gelblichen Kalkmergeln über Moellon bei Montpellier, und c) im Alhama-Becken.

28) Paludina planata. Cyclostoma planatum *Dubois* [Volhyn. [38]) 48. pl. III. f. 38. 39]. P. testa conica, anfractibus planulatis laevibus, apertura ovali, peristomio linea impressa duplicato. Höhe 0,‴005, Breite fast 0,‴003. Diese Art entspricht durch ihren nach Außen umgeschlagenen Mundsaum allerdings mehr dem Geschlechte Cyclostoma, wohin sie Dubois gestellt hat; doch ist ein solcher bereits auch bei zwei andern Paludinen bemerkt worden, und ihre glatte Schale und ovale Mündung kommt besser mit Paludina überein. Die Art unterscheidet sich aber bei ausgebildetern Exemplaren von allen übrigen durch eine von Vorn eingedrückte Furche. Übrigens stammt sie aus dem cerithienreichen Kalk (Tegel) von Krzemienna in Podolien.

D) Gruppe der Globulinen.

Sehr klein, höchstens 0,‴005 hoch, und fast ebenso breit oder noch breiter, ebenfalls zum Theil in den salzigen Hinterwassern längs der Seeküste lebend.

29) ? Paludina similis. Helix similis *Brocchi* [II, 302]. P. similis *Bronn* [Ital. 393. Cotta [39]) im Jahrb. 1834, 316]. Diese in Südfrankreich und Italien lebende Art wird von Brocchi auch fossil bei Volterra citirt. Ich sah sie nicht; Cotta führt eine, wenigstens ihr ähnliche, im Süßwasserkalk bei Wallerstein im Riesgau an.

30) Paludina affinis. P. affinis *Serr.* [Journal de Phys. LXXXVII. .... und Essay [40]) 86. *Krüg.* II, 139. *Brongn.* t. 398.] Der P. similis sehr ähnlich. In der dritten Süßwasserformation (Serr.), den marnes lymniques du groupe paléothérien des terrains thalassiques (Brongn.), zu Salinelle bei Sommière im Gard-Departement mit meistens ausgestorbenen Conchylienarten.

31) Paludina atoma. Bulimus atomus *Brongn.* [Ann. du Mus. XV, 377. 384. pl. 23. f. 4. t. 398.] Cyclostoma atoma *Fér.* [Mém. géol. p. 63. nr. 9.] Paludina atoma *Deshay.* [Paris. II, 130. pl. XVI. f. 1. 2.] P. testa minima laevigata ovato-conica; apice obtusa; anfractibus convexis; apertura ovata, superne angulata; marginibus tenuissimis continuis (*Desh.*). Länge 0,‴004 bis 0,‴005; Schale dünn; Umgänge nur 4; Naht nicht tief; Mündung mittelmäßig, scharfrandig; Nabel sehr klein. In den Mergeln der ersten Süßwasserformation (Brongn.), später marnes lymniques du groupe paléothérien (Brongn.) genannt, im pariser Becken zu St. Ouen und Mesnil-Aubry mit P. terebra; auch zu Le Puy (Brongn.).

32) Paludina terebra. Bulimus terebra *Brongn.*

---

37) *de Basterot*, Description géologique du bassin tertiaire du Sud-ouest de la France, première partie (Mémoires de la Société d'histoire naturelle de Paris. 4. 1825. II, 1—100.)

38) *Dubois de Montpéreux*, Conchiologie fossile et aperçu géognostique des formations du plateau Volhyni-Podolien; avec 8 planch. (Berlin 1831. 4.) 39) B. Cotta, Geognostische Beobachtungen im Riesgau und dessen Umgebungen. (Neues Jahrbuch für Mineralogie, Geognosie ꝛc. 1834, 307—318. 40) *Marcel de Serres*, Essay pour servir à l'histoire des annimaux du midi de la France. (à Paris 1822. 4.)

[Ann. du Mus. XV, 377. 384. pl. 23. f. 2. t. 397.] Cyclostoma terebra *Féruss.* [mém. géol. nr. 7.] P. terebra *Desh.* [Paris. II, 132. pl. XV. f. 21. 22.] P. testa ovata, obtusa, tenui striata, anfractibus quaternis subconvexis, separatis, ultimo magno (*Desh.*). Als Steinkern von 0,"003—0,"004 Länge im Süßwasserquarz der obern Süßwasserformation (Brgn.), dem groupe épilympique des terrains thalassiques (Brgn.) des pariser Beckens zu Fontenay-sur-Bois bei Vincennes und zu Quincy bei Meaux.

33) Paludina globulus. P. globulus *Desh.* [Paris. 132. pl. XV, f. 21. 22.] Var. b. P. globulus *v. Ziet.* [Württemb. [41]) 40. t. XXX. f. 11. *v. Mandelsl.* Albe [42]). p. 7.] P. testa ovato-globosa, ventricosa, laevigata; anfractibus quinque rotundatis, sutura simplici subprofunda separatis, apertura ovata obliquata; umbilico nullo. (*Desh.*) Var. b. Testa crassiuscula, anfractibus superne et infra mediam obscure carinatis. Länge 0,"0025; Umgänge 5; Mündung merkwürdig durch ihre schiefe Stellung zur Achse, mit dicken Rändern, wovon sich der äußere meistens etwas nach Außen umschlägt und den Nabel verdeckt. Im Grobkalk von Maulette bei Houdan im pariser Becken. Die Varietät im Süßwasserkalk von Stubenthal unfern Steinheim bei Ulm.

34) Paludina nana. Bulimus nanus [Ann. du Mus. IV, 293. VIII. pl. 59. f. 9 und in Histoire nat. VII, 536 [43])]. Paludina nana *Desh.* [II, 132. pl. XV. f. 17. 18.] P. testa ovato-conica, eleganter plicata, plicis longitudinalibus crebris; anfractibus 5 convexis; sutura profunda; apertura regulariter ovata. Länge 0,"002—0,"003; der erste Umgang stumpf und glatt, die Längenrippen des letzten abgerundet und nicht über die Basis erstreckt; diese glatt; die Mundränder scharf. Im tertiären Becken von Paris, im Grobkalk von Grignon und Parnes und im obern Meeressandstein zu Senlis.

35) Paludina inflata. Buccin *Deluc* [in lettres physiq.], Bulime *Faujas St. Fond,* wie bei P. acuta. Bulimus inflatus Mogontianus *Fauj. St. Fond* [Ann. de Mus. 1806. VIII, 376. pl. LVIII. f. 1—4. 1810. XV, 153. pl. VIII. f. 5. 7]. Helicites gregarius *v. Schloth.* [Petrefactk. I, 168.] P. tentaculata (*Lmk.*) *Krüger* [II, 139]. Bulimus gregarius *Voltz* [Mineral. 62]. P. testa depresso-conica, latior quam alta, apice acuta, anfractibus 4—5 rotundato-convexis, ultimo spira multo altiore, sutura profunda; apertura subrotunda, umbilico ampliusculo. Höhe und Breite etwa 0,"0030 : 0,"0036; ausgezeichnet durch die niedrige, reine, durchaus nicht bauchige, Kegelform, weswegen der Name P. inflata keineswegs sehr bezeichnend für sie ist, aber vor P. gregaria die Priorität hat, und durch den weitern Nabel, durch den sie sich schon an Valvata anschließt. Findet sich mit P. acuta ebenfalls in allen tertiären gemischten Kalksteinschichten des mainzer Beckens eingestreut, aber nirgends in der vorwaltenden Häufigkeit wie jene; dann im Süßwassergebilde (groupe paléothérien *Brgn.*) von Bourwiller in Elsaß (Voltz); endlich ? zu Oberkesel im Bergischen (v. Schloth.).

E) Weniger genau bekannte Arten.

36) Paludina carinata *Brard, Brongn.* [t. 379], aus dem Groupe épilymnique (Brongn.) des pariser Beckens.

37) Paludina virgula *Féruss.* [mém. géol. [44]). *Defrance* im Dict. XXXVII, 307. Krüger II, 139. *Brongn.* t. 401], in tertiären Thonmergeln zu Epernay.

38) Paludina indistincta *Fér.* [mém. géol. *Defr.* im Dict. XXXVII, 307. Krüger II, 139], mit voriger.

39) Paludina brevis *Marc. de Serr.* [Ann. sc. nat. XI, 406], die häufigste Art unter jenen, welche mit P. vivipara in der Süßwasserformation von Cette vorkommen.

40) Paludina minuta *Serr.* [ibid.], mit voriger, sehr klein, aber ausnahmsweise mit Schale versehen.

41) Paludina Brardii (*Brard* in ? Quatrième mémoire). [*Serr.* géogn. 100. 187], mit P. conica in den gelben Kalkmergeln über Moellon und in Lignitenmergeln im Becken von Montpellier vorkommend, habe ich nicht Gelegenheit, nachzuschlagen. Vielleicht ist es Bulimus pygmaeus *Brard* (vergl. Nr. 21), welcher, von Bulimus pygmaeus *Brongn.* verschieden, eines andern Namens bedurft hat.

42) Paludina ambigua, angeblich von C. Prevost (im Journ. de Phys. 1821. XCII) aufgestellt, und mit P. Desmarestii zu Bagneux im pariser Becken vorkommend (Krüger II, 139), kann ich an der Originalstelle nicht auffinden.

43) Die Melania laevigata (*Desh.*) *Dubois* [46. pl. III. f. 28. 29], welche aber nach Deshayes' eigener Versicherung von seiner Art dieses Namens verschieden ist, könnte der Abbildung zufolge vielleicht auch eine Paludina sein.

Die Melania ovata und M. elliptica *Bronn* [Ital 77. = Bulimus lubricus et Bulimus n. sp. *Bertrand-Geslin* in Mém. de la soc. géol. de France. I, 161 —173. > Jahrb. 1833, 691.] sind Arten, welche man ebenfalls zu Paludina zu bringen verleitet sein könnte; inzwischen sind ihre Umgänge weniger convex, die Mündung ist sehr länglich, die Mundränder liegen nicht in einer Ebene, sondern die äußere Lippe springt über dieselbe vor, wie bei den meisten Melanien.

Paludina multiformis (v. Ziet. Württemb. 40. t. XXX. f. 7—10) dürfte nach von Buch des weiten Nabels und ihrer Ähnlichkeit mit einer neu entdeckten lebenden Art wegen zu Valvata zu rechnen sein. (*H. G. Bronn.*)

41) v. Zieten, Die Versteinerungen Württembergs. (Stuttgart 1830—1834. Fol. 42) *de Mandelsloh*, Mémoire sur la constitution géologique de l'Albe du Wurttemberg, avec des profils. (Strasbourg 1835. 4.) (Extrait des Mémoires de la Société d'hist. nat. de Strasbourg.) 43) *De Lamarck*, Histoire naturelle des animaux sans vertèbres. T. VI. (Paris 1819.)

44) *de Férussac*, Mémoire géologique sur la formation de l'argile plastique et des lignites. Paris, avec planche.

PALUGYA (Kis-), slowakisch **Palucka**, ein der adeligen Familie Palugyay gehöriges großes Dorf, im südlichen Gerichtsstuhle (Processus) der liptauer Gespanschaft im Kreise diesseit der Donau Niederungerns, an der von Sz. Miklos nach Lipcse führenden Straße, in der Nähe des erstern Marktes und des linken Waagufers, mit 56 Häusern und 840 slowakischen Einwohnern, welche nach Bodafalva (Bisthum Zips) eingepfarrt sind, starke Töpferei treiben und 669 Evangelische augsburg. Confession, 165 Katholiken und sechs Juden unter sich zählen. Die dieser Gemeinde benachbarten Waldungen sollen viele ungewöhnlich starke und überaus schöne Linden enthalten. (*G. F. Schreiner.*)

PALUGYA (Nagy-); slowak. **Welka-Palucka**, ein der adeligen Familie Plathy dienstbares Dorf im südlichen Gerichtsstuhle der liptauer Gespanschaft, im Kreise diesseit der Donau Niederungerns, in einem Seitenthale des linken Waagufers gelegen, nach h. Kreuz (Bisthum Zips) eingepfarrt, mit 69 Häusern, 580 slowak. Einw., welche, mit Ausnahme von 26 Katholiken, sämmtlich Lutheraner sind, viele Töpfer unter sich zählen und schöne Lindenwälder besitzen, einer katholischen Filialkirche, einer eigenen Pfarre der Evangelischen augsburgischer Confession, einer Lutherischen Articularkirche und einer Schule. (*G. F. Schreiner.*)

PALUKY, teutsch **Palucker**, kleine poln. Landschaft an der obern Netze, südlich von Bromberg, westlich die Grenze des alten Kujaviens bedeckend, wird häufig zu dieser Provinz gezählt, weil sie mit ihr einen politischen Körper ausmachte; im gemeinen Leben wird aber Paluky sorgfältig von Kujavien unterschieden. Die Städte Labiszyn, Margonin, Rinarzewo, Szubin, Barczyn und Pakosc bezeichnen ungefähr den Umfang der Landschaft; auch Kozielsko, der Dzialinsky Stammhaus, ist in Paluky gelegen. (*v. Stramberg.*)

Palumba, s. **Columba.**

PALUMBINUM, alter Name einer Stadt in Italien, im Samnitischen, welche der Consul Carvilius eroberte (*Liv.* X, 45). (*H.*)

Palunschah, s. **Paloonschah.**

PALUOGGES, alter Name eines Volks in Äthiopien (*Plin.* N. H. VI, 30. s. 35); doch ist die Lesart unsicher. (*H.*)

Palus Maeotis, s. **Maeotis** u. **Kaspisches Meer.**

PALUZZA. 1) Ein, und zwar der XVI., District der Delegation Friaul des venetianischen Königreichs, im höchsten Theile der Provinz, in steiniger und unfruchtbarer Gegend, der im Norden an Kärnthen grenzt, auf den übrigen Seiten von den Districten Rigolato, Tolmezzo und Moggio eingeschlossen und von den höchsten Spitzen der carnischen Alpen durchzogen wird. Er umfaßt einen Flächenraum von 27,680 Tornature, 56 Centesimi und sieben Communen mit einem Gemeinderathe, Senza officio. Das Scutato provisorio betrug im Jahre 1832 96,430 Scudi, drei Lire, vier Ottavi. 2) Ein großes Gemeindedorf und Hauptort des gleichnamigen Districtes, im breiten hier mit Gerölle überzogenen Thale (Kanal) di San Pietro, am linken Ufer des Torrente la Bute gelegen, in den sich bei diesem Orte ein Wildbach ergießt, 116 Miglien von Venedig und 36 von Udine entfernt, mit 157 Häusern, 1523 Einwohnern, einer eigenen katholischen Pfarre, die zum Bisthume Udine gehört und über die Orte Castions, Cleulis, Englaro, Naunina, Rivo-Nusdorf und Timast-Tischelbong sich erstreckt, einer Pfarr- und drei Aushilfskirchen, einer Districtsbriefsammlung und mehren Mühlen. (*G. F. Schreiner.*)

PALVERETO, Stadt im Neapolitanischen, in Calabria Citra, zehn engl. Meilen O.N.O. von Cosanza. (*H.*)

PALWAL, Stadt in Hindostan, 35 engl. Meilen von Delhi. (*H.*)

PÁLYI, 1) ein zur Propstei Pápocz gehöriges großes Dorf im obern Gerichtsstuhle innerhalb des Raabflusses in der ödenburger Gespanschaft, im Kreise jenseit der Donau Niederungerns, in der kleinen ungr. Ebene, beiläufig zwei Meilen südwärts von dem Sumpfe Hanság, in einer den Überschwemmungen mehrer der Raab zufließenden Gewässer ausgesetzten Gegend, mit 142 Häusern und 1074 magyarischen Einwohnern, die sämmtlich Katholiken sind, einer eigenen katholischen Pfarre der raaber bischöflichen Diöcese, einer kathol. Kirche und Schule und guter Schafzucht. 2) **Hoszszu-P.**, ein zur Herrschaft Diószegh gehöriges bedeutendes Dorf im sárréter Gerichtsstuhle der biharer Gespanschaft, im Kreise jenseit der Theiß Niederungerns, in der großen ungrischen Ebene, auf der debrecziner Heide, an der von Großwardein nach Debreczin führenden Poststraße gelegen, mit 211 Häusern und 1366 meist magyarischen Einwohnern, welche 881 Reformirte, 467 Katholiken und 18 Juden unter sich zählen, ausgedehnte Weingärten cultiviren und große Holzungen in der Nähe haben, einer katholischen, einer unirt-griechischen und einer Pfarre der Evangelischen helvetischer Confession, einer katholischen und griechischen Kirche, einem Bethause der Reformirten, zwei Schulen, einem großen Herrschaftshofe mit einer Reitschule und schönen Stallungen und einer Poststation, welche mit Debreczin und Pocsaj Pferde wechselt. 3) **Monostor-P.**, auch **Monasterium S. Pauli**, und zwar darum so genannt, weil hier ehemals ein Kloster der Eremiten des h. Paulus war, ein mehren adeligen Familien gehöriges Dorf in demselben Gerichtsstuhle und Comitat, in der Nähe des vorigen gelegen, mit 187 Häusern und 1155 magyarischen Einwohnern, die 961 Reformirte, 168 Katholiken, 21 Juden und sechs nicht unirte Griechen unter sich zählen, einer eigenen Pfarre der Evangelischen helvetischer Confession, einem Bethause der Calviner und einer Schule. 4) **Hegy-Köz-P.**, ein dem großwardeiner Domcapitel gehöriges Dorf im großwardeiner Gerichtsstuhle der biharer Gespanschaft, am Anfange der die große ungrische Fläche gegen Morgen begrenzenden Hügel gelegen, nicht ganz eine Meile nordwärts von der bischöflichen Stadt Großwardein entfernt, mit 119 Häusern, 784 magyarischen Einwohnern, von denen der größte Theil zur reformirten Kirche sich bekennt, und einer eigenen Pfarre, Kirche und Schule der Reformirten. 5) **Ó-P.**, ein mehren adeligen Familien gehöriges Dorf im nyirbátorer Gerichtsstuhle der szabolcser Gespanschaft, im Kreise jenseit der Theiß Oberungerns, in der großen ungrischen Ebene, in waldreicher, den Überschwemmungen des Kraßznaflusses ausgesetzter Gegend, mit 149 Häusern, 1084 magyarischen Einwohnern, einer griechisch-katholischen und einer Pfarre der Reformirten, einer griechischen Kirche, einem Bethause der Calviner und einer Schule.

(*G. F. Schreiner.*)

PALYTHOA (Zoophyta). Eine Polypengattung, welche Lamouroux in die Ordnung der Alcyonien und Pollypiers Sarcoides stellt und ihnen folgende Kennzeichen gibt: Der Polypenstamm zeigt sich als ausgebreitete Fläche, mit zahlreichen, cylinderischen, unter einander verbundenen, Warzen bedeckt, die Zellen sind einzeln, zeigen der Länge nach fast Scheidewände und enthalten nur einen einzigen Polypen.

Ehrenberg hat dieser Gattung in seiner Abhandlung: Die Korallenthiere des rothen Meeres (Berlin 1834) gedacht und gibt folgende Kennzeichen von der Abtheilung der Familie Zoanthina, unter welcher er sie ordnet: gregaria, ovipara et pallio toto undique ab ore ad pedem dilatato gemmipara, hinc ostiola non tubulis longis suffulta, sed parum emergentia, contractione immersa (tubuli de tota longitudine connati).

Diese Korallen überkleiden verschiedene Flechten, Steine rc. Ellis und Lamouroux kannten die Polypen nicht genau, doch führt der erstere an, daß das Thier zwölfstrahlig sei. Ehrenberg hat eine Art, P. Argus, beobachtet (aus dem rothen Meere), bei welcher die Scheibe des Thieres am Rande zwanzigkerbig war; die blaßblauen Tentakeln standen zu Vieren in doppelter Reihe beisammen, abwechselnd stärker. Als weiter selbst beobachtet führte er auch noch P. flavoviridis an, bei welchem das Thier am Rande sechszehnkerbig war, und 16 spitzige Tentakeln in einfacher Reihe zeigte. Nähere Angaben und Abbildungen sind zu erwarten. (*D. Thon.*)

PALYTHOA (Paläozoologie). Parkinson *) glaubt eine der lebenden Arten dieses Geschlechtes von kleinen Zoophyten, nämlich die P. ocellata *Lamour.*, auch in fossilem Zustande erkannt zu haben, theilt jedoch nichts Näheres darüber mit. (*H. G. Bronn.*)

PALZER wird von den Holzflößern ein eiserner Keil genannt, dessen untere Schneide eingezahnt, jedoch scharf, wie die Schneide eines Meißels ist, um ihn mittels einer darauf gesetzten Stange in das Holz, welches auf den Grund des Floßwassers gesunken ist, treiben und dieses mittels der Palzerkette emporheben zu können. (*Pfeil.*)

PALZIG, kleines preußisches Dorf in der Nähe von Züllichau in der Provinz Brandenburg. (*Fischer.*)

PAMA, teutsch Baumern, ungr. Körtvélyes, ein dem Fürsten Eszterházy und mehren andern adeligen Familien gehöriges großes Dorf im neusiedler Gerichtsstuhle der wieselburger Gespanschaft, im Kreise jenseit der Donau Niederungerns, in der kleinen oder obern ungrischen Ebene, im Heuboden, an der von Wilflingsmauer und Prellnkirchen nach Wieselburg führenden Seitenstraße gelegen, mit 99 Häusern, 754 kroatischen Einwohnern, die, mit Ausnahme von drei Protestanten, sämmtlich Katholiken sind, einer eigenen katholischen zum raaber Bisthume gehörigen Pfarre, einer katholischen Kirche, einer Schule und einem adeligen Hofe. (*G. F. Schreiner.*)

PAMAKASSAN, PAMAKASSANG, 1) District im Mittelpunkte der hinterindischen Insel Madura (Mandura, Mandureta), wurde von dem Sultan von Bangkallang an die Niederländer abgetreten, und enthält eine Stadt und 149 Dörfer, deren Bewohner zum größten Theile javanischer, zum kleinern Theile chinesischer Abkunft sind, welche Baumwolle bauen und starke Viehzucht treiben. 2) Hauptstadt des genannten Districts, in der Nähe des Meeres und auf der Südküste der Insel gelegen, ist der Sitz des niederländischen Präfecten, und hat eine Citadelle, einen prachtvollen Tempel und 5000 Einwohner, welche einen lebhaften, durch eine kleine, den Lalariborinseln gegenüberliegende Bai, welche als Landungsplatz dient, begünstigten Handel mit den Landesproducten treiben. (*Fischer.*)

PAMBIOMA ist von einigen Philosophen das allgemeine Lebensprincip genannt worden. (*Rosenbaum.*)

PAMBOEOTIA, ein Bundesfest des böotischen Volkes, welches in Koronea zu Ehren der itonischen Minerva begangen wurde; verherrlicht war es durch Wettkämpfe, nicht nur musikalische, in denen mit einander wetteifernde Chöre [1]) auftraten, sondern auch durch ritterliche; in einer Inschrift, Corp. Inscr. Gr. nr. 1588, weihen lebadeische Ritter ein Denkmal dem Trophonios (dem Stadtgott von Lebadea) wegen eines Sieges, den sie in den Pambootien unter dem Hipparchen (Reiterobersten) Deripvos und den Ilarchen (Rottenführern) Ariston und Epitimos ἱππικῶν errungen hatten; diese ritterlichen Wettkämpfe bestanden also nicht, wie anderswo, in Pferderennen, bei dem doch nur einzelne mit einander certiren konnten, sondern in großen Reiterevolutionen und Cavaleriemanoeuvres, bei denen vermuthlich die Reitereien der einzelnen böotischen Städte unter ihren gewöhnlichen Anführern gegen einander manoeuvrirten. Daß es bei einem solchen böotischen Feste nicht an Eß- und Trinkgelagen gefehlt haben wird, kann man schon ohne Zeugnisse voraussetzen; aber daß es grade in der 139. Olympiade, als das Fest mitten im Frieden durch räuberischen Einfall einer ätolischen Räuberrotte unter Anführung von Lattabos und Nikostratos unterbrochen wurde [2]), vielmehr als früher aus einem National- ein Eß- und Trinkfest geworden sei [3]), dafür finde ich keine Beglaubigung. (*H.*)

Pambu, s. Thibet.

Pamea *Aubl.*, s. Terminalia.

Pamene, Stadt an der Ostküste von Ceylon, s. Seylon. (*H.*)

PAMER. Nach Marco Polo's Bericht führt den Namen Pamer eine zwölf Tagereisen lange Hochebene im nordwestlichen Winkel Klein-Tibets (Ladaks), welche, von hohen Gebirgen umgeben, reich an herrlichen Triften sein soll, auf denen sich Widder von außerordentlicher

*) *Parkinson*, Outlines of Oryctology (Lond. 1822). p. 62*).

1) *Pausan.* IX, 34, 1. *Meursius* Graec. Ferat. 2) *Polyb.* IX, 34, 11. IV, 3, 5. 3) Müller, Orchomenus. S. 425.

Größe und zahlreiches Wild nähren. Durch L. Macartney, welcher sich berechtigt glaubte, ein Gebirge, aus dessen Gegend der Shayuk, aus dem Surik-kolsee entspringend, herströmte, Pamerkette (Pamer Ridge) zu nennen, ist der Name Pamer, welcher seit M. Polo's Zeit unbekannt geblieben war, wieder in die Kartographie aufgenommen worden. Außer dem genannten See findet sich auf Elphinstone's Karte noch ein anderer, Namens Kara-kol. Obgleich die große Heerstraße von Yarkend nach Badakschan durch diese Hochebene führt, ist sie uns doch fast völlig unbekannt. (*Fischer.*)

PAMFILI, römisches Fürstenhaus, das seine erste Illustration dem Kaiser Friedrich IV. verdankt. Er, der auf seiner Römerfahrt so viele Gnaden verhandelte, erhob auch den Anton Peter, den Jacob und den Franz Pamfili in des heil. röm. Reichs Grafenstand, mit welchem alle Rechte und Vorzüge, deren die Reichsvicarien genießen, verbunden sein sollten. Graf Anton ließ sich im J. 1471 zu Rom nieder. Von seinen Urenkeln starb Hieronymus, Cardinal und päpstlicher oberster Beichtvater, im J. 1620, ein anderer, Camill, wurde der Vater von Johann Baptist und von Pamfilius. Johann Baptist, geb. 1574, bestieg unter dem Namen Innocentius X. den päpstlichen Stuhl, Pamfilius ist vornehmlich bekannt als der Gemahl der Olympia Maldachini (Maildachini). Olympia[1]), geb. 1598 zu Viterbo, in einer adeligen, aber wenig bemittelten Familie, wurde nach einem Ehestande von wenigen Jahren Witwe. Sie hatte den Mann beherrscht, und sie beherrschte auch den Schwager, der ihrer Meisterschaft in der Intrigue den Cardinalshut und zum Theil auch die höchste Würde der Kirche verdankte (1644). Gewohnheit und Dankbarkeit fesselten gleich sehr den bejahrten Papst an die ihm unentbehrlich gewordene Schwägerin, und Olympia misbrauchte des Greises Schwachheit und Anhänglichkeit, um sich in allen Dingen der höchsten Gewalt anzumaßen. Nicht nur den Hof, sondern auch die äußern Angelegenheiten regierte sie nach Willkür, und alle diejenigen, die ihr in solcher Herrschaft hinderlich werden konnten, die eignen Kinder nicht ausgenommen, wurden vom Hofe entfernt. Alle Gesuche mußten vor die gebietende Frau gebracht werden, sie vertheilte die Ämter, setzte Strafen und Belohnungen an; von ihr gingen alle Rathschläge, alle Gnaden aus. Die geistlichen Pfründen und Würden wurden beinahe öffentlich an den Meistbietenden vergeben, und nicht zufrieden mit den durch eine so gehässige Manipulation gewonnenen Schätzen, erlaubte sich Olympia zugleich die schwersten Bedrückungen des Volkes durch Getreidemonopole. In dem gesammten Weiberregimente wollte man eine monströse Mischung von Hochmuth, Habsucht und Sittenlosigkeit finden. Ermuthigt durch das allgemeine Misvergnügen, schilderte der Cardinal Pancirolì dem Papste in fürchterlicher Nacktheit die Folgen des bisherigen Systems und schließlich rieth er, eines der Mitglieder des heil. Collegiums zu wählen, welchem Innocentius die Sorgen der Regierung, allzudrückend für ihn selbst, überlassen könne. Der wohlmeinende Papst war gleich bereit, solchen Rathes sich zu bedienen, und fand in seinem Neffen, dem Cardinal Camill Astalli, den zuverlässigsten alter ego. Bei solcher Wahl wurde Olympia nicht befragt, und sie hatte nicht sobald davon gehört, als sie in Thränen schwimmend, nach dem Vatican eilte, um zu hören, wodurch sie des Schwagers Vertrauen verloren haben könnte. Der gutmüthige Innocentius suchte sie zu besänftigen, gerieth aber ebenfalls über dem vergeblichen Bemühen in Hitze, und endigte damit, daß er die Ungestüme von seinem Angesichte verbannte. Allein ihre treue Pflege war dem alten Manne unentbehrlich geworden, und ihre Rathschläge konnte er einsam inmitten seines Hofes, umgeben von selbstsüchtigen Nepoten, noch weniger missen. Er trat in Briefwechsel mit der Verbannten, und 1653 wurde Olympia in den vorigen Einfluß und in alle ihre Rechte wieder eingesetzt. Indessen war ihr Betragen abgemeßner geworden, und nicht ohne Erfolg bemühte sie sich um die Aussöhnung, mit einigen ihrer mächtigsten Feinde. Insbesondere gelang es ihr, mit dem Hause Barberini Frieden zu machen, durch die zwischen Olympia Giustiniani, der Großnichte des Papstes, und zwischen Maffäus Barberini geschlossene Heirath (1653). Des alten kränkelnden Schwagers pflegte sie mit der zärtlichsten, anstrengendsten Sorgfalt; stets eine Vergiftung befürchtend, war sie bei allen seinen Mahlzeiten gegenwärtig, und Niemand durfte die Küchen- oder Tafelstuben anders, denn in ihrer Gegenwart betreten. Als Innocentius X. am 7. Jan. 1656 die Schuld der Natur entrichtete, konnte Olympia sich von den Gewohnheiten einer Prinzessin vom Hause nicht lossagen; sie wagte es, den Nachfolger um seine Wahl zu beglückwünschen, aber mit Härte wies Alexander VII. sie zurück, gleichwie das von ihr dargebrachte Geschenk, eine silberne Bettlade, deren Umhänge mit Perlen gestickt, alles zusammen an 40,000 Kronen werth. Zugleich erhielt die Prinzessin die Weisung, sich nach Orvieto zu begeben, um daselbst das Ergebniß der über ihre Aufführung zu verhängenden Untersuchung abzuwarten. Über die Richtung dieser Untersuchung konnte kein Zweifel walten, denn vorläufig verlangte Alexander, daß Olympia das von der apostolischen Kammer bezogene Getreide, oder das daraus gelösete Geld zurückgebe, nicht minder eine Kiste mit 80,000 Goldkronen, die sich in des Vorgängers Nachlasse gefunden. Das Schicksal kam aber dem langsamen und parteiischen Gange der Gerichte zuvor; Olympia wurde in ihrer Verbannung zu Orvieto eines der letzten Opfer der pestartigen Krankheit, die vom Mai bis December 1656 das Königreich Neapel und den Kirchenstaat heimgesucht hatte. Ein unermeßlicher Reichthum an Mobilien, Kostbarkeiten und Kunstgegenständen, außerdem baare 180,000, oder nach andern 400,000, Scudi vererbten sich mehrentheils auf ihren einzigen Sohn, der jedoch schwere Summen an die päpstlichen Nepoten abgeben mußte, damit der gegen die Mutter erhobene Rechtshandel niedergeschlagen würde. Gregorio Leti hat unter dem erborgten Namen eines Abbate Gualdi geschrieben: Vita di Donna Olympia Malda-

1) Vergl. über sie Leo in dieser Encykl. III, 3. S. 163 fg. (Red.)

chini. Es ist, wie sich das erwarten läßt, eine heftige Schmähschrift gegen Innocentius X. und dessen Schwägerin, langweilig, leer, flach, giftig und unwahr, wie Alles, was von dem kläglichsten der Geschichtschreiber ausging. Gleichwol hat das Ding in Teutschland und Frankreich Übersetzer gefunden. Die erste französische Übersetzung lieferte Renoult (Leyden 1666. 12.), und in demselben Jahre und Format erschien auch die teutsche Übersetzung. Renoult's Arbeit bildet eine Abtheilung von den sogenannten **Elzevirs Français**, und wird darum von Bibliomanen gesucht. Eine neue französische Übersetzung, **Vie de dame Olympe Maldachini, traduite de l'italien de *Gregorio Leti*, avec des notes,** besorgte Jean Baptiste Jourdan, zwei Bände 1770, in 12. Liebhaber von Scandal mögen in Betreff der Donna Olympia auch die 1655 erschienene **Trutina Cardinalium** befragen. Ihr Sohn, Camill II. Pamfili, geb. zu Neapel den 21. Febr. 1622, empfing von seinem Oheime, dem Papst Innocentius X., am 4. Oct. 1644 den Cardinalshut, von Spanien das reiche Archidiakonat von Toledo, und von Frankreich die ebenso reiche Abtei Corbie, entsagte aber höchst unerwartet und ohne seines Oheims Vorwissen allen diesen Pfründen, um sich den 1½. Febr. 1647 mit Olympia Aldobrandini, der Witwe von Paul Borghese und der einzigen Erbin des Hauses, aus welchem Papst Clemens VIII. entsprossen, zu vermählen. Olympia trug großen Reichthum, namentlich das Fürstenthum Rossano in Calabrien, in das Haus Pamfili, zugleich aber auch einen großen Proceß mit den Borghese, der die Pamfili überlebte, und erst nach hundert Jahren, 1769, zum Vortheil ihrer Gegner entschieden wurde. Aber auch die Heirath an sich misfiel dem Oheime dergestalt, daß er für geraume Zeit das Ehepaar in die Verbannung nach dem Schlosse S. Martino schickte. Als Innocentius X. die Schwägerin vom Hofe verwies, wurde ihr Sohn begnadigt, und die Prinzessin von Rossano mußte bis 1653 die Stelle der Donna Olympia Maldachini in dem päpstlichen Haushalte vertreten. Camill II. starb den 26. Jul. 1666, seine Witwe im J. 1684. Prachtliebe war der einzige hervorstechende Zug in des Fürsten Charakter. Er äußerte sie in romantischer Weise in den zu Ehren der schwedischen Christina angestellten Festen, er äußerte sie auch, als er 1652 in des Königs von Spanien Namen den neapolitanischen Zelter überbrachte. Das Kleid, das er trug, ließ sich in Künstlichkeit der Zeichnung, wie in Kostbarkeit des Stoffes, mit keinem andern Festkleide vergleichen, Gebiß, Steigbügel rc. waren von massivem Golde, dazu kamen Diamanten im Belaufe von 200,000 Scudi, die allein an dem Pferdegeschirr angebracht waren. Zwanzig Pagen, 60 Stallknechte in bizarrer und reicher Livree, acht Carossen mit Sechsen bespannt, zogen in seinem Gefolge auf. Durch sein Testament war der erstgeborene Sohn zum Genusse der von dem Papste Innocentius X. angeordneten Primogenitur gerechtsam berufen, von seinen Töchtern erhielten die beiden ältesten jede 100,000, die jüngste 60,000 Scudi. An die untere Dienerschaft ließ er 3000 Scudi vertheilen, den unbeschuhten Augustinern gab er, Behufs des Kirchenbaues von S. Nicolo di Tolentino, 6500, den Jesuiten für den Kirchenbau zu St. Andreas 8000, der St. Peterskirche für dahin versprochenes Silberwerk 3300 Scudi. Siebentausend Messen sollten für die Ruhe seiner Seele gelesen werden. Eine geistliche Pension von 12,000 Scudi, deren er genossen, verschaffte er seinem Erstgeborenen, eine andere von 9000 Scudi seinem andern Sohne. Von seinen Kindern kann ich nur die Söhne Benedict und Johann Baptist anführen, dann die Tochter Anna, die am 25. Oct. 1671 an den Fürsten Johann Andreas Doria verheirathet wurde, und am 21. März 1728 das Zeitliche segnete. Benedict, geboren den 23. April 1653, war des Malteserordens Großprior zu Rom, als er am 1. Nov. 1685 den Cardinalshut empfing; er starb im J. 1730 und war bei seinen Exequien in der Kirche S. Agnese alla piazza Navona, am 24. März, der Leichnam mit einem schön roth geschminkten Gesichte (eine alte römische Sitte) öffentlich ausgesetzt. Johann Baptist, Fürst von Carpinetto, Meldola und Belvedere, vermählte sich im J. 1671 mit Violanta Faschinetti aus Bologna, vollendete den von Papst Innocentius X. begonnenen, von Camill II. fortgesetzten, ungemein prächtigen Bau der Kirche S. Agnese alla piazza Navona, und starb den 7. Nov. 1709. Sein ältester Sohn, Innocentius Pamfili, war am 6. Dec. 1695 verstorben, an den Folgen einer Erhitzung, der er sich auf der Jagd zu S. Martino ausgesetzt; es blieben dem Vater aber drei andere Kinder, Camill III., Benedict und Olympia. Olympia, geb. den 15. Nov. 1678, wurde den 25. Nov. 1697 an den Connetable Philipp Alexander Colonna vermählt und starb den 11. Febr. 1751, nachdem sie seit dem 6. Nov. 1714 Witwe gewesen, und 150,000 Scudi in das Haus Colonna getragen hatte. Camill III., Fürst von Valmontone, Meldola und S. Martino, Herzog von Sarsina, geb. den 5. Nov. 1673, vermählte sich im Juni 1701 Theresia Grillo und starb ohne Kinder den 13. Sept. 1747. Benedict, Fürst von Meldola und Carpinetto, geb. den 15. Sept. 1675, vereinigte nach seines Bruders Absterben in seiner Person das gesammte Besitzthum des Hauses. Er vermählte sich den 18. Junius 1705 mit Anna Isabella Conti, des Herzogs Joseph von Poli Tochter, und ging nach deren am 21. Sept. 1712 erfolgtem Ableben am 15. Juli 1714 eine zweite Ehe ein mit Theresia, des Herzogs Alexander Caffarelli Tochter. Aus der ersten Ehe hatte er den einzigen Sohn Benedict, Herzog von Carpinetto, geb. den 10. März 1706, und seit dem 24. Aug. 1727 mit Eleonora Franziska, einer Tochter des Fürsten Markus Antonius Borghese, verheirathet. Dieser Prinz starb den 7. Dec. 1750 an einer Entzündung des Kehlkopfes, welche durch eine Incision geheilt werden sollte. Statt der Heilung stellte sich aber ein Blutverlust ein, den die Ärzte nicht zu stillen wußten, und der Unglückliche erstickte in seinem Blute. Er muß bedeutende Schulden hinterlassen haben, denn der Vater entsagte in einer solennen, an sämmtliche Gläubiger gerichteten, Erklärung seinem Erbrechte, und machte gegen den Nachlaß eine Schuldfoderung von 12,000 Scudi geltend. Gebeugt durch den Verlust des einzigen Sohnes erreichte der Fürst gleichwol das hohe Alter von 85 Jahren; er starb zu Viterbo den 9. Dec. 1760. Mit ihm erlosch das Haus Pamfili, weshalb er genöthigt gewesen, durch Testament über seine Verlassenschaft zu verfügen. Zu seinem Universalerben ernannte er seinen Schwestersohn, den Cardinal Hieronymus Colonna, dem hierdurch etwa 1,200,000 Scudi zufielen. Die Fideicommißgüter erhielt der Fürst Johann Andreas Doria, als Enkel der Anna Pamfili; substituirt wurde ihm das Haus Borghese. Viele andere Vermächtnisse waren in dem Testament angeordnet. Sämmtliche Hausbediente sollten lebenslänglich ihre Besoldung beziehen. Für die Witwe war ein jährliches Einkommen von 20,000 Scudi ausgesetzt, unbeschadet der 50,000, welche gleich im ersten Jahre an sie zu bezahlen waren. Jeder von seinen Töchtern, die im Convent der Barberini befindlich, vermachte der Fürst 1000, dem Cardinal Oddi 20,000, den Armen der Stadt Viterbo und den Capucinern ebenso viel; diese sollten das Geld für die Beatification des P. Crispinus verwenden. Eine andere Summe war zur Stiftung von sechs Beneficien in der Kirche von S. Agnes angewiesen. Der Stallmeister sollte monatlich 25 Scudi, die ihm bestimmte Frau zur Ausstattung 1000 Scudi haben. Um dieses Testament erhoben sich indessen mehre Streitigkeiten. Die Töchter des Fürsten, die im Kloster waren, wollten mit den 1000 Scudi nicht zufrieden sein, sondern foderten die Legitima, und noch schwieriger zeigte sich die Auseinandersetzung der Häuser Doria und Colonna, denn der Connetable foderte im Rechte seiner Mutter Olympia Pamfili die ganze Erbschaft. Da indessen der Papst selbst sich auf das Lebhafteste für die Schlichtung des Zwistes interessirte und die Doria aus allen Kräften begünstigte, so erfolgte bereits am 12. Jun. 1763 ein Vergleich, worin das Haus Colonna, aber nicht der Cardinal Hieronymus, allen seinen Rechten und Anfoderungen an die Verlassenschaft entsagte, und zugab, daß der Fürst Doria sogleich in den Besitz trete. Dagegen verpflichtete dieser sich, jährlich 2500 Scudi an Don Friedrich Colonna, und ein für allemal 8000 Scudi an dessen Bruder, den Connetable, zu bezahlen. Die Allodialverlassenschaft der Fürsten Johann Baptist und Camill III. Pamfili betreffend, wollte man sich gütlich einigen, und wenn das nicht im Julius 1763 geschehen wäre, so sollte die Sache dem Ausspruche des Civillieutenants der päpstlichen Kammer, des Prälaten Pirelli, und der Entscheidung der Rota überlassen sein; würde die Rota den Ausspruch des Prälaten bestätigen, so verzichteten beide Theile auf jedes weitere Rechtsmittel. Die Erbschaft hatte, was Kostbarkeiten betrifft, ihres Gleichen nicht. In den Palästen zu Rom allein fand man an Silberwerk 70,000 Pfund (102,400 Mark cöln.); um diese Masse zu beurtheilen, wolle man sich erinnern, daß Franz Salesius Potocki, der im October 1772 verstorbene Woiwode von Kiow, nur 55,000 Mark Silbergeschirr hinterließ, und daß bei der Krönung Kaiser Leopold's II., bei der prachtvollsten von allen Kaiserkrönungen, für das große Bankett nur 80,000 Mark aufgestellt waren. Unter jenen 70,000 Pf. war das Gold nicht begriffen, ebenso wenig wol auch die berühmte Monstranz, die 60,000 Scudi gekostet hatte, und die jährlich nur einmal zu sehen, wenn sie in der Kirche von S. Agnes alla piazza Navona ausgestellt wurde. Unter den Kunstsachen in Gold bemerkte man ein 18 Zoll hohes Crucifix, eine Abbildung des heiligen Hauses in Loreto, eine Schale, worin fünf kostbare Steine, die als ein allgemeines und untrügliches Gegengift galten. Nicht minder groß war die Masse der Edelsteine, Diamanten und seltenen Perlen; vorzüglich zeichneten sich aus sechs birnförmige Perlen, dann zwei andere von ungemeiner Größe. Verhältnißmäßig geringer, aber an sich bedeutend, war das Grundeigenthum, vorzüglich in den Provinzen Campagna di Roma, Patrimonio und Romagna. In der Campagna sind zu suchen das Fürstenthum Carpinetto, mit Maenza, Prossedi, Monte Lanico, Gorga und Gavignano, alles zusammen in der Gegend von Segni belegen. Ferner Valmontone und Lugnano, südlich von Palestrina, Cichignola nova und vecchie, bei Trefontane, Ferriere di Campo leone, bei Nettuno, sammt einem Palast in Nettuno selbst, endlich die Villa Belvedere bei Frascati. In dem Patrimonio liegen, und zwar in der Nähe von Viterbo, das Fürstenthum S. Martino mit Petroniano und Paternoster; ferner S. Cilicia unweit Rom, Monte Calvillo unweit Bassano und der Tiber, endlich Selci, Bottachie, Testa di Lepre di sopra und Testa di Lepra di sotto. In Umbrien kann ich das einzige Attigliano unweit der Tiber nennen. In der Romagna liegt das Fürstenthum Meldola von bedeutendem Umfange, dem sich südlich das Herzogthum Sarsina anschließt. Von den Palästen des Hauses ist der merkwürdigste der auf der Piazza Navona, bei der Kirche von S. Agnes in Rom[2]). Papst Innocentius X. ließ ihn für seine Schwägerin durch den berühmten Baumeister Karl Rainaldi aufführen, und nach seinem Umfange allein müßte er den bedeutendsten Palästen der Stadt zugezählt werden. Der Fries des großen Saals ist von Camassei ausgeziert, und in der Galerie hat Pietro di Cortona sich verewigt durch Frescomalereien, welche die vorzüglichsten Thaten des Äneas behandeln. Man vergl. darüber: **La Galleria depinta in Roma nel Palazzo del Signor Precipe Pamfilio, con ripartimenti di chiaro scuro e favole di Enea, disegnate e intagliate in acqua forte, da Carlo Cesio, opera di 16 fogli Imperiali per traverso.** Auch viele treffliche Gemälde von Guido Reni, Guercino, Caravaggio zierten diesen wie den andern al Corso belegenen Palast. Am letztern Orte bewunderte man viele Landschaften von Casp. Poussin, eine Madonna von Guido Reni, die Venus von Titian, den bethlehemitischen Kindermord, die Susanna, die Galatea von Lanfranchi, ein Zimmer voll Portraits, worunter Olympia Maldachini in Lebensgröße, sieben große und schöne Tafeln von Pietra Paragona, drei Tische von Diaspro di Sicilia, drei von Nero e bianco antico, einen andern großen Tisch, in welchem seltene Steine von ungewöhnlicher Größe, als **Lapis Lazuli**, Achate, ein ovaler, 2 Spannen langer, 1½ breiter Carneol, zwei Ame-

2) Hierüber wird ausführlicher im folgenden Artikel gehandelt. (Red.)

thysten, deren jeder eine Spanne breit und noch länger in seiner Ovalfigur ist, auch vieles prächtige Geräthe, worunter das geringste die von der Republik Venedig geschenkten Tapeten von rothem Damast. Die Villa Aldobrandina, auf der Seite von S. Domenico in Monte Quirinali, erheirathete Camill II. mit der Prinzessin Aldobrandina. Die westliche Façade des Palastes ist mit vielen antiken marmornen Basreliefs verziert. An Gemälden sah man dort ein Bacchanal von Titian, ein anderes von Giov. Bellino, der Königin Johanna, Portrait von Leonardo da Vinci, die Judith von Titian, Mariä Krönung von Hannibal Carrachi, Psyche, die den schlafenden Cupido beleuchtet, von demselben, die Portraits der berühmten Rechtsgelehrten Bartolus und Baldus, angeblich von Rafael von Urbino. Ferner bewahrte diese Villa die marmornen Brustbilder des Homer, Seneca, Marcellus und Virgilius, die Statuen eines sitzenden Hermaphroditen, eines Fauns von großem Werth, der Venus, auf einem Pfauen sitzend, zweier Männer, die sich mit Cestibus bekämpfen. Die größte der hierselbst aufbewahrten Seltenheiten war aber wol ein altes Frescogemälde, eine römische Hochzeit, oder genauer deductionem novae maritae in thalamum sponsi vorstellend. Es wurde im J. 1607 auf dem Monte Esquilino ausgegraben, an dem Orte, wo des Mäcenas Gärten gewesen sein sollen. Eine Zeichnung von dieser braven Malerei liefern des *Pietro Santo Bartolo* Admiranda, nr. 61 und 62 und Misson II, 152. Die Villa Pamfila, auch Belrespiro genannt, in Monte Janiculo, vor der Porta Aurelia, ist eine der schönsten um Rom, wenngleich ihre Garten- und Wasserkünste längst alle Bedeutung verloren haben. Auch an Kunstschätzen war sie besonders reich, obgleich bereits zu Anfange des vorigen Jahrhunderts seltene Bildhauerwerke, z. B. die Köpfe von Nerva und Tullia, der Hermaphrodit, das Grab Diadumenian's, an die Familie Albani verschenkt worden. Vor dem Eingange bemerkte man die Statuen von Antoninus Pius und Herkules, dann eine ägyptische Gottheit. An den Außenseiten sind viele Basreliefs, Büsten und Statuen angebracht, über dem mittlern Eingange besonders die Brustbilder von Vitellius und Claudius. In dem ersten Zimmer sah man die Statuen von Seneca, Venus und Diana, die Brustbilder von Tiberius, Claudius und Vespasian, daneben jenes von Innocentius X., endlich ein von Giulio Romano gemaltes Bacchanal. Das Altargemälde der Hauskapelle ist eine heil. Jungfrau von Michel Angelo Caravaggio. In dem zweiten Zimmer sah man eine schöne hohe Urne von orientalischem Alabaster, die Statuen des Marsyas und einer Vestalin, und zwei kleine, aber wunderschöne Säulen von Diaspro Orientale, die eine den Kopf des Titus, die andere jenen des Domitian tragend. Nr. 3 hatte schöne Säulen von verde antico, nero antico und bigio, die Statuen von Julia Augusta und von Publ. Clodius einige kostbare Tische aus feinen Steinen zusammengesetzt, verschiedene Portraits von Giorgione und eine von Bassano gemalte Arche Noä. Nr. 4. auf einem schönen, mit feinen Steinen eingelegten Tische ein treffliches porphyrnes Gefäß mit dergleichen Deckel; die marmornen Statuen von Bacchus, Julia, Apollon; Andromeda auf einem Basrelief, so von besonderm Werthe; die Köpfe von Brutus und von einer Sibylla, oder von einer Dea Nenia in Porphyr; drei Madonnen von Rafael, Perugino und Guido gemalt, das Portrait der unglücklichen Beatrix Cenci, welches zugleich als des Scipione Gaëtano letzte Arbeit merkwürdig. Nr. 5 fünf Gemälde von Joh. Manciola, die vornehmsten Lustbarkeiten und Festlichkeiten der Stadt Venedig darstellend; die Gefangennehmung des Heilandes in dem Garten am Ölberg, von Cav. Lanfranchi; der bethlehemitische Kindermord von Pietro da Cortona, die Zerstörung der Stadt Castro, unter der Regierung des Papstes Innocentius X. von Mola, und die Carita von Guercino befanden sich ebenfalls einst in diesem Zimmer, waren aber vorlängst nach dem Palast al Corso gebracht worden. Der runde Saal bewahrte die Statuen von Diana, Adonis, von einem Gladiator, die Brustbilder von Faustina, Severus, Galba und Julius Cäsar. Im obern Stockwerke enthielt Nr. 1 den Brudermord Kain's von Guercino gemalt, die Carita von dem Franzosen Valentin, und einen von Bernini aus Marmor gebildeten Marder. Nr. 2 ein großes Gemälde von Montagne oder Tempesta, einen Sturm und Schiffbruch darstellend. Das marmorne Brustbild von August's Tochter Julia, die Köpfe von Marius, dem Consul von Mark Aurel und Nerva; eine kleine Statue des Bacchus aus rothem orientalischen Marmor. Nr. 3. Drei Schlachten, zwei von Manciola, die dritte von Antonio Valle gemalt. Als Deckengemälde, von Sachi, Venus in einem von Tauben gezogenen Wagen. Ärgerniß, so er an diesem Bilde genommen, suchte der Fürst Johann Baptist für die Zukunft durch ein gemaltes Tuch, womit er die Göttin beschenkte, zu verhüten, gleichwie er aus dem gleichen Grunde viele anstößige Statuen theilweise mit Gyps verkleistern ließ. Nachher suchte er den Status quo herzustellen, welche abermalige Veränderung bei einigen Kunstwerken gar nicht, bei andern nicht ohne großen Schaden thunlich war. Eine Statue der Flora und einige Gruppen spielender Knaben, sämmtlich von Algardi, eine griechische Königin, antik, Bacchus und Antinous, ein schöner eingelegter Tisch. Nr. 4. Einige gute Gemälde von Bassano, der Nilstrom aus Pietra Egizzia, ein marmorner Kopf des Papyrius, ein Tisch aus Lumachella. Nr. 5. Zwei Portraits von Paul Veronese, mehre andre gute Gemälde, worunter dasjenige, in welchem Taddeo Zuccaro seine ganze Familie abgebildet hat; die Büsten von Valerian, Vespasian, Domitian und Mammäa. Die Statue einer Präfica, oder zum Weinen gedungenen Frau. In dem Appartemento terreno befanden sich von Statuen, Cybele auf einem Löwen, Diana, Hercules, eine Muse, ein stehender Hermaphrodit, eine marmorne Gruppe, den Kampf Jacob's mit dem Engel vorstellend, von dem Cav. Algardi, von welchem auch die metallenen Brustbilder des Papstes Innocentius X. und der Olympia Maldachina. An einer andern Stelle sind die Statuen von Meleager, Ceres, Diana, Titus und Diadumenus. Die ganze Villa hat über fünf italienische Meilen im Umfange und wurde nebst dem Palast von dem Cavaliere Algardi angegeben; abgebildet ist sie in: Le Statue e vedute della Villa Pamfilia, intagliata in acqua forte de *Domenico Barriera*, libro in 84 fogli e mezzi fogli imperiali. Die Villa Aldobrandina oder Belvedere, bei Frascati, ward besonders ihrer Wasserkünste wegen bewundert. Die Deckengemälde sind von dem Cavaliere d'Arbino gemalt. Über diesem Kunstreichthume, den wir von der Geschichte einer Casa papale weder trennen können noch wollen, wäre beinahe des Erbamtes eines Gonfaloniere des römischen Volkes vergessen worden, welches die Pamfili bekleideten, nachdem es früher über 200 Jahre lang bei den Strozzi gewesen. Dieses Amt hat sich nicht auf die Doria vererbt, sondern wurde vielmehr, wenn wir nicht irren, an die Strozzi zurückgegeben. Seit dem Anfalle der Erbschaft des Hauses Pamfili heißt die Hauptlinie des Hauses Doria: Doria-Pamfili. (*v. Stramberg.*)

PAMFILI-DORIA PALAZZO (in Rom) [1]. Der Palast Pamfili-Doria verdankt seine gegenwärtige beträchtliche Ausdehnung der Vereinigung verschiedener Häusermassen, die im Verlaufe der Zeit von den Gliedern der einen wie der andern durch Heirath verbundenen Fürstenfamilien in reichem Styl und großartiger Anlage ausgebaut und mit folgenden drei Façaden geschmückt worden sind: 1) Palazzo Pamfili auf dem venetianischen Platze, von dem Architekten Paolo Amalii unter dem Fürsten Camillo im J. 1743 erbaut; 2) die Façade des Palazzo Doria neben S. Maria in Via lata auf dem Corso von Valvasori in einem äußerst überladenen und geschmacklosen Styl aufgeführt; 3) die Façade gegen das Collegium Romanum hin, welche den Borromini zum Architekten hat.

Auf dieser Seite ist der Haupteingang, durch welchen man auf einer mit Granitsäulen umstellten und als architektonisches Meisterstück bewunderten Treppe zu der prachtvollen Gemäldesammlung gelangt, welche den wesentlichsten und reichsten Schmuck des Palastes bildet. Sie gehört zu den wenigen, aus welchen in irgend einer der Drangperioden neuerer Zeit weder Prachtstücke veräußert, noch entwendet worden sind. Insofern ist sie nicht weniger durch ihre Schätze ausgezeichnet, als durch die treffliche Erhaltung der Uranlage der Sammlung, ein Umstand, der nicht zu übersehen sein dürfte, indem wir aus ihm auf eine sehr belehrende, wenn schon nicht sehr erfreuliche, Weise den Geist kennen lernen, in welchem die Großen Roms in neuerer Zeit ähnliche Schätze zu Sammlungen vereinigt haben.

Bei weitem der größte Theil der Gemälde, die man hier zum Schmucke prachtvoller Fürstengemächer verwendet sieht, gehört jener Spätblüthe der Kunst an, in welcher Meisterhaftigkeit in der Verwendung technischer Vortheile und eine gewisse Prunk- und Ruhmsucht den bessern Geist früherer Jahrhunderte nicht nur verdrängt, sondern sogar häufig entweiht hatte. Wie schon einmal die Kunst der Griechen in Rom eine Zuflucht, zugleich aber auch ihren Untergang gefunden hatte, so hat sich auch die neuere Kunst in der Zeit des herannahenden Verfalls auf Rom wie auf einen Mittelpunkt in mehr als einer Beziehung zusammengedrängt. In der Galerie Doria sieht man sehr deutlich, und häufig würde es sich mit Leichtigkeit historisch nachweisen lassen, daß die hier aufgehäuften Kunstschätze nicht sowol einer sammelnden Nachlese, als vielmehr dem schützenden Kunstsinne fürstlich gesinnter Glieder des Hauses ihre Aufstellung in solcher Vereinigung verdanken. Ausgezeichneten Künstlern, die aus den verschiedensten Ländern Europa's nach Rom zusammengekommen, theils um ihre Bildung in der Nähe hoher Vorbilder zu vollenden, theils um daselbst ihre Kunsttalente auszuüben und geltend zu machen, wurden ihre Meisterwerke abgekauft, häufig auch bei ihnen bestellt. Später erst, als man diese Schätze sammlungsmäßig aufstellte, scheint man einzelne Prachtstücke älterer Künstler erworben zu haben, um dadurch nach den Begriffen der damaligen Zeit eine gewisse Vollständigkeit zu erlangen und die bereits vorhandenen Gemälde zu einem großen Ganzen zu verbinden. So allein erklärt sich der sparsame und mäßige Besitz von Werken der eigentlich großen Zeit. Mit Ausnahme jener wenigen vereinzelten Prachtstücke ist die Zeit des Rafael und anderer an ihn herantretender Meister fast unbesetzt geblieben. Die Hauptbilder gehören fast ausschließlich der oben bezeichneten spätern Kunstepoche an.

Wie in der Welt Alles relativ ist, so hängt besonders bei Gemälden das Schicksal einzelner, sonst verdienstlicher, vielleicht sogar ausgezeichneter, Werke von der zufälligen Zusammenstellung mit andern ab. Der Umstand, daß die vorzüglichern Gemälde dieser Sammlung grade Portraits sind, ist daher insofern für die Beurtheilung der andern Werke von einem äußerst ungünstigen Einfluß, als diese hinter der natürlichen Frische und dem Leibhaftigen des dargestellten Gegenstandes nur zu sehr zurückbleiben. Bravour des Pinsels und sonstige Künstlereigenschaften löblichen Verdienstes sind nicht im Stande, einem auf diese Weise sich herausstellenden Mangel abzuhelfen; die Wirkung eines geistvoll angeschauten und an und für sich meist bedeutenden Modells ist zu schlagend und zu mächtig, als daß das Auge des Beschauenden für solche Kunsterzeugnisse und für andere, denen so glänzende Eigenschaften fehlen, auf gleiche Weise begeistert bleiben könnte.

Ein Bild, wie das mit den Portraits der beiden Rechtsgelehrten Bartolo und Baldo, welches kaum einem andern Künstler als dem Rafael selbst zugeeignet werden kann, ist allein hinreichend, alle in derselben Galerie aufgestellten Gemälde um viele Grade in der Schätzung herabzusetzen. So gewaltig ist der Eindruck, den die Physiognomien dieser beiden Männer machen, welche die große Zeit vergegenwärtigen, in der der Künstler selbst gelebt. Ohne von der Pracht und Harmonie des Colorits zu reden, in welchem einige daneben aufgehängte Gemälde des Titian weit überboten werden, und ohne alle die bewunderungswürdigen Feinheiten der Formenbehandlung zu erwähnen, für die keine Beschreibung je ausreichend sein würde, gedenken wir nur der tiefsinnigen Entwickelung zweier Charaktere, die eben in ihrer Gegenein-

1) Über Villa Pamfila s. Rom u. S. 221.

anderstellung so merkwürdig, so überaus anziehend erscheinen. Die Tradition bezeichnet sie als Rechtsgelehrte, und die feinen Züge, in welchen sich die Beredsamkeit des Einen sprechend malt, sowie der schlagende Witz, der aus dem sichern treffenden Blick des Andern hervorleuchtet, stehen mit einer solchen Benennung durchaus in keinem Widerspruch.

Wenn nun eine Galerie einem solchen Bilde eine ganze Reihe ähnlicher Portraits an die Seite zu stellen hat, die man der Verschiedenartigkeit der Interessen wegen, die sie anregen, nicht ihrer künstlerischen Vortrefflichkeit nach allein zu beurtheilen veranlaßt ist, so wird es leicht begreiflich erscheinen, daß alle andere daneben aufgestellte Bilder gleichsam nur dazu dienen, für jene ausgezeichneten Kunstwerke eine Art von Hintergrund oder Einfassung zu bilden und dem Auge zu einiger Ruhe zu verhelfen, zu welcher es nicht gelangen würde, wenn z. B. alle jene Meisterwerke in geringern Zwischenräumen oder neben einander aufgestellt wären.

Neben dem eben beschriebenen Bilde des Rafael und über demselben sind zwei Gemälde des Titian aufgehängt, ebenfalls Portraits. Es ist nicht in Abrede zu stellen, daß beide Bilder an jeder andern Stelle einen günstigern Platz haben würden, als grade in der Nähe dieses wunderbaren Bildes. Nichtsdestoweniger behaupten sich beide auch hier mit Ehre. Das eine derselben stellt einen jungen Menschen dar, welchen der Künstler leicht und anmuthig gehalten hat, während das über den beiden Rechtsgelehrten aufgehängte Portrait des berühmten Sektenhauptes, des Jansenius, durch Farbenpracht und kräftige Charakterauffassung mit jenem Bilde des Rafael fast wetteifern zu wollen scheint. Wer es über sich gewinnen kann, jede Vergleichung des einen Kunstwerks mit dem andern außer Spiel zu lassen, ist eines herrlichen Kunstgenusses versichert, der um so reicher ausfällt, je mehr das Interesse an dem schönen Gemälde durch die historische Theilnahme, welche der unbeugsame Charakter jenes berühmten Theologen in Anspruch nimmt, genährt und gesteigert wird.

In solchem Betracht empfiehlt sich vor allen einer ernsten Betrachtung ein dem Andrea del Sarta zugeschriebenes Bildniß des Machiavell. Obgleich der genannte florentiner Meister an diesem Gemälde keinen Antheil zu haben scheint, so ist es doch ein gutes altes Bild, welches die Züge des großen Geschichtschreibers und Staatsmannes auf eine äußerst bedeutsame und augenscheinlich wahrheitgetreue Weise wiedergibt. Die scharfgezeichneten Umrisse des Profils, der durchdringende, man möchte fast sagen, harte, spröde Blick können zum Anknüfungspunkte dienen, um von da aus alle die Eigenschaften, welche den großen Mann auszeichnen, physiognomisch in diesem Portrait zu begründen.

In demselben Zimmer sind ferner zwei treffliche Frauenbildnisse aufgestellt, welche als Werke Ruben's und Van Dyck's zu den erwähnten italienischen Meistern einen belehrenden Gegensatz bilden. Das eine derselben wird für des Rubens erste Frau ausgegeben und zeigt eine bewundernswürdige Auffassung und Behandlung. Die hohe Natürlichkeit, welche in dem Bilde herrscht, steigert sich bis zur täuschendsten Lebendigkeit. Diesen schlagenden Effect soll der Künstler zum großen Theil durch eine eigene Behandlung der Augen erreicht haben, welche in der Natur vielleicht einige Unregelmäßigkeit in Stellung und Bildung gezeigt haben mögen.

Das andere Bildniß, welches dem ebenerwähnten in keiner Weise nachsteht, ist unter dem Namen der berühmten Witwe des Van Dyck bekannt. Von diesem Bilde gilt fast Alles das, was von dem des Rubens gesagt worden ist, und doch bieten sich zwischen beiden so mannichfaltige Verschiedenheiten dar, daß man sie mit einander in einen gewissen Gegensatz bringen könnte. Das Feuer und die etwas ungestüme Natur, welche jenes Bild des Rubens erfüllt, ist in dem des Van Dyck zu einer gewissen Objectivität abgeklärt. Die ältliche Frau, welche keineswegs aller der Reize verlustig gegangen, die fast nur Jugendfrische und junge Jahre zu gewähren pflegen, schaut so rein aus dem Bilde heraus, daß man unwillkürlich nicht blos an dem schönen Bilde, sondern auch an dem Gegenstande desselben lebhaftes Interesse nimmt.

In dem anstoßenden Zimmer folgen zwei nicht weniger bedeutende Portraits, die sogar neben dem ersterwähnten Gemälde des Rafael mit Ruhm und Auszeichnung genannt werden dürfen. Wir meinen die Bildnisse des Holbein und seiner Frau [2]. Das der letztern kann wegen des äußerst ungünstigen Lichtes, in dem es aufgehängt ist, seinen künstlerischen Verdiensten nach kaum gewürdigt werden; dagegen des Künstlers eigenes Bildniß einen bewundernswürdigen Anblick darbietet. Obgleich er Bedacht gehabt, sich in seiner allerdings stattlichen, aber immer schlichten, Bürgerlichkeit darzustellen, so tritt seine Physiognomie und Haltung dennoch mit dem ganzen Gewicht einer historisch bedeutenden Persönlichkeit auf. Ein Mann mit langem Bart, ernstem, fast mürrischem, auch wol stolzem Gesichtsausdruck und geradem, sicherm Blick, schaut er ruhig vor sich hin, eine Nelke und etwas, das einem Geldbeutel ähnlich sieht, in der Hand haltend. Dieses Kunstwerk zeigt außer einer trefflichen Erhaltung alle jene hohen künstlerischen Vorzüge, die man an den Gemälden, besonders an den Portraitbildungen dieses Künstlers, in alter und neuer Zeit zu würdigen gewußt hat.

An der gegenüber befindlichen Wand ist ein großes allegorisches Bild von Dosro Dosri aufgehängt, welches eine Anspielung auf die Großthaten des berühmten Seehelden Andrea Doria enthält und etwas uneigentlich Stemma della famiglia Doria genannt wird. Da dasselbe künstlerisch nicht ohne Verdienst ist, historisch aber interessant und für den Geschmack der damaligen Zeit bezeichnend, so theilen wir eine Beschreibung desselben mit, welche sich mit Hilfe einer lateinischen Inschrift [3]), die für

2) Das Bild des Künstlers, sowie das seiner Frau, führen beide die Jahreszahl 1575, diese den Zusatz aetatis suae 36, er selbst aetatis suae 40. 3) Diese lautet:

Magni Andreae Doria
Triumphi explicatio.

Antiquae triremi insidens cernitur candidis indutus armis romano more togatus, aurei velleris stemmate decoratus, generalis praefecturae sceptrum gestans generalium sex munerum insignum, quibus praeclare admodum functus est vexilla prae se

das Verständniß einen äußerst nützlichen Commentar enthält, auf folgende Weise geben läßt: Auf einer Trireme, welche den Mittelpunkt des Gemäldes bildet, sieht man den großen Seehelden Andrea Doria mit allen Insignien seiner Macht und Größe angethan und von den Tugenden umgeben, die ihm so hohen Ruhm verliehen, thronen. Diese sind die Großmuth, die Freiheit, die Gewässerkunde (Hydrographie) und die Sternkunde (Astronomie). Die Hoffnung stellt ihm seinen Neffen Johann Andrea Doria vor, dessen herrliche Gaben und treffliche Eigenschaften symbolisch angedeutet und der durch eine am Bord des Schiffes unter ihm angebrachte Inschrift als **Princeps Jo. Andreas Genuae Spes altera magnae** als ein Hauptgegenstand des Gemäldes hervorgehoben wird. Zu seinen Füßen erblickt man überwundene Türken, deren Niederlage auch durch Tritonen angedeutet wird, die sich der im Meere schwimmenden Muselmänner bemächtigen. In den Lüften erblickt man die Fama, welche solche Großthaten eilig aller Welt verkündet. Die Seesiege, welche dem großen Admiral verdankt werden, sind in verschiedenen Inschriften ringsum an dem Bord des Schiffes verzeichnet.

Bei dieser Gelegenheit schalten wir die Erwähnung eines andern viel erfreulichern und des höchsten Ruhms werthen Portraits ein, das eben den großen Andrea Doria darstellt. Dieses Meisterwerk des Sebastiano del Piombo, welches in einem an den Eintrittssaal anstoßenden Zimmer unter einem Thronhimmel abgesondert aufgehangen ist, vergegenwärtigt die bedeutsamen Züge und den gewaltig hervorragenden Charakter des großen Mannes. Die unwiderstehliche Gewalt seines Befehles drückt sich in der gebieterisch ausgestreckten Rechten und dem durchdringenden festen Blicke des edeln Antlitzes sprechend aus. Die Insignien seiner Feldherrnwürde sind unten grau in grau auf einer Art von Ballustrade angebracht. Malerei und Alles, wodurch dieses ausgezeichnete Kunstwerk zu Stande gekommen ist, sind des hohen Namens eines Sebastiano del Piombo vollkommen würdig.

Nach Aufführung aller dieser so ganz auserlesenen Bildnisse muß es allerdings schwer erscheinen, andere namhaft zu machen, die jener nicht ganz unwürdig sein sollen. Wir lassen in solchem Betracht mehre recht verdienstliche Portraits von Rubens, Titian &c. unerwähnt, aber nur um nicht Werke ersten Ranges und weniger durchgebildete Kunstleistungen zu mischen. Dennoch lassen sich außer diesen noch Bildnisse nachweisen, die neben den bisher beschriebenen ohne Anstand genannt werden dürfen.

Wir erwähnen in solchem Betrachte zuerst eines der vielen Portraits der Königin Johanna von Aragonien, dem Leonardo da Vinci als Verfertiger nachgerühmt wird. Unser Bild ist in vielen Theilen eines so großen Namens nicht unwerth, andere Partien dagegen haben eine so unglückliche Behandlung erfahren, daß man, wenn auch andere Gegengründe nicht vorhanden wären, schon deshalb nicht an ihn denken kann. Dahin gehören vorzüglich die Hände, welche eher aufgeblasenen oder ausgestopften Handschuhen gleichen, als daß sich darin die Knochenbildung und zarte Gliederung der Hände einer so schönen Frau darin wieder erkennen ließen. Dennoch ist es, trotz dem, daß es viel von der Zeit gelitten hat, ein Bild von vieler Wirkung. Ohne zu wiederholen, was über andere Repliken desselben Gegenstandes gesagt worden ist, begnügen wir uns der gegenwärtigen Erwähnung gethan zu haben, eben weil sie als solche und als ein höchst merkwürdiges Bild einer Erwähnung werth zu sein schien.

Ein Werk viel originelleren Charakters und, obwol von etwas derberem Stoff, in seiner Art wahrhaft einzig ist das Portrait des sogenannten Beichtvaters des Rubens. Es stellt dasselbe einen Franciscanermönch vor, welcher mit einem Blick, in dem scharfsichtige Klugheit und eine gewisse Schalkhaftigkeit mit vielem Humor und mit dem schönsten Gleichmaß vertheilt sind, den Betrachtenden prüfend anschaut. Es ist kaum möglich, mit dem Pinsel eine größere Leibhaftigkeit zu erreichen. Dabei zeigt das Werk viel künstlerische Durchbildung, während andere Arbeiten des Rubens, die sich in dieser Sammlung nicht weniger durch Lebendigkeit und schlagende Wahrheit auszeichnen, von uns nur deshalb übergangen worden sind, weil sich der Künstler in ihnen zu wenig von der Derbheit unvermittelter Naturanschauung hat entfernen wollen. Unser Bild ist trotz der frischesten Naturauffassung des höchsten Lobes trefflicher Ausführung würdig, und kann, obgleich es einer ganz andern Richtung folgt, neben den obenerwähnten Portraits des Holbein, Titian, selbst des Rafael, mit Ehren genannt werden.

In mehr als einer Beziehung wichtig, in jeder Weise aber ganz ausgezeichnet, ist das lebensvolle, prachtreiche Portrait Papst Innocenz' X. von Diego Velasquez. Da dieser Papst aus dem Hause Pamfili stammt, so wird sein Bildniß gleich dem des Andrea Doria als ein Familienstück aufbewahrt. In künstlerischer Rücksicht läßt dieses Meisterwerk alle Erwartungen weit hinter sich; so voll Leben, Wahrheit und schlagender Wirkung ist das herrliche Gemälde. Da es etwas hoch aufgehängt ist, so kann man das Machwerk desselben allerdings in keine nähere Betrachtung ziehen, allein so viel läßt sich leicht bemerken, daß alle jene Vorzüge keineswegs auf dem Wege einer

fert. Tridentem insuper et duplicem coronam, alteram quidem ob insignes maritimas victorias ex triremium rostris, alteram vero ob liberatam patriam ex murorum pinnis confectam, imminentem capiti Pietatem habet, a qua ob servatam patriam coronatur. Adstant hinc inde Magnanimitas ac Liberalitas, Hydrographia et Astronomia, ob eximiam, qua praeditus erat siderum navigandique peritiam.

Spes ei sistit egregiae indolis adolescentem illus.um et ex.um Joannem Andream nepotem armis indutum albis in signum fidei et puritatis, qui ab ineunte aetate magua cum prudentia ac fortitudine tam insigni praeclaroque generalitatis vexillo manum admovet et fore significat, ut in ejus locum succedat patriam servaturus, addens praeterea spem Genuae alteram omnino laudem futurum, pedibus complures Turcas subjectos premit, circum solium hinc tyrannidem, illinc avaritiam atque cupiditatem catenis vinctas ducit, a quibus abduci unquam potuit, ut suam patriam subjugaret ex malo victoriarum trophaeo dependent, in mari Turcarum plerique a Tritonibus raptantur, praedarium facinorum fama in sublimi praeit, ad extremum in puppis tetragonis triremisque pavimentis admirabilium plane victoriarum mille variique triumphi graphice descripti exprimuntur.

besonders überlegten kunstvoll durchgeführten Behandlung erreicht sind. Ganz im Gegentheile scheint es, daß fast alle Farben alla prima aufgesetzt sind. Dennoch ist es dem Künstler möglich gewesen, ein etwas stark gefärbtes feuriges Angesicht auf einem rothen Hintergrunde mit vielem Nebenwerke gleicher Farbe ohne allen Übelstand zum Vortrag zu bringen. Trotz der Eintönigkeit dieser Farben macht das Ganze den Eindruck der heitersten Mannichfaltigkeit, Harmonie und Naturschöne. Von dem weißen Chorhemdchen, welches der Papst trägt, hat der Künstler einen so trefflichen Vortheil zu ziehen gewußt, daß er durch den Gegensatz, welchen ihm dieses zu den erwähnten Farbenmassen gewährte, allein einen großen Theil jener malerischen Vortheile erreicht zu haben scheint. Da Bilder dieses Meisters außer Spanien im Allgemeinen nicht häufig, in Italien selten zu sein pflegen, und Rom vielleicht nur dieses eine Bild von ihm besitzt, so ist es einer ganz besondern Beachtung und Auszeichnung schon deshalb werth.

Nachdem wir auf diese Weise in der Aufzählung ausgezeichneter und in einem gewissen Sinne einziger Portraits einen Theil des Reichthums der Sammlung aufgeführt haben, sind wir zunächst veranlaßt, uns einer ganz andern Classe von Kunstwerken, an welchen dieselbe ebenfalls reich ist, zuzuwenden. Wir meinen die schönen und trefflichen Landschaftsstücke, die nicht blos der Zahl nach, sondern auch durch ihren innern sehr bedeutenden Gehalt diese Galerie in Rom fast einzig hinstellen. Wir würden, um diesen Ausspruch zu bethätigen, sofort nur jene einzigen Meisterwerke des Claude Lorrain namhaft machen dürfen, die vielleicht zu den schönsten Leistungen dieses Künstlers gehören, läge es uns nicht daran, einigermaßen der Ordnung der Aufstellung zu folgen. Die vordern Zimmer der Sammlung nämlich sind fast ausschließlich mit Temperagemälden des Kaspar Poussin ausgeschmückt. Großartige Compositionen, wie sie diesem Meister eigenthümlich sind, in einer kräftigen und geistvollen Weise vorgetragen, der die Temperamalerei besonders zu statten gekommen zu sein scheint. Es würde mehr als ermüdend sein, die verschiedenen Landschaften mit ihren häufig sehr geschickt und witzig angebrachten Staffagen einzeln aufzuführen; wir begnügen uns daher nur eine Ansicht der Umgegend von Tivoli (Ponte Lucano) als dasjenige Gemälde auszuheben, dem man vor allen den vielen andern Werken dieses Meisters, welche in dem großen Saale vereinigt sind, den Vorzug einzuräumen pflegt. Die Landschaft besteht ihren wesentlichen Theilen nach aus der Brücke und umherliegenden Felsstücken. Darüber einiges Gewölk und unten ein äußerst klarer, ruhiger Wasserspiegel. Die großen Massen dieser großartigen Naturansicht erhalten durch einige Lichtpartieen noch mehr Nachdruck und Lebendigkeit.

In einer ganz andern Weise ist die schöne Ansicht eines an einem breiten Flusse gelegenen Ortes mit hölzerner Brücke und teutscher oder etwa holländischer Bauart, welche als eines der reizendsten Werke des Paul Brill in dem Zimmer, wo sich das vorerwähnte Portrait des Andrea Doria befindet, aufbewahrt wird. Dieses schöne Ölgemälde bringt dem Beschauer das Bild friedlicher Ruhe aus einer gesegneten wohlhabenden Ortschaft besonders nahe. Die Lichteffecte, welche malerische Durchsichten und Gegensätze erreichen helfen, tragen dazu bei, diese Darstellung noch feierlicher zu machen; man glaubt jene selige Ruhe in sich aufzunehmen, welche die stille Gluth der Abendsonne kurz vor ihrem Scheiden über eine fruchtreiche Gegend verbreitet. Dabei sind die durchsichtigen Ölfarben mit Meisterschaft verwendet, schöner Einzelnheiten nicht zu gedenken, welche jeder Baum und fast alle Theile des Bildes liefern.

Wir erwähnen an dieser Stelle die sechs berühmten Lünetten des Annibale Caracci, welche eigentlich historische Compositionen enthalten, aber nicht sowol durch diese als vielmehr durch die großartigen Landschaften ausgezeichnet sind, in welchen die erwähnten historischen Darstellungen als Staffagen auftreten. Da wir das herrliche Talent dieses Künstlers für Naturauffassung in landschaftlichen Gegenständen als bekannt voraussetzen dürfen, so begnügen wir uns diese Gemälde blos als vorhanden zu erwähnen, indem wir es unterlassen, irgend eine Charakteristik hinzuzufügen. Die dargestellten Gegenstände sind: 1) die Flucht nach Ägypten; 2) der Besuch der heil. Elisabeth; 3) die Himmelfahrt Mariä; 4) die Grablegung Christi; 5) die Geburt des Erlösers; 6) die Anbetung der Magier. Mit diesen Gegenständen nun steht die Landschaft stets in der engsten und beziehungsreichsten Verbindung. Diese spiegeln sich nicht blos in derselben, sondern die Landschaft drückt selbst eine tiefsinnige Beziehung zu dem dargestellten Gegenstande aus, wie z. B. die Nachtansicht mit der Geburt Christi, oder die Trauer, welche ringsum in der ganzen Natur herrscht, in dem Gemälde mit der Grablegung.

Zu den höchsten Leistungen im Fache der Landschaftmalerei gehören indessen die bereits erwähnten Gemälde des Claude Lorrain, von denen das eine eine Marinenansicht und das andere den Tempel des delphischen Apoll darstellt. Da diese Meisterwerke einen Ruhm erlangt haben, welchen keine Einrede je geschmälert, und da dieselben in guten und treuen Kupferstichen genugsam bekannt sind, so mag es genügen, sie an dieser Stelle genannt zu haben. Der Zauber der Farbentöne, der ätherische Hauch, welcher das Ganze beseelt, so vieles, was sich weder durch künstlerische Nachahmung noch durch Worte ausdrücken, kaum andeuten läßt, alles dies kann man eben nur in der Versicherung unausgesprochen zusammenfassen, daß beide Gemälde zu den gefeiertsten Leistungen des unnachahmbaren Claude und mit vollem Rechte gezählt werden.

Nach diesen wunderbar schönen Landschaften läßt sich kaum irgend ein anderes Werk dieser Kunstclasse mit Vergnügen erwähnen, geschweige denn mit hohem Genusse betrachten. Claude's eigene Arbeiten, von denen die Galerie außerdem noch mehre aufbewahrt und sehr verdienstliche, bleiben weit hinter ihnen zurück. Wir sehen uns daher veranlaßt, diese Reihe mit jenen hohen Meisterwerken zu beschließen, ohne in Abrede zu stellen, daß die Sammlung noch viele treffliche Landschaftmalereien aufzuweisen hat, Werke jedoch, die dieselbe nicht so ausschließlich charakterisiren und die man in jeder andern römischen Gemäldesammlung vielleicht ebenso gut, manchmal besser, wiederfindet.

Es bleibt uns nun noch übrig, einen Blick auf jene dritte und zahlreichste Classe von Kunstwerken zu werfen, die den eigentlichen Körper der Sammlung bilden. Wir meinen jene sogenannten Historienmalereien, die bei dem italienischen Publicum in besonderm Ansehen stehen, und die sich auch bei unsern deutschen Landsleuten bis in die letzten Decennien einer ausgezeichneten Gunst zu erfreuen hatten. Wir haben bereits darauf aufmerksam gemacht, daß sie in der gegenwärtigen Galerie schon deshalb sehr überzählig sein müssen, weil diese Sammlung eben unter dem Einflusse jener spätern Kunstepochen, die dergleichen in Unmasse hervorgebracht, entstanden ist. Ebenso haben wir darauf hingewiesen, daß die herrlichen Portraitbildungen, mit denen sie vereinigt aufgestellt sind, nur dazu beitragen, ihnen einen großen Theil ihres Interesses zu entziehen, ja man darf sagen, ihnen in der Weise zu schaden, daß viele derselben entweder ganz übersehen oder wenigstens falsch gewürdigt werden. In dieser Classe sind indessen mehre historisch interessante Bilder der bessern ältern Zeit einbegriffen, welche, obwol es nicht Werke classischen Ansehens sind, doch die Mühe des Nachsuchens belohnen. Es ist unter solchen Umständen in der That schwer, eine Aufzählung der bemerkenswerthern Stücke zu unternehmen. Eine unparteiische ist, da zumal auch der Geschmack ins Spiel kommt, fast unmöglich, wenn es nicht ein trockenes Inventar werden soll, vor dem Jedermann gerechte Scheu hat.

Mehr beispielsweise daher als zu einem andern Zwecke erwähnen wir nur folgende Gemälde. Vor allen zeichnet sich eine Skizze oder vielmehr ein unvollendet gelassenes Bild des Correggio aus, ein Werk, dessen kunsthistorisches Interesse um so mehr hervortritt, als die Malerei einen guten Theil der Leinwand unberührt gelassen hat. Eine Untersuchung, die auf die ausgezeichnete Technik dieses Meisters gerichtet ist, kann daher von dieser Reliquie eine reiche und höchst interessante Ausbeute verschaffen. Die Darstellung anlangend, so hat der Meister angeblich in derselben eine allegorische Darstellung der Tugend liefern wollen. In der Mitte des Gemäldes sitzt eine weibliche geharnischte Figur mit dem Schild zu ihren Füßen, die Lanze in der Rechten und den Schild in der Linken haltend. Zu beiden Seiten mehr nach vorn umgeben sie zwei andere Frauengestalten, von denen die eine als die Trägerin der Attribute der Cardinaltugenden erscheint, während die andere die Philosophie und Theologie repräsentirt. Letztere hält in der Linken einen Cirkel, mit dem sie eine Kugel ausmißt, indem ihr Blick gen Himmel gewandt ist. Jene hält in der einen Hand ein Schwert; von ihren Schultern hängt eine Löwenhaut herab, über das Haupt ragt ein kleiner Schlangenhals hervor; die Linke soll angeblich den Zügel der Mäßigung gehalten haben, von dem indessen keine Spur vorhanden. Hinter der Virtus erhebt sich eine Victoria, welche jene bekränzt, während mehr nach Oben die Fama mit einer Trompete den Ruhm in alle Welt zu verbreiten im Begriff ist. Von zwei andern Figuren läßt sich durchaus nichts Bestimmtes sagen, da sie blos auf der nackten Leinwand mit unbestimmten Zügen angegeben sind. Wir fügen kein Wort über die Trefflichkeit, den hohen Werth dieser Skizze, ihren wunderbaren Farbenzauber in den angelegten Theilen hinzu. Eben weil das Werk unvollendet geblieben ist, eignet es sich nur für individuelle und unmittelbare Auffassung.

Indem wir die Werke ausgezeichneter Niederländer als Pflanzen in fremder Erde ganz übergehen, erwähnen wir nur noch eines der gelungenen Werke des Benvenuto Garofolo, einen Besuch der heiligen Elisabeth darstellend; zwei kleine hübsche Bilderchen von Andrea Montegna: S. Antonio von dem Teufel versucht und der heil. Ludwig, Almosen spendend, und das Opfer Abraham's von Titian, und nachdem wir auf diese Weise die Schätze dieser Galerie in der Absicht durchmustert haben, die Bedeutung der Sammlung mit einiger Bestimmtheit nachzuweisen, dürfen wir zu unserer Entschuldigung vielleicht noch hinzufügen, daß eine Masse von 700 Gemälden, die zum großen Theile schon wegen Mangels an Raum ungünstig aufgestellt sind, die Auswahl des Nennenswerthen in vieler Hinsicht erschwert hat.

Außer diesen Schätzen neuerer Kunst besitzt der Palast Pamfili-Doria noch einige Monumente des classischen Alterthums. Die im Palast selbst aufgestellten statuarischen Arbeiten mögen bis auf einen kleinen Satyr von rosso antico in der Galerie, der sich schon durch sein kostbares Material auszeichnet, kaum der Erwähnung werth sein. In den Magazinen des Erdgeschosses dagegen werden mehre Marmorwerke und antike Mauergemälde aufbewahrt, welche bei einer von der verstorbenen Fürstin Teresa Doria angestellten Nachgrabung vor den Thoren von Rom rechts von der Via Aurelia aus der Erde ans Licht gezogen worden sind. Es ist dies der Ort, an welchem man das alte Lorium (nicht Lori), den Geburtsort und Lieblingsaufenthalt des Antoninus Pius, dessen die neu entdeckten Werke des Fronto an mehr als einer Stelle Erwähnung thun, gelegen glaubt. Schon früher hatte das vaticanische Museum einige nicht unbedeutende Statuen, wie die einer verschleierten Juno und einer als Diana dargestellten Domitia aus den Ruinen des alten Lorium bezogen. Unter den vor etwa 12—15 Jahren entdeckten Marmorarbeiten zeichnet sich vor allen ein Sarkophag mit dem Streite des Apollon und des Marsyas aus, der zuerst von Gerhard (Kunstblatt 1824. S. 149 fg. Hyperboreisch-römische Studien I. S. 110 fg.) beschrieben und fast gleichzeitig von einem römischen Gelehrten, Luigi Cardinali, in einer mit der Abbildung desselben ausgestatteten Schrift gründlich und gelehrt erläutert und beschrieben worden ist. Diese führt den Titel: Sarcofago antico rappresentante la favola di Marsia esporto ed illustrato (Roma MDCCCXXIV. 4.).

Dieser Steinsarg, welcher eine Länge von zehn römischen Palmen und vier in der Höhe hat, ist aus pentelischem Marmor in der Weise gearbeitet, daß die Ecken an den beiden Enden der Vorderseite gerundet auslaufen. Dadurch verbinden sich die auf den beiden Querseiten dargestellten Episoden der Fabel unbemerkt mit der Hauptdarstellung, sodaß die eine in die andere übergeht. Die Erhaltung des Monumentes ist ausgezeichnet, man kann es unberührt nennen, die Arbeit mittelmäßig wie bei Sarkophagen im Allgemeinen. Auf der Mitte der Vorderseite sieht man den Streit des Gottes mit dem Satyr dargestellt, Marsyas erscheint mit den langen Doppelflöten, Apollon spielt das Heptachord; ringsumher ist eine Götterversammlung, welche die Musen beschließen. Linkerseits ist das Motiv des Streits in der Minerva, die die Doppelflöten unwillig von sich wirft, angedeutet, vom Beschauer rechts wird das grausame Urtheil an dem unglücklichen, aber immer noch trotzig verharrenden Satyr vollzogen.

Mit der Darstellung, welche den Ursprung des Streites schildert, zu beginnen, so sieht man die Minerva gegen eine am Boden gelagerte Flußgottheit mit den langen Flöten, von denen jede Hand eine gefaßt hält, heftig anstürmen. Der Mäander, in welchem sie ihr entstelltes Antlitz abgespiegelt erblickte und gegen den sie deshalb ihren Zorn auszulassen scheint, ist allerdings nicht ohne Anzeigen weiblicher Bildung. Der Rohrstengel, welchen die Figur hält und der Wasserkrug, auf den der linke Ellbogen aufgestützt ist, setzt indessen die Anwesenheit einer Flußgottheit außer Zweifel. Nicht ohne Bedeutung mag der Lorbeerbaum sein, welcher in der Gegend, von welcher die jungfräuliche Göttin hergeeilt kommt, am Ende des Marmors, aufgewachsen ist. Minerva selbst trägt als unzweideutiges Abzeichen den Helm auf dem Haupte, der lang herabgehende Doppelchiton dagegen ist ohne den Waffenschmuck der Ägis.

Von da an wendet sich die Darstellung der Hauptvorstellung zu. Den Mittelpunkt derselben bilden, wie bemerkt, Apollon und Marsyas. Der jugendliche Gott, welcher bis auf die Hüften entblößt und nach Unten nur mit einem leichten Mantelumwurfe bekleidet ist, ruht auf einem etwas erhöhten Sitze. Zu seinen Füßen erscheinen die ihm vorzugsweise geheiligten Thiere, der Greif und der Rabe. Marsyas hat sein Ziegenfell, das man zwischen den weit ausgespreizten Beinen aufgehängt erblickt, abgeworfen. Bocksohren, Bart und struppiges Haupthaar charakterisiren den übermüthigen Satyr. Rechts und links im Vordergrunde sitzen zwei weibliche Gottheiten, offenbar als Personen, denen das Richteramt bei diesem Streite übertragen ist. Cybele, dem Beschauer zur Linken, ist durch den neben ihrem Thronsessel kauernden Löwen, durch eine Art von Tympanum, welches sie in der untergeschlagenen Linken hält, durch ihr verschleiertes Hinterhaupt und endlich durch den vor ihr stehenden Knaben mit phrygischer Tracht und Hirtenpfeife, am wahrscheinlichsten Atys, vollkommen deutlich. Schwierigkeit macht dagegen die gegenübersitzende Göttin mit hoher Stirnkrone, Scepter und einer Frucht in der Hand, die man offenbar grundlos für einen Mohnkopf erklärt hat. Ceres, wie man sie auf dieses letztere Attribut hin benannt hat, kann sie vielleicht noch am schicklichsten wegen der Beziehungen, die diese zur großen phrygischen Göttermutter darbietet, heißen; indessen ist diese Benennung weder sicher noch durchweg klar. Es muß indessen vor der Hand dabei sein Bewenden haben, bis Monumente oder neue Mythenbeziehungen Licht über diesen Punkt der Darstellung verbreiten.

Von den obern Gottheiten sind vier anwesend; die Musen erscheinen in der Fünfzahl. Vom Beschauer links steht Minerva und Bacchus zusammengruppirt. Letzterer gießt ein Trinkhorn aus, welches er in dem über das Haupt geschlagenen rechten Arme hält; Minerva erscheint in dieser Darstellung mit Ägis, Helm und Lanze bewaffnet. Rechts am Ende der Composition steht Hermes; er hat den linken Fuß hoch auf einem Felsstücke aufgestützt; die Bewegung der Hand, mit der er die hintere Krempe seines Petasus ergreift, scheint seine schmerzliche Theilnahme an dem unglücklichen Schicksale des Marsyas auszudrücken. Diana, mit dem Bogen in der Linken, wendet sich rasch nach dieser Seite hin, ihre Rechte greift nach dem Köcher; sie scheint erzürnt und hat es entweder mit dem Hermes oder auch mit der Euterpe zu thun, welche die Doppelflöten, deren Schicksal eben entschieden wird, mit kläglicher Miene hinzuhalten scheint. Offenbar ist auch das Chor der Musen je nach dem Antheile, welchen die einzelnen an dem Ausgange des Streites nehmen, in zwei Theile getheilt. Der Euterpe ist offenbar die Melpomene, die mit Keule und Maske als die Muse der tragischen Dichtkunst am andern Ende der Darstellung erscheint, in einem gewissen Gegensatz ihr gegenübergestellt. Sämmtliche Musen sind mit den Sirenenfedern zu glorreicher Erinnerung an einen ähnlichen sieghaften Wettstreit geschmückt. Außer ihnen erscheinen noch zwei andere männliche Figuren in dem Chor der Zuschauer, von denen die eine deutlich ein Satyr ist, während die andere hinter der Melpomene ohne Schwierigkeit für den Olympos, den Liebling des Marsyas, mit dem ihn der Mythus in mehr als eine Beziehung setzt, erklärt werden kann.

Rechter Hand sieht man auf der andern abgerundeten Querseite des Sarkophags das grausame Urtheil bereits vollzogen. Marsyas ist an einem Baumstamm an Händen und Füßen aufgebunden. Ein Phrygier zieht mit einem langen Riemen fest an den Stamm an; andere Figuren sind am Boden beschäftigt. Der eine derselben ist der bekannte Schleifer, eine Figur, die durch treffliche statuarische Ausführung in vereinzelter Aufstellung berühmt geworden ist. Die Darstellung schließt mit einer bis an die Hüften bekleideten Jünglingsgestalt, die durch einen langen Rohrstengel, auf den sich die Rechte aufstützt, als eine Localgottheit gekennzeichnet ist. Stehende Flußgötter sind nicht unerhört, aber doch immer nur mit Vorsicht anzunehmen. Bei unserer Figur hat man an den gleichnamigen Fluß Marsyas gedacht, in welchen der unglückliche Satyr der Sage nach verwandelt wurde.

Von den andern antiken Gegenständen ist wenig zu sagen; der größere Theil sind Marmorfragmente, manche darunter recht schön, Reste antiker Zimmermalereien, Bleiröhren mit Inschriften &c. Nicht ohne Interesse ist ein Sarkophag mit der Büste eines darin beigesetzten Knaben, welche unter einer Art von Tempelchen aufgestellt ist, der Statue des Kleinen selbst, welche an der Vorderseite des Deckels liegt, Todtengenien, Fruchtkörben mit Vögeln und folgender Inschrift:

ΟϹ ΠΑϹΑϹ ΧΑΡΙΤΑϹ ΚΑΙ ΤΑϹ ΦΡΕΝΑϹ ΕΝΘΑΔ᾽ ϵΚΑϵΙϹΕ
ΚΕΙΤΑΙ ΚΑΡΟΥϵΝΤΙϹ ΠΟΛΥΦΙΛΤΑΤΟϹ ΟΙϹΙ ΤΟΚϵΥϹΙ
und darunter in zwei Abtheilungen, rechts und links:
ΤΡΩΜΑ ΚΑΡΟϹΑϹ ΛΙΘΟϹ||ΤΟϹϹΟΝ ϵΧΩΝ ΑΓΑΘΟΝ.
(*Braun.*)

PAMHAGEN, auch **PAMHACKEN**, ungr. Pomogy, ein dem Fürsten Eszterházy gehöriges Dorf im wieselburger Gerichtsstuhle und Comitat im Kreise jenseit der Donau Niederungerns, dicht am südöstlichen Ufer des Neusiedlersees und zwar an jenem Punkte gelegen, wo dieser in den Hanságsumpf übergeht, mit 180 Häusern, 1443 teutschen Einwohnern, die, mit Ausnahme von sechs Juden, sämmtlich Katholiken sind, einer eigenen katholischen Pfarre, die zum raaber Bisthume gehört, einer katholischen Kirche, einer Schule und einem von dem Fürsten Eszterházy im J. 1777—1780 durch den Hanságsumpf nach Eszterház angelegten festen Damme, auf dem eine sehr gute Fahrstraße dahinführt. (*G. F. Schreiner.*)

PAMIERS (Br. 43° 8′, Länge 19° 15′, nach dem pariser Meridian Br. 43° 6′ 44″, westl. Länge 0° 43′ 39″), alte, niedliche und gut gebaute Stadt und Hauptort des ersten Bezirks und eines Cantons gleiches Namens, liegt 4 Lieues von Foix, 14 Lieues von Castelnaudary, 15 Lieues von Toulouse, 11 Lieues von St. Girons und 195 Lieues von Paris entfernt, auf dem rechten Ufer der Arriège, welche hier die Werke vieler Industrieanstalten in Bewegung setzt, in einer fruchtbaren, angenehmen und gesunden Gegend. Sie ist der Sitz einer Unterpräfectur, eines Friedensgerichts, eines Wahlbezirks, eines Tribunals erster Instanz, eines Bisthums, eines Communalcollegiums, einer Hypothekenconservation, eines besondern Finanzeinnehmers, einer Ackerbaugesellschaft, einer Gendarmeriebrigade mit einem Lieutenant, sowie eines Einregistrirungs-, Etappen- und Briefpostamtes, und hat eine Kathedrale, eine Pfarr- und zwei Succursalkirchen, einen bischöflichen Palast, eine Menge aufgehobene Klöster, 1000 Häuser und 5544 Einwohner, welche acht Jahrmärkte unterhalten, Serge- und Boortfabriken, Eisenhämmer und Stahlhütten besitzen, und Handel mit Wollenwaaren, Strümpfen und Vieh treiben. Die bei der Stadt befindliche eisen- und vitriolhaltige Mineralquelle wird gegen die Gicht und Verstopfungen mit Erfolg gebraucht. In alten Zeiten hieß Pamiers Fredelac, Fredelatum, und es soll seinen jetzigen Namen einem Schlosse Pamiers verdanken, welches ein Kreuzfahrer so nach der Stadt Apamia in Mesopotamien benannte. Denn die Ritter der damaligen Zeit hatten die Sitte, ihre Schlösser mit den Namen solcher Orte zu belegen, bei welchen sie sich im Morgenlande ausgezeichnet hatten. Im 8. Jahrh. erbauten die Grafen von Carcassonne hier die reiche und schöne Abtei des heil. Antonin. Im J. 1149 schenkte dieser der Graf von Foix das Schloß Pamiers und die Stadt Fredelac, wodurch die Äbte dieses Klosters so mächtig wurden, daß sie oft Kriege mit ihren Oberherren führten. Im J. 1296 erhob Papst Bonifaz VIII. diese Abtei zu einem Bisthume, welches Anfangs unter dem Erzbischofe von Narbonne stand, 1317 aber an das vom Papst Johann XXII. errichtete Erzbisthum Toulouse kam. Der Bischof von Pamiers war geborner Präsident der Stände der Grafschaft Foix und hatte 25,000 Livres Einkünfte. — Der Bezirk Pamiers enthält in den sechs Cantonen: Fossat, le Mas d'Azil, Mirepoix, Pamiers, Saverdun und Varithies 115 Gemeinden mit 73,135 Einw. Der Canton Pamiers zählt in 22 Gemeinden 14,163 Einwohner. (Nach Expilly und Barbichon.) (*Fischer.*)

PAMINGER (Leonhard), zu Luther's Zeiten, dessen Freund er war, lebte die meiste Zeit als Schulrector und Secretair an der Thomaskirche zu Passau, wurde als Gelehrter und als Componist geachtet. In der Musik hatte er sich, wie damals die meisten nach der niederländischen Schule, größtentheils nach Josquin gebildet. Baini und sein Bearbeiter nennen ihn Ludwig, was falsch ist. Erst nach seinem Tode, der 1568 erfolgte, wurden vier Bände seiner Cantionum ecclesiasticarum von seinem Sohne zu Nürnberg 1573, 1576 und 1580 herausgegeben, von denen der dritte Theil sich noch auf der münchener Bibliothek befindet. Sein Sohn Sophonias Paminger wurde 1526 zu Passau geboren, studirte in Wittenberg, genoß von Luther und Melanchthon viel Liebe und wurde dort Magister. Wegen seiner Anhänglichkeit an Luther wurde er nicht selten verjagt. Am längsten lebte er als Rector und Inspector des Musikchores zu Öttingen, entsagte aber auch diesem Amte und zog als Privatgelehrter nach Nürnberg, wo er Verschiedenes schrieb, auch mehre Gedichte, von welchen sich einige in den von ihm besorgten Werken seines Vaters vorfinden. Auch er soll in der Tonkunst erfahren gewesen sein. Endlich eröffnete er dort eine Privatschule und starb 1603. (*G. W. Fink.*)

PAMISUS, Name 1) eines bedeutenden Flusses in Messenien, 2) eines anderen kleinen Küstenflusses im lakonischen Gebiete, 3) eines ansehnlichen Flusses in Thessalien. Wir betrachten zunächst den großen Fluß Pamisus (gegenwärtig Pirnatza) in Messenien, über welchen unter den Alten besonders Strabon und Pausanias, unter den neuern Reisenden vorzüglich Pouqueville Bericht erstatten [1]). Nach Strabon's Angabe ist er der größte der Flüsse innerhalb des Isthmos, obgleich seine Strömung von seiner Quelle ab bis zur Mündung nur 100 Stadien beträgt [2]). Auf die Quellen des Pamisus stieß man, wie Pausanias bemerkt, wenn man von der messenischen Stadt Thuria aus nach Arkadien hin wanderte, 40 Stadien von der am Fuße des Berges Ithome liegenden Stadt Messene entfernt [3]). Obgleich er nur einen kurzen

1) Dieser Name ist verschieden geschrieben worden: *Πάμισος, Παμισός, Παμεισός*, Pamisus, Pamisus, Pamisum (Mela) und Panisus (Ptolem. und Plin.). Vergl. *Tzschucke* ad *Pomp. Mel.* II, 3, 9. p. 309. T. III. P. II. Nach Strabon (VIII, 4, 361) nannten ihn auch Einige Amathos. Vergl. Mannert, Geogr. d. Gr. u. Röm. 8. Th. S. 549. Auch der gegenwärtige Name wird verschieden geschrieben: Nach Pouqueville Spirnatza, nach Tzschucke Pirnaza, nach Mannert Pirnatza, welche Differenzen wol nur auf der verschiedenen Auffassung des Neugriechischen beruhen. 2) *Strab.* VIII, 4, 361. 3) *Paus.* IV, 31, 3. 4. *Ἰοῦσι δὲ ἀπὸ τῶν πηγῶν κτλ.* Hier wollte Pouqueville (Voyage dans la Gré-

Lauf vollendet, ist er dennoch sehr wasserreich (ὕδατι δαψιλής), strömt rein und klar von Nordost nach Süd durch die schönsten Gefilde über die Ebene Makaria hin, und ergießt sich 80 Stadien von Messene südlich, in der Nähe der Stadt Korone, in den messenischen (oder korondischen) Meerbusen[4]). Er nimmt mehre kleinere Flüsse von den benachbarten Gebirgen auf, wird daher schon zehn Stadien vor seiner Mündung schiffbar, und hat besonders im Frühjahre Seefische, welche aus dem Meere sich ihm zuwenden[5]). Nach altem Brauche wurde dem Pamisus alljährlich ein Opfer gebracht[6]). In Beziehung auf die neuere Zeit verbreitet sich über das Bette des Flusses, die schönen Ufer mit daranstoßenden anmuthigen Gärten mit herrlichen Südfrüchten, über die Anwohner, ihren Charakter, Sitten, Bräuche, Beschäftigungen, über eine Brücke und ähnliches Pouqueville an mehren Orten seines umfassenden Werkes[7]). Wir kennen ferner einen

Pamisus als kleinen Küstenfluß, oder, wie ihn Strabon (ἄλλος Πάμισος χαραδρώδης) und mit ihm Mannert bezeichnet, einen Waldbach, im lakonischen Gebiete an der alten Grenze von Messenien, welcher sich bei Leuktra (Paus. Leuktron) ebenfalls in den messenischen Meerbusen ergießt[8]). Außer diesen finden wir noch einen dritten Fluß,

Pamisus in Thessalien, und zwar in Thessaliotis. Herodotos nennt diesen Pamisus unter den fünf ansehnlichsten (τῶν δοκίμων) Flüssen Thessaliens[9]). Seine Quellen läßt man auf dem Gebirge Tymphrestus (in Ätolien an der Grenze von Thessalien, gegenwärtig Smocovo genannt) entspringen[10]). Pouqueville gedenkt dieses Flusses mehrmals (nennt ihn jedoch nicht fleuve, sondern rivière), bezeichnet seine Quellen (zwischen d. h. Curtcha und Xyloparißi), die Richtung seines Laufes, die Ufer und Anwohner derselben[11]). Er wird von dem Peneios (auf dessen rechtem Ufer) aufgenommen[12]). (*J. H. Krause.*)

PAMLICO, 1) Pamlicosund, eine 10—12 englische oder 2—3 teutsche Meilen breite und 100 engl. oder 16 teutsche Meilen lange Bai an der Ostküste des Staates Nordcarolina in Nordamerika, welche eine Art von Landsee bildet. Sie wird durch eine fast eine englische Meile breite und mit niedrigen Bäumen und Gebüsch bewachsene Corallenbank vom a.lantischen Ocean getrennt, in welcher es einige schmale Durchfahrten*) für Boote gibt, indem nur eine einzige in den Districten von Edenton und Newburn für belastete Schiffe fahrbar ist. Diese Bai steht auch mit dem Coresund, welchen einige als ihren südlichen Theil betrachten, sowie mit dem Albemarlesund in Verbindung. In den obengenannten Sund mündet außer dem Neus 2) unter 35° 25′ n. Br., 76° 42′ w. L. nach d. Merid. v. Greenwich der Pamlicofluß. Dieser erhält diesen Namen bei Tarborough, wo er aus der Vereinigung des Tar und Fishing Creek entsteht, und ist bis Washington für Schiffe fahrbar. 3) Pamlico Point, ein Vorgebirge, welches in der Grafschaft Beauford in den gleichnamigen Sund springt. (*Fischer.*)

Pammachion, s. Pankration.

PAMMENES, ein öfters vorkommender griechischer Name. Bekannt sind 1) ein thebanischer Feldherr dieses Namens, der es nicht nur in politischen Verhältnissen mit Epaminondas hielt, sondern ihm auch sonst nahe befreundet war[1]); eifrig der Männerliebe hingegeben, daher er ἐρωτικὸς ἀνὴρ heißt, tadelte er den Homer, daß er die Achäer in der Schlacht nach Stämmen und Phratrien aufgestellt sein lasse, empfahl dafür und führte es auch bei den Schwerbewaffneten in Theben ein, daß immer Liebhaber neben Geliebten gestellt wurde[2]); als der junge Philipp, Sohn des Amyntas, der nachherige König von Macedonien, sich als Geisel in Theben befand, wurde er der Aufsicht dieses Pammenes anvertraut, und auch mit dem jungen Fürstensohn soll er in einem Liebesverhältniß gelebt haben[3]). Später finden wir ihn an der Spitze einer thebanischen Truppenabtheilung, welche die Arkadier bei der Erbauung von Megalopolis gegen etwanige Angriffe der Lacedämonier vertheidigen sollte[4]), und noch später führt er ein Heer von 5000 Thebanern dem Artabazus in sei-

---

ce. T. V. p. 98) statt πηγῶν lesen γεφύρων, aus folgendem Grunde: „Car les sources du Pamissus se trouvent non pas à cinq milles, mais à trente milles de Messène, dans les montagnes voisines de la Laconie etc.“ Pausanias mochte den Ort, wo sich die von dem an Lakonien grenzenden Gebirge herabrieselnden Quellen bereits gesammelt hatten, für ihren Ursprung halten. Sickler, Alte Geogr. 2. Th. S. 28 setzt die Quellen des Pamisus dahin, wo der M. Lycäus mit dem Taygetos zusammenstößt. Auf der Karte des Peloponnesus von O. Müller entspringt dieser Fluß bei Äthäa. *Strab.* VIII, 4, 361: Ἀφίστηκε τε τῆς νῦν Μεσσηνίων πόλεως ὁ ποταμὸς σταδίους διακοσίους καὶ πεντήκοντα ist verdorben. Palmer (Exercitt. ad Gr. auct. p. 310) glaubte, daß Strabon σταδίους ν̅ geschrieben habe, woraus σταδίους σ̅ν̅ entstanden sei (durch das Sigma des vorhergehenden Wortes). Vergl. die Interpr. ad *Strab.* l. c. ed. *Siebenk.* et *Tzschucke.* T. III. p. 168. Pausanias (l. c.) erzählt, daß man in den Quellen dieses Flusses Krankheiten kleiner Kinder geheilt habe.

4) *Strab.* VIII, 3, 358; 4, 361; 6, 366. 367. *Paus.* IV, 34, 1. 2. *Cellar.* orb. ant. Vol. I. p. 965 (Lips. 1731). Expédition scientif. de Morée. Vol. I. p. 18 und die Karte dazu p. 72. 5) *Paus.* IV, 34, 1. Er bezeichnet die Seefische dieses Flusses wegen seines klaren Wassers als verschiedenartige von den Seefischen anderer trüben Flüsse, wie des Rheins, des Mäandros, des Acheloos. 6) *Paus.* IV, 3, 6. 7) *Pouqueville,* Voyage dans la Grèce. T. III. p. 493. T. IV. p. 413. T. V. p. 33—35. 97—99. 103. 124. Vergl. die Expédition scient. de Morée. Vol. I. p. 18. Die Karte zu p. 72 und d. Plan général de Messène. pl. 22. Vol. I. 8) *Strab.* VIII, 4, 361. Aber VIII, 6, 366. 367 redet er jedenfalls von dem größern Flusse in Messenien. Vergl. *Plin.* H. N. III, 16. Sickler, Alte Geograph. 2. Th. S. 21 und die Karte des Peloponnesos von O. Müller. Expédit. scient. de Morée. Vol. I. p. 72. Karte dazu. 9) *Herod.* VII, 129. Vergl. *Plin.* IV, 8.

10) Vergl. Sickler, Alte Geogr. 2. Th. S. 177. 183. 185. 11) Voyage dans la Grèce. T. III. p. 39. 85. 97. Er redet jedoch hier nicht mit entschiedener Sicherheit: „Les bords d'une rivière qui est *peut-être* le Pamise etc. Vergl. die Anm. 5. p. 85. 86. 97. 12) Vergl. *Plin.* H. N. IV, 8. Sickler a. a. O.

*) Diese führen die Namen Cedar-, Old-, Top-, Sall- und New Occracokinlets, von denen die erstern nur für Kähne, die letztere auch für Schiffe fahrbar ist.

1) *Plut.* Polit. Praec. 11. T. XII. p. 156 sq. 2) *Plut.* Erotic. 17. und dazu *Winkelmann.* 3) Ders. Pelopid. 26. *Libanius* or. in *Aeschin.* p. 702 d. 106 a. 4) *Paus.* VIII, 27, 2. *Diod.* XV, 94.

nem Kriege gegen den persischen König zu Hilfe[5]). Als Artabazus aber argwöhnte, daß Pammenes sich mit seinen Feinden in ihm gefährliche Verbindungen eingelassen habe, lud er ihn unter dem Vorwande, als wollte er ihm Geschenke machen, und unter das Heer Getreide austheilen, zu sich, und nahm ihn dann gefangen[6]). Gedacht wird seiner Kriegslisten auch von Polyän[7]) und Frontin[8]). 2) Ein Lehrer der Beredtsamkeit in Athen, aus der Zeit Cicero's, der ihn „bei weitem den beredtesten Mann Griechenlands" nennt[9]); er trieb eifrig das Studium des Demosthenes und empfahl es seinen Zuhörern, wie denn Brutus unter seiner Leitung dasselbe trieb[10]). 3) Kommt bei Demosthenes[11]) ein Goldarbeiter Pammenes vor, Sohn des Pammenes, der nach meiner Vermuthung ein attischer Schutzgenosse war. 4) Ein anderer wird bei Lucian[12]) erwähnt. Unbekannt sind die nähern Umstände, auf welche sich die bei Cicero[13]) vorkommenden Pammeni domus und Pammenia causa beziehen. *(H.)*

PAMMENOCK, Vorgebirge auf der Nordküste von Neuguinea, unter 0° 24′ südl. Br., 133° 21′ östl. L. *(H.)*

PAMMEROPE, mythische Tochter des Keleos in den eleusinischen Mysterien (*Paus.* I, 38, 3). *(H.)*

PAMMON, Sohn des Priamos und der Hekuba, erwähnt von *Homer*. Il. XXIV, 250. *Apollodor*. III, 12, 5. *(H.)*

PAMNAGUR, Stadt in Hindostan, im Gebiete von Kitchwara, 13 engl. Meilen nordwestlich von Burdwar. *(H.)*

PAMOACAN, Stadt auf der Ostsüdküste von Borneo, 150 engl. Meilen von Banjer Massing. *(H.)*

PAMODURIE, Stadt in Hindostan, in Mysore, 20 engl. Meilen von Tademeri. *(H.)*

PAMPA DEL SAN SACRAMENTO. In dem östlichsten Theile des von der Republik Nieder-Peru, vermöge der portugiesisch-spanischen Grenztractate, in Anspruch genommenen Landstriches des Amazonengebietes, erstreckt sich zwischen den Flüssen Huallaga und Ucayale, Marañon, Mayru und Pachitea eine ziemlich flache Ebene. Sie mißt von Norden nach Süden fünf Breitegrade, ist aber in der Richtung von Osten nach Westen nirgends völlig 30 geograph. Meilen breit. Von dem Fuße der mauerngleich abfallenden Anden laufen nur an wenigen Orten parallele Hügelreihen hin, die übrigens sich keineswegs so über die Ebene verzweigen, wie die Mehrzahl der Karten es darstellt. Allerdings setzen die Vorberge der Cordillera, nachdem sie am Pongo vom Huallaga durchbrochen worden sind, sich auf dem östlichen Ufer dieses Flusses fort, indem sie, nach Süden zurückkehrend, sich endlich den östlichen Ausläufern des Gebirgknotens von Huanuco unter 9° 40′ südl. Br. anschließen; aber sie sind ungetheilt, senden keine rechtwinkelig hervortretenden Zweige in der Richtung des Ucayale aus und sind bis unter den 9. Gr. so niedrig, daß sie eben nur den Namen von Hügeln verdienen. Der Boden jener Pampas ist daher, ausgenommen gegen die östlichen und südlichen Grenzen, flach, gegen den Marañon sogar in weiten Strecken wagerecht. Die den Verlauf der Flüsse im nördlichen Theile bestimmende Abhängigkeit der Ebene ist zu unbedeutend, um bei allgemeinem Überblicke berücksichtigt werden zu können. Steile Ufer (Barancas) von mehr als 40 Fuß Höhe kommen weder am Huallaga noch am Ucayale nördlich von 7° 30′ südl. Br. vor. Nach Süden steigt das Land langsam empor jenseit des 8° 30′ Br., allein einen bergigen Charakter erlangt es nur in der Nähe des Flusses Pachitea, da wo der Mayru sich mit ihm verbindet. Selbst am Ucayale sind jene niedrigen Berge nicht vorhanden, die man vom 9. Gr. nach Süden seinem Laufe parallel verzeichnet hat, vielmehr erstrecken sich dort die Ebenen, welche übrigens nicht zu der Pampa del S. Sacramento zu rechnen sind, noch weiter hinauf, in ein jedoch fast unbekanntes Land. Die südlichen Grenzberge gehören den Voranden von Pozuzo an und sind mit Ausnahme der niedrigen Kalksteinkette der Cerro de la Sal ebenso steil und unzugänglich, aber weit höher als die Berge des Pongo del Huallaga. Eine Schwelle in der Mitte der Pampa von Norden nach Süden verlaufend ist übrigens nicht vorhanden, wie aus der Ansicht des Verlaufes kleiner Confluenten des Huallaga und Ucayale geschlossen werden könnte. Vielmehr entspringen alle diese Gewässer aus dem Bergzuge, der das östliche Huallagaufer in großer Nähe begleitet. Die nach Westen abfließenden Gewässer bilden daher nur kleine, aber wegen der Kürze und Steilheit ihrer Betten sehr rasche Flüsse, während die nach Osten sich wendenden die ganze Ebene in nordöstlicher Richtung langsam durchfließen, ehe sie den Ucayale erreichen. Die Zahl der Flüsse in der eigentlichen Pampa ist ziemlich groß, allein je weiter nach Norden, um so unsicherer ist die Beständigkeit ihres Bettes. Bei der kaum bemerklichen Erhöhung des zwischenliegenden Landes geschieht es leicht, daß sie sich zur Zeit der periodischen Anschwellungen verbinden, Arme bilden, die in verkehrter Richtung laufen und das Land so weit unter Wasser setzen, daß es einem ungeheuern See gleichen müßte, wäre es nicht mit Urwäldern dicht bedeckt. Der Name Pampa darf nämlich keineswegs zu dem Schlusse verführen, daß jenes Land hinsichtlich der Bodenbeschaffenheit und Vegetation Ähnlichkeit mit den Ebenen des Plataſtaates habe. Die Fläche ist dicht bewaldet, der Boden stellt eine klafterhohe Rinde reicher vegetabilischer Erde auf einer Unterlage von Sand oder Lehm dar und ist theils von Wasser überall durchzogen, theils in große Sümpfe verwandelt, wo kein schneller Abzug der Überschwemmungen erfolgt. In den allgemeinen Umrissen unterscheidet sich die Pampa del S. Sacramento nicht von dem Uferlande des Amazonas, und gleicht hinsichtlich der Thier- und Pflanzenwelt diesem vollkommen. Die Einwohner leben mit Ausnahme einer sehr geringen Zahl im Zustande einer wilden Unabhängigkeit und meistens ohne alle Verbindung mit den civilisirten Peruanern des Huallaga und der Gegend von Pozuzo. Sie

5) *Diod.* XVI, 34 u. dazu *Wesseling*. 6) *Polyaen.* VII, 33, 2. 7) V, 16. 3. 8) II, 3, 3. 9) *Cic.* Brut. 97. 10) Ders. Orat. 30 u. X. 11) gegen Midias. §. 22. p. 521 a. C. 12) Dialog. meretric. T. VIII. p. 210. Bip.) 13) an Attic. VI, 20. extr. VI, 2.

mal in der letztern Gegend seit Menschenaltern in
irt von Krieg mit ihren Nachbarn begriffen, der
nur dann ausbricht, wenn Expeditionen (wie un-
ıeral Otero im J. 1826) in ihr Land einzudrin-
ternehmen. Man nennt eine Menge von Stäm-
von welchen einige, die Calisecas und Caschibos,
von den Missionairen der frühern Zeit, als von den
ı. der Missionen des Huallaga noch heute als An-
hagen beschrieben werden. Am häufigsten erwähnt
die Panos, Setivos, Sipivos, Manoas, Cunivos,
. Campas, Piros, Concavos, Carapachos, die der
t nach Zweige von zwei Hauptstämmen sein dürf-
n zahlreichsten sind die Panos, deren Sprache da-
h sehr verbreitet ist. Die Majorunas bewohnen
ls gefürchteter Piratenstamm die Mündungsgegend
ıyale, dürften aber, da sie am zahlreichsten weiter
m Amazonas wohnen, nicht zu den Völkern der
del S. Sacramento zu zählen sein. Man hat
eit dem 17. Jahrh. Versuche gemacht, Missionen
hten, z. B. der in Peru berühmte Jesuit P. Fritz
80 am untern Ucayale, die Franziskaner P. Biedma
n der Gegend des Cerro de la Sal, und P. An-
Bital 1687 am Apurimac und mittlern Ucayale;
nehrfache Aufstände, besonders 1740 unter dem fal-
nca Santos Atahualpa, brachten den Missionarien
d und den Niederlassungen Verwüstung. Von al-
sionen ist allein Sarayacu noch übrig, an der Ein-
ıg eines kleinen Flusses in den Ucayale, auf einer
Uferstelle gelegen. Die Bevölkerung bestand im J.
us 1920 Individuen jedes Alters und Geschlech-
ie von fünf bis sechs Völkern herstammten, je-
etauft und an die Regierung des Missionairs ge-
wenn auch nicht so unterwürfig waren, wie die
der den Anden näher liegenden Missionen. Da
ıanische Regierung seit vielen Jahren sich um jene
assung nicht weiter bekümmert hat, so ist ihr Un-
nach dem Tode eines würdigen Mannes (P. Ma-
aza), der ihr seit 1801 vorgestanden, vorauszusetzen.
ivilisation steht auf niedriger Stufe, der Ackerbau
t nur Erhaltung des Lebens, Handel wird nur mit
Mengen roher Producte (Wachs, Sarsaparilla ꝛc.)
abatinga, dem brasilischen Grenzorte, getrieben.
amen erhielt dieser Landstrich, weil er am 21. Juni
am Frohnleichnamstage) zufällig durch einige Neo-
der Mission von Pozuzo entdeckt wurde. Man
) bestrebt, ihn als ein Paradies, oder doch als un-
reich und merkwürdig darzustellen, obgleich er sich
hts von den großen Ebenen des Amazonas unter-
. Der alte, abenteuerliche Glaube an die Dora-
n Enim, Manoa und Paititi, die in jener Richtung
sollten, mag dieses veranlaßt haben. Reich ist aller-
die Pampa an Naturproducten, jedoch nicht mehr
e Nachbarländer unter gleichen Verhältnissen. Doch
t die Gewinnung dieser Schätze Arbeit, Cultur des
s, Vorkehrungen der Civilisation und persönliche
heit des Pflanzers, Bedingungen, deren Erfüllung
sehr schwer, theils nur erst nach vieljähriger aus-
der Anstrengung zu erlangen sein wird. Verbin-
dungswege stellen allein die Flüsse her, und unter diesen sind nur zwei, der Ucayale von seiner Mündung bis Sarayacu und die Flüsse Sta. Catalina und Chipurana zu benutzen, da in allen andern Gegenden Wilde hausen, oder genauere Nachrichten über Möglichkeit der Beschiffung fehlen. Die Verbindung mit Peru ist gering und wird auf dem Wege erhalten, den gegen 1780 die Indier von Lamas entdeckten, nämlich aus dem Huallaga den Chipurana aufwärts bis zu einem kurzen Trageplatz und durch den Rio Sta. Catalina in den Ucayale. Bereisungen des letztern Stromes in seiner ganzen Länge sind seit dem 17. Jahrh. nicht unternommen worden, und selbst die damaligen Berichte ungedruckt geblieben, wiewol sie ehedem im Missionskloster von Ocopa vorhanden waren. P. Plaza befuhr ihn einmal gegen 1816, indessen nicht so hoch hinauf als seine Vorgänger, indem er in den Pachitea einlief, um den Fuß der Anden zu erreichen. Berichte über diese Fahrt finden sich im Auszuge in *Henry Lister Maw*, Journey across the Andes etc. (Lond. 1828), und in den peruanischen Zeitungsblättern, ältere Nachrichten im Mercurio peruano vom P. Man. Sobreviela aus d. J. 1790 (Tom. III. Nr. 59. p. 226 sq.); vom P. Narcisso Girbal im J. 1790 (Tom. III. Nr. 75 sq.); sparsam bei *Rodriguez*, Marañon y Amazonas (Madrid 1684); in den Mscr. Chroniken des Franziskanerordens von Amichi und von Rodriguez Tena, die in der Bibliothek zu Lima in mehren Abschriften vorhanden sind, und vielleicht auch in Europa existiren dürften. In den neuesten Zeiten wurde Sarayacu flüchtig von zwei englischen Reisenden, W. Smyth und F. Lowe, berührt (Narrative of a Journey from Lima to Para etc. [Lond. 1836]), die jedoch mit Sitte, Sprache und Natur zu wenig vertraut, selbst ohne hinreichende Mittel einen Entdeckungszug zu unternehmen gewagt hatten, und daher ohne ihren Zweck zu erreichen und etwas Erhebliches zu dem schon Bekannten hinzugefügt zu haben, zurückgekehrt sind. (*E. Pöppig.*)

PAMPAGNA, PAMPANGA, eine der größten im Norden gelegene Provinz der hinterindischen Insel Luzon (Manila), welche von den Provinzen Pangasinan im Nordwesten, Bulacan im Südosten, Balanzas (Balangas) im Süden, Zambales im Westen, sowie von dem unabhängigen Theile der Insel im Osten und Nordosten begrenzt wird, vorzüglich viel Zucker nebst Reis, Tabak und andern tropischen Gewächsen liefert, in ihren Gebirgen Gold enthält und unter spanischer Botmäßigkeit steht. Die Bewohner derselben, deren Zahl man auf 150,000 schätzt, und unter denen sich gegen 20,000 Mestizen befinden sollen, bestehen größtentheils aus Tagalen, von denen sie jedoch hinsichtlich der Sprache dialektisch verschieden sind. Sie werden Pampagnos oder Pampangos genannt. (*Fischer.*)

PAMPA-HERMOSA, von Indianern bewohnte Stadt Peru's, Diöcese von Trurillo, Provinz Pataz. (*H.*)

PAMPANGAN, Stadt auf der Ostküste der Philippineninsel Luzon und Hauptort einer Provinz. Sie ist groß und bevölkert und liegt unter 15° 5′ n. Br. Ihre Bewohner, welche malaiischer Abkunft sind, haben wenigstens im Äußern die Religion und Sitten, zum Theil auch die Sprache der Spanier angenommen, und werden unter dem Namen Pampangos aufgeführt. Vergl. Philippinen. (*Fischer.*)

Pampangos, s. Pampagna.

PAMPANIS (*Παμπανίς*), alter Name eines Fleckens in Oberägypten oder Thebais bei Ptolemäus. (*H.*)

PAMPARATO, ein großes Dorf der festländischen Staaten des Königs von Sardinien; es liegt in der piemontesischen Generalintendanz Cuneo, am rechten Ufer des Casotto, welcher vereinigt mit den Torrenti Monza und Corsaglia dem Tanaroflusse zuströmt, hat 290 Häuser und 2952 Einwohner und eine höchst romantische Umgebung. (*G. F. Schreiner.*)

PAMPAS. Dieses der Quichua- (Kitschua) Sprache der Peruaner entnommene Wort bezeichnet eigentlich jedes nicht bergige Land, allein nach dem jetzigen Sprachgebrauche nennt man nur solche absolut ebene Gegenden so, welche nicht mit Bäumen, sondern nur mit Pflanzen bewachsen sind. Kein Welttheil — Afrika vielleicht ausgenommen — ist reicher an Savannen dieser Art als das südliche Amerika, obgleich nur diejenigen, welche zum Gebiete des Rio de la Plata (Silberflusses) gehören, sowie die, welche sich in dem Osten Peru's finden, Pampas genannt werden, da die zu den Gebieten des Maranhon (Maranjon) und Oronoko gehörigen Tiefländer den Namen Llanos (spr. Ljanos) führen. Kommen wir daher zuerst zu den Pampas, welche den östlichen Theil der argentinischen Tiefebene einnehmen.

Diese, welche von Süden nach Norden 1500 engl. Meilen lang, von Osten nach Westen 500 Meilen breit sind, sodaß sie im Ganzen einen Flächenraum von 100,000 (nach Volger von 70—80,000) □Meilen einnehmen, bilden von Buenos-Ayres aus nach Norden und Westen, vorzüglich aber nach Südwesten, eine unübersehbare, fast vollständig horizontale Ebene, indem sich in derselben nur hier und da einige dünenartige Erhöhungen zeigen. Der Boden dieser Ebene besteht nach Baldawin und Bonpland durchweg aus einer schwarzen fruchtbaren Gartenerde, welche eine auf Kies ruhende Thonunterlage hat, sodaß die Anlage von Wäldern durch ihn sehr begünstigt werden würde, wie dies auch aus dem Gedeihen der Pfirsich- und Olivenbäume, welche man nebst andern Arten von Obstbäumen in der Nähe von Buenos-Ayres angepflanzt hat, hervorgeht. Nichtsdestoweniger erblickt man in den Pampas nirgends einen Baum oder einen Busch, selbst kaum eine perennirende Pflanze, dagegen ist das ganze Land mit einer üppigen Vegetation krautartiger Monokotyledonen [1]) von außerordentlicher Größe bedeckt. Auf der 150 Meilen langen Strecke zwischen Buenos-Ayres und Mendoza bedecken Klee und Disteln 30—40 Meilen weit abwechselnd die Ebene, indem die letztern hervorschießen, wenn jener abgestorben ist. Sie erreichen eine Höhe von 10—12 Fuß und wachsen mit einer solchen Schnelligkeit empor, daß nach Head eine mit der Localität unbekannte Armee sich von ihnen eher eingeschlossen sehen würde, als sie Zeit zur Flucht hätte [2]). Wirklich hindern sie vom Mai bis Januar, denn vom Februar bis April sind sie abgestorben, die Indianer an ihren Raubzügen. Diese außerordentliche Distelvegetation hat Veranlassung gegeben, einer Unterabtheilung der Pampas den Namen Distelregion [3]) zu geben, während die beiden andern die Namen Pajonales und Cienajas führen. Die Pajonales zeichnen sich durch krautartige, großblättrige Monokotyledonen aus, in welchen sich zahllose Hirsche, wilde Hunde, Strauße, Tiger und Löwen bergen; die Cienagas dagegen sind große, theilweise mit Wasserpflanzen bedeckte, durch das Austreten der Flüsse, sowie durch das aus Mangel an Abdachung bewirkte Stehenbleiben unzähliger Gewässer gebildete Sümpfe und Seen, welche zum Theil eine beträchtliche Ausdehnung haben, und viel Salz halten, welches sie wie derUeberero als Krystalle ansetzen, und mit welchem selbst viele Flüsse, wie z. B. der Vermejo, außerordentlich geschwängert sind. Die bedeutendsten dieser Seen sind die Lagunas saladas de los Porongos, in welchen sich der Rio Dulce verliert, der von der Stadt Tucuman aus die Pampas in südöstlicher Richtung durchfließt, während sich der Rio Primero in einem südlich von den genannten Lagunen gelegenen See, sowie die Flüsse Rio Segundo und Rio Quarto in einem andern See verlieren. Nur der Rio Tercero erreicht den Parana.

Reicher als die Pflanzenwelt ist das Thierreich in den Pampas ausgestattet. Man rechnet, daß zwei bis drei Millionen Stück Hornvieh, drei bis vier Millionen Pferde und zahllose Maulthiere und Schafe in denselben herumschweifen. Von wilden Thieren findet sich der amerikanische Löwe oder Cuguar (Felis concolor), welcher weder die Größe noch die Wildheit des afrikanischen hat, während dagegen der dortige Tiger oder Jaguar (Felis Onça) dem bengalischen in keiner Hinsicht nachsteht. Eigenthümlich ist den Pampas ein luchsartiges Thier, welches Azara Chat Pampa nennt. Es zeichnet sich durch lange Haare an den Ohren, sowie durch einen kurzen Schwanz aus. Dann der Quiya (Hydromys coypus) von drei Fuß Länge und einem äußerst feinen Pelze, der Pampashase (lièvre Pampa), das Wasserschwein (Hydrochoerus Capyvara), sowie das Vizcacha (Biscacho), ein dem Eichhörnchen ähnliches Thier, welches jedoch wie das Kaninchen in Erdhöhlen wohnt und dadurch manches Unglück anrichtet, indem es Roß und Reiter häufig zum Falle bringt. Ähnlich wie das Vizcacha, graben sich auch die Gürtelthiere, von denen sich vier Arten in den Pampas finden sollen, in die Erde, und verursachen gleichfalls manches Unglück. Außer den genannten

1) Diese aus Agaven und lilienartigen Gewächsen bestehend, verschwinden, sobald das Land, wo sie wachsen, eine Zeit lang als Weideland benutzt worden ist, und an ihre Stelle treten dichtes Gras und andere Kriechpflanzen.

2) Vergl. Rough notes taken during some rapid Journeys across the Pampas and among the Andes. By Capt. *F. B. Head.* 1827.

3) Im Süden von Buenos Ayres reichen die Disteln bis an den Salado, auf dessen südlichem Ufer sie sich bis jetzt nur schwach ausgebreitet haben. Sie scheinen ursprünglich den Pampas nicht eigenthümlich gewesen und erst durch europäische Niederlassungen, denen sie gewissermaßen folgen, producirt zu sein.

zren findet sich noch eine Hirschart Guazu-y genannt,
ie Cavia Aperea. Vom geflügelten Geschlechte fin-
sich viele Schwäne, Gänse, Enten, Schnepfen, Reb-
ner, Wachteln, Eulen und andere Raubvögel, sowie
pagaien, welche hier Patagone heißen, Tauben. Auch
amerikanische Strauß findet sich in den Pampas und
her und andere Sumpf- und Wasservögel sind in größ-
Menge vorhanden. Von Amphibien findet sich der
gator, und einzelne Schlangenarten kommen vor; da-
n sind plagende Insekten in Unzahl vorhanden. Zu ih-
gehören vorzüglich die Moskitos, die fliegende Wanze
chuca), Flöhe, Fliegen, Bremsen, Wespen und
schrecken, welche letztere sich häufig in ungeheuren
wärmen einfinden und alles verwüsten.

Die Witterung ist in den Pampas im Allgemeinen
nd, doch fallen die kalten Pamperos *), welche diesel-
von den Anden her durchstreifen, lästig und erzeugen
kheiten.

Das Merkwürdigste der Pampas sind die Bewohner
ben, welche in zwei Classen zerfallen, nämlich in die
chos (spr. Gautschos) und in die sogenannten Pam-
ndianer. Die Gauchos, welches Wort rohe, linkische
ischen bezeichnet, sind die freiesten, unabhängigsten We-
von der Welt. Zwar spanischer Abkunft, sind sie doch
ihre Lebensweise zu Halbwilden herabgesunken, die
stets zu Pferde die Pampas durchstreifen. Ihre Haupt-
ung, ein Werk der Hände ihrer Weiber, bildet der
cho (Pontscho), der durch seine Einfachheit seinen in-
ischen Ursprung verräth, indem er nichts als ein in
Mitte geschlitztes Tuchstück ist, welches entweder so
den Kopf gezogen wird, daß die Arme völlig frei
en, oder man trägt es über die Schultern geworfen,
man bedient sich seiner als Gürtel. In der Nacht
der Poncho, welcher gewöhnlich aus Wolle gewebt
oft mit bunten Fäden durchzogen ist, als Bettdecke.
rdem trägt der Gaucho eine Jacke und Hosen, welche
en Knieen offenstehen; beide Kleidungsstücke werden
Boy, Manchester oder grobem Tuche verfertigt. Sil-
Knöpfe zieren Brust und Kniee, ein Strohhut den
, ein baumwollenes Halstuch das Gesicht, um wel-
es geschlungen wird. Strümpfe von Roßleder, welche
offen sind, bedecken die Füße, als deren größter
nuck eiserne oder silberne Sporen betrachtet werden,
Räder außerordentlich groß und äußerst scharf aus-
gezackt sind. Als Reiter behauptet vielleicht der Gaucho den ersten Rang; vierjährige Knaben wissen schon die wildesten Pferde zu bändigen, dennoch ist ihr Reitzeug äußerst einfach. Der Sattel (recado), welcher mittels eines dünnstreifigen Gurts, an welchem sich ein eiserner oder hölzerner Ring befindet, den man durch einen Riemen mit einem andern am Sattel befindlichen Ringe verbindet, befestigt wird, besteht aus einem einfachen, mit Leder überzogenen Holzstücke, und dient häufig des Nachts als Kopfkissen, sowie am Tage als Stuhl. Die Steigbügel bestehen entweder aus Silber oder aus Holz; oft sind sie kaum geräumig genug, um die große Zehe aufzunehmen. Die Schabracke macht dem Gaucho das Bett überflüssig. Die Nahrung des Gaucho besteht in Nichts als in Wasser und Ochsenfleisch, dennoch haben sie eine sehr gute Constitution, sodaß sie die größten Anstrengungen ertragen können. Die einzigen Geschäfte des Gaucho sind Viehzucht und Jagd. Erstere macht er sich aber sehr leicht. Kein Gaucho denkt daran, das Vieh nach europäischer Weise zu hüten, das Einzige, was er thut, besteht darin, daß er wöchentlich einmal von einigen Hunden begleitet sein oft Meilen großes Gebiet mit lautem Geschrei im Galopp umreitet und so das Vieh auf einen freien in der Mitte seiner Besitzung befindlichen Platz treibt, wo dann das zum Schlachten oder Verkaufe bestimmte Thier eingefangen wird. Ebenso werden die Pferde einmal wöchentlich auf den Hofraum zusammengetrieben. Der Jagd ist der Gaucho leidenschaftlich ergeben, obgleich er sich keiner andern Waffe als des Lasso's und eines 14 Zoll langen Messers bedient. Den Lasso wissen sie mit unglaublicher Sicherheit zu gebrauchen, und fast nie verfehlen sie ihre Beute. Die Weiber der Gauchos, welche in der Reitkunst ebenso erfahren sind als ihre Männer, tragen baumwollene Hemden und Tuchröcke, die Arme und Nacken bloß lassen. Strohhüte sind auch bei ihnen gewöhnlich, als Schmuck dienen Schärpen und Shawls von den glänzendsten Farben. Sie bauen indianisches Korn, aus welchem sie Brod backen, Zwiebeln und Wassermelonen. Beide Geschlechter sind fromm, da jedoch die Kapellen bei der oft 4—30 Leguas betragenden Entfernung der Gauchshütten von einander äußerst selten sind, so gehören die Gauchos nicht zu den fleißigsten Messebesuchern. Die Kindertaufe, welche oft bis zur Verheirathung verschoben wird, verrichtet der Vater zuweilen selbst. Die Todten in heiliger Erde zu begraben, betrachten sie als eine heilige Pflicht, und können sie nicht den ganzen Leichnam bestatten, so überbringen sie ihrem Pfarrer wenigstens die vom Fleische gereinigten Gebeine zur Beerdigung. Die Wohnungen der Gauchos, welche sich gewöhnlich in der Mitte der Estancias oder Dehesas, wie man das einem Viehhalter zugehörige Gebiet nennt, befinden, bestehen gewöhnlich aus Pfählen, deren Zwischenraum mit Weidengeflechten oder Lehm ausgefüllt ist. Das Dach dieser Hütten besteht meistens aus Stroh, oft aber auch aus Kuhhäuten, welche auch als Thüren und Fensterladen gebraucht werden. Holzklötze oder skelettirte Pferdeköpfe dienen als Stühle, ein kleiner Tisch zum Kartenspiel, irgend ein Heiliger oder ein Crucifix zum Schmuck des Zimmers. Schaf-

) Mit dem Worte Pampero bezeichnet man in Buenos Ayres
Südwestwind, welcher äußerst gesund ist, gewöhnlich mit ziem-
Heftigkeit weht, zuweilen aber auch die Natur eines Orkans
mt. Als Beispiel der Gewalt dieses Sturmes erzählt Ma-
illespie, welcher an der englischen Expedition unter S. Home,
n und General Beresford im J. 1806 Theil nahm, daß die
ia von 26 Kanonen, welche die Bewegungen der Truppen
der Küste unterstützte, am 12. August, nachdem ein heftiger
ero geweht hatte, plötzlich wegen Wassermangels auf das Trockene
sodaß sie von einem Cavaleriecorps genommen werden konnte.
J. 1793 wurde im Monat April das Wasser des Parana
a Plata durch einem heftigen Pampero zehn Leguas weit zu-
halten, sodaß ein Theil des Flußbettes drei Tage lang trocken
wurde. Mehre Menschen besuchten dasselbe, ohne sich einen
aß zu machen und kehrten häufig mit Schätzen beladen zurück.

felle und Kuhhäute, welche letztere man zwischen Pfählen auszuspannen pflegt, dienen als Betten, Ochsenhörner als Trinkgefäße. Dennoch leben die Gauchos glücklich und zufrieden, und ihre Zeit verfließt zwischen Schlaf, Spiel und Jagd.

Die zweite Classe der Pampasbewohner bilden die Pampas-Indianer (s. d. folg. Art.). (*Fischer*.)

PAMPAS (Indianer), unter dem Namen von **Indios pampas** haben sowol die ältern als die neuern Schriftsteller ein Gemisch verschiedener Völkerschaften verstanden, die zwar oft in gegenseitigen Feindseligkeiten begriffen und zum Theil auf weiten Flächen verbreitet, immer gemeinschaftliche Sache machten, wenn es sich um einen räuberischen Einfall in die Niederlassungen der Weißen südlich und westlich vom Plataflusse handelte. Noch heute herrscht derselbe Sprachgebrauch unter den Gauchos, den zwar von den Spaniern herstammenden, jedoch höchst uncivilisirten Bewohnern der großen Ebenen von Buenos Ayres. Wenn auch zur Zeit der ersten europäischen Niederlassung in jenen Gegenden gewisse Völkerstämme, z. B. die Guerandis, feste Wohnplätze, besonders in den fruchtbareren Ufergegenden des Plata, Rio negro &c. besaßen, so hat doch das Umsichgreifen der spanischen Colonie die Eingebornen bald verdrängt, und zu einem wandernden Leben gezwungen. Gegenwärtig sind daher die gelegentlich erscheinenden Indier der Pampas nur Nomaden, welche ihren Winteraufenthalt am östlichen Fuße der Anden in sicherer Entfernung von den Weißen nehmen, im Sommer die Ebenen südlich vom 36. Gr. Br. durchstreifen, in selteneren Fällen bis an die dürren Ostküsten, namentlich Puerto deseado, vordringen, und als nicht verächtliche Feinde ebenso wol schon in der Nähe von Buenos Ayres als von Cordova, S. Luis, Mendoza und selbst schon jenseit der Anden in den Grenzprovinzen des südlichen Chile gesehen worden sind. Eine feststehende Bevölkerung vermöchte sich übrigens in den südlichen Pampas kaum zu erhalten, indem der salzreiche, aber streckenweise ganz pflanzenlose Boden oft in weiten Entfernungen kein trinkbares Wasser bietet. Wie jedoch alle jene Stämme heißen mögen, welche bisweilen durch gemeinsame Raubsucht vereint die südlichen Grenzen der argentinischen Republik überschreiten, und die furchtbarsten Verheerungen anrichten, vermag so leicht Niemand zu sagen, indem in Bezug auf die Ethnographie Patagoniens große Ungewißheit herrscht und die Menge von Namen, welche sich ebenso wol in den ältern Schriften als im Munde des Volkes finden, wie in vielen andern Gegenden Südamerika's, als synonyme anzusehen sein dürften, welche die oberflächliche Kenntniß der Sprache der Indier, und ihrer Neigung, sich in kleine Horden zu theilen, überall hervorrief. Mehrfache Gründe führen auf die Vermuthung, daß die Pampasindianer ganz gleichbedeutend sind mit den Puelches, deren eigentliche Wohnsitze zwischen dem 38—40. Gr. Br. entlang dem östlichen Fuße der Anden liegen. Sie bilden eins der wenigen Völker, die, selbst noch in der neuern Zeit ziemlich zahlreich, dem Joche der Weißen sich ganz zu entziehen verstanden haben, und durch ihre geographische Lage, sowie durch die abstoßende Armseligkeit des größten Theils ihres Gebietes zu Eroberungsversuchen nicht einladen. Getrennt von Chile durch eine kaum übersteigbare Gebirgskette, geschützt gegen Buenos Ayres durch unfruchtbare Sandwüsten, sind sie selbst durch diese Umstände nicht an weiten Zügen und Einbrüchen gehindert, indem sie als abgehärtete und vortreffliche Reiter und im Besitze von unansehnlichen, schlechtgehaltenen, aber sehr ausdauernden Pferden in unglaublicher Schnelle sehr große Entfernungen zurücklegen. Verbunden mit den Gebirgsstämmen der Pehuenchen und Moluchen, die man gewöhnlich zu den Indiern Chile's rechnet, haben diese Puelchen oder Pampas schon mehrfach bis an die Thore der Hauptstadt Schrecken verbreitet; ihre Mordbrennereien sind eines der wichtigsten Hindernisse der Colonisirung der fruchtbarern Gegenden der Ebenen gewesen, und ein selten unterbrochener Krieg hat sie ebenso wenig gedemüthigt als sie eine Reihe von eilf Forts, die Organisirung eines Landsturmes und vielerlei ähnliche Vorkehrungen der Spanier im Zügel zu halten vermochten. Der Fall der spanischen Regierung, die unaufhörlichen Unruhen der neuen Republikaner, die Wehrlosigkeit des Landes und die Unklugheit der Befehlenden lud nicht umsonst die räuberischen Indier ein. So häufig sind seit 1813 ihre Einfälle, welche zum Theil sogar auf Veranlassung der einen oder der andern politischen Partei geschehen, gewesen, daß große Landstriche besonders um San Luis und Mendoza völlig verödet sind. Die Regierung von Buenos Ayres sah endlich den Ruin des Innern so unverkennbar vor sich, daß sie eine Vereinigung der einzelnen Staaten und einen Feldzug veranstaltete (1831, 1832), während dessen Dauer man ziemlich weit vordrang und den Feinden starke Verluste beibrachte. Daß diese Demüthigung von guter Wirkung für die Zukunft sein werde, ist kaum zu erwarten, indem theils die Nothwendigkeit und der Hunger sie zu neuen Einfällen zwingen werden, theils die Neigung zu Raubzügen im Charakter und den Sitten jenes Volkes viel zu tief begründet liegen, als daß sie durch gewaltsame Mittel auszurotten wären. Wenn jedoch in der Zukunft eine feststehende Regierung die besseren Theile Patagoniens colonisirt haben wird, ein Schritt, von dem das Aufblühen der Platastaaten großentheils abhängen dürfte, so werden auch jene unstäten Völkerschaften dem Schicksale nicht entgehen können, welches über alle Indiervölker Amerika's waltete, sobald sie mit den Weißen in enge Berührung kamen. Die Mehrzahl wird in kurzer Zeit von der Erde verschwinden, und die wenigen Übrigbleibenden werden zwischen den Weißen sich verlieren, bis bald darauf der Stamm auf immer erlischt. — Schon aus der Bemerkung über die Bestandtheile dieses sogenannten Volkes geht hervor, daß man es wenigstens jetzt nicht mehr als besondere Nation ansehen, also auch nicht von seiner Seelenzahl reden könne. Wie zahlreich auch die Stämme der eigentlichen Puelches sein mögen, so ist es doch sehr unwahrscheinlich, daß die Horden, welche sich noch am meisten in den Ebenen aufhalten, mehr als einige Hunderte von waffenfähigen Männern stellen können. Sie leben auf eine Weise, die das Mittel zwischen dem Treiben des Nomaden und Jägers hält, denn we-

) ihre Heerden eben nicht sehr zahlreich sind und oben-
in Folge der Kriege mit den Weißen bisweilen ganz
tört werden, ist das Land ziemlich reich an jagdbaren
ugethieren und Vögeln. Ackerbau hassen sie gleich den
igen patagonischen Stämmen als weibische Beschäfti-
g, und wol dürfte die Beschaffenheit des Bodens an
vielen Orten demselben sehr ungünstig sein. Ihre
hnungen gleichen in mehren Hinsichten den Fellzelten
asiatischen Nomaden, und bestehen aus einem leicht-
eglichen Rohrgerüste, welches mit Pferdehäuten bedeckt
, und überall die Herumziehenden begleitet, da ihre
ppen in Tagereisen weiten Entfernungen bisweilen
s als verkrüppeltes Gestrüpp und nirgends Nutzholz
ieten. Nur wenn sie sich in der Winterzeit den ge-
ztern und fruchtbarern Thälern am Fuße der Anden
rn, bauen sie rohe Hütten aus Stämmen, deren
ilsdächer die Regenfluthen abwehren. Ihre Nah-
ist meistens animalischer Art, jedoch tauschen sie in
lichen Zeiten von den Weißen etwas Mais oder Wei-
ein, aus denen sie jedoch kein eigentliches Brod zu
iten verstehen. Pferdefleisch ist ihnen eine weit ange-
nere Speise als dasjenige der Kühe, indessen schlach-
sie allein Stuten und genießen auch die Milch der-
n. Wie groß ihre Reitkunst sei, haben die vielfach
erholten Beschreibungen aller neuerer Reisenden be-
n, die ohne Ausnahme mit Bewunderung erfüllt
en, wenn sie selbst nach langem Aufenthalte unter
berühmten Gauchos, zum ersten Male eine jener Rei-
rden bei der Aufführung ihrer Kriegsspiele oder im
en Angriffe beobachtet hatten. Um so unfähiger sind
jene Völker zu irgend einer dauernden Anstrengung
Fuß, und daher immer unglücklich in den Kämpfen
Gebirge gegen die Chilenen, sobald sie ihre Pferde ver-
haben. Eigentlicher Muth dürfte ihnen wie den
en ähnlichen Völkern Amerika's wol abzusprechen
indessen stürzen sie sich, wenn Alles verloren und der
weg gesperrt erscheint, mit der blinden Wuth des
res in den Tod. Die größte Kunst ihrer Kriegfüh-
besteht in der Überlistung, und sie sind nur durch
ußerordentliche Schnelle ihrer Bewegungen über weite
hen und in der Heftigkeit ihres ersten Angriffes ge-
ich. Argwöhnisch und treulos finden sie überall Ge-
heit zu erneuertem Friedensbruche, und deswegen ist
weiße Bewohner oder der Reisende der Pampas von
nos Ayres nie vor ihrem feindlichen Erscheinen ganz
. Überfallen sie eine Niederlassung, so entkommt
leicht ein erwachsener Mann dem Tode durch die
e, die vorzüglichste ihrer Waffen, zu denen noch
ielbeschriebenen Wurfkugeln und Wurfschlingen (Bo-
und Lasso) zu rechnen sind, deren eigentliche Erfinder
elbst gewesen sein sollen, obgleich sich ihr Gebrauch
wärtig über den bei weitem größern Theil Südame-
und selbst einiger Gegenden Nordamerika's (Cali-
en) verbreitet hat. Ohne größeren Kunstfleiß als das
ten von Pferdezäumen und das Weben sehr grober
würfe (Ponchos) zu besitzen, leben sie in ihrem Häus-
t auf sehr rohe und ärmliche Weise und kennen in
ichen Zeiten kein höheres Vergnügen als den Trunk,
dem sie gleich allen Menschen der kupferfarbenen Race im höchsten Grade ergeben sind. Eine Art von selbstbereitetem Äpfelwein oder der bald geraubte, bald eingetauschte Branntwein der Weißen werden von ihnen in Mengen genossen, denen kein Europäer leicht widerstehen würde. Sie kennen kein höheres Gut als den Genuß einer Freiheit, die von dem niedrigsten Stande der Barbarei ununterscheidbar ist, und hassen daher Alles, was dieselbe, sei es durch den Zwang fester Wohnungen, oder sei es durch die erfoderliche Ausdauer der ländlichen Beschäftigungen beschränken könnte. Dieses Leben von einem Tage zum andern und ihre Gleichgültigkeit gegen die Verpflegung und Vermehrung ihrer Heerden veranlassen bisweilen unter ihnen die größte Hungersnoth, die dann wieder zur Ursache eines Raubanfalls der weißen Niederlassungen wird, und um so leichter in unsern Zeiten sich erneuert, als jene zehn bis zwölf Millionen von Ochsen und vier Millionen von Pferden, die, als Privateigenthum der Weißen, ohne die zahlreichen wilden Heerden zu rechnen, auf den Pampas umherstreiften in Folge des langen Bürgerkrieges außerordentlich zusammengeschmolzen sind. Regierungsweise und sittliche Cultur halten mit den geschilderten Zuständen gleiche Stufe, denn diese nomadischen Mischlinge verschiedener Nationen theilen sich in zahlreiche Horden, die oft nur aus wenig Individuen bestehend eine Art von Oberhaupt erwählen, dessen Gewalt jedoch nur sehr beschränkt ist, und das nur dann mit andern Kaziken in Verbindung tritt, wenn irgend ein Raubzug die Vereinigung einer größern Streitmacht erfodert. Umsonst sucht man unter ihnen und ihren Stammverwandten am Fuße der Anden nach irgend einem religiösen Cultus, wäre er auch der roheren Art, denn selbst ihr Aberglaube ist nur beschränkt und deutet auf Gleichgültigkeit gegen alle außer dem Kreise der thierischen Sinnlichkeit liegende Dinge. Sie sind zwar körperlich sehr wohlgebildet, kräftig und muskulös, wenn auch nicht die Riesen, zu denen sie oftmals die Leichtgläubigkeit stempelte, allein sie scheinen in Bezug auf Bildungsfähigkeit weit hinter den Indiervölkern von Chile und Paraguay zurückzustehen, und dürften daher dem oben angedeuteten Verhängnisse der Ureingebornen Amerika's um so sicherer und schneller entgegengehen. (Vergl. d. Art. Patagonien. (*E. Poeppig.*)

PAMPAS, bolivarische Provinz, welche den Raum zwischen dem Beni und dem Mamoré einnimmt, ostwärts an Mojos, westlich an Arolobamba, südlich an Santa Cruz und nördlich an die innern peruanischen Ebenen grenzt und die Ortschaften San Ignacio, San Francisco de Borga, Los Santos Reyes enthält. (*Fischer.*)

PAMPAS, Hauptort der peruanischen Provinz Tayacaja. (*Fischer.*)

PAMPATÁR, PAMPETÁR (n. Br. 10° 30′, westl. L. 46° 26′), Dorf und bedeutender Hafenort auf der zur Republik Venezuela gehörigen Insel Santa Margarita. Den Hafen selbst, welcher seit 1829 zu einem Freihafen erklärt worden ist und von einem Fort und Batterien vertheidigt wird, bildet ein schönes, weites Wasferbecken, in welchem die Schiffe gegen die größten Stürme geschützt, ruhig ankern können. (*Fischer.*)

PAMPELMOUSSE oder POMPELMOUSSE ist die größte Art von Orangen, von Citrus decumana. (*A. Sprengel.*)

PAMPELONNE (n. Br. 44° 7′, L. 19° 56′), kleine Stadt und Hauptort des gleichnamigen Cantons im franz. Departement des Tarn (Languedoc), Bezirk Albi, liegt 7½ Lieues von dieser Stadt entfernt, auf dem linken Ufer des Viaur, ist der Sitz eines Friedensgerichts, eines Einregistrirungs- und Etappenamtes, sowie einer Gendarmeriebrigade, und hat eine Pfarrkirche, 200 Häuser und 1929 Einwohner, welche sechs Jahrmärkte unterhalten und Lein- und Zwillichweberei treiben. Der Canton Pampelonne enthält in zehn Gemeinden 14,720 Einwohner. (*Fischer.*)

Pamperos, s. Pampas. not. 4.

PAMPERUS (Insecta). Eine Käfergattung aus der Abtheilung der Karabicin von Latreille aufgestellt und allgemein angenommen. Die Kennzeichen sind: Die Tarsen bei beiden Geschlechtern gleich, das letzte Palpenglied stark beilförmig, der Thorax fast herzförmig, die Flügeldecken länglich eiförmig. Außerdem zeichnen sie sich noch durch folgende Bildungen aus: Der Kopf ist ziemlich lang, oben flach und hinten eingeschnürt, die Lefze ist fast wie bei Caribus ausgerandet, die Mandibeln treten wenig vor, sind stark gebogen und innen stark gezähnt; das Kinn ist ziemlich groß, fast flach gerundet und flach bogenförmig ausgerandet, die Palpen treten stark vor und ihre ersten Glieder sind gegen das Ende verdickt, die Fühler sind fadenförmig, etwas kürzer als die Hälfte des Körpers, die Füße sind fast wie bei Caribus, doch sind die Dornen an den Vorderschienen stärker, besonders der innern.

Typus der Gattung ist P. alternans, 13 Linien lang, über 4 Linien breit, schwarz, die Seiten des Thorax etwas violettbläulich, die Flügeldecken tief kupferfarben, gefurcht, die Furchen mit Quereindrücken und erhöhten Punkten. Vaterland Neuholland. (D. *Thon.*)

PAMPHAES, Ahnherr des von Pindar durch das zehnte nemeische Lied verherrlichten argivischen Siegers Theacus; Pamphaes nahm Kastor und Pollux gastlich bei sich auf und daher war bei seinen Nachkommen der Ruhm gute Athleten zu sein erblich (*Pind.* N. X, 49. s. 91). (*H.*)

PAMPHAG bezeichnet einen Allesfresser, oder Omnivoren. Bekanntlich hat man die thierischen Geschöpfe nach der Nahrung, welche sie zu sich nehmen, in Allesfresser (Omnivoren), Fleischfresser (Carnivoren) und Pflanzenfresser (Herbivoren) eingetheilt. Zuweilen wird Pamphag auch synonym mit Polyphag gebraucht. (*Rosenbaum.*)

PAMPHAGI (Allesesser), fabelhafter Name eines fabelhaften äthiopischen Volks, dessen Plinius (N. H. VI, 30. s. 35) gedenkt. (*H.*)

PAMPHAGUS, 1) Beiname des gefräßigen, also des thebanischen Herakles (s. d. Art. und *Spanheim* ad *Callimach.* Dian. 148). 2) Name eines der Hunde Aktäon's (*Ovid.* Met. III, 210). (*H.*)

PAMPHALEA, PANPHALEA, eine von Lagasca aufgestellte Pflanzengattung aus der ersten Ordnung der 19. Linné'schen Classe und aus der Untergruppe der Trixideen der Gruppe der Perdicieen der natürlichen Familie der Compositae. Char. Der gemeinschaftliche Kelch besteht aus vielen schlaffen Blättchen, welche fast zwei Reihen bilden und von denen die äußern kürzer sind; der Fruchtboden ist grubig-warzig; die Blümchen (gewöhnlich mehr als fünf) sind zweilippig, die äußere Lippe größer, dreizähnig; die innere ganzrandig (nach Lessing, zweizähnig nach Lagasca, zweitheilig nach Cassini); das Achenium umgekehrt eiförmig, zwei- bis dreirippig, warzig, ohne Krone, an der Basis mit einer Schwiele, an der Spitze mit einem Grübchen. Die fünf Arten sind glatte oder warzig-behaarte brasilische Sumpfkräuter mit gabligen, nach allen Seiten gerichteten drehrunden, oberhalb fadenförmigen, einblumigen Ästen, zarten, netzförmig geaderten, scharf gesägten oder zerschlitzten Blättern, von denen die obern ungestielt, die untern gestielt und mit der Stielbasis stengelumfassend sind, und mit kleinen, weißen Blüthenknöpfen. 1) P. Commersonii *Cassini* (Bull. de la soc. phil. 1819. p. 111. Dict. des sc. nat. 37. p. 345. Pamphalea Lagasc. amenid. nat. de las Esp. I. p. 34. *Lessing* Linnaea. V. p. 7. t. 1. f. 15. 16). 2) P. bupleurifolia *Lessing* (l. c. p. 8). 3) P. heterophylla *Lessing* (l. c.). 4) P. maxima *Lessing* (l. c. p. 9). 5) P. cardaminifolia *Lessing* (l. c.). Die Gattung Cephalopappus *Nees* et *Martius* (Nov. act. nat. cur. XII. p. 5. t. 1) unterscheidet sich nur durch den Habitus und dadurch, daß das Achenium mit einem Wulst gekrönt ist (daher der Name Kopfkrone). Die einzige Art, C. sonchifolius *Nees* et *Martius* (l. c. Sparganophorus sonchifolius *Sprengel* syst. veg. III. p. 458) ist ein fast stengelloses brasilisches Kraut mit eiförmig-ablangen, gezähnten, am Stiele herablaufenden, zugespitzten, unten etwas wolligen Wurzelblättern und langen, braunroth-wolligen, zweiblüthigen Schäften. (*A. Sprengel.*)

PAMPHIA, alter Name eines an der Ostseite des trichonischen Sees gelegenen Orts in Ätolien, der bei einem Zuge Philipp's III. von Macedonien zerstört wurde. *Polyb.* V, 8, 13. (*H.*)

PAMPHILA, eine nicht unberühmte Schriftstellerin des ersten Jahrhunderts nach Christo, kann gegenwärtig nur nach einigen wenigen Bruchstücken und Notizen beurtheilt werden, welche aber zum Theil so wichtig sind, daß man gern mehr Nachrichten von ihrem Leben und wenigstens einige ihrer Schriften besitzen möchte. Nach Suidas, der sich auf das Zeugniß des Dionysios Musikos beruft [1]), war sie die Tochter des Soteridas, eines Epidauriers, dem auch eigentlich nach demselben Schriftsteller die später anzuführenden Werke derselben angehörten. Wenn daher Photios versichert [2]), daß sie ihrer Abkunft nach aus Ägypten gebürtig sei, so läßt sich dies wol nicht mit Heyse [3]) und Krüger [4]) durch die Annahme

1) *Suid.* s. v. *Παμφίλη* und *Σωτηρίδας Ἐπιδαύριος.* Dionysios lebte unter dem Kaiser Hadrian. 2) *Phot.* cod. 175. „*Αἰγυπτία τὸ γένος.*" 3) *Heys.* quaest. Herodot. I. p. 1 4) Krüger, Leben des Thucyd. S. 5.

vereinigen, daß sie in Ägypten gelebt habe, — dieser Meinung scheinen die Worte des Photios grabezu zu widersprechen — sondern mit Menage[5]) vielmehr durch die Vermuthung, daß sie, wie ihr Vater, in Epidauros gelebt (Ἐπιδαυρία σοφή heißt sie bei Suidas selbst), und ihr Geschlecht aus Ägypten abgeleitet habe. Sie war verheirathet, und an ihren Werken hatte nach ihrer eigenen Aussage ihr Mann einigen Antheil. In der Vorrede ihres Hauptwerks, über welche Photios berichtet, erzählte sie selbst, daß sie in den 13 Jahren ihrer Verbindung, in welcher Zeit sie auch nicht eine Stunde von ihrem Manne entfernt gewesen zu sein versichert[6]), an dem Buche fortwährend gearbeitet und alles Bedeutende aufgeschrieben habe, was sie von ihrem Manne gelernt, von Andern, die zu ihm kamen, und es waren sehr berühmte Männer unter ihnen — gehört, und in Büchern gelesen habe. Daher ist auch die Sage, deren Suidas ebenfalls gedenkt[7]), erklärbar, daß ihr Mann selbst ihr diese Bücher geschrieben haben soll, ohne daß man der Sage ganz zu folgen braucht. Eine Vergleichung der Werke des Mannes mit denen der Frau — beide sind bei Suidas angegeben — lehrt, daß sie sich mit ganz verschiedenen Gegenständen beschäftigten, er mit der Herausgabe grammatischer, sie mit der Herausgabe geschichtlicher Werke; sodaß man wol mit Recht selbständige Bestrebungen bei der Frau annehmen darf. Wie ihr Mann geheißen habe, ist eines Fehlers wegen, der sich in Suidas' Lexikon eingeschlichen, nicht mit Bestimmtheit zu sagen. Er nennt ihn einmal, wo er von der Pamphila redet, Sokratidas, wo er aber von dem Manne selbst redet, Soteridas, wie den Vater. Leider ist auch eine Stelle des Photios nicht ganz klar und entscheidend[8]). Sicher ist dagegen ihr Zeitalter, da Photios ausdrücklich versichert, daß sie unter dem Kaiser Nero gelebt habe, woran nicht zu zweifeln ist.

Das Hauptwerk der Pamphila wird gewöhnlich unter dem einfachen Titel: ὑπομνήματα[9]), commentarii[10]), citirt, von Suidas ὑπομνήματα ἱστορικά, von Photios aber am genauesten συμμίκτων ἱστορικῶν ὑπομνημάτων λόγοι genannt. Es muß sich einiges Ansehens im Alterthume erfreut haben, da sich A. Gellius und Diogenes Laertios ihrer Nachrichten unbedenklich bedienen. Auch Photios rühmt es als nützlich und voll wissenswerther Gegenstände aus allen Theilen der Geschichte und Literaturgeschichte. Auch in unsern Tagen hat man auf Angaben von ihr ohne alles Bedenken gebaut, und z. B. das, was sie über das Alter des Hellanikos, Herodot's und Thukydides' gesagt hat, obgleich es von ihr selbst nur mit einem videtur eingeführt wurde, bei den Untersuchungen über die Zeit der Blüthe dieser Männer zum Grunde gelegt[11]). Erst neuerlichst hat Krüger[12]) dieses Vertrauen auf die Glaubwürdigkeit der Pamphila zu erschüttern gesucht, wozu ihn ihre eigenen oben angeführten Angaben über die Entstehung ihres Buches berechtigten.

Das Buch war nicht planmäßig und so angelegt, daß das Zusammengehörende unter gewissen Rubriken zusammengeordnet worden wäre, sondern wie ein Tagebuch, sodaß das Fremdartigste neben einander stand. Grade von der Mischung des Stoffs erwartete sie die Freude der Leser an ihrem Werke. Ihr Styl war zwar im Ganzen ihren jedesmaligen Quellen gemäß und verschiedenartig, sonst aber, wo sie selbst redete, in jeder Rücksicht einfach und ungekünstelt. Photios läßt das Werk, wenn die Lesart richtig ist, aus acht, Suidas aus 33 Büchern bestehen. Das Letztere ist richtig, da Gellius das 11. und 29., Diogenes Laertios aber das 25. und 32. anführt. Entweder liegt also ein Irrthum bei Photios zum Grunde, oder, was annehmlicher ist, nur acht Bücher kamen dem Photios vor Augen[13]), oder hatten sich bis auf Photios erhalten[14]).

Außerdem hat sie noch manche andere Werke verfaßt. Suidas gedenkt einer ἐπιτομὴ τοῦ Κτησίου ἐν βιβλίοις γ', ferner der ἐπιτομαὶ ἱστοριῶν τε καὶ ἑτέρων βιβλίων παμπλείστας. Dieses Werk scheint es gewesen zu sein, aus welchem Sopater in den ἐκλογαὶ διάφοροι schöpfte[15]). Endlich führt Suidas ein Buch περὶ ἀμφισβητήσεως und ein anderes περὶ ἀφροδισίων[16]) an.

(*F. Ranke.*)

PAMPHILIANUS ist der Name eines berühmten Mannes (in Creta?), für welchen Galen eine Abhandlung über die Bereitung und Anwendung des Theriaks schrieb, und die sich im 14. Bande der von Kühn besorgten Ausgabe Galen's Seite 295—310 befindet.

(*Rosenbaum.*)

PAMPHILION ist der Name einer weißen Pflastermasse, welche Asklepiades besonders gegen chronische Hautkrankheiten anwendete und von dem Attalicum durch den Mangel an Pfeffer verschieden war. Die Bereitungsart findet sich bei *Galen*, De composit. medicam. per genera Lib. I. p. 447. 527. ed. *Kühn*. (*Rosenbaum.*)

Pamphilius, s. Lyda.

PAMPHILOS. Dieser hellenische Männername ist zwar wol zu allen Zeiten nicht unbekannt gewesen, findet sich jedoch ungleich häufiger in den spätern, als in den frühern Perioden des Alterthums. In der Mythengeschichte ist er nicht mit Sicherheit nachzuweisen. Denn

5) *Menag.* histor. mulier philosoph. p. 489. „Epidauria ex Aegypto." 6) Dies hat Schöll (Gesch. der gr. Lit. II, 382 d. t. Übers.) so gewendet „sie habe täglich, ja stündlich Alles aufgeschrieben." 7) *Suid.* s. v. Παμφίλη und Σωτηρίδας γραμματικός in der letzten Stelle mit den Worten „ἧ καὶ τὰς ἱστορίας περιῆψεν." Dieselbe Ansicht tritt in der Anführungsart des Photios s. Anm. 8 hervor, „Σωτηρίδα Παμφίλης ἐπιτομῶν." Soteridas wird auch *Euseb.* praep. Evang. X. p. 467 erwähnt. 8) Photius (p. 103, a. 35) hat die Worte „ἔκ τε τῶν Σωτηρίδα Παμφίλης ἐπιτομῶν." Man weiß nicht, ob er den Vater oder Mann bezeichnen wollte. 9) z. B. bei *Diog. Laert.* I, 90. II, 24 und anderwärts. 10) Bei *Gellius* N. A. XV, 17.

11) So um nur einige Neuere zu nennen *Heyse*, Quaest. Herod. l. l. *Sturz*. Hellan. Lesb. Fragm. p. 6. Dahlmann, Herodot. S. 3 und recht ernstlich *Clinton*. Fasti Hellen. III. p. 607. 12) Leben des Thukyd. S. 7. 13) So entschied sich auch G. J. Voß schon (de historr. Graecc. II, 7. p. 192): Etsi Photius tantum octo viderit. 14) So Krüger a. a. O. 15) Ὁ δὲ δεύτερος ἔκ τε τῶν Σωτηρίδα Παμφίλης ἐπιτομῶν πρώτου λόγου καὶ καθεξῆς μέχρι τοῦ δεκάτου. 16) Es erhellt nicht, ob auch diese Schriften historische waren, oder andern Inhalts. Statt ἀμφισβητήσεων bei Gaisford haben die gewöhnlichen Ausgaben des Suidas ἀμφιγβητήσεων.

unter die Herakliden rechnet ihn nur ein in offenbarem Irrthume befangener Scholiast des Aristophanes [1]), und wenn Hyginus [2]) eines Pamphilos, als eines der 50 Söhne des Aigyptos gedenkt und ihn als Bräutigam der Demophile bezeichnet, so ist auch darauf kein besonderes Gewicht zu legen, da dies Hyginus allein thut und in der Angabe jener Namen überall eine so große Verschiedenheit herrscht, daß eine allgemein gültige Überlieferung kaum angenommen werden kann [3]).

Demnächst aber treten uns zuerst die Athenaier dieses Namens entgegen. Eines Demagogen Pamphilos gedenkt der Komiker Aristophanes im Plutos [4]), und berührt, worüber auch der Komiker Platon gespottet hatte, daß man ihn als Betrüger und Plünderer des Staatsschatzes ergriffen und bestraft habe. Ungefähr um dieselbe Zeit wird ein Feldherr Pamphilos genannt [5]), welchen die Athenaier an der Spitze eines Hoplitenheeres (Ol. 98 ¾) gegen die Aigineten sendeten. Man hat vermuthet, daß der Feldherr mit dem Demagogen [6]) eine und dieselbe Person sei, was jedoch sehr zweifelhaft ist [7]). Eines andern Pamphilos gedenkt außerdem Aristophanes [8]), bei dem man zweifelte, ob er ein Tragiker oder Maler gewesen sein möchte; jedenfalls möchte er am sichersten als Athenaier betrachtet werden [9]). Einen Pamphilos aus Athen nennt außerdem Aischines als einen Gegner des Hegesandros und Timarchos [10]); eines andern gedenkt endlich Demosthenes [11]) und bezeichnet uns seine Söhne und Familienverhältnisse.

Diesen möchten wir zunächst den Philosophen Pamphilos anreihen, der ein Schüler des Platon war, zu Samos lebte und Lehrer des Epikuros wurde [12]). Für die Philosophie seines Schülers ist er aber so unbedeutend, daß ihn H. Ritter ebenso wenig als die übrigen sogenannten Lehrer des Epikuros der Erwähnung gewürdigt hat [13]). Denn Epikuros versicherte nicht nur im Allgemeinen, daß er keinen Lehrer gehabt habe und sein philosophisches System seinem eigenen Nachdenken verdanke, sondern urtheilte namentlich über diesen Pamphilos höchst ungünstig.

Unter Allen aber, welche den Namen Pamphilos führen, ist keiner denkwürdiger und von größerer Bedeutung, als der Maler, welcher als Begründer des Ruhmes einer der bedeutendsten hellenischen Malerschulen und als Lehrer des größten Meisters dieser Kunst im Alterthume, nothwendig das größte Interesse erregt. Um so mehr ist es zu beklagen, daß der Nachrichten über sein Leben und seine Kunst so wenige vorhanden sind, und daß diese Alles nur andeuten und im Allgemeinen bezeichnen, durchaus aber keine genaue Einsicht, wie sie für die Sache wünschenswerth wäre, verstatten. Folgende wenige Notizen haben wir den spärlich fließenden Quellen entnommen.

Die Stadt Sikyon wetteiferte schon in uralter Zeit mit ihrer Nachbarin Korinthos um den Vorzug in den Künsten und war, wie sie, durch die Anfänge der Malerei verherrlicht [14]); sie erhob sich aber weit über dieselbe in dem Zeitalter des Philippos von Makedonien [15]), welches zuerst diese Kunst innerhalb der Mauern von Sikyon ihrer Vollendung entgegeneilen sah. Eupompos gründete hier, seit Ol. 95 ungefähr [16]), eine neue Malerschule, die sich rasch zu dem ausgezeichnetsten Ruhme in ganz Griechenland erhob und eine solche Anerkennung erlangte, daß, wer dort gewesen war, schon um jener Schule willen leichter in Aufnahme kommen konnte [17]). Und dieses Gelingen verdankte sie vorzugsweise dem Pamphilos, dem Schüler des Eupompos, der alle bisherigen Maler durch die ausgebreitetste wissenschaftliche Bildung übertraf [18]). Vorzugsweise zeichnete er sich durch seine mathematischen Kenntnisse und durch die Behauptung aus, daß die Malerei ohne diese nicht zur Vollendung gebracht werden könne [19]). Er erkannte auch zuerst, welchen wichtigen Einfluß die Malerei als Bildungsmittel der Jugend haben könne und brachte es zuerst in Sikyon, dann in ganz Griechenland dahin, daß man edle Knaben vor allen Dingen im Malen auf Buchsbaumtafeln unterrichtete, und daß dieser Kunst in der Reihe der freien Künste ersten Ranges ein Platz zuerkannt wurde [20]). Den Sklaven wurde die Malerei für immer entzogen, und niemals hat sich ein Sklave als Maler hervorgethan. Pamphilos selbst wirkte als Lehrer der Kunst mit dem größten Beifalle, verlangte aber, daß man zehn Jahre hinter einander an seinem Unterrichte Theil nähme [21]) und ihm ein Talent dafür zahlte. Er hatte die bedeutendsten Erfolge. Nicht nur Melanthios, der den Principien des Lehrers treu blieb und sich die Tugenden desselben zu eigen machte, sondern auch Apelles ging aus dieser Schule hervor [22]), der durch eigenthümliche Vorzüge den Meister selbst so weit überstrahlte, daß Plutarchos gradezu zu versichern gewagt

1) zum *Plut.* v. 385, vergl. Hemsterh. zu der Stelle p. 53 ed. *Schaef.* und Böckh. und Dissen zu *Pind.* Pyth. I, 62. 2) Fab. 170. 3) *Heyne* ad *Apollod.* Observ. ad II, 1, 5. p. 106 sq. 4) *Plut.* v. 174., vergl. die Schol. zu der Stelle *Suid.* s. v. *πάμφιλος δημαγωγός, παράσιτος* und *βελενοπώλης*. 5) *Xenoph.* Hellen. V, 1. 6) So *Palmer.* Exercitt. p. 786 und unabhängig von ihm *Bernh. Thiersch*, Prolegg. ad *Arist.* Plut. CDLXXII. 7) Fuhr, Rhein. Mus. Jahrg. V. 3. Heft. S. 431, de Pamphilo ab Aristophane memorato cet. S. 422—432. 8) *Arist.* Plut. v. 385. 9) s. unten. K. O. Müller, Dorier. I. S. 55. Anm. Prolog zur Mythol. S. 400. 10) *Aeschin.* c. Timarch. p. 185 ed. *Wolf.*, der Ausg. des Demosthenes. 11) *Demosth.* adv. Boeot. II. p. 644. 12) s. *Cic.* de nat. deor. I, 26. *Strab.* XIV, 1. p. 171. *Menag.* ad *Diog. Laert.* X, 14. *Voss.* de hist. Gr. p. 39. *Suid.* s. v. *Ἐπίκουρος*. *Gassendi* de vita et mor. Epicuri. I, 4. 13) Ritter, Gesch. d. Phil. III. S. 445.

14) K. O. Müller, Handbuch der Archäol. und Kunst. §. 74 u. 75. 15) *Quinctil.* Institt. Oratt. XII, 10. 16) Müller a. a. O. §. 137. 17) *Plut.* Arat. c. 13. 18) „Primus in pictura omnibus litteris eruditus.“ *Plin.* N. H. XXXV, 10, 40. 19) Praecipue Arithmetice et Geometrice, sine quibus negabat artem perfici posse.“ *Plin.* l. c. Die Arithmetik hätte wol unerwähnt bleiben können. 20) „Ut pueri ingenui ante omnia graphicen hoc est picturam in buxo docerentur; vergl. Müller §. 318, reciperetur que ea ars in primum gradum liberalium.“ *Plin.* l. c. Es ist hier bestimmt nicht blos von der Zeichnung die Rede. 21) „Docuit neminem minoris talento annis decem“ ib. 22) „Quam mercedem ei Apelles et Melanthius dedere“ ib.

hat [23]), er wäre nicht nach Sikyon gegangen, um die Kunst dort zu empfangen, denn mit dieser sei er schon hinlänglich ausgerüstet gewesen, sondern um sich den Ruhm der sikyonischen Schule zu eigen zu machen. Wie dem auch sei, es war noch in spätern Zeiten ein Bild des sikyonischen Tyrannen Aristratos vorhanden, an welchem Melanthios und Apelles zugleich gearbeitet hatten. Außer jenen Beiden war er auch Lehrer des Pausias [24]) und soll ihn auch in der enkaustischen Malerei unterrichtet haben.

Das Hauptverdienst des Pamphilos besteht demnach in seinem Unterrichte. Als Maler war er am ausgezeichnetsten, wie Quintilian sagt, durch die ratio, d. h. die richtige Beobachtung der Verhältnisse [25]), womit völlig in Übereinstimmung ist, daß nach Apelles' Urtheile Melanthios, den Quintilian mit Pamphilos verbindet, sich in der Anordnung vorzüglich auszeichnete [26]). Von seinen Gemälden kennt Plinius die Verwandtschaft, das Treffen bei Phlius [27]), den Sieg der Athenaier [28]) und Ulysses auf dem Fahrzeuge. Dazu fügen die meisten Neueren, der schon berührten Stelle des Aristophanes zufolge, die Herakliden in Athen [29]). Allein wenn man erwägt, wie sehr die Alten hierüber schwankten [30]), wenn man den einen der Scholiasten versichern hört, Kallistratos und Euphronios, welche ganz unverwerfliche Zeugen sind, hätten sich für einen tragischen Dichter Pamphilos erklärt, aber in den Didaskalien vor dieser Zeit komme kein Tragiker dieses Namens vor; einen andern dagegen, es sei zwar ein Gemälde vorhanden gewesen, welches die Herakliden in der bezeichneten Weise dargestellt habe, es sei dieses aber ein Werk des Apollodoros [31]), nicht des Pamphilos; wenn man diese und ähnliche Äußerungen betrachtet, so erkennt man deutlich, daß keine Tradition über die Sache vorhanden war, auf welche man sich hätte verlassen können. Um so weniger wird es gegenwärtig möglich sein, das Wahre herauszubringen. Wichtig aber ist es, daß schon ein Scholiast daran erinnert hat, daß der Sikyonier Pamphilos zu jung sein möchte, um dem Aristophanes bekannt geworden zu sein. Wir müssen daher das Ganze auf sich beruhen lassen und können weder mit H. Meyer die neuen Zusätze von den alten Scholien zu scheiden unternehmen, noch mit Sillig eine sicherere Zeitbestimmung für Pamphilos aus Aristophanes zu gewinnen suchen, noch endlich gar und schon mit Harduin den Text des Plinius verbessern wollen [32]).

So viel finden wir in den Alten über seine Kunst; noch weniger Nachrichten gibt es über seine Lebensverhältnisse. Aus Suidas erfahren wir, daß er aus Amphipolis gebürtig sei, womit Plinius übereinstimmt, der ihn einen Makedonier nennt [33]). Seine Blüthe fällt in die Zeit der Erhebung seines Vaterlandes durch Philippos [34]). Plinius setzt ihn in die Mitte zwischen Eupompos, der als Zeitgenosse und Nebenbuhler des Zeuxis mit diesem in Ol. 95 lebt [35]), und zwischen Echion und Therimachos, welche Ol. 107 blühten. Demzufolge hat man die Blüthe des Pamphilos auf Ol. 105 [36]) oder 104 [37]) gesetzt. Dürfte man die Stelle des Aristophanes auf unsern Pamphilos beziehen, so könnte man ihn mit Sillig und Müller [38]), mit Berücksichtigung der Schlacht bei Phlius von Ol. 97 bis Ol. 107 setzen.

Doch möchte Folgendes nicht zu übersehen sein. Erstlich geht aus dem, was Plutarchos über das Bild des Tyrannen Aristratos erzählt, hervor, daß Apelles Ol. 111, 1 noch in Sikyon war und mit Melanthios malte. Das Zeugniß des Polemon ist unverwerflich [39]). Da nun H. Meyer's Vermuthung, daß er dies als Melanthios' Schüler gethan, an sich nicht wahrscheinlich ist und die Nachrichten gegen sich hat, die wir aus dem Alterthume besitzen, welches jene beiden nur als Schüler des Pamphilos kennt; da ferner, insbesondere wenn Plutarchos' Nachricht nicht ungegründet wäre, aber auch ohne diese nach Allem, was wir sonst von Apelles wissen, dieser sich gewiß nicht länger in Sikyon aufgehalten haben wird, als es der Unterricht bei Pamphilos erfoderte, so kann man nicht anders als annehmen, daß beide Künstler unter Pamphilos' Leitung an jenem Bilde gearbeitet haben [40]). Zweitens aber ist es, wie wir sahen, dem Pamphilos gelungen, Zeichnen und Malen in die griechischen Schulen einzuführen. Nun übergeht aber Äschines gegen Ktesiphon [41]) das Zeichnen als Unterrichtszweig in dieser Ol. 112, 3 gehaltenen Rede; dagegen erwähnt Aristoteles [42]) in der erst nach Ol. 112, 3 geschriebenen Schrift

23) *Plut.* Arat. 12 sq. Apelles muß sich daher nach Sikyon begeben haben, als er bereits selbst viel geleistet hatte. 24) *Plin.* II, 5, 40. 25) So habe ich ratio übersetzen zu müssen geglaubt. Verständige Überlegung übersetzt es H. Meyer, Geschichte der Kunst. I. S. 171; Verstand, Raumer, Alte Geschichte. II. S. 179; Regelmäßigkeit, Hanke, in der Übers. des Quinctil. Fuhr. S. 429 „quod Pamphilus literis ingenuis satis imbutus picturae rationes alios docuit, vel etiam cet." 26) O. Müller §. 140. 27) Um Ol. 107 oder 108. O. Müller, Prolegg. z. Mythol. S. 400. Fuhr §. 430. zw. Ol. 102 und 104. *Xen.* Hellen. VII. c. 1. §. 5. 28) Welcher Sieg dies gewesen sei, hat die Ausleger, wie Dalecamp, viel beschäftigt. Harduin verwandelt victoria in historia. Andere meinen den Sieg des Chabrias Ol. 101, 1 (Fuhr S. 430) bei Sphakteria. 29) z. B. *Sillig*, Catal. artif. s. v. *Pamphilus.* 30) Cfr. *Hemsterh.* ad *Arist.* Plut. 385. Fuhr S. 422. 31) Apollodorus blühte Ol. 93. O. Müller, Arch. S. 119 u. 136.

32) Fuhr sucht (S. 422) den Beweis zu führen, daß der Erwähnte ein Tragiker gewesen sei; doch gibt auch er nichts Sicheres; denn daß auch Künstler, z. B. Maler, von Aristophanes verspottet werden konnten, und wirklich verspottet worden sind, ist unleugbar. 33) *Suid.* s. v. Ἀπελλῆς. *Plin.* N. H. XXXV, 10. „Macedo natione." 34) *Quinct.* XII, 10. 35) *Plin.* XXXVI, 2. 36) so *Vossius* de quat. libera. art. I. c. V. §. 46. 37) H. Meyer, Gesch. d. K. S. 171. Winkelmann's Werke. VI, 1. S. 85. Barthelemy (Anach. III. S. 353) setzt ihn auf 350 v. Chr. 38) Müller §. 135. *Sillig* l. c. 39) über ihn Müller §. 35, 3 und 139, 2. über das Zusammenarbeiten der Künstler an einem Werke Winkelmann, Gesch. d. K. S. 331, d. Ausg. v. 1764. 40) H. Meyer hat sich vielleicht auf Plutarchos gestützt, welcher sagt: „ὥστε καὶ Ἀπελλῆν ἐκεῖνον θαυμαζόμενον ἀφικέσθαι καὶ συγγενέσθαι τοῖς ἀνδράσιν ἐπὶ ταλάντῳ" aber der Ausdruck „τοῖς ἀνδράσιν" ist hier nicht zu urgiren. 41) *Aesch.* in *Ctes.* p. 300. Ebenso *Terent.* Eunuch. III, 2, 32 aus Menander 2c. 42) De civit. VIII, 3, vergl. Aristoteles Pädagogik von Orelli, Philolog. Beitr. a. d. Schweiz. S. 95.

vom Staate[43]), in welcher er der Eroberung von Babylon gedenkt, daß einige die γραφική aufgenommen haben. Hiermit wird auf Pamphilos' Einwirkung hingedeutet und so ungefähr bestimmt, wann diese sich über die Grenzen von Sikyon ausdehnte. Hiernach scheint es aber, als ob weder Ol. 97 als Anfang seiner Blüthe, noch Ol. 108 als der Grenzpunkt derselben angenommen werden dürfte, und daß Pamphilos lieber mit dem obengenannten Scholiasten tiefer hinunter, als höher hinauf zu rücken sein möchte.

Doch auch Bücher hat man unserm Pamphilos zugeschrieben. G. Joh. Voß[44]) war es, welcher bei dem fleißigen Sammeln seiner Nachrichten auch auf Suidas traf und ihm zufolge dem Pamphilos ein Buch über Malerei und berühmte Maler zuschrieb und dabei nicht ohne Nachfolger blieb[45]). An einem andern Orte freilich[46]) blieb er den Worten des Suidas getreuer und stellte desselben Werkes wegen einen Philosophen Namens Pamphilos unter den Geschichtschreibern auf. So hat denn auch keiner der neuern Schriftsteller über Geschichte der Malerei weiter etwas auf diese ganze Sache gegeben, und der Maler Pamphilos ist aus der Reihe der Schriftsteller verschwunden. Wir werden sogleich auf die Frage zurückkommen.

Unter den Künstlern jener Zeit treffen wir noch erstens auf einen Bildhauer Pamphilos[47]), einen Schüler des Praxiteles, nicht, wie Winkelmann angibt[48]), einen Sohn desselben. Er lebte[49]) um Ol. 114. Werke von ihm, namentlich ein **Jupiter hospitatis**, finden sich in der Sammlung des Asinius Pollio[50]); zweitens auf einen Steinschneider, von welchem ein Achilles, der auf der Lyra spielt, sich in der Stoschischen[51]) Sammlung zu Berlin befindet.

Eine ganz einzeln stehende Nachricht ferner über einen Philosophen Pamphilos, der nicht mit dem obenerwähnten Lehrer des Epikuros verwechselt werden darf, findet sich bei Suidas[52]). Er soll nach ihm aus Amphipolis, Sikyon oder Nikopolis gebürtig gewesen sein und den Beinamen φιλοπράγματος[53]) gehabt haben. Er schreibt ihm zu: Bilder nach dem Alphabet (εἰκόνες), eine Grammatik, eine Schrift über Malerei und berühmte Maler und drei Bücher vom Ackerbau. Von allen diesen werden nur die Bücher vom Ackerbau anderwärts erwähnt, von denen sich sogar nicht unbedeutende Fragmente in der Sammlung der Geoponien von Constant. Bassus finden. Eben dieses Letztere führte Lambecius[54]) auf die Vermuthung, daß hier Fremdartiges, wie oft bei Suidas, zusammengekommen, und namentlich der größte Theil dieser Schriften, oder vielmehr sämmtliche, dem Grammatiker Pamphilos zuzuschreiben sein, von welchem später die Rede sein wird. Die Bilder verwandelte er durch den Zusatz εἰκόνες τῶν βοτανῶν in Pflanzenbilder, worin sogar Fabricius und Wesseling seinem Beispiele folgten[55]). Wie G. Joh. Vossius damit verfuhr, ist bereits angegeben worden. Und in der That, da die Erwähnung von Amphipolis und Sikyon gradezu an unsern Maler erinnern, da auch Apelles und Melanthios über ihre Kunst geschrieben haben[56]), da, abgesehen von den Büchern über Malerei und berühmte Maler, die εἰκόνες κατὰ στοιχεῖον irgendwie auf den Unterricht der Kinder hätten berechnet sein können, so muß man gestehen, daß der Gedanke nicht fern liegt, es sei hier von dem Maler Pamphilos die Rede. Die Mannichfaltigkeit der Schriften und ihres Inhalts scheint mit Plinius „**omnibus litteris eruditus**" zu harmoniren, und aus der τέχνη γραμματική ließe sich leicht eine τέχνη γραμμική machen[57]). Dagegen ist freilich auch nicht Weniges, was der Vermuthung hindernd in den Weg tritt. Wenn auch kein großes Gewicht auf die unpassende Erwähnung von Nikopolis als Geburtsort gelegt werden mag, so erregt es doch großes Bedenken, daß kein Wort bei Suidas andeutet, daß von einem Maler die Rede sei, daß sich doch Einzelnes, was Suidas erwähnt, der Vermuthung nicht fügt, und daß endlich Plinius, welcher der schriftstellerischen Arbeiten des Melanthios und Apelles gedenkt, von Pamphilos selbst Nichts vor sich gehabt zu haben scheint. Es muß daher auch diese Vermuthung sehr zweifelhaft erscheinen; s. unten.

Ein anderer Pamphilos wird ein Sikelier genannt, und dadurch von den Übrigen unterschieden. Wir verdanken die Kenntniß von ihm dem Athenaios[58]), aus dessen Buche sein Name in das Lexikon des Suidas[59]) übergegangen ist. Er hatte die Gewohnheit, Alles, was er sprach, metrisch zu sagen, z. B. ἔγχει πιεῖν μοι καὶ τὸ πέρδικον σκέλος, ἀμίδα δότω τις ἢ πλακοῦντά τις δότω, welche Worte trotz ihres ganz verschiedenen Inhalts in zwei Verse vereinigt, eine wunderliche Gedankenverbindung erzeugen, die der Kunst des Verfassers wenig Ehre macht. Sein Zeitalter und seine übrigen Lebensverhältnisse sind unbekannt[60]). Einen von ihm verschiedenen Lilibetaner Pamphilos nennt Cicero[61]) einen edeln Mann und seinen Freund.

Auch unter den Ärzten finden wir den Namen Pamphilos. Eines solchen mit dem Beinamen μεγματοπώλης gedenkt Galenos[62]). Ein anderer wurde Hippiatros, Roßarzt, genannt[63]).

43) vergl. Buhle, Gesch. der Phil. II. S. 340. Encykl. V. S. 285. 44) V. de quat. aetat. popul. l. c. V. §. 54. 45) Füßlin im Künstlerlexikon, zweit. Suppl. S. 286. Fuhr a. a. O. S. 429. 46) De histor. graec. I. c. 8. 47) *Junius*, Catal. architect. s. v. *Sillig*, Catal. artif. l. c. 48) Gesch. d. K. S. 344, d. Ausg. v. 1764. 49) Müller §. 124. Sillig (Catal. artif.) setzt ihn Ol. 112. 50) *Plin.* XXXVI, 5. 51) Verzeichniß der geschnittenen Steine. S. 157. n. 216. *Bracci* tab. 90. 52) *Suid.* s. v. Πάμφιλος Ἀμφιπολίτης. 53) Dieses Wort fehlt in den Lexicis. 54) De codd. Vindob. p. 503.

55) *Fabric.* bibl. T. XIII. p. 356. *Kuster* ad *Suid.* s. v. Πάμφιλος. *Wesseling* ad *Diod. Sic.* I, 81. *Needham* et *Niclas* praef. ad Geopon. p. LXV. not. 56) s. Müller Arch. §. 35, 1. *Junius*, De pict. vet. II. §. 3. 57) Mit *Bast* ad *Gregor.* Corinth. p. 284. Man könnte auch an γραφική denken. 58) *Athen.* I. p. 4. d. 59) *Suid.* s. v. Πάμφιλος οὗτος. 60) Auch diesen Pamphilos hält Lambeccius (l. c. p. 535) mit dem Alexandriner fälschlich für gleich. 61) *Cic.* Verr. IV, 14. 62) *Gal.* περὶ συνθ. φαρμάκων τῶν κατὰ τόπους V. p. 227. VII. p. 266. 63) Sprengel, Gesch. d. Medic. II. S. 318.

Mit Unrecht aber hat Sprengel[64]) einen von Galenos häufig erwähnten und verspotteten Grammatiker Pamphilos zu den Ärzten gerechnet. Er schrieb ein Buch über die Pflanzen (*περὶ βοτανῶν*) in alphabetischer Ordnung, ohne Kenntnisse zu besitzen, die ihn dazu berechtigt hätten, ein solches Werk zu verfassen, ja ohne auch nur die Pflanzen gesehen zu haben, die er auf das Genaueste beschrieb[65]). Er benutzte daher seine zum Theil ganz verwerflichen Quellen ohne alle Kritik und Prüfung. Nachdem er bei jeder Pflanze eine Menge Namen, z. B. ägyptische, babylonische rc., zusammengestellt hatte, erzählte er dann, welche von ihnen durch Verwandlungen von Menschen in Pflanzen entstanden wären, nannte die Götter, denen sie heilig waren, und fügte hinzu, was von Zaubereien und abergläubischen Gebräuchen des Alterthums ihm merkwürdig zu sein schien. Alle diese Dinge schöpfte er nicht blos aus hellenischen, sondern auch aus ägyptischen Quellen; er rühmte namentlich ein auf den ägyptischen Hermes zurückgeführtes Buch, in welchem die heiligen Pflanzen der Nativitätssteller enthalten waren[66]). Man darf hieraus wol mit Grund schließen, daß er in Alexandrien lebte und sich da mit ägyptischer Weisheit beschäftigte, von wo überhaupt jene Mischung hellenischer und orientalischer Ansichten ausging[67]), die den Wissenschaften so verderblich wurde, und welcher sich Galenos mit dem tüchtigsten Ernste entgegensetzte. Trotz dem hat Pamphilos sich durch dieses Buch einen bedeutenden Namen gemacht. In dem Werke des jungen Dioskorides von den Pflanzen war nach Galenos' Zeugniß das ganze Buch unsers Pamphilos abgeschrieben und hat sich auf diese Weise fortgepflanzt[68]). Das Wort *ἀετός* als Pflanzenname, welches Pamphilos zuerst in einem griechischen Buche genannt haben wollte, und nach Galenos auch wirklich genannt hatte, findet sich in unserm Lexikon des Hesychius[69]) aufgenommen. In der berühmten Handschrift des Dioskorides zu Wien[70]), wo die berühmtesten Ärzte und Botaniker bildlich dargestellt sind, nimmt auch unser Pamphilos neben Machaon seine Stelle ein. So ist sogar sein Bildniß auf unsere Zeit gekommen[71]).

Vergleicht man genau das von Galenos über den Grammatiker Pamphilos Gesagte mit dem, was Suidas über den sogenannten Philosophen dieses Namens, mit dem Beinamen *φιλοπράγματος*, überliefert, so wird es sehr wahrscheinlich, daß beide nicht von einander verschieden sind. Der Name des Philosophen wird bei Suidas und bei allen spätern Griechen oft genug Grammatikern gegeben, die sich mit Astronomie, Physik, Botanik oder ähnlichen Wissenschaften beschäftigten; eines *φιλοπράγματος* aber ist das vollkommen würdig, was Galenos von dem Grammatiker berichtet. Einen ziemlich schlagenden Haltepunkt für diese Frage gibt die Erwähnung der *γεωργικά* bei Suidas, die an sich für einen Schriftsteller über Pflanzen nicht unpassend sind, besonders deshalb, weil die uns davon erhaltenen Fragmente die bestimmteste Andeutung jenes thörichten Aberglaubens enthalten, den Galenos jenem Pflanzenschriftsteller zum Vorwurfe macht. „Wenn du an einen Ort kommst," sagt er, „wo Flöhe sind, so sage och, och, und sie werden dich nicht berühren"[72]). Dies scheint auf die Identität des Verfassers bestimmt hinzudeuten.

Außerdem wird in den Geoponien eine besondere Schrift des Pamphilos *περὶ φυσικῶν* citirt[73]).

Wann er gelebt habe, läßt sich im Allgemeinen bestimmen. Denn da Dioskorides, der sein Buch ausschrieb, vor Galenos lebte, so muß dieser, dessen Buch auf diese Weise benutzt wurde, wenigstens im ersten Jahrhunderte unserer Zeitrechnung geschrieben haben. Dies führte wol Lambecius darauf, diesen Botaniker mit dem sogleich zu behandelnden Grammatiker desselben Namens für eine und dieselbe Person zu halten.

Bekannter nämlich als alle die Genannten, ist der alexandrinische Grammatiker und Aristarcheier Pamphilos, von welchem Suidas[74]) berichtet, daß er eine große Menge grammatischer Werke verfaßt habe. Daß er ein Alexandriner gewesen sei, bestätigt auch Athenäos[75]), der nicht selten desselben gedenkt, ohne jedoch anzugeben, ob er dort geboren sei, oder sich nur als Grammatiker daselbst aufgehalten habe. Über sein Zeitalter belehrt uns zunächst der Umstand, daß er ein Aristarcheier genannt und somit nach Ol. 156 gesetzt wird[76]). Allein auch Didymos wird ein Aristarcheier genannt, welcher ein Zeitgenosse des Cicero war[77]), und diese Benennung ist wohl von der andern zu unterscheiden, wo Jemand ein Zuhörer des Aristarchos genannt wird, wie Dikäarchos[78]). Eine ganz feste Zeitbestimmung erreichen wir also dadurch nicht. Indessen da Athenäos und Herodianos seiner gedenken, der Erstere ihn vielfach benutzt, der Letztere bestreitet, so muß er vor ihnen, und weil er Appian citirt, nach diesem, also wahrscheinlich im ersten Jahrhunderte unserer Zeitrechnung, gelebt haben[79]).

64) Sprengel a. a. O. II. S. 76 u. 716. 65) s. *Galen.* *Περὶ τῆς τῶν ἁπλῶν φαρμάκων δυνάμεως*, p. 67 sq. „*Ὁ δέ γε Πάμφιλος ὁ τὰ περὶ τῶν βοτανῶν συνθεὶς εὔδηλός ἐστι κἀξ αὐτῶν ὧν γράφει γραμματικὸς ὢν καὶ μήθ' ἑωρακὼς τὰς βοτάνας ὑπὲρ ὧν διηγεῖται.*" vergl. *Sprengel*, praef. ad *Diosc.* p. XVI. 66) Cfr. *Lobeck*, Aglaoph. p. 910, wo er auch vermuthet, daß das Werk des Pamphilos aus sechs Büchern bestanden habe. 67) *Heyne*, Opusc. I. p. 88. 107. 110. Sprengel, Gesch. d. Medic. I. S. 78. II. 133 fg. 68) *Galen.* gloss. Hippocrat. p. 402 ed. *Franz.* Daß auch in den Geoponica, Buch IX und XI. vieles dem Pamphilos gehöre, vermuthet *Lamb.* l. c. p. 540. Doch schreiben dies andere mit mehr Wahrscheinlichkeit dem Nestor zu, s. *Niclas*, Praef. ad Geopon. p. LXIII. 69) *Hesych.* p. 116. s. v. *ἀετός*. 70) über welchen s. *Lambec.* de codd. Vindobb. p. 520 sq. 71) Fragmente finden sich in den Geoponicis bei *Niclas* II, 20. V, 23. VII, 20. X, 39. X, 86. XIII, 15. XIV, 14. XV, 1.

72) s. Geopon. XIII, 15. p. 969. *Nicl.* 73) Ib. XV, 1. 74) s. v. *Πάμφιλος Ἀλεξανδρεύς.* 75) Z. B. IX. p. 388, d. 76) s. *Suid.* s. v. *Ἀρίσταρχ.* *Bayle* Diction. s. v. Aristarque. not. A. *Wolf.* prolegg. ad Hom. p. CCLVI. und diese Encykl. u. d. W. 77) *Suid.* s. v. *Δίδυμος.* 78) *Suid.* s. v. *Δικαίαρχος* „*Ἀριστάρχου ἀκροατής.*" Die Schule des Aristarchos dauerte fort; so unter Ammonios, s. *Suid.* s. v. *Ἀμμώνιος.* *Bayle* s. v. p. 311. not. H. Venett. Scholl. p. 55, a. 51; und 293, b. 26. *Bekk.* Clint. Fast. Hellen. III. p. 556. 79) Auch daß er über Schriften des Nikandros geschrieben, deutet wol auf einige Zeitferne vom Aristarchos; so auch Clint. l. c.

Der Name eines Aristarcheiers soll aber nicht eine solche Abhängigkeit von diesem Grammatiker im Urtheile bezeichnen, welche in Allem beistimmt. In vielen und wichtigen grammatischen Punkten wich unser Pamphilos von Aristarchos ab, wie die venetianischen Scholien vielfach bezeugen [80]).

Das wichtigste seiner Werke ist ein sehr großes Lexikon, welches durch eine von dem Unterzeichneten ausgesprochene [81]) und vorzüglich von Welcker bekämpfte Vermuthung [82]), daß es die Quelle unsers Hesychius sei, in unsern Tagen wieder ein neues Interesse gewonnen hat. Es umfaßte eine bedeutende Bücherzahl, nach den verschiedenen Lesarten [83]) bald 405, bald 205, bald 95, bald 75, unter denen man mit Recht die Zahl 95 als die wahrscheinlichere vorgezogen hat. Schon dieses deutet, wenn auch die Bücher der Alten ungleich kleiner waren, als die unsern, doch auf ein sehr umfangreiches, viel umfassendes Werk. Abgesehen von Hesychios gibt Athenäos am Sichersten über den Inhalt und die Beschaffenheit des Buches Auskunft. Den Titel des Werkes citirt er verschieden, bisweilen [84]) *περὶ γλωσσῶν*, bisweilen [85]) *περὶ γλωσσῶν καὶ ὀνομάτων*, bisweilen [86]) endlich *περὶ ὀνομάτων*, öfter aber übergeht er ihn ganz [87]). Da auch Herodianos [88]) *ἐν ταῖς Γλώσσαις* citirt und Suidas den Titel *περὶ Γλωσσῶν* angibt [89]), den er durch den Zusatz von „*ἤτοι λέξεων*" erklärt, so ist dies gewiß als der Haupttitel anzusehen. Damit stimmt auch der Inhalt vollkommen überein, der, blos nach den Anführungen des Athenäos zu urtheilen, überaus reich gewesen sein muß. Nicht nur wurden eine Menge Wörter aus den verschiedenen Dialekten der griechischen Sprache darin erklärt gefunden, — z. B. des lakonischen, attischen und kyprischen rc. —; nicht nur eine Menge Namen von Gegenständen, die zum Lebensbedürfnisse gehören, und ähnlichen Dingen erläutert, wie Namen der Becher; nicht nur diese mit Stellen aus allen möglichen Schriftstellern der Griechen [90]) ausführlich belegt, sondern auch die verschiedenen bisher geäußerten Ansichten der Grammatiker über alle diese Gegenstände ausführlich beigefügt und erläutert [91]). Der ganze Umfang desselben läßt sich jedoch aus diesen Anführungen allein nicht genügend angeben und entwickeln; das aber ergibt sich auch schon hieraus ganz entschieden, daß der Inhalt des Werkes des Pamphilos mit dem Inhalte des Hesychianischen Lexikons die größte Ähnlichkeit gehabt haben muß, und nur ausführlicher und weitläufiger enthielt, wovon dieses mit ganz kurzen Worten einen Begriff gibt.

Das Buch war alphabetisch angelegt; die Anlage desselben und die Bearbeitung der ersten vier Buchstaben ging nicht von Pamphilos, sondern von Zopyrion aus, einem Grammatiker, dessen Name sonst nirgends genannt und nur von Suidas erwähnt wird [92]). Athenäos gedenkt einzelner Worte aus den ersten Buchstaben, des Zopyrion aber mit keiner Sylbe; er schreibt Alles dem Pamphilos zu. Schade ist es auch, daß trotz der vielen Citate des Pamphilos niemals Athenäos ein einzelnes Buch citirt; doch erklärt sich auch dieses aus der alphabetischen Einrichtung. Bestand eine solche, wie wir hiernach nicht zweifeln dürfen, so fragt sich, nach welchen Grundsätzen die Anordnung gemacht war [93]). Von den vier Arten, die Lexika alphabetisch zu ordnen, scheint aber keine dem Zeitalter des Pamphilos entsprechender und für die Sache angemessener, als eine derjenigen ähnliche, welche Ritschel bei Thomas Magister wiederhergestellt hat [94]). Nicht zwar nach den Grammatikern, deren Bücher er benutzte — dies würde zu wenig Selbstthätigkeit voraussetzen —, sondern nach den Gattungen der Worte, welche er aufnahm, hat er wahrscheinlich die Anordnung eingerichtet. Darauf deutet auch die Art, mit welcher einmal Athenäos sich ausdrückt [95]). Die lakonischen und andern einzelnen *λέξεις* werden in jedem Alphabete abgesondert gestanden haben. Die Ansichten der Grammatiker wurden dann über die einzelnen Worte angegeben, die Stellen, wo sie vorkamen, beigeschrieben und ein eigenes Urtheil des Pamphilos hinzugefügt, zumal wenn er von seinen Vorgängern abwich.

Ein so umfangreiches und zugleich so nützliches Wörterbuch lud zur Abkürzung ein, um es Mehren zugänglich zu machen. Und so hören wir denn auch bei Suidas von einem doppelten Auszuge aus diesem Buche. Der eine derselben war von Vestinus ausgearbeitet unter dem Titel [96]): *ἐπιτομὴ τῶν Παμφίλου γλωσσῶν βιβλία δ'* und kündigte sich also sogleich als einen Auszug an. Der andere hatte den Diogenianos zum Verfasser und führte den Titel: *λέξεις παντοδαπαὶ κατὰ στοιχεῖον ἐν βιβλίοις ε'*; kündigte sich also dem Titel nach als ein eigenes Werk an; war aber nach Suidas [97]) ebenfalls

80) so zu *A*, 363, 493. *B*, 262. 523, 557. *K*, 18. *Λ*, 659 und anderwärts, s. *F. Ranke*, De Hesych. p. 121 sq. 81) In der Schrift: De Lexici Hesychiani vera origine et genuina forma. (Quedlinb. 1831.) 82) Im rhein. Museum für Philol. von Welcker und Näke. 2. Jahrg. 2. Hft. S. 269—302. 3. Hft. S. 411—440, vergl. dazu Bernhardy, Recens. der Paroemiographie von Gaisford, in berl. Jahrb. August 1837 und zum *Suid.* s. v. *Διογενειανός*. 83) Im *Suid.* s. v. *Πάμφιλος*, s. Welcker S. 293. Die Angabe Valckenaer's (Theocr. p. 293 C, 298 B.) soll *ε* durch *δ* gelesen werden beruht wol auf einer Verwechselung. 84) *Ranke* l. l. p. 74—77. 85) Ib. p. 77 sq. 86) Ib. p. 78 sq. 87) Ib. p. 82 sq. 88) s. Etym. M. p. 521, 32 s. v. *Κυλλεδρον*. 89) *Suid.* s. v. *Πάμφιλος*, *Διογενειανός* und im Index der Lexikographen am Anfange des Buches. 90) z. B. bei *Athen.* p. 479, a. Epicharmos und Sophron, p. 487, c. *Nikon*. 91) s. *Athen.* IX. p. 388, d.

92) Daher der von Welcker gemachte Vorwurf, die Nichtbeachtung des Zopyrion betreffend (S. 271), von selbst hinwegfällt. 93) über die Verschiedenheit der alphabetischen Anordnung s. *Ritschel*, Thom. Mag. p. XV sq. 94) s. *Ritschl*, l. c. p. LXXIII. So läßt sich denn auch am Leichtesten erklären, wie Pamphilos das angefangene Werk des Zopyrion vollenden konnte. Welcker S. 296. 95) p. 495 s. v. *Ὄλλιξ* „*Π. ἐν Ἀττικαῖς λέξεσι τὸ ξύλινον ποτήριον ἀποδίδωσι*" cfr. *Ranke* p. 92. 96) *Suid.* s. v. *Οὐεστῖνος*. Wenn Suidas außerdem von demselben Verfasser anführt „*ἐκλογὴν ὀνομάτων ἐκ τῶν Δημοσθένους βιβλίων*" und mehr ähnliche *ἐκλογαί*, so sieht man schon an diesem Titel, daß dies von der *ἐπιτομή* ganz verschieden war. Völlig unhaltbar ist Welcker's Vermuthung S. 429. 97) „*ἐπιτομή ἐστι τῶν Παμφίλου λέξεων, βιβλίων ε' καὶ τετρακοσίων καὶ τῶν Ζωπυρίωνος.*" *Suid.* s. v. *Π.*

nichts als ein Auszug aus Pamphilos. Wie es nun zu geschehen pflegt, daß durch die Auszüge die größern Werke selbst verdrängt werden — ein neueres bedeutendes Beispiel haben die Wörterbücher von Stephanus und Scapula gegeben —, so scheint auch das Lexikon des Pamphilos bald hiernach aus dem Gebrauche verschwunden zu sein, da nächst Athenäos und Herodianos Niemand sonst dieses Buches gedenkt[98]). Bei Photios wenigstens findet sich durchaus keine Spur mehr von demselben, ja man sieht bestimmt, daß er es nicht kannte[99]). Aber auch die Epitome des Vestinos wird außer Suidas von Niemandem erwähnt[1]). Dagegen wurde das Buch des Diogenianos ein gewöhnliches lexikalisches Handbuch, und wird so bei Photios öfter erwähnt, ohne daß es ihm zu einem eigenen Artikel in seiner Sammlung seltener Bücher Veranlassung gegeben hätte[2]). Doch ist Welcker vielmehr der Meinung, daß Diogenianos zwar wirklich eine Epitome aus Pamphilos verfaßt, aber daneben auch ein eigenes, noch umfassenderes und zum Gebrauche bequemeres Buch geschrieben habe, und daß beide Werke neben einander im Gebrauch geblieben[3]); das letztere aber von Hesychius bearbeitet und so auf unsere Zeit gekommen sei, während der Unterzeichnete die Ansicht zu vertheidigen suchte, daß dies vielmehr blos von der Epitome aus Pamphilos gelten könne, ein eigenes Werk des Diogenianos aber, von Pamphilos unabhängig ausgearbeitet, nicht anzunehmen sei[4]).

Ein anderes Werk, dessen Suidas noch vor dem beschriebenen Lexikon gedenkt, führte den Titel *λειμών* oder, wie Welcker[5]) übersetzt, Trift, und wird bei Suidas durch den Zusatz erklärt: *ἔστι δὲ ποικίλων περιοχή*. Auch hierüber ist Ungewißheit. Der gewöhnlichen Interpunction zufolge hielt man dies für ein eigenes und trennte es von dem hernach genannten *περὶ γλωσσῶν*, wovon wir eben gehandelt haben[6]). Allein dem steht entgegen, daß in dem bekannten Verzeichnisse von lexikalischen Schriftstellern vor Suidas *λειμῶνα λέξεων* verbunden erscheint[7]). Aus diesem Grunde haben Andere die der vorigen Ansicht entgegengesetzte angenommen[8]). Allein jenes ganze Verzeichniß ist einmal an sich räthselhaft und in seinem Bezuge zu Suidas noch unerklärt[9]); ferner aber auch in den verschiedenen Ausgaben so verschieden aufgeführt[10]), daß man gegen die im Texte des Buches befindliche Lesart, deren *περὶ* eine solche Verbindung nicht gestattet[11]), nicht wohl einer so unzuverlässigen Angabe folgen darf. Das Buch hat daher wol einen allgemeinern Inhalt gehabt. Hat Plinius, wie Welcker vermuthet, an den *λειμών* des Pamphilos gedacht, wo er von den Titeln griechischer Bücher redet, so möchte er auch eher ein anderes Werk als ein Lexikon im Sinne gehabt haben.

Ein drittes Werk, dessen Suidas gedenkt, *εἰς τὰ Νικάνδρου ἀνεξήγητα*, ist ebenso wenig näher bekannt, als das folgende vierte *καὶ τὰ καλούμενα ὀπικά*. Durch die Erwähnung des Nikandros geleitet, machte Lambecius[12]) aus *ὀπικά* das leichter zu erklärende *ὀφιονικά*, remedia contra serpentes; Fabricius aber[13]) *ὀφιακά*, jener dem Galenos, dieser einem Scholiasten des Nikander folgend. Letzteres möchte sich als das Leichteste und Passendste empfehlen. Allein es ist die Frage, welchen Nikandros man hier zu verstehen habe. Wenigstens, wenn Harpokration[14]) citirt: *Νίκανδρος ὁ Θυατειρηνὸς ἐν τοῖς ἐξηγητικοῖς τῆς Ἀττικῆς διαλέκτου*, so erinnert unser *ἀνεξήγητα* daran, und könnte wol entweder aus *ἐξηγητικά* durch ein Versehen entstanden oder von Pamphilos mit Bezug auf diesen Titel gebildet worden sein.

Das letzte Buch endlich, dessen Suidas namentlich gedenkt, ist eine *τέχνη κριτική*[15]), die außerdem auch nicht weiter genannt wird.

Außerdem hat es auch einen Rhetor Pamphilos oder vielleicht mehre des Namens gegeben. Sicher steht auch seinem Zeitalter nur der in Verbindung von Kallippos von Aristoteles erwähnte Rhetor Pamphilos[16]), dessen Kunstform von ihm angedeutet wird. Weniger bekannt ist der, dessen Quinctilian gedenkt[17]). Und wenn Cicero sagt[18]): Pamphilum nescio quem sinamus in infulis tantam rem tamquam pueriles delicias aliquas depingere, so haben auch dieses Einige auf einen Rhetor gedeutet, während Andere einen Maler verstehen zu müssen glaubten.

Eines Schauspielers Pamphilus[19]) (tertiarum partium) gedenkt Plinius, der dem Metellus so ähnlich sah, daß dieser von ihm einen Beinamen bekam. (*F. Ranke.*)

98) Denn was das Etymol. M. gibt, ist aus Herodianos. 99) Helladios' Lexikon ist das weitschichtigste, was er kennt, Cod. 145, und dieses läßt sich kaum in fünf Bände zwingen. Das Buch des Pamphilos war gewiß größer.

1) Eine dunkle Erwähnung derselben in einem Schol. zu Greg. Nazianz. ausgenommen, s. *Ranke* p. 66. Welcker S. 293. 2) Cod. 145, 149 und Vorrede zum Lexikon. 3) Einer Epitome wird nur am Schlusse einer einzigen Anmerkung über *τάλαντον* gedacht, zum *Hom.* Il. V, 576. Dort wird (s. jetzt die Ausgabe v. Bachmann) auf Il. XIII, 259 verwiesen, wo die Anm. von Porphyrius gemeint ist. Ich vermuthe daher, daß auch jene Anmerkung diesem Gelehrten gehört. Man beachte besonders das Wort *ἐμπροσθεν*, welches für unsern Scholiasten nicht passend ist, da ja etwas später erst vorkommend citirt wird. 4) Man vergesse nur nicht, daß das Buch des Pamphilos verloren war, und Diogenianos' Titel leicht täuschen konnte, um den Irrthum des Hesychios und Photios erklärlich zu finden. Gesetzt aber auch, Welcker's Ansicht wäre die richtige, so würde ein eigenes Werk der Art von Diogenian nach jenem Auszuge ausgearbeitet doch zuletzt auf der Grundlage des Lexikons des Pamphilos aufgebaut, und im Ganzen und Großen dasselbe enthalten haben. 5) Welcker S. 297. 6) So *Fabric.* bibl. Gr. lib. V. c. 40. (vol. IX. p. 753. ed. 1719.) „Pamphilus, gr. Ar. scripsit pratum. s. variarum rerum collectanea.“ 7) Über die richtige Interpunction dieser Worte Welcker S. 411. So hat auch Bernhardy.

8) *Lambec.* l. l. p. 541. Welcker S. 295 u. 427. 9) s. *Ritschl* de Oro. p. 77. 10) Die Verschiedenheiten der ältesten Ausgabe s. b. Bernhardy. 11) Welcker ändert die Lesart durch *Erychius* 295 zwar ab, jedoch schon das doppelte *ἐστι* ist dagegen. 12) *Lambec.* l. c. p. 541. 13) *Fabr.* bibl. Gr. III. c. XXVI. p. 622. ed. 1707. *Nic.* Theriac. v. 377. p. 76 ed. *Schneider*. Dagegen vermuthet *G. J. Vossius* de hist. Graec. p. 313 *Ὀρφικά*. 14) s. v. *μέδιμνος*. 15) Über die Bedeutung dieses Titels s. *Bekk.* Anecd. p. 673, 20 und p. 1140. Eine andere Lesart bei Gaisford hat *τ. ῥητορικη*. 16) *Aristot.* Rhetor. II, 23. Für einerlei mit dem Philosophen Pamphilus hält ihn fälschlich Fuhr S. 431. 17) *Quinct.* III, 6, 33. 18) De Orat. II. §. 81. 19) *Plin.* N. H. VII. c. 11.

PAMPHILUS. Die Lebensbeschreibung dieses gelehrten und frommen Mannes, welche sein Freund und Verehrer Eusebius in drei Büchern verfaßt hatte, ist leider nicht auf unsere Zeit gekommen [1]). Wir sind daher auf die Nachrichten über ihn beschränkt, welche Eusebius in der Kirchengeschichte und in der Schrift über die Märtyrer Palästina's, und Hieronymus de viris illustr. c. 75 und anderwärts gelegentlich mittheilen. Die Acta Passionis S. Pamphili Martyris stimmen im Wesentlichen mit dem Berichte des Eusebius in jener Schrift überein, enthalten jedoch einige eigenthümliche Angaben, deren Glaubwürdigkeit in Zweifel gestellt werden kann [2]). Pamphilus war angeblich aus Berytus in Phönicien gebürtig, von angesehener und begüterter Familie. Seine erste Bildung erhielt er in seiner Vaterstadt [3]). Zu Alexandrien, wo er seine Studien fortsetzte, war sein Lehrer Pierius, der Vorsteher der Katechetenschule [4]). Auf welche Veranlassung er nach Cäsarea in Palästina kam, ist nicht bekannt. Er wurde daselbst unter dem Bischof Agapius, dem Nachfolger des Theotecnus, Presbyter, und verwaltete dieses Amt bis zum Beginne seines Märtyrerthums [5]). Im fünften Jahre der Diocletianischen Verfolgung, gegen Ende d. J. Chr. 307, wurde er nämlich von dem damaligen römischen Statthalter von Palästina, Urbanus, aufgefodert zu opfern und so dem Bekenntnisse des Christenthums zu entsagen, und als er dies standhaft verweigerte, auf dessen Befehl nach grausamen Martern in das Gefängniß zu den übrigen Bekennern geworfen. Er blieb daselbst ein Jahr und einige Monate, bis er unter Firmilianus, Urban's Nachfolger, am 16. Febr. 309 zu Cäsarea als Märtyrer hingerichtet wurde [6]). Pamphilus hat sich, obschon er selbst aus Bescheidenheit nicht als Schriftsteller hervortreten wollte, doch die größten Verdienste um die wissenschaftlichen Studien der Christen in seinem und dem nächstfolgenden Zeitalter erworben [7]). Alles, was zur Förderung derselben diente, trieb er mit ausdauerndem Eifer und scheute keine Opfer dafür. Ausgezeichnet durch seine Kenntniß der ältern christlichen Literatur beschäftigte er sich viel mit Besorgung von Abschriften der heiligen Schrift und der Werke berühmter Kirchenlehrer, besonders des Origenes, und gründete zu Cäsarea eine der bedeutendsten kirchlichen Bibliotheken, welche wahrscheinlich erst im 7. Jahrh. bei der Eroberung Cäsarea's durch die Araber zerstört worden ist. Zu den Zeiten des Hieronymus bestand sie noch, nachdem inzwischen die beiden Presbyter und nachherigen Bischöfe von Cäsarea, Acacius und Euzoius im 4. Jahrh., die schon beschädigten Werke auf Pergament umgeschrieben hatten [9]). Hieronymus benutzte sie selbst für seine kritischen und exegetischen Arbeiten über die heilige Schrift. Ein Hauptschatz derselben waren die Hexapla und Tetrapla des Origenes, nach welchen Pamphilus und Eusebius einen berichtigten Text der Septuaginta in Abschriften verbreiteten [10]). Auch das Matthäus-Evangelium nach dem angeblichen hebräischen Urtext, wie sich die Nazaräer desselben bedienten, fand sich auf dieser Bibliothek [11]). Anderweitige Beweise von Benutzung dieser Bibliothek geben der Cod. Coislin. CCII. und der ehemals den Jesuiten gehörige Cod. Claromont. der griechischen Übersetzung der Propheten [12]). Nicht weniger als durch die Bibliothek förderte Pamphilus wissenschaftliches Streben unter den Christen durch die Stiftung einer theologischen Schule zu Cäsarea, in welcher vorzüglich das Studium der heil. Schrift getrieben wurde, wie früher schon Origenes daselbst zahlreiche Schüler um sich versammelt und zu demselben Studium angeleitet hatte [13]). In ihr wirkte wahrscheinlich Eusebius neben dem Pamphilus, dem er selbst

1) Eusebius gedenkt ihrer selbst hist. eccles. VI, 32 und VII, 32 und de martyr. Palaest. c. 11. Hieronymus führt eine Stelle aus dem dritten Buche derselben an adv. Rufin. lib. I. Opp. ed. *Bened.* Tom. IV. p. 357 sq. und erwähnt sie auch in ep. ad *Marcellam* Tom. II. p. 711. 2) Solche Acta sind zuerst lateinisch herausgegeben in *Surii* Vitae SS. ad d. I. Junii. Dann auch griechisch in den Actis SS. Junii Tom. I. p. 64 sq., desgleichen in *Hippolyti* Opp. ed. *Fabric.* Tom. II. p. 217 sq. und in *Gallandi* Biblioth. PP. Tom. IV. p. 41 sq. Daß die letzteren wörtlich aus der Lebensbeschreibung des Pamphilus von Eusebius entnommen seien, wie Papebroch in den Actis SS. a. St. behauptet, ist nicht wahrscheinlich. Vielmehr ist es eine Bearbeitung und Ausschmückung des bei Eusebius vorgefundenen historischen Stoffes in der bekannten Manier des Simeon Metaphrastes, von dem die Acta ohne Zweifel herrühren. s. Lardner, Glaubwürdigkeit der Ev. Gesch. 1. B. Cap. 59. §. 10. Ob aber Simeon blos das Buch des Eusebius de martyr. Palaest., und zwar, wie Valesius zu Cap. 11 vermuthet, in einer vollständigern Recension als die gegenwärtige, oder auch seine Lebensbeschreibung des Pamphilus benutzt und aus der letztern seine Nachricht über Vaterland und Familie des Pamphilus und anderes, was weder in jenem Buche noch in der Kirchengeschichte sich findet, geschöpft habe, muß dahin gestellt bleiben. 3) Acta P. I. c. 7. 4) *Photius* Cod. 118. Diese Nachricht ist an sich sehr glaublich. 5) *Euseb.* hist. eccl. VII, 32. 6) *Euseb.* de martyr. Palaest. c. 11. Vergl. *Tillemont* Mémoires Tom. V. p. 418 sq. und p. 750 sq. der zweiten pariſ. Ausg.

7) Eusebius sagt von ihm in dem dritten Buche der Lebensbeschreibung bei *Hieron.* adv. Rufin. l. l. Quis studiosorum amicus non fuit Pamphili? Si quos videbat ad victum necessariis indigere, praebebat large quae poterat. Scripturas quoque sanctas non ad legendum tantum, sed et ad habendum tribuebat promptissime: nec solum viris, sed et foeminis, quas vidisset lectioni deditas. Unde et multos codices praeparabat, ut, quum necessitas poposcisset, volentibus largiretur. Et ipse quidem proprii operis nihil omnino scripsit exceptis epistolis, quas ad amicos forte mittebat: in tantum se humilitate dejecerat. Veterum autem tractatus scriptorum legebat studiosissime, et in eorum meditatione jugiter versabatur. 8) *Hieronym.* de vir. illustr. c. 75. Pamphilus — tanto bibliothecae divinae amore flagravit, ut maximam partem Origenis voluminum sua manu descripserit, quae usque hodie in Caesareensi bibliotheca habentur. Hieronymus selbst besaß, wie er weiter erzählt, 25 Bände von Origenes' Auslegungen der zwölf Propheten, welche von Pamphilus eigenhändig abgeschrieben waren. Ein Verzeichniß der sämmtlichen auf der Bibliothek zu Cäsarea vorhandenen Schriften des Origenes und anderer Kirchenschriftsteller hatte Eusebius in seiner Lebensbeschreibung des Pamphilus gegeben; s. *Kirchengesch.* VI, 32 und *Hieron.* adv. Rufin. lib. II. p. 419. 9) *Hieron.* de vir. illustr. c. 113 und ep. ad Marcell. Tom. II. p. 711. 10) *Hieron.* praef. in Paralip. Opp. Tom. I. p. 1023 und Comment. in ep. ad Tit. c. 3. Tom. IV. P. I. p. 437. 11) *Hieron.* de vir. illustr. c. 3 und adv. Pelag. lib. III. c. 2. 12) s. *Montfaucon*, Biblioth. Coislin. p. 251 sq. und desselben Proleg. ad Orig. Hexapl. p. 14 u. 76. 13) *Euseb.* a. a. O. VII, 32 u. de mart. Palaest. c. 4.

seine Bildung verdankte. Endlich war auch dies in der angegebenen Beziehung sehr verdienstlich, daß Pamphilus, ein begeisterter Verehrer des Origenes, seinen Schülern die Verehrung gegen diesen großen Kirchenlehrer und seine Werke mittheilte, und ihn im Interesse der christlichen Wissenschaft gegen seine unwissenschaftlichen und beschränkten Gegner, welche schon damals jede Beschäftigung mit seinen Werken für ein Merkmal der Ketzerei ausgaben, vertheidigte. Er begann noch im Gefängniß eine Apologie des Origenes und arbeitete dieselbe gemeinschaftlich mit dem Eusebius bis zum fünften Buche, welcher sie nach dem Tode des Pamphilus durch Hinzufügung eines sechsten Buches beendigte. Nur das erste wahrscheinlich von Pamphilus allein verfaßte Buch ist gegenwärtig noch in der untreuen und willkürlichen lateinischen Übersetzung des Rufinus vorhanden[14]). Die Schrift war an die zu den Bergwerken in Palästina verurtheilten Bekenner (ad confessores ad metalla Palaestinae damnatos) gerichtet. Im Eingange derselben gibt der Verfasser eine anschauliche Schilderung von der leidenschaftlichen Bornirtheit und Elendigkeit der meisten Gegner des großen Origenes, welche ihn zur Vertheidigung desselben aufzutreten vermocht habe, und macht dagegen darauf aufmerksam, wie Origenes selbst vieles nur problematisch vorgetragen und überall ohne dogmatische Anmaßung seinen Lesern freie Prüfung empfohlen habe. In dem Werke selbst sucht der Verfasser zuerst die Rechtgläubigkeit des Origenes in der Theologie und Christologie (in den Lehren von der Dreieinigkeit und der Menschwerdung des Sohnes) im Allgemeinen nachzuweisen und dann neun von seinen Feinden gegen ihn erhobene Anklagen im Betreff der Lehre durch Origenes' eigene Erklärungen im Einzelnen zu widerlegen. Daß Pamphilus die Apologie in Gemeinschaft mit Eusebius verfaßt habe, ist von dem Hieronymus in seinem Streite mit Rufinus über Origenes' Orthodoxie ohne allen Grund und gegen seine eigene bessere Überzeugung geläugnet worden. Nicht ein so hochgehaltener Märtyrer, sondern Eusebius, der Anführer der Arianischen Rotte, sollte den Ketzer Origenes vertheidigt haben und Rufinus als Lügner erscheinen! Mit achtbarer Ruhe erklärte dagegen Rufin: Superflua est de auctore quaestio. Zum Überflusse haben dennoch mehre Gelehrte Forschungen darüber angestellt. Die Frage, ob die in vielen Ausgaben des N. T. vorkommende Expositio capitum Actuum Apostolicorum von Pamphilus oder von Euthalius herrühre, ist unerheblich[15]). Über den Charakter und das Leben des Pamphilus spricht Alles, was wir von ihm wissen, dafür, daß er von dem Geiste des Christenthums durchdrungen war. Sein ganzes Leben war eine Offenbarung der innigsten Liebe zu dem Herrn und zu den Brüdern. Daher sein mächtiger Einfluß auf die ihm nahestehenden, welcher sich in der innigen Dankbarkeit des Eusebius (*Εὐσέβιος ὁ Παμφίλου*) und der Anhänglichkeit seines Sklaven Porphyrius, der ihm im Märtyrertode folgte, zu erkennen gibt. S. *Eusebius*, De mart. Palaest. c. 11. (*Thilo.*)

14) Beste Ausgabe von de la Rue in *Origenis* Opp. Tom. IV. Append. p. 17 sq. und danach in *Gallandi* Biblioth. PP. Tom. IV. p. 3 sq. und *Routh*, Reliquiae sacrae Tom. IV. p. 289 sq. Die Nachrichten der Alten über diese Schrift und die Fragmente der verlornen Bücher sind in dem letztern Werke vorher Tom. III. p. 261 sq. zusammengestellt. 15) s. *Routh*. Rel. s. Tom. III. p. 278 sq.

Pamphlet, s. Druckschriften.

PAMPHOS. Die ersten Anfänge der hellenischen Dichtkunst werden gewöhnlich mit einer Reihe von Dichternamen bezeichnet, unter denen auch der des Pamphos[1]) aufgezählt wird. So wenig aber wie bei Orpheus, Linos, und andern über Vaterland und Zeitalter, über Form und Inhalt ihrer Poesie bei dem Dunkel der Nachrichten und der Menge selbst widerstreitender Überlieferungen und Meinungen genauere Bestimmungen möglich sind, so wenig auch bei diesem Sänger. Daher ist es zu erklären, wenn die verkehrte Sucht der Neuern durch etymologische Deutungen in diesen Namen nicht wirkliche Dichter, sondern Personificationen gesucht und auch in Pamphos eine Bezeichnung des innern Charakters des ältesten Gesanges gefunden hat, weil ihnen der Name die gedankenvolle, erschütternde Kraft des Mundes oder des Spruches bedeutet. Dieses und Ähnliches mehr findet man bei Sickler (zu Homer's Hymnus an Demeter S. 68). Hier wird es genügen aus den Zeugnissen des Alterthums das Wichtigste zusammenzustellen.

Über das Zeitalter des Pamphos wissen wir nichts Bestimmtes; Pausanias, bei dem sich fast allein Nachrichten erhalten finden, nennt ihn nur in unbestimmten Ausdrücken jünger als Olen (IX, 27. §. 2. *Ὠλῆνος δὲ ὕστερον Πάμφως*) und setzt den Homer in viel spätere Zeit (VIII, 37. §. 6. *Καθὰ Ὅμηρος καὶ ἔτι πρότερον Π.*, womit die Stellung beider Namen I, 38. §. 3 zu vergleichen ist). Wenn Palmerius (Exercit. in script. graec. p. 690) den Namen des Sängers in der Parischen Marmorchronik ergänzen wollte, so beruht solche Vermuthung nicht einmal auf Wahrscheinlichkeitsgründen und für Zeile 25 und 26 genügt vollkommen, was Böckh aufgestellt hat (ἀφ' οὗ] Ὀ[ρφεὺς Οἰάγρου καὶ Καλλιόπης] υἱὸ[ς τὴν] αὑτοῦ ποίησιν ἐξέθηκε, während Chandler's Ergänzungen, denen Wagner sogar in der neusten Ausgabe noch gefolgt ist, zu sehr von den überlieferten Schriftzügen abweichen. Aber selbst gegen diese Überlieferung ließe sich der Einwand machen, daß das hohe Alterthum dieses und der übrigen Dichter nur aus der attischen Eitelkeit hervorgegangen ist, das, was für Athen

1) Dies ist die allein richtige Form des Namens, denn in den griechischen Texten steht überall *Πάμφως* und selbst die in Handschriften öfter vorkommende Verderbung *πάν φῶ.* (s. Siebelis zu Pausan. VIII, 37. §. 6) führt darauf. Falsch ist es daher, wenn viele, worunter sogar Weiß, Matthiä u. A., die Form Pamphus gebrauchen, die auf *Πάμφος* führen würde. Allerdings scheint eine solche vorhanden gewesen zu sein nach dem Artikel bei Hesych.: *Παμφίδες, γυναῖκες Ἀθήνῃσιν, ἀπὸ Πάμφου τὸ γένος ἔχουσαι*, wo es der Analogie nach *Παμφωΐδης* heißen müßte. Wer diese Pamphiden waren, ob Sängerinnen, ob Priesterinnen, läßt sich gar nicht bestimmen und überhaupt sich aus jener Notiz kein weiterer Nutzen ziehen. Der Merkwürdigkeit wegen werde noch erwähnt, daß Heyne de Theogon. ab Hesiod. condit. (in den comment. Gotting. II. p. 157) den Pamphos in eine Frau verwandelt hat.

das Älteste war, zu dem Ältesten für ganz Griechenland zu machen, und die Einwirkung der epischen Poesie in den Colonien Kleinasiens dadurch abzuleugnen. Dann würde man nicht in so alte Zeiten hinaufgehen dürfen, als wie jetzt allgemein geschieht. Attika aber ist offenbar das Land, welchem Pamphos ebenso wie der freilich aus Thrakien erst eingewanderte Eumolpos (*Lobeck*, Aglaoph. p. 213) angehört. Als attischen Dichter bezeichnen ihn auch die Namen der Götter, welche er in seinen Hymnen verherrlichte, und das ausdrückliche Zeugniß bei Pausanias (IX, 29. §. 3. *Ὅς Ἀθηναίοις τῶν ὕμνων ἐποίησε τοὺς ἀρχαιοτάτους* cl. VII, 21. §. 3). Weiter erfahren wir durch denselben Schriftsteller, daß wenigstens ein Theil der Hymnen des Pamphos für die Lykomiden (s. *Lobeck*, Aglaopham. II. p. 982) bestimmt gewesen sei, denn IX, 27. §. 2 heißt es: *Πάμφως τε ἔπη καὶ Ὀρφεὺς ἐποίησαν· καὶ σφίσιν ἀμφοτέροις πεποιημένα ἐστὶν ἐς Ἔρωτα, ἵνα ἐπὶ τοῖς δρωμένοις Λυκομίδαι καὶ ταῦτα ᾄδωσιν· ἐγὼ δὲ ἐπελεξάμην ἀνδρὶ ἐς λόγους (ἐλθὼν) δᾳδουχοῦντι*, wo unter den verschiedenen Erklärungen von *δρωμένοις* die Beziehung auf die Weihen in den Mysterien die wahrscheinlichste ist und sich leicht die Vermuthung ergibt, daß dieses Geschlecht bei seinen Verrichtungen als eleusinische Daduchen von den Hymnen des Pamphos ebenso Gebrauch machte, wie von denen des Orpheus (*Paus.* IX, 30. §. 6) und unter denen, die dem Musäos zugeschrieben wurden, von dem auf Demeter (*Paus.* I, 22. §. 7. IV, 1. §. 4). Vielleicht waren alle diese Hymnen in einer Sammlung vereinigt, welche der Athener Krates in seiner Schrift über den attischen Dialekt (*Athen.* XIV. p. 653 B.) benutzt hat. Uns sind nur spärliche Notizen und unsichere Bruchstücke von denselben erhalten[2]) und selbst diese wol nicht in ihrer alten ursprünglichen Gestalt, sondern in einer sehr modificirten Form.

1) Hymnus an die Demeter. *Paus.* VIII, 37. §. 6, wo von der Kore gesprochen wird und hinzugefügt *ἰδίᾳ δὲ ἐστιν ὄνομα Περσεφόνη, καθὰ Ὅμηρος καὶ ἔτι πρότερον Πάμφως ἐποίησαν*, eine Stelle, in der offenbar blos wegen des Namens Persephone die beiden Hymnen des Homer (denn an den Dichter der Ilias und Odyssee ist nicht zu denken) und Pamphos angeführt werden. Auffallend ist überhaupt die Übereinstimmung mit dem Homerischen Hymnus, der nicht nur in den Grundzügen der Fabel übereinstimmt, sondern auch in mehren Nebenzügen gleichen Traditionen gefolgt zu sein scheint. *Paus.* IX, 31. §. 6. *Κόρην τὴν Δήμητρός φησιν ἁρπασθῆναι παίζουσαν καὶ ἄνθη συλλέγουσαν· ἁρπασθῆναι δὲ οὐκ ἴοις ἀπατηθεῖσαν, ἀλλὰ ναρκίσσοις*, womit hymn. in Cerer. v. 8 sq. zu vergleichen; ferner die Angabe von dem Brunnen, an welchem sich die irrende Demeter niederließ, bei *Paus.* I, 39. §. 1. *Ἐποίησε δὲ Πάμφως ἐπὶ τούτῳ τῷ φρέατι (φρέαρ Ἄνθιον) καθῆσθαι Δήμητρα μετὰ τὴν ἁρπαγὴν τῆς παιδὸς γραΐ εἰκασμένην· ἐντεῦθεν δὲ αὐτὴν ἅτε γυναῖκα Ἀργείαν*[3]) *ὑπὸ τῶν θυγατέρων τῶν Κελεοῦ κομισθῆναι παρὰ τὴν μητέρα καὶ οἱ τὴν Μετάνειραν οὕτω πιστεῦσαι τοῦ παιδὸς τὴν ἀνατροφήν*, was mit hymn. in Cerer. v. 99 sq. vollkommen übereinstimmt. Nach *Paus.* I, 38. §. 3 haben des Keleos Töchter bei Pamphos und Homer gleiche Namen gehabt, die aber von denen im Homer (Hymnus B. 109. 110) abweichen[4]). Pamphos scheint zuerst die Localsagen von Eleusis ausgebildet und selbst bei andern Dichtern Gefundenes in dieselben übergetragen zu haben.

2) Hymnus an Artemis. *Paus.* VIII, 35. §. 7. *Δοκεῖν δέ μοι καὶ Πάμφως μαθὼν τι παρὰ Ἀρκάδων, πρῶτος Ἄρτεμιν ἐν τοῖς ἔπεσιν ὠνόμασε Καλλίστην*[5]).

3) Hymnus an Poseidon. Bei *Paus.* VII, 21. §. 3 finden sich die Worte: *Π. — εἶναί φησι τὸν Ποσειδῶνα ἵππων δὲ δωτῆρα νεῶν τ' ἰθυκρηδέμνων*, ein Vers, der mit einem andern der Homerischen Sammlung XXII. v. 5 große Ähnlichkeit hat: *Ἵππων τε δμητῆρ' ἔμεναι, σωτῆρά τε νηῶν* und die Vereinigung einer doppelten Fürsorge, für Schiffahrt und Pferdezucht, in demselben Gotte ausdrückt. Die fehlerhafte Lesart *δωτῆρα* (das Wort kennen nur Spätere) hat schon Sylburg geändert, Ruhnken's Conjectur *τ' ἐλατῆρα*, die Clavier billigte, erweist sich aus metrischen und historischen Gründen als unhaltbar; ob aus dem Homerischen Hymnos *δμητῆρα* zu schreiben sei, bleibt zweifelhaft. Eher zu billigen ist Lobeck's Conjectur (Paralipom. p. 429) *ἰθυντῆρα*. Schwieriger noch ist die Erklärung des außerdem von Schiffen nicht gebrauchten Adjectivs *ἰθυκρήδεμνος*; „bemastete Schiffe," wie Goldhagen übersetzte, sind es gewiß nicht, eher mit hohen Segeln gerüstete, denn dahin führt die Vergleichung mit *κρήδεμνον*, Kopfbinde[6]) (s. Nitzsch zu Odyss. III, 391).

4) Hymnus an Zeus. *Philostr.* Her. II, 19. p. 693. *Olear.* sagt: *Ἐστὶ γὰρ τὰ τοῦ Πάμφω ἔπη Ζεῦ κύδιστε, μέγιστε θεῶν, εἰλυμένε κόπρῳ μηλείῃ τε καὶ ἱππείῃ καὶ ἡμιονείῃ*[7]), die jedoch von *Gregor.*

---

2) Mit welchem Rechte *Gyraldus* de poet. dial. 2. (T. II. p. 88 a.) sagen konnte, quaedam adhuc ejus carmina ipse legi, ist ganz unbegreiflich.

3) Ruhnken's Vermuthung *ἅτε γυναῖκα γραῖαν* wegen hymn. in Cerer. 101. *γρηῒ παλαιγενέϊ ἐναλίγκιος* würde leere Wiederholung der bei Pausanias kurz vorhergegangenen Worte sein. Die Erklärung, welche Voß zu Demeter Hymn. S. 45 gibt, ist unwahrscheinlich; genügender erklärt diese Abweichung von der gewöhnlichen Sage, daß Demeter aus Kreta nach Attika gekommen sei oder auch aus Sicilien, Preller, Demet. u. Perseph. S. 386. Überdies mag hier noch des spaßhaften Irrthums gedacht werden, in welchen mehre Archäologen durch falsche Auffassung der Worte *ἐποίησε δὲ Πάμφ.* „er bildete, er machte ein Relief an jenem Brunnen," verfallen sind. So selbst *Winkelmann*, Stor. d. A. I. p. 187 und in den Monum. ined. p. 4. Panfo, scultore de' più antichi. 4) Pausanias konnte aus dem Gedächtniß citiren und so sich täuschen. Blos wegen dieser Nachricht die jetzigen Namen in dem Homerischen Hymnus für unecht zu erklären, wie Franke (*Hom.* Hymn. p. 127) thut, oder sogar neue Interpolationen mit Voß (zu v. 476) vorzunehmen, ist übereilt. 5) Denselben Namen gebrauchte auch Sappho, s. die Sammlung von Neue S. 97. Müller Dor. I. S. 372. Proleg. 75. 6) Preller a. a. O. S. 388 begnügt sich die verschiedenen Bedeutungen von *κρήδεμνον* anzuführen. 7) Bei Joh. Sicel. stehen in codd. Par. und Vindob. die Varianten *μάλιστε* und *εἰλημμένε*, die Vulgate war *εἰλημένε*, die aber schon Wesseling (in *Herod.* p. 106) verbesserte. Vergl. *Boissonade* in *Philostr.* p. 469.

Nazianz. or. III. p. 104. A. dem Orpheus zugeschrieben werden und bei *Joh. Siceliot.* in Hermog. (*Walz.* Rhet. VI. p. 399) theilweise in Prosa also sich vorfinden: *Ὅταν τε μηλίη, ὅσση τε ἵππων, ὅσση τε ἡμιόνων.* Philostratos meint, der Dichter habe sagen wollen *ὅτι Ζεὺς εἴη τὸ ζωογονοῦν καὶ δι' οὗ ἀνίσταται τὰ ἐκ τῆς γῆς πάντα.* Creuzer (Symbol. II. S. 487) erklärt es durch die ägyptische Vorstellung, nach welcher der Mistkäfer Symbol der Palingenesie und des Lebens ist. Lobeck (Aglaoph. I. p. 745 sq.) findet darin nur eine Verspottung des stoischen Dogma, daß Zeus als der alles erschaffende auch selbst erst durch alles durchgegangen sei. Preller (a. a. O. S. 387) sucht den Schlüssel zu diesen sonderbaren Versen in dem Reinigungsgebrauche des *περιμάττειν*, worüber zu vergleichen *Wyttenbach* in *Plutarch.* p. 1006 sq.

5) Hymnus an Eros. *Paus.* IX, 27. §. 2, wo aber jede genauere Erörterung über den Inhalt des Hymnus wegbleibt. Vielleicht wurde hier Eros in Bezug auf jene kosmogonischen Sagen behandelt, deren unter den Orphischen Fragmenten Lobeck (Aglaoph. I. p. 529) gedenkt.

6) Hymnus an die Chariten. *Paus.* IX, 35. §. 1. *Π. μὲν δὴ πρῶτος ὧν ἴσμεν ᾖσεν ἐς Χάριτας· πέρα δὲ οὔτε ἀριθμοῦ πέρι οὔτε ἐς τὰ ὀνόματά ἐστιν οὐδὲν αὐτῷ πεποιημένον.* Vergl. Müller, Orchom. S. 177. Schol. Venet. Il. XIV, 183. 276.

7) *Paus.* IX, 29. §. 3. *Πάμφως δέ, ὃς Ἀθηναίοις τῶν ὕμνων ἐποίησε τοὺς ἀρχαιοτάτους, οὗτος ἀκμάζοντος ἐπὶ τῷ Λίνῳ τοῦ πένθους Οἰτόλινον ἐκάλεσεν αὐτόν.* Auch diesen Namen erhielt Sappho von [illegible]n, s. Neue S. 98. Offenbar ein Linosgesang, der schon Homer (Il. XVIII, 570) und Hesiod wohl bekannt ist. Vergl. *Köster*, De Cantil. popul. Gr. p. 16. Preller S. 257.

Unter den Neuern sind nachzusehen *Fabricii* Bibl. gr. I. c. 24. p. 206. *Harl.* Sickler zu Homer's Hymnus an Demeter. S. 52. *G. H. Bode*, De Orpheo. p. 7. 77. *Clinton* F. H. I. p. 341. Ulrici, Geschichte d. hellen. Dichtk. I, 120. 127. 139, enthält zerstreute, wenig gesichtete Notizen. Bernhardy, Griech. Lit. I, 248, vor allen aber jetzt L. Preller, Demeter und Persephone. S. 61. 75. 384 fg. (*F. A. Eckstein.*)

Pamphyle, s. Pamphylia.

PAMPHYLIA. §. 1. Pamphylia (ἡ *Παμφυλία*, die Einwohner, *Πάμφυλοι*, *Παμφύλιοι*, Pamphylii) bezeichnet in der alten Geographie einen schmalen Landstrich am gleichbenannten Meere (Pamphylium mare) in Kleinasien, welcher durch seine Lage und Umgebung, besonders durch zwei weit ins Meer ragende Vorgebirge (westlich das prom. sacrum, östlich Leukolla) einen großen Meerbusen (Pamphylius sinus) bildet[1]). Entsprechend einer bei den Alten oft wiederkehrenden Weise, den Ursprung der Länder- und Städtenamen von Personen abzuleiten, läßt eine Sage auch den Namen Pamphylia von einer Pamphyle oder einem Pamphylos entlehnen[2]). Geschichtlicher findet Herodotos den Grund dieser Benennung darin, daß nach Troja's Einnahme auf der Rückkehr zerstreute Hellenen (*τῶν ἐκ Τροίης ἀποσκεδασθέντων*), also wol verschiedenen Stammes, unter des Amphilochos und Kalchas Führung sich hier niedergelassen haben, von welchen die Pamphyler ihre Abstammung erhalten. So hätten wir uns in den Pamphylern ein aus verschiedenen Stämmen gemischtes Geschlecht (*πάμφυλοι*) zu denken, wenn nicht etwa umgekehrt dieser Name Veranlassung zu jener Angabe geworden ist[3]).

Grenzen, Berge, Vorgebirge, Flüsse, ein See. Natürliche Abmarkungen hatte Pmphylien blos nördlich und südlich, hier das pamphylische Meer, dort mit Unterbrechung (ebenso nordöstlich und nordwestlich) den in mehren Zweigen sich nach Pisidien und Lykien hinein erhebenden Tauros, von welchem Pamphyliens Boden eigentlich nur eine allmälige Abdachung und Verflachung bildet[4]). Die politischen Grenzen waren natürlich unstetig, und an das politische Schicksal dieser kleinasiatischen Staaten an der südlichen Küste überhaupt geknüpft, erlitten sie wol seit Persiens Obergewalt, während der Herrschaft der Seleuciden und endlich durch das Provinzialwesen der Römer mannichfache Abänderungen und Be-

1) Die Ausgaben des Cicero hatten nach dem Texte des Gruter und Gronov in den meisten Stellen Pamphilia. Spätere Herausgeber haben größtentheils Pamphylia gesetzt. Auch auf einigen alten Inschriften Pamphilia (*Gruter.* Inscr. p. 458. n. 6. p. 491. n. 12). Bei den Griechen findet sich diese Form nirgends, und bei römischen Schriftstellern mag sie entweder aus einer willkürlichen Verwechselung der Vocale oder aus der Verdorbenheit der Manuscripte hervorgegangen sein. Abweichende Formen auf Steinschriften kommen auch sonst bisweilen vor, deren Quelle nicht selten eine inscitia lapicidarum sein mochte, wovon Böckh in seinem Corpus Beispiele angeführt hat. Sonst findet man überall *Παμφυλία*, *Πάμφυλοι*, Pamphylia, Pamphylii bei Griechen und Römern. Auf Münzen *ΠΑΜΦΥΛΙΩΝ*. *Ez. Spanheim.* de us. et pr. n. p. 897. Die Bewohner gewöhnlich *Πάμφυλοι*; seltener und nur bei Spätern *Παμφύλιοι*. Herodotos, Strabon, Pausanias immer *Πάμφυλοι*. Appian (bell. civ. II, 49. p. 243. II, 71. p. 273), Schweighäuser *Παμφύλιοι*. An anderen Orten (wie bell. civ. IV, 60, 608) *Πάμφυλοι*. Eustathius (ad *Dionys.* Per. v. 850. p. 264. T. I. *Bernh.*) *Παμφύλων ἤτοι Παμφυλίων, διχῶς γὰρ ἡ τοῦ ἔθνους φέρεται γραφή.* Dazu die Interpp. (p. 759. t. II. *B.*) und Schweighäuser (ad *Herodot.* VII, 91. *Livius* XXXVII, 40) Pamphylii; aber XLIV, 14, Pamphyli. Die Form *Παμφύλιοι* mochte von den Römern ausgegangen sein, welche häufiger Pamphylii brauchten, daher nur bei späteren Griechen.

2) *Eustath.* ad *Dionys. Per.* v. 854. p. 265. T. I. *B.* Vgl. *Apollod.* III, 302. *H. Herodot.* I, 173. *Paus.* VII, 3, 4. 3) *Herodot.* VII, 91. *Strab.* XIV, 4. p. 668. ed. Par. 1620. 4) Bernhardy (ad *Dionys.* Per. v. 127. p. 555. T. II.) vermuthet, daß das pamphylische Land als ursprüngliche Anschwemmung des Meeres zu betrachten sei: „Ceterum internum mare limoso turbulentoque cursu Syriae litora notissimum est urgere ac longius longiusque proferre, unde Pamphyliae quoque plagam, id quod v. 127 innuitur, mari licet colligere aggestam fuisse." Allein dagegen spricht die tief ins Land hinein sich krümmende Küste des pamphylischen Meerbusens, an deren beiden äußersten Enden sich die zwei genannten Vorgebirge erheben. Eher könnte man diese Küstenbucht, welche den Flotten immer eine gute Station darbot, für eine Ausspülung des Meeres halten. Überdies muß man bedenken, daß nach der wiederkehrenden Norm der Gebirgsformationen ein Gebirgszug wie der Tauros auch eine Abdachung haben muß. Diese geht hier selbst unter dem Meere fort, und die chalidonischen Inseln scheinen blos eine Fortsetzung derselben zu sein. Vergl. *Strab.* XIV, 3. p. 666.

stimmungen. Daher auch die alten Geographen, Skylax, Strabon, Ptolemäos, Plinius, Mela, ebenso die Historiker, wie Livius, in der Angabe der Grenzstädte zwischen Pamphylien, Lykien, Pisidien und dem rauhen Kilikien wenig Übereinstimmung darbieten. Der Tauros allein brachte noch etwas Permanentes in die politische Abgrenzung durch die Unterscheidung in die Länder diesseit und jenseit des Tauros. Allein die Nebenarme und allmälige Verflachung dieses Gebirges mochte dem diplomatischen Verfahren des römischen Senats Gelegenheit zu mancher Modification geben, wie einst gegen Antiochus d. Gr. Daher bei Polybios die Frage, ob Pamphylien zum Lande diesseit oder jenseit des Tauros gehöre [5]). Abgesehen von dem spätern Provinzialverhältnisse, nach welchem Pisidien dazu gehörte, mußte Pamphylien natürlich zu den Ländern jenseit des Tauros gerechnet werden. Im Allgemeinen waren die politischen Grenzen westlich Lykien, nördlich Pisidien, östlich das rauhe Kilikien. Die südwestlichste Spitze des pamphylischen Meerbusens bildete das zu Lykien gehörende heilige Vorgebirge (ἱερὰ ἄκρα, promontorium sacrum), nach dem Periplus die westlichste Grenze von Pamphylien selbst [6]). In der Nähe dieses Vorgebirges liegen die chelidonischen Inseln (noch bei Sanutus Scolia de Chilidoniis, bei Nub. Geogr. Insulae Sadduniat) [7]). Nach der Angabe des Agathemeros fiel Pamphylien in die von den Säulen des Herkules bis an den Imaus gezogene Definitionslinie des Dikäarchos [8]). In Betreff der Grenzstädte bezeichnet Strabon **Phaselis** als die letzte östliche Stadt in Lykien, nach welcher Olbia den Anfang des Gebietes von Pamphylien mache. Ebenso Ptolemäos und Arrianos. Skylax zieht nicht nur Phaselis, sondern auch Olbia zu Lykien [9]). Dagegen rechnen Pomponius Mela, Plinius, Dionysios Per. und Stephanus von Byzanz Phaselis zu Pamphylia als Grenzstadt [10]). Livius bezeichnet im Allgemeinen Phaselis als eine ins Meer ragende Grenzstadt zwischen Lykien und Pamphylien (in confinio Lyciae et Pamphyliae) ohne genauere Bestimmung [11]). Das pamphylische Gebiet zog sich als schmales Küstenland von Olbia westlich bis nach Side und Korakesion östlich fort, und war in älterer Zeit von geringem Umfange [12]). Erst in später Zeit dehnte sich dasselbe weiter aus und erstreckte sich nördlich bis in die Gebirge Pisidiens, was erst unter den syrischen Königen geschah [13]). Dieselbe Differenz der alten Geographen, welche wir in der Bestimmung der westlichen Grenze wahrgenommen, kehrt in den Angaben über die östliche wieder, worüber weiter unten. Strabon setzt den Betrag der Küstenfahrt an der pamphylischen Küste hin auf 640 Stadien [14]). Berge und Vorgebirge: Das am weitesten südlich ins Meer ragende heilige Vorgebirge wird zu Lykien gerechnet. Ein pamphylisches von jenem östlich liegendes Vorgebirge ging von Side aus (Leukolla oder Leukothion genannt) [15]). Pomponius Mela nennt ein Vorgebirge Anemurium, welches Kilikien von Pamphylien scheidet [16]). Auch Phaselis an Pamphyliens Grenze bildete einen Vorsprung ins Meer, wie Livius dessen Lage beschreibt, ohne jedoch von ihm als Promontorium bezeichnet zu werden [17]). In der Nähe dieser Stadt nennt Pomponius Mela den Berg **Sardenichos** [18]). Einen Vorberg Pamphyliens bildet der Tauros, welcher vom heiligen Vorgebirge beginnend zwischen Lykien und Pamphylien emporsteigt, sich gegen Pisidien und Lykien hin immer mächtiger erhebt, und dann östlich nach der Nordwestgrenze von Kilikien wendet, wo er in zwei Hauptarmen, dem Tauros und Antitauros, auseinandergeht. — Flüsse und ein See:

Unter den Flüssen Pamphyliens nennt Strabon, welcher bei seiner Beschreibung von West nach Ost gehet, zunächst den Katarrhaktes (heute Ampadere oder Duden-Soui) als einen wasserreichen und wildströmenden (πολὺς καὶ χειμαῤῥώδης), welcher sein Gewässer von einem hohen Felsen herabstürze, sodaß das Geräusch weithin vernommen werde [19]). Seinen Lauf zeichnet er zwischen Ol-

---

5) *Polyb.* Exc. de legat. 36. Vergl. *Appian.* de reb. Syr. c. 38. p. 594. S. *Livius* XXXVII, 55, 56. Mannert 6. Th. 2, 2. S. 115. Anm. c. und S. 120. 6) Vergl. *Appian.* bell. civ. II, 149. Praef. II. *Agathemeros* p. 182. 186. 249. *Gron.* Mannert a. a. O. S. 136. 7) *Strab.* XI, 791. XIV, 982 (666). *Dionys. Per.* v. 128. *Skylax Per.* p. 93. 94. *Gron.* *Agathemeros* p. 249. *Gron.* *Rufus Festus Arrian.* descr. orb. terr. v. 184. *Sanut.* II, IV, 26. *Nub.* Geogr. p. 196. *Livius* XXX, 41. Chelidonium Promontorium. 8) *Agathemeros* p. 177. *Gron.* *Δικαίαρχος δὲ ὁρίζει τὴν γῆν οὐχ ὕδασιν, ἀλλὰ τομῇ εὐθείᾳ ἀκράτῳ, ἀπὸ στηλῶν διὰ Σαρδοῦς, Σικελίας, Πελοποννήσου, Ἰωνίας, Καρίας, Λυκίας, Παμφυλίας, Κιλικίας καὶ Ταύρου ἑξῆς, ἕως Ἰμάου ὄρους κτλ.* 9) *Strab.* XIV, 4. p. 667. *Μετὰ Φασηλίδα δ' ἐστὶν ἡ Ὀλβία, τῆς Παμφυλίας ἀρχὴ κτλ.* *Ptolem.* V, 5. *Arrian.* I, 24. 25. Nach dessen Darstellung grenzte Phaselis auch an Pisidien, dessen Bewohner diese Stadt von einem Castell aus beunruhigten. Skylax (Per. ed. *Gron.* p. 94) nennt zugleich ihren Hafen. Vergl. *Cellar.* Not. orb. ant. III, 6. p. 218 sq. (Lips. 1706.) Auch Mannert zieht Phaselis zu Lykien. 10) *Pomp. Mela* I, 14. *Plin.* H. N. V, 27. *Steph.* s. v. *Dionys. Per.* v. 855, welcher dieselbe *ἠνεμόεσσα Φάσηλις* bezeichnet. Aus dieser Stadt war Theodektes. *Eustath.* ad *Dionys. Per.* v. 854. 11) *Livius* XXXVII, 23. Cicero (in Verr. Act. II, 4. c. 10) nennt sie als Stadt der Lykier. Auf der Karte von Mannert (zum 6. Th. 2. Abth.) liegt es wol etwas zu weit südlich am Meerbusen. Wenigstens hätten bei einer solchen Lage die genannten Geographen nicht so differiren können. Hoeck (Kreta. II, 354) nennt Phaselis eine dorisch-rhodische Anlage.

12) Vergl. Mannert VI, 2, 2. S. 114. 13) Vergl. *Livius* XXXV, 13. XXXVIII, 13, 5. *Arrian.* Exp. Al. I, 24. 14) *Strab.* XIV, 4, 667. Von dem heiligen Vorgebirge bis Olbia 367 Stad., 9 geogr. Meil. gegen Nordost. Mannert VI, 2, 2. S. 130. über die Lage des Meerbusens *Dionys. Per.* 861. Cf. 15) *Livius* XXXVII, 23. Promontorium, quod ab Sida prominet in altum. *Pomp. Mela* I. 15. *Plin.* H. N. V, 27. *Salmas.* in *Solin.* p. 178. *Cellar.* Not. orb. ant. III, 6, 222. Mannert VI, 2, 2. S. 122. 16) *Pomp. Mela* I, 13. Auch Livius (XXX, 20) erwähnt dasselbe. 17) *Livius* XXXVII, 23. Ebenso *Cic.* in Verr. Act. II, 4. c. 10. 18) *Pomp. Mela* I, 14. 19) *Strab.* XIV. 4, 667. Er deutet auf die Ableitung des Namens durch die Worte: *ὁ Καταῤῥάκτης λεγόμενος, ἀφ' ὑψηλῆς πέτρας καταῤῥάττων ποταμὸς κτλ.* Pomponius Mela (I, 14) bezeichnet ihn als validissimus fluvius, und bemerkt ebenfalls: hic quia se praecipitat, ita dictus. Vergl. *Plin.* H. N. IV, 5, 7. *Ptolem.* V, 5. *Gronov.* ad *Skylac.* Peripl. p. 94. Mannert (6. Th. 2, 2. S. 128) meint, Strabon habe ihn fälschlich westlicher als Attaleia gesetzt. Der Periplus nennt ihn als Wasserfall, dessen Mündung er an den Ort Masura setzt, worüber Mannert a. a. O.

bia und Attaleia. Als den zweiten Fluß nennt er den Kestros (auch Kaystros, jetzt Karahissar). Wenn man auf diesem 60 Stadien stromauf (von seiner Mündung in das Land hinein) fahre, gelange man zur Stadt Perge[20]). Als den dritten bezeichnet er den Eurymedon (Jerzom oder Zakuth, nach andern Ai-Nikola), berühmt durch den Seesieg des Kimon über die Perser. Wenn man auf ihm 60 Stadien weit landein fuhr, kam man zur Stadt Aspendos, welche durch diesen Fluß, wie Perge durch den Kestros, zur Seestadt wurde[21]). In der Nähe dieses Flusses lag auch ein großer See (λίμνα εὐμεγέθης), Kapria genannt[22]). Als der vierte Fluß wird von Strabon der Melas (jetzt Gensin, oder Koremoth und Kirkghedgid) genannt, mit einem guten Ankerplatze (ὕφορμος)[23]). Zwischen Aspendos und Side gibt Strabon noch einen Fluß an, ohne seinen Namen zu nennen, sowie viele kleine Inseln (νησία προκείμενα πολλά), welche wahrscheinlich an dessen Mündung lagen[24]). Das von diesen Flüssen durchschnittene Land wurde von sanft sich erhebenden Hügelreihen durchzogen und war sehr fruchtbar. Zu bemerken ist noch, daß nach Plinius nur eine einzige Straße von Laodikeia am Mäandros über das hohe Gebirge nach Perge und Attalia an der Küste führte, und diese zwar während der Blüthe der römischen Herrschaft. In den spätern Zeiten soll in diesen südlichen Gegenden keine öffentliche Straße mehr vorhanden gewesen sein[25]).

Städte. Bei der Aufführung der Städte verfolgen wir zunächst wiederum die Richtung, welche Strabon genommen, von West nach Ost, und nennen, da die controversen Berichte über Phaselis schon oben angegeben wurden, hier als die erste Stadt Pamphyliens Olbia, welche unser Geograph als großen festen Ort (μέγα ἔρυμα) und als Anfangspunkt des pamphylischen Gebietes betrachtet. Nächst derselben nennt er den Fluß Katarrhaktes[26]). Hierauf geht er unmittelbar zur Stadt Attaleia fort, welche diesen Namen von ihrem Gründer Philadelphos (Attalos II.), König von Pergamos, erhalten habe. Unter dem Kaiser Alexius wurde Attaleia die Hauptstadt des westlichen Theils von Pamphylia. Auch gegenwärtig ist sie noch von Bedeutung und führt den Namen Satalia[27]). Derselbe König wird hier auch Gründer einer andern kleinen pamphylischen Stadt Korykos genannt[28]). Zu Strabon's Zeit zeigte man zwischen Phaselis und Attaleia die Spuren von zwei Städten, Thebe und Lyrnessos, welche einst von den troischen Kilikiern, nachdem sie aus ihrem Gebiete (aus Thebens Ebene) flüchtig sich nach Pamphylien gewendet, gegründet worden waren, wie Kallisthenes berichtete[29]). Nächst diesen kommt Strabon zur Stadt Perge (Karaïssar), zu welcher man auf dem Kestros 60 Stadien weit auffahrend gelangen konnte. In ihrer Nähe sah man auf einer Anhöhe den berühmten Tempel der pergäischen Artemis, in welchem alljährlich ein panegyrisches Fest begangen wurde[30]). In späterer Zeit wird sie in den Concilien die Hauptstadt des zweiten Pamphylien genannt. Zu Perge landete der Apostel Paulus[31]). Von hier aus berührt Strabon eine hohe, 40 Stadien über dem Meere gelegene Stadt, welche man von Perge aus sehen konnte, deren Namen er aber nicht angibt. Gleich

20) Strabon (XIV, 4, 667), Skylax (p. 95) erwähnt ihn nicht, wol aber Pomponius Mela (I, 14), welcher ihn wie den Katarrhaktes, als validissimus fluvius und als schiffbar (navigari facilis) bezeichnet. Vergl. *Ptol.* V, 5. *Nicand.* Alex. v. 401. 21) *Strab.* XIV, 4, 667. p. 95 *Gron.* *Dionys. Per.* v. 852, dazu *Eustath.* Vergl. *Liv.* XXXIII, 41: Retentus in Pamphylia circa Eurymedontem amnem. XXXVII, 23: Ad Eurymedontem appulsa classe, woraus man schließen darf, daß hier ein guter Ankerplatz war. Über den Sieg des Kimon hier *Thuc.* I, 100. *Diod.* XI, 61. t. I. p. 450 *Wess.* *Corn. Nep.* Cim. c. 2. *Plut.* Cim. p. 486 *K.* *Pomp. Mela* I, 14. Über die Richtung des Eurymedon *Zosimus* V, 16. p. 267. (Corp. scr. hist. Byz.) 22) *Strab.* l. c. Man hat diesen Namen zugleich auf eine von Strabon (l. c.) angegebene hochliegende Stadt, deren Namen er nicht nennt, bezogen. Vergl. *Cellar.* Not. orb. ant. III, 6, 220. C. Fr. L. Sickler, Handb. d. alt. Geogr. II. S. 391. 2. Ausg. 23) *Strab.* l. c. *Pomp. Mela* I, 14. *Plin.* V, 26. Pausanias (VIII, 28, 2) nennt sein Wasser kalt, wie das des Kydnos. *Zosimus* V, 16: Ἐν μέσῳ τοῦ Μέλανος ποταμοῦ καὶ τοῦ Εὐρυμέδοντος, ὧν ὁ μὲν ἐπέκεινα διαβαίνει τῆς Σίδης, ὁ δὲ κτλ. 24) *Strab.* l. c. 25) Mannert 6. Th. 2, 2. S. 118. 26) *Strab.* l. c. *Ptol.* V, 5: Μετὰ τὴν Φασηλίδα, πόλιν Λυκίας, Παμφυλίας παραλία, Ὀλβία, Ἀττάλεια. Skylax (Peripl. p. 94 *Gron.*) führt, wie schon bemerkt, dieselbe in Lykien auf. Mannert vermuthet, daß Olbia mit dem folgenden Attaleia identisch sei, zu welcher Vermuthung man keinen hinreichenden Grund sieht, da sowol Strabon als Ptolemäos beide von einander ausdrücklich unterscheiden. Dennoch scheint auch Sickler (Handb. d. alt. Geogr. 2. Th. S. 391. 2. Ausg.) dem Mannert beizutreten. Über Phaselis als uralte Colonie der Argeier (oder vielmehr der Rhodier) vergl. O. Müller, Dor. I. S. 112 fg.

27) *Strab.* l. c. Münzen mit der Umschrift ATTAΛΕΩΝ, unter Augustus, Tiberius und Commodus geprägt, beziehen sich auf diese Stadt. Vergl. *Sestini* Descr. num. vet. p. 390. 391. *Cellar.* not. orb. ant. III, 6. p. 220. *Eckhel.* doctr. Num. P. I. Vol. III, 6. Sickler, Handb. d. alt. Geogr. 2. Th. S. 391. Äneas Sylv. (Geogr. et Hist. c. 91) setzt diese Stadt in das rauhe Kilikien. Westlich von Attaleia nennt der Periplus noch einen Ort Tenedos, welchen Andere nicht erwähnen. Mannert 6. Th. 2, 2. S. 129. 130. 28) *Strab.* l. c. *Eustath.* ad *Dionys. Per.* 855. p. 255. T. I. B., dazu die interpr. Diese Stadt wurde, wie Phaselis, von Servilius Isauricus zerstört. *Eutrop.* VI, 3. Mannert 6. Th. 2, 2. S. 134. Dreißig Stadien südlicher als Korykos setzt der Periplus Phönikus und den hohen Berg Olympos. Hierüber und über Krambusa Mannert a. a. O. S. 135 fg. 29) *Strab.* l. c. *Cellar.* Not. orb. ant. III, 6, 219. 30) *Strab.* l. c. *Pomp. Mela* I, 14. Skylax (Peripl. p. 95 *Gron.*) bemerkt: Παράπλους Παμφυλίας ἀπὸ Πέργης ἥμισυ ἡμέρας. Er zieht aber Perge (p. 94) zu Lykien. Gronov führt dazu den Geograph. Ravenn. II. an, wo Perge zwischen Aspendos und Antrapa gestellt wird. *Liv.* XXXVIII, 37: Tertiis ab Apamea castris in Pamphyliam pervenit —. Inde ad Pergam ducit, quae una in iis locis regio tenebatur praesidio. — Dann a Perga, L. Manlio fratre — misso — ipse Apameam exercitum reduxit. Vergl. *Plin.* V, 27. *Steph. Byz.* v. *Hierokles* p. 679. *Dionys. Per.* v. 855. Bei Arrian. (I, 27) geht der Zug Alexander's von Aspendos nach Perge und von hier nach Phrygien. Vergl. c. 26, wo Alexandros einen Theil seines Heeres von Phaselis aus über Gebirge nach Perge sendet. Diesen mühsamen Weg hatten ihm die Thraker zuvor gebahnt. Eine Münze des Domitianus mit der Umschrift ΑΡΤΕΜΙΔ. ΠΕΡΓΑΙΑC gibt *Sestini* Descript. Num. vet. p. 391. Noch andere ähnliche daselbst p. 392. Cl. Ptolem. (tab. I. Asia — Pamphyl.) gibt Bestimmungen der Tageslänge zu Perge, Side, Aspendos, und ihrer Entfernung von Alexandria. 31) Apost. Gesch. 13, 13.

darauf nennt er den großen See Kapria. Cellarius vermuthet hieraus, daß die Stadt mit dem See gleichen Namen gehabt habe[32]). Nach Mannert und Sickler aber war es die Stadt Syllion (Σύλλιον)[33]). Dennoch führt der Letztere auch Kapria als Stadt auf, welcher Name in diesem Falle nur dem genannten See zukömmt[34]). Wenigstens wird außerdem weder bei Strabon noch bei andern Geographen eine Stadt Kapria erwähnt. Syllion aber wird von Arrianos als ein fester Ort (χωρίον ὀχυρὸν) beschrieben, auf welchen selbst Alexander auf seinem Zuge einen erfolglosen Angriff machte[35]). Ptolemäos nennt die Stadt Siluon (Σίλουον). Stephanus nennt eine Stadt Syleion (Σύλειον) in Phrygien mit der Bemerkung, daß dieselbe von andern nach Pamphylien verlegt werde[36]). Es bleibt demnach kein Zweifel übrig, daß bei Strabon unter der hochliegenden Stadt Syllion zu verstehen sei[37]). Von dem genannten großen See gelangt Strabon zum Eurymedon, und auf diesem 60 Stadien landeinwärts fahrend zur volkreichen Stadt Aspendos (Minugat), welche eine Gründung der Argeier genannt durch den Eurymedon zur Seestadt wurde[38]). Aspendos war eine feste Stadt, denn sie lag großentheils auf einer steilen Anhöhe, an welcher der genannte Fluß vorüberströmte, und Alexander ging um so lieber zweimal einen Vertrag mit den wortbrüchigen Bewohnern ein, um nicht durch die Belagerung dieser Feste aufgehalten zu werden[39]). Zur Zeit der Seleuciden war diese Stadt (mit ihrem Gebiete) so mächtig, daß sie 4000 Hopliten zu stellen vermochte[40]). Von Aspendos kommt Strabon nach dem höher liegenden Pednelissos, welche Stadt Ptolemäos in Pisidien aufführt, ein Beweis, daß sie in der Nähe der Grenze beider Länder lag[41]). Diese nicht unbedeutende Stadt wurde (während des Krieges des Antiochus mit Ptolemäos) von den pisidischen Selgiern belagert, aber durch den vom Achäos abgesandten Garsyeris befreit[42]). Hierauf berührt Strabon den oben erwähnten Fluß ohne Namen und die kleinen Inseln, und gelangt nach Side, einer Gründung der äolischen Kymäer mit einem Tempel der Athene[43]). Side (h. Eski), 50 Stadien westlich von dem Flusse Melas, war eine bedeutende Hafenstadt, zur Zeit der Seleuciden Nebenbuhlerin von Aspendos und gegen diese feindlich gesinnt[44]). Die Sideten waren gute Seemänner und waren mit ihren Schiffen bei der Flotte des Antiochus M. von Syrien, als er mit den Römern Krieg führte[45]). Laut einer Sage sollen die ersten Colonisten aus dem äolischen Kyme, als sie Behufs ihrer Niederlassung hier ans Land stiegen, sofort die hellenische Sprache vergessen, und eine ganz besondere barbarische, von den benachbarten Barbaren verschiedene, früher nicht existirende, gesprochen haben[46]). In der spätern Zeit wurde Side die Hauptstadt der Provinz Pamphylia prima. Daher auf Münzen des Gallienus *CIΔHTΩN ΠPΩTA ΠAMΦYΛΩN*. Auf andern desselben Gallienus *ΣIΔHTΩN ΛAMΠPOTATHC ENΔOΞOY*. Auf Münzen des Gordianus *CIΔHTΩN ΠEPΓAIΩN OMONOIA*. Auf einer Münze der Tranquillina *OIKOYMENIKOC CIΔHTΩN*, welche letztere Aufschrift auf die hier begangenen Olympien oder Pythien sich beziehet, sowie viele andere Münzen (des Gordianus, der Tranquillina, des Gallienus, der Salo-

32) *Cellar.* Not. orb. ant. III, 6. p. 220. 33) Mannert 6. Th. 2, 2. S. 126. Sickler 2. Th. S. 392. 34) Sickler a. a. O. Vergl. *Eckhel*, D. Num. P. I. Vol. III, 17. Sickler vermuthet, daß sie von ihrer hohen Lage aus dem phön.-hebr. Sallal „erheben, erhöhen" ihren Namen erhalten habe. Skylax (Peripl. p. 95) nennt die Stadt *Σύλλον*, zwischen Aspendos und Side. Voß (ibid.) *Σύλλιον* oder *Σύλλειον*. 35) *Arrian.* I, 26. 36) Vergl. *Cellar.* orb. ant. III, 6, 224. *Eckhel*, D. N. P. I. Vol. III, 17. Nach der Beschreibung des Livius (XXXVIII, 14) und des Polyb. (leg. 30) lag diese Stadt im südlichen Phrygien. 37) Wahrscheinlich hat bei Strabon das Adject. ὑψηλὴ den Namen *Σύλλιον* in den Manuscripten verdrängt. Die Lage dieser Stadt und ihre Entfernung von Aspendos (11 M.) bezeichnet die Tab. Peut. Vergl. Mannert 6. Th. 2, 2. S. 127. Bei Hierokles (679 *Wess.*) wird Süläum (*Σύλαιον*) als Metropolitanstadt genannt. Sestini (Descr. num. vet. p. 394 sq.) führt Münzen des Augustus, Severus, des Gallienus und der Salonina auf mit der Umschrift *ΣIΛΛYEΩN*. 38) *Strab.* XIV, 4, 667. *Skylax* Per. p. 95. *Gron.*: *Ἄσπενδος πόλις, εἰς ταύτην ὁ ἀνάπλους γίνεται κατὰ ποταμόν, κτλ.* *Pomp. Mela* I, 14: Mare, quo pugnatum est, ex edito admodum colle prospectat Aspendos, quam Argivi condiderant etc. Vergl. *Liv.* XXXVII, 23. Mannert 6. Th. 2, 2. S. 125. O. Müller (Dor. I. S. 112. 113) vermuthet, daß Aspendos und andere kleinasiatische Städte, deren Gründung den Argeiern zugeschrieben wird, Colonien der Rhodier seien, aber nach einer häufig vorkommenden Form der Colonieführung, im Namen der Metropolis Argos, und unter den Auspicien argivischer Götter und Heroen geführt seien. 39) *Arrian.* I, 26. *Zosimus* V, 16. *Dionys. Per.* v. 852 sq. 40) *Polyb.* V, 73, 3. 4. Zur Zeit des Hierokles scheint sie den Namen Primupolis gehabt zu haben. Vergl. Mannert 6. Th. 2, 2. S. 125. Die Tab. Peut. setzt die Entfernung dieser Stadt von Side auf 17 Meilen. Mannert a. a. O. Epyaxa, die Königin von Kilikien, hatte, als sie zum jüngern Kyros kam, Kilikier und Aspendier zu ihrer Leibwache, um sich. *Xenoph. Anab.* I, 2, 12.

41) *Strab.* XIV. 4, 667, wo die frühere Schreibart *Πετνηλισσός*. *Cellar.* III. 6. p. 224. *Steph. Byz.* s. v. Auf Münzen des Kaisers Maximus *ΠEΔNHΛIΣΣEΩN*. Plinius nennt sie Pletenissus. So der Cod. Par. b. *Ptolem.* V, 5. *Polyb.* V, 73, 5, 6. *Πεδνηλισσός*. Vergl. *Cellar.* l. c. Skylax und Mela erwähnen sie nicht. Mannert 6. Th. 2, 2. 116 und Sickler 2. Th. S. 388 setzen sie mit Ptolemäos nach Pisidien. Auch Artemidoros (bei *Strab.* XII, 7, 570) führt sie unter den pisidischen Städten auf. 42) *Polyb.* V, 72, 1 sq. 73. 5 sq. Vergl. V. 40, 7. 43) *Strab.* l. c. Pomponius Mela (I, 14) nennt sie als die erste Stadt. *Skylax*, Peripl. p. 95 *Gron.* *Arrian.* I, 27, welcher die Einwohner *Σιδῖται* nennt. 44) *Polyb.* V, 73. 3. 4. Daß diese Stadt nahe am gebirgigen Pisidien lag, erhellt aus *Polyb.* l. c.: *Ἐτεννεῖς μέν, οἱ τῆς Πισιδικῆς τὴν ὑπὲρ Σίδης ὀρεινὴν κατοικοῦντες, κτλ.*, aus *Strab.* XII, 7, 570: *Τὸ μὲν οὖν πλέον αὐτῶν (Πισιδῶν) μέρος τὰς ἀκρωρείας τοῦ Ταύρου κατέχει· τινὲς δὲ καὶ ὑπὲρ Σίδης καὶ Ἀσπένδου, Παμφυλικῶν πόλεων, κατέχουσι, γεώλοφα χωρία, ἐλαιόφυτα πάντα κτλ.* und aus *Liv.* XXXV, 13 ad Pisidas, qui circa Sidam incolunt, est profectus. Vergl. XXXVII, 23. *Paus.* VIII, 28, 2. *Zosimus* V, 16. Daher ist die Distanz von Side bis Pisidien auf der Karte von Mannert (6. Th. 2) zu groß und Pisidien muß sich weiter nach dem Meere hinab erstreckt haben. Ebenso unrichtig ist die Lage von Kibyra, welche an die Küste gehört. 45) *Liv.* XXXV, 48: Dextrum cornu Sidonios et Tyrios, sinistrum Aradios, et ex Pamphylia *Sidetas* tenere, quas gentes nullae unquam nec arte nec virtute navali aequassent. *Mela* I. 15. 46) *Arrian.* I, 26.

na) bei Sestini mit der Umschrift *ΣΙΔΗΤΩΝ* (*ΝЄΩΚΟΡΩΝ*) und verschiedenen auf Spiele sich beziehenden Zeichen (Palme, Urne, Lorbeer, Victoria)[47].

In die Nähe von Side setzt Strabon die Küste von Klein-Kibyra (*Κιβυρατῶν παραλία τῶν μικρῶν*), welche von dem Ptolemäos und einigen Neuern zu dem rauhen Kilikien gerechnet wird. Hierauf nennt Strabon den Fluß Melas und den an dessen Mündung liegenden Ankerplatz (*ὕφορμος*), und dann die Stadt Ptolemais, welche einige ebenfalls in das Gebiet des rauhen Kilikien als westliche Grenzstadt an Pamphylien versetzen[48]. Hier nun ziehet Strabon die östliche Grenze von Pamphylien und nennt Korakesion als Grenzstadt von dem rauhen Kilikien, welche Stadt von Skylax noch zu Pamphylien geschlagen, und der Fluß Melas als Grenze bestimmt wird[49]. Korakesion hatte während des Krieges der Römer mit Antiochus M. von Syrien diesem die Thore verschlossen und wurde von ihm belagert[50]. Auch Seleukia wird von Einigen zu Pamphylien gezogen, von Andern zu Pisidien[51]. Etenna aber darf nicht mit Cellarius aus Pisidien nach Pamphylien verlegt werden[52]. Außerdem werden noch als problematische Städte Pamphyliens Jobia, Eudokia, Xyllene und Lyrna (wenn diese nicht identisch mit dem oben erwähnten Lyrnessos) an der westlichen Grenze Lykiens genannt[53]. Zosimus rechnet gegen alle alten Geographen auch Selge zu Pamphylien, was nur aus der spätern Provinzverschmelzung, nach welcher Pisidien zu Pamphylien gehörte, erklärbar ist[54]. So haben wir mit Strabon Pamphylien von Ost nach West durchwandert und gehen zur Geschichte des Landes über.

§. 2. Geschichte, Culte, Institute, Münzen, Verfassung, Sprache. Über alles dieses können und müssen wir uns hier kurz fassen, da wir im Ganzen nur zerstreute und selten für eine längere Periode der Geschichte zusammenhängende Notizen zu verbinden haben. In der heroischen Zeit ist Pamphylien für uns ein unfruchtbarer, der Tradition zufolge nur durch einige hellenische Sprößlinge veredelter Baum. Während der classischen Zeit der Hellenen wehet der Geist der politischen Geschichte nur selten in diesen Regionen. Berührungen bringen die Züge der Perserkönige und ihre Satrapen. Mehr geschichtliches Interesse erhalten diese Staaten auf der weiten Heerfahrt Alexander's d. Gr., noch mehr unter der Herrschaft der Seleuciden, dann unter dem Einflusse der Römer, und endlich finden wir hier mit dem Eintritt und der Verbreitung der christlichen Religion nicht selten Schauplätze wichtiger Ereignisse. Überhaupt hatte sich in der spätern Zeit (und schon seit Alexander beginnend) die geschichtliche Bewegung des hellenischen Lebens vielfach nach dem hellenisirten Kleinasien hingezogen und unter den früher halb barbarischen Staaten erhoben sich nicht wenige mächtig und glänzend und brachten es zu einer hohen Stufe in der Cultur, wie z. B. Tarsos in Kilikien, von welcher Stadt Strabon berichtet, daß sich die Bewohner derselben mit solchem Eifer auf die Philosophie und die gesammte encyklopädische Bildung gelegt haben, daß selbst Athen, Alexandria und jede andere Stadt mit Philosophenschulen hinter ihr zurückgeblieben seien[55].

In Betreff der ältesten Bewohner Pamphyliens geht die uns überlieferte Kunde (abgesehen von einigen mythischen Angaben) nicht über die Zeit des troischen Krieges zurück. Herodot und mit ihm viele Spätere berichten, wie schon oben angegeben, daß die Pamphyler von Hellenen abstammen, welche nach Ilions Eroberung auf der Rückkehr zerstreut unter des Amphilochus und Kalchas Führung hier gelandet und sich angesiedelt hatten[56]. Diese

---

47) *Spanheim.* de us. et pr. n. p. 879. *Eckhel*, D. Num. P. I. Vol. III, 44, 161. *Sestini*, Descript. num. vet. (Lips. 1796.) p. 392. 393. *Plin.* V, 27. Dazu *Harduin*. *Cellar.* Not. orb. ant. III, 6, 222. *Wessel.* not. ad *Hierocl.* p. 682. Mannert 6. Th. 2. 2. 123. Eine andere Münze, die Vaillant besessen, mit dem Kopf des Elogabal in einem Lorbeerkranze und der Umschrift *CΙΔΗ. ΝΕΩΚΟΡΟC. ΟΛΥΜΠΙΑ. ΟΙΚΟΥΜΕΝ* ist schon von Rathgeber (Allgem. Enc. III, 3. S. 327) angeführt worden. Im zweiten constantinischen Concilium erscheint Side als Hauptstadt der ersten Pamphylia, Perge als Hauptstadt der zweiten. *Wessel.* ad *Hierocl.* l. c. Side und Aspendos betrieb den Ölbau. *Eustath.* ad *Dion. Per.* 852. p. 265. T. I. *B.* 48) *Strab.* XIV, 4, 667. Skylax (Peripl. p. 95. *Gron.*) nennt Kibyra als Stadt in Pamphylien an der Grenze von Kilikien. Auch Sickler (alt. Geogr. 2. Th. S. 400) setzt dieselbe in die Cilicia aspera. Als Castelle werden hier noch Anaxion, Augä und Kyberna (vielleicht identisch mit Kibyra) genannt. Mannert 6. Th. 2, 2. S. 122. Zu unterscheiden das große Kibyra in Gr.-Phrygien. *Liv.* XXXVIII, 14. 15. Hier ist die phrygische Stadt zu verstehen, wie aus den benachbarten agri Sindensium hervorgeht. Vergl. *Cic.* ad Att. V, 21. *Tacit.* Ann. IV, 13. *Plin.* V, 29. *Polyb.* XXX, 5, 14. 49) *Strab.* l. c. *Skylax* Peripl. p. 95. *Gron.* Vergl. Mannert 6. Th. 2, 2. S. 121. 50) *Liv.* XXXIII, 20. 51) Vergl. *Eckhel.* D. Num. P. I. Vol. III, 14. *Cellar.* Not. orb. ant. III, 6. p. 225. Sickler alt. Geogr. 2. Th. S. 390. Seleukia wird vom Periplus 100 Stadien von Side gesetzt. Mannert 6. Th. 2, 2. S. 124. 52) Not. orb. ant. l. c. *Polyb.* V, 73, 3. Die Etenner stellen hier 8,000 Hopliten ins Feld, und hatten demnach gewiß unter den Seleuciden den mächtigsten Staat in Pisidien nächst Selge. 53) Vergl. Sickler a. a. O. 2. Th. S. 391. Mannert 6. Th. 2, 2. S. 131. 54) *Zosimus* V, 15. 15. p. 265 (corp. scr. hist. Byz.): *Τὴν Σέλγην οἰκῶν (πολίχνη δ' αὕτη Παμφυλίας ἐστίν, ἐπὶ λόφου κειμένη).* Das Prädicat *πολίχνη* zeigt, daß diese Stadt in der spätern Zeit sehr ihre Bedeutung verloren hatte. Oder sollte hier eine von der pisidischen ganz verschiedene kleine Stadt verstanden werden? Eine solche wird aber nirgends erwähnt, und die neuern Geographen gedenken der Stelle des Zosimus nicht. Um so auffallender ist, daß Selge noch im 3. Jahrh. n. Chr. als eigner Staat genannt wird, welcher einen Haufen eingewanderter Gothen schlagen konnte. Vergl. Mannert 6. Th. 2, 2. S. 118. Strabon (XII, 7, 570) bemerkt, daß Selge einst *διαμυριάνδρος* gewesen sei. Über ihre Tapferkeit und ihren Muth *Polyb.* V, 76. Über Magidos (*Μαγίδων πόλις*, bei Plin. und Ptolem. Matylos) bei *Hierokles* 679 *Wess.* und in den Concilien vergl. Mannert 6. Th. 2, 2. S. 128. Nach der spätern Provinzeneintheilung erstreckte sich auch das Gebiet Milyas nach Pamphylien hinein, Mannert a. a. O. S. 141. Nach Herodot (I, 173) hießen die Milyer früher *Σόλυμοι*. Livius scheint auch Termessus und Isionda (Isinda) in Pisidien zu Pamphylien zu ziehen; XXXVIII, 15. Vergl. *Strab.* XIV, 3, 666.

55) *Strab.* XIV, 5, 673. Vergl. *Xenoph.* Anab. I, 2, 23. 56) *Herod.* VII, 91. Vergl. III, 91 über Amphilochos. Kalchas wird auch Gründer von Selge genannt bei *Strab.* XII, 7, 570.

mit nachziehenden Troiern vereinigt, gaben, wie es heißt, dem Lande als ein gemischtes Volk den Namen. Strabon fügt hinzu, die meisten von ihnen seien hier geblieben, Andere haben sich wiederum in verschiedener Richtung nach andern Ländern hin gewendet. Nach der Darstellung des Kallinos (bei Strabon) aber hatte Kalchas sein Leben zu Klaros beschlossen, und sein Volk war mit Mopsos über den Tauros gegangen, und hatte sich theils in Pamphylien niedergelassen, theils nach Kilikien und Syrien bis nach Phönikien hin zerstreut [57]). Wie viel Gewicht historische Forschung auf diese Tradition zu legen hat, läßt sich schwerlich bestimmen. Verschmähen aber dürfen wir dieselbe schon deshalb nicht, weil Herodot, Strabon, Pausanias und andere Schriftsteller des Alterthums sich selbst mit solcher Kunde begnügen mußten und keinen anderweitigen Bericht zu erstatten vermochten. Auch muß schon die Lage dieses Küstenlandes auf die Vermuthung führen, daß hier schon früh von nahen oder fernen, Schiffahrt treibenden oder auf neue Gründungen ausgehenden Völkern Ansiedelungen stattgefunden haben. Die mit Lykien in vielfacher wechselseitiger Beziehung stehende Insel Kreta, ferner Rhodos und Kypros waren (nächst dem Küstenlande von Mysien bis Lykien herab) die nächsten Punkte, von wo aus Pamphylien Colonisten erhalten konnte, die vermittelnden Brücken, durch welche es mit Hellenen in Berührung kommen mußte [58]). Gewiß ging die Einwirkung von Kreta und Rhodus auf diese asiatischen Küsten in mancher Beziehung auch auf Pamphylien über [59]). Die zu ihrer Zeit blühende und mächtige Stadt Aspendos wird eine Colonie der Argeier genannt. Vielleicht keinem der althellenischen Staaten werden so viele Gründungen in Kleinasien beigelegt, als Argos, über deren geschichtliches Verhältniß O. Müller seine Ansicht (zwar nicht mit vollständigen Beweisen, aber doch nach leitenden Spuren) dahin ausgesprochen hat, daß man alle jene Städte für Colonien der Rhodier halten müsse, welche aber nach einer häufig vorkommenden Form der Colonienführung, im Namen der Metropolis Argos, und unter den Auspicien argivischer Götter und Heroen geführt seien [60]). Side war, wie es heißt, eine Colonie von dem äolischen Kyme. Diese Äoler brauchten blos eine südöstliche Küstenfahrt zu unternehmen, um an Pamphylia's Küste zu landen, und selbst meeranwohnende Seemänner suchten sich gewiß den besten Hafenplatz aus, daher auch Side die beste Hafenstadt nächst Phaselis. Also erscheinen, abgesehen von jenem Berichte des Herodot über Amphilochos und Kalchos, die zwei bedeutendsten Städte Pamphyliens als hellenische Gründungen. Ähnliche Verhältnisse bietet das benachbarte Lykien und das östlich angrenzende Kilikien dar. Die Homerische Sage läßt schon in alter Zeit lykische Könige, Glaukos und Sarpedon, als Enkel des Sisyphiden Bellerophontes erscheinen, jenen als Sohn des Hippolochos, Sarpedon als Sprößling der Laodameia [61]). Diomedes und Glaukos bei Homer als feindliche Streiter einander entgegentretend, erkennen sich, der Gastfreundschaft ihrer Großväter gedenkend, und gehen friedlich von einander [62]). Eine andere noch weiter zurückgehende Sage läßt den Lykos, Sohn des Pandion, von seinem Bruder Ägeus aus Athen vertrieben, in diese Gegend kommen, deren Bewohner, wie es heißt, nach ihm Lykier genannt wurden [63]). Über die Ansiedelungen der Kreter in Lykien hat bereits Hoeck ausführlich gehandelt [64]), obwol eine evidente, klare und bestimmte Entwickelung dieser und ähnlicher Verhältnisse auf dem Wege historischer Forschung nicht in jeder Beziehung möglich ist, und viele Verknüpfungspunkte der Combination überlassen werden müssen. Als Colonien der Samier im benachbarten Kilikien bezeichnet Pomponius Mela Celenderis und Nagidos, Strabon als Gründung der Lakoner Selge in Pisidien [65]). Gewiß hatte Pamphylien, wie Karien, Lykien, Kilikien, vorzüglich Ansiedler dorischen Stammes erhalten [66]). Anderes hierher Gehöriges übergehen wir, um uns nicht in die weit verzweigte Geschichte der Colonien an der Küste Kleinasiens zu verlieren, und wenden uns zur Darstellung der wichtigsten historischen Ereignisse, mit welchen die Geschichte Pamphyliens verflochten ist.

Als die erste große historische Begebenheit, an welcher die Pamphyler theilnehmend auftreten, erscheint uns das feindliche Zusammenstoßen der vereinten asiatischen Volksstämme mit den europäischen Hellenen auf der großen Heerfahrt des Xerxes, bei welcher die Pamphyler die persische Flotte mit 30, ihre westlichen Nachbarn, die Lykier, mit 50, die östlich grenzenden Kilikier mit 100 Schiffen verstärken [67]). Was die Pamphyler hier geleistet, wissen wir nicht, daß sie aber gute Seemänner waren, werden wir in dem Folgenden sehen. Von dieser Zeit an bietet Pamphylien nichts Denkwürdiges für die Geschichte dar bis auf Alexander den Großen. Dieser kam auf sei-

Vergl. *Strab.* XIV, 4, 668. *Paus.* VII, 3, 4. *Conon.* Narrat. 6. *Eustath.* ad *Dion. Per.* v. 854. T. I. p. 265. *Bernh.*

57) *Strab.* XIV, 668. 58) Über die Kreter und Lykier Hoeck, Kreta II, 4. S. 329 fg. 59) Pausanias (VII, 3, 4) berichtet über Erythrä im gemeinschaftlichen Besitz der Kreter, Lykier, Karer und Pamphyler Folgendes: Ἐχόντων δὲ αὐτὴν ὁμοῦ τοῖς Κρησὶ Λυκίων καὶ Καρῶν τε καὶ Παμφύλων, Λυκίων μὲν κατὰ συγγένειαν τὴν Κρητῶν (καὶ γὰρ οἱ Λύκιοι τὸ ἀρχαῖόν εἰσιν ἐκ Κρήτης, οἳ Σαρπηδόνι ὁμοῦ ἔφυγον), Καρῶν δὲ κατὰ φιλίαν ἐκ παλαιοῦ πρὸς Μίνω, Παμφύλων δέ, ὅτι γένους μέτεστιν Ἑλληνικοῦ καὶ τούτοις (εἰσὶ γὰρ δὴ καὶ οἱ Πάμφυλοι τῶν μετὰ ἅλωσιν Ἰλίου πλανηθέντων σὺν Κάλχαντι), τούτων τῶν κατειλεγμένων ἐχόντων Ἐρυθρὰς κτλ. 60) O. Müller, Dor. I. S. 112. 113.

61) Il. VI, 151. Hoeck, Kreta II, 328 fg. 62) Il. VI, 215 sq. Hoeck, Kreta a. a. O. 63) *Herod.* I, 173. Hoeck, a. a. O. S. 329. 64) Kreta II, 4. S. 328 fg. 65) *Pomp. Mela* I. 13. *Strab.* XII, 7, 571. 66) Vergl. *Raoul-Rochette,* Colon. Gr. T. III. p. 156. O. Müller, Dor. II. S. 106. Hoeck, Kreta II, 4. S. 354 fg. 67) *Herod.* VII, 91. Wahrscheinlich hatten sie auch schon zur Flotte des Darius Schiffe stellen müssen, zumal da die Vereinigung der Landmacht mit derselben in dem nahen Kilikien stattfand. Herodot (VI, 95) redet nur im Allgemeinen von den tributbaren Staaten, welche Schiffe zu stellen hatten. Bevor Pamphylien an Persien kam, gehörte es zum Reiche des Krösos, *Herod.* I, 28. Unter Darius betrugen die Einkünfte von den Ionern, Magneten in Asien, Äolern, Karern, Lykiern, Milyern und Pamphylern 400 Talent Silber, *Herod.* III, 90.

nem Zuge auch nach Lykien und Pamphylien, um sich der Küste zu bemächtigen und die feindliche Flotte unschädlich zu machen [68]). Phaselis und andere lykische Städte schickten an ihn Gesandte ab, welchen er den Befehl ertheilte, ihre Städte seinen Abgeordneten zu übergeben, was auch geschah [69]). Von Phaselis aus sandte er einen Theil seines Heeres über die Gebirge nach Perge, während er mit dem andern am Ufer hinzog. Als er von Perge aufbrach, kamen bevollmächtigte Gesandte der Aspendier und übergaben ihm ihre Stadt, mit der Bitte, keine Besatzung hinein zu verlegen. Ihre Bitte wurde genehmigt, jedoch sollten sie 50 Talent zahlen und die Rosse ausliefern, welche sie als Tribut für den persischen König ernährten. Sie versprachen dies und entfernten sich. Alexander wandte sich nun nach Side, ließ hier eine Besatzung zurück und gelangte nach Syllion, einem festen und mit einer Besatzung versehenen Orte. Als er diesen nicht auf den ersten Angriff zu nehmen vermochte und zugleich die Nachricht erhielt, daß die Aspendier die ihnen gemachte Bedingung nicht erfüllt, sondern den Seinigen die Thore verschlossen und die Mauern hergestellt hätten, marschirte er auf Aspendos los. Als er sich des tiefer liegenden Theiles der Stadt bemächtigt und nun die Aspendier auf ihren Höhen einschloß, kam von ihnen eine zweite Gesandtschaft und erbot sich zur Erfüllung der genannten Bedingung. Allein der König foderte nun die Angesehensten als Geiseln, dieselben Rosse und 100 Talent. Außerdem sollten sie seinem Satrapen unterthänig sein, den Makedoniern einen jährlichen Tribut zahlen und sich seiner Entscheidung wegen einiger an sich gerissenen benachbarten Ländereien unterwerfen. Nachdem sie dieses alles zugestanden, ging er nach Perge zurück und wandte sich von hier nach Phrygien [70]). Nach Alexander's Tode wurden Phrygien, Lykien, Pamphylien als eine Satrapie dem Antigonos gegeben. Seit jener Zeit wurden besonders unter den Seleuciden die Küstenländer Lykien, Pamphylien und Kilikien mehrmals zum Schauplatze kriegerischer Ereignisse. Auch brachte der Parteigeist wechselseitige Befehdungen einzelner Staaten gegen einander hervor, wie die Belagerung der Stadt Pednelissos von den pisidischen Selgiern. So waren Aspendos und Side gegen einander feindlich gesinnt [71]). Wir können auf die Berührungen der pamphylischen Städte während dieser wechselseitigen kleinern und größern Kämpfe (geführt von Seleucus, Antiochos, Ptolemäos, Kassander, Lysimachos) keineswegs eingehen, auch gewähren sie im Ganzen wenig Interesse und verweisen daher auf die Darstellung des Polybios [72]). Hierauf brach der Krieg der Römer mit Antiochos dem Großen aus, in welchem die Pamphyler, wie die Lykier, Pisidier und Kilikier, mit dem Heere des Antiochos vereinigt waren. Sie gehörten zu den leichtern Truppen und waren nach Art der Kreter bewaffnet [73]). Hannibal, welcher von dem Antiochos nach Syrien geschickt worden war, um neue Schiffe aus Phönikien und Kilikien herbeizuschaffen, wurde von den Rhodiern an der Küste Pamphyliens eingeschlossen [74]). Im Friedensvertrage mußte Antiochos alle Länder diesseit des Tauros abtreten. Lykien und Karien erhielten die Rhodier, die übrigen Länder größtentheils Eumenes. Pamphylien blieb demnach dem Antiochos, bis es zur römischen Provinz wurde. Im J. der Stadt 583 (a. Ch. 169) kommen pamphylische Gesandte nach Rom und bringen eine goldene Krone (20,000 Philippei betragend) in die Curie, und bitten um die Erlaubniß, dieselbe in der Cella des Jupiter opt. max. niederlegen und im Capitolium opfern zu dürfen. Es wurde ihnen gestattet und zugleich ein Geschenk gereicht. Auch die Freundschaft wurde mit ihnen erneuert (*Liv.* XL, 14). Auch im Kriege mit Mithridates war Pamphylien betheiligt, welches der König, sowie Lykien, an sich gezogen hatte (*Appian.* de bell. Mithr. c. 20) [75]). Späterhin wurde Pamphylien wieder im Seeräuberkriege berührt. Phaselis und Korakesion wurden als betheiligte Zufluchtsorte der Seeräuber von P. Servilius Isauricus mit Gewalt genommen und zerstört [76]). Auch Pompejus war als Feldherr im Kriege gegen die Seeräuber in Pamphylien, als die Gesandten der Kreter zu ihm kamen [77]). Wir gedenken hier nur noch der unter der Kaiserherrschaft in Kleinasien überhaupt eingerichteten Conventus juridici, welche Plinius mit den zu ihnen gehörenden Städten und Völkern aufführt und übergehen die wenigen sehr vereinzelten politischen Ereignisse noch späterer Zeit, welche sich auf Pamphylien beziehen oder dasselbe wenigstens berühren. Über diese spätere Geschichte geben die byzantinischen Historiker, besonders Zosimus, Auskunft, obgleich in Beziehung auf Pamphylien nur in zerstreuten Notizen [78]).

Culte, Institute, Sitten. Wir finden in Pamphylien, sowie in den angrenzenden Ländern, die meisten der hellenischen Nationalgottheiten verehrt. Zu Perge war ein berühmter Tempel der Artemis, zu Side ein ebenso berühmter der Athene. Besonders veranschaulichen die Gepräge pamphylischer Münzen die hier verehrten Gottheiten. Auf Münzen des Domitianus *ΑΡΤΕΜΙΔ. ΠΕΡΓΑΙΑC.* Diana mit einer Luna an der Schulter, mit hochgehaltenem Pfeil und gespanntem Bogen. Auf Münzen des Caracalla *ΠΕΡΓΑΙΩΝ* mit dem Bildnisse der Artemis [79]). Auf attalischen Münzen *ΑΤΤΑΛΕΩΝ* mit dem behelm-

68) *Arrian.* Exp. Al. I, 24. 69) *Arrian.* l. c. 25. 70) *Arrian.* l. c. 26. 27. 71) *Polyb.* V, 72—77. *Appian.* de reb. Syriac. c. 53. p. 614. *Schweigh.* Vol. I. 72) *Polyb.* V. de reb. Syriac. c. 40—87. 73) *Appian.* de reb. Syr. c. 32. p. 584. *Schweigh.* Vol. I. Auch mit der Flotte des Antiochos waren die Schiffe der Sideten vereinigt, *Liv.* XXXV, 48.

74) *Appian.* de reb. Syr. c. 22, 35. p. 567. *Schweigh.* c. 28. p. 576. Vergl. überhaupt über diesen ganzen Krieg *Appian.* de reb. Syr. und *Liv.* lib. XXXV—XXXVII. 75) *Liv.* XXXVII, 55. 56. Auch Cn. Manlius, der Nachfolger des Luc. Scipio, kam mit seinem Heere nach Pamphylien, und befreite die belagerten Isiondenser. *Liv.* XXXVIII, 15. Es heißt hier: Termesso pacem dedit, quinquaginta talentis argenti acceptis, item Aspendiis, ceterisque Pamphyliae populis. 76) *Cic.* in Verr. Act. II, 4, 10. *Eutrop.* VI, 3. Mannert 6. Th. 2, 2. S. 132 fg. 77) *Cic.* pro leg. Manil. c. 12. 78) Vergl. *Zosimus* V, 14—16. p. 265 sq. Corp. script. hist. Byzant. Mannert a. a. O. S. 118. 79) *Sestini* Descript. Num. vet. p. 390. 391. Kallimachos (Hymn. in Dian. 187) nennt Perge als Lieblingsort der Artemis. Die Tempel sind schon oben erwähnt worden.

ten Haupte der Pallas. Auf andern Jupiter sitzend und das Haupt des Jupiter mit einem Diadem [80]). Auf Münzen von Side das mit Lorbeer umwundene Haupt des Apollon, auch eine stehende Pallas mit der Schrift *ΣΙΔΗΤΩΝ* [81]). Auf andern Münzen derselben Stadt *ΣΙΔΗΤΩΝ* und Bakchos halbnackend [82]). Die Münzen von Side mit dem Kopfe der Pallas haben auf dem Revers bald einen Granatapfel nebst einem Fische, bald auf dem Avers die Fische und auf dem Revers den Granatapfel. Hier zeigt sich eine Verbindung griechischer und phönikischer paronomatischer Symbole [83]). Zu Aspendos wurde die Dione (Aphrodite) mit Opfern (von Schweinen) verehrt [84]).

In Betreff der öffentlichen Institute ist hier bemerkenswerth, daß wir in pamphylischen Städten ein echt hellenisches Element, die Gymnastik und Agonistik, sehr in Aufnahme finden. Side beging Festspiele, Olympia und Pythia; auch Attaleia feierte Olympien. Auf jene sowol als auf diese beziehen sich mehre Münzgepräge, von denen schon oben mehre angeführt worden sind; andere können bei Sestini nachgesehen werden [85]). Bei demselben finden wir ein Verzeichniß von 18 Münzen von Aspendos aufgeführt, auf welchen sämmtlich zwei nackte Ringer zu schauen sind [86]). Diese Bestrebungen können die argivische Abkunft der Aspendier sehr bestätigen; denn auch die Argeier waren ausgezeichnete Ringer [87]). Die Hauptbeschäftigung der Pamphyler mochte in Schiffahrt bestehen; denn ihre wichtigsten Städte lagen theils am Meere, wie Side mit einem bequemen Hafen, theils an schiffbaren Flüssen, wie Aspendos und Perge, nur 60 Stadien vom Meere entfernt [88]). Daher auf Münzen von Perge ein Hintertheil vom Schiffe [89]). Auf Münzen von Side ein Anker [90]). So auf Münzen von Phaselis das Bild eines Schiffes [91]). Phaselis hatte die schönsten Hafen, und ihre Bewohner wurden natürlich ganz vorzüglich zum Seewesen eingeladen. Daher hat man auch vermuthet, daß hier das leichte Fahrzeug, welches den Namen phaselis führte, erfunden worden sei [92]). Phaselis und Korakesion waren auch bei den Bestrebungen der Seeräuber betheiligt und wurden daher von den Römern im Seeräuberkriege feindlich behandelt, wie schon oben angegeben worden ist. Die Lage der lykischen, pamphylischen und kilikischen Küste, welche mehre große Buchten bildete und weit ins Meer hineinragende Vorgebirge hatte, von welchen aus man das Meer überschauen konnte, mochte natürlich sehr zur Seeräuberei einladen. Aber auch in dem Charakter dieser Völker scheint Neigung zum Rauben herrschend gewesen zu sein, wie die Pisidier, die nördlichen Nachbarn, rauhe Bergbewohner, Landräubereien mit Lust übten [93]). Sie waren aber auch tapfere Krieger [94]).

Die pamphylischen Münzen sind schon vielfach berührt worden. Die Zahl der noch vorhandenen ist sehr bedeutend. Wir kennen Münzen von Aspendos, von Perge, Side, Pednelissos, Attaleia, Syllion (Sillyon) [95]). Ob die Pamphylier den Stoff zu diesen Münzen durch eigenen Bergbau gewonnen oder anderwärts hergeholt haben, ist uns nicht bekannt. Wahrscheinlich ist, daß sowol in Pamphylien als in Lykien und Pisidien Bergbau und Metallurgie betrieben wurden. Denn dazu konnte leicht der sich weit verzweigende Taurus einladen, und die Kunde in diesen Künsten konnte leicht von Lydien oder Phönikien oder andern Ländern aus hierher schon früh gebracht werden.

Verfassung, Sprache. Über die Verfassung der pamphylischen Staaten oder Städte wissen wir sehr wenig, da uns nur einige zerstreute Notizen hierüber mitgetheilt werden. In der ältesten Zeit bis zur Unterwerfung von Seiten der Perser mögen die meisten Städte (sowol in Pamphylien als in Lykien, Pisidien, Kilikien) mit ihrem Gebiete als autonome kleine Staaten ihre Selbständigkeit gegen ihre Nachbarn behauptet haben. Wol mögen sich hier und da zu mancher Zeit auch kleine Machthaber (*τύραννοι*) erhoben und die Zügel der Regierung ergriffen haben, wie in dem gebirgigen Pisidien [96]). Die meisten Städte finden wir jedoch auch noch in der spätern Zeit als autonome [97]). Die von Doriern und Äolern gegründeten, wie Aspendos und Side, hatten natürlich aristokratische Verfassung, wie die Mutterstaaten [98]). Seitdem Pamphylien mit den angrenzenden Ländern dem Kö-

80) *Sestini* l. c. p. 390. 391. 81) *Sestini* l. c. p. 392. 393. 82) *Sestini* l. c. p. 392. 393. Vergl. ibid. n. 13. 14. 83) *Eckhel*, Doctr. N. P. I. Vol. III, 14. *Justin.* XVIII, 3, 4: Condita ibi urbe, quam a piscium ubertate Sidona appellarunt; nam piscem Phoenices Sidon vocant. Vergl. Sickler, Handb. der alt. Geogr. 2. Th. S. 391. Anm. 84) *Dion. Per.* 853. *Eustath.* ibid. p. 265. T. I. *Bernh.* interpr. p. 760. 761. Vergl. Hoeck, Kreta II. S. 363 über den Cult eines ältern Apollon und einer ältern Artemis in Lykien. 85) *Sestini* Descr. num. vet. p. 392. 393. Vergl. Rathgeber, Allgem. Encykl. III, 3. S. 326. 327. 86) *Sestini* p. 388—390. 87) Ausführlicher wird hierüber in der Gymnastik und Agonistik von J. H. Krause 1. Th. 6. §. 19 und 2. Th. 2. §. 12 gehandelt werden. 88) Vergl. oben §. 1. Merkwürdig ist, daß die Entfernung der pamphylischen Städte, 60 Stadien vom Meere, beim Strabon mehrmals wiederkehrt, wie oben nachgewiesen ist. So betrug die Entfernung der Stadt Opus bis zu ihrem Hafen 60 Stadien. Vergl. *Strab.* p. 646. Allgem. Encykl. III, 4. S. 295. Man scheint also diese Entfernung gewöhnlich bei der Anlage solcher Städte beobachtet zu haben. 89) *Sestini* Descript. Num. vet. p. 391. n. 2. „*ΤΡΑΙΑΝΟC* . . . Caput laureatum *ΠΕΡ.* Puppis navis, retro palma arbor. Aem. 3. *M. A.*" Ebenso auf einer andern n. 6. p. 392. 90) *Sestini* p. 392. n. 5. Die Sideten werden in der Rede des Gesandten des Antiochos M. mit den Tyriern, Sidoniern und Aradiern zu den ausgezeichnetsten Seemännern gezählt, bei *Liv.* XXXV, 48. Im Bürgerkriege hatte Dolabella eine Flotte von den Rhodiern, Lykiern, Pamphyliern und Kilikiern für Geld aufgebracht. *Appian.* bell. civil. IV, 60.

91) *Eckhel*, Doct. Num. III, p. 6. 92) Vergl. Mannert 6. Th. 2, 2. S. 131. 132. *Strab.* XIV, 3, 666: *Φασηλίς, τρεῖς ἔχουσα λιμένας, κτλ.* 93) *Strab.* XII, 7, 570: *Τῶν δ' οὖν ὀρεινῶν, ὡς εἰπεῖν, Πισιδῶν, οἱ μὲν ἄλλοι κατὰ τυραννίδας μεμερισμένοι, καθάπερ οἱ Κίλικες, λῃστρικῶς ἤσκηνται· φασὶ δ' αὐτοῖς τῶν Λελέγων συγκαταμιχθῆναί τινας τὸ παλαιόν, πλάνητας ἀνθρώπους καὶ συμμεῖναι διὰ τὴν ὁμοιοτροπίαν αὐτόθι.* Vergl. Mannert 6. Th. 2, 2. S. 140. 94) *Livius* XXXVIII, 15. Pisidae optimi bello. 95) Vergl. *Sestini* Descr. Num. vet. p. 388—396. 96) *Strab.* XII, 7, 570. 97) Livius (XXXVIII, 14) bezeichnet sie durch populi: item Aspendiis, ceterisque Pamphyliae populis. 98) Über die Verfassung von Kyrene hatte Aristoteles *περὶ τῶν πο-*

nige der Perser tributbar geworden, wurden natürlich Satrapen eingesetzt. Alexander fand die pisidischen und pamphylischen Städte als kleine unabhängige Republiken. Die auf den Gebirgen wohnenden Pisidier beunruhigten die umliegende Gegend häufig durch räuberische Einfälle [99]). Alexander setzte Dynasten ein; ebenso die spätern Seleuciden [1]). Allein das Ansehen derselben und ihre Macht war nicht eben sehr groß. Die Isauri, ein Zweig der Pisidier, ermordeten einen solchen [2]). Nach dem Kriege der Römer mit Antiochos dem Großen finden wir ein freundschaftliches Verhältniß (amicitia) zwischen Rom und Pamphylien, welches durch Gesandte und Geschenke erneuert wird [3]). Späterhin trat das Provinzialverhältniß ein, und unter den Kaisern gehörte natürlich Pamphylien zu einem der Conventus juridici [4]).

Über die Sprache der Pamphyler läßt sich auch nur Weniges sagen. Nach einem von Arrianus überlieferten Berichte sollen die ersten Colonisten aus dem äolischen Kyme, als sie hier ans Land gestiegen, um sich daselbst niederzulassen, sofort die hellenische Sprache vergessen und eine ganz besondere barbarische, von der der benachbarten Barbaren verschiedene, früher gar nicht existirende, gesprochen haben, wie schon oben bemerkt wurde [5]). Diese Sage könnte man wol leicht erklären. Die vielfache Berührung mit den umwohnenden Barbaren (und wol auch mit anlandenden Fremden) mochte schnell und nachdrücklich auf die Muttersprache einwirken und diese theils zurückdrängen, theils umgestalten oder verunstalten, sodaß aus beiden ein ganz besonderer Dialekt hervorging. Dieser mochte nun den Hellenen um so unverständlicher erscheinen, als der äolische Dialekt an sich schon von dem ionischen und dorischen verschieden war. Die Mundart der Sideten war also wol eine aus hellenischen und barbarischen Bestandtheilen gemischte. Ein ähnliches Verhältniß mochte in der Sprache der Aspendier und der übrigen Pamphyler stattfinden. Und nicht viel anders stand es wol in dem benachbarten Lykien [6]). (*Johann Heinrich Krause.*)

PAMPHYLUS (*Πάμφυλος*), Sohn des Ägimios und Bruder des Dymas, König der Dorier am Pindos, welcher sich dem Zuge der Herakliden in den Peloponnes anschloß; s. *Pind.* Pyth. I, 61, cum Scholl. et Intpp. *Apollod.* II, 8, 3. Von ihm erhielt der dorische Stamm der Pamphyler, vom Dymas der der Dymanen, vom Hyllos der der Hylleer den Namen; s. Müller, Dor. I. S. 28 fg. (*Schneidewin.*)

PAMPIGNY, Pfarrdorf von 380 Einwohnern im eidsgenössischen Canton Wadt im Bezirke Cossonay, am Flüßchen Veiron, das sich in die Venoge ergießt. Es bildete bis zum J. 1798 eine kleine Herrschaft, die unter der Landvoigtei Morges stand. Das Schloß zeichnet sich durch seine schöne Lage aus. In der Nähe des Dorfes ist eine eisenhaltige Quelle. (*Escher.*)

PAMPILHOSA, Villa im portugies. Correiçao de Thomar, Provinz Estremadura, ist 34 engl. Meilen von Thomar entfernt und hat 450 Häuser und 2300 Einw. (*Fischer.*)

PAMPINIFORMIS PLEXUS nennt man die netzförmigen Verästelungen der Vena spermatica, welche beim Manne vom Hoden bis zum Bauchringe die Arterien des Samenstranges umgeben und begleiten (Plexus venosus testis et funiculi spermatici); bei der Frau aber auf dieselbe Weise sich um die Ovarien herumziehen (Plexus venosus pampiniformis ovarii). (*Rosenbaum.*)

PAMPLEGIE ist die allgemeine Lähmung zum Unterschiede von der halbseitigen oder der Hemiplegie. (*Rosenbaum.*)

PAMPLETHES wurde eine Pflastermasse genannt, welche, aus einer Menge Ingredienzen bestehend, besonders zur Auflösung von Knochen- und Drüsengeschwülsten benutzt ward, und dessen Beschreibung Paul von Ägina (Lib. VII. c. 17) gibt. Es wurde besonders Zinnober und Grünspan zu seiner Bereitung genommen. (*Rosenbaum.*)

PAMPLONA. 1) P., Pampelona, Pampeluna, lat. Pompejopolis (Br. 42° 49′ 57″; L. 16° 0′ 17″), Ciudade und Hauptstadt der spanischen Provinz Navarra, liegt 78 engl. Meilen von Saragossa und 172 Meilen von Madrid entfernt, theils auf einer kleinen Anhöhe, theils in einer weiten und fruchtbaren Ebene, welche den Namen Cuenca führt, am Fuße der Pyrenäen und am Arga, über welchen hier eine Brücke geschlagen ist, und wird in geringer Entfernung rings von hohen Bergen eingeschlossen. Sie ist der Sitz des Vicekönigs, welcher ein altes unbefestigtes Schloß auf einer Anhöhe bei der Stadt bewohnt, des Rathes von Navarra, der Provinzialdeputation, einer Rechnungskammer und eines Bischofs, welcher unter dem Erzbischofe von Navarra steht und 28,000 Dukaten Einkünfte hat. Die Einwohner rühmen sich, die ersten Christen in Spanien gewesen zu sein und den ersten Bischof gehabt zu haben. Steht nun gleich beides noch dahin, so ist doch so viel gewiß, daß das hiesige Bisthum eines der ältesten im Lande ist, welches gleich nach Vertreibung der Mauren wiederhergestellt wurde. Bei der Kathedrale, außer welcher es noch drei Pfarrkirchen gibt, befinden sich zwei Domcapitel, von denen das eine zwölf Würdenträger, ebenso viel Domherren und 44 Präbendarien und Kapläne ernährt. Die im J. 1608 gegründete Universität ist jetzt zu einem Collegium herabgesunken. Es gibt hier neun Mönchs- und zwei Nonnenklöster, vier Hospitäler, 1632 Häuser und 14,000, nach Balbi 15,000 Einw. Die Stadt, welche mit Mauern und Wällen umgeben ist und außerdem durch ein in ihr befindliches Castell vertheidigt wird, hat enge und schlechtgebaute Straßen, die jedoch sehr reinlich gehalten werden, und unter welchen sich die, welche zu den Stiergefechten dient, durch schöne Häuser auszeichnet. Der Handel der

---

ler. gehandelt, wo er wahrscheinlich auch Side als Colonie berührt hatte. Fragm. p. 256. *Tauchn.*

99) *Arrian.* I, 25—27.

1) *Polyb.* V, 40, 7. 2) Mannert 6. Th. 2, 2. S. 116. 3) *Liv.* XLIV, 14. 4) Vergl. Mannert a. a. O. S. 118. 5) *Arrian.* Exp. Al. I, 26. 6) Vergl. Hoeck, Kreta II, 4. S. 346 fg.

Stadt ist unbedeutend und beschränkt sich auf Einfuhrartikel. Ebenso wenig blühen Fabriken und Manufacturen, doch verfertigt man Pergament, grobe Tücher, Fayence und Töpferwaaren; auch beschäftigen die Wachsbleichen einige Hände. Pamplona soll nach Überwindung des Sertorius von Pompejus dem Großen angelegt worden sein und daher seinen lateinischen Namen empfangen haben. Im Jahre 1521 wurde Ignatius Loyola bei der Belagerung dieser Stadt verwundet, sodaß sie zufällig die Entstehung der Jesuiten veranlaßt hat. König Philipp II. legte in der Nähe der Stadt auf einem schroffen Felsen ein zweites Castell an, welches auf der einen Seite durch fünf Basteien und tiefe Gräben, auf der andern durch einen Sumpf von großer Ausdehnung vertheidigt wird und als Citadelle dient. Es befinden sich in demselben ein Schloß, mehre Magazine, ein Zeughaus und ein großer, freier, mit Bäumen besetzter Platz, sowie eine kunstreiche Mühle, welche, durch Menschen- oder Thierkräfte in Bewegung gesetzt, täglich 360 Ctnr. Weizen in Mehl zu verwandeln vermag. Im vorigen Jahrhunderte litt Pamplona (1787) durch eine große Überschwemmung; auch legte der Vicekönig Gage eine 21 Meilen lange Straße an, welche die Stadt mit Castilien in Verbindung setzt. Das nach dieser Stadt benannte Meimdab bildet den nordwestlichen Theil der Provinz Navarra und faßt einen Theil des Baztanthales in sich. — 2) P., Hauptstadt der gleichnamigen Provinz in dem colombischen Departement Boyaca, liegt unter 6° 30′ südl. Br. und 71° 36′ westl. L., nach dem Meridian von Greenwich und 170 engl. Meilen nordnordöstlich von Santa Fé de Bogota entfernt in der von den hohen Andesbergen umschlossenen Ebene Espiritu Santo. Sie hat außer der Pfarrkirche, einer der schönsten des ehemaligen Königreichs Neugranada, mehre andere Kirchen, Mönchsklöster fast aller Orden und ein der heil. Clara gewidmetes Nonnenkloster. Ihre sich im rechten Winkel schneidenden regelmäßigen Straßen mit Häusern, deren jedes seinen Garten hat, sind jetzt mit Gras bewachsen, da die Zahl der Einwohner kaum über 3000 steigt. Die hohe Lage über dem Meeresspiegel gewährt ihr ein frisches Klima, doch leiden die Bewohner an Kropfkrankheiten. Anfangs hieß Pamplona Ursua, weil der eine ihrer Gründer Pedro de Ursua (der andere war Orlien de Velasco) aus der Stadt dieses Namens in Navarra gebürtig war. Der erste Stein zu ihr wurde im J. 1549 gelegt. Die nach ihr benannte Provinz, in welcher sich Gold-, Silber- und Kupferminen befinden, bildete ehemals einen Theil des Corregimento von Tunja und umfaßt jetzt den nordwestlichsten Theil des Departements Boyaca. (*Fischer.*)

PAMPREPIOS. Suidas erwähnt zwei Schriftsteller dieses Namens: 1) einen epischen Dichter von Panopolis aus der Zeit des Kaisers Zeno (477—491 n. Chr. Geb.), der auch zwei prosaische Schriften, eine etymologische (*ἐτυμολογιῶν ἀπόδοσις*) und eine historische unter dem Titel „*Ἰσαυρικά*“ verfaßt habe, und 2) einen Grammatiker aus dem ägyptischen Theben, der beim Kaiser Zeno viel gegolten. Offenbar hat Suidas hier nach seiner Weise unterschieden, was nicht zu unterscheiden ist, und einem und demselben Individuum zwei besondere Artikel gewidmet; denn es stimmt die Zeit, auch der Geburtsort, denn Panopolis ist ja eine Stadt im Gebiete des ägyptischen Theben, auch, wie sich gleich zeigen wird, die Beschäftigung. Vergleicht man nämlich die Excerpte aus Malchus und aus des Damascius Biographie des Isidor, aus dem Suidas seinen Artikel über den zweiten Pamprepios compilirt, mit den Excerpten, die Photius aus demselben Damascius gemacht hat, so war Pamprepios ein vorzüglicher Kopf, von den mannichfaltigsten Anlagen, vielseitigen Studien, der in seinem Vaterlande Ägypten sich mit Poesie beschäftigt hatte, in Athen Anfangs ebenfalls mit Poesie sich nothdürftig erhielt, dann Grammatik trieb und von den Athenern zum öffentlichen besoldeten Lehrer der Grammatik für die Jugend angenommen wurde; dies blieb er mehre Jahre und benutzte zugleich den Umgang und Unterricht des großen Platonischen Philosophen Proklus. Ein Misverhältniß, in das er hier mit einem gewissen Athener Theagenes gerieth, und vielleicht auch sein ungemessener Ehrgeiz, veranlaßten ihn, sich nach Constantinopel zu begeben; denn in Gelehrsamkeit, namentlich in Grammatik und Rhetorik, wollte er es Allen, auch dem Athener Plutarch und dem Alexandriner Hermeas, zuvorthun, und gelangte auch wirklich darin zu großem Rufe. In Constantinopel erregte er, obgleich er sonst ein ganz wohlgesinnter und rechtlicher Mann zu sein schien, aber in der ganz christlichen Stadt durch sein offen zur Schau getragenes Heidenthum Aufsehen, und man glaubte ihn noch im Besitze von anderer Geheimwissenschaft. Hier wurde er mit Illos oder Hillos bekannt, der aus Isaurien gebürtig war, beim Kaiser Zeno viel vermochte und die Stellen eines Senator, Patricier, Consul und Magister officiorum bekleidete. Die Bekanntschaft machte er in Folge einer Empfehlung, und zwar, wie es scheint, der eines gewissen Marsos; am meisten jedoch empfahl er sich selbst; aber nach Suidas war es bald die öffentliche Recitation eines Gedichts, bald die Vorlesung einer Schrift über die Seele, die Illos so für Pamprepios einnahm; genug er verschaffte ihm theils eine öffentliche Besoldung als Lehrer, theils bewilligte er ihm aus seinem eigenen Vermögen eine Unterstützung. Als Hillos sich nach Isaurien begeben hatte, wurde Pamprepios beim Kaiser und der damals allmächtigen Verina verleumdet, als hätte er den Hillos durch Prophezeiungen gegen den Kaiser aufgereizt, und mußte die Hauptstadt verlassen; er zog sich nach Pergamum zurück, von wo ihn Hillos zu sich nach Isaurien berief, wo er ihn mit großem Vertrauen zu Staatsgeschäften zuzog und ihn auch wieder mit nach Constantinopel nahm; er ermunterte (Pamprepios) ihn zu der Verschwörung des Marcianus, sowie späterhin zu der Conspiration, welche die Erhebung des Leontius zum Gegenkaiser gegen Zeno beabsichtigte, deren unglücklicher Ausgang auch den traurigen Fall und gewaltsamen Tod des Pamprepios zur Folge hatte. Vgl. außer Suidas *Photius* p. 56. a. 31. 343. b. 346. b. 347. a. 351. b. (*H.*)

PAMPROUX, Marktflecken im franz. Departement der beiden Sèvres (Poitou), Canton La Mothe St. Heraye, Bezirk Melle, liegt 4½ Lieues von dieser Stadt entfernt in einer fruchtbaren Gegend und hat eine Succursalkirche, 400 Häuser und 2277 Einw., welche neun Jahrmärkte unterhalten. (Nach Expilly und Barbichon.) (*Fischer.*)

PAMPTICOUGHS. Diesen Namen führt ein Stamm der freien Indianer Nordamerika's. (*Fischer.*)

PAMUNKY, 1) Fluß im nordamerikanischen Freistaate Virginia, welcher durch seine Vereinigung mit dem Mattapony den York bildet. 2) In der zu dem genannten Stadte gehörigen Grafschaft King-Williams, in welchem sich einige Reste der Powhattansindianer erhalten haben. (*Fischer.*)

Pampus, s. Y.

Pamylia, s. **Paamyles.**

Pan, 1) Mythologie s. am Ende des Buchstabens.

PAN, 2) ein fast in allen slawischen Sprachen gebräuchliches Wort, entspricht dem allgemeinen Begriff des teutschen Herr. In dieser Bedeutung ist es im polnischen noch heutzutage vorzugsweise im Gebrauche, nur daß man es den Eigennamen und Würden häufiger als unser Herr vorzusetzen pflegt. Man sagt z. B. pan robie, er ist sein eigner Herr; pan Bóg, Gott der Herr. Daneben hat es aber auch, wie das teutsche Herr, den Nebenbegriff: der Herr, im Gegensatze des Dieners, der Vornehme, Reiche, im Gegensatze des Armen. So heißt es in einem polnisch-westpreußischen Sprüchwort: **Ja pan i ty pan a kto z nas będzie świnie part**, ich bin Herr, und du bist Herr, wer aber von uns wird die Schweine hüten? **pan dobry za oyca stoi**, ein guter Herr vertritt Vaters Stelle; **gdy się pan śmieje i dwor wesoly**, wenn der Herr lacht, ist auch die Dienerschaft vergnügt; **panowie jak chcą, ubodzy jak mogą**, die Herren, wie sie wollen, die Armen, wie sie können. Hiermit hängt dann der Begriff des Herrschens, der Herrschaft **panstwo** überhaupt zusammen, weshalb das Wort schon sehr früh fast bei allen Slawen auch eine politische Bedeutung erhielt. In der ältesten Zeit tritt diese nur in einer Zusammensetzung, nämlich in **Żupan**, hervor. Bei allen hinterkarpathischen und von diesen abstammenden Slawen wird dieses Amtes oder dieser Würde mit dem Begriffe des Vorstandes und Richters eines bestimmten Landdistricts erwähnt. Schon Constantin Porphyrogen, (de adm. imp. IX. c. 29) kennt dasselbe bei den Slawen: **Principes vero hae gentes non habent praeter Zuppanos senes, quemadmodum etiam reliqui Zlaborum populi**, und Wilhelmus Tyrius (XX, 4) sagt, daß das Amt der Zupane bei den Slawen allgemein sei, und daß die **Zupani** dem Begriffe der **seniores** entsprächen. Das ungrische **Ispan**, woraus das teutsche Gespan, Gespanschaft (**comitatus** im Mittelalter) entstanden ist, muß auf denselben Stamm zurückgeführt werden. Gleiches gilt von dem **Ban** der Südslawen, von der **Juppa** (**comitatus**) in Illyrien, wie denn auch bei den Böhmen und den Slawen an der Elbe und Oder das Vorkommen der Zupane und Zupanien unbestritten feststeht. In Polen dagegen ist die Sache mehr als zweifelhaft. In den alten Schriftstellern Gallus, Kadlubek, Boguph rc. geschieht ihrer niemals Erwähnung, und ebenso wenig kommen sie in Urkunden bis zum 14. Jahrh. vor, weshalb denn auch die Bemerkung von Bandtkie (in seinen **Rozmaitości naukowe. III. p. 27**), daß der Titel **castellanus** und **Starost** den des **Zupan** verdrängt habe, zu bezweifeln sein möchte, da wir ja in schlesischen Urkunden neben den **castellani** auch **zuppani** erwähnt finden. Nur in den masovischen Statuten aus dem 14. Jahrh. werden **supparii** als eine Art von Unterrichter erwähnt. **Cf.** ***Bandtkie*****, Jus Polonicum p. 427. 459. 461.** —

Mit der spätern Entwickelung der Ständeunterschiede in Polen erhielt aber auch hier das Wort **pan, panowie**, eine technisch-politische Bedeutung. Wir lernen aus der Übersetzung der Statuten Kasimir des Großen, welche in die Jahre 1449 und 1503 fällt, daß man in jener Zeit unter **panowie** die **barones** des Landes verstand und ihnen den übrigen Adel als **Ziemianinie** (eigentlich Landbewohner) entgegensetzte. Cf. *Lelewel*, **Historyczne pomniki języka i uchwal polskich i mazowieckich (Wilno 1824)** an mehren Stellen. Ähnliches fand auch in Böhmen um dieselbe Zeit statt. Aus dieser Bedeutung **panowie** für Würdenträger, hohen Adel (d. h. nicht durch Geburt, sondern durch das Amt erworbenen) schreibt sich denn auch der schon im 15. Jahrh. verkommende und noch heutzutage übliche Gebrauch her, die Palatine der verschiedenen Landschaften kurzweg nur **pan Krakowski, Lubelski c. t. d.** zu nennen. Ja selbst schon im 13. Jahrh. wird der Kastellan von Stolpe in Pommerellen, in einer Urkunde vom J. 1287 bei Haken, Geschichte von Köslin, S. 19 **Pane Swenze castillan** genannt, woraus man schließen könnte, daß um diese Zeit schon **pan** der nationale Ausdruck für **comes** gewesen wäre, welches Wort in Polen niemals ein besonderes Amt bezeichnete, sondern nur, wie alle Urkunden aus dem 13. Jahrh. beweisen, als ein Titel den Beamteten überhaupt (**barones, nobiles**) und andern Edelleuten beigelegt wurde. Man findet **comes castellanus, palatinus**, aber auch **comes venator, poccamerarius** fast in allen Zeugenunterschriften der Urkunden aus dieser Zeit, ganz ebenso wie in der oben angeführten **pan** steht. Der Vorzug dieser **panowie** vor dem übrigen Adel bestand bis ins 15. Jahrh. indessen in nichts anderem, als daß er die Reichsstandschaft in gewissem Sinne des Wortes hatte, d. h. daß die Könige mit ihnen die Reichstage hielten, bis dann später seit der Mitte des 15. Jahrh. auch der übrige Adel durch seine Deputirten, Landboten an denselben Theil nahm. Im Übrigen waren und blieben die **panowie** und **Ziemianie** an persönlichen Rechten sich ganz gleich. (***Roepell.***)

PANACEA, *Πανάκεια*, die Alles Heilende*); der Gebrauch, den man später von diesem Worte gemacht, um damit angeblich Alles heilende Hilfsmittel ärztlicher Kunst, und insbesondere solche Arzneien zu bezeichnen, in denen man Heilmittel aller, oder doch der meisten, Krankheiten gefunden zu haben glaubte, hat jenen Namen im Munde der Ärzte bis diesen Augenblick erhalten.

Wie man überhaupt auf den Gedanken der Möglich-

*) Vergl. d. Art. **Panakeia.**

keit gerathen konnte, eine Panacee aufzufinden, erklärt sich im Grunde leicht. Zwar hatte schon Hippokrates überzeugend gelehrt, daß das Wesentlichste des Genesungsprocesses, wie des Erkrankungsprocesses auf dem Verhältnisse der Krankheitsursachen beruhe, und die Heilmittel der Kunst diesen letztern angemessen sein müssen; woraus — bei der unendlichen Mannichfaltigkeit des Verhältnisses der in Wirksamkeit tretenden Krankheitsursachen — von selbst folgte, daß nimmermehr ein Heilmittel alle Krankheiten heilen könne, vielmehr die tausendfach verschiedenen Krankheitsfälle nicht blos, sondern auch die in so mannichfachen Formen auftretenden Krankheiten an sich, unter verschiedenen Bedingungen bei gleichnamigen Krankheiten dennoch die Anwendung sehr verschiedener, ja einander entgegengesetzt wirkender Heilmittel erfodern müssen. Aber über dieses Ergebniß reiner Erfahrung in das Gebiet erträumter Möglichkeiten hinauszuschweifen, konnte so Vielen, die den Hippokrates der Zeit nach folgten, ohne sich seines Beobachtungsgeistes und seiner Unbefangenheit des Urtheils, oder auch nur seiner Wahrheit des Charakters rühmen zu dürfen, unmöglich schwer werden und die Leichtgläubigkeit der Menge gab überdies dem Eifer reiche Nahrung, mit welchem, zumal in den finstern Jahrhunderten, Charlatanerie und Aberglaube — wie mit Goldmacherei, Chiromantie, Nekromantie und Ähnlichem — so auch mit Erfindung und Bereitung von Panaceen sich beschäftigte. Insofern aus Charlatanerie dieser Eifer entspringt, wird er schwerlich jemals ganz erkalten, wenigstens wagen wir, in der Erinnerung an Cagliostro's Lebenselixir, St. Germain's Thee zum langen Leben, Graham's celestial bed und Verwandtes aus der neuern und neuesten Zeit, das Gegentheil nicht zu hoffen. Wenn aber die Panaceen aus dem Gebiete der Wissenschaften nicht gänzlich verschwinden sollten, so müßte der Begriff derselben anders bestimmt werden, und in der That belegte man auch schon frühzeitig mit jenem Namen solche Heilmittel, denen man überhaupt eine ausgezeichnete in vielen Fällen hilfreiche, mehr oder weniger an das Wunderbare grenzende Kraft beimessen zu dürfen glaubte; man unterschied unter diesen Panaceen, die sämmtlich in Arzneien bestanden, die einfachen von den zusammengesetzten, d. h., von einem Gemisch als vorzüglich heilkräftig berühmter Arzneien (unter welchen der Theriak die gepriesenste Panacee ist), und zählte zu den erstern namentlich Quecksilber und Spießglanz, obwol von beiden nur einzelne Bereitungen durch den Namen einer Panacee ausgezeichnet wurden. So trugen den Namen **Panacea antimonialis** mehre Spießglanzpräparate, als **Panacea mercurialis** wurde das milde salzsaure Quecksilber bezeichnet, als **Panacea anglica** galt die mit kohlensaurem Kalke vermischte kohlensaure Magnesia, die **Panacea Glauberi** (schwefelsaures Natrum) führt noch heute den Namen eines Wundersalzes &c. — Noch öfter sind zu allen Zeiten einzelne Fundamentalmethoden der Therapeutik: die antiphlogistische, gastrische &c. von einzelnen Schulen, wenn nicht gradehin Panaceen bei der Mehrzahl der Krankheiten genannt, doch den Panaceen gleich gepriesen worden und nahe verwandt mit diesem Verfahren ist die in den neuesten Zeiten von den homöopathischen Ärzten auf die äußerste Spitze getriebene Sucht, einzelne Krankheiten durch sogenannte specifische, d. h., ihnen auf eigenthümliche, in ihrem letzten Grunde unerforschte Weise entgegenwirkende Mittel heilen zu wollen.

Im Gebiete der rationellen Arzneiwissenschaft steht aber gegenwärtig der Grundsatz fest: Es gibt keine Panaceen, in welcher der zuletzt angeführten Bedeutungen dieses Wort auch immer genommen werden mag. Auch die kräftigste und die vielfachste Anwendung gestattenden Arzneien und Heilmittel überhaupt können nicht einmal in der Mehrzahl der Krankheitsfälle anwendbar sein, weil das Wesen derselben ein zu mannichfach verschiedenes ist und die Eigenthümlichkeit der vorkommenden Fälle noch überdies durch dasselbe keineswegs allein bestimmt wird, die constitutionellen Verhältnisse namentlich jeder Krankheit ein eigenthümliches Gepräge aufdrücken, welches für die Behandlung der Krankheit häufig bei weitem entscheidender ist, als die Form der eben vorhandenen Krankheit selbst. Auch dem vortrefflichsten Heilmittel darf demnach der Name einer Panacee, der so leicht zur Überschätzung und unzeitiger Anwendung verleiten könnte, nie zugestanden werden. Aus gleichem Grunde darf aber auch keine der einzelnen Heilmethoden sich den Rang einer Panacee anmaßen wollen, und wol wäre es nach so vielen Jahrhunderten des Irrthums, der auf Einseitigkeit beruht und in der Regel nur aufgegeben wurde, um einer andern, aber gleich einseitigen Ansicht, zu huldigen, und diese früher oder später mit einer dritten nicht minder einseitigen und daher gleich irrthümlichen zu vertauschen, endlich an der Zeit, jeder neuen Schule, welche uns den Glauben an eine jener allgemeinen Heilmethoden, als Panacee aufdringen will, von Born herein das Vertrauen auf ihre Wahrheit aufzukündigen; es würden dann nicht mehr, wie es bisher geschehen, Tausende von Opfern den Schulen fallen und die fernere Geschichte der Medicin würde zeigen, daß wir die Vergangenheit als Warnung zu benutzen nicht versäumt haben. Könnte dann nicht aber vielleicht den sogenannten specifischen Mitteln der Ruhm der Panaceen für einzelne Krankheiten als gesichert angesehen werden? Sie haben ihn lange genossen, sie verdienen ihn in den Augen vieler unwissenschaftlicher Empiriker noch heute, aber denkende Ärzte von echter Erfahrung können ihnen diesen Ruhm nicht zugestehen. Sie verkennen nicht, daß es Arzneien gibt, welche bei bestimmten Krankheitsformen, und meistens auf eine noch nicht hinlänglich erforschte Weise, vorzugsweise häufig hilfreich werden wie die China beim Wechselfieber, der Schwefel bei der Krätze und bei Hämorrhoidalkrankheiten &c., aber sie sind doch weit entfernt, diese Mittel als Panaceen jener Krankheitsformen anzusehen, und noch weiter, den Grund der Heilkraft derselben in einem eigenthümlichen der bestimmten Krankheit eigens entgegenwirkenden Princip zu suchen. Sie halten sich vielmehr überzeugt, daß den Arzneisubstanzen dergleichen Principe nicht beiwohnen und ihre Heilkräfte überall nur einerseits aus ihrer Natur und allen Eigenthümlichkeiten derselben, andererseits aus den Verhältnissen der Organismen, mit denen sie in Wechselwirkung gebracht werden, erklärt werden können. Sie läugnen daher auch zwar nicht, daß die Wirkungsweise vieler Heilmittel dieser Art noch unerforscht sei, aber sie nennen diese darum nicht unerforschlich, und glauben weiterer Forschung sich nicht unter Annahme einer specifischen Kraft, die jenen Mitteln beiwohne, überheben zu dürfen. Sie berufen sich endlich auf die, besonders durch die neueste Zeit wieder vielfach bestätigten Erfahrungen, daß das Quecksilber manche Lustseuche, Chinin und China manches Wechselfieber rc. ungeheilt lassen, und Heilungen solcher Krankheiten durch andere, nicht als specifische angesehene, Mittel häufig sind, ja oft gefahrloser und sicherer, als das gebräuchliche specifische Mittel zu bewirken im Stande gewesen wäre. Und somit haben denn diese Ärzte in jeder Beziehung ein volles Recht, das Dasein specifischer Mittel in dem angegebenen Sinne zu läugnen, in einem andern, wissenschaftlichen dagegen mit Vogt (Pharmakodynamik. I. §. 50) das Thätige oder die Kraft einer jeden Arznei eine ganz eigenthümliche, specifische zu nennen. Die Zeit der Panaceen ist demnach in jedem möglichen Sinne des Wortes für die Wissenschaft vorüber, und sie würden daher in dem Gebiete derselben nicht mehr genannt zu werden verdienen, hätten sie nicht historische Bedeutung, oder gehörten die Suchten der Ärzte nicht zu denjenigen Krankheiten, die durch eine besondere Neigung zu Rückfällen ausgezeichnet sind. (*C. L. Klose.*)

Panacea anglica s. solutiva, s. Magnesia.

Panacea holsatica s. Arcanum duplicatum, s. Kali.

Panaces, s. Panax.

PANACHAEA, PANACHAEI, PANACHAEIS, PANACHAEICON, wenn Homer *Παναχαιοὶ* nennt, z. B. *ἀριστῆες Παναχαιῶν* (Il. II, 404. VII, 7 u. ö.), so ist es bei ihm eine gemeinsame Bezeichnung aller gegen Troja kämpfenden Griechen. Später bezieht sich dieser Name auf den Bund der in der nördlichen Landschaft des Peloponnes, d. h. in Achaia, wohnenden Achäer, und die panachäische Demeter, deren Tempel in Ägium neben dem Tempel des Zeus Homagyrios stand (*Paus.* VII, 24, 3: *'Εφεξῆς τῷ 'Ομαγυρίῳ Διὶ Παναχαιᾶς ἐστι Δημητρός*), war ebenso, wie die panachäische Pallas, deren Cult in Paträ war (Id. VII, 20, 2: *'Αθηνᾶς ναὸς ἐπίκλησιν Παναχαΐδος*) Bundesgöttin; auch fehlte es wohl, namentlich bei den Frühlings- und Herbstzusammenkünften des achäischen Bundes (vergl. *Merleker.* Achaicor. p. 74 sq.) nicht an einem Bundesfeste, das auch nur Panachaea heißen konnte. In der Nähe von Paträ war auch ein Berg, welcher „der Panachäische" hieß (*τὸ Παναχαικὸν ὄρος καλούμενον* bei *Polyb.* V, 30, 4.) (*H.*)

PANACHE, mit diesem Worte, welches eigentlich einen Federbusch bezeichnet, benennt man auf der Insel Samos ein Getreidemaß, welches 8 Okken oder 25 Pfund beträgt. In der Kunstsprache wird auch wol der obere Theil einer Kirchenlampe so genannt, sowie Gärtner die gelben oder weißen Tulpenstreifen damit bezeichnen. (*Fischer.*)

Panactum, s. Panakton.

PANADE, eigentlich so viel, als Brodsuppe. Man bereitet Brodsuppe mit mancherlei Abänderungen. Die einfachste Art wird erhalten, indem man Weizenbrod, zu Scheiben zerschnitten, mit gewöhnlicher brauner Brühe ganz weich kocht. Um das Gericht wohlschmeckender zu machen, fügt man einige Eier und einige gut gebratene daumenlange Bratwurststücke hinzu, so wie fein geschnittene Petersilie, Schnittlauch und Salz. — Kräftiges Roggenbrod, in sehr dünne Scheiben geschnitten, bis zum Sprödewerden über Kohlen geröstet, mit feingeschnittener Petersilie, Schnittlauch und Pfeffer bestreut, mit kochender, gehörig gesalzener Fleischbrühe übergossen, gibt ebenfalls eine sehr schmackhafte Suppe. — Im engern Sinne heißt Panade wol auch nur solche Brodsuppe, in welcher das Brod gänzlich zerrührt oder überhaupt so zerkleinert ist, daß das Ganze die Consistenz eines Muses annimmt (Panadenmus). Man kann zu diesem Behufe Semmel oder mittelfeines Weizenbrod zerschnitten in der gehörig gesalzenen und gewürzten Fleischbrühe ganz weichkochen, und hierauf mit Zusatz von Eidotter anhaltend quirlen, bis keine Klümpchen mehr zu bemerken sind. Oder man gibt die Krume von frisch gebackener Semmel in kochende Fleischbrühe, läßt sie ganz weich sieden, treibt das Ganze durch ein Sieb, würzt es mit Muskatblüthe, läßt es kurze Zeit sieden und rührt Eidotter nebst einem Stückchen Butter hinein. Wegen seiner Leichtverdaulichkeit ist dieses Gericht besonders Kindern und alten Personen zu empfehlen. (*Karmarsch.*)

Pane, s. Panne.

PANAEI (*Παναῖοι*), alter Name einer von Thucydides (II, 101) erwähnten thracischen Völkerschaft. (*H.*)

PANAENOS. Unter den Malern, welche zur Zeit des Thasiers Polygnotos und neben Onatas, Mikon, Agatharchos in Athen den strengern äginetischen Styl verließen und, den Fortschritten der Sculptur nachstrebend, durch Correctheit der Zeichnung, Lebendigkeit des Ausdrucks, Mannichfaltigkeit der Gruppirung große figurenreiche Bilder sich auszeichneten, nimmt der hier zu behandelnde Künstler einen der ersten Plätze ein. Daß er mit Sicherheit in diese Zeit versetzt werde, zeigen die wenigen Nachrichten über sein Leben. Strabon in der Hauptstelle (VIII. p. 354. = T. III. p. 129 *Siebenk.*) nennt ihn ausdrücklich Vatersbrudersohn (*ἀδελφιδοῦς*) des Phidias, was zu bezweifeln auch die beiden Zeugnisse des Pausanias (V, 11, 2) und Plinius (XXXV, 8. s. 34), die ihn als Bruder jenes Künstlers bezeichnen, keinen Grund abgeben, da der griechische und lateinische Sprachgebrauch jenen weiteren Gebrauch von *ἀδελφός* und frater für frater patruelis gestattet [1]). Über die richtige Form seines Namens schwanken die alten Bücher; bei Strabon enthalten mehre *Πάνδεινος*, *Πάνδαινος* oder auch

---

1) Vergl. über die Griechen Siebelis zu den Hellenika S. 260 und *Paus.* II, 18, 4; über frater haben Gronov. (Observ. II, 6), Perizon. (Animadvers. hist. c. 3. p. 106), Drakenborch (in Liv. XXXV, 10, 9) und Ruhnken (Dictat. *Ovid.* Heroid. p. 54) umständlicher gesprochen. An eine falsche Lesart bei Plinius mit Böttiger zu denken ist unstatthaft. Hirt (Gesch. der bildenden Künste S. 172) wiederholt den Irrthum ganz unbekümmert.

Πάνταινος, bei Plinius gar **Paneas**, was jedoch durch bessere Zeugen widerlegt und nach allgemeiner Übereinstimmung mit der jetzt üblichen Form vertauscht ist. Offenbar gehört er in die Zeit des Phidias, ja in die 83. Olympiade (448 v. Chr.) versetzt ihn Plinius ausdrücklich. Zunächst schmückte er mit seinen Bildern die Vaterstadt, denn er malte die marathonische Schlacht in der Pökile an der Agora zu Athen. Zwar schrieben Viele die Gemälde derselben dem Polygnot allein zu, als dem berühmtesten Maler und vermuthlich als dem Meister des größten Theiles, während Plinius einen Theil dem Mikon und zwar Sopater ihm die Marathonische Schlacht zuerkennt, die nach Älian zwischen ihm und Polygnot streitig war, von Pausánias aber (V, 11, 2) und Plinius (XXXV, 8, 57) ausdrücklich dem Panänos gegeben wird [2]). Jener sagt *αὐτοῦ* [3]) *καὶ Ἀθήνησιν ἐν Ποικίλῃ τὸ Μαραθῶνι ἔργον ἐστὶ γεγραμμένον*, und in der ausführlicheren Nachricht über dieses alte Schlachtgemälde (I, 15, 4): „Zuletzt auf der Malerei sind die Kämpfer bei Marathon; von den Böotern die Platäenser und das ganze attische Heer werden mit den Barbaren handgemein, und zwar ist dort auf beiden Seiten der Kampf noch gleich, mehr in dem Innern der Schlacht sind die fliehenden Barbaren, einander in den Sumpf drängend; am äußersten Ende aber die phönizischen Schiffe und die Hellenen, die dorthin drängenden Barbaren mordend. Dort ist auch der Heros Marathon gemalt, von dem die Ebene ihren Namen erhielt, und Theseus gleichsam aus der Erde hervorsteigend, Athene und Herakles. Unter den Kämpfenden sind am meisten bekannt auf dem Bilde Kallimachos, der zum Polemarchen erwählt war, und Miltiades unter den Strategen und der Heros Echetlos." Es ist zu vermuthen, daß das Treffen in mehren Tableaux dargestellt war, vielleicht von der Erscheinung des Marathon und Theseus an, dann die Anführung des Miltiades, das Gemetzel und die Flucht der Perser, die theils in die Schiffe sich retten, theils in den Sumpf versprengt werden, endlich der Kampf bei den Schiffen selbst [4]). Nimmt man hierzu die schon angeführte Hauptstelle bei Plinius: **Panaenus proelium Atheniensium adversus Persas apud Marathona factum pinxit. adeo iam colorum usus increbruerat adeoque ars perfecta erat, ut in eo proelio iconicos duces pinxisse tradatur, Atheniensium Miltiadem, Callimachum, Cynaegirum; barbarorum Datim, Artaphernem** — so ergibt sich für die Figuren Portraitähnlichkeit [5]). Da nun aber zwischen der Schlacht und der Lebenszeit des Panänos ein Zeitraum von wenigstens vierzig Jahren liegt, an eine Überlieferung durch Hörensagen [6]) gar nicht zu denken ist, die Ehre iconischer Bilder bei der Eifersucht der Republiken überhaupt sehr selten war (*Plin.* XXXIV, 9), so dürfte hier eine mehr traditionelle, etwa durch das Costüm hervorgerufene Ähnlichkeit gedacht werden müssen, die auch das Beischreiben der Namen überflüssig machte. Ob aber grade die Farben, wie Plinius meint, viel dazu beitrugen, daß die Portraitähnlichkeit mehr hervorgehoben wurde, läßt sich sehr bezweifeln [7]). Daß jedoch überhaupt hier keine Wandgemälde, sondern nur einzelne, nachher zusammengesetzte und eingefügte Tafeln zu verstehen sind, sagt mit Sicherheit Synesius (ep. 54): *Ὁ γὰρ ἀνθύπατος τὰς σανίδας ἀφείλετο* (cl. ep. 135), wenn nicht schon die allgemeine Gewohnheit der damaligen Zeit gegen jene Ansicht Letronne's spräche [8]).

Als nun Phidias um Ol. 86. nach Olympia ging, um die Statue des Zeus zu verfertigen, begleitete ihn Panänos, Phidiae, wie Plinius (XXXV, 8, 34) sagt: discipulus et in faciendo Jove Olympio adiutor. Während jener die Sculpturen ausführte, malte dieser dieselben an, und schmückte die äußeren Schranken mit Bildern. Das Hauptgeschäft dabei war, die Schranken (*ἐρύματα*) zu bemalen, welche um den Thron des Gottes herumliefen, um das Gedränge der Andächtigen zurückzuhalten. „Unter den Thron," sagt Pausanias (V, 11, 2) „kann man nicht kommen; zu Olympia sind Schranken nach Art von Wänden gemacht, welche zurückhalten; derjenige Theil der Schranken, welcher der Thür gegenüber liegt, ist nur mit blauer Farbe angestrichen, der übrige enthält Gemälde von Panänos." Mauern können dies nicht gewesen sein, das wäre zu schwerfällig und in Verbindung mit dem reichen Throne zu armselig gewesen; es ist eine bloße Balustrade, die mit mythologischen Figuren geschmückt zu sehen gar nicht auffallen kann [9]). Von welcher Seite Pausanias bei der Beschreibung der Gemälde ausgehe, kann man aus seiner Erzählung nicht ersehen; er zählt sie in folgender Ordnung auf: „Unter ihnen ist Atlas, der den Himmel und die Erde trägt, dabei steht Herakles, der die Last des Atlas auf sich nehmen will. Ferner Theseus und Peirithous und Hellas und Salamis, welche die an den Endspitzen der Schiffe angebrachte Verzierung in der Hand trägt; aus Herakles' Kämpfen, der mit dem nemäischen Löwen und Ajas Frevel an Kassandra, Hippodameia, die Tochter des Önomaos, mit der Mutter und Prometheus, noch von den Banden gefesselt und Herakles auf ihn hinsehend, zuletzt auf dem Gemälde ist Penthesileia, die Seele aushauchend, und Achilleus, sie unterstützend, und zwei Hespe-

2) s. Welcker in der (hallischen) A. L. Z. 1836. Nr. 177. 3) Richtiger wohl *αὐτῷ*. 4) s. Böttiger, Ideen zur Archäol. d. Malerei. S. 249 fg. 5) Die Erklärung Raoul-Rochette's (Peint. antiq. inédit. p. 155) misbilligt auch Welcker (a. a. O. Nr. 183. S. 227. 6) Das war ein lächerlicher Einfall Heyne's (Antiqu. Auff. I. S. 216).

7) Lévesque in den Mém. de l'Institut. T. IV. p. 410. 8) s. Welcker a. a. O. S. 181. 9) Völkel (über Tempel u. Statue des Jup. Olymp. S. 207) vermuthet eine übertünchte Balustrade von Stein, worauf die Gemälde zu sehen waren; Wiegmann (Die Malerei der Alten S. 57. 63) spricht von Umfassungsmauern mit Fresken daran; Letronne versteht une cloison pleine aussi bien qu'un mur en maçonnerie, und findet natürlich einen neuen Beleg zu den peintures murales, wogegen sich jedoch Raoul-Rochette (S. 199) und Welcker (in der bekannten Rec. S. 196) auf das Bestimmteste erklären. Die hierher gehörige Stelle des Strabon (VIII. p. 354) *δείκνυνται δὲ καὶ γραφαὶ πολλαί τε καὶ θαυμασταὶ περὶ τὸ ἱερόν, ἐκείνου ἔργον*, auffallend durch den Gebrauch des *περί*, das man meist mit *ἐν* für identisch hielt, erklärt Welcker gut durch die beschränkte Bedeutung des *ἱερόν* auf das Heiligthum mit dem Throne und der Statue des Gottes.

tragen Äpfel, deren Bewachung ihnen anvertraut
soll [10])." Diese Scenen beziehen sich, wo nicht ganz,
meistens auf merkwürdige Auftritte aus dem Leben
Helden, die sich um die olympischen Spiele verdient
cht hatten. Es sind neun Sujets, jedes mit zwei
ren, vielleicht auf blauem Grunde gemalt [11]). Inter=
bleibt für diese frühe Zeit die Allegorie mit den
nificirten Salamis und Hellas, jene das Aphlaston
ıstre) haltend und diese sie bekränzend. Aber außer
Gemälden hatte Panänos weitern Antheil an jenem
mten Kunstwerk, den Strabon mit den Worten πολ-
υνέπραξε τῷ Φειδίᾳ Πάν. ὁ ζωγράφος — συνερ-
γὸς αὐτοῦ πρὸς τὴν τοῦ ξοάνου κατασκευήν, διὰ
τῶν χρωμάτων κόσμησιν καὶ μάλιστα τῆς ἐσθῆτος
itet [12]). Offenbar ist hier eine Ausschmückung durch
n, besonders in der Kleidung, bezeichnet; auf dem
nde nämlich befanden sich kleine Figuren und Lilien
ά τε καὶ τῶν ἀνθῶν τὰ κρίνα), schwerlich blos
ßt, wie Hirt [13]) meint, vielmehr in der Art, daß
ingegrabenen Umrisse der Figuren mit Farben oder
lt hineingemalt wurden [14]).
Zu Elis malte Panänos den innern Theil des Schil=
er von Kolotes, dem Schüler des Phidias, verfer=
Pallasstatue (*Plin.* XXX, 8, 34). Man hat es
seltsamen Einfall genannt, daß er den inwendigen
Theil der Ägide bemalt haben soll (Heyne's An=
Aufs. I. S. 219), aber es sollte eben kein Raum,
gend ein Bildwerk angebracht werden konnte, unbe=
bleiben [15]). Von demselben Tempel der Pallas be=
t Plinius (XXXVI, 23, 35) ferner: Elide (nicht in
aedes est Minervae, in qua frater Phidiae Paus tectorium induxit lacte et croco subactum,
runt; ideoque si teratur in ea (Letronne schlägt
r) hodieque saliva pollice, odorem croci sa-
nque reddit. Wie aus diesen Worten Böttiger
244) hat folgern können, Panänos habe dort Wand=
lde in Stucco gemalt, wie Rathgeber (a. a. O. S.
dies nachschreiben, selbst O. Müller [16]) dies unzwei=
t und auch Letronne darin einen neuen Beleg für seine
verbreitete Wandmalerei finden konnte, bleibt un=
iflich. Glücklich scheint uns hier Welcker (a. a. O.
95) zu streiten. Konnte nicht, meint er, Panänos
besonders reines und festes Tünchwerk erfunden ha=
womit er die Tempel schmückte, ohne daß er selbst
instreicher arbeitete? Es mochte in jenem Tempel et=
Außerordentliches geleistet und daher auch die Er=
ng über Bestandtheile und Geruch dieser Tünche er=
sein. Die Würde des Künstlers war doch dadurch
beleidigt. Vielleicht war jener Anstrich gelblich, we=gen des Safrans und der Milch, womit der Bewurf ver=setzt sein soll. Endlich erzählt Plinius (XXXV, 9, 35): certamen picturae etiam florente eo institutum est Corinthi ac Delphis, primusque omnium certavit cum Timagora Chalcidense, superatus ab eo Pythiis, quod et ipsius Timagorae carmine vetusto apparet, chronicorum errore non dubio. So wie nämlich bei den pythischen Spielen früher als bei den übrigen auch die Musenkünste in die Schranken traten, so scheint hier auch ein Wettkampf in der Malerei stattgefunden zu haben. Vom Timagoras ist nichts weiter bekannt. Welches Sujet aber von beiden behandelt sei, denn daß es dasselbe gewesen, versteht sich bei den Preisbewerbungen im Alterthume von selbst, darüber schweigen die Alten. Die Sache bleibt überhaupt unklar.

Zu vergleichen sind Böttiger in den Ideen zur Archäologie der Malerei S. 242—253, der nach seiner Weise allerlei Notizen zusammengetragen hat; wenig befriedigt Sillig (Catalog. artif. p. 314 sq.), einige selbst gröbere Irrthümer begeht Hirt (die Geschichte der bildenden Künste bei den Alten S. 172 fg.).

(*F. A. Eckstein.*)

PANAEOS, Name eines griechischen Künstlers auf einer Gemme in der pariser Sammlung. Vergl. *Clarac*, Description des antiques. p. 421. (*H.*)

Panaetia *Cass.* s. Electrysum.

PANAETIOS von Rhodos, einer der berühmtesten Stoiker, weniger durch Tiefe und Originalität bemerkenswerth, als durch den mächtigen Einfluß, den er durch Lehre und Persönlichkeit auf viele ausgezeichnete Römer übte. Über sein Leben und seine Lehre haben wir eine schätzbare Monographie: De Panaetio Rhodio, disp. historico-critica, praeside *Dan. Wyttenbach* habita a *v. Lynden* (Lugd. Bat. 1802). Minder bedeutend ist: Mémoires sur la vie et sur les ouvrages de Panaetius, par Mr. l'Abbé *Sévin*, in den Mém. de l'acad. des inscr. tom. X. Er war zu Rhodos geboren [1]), Sohn des Nikagoras und Abkömmling mehrer durch Kriegsthaten berühmter Vorfahren [2]). Ohne hinreichende Gründe nimmt Jonsius etwa 582 n. Erb. R. als sein Geburtsjahr an [3]), wogegen v. Lynden ihn 13 Jahre früher, um 569, geboren werden läßt, um sein Alter dem des Scipio Africanus näher zu rücken. Letztere Annahme, wiewol ebenfalls nicht hinlänglich erwiesen, kommt doch gewiß der Wahrheit näher; denn bereits um 610 sehen wir den Panätios in so inniger Verbindung mit dem jüngern Africanus, daß er denselben auf einer, bald nach der Einnahme Karthago's unternommenen Gesandtschaftsreise nach Ägypten begleitete [4]), und als Jüngling wird doch der Philosoph, der

---

0) Kürzer konnten wir hier sein wegen Rathgeber's fleißiger
menstellung in dieser Encykl. 3. Sect. III. S. 276 fg. 11)
atremère de Quincy, Le Jupiter Olymp. p. 305, der auch
l. XV eine Restauration der Bilder versucht hat. 12)
, Antiquities of Athen (T. II. p. 4) will dies von gefärb=
lfenbein verstehen. 13) 3. Bd. S. 65. 14) s. Rath=
r a. a. O. S. 266. Völkel S. 158. *Quatremère de*
y p. 310. 15) Böttiger, Arch. der Mal. S. 244.
Handb. der Archäol. S. 432.

1) *Cic.* Acad. pr. II, 33. Daher Rhodius magister, Sulpicia de corr. statu temp. *Domit.* v. 46. 2) *Suid.* s. v. *Strab.* IV. p. 655, wo seine Vorfahren als Heerführer und Athleten gerühmt werden. 3) *Jonsius* de scr. hist. phil. p. 212. 4) Acad. pr. II, 2. Unbegreiflich ist es, wie Jonsius jene Gesandtschaft, mit welcher doch Scipio, wie Cicero ausdrücklich hinzufügt, noch vor seiner 611 bekleideten Censur beauftragt wurde, in das Jahr 623, also kurz vor dem Tode des Scipio, versetzen konnte. Der Zweck derselben mochten die durch den 606 erfolgten Tod des

lange ein unstetes Wanderleben geführt hatte [5]), wol nicht nach Rom gekommen sein. Dazu kommt noch, daß er, wenn wir der Nachricht bei Suidas von seinem zu Athen erfolgten Tode Glauben schenken [6]), um 650 nicht mehr kann gelebt haben, da um diese Zeit schon sein Schüler Mnesarchos in der Stoa zu Athen lehrte [7]); nun aber wissen wir, daß er nach der Herausgabe seines Werkes über die Pflichten, das doch gewiß, als Frucht reifer Lebenserfahrung und vertrauter Bekanntschaft mit römischen Verhältnissen, erst seinem reifern Mannesalter angehört, noch 30 Jahre gelebt hat [8]), was dann ebenfalls auf ein viel früheres Geburtsjahr, als das von Jonsius angenommene, schließen läßt. Sein Lehrer, dem er sich in der praktisch-populären Weise des Philosophirens am meisten anschloß, war Antipater von Tarsos [9]); auch den Krates von Mallos soll er gehört haben [10]). Wir wissen nicht, wann und wie er nach Rom gekommen sei und ob er vor oder nach seinem römischen Aufenthalte zu Rhodos gelehrt habe; da indessen sein bedeutendster rhodischer Schüler, Poseidonios, Lehrer und Zeitgenosse des Cicero war [11]), so muß angenommen werden, daß er noch nach der Rückkehr von Rom zu Rhodos lehrte. Unter seinen Schülern werden auch der Rhodier Hekaton und, als der ausgezeichnetste, Apollonios van Nisäa genannt [12]). In Athen war sein bedeutendster Schüler und Nachfolger Mnesarchos [13]), und auch der gelehrte Apollodoros war aus seiner Schule hervorgegangen [14]). Mit dem Geschichtschreiber Polybios hatte er, wie es scheint, in Rom ein genaueres Verhältniß [15]). Zu Rom erwarb er sich bald nicht nur durch große Gelehrsamkeit [16]), sondern auch durch würdige Haltung und Adel der Gesinnung [17]) Freunde und Anhänger unter den edelsten Männern, und, indem er die eben erwachte Vorliebe der Römer für praktische Philosophie durch gefällige Klarheit des Vortrages zu fesseln verstand [18]), übte er eine höchst bedeutende und tief eingreifende Wirksamkeit [19]). Außer dem Scipio [20]) und dessen edlem Freunde Lälius [21]) schöpften auch die großen Redner und Rechtsgelehrten Q. Mucius Scävola [22]) und P. Rutilius Rufus [23]), dann der als Geschichtschreiber nicht unbekannte Schwiegersohn des Lälius, C. Fannius [24]), und Q. Tubero, der Neffe des Africanus [25]), aus seinen Vorträgen und Unterhaltungen manche anregende Belehrung. Auch der heiter gebildete L. Furius, des Lälius Freund, und die Redner C. Gallus und L. Philippus [26]), werden unter seinen Zuhörern genannt. Wenn nun auf der einen Seite schon der römische Nationalcharakter sich dem strengen Ernst und der erhabenen Resignation der Stoa am leichtesten befreundete [27]), so kam Panätios ihnen einerseits dadurch entgegen, daß er den eigentlich speculativen Gehalt des Stoicismus, der in der consequenten Durchführung eines festen Principes und eines auf dieses Princip gegründeten, scharfsinnigen Schematismus bestand [28]), entweder ganz aufgab oder ihn doch in einer sehr verflachten Gestalt überlieferte, und so Inhalt und Form jener Lehre den Laien genießbarer machte. Er neigte sich, wie die meisten Philosophen seiner Zeit, zum Eklekticismus hin, und verehrte und bewunderte die großen Häupter der übrigen Schulen nicht minder, als die der Stoa, vor allen aber den Platon, den er den Homer der Philosophen nannte [29]). Mehrmals läßt er sogar entschiedene Hinneigung zu dem skeptisirenden Probabilismus der neuern Akademie durchblicken [30]). So konnte denn mit Recht von ihm gerühmt werden, daß sein Umgang und seine Lehre den Scipio nicht strenger, sondern milder gemacht habe [31]). Die Logik, die in der stoischen Philosophie einen so bedeutenden Platz einnahm, scheint er ganz in den Hintergrund gestellt

---

Philometor, des Schützlings der Römer in Ägypten entstandenen Verwickelungen sein. Einzelne Züge aus jener Gesandtschaft s. bei *Plut.* apophth. p. 200. f.

5) Tusc. V, 37. Wenn Cicero von der ganzen Schar wandernder Philosophen, die er dort anführt, hinzufügt: semel egressi domum nunquam reverterunt, so paßt dies freilich auf viele derselben gar nicht. 6) *Suid.* s. v. *Παναίτιος*. 7) Dies folgt aus der Erzählung des großen Redners L. Licinius Crassus, daß er bei seiner Rückkehr von der Quästur aus Macedonien zu Athen den Mnesarchos gehört habe; *Cic.* de orat. I, 11. Wir nehmen dabei 650 nur als runde Zahl an, denn gewiß wird der 613 geborene Crassus die Quästur schon einige Jahre früher bekleidet haben. 8) Ob *Cic.* de offic. III, 2 nach dem gewiß glaubhaften Zeugnisse des Poseidonios. 9) De divin. I, 3. Irrig scheint die Angabe bei Suidas, daß er auch den Diogenes von Babylon, den Lehrer des Antipater, gehört habe, obgleich es der Zeit nach möglich wäre, denn noch im Jahre 598 wohnte jener Philosoph der bekannten Gesandtschaft nach Rom bei. 10) *Strab.* XIV. p. 676. 11) Fin. I, 2. Offic. III, 2. Als Cicero (647) geboren wurde, lebte wahrscheinlich Panaitios nicht mehr. 12) Offic. III, 15, wo ein Werk des Hekaton über die Pflichten, an Q. Tubero gerichtet, erwähnt wird. *Strab.* XIV. p. 650. 13) De orat. I, 11. 14) *Suid.* s. v. *Ἀπολλόδωρος*. Es ist der bekannte Grammatiker und Mytholog gemeint. 15) So Suidas. Gegen Fabricius, der, gegen die Chronologie, den Polybios zu einem Schüler unsers Philosophen machen wollte (bibl. graeca. II. p. 406), vergl. *Schweighaeuser*, Opp. Polybii. T. V. p. 8. 16) Leg. III, 6. Homo magnus et imprimis eruditus. 17) Fin. IV, 6. Homo imprimis ingenuus et gravis.

18) Fin. IV, 28. Tristitiam atque asperitatem fugiens nec acerbitatem sententiarum (Stoicorum) nec disserendi spinas probavit. Vergl. leg. III, 6. 19) Vergl. *Ludovici* progr. Panaetii vitam et merita in Rom. tum phil. tum jurispr. illustrans. (Lips. 1733.) 20) Ad Att. IX, 12. Off. I, 26 und häufig. 21) Fin. II, 8. IV, 9. 22) De Orat. I, 11. 23) *Brut.* c. 30. Prope perfectus in Stoicis. (Rutilius) off. III, 2. 24) Brut. c. 26. 25) Pro Murena c. 36, wo seine an Knauserei grenzende Sparsamkeit bei dem Leichenbegängniß als Folge seines Stoicismus angesehen wird; vgl. *Tac.* Annal. XVI. c. 22. 26) De orat. II, 36. Pro Murena c. 31, wo indessen Orelli, nach der Conjectur des Manutius, Philo statt Philippo liest, was dann wieder auf den L. Furius, der den Beinamen Philus hatte, gehen würde. 27) Vergl. Hegel, Gesch. der Phil., Werke. 14. Band. S. 472. Sehr schön ist diese Vereinigung natürlich tüchtigen Sinnes mit höherer Bildung bei den edlen Römern geschildert, in der Rede pro Archia c. 7. 28) Wie das ganze System der Stoiker seit Chrysippos an ihren vier logischen Kategorien hing, hat scharfsinnig entwickelt *Petersen*, Phil. Chrysippeae fundamenta. (Hamb. 1827.) 29) Fin. IV, 28. Tusc. I, 32. 30) Ac. pr. II, 33, wo sein Zweifel an der Mantik erwähnt wird; vergl. de divin. I, 3, nec tamen ausus est negare vim esse divinandi, sed dubitare se dixit. Auch im Praktischen ließ er einen ähnlichen Probabilismus zu, indem er es nicht für unsittlich erklärte, wenn der Anwalt seinen Clienten selbst dann vertheidigte, wenn seine Unschuld ihm nicht gewiß, sondern nur wahrscheinlich war; off. II, 14. 31) Pro Murena c. 31. Vergl. den schönen Ausspruch des Scipio, off. I, 26. Als gravissimus Stoicorum durfte ihn daher Cicero (wie er off. II, 14 thut) nicht grade bezeichnen.

en, wie daraus hervorgeht, daß er nicht mehr, wie
orgänger, die Vorträge über Philosophie mit der Lo-
ing[32]); auch wird nirgends grammatischer Forschun-
n ihm erwähnt. Ebenso erscheint er in der Physik
keptisch und negirend als fortbildend, denn grade die
ndsten Dogmen der Stoiker, wie die Realität der
in ihren verschiedenen Formen[33]) und der Astro-
), das Fortleben der Seele nach dem Tode[34]), den
igen Untergang der Welt durch Feuer[35]), bezwei-
entweder gradezu, oder hielt doch mit seinem Ur-
rüber zurück, da ihm dies alles jenseit der Schran-
nschlicher Erkenntniß zu liegen schien. Auch in sei-
eelenlehre wich er von den frühern Stoikern ab;
vährend er, in Übereinstimmung mit diesen, den
das Feurige der Seele nannte[37]), so hob er doch
türlichen Organismus des Lebens, welchen jenes
annahm und wonach Leib und Seele nur ver-
e Seiten desselben Wesens bildeten, dadurch auf,
das zeugende Vermögen (τὸ σπερματικὸν) gar
u den Seelenkräften rechnen und das Vermögen
de (τὸ φωνητικὸν) mehr dem bewegenden Triebe
r erkennenden Kraft der Seele zuweisen wollte[38]).
ganze Richtung wandte sich dagegen mit entschie-
Vorliebe der Ethik zu; aber auch hier waren es
ie tiefern speculativen Probleme der Wissenschaft,
Lösung ihn beschäftigte, sondern in den Vordergrund
i ihm die Lehre von der Pflicht, die in dem reinen,
n System nur eine sehr untergeordnete Stelle ein-
[39]). Gegen den Geist des echten Stoicismus trennte er die theoretische Tugend von der praktischen[40]), und hielt die Tugend nicht mehr allein für hinreichend zur Glückseligkeit[41]). Den aus einer tiefen Weltanschauung hervorgegangenen stoischen Satz, daß das Leben des Einzelnen eins werden müsse mit dem Leben der Natur, drückte er sehr oberflächlich so aus, daß man nach den von der Natur uns gegebenen Antrieben leben müsse[42]), und indem er annahm, daß das gemeinsame Ziel aller Tugenden die Glückseligkeit sei, und so die Tugend nicht mehr als Selbstzweck setzte[43]), näherte er sich dem Eudämonismus der spätern Peripatetiker. Die Apathie und starre Gleichgültigkeit des Stoicismus gegen Alles, was von Außen her auf den Menschen einwirkt, verwarf er als unnatürliche Affectation[44]). Von seiner in drei Büchern dargestellten Pflichtenlehre ist uns das Wesentlichste in dem gleichnamigen Werke des Cicero aufbehalten, wiewol wir uns den Cicero keineswegs als bloßen Übersetzer des Panätios denken dürfen[45]). Die unwissenschaftliche, rein empirische Haltung jener Schrift sehen wir theils aus dem Mangel einer philosophischen Feststellung des Begriffes der Pflicht[46]) und der übrigen ethischen Grundbegriffe, theils aus dem ganzen Gange der Abhandlung, welche am liebsten bei den geselligen Pflichten verweilte und, wie es dem praktisch tüchtigen Sinne der Römer am meisten zusagte, alle Tugenden zunächst aus dem staatlichen und rechtlichen Gesichtspunkte betrachtete. Daher trennte Panätios auch, wenigstens äußerlich, die Begriffe des Guten und Nützlichen, wiewol er nicht so weit ging, eine innere Verschiedenheit beider Begriffe anzunehmen, sondern sich hierin nur der herrschenden Ausdrucksweise anbequemte; denn daß das Gute immer und allein nützlich sei und umgekehrt, das erkannte er wohl[47]); doch scheint er auf die tiefere Vermittelung jener Begriffe,

) D. L. VII, 41. Er und sein Schüler Poseidonios fingen
erricht in der Philosophie mit der Physik an, wahrschein-
l ihnen diese als das sinnlich Gewisseste erschien. 33)
VII, 149. Ac. pr. II, 33. De Divin. I, 3: A Stoicis
avit. Paus. c. 7. Da die Mantik der Stoiker genau mit
hicksalstheorie zusammenhing und auf dem allgemeinen Nexus
rlichen Dinge beruhte, so hob Panätios allerdings ein we-
s Moment ihrer Lehre auf, weshalb auch Poseidonios, der
pt sich wieder mehr der physikalischen Richtung zuwandte,
einen Lehrer verließ; D. L. l. l. Div. I, 30. II, 15 u. a.
r. I, 42: Unus e Stoicis astrologorum praedicta rejecit.
sc. I, 32, wo er für die Sterblichkeit der Seele die beiden
rflächlichen Gründe anführt, daß die Seele, gleich dem Kör-
milienähnlichkeiten zeige, also geboren sei, und deshalb auch
hen müsse; dann, daß sie, wie der Leib, Krankheiten ausge-
, also sterben müsse. Freilich war auch die Unsterblichkeit
igen Stoiker nur eine sehr dürftige, denn sie sollte blos bis
ltverbrennung dauern (D. L. VII, 157, wo dies als Mei-
es Kleanthes angeführt wird) und selbst dies wurde von Chry-
cht aristokratisch auf die Seele der Weisen beschränkt. Nur
ltseele war unvergänglich. Interessant ist es, wie sehr sich
ürlich grade und einfache Sinn der Römer, selbst wenn sie
ikur oder der Stoa anhingen, gegen die Irrlehre von der
hkeit der Seele sträubte. 36) D. L. VII, 142. Nat.
I, 46. Schwerlich lag indessen jener Ansicht des Panaitios
erer, speculativer Gedanke zum Grunde. Schon Zenon von
hatte die ἐκπύρωσις bezweifelt; s. Euseb. praep. evang.
7. 37) Tusc. I, 18. 38) Nemes. de natura hominis.
p. 212. ed. Matthaei). Dagegen nahmen die übrigen Stoi-
ht Seelenkräfte an, nämlich außer den fünf Sinnen, das
gsvermögen, das Vermögen der Rede, das Denkvermögen;
VII, 157. 39) Die Pflicht stellte nämlich die Tugend in
zelnen Beziehungen des gesellschaftlichen Lebens dar und ent-
so der vierten Kategorie des Chrysippos, dem πρός τί πως ἔχον; Petersen p. 286 sq. Auch Poseidonios schrieb über die Pflicht; D. L. I, 129 und häufig.

40) D. L. VII, 92. 41) D. L. VII, 128. Hierin folgte ihm Poseidonios. Auch wird er die relativen Güter oder die ἀδιάφορα, welche Poseidonios, nach D. L. 103, von dem Begriff des Gutes nicht ausschloß, wol nicht anders angesehen haben, worin ihm schon Diogenes von Babylon vorangegangen war; Cic. de fin. III, 10. 42) Clem. Alex. stromata, II, 179. Sylb.: Τὸ ζῆν κατὰ τὰς δεδομένας ἡμῖν ἐκ φύσεως ἀφορμάς. Dagegen enthielt der echt stoische Satz: Τὸ ὁμολογουμένως τῇ φύσει ζῆν, die Foderung, daß das Individuum zur Einheit mit dem allgemeinen Naturgesetze zurückkehre; D. L. VII, 88. 43) Stob. ecl. eth. p. 114, wo es heißt, daß alle Tugenden nach dem gemeinsamen Ziele der Glückseligkeit hinstreben, also doch noch nicht selbst in sich die Glückseligkeit enthalten. 44) Fin. IV, 23. Gell. XII, 5. Panaetii gravis atque docti viri judicio improbata rejectaque est ἀναλγησία et ἀπάθεια. Daß er aber in seinem Leben, besonders in der ruhig heitern Ertragung des Unglücks, den Grundsätzen seiner Schule treu blieb, berichtet Plut. de cohibenda ira. p. 463. 45) Off. III, 2. Quem nos correctione quadam adhibita, potissimum secuti sumus. 46) Off. I, 3. Doch mag Panätios die Definition in andern Schriften gegeben haben; ohnehin stand ja der Sprachgebrauch der Stoiker fest, wonach die relative Pflicht, die im engern Sinne καθῆκον genannt wurde und sich mehr auf die Mannichfaltigkeit der geselligen Verhältnisse bezog, der vollkommenen Pflicht, dem κατόρθωμα, die mit der Tugend eins war und absoluten Werth hatte, gegenüberstand; ebendas. und fin. III, 14. 47) Off. III, 7: Non utilia cum honestis pugnare aliquando

wie sie in den Sokratischen Schulen versucht war, nirgends zurückgegangen zu sein[47]). Nach jener Methode behandelte er nun im ersten Buche seiner Schrift die Lehre vom Guten, insofern es durch die Pflicht realisirt werden soll, wobei er das absolut Gute von den relativen Gütern unterschied[48]), und leitete dann die Pflichten aus den vier bekannten Hauptformen des Guten ab, die er indessen ebenfalls nur aus einem niedern Standpunkte aufgefaßt zu haben scheint, indem er die Weisheit mehr als Klugheit oder gelehrtes Wissen, die Tapferkeit nicht als Selbstverläugnung, im echt stoischen Sinn, sondern als rein kriegerische und gesellige Tugend, als Beschützerin des Rechtes[50]), die Gerechtigkeit, zu der er auch die Liberalität im ganzen Umfange des Wortes rechnete, als Staatskunst, die Mäßigung endlich als Beschränkung des Einzelnen auf die ihm durch Anlage und Stand angewiesene Sphäre und als Vermeidung öffentlichen Anstoßes ansah, wobei er denn dem πρέπον (decorum) einen sehr bedeutenden Platz anwies[51]). In den folgenden Theilen seines Werkes stellte er das Nützliche dar, als die andere Seite des Guten, und wie er im ersten Buche das Wesen der Pflichten aus dem Begriffe des sittlich Guten zu deduciren gesucht hatte, so beschrieb er hier das pflichtmäßige Verhalten in den einzelnen Verhältnissen und Verwickelungen des geselligen Lebens, insofern dasselbe zur Förderung von eigenen oder Staatszwecken beiträgt, und stellte die verschiedenen Lebenskreise dar, welche auf gegenseitigen Verpflichtungen, auf Liebe und Vertrauen beruhen, womit er denn, ganz im römischen Sinne, sogleich in die Sphäre der Politik überging[52]). Doch ging er dabei nicht, wie Andere, in ein so geistloses Detail, daß er auch die Lehre von dem Gelderwerb und von der Sorge

posse dixit, sed ea, quae viderentur utilia. Nihil vero utile, quod non idem honestum, nihil honestum, quod non idem utile sit, saepe testatur.

48) Obgleich Fin. II, 14 das honestum als das seiner selbst wegen Wünschenswerthe nach den Stoikern bestimmt wird, so wird doch in dem ganzen Gange der Schrift von den Pflichten das Gute immer mit vorherrschender Rücksicht auf den Erfolg angesehen, wodurch denn das Gute selbst zu etwas Relativem wird, wie das Nützliche, und der zwischen beiden Begriffen nicht selten eintretende Widerspruch als ein nichtiger zwar behauptet, aber nicht nachgewiesen wird. 49) Off. I, 3. Die weitere Auseinansetzung in den Büchern de fin. b. et m. 50) Über die φρόνησις, die sehr kurz und oberflächlich abgefertigt wird, s. off. I, 6. Über die Tapferkeit I, 19—26, wo c. 19 als Definition der Stoiker angegeben wird: virtus propugnans pro aequitate, was gewiß die spätere, populäre Fassung des Begriffes ist. — Hierhin gehört auch das schöne Fragment bei *Gell.* XIII, 27, worin es heißt, daß der Weise stets, gleich dem Ringer, gegen alles Unrecht gerüstet sein müsse. 51) Über die Gerechtigkeit I, 7—18. Über die Mäßigkeit, wo er das πρέπον als Hauptbegriff aufstellte, I, 27—45. Hierhin gehört auch der in der stoischen Moral so wichtige Abschnitt von der εὐταξία und εὐκαιρία, I, 40. Die Anwendung der Tugenden auf das Staatsleben, wie sie hier durchgeführt ist, hat allerdings eine äußere Ähnlichkeit mit den Ansichten Platon's in der Republik, doch fehlt der lebendige Organismus des Platonischen Systems, der die Erscheinung der Sittlichkeit nie von ihrem innersten Wesen trennte. 52) Off. II, 1—24. Haec officiorum genera, quae pertinent ad vitae cultum et ad earum rerum, quibus utuntur homines, facultatem, ad opes, ad copias. Vergl. die das Staatsleben so hoch stellende Äußerung des Panätios, off. II, 5.

für die Gesundheit behandelt hätte, die er, wie billig, Wechslern und Ärzten überließ[53]). Wie sehr er übri ein Freund des materiell Nützlichen war, sehen wir aus, daß er die gemeinnützigen Bauten, wie Wass tungen rc., solchen Werken vorzog, die, wie Tempel, lengänge rc., auch einen künstlerischen Zweck hätte Darauf wollte er noch von dem Conflict handeln, in chem das Gute oft mit dem Nützlichen zu stehen sch und die Grundsätze zur Lösung dieses Conflictes auff wobei er besonders den Satz hätte durchführen m daß das Nützliche dem Guten nie widersprechen kö doch ist er dem Publicum diesen letzten Theil schuldig blieben, und nach ihm wagte keiner ein so vortreffli Werk fortzusetzen[55]). Wenn Cicero bei Panätios die Lösung der Fragen vermißt, was bei dem Co zweier Tugenden als höhere Tugend oder bei dem flict zweier nützlicher Dinge als das Nützlichere an hen sei[56]), so können wir dem Philosophen wol zutr daß er jene Fragen mit Absicht als völlig nutzlos Seite schob, da ein Streit zwischen Tugenden dem griff der Tugend widerspricht, Abwägung des Nu aber nicht mehr in das Gebiet der Ethik fallen kann.

Außer dem Hauptwerk περὶ καθήκοντος schrie noch viele andere Schriften, theils philosophischen, nam lich ethischen, theils kritisch-historischen Inhalts. So mehrmals einer an Q. Tubero gerichteten Trostsch De dolore patiendo erwähnt, die er nach dem Vor der Schrift des Krantor περὶ πένθους scheint verfaß haben[57]). Auch hat er über Staatsregierung[58]) und den guten Muth[59]) geschrieben. Seine Ansichten Mantik führte er in einer Schrift über die Vorse durch[60]). Ein größeres Werk περὶ αἱρέσεων scheint Art von kritischer Literaturgeschichte der Philosophie g sen zu sein, und, wie aus den Urtheilen über Pla sche[61]) und andere Schriften[62]) hervorgeht, in verdie Ansehen gestanden zu haben.

53) Off. II, 24. Der Stoiker Antipater von Tyrus ha unserm Philosophen zum Vorwurfe gemacht, daß er diese P übergangen habe. 54) Off. II, 17. 55) Off. III, 2. die Vortrefflichkeit des Werkes von der Beendigung desselben z geschreckt habe, grade wie Niemand ein Werk des Apelles fo setzen wage, dies war das Urtheil des Rutilius Rufus. geht in dem dritten Buche seiner Schrift ganz seinen eigenen was man auch schon aus dem noch mehr, wie früher, vorherr den juristischen Standpunkte sieht. 56) I, 3, 43. II, 88. Fin. IV, 9. Wahrscheinlich ist der Tusc. IV, 2 erwähnte an Q. Tubero von jener Schrift nicht verschieden. Ob die T schrift sich auf den Tod des Africanus bezogen habe, müssen dahingestellt sein lassen. Ac. pr. II, 44, nennt er die Schrif Krantor Aureolus et ad verbum ediscendus libellus. Wahrscheinlich περὶ ἀρχῶν, leg. III, 6. 59) Περὶ εὐθυμ D. L. IX, 20. Was dort aus jener Schrift mitgetheilt macht uns wahrscheinlich, daß jene Schrift nicht verschieden von der vorher erwähnten Trostschrift. 60) Div. I, 3. D. L. II, 87. D. L. II, 64 wird sein Urtheil über die Ech der Platonischen Dialoge, III, 37 über den Anfang der Rep und dessen vielfache Umarbeitung durch Platon angeführt. Ob die Urtheile über Sokrates (*Athen.* XIII, 1. *Plut.* Arist. und Demosthenes (*Plut.* Demosth. c. 13) aus jenem größern genommen sind, ist nicht klar; daß indessen Panätios, wie die lehrte Bildung jener Zeit es mit sich brachte, auch über gerin

Wenn Suidas noch einen ältern, ebenfalls sehr bedeutenden und als fruchtbarer Schriftsteller bekannten Philosophen Panätios annimmt, so mag dies auf Irrthum oder Conjectur beruhen, denn nirgends finden wir von diesem eine Spur, am wenigsten bei Cicero, der doch gewiß nicht unterlassen haben würde, unsern Philosophen von jenem frühern Namensvetter zu unterscheiden. (*Steinhart.*)

Außer dem berühmten Philosophen Panätios werden noch andere dieses Namens genannt, z. B. wird bei Aristophanes (Eq. v. 242) ein Panätios erwähnt, der nach den Schol. Reiteroberst war; eine komische Anspielung in den Vögeln (v. 440) bezieht der Schol. auf einen auch in der Komödie „die Inseln" verspotteten Panätios, welcher der Sohn eines Kochs oder selbst ein Koch und Schwertmacher war, wegen seiner Verschmitztheit den Spitznamen „Affe" erhielt; klein von Statur hatte er eine große Frau, die ihn zum Hahnrei machte, und auch sonst übel behandelte, bis er sich durch ein famos gewordenes Pactum vor ihren Handgreiflichkeiten schützte. Einen Panätios, der sich in Leontium durch demagogische Mittel, indem er die Armen gegen die Reichen hetzte, eine ungesetzliche Alleinherrschaft verschaffte, erwähnt Polyän (V, 47). (*H.*)

PANAETOLIA, PANAETOLIKA, PANAETOLIKON, PANAETOLIKOS. Die Ätoler, welche schon vor Troja unter einem Feldherrn erschienen (vergl. Il. II, 638 sq. XIII, 217), bildeten sehr früh einen Bund, ein *κοινὸν τῶν Αἰτωλῶν* (*Paus.* VI, 14, 5), und gemeinsames Handeln der Ätoler wird sehr früh erwähnt; aber eine dauerhafte Verbindung derselben mit großer politischer Bedeutung beginnt erst mit den Kriegen der Nachfolger Alexander's. Die Versammlung des Bundes, die zuweilen in Thermum, zuweilen in Naupactus gehalten wurde, hieß Panaetolia oder auch Panaetolica; der Anfang einer ätolischen Inschrift, in der die Ätoler den Tejern Asylie bewilligen, lautet: *Στραταγέοντος Ἀλεξάνδρου Καλυδωνίου, Παναιτωλικοῖς* (C. I. Gr. n. 3046). *Liv.* XXXI, 29: Concilium Aetolorum statuta die, quod Panaetolium vocant. Ib. 32: In Panaetolico et Pylaico concilio. XXXV, 32: Panaetolicum concilium. Plinius nennt auch einen Berg Panaetolium (IV, 2, 3), vermuthlich in der Nähe von Thermum. Ein Feldherr des Namens Panaetolus wird bei Polybius erwähnt (V, 61 sq. X, 49). (*H.*)

PANAGAEUS *Latreille* (Insecta), Käfergattung, aus der Familie Carabici und der Gruppe Licinini mit folgenden Kennzeichen: Das Kinn in der Mitte mit einem ausgerandeten Zahne; die Zunge ist klein, an der Spitze gestutzt, fast ohne Paraglossen; die Palpen haben das letzte Glied stark beilförmig, das zweite Glied der Maxillarpalpen ist verlängert; die Oberlippe ist gestutzt, beim Männchen sind die beiden ersten Tarsenglieder erweitert. Der Kopf ist klein, hinter den Augen eingeschnürt; die Augen springen meist sehr vor, die fadenförmigen Fühler haben kaum die Länge des Körpers, die Mandibeln sind hornartig, kurz, innen ohne Zähne, die Maxillen sind häutig, gebogen, spitzig, innen gefranzt; die innern Maxillarpalpen bestehen aus zwei Gliedern, die fast cylindrisch und gebogen sind; die äußern haben vier Glieder, von denen das erste sehr kurz, das zweite dreimal länger, das dritte kurz, das vierte länger als das dritte und beilförmig ist; die Labialpalpen bestehen aus drei Gliedern, das erste kurz, das zweite dreimal länger, das dritte kürzer als das zweite und stark beilförmig. Der Thorax ist mehr oder weniger gerundet, stark punktirt, die Flügeldecken sind etwas gewölbt, fast parallel und ziemlich lang bei den kleinern Arten, mehr gewölbt, oval und fast kugelig, bei den größern, die Vorderschienen sind stark ausgerandet, die Tarsen bestehen aus ziemlich langen, cylindrischen, oder schwach dreieckigen Gliedern, bei den Männchen, wie erwähnt, erweitert. Überhaupt aber zeichnen sich die dieser Gattung angehörigen Käfer durch ihren Habitus leicht von andern aus. Sie leben in Europa, Asien, Afrika und Amerika. Als Typus mag gelten:

P. Crux major *Linné* (Sturm, Teutschlands Insekten. III. t. 73. a. A. —) Schwarz, mit abstehender Behaarung dicht bekleidet, der Thorax ist viel breiter als lang, nur an den Seiten gerundet, vorn und hinten gerade abgeschnitten, dicht und grob punktirt. Die Flügeldecken, mit zwei rothen Binden, sind stark punktirt gestreift, die Zwischenräume punktirt; die zwei Binden, besonders die vordere, sind viel breiter als das schwarze Kreuz zwischen ihnen; beide reichen bis an den Außenrand und werden durch die schmale Naht unterbrochen. Findet sich, doch nicht häufig am Rande von Sümpfen, unter Moos an Baumwurzeln, namentlich der Pappeln. (D. *Thon.*)

PANAGIA, in der griechischen Kirche so viel als das geweihte Abendmahlbrod, und Panagiarion der Behälter, in dem es bewahrt wird, was sonst auch *κιβώριον, ἀρτοφόριον* (ciborium) heißt. Im Abendlande entspricht demselben die sogenannte Monstranz (in welcher die Hostie liegt), welche man in dem tabernaculum (Sacramentshäuschen) bewahrt. (*Rheinwald.*)

Panagioti, s. Panagottis.

PANAGRA, eine gätulische Stadt in Afrika, nahe am See Libya, in der Gegend des Flusses Nigir, in welche Ptolemäus diese und mehre andere großentheils unbekannte Städte setzt. Man kann dieselbe mit ziemlicher Sicherheit für die Stadt Semagba des Edrisi halten, da dieser dieselbe ebenfalls an einen See, auf die Ostseite der Landschaft Bankara verlegt, und von Tirka am westlichen Ende der Landschaft 300 Milliarien oder 20 Tagereisen entfernt. Ptolemäus gibt als Distanz zwischen beiden Orten 70 geogr. Meilen an. *Cellar.* orb. ant. Lib. IV, 8. Vol. II, 218. Mannert 10. Th. 2. Abth. S. 571. Sickler 2. Th. S. 658. 2. Ausg. (*Krause.*)

PANA-ITAN, diesen Namen führt ein niedriges, mit Bäumen bestandenes Eiland in der Sundastraße, welches durch die Behoudenpassage von der Insel Java getrennt wird. Obgleich es mehr als zwei Meilen im Umfange hat, ist es doch erst und zwar vielleicht aus

Sachen schrieb, sehen wir aus der bei Plutarch (Arist. c. 1) erwähnten Schrift *περὶ τρίποδος*. Ein anderes literarhistorisches Urtheil s. *Plut.* Cim. c. 4.

Mangel an süßem Wasser kaum etwas über hundert Jahre bewohnt, indem der Fischfang Veranlassung zur Anlegung eines Dorfes an der Casuarbai, Namens Samabang, gegeben hat. Übrigens führt dieses Eiland auch die Namen Pulo (d. h. Insel) Seiland und Prinzeneiland. (*Fischer.*)

PANAJOTTIS, PANAGIOTTIS, auch PANAGIOTABIS, PANAJOTABIS, aus Constantinopel, macht in der Geschichte des Osmanischen Reiches insofern Epoche, als er der erste Grieche war, welcher vom J. 1660 an bis 1681 das Amt eines Pfortendolmetschers bekleidete, und nach welchem, zu Folge der in der neugriechischen Zeitschrift: *Ἑρμῆς ὁ λόγιος*, 1818, S. 298 fg. befindlichen Angabe ihrer Reihenfolge bis zum Ende des 18. Jahrh. auch ferner nur Griechen dasselbe bekleidet haben. Über die Wichtigkeit dieses Amtes an und für sich, und über dessen Einfluß auf die öffentlichen Zustände der griechischen Nation im Osmanischen Reiche, sowie über seinen Zusammenhang mit der Classe und dem ganzen politischen Systeme der Phanarioten, vergl. man das in dem Art. Oberdolmetscher (III, 1. S. 60 fg.) und Phanarioten selbst Gesagte. Die ausgebreiteten Kenntnisse des Panajottis, besonders auch in Betreff des Griechischen, Lateinischen, Italienischen und der orientalischen Sprachen, erhoben ihn zu jener Stelle, auf welcher er unter andern, da er seinen Gönner, den Großvezier Köprili Mehmed Pascha, bei der Unternehmung gegen Kandia begleitete, die Einwohner dieser Insel vor der Wuth der durch einen hartnäckigen Widerstand erbitterten Osmanen zu schützen wußte. Sein unmittelbarer Nachfolger in dem Pfortendolmetscher-Amte, den er selbst dazu vorgeschlagen hatte, war der durch seine besonders Theilnahme an dem Friedensschlusse von Carlowitz im J. 1699 und auch sonst als ausgezeichneter Diplomat bekannte Alexander Mavrokordatos. (*Kind.*)

PANAKEIA, Allheilerin, bei den Griechen Name 1) einer namentlich in der attisch-böotischen Grenzstadt Oropus verehrten Göttin (*Paus.* I, 34), deren auch im Hippokratischen Eide gedacht wird; die Dichter machten sie zu einer Tochter des Äskulap. *Plin.* N. H. XXV. 11, 4. (Asclepios) Filiam Panaceam appellavit; 2) Bezeichnung eines Heilkrautes (*Plin.* XXV, 4. *Virg.* Aen. XII, 419. *Callimach.* h. in Apollin. 40); 3) Ausdruck für Universalarznei. (*H.*)

Panakes, s. Panat.

PANAKMEOS oder PANAKMES, ein von Aristides Quintilianus (praef. de musica) angeführter Pythagoreer: *Μαρτυρεῖ δέ μοι καὶ θεῖος λόγος ἀνδρὸς σοφοῦ Πανάκμεω τοῦ Πυθαγορείου.* (*H.*)

PANAKRA, bei Kallimachus (Hymn. in Jov. 51) Bezeichnung der Höhen auf Kreta, namentlich des Ida; Panakron, Stadt auf Cypern (*Steph. Byz.* s. v. *Tzschucke* ad *Mel.* II, 2. p. 548). (*H.*)

PANAKTON, alter Name eines befestigten Orts an der böotisch-attischen Grenze, der Anfangs böotisch, zur Zeit des peloponnesischen Krieges im Besitze der Athener war, im 10. Jahre dieses Krieges von den Böotern erobert und zerstört wurde, dann wieder in die Hände der Athener kam, denen die Böoter es etwa Ol. 108 wieder abzunehmen suchten (Müller, Orchomen. 411. *Poppo*, Prolegom. in Thuc. II. p. 261). Thucydides nennt den Ort als Neutrum *Πάνακτον*, Menander behandelt ihn als Masculinum *Πάνακτος*. Vergl. die Lexikogr. i. W. (*H.*)

PANAMÁ. Die Landenge von Panamá bildet unter dem Namen Istmo ein Departement von Colombien, das, seit der Auflösung dieser Republik zu Neu-Granada gehörend, sich von dem Meridian von 77° — 81° w. Greenw. erstreckt. Die Breite der Landenge nimmt nach beiden Enden hin zu, beträgt aber auch an der schmalsten Stelle (Mandingobai — Mündung des Rio Chepe) noch gegen sieben geogr. Meilen[1]). — Physische Geographie. Die Cordillera setzt sich zwar durch den Isthmus fort, und selbst ihre Theilung in zwei parallele Züge, wie in Peru und Quito, tritt an manchen Orten noch hervor; allein sie ist nur von verhältnißmäßig unbedeutender Höhe, und wird außerdem an zwei Orten unterbrochen, einmal zwischen Chagres und Chorera, wo sich ein Flachland ausbreitet, und dann in den östlichen Gegenden der Provinz Veragua, wo die Kette sich in zahlreiche, 3—400′ hohe, kegelförmige, über eine Ebene unverbunden zerstreute Hügel auflöst. Eine dritte verläuft im westlichen Theile der Provinz Panamá gegenüber der Mandingobai. Die Provinz Darien ist in ihrer größern Ausdehnung flach oder doch nur von schmalen, wenn auch sehr steilen Hügelreihen durchzogen, denn diese waren es, welche dem Nuñez de Balboa bei seinem Versuche, die einzelnen Stücke einiger im Golf von Darien gezimmerten Schiffe nach der Südsee zu schaffen, fast unüberwindliche Hindernisse entgegenstellten. In der Nähe von Panamá sind (nach Lloyd) die Berge nicht über 1000—1100 Fuß hoch; östlich von Portobelo erheben sie sich viel mehr, sind steiler und mit jenem undurchdringlichen Walde bedeckt, der einst die Eroberung des Landes so ungemein erschwerte, indem er die rasche Bewegung der Spanier verhinderte, den sehr kriegerischen Eingebornen aber zu natürlichen Festungen diente. Ein außerordentlich fruchtbarer Boden von großer Mächtigkeit bedeckt den vorherrschenden Kalksteinfels, der auf der Nordseite gemeiniglich aus Korallenfels besteht, und also in dieser Hinsicht ziemlich dieselbe Bildung wie im westlichern Cuba darbietet, auch sowie dort nur erst nach längerer Aussetzung an der Luft hinreichende Härte zur Bearbeitung als Baumaterial erlangt. An den Ufern des Flusses Gatun soll Trapp und Porphyr vorkommen. Der Reichthum an Flüssen ist außerordentlich groß, und namentlich in der Regenzeit ein bedeutendes Hinderniß der Verbindung, indem dann jeder unbedeutende Bach anschwillt und in dem Flachlande, besonders in der Nähe der niedrigen Küsten, ausgedehnte Sümpfe und Landseen entstehen, in denen zur Zeit der Eroberung sehr viele Spanier umkamen. Viele jener Flüsse trocknen in der regenloseren Zeit völlig

1) Bemerkungen über den Isthmus von Panamá, v. J. A. Lloyd, teutsch in den Ausgewählten Schriften d. k. geogr. Ges. zu London von Berghaus (Berlin 1834. I. S. 164 fg.) sind als neueste und zuverlässigste Quellen zu betrachten.

ein, während andere nur an ihrer Mündung für die Binnenschiffahrt benutzbar sind, indem Stromschnellen und Fälle weiter hinauf ihren Lauf unterbrechen. Nach Lloyd sind nur folgende von Bedeutung: auf der Nordseite der Chagres, Pequeni, Trinidad und Gatun, die sich alle vereinigen und einen Fluß bildend das Meer erreichen, auf der Südseite der Rio grande, der Caymito oder Chorera, der Pacora, Indio und Ballana oder Chepo. In der Provinz Darien sind kleine, aber meistentheils träge und sehr tiefe Flüsse noch zahlreicher; besondere Nennung unter ihnen verdienen der in der Eroberungsgeschichte berühmte Rio de la balsa, und der Rio de Congos, welche beide in die Südsee ausmünden und der Rio grande auf der Westseite des Golfs von Darien del Norte oder Urabá. Der Chagres (Rio de los Lagartos bei Herrera) wurde schon in der ersten Zeit der Eroberung untersucht [2]) und das der Eröffnung eines Handelsweges sehr günstige Resultat dem Könige vorgelegt, der sich aber die Entscheidung auf die Zukunft vorbehielt. Jener Fluß entspringt zwischen hohen Gebirgen östlich von Portobelo, nimmt diesem Orte gegenüber den Pequeni auf, ist in seinem höhern Gebiete nur mit Gefahr zu beschiffen, strömt bei dem Binnenhafen Cruzes (23 engl. Meilen in gerader Linie vom Meere) 3—3½ Knoten, wird je näher der Mündung immer langsamer, soll aber die herrlichsten Uferlandschaften darbieten. Er wimmelt von Krokodilen, die, wenigstens ehedem, bis zur Länge von 25 span. Fuß gefunden wurden, und ist fischreich. In der Regenzeit vermag er in kurzer Zeit um mehre Klaftern zu steigen. Unter seinen Confluenten ist der Rio Gatun, welcher östlich von Portobelo entspringt, durch seine Breite (200—380 engl. Fuß) und Tiefe (22—26 engl. Fuß) merkwürdig. Der Rio grande, welcher zwei engl. Meilen von Panamá entfernt sich ausmündet, wird durch eine Barre versperrt, und erweckte einst großes Interesse, indem man glaubte, ihn mit dem sich sehr nähernden Rio del Opispo, einem Arme des Chagres, mittels eines Kanals verbinden zu können. Die im Osten von Panamá nach der Südsee strömenden Flüsse sind an ihren Mündungen den Seeschiffen meistens unzugänglich, obwol an sich von bedeutender Größe; nur der in Darien entspringende Rio Ballano oder Chepo macht eine Ausnahme. Landseen von anderer als periodischer Art kennt man nicht, aber ganze Striche sind versumpft und daher höchst ungesund. Entlang beiden Küsten des Isthmus sind gute Häfen zu finden, jedoch scheinen sie häufiger auf der Südseite zu sein. Der Hafen von Panamá ist durch eine Menge von Inseln geschützt, die in geringer Entfernung vom Lande liegen, guten Ankergrund und reines Wasser darbieten, doch soll die Einfahrt nicht ganz gefahrlos sein. Sichere Ankerplätze bieten in der Mitte des periodenweise gewaltig stürmischen Golfs die Perleninseln, an seinem westlichen Gestade die Bucht von Natá und der Golf von Paritá. An der Nordseite ist der besuchteste Hafen die Bahia de Limones (Navybai der Engländer, Puerto de Naos älterer spanischer Karten [3]) ungefähr fünf geogr. Meil. östlich von Chagres gelegen, welche nach Norden offen eine fünf engl. Meilen breite Mündung besitzt, ohne alle Gefahr zu erreichen ist und im Innern viele sehr bequeme Ankerplätze und Gelegenheit zum Kielholen und Ausbessern der Schiffe bietet. Der Hafen von Chagres besteht in der Mündung des gleichnamigen Flusses, ist aber klein und sehr ungesund. Der Hafen von Portobelo ist vortrefflich, allein das Klima so ungesund, daß zu keiner Zeit die Bevölkerung den pestartigen Krankheiten zu widerstehen vermocht hat, und außerdem erstreckt sich an der Mündung eine Felsenbank von Land zu Lande, über deren Brandung zu gewissen Zeiten kein Schiff zu kommen vermöchte. Die Bai von Mandinga ist zehn span. Leguas breit, sicher und schön, und in allen Richtungen von kleinen Inseln bedeckt, jedoch nur von kleinen Küstenfahrern besucht [4]). Das Klima des Isthmus und der nahe gelegenen Provinzen gleicht dem der westindischen Inseln fast in allen Stücken. Man kennt nur den Wechsel zwischen einer trockenen und einer Regenzeit, welche letztere man mit dem Namen des Winters belegt. Da die Ergießungen vom April bis December dauern, so erreicht die Menge des fallenden Wassers wahrscheinlich das höchste irgendwo bekannte Maß. Die Lage zwischen zwei Meeren und die Menge waldbedeckter, als Condensatoren wirkender Berge genügt, um jenes Phänomen zu erklären. Wo die größere Cultur die Wälder sehr gelichtet hat, sind auch die Regen weit seltener geworden; Gewitter der größten Heftigkeit treten fast täglich ein. Je enger von Bergen umgeben ein Ort ist, um so häufiger sind die Regen, aber um so drückender auch die durch keinen Luftstrom verminderte Hitze, die sich z. B. in Portobelo am Tage auf 24—27° R., des Nachts auf 22—25° R. erhebt. Daß durch diese verbundenen Einwirkungen die Fäulniß einer großen Menge vegetabilischer Reste herbeigeführt, die Atmosphäre fast irrespirabel gemacht und die furchtbarsten Epidemien erzeugt werden müssen, ist leicht vorauszusetzen und wird durch die Geschichte jenes Landes bewiesen. Innerhalb der ersten 28 Jahre nach der Eroberung Peru's starben in Nombre de Dios und Panamá 40,000 Menschen an den klimatischen Krankheiten [5]), und Portobelo ist von jeher das Grab der Europäer gewesen, berüchtigter noch als Veracruz, Havana und Cartagena. Admiral Vernon's Expedition wurde nach der Einnahme dieses Ortes (1742) fast aufgerieben und zum Rückzuge gezwungen. Man glaubt jedoch, daß durch verständiges Verhalten, besonders durch Vermeidung geistiger Getränke, dieser Sterblichkeit vorgebeugt werden könne. Schwarzes Erbrechen wurde als endemisches Übel schon in den ersten Jahren nach der Colonisirung bemerkt. So schädlich nun auch diese Einflüsse dem thierischen Le-

2) Durch die Regidoren von Panamá Capitan Serna, Alvaro del Guijo und Francisco de Gonzalez im J. 1527. Den Bericht über diese Expedition liefert Herrera (D. IV. L. I. c. 9).

3) Berghaus a. a. O. S. 182. Note 1. 4) Die Befahrung des nur vier Leguas langen Flüßchens Mandinga war bei Todesstrafe verboten, indem man durch ihn sehr leicht den Rio Chepo, also die Südsee, erreichen mochte, ein Weg, welchen 1679 die Flibustiers Jan van Harlem, Edw. Bloom und Bart. Sharp genommen hatten. 5) Herrera D. II. L. III. c. 4.

den sein mögen, so vortheilhaft sind sie dem pflanzlichen. Die Fruchtbarkeit ist außerordentlich groß, die Wälder sind reich an noch wenig gekannten Producten; die gewöhnliche Cultur beschäftigt sich aber nur mit den auch in Westindien gewöhnlichen Nahrungspflanzen. Das Thierreich bietet dieselben Plagen aus der Welt der Insekten wie alle gleichartige Gegenden des tropischen Amerika; die Säugethiere sind ohne Zweifel von den am Rio Magdalena hausenden nicht verschieden, doch mag die Ornithologie manches Neue bieten. Fische sind in größten Mengen vorhanden, und Perlenfischerei war die Motive der ersten Colonisirung der südlichen Küste. Bevölkerung. Der Überfluß an Wild in den Wäldern, die Leichtigkeit, mit welcher die gewöhnlichen Nahrungsmittel erbauet werden, verursacht zunächst die fast unheilbare Indolenz der Einwohner, die, wenn sie der höhern oder weißen Classe angehören, fast ohne Unterschied Kleinhandel betreiben und so der Weise ihrer unter ganz andern Umständen lebenden Vorfahren folgen. Moralische Verwilderung, Faulheit und Neigung zur Ausschweifung sind dort ebenso gewöhnliche Ergebnisse des Haltens von Sklaven, des Lebens unter einem glühenden Himmel und der ehemaligen Regierungsweise wie auf den spanischen Antillen. Farbige sind ungemein zahlreich, indem von jeher Vertraulichkeit mit Negersklavinnen für nicht entehrend galt, und der größere Theil der Bewohner der ländlichen Niederlassungen gehört dieser Classe an, die wo möglich noch indolenter als die weiße ist. Die Indier sind durch große Grausamkeiten der Eroberer des 16. Jahrh. sehr ausgerottet worden und gegenwärtig verschmolzen mit der übrigen Bevölkerung; mehre Stämme, namentlich die Mandingas jenseit des Rio Chepo und die Ureinwohner Dariens, haben verstanden, ungeachtet aller blutigen Verfolgungen, ihre Unabhängigkeit zu bewahren, und sind an vielen Orten immer noch gefürchtete Nachbarn. Ihre früheste Geschichte bietet die überall in Amerika sich wiederholenden Spuren gewaltsamer Einbrüche fremder auf der Wanderung begriffener Stämme und blutiger Kämpfe mit ihnen[6]). Sie sollen zum Theil Anthropophagen gewesen sein, besaßen einige Cultur, verstanden die Gewinnung des Goldes aus dem Sande der Flüsse, selbst seine Verarbeitung in grobe Zierathen, kleideten sich in lange baumwollene Mäntel und lebten in Dörfern, abgesondert in zahlreiche, unter Kaziken stehende Stämme. Sie waren sehr kriegerisch und bedienten sich in Darien eines überaus gefürchteten Pfeilgiftes gegen die Spanier; Vielweiberei mit Vorziehung der erstgeheiratheten Frau als des Hauptes der übrigen war bei ihnen gewöhnlich. Die Sage einer Sündfluth fand sich auch bei ihnen vor; Zauberer verrichteten die wenigen religiösen Gebräuche; — bei den Begräbnissen der Kaziken wurden nicht selten die Weiber desselben mit dem Verstorbenen lebendig verscharrt. Die Industrie der gegenwärtigen Bevölkerung ist sehr beschränkt; nur in einigen Cantonen herrscht mehr Beweglichkeit, so z. B. auf den Verbindungswegen zwischen beiden Meeren Der Ackerbau erzeugt keine Gegenstände der größern Ausfuhr, und selbst der im Lande verbrauchte Zucker kommt großentheils aus andern Gegenden Amerika's; indessen ist ziemlich die Hälfte der Einwohner außerhalb der Städte, mit Erbauung ihres eigenen Bedarfs an Lebensmitteln beschäftigt; Mais, Reis, Zuckerrohr, welches blos zur Bereitung von Pfannenzucker benutzt wird, Bananen rc. sind die Gegenstände dieser geringfügigen Agricultur. Viehzucht steht auf einer etwas vollkommenern Stufe und wird durch die Häufigkeit ausgebreiteter und baumloser Savanen mancher Gegenden befördert. Gutabgerichtete Zugochsen gelten 25—30 span. Thlr. das Paar, die kleinen aber abgehärteten Pferde 15—40 span. Thlr. Maulesel sind am meisten in dem unwegsamen Lande geschätzt, und daher ziemlich theuer. Schweine sind selten und stehen im übertrieben hohen Preise. An den Küsten beschäftigt die Fischerei eine große Zahl von Menschen. Die Perlenfischerei wird von einer besondern Classe von Tauchern betrieben, welche bei ihrem ebenso mühseligen als gefährlichen Geschäfte viele Ausdauer und Geschicklichkeit an den Tag legen. Man findet jetzt nicht mehr die große Menge von Perlen, wie ehedem, und der Preis ist oft im Lande selbst höher als in Europa. Die zum Theil durch die englischen Kaufleute von Chile und Peru gegen 1827 errichtete Perlfischercompagnie hat üble Geschäfte gemacht und sich daher aufgelöst. Die Goldbergwerke liegen ganz vernachlässigt darnieder und sind wol nie sehr ernstlich betrieben worden; jene große Menge von Gold, welches im 16. Jahrh. von Panamá kam, war durch Flußwäschen gewonnen. Man betreibt diese letztern zwar noch jetzt, aber nur in Veragua mit einigem Nutzen. Der Handel des Isthmus war, ehe der Weg um Cap Horn und von B. Ayres nach Oberperu gewöhnlich wurde, von höchster Bedeutung, denn Panamá und Portobelo waren die Stapelorte aller zwischen Europa und der Westküste Südamerika's hin- und hergehenden Waaren. Die Handelsmesse des letztern höchst traurigen Ortes dauerte alljährlich 60 Tage und bot durch den Zusammenfluß von Schiffen und Menschen, von Waaren aller Art und von Gold- und Silbertransporten das Bild einer periodischen, aber vielleicht auf der übrigen Welt damals beispiellosen Handelsthätigkeit. Mit dem Aufhören des Handels durch Galeonen verlor der Isthmus ungemein viel, jedoch geht seit der Revolution wieder ein Theil der nach Peru bestimmten Waaren über die Landenge, und belebt, wenn auch an sich unbedeutend, im Verhältnisse zu den Sendungen um Cap Horn, den lange verlassenen Handelsweg. Mit Lima ist die Verbindung gegenwärtig die häufigste, denn Peru bedarf des Bauholzes von Panamá und empfängt einige nordamerikanische Fabricate von Neu-Orleans über den Isthmus. Von Chile gehen jetzt Getreideschiffe nach Panamá und bringen baares Geld oder europäische Waaren zurück. Die Zahl der im Hafen von Chagres im J. 1825 eingelaufenen Schiffe betrug 38, ohne Küstenfahrer und Kriegsschiffe, hatte aber 1828 auf 20 abgenommen. Der Handel auf der Südseite des Isthmus und die Verbindung mit Peru, Guatemala, Chile und Guayaquil ist aber seitdem in Zunahme begriffen. Der Waarentransport über den Isthmus ist ziemlich theuer, denn ein Bal-

6) *Herrera* D. IV. L. I. c. 9.

len kostet von Chagres bis Panamá zehn bis zwölf Dollars. Die Verbindung der atlantischen Küste wird mit Jamaica durch ein britisches Kriegsschiff erhalten, welches jeden Monat segelt, und mit Cartagena durch Regierungsschiffe zweimal im Monate. — *Statistik und politische Geographie.* Das gegenwärtige Departement Istmo zerfällt in die zwei Provinzen Panamá (mit Einschluß von Darien) und Veragua; diese sind wiederum in Cantone getheilt, deren jeder aus einer gewissen Anzahl von Kirchspielen besteht. Die gesammte Bevölkerung betrug nach einem 1822 aufgenommenen, sehr umständlichen, von Lloyd mitgetheilten Census 101,550 Seelen. Hiervon kommen 66,133 Seelen auf die Provinz Panamá (Cantone: Panamá 16,724 S. Santos, 21,348 S. Chorera, 7411 S. Natá, 17,108 S. Portobelo, 2425 S. Darien, 1127 S.), auf die Provinz Veragua 35,367 S. (Cantone: Santjago 14,170 S. La Mesa, 8722 S. Remedios, 5010 S. Alanga, 7465 S.). — Die Zahl der Farbigen und Weißen erscheint ziemlich gleich, was sich aus dem Stolze erklären läßt, mit dem Jeder, wo er irgend kann, seine Ansprüche auf den Namen eines Weißen geltend zu machen sucht. So weit solchen, unter sehr mißlichen Umständen aufgenommenen, Tafeln Vertrauen zu schenken ist, so scheint es, als ob ein auffallendes Misverhältniß zwischen den Männern und weit zahlreichern Frauen herrsche, und als ob die Sterblichkeit (1827) nur ungefähr $\frac{1}{11}$ der ganzen Bevölkerung ausgemacht habe, ein sehr auffallendes Verhältniß in einem vorzugsweise ungesunden Tropenlande. Geburten fanden eine auf 26 Seelen statt, Heirathen eine unter 78 Paaren. Die Durchschnittzahl der Familien betrug fünf, der Überschuß der Geburten ungefähr $1\frac{1}{4}$ pro C. Die Einnahme des Departements betrug 1827 241,683 span. Thlr., die Ausgabe 238,929; die Einnahme des J. 1812 von 746,241 span. Thlrn. beweist, daß Panamá durch die Trennung von Spanien eben nicht gewonnen habe. Vor der Revolution hieß der Isthmus in amtlicher Sprache Reyno de Tierra firma (in dem 16. Jahrh. Castilla del Oro), und umfaßte die Provinzen Darien, Panamá und Veragua; als solches wurde es (seit 1535) von einer (1752 wieder aufgehobenen) Audiencia und einem Präsidenten regiert und war (seit 1533) ein Bisthum. Seit der Vertreibung der Spanier haben die Constitution Colombiens und die übrigen Staatsgesetze dieser Republik im Isthmus volle Gültigkeit besessen. *Topographie.* *Panamá*, gegenwärtig die Hauptstadt und Sitz der Regierung des Departements, 8° 57′ 29″ n. Br., 79° 27′ 15″ w. Greenw. (Malaspina), 79° 18′ 30″ w. Greenw. (Norie), 79° 29′ 52″ w. Greenw. (Bauza), 79° 23′ 22″ w. Greenw. (Oltmanns) liegt auf einer Landzunge, welche weit in das Meer vorspringt. In Entfernung einer halben geogr. Meile lag die im J. 1518 von Pedrarias Davila gegründete, 1670 von Morgan zerstörte, noch jetzt mit dem Namen Alt-Panamá bezeichnete Stadt. Kaiser Karl V. verlieh ihr Rechte und Wappen einer Stadt im J. 1521. Der Plan ist nicht ganz regelmäßig, doch sind die im altspanischen Style aufgeführten Gebäude in parallele Straßen gestellt, die aber wegen ihrer Richtung von Osten nach Westen dem Nachtheile einer zu allen Tageszeiten einfallenden Sonne ausgesetzt sind. Die Befestigungen sind von keiner großen Stärke und unregelmäßig; sie wurden 1680 vom Präsidenten Villacorta angelegt. Die Privathäuser sind meistens von Steinen, und außer einer schönen Kathedrale finden sich noch vier bis fünf zu den aufgehobenen Klöstern gehörende Kirchen. Die sogenannte im J. 1751 gegründete Universität ist seit der Revolution in ein Gymnasium verwandelt worden. Die Gegend ist wohlangebaut und bietet von der Spitze des nahegelegenen 600 Fuß hohen Cerro del Ancon eine sehr malerische Ansicht. An Lebensmitteln herrscht Überfluß, ganz besonders an Fischen und Schalthieren, welche letztere mit Leichtigkeit während der Ebbe, die den Hafen weiter als eine geogr. Viertelmeile trocken legt, aufgesucht werden. Wegen des letztern Umstandes ist der Ankerplatz größerer Fahrzeuge ziemlich eine Meile entlegen. Von dem großen Reichthume früherer Zeiten ist kaum eine Spur übrig. Die Verbindung mit der Nordküste ist trotz der außerordentlich ungangbaren Wege ziemlich lebhaft. Bevölkerung 1822 = 10,730 Seelen. — *Cruces*, am Flusse Chagres gelegen und schon um 1550 begründet, war immer der Landungsort der vom atlantischen Meere kommenden Waaren, erlangte also schon zeitig eine bedeutende Wichtigkeit und Wohlstand, der aber durch die angegebene Veränderung des Handelsweges abnahm. Die Bewohner (1200 Seelen) beschäftigen sich als Botführer und Maulthiertreiber fast ausschließlich mit dem Transport von Waaren und Reisenden. Der große Flecken brannte 1828 ab, wobei englische und amerikanische Häuser bedeutende Verluste an Waaren erlitten, ist aber seitdem, nach Landesart, jedoch aus Holz, wieder aufgebaut worden. *Gorgona*, fünf span. Leguas von Panamá, ein kleines Dorf (549 S.) und *Chorrera*, ein Flecken von 4000 S., westlich von der Hauptstadt, sind wegen ihrer gesunden Luft berühmt. *Santos*, Hauptort des gleichnamigen Cantons, eine Stunde vom Strande der Südsee, zeichnet sich durch Industrie und besonders durch Viehzucht aus, und versorgt die Hauptstadt mit Lebensmitteln. Bevölkerung 4318 Seelen. *Natá*, Hauptort des gleichnamigen Cantons, liegt in einer fruchtbaren Gegend am Golf von Paritá und beschäftigt sich besonders mit Ackerbau, aber auch mit Goldwäschen in den nahen Bergen. Es wurde 1517 angelegt, 1529 von den Indiern zerstört, und erhob sich 1748 in einem gefährlichen Aufruhr gegen die Spanier. Bevölkerung 4262 S. *Portobelo* an einem sehr schönen, 1502 von Columbus entdeckten Hafen (9° 33′ 56″ n. Br. Ulloa; 9° 38′ 5″ Br. Puysegur; 9° 27′ 29″ Br. Lloyd; 79° 37′ 20″ w. Gr. Berghaus; 79° 43′ 15″ w. Gr. Norie). Die fast verlassene Stadt ist zwischen hohen Bergen und Sümpfen gelegen und unglaublich ungesund. Ihre Bevölkerung (1122 S.) besteht fast nur aus Negern und Farbigen. Die ungeheure Menge von Kröten, welche die zerfallenen Straßen nach jedem Regen erfüllen, machten schon ehedem diesen Ort sprüchwörtlich. Die Befestigungen wurden gegen 1601 vom Italiener Antonelli angelegt, mehrfach genommen (Admiral Vernon 1742, vor ihm Morgan 1668 ꝛc.) und 1751 wieder aufgebaut, liegen aber jetzt vernachlässigt. Armuth und Elend herrscht in diesem ehemaligen Sammelorte fabelhafter Reichthümer. Santjago, Hauptort der Provinz Veragua, mit 4586 S., in einer sehr bergigen Gegend und unter einem heißen, ewig regnigen Himmel gelegen, treibt einigen Ackerbau und gewinnt noch jetzt etwas Gold durch Waschen des Flußsandes. Die Bergwerke sind aus Mangel an Mitteln verlassen worden und liegen innerhalb sehr unzugänglicher, durch unabhängige Indierstämme (Doraces, Guaimies, Juries) unsicher gemachter Berge. Von Darien ist wenig bekannt. Ungesundheit des Klima's und Wildheit der Ureinwohner haben immer wieder das Verlassen der Colonien nöthig gemacht. Von den ersten Niederlassungen des 16. Jahrh. Santa Maria el antigua, Acla ꝛc. sind jetzt selbst die Spuren verschwunden.

Geschichte. Columbus hatte durch seine Entdeckung der Costa Firme seinen Nachfolgern den Weg gezeigt. Diesen in der einmal begonnenen Richtung zu verfolgen, war kein großer Unternehmungsgeist und ebenso wenig ausgezeichnetes Talent erfoderlich, und deshalb bietet uns die Entdeckungsgeschichte Panamá's und der Nachbarländer keineswegs die ausgezeichneten Charaktere dar, denen man bei dem Überblicke der historischen Momente der andern Colonien Amerika's so häufig begegnet. Die damals sehr armen Spanier hatten über den Lockungen des amerikanischen Goldes schon im J. 1501 ihre Furcht vor großen Seereisen vergessen [7]). Ein einfacher Bürger von Triana, Rodrigo de Bastidas, rüstete in jenem Jahre zwei Fahrzeuge zur Entdeckungsfahrt aus, ging von Cadiz nach Venezuela, segelte, häufige Landungen machend, der Küste entlang, lief zuerst in den Golf von Darien (damals G. de Urabá genannt) ein, gelangte bis Nombre de Dios und zuletzt mit bedeutenden Schätzen nach Spanien (nach Cadiz September 1502), nicht aber ohne einen Antheil an den bittern Erfahrungen zu erhalten, auf die jeder Eroberer oder Entdecker in jener Zeit der Gesetzlosigkeit, der Goldgier und der Gewalt gefaßt sein mußte. Der berüchtigte Franc. de Bobadilla hielt ihn in St. Domingo eine Zeit lang, und zwar um Gold zu erpressen, gefangen. Alonso de Ojeda war fast gleichzeitig mit Bastidas von Spanien gesegelt, erreichte den Golf von Darien später als sein Vorgänger, von welchem er jedoch keine Kenntniß hatte, erbaute dort ein Fort als Stützpunkt für künftige Eroberungen, wurde aber durch einen Aufruhr seiner Leute zur Rückkehr nach S. Domingo gezwungen. Columbus entdeckte den 2. Nov. 1502 den Hafen von Portobelo, kehrte nach furchtbaren Stürmen [8]) auf seinem östlichen Wege um und entdeckte den Fluß Belen den 6. Jan. 1503. Der Goldreichthum der Indier und die scheinbar günstige Lage veranlaßten den Admiral zur Anlegung des ersten Fleckens in Veragua, wahrscheinlich würde der Erfolg ein besserer gewesen, und Bartolom. Colon, der Befehlshaber der neuen Colonie, nicht zur Ergreifung der Flucht gezwungen worden sein, hätte er nicht durch eine grausame Willkür die Indier aufgereizt. Mit dem Verluste eines Schiffes entkam der Admiral, nachdem er mit vieler Mühe die Ansiedler wieder an Bord genommen hatte. Ferdinand und Isabelle überließen Veragua dem Admiral; mit dem Titel eines Herzogthums (seit 1537) ging die Provinz an die Nachkommen des letztern über, ist jedoch in den spätern Zeiten von der Krone gegen eine jährliche Abfindungssumme wieder eingezogen worden. Ungeachtet dieser Bewilligung verlieh die Regierung 1508 die Provinz Veragua, mit Einschluß Panamá's, zum großen Verdrusse des Admirals, dem Diego de Nicuesa [9]). Zeitig entstanden zwischen diesem und Alonso de Ojeda, welcher mit dem nahen Neu-Andalusien (Prov. Cumana) belehnt worden war, Streitigkeiten wegen der Grenzen, doch hinderten sie den Nicuesa nicht einen seltenen Beweis von Großmuth zu geben. Durch den entschlossenen Widerstand der mit vergifteten Pfeilen kämpfenden Ureinwohner war Ojeda in eine höchst kritische Lage gerathen, aus welcher ihn nur der Beistand seines Nebenbuhlers befreite, der seine Reise späterhin fortsetzend, mit seiner Expedition im Rio Chagres landete. Nichts erfüllte hier die Erwartungen der Abenteurer, Sümpfe, dicke Wälder, Insektenplagen und unversöhnliche Indierhorden erschwerten ihnen jeden Schritt, und die gewaltigen Regen der nassen Jahreszeit erzeugten gar bald gefährliche Krankheiten, denen viele unterlagen. Lope de Olano blieb mit den Schiffen dort zurück, anstatt Nicuesa zu folgen, der in Böten die Küste westlicher untersuchte, um das geträumte Goldland aufzufinden. Traurig war das Loos dieser Entdecker; Hunger quälte sie, und die Natur schien sich gegen sie verschworen zu haben. Mühsam erreichten sie eine wüste Sandinsel, wo selbst das Wasser mangelte, aber ihre Verzweiflung erreichte den höchsten Gipfel, als vier der Seeleute mit dem einzigen Bote entfliehend, sie ihrem Schicksale überließen. Doch suchten diese Olano auf, der inzwischen sich des Oberbefehls zu bemächtigen unternommen, allein von der Schiffsmannschaft gezwungen wurde, Nicuesa abholen zu lassen. Auch hier zeigte dieser, nach dreimonatlichen an das Unglaubliche grenzenden Leiden, endlich gerettet, viele Großmuth, indem er dem Verräther das Leben schenkte. Ungeschwächt an Geist und ungebeugt durch das Schicksal beharrte er in seinem Unternehmen, landete zuletzt und begründete 1510 die späterhin aufgegebene Stadt Nombre de Dios. Von den 785 Mann, aus denen Anfangs die Expedition bestand, waren ihm nur noch 100 übrig, und auch diesen war es beschieden, den Hunger in seiner furchtbarsten Gestalt kennen zu lernen [10]). Auch Ojeda erfuhr ein gleiches Schicksal und vermochte sich kaum gegen die Indier zu schützen. In solchem Zustande befanden sich die spanischen Colonien, als Franc. de Enciso

7) *Herrera* D. I. L. IV. c. 11. 8) ib. D. I. L. V. c. 9. 10. Vergl. auch *Navarrete*, Collecc. diplom. III. a. v. O.

9) Ebendaselbst (D. I. L. VII. c. 7. 15. 16) wird Nicuesa folgenderweise geschildert: „Er stand in Gunst als großer Hofmann und einschmeichelnder Gesellschafter, als Mann von edler Abkunft, von bescheidenem und sanftem Wesen, als guter Reiter, Guitarrespieler und Vorschneider des Don Enrique Enriquez, Onkel des katholischen Königs.“ 10) ib. D. I. L. VIII. c. 3.

in Darien mit einer Expedition erschien, unter welche sich der zu großen Entdeckungen bestimmte Vasco Nuñez de Balboa, ein ehemaliger Begleiter des Bastidas, heimlich eingeschlichen, weil Schulden ihn aus S. Domingo vertrieben. Unruhen entstanden trotz der allgemeinen Noth in Darien wegen des Oberbefehls; Enciso wurde als Usurpator entsetzt. Man sendete nach Nicuesa, dem nur noch 70 Mann übrig geblieben waren, empörte sich aber auch gegen diesen, weil er seinem felsenfesten Charakter getreu den Entschluß, seine Rechte als gesetzlich Belehnter gegen alle Ansiedler von Darien geltend machen zu wollen ausgesprochen hatte. Nicuesa wurde nicht an das Land gelassen; seine Vorstellungen und Bitten waren umsonst, und als er endlich trotz Balboa's freundlicher Warnung die Landung versuchte, ergriff ihn die meistens aus entflohenen Verbrechern bestehende Bevölkerung der Colonie Santa Maria el Antigua de Darien, zwang ihn sich in ein leckes und verfaultes Fahrzeug einzuschiffen, und seinen Weg nach Spanien anzutreten. Nie hat man von jenem muthigen, vielleicht aber nicht immer vorsichtigen Manne weitere Kunde erhalten [11]). Balboa verstand es bald, sich über den rohen Haufen ein Übergewicht durch seinen Geist zu verschaffen; auf seine Veranlassung wurde Enciso verbannt. Viele Kämpfe mit den Eingeborenen erfüllten die nächsten Jahre, doch scheint es nicht, als ob ihr Schauplatz vom Rio Darien entfernt gewesen sei. Balboa hatte sich aus Politik mit der Tochter eines Kaziken verheirathet, erhielt auf diese Weise die erste dunkle Kunde von der Südsee, und zog Anfang Septembers 1513 auf Entdeckung aus. Er ging zu See, landete nach wenig Tagen, trat seinen Marsch in das Innere an und verfuhr mit furchtbarer Grausamkeit gegen die Indier, die ihm Widerstand leisteten. Ein gleichzeitiger Historiker versichert sogar, daß er 50 der Sodomie angeklagte Gefangene lebendig den Hunden vorgeworfen habe [12]). Am 25. Sept. entdeckte Balboa das Meer von einer Bergspitze [13]), aber der Eindruck, den die Schilderung seines gerechten Enthusiasmus auch nach Jahrhunderten noch macht, wird geschwächt durch die Erinnerung an die sogleich nachher gegen die unglücklichen Indier begangenen Greuelthaten. Die erste Kreuzung des Isthmus erfolgte zwischen Cap Tiburon und dem Golfo de Darien del Sur, in welchem der auf kleinen Kanoen eingeschiffte Balboa dem Untergange mit genauer Noth entkam. Beladen mit Gold und Perlen, aber auch mit blutigen Thaten, vor denen unsere Zeit zurückschauert [14]), erreichte die rückkehrende Expedition S. Maria de Darien am 19. Jan. 1514. In der Behandlung dieses Mannes durch den spanischen Hof spricht sich die Ungerechtigkeit und Unklugheit aus, die in allen jenen Colonien im 16. Jahrh. die Veranlassung unaufhörlicher Bürgerkriege und Rebellionen gab. Pedrarias Davila in Madrid zu seinem Nachfolger ernannt, lief von einem glänzenden, durch den Ruf unerhörter Reichthümer verlockten Heere begleitet Ende Juli's 1514 im Golf von Darien ein. Balboa unterwarf sich ihm. Klima und Hunger, dem auch die Vornehmsten nicht entgingen, richteten in einem Monate 700 der Ankömmlinge hin, und die Folgen eines ebenso ungerechten als unklugen Befehls blieben nicht aus. In verhältnißmäßig blühendem Zustande hatte Balboa die Colonie übergeben, namentlich waren die Kaziken der benachbarten sehr kriegerischen Stämme zur Schließung von Bündnissen mit den Weißen vermocht worden, und Alles schien ein rasches Gedeihen zu versprechen, als das Zwischentreten des mit Amerika völlig unvertrauten Pedrarias ebenso wol Uneinigkeiten unter den Ansiedlern als Feindseligkeiten der Eingeborenen herbeiführte. Die Begleiter der letzten Expedition begannen sich um so mehr zu zerstreuen, je klarer ihnen die Gefahr und Mühe der Eroberung eines solchen, mit großem Unrecht als überschwänglich reich geschilderten Landes einleuchtete. Den Pedrarias verließ aber auch unter so ungünstigen Umständen nicht die Begierde nach neuen Entdeckungen und nach Erweiterung des ihm angewiesenen Bezirks. Vielleicht mag der Wunsch Ersatz für den großen Aufwand der Expedition zu schaffen und einen Theil der ersten Auslagen wieder zu gewinnen an den vielen Zügen in das Innere (1516—1518) großen Antheil gehabt haben. Fast ausnahmelos verfolgte das Unglück die kleinen spanischen Heere, die bald in der Richtung der Südsee, bald nach Osten ihren Weg nehmend, durch größte Grausamkeit sich den Haß und die Rache der in ihren dicken Wäldern ungemein furchtbaren Indier zuzogen. Selbst der ehedem so siegreiche Balboa erlitt eine Niederlage, als er auf den Befehl Pedraria's, dem allerdings viel daran liegen mußte, seinen Vorgänger beschäftigt zu sehen, gegen das Volk der Gugures ausgezogen war. Doch war man so gerecht den Grund dieses Unfalls in der untergeordneten Stellung des ersteren und in der Unerfahrenheit des eigentlichen Anführers Luis Carillo zu suchen [15]). Die vielfach einlaufenden Klagen über den übeln Zustand der Dinge in Darien hatten endlich die Regierung zu Madrid zur Besinnung gebracht. Sie versuchte Balboa, den einzigen Mann, von welchem verständiger Rath und Thätigkeit erwartet werden durfte, auszusöhnen, und gebot Pedrarias, jenen zu hören, zu achten und ihm eine angemessene ehrende Stellung zu geben. War vorher die Abneigung groß gewesen, so brach sie nun in offenbare Feindlichkeit aus; denn wenn auch die Ausführung der Drohung, den Balboa in einem Käfig gefangen zu halten, unterblieb, so wurde ihm doch der Befehl über eine Expedition nach den Perleninseln entzogen und dem Gaspar de Morales übertragen. Zum ersten Male stößt uns der zu späterm großen Ruhme bestimmte Franc. Pizarro in der Geschichte hier als mehr hervortretende Gestalt auf; schon früher nach Darien gekommen, hatte er bis dahin sich meistens im Hintergrunde gehalten, erhielt aber nun den Unterbefehl des Unternehmens, das zwar in allen Beziehungen ein höchst unglückliches war, ihm aber Gelegenheit zur Entwickelung eines in der Folgezeit noch vielfach härter geprüften Muthes

11) *Herrera* D. I. L. VIII. c. 8. 12) *Gomara*, Hist. gen. (Anvers, 1554.) p. 84. b.; nach diesem *Herrera* D. I. L. X. c. 1. 13) „Sierra de Quarequa" bei *Petr. Martyr.* Ep. 540. p. 296. 14) *Herrera* D. I. L. X. c. 4. 5.

15) *Herrera* D. II. L. I. c. 1.

und einer viel leistenden Erfindungskraft und kriegerischen Talentes verlieh. Man erreichte die Perleninseln im Golf von Panamá und erlangte nicht unbedeutende Schätze, allein kaum auf das Festland zurückgekehrt, erlaubten sich die Führer nicht minder als die Gemeinen solche Grausamkeiten, solche Wortbrüchigkeit und so viele Morde, daß die Eingebornen überall zu den Waffen griffen und ebenso durch ihre Beharrlichkeit als durch ihre Menge und die Art des Landes unterstützt, den Eingedrungenen einen unvermeidlichen Untergang zu bereiten schienen. Und in der That kann man nicht in Abrede stellen, daß dieses Loos reichlichst verdient war, denn vor keiner Verrätherei und vor keiner Hinopferung von Hunderten von unschuldigen Wesen wichen jene Weißen zurück, wo es um Befestigung ihrer Herrschaft, um Erlangung des Goldes sich handelte. Eine einzige Thatsache genügt, um die Gewissenlosigkeit der fliehenden Eroberer zu beweisen. Hart gedrängt von allen Seiten, und ungeachtet ihrer Hunde und überlegenern Waffen unfähig, sich ihrer Feinde zu erwehren, marschirten sie nur des Nachts und kamen, als auch dieses sie nicht mehr schützte, auf den grausamen, jedoch, wie Erfahrung bald bewies, nutzlosen Einfall, von ihren mitgeführten Gefangenen stets Einige ermordet in den Weg zu werfen und so den verfolgenden Feind zur Todtenklage und zum Begräbniß zu veranlassen, für sich selbst aber Zeit zu gewinnen. Die Meisten der Spanier erlagen dem Kampfe der gegen sie mitverschworenen Elemente, denn in den überschwemmten Niederungen ertranken sie, in den undurchdringlichen Wäldern starben sie an Hunger und Erschöpfung oder an den Verwundungen durch giftige Pfeile ihrer meist unsichtbaren Gegner. Die sie ergreifende Verzweiflung steigerte nur ihre Wuth, sodaß sie endlich jeden Indier ohne Unterschied ermordeten. Obgleich nur Wenige die Niederlassung von Darien wieder erreichten, so minderte sich darum des Pedrarias Eroberungssucht noch nicht. Er sendete im Gegentheile den Franc. Becerra zu See nach dem Flusse Sinu (Zenu), mit dem Auftrage, alle Indier zu vertilgen und ihre Niederlassungen zu zerstören. Von der wohlausgerüsteten Truppe von 180 Mann hat man ebenso wenig als von ihrem Anführer je wieder genauere Kunde erhalten, denn eingedrungen in die wilden Forste und in der Mitte einer ihnen feindlichen Natur, sind sie von den Eingebornen so ausnahmslos ermordet worden, daß nicht einmal die Richtung, die sie genommen haben mögen, bekannt geworden ist[16]). Der Isthmus wurde genau bekannt durch die Eroberungszüge des Tello de Guzman und seines Capitains Diego Albitez. Der erstere steht durch Blutgier und Undankbarkeit ebenso hervorragend in der traurigen Geschichte jener Länder da, als der letztere durch ein damals ungemein seltenes Billigkeitsgefühl und Mäßigung sich auszeichnete. Panamá, damals ein Dorf von wenigen armseligen Fischerhütten, wurde bei dieser Gelegenheit entdeckt, und Natá, an der Grenze von Veragua, bildete den westlichsten Punkt der Entdeckungen. Eine große Menge eingesammelten und eroberten Goldes ging auf dem sehr schwierigen Rückzuge durch die aufgestandenen Völkerschaften verloren, und so entschieden äußerte sich der Muth der Indier, solche waren die Menschenverluste der Spanier, sobald sie irgendwo in das Innere einzudringen versuchten, daß sich der ganzen Colonie von Darien ein panisches Schrecken bemächtigte und Anarchie auszubrechen drohte. Gonzalo de Badajoz, der nächste Eroberer, war nicht glücklicher als seine Vorgänger. Er schiffte sich in Darien Ende März 1515 ein, erreichte Nombre de Dios, wo der Anblick der bleichenden Gebeine von Nicuesa's Begleitern die Soldaten so schreckte, daß sie zurückgekehrt wären, hätte ihnen ihr Führer den Weg nicht entschlossen abgeschnitten durch Heimsendung der leeren Schiffe. Auf dem, wie gewöhnlich, durch viele Greulthaten bezeichneten Wege nach Veragua wurde Gold in solchen Mengen von den Indiern erpreßt, daß allein des Gonzalo Antheil sich auf eine Summe, die nach dem heutigen Werthe 800,000 span. Thaler ausmachen würde, belief. In der Gegend des Golfs von Paritá benutzte endlich ein Häuptling die Goldgier der Spanier, um diese in einen Hinterhalt zu verlocken, aus welchem zwar nach großen Verlusten die Eingeschlossenen mit dem Schwerte sich den Ausweg bahnten, der aber durch sein Gelingen allen andern Kaziken das Signal zum Angriffe gab. Bald fechtend, um sich zu vertheidigen, bald wieder grausame Räuber, wenn ihnen ein argloser Volksstamm aufstieß, gelangten die Spanier, an der Südküste fortwandernd, bis zur Mündung des Rio Chepo und dann durch völlig verwüstete und entvölkerte Gegenden nach Darien[17]). Der Licentiat Escobar, der Urheber dieser Zerstörungen, zog im nächsten Jahre (1516) nach Westen, um die verlornen Schätze des Gonzalo aufzusuchen, nahm sie den Indiern wieder ab und veranlaßte die Entdeckung der Küste von Nicaragua, indem er den Hernan Ponce und Bartolomeo Hurtado dorthin zu See absendete. Bei einer dritten von ihm unternommenen Expedition wurde (1517) Natá gegründet, der erste Pflanzort der Europäer an den Gestaden des großen Oceans. Auf Betrieb des Bischofs von Darien, Juan de Quevedo, hatte sich zwar Pedrarias mit Balboa ausgesöhnt und diesen gefürchteten Nebenbuhler durch das Versprechen, ihm eine seiner in Spanien lebenden Töchter zum Weibe zu geben, zu gewinnen gesucht, indessen vevanlassen viele Umstände gewichtige Zweifel an der Aufrichtigkeit des eifersüchtigen und alternden Pedrarias. Den ersten Gebrauch seiner Wiedereinsetzung in öffentliche Thätigkeit machte Balboa auf glänzende Weise, indem er nichts Geringeres als die Erbauung einer kleinen Flotte in der Südsee unternahm, um die Entdeckung Peru's betreiben zu können, auf welches durch mancherlei Aussagen der Eingebornen Dariens die Spanier höchst aufmerksam geworden waren. Die außerordentlichen Hindernisse, welche die Natur des Landes und Bodens und der Mangel aller gewöhnlichen Hilfsmittel dem Unternehmen entgegensetzte, vermochte nur ein Mann von Balboa's Ausdauer und Erfindungskraft zu besiegen. Er erbaute die Fahrzeuge in Darien und schaffte sie zu

16) *Herrera* D. II. L. I. c. 6.

17) *Herrera* D. II. L. II. c. 1. 2.

d rückweise nach der Mündung des Rio de las Bal-
(Golfo del Darien del Sur), kämpfte mit Hunger
jeder nur denkbaren Beschwerde, hatte aber endlich
Triumph, sich nach Süden eingeschifft zu sehen. Er
te, um seine Vorbereitung zu vollenden, nach den
leninseln zurück und fiel bald darauf, eben als er im
riff war, mit vier Fahrzeugen und 300 Mann die
deckungsreise in der Südsee zu beginnen, dem Pedra-
in die Hände. Mochte alter Verdacht und Eifersucht
iesem wieder erwacht sein oder sich eine Partei seiner
ächtigt haben, so war eine jede dieser Ursachen mäch-
genug, um Balboa's Verdammung herbeizuführen;
Versicherungen seiner Unschuld, alle Erinnerung an
re Verdienste und alle Vorbitten der Colonisten ver-
ten nicht, das ungerechte Urtheil von diesem Manne
wenden, dessen Name in der Geschichte der geo-
hischen Entdeckungen stets glänzend dastehen wird.
wurde sammt vieren seiner Begleiter 1517 enthaup-
). Die Vorkehrungen des spanischen Hofes, um die
eigenmächtigen Befehlshaber der Colonien zu beschrän-
die Gesetze, die durch las Casas veranlaßt die Aufrei-
der Indier verhüten sollten, und dem Orden der Hie-
miten zur Bewahrung überwiesen worden waren, miß-
dem Pedrarias nicht weniger als die Aussicht, daß
in der Person des Lope de Sosa ein Nachfolger gege-
werden dürfte, seinen Stolz beleidigte. In der Meinung,
keine andere Weise seine Unabhängigkeit behaupten zu
n, begab er sich nach Panamá, überlistete die ehema-
Reisegefährten Balboa's, die, anstatt ihren vielverspre-
en Zug anzutreten, sich gefallen ließen, ein Anfangs
unbedeutendes Dorf zwischen Sümpfen zu erbauen,
ließ auf den Wunsch des Volkes an seiner Stelle
arien den Lic. Espinosa zurück. Durch die Begrün-
Panamá's entstand zuerst ein eigentlicher Stützpunkt,
welchen keine Expedition nach der Südsee je mit
rheit unternommen werden konnte, und die Voraus-
g, daß sich in der künftig größern Stadt die Reich-
r eines halben Welttheils wenigstens wie in einem
hgangspunkte anhäufen würden, rechtfertigte die spä-
Zeit. In demselben Jahre (1518) begründete Albi-
ie späterhin nach Portobelo verpflanzte Stadt Nom-
e Dios, und wenn Darien an Wichtigkeit nach und
abnahm, so ist dieses besonders dieser Colonisirung des
chern Theiles des Isthmus zuzuschreiben. Pedrarias
te endlich die Verpflanzung der Bewohner von
a Maria el antigua nach Panamá, sowie die Ver-
g des bischöflichen Sitzes, und verstand sein altes
ht so wiederzuerlangen, daß Espinosa nur als sein
nant erschien. Während Gil Gonzalez, ein anderer
uistador, sich Veragua zu unterwerfen suchte, dauerte
auf dem Isthmus der Krieg [19]) gegen den unversöhnlichen Häuptling Urraca neun volle Jahre ohne andere Resultate als große Verluste von beiden Seiten; denn noch war in jenen Gegenden kein so unermüdlicher und tapferer Feind erschienen, und nie hatten die Spanier von den Eingebornen so viele Niederlagen erlitten als zu jener Zeit. Die letzte Periode der Regierung des Pedrarias ist durch die vom Isthmus aus betriebene Eroberung von Nicaragua (1523) und den ersten Versuch Pizarro's Peru zu entdecken (Nov. 1524) bemerkenswerth. Die Unordnungen in Nicaragua, die kaum durch einen persönlichen Besuch des großen Cortes zu stillen waren, die Klagen über den traurigen Zustand der ganzen Provinz Darien und Castilla del oro (Panamá) veranlaßten endlich die spanische Regierung zur Ernennung neuer Befehlshaber. Pedro de los Rios kam an die Stelle des nach Nicaragua sich zurückziehenden Pedrarias, 1526 als Gouverneur der Provinz, allein sein Eigennutz, seine Ungerechtigkeit oder vielleicht auch die Parteisucht waren so groß, daß bald große Unzufriedenheit zu herrschen begann [20]). Bis zum Hofe drangen diese Klagen, und besonders war es wol die gegründete Beschuldigung, daß er auf keine Weise, so wie ihm befohlen, des Pizarro Unternehmen unterstützt habe, was ihm die Absetzung 1528 zuzog. Als einstweiliger Richter kam der Lic. Antonio de Gama in Panamá an, der zwar die ungesunde Lage der Hauptstadt nicht zu verändern vermochte, allein eine bessere Bauart und Sicherung gegen einen schon damals gefürchteten allgemeinen Negeraufstand anordnete. Die Bürgerkriege Peru's ergriffen endlich auch Panamá, damals einen Punkt von höchster Wichtigkeit, indem die Verbindung mit Spanien nur auf diesem Wege gewöhnlich war, der Handel aber ausschließlich auf ihm betrieben wurde. Hernan Machicao [21]), ein Seecapitain des Gonzalo Pizarro, und nach der Schilderung der Zeitgenossen ein ebenso feiger als raubsüchtiger Abenteurer, verließ mit einer Hand voll ähnlich gesinnter Abenteurer die Küste von Peru 1545 in der Absicht, sich die allgemeine Unordnung zu Nutzen zu machen. Nach Verübung mancher Räuberei lief er in Panamá ein, dessen Einwohner ebenso sehr durch absichtlich gegebene Proben von Grausamkeit eingeschüchtert, als durch Kriegslist getäuscht, keinen Widerstand versuchten, sondern sich dem Parteigänger überlieferten, der durch Mord und Gewaltthaten sie bald zum Bereuen ihrer Schwäche brachte. Als Pedro de Hinojosa im folgenden Jahre gleichfalls als Anhänger Pizarro's vor Panamá erschien [22]), war das Andenken an das Erlittene so stark, daß man sich offen für die Sache des Königs und also zum Widerstande gegen die peruanischen Aufrührer bereit erklärte. Der Eigennutz der großentheils kaufmännischen Einwohnerschaft der Stadt hintertrieb jedoch die Ausführung, und indem man sich den Handel mit Peru sichern zu können glaubte, gab man die Stadt mit Capitulation in die Hände des seine Gewalt keineswegs misbrauchenden Hinojosa. Mel-

---

8) *Herrera* D. II. L. II. c. 22. Der Licentiat Espinosa
ne Zweifel bei dieser Verurtheilung kräftig mitgewirkt. Daß
ein Feind des Balboa gewesen sein müsse, geht aus einem
des Letztern an den König Ferdinand hervor (*Navarrete*,
. III. nr. 4. Sect. 3.), in welchem er diesen bittet, „künf-
e graduirten Personen mehr nach Darien zu senden, ausge-
n Doctoren der Medicin, am wenigsten aber Advocaten, welche
ischte Teufel wären und ein Teufelsleben führten."

19) *Herrera* D. III. L. IV. c. 9. 20) ib. D. IV. L. VI. c. 8. 21) ib. D. VII. L. VIII. c. 22. 22) ib. D. VII. L. X. c. 8—10. D. VIII. L. II. c. 5. 6.

chior Verdugo, Gouverneur von Nicaragua und Anhänger des Königs, nahm durch einen Handstreich Nombre de Dios weg und flößte den Bürgern Panamá's von der Partei Pizarro's kein geringes Schrecken ein. Wenn es ihnen auch gelang, unter Hinojosa's Leitung jenen so gefährlichen Nachbar zu vertreiben, so sahen sie sich doch bald darauf veranlaßt, unter die gewohnte Regierung zurückzukehren. Hernan Mexia war in Nombre de Dios als Gouverneur geblieben, übergab aber bei dem Erscheinen des ebenso klugen als biedern Lic. Gasca sogleich den Ort. Was Waffen nicht leicht durchgesetzt haben würden, geschah auf die freundliche Vorstellung des Letztern, denn auch Panamá mit Hinojosa an der Spitze überlieferte sich (Aug. 1546) dem Boten des Friedens. Nach Beruhigung Peru's kehrte Gasca (März 1550) nach dem Isthmus zurück, um die Rückreise nach Spanien zu beginnen. Wenig fehlte, daß er hier am Ende eines gefährlichen, aber mit dem schönsten Erfolge gekrönten Unternehmens eines traurigen Todes gestorben wäre. Eben nur hatte er Panamá in Begleitung eines großen nach Europa bestimmten Silbertransportes verlassen, als ein Haufen aufrührischen Gesindels, bestehend aus Verwiesenen und Verbrechern, die sich in Nicaragua einiger Schiffe bemächtigt hatten, landete und unter der Anführung zweier Brüder, Contreras und des Diego Bermijo [23]), die Stadt einnahm. Ihr Plan war kein geringerer, als nach Gewinnung jenes wichtigen Stützpunktes die Eroberung Peru's zu versuchen, aber wenn auch angeblich die Motiven dieses Aufruhrs politische waren, so lag es wol schon in der Zusammensetzung der Streitmacht, daß das Unternehmen zum Raubzug ausartend, ein schnelles Ende finden mußte. Gasca entkam glücklich nach Nombre de Dios, und die Bürger Panamá's vereinten sich zum Widerstande, sobald die Aufrührer, von einer so wehrlosen Bevölkerung nichts befürchtend, sich auf die Verfolgung des erstern begeben hatten. Am St. Georgentage 1550 (in den ersten Tagen Aprils) kam es zwischen den rückkehrenden Aufrührern und den Bürgern zum Kampfe. Die letztern beschützten nicht allein ihre Stadt, sondern brachten den von ihren Schiffen getrennten Feinden eine so entschiedene Niederlage bei, daß diese theils auf der Wahlstatt blieben, theils gefangen hingerichtet, theils bei der Verfolgung erschlagen wurden, ein Loos, welches namentlich die Anführer traf. Die fernere Geschichte der Provinz bietet weiter keine merkwürdigen Momente, ausgenommen die wiederholten Versuche der Flibustiers, sich in Besitz der Übergangspunkte zu setzen. Der vierundzwanzigste Gouverneur, Juan Perez de Guzman, eroberte die Insel Santa Catalina wieder, die von dem berüchtigten John Morgan 1664 genommen worden war, hatte aber das Unglück, 1670 von demselben Piraten in der Hauptstadt selbst überfallen zu werden und dieselbe geplündert und verbrannt zu sehen. Fünf Jahre später war Panamá in einer etwas gesundern Lage wieder aufgebaut, aber wenn auch der Handel immer mehr zunahm, so blieb doch die alte Neigung zur Unzufriedenheit und bürgerli-

23) *Herrera* D. VIII. L. VI. c. 2—7.

chen Unruhen ein besonderer Zug seiner Bewohner
Darien legten 1699 die Schotten eine Niederlassun
wurden aber sogleich durch den Gouverneur von
gena, Juan Diaz de Pimienta, wieder vertrieben.
Franzosen suchten gegen 1740 dort ebenfalls eine
zu errichten und legten Tabakpflanzungen an,
aber 1754 von den, wie Einige sagen, durch die
länder aufgereizten Ureinwohnern fast sämmtlich erm
Von den Schicksalen einer kleinen engl. Colonie,
Edinburg, welche in gleicher Gegend gelegen, gegen
noch existirte, ist nichts bekannt. Während des Ka
der Revolution wurde Portobelo von Bolivar einge
men den 2. Jun. 1814. General M'Gregor wurde
den Spaniern aus Panamá im April 1819 vertri
doch erklärte sich der Isthmus endlich am 28. Nov.
für unabhängig, vertrieb die Spanier und schloß si
Colombien an. (*K. Poep*

PANAMAO, kleine zu den Philippinen ge
Insel unter 11—12° n. Br. (*Fisc*

PANANY *), richtiger PANYANI, bei den
geborenen Punany Wacul genannt, 1) Stadt in der
derindischen Provinz Malabar, liegt unter 10° 4
Br. an dem schiffreichen Panyanistrome, hat 500
tentheils zweistöckige, von reichen, meist Muham
nischen Kaufleuten bewohnte Häuser, 1000 Hütten,
ehemals zur Mucuaskaste gehörige, jetzt zur Beschne
gebrachte Schiffer und Fischer bewohnen, sowie 40
scheen und ist der Sitz des Tanguls oder Oberpri
der Moplays. Der Ort trieb früher bedeutenden
del mit Surate, Madras, Bengalen und Mochha,
noch jetzt finden sich jährlich einige Schiffe aus Beng
Cochin, Anjengo, Calicut, Tellicherry und Goa hier
Die Boote der hier wohnenden Schiffer, welche Pat
heißen, tragen 50,000 und mehr Kokosnüsse Last oder
und mehr bengalische Säcke Reis. 2) Panany, ric
Panyany, bedeutender Strom der vorderindischen
vinz Malabar. Er entspringt im Südosten der
Coimbetore auf einer flachen Ebene des hinteren Rü
der Ghatketten, noch ostwärts von 77° östl. Länge
Greenwich, empfängt seine südlichen Zuflüsse aus
Hochgebirge von Cochin, seine nördlichen aus den
chen Vorhöhen des Nilgherri, hat ein äußerst klares, bl
Wasser, nährt durch seine nach Malabar hinabgleite
Arme an seinen beiden Ufern die herrlichsten Teakw
und mündet bei der Stadt, welcher er seinen Namen
dankt. (*Fisc*

PANAPAPEMA, heißt einer der vielen R
flüsse des Paraná (s. d. Art.) in der brasilischen
vinz San Paolo. (*Fisc*

Panaphilus, s. Otiorhynchus perdix.

PANARAGA, 1) Hauptstadt der javanischen
schaft Patsche, hat über 7000 Einwohner, welche
lebhaften Handel treiben. 2) Javanische Provinz, w
das Damonggebirge umgibt. Im Nordwesten an
wang, im Nordosten an Patsche, im Osten an Lub
im Süden an den Ocean und im Westen an Mata

*) Vergl. Ritter's Erdkunde. 5. Th. S. 750 fg.

ʒend, hat sie furchtbaren, mit vieler Waldung bestatt-
n, Boden, welcher größtentheils vulkanischen Ursprungs
und am Strande von Kalksteinhügeln durchschnitten
). An der Küste, wo sich die Baien Patsched, Pan-
und Sumbrong finden, wird ein bedeutender Fisch-
getrieben. (*Fischer.*)

PANARD (Charles François), geboren 1690 zu
rville bei Chartres, gestorben zu Paris den 16. Juni
3, zeigte seit der frühesten Jugend entschiedene Anla-
zur Dichtkunst. Marmontel nennt ihn le père de
hanson morale et le La Fontaine du Vaudeville.
die letztere, sehr beliebte Gattung französischer Thea-
ücke besaß er vorzügliches Talent. Für die Bühne
eb er 13 komische Opern und fünf Lustspiele. Außer-
zeigte er sich als lyrischer Dichter von einer nicht
ortheilhaften Seite in Fabeln, Anakreontischen Oden,
ngedichten, Madrigalen, Allegorien, Cantaten rc. Zwar
n sich in seinen Gedichten manche Anstöße gegen die
ache und Poesie; doch wird man dafür schadlos ge-
n durch die Leichtigkeit der Versification, durch ein tie-
Gefühl und eine gesunde Philosophie. Diese Vorzüge
nt unter andern eins seiner Gedichte, in welchem er
dert, worauf nach seiner Ansicht die Annehmlichkeiten
Lebens beruhen [1]). Seine Werke wurden gesammelt
r dem Titel: Théatre et Oeuvres diverses de Mr.
ard. (Paris 1763. 4 Voll. 12.) Im Leben war
ard ein uneigennütziger, rechtschaffener, sanftmüthiger
anspruchsloser Mann. Seine Schüchternheit und
Discretion, mit welcher er in der Unterhaltung, wie
einen Schriften jedes Wort sorgsam abwog, erinner-
an ähnliche Züge in La Fontaine's Charakter [2]).
(*Heinrich Döring.*)

PANARGYRUS, unter diesem Namen stellte La-
a (Am. nat. de las Esp. I. p. 33) eine Pflanzen-
ng aus der ersten Ordnung der 19. Linné'schen
se und aus der Gruppe der Perdicieen der natürli-
Familie der Compositae auf. Char. Der gemein-
tliche Kelch doppelt, der äußere, kürzere, besteht aus
linienförmigen, sehr schmalen Blättchen; die fünf
ttchen des innern sind eiförmig, dicht beisammenste-
; fünf zweilippige Blümchen, deren innere Lippe
theilig und zurückgerollt ist; der Fruchtboden nackt;
Krone ungestielt, federig. Die Arten dieser Gattung
nnt Lagasca nicht, wahrscheinlich wachsen sie im tro-
en Amerika und sollen silberfarben-seidenhaarige Kräu-
ter (daher der Gattungsname *παναργυρος*, ganz silbern) mit abwechselnden, pfriemenförmigen Blättern und endständigen Blüthen sein. Die ebenfalls zweifelhafte Gattung Caloptilium *Lagasca* (l. c. p. 34) ist nach dem Charakter von Panargyrus nicht zu trennen. Sie unterscheidet sich von Nassaira *Commerson* nur durch den doppelten gemeinschaftlichen Kelch und durch die zierlich federige Samenkrone (daher der Gattungsname *πτιλον*, Flaumfeder, *καλός*, schön). Lagasca erwähnt nur eine Art dieser Gattung, wahrscheinlich auch aus Südamerika, und ohne ihr einen Namen zu geben. Diese Art soll ein kleines Kraut mit dicht dachziegelförmigen, lederartigen Blättern und knäuelförmig-zusammengehäuften, ungestielten Blüthen sein. (*A. Sprengel.*)

PANARIA, auch **PANNARIA**, eine der liparischen Inseln, welche nach der gegenwärtigen politischen Eintheilung der Insel Sicilien, zur Intendanz Messina gehören. Sie liegt zwischen der Insel Lipari und dem Eilande Dattolo, ist von länglicher, unregelmäßiger Gestalt, und besteht, wie fast alle übrigen liparischen Inseln, aus einem ziemlich steil aus dem Meere hervorragenden Felsen, der ganz mit Lava und vulkanischer Erde bedeckt, aber doch sehr fruchtbar ist. Panaria wird von ungefähr 200 Seelen bewohnt, welche sich zum Theile durch die Fischerei ernähren, in ärmlichen Hütten wohnen und dem Boden durch die Cultur der Weinrebe, die hier trefflich gedeiht, das abgewinnen, was sie zur Bestreitung ihrer übrigen Bedürfnisse, deren Befriedigungsmittel sie sich durch den Handel verschaffen, nöthig haben, indem sie Wein und zwei Sorten von Rosinen, Passola und Passolina, zur Ausfuhr bringen. Da die Insel durch zwei emporragende Gipfel ausgezeichnet ist, nannten sie die Alten Didyme, die Zwillingsinsel, welche einige neuere Erklärer mit der Insel Evonymos verwechseln. Sie war eine der äolischen Inseln und wurde von Thucydides unter die bewohnten und angebauten jener Inseln gerechnet. Sie hat einen guten Hafen. (*G. F. Schreiner.*)

PANARITIUM (Panaris, Onychia, Paronychia), der Wurm. So nennt man, nach dem Beispiele der Alten, eine mehr oder weniger heftige Entzündung des Nagelgliedes der Finger und Zehen, nachdem der Versuch einiger Neueren, jenes Wort als Kunstausdruck, die Entzündungen der Hand und selbst des Vorderarms bezeichnend, allgemein einzuführen, mißlungen ist. Aber nur äußerst selten werden Zehen von einem Panaritium befallen; geringere Empfindlichkeit, sparsamer Gebrauch und beinahe ununterbrochener Schutz vor äußern Einflüssen durch die Bekleidung macht diese Theile — im Vergleiche zu den Fingern — jener Entzündung bei weitem weniger zugänglich und läßt die letztere, wo sie einmal die Zehen ergreift, nur einen geringern Grad der Heftigkeit erreichen. Selbst die Finger sind dem Panaritium nicht in gleichem Grade unterworfen, wenigstens lehrt die Erfahrung, daß am häufigsten der Daumen und Zeigefinger, seltener der Mittelfinger, am seltensten die beiden übrigen, vom Wurme befallen werden; auch pflegt die Entzündung der beiden letzterwähnten Finger wieder ungleich minder heftig, als die der erstgenannten zu sein. Bis-

1) L'amour se soutient par l'espoir,
Le zèle par la récompense,
L'autorité par le pouvoir,
La foiblesse par la prudence,
Le crédit par la probité,
L'agrément par la liberté,
La santé par la tempérance,
L'esprit par le contentement,
Le contentement par l'aisance,
L'aisance par l'arrangement.

ergl. Dictionnaire des Poëtes françois morts. (Paris 1805.)
7 sq. Ideler's und Nolte's Handbuch der franz. Sprache
Literatur. Poetischer Theil. S. 357 fg. Baur's neues hi-
biograph. literar. Handwörterbuch. Bd. 4. S. 207.

weilen erscheint das Panaritium zugleich an mehren Fingern einer Hand, oder tritt an einer Hand auf, nachdem es an der andern verschwunden, selbst wol an dem gleichnamigen Finger &c.

Nur eine Art des Panaritium anerkennen wollen, wie es von Einigen geschehen, heißt verkennen wollen, daß das in Rede stehende Übel nach Verschiedenheit seines Sitzes und seiner Heftigkeit unter sehr verschiedenen Gestalten erscheint. Daher hat Camper zwei, Heister drei, Callisen fünf, Sauvages sieben und Imbert sogar acht verschiedene Arten des Panaritium angenommen. Es unterscheiden sich indessen am deutlichsten folgende Arten des Wurmes von einander: 1) die Entzündung ist eine oberflächliche an der Wurzel oder zur Seite des Nagels. Als eine wahrhaft erysipelatöse verursacht sie nur geringe Schmerzen, ist mit einer auf das erste Fingerglied beschränkten Geschwulst verbunden, und entscheidet sich durch Ausschwitzung einer eiterartigen Materie unmittelbar unter der Oberhaut, die eine bläuliche Farbe annimmt. Heftige Schmerzen entstehen hier nur in dem Falle, in welchem sich der Eiter unter dem Nagel ansammelt. 2) Die Entzündung hat ihren Sitz in dem zwischen der Haut und der Flechsenscheide gelegenen Zellgewebe, meistens an dem kolbigen Ende der Finger. Sie ist phlegmonös und von heftigem Schmerz begleitet. Geht sie in Eiterung über, so ist selten deutliche Fluctuation wahrzunehmen und der Eiter findet schwer einen Ausweg. 3) Die Sehnenscheiden selbst sind der Sitz der Entzündung. Der leidende Finger ist in diesem Falle nur wenig geschwollen, mehr die Hand, und öfter erstreckt sich die Geschwulst dieser letztern bis zum Vorderarme. Die Krankheit ist von sehr heftigem Schmerze begleitet, welcher besonders die Polarfläche der Finger einnimmt, aber von dieser ausgehend sich dem ganzen Arm bis zur Schulter mittheilt. In der Regel begleitet heftiges Fieber diese Form des Panaritium, bei welcher die Entzündung nicht selten auch auf die Beinhaut fortschreitet, und eintretende Eiterung ebenfalls keine Fluctuation wahrnehmen läßt. 4) Die Beinhaut selbst ist der Sitz der Krankheit. Geschwulst des leidenden Fingers ist so wenig, als die der Hand oder des Fingers wahrnehmbar, auch schmerzen die letztgenannten Theile nicht, desto heftiger aber der leidende Finger selbst. Sehr bald tritt in diesem Falle Eiterung ein und leicht erfolgt Zerstörung des Knochens. Übrigens können die niedern Grade des Panaritiums in die höhern übergehen, und auf diese Weise die verschiedenen Arten der Krankheit sich mit einander verbinden.

Hinsichtlich der Prädisposition zu Panaritien hat die Erfahrung nur so viel gelehrt, daß junge Leute und Frauen öfter von Panaritien befallen werden, als Männer und bejahrte Subjecte, und daß es Familien gibt, in denen das Übel auffallend häufig vorkommt. Als die gewöhnlichsten Gelegenheitsursachen aber kennen wir: plötzliche Abwechselungen von Hitze und Kälte, Rietnägel und mannichfache Verletzungen der Finger durch Insektenstiche, scharfe Laugen, Splitter, durch Verbrennungen, Quetschungen, allzutiefes Abschneiden der Nägel u. dergl. m. Das Panaritium kommt daher häufig bei Personen vor,

welche durch ihre täglichen Arbeiten Verletzungen de
ger vorzugsweise ausgesetzt sind, daher namentli
Schneidern, Schustern, Tischlern &c. Manchmal s
Wurm in Folge allgemeiner Krankheitszustände, n
lich der Skrofeln, des Rheumatismus und der Gich
treten.

Obwol der niedrigste Grad der Krankheit ein s
tes Übel darstellt, daß es sehr häufig vernachlässigt
seine Behandlung frühzeitig einem Arzte zu übert
so geht doch schon aus dem Gesagten hervor, da
Übel nichts weniger als unbedeutend ist. Die En
dung kann Zerstörung der Sehnen des kranken Fi
mithin Steifigkeit desselben bewirken, sowie in andern
len vernachlässigter oder schlecht behandelter Pana
die ungemeine Heftigkeit der Schmerzen, das Übe
der Eiterung oder der Brand das Übel selbst tödtlic
chen, wie dies nicht ganz seltene bei Ambros. Paré,
ster u. A. aufgezeichnete Fälle beweisen, und wie
immer erwartet werden kann, wenn sich die Entzü
über die Hand, den Vorderarm oder noch weiter v
tet und das begleitende Fieber einen galligen oder
gen Charakter angenommen hat.

Was die Behandlung betrifft, so gelingt e
zweckmäßiger Hilfe nicht selten, das Übel gleichsa
Keime zu ersticken, und sehr zahlreiche Mittel, un
nen viele längst vergessene, sind zu diesem Zweck in
schlag gebracht worden: Die Application von kalten
ser, das Eintauchen des kranken Fingers in koch
die Anwendung des Ohrenschmalzes, das Einstecken
leidenden Fingers in das Ohr einer Katze, das Au
von Schweinemist u. dergl. m. Am nützlichsten i
ser Beziehung bewährt sich die Application von sch
tem Wasser, gestoßenem Eise, Thadin'schen Schuß
Bleiwasser u. dergl., oder die Application einiger
egel an den leidenden Theil. Seltener wird ein au
leidenden Theil angebrachter Druck oder ein darau
legtes Blasenpflaster hilfreich. Folgt aber der An
dung dieser Mittel die Zertheilung nicht, steigt viel
die Entzündung höher, und bildet sich bei der ersigen
ten Art des Panaritium Eiter, so wird die baldige
leerung desselben nöthig. Trennt sich der Nagel
Finger, so nimmt man ihn theilweise mit der S
hinweg und legt zwischen den Rand desselben un
weichen Theile, zur Schonung der letztern, ein mit
bestrichenes Leinwandläppchen. Bildet sich Eiter
dem Nagel, so kann man diesen, wenn er schon ein
maßen lose geworden, ausreißen. Die obengenannte z
Art des Wurmes macht zuvörderst wegen der groß
Intensität der Entzündung oft einen Aderlaß, noch
die Application von Blutegeln an den leidenden A
kalte Umschläge und die Einreibung der grauen Que
bersalbe nothwendig; wo indessen die Entzündung Folg
nes in den kranken Theil durch eine Wunde eingebra
nen schädlichen Stoffes ist, muß vorher die Wunde
lauwarmem Wasser sorgfältig ausgespült, sowie in an
Fällen etwa in der Wunde befindliche Splitter behut
aus derselben entfernt werden. Auch hier müssen fr
wenn es nicht in den ersten drei Tagen gelingen s

die Entzündung zu zertheilen, Einschnitte — und zwar weniger große als tiefe — in die leidende Stelle gemacht werden, die, wenn auch die Eiterung noch nicht vollständig ausgebildet ist, immer große Erleichterung bringen, theils durch die Blutung, die sie nachziehen, theils durch den Nachlaß der Spannung der Haut, den sie bewirken. Hierauf werden erweichende Umschläge über den leidenden Theil gelegt, und mit dem Gebrauche derselben so lange fortgefahren, bis Geschwulst und Schmerzen verschwunden sind. Auf dieselbe Weise verfährt man bei der erwähnten dritten Art des Panaritium, die bei versäumter Incision unfehlbar Flechsenzerstörung nach sich zieht. Die Incision darf daher nicht über den dritten Tag der Krankheit hinaus verschoben werden und muß immer bis in die Sehnenscheide selbst dringen; auch muß, wenn sich die Entzündung, wie gewöhnlich, über die ganze Hand erstreckt und an einer Stelle derselben Geschwulst und Fluctuation wahrgenommen wird, diese Stelle ebenfalls geöffnet werden. Bei der im Obigen zuletzt aufgeführten Art des Panaritium ist zwar im Allgemeinen dasselbe Verfahren angezeigt, es müssen aber hier die Einschnitte bis auf den Knochen dringen, und man läßt nach denselben den Finger in einer Chamillenabkochung, oder, wenn schlechter Eiter abgesondert wird, in Lauge baden, nachher aber lange genug die Anwendung erweichender Kataplasmen fortsetzen.

Daß den ganzen Verlauf der Cur eine zweckmäßige, den jedesmaligen Umständen, namentlich dem Grade der Heftigkeit der Entzündung angemessene innere Behandlung begleiten muß, und diese vornehmlich den Gebrauch der antiphlogistischen Heilmethode häufig fodert, geht aus dem Begriffe der Krankheit selbst hervor *). (*C. L. Klose.*)

Panarman, s. Panarukan.

PANARO, ein beträchtlicher Nebenfluß des rechten Po-Ufers, und einer der wichtigern Bergströme Oberitaliens; er entspringt einem kleinen Bergsee, welcher am Fuße des Monte acuto, oberhalb des Dorfes Belvedere, im höchsten Theile der modenesischen Apenninen liegt, durchströmt reißenden Laufes den südöstlichsten Theil des Herzogthums Modena, bildet hierauf eine lange Strecke hindurch die Grenze des Herzogthums gegen die päpstliche Legation Bologna, geht oberhalb Finale ganz in den Kirchenstaat über, löset sich dort noch oberhalb jenes Fleckens in zwei Arme auf, die sich bei dem Dorfe S. Bianca wieder vereinigen, bewässert die Delegation Ferrara und mündet sich dort bei Bondeno in den Poatello, der weiter unterhalb Po di Volano genannt wird, aus. Der Panaro ist im oberen Theile seines Laufes ein sehr reißender Bergstrom, sobald er aber unterhalb Vignaolo die Fläche betreten hat, mäßigt er seine Schnelligkeit, breitet sich aus und wird durch verschiedene Kanäle zur Bewässerung des Landes benutzt. Bei den Alten hieß er Scultenna *), bei Strabon Skutana (Σκουτάνα) **). Dieser setzt seinen Lauf in die Nähe von Mutina und führt ihn wegen der feinen Wolle an, welche die Schafe dieser Gegend liefern. (*G. F. Schreiner.*)

PANARUKAN (7° 40′ südl. Br., 131° 34′ L.), javanische Stadt der Provinz Besuki, liegt an der Mündung des gleichnamigen Flusses, welcher nur für kleinere Fahrzeuge geeignet, sich in den Madurabusen ergießt, hat ein Fort und andere Befestigungswerke, ist gut gebaut und bevölkert, treibt einen ziemlich bedeutenden Handel und war ehemals die Hauptstadt eines unabhängigen Königreichs. Bei einigen Geographen heißt die Stadt Panarman. (*Fischer.*)

PANASU, heißt nach Acosta (Aromat. c. 40. *Clusius* exot. p. 281) der ganzblättrige Brodfruchtbaum (Artocarpus integrifolius *Linn. fil.*) in der Provinz Canara Hindustans. Denselben oder doch einen ähnlichen Namen sollen auch die Perser und Araber diesem Baume geben. (*A. Sprengel.*)

PANÁTH (UJ-), latein. Neo-Panáth, ein dem Grafen Giulay gehöriges Dorf im arader Gerichtsstuhle (Processus) und Comitat, im Kreise jenseit der Theiß Oberungerns, in der großen oder untern ungrischen Ebene, an der von Altarad nach Vilagos führenden Straße gelegen, 1¼ Meile von der Festung entfernt, mit 218 Häusern und 1071 katholischen Einwohnern, die meist Teutsche sind. (*G. F. Schreiner.*)

PANATHENÄEN. §. 1. Eine Darstellung dieses Festes und der mit demselben verbundenen Feierlichkeiten haben im Alterthume theils die Schriftsteller nicht übergehen können, welche, wie Theophrast, Dicäarch, Proklus [1]), Abron [2]) u. A. von uns früher [3]) genannte Heortologen die Feste und heiligen Spiele der Griechen überhaupt, oder wie der attische Grammatiker Krates [4]), wie Philochorus, Lysimachides [5]) u. A. die attischen insbesondere behandelt haben; speciell aber auf die Panathenäen bezog sich der Panathenaikos des Dicäarch [6]), welcher eine Abtheilung seines Werkes über die musikalischen Wettkämpfe bildete. Einer ebenfalls auf die letztere bezüglichen, von Plutarch erwähnten, Schrift gedenke ich weiter unten (§. 7). Von Neuern erwähne ich hier außer Creuzer, der in der Symbolik (II, 808 fg.) grade die Panathenäen ausführlicher bespricht, die Monographien von Meursius [7]), Hoffmann [8]) und H. A. Müller [9]). Nachdem bereits oben

*) *J. Wardrop*, An account of some diseases of the toes and fingers with observations on their treatement (Med. chirurg. Transact, V., 129). *D. Craigie*, Pathological and practical observations on whitlos (Edinb. medic. and surgic. Journ. 1828. p. 235). Siuogowitz, über das Panaritium (Rust, Magaz. für die gesammte Heilkunde. Bd. XLI. Heft 3. S. 433).

*) *Paul Diac.* III, 47. **) *Strab.* V. p. 384.

1) Ἐν τῇ τῶν ἑορτῶν ἀπαριθμήσει citirt von Alexander Aphrodis. zu *Aristot.* Soph. Elench. p. 46. (Aldin. 1520.) 2) Περὶ ἑορτῶν καὶ θυσιῶν. 3) Vergl. den Art. Olympia in d. Encykl. III, 3. S. 293. 4) Κράτης Ἀθηναῖος περὶ τῶν Ἀθήνησι θυσιῶν, citirt von Schol. *Aristoph.* Eq. 742. *Photius* s. v. Κύνειος. *Suidas* in Εἰρεσιώνη. 5) Die Schrift des Lysimachides hieß περὶ μηνῶν oder περὶ μηνῶν καὶ ἑορτῶν. 6) Schol. *Aristoph.* Vesp. 564. 7) *Meursii* Panathenaica, im Gronovschen Thesaur. T. VII. p. 83 sq. 8) Panathenaikos Archaeologicum librum — edidit *Carolus Hoffmann*, Hassus. Cassel. b. *Jo. Ch. Krieger*. 76 S. 8. 9) Panathenaica auctore *Herm. Alex. Müller*. Bonn 1837. 133 S. 8.

in dem vortrefflichen Artikel über Pallas-Athene (S. 85 fgg.) von Hrn. Hofrath Müller theils die Stellung deß panathenäischen Festes zum Pallas-Dienst überhaupt nachgewiesen, theils das Fest selbst übersichtlich erläutert worden ist, darf die folgende Darstellung sich mit Bezugnahme auf jenen Aufsatz größerer Kürze befleißigen.

§. 2. Dieses Fest war das bedeutendste des attischen Staates[10]), wie das Haupt-[11]) und Geburtsfest der Minerva; in beiden Beziehungen, der politischen und der religiösen, nahm es jenen ersten Platz ein; es war aber der Minerva geweiht, welche als Beschützerin der Burg, als Athene Polias verehrt wurde[12]), deren Dienst hier so alt war als die Burg selbst, also noch älter als die eigentliche Stadt Athen. Vor der Gründung dieser Stadt soll das Fest der Göttin „Athenäa" geheißen haben, ein Name, der in der historischen Zeit den Anfangs als allgemeines Volks- (δημοτελής), dann aber blos als Fest der Handwerker gefeierten *Χαλκείοις* angehört, in Inschriften aber aus der Kaiserzeit[13]) ein eigenes großes Fest bezeichnet, das mit mancherlei Spielen begangen wurde. Die Sage nennt fast einstimmig den attischen König Erichthonius[14]) als Stifter jener mythischen Athenäen, was, da der erdgeborne, von der Minerva erzogene Vulkanssohn Erechtheus oder Erichthonius nicht von dem mit der Polias seit den ältesten Zeiten in gemeinsamem Tempel verehrten Erichthonischen Poseidon zu trennen ist, Nichts anderes bedeuten kann, als daß das Fest so alt sei, wie der Dienst beider Gottheiten auf der Burg. Wenn nun weiter Theseus als eigentlicher Stifter der Panathenäen genannt und diese Stiftung in Verbindung gesetzt wird mit der durch Theseus bewirkten Vereinigung der zwölf bis dahin von einander unabhängigen attischen Städte zu dem einigen attischen Staate[15]), so wird sowol durch diese Sage wie durch den Namen selbst das Fest als Bundesfest der Athener dargestellt; denn diese Benennung weist, wie schon Pollux[16]) und Eustathius[17]) bemerkt haben, auf die Analogie mit Panellenien, Panionien, Pambötien, Panachäen, Panätolien u. s. w. hin. Aber obgleich so alt, daß es von Einigen[18]) gradezu das älteste Fest der Griechen genannt wird, wie es denn auch fast das einzige ist, dessen Homer[19]) bestimmt gedenkt, während er außerdem nur noch minder bestimmt die Panionien auf Helike[20]) und ein Fest auf Ithaka erwähnt[21]), blieb es doch bis auf Pisistratus, weil die zu seiner Verherrlichung bestimmten Spiele nur auf Wagenrennen beschränkt waren, wenig bekannt im Auslande; Ol. 53, 3 v. Chr. Geb. 566 unter dem attischen Archon Hippoklides, mithin etwa sechs Jahre, ehe Pisistratus zum ersten Mal zum Besitze der Alleinherrschaft kam, wurde der gymnastische Wettkampf in den Panathenäen eingeführt[22]) und dadurch, wie es scheint, die besondere Feier der sogenannten großen Panathenäen begründet, die auf Pisistratus zurückgeführt wird[23]), der demnach schon vor Beginn seines Regiments diesen Einfluß geübt und während seiner Herrschaft noch mehr für Verherrlichung des Festes gethan haben mag. Seitdem also blieb festgesetzt, daß alle vier Jahre das Fest mit größerm Glanze begangen werden sollte, und seitdem unterschied man die großen (*Παναθ. τὰ μεγάλα*), welche jedes vierte, und die kleinen (*Π. τὰ μικρά*), welche alle Jahre[24]), nur nicht in dem Jahre der großen, gefeiert wurden; aber auch

10) Schol. *Aristoph.* Nub. 385. *Τὰ δὲ Παναθήναια ἑορτὴν παρ' Ἀθηναίοις εἶναι μεγίστην παρὰ πάντων ᾄδεται.* *Athen.* XIII, 561. e stellt daher die Panathenäen für Athen in Parallele mit den Olympien für die Eleer, dem Sonnenfeste für die Rhodier u. 11) *Pollux* I, 37 hat daher da, wo er die Hauptfeste der einzelnen Götter anführt, auch: *Ἀθηνᾶς Παναθήναια, Ἥρας Ἥραια κτλ.* 12) Daher wurden auch die Kosten des panathenäischen Wettkampfs aus der Tempelcasse der Polias bestritten, s. §. 8. 13) *Boeckh.* Corp. Inscr. Gr. nr. 245. 283. 14) *Marmor Par.* Z. 17. *Ἀφ' οὗ Ἐρι]χθόνιος Παναθηναίοις τοῖς πρώτοις γενομένοις ἅρμα ἔζευξε, καὶ τὸν ἀγῶνα ἐδείκνυε.* *Varro* ap. *Serv.* ad *Virg.* Georg. III, 113. *Harpocrat.*: *Παναθήν.* — *ἤγαγε δὲ τὴν ἑορτὴν πρῶτος Ἐριχθόνιος ὁ Ἡφαίστου, καθά φησιν Ἑλλάνικός τε καὶ Ἀνδροτίων ἑκάτερος ἐν α' Ἀτθίδος, πρὸ τούτου δὲ Ἀθήναια ἐκαλεῖτο, ὡς δεδήλωκεν Ἴστρος ἐν γ' τῶν Ἀττικῶν.* Man sieht hieraus, daß von den Atthiden-Schriftstellern Ister allein „Athenäen," Hellanicus und Androtio aber schon „Panathenäen" durch Erichthonius gestiftet sein lassen, und mit dem letztern stimmt Apollodor (III, 14, 6), während dafür, daß unter Theseus die Athenäen in Panathenäen verwandelt wurden, auch Pausanias (VIII, 2, 1) Zeugniß gibt. — Die Nachricht des Theodoretus (Therapeut. I. T. IV. p. 699. ed. *Schulze*), daß Orpheus die Panathenäen, wie die Dionysien, die Thesmophorien und Eleusinien, nach Athen gebracht habe, können wir als einzeln stehend übergehen. Vergl. auch die Not. 15 angeführten Belege und vor allem K. O. Müller oben S. 77. Not. 23 fg. 15) *Plut.* Thes. 24. *Suid.* s. v. *Παναθήν.* im ersten Artikel.

16) *Pollux* VI, 137. 17) zu Il. II, 247, 27. 18) *Helland.* ap. *Phot.* p. 533, a. 29. *Ὅτι πρῶτα μὲν τὰ Παναθήναια συνέστη.* *Aristid.* Panath. XIII. p. 329 (189. T. I. p. 308 *Dind.*) *Ἐνδοξότατοι πάντων οἱ κατὰ τὴν Ἑλλάδα ἀγῶνες, καὶ μὴν τούτων πρεσβύτατος ὁ τῶν Παναθηναίων, εἰ δὲ βούλει ὁ τῶν Ἐλευσινίων.* 19) Il. II, 551. 20) Il. XIII, 404. 21) Od. XXI, 258. 22) Vergl. die oben S. 80. Note 30 angeführten Stellen und *Schultz.* Specim. Apparat. ad annal. critic. p. 12. n. 26. p. 13. n. 31. p. 29. n. 54. 23) Schol. *Aristid.* p. 323 *Dind.* *Τῶν Παναθηναίων] τῶν μικρῶν λέγει· ταῦτα γὰρ ἐπὶ Ἐριχθονίου τοῦ Ἀμφικτύονος γενόμενα ἐπὶ τῷ φόνῳ τοῦ Ἀστερίου τοῦ γίγαντος.* [Dasselbe, nämlich daß das Fest besonders zum Andenken an den von der Minerva erlegten Giganten Aster gestiftet worden sei, sagt der Scholiast auf derselben Seite noch einmal: *Τὰ Παναθήναια ἐπὶ Ἀστέρι τῷ γίγαντι ὑπὸ Ἀθηναίων* (l.: *Ἀθηναίας*) *ἀναιρεθέντι* (sic), und, wie unten ausgeführt werden soll, war der Kampf der Göttin mit den Giganten die Hauptdarstellung auf dem der Göttin an den Panathenäen dargebrachten Peplos; auch nennt die Sage einen kretensischen Fürsten Asterion, der die Europe heimführte (*Apollod.* III, 1, 2), den Minotaur Asterios (ib. III, 1, 4. §. 3), den von Theseus besiegten Sohn des Minos, Asterion (*Paus.* II, 31), einen Asterios, Vater der Krete (III, 1. 2. §. 6), einen Asterios, Sohn des Neleus (I, 9, 9), einen Asterios oder Asterion, Sohn des Kometas (I, 9, 16. §. 8. *Paus.* V, 17); aber der Gigant Aster oder Asterios ist meines Wissens sonst nicht weiter bekannt; vermuthlich aber ist dies astronomische Sage und bezieht sich auf das völlige Erlöschen des Mondes bei diesem Feste der Göttin], *τὰ δὲ μεγάλα Πεισίστρατος ἐποίησε.* 24) Nach *Harp.* s. v. — *Διττὰ Παναθήναια ἤγετο Ἀθήνησι, τὰ μὲν καθ' ἕκαστον ἐνιαυτόν, τὰ δὲ διὰ πενταετηρίδος, ἃ καὶ μεγάλα ἐκάλουν,* könnte man freilich glauben, als ob die kleinen auch in dem Jahre begangen worden seien, dem die größere Feier angehört, aber die Richtigkeit der im Texte und meines Wissens zuerst von Böckh (Staatsh. II, 167) vorgetragenen Ansicht ergibt sich aus §. 3. Das zweite Argument zur Midiana des Demosthenes, wonach man die kleinern Panathe-

seit dieser Unterscheidung bezeichnet der bloße Ausdruck „Panathenäen" ohne weitern Beisatz die panathenäische Feier überhaupt, und nur wo die Unterscheidung hervorgehoben werden soll, kommt der Zusatz *τὰ μεγάλα*, etwas seltener dagegen der andere *τὰ μικρά*, hinzu [25]).

§. 3. Zeit der Feier [26]). Daß die großen Panathenäen in jedem dritten Olympiaden-Jahre begangen wurden, ist unzweifelhaft; wir haben gesehen, daß sie wahrscheinlich Ol. 53, 3 angeordnet wurden; wir wissen, daß 66, 3 bei der Feier der großen Panathenäen Hipparch ermordet wurde; für die Feier von Ol. 92, 3 gibt Lysias [27]) und eine Inschrift [28]), und für die Feier von Ol. 110, 3 eine andere Urkunde [29]) Zeugniß; dazu kommt, daß Ol. 85, 3 nach Vollendung des Hekatompedon die von Phidias verfertigte goldene und elfenbeinerne Statue der Göttin aufgestellt und geweiht wurde, wozu man doch eher eine große als eine kleine Panathenäenfeier gewählt haben wird; dieses letzte Jahr ist nach einer einleuchtenden Vermuthung Böckh's [30]) auch das Epochenjahr für die von den Schatzmeistern der Minerva und der übrigen Götter zu führenden Abrechnungen der von ihnen aufbewahrten Tempelschätze, welche Abrechnungen immer einen vierjährigen Zeitraum von einem großen Panathenäenfeste zum andern umfaßten; endlich suche ich es weiter unten (vergl. Not. 80) wahrscheinlich zu machen, daß der musikalische Wettkampf Ol. 83, 3 eingeführt worden sei, und auch das wird wol eher bei einer großen als bei einer kleinen Panathenäenfeier geschehen sein. Es fragt sich nun aber, an welchen Tagen wurden die großen und an welchen die kleinen begangen? Daß die Feier der erstern zwölf Tage gedauert habe, ist eine neuerlich [31]) aufgestellte, wie sich gleich zeigen wird, unrichtige Vermuthung, die sich nur auf die allerdings richtige Bemerkung stützt, daß die Zwölfzahl in Athen beliebt war; denn die Gründe, daß das Fest, was das größte attische genannt werde, auch das längste und also auch länger als die neun Tage dauernden Eleusinien gewesen sein müsse, oder daß die Panathenäen, wenn man sie vom 17. bis zum 28. Hekatombäon dauern lasse, dadurch unmittelbar auf das dem 16. Hekatombäon angehörige Fest der Synoikia gefolgt wären, mit welchem sie ihrer Bedeutung nach zusammenhingen, sind rein willkürlich, da weder die Verwandtschaft zwischen beiden Festen erwiesen, noch, wenn wir diese auch zugeben, daraus auch das unmittelbare Aufeinanderfolgen in der Zeit wahrscheinlich wird; endlich scheint es unmöglich, mit den uns bekannten Feierlichkeiten dieses Festes zwölf Tage auszufüllen. Ein Scholiast zu Euripides [32]) sagt nach der gewöhnlichen Lesart, daß das Fest viele Tage gedauert habe, aber in einer breslauer Handschrift steht statt „viele" „vier Tage," und damit stimmt auch der Scholiast zu Aristides [33]); diese Zahl hat an sich so gar nichts gegen sich, daß kein Grund vorhanden ist, von ihr ohne Noth abzugehen; nun sagen Proklus und der Scholiast Plato's, daß die großen Panathenäen am 28. Hekatombäon begangen wurden, eine Nachricht, die dadurch bestätigt wird, daß der 28. oder die *τρίτη φθίνοντος* jedes Monats der Minerva als ihr Geburtstag geheiligt war [34]); bis zum 29. und 30. aber konnte das Fest unmöglich und noch weniger in den folgenden Monat hinüber gereicht haben; das Letztere wäre, wie schon von anderer Seite bemerkt worden [35]), gegen den Gebrauch der übrigen attischen und griechischen Feste, der 30. Tag aber fiel, wenn der Monat hohl war, aus, und im hohlen Monate war der 29., wie im vollen der 30., eine *ἀποφρὰς ἡμέρα*, mithin nicht zu einem Feste geeignet; es scheint also gewiß, daß das Fest vom 25. bis 28. Hekatombäon gedauert habe, der 28. aber der Hauptfest- und der eigentliche Panathenäentag war, an dem die Procession gehalten und das Opfer gebracht wurde; auf diese Weise ist der Ausdruck des Proklus und noch mehr der des Herodot und Thucydides, welche nur im Singular von einem Festtage der Panathenäen sprechen, gerechtfertigt [36]). Daß aber die kleinen Panathenäen nicht,

näen trieterisch, d. h. ein Jahr ums andere, begangen habe, verdient keine Beachtung.

25) Mit Unrecht behauptete Clinton (F. H. p. 335), daß das bloße Wort *Παναθ.* allein schlechthin und immer die großen, und ebenso unrichtig Osann, daß es immer die kleinen bedeute (*Boeckh*, C. I. Gr. T. I. p. 209). In der attischen Staatsurkunde (C. I. Gr. nr. 76) bedeutet die Formel *ἐκ Παναθηναίων ἐς Παναθήναια*, in den Abrechnungen der Schatzmeister der Minerva, welche immer eine vierjährige Finanzperiode umfassen und im C. I. nr. 137 sq. abgedruckt sind, bedeutet die Formel *τάδε παρέδοσαν αἱ τέτταρες ἀρχαὶ αἳ ἐδίδοσαν τὸν λόγον ἐκ Παναθηναίων ἐς Παναθήναια*, in einer so eben durch Gefälligkeit des Hrn. Prof. Roß erhaltenen und demnächst im Arch. Intelligenzbl. der A. L. Z. 1838 zu publicirenden Inschrift, welche die Ausgabenberechnung derselben Behörde für die Finanzperiode von Ol. 88, 3 bis 89, 2 enthält, bedeutet die Formel Z. 1 *ἐν τοῖς τέτ]ταρσιν ἔτεσιν ἐκ Παναθηναίων [ἐς Παναθ.* und Z. 48 *ἐκ Παναθ. ἐς Π.*, desgleichen die bei Xenophon (vgl. Note 84) und im C. I. Gr. nr. 540 genannten *Παναθήναια* die panathenäische Feier jedes Jahres, also ebenso große wie kleine; die bei Herodot (V, 56) genannten *Παναθήν.* sind die großen (vergl. *Thuc.* VI, 56), die in den agonistischen Inschriften Nr. 234. 247 erwähnten *Παναθ.* sind vermuthlich die kleinen. Den Zusatz *τὰ μεγάλα* finde ich, die Stellen der Grammatiker und andere unten anzuführende abgerechnet, in folgenden Stellen: *Thuc.* V, 46. *Aristoph.* Pac. 420. *Plat.* Euthyphr. p. 6, b. *Isocrat.* Panath. §. 18. *Demosth.* c. *Leoch.* 1091, 22. C. I. Nr. 251, desgleichen in den Note 67 citirten Volksschlüssen, *μικρὰ Παναθήναια* hat Menander im Hypobolimaeus (*Μικρὰ Παναθήναι' ἐπειδὴ δι' ἀγορᾶς πέμποντά σε, Μοσχίων, μήτηρ ἑώρα τῆς κόρης ἐφ' ἅρματος* p. 165. ed. *Meinek.*). 26) Die eben S. 85. Note 27 citirte Abhandlung von K. O. Müller über die Zeit der Panathenäen, ist mir leider nicht zugänglich. 27) S. 698, 2. 28) Corp. Inscr. Gr. nr. 147. 29) Ib. nr. 251. 30) *Boeckh.* ad C. I. Gr. T. I. p. 182.

31) Hoffmann S. 50. H. A. Müller 46 fg. 32) Schol. *Eur.* Hekab. 465. *Τὰ δὲ Παναθήναια ἑορτὴ τῆς Ἀθηνᾶς πάντων Ἀθηναίων συνιόντων ἐκεῖσε καὶ τῶν ἄλλων Ἑλλήνων πολλὰς ἡμέρας πανηγυριζόντων.* In der breslauer Handschr. *τέσσαρας ἡμέρας.* 33) Schol. *Aristid.* p. 98, 31 *Dind.* *Ἡ τῶν Παναθηναίων ἑορτὴ διὰ τεσσάρων ἡμερῶν ἐγίνετο.* 196, 30 *ἡ τ. Π. ἑορτή, ὡς ἔφημεν, διὰ τεσσάρων ἡμερῶν πληροῦται.* Ib. 197. 17 *ὥσπερ γὰρ αὕτη διὰ τεσσάρων ἡμερῶν ἀπαρτίζεται.* Freilich wird von beiden Schol. nicht hinzugefügt, von welchen Panathenäen die Rede sei, aber wenn die größern eine längere Dauer gehabt hätten, der Schol. des Aristides hätte es erwähnen müssen. 34) Vergl. K. O. Müller oben S. 85. 35) H. A. Müller S. 46. 36) *Procl.* in *Plat.*

wie Meursius vermuthete, gleich nach den Bendideen, d. h. den 20. oder 21. Thargelion, können begangen worden sein, sondern ebenfalls dem Monat Hekatombäon angehört haben müssen, hat Petit gezeigt, dem hierin Corsini gefolgt ist; und was neuerlich Clinton [37]) zur Vertheidigung jener Ansicht des Meursius beigebracht hat, will wenig bedeuten; wenn nämlich 1) Maximus Tyrius [38]) sagt, daß bei den Athenern jede Jahreszeit ihr Fest hätte, der Frühling die Dionysien, der Herbst die Mysterien, „und andere Jahreszeit diene zur Verherrlichung eines andern Gottes, wie die Panathenäen, die Skirrhophorien, die Haloen, die Apaturien," so beweist dies grade umgekehrt, daß das Panathenäenfest kein Frühlingsfest war, was es nach Meursius und Clinton sein sollte; wenn 2) Proklus [39]) und der Platonische Scholiast sagen, die kleinen Panathenäen folgen auf die Bendideen, so hat allerdings, wenigstens der erste, dies so verstanden, daß diese den 19., jene den 20. Thargelion gefeiert wurden; aber Proklus ist für sich selbst keine Auctorität, da er, wenn auch in Athen, doch in einer Zeit (gest. 485) gelebt hat, wo die öffentliche Feier heidnischer Feste durch die strengsten kaiserlichen Gesetze längst verpönt war; fragt man aber, wie er zu dieser Meinung gekommen, so scheint theils, wie Petit gezeigt, eine andere Stelle des Proklus, in der es heißt, „die Feste der Minerva folgen auf die Bendideen" den Schlüssel hierzu zu geben, indem Proklus und der Scholiast Plato's nur mit Unrecht auf die Panathenäen bezogen haben, was in den Quellen, denen sie folgen, namentlich bei dem Rhodier Aristoteles, von andern Minervalischen Festen, nämlich den Plynterien und Kallynterien, gemeint war; theils würde, wenn man selbst bei den Panathenäen stehen bliebe, der Ausdruck des Proklus noch zur Noth zu rechtfertigen sein, wenn man annähme, daß er nicht vom Standpunkte der ältern Athener, die mit dem Sommersolstitium ihr Jahr begannen, sondern des damals allgemein recipirten Julianischen Kalenders geschrieben habe; endlich hat auf Proklus' Irrthum die falsche Voraussetzung eingewirkt, daß der Timäus des Plato an den Panathenäen gehalten sei. 3) Die Stelle des Aristoteles [40]) „nach den Panathenäen die Schiffahrt," deren Beziehung uns unklar ist, würde allerdings dafür entscheiden, daß das Fest in den Anfang des Frühlings falle, wenn sie bedeuten müßte, oder auch nur könnte, daß die Schiffahrt nach den Panathenäen beginne; aber diese Bedeutung halte ich für unmöglich. Ist nun alles beseitigt, wodurch man erweisen wollte, daß die kleinern Panathenäen ein Frühlingsfest waren, so tritt theils der allgemeine Grund in sein Recht ein, daß, da das große Panathenäenfest in aller wesentlichen Bedeutung mit dem kleinen eins war und nur durch höhern Glanz sich von ihm unterschied (anders als die großen und kleinen Dionysien, was ganz in ihrer Bedeutung geschiedene Feste waren), auch gar keine Ursache vorhanden war, es auf eine andere Zeit zu verlegen als das kleine; theils wird, daß dieses ziemlich bald nach dem attischen Jahresanfange begangen sein müsse, durch eine Inschrift [41]) einleuchtend, in der aus dem Jahre Ol. 111, 4, also aus einem Jahre der kleinen und nicht der großen Panathenäen, der Ertrag des Hautgeldes (*δερματικόν*) von den Opfern an den Panathenäen angeführt und dieses nur durch die Ammonien von dem dem 6. Hekatombäon angehörigen Friedensopfer getrennt ist. Auf das Gesetz des Epikrates [42]) dagegen, was beweist, daß die Panathenäen kurz nach dem 11. Hekatombäon fielen, mag ich mich deshalb nicht berufen, weil es allerdings nicht unmöglich ist, daß die in demselben erwähnten Panathenäen nicht die kleinen von Ol. 106, 4, sondern die großen von Ol. 106, 3 waren; sind aber auch die kleinen zu verstehen, so geht aus diesem Gesetze noch keineswegs hervor, daß sie vor dem 20. Hekatombäon, wie Petit, oder gar grade den 17. Hekatombäon begangen wurden, wie Hoffmann und H. A. Müller neuerlich angenommen haben; Petit stützt sich auf die von Schömann [43]) längst widerlegte Nachricht des Scholiasten Ulpian, daß in jedem Monate drei regelmäßige Volksversammlungen gehalten worden seien, den 11., 20. und 30., die übrigens, auch wenn sie wahr wäre, nicht einmal das erweisen würde, was sie soll, und die andere Annahme weiß für sich nur den oben schon von mir als unerwiesen bezeichneten Zusammenhang zwischen den auf den 16. Hekatombäon fallenden Synoikesien und den Panathenäen anzuführen. Gibt es somit schlechterdings keinen Grund, die Feier der kleinern Panathenäen früher hinaufzurücken, so ist die höchste innere Wahrscheinlichkeit dafür, daß sie wie die

---

Tim. p. 9. *Π. τὰ μεγάλα τοῦ Ἑκατομβαιῶνος ἤγετο τρίτῃ ἀπιόντος* (womit Schol. *Plat.* 395 *Bekk.* übereinstimmt). *Herod.* l. c. *Τῇ προτέρῃ νυκτὶ τῶν Παναθηναίων.* *Thuc.* VI, 56. *Π, τὰ μεγάλα ἐν ᾗ μόνον ἡμέρᾳ.* Alle drei sprechen also nur von einem, d. h. vom Hauptfesttage.

37) Fasti Hell. II. p. 383. 38) Diss. III, 10. p. 29 Davis. *Τὰ δὲ Ἀθηναίων τί χρὴ λέγειν; πάντα μεστὰ ἑορτῆς τὰ Ἀττικά, πάντα θυμηδίας· καὶ διείλαχον αὐτοῖς ὧραι τὰς ἡδονάς, ἦρος Διονύσια, μετοπώρου μυστήρια, καὶ ἄλλην ὥραν ἔχει ἄλλος θεός, Παναθήναια, Σκιῤῥοφόρια κτλ.* 39) Proclus in *Plat.* Tim. p. 9. *Δῆλοι δ᾽ ἐκ τούτων εἰσὶ καὶ οἱ χρόνοι τῶν διαλόγων τῆς τε πολιτείας καὶ τοῦ Τιμαίου, εἴπερ ἡ μὲν ἐν τοῖς Βενδιδείοις ὑπόκειται τοῖς ἐν Πειραιεῖ δρωμένοις, ὁ δὲ ἐν τῇ ἑξῆς τῶν Βενδιδείων. ὅτι γὰρ τὰ ἐν Πειραιεῖ Βενδίδεια τῇ ἐνάτῃ ἐπὶ δέκα τοῦ Θαργηλιῶνος, ὁμολογοῦσιν οἱ περὶ ἑορτῶν γράψαντες, ὥστε ὁ Τίμαιος ὑποκέοιτο ἂν τῇ εἰκάδι τοῦ αὐτοῦ μηνός. εἰ δέ, ὡς ἑξῆς ῥηθήσεται, καὶ Παναθηναίων ὄντων ὑπόκειται, δῆλον ὅτι τὰ μικρὰ ἦν ταῦτα Παναθήναια. τὰ γὰρ μεγάλα τοῦ Ἑκατομβαιῶνος ἐγίνετο τρίτῃ ἀπιόντος.* Id. p. 27. *Ὅτι γε μὴν τὰ Παναθήναια τοῖς Βενδιδείοις εἵπετο, λέγουσιν οἱ ὑπομνηματισταί, καὶ Ἀριστοτέλης ὁ Ῥόδιος ἱστορεῖ τὰ μὲν ἐν Πειραιεῖ Βενδίδεια τῇ εἰκάδι τοῦ Θαργηλιῶνος ἐπιτελεῖσθαι, ἕπεσθαι δὲ τὰς περὶ τὴν Ἀθηνᾶν ἑορτάς.* Id. ad Polit. 353. *Τὰ δὲ Παναθήναια καὶ ταῦτα μικρὰ λέγων τοῖς Βενδιδείοις ἑπόμενα τὴν Ἀθηνᾶν εἶχε τῆς ἑορτῆς πρόφασιν.* Schol. *Plat.* rep. init. p. 395 *Bekk.* *Ἃ (Παναθήναια τὰ μικρά) δὴ τοῖς Βενδιδίοις καλουμένοις εἵπετο.*

40) *Aristot.* de gener. animal. I, 18. *Ἐκ τῶν Παναθηναίων ὁ πλοῦς.* Hätte Aristoteles das sagen wollen, was ihn Meursius sagen läßt, so mußte er *ἐκ τ. Π. ἡ θάλαττα πλώϊμός ἐστι* (wie der Geschwätzige bei *Theophrast* Ch. 3 *τὴν θάλατταν ἐκ Διονυσίων πλώϊμον εἶναι* sagt), oder etwas Ähnliches schreiben. 41) C. I. Gr. nr. 157. 42) *Demosth.* contr. *Timocr.* p. 708. 43) De comit. p. 29 sq. antiquitt. Graecor. p. 219.

großen dem 28. d. M. angehört haben, wobei wir die Frage, wie viel und ob auch sie grade vier Tage gedauert haben, dahin gestellt sein lassen müssen. Daß aber im 4. Jahrh. n. Chr. Geb. die Panathenäen wirklich ein Frühlingsfest waren, beweist der Sophist Himerius aus dem bithynischen Prusias, dessen Blüthe in die Zeit des Constantius und Julian fällt; seine dritte Rede, gerichtet an den Proconsul Basilius, führt die Aufschrift: „An Basilius, in den Panathenäen beim Beginn des Frühlings" (*Εἰς Βασίλειον Παναθηναίοις ἀρχομένου τοῦ ἔαρος*), und damit man nicht sage, daß die Aufschrift verfälscht oder auf die röm. Quinquatria zu beziehen sei, so enthält die Rede selbst mehre deutliche Hinweisungen (§. 3 fg.), theils auf den Frühling, die Schwalben und Nachtigallen, theils auf die klaren und reichen Strömungen des Ilissus, und §. 12 die bestimmteste Beziehung auf die Panathenäen, zu deren Feier Basilius gekommen sei, und auf das panathenäische Processionsschiff. Daß man dies nun mit Wernsdorf[44]) nicht so zu erklären habe, als wäre durch Verwirrung in der Intercalation des griechischen Mondjahres der Hekatombäon ein Frühlingsmonat geworden, ist schon von Hoffmann[45]) bemerkt worden; die attischen Monate waren ja mit der damals in Griechenland längst erfolgten Annahme des Julianischen Jahres wahre Sonnenmonate geworden, und eine Intercalationsverwirrung war also damals eine reine Unmöglichkeit. Ideler[46]) hatte früher die Vermuthung aufgestellt, es wäre mit der Annahme des Julianischen Kalenders der Hekatombäon aus der Gegend der Sommersonnenwende in die der Herbstnachtgleiche geschoben, eine Voraussetzung, zu der ihn die Tafel der attischen Monate bei Henric. Stephanus, in der der Hekatombäon mit dem September, der Metageitnion mit dem October ꝛc. und die Stelle des Epiphanius veranlaßt hatten, in der der 6. Januar mit dem 6. Mämakterion verglichen wird; aber Ideler hat diese Vermuthung für Athen längst zurückgenommen[47]) und sie blos auf die asiatischen Griechen beschränkt; dennoch ist sie neuerlich wieder aufgenommen worden, obgleich sie die vorliegende Schwierigkeit um Nichts erleichtert; die Unrichtigkeit derselben für Athen ergibt sich aus einer von Ideler übersehenen Stelle des Marinus[48]), in der der 17. April 485 n. Chr. Geb. mit dem 17. Munychion verglichen wird; mithin muß der Hekatombäon dem Juli nach wie vor entsprochen haben. Wir können also nicht aufstellen, daß in Folge einer Verlegung jenes Monats, sondern müssen sagen, daß, obgleich der Monat der Panathenäen nicht verlegt wurde, das Fest selbst in den Frühlingsanfang verlegt worden sei, vermuthlich in Folge römischen Einflusses, um es mit dem römischen Hauptfeste der Minerva, den größern Quinquatrus, welches den 19. bis 23. März gefeiert wurde, gleichzeitig zu begehen[49]); daher ist es denn zu erklären, daß die griechischen Schriftsteller seit Dionys von Halikarnaß[50]) die römischen Quinquatrus mit dem griechischen Ausdrucke *Παναθήν.* und die Römer seit Plinius das griechische Panathenäenfest mit dem römischen Worte Quinquatrus bezeichnen[51]). Wann diese Verlegung des attischen Panathenäenfestes erfolgt sei, ist schwer auszumitteln; da jedoch in dem Pseudo-Virgilischen Gedichte Ciris (v. 21 sq.) das Fest schon als Frühlingsfest behandelt wird, so wird es dadurch und durch die Stelle des Dionys wahrscheinlich, daß sie zur Zeit des August längst stattgefunden hatte.

§. 4. Bestandtheile der Feier. Wir können zwei Hauptbestandtheile des Festes unterscheiden, den *ἀγών* oder den Wettkampf, womit wir gleich die Recitationen verbinden, einer- und die eigentliche *ἑορτή*, oder die *θυσία* und *πομπή*, Opfer und Procession, wozu auch die Volksspeisung *ἑστίασις* gerechnet werden kann, andererseits.

I. Der Wettkampf war ein dreifacher, ein ritterlicher, ein gymnastischer und ein musikalischer; denn der von Harpokration[52]) als zu den Panathenäen gehörig erwähnte *Εὐανδρίας ἀγών* ist mir immer räthselhaft geblieben, und die von einigen Gelehrten[53]) angenommene Beziehung desselben auf die Thallus tragenden Greise, als wäre an den Panathenäen ein Wettkampf männlicher Schönheit gehalten worden, und die Greise, welche in demselben gesiegt hatten, wären nachher als *θαλλοφόροι* in der panathenäischen Procession aufgetreten, ist mir immer als willkürlich und unwahrscheinlich erschienen. Ebenso wenig glaube ich, daß grade an den Panathenäen ein Hahnenkampf gehalten worden sei[54]), worauf man sogar den Hahn auf den panathenäischen Vasen bezogen hat; Philo[55]), auf den man sich deshalb beruft, sagt blos, Miltiades habe einmal im panathenäischen Stadium (?) einen Hahnenkampf veranstaltet; nicht einmal das möchte ich dem Älian[56]) nachsagen, daß überhaupt in Athen in Folge gesetzlicher Bestimmung einmal des Jahres ein Hahnenkampf öffentlich gehalten, oder diese Bestimmung nach dem Perserkriege auf Antrag des Themistokles gegeben worden sei, wiewol das Letztere auch Julius Africanus berichtet; vielmehr scheint es mir, daß dieses Spiel immer reine Privatsache gewesen, dessen Ursprung im-

---

44) Zum Himer. p. 428. 45) *Hoffmann.* p. 48. 46) Handbuch der Chronologie. I. S. 360 fg. 47) Ebend. II. S. 609. 48) *Marin.* Vit. Procl. c. 26. p. 28 *Boisson.* *Ἐτελεύτησε δὲ τῷ δ' καὶ κ' καὶ ρ' ἔτει ἀπὸ τῆς Ἰουλιανοῦ βασιλείας ἄρχοντος Ἀθήνησι Νικαγόρου τοῦ νεωτέρου μηνὸς μὲν κατὰ μὲν Ἀθηναίους Μουνυχιῶνος ιζ' κατὰ δὲ Ῥωμαίους Ἀπριλλίου ιζ'.*

49) Ähnliches hat auch Hoffmann (a. a. O.) vermuthet. 50) *Dionys.* A. R. II, 70. *Ἑορτὴ δ' αὐτῶν ἐστι περὶ τὰ Παναθήναια τῷ καλουμένῳ Μαρτίῳ μηνί.* *Athen.* III, 98. b. Übrigens vergl. über die römischen großen und kleinen Quinquatrus K. O. Müller, Pallas-Athene. S. 111. 51) *Meurs.* c. 4. 52) s. v. *Εὐανδ.* — *Παναθηναίοις εὐανδρίας ἀγὼν ἤγετο.* Nur die Stelle des Pseudo-Andocid. geg. Alcibiad. S. 133. a. C. *Τυγχάνω νενικηκὼς εὐανδρίᾳ* scheint dem Lexikographen zu seiner Glosse Veranlassung gegeben zu haben. 53) *Schneider* ad *Xenoph.* Memor. III, 3, 12. *Siebelis* ad *Philochor.* 27. 54) *H. A. Müller* p. 73, und in dieser Encykl. S. 298. 55) *Philo* *περὶ τοῦ πάντα σπουδαῖον εἶναι ἐλεύθερον* p. 684. e. *ὃ συνιδὼν Μιλτιάδης ὁ τῶν Ἀθηναίων στρατηγὸς — συναγαγὼν ἐν τῷ Παναθηναϊκῷ τοὺς συμμάχους ὀρνίθ*[illegible]*ῶνα ἐπέδειξε.* Was also Älian von Themistokles, berichtet Ph[illegible]on Miltiades; eine Variation, die nicht geeignet ist, die Glaubwürdigkeit der Erzählung zu erhöhen (bei *Παναθ.* ist kaum etwas andres als *σταδίῳ*, schwerlich *ἀγ*[illegible] zu ergänzen). 56) *Aelian.* V. H. II, 28.

merhin auf das Beispiel des Themistokles zurückzuführen sein mag.

Von jenen drei Kampfgattungen aber erklärt Hofrath Müller[57]) mit Recht die ritterlichen für die ältesten (werden ja diese schon auf Erichthonius zurückgeführt, den uns ebenso die Sage als denjenigen nennt, der zuerst Pferde an den Wagen gespannt hat, wie ihn eine der südlichen Metopen des Parthenon auf einem Wagen fahrend zeigt), während bekanntlich die gymnastischen erst Ol. 53, 3, die musikalischen erst unter Perikles, und zwar, wie wir zeigen werden, Ol. 83, 3 eingeführt wurden. Wie nun andere große hellenische Spiele, z. B. namentlich die Olympien und Pythien, durch allmälige Aufnahme neuer Kampfarten erweitert wurden, so geschah es gewiß auch bei den Panathenäen, daß jede dieser drei Kampfgattungen durch Aufnahme neuer dazu gehöriger Spiele erweitert, zum Theil auch durch Abschaffung älterer verengt wurde, wiewol genauere Nachrichten uns abgehen; da es indessen, wenn auch nicht ausgemacht, doch höchst wahrscheinlich ist, daß sich die von Böckh publicirte Peyssonel'sche und Museums- und die von ihm und Dr. Franz herausgegebene Ross'sche Inschrift, welche drei Urkunden attische Siegerverzeichnisse enthalten[58]), und dadurch glaublich wird, daß sich auch die von Böckh unter den böotischen publicirten, in Athen gefundenen Inschriften Nr. 1590 und 1591, auf die panathenäischen Spiele Athens beziehen (an einen andern attischen Wettkampf, z. B. die Eleusinien, läßt sich schon wegen der ritterlichen Spiele und namentlich wegen des ἀποβάτης nicht denken), so kann man, wenigstens für das zweite Jahrhundert vor unserer Zeitrechnung (zwischen 197 und 148 fallen die ersten drei Urkunden), angeben, daß damals außer Athenern an den gymnastischen Wettkämpfen Messenier, Argiver, Sikyoner, Korinther, Böoter, Corcyräer, Erythräer, Smyrnäer, Halikarnassier, Sillyer, Alabander, Sidonier, Antiochenser, Alexandriner, und nimmt man die Inschriften 1590 fg. hinzu, Tanagräer, Platäer, Thespier, Thebaner, Eleiten, Larymner, Opuntier, Epiroten, Myndier, Koer, Bithyner, Ephesier, Samier, Tenedier, Ptolemäer, Magnesier, an den ritterlichen aber Antiochenser aus Kydnos, Antiochenser aus Pyramos, Laodiceer aus Phönicien, Sidonier, und besonders auswärtige Monarchen, wie der König von Pergamum, Eumenes II. und seine Brüder Attalus und Philetärus, der König von Ägypten, Ptolemäus Philometor, der nachherige König von Numidien, Mastanabal, Sohn des Königs Massinissa und Vater des Jugurtha, endlich der König Syriens, Antiochus V. Eupator, Antheil genommen haben. Die Theilnahme dieser Könige scheinen die Athener durch besondere heilige Gesandtschaften (θεωρίαι) erbeten zu haben; wenigstens scheint die an den Vater des zuletzt erwähnten syrischen Königs, an Antiochus IV. Epiphanes, von den Athenern abgeschickte „θεωρία[59]) ὑπὲρ τῶν Παναθηναίων" sich hierauf bezogen zu haben. Sodann beweisen diese Urkunden, daß wenigstens damals folgende Kampfspiele panathenäische waren, und zwar

§. 5. A. ritterliche und curulische Spiele. Hier werden nun erstens die im Stadium[60]) von den im Hippodromos gehaltenen Übungen unterschieden, bei den erstern als Sieger lauter Athener, bei den im Hippodrom gehaltenen theils Nicht-Athener, theils Athener genannt. a) Von den im Stadium veranstalteten werden wieder drei Abtheilungen unterschieden, wovon die erste keinen besondern Namen hat, weil zu ihr, wie es scheint, die attischen Bürger ohne Unterschied zugelassen wurden, die beiden andern dagegen werden als die von den Phylarchen ἐκ τῶν φυλάρχων und als die von den Rittern ἐκ τῶν ἱππέων veranstalteten bezeichnet; bei den Phylarchen muß man wol mit Böckh an die frühern zehn, damaligen zwölf Anführer der bürgerlichen Reiterei, bei den ἱππεῖς dagegen an die bürgerliche Reiterei selbst denken; denn die Ritter mit Solonischem Census waren damals wol schon seit Jahrhunderten verschollen. 1) Von Kampfspielen des attischen Volkes aber werden sechserlei namhaft gemacht, nämlich unmittelbar nach den gymnastischen a) ἡνίοχος ἐγβιβάζων oder ἡν. ζεύγει ἐγβιβάζων, b) ἀποβάτης; diese beiden gehören offenbar zusammen, sie sind Reste einer schon aus der mythischen Zeit bekannten Kampfspielart, die mit der heroischen Schlachtweise des Wagenlenkers und des παραιβάτης zusammenhängt, in Athen besonders einheimisch, der Minerva geweiht war und ἀποβατῶν, sc. ἀγών, hieß; sie bestand vermuthlich darin, daß, während der Wagen die Rennbahn durchlief, der ἀποβάτης von demselben abspringen und zu Fuß laufend ein gewisses Ziel zu erreichen, der Wagenlenker aber ihn an diesem Ziele wieder auf den Wagen aufzunehmen suchen mußte; es concurrirten also, wie die Grammatiker sagen, bei diesen Kampfspielen ein Reiter und ein Fußgänger, und nur wenn beide ihrer Aufgabe genügten, konnte jedem von ihnen der Sieg zu Theil werden; in der Peyssonel'schen Urkunde wird erst der ἡνίοχος und dann der ἀποβάτης, in der Ross'schen erst dieser und dann jener aufgeführt. c) ἅρματι δίαυλον (wie es in der Ross'schen Inschrift, oder ζεύγει δίαυλον, wie es in der Peyssonel'schen heißt, wo das Viergespann die doppelte, d) ἅρματι oder ζεύγει schlechthin oder mit dem Zusatze ἀκάμπιον oder ἄκαμπτον, wo es die einfache, e) συνωρίδι δίαυλον, wo das Zweigespann die doppelte und f) συνωρίδι ἄκαμπτον, wo dieses die einfache Bahn zurücklegt. 2) Von den Phylarchen gehaltene Kampfspiele sind dreierlei genannt, nämlich a) ἵππῳ πολεμιστῇ δίαυλον ἐνόπλιον, wo mit dem Bataillepferde die doppelte Bahn bewaffnet, b) ἵππῳ πολεμιστῇ δίαυλον, wo mit ihm dieselbe unbe-

57) Vergl. oben S. 87. 58) Das Peyssonel'sche ist von Böckh in den Annali dell' Institut. di Corrisp. archeol. I, 156, die andern Monumente sind in der A. L. Z. 1835. Intl. Int.-Bl. Nr. 35 fg. bekannt gemacht. 59) Polyb. XXVIII, 16.

60) Daß die ritterlichen Spiele, welche von den ἐν τῷ ἱπποδρόμῳ veranstalteten Übungen unterschieden werden, grade im Stadium gehalten worden seien, beruht freilich nur auf einer Vermuthung Böckh's, der ἐν τῷ [σταδίῳ] ergänzt; aber da einmal gewiß ist, daß sie im Hippodromos nicht gehalten sind, so wüßte auch ich für sie keinen schicklichern Ort, als das Stadium, wozu noch kommt, daß sie in der Inschrift unmittelbar an die im Stadium gewiß begangenen gymnastischen Übungen angereiht werden.

waffnet, c) ἵππῳ ἀκάμπτον, wo mit dem gewöhnlichen Pferde die einfache Bahn zurückgelegt wird. 3) Kampfübungen der Ritter werden ebenfalls drei namhaft gemacht, nämlich a) ἵππῳ πολεμιστῇ, wo mit dem Kampfroß vermuthlich die doppelte, b) ἵππῳ δίαυλον, wo mit dem bloßen Rosse die doppelte, c) ἵππῳ ἄκαμπτον, wo mit demselben die einfache Bahn zurückgelegt wird. β) Von den im Hippodromos veranstalteten ritterlichen Spielen werden wieder zwei Hauptgattungen unterschieden, ἐκ πάντων, d. h. solche, zu denen alle ohne Unterschied der Abkunft, und ἐκ τῶν πολιτικῶν, solche, zu denen nur Athener zugelassen werden; 1) der erstern werden sechserlei erwähnt, nämlich a) κέλητι πωλικῷ, das Wettrennen mit dem jungen, b) κέλητι τελείῳ, das Rennen mit dem ausgewachsenen Reitpferde, c) συνωρίδι πωλικῇ, das Wettrennen mit dem durch zwei junge, d) συνωρίδι τελείᾳ, das Rennen mit dem durch zwei ausgewachsene Pferde bespannten Zwiegespann, e) ἅρματι πωλικῷ, das Rennen mit dem durch vier junge, f) ἅρματι τελείῳ, das Rennen mit dem durch vier ausgewachsene Pferde bespannten Viergespann. 2) Bei dem zweiten werden siebenerlei aufgeführt, je nachdem mit dem einzelnen Schlachtrosse (ἵππῳ πολεμιστῇ), oder mit dem kriegerischen Viergespann (ἅρματι πολεμιστηρίῳ), oder mit dem Parade-Viergespann (ζεύγει πομπικῷ), oder mit dem bloßen Viergespann die doppelte (ζεύγει δίαυλον), oder mit dem kriegerischen Zwiegespann (συνωρίδι πολεμιστηρίᾳ) die doppelte, oder mit dem bloßen Zwiegespann dieselbe (συνωρίδι δίαυλον), oder endlich mit dem bloßen Zwiegespann die einfache Bahn zurückgelegt wurde. Außerdem wird uns noch in zweien jener Inschriften das Wettrennen mit dem viellaufenden Pferde (ἵππῳ πολυδρόμῳ) genannt.

Jene Inschriften zeigen jedoch, daß die eben erwähnten ritterlichen und curulischen Spiele nicht jedesmal alle, noch immer in derselben Ordnung gehalten wurden; am ersten waren wol noch die im Hippodrom veranstalteten regelmäßig. Dieser große Umfang ritterlicher Spiele an dem Hauptfeste der Minerva war weder der Göttin, die selbst als ritterliche, als ἱππία, verehrt wurde, und die Kunst, das Roß zu bändigen und an den Wagen zu spannen, den Menschen gezeigt haben soll, noch dem Volke unangemessen, mit dessen Führer vor Troja, Menestheus, keiner vergleichbar war der Erdenbewohner „Rosse der Schlacht zu ordnen[61])," dem Volke, das neben jener ritterlichen Göttin auch den ritterlichen Poseidon und den ritterlichen Kolonos verehrte, das bei Marathon eine schöne Ebene für Entwickelung der Reiterei besaß und für die Ausbildung dieser nicht weniges schon in der Solonischen, aber in der Zeit nach den Perserkriegen ganz Außerordentliches gethan hat[62]). Übrigens war der attische Hippodromos im echelidischen Gau[63]). Daß diese Spiele nach den gymnastischen veranstaltet wurden, wird durch die Erzählung bei Xenophon (Sympos. 1) erwiesen, wornach an den großen Panathenäen Kallias seinen Geliebten, Autolykus, nachdem dieser im Pankration gesiegt hatte, zu dem Schauspiele des Pferde- und Wagenrennens mitgenommen hat, und dasselbe bestätigen die öfters angeführten Inschriften, in denen erst die Sieger der gymnastischen, dann die der ritterlichen Spiele aufgeführt werden.

§. 6. B. Gymnastische Spiele. Diese, eingeführt Ol. 53, 3, wurden früher, einer nicht sehr glaublichen Überlieferung nach, im echelidischen[64]) Gau, später, mit Ausnahme des im Ceramicus veranstalteten Fackellaufs, insgesammt in dem nicht weit von Ardettus am Ufer des Ilissus von Lykurg errichteten, dann von Herodes Atticus prachtvoll ausgeführten und mit Sitzen von pentelischem Marmor geschmückten panathenäischen Stadium[65]), gehalten[66]). Ihre große Bedeutung unter den das Fest verherrlichenden Spielen beweist theils der Umstand, daß, wenn an den Panathenäen Bekränzungen verkündigt wurden, diese grade während des gymnastischen Wettkampfes erfolgten[67]); denn dazu wird man doch wol die am meisten besuchten Spiele ausgewählt haben; theils geht dies aus den Glossen der Grammatiker[68]) her-

61) *Hom.* Il. II, 553. 62) Vergl. C. F. Herrman's treffliche Abhandlung de equitibus Atticis. p. 7 sq. 63) *Etym. M.* 340, 53. Ἐχελιδῶ τόπος Ἀθήνῃσι σταδίων ὀκτώ, ἐν ᾧ αἱ ἱπποδρομίαι, ἀπό τινος Ἐχέλου. *Hesych.* Ἐχελιδῶν. Ἔχελος ἥρως, ὡς δὲ ἔνιοι, ἐπίθετον ἥρωος ἀπὸ (sic) τοῦ ἕλος παρακεῖσθαι τῷ ἥρωι, ἔστι δὲ ὁ Ἀθηναίων ἱππόδρομος. Ders. Ἐχελιδῶν, ἐν ᾧ ἱππικοὶ ἤγοντο ἀγῶνες. Stephan. Byz. dagegen (s. Not. 64) läßt an diesem Orte die gymnastischen Übungen veranstaltet worden sein.

64) *Steph. Byz.* in Ἐχελίδαι, δῆμος τῆς Ἀττικῆς, — — ἐν ᾧ τοὺς γυμνικοὺς ἀγῶνας ἐτίθεσαν τοῖς Παναθηναίοις. 65) Vergl. Leake, Topogr. von Athen. S. 140 fg. 66) Wenn der Komiker Epikrates (bei *Athen.* II, 59 d.) auf die Frage, was Plato und Speusipp jetzt treiben, einen antworten läßt, er könnte darüber wol Bescheid geben, denn er habe in den Panathenäen in den Gymnasien der Akademie einen Haufen junger Leute gesehen und von ihnen ganz sonderbare Reden über die Natur dieser vernommen, Παναθηναίοις γὰρ ἰδὼν ἀγέλην μειρακίων ἐν γυμνασίοις Ἀκαδημίας, so kann man fragen, warum sie grade an diesem Feste dort sich zahlreich einfanden, und ich denke, es war des Fackellaufs wegen, der im Ceramicus gehalten werden sollte. 67) *Demosth.* de cor. p. 265, 23: Δεδόχθαι τῇ βουλῇ καὶ τῷ δήμῳ, στεφανῶσαι Χαρίδημον καὶ Διότιμον χρυσῷ στεφάνῳ, καὶ ἀναγορεῦσαι Παναθηναίοις τοῖς μεγάλοις ἐν τῷ γυμνικῷ ἀγῶνι. Sogenannter attischer Volksschluß zu Ehren des Hippokrates (in dessen Werken, Foes. II, 1291. Lind. II, 937 Kühn. 3. Th. S. 830): καὶ στεφανῶσαι αὐτὸν στεφάνῳ χρυσῷ, — — ἀναγορεῦσαί τε τὸν στέφανον Παναθηναίοις τοῖς μεγάλοις, ἐν τῷ ἀγῶνι τῷ γυμνικῷ, woraus sich ergibt, daß auch die Stelle des Themistius (p. 41. [50 *Dind.*]) οὐ γὰρ Ὀλυμπίασιν ἢ Δελφοῖς ἀνακηρύττει τὸν στέφανον, οὐδὲ εἰς Παναθήναια συναγαγοῦσα τοὺς Ἕλληνας auf den gymnastischen Agon zu beziehen ist. 68) *Suid.* s. v. Παναθήναια. Ἀθήνησιν ἑορτὴ ἐπὶ τῷ ὑπὸ Θησέως γενομένῳ συνοικισμῷ, πρῶτον ὑπὸ Ἐριχθονίου (*Phot.* πρὸ τοῦ Ἐριχθονίου) τοῦ Ἡφαίστου καὶ τῆς Ἀθηνᾶς (*Phot.* Ἡφ. καὶ Γῆς), ὕστερον δὲ ὑπὸ Θησέως συναγαγόντος τοὺς δήμους εἰς ἄστυ. Ἄγεται δὲ ὁ ἀγὼν διὰ πέντε ἐτῶν. (Photius hat blos ὑπὸ Θησέως πεντέτης. wo also offenbar vor dem letzten Worte ἦν δὲ ὁ ἀγών oder etwas dem Sinne nach Ähnliches ausgefallen sein muß; ὑπὸ aber läßt vermuthen, daß bei Suidas und Photius ein Particip, wie ἀγομένη, γενομένη oder etwas Ähnliches ausgefallen sei.) Καὶ ἀγωνίζεται παῖς Ἴσθμια, οὐ πρεσβύτερος, (*Phot.* παῖς, Ἰσθμικοῦ πρεσβύτερος), καὶ ἀγένειος, καὶ ἀνήρ, (*Phot.* ἀγένειον ἀνήρ; daß in den Worten καὶ ἀγωνίζ. — ἀνὴρ eine Bezeichnung der drei Altersstufen, welche an den gymnastischen Wettkämpfen der

vor, die das Wort Panathenäen durch einen alle vier Jahre veranstalteten Wettkampf erklären, und doch dabei nur den gymnastischen erwähnen. Was die beim gymnastischen Wettkampf vorgekommenen Spiele betrifft, so gedenken die Schriftsteller[69]) meines Wissens, den Fackellauf abgerechnet, nur des Pankrations und des Pentathlons ausdrücklich, aus Combination aber der Peyssonel'schen, der Museums- und der attischen, vermuthlich ein panathenäisches Siegerverzeichniß enthaltenden, Inschrift Nr. 232 mit den Glossen der Grammatiker (vgl. Not. 68) ergibt sich, daß, wenn die Athener auch früher, wie die meisten andern Griechen, bei ihren gymnastischen Wettkämpfen nur zwei Stufen, nämlich Knaben und Männer, sie doch später drei Altersstufen, Knaben, Unbärtige und Männer, und in der ersten zuweilen zwei Abtheilungen, ältere und jüngere Knaben, oder vier Stufen, nämlich Knaben der ersten, zweiten und dritten Stufe und Männer unterschieden haben, von denen folgende Übungen veranstaltet wurden. 1) Von den Knaben, Wettrennen im Stadium, Pentathlon, Ringen, Faustkampf, Pankration. 2) Von den Unbärtigen, dieselben Übungen in derselben Ordnung. 3) Von den Männern, Wettrennen des *δόλιχος* oder der siebenfachen, des Stadiums oder der einfachen, des *δίαυλος* oder der doppelten, des *ἵππιον* oder der vierfachen Bahn, des Pentathlon, des Ringens, Faustkampfes, Pankrations und des Hoplites oder des bewaffneten Laufes. In der Inschrift 232 nehmen alle vier Altersstufen am Wettrennen des Stadiums und Diaulos Theil. — Die bedeutendste gymnastische Übung und besondere Zierde des Festes war aber der Fackellauf (*λαμπάς*, *λαμπαδηδρομία* rc.), welcher des Abends „im Dunkel der mondlosen Nacht"[70]) im Ceramicus gehalten wurde, wobei die Fackel am Altare des Eros angezündet ward; auch diese Übung war Gegenstand des Wettkampfes, der Staat legte großes Gewicht auf die Ausbildung der erwachsenen Jugend (denn die Fackelläufer gehörten wol alle oder meistentheils zu den Epheben) für dieselbe, und bestellte für sie besondere Gymnasiarchen, welche die Leiturgie hierbei zu übernehmen hatten; übrigens ist über diese Übung, auch mit besonderer Beziehung auf die Panathenäen, in unserer Encyklopädie[71]) schon so gehandelt worden, daß eine Verweisung darauf vollkommen genügt. In der einen der oben angeführten Inschriften[72]) wird mitten unter den Siegern ritterlicher Spiele auch ein Sieger *λαμπάδι* erwähnt; man könnte daher vermuthen, daß auch dieser Fackellauf zu Pferde gehalten worden sei, was allerdings für die Bendideen aus der Zeit des Sokrates bekannt ist, für die Panathenäen aber nicht, und jedenfalls für sie erst in der spätern Zeit eingeführt sein müßte; wenn nicht der Umstand, daß in einer tejischen Inschrift (Nr. 3088) mitten unter den Siegern musikalischer Kämpfe, zwischen *καλλιγραφίας* und *ψαλμοῦ*, ein Sieger *λαμπάδος* genannt wird, erwiese, daß sich überhaupt aus der Stellung der Kampfspiele in jener Inschrift eine solche Vermuthung nicht rechtfertigen lasse; diese scheint vielmehr sich nur nach der Zeitfolge gerichtet zu haben. Daß aber Minerva nicht ungeeignet war, durch Fackellauf verherrlicht zu werden, der sonst nur für Feuergötter, wie Vulkan, Prometheus und Pan, bestimmt war, ist schon von andern, mit Nachweisung des Charakters der Minerva als einer Feuergöttin, vorzüglich von K. O. Müller, bemerkt worden, und auch zu Korinth wurde an den Hellotien, dem Feste der Minerva, und ebenso wurde zu Ilion, der Athena-Ilias zu Ehren, ein Fackellauf gehalten[73]). Daß übrigens in Athen der panathenäische Fackellauf bedeutender war als der zu Ehren anderer Götter veranstaltete, beweist wol die Stelle in den Fröschen des Aristophanes[74]), wo als Beleg für die damals bemerkte Abnahme an gymnastischer Bildung das lächerliche Schauspiel angeführt wird, was am panathenäischen Fackellaufe die Ungeschicklichkeit einiger Lampadisten gewährt habe, es müßte denn sein, Aristophanes habe den panathenäischen blos deshalb genannt, weil er den Lenäen, an welchen die Frösche gegeben sind, der Zeit nach näher stand als die drei andern durch Fackellauf verherrlichten Feste.

§. 7. C. Musikalischer Wettkampf (*ἀγὼν μουσικῆς*). Auf diesen bezog sich die von Plutarch[75]) angeführte Schrift *ἡ τῶν Παναθηναίων γραφὴ ἡ περὶ τοῦ μουσικοῦ ἀγῶνος*, was vermuthlich ein Verzeichniß

Panathenäen, wie sich auch aus Inschriften ergibt, Theil nahmen, enthalten sei, ist unzweifelhaft, die Verbesserung Letronne's (Vas. Grec. p. 25) *παῖς, ἐτῶν ιϛ'* (*οὐ πρεσβύτερος*) *καὶ ἀγένειος καὶ ἀνήρ* kommt dem Sinne nach der Wahrheit ziemlich nahe, entfernt sich jedoch zu sehr von der handschriftlichen Überlieferung und ist auch den attischen Verhältnissen nicht ganz entsprechend, bei denen das Knabenalter bis zum beginnenden 17. Jahre reichte; da aber in der in Athen gefundenen, auf attische Spiele vermuthlich sich beziehenden Inschrift (C. I. Gr. 1591) in der ersten jener drei Altersstufen noch jedenfalls zwei Abtheilungen *παῖδες πρεσβύτεροι* und *π. νεώτεροι* [oder, wie man sonst diesen Gegensatz bezeichnen will; denn die Zeile, in der *παῖδες νεώτεροι* gestanden haben mag, ist ausgefallen] unterschieden werden wie in der attischen Inschrift nr. 232 *παῖδες τῆς πρώτης, τῆς δευτέρας, τῆς τρίτης ἡλικίας* und *ἄνδρες*, während in der chiischen Inschrift 2214 *παῖδες, ἔφηβοι* und *ἄνδρες* oder *νέοι*, unter der zweiten aber drei Abtheilungen, nämlich *ἔφηβοι νεώτεροι, μέσοι* und *πρεσβύτεροι* aufgeführt werden, so vermuthe ich, daß auch bei den Lexikographen dieselben Abtheilungen der ersten Stufe zu finden seien; nun scheint von *Ἰσθμιακοῦ* oder *Ἰσθμικοῦ* das *ισ* aus Wiederholung der letzten Buchstaben in *παῖς* entstanden zu sein; was aber übrig bleibt, auf *μικρότερος* hinzuweisen; *μικρός* für *νέος* findet sich z. B. im Argum. Isaei Aristarch. h., so lautete denn das Ganze: *καὶ ἀγωνίζεται παῖς μικρότερος, πρεσβύτερος καὶ ἀγένειος καὶ ἀνήρ*). *Τῷ δὲ νικῶντι δίδοται ἆθλον. Ἔλαιον ἀμφορεῦσι*, (ob *ἐλαίου ἀμφορεύς*, vergl. Schol. *Pind.* N. X, 67, oder *ἔλαιον ἐν ἀμφορεῦσι*, oder *ἐλαίου ἀμφορεῖς*? daß die panathenäischen Vasen doppelte Henkel hatten, beweisen die erhaltenen) *καὶ ὁ νικῶν στεφανοῦται ἐλαίᾳ πλεκτῇ*.

69) *Xenoph.* Sympos. I, 2. *Athen.* V, 187 f. *Zenob.* Centur. IV. Proverb. VI. *Ἐν τοῖς Παναθηναίοις νικήσας πένταθλον.*

70) Vergl. oben den Artikel Pallas-Athene von Hofr. Müller S. 87. 71) Haase in der Encykl. III, 9. S. 402 fg. 72) A. L. Z. 1835. Juli. Int.-Bl. Nr. 52. Inscr. nr. 23. Z. 19. 73) Schol. *Pind.* Ol. XIII, 56. K. O. Müller, Pallas-Athene. S. 115 fg. §. 66. 74) Ran. v. 1099 sq. 75) *Plutarch.* de Musica. c. VIII. T. 14. p. 217 *Hutten.* Unbegründet ist die Vermuthung Bernhardy's (Grundriß d. gr. Lit. S. 279) und überdies erweislich falsch, daß damit der Pinax des Thrasyllus gemeint sei.

γραφή) der Sieger in dem musikalischen Wettkampfe Panathenäen war. Die Homerischen Gedichte, deren sodischen Vortrag Solon zuerst in Athen eingeführt n mag, ließ Pisistratus oder auch erst sein Sohn parch an den großen Panathenäen in ausgedehnterem ange, vielleicht selbst agonistisch [76]), aufführen, d. h. daß zwischen den einzelnen sie vortragenden und sich an den andern anschließenden Rhapsoden eine Art tkampf dabei gehalten ward [77]). Wie lange dieser auch in Athen an den Panathenäen bestanden habe, nbekannt; jedoch scheint der Redner Lykurg so von zu sprechen, als ob er zu seiner Väter und Vorfahnicht aber noch zu seiner Zeit gelte, während allers anderswo sich diese Gewohnheit länger erhielt und nur Alexander der Große, sondern die Bewohner Teos und Chios einen Wettkampf der Rhapsoden noch r veranstalteten [78]). Dem epischen Gedichte des Chö zur Verherrlichung des salaminischen Sieges wurde einer freilich nicht sehr verbürgten Nachricht [79]) die Ehre zu Theil, daß die Athener die Vorlesung desselben neben der der Homerischen Gedichte verfügten. Dagegen ist die eigentliche Anordnung eines musikalischen Wettkampfs an den Panathenäen das Werk des Perikles [80]),

76) *Hesych.* ᾠδεῖον, τόπος ἐν ᾧ — οἱ ῥαψῳδοὶ καὶ οἱ κιθαρῳδοὶ ἠγωνίζοντο. *Plato* Io. i. A. Σ. Μῶν καὶ ῥαψῳδῶν ἀγῶνα τιθέασι τῷ θεῷ οἱ Ἐπιδαύριοι; Ι. Πάνυ γε, καὶ ἄλλης γε μουσικῆς. Σ. Τί οὖν; ἠγωνίζου τι ἡμῖν; καὶ τι ἠγωνίσω; Ι. Τὰ πρῶτα τῶν ἄθλων ἠνεγκάμεθα, ὦ κρατες. Σ. Εὖ λέγεις, ἄγε δὴ ὅπως καὶ τὰ Παναθήναια νικήσομεν. Also damals ist wie in Epidaurus, so an Panathenäen Athens ein Wettkampf der Rhapsoden gehalten n. 77) Wenn Lykurg gegen Leok. (§. 102) sagt: νόμον ο (οἱ πατέρες) καθ᾽ ἑκάστην πενταετηρίδα τῶν Παναθη μόνου τῶν ἄλλων ποιητῶν ῥαψῳδεῖσθαι τὰ ἔπη, er also rch Rhapsoden zu bewirkenden Vortrag der Homerischen Ge für die großen Panathenäen angeordnet sein läßt, so diese Anordnung in keinem Falle älter, als das große Panlenfest selbst, das, wie wir gesehen haben, erst Ol. 53, 3, ührt ist, mithin kann sie nicht das Werk des Solon sein, und Diog. Laert. (I, 57) gleichwol von Solon sagt: τά τε Ὁμήρου ἐξ ὑποβολῆς γέγραφε ῥαψῳδεῖσθαι, οἷον ὅπου ὁ πρῶτος ἔληξεν, ἐκεῖθεν ἄρχεσθαι τὸν ἐχόμενον, so muß sich dies auf andern Vortrag als den an den großen Panathenäen gehal beziehen, was auch keine weitere Schwierigkeit hat, da nur am dritten Tage der Apaturien, an der Kureotis, die n während des Gemeinmahls der Curialen Gedichte rhapsovortrugen (*Plat.* Tim. p. 29), sondern auch in Brauron, wie eint in den Brauronien, Rhapsoden die Iliade sangen (vergl. h. Βραυρωνίοις, τὴν Ἰλιάδα ᾖδον ῥαψῳδοὶ ἐν Βραυρῶνι ἑτικῆς); denn die früh eingegangene ἑορτὴ ῥαψῳδῶν ἦν κατὰ τὴν τῶν Διονυσίων bei Athen. (VII, 275 b.) gehört nicht nach Athen; da nun Pseudo-Plato (im Hipparch. p. .) vom Hipparch sagt ἠνάγκασε τοὺς ῥαψ[illegible] Παναθη ἐξ ὑπολήψεως ἐφεξῆς αὐτὰ (τὰ Ὁμήρου ἔπη) διιέναι, auch Älian (V. G. VIII, 2) übereinstimmt, οὗτος (Ἵππαρχος) καὶ τὰ Ὁμήρου ἔπη ἐκόμισε πρῶτος εἰς τὰς Ἀθήνας, καὶ ασε τοὺς ῥαψῳδοὺς τοῖς Παναθηναίοις αὐτὰ ᾄδειν, so man geneigt, dem Pisistratus die erste, seinem Sohne Hipparch m die genauere Anordnung dieses rhapsodischen Vortrages für oßen Panathenäen beizulegen. Es ist dieser Gegenstand und tlich das ἐξ ὑποβολῆς und ἐξ ὑπολήψεως ῥαψῳδεῖσθαι ich, insbesondere von Böckh, Hermann, Ritzsch und Welcker, so h behandelt worden, daß eine Verweisung auf Welcker's Ep. p. 375 sq.) und auf Ritzsch (de hist. *Hom.* II. p. 132 sq.) nsern Zweck vollkommen genügt. 78) *Plutarch.* Alex. 4. h. C. I. Gr. nr. 2214. 3088. 79) *Hesych. Miles.* p. 58. in Χοιρίλος. Ἔγραψε δὲ ταῦτα, τὴν Ἀθηναίων νίκην κατὰ Ξέρξου, ἐφ᾽ οὗ ποιήματος κατὰ στίχον στατῆρα χρυσοῦν ἔλαβε, καὶ σὺν τοῖς Ὁμήρου ἀναγινώσκεσθαι ἐψηφίσθη. Das Wort ἀναγιν. macht es freilich wahrscheinlicher, daß das Gedicht etwa durch den Staatsschreiber vorgelesen, nicht aber in einem Wettkampfe der Rhapsoden vorgetragen wurde, vergl. jedoch die abweichende Ansicht von *Naeke*, Choeril. p. 89 sq.

80) *Plutarch.* Pericl. 13. Φιλοτιμούμενος δ᾽ ὁ Περικλῆς τότε πρῶτον ἐψηφίσατο μουσικῆς ἀγῶνα τοῖς Παναθηναίοις ἄγεσθαι καὶ διέταξεν αὐτὸς ἀθλοθέτης αἱρεθεὶς καθότι χρὴ τοὺς ἀγωνιζομένους αὐλεῖν ἢ ᾄδειν ἢ κιθαρίζειν. Die Zeitbestimmung für die Errichtung des Odeons (über welches es genügt auf Leake, Topogr. v. Ath. S. 111 fg. 184 fg. u. die Anm. dazu von K. O. Müller S. 454 zu verweisen) ergibt sich durch den Scherz des Kratin, „daß Perikles das Odeum auf dem Kopf trage, seitdem er dem Ostracismus entgangen;" denn da nicht bekannt ist, daß Perikles die Gefahr des Ostracismus noch ein andermal zu bestehen gehabt hätte, als zu der Zeit, in welcher Thucydides, der Sohn des Melesias, wirklich ostracisirt wurde, die Verweisung des letztern aber jedenfalls Ol. 84, 1 oder 2 fällt, so scheint es, daß auch die Errichtung des Odeums etwa in dieses Jahr zu setzen ist. Dagegen fehlt es für die Anordnung des musikalischen Wettkampfes an einer directen Zeitbestimmung, und die Neuern haben ohne Grund beide Begebenheiten zu ganz gleichzeitigen gemacht. Einige Hülfe bietet aber die Nachricht des Scholiasten (zu *Aristoph.* Nub. 971) ὁ Φρῦνις κιθαρῳδὸς Μιτυληναῖος. οὗτος δὲ δοκεῖ πρῶτος παρ᾽ Ἀθηναίοις κιθαρῳδικῇ νικῆσαι Παναθήναια ἐπὶ Καλλίου ἄρχοντος. *Suidas* s. v. Φρῦνις, hat für οὗτος — ἄρχοντος offenbar ungenauer ὃς ἔδοξε πρῶτος κιθαρίσαι παρ᾽ Ἀθηναίοις καὶ νικῆσαι — ἄρχοντος. Hiernach wäre also Phrynis der erste gewesen, der in Athen an den Panathenäen im Cithergesang gesiegt und dieser Sieg unter den Archon Kallias zu setzen. Nun haben die Fasten den Namen dieses Archon dreioder viermal, nämlich Ol. 81, 1. 92, 1. 93, 3 und vielleicht auch Ol. 100, 4; an den letzten ist natürlich in keinem Falle zu denken, aber auch nicht leicht an einen der drei andern; nicht an den ersten, weil sonst theils entweder das Odeum um so viel früher, als wir eben ausgemacht, errichtet, oder der musikalische Wettkampf lange vor der Errichtung desselben eingeführt sein, theils, was das Entscheidende ist, Perikles, der doch beides, die Einführung des musikalischen Wettkampfs und die Errichtung des Odeums als Athlothet besorgt haben soll, dies Amt zweimal verwaltet haben müßte, was gegen attischen Gebrauch streitet; endlich kann auch nicht einer der beiden spätern gemeint sein; denn theils wird in den Wolken das Auftreten des Phrynis in Athen als etwas Altes behandelt, theils müßte so viele Jahre lang seit Einführung des musikalischen Agon kein Sieg in der Kitharodik ertheilt worden sein, wenn Phrynis der erste gewesen wäre, der einen Sieg darin errungen hätte, und dieser Sieg doch erst Ol. 92, 1 oder gar 93, 1 fiele, welches alles sehr wenig glaublich ist. Oder sollte πρῶτος νικῆσαι nur bedeuten „den ersten Preis erhalten haben" und der Scholiast also nur das sagen, „Phrynis hat in Athen den ersten Preis in der Kitharodik und zwar, wie es scheint, unter jenem Archon erhalten," oder „der Phrynis, welcher nach der ἀναγραφή unter dem Archon Kallias den ersten Preis in der Kitharodik erhalten hat, scheint der mitylenische Phrynis zu sein?" Das ist nach der Stellung von πρῶτος unglaublich. Da somit ἐπὶ Καλλίου unmöglich richtig sein kann, so ist mir das Wahrscheinlichste, daß ἐπὶ Καλλίου verschrieben für ἐπὶ Καλλιμάχου, der Sieg des Phrynis also Ol. 83, 3 zu setzen und der Agon demnach einige Jahre vor Errichtung des Odeums eingeführt, und zwar, wie ich glauben möchte, im steinernen Theater des Bacchus gehalten worden sei; dadurch ließe sich einigermaßen die Verwirrung in einer Stelle des Hesychius erklären, nach welcher im Odeum „vor Errichtung des Theaters" der Wettkampf der Rhapsoden und Kitharoden gehalten worden sei: Ὠιδεῖον, τόπος ἐν ᾧ, πρὶν τὸ θέα-

der ihn vermuthlich Ol. 83, 3 einführte und damals im steinernen Theater des Bacchus veranstalten ließ; als dieses sich aber nicht ganz geeignet dazu zeigte, für denselben ein eigenes Gebäude, das von ihm etwa Ol. 84, 2 erbaute Odeon, bestimmte. Dieser kunstsinnige Staatsmann traf diese Anordnung in der Eigenschaft eines Athlotheten und gleich bei der ersten Einführung müssen Flötenspieler, Citherspieler, Cithersänger, vielleicht auch Flötensänger (*αὐληταί, κιθαρισταί, κιθαρῳδοί, αὐλῳδοί*) aufgetreten sein [81]). Ausdrücklich erwähnt werden bei den Schriftstellern [82]) noch Pyrrhichisten, unbärtige Pyrrhichisten, welche also die kriegerische Pyrrhiche darstellten [83]), wie überhaupt mancherlei Tänze an den Panathenäen aufgeführt wurden, und cyklische Chöre. Daß die Thaten des Harmodius und Aristogiton, die ja grade an den Panathenäen den Hipparch getödtet hatten, daß die Vertreibung der 30 Tyrannen durch das ruhmvolle Werk des Thrasybul mit der Gegenstand der lyrischen Darstellungen in den Panathenäen war, ist wol möglich und sogar glaublich, aber die von Meursius dafür beigebrachte Stelle des Philostratus [84]) nicht geeignet, es zu beweisen. Daß dagegen dramatische Aufführungen an den Panathenäen nicht stattgefunden haben, und die Stelle [85]), in der dies gleichwol berichtet wird, aus einer sophistischen Subtilität abzuleiten sei, ist jetzt allgemein bekannt. Die Kosten der einzelnen Bestandtheile des musikalischen Wettkampfes hatten zum Theil die von den einzelnen Stämmen gestellten Choregen zu tragen, wobei man sich jedoch hüten muß zu glauben, als ob von jedem der zehn Stämme ein Chor für jeden jener Bestandtheile gestellt worden sei; es ist vielmehr wahrscheinlich, daß für jeden derselben nur immer drei, höchstens fünf Stämme Chöre und Chorführer zu stellen hatten; die panathenäische Choregie wird öfter erwähnt [86]). Ich vermuthe, daß der musikalische Agon am ersten Tage des Festes gehalten wurde, und dieses erst seit Einführung jenes vier Tage gedauert habe; wir sehen daher auch auf dem den Panathenäenzug darstellenden Fries des Parthenon, die Citharöden und Auleten vor den curulischen und ritterlichen Agonisten herschreiten, und es ist kein Grund, dies von blos ästhetischem Gesichtspunkte abzuleiten.

§. 8. Die Leitung des gesammten Wettkampfes an den Panathenäen hatten die Athlotheten [87]), eine für die ganze panathenäische Pentaeteris ernannte Magistratur von zehn Mitgliedern, deren Amt vermuthlich von einem großen Panathenäenfeste zum andern reichte; sie mußten sich vor ihrem Amtsantritte wie alle andern Behörden einer Prüfung unterwerfen; die Stelle wurde vermuthlich durch Wahl [88]) und nicht durch das Loos besetzt; ihre Leitung erstreckte sich auf alle drei Gattungen des panathenäischen Wettkampfes; in gewissen Grenzen handelten sie wol selbständig, inwieweit es sich nur von Ausführung bestehender Verordnungen handelte; wollten sie diese abändern, so mußten sie wol Anträge deshalb bei der Volksversammlung machen, oder wenigstens die Genehmigung des Rathes erbitten. Perikles und Herodes Atticus waren Athlotheten, und wir haben gesehen, wie in dieser Eigenschaft der erstere den musikalischen Wettkampf eingeführt und die Errichtung des Odeums veranlaßt, der andere das panathenäische Gymnasium ausgebaut hat. Diese Behörde hatte nicht nur die Aufsicht über die Kämpfer, sondern auch die Polizei über das zuschauende Publicum, und z. B. zu verhüten, daß kein Zuschauer in unangemessener Kleidung erschien; für unangemessen wurden farbige Gewänder gehalten [89]). Durch

---

τρον κατασκευασθῆναι, οἱ ῥαψῳδοὶ καὶ οἱ κιθαρῳδοὶ ἠγωνίζοντο. Mit dieser Stelle hat man nichts anfangen können, da ja bei *τὸ θέατρον* an kein anderes als an das steinerne Theater in der Stadt zu denken ist, was bekanntlich bereits Ol. 70, 1, also um 53—54 Jahre vor dem Odeum, erbauet ist. Der Lexikograph hat aber nur grade das Gegentheil von dem gesagt, was er hätte sagen sollen, eine Voraussetzung, die man nicht zu stark finden wird. übrigens, si quid novisti. — Jene Verbesserung aber *ἐπὶ Καλλιμάχου* hat noch außerdem vielerlei für sich; 1) wird man gewiß erst den Versuch gemacht haben, das vorhandene steinerne Theater für die musikalischen Wettkämpfe zu benutzen, und erst als sich das Bedürfniß eines eigenen Lokals für dieselben herausstellte, die Errichtung des Odeums verfügt und nicht umgekehrt dieses vor Einführung des Agon für diesen erbauet haben; dazu kommt 2) daß die Einführung des musikalischen Wettkampfes wahrscheinlich eher mit einer großen als mit einer kleinen panathenäischen Feier zusammenfiel, dem Amtsjahre des Kallimachus aber gehörten die großen Panathenäen an; 3) da das Amt der Athlotheten ein vierjähriges war, so hat Perikles sehr wol bei seinem Amtsantritt Ol. 83, 3 den musikalischen Agon einführen und im letzten Jahre dieses Amtes das Odeum vollenden können: kurz beide Begebenheiten kommen auf diese Weise in eine und dieselbe athlothetische Pentaeteris.

81) Vergl. *Plutarch.* Per. l. c. 82) *Lysias* *Ἀπολογ. δωροδοκίας* p. 698. *Ἐπὶ δὲ Γλαυκίππου ἄρχοντος, εἰς πυῤῥιχιστὰς Παναθηναίοις τοῖς μεγάλοις ὀκτακοσίας. καὶ ἐπὶ Διοκλέους Παναθηναίοις τοῖς μικροῖς κυκλικῷ χορῷ τριακοσίας.* Ib. p. 700. *Καὶ Παναθηναίοις τοῖς μικροῖς ἐχορήγουν πυῤῥιχισταῖς ἀγενείοις, καὶ ἀνήλωσα ἑπτὰ μνᾶς.* Für die Darstellung der Auleten, welche die sogenannte Synaulia an den Panathenäen aufführten, spricht *Pollux* IV, 83. *Ἀθήνησι δὲ καὶ συναυλία τις ἐκαλεῖτο συμφωνία τις αὐλητῶν ἐν Παναθηναίοις συναυλούντων.* 83) Vergl. K. O. Müller, Pallas-Athene. S. 87. 84) Vita *Apollonii* VII, 4. p. 283 *Olear.* *Διῄει δὲ αὐτοῖς καὶ τὰ Παναθήναιά τὰ Ἀττικά, ἐφ' οἷς Ἁρμόδιός τε καὶ Ἀριστογείτων ᾄδονται, καὶ τὸ ἀπὸ Φυλῆς ἔργον, ὃ καὶ ὁμοῦ τριάκοντα τυράννους εἷλε,* das heißt aber unmöglich, daß Harmodius und Aristogeiton an den Panathenäen, sondern vielmehr, daß sie um der attischen Panathenäen wegen, d. h. um der von ihnen an den attischen Panathenäen vollführten That wegen gepriesen würden; noch weniger aber beweist diese Stelle, daß die That des Thrasybul an den Panathenäen gepriesen wurde.

85) *Diog. Laert.* III, 56. *Τέτρασι δράμασιν ἠγωνίζοντο Διονυσίοις, Ληναίοις, Παναθηναίοις, Χύτροις.* 86) Xenophon (R. A. III, 4) führt als jährliche Beschäftigung der Gerichtshöfe auf: *πρὸς δὲ τούτοις Χορηγοῖς διαδικάσαι εἰς Διονύσια καὶ Θαργήλια καὶ Παναθήναια καὶ Προμήθεια καὶ Ἡφαίστεια ὅσα ἔτη.* *Demosth.* c. Mid. p. 565, 11. §. 156. *Καὶ Παναθηναίοις κεχορήγηκα.* 87) *Pollux* VIII, 93. *Ἀθλοθέται δέκα μέν εἰσιν, εἷς κατὰ φυλήν· δοκιμασθέντες δὲ ἄρχουσι τέσσαρα ἔτη, ἐπὶ τῷ διαθεῖναι τὰ Παναθήναια, τόν τε μουσικὸν καὶ τὸν γυμνικὸν καὶ τὴν ἱπποδρομίαν.* 88) Vgl. die Stelle des Plutarch Not. 80. *Ἀθλοθέτης αἱρεθείς.* 89) *Lucian.* Nigrin. 14. *Ἐν τῷ ἀγῶνι τῶν Παναθηναίων ληφθέντα τινὰ τῶν πολιτῶν ἄγεσθαι παρὰ τὸν ἀγωνοθέτην* (das ist wol nicht verschieden vom Athlotheten), *ὅτι βαπτὸν ἔχων ἱμάτιον ἐθεώρει· τοὺς δὲ ἰδόντας ἐλεῆσαί τε καὶ παραιτεῖσθαι, καὶ τοῦ κήρυκος ἀνειπόντος, ὅτι παρὰ τὸν νόμον ἐποίησε τοιαύτῃ ἐσθῆτι θεώμενος κτλ.*

ihre Hände gingen auch die bedeutenden Ausgaben, welche der Staat auf diesen Wettkampf verwandte; in der Inschrift von Barthelemy[90]), welche bekanntlich eine Rechnungsablegung der Schatzmeister der heiligen Casse der Minerva über die von ihnen Ol. 92, 3 gemachten Ausgaben enthält, wird in der zweiten Prytanie angeführt: Den Athlotheten wurde zu den großen Panathenäen gegeben, Philon dem Kydathenäer (das war damals grade der Präsident des Collegiums), und dessen Amtsgenossen, aus dem Schatze der Polias 5 Talente und 1000 Drachmen, d. h. über 7000 Thlr. pr. Cour.; in einer andern Abrechnung[91]) derselben Behörde wird erst in der dritten Prytanie eine von ihr an die Hellenotamien und von diesen an die Athlotheten für die Panathenäen geleistete Zahlung angeführt, wo aber die Summe ausgefallen ist; die Zahlungen sind beide Male entweder postnumerando geleistet und Erstattung des von der Behörde gemachten Vorschusses oder richtiger erst dann in Rechnung gebracht worden, wenn die Behörde die Belege für die gemachte Ausgabe beibringen konnte. Bei der Lampadarchie oder dem Fackellaufe wurden sie vom zweiten Archon (dem Könige) unterstützt[92]), während die Kosten bei dem letztern die Gymnasiarchen, bei dem musikalischen Wettkampfe die Choragen zu tragen hatten. Die Athlotheten hatten Strafgewalt und unter ihrem Befehle standen vermuthlich einige Ruthen- und Peitschenträger (ῥαβδο- und μαστιγοφόροι). Übrigens hatten gewiß auch die Epimeleten, welchen die Leitung des ganzen Festes zustand, einige Vorsorge auch beim Wettkampfe.

Der Siegespreis an den Panathenäen bestand nicht in Geld, es war dieser ἀγὼν nicht χρηματίτης, sondern die Sieger erhielten einen Kranz von dem der Göttin heiligen[93]) Olivenbaume und eine mit Öl angefüllte Thonvase; das Öl war von den μορίαις oder den heiligen Ölbäumen in der Akademie genommen, die Thonvase[94]), aus der berühmten koliadischen Töpfererde mit nicht geringer Kunst bereitet und enthielt eine sich auf die Gattung des Sieges beziehende bildliche Darstellung sammt der Aufschrift: Τῶν Ἀθήνηθεν (oder Ἀθηνέων) ἆθλόν (oder ἄθλων) εἰμι; über diese Vasen wird im folgenden Artikel ausführlich gehandelt, worauf wir hiermit verweisen; der Kranz war aber schwerlich blos, wie neuerlich vermuthet worden, für die Sieger des musikalischen Wettkampfes und des Fackellaufs allein bestimmt[95]); eher kann man sagen, daß die Vase mit Öl nur die Sieger des gymnastischen und ritterlichen Kampfes, die Choragen dagegen und Gymnasiarchen vielleicht weder den Kranz noch die Vase, sondern einen Dreifuß als Siegespreis erhalten haben.

Wie aber die größern griechischen Festversammlungen, namentlich die Olympien[96]), zu epideiktischen Darstellungen, insbesondere Recitationen, von denen benutzt wurden, die ihre Werke gern früh und einem größern Publicum bekannt sehen wollten, so geschah Ähnliches auch an den Panathenäen; es genügt an Herodot, an den Panathenaicus des Isokrates und an den des Aristides zu erinnern; denn da namentlich die Rede des Isokrates keinerlei Beziehung auf die Panathenäen enthält, diese nur einmal daselbst flüchtig erwähnt werden (§. 17), so ist nicht abzusehen, woher dieses langweilige Erzeugniß des 94jährigen Gecken den auch von Cicero gekannten (Orat. 12. §. 38) Titel erhalten haben soll, als von der Bestimmung, an dem Feste recitirt zu werden. Herodot[97]) scheint ein Stück aus seinem Werke, vermuthlich dasjenige, was am meisten Athens Thaten verherrlichte, vorgelesen zu haben und zwar nach Eusebius Ol. 83, 4, wofür Scaliger 83, 3 setzt; ist dies richtig, so würde dann diese Recitation mit der ersten Einführung des musikalischen Agon zusammenfallen; die Nachricht aber des attischen Historikers Diyllus, Herodot habe auf Antrag des Anytus von den Athenern eine Staatsbelohnung von zehn Talenten erhalten, zur Vergeltung natürlich für die den Athenern in seinem Werke gewordene Verherrlichung, will ich weder verwerfen noch vertreten; soll ja auch Pindar[98]) für seine Verherrlichung Athens neben andern seltenen Auszeichnungen mit einem Geldgeschenke von zehntausend Drachmen von den Athenern belohnt worden sein, ein Umstand, der ebenso sehr für die Anwendung von Geldbelohnungen in solchem Falle als gegen die Größe der von Diyllus angegebenen Summe spricht; denn daß Chörilus für jeden Vers seines die salaminische Schlacht verherrlichenden Gedichtes einen Goldstater von den Athenern zur Belohnung erhalten habe[99]), gehört ins Fabelhafte. —

Eine Äußerung des Philostratus[1]), welche allerdings

90) *Boeckh*, C. Inscr. Gr. nr. 147. Daß dies Geld den Athlotheten postnumerando ausgezahlt worden sei, um ihnen die gemachten Auslagen wieder zu erstatten, ist Böckh's Ansicht. 91) Ebend. nr. 144. 92) *Pollux* VIII, 90. Ὁ δὲ βασιλεὺς — προέστηκε — καὶ ἀγώνων τῶν ἐπὶ λαμπάδι. 93) Vergl. die Stellen der Lexikographen Note 68. Über die Sorge der Minerva für den Ölbaum vergl. K. O. Müller, Pallas-Athene. S. 116. §. 67. 94) *Pindar*. Nem. X, 35 sq. Ἀθάναι γε μὰν ἀμβολάδαν ἐν τελεταῖς δὶς Ἀθαναίων νιν ὀμφαὶ κώμασαν· γαίᾳ δὲ καυθείσᾳ πυρὶ καρπὸς ἐλαίας ἔμολεν Ἥρας τὸν εὐάνορα λαὸν ἐν ἀγγέων ἕρκεσιν παμποικίλοις. Vergl. dazu die Scholien v. 61 fg., namentlich τοῖς γὰρ ἀθληταῖς τοῖς τὰ Παναθήναια νενικηκόσι δίδοται ὑδρία ἐλαίου πλήρης, und v. 67 ἐν ἀμφιφορεῦσι χαλκοῖς ἔλαιον ἐτιμῶντο οἱ ἀγωνιζόμενοι Ἀθήνησι τὰ Παναθήναια, ἐπεὶ τὴν ἐλαίαν εὗρεν ἡ θεός.

95) *K. A. Müller* p. 60. 92, der eine Vase (*Panofka*, Musée Pourtalès pl. V), auf der ein fliegender Jüngling mit dem Olivenkranze dargestellt ist, auf die Lampadadromie bezieht; aber schon *Athen*. V, 187. f. Αὐτόλυκος Παναθήναια παγκράτιον ἐστεφανώθη beweist, daß auch die Sieger des gymnastischen Wettkampfs einen Kranz erhielten. 96) Encykl. III, 3. S. 307 fg. 97) *Plutarch*. de malignitate Herod. c. 26. *Euseb*. Chron. Ol. 83, 4. Ἡρόδοτος ἐτιμήθη παρὰ τῶν Ἀθηναίων βουλῆς ἐπαναγνοὺς αὐτοῖς τὰς βίβλους. Der Rath der Fünfhundert, und nur dieser, kann gemeint sein, hat schwerlich für sich allein Befugniß gehabt, solche Belohnungen zu ertheilen, er konnte höchstens einen darauf gerichteten Antrag an die Volksversammlung gebracht haben. Vergl. übrigens *Heyse*, Quaestiones Herodoteae. p. 51 sq. 98) *Boeckh*. Pind. II, 2. p. 18 sq. 99) *Suid*. s. v. Χοιρίλος, angeführt Not. 79.

1) *Philostr*. Vit. Apollonii IV, 22. p. 161. *Olear*. Δοκεῖτε γάρ μοι προϊδόντες, ἐπειδὴ τὰ Παναθήναια πέμπετε, μηδὲ βοῦς ἔτι ἀλλ᾽ ἑκατόμβας ἀνθρώπων καταθύσειν τῇ θεῷ, was nur de-

beweist, daß Gladiatorenkämpfe zur Zeit des Apollonius von Thyana in Athen gehalten und durch ihn abgestellt wurden, deutet Meursius[1]) unrichtig, wenn er daraus folgert, daß sie grade an den Panathenäen gehalten wurden.

§. 9. II. Dem eigentlichen Festtage, dem 28., gehörte die *ἑορτή* an, welche mit der Peplos-Procession begann und mit einem großen, in eine allgemeine Volksspeisung ausgehenden, Opfer endigte[2]).

a) Die Procession *πομπή*. Daß auch an den kleinen Panathenäen eine Procession und zwar mit einem Peplos, wenngleich vielleicht mit einem andern als dem bei den großen gebrauchten, gehalten worden sei, hat zwar Meursius[4]) bestritten, wird aber doch theils durch die oben[5]) angeführte Stelle aus des Menander Hypobolimäus, theils durch Zeugnisse des Diodor[6]) und der Grammatiker[7]) wahrscheinlich; und was dagegen angeführt wird[8]), berechtigt, genau erwogen, nicht zu dem aufgestellten Ergebnisse; in diesem Punkte haben wir auch die Einstimmung Creuzer's für uns. Aber können wir auch den Unterschied beider Processionen nicht nachweisen, so ist wenigstens mit Gewißheit vorauszusetzen, daß die Procession der kleinern Panathenäen nicht Weniges von dem Glanze entbehrt habe, der die am großen Panathenäenfeste gehaltene verherrlichte; denn diese vereinigte allerdings Alles, was das mächtige, prachtliebende Athen an edlerem Glanze aufstellen konnte; sie war gewiß nicht nur die größte und herrlichste Procession, die man in Athen zu sehen bekam, sondern mit ihr mochte höchstens die in Olympia an den Olympien gehaltene sich vergleichen lassen. Mittelpunkt und Ziel derselben war die Bekleidung des hölzernen Schnitzbildes der Athene-Polias mit dem großen gestickten Peplos; dieser war ein langes, reiches Obergewand und wurde von einigen attischen Jungfrauen, welche *ἐργαστῖναι*[9]) hießen, unter Aufsicht von zweien aus der Mitte edler Geschlechter gewählten Arrhephoren[10]) und unter Theilnahme einiger Priesterinnen[11]) gewebt und gestickt, ein Geschäft, was jedesmal am letzten Tage des vierten attischen Monats Pyanepsion, am Feste Chalkeia, begonnen, und woran also ziemlich sieben bis acht Monate gearbeitet wurde. Der Peplos hatte vermuthlich einen gelben[12]) oder Scharlachgrund und war mit Gold gestickt, ohne Ärmel; die sehr kunstreiche Stickerei stellte[13]) den Gigantenkampf, vorzugsweise aber die Thaten der Mi-

---

deutet: wenn ihr so fortfahrt, (sagte Apollonius, der die Athener in ihrem Theater des Bacchus den Gladiatorspielen eifrig zusehen sah) werdet ihr am Ende noch, bei der panathenäischen Procession, statt der bisherigen, eine Hekatombe von Menschen der Göttin opfern.

2) c. 13. 3) Die von mir angenommene Festesordnung, wornach den 25. musikalischer, den 26. gymnastischer und am Abend Fackellauf, den 27. ritterlicher und curulischer Wettkampf gehalten, den 28. Hekatomb. aber Procession, Opfer und Volksspeisung veranstaltet worden sei, widerstreitet allerdings der Ansicht K. O. Müller's (Stuart's Alterthüm. v. Athen. II. S. 684), aber grade bei den Olympien, auf deren Analogie sich Müller beruft, folgten nicht die Agonen auf die Pompa und die großen Opfer, sondern umgekehrt diese auf jene. 4) c. 17. 5) Vergl. Note 25. S. 279. 6) *Diod.* XX, 46. Ἐνυφαινόντων αὐτοὺς (sc. Δημήτριον καὶ Ἀντίγονον) εἰς τὸν τῆς Ἀθηνᾶς πέπλον κατ' ἐνιαυτόν. 7) Schol. *Aristoph.* Eq. 563. Ἐπεσκευάζετο ὁ πέπλος κατ' ἐνιαυτὸν καὶ ἐπομπεύετο ἐν τοῖς Παναθηναίοις. Schol. *Plat.* de rep. 395. *Bekk.* Τὰ δὲ μικρὰ Παναθήναια κατὰ τὸν Πειραιᾶ ἐτέλουν, ἐν οἷς καὶ Πέπλος ἄλλος ἀνεῖτο τῇ θεῷ, καθ' ὃν ἦν ἰδεῖν τοὺς Ἀθηναίους τροφίμους ὄντας αὐτῆς νικῶντας τὸν πρὸς Ἀτλαντίνους πόλεμον. Die Erwähnung des Piräeus bei dem letzten Schol. möchte ich von einer Verwechselung der kleineren Panathenäen mit den Bendideen oder mit den kleinern Dionysien ableiten, die zwar überhaupt in den attischen Demen, aber ganz besonders im Piräeus begangen wurden. Nach dem erstern Schol. wurde demnach der Peplos jedes Jahr ausgebessert, sodaß die Procession nur an den großen mit einem ganz neuen, an den kleinen mit dem ausgebesserten alten gehalten worden sei; nach dem zweiten Schol. dagegen war ein ganz anderer Peplos für die Procession, die an den großen, ein anderer für die, welche an den kleinen gehalten wurde, und die Stickereien in diesen hatten ein ganz anderes Sujet als die an jenem, der insbesondere den Kampf mit den Giganten enthielt und dieser Nachricht bin ich im Texte gefolgt. 8) *Plato*, Euthyphr. p. 6. b. Καὶ δὴ τοῖς μεγάλοις Παναθηναίοις ὁ πέπλος μεστὸς τῶν τοιούτων ποικιλμάτων ἀνάγεται εἰς τὴν ἀκρόπολιν. *Harpocrat.*, *Suidas*, *Photius* in Πέπλος — περὶ τοῦ πέπλου τοῦ ἀναγομένου τῇ Ἀθηνᾷ τοῖς μεγάλοις Παναθηναίοις οὐ μόνον παρὰ τοῖς ῥήτορσίν ἐστι μνήμη ἀλλὰ καὶ παρὰ τοῖς κωμικοῖς. *Moschopulus*: Πέπλος ἐξαιρέτως ἔνδυμά τι ὃ ἀνῆγον τῇ Ἀθηνᾷ ἐν τοῖς μεγάλοις Παναθηναίοις. Von diesen Stellen beweist die erste höchstens, daß der Peplos an den kleinen Panathenäen nicht solche Stickerei enthielt, die zweite, daß des an den kleinern Panathenäen gebrauchten Peplos bei den Rednern und Komikern selten Erwähnung geschieht, die dritte kann schon wegen des Zeugen, dem sie angehört, auf besondere Berücksichtigung keinen Anspruch machen, aber selbst sie beweist doch nur, daß an den großen Panathenäen der Peplos vorzugsweise, aber in keinem Falle, daß er an den kleinen nicht gebraucht wurde. Am allerwenigsten aber ist die Stelle des Plautus (Merc. I, 1, 66 sq.) Neque nisi quinto anno quoque posse tum visere urbem, atque extemplo inde, ut spectavisset peplum, Rus rursum confestim exigi solitum a patre, das verlangte Resultat zu bewirken; denn aus ihr geht nur hervor, daß der Vater den Sohn, den er so streng hielt, nur zu der Procession an den großen, nicht zu der an den kleinen Panathenäen in die Stadt gelassen habe, nicht aber zeigt sie, daß an den kleinen keine Procession, oder keine Procession mit dem Peplos gehalten worden sei. Aber auch selbst die Stelle Pseudo-Virgil's (Ciris 21 sq.) Sed magno intexens, si fas est dicere, peplo, Qualis Erechtheis olim portatur Athenis, Debita cum castae solvuntur vota Minervae, Tardaque confecto redeunt Quinquatria lustro, Cum levis alterno Zephyrus concrebuit Euro, Et prono gravidum provexit pondere currum; beweist nur, daß an den großen Panathenäen der große Peplos, nicht aber, daß an den kleinern keiner getragen wurde.

9) *Hesych.* s. v. Ἐργαστῖναι. αἱ τὸν πέπλον ὑφαίνουσαι. 10) *Harpocrat.* s. v. ἀῤῥηφορεῖν· δ' μὲν ἐχειροτονοῦντο διὰ εὐγένειαν (*Bekk.* Anecd. 446, 18 τῶν εὐγενῶν) ἀῤῥηφόροι, β' δὲ ἐκρίνοντο, αἳ τῆς ὑφῆς τοῦ πέπλου ἦρχον καὶ τῶν ἄλλων τῶν περὶ αὐτόν (*Bekker* l. c. αὐτήν). Das Etym. M. 149, 18 bestimmt noch, daß diese Mädchen 7—11 Jahre alt waren, womit das Rhet. Wörterb. S. 202, 5 übereinstimmt. Vergl. noch über die Arrhephoren K. O. Müller, Pallas-Athene. S. 86. 11) Etym. M. 805, 43. Χάλκεια, ἑορτὴ — ἐν ᾗ καὶ ἱέρειαι μετὰ τῶν ἀῤῥηφόρων τὸν πέπλον διάζονται. 12) *Eurip.* Hecub. 470. Ἢ Παλλάδος ἐν πόλει, τᾶς καλλιδίφρου Ἀθαναίας ἐν κροκέῳ πέπλῳ (das verdient, zumal mit ihm auch *Virgil.* Cir. v. 31 stimmt, Horrida sanguineo pinguntur praelia cocco, mehr Glauben als des Lutatius in Theb. X peplum est vestis candida, aureis clavis picta, quod simulacris fiebat) ζεύξομαι ἅρματι πώλους, ἐν δαιδαλέαισι ποικίλλουσ' ἀνθοκρόκοισι πήναις, ἢ Τιτάνων γενεάν, τὰν Ζεὺς ἀμφιπύρῳ κοιμίζει φλογμῷ Κρονίδας. 13) Über die Stickerei auf dem Peplos vergl. *Eur.* Iph. Taur. 211. Besonders *Boeckh.* Graec. trag. princ. p. 192 sq.

nerva dabei, ihren Kampf mit Enkelados, und was sie sonst Herrliches vollführt, dar; die Göttin wurde entweder zu Fuß, in der Regel aber, wie sich für die ritterliche Göttin schickte, auf einem Wagen[14]) sitzend dargestellt; außerdem zeigte die Stickerei besonders den Jupiter, Mars, Apoll, Mercur, Silen rc., dann die Thaten der Heroen, bei deren Ausführung sie von der Minerva unterstützt wurden, z. B. den Kampf des Hercules gegen die lernäische Hydra, die Erlegung der Chimära durch Bellerophon, endlich auch die Großthaten ausgezeichneter attischer Bürger, weil man auch sie als Werk der Minerva ansah; wir dürfen wol voraussetzen, daß besonders die Siege bei Marathon und Salamis nicht ausgelassen worden sind; darum bezeichnet einmal Aristophanes[15]) den Ruhm der Väter so, daß er sie dieses Landes und „des Peplos" würdige Männer nennt. Späterhin hat unwürdige Schmeichelei selbst die Bilder des Antigonus und Demetrius und zwar mitten unter die Götter hineinsticken lassen, was als eine solche Gottlosigkeit erschien, daß, wie nun der Peplos bei der mit ihm gehaltenen Procession im Ceramicus durch einen Sturmwind entzweiriß, man dies vom Zorn der Götter über eine solche *ἀσέβεια* ableitete[16]). Dieser Peplos wurde, ungewiß, seit welcher Zeit[17]), im sogenannten panathenäischen Schiffe, d. h. einem in Form eines Schiffes eingerichteten, in der Nähe des Areopag aufgestellten[18]), durch verborgene Maschinen fortbewegten Werke, an welchem es gleichsam als Segel hing, vom Ceramicus[19]) außerhalb der Stadt durch das Dipylon, den innern Ceramicus, dem Leokorion vorbei, nicht auf dem kürzesten Wege nach der Burg heraufgetragen, sondern um das herrliche Schauspiel gehörig entfalten und lange genießen zu können, ging die dem Peplos folgende Procession beinahe um die Burg herum, durch die schönsten Straßen der Stadt; sie kam nämlich auf dem Markte vor den Hermen und den Tempeln, die zahlreich auf dem Markte waren, vorbei, wandte sich von da nach dem Ilissus und dem Eleusinion, von hier aber ging sie unterhalb der pelasgischen Mauer (des Pelasgikon), vor dem Pythion vorbei, und kam so erst über die Propyläen auf die Burg an den Tempel der Polias heran, woselbst der Peplos vom Schiffe abgenommen, von einigen Personen in den Tempel hineingetragen und dem Bilde der Göttin umgeworfen wurde, welches vermuthlich an diesem Tage auf einen von Blumen gebildeten Sitz, *πλακίς*[20]) genannt, gestellt war, nachdem vielleicht vorher durch einen eigens dazu bestellten Abwascher[21]) (*καταvίπτης*) der etwa durch die Procession am Peplos schmuzig gewordene Rand oder Saum abgewaschen worden war. An dieser Procession, welche später unter besonderer Aufsicht der freilich erst von Demetrius dem Phalereer eingeführten Nomophylakes[22]), früher vielleicht unter der des Archon-Königs und der Epimeleten des Festes stand, nahm fast die ganze Bevölkerung Attika's, namentlich die bürgerlichen Familien, Antheil; natürlich mit Ausschluß derjenigen, welchen, wie den mit Blutschuld befleckten und den Atimois, der Zutritt zu den öffentlichen Heiligthümern und zum Markte verschlossen war[23]); selbst solche Personen, welche sonst nie nach der Stadt kamen, unterließen es wenigstens nicht, zu der Procession an den großen Panathenäen in die Stadt zu gehen, wenn sie auch gleich nach dem Anblicke des Peplos wieder in ihre ländlichen Besitzungen zurückkehrten[24]); an die attische Bevölkerung schlossen sich die heil. Abgeordneten (*θεωροί*) an, welche entweder im Namen ihrer Städte ein Opfer der Burggöttin an den Panathenäen darbrachten oder in eigenem Namen die Spiele und Festlichkeiten als Zuschauer besuchten; diese

14) Dies ergibt sich schon aus der eben angeführten Stelle des Euripides und der Scholiast Aristides (p. 343) *ἐν τοῖς Παναθηναίοις ὕφαινον αἱ παρθένοι Ἀθήνησι πέπλον, ἐν ᾧ ἅρμα ἦν ἐντετυπωμένον, καὶ ἃ κατὰ τῶν γιγάντων ἡ θεὸς ἔπραξεν*, beweist, daß neben den Thaten der Göttin gegen die Giganten vorzugsweise der Wagen im Peplos dargestellt war. 15) *Aristoph.* Equit. 568 [570]. 16) *Plutarch.* Demetr. c. 10. *Ἐνυφαίνεσθαι δὲ τῷ πέπλῳ μετὰ τῶν θεῶν αὐτοὺς ἐψηφίσαντο.* Ib. c. 12. *Ἐπεσήμαινε δὲ τοῖς πλείστοις τὸ θεῖον· ὁ μὲν γὰρ πέπλος, ὥσπερ ἐψηφίσαντο, μετὰ τοῦ Διὸς καὶ τῆς Ἀθηνᾶς προσενυφηναμένων Δημήτριον καὶ Ἀντίγονον πεμπόμενος διὰ τοῦ Κεραμεικοῦ μέσος ἐῤῥάγη, θυέλλης ἐμπεσούσης.* *Diodor.* XX, 46. *Ἐνυφαινόντων αὐτοὺς εἰς τὸν τῆς Ἀθηνᾶς πέπλον κατ' ἐνιαυτόν.* Die Gottlosigkeit hat also nicht sowol darin bestanden, daß man die Bilder dieser Könige in den Peplos aufgenommen, als vielmehr darin, daß man sie an die Stelle mitten unter die Götterbilder gestellt hat. 17) Die Stellen über die *παναθηναϊκὴ ναῦς* s. bei *Meurs.* 19. Die Bedenken K. O. Müller's gegen die frühe und regelmäßige Anwendung dieses Schiffes s. oben Pallas-Athene S. 85, besonders Note 86. Zu den erstern Stellen kommen noch *Himer.* Bithyn. III, 12. *Ἡδὺ καὶ ἀξιάγαστον οὐ θεᾶσθαι μόνον Παναθήναια ἀλλὰ καὶ λέγειν τι περὶ αὐτῶν ἐν τοῖς Ἕλλησιν, ὅταν ἐν τῇδε τῇ πανηγύρει τὴν ἱερὰν Ἀθηναῖοι τριήρη τῇ θεῷ πέμπουσιν.* Schol. *Aristid.* p. 342. *Πέπλον λέγει τὸ ἱστίον τῆς νεώς· φασὶ γάρ, ὅτι ναῦς ἦν ὑπότροχος κατασκευασθεῖσα, ἥτις ἐν τοῖς Παναθηναίοις ἀπό τινος τόπου ἀγομένη ἐπὶ τὴν ἀκρόπολιν εἶχεν ἅρμενον, — ἐποίουν τοῦτον τὸν πέπλον ἱστίον τῆς νηός, ἥτις ὑπότροχος κατεσκεύαστο, καὶ ἔκ τινος τόπου πρὸς τὴν ἀκρόπολιν ἤγετο.* 18) *Paus.* I, 29. *Τοῦ δὲ Ἀρείου πάγου πλησίον δείκνυται ναῦς ποιηθεῖσα ἐς τὴν τῶν Παναθηναίων πομπήν.* 19) Über die Processionsstraße an den Panathenäen vergl. Leake, Topogr. v. Athen. S. 319 fg. K. O. Müller, Attika in dieser Encykl. I, 6. S. 235. Daß die im Texte angeführten Hermen auf dem Markte standen, geht aus *Xenoph.* Hipparch. III, 2 *ὅσων ἱερὰ καὶ ἀγάλματα ἐν τῇ ἀγορᾷ ἐστι, ταῦτα ἀρξάμενοι ἀπὸ τῶν Ἑρμῶν κύκλῳ περὶ τὴν ἀγορὰν καὶ τὰ ἱερὰ περιελαύνοιεν* und aus *Mnesimachus* bei *Athen.* IX, 402 *στεῖχ' εἰς ἀγορὰν πρὸς τοὺς Ἑρμᾶς*, daß sie in der Nähe der Poikile und der Königshalle standen, aus *Harpocr.* s. v. *Ἑρμαῖ* hervor, der auch bemerkt, daß dieser Platz so hieß, weil viele von Privatpersonen und Beamten errichtete Hermen da standen. Himer. (III, 12) beschreibt den Gang der Procession so: *ἄρχεται μὲν εὐθὺς ἐκ πυλῶν* (d. i. aus dem Dipylon), *οἷον ἔκ τινος εὐδίου λιμένος, τῆς ἀναγωγῆς ἡ ναῦς· κινηθεῖσα δὲ ἐκεῖθεν ἤδη — διὰ μέσου τοῦ Δρόμου κομίζεται, ὃς εὐθυνής τε καὶ λεῖος καταβαίνων ἄνωθεν σχίζει τὰς ἑκατέρωθεν αὐτῷ παρατεταμένας στοάς, ἐφ' ὧν ἀγοράζουσιν Ἀθηναῖοι — ἐπὶ τὸν κολωνὸν τῆς Παλλάδος.*

20) *Hesych.* in *Πλακίς, κλινίδιον, κατεσκευασμένον ἐξ ἀνθῶν τῇ ἑορτῇ τῶν Παναθηναίων.* 21) Etym. M. p. 448, 25. *Ὁ τὰ κάτω τοῦ πέπλου τῆς Ἀθηνᾶς ῥυπαινόμενα ἀποπλύνων.* 22) *Pollux* VIII, 94. *Νομοφύλακες μὲν ἐστεφάνωνται στροφίῳ λευκῷ· τὴν δὲ πομπὴν πέμπουσι τῇ θεῷ.* Böckh, über d. Atthis d. Philochor. S. 26 fg. 23) *Lys.* c. Agorat. p. 500. *Οὐ γὰρ δεῖν ἀνδροφόνον αὐτὸν ὄντα συμπέμπειν τὴν πομπὴν τῇ Ἀθηνᾷ.* 24) Vergl. die Note 8 S. 288 angeführte Stelle des Plautus.

Theorien trugen nicht weniges wie zur Vergrößerung des Opfers so zur Verherrlichung der Procession bei, indem sie allen eigenen Reichthum und allen Glanz entfalteten, den die von ihnen vertretenen Städte an prächtigen Gefäßen und Processionsschmuck zu entwickeln vermochten. Was aber die attischen Bürger betrifft, so wurden aus der Mitte der Greise Einige durch Adel und Schönheit ausgezeichnete auserwählt, deren jeder einen *θαλλός*, d. h. einen Ölzweig, trug, wovon sie Thallosträger (*θαλλοφόροι*) hießen [25]; daß ebenso aus der Mitte der ältern Frauen einige zum Tragen eines Thallos bei dieser Procession auserwählt worden seien, ist eine allerdings wenig glaubliche Nachricht des Dicäarch, sollte diese Nachricht auch nicht auf regelmäßige Sitte zu beziehen, sondern auf etwas einmal Vorgekommenes zu beschränken sein. Die waffenfähige Mannschaft aber erschien, wenn auch nicht in Uniform, doch im Staatsgewand und (jedoch nur bei der Procession an den großen Panathenäen) mit Schild und Speer bewaffnet [26], aber ohne Schwert (daher nach der an diesem Feste erfolgten Ermordung des Hipparch sein Bruder Hippias diejenigen als Verschworene greifen ließ, bei welchen ein Schwert gefunden wurde); denn wie Aristoteles bemerkt [27], weckt es den kriegerischen Sinn der Bürger, wenn sie bewaffnet an den Processionen Theil nehmen. Die bürgerlichen Reiter (über die Theilnahme der nichtbürgerlichen fehlt es wenigstens an Zeugnissen), „ein Hauptschmuck dieses festlichen Aufzugs, bei welchem sie durch die Schönheit der Männer und Rosse und herrliche Rüstung einen prachtvollen Anblick gewährten [28]", erschienen zu Pferde, in ihrem prächtigen Staatsgewande, unter Anführung [29] ihrer beiden Hipparchen und zehn Phylarchen im Paradegalopp, und wurde bei der kostbaren Unterhaltung und mühsamen Ausbildung dieser Reiterei vorzüglich darauf gesehen, daß sie für die Processionen, und namentlich für die panathenäische, die militairischen Evolutionen, insbesondere über den Markt, um die dort befindlichen Tempel und Götterbilder herum, mit Geschicklichkeit und Eleganz ausführte. Die Pferde, auf welchen die Reiterei erschien, waren eigens für die Procession ausgewählt, sie waren Processionspferde (*πομπικοὶ ἵπποι*), welche sich durch besondere Eigenschaften von den Last- und Schlachtpferden (*ἀγωγοῖς* und *πολεμικοῖς ἵπποις*), nämlich besonders durch Muth der Seele und Stärke des Leibes unterschieden [30]. Als Zeichen kleinlicher Eitelkeit oder des *μικροφιλότιμος* führt Theophrast [31] an, wenn einer, nachdem er mit den Reitern die Procession geleitet hat, Alles andere zwar durch den Reitknecht nach Hause tragen läßt, in Sporen aber und mit besonderm Mantelwurf auf dem Markte herstolzirt. Die Schwerbewaffneten aber erschienen unter Anführung der zehn Strategen und zehn Taxiarchen zu Fuß; von den erstern hatte wol einer die Leitung der ganzen Hoplitenmannschaft [32]. Die Bewaffneten legten in einiger Entfernung vom Tempel der Polias ihre Waffen ab und wandten sich unbewaffnet zum Opfer und Gebet [33]. Die übrige nicht waffentragende bürgerliche Mannschaft, welche an der Procession Theil nahm, folgte, wie ich glaube, geordnet nach Gauen (Demen) unter Anführung der Demarchen [34]. Alle, oder wenigstens die Epheben, trugen Kränze [35], die Epheben früher dunkele, seit Herodes Atticus glänzende Gewänder [36]. Einen besondern Schmuck gewähr-

---

25) *Xenoph.* Sympos. IV, 17. *Θαλλοφόρους γὰρ τῇ Ἀθηνᾷ τοὺς καλοὺς γέροντας ἐκλέγονται, ὡς συμπαρομαρτοῦντος πάσῃ ἡλικίᾳ τοῦ κάλλους.* *Juncus* de senectut. ap. *Stobaeum* 115, 26. Vol. III. p. 424. *Gaisf.* *Ὅ τε νόμος αὐτοὺς* [*τοὺς γέροντας*] *ἐκείνους χειροτονεῖ τῇ Ἀθηνᾷ, ὥς φησι Ξενοφῶν ὁ φιλόσοφος, θαλλοφόρους.* Schol. *Aristoph.* Vesp. 564. *Θαλλοφόρους γὰρ ἔφη, βουλόμενος τοὺς γέροντας δηλῶσαι, ἐπειδὴ ἐν τοῖς Παναθηναίοις οἱ γέροντες θαλλοὺς ἔχοντες ἐπόμπευον· ὡς οὖν εἰς οὐδὲν ὄντων χρησίμων αὐτῶν ἔξω τοῦ θαλλοφορεῖν οὕτως αὐτοὺς ἐπέσκωψεν· ὁ μέντοι Δικαίαρχος ἐν τῷ Παναθηναϊκῷ οὐκ οἶδα ἐξ ὅτου ποτὲ καὶ τὰς γραῦς ἐν τοῖς Παναθηναίοις ὑπείληφε θαλλοφορεῖν, πολλῶν ἀλλήλοις ὁμολογούντων εἶναι τοῦ μόνους τοὺς πρεσβύτας θαλλοφορεῖν Ξενοφῶντος* (ob *εἶναι τοῦ*[*το πρὸς*] *μόνους τοὺς πρεσβύτας, Ξεν.?*) *μὲν ἐν τῷ Συμποσίῳ, Φιλοχόρου δὲ ἐν τῇ δευτέρᾳ, ὅς γε καὶ τὸν καταΐδόντα* (Cod. *Venet.* *κατάδοντα*, *Bergk* Commentt. p. 41 *κατάγοντα*. *H. A. Müller* p. 24 *καταθέντα*, wovon das erstere dem Sprachgebrauch widerstreitet, das andere sich auch von der Überlieferung zu weit entfernt) *τὸ ἔθος Ἐριχθόνιον συνίστησι* (hiernach wäre also der mythische Gründer des Panathenäenfestes auch der Stifter des *θαλλοφορεῖν*, d. h. dies so alt als das Fest). *μνημονεύει τοῦ ἔθους Κρατῖνος μὲν ἐν Δηλίασι, Φερεκράτης δὲ ἐν Ἐπιλήσμοσιν.* Übrigens geht daraus, daß Kratin in jenem Stücke dieses Gebrauchs gedenkt, noch nicht hervor, wie man gleichwol neuerlich vermuthet hat, daß auch bei der delischen Feier der Athener das *θαλλοφορεῖν* vorgekommen sei, was auch nirgends berichtet wird. 26) *Thucyd.* VI, 58. 27) *Aristot.* Rhet. ad *Alex.* 3. *Συμπομπευόντων ὁπλιτῶν ἱππέων ψιλῶν εὐτολμότεροι γένοιντ' ἂν οἱ πολῖται φιλοτιμούμενοι περὶ ταῦτα.* 28) Böckh, Staatsh. I, 269. 29) *Demosth.* Philip. I, 47, 9. Für die Thätigkeit des Hipparchen an den Panathenäen spricht Athen. (IV, 168 sq.); auch gibt Xenophon in seiner Schrift über den Reiteroberst (Hipparch) eine Instruction (III, 1 sq.), wornach diesem die Sorge obliegt, daß an den Festen die Processionen ein schönes Schauspiel gewährten, den Göttern und den Zuschauern erfreulich würden; daß aber grade auf dem Markte die bedeutendsten Aufstellungen der Reiterei erfolgten, beweist *Demosth.* contr. Mid. p. 570. §. 171. *Ἐχειροτονήσατε τοῦτον — ἵππαρχον, ὀχεῖσθαι διὰ τῆς ἀγορᾶς ταῖς πομπαῖς οὐ δυνάμενον.* Vergl. auch *C. F. Hermann*, De equitibus Atticis; p. 19.

30) *Pollux* I, 211. *Ὁ δὲ πομπικὸς ἵππος ἐχέτω ψυχὴν μεγαλόφρονα, σῶμα εὔρωστον κτλ.* aus Xenophon. 31) Char. XXI. *Καὶ πομπεύσας δὲ μετὰ τῶν ἱππέων τὰ μὲν ἄλλα πάντα ἀποδοῦναι τῷ παιδὶ ἀπενεγκεῖν οἴκαδε, ἀναβαλλόμενος δὲ θοἰμάτιον ἐν τοῖς μύωψι κατὰ τὴν ἀγορὰν περιπατεῖν.* 32) *Lys.* contr. Agorat. 499. §. 80. 33) *Aen.* *Tact.* XVII, was sich freilich nicht auf eine attische Procession bezieht. 34) *Schol. Arist.* Nub. 37. *Οὗτοι* [*οἱ δημάρχοι*] *δὲ τὴν πομπὴν τῶν Παναθηναίων ἐκόσμουν.* 35) *Heliodor.* Aethiop. I, 10. *Παναθηναίων τῶν μεγάλων ἀγομένων, ὅτε τὴν ναῦν Ἀθηναῖοι ἐπὶ γῆς τῇ Ἀθηνᾷ πέμπουσιν, ἐτύγχανον μὲν ἐφηβεύων· ᾄσας δὲ τὸν εἰωθότα παιᾶνα τῇ θεῷ, καὶ τὰ νενομισμένα προπομπεύσας, ὡς εἶχον στολῆς, αὐτῇ χλαμύδι, καὶ αὐτοῖς στεφάνοις, ἔρχομαι οἴκαδε ὡς ἐμαυτόν.* *Himer.* III, 13. *Τὸ μὲν οὖν πλήρωμα τῆς νεὼς ἱερεῖς τε καὶ ἱέρειαι εὐπατρίδαι πάντες χρυσοῖς — οἱ δὲ ἀνθινοῖς ἐστεφανωμένοι τοῖς στέμμασιν*, wozu die Note von Wernsdorf zu vergleichen. 36) *Philostrat.* Vit. Sophist. II, 5. p. 550 *Olear.* *Μετεκόσμησε δὲ καὶ τοὺς Ἀθηναίους ἐφήβους εἰς τὸ νῦν σχῆμα, χλαμύδας πρῶτον ἀμφιέσας λευκάς, τέως γὰρ δὴ μελαίνας ἐνημμένοι τὰς ἐκκλησίας περιεκάθηντο καὶ τὰς πομπὰς ἔπεμπον.* Diese Stelle ist freilich nicht auf die Panathenäen speciell zu beziehen, wie Meursius geglaubt hat, und Petit und Olearius mit Recht bestreiten, aber

eser Procession die Sieger, welche in dem vorange-
nen panathenäischen Wettkampfe gesiegt hatten und
r Procession mit ihrem Siegeszeichen erschienen, nach dienten die Sieger im Wagenrennen, die auf
Wagen einzeln in langer Reihe fuhren, zur beson-
Verherrlichung der Procession. Aber auch bürgerliche
n und Jungfrauen folgten der Procession, deren ei-
esondere religiöse Geschäfte und Dienste dabei hat-
vie z. B. die Korbträgerinnen [37]) (κανηφόροι), welche
ttels der ἰστριάνιδες [38]) verdeckten, Opfergeräth ent-
den Körbchen (κανᾶ) auf den Köpfen trugen, wovon erwachsene Jungfrauen aus den edlern Ge-
tern genommen wurden; daher ward die Schwe-
s Harmodius, als ob sie ihrer Geburt nach dieser
unwürdig sei, von Hipparch schimpflich zurückgewie-
ne Beschimpfung, die nach der Meinung nicht we-
Personen ihren Bruder und dessen Freund zur Er-
ng des Tyrannen veranlaßt haben soll [39]); ebenso
. wir die Thauträgerinnen [40]) oder ἐρσηφόροι her-
en. Nächst den Bürgern nahmen auch die Schutz-
n an der Procession Antheil, welche einige jedoch nicht sehr ehrenvolle Dienste dabei zu verrichten hatten [41]);
die männlichen Schutzgenossen gingen in rothen Gewän-
dern hinter den Bürgern her und trugen σκάφη, wovon
sie σκαφηφόροι hießen, ihr Dienst σκαφηφορία und ihn
besorgen σκαφηφορεῖν; die σκάφη aber waren Näpfe [42]),

---

en Worte beweisen doch, daß die Epheben früher auch bei
ocessionen, mithin bei der panathenäischen, in dunkeln Ge-
r erschienen.

) Der Gebrauch der Kanephoren bei den Panathenäen wird
ichthonius, den Stifter des Festes, zurückgeführt. *Harpocr.*
— *Φιλόχορος ἐν β' Ἀτθίδος φησὶν ὡς Ἐριχθονίου εὐόντος πρῶτον κατέστησαν αἱ ἐν ἀξιώματι παρ-φέρειν τὰ κανᾶ τῇ θεῷ, ἐφ' οἷς ἐπέκειτο τὰ πρὸς τὴν* , *τοῖς τε Παναθηναίοις καὶ ταῖς ἄλλαις πομπαῖς.* . in *Κανηφόροι. ἐν ταῖς πομπαῖς αἱ ἐν ἀξιώματι παρ-κανηφόρουν, ὥσπερ καὶ ἐν τοῖς Παναθηναίοις. οὐ δὲ ἐφεῖτο κανηφορεῖν.* Diese Glossen der Grammatiker zei-
ß die Kanephoren in Athen zwar auch bei andern Processio-
er doch vorzugsweise bei der panathenäischen vorkamen; ihre
nzahl beweist schon der Umstand, daß der Redner Lykurg
n Schmuck auf Kosten des Staats für hundert Kanephoren
en ließ. Vergl. übrigens über sie noch K. O. Müller,
Athene. S. 84. 38) *Hesych. s. v. Ἰστριάνιδες, αἱ Σκυ-τολαί, καὶ παρὰ Ἀθηναίοις σκεπάσματα, οἷς ἐκάλυπτον τὰ κανᾶ.* 39) **Thucyd.** VI, 56. *Ἀδελφὴν γὰρ αὐτοῦ* [ίου] *κόρην ἐπαγγείλαντες ἥκειν κανοῦν οἴσουσαν ἐν τινι ἀπήλασαν, λέγοντες οὐδὲ ἐπαγγεῖλαι τὴν ἀρχὴν μὴ ἀξίαν εἶναι.* Hieraus ergibt sich, daß die Behörde der
ter des Harmodius die Meldung hatte zukommen lassen, sich
ocession als Kanephore einzufinden, und als sie sich zu diesem
eingefunden, sie mit der Bemerkung, sie nicht aufgefodert
en, zurückgewiesen hatte; welche Behörde dies gewesen und
her Procession sich dies zugetragen habe, bestimmt der Ge-
reiber nicht weiter, ja sein Ausdruck *ἐν πομπῇ τινι* läßt
ten an eine unbedeutende Procession denken; aber Maximus
(Dissert. XXIV, 2. p. 285. *Davis Καὶ ἀδελφὴν Ἁρμο-*
Παναθηναίοις ἥκουσαν ἐπὶ τὴν πομπὴν κανηφοροῦ-ήλασεν ἐπ' ἀτιμίᾳ) berichtet, daß es sich bei der panathe-
. ereignet habe, und damit stimmt auch Älian (V. H. XI, 8)
: *Ἵππαρχος ἀνῃρέθη ὑπὸ Ἁρμοδίου καὶ Ἀριστογείτονος,* *τοῖς Παναθηναϊκοῖς* (ob *Παναθηναίοις?*) *κομίσαι τῇ θεῷ κατὰ τὸν νόμον τὸν ἐπιχώριον οὐκ εἴασε τὴν* *ἡν τὴν Ἁρμοδίου.* Welche Behörde übrigens auch damals
ennung der Kanephoren zu bestimmen hatte, in der Zeit des
ates wird wahrscheinlich dies von der Wahl der Demen, d. h.
jedem Gau gehörigen Frauen oder von einer Combination
ses mit der Wahl abgehangen haben. Vergl. *Perizon.* zu
l. c. 40) Vergl. K. O. Müller, Pallas-Athene. S.
36.

41) *Aelian.* V. H. VI, 1. *Τὰς γοῦν παρθένους τῶν μετοί-κων σκιαδηφορεῖν ἐν ταῖς πομπαῖς ἠνάγκαζον ταῖς ἑαυτῶν κό-ραις, τὰς δὲ γυναῖκας ταῖς γυναιξί, τοὺς δὲ ἄνδρας σκαφηφο-ρεῖν.* **Pollux** III, 56. *Σκαφηφόρος. οὕτω δὲ τοὺς μετοίκους ὠνόμαζον, καὶ τὰς γυναῖκας αὐτῶν ὑδριαφόρους ἀπὸ τοῦ ἔρ-γου ἑκατέρους.* **Hesych.** s. v. *Σκαφηφόροι, οἱ μέτοικοι οὕτως ἐκαλοῦντο· σκάφας γὰρ ἔφερον ἐν Παναθηναίοις, ἵνα ὡς εὖνοι* (al. *ἔνιοι*) *ἀριθμῶνται μετέχοντες τῶν θυσιῶν.* **Phot.** in *Ὑδρια-φόροι ὥσπερ σκαφηφόροι αἱ μέτοικοι.* *Hesych.* *Ὑδριαφόροι μέτοικοι.* Rhetor. Wörterb. 214, 6. *Νόμος τοὺς μετοίκους χι-τῶνας ἐνδεδύσθαι χρῶμα ἔχοντας φοινικοῦν, καὶ τὰς σκάφας φέρειν, ὅθεν καὶ σκαφηφόροι καλοῦνται* (was mit dem Etym. M. 155, 10 u. *Suidas* in *καὶ ἀσκοφορεῖν* T. I. p. 795. *Bernh.* ziemlich übereinstimmt). Hier wird auch ausdrücklich gelehrt, daß das *ἀσκοφορεῖν* oder das Tragen von Schläuchen bei den Proces-sionen Sache der Bürger sei, daher man diese Überlieferung nicht ohne Noth verlassen darf, wie gleichwol neuerlich geschehen. *Phot.* p. 517 ed. Angl. Rhetor. Wörterb. 304, 27. *Σκαφηφορεῖν· τὸ τοὺς μετοίκους ἐν ταῖς πομπαῖς σκάφας φέρειν πλήρεις θυσιῶν· αὕτη γὰρ ἦν ἡ τῶν μετοίκων λειτουργία.* *Harpocr.* in *μετοίκιον — ἐκάλουν δὲ οἱ κωμικοὶ σκαφέας τοὺς μετοί-κους, ἐπεὶ ἐν ταῖς πομπαῖς τὰς σκάφας ἐκόμιζον οὗτοι.* *Har-pocr.*, *Suidas*, *Photius* in *Σκαφηφόροι: Δείναρχος ἐν τῷ κατὰ Ἀγασικλέους φησὶν „οἳ ἀντὶ σκαφηφόρων ἔφηβοι εἰς τὴν ἀκρόπολιν ἀναβήσονται, οὐχ ὑμῖν ἔχοντες χάριν τῆς πολιτείας ἀλλὰ τῷ τούτου ἀργυρίῳ," ἀντὶ τοῦ μέτοικοι· οὗτοι γὰρ ἐσκα-φηφόρουν Ἀθήνησι. Δημήτριος γοῦν ἐν γ' Νομοθεσίας φη-σὶν ὅτι προσέταττεν ὁ νόμος τοῖς μετοίκοις ἐν ταῖς πομπαῖς αὐτοὺς μὲν σκάφας φέρειν, τὰς δὲ θυγατέρας αὐτῶν ὑδρεῖα καὶ σκιάδια. διείλεκται περὶ τούτων καὶ Θεόφραστος ἐν ι' Νόμων.* Die Stelle des Dinarch bezieht sich offenbar auf Schutzge-nossen, welche nicht auf gesetzlichem Wege, durch Volksbeschluß, son-dern durch Bestechung das Bürgerrecht erschlichen hatten, und wie also der Redner sagt, durch Geld dazu gekommen waren, bei der Procession nach dem Tempel der Polias die Burg nicht in den unter-geordneten Diensten der Schutzgenossen, sondern in der höhern Stel-lung der attischen Epheben zu ersteigen. Diese Stellen zeigen über die Beschäftigung der männlichen Schutzgenossen große Über-einstimmung; über die der weiblichen variiren sie dagegen in der Art, daß die einen mit dem in unserm Text Angegebenen überein-stimmen, andere die weiblichen schlechthin zu *ὑδριαφόροι*, an-dere die Töchter der Schutzgenossen zugleich zu *ὑδρια-* und zu *σκιαδηφόροι* machen; endlich andere, wie Älian, lassen die Frauen der Schutzgenossen hinter den bürgerlichen Frauen, die Jung-frauen jener hinter den bürgerlichen Fräulein Sonnenschirme tra-gen. Aristophanes aber (Aves 1558. *ΠΡ. Φέρε τὸ σκιάδειον, ἵνα με κἂν Ζεὺς ἴδῃ ἄνωθεν, ἀκολουθεῖν δοκῶ κανηφόρῳ. ΠΕ. Καὶ τὸν δίφρον γε διφροφόρει τονδὶ λαβών,* wozu der Schol. bemerkt: *ταῖς γὰρ κανηφόροις σκιάδειον καὶ δίφρον ἀκολουθοῦ-σαι τις ἔχουσα,*) spricht entscheidend für die im Text aufgestellte Ansicht. Die Glosse des Hesychius *σφοδελοφόρους τοὺς μετοίκους* bezieht sich schwerlich auf attische Gewohnheit. 42) *Phot.* *Σκάφας· ἔφερον οἱ μέτοικοι ἐν τῇ πομπῇ τῶν Παναθηναίων οἱ μὲν χαλκᾶς, οἱ δὲ ἀργυρᾶς κηρίων καὶ ποπάνων πλήρεις, ἐνδεδυ-κότες φοινικίους χιτῶνας, οὕτως Μένανδρος* (vermuthlich in den Eunuchen). *Ammon.* de differ. p. 75. *Valcken.* *Ἰσοτελὴς καὶ Μέτοικος διαφέρει. — ἐτέλει δὲ ὁ Μέτοικος κατ' ἐνιαυτὸν μετ-οικίου δραχμὰς δέκα, καὶ ἐν τῇ τῶν Ἀθηναίων* [ob *Παναθη-ναίων?*] *πομπῇ σκάφην ἔφερε κηρία ἔχουσαν· ὅθεν καὶ Σκα-φηφόρους ἔλεγον τοὺς μετοίκους.* Von diesem Dienste der männ-lichen Schutzgenossen bei den Processionen der Athener stammt das aus den Eunuchen des Menander von Zenob. (V, 95) angeführte Sprüchwort *Συστομώτερον σκάφης*, worüber die Parömio- und

die einen von Erz, die andern von Silber, welche mit Opfer- und Wachskuchen angefüllt waren. Die Frauen der Schutzgenossen trugen kostbare Wassergefäße (ὑδρίας) und hießen davon ὑδριαφόροι; die Jungfrauen gingen hinter den bürgerlichen Fräulein, namentlich den als Kanephoren fungirenden, her und trugen theils Sonnenschirme (σκιάδια), welche sie über jene ausbreiteten, theils Feldsessel (δίφροι), welche nach dem Muster des der Sage nach von Dädalus verfertigten, im Tempel der Polias aufbewahrten Riemensessels, ὀκλαδίας δίφρος, bereitet waren; von diesen Diensten hießen sie σκιαδηφόροι und διφροφόροι [43]). Freigelassene und andere Barbaren trugen während des Festes über den Markt Eichenzweige, was man δρῦν φέρειν nannte [44]). Zuletzt nennen wir die, welche eigentlich die Procession eröffneten, die Priester und Priesterinnen der Göttin, kurz die Personen, welche bei dem nachherigen Opfer fungirten, in der Nähe der Opferthiere hergehend; und auch die heiligen Geschlechter, aus deren Mitte jene genommen wurden, mögen eine besondere, ausgezeichnete Stellung in der Procession eingenommen haben; wie man denn auch auf dem die Panathenäen-Procession darstellenden Friese des Parthenon eine große Anzahl Opferer und Individuen, die Opfergeräth halten, und viele Stiere sieht. Auch fehlte es nicht an Personen, welche die goldenen und silbernen Processionsgefäße (πομπεῖα) trugen, die in einem dazu besonders bestimmten Gebäude, Pompeion genannt, aufbewahrt wurden; solche Gefäße besaß der attische Staat schon sehr früh; aber aus dem eingezogenen Vermögen der dreißig Tyrannen wurden neue kostbare angefertigt, im Beginn von Demosthenes' politischer Laufbahn durch Androtion die vorhandenen Gefäße umgeschmolzen und neue errichtet, und durch den Redner Lykurg wieder neue silberne und goldene hinzugefügt [45]). Andere trugen die reichen Weihgeschenke, die etwa für dieses Fest der Göttin von einheimischen oder auswärtigen Verehrern dargebracht wurden, besonders Schalen (φιάλας), goldene und silberne Kannen (χρυσίδες und ἀργυρίδες), die man auch auf den Bildwerken am Friese des Parthenon erkennt [46]), und was der Tempelschatz an Sehenswürdigkeiten besaß, wurde wol ebenfalls zur Schau getragen. Die Procession wurde begleitet von Herolden [47]), die aus dem Geschlechte der Euniden waren; endlich fehlte es auch nicht an musikalischer Begleitung; die Trompete [48]) und Flöte [49]) werden namentlich erwähnt.

Was nun die Anordnung des Zuges betrifft, so fehlt es uns darüber an allen Zeugnissen der Schriftsteller; doch gewähren uns Bildwerke an der nördlichen, westlichen und südlichen Seite der Cella des Parthenon-Frieses einen großen Anhalt; über die Anordnung dieser Bildwerke wird in dieser Encyklopädie im Art. Parthenon gehandelt werden; für jetzt genügt es auf Leake [50]) und K. O. Müller [51]) zu verweisen. Jene Bildwerke enthalten nämlich eine Darstellung des ganzen panathenäischen Zuges, aber nicht eines einzelnen Moments aus demselben, sondern der ganzen Entwickelung, indem sie die Spitze der Colonne sich bereits auf der Akropolis befindend, das Ende derselben aber noch im Ceramicus in der Zurüstung begriffen zeigen (nämlich am Fries an der Westseite sieht man die Reiterei, wie sie sich zur Procession rüstet, sich kleidet, die Pferde probirt rc.). Der Zug wurde offenbar durch die Opferthiere und ihre Begleiter eröffnet, durch die Wagen und die in Zügen folgenden Reiter geschlossen; an jenen Anfang reihten sich die Wannen tragenden Metöken, dann die beim Gottesdienste thätigen männlichen und weiblichen Personen nebst den untergeordneten Schutzgenossen-Frauen und Töchtern; dann folgten unter Vortritt von Auleten und Kitharisten die ältern und jüngern Männer, nicht sowol um panathenäische Chöre zu bilden, als um die waffenfähige Mannschaft zu vertreten, indem die Epheben, wie Schriftsteller und Bildwerke wahrscheinlich machen, vielleicht von den Peripolarchen und den Sophronisten geleitet, einen besonders markirten Platz erhielten. Dies ist alles, was sich noch mit ziemlicher Wahrscheinlichkeit ermitteln läßt. Sowie die Procession auf die Burg gekommen war, theilte sie sich rechts und links vom Parthenon, hielt auf dem Platze zwischen diesem und dem Polias-Tempel still; die waffentragende Mannschaft legte die Waffen ab, einige trugen in den Parthenon die Weihgeschenke, andere den Peplos in den Poliastempel, woselbst das Opfer vollzogen wurde. Von den Theilnehmern an dem Festesaufzuge wurde dann der Päan auf die Göttin gesungen [52]).

§. 10. b. **Das Opfer oder die θυσία und der damit verbundene Schmaus (ἑστίασις.)** Das panathenäische Opfer, welches im Namen und auf Kosten des attischen Staates dargebracht wurde, war die Hekatombe oder das Opfer von 100 Stieren, von welchen vermuthlich der Monat des Panathenäenfestes den Namen Hekatombäon erhalten hat; es waren aber ausgewachsene Ochsen oder Kühe, τέλειοι βόες oder ταῦροι, und man hat

Lexikographen, wie Apostolius, Suidas, Photius, folgende Glosse haben: Τάσσεται ἐπὶ τῶν διὰ τὸ ἀγεννὲς σιωπώντων· Θεόφραστος γὰρ ἐν τῷ περὶ Νόμων (daß es im zehnten Buche geschehen sei, geht aus der in der vorigen Note citirten Stelle des Harpokration hervor) εἰρῆσθαι ἀπὸ τοῦ τοὺς μετοίκους Ἀθήνησιν ἐν ταῖς δημοτελέσι πομπαῖς σκάφας φέροντας πομπεύειν· καὶ ὁπότε δὲ ἐβούλοντο μέτοικον δηλῶσαι, ἢ σκάφην ἔλεγον ἢ σκαφηφόρον. *Hesych. Zenob.* V, 95. Συστ. σκάφης. παροιμία ἐπὶ τῶν τὰς σκάφας φερόντων μετοίκων, διὰ τὸ ἀπαῤῥησίαστον οἷς οὐδὲ χανεῖν ἐξῆν. Cf. *Diogenian.* Prov. VIII, 12.

43) Abbildung solcher Feldsessel auf den Basreliefs des Parthenon, worauf der panathenäische Festzug dargestellt ist, bei *Stuart* Antiquit. of Athen. II. pl. 25 der darmstädt. Bearbeit. 5. Th. Lieferung XXI. Tab. 19. Vergl. auch *K. O. Müller*, Min. Pol. 29. 44) Rhet. Wörterb. S. 242, 3. Δρῦν φέρειν διὰ τῆς ἀγορᾶς: τὸ τοὺς ἀπελευθερωθέντας δούλους καὶ ἄλλους βαρβάρους κλάδον δρυὸς ἕκαστον διὰ τῆς ἀγορᾶς ἐν τῇ τῶν Παναθηναίων ἑορτῇ φέρειν. 45) Leake, Topogr. v. Athen. S. 92. 46) K. O. Müller z. Stuart Alterth. v. Athen. II, 678 der darmstädt. Bearbeit.

47) *Pollux* VIII, 103. Οἱ δὲ (κήρυκες) περὶ τὰς πομπὰς ἐκ τοῦ Εὐνειδῶν γένους. 48) Id. IV, 89 Πομπικὴ σάλπιγξ. 49) Id. IV, 73. Πομπικὸν αὔλημα. 50) Topograph. v. Athen. S. 266 fg. d. teutsch. Bearbeit. 51) a. a. O. S. 657 fg. 52) Vergl. die Note 35. S. 290 angeführte Stelle des *Heliodor. Aethiop.* III, 14. Λύσει δὲ ᾠδὴ τῆς νεὼς τὰ πείσματα ἣν ἱερὰν προσᾴδουσιν (?) Ἀθηναῖος χορὸς λαλοῦντες ἐπὶ τὸ σκάφος τῇ ἀρτέμῳ παρεῖναί τε αὐτὸν καὶ τῇ θεωρίδι συμπλεῖσθαι.

ich den Beinamen der Minerva ταυροπόλος abgelei-
der Zahl wird man es wol aber nicht so genau gehaben; ob aber auch bei diesem großen Opfer beob-
rden sei, was nach Philochorus[53]) bei jedem der Mi-
opferten Stiere befolgt wurde, daß nämlich gleich-
: Pandora ein Schaf geopfert wurde, was man da-
ιον nannte, lasse ich unentschieden; aber indem
) erwähnt, daß die Jünglinge der Athener im
se der Jahre die Göttin erfreuen mit Stieren und
, wird es allerdings wahrscheinlich, daß außer
auch Lämmer an den Panathenäen geopfert wur-
erdies schickten alle attischen Colonien[55]) und die
n Polias-Tempel pflichtigen Städte[56]) Theoren
lige Abgeordnete, welche auf ihre Kosten und in
amen bei diesem Feste bedeutende Opfer der Göt-
rachten; in einem Decret des attischen Kleruchen-
n Delos[57]) wird ein gewisser Eubulus belobt, weil
Archetheoros erwählt, gemeinschaftlich mit seinem
nd den übrigen Mittheoren alles schön und gezie-
n den Panathenäen geleitet und dadurch bewirkt
aß der attische Kleruchenstaat in Delos von dem
Volke in Athen mit einem goldenen Kranze bend diese Bekränzung im städtischen Theater ver-
wurde. Nach den Grammatikern[58]) sollen die
die Leitung aller vierjährigen Feste mit Aus-
der Panathenäen gehabt haben; in der Bar-
hen[59]) Inschrift aber wird unter den Zahlungen,
ie Schatzmeister der Minerva in der zweiten Pry-
leistet haben, auch angeführt: „den jährlichen ἱερο-
em Diyllos aus Herchia und seinen Amtsgenos-
Hekatombe 5114 Drachmen" (oder 1236 Thaler
Ist nun auch diese Hekatombe nicht näher be-
so kann es doch kaum eine andere als die pan-
he sein, und so bleibt nur übrig, entweder die
tung der Grammatiker auf die Besorgung der üb-
pfer mit Ausnahme der Hekatombe zu beschrän-
ken, oder (denn die Leitung anderer als Opferfeierlichkeiten können die ἱεροποιοί überhaupt nicht gehabt haben) der in der Inschrift berührte Fall ist etwas ganz einzeln stehendes und singuläres, eine bloße Ausnahme von der allgemeinen Vorschrift der Grammatiker. Mit diesem großen Opfer war eine große Volksspeisung verbunden, von der die Bürger übersättigt nach Hause kamen[60]); gebraucht wurden dabei die großen Trinkgefäße, welche eben davon die panathenäischen hießen[61]). Für die großen Panathenäen fand auch eine Vertheilung des Theorikons[62]) statt; die Bürger, getheilt nach Stämmen und Gauen, erhielten jeder die Diobelie. Die Bestimmung dieser zwei Obolen konnte aber unmöglich gewesen sein, den armen Bürgern das etwa von ihnen zu zahlende Eintrittsgeld zu ersetzen; denn zu allem, was es an den Panathenäen im Hippodrom, im Stadium, im Odeum zu schauen und zu hören gab, konnte man gewiß ohne Eintrittsgeld gelangen; es ist daher zu vermuthen, daß dies Geld entweder die Bürger in den Stand setzen sollte, auch die übrigen drei Feiertage, an denen keine Volksspeisung stattfand, zu Hause ein besseres Mahl zu halten, oder als Beitrag gegeben wurde, den jeder, welcher an der allgemeinen Volksspeisung Theil nehmen wollte, zu entrichten hatte, und der ebendeshalb den Bürgern aus der Staatscasse vorher gegeben wurde, um auch den ärmern den Zutritt zu erleichtern und doch eine gewisse Controle gegen das Eindringen von Nichtberechtigten üben zu können.

§. 11. Zum Schluß bemerken wir noch, daß an den Panathenäen, namentlich an den großen, die mit Athen verbündeten Staaten Abgeordnete zur Erneuerung von Verträgen und Eiden nach Athen schickten[63]); daß die allgemeine Sorge für die gesetzliche Abhaltung des Festes zehn aus der Mitte aller attischen Bürger durchs Loos ernannten Epimeleten zukam[64]); daß die Nachricht des

Bei Harpocr. in Ἐπίβοιον — ἐάν τις τῇ Ἀθηνᾷ θύῃ
ναγκαῖόν ἐστι καὶ τῇ Πανδώρᾳ θύειν οἶν, καὶ ἐκα-
θῦμα ἐπίβοιον. 54) Il. II, 550. Ἔνθάδε μιν
καὶ ἀρνειοῖς ἱλάονται κοῦροι Ἀθηναίων. 55)
ristoph. Nub. 385. Ἐν τοῖς Παναθηναίοις αἱ Ἀττικαὶ
ηναίοις πόλεις ἔπεμπον βοῦς, ὅθεν ἡ δαψίλεια τῶν
— ἐπεὶ οὖν ἐν τοῖς Παναθηναίοις πᾶσαι αἱ ἀπὸ τῶν
ἀποικισθεῖσαι πόλεις βοῦν τυθησόμενον ἔπεμπον, συν-
άδειαν εἶναι τῶν κρεῶν, ὥστε πληροῦσθαι πάντας καὶ
δέον ἐσθίοντας διὰ τὴν ἀφθονίαν τῶν κρεῶν. 56)
nahmen die Epidaurier der Athenäa-Polias und dem Erech-
rliche Opfer darzubringen (Herodot. V, 82), was man
K. O. Müller (Pallas-Athene S. 77. Note 24) auf das
Panathenäenopfer beziehen kann. 57) Boeckh. C. I.
2270. Ἀρχεθεωρός τε αἱρεθεὶς καὶ μετὰ τοῦ υἱοῦ καὶ
ων συνθεωρῶν πάντα καλῶς καὶ πρεπόντως βραβεύσας
ῦτον Παναθηναίοις ἐποίησεν τὸν δῆμον τὸν Ἀθηναίων
Δήλῳ τιμηθῆναι χρυσῷ στεφάνῳ ἀναγορευομένῳ ἐν
ἄστει θεάτρῳ. 58) Phot. Rhet. Wörterb. 265, 25.
d. p. 469. Ἱεροποιοί: κληρωτοὶ ἄρχοντες, εἰσὶ δὲ δέκα
ημόν — καὶ τὰς πενταετηρίδας ἁπάσας διοικοῦσι πλὴν
ηναίων. 59) C. I. Gr. nr. 147. Ἱεροποιοῖς κατ'
Διύλλῳ Ἑρχιεῖ καὶ συνάρχουσιν ἐς τὴν ἑκατόμβην
ΗΗΗΗ. Auch diese Zahlung ist so zu verstehen, wie die oben
t, die an die Athlotheten geleistet wurde.

60) Bei Aristophanes (Nub. 385) erläutert daher Sokrates seinen Satz, daß das Donnern nicht von Zeus, sondern von den sich auf einander stürzenden Wolken stamme, durch ein grade dem panathenäischen Mahle entlehntes Beispiel: „Sok. Dies will an dir selbst ich dir lehren. Schon fülltest am panathenäischen Fest du zuweilen den Magen mit Fleischbrüh; und vernahmst du nicht gleich Bauchaufruhr mit gewaltigem Knurren und Prasseln? Str. Bei Apollon, ja wol. Gar furchtbar lärmt's, und erregt mir entsetzlichen Aufruhr, solch Brühchen; und ganz wie der Donner erkracht's und es läßt sich erschrecklich vernehmen." Fleischsuppe muß also ein Hauptbestandtheil des panathenäischen Festmahls gewesen sein. 61) Athen. XI, 494 f. 495 b. 62) Demosth. c. Leochar. 1091, 22. Καὶ μετὰ ταῦτα ἧκε Παναθηναίων ὄντων τῶν μεγάλων τῇ διαδόσει πρὸς τὸ θεωρικόν. Hesych. in Θεωρικὰ χρήματα, τὰ εἰς θεῶν τιμὰς καὶ ἑορτὰς διδόμενα ἐν τοῖς Παναθηναίοις καὶ Διονυσίοις. Vergl. auch Böckh, Staatsh. I, 238. 63) Thucyd. V, 48. Ἀνανεοῦσθαι δὲ τοὺς ὅρκους — Ἀργείους δὲ καὶ Ἠλείους, καὶ Μαντινέας ἰόντας Ἀθήναζε, δέκα ἡμέραις πρὸ Παναθηναίων τῶν μεγάλων. 64) Demosth. Philip. I, 50, 3. Καίτοι τί δήποτε, ὦ ἄνδρες Ἀθηναῖοι, νομίζετε, τὴν μὲν τῶν Παναθηναίων ἑορτὴν καὶ τὴν τῶν Διονυσίων ἀεὶ τοῦ καθήκοντος χρόνου γίνεσθαι, ἄν τε δεινοὶ λάχωσιν, ἄν τε ἰδιῶται οἱ τούτων ἑκατέρων ἐπιμελησόμενοι, εἰς ἃ τοσαῦτ' ἀναλίσκετε χρήματα, ὅσα οὐδ' εἰς ἕνα τῶν ἀποστόλων, καὶ τοσοῦτον ὄχλον καὶ τοσαύτην παρασκευήν, ὅσην οὐκ οἶδ' εἴ τις τῶν ἁπάντων ἔχει. Demosthenes sagt also, daß auf die Panathenäen und Dionysien die Athener mehr Geld verwenden als auf irgend eine Flotte; diese Übertreibung ist stark, wenn auch

Scholiasten Ulpian[65]), an den Panathenäen wären die in gefänglicher Haft gehaltenen ihrer Haft entlassen worden, unglaublich ist, und gewiß ebenso sehr auf Misverständniß beruht, als die Nachricht anderer, die dasselbe von den Dionysien und Thesmophorien berichten, auf Scholiasten- und Rhetorenwitz hinausläuft; endlich daß Panathenäen wol noch außerhalb Athens in manchen Colonien desselben begangen sein mögen; wenigstens wird uns ein Collegium Panathenaisten zu Teos[66]) als ein Thiasos genannt. Von Themistokles wird gemeldet[67]), daß er nach seiner Flucht in dem ihm vom Perserkönige geschenkten Magnesia der Athene geopfert und das Fest Panathenäen genannt habe. — Das Fest hat zu den Eigennamen **Panathenaeus** und **Panathenais** Veranlassung gegeben; so hieß die Tochter des Herodes Atticus **Panathenais**, und an einen **Panathenaeus** war eine hochzeitliche Rede des Sophisten Himerius gerichtet (vergl. *Wernsd.* zu *Himer.* p. 10). Auch hieß eine Salbe **Panathenaicon**, die in Athen am besten zu haben war. (*Plin.* N. H. XIII, 1. s. 2. *Athen.* XV, 688. f.)

(*M. H. E. Meier.*)

PANATHENÄISCHE VASEN, Gefäße aus gebrannter Erde, welche, mit heiligem Öle gefüllt, den Siegern in den panathenäischen Spielen zum Preise gegeben wurden. Der größte Theil dieser bis jetzt aufgefundenen Vasen, deren Anzahl nach den neuesten Berichten über dreißig beträgt, bildet eine besondere, sich durch Form und Darstellung aus jenem unerschöpflichen Vasenschatze, welcher das größte Ergebniß der volcentischen Ausgrabungen gewesen ist, bald herausstellende Classe, die, wenn auch nicht so sehr durch Correctheit der Zeichnung und Wahrheit in der Ausführung der Figuren, womit sie geschmückt ist, doch durch ihren Gegenstand, ihre Inschrift und die sich daraus ergebende Bestimmung von hoher antiquarischer Bedeutung ist. Es muß daher, wenn die Frage nach dem Ursprung und der Herkunft dieser Gefäße aufgeworfen wird, dieselbe auf alle die ausgedehnt werden, welche seit dem Jahre 1828 aus den Gräbern des südlichen Etruriens in der Umgegend von Volci ans Licht gekommen sind; eine Entdeckung, die an kunsthistorischer Wichtigkeit dem Funde der äginetischen Bildwerke vielleicht nicht nachsteht. Denn obgleich sie uns über die Entwickelung der höhern Zweige der Malerei nicht so unmittelbar belehrt, wie jene Statuen uns einen Haupttypus griechischer Sculptur vor dem Phidias in Originalwerken vor Augen führen, so stellen sie dagegen ein Problem auf, dessen wenn auch noch bestrittene Lösung uns einen tiefen Blick in die Geschichte griechischer Kunstübung und Sitte in den Gegenden griechischer Bevölkerung thun läßt. Aber an Reichthum in den Darstellungen der Mythen des Mutterlandes übertreffen die Ergebnisse etrurischer Ausgrabungen alle frühern Entdeckungen auf dem Gebiete der alten Kunst.

Was aber auch über den Ursprung der volcentischen Vasen geglaubt und gesagt werden mag, das muß in gleicher Weise auch auf die in andern Gegenden Italiens, namentlich in Apulien, Lukanien und dem früher in dieser Hinsicht so ergiebigen Nola gefundenen Gefäße ausgedehnt werden. Aber abgesondert von allen andern bisher gefundenen panathenäischen Vasen stellt sich durch ihren Fundort, welcher hier zunächst in Betracht kommt, die auch der Zeit nach zuerst bekannt gewordene berühmte Burgon'sche Vase[1]) heraus, welche im Jahre 1813 nahe Athen nicht aus einem Grabe, wie sämmtliche etrurische, sondern aus der Erde selbst ans Licht kam. So viel Grund wir nun haben, die außerhalb Griechenlands gefundenen nicht für das zu halten, wofür die Form sie ausgibt und die Inschrift sie auszugeben scheint, nämlich für wirkliche von den Siegern davongetragene Preisgefäße, so wenig Grund möchten wir haben, in diesem von Burgon entdeckten nur eine Copie eines attischen Gefäßes zu sehen; denn Fundort, Inschrift und Ausführung der Zeichnung und Malerei sprechen unbedingt für ein Originalwerk.

Es ist hier keineswegs der Ort, die Frage über den Ursprung der volcentischen und somit auch der meisten panathenäischen Vasen einer neuen ins Einzelne gehenden historischen und archäologischen Untersuchung zu unterwerfen, theils weil dieselbe von Allen denen, welche sie angestellt haben[2]), nicht mit Sicherheit zum Abschluß gebracht worden ist, auch nicht, ehe uns andere Quellen in dieser Hinsicht eröffnet werden, zum Abschluß gebracht werden kann, theils weil sie überhaupt einem allgemeinern Artikel über volcentische Vasen anheimfällt. Indessen möchte

---

die Note 59 vor. S. erwähnten 5114 Dr. auf die Hekatombe und die S. 287 Note 90 angeführten 31,000 Dr. an die Athlotheten zusammen 36,114 Dr. oder 8277 Thlr. 12 Gr. allerdings bei weitem nicht die einzigen Ausgaben waren, die Staat und Privaten trafen. Manches mußten wol auch die Cassen der einzelnen Gaue tragen, wie in einer Urkunde des Demos Plotheia bestimmt wird (C. I. Gr. nr. 82), daß der Ertrag einer gewissen Summe theils zu den Opfern, welche dem Gaue gemeinsam sind, theils zu denen verwandt werden sollten, die im Namen des Gaues den Athenern sowol bei pentaeterischen als bei andern Festen dargebracht würden, *θύειν τὰ ἱερὰ τά τε ἐς Πλωθείας κοινὰ καὶ τὰ ἐς Ἀθηναίους ὑπὲρ Πλωθέων τοῦ κοινοῦ καὶ τὰ ἐς τὰς Πεντετηρίδας καὶ ἐς τἄλλα ἱερά.* Bei den „Pentaeterischen" aber müssen wir wol vorzugsweise an die großen Panathenäen denken; da in derselben Urkunde als Ausgabe des Gaues für das Venusfest und für die Anakia für jedes 1200 Dr., für's Apollonsfest 1100 Dr., für's Herakleon 7000 Dr. bestimmt werden, so hat man daran einen ungefähren Maßstab für die Größe der von den Gauen zu den Festen hergegebenen Beiträge.

65) *Ulpian.* ad *Demosth.* contr. Timocr. p. 740. Welcker Nachträge zur Äschyl. Trilog. S. 196. H. A. Müller S. 19. Note 4. 66) C. I. Gr. nr. 3078. Da auch Sparta einen Monat *Ἑκατομβεύς* hat, so kann natürlich aus dem Monatsnamen *Ἑκατόμβαιος* einiger asiatischen Städte nicht auf das Vorhandensein des Panathenäenfestes bei ihnen geschlossen werden. 67) *Athen.* XII, 533. d.

1) Schon erwähnt bei Dodwell (Tour through Greece. Vol. I. p. 457), Walpole (Memoirs relating to Turkey. p. 455) und in desselben Travels in the East. p. 597; ausführlich beschrieben und erläutert von dem geistreichen Vasenerklärer Millingen (Anc. uned. mon. Ser. I. p. 1 sq.). 2) Eine kurze Übersicht der verschiedenen Meinungen über die Herkunft der volcentischen Vasen, sowie der hieher gehörigen durch Anzahl sowol wie durch Inhalt bedeutenden Schriften hat K. O. Müller in einer Übersicht der griechischen Kunstgeschichte von 1829—1835 (Allg. Lit.-Zeit. 1835. Nr. 103. 104) gegeben. Vergl. Hirt, Die Brautschau. S. 38.

die Ansicht, daß die Vasen durch Importation von Attika nach Etrurien gekommen seien, welche Meinung früher vornehmlich an K. O. Müller ihren Vertreter fand, wenigstens für die panathenäischen (obgleich damit auch für sämmtliche volcentische) deshalb nicht haltbar sein, weil sich unter den panathenäischen Siegern, von denen uns viele Verzeichnisse namentlich in den Inschriften aufbehalten sind, durchaus kein Tyrrhener findet, und gesetzt auch, es fände sich hin und wieder ein solcher, so ist damit der Ursprung eines so reichen Schatzes panathenäischer Vasen dennoch nicht erklärt. Auch läßt sich, was man ebenfalls behauptet hat, gar nicht annehmen, daß eine griechische Colonie in Etrurien griechische Sitten und Festgebräuche so sehr beibehalten hätte, daß sie Panathenäen sollte gefeiert und für die Sieger die Preisvasen aus dem Mutterlande haben herüberkommen lassen, sodaß man, zumal da die panathenäischen Vasen Italiens nicht die geringste Spur eines materiellen Gebrauchs an sich tragen, wol auf den Gedanken verzichten muß, daß sie wirkliche Preisgefäße griechischer Sieger sind, was sich auch durch die unten zu erklärende Inschrift bestätigen wird. Es hat vielmehr die Meinung Gerhard's, daß die Vasen durch eine Colonie, die unter den Etruriern besonders die Verfertigung und Bemalung von Vasen ausübte (einer ähnlichen Meinung sind Millingen und Welcker), und bei denen die panathenäischen als eine Erinnerung an griechische Gebräuche und Feste galten, an Ort und Stelle selbst verfertigt worden sind [3]), zu viel für sich, als daß man eine, wenn auch bis dahin unbekannte, Verbindung Griechenlands mit den etrurischen Küstenstädten leugnen sollte.

Aus diesem gleichsam symbolischen und geheiligten Gebrauche der panathenäischen Vasen ergibt sich aber auch, daß die alterthümliche Manier, in der sie sämmtlich gemalt sind, nämlich schwarze Figuren auf röthlichem Grunde mit harten Contouren der Körper und steifem Faltenwurfe der Gewänder, uns nicht in jene Zeit versetzen kann, in der in Griechenland wie in Etrurien ausschließlich in dieser Manier gemalt wurde, d. h. bis etwa zur 75. Ol. hinauf. Denn es ist durch überwiegende Gründe ohnehin klar, daß die archaistische Manier der Vasenmalerei gleichzeitig mit jener vorgeschrittenen, welche sich durch röthliche Figuren auf schwarzem Grunde, schöne, naturgemäße Umrisse, freie Bewegung der menschlichen Figuren und Leichtigkeit in Behandlung der Gewänder auszeichnet, ausgeübt wurde. Daß aber namentlich bei dem Pallasbilde auf den panathenäischen Gefäßen die alten Formen mehr oder weniger ängstlich beibehalten wurden, hat darin seinen Grund, daß theils der alte Typus der Athene als Vorsteherin der Panathenäen und Schutzgöttin der Stadt zu geheiligt war, als daß die Künstler davon abweichen durften, theils aber auch war es natürlich, daß die Colonisten bei diesen Gefäßen, die eine Erinnerung an attische Festspiele waren, attische Muster, wenn auch nur der Hauptsache nach, genau nachbildeten, um wenigstens einigermaßen das alterthümliche Aussehen derselben zu bewahren. Daß aber die Vasenmalerei in jener Zeit schon vorgerückt war, sieht man aus der ungleich freiern Behandlung der Rückseite, welche uns die gymnischen Spiele vorführt, in denen der Sieger den Preis davon getragen hatte. Eine ähnliche Verschiedenheit der Behandlung und Zeichnung läßt sich auch an der Burgon'schen Vase bemerken, die der Zeit nach unstreitig vor die italischen zu setzen ist.

Wenn also die Fabrication sämmtlicher in Italien gefundener panathenäischer Preisgefäße nicht vor die 75. Olympiade fällt [4]) (vor welche Zeit auch die Burgon'sche nicht hinaufgerückt werden kann), weil überhaupt damals die Malerei in Griechenland noch zu sehr in ihren Anfängen war, und namentlich weil sich Gegenstände darauf dargestellt finden, die uns nicht erlauben, über die Perserkriege hinauszugehen, so kann sie auch nicht nach Ol. 124 fallen, weil Volci im Jahre der Stadt 473 von den Römern erobert und zerstört wurde. Paläographische Gründe möchten uns freilich sogar bestimmen, die Zeit ihrer Entstehung vor Ol. 94 zu begrenzen, weil die Inschriften in den Vor-Euklideischen Buchstaben abgefaßt sind.

Diese sämmtlichen Gefäße kündigen sich durch ihre Form als Amphoren (*ἀμφορεύς* oder *ἀμφιφορεύς*) oder Vasen mit zwei Henkeln, engem Halse und weitem Bauche an, und daraus, wie noch mehr aus ihrer Inschrift, erhellt ihre ursprüngliche, wenn auch nur intendirte Bestimmung. Sie führen also gewöhnlich den Namen: Panathenäische Amphoren [5]); doch werden, da bei den Alten der Sprachgebrauch in Benennung der Vasen eben nicht sehr genau und distinguirend ist [6]), bisweilen *κέραμος* [7]), *ὑδρία* [8]) und andere Ausdrücke bei den Lexikographen und Scholiasten für *ἀμφορεύς* gebraucht, obgleich *ὑδρία* zwar eine ähnliche Form wie die Amphora hat, aber zwischen den beiden Henkeln oben am Bauche noch einen dritten, an welchem z. B. die Jünglinge im panathenäischen Zuge sie trugen. Eine von diesen Amphoren oder eigentlichen Preisgefäßen ganz verschiedene Form haben dagegen die *σκύφοι*, welche neuerdings Gerhard [9]) mit Recht panathenäische Skyphen genannt und den Vertheilungs- oder Trinkgefäßen zugezählt hat. Skyphos ist nämlich der aus

3) Rapporto intorno i vasi Volcenti. p. 104 sq. Außerdem vergl. desselben Lettre à M. *Bunsen*. Bullett. dell' Inst. arch. 1832. p. 74 sq.

4) *Gerhard*, Rapporto intorno i vasi Volcenti. p. 99. Derselbe in Berlins antike Bildwerke. S. 144. 5) *Callixenus Rhodius* ap. *Athen.* V. p. 199. D. 6) Wie Letronne (Journ. des Savans, Mai et Juillet 1833) gegen Panofka's Recherches sur les noms des vases gezeigt hat. Die Benennung *Ἴσθμιον* für eine panathenäische Preisvase, welche nach Panofka (a. a. O. S. 8) aus Suidas (s. v. *Παναθήναια*) hervorgehen sollte (vergl. *Panofka* Musée Blacas. p. 11), und noch Gerhard (Mon. dell' Inst. arch. XXVI, 9) als eine Art der anfora Dionisiaca aufführt, ist von Letronne, der statt *ΙΣΘΜΙΟΝ* in jener Stelle des Suidas *ΙΣΕΤΗΙΑ* d. h. *εἰς ἔτη ΙΑ* lesen will, wodurch die Stelle einen passenden Sinn bekommt („vergl. jedoch oben S. 284." Red.), ebenfalls mit Recht zurückgewiesen, da das Wort *ἴσθμιον* als Gefäßbezeichnung sonst nicht vorkommt. Auch Gerhard (Berl. ant. Bildw. S. 347. Note 1) nimmt diese Benennung zurück. 7) Schol. *Ar.* Nub. 1005. 8) Schol. *Pind.* Nem. X, 36. 9) Berl. ant. Bildw. S. 363. Taf. I, 29.

Kunstwerken [10]) bekannte Herakleische Trinkbecher, ein zweihenkliges, nicht sehr hohes Gefäß, welches sich nach Oben nicht verengt, sondern in der Öffnung den größten Durchmesser hat, der ungefähr der Höhe gleich ist. Eine besondere Modification dieses häufig mit Bacchischen Darstellungen [11]) versehenen Skyphos ist nun gewiß jener aus Athenäus [12]) bekannte panathenäische, welcher von dem gewöhnlichen nur durch die Stellung der Henkel verschieden ist, indem einer derselben aufrecht und für den Überreicher, der andere horizontal steht, und für den Empfänger bequem zum Anfassen ist. Nach Posidonius faßten dieselben oft zwei Choen und noch mehr, oder 5½ berliner Quart und drüber, doch möchten die uns erhaltenen, von denen sich z. B. einige im königl. Museum zu Berlin [13]) befinden, wenn sie einer Messung unterworfen würden, schwerlich so viel fassen. In der Regel sind sie mit einer Eule zwischen zwei Ölzweigen, also mit offenbaren Attributen der Athene, geschmückt. Aber eben wegen ihrer Form, aus der schon hervorgeht, daß sie zum Herumreichen etwa bei Gastmahlen bestimmt gewesen sind, möchten wir nicht mit Gerhard annehmen, daß sie Geschenke für die Sieger gewesen seien, zumal da wir von panathenäischen Opferschmausereien [14]) und von einem Gastmahle, welches dem Sieger in den Spielen dieses Festes gegeben wurde [15]), wissen, sodaß es wahrscheinlicher sein möchte, daß sie bei dergleichen Trinkgelagen von Hand zu Hand gingen.

Die Größe der Amphoren aber führt uns darauf, zwei Classen der Preisgefäße zu unterscheiden: 1) Gefäße, deren Höhe etwa 24 bis 26 und deren größter Durchmesser 16 rheinländische Zoll beträgt. Sie enthalten einen Metretes, das eigentliche Maß einer Amphora, oder 33½ berl. Quart [16]) und kündigen sich dadurch, wie durch die Inschrift, die nur auf zwei von den uns bis jetzt bekannten Vasen dieser Größe fehlt [17]), als öffentliche Preise der Sieger in panathenäischen Spielen an. 2) Gefäße, deren Höhe bis auf 21 und deren Durchmesser bis auf 13 rheinl. Zoll steigt. Die Verschiedenheit in ihrer Größe bei derselben Form, sowie die fehlende Inschrift lassen darauf schließen, daß sie Privatgeschenke waren, welche den Siegern von den Freunden oder Verwandten gegeben wurden. Auf ihnen befinden sich auch oft einige Bacchische Andeutungen, sowie sie in der Behandlung der Figuren und der Bemalung der Ornamente eine nicht so ängstliche Treue, wie jene größern Vasen, beweisen.

Die Bedeutung dieser ganzen Vasengattung ergibt sich vornehmlich aus der Vorderseite, deren Pallasbild und deren Inschrift. Denn darin sind alle panathenäischen Amphoren beider Classen einander ähnlich, und das macht ihr Hauptkriterium aus, daß ihre Vorderseiten sämmtlich mit dem Bilde der Athene geschmückt sind. Die Göttin erscheint unbeschuht in vorwärts schreitender Stellung, mit einem langen Chiton bekleidet, der mit Mäandern, Sternen oder Querstreifen verziert ist. Um den Obertheil des Körpers bis unter die Brust ist um den Chiton die Ägis geworfen, die nicht aus einem glatten Ziegenfelle, sondern aus einem schuppigen Harnisch besteht, dessen Saum mit Schlangen ringsum besetzt ist. Die Ägis trägt aber auf den panathenäischen Vasen nie das Gorgonenhaupt, was ein evidenter Beweis für den alterthümlichen Typus unsers Bildes sein möchte, da selbst die sonst vorkommenden ältesten Pallasbilder, wie das der Villa-Albani, das dresdener und das Herkulanische, dieses Schmucks nicht entbehren; daher man geneigt sein kann, hier eine Andeutung des hohen Alters der Panathenäen zu sehen, die gefeiert wurden, ehe Athene das Medusenhaupt in ihre Ägis aufnahm [18]). Es kann Wunder nehmen, daß sich der Peplus, welcher bekanntlich von solcher Wichtigkeit bei diesem Feste war, an dem Athenebilde dieser Vasen, mit Ausnahme zweier, welche überdies in Einzelheiten Abweichungen zeigen [19]), schlechterdings nicht findet. Es läßt sich indessen nachweisen, daß der Peplus keineswegs von Anfang an schon in den mythischen Zeiten des Theseus getragen ist, sondern daß er (?) und damit überhaupt die großen Panathenäen erst zu Pisistratus' Zeit eingeführt sind. Die erste Erwähnung des Peplus geschieht nämlich von Herodot [20]) und Thukydides [21]) bei Gelegenheit der Ermordung des Hipparchus (Ol. 66, 3), also an den großen Panathenäen. Hieraus kann man mit Recht vermuthen, daß, da Pisistratus und Hipparchus ohnehin mehre neue die Panathenäen betreffende Einrichtungen machten, z. B. verordneten, daß Homer's Gesänge von Rhapsoden vorgetragen würden, um diese Zeit auch der feierliche Zug, in welchem der Peplus auf die Burg getragen wurde, d. h. die großen Panathenäen eingesetzt seien. Und zwar läßt sich, wenn man den Pisistratus als Begründer dieser Einrichtung betrachtet, damit sehr gut die schwer zu erklärende Stelle des Pherekydes [22]): „Unter dem Archon Hippokleides wurden die Panathenäen eingesetzt," vereinigen. Diesen Archon setzt nämlich Eusebius [23]) ins dritte Jahr der 53. Olympiade, hat aber den Pherekydes, aus dem er vielleicht seine Notiz entnommen, insofern falsch verstanden, als er zu diesem Jahre sagt: „der gymnische Wettkampf der Panathenäen wurde aufgeführt." Gymnische Wettkämpfe machten aber schon von den ältesten Zeiten her („vgl. dagegen S. 283" Red.) einen Hauptbestandtheil des Festes aus, daher sich die Stelle des Pherekydes am besten so erklären läßt, daß man annimmt, er rede von der Einsetzung der großen Panathenäen, denn kurz nach der 53. Olympiade beginnt die Alleinherrschaft des Pisi-

10) *Millin*, Gal. Mythol. CIX, 480. 11) *Gerhard*, Rapporto. p. 257. 12) *Posidon.* ap. *Athen.* XI. p. 495. A. Vgl. *Boeckh.* praef. lectt. hib. Berol. 1831—1832. 13) Nr. 825. 826. 14) *Ar.* Nub. 385 und daselbst der Scholiast. 15) *Xenoph.* Symp. I, 1. 16) Nach Böckh a. a. O. Vgl. dess. Staatshaush. d. Ath. I. S. 107. 17) Zwei Vasen der Sammlung des Prinzen von Canino. Nr. 11 und 2118.

18) Wie Perseus der Athene das Medusenhaupt übergibt auf einer berühmten campanischen Vase des Museums in Neapel (Panofka, Neap. ant. Bildw. S. 339. Mus. Borbon. T. V. 51) und auf einer volcentischen in Berlin. Nr. 872. 19) Die eine aus der Sammlung Feoli, jetzt in München, und eine weiter unten zu erwähnende musische des berliner Museums. Nr. 649. 20) V, 56. 21) VI, 56. Vergl. I, 20. 22) ap. *Marcellin.* v. Thuc. §. 3. 23) Chron. n. MCCCCLII.

us. So wird man es natürlich finden, daß die Künst-
richt von dem alten Pallasbilde, das keinen Peplus
n konnte, abwichen. Der hochbuschige Helm der
ne ist in der Regel vorn mit einer Stephane, die
den Vorderkopf geht und sich nach beiden Enden hin-
abdacht, geschmückt, während auch der Hals mit ei-
wie es scheint, Perlenschnur, geziert ist. Die rechte
d schwingt die Lanze, die linke wird durch den gro-
runden Schild, den sie hält, gänzlich verdeckt.

Es hat für dieses so oft und immer in demselben
is wiederholte, geheiligte Athenebild, dessen Verständ-
für unsere Vasengattung von Bedeutung ist, von Sei-
vieler Archäologen an Beinamen nicht gefehlt, und
ıigen, welche nach dem ersten Anblick urtheilen, ha-
Recht, wenn sie es eine Promachos nennen [24]). Aber
t nicht schwer einzusehen, daß die Göttin der Pan-
ıäen nicht die Vorkämpferin, die im Kriege thätige
in der Krieger sein kann; auch findet sich die Göttin
in derselben Stellung auf einem ein panathenäisches
r darstellenden Vasengemälde aus Volci [25]), wo eine
nachos fast noch unpassender sein würde, als auf den
sgefäßen der Athleten. Mehr für sich scheint die An-
zu haben, daß wir hier ein sehr alterthümliches, vor-
eisches Bild der streitbaren Parthenos vor uns ha-
[26]). Aber wer den Sinn und die Bedeutung der Pan-
ıäen für das attische Land und die Stadt Athen vor-
lich, wo sie zur Erinnerung an die durch Theseus
nmene Ordnung gefeiert wurden, sodaß sie im wei-
Sinne auch ein Symbol der großen Ordnung wa-
die durch den Geist in die Welt kommt [27]), erwägt,
wird leicht erkennen können, daß hier das alte Bild
Schutzgöttin der Stadt, Athene Polias, dargestellt
. Es hat nämlich, da Aristophanes [29]) ausdrücklich
gt, daß der Peplus ihr als Polias getragen werde,
viel gegen sich, für eine andere Feierlichkeit dessel-
Festes, nämlich für die gymnischen Spiele die Par-
s als Vorsteherin anzunehmen, sodann kann uns
schon der eben mit jenem panathenäischen Peplus
ıdete dresdener Pallassturz wegen dieser Bekleidung
n, daß die Athene Polias in Athen stehend [30]), und
wie in Erythrä, Troja und anderswo sitzend gebil-
wurde, wie sich denn auch in der That kein sitzendes
der Polias in Athen nachweisen läßt; denn sicherlich
würde Strabon [31]) unter den sitzenden Athenebildern, die er aufzählt, ein solches in Athen genannt haben, wenn diese Göttin als Polias hier sitzend gebildet wäre. Vielmehr läßt es sich nachweisen, daß noch andere offenbare Darstellungen der Polias stehend sind. Denn wenn Erichthonius, welcher ja ursprünglicher Stifter der Panathenäen ist und in so enger Verbindung mit der Polias, nicht mit der Parthenos steht, unter dem bekannten Symbol der Schlange (οἰκουρὸς ὄφις im Tempel der Polias) verehrt wurde, so läßt sich gar nicht zweifeln, daß in den Denkmälern, welche eine die heilige Schlange fütternde, d. h. eine dem attischen Lande Fruchtbarkeit und Nahrung gebende Athene darstellen, eine Polias zu erkennen sei. Ein solches ist also das Relief eines Candelabers im Vatican [32]), wo Athene Polias steht, und ein solches die weniger bekannte stehende Statue in der Rotunde des berliner Museums, welche dieselbe Göttin den kleinen Erichthonius auf der Ägis tragend darstellt, und mehr wegen dieses statuarisch seltenen Gegenstandes als wegen ihrer Arbeit Beachtung verdient. Man hat hier den Einwand gemacht, daß die panathenäische Athene auch deshalb keine Polias sei, weil sie keine Attribute schöpferischer Kraft führe, sondern als stürmische Kriegerin mit erhobenem Schild und geschwungener Lanze erscheine; aber wenn auch die Bedeutung der Polias ursprünglich eine elementare ist, so ist sie doch auch wieder auf Krieg bezüglich, und die Göttin ein die Stadt vor feindlichen Angriffen schützendes, Ruhe und Ordnung erhaltendes Wesen, und daß sie in Stellung, Kleidung und Attributen wesentlich von der Parthenos des Phidias verschieden ist, bedarf kaum der Erwähnung.

Wir übergehen hier die Aufzählung der verschiedenen Zeichen und Bilder, mit denen der Schild der Göttin auf den panathenäischen Vasen versehen ist, da sich in ihnen eine so große Mannichfaltigkeit zeigt, daß es einer besondern Untersuchung bedürfte, ob und wie diese Zeichen entweder mit der jedesmaligen Darstellung der Rückseite zu verbinden, oder auf den localen Ursprung der einzelnen Vase, oder endlich auf eine Eigenschaft der Göttin selbst zu beziehen sind; denn für alle drei Fälle ließen sich scheinbare Beweise anführen [33]). Es ist indessen nach den fortgesetzten Ausgrabungen solcher Gefäße, welche immer neue Schildzeichen bieten, nicht unwahrscheinlich, daß sie oft auch nur für den jedesmaligen Besitzer der Vase eine für uns nicht auszumittelnde Bedeutung hatten, da auch bei den Kriegern die Willkür in der Wahl der Schildzeichen bekanntlich sehr groß war. Wir betrachten daher noch die Säulen mit den darauf stehenden Hähnen und demnächst die Inschrift der Vorderseite der Vasen. Diese haben sämmtlich, mit Ausnahme der Burgon'schen, zu beiden Seiten des Pallasbildes eine dorische Säule,

24) Müller, Handb. d. Archäol. §. 99. 3. Nr. 1. Leve-
Ant. Denkmäler im k. Museum zu Berlin. Galerie der
. S. 118. 25) Im berliner Museum. Nr. 626. Noch nicht
sgegeben. 26) Welche Ansicht vorzüglich Gerhard geltend
ıchen gesucht hat, im Probr. mythol. Kunstwerke. S. 119 fg.
. denselben in den Ann. dell' Inst. arch. 1830. p. 224, und
Schrift über die neuerworbenen Denkmäler des k. Museums
rlin. S. 8. Ihm scheint Panofka (Mus. Bart. p. 66) beizustim-
27) *Procl.* ad *Plat.* Tim. p. 26. Hier sowol wie an ei-
ıdern Stelle zur Rep. p. 353 hebt er das vaterländische und
che Moment der Panathenäen hervor. 28) Angedeutet, aber
durchgeführt hat diese Ansicht schon Millingen in seiner Be-
ung des Burgon'schen Vasenbildes. Anc. uned. mon. p. 2.
v. 828. 30) Gerhard findet nämlich einen Hauptbeweis
e Annahme der Parthenos darin, daß er sagt, Athene Po-
ei in Athen sitzend gebildet.

31) XIII, 601. 32) Mus. Pio-Clem. IV, 6. 33) Einige hat bereits Gerhard gedeutet bei Gelegenheit der Koller'schen Vase im Probr. mythol. Kunsterkl. S. 124, seitdem hat sich aber die Zahl derselben bedeutend vermehrt, wie man aus der von demselben Gelehrten gegebenen Beschreibung der bis dahin gefundenen panathenäischen Vasen sehen kann. Ann. dell' Inst. 1830. p. 215. Mon. dell' Inst. XXII.

in denen nicht sowol eine Andeutung des Stadiums selbst, in welchem die gymnischen Spiele gehalten wurden, als vielmehr überhaupt eine Bezeichnung des Wettkampfes, sei es nun des gymnischen oder musischen, zu erblicken ist, da sie auch auf der Not. 19 erwähnten mit einem Kitharspiel auf der Rückseite bemalten panathenäischen Vase nicht fehlen. In der Regel steht auf jeder dieser zwei Säulen ein Hahn[34]), worin theils das allgemeine Symbol des Wettstreites nicht zu verkennen ist, da in vielen Denkmälern der Kunst auch Hermes als Vorsteher der Paläſtra einen Hahn neben sich hat, theils aber auch eine nähere Beziehung zu Athene liegt, und es nur die Frage sein kann, ob der Hahn dann nicht auch ein Symbol der Wachsamkeit und daher der unverdrossenen Thätigkeit sei. Aber Pausanias[35]) deutet ganz richtig den Hahn auf dem Helme der Athene auf der Burg zu Elis als eine Bezeichnung des Wettkampfes und scheint der andern Erklärung, welche ihn mit Athene Ergane in Verbindung bringt, nicht geneigt zu sein[36]). Manche dürften geneigt sein, zur Bestätigung dafür anzuführen, daß an den Panathenäen Hahnenkämpfe, deren Einsetzung Älian[37]) dem Themistokles beilegt, im Theater zu Athen gehalten wurden. („Vgl. dagegen S. 281. Note 54 fg." Red.)

Wie in Zeichnung und Bekleidung der Athene die Burgon'sche Vase sich von den italischen sehr unterscheidet und sich als eine Vase aus jener Zeit bekundet, deren Charakter sie an sich trägt, so auch namentlich durch die Inschrift[38]), welche durch Form der Buchstaben und deren Aufeinanderfolge von der Rechten zur Linken, noch mehr aber durch die Worte selbst von den Inschriften der übrigen panathenäischen Gefäße sehr abweicht, eine Verschiedenheit, die größer zu sein scheint, als man bisher geglaubt hat. Denn während auf jener in den alterthümlichsten Zügen geschrieben steht:

IMƎ:NOΛΘΑΝΘƎΝƎΘΑΝΟΤ

so lauten dagegen die Worte auf diesen immer:

TONΑΘΕΝΕΘΕΝΑΘΛΟΝ.

Abgesehen von dieser zweiten Inschrift, so ergibt sich aus einer unbefangenen Betrachtung leicht, daß jenes zweite *Θ* in dem Worte *ΑΘΕΝΕΘΝ* der erstern Inschrift nur durch einen Schreibfehler aus *O* entstanden und daher das Ganze zu lesen ist: *τῶν Ἀθηνέων ἆθλόν εἰμι.* Denn es ist klar, daß *TON* nicht Artikel zu *ΑΘΛΟΝ* im Genitiv Pluralis sein kann, weil wir erstlich hier dann zwei in einander gestellte Genitive erhielten, und es zweitens auffallend sein würde, wenn eine Vase, die selbst als Kampfpreis dem Sieger gegeben war, die Inschrift hätte: „Ich bin aus den Kampfpreisen Athens." In dieser Schreibart also *τῶν Ἀθηνέων ἆθλόν εἰμι* war man Anfangs einig, nur in der Erklärung des *ΑΘΕΝΕΟΝ* differirten die Ansichten, indem Einige es für den Namen der Stadt, also für den ionischen Genitiv für *Ἀθηνῶν*, Andere für den alten Namen des Festes *Ἀθηναίων* hielten; aber diese Verkürzung findet im Altattischen nur dann Statt[39]), wenn auf *αι* ein kurzer Vocal folgt, der in der Poesie verlängert werden soll, sodaß diese Regel hier gar keine Anwendung leidet, z. B. *Ἀλκμαίονος* in *Ἀλκμέωνος*. Als indessen später die unbestrittene Inschrift *τῶν Ἀθήνηθεν ἄθλων*, „aus den Kampfpreisen von Seiten Athens," oder „von Athen her" auf allen panathenäischen Vasen Italiens erblickt wurde, wollte man auch jene erste Inschrift so deuten und glaubte, dort sei im Worte *ΑΘΕΝΕΘΝ* zwischen *Θ* und *N* jenes *E* ausgefallen, obgleich sich keine Lücke zwischen diesen Buchstaben findet, also ein viel größerer Schreibfehler angenommen werden mußte, als in jenem *Θ* statt *O* liegt, welche Buchstaben so häufig in Inschriften verwechselt werden. Wenn man aber *Ἀθήνηθεν* auf jener Burgon'schen Vase las, so mußte man auch *TON* als Artikel mit *ΑΘΛΟΝ* verbinden, und beide Inschriften erhielten durch diese Deutung einen und denselben Sinn, den sie gar nicht haben. Denn es verdient hier gleich bemerkt zu werden, daß sich auf keiner bis jetzt bekannten panathenäischen Amphora Italiens das Wort *EMI* gefunden hat, sondern daß sie sämmtlich mit Ausnahme einiger geringen Verschiebungen der Buchstaben eine und dieselbe Inschrift zeigen, die durch ihre Charaktere und durch die Reihenfolge der Buchstaben von der Linken zur Rechten sich als bedeutend jünger als die Burgon'sche erweist. Diese Auslassung des *εἰμί*, sowie die Veränderung des *Ἀθηνέων* in *Ἀθήνηθεν*, ist nämlich theils für den Ursprung der Vasen, theils für die Behauptung, daß die in Etrurien und Großgriechenland gefundenen nicht wirklich den Siegern gegeben, sondern Copien nach attischen Mustern seien, von Wichtigkeit. Denn Beides ist unsers Bedünkens dadurch angedeutet. Es scheint nämlich, daß die Inschrift einer attischen Preisvase gleichsam so geheiligt war, daß die griechischen Künstler in Italien bei bloßen Nachahmungen das bedeutungsvolle *εἰμί* auslassen mußten, aber auch nicht schreiben konnten *τῶν Ἀθηνέων ἆθλον*, ein Kampfpreis Athens, eben weil diese Copien nicht von der Stadt Athen den Siegern gegeben waren, sondern daß sie sich hier durch eine geringe Veränderung des Wortes *ΑΘΕΝΕΟΝ* in das nicht sehr verschieden davon aussehende

34) So viel uns bekannt ist, finden sich nur zwei Vasen, wo statt der Hähne Gefäße von der Form der Chytren, wie sie den Siegern Apollinischer Spiele zum Preise gegeben wurden, nämlich auf den beiden Note 19 erwähnten. Eine andere panathenäische Vase der Feoli'schen Sammlung (Mon. dell' Inst. XXVI, 4) hat auf jeder Säule einen Panther. Alle drei kündigen sich indessen theils durch die fehlende Inschrift, theils durch ihre geringeren Dimensionen als Gefäße der oben aufgestellten zweiten Classe an. 35) VI, 26, 2. 36) Wie sich denn auch unseres Wissens auf keiner Darstellung der Athene Ergane ein Hahn findet. 37) V. H. II, 28. 38) Es gibt wol außer dem bekannten ὁ παῖς καλός keine Vaseninschrift, welche den Auslegern mehr zu schaffen gemacht hat, als diese; daher es zu weit führen würde, die Übersetzungen und Erklärungen der Einzelnen vorzulegen. Man vergl. nur außer den bei Böckh (Corp. Inscr. nr. 33) angeführten Schriften noch Gerhard Prodrom. S. 118. *Panofka*, Mus. Bartold. p. 67. *Brönsted*, On Panathenaic Vases, in den Transactions of the R. Soc. of Lit. Vol. II. P. I. *Milling.* Anc. uned. mon. I. p. 3 sq. und p. 95 sq. *Raoul-Rochette* im Journal des Savants. Août 1825.

39) Wie Elmsley gezeigt hat bei Millinzen (l. c.), sodaß dieser Unrecht hatte, wenn er gleichwol *Ἀθηνέων* für *Ἀθηναίων* nahm.

EΘEN halfen, wodurch zugleich *TON* Artikel zu
N wird. So gewinnt es aus dieser glücklichen
rung zugleich die größte Wahrscheinlichkeit, daß
en nicht in Athen, sondern in Italien und vor-
e in Etrurien von griechischen Künstlern gemacht
nd nur dann, wenn sich in Attika eine panathe-
Vase fände, welche denselben Styl wie etwa die
chen, also einen jüngern als die Burgon'sche ver-
und dazu die Inschrift *τῶν Ἀθήνηθεν ἄθλων*
ürde die Meinung, jene Vasen seien aus Grie-
durch den Handel nach Etrurien gekommen, ge-
und sich aus der Verschiedenheit der Inschriften
Styls der Malerei nicht so viel schließen lassen,
so eben daraus zu schließen versuchten. Aber im
rten Falle, wenn nämlich in Italien eine pan-
he Vase des ältesten attischen Styls mit der In-
ῶν Ἀθηνέων ἄθλόν εἰμι* gefunden werden sollte,
das unsere Behauptung keineswegs entkräften,
gut wie der Argiver Thiäus nach Pindar in den
näen gesiegt und seine Preisvase nach Argos ge-
at, ebenso hätte auch ein Grieche in Unteritalien
können.

s diesen-Inschriften, mag man die der Burgon'-
se deuten, wie man will, geht wenigstens das
was durch die bekannte Stelle des Pindar[40]),
choliasten und durch die Lexikographen[41]) bestä-
, daß diese Vasen mit Öl gefüllt den Siegern
ymnischen Spielen der Panathenäen zum Preise
wurden. Dieses Öl war aber geheiligt, weil es
der Athene heiligen Ölbäumen (*Μορίαι*), die
auf der Akropolis standen und nachher in die
verpflanzt wurden[42]), genommen wurde. Auch
n Kampfspielen war freilich ein Gefäß als Preis
ewöhnliches, wie z. B. Ajas in den zur Leichen-
Patroklus von Achilleus angestellten Spielen ein
Gefäß als Kampfpreis erhält, wie bei den Apol-
Spielen ebenfalls ein Gefäß dem Sieger gegeben
vovon wir namentlich auf Münzen aus den Kai-
Darstellungen haben[43]). Daher ein Gefäß öfter
n für ein Symbol eines Wettkampfes genommen
und statt der Hähne, wie oben bemerkt, auf
ulen zweier panathenäischen Vasen steht. Aber
es vornehmlich das heilige Öl, welches für die
on hoher Bedeutung war, sodaß die Amphoren
ichsam nur Träger desselben sind. Denn der Öl-
velchen Athene nach dem Streite mit Poseidon
attischen Boden hervorwachsen läßt, ist wieder
der Fruchtbarkeit dieses Landes und steht in so
eziehung zu Athene Polias, daß er in den älte-
en im Erechtheum stand. Wenn aber berichtet
wird[45]), daß Öl aus Athen auszuführen überhaupt verboten gewesen sei, außer den Siegern der panathenäischen Spiele, so ist das nach Plutarch, welcher sagt, daß Solon Öl auszuführen erlaubt habe[46]), gewiß dahin zu beschränken, daß es verboten gewesen sein mag, Öl von diesen heiligen Morien ins Ausland zu bringen, außer für die, welche es als Preis ihres Sieges erhielten.

Was sich an der Burgon'schen Vase bemerken läßt, daß die Rückseite derselben freier behandelt ist, als die Vorderseite, dasselbe oft in einem noch höhern Grade an den panathenäischen Amphoren, die uns Italien geliefert hat, auf denen nur das Bild der Athene in jener archaistischen, obgleich auch schon vorgerückten, Manier ausgeführt ist, während auf den Rückseiten nur darin das Alterthümliche beibehalten ist, daß die Figuren schwarz auf röthlichem Grunde erscheinen; denn im Übrigen zeigen diese eine große Lebhaftigkeit der Bewegung und meistens eine sehr sorgfältige Ausführung. Diese Rückseiten sind es, auf denen die gymnischen und curulischen Spiele der Panathenäen in aller ihrer Mannichfaltigkeit erscheinen[47]), sodaß sie, zumal da die Künstler darin stets den lebendigsten Moment aufzufassen gewußt haben, uns das treueste Bild dieser echt athenischen Festlichkeit verschaffen.

Nicht wie die von Achilleus zu Ehren des todten Patroklus angestellten Spiele mit dem Wettlaufe zu Roß, sondern mit dem ältesten, dem Wettlaufe zu Fuß, begannen, wie die meisten hellenischen Spiele, so auch die panathenäischen[48]); und zwar war die gewöhnliche Ordnung dabei, wie bei allen Spielen, diese, daß zuerst die Knaben in denjenigen auftraten, an welchen sie überhaupt Theil hatten, dann die Jünglinge, endlich die Männer. Wir haben indessen unter den panathenäischen Amphoren keine, welche uns Knaben im Laufe darstellt, sondern es sind sämmtlich bärtige Männer[49]) im vollen Laufe begriffen, welche Vorstellungen aber in der Zahl der Laufenden und in deren Richtung wesentlich von einander verschieden sind. Bei Homer[50]) sehen wir nämlich unter den angeführten Leichenspielen den Odysseus, den jüngern Ajas und den

Nem. X, 35. 36 und daselbst Dissen. 41) *Suid.* s. v.
Vergl. Hesychius unter demselben Worte. Auch *Ari-*
p. Schol. Oed. Col. 693. Schol. *Ar.* Nub. 1005.
ap. Schol. Oed. Col. 730 und *Suid.* l. c. 43)
al. Mythol. XVIII, 59. 60. 44) Was Kallimachus
oliasten *Pind.* Nem. l. c. in einem bekannten Distichon

*παρ' Ἀθηναίοις γὰρ ἐπὶ στέγος ἱερὸν ἧνται
καλπίδες, οὐ κόσμου σύμβολον, ἀλλὰ πάλης.*

45) Schol. *Pind.* Nem. l. c. 46) *Solon.* c. 24. Vergl. Böckh, Staatshaush. d. Ath. I. S. 45. 47) Über diese Rückseiten vergl. besonders den Aufsatz von Ambrosch (in den Ann. dell' Instit. arch. 1833. p. 64—89). Die einzelnen hier zu erwähnenden Vasen entlehnen wir vornehmlich aus Gerhard's Beschreibung der panathenäischen Vasen (Ann. dell' Inst. 1830. p. 209—224), indem wir andere aus dem Portefeuille dieses gründlichen Archäologen hinzufügen. 48) Es wird dieses durch die Inschriften, welche die panathenäischen Spiele und ihre Sieger aufführen, bestätigt, z. B. Corp. Inscr. nr. 1590. 1591. Wenigstens ist es nach der von Böckh (Ann. dell' Inst. 1829. p. 155 sq.) herausgegebenen Peysonnel'schen Inschrift, welche von der größten Bedeutung für die panathenäischen Spiele und deren Reihenfolge ist, wahrscheinlich, daß auch die genannten unter den böotischen Inschriften aufgeführten von attischen Spielen handeln. Vergl. Corp. Inscr. nr. 2214. 49) Woraus man aber nicht schließen darf, daß nicht schon zu jener Zeit auch Knaben und Jünglinge am Wettlaufe Theil hatten, vielmehr geht aus dem Zusatz *ἀνδρῶν* in jener Inschrift einer panathenäischen Vase *ΣΤΑΔΙΟΝ* (oder, wie Ambrosch lesen will, *ΣΤΑΔΙΟΥ*) *ΑΝΔΡΟΝ ΝΙΚΗ* hervor, daß schon damals auch Jünglinge diesen Wettkampf ausführten. („Über die Reihefolge der Spiele an den Panathen. vergl. oben S. 281 fg., besonders 288." Red.) 50) Il. XXIII, 754.

Antilochus, also drei Wettläufer, während die gewöhnliche Zahl für das Stadium vier ist[51]), und zwar so, daß diejenigen zwei, welche zum ersten Male das Ziel erreicht haben, noch einmal laufen und dann erst einer von diesen beiden den Preis gewinnt; endlich führt Pausanias[52]) an, daß auf dem Kasten des Kypselos fünf Wettläufer dargestellt waren, und alle drei verschiedenen Zahlen, ja sogar die zum zweiten Male sich den Sieg streitig machenden zwei Läufer des Stadiums finden sich auf unsern Vasen wieder[53]), sodaß man mit Recht schließen kann, daß ihre Zahl fünf nicht überstiegen habe, da die Künstler darin keineswegs willkürlich verfuhren und wir aus den Schriftstellern von keiner größern Zahl Wettläufer wissen. Ebenso wenig ist aber auch die Richtung und die Art und Weise des auf den Vasen dargestellten Laufes von den Künstlern willkürlich gewählt, sondern ebendadurch, wie durch die Zahl der Laufenden deuteten sie jedem dieser Spiele kundigen Hellenen an, welchen der drei Arten des Wettlaufs zu Fuß sie darstellten, ob das Stadium, oder den Dolichos, oder den Diaulos. Es geht nämlich aus jener Vase[54]), auf welcher sich über vier von der Linken zur Rechten laufenden Athleten die Inschrift *στάδιον ἀνδρῶν νίκη* befindet, hervor, daß das Ziel hier rechts gedacht werden muß, sodaß also die Rückseite der beiden andern mit vier Läufern versehenen Vasen nicht den Lauf im einfachen Stadium zeigt, da die Säule hier zur linken Hand steht und die Läufer sich von der Rechten zur Linken bewegen. Daraus folgt aber, daß die Säule den Ausgangspunkt bezeichnet und die vier Läufer also vom Ende der Bahn wieder zum Anfange zurückkehren. Da aber der erste von ihnen mit dem aufgehobenen Beine schon über die Säule hinaus und noch in vollem Laufe begriffen ist, so ist anzunehmen, daß alle vier den Weg von der Säule an und wieder zurück noch einmal oder mehrmal machen wollen, und das ist der Lauf im Dolichos, dessen Maß verschieden angegeben wird; am richtigsten aber nach Böckh als die siebenfache Länge des Diaulos[55]). Hieraus erklärt sich auch, warum auf den beiden (Note 53) zuletzt angeführten Vasen mit vier Läufern diese vier nicht in so lebhafter Bewegung erscheinen, als die andern Läufer, da es klar ist, daß es im Laufe des Dolichos oder *μακρὸς δρόμος* mehr auf Ausdauer, als auf augenblickliche Schnelligkeit ankam. So bleibt uns also noch die dritte Art des Wettlaufs übrig, in der wir drei oder fünf Läufer von der Linken zur Rechten erblicken[56]) und das ist der Diaulos oder der einmalige Lauf im Stadium hin und zurück[57]). Demnach konnte der Künstler sehr einfach die Art des Wettlaufs andeuten, indem also die Läufer im Stadium in der Zwei- oder Vierzahl von der Linken zur Rechten, die im Diaulos in der Drei- oder Fünfzahl in derselben Richtung, dagegen die im Dolichos (mit unbestimmter Zahl) von der Rechten zur Linken und zwar wieder um die zur Linken stehende Säule herumlaufen.

Die zweite Art des Wettkampfs, welche, wie wir aus Inschriften sehen[58]), wenn auch nicht von den ältesten Zeiten, doch wahrscheinlich seit ihrer Einsetzung unmittelbar nach dem Wettlaufe zu Fuß gehalten wurde, ist das Pentathlon, welches bekanntlich aus dem Sprunge, dem Laufe, dem Ringen, dem Diskus- und dem Speerwerfen bestand; von welchen Spielen in ältern Zeiten jedes einzeln gehalten wurde[59]) und erst verbunden bei den Panathenäen zum Pentathlon nach Eusebius um Ol. 55. In der Darstellung dieses Pentathlon auf den Vasen sind aber die Künstler so verfahren, daß sie nur den Sprung, das Diskus- und Speerwerfen bildeten, da diese als das Pentathlon charakterisirend, hinreichten, um dasselbe anzudeuten. Anderntheils mag aber auch der Raum nicht gestattet haben, jene fünf Arten zu malen. Während wir das Springen mehr auf Schalen von Volci, welche Übungen aus der Palästra darstellen, sowie auf einem bereits bekannt gemachten Gefäße[60]) in Form eines Candelaberschaftes erblicken, so zeigen dagegen die panathenäischen Preisgefäße diesen Gegenstand ebenso selten, wie die Gemmen, und es möchte vielleicht außer jenem mit den drei Theilen des Pentathlon geschmückten Gefäße[61]) sich nur noch eines dieser Art aus der Sammlung Feoli's in München befinden, welches auf der Rückseite einen Lanzenwerfer zeigt und neben ihm einen Flötenbläser. Auf jenem aber sieht man zuerst einen bärtigen nackten Springer, wie er mit zurückgezogenen, an den Leib gedrückten Ellbogen die Springgeräthe (Halteren) in den Händen hält und im Begriff ist, in die Höhe zu springen. Neben ihm weiter links sieht man den Speerwerfer in einer nicht minder ungewöhnlichen Stellung, wie den hinter ihm stehenden Diskuswer-

51) *Paus.* VI, 13, 2. 52) V, 17, 4. 53) Diese nämlich auf der oben erwähnten Vase geringerer Größe der Sammlung Feoli in München, drei auf einer der Sammlung des Pr. von Canino Nr. 1430 (wol dieselbe, welche Ambrosch als Nr. 1626 angibt), vier ebendaselbst Nr. 807 und 1767 und auf der Koller'schen in Berlin Nr. 644, fünf in der Sammlung des Pr. von Canino Nr. 1193. 54) Sammlung des Pr. von Canino. Nr. 807. 55) Böckh. (C. I. nr. 1515) hätte nämlich statt septem stadiorum dolichum arbitror vulgarem esse sagen sollen diaulorum, da wir aus der Angabe von 12 oder vielmehr 24 Stadienlängen, welche der *δόλιχος ἵππιος* hat, sehen, daß die Läufer am Ende wieder zum Ausgangspunkte zurückkehren mußten, d. h. die Zahl der Längen des Stadiums eine gerade ist. Danach läßt sich für den gewöhnlichen Dolichos aber auch annehmen, daß der Läufer siebenmal das Stadium hin und zurücklief, sodaß der Dolichos die vierzehnfache Länge des Stadiums oder die siebenfache des Diaulos beträgt.

56) Nämlich auf den Note 53 angeführten zwei Vasen. 57) Eingeführt zuerst in den olympischen Spielen Ol. 14 nach *Paus.* V, 8, 3. Was die vierte Art des Laufs zu Fuß, den *δόλιχος ἵππιος*, betrifft, der in Inschriften, welche Sieger von gymnischen Spielen bei den Panathenäen aufzählen, erwähnt wird, so läßt er sich auf den bis jetzt gefundenen Vasen nicht nachweisen, da wir weder seine Länge genau wissen, noch auch deuten können, warum er *ἵππιος* heißt. 58) Namentlich aus der oben erwähnten von Böckh (Ann. dell' Inst. 1829) bekannt gemachten, sowie aus zwei neuerlich von Roß in Athen gefundenen und im archäol. Intelligenzblatte der allgem. Lit.-Zeit. 1835. Nr. 32. 33 abgedruckten Inschriften, welche ein Verzeichniß von panathenäischen Kampfsiegern enthalten. 59) *Pind.* Isthm. I, 35 und daselbst Dissen. 60) Im berl. Mus. Nr. 797. Abgebildet bei Gerhard, Ant. Bildw. Taf. 57. 61) Aus der Sammlung des Pr. von Canino. Nr. 1946. Abgebildet Mon. dell' Inst. Tav. XXII, 1, 6.

fer. Jener erhebt nämlich das linke Bein und streckt, während er mit der rechten über die Schulter gehaltenen Hand die Lanze fortschleudert, die linke in die Höhe; dieser dagegen biegt zwar, wie es die gewöhnliche Stellung der Diskuswerfer ist, den Obertheil des Körpers nieder und senkt den Kopf, weicht jedoch von der bekannten Nachbildung der Statue des Myron und von den auf Gemmen häufig vorkommenden Diskuswerfern darin ab, daß er das rechte Bein nach Hinten ausstreckt, und die linke Hand nicht auf das Knie stützt, sondern gegen die Brust wendet. Es verdient bemerkt zu werden, daß wir weder auf einer Darstellung des panathenäischen Wettlaufs, noch auf der eben beschriebenen Vase des Pentathlon, einen Mastigophoren oder Athlotheten erblicken, denn die vierte männliche Figur, welche sich hier findet, ist unbekleidet und hält in der Linken einen Speer, daher wir sie für keinen Athlotheten halten können. Diese erscheinen dagegen erst in der

Dritten Art des Wettkampfs, welche dem Pentathlon folgte[62]), nämlich im Ringen, jenem echt athenischen Wettspiele[63]), wovon wir außer den bereits bekannt gemachten Darstellungen[64]) noch mehre auf panathenäischen Vasen besitzen[65]). Wir sehen hier nämlich entweder eine Scene des Ringens, wie es mit den Händen und den Ellbogen ausgeführt, oder wie der Gegner am Halse gefaßt wird, oder wie beide Kämpfer mit den Köpfen gegen einander stürmen; immer aber stehen entweder eine oder zwei bärtige, in einen Mantel gehüllte Figuren dabei, welche in den Händen gewöhnlich einen langen, oben gespaltenen Stab tragen. Solche Mastigophoren unterscheiden sich dadurch von den Athlotheten (wie wir sie nach Pollux[66]) und der Choiseul'schen Inschrift[67]) besser nennen, als Agonotheten, obgleich ein Unterschied zwischen beiden Benennungen wol nicht anzunehmen ist), daß jene, welche immer stehend erscheinen, einen einfachern Mantel und den bezeichneten Stab tragen, welchen sie bisweilen schwingen und mit dem sie drein schlagen konnten[68]), diese dagegen entweder auch stehen und sich auf einen kürzern Stab stützen, oder sitzend erscheinen, aber nie handelnd in die Scene eingreifen, da es nicht denkbar ist, daß die zehn Athlotheten, welchen die Leitung der Spiele oblag, in eigner Person gestraft hätten.

Die Darstellung des einfachen Faustkampfs, zu dem wir das Pankration[69]), als die Verbindung desselben mit dem Ringen hinzufügen können, findet sich weniger häufig auf dieser Vasengattung und kann um so weniger von einander getrennt werden, als es manchmal schwer zu entscheiden ist, welche von diesen beiden Arten des Wettkampfs wir vor uns haben. Doch möchte darin ein wesentlicher Unterschied bestehen, ob die beiden Kämpfer einfach einander gegenüberstehen und sich mit den Fäusten schlagen[70]), oder ob einer des andern Bein ergriffen hat und dieser sich mit Faustschlägen zu wehren bestrebt ist, sodaß der Kampf noch keineswegs so entschieden ist, wie in dem berühmten Symplegma der Pankratiastenknaben zu Florenz. Denn wie auf allen Rückseiten der panathenäischen Vasen, so haben auch hier die Künstler den lebendigsten Moment des Kampfes gewählt, in welchem der Sieg noch auf keine Partei sich neigt. So stellen uns namentlich drei Vasen[71]) dieses Pankration fast auf eine und dieselbe Art dar, wie der Kämpfer den Schenkel seines Gegners faßt, ihn zugleich mit den Fäusten schlägt und ihn auf den Rücken zu werfen sucht, während dieser dagegen mit den Fäusten auf den Kopf seines Gegners schlägt. Auch diesen Kämpfen sehen wir immer einen Mastigophoren, oder auch einen Athlotheten beiwohnen.

Die Reihenfolge der panathenäischen Wettkämpfe nach den angeführten Inschriften würde uns jetzt auf den Lauf in Waffen führen, von dem sich indessen keine Darstellung auf den Vasen dieser Classe erhalten hat. Der Grund davon mag entweder in der wahrscheinlich erst später erfolgten Einführung dieses Wettkampfs, oder darin zu suchen sein, daß derselbe nicht wie die bisher genannten auch von Knaben und Jünglingen ausgeführt wurde, sondern nur von Männern, welche die Waffen zu tragen vermochten. Es bleiben daher von den panath. Spielen nur noch diejenigen übrig, welche zu Roß und zu Wagen gehalten wurden, von denen uns namentlich die erwähnte (Peysonnel'sche) Inschrift[72]), welche in die Mitte des 2. Jahrh. v. Chr. fällt, sehr mannichfaltige Arten angibt, von denen aber gewiß viele erst in der Alexandrinischen und Ptolemäischen Zeit in Gebrauch gekommen sind. Und selbst wenn anzunehmen wäre, daß sie sämmtlich schon in der Blüthezeit des athenischen Staats so gehalten sind, so wäre es gleichwol ein vergeblicher Versuch, die bezüglichen Vorstellungen auf panathenäischen Vasen mit jenen verschiedenen Arten in Einklang bringen zu wollen, zumal da wir überhaupt nur sieben Vasenbilder[73])

62) Wie wir ebenfalls aus den angeführten Inschriften sehen. Vergl. Corp. Inscr. n. 1590. 63) Vergl. *Pind.* Nem. V, 90. 64) In den Mon. dell' Inst. XXII, 5, 6. Vase des Pr. von Canino. Nr. 1766. (Es scheint bei Gerhard [Ann. dell' Inst. 1830. p. 218], der diese Vase unter Nr. 545 erwähnt, ein Druckfehler zu sein, da 545 jener Sammlung einen Wettlauf zu Roß darstellt), und eine zweite aus der Lamberg'schen Sammlung jetzt in Wien, abgebildet bei *Laborde*, Vases de Lamberg. pl. 73. 74. 65) In der Sammlung Depoletti und vier kleinere in den Sammlungen Candelori und Feoli. 66) VIII, 93. 67) Corp. Inscr. n. 147 pryt. II. Das Weitere über die Athlotheten und Aufseher der gymnischen Spiele auf Vasen bei Ambrosch a. a. O. Böttiger, Vasengemälde. II S. 60 fg. 68) Wie wir dieses auf einer Schale des Pr. von Canino Nr. 562 sehen. Ein Stab scheint ihnen aber durchaus wesentlich zu sein, sodaß, wenn wir nur Eine dem Kampfe beiwohnende Figur ohne Stab sehen, wie auf einer panathenäischen Vase der Sammlung Campanari, wir berechtigt sind, diese für einen Athlotheten zu halten.

69) Eingeführt ist das Pankration bei den olympischen Spielen nach *Paus.* V, 8, 3 um Ol. 33, sodaß es unstreitig erst später zu den Panathenäen kam. 70) Wie wir dieses auf der eben erwähnten campanarischen Vase sehen und auf den kleinern der Sammlung Feoli und der Bartholdischen in Berlin Nr. 642, abgebildet bei Gerhard, Ant. Bildw. Taf. VII. 71) Nr. 526 und 1636 der Sammlung des Pr. von Canino abgebildet Mon. dell' Inst. XXII, 8, b und 10, b. Und eine neu erworbene Vase des berl. Mus. Nr. 1584. 72) Ann. dell' Inst. 1829. 73) Von denen das wichtigste das Burgon'sche ist; dann zwei aus der Sammlung Candelori, von denen die eine abgebildet ist Mon.

haben, welche uns das Wagenrennen zeigen, dagegen jene Inschrift vierzehn verschiedene Arten dieses Wettkampfs aufzählt. Unter diesen sieben Vorstellungen finden sich sowol Zweigespanne, als auch Viergespanne, und zwar sehen wir auf wenigstens einer derselben den wichtigen Augenblick des Wagenrennens, in welchem der Wagenlenker um die Meta lenkt, worin bekanntlich die größte Schwierigkeit bestand und was daher die größte Geschicklichkeit erfoderte. Hierauf beziehen sich unstreitig die Worte, welche sich auf einer dieser Vasen finden: *ΕΛΑ ΕΛΑΝΙΚΟΝ ΚΑΛΟΣ*, welches, wie man sieht, der Ruf gewesen sein mag, durch den die Zuschauer dem Wagenlenker ihre Theilnahme in dem für ihn so wichtigen und gewöhnlich entscheidenden Augenblick des Spieles zu erkennen gaben.

Der Wettlauf zu Roß, so verschiedenartig er ebenfalls, wie wir aus Inschriften sehen, in spätern Zeiten gewesen sein mag, erscheint höchst einfach auf den zwei hierher bezüglichen Vasenbildern [74]). Hier sehen wir entweder vier oder zwei nackte Jünglinge, die von der Linken zur Rechten reiten, sodaß wir hier offenbar nur das Wettrennen im einfachen Stadium haben, dagegen es aus der angeführten Inschrift erhellt, daß wenigstens in jener spätern Zeit auch ein Wettrennen im Diaulos und ein Reiten in Waffen stattfand [75]). Aus einer falsch verstandenen Stelle der Platonischen Republik hat Meursius [76]) schließen wollen, daß der Wettlauf zu Roß bei den Panathenäen erst zu Sokrates' Zeit eingeführt worden sei, aber es ist erwiesen, daß jene Stelle erstlich gar nicht von den Panathenäen, sondern von den Bendidien handelt, und daß zweitens dort auch von keinem gewöhnlichen Wettlaufe zu Roß an diesem Feste die Rede ist, sondern von der Lampadephorie zu Roß. Vielmehr ist es sehr wahrscheinlich, daß ebenso wie das Wagenrennen unstreitig eines der ältesten panathenäischen Wettspiele war, da eben der mythische Gründer der Panathenäen, Erichthonius [77]), bei diesem Feste die Athener die Pferde anschirren lehrte (was anderswo der Athene selbst zugeschrieben wird), so auch der Wettlauf zu Roß unter die ältesten Spiele des Festes zu zählen ist, da er schon bei Homer die Leichenspiele zu Ehren des Patroklus beginnt.

Mit Übergehung einiger nicht erwähnter panathenäischer Vasen, die theils auf der Vorderseite, theils auf der Rückseite von der gewöhnlichen Darstellung abweichen, aber doch auf die gymnischen Spiele des Festes bezüglich sind, erwähnen wir hier noch eine in Volci gefundene Vase [78]) dieser Gattung, auf welcher, außerdem daß sie, wie schon bemerkt, statt der Hähne auf den Säulen Gefäße zeigt, zu den Füßen des Athenebildes ein Vogel steht mit gelüpften Flügeln, in welchem ein Kranich zu erkennen ist. Dadurch, noch mehr aber durch die Rückseite, welche einen siegreichen Kitharöden zwischen einem Athlotheten und einem Brabeuten darstellt, erhält sie eine besondere Wichtigkeit, da diese Scene eines musischen Spieles bis jetzt die einzige auf panathenäischen Vasen ist. Auch ist das Athenebild freier, naturgemäßer ausgeführt, als gewöhnlich, obgleich die Vase im Übrigen sich weder durch sorgfältige Malerei, noch durch Schönheit des Firnisses auszeichnet. Dieser Gegenstand der Rückseite ist es, welcher beweist, was sich freilich auch schon aus dem Styl der Zeichnung ergibt, daß die Vase nach Ol. 81, 1 fällt. Denn in dieses Jahr [79]) fällt die erste Aufführung der musischen Spiele an den Panathenäen, welche Feierlichkeit Perikles setzte und für welche er das Odeum erbaute [80]). Denn Phrynis ist es, welcher zuerst als Kitharöde dort auftrat und siegte. Der Kranich aber zu den Füßen der Athene möchte nicht unwahrscheinlich in jenem Chortanze seine Erklärung finden, welchen Theseus zuerst um den delischen Altar mit seinen Gefährten aufgeführt haben soll [81]), von welcher Art des Tanzes Dikäarch [82]) und Pollux [83]), in ihrer Beschreibung desselben sagen, daß er *γέρανος*, Kranich, heiße, sodaß sich nach jenem Kranich auf der panathenäischen Vase die Vermuthung aufstellen läßt, daß derselbe Tanz auch bei den Panathenäen aufgeführt wurde, die ja auch im Theseus ihren zweiten Stifter hatten. (*Herm. Alex. Müller.*)

PANATHIER. Gleichwie mit der burgundischen Hofetikette das Amt eines Panetier nach Wien wanderte, so war auch die Benennung daselbst, mit einer geringen Modification in der Aussprache, eingebürgert. Kaiser Rudolf II. hatte neben 19 Mundschenckhen, 22 Fürschneidern und 77 Truggsässen *) auch zehn Panathierer, deren jeder monatlich 40 Gulden bezog, „und welcher dient, der hat dieselbe Wochen für sich und einen Jungen die Speiß zu Hoff." In der großen Umwälzung des Kaiserhofes nach dem Erlöschen des habsburgischen Mannsstammes verschwinden die vielen Mundschenken, die Fürschneider und die Panathiere, und ihre Ämter werden von einem einzigen Mundschenk und von 27 Truchsessen, wovon ein Drittel abwesend, versehen. Hieraus ergibt sich der Unterschied der Panneterie des wiener und des pariser Hofes. Jene wurde von Edelleuten repräsentirt, welche ein Geschäft, dem der Truchsessen nahe verwandt, auszuüben hatten. In Frankreich war die Panneterie eines der sieben Offices, welche für die Bedürfnisse des Hofstaates zu sorgen hatten, und alle sieben unter dem Grand-maître standen, bis unter Heinrich IV. der Graf von Soissons mit den beiden ersten, mit dem Gobelet und der Bouche du Roi, sich nicht mehr befassen wollte. Seitdem gehörten diese

---

dell' Inst. XXII, 2, b, drei in der des Prinzen von Canino (Nr. 11. 1939 und 2600) und endlich eine der Sammlung Campanari.

74) Der Sammlung des Pr. von Canino. Nr. 1114, abgebildet Mon. dell' Inst. XXI, 9, b. und der Sammlung Feoli jetzt in München, abgebildet ebendas. XXII, 3, b. 75) Hierher gehört die kleinere panathenäische Vase des Prinzen von Canino. Nr. 682. 76) Panath. c. 8. 77) Parische Chronik. Ep. 10. 78) Des berl. Mus. Nr. 649.

79) Nach Schol. *Ar.* Nub. 971 und *Suid.* s. v. Φρῦνις. („Vgl. dageg. ob. S. 285 fg." Red.) 80) *Plut.* Pericl. c. 13. 81) *Callim.* h. in Del. 308 sq. 82) Bei *Plut.* Thes. c. 21. 83) IV, 101.

*) In der Aula Rudolphi II. Kayßerlicher Hof Statt, welche in dem Archiv der Geschichte und Statistik, insbesondere von Böhmen, 2. Th. S. 193, geliefert, heißen sie Kruggsätzer. Es ist das aber eine falsche Lesart, die in Truggsässen zu verbessern.

beiden Offices, die lediglich mit der Person des Königs sich beschäftigten, unmittelbar unter dessen Befehle. Die übrigen fünf Offices, du commun genannt, weil von ihnen König und Hofstaat zugleich zu versorgen, waren die Panneterie, die Echansonerie, die Cuisine, die Fruiterie, die Fourière (sie lieferte den Holzbedarf). Die Panneterie hatte 13 Chefs, jeder zu 400 Livres, zwölf Aides zu 300, sechs Sommiers zu 600, zwei Wäscher zu 200 Livres. Mit ihr hatte der Grand-Pannetier de France nichts zu schaffen. Es war derselbe ein Officier der Krone, der, doch nur an hohen Festtagen, nebst dem Oberschenken bei Tische den König zu bedienen hatte. An diesen Festtagen, nämlich Neujahr, Weihnachten, Ostern, Christi Himmelfahrt und Pfingsten, wenn der König seine Kammern verlassen hatte, um sich nach der Messe zu begeben, rief der Ser-d'eau zu dreien Malen von dem Balkon oder von dem Obersten der Treppe herunter: Messire N. N. de Cossé, Messire N. N. de Cossé, Grand-Pannetier de France! au couvert pour le roi! Auf diesen Ruf begab sich der Grand-Pannetier nach dem Speisesaal, um seines Amtes, das außerdem von dem Gentilhomme servant versehen wurde, zu warten, d. i. er nahm aus den Händen des Controleur général die erste Schüssel, setzte sie auf den Tisch und kostete sie, mit den übrigen Schüsseln that er desgleichen, nur daß der Träger den Inhalt kosten mußte. An Gehalt bezog der Grand-Pannetier 800 Livres jährlich. In alten Zeiten übte er eine Gerichtsbarkeit über alle Bäcker in Paris und den Vorstädten. Er hatte die Cognition bei Thätlichkeiten, Beleidigungen und Gewaltthaten, die von Meistern, Knechten und Lehrlingen begangen wurden, übte in Ansehung ihrer die niedere Gerichtsbarkeit, bestimmte und erhob die Geldbußen in allen Fällen, doch Eigenthum und vergossenes Blut ausgenommen; er ernannte einen Lieutenant, der unter ihm diese Berechtigungen ausübte; auf sein Geheiß kamen die Bäckermeister zusammen, um aus ihrer Mitte Prudhommes, Werkverständige, oder die sogenannten Jurés, Geschworene, zu wählen; er war berechtigt, selbst, oder durch seinen Lieutenant, oder durch seine Geschworene das von den Bäckern zum Verkaufe bestimmte Brod prüfen zu lassen; jeden Sonntag nach Dreikönigen mußten die Bäcker sich einfinden, um ihm in der Person seines Lieutenants eine Art von Huldigung darzubringen und ihm den bon denier zu entrichten; endlich waren die neu aufgenommenen Bäckermeister gehalten, dem Grand-Pannetier ebenfalls durch Vermittelung seines Lieutenant den pot de romarin zu bezahlen. Sein Gericht hielt der Grand-Pannetier im Palais; es bestand aus dem Lieutenant, hier Lieutenant-général genannt, aus einem königl. Procureur, einem Greffier ꝛc. Durch königl. Edict vom August 1711 wurde die Gerichtsbarkeit des Grand-Pannetier aufgehoben. Eudo Arrode, Pannetier des Königs Philipp August, starb 1217. Hugo d'Athies, maître Pannetier de France, kommt 1224 vor. Guido de la Rocheguyon, gest. 1411, empfängt zuerst die Benennung eines Grand-Pannetier. Renat von Cossé, le gros Brissac genannt, erscheint in Urkunden von 1495 und 1498 als Premier Pannetier du Roi. Sein Sohn, Karl I. von Cossé, Graf von Brissac, empfing nach dem am 11. März 1546 erfolgten Ableben des Karl von Crussol das Amt eines Grand Pannetier, und ist dasselbe von dem an beinahe ganzer dritthalbhundert Jahre in dem Hause Cossé-Brissac geblieben; noch im J. 1788 wurde es von dem Herzog von Brissac besessen. La Colombière hatte für den Grand-Pannetier ein Amtswappen angegeben, nämlich das goldene Schiffchen und das Schlößchen, so man neben des Königs Couvert zu setzen pflegte. Die Erfindung hat aber kein Glück gemacht. (*v. Stramberg.*)

PANAULON, auch wol PANÄAULON, ist nicht der Name einer alten Flöte oder der Panspfeife, sondern einer neu verbesserten, oder vielmehr verlängerten, welche Veränderung unserer gewöhnlichen Flöte durch Professor Langer ins Werk gesetzt wurde. Die durch die Verlängerung in der Tiefe gewonnenen Töne h und c fand man nicht schön, als man sie zum ersten Male 1813 in Wien hörte. Wurden auch später noch einige Verbesserungen derselben durch die Instrumentenmacher Wolfram in Wien und Ickler in Bremen vorgenommen, so hatte sie sich doch keiner großen Verbreitung zu erfreuen, noch weniger, als die gewöhnliche Flöte vielerlei bedeutende Vervollkommnungen erfahren hatte. (S. d. Art. Flöte.) (*G. W. Fink.*)

PANAUR, vorderindischer Küstenstrom, welcher unter 13½ n. Br. zugleich mit dem Palaur- und Pennarstrom auf dem Hochplateau von Bangalore in den Umgebungen von Nundydruy oder Nandi-durga entspringt, Anfangs südwärts über Uscotta geht, dann sich, von dem Querpaß von Colar und Vellore gehemmt, nach Bangalore wendet, endlich, nachdem er Ussur berührt und sich zwischen den Bergfesten Ryacotta und Kistnayherry hindurchgezwängt hat, unterhalb der Gebirgswand des Baramahal-Districts in das untere Karnatik eintritt und nach einem Laufe von 50 geogr. Meilen zwischen Cuddalore und Pondichery in mehren Armen dem bengalischen Meerbusen zueilt. (*Fischer.*)

PANAX *L.* Eine Pflanzengattung (deren ältere Namen Araliastrum *Vaillant* serm. 43; Scutellaria *Rumphius* amb. IV. p. 75. t. 31. p. 76. t. 32. p. 78. t. 33; Aureliana *Catesby* nat. hist. of Carolin. app. t. 16; Plectronia *Loureiro* cochinch. ed. *Willd.* p. 201 sind) aus der zweiten Ordnung der fünften Linne'schen Classe und aus der natürlichen Familie der Aralieen. Char. Die Blüthen polygamisch, doldenförmig; die Doldenhülle vielblätterig; der Kelch sehr klein, stehenbleibend, mit kaum merklichem, fünfzähnigem Saume; die fünf Corollenblättchen ablang, zurückgerollt; die mit den Corollenblättchen abwechselnden Staubfäden unter dem Rande einer drüsigen Scheibe eingefügt; zwei bis drei kurze Griffel; die Frucht fleischig, entweder zusammengedrückt, kreisförmig, oder eine kugelige Zwillingsfrucht, zweifächerig; die einsamigen Fächer lederartig. Von den Arten dieser Gattung sind bis jetzt 42, zum Theil aber nur dem Namen nach, oder doch unvollständig bekannt. Sie sind besonders im südlichen und mittlern Asien und in Amerika einheimisch; drei Arten kommen in Neuseeland (P. simplex und arboreus *Forster* prodr. n.

398. 399; P. Lessonii ? *Candolle* prodr. IV. p. 253), drei in Neuholland (P. sambucifolius, floccipes und ledifolius *Sieber*) und eine (P. Gaudichaudii ? *Cand.* l. c.; Aralia trigyna *Gaudich.* voy. de *Freycinet.* bot. t. 98) auf den Sandwich-Inseln vor. Ihre Wurzeln sind bisweilen knollig, ihre nicht selten dornigen Stengel meist strauch- oder baumartig, selten krautartig. Ihre Blätter sind selten ungetheilt, oft hand- oder fingerförmig getheilt oder zusammengesetzt, oder gefiedert. Ihre meist weißen Blüthen bilden Dolden oder Knöpfe, welche in Dolden oder Trauben oder Rispen beisammenstehen. Bei weitem die wichtigste Art ist P. quinquefolius *L.* (Sp. pl. 1572. *Trew Ehreth sel.* tab. VI. *Sims*, Bot. mag. t. 1333. *Bigelow*, Med. bot. 2. t. 29), ein perennirendes, glattes Kraut, welches sowol in der östlichen Tartarei (zwischen 39 und 47° n. Br.), in Corea und Japan, als in schattigen Bergwäldern in Nordamerika von Carolina bis Canada wächst. Die Wurzel ist spindelförmig, wenig ästig. Die Blätter stehen auf langen Blattstielen zu dreien beisammen; sie sind fingerförmig zusammengesetzt aus fünf gestielten, verkehrt-eiförmigen, zugespitzten, gesägten Blättchen. Der Blüthenstiel, welcher eine einfache, kleine, grünlich-weiße Dolde trägt, ist kürzer als der Blattstiel; die Doldenhülle besteht aus mehren lanzettförmigen Blättchen, halb so lang als die Blumenstiele; die polygamisch-diöcischen Blümchen haben je zwei Griffel. Die Frucht ist eine kleine, etwas gedrückt kugelförmige, scharlachrothe Zwillingsbeere. Die Wurzel dieser Pflanze ist die bei den Chinesen und Japanesen seit langer Zeit als kräftiges Nervenmittel in hohem Ansehen stehende Gin-Seng oder Nin-Sin. Die amerikanische Wurzel ist nach Redman's Dispensatory frisch gelblichweiß, höchstens fingersdick, querrunzelig, von hornartiger Textur, mit röthlichem Herzringe. Sie schmeckt wie die Süßholzwurzel, und nur sehr wenig bitterliches Aroma ist beigemischt. Die asiatische Wurzel scheint weit kräftiger zu sein. Sie kommt in China und Japan in kleinen Stückchen, die wie Bernstein aussehen, im Handel vor und wird mit Golde aufgewogen, während von der nordamerikanischen im Jahre 1830 das Pickel (125 Pfund) in Canton nur 40 Piaster galt. In China und Japan wird die Gin-Seng wohlhabenden Kranken als belebend und heilend sehr häufig gereicht; man gibt das Pulver und die Abkochung besonders bei Erschöpfung der Körper- und Geisteskräfte, nach Anstrengungen aller Art, zur Stärkung der Verdauung, als Aphrodisiacum und gegen Krämpfe. Auch die Blätter werden im Theeaufguß als Heilmittel benutzt. Der Missionar Jartoux, welcher weitläufig über die Gin-Seng berichtet, bemerkte, als er davon eingenommen, Zunahme der Heiterkeit und des Appetits, Vermehrung der Pulsschläge und Verschwinden des Gefühls von Ermattung nach der Reise (Lettres édifiantes X. p. 172. nouv. éd. XVIII. p. 127 mit Abb.). Der Pater Lafitau (Mémoire concernant la précieuse plante de Ginseng, découverte en Canada. [Paris 1718. 12.]) entdeckte die Gin-Seng-Pflanze in Canada und war der Begründer eines sehr ausgedehnten Handels mit der Wurzel nach China. Siebold unterscheidet zwei Abarten, P. quinquefolius japonicus und coreensis. Eine dritte Abart ist vielleicht P. Pseudo-Ginseng *Wallich* (Aet. soc. med. et phys. Calcutt. IV. p. 117), welche Wallich in Nepal fand, und welche nach ihm die echte Gin-Seng ist. Die japanische Nin-Sin ist nach Siebold identisch mit der chinesischen Gin-Seng, während man sie früher von Sium Ninsi *L.* herleitete. — Auch die kugeligen Wurzelknollen von P. trifolius *L.* (Sp. pl. 1512. P. pusillus *Sims* bot. mag. t. 1334. Aralia triphylla *Poiret* enc. suppl.), welcher mit P. quinquefolius zusammen als ein kleines Kraut vom Ansehen der Anemone nemorosa in Nordamerika vorkommt, werden als Arzneimittel in Amerika und China gebraucht. Bei dieser Art sind die Blätter meist nur aus drei Blättchen zusammengesetzt, der Blüthenstiel ist länger als der Blattstiel und die Frucht eine grünliche Drillingsbeere. — Endlich scheint auch P. fruticosus *L.* (Sp. pl. 1513. *Loureiro* cochinch. ed. *Willd.* p. 806. *Andrews* bot. rep. t. 595. Scutellaria tertia *Rumph.* amb. IV. p. 78. t. 33), ein Strauch, welcher auf den Molukken und in Java wild und in Cochinchina und im südlichen China in Gärten wächst, bedeutende Heilkräfte zu besitzen. Nach Loureiro ist er von angenehmem Geruche und durchdringendem Geschmacke; Wurzeln und Blätter wirken diuretisch und helfen gegen Wassersucht, Dysurie, Blutharnen, Gonorrhöe und Amenorrhöe

Die großen Wirkungen, welche die Chinesen ihrer Gin-Seng beimessen, bewogen Linné der Gattung, zu welcher sie gehört, den Namen Panax (πάναξ, πάνακες, Alles heilend) zu geben, während die Griechen und Römer unter diesem Namen ganz andere Gewächse verstanden. Theophrast (πάνακες Hist. pl. 9, 9, 2; 9, 11, 1) unterscheidet vier Arten: das syrische (vielleicht Ferula persica *Willdenow*), das chironische (Ferula Opopanax *Spreng.* ?), das Asklepische (Echinophora tenuifolia *L.* ?) und das Herakleische (Heracleum Panaces *L.* ?) Panakes. Die drei letztern führen auch Dioskorides (Mat. med. III, 48—50) und Plinius (H. N. 25, 11—14 etc.) an, indem Plinius noch das Centaurische Panaces hinzufügt. Alle diese Gewächse galten bei den Alten für höchst heilkräftig. Man brauchte ihre Wurzel, den getrockneten Saft der Wurzel und des Stengels (ὀποπάναξ) und die Samen als erwärmend, auflösend und erweichend gegen eine Menge Krankheiten und äußere Schäden. In späterer Zeit war das Kraut von Stachys palustris *L.* unter dem Namen Panax Coloni officinell. (*A. Sprengel.*)

PANAY (n. Br. 11° 15′, östl. L. 122° 33′), eine zu den Philippinen gehörige Insel, welche die Gestalt eines Dreiecks und 180 engl. Meilen im Umfang hat. Sie ist bei ihrem Reichthum an Flüssen fruchtbar an Reis, welcher den Hauptausfuhrartikel abgibt, an Eben- und Campecheholz, Goldstaub und Vieh. Die Zahl der den Spaniern zinsbaren Indianer beläuft sich auf 17,000, die Gesammtzahl der Unterthanen der spanischen Krone, welche die Insel in drei Alkaldien abgetheilt hat, nach Hassel auf 162,000. (Vergl. d. Art. Philippinen.)

(*Fischer.*)

PANAYA, eine Ortschaft in der neapolit. Intendanza Calabria ulteriore II., auf einer Anhöhe, die sich am linken Ufer des Poroflusses erhebt, nächst der großen calabresischen Heerstraße bei Spilinga gelegen, 2½ ital. Meilen südwärts von Tropea entfernt, mit 67 Häusern und 640 Einwohnern, die sich vom Feldbaue nähren, einer Kirche und einem katholischen Seelsorger.
(*G. F. Schreiner.*)

PANCALIERI, ein ansehnlicher Flecken in der General-Intendanza Turin, der festländischen Staaten des Königs von Sardinien, in der großen piemontesischen Ebene am linken Ufer des Po, in fruchtbarer Gegend gelegen, vier ital. Meilen südwestwärts von Carmagnola entfernt, mit 311 Häusern, 2896 Einwohnern, einem schönen Schlosse und einem Capucinerhospiz, einer katholischen Pfarre, Kirche und Schule. Die ganze Umgebung ist gut angebaut und reichlich bewässert.
(*G. F. Schreiner.*)

PANCARANA, ein großes Dorf in der piemontesischen General-Intendanz Alessandria der festländischen Staaten des Königs von Sardinien, in der großen Ebene des fruchtbaren Po-Thales, in einer nach allen Richtungen hin von Baumpflanzungen durchzogenen, wohlbewässerten und durch den Schlag von hundert Nachtigallen belebten Gegend, unfern vom rechten Po-Ufer gelegen und von Voghera nur fünf ital. Meilen nordwärts entfernt. In seiner Nähe mündet sich die Staffora in den Po, der die Dorfflur zuweilen mit seinen verderblichen Überschwemmungen heimsucht. Auch durch Kriege hat die Umgebung viel schon zu den Zeiten Kaisers Friedrich I., in den Kämpfen der Guelfen und Ghibellinen und in den Kriegen der franz. Revolution gelitten. Der Boden ist sehr schwer, aber fruchtbar. Stiere von unglaublicher Größe zeugen davon. Wohin das Auge nur blickt, fällt es auf Getreidefelder und Äcker mit Weinstöcken. (*G. F. Schreiner.*)

PANCARPUM und **PANCARPUS**. Das Wort bedeutet eigentlich eine Mischung von allerlei Früchten [1]), daher bei den Athenern Benennung eines aus mancherlei Früchten gebildeten, vegetabilischen Opfers, dann aber in der Zeit der spätern Kaiser besonders ein im Amphitheater veranstaltetes Thiergefecht, wobei starke Männer gemiethet wurden, oder man es auch jedem aus dem Publicum überließ, mit allerlei wilden Thieren zu kämpfen [2]). Heliogabalus, die Gordian, Probus haben dem römischen Volke öfter dergleichen Schauspiele gegeben, und sie haben noch in den Zeiten des Kaisers Justinian fortgedauert. (*H.*)

PANCASEOLO heißt in Italien, nach Cesalpini's Angabe, die Erdkastanie (Sium Bulbocastanum *Spr.*).
(*A. Sprengel.*)

Pancaste, s. Pankaste.

PANCÉ, Gemeindedorf im franz. Departement Ille und Vilaine (Limousin), Canton Bain, Bezirk Redon, liegt, neun Meilen von dieser Stadt entfernt, an einem kleinen Flusse, welcher der Vilaine zufließt, und hat eine Succursalkirche und 1320 Einwohner. (Nach Expilly und Barbichon.)
(*Fischer.*)

PANCHÄA (Panchaïa, *Παγχαία*, Panchaïa), der Name einer von Euhemerus und Diodorus angenommenen und beschriebenen heiligen Insel im südlichen Ocean, dem glücklichen Arabien gegenüber, welche bereits in der alten Welt zur Streitfrage der Geographen und Historiker geworden und bis auf diesen Tag ein seltsames Problem der Alterthumsforscher geblieben ist. Sowol jene als diese haben den Bericht des Euhemerus bald für Wahrheit, bald für Erdichtung gehalten. Für uns muß wenigstens dieser vielbesprochene und von gewichtigen Autoren in Betracht gezogene Gegenstand einiges Interesse haben; und wäre derselbe auch nicht factisch, so bleibt doch die Controverse factisch und verdient hier eine nähere Erörterung, um so mehr, da Euhemerus die Inschriften der goldenen Säule im Tempel des Zeus Triphylius auf Panchäa vorzüglich mit zur Basis seiner so wichtigen Göttergeschichte, *ἱερὰ ἀναγραφή* genannt, gemacht hat. Der wunderbare Bericht des Euhemerus über Panchäa ist nach seinen Hauptmomenten, wie ihn Diodorus vorträgt, folgender: Euhemerus, ein Freund des Kassander, Königs von Makedonien, wurde von diesem mit Besorgung wichtiger Angelegenheiten beauftragt, deren Ausführung mit weiten Reisen nach dem südlichen Ocean hin verbunden war. Nachdem er sich nun von einem Hafen des glücklichen Arabiens aus zu Schiffe begeben und die Fahrt mehre Tage lang in der Richtung nach Süd auf dem Ocean fortgesetzt hatte, stieß er auf mehre Inseln, von welchen die eine, Panchäa genannt, die übrigen überragte. Die Bewohner derselben zeichneten sich, wie es heißt, durch Frömmigkeit aus und verehrten die Götter durch reichliche Opfer und ansehnliche Weihgeschenke von Gold und Silber. Die Insel selbst, deren Breite 200 Stadien betrug, war ein Heiligthum der Götter. Die Fruchtbarkeit derselben war ebenso groß als die Anmuth. Sie lieferte in großer Menge Weihrauch und Myrrhen, welche Producte nach andern Ländern hin ausgeführt wurden. Die Bewohner derselben waren Autochthonen, zu welchen noch aus der Ferne Okeaniten, Inder, Skythen und Kreter gekommen waren. Sie waren sämmtlich in drei Classen oder Kasten getheilt, in die der Priester mit den Künstlern, in die der Landbauer und in die der Krieger mit den Nomaden oder Hirten. Diodor gibt hier eine kurze statistische Übersicht der politischen Einrichtung und Verwaltung, welche manche Analogien mit Bestandtheilen der indischen, persischen, ägyptischen Staatsverfassungen darbietet. — Die Priester, heißt es ferner, leiteten ihr Geschlecht von Kreta ab: Zeus selbst habe sie von dorther nach Panchäa geführt, wovon die Spuren ihres Dialektes Zeugniß geben. Als ansehnliche und reiche autonome Stadt wird Panara genannt, deren Bewohner als Schützlinge (*ἱκέται*) des Zeus Triphylius bezeichnet werden. Von dieser Stadt war der Tempel desselben Zeus 60 Stadien entfernt, umgeben mit den schönsten theils fruchttragenden, theils zum Schmuck und Schatten dienenden Bäumen. Hier entstieg auch dem Boden eine Quelle, deren süßes schönes Wasser bald zum schiffbaren

1) *Fest.* s. W. Pancarpiae dicuntur coronae ex vario genere florum factae. 2) Vergl. *Casaub.* u. *Salmas.* z. Capitolin. Gordian. 3. Cujac. z. Novell. de consulib.

Strom anwuchs. Überhaupt war dieser heilige Ort mit allen Herrlichkeiten der Natur ausgestattet, welche Diodor ebenso wie die Pracht, Größe und Weihgeschenke des Tempels beschrieben hat. — Die wichtigste Angabe in Beziehung auf die heilige Geschichte des Euhemerus ist nun, daß in dem von Zeus selbst erbauten Tempel eine große goldene Säule gestanden habe, beschrieben mit den heiligen Buchstaben der Ägypter (vergl. Heeren, Ideen hist. Werke. 14. Bd. S. 4 fg. 4. Ausg.), oder wie an einem andern Orte bemerkt wird, mit panchäischer Schrift. Hier waren, wie es heißt, die Thaten des Uranos, des Kronos und des Zeus summarisch aufgezeichnet (von Hermes auch die Thaten der Artemis und des Apollon hinzugefügt). Uranos sei der erste König gewesen, ein menschenfreundlicher und wohlwollender Mann, welcher die Bewegungen der Gestirne verstanden und die Uranischen Götter (nämlich die Gestirne) zuerst durch Opfer verehrt habe, deshalb sei er Uranos genannt worden. Die Hestia habe ihm den Pan und Kronos, die Rhea und die Demeter geboren. Nach dem Uranos habe Kronos regiert und in der Ehe mit der Rhea den Zeus, die Here und den Poseidon gezeugt. Von dem Kronos habe Zeus die Herrschaft überkommen, welcher die Here, die Demeter und Themis geehelicht. Von der ersten seien ihm die Kureten, von der zweiten die Persephone, von der dritten die Athene geboren worden. Als er nach Babylon gekommen, sei er von dem Belos bewirthet worden. Von hier sei er zur Insel Panchäa gelangt und habe daselbst dem Uranos einen Altar errichtet. Dann sei er durch Syrien zu dem Dyngsten Kassios und von da nach Kilikien zu dem Herrscher Kilix gekommen, welchen er im Kriege besiegt habe. Ferner sei er zu sehr vielen andern Völkern gereist und von allen geehrt und für einen Gott gehalten und als solcher bezeichnet worden. Diodor fügt hinzu: „Solches und Ähnliches berichtet er (Euhemerus) über die Götter, wie über sterbliche Menschen" [1]). Aus diesen und ähnlichen Tempelinschriften behauptete Euhemerus seine ἱερὰ ἀναγραφὴ geschöpft zu haben.

Unter den alten Geographen und Historikern haben Eratosthenes, Kallimachus, Polybius, Strabon und Plutarchus den Bericht des Euhemerus über Panchäa als fabulose Mähr, als ungegründetes Gerede bezeichnet [2]). Dagegen haben Andere keinen Zweifel in die Richtigkeit seiner Angaben gesetzt, wie Diodorus, und mit verschiedenen Modificationen Pomp. Mela, Plinius, Solinus, Lactantius, Servius und Philargyrius, ferner mit dichterischer Ausstattung und topographischer Verwirrung die römischen Dichter Lucretius, Virgil, Tibull, Ovid, welche das Ihrige aus dem Ennius, dem Übersetzer der heiligen Geschichte des Euhemerus, zu beliebigem Gebrauche ohne weitere Untersuchung entlehnten [3]). So haben auch Salmasius, Is. Voß und Harduin die wirkliche Existenz der Insel Panchäa nicht bezweifelt, jedoch dieselbe in verschiedene Regionen versetzt: Salmasius (welcher den Plinius widerlegt) in den indischen Ocean, dem glücklichen Arabien gegenüber, Is. Voß in die Gegenden der Troglodyten, Harduin nach Unterägypten [4]). Nächst diesen haben drei gelehrte Franzosen, der Abbé Sevin, H. Fourmont der Ältere, und der Abbé Foucher in drei besondern Memoiren der französischen Akademie (d. Inscr. et Bell.-Lettr.) diesen Gegenstand behandelt [5]). Sevin bezweifelt die Glaubwürdigkeit des Euhemerus, tritt auf die Seite seiner Gegner, des Eratosthenes, Strabon und Plutar-

1) *Diod. Sic.* V. c. 41—46. p. 363—368. vol. I. Dazu *Wesseling.* Dann *Diod.* ap. *Euseb.* Praep. Evang. II, 2. p. 59. 60. ed. Col. 1688. *Diod.* Fragm. I. p. 633. vol. II. *Wesseling.* 2) *Strab.* I, 3, 47 vom Eratosthenes: ἢ τὸν Μεσσήνιον Εὐήμερον, καὶ τοὺς ἄλλους, οὓς αὐτὸς εἴρηκε διαβάλλων τὴν φλυαρίαν. II, 3, 102: Οὐ πολὺ οὖν ἀπολείπεται ταῦτα τῶν Πυθέου καὶ Εὐημέρου καὶ Ἀντιφάνους ψευσμάτων. Vom Polybius II, 4, 104: πολὺ δέ φησι βέλτιον τῷ Μεσσηνίῳ πιστεύειν ἢ τούτῳ. Ὁ μέν τοί γε εἰς μίαν χώραν τὴν Παγχαίαν λέγει πλεῦσαι κτλ. VII, 3. p. 299 zählt er den Euhemerus mit seinem Panchäa zu denen, welche Wunderdinge vortragen. Hier wird er überall Messenier genannt. So bei Plutarch (de Iside et Osir. c. 23): λαμπρὰν δὲ τῆς Εὐημέρου τοῦ Μεσσηνίου φενακισμοῖς παῤῥησίαν διδόντας, ὃς αὐτὸς ἀντίγραφα συνθεὶς ἀπίστου καὶ ἀνυπάρκτου μυθολογίας, — τοὺς νομιζομένους θεοὺς πάντας ὁμαλῶς διαγράφων, εἰς ὀνόματα στρατηγῶν καὶ ναυάρχων καὶ βασιλέων, ὡς δὴ πάλαι γεγονότων, ἐν δὲ Πάγχοντι γράμμασι χρυσοῖς ἀναγεγραμμένων, οἷς οὔτε βάρβαρος οὐδεὶς, οὔτε Ἕλλην, ἀλλὰ μόνος Εὐήμερος, ὡς ἔοικε, πλεύσας εἰς τοὺς μηδαμόθι γῆς γεγονότας, μηδ' ὄντας Παγχαίους καὶ Τριφύλλους, ἐντετυχήκει. Er bezeichnet also Panchäa durch Panchon, die Panchäer durch Panchoer, worüber Fourmont über das Werk des Euhem. S. 327. 328 bei Hißmann, Magaz. Bd. 2. Aber de Placit. phil. I. §. 7 nennt er den Euhemerus Tegeaten, (vielleicht ironisch, als Lügner). Hier wird auch Kallimachus angeführt.

3) *Diod.* l. c. *Plin.* VI, 34, 29. VII, 57, 56. X, 2, 2. Dazu *Harduin.* Lucret. II, 417. *Virg.* Georg. II, 139. IV, 379. Dazu *Servius* u. *Philargyrius* Tibull. III, 2, 23. *Ovid.* Met. X, 309. 478. Vergl. *Wesseling.* ad *Diod.* l. c. *Cellar.* orb. ant. III, 14, 707. Am wenigsten stimmt Pomponius Mela (III, 8, 8) mit Euhemerus überein: extra sinum, verum in flexu tamen, etiam non modico, Rubri maris, pars bestiis infesta ideoque deserta est: partem *Panchaei* habitant etc. Vgl. dazu Tzschucke vol. III. 3. Abth. S. 359—361. Auch auf dem Monument von Adulis (bei *Fabricius* bibl. Graec. T. II, 605) hat man die Panchaiten gefunden, welche Sevin über Euhemerus (vergl. unt. Note 5) p. 360 in Tankaiten verwandeln wollte, was Fourmont (l. c. p. 328) widerlegt hat. Über die Übersetzung des Ennius *Varro* de re rust. I, 48. *Cic.* de nat. deor. I, 42. Quae ratio maxime tractata ab Euhemero est: quem noster et interpretatus et secutus est praeter caeteros Ennius. Cf. *Augustin* de civ. dei VI, 7, 1. Fragmente von der Übersetzung des Ennius hat Hieronymus Columna gesammelt. Foucher, über das System des Euhemerus, S. 256 fg. (s. unt. Anm. 5) hat dieselben angeführt. Vergl. Fourmont a. a. O. S. 322. 327. 333. 4) *Salmas.* ad *Solin.* 33. s. 36. *Is. Voss* ad *Pomp. Mel.* III, 8, 8. *Harduin* ad *Plin.* VI, 34, 29. X, 2, 2. Vergl. *Cellar.* orb. ant. III, 14. p. 707. vol. I. *Wesseling* ad *Diod.* V, 42. vol. I. p. 364. 365. *Tzschucke* ad *Pomp. Mel.* l. c. vol. III, 3. p. 359—361. 5) Sevin über das Leben und die Schriften des Euhemerus, Mémoir. de l'acad. d. Inscr. et Bell. Lettr. T. VIII. p. 107 fg. übers. in Hißmann's Magazin für Philosophie und ihre Gesch. 1. Bd. S. 347—364. H. Fourmont über das Werk des Euhemerus, ἱερὰ ἀναγραφὴ betitelt, Mém. de l'acad. d. Inscr. T. XV. 265 fg. übers. in Hißmann's Magaz. 2. Bd. S. 293—334. Foucher über das System des Euhemerus, Mém. de l'acad. d. Inscr. T. XXXIV. p. 435—461. übers. in Hißmann's Magaz. 3. Bd. S. 249—292. Vergl. auch Zimmermann, Brem. Mus. I. P. 4. S. 722 fg. und *Petitus* Misc. observ. I, 2.

chus, und meint, daß Euhemerus seine Inschriften aus dem Tempel des Jupiter Triphylius selbst gemacht und Panchäa gar nicht existirt habe (S. 357. 360—363). Dagegen erhebt sich Fourmont und bemüht sich mit größerer Gelehrsamkeit und nicht ohne Scharfsinn den Euhemeros zu rechtfertigen, und seine Abhandlung ist eine Apologie desselben. Er sucht zu beweisen, daß die Insel Panchäa ebenso wenig als der Tempel des Jupiter Triphylius mit der goldenen Säule eine Fiction sei (p. 320. l. c.), und meint (S. 325), daß Euhemerus in die Gegend von Phönikien gekommen sein müsse (auf dem Wege, welchen Diodorus vorzeichne). Endlich gelangt er (S. 327) zu dem Resultate, daß die Insel Panchäa nichts Anderes sein könne, als die heutige Insel von Pank oder Phanik im arabischen Meerbusen an der Küste von Medina. Es sei mit dem *Φοινικών* oder dem Palmaris der Geographen ein und derselbe Ort. Alle, selbst Bochart, haben Phank oder Pank als den Namen des Orts mit dem *Φοινικών* oder mit dem den Ort umgebenden Walde verwechselt, deswegen, weil der Palmbaum in Arabien und Phönikien einheimisch sei. Es gebe daselbst einen schönen Wald von Palmbäumen, aber Pank sei der Bezirk, in welchem dieser Wald liege. Im Arabischen heiße dieses Wort Phanikon, oder, wie es im Alterthume ausgesprochen worden sei, Panchon. Dies sei der Name, welchen man im Plutarch finde, den er wahrscheinlich im Euhemerus als den Namen von diesem Bezirke, sowie Diodor, Ennius und die übrigen Panchäa als den Namen der Insel gelesen hätten. Wenn man nun bedenke, daß noch jetzt im Arabischen und selbst im Syrischen Phank oder Phanik so viel bedeute, als angenehm, so werde man sich nicht wundern, daß Euhemerus diesen Bezirk angenehm und reich nenne[6]). Die Stadt Panara hält Fourmont für identisch mit Pharan, einer Stadt, die Stephanus von Byzanz zwischen Ägypten und Arabien, Ptolemäus in das steinige Arabien setzt, und er überzeugt sich, daß man beide mit einander verwechselt habe (S. 330 fg.). In dem ersten der von Euhemerus bezeichneten drei Stämme (daher Zeus Triphylius) findet er die Ismaeliten und die Midianiten, die vom Abraham, Hagar und Kethura abstammten, in dem zweiten die Moabiter und Ammoniter, von Lot und seinen beiden Töchtern, in dem dritten die Amalekiter und Amorrhäer von Esau, durch Amalek und Omar (S. 332). Diese letzteren Annahmen des Fourmont würde wol selbst Euhemerus mit starkem Unglauben abgewiesen haben. — Foucher, welcher später als Sevin und Fourmont das Problem von Neuem beleuchtete, tadelt wiederum die Parteilichkeit des Fourmont (S. 262 fg.), hält sich mit Sevin an die Aussagen des Eratosthenes, Strabon und Plutarch und nennt die Beschreibung der Insel, wie sie Diodorus liefert, fabelhaft (S. 263—266). Endlich vermuthet Grandpré in seinen Reiseberichten über Indien, daß die Insel des Euhemerus ins Meer versunken und gegenwärtig nur noch Felsen und Klippen als Spuren ihrer Existenz zu schauen seien[7]).

Aus solchen sich widersprechenden Berichten und Urtheilen läßt sich schwerlich ein sicheres Resultat gewinnen. Es sind drei Fälle denkbar: entweder hat Euhemerus Wahres berichtet und ist Augenzeuge von dem, was er beschrieben, gewesen, was keineswegs in das Reich der Unmöglichkeit gehört; oder er ist zwar auf eine der beschriebenen ähnliche Insel gekommen und hat daselbst auch manche Bestandtheile der angegebenen Merkwürdigkeiten gefunden, diese aber dann nach seinen Zwecken weiter ausgeschmückt, der Insel einen erdichteten Namen gegeben und so das bezeichnete Gemälde ausgeführt; oder drittens, das Ganze ist eine Schöpfung seiner Phantasie, welche er nach einem berechneten Plane zur Begründung und Beglaubigung seines genealogischen Lehrgebäudes producirte. Diese Meinung wird wol immer die wahrscheinlichste bleiben, obgleich Euhemerus, abgesehen von dieser aus besondern Zwecken hervorgegangenen Fiction, sonst ein Mann von historischer Forschung und Genauigkeit sein konnte, welches Lob ihm ein wichtiger Kirchenvater spendet[8]). Euhemerus mußte bei einem so gefahrvollen Unternehmen, die Götter zu ehemaligen Menschen zu machen und dadurch die bestehende Volksreligion als Irrthum darzustellen, sich ein schützendes Bollwerk aufbauen, und dieses glaubte er ohne Zweifel in einer künstlichen Induction, wie die beschriebene, zu finden. Er durfte wenigstens hoffen, daß man ihn nicht unmittelbar angreifen, sondern erst untersuchen würde, welche Bewandtniß es mit jenen vorgefundenen Aufschriften in einem so heiligen Tempel, bei einem so heiligen, frommen Volke habe, und daß ihn dies gegen den ersten Sturm sichern könne. Bei der damals noch so unvollkommenen Schiffahrt aber war es nicht so leicht, ihn gründlich zu widerlegen, und wenn man ihm auch nicht gradehin glauben wollte, mußte man es doch dahingestellt sein lassen. Denn die Angriffe von Eratosthenes, welcher um 30—40 Jahre später als Euhemerus geboren war, haben ihn bei seinem Leben wol nicht getroffen. Auf diese Weise ist es auch begreiflich, warum er jene goldene Säule grade in einem so glänzenden Tempel des Götterkönigs, des Zeus, mit dem Beinamen Triphylius, auf einer den Göttern heiligen Insel, bei einem so frommen, die Götter auf alle Weise verehrenden Volke mit einer theokratischen Verfassung oder Priesterherrschaft findet, alles Umstände, welche geeignet sein konnten, ihn zu schützen. Denn wenn ein Staat

6) S. 328 bei Hißmann's Magaz. a. a. O. Mém. de l'acad., l. c. p. 296 fg. 7) Voyage dans l'Inde. T. II. p. 265. Eine Insel *Μακαρία* im arabischen Meerbusen nennt Ptolemäus (IV, 8). Vergl. *Diod.* III, 38. t. I. p. 205. Dazu Wesseling.

8) *Augustin.* de civit. Dei VI, 7, 1: Nonne attestati sunt Euhemero, qui omnes tales deos non fabulosa garrulitate, sed historica diligentia, homines fuisse mortalesque conscripsit. Libr. V, 37, 7: Unde magis eos homines fuisse credibile est, sicut non solum poeticae literae, verum etiam historicae tradiderunt. Nam quod Virgilius ait: „Primus ab aethereo venit Saturnus Olympo, arma Jovis fugiens, et regnis exul ademtis“ et quae ad hanc rem pertinentia consequuntur, totam de hoc Euhemerus pandit historiam, quam Ennius in Latinum vertit eloquium. Auch Lactantius (p. 62) bezeichnet seine Darstellung als eine historische. Cf. *Minut. Felix* p. 28. *Fourmont.* l. c. p. 306. *Foucher.* l. c. p. 261.

(und wäre es auch nur die Priesterclasse) die menschliche Abstammung der Götter kennt, dieselben aber dennoch als wahre Götter mit solcher Frömmigkeit, wie die Panchäer, verehrt, so muß man den Schluß daraus ziehen, daß eine solche Kenntniß keinen wesentlichen Nachtheil bringe und die Volksreligion dadurch nicht gestürzt werde. Es ist demnach einleuchtend, daß der Bericht über Panchäa eine mildernde Einkleidung seiner kühnen reformirenden Lehre sein sollte, welche ihm die Feindschaft aller Staatspriester, des noch an seine Götter glaubenden ungebildeten Volkes, auch wol mancher superstitiösen Machthaber und selbst derjenigen Philosophen, welche das vom Alter sanctionirte populäre Ceremonial und Ritual der bestehenden Theologie in Schutz nahmen, zuziehen konnte und zugezogen hat. Er wurde als ἄθεος bezeichnet und mit den übrigen Atheisten der alten Welt gewöhnlich zusammengestellt [9]). (*J. H. Krause.*)

PANCHAGNI, eine der verschiedenen Selbstpeinigungen, welche sich die ostindischen Asketen auflegen, um den Himmel zu versöhnen. Das Wort bedeutet fünf Feuer, und die Art der Peinigung besteht darin, daß der Büßende von vier Feuern umgeben, starr die Sonne als das fünfte Feuer ansieht. Diejenigen, welche sich dieser Büßung unterwerfen, heißen Tapaswi, weshalb wir auf d. W. Tapas verweisen. (*Fischer.*)

PANCHA-MUKI, Beiname der indischen Gottheit Siva, wodurch sie als fünfköpfige bezeichnet wird. (*H.*)

PANCHARIUS, ein alter Astrolog (*Lambec.* VII, 273). (*H.*)

PANCHAUD (Benjamin), eines der vielen Beispiele von jungen Männern, die bei guten, oft vorzüglichen Geistesanlagen durch übermäßige Beschäftigung mit metaphysischen Speculationen in einen Zustand der Überspannung versetzt werden, der, wenn nicht glückliche Verhältnisse ihnen noch zu rechter Zeit eine andere Richtung geben, sie nicht blos für das Leben unbrauchbar macht, sondern zuweilen auch zu wirklicher Geisteszerrüttung führen kann. — Benjamin Panchaud wurde ums J. 1725 zu Pomy, im eidgenössischen Canton Waadt, wo sein Vater Pfarrer war, geboren; seine eigentliche Vaterstadt ist Tscherlitz (Echalens) in ebendiesem Canton. Er machte seine Studien auf der Akademie zu Lausanne, wo er sich durch vorzügliche Anlagen auszeichnete. In seinem 18. Jahre gab er heraus: **Entretiens, ou leçons mathématiques sur la manière d'étudier cette science, avec les élémens d'Arithmétique et d'Algèbre, rangés dans un nouvel ordre, et demontrés sans calcul littéral (Laus. 1743. 2 Vol.).** In dieser Schrift, die indessen nicht für Anfänger ist, zeigt sich der denkende Kopf durch die Art, wie er die Beweise für die mathematischen Sätze entwickelte. Einige Zeit nachher findet man Panchaud in Holland in einem angesehenen Hause als Erzieher. Allein plötzlich verschwand er; und erst nachher vernahm man durch Briefe von ihm, daß er sich nach Paris begeben habe. Die Zeit, wann er nach Holland gekommen und wann er anfing, sich in seinen metaphysischen Labyrinthen zu verlieren, ist unbekannt. Er muß mit außerordentlicher Anstrengung studirt haben; denn diejenigen, die ihn kannten, schätzten ihn sehr wegen seiner ausgebreiteten Kenntnisse. Namentlich wird seine tiefe Kenntniß der griechischen Sprache gerühmt; und nach seinen philosophischen Träumereien war ihm das Studium griech. Schriftsteller die liebste Beschäftigung, jedoch, wie er sich selbst äußerte, nur um der Sprache willen; auf den Inhalt nahm er wenig Rücksicht. Dadurch wird es begreiflich, daß ihn dieses Studium nicht vor den Irrwegen schützen konnte, auf welche ihn die Art, wie er die philosophischen Studien betrieb, geführt hatte. In Rücksicht seiner Sittlichkeit wird ihm das günstigste Zeugniß ertheilt, und jene Flucht aus Holland scheint durch eine Art Monomanie bewirkt worden zu sein, die sich entweder aus einer natürlichen Anlage, oder als Folge seiner metaphysischen Speculationen entwickelt hatte. Von seinem Aufenthalte zu Paris weiß man nichts Anderes, als daß er durch unvorsichtige Äußerung seiner Meinungen in einem öffentlichen Kaffeehause in Gefahr gekommen, verhaftet zu werden. Er soll sich dann geflüchtet haben. Formey, der ihn nachher kennen lernte, vermuthet indessen, er sei eine Zeit lang in dem Hospital für Verrückte, Bicêtre, eingeschlossen gewesen. Panchaud selbst äußerte sich nie über seine Schicksale, und man weiß nicht, ob und wie er die drei bis vier Jahre zwischen seinem Aufenthalte in Holland und seiner Ankunft zu Berlin immer in Paris zugebracht hat. Gegen Ende des J. 1751 erschien er nämlich zu Berlin bei Formey, völlig zerlumpt und im Zustande des tiefsten Elends. Sein ganzes Wesen erregte die Aufmerksamkeit des edeln Mannes; allein aus seinen einsylbigen Antworten ließ sich wenig schließen. Als er dann endlich auf Formey's Begehren seine Zeugnisse vorwies, fand sich, daß sie in jeder Beziehung sehr ehrenvoll für ihn lauteten, aber alle ungefähr vier Jahre früher ausgestellt waren, sodaß über sein Thun während dieser Zeit keinerlei Spur sich fand. Formey, den der junge Mann immer mehr interessirte, foderte ihn auf, irgend einen zutrauenswürdigen Mann zu nennen, der ihn näher kenne. Nach einiger Zögerung nannte er den franz. Prediger im Haag, Namens Chais (s. d. Art.). Formey sorgte nun für seinen Unterhalt zu Berlin. Von Chais kam ein günstiges Zeugniß, das dann auch von Andern bestätigt wurde, sodaß ihn Formey täglich in sein Haus kommen ließ, wo er seinen Kindern im Lesen und Schreiben Unterricht gab. Der Reichthum von Kenntnissen, besonders die gründliche Kenntniß des Griechischen, welche Formey bald an ihm entdeckte, gaben die Mittel, seiner Thätigkeit eine nützlichere Richtung zu geben. Formey rieth ihm, Unterricht im Griechischen zu ertheilen, und bald erwarb er sich damit so viel, daß es für seine sehr einfachen Bedürfnisse hinreichte. Einen großen Theil seiner Zeit verwandte er nun blos auf das Studium griech. Schriftsteller, ohne jedoch seinen metaphysischen Speculationen zu entsagen. Indessen hatte Formey gleich von Anfang an sich sorgfältig gehütet, mit ihm über solche

9) *Sextus Empiric.* adv. Physic. I, 17. p. 552. ed. *Fabric.* Εὐήμερος δὲ, ὁ ἐπικληθεὶς ἄθεος κτλ. Cf. *Cic.* de nat. deor. I, 42.

Gegenstände zu sprechen, obschon Panchaud ihm von Zeit zu Zeit kleine Aufsätze dieser Art brachte. Er lehnte, um ihn so viel möglich davon zu entfernen, bald jede Unterredung darüber bestimmt ab, sodaß Panchaud endlich seine Versuche aufgab. Dagegen suchte er sich theils durch Unterredung mit Andern, theils dadurch schadlos zu halten, daß er einzelne Sätze unter dem Namen von Atomen in die franz. Tageblätter zu Berlin einrückte. Man erkennt in denselben helle Blicke neben großer Verwirrtheit; ein halbes Jahrhundert später hätte Panchaud vielleicht damit Aufsehen gemacht und eine Schule um sich gesammelt; an dem nüchternen Sinne jener Zeit hingegen gingen seine Lehren unbeachtet vorüber. Zur Vergleichung mit andern ähnlichen Speculationen mögen folgende Sätze dienen, welche er im J. 1755 bekannt machte. Wir geben sie in der Ursprache, um ihnen nichts von ihrer Eigenthümlichkeit zu benehmen. 1) Rien n'est moindre que l'existence, et ce qui est plus que l'existence, n'existe pas. Donc une chose a l'existenee, et n'a rien de plus. Donc ce qui n'est pas cette chose, n'a pas l'existence. Donc il n'y a qu'une seule chose. 2) A n'est pas B, et B existe. Donc A n'existe pas. B n'est pas A, et A existe. Donc B n'existe pas. Donc il n'y a ni A, ni B. Donc il n'y a rien. 3) La pluralité est réelle, quand même elle n'existeroit qu'en nous. Donc une chose n'est pas l'autre. Donc il y a négation. Donc il y a du rien. 4) S'il y a du rien, le rien existe: s'il n'y a point de rien, cela même est un rien. Et puisque le rien existe, ce qui existe n'est rien: donc une même chose est et n'est pas en même tems. 5) Une chose n'a ni plus ni moins que l'existence, car ce plus ou ce moins n'existeroit pas. L'existence n'a point d'attribut, car l'attribut diffère du sujet. Donc il faut dire seulement l'existence. Donc il n'y a, ni quelque chose ni rien. 6) L'existence étant commune à deux choses, comme il n'y à que l'existence, qui existe, les deux choses n'existent pas. Über die Wunder stellte er folgende Sätze auf: 1) Un miracle est un dérangement des loix de la nature. Les sens et la raison sont soumis à ces loix. Donc on ne sait jamais si le miracle est dans la tête de celui, qui croit l'avoir vu, ou dans les organes des sens, ou dans l'objet extérieur. 2) Tel qu'un homme rêvant dans son lit, qu'il est à la campagne, s'apperçoit de son rêve, quand il se trouve dans son lit; tel celui, qui croit un miracle, s'apperçoit, qu'il rêvoit avant qu'il eut vu le miracle. Drei Jahre brachte dann Panchaud im Hause des Marquis d'Argens zu Potsdam in sehr angenehmem Verhältnisse zu. Er war sehr geachtet in der Familie, las mit der Gattin des Marquis griech. Schriftsteller und beschäftigte sich daneben mit seiner Metaphysik, die ungeachtet seiner Neigung für die griech. Literatur doch mit geringen Unterbrechungen das Übergewicht behielt. Es ist ungewiß, ob diese vorherrschende Richtung seines Geistes und die Absicht, derselben ungehinderter folgen zu können, oder überhaupt der Wunsch ganz unabhängig zu leben, ihn bewog, seine Verhältnisse im Hause des Marquis d'Argens nach drei Jahren aufzulösen und nach Berlin zurückzukehren. Doch scheint eher das Letztere der Grund gewesen zu sein; wenigstens glaubt Formey, daß er sich damals neben den Unterrichtsstunden, die er wieder im Griechischen gab, größtentheils mit der griech. Literatur beschäftigt habe. Auch machte er seit dem J. 1755 keine seiner Atomen mehr bekannt, wozu indessen vielleicht ein bitterer Spott, der in dem nämlichen Tageblatte erschien, beigetragen haben mag. Dagegen läßt sich aus einem besondern Umstande vermuthen, daß er vielleicht zu der trostlosen Überzeugung gekommen sein mag, es habe mit den Früchten seiner philosophischen Speculationen nicht viel zu bedeuten. Er brachte eines Tages Formey ein Heft, welches Alles enthielt, was er über Metaphysik geschrieben, mit der Bitte, es gelegentlich zu prüfen. Formey behielt dasselbe, ohne daß Panchaud mehr darnach fragte. Auf dem letzten Blatte war von anderer Hand geschrieben: Pensées metaphysiques par *B. Panchaud*, à Berlin; allein Panchaud hatte das Wort pensées durchgestrichen und dafür Chaos metaphysique gesetzt. Es scheint also, daß er selbst seine Speculationen zuletzt mit richtigerm Blicke beurtheilt habe. Man findet Einiges aus diesem Manuscript in Formey's Nouvelle Bibliothèque germanique (Tom. 21. p. 332). Das reale Nichts oder die Realität des Nichts spielt nach Formey in diesem System eine wichtige Rolle. Es ist nach dem Gesagten nicht unwahrscheinlich, daß er bei längerm Leben ganz von seinen Träumereien zurückgekommen wäre, worauf unstreitig die Beschäftigung mit seinen Schülern entschieden einwirkte. Allein im März 1757 wurde er von den Pocken überfallen, an denen er im Alter von 32 Jahren starb. Formey hat das Verdienst, seinem Fleiße und seinen Kenntnissen einen nützlichen Wirkungskreis angewiesen und ihn dadurch vor völliger Verrücktheit, die ihm wahrscheinlich drohte, bewahrt zu haben. Allmälig hätte er vielleicht auch in einer Schule mit Nutzen angestellt werden können, denn der Privatunterricht, den er im Griechischen ertheilte, wird als sehr zweckmäßig und die Fortschritte der Schüler befördernd geschildert. Sobald man seine philosophischen Speculationen nicht berührte, sprach er über Alles sehr vernünftig, aber immer ruhig und ernst; dagegen wurde er sehr lebhaft, sobald er sich über jene Gegenstände äußern konnte. Sein Leben zu Berlin bestätigte die Zeugnisse, die ihm in sittlicher Rücksicht aus Holland ertheilt wurden. (*Escher.*)

Panchaw, Panchbeya, Panchdowna, Panchgurry, Panchgutchy, Panchmool, Panchpara, Städte in Bengalen.

PANCHRESTUM (d. h. medicamentum) bezeichnet eigentlich ein Arzneimittel, welches für Alles gut ist, also ein Universalmittel. Bei Galen (de compos. med. secundum locos. L. VII) führt diesen Namen eine Mischung, welche aus verschiedenen auflösenden Gummiarten, Crocus, Hyoscyamus, Mandragora und Pfeffer besteht; sie wird besonders gegen chronische Brust- und Unterleibsleiden empfohlen. (*Rosenbaum.*)

PANCHRYSOS, ganz golden, Beiname der Stadt Berenice wegen ihres Reichthums an Gold. (*H.*)

PANCHYMAGOGA (*παν-χυμος-αγω*), ein allen Chymus, das heißt in dieser Beziehung, den Darminhalt jeder Art ausleerendes Arzneimittel. Nach dem Vorgange von Hippokrates und Galen unterschieden die Alten unter den abführenden Mitteln Cholagoga, Melanogoga, Phlegmagoga und Hydragoga, indem sie glaubten, daß einzelne jener Mittel ausschließlich oder vorzugsweise Galle, schwarze Galle, Schleim und wässerige Feuchtigkeiten ausleeren. Späterhin fügte man zu allen diesen Classen der abführenden Mittel hinzu, oder setzte ihnen gewissermaßen in dem angegebenen Sinne entgegen, die Panchymagoga, die auch Pantagoga genannt wurden. In neuern Zeiten ist man im Allgemeinen von dieser Ansicht zurückgekommen, indem man sich überzeugen mußte, daß nicht sowol die besondere Beziehung der abführenden Mittel zu bestimmten im Darmkanal enthaltenen Stoffen die Wirkung in Bezug auf diese letztern bestimmt, sondern diese vielmehr nur von der größern oder geringern Kraft des abführenden Mittels abhängt, und daß demnach ein milderes Mittel dieser Art zwar weniger, aber der Art nach dieselben Stoffe ausleert, als ein stärkeres. Die heilsame Wirkung der drastischen Abführungsmittel bei Wassersuchten — und es ist bemerkenswerth, daß alle sogenannten Panchymagoga der Alten zu den stärksten drastischen Mitteln gehörten — wird mithin nur der stärkern Reizung des Darmkanales, die sie bewirken und in Folge deren die Absorption und Excretion des angesammelten Wassers rascher von Statten geht, beigemessen werden dürfen. Die Heilmittellehre unserer Zeit weiß hiernach ebenso wenig von Panchymagogis als von Panaceen. (*C. L. Klose.*)

PANCIATICA. Zu Ehren des Marchese Nicolo Panciatichi in Florenz, dessen schon Micheli als seines Gönners erwähnt, benannte Giov. Piccivoli (Hort. Panciatic. Flor. 1783. 4.) eine Pflanzengattung, welche indessen Forskål früher entdeckt und nach dem arab. Worte Kadi Cadia genannt hatte*). Da Cadia im 14. Bd. der Allg. Encykl. ausgelassen ist, so mag hier das Nöthige über diese Gattung folgen. Sie gehört zu der ersten Ordnung der zehnten Linné'schen Classe und zu der Untergruppe der Cassieen der Gruppe der Cäsalpinieen der natürlichen Familie der Leguminosen. Char. Der Kelch glockenförmig, fünftheilig, im Grunde drüsig; fünf gleichförmige Corollenblättchen sind im Kelche eingefügt; die Staubfäden sind an der Basis mit einem höckerigen Knie versehen; die Antheren ohne Drüsen; der Fruchtknoten ist gestielt; die Narbe aufsitzend, zugespitzt; die Hülsenfrucht kurz gestielt, linienförmig, vielsamig. Die einzige Art, C. varia *Héritier* (Mag. enc. V. p. 29; Cadia *Forsk.* aeg. ar. 90; C. purpurea *Willdenow*, Sp. pl. 548; Spaendoncia tamarindifolia *Desf.* dec. phil. VII. p. 250; Panciatica purpurea *Piccivoli*) wächst im glücklichen Arabien als ein glatter Strauch mit unpaar gefiederten Blättern, ablangen, gegenüber oder abwechselnd stehenden Blättchen, einzeln oder zu dreien beisammenstehenden, gestielten Blüthen und Anfangs weißen, dann purpurrothen Blumen. (*A. Sprengel.*)

*) Dieselbe Gattung hat Desfontaines später nach dem pariser Maler Gerard van Spändonk Spaendoncia genannt.

PANCIGES, ein ostindischer geblümter Seidenstoff mit einem Grunde wie Gros de Naples. (*Karmarsch.*)

PANCIROLI (Guido) wurde zu Reggio im Modenesischen am 17. April 1523 geboren. Sein Vater, Andrea Panciroli (gest. 1565), war ein sehr geachteter Advocat jenes Ortes, seine Mutter hieß Catarina Lolli. Von dem Philologen Sebastiano Corrado und dem Arzte Bassiano Landi in den beiden alten Sprachen unterwiesen, lernte er die Anfangsgründe der Jurisprudenz von seinem Vater. Auf der Universität Ferrara, die er 17 Jahre alt besuchte, fühlte er sich vor allen seinen Lehrern zu Alciat, der schon damals eine kurze Zeit an jenem Orte geweilt zu haben scheint, hingezogen und folgte ihm deshalb auch nach Pavia. Nach mehrjährigen Studien unter Leitung dieses berühmten Lehrers besuchte Panciroli noch Bologna, um Marianus Socinus, und Padova, um Marco Mantova Benavides zu hören. Am letzten Orte zeichnete er sich in den Disputationen so sehr aus, daß, obgleich ihm zwei Jahre zuvor der Eintritt in das Juristencollegium abgeschlagen war, der venetianische Universitätssenat ihn im J. 1547, bevor er noch promovirt hatte, zum zweiten außerordentlichen Professor der Institutionen ernannte. Im J. 1554 erhielt er die ordentliche Institutionenprofessur und 1556 die zweite der Pandekten (alteram vespertini juris cathedram), welche durch den Religionswechsel des Matteo Gribaldi (Mofa) kurz zuvor erledigt worden war. In dieser Stellung verblieb Panciroli, als Lehrer hochgepriesen und mit manchen seiner bedeutendsten Zeitgenossen, namentlich mit Paolo Manuzio, wohlbefreundet, ohne jedoch die während dieser Zeit zweimal erledigte erste Professur, auf die er Anspruch machen zu können glaubte, zu erlangen. Als daher Emanuel Philibert von Savoyen ihm nach dem Tode des Aimone Cravetta dessen Stelle anbot, folgte er diesem Rufe an die turiner Universität, mit einem jährlichen Gehalte von 1000 Scudi. Zwar erhöhte des Herzogs Nachfolger Karl Emanuel diesen Gehalt noch, aber die rauhe Luft von Piemont hatte auf Panciroli's Gesundheit so nachtheilig gewirkt, daß er bereits ein Auge verloren und das andere gefährdet sah. Daher entschloß er sich, nachdem er früher (1580) den Ruf an Giovanni Cefalo's Stelle abgelehnt hatte, obwol ungern und mit reichen Ehrenbezeigungen aus Turin entlassen, 1582 nach Padova zurückzukehren, wo ihm nun die erste, durch den Tod des Tiberio Deciano abermals erledigte, Professur mit 1100 und endlich mit 1200 Scudi Gehalt gewährt ward. Den Aussoderungen der Päpste Gregor XIV. und Clemens VIII. als ihr Rechtsconsulent nach Rom sich überzusiedeln, leistete er dagegen keine Folge und starb zu Padova den 17. Mai 1599[1]).

1) Heineccius (Jurispr. Rom. et Att. II. p. VI) sagt, ich weiß nicht, auf welche Autorität, den 3. März. Tommasini (in seiner Biographie des Panciroli u. A. in Leickher, Vitae clarissim. ICtor. p. 890—98) gibt den 17. Mai als den Tag der feierlichen Exequien an, was allerdings nicht unwahrscheinlich macht, daß das

Obgleich sich Panciroli eines langen Lebens zu erfreuen gehabt hat und den fruchtbaren Schriftstellern beizuzählen ist, sind doch die meisten seiner Werke bei seinen Lebzeiten ungedruckt geblieben. Erst als er das 70. Jahr erreicht hatte, und zwar auf Anlaß des Herzogs Karl Em. von Savoyen, erschien seine, mit einem Commentar versehene Ausgabe der Notitia dignitatum utriusque Imperii (Venet. 1593. fol., später wiederholt Venet. 1602, Lugd. 1608, Genev. 1623 und in *Graevii* Thesaurus Traj. ad Rhen. 1698 und Venet. 1735. T. VII), auf welche seine Aufmerksamkeit vermuthlich schon durch Alciat, dem wir die erste, obwol unvollständige Ausgabe (Lugd. 1529) verdanken, hingelenkt worden war. Den Text dieses zwischen 400 und 404 verfaßten römischen Hof- und Staatskalenders gibt Panciroli zunächst nach der Ausgabe des Gelenius (Basel 1552)[2]), jedoch mit Berichtigungen und Ergänzungen aus einer Handschrift der röm. Familie Maffei (vermuthlich später in der St. Marcusbibliothek zu Venedig und jetzt in England), von der Fulvio Orsini ihm eine Abschrift mittheilte und aus einer andern Handschrift des Federigo Madrucci, kaiserl. Legaten in Rom[3]). Was er für die Berichtigung des Textes geleistet, genügt zwar den Anfoderungen neuerer Kritik in keiner Art; doch dürfte dieses sein Verfahren vor dem seiner Zeitgenossen sich nicht zu seinem Nachtheile auszeichnen. Die erläuternden Kupfer scheint Panciroli den entstellenden Holzschnitten der Gelenischen Edition entlehnt zu haben, und die spätern nach Panciroli's Tode erschienenen Abdrücke verschlimmern diese Entstellungen zum Theil noch bedeutend[4]). Was dagegen den von Panciroli wol sicher fast ausschließlich ins Auge gefaßten Commentar betrifft, so gibt der neueste Schriftsteller über diesen Gegenstand, Böcking, ihm, im Gegensatze gegen die fast zur Mode gewordenen Beschuldigungen das Zeugniß, daß er (Böcking) „gerne und dankbar bekenne, wie ihm ohne Panciroli's Arbeit die Not. dign. in vielen Beziehungen unzugänglich geblieben sein würde, und daß er jene selbst, trotz ihrer Mängel, für ein Werk von dauerndem Werthe achte[5]).

Nahe verwandt mit dieser Arbeit sind ein Paar kleinere sich selbst als Anhang jener ersten ankündigende Schriften des Panciroli. Zunächst die zugleich mit der Notitia dignitatum erschienene und regelmäßig mit dieser wieder abgedruckte (in der genfer Ausgabe 22 Seiten füllende) Abhandlung De magistratibus municipalibus und de corporibus artificum. Die Gegenstände, von denen hier gehandelt worden, fanden bald darauf einen tiefer eingehenden Bearbeiter an Jac. Gothofred; noch mehr aber sind seit der Zeit diese Versuche durch die Entdeckung neuer Quellen und tieferes Eindringen in die bereits vorhandenen überflüssig geworden. In noch unmittelbarerer Beziehung zu der Not. dign. stehen die beiden Abhandlungen über die 14 Regionen Roms (Genf. Ausg. 38 S.), und de rebus bellicis (mit Einschluß einiger kleineren, nicht dahin gehörenden, Aufsätze, in der genf. Ausg. 16 Seiten), da beide sich an ein Paar aus dem Alterthum überlieferte und in den Handschriften mit der Not. dign. verbundene Schriftchen anknüpfen. In der erstern dieser Schriften hat Emiliano Sarti neuerlich die Quelle der unter dem Namen des Sextus Rufus und Publius Victor so viel verbreiteten sogenannten Regionarien wiedererkannt[6]); Panciroli aber hatte von diesem Verhältnisse so wenig eine Ahnung, daß er in seinen Erläuterungen fortwährend auf die beiden vermeintlichen Parallel-Schriftsteller provocirt. Der zweite Aufsatz dagegen scheint sich lediglich auf den Abdruck des Inhalts der Handschriften zu beschränken.

Ebenfalls um einer Auffoderung des Herzogs Karl Emmanuel zu genügen, und zwar zwischen 1580 und 1582, verfaßte Panciroli zwei Bücher rerum memorabilium, in deren erstem er von den den Alten bekannten, aber untergegangenen Kunstfertigkeiten, im zweiten aber von den Entdeckungen handelte, welche wir ausschließlich der neuern Zeit verdanken. Abschriften dieses italienisch geschriebenen Buches verbreiteten sich mehrfach; eine derselben kam 1596 durch Camerarius an Salmuth, welcher es, in das Lateinische übersetzt und mit Anmerkungen begleitet, zu Amberg in der Oberpfalz 1599 in Octav herausgegeben. Später oft wieder abgedruckt (Amberg 1608, 1612; Frankfurt 1631, 1641, 1646, 1660; Leipz. 1707. 4.[7]) hat dies Büchlein auch spätern Curiositätensammlungen ähnlicher Art zur Grundlage dienen müssen[8]).

Die drei Bücher des Thesaurus variarum lectionum sind erst nach Panciroli's Tode durch seinen Neffen Hercules (Venet. 1610 sq.; dann Lugd. 1617. 4. und endlich in *Heineccii* Imper. rom. et Att. T. II) herausgegeben. Das erste Buch enthält lediglich Erörterungen, welche an der Grenze zwischen der Jurisprudenz und

---

im Text gegebene Datum des Tiraboschi (Storia d. Lett. ital. VII, 2. c. 4. §. 36) auf einer Verwechselung beruhe. Niceron läßt ihn gar erst den 1. Jun. sterben.

2) Am Schlusse seiner Vorrede bezieht sich Panciroli ausdrücklich auf die Gelenische Ausgabe und deren Vorrede (quum multo tempore latuisset, tandem quae a Mariano Scoto Monacho Fuldensi scripta fuerat, in ultimis Britaniis annis abhinc 36 inventa, in lucem prodiit. Panciroli schrieb dies also um 1588). Böcking (über die Not. dign. Bonn 1834) spricht von der Beziehung der Panciroli'schen auf die Gelenische Ausgabe nur als von einer ganz fernen, und gibt keinerlei Aufschluß über die von beiden Editoren erwähnte Entdeckung im fernen England. 3) Böcking (l. c.) ist der Meinung, daß Panciroli im Grunde nur eine Handschrift verglichen habe; doch er verwechselt die Orsinische Abschrift mit dem Codex des Madrucci, welchen Letztern er ganz übersehen hat, und der vielleicht in der Barberinischen Handschrift wiederzuerkennen sein dürfte. 4) In der mir allein vorliegenden Ausgabe von 1623, der sogenannten editio optima, sind in der Not. Imp. occid. p. 81 auf den zwei Schiffen die Rudersklaven in Mehlsäcke verwandelt. Vergl. *Böcking* l. c. p. 58. Nr. 1. 5) ib. l. c. p. 65. 66.

6) Platner, Bunsen rc., Beschreibung der Stadt Rom. 1. Bd. S. 173. 174. 7) *Apost. Zeno* Note al *Fontanini* El. Ital. II, 750. 8) *Watson*, Theatr. variar. rer. (Brem. 1663. 8.) Auch italienisch ist es erschienen unter dem Titel: Raccolta breve d'alcune cose più segnalate, ch'ebbero gli antichi, e d'alcune altre moderne con alc. considerazioni di *Fl. Gualterio* (Ven. 1612); auch ist diese Ausgabe nicht etwa ein Abdruck des (verlorengegangenen) Originals, sondern nur eine Reversion. Eine französ. Übersetzung gab Pierre de la Noue. (Lyon 1617. 12.)

der römischen Alterthümer stehen, mehr aber den letztern und zwar den spätern Kaiserzeiten angehören. Das zweite enthält exegetische und Antinomien beseitigende Bemerkungen über eine Anzahl einzelner Stellen des Corpus juris, welche aber gleichfalls weit weniger in das Wesen des Systems und der Geschichte des röm. Rechtes eindringen, als Antiquitäten und andere Curiositäten bei Gelegenheit eines einzelnen Passus der Quellen besprechen. Das letzte, nur aus 31 Capiteln bestehende Buch ist offenbar unvollständig geblieben. Das ganze Werk enthält mannichfache an den Commentar über die Not. dign. sich gewissermaßen anschließende Studien, welche zur Erläuterung des nachconstantinischen Rechtszustandes nicht ohne Bedeutung sind, streift aber schon nahe an die frucht- und saftlosen Eleganzen, welche Jahrhunderte lang der Jurisprudenz die besten Kräfte entziehen sollten.

Wol die berühmteste unter den Schriften des Panciroli ist die ebenfalls erst nach seinem Tode (herausgegeben von seinem Neffen Ottavio [Venet. 1637. 4.], wieder abgedruckt [ibid. 1655. 4.] und mit mehren Anhängen versehen von Chr. Gottfr. Hoffmann [Leipzig 1721. 4.]) erschienene De claris Legum interpretibus, von der man sagen kann, daß sie gewissermaßen noch heute die wesentliche Grundlage der mittelalterlichen juristischen Literargeschichte ausmacht. Dabei bedarf es kaum einer Erwähnung, daß das erste von den altrömischen Juristen handelnde Buch längst durch tiefer eindringende Arbeiten verdrängt ist. Auch kann dem vierten und vermuthlich unvollendet gebliebenen Buche, das von den Universitäten handelt, nur geringe Bedeutung beigelegt werden; desto wichtiger sind aber das zweite von den Civilisten und das dritte von den Kanonisten. Ziemlich ungünstig lautet allerdings das Zeugniß, welches v. Savigny, der classische Schriftsteller über juristische Literargeschichte [9]), diesem Buche ertheilt, „daß sehr zahlreiche Irrthümer, und Irrthümer von der schlimmsten Art, wie sie nur bei der gleichgültigsten und flüchtigsten Behandlung möglich waren, durch Panciroli verbreitet und erhalten worden seien; daß Alles flüchtig zusammengeschrieben, bei keinem Gegenstande mit Interesse verweilt sei, daß nie sich ein Trieb der Forschung und Kritik zeige;" wir dürfen indessen gewiß nicht vergessen, den Maßstab zugleich flüchtiger und verwegener Behandlung der Quellen, die den Historikern und Kritikern des 16. Jahrh. mit wenigen Ausnahmen gleichmäßig eigen ist, mit billiger Vergleichung der Zeitgenossen auch bei Panciroli anzuwenden, und wir werden ihm den Ruhm einer alle Vorgänger übertreffenden Vollständigkeit und einer wenigstens die nächsten Nachfolger überbietenden Gründlichkeit in Benutzung der Quellen nicht vorenthalten können.

Ob eine Sammlung Panciroli'scher Consilia je gedruckt worden (angeblich Venet. 1573 sq.), ist ungewiß. Ungedruckt dagegen befindet sich noch in der Bibliothek der Minori osservanti in Reggio ein Commentar über Tertullian [10]) in drei handschriftlichen Foliobänden; ferner in zwei modeneser und mindestens noch in einer andern Handschrift eine ausführliche, ebenfalls an gesunder Kritik großen Mangel leidende, Geschichte seiner Vaterstadt Reggio, deren Zueignungsschrift vom Jahre 1560 datirt ist. Die Schrift De numismatibus antiquis, über die Heineccius nicht Auskunft zu geben weiß, ist offenbar nichts Anderes als das kleine mit der Schrift De rebus bellicis verbundene Verzeichniß [11]). (*Karl Witte.*)

Pancke, s. Panke.

PANCKOUCKE. Von dieser berühmten, noch jetzt durch großartige Unternehmungen bekannten, französischen Buchhändler- und Buchdruckerfamilie bemerken wir, da die lebenden nicht hierher gehören, nur folgende zwei: 1) Andreas Joseph, geb. zu Lille 1700, gest. den 17. Juli 1753. Er hatte sich nicht begnügt Bücher zu verkaufen, sondern auch nicht wenige verfaßt; wir finden folgende erwähnt: I. Dictionnaire historique et géographique de la Chatellenie de Lille. 1733. in 12. II. Elémens d'astronomie. 1739. in 12. III. Elémens de géographie. 1740. in 12. Beide vereinigt 1748 zwei Bände 12. IV. Essai sur les philosophes, ou les égarements de la raison sans la foi, 1743. in 12., von neuem aufgelegt 1753 unter dem Titel: Usage de la raison. V. La Bataille de Fontenoi, 1745. in 8., ist eine, in burlesken Versen verfaßte Kritik und Parodie des Gedichts von Voltaire über denselben Gegenstand. VI. Manuel philosophique ou Précis universel des sciences, 1748. 2 voll. in 12. VII. Dictionnaire des proverbes français, 1749. in 12. VIII. Les Etudes convenables aux demoiselles, eine lange Zeit in den französischen Erziehungsanstalten benutzte Schrift. IX. Amusemens mathématiques, 1749. in 12. X. Art de desopiler la rate, wovon nach dem Tode des Verfassers eine zweite Ausgabe in zwei Bänden (die erste Ausgabe enthielt nur einen Band) 1773 erschienen ist. XI. Abrégé chronologique de l'histoire de Flandre — depuis Baudouin I. jusqu'à Charles II. roi d'Espagne, 1762. in 8.

2) Karl Joseph, geb. zu Lille den 26. Nov. 1736, gest. zu Paris den 19. Dec. 1798, war der Sohn des ebengenannten; da ihm Lille einen zu beschränkten Schauplatz für seine Thätigkeit darbot, zog er schon in seinem 28. Jahre nach Paris, wo sein Haus sehr früh der Vereinigungspunkt für eine große Anzahl literarischer Notabilitäten wurde, indem er sich gegen die Schriftsteller, die mit ihm in Geschäftsverbindung standen, immer dankbar und großmüthig bewies, und einer Reihe der bedeutendsten literarischen Unternehmungen, wie der Herausgabe des Journals le Mercure (das unter ihm 15,000 Abonnenten zählte, in das er mehre andre Zeitschriften, wie le Journal de littérature et de politique, das Journal français, das von Dorat redigirte Journal des dames nach und nach aufnahm), der Werke von Buffon,

9) Geschichte des römischen Rechts im Mittelalter. III, 49. 2. Ausgabe. §. 22.

10) Ein Bruchstück davon, über Tertull. de oratione hat Muratori (Anecdota latina. Tom. III) herausgegeben.

11) Die vom Conte Crispi verfaßte Biographie des Panciroli in *Tiraboschi*, Bibliot. Moden. IV, 4—20. VI, 85, 156 ist mir nicht zugänglich gewesen.

des großen französischen Vocabulaire, des allgemeinen Repertorium der Jurisprudenz ꝛc. sich unterzog; auch mit Voltaire und Rousseau stand er im Briefwechsel; eine Gesammtausgabe der Werke des erstern mit dessen Genehmigung und Correcturen hatte er eingeleitet und der Kaiserin Katharina zu dediciren beschlossen, aber ehe deren Genehmigung und das von ihr zur Bestreitung der Druckkosten bestimmte Geschenk von 150,000 Francs einging, sein Unternehmen an Beaumarchais überlassen, der es nun nicht mehr zurückgeben wollte, vielmehr die sogenannten kehler Ausgaben der Voltaire'schen Werke besorgte. Dies veranlaßte Panckoucke, ein anderes großartiges Unternehmen an dessen Stelle zu beginnen, nämlich die Herausgabe der Encyclopédie méthodique, die auch nach seinem Tode fleißig fortgesetzt ist. Wie er der Urheber des Moniteur, so hat er noch kurz vor seinem Tode ein Journal la Clef du Cabinet des souverains gegründet, was aber durch die Ungnade der Consular-Regierung sehr bald vernichtet wurde. Man hat von ihm außer einer gemeinschaftlich mit Framery bearbeiteten Übersetzung des Tasso und Ariost und Artikeln im Journal encyclopédique noch verschiedene Werke und Aufsätze als I. Traité historique et pratique des changes, 1760. in 12. II. De l'homme et de la reproduction des différents individus, 1761. in 12. III. Contre-prédiction au sujet de la nouvelle Héloise im Journal encycl. Juin 1761. IV. Eine freie Übersetzung des Lucrez, 1768. 2 Voll. in 12. V. Nouvelle grammaire raisonnée, à l'usage d'une jeune personne par une société de gens de lettres, 1795. in 8. (die vierte Ausgabe 1802.) VI. Grammaire élémentaire et mécanique à l'usage des enfants de dix à quatorze ans et des écoles primaires, 1795. in 12. (Neue Ausg. 1799. 12.) Andere Brochuren und Schriften übergehe ich als für uns von geringem Belange. (Nach *Bauhot* i. d. Biogr. univ. (*H.*)

Pancladia, s. Pankladia.

PANCO, Cap an der Nordküste von Java, 6° 48′ s. Br., 112° 44′ östl. L. (*H.*)

Pancoca, s. la Plata.

PANCOPAL, eine Benennung des Copals, besonders der besten Sorte desselben. (*Karmarsch.*)

PANCORE, auch St. Louis genannt; Ort im amerikanischen Freistaate Louisiana, hat ein Fort, 70 Häuser und 550 Einwohner. (*Fischer.*)

PANCORVO, Villa im spanischen Partido de Bureva, Provinz Burgos, liegt vier engl. Meilen von Mirando de Ebro entfernt, an dem wichtigen Gebirgspasse, durch welchen die große Straße von Vittoria nach Burgos über die Pennas de Pancorvo führt, wird von einem alten Castell beherrscht und hat 1800 Einw. (*Fischer.*)

Pancosmus, s. Globus.

PANCOVIA nannte Willdenow eine Pflanzengattung zu Ehren des kurbrandenburgischen Leibarztes Thomas Pancovius (geb. 1622, gest. 1665), welcher den unedirten Theil von Thurneysser's Historia plantarum omnium (Berol. 1578. fol.) mit 1921 Abbildungen, die manches Neue, aber auch Fabelhaftes enthalten, herausgab (Herbarium, Ulm. 1654. 4., neu aufgelegt von Barth. Zorn, Cöln a. d. Spree 1673. 4.). Pancovia *Willd.* ist nach Smith (in Rees' Cyclop.) nicht wesentlich verschieden von Afzelia *Sm.* (s. d. Art.). Zu dieser Gattung kommt nun als zweite, zweifelhafte Art: Afz. Pancovia *Candolle* (Prodr. II. p. 507., Afz. biiuga *Spreng.* cur. post. p. 170, Pancovia biiuga *Willd.* sp. pl. II. p. 285), ein Baum in Guinea mit zweipaarigen, glatten Blättern, lederartigen, elliptischen Blättchen, seitlichen Blüthentrauben, polygamischen Blüthen und nur sieben fruchtbaren Staubfäden in jeder männlichen Blume. Pancovia *Heister* ist Comarum *L.*, Pancovia *Necker* = Hypnum *L.* (*A. Sprengel.*)

PANCRAS, ein Dorf und Kirchspiel in der englischen Grafschaft Middlesser, zum Theil zu den Vorstädten Londons gehörend, hat in 8824 Häusern über 71,800 Einwohner, eine neue Pfarrkirche, mehre Filialkirchen, mehre Bethäuser für protestantische Dissenters, eine Kapelle für Katholiken, eine Veterinärschule, ein Hospital für Blatternkranke und ein Findelhaus. (*Eiselen.*)

PANCRASIA. Candolle (Prodr. IV. p. 498—502) hat die Gattung Coffea (s. d. Art.) mit 35 Arten in vier Untergattungen getheilt. Die erste Untergattung nennt er nach John Ray's Vorgange Coffe, weil hieher der arabische Kaffeebaum mit 18 andern Arten gehört. Diese Arten sind Bäume oder Sträucher mit einzeln stehenden, ganzrandigen Afterblättchen, meist achselständigen Blüthen, vier- bis sieben-, gewöhnlich fünfspaltigen, Blumen, sehr kurzröhrigem, nach dem Abblühen oft verschwindendem, wenigstens nie nachwachsendem Kelche, meist nacktem Corollenrachen, gespaltener Narbe und eiförmiger oder kugeliger Beere. Sie sind fast überall zwischen den Wendekreisen einheimisch. II. Hornia, zu Ehren van Hoorn's, eines Holländers, welcher den Kaffeebaum im J. 1690 aus Arabien nach Batavia verpflanzte, und 1710 in den botanischen Garten von Amsterdam einführte. Die drei hieher gehörigen Arten (Coffea subsessilis, umbellata und acuminata *Ruiz* et *Pavon.* fl. per. p. 64. t. 214. 215) wachsen in den Wäldern der peruanischen Andenkette, als Sträucher mit Afterblättchen, wie Coffe, mit achsel- oder endständigen Blüthen, fünfspaltigen Blumen, nach dem Abblühen zuwachsendem und mit Verlust der Zähne die Beere krönendem Kelche, glattem Corollenrachen, gespaltener Narbe und eiförmiger oder kugeliger, bisweilen einsamiger Beere. III. Pancrasia, zu Ehren des Franzosen Pancras, welcher im J. 1713 ein Kaffeebäumchen aus dem amsterdamer Garten in den pariser Pflanzengarten brachte. Hieher gehören zehn peruanische Arten, glatte Sträucher mit oft gewimpert- oder gefranzt-gezähnten Afterblättchen, am Ende der Zweige stehenden Trauben- oder Doldentrauben, fünfspaltigen Blumen, theilweise stehenbleibendem Kelche und bärtigem Corollenrachen. Die Gattung Rudgea *Salisbury* unterscheidet sich von Coffea Pancrasia nur durch tiefere Einschnitte des Kelchs und der Corolle, und durch hakenförmige Anhängsel auf dem Rücken der Corollenfetzen. IV. Straussia, nach Lorenz Strauß, dem Verfasser einer Abhandlung über das Kaffeetrinken (De potu Coffeae, 1666). Hieher gehören drei Arten von den Südsteinseln (Coffea luzonensis, Kaduana und Mariniana *Cham.* et *Schlechtend.* Linnaea 1829. p. 32—35), glatte Sträucher mit hinfälligen, eiförmigen, an der Basis gewimperten Afterblättchen, endständigen Afterdolden, vier- bis sechsspaltigen Blumen und kreiselförmiger Kelchröhre. (*A. Sprengel.*)

PANCRASSE (St.), Flecken im franz. Departement der Isère (Dauphiné), Canton Touvet, Bezirk Grenoble, liegt fünf Lieues von dieser Stadt entfernt und hat 300 Einwohner. (Nach Barbichon.) (*Fischer.*)

Pancrates, Pancration, Pancratis, s. Pankrates.

PANCRATIUM, eine Pflanzengattung aus der ersten Ordnung der sechsten Linné'schen Classe und aus der natürlichen Familie der Narcisseen (Spathaceae *L.* Amaryllideae *R. Brown*). Char. Die Blüthenscheide mehrblumig, verwelkend; die Blumendecke corollinisch, doppelt: die äußere an der Basis röhrig mit sechstheiligem, meist regelmäßigem, offenstehendem Saume; die innere (die Krone) gezähnt oder lappig, die pfriemenförmigen, zuweilen eingeschlagenen Staubfäden tragend; der Griffel fadenförmig, mit stumpfer Narbe; die Kapsel dreifächerig, dreiklappig, vielsamig; die Samen kugelig. Nach unwesentlichen Merkmalen, je nachdem nämlich die äußere Blumendecke regelmäßig oder fast rachenförmig, die innere mehr oder weniger entwickelt und die Staubfäden eingeschlagen sind oder nicht, haben Salisbury und Herbert (Bot. reg. t. 43. 161. 174. 221. 265. 413. 479. 600. 715. 927. 940) von Pancratium *L.* die Gattungen Hymenocallis *Salisb.* Liriope, Ismene und Proïphys *Herb.* unterschieden. Bedeutender weicht die von Lambert aus einigen Pancratium-Arten gebildete Gattung Chrysiphiala (Bot. reg. 778. *Hooker* exot. fl. II. t. 132. Chlidanthus *Lindley*. Carpodetes und Leperiza *Herbert*) ab: durch eine röhrenförmige Blumendecke, deren Röhre in der Mitte verengt und deren Saum trichterförmig, sechsspaltig ist, während die innere, gezähnte Krone die Staubfäden trägt und der unterhalb spindelförmig verdickte Griffel in eine keulenförmige Narbe ausläuft. Aber auch hier finden sich Übergangsformen, sodaß Chrysiphiala füglich nur als Untergattung von Pancratium zu betrachten ist. Gegen 40 Arten sind bis jetzt von Pancratium bekannt, welche in der heißen und warmen Zone aller Welttheile, am häufigsten in Amerika, vorzüglich an der Meeresküste, vorkommen. Sie haben perennirende Zwiebeln, einfache, an der Basis scheidenförmige, linien-, lanzett- oder zungenförmige Wurzelblätter, nackte, saftige Blüthenschäfte und doldenförmige, weiße oder gelbe, große, oft wohlriechende Blumen. In Europa, und zwar im Gebiete des Mittelmeeres, kommen nur zwei Arten vor, welche auch häufig als Zierpflanzen gezogen werden: 1) P. maritimum *L.* (*Redouté* liliac. t. 8. Bot. reg. t. 161. Hemerocallis vallentina. *Clusius* hist. pl. p. 167, cum ic.), ein Zwiebelgewächs mit fast linienförmigen Blättern, welche, wie der etwas zusammengedrückte Schaft, glatt und schimmelgrün sind, mit trockenhäutiger Blüthenscheide, sechs bis acht doldenförmigen, aufrechten, großen, weißen, wohlriechenden Blumen und zwölf kurzen, stumpfen Zähnen der glockenförmigen Krone. Wächst an vielen Orten in der Nähe des Mittelmeeres (im südlichen Frankreich unter dem Namen Lis Matthiole bekannt), aber auch in Carolina (P. carolinianum *L.*) und Ostindien. Die Zwiebel (früher als Radix Scillae minoris officinell) wirkt, wie bei vielen Narcisseen, brechenerregend; aus den Samen soll sich Öl schlagen lassen. Nach Lobel's und Dalechamp's Meinung ist dies das Pancratium des Dioskorides und Plinius (*παγκράτιον Diosc.* mat. med. II, 203, pancratium *Plin.* H. N. XXVII, 92), Anguillara hält aber mit größerem Rechte die rothe Varietät von Scilla maritima dafür. 2) P. illyricum *L.* (*Red.* lil. t. 153. *Salisb.* in *Linn.* transact. II. t. 14. Bot. mag. t. 718), wie P. maritimum, aber mit lanzettförmigen, stumpfen Blättern, zweischneidigem Schafte, sechs- bis zwölfblumiger Blüthenscheide, zurückgeschlagenen Fetzen der äußern Blumendecke und kurzer Krone mit sechs gespaltenen Zähnen. Kommt ebenfalls an den Küsten des Mittelmeeres vor, aber nur in geringer Verbreitung, z. B. in Albanien, Dalmatien, Sicilien und Corsika. (*A. Sprengel.*)

PANCRATIUS, unter diesem Namen verehrt die katholische Kirche mehre Heilige, deren Lebensumstände aber nur durch die gewöhnlichen Heiligenacten verbürgt sind. Einer dieses Namens wird schon als Bischof von Taormina in Sicilien ins erste Jahrhundert gesetzt, soll von St. Peter selbst dorthin gesandt worden sein, und nach mehren glücklichen Bekehrungen angesehener Personen den Märtyrertod gefunden haben; als sein Todestag wird der 3. April angegeben. Berühmter ist ein angeblicher Märtyrer aus der Diocletianischen Verfolgung, der als 14jähriger Knabe nach Verlust der Ältern mit Dionysius, des Vaters Bruder, nach Rom gezogen, und dort vom Bischofe Cajus bekehrt sei; Kaiser Diocletian habe ihn durch Verheißungen und Drohungen zum Abfall bewegen wollen, und da er standhaft blieb, endlich enthaupten lassen; eine christliche Matrone Octabilla, oder Octavilla, habe seinen Leichnam gerettet und bestattet, woher sich die zahlreichen Reliquien schreiben, die von ihm aufgewiesen werden. Sein Gedächtniß wird den 12. Mai begangen. (*Fr. W. Rettberg.*)

Pancratiusthaler, s. Thaler.

PANCRAZIO (San), heißen viele Ortschaften in Italien, darunter sind folgende am bedeutendsten: 1) ein großes Dorf der neapolitanischen Intendanz Otranto, in einem breiten, flächeförmigen Thale in fruchtbarer Gegend gelegen, 19 ital. Meilen ostwärts von Tarent entfernt, mit 66 Häusern und 596 Einwohnern. Außerhalb des Ortes gegen den Bosco di Guagnano hin steht das Kirchlein S. Croce. 2) Eine Ortsgemeinde (Commune) des Districtes (XVI.) Soma der Delegation Mailand des lombardisch-venezianischen Königreichs, östlich vom Lago di Comabio in einer überaus anmuthigen Hügelgegend gelegen, nur ¼ ital. Meile nordnordostwärts von Villa Dosia entfernt und dahin auch eingepfarrt, mit einer Gemeindedeputation, einem hierher gehörigen Casinaggio (Gaggio oder Goggio) und einem an Wein- und Baumfrüchten fruchtbaren Boden. 3) Ein Ort in der sicilischen Intendanz Messina, zwischen schroff abgerissenen

Felsenhöhen, die überall grün bewachsen sind, westlich von dem nach Messina führenden Straßenpfade, sechs ital. Meilen ostnordwärts von Taormina, jenseit des bei Forsa in das Meer sich ergießenden Wildbaches, in wildromantischer, einsamer Gegend gelegen, mit einer Kapelle. 4) Ein Ort im Herzogthume Modena, in der großen oberitalienischen Fläche am linken Ufer der Secchia, dicht an der von Mantua nach Modena führenden Straße, nur beiläufig zwei ital. Meilen nördlich von der letztern Stadt entfernt. 5) Ein hoch im Gebirge über dem rechten Thalgelände des Ambrasiusses gelegenes Dorf im Compartimento Aretino des Großherzogthums Toscana, vier ital. Meilen westwärts von Civitella. Die Schluchten der das Dörfchen umgebenden Apenninen sind von Gesträuchen und verkrüppelten Eichen und Kastanien bedeckt. 6) Ein Dorf im Herzogthume Parma in der großen oberitalienischen Ebene an der von Piacenza nach Parma führenden Straße, ungefähr in der Mitte zwischen der letztern Stadt und der ersten Poststation in Castel Guelfo.

(*G. F. Schreiner.*)

PANCREAS, die Gekrös- oder Bauchspeicheldrüse ist nur bei den höhern Thieren ein integrirender Theil der Verdauungsorgane; man findet sie nämlich nicht bei den Wirbellosen, denn es steht noch dahin, ob die zwo hellrothen, gelappten Drüsen, welche Grant bei Loligo sagittata gesehen, obgleich sie mit dem Gallengange verbunden, wirkliche Bauchspeicheldrüsen sind, und bei den Fischen nehmen die Stelle dieser Drüse besondere Fortsätze des Darmcanals ein, die sich in Gestalt kleiner Blinddärme anheften und appendices pyloricae genannt werden. Doch bemerkt man schon bei einzelnen Fischen, wie beim Stock- und Schellfische, ebenso beim Thun- und Schwertfische, daß diese Fortsätze sehr zahlreich werden, sich verzweigen und theilen, wodurch, zumal wo eine äußere umhüllende Haut hinzukommt, das Ganze mehr drüsenähnlich erscheint; auch findet sich die Structur dieser Theile bei dem Stöhr, Rochen und Hayen dichter, parenchymatös und aus einem schwammähnlichen, zelligen Gewebe bestehend. Bei den Amphibien, Vögeln und Säugethieren scheint die Bauchspeicheldrüse ganz allgemein vorhanden zu sein; bei den letztern ist sie meist in zwei oder drei Hauptlappen getheilt, die deutlich aus kleinern, durch Zellgewebe verbundenen Läppchen bestehen, hat auch häufig zwei Ausführungsgänge, von denen der eine sich mit dem Gallengange vereinigt, der andere getrennt in den Zwölffingerdarm mündet. In unsern Tagen wird man wol nicht leicht wieder eine solche Verwechselung begehen, wie Kaspar Asellius, dem wir die Wiederauffindung der Milchgefäße verdanken und welcher das Pancreas des Hundes als eine eigene neue Drüse beschrieb, während er die zu einer Masse vereinigten lymphatischen Drüsen des Gekröses für das wahre Pancreas hielt. Es bezeichnet daher die Benennung pancreas Asellii die bei dem Hunde, Seehunde und Delphin vorkommende Anhäufung von conglobirten Drüsen im Mesenterium, und ist wohl zu unterscheiden von dem wirklichen Pancreas.

Beim Menschen ist die Bauchspeicheldrüse immer ansehnlich und stets einfach; man hat sie wol auch Gekrösdrüse genannt, weil sie an dem Gekröse des colon transversum liegt, doch führt dies leicht zu Misverständnissen und Verwechselungen mit den Gekrösdrüsen im engern Sinne, daher ist der erstangeführte und von Sömmering gebrauchte Name jetzt allgemeiner üblich. Das Pancreas ist 6—7 Zoll lang, über einen Zoll hoch und einen Zoll dick, sein Gewicht beträgt 4—6 Unzen, es liegt hinter dem Magen, in der Gegend seiner großen Curvatur, vor der Aorta und unteren Hohlvene, dem 1. bis 2. Lendenwirbel gegenüber. Es erstreckt sich in querer Richtung von der Milz bis zum mittlern oder absteigenden Theile des Zwölffingerdarms. Die Bauchspeicheldrüse ist abgeplattet, ihr linkes niedriges Ende heißt die cauda, das rechte, höhere das caput, und verlängert sich zuweilen nach Vorn oder Unten über den untern quergehenden Theil des Duodenums (pancreas parvum). Man hat das Pancreas wegen seiner Gestalt wol auch mit einem Hammer verglichen; seine vordere Fläche wird von der hintern Wand des Winslow'schen Beutels überzogen; dem Zwölffingerdarm dient es gewissermaßen zum Gekröse; an die großen Gefäßstämme ist diese Drüse nur durch lockern Zellstoff geheftet. Das Pancreas hat keine eigene Haut, seine Oberfläche ist höckerig, wegen der Läppchen, woraus es besteht, die Consistenz sehr mäßig hart, wird sehr schnell durch Fäulniß erweicht und fast breiartig; die Farbe ist bräunlichgelb. Wenn man die Bauchspeicheldrüse aufschneidet, so findet man einen Gang darin, der ihre ganze Länge durchzieht. Er entsteht in der cauda durch die spitzwinkelige Vereinigung mehrer Zweige und nimmt in seinem Verlauf eine Menge von andern kleinen Gängen, die von den einzelnen Läppchen kommen und in Verhältniß zu ihm radiculae heißen, auf. Am ansehnlichsten sind die Äste dieses Ganges, welche er im Kopfe, nahe am Ende aufnimmt, zuweilen geht aber auch einer getrennt in das Duodenum über. Der beschriebene Kanal ist der Ausführungsgang der Drüse und wird ductus pancreaticus s. Wirsungianus genannt. Wirsungscher Kanal wird dieser Gang deshalb genannt, weil ihn J. Georg Wirsung, ein junger Anatom aus Baiern und Schüler des Vesling, zuerst bei dem Menschen aufgefunden und 1642 bekannt gemacht; doch soll Moritz Hoffmann in Altdorf in demselben Jahre diesen Gang dem Wirsung bei einem Vogel (indischen Hahne) gezeigt haben. Wirsung, der im August 1643 von einem Dalmatier ermordet ward, machte seine Entdeckung bekannt durch eine Abbildung, die er an Niolan sandte, Figura ductus cujusdam cum multiplicibus suis ramulis noviter in Pancreate inventis in diversis corporibus humanis. (Padua 1642. fol.)

Die feinere Structur der Bauchspeicheldrüse haben besonders E. H. Weber, J. Müller und Rathke durch Untersuchungen bei Thieren ausgemittelt. Bei Vögeln und Säugethieren, nämlich der Wachtel, Ente und Gans, dem Hamster und Schaf, erkannte man theils nach vorhergegangener Injection, theils blos durch mikroskopische Beobachtung und auch selbst mit unbewaffnetem Auge die Endigungen der Ausführungsgänge als blind, etwas angeschwollen und zum Theil so dicht neben einander gelegen und zellenförmig, daß sie die Gänge selbst gänzlich bedeckten. Nach Valentin's Beobachtungen sollen sich im Embryo des Schweines die absolut kleinsten, blinden angeschwollenen Enden an den Gängen des Pancreas finden; diese Enden sind Anfangs isolirt und denen in der Unterkieferdrüse ähnlich, verbinden sich aber später allmälig unter einander und dadurch entstehen verschiedene einfache und zusammengesetzte Figuren.

Der Wirsung'sche Gang erreicht im Kopfe der Drüse seine größte Weite, weil er daselbst sämmtliche Wurzeln aufgenommen, senkt sich aus der Drüse in den mittlern Theil des Duodenums übergehend schief durch die Darmwände; meist nimmt er vorher den Gallengang auf und dann haben beide Gänge im Zwölffingerdarme nur eine Mündung: doch findet man auch statt einer gemeinschaftlichen zwei getrennte, nahe bei einander stehende oder einen Zoll weit entfernte Mündungen. Vor der Mündung ist der Gang etwas erweitert; an der ein wenig verengten Einmündung findet man aber ebenso wenig, wie an einer andern Stelle des Verlaufs eine Klappe; desgleichen fehlt beim Menschen am Duodenum jede Spur einer Ausstülpung, da wo die beiden genannten Gänge eindringen, und deshalb ist es irrig von einem diverticulum Vateri zu sprechen.

Nach Meckel's Beobachtungen ist das Pancreas in den frühern Lebensepochen mehr entwickelt als späterhin und kommt darin mit andern drüsigen Gebilden überein; auch hat dieser Anatom gesehen, daß anfänglich immer zwei Ausführungsgänge vorhanden waren. Meckel's Wahrnehmung ist neuerlich besonders interessant geworden durch das, was v. Bär beim bebrüteten Hühnchen gesehen. Der Letztere bemerkte nämlich, daß sich hier am fünften Tage auf ähnliche Weise, wie bei der Leber der Fall ist, das Pancreas als eine Ausstülpung des Darmkanals entwickelt, und zwar soll diese Ausstülpung doppelt sein, wodurch anfänglich zwei Drüsen entstehen, von denen aber nur die linke ihre völlige Ausbildung erreicht. Rathke's Angabe gemäß erscheinen die ersten Spuren des Pancreas früher als jene der Mundspeicheldrüsen.

Das Product, welches diese Drüse durch Absonderung liefert, ist der pancreatische Saft, succus pancreaticus, dessen Natur beim Menschen noch nicht näher bekannt ist. Der Bauchspeichel ist untersucht von Mayer, Magendie, A. Schultze, Leuret und Lassaigne; die besten Beobachtungen sind aber jene von Tiedemann und Gmelin, welche an Hunden, Schafen und Pferden experimentirten. Bei einem Hunde, dem ein Röhrchen in den geöffneten ductus pancreaticus eingelegt wurde, gewann man in vier Stunden fast zehn Gran dieses Saftes, indem alle 6—7 Secunden ein Tropfen abfloß. Der Saft sieht klar, bläulich, etwas opalisirend aus, zieht sich in Faden, schmeckt schwach salzig und reagirt sauer. Charakteristisch ist der Unterschied des Bauchspeichels vom Mundspeichel, welcher in der Anwesenheit von Eiweiß besteht. Bei einem Pferde betrug die Absonderung dieser Flüssigkeit in einer halben Stunde drei Unzen. Der pancreatische Saft enthält folgende Bestandtheile: Osmazom, eine extractartige Materie, welche durch Zusatz von Chlor rosenroth wird und später ein violettes Sediment macht (kommt aber nur beim Hunde vor), eine käsestoffähnliche Materie, sehr viel Eiweiß und wenig Säure, die wahrscheinlich Essigsäure ist; die Salze sind kohlensaures, phosphorsaures, schwefelsaures, und viel salzsaures Kali und kohlensaurer und phosphorsaurer Kalk. (*d'Alton.*)

PANCREAS (Krankheiten des). Die Bauchspeicheldrüse ist in frühern Jahrhunderten von einigen Ärzten, wir wollen nur an de la Boë Sylvius erinnern, für den eigentlichen Sitz fast aller langwierigen Krankheiten erklärt worden. Aber diese Ansicht, nicht auf Beobachtungen, sondern auf Theoremen beruhend, ist nie allgemein geworden, und an ihrer Stelle ist bis auf die neueste Zeit unter den Ärzten dagegen die Meinung herrschend geworden, daß die Bauchspeicheldrüse nur sehr *selten* der Sitz pathologischer Affectionen ist und sich *nach dem Tode* oft selbst noch da in normalem Zustande darstellt, wo die benachbarten Organe bedeutende pathologische Abweichungen und selbst gänzliche Zerstörung wahrnehmen lassen. Indessen hat, bei unbestrittener Richtigkeit der letzterwähnten Thatsache, die neueste Zeit doch auch diesen Glauben an die ungemeine Seltenheit der Krankheiten des Pancreas bedeutend geschwächt, und von Born herein ließ sich annehmen, daß manche oder selbst viele Krankheiten jenes Organes während des Lebens des Kranken gar nicht zur Erkenntniß des Arztes gelangen mögen, weil die Lage der Bauchspeicheldrüse bei dem nicht bedeutenden Umfange und der geringen Empfindlichkeit derselben, sowie bei der großen Bedeutung anderer nächstgelegener Organe die Diagnose der Krankheiten des Pancreas nothwendig sehr unsicher machen muß. Dazu kommt, daß Leichenöffnungen von Personen, die an Unterleibsbeschwerden gelitten haben, nicht eben ganz selten scirrhöse Geschwülste, krebshafte Exulceration und Verhärtung des Pancreas mit steinartigen Concrementen in demselben nachgewiesen haben, mithin Entartungen dieses Organes, die an einem vorangegangenen längern Leiden desselben keinen Zweifel übrig ließen. Endlich haben dieses Leiden, als ein wenigstens in manchen Formen nicht eben sehr seltenes, auch mehrfache in neuester Zeit an Lebenden gemachte und nach dem Tode durch die Section bestätigte Beobachtungen dargethan, sodaß von allen frühern Annahmen über die Krankheiten des genannten Organes nur eben noch so viel feststeht, daß die Diagnose dieser Krankheiten äußerst schwierig, und die Prognose ungemein ungünstig ist. Um so auffallender bleibt es aber allerdings, daß die Zahl der über diese Krankheiten bekannt gewordenen sichern und ergebnißreichen Beobachtungen auch in unserm Zeitalter, in welchem grade die Krankheiten einzelner wichtiger Organe so häufig Gegenstand der sorgfältigsten Untersuchungen geworden sind, noch immer verhältnißmäßig sehr gering ist, ja überhaupt die Literatur dieses Gegenstandes noch eine sehr dürftige genannt werden muß.

Auf das Vorhandensein einer Entzündung des Pancreas (Pancreatitis) hat man zu schließen Ursache, wenn bei einem zwischen Nabel und Herzgrube in der

Tiefe des Unterleibes nach dem Rückgrate zu oder auch im Rückgrate selbst haftenden dumpfen, drückenden Schmerz, den Anfüllung des Magens und jeder tiefere Druck der Hand auf jene Gegend noch steigert, der Kranke bei mäßigen Fieberbewegungen über große Trockenheit des Mundes und heftigen Durst, sowie über hartnäckige Leibesverstopfung klagt, wenn er zugleich an öfterem Aufstoßen, Würgen oder selbst Erbrechen von wäßrig speichelartigen oder sauern oder galligen Feuchtigkeiten leidet, und wenn mit diesen Zufällen Verdauungsbeschwerden aller Art verbunden sind, Unterleibskrämpfe, und andere aus dem Leiden eines für die Chylopoese wichtigen Organes nothwendig hervorgehende consecutive Erscheinungen. Aber es ist noch ganz unentschieden, ob eine solche Pancreatitis in der acuten Form jemals vorkommt, obwol diese offenbar noch am ehesten zur Unterscheidung der wesentlichen von den zufälligen Merkmalen führen müßte. Öfter und vielleicht ausschließlich kommt das Übel als chronisches vor, aber ohne Zweifel ist es auch in diesem Falle selten oder nie das beginnende Übel, welches zur ärztlichen Beobachtung gelangt, sondern am öftersten das weit vorgeschrittene, wol gar nicht mehr die Entzündung, sondern die Folgekrankheiten derselben, oder endlich ein Zustand, der aus Beiden gemischt ist, indem z. B. ein Theil des Pancreas bereits exulcerirt ist, während ein anderer noch den Proceß der Entzündung selbst besteht rc. Es ist unter diesen Umständen von selbst einleuchtend, daß von zuverlässigen, überall sicher leitenden Merkmalen jener Entzündung für jetzt und bis eine hinreichende Menge sicherer Beobachtungen über die Krankheit, zumal die entstehende, vorliegen werden, noch nicht die Rede sein, die Diagnose einer beginnenden Bauchspeicheldrüsen-Entzündung gegenwärtig nur mit Gründen größerer oder geringerer Wahrscheinlichkeit unterstützt werden kann. Desto wichtiger ist es, dermalen noch einen Blick auf die Pathologie der genannten Folgekrankheiten dieser Entzündung, namentlich den Scirrhus und Krebs des Pancreas, die uns etwas näher bekannt sind, zu werfen.

Der Scirrhus des Pancreas ist nach den neuesten Beobachtungen Bigsby's, Berend's und Casper's eine so sehr seltene Krankheitsform, als man lange geglaubt, nicht, aber Erscheinungen und Verlauf des Übels bieten in den einzelnen Fällen mannichfaltige Verschiedenheiten dar. Constante Merkmale des Übels sind der oben näher bezeichnete meist sehr heftige Schmerz, der selbst nach Bigsby nur sehr selten mangelt, und der oft von dem leidenden Theile ausgehend colikartig herumwandert, sich auch bis in die Brust hinauf erstreckt und außer dem Genuß von Nahrungsmitteln auch durch Anhäufungen von Koth im Colon, nicht aber immer durch äußern Druck vermehrt wird, und das Erbrechen, aus welchem man, es mag rein gallig oder, wie gewöhnlich, speichelähnlich, grumös, mißfarbig sein, nach Kasper mit ziemlicher Sicherheit auf eine Verhärtung der Bauchspeicheldrüse schließen kann, zumal wenn dies Würgen und Erbrechen mit ungemein hartnäckiger Verstopfung verbunden ist und der Kranke anhaltend über den erwähnten Schmerz klagt. Alle übrigen Erscheinungen sind wandelbar: die Anschwellung der Drüse ist durch äußern Druck oft nicht wahrzunehmen, heftiger Durst fehlt zwar niemals, ist aber vielleicht mehr Folge des häufigen Erbrechens, als Symptom der Krankheit, und der ganze Verlauf zeigt eine höchst verschiedene Dauer, indem er zwar meistens langwierig ist, in einigen Fällen aber sich auch so höchst acut zeigte, daß dem Augenblicke des Erscheinens der Krankheit, dem Auftritte ihrer ersten Merkmale, der Tod in wenigen Tagen folgte. Oft gehen ihm wässerige, speichelartige Durchfälle, häufige Ohnmachten, Zufälle von Bauchwassersucht oder Brustwassersucht und in der Regel gänzliche Abmagerung und Zehrfieber voran. In den Leichen findet man das Pancreas oft selbst dann noch im Zustande der Scirrhosität, wenn die offenbare Krankheit Jahre lang gedauert hatte, und zwar befällt der Scirrhus gewöhnlich, wenn nicht das ganze Organ ergriffen ist, den Kopf desselben, als den wichtigsten Theil; die Verhärtung drückt alsdann auf den Zwölffingerdarm, sodaß der **ductus choledochus** ganz unwirksam wird, weshalb auch Casper in einem Falle die Gallenblase bis zur Größe eines Hühnereies angeschwollen fand, und woraus er mit allem Rechte folgert, daß das Übel gewiß häufig mit einem Leberleiden verwechselt worden ist. Der Ausführungsgang des Pancreas ist bisweilen offen, wenn nämlich nur ein Theil des Pancreas vom Scirrhus ergriffen ist, gewöhnlich aber ist er verschlossen und besonders die Mündung desselben, wenn der Kopf ergriffen ist, in welchem Falle die Drüse nach Carswell von zurückgehaltener Absonderung anschwillt. Mehre Male zeigte sich die Drüse in jenem Zustande der Erweichung, den man **Cephaloma** oder Medullar-Sarcom genannt hat; einige Theile der Geschwulst waren knorpelhart, andere breiig, der Gehirnmasse ähnlich. Höchst bemerkenswerth ist endlich, daß weder Bigsby noch Casper jene Entartungen des Pancreas mit Anomalien im Gehirn und in der Brust, und der erstere unter 28 Fällen achtmal auch nicht mit der geringsten anderweitigen Abdominal-Anomalie als complicirt bezeichnet, wonach also unzweifelhaft feststeht, daß das Übel als ein durchaus selbständiges vorkommt.

Was die Ursachen dieser Krankheiten des Pancreas, denn es wird nach dem Vorstehenden keiner Rechtfertigung bedürfen, wenn wir von hier an sie in Eins zusammenfassen, betrifft, so scheinen bejahrte Leute und Individuen des männlichen Geschlechts eine bei weitem größere Anlage zu denselben zu besitzen, als junge Leute und Frauen. Bei jenen wird es häufig keiner offenbaren Gelegenheitsursache zur Erzeugung der Krankheit bedürfen, doch soll überhaupt der Misbrauch des Quecksilbers und der scharfen Kaumittel, öfter noch eine Metastase der Parotitis oder krankhafte Zustände des Magens, der Leber, der Milz und des Darmkanales selbst Veranlassung zum Auftreten der Krankheit geben. Hinsichtlich der Cur würden die wichtigsten Gründe, welche sie gegenwärtig im höchsten Grade erschweren, wegfallen, wenn wir eine in der Entwickelung begriffene Pancreatitis mit Sicherheit zu erkennen im Stande wären. Örtliche Blutentziehungen, der vorsichtige innere und äußere Gebrauch des Quecksilbers, insbesondere jene unter gewissen Umständen mit Goldschwefel verbunden, der gleichzeitige äußere Gebrauch erweichender und zertheilender Umschläge und Einreibungen, die Anwendung der Bäder, im spätern Verlaufe der Krankheit und bei einem minder gereizten Zustande des Blutgefäßsystems die scharfnarcotischen Pflanzen, die Schleimharze, die Seife, und was wir sonst bei ähnlichen Zuständen anderer Eingeweide anwenden, würde dann wol nicht so oft fruchtlos bei dem Übel in Gebrauch gezogen werden, als es gegenwärtig geschieht. Ist dagegen der Scirrhus des Pancreas bereits ausgebildet, so ist mit ihm eine Lage der Dinge eingetreten, bei welcher, mit Casper zu reden, der Arzt nicht viel mehr thun kann, als — für die Euthanasie zu sorgen.

Beobachtungen von Verletzungen, welche ausschließlich die Bauchspeicheldrüse getroffen, sind nirgends aufzufinden, und die Lage jenes Organes erklärt den Mangel dieser Beobachtungen. Aber immer werden die Verletzungen des Pancreas, auch wenn sie ohne Nebenverletzungen gedacht werden, nicht blos, wie Roose sie nannte, gefährlich sein, sondern für absolut tödtlich erklärt werden müssen, indem sie eine nicht zu stillende Blutung und eine nicht zu hemmende Ergießung des Bauchspeichels unvermeidlich zur Folge haben. Es wird übrigens begreiflicherweise der Tod, wenn die Gefäße der Drüse verletzt sind, früher, wenn die Verletzung aber den Ausführungsgang der Drüse getroffen, später erfolgen, falls nicht in beiden Fällen das Gegentheil durch die vorhandenen Nebenverletzungen bedingt ist. In diesen Bestimmungen über die Tödtlichkeit der in Rede stehenden Verletzungen haben übrigens die Erfahrungen Brunner's und anderer Anatomen, nach welchen bei Thieren die Bauchspeicheldrüse größtentheils ausgerottet, das Leben aber dennoch erhalten wurde (Haller's Vorles. über d. ger. A. W. II, 467), nichts ändern können.

Übrigens gilt Vieles, was oben von den Drüsenkrankheiten im Allgemeinen gesagt worden ist, auch von denen des Pancreas. S. daher **Krankheiten der Drüsen.**

Wedekind, Auff. über versch. Gegenst. d. A. W. N. IV. C. F. Harleß, Über d. Krankheiten d. Pancreas. (Nürnberg 1812.) Dessen System d. prakt. Nosologie. S. 555 fg. *Lieutaud*, Hist. Anat. med. I, 296 sq. Baillie, Anatomie des krankh. Baues, übers. v. Sömmering. S. 158 fg. *Portal*, Cours d'Anatomie méd. V, 352. *Bigsby* [Edinb. med. and surgic. Journ. 1835. Juli. S. 85 fg.]. Hohnbein [Casper's Wochenschr. f. d. ges. Heilk. 1834. S. 241 fg.]. Casper, Einiges über den Krebs der Bauchspeicheldrüse. [Casper's Wochenschr. f. d. ges. Heilk. 1836. Nr. 28. 29.] (*C. L. Klose.*)

Pancreatitis, Entzündung der Bauchspeicheldrüse, s. **Pancreas (Krankheiten des).**

PANCSOVA, auch **PANTSOVA** (spr. Pantschowa), eine ziemlich gut gebaute, aber nicht gepflasterte Stadt, freie Militair-Communität und Stabsort (Br. 44° 49′ 49″, L. 38° 17″) des teutsch-banatischen Regimentes der ungrischen oder banatischen Militairgrenze, in der großen oder untern ungrischen Ebene, in theilweise sumpfiger, theilweise aber sandiger, sonst aber sehr fruchtbarer Fläche, am linken Ufer des Temes-Flusses, unweit von seinem Einflusse in die Donau, die an dem Entstehen der Sümpfe Schuld sind, mit 1379 Häusern, worunter das stattliche Rathhaus, das Stabsgebäude, eine Caserne und die schöne Hauptwache als vorzügliche Gebäude sich auszeichnen, (1834) 10,312 meist raizischen Einwohnern, denen viele Teutsche und Wlachen beigemischt und worunter 7200 nicht unirte Griechen, 2800 Katholiken, 100 Evangelische und gegen 50 Juden sind, einem eigenen Magistrat, einer eigenen kathol. Pfarre der csanader Diöcese, einer Pfarre der morgenländischen Griechen, einem Kloster der Minoriten, das hier die Seelsorge führt, einer katholischen und einer neuen griechischen Kirche; einer der schönsten im Lande, einem Post-, einem Salz- und einem Dreißigstamte, deren ersteres als Poststation mit Neudorf und Kubin Pferde wechselt, einer fächerreichen mathematischen Militairschule, einer aus vier Classen bestehenden Ober- und Mädchenschule, die auch dem Regimente dient, einer illyrischen Gemeindeschule, einem großen Marktplatze, den ein hübsches steinernes Kreuz ziert, einem Spitale für die Communität, einem großen Getreidemagazin, Contumazamte und Station, unansehnlichen Maulbeerpflanzungen, drei Jahrmärkten, zu welchen die Kaufleute von Versecz, Temesvár, Groß-Becskerek, Neusalz ꝛc. kommen, und nicht unbedeutenden Wochenmärkten. Pancsova ist der Sitz einer Brigade, der die Communität und das deutsch-banatische Grenzregiment untergeordnet sind, eines Feldkriegscommissärs und eines griechischen Protopopen, und der erste und bedeutendste Marktplatz in der Militairgrenze des Banates. Der Handel mit Getreide, Vieh und Holz ist hier sehr lebhaft und hat bereits merklichen Wohlstand unter den Einwohnern gegründet, von denen außer vielen Speculanten 168 Handelsleute und Krämer an dem Verkehre mit der Türkei und mit dem Inlande Theil nehmen. In Pancsova bestehen sechs Landwehrcompagnien, welche, im Frieden wie im Kriege gewaffnet und geübt, so weit es erfoderlich, Dienste leisten. Zu dieser Communität gehört ein ansehnliches Territorium, auf dem sich (1834) 1615 Häuser, 11,234 Bewohner, 55 Handlungen, 728 Gewerbe, 30 besondere Beschäftigungen vorfanden. Der Vermögenstand dieser Communität zeigte im J. 1834 folgende Resultate: Die Einnahmen beliefen sich auf 49,974 Fl. C.-M., die Ausgaben auf 70,240 Fl.; der Capitalwerth der Häuser, Realitäten, Jurisdictionen ꝛc. auf 1,327,872 Fl.; an bei Privaten in 5 pro C. Effecten angelegten Capitalien besaß sie 21,571 Fl.; das sonstige Activ-Vermögen betrug 51,847 Fl. und das Passiv-Vermögen 600 Fl. C.-M. (*G. F. Schreiner.*)

PANCTON, Stadt in Thibet, 60 engl. M. nordnordöstlich von Lassa. (*H.*)

PAND, ein den adeligen Familien Szillasy und Gyürky dienstbares Dorf, im kecskeméter Gerichtsstuhle der pesther Gespanschaft, im Kreise diesseit der Donau Niederungerns, in der großen oder untern ungr. Ebene, 7½ Meile südwärts der von Pesth nach Szolnock führenden Straße, sechs Meilen von Pesth entfernt, mit 17[illegible]

Häusern und 1078 magyarischen Einwohnern (959 Reformirte, 112 Katholiken und 7 Juden), einer eigenen Pfarre der evangelischen helvetischer Confession, einem Bethause der Reformirten und einer Schule. (*G. F. Schreiner.*)

PANDA, PANDI, PANDAE, ein Städte- und Völkername, der an verschiedenen Stellen des alten Indiens und außerhalb in Sogdiana und Gedrosien vorkommt. Um die nöthige Übersicht zu erreichen, wollen wir von Norden nach Süden dem Namen in seinem Vorkommen nachspüren.

Zuerst setzt Plinius (VI, 18, 16. *Hard.*) eine Stadt Panda in Sogdiana: Ultra Sogdiani, oppidum Panda et in ultimis eorum finibus Alexandria ab Alexandro Magno conditum. Man hat hiermit die von Strabon (XI. p. 356. *Cas.*) erwähnte, von Alexander zerstörte, Stadt Paracanda verglichen; doch ist dieses nicht sicher, und wenn geändert werden sollte, wäre eher an beiden Stellen Marakanda an die Stelle zu setzen. Es wird sich im Verfolge zeigen, daß Panda nicht unwahrscheinlich bei den Sogdern vorhanden war.

Dann finden wir ein Volk der Pandá oder Pandi in Gedrosien, vielleicht richtiger im Lande der Oriten; denn Plinius, der (VI, 25, 23) diese Nachricht gibt, ist so durchaus verwirrt, daß kaum genauer sich entscheiden läßt; auch fehlen uns noch zu sehr genauere Nachrichten über diese Gegenden. Er beschreibt Ariana, springt dann plötzlich auf folgende Reihe über: Prophthasia, oppidum Zariasparum: Drangae, Eueryetae, Zarangae, Gedrusi, die uns gar in das Innere Ariana's im weitesten Sinne führen, an den See Zareh und den Fluß Hilmend oder Etymander. Gedrusi führt auf eine Route von Drangiana nach der Küste zu. Plinius fährt fort: Oppida Peucolaïs, Lymphorta (Var. Peucolis, Lyphorta): Methoricorum deserta: Amnis Manaïs: Augutturi gens. Flumen Borru: gens Urbi, flumen navigabile Pomanus Pandorum finibus. Item Cabirus Suarorum, ostio portuosus. Wir kommen also ans Meer, und der darauf folgende Cophenfluß erinnert an den Hafen Cophanta bei Ptolemäus; an den Cophen, der in den Indus fließt, ist natürlich nicht zu denken, sowie Peucolaïs nicht die Peucolaitis am obern Indus sein kann. Ptolemäus hat ein Phoclis in Gedrosien. Ist die Wüste der Methorici die von Kerman, Urbi die Küste Urba und Pomanus der Fluß Lomana etwas westlicher? Doch wir wollen zu bestimmtern Angaben übergehen.

Derselbe Plinius sagt (VI, 23, p. 321): Gens Pandae, sola Indorum regnata feminis. Unam Herculi sexus ejus genitam ferunt, ob idque gratiorem, praecipuo regno donatam. Ab eo deducentes originem imperitant CCC oppidis, peditum CL mill. elephantis quingentis. Da die Beschreibung dieses Theiles von Indien bei Plinius das Land östlich vom Indusflusse umfaßt und bis an die Grenzen Pattalene's hinuntergeht, da er weiter die den Pandá benachbarten Völker unterhalb der großen indischen Wüste setzt, so müssen diese Pandá im jetzigen Rajputana gesucht werden. Mannert (V, 1, 120) ist völlig im Irrthum, wenn er dieses Volk nach der Südspitze Indiens versetzt.

Die Erwähnung der Frauenherrschaft und der Tochter des Herkules verbindet aber diese Nachricht mit andern, namentlich mit einer Arrianischen (Indic. VIII), die aus Megasthenes genommen ist, und auch Plinius zog also die seinige aus derselben Quelle.

Megasthenes steht im übeln Rufe wegen seiner indischen Geschichte, und doch wäre es nicht schwer mit der Kenntniß des indischen Alterthums, die wir jetzt uns erwerben können, seine Ehrenrettung zu schreiben, indem man seine Fabeln als nicht von ihm erfunden, sondern bei den Indiern zu Hause nachwiese. Der heftigste Tadler des Megasthenes im Alterthume würde sich oft theils als unwissender, theils als sehr beschränkter Kritiker zeigen. Daß er übertrieben hat, wollen wir damit nicht leugnen. Hier wollen wir einen kleinen Theil dieses Geschäftes versuchen.

Die Indier, berichtete Megasthenes nach Arrian, erzählen, daß Herkules bei ihnen einheimisch sei und vorzüglich bei den Surasenern am Jobores (d. h. Yamuna), wo zwei große Städte Methora und Cleisobora waren, verehrt wurde. Mathurâ ist bekanntlich eine Stadt am Yamuna und noch der vorzüglichste Sitz des Cultus des Krishna. In dieses Land, das der Surasener, versetzen die Indier das Jugendleben des Krishna und seine lustigen Geschichten mit den Hirtinnen.

Cleisobora scheint von Plinius (VI, 22) richtiger Carisobora angegeben zu werden, denn Krishnapura, Krischna-Stadt, ist grade ein Name, der hier zu erwarten ist. Die Handschriften bei Plinius lesen so, und es ist kein Grund, warum nicht eher Arrian aus Plinius, als umgekehrt, emendirt werden soll. Ob der indische Herkules der thebanische, ägyptische oder tyrische sei, sind müßige Fragen, die uns nicht beschäftigen können. Dieser indische Herkules hatte nun nach Megasthenes viele Frauen gehabt (die Zahl der Hirtinnen in der indischen Sage geht ins Tausendfache), viele Söhne, aber nur eine Tochter, Pandáa, deren Namen er ihrem Geburtslande gab, über welches er ihr auch die Regierung gab, nebst einer Kriegsmacht von 500 Elefanten, 4000 Reitern, 130,000 Mann Fußvolk. Die 300 Städte läßt Arrian aus, Plinius die Cavalerie.

Die Weiberherrschaft wird von den Indiern, z. B. in dem geographischen Abschnitte des Râmâyana und in der Geschichte Kaschmirs (bei *Wilson*, As. Res. XV, 48) in das Stri-râdscha, oder das Frauenreich versetzt. Es wird darunter Bhutan und Assam verstanden, und es ist bekannt, daß in Thibet Polyandrie bis auf diesen Tag herrscht. Sie scheint ehemals überhaupt in Himalaya geherrscht zu haben. Die Übertragung der Regierung auf Herkules' Tochter Pandáa scheint von Megasthenes aus dieser Nachricht entlehnt zu sein, und zwar weil die fünf Pândavas, die Freunde und Alliirten des Krischna, nur Eine Gattin hatten. Denn eine Pândava als Tochter des Krischna hat sich in der indischen Sage noch nicht gezeigt, und Megasthenes scheint hier indische Nachrichten willkürlich verarbeitet zu haben. Megasthenes hatte die Erzählungen des Mahâbhârata vor Augen, die Verbindung der Pandavas und des Krischna, die Einzige Frau der fünf Pândavas, und endlich das Frauenreich der indischen Geographie, und hieraus hat er seine Erzählung zusammengesetzt. Die Pandeer, als Volk, waren zu seiner Zeit noch vorhanden, und Ähnliches wird in Indien von ihm erzählt worden sein.

Wenigstens werden wir sogleich ganz historische Pândaver finden, deren Name schon angibt, daß sie sich vom Geschlechte des fabelhaften alten Pându ableiteten. Die Lage dieser Pândaver ist nicht sehr entfernt von der, welche Plinius' unbestimmte Nachricht dem von der Pandâa beherrschten Volke gibt.

Ptolemäus setzt nämlich um den Hystaspes, d. h. Vitasta, im Penjab, ein Reich der Pandôus (*Πανδώου*) mit den Städten Labaca, Sagala, Bucephala, Jomusa. Also im westlichen Theile des Penjabs, wo ehemals Porus geherrscht hatte und woher Strabon (XV. §. 4. *Tzsch.*) eine Gesandtschaft an Augustus kommen läßt. Nämlich Porus war ein beständiger Name dieser Könige geworden, nach der Zeit Alexander's. Daß der einheimische Königsname Pândava für die Familie dieser Könige gebräuchlich war, ist nicht zu bezweifeln. Es war hier wol nicht der Name des Volkes oder des Landes, denn ein Theil dieser Gegend des Penjabs war von Ganderern bewohnt, nach Strabon (De Pentap. Ind. p. 15). Die Pandâ des Plinius liegen unterhalb des Penjabs, also in keiner sehr großen Entfernung.

Welche Verbindung sonst zwischen den Königen und dem Volke vorhanden war, ist nicht anzugeben.

Verbinden wir hiermit die erste Nachricht über das Panda der Sogdier, so ist es merkwürdig, daß wir auch am Indus unterhalb des Zusammenflusses des Indus mit dem Akesines eine Hauptstadt der Sogdier haben (*Arr.* Exp. Al. VI, 15). Denn wenn wir uns erinnern, daß mehre Völker des Penjabs deutlich baktrianische Völker sind, die in alter Zeit eingewandert waren, daß die Ganderer im Penjab und Afghanistan vorkommen, daß die Bahlikas der Indier im Penjab denselben Namen tragen, als die Baktrianer, daß wir Oxybracá am Indus, wie in Sogdiana haben, so ist es nicht zu verwundern, Sogder am Indus zu finden und ein Panda in Sogdiana, wie ein Volk Pandâ südöstlich vom Indus.

Es bleibt endlich ein Land übrig, welches denselben Namen trägt, das Reich des Pandion, im Süden Indiens. Der Periplus des rothen Meeres setzt dieses sehr bestimmt an die Südspitze Indiens, mit der Stadt *Κόλχοι*, dem schönen Hafen Balita, dem befestigten Hafenplatze Komar, wohin fromme Männer und Frauen zur Erfüllung der Pflicht des Badens am geheiligten Orte kommen, wo die Göttin sich ehedem jeden Monat selbst gebadet habe. Hier war auch Perlenfischerei; die Hauptstadt lag im innern Lande (ed. *Huds.* p. 31. 33.)

Komar ist das jetzige Vorgebirge Comorin, die Göttin ist Kâumâri, Gattin des Gottes Sivas, die Perlenfischerei wird dort noch betrieben. Die Handschriften des Ptolemäus geben theilweise *Κούμαρα*, also ganz die indische Orthographie. Die Hauptstadt hieß, wie wir sogleich sehen werden, Modura, jetzt noch Madura.

Nach der einheimischen Nachricht war die erste Hauptstadt dieses Reiches Kurkhi, vielleicht Colchi, die zweite Kalyânapura, die dritte Madura (*Wilson*, Mackenzie Collection. I. p. 36). Der Stifter soll Pândya, ein Mann der ackerbauenden Kaste, gewesen und von Norden hergekommen sein.

Wir finden also dieses Reich in Periplus und bei Ptolemäus schon in seinem dritten Stadium. Wenn uns Modura auf Mathurâ am Yamuna und Krischnas zurückführt, so erinnert uns der Name des Stifters wieder an die Pândavas. Es ist daher nicht zu verwundern, daß wir hier wieder bei den Alten den indischen Herkules und seine Tochter Pandâa wiederfinden. Die fabelhafte Erzählung von der Ausstattung dieser Tochter durch den Herkules mit allen Perlen der Welt (*Arr.* Ind. VIII) führt entschieden auf diese Perlenküste hin, und mögen nun hier einheimische Sagen zu Grunde liegen oder nicht, sie beweist, daß Megasthenes schon von der Perlenfischerei zwischen Ceylon und Cap Comorin, wie von dem südlichen Reiche des Pandions gehört hatte.

Über die geographische Ausdehnung dieses Pandionischen Reiches ist Folgendes bekannt: Der Periplus gibt ihm auch die Stadt Nelkynda an der westlichen Küste, der Küste Limyrika mit dem Hafenorte Barake, an der Mündung eines Flusses. Die Lage dieser Stadt ist nach dem Periplus schwer zu bestimmen, und es erfoderte eine Untersuchung, die über die Grenzen dieses Artikels hinausgehen würde, zu zeigen, wo sie eigentlich zu suchen sei, ob sie verschieden sei von der Stadt Nelkynda bei Ptolemäus an ebendieser Küste. Nur so viel ist wol sicher, daß man dem Reiche des Pandion eine zu große Ausdehnung gibt, wenn man mit Mannert die Stadt Nelkynda nach Onore versetzt (V, 1, 206). Plinius (VI, 26) nennt Pandion's Hauptstadt fehlerhaft Modura und macht Nelkynda zu einem Volke Necanida mit dem Hafen Barace. Dann besaß der Pandion die Küste *Παράλια* (so haben die Handschriften; *Παραλλα*, welches aus Ptolemäus aufgenommen wird, ist nicht einheimische Benennung und gehört eigentlich der Ostküste an der Mündung des Kaweri; die Indier schreiben die Entstehung der südwestlichen Küste dem Parusu Râma zu; vielleicht liegt eine Spur dieses Namens in Paradia (*Wilson* l. c. I. p. XCIV]); diese Küste erstreckt sich von Mons Pyrrhus nach Comar, heißt bei Ptolemäus die Küste der Aii, bei Cosmas das Land *Μαλέ*. Das letzte ist die einheimische indische Benennung Malaya, woher Malabar, die Aii haben ihren Namen der Stadt Ayakotta hinterlassen; die von Ptolemäus hier gesetzte, im Periplus nur erwähnte Stadt Cottiâra ist deutlich Cotchin (tch für tti ist neuere indische Mundart). Endlich gibt der Periplus dem Pandion die Küste von Cap Comorin nordostwärts bis Colchi und weiter hinauf und das innere Land. Pandion beherrschte mithin die Küste Malabar, die Ostküste von Cap Comorin nach dem Cap Calimere hinauf, dann das innere Land von Madera südwärts.

Zur Zeit des Ptolemäus war das Reich weit beschränkter; es hatte nicht mehr die Küste der Aii, von Melkynda bis zu Comar, auch nicht das Küstenland von da bis zum Emporium Kolchi und den Mündungen des

Flusses Solenes, d. h. des Flusses zwischen den Flüssen Vypar und Vygah unserer Karte; dieser Strich mit seiner Perlenfischerei gehörte damals den Carei. Ptolemäus rechnet zu Pandion's Reiche nur die Küste am ägäischen Meerbusen, im Periplus das Land Ägalu (d. h. das Land am Palkhs-Busen) vom Cap Corz bis zum Emporium Salur, zwischen welchen die Stadt Argari liegt. Dann das innere Land mit der Hauptstadt Modura und den Städten Tánur, Perincari, Corindiur, Tangala und Acur. Von diesen ist die Hauptstadt leicht auf unserer Karte aufzufinden, die andern Städte sind nicht sicher erkennbar.

Auf jeden Fall war das Reich des Pandion damals beschränkt auf das Gebiet zwischen den Vygah- und Kaveri-Flüssen, von ihrem Ursprunge an bis an die Küste am Meerbusen Palkh. (*Lassen.*)

PANDA, Name einer sabinischen Göttin (*Gell.* XIII, 22), nach der in Rom die Pandana porta benannt war (s. d. Art.); das Wesen derselben war schon dem Varro zweifelhaft, der sie mit der Ceres verglich und ihren Namen von panis ableitete (*Non.* I, 209. p. 507. *Goth.*); Andere meinten, der Name komme von pandere her, und die Göttin sei so genannt, weil sie dem Titus Tatius den Weg zum capitolinischen Hügel eröffnet hätte (*Arnob.* IV, 2. p. 161. *Har.* [128]). Manche verbinden den Namen mit Empanda, was nach Festus pagorum dea war. (*H.*)

PANDA, Stadt an der nördlichen Küste der Insel Cumbava, 8° 27′ südl. Breite, 118° 48′ östl. Länge. (*H.*)

Pandaca *Thouars*, s. Tabernaemontana.

Pandacaqui *Sonner*, s. Tabernaemontana.

PANDALEON ist eine von den Arabern erfundene Morsellenmasse, welche, in eine Büchse gegossen, Brustleidende bei sich führten, um daraus nach Umständen mit einem Messer oder einem Löffel etwas herausnehmen und verschlucken zu können. Es unterscheidet sich von den eigentlichen Morsellen und Rotulen nur durch die Form, ist aber längst außer Gebrauch. (*Rosenbaum.*)

PANDALUS *Leach.* (Crustacea), Krebsgattung aus der Ordnung der Dekapoden, der Familie der Macrouren und der Tribus Salicoquen, mit folgenden Kennzeichen: Die mittlern Fühler endigen in zwei Fäden, nur das zweite Fußpaar hat Scheeren, und das Glied vor diesem ist durch Querlinien in weitere kleine Glieder getheilt. Diese Gattung ist überhaupt mit Crangon verwandt, die hierher gehörigen Krebse haben ein langes, cylindrisches, kielförmiges, in der Mitte gezähneltes Bruststück, das in einen langen zusammengedrückten, unten gezähnelten, an der Spitze aufgebogenen Schnabel ausläuft, die obern oder mittlern Fühler sind die kürzesten, gespalten und sitzen auf einem Stiel von drei Gliedern, dessen erstes das größte, an der Seite der Augen ausgerandet und mit einem Blättchen versehen ist, welches über diese reicht, die äußern oder untern Fühler sind länger als der Körper, borstig, an der Wurzel mit einer langen Schuppe versehen, welche gegen das Ende außen einen Zahn hat. Die äußern Kieferfüße bestehen aus drei sichtbaren Gliedern, von denen das erste so lang ist, als die beiden andern zusammengenommen, und von der Wurzel bis in die Mitte ausgerandet ist, die beiden letzten oder einander gleichen Glieder sind überall mit kleinen Stacheln bedeckt; das erste Fußpaar ist ziemlich kurz und läuft in eine einfache Spitze aus, das zweite Fußpaar trägt lange, dünne, unter einander ungleiche Scheeren, und das dritte, vierte und fünfte Glied desselben ist durch eine Menge Querfurchen gleichsam in viele kleinere Glieder getheilt. Die drei letzten Fußpaare sind stärker, weniger lang als das zweite und nehmen nach und nach an Länge ab, sie endigen in einer einfachen Klaue, die an der innern Seite mit kleinen Stacheln besetzt ist, der Hinterleib ist gegen das dritte Glied gebogen, die Schuppen des Schwanzes sind verlängert, schmal, besonders die mittelste, die an der Spitze mit kleinen Stacheln besetzt ist.

Als Typus der Gattung mag gelten Pandalus annulicornis (*Leach.* Malacostraca Brittanica. t. 40), drei Zoll lang, der Stirnschnabel unten vielzähnig, dessen heraufgebogene Spitze ausgerandet, die seitlichen Fühler an der innern Seite dornig, mit acht oder zehn rothen Ringen. An den Küsten Englands einheimisch. (*D. Thon.*)

PANDANA PORTA, ein Thor der Romulischen Befestigung am Capitol. Seitdem wir durch Niebuhr's [1]) glückliche Unterscheidung der ältesten Gestalt der Stadt von der ersten Erweiterung des Pomöriums zu den Grenzen, welche uns Tacitus [2]) beschreibt, von der unfruchtbaren Mühe befreit sind, welche die ältern römischen Forscher zur Verzweiflung und die neuern seit Nardini zu den unsinnigsten Annahmen geführt hat, die Namen der drei oder vier Romulischen Thore (über ihre Zahl ist schon Plinius [3]) unsicher) in die Mauern der erweiterten Stadt einzupassen: ist es uns möglich geworden, allen ihre Stelle ohne Zwang anzuweisen, indem wir uns erinnern, daß auf dem Boden, den jetzt Rom einnimmt, die einzelnen Erhöhungen, wenn bewohnt, gegen die andern befestigt und durch leere oder sumpfige Niederungen von ihnen getrennt waren. Ein oder wenige schmale Wege (clivi) führten auf die Höhe (arx), jeder durch ein Thor geschlossen und so die abgeschrofften Felsen zu einer Befestigung verbindend. So kommen von den Romulischen Thoren zwei, die Porta Mucian's und Romanula, auf die beiden Aufgänge des Palatin, den Clivus Sacer von der heiligen Straße, und den Clivus Victoriä von der Velia her. Da von den übrigen bewohnten Höhen der Quirinal den Sabinern, das Capitol auch den Bürgern des Romulus gehörte, so können außer diesem (die auf andern Höhen und in der Subura liegenden Dörfer kommen nicht in Betracht) nur allenfalls die Carnien auf eins der übrigen Thore Anspruch machen. Und wirklich setzt eine freilich beinahe verlorene Wendung einer bekannten Sage, wie sie Macrobius [4]) gibt, die Porta Janualis an den Fuß ihres Burgweges. Die bei weitem gangbarsten Angaben hingegen legen sie sowol als die Porta Pandana dem Capitol bei, und zwar verschloß die erstere von den

1) Röm. Gesch. 1. Th. S. 319. (Dritte Ausg.) 2) Ann. XII, 24. 3) H. N. III, 5. 4) Saturn. I, 9.

beiden südlichen Ausgängen des Berges denjenigen, der auf den Sattel führte, den Clivus Asyli. Für das andere Thor bleibt also nur der Clivus Capitolinus übrig, und diese Annahme wird durch die Stellen der Alten auf das Beste bestätigt. Nach Varro [5]) und Solinus [6]) hieß das Thor früher Porta Saturnia, ein Name, den es mit dem Berge und mit dem Tempel des Saturnus, der bekanntlich am Clivus Capitolinus lag, gemein hatte. Aus der Stellung der Worte bei Varro, sowie namentlich aus dem Umstande, daß die Häuser unmittelbar hinter dem Tempel in alten Gesetzen Mauern genannt wurden, während bei der altitalischen Befestigungsweise, für Rom und das Capitol von Dionysius und Properz [7]) ausdrücklich bezeugt, nur eben das Thor, welches den Burgweg, einen Einschnitt, schloß, durch Mauern und Thürme geschützt war, geht hervor, daß wir dem Saturnischen Thore keine andere Lage anzuweisen haben, als unmittelbar vor dem Saturnustempel. Damit vereinigt sich die Überlieferung bei Festus [8]), wonach ehemals diejenigen Saturnier genannt wurden, welche eine Befestigung unten am Burgwege bewohnten, da die Schanze nur zum Thore selbst gehört haben kann. Denn daß die Thore der Romulischen Burgwege am untern Ende standen, bezeugen sowol die Sagen über das Janualische Thor bei Ovid ꝛc., als von der Porta Romanula das ausdrückliche Zeugniß des Festus [9]), daß sie unten am Clivus Victoriä gestanden habe. So wurden also die beiden südlichen Thore des Capitols von den ältesten römischen Zwillingsschutzgöttern, Janus und Saturnus, gehütet. Wann das Saturnische Thor den Namen des offenstehenden (Pandana) angenommen habe, wissen wir nicht, jedenfalls erst seit dem sabinischen Bündnisse. Am natürlichsten erklärt er sich wol aus dem Gegensatze gegen Seitenpforten, deren das Capitol mehre hatte, die nur zum Nutzen der Festung geöffnet wurden, während die Pandana dem täglichen Verkehre diente. Unter diesem Namen scheint das Thor noch zu Varro's Zeit als Durchgang bestanden und vielleicht erst dem Bogen des Tiberius, welcher nachher dieselbe Stelle einnahm, Platz gemacht zu haben [10]).

(*L. Urlichs.*)

PANDANEAE. Eine von R. Brown (Prodr. Fl. Nov. Holl. p. 340) begründete monokotyledonische Pflanzenfamilie, welche zunächst, wie schon Jussieu (Gen. pl. p. 26) andeutete, mit den Aroideen und Typhaceen verwandt ist. Die wenigen zu dieser Familie gehörigen Arten (aus den Gattungen Pandanus *L. fil.* und Freycinetia *Gaudichaud*) sind als Bäume und Sträucher in der heißen Zone auf den Südseeinseln, auf den ostafrikanischen Inseln und im südlichen Asien einheimisch. Sie haben oft schossentreibende Wurzeln, einen straff aufrechten, starken, meist ästigen, dreigabeligen und mit Blattnarben, wie bei den Palmen und einigen Asparageen, bedeckten, nur an der Spitze Blattbüschel tragenden Strunk, oder schwache, niederliegende Stengel. Ihre Blätter sind spiralförmig angeheftet, nach drei Richtungen mit der scheidenförmigen Basis dicht über einander liegend, lang, linien-lanzettförmig, nervenreich, ganzrandig, am Rande bisweilen dornig; in der Nähe der Blüthen sind sie kleiner, stützblattartig, oft anders als grün gefärbt. Die Blüthen sind diöcisch oder polygamisch, ohne andere Hülle als die Stützblättchen, dicht um einen Kolben gestellt. Der männliche Blüthenkolben enthält zahlreiche Staubfäden, je mit einer zweifächerigen Anthere; der weibliche ist mit zahlreichen einfächerigen Fruchtknoten mit aufgewachsenen, gespaltenen Narben bedeckt. Die Frucht ist eine faserige, einsamige Steinfrucht, deren oft mehre zusammengewachsen sind; seltener eine mehrfächerige, ein- oder mehrsamige Beere. Der kleine, aufrechte Embryo liegt in der Längsaxe des fleischigen Eiweißkörpers. Mehre Pandaneen zeichnen sich durch schönes Aussehen und außerordentlichen Wohlgeruch der Blüthen aus; die zähen Blätter und deren Fasern werden zu mancherlei Flechtwerk, zu Stricken ꝛc. benutzt; die Früchte und Samen mehrer Arten sind eßbar; die unreifen Früchte gelten als Emmenagogum. — Die Gattung Phytelephas *Ruiz* et *Pavon* (Elephantusia *Willdenow*) aus Peru, welche man als Anhang zu den Pandaneen zu gesellen pflegt, weicht sowol im Habitus (sie hat gefiederte Blätter), als auch in der Bildung der Blüthe und Frucht, so bedeutend ab, daß man sie wol als einer eigenthümlichen Familie angehörig betrachten muß.

(*A. Sprengel.*)

PANDANG, 1) Stadt an der Westküste der Insel Celebes, 3° 33′ südl. Br., 120° östl. L. 2) Stadt auf der Westküste von Sumatra, 4° 36′ südl. Br., 102° 57′ östl. L.

(*H.*)

PANDANOCARPUM (Paläophytologie). Die fossile Frucht, welcher Ad. Brongniart [*]) diesen Namen beigelegt, ist ziemlich groß, länglich, in der Mitte verdickt, sonst an Form sehr veränderlich, unregelmäßig fünf- und sechsflächig, die Flächen offenbar durch gegenseitige Drückung mehrer ähnlicher aneinanderliegender Früchte entstanden; — die Basis ist breit, durch Losreißung beschädigt; die Spitze ist kegelförmig, ohne Spuren eines überständigen Kelches; in der Mitte enthält sie einen ziemlich großen, einzelnen Kern. Sie hat viele Ähnlichkeit mit den Theilen der zusammengehäuften Früchte von gewissen Monokotyledonen, insbesondere von Sparganien, und noch mehr von Pandanen, auf welche die Benennung hinweiset, nur daß jener Kern gegen das Pericarpium genommen beträchtlich größer ist. Brongniart nennt die einzige Art Pandanocarpum oblongum (Prodr. p. 138) und Pandanocarpum pyramidatum (Prodr. 209). Sie findet sich in der Formation des Londonthones der Insel Sheppey.

(*H. G. Bronn.*)

---

5) L. L. V. §. 42. ed. *Müller.* 6) *Polyb.* c. 2. 7) *Dionys.* IX, 68. *Propert.* IV, 4, 13. 8) s. v. *Saturnia.* Saturnii quoque dicebantur, qui castrum in imo clivo Capitolino incolebant. Etwa die Argeer des Varro? (L. L. V, 45.) 9) s. v. *Romanam portam.* 10) Varro's Herleitung von panem dare bei Nonius Marcellus s. v. *pandere* müssen wir, wie viele andere desselben Gelehrten, als das Spiel einer müßigen Gelehrsamkeit verwerfen

*) *Ad. Brongniart*, Prodrome d'une histoire des végétaux fossiles. (Paris 1828.) p. 135—138 und 209; — aus dem Dictionnaire des sciences naturelles. 1828. LVII, 158 sq.

PANDANUS. Diese Pflanzengattung aus der ersten Ordnung der 22. Linné'schen Classe und aus der natürlichen Familie der Pandaneen (s. d. v. Art.), hat zuerst Rumphius nach dem malaiischen Worte Pangdang so genannt und der jüngere Linné (Suppl. p. 64) charakterisirt. Synonym sind: Kaida *Rheede*, Athrodactylis *Forster*, Keura *Forskål*, Hydrorrhiza *Commerson* und Baquois der Franzosen (aus dem madagassischen Worte Bacua gebildet). Char. Diöcische Blüthen ohne Scheide, Kelch und Corolle. Der männliche Blüthenkolben rispenförmig, dicht bedeckt mit Staubfäden, welche zweifächerige Antheren tragen; der weibliche Kolben kugelig-knäuelförmig-verästelt, mit aufsitzenden Fruchtknoten, welche gespaltene Narben tragen; die Steinfrüchte sind kugelig, einsamig, oft mehre zusammengewachsen (*Roxburgh*, Corom. I. t. 94—96, *Jacquin*, Fragm. t. 13. 14. Ann. du Mus. XVI. t. 17). Die 21 bekannten Arten sind als Bäume und Sträucher in Arabien, Ostindien, Cochinchina, im südlichen China, auf den Südseeinseln, besonders aber auf den mascarenischen Inseln und in Madagaskar einheimisch. Die verbreitetste und am längsten bekannte Art ist P. odoratissimus *Linn. fil.* (l. c. p. 424, Pandanus verus et spurius *Rumphius*, Herb. amb. IV. p. 139. t. 74. 75, Kaida *Rheede*, Hort. malab. II. p. 1. t. 1—8, Athrodactylis spinosa *Forster*, Gen. n. 75, Keura odorifera *Forskål*, Flor. aeg. arab. p. 172, Khadi der Araber, Naga-Kesar der Hindus), ein Baum, welcher in Arabien, Ostindien und auf den dahin gehörigen Inseln, im südlichen China, in Cochinchina und auf den Südseeinseln sowol angebaut als wild wächst. Seine büschelförmige Wurzel ragt zum Theil über die Erde hervor; der Strunk wird gegen acht Fuß hoch und wie ein Mannsschenkel dick; er ist unbewehrt, drehrund und mit ringförmigen Blattnarben bedeckt, oberhalb in gedrehte Äste getheilt, welche an ihrer Spitze einen Büschel spiralförmig nach drei Seiten gestellter, lanzett-pfriemenförmiger, kanalförmiger, am Rande und auf dem Kiele grün-stacheliger Blätter tragen. Der männliche, rispenförmige, weiße Blüthenkolben ist von ausgezeichnetem, lange dauerndem Wohlgeruch, sodaß er in Arabien und Ostindien seit den ältesten Zeiten deshalb beliebt ist. Schon Strabon erwähnt dieses Baumes unter dem Namen der wohlriechenden Palme im glücklichen Arabien (*εἰσὶ δὲ καὶ [ἐν Σαβαίων γῇ] φοίνικες εὐώδεις.* L. XVI. p. 19. p. 435. ed. *Tzschuck.*). Die Blätter sind ein angenehmes Futter für die Elefanten. Die gelbrothen Früchte sollen besonders auf den Uterus wirken und gelten daher für ein Emmenagogum und Abortivum. Von andern Arten, z. B. von P. utilis *Bory* und P. edulis *Thouars* auf Madagaskar und den Maskarenhas sind die Früchte eßbar. Die Blätter mehrer Arten werden zu Flechtwerk und Seilerarbeit benutzt. (*A. Sprengel.*)

PANDAREUS. Homer, ohne über Pandareus selbst Näheres zu berichten, erwähnt nur, seine Töchter wären frühzeitig ihrer Ältern beraubt worden, darauf hätten die Götter sich ihrer angenommen, Venus sie mit Honig, Wein und Käse genährt, Juno ihnen vor allen Frauen Schönheit und Einsicht, Diana Wuchs, Minerva die Fertigkeit in herrlichen Arbeiten verliehen; als aber Venus in den Olymp gestiegen, um für die Mädchen Vermählung von Zeus zu erbitten, wären sie unterdessen von den Harpyen oder den stürmischen Winden geraubt und den Erinnyen zum Dienste übergeben worden. So Homer (Od. XX, 66 sq.), wo er die Namen dieser Mädchen verschweigt; anderswo aber (XIX, 518 sq.) nennt er wenigstens eine, die blühende Aëdon (Nachtigall), die um ihr Kind Itylos, den Sohn des Königs Zethos, klagt, welches sie einst in Thorheit erschlagen. In den Scholien dagegen zu diesen Stellen wird Pandareus ein Sohn des Merops und einer Bergnymphe und Milesier von Geburt, seine drei Töchter, die er mit der Tochter des Amphidamas, der Harmothoe, zeugte, werden Aëdon, Kleothera und Merope genannt; Pandareus habe aus dem Tempel des Zeus in Kreta einen von Vulkan bereiteten, lebendigen, goldenen Hund entwandt, ihn an das Gebirge Sipylus gebracht und an Tantalus zur Verwahrung übergeben; wie Zeus das Entwandte zurückgefodert, wäre Pandareus nach Athen und von da nach Sicilien geflohen und hier mit seiner Frau umgekommen. Pausanias (X, 30), da, wo er meldet, daß Polygnotus in der Lesche zu Delphi die Töchter des Pandareus gemalt habe, wie sie mit Blumen bekränzt Würfel spielten, nennt nur ihrer zwei, Kamiro und Klytie, ihren Vater aber nennt auch er einen Milesier aus dem kretischen Milet. Etwas abweichende Erzählung nach des Boios Ornithogonie hat Antoninus Liberalis (c. 11). Nach ihm hätte Ceres dem Pandareus die Gabe verliehen, sich nie im Essen zu übernehmen (vgl. c. 36). Helladius (bei *Phot.* chrestom. p. 531. a. 21) nennt den Pandareus einen Dulichier, also aus der ägeischen Insel Dulichia (vgl. *Eustath.* ad Odyss.). Unter den Alten haben mehre die Namen Pandareus und Pandion identificirt, indem die nachhomerischen Dichter der Griechen statt Pandareus Pandion, statt Aëdon Prokne, statt Itylos Itys nennen. (*H.*)

PANDAROS, 1) Sohn des Lykaon, Fürst von Lykien, ausgezeichneter Bogenschütze; der Dichter läßt daher die Kunst der Führung des Bogens ihm durch Apollon verliehen werden; er führte die Völker von Zeleia und dem Flusse Äsepos den Trojanern zu Hilfe, verwundete nach Abschluß des Bündnisses, von der Minerva angetrieben, den Menelaos, wodurch das Bündniß aufgehoben ward; dann traf er mit dem Bogen auch den Diomedes in die Schulter, wurde aber von diesem getödtet, und um die Leiche kämpfte Äneas. (Vergl. Il. II, 824 sq. IV, 88 sq. V, 95 sq. 209 sq.) Die Leiche retteten die Priamiden aus der Schlacht und verbrannten sie, die Gebeine wurden nach Lykien gebracht (*Dictys Cretens.* II, 4, 1. *Hygin.* f. 112). Strabon (XII, 565. XIII, 585) bemerkt, daß Homer die Unterthanen des Pandaros auch Trojaner nenne; in der lycischen Stadt Pinara wurde Pandaros verehrt (*Strab.* XIV, 665 fin.). 2) Ein Trojaner, Sohn des Alkanor und Bruder des Bitias; mit diesem und Äneas ging er nach Italien, wurde aber von Turnus erschlagen (*Virg.* Aen. IX, 672 sq. XI, 196). (*H.*)

PANDARUS *Megerle von Mühlfeld* (Insecta).

eine aus Blaps gesonderte, von Dejean (Catalogue) früher Dendarus genannte Käfergattung, diejenigen Arten umfassend, welche schmale, lange Schwielen haben, die am Ende wenig erweitert und bei beiden Geschlechtern fast gleich sind; der Thorax ist hinten abgesetzt eingezogen, sodaß er an jeder Seite eine Ecke bildet. Es gehören hierher Platyrotus excavatus und crenatus *Fabricius*. (D. *Thon*.)

PANDARUS *Leach*. (Crustacea), Crustaceengattung aus der Ordnung der Syphonostomen Latreille's, und aus der Familie der Caligiden, mit folgenden Kennzeichen: zwei Fühler, vierzehn Füße, von denen die sechs vordern einfache Krallen haben, die übrigen am Ende gespalten sind. Latreille verbindet diese Gattung wieder mit Caligus, von welcher sie aber allerdings verschieden ist. Ihr Körper ist eiförmig; oft sehr lang und in zwei lange cylindrische Borsten auslaufend, die Körperschale ist vorn elliptisch, hinten quergestutzt, der Körper ist außerdem mit über einander greifenden Schuppen besetzt, die querstehend und am hintern Rande gezähnelt oder ausgerandet sind; der Hinterleib besteht aus blätterigen Ringen, der Schwanz ist eiförmig, und an ihm sitzen die gedachten Borsten. Die wenigen hierher gehörigen Arten leben als Schmarotzer auf Fischen.

Pandarus Carchariae (*Leach*. Dict. des Scienc. nat. T. XIV. p. 535), lebt auf dem Hai. Eiförmig, schwarz, die hintern Winkel der Schale und die Schwanzborsten schmuzig schwarzgelb, diese etwas länger als der Körper. (D. *Thon*.)

PANDATARIA (auch Pandateria und *Πανδατωρία*), eine kleine zu Strabon's Zeit gut bewohnte Insel im tyrrhenischen Meere an der westlichen Küste Italiens, nicht fern von Campanien, welche, sowie die ihr benachbarte ebenfalls bewohnte kleine Insel Pontia von den Grotten (*σπήλαια ὑπερμεγέθη, κατοικίας μεγάλας καὶ πολυτελεῖς δεδεγμένα*) zwischen Terracina und Phormiä aus gesehen werden konnte (*Strab*. V, 3, 233. ed. *Casaub*. *Dio Cass*. LV, 10: *Πανδατηρίαν τὴν πρὸς Καμπανίᾳ νῆσον*). Strabon setzt die Entfernung beider Inseln vom Festlande auf 250 Stadien (*οὐ πολὺ ἀπ' ἀλλήλων διέχουσαι· τῆς ἠπείρου δὲ ν' ἐπὶ σ'*), was Mannert (9. Th. 1, 761) nur auf Pontia bezogen wissen will. Das Itinerar. marit. (p. 517) setzt die Entfernung der drei Pontiae insulae, und dann noch insbesondere der Insel Pandataria auf 300 Stadien, was Mannert (a. a. O.) als Irrthum betrachtet. Pomponius Mela (II, 7, 18) nennt sie wie Dion (l. c.) Pandateria und stellt sie zwischen die Inseln Pontia und Sinonia. Ptolemäus (III, 1) nennt sie *Πανδατωρία*, welche Form schon Cellarius (orb. ant. II, 10. Vol. I. p. 762. [Lips. 1731]) als Corruptel bezeichnet hat. Pandataria heißt sie bei Strabon, Plinius (III, 6), Sueton und Tacitus. Diese Insel ist besonders als Verbannungsort für weibliche Mitglieder des kaiserlichen Hauses unter Augustus, Tiberius und Nero namhaft geworden. Hierher wurde die Julia, Tochter des Augustus, von der Scribonia verbannt. Als das Volk zu Rom den Augustus sehr angelegentlich ersuchte, seine Tochter aus dem Exil zurückzurufen, antwortete er, daß sich eher das Feuer mit dem Wasser vereinigen, als daß jene zurückgeführt werden würde, worauf das Volk viel Feuer in die Tiber warf (*Dio Cass*. LV. c. 13). Allein auch dadurch ließ sich Augustus nicht bewegen, seinen Entschluß zu ändern; erst später ließ er dieselbe von der genannten Insel auf das Festland nach Rhegium bringen (*Dio* l. c.), wo sie a. u. 767 (omnis spei egena inopia ac tabe longa, *Tacit*. l. c.) unter des Tiberius Regierung starb. Auf dieselbe Insel wurde vom Tiberius auch die im gerechten Unwillen jugendlich trotzige Agrippina, Gattin des edeln, höchst wahrscheinlich auf Anstiften des Kaisers vergifteten Germanicus, verwiesen, wo sie jedoch bald ihrem Leben durch selbstgewählten Hungertod ein Ziel setzte (*Sueton*. Tiber. c. 53). Hierher wurde auch die beklagenswerthe, unmenschlich mishandelte junge Kaiserin Octavia, Tochter des Claudius und der Messalina, Gattin des Nero, gebracht, wo noch obendrein die Unglückliche bald darauf auf grausame Weise ermordet wurde (*Tacit*. Annal. XIV, 63, 64). Gegenwärtig heißt die Insel Vendutene (Mannert, 9. Th. 1, 761 nennt sie Vandotina) und gehört zur neapolitan. Intendanza Terra di Lavoro. (*J. H. Krause*.)

Pandekten, s. Corpus Juris.

Pandekten-Recht, s. Römisches Recht.

PAN DE MADANZAS, höchster Gipfel des östlichen Hügellandes der Insel Cuba, welcher in der Gestalt eines Zuckerhutes die Höhe von 1300 Fuß erreicht und den Schiffern, welche in den Bahamakanal einlaufen, die Richtung gibt. (*Fischer*.)

PANDEMIE (*πᾶς-δῆμος*; obwol so wenig *πανδημία*, als *ἐπιδημία*, *ἐπιδήμησις* und *ἐνδημία* auf Krankheiten von den Alten bezogen wurden, die vielmehr unsere heutige Pandemie *νόσος πανδήμιος* nannten) sollte der Etymologie nach und vorausgesetzt, daß man einmal jenen Ausdruck auf Krankheiten beziehen will, eine Krankheit genannt werden, die über alle oder doch die meisten Bewohner eines Landes verbreitet ist, und in der That findet man bei manchen Schriftstellern, z. B. im Dictionnaire de médecine. (T. XVI. p. 142) den Begriff des Wortes auf diese Weise erklärt. Aber in solcher Art die Pandemie neben die Epidemie und die Endemie als ein Drittes stellen zu wollen, erscheint um so weniger angemessen, als es in der Erfahrung begründet ist, die erstere, wie in dem angeführten Werke geschehen, immer als eine Endemie in ihrer größten Ausdehnung zu betrachten. Verbreiten sich nicht z. B. Typhen, asiatische Cholera u. s. w. öfter epidemisch über ganze Länder, ohne vorher endemisch gewesen und später pandemisch (ein bleibendes Eigenthum dieser Länder) geworden zu sein? In der That kann eine über ein ganzes Volk weit verbreitete Krankheit ebenso wol aus epidemischen als aus endemischen Ursachen entsprungen sein und als Epidemie und Endemie herrschen. Es ist daher dem wahren Verhältnisse weit verbreiteter Krankheiten offenbar am angemessensten, nach dem Beispiele unserer besten pathologischen Schriftsteller, z. B. Friedländer's Fundam. doctr. pathol. (§. 72) die Worte: Pandemie und pandemische Krankheit nur als allgemeine Bezeichnung für Epidemie und Endemie, epidemische und endemische Krankheit zu benutzen, welchem letztern Gegenstande wir oben eigene Artikel gewidmet haben, auf welche wir hier verweisen dürfen. (*C. L. Klose.*)

PANDEMOS ist ein Beiname der Aphrodite, welche als die Göttin einer niedern Sphäre, der Aphrodite Urania oder der Himmlischen entgegengestellt wurde; unter diesem Namen wurde sie in Megalopolis (*Paus.* VIII, 32, 2), in Theben (IX, 16, 3), in Elis, wo ihr von Skopas gemachtes Erzbild sie auf einem Bock reitend zeigte (Ib. VI, 25, 1), vor allen in Athen verehrt, wo ihr Tempel in der Nähe der Burg war; Theseus soll hier ihren Cult nach Vereinigung der Bewohner Attika's zu einem Staat eingeführt haben (I, 21, 3); diese Legende ist gewiß aus bloßer und noch dazu falscher Erklärung des Worts Pandemos hervorgegangen, sowie ich auch dem Apollodor nicht beistimmen kann, der nach Anführung Harpokration's (s. v.) in der Schrift über die Götter den Namen davon ableitete, weil auf dem alten Markte, wo dieser Tempel stand, ursprünglich die attischen Volksversammlungen gehalten wurden; Nikander aus Kolophon dagegen bei demselben Lexikographen und bei Athen. (XIII, 569 d.) erzählte im dritten Buche seiner Schrift über Kolophon, daß Solon ein öffentliches Hurenhaus angelegt und vom Ertrage desselben den Tempel errichtet habe. Östers gedenken Philosophen, wie Plato (Conviv. 180, e.) und Xenophon, auch Lucian (Demosth. encom. 13) dieses Beinamens der Göttin. Die Pandemos Aphrodite hatte ihr besonderes Fest, dessen der Komiker Menander in dem Stücke: der Schmeichler, bei Athen. (XIV, 659, d.) gedenkt; ihr wurde eine weiße Ziege geopfert (Lucian Hetären-Gespräche. VII. T. 8. p. 224. Bip.). Ein Schwur bei dem Namen dieser Göttin *πρὸς Πανδήμου, νὴ τὴν Πάνδημον*, findet sich bei Lucian (Pseudolog. 11. T. 8. p. 67. Bip. und Philopseud. 25. T. 7. p. 246). Erwähnt wird sie auch bei *Alciph.* III, 64. (*H.*)

PANDEMOS *Hübner* (Insecta). Schmetterlingsgattung, aus Papilio *Lin.* gesondert, Arten begreifend, welche die Flügel auf beiden Seiten fast zeichenlos (ohne Zeichnung) haben. Hierher Pap. Placidia, *Stoll* 28, 4, 4. Libericus Fabricius, *Cramer* Uitlaend Capellen. t. 210. G. H. Arcas, ib. 179. 2. P. Lagus ib. 117. F. G. Boisduval (Spec. gen. des Lépidoptères I.) stellt Liberius zu Pieris, indessen Arcas bei Papilio geblieben. (D. *Thon.*)

PANDEREN, PANDERN, PANNERKEN, niederländisches Dorf mit 600 Einwohnern, ist merkwürdig durch den Anfang des Canals (von Einigen der pandersche Busen genannt) durch welchen das Wasser des Rheins geht und sich von der Waal scheidet, sowie durch den Übergang der Franzosen im J. 1795. (*Fischer.*)

PANDEREN (Egbert van), Kupferstecher, geb. in Harlem gegen 1606. Von seinem Leben ist wenig bekannt, nur daß er zu Antwerpen arbeitete, wo er theils nach anderen Meistern, theils nach eigner Composition in Kupferstich lieferte. Besonders arbeitete er mit dem Grabstichel, und scheint sich hier den Heinrich Goltzius zum Muster gewählt zu haben, obwol in Panderen's Arbeiten die Freiheit jenes Meisters fehlt, die darin als Lehre für alle Kupferstecher gelten kann, und die Lagen an den Figuren mehr kurz gerundet erscheinen, auch die Übergänge nach den zärtern Tönen des Lichts nicht so gefühlt sind. Die Zeichnung in den Verhältnissen seiner Figuren ist etwas lang.

Er stach nach Cambiasi, de Jode, van Veen, Rubens und Tempesta; ausgezeichnet sind Moritz von Nassau zu Pferde und eine Folge von verschiedenen Pferderacen, 30 Blatt, die zum Theil nach Tempesta gearbeitet sind. Auch arbeitete er mehre Platten zu dem großen merkwürdigen Werke der Fechtkunst von Thibault, welches in Antwerpen 1628 publicirt wurde. Was eine ihm zugeschriebene Folge von vier Blatt, die Geschichte des kranken Menschen und Christus als Arzt desselben darstellend, betrifft, so ist diese Folge vielmehr nach seiner Zeichnung von Galle gestochen, wenigstens sind Abdrücke vorhanden, welche bezeichnet sind: v. Panderen inv. Galle sc. (*Frenzel.*)

PANDERLA, Stadt in Hindostan in Madura, 30 engl. Meilen nordnordöstlich von Coilpetta. (*H.*)

Panderscher Busen, s. Panderen.

PANDIA, Name eines attischen Festes, was theils in einer Inschrift (C. I. Gr. nr. 82) erwähnt wird, in welcher Urkunde des Gaues Plotheia für Begehung dieses Festes eine gewisse, leider nicht mehr lesbare, Summe aus dem Gemeindevermögen des Gaues ausgesetzt ist, theils in einem Gesetze bei Demosthenes gegen Midias (517. §. 8) und in der vom Redner dazu (§. 9) gegebenen Erläuterung vorkommt, auf welche letztere sich alle Glossen der Lexikographen beziehen. Sehen wir nun, daß zwar Pollux (I, 37) die Pandia gradezu als Fest des Zeus bezeichnet, andere Grammatiker aber, wie das Etymologicum Magnum, Photius und etwas weniger vollständig der Scholiast zu Demosthenes und das Rhetorische Wörterbuch (292, 10) darüber schwanken, ob es von Zeus oder von Pandion oder von der Pandia, welches eine andere Form der Selene oder der Mondgöttin wäre, genannt worden sei, daß endlich Harpokration, dessen Glosse sich auch Suidas angeeignet hat, nur sagt, es wäre ein gewisses (*ἑορτή τις*), nach den (großen) Dionysien begangenes Fest, was sich aus bloßer Betrachtung der Demosthenischen Stelle ergeben mußte, so geht daraus hervor, daß 1) diese Grammatiker selbst die Bedeutung desselben nicht gekannt haben; 2) daß es jedenfalls ein kleineres, untergeordnetes Fest gewesen sein müsse; dies allein beweist aber auch die Unrichtigkeit der Vermuthung Taylor's, welcher im Commentar zur angeführten Stelle der Midiana die Meinung äußerte, Pandia und Diasia wären ein und dasselbe Fest; denn dieses, wissen wir, war des Zeus Meilichios größtes Fest in Athen, *ἡ Διὸς μεγίστη ἑορτή* (*Thuc.* I, 126); ein solches hätte kein leidlicher Kenner des attischen Alterthums ein „gewisses" Fest nennen können; dazu kommt, daß die Diasia (nach Schol. *Ar.* Nub. 407) den 23. Anthesterion gefeiert wurden, die Pandia aber den 14. Elaphebolion. Sind wir demnach über die Bedeutung des Festes nur auf Vermuthungen hingewiesen, so dürfte die, daß es der Pandia oder Selene geheiligt war, der Wahrheit am nächsten kommen, und mochte damit in Verbindung stehen, daß der Festtag mit dem Vollmonde zusammenfiel oder ihm unmittelbar voranging. (*Meier.*)

PANDICULARIS nannten die Römer den Tag, an dem allen Göttern gemeinschaftlich geopfert wurde. (*Fest.* s. v.) (*H.*)

PANDIK, türkische stark bevölkerte Stadt in der Nähe des Mar di Marmora und in der Provinz Natolien (Anadoli) gelegen. (*Fischer.*)

PANDINO, 1) ein großer und zwar der 7. District der Delegation Lodi e Crema des lombardischen Königreichs, der einen Theil der großen lombardischen Ebene umfaßt, im Norden an die Delegationen Mailand und Bergamo grenzt und an den übrigen Punkten von den Districten Crema, Lodi und Zelo buon Persico umfaßt und von der Adda bewässert wird und 15 Gemeindedörfer enthält, worunter Rivolta einen Gemeinderath hat, und außerdem Vailate, Spino und Agnadello die bedeutendsten sind. 2) Ein großes Gemeindedorf und Hauptort des Districtes, in der Fläche zwischen bewässerten Wiesen und Baumpflanzungen, an der von Lodi nach Treviglio und Caravaggio führenden Straße gelegen, sieben Miglien von Lodi nordnordostwärts entfernt, mit einer eigenen katholischen Pfarre, die zum Bisthume Crema gehört, einer der heil. Margaretha geweihten Pfarr- und einer Aushilfskirche, einer Gendarmeriebrigade, einer Fiera, einem Monatsmarkte und vier Reisstampfen. Pandino ist der Sitz eines k. k. Districts-Commissariats und der Hauptort eines Schulinspectorates. Den Werbbezirk hat das Linien-Infanterieregiment Nr. 23. (*G. F. Schreiner.*)

PANDION. Der Pragmatismus der alexandrinischen Gelehrten, welcher die ganz dem Sagengebiete angehörige Geschichte der attischen Könige zur Ausfüllung ihres chronologischen Netzes benutzte und in dieser Absicht einen ersten und zweiten Cecrops unterschied, hat auch ebenso zwei verschiedene Könige des Namens Pandion aufgestellt, wovon der eine als der fünfte, der andere als der achte attische König von Cecrops an gerechnet bezeichnet wird. Daß alle diese Königsnamen vor Theseus nicht bestimmten Individuen angehört haben können, daß sie blos Personificationen von Ideen und namentlich von religiösen Ideen und Cultverhältnissen, auch von Bevölkerungsverschiedenheiten und Lokalen sein müssen, darüber kann kaum noch ein Zweifel herrschen; die lange Regierungsdauer, die jedem einzelnen dieser Könige eingeräumt wird, macht diese Königstafel ebenso unglaublich, als di esikyonische und ähnliche; doch ist es nicht uninteressant, die Sagen, welche sich auf diese Könige beziehen, auch in ihrer Überarbeitung durch die Pragmatiker zu betrachten. A) Pandion I. wird als fünfter König[1]), als Sohn und Nachfolger des Erichthonius[2]), der ihn mit der Pasithea gezeugt habe, genannt; unter seiner Regierung sollen[3]) Demeter und Dionysos nach Attika gekommen sein, jene nach Eleusis zu Keleos, dieser zu Ikarios; er heirathete seiner Mutter Schwester, die Zeuxippe, und zeugte mit ihr zwei Töchter, Prokne und Philomele (daher die Pandionische Schwalbe genannt von *Hesiod.* ἔργ. 566), und zwei Söhne, Erechtheus und Butes; bei einem mit Labdakos, dem Könige von Theben, über die Grenzen des Landes ausgebrochenen Kriege rief er den Tereus, Sohn des Ares, aus Thrakien zu Hilfe, und da er mit seiner Hilfe den Krieg glücklich geführt, gab er ihm seine Tochter Prokne zur Frau, mit der dieser einen Sohn, Itys, zeugte; über die traurigen Schicksale der Prokne und Philomele verweisen wir auf die sie betreffenden Specialartikel. Nach dem Tode des Pandion folgte ihm Erechtheus in der Regierung, **Butes**, der mythische Ahnherr des Eteo-Butadengeschlechts, *erhielt* das Priesterthum der Minerva und des Erichthonischen Poseidon. So Apollodor; die Verheirathung der Prokne mit Tereus und dessen dadurch bewirkte Verschwägerung mit Athen wird aber noch von vielen andern[4]) Schriftstellern und Dichtern seit *Thuc.* II, 29 erwähnt, aus dem sich auch schon ergibt, daß Tereus nicht aus dem nachherigen Thrakien, sondern aus dem damals von Thrakiern bewohnten phokischen Daulis gekommen sei, während nach Pausanias die megarische Sage ihn in Megaris herrschen läßt. Der Schmerz über das traurige Ende der Töchter tödtete den Pandion[5]); seinen Tod setzen die griechischen Chronographen[6]) in sein 40. Regierungsjahr. Er wurde Landesheros der Athener, nach ihm einer der zehn klisthenischen Stämme genannt[7]), wie Athen[8]) die Stadt des Pandion (Πανδίονος ἄστυ), die Athener das Volk des Pandion heißen[9]). B) Pandion II., Sohn des Cecrops und der Metiadusa, einer Tochter des Metioniden Eupalamos[10]), der achte König Athens, dem die Chronologen eine 25jährige Regierung zuschreiben, wurde von den Metioniden aus Athen verjagt, ging nach Megara, heirathete die Tochter des Königs Pylas, Pelia oder Pylia, erhielt von seinem Schwiegervater, der sich nach dem

1) *Euseb.*: Ἀθηναίων ἐβασίλευσεν πέμπτος Πανδίων. *Hieronym.*: Atheniensibus regnavit quintus Pandion. 2) *Apollod.* III, 14, 5: Ἐριχθόνιος — Πασιθέαν Νηΐδα νύμφην ἔγημεν, ἐξ ἧς παῖς Πανδίων ἐγεννήθη.

3) *Apollod.* §. 7. *Euseb. Marian. Scot.*, der im 38. Regierungsjahre des Pandion die Regierung des Keleus und die Ankunft des Triptolemus erwähnt. 4) *Pseudo-Demosth.* epitaph. 1397. fin. *Ovid.* Met. VI, 421. *Paus.* I, 41, 7—8. *Conon.* narr. 31. Vergl. die andern von *Meurs.* de regn. Athen. II, 4 sq. angeführten. 5) *Ovid.* Met. VI, 675 sq. 6) *Euseb.* Ἀθηναίων ἐβασίλευσεν πέμπτος Πανδίων ἔτη τεσσαράκοντα, und ebenso Syncellus (p. 298. *Dind.*), Hieronymus rc. 7) *Harpocrat.*, *Suid.* s. v. Πανδιονὶς — κληθεῖσα ἀπὸ Πανδίονος τοῦ Ἐριχθονίου. 8) Orakel bei *Demosth.* c. Mid. 531. *Ovid.* Metam. XV, 430 Pandioniae Athenae. *Claudian.* Proserp. II, 19 arces Pandioniae. 9) *Lucret.* VI, 11, 41 Pandionis populum. 10) *Apollod.* III, 15, 5: Κέκροψ — γήμας Μητιάδουσαν τὴν Εὐπαλάμου παῖδα ἐτέκνωσε Πανδίονα. *Paus.* I, 5, 3: Πανδίων ἐβασίλευσεν ὁ τοῦ Ἐριχθονίου καὶ ὁ Κέκροπος τοῦ δευτέρου. Damit stimmt *Tzetz.* Chil. I, V, . Abweichend nennen Eusebius und Syncellus (p. 304. *Dind.*) ihn einen Sohn des Erechtheus. Ἀθηναίων ἐβασίλευσεν ὄγδοος Πανδίων Ἐριχθέως ἔτη κε΄. *Hieronym.*: Atheniensibus regnavit octavus Pandion alter annos viginti quinque.

Peloponnes begab, die Herrschaft über Megara und zeugte mit der Pelia vier Söhne: Ägeus, Pallas, Nisos und Lykos, doch wird Ägeus von Einigen ein Sohn des Skyrios genannt, und Pandion habe ihn nur untergeschoben. Nach dem Tode des Pandion seien die Söhne gegen Athen gezogen und hätten sich zu viert in die Herrschaft getheilt, so doch, daß Ägeus das Hauptregiment erhielt. Dies ist die Erzählung des Apollodor [11]. Nach Pausanias [12]) hatte Pandion schon in Athen die Söhne mit der Tochter des Pylas gezeugt, und die Söhne waren mit ihm, als er der attischen Herrschaft verlustig ging, nach Megara geflohen. Da soll er an einer Krankheit gestorben und im megarischen Gebiete sein Grabmal auf einem der Athene Äthyia geweihten Felsen sein; die Söhne aber seien nach Attika zurückgekehrt, hätten die Metioniden verjagt und Ägeus als der älteste unter ihnen die Herrschaft über die Athener erlangt. In der Stadt Megara war ein Heiligthum des Pandion und ihm wurden von den Megarern mancherlei Ehren bewiesen [13]). Die Theilung des ganzen, Megaris mit umschließenden, Landes unter seine vier Söhne, Ägeus, Lykos, Pallas und Nisos, wird häufig erwähnt [14]), doch gab es, wie auch Apollodor andeutet, eine Sage, wonach Ägeus eigentlich gar nicht mit den Erechthiden verwandt, sondern blos Adoptivsohn des Pandion war [15]). Öneus [16]) dagegen, einer der attischen Stammherren, wird als *νόθος* oder unehelicher vereinzelt, auch noch Cecrops als Sohn des Pandion [17]) genannt. Bei den meisten Schriftstellern aber werden jene vier zuerst genannten vorzugsweise als Pandioniden bezeichnet, die auch ums Regiment mit einander stritten, in Folge dieses Streites verließ Lykos von Ägeus vertrieben Athen und ging in das nach ihm genannte Lykien [18]), dessen Bewohner früher Termilae hießen, aufgenommen wurde er daselbst von Sarpedon; in Athen ward nach ihm das Lykeion benannt; auch nach dem messenischen Arne soll Lykos gekommen und der Träger der Mysterien der großen Göttinnen geworden sein. C) Neben diesen wird uns in der Sage noch genannt: 1) Ein Pandion, einer der 50 Söhne des Ägyptos, der eine der 50 Töchter des Danaos Kallidike zur Frau erhielt [19]). 2) Pandion, Sohn des Phineus und der Kleopatra [20]), den sein Vater blendete. 3) Pandion Sohn des Jupiter und der Luna [21]). D) Dann wird uns auch ein indischer König Pandion (s. Panda), nach dem die indische Landschaft diesseit des Ganges „die Pandionische" heißt, und endlich ein Berg dieses Namens in Karien genannt. (*H.*)

Pandion (Zoologie), s. Falco.

Pandioniden, s. Pandion.

Pandionis regio (*Πανδίονος χώρα*), s. Panda.

PANDIPOUR, Stadt in Hindostan, 22 engl. Meilen südl. von Fyzabad. (*H.*)

Pandolf, s. Pandulph.

PANDOLY, Stadt in Hindostan, in Baglana, 25 engl. Meil. nordwestlich von Junare. (*H.*)

PANDONSER, Stadt in Dowlatabad, 20 engl. Meil. östlich von Poornadar. (*H.*)

PANDONULF, ein longobardischer Eigenname, ist fast derselbe mit Pandulf, wird aber doch als von demselben verschieden gebraucht. Die Germanen liebten gewisse sich ähnlich klingende, in ihren Geschlechtern wiederkehrende Namen; so sind die Namen des longobardischen Geschlechts, welches wir im 9. Jahrh. als Grafen und Gastalden von Capua finden, Lando, Landulf und Landonulf, und Pando, Pandulf und Pandonulf. Hier werde von uns betrachtet:

Pandonulf, Graf von Capua [1]), war der zweite Sohn des Grafen Pando Marpahis (Marschalks), hatte zu jüngern Brüdern Landulf, der sich zum Meister von Caserta machte, und Landonulf, den nachmaligen Bischof von Capua [2]), wohnte im J. 862 der Schlacht bei, in welcher sein Vater fiel, ward selbst schwer verwundet, und entkam kaum mit dem Leben. Nach seines Vaters Tode setzte ihn anstatt dessen sein Vaterbruder Landulf als Grafen nach Capua. Er hatte bei sich Daufer'n, einen Verwandten Majo's. Bischof Landulf fürchtete Daufer's Ränke, und ermahnte Pandonulfen, daß er Daufer'n Unterstützung geben und ihm anderswo einen Wohnsitz anweisen sollte. Pandonulf wollte sich seines Vatersbruders Ermahnungen nicht fügen und die drei Brüder, Pandonulf, Landulf und Landonulf, zogen mit Daufer aus der Stadt und bemächtigten sich des Schlosses Polenza. Pandonulf setzte sich in Sessa, Landulf in Caserta, und Landonulf in Cajazzo fest, welches ihr Vater fast gänzlich zu Grunde gerichtet hatte, und begannen alles in der Umgegend zu berauben. Sie brachte Bischof Landulf durch List in Nachtheil; zugleich täuschte er auch die Fürsten Guaifer und Adelgis, sowie auch seine Neffen, die Söhne Lando's des Ältern, und ließ die Gebiete seiner Brüder plündern und verbrennen. Als Capua's Ruin täglich wuchs, ermahnte er die Söhne Pando's, Pandonulf, Landulf und Landonulf, mit den Söhnen Lando's ein Bündniß zu schließen, und beide Theile ihren Sitz in Capua aufzuschlagen. Sie hielten eine Zusammenkunft, schlossen eidlich ein Bündniß, und gingen nach Capua. Aber Bischof Landulf hinterging sie, trennte sie durch Ränke und machte sie auf diese Weise meineidig. Deshalb sandte Pandonulf Briefe an den Kaiser

11) l. c. 12) *Paus.* I, 5, 3. Das Grab des Pandion in Megaris erwähnt er auch I, 39, 4 und 41, 6, was er auch als Beweis dafür beibringt, daß Megaris einstmals zu Attika gehört, der König Pylas die Landschaft an Pandion hinterlassen habe. 13) *Paus.* I, 41, 6. 14) *Strab.* IX, 392. *Heracl. Pontic.* fr. 15) *Plutarch.* Thes. c. 13. Schol. *Lycophr.* 494. 16) *Paus.* I, 5, 2. 17) *Id.* IX, 33, 1: *Κέκροπος τοῦ Πανδίονός ἐστιν ἡρῷον.* 18) *Herodot.* I, 173. *Strab.* XII, 573. XIV. 667. *Paus.* I, 19, 3. 19) *Apollodor.* II, 1, 5. §. 9. 20) *Id.* III, 15, 3. 21) *Hygin.* fab. praef.

1) s. Stemma postremorum comitum Capuae ex Erchemberto bei *Muratori*, Scriptt. Rer. Ital. T. II. P. I. Zwischen S. 232—233 vergl. Geschlechtsregister der Grafen von Capua bei Joh. Fr. le Bret, Fortsetzung der allgemeinen Welthistorie durch eine Gesellschaft von Gelehrten in Teutschland und England ausgefertigt. 40. Th. Halle 1778. S. 426. 2) Erchembert drückt dieses kurz so aus: Ut neuter eorum triticum prius recolligeret in urbibus suis, quam ab Apostolica auctoritate anathema mitteretur super eos.

Ludwig II., und bat ihn nach Italien zu kommen. Er selbst ging nicht eher nach Capua, als bis der Kaiser erschien. Er kam im J. 866 in das Gebiet von Benevent durch Sora, und begab sich in das Kloster des heil. Benedict von Casino. Hierher begaben sich die Abgeordneten aus den Städten, und unter ihnen auch der Bischof Landulf und seine Neffen auf der andern Seite. Landulf griff hier zu seiner gewohnten List. Die Capuaner, welche er dem Kaiser vorgestellt, nöthigte er zu fliehen, und blieb allein selbst bei dem Kaiser, um gleichsam genügend zu beweisen, daß er nichts bei ihm Strafbares gethan. Der Kaiser schätzte aber damals Landulfen noch gering, belagerte und eroberte Capua und untergab die Bürger verschiedenen Richtern. Gegen den Ausgang des Jahres 871 nahm der Kaiser Landulfen an seinen Hof. Landulf gab für sich zu Geiseln die Söhne Lando's, Lando'n und Landulfen, seine Verwandten, und ließ sie in Ravenna im Exil zurück. Als der Kaiser im J. 874 gestorben, wurden Gaifer's (Waifer's) Söhne und Lando's Söhne frei. Sie kehrten in ihre Heimath zurück und fanden hier Pando's Söhne außerhalb der Stadt Capua, nämlich vertrieben, und verbanden sich mit ihnen. Landulfen schmerzte ihr Bündniß sehr. Er rief den Fürsten Gaifer zum Beistande herbei. Er erschien ungesäumt und zwang die Söhne Pando's und die Söhne Lando's in den Dienst des Bischofs Landulf zu treten. Dieser starb im J. 879. Da versammelten sich seine Neffen und theilten unter Eidschwur die Grafschaft Capua zu gleichen Theilen. Pandonulf erhielt Trano und Caserta, Lando Beralais oder Altcapua und Suessa, Calinium und Cajazzo. Atenulf begann sich eine Burg in Calvo zu bauen. Den jungen Landulf, den Sohn Lando's, wählte ein Theil durch Eidschwur, der andere nur durch Einwilligung zum Bischofe von Capua. Aber wegen der Trägheit seines Vaters, mit der er auch behaftet war, ward er nicht sogleich eingeweiht. Der Eid unter den Blutsfreunden dauerte nicht lange, kaum vom 12. März bis 9. Mai 879. Die Habgierde der Söhne Pando's war zu gewaltig. Sie fingen durch List ihre Vettern Antenulf und Landonulf, die Söhne des ältern Landonulf, thaten sie in Haft, nachdem sie ihnen das Schloß von Cajazzo entrissen hatten, das sie ihnen bei der Theilung durch das Loos, durch Eidschwüre zugesagt hatten. Daher vereinigten sich Landenulf's Söhne mit Lando's Söhnen und wandten sich an den Fürsten Gaifer (Waifer) von Salerno, der sie auch eine Zeit lang schützte. Auch Pandonulf schickte an Gaifer mehrmals Gesandte mit Briefen, fand aber keinen Eingang, und Gaifer fuhr fort Landenulf's Söhne und Lando's Söhne zu begünstigen. Da Pandonulf sich so verlassen sah, lud er den Fürsten Gaideris von Benevent und den griechischen Statthalter Gregorius, der damals in Nola mit dem Gaifer (Waifer) in Unterhandlung stand, durch Gesandte ein, und versprach ihnen, daß sowie einer von ihnen käme und ihm Beistand leistete, er sein Unterthan sein sollte. Beide zögerten nicht, kamen von verschiedenen Seiten über Cajazzo und Sikopolis herbei, und lagerten sich auf der Westseite der Stadt Capua. Indessen weigerte sich Pandonulf, sich dem Gaideris, wie er versprochen hatte, zu unterwerfen, denn Lando, ein Sohn Landonulf's, ein Schwager des Fürsten Gaideris, widersetzte sich der Verbindung des Gaideris mit Pandonulf auf das Äußerste. Da sich Pandonulf so nicht dem Gaideris unterwerfen wollte, wandten sich von ihm der griechische Statthalter, der Bajulus Gregor und der Fürst Gaideris ab. Alsbald gingen einige durch die Stadt Capua, andere auf Kähnen über den Fluß zu der andern Partei über, und verbanden sich mit Guaifer (Waifer), und nachdem sie die Brüder Landonulf und Antenulf angenommen, und sich mit ihnen verbunden hatten, wollten sie Pandonulfen dem Fürsten Gaifer unterwerfen, vermochten es aber nicht. Er wollte nämlich seine Vettern nicht in die Stadt Capua aufnehmen und ward deshalb von Gaifer (Guaifer, Waifer) verschmäht. Als Gregor und die andern Pandonulf's Winkelzüge erkannten, kehrten sie zurück, bis auf Waifer, der in der Stadt Capua blieb. Fast alle vornehme Capuaner und alles Volk mit Weib und Kind und Hausgeräthe gingen aus der Stadt, und ein Theil von ihnen hing den Söhnen Lando's, der andere den Söhnen Landonulf's an, und großer Streit ward unter ihnen und die häßlichste Verwüstung. Waifer saß feindlich bei der Mauer der Stadt und belagerte sie; jenseit des Flusses stellte er Lando'n mit den Franken des Grafen Lambert auf. Das Jahr darauf (880) kam Waifer mit den Amalfitanern zur Zeit der Ernte wieder und schloß die Stadt ringsum ein. Friede ward so zwischen den Brüdern und Vettern gemacht und beschworen, und enthielt dieses: Keiner sollte das Getreide von Äckern eher in die Festungen schaffen, bevor nicht vom Papste der Bannfluch gegen die erwirkt worden, welche den Vertrag nicht halten, und das ganze Getreide nehmen würden [8]); zweitens, daß keiner derselben gegen die, die nach Capua hineingingen, sich erheben solle. Nach Schließung des Friedens zog Waifer heim. Sogleich vergaß Pandonulf seines Eides und ward meineidig, denn er kam seinem Versprechen, Gesandte nach Rom zu schicken, keineswegs nach, und nahm alles Getreide an sich. Man glaubte die göttliche Rache wegen jenes Meineides darin zu erkennen, daß alsbald der Blitz in Capua einschlug, und die Flamme fast die Hälfte der Stadt verzehrte. Zu jener Zeit stand der Bischof Athanasius von Neapel dieser Festung als Magister militum vor. Er hatte seinen eignen Bruder verbannt, mit den Sarazenen Frieden gemacht, sie zuerst zwischen den Seehafen und die Stadtmauer gesetzt, und das ganze Beneventer-, zugleich das Römerland und einen Theil des spoleter Gebietes verheert, und sich namentlich als Bischof einen verhaßten Namen gemacht, daß dabei auch die Klöster und Kirchen jener Gebiete geplündert worden waren. Mit einem solchen Manne verband sich Pandonulf, erhielt von ihm Unterstützung und begann nun seine Vettern härter zu

8) Le Bret (a. a. O. S. 420) bemerkt hierzu: Man sehe deutlich, daß Pandonulf sich einen gewissen Vorzug beimaß, den ihm die andern Gastalden oder apanagirten Herren nicht einräumen wollten.

verfolgen. Zuerst nahm er hier und da ihre Arbeiten hinweg, zog dann mit Neapolitanern, Gaetanern und Sarazenen vereint gegen die Burg Pilano, und bestürmte sie, mußte aber nach zwei Tagen ohne Erfolg abziehen. Das nächste Jahr (881) machte er eine allgemeine Bewegung, lagerte sich mit den Seinen, mit den Neapolitanern und mit den Sarazenen über dem Collosäum, wo die Söhne Lando's weilten, nahm jedoch zuvor denen, welche sich in Thermä bei der Arena niedergelassen, ihr Geld, und schickte sie nach Capua zurück. Den im Amphitheatro belagerten Söhnen Lando's bewilligte er Frieden, indem er von ihnen Luburien [4]) eidlich abgetreten erhielt. Hierauf stürzte er unversehens auf das Schloß Pilano und nahm es durch Trug ein, indem es die, welche sich darin befanden, überlieferten. Hierbei wurde auch der gefangen, dessen Geschichtswerk für Pandonulf's Geschichte die Hauptquelle ist, nämlich Erchempert. Er ward hierbei aller seiner Habe, die er sich von Jugend auf erworben, beraubt und zu Fuße vor den Häuptern der Rosse den 23. August 881 nach Capua ins Exil gebracht. Erchempert mußte so von der Geschichte der Grafschaft Capua in jener Zeit gut unterrichtet sein. Aber freilich das harte Schicksal, das er durch Pandonulf erlitt, konnte ihn nicht für diesen günstig stimmen. Nach der Einnahme Pilano's zog Pandonulf, umgeben von der Heerschar der Neapolitaner rasch nach Calvo, erbaute hier eine Befestigung, und saß hier. Aber Pandonulf's Söhne leisteten mit den Ihrigen tapfern Widerstand und Pandonulf mußte bald abziehen. Calvo spielte eine wichtige Rolle in jener Zeit. Es war mitten im Getümmel der Waffen erbaut worden. Wegen Calvo's war Antenulf von Pandonulf gefangen worden. Aber sein Bruder Lando hatte alsbald die größte Thätigkeit bei Erbauung dieses Schlosses gezeigt. Der Theil der Edeln stand dabei zur Schlacht bereit, während der Theil des Volkes die Mauern erbaute, und so ward es vollendet. Nach zwei Jahren (881) brannte es ab, aber Lando stellte es wieder her, und sorgte so für die Bürger durch Hütten und Lebensmittel, daß es jetzt ein für Pandonulf uneinnehmbares Bollwerk war. Am Anfange des Streites, als Pandonulf seine Vettern schrecklich verfolgte, trieb er den zum Bischofe von Capua erwählten Landulf, den Sohn Lando's, dem er selbst den bischöflichen Sitz des heil. Stephanus durch Eidschwur übergeben hatte, aus dem Claustrum Episcopii heraus, und wies ihm einen niedrigen Ort, nämlich die Cella Ministeriorum, als Wohnsitz an. Er selbst ließ sich den bischöflichen Palast als Wohngebäude einräumen. Da ging der zum Bischofe erwählte Landulf, aus Furcht vor den Ränken Pandonulf's, aus der Hauptstadt Capua, und eilte zu dem eigentlichen bischöflichen Sitze des ersten Blutzeugen, nämlich zu der Kirche des heil. Stephanus, um hier ein ruhiges Leben zu führen. Seinen Bruder Landonulf ließ Pandonulf zum Kleriker machen, obschon er beweibt war, und schickte ihn zum Papst Johann nach Rom, und verlangte, daß er ihn zum Bischofe machen möchte, und fand auch Gehör. Voll Eifer eilten der Abt Berthar von Monte Casino und der Bischof von Teano nach Rom, und baten den Papst, etwas so Böses, welches der Ruin des Landes sei, nicht zu thun. Aber des Papstes Wille siegte, und er ordinirte Landonulfen zum Bischofe. Der Papst that dieses darum, weil Pandonulf sich ihm zuvor unterworfen hatte, und unter des Papstes Namen alle Urkunden ausfertigen und auch den Namen des Papstes auf seine Münzen setzen ließ. So nach dem gleichzeitigen Erchempert, der zu Calve und Capua sich aufhielt und dieses wissen mußte. Daß man noch keine solche Münzen entdeckt hat, kann also kein Grund gegen die Glaubwürdigkeit der Angabe sein. Wegen jener Streitigkeiten kam der Papst zwei Mal (in den Jahren 879 und 881) nach Capua. Als er das erste Mal neben der Stadt an dem Orte lagerte, der Antonianus hieß, gingen ihn alle Longobarden feindlich an. Auf der einen Seite erschien der Bischof Athanasius von Neapel mit Pandonulf, auf der andern die Vettern, die Söhne Landonulf's und die Söhne Pando's mit den Fürsten Gaideris und Waifer. In Gegenwart des Papstes rückten beide Schlachtordnungen täglich gerüstet gegen einander aus. Von ihrem Anbringen belästigt weihete der Papst den längst zum Bischofe gewählten Landulf in der Kirche des heil. Petrus zu Capua und ließ das ganze Bisthum unter beide, unter Landulf und Landonulf, zu gleichen Theilen theilen. Aber die Mitte der Kirche, in welcher die Weihung gehalten wurde, ward kurz darauf von den Sarazenen, welche Pandonulf herbeigerufen und Athanasius geschickt hatte, ausgebrannt. Anastasius ertrug um das Jahr 881 das Übermaß Pandonulf's nicht mehr, verließ ihn und verband sich mit den Söhnen Landonulf's und den Söhnen Lando's. Erchempert gibt den Grund so an, nämlich: **Hac tempestate Pandonulfi inimicitiam non ferens Anastasius, relinquens eum etc.** Erchempert braucht immer gegen Pandonulf sehr feindliche Ausdrücke. Der wahre Grund aber, warum das Bündniß zwischen Anastasius und Pandonulf zerfiel, war wol dieser, daß in jener Zeit, nämlich im Monat April 881, Anastasius von dem Papst in den Bann gethan ward, weil er seine Verbindung mit den Sarazenen nicht aufgab; wollte also Pandonulf sich den Beistand des Papstes erhalten, so mußte er sich vom Bündnisse mit Anastasius zurückziehen. Während Pandonulf an Anastasius einen Bundesgenossen verlor, fand er oder hatte er an dem Fürsten Gaideris von Capua einen andern gefunden. Dieser trennte sich nämlich von Lando, seinem Verwandten, und verband sich mit Padonulf, und dieser gab dem Sohne des Fürsten Gaideris seine Tochter zur Gemahlin. Im J. 884 ward Gaideris durch die Kriegslisten Lando's gefangen und in Haft gesetzt. Fürst von Benevent ward Radelgis, der Sohn des Fürsten Adelgis. Um Pandonulfen zu fangen, zog Anastasius mit den Söhnen Lando's und den Söhnen Landonulf's gegen Capua, schloß es ein und bedrängte es. In dieser Noth bat Pandonulf seinen Verwandten Radelgis, daß er ihm zu Hilfe kommen möchte. Radelgis nahm seinen Bruder Ajo zu sich, und schlug sich nach Capua hinein. Nachher zog Ajo mit den Be-

4) Nämlich den Theil, der zur Grafschaft Capua gehörte.

neventanern und Capuanern hinaus und lieferte den Söhnen Landonulf's, welche die Amalphitaner zum Beistande hatten, ein unentschiedenes Treffen. Als Radelgis heimzog, griff Anastasius zu seinen gewohnten Waffen und stellte sich, als wenn er sämmtliche Vettern mit einander vergleichen sollte. Sie sollten einander schwören, und alle in die Stadt ziehen und sie gemeinschaftlich bewohnen. Pandonulf erhielt von dem Bischofe von Neapel die eidliche Zusicherung, daß er ihm nicht nachstellen wolle. Hierauf gingen sämmtliche Brüder, nämlich die Söhne Lando's und die Söhne Bando's, nach Capua, nachdem sie zuvor das Amphitheater dem Anastasius, und dieser es Waifern als Wohnsitz zum steten Streite der Capuaner gegeben hatten. Als sie sämmtlich zugegen waren, schworen alle, daß sie friedlich und ohne alle Beschwerung Pandonulf's in die Stadt gingen, um dort sich aufzuhalten. Pandonulf aber empfing sie festlich mit weißgekleideten Klerikern. Sie gingen in die Stadt und ergriffen Pandonulfen und seinen Bruder, den Bischof Landonulf, nebst allem ihrem Gefolge und Anhängern. Pandonulf und Landonulf wurden nach Neapel geschickt, und nachher auch ihre Ehefrauen, Söhne und Töchter. Der Bischof Landulf der Jüngere bekam jetzt das ganze Bisthum Capua und die Theilung dieses bischöflichen Sitzes hörte auf. Lando III. wurde mit Einwilligung seiner Vettern zum Grafen von Capua gemacht, nachdem er zuvor blos Gastald von denjenigen Gütern gewesen war, die sie in der Grafschaft besaßen. Athanasius strebte aber selbst nach dem Besitze von Capua, und suchte Uneinigkeiten unter den Brüdern, den Söhnen Lando's und den Söhnen Landonulf's, zu stiften. Zuerst entflammte er hierzu den Waifer, dem er das Amphitheater zum Wohnsitze gegeben hatte. Um den unthätigen Lando in Weiberränke zu verstricken, vermählte er ihn mit seiner noch sehr jungen Tochter. Aber Lando ging nicht ein. Dann rief er den jüngsten Sohn Landonulf's, den Antenulf, zu sich, und schlug ihm vor, daß er alle Söhne des Lando gefangen nehmen, und wie sein Großvater allein Herr in Capua sein solle. Aber auch dieses schlug fehl. Antenulf entdeckte seinen Brüdern die ruchlosen Rathschläge des Bischofes Anastasius, und alle Söhne Landonulf's verbanden sich hierauf mit den Söhnen des Lando durch einen der stärksten Eide, daß sie einander nicht nachstellen wollten. Hierauf ließ Anastasius sich von den Griechen 300 Mann unter der Anführung des Chasanus geben, schloß mit den Capuanern einen falschen Frieden, und ließ dann zur Zeit der Weinlese, als Groß und Klein sich in die Weinberge begab, durch Waifer, welcher von seinem Wohnsitze Colossensis genannt wird, einen Einfall in die Stadt thun und sie plündern. Durch 200 Sarazenen von Akropolis ließ er die Gegend um Capua plündern. Aber die Capuaner thaten einen Ausfall und schlugen die Sarazenen in die Flucht. Auch ein andrer Versuch, den Anastasius machte, mißlang. Die Capuaner unterwarfen sich dem Herzoge Guido von Spoleto, der in diese Gegenden kam. Kaum aber war er zurückgegangen, als Anastasius wieder die Felder der Capuaner plündern ließ. Eilig ward von Capuanern der Herzog Guido und von Guido'n der Fürst Ajo von Benevent herbeigerufen und gefangen genommen. Als aber Guido mit Ajo'n nach Sipontum kam, befreiten die Sipontiner ihren Herrn. Als Chasanus nach Constantinopel abging, sandte der kaiserliche Feldherr den Johannes Candidatus oder Johannicion mit dreihundert Kriegern dem Bischofe Athanasius, und dieser raubte mit ihnen in der Grafschaft Capua. Die Capuaner noch mehr zu züchtigen, ließ Athanasius Pandonulfen frei. Pandonulf ward von Magipert in Suessa aufgenommen und verband sich mit den Griechen. Deshalb gingen Lando, der Sohn Landonulf's und der Bischof Landulf zu dem Herzoge Guido von Spoleto und baten um Hilfe. Der Bischof Landulf kehrte von Spoleto zurück, Lando aber kam mit dem Herzoge über Sipontum nach Capua, er versah diese Festung mit Getreide, eilte dann auf erhaltene Nachricht nach Rom, und ließ die Capuaner in den Händen des Bischofs Landulf. Dieser aber bedrängte sogleich durch Griechen und Neapolitaner Sanctus Heremus und dann Capua, welches auch von der andern Seite hart mitgenommen wurde, sodaß es gleichsam umlagert schien, denn bei Sicopolis saßen Griechen mit Neapolitanern und Pandonulf, und verheerten ringsum alles von Grund aus. Achtzig von ihnen, welche Calinius anhingen, brachen heimlich über Teano her. Aber von verschiedenen Seiten rückten ihnen Lando mit den Teanensern und Antenulf mit einigen Capuanern neben Sancta Scholastica bei dem Schlosse Teano's entgegen und besiegten sie [5]). Pandonulf's wird seitdem in der Geschichte nicht mehr gedacht. Zu Pandonulf's Geschichte gehört noch dieses: Pandonulf, der Capua vorstand, ein Basall des Papstes, bat ihn, daß er Gaeta seiner Herrschaft (dominatui suo) untergäbe, denn die Gaetaner dienten damals nur dem römischen Bischofe. Dieser bewilligte dem Pandonulf, was er verlangte, und dieser fing nun an, die Gaetaner so hart anzufallen, daß ihnen nicht gestattet war, bis nach Molae [6]) (zu den Mühlen) herauszugehen. Damals stand ihnen als Herzog ein gewisser Docibilis vor. Man hat dieses Verhältniß dunkel gefunden, nämlich die Worte des Leo von Ostia: Coepit idem Pandenulfus [7]) in Cajetanos acriter incursare, ut vel usque ad Molas (zu den Mühlen) illis egredi non daretur, hat man so verstanden: „Als er aber einmal Herr der Stadt war, es sei hernach durch eine Belehnung oder auf eine andere Weise geschehen, so fing er an die Einwohner von Gaeta hart zu halten, und erlaubte ihnen nicht einmal sich allzuweit von der Stadt zu entfernen. Diese Oberherrschaft, die der Papst seinem Basallen Pandonulf

---

5) *Erchempertus*, Historia Langobardorum ap. *Eccardum*, Corpus Historicum medii Aevi. T. I. p. 65—82. *Bei Muratori*, Scriptt. Rer. Ital. T. II. P. I. p. 244—251. *Vergl. Camilli Peregrini*, Historia Princ. Langobard. bei dems. a. a. O. S. 278. *Herumperti* Epitome Chron. bei dems. T. V. p. 20—22. *Caraccioli*, Propylaea bei demselb. a. a. O. S. 10. 6) Der Ort hieß Molae, weil die Mühlen dort waren, und das war eben den Gaetanern empfindlich, daß sie nicht einmal bis zu den Mühlen gehen konnten. 7) Die ältere Form ist Pandonulfus, welcher sich der gleichzeitige Erchempert bedient. Der spätere Leo von Ostia dagegen braucht Pandenulfus.

aufgetragen, hinderte indessen doch nicht, daß in Gaeta ein gewisser Docibilis oder Decibilis Herzog war. Ein päpstlicher Herzog war er gewiß nicht, sonst hätte der Papst nicht einen Fremden über Gaeta gesetzt. Nun verlieh damals in diesen Gegenden Niemand als der griechische Kaiser die herzogliche Würde. Also war Docibilis ein griechischer Herzog, der über griechische Länder und Rechte herrschte, sowie hingegen auch der Papst in diesen Gegenden schöne Grundstücke als Patrimonium besaß, in deren Betracht er einen Andern belehnen konnte [8]). Wir sind anderer Meinung, und zwar aus diesen Gründen. Leo von Ostia sagt oben: Cajetani eo tempore Romano tantum Pontifici serviebant, und erzählt dann, wie Pandonulf's Bitte vom Papste gewährt wird, und dieser die Cajetaner hart bedrängt. Docibilis erträgt diese Schmach nicht und miethet Sarazenen, welche Alles in der Umgegend verheeren, dann nach Gaeta gelangen, und auf den Formianischen Hügeln ihr Lager aufschlagen. Als der Papst dieses hört, faßt ihn sogleich Reue, und er geht die Gaetaner durch Schmeichelreden, Briefe und viele Verheißungen an, damit sie sich mit ihm wieder versöhnen möchten und sich von den Sarazenen trennten. Docibilis gehorcht endlich den Ermahnungen, bricht das Bündniß mit den Sarazenen und bekriegt sie. Hieraus geht also Folgendes hervor: Der Papst hatte sich mit den Gaetanern entzweit gehabt, Pandonulf bat ihn, daß er sie seiner Herrschaft unterwerfen möchte. Der Papst that es. Aber hierdurch kam Pandonulf noch nicht in den wirklichen Besitz von Gaeta, denn in Gaeta waltete der Herzog Docibilis, der sich gegen den Papst empört gehabt. Pandonulf wollte Gaeta durch Waffengewalt sich unterwerfen, und machte häufige Ausfälle auf dessen Bewohner, sodaß sie nicht einmal bis zu den Mühlen gelangen konnten. In dieser Noth schloß Docibilis ein Bündniß mit den Sarazenen, und dieses war dem Papste so verhaßt, daß er sich wieder mit den Gaetanern versöhnte. Aus dieser Versöhnung folgt auch zugleich, daß er Pandonulfen die bewilligte Herrschaft über die Gaetaner wieder entzog. (*Ferdinand Wachler.*)

PANDOO, Stadt in Hindostan, in Visiapour, 20 englische Meilen nördlich von Sattorah. (*H.*)

PANDORA. Hesiod ist die älteste und zugleich ergiebigste Quelle, aus der, was wir über den Mythos der Pandora wissen, uns größtentheils zufließt. Wie wenig wir aber gegenwärtig im eigentlichen Besitz ursprünglichen Hesiodischen Gesanges uns befinden, wie sehr, sei es durch Verbindung verschiedener Recensionen, oder durch Veränderungen einzelner Rhapsoden, die eigentliche Poesie des böotischen Sängers auch in dem der Pandora gewidmeten Abschnitt entstellt worden, darüber herrscht heutzutage unter den Gelehrten nur eine Stimme. Die Hoffnung einzelner Sprachforscher, durch Ausscheiden gewisser verdächtiger Verse und durch Versetzung anderer zu der Ursprünglichkeit des Hesiodischen Originals wieder zu gelangen, können wir leider nicht theilen, müssen dieselbe vielmehr als eine eitle und erfolglose bezeichnen. Nächst der classischen Stelle in den Werken und Tagen (V. 55 fg.) verdient eine zweite auf denselben Mythos bezügliche, (in der Theogonie V. 570 fg.) eine besondere Beachtung, weil sie manchen abweichenden und im Mythos bedeutungsvollen Zug vor jener Stelle voraus hat und in den Einzelheiten der dabei betheiligten Personen ein von dem in den Werken und Tagen verschiedenes Bild in unserer Anschauung hervorzurufen vermag. Nicht unmöglich wäre es, daß durch glückliche Ausgrabungen Vasengemälde ans Licht kämen, von denen eines treu der Schilderung in der Theogonie, ein anderes der in den Werken und Tagen entsprechend erschiene, wodurch das Bestreben einiger Gelehrten, die beiden Hesiodischen Stellen in völlige Übereinstimmung zu bringen, in seiner ganzen Blöße heraustreten würde.

In dem Mythos der Pandora sind folgende Hauptmomente zu unterscheiden:

1) Der Grund ihrer Geburt. Zur Strafe für des Prometheus Feuerentwendung befiehlt Zeus dem Hephästos das Weib zu schaffen, auf daß alle daran sich ergötzten nach Lust, ihr eigenes Übel umfangend. Denn unter Pandora verstanden die Alten allgemein das Weib mit dem Reize sinnlicher Schönheit und Verführung begabt, — *Καλὸν Κακόν* (*Hesiod.* Theog. v. 585) — im Gegensatz mit dem im Feuerräuber Prometheus personificirten Geist [1]), und zwar das Weib, durch welches erst das Unglück über die Menschen hereinbricht.

2) Die Geburt der Pandora. Hephästos, der Künstler unter den Göttern [2]), bekommt von Zeus den Auftrag, aus Erde und Wasser [3]) das Bild einer schamhaften Jungfrau zu formen und menschliche Stimme und Kraft derselben zu verleihen. Athene ist bei dem Entstehen der Pandora zugegen, hilft sie ankleiden und legt ihr den Gürtel um [4]). Aphrodite, Peitho und die Chariten sind beschäftigt der Neugeborenen größern Liebreiz zu verleihen, indem sie goldene Spangen um Hals und Arme ihr anlegen. Die Horen bringen Kränze von Frühlingsblumen zu ihrem Schmuck. Hermes aber legte Lüge, einschmeichelnde Rede und listige Weise der Pandora ins Herz, verlieh ihr die Sprache, gab ihr den Namen Weib im Gegensatz zu dem Geschlechte der Männer und einen

8) So Johann Friedrich Le Bret, Fortsetzung der allgem. Welthistorie. 20. Th. S. 488.

1) Welcker, Äschyl. Trilog. S. 75. 2) Die Sage, daß Prometheus nicht blos die ersten Männer, sondern auch das erste Weib geschaffen habe, wird mit Recht als eine spätere angesehen, womit auch die schlechte Arbeit des römischen Basreliefs im Vatican mit den Inschriften PROMETHES MVLIER genau übereinstimmt. *Visconti* Mus. Pio-Clem. IV, 34. *Millin.* Gal. Myth. XCII, 382. Vergl. Welcker, Trilog. S. 77. Not. 101. 3) Außer den Stellen des Hesiod, der Vers aus der Pandora des Sophokles: *Καὶ πρῶτον ἀρχὸν πηλὸν ὀργάζειν χεροῖν* beim Schol. Hippokrat. in der Ausg. der Werke Vol. I. p. 82. ed. *Mack.* Cf. God. *Hermann.* in Memor. Ernestii dissertat. de Aeschyli Aetnaeis (Lips. 1837.) p. 15. Mit Thränen befeuchtet bei *Stob.* Serm. I. 4) Daß Athene auch die Seele der Pandora gegeben (*Hygin.* f. 142) ist eine Variante des Mythos späteren Ursprungs, wie denn auch wirklich bei der Bildung des Menschen durch Prometheus auf römischen Sarkophagen öfter ein Schmetterling dem Neugeschaffnen auf dem Kopfe sitzend erscheint.

zweiten Namen Pandora, die Allbegabte, weil alle Götter sie mit Gaben ausgestattet hatten.

Diese aus Hesiod's Werken und Tagen entlehnte Schilderung der Geburt der Pandora entbehrt leider immer noch des wünschenswerthen Lichtes; welches auf diesen Mythos bezügliche Kunstwerke zu verbreiten im Stande wären. Bekanntlich hatte der größte Bildhauer aller Zeiten diesen Gegenstand auf dem Fußgestelle seiner Minerva Parthenos [5]) in Athen verewigt. Während bei Hesiod nur Hephästos, Athene, Hermes, Aphrodite mit den Chariten und die Horen, also eine Zehnzahl von Gottheiten, um Pandora geschäftig erscheinen, lehrt uns Plinius [6]), daß in der Composition des Phidias die doppelte Zahl als Zeugen und Geschenke bringend der Schöpfung des ersten Weibes beiwohnte. Wer den Kunstdarstellungen von Göttergeburten [7]) einige Aufmerksamkeit geschenkt hat, dem wird es nicht schwer fallen, sich Rechenschaft davon zu geben, welche Gottheiten außer den genannten in der Composition des Phidias aufgetreten sein mögen. Es kann keinem Zweifel unterliegen, daß die Geburt der Pandora, insofern sie eine zeitliche ist, in die Grenzen von Tag und Nacht eingeschlossen sein mußte, daher auf der einen Seite Helios auf seinem Viergespann, auf der entgegengesetzten Selene, etwa von Rossen oder Stieren gezogen, als Schlußfiguren erheischte. Mit fast gleicher Sicherheit dürfen wir die Anwesenheit zweier anderer Hauptgottheiten, welche die Elemente vertreten, und grade diejenigen sind, aus deren Wesen Hephästos das Weib zu bilden versuchte, ich meine Poseidon und Demeter oder Gäa, voraussetzen. Nächstdem möchten wol diejenigen Göttinnen, welche bei der Geburt, zumal eines sterblichen Weibes, unentbehrlich sind, die Mören, eine um so passendere Stelle in dieser Scene gefunden haben, je schärfer ihr Gegensatz mit den heitern Horen und Chariten bei dieser Gelegenheit sich versinnlichen ließ. So hätten wir denn Helios und Selene, Poseidon und Demeter und die drei Mören, und es blieben uns nur noch die drei andern Gottheiten nachzuweisen übrig, um von der Composition des Phidias eine wenigstens partielle Vorstellung uns zu verschaffen. Hier befinden wir uns aber in einiger Verlegenheit, insofern, sobald man sich streng an die Worte des Plinius hält, nur an Götter, die den bisher genannten dem Range nach gleichstehen, zu denken wäre, und in diesem Falle Zeus, Here [8]) und Apollon [9]) an diesem athenischen Denkmale ihre Gegenwart wol rechtfertigen könnten. Allein der Titel eines Sophokleischen Satyrdrama „Pandora oder die Hammerschläger," verbunden mit der Betrachtung einiger auf die Menschenbildung bezüglichen Kunstdenkmäler [10]), führt uns auf die Vermuthung, die drei zur Vervollständigung der Zwanzigzahl noch fehlenden Gottheiten möchten die drei um Ambos und Esse beschäftigten Kabiren gewesen sein, zur Bezeichnung der Werkstätte, in der die Handlung vorging, und zugleich zur Symbolisirung des Feuers, dessen Raub die Geburt der Pandora zur Folge hatte. Halten wir diese Ansicht fest, so stellen sich die zwei Triaden von Horen und Grazien als schöner Gegensatz zu den zwei Triaden von Mören und Kabiren wie Tag und Nacht einander gegenüber. Neben dieser Zwölfzahl von dienenden Gottheiten leuchten als Protogonisten die vier bei der Geburt der Pandora wirklich mitschaffenden Gottheiten, Hephästos, Athene, Hermes und Aphrodite und vier andere Hauptgottheiten, Zeit und Raum der Neugebornen bringend, Helios, Selene, Poseidon und Demeter, bedeutungsvoll und im wahren Geiste griechischer Symbolik hervor.

Für den Verlust dieser großartigen Composition, welche Phidias ohne Zweifel der Darstellung dieses Mythos zu geben wußte, bieten die bisher entdeckten Denkmäler leider sehr wenig Ersatz [11]). Nolanische Ausgrabungen [12]) des J. 1828 haben uns indessen eine über jeden Zweifel erhabene, in dem reinsten Kunststyl aufgefaßte Zeichnung dieses merkwürdigen Mythos kennen gelehrt. Im Innern einer in Nola ausgegrabenen Kylix befindet sich auf weißem Grunde mit schwarzen Umrissen die Geburt der Pandora durch deutliche Inschriften vor etwanigen Angriffen im Voraus geschützt. Rechts steht Hephästos *ΗΕΦΑΙΣΤΟΣ* unbärtig, das Haupthaar mit einer Tänie umwunden, nach attischer Künstlerweise den Körper mit einem bis ans Knie reichenden Peplos verhüllt, doch so, daß die Brust frei bleibt; in der gesenkten Linken hält er einen kleinen Stab, *στυλος*, womit er als Thonbildner gearbeitet [13]). Seine rechte Hand nahe am Haupte der neben ihm als Mittelfigur der Scene sichtbaren Pandora, ist, wie es scheint, beschäftigt, die goldene Stirnbinde der Neugebornen zu befestigen. Pandora, welche auf diesem Bilde den Namen *ΝΕΣΙΔΩΡΑ*, Anesidora, Gabenverleiherin [14]), führt, hat langgelocktes Haar, einen langen Chiton und Peplos, die Hände gesenkt; sie wendet den Kopf nach der links stehenden Athene hin, welche ihr ein goldenes Halsband anzulegen im Begriff ist. Die Göttin trägt

5) *Paus.* I, 24, 7. *Plin.* H. N. L. XXXVI, 5, 4. Ann. de l'Instit. arch. Vol. II. p. 110. 6) l. c. 7) *Paus.* V, 11. Vergl. die Prometheussarkophage des neapler Museums in Gerhard's antik. Bildw. Taf. LXI, des capitolinischen Museums bei *Ré* Mus. Capitol. Vol. II, 18—20. sehr ungenau bei *Millin* Gal. myth. XCIII, 383; des vaticanischen Museums *Millin* Gal. myth. XCII, 382. 8) Zeus und Here auch auf dem neapler Sarkophage bei Gerhard a. a. O. 9) Als Sohn des Hephästos und der Athene (Cabinet Pourtalès p. 49. 50. pl. XIII). 10) *Ré* Mus. Capitol. II, 18—20.

11) Mit Stillschweigen übergehe ich ein schönes Basreliefragment des Vatican von *Visconti* Pio-Clem. T. IV. t. XI. unter dem Namen Geburt der Pandora bekannt gemacht, allein schwerlich diesen Gegenstand darstellend. Desgleichen ein Ann. dell' Instituto archeol. Vol. IV. p. 80—84 auf die Geburt der Pandora bezogenes Vasenbild, dessen genauere Beschreibung im Bull. de l'Instit. XII e. Dec. 1837. p. 215. 216 an einen andern Mythos zu denken gebietet. Unerwähnt lasse ich auch ein schlechtes römisches Basrelief im Louvre, von Winckelmann (Mon. ined. n. 82) publicirt und auf die Geburt der Pandora durch Vulkan im Beisein von Juno und Venus gedeutet. Mit Recht hat trotz Visconti's dieser Erklärung gezollten Beifalls Graf Clarac in seiner *Descript.* des Antiq. du Louvre p. 99 diesem Denkmale den Pandoramythos abgesprochen und lieber an trojanische Scenen mit Palladienrettung erinnert. 12) Bull. de l'Instit. arch. Vol. I. p. 19. 13) Völlig gleich dem Stäbchen, welches Prometheus auf den oben angeführten Sarkophagen in der Hand hält. 14) *Hesych.* v. *Πανδώρα· ἡ γῆ, διὰ τὰ πρὸς τὸ ζῆν πάντα δωρεῖσθαι, ἀφ' οὗ καὶ ζείδωρος καὶ ἀνησιδώρα.*

ebenfalls ein Stirnband um den Kopf und ist mit einem langen Chiton und einer Ägis mit Medusenhaupt bekleidet. Auch sie hat ihre Inschrift *ΑΘΕΝ..Α*. Die Entdeckung dieses noch nicht publicirten Gefäßes ist um so wichtiger, als sie eine neuerdings von Hermann [15]) aufgestellte Ansicht zu widerlegen vermag, der zufolge auf einem Vasenbilde, das Welcker [16]) mit fast allgemeiner Zustimmung der Archäologen auf Thalia und ihre Söhne, die Paliken, bezogen hat, vielmehr der kolossale Frauenkopf mit hervorragenden Händen die Geburt der Pandora bedeute, in den beiden ungleich kleinern Hämmerern aber die Diener des Hephästos zu erkennen wären. Diese Vasenerklärung, durch den Titel des Sophokleischen Stückes „Pandora oder die Hämmerer" hervorgerufen, widerspricht aber den Gesetzen der Kunst, nach welchen der schaffende Gott in größern Körperformen dargestellt zu werden pflegt als der sterbliche Mensch [17]), zumal wenn dieser wie im gegenwärtigen Falle das eigene Machwerk des Gottes bezeichnen soll. Noch größeres Bedenken aber muß man tragen, der Ansicht Hermann's beizupflichten, sobald das, wie dieser Gelehrte selbst einräumt, aus Erde und nicht aus Erz geformte Haupt der Pandora mit Hammerschlägen zur Vollendung gebracht werden soll [18]). Figuren von Erde vertragen schwerlich Hammerschläge, wie sie auf dem Vasenbilde mit großer Gewalt dem weiblichen Haupte bevorstehen; ja bei solcher Behandlung würde die Vollendung der Pandora mit ihrer Vernichtung zusammenfallen. Daher kann der Titel des Sophokleischen Stückes „Pandora oder die Hammerschläger" auf keine Weise zu Gunsten des Palikenbildes in Betracht kommen; vielmehr sind wir überzeugt, daß der Plural „die Hammerschläger" auf die Arbeiter in der Werkstätte des Hephästos sich bezieht, welche nicht wie ihr Meister an der Erdbildung der Pandora Theil nahmen, wol aber edle Metallarbeiten zur Ausschmückung der Neugebornen, ähnlich jener mit Thierbildern geschmückten Stephane [19]), auf der Bühne, selbst als Satyrchor, wie Welcker [20]) meint, ausführen konnten. Diese Erklärung des Titels des Sophokleischen Stückes hat den Vortheil, den Plural *σφυροκόποι* zu rechtfertigen, da, wenn man an Hephästos denkt, der doch bei der Bildung der Pandora weniger fehlen darf, als seine Diener, nicht abzusehen ist, warum nicht lieber Sophokles sein Stück *Πανδώρα ἢ σφυροκόπος* nannte, und zwar um so eher, je weniger sich als Gefährte des Hephästos ein zweiter dem Gotte ebenbürtiger Hammerschläger in der Mythologie und Religion auffinden läßt.

Wenn die übriggebliebenen Fragmente des Sophokleischen Stückes Pandora [21]), an Zahl sehr gering, dem Inhalte nach keine besondere Ausbeute für mythische Forschung gewähren, so empfindet man den Verlust dieses Stückes und den eines gleichnamigen, der Pandora des Nikophor [22]), nur um so schmerzlicher, je reicheres Material grade diese dramatischen Behandlungen für eine Monographie der Pandora ohne Zweifel zu liefern vermochten.

3) Die Erziehung der Pandora. Über diesen Punkt belehren uns nur wenige Verse in den Werken und Tagen Hesiod's [23]), wo Athene von Zeus den Auftrag bekommt, Pandora kunstfertige Webereien zu lehren. Denn wenn auch Aphrodite und Hermes, denen das Weib Grazie, Liebreiz, Schlauheit und Sprache verdankt, nicht nöthig hatten, langen Unterricht zu ertheilen, vielmehr die Eigenschaften, welche Pandora von diesen Gottheiten erhielt, die Frucht einmaliger unmittelbarer Eingebung sein konnten, so gilt doch schwerlich ein Gleiches von der Webekunst, welche gründlich bei Athene erlernt sein will, wie dies in einzelnen Mythen sich auf das Bestimmteste offenbart [24]) und gewiß in manchem Werke alter Kunst zur Anschauung kam.

4) Der Pandora Vermählung mit Epimetheus und das an die Öffnung der Büchse sich knüpfende Unheil, welches über das Menschengeschlecht sich ausbreitete. Hermes bringt auf Jupiter's Geheiß die Pandora als Geschenk zum Epimetheus, welcher der Warnung seines Bruders Prometheus, von Zeus kein Geschenk anzunehmen, nicht eingedenk, die Pandora behält und zur Frau nimmt.

Achtlos nahm er es an und erkannt' im Besitze das Unheil.
Siehe, zuvor ja lebten die Stämme erdbauender Menschen
Fern dem Leiden entrückt und fern mühseliger Arbeit.
Aber das Weib hob jetzo den mächtigen Deckel der Büchse,
Schüttelte dann, daß den Menschen hervorging Jammer und Trübsal.
Dort die Hoffnung allein in dem unzerbrechlichen Hause
Blieb inwendig der Büchse zurück, tief unter der Mündung,
Und nicht flog sie heraus; denn zuvor schloß jene den Deckel,
Nach Zeus heiligem Rathe, des donnernden Ägiserschütterers.
Zahllos fuhr zu den Menschen der andren Leiden Gewimmel [25]).

Wie Pandora auf den Armen des Hermes wahrscheinlich dem Epimetheus zugeführt wird, sehen wir deutlich auf einigen geschnittenen Steinen verschiedenen Kunstwerthes [26]). Die ungleich merkwürdigere Vorstellung, wie Pandora die Büchse geöffnet und wie Epimetheus [27]) in ihrer Nähe bei dem Anblick der vielen Übel, welche her-

15) De Ae[illegible]hyli Aetneis, p. 15. 16) Ann. de l'Instit. arch. Vol. II. p. [illegible]5 fg. tav. d'agg. T. 17) *Visconti* Pio-Clem. T. IV. t. [illegible]. 18) Ex luto igitur compositum est istud immane caput mulieris, quod malleis suis ministri Vulcanii in justam formam compingunt. p. 15. Ebenso befremdend Welcker im Nachtrage zur Äschylischen Trilogie. S. 314: In der Pandora machten vermuthlich Scherze über das weibliche Geschlecht unter dem Hämmern des Urweibes, wie das Bild sich von Theil zu Theil gestaltete, eine Hauptsache aus. 19) *Hes.* Theog. v. 578—584. 20) Äschyl. Trilog. S. 77. 21) *Hesych.* v. *Κεχήλωμαι*. *Athen.* XI. p. 476 e, der in unserer Note 3 citirte Vers und nach Hermann die Verse bei *Clem. Alex.* Protrept. c. 10. §. 97. p. 78 ed. *Potter*.

22) *Athen.* VII. 323 b. 23) v. 63—68. 24) *Nicand.* ap. *Antonin.* Lib. XXV. *Ovid.* Metam. XIII, 692 sq. *Panthen.* Erot. XXVII. Cab. Pourtalès. p. 110—112. 25) *Hesiod.* Op. et D. V, 90—100. 26) Ähnlich der Vorstellung in *Millin* G. m. LI, 211. 27) Winckelmann erwähnt außer einer mit gleichem Gegenstand geschmückten Paste in der Descript. d. p. gr. de Stosch. Cl. III. Sect. I. n. 14 auf einem Karneol einen Epimetheus mit Helm auf dem Kopf, bis auf die Hüften nackt, die Büchse der Pandora öffnend, einen gekrümmten Stab vor sich. Tölken im Verz. d. geschn. St. d. K. Mus. Cl. II. Abth. II, 131 gibt dieselbe Erklärung, außer daß er vor Epimetheus „eine Harpe zur Bezeichnung des Titanen" erblickt. Schwerlich hat der Steinschneider an Epimetheus und Pandorenbüchse gedacht, der

ausflattern, erschreckend zurückweicht, hat Bröndsted [28]) auf der 14. Metope der Südseite des Parthenon scharfsinnig und überzeugend nachgewiesen. Denn eine neuere Erklärung [29]) dieser Scene, als ob „Hermes die Tochter des Kekrops, Herse, als Kanephoros erblickt und von Erstaunen und Liebe ergriffen wird," widerspricht dem in erotischen Angelegenheiten durchaus nicht sentimentalen Charakter des griechischen Alterthums ebenso bestimmt, als der Individualität des Hermes, in dessen vielfachem Treiben mehr ein Ungestüm in Liebesverhältnissen als eine Werthernatur hervorleuchtet.

Ob die Unzahl von Übeln und Krankheiten, welche aus der geöffneten Büchse herausflogen, von dem Künstler als bloßer aufsteigender Rauch, wie Bröndsted [30]) meint, versinnlicht ward, oder, wie ich vermuthete [31]), ähnlich jenen fast gestaltlos gezeichneten, um das Grab der Verstorbenen schwirrenden, Seelen, das möge künftigen Entdeckungen zur Entscheidung überlassen bleiben.

Mit Recht haben ausgezeichnete Alterthumsforscher [32]) darauf aufmerksam gemacht, wie durch die Erzählung mit der Büchse die frühere Tradition, daß durch das Weib selbst und ihre verführerische Sinnlichkeit das Unheil über die Menschen kommt, wenn nicht aufgehoben, doch bedeutend geschwächt wird, weshalb beide Erzählungen, woher das Unheil gekommen, vielleicht auf eine verschiedene, einer verschiedenen mythischen Zeit angehörige Entwickelung der Pandorafabel hinweisen. Noch später freilich ist diejenige Form des Mythos, nach welcher die Büchse der Pandora Glücksgaben der Götter enthielt, welche dem Menschengeschlechte geblieben wären, hätte nicht Pandora unbedachtsam das Gefäß geöffnet, sodaß die geflügelten Gaben entflogen [33]). Aus der Ehe des Epimetheus und der Pandora stammt Pyrrha [34]), nach den Eöen [35]) Deukalion, der Gemahl der Pyrrha.

5) In einer Monographie der Pandora scheint die Frage, weshalb Phidias die Geburt der Pandora für ein so erhabenes Kunstwerk wie die Minerva des Parthenon war, als Gegenstand der Basis vielen andern vorzog, nicht zu umgehen. Wir sehen zwar voraus, daß einige Alterthumsforscher dergleichen Fragen als müßig und unbeantwortbar zurückweisen werden, indessen andere das Räthsel zu lösen glauben, sobald sie an die Umgürtung erinnern, welche Athene der Pandora umlegte; allein mit demselben Rechte müssen auch Statuen der Aphrodite, des Hephästos und Hermes, wenn nicht mit der Geburt der Pandora auf ihrer Basis, doch wenigstens mit einigen Beziehungen auf Pandora in der Kunstwelt uns begegnen, was indessen bisher nicht der Fall war. Der Grund ist wol tiefer zu suchen [36]). Bedenken wir, daß Erichthonius, der Sohn des Hephästos, in der Nähe der Lanze der Göttin sich befand, so wird uns die Gegenwart der Pandora, insofern sie als eine Tochter des Hephästos erscheint, vielleicht weniger befremden. Es läßt sich aber noch ein anderer Gesichtspunkt aufstellen, welcher einen Vergleich zwischen Pandora und Athene hervorruft. Wie nämlich Athene aus dem Haupte des Zeus ohne Berührung mit einem Weibe entsprossen war, so trat Pandora auf ähnliche Weise durch Hephästos ans Licht, und wie Pandora als erstes Weib mit allen Reizen der Verführung ausgestattet, an die Spitze des weiblichen Geschlechtes tritt, so lag wol in der attischen Religion wenigstens der Gedanke nahe, daß unter allen Göttinnen Athene nicht blos als die erste und würdigst geborene, sondern auch als die durch Geist, Siegeskraft und Sittenreinheit am meisten hervorleuchtende anzubeten sei; daß die unter dem Beinamen Pandora, die Allgeberin, verehrte Erde [37]), oder die von dem Orphiker [38]) erwähnte unterirdische Schreckensgöttin gleichen Namens, eine Gefährtin der Hekate, mit unserer mythischen Pandora in enger Beziehung stehe, wäre schwer zu erweisen. (*Th. Panofka.*)

PANDORA *Bruguière* (Mollusca), Muschelgattung aus der Familie Myacea (*Menke*, Synops. ed. II. p. 119). Der Körper des Thieres zusammengedrückt, ziemlich lang, scheidenförmig, da die Ränder des Mantels verbunden sind und derselbe sich mit den verbundenen, ziemlich kurzen Athemröhren fortsetzt, der Fuß klein, vorn ziemlich dick, durch eine ziemlich große Mantelspalte austretend, die Kiemen hinten spitzig und in die Athemröhre hinten verlängert. Die Schale ist regelmäßig, ungleichseitig, in die Quere verlängert, die obere Klappe platt, die untere gewölbt. Das Schloß an der obern Klappe besteht aus zwei länglichen, auseinandertretenden, ungleichen Hauptzähnen und zwei länglichen Grübchen an der andern Klappe, das Band ist an der innern Seite befindlich. Diese Thiere leben im Sande, sich in denselben eingrabend, und scheinen den europäischen Meeren eigen, wenigstens die, von denen man das Vaterland kennt.

Typus der Gattung ist Pandora rostrata (*Lam.* Anim. sans vert. T. V. p. 498. n. 1; Tellina inaequivalvis *Linné* [Gml. n. 23]. *Poli*, Test. utriusque Siciliae. pl. 15. f. 9. Encycl. pl. 250. f. 1. a. b. c. *Sowerby*, Genera of Shells. n. 2. f. 1. 2. 3). Diese Art ist bis jetzt die größte der Gattung, einen Zoll lang, stumpf, vorn zugerundet, hinten schnabelförmig. (D. *Thon.*)

Stab ist ein langer, oben mit einem Haken als Griff versehener Stab, wie Rhabduchen ihn zu tragen pflegten; diesem Stande scheint auch der Sitzende, seiner Gestalt und Kleidung nach zu urtheilen, wohl anzugehören, das Kästchen, welches er hält, ein Farben- oder Schreibkästchen. (Vergl. Mon. ined. dell' Instit. arch. Vol. I. t. XVI. 6.)

28) Voyag. et Recherch. dans la Grèce. Livr. II. p. 216—219. 29) Müller, Denkm. d. a. K. 2. Heft. Nr. 114. 30) Voyag. Livr. II. p. 220. 31) Cab. Pourtalès p. 71. not. 4. pl. XXV. 32) Welcker a. a. O. *Lehr*, Quaest. epic. (Regim. 1837.) 33) Anth. Gr. T. III. p. 92. *Jacobs*. Cf. Delect. epigr. gr. ed. *Jacobs*. p. 256. 34) *Apollod.* I, 7, 2. *Hyg.* f. 142. 35) Beim Schol. *Apollod.* Rhod. III, 1085.

36) Bröndsted (a. a. O. S. 218) glaubt ihn in der engen Beziehung des Prometheus zu Athene und Pandora wahrzunehmen, ohne zu erwägen, daß in der alten Form des Pandoramythus Prometheus gar nicht als mitschaffend und befreundet vorkommt, vielmehr vor Pandora, als der Unheilbringerin, seinen Bruder Epimetheus ernstlich warnt. 37) *Diod.* T. III, 56. *Hesych.* s. v. Schol. *Aristoph.* Av. v. 970. *Philostr.* vit. Apollon. VI, 39. 38) *Orph.* Argon. v. 974.

PANDORA *Eschholz* (Acalephae), eine Medusengattung aus der Familie Beroidae (Eschholz, Syst. der Akalephen. S. 39). Die kurzen Reihen der Schwimmfäden dieser Gattung liegen in Furchen, welche durch die sich zusammenfügenden Seitenränder derselben die Schwimmfäden einschließen können. Außerdem ist sie noch durch eine Reihe von feinen Fäden, gleichsam Fühlfäden, ausgezeichnet, welche einen Kranz am äußern Rande der vordern Körperöffnung dicht auf dem Gefäßringe bilden. Die Bewegung dieser Thiere ist sehr langsam.

Als einzige Art ist am gedachten Orte angeführt und Taf. 2. Fig. 7 abgebildet: P. Flemmingii. Der Körper drei Linien lang und fast ebenso breit, an der vordern Öffnung gerade abgeschnitten, letztere ohne Lippen, mit einem schmalen, einwärts geschlagenen Hauptrande. Von den acht Reihen der Schwimmfäden reichen die vier auf den beiden breiten Körperflächen nicht bis zur Hälfte der Körperlänge, die vier andern etwas über dieselbe hinaus. Die Schwimmfädenkämme stehen dicht bei einander und sind sehr kurz. Die äußere Fläche des Körpers hat eine weißlichgelbe Farbe, die Gefäße sind blaßröthlich braun, die beiden Endwarzen am dunkelsten gefärbt. (*D. Thon.*)

PANDORA *Brug.* (Paläozoologie). Von diesem kleinen marinen Acephalengeschlechte gibt Deshayes sieben lebende Arten aus europäischen Meeren und drei fossile aus tertiären Formationen an; wir finden deren mehre angegeben, die aber einer Vergleichung unter sich bedürfen.

1) P. Defrancii *Deshay.*[1]) [Paris I, 61. pl. IX. f. 15, 16, 17. *Defr.*[2]) Diction. des sciences nat. XXXVII, 324. *Holl.*[3]) 327]. Testa minima, margaritacea, elliptica, depressa, antice subangulata, ad cardinem angulata, cardine bidentato. Die Länge ist 0,'''004, die Breite 0,'''007; in Form ist sie der P. obtusa von der englischen Küste am ähnlichsten, aber stets kleiner als sie, flacher, weniger stumpf; die kleinere Klappe ist ganz flach. — Im Grobkalk von Grignon selten.

2) P. margaritacea *Defr.* [Dict. XXXVII, 324.] Länge 0,'''0045, Breite 0,'''009. Defrance hat nur drei linke Klappen dieser Art aufgefunden, ohne rechte. Sie sind dünn, concav, perlmutterartig. — Im tertiären Muschelsand von Léognan bei Bordeaux.

3) P. elongata *Riss.*[4]) [IV, 373]. P. testa elongata, subtrigona, antice posticeque rotundata, striis concentricis sulcatis et lineis divaricantibus aequalibus impressis sculpta. *Riss.* — Tertiär, zu Trinité bei Nizza.

4) P. rostrata *Lamarck* [*Desh.* bei *Lyell*[5]). III. Append. p. 4. *Philippi* Sicil.[6]) 18.] — Im Mittelmeere lebend, und fossil in den Subapenninen. Formation auf Sicilien zu Cefali bei Catania.

? 5) P. aequivalvis *Phil.* [Sicil. 18] Testa oblonga, tumida subaequivalvi, latere postico paullo longiore et latiore, subrostrato; valva dextra edentula. Länge 0,'''036, Höhe 0,'''018, Breite 0,'''013. Durch die fast gleichen Klappen und den Mangel des leistenförmigen Zahnes in der einen derselben von allen Pandoren abweichend. Sie ist quer-, hinten auch längs gestreift, scheint vorn und hinten wenig zu klaffen, die Vorderseite $\frac{2}{3}$ so lang als die Hinterseite; Buckeln angeschwollen; Limula linien-lanzettförmig. — Im tertiären Kalk von Palermo selten. (*H. G. Bronn.*)

Pandora, s. Pandura.

PANDORAS-RIFF, hohe Sandbank im australischen Meere, nordöstlich von Tierra del Espiritu santo. (*Fischer.*)

PÁNDORF, auch **PÁRNDORF** und **PÁHRENDORF**, ein der gräflichen Familie von Harrach dienstbares großes Dorf im neusiedler Gerichtsstuhle (Processus) der wieselburger Gespanschaft, im Kreise jenseit der Donau Niederungerns, von Kroaten bewohnt, mit 219 Häusern, 1947 kathol. Einwohnern, welche sich vom Feldbau nähren, einer eigenen katholischen Pfarre, die zum Bisthume Raab gehört, einer katholischen Kirche, einer Schule, einer Poststation, die mit Rittsen und Gschieß Pferde wechselt, einigen Spuren eines alten Schlosses und starkem Weinbau. Pahrendorf wird von Einigen irrig als Flecken angeführt. (*G. F. Schreiner.*)

PANDORINA *Bory de St. Vincent* (Zoophyta), Beerenmonade. Eine Gattung Infusorien (s. d. Art.). Eine abstehende, glatte, kugelige Hülle umschließt einen mehrfach theilbaren Kern, wie Samen in einer Beere, dessen Theile sich zu neuen Individuen ausbilden, während die Hülle sich ausdehnt, endlich platzt und die Brut freigibt. Es gehört hierher als Typus der Gattung P. Morum, *Müller*. Volvox Morum. Der Körperdurchmesser $\frac{1}{24}$ bis $\frac{1}{10}$ Linie; die Hülle krystallhell, der Kern grün, zwei- bis 15theilig. Ward von Ehrenberg am Ural und bei Berlin beobachtet, s. dess. Zur Erkenntniß der Organisation ꝛc. II. S. 63. (D. *Thon.*)

PANDORINEAE (Infusoria). Unter diesem Namen hat Bory de St. Vincent in seiner Classe der mikroskopischen Thiere eine Familie derselben aufgestellt, welche die Gattung Uvella, Pectoronila und Pandorina enthält. Er charakterisirt sie durch ihren einfachen kugeligen Körper, welcher aber aus einer Gesellschaft von Individuen besteht. Ehrenberg hat diese Familie nicht angenommen, sondern setzt die Gattung Uvella in die Familie Monatina, Pandorina aber zu Cryptomonotina (s. Abhandl. d. Akad. d. berlin. Wissensch. 1831). (D. *Thon.*)

PANDOROS (griech. Mythologie), ein Sohn des Erechtheus und der Praxithea (*Apollod.* III, 15, 1), herrschte in Euböa (*Scymn.* Perieg. 572). (*H.*)

---

1) *Deshayes*, Description des Coquilles fossiles des environs de Paris. Vol. I. Livr. 5. 1824. p. 59—61. 2) *Defrance*, Artikel „Pandore" im Dictionnaire des sciences naturelles, Vol. XXXVII. (Paris 1825). p. 324. 3) Fr. Holl, Handbuch der Petrefactenkunde. (Dresden 1829. 12.) 4) *Risso*, Histoire naturelle de l'Europe méridionale, 5 Voll. (Paris 1825.) 5) *Deshayes* in *Lyell's* Principles of Geology. Vol. III. 1835. Appendix I. p. 4.

6) *R. A. Philippi* enumeratio molluscorum Siciliae cum viventium tum fossilium. (Berolin. 1836. 4.) Pandora p. 18.

PANDOSIA, eine Stadt der Bruttier in Unteritalien an der Grenze Lucaniens, nicht weit von der bruttischen Hauptstadt Consentia, in der Nähe eines kleinen Flusses Acheron oder Acheros, mit oder neben drei Hügeln (*Πανδοσία τρικόλωνος Strabo* VI, 1, 256. *Liv.* VIII, 24: **Haud procul Pandosia urbe — treis tumulos**), laut der Sage vom hohen Alter, sofern sie einst der Sitz der einheimischen Herrscher von Önotrien gewesen seim soll. (*Strab.* l. c.) Sie ist besonders denkwürdig geworden durch den hier erfolgten Untergang des Alexander von Epirus (Alexander der Große war sein Schwager und Neffe), welchem, wie es heißt, das Orakel zu Dodona verkündigt hatte, er möchte den Acheron und Pandosia meiden. Alexander (vom Strabon ὁ *Μολοττός* genannt) war von den mit ihren Nachbarn Krieg führenden Tarentinern zu Hilfe gerufen worden, und der kriegslustige tapfere König, von dem Thatenruhme seines Schwagers im Orient entflammt, ergriff um so lieber die Gelegenheit, Epirus zu verlassen, um von dem heimischen Pandosia und dem Acheron fern zu sein (*Liv.* VIII, 24: **ut quam maxime procul abesset urbe Pandosia in Epiro et Acheronte amni**), und mochte (wenn wir überhaupt solchen Angaben glauben wollen), wie Strabon (l. c.) berichtet, überdies noch durch einen andern Orakelspruch, welcher dem feindlichen Pandosia Verderben zu verkündigen schien, dazu bewogen werden. Nachdem er bereits durch seine Kriegskunst und Tapferkeit mehre Siege gewonnen und wichtige Städte der Bruttier, Lucaner und Messapier eingenommen, auch 300 vornehme Familien als Geiseln nach Epirus gesandt hatte, wurden seine durch eine eingetretene Überschwemmung des flachen Landes von einander getrennten drei Heeresabtheilungen (auf drei von einander etwas entfernten Hügeln) einzeln nach einander von den Feinden überfallen und geschlagen, und der König selbst, als er bereits den Fluß Acheron, dessen Strom die Brücke niedergerissen, zu übersetzen begonnen hatte, im Flusse selbst von einem exilirten Lucaner getödtet (*Liv.* VIII, 24. *Strab.* VI, 1, 256. *Justin.* XII, 2. XXIII, 1). Strabon (l. c.) bezeichnet Pandosia als einen festen Platz (*φρούριον ἐρυμνόν*). Nach der gewöhnlichen Lesart bei Skylax (Peripl. p. 8. *Gron.*) wäre dieselbe als Gründung der Platäer zu betrachten. Allein schon Gronov hat behauptet, daß Skylax statt *Πλαταιεῖς* geschrieben *Κλαμπετία*, welche Stadt Skylax hier sonst nicht nennt, wol aber Livius (XXIX, 38), wo er berichtet, daß im Sommer u. c. 548 Clampetia in Bruttien von dem Consul P. Sempronius mit Gewalt genommen, aber Consentia und Pandosia und andere weniger bedeutende Städte sich freiwillig den Römern ergeben haben. Aber XXX, 19 widerspricht sich Livius in Beziehung auf Clampetia und führt diese Stadt unter denen auf, welche freiwillig (**senescere Punicum bellum cernentes**) von dem Hannibal abfielen. Jedenfalls ist der Text des Skylax hier nicht in seiner ursprünglichen Integrität, wenn man auch die Conjectur von Gronov als unzulässig abweisen wollte. Theopompus (bei *Plin.* H. N. III, 5) bezeichnet Pandosia als Stadt der Lucaner. In numismatischer Beziehung Eckhel (Doctr. num. V, I. p. I. p. 177). Wenn Mannert (9. Th. 2. S. 165) bemerkt, daß die Römer diese Stadt nicht mehr gefunden haben, so wird dieser Irrthum durch Livius (XXIX, 38) widerlegt. Plutarch (Pyrrh. c. 26) gibt ihr eine falsche Lage, zwischen Heraklea und dem Flusse Siris. Wenigstens wird hier bei keinem andern alten Schriftsteller ein Pandosia gefunden. Mannert (l. c. p. 231) meint, daß Plutarch den Zug des Pyrrhus mit dem des Alexander von Epirus hier verwechselt habe. Gegenwärtig führt Pandosia den Namen Anglona. Vergl. noch *Cellar.* II, 13, 175. Vol. I. p. 879. Sickler I, 433.

(*J. H. Krause.*)

PANDOSIA, eine Stadt in Epirus, mitten im Lande, nicht weit von dem See Acherusia (Mannert VII, 655) im Gebiete der Kassopäer (*Strab.* VII, 7, 324. *Liv.* VIII, 24. *Plin.* H. N. IV, 1. *Justin.* XII, 2. *Steph. Byz.* s. v. *Cellar.* II, 13. Vol. I, 875. 879. Mannert 7. Th. S. 673). (*Krause.*)

PANDROSOS. Über diese Tochter des Kekrops, die Allbethauende, welche eng verbunden mit dem attischen Pallas-Dienste war und eine Schwester der Aglauros und der Herse genannt wird, ist bereits oben (S. 77 fg.) gesprochen, sowie über die ihr geweihte, an den Poliastempel auf der Burg anstoßende Kapelle, Pandroseion genannt (S. 79); Pallas hatte ihr ein geheimnißvolles Depositum, ein Kästchen mit dem jungen Erichthonios, anvertraut; Hermes zeugte mit ihr den Keryx, den symbolischen Ahnherrn des mystischen Geschlechtes der Keryken (*Pollux* VIII, 103). Das Gewand, das die Priesterin der Pandrosos trug, hieß *Ποδώνυχον* (*Pollux* X, 191); sie hatte also eine eigene, von der der Pallas verschiedene Priesterin. (*H.*)

Pandschab, s. Panjab.

PANDSCHA-PARVATA, PENDSCH-PARBAT (Fünf Spitzen), Himalaya-Pils, Namens Rudru-Himalleh, mit einer Höhe von 21,009 Fuß, Bramapuri, Bishnupuri, Udgarikantha und Swargarohini, welche letztere dem erstern an Höhe ziemlich gleichkommen. (*Fischer.*)

PANDU (im Nominativ Pândus), der Stammvater des Geschlechtes der Pândava's, deren Geschichte den epischen Kern der Erzählung in Mahâbhârata bildet. Pandu und Dhritaraschtra werden dort als Söhne des Vjâsa bezeichnet, desselben Vjâsa, der für den Verfasser, Überlieferer oder Sammler des Mahâbhârata gilt. Mittels dieser Combination stellt die Sage, wie es scheint, absichtlich in dem Vjâsa eine Stütze für die Glaubwürdigkeit des Epos auf, aber vielleicht gibt sie damit, wenn auch nur in unbewußter Weise, zugleich zu, daß die Helden des Epos ihr eigenes Gebilde, daß sie von der Sage geschaffen sind. Die Mutter jener beiden Brüder war Kausaljâ, die Gemahlin des kinderlos gestorbenen Königs von Kurukschetra (Umgegend von Dehli, Namens Vitschitravîrja). Der ältere von ihnen war blindgeboren und überließ den Thron dem jüngern Pandu. Nachdem dieser aber einen großen Eroberungszug glücklich vollendet hatte, zog er sich in die Wildniß zurück und führte ein Büßer- und Einsiedlerleben, während dessen der blinde Bruder nothgedrungen, unter dem Beistande seines Erziehers Bhîschma, die Regierung leitete. In der Wildniß wurden dem Pandu von seinen beiden Gemahlinnen, Kunti und Madri, fünf Söhne geboren. Er war aber nur dem Namen nach Vater, denn jeder der Fünf verdankte sein Dasein einem Gotte. Dharma, der Gott der Gerechtigkeit, zeugte mit der Kunti den ältesten Sohn Judhischthira, auch Dharmarâdscha genannt; Wâju, der indische Äolus, zeugte mit derselben den starken Bhima, und Indra gleichfalls mit ihr den Ardschuna. Die beiden Aswinas (die himmlischen Zwillinge) zeugten mit der Madri die Zwillinge Nakula und Sahadeva. Ehe diese fünf Söhne heranwachsen, stirbt Pandu. Die eine seiner Gemahlinnen läßt sich mit seiner Leiche verbrennen, die Kunti dagegen geht nach Nagapura (d. i. wahrscheinlich Dehli) an den Hof des Dhritaraschtra, der seine Neffen zugleich mit seinen Söhnen von dem Brahmanen Drona erziehen läßt. Sie zeichnen sich bald aus und gewinnen die Zuneigung des Volkes. Dadurch erregen sie die Eifersucht der Söhne Dhritaraschtra's. Der älteste von diesen, Durjodhana, weiß seinen Vater zu bestimmen, daß er die Neffen vom Hofe entfernt. Sie werden flüchtig, irren unter vielen Abenteuern umher und kämpfen mit ihren Vettern einen langen Kampf, der endlich für sie einen glücklichen Ausgang nimmt. Die ganze Familie stammt von dem alten Könige Kuru aus dem Bharata-Geschlechte. Dessenungeachtet werden gewöhnlich nur die Nachkommen des Dhritaraschtra als Kauravas, d. i. Kuruiden, bezeichnet, im Gegensatz der Pandavas. Über diesen Kampf selbst und seine etwanige historische Beziehung auf die Kämpfe der von Norden eindringenden weißen Stämme (pându bedeutet weiß) mit den schwarzen Eingeborenen s. d. Art. Mahabharata. (*Rödiger.*)

PANDU ist der Name einer Insel von den Malediven. Sie liegt in dem Atollon Malos Madu, unter dem fünften Grade nördl. Breite. (*Rödiger.*)

PANDU, Name einer ostindischen Geldmünze, welche Sultan Akbar im 16. Jahrh. prägen ließ. (*Fischer.*)

PANDUA, PONDUA, PUNDWAH, hinterindisches Grenzdorf in Sylhet, liegt am südlichen Fuße des Cossyagebirges, hat ein kleines Fort, in welchem eine Compagnie Seapoys liegt, um die wilden Gebirgsbewohner im Zaume zu halten, und dient zugleich als Marktplatz, auf welchem die Cossyas Reis, Salz und andere Lebensbedürfnisse gegen die Producte ihres Landes einhandeln. Vorzüglich merkwürdig ist Pandua durch die in seiner Nähe befindlichen Felsgrotten, die durch ihre Größe sowol als durch ihre Stalaktitenbildungen und Krystallisationen*) in Bewunderung setzen. Die größte dieser Grotten, welche 5—600 Fuß über der Ebene Sylhets ganz nahe bei Pandua liegt und Buban heißt, ist näher beschrieben vom Capitain Fisher**). (*Fischer.*)

*) Zu diesen gehören besonders Stalaktitenkugeln von der Größe einer Nuß bis zu der eines Apfels, welche sich in großer Menge in diesen Grotten finden und versteinerten Orangen und Citronen gleichen. **) Vergl. Cave of Booban near Pundah in the Cossyah Mounts in *Brewster* Edinb. Journ. of Scienc. 1828. Vol. III. p. 54.

PANDULF [1]), longobardische Fürsten aus dem Geschlechte Atenulf's I., des Grafen von Capua und Fürsten von Benevent [2]). 1) Pandulf I. mit dem Beinamen des eisernen Kopfes, hatte zum Vater Landulf II. und zum jüngern Bruder Landulf III., regierte mit seinem Vater seit 943 im Fürstenthume Benevent gemeinschaftlich. In einer Urkunde im Chr. Vult. p. 423 vom J. 954 heißt es: Anno Principatus Domini nostri Landulfi gloriosi Principis sed et Anno XI. Pandulfi ejus filii, mense Novembri, XIII. Indictione. Dum nos Arechisi Index Civitatis Capuanae essemus inter caeteros ad judicandum et definiendum causantibus, die autem quadam stantibus nobis ante superius dictum Domnum Landulfum, gloriosum principem etc. und weiter unten heißt es S. 424 in der nämlichen Urkunde: In constituto vero ambarum partium se conjunxerunt ante Domnum Pandulfum, gloriosum Principem. Hieraus geht hervor, daß Vater und Sohn die Regierung im Betreff der Rechtspflege auf diese Weise gemeinschaftlich führten, daß bald jener allein, bald dieser allein zu Gerichte saß, auch wenn es eine und dieselbe Sache betraf. Der Gegenstand sind hier einige Cellen, welche der vulturnenser Abt Leo, welche der Padelfrid im Besitze hatte, auf dem Wege Rechtens wieder gewinnt. Als sein Bruder Landulf III. auch mit zur Regierung gezogen wurde, regierte Pandulf vom J. 959 mit Vater und Bruder gemeinschaftlich. Als sein Vater im J. 961 starb, so führte er von diesem Jahre an mit seinem Bruder die gemeinschaftliche Regierung fort. Auch in Capua regierte er Anfangs mit seinem Bruder gemeinschaftlich, überließ ihm aber nachher Benevent, jedoch unter seiner Oberherrschaft. Pandulf, ein Fürst von vieler Klugheit, Überlegung und Tapferkeit, hatte sich zwar bisher, wie die andern Fürsten die gemeinschaftliche Regierung gefallen lassen, fand aber nun für besser, daß einer von ihnen in Benevent seinen Sitz nehmen sollte, ohne daß deshalb die Verbindung unter ihnen gehemmt würde. Dieses

1) In mehren Urkunden werden diese Fürsten Paldolf genannt. Dieses könnte als longobardischer Name betrachtet ebenso richtig oder richtiger scheinen, aber Pandolf macht bei diesem Fürstengeschlechte den Reim zu Landolf; und Pald ist hier nicht das germanische bald, schnell, kühn ꝛc., sondern Verstümmelung im Munde der Romanen, welche für Pandolf Paldolf sagen, so wie sie Konrad in Colrad verwandelten. So singt ein provençalischer Dichter im J. 1152:

Stant Papa Eugenis (III), *Colrat* Emperador.

Sich selbst nennen diese Fürsten in Urkunden Pandolf, aber die Geschichtschreiber Pandulf, weshalb auch wir diese gangbare Form beibehalten. Das Pand in Pand-olf ist aller Wahrscheinlichkeit nach eins mit dem longobardischen Band, Fahne, wie Paulus Diaconus (Lib. I. c. 20) sagt: vexillum, quod *Bandum* vocant, also Pand-olf entweder Fahnen-Wolf oder Fahnen-Helf, Fahnenhelfer, der die Fahnen in der Schlacht beschützt, während Fahnwolf einen Heerführer bedeutete, der die feindlichen Fahnen niederhaut. 2) s. Stemma Principum Langobardorum, qui prodierunt ex genere Atenulfi comitis Capuae et demum principis Beneventi bei *Muratori* Scriptt. Rer. Ital. T. I. zwischen S. 326 u. 327. Vergl. die Geschlechtsregister dieser longobardischen Fürsten bei le Bret, Fortsetzung der allgemeinen Weltgeschichte. 40. Bd. S. 584. 41. Bd. S. 27.

Loos traf Landulf III. So stellen es die Neuern, zu Folge der Anleitung der Stellen des ungenannten Salernitaners dar. Der Anonymus Salernitanus sagt nämlich in seinem Chronicon (bei *Muratori* Scriptt. T. II. P. II. p. 280. cap.): Dum ipse Landolfus praefuisset Samnitibus ...... (Lücke in der Handschrift) ab hac luce subtractus est. Beneventanorum Principatum ejus filii Pandolfus et Landolfus *bifarie regebant.* Hieraus schließt man auf eine besondere oder getheilte Regierung, so Pellegrini, Muratori, le Bret ꝛc. Wie wir das bifarie regebant verstehen, wollen wir weiter unten betrachten. Hier bemerken wir, daß der Salernitaner hier, wie man annimmt, Pandulfen und Landulfen den zweiten fälschlich Landulf's des ersten Sohn nennen soll. Pandulf erkläre erst im J. 943 seinen Bruder Landulf III. zum Mitregenten. Der Zeit nach müsse daher hier in dieser Stelle des Ungenannten Landulf II. und sein Sohn Pandulf I. oder der eiserne Kopf verstanden werden. Es ist nämlich unmittelbar darauf die Rede; wie zu jener Zeit ein Jüngling, der Papst Johann, der Sohn des Patriziers Alberich, dem heiligen Stuhle zu Rom vorgestanden habe. Dieser junge Mann, der sich von Lastern, wie sich die Jugend leicht solchen hingibt, hinreisen ließ, sammelte ein römisches Heer und miethete zu seinem Beistande Spoletiner und Toscaner. Auch das capuaische Volk ergriff zahlreich und eilig die Waffen. Landulf sandte sogleich seine Blutsfreunde nach Salerno, und ließ den Fürsten Gisulf um Beistand bitten. Er eilte mit großer Heeresmacht zu Hilfe. Als die Römer, Spoletiner und Tusker des Fürsten Gisulf's Ankunft vernahmen, kehrten sie erschrocken heim. Diese Streitigkeiten des Papstes Johann XII. mit Pandulf und Landulf setzt man (Muratori, Gesch. von Italien. 5. Th. S. 480) muthmaßlich in das Jahr 859 und nimmt daher an, der Ungenannte von Salerno verwechsele dabei den Vater mit dem Sohne. Uns ist dieses nicht wahrscheinlich, da der Ungenannte von Salerno ein gleichzeitiger ist und also schwerlich diese Verwechselung begangen haben würde. Da Pandulf I. um das Jahr 963 seinen Bruder zum Mitregenten annahm, und nicht bekannt ist, wann der Papst Johann die Fürsten von Benevent bekriegt hat, und dieses noch um 961 geschehen sein kann, so ist uns wahrscheinlicher, der Ungenannte von Salerno nehme, wenn er ja irrt, Landulf's III. Mitregentschaft etwas zu früh an, vielleicht weil er hörte, daß Landulf sich bei Abwendung jener Gefahr sehr thätig bezeigt hatte. Die zweite Stelle des Ungenannten von Salerno, aus welcher Pellegrini (S. 294) und Andere schließen, unter Pandulf I. und Landulf III. sei das Fürstenthum getheilt, ist weiter unten, wo er erzählt: Pandulf habe nach dem Tode seines Bruders Landulf, der sich um das Jahr 963 weigerte, seinen Sohn Landulf (den Vierten) in Benevent zum Fürsten erhoben. In einer Urkunde vom Jahre 969 wird jedoch Pandulf Fürst der Städte Benevent und Capua genannt [3]). Nichtsdestoweniger schließt man, daß die Brüder Pandulf und Landulf III. das Fürstenthum Benevent getheilt besessen, auch aus den Worten des Kaisers Phokas bei Luitprand [4]): Principes autem, Capuanum scilicet et Beneventanum [5]), sancti nostri Imperii olim servos, nunc rebelles, servituti pristinae (Otto) tradat, wie die Zeit lehrt, wird hier durch den einen Pandulf I. und durch den andern Landulf bezeichnet, wiewol dieses auch nur Bezeichnung der verschiedenen Wohnsitze der Mitregenten sein kann, und auf Theilung des Fürstenthums nicht nothwendig zu beziehen ist. Da aus den Urkunden hervorgeht, daß keine Theilung des Fürstenthums statthatte, so nimmt man an: Pandulf behauptete immer den Haupteinfluß, und beobachtete auch diese Sorgfalt, daß keiner von ihnen sich selbst besonders von Capua oder Benevent schreiben durfte, sondern daß sich alle den Titel gaben: Principes gentis Langobardorum, Fürsten des longobardischen Volks. Als Kaiser Otto der Große nebst seiner Gemahlin Adelheid im J. 962 zu Rom die Kaiserkrone empfangen hatte und dann an das Gebiet von Campanien kam, ging der beneventanische Fürst Pandulf, wie ihn der Ungenannte von Salerno nennt, sogleich entgegen und mit ihm und der Kaiserin nach Capua. Der Kaiser rief den Fürsten Gisulf von Salerno zu sich. Als er nicht fern von der Stadt Capua entfernt war, gingen sogleich die Fürsten Pandulf und Landulf ihm entgegen und geleiteten ihn zum Kaiser. Da, wie sich schließen läßt, Landulf seinen Sitz in Benevent hatte, so war er nach Capua geeilt, um den Kaiser zu begrüßen. Bei der umständlichen Erzählung des Ungenannten von Salerno (S. 299), von welcher wir nur ausziehen, was die Fürsten Pandulf und Landulf betrifft, findet man gefragt: „Wie konnte Adelheid Gisulf's Schwester sein? Der Ungenannte sagt nämlich: Ex consanguinitate erat ei conjuncta, und legt Adelheiden in den Mund: Confrater meus, Gisulfe, quare non venisti tuamque sororem non requisisti? Adelheid brauchte aber nicht wirklich Gisulf's Schwester zu sein, und konnte doch aus Höflichkeit ihn ihren Mitbruder und sich selbst seine Schwester nennen. Des Ungenannten Erzählung wird also durch diesen angeblichen Verstoß, den man ihm (so le Bret 40. Th. S. 299) fälschlich aufbürdet, nicht verdächtig. Im Herbste des Jahres 966 unternahm Kaiser Otto der Große seine dritte Heerfahrt nach Italien. Pandulf erhielt vom Kaiser die Grafschaft Camerino und das Herzogthum Spoleto und begleitete ihn nach Rom. In einer Urkunde, welche Kaiser Otto auf der Synode zu Rom am Anfange des Jahres 967 ausstellte, heißt es: Praesente Capuano Principe, qui et marchio Camerini et Spoletini ducatus [6]). Unrichtig bemerkt daher Lambert von Gemblours erst zum J. 968: Otto imperator Beneventanos duces potentia sua ad subjectionem sui inflexit. Daß sich aber beide Fürsten schon im J. 967 der Herrschaft des Kaisers un-

3) s. Pellegrinus S. 294.

4) in der Legat. 5) Von einem frühern Landulf dagegen sagt Nicephorus bei Luitprand Legat. (bei *Muratori* T. II. P. I. p. 480): Landulfus Beneventanorum et Capuanorum Princeps. 6) s. die den 3. Jan. ausgestellte Urkunde bei *Muratori* Antiquitt. Italiae Diss. 55.

terworfen gehabt, geht auch aus dem Privilegium hervor, welches Kaiser Otto der Kirche zu Benevent den 13. Febr. 967 ausstellt, und nach welcher Urkunde [7]) der Kaiser sich in Benevent befindet. Camillus Peregrinus (Pellegrini) ist der Meinung, Pandulf habe jene ansehnlichen Herrschaften, die Markgrafschaft von Camerino und das Herzogthum von Spoleto, erst im J. 969 erhalten: Aber daß er sie schon zu Anfange des Jahres 967 erlangt hatte, geht aus der Urkunde des Kaisers hervor, welche er den 3. Jan. zu Rom ausstellte [8]); ferner sagt Pandulf in einer Urkunde vom J. 968: Dum residentes nos Pandulfus Princeps, Dux et Marchio et Tuitelo Comes Missus Domni Imperatoris causas singulorum audiendum vel deliberandum in Placito in territorio Apuliense intra Civitatem Varie et ibidem per jussionem Domni Ottonis et Ottonis filii ejus, causas singulorum ad audiendum vel deliberandum [9]) etc., und am Schlusse: Anno Imperii eorum VI. et Ottonis filii sui primo et anno Pandulfi Principis, Ducis et Marchionis, Ducatus ejus primo, mense Aprili Indictione XI. So auch wird in einer Urkunde [10]) wegen eines Gerichtes, welches im J. 968 in territorio Marsicano, das damals einen Theil des Herzogthums Spoleto ausmachte, gehalten ward, gesagt: Ubi sedebat Domnus Pandolfus gloriosus Princeps, Dux et Marchio, nämlich Anno ab Incarnatione Domini nostri Jesu Christi DCCCLXVIII. Anno Imperii Magni Ottonis Augusti in Anno septimo et Otto Imperatoris filius simul cum eo in Anno Primo et IV. Kal. Sept. Indict. XI. Auch hieraus erhellt, daß Pandulf das Herzogthum von Spoleto und die Mark Camerino schon vor dem Jahre 964 erhalten hat. Zur Zeit des Königs Hugo hatte sein natürlicher Sohn Hubert, Herzog und Markgraf zu Toscana, diese beiden Staaten. Ob er sie bei seiner Verjagung oder bei seinem Absterben verloren, ist ungewiß, da die Geschichte seiner letzten Jahre und die Zeit seines Todes sehr verworren sind [11]). So viel aber ist gewiß, daß Pandulf am Anfange des Jahres 967 als Herzog von Spoleto und Markgraf von Camerino bei dem Kaiser war und galt. Während Pandulf mit dem Kaiser in Calabrien weilte, starb sein Bruder Landulf III. Er hatte mit seinem Bruder das Fürstenthum acht Jahre [12]) gehabt. Als Pandulf seines Bruders Tod vernahm, verließ er den Kaiser in Calabrien, kam nach Benevent und erhob seinen Sohn Landulf IV. zum Fürsten. Hat diese Angabe des Ungenannten von Salerno (bei Pellegrini S. 299) seine Richtigkeit, so hatte Landulf III. die Herrschaft in Benevent insbesondere gehabt. Es kann aber auch blos so viel bedeuten, als dieses: Nach seines Bruders Tode nahm Pandulf seinen Sohn zum Mitregenten an, sowie auch sein Bruder nur Mitregent gewesen war, wiewol die übrigen anderer Meinung sind. So sagt Muratori (Gesch. v. Ital. 5. Th. S. 534) zum Jahre 968: „Es starb auch Landulfus III., Fürst zu Benevent und Capua. Ob er gleich männliche Erben hinterließ, so nahm doch sein Bruder Pandulfus Caput ferreum alle seine Staaten ein, wodurch seine Macht sehr zunahm." Uns dagegen scheint nur Mitregentschaft stattgefunden und das Fürstenthum und die Regierung ungetheilt gewesen zu sein, und nur dieses stattgehabt zu haben, daß Pandulf seinen Sitz in Capua, und sein Bruder Landulf zu Benevent, und nach dessen Tode Pandulf's Sohn, Landulf, auch zu Benevent hatte. Auch in dieser Beziehung konnte Nicephorus recht gut den einen Fürsten durch den capuanischen und den andern durch den beneventischen bezeichnen. Der Ungenannte von Salerno sagt zwar, daß Pandulf nach Landulf's Tode nach Benevent gekommen, und seinen Sohn zum Fürsten erhöhet habe, bezeichnet aber zuvor Pandulfen durch Princeps Beneventanus. Hieraus geht hervor, daß er selbst von einer getrennten Regierung nichts wußte. Eine besondere Regierung kann man die der beiden Landulfe, des Dritten und des Vierten, nur insofern nennen, als bei nicht wichtigen Angelegenheiten, z. B. Gerichtsverhandlungen von weniger Erheblichkeit, der Fürst, welcher zu Capua seinen Sitz hatte, nicht zu Rathe gezogen wurde, wenn etwas in Benevent vorfiel, und der, welcher zu Benevent seinen Sitz hatte, nicht, wenn ein unerhebliches Regierunsgeschäft in Capua statthatte. Die Regierungshandlungen wurden, wenn sie auch nur einer verrichtete, im Namen beider ausgefertigt. Es war also jetzt nur noch wirkliche Mitregentschaft, wiewol bei getheiltem Wohnsitze. Letzteres führte aber später eine wirkliche Trennung herbei in ein Fürstenthum Capua und in ein Fürstenthum Benevent, während zu Pandulf's des eisernen Kopfes Zeit die Grafschaft Capua und das Fürstenthum Benevent ein Fürstenthum unter Mitregenten war. Oder ist die Stelle des Ungenannten von Salerno: Beneventanorum Principatum Pandolfus et Landolfus *bifarie* regebant entgegen? Da dieser Salernitaner ein Gleichzeitiger ist, so wäre es allerdings von der größten Wichtigkeit, wenn es nämlich, wie man annimmt, so viel bedeutete, als: das Fürstenthum von Benevent regierten Pandulf und Landulf getheilt. Aber es läßt sich auch, und das ist wahrscheinlicher, so verstehen: regierten es von zwei verschiedenen Wohnsitzen aus, so sagt Livius (Lib. X. c. 21): Jam castra *bifariam* facta, quia unus locus capere tan-

7) Bei *Ughellus*, Episcop. Benevent. T. VIII. 8) s. die 6. Anm. d. Art. 9) s. das Weitere der Urkunde selbst bei *Muratori* Scriptt. Rerum Ital. T. II. P. II. p. 982. 983. 10) Im Chron. Vulturnense. p. 441. 11) *Muratori* Antichità Estens. P. I. c. 15 und dessen Geschichte von Italien, 5. Th. S. 525 (Leipzig 1747). Im Stemma principum Langobardorum, qui prodierunt ex genere Atenulfi, comitis Capuae et demum principis Beneventani, heißt es von Pandulf I. in Beziehung auf *Petrus Damianus* Lib. VII. Ep. 12: Dux Spoleti et Marchio Camerini an. 969 et seq. post abdicationem Ugonis. 12) So der Anonymus von Salerno bei Camillus Peregrinus bei *Muratori* T. II. P. I. p. 299. In einer Urkunde vom J. 972 im Chron. Vulturn. bei demselben T. I. P. II. heißt es: XIX. Anno Principatus Domni Pandulfi et Quarto Anno Principatus Domni Landulfi gloriosi Principis in Mense Septembri, Quinta indictione und in der Urkunde vom J. 967 Data V. Kal. Augusti Anno XXIV. Principatus Pandulfi et anno IX. Principatus Domni Landolfi gloriosi principis Indictione X. Actum Capuae (im Chronic. Vulturn. p. 445). Landulf hat also über acht Jahre regiert, und war den 28. Juli noch am Leben.

tam multitudinem non possit, bereits sei das Lager an zwei Orten aufgeschlagen, weil ein Ort eine solche Menge nicht fassen könne. Hier wird bifariam von der Örtlichkeit gebraucht, warum nicht auch bifarie bei dem Ungenannten von Salerno? Wir haben daher gar nicht nöthig anzunehmen, Pandulf habe seine Neffen nach ihres Vaters Tode aus den Staaten ihres Vaters verdrängt, sondern dieses: Landulf, sein Bruder, war Mitregent gewesen und hatte seinen Sitz in Benevent gehabt. Nach seinem Tode stellte dann Pandulf als Mitregenten seinen Sohn Landulf IV. auf und wies auch ihm seinen Wohnsitz in Benevent an. Wollten wir auch darauf kein Gewicht legen, daß in Urkunden, welche diese Fürsten nicht selbst, sondern nur ihre Unterthanen oder unter ihr Fürstenthum Gehörende haben ausstellen lassen, nach Pandulf's und seines Bruders Landulf's Regierungsjahren gezählt wird [13]), und dieses überhaupt nur so deuten, daß man in dem einen Theile des Fürstenthums den Herrn des andern auch noch anerkannt, weil er bei Todesfällen noch Ansprüche darauf hatte, so läßt sich doch immer sicherer auf bloße Mitregentschaft, als auf getrennte Staaten schließen. Noch weit sicherer geht aus andern von diesen Fürsten selbst ausgestellten Urkunden hervor, daß bei Pandulf und seinem Vater Landulf, bei Pandulf und seinem Bruder Landulf, und bei Pandulf und seinem Sohne Landulf blos Mitregentschaft statthatte, und zwar blos in Beziehung auf das Fürstenthum Benevent, nicht auf das Herzogthum Spoleto und die Mark Camerino [14]). In der Urkunde vom Jahre 965, in welcher Pandulf und sein Bruder Landulf viele im capuanischen Fürstenthume gelegene Güter dem Kloster des heiligen Vincentius am Volturno bestätigen, in der Urkunde vom Jahre 967, in welcher Pandulf und sein Bruder Landulf dem Abte Paulus desselben Klosters die Erlaubniß ertheilen, Thürme und Kastelle im Gebiete des Klosters zu erbauen, und in der um das J. 960 von dem Fürsten Landulf und seinem Bruder Pandulf ausgestellten Urkunde, in welcher sie dem Abt und den Mönchen des heiligen Vincentius die Freiheit, im patrenser See zu fischen, gestatten, heißt es in der vom J. 965: Pandolfus et Landolfus ordinante providentia Langobardorum Principes, und darunter Data V. Kal. Januarias Anno XXIII [15]) Principatus Domni Pandolfi et VIII. Principatus Domni Laudolfi — — Ind. IX. Actum in Civitate Capuana, und in der vom J. 967 wird gesagt: Pandolfus et Landolfus Divina providentia Langobardorum gentis Principes, und darunter das Datum, welches wir in der zwölften Anm. mitgetheilt haben, und in der Urkunde, die um das Jahr 960 ausgestellt ist: Landolfus et Pandolfus filius ejusdem Divina ordinante clementia Langobardorum gentis Principes etc. Hieraus geht hervor, daß bei Pandulf's und seines Bruders Landulf's Regierung das Fürstenthum ebenso wenig getheilt war, als früher unter Landulf und seinem Sohne Pandulf. Die Urkunden von 965 und 967 sind in Capua ausgestellt, und blos das Namenszeichen + Pandulf's darunter und doch zugleich in seines Bruders Landulf's Namen. Daraus läßt sich schließen, daß wenn eine Urkunde in Benevent von Landulf ausgestellt wurde, dieses auch in Pandulf's Namen geschah. Doch findet man mehr Urkunden, welche in Capua ausgestellt sind. So z. B. auch die Urkunde vom J. 964, durch welche der Fürst Pandulf und sein Bruder Landulf II. dem Kloster des heiligen Vincentius am Volturno viele Ländereien schenken, nämlich XXI. Anno Principatus Domni Pandolfi, quam et VII. Anno Principatus Domni Landolfi, principibus gloriosis. Ideoque qui supra nominati, Pandolfus et Langdolfus, Domini gratia Langobardorum Gentis Principes et filii bonae memoriae Landolphi Principis, compulsi sumus Dei omnipotentis misericordia pro mercede animae nostrae [16]) etc. Sie erzählen nun weiter, wie sie 300 Scheffel (modia) von dem Lande, welches sie mit den Söhnen und Enkeln des Fürsten Atenolf's haben, jeden Scheffel 30 Schritt in der Länge und 30 Schritt in der Breite enthaltend, sowie auch die Hälfte von 61 Petien (Pezzen, Stücken) anderer Ländereien, und 56 Petien von den Ländereien, welche sie mit den Neapolitanern gemeinschaftlich haben, dem Kloster des heiligen Vincentius am Volturno überlassen, und beschreiben, wo jene Petien liegen. Sie behalten nichts davon ihren Eheweibern, noch jemandem andern vor und verpflichten sich für sich und ihre Erben, die Äbte und Rectoren des Klosters in diesen von ihnen dargebrachten Ländereien zu schützen. Eine getrennte oder künftig zu trennende Regierung zwischen Pandulf und seinen Erben von der einen und Landulf und seinen Erben auf der andern Seite wird also auch hier nicht vorausgesetzt. In Urkunden des Mittelalters werden bei vielen Schenkungen zugleich die Erben namhaft gemacht, welche auf künftige Rückansprüche an das Geschenkte verzichten. Hier wird der Erben nur im Allgemeinen gedacht, so sehr wenig setzte man eine getheilte Regierung voraus, und doch findet man von Neuern angenommen, Landulf III. sei der Fürst von besondern Staaten gewesen und Pandulf habe sich, ungeachtet sein Bruder Erben gehabt, in den Besitz dieser Staaten gesetzt, da er doch keine besondern Staaten gehabt hatte, sondern blos Mitregent seines Bruders gewesen war. Nach Landulf's III. Tode erhob Pandulf seinen Sohn Landulf IV. in Benevent zum Fürsten, aber blos als Mitregenten, und Pandulf blieb immer Fürst von Benevent, sowie es in der Bulle heißt, durch

13) Vergl. Not. 12. 14) Die reichlichsten Belege finden sich in den Urkunden im Chron. Vulturnense p. 422—465, wovon wir nur bemerken aus einer Urkunde v. J. 945. S. 422: Sexto anno Principatus Domni Landulfi gloriosi principis et Anno secundo domni Pandulfi ejus filii, Mense Augusto tertia Indictione, in einer v. J. 960. S. 449: Anno XXI. Principatus Domni Landolfi gloriosi Principis et XVII. Anno Principatus Domni filio (filii) ejus, mense Februario, Indictione tertia, in einer andern v. J. 977. S. 458: Trigesimo tertio anno Principatus domni Pandolfi gloriosi principis et quarto anno Principatus Domni Landolfi filio (filii) ejus, Mense Februario, V. Indictione. 15) In den Anmerkungen zum Chron. Vulturnense ist S. 444 bemerkt: Et heic scribe Anno XXXIII, aber es ist ja ein Privilegium, das Pandulf und sein Bruder Landulf III. ausgestellt haben.

16) s. die Urkunde im Chron. Vulturn. p. 460.

welche Papst Johann XIII. im J. 969 das Bisthum Benevent zum Erzbisthume erhob, indem sich dafür verwandten Pandulf, der beneventanischen und capuanischen Städte Fürst, wie auch Spoleto's und des camarinischen Herzogthums Markgraf und Herzog, und zugleich auch der excellenteste Fürst Landulf, sein Sohn. Im August des Jahres 968 ging der Fürst und Markgraf Pandulf, wie das Zeitbuch von Volturno ihn bezeichnet, in verschiedenen Gebieten der Landschaften herum und arbeitete für den Frieden der Kirchen Gottes und des Volkes Gerechtigkeit. Als er in die Landschaft der Marsen kam, ging der Abt Paulus des Klosters des heiligen Vincentius am Volturno zu ihm und stellte auf dem marsikanischen Gerichte, welchem Pandulf, Fürst, Herzog und Markgraf, vorsaß, Klage gegen die Äbtissin des Klosters der heiligen Maria von Apiniaci an, und behauptete, dieses Nonnenkloster sei dem Regimente seines Klosters unterworfen, und gewann den Rechtsstreit, welches die den 29. Aug. 968 ausgestellte Urkunde umständlich beschreibt, sowie derselbe Abt auch einen andern Rechtsstreit, nämlich den Rechtsstreit gegen die gewann, welche von dem Eigenthume des Klosters der heiligen Maria von Apiniaci sich zugeeignet hatten, welchem im September 970 Kaiser Otto und Fürst, Herzog und Markgraf Pandulf, vorsaßen. In dieser und in der obigen Urkunde[17]) wird ausdrücklich bemerkt, daß der Abt vom Kloster des heil. Vincentius im beneventan. Gebiete gewesen. Das Gericht aber ward im marsikanischen Gebiete gehalten, zu welchem das Kloster der heiligen Maria von Apiniaci gehörte. Das marsikanische Gebiet machte damals einen Theil des Herzogthums Spoleto aus. Pandulf richtete also hier in einer Sache seines beneventanischen Abtes, der aber in Beziehung auf diese Streitsache nicht ein beneventanischer Abt war, sondern der sich an ihn wenden mußte, weil er Ansprüche auf ein Kloster im Herzogthume Spoleto machte. Oben, wo Pandulf und sein Vater und sein Bruder dem Abte Privilegien ertheilten, handelten sie als Fürsten von Benevent; hier handelte Pandulf als Herzog von Spoleto. In den Daten dieser beiden Urkunden rechnet der Notarius nicht nach Pandulf's, und noch weniger zugleich nach seines Sohnes Landulf's Regierungsjahren, sondern blos nach den Regierungsjahren des Kaisers Otto und seines gleichnamigen Sohnes, wiewol Pandulf in den Urkunden durch **Pandolfus Princeps, Dux et Marchio** bezeichnet wird. Nachdem wir so Pandulf's Regierungsverhältnisse betrachtet haben, wollen wir zur Geschichte seiner merkwürdigen Gefangennehmung durch die Griechen uns wenden, wie sie der Ungenannte von Salerno unter den Nebenumständen, von welchen wir die wichtigsten mittheilen, erzählt. Pandulf bat, nachdem er seinen Sohn in Benevent zum Fürsten erhoben, d. h. zum Mitregenten angenommen hatte, den Kaiser, der unterdessen wieder aus Calabrien nach Ravenna geeilt war, daß er ihm einige von den Seinigen geben möchte, damit er mit ihnen nach Apulien zöge. Der Kaiser gab ihm einige von den Seinen, und er ging mit wenigen beneventanischen und capuanischen Jünglingen auf die Stadt Bovino los. Die Griechen und mit ihnen die Boviner fielen heraus und waren, da bei Pandulf sich nur Wenige befanden, zur Schlacht geneigt. Pandulf stürzte auf sie, richtete eine fürchterliche Niederlage unter ihnen an und drang bis zum Stadtthor. Hier kam ihm ein Grieche von ausgezeichneter Tapferkeit entgegen und schlug ihn zu Boden. Aber man vergalt es. Ein anderes Mal thaten die Griechen wieder einen Ausfall, und Pandulf wollte sich wieder zur Schlacht stellen. Als man aber rückwärts blickte, sah man eine Menge Krieger. Man konnte nicht unterscheiden, ob es Griechen oder Leute von Pandulf waren, welche dieser erwartete. Als sie sich genähert, wurden sie als Griechen erkannt, und alle waren zur Schlacht gerüstet. Als diese begonnen, ward sogleich Pandulf's Roß tödtlich verwundet. Alsbald sprang einer der Seinen vom Rosse und gab es ihm. Pandulf verwundete viele Griechen und war bereits ermüdet, als ein Grieche von großer Stärke und Tapferkeit ihn durch einen mächtigen Schlag vom Rosse warf, denn seine Waffen waren bereits zerbrochen. Die Griechen stürzten sich nun auf ihn und nahmen ihn gefangen, und führten ihn zu ihrem Patrizier. Nicht wenige von Pandulf's Leuten wurden verwundet, einige gefangen, einige getödtet, und die Übrigen erreichten, wiewol in großer Verwirrung, ihr Gebiet. Fürst Gisulf von Salerno sandte den Gastalden Lando nach Apulien Pandulf'n zu Hilfe, damit er ihm beizustehen scheine. Er hatte als ein heimlicher Begünstiger der Griechen mit Sendung des Beistandes gezögert[18]). Auf dem Wege erhielt Lando die Nachricht von Pandulf's Gefangennehmung und Unsiege, und kehrte nach Salerno zurück. Der Patrizier Eugenius sandte Pandulfen mit seinen Mannen nach Constantinopel, drang mit gewaltiger Heerschar in das Gebiet von Benevent ein und eroberte Avellino, rückte vor Capua, belagerte es und plünderte das Land, und machte Alle, die ihm in die Hände fielen, zu Gefangenen. Der Befehlshaber von Neapel ließ diese Gelegenheit nicht unbenutzt und fügte dem Gebiete von Capua allen möglichen Schaden zu. Aber die Longobarden in Capua waren auch ihrerseits nicht unthätig und verwundeten und erlegten viele von den Feinden. Gegen 40 Tage dauerte die Belagerung Capua's. Aber vergebens wandte man die Kriegsmaschinen an. Der Patrizier Eugenius fürchtete auch, daß ein Heer Franken (Teutsche überhaupt) plötzlich über sie kommen könne und ging friedlich nach Salerno, wo der Fürst Gisulf ihn herrlich bewirthete. Das übrige

17) s. die Urkunden im Chron. Vulturn. p. 441–448.

18) Der Ungenannte von Salerno bei Pellegrini (S. 300) sagt dieses zwar nicht, sondern im Gegentheil: Princeps saepe dictus Gisulfus illuo Landonem Gastaldeum in suffragium misit, quatenus cum suis eum nullo modo relinquerent. Aber er erzählt selbst vorher, daß Pandulf Leute erwartet habe, und weiter unten, daß der Patrizier Eugenius friedlich nach Salerno gegangen sei. Er spricht von Gisulf immer in den schmeichelhaftesten Ausdrücken, sodaß sich schließen läßt, er habe wohl gewußt, daß Gisulf Pandulfen nur zum Scheine Beistand gesendet habe. Oben sagt er, wie Pandulf Leute erwartete, und Lando'n stellt er dar, als wenn er nach Apulien geeilt sei, aber plötzlich die Nachricht von Pandulf's Niederlage erhalten habe und nun traurig nach Salerno zurückgekehrt sei. Ohne Zusage von schnellem Zuzuge würde Pandulf sich nicht mit einer kleinen Heerschar vor Bovino gewagt haben.

Kriegsvolk durchzog das Fürstenthum Benevent, eroberte viele kleine Städte und kam vor die Stadt Benevent. Hier fingen sie Teto'n. Pandulf's Bruder Romoald war von Kindheit auf bei den Griechen erzogen worden und wollte deshalb und wegen seiner Hoffahrt in sein Vaterland nicht zurückkehren. Daher ging man jetzt nach Apulien zurück. Aus dieser Erzählung des Ungenannten von Salerno läßt sich schließen, daß die Griechen beabsichtigt hatten, Romoalden an seines Bruders, Pandulf's Stelle in das Fürstenthum von Benevent einzusetzen, daß aber dieser Plan scheiterte, weil Romoald durch seine Erziehung bei den Griechen so zum Griechen geworden war, daß er lieber bei den Griechen als bei seinen Landsleuten, den Longobarden, bleiben wollte. Wenige Tage nachher, als die Griechen das Fürstenthum Capua und Benevent verheert hatten und nach Apulien heimgekehrt waren, kam ein Heer Alamannen und Sachsen, d. h. Teutsche überhaupt, und Spoletiner nach Capua, drangen in das Gebiet von Neapel ein, plünderten und bedrängten in Verbindung mit Capuanern die Stadt Neapel und verbrannten darauf Avelino, weil die Aveliner sich hatten den Griechen ergeben gehabt. Der Patrizier Eugenius ward wegen seiner Grausamkeit von den Seinigen gefangen und nach Constantinopel geschickt. Die Franken (Teutschen) zogen nach Ascoli, und der Patrizier Abdila ging mit einer großen Heeresmacht von Griechen aus der Stadt ihnen entgegen. Eine gewaltige Schlacht ward geschlagen, in welcher der Patrizier Abdila und mit ihm 1500 Mann fielen, und Romoald, Pandulf's Bruder, auch gefangen ward. So hatten in diesem Jahre (969) beide feindliche Brüder ihre Freiheit verloren, der eine war nach Constantinopel gebracht, der andere in der Gewalt der Teutschen oder auch ihrer Verbündeten, der Spoletiner, deren Graf Siko Romoalden gefangen genommen hatte. Die Sieger gingen nach Avelino und von da friedlich in die Stadt Benevent. Da Pandulf den 26. Mai 969 auf der Kirchenversammlung zu Rom war, so muß seine Gefangennehmung nach dieser Zeit fallen. Die Erzählung von den Nebenumständen mag wol der Sage angehören, aber die Gefangennehmung Pandulf's [19]) schwerlich, da sie der gleichzeitige Anonymus Salernitanus berichtet. Der Kaiser Otto zog (im Jahre 970) gegen die Neapolitaner und beraubte sie alles Viehes. Sogleich ging Aloara, die Gemahlin Pandulf's, mit ihrem Sohne ihm entgegen und empfahl ihren Gemahl auf alle Weise. Der Kaiser ging nach Apulien, ließ das Land plündern und belagerte Bovino. Während dessen lag der Fürst Pandulf zu Constantinopel in Fesseln, und der Kaiser wollte ihn noch mehr peinigen lassen, als ihn ein plötzlicher Tod traf, indem ihn seine Gemahlin Theophania in Verbindung mit Johann Tzimisces umbrachte, und dieser Johann das Kaiserthum erhielt. Er befreite Pandulfen sogleich aus den Fesseln und sandte ihn schnell nach Apulien, damit er bewirkte, daß der Kaiser unverzüglich heimkehren möchte und damit er dem Kaiser Johann die Treue durchaus halten möchte. Als Pandulf nach Bari gekommen war, sandte Kaiser Otto sogleich dahin, daß Abdila ihn dem Kaiser Otto unverzüglich überliefern möchte. Deshalb übergab *Abdila* Pandulfen dem Kaiser Otto, und auf Pandulf's Bitten verläßt der Kaiser Apulien und eilt nach Gallien. So nach dem Ungenannten von Salerno; und man findet seine Erzählung verdächtigt [20]). Allerdings ist sie mit rednerischer Übertreibung geschrieben, denn der Kaiser eilte nicht nach Teutschland zurück. Auch bieten sich Schwierigkeiten dar. Der Kaiser Nicephorus Phokas ward im December 969 ermordet, oder nach Lupus Protostrata und Sigbert von Gemblours im J. 970. Wollten wir Letzteres annehmen, so paßt es nicht, da der Kaiser Otto und Pandulf im September 970 in dem marsikanischen Gebiete auf dem Felde Casti bei der marsikanischen Stadt ein Gericht hielten [21]). Auch stellt Sigbert die Erzählung von des Kaisers Nicephorus Ermordung an die Spitze des J. 970. Da man damals das Jahr am gewöhnlichsten mit Weihnachten anfing, so fällt auch hiernach des Kaisers Nicephorus Ermordung in das Jahr 969. Daß aber Kaiser Otto in diesem Monate dieses Jahres eine Heerfahrt nach Apulien gemacht habe, weiß man nicht. Es ist also anzunehmen, daß die Erzählung von Pandulf's Befreiung sehr sagenhaft bei dem Ungenannten gestaltet ist, und daß nicht grade, während der Kaiser Otto eine Heerfahrt in Apulien that und Bovino, vor dem Pandulf gefangen war, belagerte, der Kaiser Nicephorus Phokas starb und nun sein Thronräuber nichts Eiligeres zu thun hatte, als Pandulfen aus dem Gefängnisse zu befreien und nach Apulien zu schicken, damit Otto aus diesem Lande abziehen möge. Da Johann Tzimisces mildere Gesinnungen gegen den Kaiser Otto hegte und Frieden mit ihm schloß, so ist ganz natürlich, daß durch den Tod des Nicephorus die Freilassung Pandulf's herbeigeführt ward, und daß der Kaiser Johann Pandulfen als Werkzeug zur Einleitung dieses Friedens brauchte. Auch verblieb Apulien wirklich den Griechen. Dem Sinne und der Hauptsache nach hat die Erzählung bei dem Ungenannten von Salerno nichts gegen sich, nur daß sie in den Nebenumständen sagenhaft gestaltet ist. Bei dem

19) Muratori (Gesch. von Italien. 5. Theil. S. 538) scheint sie zu bezweifeln, denn er sagt: Wenn diese ganze Erzählung, und vornehmlich die Gefangenschaft des Fürsten Pandulf, wahr ist, so müssen diese Begebenheiten einige Wochen nach dem 26. Mai geschehen sein. Denn an diesem Tage wohnte der jetzt gedachte Pandulf der römischen Kirchenversammlung bei. Pandulf verschaffte der Kirche zu Benevent die Ehre, daß sie zum Erzbisthum gemacht wurde, wie es in der päpstlichen Bulle (bei *Ughell*. Ital. Sacr. T. VIII. in Episcop. Benevent.) heißt: Praesidentibus nobis (der Papst) in Sancta Synodo acta ante Confessionem beati Petri Apostolorum principiis septimo Kalendas Junias, praesente Domno Ottone gloriosissimo Imperatore Augusto Romanorum, nostro filio etc. hortatu benigni ipsius praefati Domni Ottonis clementissimi Imperatoris Augusti etc. intervenientibus Pandulpho Beneventanae et Capuanae Urbium Principe, seu Spoleti et Camerini Marchione et Duce, simulque et Landulpho excellentissimo Principe filio ejus etc. mit dem Datum Data VII. Kalend. Junii etc. Anno 948.

20) So sagt Muratori (S. 541): Wenn der Anonymus Salernitanus sich nicht irrt rc.; (S. 542): Wenn die Erzählung ihre völlige Richtigkeit hat rc. 21) s. die Urkunde im Chron. Vultur. p. 443.

Gerichte, welches der Kaiser Otto der Große in seinem Palaste, den er unfern der Mauern Ravenna's erbaut, im Jahre 970 hielt, war auch Fürst und Markgraf Pandulf zugegen. Sehr zu bedauern für Pandulf's diplomatische und kritische Geschichte ist, daß sich dabei der Tag oder wenigstens der Monat nicht angegeben findet [22]). Der Ungenannte von Salerno erzählt von Pandulf Folgendes: Zur Zeit, als Landulf, der Sohn des Fürsten Antenulf II., sich des Fürstenthums von Salerno bemächtigen und seinen Sohn Indulf zum Fürsten daselbst einsetzen wollte, zog Pandulf mit einer Menge Spoletiner und seinem [23]) Volke gegen Neapel, peinigte es durch verschiedene Leideszufügungen und hatte durchaus vor, sich des Landes des Fürsten Gisulf von Salerno zu bemächtigen [24]). Als Gisulf dieses erfuhr, sammelte er eilig ein starkes Heer und sandte es an den Ort, der Flumicellus hieß, und seit alter Zeit durch Gräben sehr befestigt war; hier erwartete das Heer den Feind. Als Pandulf dieses hörte, griff er das Gebiet der Salernitaner an. Unterdessen verfolgten Landulf, Antenulf's II. Sohn, und seine Söhne ihren Plan, sich des Fürstenthums Salerno zu bemächtigen. Landulf, Antenulf's II. Sohn, war nämlich wegen seiner Schlechtigkeit und Grausamkeit aus Capua, seiner Vaterstadt, nebst seinen Söhnen vertrieben worden, hatte in Neapel in Verbannung gelebt und dann von seinem Mutterbruder, dem Fürsten Gisulf I. von Salerno, Consa erhalten, war aber von den Consanern vertrieben worden und hatte Neapel wieder zum Wohnsitze gewählt. Fürst Gisulf ward krank, und seine Mutter klagte sehr und bat ihn, daß er ihren Bruder ihr als Tröster nach Neapel kommen lassen möchte. Gisulf ließ sich erbitten, und Landulf zog mit seinen Söhnen nach Neapel und ließ nur den verschlagensten von ihnen, nämlich Landulfen, in Neapel zurück. Landulf hatte vier Söhne: Landenulf, Landulf, Indulf und Guaimar. Den Vater Landulf bereicherte Fürst Gisulf mit Häusern und Landgütern. Dessen Sohne Landenulf gab er das Schloß Lauro, und nach Landenulf's Tode ließ er den listigen Landulf aus Neapel kommen und ertheilte ihm Lauro, und Landulf kam mit seinem Hause nach Salerno. Dem Waimar schenkte er Marsiko und dem Indulf Sarno und fast alle fiscalischen Güter. Darüber murrte das Volk und ein Theil des Adels. Landulf machte sich jedoch einen Anhang durch Bestechung unter den Salernitanern. Während nun Gisulf's Heer an dem festen Orte lag, der Flumicellus hieß, um Pandulfen vom Eindringen in das Land von Salerno abzuhalten, ward der Plan der Verschworenen ausgeführt. Die Verschwörung leitete vorzüglich Landulf's listiger gleichnamiger Sohn mit Riso Marald's Sohne und Romoald Teurik's Sohne. Indulf erhielt die eidliche Zusicherung, daß er zum Fürsten von Salerno gemacht werden sollte. Landulf und seine Söhne und Riso und Romoald drangen des Nachts in den fürstlichen Palast ein, nahmen den Fürsten Gisulf mit seiner Gemahlin Gemma gefangen; setzten sie in ein Gefängniß auf den hohen Thurm, welchen sein Großvater Waimar erbaut hatte. Auf Befragen, was geschehen wäre, antworteten die Verschworenen, daß beide, Gisulf und Gemma, gestorben seien. Alfanen, den Vater der Fürstin, Gemma und seine Enkel oder Neffen [25]), Peter und Pando'n, den Archidiakonus, nahmen sie gefangen, und zwangen sie, dem Tyrannen Landulf den Eid der Treue zu schwören. Riso und Romoald brachten in der folgenden Nacht den Fürsten Gisulf und seine Gemahlin nach Amalfi. Marinus, der Befehlshaber der Neapolitaner, und Manso, der Patrizier der Amalfitaner, kamen nach Salerno, um Landulfen das Fürstenthum befestigen zu helfen. Als dem Volke von Salerno bekannt ward, daß Gisulf und Gemma noch lebten, murrte es sehr über diese Täuschung. Unter den Brüdern entflammte große Zwietracht um die fürstliche Würde. Indulf ging seinen Vater an: Warum hast du nebst deinen Söhnen mir bereits geschworen, daß du mich zum Fürsten erheben wolltest? Der Vater war in großer Verlegenheit, was er thun sollte. Indulf vertheilte Alles, was er heben konnte, und empfing heimlich Eide und drang namentlich in den Marinus, daß er ihm beistehen möchte, zum Fürstenthume zu gelangen. Während dieses Kampfes der Parteien ward Indulf ergriffen und heimlich nach Amalfi geschickt. Das ganze Volk von Salerno schwur nur dem grausamen Landulf dem Jüngern. Nach einigen Tagen ließen die beiden Landulfe Indulfen nach Salerno zurückkommen. Indulf aber fing wieder an, Vielen Geschenke zu ertheilen und den Plan zu entwerfen, daß sie sich in den Burgen befestigen und sich der Herrschaft Pandulf's unterwerfen sollten, indem er ihnen sagte: Mein Vater will in Verbindung mit meinem grausamen Bruder mich blenden lassen. Sie waren aus dem Geschlechte des Fürsten Gisulf. Sie befestigten sich sogleich in den Burgen. Riso und Romoald wurden von Reue ergriffen über das, was sie gethan. Landulf und seine Söhne erfüllten ihre Versprechungen nicht, namentlich theilten sie ihnen nur wenig von dem Schatze mit, den sie dem Fürsten Gisulf geraubt hatten, und hießen sie nach Amalfi gehen. Hier versprachen die Reuigen dem Fürsten Gisulf und der Fürstin Gemma alles Mögliche zu thun, um ihnen wieder zur alten Würde zu verhelfen. Fürst Pandulf wurde von den Edeln, welche sich auf den Burgen aufhielten, eingeladen, daß er mit den Seinen kommen und in Verbindung mit denen, welche ihn einluden, die Stadt Salerno erobern sollte. Pandulf ward von Freuden erfüllt und zog eilig nach Salerno. Indulf ging ihm entgegen und foderte Consa von ihm. Fürst Pandulf antwortete ihm, er vermöge keineswegs solcherlei zu thun. Traurig kehrte da Indulf nach Salerno zu-

22) s. die Urkunde bei *Mabillon*, Annal. Benedict. ad Ann. 971. Vergl. Muratori, Gesch. von Italien unter d. J. 970. 5. Th. S. 542. 23) Pandulf hatte zwar vom Kaiser die Mark von Camerino und das Herzogthum von Spoleto erhalten, aber diese kürzlich ertheilten Lehen machten immer einen bedeutenden Gegensatz zu seinen Erbstaaten, dem Fürstenthume von Capua und Benevent. 24) Aller Wahrscheinlichkeit nach wollte er Gisulfen züchtigen, daß er durch seine Verrätherei in die Gefangenschaft der Griechen gerathen war.

25) Der Ungenannte von Salerno nennt sie ejus (Alfani) nepotes, ohne etwas Weiteres über die Verwandtschaft anzugeben.

rück; wo er von den Seinigen ergriffen ward. Pandulf eroberte mit den Seinen und mit den Salernitanern, die in den Schlössern sich befanden, alle Kleinstädte, welche unter der Herrschaft der Stadt Salerno waren, und die Stadt Salerno selbst, und Alles, was sie finden konnten, raubten sie und richteten große Zerstörungen an. Die, welche darin waren, wehrten sich tapfer. Der Patricius der Amalfitaner war mit den Seinen innerhalb des Palastes mit den beiden Landulfen [26]), und die Amalfitaner gingen auf den Festungswerken hin und her und besaßen alle Thürme, weil die Landulfe den Salernitanern bereits mißtrauten. Hier bricht das Zeitbuch des Ungenannten von Salerno ab. Doch läßt sich schließen, daß Pandulf die Festung Salerno eroberte, die Tyrannen vertrieb und den unglücklichen Gisulf und seine Gemahlin Gemma (im J. 974) wieder auf den Thron setzte, aber unter der Bedingung, daß er Pandulf's Sohn an Kindesstatt und zum Mitregenten und seine Gemahlin Gemma zur Mitregentin annahm, und daß nach Gisulf's Tode die beiden Pandulfe, Vater und Sohn, herrschen sollten; denn es geht wirklich aus Urkunden hervor, daß Gisulf und Gemma und Pandulf als ihr Adoptivsohn gemeinschaftlich [27]) und dann wieder der Vater Pandulf und der Sohn Pandulf ebenfalls gemeinschaftlich regierten und nach des Vaters Tode Pandulf der Sohn allein (s. Pandulf Nr. 2. in diesem Artikel). Leo von Ostia [28]) hat Pandulf's, des Sohnes Landulf's Beinamen, Caput ferreum, aufbewahrt. Er erzählt von Pandulf weiter dieses [29]). Im 19. Jahre des Abtes Aligern (also im J. 968 oder 967) unserer Zeitrechnung) kam der Papst Johann (nämlich der 13.) von Rom verbannt nach Capua, und stellte, vom Fürsten Pandulf gebeten, damals zuerst in dieser Stadt ein Erzbisthum auf und weihte daselbst Johann, den Bruder desselben Fürsten, zum Erzbischof. Im J. 983 zog Kaiser Otto II. mit einem großen Heere nach Calabrien, um dort mit den Sarazenen zu kämpfen. Er ward besiegt und entkam mit Wenigen [30]). In dieser Schlacht verlor auch Landulf, der Sohn des Fürsten Pandulf, nebst seinem Bruder Atenulf das Leben. Der Kaiser, nach Capua zurückgekehrt, bestätigte das Fürstenthum der Witwe des Fürsten Pandulf, Aloara, und ihrem Sohne Landulf. In einer Urkunde vom Jahre 986 heißt es [31]): Im vierten Jahre des Fürstenthums des Herrn Landonulf im Monat März, in der 14. Zinszahl, und darunter: Ich Aloara, Witwe des Fürsten Paldolf (Pandulf), Tochter des Grafen Peter, mit Einwilligung des obengenannten Fürsten Landonulf's und Gisolf's, meinen leiblichen Söhnen, für Loskaufung der Seele des Fürsten Paldolf's, meines Mannes, und Paldolf's, des Fürsten der Stadt Salerno, meines Sohnes, und des Fürsten Landolf's und des Markgrafen Atenolf's meiner Söhne, gebe ich ꝛc. Der Vater, Pandulf I. oder der eiserne Kopf, war im März 981 gestorben, nachdem er 36 Jahre und sechs Monate regiert hatte, nämlich mit seinem Vater Landulf 20 Jahre und nach dessen Tode mit seinem Bruder Landulf sieben Jahre und sechs Monate und nach dessen Absterben mit seinem Sohne Landulf zwölf Jahre und sechs Monate. Der ungenannte Verfasser der Geschichte von Salerno hat ein Lobgedicht auf den Fürsten Pandulf von Capua, Benevent und Salerno. Es ist dieses kein anderer als Pandulf, mit dem Beinamen Caput ferreum, und man nimmt dieses auch einstimmig an. In diesem Lobliede kommt der wichtige Vers vor:

Hanc, quam misit iners, cape, deprecor Historiolam.

Pandulf's Gefangennehmung durch die Griechen wird dadurch außer allen Zweifel gesetzt, denn es ist nicht glaublich, daß ein Geschichtschreiber werde ein solches Mährchen von einer Gefangennehmung in sein Werk aufnehmen, welches er dem, von dem er es erzählt, zusendet. Das Lobgedicht selbst besingt, wie die von Pandulf regierten Staaten, Capua, Benevent und Salerno, vor

26) Cum duobus nequissimis, wie der Ungenannte von Salerno sie, ohne sie zu nennen, bezeichnet, sowie gleich darauf durch nefandissimi, auch weiter oben, wenn er sie zugleich durch den Namen bezeichnet, legt er ihnen solche und ähnliche Beiwörter bei.

27) Dieses geht aus folgenden Urkundenauszügen hervor. Erst regiert Pandulf allein und seiner Gemahlin wird dabei nicht gedacht. a) Anno 39. Principatus Domni Gilsolfi. Mense Julio. Indictione 14, also im J. 971. b) Anno 39. Principatus Domni Gisolfi. Mense Septembri. Indictione 15, also im J. 971. c) Anno 42. Principatus Domni Gisolfi. Mense Junio. Indictione 2, also im J. 974. Dann Gisulf, Gemma, und ihr Adoptivsohn Pandulf oder Paldolf, wie er in diesen Urkunden aus dem cavenser Archiv und aus dem Archiv Santi Laurenti bei Pellegrini (S. 303. 304) genannt wird, nämlich a) Anno 42. Principatus Domni Gisolfi et primo anno Principatus Gemmae ejus uxoris, et Principatus Paldolfi optati filii eorum. Mense Decembri. Indictione 3, also im J. 974. b) Anno 45. Principatus et tertio anno Principatus Gemmae ejus uxoris et Principatus Paldolfi optati filii eorum. Mense Augusto. Indictione 5, also im J. 976. Endlich Vater Pandulf und Sohn Pandulf oder Paldolf, wie sie hier genannt werden, gemeinschaftlich a) Anno 36. Principatus Paldolfi et Primo anno ejus *Salernitani* Principatus. Et quinto anno Principatus Domni Paldolfi filii ejus Indictione 7, also im J. 979. b) Anno 36. Principatus Domni Paldolfi et secundo ejus Principatus Salernitani. Et quinto anno Principatus Domni Paldolfi, filii ejus. c) Anno 37. Principatus Domni Paldolfi et secundo anno Principatus ejus Salernitani. Et anno 6. Domni Paldolfi ejus filii. Mense Oct. Indictione 8, also im J. 979. d) Anno 37. Principatus Domni Paldolfi et secundo anno Principatus ejus Salernitani et sexto anno Principatus Domni Paldolfi filii, ejus Mense Decembri. Indictione 8, also im J. 979. So finden sich noch zwei Angaben des 37. (beneventanischen) und des 2. Regierungsjahres des salernitanischen Fürstenthums Paldolf's (Pandulf's) und des 6. Jahres des Fürstenthums Paldolf's seines Sohnes vom Monat März und vom Monat April Indictione 8, also im J. 879 bei Pellegrini S. 304, und dann e) Anno 38. Principatus Domni Paldolfi et tertio anno Principatus ejus Salernitani et septimo anno Principatus Domni Paldolfi, filii ejus. Mense Februario. Indictione 9, also im J. 981. Im März dieses Jahres starb Pandulf der Vater.

28) Historiae coenobii Casinensis. Lib. II. c. 1. bei *Muratori*, Scriptt. Rer. Ital. T. II. P. II. p. 336. 29) Lib. II. c. 9. p. 346. 347. 30) s. das Nähere bei F. Wachter, Forum der Kritik. 31) Es steht dieser Urkundenauszug bei *Pellegrini*, Histor. Lang. Lib. I. p. 218 und im Reg. Petri Num. 234. Vergl. die fünfte Anmerkung zum Chron. S. Monasterii Casin. — Chron. Ducum et Principum Beneventi bei *Pellegrini* p. 302, welche Angabe auch durch die Urkunden bestätigt wird. Vergl. *Petrus Damianus*, Opusculum 19. de Abdicatione Episcopatus c. 9. juxta Editionem Lugdunensem anni 1623, nach den andern Ausgaben Ep. 9. Lib. I.

Pandulf's Regierung äußerst zerrüttet waren, und seitdem er sie beherrscht, freudig blühen, namentlich auch Salerno, welches durch gemmea urbs umschrieben wird, sowie Benevent durch Ticinum geminum, nämlich:

Aurea nam Capua sine Principe desiit esse
  Ticinum geminum heu viduata manes.
Judicibus tumuit sive subjecta superbis,
  Hostibus innumeris hinc spoliata gemit.
Sentibus et rhamnis labefactaque tota fatiscit
  Civibus exuta atque referta feris.
Lux redit ecce nova, altorem cum suspicit, illi:
  Te quoque magnanimum gaudet adesse patrem.
Gemmea nunc iterum exultans urbs cantibus, odas
  Principe sub tanto euge canendo boat.
Lusibus exultat, gaudet, splendet, nitet omnis
  Aetas, conditio, sexus uterque nimis.
Tempore praeterito tellus *divisa* maligne
  Vnitur tuo ecce, tuente Dèo.

Das ganze Gedicht ist herausgegeben mit Pellegrini's Hist. Langobard. von *Muratori*, Script. Rer. Ital. T. II. P. I. p. 306, und wieder von demselben als Anhang des Anonymi Salernitani Chronicon, Script. Rer. Ital. T. II. P. II. p. 282. 283. Der letzte Theil dieses Zeitbuches, welcher Pandulf's Geschichte betrifft, ist aber hier nicht wiederholt, sondern findet sich bei Pellegrini S. 299—303.

2) Pandulf, Fürst von Salerno, wird von einem Theil der Geschichtschreiber und Genealogisten durch keine Zahl [32]), von dem andern durch Pandulf II. [33]) bezeichnet. Jene unterlassen es darum, weil er nicht Fürst von Capua und Benevent, sondern Fürst von Salerno war. Wir betrachten ihn aber hier in diesem Artikel, weil er dem Fürstengeschlechte von Capua und Benevent entsprossen war, hatte zum Vater den Fürsten Pandulf I., oder den eisernen Kopf, von dem wir oben gehandelt haben. Als sein Vater Salerno erobert und den Fürsten Gisulf wieder auf den Thron gesetzt hatte, regierte in Salerno Pandulf's I. gleichnamiger Sohn als Adoptivsohn und Mitregent des Fürsten Gisulf und seiner Gemahlin Gemma vom Jahre 974—978, und nach Gisulf's Tode mit seinem Vater Pandulf gemeinschaftlich [34]) bis 981, wo dieser starb, und nun allein. Man hat einen Urkundenauszug aus dem cavenser Archiv, in welchem es heißt [35]): Im siebenten Jahre des Herren Paldolf (Pandulf) im Monat Juni, in der neunten Zinszahl, also im J. 981 unserer Zeitrechnung. Wenn es das siebente Pandulf's genannt wird, so ist von da an gezählt, wo er Mitregent Gisulf's und Gemma's ward. In der Urkunde heißt es weiter: Vor uns Guido'n und Aldemar'n, Richtern. Wir Paldolf Fürst Sohn des Herrn Paldolf's guten Gedächtnisses erklären, daß Gisolf und Gemma mich zum Sohne angenommen haben rc. Aber Pandulf, Fürst von Salerno, konnte seiner Regierung nicht den Glanz verleihen, mit dem sie der eiserne Kopf seines Vaters umgeben hatte. Nur wenige Monate vermochte er, als er es allein regierte, sich im Fürstenthume Salerno zu behaupten. Manso, Herzog von Amalfi, drang sich in dieses Fürstenthum ein und behielt es auch mit seinem Sohne über zwei Jahre, aller Wahrscheinlichkeit nach unter griech. Oberherrschaft, denn Kaiser Otto II. belagerte und eroberte Salerno und ließ Manson das Fürstenthum, welches er nicht anders erlangen konnte, als daß er den Kaiser Otto II. als seinen Herrn anerkannte. Von Pandulf's Ende weiß man nichts, wenn aber seine Mutter in der Urkunde vom Jahre 986 mit Bewilligung ihrer Söhne Landonolf und Gisolf eine Schenkung zur Loskaufung ihres Gatten, des Fürsten Pandulf, und ihres Sohnes, des Fürsten Pandulf von Salerno, und ihrer Söhne, des Fürsten Landulf und des Markgrafen Atenolf macht, und Vater Pandulf und die Söhne Landulf und Atenolf damals todt waren, so läßt sich schließen, daß die Schenkung auch zum Seelenheile des todten, nicht des lebenden Pandulf, des Fürsten von Salerno, gemacht wurde, und Pandulf im J. 986 todt war.

3) Pandulf II., Fürst von Benevent, war Sohn Landulf's III. und Neffe Pandulf's I. oder des eisernen Kopfes. Nachdem Letzterer im März 981 gestorben, regierte sein Sohn Landulf IV. sechs und einen halben Monat, und ward dann aus Benevent vertrieben, und sein Vetter Pandulf II. ward von den Beneventanern zum Fürsten erwählt und regierte fünf Jahre und acht Monate, und machte seinen Sohn Landulf V. im J. 987 zum Fürsten, herrschte mit ihm 22 Jahre und zwei Monate und erhob dann auch seinen Neffen Pandulf, den Sohn Landulf's IV., zum Fürsten [36]). Die drei regierten 23 Jahre. Dann ward Pandulf II. aus Benevent vertrieben und starb im August 1014. Seine ganze Regierungszeit betrug 38 Jahre und acht Monate [37]). Da er im J. 1009 Mitregent von Capua mit seinem Neffen Pandulf II. von Capua ward, trägt er in der capuanischen Geschichte den Beinamen Pandulf's III.

4) Pandulf II., Fürst von Capua, Sohn Landulf's IV., folgte seinem Vater, als dieser den 24. Juli starb, nahm im J. 1009 seinen Vaterbruder, den Fürsten Pandulf II. von Benevent, von dem wir unter Nr. 3 gehandelt haben, zum Mitregenten an, und regierte mit ihm gemeinschaftlich bis zum J. 1014, in welchem Fürst Pandulf II. von Benevent oder in Beziehung auf die capuanische Geschichte Pandulf III. von Capua starb. Im

32) So das Stemma Principum Langobardorum, qui prodierunt ex genere Atenulfi comitis Capuae et demum principis Beneventi bei *Muratori* Rer. Ital. Script. T. II. P. I. zwischen S. 326—327, und das Geschlechtsregister der Fürsten von Capua im 40. Theile der Fortsetzung der Allgemeinen Weltgeschichte. S. 584. 33) So le Bret selbst im 40. Theile der genannten Weltgeschichte. 2. Abth. §. 661. S. 597. 34) Die Urkundenauszüge von der gemeinschaftlichen Regierung Gisulf's, Gemma's und ihres Adoptivsohnes Pandulf's und dann der gemeinsamen Regierung des Vaters und des Sohnes Pandulf s. in der 27. Anm. d. Art. 35) Bei *Pellegrini* p. 304.

36) Regierte nämlich mit seinem Neffen Pandulf II. seit 1009 in Capua. Stemma Principum Langobardorum, qui prodierunt ex genere Atenulfi, Comitis et demum Principis Capuae. 37) Chronicon Principum Beneventi bei *Pellegrini* p. 320. Anonymi Casinensis Rerum in regno Neapolitano gestarum Chronicon bei *Muratori* Scriptt. T. V. p. 55. *Albericus* Chronologia bei demselben T. V. p. 139.

J. 1014 nahm er zum Mitregenten Pandulf IV. und 1020 bis 1022 Pandulf V., den Sohn Pandulf's IV.[38]), und starb 1022[39]).

5) Pandulf III., Fürst von Benevent, war Sohn Landulf's V., regierte mit seinem Großvater Pandulf II. und seinem Vater Landulf V. seit 1012, mit seinem Vater seit 1014, und allein seit 1038, machte im vierten Jahre nach seines Vaters Tode, welcher im September 1038 starb, seinen Sohn Landulf zum Fürsten und regierte mit ihm, bis Leo IX. im J. 1051 nach Benevent kam und Vater und Sohn ins Exil gehen mußten. Pandulf's III. Fürstenthum ward durch die Eroberungen der Nordmannen nach und nach zersplittert, denn es ging unter ihm Siponto und Monte Gargano verloren. Kaiser Konrad II. und Heinrich II. achteten Pandulfen wenig und beförderten eher die nordmännischen Eroberungen, als daß sie Pandulfen geschützt hätten. Als Kaiser Heinrich III. im J. 1047 in Gesellschaft des Papstes nach Benevent kam, ließen die Bürger ihn nicht in die Stadt ein, denn sie fürchteten, der Kaiser würde sich deshalb zu rächen suchen, weil sie bei einem Aufstande seiner Schwiegermutter, als sie von einer Wallfahrt vom Berge Gargano zurückkam, Beleidigungen zugefügt hatten. Der Kaiser hatte aber bereits die meisten Truppen vorausgeschickt und konnte mit den Wenigen für jetzt nichts gegen die Stadt unternehmen. Er bat daher den Papst, daß er das Fürstenthum Benevent mit dem Banne belegen möchte, und kehrte nach Teutschland zurück, nachdem er den Nordmannen das ganze Fürstenthum Benevent bestätigt hatte. So nach dem, was Hermann der Gichtbrüchige zum J. 1047 bei *Ussermann*, Germaniae Sacrae Prodromus. p. 118 und das Chron. S. Monasterii Casinens. Lib. II. c. 80. p. 399 unabhängig von einander berichten. Beide sprechen dabei nur von den Bürgern von Benevent. Neuere, z. B. le Bret, setzten dafür den Fürsten Pandulf, nämlich er sei darüber, daß der Kaiser die Nordmannen begünstigt, so erbittert gewesen, daß er den Kaiser nicht in die Stadt eingelassen habe. Sehr wahrscheinlich thaten auch, was die beiden Zeitbücher von den Bürgern von Benevent erzählen, diese mit Willen des Fürsten. An der Beleidigung der Schwiegermutter des Kaisers ist aber der Fürst Pandulf aller Wahrscheinlichkeit nach unschuldig, denn Hermann der Gichtbrüchige sagt: Sed socru imperatoris de monte Gargano Beneventum reversa, orto tumultu Beneventani cives quibusdam eam injuriis afficiunt. Daß aber der Fürst daran Theil hatte, daß der Kaiser nicht in die Stadt eingelassen wurde, läßt sich daraus schließen, weil der Kaiser nach dem Zeitbuche von Montecasino totam civitatem, d. h. doch den ganzen Staat, d. h. das ganze Fürstenthum, durch den Papst excommuniciren läßt, und das ganze beneventaner Land den Nordmannen bestätigt (cunctamque Beneventanam Terram Normannis auctoritate sua confirmans). Benevent blieb im Banne, so lange Clemens II. lebte, und nach seinem Tode entwölkte sich der Himmel nicht, denn Leo IX. bestätigte den Bann, als er im J. 1050 nach Benevent kam. Die Nordmannen dehnten die Eroberungen zum Nachtheile des Fürstenthums immer weiter aus. Die Unterthanen Pandulf's mußte es schmerzen, daß die Macht der Longobarden verwelkte und an ihrer Statt die Macht der Nordmannen erblühte. Ein Theil von Pandulf's Unterthanen wandte sich an den Papst Leo IX., schickten Gesandte an ihn und baten um seinen Segen, denn Leo's Name hatte in Benevent einen so hoffnungsvollen Klang, daß man in dem Krähen eines Hahnes den Namen Papa Leo zu vernehmen glaubte[40]). Leo nahm die Gesandten und die Geschenke wohlgefällig auf, und um so mehr, da seine Schatzkammer leer war, versicherte, daß diese Ehrfurchtsbezeigung ihm sehr angenehm wäre und entließ sie unter Ertheilung seines Segens. Ein großer Theil der Beneventaner entschloß sich, Benevent dem Papste zu übergeben. Da entstanden große Unruhen in der Stadt[41]). Ein anderer und zwar der stärkere Theil vereitelte jenen Vorschlag, und der Papst fand sich veranlaßt, die Stadt von Neuem mit Bann zu belegen. Auch ging er im folgenden Jahre (1051) wieder in diese Gegenden ab und versuchte durch Gesandte aufs Neue, die Beneventaner mit dem Kaiser auszusöhnen. Aber es gelang nicht, da die Beneventaner den Gesandten übel begegneten[42]). Nichtsdestoweniger begab er sich nach Capua und Benevent und empfing im Kloster Cava Abgeordnete von Benevent, welche nebst ihrem Erzbischof um des Papstes Schutz und Vermittelung bei dem Kaiser baten. Der Papst gestand es zu und ging, nachdem er Petri Pauli 1051 im Kloster des heiligen Benedict vom Berge Casino gefeiert hatte, nach Benevent und sprach die Bewohner vom Banne los. Pandulf III. und sein Mitregent Landulf VI. verließen die Stadt, da ihnen von der päpstlichen Partei nichts als Widerwärtigkeiten bevorstanden, und begaben sich unter den Schutz der Nordmannen. Aber nun geriethen die Beneventaner in Schrecken, daß sie von diesem tapfern Geschlechte unterworfen werden würden. Daher wandten sich die Beneventaner an den Papst Leo, baten um seinen Schutz und Beistand gegen die Nordmannen, und erlangten des Papstes Schirm, indem sie durch eine Darbringungsurkunde, per offertionis chartulam, wie Nicolaus von Aragonien sich ausdrückt, Benevent dem heiligen Petrus und dem *apostolischen* Stuhle übergaben[43]). Leo belegte die Nordmannen mit dem Banne und reiste auch im J. 1052 nach Teutschland und trug in Worms dem Kaiser seine Anfoderungen vor, entsagte dem Zinse, den er bisher von der Kirche zu

38) Das genannte Stemma. 39) Nämlich muthmaßlich, da er seitdem nicht mehr genannt wird.

40) Nam sicut a veridicis fertur relationibus, apud Beneventum gallus frequenti voce ejus nomen repetebat et naturalem emissurus vocem, cunctis mirantibus, Papa Leo innuebat. Der gleichzeitige *Wibertus*, Vita S. Leonis IX. Papae. Lib. II. c. 5 bei *Muratori*, Scriptt. Rer. Ital. T. III. p. 293. 41) *Anonymus*, Chron. S. Sophiae bei *Pratillo* T. IV. Histor. Princip. Langob. Le Bret, Fortsetzung der allgem. Weltgesch. 41. Th. S. 266. 42) Das Zeitbuch von Cava bei *Pratillo* T. IV. 43) *Nicolaus Arragineus S. R. E. Card.*, Vita Leonis IX. bei *Muratori*, Scriptt. Rer. Ital. T. III. p. 277.

Bamberg erhalten hatte, und andern Rechten, die er von einigen Klöstern in Teutschland zu erheben hatte, und vertauschte jenen Zins und diese Rechte gegen die Stadt Benevent, denn er konnte in ihren Besitz durch die Übergabe einer misvergnügten Partei nicht rechtskräftig gesetzt werden, wenn er nicht die Einwilligung des Kaisers und Königs von Italien, unter dessen Hoheit das Fürstenthum Benevent damals stand, erlangt hätte. Rodulf ward als Fürst von Benevent eingesetzt. Aber großer Streit herrscht darüber, wer es war, der ihm die fürstliche Würde von Benevent ertheilte. Nach der Behauptung der Anhänger des römischen Hofes [44]) that es der Papst. Andere, und unter ihnen der berühmteste und gründlichste Geschichtschreiber Italiens, Muratori, können sich davon nicht überzeugen, weil damals die Päpste ihren Vasallen den fürstlichen Titel nicht verliehen haben, den man nur unabhängigen Vasallen, nicht aber den Statthaltern gab. Unsere Ansicht ist diese: Das Zeitbuch der Fürsten von Benevent sagt bei Pellegrini (Seite 320): Landulf IV. ward aus Benevent vertrieben, und Paldolf (Pandulf), der Neffe des Herren Paldolf's des Älteren ward von den Beneventanern als Fürst erwählt, und von Pandulf IV. sagt es: Paldolf, Landulf's Sohn, ward bei Lebzeiten seines Vaters und Großvaters zum Fürsten erwählt, im Monat August, in der neunten Zinszahl, im J. 1056 des Herrn. Auch Leo von Ostia sagt von Rodulf, daß er zum Fürsten von Benevent erwählt worden sei; er bemerkt zwar nicht von wem, aber wie sich aus der frühern Geschichte schließen läßt, waren es auch die Beneventaner, welche Rodulfen erwählt hatten. Da sie sich unter die Schirmherrschaft des Papstes begeben hatten, so ist natürlich, daß der Papst Rodulf's Wahl bestätigen mußte, wenn sie gültig sein sollte, und wenn wir Rodulfen als einen und zwar als den ersten Anführer des Heeres der päpstlichen Partei finden, so läßt sich weiter schließen, daß er des Papstes Vasall geworden war. Dieser Rodulf ist, wie man annimmt, kein anderer, als jener kühne Nordmann Rodulf, der nach Rodulf Glaber [45]) das Misfallen des Grafen Richard [46]) erregte, und seinen Zorn fürchtend, mit allem, was er mit sich führen konnte, nach Rom ging und seine Sache dem Papste Benedict [47]) darstellte. Der Papst erkannte in ihm einen seinen Kriegshelden und klagte ihm, wie die Griechen das römische Reich anfielen, und unter den Seinigen keiner sich fände, der die Fremdlinge vertreiben könnte. Rodulf versprach ihm, gegen die Griechen zu kämpfen, wenn er ihm etwas Beistand gäbe. Der Papst sandte ihn mit den Seinigen zu den beneventanischen Primaten und gebot ihnen, daß sie ihn friedlich empfangen, und wenn sie in den Kampf gingen, ihn vor sich haben und ihm einmüthig gehorchen sollten. Rodulf geht zu den Beneventanern, und sie empfangen ihn, wie ihnen der Papst geheißen hatte. Rodulf erkämpft nun gegen eine große Übermacht der Griechen einen herrlichen Sieg. Die Nachricht hiervon bewegt eine Menge Nordmannen, daß sie mit Erlaubniß des Grafen Richard aus ihrem Vaterlande (der Normandie) über die Alpen, welche auch der Donnersberg (Mons Jovis) heißen, nach Italien gehen, und Rodulf schlägt mit ihnen eine zweite Schlacht gegen die Griechen, und dann eine dritte, durch welche die Seinen sehr geschwächt werden. Deshalb geht Rodulf zum Kaiser Heinrich, der einen solchen Helden reichlich beschenkt. Der Kaiser sammelt ein großes Heer, um mit ihm das Reich zu schützen. Unterdessen greifen die Griechen die Schlösser an, welche der Sieger Rodulf ihnen genommen hatte. Der Kaiser zieht in das beneventaner Land und nimmt ein und unterwirft alle Städte und Schlösser, welche die Griechen seinem Reiche entrissen hatten. Durch eine denkwürdige Belagerung zwingt er Troas, daß seine Bewohner die Hälfte ihrer Stadtmauer schleifen und wieder bauen müssen, nimmt von allen Provinzen jenes Landes Geiseln und kehrt nach Sachsen (Teutschland) zurück. Die Nordmannen kehren mit ihrem Heerführer Rodulf in ihr Vaterland heim und werden von ihrem Fürsten Richard mit Freuden aufgenommen. Im folgenden Jahre im Monat Juli stirbt Kaiser Heinrich in Sachsen

44) Namentlich *Borgia*, Memorie istoriche della Città di Benevento. T. II. p. 8. Er beruft sich dabei auf den Leo von Ostia (Lib. II. c. 87. p. 403) und will aus dieser Stelle folgern, daß ihn der Papst noch vor getroffenem Tausche als Fürsten erklärt habe. Aber diese besagt nur, wie le Bret (S. 266) bemerkt, daß Rudolf und Werner die päpstlichen Truppen befehligt haben. Leo von Ostia sagt nämlich in Beziehung auf des Papstes Krieg gegen die Nordmannen im J. 1053: Et ex parte quidem Apostolici Rodulfus in Beneventanum Principem jam electus, et Guarnerius Suevus signa tollunt. 45) *Rodulphi Glabri* Historiae Lib. III. Cap. I. bei *Pithoeus*, Historiae Francorum ab anno Chr. 900 ad annum 1285. p. 23. 46) Herzog Richard in der Normandie, wie aus dem Zusammenhang erhellt. 47) Nach Andern ist es sehr wahrscheinlich, daß Rodulf, der päpstliche Heerführer und Fürst von Benevent, ebenderjenige war, von dem Glaber erzählt, daß er dem Grafen Richard mißfallen habe, und mit aller seiner Habe nach Rom geflohen sei, worauf ihn der Papst nach Benevent geschickt, und den Einwohnern diesen tapfern Mann, der ebenfalls ein Nordmann war, als einen Anführer in ihrem Kriege empfohlen habe, in welcher Eigenschaft er auch von ihnen gern aufgenommen worden sei. In dieser Allgemeinheit, in welcher es le Bret (S. 267) und Andere halten, ist es allerdings sehr wahrscheinlich, bei Betrachtung der nähern Umstände ist es aber sehr zweifelhaft. Bei Rodulf Glaber erregt Rodulf das Misfallen seines Fürsten Richard in der Normandie, und geht nun zur Zeit Benedict's VIII. und Heinrich's II. nach Italien, und wird vom Papste Benedict VIII. nach Benevent gesandt, und hilft dem Kaiser Heinrich II. gegen die Griechen streiten und kehrt im J. 1023 nach der Normandie zurück. Nach den Neuern dagegen wird Rodulf der Nordmann vom Papste Leo IX. nach Italien geschickt, und der Nordmann kämpft gegen die Nordmannen in der für die Päpstlichen so unglücklichen Schlacht von Civitella vom J. 1053, erscheint also als einer, der von seinen Stammgenossen abtrünnig geworden, und der Graf Richard, dessen Misfallen er erregt hat, ist dann nicht Fürst oder Herzog in der Normandie, sondern der Graf Richard von Aversa. Mit dem, was Rodulf Glaber erzählt, ist zu vergleichen *Leo Ostiensis* Lib. II. c. 27. p. 363. Nach ihm erschlägt in der Normandie Giselbert, der auch Butericus hieß, Wilhelmen Repostell zubenannt. Robert, der Graf des Landes, droht Giselberten den Tod. Da nimmt Giselbert seine vier Brüder, Rainulf, Asclittin, Osmund und Rodulf, zu sich und folgt der Einladung des Fürsten Guaimar von Salerno, der von den Sarazenen bedrängt wird, und gelangt mit seinem Bruder Rodulf und den übrigen Brüdern nach Capua, wo zu jener Zeit Melus bei dem Fürsten Pandulf weilt. S. Pandulf IV. Fürsten von Capua, von welchem wir unter Nr. 8 dieses Artikels handeln.

und ward in dem Münster Bavoberch (Bamberg), das er erbaut hatte, begraben. Hieraus erhellt, daß unter dem Kaiser Heinrich nicht Heinrich III., sondern der II. zu verstehen, und hieraus folgt, daß jener Papst Benedict, welcher Rodulfen nach Benevent sandte, nicht Benedict IX., welcher im J. 1032 Papst ward, und es dann wieder 1045, und endlich zum dritten Male 1048 war, sondern Benedict VIII. war, der auf dem päpstlichen Stuhle von 1012—1024 saß. Es ist also sehr zweifelhaft[48]), ob dieser Rodulf derselbe ist, der Fürst von Benevent war, als Pandulf III. und sein Mitregent Landulf in Verbannung lebten. Doch kann Rodulf auch wieder nach Italien gegangen sein und seine alte Verbindung mit den Beneventanern wieder angeknüpft haben. Aber hierbei muß man annehmen, er habe sich nicht mehr als einen solchen Kriegshelden gezeigt als früher, wiewol auch Wilhelm der Apuler sagt:

Hos Bonianensis comitis comitata Rodulfi
Est virtus et consilio pollentis et armis.

Nach ihm ist also Rodulf einer der Befehlshaber im päpstlichen Heere Graf von Bologna im Kirchenstaate. Der Papst unternahm nämlich im J. 1053 eine Heerfahrt gegen die Nordmannen in Apulien, deren unglücklicher Ausgang die Wiedereinsetzung der Fürsten Pandulf's III. und seines Mitregenten Landulf's zur Folge hatte. Den Kern des päpstlichen Heeres bildeten die 700 Teutschen, welche er vom Kaiser Heinrich III. erhalten hatte. Unter des Papstes Fahnen versammelten sich die Apulier, die Campanier, die Bewohner der Mark von Ancona und die des Kirchenstaates; auch die Griechen vereinigten sich mit ihm, und hierdurch erlangte er ein sehr zahlreiches Heer, dem nichts als ein Feldherr fehlte, dessen Geist Einheit in dasselbe gebracht hätte. An der Spitze desselben standen Rodulf, der bereits zum Fürsten von Benevent erwählt war, Guarner (Werner) der Schwabe, und Albert, welche beide die 700 Teutschen befehligten. Die Nordmannen bildeten drei Heerhaufen. Den einen führte Graf Humfrid, den andern Graf Richard, den dritten Robert Wiskard. Bei Civitella in der Provinz Capitanata ward den 18. Juni 1053 die Schlacht geschlagen. Der Sieg blieb nicht lange zweifelhaft, denn die Italiener ergriffen nach und nach die Flucht. Nur die 700 Teutschen fochten ihres Ruhmes würdig und kämpften von einem so großen Heere bald nur allein noch. Lange und tapfer bestanden sie den Kampf und zogen den Heldentod der Flucht vor. Der Papst floh nach Civitella, aber die Drohungen der Nordmannen bewogen die Einwohner, daß sie ihn hinausgehen ließen. Graf Humfrid begab sich zu ihm und empfing ihn in seiner Treue und führte ihn nach Benevent, wo er vom heiligen Abend des Festes Johannis des Täufers bis zum Feste des heiligen Gregor's des Papstes blieb[49]). Ohne Zweifel hatten die Fürsten Pandulf III. und Landulf VI. den Nordmannen beigestanden, denn sie kehrten nach Benevent zurück. Nirgends aber wird bestimmt, ob Leo IX. die longobardischen Fürsten als seine Vasallen angesehen und sie in dieser Eigenschaft auf ihren vorigen Thron habe zurückkehren lassen. Aber aus dem Gange der Geschäfte ersieht man, daß Pandulf und Landulf Fürsten waren, und daß Heinrich's Tausch in Ansehung der Stadt Benevent lange ohne Wirkung blieb[50]). Auch bemerkt das Zeitbuch der Fürsten von Benevent, daß Pandulf und Landulf zurückgekehrt sind. Im August des Jahres 1056 nahmen Pandulf III. und Landulf VI. Pandulf IV. zum Mitregenten an, welcher des Erstern Enkel und des Zweiten Sohn war. Pandulf III. regierte 48 Jahre und ward dann (im J. 1059) im Monat März am Feste des heiligen Benedictus Mönch im Kloster der heiligen Sophia und starb noch in diesem Jahre[51]).

6) Pandulf III., Fürst von Capua, *als Fürst von Benevent* Pandulf II., s. diesen unter Nr. 3 dieses Artikels.

7) Pandulf IV., Fürst von Benevent, Enkel Pandulf's III. und Sohn Landulf's IV., ward noch bei Lebzeiten seines Vaters und seines Großvaters im August des Jahres 1056 zum Fürsten von Benevent erwählt, regierte mit seinem Großvater drei Jahre und sieben Monate und dann nach seines Großvaters Tode, welcher sich im J. 1059 ereignete, mit seinem Vater 17 Jahre, fünf Monate und sieben Tage. Er ward erschlagen von den Nordmannen bei Montesarchio den 7. Febr. 1074[52]).

8) Pandulf IV., Fürst von Capua, war Enkel Landulf's III. und Sohn Pandulf's II. von Benevent, regierte in Capua seit dem J. 1016 mit seinem Vetter Pandulf II. von Capua, seit 1020 bis 1022 mit seinem Sohne Pandulf V. und seinem Vetter Pandulf II. von Benevent, der 1022 starb, war heimlich dem Kaiser Basilius von Constantinopel günstig, ließ goldene Schlüssel machen, sandte sie an ihn und übergab ihm sich selbst, die Stadt Capua und das ganze Fürstenthum. Bojanus, der Catapanus (Über-Alle), oder, wie er auch genannt wird, der Dux der Griechen in Italien, übersandte dem Fürsten Pandulf IV. eine große Summe Geldes und verlangte von ihm, daß, wenn er wirklich dem Kaiser Basilius treu sei, er seinem Feldherrn den Durchzug gestatten möge zur Gefangennehmung des Dattus. Dieser Dat-

48) *Guilielmus Appulus* Lib. II. bei *Muratori*. Scriptt. T. V. p. 250. 261. 49) *Leo Ostiensis*, Chron. S. Monasterii. p. 402. 403.

50) *Giannone*, Istoria civile del regno di Napoli. Lib. IX. c. 3. Le Bret S. 267. 51) Et vixit ann. XLIII. heißt es in der Chronik der Fürsten von Benevent. In der Anmerkung darunter heißt es: Ich schreibe achtundvierzig Jahr, denn sonst hätte er weniger gelebt, als regiert. Man könnte es auch so verstehen: und lebte noch dreiundvierzig Jahre. Aber das Zeitbuch der Fürsten von Benevent sagt weiter von Pandulf's III. Enkel, Pandulf IV.: regierte mit seinem Großvater drei Jahre und sieben Monate, und nach dem Tode seines Großvaters mit seinem Vater siebenzehn Jahre fünf Monate und sieben Tage. Wie Pandulf III. Mönch wird, s. auch im Chronicon S. Sophiae. P. III. Nr. 9. 52) Das Zeitbuch der Fürsten von Benevent (S. 321) sagt: Anno Domini MLXXIII. Indict. XII., aber Pandulf IV. lebte zu Folge einer Urkunde noch im August in der neunten Zinszahl. Also ist das Zeitbuch der Fürsten von Benevent zu verbessern durch: Anno Domini MLXXIII. Indict. IX., welche Zinszahl für dieses Jahr paßt. S. Chron. S. Sophiae. Part. III. Nr. 11.

tus, ein edler Longobarde, hatte mit seinem Schwager Melus an der Spitze der Empörung der Apuler gegen die Griechen gestanden. Aber die Barenser vermochten dem Heere, das der Kaiser von Constantinopel herübersandte, nicht zu widerstehen, und mußten sich ergeben und wollten auch den Ismael den Griechen überliefern. Er floh mit Dattus nach Benevent, ging von da nach Salerno und von da nach Capua zum Fürsten Pandulf IV. von Benevent. Dattus ging zu dieses Fürsten Bruder, dem Abt Atenulf von Montecasino, und der Papst Benedict legte ihn als Besatzung in den Thurm am Flusse Garigliano, den der Papst inne hatte. Während Ismael bei dem Fürsten Pandulf IV. sich aufhielt, kamen aus der Normandie nach Italien und namentlich nach Capua die Nordmannen, die Gebrüder Giselbert, Rainulf, Aselittin, Osmund und Rodulf. Mit ihnen drang Melus in das Land der Griechen ein, gewann den Sieg in drei Schlachten und entriß den Griechen die Städte wieder, welche sie in Apulien erobert hatten. Aber in der vierten Schlacht, in der Schlacht bei Cannä, zeigte sich der Catapan der Griechen, Bojanus, als Hannibal, und Ismael und die Nordmannen hatten das Unglück der Römer. Die Nordmannen, welche dem Tod entgingen, legte Melus theils zu Guaimar, dem Fürsten von Salerno, theils zu Pandulf. Er selbst ging zum Kaiser, um ihn zu bewegen, eine Heerfahrt zur Vertreibung der Griechen zu unternehmen oder unternehmen zu lassen. Von den genannten Nordmannen legte Pandulf's Bruder, der Abt Atenulf, einige in die Stadt Piniatavium, nicht weit von der Stadt S. Germano, damit sie die Güter des Klosters Montecasino gegen Befehdungen, namentlich gegen die Angriffe der Grafen von Aquino, vertheidigen sollten, und sie thaten es redlich. Während so die Brüder Atenulf und Pandulf IV. den Weg der andern Italiener einzuschlagen schienen, sich nämlich der Nordmannen als Kämpfer gegen die Griechen und andere Feinde zu bedienen, waren sie doch heimliche Begünstiger der Griechen. Ein großer Reiz mußte hierzu für Atenulf sein, daß der schlaue Bojanus dem Kloster Montecasino die ganze Erbschaft oder das ganze Vermögen Marald's von Trani, welche in Besitzungen innerhalb und außerhalb der Stadt bestand, bewilligte. Da nun, wie wir oben sahen, Atenulf's Bruder, Pandulf IV., heimlich den Kaiser Basilius begünstigte, so übersandte ihm Bojanus eine große Summe Geld und verlangte als Zeichen, daß Pandulf dem Kaiser treu sei, die Gestattung des Durchzugs zur Gefangennehmung des Dattus. Pandulf gestattete ihm das Verlangen. Bojanus kam mit großem Heere nach Garilianum und belagerte den Thurm, auf welchem Dattus, der sich so etwas nicht versah, seinen Sitz hatte, erstürmte ihn nach zwei Tagen und nahm den Dattus nebst der ganzen Besatzung gefangen. Die Nordmannen, welche darin waren, erhielt der Abt Atenulf durch viele Bitten von Bojanus; den Dattus aber vermochte er auf keine Weise aus seinen Händen zu retten. Bojanus führte ihn gefesselt nach Bari, ließ ihn in einen Sack nähen und wie einen Parriciden ins Meer stürzen. Als Kaiser Heinrich das Eindringen der Griechen, die Winkelzüge des Fürsten Pandulf und den grausamen Tod des Dattus vernahm, erwog er, daß der Verlust Apuliens und der des Fürstenthums Benevent auch den Verlust Roms und dieser den Verlust von ganz Italien nach sich ziehen könne. Melus war in dieser Angelegenheit zweimal zum Kaiser Heinrich II. gereist und war jenseit der Alpen gestorben, als der Kaiser im J. 1022 mit einem gewaltigen Heere nach Italien kam. Er selbst zog mit dem größten Theile des Heeres durch die Marken. Den Erzbischof Poppo (von Trier) sandte er, wie man sagt, mit 11,000 Kriegern durch das Land der Marsen. Den Erzbischof Piligrim von Cöln aber schickte er mit 20,000 Mann über Rom voraus, damit er den Fürsten und den Abt gefangennehmen sollte. Der Abt war nämlich mit seinem Bruder, dem Fürsten, beim Kaiser wegen der Gefangennehmung und des Todes des Dattus am meisten angeklagt. Der Abt ward hiervon durch Freunde benachrichtigt, glaubte sich nirgends vor des Kaisers Ungnade sicher und wollte nach Constantinopel zum Kaiser fliehen, schiffte sich in Otranto ein und kam durch Schiffbruch auf dem Meere mit allen seinen Gefährten um, und die Mönche von Montecasino behielten besonders in traurigem Andenken, daß der Abt neun mit goldener Bulle versehene Urkunden (praecepta) dem Kaiser und auch das Praeceptum de casa Gentiania et Piscaria Lesinensi mitgenommen hatte, und diese alle nebst ihm vom Meere verschlungen wurden. Als Piligrim den Abt nicht findet, fürchtet er, der Fürst werde nach des Bruders Beispiel durch ähnliche Flucht entschlüpfen und eilt nach Capua und schließt die Stadt mit Heeresmacht ein. Der Fürst wußte mit Sicherheit, daß die Bürger ihn verrathen würden, und ging aus Furcht vor diesem Verrath freiwillig hinaus zu Piligrim, zeigte, daß er nicht schuldig sei, wie man sagte, und gelobte, daß er vor dem Kaiser sich über das rechtfertigen werde, dessen man ihn bezüchtigte. Freudig nahm Piligrim den Fürsten unter Haft und ging zum Kaiser, der schon sein Lager bei Troja, einer Stadt der Griechen, aufgeschlagen hatte. Der Kaiser, erfreut durch des Fürsten Gefangennehmung, versammelte alle seine Großen, sowol die italienischen als die von jenseit der Alpen, und führte den Fürsten in ihr Gericht ein. Zahllose Ankläger waren zugegen und warfen ihm seine Schlechtigkeiten ins Gesicht vor. Einmüthig ward der Spruch gefällt, daß der Fürst die Todesstrafe erleiden sollte. Aber Piligrim, dessen Treue und Redlichkeit sich der Fürst anvertraut hatte, empfand Schmerz über den Spruch und ging den Kaiser flehentlich an, und erhielt, indem ihm Viele beistanden, durch Thränen und Bitten, sowie auch durch Vorstellung von Gründen, das Leben des Fürsten. Doch befahl der Kaiser, ihn in eiserne Bande zu schlagen[53]) und mit sich nach Teutschland zu führen. Wenige Tage darauf ergaben sich die Trojaner. Wegen der großen Hitze des Sommers, welche

53) Leo von Ostia, welcher die Quelle zu dieser Partie der Geschichte Pandulf's ist, sagt Lib. II. c. 39. p. 365: *ferro tamen camo Imperator (eum) vinciendum — — mandavit.* Isidor sagt: camus genus asperi freni est, quo Caballi superbi coerceri solent, also ein Kappzaum, italienisch Capezzone, wird aber nicht selten in weiterm Sinne gebraucht.

die Teutschen nicht vertragen können, beschleunigt der Kaiser die Rückkehr, kommt nach Capua und übergibt das Fürstenthum dem Grafen Pandulf von Teano. Den Neffen oder Enkeln, denn nepotibus kann beides bedeuten, des Melus aber, welche Stephanus, Petrus und Melus hießen, ertheilte er, da er ihnen ihre Eigengüter nicht wiedererobern konnte, die Grafschaft Teano und ließ ihnen zum Beistande zurück die Nordmannen Giselbert und Gosmann, Stigand, Thorstein, Balbus Gualter (Walter) von Canosa und Hugo Falluca nebst andern 18 zurück. Im Kloster Montecasino wird zum Abte Theobald gewählt und die Wahl vom Kaiser und vom Papste gutgeheißen. Kaiser Heinrich II. starb im J. 1024, und Konrad II. bestieg den Königsstuhl. Da ward endlich auf Bitten seines Schwagers, des Fürsten Waimar III. von Salerno, Fürst Pandulf aus den Banden[54]) gelöst und kehrte nach Italien zurück, stellte sich als einen Mann von großer Sanftmuth und Demuth dar, nämlich zum Schein, kam zu dem Klöster Montecasino und verhieß wieder alte Freundschaft und Treue durch Eidschwur, und versprach dem Abte, daß er ihn wie den Vater und Herrn halten wollte. Alsbald rief er zu sich seine alten Freunde und Gönner, die Griechen mit dem Catapan Bojanus, und seinen Schwager[55]), den Fürsten Guaimar (Waimar) III. von Salerno, mit den Nordmannen Rainulf und Arnolin und den Grafen der Marsen. Sie unterstützten ihn treulich, und er belagerte mit ihrer Hilfe Capua ein und ein halbes Jahr und erstürmte es. Den damaligen Fürsten von Capua, den Grafen Pandulf von Teano, nahm der Catapan Bojanus in seine Treue und führte ihn nebst seinem Sohne Johann und all den Seinen nach Neapel. Pandulf IV. und sein Sohn Pandulf V. waren nun wieder Fürsten von Capua vom J. 1026 bis 1038. Im J. 1027 nahm Pandulf IV. Neapel ein, vertrieb den Magister Militum, Sergius, daraus, und Pandulf von Teano floh nach Rom. Der Bericht der Zeitbücher von Pandulf's IV. Herrschaft in Neapel wird durch Urkunden bestätigt. So heißt es in einer von einem Bewohner der Stadt Teano, Petrus, dem Sohne des weiland Siconus zu Teano ausgestellten Urkunde vom Jahre 1028 (im Chron. Vulturn. p. 505): Im 13. Jahre des Fürstenthums des Herrn Paldolf's (Pandolf's) und im neunten Jahre des Fürstenthums des Herrn Paldolf's (Pandolf's), seines Sohnes, der glorreichen Fürsten, sowie auch im ersten Jahre des Fürstenthums der Neapolitaner derselben glorreichen Fürsten im Monat April in der eilften Zinszahl. So lautet es auch in der Urkunde, welche Ildecardo (Hildegard), der Sohn des weiland Gisolf, ein Bewohner innerhalb des Gebietes der Stadt Teano, ebendaselbst im März 1028 ausgestellt hat (s. Chron. Vulturn. p. 506—508). Pandulf IV. behauptete Neapel fast drei Jahre[56]), oder nach anderer Angabe nur ein Jahr und fünf Monate[57]). Dann eroberte Sergius Neapel wieder, verband Rainulfen, den thatkräftigen Mann, mit sich durch Schwägerschaft, machte ihn zum Grafen von Aversa und wies es ihm und seinen Genossen, den Nordmannen, zum Wohnorte an, aus Haß und zur Verfolgung des Fürsten Pandulf, und so erhielt Aversa jetzt erst Bewohner. Pandulf IV. ließ, wie Leo von Ostia, der montecasinisch Gesinnte und dem Kloster Montecasino Angehörende, sich ausdrückt, von seinen frühern Schlechtigkeiten durchaus nicht ab, und beeiferte sich, das Kloster Montecasino zu verwüsten, gleichsam als thäte er es, um seinen Haß gegen den Kaiser zu befriedigen. Gegen den Abt Theobald heuchelte er Wohlwollen und bat oder vielmehr nöthigte ihn, gleichsam zu ihrer beiderseitigen Sicherheit bei ihm in Capua sich aufzuhalten, und gestattete ihm durchaus nicht, in das Kloster von Montecasino zurückzukehren. Die Bestätigungsurkunde (praeceptum de confirmatione) der ganzen Abtei stellte er jedoch nach dem Brauche der Fürsten aus. Damals war Propst im Kloster von Capua ein Calaber, Namens Basilius. Er hatte weltlichen Sinn und weltliche Heftigkeit, hatte vormals Dienstmannsamt (ministerialis officium) im Bisthum des heiligen Stephan geübt, war deshalb ein ganz vertrauter Freund des Fürsten Pandulf's IV., hatte, durch die Ankunft Kaiser Heinrich's II. erschreckt, seine Zuflucht in das Kloster Montecasino genommen und war nachher von dem Abte Theobald zum Mönche gemacht worden. Als der Fürst Capua wieder eingenommen, rief er den Mönch Basilius aus Montecasino zu sich nach Capua und ließ ihm die Propstei des Klosters von Capua übergeben. Uneingedenk der Wohlthaten, die ihm der Abt Theobald erzeigt hatte, that er ihm alle mögliche Beschwerde an, und aufgeblasen durch die Freundschaft des Fürsten, stand er bei dem Officium[58]) über dem Bruderchore gleichsam wie ein zweiter Abt. Pandulf ließ alle Leute des Klosters Montecasino in seine Treue[59]) (Vasallenschaft) schwören und vertheilte alle Schlösser oder Höfe des Klosters außer St. Germanus, St. Petrus, St. Angelus und St. Georgius unter die Nordmannen, die ihm damals anhingen, und setzte einen Mitschuldigen seiner Schlechtigkeit, wie Leo von Ostia sich ausdrückt, einen von den Dienern des Klosters, Namens Todin, über das, was dem Kloster übrig zu sein schien, übergab die Rocca, die Bantra genannt ward, und hieß bei seiner (des Fürsten) Treue[60]) (Herrschaft über die Vasallen) ihm (dem Todin) sowol die Nordmannen als alle übrigen gehorchen. Todin bemühte sich, seinem Herrn nun dadurch zu gefallen, daß er sich sehr schlecht und

54) Leo von Ostia (Lib. II. c. 58. p. 378) sagt: Solutus a condignis sibi perpetuo vinculis Princeps Pandolfus revertitur; die Mönche von Montecasino sind ihm nicht gewogen, da er ihr Kloster und ihren Abt hart behandelte. 55) Waimar III. hatte zur Gemahlin Pandulf's IV. Schwester Gaitelgrima. Leo von Ostia nennt ihn Pandulfi cognatum; das italienische cognato bedeutet nämlich Schwager.

56) So Leo von Ostia S. 379. 57) So der Ungenannte von Montecasino S. 50 und Alberich von Montecasino S. 139. 58) Über Officium oder vollständig Officium ecclesiasticum, officium divinum, den täglichen Betdienst in der römisch-katholischen Kirche s. das Nähere im Art. Officium in der 3. Sect. 2. Th. S. 291—298. 59) Universos Monasterii homines in suam fidelitatem jurare faciens. *Leo Ostiensis* Lib. II. c. 59. p. 379. 60) Ad suam fidelitatem cunctos illi tam Normanos quam caeteros quosque parere faciens.

lieblos gegen die Mönche bewies, und brachte sie und ihr Kloster zu solcher Dürftigkeit herab, daß ihnen auch selbst am Feste der Himmelfahrt Mariä der Wein beim Altardienste fehlte. Wollte er einen von den Mönchen aus dem Kloster werfen, so würdigte er ihn nicht einmal dieses zu sagen, sondern nahm blos von der Stelle des Tisches, was dem Mönche zur Nahrung zukam, und setzte es auf den Boden, sodaß dieser erkannte, warum er aus dem Kloster vertrieben werden sollte, und nun nicht länger im Kloster zu bleiben wagte. Überdies führte er die niedrigsten der Laien aus der Gesindeschaft des Klosters[61]) in das Refectorium (Speisezimmer) der Brüder, in welches damals kein Laie zu gehen wagte, zum Setzen des Brodes und Weines[62]) der Tische ein. Den Mönchen blieb nichts übrig, als mit Jeremias zu jammern. Die Knechte der Mönche herrschten, und Keiner fand sich, der die Brüder aus ihren Händen rettete, und nur Leo, der Groß-Custos der Kirche, war noch übrig. Als er eines Tages in das Refectorium ging und die genannten Knechte zur Ausübung des Dienstes fand, ward er von heiligem Eifer entflammt und trieb sie zur Thüre hinaus. Dann wandte er sich an seine Mitbrüder und fragte sie, wie lange sie zur Schmach ihres Ordens unter der harten Herrschaft ihrer Knechte verbleiben wollten, und foderte sie auf, ihm zu folgen und alle mit ihm einmüthig über die Alpen zum Kaiser zu gehen und ihm ihre Jammergeschichte zu erzählen. Diese Rede richtete sie auf, und sie folgten ihm nach. Als Todin hiervon Nachricht erhielt, eilte er hinauf und fand sie schon etwas weit von der Pforte des Klosters entfernt. Er sprang vom Rosse und warf sich ihnen zu Füßen, flehte sie an, daß sie zurückkehren möchten, und verhieß Genugthuungen. Sie kehrten zurück und hatten ihre Lage wenig gebessert. Da Todin bei seiner Schlechtigkeit beharrte, ward er nicht lange darauf unter dem Abte Richer von einigen Montecasinern gefangen und ihm das Haupt geschoren; er ward mit Sackleinwand angethan und zum Sieben des Mehls nach Weise der Diener in eine Bäckerwerkstätte gestellt. Der Abt Theobald war unterdessen im Kloster von Capua gleichsam als Abt, in der That aber als Gefangener, denn er durfte ohne Wache nicht außerhalb der Stadt gehen. Als er dieses fast vier Jahre ertragen hatte, entbot er heimlich den Dux Sergius von Neapel, daß er an einem bestimmten Tage an einen bestimmten Ort mit Soldaten kommen und ihn aufnehmen möge. Am bestimmten Tage ging der Abt aus Capua, als wenn er spazieren gehen wollte, bis zur Kirche des heiligen Marius am Fuße des Berges der St. Agatha, vereinigte sich dort allmälig mit den genannten Soldaten, ging nach Neapel und von da nach einigen Tagen in die Mark. Hier, im Kloster des heiligen Erlösers, in welchem er früher Propst gewesen war, hielt er sich ungefähr fünf Jahre bis zu seinem Tode auf. Nach einigen Tagen, als der Abt aus Capua entflohen war, trug Fürst Pandulf seinem getreuesten Adelgis auf, in das Kloster Montecasino zu eilen und ihm die kostbarste Kutte und den goldenen Kelch[63]) des Kaisers und einiges Andere zu holen, damit er diese Hauptkostbarkeiten der Kirche den Grafen von Aquino und Sesto als Pfand versetzte. Wahrscheinlich ist dieses blos ersonnen, um folgende Legende daran zu knüpfen. Als Adelgis den Mönchen von Montecasino seinen Auftrag angezeigt hat, rathen Einige, daß man die Kostbarkeiten nicht zurückhalten dürfe, damit sie durch den erzürnten Fürsten nichts Schlimmeres erduldeten. Adelgis besteht jedoch auf seiner Foderung. Da setzt Adam, welcher damals die Sachen der Kirche verwaltete, die Kostbarkeiten auf den Altar des heiligen Benedict, und sagt, daß sie hinwegnehmen könne, wer es wage. Adelgis versucht es, stürzt aber sogleich auf sein Antlitz, auf das Heftigste von der fallenden Sucht und zugleich von Lähmung der Nerven ergriffen. Den andern Tag zwar genefet er einigermaßen und kehrt ohne Erfolg zum Fürsten zurück. Doch der Mund bleibt verzerrt und das Auge verdreht bis zu seinem Todestage. Der Fürst bekommt durch diesen Vorfall etwas Furcht und Scheu, aber nicht auf lange Zeit kann in einem bösen Geiste ein guter Wille dauern, denn er schickt nach nicht langer Zeit den Propst Basilius von Capua ab und läßt den ganzen Schatz des Klosters von Montecasino zu sich bringen. Dem Kloster von Capua nimmt er hinweg drei Kronleuchter von Silber und einen mit Edelsteinen gezierten Codex und die beste citronengelbe Priesterkutte[64]) und drei kostbare Altartücher, welche Leo von Ostia (S. 381) näher beschreibt, und legt alles zusammen zur Aufbewahrung auf der Burg nieder, welche er kurz vorher auf dem Berge der St. Agatha erbaut hatte, oder damit Leo von Ostia selbst rede: atque in arce, quam in monte St. Agathae, qui Capuae imminet, paulo ante construxerat, *omnia simul condens, reposuit.* Er verpfändete also die Kostbarkeiten, welche er den Kirchen nahm, nicht, welche Absicht ihm kurz zuvor untergelegt wird. Wie, wenn er in jenen unruhigen Zeiten diese Kostbarkeiten auf die Burg gebracht hätte, damit sie nicht seinen Feinden in die Hände fielen? Doch die Montecasiner sind anderer Meinung. In der Burg auf dem Berge der St. Agatha, der bei Capua hervorragt, hat Pandulf die unzähligen Spolien, die er den Kirchen, den Witwen und

61) Vilissimos etiam quosque de Monasterii familia laicos.

62) Der Entwerfer des Gemäldes, wie Pandulf das Kloster vom Berge Casino bedrücken läßt, vergißt hierbei, daß das Kloster in solche Dürftigkeit versetzt war, daß es nicht einmal Wein zum Altardienste zum Feste der Himmelfahrt Mariä hatte; wie hätten da Brüder Wein bei Tische gehabt? man müßte denn annehmen, Leo von Ostia beziehe dies auf den Anfang der Zeit jener Bedrückungen.

63) Nämlich den der Kaiser dem Kloster des heiligen Benedict geschenkt hatte, und welcher Lib. II. c. 43. p. 367 so beschrieben wird: planetam optimam veneti coloris, listis nihilominus aureis decenter ornatam, die beste Kutte von meergrüner Farbe und mit goldenen Säumen anständig geziert. Der Erzbischof Pilligrim hatte wegen Wiederherstellung der Gesundheit des Kaisers Heinrich II. dem heiligen Benedict gegeben: Planetam purpuream optimam aureis listis mensium duodecim signa habentibus adornatam, die beste purpurne Kutte, geziert mit goldenen Säumen, auf welchen die Zeichen der zwölf Monate oder die zwölf Himmelszeichen im Umkreis standen. Planeta ist, was anderwärts Casula heißt, eine Priesterkutte.

64) Planetam cetrinam optimam.

den Waisen durch List und Gewalt geraubt, zusammengehäuft. Wie der Fürst von Gott, dem gerechten Richter, für den genannten Kelch[65]) nach dem Tode verurtheilt wird, hierüber haben die Montecasiner folgende spätere Legende: Sergius, der Magister militum, welcher in der Stadt Neapel befehligte, war eines Abends am heil. Ostersabbat (dem Osterheiligenabende) mit seinen Dienern im Walde auf der Eberjagd. Als die Nacht hereinbricht, eilt er mit seinem Gefolge nach Hause. Nur einem einzigen[66]) Diener trägt er auf, die Netze wieder zusammenzunehmen und ihm dann schnell zu folgen. Pytagoras, so heißt der Diener, bleibt zurück, nimmt die Garne wieder zusammen und folgt gerades Weges seinem Herren nach, als er zwei ehrwürdige Mönche erblickt. Pytagoras erschrickt, aber sie sprechen ihm Muth ein. Als sie mit einander gegangen sind, kommen sie zu einem schlammigen See, der einen fürchterlichen Anblick gewährt. Daselbst zeigen die Mönche dem Diener des Sergius Pandulf den Fürsten von Capua, von dem oben gehandelt worden ist, und der nicht lange vorher gestorben[67]) war, wie er mit eisernen Banden gebunden und im Schlamme des Sees bis zur Kehle niedergetaucht ist. Zwei ganz schwarze Geister haben Stränge aus Weidenästen geflochten, ihm um die Kehle gebunden, tauchen ihn in die Tiefe des Sees und ziehen ihn wieder empor. Dieses thun sie öfter, da befragt Pytagoras ihn, aus welcher Ursache er solches erdulden müssen. Weinend und jammernd antwortet der Fürst, obgleich ihm für seine unzähligen Verbrechen unendliche Pein vorbereitet sei, so leide er doch diese Pein wegen keiner andern Sache, als wegen des goldenen Bechers, den er aus dem Kloster des heiligen Benedict genommen und ihm sterbend nicht zurückgegeben habe. Pandulf beschwört daher den Pytagoras, daß er nach Capua zu seiner Gemahlin gehen oder schicken, und sie benachrichtigen möge, welche Martern er erdulden müsse, und daß er in sie dringen solle, den Kelch dem Kloster des heiligen Benedict zurückzugeben. Pytagoras stellt vor, daß sie ihm nicht glauben werde. Da gibt Pandulf ihm an, daß er von seiner Seite als Wahrzeichen verkündigen solle, daß Pandulf, Guala's (Wala's) Sohn, den Kelch zum Pfande[68]) habe, und solle die schuldigen Schillinge (Goldgulden, Solidos) zurückgeben, den Kelch wiedernehmen und unverzüglich dem Kloster des heiligen Benedict zurückstellen. Nachdem Pytagoras diesen Auftrag an die Gemahlin des Fürsten Pandulf erhalten, verschwindet die Erscheinung. Der Diener kehrt heim, wird durch Krankheit zurückgehalten und stirbt innerhalb weniger Tage. Aber er hat Allen, die zu ihm kamen, eröffnet, was er gesehen. Auch Pandulf[69]) selbst, welcher den Kelch als Pfand bei sich hat, ging zu der nämlichen Zeit, man weiß nicht warum[70]), nach Neapel, hört dieses alles aus dem Munde des Pytagoras selbst, und erzählt es dem, der die Erzählung aufzeichnete[71]); auch benachrichtigt der Pfandnehmer Pandulf die Witwe des Fürsten Pandulf von Allem, was ihr verstorbener Mann ihr durch den Pytagoras nach Capua entbieten lassen. Sie aber sorgt mehr für sich als für ihren Mann, kümmert sich um nichts, zahlt die Schuld, die ihr Mann gemacht, nicht, löst den Kelch nicht ein und gibt ihn dem Kloster nicht zurück. Daß das Kloster den Kelch nicht zurückerhalten, dieser Unwille hierüber begeisterte also einen der Mönche von Montecasino zur Erfindung der Legende von den Martern des Fürsten im kothigen See. Als der Abt Theobald vom Kloster auf dem Berge Casino im Kloster Sancti Liberatoris[72]) den 3. Juni 1035 gestorben war, wagten die Mönche keine Wahl ohne des Fürsten Befehl zu unternehmen. Der Fürst hatte schon längst beschlossen, die Abtei dem genannten Basilius zu geben, doch nicht ohne Einwilligung der Brüder, wiewol der Unbillige und Unfromme dieses eigentlich thun wollte[73]). Im

65) Nämlich den goldenen Kelch, welchen der Kaiser Heinrich II. dem Kloster des heiligen Benedict geschenkt hatte. Leo von Ostia erzählt zwar oben nur, wie Adelgis, der für den Fürsten Pandulf den Kelch holen soll, von der Epilepsie und der Paralysis zugleich befallen wird. Daß Pandulf den Kelch doch noch habe sich bringen lassen, erzählt Leo von Ostia nicht insbesondere, sondern läßt es blos voraussetzen, indem er sagt, Pandulf habe nur kurze Zeit Scheu gehabt, aber dann den ganzen Schatz des Klosters Montecasino zu sich bringen lassen; also folgert der, welcher, wie wir in der 71. Anm. d. Art. sehen werden, die Legende von Pandulf's Martern später eingeschoben, auch den goldenen Kelch mit, oder der spätere Interpolator nahm es auch nicht so genau und schob die Legende ein, eben wie es gehen wollte. — — 66) Solche Unwahrscheinlichkeiten, daß ein einziger Diener von dem Gefolge des Magister Militum, Sergius, des Dux von Neapel, die Garne zu einer Eberjagd wieder zusammennehmen soll, gehören zum Geiste der Legende. 67) Aber Pandulf IV., den die Montecasiner sehr mishandeln, war ja damals noch gar nicht gestorben. 68) Also waren doch nicht alle jene Kostbarkeiten auf der Burg auf dem Berge der Sancta Agatha zusammengehäuft, könnte man sagen. Aber diese Legende ist erst später eingeschoben worden.

69) Die Sage liebt solche Dinge. Nicht blos ein Fürst Pandulf muß der heißen, welcher den Kelch als Pfand angenommen hat, durch Namensverwandtschaft soll zugleich Geistesverwandtschaft angedeutet werden. Nicht ohne Bedeutung soll es auch wol sein, daß der Diener, der das Gesicht sieht, Pytagoras heißt. 70) Nescio qua de causa. 71) Mihi retulit; zu diesem mihi findet man in den Anmerkungen, welche der Ausgabe des Chron. S. Monast. Casin. des Angelus de Nuce, und daraus in der Muratorischen im 5. Theile der Scriptt. Rer. Ital. beigegeben sind, gesagt, nicht dem Petrus, der dieses geschrieben, noch dem Leo, der es vielleicht nicht geschrieben, sondern dem Desiderius, aus welchem es einer von beiden ausgeschrieben, nicht bemerkend, daß jenes mihi nicht zu ihm, sondern zu dem ersten Verfasser gehöre. Sie haben es vielmehr absichtlich stehen lassen, oder hatte Desiderius diese Legende nicht, haben sie es absichtlich anderswo aufgenommen, um dem Unglaublichen rechten Glauben zu verschaffen, oder wahrscheinlicher ist es ein späteres Einschiebsel; nämlich von den Worten an: Sed qualiter a justo Judice Deo pro jam dicto calice post mortem idem Princeps dampnatus sit, nunc referam und die Legende, welche nun folgt, fehlen in dem ältesten Codex, und der, welcher dieses spätere Einschiebsel gemacht, gibt auch deutlich den Grund an: Haec idcirco huic operi inseri curavimus etc., nämlich damit jeder, wer dieses höre, in Furcht gerathen und den Geist und die Hand von Beraubungen dieses Klosters abhalten solle. Um der Legende mehr Glauben zu verschaffen, stellt es der, welcher das Einschiebsel gemacht hat, so dar, als wenn diese Partie der Chronik ein mit dem Tode und der Peinigung des Fürsten Pandulf gleichzeitiges Werk sei, und der Verfasser desselben die Erzählung vom Gesichte des Pytagoras sie aus Pandulf's, des Sohnes Wala's, Munde, welcher den Kelch vom Fürsten Pandulf als Pfand gehabt, gehört, und der Aufzeichner sie aus des Pfandbesitzers Munde vernommen habe. 72) Es gehörte dieses Kloster der Abtei von Montecasino; s. Lib. I. c. 45, p. 318. 73) Der Fürst wollte

Kloster von Montecasino war ein ganz gelehrter Capuaner, der Bruder Antonius. Ihm auch hatte der Fürst einst die Abtei versprochen, ließ ihn deshalb jetzt nach Capua kommen und hielt beide hin, sodaß beinahe ein Jahr verging. Endlich ließ er sich abreden, den Antonius darüber zu setzen, da er ihm durchaus nicht schwören wollte, und beliebte, den Basilius wählen zu lassen. Er ließ also einige von den Prioren aus Montecasino nach Capua rufen, um mit ihrem Rathe ihnen einen Abt zu setzen. Im Palaste des Fürsten ward der Abt erwählt und dann in das Kloster von Capua geschickt. Zuvor mußte er dem Fürsten schwören, daß er von den Einkünften des Klosters nicht über 20 Schillinge (Goldgulden, Solidos) jährlich zurückbehalten und dem Fürsten alles Andere überliefern wollte. Basilius saß als 63. Abt zwei Jahre [74]). Er war unwürdig und weltlich ordinirt, aber noch weit unwürdiger und schändlicher war, so lange er vorstand, sein Verfahren. Er war gleichsam nicht Abt eines so großen Klosters, sondern gleichsam Verwalter der Angelegenheiten des Fürsten, denn seit seiner Ordination befand er sich fast ganzer fünf Monate zu Capua mehr im Dienste des Fürsten, als daß er für die Mönche gesorgt hätte. Die Rolle des Abtes spielte Todin. Kam Basilius nach Montecasino, so durfte er nicht dort verweilen, sondern kam gleichsam als Fremder dahin und genoß die Ehrerbietung, welche den Äbten geleistet zu werden pflegt, nicht, wenn er sie nicht erpreßte. Kaiser Konrad zog im Jahre 1038 mit einem gewaltigen Heere über die Alpen und kam nach Mailand. Hier gingen ihn einige von den Prioren der Mönche von Montecasino an, welche schon längst, um den Weheruf zu erheben, über die Alpen gegangen gewesen waren. Sie stellten ihm alle Übel dar, die sie so viele Jahre hindurch von Pandulf erlitten hatten, weinten, baten und flehten, daß er endlich kommen und das Kloster des heiligen Benedict, das seine Vorgänger bisher beschirmt, den Händen des Tyrannen entreißen möge. Der Kaiser gibt ihren Bitten Gehör und läßt sich, als er nach Rom kommt, die Klagen auch unzähliger Anderer, sowol der Ecclesiastiker als des übrigen Standes, über Pandulf vortragen, hält mit seinen Großen Rath und schickt einige rüstige Männer von seiner Seite nach Capua und läßt dem Fürsten dieses entbieten: wolle er nicht des Kaisers Unwillen erfahren, solle er vor Allem die Güter, welche er dem Kloster Montecasino genommen, zurückerstatten, die Gefangenen jedes Standes sogleich loslassen und jedem seine Güter unverkürzt zurückgeben. Des Kaisers Gesandten gehen nach Capua und haben viele vergebliche Unterredungen mit Pandulf und kehren fruchtlos zum Kaiser zurück. Der Kaiser, erzürnt, daß er sich von Pandulf verachtet sieht, zieht mit dem Heere nach Casino. Erschrocken flieht Todin nach Rocca. Die Mönche empfangen den Kaiser im Kloster. Er setzt sich im Capitel. Die Mönche werfen sich vor ihm nieder und klagen ihm, was sie seit Pandulf's Rückkehr fast zwölf Jahre hindurch erduldet haben. Der Kaiser verheißt ihnen seinen Schirm, gebietet, daß zwölf von den Mönchen mit ihm in diesem Geschäfte nach Capua gehen, und begibt sich dorthin, um das Kloster des heiligen Benedict aus der Knechtschaft des Fürsten zu reißen. Indessen wagt Pandulf nicht den Kaiser in Capua zu erwarten, sondern flieht mit seinem Abte Basilius auf die Rocca St. Agathä [75]), welche der Fürst mit dem größten Eifer ringsum befestigt hatte. Der Kaiser geht am Pfingstheiligenabende nach Capua hinein und den andern Tag hinaus, und schlägt seine Zelte bei Alt-Capua auf. Hier sind die Mönche, die ihn mit Bitten bestürmen, er möge das verheißene Werk vollbringen und ihnen vor Allem einen Abt geben. Der Kaiser antwortet, das sei seine Sache nicht, und fodert sie auf, einen von den Ihrigen zu wählen. Sie entgegnen, sie haben keinen tauglichen, und es sei nicht gerathen, bei so großen Verwirrungen in einem so großen Hause einen ohne große Kraft und Macht zu wählen. Der Kaiser beharrt bei seiner frühern Ansicht und sagt, sie sollen sich aus ihrer Congregation, wie die Regel des heil. Benedict vorschreibe, einen tauglichen Abt wählen. Sie beharren nichtsdestoweniger auf ihrer alten Bitte. Wir wissen nicht, inwieweit die Vorwürfe, welche dem Fürsten Pandulf und dem Todin von den Montecasinern gemacht werden, begründet sind; so viel geht aber aus dem Obigen hervor, daß sie selbst auf Verletzung der Regel des heiligen Benedict dringen, weil kein tauglicher Abt bei so großen Wirren unter ihnen zu finden sei. Wie wenn aber diese Wirren nicht blos von dem Fürsten veranlaßt worden wären, sondern er sie, als er aus seiner Gefangenschaft zurückgekehrt, bereits vorgefunden und sich genöthigt gesehen hätte, kräftig einzuschreiten, und hierzu den Todin gebraucht hätte? Daß den Mönchen ein solches kräftiges Einschreiten verhaßt sein mußte, und auch Todin selbst leicht das Maß seines Auftrags überschreiten mochte, liegt in der Natur der Sache. Wie dem auch sei, so viel ist gewiß, daß unter den Montecasinern damals keiner war, der der schwierigen Stelle eines Abtes einer so großen Abtei gewachsen war, und daß sie selbst auf Verletzung eines der wichtigsten Grundsätze der Regel des heiligen Benedict in den Kaiser drangen. Da dieser aber ein Mann war, der das Recht liebte, so beharrte er lange auf seinem ersten Vorsatze, aber die Mönche rasteten nicht. Sie wandten sich an die Kaiserin, welche ihren Gemahl begleitete. Das weibliche Geschlecht ist auch ungeeigneten Bitten leichter zugänglich als das männliche. Daher sagte die Kaiserin den Mönchen ihre Hilfe zu. Auf diese gestützt foderten sie, daß Richer, der damals die Leoninische Abtei regierte, ihnen zum Abte gegeben werde. Der Kaiser ward hierüber sehr betrübt, denn Richer war ihm sehr theuer und äußerst tauglich in allen seinen Geschäften. Doch ließ sich der Kaiser endlich bewegen, die Montecasiner wissen nicht, ob durch die Gründe oder die Bitten der Mönche. Wahrscheinlich ließ er sich durch Mitleid bewegen. Er sah den trost- und rathlosen Zu-

ihnen nämlich den zum Abte setzen, welchen er wollte, aber dieses sollte scheinbar mit Einwilligung der Brüder geschehen, denn eine erzwungene Einwilligung ist dem Rechte nach keine.

74) Nämlich vom Juni 1036, denn der äbtliche Stuhl hatte nach Theobald fast ein Jahr öde gestanden, bis zum Jahre 1038.

75) Den Felsen der heiligen Agatha.

stand der Mönche, unter welchen sich kein für einen so schwierigen Posten tauglicher Mann fand. Der Kaiser sah sich also genöthigt, einzuwilligen, daß die Regel des heiligen Benedict verletzt würde, damit das zerrüttete Kloster einen Mann zum Abte erhielte, der künftig den andern und mehren Verletzungen dieser Regel kräftig entgegenarbeitete. Ungeachtet auch Richer sich weigerte, so wollte doch der Kaiser der großen Abtei die größte Wohlthat nicht entziehen, die er ihr leisten konnte, und übergab ihnen den Mann, den er selbst als den in seinen Geschäften tauglichsten erprobt hatte, ihn zum Abte zu erwählen. Da der Kaiser so die Schwächen der Montecasiner hatte näher kennen gelernt, so mußte ihm Pandulf, wenn auch nicht schuldlos, doch in einem mildern Lichte erscheinen, wenigstens in einem Lichte, welches nicht erheischte, ihn auf Tod und Leben zu verfolgen. Während der Kaiser von jenem Gesuche der Montecasiner bestürmt ward, sendet Pandulf an den Kaiser, bittet um Vergebung, verspricht 300 Mark Gold zu geben, wenn er des Kaisers Verzeihung und Gnade erlange, und gelobt, daß er die Hälfte des Goldes sogleich geben, für die andere Hälfte aber seine Tochter und seinen Enkel [76]) als Geiseln überschicken will. Es geschieht; aber Paudulfen gereut sogleich, was er gethan hat, und er vermeint, daß er, wenn der Kaiser abziehe, werde die Stadt leicht wieder nehmen können. Der Kaiser hält mit seinen und den capuanischen Großen Rath und übergibt dem Fürsten Guaimar IV. [77]) von Salerno die Würde des Fürstenthums von Capua. Auf Guaimar's Andiehandgebung belieh der Kaiser den Nordmann Rainulf mit der Grafschaft von Aversa. Den Erzbischof Adelnulf von Capua, welchen Pandulf ins Gefängniß gelegt, setzte er wieder auf seinen erzbischöflichen Stuhl und empfahl ihnen sehr den Abt Richer und die ganze Angelegenheit des Klosters von Montecasino an, daß sie es an seiner Statt schützen und für dasselbe sorgen sollten. Pandulf's Geiseln nahm er mit sich, ging nach Benevent und kehrte von da durch die Marken über die Alpen heim und starb nach einem nicht ganzen Jahre (nämlich den 4. Juni 1039). Zu der nämlichen Zeit eroberte Guaimar, begünstigt durch die Nordmannen, Sorrento, und verlieh es seinem Bruder Guido. Auch Amalfi unterwarf Guaimar seiner Herrschaft. Unterdessen ließ Pandulf seinen gleichnamigen Sohn auf der genannten Rocca, um Alles zu versuchen, Capua wieder einzunehmen und ging mit Basilius nach Constantinopel zum Kaiser, um Unterstützung oder Geld zu erlangen. Der Kaiser war aber bereits durch Guaimar's Boten gewarnt worden und gab ihm nicht nur keine Unterstützung, sondern schickte ihn ins Exil. Hier mußte er elendiglich über zwei Jahre verharten bis zu des Kaisers Tode, ward endlich freigelassen und kehrte heim, ohne etwas erlangt zu haben. Nicht lange nachher, als Kaiser Konrad aus Italien abgegangen war, rief der Abt Richer von Montecasino den Fürsten Guaimar mit einem Heere herbei. Der Fürst Guaimar arbeitete dahin, die Rocca [78]) dem Grafen wiederzugeben. Einige von den Vornehmsten auf der Burg, welche Vasallen des Klosters von Montecasino waren, fürchteten dieses und schlossen durch den Propst Teuto mit dem Abte diesen Vergleich: Der Abt sollte sie und Todin in seine Treue (als Vasallen) wieder annehmen und ihnen das Ihrige, was sie vor des Kaisers Ankunft, und zwar Todin im Castellum S. Heliae, und sie selbst in der Stadt Pinitarium mit Erbrechte (als Alod) besessen, zurückgeben und sie wollten ihm dafür die Rocca überliefern. Der Vergleich ward vollzogen, und am heiligen Abend der Himmelfahrt Mariä erhielt die Rocca das Kloster Montecasino wieder. Während dessen begünstigten zwar die Grafen von Aquino und die Grafen von Sesto Pandulf's Partei nach Möglichkeit. Aber Graf Laidulf von Teano fing Adelnulfen, der nachmals Herzog von Gaeta war, den Bruder des Grafen Lando, nebst vielen andern bei Teano und gab sie in des Fürsten Guaimar's Haft. Erbittert sammelten die Grafen von Aquino ein großes Heer, sowol der Ihrigen als der Nordmannen und wollten gegen Teano ziehen. Aber der Abt leistete ihnen Widerstand und ließ sie nicht über den Fluß Casino gehen. Pandulf's Anhänger lagen daher unter Verheerung gegen 14 Tage in der Ebene von Montecasino. Zum Beistande des Abtes lagen einige Krieger bei S. Germano, wollten am 1. Mai die Stadt Cervaro erstürmen, und auf ihre Bitten ging auch der Abt mit dahin. Aber sie richteten nichts aus und kehrten heim. Pandulf's Anhänger hatten viele Tage nach einer Furt vergebens gesucht und hatten sie plötzlich an dem Orte gefunden, der nachmals die hölzerne Brücke hieß, und eilten hinüber, fingen den Abt und schlugen seine Gefährten. Graf Landulf von Teano, der in derselben Stunde zum Dienste des Abtes gekommen war, eilte, als er diesen Ausgang sah, nach Montecasino und bat die Mönche, daß sie ihn in ihre Treue aufnähmen und ihn nicht den Grafen von Aquino übergäben. Die Mönche hießen ihn furchtlos sein. Die Aquinenser ließen den Mönchen antragen,

76) Nämlich Landulf V. 77) s. *Pellegrini*, Stemma Principum Salerni neben seinem oben von uns angeführten Stemma der Fürsten von Capua und Benevent.

78) In der Überschrift des 68. Cap. des 2. Buchs der Chron. S. Monast. Casin. p. 389 wird unter dieser Rocca das castrum Atini, in den Anmerkungen aber die Rocca de Vasti[...] verstanden. Im 65. Cap. S. 384 heißt es nämlich, daß Todi[n] nach Rocca geflohen sei. Im nämlichen Capitel heißt es da[nn] S. 385, Pandulf sei mit seinem Abte in die Rocca Sanctae Aga[...]thae, die er mit größtem Fleiße ringsum befestigt, geflohen, und [...] weiter unten: Pandulf habe in der genannten Rocca seinen S[ohn] zurückgelassen, um alles zu versuchen, Capua wieder zu erobern, [...] unter dieser letztern Rocca wird dann wieder mit Recht die [Rocca] Sancta Agatha verstanden. Auch unter der Rocca, in welche [To]din floh, ist die Rocca von Sancta Agatha zu verstehen, und [Pan]dulf verlor durch Übergabe derselben seine wichtigste Festung. [Man] muß dieses daraus schließen, daß Basilius, als er mit seinem [...] von Constantinopel nach Montecasino zurückgekommen war, [...] wieder fliehen mußte, sich nicht in die Rocca von Sancta [Agatha] begab, sondern nach Aquino, dem Sitze der Grafen von [...] Bei der Übergabe der Rocca wird zwar des Sohnes des P[andulf] nicht gedacht, aber es läßt sich schließen, er habe bei dem [...] che freien Abzug erlangt, da er sich nicht länger halten [konnte], weil die Vasallen von Montecasino, die Pandulf der [...] hatte Treue schwören lassen, sich wieder dem neuen Abte [zu]wandten, um ihre Besitzungen wieder zu erhalten.

daß sie ihnen Landulfen ausliefern und dafür den Abt zurückerhalten sollten; aber der Abt selbst hatte die Mönche vor diesem Treubruche warnen lassen[79]). So ward der Abt nach Aquino geführt, und den folgenden Tag ging die Stadt San Angelo freiwillig zu den Aquinensern über. Kurz darauf mußte Fürst Guaimar Adenulf seinen Brüdern den Grafen von Aquino zurückgeben, und diese Grafen theilten den Abt den Mönchen wieder zu. Guaimar stellte dem Abte vor, daß er über die Alpen zum Kaiser gehen und ihm den wahren Hergang aus einander setzen und Hilfe an Kriegern erbitten solle, wenn der Abt das Kloster retten und der Fürst von Salerno das Fürstenthum noch länger behalten sollte. Der Abt trat die Reise an. In demselben Jahre litten die Aquinenser heftig an der Pestilenz. Selbst einer der Grafen Siconolf ward die Beute des Todes. Die Brüder des Verstorbenen, die Grafen Adenulf und Lando, sahen dieses nach dem Geiste jener Zeit als eine Strafe des Himmels für die Unbill an, welche sie dem Abte zugefügt und begaben sich als Büßende mit Stricken um den Hals nach dem Kloster, bekannten, wie sehr sie gegen einen solchen Mann sich vergangen und gaben den Mönchen die Stadt San Angelo zurück. Die Mönche benachrichtigen hiervon sogleich den Abt und ermahnten ihn, zum Kloster zurückzukehren. Er machte sich auf den Weg, hatte aber aus der Lombardei nur 500 Krieger, und zu Patenaria mit Guaimar eine Unterredung. Auf des Fürsten Rath kehrte er sogleich, um ein größeres Heer zu erlangen, über die Alpen zurück. In diesen Tagen kam Basilius, des Fürsten Pandulf Abt, mit seinem Fürsten aus Constantinopel zurück, kam wieder in das Kloster von Montecasino und befleißigte sich, auf den Beistand der Grafen von Aquino gestützt, einige Tage hindurch der Abtei. Als aber Guaimar der Nordmannen Heer gegen die Grafen von Aquino sandte, floh Basilius erschrocken zur Nachtzeit über das Gebirge nach Aquino. Während dessen war in Salerno der Propst des Klosters des heiligen Benedict, welches dem Kloster von Montecasino unterthan war, gestorben, da gab ihm Guaimar dieses Kloster in Salerno zu regieren. Nach ungefähr zwei Jahren, als der Abt über die Alpen gereist war, kam Richer wieder und zwar mit einem größern Heere; aber Guaimar wollte damit die Nordmannen nicht angreifen. Daher ließ er endlich sämmtliche Nordmannen, welche Ländereien des Klosters innehatten, dem Abte Vasallenschaft[80]) schwören und sandte das ganze Heer heim. Der Abt aber kehrte in sein Kloster zurück. Unterdessen zeigten sich die Städter von San Angelo wieder unruhig und luden die Aquinenser nochmals ein. Da sammelte der Abt die Nordmannen und zerstörte die Mauern der Stadt von San Angelo. Die Nordmannen unternahmen die Burg, die nachmals die des San Andrea hieß, als eine Zufluchtsstätte für sich zu erbauen.

Der Abt gebot ihnen, vom Unternehmen abzustehen, aber sie leisteten ihm keinen Gehorsam. Der Abt sah, daß er auf keine Weise etwas ausrichtete und die Macht der Nordmannen täglich wuchs. Aber die Seinigen riethen ihm und sagten, man müsse einen Rathschluß fassen, um sich mit Hilfe des heiligen Benedict vor so offenbaren treulosen Feinden zu vertheidigen. Der Graf der Nordmannen, Rodulf, kam kurz darauf mit vielen Kriegern an den Hof des Abtes[81]). Rodulf und die Seinen legten, wie die Gewohnheit mit sich brachte, vor der Thüre der Kirche die Waffen ab und gingen Alle in die Kirche, um zu beten. Da kommen eilig alle Dienende des Klosters zusammen, nehmen die Waffen und Rosse der Nordmannen und verschließen die Kirchthüren. Auch die übrigen Leute der Stadt eilen mit verschiedenen Geschossen bewaffnet herbei, thun die Kirchthüren auf und greifen die Nordmannen, die nur mit ihren Schwertern bewaffnet sind, an. Vergebens rufen die Nordmannen den Glauben an Gott an. Die Montecasiner machen Gottes Haus zu einer Mördergrube, metzeln 15 von den Nordmannen nieder, schlagen die übrigen in die Flucht, und die Mönche nehmen eigenhändig den Grafen Rodulf gefangen und stoßen ihn ins Gefängniß. Die Montecasiner durchstreifen sogleich das ganze Land und benutzen das Schrecken, welches jene Greuelthat verbreitet hat, und greifen die in Furcht gesetzten Menschen an und nehmen fast in einem Tage Alles wieder ein bis auf das Castell San Vittore und die Burg San Andrea, rufen eilig die Grafen der Marsen und die Söhne des Borelli und die übrigen Vasallen des Klosters zu Hilfe, erobern mit ihnen die Stadt San Vittore und schreiten dann zur Belagerung der Rocca St. Andred, wohin sich die Gemahlin des Grafen Rodulf und die übrigen Nordmannen begeben hatten. Mehr Zeit und Arbeit kostete die Einnahme dieser Burg. Nach ungefähr 14 Tagen ward jedoch ein Sturm unternommen, wobei die Nordmannen besonders dadurch litten, daß ein heftiger Wind die feindlichen Geschosse auf sie trieb. Sie ergaben daher sich und die Burg und flohen unbewaffnet und ohne Rosse nach Aversa. Die Nordmannen von Aversa wollten die Unbillen rächen, die ihre Gefährten von den Montecasinern

79) Was wir hier andeuten, und das Zeitbuch vom Kloster von Montecasino (Lib. II. c. 69. p. 390) umständlich erzählt, wie die Mönche den Grafen Landulf gegen den gefangenen Abt nicht ausliefern wollen, gehört aller Wahrscheinlichkeit nach der reinen Sage der Mönche, d. h. der Dichtung, an. 80) Fidelitatem.

81) Im Zeitbuche von Montecasino (L. II. c. 71. p. 391) wird gesagt, man habe damals geglaubt, der Graf Rodulf komme, um den Abt zu fangen, oder zu erschlagen. Aber dieses geben die Montecasiner nur vor, um die Treulosigkeit zu beschönigen, welche sie begingen, um sich der Nordmannen zu erledigen, denn vorher wird gesagt, daß die Nordmannen wider Willen des Abtes sich eine Burg gebaut, und ihre Macht täglich gewachsen sei. Der Abt will nun wieder über die Alpen. Sed cum hoc illi a suis omnino dissuaderetur, *potiusque sumendum consilium qualiter se de* tam manifestis perjuris suis cum auxilio Patris Benedicti *defenderet*. Ecce nutu Dei non post multos dies Comes illorum Rodulfus nomine, non paucis se militibus comitantibus, ad Abbatis curiam venit, eundem, ut tunc putatum est, Abbatem seu capturus seu occisurus: sed dolor, immo dolus ejus conversus est in caput ejus. Aus dem, was vorausgeht und was nachfolgt, und aus den Widersprüchen, in welche sich der Erzähler verwickelt, läßt sich mit Sicherheit schließen, daß der Graf Rodulf nicht durch Zufall nach Montecasino kam, sondern von den Mönchen in verrätherischer Absicht eingeladen war.

erlitten hatten. So entledigte sich das montecasiner Land im Jahre 1045 der Nordmannen. Nach ungefähr einem Jahre darauf kam Guaimar mit Drogo, dem Grafen der Nordmannen und vielen andern Hauptleuten, in das Kloster Montecasino und erlangten nur durch viele Bitten, daß Graf Rodulf freigelassen ward. Er mußte Urfehde schwören und kehrte zu seinem Schwiegervater nach Aversa zurück. Der Abt, die gerechte Rache der Nordmannen fürchtend, befestigte alle Castelle des Klosters mit Mauern und legte die Bauern, welche bisher auf den Gehöfen gewohnt hatten, hinein, daß sie in den Castellen verbleiben mußten. Die Stadt San Angelo, die er selbst zerstört hatte, umgab er wieder mit größern Mauern. Die Gaetaner riefen aus Haß gegen Guaimar den Grafen Adenulf von Aquino zu sich und setzten ihn als Herzog über sich. Guaimar sandte ein Heer dahin. Adenulf ging ihm tapfer entgegen, schlug einige der Feinde auf den ersten Angriff in die Flucht, ward aber schnell selbst gefangen und zu Guaimar gebracht. Pandulf rief die Nordmannen, welche aus dem Lande der Montecasiner vertrieben worden waren, zu sich und versprach ihnen, daß er ihnen das Land, aus welchem sie verjagt worden waren, leicht wieder erstatten würde, wenn sie ihm gegen Guaimar Beistand leisten wollten. Sie sagten ihm diesen sehr gern zu und vereinigten ihr und ihrer Genossen Heer. Da drang Pandulf in das montecasiner Land und schlug für das erste seine Zelte bei der Stadt St. Petri in Flea[82]) auf, und es schien, als wenn er sich des ganzen Landes bemeistern werde. Daher großer Schrecken, großes Zagen, sodaß die Häuser einiger Vasallen oben bei dem Kloster zu dessen Vertheidigung angeordnet wurden. Der Abt ließ die Mönche barfuß mit Litaneien um das Kloster einen Umgang durch alle Kirchen des Berges halten, um des Himmels Beistand zu erflehen. Als Adenulf in seiner Gefangenschaft hörte, wie die Montecasiner in Schrecken waren, entbot er dem Fürsten Guaimar, daß, wenn er ihn freiließe, er sogleich Pandulf's Unternehmen rückgängig machen wollte, und verhieß überdies, daß er dem Fürsten ewige Vasallenschaft (fidelitatem) und dem Kloster des heiligen Benedict allfältige Vertheidigung durch unverbrüchlichen Eid zuschwören werde. Adenulf war nämlich auf Pandulf sehr erbittert, daß Pandulf die Schwester der Grafen von Teano, welche Pandulf in Gefangenschaft hatte, für Adenulf's Befreiung nicht hatte zurückgeben wollen. Da klagte Adenulf, daß er nicht für ein Weib wieder eingetauscht worden sei. Der Vergleich, den Adenulf dem Guaimar vorgeschlagen, ward angenommen und Adenulf freigelassen. Er eilte in das Kloster von Montecasino und legte auf den Altar des heiligen Benedict den goldenen Kelch des Kaisers und ein pluviale diasprum (jaspisfarbigen Regenmantel), welche kostbare Dinge er schon lange von Pandulfen als Pfand erhalten hatte[83]). Der Abt schenkte ihm dagegen das beste Pferd und vorzügliche Waffen und die schönste Fahne, und machte ihn zum Vertheidiger des Klosters. Adenulf entbietet sogleich Pandulfen, er sei zurückgekehrt und dem Kloster zum Vertheidiger gegeben, Pandulf möge sogleich aus dem Gebiete des Klosters abziehen, wenn er nicht wolle, daß er ihn mit Schmach daraus vertreibe. Während Pandulf dieses durchaus nicht glauben will, sammelt Adenulf sowol von seinen Verwandten als von seinen Freunden ein großes Heer und schlägt seine Zelte auf, um sich Tags darauf auf dem Gefilde zu Perticellas mit Pandulf zu schlagen. Als Pandulf dieses sieht, zieht er ab. Adenulf kehrt in das Herzogthum von Gaeta zurück, welches ihm Guaimar bestätigt. Hierauf will, erzählt *eine Legende* im Zeitbuche des Klosters von Montecasino, Rodulf, der Graf der Vertriebenen, seines Eides der Urfehde uneingedenk, in das montecasiner Land gehen und plündern, stirbt aber am Morgen vor dem Auszuge eines plötzlichen Todes. Dieses schreckt die Nordmannen dergestalt, daß sie nicht mehr in das montecasiner Land invasions- oder plünderungshalber sich wagen. Auch sterben zum Zeichen der Rache des heiligen Ortes 150 nordmännische Krieger desselben Grafen innerhalb eines Zeitraums von ungefähr zwei Jahren an verschiedenen Orten eines verschiedenen Todes. Einem ihrer Verwandten, Namens Ardemann, welchen in die Rocca Vantra der Abt zur Bewachung gesetzt hatte, versprachen die Grafen von Teano ihre Schwester und viele Geschenke, wenn er ihnen die Rocca übergäbe. Der schlaue Ardemann sagte dieses zu. In der bestimmten Nacht ließ er einen von den Grafen, nämlich den Laidulf, mit einigen Kriegern ein und dann plötzlich das Thor schließen. Laidulf und Alle, die mit ihm hineingegangen, wurden in Haft gelegt, und die übrigen, die draußen waren, zurückgetrieben. Nachher aber ließ der Fürst Guaimar durch seinen Bruder Guido und den Grafen Rainulf und den erlauchten Mann Leo von Manso den Abt ersuchen, den gefangenen Grafen Laidulf seinen Brüdern zurückzugeben. Der Abt ging darauf ein, und Laidulf ward frei, nachdem er Eidschwur und Verzicht geleistet und eine Obligation von 100 Mark Gold gegeben. Ardemann ward hierüber sehr unwillig, empörte sich in der Rocca und drohte sie den Nordmannen zu übergeben. Der Abt ging mit einer Heerschar vor die Rocca, lockte Ardemann durch Bitten und Versprechungen zu einer Unterredung heraus, ließ ihn durch seine Krieger gefangennehmen und ihm den Tod androhen, wenn er die Rocca nicht sogleich übergäbe. Aber er wollte lieber sterben. Da banden ihn die Montecasiner auf einen hölzernen Rost und schritten mit ihm zur Erstürmung der Rocca. Er aber rief den Seinen zu, ihn lieber zu erlegen als die Rocca zu übergeben. Doch die in der Burg von dem Abte er-

82) In Bullen der Päpste und im Regesto Petri wird dieser an unzähligen Stellen Sanctus Petrus in Flea oder in Flia genannt. Lauretus will das Sancti Petri in Flea des Zeitbuchs von Montecasino verwandeln in Sancti Petri in fine. So heißt allerdings jetzt der Ort. Aber dieses ist Verderbung im Munde des Volkes. Doch hat man auf diese Verderbung des in flea in das in fine eine Legende gedichtet. S. dieselben in den Anmerk. zum Chron. S. Monast. Casin. Lib. II. c. 75. nr. 1. p. 393.

83) Dieses hat der Einschieber jener Legende, nach welcher zur Zeit des Todes Pandulf's das Kloster den goldnen Kelch des Kaisers noch nicht wieder hat, und Pandulf's Witwe im Besitze des Kelches ist, nicht berücksichtigt.

mahnt und erschreckt übergaben ihm die Rocca. Diese und andere Dinge, welche die Montecasiner an der Spitze des Abtes vollführten, konnten den Kaiser Heinrich III. nicht günstig für die Montecasiner stimmen, wenigstens sie nicht in einem viel günstigeren Lichte zeigen, als den Fürsten Pandulf. Bei Heinrich's III. Vater und Vorgänger war Pandulf des Kirchenraubes angeklagt und seines Fürstenthums entsetzt worden. Aber was hatten die Montecasiner unterdessen selbst gethan? Sie hatten Meuchelmord in ihrer eignen Kirche geübt. Daher besuchte der Kaiser Heinrich III., als er in den J. 1046 und 1047 in Italien war, zwar 1047 das Kloster Montecasino und beschenkte es, ging aber nach Capua und ließ Guaimarn auf Capua, das er bereits neun Jahr besessen, Verzicht leisten und gab es dem frühern Fürsten, Pandulf IV. und seinem Sohne Pandulf V., zurück, nachdem er viel Gold von ihm erhalten. Dem Grafen Drogo von Apulien und dem Grafen Rainulf von Apulien, welche ihm viele Rosse und schweres Geld darbrachten, bestätigte er sämmtliches Land, das sie damals innehatten, durch kaiserliche Investitur, und dem Abte Richer stellte er nach Gewohnheit der Kaiser das Praeceptum (Bestätigung der Besitzungen und Rechte des Klosters) mit goldener Bulle aus, nämlich auch zu Capua, nicht im Kloster Montecasino selbst [84]). Pandulf starb den 12. Febr. 1050 über 61 Jahre alt. Die Inschrift [85]) seines Grabmals in der Kirche des heiligen Benedict rühmt seine Tapferkeit, seine Gottesfurcht, seine Freigebigkeit, seine milde Behandlung der Unterthanen, gedenkt auch seines Exils. Während so die Mönche von Capua, in deren Kirche er beigesetzt war, ihn gewaltig loben, sind die Mönche von Casino äußerst misvergnügt mit ihm, und das Erzeugniß ihrer Galle ist die Knüpfung folgender Legende an seinen Namen, welche Leo von Ostia nicht hat und von Petrus oder einem andern dem Geschichtswerke Leo's hinzugefügt ist. Ein Einsiedler auf einem schroffen Felsen im neapolitaner Lande sieht, während er des Nachts Psalmen singt und aus dem Fenster seiner Celle schaut, viele mohrenschwarze Leute, welche auf Saumthieren Heu führen und es klein machen. Er fragt sie, wer sie sind, und warum sie dieses Viehfutter bereiten. Die Dämonen antworten: Keineswegs zur Ernährung des Viehs, sondern des Feuers, um Menschen damit zu verbrennen. Wir erwarten nächstens den Fürsten Pandulf von Capua, welcher bereits darniederliegt. Der Einsiedler sendet sogleich einen Boten nach Capua, und dieser findet Pandulfen todt. Nach seinem Tode speit der Vesuv Feuer und wirft so viel Lava aus, daß sie einen Strom bildet und sich ins Meer stürzt. Das Einschiebsel meint unter Pandulf hier Pandulf IV. Desiderius und Petrus Damianus, welche aus diesem schöpften, verstehen darunter Pandulf den eisernen Kopf. Mit dem, wie die Mönche von Casino Pandulf IV. ungünstig behandeln, verdient verglichen zu werden, was das Zeitbuch von Volturno von ihm erzählt. Kaiser Heinrich (II.) kam nach Italien, und als er gegen Troja auszog, führte er den Fürsten Pandulf von Capua, welcher dem Kloster des seligen Vincentius und des seligsten Benedictus viele Drangsale angethan hatte, gefesselt mit sich über die Alpen und machte zum Fürsten den Grafen Pandulf von Teano. Als aber Kaiser Heinrich gestorben war, floh Pandulf aus der Haft und kehrte nach Capua zurück. Da er aber von den Capuanern nicht aufgenommen ward, kam er in dieses Gebirgsland und sammelte von überall her, von woher er konnte, Krieger, damit sie ihm Beistand leisteten. Damals hatten bereits die, welche die Söhne des weiland Borelli genannt wurden, angefangen, bei dem Flusse Sangro (in Abruzzo) zu wohnen. Sie hatten ihren Ursprung aus der balvenser Grafschaft. Mit ihnen verband sich Pandulf und versprach ihnen viele Geschenke, die er nicht schuldig war. Einst griffen sie in der Finsterniß das Kloster des heiligen Vincentius an, und erschrocken zerstreuten sich alle Mönche. Jene aber plünderten das ganze Kloster und schmausten einige Tage hindurch. Hilarius, der Abt des Klosters des heiligen Vincentius, erlangte zu Capua [86]) durch große Bitten vom Fürsten Guaimar, daß er den Grafen Rainulf mit gemietheten Nordmannen und Capuanern dahin sandte. Als sie mit dem Abte dahin kamen, wurden die heiligthumschänderischen Räuber in die Flucht geschlagen und zerstreut. Das Kloster hatte seit der Zeit der Sarazenen kein so großes Drangsal erlitten.

9) Pandulf V., Fürst von Capua, Sohn Pandulf's IV., regierte mit seinem Vater und Vatersbruder, Pandulf II., von 1020—1022, wo sein Vater gefangen nach Teutschland geführt ward und das Fürstenthum Capua der Graf Pandulf von Teano vom Kaiser Heinrich II. erhielt, herrschte dann, als sein Vater unter Konrad II. freikam, wieder mit ihm von 1026—1038. Man hat eine Urkunde [87]) vom J. 1034, welche Paldulf (Pandulf) und Paldulf, Vater und Sohn, durch Begünstigung der göttlichen Milde Fürsten der Longobarden, ihren Verwandten, den beiden Brüdern Agelmund und Aldemar, und Agelmund, dem Sohne Agelmund's, über den dritten Theil des Ber-

84) So nach dem Zeitbuche von Montecasino (Lib. II. c. 80. p. 398) Guaimar's Herrschaft im Fürstenthume Capua. In einer von Petrus, dem Propste des Klosters der heil. Maria von Teano zu Balva, im Jahre 1041 ausgestellten Urkunde heißt es: Im 26. Jahre des Herrn Guaimar, des glorreichen Fürsten von Salerno, wie auch im vierten Jahre des Fürstenthums desselben glorreichen Fürsten von Capua, und im dritten Jahre seines Herzogthums von Amalfi und Consuls von Sorrento, im Monat October, in der zehnten Zinszahl. 85) Sie steht bei *Pellegrini* p. 315.

86) Das Chronicon Vulturnense sagt S. 512: Tunc venerabilis Abbas Hilarius, hoc audito, Capuae magnis precibus obtinuit a Domno Gaimario Principe etc. Der Verfasser denkt sich also jetzt schon den Fürsten Guaimar als Fürsten von Salerno, aber es muß dem Zusammenhange nach unter dem Fürsten Pandulf, dem Grafen von Teano, geschehen sein; denn nachdem der Verfasser erzählt hat, wie die Räuber vertrieben worden sind, und bemerkt hat, daß das Kloster seit der Zeit der Sarazenen kein so großes Drangsal erlitten, fährt er fort: König Konrad kam nach Italien und empfing in Rom die Krone. Er kam nach Capua und exilirte abermals den genannten Pandulf und ordnete den erlauchten Mann Guaimar zum Fürsten von Capua und Salerno, welcher den Kirchen Gottes viele Güter ertheilte. 87) Bei *Pellegrini*, Histor. Principum Langobard. p. 308. 309.

ges Malconus und den dritten Theil anderer Dominicalien, deren Grenzen angegeben werden, ausstellen. Sie ist gegeben den 12. März im 19. Jahre des Fürstenthums des Herrn Paldulf und in dem 15. Jahre des Fürstenthums des Herrn Paldulf, seines Sohnes, in der zweiten Zinszahl, geschehen in der Stadt Capua. Doch ist blos das Namenszeichen des excellentesten Fürsten Paldulf darunter, und auch heißt es blos: Ich Fürst Paldulf mich unterschrieb. Aller Wahrscheinlichkeit nach ist dieses Pandulf IV., Pandulf's V. Vater. Als Pandulf IV. sich im J. 1038 vor dem Kaiser Konrad II. auf die Felsenfestung oder die Rocca St. Agathá hatte zurückziehen müssen, Fürst Guaimar IV. von Salerno das Fürstenthum Capua erhalten und Pandulf IV. nach Constantinopel gegangen war, ward Pandulf V. auf der genannten Rocca zurückgelassen, um Alles zu versuchen, Capua zu erstürmen[88]). Von Kaiser Heinrich III. erhielten Pandulf IV. und Pandulf V., Vater und Sohn, das Fürstenthum Capua im J. 1047 wieder[89]) und nahmen Landulf VIII., Pandulf's V. Sohn, zum Mitregenten an. Als Pandulf IV. im J. 1050 starb, regierte Pandulf V. mit seinem Sohne Landulf VIII. Diese beiden Fürsten fielen in diejenigen Zeiten, in welchen die Nordmannen in diesen Gegenden einen hohen Grad von Übermacht bekamen. Seitdem sie bei Civitella den Papst Leo IX. besiegt hatten, stieg ihre Macht zusehens, und Papst Nicolaus II. hielt endlich für das Beste, sich in innige Verbindung mit ihnen einzulassen und sie zum Nachtheil Anderer mit Ländern zu belehnen, über die er und sie kein Recht hatten. Da so die longobardischen Fürstenthümer ihnen aufgeopfert wurden, so kam die Reihe nur zu bald an Capua. Pandulf V. selbst erlebte zwar dieses verhängnißvolle Ereigniß nicht, denn er verschied um das Jahr 1057, hatte jedoch schon das Vorspiel dessen erlebt, was sein Sohn erdulden sollte. Den Grafen Richard von Aversa verlangte es nach diesem schönen Fürstenthume. Er belagerte Capua und erbaute drei Basteien um die Stadt. Da Pandulf, der Fürst dieser Stadt, wie das Zeitbuch von Montecasino sagt[90]), dem Abte Desiderius von Montecasino etwas Unwürdiges und Unnöthiges nach der Gewohnheit der frühern Zeiten auferlegen wollte und Desiderius nicht einwilligte, so ging letzterer aus Capua und zu Richarden, erhielt von ihm Sicherheit über alles das, was außerhalb der Stadt dem Kloster von Montecasino gehörte. Pandulf V. vertheidigte sich zwar eine Weile gegen den Grafen Richard, fand aber endlich, daß er zu schwach, bot dem Gegner 7000 Goldgulden an, wenn er abziehen würde. Richard nahm sie an, und Pandulf verließ kurz darauf dieses Leben. Nun führte sein Sohn Landulf die Regierung allein, war aber den nämlichen Nachstellungen ausgesetzt, da Richard sich nicht durch das gehalten ansah, was er Pandulfen versprochen hatte.

10) **Pandulf VI.**, Antenulf's Sohn, Graf von Teano, erhielt im J. 1022, als Kaiser Heinrich II. den Fürsten Pandulf IV. von Capua gefangen mit sich hinwegführte, das Fürstenthum Capua[91]) und regierte mit seinem Sohne Johann, erbaute des Oratorium Beati Johannis Baptistä neben der Kirche des Klosters des heiligen Benedict zu Capua über dem Leichname des von den Capuanern erschlagenen Fürsten Landenulf und brachte dem Bethause zu Nutzen des genannten Klosters die Hälfte des Hofes, welcher Anglum hieß, nebst Zubehör dar. Nach des Kaisers Heinrich's II. Tode ward Pandulf V. freigelassen und eroberte nach anderthalbjähriger Belagerung in den Jahren 1025 und 1026 Capua. Pandulf VI. ward nebst seinem Sohne Johann und all den Seinigen vom Catapan Bojan, welcher Capua erobern half, in Treuen aufgenommen und nach Neapel gebracht. Aber das folgende Jahr (1027) ward Neapel vom Fürsten Pandulf IV. von Capua eingenommen, der Magister militum, Sergius, daraus vertrieben, Pandulf von Teano floh nach Rom und starb hier im Exil. Da die Grafschaft von Teano[92]) unter seine Söhne getheilt ward, erhielt sie den Namen des Landes der Söhne Pandulf's[93]). Aus demselben Geschlechte nennen wir noch:

11) **Pandulf**, Grafen von Teano, Pandulf's VI. Sohn; er kommt zum J. 1040 vor. Seine Gemahlin war Anna, die Tochter des Sergius.

12) **Pandulf**, Graf, genannt von **Präsenzano**, Pandulf's VI. Enkel, Sohn des Grafen Laidolf von Präsenzano, verkaufte die ihm durch Erbrecht gehörige andere Hälfte des Hofes Anglum dem Propste Benedict von Capua[94]); lebte um 1065.

13) **Pandulf**, Graf von Präsenzano, des Vorigen Sohn, verzichtete im J. 1108 zu Gunsten des Klosters von Montecasino auf seine Hälfte des Castells Mortula, auf die Casa Fortini und auf Cucuruczu und auf die Rocca de Vantra[95]), hatte zu Söhnen Hector, **Pandulf** und Gisulf, welche das Schloß Caminum[96]), welches

88) Chron. S. Monast. Casin. p. 385. 399. S. auch p. 389 und vergl. dazu die 78. Anm. in diesem Art. 89) Nach Alberich von Montecasino (S. 159) erhielt blos Pandulf VI. das Fürstenthum von Capua wieder, denn er sagt zum J. 1056: Kaiser Heinrich kam nach Capua und gab es dem Fürsten Pandulf dem Jüngern wieder. Die Montecasiner nennen Pandulf VI. Pandulf den Jüngern. So heißt es im Zeitbuche von Montecasino (2. Buch Cap. 90. S. 404): In diesem Jahre auch (nämlich im J. 1055) machte Fürst Pandulf der Jüngere ein Praeceptum concessionis in diesem Kloster über das Castell, welches das Sarazenische genannt wird, im caninenser Gebiete, mit allem Zubehör, obschon das Castell als innerhalb der alten Grenzen unsers Klosters erbaut erscheint ꝛc. Chron. S. Monast. Casin. Lib. III. c. 8. p. 418. 90) Chron. S. Monast. Casin. p. 362. 366. *Anonymus Casinensis* p. 56. *Albericus*, Chron. p. 139. Chron. Vulturn. p. 512.

91) Chron. S. Monast. Lib. II. c. 58. p. 379. 92) Über Pandulf als Grafen von Teano siehe auch das 38. Capitel des 2. Buchs des Chron. S. Monast. Casin., wo Pandulf und Gisulf (des Ersteren Bruder), Grafen von Teano, auf Anweisung des Abtes von Montecasino im Gerichte des Richters und Erzbischofes von Capua sich stellen und den Mönchen auf die ganze Zubehör von Cesima Verzicht leisten. 93) So wird die ganze alte Grafschaft in Richard's von S. German Chronik zum Jahr 1229 mehrmals durch: Terra filiorum Pandulfi bezeichnet. 94) Die erste Hälfte hatte Graf Pandulf von Teano, als Fürst von Capua Pandulf VI. gegeben. S. Chron. S. Monast. Lib. II. c. 57. p. 377. 95) *Petrus Diaconus*, Chron. S. Monast. Casin. Lib. IV. c. 34. p. 512. 96) Nicht Cominum, wie Lauretus will, denn Caminum lag in der Feldflur von Präsenzano, im Sprengel von Teano, Cominum im soranischen Gebiete.

dem Kloster von Montecassino gehörte, an sich rissen und die benachbarten Lande des Klosters verheerten, weshalb der Abt auch ihr Land mit Feuer und Schwert heimsuchte[97]). Von ihnen stammte das Geschlecht von Präsenzano, welches unter den campanischen Geschlechtern lange berühmt war. Ihre Mutter war Maria, die Tochter Jozitelli's[98]). (*Ferdinand Wachter.*)

PANDULF von Pisa (Pandulfus Pisanus), Kirchenschriftsteller, war ein geborner Pisaner, aus dem edlen Geschlechte Masca, hatte zur Mutter eine aus dem Geschlechte der Visconti (Vicecomites) zu Pisa, denn er nennt den Cardinal Hugo, einen der Visconti, seinen Mutterbruder, war Ostiar an der Kirche des Lateran, und ein Vertrauter des Papstes Gelasius II., ward von diesem Papste zum Lector und Exorcisten gemacht[1]) zu Gaeta im J. 1118 den 1. März, bei dem Feste, an welchem Gelasius zum Papste geweiht ward, und vom Papste Calixtus II. auf dem lateranischen Concil vom J. 1122 zum Subdiaconus promovirt[2]). Als Papst Lucius III. im December 1182 neun neue Cardinäle erwählte, war Pandulf der vierte, welcher den Cardinalshut erhielt[3]). Pandulf, welchem die Denkmäler der vaticanischen Bibliothek nicht den Titel eines Magistri geben, war nicht nur durch Gelehrsamkeit, sondern auch durch Klugheit sehr ausgezeichnet. Deshalb ward er vom Paste Cölestin III. im J. 1196 als Legat nach Genua gesandt, um dort die innern Unruhen und Mishelligkeiten dieser Stadt beizulegen und Frieden mit den Pisanern zu Stande zu bringen. Von Innocenz III. ward er auch bald darauf (im J. 1198) mit Bernard dem Titular-Cardinal von Eudoxia[4]) als Legat nach Toscana gesandt, um die Bündnisse der Städte Etruriens, welche ohne Befragung des apostolischen Stuhles geschlossen worden waren, zu Nichte zu machen, hauptsächlich, weil das Herzogthum von Toscana zum Rechte und Herrschaft der römischen Kirche gehörte. Der Papst Innocenz nennt beide Cardinäle kluge und gelehrte Männer, auch wohnte Pandulf den Wahlen der Päpste bei, während er Subdiaconus der römischen Kirche war, vorzüglich der Wahl Urban's, des Clemens, des Cölestin und Innocenz III. Unter Innocenz III. unterschrieb er sich: Mag. Pandulphus Masca, Pisanus, Presbyter Cardinalis Basilicae Sanctorum Duodecim Apostolorum, Prior Presbyterorum. Unter andern alten Denkmälern gedenken desselben Cardinal-Presbyters die Bullen des Papstes Lucius III., gegeben der Kirche von Vercelli im J. 1182, Urban's III., Clemens III., gegeben der S. Maria de Glarea von Verona im J. 1201 so auch an mehren Stellen das Registrum Innocenz III. Pandulf muß sehr lange gelebt haben, da Lucius ihn im Jahre 1182 zum Cardinal machte, und wie die Bullen Innocenz III. zeigen, die im Jahre 1201 der veroneser Kirche der S. Maria de Glarea ertheilt wurden, und welche er unterschrieben hat. Da nach diesem Jahre seiner weiter keine Erwähnung geschieht, so läßt sich schließen, daß er nicht lange darauf als ein hundertjähriger Greis gestorben ist. Daß Pandulf die Lebensbeschreibungen der Päpste vom heiligen Petrus, dem ersten der Apostel, bis zu Innocenz III. zusammengefügt, sie theils selbst verfaßt, theils aus Damasius, Anastasius und Petrus Guilermus ausgeschrieben, ist gewiß. Dieses ganze Werk Pandulf's ist noch nicht herausgegeben, und findet sich handschriftlich in der vaticanischer Bibliothek Nr. 226 und 3762. Auch fand es sich zu Muratori's Zeit bei dem um die Alterthümer verdienten Alexander Cherubino. Aus diesen[5]) und andern Codicibus trug Muratori sein Exemplar zusammen. Denn obgleich nicht alle Codices Pandulf's Namen als Aufschrift tragen, so wagte doch Muratori zu versichern, daß jenes Werk de Vitis Romanorum Pontificum eher von dem Geiste Pandulf's von Pisa als eines andern ausgearbeitet sei; denn dieses geht theils daraus hervor, daß Pandulf in jenen Lebensbeschreibungen seinen Namen mehr als einmal verzeichnet hat[6]) und daß die Schriftsteller, welche von den Leben der Päpste handeln, die von Pandulf verfaßten Lebensbeschreibungen der Päpste als Zeugnisse anführen. Hiernach läßt sich Papebrochius leicht verbessern, welcher bei Paschal II. einen andern Verfasser (Scriptor) seiner Lebensbeschreibung, nämlich einen Petrus von Pisa, aufgestellt hat. Giacconius nennt ihn nämlich Papae Scriptor, dieses bedeutet aber Schreiber des Papstes (Secretair). Papebroch hat sich durch den Anfangsbuchstaben P., den er in seiner Handschrift fand, täuschen lassen, glaubte, es müsse Petrus Pisanus gelesen werden, da doch Pandulfus zu lesen war. Zum Beweis seiner Meinung führt er die Verschiedenheit des Styls an. Aber diese ist nicht so groß, daß man zwei Schriftsteller annehmen müßte, Pandulf als den einen, und als den andern den Cardinal Petrus von Gerardesca, gegen welchen der heilige Bernhard kämpfte. Dieser Petrus ist zwar wegen des Adels seines Geschlechts in den Jahrbüchern der römischen Geschichte bekannt, wird aber nicht unter den Geschichtschreibern aufgeführt. Auch irrt Papebrochius, wenn er Alatro für Pandulf's Vaterstadt hält, und deshalb die Lebensbeschreibung Gela-

97) Chron. S. Monast. Casin. Lib. IV. c. 57. p. 527.
98) Vergl. *Pellegrini*, Stemma Principum Langobardorum qui prodierunt ex genere Atenulfi, Comitis Capuae et deorum Principis Beneventani.

1) Me Pandulphum Hostiarium, qui haec scripsi, in lectorem et exorcistam promovit. Vita Gelasii II. bei *Muratori* Script. Rer. Ital. T. III. p. 389. 2) Meque Pandulfum usque subdiaconum promovit ipse. Vita Calisti Papae II. bei *Muratori* l. c. p. 419. 3) Er sagt in der Vita Lucii Meque Pandulphum Mascam Pisanum, ex Sedis Apostolicae Subdiacono, Presbyterum Cardinalem Basilicae Sanctorum Duodecim Apostolorum etc. 4) Cum Bernardo Tituli Eudoxiae Presbytero Cardinali.

5) Es ist nicht klar, ob Muratori damit auch die vaticanischen Handschriften meint; er sagt nämlich: Hoc Pandulphi Opus nondum editum manuque exaratum extat in Bibliotheca Vaticana signatum numero 226 et 3762. Extat etiam apud Alexandrum Cherubinum, de Antiquitate bene merentem. Ex quibus, atque aliis MSS. Codicibus exemplar nostrum contulimus; aber weiter unten äußert er den Wunsch: Vaticana Bibliotheca, quae illum servat, hoc Reipublicae literariae commodum facere poterit, nobis aliquando, si placuerit, communicando, und auf dem Titel dessen, was er von Pandulf's Werken herausgegeben, steht: Ex duobus Codicibus MSS. Bibliothecae Ambrosianae. 6) s. die Stellen in den Noten 1, 2 und 3 dieses Artikels.

fius' II. überschreibt: Vita a Pandulpho Aletrino composita. Dieses war die Vaterstadt des Cardinals Hugo, des Mutterbruders Pandulf, nicht aber die Pandulf's selbst, wie aus dem hervorgeht, was Cajetanus in seinen Commentarien [7]) zur Vita Gelasii II. über Pandulf beigebracht hat. In einer der Handschriften Muratori's findet sich am Rande zu der Lebensbeschreibung Gregor's VII. der Name des Pandulphi Pisani hinzugefügt, sodaß man über den Verfasser derselben und der folgenden Lebensbeschreibungen der Päpste, welche Muratori im dritten Bande der Scriptorum Rerum Italicarum herausgegeben hat, belehrt wird; weßhalb es kaum zweifelhaft bleibt, ob es derselbe Schriftsteller sei, welcher die Lebensbeschreibung Paschal's II. und die übrigen von Muratori herausgegebenen und dem Pandulf gleichförmig zugeschriebenen zusammengetragen hat. Doch glaubt Muratori nicht, daß Pandulf's ganzes Werk in der Handschrift enthalten sei, wenn wahr sei, daß derselbe vom heiligen Petrus bis auf seine Zeit, nämlich bis zu Innocenz III., die päpstliche Geschichte zusammengefügt habe, besonders da einige Lebensbeschreibungen in Muratori's Codex in so gedrängter und kurzer Darstellung abgefertigt werden, daß kaum glaublich sei, daß so viele ausgezeichnete Thaten der Päpste, welche von Andern erzählt werden, und zu Pandulf's Zeit und fast unter seinen Augen geschehen sind, von ihm übergangen seien. Über Pandulf handelt außer Cajetanus Muratori selbst im dritten Bande der Rerum Italicarum Scriptorum und von Pandulf's Werken sind von ihm herausgegeben: Vitae Pontificum Romanorum usque ad Honorium II. Auctore *Pandulpho Pisano.* Ex duobus Codicibus MSS. Bibliothecae Ambrosianae. Quibus ad calcem ex aliis eorumdem Pontificum Vitis a Cardinali Aragonio conscriptis varia tum ad illustrationem, cum ad pleniorem historiam sunt adjecta, p. 304. Sie beginnen mit der Vita Gregorii VII. Papae, p. 304—313. Dann folgen die Lebensbeschreibungen von andern verfaßt, und mit ihnen untermischt finden sich weiter bezeichnet mit *Ex MS. Pandulphi Pisani* Vita Victoris Papae III. p. 351. Vita Urbani Papae II. p. 352. Vita Paschalis Papae III. p. 354—360. Vita Gelasii II. Ex manuscripto Bibliothecae Ambrosianae Pandulphi Pisani cum commentariis Constantini Cajetani, p. 367—417. Vita Calisti Papae II. p. 418. 419. Vita Honorii Papae. II. p. 421—422, und im zweiten Theile des dritten Bandes Nr. 5. Pandulphi Pisani Vita Nicolai I. P. R. Nicht mit Unrecht, wenn auch etwas zu rednerisch ausgedrückt, preiset ihn Eisengrien als berühmten Geschichtschreiber und guten Theologen [8]). Vielleicht war seine Aufrichtigkeit Schuld, daß man später die meisten Lebensbeschreibungen der Päpste von ihm so sehr beschnitt. Pandulf spricht auch von einer Geschichte der Pisaner, die er vorhatte zu schreiben, oder, wie Muratori annimmt, wirklich geschrieben hat. Er sagt nämlich in seiner Vita Paschalis secundi (S. 357): Was aber der Pisaner außerordentliche Betriebsamkeit und bewunderungswürdige Beharrlichkeit durch denselben Herrn Papst (Paschal II.) den balearischen Inseln, Affiza und Majorica gebracht, welche Zurüstung, welche Truppen und Ergänzung die, oder welchen Legaten die Bischöfe gehabt, unter welchem Consul (in welchem Jahre), unter welchem Feldherrn sie gestritten haben, wessen Fahne Kennzeichen sie gefolgt sind, oder wer von ihnen tapfer gehandelt, mit wie viel Schiffen und auf welche Weise sie gezogen sind, was für Schiffbruch und was für Arbeit bei Wiederherstellung der Schiffe sie erduldet haben, auch jenen glorreichen und bewundernswerthen Beistand, an welchem sie nicht verzweifelt sind, auf welche Weise sie auch, nachdem sie die Gefangenen entrissen [befreit [9])], Beute gemacht und Festungen geschleift hatten, als Sieger zurückgekehrt sind, habe ich, weil ich es in einem würdigen Bande (Werke) zu umfassen mir festgesetzt habe, an seinem Orte, zu seiner Zeit verschoben [10]). Doch geht hieraus nicht hervor, daß, wie man annimmt, Pandulf auf das Beste verdient um sein Vaterland und seiner eingedenk, die Thaten der Pisaner, welche sie zu Hause und auswärts, im Frieden und Kriege herrlich gethan, habe beschreiben wollen, und noch weniger, daß er, wie Muratori annimmt, sie wirklich beschrieben habe, sondern nur, daß er sich fest vorgenommen hatte, jene Heerfahrt, welche die Pisaner und die Bischöfe für den Papst Paschal II. gegen die balearischen Inseln unternahmen und siegreich ausführten, in einem besondern Werke darzustellen sich vorgenommen hatte. Hat er es wirklich abgefaßt, so ist zu bedauern, daß Muratori's fleißige Nachforschungen, es wieder aufzufinden, erfolglos gewesen sind. (*Ferd. Wachter.*)

PANDULFIA. Lemàn (Dict. des sc. nat. 37. p. 325) hat diesen Namen zu Ehren des florentinischen Senators Pandolfo Pandolfini, dessen Micheli unter den Beförderern seiner Nova genera erwähnt, einer Lebermoosgattung gegeben, welche Raddi früher Bellincinia ge-

7) Sie finden sich wieder abgedruckt bei *Muratori* Rer. Ital. Script. T. III. p. 367—418.

8) *Guilelmus Eisengreinus*, Catalogus testium veritatis unter dem Jahr 1184. S. 106: Pandulphus Pisanus, sacrae paginae Doctor, S. R. E. Subdiaconus, Presbyter Cardinalis SS. Duodecim Apostolorum, vir admiratione omnium dignissimus, dicendi artifex et Orator eloquens, Historicus celeberrimus, nec ulli Theologorum secundus, vitas Romanorum Pontificum docto volumine complexus est. Ger. Jo. Vossius (De Historicis Latinis. Lib. II. Edit. II. p. 437) bemerkt, er glaube, daß Pandulf von Pisa, welchen Eisengrien aufführt, ganz derselbe sei, welcher in des Felinus Epitome, geschrieben an den Papst Alexander VI., genannt wird: Pandulphus Hostiarius Lateranensis Ecclesiae, und von dem gesagt wird, daß er Additiones ad Chronica Damasi Papae geschrieben. Daselbst führt auch Felinus seine Worte aus der Vita Leonis IX., desgleichen aus der Vita Gregorii VII. an. S. auch *Joannis Ciampini* Operis Propylaeum. An Vitae Romanorum Pontificum in libro Pontificali sub Damasi nomine vulgatae et reliquae sequentes spectent ad Anastasium Bibliothecarium, et quaenam ipsi fides praestanda sit. Bei *Muratori* T. III. p. 34.

9) Evulsis captivis, dem Zusammenhange nach, dürfte es aber eher bedeuten, nachdem sie Gefangene gemacht hatten, es folgt nämlich unmittelbar, wie sie Beute gemacht und Städte zerstört: Quomodo etiam evulsis captivis, direptis spoliis, subversis urbibus victores redierint.

10) Quia digne volumine comprehendere disposui, suo loco, suo tempore distuli.

nannt hatte. Indessen bildet **Bellincinia** *Radd.* (Pandulfia *Lem.*) nur eine Unterabtheilung der großen Gattung Jungermannia. (*A. Sprengel.*)

PANDURA (*Πάνδουρα*), oder auch **PANDURIS** (*Πανδουρίς*), der Name eines musikalischen Instruments mit drei Saiten, und zwar nach Pollux (IV, 60) der arabische Name; Einige identificiren es mit dem Monochordon oder dem einsaitigen Instrument; es spielen hieß *Πανδουρίζειν*, Pandurizare, wer das that, *Πανδουριστής*. (*Lamprid.* Heliogab. 32 und dazu die Note von Casaubonus und Salmasius.) (*H.*)

PANDURA, auch **PANDORA**, ist ein lautenartiges Musikinstrument, eine Art Zither, die schoh unter den alten Ägyptern, Juden und andern morgenländischen Völkern gebräuchlich war. Es soll mit Darmsaiten bespannt gewesen sein und war sehr verbreitet. Auch zu den Griechen war es gewandert, und sie bedienten sich ihrer *πανδοῦρα* nicht allein zur Begleitung des Gesanges. Es sind einige Abbildungen des Instruments übrig geblieben, deren Form ziemlich gleichmäßig ist, eine Lautenart mit langem Halse, welcher zugleich zum Griffbrete dient. Als Begleitungsinstrument des Gesanges war es mit drei Saiten bezogen. Es wurde aber auch von den Griechen als Monochord gebraucht, das den Beinamen des paraphonischen Monochordes führte. Als einsaitiges Instrument diente es also zur Abmessung der Töne und zwar nach der Klangleiter der Instrumente. Man brachte sich also die mathematischen Verhältnisse der Töne auf diesem Einsaiter zur Anschauung. Natürlich wurden nach den gefundenen Eintheilungen der Töne Gebinde über das Griffbret gezogen. Die Pythagorder verwendeten auch diese einsaitige Pandura zur Begleitung des Gesanges, wenigstens beim Unterricht. Andere fanden diesen Einsaiter dazu durchaus unpassend und zogen das dreisaitige vor, weil man darauf nicht einmal Octaven zusammenklingend hören lassen konnte. Am bestimmtesten erklärt sich Ptolemäos gegen den Begleitungsgebrauch des Einsaiters und nennt ihn in dieser Hinsicht das letzte und schwächste unter allen Instrumenten.

In spätern Zeiten will man es zunächst in der Ukraine am gewöhnlichsten gefunden haben, wo es nicht allein zur Begleitung der Volksgesänge, sondern auch zum Vortrage ländlicher Tänze häufig angewendet wurde. Die Lautenform war geblieben, die Saitenzahl hatte sich vermehrt, nur erreichte es lange weder die Größe noch die Saitenzahl der Laute, auch war es nicht mit Darm-, sondern mit Messingsaiten bezogen. In dieser Umgestaltung war es lange in Italien, Teutschland und England gebräuchlich. Die italienische Pandora hatte acht Messingsaiten, und die englische, so groß wie eine Laute, zwölf. Noch gewöhnlicher war unter den Landleuten die Pandurina, in Teutschland Pandurchen, auch wol Bandurchen oder Mandurchen genannt; aber selbst diese kleine hatte vier Messingsaiten, welche so gestimmt wurden: g, $\overline{d}$, $\overline{g}$, $\overline{\overline{d}}$. In der Regel wurden die Gesänge nur in Octavenverstärkung begleitet.

Man verwechsele mit diesem alten Toninstrumente, das jetzt ziemlich außer Gebrauch gekommen ist, die Bandora nicht, die nach Hawkins von einem londoner Instrumentenmacher, John Roß, den Gerber John Rose nennt, 1561 erfunden worden sei. Dennoch hat es sehr viele Ähnlichkeit mit der Pandora, nur daß es der Laute noch näher steht. Es ist in England geblieben nnd jetzt ziemlich abgeschafft. Eine ähnliche Bewandtniß hat es mit der Bandola, die gleichfalls wie eine Laute gebaut ist, das Griffbret einer Zither hat und mit zehn Messingsaiten bezogen ist. Die größere ist für den Baß, die kleinere für den Discant. In Italien war es sehr gebräuchlich; mehre solcher Instrumente zusammen sollen sehr angenehm klingen. In Nordamarika wird es noch sehr gepflegt, unter dem spanischen Ngmen Bandolon bekannt. Es wird zu Gesängen, zu Tänzen und vereint mit Violinen und Flöten gespielt. Noch in den neuesten Zeiten fand es Sartorius in Mexico. (*G. W. Fink.*)

PANDUREN, ungrisches unregelmäßiges Fußvolk, so benannt von dem Dorfe Pandur in der solter (jetzt mit der pesther vereinigten) Gespanschaft in Niederungern, von wo ihre Entstehung ausgegangen, und in dessen Umgegend sie auch früher unter einem eigenen, Harun Pascha benannten, Hauptmanne wohnten. Sie trugen Mäntel, lange weite Beinkleider und Mützen, und waren mit langer Flinte, ungrischem Säbel, sowie mit Pistolen und zwei türkischen Messern im Gürtel bewaffnet. Im spanischen Successionskriege machten sie sich in den ersten Jahren des 18. Jahrh. bei der östreichischen Armee besonders in Baiern durch Raubsucht und Grausamkeit verhaßt. Im Jahre 1741 errichtete der berüchtigte Freiherr (Franz) von Trenk (st. 1749 als Gefangener auf der Festung Spielberg) in dem damals ihm zugehörenden Marktflecken Pakraz (in der slavonischen Gespanschaft Posega) ein Freicorps von Panduren, welches von den Östreichern in Böhmen, Baiern, Schlesien und am Rheine bis 1748 gebraucht wurde. Nach dieser Zeit wurden die Panduren in regelmäßiger gebildete Truppenabtheilungen aufgenommen und ihr Name verschwand somit; wol aber befanden sich später im siebenjährigen Kriege und in den Feldzügen am Rheine von 1792 an bei der östreichischen Armee ähnlich bekleidete und bewaffnete leichte Fußtruppen unter den Namen Kroaten und Rothmäntler. (*Heymann.*)

PANE (Domenico del), war im Kirchenstaate geboren, ein Schüler des A. M. Abbattini, welcher von den beiden Nanini in Rom zu Palestrina's Zeit unterrichtet worden war. Er stand mehre Jahre als Sopranist in den Diensten des Kaisers Ferdinand III. und wurde von Wien aus in der päpstlichen Kapelle angestellt, wo er seinen neuen Beruf am 10. Juni 1654 antrat. Er hat die 24stimmigen Antiphonen seines Lehrers, Antonio Maria Abbatini's, herausgegeben und folgendes: **Messe dell' Abb. Domen. del Pane Soprano della Capp. pont. a 4, 5, 6, 8 Voci estratte da esquisitti motetti del Palestrina etc. (Roma 1687).** In diesem Werke sind enthalten die vierstimmigen Messen: **Doctus bonus, Domine quando veneris;** die fünfstimmigen: **Stella quam viderunt, — O beatum virum, — Ju-**

bilate Deo; — die sechsstimmigen: Canite tuba in Syon und die achtstimmige: Fratres ego enim. Zur Berichtigung der zweifelhaften Angaben Gerber's wird in Kandler's Anhange zum übersetzten Werke Baini's aus der Dedication an den Cardinal Pamphili mitgetheilt: „In der päpstlichen Kapelle eröffnete sich eine Stelle für einen Sopran, und die Probe dafür wurde für den 3. Febr. 1654 ausgeschrieben, und da ich verlauten ließ, daß ich mich bei diesem Umstande gern wieder nach Hause begeben möchte, so hatte S. H. Papst Innocenz X. die Gnade, die Wahl bis auf den 1. Juni zu verschieben, damit ich mit Bewilligung S. M. Kaiser Ferdinand's III., dem ich zu dienen die Ehre hatte, mich bequem nach Rom begeben könnte, wie es auch geschah. S. Heiligkeit vermehrten noch Ihre Wohlthaten gegen mich, indem Sie selbst mich hören wollten, eine Gunst, die Andern nicht zu Theil wurde. Nicht nur für den Dienst der Kapelle, sondern auch Höchst Ihres eigenen Hauses wurde ich angestellt. Ich widmete mich nun der Composition der gegenwärtigen, als anderer Messen im Style der päpstlichen Kapelle, indem ich dafür die ausgesuchten Motetten des Palestrina, von welchen Andere meines Wissens noch keinen Gebrauch gemacht haben dürften, benutzte, damit diese würdevollen Melodien nicht blos an wenigen abgeschlossenen Festtagen, sondern zu allen Zeiten von der katholischen Kirche gebraucht werden könnten." (*G. W. Fink.*)

PANEAS, PANION. Paneas ist 1) der Name einer Quelle an der Grenze von Judäa und Phönicien, in Trachonitis, aus der der Jordan entspringt (*Plin.* V, 15: Jordanis amnis oritur e fonte Paneade, qui cognomen dedit Caesareae. Ib. V, 18). Doch ist dies nur die zweite sichtbare Quelle des Flusses, indem er eigentlich schon in dem 120 Stadien von Cäsarea entfernten See Phiala entspringt, von da aus aber unter der Erde fortläuft, bis er in der Nähe des Gebirges Panion sichtbar wird, welches daher früher als die wirkliche Quelle des Flusses gegolten hat, bis der Tetrarch von Trachonitis, Philippus, das Richtige entdeckte (*Joseph.* bell. Jud. III, 10, 7: *δοκεῖ μὲν Ἰορδάνου πηγὴ τὸ Πάνειον, φέρεται δὲ ὑπὸ γῆν εἰς τοῦτο κρυπτῶς ἐκ τῆς καλουμένης Φιάλης*). 2) Der Name eines Berges und einer Höhle in der Nähe. Josephus (bell. Judaic. I, 21, 3) erzählt, daß Herodes der Ältere, nachdem ihn August mit neuem Lande beschenkt hatte, ihm auch da einen Tempel von weißem Marmor an den Quellen des Jordan errichtet habe; dieser Ort heiße Panion; hier erhebe sich eine Bergspitze zu unermeßlicher Höhe, unter der sich eine schattige Höhle eröffne, an deren äußerer Wurzel die Quellen hervorkämen, die man gemeinhin für Quellen des Jordan halte; ebenso *Euseb.* hist. eccl. VII, 17: *παρὰ ταῖς αὐτόθι δεικνυμέναις ἐν ταῖς ὑπωρείαις τοῦ καλουμένου Πανείου ὄρους πηγαῖς, ἐξ ὧν καὶ τὸν Ἰορδάνην προχεῖσθαι.* Auf Münzen der Stadt Cäsarea mit Köpfen des Antoninus Pius, des M. Aurel, der Lucilla, des Commodus, des Septim. Sever, der Jul. Domna, des Caracalla und Geta steht *Π.* oder *ΠΡ. ΠΑΝΙ*, oder *ΥΠ. ΠΑ*, d. h. *πρὸς Πανείῳ* oder *ὑπὸ Πανείῳ*. 3) Name einer Gegend oder Landschaft (*Plin.* V, 18: Trachonitis, Paneas, in qua Caesarea cum supra dicto fonte), die zwar Josephus (Ant. Jud. XVII, 8) in der Erwähnung des Testaments von Herodes (*τήν τε Γαυλωνῖτιν καὶ Τραχωνῖτιν καὶ Βαταναίαν καὶ Πανιάδα Φιλίππῳ παιδὶ μὲν τῷ αὐτοῦ, Ἀρχελάου δὲ ἀδελφῷ γνησίῳ τετραρχίαν εἶναι*) von Trachonitis unterscheidet, aber im weitern Sinne zu dieser Landschaft gerechnet wurde. 4) Name einer Stadt, welche Einige unter den Alten zu Phönicien rechnen, wie Stephanus von Byzanz *Πανεὰς πολίχνιον Φοινίκης*, Ptolemäus und Sozomenus (V, 21). Dieser Ort wurde von Herodes Philippus dem Tetrarchen von Trachonitis, neu angelegt und Cäsarea genannt; zum Unterschied von andern Städten dieses Namens führt sie den Beinamen Caesarea Philippi, *Καισάρεια ἡ Φιλίππου* (*Matth.* XVI, 13. *Marc.* VIII, 27). *Φίλιππος*, sagt Josephus (bell. Jud. II, 9, 1) *πρὸς ταῖς Ἰορδάνου πηγαῖς ἐν Πανεάδι πόλιν κτίζει Καισάρειαν.* Das Gentile ist *Καισαρεὺς Φιλιπποπολίτης*, wie aus einer Münze hervorgeht. Auf Münzen hat die Stadt den Beinamen *Σεβαστὴ Ἱερὰ καὶ Ἄσυλος*, d. h. „Ehrwürdige, Heilige und Unverletzbare." (*H.*)

PANECOCOLO, ein Dorf in dem fruchtbarsten Theile der neapolitanischen Intendanza Terra di Lavoro, in der Ebene von Aversa, drei italienische Meilen südlich von dieser Stadt und in geringer Entfernung von der nach Neapel führenden Haupt- und Poststraße gelegen, mit einer Pfarre und Kirche und einem sehr ergiebigen Feldbaue, dessen Erzeugnisse in der nahen Hauptstadt mit Vortheil abgesetzt werden. (*G. F. Schreiner.*)

PANEEL, PANEELWERK, ist eine oft vorkommende Bretbekleidung des untern, etwa zwei bis drei Fuß hohen Theiles einer Wand in Zimmern oder sonstigen Räumen der Häuser. Da dieselbe gewöhnlich aus Tafeln besteht, die in Rahmstücke eingeschoben werden, so nennt man sie auch allgemeiner Getäfel oder Täfelwerk. Das Paneel wird in der Regel aus drei Haupttheilen, dem Sockel, den Tafeln zwischen den aufrechten Rahmstücken und dem obern Rahmen nebst dem bekrönenden Gesims, mehr oder weniger mit gekehlten Leisten rc. verziert, zusammengesetzt. Es dient besonders, um das Abstoßen des Putzes zu verhindern, oder bei tapezirten Räumen, in welchen erst über dem Paneel die Tapezirung anfängt, um die Beschädigung der letztern zu verhüten; auch bei feuchten Wänden, um solche Stellen zu bedecken. In diesem Falle, und auch um dem Einnisten des Ungeziefers in den etwanigen Zwischenräumen von Bekleidung und Wand zu begegnen, wird das Täfelwerk mit Asche oder trockenem Sande hinterfüllt. — Statt des Wortes Paneel braucht man auch oft das Wort Lambris und bedient sich dessen noch ausgedehnter auch in dem Falle, wenn der Fuß der Wand nicht mit Holz bekleidet, sondern nur in Tafeln oder Felder eingetheilt, gemalt ist. (*Stepel.*)

PANEGYRIS, PANEGYRICUS. Das Wort, *πανήγυρις*, dem Homer noch fremd (der doch *ἄγυρις*, *ὁμήγυρις*, *ὁμηγυρίζειν* und *ἀγυρτάζειν* kennt), bei Pindar aber schon ganz gewöhnlich, bedeutet an sich jegliche

Versammlung einer größern Menge, muß aber sehr früh durch den Sprachgebrauch auf die zur Begehung eines Festes zusammengekommene Menge beschränkt worden sein; dann wurde es bald die Bezeichnung des Festes selbst und der zu seiner Verherrlichung bestimmten Feierlichkeiten, kurz ein Synonymum von ἑορτή, wie der Vorsteher des Festes Πανηγυριάρχης, es sein πανηγυριαρχεῖν hieß. Indem nun zur Verherrlichung besonders der größern Feste, namentlich seit den Sophisten Gorgias und Hippias, auch Vorträge und Reden an die Festesversammlung öfter gehalten wurden, wobei es vorzugsweise auf Schönheit und Eleganz der Form, die Auswahl eines allgemein ansprechenden Thema's und gefällige Behandlung ankam, hießen diese Reden πανηγυρικοὶ λόγοι, „Panegyrische." So bildete sich, geschieden von der Staats- und gerichtlichen Beredsamkeit, die panegyrische als eine dritte Gattung aus; das Publicum, was sie anhörte, bestand nicht wie bei den Staatsreden aus Senat oder Volksversammlung, noch, wie bei den gerichtlichen, aus Richtern, sondern aus Theoren oder der Festesversammlung; die Aufgabe dieser Beredsamkeit war nicht, weder durch Nachweisung des Nutzens oder Schadens zu einer That aufzufodern oder von ihr abzuhalten, noch durch Darlegung der Gerechtigkeit oder Ungerechtigkeit einer Sache zum Lossprechen oder zum Verurtheilen, zu Mitleid oder zu Haß zu bewegen, sondern ausschließlich durch Schönheit und Schmuck der Rede Wohlgefallen zu erregen. Die panegyrische Rede ist die erste und vielleicht ursprünglich einzige Species der sogenannten Prunk- oder Schönrede, welche die Griechen ἐπιδεικτικὸν γένος, die Römer demonstrativum genus dicendi nannten. Der Gegenstand der epideiktischen Rede ist Lobpreisung oder Tadel irgend eines Staats, einer Person, eines Thieres, einer Sache, einer Einrichtung; die panegyrische ist fast ausschließlich Lobpreisung und daher mit dem ἐγκωμιαστικόν zusammenfallend; ausschließlich in diesem Sinne gebrauchten die spätern Römer das Wort; ihnen war Panegyricus Lobrede, Panegyricus libellus Lobschrift. Die Griechen nannten einige der panegyrischen Reden noch specieller nach den Festen, an denen sie recitirt und vorgetragen wurden, wie den Olympikos des Gorgias und Lysias, den Panathenaikos des Isokrates und Aristides. Unter dem Gattungsnamen Panegyrikos aber ist am bekanntesten eine Rede des Isokrates, an der er mit einem für uns fast unglaublichen Fleiße 10, ja nach Andern 15 Jahre gearbeitet hat, in welcher er nach vorausgegangenem ausführlichen Lobe Athens die Griechen zur Einigkeit und zum gemeinsamen Kampfe gegen die Perser auffodert (vergl. *Morus* und *Dindorf* zu *Isocr.* Paneg. p. 1. ed. *Baxter*.). Von römischen Reden dieses Namens ist am bekanntesten der Panegyricus des jüngern Plinius, gehalten von diesem am ersten Tage seines Consulats zu Ehren des Kaisers Trajan, indem die Gewohnheit aufgekommen war, daß der neue Consul am 1. Januar in Form einer Danksagung an den Kaiser für das ihm übertragene Amt eine allgemeine Lobrede auf den Fürsten hielt. In den Zeiten Diocletian's und Maximian's, dann des Constantius und Constantin's, wurde öfter von den Städten Asiens und Griechenlands, insbesondere aber Galliens, wo damals die gelehrten Studien, auch die Beredsamkeit, mit Erfolg getrieben wurden, Sophisten und Redner an den Kaiser geschickt, um ihm bei besonders glücklichen Ereignissen im Namen ihrer Committenten Glück zu wünschen, kaiserliche Gnadenbezeigungen sich zu erbitten oder für erhaltene zu danken. Wenige Fürsten nämlich waren geneigt, der Stimme der Schmeichelei ihr Ohr zu verschließen; wie vom Kaiser Pescennius Niger gemeldet wird, er habe, nachdem er Kaiser geworden war, dem, der einen Panegyricus vor ihm halten wollte, zugerufen, lieber das Lob des Marius, des Hannibal oder sonst eines trefflichen Feldherrn zu schreiben und ihm zur Nachahmung vorzuhalten (*Spartian.* c. 17), und auch von Alexander Sever wird gemeldet, daß er das Beispiel des Pescennius Niger nachgeahmt und die Redner und Dichter, welche ihm Panegyrici recitiren wollten, verschmäht habe (*Ael. Lamprid.* in *Alex. Sev.* 35). In diesem Geiste sind nun die zwölf sogenannten alten Panegyrici abgefaßt, über deren Inhalt, Tendenz und Form Heyne (Opusc. Academ. VI, 81 sq.) kürzlich gehandelt; sie sind von Wolfgang Jäger (Nürnberg. 2 Bde. 1779) mit den Noten der Vorgänger, und namentlich des gelehrten Christ. Gottl. Schwarz, herausgegeben. Die erste ist von Claudius Mamertinus vor dem Kaiser Maximian im J. 289 den 21. April, am Geburtstage Roms, in Trier oder einer andern gallischen Stadt gehalten. Die zweite, „Genethliacus Maximiani," nach gewöhnlicher Annahme von demselben Verfasser am Geburtstage des Kaisers, den 21. Juli 291, gehalten. Die dritte, „Oratio Eumenii pro instaurandis scholis," ist 296 vor dem Statthalter von Gallia Lugdunensis prima von Eumenius in Augustodunum gehalten, nachdem Constantius Chlorus diese theils in das allgemeine Unglück Galliens verwickelte, theils durch Barbaren verwüstete Stadt wieder hergestellt und ihre berühmte Rhetorenschule erneuert hatte, an deren Spitze er den Eumenius gestellt, der früher die Professur der Rhetorik, dann ein Hofamt bekleidet hatte, und von Constantius nun mit Beibehaltung seiner bisherigen Amtsauszeichnung und erhöhtem Gehalte zu diesem Posten berufen worden war. 4) Desselben Eumenius „Panegyricus Constantio Caesari" vor diesem Fürsten zu Trier am Ende von 296 oder am Anfange von 297 nach Eroberung Britanniens gehalten. 5) „Incerti Panegyricus Maximiano et Constantino," gesprochen zu Trier im J. 307 bei Gelegenheit der Verheirathung Constantin's mit Fausta, der Tochter Maximian's, in Gegenwart dieser beiden Fürsten. 6) „*Eumenii* Panegyricus Constantino Augusto," voll unwürdiger Schmeichelei, die man einem Eumenius kaum zutrauen möchte, daher Heyne auch ihre Echtheit bezweifelt. 7) „*Eumenii* gratiarum actio Constantino Augusto," gesprochen zu Trier 311, in welcher Eumenius im Namen der Einwohner von Augustodunum für den ihnen bewilligten Steuererlaß dankt. 8) „Incerti Panegyricus Constantino Augusto." Von dieser Rede ist nach einer Vermuthung des Puteanus der Verfasser Nazarius, dem auch die folgende Rede angehört; sie ist 313 zu Trier nach der Besiegung des Marentius gesprochen und wünscht dem Kaiser zu diesem Siege Glück. 9) „*Nazarii* Panegyricus Constantino," gesprochen (wenn anders sie überhaupt gesprochen worden ist) den 1. März 321 in Abwesenheit dieses Fürsten, bei Gelegenheit der Quinquennal-Feier seiner Söhne, der Cäsaren Crispus und Constantinus, welchen der Redner den Vater als nachahmungswürdiges Muster aller Tugenden empfiehlt. 10) „*Mamertini* pro consulatu gratiarum actio Juliano Augusto," gerichtet an den damals zu Constantinopel verweilenden Kaiser Julianus Apostata, 362, um ihm für das erlangte Consulat zu danken. 11) „Pacati Panegyricus Theodosio Augusto." Über den Verfasser, Latinus Pacatus Drepanius, ist unter d. W. Pacatus und Drepanius gehandelt; die Rede ist eine Lobrede auf Theodosius, in dessen Gegenwart gesprochen, 391, dem er nach seiner Rückkehr nach Rom zu seinem Siege über Maximus in den Formen der alten Rhetorik Glück wünscht. 12) *Fl. Cresconius Corippus Africanus* de laudibus Justini Augusti minoris, libris V, episches Gedicht zu Ehren des Justin, des Nachfolgers von Justinian. Dazu kommen die im ersten Bogen der bonner Sammlung der Byzantiner enthaltenen Panegyrici des Procop und des Priscian auf den Kaiser Anastasius u. A.

Über die Art, wie die Panegyrici in jener ältern griechischen Form zu behandeln wären, spricht Dionys von Halikarnaß im Anfange seiner rhetorischen Kunst (T. V. p. 205 sq. *Reisk.*), daß man z. B. von dem Gotte, dem Vorsteher des Festes, seinen Eigenschaften und Wohlthaten anfangen, dann auf den Ruhm der Stadt, in welcher das Fest begangen werde, ihre Gründung, ihre Großthaten im Krieg und Frieden, ihre Größe und Schönheit übergehen, darauf sich zu dem Wettkampfe, seiner Geschichte, seiner Einrichtung, der Jahreszeit, in der er gehalten werde, den Bestandtheilen, dem Siegespreis oder dem Kranze wenden solle. Panegyristes (*πανηγυριστής*) hieß der, welcher eine Lobrede auf den Kaiser hielt. (*H.*)

Panel, s. Paneel.

PANEL (Alexandre Xavier), ein gelehrter französischer Numismatiker, geb. 1699 zu Nozeroi, einer kleinen Stadt in der Franche-Comté, gest. 1777 zu Madrid. In seinem 20. Jahre trat er in den Jesuiterorden, wurde in mehren Collegien des Ordens als Lehrer der Humaniora und Rhetorik angestellt, nachdem er sich aber durch mehre Abhandlungen bekannt gemacht hatte, wurde er 1738 nach Spanien berufen, wo er das doppelte Amt eines Instructors der Infanten und eines Aufsehers des königl. Medaillencabinets erhielt. Im J. 1742 wurde er Professor der Rhetorik am königl. Collegium zu Madrid, fuhr aber, obgleich er sich diesem Amte mit allem Eifer widmete, doch in seinen numismatischen Studien fort, brachte das königl. Medaillencabinet in Ordnung und verfaßte darüber einen Katalog, der in der Bibliothek des Escurial in Manuscript aufbewahrt wird. Man hat von ihm mehre numismatische Abhandlungen als 1) De cistophoris seu numis, qui cistas exhibent (Lyon 1734. 4.). 2) Remarques sur les premiers versets du premier livre des Macchabées ou Dissert. sur une médaille d'Alexandre le Grand (Lyon 1739. 4.). 3) De numis Vespasiani fortunam et felicitatem reduces exprimentibus (Ibid. 1742. 4.). 4) De Coloniae Tarraconae Nummo, Tiberium Augustum, Juliam Augustam, Drusum Caesarem — exhibente (Zürich 1748. 8. u. 4.). 5) De numis exprimentibus undecimum Treboniani Galli Augusti annum; Galli Augusti decimum et tertium; decimum quartum Aemiliani Augusti etc. (Ibid. 1748. 4.) 6) De Ferdinandi regis natalibus, de virorum principum natales celebrandi apud veteres consuetudine (Madrid 1750. 4.) und andere minder bedeutende, oder in Zeitschriften zerstreute Abhandlungen. (Nach Weiß in der Biogr. univ. XXXII. p. 486 fg.) (*H.*)

PANELLE, eine Sorte Rohzucker von den Antillen, s. Zucker. (*Karmarsch.*)

PANELLENES, PANELLENIA, PANELLENIOS. Bei Homer heißen bekanntlich nur die Unterthanen Achill's, nur die Myrmidonen in Phthia, Hellenen; sie alle zusammengenommen Panellenes, und wenn Il. 530 *Πανέλληνες καὶ Ἀχαιοί* verbunden werden, so ist das eine Bezeichnung für alle vor Troja verbundene Griechen und ziemlich synonym mit *Μυρμιδόνες καὶ Ἀχαιοί* XVI, 564. Deshalb war in Ägina, dem einstmaligen Wohnsitze der Myrmidonen, ein *Πανελλήνιον*, oder Tempel und Cult des panellenischen Zeus. Bis auf den Kaiser Hadrian war Ägina der einzige Sitz dieses Cult; dieser Kaiser stiftete in dem von ihm so vielfach begünstigten Athen ein großes Fest *Πανελλήνια*, welches ein Vereinigungs-, ein Bundesfest aller Griechen werden sollte; alle griechischen Städte schickten Theoroi oder heilige Abgeordnete zu demselben, welche Panellenes hießen; der Kaiser selbst erhielt davon den Beinamen Panellenios; das Fest war durch mancherlei Spiele verherrlicht; vergl. *Boeckh* Corp. Inscr. Gr. 247. 351. 484. 1068. (*H.*)

PANELSÄGE, eine Säge zum Zuschneiden der Füllungen (Panele) für Wandvertäfelungen rc. (*Karmarsch.*)

PANEMOS oder PANAMOS (*Πάναμος*, *Πάνημος**), *Πάνεμος*), ein Monatsname bei mehren griechischen Völkern und Staaten, wie den Böotern (wo er in der Regel dem attischen Monat Metageitnion oder etwa unserm August entsprach), den Korinthern und Macedoniern; der korinthische correspondirte mit dem attischen Boedromion (unserm September) und dem macedonischen Loos, wie aus dem Briefe Philipp's (bei *Demosth.* de cor. 280, 20) hervorgeht. Vom macedonischen ist unzweifelhaft, daß er der neunte im macedonischen Jahre war und in der Mitte zwischen dem 8. *Δαίσιος* und dem 10. *Λῷος* lag; aber während er nach dem angeführten Briefe Philipp's dem attischen Metageitnion (unserm September) entsprach, müßte er nach einigen Stellen Plutarch's (Alex. III, 16. Camill. 19) dem attischen Skirrophorion oder unserm Juni entsprochen haben; das erklärt Ideler (I, 405) mit mehren andern Chronologen von einer „Veränderung in der Stellung der macedonischen Monate, wodurch der Lous aus der Gegend des

*) Corp. Inscr. Gr. nr. 2950.

Boedromion in die des Hekatombäon geschoben wurde." Da die macedonischen Monatsnamen auch in mehren Städten Kleinasiens und Syriens (Ideler I. S. 397) z. B. auch in Mylasa (Corp. Inscr. Gr. 2693, e und dazu *Boeckh*.) wiederkehren, so finden wir auch im Hemerologium der Epheser (Ideler 419) den Panemos, mit dem 24. Mai beginnend. In Seleucia entsprach der Panemos unserm November (Ders. 433), bei den Sidoniern dem September, bei den Tyriern begann er nach dem Hemerologium mit dem 20. Juli (434 fg.), bei den Arabern mit dem 20. Juni (437), bei den Einwohnern von Gaza und Ascalon mit dem 25. Juni. Man sieht hieraus, daß derselbe Name in den verschiedenen Staaten verschiedenen Zeiten angehörte. Die Entstehung und Bedeutung des Namens ist dunkel. Vergl. Ideler, Handbuch der Chronol. I, 364. 368. *Boeckh* z. Corp. Inscr. Gr. T. I. p. 732. (*H.*)

PANEMUTEICHOS, *Πανεμούτειχος* oder *Πανεμότειχος*, eine bei Hierokles erwähnte Stadt Pamphyliens, deren Name auch auf einer Münze der Julia Domna erscheint. (*H.*)

Paneon, Paneum, s. Paneas.

PANEPHYSIS (*Πανέφυσις*), eine Stadt in Ägypten, Metropolis im Nomos Nëut (*Νεούτ*), welchen nur Ptolemäus nennt, zwischen dem busiritischen und dem bubastischen Arme des Nils, innerhalb des Delta, nahe an der östlichen mendesischen Mündung (Ptolemäus entfernt sie eine und eine halbe Meile von derselben in südwestlicher Richtung). Näher bestimmt die Lage Mannert (10. Th. 2. Abth. S. 580. 581) noch dadurch, daß er sie unterhalb der heutigen Stadt Menzaleh setzt, da, wo der Arm sich in den See Menzaleh verliert (vergl. Heeren, Ideen hist. Werke. 14. Bd. S. 81) und einige Inseln bildet, welche den Namen Metaryeh führen. Diese Stadt wird nicht von ältern Geographen, sondern nur von spätern Schriftstellern genannt. Daß sie in der späteren Zeit nicht ohne Bedeutung war, erhellt schon daraus, daß sie mehre Concilien mit ihren Bischöfen beschickte. Philippus von Panephysis hatte das nicäische, Ammonius das ephesische Concilium unterschrieben. Die Kirchennotizen nennen sie Pamphysis, und Hierokles (*Συνεκδ.* p. 727) hat den verdorbenen Namen Panithysos. Auch kommt Panephusos vor (*Cellar.* orb. ant. IV, 1. Vol. II, 31. 48. Mannert 10. Th. 2. Abth. S. 580. 581). Es bleibt sehr wahrscheinlich, daß diese Stadt in der ältern Zeit einen andern Namen gehabt habe, weshalb sie bei ältern Schriftstellern nicht vorkommt. Strabon (XVII, 1, 802) setzt in die beschriebene Gegend die Stadt Diospolis. D'Anville und Mannert (a. a. O.) halten daher nicht ohne Grund Panephysis für das Diospolis des Strabon. Einen andern Grund entnimmt der Letztere noch aus der Verwechselung des griechischen und ägyptischen Namens (*Herodot.* II, 166. Mannert 10. Th. 2. Abth. S. 581. Sickler 2. Th. S. 601. Vergl. die zwei Karten von Ägypten in der Description de l'Égypte. Tom. XVIII, 3. Abth. zu planche 36.

(*J. H. Krause.*)

PANERE, Stadt auf der ostindisch-britischen Insel Ceylon, liegt im Nordosten von Colombo und ist 24 engl. Meilen von dieser Stadt entfernt. (*Fischer.*)

PANESTIA (Insecta), eine von Serville aus Blatta gesonderte Insektengattung, welche nebst einer andern, Blaberus, diejenigen Arten umfaßt, welche keine Pelote zwischen den Tarsenklauen haben. Indessen ist sie in den neuern Aufstellungen über diese Insecten nicht berücksichtigt worden, sondern man hat sie wie vordem, mit Blatta wieder vereinigt. (D. *Thon.*)

Panetier, s. Panathier.

PANETOS. Unter diesem Namen (welcher die griechische Übersetzung von perennis ist) hat Rafinesque (Ann. gener. sc. phys. V. p. 227) eine Pflanzengattung aufgestellt, welche Candolle (Prodr. IV. p. 433) als Unterabtheilung seiner neuen Gattung Anotis (Ohrlos) beibehält. Diese Gattung, früher zu Hedyotis gerechnet, gehört wie diese, zu der ersten Ordnung der vierten Linné'schen Classe und zu der Gruppe der Hedyotideen, der natürlichen Familie der Rubiaceen. Char. Die Kelchröhre umgekehrt-eiförmig, ihr Saum vierzähnig, ohne Zwischenzähne oder Öhrchen (daher der Gattungsname); die Corolle untertassenförmig, mit langer Röhre, fast nacktem Rachen und vierlappigem Saume; die Staubfäden wenig oder gar nicht aus der Corolle hervorragend; die Narbe meist zweilappig; die Kapsel eiförmig, oft mit dem Kelche gekrönt, zweifächerig, an der Spitze zweiklappig; vier bis acht eiförmige, etwas eckige Samen in jedem Fache. Die 14 Arten, welche Candolle zu dieser Gattung rechnet, sind amerikanische einjährige oder perennirende Kräuter oder Staudengewächse mit gegenüberstehenden, linien- oder eiförmigen, zugespitzten Blättern, ungetheilten, bisweilen gezähnten Afterblättchen, einzeln oder in Doldentrauben, gewöhnlich am Ende der Zweige stehenden Blüthen und weißen oder rothen Blumen. Die drei Untergattungen von Anotis sind folgende: I. Ericotis *Cand.* (l. c. p. 431), einjährige oder perennirende, aufrechte oder niederliegende Kräuter oder Staudengewächse, manchen Galium- oder Ericaarten ähnelnd, mit linienförmigen Blättern, einzelnen oder doldentraubigen Blüthen und durchaus mit dem Fruchtknoten verwachsener Kelchröhre. Die zehn Arten dieser Untergattung, z. B. An. filiformis *Cand.* (l. c., Hedyotis filiformis *Ruiz* et *Pavon*. fl. peruv. I. p. 67. t. 87. f. b.), sind auf den höchsten Bergen der Andeskette in Peru einheimisch. II. Amphiotis *Cand.* (l. c. p. 433) mit einer Art: An. lanceolata *Cand.* (l. c., Hedyotis lanceolata *Poiret* suppl. enc. III. p. 14) in Südcarolina. Ein einjähriges, aufrechtes Kraut mit lancettförmigen Blättern, dreigabligen Doldentrauben und nur bis zur Hälfte an den Fruchtknoten angewachsenem Kelche, sobaß die Spitze der Kapsel frei bleibt. III. Panetos *Rafin.* Perennirende, niederliegende Kräuter oder Staudengewächse vom Ansehen des Gauchheils (Anagallis arvensis *L.*), mit eiförmig-rundlichen Blättern und einzeln in den Blattachseln stehenden Blüthen, Kelch und Kapsel wie bei Amphiotis. Hierher gehören drei Arten: 1) An. rotundifolia *Cand.* (l. c., Anonymos procumbens *Walter* carol. 86. Houstonia rotundifolia *Michaux* fl. bor. am. I. p. 85.

etia procumbens *J. Fr. Gmelin* syst. 263), am ...resstrande in Carolina und Florida. 2) An. Salz-...ani *Cand.* (l. c.) auf der Meeresküste bei Bahia in ...asilien. 3) An. serpens *Cand.* (l. c. Hedyotis ser-...ns *Humboldt, Bonpland* et *Kunth* nov. gen. et sp. ... p. 390. t. 289. H. microphylla *Willdenow* (*ms*), ...*mer* et *Schultes* syst. III. p. 527), auf dem Feuer...erge Antisana in Quito. (*A. Sprengel.*)

PANETURE, Stadt auf der britisch-ostindischen Insel Ceylon, liegt südlich von Colombo und ist 18 engl. Meilen von dieser Stadt entfernt. (*Fischer.*)

PANEX, kleines Dorf im waadtländischen Bezirke Aigle, im Kreise Ollon. Er ist bemerkenswerth wegen der hier befindlichen Salzquelle, welche 3066 Fuß über dem Meer an der nördlichen Seite des Gebirgsabhanges des Chamosaire aus einem sehr harten, mit Quarz und Kalk vermischten Thonschiefer entspringt, der in der dortigen Gegend Roc-gris genannt wird. Sie ist die erste der zu den Salzwerken von Bex gehörigen Quellen, welche entdeckt und benutzt worden ist. Das Jahr der Entdeckung ist nicht ganz genau bekannt; gewöhnlich wird 1554 angegeben (s. d. Art. Bex). (*Escher.*)

PANFEI oder PIANFEI, ein Dorf in der Generalintendanz Cuneo der festländischen Staaten des Königs von Sardinien in geringer Entfernung von dem rechten Ufer des Pesioflusses, in der großen piemontesischen Ebene gelegen, ziemlich gut gebauet und von der Festung Mondovi fünf italienische Meilen gegen Westsüdwest entfernt. (*G. F. Schreiner.*)

Panflöte, s. Syrinx.

PANGA (1° 54′ südl. Br., 121° 16′ östl. Länge nach dem Meridian von Greenwich), Stadt auf der Süd- oder Tambukoküste der asiatischen Insel Celebes, welche südlich von Tambuko an der Tolobai liegt und eigentlich wol mehr den Namen eines großen Dorfes verdient. (*Fischer.*)

PANGÄON (*Πάγγαιον* [*Παγγαῖον*] ὄρος bei den Ältern, Pangaeus bei den Spätern), ein großes, hohes und rauhes, aber metallreiches, Gebirge im makedonisch-thrakischen Päonien, zwischen den Flüssen Strymon und Angites und dem strymonischen Meerbusen, in der Nähe der auf einer Anhöhe liegenden Stadt Philippi, welches Gebirge theils von Pierern, Odomanten und Satren, theils (und zwar nördlich) von Päonern, Doberen und Päoplen bewohnt wurde. Andere kleine, aber steile Hügelreihen erstrecken sich von der Küste bei Neapolis (oder Neopolis) an in nordöstlicher Richtung bis zur Hauptkette zwischen den Flüssen Strymon und Nestus (über welche Mannert 7. Th. 12. 13). Herodot nennt das Pangäon mehrmals (VII, 112. 113). Nach seiner Darstellung ging der Zug des Xerxes an diesem Gebirge vorüber: „Als Xerxes mit seinem Heere durch genannte Gegenden gekommen, zog er nun wiederum an den festen Plätzen (*παρ' αὐτὰ τὰ τείχεα*) der Pierer, Phagres und Pergamos, vorüber. Von der rechten Seite (*ἐκ δεξιῆς χερός*) ließ er das große und hohe Gebirge Pangäon mit vielen Gold- und Silberbergwerken liegen, welches von den Pierern, Odomanten und besonders von den Satren bewohnt wird. Er ging nun vor den oberhal... das Pangäon bewohnenden Päonern, Doberen und Päo...plen vorüber und wendete sich westlich, bis er zum Fluß Strymon und zur Stadt Eion gelangte." Äschylus (Pers. V. 491 fg.) beschreibt den Rückzug der Perser durch das Land der Magneten und Makedonier an den Fluß Axios, an Bolbes Rohrsumpf, das Panchäon-Gebirge und zu dem Edoner-Land. Thukydides (II, 99) bemerkt von den Pierern, „daß sie später unter dem Pangäon, jenseit des Strymon, Phagres und andere Orte bewohnt haben, und noch jetzt (zu seiner Zeit) werde der Landstrich am Meere hin unter dem Pangäon der pierische Busen genannt." Plinius (N. H. IV, 11) setzt den Pangäus in die Nähe des Flusses Nestus, Dion Cassius aber in die Nähe der Stadt Philippi (XLVII. c. 35. p. 347. *Καὶ πᾶσαν τὴν μέχρι τοῦ Παγγαίου γῆν προκατασχόντες, καὶ πρὸς τοῖς Φιλίπποις στρατοπεδευσάμενοι· τὸ δὲ δὴ ἔστιν τοῦτο παρά τε τῷ Παγγαίῳ καὶ παρὰ τῷ Συμβόλῳ κεῖται.* Das Symbolon erklärt er im Folgenden also: *Σύμβολον γὰρ τὸ χωρίον ὀνομάζουσι, καθ' ὃ τὸ ὄρος ἐκεῖνο ἑτέρῳ τινὶ ἐς μεσόγειαν ἀνατείνοντι συμβάλλει· καὶ ἔστι μεταξὺ Νέας πόλεως καὶ τῶν Φιλίππων*). Durch das acht Stadien betragende Intervallum zwischen diesen Gebirgen wurden die sogenannten sapäischen Pässe (*τὰ Σαπαίων στενὰ*) gebildet, welche Brutus und Cassius, als sie hier ihr Lager aufgeschlagen, durch eine aufgeführte Mauer sicherten (*Appian.*, De bell. civil. IV. c. 87, 106. p. 643. 670 sq. *Schweighäuser* und *Dio Cassius* l. c.). Die Gold- und Silberbergwerke im Pangäon, welche Herodot (l. c.) nennt, mochten schon früh berühmt sein. Hier waren die ergiebigen Goldminen in der Nähe von Philippi (*Appian.*, De bell. civ. IV, 106. p. 642. 43. *Schweigh.*), welche dem König Philipp von Makedonien, der sie gut zu benutzen verstand, jährlich auf 1000 Talente einbrachten und ihm den Stoff zu seinen Philippsd'oren (*Φιλίππειοι, νόμισμα Φιλίππειον, Diod. Sic.* XVI, 8. t. II. p. 88. *Wesseling*), welche stark in Cou... waren, darboten. Auch die Thasier besaßen Bergw... im Pangäon (cf. *Cousinéry*, Voyage dans la Mac... doine. II. p. 118 [Paris 1831]). Droysen (s. d. ... Päonien) vermuthet, daß die Münzen der Getäer ... Oreskier verschollenen Orten am Pangäon zugehört... ben. Die Insel Thasos, ebenfalls reich an Gold... werken, wurde nur durch einen schmalen Kanal vo... Küste und zwar von der südlichsten Spitze des ... gäon getrennt, und da diese Insel selbst sehr g... war, so darf man sie vielleicht als Fortsetzung de... gäon betrachten. Dieses Gebirge bietet eine schö... sicht, besonders auf den Athos und die Insel... sos und Samothrake dar. E. D. Clarke, we... seiner Reise dieses Gebirge bestieg, gibt in sei... vels in var. countries of Europe, Asia an... vol. III. p. 57 folgende Beschreibung: „Nachde... Stadt verlassen hatten, bestiegen wir einen Thei... ges Pangäus, jetzt Pangea genannt, auf ei... sterten Wege, und hatten eine schöne Aussicht ... von Neapolis. Der Gipfel der Höhe auf der ... hin war mit zerstörtem Mauerwerk bedeckt, u...

alten Aquäduct, welcher hier den Weg durchkreuzt. Von dort stiegen wir auf einem gepflasterten Wege, wie zuvor, herab gegen Nordosten, bis wir an dem Ufer der Bai anlangten, welche auf der andern Seite dieses Vorgebirges sich befindet, indem wir die Insel Thasos in südöstlicher Richtung schauten. Richteten wir unsern Blick nach Osten, so sahen wir den erhabenen Gipfel von Samothrake, welcher sich so glänzend von der Ebene Troja's darstellt. Nach Süden hin erschien über die Region der Wolken emporsteigend der luftige Gipfel des Berges Athos." Von den römischen Dichtern werden die hohen mit Schnee bedeckten Gipfel dieses Gebirges mehrmals genannt (*Virgil.* Georg. IV, 461. 62: Flerunt Rhodopëiae arces, altaque Pangaea, et Rhesi Mavortia tellus. *Lucan.* Phars. I, 679: Video Pangaea nivosis cana jugis latosque Haemi sub rupe Philippos. Hier mögen diese Angaben nicht unrichtig sein, obwol sonst römische Dichter in dieser Beziehung wenig Sicherheit gewähren (cf. *Cellar.* orb. ant. II, 15. vol. I. p. 1056. Mannert 7. Th. S. 7. 8. 219. 229. 234. 243. *Cousinéry*, Voyage dans la Macédoine l. c.). Einiges über das Gebirge Pangäon ist auch schon im Art. Päonien (s. d.) beigebracht worden. (*J. H. Krause.*)

PANGANSANE, Pantjana bei den Niederländern (5° südl. Br.), Eiland im javanischen Meere und im Bonybusen, liegt südlich von Celebes, zu welchem es gehört, und westlich von Butong, von welchem es ein schmaler Kanal scheidet. Bei einer Länge von 10—11 Meilen und einer Breite von 3—4 Meilen ist das Land stark bewaldet, sodaß sowol Bau- als anderes Holz ausgeführt wird, und reich an Reis, Mais, Yams und andern tropischen Früchten. Büffel, Ziegen und Geflügel sind in hinreichender Menge vorhanden, auch ist der Fischfang ergiebig. Der Hauptort des von Einwohnern malaiischer Abkunft stark bevölkerten Landes ist Tibore, in welchem der von dem Rajah von Butong abhängige Rajah, welcher das Eiland beherrscht, seinen Sitz hat. (*Fischer.*)

Pangaradschung, s. Panscharraschung.

Pangasianen, s. Pangasinan.

PANGASINAN, Provinz im spanischen Antheil der Philippineninsel Manila, welche im Norden von Ylocos, im Süden von Zambales, im Osten von dem freien Manila und im Westen von dem chinesischen Meere begrenzt wird. Obgleich bergig, ist sie doch äußerst fruchtbar und Bau- und Farbeholz, Reis, Mais, Tabak, Zuckerrohr und Indigo übersteigen den Landesverbrauch. Die Bewohner dieser Provinz, welche man auf 170,000 Köpfe schätzt, sind theils Mestizen (etwa 2500), theils Tagalen, theils noch auf der niedrigsten Culturstufe stehende Haynas, welche nur der Handel — ein Gegenstand desselben sind selbst ihre Kinder — aus den Gebirgen, die sie bewohnen, hervorlocken könn. Sie werden hier Aeta, Ingalotten, Igorotten, Tschinganen, von den Spaniern aber Negrillos genannt. Die Tagalen oder richtiger Tagay-log, d. i. Flußbewohner, bewohnen in 21 Dörfern die Ebenen und heißen nach den verschiedenen Provinzen Pampangen, Zambalen, Pangasianen, Ylocken. Sie sind von hellbrauner oder mehr von einer hellen, ins Schwarze übergehenden Schmutzfarbe; ihre Augen sind groß und gespalten, die Nase etwas platt, doch fehlt ihren Lippen die Dicke, sowie ihrem Gesichte die Breite des Malaienstammes, zu dem sie jedoch in Betracht der Sprache, Sitten und Gemüthsart offenbar gehören. Ihr schwarzes Haar ist lang und fein, und obgleich sie selten fünf Fuß drei Zoll groß werden, sind sie doch äußerst muthig und beherzt, und nur nach langem Kampfe gelang es den Spaniern, sie zu unterjochen und zum Christenthume zu bekehren. Der Hauptfluß der Provinz ist der Chiquito, welcher hier mündet; die große nach dem gleichnamigen Dorfe, in welchen der Alcade seinen Sitz hat, benannte Lingayenbai wird von den Caps Bolinao und San Fernando gebildet. Zu Pangasinan rechnet man auch die zehn von Dominikanern versehenen Missionsorte am Panaqui und Ytuy. (*Fischer.*)

PANGASMAN (n. Br. 6° 8′, östl. L. 120° 58′ nach dem Meridian von Greenwich), kleines Eiland, welches zu den asiatischen Suluhinseln gehört, weshalb man diese sehe. (*Fischer.*)

Pangatarran, s. Pangutaran.

PANGAYES heißen bei den Amerikanern Boote, deren sie sich zur Güterverladung bedienen. (*Fischer.*)

PANGÉ, Gemeindedorf und Hauptort des gleichnamigen Cantons im franz. Departement der Mosel (Lorraine), Bezirk Metz, liegt drei Lieues von dieser Stadt entfernt an der Nied-Françoise, ist der Sitz eines Friedensgerichts und hat eine Pfarrkirche und 412 Einwohner. Der Canton Pangé enthält in 15 Gemeinden 14,459 Einwohner. (Nach Expilly und Barbichon.) (*Fischer.*)

PANGEL, Dorf im preußischen Regierungsbezirk Breslau (Schlesien), Kreis Nimptsch, welches im Jahre 1540 vom Herzog Friedrich II. von Brieg als ein freies Bauerngut verkauft und für ein Bergvorwerk erklärt, 1612 aber von der Ritterschaft als ein Rittergut anerkannt wurde. Es enthält ein herrschaftliches Vorwerk, 7 Hofgärtner, 8 Häusler und mit Weiselwitz und Altstadt-Nimptsch 250 Einwohner. (*Fischer.*)

PANGESANA, asiatische, im Meere von Celebes unter 5° 5′ s. Br. und 122° 50′ östl. L. nach dem Meridian von Greenwich und in der Nähe von Celebes gelegene Insel, welche 45 engl. Meilen lang, neun dergleichen Meilen breit und stark bewohnt ist. (*Fischer.*)

PANGIL, großer, mit dem Meere zusammenhängender Binnensee im nördlichen Theile der asiatischen Insel Magindanao oder Mindanao, und in der Nähe der Stadt Subana. (*Fischer.*)

PANGIMODU, kleines Eiland in der Südsee, welches grade vor dem Hafen der australischen Tongainsel Tongatabu liegt. (*Fischer.*)

PANGLO, PANGLAO, PANLOQ, kleine 1710 von Dom François Padilla entdeckte und zu den asiatischen Philippinen gehörige Insel im Norden von Magindanao und 60 engl. Meilen von dieser Insel entfernt. Sie ist stark bewohnt und hat den Charakter der übrigen Philippinen, weshalb wir auf diese verweisen. (*Fischer.*)

PANGO, 1) Küstenfluß, welcher sich in der nordamerikanischen Grafschaft Hyde, Freistaat Nordcarolina, in den Pamlicosund ergießt und bei seiner Mündung einen sehr breiten, sich gegen die Mündung des Tar öffnenden Busen bildet. 2) Kleiner See in der Grafschaft Washington des vorgenannten Staates. 3) Eine früher mehr als jetzt bekannte Provinz im afrikan. Königreiche Congo am Zaire, deren Banza-Pango genannte Hauptstadt am Barbolo liegen soll. (*Fischer.*)

PANGONIA *Latreille* (Insecta), Gattung der Zweiflügler aus der Familie Tabanii mit folgenden Kennzeichen: Der Rüssel sehr lang, dünn, horizontal, die Endlippen wenig deutlich, das Gesicht gewölbt, das dritte Fühlerglied mit acht Theilen, von denen der erste dick, der letzte länger ist als die übrigen. Die erste Unterrandzelle der Flügel gestielt, die erste hintere meist vor dem Ende geschlossen.

Die Gattung zerfällt nach Macquart (Hist. Naturelle des Insectes Diptères I, 192) in zwei Abtheilungen, die erste mit Punktaugen, die zweite ohne dergleichen, die letzte entspricht der Gattung Philoliche *Hoffmannsegg*.

Als Typus der ersten nehmen wir auf: Pangonia maculata (Meigen, Classification der zweiflügeligen Insekten. Nr. 2. *Fabricius*, Syst. Antliatorum. nr. 3. Lat. Gen. 4. 282. Pl. 13. f. 6. Meigen, System. Beschr. Nr. 2. Tabanus Proboscideus *Fabric.* Entomologia systematica. 4. 263. 3). Sechs bis sieben Linien lang, graulich, mit rostfarbenen Haaren, Palpen und Fühler rothgelb, die Spitze der letztern schwarz, der Thorax mit einer gelblichweißen Rückenlinie. Die Seiten der drei letzten Ringe rothgelb, der letzte Leibesring mit zwei dergleichen Punkten, die Flügel gelblichgrau, durch den braunen Rand der Queradern befleckt. Aus dem südlichen Europa.

Aus der zweiten Abtheilung geben wir als Beispiel Pangonia fuscipennis (Wiedemann, Außereuropäische Zweiflügler. Nr. 16), 9½ Linien lang, der Rüssel ziemlich kurz, die Palpen gebogen bräunlich, die Fühler rostfarben, mit bräunlicher Wurzel, die Stirne braun, der Thorax rostfarben, der Hinterleib kastanienbraun, mit kleinen weißlichen Seitenflecken, Füße und Flügel braun, letztere mit gelber Wurzel. Nur das Weibchen ist bekannt. Das Vaterland ist Brasilien. (D. *Thon.*)

PANGSIL, eine Art chinesischen Seidenstoffs, der besonders aus der Provinz Nanking nach Japan ausgeführt wird. (*Karmarsch.*)

PANGUCI (n. Br. 5° 50′, östl. L. 100° 5′ n. d. Merid. von Greenw.), Eiland im ostindischen Ocean an der Küste des zur Halbinsel Malacca gehörigen Königreichs Queda, welches von Malaien bewohnt wird. (*Fischer.*)

Pangue, s. Panke.

PANGUIL, 1) Bai auf der Nordküste der asiatischen Insel Maginbanao in der Landschaft der Illanos, welche mit dem Pangilsee in Verbindung steht und den auf spanische Schiffe jagdmachenden Seeräubern als Versteck dient. 2) Großes Dorf in der zum spanischen Manila gehörigen Provinz Laguna. (*Fischer.*)

Pangus, s. Selenophorus.

PANGUTARAN (L. 138° 4′, n. Br. 6° 9′), kleines, zu den asiatischen Suluhinseln und zur Suluhkette gehöriges Eiland, welches seinen Ursprung den, wenn auch nicht Welten, doch Inseln schaffenden Corallen verdankt, daher Mangel an Quellwasser leidet, nichtsdestoweniger aber, da sich auf seinen mit Erde bedeckten Theilen Kokosnüsse, Rindvieh und Ziegen, sowie mancherlei Geflügel findet, stark bewohnt ist. (*Fischer.*)

PANGWATO, eines der größern Eilande, welche die Sangirgruppe bilden. Die Einwohner desselben gehören zu dem Stamme der Malaien. (*Fischer.*)

PANGY (südl. Br. 1° 6′, östl. L. 120° 15′ n. d. Merid. v. Greenw.), Stadt auf der Ostküste der Insel Celebes, liegt an der Gunong-(Tally) Tellabai. (*Fischer.*)

PANHA, Name einer ostindischen Baumwollensorte. (*Fischer.*)

Panhagia, s. Panagia.

PANHAMES, PANHAMIS, PANHEMS, PENHAMES, kleiner, durch Krankheiten, sowie durch fortwährende Kämpfe mit den Botocudos fast vernichteter Völkerstamm des südamerikanischen Kaiserreichs Brasilien, wo sich Reste von ihnen in den Provinzen Bahia, Minas Geraes und zwar hier in den Urwäldern des Minas novas genannten nördlichen Theiles der Comarca Serro do Frio, sowie in der zur Provinz Espirito santo gehörigen Comarca Porto seguro finden. Gleich den ihnen verschwisterten Stämmen der Caraotes, Carobos, Capochos, Cumanchos, Maconis, Machacalis, Menhams, Paraibas und Patachos haben sie sich den Portugiesen unterworfen und werden von diesen deshalb zu den Indias mansos oder caboclos, denen die nicht unterworfenen Indias bravos oder Tapuyos gegenüberstehen, gerechnet. Über ihre Sitten und Gebräuche siehe den Artikel Paraibas. (*Fischer.*)

PANHARMONICON. Der Erfinder dieses musikalischen Instrumentes ist Joh. Nepomuk Mälzl, dessen Name durch das Metronom (Chronometer) am bekanntesten geworden ist. Sein hier zu beschreibender Automat setzt durch Walzen und Blasebälge die gewöhnlichen Instrumente eines beinahe vollkommenen Orchesters, welche im innern Raume wirklich angebracht sind, in Klang. Vorn steht ein Trompetenautomat, der seinen Marsch schmettert. Die Blasinstrumente des Orchesters, sowie Pauken und Trommeten, sind am besten gelungen, bis auf die Hoboen, die weggelassen werden mußten, weil die Tonfarbe dieses schwierigen Instrumentes durchaus nicht ähnlich werden wollte. Schon 1804 hatte dieser geschickte Mechaniker einen Trompeter fertig, den Friedrich Kaufmann (in Dresden) sah und ihn bald darauf bei weitem übertraf. Das Harmonikon aber ließ Mälzl zum ersten Male 1807 in Paris hören und machte großes Aufsehen damit, verkaufte auch das Instrument für 15,000 Thlr. Im nächsten Jahre war schon wieder ein neues der Art fertig, womit er verschiedene Reisen machte. – Er ist jedoch in allen seinen derartigen Instrumenten von Kaufmann weit übertroffen worden. Auch Gurk aus Wien bauete ein solches Tonwerkzeug geschickt nach und ließ sich damit im J. 1810 in Leipzig hören. Die Hoboen fehlten gleichfalls, die übrigen Blasinstrumente waren recht gut gerathen, besonders Trompeten und kleine Flöten, die Clarinetten ziemlich. Wenn es hingegen an manchen Orten für eine Erfindung des Hrn. Gurk ausgegeben wird, thut man dem Manne und der Sache Unrecht. Man sieht, wie leicht die Zahl der Erfinder wachsen kann. (*G. W. Fink.*)

Panhellenios, s. Panellenios.

PAN-HOEI-PAN, die berühmteste Schriftstellerin der Chinesen. Sie war eine Schwester des als Geschichtschreiber und Schöngeist berühmten Pan-ku. Wegen ihrer ausgezeichneten Kenntnisse und ihres musterhaften Lebenswandels wurde sie Lehrerin der Gemahlin des Kaisers Kuang-wu-ti, von der Dynastie Han*). Pan-hoei-pan vollendete ein von ihrem Bruder begonnenes Geschichtswerk und schrieb außerdem ihre „Sieben Regeln für das Weib, ein wegen seines Styls und Inhalts gefeiertes Buch, worin sie ihr Geschlecht dem männlichen tief unterordnet, und behauptet, daß unbedingter Gehorsam die erste Pflicht und zugleich die edelste Zierde der Frau sei. (*W. Schott.*)

Panhormos, s. Panormos.

PANI, Name des Ursprungs des Amu Darja oder Oxus, auf dem Gletscher Puschti kur, einer der Spitzen des Belut-Tagh (s. d. Art. Oxus). (*Fischer.*)

Paniany, s. Panany.

PANIARDII, alter Name eines Volks oder Volksstammes in Skythien innerhalb des Imaus. Längs dem Laufe der östlichen Wolga (d. Kama) kennt nämlich Ptolemäus einige Völker, die Rhoboski, die Armanni und am südlichsten die Paniardii. Das Gebiet der letztern grenzt am Flusse hin an die Gegend Konadipsas (*Κοναδιψάς*). Mannert vermuthet, daß die Steppengegend zwischen der Wolga und dem Usenflusse, südlich unter den westlichsten Theilen des Uralgebirges, durch welche der Zug der Karavanen ging, dadurch bezeichnet werde. (Mannert 4. Th. S. 492. Dazu die Karte von Skythien ebend. (*Krause.*)

PANIARDIS (*Πανιαρδίς*), alter Name einer Stadt in Sarmatien am mäotischen See, nördlich über dem Flusse Marobius, zwischen den Städten Tanais und Patarve. (*Ptolem.* V, 9. *Cellar.* orb. ant. Lib. III, 9. p. 358. c. 24. p. 884. Vol. I.) Der Marobius ist nach neuern Karten die Elbuga bei der Festung Asow (Mannert 4. Th. 325. Dazu die Karte daselbst. Sickler 2. Th. 429. (*Krause.*)

Panias, s. Paneas.

PANICALE, ein großer Flecken in der päpstlichen Delegation Perugia, auf einem Berge in überaus romantischer Umgebung gelegen und nur 1¼ italienische Meilen südwärts von dem Lago di Perugia, dem trasimenischen See der Alten, entfernt. Der Ort ist durch eine Straße über Micciano mit der von Perugia über Piegaro nach Orvieto führenden Poststraße und nordwärts über Panicarola mit Castiglione am genannten See verbunden. (*G. F. Schreiner.*)

PANICALE (Masolino oder Maximus, Massimo de), bekannter noch oft unter dem bloßen Namen Masolino, geb. 1388, gest. 1415, einer der vorzüglichen Maler der florentiner Schule, und gehört nach Lanzi's chronologischer Eintheilung in die letztere Zeit der ersten Periode jener großen und würdigen Kunstschule. Als Schüler des berühmten Bildhauers und Erzgießers Lorenzo Bartol. Ghiberti widmete er sich früh mit glücklichem Erfolge der Bildhauerkunst, half seinem Meister bei vielen wichtigen Arbeiten und verstand auch als Goldschmied das Ciseliren, weshalb er an den von seinem Meister geschaffenen herrlichen bronzenen Thüren des Baptisteriums in Florenz nicht unbedeutenden Antheil erhielt [1]).

Die plastische Kunst war für Panicale, der sich im 19. Jahre zur Malerei wandte und sich darin den Gherando della Starnina zum Lehrer wählte, von bedeutendem Nutzen, da er für unsere Form der Zeichnung eine gewisse Sicherheit erlangte; zugleich das Helldunkel an den Formen besser kennen lernte, worin er überhaupt für die damalige Zeit, wo die eigentliche Kenntniß von Licht und Schatten im Colorit noch nicht zu einer höhern Stufe gelangt war, als tüchtiger Meister sich auszeichnete. Panicale ging nach Rom, wo er im Palazzo vecchio Orsini einen Saal malte; indessen bewog ihn die dortige seiner Gesundheit nachtheilige Luft Rom bald wieder zu verlassen und nach Florenz zurückzukehren. Hier malte er in der Kreuzkapelle delle Carmine die Geschichte und die Wunder des heil. Peter's in Fresco, welches Werk allgemein als trefflich anerkannt wird; auch malte er daselbst andere Scenen der Apostelgeschichte und die Evangelisten, in welchen Compositionen sehr viel Graziöses vorkommt, überhaupt ein schöner Styl und die schönen Reliefformen darin zu bewundern sind, auch mehre noch einen Anklang des Giotto darin finden.

Masolino [2]) war ein guter Geist, seine Zeichnung ist stark, kräftig, die Formen großartig und erhaben, sein Colorit in seinen Frescobildern weich und harmonisch, dabei war er fleißig und gelehrt. Es bewährt sich dies in jenen genannten Werken delle Carmine, der Berufung des Apostels Petrus und des heil. Andreas, Petrus den Lahmen heilend; die Erweckung der Petronilla [3]) zeigen schöne wohldurchdachte Formen, schöne breite Gewänder, artige Köpfe. Er wird überhaupt als einer der erstern alten florentiner Maler betrachtet, welcher die Frauen mit lieblichem Ausdruck darstellte, die Jünglinge leicht bekleidete, auch die Perspective mit mehr Kenntniß ausübte.

Da ihn der Tod sehr jung ereilte, so vollendete sein würdiger und großer Schüler Massaccio seine übrig gebliebenen Werke in jener Kapelle. (*Frenzel.*)

PANICAROLA, Ortschaft in der päpstlichen Delegation Perugia, hoch über dem westlichen Gestade des Lago di Perugia, des trasimenischen Sees der Alten, der Insel Polvere gegenüber gelegen, von dunkelgrünen, waldigen Bergen überragt, die sich fast im Kreise um den gan-

*) Dieser Kaiser regierte von 25—57 unserer Ära.

1) Michel Angelo äußerte über diese Thüren, daß sie die Pforten des Paradieses sein könnten. 2) *Vasari*, Vite dei pittori. (alte florent. Ausgabe 1568) T. I. P. I. p. 287, wo auch das Bildniß des Künstlers zu sehen. Fiorillo schildert die Formen seiner Figuren etwas schwerfällig. 3) Beide Gegenstände gestochen von Carlo Lasinio in den größern Blättern der ältern florentiner Maler, Nr. III und IV. Auch in *Lastri*, Etruria pittrice. Nr. XIX.

zen malerischen See herumziehen. Der Ort ist von dem am See gelegenen Flecken Castiglione nur ungefähr zwei italienische Meilen südwärts entfernt. (*G. F. Schreiner.*)

PANICASTRELLA. Mit diesem Namen (welcher eine Ähnlichkeit mit Panicum andeuten soll,) hat zuerst Cesalpini ein Gras, wahrscheinlich aus der Gattung Setaria (viridis, verticillata oder glauca) *Palisot*, bezeichnet. Später nahmen Micheli und Mönch diesen Namen für eine andere Grasgattung an. Panicastr. muricata *Mönch* ist Cenchrus echinatus *L.* und P. capitata *Mönch* = Sesleria echinata *Host* (Echinaria capitata *Desfontaines*). (*A. Sprengel.*)

PANICOCOLO, großes Dorf in der neapolitanisch-sicilischen Provinz Napoli, welches 2200 Einwohner hat. (*Fischer.*)

PANICOS heißt in Portugal eine Art Leinwand aus Flachsgarn, welche theils im Lande selbst aus ostfreisischem Flachse gewebt, theils aus der Bretagne bezogen wird. Man verkauft sie sowol roh als gebleicht. (*Karmarsch.*)

Panicularia *Heist.*, s. Poa.

PANICUM (Fennich). Eine große Pflanzengattung aus der zweiten Ordnung der dritten Linné'schen Classe und aus der Gruppe der Paniceen der natürlichen Familie der Gräser. Nach der neuern Beschränkung dieser Gattung, da man Setaria *Palisot*, Orthopogon *R. Brown*, Pennisetum *Richard*, Digitaria *Heister* und Cynodon *Rich.*, zum Theil nur den Blüthenstand berücksichtigend, davon getrennt hat, bleibt für Panicum *L.* (Isachne *R. Brown*, Monachne *Palis.*, Streptostachys *Desvaux* und Talasium *Spreng.*) folgender Charakter: Die Blüthen ährenförmige Trauben oder Rispen; der Kelch anderthalb-blumig, zweispelzig, gewöhnlich mit kleinerer unterer Spelze; die vollkommene Zwittercorolle zweispelzig, unbewehrt, zuletzt verhärtend und die Karyopse bekleidend; die geschlechtslose Corolle unbewehrt, einspelzig; die Karyopse mit den Corollenspelzen bedeckt. Es sind über 200 Arten dieser Gattung bekannt, welche als meist einjährige Gräser über die ganze Erde verbreitet vorkommen, jedoch vorherrschend in der heißen Zone sich finden. Viele von ihnen gehören zu den guten Futtergräsern; die Samen mehrer werden als Speise benutzt. Die bekannteste Art ist P. miliaceum *L.* (Hirse, franz. und engl. millet, ital. miglio, span. mijo, poln. proso), ursprünglich in Ostindien einheimisch, aber seit den ältesten Zeiten überall in der gemäßigten Zone mit den andern Getreidearten cultivirt (s. d. Art. Hirse). Den alten Griechen und Römern war die gemeine Hirse (ἔλυμος *Theophr.* hist. pl. 8, 1, 1. *Dioscor.* mat. med. II, 120; μέλινος *Diocles* ap. *Galen.* fac. alim. I, 312; μελίνη *Xenoph.* anab. 2, 4. Milium *Colum.* 2, 9, 17. *Virgil.* Georg. I, 216. *Plin.* N. H. 18, 10. §. 1 et 3, 45, 46, 66. §. 2 etc.) ebenso wol bekannt als die auch jetzt noch hin und wieder, namentlich in Italien bekannte, welsche Fuchsschwanz- oder Schwabenhirse (Setaria italica *Palis.*; κέγχρος *Theophr.* l. c. et 1, 11, 2. *Diosc.* l. c. 119. Panicum *Colum.* l. c. *Plin.* l. c.). Die in Habesch am meisten cultivirte Getreideart ist ebenfalls eine Art Hirse: Panicum Teff *Desvaux* (Tef *Bruce.* P. colonum var. B. *Lam.* ill. 902). (*A. Sprengel.*)

PANIER, im Französischen bannière, im Italienischen Bandiera, im mittlern Latein Banderia (Worte, die sämmtlich nach Einigen von Bandum, eine Fahne, sowie dies von Band abstammen, wonach Banier oder Bannier die richtigere Schreibart sein würde,) nannte man in ältern Zeiten die Hauptfahne, der ein ganzes Kriegsheer oder ein Haufen desselben folgte. So gab es sonst bei dem teutschen Reichsheere ein Reichspanier, dessen Führung dem Kurfürsten von Sachsen als Reichs- oder Erzmarschall (weil damit ein kaiserliches Erzamt in Verbindung stand,) anvertraut war, welches auch mit der Kur bei dem Hause Sachsen von dem Kurfürsten Rudolf I. (1356) an bis zur Auflösung des teutschen Kaiserreichs erblich verblieb. Die Paniere waren mit verschiedenen Emblemen, gewöhnlich den Wappen der Führer, geziert; das Reichspanier unter Kaiser Heinrich I. und Otto dem Großen mit dem Erzengel Michael als Überwinder des Drachen, unter Friedrich I. mit einem Adler, der unter Otto IV. über dem Drachen schwebte, und später mit einem doppelten Adler. Dem letztern folgten, sobald ein Heereszug beschlossen wurde, eine Anzahl von Kriegsleuten, die von jedem Reichsstande theils unmittelbar unter dasselbe gestellt wurden, theils als mittelbare Vasallen unter den Panieren (Fahnen) der Herzoge, Grafen, Bischöfe und Edeln (der sogenannten Pannerherrn) fochten. In Frankreich, wo im Mittelalter eine ähnliche Kriegsverfassung bestand, nannte man das Panier, welches im Kriege dem Könige vorgetragen wurde, Oriflamme und die Pannerherren bannerets. In beiden Ländern waren die Lanzen der Ritter mit einem Fähnlein versehen, das einen langen, in einer Spitze sich endigenden Schweif hatte, und unter welchem nur ihre Knappen und Knechte mit ihnen auszogen, indem sie sich selbst unter das Panier eines reichern und mächtigern Ritters stellten. War aber ein Ritter im Stande, aus seinen Mitteln ein ansehnliches Gefolge von Lehnleuten, Knappen und Knechten und selbst von Rittern zu unterhalten, so konnte er bei dem Kriegsherrn oder Feldhauptmann darauf antragen, sein Fähnlein durch Abtrennung der Spitze in ein Panier zu verwandeln und ihn selbst zum Panner- (oder Banner-) herrn zu ernennen, welche Auszeichnung bei der Familie so lange erblich blieb, als deren Glücksumstände es gestatteten, eine gesetzlich bestimmte Anzahl von Rittern, Knappen und Knechten im Kriege zu unterhalten. Doch gab es auch Familien, bei denen das Recht und die Pflicht, ein Panier zu führen, beständig blieb. Mit der Einführung geworbener Landsknechte unter Maximilian I. gegen Ende des 15. Jahrhund. und dem Aufkommen stehender Heere mußte auch die ursprüngliche Bedeutung des Wortes Panier verschwinden, und wird daher dasselbe gegenwärtig nur als bildlicher Ausdruck gebraucht. Doch nannte sich der 1803 zur Kurwürde gelangte Herzog von Würtemberg noch des heiligen römischen Reichs Erzpanner, weil einer seiner Vorfahren 1495 von dem Kaiser mit der Reichssturmfahne belehnt worden war, welche ebenso wie die Reichsrennfahne noch außer dem Reichspanier zu den vornehmsten ältern teutschen Heereszeichen gehörte. *(Heymann.)*

PANIERETTA, ein Dorf im Compartimento fiorentino des Großherzogthums Toscana, auf einem Berge über dem rechten Ufer eines in den Brovofluß sich ergießenden Torrente, welches gegen vier ital. Meilen ostnordostwärts von dem Flecken und der Poststation Poggibonzi entfernt ist. *(G. F. Schreiner.)*

PANIGENA, nach Ptolemäus (L. VII. c. 1) indische Stadt im Gangesbusen zwischen Palura und Conagara, doch ist die Lesart verdächtig und man hat sie in Nanigána emendirt. *(Fischer.)*

PANIGERIS, bei Ptolemäus der alte Name einer Insel auf dem indischen Meere an der indischen Küste diesseit des Ganges. *(H.)*

PANIN, russisches Geschlecht, das seinen Ursprung von der Familie Pagnini, in Lucca, herleitet; der erste Pagnini soll sich im Laufe des 15. Jahrhunderts in Rußland niedergelassen haben. Iwan Wasiljewitsch Panin diente dem Kaiser Peter I. als General-Lieutenant und starb 1736; bei einem mäßigen Vermögen, er besaß nur 1400 Bauern, hatte er gleichwol das Geheimniß gefunden, seinen Kindern eine sorgfältige Erziehung zu geben. Diese Erziehung machte zuerst der Töchter Glück; die eine heirathete den Senator und Großstallmeister, Fürsten Kurakin, die andere den Senator und Geheimrath Neplujew. Kurakin stand in hoher Gunst bei der Kaiserin Anna, und vergaß nicht seine Schwäger Nikita und Peter Iwanowitsch Panin, die beide bei einem Garderegiment eingetreten waren, und Officiersrang bekleideten, nachdem sie vorher als Gemeine dienen mußten. Nikita, geb. den 15. Sept. 1718, wurde bei Hofe eingeführt, auch von der Kaiserin Elisabeth bei ihrer Thronbesteigung in die Zahl der Kammerjunker aufgenommen. Viel weiter hätte ihn dieser Monarchin ausgezeichnete Gunst führen können, allein es traten Neider ihm in den Weg, und einzig, um ihn zu entfernen, wurde ihm der Gesandtschaftsposten zu Kopenhagen 1747 übertragen. Er mußte seinen Weg über Dresden nehmen, um Namens seiner Gebieterin den König August III. wegen der Vermählung der Prinzessin Maria Josepha mit dem Dauphin zu beglückwünschen. Noch in demselben Jahre erhielt Nikita den Kammerherrnschlüssel. Die Verhältnisse zu Schweden waren damals sehr schwankend, und die große Mehrheit der Schweden auf das Äußerste gegen Rußland gespannt; jeden Augenblick konnte ein Krieg davon die Folge sein, den man jedoch in Petersburg keinesweges wünschte. Vielmehr dachte man dort jene unruhigen Geister zu besänftigen und einen Krieg, der den Zeitumständen so wenig angemessen, abzuwenden. Man bedurfte, um eine Unterhandlung von so zarter Beschaffenheit zu führen, eines Diplomaten, der mit der nöthigen Feinheit und Gewandtheit einen gefälligen Charakter verbinde. Ein solcher Diplomat schien Nikita zu sein und er wurde im J. 1748 von Kopenhagen nach Stockholm versetzt. Die Wahl konnte in der That nicht günstiger ausfallen; der Krieg wurde vermieden, für Rußland eine mächtige und einflußreiche Partei, für seinen Botschafter die Achtung aller Parteien, die Zuneigung des gesammten Volkes gewonnen. Zur Belohnung empfing Nikita am 16. Sept. 1751 den St. Alexander-Newskyorden, und am 25. Dec. 1755 den Rang eines Generallieutenants; Oberst war er seit längerer Zeit, Ritter des St. Annenordens seit dem J. 1748 gewesen. Sein Aufenthalt in Schweden dauerte gegen zwölf Jahre; zurückberufen im J. 1759, wurde er am 29. Juni (10. Juli n. St.) 1760 zum Oberhofmeister des Großfürsten Paul Petrowitsch, am 3. März 1762 zum wirklichen Geheimrath und im Juni 1762 zum Ritter des St. Andreasordens ernannt. Diese beiden letzten Beförderungen empfing er von der Hand des unglücklichen Kaisers Peter III., gleichwol hatte er sich schon damals den Umtrieben ergeben, welche mit der Entthronung und dem gewaltsamen Tode des Monarchen endigten. An der Handlung selbst nahm Nikita keinen Antheil; man versichert sogar, er habe sich in einem höchst kritischen Augenblicke, als die Verschwornen selbst an dem glücklichen Ausgange ihres Unternehmens verzweifelten, hinter die Förmlichkeiten der Diplomatie geflüchtet, statt sich zu einer That zu erheben, die in dieser äußersten Noth die Prinzessin Daschkoff von ihm foderte. Nach einer andern Version hätte er anfänglich der Kaiserin allen Beistand versagt, bis die Prinzessin Daschkoff, ihn zu gewinnen, ein Mittel anwendete, so allein von ihr abhängig. Der Gouverneur von Paul Petrowitsch hatte nämlich lange, und ohne Erhörung, zu den Füßen dieser Virago geschmachtet, jetzt, um ihn zu gewinnen, ließ sie sich behandeln. An den entthronten Kaiser wurde Panin abgesendet, um ihm eine Entsagungsurkunde abzulocken. Die Redekünste und die Drohungen des Abgeordneten fanden leichtes Spiel bei dem unendlich gebeugten Gefangenen, und ein Verzicht wurde aufgesetzt und unterzeichnet, der in kriechender Demuth Alles übertrifft, was jemals einem gefallenen Monarchen eingegeben worden. Am 9. Jul. 1762, als am Tage der Thronbesteigung der Kaiserin, wurde Nikita in den dirigirenden Senat aufgenommen, er empfing zugleich die Zusicherung eines Jahrgeldes von 5000 Rubeln und im Oct. 1763 eine Stelle in dem neugebildeten geheimen Cabinetsrath oder in dem sogenannten höchsten Rath; zugleich übernahm er, an des Kanzlers Woronzow Stelle, das Ministerium der auswärtigen Angelegenheiten, und es blieb ihm die oberste Leitung der Erziehung des Großfürsten. Gleichwie die auswärtigen Angelegenheiten die glänzende Seite von der Regierung der großen Katharina bilden, so hat man nicht Anstand genommen, das Verdienst von allen jenen glänzenden Verhandlungen auf Panin's Rechnung zu setzen. Besser Unterrichtete, denen es bekannt, daß Katharina sich nur durch ihre Liebhaber lenken ließ, daß alle Andere von ihr eine Richtung zu empfangen pflegten, wollen nicht zugeben, daß von dem Minister die Ideen zu so manchen wichtigen, mit seiner Unterschrift bezeichneten Verträgen, als die Kriegserklärung gegen die Türken 1768, der Tauschvertrag mit Dänemark, die erste Theilung von Polen, der Frieden von Kutschuk-Kainardschy, die Intervention zu Teschen, die bewaffnete Neutralität, ausgehen konnten. Katharina empfand eine wahre Abneigung gegen jede Verleihung von Macht an ausgezeichnete Männer, und verfuhr, so viel diesen Punkt betrifft, mit so eiserner Consequenz, daß man von allen ihren Ministern, Generalen, Diplomaten auch nicht einen nennen wird, dessen Stelle nicht jeder Andere mit dem gleichen Erfolge hätte ausfüllen mögen; weil sie den Gouverneur ihres Sohnes keineswegs als einen ausgezeichneten Mann betrachtete, glaubte sie ihm ohne Besorgniß ein wichtiges Ministerium überlassen zu können. Manche Verrichtungen dieses Ministeriums tragen auch dergestalt das Gepräge einer fremden Hand, daß es unbegreiflich, wie man diese Einwirkung jemals verkennen konnte; dahin rechnen wir vorzüglich den Tauschvertrag mit Dänemark. Der leichtsinnigste und unkundigste Minister konnte nicht auf den Gedanken kommen, den mit dem Besitze von Holstein verbundenen grenzenlosen Einfluß auf die Angelegenheiten jenes Königreichs aufzugeben, ebenso wenig sich beigehen lassen, den dürftigen, für Holstein empfangenen Ersatz zu verschenken; dessen war nur ein Weib fähig, und eine Königin, die ihren Sohn mit eifersüchtigen Augen bewachte, und ihn selbst um den Schatten einer Unabhängigkeit beneidete. Nur ein Zug in dem Ministerium Panin kann ihm nicht bestritten werden, es ist das die Hinneigung zu Preußen, die sich in dem Theilungsvertrage von 1772 in der Vermittelung zu Teschen so entschieden ausspricht. Diese Richtung scheint ihm in den letzten Jahren seines Lebens nachtheilig geworden zu sein, denn sein Einfluß hatte bedeutend abgenommen. Seine persönlichen Verhältnisse blieben jedoch stets die angenehmsten; am 3. Oct. 1767, an der Kaiserin Krönungsfeste, wurde er sammt seinem Bruder Peter in den russischen Grafenstand erhoben, im April 1768 wurde ihm ein jährliches Tafelgeld von 7000 Rubeln bewilligt, am 1. Oct. 1773 wurde er in die erste Rangclasse oder zum Feldmarschall erhoben, und 1783 bei der Stiftung des St. Wolodimirordens, mit dem Kreuze desselben beehrt. Als der Großfürst seine Volljährigkeit erreichte, empfing der Gouverneur zur Belohnung der auf die Erziehung des Thronfolgers verwendeten Sorgfalt, am 1. Oct. 1773 zum Ankauf eines Palastes 100,000 Rubel, für das Ameublement 50,000 Rubel, ferner zu Eigenthum 9000 Bauern, von denen der Obrok doch nur zu 29,000 Rubeln angeschlagen; endlich wurde sein Gehalt bis zu dem Belauf von 44,000 Rubeln erhöhet, und ihm für den Fall seines Dienstaustrittes eine Pension von 25,000 Rubeln zugesichert. Das politische Glaubensbekenntniß, das er einst als Minister von sich gab, beschränkt sich auf die folgenden Sätze: 1) Müsse der Staat seine Würde stets behaupten, ohne doch die Rechte Anderer zu beeinträchtigen. Eine Wirkung dieses, in seiner ersten Hälfte consequent durchgeführten Grundsatzes war die allgemeine Anerkennung des russischen Kaisertitels und die vollkommene Gleichstellung der russischen und fremden Minister. 2) Bedürfe ein Reich, wie das der Zaren, niemals der Lüge und des Betrugs, offen und frei müsse ihr Ministerium verfahren. 3) Erleichtere nichts so sehr den öffentlichen Verkehr als jene Freundlichkeit und Leutseligkeit, welche auch im gemeinen Leben die Herzen gewinnt. Anspruchsvoller ist das von Panin für die Erziehung des Cesarewitsch entworfene Programm. Hier heißt es unter andern: „Nachdem auf solche Art das Gemüth des Großfürsten vorbereitet worden für jene Epoche, in welcher die Reife des Verstandes sich anzukündigen pflegt, wird es meine erste und dringendste Sorge sein, ihm den Grundsatz einzuprägen, daß ein Souverain keine Interessen haben, keinen wahren Ruhm erlangen kann, die getrennt von den Interessen und dem Ruhme seiner Völker. Mit dem größten Fleiße, mit einer Anstrengung, die gleich derjenigen, welche der Sorge für die Erhaltung seiner kais. Hoheit zu widmen, hat der Gouverneur zu wachen, daß nichts gethan, nichts gesprochen werde, was im mindesten die Anlage zu allen rein menschlichen Tugenden beeinträchtigen könne, welche in dem Herzen seines durchlauchtigen Zöglings vorhanden. Im Gegentheile muß er diese Anlage auf die zweckmäßigste Weise pflegen, und dahin wirken, daß die Neigung zum Guten und zur Tugend, der Abscheu des Lasters, der Widerwille gegen Alles, was verletzend für die Tugend, in diesem jugendlichen Herzen keimen und wachsen. Luxus und Eitelkeit, und alle die unnöthigen Dinge, durch welche die Tugend verführt zu werden pflegt, müssen von dem Großfürsten entfernt gehalten werden. Die einzigen Zierden, die bei der Bildung seines Hauses zulässig, sind Anständigkeit und Sittenreinigkeit. Die Zeit der Schmeichler wird früh genug herankommen, aber diejenigen, welche durch Religion und Pflicht berufen sind, seine Tugenden zu entwickeln; sein Herz vor dem Laster zu bewahren, müssen sich hüten, irgend etwas zu verabsäumen." Es ist nicht der Ort zu untersuchen, inwiefern diese Grundsätze bei der Erziehung von Paul Petrowitsch zur Anwendung gekommen: was aber für den Erzieher und zugleich für den Großfürsten spricht, ist die seltene Anhänglichkeit, die der kaiserliche Zögling dem Grafen widmete. Seinen letzten Seufzer empfing Paul, der sich vor dem Sterbelager auf die Knie geworfen hatte, und die zuckende Hand mit Küssen und Thränen bedeckte, und am Tage des Begräbnisses, als die Leiche erhoben wurde, fand sich Paul abermals ein, und als er seinem Freunde und Erzieher das letzte Lebewohl gebracht, faßte er nochmals und küßte die kalte Hand, und einen Strom von Thränen vergoß der vermeintlich so harte Paul. Graf Nikita Panin, wirklicher Geheimrath erster Classe mit Feldmarschallsrang, Senator, dirigirender Minister für das Departement der auswärtigen Angelegenheiten, Mitglied des Conseils, und wirklicher Kammerherr, Ritter der Orden des heil. Alexander-Newsky, des heil. Wladimir erster Classe und der heil. Anna starb den 31. März (11. April n. St.) 1783, und wurde den 3. April beerdigt. Verheirathet war er nicht. Wie l'Evesque ihn beurtheilt, besaß er genau die Fähigkeiten, welche erfoderlich, um die Wahl der Kaiserin zu rechtfertigen, keineswegs aber einen solchen Ruf von Geist und Thätigkeit, daß zu besorgen, es würde ihm zugeschrieben werden, was die Kaiserin als ihr Werk gelten lassen wollte. Seine Gewandtheit für den gewöhnlichen Geschäftsgang, seine Kenntniß fremder Höfe und Intereffen, seine Welt- und Menschenkenntniß waren ausgezeichnet. Alle Instructionen für die russischen Generale und Diplomaten im Auslande wurden durch ihn entworfen und auch die unmittelbare Correspondenz mit den Höfen hatte er sich vorbehalten. Ein vollendeter Hofmann hatte er gleichwol zu Zeiten einen eignen Willen, und den wußte er selbst gegen die Kaiserin zu behaupten. Die Urbanität, die ihm seine Verrichtungen so häufig erleichterte, war keineswegs eine Schminke, sie war der treue Abglanz seines Herzens. Niemals hat ein Vorgesetzter ihn übertroffen in der Behandlung seiner Untergebenen. Als er die 9000 Bauern von der Kaiserin zum Geschenk erhielt, vertheilte er 4000 Köpfe unter die drei Secretaire, die er für das auswärtige Departement hatte. Dafür wurde er auch bedient und besorgt mit einem Eifer und einer Anhänglichkeit, die an das Wunderbare grenzen. Freigebig und großmüthig kannte er selbst nicht jene so häufig vorkommende Art von Eigennutz, die heute zu sammeln sucht, um morgen verschwenden zu können. Sein gesammtes Ameublement wurde nach dem Tode verkauft, doch waren die erlösten 173,000 Rubel nicht hinreichend, um die Schulden zu bezahlen, vielmehr blieb ein Passiv-Capital von 150,000 Rubeln auf den Gütern haften. Diese Güter ertrugen jährlich 20,000 Rubel; 12 Werste von St. Petersburg nach Oranienbaum zu besaß der Graf einen zierlichen, doch nur von Holz erbauten, Sommerpalast. Zum Beschlusse möge eine von Bernoulli aufbewahrte Nachricht vom Jahr 1778 dienen: „Graf Panin, erster Cabinetsminister, der, ohne den Titel eines Großkanzlers des russischen Reichs angenommen zu haben, meist alle Geschäfte desselben besorgt, ist von langer Statur, und etwas, aber nicht überflüssig, fett; seine Gesichtszüge sind glatt, schön und freundlich, und sein Betragen verräth mehr Langsamkeit, die man ihm vorwirft, als Ernsthaftigkeit. Im Vorbeigehen zu sagen, so ist er der Einzige, den ich mit einer Cavalierperücke am russischen Hofe bemerkt habe." Den **Précis historique de la vie du Comte Nikita Iwanowitsch de Panin (Londres 1784)** hat Dohm für die fünfte Lieferung seiner Materialien für die Statistik und neuere Staatengeschichte S. 455—470 abdrucken lassen.

Des Grafen Nikita Bruder, Peter Iwanowitsch Panin, trat im März 1735 als Gemeiner bei der Garde ein, und durchwanderte nach und nach alle Grade der militairischen Hierarchie. Als Generalmajor war er der von Apraxin befehligten Armee zugetheilt; in der Schlacht bei Groß-Jägerndorf (30. Aug. 1757) hatte er den Dienst als Generalmajor du jour. Darum erhielt er auch den Auftrag, die Nachricht von dem Treffen nach St. Petersburg zu überbringen, und seine Meldung wurde mit dem St. Alexander-Newskyorden und mit einem Geschenke von 1000 Rubeln belohnt. In dem Feldzuge von 1758 führte er zu Anfang ein abgesondertes Corps, mit welchem er im April die Weichsel überschritt, um sich bei Dirschau zu lagern. Von da brach er am 9. Juni auf, um seinen Marsch über Kanitz fortzusetzen, und hatte zugleich das Commando der zweiten Division übernommen. Bei Zorndorf wurde er verwundet und dafür am 12. Febr. 1759 zum Generallieutenant befördert. Als solcher focht er in den Schlachten bei Palzig und Kunersdorf. Am 9. Oct. 1760 rückte er in Gesellschaft anderer Generale in Berlin ein. Gleich nach Peter's III. Thronbesteigung lösete er den General Suwarow in dem Commando und in dem Gouvernement von Preußen ab, und am 9. April 1762 wurden ihm Commando und Gouvernement für die Dauer eines Jahres bestätigt. Es vergingen indessen nur Wochen und er wurde abgerufen. Zugleich mit der Nachricht von des Kaisers Tode empfing er den Befehl an Romanzow's Stelle das Commando der gegen die Dänen ausgeschickten Armee zu übernehmen und sie nach Polen zurückzuführen. Bald nach dem Regierungsantritte der Kaiserin Katharina wurde er zum General en Chef, und den 16. Nov. 1762 zum Mitgliede der neugebildeten Kriegscommission ernannt. Im J. 1764 wurde das dem englischen Kaufmanne Gomm verliehene Monopol des Holzhandels in dem archangelschen Gouvernement unter seine Aufsicht gestellt. Im J. 1766 wurde er zugleich mit seinem Bruder in die Matrikel der esthländischen Ritterschaft aufgenommen, die gleiche Ehre empfing er 1769 in Livland. Am Neujahrstage 1767 empfing er den St. Andreasorden. Im Herbste 1769 wurde er ausersehen, um den Grafen Romanzow in dem Commando der zweiten, gegen die Tataren bestimmten Armee abzulösen. Abgegangen von Petersburg den 24. Aug. traf er am 27. Sept. in dem Lager bei Dobrianka, an der Sinucha, in dem Elisabethgradschen Gouvernement ein. Magazine, oder das für einen Angriffskrieg erfoderliche Materiale waren nicht vorhanden, weil die Armee einzig bestimmt war, die Grenze zu decken; indessen konnte doch der Graf nicht unterlassen, seine Streifzüge bis tief in die Moldau auszudehnen. Er bestand einige glückliche Gefechte mit der Besatzung von Bender, und bezog dann die Winterquartiere in solcher Art, daß er jederzeit der ersten Armee die Hand bieten, jede Bewegung der Tataren lähmen konnte. Folgereicher aber noch waren die Verbindungen, die er in diesem einzigen Winter in der Krimm anzuknüpfen wußte, und die mit der Unabhängigkeitserklärung dieses wichtigen Landes sich endigten. Der Graf Panin empfing diese Erklärung in dem Lager vor Bender; überbracht wurde sie von einer aus den vornehmsten Krimmern gewählten Deputation, die sich zugleich unter den Schutz von Rußland begab. Die Laufgräben wurden vor Bender den 19. Jul. eröffnet, und am 16. Sept. 1770 wurde die gewaltige Festung unter vielem Blutvergießen mit Sturm genommen. Am 6. Oct. führte der siegende General sein Heer in die Winterquartiere zurück, dann, an dem Podagra leidend, bat er um seine Entlassung. Er erhielt sie am 19. Nov. 1770 in den ehrenvollsten Ausdrücken, und zugleich das Großkreuz des St. Georgenordens, sammt 2700 Bauern; was aber unverkennbar war, er fühlte sich verletzt durch die Bewilligung und murrte dergestalt, daß die Polizei der Kaiserin davon sprach. Aber Katharina, zu groß, um sich durch Worte beleidigt zu finden, verbürgte sich für des Murrkopfs treues Herz und pries die von ihm empfangenen Dienste. Die letzten und wol auch wichtigsten

dieser Dienste hat er in der Unterdrückung der furchtbaren Empörung des Pugatscheff geleistet; einer seiner nächsten Anverwandten, ein Greis von mehr denn 100 Jahren, war von den Rebellen ermordet worden. Der Graf Peter war auch Senator, und hatte im Jahre 1770 den schwarzen Adlerorden empfangen. Sein Sohn, der Eigenthümer des reizenden Michalkowa, nördlich von Moskau, war außerordentlicher Gesandter an dem Hofe zu Berlin (1798), dann unter Paul I. Vicekanzler. Der Staatsrath Alexander Panin, der im April 1753 das Gouvernement von Nischnei-Nowgorod empfing, mag wol ein Oheim der Grafen Nikita und Peter gewesen sein.
(*v. Stramberg.*)

Panion, s. Paneas.

PANIONIA, PANIONION. Wie die Ioner bei ihrem früheren Aufenthalte in Achaia und in Attika einen Bund von zwölf Städten bildeten, so haben sie auch, als sie die Westküste Kleinasiens besetzten, einen ähnlichen Verein gebildet, nämlich Milet, Myus, Priene, Ephesus, Kolophon, Lebedos, Teos, Klazomenä, Phocäa, Samus, Chius und Erythrä, wozu später noch Smyrna als 13. hinzukam. Der Bundestempel dieses Städtevereins hieß Panionion (*Πανιώνιον*), ihr Bundesopfer und Bundesfest Panionia, dessen nach der Meinung einiger alten Schriftsteller schon Homer (Il. XX, 403) gedenke. Während des Aufenthalts im nachherigen Achäa war in Helike der Vereinsort, der Tempel des Helikonischen Poseidon der Bundestempel; in Kleinasien trat Mykale an die Stelle von Helike und hier wurde der Tempel des Gottes errichtet. Zum Bundespriester unter dem Titel des *Βασιλεύς* oder Opferkönigs wurde ein junger Mann aus Priene, vermuthlich aus bestimmten dazu berechtigten Geschlechtern, die von Helike abstammten, genommen. Dem Gotte wurde ein Stier geopfert. Herodot (I, 148) erklärt das Panionion für einen heiligen, nördlich gelegenen Raum von Mykale, den die Ioner gemeinschaftlich dem helikonischen Poseidon geweiht hätten (*Πανιώνιόν ἐστι Μυκάλης χῶρος ἱρός, πρὸς ἄρκτον τετραμμένος, κοινῇ ἐξαραιρημένος ὑπὸ Ἰώνων Ποσειδέωνι Ἑλικωνίῳ*), dagegen Stephanus von Byzant für eine besondere Stadt und Tempel (*Πανιώνιον τέμενος καὶ πόλις ἐν τῇ παραλίᾳ τῶν Ἐφεσίων καὶ Σαμίων. ὁ πολίτης Πανιώνιος*), Mela (I, 17, 2) nennt es eine Gegend (**Ibi est Panionium, sacra regio, et ob id eo nomine adpellata, quod eam communiter Iones colunt**). Ebenso Plinius (N. H. V, 31): **Regio omnibus Ionibus sacra et ideo Panionia appellata.** Nach Strabo (XIV, 639) ist das *Πανιώνιον ἐν τῇ παραλίᾳ τρισὶ σταδίοις ὑπερκείμενον τῆς θαλάσσης*, es ist das heutige Dschangli, Dschengli. Strabo spricht ausführlicher davon VIII, 384. So wird denn Aufnahme in das Panionion gleichbedeutend mit der Aufnahme in den Ionischen Städtebund (*Paus.* VII, 3, 10. 4, 10. 5, 1). Späterhin wurden Panionien auch in andern griechischen Städten begangen, z. B. werden Panionien in Smyrna erwähnt bei Philostratus (Vit. Apollon. IV, 5), Münzen geben Zeugniß von Panionien in Milet, in Ephesus (vergl. *Eckhel.* I, 2, 508). Eine Inschrift zeigt Panionios als Beinamen des Apoll.
(*H.*)

Panios *Adans.*, s. Erigeron.

PANIPUT, PANNIPUT *), 29° 23′ Br., 94° 29′ L., große in der zum vorderindischen Reiche der Sheiks gehörigen Provinz Allahabad, liegt nördlich von Delhi zwischen Jumna (Dschumna, Yamuna) und dem Schahhirkanal, und treibt bedeutenden Handel mit Getreide, Salz und Baumwolle.
(*Fischer.*)

PANIREN heißt in der Kochkunst: rohes oder gesottenes Geflügel rc. als Vorbereitung zur fernern Zurichtung, entweder ganz oder zertheilt, erst in Butter oder zerschlagene Eier tauchen und dann in geriebener Semmel oder in Mehl wälzen. Die Stücke müssen *tief* in die Butter oder in die Eier eingetaucht, und in der geriebenen Semmel (die man oft mit Mehl vermengt) sorgfältig herumgewälzt werden, damit recht viel an ihnen hängen bleibt.
(*Karmarsch.*)

PANIS, PAWNEES. Mit diesem Namen wird einer der nordamerikanischen Völkerstämme bezeichnet, welchen die europäische Cultur aus seinem Heimathslande, den Arkansas, größtentheils verdrängt hat; denn *nur noch* ein schwacher Rest der Panis hat sich hier unter den Choctaws erhalten. Obgleich schlankern Körpers können sie doch bei ihren hervorragenden Backenknochen ihre mongolische Abkunft nicht verleugnen, die sie mit allen Urbewohnern Amerika's zu theilen scheinen. Jagd und Spiel sind ihre Hauptbeschäftigungen, doch haben sie angefangen Mais und Kürbisse zu bauen; auch ist die Pferdezucht stark bei ihnen im Gange. Ihre Zahl wird von 6 bis auf 8000 angegeben, sodaß sie 2 bis 3000 Krieger stellen können. Ihr savanen- und salzreiches, aber holzarmes Land zieht sich am Kanzas und dessen Zuflüssen, dem Republican, Salomon, Grand-Saline, sowie am Smoky-Hill hinab, und sie theilen sich jetzt in eigentliche Panis, in Panis-Loup und Panis-Republican. Abweichend von den Siwern und Ossagen, mit welchen ersteren sie in sprachlicher Verwandtschaft stehen, haben sie eine Art aristokratischer Regierungsform, indem die Kazikenwürde vom Vater auf den Sohn übergeht. Die Häuser der drei von ihnen bewohnten Dörfer sind rund, [illegible]

*) Wie so manche Gegenden, man denke an die Ebenen von Lützen und Leipzig —, gleichsam dazu bestimmt zu sein scheinen, daß auf ihnen der Kriegsgott das Schicksal der Völker entscheide, so ist dies auch mit den Ebenen Paniput's der Fall. Denn nach Abu Fazl's Berichte wurde hier die Hauptschlacht des Mahabharat geliefert, aus welcher, die fünf mythischen Pandubrüder nicht gerechnet, nur sieben Helden ihr Leben davon trugen. Im J. 1[illegible] schlug ebendaselbst Held Zuffer Khan mit 2700 Elefanten [illegible] 300,000 Reitern das 200,000 Reiter starke Mongolenheer [illegible] Timur machte bei seinen blutigen Verheerungszügen gegen [illegible] Paniput zu seinem Waffenplatz, indem er seine Großen[illegible] schlagfertig stehen ließ, und 1525 erwarb sich hier Sultan [illegible] durch einen blutigen Sieg über Ibrahim den Thron von Del[illegible] Agra. Ein gleicher am 18. Juni 1555 auf Paniputs Ebene[illegible] fochtener Sieg eröffnete seinem von Rebellen vertriebenen [illegible] Humayun nach 14jähriger Flucht die Thore von Delhi [illegible] maßen hier Kabul's Herrscher unter Abdalla ihre Kräfte [illegible] Maharatten, erfochten einen glänzenden Sieg und befestigte[illegible] denselben die Herrschaft der Muhammedaner in Ostindien. [illegible]

egten Dächern und aus Ruthen geflochtenen Wän-
(*Fischer.*)
ANISBRIEFE (Litterae panis), Brod- oder Ver-
sbriefe, wodurch teutsche Kaiser seit dem 13. Jahrh.
Laien zur Versorgung an eine geistliche Stiftung
sen. Diese Art des Eingriffes in geistliche Dinge
r von dem jus primar. precum bestimmt ver-
, hat aber doch damit gleichen Ursprung. Die
tte erwarb einem Geistlichen eine wirkliche Pfründe,
ser mußte also dabei den clericalischen Charakter
; der Begünstigte trat mit der Versorgung zu-
lle Pflichten seiner Stellung an; durch einen Pa-
ward aber ein Laie versorgt, daher auch Laien-
ünde genannt; er übernahm dabei keine Pflichten,
sollte nur seines Unterhalts wegen gesichert wer-
Beide Befugnisse sind die dürftigen Überreste der
aisergewalt, die einst unter den Carolingern und
n Kaisern fast ganz unumschränkt über geistliche
n verfügt hatte. Zur Befreiung der Kirche aus
bhängigkeit von weltlicher Gewalt begann Gre-
. den Investiturkrieg, und seine Nachfolger stellten
Kaisern gegenüber in eine so günstige Stellung,
e von der unbedingten Disposition über den geist-
Besitz nichts übrig behielten, als jene Befugniß,
er Krönung in jedem Kloster und Capitel eine
vergeben, und jeder geistlichen Stiftung einen
Laien zur Versorgung zuweisen zu dürfen. Erst
Innocenz III. den Bewerbern um die Kaiser-
n kaiserliches Recht nach dem andern entwunden
konnte jene doppelte Form als schwacher Überrest
gen Gewalt sich ausbilden; das älteste Document
ist nicht mit Gewißheit auszumachen, doch fin-
von Ludwig dem Baier schon ein Register der so
en Wohlthaten vor (*Oeffel.* scriptt. rer. Boi-
I. p. 735 sq.). Andere übliche Namen dafür sind
am, besonders Alimoniae. Mit dem Verfalle des
auch durch die Reformation kam das ganze Recht
Abgang, obgleich das Staatsrecht dem Kaiser zu-
dasselbe in katholischen und evangelischen Stif-
zwar für beide Geschlechter zu üben. Nach Jo-
versuchte man große Ausdehnung desselben, er-
r fast überall nachdrückliche Protestationen, beson-
n protestantischen Fürsten, die, wie Preußen je-
serrecht nicht auf die ihrer Landeshoheit unterwor-
der mittelbaren, Stifter gelten lassen wollten. Mit
de des Reichs hörte natürlich das ganze Recht
n der Regel waren dadurch invalide Soldaten,
kaiserliche Diener versorgt; aber die Verfügung
war durchaus an keine besondere Persönlichkeit
. Vergl. Moser's teutsches Staatsrecht. 3.
p. 33. S. 415 fg. Häberlin, Repertorium des
Staats- und Lehnrechts. 4. Th. S. 33. *Ay-*
mm. jus primarum precum illustrans. (Got-
740.) p. 4. (*F. W. Rettberg.*)
ANISCHER SCHRECKEN (Panici terrores)
ans zu einem sprüchwörtlichen Ausdrucke gewor-
mit man jedes plötzliche Schrecken bezeichnet, das
tet und schnell und oft ohne sichtbaren Grund die
Gemüther der Einzelnen wie einer Masse von Menschen ergreift. Unsere Zeitungsschreiber gebrauchen den Ausdruck von den Männern der Börse, wenn schlimme Gerüchte plötzlich ihre Speculationen bedrohen, und bei den Romanschreibern erregt gar oft eine geisterhafte Erscheinung oder ein Verdammungsurtheil oder die plötzliche Ungnade der Geliebten oder eines großen Herrn ein panisches Schrecken, womit denn häufig nur überhaupt ein großes Schrecken bezeichnet sein soll. Im eigentlichen Sinne aber wird bei alten und neuern Schriftstellern darunter das Schrecken verstanden, was unversehens plötzlich ein Kriegsheer ergreift und es mit Angst und Furcht erfüllt, oder es wol gar zur Flucht treibt, ohne daß dazu ein genügender Grund vorhanden wäre.

Die verschiedenen Benennungen lauten *πανικόν, πανικά, πάνεια, πανικοὶ θόρυβοι* oder *φόβοι, πανὸς ὀργαί* (bei *Euripid.* Med. v. 1169. ed. *Pors.*), und mit allgemeinerm Sinne *τὰ κενὰ τοῦ πολέμου* (s. *Cic.* ad Att. V, 20; vergl. *Goeller* ad *Thucydid.* III. c. 30), *φόβοι* oder *θόρυβοι κενοί, νυκτερινοί, δείματα, πτοῖαι* etc. Bei den Lateinern panicus terror, und unbestimmtere Ausdrücke, wie consternatio und falsus pavor (bei *Tacit.* Ann. I. c. 66), pavor, cujus causa non suberat und occultus metus (bei *Curtius* IV. c. 12), terror nocturnus (bei *Livius* VIII. c. 37. 6) etc. Daß der Name vom Gotte Pan herrührt, ist unbezweifelt, aber die Erklärung war den Alten selbst zweifelhaft, und wem sich eine solche nicht darbot, der nahm seine Zuflucht zu Fabeln, womit die Griechen stets sogleich zur Hand waren. So erzählte man, Pan habe dem Jupiter in dem Kriege gegen die Titanen beigestanden und mittels einer Muschel, die er als Blasinstrument anwendete, einen so ungeheuern Lärm gemacht, daß die Titanen das erste panische Schrecken bekamen. Dies erzählt Theophrast (Catasterism. c. 27) mit Berufung auf Epimenides, den Verfasser einer kretischen Geschichte; so auch der erste unter den von Bode herausgegebenen Mythographen (I. c. 11. p. 4). Eine andere Fabel hat Polyän (Strat. I, 2) und aus ihm der Ungenannte *περὶ ἀπίστων* c. XI (bei *Gale*, Opuscula mythol. eth. phys. Amstelod. 1688 und Cantabrig. 1671). Darnach war Pan ein Feldherr des Dionysos, als dieser seinen Zug nach Indien unternahm. Hier entwickelte Pan sein militairisches Talent nicht nur dadurch, daß er das Heer in gehörige Schlachtordnung zu stellen lehrte, sondern er rettete es auch in einer Lage, wo selbst Held Bacchus verzagte; dieser war nämlich mit seinen Truppen in ein tiefes Thal gerathen, wo er sich plötzlich von einem mächtigen feindlichen Heere umzingelt sah, das die Berge besetzt hatte. Pan verlor den Muth nicht, in der Nacht ließ er das ganze Bacchische Heer so laut als möglich brüllen; die Schluchten des Thales und die umgebenden Felsen verdoppelten den Schall, sodaß er von einer viel größern Macht herzukommen schien. Darüber erschraken die Feinde und flohen. Polyän findet in dieser Geschichte auch den Grund, warum die Echo für eine Freundin des Pan gehalten werde.

Eine verständigere, jedoch ganz vereinzelte Erklärung gibt der Scholiast zu *Synes.* de provid. c. 2 (s. *Synes.*

ed. *Krabinger*. p. 315 sq. und *Aug. Politian.* Miscell. cent. I. c. 28); er sagt, es sei ein Gebrauch der Weiber gewesen, dem Pan zu Ehren Orgien zu feiern mit lautem Geschrei, das plötzlich ausbrach, wenn der Gott ihr Gemüth ergriff, und das daher die, welche es hörten, in Schrecken setzte.

Viel richtiger ist das, was Phurnutus (de nat. Deor. c. 24. p. 204. ed. *Gale*) sagt: Die panischen Schrecken möchten wol daher ihren Namen haben, weil solche Verwirrungen zuweilen auch unter den Heerden entständen, wenn sie einen Schall aus einem Walde oder aus Höhlen und Schluchten plötzlich ertönen hörten, und da nun Pan recht eigentlich der Gott der Viehzucht und der Heerden war (vergl. *Longi*, Pastoral. II. p. 53, 10. ed. *Villoison*. c. 19 sq., wo er zu Gunsten der Heerden und Hirten gegen ein feindliches Heer mit seinem Schrecken intervenirt, das er durch seine Flöte [Syrinx] erregt), so ist diese Ableitung sehr wahrscheinlich, zumal wenn wir uns daran erinnern, daß die Griechen die allgemeine Stille in der Natur, jenes feierliche Schweigen, das die Natur einem Tempel so ähnlich macht, mit dem Ausdruck bezeichnen: „Pan schläft“ [1]). Pan ist also der Gott der Bewegung, der Unruhe, des Lärmens in der Natur, und je geheimnißvoller und schauerlicher ein Schall ist, dessen Ursache man nicht wahrnimmt, desto näher lag es, einen Gott als dessen Urheber anzunehmen und nach ihm dann auch jenes Schrecken zu benennen, das in ähnlicher Weise ein Heer wie eine Heerde ergreift. Daher hat auch Äneas der Taktiker (polioroet. c. 27) ohne Zweifel Recht, wenn er den Ausdruck Paneia einen peloponnesischen und besonders arkadischen nennt; denn gewiß ist in Arkadien der Ursprung der Sache zu suchen, wo das Hirtenleben zu Hause war, wo Pan mit einem Eifer geehrt wurde, wie an keinem andern Orte, und wo zugleich ein Menschenschlag wohnte, der ebenso abergläubisch als kriegerisch allen Parteien für Sold diente und daher leicht die panischen Schrecken dem Namen und der Sache nach überall verbreiten konnte. Die Römer schrieben ihrem italischen Gotte Faunus ähnliche Wirkungen zu (s. *Dionys. Halic.* V). Überhaupt aber waren die Alten für Eindrücke solcher Art weit empfänglicher als die spätern christlichen Völker, und unter jenen wieder die Griechen weit mehr als die Römer vermöge ihrer lebhaftern Phantasie und ihrer Neigung, sich geheimnißvollen Erscheinungen ganz hinzugeben, ohne ihnen die Nüchternheit des Verstandes entgegenzusetzen. Daher finden sich denn auch die panischen Schrecken bei den Griechen weit häufiger als bei allen andern Völkern, und zwar nicht blos in den Fällen, in denen auch wir die Entstehung solcher Erscheinung natürlich finden, wenn etwa ein Heer ohnehin schon in Furcht ist vor einem überlegenen Feinde, oder wenn ihm eine erlittene Niederlage oder das Bewußtsein von der Ungerechtigkeit seiner Sache, oder das Mistrauen gegen seine Führer rc. den ruhigen Muth geraubt hat, der, des Sieges gewiß, durch nichts erschüttert wird; in solchen Fällen war natürlich auch bei den Griechen ein panisches Schrecken am häufigsten; vielmehr kam es auch bei Heeren vor, welche keineswegs unter Einflüssen genannter Art standen, sondern welche nach menschlichem Ermessen und nach ihrem eigenen Bewußtsein vor und zumal nach dem Siege keinen Grund zu Furcht hatten.

Die älteste Spur von panischen Schrecken möchte sich bei Herodot finden, der den Artaban zum Xerxes sagen läßt (VII. c. 10, 5), daß immer das Größte am ersten von dem Zorn und Neid der Götter getroffen werde, und daß so auch ein zahlreiches Heer durch ein *kleines* vernichtet werde, wenn der Neid eines Gottes ein Schrecken hineinwerfe oder einen Donner. Ein wirkliches Beispiel davon, wie ein Heer, von plötzlicher Furcht ergriffen, entflieht, ohne angegriffen zu sein, war schon früher den Persern selbst vorgekommen, als sie einen Angriff auf Kyrene machen wollten (*Herod.* IV. c. 203). Thucydides ist seiner Gesinnung nach fern von dem Glauben, daß die wunderbare Einwirkung eines Gottes das Schrecken hervorbringe; er sagt da, wo er den unglücklichen Rückzug des Nicias und Demosthenes von Syrakus und die nächtliche Verwirrung ihrer Heere erwähnt (VII. c. 80. vgl. IV. c. 125), daß so etwas allen Heeren, besonders aber den größten, zu begegnen pflege, zumal in der Nacht und wenn sie durch Feindes Land ziehen, in geringer Entfernung von dem feindlichen Heere. Dies war natürlich auch die Ansicht aller aufgeklärten Männer und der Philosophen, wie z. B. Aristoteles (Ethic. Nicom. III, 11) andeutet, daß nur Mangel an Erfahrung ein solches leeres Schrecken aufkommen lasse, von welchem kriegskundige Soldaten nicht angefochten würden.

Die Kriegsschriftsteller haben öfter die panischen Schrecken zum Gegenstande ihrer Aufmerksamkeit gemacht und Mittel dagegen empfohlen. Xenophon (Cyrop. V, 3, 43) verlangt, daß bei einem Nachtmarsch die Anführer mit allem Eifer auf Stillschweigen halten sollen, weil aus dem Lärmen so leicht eine Verwirrung entsteht, die in der Nacht schwer zu hemmen ist. Onosander (strateg. c. 6. p. 27. ed. *Coray*. p. 33. ed. *Schwebel*.) empfiehlt, das Heer auf dem Marsche immer in guter Ordnung marschiren zu lassen, und zwar lieber im Quarrée als in langem Zuge, welcher schon oft Veranlassung zu Verwirrungen gegeben habe; denn zumal in bergigen Gegenden sei es vorgekommen, daß die Vordersten, welche schon ins Thal hinabgestiegen waren, die noch auf den Höhen befindlichen für Feinde gehalten, ja sie sogar angegriffen hätten. Derselbe bemerkt (c. 41. p. 130. ed. *Coray*. p. 118. *Schweb.*), daß bei Belagerungen die Nacht die schicklichste Zeit zu einem Angriff auf die Stadt sei, weil dann leicht unter den Angegriffenen Irrthümer, Verwirrung und panische Schrecken entständen. Der Taktiker Äneas handelt über denselben Gegenstand im 27. Capitel seines Buches über die Belagerungskunst; auch er gibt

1) So deutet diesen Ausdruck irgendwo Göthe in den Gesprächen mit Eckermann (1. Bd.); bei den Alten wird darunter besonders die Mittagszeit verstanden, in der auch die Nymphen den schlafenden Pan überfallen (s. *Philostr.* Imagg. II, 11), und in der die Hirten sich scheuen, durch das Spiel der Syrinx den jähzornigen Gott zu stören (s. *Theocr.* Idyll. I, 15). Überhaupt war diese Zeit bei allen Göttern nicht die gelegene, um den Menschen Audienz zu geben. S. die Ausleger zu *Lucan.* Pharsal. III. v. 423.

an, daß panische Schrecken am häufigsten seien nach einer unglücklichen Schlacht und daß sie dann zuweilen selbst bei Tage vorkommen. Den Städtern empfiehlt er, gewisse Signale zu bestimmen, deren Anblick sogleich einen Jeden belehrt, daß es nur blinder Lärm ist; er schlägt dazu irgend ein Feuerzeichen vor, das von einem weit sichtbaren Orte zu geben sei [7]). Im Lager dagegen sei es am rathsamsten, im Voraus den Befehl zu geben, daß bei entstehendem Lärm jeder auf seinem Platze bleibe und den Schlachtgesang anstimme, oder sage, es sei blinder Lärm, und daß dann jeder, der es hört, es an seine Nachbarn weitersage; wo nun in den Schlachtgesang nicht eingestimmt werde, da wisse man, sei der Sitz des Schreckens. Bemerke aber der Feldherr selbst etwas Beunruhigendes, so solle er durch die Trompeten ein allgemein vernehmbares Zeichen geben lassen, daß der Feind in der Nähe sei. Nach einer verlorenen Schlacht aber vermeidet man die panischen Schrecken am besten, wenn die Soldaten alle Befehl haben, die Nacht hindurch so viel als möglich bei ihren Waffen zu bleiben, weil ein Angriff erwartet werde. Wird nun wirklich ein solcher gemacht, so sind sie darauf gerüstet und werden nicht durch blinden Lärm erschreckt werden und umkommen. Hierauf führt Äneas noch zwei Beispiele an. Euphratas, welcher Harmost (Statthalter) der Spartaner in Thrazien war, hatte häufig bei Nachtzeit panische Schrecken in seinem Heere, und als er ihnen auf andere Weise nicht steuern konnte, gab er die Ordre, wenn in der Nacht Lärm entstände, sollte jeder auf seinem Lager sich sogleich aufrichten, um die Waffen zur Hand zu haben, aber Niemand solle aufstehen, und wenn Jemand Einen aufgestanden sähe, solle dieser als Feind behandelt werden. Euphratas hoffte, daß die drohende Strenge dieses Befehls sich so tief einprägen würde, um auch im Augenblick der Verwirrung einem Jeden gegenwärtig zu sein; und um es wahr zu machen, wurde wirklich bei einem Lärm einer von den Officieren, der aufgestanden war, verwundet, jedoch nicht tödtlich, von den Gemeinen aber Einige auch tödtlich. Dies that die erwünschte Wirkung. Denselben Fall erzählt kürzer Polyän (Strateg. II, 2, 10) und nach ihm der ungenannte Verfasser der noch ungedruckten parecbolae (c. 22); jedoch wird hier wahrscheinlich richtiger der Feldherr Klearch genannt. Das andere Beispiel, das Äneas anführt, ohne Zeit, Ort und Person zu bestimmen, und in einer lückenhaften und corrumpirten Stelle, findet sich als eine Maßregel, die derselbe Klearch auf dem Rückzuge der 10,000 Griechen anwendete (bei *Xenoph*. Anab. II, 2, 19; vgl. *Artemidor*. Oneirocr. V, 12). Nach Polyän (Strateg. III, 9, 4) hat Iphikrates dieselbe List benutzt. Beim Ausbruch des blinden Lärms nämlich ließ der Feldherr durch den Herold Ruhe gebieten und bekannt machen, daß derjenige eine namhafte Belohnung empfangen solle, welcher angeben könne, wer einen Esel (oder ein Pferd) habe durch das Lager laufen lassen. Natürlich beruhigten sich die Soldaten sogleich, wenn sie hörten, daß dies der Grund ihrer Furcht gewesen war. — Äneas setzt noch ein ähnliches Mittel hinzu, wie man panische Schrecken bei den Feinden erregen könne; man solle, meint er, junge Kühe von der Weide mit Schellen versehen in das Lager treiben, oder andere Zugthiere, denen man Wein zu trinken gegeben. Übrigens empfiehlt er noch [8]), wenn bei Nacht Störungen im Lager vorkämen, für jede Nachtwache aus den verschiedenen Abtheilungen des Heeres einzelne Männer an den Flügeln und in der Mitte des Lagers aufzustellen und außerdem auch von den Zeltgenossen immer einen Mann bei seinem Zelte wachen zu lassen, damit diese bei jedem Lärmen sogleich zur Hand sind und ihn im Keime ersticken.

Es mögen nun noch einige Beispiele erwähnt werden, die uns die Alten erzählen.

Curtius (IV. c. 12) und Polyän (Strateg. IV, 3, 26) berichten, daß einst auch Alexander's Helden auf dem Marsche von einem panischen Schrecken ergriffen wurden, das von dem letzten Zuge ausgehend sich durch das ganze Heer verbreitete; als es bis zu Alexander kam, ließ er die Vordersten Halt machen und die Waffen an die Füße setzen; von diesen bekamen die Nächsten denselben Befehl, und so machte allmälig das ganze Heer Halt, ordnete sich wieder, erkannte die Nichtigkeit des Schreckens und zog dann ruhig vorwärts.

Unter den vielen Schrecknissen, welche die Gallier bei ihrem Angriffe auf das delphische Heiligthum trafen und sie zum Rückzuge nöthigten, wobei wol Vieles erdichtet oder wenigstens vergrößert sein mag, wird auch ein panisches Schrecken erwähnt, welches sie auf dem Rückzuge ergriff; nach der Beschreibung bei Pausanias (X. c. 23, 7) waren es Anfangs nur Wenige, welche spät Abends die Besinnung verloren, indem sie das Heransprengen von Pferden und einen Angriff der Feinde wahrzunehmen meinten; bald verbreitete sich der Irrwahn allgemein; sie griffen zu den Waffen, und wie feindliche Heere einander gegenübertretend, tödteten sie sich gegenseitig, indem sie in der allgemeinen Verwirrung weder ihre Sprache verstanden, noch sich selbst und die Gestalt ihrer Schilde erkannten, sondern alles für griechisch hielten und so ein großes Blutbad unter sich anrichteten.

Die gewöhnliche Folge des panischen Schreckens war eine ungeordnete Flucht, und es war dann nur ein Glück,

7) Wie so sehr oft bei den Kriegsschriftstellern muß man sich auch hier erst durch Conjecturalkritik die Bahn brechen, um die Stelle zu benutzen; ich lese so: κελεύουσι — προσυγκεῖσθαι τοῖς ἐν τῇ πόλει σημεῖα, ἃ ἰδόντες γνώσονται, ὅτι ἐστὶ πάνειον· ἔστω δὲ πυρός τι προσυγκείμενον ἐπὶ χώρου ἐκκατόπτου πᾶσιν εἰς δύναμιν τοῖς ἐν τῇ πόλει. Die Vulgate liest: σημεῖα διδόντες· γνώσονται δέ, ὅτι — in zwei Handschriften steht: σημεῖα δ᾽ ἰδόντες γνώσονται· γνώσονται δ᾽ ὅτι — was Koes und Orelli mit Unrecht für richtig hielten. Das weiterhin vor πυρός τι eingeschobene αἰσθήσονται ist ohne Weiteres zu tilgen, da es wahrscheinlich als Glosse von γνώσονται an einen falschen Ort gerathen ist, wo nicht vielleicht dieses mit jenem zu vertauschen ist.

8) Auch hier wieder ist der Text verderbt; Casaubonus konnte nicht helfen, und die aus dem Cod. Medic. entnommenen Worte: ἂν ἄρασοι προςέξωσιν haben Jac. Gronov und J. Conr. Orelli mit gewohnter Blindheit betrachtet. Ganz unzweifelhaft möchte es sein, daß nach meiner Conjectur zu lesen ist: ἄνδρας οἳ προςέξουσιν. Gegen diese so leichte Veränderung wird gewiß auch Hr. Prof. Meier seinen Versuch, die Vulgata zu vertheidigen, aufgeben.

wenn die Feinde es nicht merkten und nicht auf dem Fuße folgten. So flohen die Macedonier, die dem Brasidas hatten Hilfe leisten sollen, obgleich sie gesiegt hatten, erschreckt durch die Nachricht, daß die Illyrier, welche ihnen zu Hilfe ziehen sollten, abgefallen seien (*Thucyd.* IV. c. 125). Die Akarnaner, welche einst einen Angriff auf die Stadt Stratos in Ätolien machen wollten, wurden plötzlich von panischem Schrecken befallen und kehrten daher unverrichteter Sache, in schmälicher Unordnung, jedoch ohne Schaden, wieder um (*Polyb.* histor. V. p. 435. B. ed. *Casaub.*). Sogar zur See kam ein solches panisches Schrecken vor, wie derselbe (l. c. p. 446. C.) erzählt, jedoch hatte es hier nur in der Furchtsamkeit des Königs Philipp seinen Grund.

Iphikrates ließ selbst in seinem Heere heimlich ein panisches Schrecken verbreiten, wobei denn die Feigen zurückwichen, die Tapfern aber vortraten, um sich den vermeintlichen Feinden entgegenzustellen. Hierdurch lernte Iphikrates seine Leute kennen, und er bestimmte darnach die Beförderungen, um welche ihn die Officiere drängten (vgl. *Polyaen.* strateg. III, 9, 10).

Bei den Römern waren, wie gesagt, die panischen Schrecken selten, und noch seltener bezeichnen sie dieselben mit diesem Namen, sondern sie setzen gewöhnlich einen allgemeinern Ausdruck. Ihre Kriegsschriftsteller, namentlich Frontin und Vegetius, die manches Verwandte berühren, erwähnen nichts davon, und ebenso verliert sich die Sache in den byzantinischen Lehrbüchern der Kriegskunst von Mauricius, Leo ꝛc. Eine strengere Disciplin, als sie bei den Griechen in früherer Zeit stattfand, dann überhaupt ein nüchterner Sinn, mußten vor solchen räthselhaften Schrecknissen bewahren, und der dabei zum Grunde liegende Aberglaube wurde durch das Christenthum hinweggeräumt, wenn es auch deshalb nicht an Aberglauben anderer Art fehlte. Das panische Schrecken verwandelte sich in das, was wir heutzutage blinden Lärm zu nennen pflegen, und an die Stelle des Pan mochte dabei der Teufel treten.

Ein Beispiel nächtlicher Verwirrung, welche in der Stadt Rom selbst ausbrach, wird kurz erwähnt bei Livius (VIII. c. 37, 6); aus der folgenden Zeit fehlt es an Beispielen. Cicero betrachtet die Sache noch als eine fremde und schreibt deshalb die panica mit griech. Buchstaben (Ep. ad Att. V, 20. XIV, 3). Nach griechischem Sprachgebrauch erzählt Plutarch von panischen Schrecken, die den Pompejus trafen (vit. Pompej. c. 68). Nach griechischen Mustern hat ohne Zweifel auch Valerius Flaccus (Argonaut. II. v. 46 sq.) seine poetische Schilderung derselben entworfen. Dagegen findet sich ein den schon oben angeführten ganz ähnlicher Fall bei Tacitus (Ann. I. c. 66), wo die große Bedrängniß erzählt wird, in welcher sich Cäcina mit den röm. Truppen befand, als er, von den Cheruskern umgeben, nach dem Rhein zurückkehren wollte. In der Nacht riß sich in seinem Lager ein Pferd los, und durch das Geschrei erschreckt, stürzte es einige Soldaten zu Boden, welche ihm in den Weg traten. Darüber entstand ein allgemeines Schrecken, und in der Meinung, die Feinde seien im Lager, stürzte Alles nach den Thoren, welche den Cheruskern fern lagen. Weder durch strengen Befehl, noch durch Vorstellungen und Bitten, noch auch mit eigener Hand vermochte der greise Cäcina die Flucht zu hemmen, bis er sich an der Schwelle des Thores niederwarf und mit seinem Körper den Weg versperrte.

Ähnlich ist, was Paulus Ämilius (hist. Franc. L. VI) erzählt von einer Schlacht, die das christliche Heer dem Saladin bei Ptolemais lieferte; schon neigte sich der Sieg den Christen zu, als ein Ritter in der ersten Reihe stürzte und sein Pferd nach dem Lager zurücklief. Die Nächsten suchten es am Zügel zu ergreifen und schrien einander zu; aber die ferner stehenden hielten dies Geschrei für ein Zeichen von der Niederlage des Vordertreffens; sie erschraken und flohen, und rissen das ganze Heer mit sich fort.

Lautes Geschrei, zuweilen durch Troßbuben, Weiber ꝛc. oder durch das Echo verstärkt, wie es Polyän (l. c.) beschreibt, hat sehr häufig den Sieg ohne Schwertstreich herbeigeführt; so in einer Schlacht, die Pompejus dem Mithridates lieferte (s. *Dio Cass.* XXXVI. c. 32). Sehr viele Beispiele der Art hat Gruterus gesammelt in seinen varii discursus ad *Tacit.* et *Onosand.* (p. 103—110) und Andere, welche Reimarus (zu *Dio Cass.* l. c.) anzeigt.

Wie aber unerwartet großer Lärm mehr bei Nacht eine gefährliche Wirkung hat, so führt ein überraschender Anblick oft bei Tage ein großes Schrecken herbei; denn zuerst in allen Schlachten werden die Augen besiegt, bemerkt Tacitus (Germ. c. 43), wo er das furchtbare Ansehen beschreibt, durch das die Arier ihre Feinde zu überwinden pflegten. Ein panisches Schrecken war es, das den cimbrischen Sklaven ergriff, als er in dem Gefangenen, den er tödten sollte, seinen Sieger, den Marius, erkannte (*Vellej.* II, 19, u. Andere, die dort Krause anführt). Die Römer, als sie in dem feindlichen Heere der Britannier auf der Insel Mona Weiber wie Furien mit schwarzen Kleidern, fliegenden Haaren und flammenden Fackeln umhereilen und die Druiden mit erhobenen Händen schauerliche Verwünschungen beten sahen, wurden durch diesen Anblick so erschreckt, daß sie gleichsam mit erstarrten Gliedern dastanden und ohne sich zu rühren den Körper den Schwertern der Feinde bloßgaben, bis es ihrem Feldherrn Suetonius Paulinus gelang, sie zur Besinnung zu bringen und ihren Ehrgeiz zu erwecken (*Tacit.* Ann. XIV. c. 30). Daher empfiehlt auch Onosander (Strateg. c. 28) den Feldherrn, eine große Sorgfalt auf ein glänzendes und furchteinflößendes Äußere ihrer Heere zu wenden. Vieles hierher Gehörige hat Gruter (l. c. p. 110—116) gesammelt, und es ist bekannt, wie vielen Werth man besonders in späterer Zeit darauf legte, Drachen und andere möglichst schreckbare Gestalten als Feldzeichen und auf den Helmen zu führen, wenn auch diese Dinge immer nur als unrömisch betrachtet wurden und eine besondere Auszeichnung barbarischer Bundesgenossen blieben [4]). Solche äußerliche Schreckmittel, obgleich

4) Die Drachen namentlich, deren zu Vegetius' Zeit (s. I, 23. II, 13) jede Cohorte einen hatte, während das Zeichen der Legion

darunter viele Landfleischer, die in Leipzig gu-
halten. (*Winkler.*)

IX, kleines katholisches Pfarrdorf im bündtne-
chgerichte Waltenspurg im Obern Bund. Der
dem glarnerischen Kleinthal über die Jätzalpe,
in die russische Armee unter Suwarow 1799
Zug machte, führt hier durch. Das Dörfchen,
anischer Name Pignju ist, liegt 4500 Fuß
er, in einem wilden Thale zwischen den Hoch-
welche Glarus und Bündten scheiden. Doch
noch einige Sommerfrüchte gebaut, das meiste ur-
d besteht aber aus rauhen Viehweiden. Laub-
eihet nicht mehr, sondern nur einiges Nadelholz.
che hatte von 1559 an geraume Zeit starken Zu-
Pilgern, nachdem der Küster ausgestreut und
entis eine urkundliche Beglaubigung erhalten hat-
er den 1. Oct. 1559 einen Engel in Gestalt ei-
jährigen Kindes auf dem Altar gesehen, welcher
Auftrag gegeben, den Befehl zu verkünden, daß
achbarte Kapelle hergestellt, die Messe wieder in
gelesen und der Mariendienst hochgehalten wer-
e. (*Escher.*)

ANJAB, PANDSCHAB, ostindische Provinz, wel-
n Namen den fünf Flüssen verdankt, von welchen
ässert wird. Diese sind der Behut oder Jhylum
der's Hydaspes), der Chumaub oder Junaub (Mer.
), der Rauvee (Aler. Hydraotes), der Beyah
Hyphasis) und der Setlege, Suttuluz oder Sut-
ie Quellen dieser Flüsse finden sich in der Kette
chneebergen, welche sich von Sirinagur bis zum
en Kaschmir hinziehen und den Imaus der Alten
. Diese Bergkette bildet die eigentliche Grenze
njab, allein in einem engern Sinne nennt man
erhalb oder westlich von derselben gelegene Ge-
. Diese hat eine bedeutende Weite, indem die
ung vom Rande der Ebene bis zu dem höchsten
ken auf 50—60 engl. Meilen muthmaßlich ge-
wird. Von dem Setlege bis zum Jhylum und
Panjab im Norden und Osten begrenzenden Ber-
int das Land flach und fruchtbar zu sein, wie dies
n sanften und ebenen Laufe der vier östlichen Flüsse
ht. Aber zwischen dem Jhylum oder Behut und
dus mag das Land hügelig und bergig sein, da
e Fluß von ganz anderer Beschaffenheit als seine
über ist, und mehr die Natur eines Bergstromes
Das Panjab bildet die Grenzprovinz Ostindiens ge-
Tatarei und das nördliche Persien, und Aleran-
sgenommen, haben alle Eroberer Hindustans ih-
g durch dasselbe genommen. Nadir Schach ging
tok und Lahore; über den Weg, welchen Aleran-
Timur nahmen, sehe man Renell nach. Diesem
ist der niedrige Theil des Panjab gegen Moultan
und sumpfig und durch die im Mai und Octo-
enden Regengüsse, gleich Bengalen, periodischen
wemmungen ausgesetzt. Die Einkünfte, welche
zeb aus dieser Provinz zog, beliefen sich jährlich
$5\frac{1}{2}$ Lack Rupien. Vergl. Lahore und Moultan.
(*Fischer.*)

PANJANG, 1) ein kleines Eiland an der Nordküste der asiatischen Insel Borneo der Landschaft Tirun gegenüber; 2) ein wenig bekanntes Eiland in der Geeloinkbai bei Neuguinea im Australocean. (*Fischer.*)

Panjany, s. Panani.

PANJANY, diesen Namen führen 1) zwei kleine Inseln an den Küsten Siams, von denen die erstere sechs engl. Meilen breit und 14 dergleichen Meilen lang ist, die zweite, auf der Westküste liegende, aber ungefähr 40 engl. Meilen im Umfange hat. Beide liegen unter 8° n. Br. und 98° 4′ östl. L. n. d. Meridian von Greenwich; 2) zwei andere Inseln, deren eine unter 2° 15′ n. Br. und 117° 59′ östl. L. n. d. Meridian von Greenwich an der Ostküste von Borneo liegt, während die andere sich unter 3° 18′ südl. Br. und 135° 25′ östl. L. nahe an der Nordküste von Neuguinea findet. (*Fischer.*)

PANJAPILLY, Stadt im ostindischen Mysore, welche in einer Entfernung von 13 engl. Meilen westsüdwestlich von Caveripatam liegt. (*Fischer.*)

Panjarajung, s. Panscharraschung.

PANJASSAS (36° 25′ n. Br., 94° 21′ westl. L. n. d. Meridian von Greenwich), Stadt im nordamerikanischen Freistaate Louisiana in der Nähe der Akansas gelegen. (*Fischer.*)

PANKASTE, Name von Alexander's des Großen erster Geliebten, die aus Larissa gebürtig war, in die auch der Maler Apelles sich verliebte, da er auf Geheiß jenes Fürsten sie nackt malte. Der richtige Name steht bei Älian (V. H. XII, 34), während er bei Plinius (N. H. XXXV, 10. s. 36. §. 12) in Campaspe, und bei Lucian (Imagg. 7. T. VI. p. 10. Bip.) in *Πακάτη* verdorben ist. (*H.*)

PANKE, kleines Flüßchen, welches unterhalb Rutenitz im niederbarnimschen Kreise der pr. Prov. Brandenburg entspringt, bei Schönenlinde, Buchholz, Blankenberg, Schönhausen und Pankow, welchem es den Namen gab, vorbeigeht und sich in Berlin bei der Weidendammbrücke mit der Spree vereinigt. (*Fischer.*)

PANKE oder **PANGUE** heißt in Chile und Peru, nach Feuillée's, und Ruiz und Pavon's Angabe **Gunnera scabra** *R.* et *P.* Eine ganz andere chilesische Pflanze bezeichnet aber Molina mit dem Namen Panke, nämlich **Francoa sonchifolia** *Spreng.* (Llaupanke *Feuill.*) (*A. Sprengel.*)

PANKINA, Stadt in der russisch-asiatischen Statthalterschaft Koliwan, liegt 102 Werste nordwestlich von Biisk und treibt etwas Bergbau. (*Fischer.*)

PANKIRA, ostindische, in Baglana gelegene Stadt, welche zwölf engl. Meilen nördlich von Saler Mouler liegt. (*Fischer.*)

PANKLIER, Stadt im asiatischen Kurdistan, Paschalik Wan, ist in östlicher Richtung 25 engl. Meilen von Aklat entfernt. (*Fischer.*)

PANKNIN, diesen Namen führen drei pommersche Dörfer, von denen Groß- und Kleinpanknin, welche zusammen 18 Feuerstellen haben, im belgard-pollzinschen Kreise, das dritte Panknin aber im schlawe-pollnowerKreise 1½ Meile östlich von Zanow liegt. (*Fischer.*)

PANKOTA, ehemals Marktflecken, jetzt Dorf in dem zarander Bezirke Ungarns, hat eine griechische Pfarre und ein im J. 1565 von den Türken erobertes und zerstörtes Schloß. (*Fischer.*)

PANKOW, 1) Dorf im niederbarnimschen Kreise der pr. Prov. Brandenburg, liegt in der Nähe von Berlin, weshalb die reichen Bewohner dieser Stadt hier viele und schöne Landhäuser mit großen Lustgärten besitzen, hängt durch eine Allee mit Schönhausen zusammen, wird von dem gleichnamigen Flüßchen bewässert und hat 29 Häuser und gegen 300 Einwohner. 2) Kleine Insel vor der Matoschkinstraße in der Nähe der Nowaja-Semljainsche liegend. (*Fischer.*)

PANKOWA, Stadt im russisch-asiatischen Gouvernement Irkutsk, liegt am Ilim und ist in westlicher Richtung 56 engl. Meilen von Orlenga entfernt. (*Fischer.*)

PANKRATES. Bei Athenäus werden uns genannt 1) ein Arkadier dieses Namens, als Verfasser eines halieutischen Lehrgedichtes (I, 13, b) das den Titel „*Θαλάσσια ἔργα*“ (VII, 283, a. c. 303, c. 321, e) führte, ihm legt Schweighäuser, ich weiß nicht, ob mit Recht, auch das elegische Gedicht Konchoreis bei, das als Werk eines Pankrates (XI, 478, a) citirt wird. 2) Ein alexandrinischer Dichter, der durch ein artiges Compliment auf Hadrian und Antinous von jenem Fürsten die Aufnahme ins alexandrinische Museum erlangte (XV, 677 d). 3) sind uns in der Anthologie (I, 259 *Br.* I, 191 *Jac.*) drei Epigramme unter dem Namen eines Pankrates mitgetheilt, aus deren Inhalt sich kein Schluß auf die Zeit ihrer Abfassung machen läßt. 4) Von allen diesen scheint der Lyriker Pankrates verschieden zu sein, der nach Plutarch (de Music. 20) die chromatische Gattung selten gebrauchte, indem er nach seiner eigenen Erklärung mehr der Weise des Pindar und Simonides folgen wollte. (*H.*)

PANKRATIASTES (*παγκρατιαστής* auch *πάμμαχος* genannt), eigentlich der Allkämpfer, hieß bei den Griechen jeder Athlet, welcher in dem Pankration als Kämpfer auftrat. S. Pankration. (*F. Haase.*)

PANKRATION (*πάγκράτιον*, **pancratium**, von *πᾶν* und *κράτος*), eigentlich der Allkampf, war in der griechischen Athletik eine besondere Art von Wettkampf, deshalb so genannt, weil dabei der Faustkampf und der Ringkampf vereinigt waren, sodaß jede Kraft des Körpers, die Gewalt des Schlages und Stoßes, die Schnelligkeit und gelenke Biegsamkeit aller Glieder zur Anwendung kommen konnten. Denselben Sinn hat die Benennung *παμμάχιον*, welche jedoch seltener und nicht die eigentlich technische, sondern die mehr rhetorische und poetische ist. Hygin (fab. 273) scheint sie als die älteste, zur Zeit des Hercules gebräuchliche, anzusehen. Das Pankration gehörte zu den sogenannten schweren Kämpfen (*βαρέα, βαρύτερα ἀγωνίσματα*; s. Meier, Olympische Spiele, oben III. Sect. 3. Th. S. 304. Not. 26) wegen der gewaltsamen Anstrengungen, die es erfoderte, und daher wurde es bald eine fast ausschließliche athletische Übung, während es in der liberalen Turnkunst nur wenig Berücksichtigung fand; auch gewährte es nach der Meinung der alten Ärzte nur in sehr wenigen Fällen einen diätetischen

Nutzen (s. *Hieron. Mercurial.*, De arte gymnastica. Lib. V. c. 7). Daher wurde es in den bessern Zeiten der Griechen, wo sich die Turnkunst noch nicht mit der Athletik identificirt hatte, höchstens in der Jugend von den liberal erzogenen Bürgern geübt. Nur bei den Spartanern war es in allgemeinerem Gebrauch, jedoch nicht in der schulmäßig ausgebildeten Form, welche den Athleten eigen war, sondern es war bei ihnen ein unregelmäßiger Kampf Unbewaffneter, in dem Jeder seinen Gegner durch jeden beliebigen Gebrauch seiner Glieder, nicht nur ringend, schlagend und stoßend mit Armen und Beinen, sondern auch durch Beißen und Kratzen zu überwältigen suchte (s. d. Art. Palästrik, über die Spartaner). Bei dieser Methode, welche sich auf natürlichem Wege ohne alle Kunst von selbst gebildet hatte, beharrten die Spartaner, so lange die Lykurgische Zucht bei ihnen bestand, welche ihnen überhaupt die Übung der eigentlich athletischen Kunst, und namentlich das Pankration nebst dem Faustkampfe verbot. Es war demnach jene ungeregelte Weise ohne Zweifel die ursprüngliche und älteste, die nicht sowol als eine auf die Ausbildung des Körpers berechnete Übung, sondern vielmehr als ein ganz ernsthafter, blutiger Kampf zu betrachten ist, der in der Homerischen Zeit noch nicht regelmäßig ausgebildet war, und daher findet sich auch das Pankration in der Homerischen Turnkunst nicht, weder der Sache noch dem Namen nach, der ebenfalls erst später erfunden wurde.

Bei den olympischen Spielen ist das Pankration in der 33. Olympiade eingeführt, und der erste Sieger darin war Lygdamis, ein Syrakuser (*Pausan.* V, 8, 8). Es läßt sich also annehmen, daß sich nicht sehr lange vorher die regelmäßige Übung desselben nebst dem Namen dafür gebildet hat. Nach dem Erfinder und nach dem Jahre und Orte der Erfindung zu fragen wäre ganz unnütz, da es sich nur um die allmälige Ausbildung einer von Ursprung her vorhandenen Kampfweise handelt; da jedoch die Griechen Alles gern auf Götter und Heroen zurückführten, so ist es nicht zu verwundern, daß der Scholiast zu Pindar (Nem. V, 89) zu berichten weiß, das Pankration sei vom Theseus erfunden, der es in Ermangelung eines Schwertes gegen den Minotaurus angewendet habe; klüglich setzt der Scholiast hinzu, dies sei das Pankration ohne Cästus gewesen; denn solche konnte freilich Theseus auch nicht bei sich haben. Ebenso wenig ist darauf zu geben, wenn spätere Schriftsteller die Heroen unter andern auch als Pankratiasten mit einander kämpfen lassen, wie z. B. Lucan (Pharsal. IV, 613—653. *Liban.* Tom. IV. p. 1083) den Hercules und Antäus; wie denn Hercules auch sonst noch als der erste Pankratiast bezeichnet wird (s. *Hygin.* fab. 273. *Pausan.* V, 8, 4). Allerdings mochten die wohlgemästeten Athleten, deren wissenschaftlich ausgebildete Diät ihr ganzes Leben mit Schlafen, Essen und einseitig übertriebenen Turnübungen ausfüllte und nur darauf berechnet war, die in der Regel schon von Natur außerordentlich großen Körperkräfte grade für einzelne Übungen bis zum größten Übermaß zu steigern, jenen Dichtern als heroische Gestalten erscheinen, nach denen sie sich ihre Bilder von den wirklichen Heroen machten.

Nach der ersten Einführung des Pankrations zu Olympia fand es sehr bald bei allen übrigen öffentlichen Spielen der Griechen Aufnahme und verbreitete sich mit der griechischen Athletik überhaupt in der Kaiserzeit auch nach Italien. In der 145. Olymp. wurde zu Olympia das Pankration auch für Knaben eingeführt, unter denen der erste Sieger ein Äolier, Phädimos aus Troas war (*Pausan.* V, 8, 11). Auch diese Einrichtung wurde, wo sie nicht etwa sonst schon bestand, aufgenommen, z. B. zu Delphi in der 61. Pythiade, wo der thebanische Knabe Olaides siegte. Bei den Isthmien wird das Pankration der Knaben durch eine Inschrift aus der Zeit des Kaisers Domitian bestätigt (s. *Corsini*, Diss. agon. p. 101). Wenn es für die Nemeen und andere öffentliche Spiele an ausdrücklichen Beweisstellen fehlt, so kann dies theils nur als ein Zufall betrachtet werden, theils aber mochte man auch wirklich hin und wieder keine Gelegenheit geben wollen zu einem Wettkampfe, der für die Gesundheit der Knaben nur schädlich sein konnte.

Über die Lebensweise, durch welche sich die Pankratiasten zu ihren Kämpfen vorbereiteten, sowie über die öffentlichen Spiele, bei welchen sie auftraten, über die Ordnung derselben, über die Belohnungen, welche die Sieger empfingen und manches Andere, was ihnen mit den übrigen athletischen Wettkämpfern gemein ist, wird in dem Artikel Gymnastik gehandelt werden; mehres hierher Gehörige ist in der schon erwähnten vortrefflichen Abhandlung des Prof. Meier über die olympischen Spiele enthalten. Hier kann nur über die Art des Kampfes selbst und über die ausgezeichnetsten Pankratiasten das Nöthige bemerkt werden.

Waren auch unter allen Athleten im Ganzen die Pentathlen die schönsten wegen der gleichmäßigen Ausbildung zur Stärke und zur Schnelligkeit [1]), nicht die Pankratiasten, die in der Regel wol mehr dem rohkräftigen Wesen der Faustkämpfer nahe kamen, so scheint es doch keine blos rhetorische Phrase zu sein, wenn Philostratus [2]) versichert, das Pankration der Männer sei unter allen olympischen Wettkämpfen der schönste; offenbar mußte die Spannung der Zuschauer dabei viel größer sein als bei den übrigen, wo immer nur Eine Fertigkeit, die Schnelligkeit der Füße, oder die Gewandtheit des Ringens, oder die Gewalt des Faustschlages den Ausschlag gab; beim Pankration fand ein größerer Wechsel statt, wenn die Kämpfer die verschiedenen Mittel zum Siege an einander erschöpften. Alle Künste, die beim Ringen und die beim Faustkampf angewendet wurden, waren hier vereinigt [3]); die erstern sind zum Theil schon in dem Artikel Palästrik erklärt; die letztern müssen bei dem Artikel Pygme erörtert werden.

Aus der oben erwähnten Angabe des Scholiasten zum Pindar geht hervor, daß beim Pankration ursprüng-

1) *Aristot.* Rhetor. I, 5. Vol. IV. p. 71. ed. *Buhle.* 2) Imagg. II, 6. 3) *Aristot.* l. c. *Plut.* Sympos. II, 4 und andere Stellen bei *Faber.* Agonist. I. c. 9.

lich die Cästen nicht gebraucht wurden, die ledernen Riemen, womit die Hände und Arme umwunden waren, und die später für die Faustkämpfer noch mit metallenen Buckeln versehen wurden, um die Schläge desto gefährlicher zu machen. Diese letztere Einrichtung scheint bei den Pankratiasten nicht stattgefunden zu haben, sodaß dabei regelmäßiger Weise keine Verwundungen zu erwarten waren [4]). Wenn daher Properz (III, 14, 8) in der Beschreibung der Turnübungen spartanischer Jungfrauen dem Pancratium Wunden zuschreibt, so kann er dabei, da das spartanische Beißen und Kratzen wol schwerlich gemeint ist, nur an einfache Faustschläge gedacht haben. Den eigentlichen Cästus setzt er damit in einen Gegensatz, um den wirklichen Faustkampf zu bezeichnen.

Daß ferner die Pankratiasten nackt und mit Öl gesalbt auftraten, und daß sie sich dann mit Staub bewarfen, um sich besser fassen zu können, versteht sich von selbst, da dies zum Ringen nöthig war; Philostratus [5]) preist daher den Arrhichion, der im Kampfe seinen Tod gefunden hatte, glücklich, daß er noch mit dem Staube bedeckt an den Ort der Seligen komme.

Was nun die Ordnung des Kampfes selbst betrifft, so ist zunächst zu gedenken, daß jene unregelmäßige ursprüngliche Weise, welche von den Spartanern festgehalten wurde, bei den öffentlichen Spielen nicht vorkam; namentlich war das Beißen und Kratzen, nicht aber das Würgen verboten. Aber wie die Spartaner sich wol auch gegen Fremde unbefugter Weise das Beißen erlaubten, sodaß einst Einer von ihnen, dem der Vorwurf gemacht wurde, er beiße ja wie die Weiber, antwortete: nein, wie die Löwen [6]); so mochte es in der Hitze des Streites wol auch Andern begegnen, daß sie zu ihren Zähnen ihre Zuflucht nahmen, wenn sie sich nicht anders mehr zu helfen wußten, und daher sagte der Philosoph Demonax [7]) spöttisch, da er Viele sah, die gegen die Kampfordnung verstießen und bissen, statt das Pankration zu kämpfen: nicht ohne Grund würden die derzeitigen Athleten von ihren Verehrern Löwen genannt. In Olympia indessen konnte so etwas nicht leicht vorkommen, da die zehnmonatliche schulmäßige Vorübung, welche allen Wettkämpfern zur Pflicht gemacht war, hinreichen konnte, um ihnen das Naturalisiren abzugewöhnen.

Das Erste nun, wonach zwei Pankratiasten beim Beginn des Kampfes strebten, war eine vortheilhafte Position, theils rücksichtlich des Sonnenscheins, den jeder dem Andern ins Gesicht zu bringen suchte, theils um fest zu stehen zum Empfang und zur Erwiederung der Faustschläge, oder wenn sie sich umfaßten, zum Ringen einen guten Griff zu bekommen. Zu diesem Kampf um den Stand (περὶ τῆς στάσεως διαγωνίζεσθαι) [8]), der auch beim Ringen und besonders beim Faustkampfe vorkam, wurde das Scheingefecht mit den Händen, die Cheiromachie oder Cheironomie, angewendet, wovon schon in dem Artikel **Palästrik** gesprochen ist. Dies war eigentlich und in der Regel nur eine Vorbereitung zum Kampfe; indessen wurde zuweilen schon hierdurch die Entscheidung herbeigeführt. Namentlich wird es von Faustkämpfern erwähnt, was aber ebenso gut auf die Pankratiasten paßt, daß sie durch fortwährendes Auf- und Niederbewegen der Hände, indem sie bald diese, bald jene Finte anzogen, den Gegner, wenn er hierauf weniger geübt war, müde zu machen wußten und ihn durch möglichst lange Ausdauer besiegten, ohne daß es zum eigentlichen Kampfe kam [9]). Eines andern Kunstgriffes bediente sich der Sikyonier Sostratos, der in der ersten Hälfte des 4. Jahrh. vor Chr. Geb. blühte und der davon den Beinamen ἀκροχερσίτης (Fingerspitzenkämpfer) bekam. Er wußte nämlich mittels der Cheironomie die Finger seiner Gegner mit Geschick und Kraft zu fassen, und bog sie so lange über, bis jene es nicht mehr aushalten konnten und sich besiegt gaben. Er errang auf diese Weise drei olympische Siege, zwei pythische, außerdem nemeische und isthmische, zusammen zwölf, und zu Olympia war ihm eine Statue gesetzt [10]).

Kam es nun zum eigentlichen Kampfe, so herrschte bald das Ringen, bald der Faustkampf vor, je nachdem es die Pankratiasten ihrem Vortheil angemessen fanden; der Sieg war erst dann entschieden, wenn Einer von beiden durch Schmerz oder Ermattung so sehr überwältigt war, daß er durch Aufheben eines Fingers sich für den Besiegten erklärte [11]). So lange sie aufrecht standen, schlugen sie auf einander los [12]); jedoch diente dies wahrscheinlich in der Regel nur dazu, den Gegner zu ermatten oder ihn so zu verwirren, daß er sich gefährliche Blößen gab; gewöhnlich warfen sich die Kämpfer durch irgend ein Kunststück des Ringens, z. B. durch Beinsetzen, zu Boden, und nun begann der Wälzrung (ἀνακλινοπάλη), durch welchen in der Regel die Entscheidung herbeigeführt wurde, nur nicht blos dadurch, daß der Eine unten lag, sondern dadurch, daß er geschlagen, gedrückt, gewürgt

4) Dies geht hervor aus der Erzählung bei Pausanias (VI, 15, 3), welche noch erwähnt werden wird. 5) l. c. Vergl. *Aristoph.* Pax. v. 896. *Polyaen.* IV, 2, 6. *Faber.* Agonist. II. c. 5. 6) s. *Plutarch.* Apophth. Lacon. p. 241. ed. *Hutten.* Über das Verbot vergl. *Philostr.* l. c. 7) *Lucian.* Demonax. c. 49. 8) Dies hat nach Faber's Anführung (Agonist. I. c. 10) Aristides (Panath. fol. 13. p. 2) auf den Beginn einer Rede übergetragen; dasselbe aber hatte schon früher Äschines gethan (in Ctesiph. §. 206. p. 83. *Steph.*), der ohne Zweifel dem Aristides als Muster vorschwebte.

9) Das merkwürdigste Beispiel hiervon gibt der Faustkämpfer Melancomas zur Zeit des Kaisers Titus, dessen Liebling er war; er ist verherrlicht durch zwei Reden des Dio Chrysostomus, welche wir noch besitzen. 10) *Paus.* VI, 4. §. 1. Das. §. 3 wird auch ein Ringer erwähnt, der sich desselben Kunstgriffs bediente. Die Stelle Pindar's (Isthm. IV, 66—68) scheint von Böckh und Dissen nicht richtig aufgefaßt zu sein; ich finde darin eine sehr feine Bezeichnung der Cheironomie, welche die beste Vorübung zum Pankration wie zum Faustkampf ist; auf sie allein paßt das πλαγίων δρόμων εὐθυπορῆσαι; auch das δεξιὰν τὰν ἀντίπαλον bekommt dadurch einen feineren Sinn. Die schwierigen Worte ἐν [illegible]μαις χερσὶ möchten zu verbinden sein; ich erkläre: bei der Übung mit den Händen, welche die Glieder bändigen, ermüden und ausbilden, nämlich ohne eigentlichen Kampf und ohne die übrigen Glieder und Kräfte zu gebrauchen. Das Lob, daß Pytheas seinen Bruder auf diese Weise unterrichtet hat, ist jedenfalls sehr passend; daß er es nicht gethan, wird durch den Schluß von Isthm. V. nicht bewiesen. 11) Über diese Sitte s. *Faber.* Agonist. I, 8 et l. c. 12) *Lucian.* de gymnasiis. c. 8.

t abwerfen und unter sich bekommen, aber er
zugleich die Möglichkeit, seinen linken Fuß
en, der nun nicht mehr in die Höhe gezogen
war; vielmehr drückte er mit aller Macht
es Gegners in seiner Kniekehle fest und bog
hle so gewaltsam um, daß er ihm den Knöchel
denn die schon scheidende Seele erhöhte seine
zu einer krampfhaften Spannung, welcher der
icht widerstehen konnte; todtenbleich vor Schmerz
er die Hand und erklärte sich dadurch für besiegt;
aber noch mit lebensfrischem Ansehen und der
der den Sieg in seinen Zügen verschied; die Hel-
bekränzten den Todten [14]). Pausanias berichtet
r den Kampf, und er weicht darin von Philo-
, daß er angibt, Arrhichion habe seinem Geg-
Zehe abgebrochen. Dies Letztere scheint die
n den beiden Abbildungen des Pankrations dar-
welche Hier. Mercurialis (de arte gymn. II,
6) gegeben hat, jedoch ist darin keine Beziehung
ichion anzunehmen.

den oben erwähnten einzelnen Kunstgriffen der
sten sind besonders die Überschlagungen, ὑπτιασ-
kwürdig; auf sie deutet schon Pindar, indem er
s Bild eines Fuchses gebraucht, der sich auf den
egt, um sich gegen den Anfall des Adlers zu
en [15]). Er selbst stellt damit den Kampf des

Jacobs in dem Commentar zum Philostratus erklärt den
es Kampfes grade auf die entgegengesetzte Weise; er nimmt
n, Arrhichion habe oben, nicht unten gelegen, was mir
nden Gründen nicht richtig scheint: 1) der Gegner des
war ohne Zweifel bedeutend im Vortheil, denn sonst
t Philostratus gleich im Anfange sagen können: ἀποκτεῖ-
; auch Pausanias sagt: ὁ μὲν προέλαβεν ὁστισδὴ ὁ
ζόμενος; der untenliegende könnte nur unter besonderen
im Vortheil sein, von denen hier nichts erwähnt wird.
Würgen des Gegners ist für den Untenliegenden bedeutend
als für den Obenliegenden; hier zumal ist es kaum denk-
das Gesicht des Arrhichion gar nicht einmal verdeckt ist,
n er oben läge, den übrigen Umständen nach nothwendig
dern es liegt frei da. 3) Die Kniekehle des Arrhichion
μαννυμένη genannt; lag er oben, so mußte sie vielmehr
ückt werden, wenn der Gegner seinen Fuß hineinsetzte.
Ausdruck τοῖς ἀριστεροῖς ἐνιζήσας wird von Jacobs in
er Annahme so erklärt, daß Arrhichion seinen eben be-
hten Fuß auf die linke Seite des Gegners setzte; dem wi-
aber schon die Anreihung des Folgenden durch das καί;
n hätte hier nothwendig ein starker Gegensatz ausgedrückt,
deutet werden müssen, daß mit dem Folgenden die Thätig-
inken, nicht mehr des rechten Fußes beschrieben wird.
man, wie ich es thue, das τοῖς ἀριστεροῖς von der lin-
des Arrichion selbst, so ist dies nicht nöthig. — Ziem-
, mit Ausnahme des Ausganges, stimmt die Beschreibung
mpfes bei Lucian (de gymnasiis. c. 1) mit dem hier vor-
überein und sie bestätigt meine Meinung sehr augenschein-
ὁ ἀράμενος ἐκεινοσὶ τὸν ἕτερον ἐκ τοῖν σκελοῖν ἀφῆ-
τὸ ἔδαφος· εἶτ' ἐπικαταπεσὼν ἀνακύπτειν οὐκ ἐᾷ,
κάτω ἐς τὸν πηλόν· τέλος δὲ ἤδη περιπλέξας αὐτῷ
κατὰ τὴν γαστέρα τὸν πῆχυν ὑποβαλὼν τῷ λαιμῷ
λιον· ὁ δὲ παρακροτεῖ ἐς τὸν ὦμον, ἱκετεύων, οἶμαι,
λεον ἀποπνιγείη. 15) Pindar. Isthm. III, v. 65 (80).
ol. und Dissen, welche an den, nach Blumenbach unbe-
Volksglauben erinnern, daß sich der Fuchs, um die Vö-
schen, todt stellt; daß Pindar daran gedacht hat, finde

Antäus und Hercules zusammen, und es ist daher nicht unpassend, wenn Eusebius [16]) sagt, der erstere sei deshalb Erdgeborener genannt (γηγενής), weil er sich beim Kampf auf jene Art des Sichniederwerfens besonders verstanden habe (ὁ χαμαὶ τρόπος), sodaß ihm seine Mutter Erde Beistand zu leisten schien. Bekannt ist es, daß Hercules sich nicht anders zu helfen wußte, als dadurch, daß er den Antäus hoch in die Luft erhob und ihn so erwürgte [17]). Mochte nun das Hintenüberwerfen mit dem Willen des Geworfenen geschehen oder nicht, so geschieht es von Seiten seines Gegners gewöhnlich auf die Weise, daß er ihn in der Mitte, um die Hüften umfaßt (μέσον λαμβάνειν, μεσολαβεῖν, μέσον αἱρεῖν, τὰ μέσα ἔχειν, διὰ μηρῶν σπᾶν κτλ.), sodaß die größere Last des Körpers oben ist und er sich von selbst zum Fallen neigt [18]). War aber das Niederwerfen oder Niederfallen gelungen, so hörte damit der Kampf keineswegs auf, wie in der gewöhnlichen Paläſtrik beim Ringen derjenige sogleich für den Besiegten galt, der unten zu liegen kam, sondern es konnte sowol dieser als der obenliegende beim Pankration Sieger werden, und es kam daher auch gar nicht so viel darauf an, wo man lag. Dies mag vielleicht der Grund sein, weshalb die bei uns gewöhnliche Regel, daß man über dem Untenliegenden sich stets in einem rechten Winkel erhalten müsse, um ihn nicht aufkommen zu lassen, bei den Alten, wie es scheint, nicht erwähnt wird. Es kam vielmehr nur darauf an, den Gegner wehrlos zu machen und ihn zum Zugeständnisse des Sieges zu nöthigen; dazu bediente man sich ganz anderer Mittel, wie denn die erwähnten Gemälde bei Hieron. Mercurialis (p. 106) beide, besonders das zweite, den untenliegenden im Vortheil zeigen. Schlagen, Drücken, Gliederverrenken, Würgen oder bloßes langes und ermüdendes Festhalten — Alles dies konnte zum Siege führen. Dabei gab es ohne Zweifel noch eine Menge einzelner Kunstgriffe mit eignen technischen Namen, um eine gute Lage zu gewinnen, die eignen Glieder möglichst vortheilhaft anzuwenden, die des Gegners unwirksam zu machen, worüber sich nur einzelne abgerissene Notizen zusammenstellen lassen aus den hier und da zerstreuten, gewöhnlich bildlich angewendeten Ausdrücken der Alten [19]).

Da nun dieser Wälzrung von so großer Wichtigkeit war, so wurde er auch für sich geübt, ohne daß das aufrechte Ringen und Niederwerfen, wobei zugleich der Faustkampf anzuwenden war, vorhergegangen wäre; ja man hatte dazu auch einen besondern mit feiner Erde (πηλός) bestreuten Ort nöthig; daher bemerkt Plutarch [20]), daß das Ringen und der Theil des Pankratiums, bei dem das Wälzen am Boden die Hauptsache ist, in den Paläſtren vorgenommen werde, nicht aber der Lauf und der Faustkampf. So finden wir auch, daß der König Philipp von Macedonien und der Pankratiaſt Menegetes sich in der Paläſtra wälzten, wobei sie aber zugleich auch in ein daranstoßendes Bassin sprangen, worin sie gewissermaßen das Pankratium schwimmend fortsetzten, indem sie sich gegenseitig untertauchten. Philipp trieb dies so lange, bis seine zuschauenden Soldaten, die mit Ungestüm ihren Sold von ihm foderten, endlich des Zusehens müde wurden und ruhig weggingen [21]).

Natürlich mußten die Regeln, welche für den Kampf gegeben wurden, sich auf die Voraussetzung einer bestimmten Lage des Gegners gründen; wie nun bei dem Hyptiasmos der Eine auf dem Andern liegt, so können sie auch neben einander der eine auf seiner rechten, der andere auf seiner linken Seite liegen [22]), sie können sich in umgekehrter Richtung befinden, sodaß der Kopf des Einen zwischen den Beinen des Andern ist u. s. w. Namentlich wird noch erwähnt, wie zu kämpfen ist, wenn der Eine auf den Knieen liegt, oder wenn er sitzt [23]). Auch kann der Angriff so gemacht werden, daß man um den Gegner herumspringt, ihm hinterrücks die Schenkel um den Bauch schlingt, und den einen Arm um den Hals, um ihn zu würgen [24]). Muß ich auch gegenwärtig darauf verzichten, alle die über diese Einzelnheiten vorhandenen Notizen zu sammeln und daraus gleichsam eine Anweisung zum Pankration, wie sie etwa ein alter Gymnastes geben mochte, wiederherzustellen, so wird das Mitgetheilte doch genügen, um eine ziemlich deutliche Vorstellung davon zu geben.

Daß das Pankration in großem Ansehen stand, scheint auch daraus hervorzugehen, daß vor der Zeit, wo man allgemein nach Olympiaden rechnete und sie dann immer nach dem Sieger im Stadium bezeichnete, zuwei-

---

lich unwahrscheinlich; es genügt ganz einfach den Fuchs auf dem Rücken liegend zu denken; in derselben Lage besiegt ja auch unser Reinike den Isegrim; s. Göthe 40. Bd. S. 220 fg. im 12. Gesang des Reinike, der hier einem griechischen Pankratiasten um so ähnlicher ist, da er „Glatt geschoren sich zeigte, mit Öl und schlüpfrigem Fette über und über gesalbt."

16) bei *Syncell.* p. 168. A. Chron. Canon. p. 294. ed. *A. Mai.* 17) s. die oben erwähnten Beschreibungen dieses Kampfes; er ist von den Alten auch öfter durch Gemälde und Statüen dargestellt; s. Welcker (zu *Philostr.* imagg. II, 21), wo auch noch Münzen hätten erwähnt werden können, wie z. B. eine des Hadrian bei *Guil. du Choul* vett. Rom. religio, castramet., discipl. mil. ut et balneae ex ant. numism. et lapid. demonstr. (Amstel. 1686.) p. 158. 18) Mehr darüber s. bei *Scaliger* ad *Euseb.* Chron. Can. p. 48. *Salmas.* Exercitt. Plin. p. 205. *Huschke* in *Matthiä's* Miscell. Philol. T. I. p. 22. 19) Diese Ausdrücke in ein vollständiges, klares System zu bringen, wird sehr schwer, aber, wenigstens rücksichtlich der Klarheit, nicht grade unmöglich sein. Eine wichtige hierher gehörige Stelle ist in Lucian's Lucius (c. 9. T. II. p. 176 sq. ed. *Reitz.*), wo die Magd Paläſtra die Ringerkünste in übertragenem Sinne an sich ausüben läßt von dem ὕπτιον κλίνειν an bis zu dem Schlußcommando: ἤδη ἀπολέλυσαι.

20) Παγκρατίου τὸ περὶ τὰς κυλίσεις. Sympos. II. c. 4. Vol. XI. p. 84. ed. *Hutten.*) In welchem Sinne hier das Wort Paläſtra zu nehmen sei, habe ich in dem Artikel darüber gezeigt. Dieselbe Unterscheidung macht auch *Lucian.* de gymnasiis. c. 1 et 2. 21) *Polyaen.* strategg. IV, 2, 6. 22) Hierher gehört das τοῖς ἀριστεροῖς ἐνιζάνειν, wovon oben die Rede war; vielleicht wurde dabei zur technischen Bezeichnung das Wort τοῖχος angewendet, das eigentlich eine Seite des Schiffs bezeichnet; Lucian (Luc. c. 9) hat den Ausdruck συνωθεῖν εἰς τὸν τοῖχον, der vom Wagen hergenommen, bei ihm aber in obscönem Sinne angewendet ist. 23) Beides erwähnt Lucian (Luc. c. 10). Das erstere mit dem wahrscheinlich genau technischen Ausdrucke παίειν τὰ ἀπὸ γονατίου, womit das lateinische de genu oder de genibus pugnare zu vergleichen ist bei *Seneca* de provid. c. 2. cf. Ep. 66. g. E. 24) s. *Lucian.* de gymnasiis. c. 31.

len dafür der Sieger im Pankration genannt wurde; namentlich findet sich dies zwei Mal bei Thucydides (III. c. 8. V. c. 49); doch konnte er auch den Grund gehabt haben, daß er grade zwei sehr ausgezeichnete Pankratiasten zu erwähnen hatte, welche von allen, die mit ihnen in denselben Olympiaden Sieger wurden, wol die berühmtesten waren.

Zu Rom waren die Wettkämpfe der Athleten beliebte Schauspiele für das Volk; daß dazu auch das Pankration gehörte, versteht sich von selbst; namentlich wird es z. B. bei den Festspielen erwähnt, die der Kaiser Caligula dem Volke gab[25]); auch gehörte es zu den sieben Feierlichkeiten, welche nach Justinian's Anordnung die Consuln zu besorgen hatten[26]).

Was nun die berühmtesten Pankratiasten anbetrifft, so sind vor allen Pulydamas aus Skotussa und Theagenes zu erwähnen, von denen schon in dem Art. Palästrik das Nöthige gesagt ist; ebenso der Rhodier Dorieus aus der Familie des Diagoras. Mehre andere werden aufgeführt wegen der Statuen, welche ihnen gesetzt wurden, oder welche sie sich selbst setzten; von den letztern war der erste der Opuntier Rheribios, welcher in der 61. Ol. gesiegt hatte[27]). Antiochus aus Lepreon hatte im Pankration der Männer einmal zu Olympia, zweimal in den isthmischen und zweimal in den nemeischen Spielen gesiegt; seine Statue war von Nikodamus gemacht[28]). Von demselben Meister war eine Statue seines Landsmannes, des Mänallers Androsthenes, vorhanden, der zweimal gesiegt hatte. Daneben stand die des Atheners Kallias, welche der Maler Mikon von Athen gemacht hatte. Kallias hatte seinen Sieg bei Nacht erkämpfen müssen, da die Wettrennen der Pferde und besonders der Kampf der Pentathlen einen großen Theil des Tages eingenommen hatte, sodaß die Pankratiasten erst sehr spät auftreten konnten. Dies wurde durch eine Vertheilung der Wettkämpfe auf zwei Tage seit der 77. Olympiade abgestellt[29]). Dem Kleonäer Timanthes hatte der Athener Myron eine Statue gemacht; jener ist merkwürdig durch seinen Tod; als er nämlich bei vorrückendem Alter der Athletik entsagte, übte er doch seine Kraft noch ferner, indem er täglich einen großen Bogen spannte; als er aber einst durch eine Reise genöthigt war, diese Übung eine Zeit lang zu unterbrechen, fand er bei seiner Rückkehr, daß seine Kraft nicht mehr ausreichte, um den Bogen zu spannen, und das war ihm so unerträglich, daß er sich einen Scheiterhaufen errichtete und darin seinem Leben ein Ende machte[30]).

Dem Promachos von Pellene hatten seine Mitbürger nicht nur zu Olympia, sondern auch daheim in ihrem Gymnasium eine Statue errichtet; er wurde von ihnen sehr hoch geehrt, denn er sollte selbst den Pulydamas einmal zu Olympia besiegt haben, was jedoch dessen Landsleute leugneten, freilich nur auf einen sehr schwachen Beweis gestützt, nämlich auf eine Elegie, in der Pulydamas unbesiegt (ἀνίκατος) genannt wird. Übrigens machte Promachos (d. h. Vorkämpfer) seinem Namen auch dadurch Ehre, daß er, wie man sagte, in einem Kriege mit Korinth von Allen die meisten Feinde erschlug; er hatte außerdem einmal zu Olympia, dreimal auf dem Isthmos und zweimal zu Nemea gesiegt[31]). Ebenfalls als Krieger und Wettkämpfer war ausgezeichnet Timasitheos von Delphi, der zwei olympische und drei pythische Siege im Pankration gewonnen hatte; seine Statue war ein Werk des Argivers Ägeladas; seine Kriegsthaten beurkundeten großen Muth; auch an Glück fehlte es ihm nicht, bis auf sein letztes Unternehmen, das ihm den Tod brachte; er unterstützte nämlich den Isagoras, als dieser, um Tyrann in Athen zu werden, sich der Akropolis bemächtigte; Timasitheos wurde darin gefangen und von den Athenern hingerichtet[32]). Der erste, welcher im Pankration ohne Kampf (ἀκονιτί) siegte, war Dromeus aus Mantinea; sein Gegner nämlich, der berühmte Theagenes, war eben erst im Faustkampfe gegen den nicht minder berühmten Euthymos aufgetreten, und, obgleich Sieger, war er doch so zugerichtet, daß er nicht mehr im Stande war, auch noch im Pankration zu kämpfen. Dies geschah in der 75. Olympiade[33]). Eine Statue hatte Dromeus nicht bekommen. Von den Athenern war eine solche dem Aristophon auf öffentliche Kosten errichtet wegen eines olympischen Sieges[34]).

Eine Erwähnung verdienen auch noch diejenigen Pankratiasten, welche durch Pindar's Siegeshymnen unsterblich geworden sind; es sind ihrer sieben, Timodemos von Athen (Nem. II), Melissus und Strepsiades von Theben (Isthm. III und VI), Aristoklides, Kleander und Phylakides von Ägina (Nem. III. Isthm. VI. V und IV), endlich auch ein Knabe, Pytheas von Ägina (Nem. V), der nicht nur im Pankration, sondern auch im Faustkampfe gesiegt hatte. In Olympia hatte ein Knabe aus Ephesus, Amyntas, eine Statue, welche der Athener Polykles, Schüler des Stadieus, gemacht hatte[35]). Der erste Knabe ionischen Stammes, welcher zu Olympia siegte und durch eine Statue geehrt wurde, war Diallos aus Smyrna[36]). Merkwürdig aber ging es dem Artemidoros aus Tralles; er war als Knabe nach Olympia gekommen, um im Pankration zu kämpfen, wurde aber noch zu jung befunden und deshalb zurückgewiesen. Er kehrte nach Kleinasien zurück, wo gleich darauf das allgemeine Fest der Ionier zu Smyrna gefeiert wurde; hier wurde er zum Kampfe zugelassen und errang nun an demselben Tage drei Siege, einen über die Knaben, mit denen er schon in Olympia hatte kämpfen wollen; den zweiten über die ältere Knabenclasse der sogenannten Unbärtigen (ἀγένειοι), gegen die aufzutreten ihn sein Turnlehrer aufgefodert hatte; den drit-

25) s. *Dio Cass.* LIX. c. 18. a. E. 26) Cod. Justin. Novella 105. c. 1. 27) *Paus.* VI, 18, 7. 28) *Paus.* VI, 3, 9. 29) *Paus.* VI, 6, 1. V, 9, 3. 30) *Paus.* VI, 8, 4. Der sich nicht enthalten kann, hierbei zu bemerken, daß so etwas nach seiner Meinung vielmehr Tollheit als Mannhaftigkeit sei; eher muß man einen Mann bedauern, der nach dem Verlust einer außerordentlichen Körperkraft keinen Werth mehr in seinem Leben findet.

31) *Paus.* VI, 8, 5. VII, 27, 5. 6. 32) *Paus.* VI, 8, 6. 33) *Paus.* VI, 6, 5. 11, 4. 34) *Paus.* VI, 13, 11. 35) *Paus.* VI, 4, 6. 36) *Paus.* VI, 13, 6.

ten endlich, was das Merkwürdigste ist, über die Männer, von denen ihn einer durch Schmähung dazu gereizt hatte. Später errang er auch zu Olympia einen Sieg über die Männer in der 212. Olympiade [37]).

Da das Pankration aus Faust- und Ringkampf zusammengesetzt war, so finden sich mehre Beispiele, wo ein Pankratiast zugleich auch in jenen beiden Wettkämpfen auftrat. Bei Hercules ist dies nicht zu verwundern, dem alle mögliche Siege beigelegt werden; doch soll er zu Olympia nur im Ringen und Pankration gesiegt haben [38]). Unter den sterblichen Menschen wird als der erste, der dies ausführte, der Eleer Kapros genannt, der in der 142. Olympiade zwei sehr ausgezeichnete Kämpfer besiegte, nämlich im Ringen den Eleer Päanios, der schon in der vorhergehenden Olympiade und zu Delphi im Ringen, als Knabe im Faustkampf, und dann wieder als Mann an Einem Tage im Ringen und im Faustkampfe gesiegt hatte [39]). Im Pankration aber besiegte Kapros an demselben Tage den Klitomachos, der ebenfalls in der vorhergehenden Olympiade schon als Pankratiast gesiegt hatte, und der jetzt zu gleicher Zeit auch als Faustkämpfer auftrat; auf seinen Antrag gaben es die Hellanodiken zu, daß das Pankration vor dem Faustkampfe gehalten würde, da er voraussichtlich in dem letztern Wunden empfangen und dann für jenes nicht mehr die nöthige Kraft haben würde; er war also vorsichtiger als Theagenes in gleichem Falle, wie oben erwähnt ist, jedoch unterlag er dem Kapros, kämpfte aber nichtsdestoweniger gleich darauf im Faustkampfe ungeschwächt an Muth und Kraft [40]). Außerdem werden noch sechs andere Männer erwähnt, die als Ringer und Pankratiasten zugleich siegten [41]).

Seltener scheint die Vereinigung des Pankrations mit dem Faustkampfe gewesen zu sein; die beiden ersten Beispiele davon gaben die schon genannten Theagenes und Klitomachos; an dem Knaben Pytheas rühmt es, wie bemerkt, Pindar.

Noch ließen sich viele andere Pankratiasten aus den Inschriften entnehmen, von denen aber weiter nichts anzuführen wäre als ihre Namen und Siege. Von den beiden Brüdern aus Akarnanien, die zu Platon's Zeit als Pankratiasten berühmt waren, sind selbst nicht einmal die Namen bekannt [42]). Ich erwähne daher nur noch den Alexandriner Sarapion, welcher der einzige war unter den Ägyptern, und überhaupt, wie Pausanias sagt, unter allen Menschen, der wegen Feigheit mit einer Geldstrafe belegt wurde; nachdem er nämlich in Olympia die gesetzliche Zeit der Vorübung ausgehalten hatte, gerieth er an dem Tage vor dem wirklichen Kampfe in solche Angst, daß er zu entfliehen versuchte [43]).

Es bedarf keiner Belege, daß die Pankratiasten sich wie alle Athleten einer äußerst sorgfältigen und künstlichen Diät befleißigten, durch welche in der Regel ihr geistiges Leben unterdrückt und auch ihr Körper nur in einseitiger Weise ausgebildet wurde. Enthaltsamkeit in Speise und Trank war keineswegs ihre Aufgabe, wie denn auch die Gefräßigkeit der Athleten fast sprüchwörtlich geworden ist [44]), und daß sie auch den Wein nicht schonten, geht aus Quintilian's Ausspruche hervor, daß ihr ganzes Leben im Öl und Wein liege. Dagegen war ihnen Enthaltsamkeit im Liebesgenuß zu strenger Pflicht gemacht, und wie sehr sie sich darnach, wenn auch nicht immer, doch wol nicht selten, richteten, davon gibt der schon erwähnte Thebaner Klitomachos ein starkes Beispiel; von ihm wird erzählt, daß er selbst die Begattung der Hunde nicht mit ansehen konnte, und wenn etwa bei einem fröhlichen Gelage die Unterhaltung etwas obscön wurde, so stand er auf und entfernte sich [45]).

Endlich ist noch anzuführen, wie die Benennungen Pankration, Pammachion und die davon abgeleiteten in übertragener Bedeutung angewendet wurden. Hier ist der Sprachgebrauch bei weitem nicht so reich als bei den einfachern athletischen Kunstwörtern, wie oben in den Artikeln Palästra und Palästrik gezeigt ist. Am nächsten lag die Übertragung, welche der eigentliche Sinn der Wörter selbst an die Hand gab; man bezeichnete nämlich damit zuweilen einen Menschen, der in allen Sätteln gerecht ist, einen Tausendkünstler, der sich nicht nur auf jede mögliche körperliche Geschicklichkeit versteht, sondern der auch über alle Gegenstände des menschlichen Wissens und Denkens ein entscheidendes Wort reden zu können sich anmaßt; in diesem Sinne nannte wenigstens Platon (Euthyd. §. 2 und 3) die Brüder Euthydem und Dionysodoros, welche Hoplomachen und zugleich Sophisten waren, ironischer Weise wahrhafte Pankratiasten und Allkämpfer.

In anderer Beziehung sagte Äschines (in Tim. §. 26 [§. 33]) von einem Redner, daß er einen Pankratiasten vorstelle (*παγκρατιάζειν ἐν τῇ ἐκκλησίᾳ*), womit ohne Zweifel das heftige Arbeiten mit Armen und Beinen bezeichnet werden sollte.

Einen obscönen Sinn trägt Aristophanes hinein (Pax 896: *παγκράτιον ὑπαλειψαμένους νεανικῶς πάλειν, ὀρύττειν, πὺξ ὁμοῦ καὶ τῷ πέει*), und dasselbe findet statt bei mehren einzelnen im Pankration vorkommenden Kunstgriffen, die zum Theil mit den vom Ringen entlehnten übereinstimmen; Einiges davon ist oben aus Lucian (Luc. c. 9. 10) angeführt. (*F. Haase.*)

---

37) *Paus.* VI, 14, 2. 3. 38) *Paus.* V, 8, 4. 39) *Paus.* VI, 15, 10. 40) *Paus.* VI, 15, 4. 41) *Paus.* V, 21, 9. 10. 42) Sie werden erwähnt bei *Plato* Euthyd. 2. p. 271. c. 43) *Paus.* V, 21, 18.

44) s. z. B. *Cic.* Tusc. II. c. 17. 45) *Aelian.* Var. Hist. III. c. 30. Den zweiten Punkt erzählt auch Plutarch (Sympos. VII, 7. Ähnliche Beispiele sind der Tarentiner Ikkos, Sieger im Pentathlon und zu seiner Zeit der gebildetste Lehrer der Turnkunst; seine strenge Enthaltsamkeit rühmen *Plato* de Legg. VIII. p. 839 E. *Eustathius* ad *Dionys. Perieg.* v. 376. *Aelian.* hist. Anim. VI, 1. *Var.* hist. XI, 3. Eubatas der Kyrenäer, Sieger im Stadion, widerstand den Reizen und der heftigen Liebe der schönen Lais; s. *Aelian.* Var. hist. X, 2. Andere Beispiele führt Platon (a. a. O.) an. Ja die Sorgfalt der Athleten ging so weit, daß sie wenigstens in der Zeit ihrer Vorübungen zu den Wettkämpfen selbst die Pollutionen auf jede Weise zu verhindern suchten; namentlich wendeten sie nach Cassianus (de spir. fornic. c. 7) dazu das Mittel an, daß sie kleine bleierne Platten auf die Nierengegend legten. In der heutigen Medicin ist dies Mittel, so viel ich habe erfahren können, unbekannt.

PANKRATIOS, 1) Verf. eines Commentars zur rhetorischen Kunst des Minucian. 2) Verf. eines Lehrgedichtes, Ὀψαρτυτικά, blühte in der Zeit der Kaiser Leo und Zeno; beide werden von Suidas genannt. Vergl. auch **Pancratius**. (*H.*)

PANKRATIS, die schöne Tochter des Aloeus und der Iphimedeia; thrakische Räuber entführten sie sammt der Mutter aus Thessalien nach dem nachherigen Naxos; um den Besitz ihrer Schönheit entbrannte zwischen den Hauptanführern der Räuber Sikelos und Hekétoros Streit, in dem beide fielen. Die Schöne wurde dem neuerwählten König Agassamenos zur Gemahlin gegeben; so *Diod.* V, 50; Parthenius dagegen (c. 19) nennt die Dame Pankrato, die Räuber, die sich einer den andern im Streit um sie tödteten, Skellis und Kassamenos. (*H.*)

PANKRATZ, ein zur Clam-Gallas'schen Allodialherrschaft Grafenstein im bunzlauer Kreise des Königreichs Böhmen, im Weißkirchnergebirge, das vom Jeschkenberge (s. d. Art.) ausläuft, gelegen, 1¼ Stunde südlich von dem Hauptorte der Herrschaft entfernt, mit 155 Häusern, 1020 teutschen Einwohnern, welche nebst Ackerbau und Viehzucht noch viele Industrialgewerbe treiben, einer eignen, im J. 1772 errichteten, katholischen Pfarre von (1831) 2402 Seelen, welche zum friedländer Vicariats-Districte des leitmeritzer Bisthums gehört und unter dem Patronat des Herrschaftsbesitzers steht, einer wahrscheinlich im 16. Jahrh. erbauten katholischen Kirche, einer Schule, einem herrschaftlichen und einem den Einwohnern gehörigen Kalksteinbruche, deren Kalk weit und breit im bunzlauer und leitmeritzer Kreise verhandelt wird, einem Sandsteinbruche und einer Mühle. Von den das Dorf umgebenden Bergen gehören der Kirch- und Trögelberg der Quadersandstein-, der Kalkberg der Kalkstein- und der Schwamm- und Fuchsberg der Thonschiefer-Formation an. (*G. F. Schreiner.*)

Pankreas, Pankreatitis, s. **Pancreas**.

PAN-KU, 1) nach der chinesischen Mythe der e r s t e M e n s c h. Man findet ihn oft in kosmogonischen Werken abgebildet, wie er, mit einer Axt in den Händen, die rohe chaotische Masse behaut und bearbeitet. — 2) Pan-ku, der Historiker [1]), Verfasser einer Geschichte der westlichen [2]) Dynastie Han (206 vor bis 24 nach Christ.). Er lebte unter den sogenannten östlichen Han (24—220 u. Z.), und ist der zweite von den 22 officiellen Geschichtschreibern oder Reichsannalisten China's, deren Werke an Vollständigkeit Alles übertreffen, was jemals von irgend einer Nation auf historischem Gebiete geleistet worden ist. Pan-ku selbst wurde vom Tode übereilt, bevor er sein Werk beendigt hatte, aber seine gelehrte Schwester Pan-hoei-pan setzte es fort bis zum Schlusse. Man hat von demselben Gelehrten zwei elegante Gedichte, welche eine Schilderung der Höfe beider Dynastien enthalten. (*W. Schott.*)

PANKWA, (die) ein Nebenflüßchen der Zwittawa, die zum Flußgebiete der Schwarza gehört und mit dieser vereinigt in die Taya fällt, deren Gewässer sich mit der March und diese mit der Donau vermählt. Die Pankwa ist ein sehr merkwürdiger Bach; er bildet sich im brünner Kreise des Markgrafthums Mähren aus dem Gewässer des nordöstlichen Theiles der altgräflich salmischen Herrschaft Raitz und Blansko, welches sich in den Höhlen bei Slaup und Holstein verliert und in dem großen noch nicht gehörig erforschten unterirdischen Wasserbehälter zwischen jenen Ortschaften und bei Ostrow sammelt, um von da aus nach einem etwa anderthalbstündigen unterirdischen Laufe unter dem bekannten tiefen, trichterförmigen Schlunde, die Macocha genannt, und einer Felsenhöhle, welche den Namen der Punkwa-Quelle (Wogchod, Ausgang) führt, wieder an das Tageslicht zu kommen, wo der Bach erst seinen Namen erhält. Von hier setzt er seinen Namen durch das romantische, nicht selten von Felsen begrenzte „öde Thal" fort, treibt vier Mahl-, eine Papiermühle, zwei Bretsägen, sowie die meisten obrigkeitlichen Eisenguß- und andern Werke bei Klepatschow, ist bis zu den Werken ziemlich fischreich, friert nur selten zu und vereinigt sich endlich bei Klepatschow mit der Zwittawa *). (*G. F. Schreiner.*)

PANLANG, Stadt des birmanischen Reichs, welche ehemals von sehr großem Umfange war und noch jetzt von Bedeutung ist. Sie liegt an dem Rangoon, einem Arme des Irrawaddy, welcher von ihr auch den Namen Panlang-mioup führt. Ihre Entfernung von der Stadt Rangoon beträgt 16 engl. Meilen. (*Fischer.*)

Panmelodicon, s. **Melodicon** oder **Melodica**.

PANN, PÁN, auch **PANYA**, ein mehren adeligen Familien gehöriges, nach Nagy-Cziteny (Bisthum Neutra) eingepfarrtes Dorf im neutraer Gerichtsstuhle und Comitat Ungerns, in waldreicher, wellenförmig geschwungener Gegend, im Thale gelegen, zwei teutsche Meilen südöstlich von Neutra entfernt, mit 122 Häusern und 854, meist slowakischen, Einwohnern, die vom Feldbaue leben und, mit Ausnahme von 42 Juden, sämmtlich Katholiken sind. (*G. F. Schreiner.*)

PANNA, PANNAH, PUNNAH, Stadt im vorderindischen Allahabad (Dekan) auf der gleichnamigen Hochebene, drei starke Stunden südlich von Besseramganga Gat und drei geogr. Meilen von der Bergfeste Adjyghur entfernt gelegen, war einst Sitz eines unabhängigen Rajah, mit prachtvollen, aber jetzt meist verfallenen Palästen, Tempeln und andern großen Steingebäuden. In der Umgegend, vorzüglich bei dem fünf Stunden von Panna entfernten Dorfe Sukariuh, finden sich bedeutende Diamantgruben, deren Entdeckung dem Rajah Chuttersal (Chuttur-Saul) zur Zeit des Kaisers Aurengzeb zugeschrieben wird. (*Fischer.*)

---

1) Die Übereinstimmung beider Namen liegt nur im Laute, nicht in der Schreibung. 2) Die westliche und die östliche Dynastie Han waren in gerader Linie verwandt, und die Letztere eine Fortsetzung der Ersteren. Zwischen beiden liegt die Regierung eines Thronräubers, den ein kaiserlicher Prinz stürzte. Dieser Prinz (als Kaiser Kuang-wu-ti, der strahlende und tapfere Kaiser, genannt) verlegte die Residenz des Hauses Han weiter nach Osten. Daher der Name östliche Han.

*) s. das Markgrafthum Mähren, topographisch, statistisch und historisch geschildert von G r e g o r W o l n y, Benediktiner und Professor. (Brünn 1837.) 2. Bd. 2. Abth. S. 376.

PANNARIA, kleine, etwa sechs Meilen im Umfang haltende, nordwestlich von Escabianca liegende und zum neapolitanisch-sicilischen Königreiche gehörige Insel. Sie ist ein vulkanisches Product, wird für das alte Hicesia oder Icesia gehalten, und bringt einen guten Wein hervor, welchen die Bewohner der Insel, die sich etwa auf 100 belaufen, nebst zwei Passola und Passolina genannten Rosinensorten ausführen. (*Fischer.*)

PANNARTZ (Arnold), einer der ersten Drucker, welcher zuerst in den Officinen von Guttenberg und Schöffer in Mainz arbeitete, bis die Eroberung dieser Stadt durch Adolf von Nassau 1462 den 27. October eine Auflösung der Officin und Zerstreuung der Arbeiter herbeiführte. Pannartz und Konrad Sweynheim wandten sich nach Italien und errichteten in einem Kloster von Subiaco eine eigene Druckerei, in der sie zuerst einen Donat (wovon sich bis jetzt noch kein Exemplar gefunden hat), dann den 29. Oct. 1465 den Lactantius, darauf die Bücher des Augustin „de civitate dei" erscheinen ließen. Von Subiaco gingen sie im Juni des J. 1467 nach Rom und errichteten im Hause eines reichen Römers Franz de Maximis, der sie nach Rom eingeladen hatte, eine Druckerei, und noch vor Ablauf des Jahres erschien von hier „*Ciceronis* epistolae ad familiares," was das erste in Rom gedruckte Buch ist. Am Ende von 1473 erschien „*Polybii* historiarum libri quinque priores ex versione *N. Perotti*," und dies ist die letzte Schrift, die Pannartz und Sweynheim gemeinschaftlich publicirten. Pannartz setzte nachher das Geschäft allein fort und ließ 1474 „*Nicolai Perotti* rudimenta grammatices" (in 4.) erscheinen, welches das erste Buch ist, das unter dem bloßen Namen von Pannartz publicirt wurde; im folgenden Jahre erschienen Josephus, Herodot und Statius. Sein letztes Werk scheint der erste Band der Briefe des heil. Hieronymus zu sein, 1476, dessen zweiter Band mit denselben Charakteren, aber von Georg Laver besorgt wurde, und da in dem Jahre Rom von einer Pest heimgesucht wurde, so ist es nicht unwahrscheinlich, daß Pannartz ein Opfer derselben geworden. Pannartz nennt sich auf den von ihm gedruckten Werken, z. B. beim Lactantius durch folgenden Vers „Conradus Sweynheim, Arnoldus Pannartzque magistri." Die von einigen Gelehrten ausgesprochene Vermuthung, daß ein mit der Fortsetzung des Drucks von Claud. Ptolemaei Geographia beschäftigt gewesener Arnoldus Bucking .... von Pannartz nicht verschieden gewesen sei, hat fast Nichts für sich (vgl. d. Art. Sweynheim). (*H.*)

PANNAVICH, ein Dorf in der schottischen Grafschaft Aberdeen, bekannt durch Mineralquellen, welche auf dem Berge Pannavich entspringen, dem Selterserwasser ähnlich sind und gegen Scorbut, Skrofeln und Steinbeschwerden treffliche Dienste leisten sollen. (*Eiselen.*)

PANNE, Pane oder Pelzsammt, Felbel, ein langhaariger Sammt, der sich dem Plüsch nähert, indem er gleichsam das Mittel zwischen diesem und dem eigentlichen Sammt bildet. Ehemals war dieser Stoff mehr als jetzt gebräuchlich und wurde nicht nur aus Seide, sondern auch aus Wolle und selbst aus Ziegenhaar gewebt. Gegenwärtig gebraucht man den seidenen Felbel fa[...] zum Überziehen der Männerhüte. (*Karm[...]*

PANNE werden in der Falconiersprache die [...] Springfedern an den Flügeln der Falken genannt. ([...]

PANNECÉ, Gemeindedorf im franz. Depar[...] der Niederloire (Bretagne), Canton Riallé, Bezir[...] cenis, liegt 3¼ Lieues von dieser Stadt entfernt u[...] eine Succursalkirche und 1087 Einw., welche zwei [...] märkte unterhalten. (Nach Barbichon.) (*Fi[...]*

PANNEELS (Wilhelm van), Zeichner und K[...] stecher, gebürtig aus Antwerpen, wo er Schüler de[...] ßen Rubens war und Vieles mit sehr geistreicher u[...] fälliger Nadel radirte. In der Zeichnung der F[...] glich er sehr dem Charakter seines Lehrers, nach w[...] er 32 Blätter in kleiner Form radirte, die meist m[...] Jahren 1630—1636 bezeichnet sind. Darunter be[...] sich auch das Bildniß von Rubens. In *Rigel's* [...] log ist ein Verzeichniß seiner Arbeiten. (*Fren[...]*

PANNELA (Alt-, Neu-), beide Städte liege[...] ostindischen Visiapur, und zwar ist Altpannela 12, [...] pannela aber, welches unter 7° 3′ nördl. Br. und [...] 58′ östl. L. nach dem Meridian von Greenwich lieg[...] engl. Meilen von Merritsch entfernt. (*Fi[...]*

PANNERBARY, ostindisch-bengalische Stadt, [...] acht engl. Meilen nordöstlich von Goragot. (*Fi[...]*

PANNES oder **PAGNES** heißen verschiedene [...] wollene Stoffe, deren sich die Neger zu Schürzen [...] nen. (*Karm[...]*

Panneterie, s. Panathier.

PANNINI (Giovan. Paolo), geboren zu Pi[...] 1691, war ein Schüler von Benedetto Luti ode[...] von Andr. Lucatelli, für welchen er in dessen histo[...] Gemälden die architektonischen Umgebungen malte[...] Fach, für das er große Neigung fühlte, dem er [...] auch so treu blieb, daß er sich später darin außero[...] lich auszeichnete. Hauptsächlich wählte er zu seinen [...] stellungen meist große Ruinen römischer antiker Ge[...] die er theils aus der Natur, theils durch Composi[...] sehr geschickt zusammenzustellen wußte und mit Fi[...] im Geschmack oder im Styl des Salvator Rosa [...] ausschmückte.

Zu leugnen ist zwar nicht, daß diese Composi[...] etwas Theatralisches an sich tragen, jedoch herrscht [...] eine geistreiche Vollendung und ein wirklich groß[...] Effect, der uns in die alte Zeit jener Baudenk[...] überführt.

Neben jenen architektonischen Compositionen ma[...] auch einige Ansichten mit modernen Gebäuden; es [...] ren hierher zwei Hauptgemälde, wovon eins die [...] der Peterskirche und ein anderes den Piazza Navo[...] Rom vorstellt. Ein großes Gemälde, Christus, [...] die Käufer aus dem Tempel treibt, in Parma bei [...] gnor Missione, wird besonders gerühmt.

Der Künstler war außerordentlich thätig und [...] viele seiner Werke befinden sich in den größten Gal[...] besonders sind viele in England. Lanzi tadelt die [...] gel der Perspective, lobt jedoch die Anmuth, die im [...] gemeinen in diesen architektonischen Bildern herrscht.

ihm ist viel von Vivares, G. Müller, le Bas ꝛc. in Kupfer gestochen worden, auch in dem Prachtwerk des Musée français sind Blätter nach ihm von Garreau und Daudet.

Pannini starb zu Florenz im hohen Alter und hinterließ einen Sohn, welcher Baumeister war und sich durch das Ausgraben mehrer antiker Figuren und Fußböden einen merkwürdigen Ruf verschaffte. (*Frenzel.*)

Panniput, s. Paniput.

PANNISTON, eine Art feingeköperten Wollenzeuchs (Molleton), der in England verfertigt wird. Die Stücke sind 32 bis 64 Yards lang und 1 Yard breit. Colchester, Bristol, Bradford, Salisbury liefern diesen Stoff. (*Karmarsch.*)

PANNO-CANARI-COMIS, im dänisch-asiatischen Handel eine Gattung dichter, fest geschlagener Kattune, welche in Stücken von 24 bis 26 Ellen Länge und $1\frac{1}{4}$ bis $1\frac{1}{16}$ Ellen Breite vorkommt. (*Karmarsch.*)

PANNO COMPRIDO, eine Art ostindischer Kattune, welche von den Dänen früher sehr häufig nach Europa gebracht wurden und auch jetzt noch zuweilen in den Auctionen zu Kopenhagen vorkommen. Es gibt davon viele verschiedene Sorten. (*Karmarsch.*)

PANNONA (*Πάννονα*), ein Ort oder kleine Stadt auf der Insel Kreta. Ptolemäus führt dieselbe unter den Mediterraneen zwischen Gortyna und Cnossus auf, wodurch es wahrscheinlich wird, daß sie auf der Stelle des heutigen Panon lag, mithin zu weit vom Ufer entfernt, als daß Pan bei Skylar (Periplus p. 41. ed. *Gron.* *Καὶ λιμὴν ἐν αὐτῷ Ὀλοῦς καὶ Πᾶν*) hierauf bezogen werden könnte. Vgl. *Is. Voss.* ad *Scylac.* l. c. Hoeck, Kreta I, 415 und daselbst die Karte. Mannert 8. Th. 726. (*Krause.*)

PANNONIEN (*Παννονία*, *Παιονία*, Pannonia). Literatur, Quellen: *Strabo* IV, 206 seq. V, 213 seq. VII, 313 seq. (ed. *Casaub.*) *Ptolem.* II, 15. 16. III, 1. *Appianus*, De rebus Illyricis. *Dion. Cass.* XLIX, 34—38. LV, 23. 24. *Herodian.* I. II. VIII. in einzelnen Stellen. *Vellej. Paterculus* II. 110 seq. *Plinius*, H. N. III, 28 seq. IV, 25. VII, 46. XXI, 20. XXXVII, 11. *Tacitus*, Annal. I, 16 seq. Einzelne Stellen in der Hist. und Germ. *Aurel. Victor*, Epit. und de Caesar. *Jornandes*, De rebus Getarum. *Procopius*, De bello Goth. *Ammian. Marcell.* XVI, 10. XVII, 12. Von Wichtigkeit sind außerdem das Itinerar. Antonini, die Tab. Peuting., die Notitia imperii. Hilfsmittel: *Cluverius*, Germania antiqua cum Vindelicia et Norico. *Joan. Lucius*, De reg. Dalmat., *Lax.* Comment. reip. Roman. und Migrat. Das wichtigste Werk für Pannonien ist jedoch *J. Lud. Schönleben*, Carniolia antiqua et nov. und Annales Carnioliae ant. et nov. T. I. part. I—III. Fol. Labaci (Laybach) 1681. Dieses Werk ist um so wichtiger für Pannonien, da der Verfasser als Eingeborner (sein Geburtsort Labacum, das alte Aemona [Emona], eine der bedeutendsten pannonischen Städte) viele zu Laybach aufgefundene Inschriften (T. I. p. 217 seq.), dann viele alte Chronika und andere Werke der ältesten Zeit, welche Andern schwerlich zu Geboten stehen dürften, benutzt hat. Wichtig ist auch *Marc. Velser*, De reb. Boic. Die allgemeinen Werke über alte Geographie, *Cellar.* Orb. ant. T. I. lib. II. c. 8. sect. II. Mannert, Geogr. der Gr. und R. 3. Th. 501 fg. 554 fg. 579 fg. 653 fg. 7. Th. 315—317. Sickler, Alt. Geogr. I. Th. S. 248 fg. Die beiden letzteren haben Schönleben's Carn. ant. nicht benutzt. Eine neuere Schrift von einem Bewohner jener Regionen ist der Commentarius in C. *Plinii Sec.* Pannoniam von Petri Mathiá Katancsich (Budae) 1829, die in Betreff der topographischen Angaben, besonders der Berge, Flüsse und Städte, auch über gegenwärtige Verhältnisse und Namen von Wichtigkeit ist, da der Verf. mit Benutzung einheimischer Quellen und Hilfsmittel geschrieben hat. Er beruft sich zugleich auf ein neueres Werk, *Matthiae Belii* Hungaria ant. et nov., von welchem im J. 1829 erst ein Prodromus erschienen war. Jedenfalls läßt sich auch für Pannonien von den jüngst in dem Kloster Monte-Negro bei Kragujewatz in Servien aufgefundenen Manuscripten (über die Geschichte der slawischen Stämme) neue Belehrung erwarten.

Name, Grenzen, Umfang, Eintheilung. Der Ursprung des Namens Pannonia läßt sich schwerlich evident nachweisen. Man hat ihn von Pan, von panis, von pannus, von Pannon, dem Sohne des Mösus, von Pannonios, dem Sohne des Autarieus (*Appian.* De reb. III. c. 2. p. 831 *Schweigh.*), von Pannonius, dem Sohne des Autarius (Genossen des Brennus) abgeleitet (s. *Schönleben* T. I. c. 1. p. 17 seq.). Dion Cassius, welcher als praefectus von Dalmatien und Oberpannonien für unsere Darstellung Gewicht haben muß, kennt nur eine Ableitung desselben von ihrer Kleidertracht, wobei das Wort pannus in Betracht kommt (XLIX, 36), auf welche wir um so weniger geben können, da er selbst die Richtigkeit derselben dahingestellt sein läßt. Auch vermögen wir nicht mit Bestimmtheit auszumitteln, ob dieser Name der ursprünglich einheimische, oder ein von den Römern ausgegangener war (wie bei *Tacitus*, Germ. c. 2. Germaniae vocabulum recens et nuper additum). Wenigstens müßte das Letztere der Fall sein, wenn wir die Ableitung von dem Worte pannus oder panis gelten lassen wollten, obgleich Dion l. c. bemerkt, daß sie sich selbst, sowie die Römer Pannonier genannt haben. Merkwürdiger ist, daß mehre der spätern griechischen Schriftsteller, namentlich Plutarch, Appianus, Arrianus, Herodianus, Athenäus, Zosimus, Päanius u. A., die Pannonier und Pannonien durch *Παίονες*, *Παιονία* bezeichnen[1]). Der Name *Παιονία* hatte seit Homer (Il. II, 848. XVI, 287. XVIII, 350. XXI, 155) als bekannte Bezeichnung für ein nördlich an Makedonien grenzendes, an den Flüssen Axios und Strymon, an den Gebirgen Rhodope, Hämus und Pangäus wohnendes Volk classische

1) *Plutarch.* Pomp. c. 41. *Appian.* de reb. Ill. c. 2. sq. *Herodian.* I, 5, 1. p. 6. ed. *Wolf.* II, 9. §. 1. 2. 12. VIII, 2, 1. *Athen.* IX, 398. *Arrian.* I. 5—6. *Zosimus* II, 48. *Paeanios* VII, 5. 6.

Farbe und Geltung. Wenn wir nun bedenken, wie wenig die Griechen in der ältern Zeit von den noch weiter nördlich liegenden Gegenden am Istros wußten (*Herodot.* V, 9), und wie sie bis gegen Ende des römischen Freistaats mit jenen Regionen nicht genauer bekannt werden konnten, so darf es nicht befremden, wenn die spätern griechischen Historiker diese Bezeichnung auf die weiter nördlich wohnenden Pannonier übertragen, entweder aus wirklicher Unkunde der geographischen Differenz, oder in der Meinung, daß beide Völker als stammverwandte zu betrachten, und die Pannonier von den Päoniern ausgegangen seien, oder auch, weil sie den geläufigen allbekannten Namen lieber als den unbekannten barbarischen in Anwendung brachten. Dion Cassius urtheilt daher (l. c.) nicht ohne Grund, daß jene das Wahre nicht gewußt haben (τἀληθὲς ἀγνοήσαντες) und daß man jenen Namen seines Alters wegen gebraucht habe (ἀρχαίου μέν που τοῦ προςρήματος τούτου ὄντος). Nun kann es auch nicht befremden, warum grade die Geographen, wie Strabon, Ptolemäus, Agathemeros (p. 222. 223. ed. *Gronov.*) und Dionysius Perieg. (v. 322. p. 24. T. I. ed. *Bernh.*), welche natürlich eine genauere Kenntniß der geographischen und ethnographischen Unterschiede haben, die Pannonier nicht *Παίονες*, sondern *Παννόνιοι* nennen. Der Grund liegt eben in ihrer genauern und mehr sichern Kenntniß jener Länderstriche. Auch Mösien am Danubius wird von den Griechen *Μυσία* genannt, woraus erhellt, wie gern man bekannte Formen statt unbekannter brauchte. Dion (l. c.) bestimmt es daher genauer durch den Zusatz ἡ ἐν τῇ Εὐρώπῃ [2]). Ob wir nun aber annehmen dürfen, daß die Pannonier aus Päonien stammen, und durch die makedonische Macht nordwärts fortgedrängt worden sind, wird weiter unten bei der Entwickelung der ältesten Geschichte Pannoniens angegeben. Die natürlichen Grenzen von Pannonien waren gegen Westen das norische, noch zur Alpenkette gehörige ketische Gebirge (*Κέτιος*) und noch mehre nach Süden hin fortgesetzte illyrische Alpenrücken (*Ptolem.* II, 15), gleichsam die Scheidewand zwischen Noricum und Pannonien, dann südwestlich die karnischen und pannonischen Alpenzüge (Pannonicae Alpes *Tacit.* Hist. II, 98) mit dem Okra und Carvanka: südlich die Bergrücken des Albius und Bebius, welche das heutige Servien und Bosnien von Dalmatien und Kroatien (sc. maritima) scheiden, gegen Südost und Ost der Savus mit seiner Mündung, und der Istros, gegen Nord, Nordost und Ost der breite Danubius oder Istros mit seinen Inseln, Uferplätzen und zahlreichen Mündungen der ihm zuströmenden großen und kleinen Flüsse. Die politischen Grenzen bildeten gegen West die Noriker und Rhäter (*Νωρικοί*, *'Ραιτοί*), gegen Südwest und Süd die Illyrier, die Japoden, die Autariaten, die Liburner, gegen Süd und Südost die Dalmater und Ardiäer, gegen Südost und Ost die Skordisker, oder wenn man mit Plinius (III, 28) diese selbst noch zu Pannonien zieht, die Triballer, Möser und Dardaner, gegen Nord und Nordost die jenseit des Istros wohnenden Daker und Bastarner.

Die politischen Grenzen wurden durch fortwährende gegenseitige Befehdung der einzelnen Völkerstämme natürlich bald erweitert, bald zusammengezogen, bis die römische Gewalt ihre Waffen hier gegen die benachbarten Stämme geltend machte und die hier stehenden pannonischen Legionen eine feste Abmarkung herbeiführten [3]). Nach dem gegenwärtigen politischen Zustande dieser Staaten werden von den angegebenen Grenzen der westliche Theil von Ungarn, Slavonien, der westliche Theil von Servien, Bosnien, Kroatien (das nördliche mediterranea), ein großer Theil von Krain (am See Lugeon) eingeschlossen. Die Römer begriffen übrigens im Allgemeinen alle Völker auf der rechten Seite des Danubius bis an Italiens Scheidewand, die Alpen, und noch über diese hinaus, gewöhnlich unter dem Namen Illyrien [4]).

Eintheilung: Die Geographen und Historiker unter Augustus und überhaupt im I. Jahrh. n. Chr. kennen zwar noch keine bestimmte Abtheilung Pannoniens, sowie auch Strabon *Παννονία* und *Παννόνιοι* nur im Allgemeinen nennt. Allein Andeutungen einer gewissen Abtheilung kommen doch schon bei Schriftstellern vor Antoninus

2) Ebenso *Appian.* de reb. Ill. c. 6. p. 836. *Schweigh.*

3) Die Grenzen von Pannonien werden vielfach, theils genauer bestimmt, theils nur angedeutet. Die ausführlichsten Angaben hat Ptolemäus (II, 15. 16) für Ober- und Unterpannonien. *Strab.* VII, 5, 313. Τὸ δὲ λοιπὸν ἔχουσι Παννόνιοι μέχρι Σεγεστικῆς καὶ Ἴστρου πρὸς ἄρκτον καὶ ἕω. Dann (314) Ἰάποδες γὰρ οἱ Ἰάποδες ἐπὶ τῷ Ἀλβίῳ ὄρει τελευταίῳ τῶν Ἄλπεων ὄντι, ὑψηλῷ σφόδρα, τῇ μὲν ἐπὶ τοὺς Παννονίους καὶ τὸν Ἴστρον καθήκοντες κτλ. VII, 5, 317. Ὁροθέσια δ' ἐστὶ ταῦτα, ἃ κατέχουσιν οἱ Παννόνιοι, πρὸς νότον μὲν μέχρι Δαλματέων καὶ Ἀρδιαίων διατείνοντα, πρὸς ἄρκτον δὲ ἐπὶ τὸν Ἴστρον τελευτῶντα. πρὸς ἕω δὲ Σκορδίσκοις συνάπτοντα· τῇ δὲ παρὰ τὰ ὄρη τῶν Μακεδόνων καὶ Θρᾳκῶν. VII, 5, 314. Ἔπειτα ἡ ἀπὸ τοῦ μυχοῦ τοῦ Ἀδρίου παρήκουσα ὀρεινὴ μέχρι τοῦ Ῥιζονικοῦ κόλπου καὶ τῆς Ἀρδιαίων γῆς, μεταξὺ πίπτουσα τῆς τε θαλάττης καὶ τῶν Παννονίων ἐθνῶν. Von den pannonischen Stämmen: ἃ διατείνει μέχρι καὶ Δαλματίας, σχεδὸν δέ τι καὶ Ἀρδιαίων, ἰόντι πρὸς νότον. *Plin.* III, 25. Quae pars ad mare Adriaticum spectat, appellatur Dalmatia et Illyricum: Ad septemtriones Pannonia vergit: finitur inde Danubio. IV, 25. usque ad Pannonica hiberna Carnunti, Germanorumque ibi confinium etc. *Dio Cass.* XLIX. p. 413. c. 36. οἱ Παννόνιοι νέμονται πρὸς τῇ Δαλματίᾳ παρ' αὐτὸν τὸν Ἴστρον, ἀπὸ Νωρικοῦ μέχρι τῆς Μυσίας τῆς ἐν τῇ Εὐρώπῃ. *Appian.* de reb. Illyr. c. 1. 3. p. 830. 832. T. I. *Schweigh.* et c. 14. p. 849. Οἱ δὲ Παίονες εἰσὶ ἔθνος μέγα παρὰ τὸν Ἴστρον, ἐπιμήκες ἐξ Ἰαπόδων ἐπὶ Δαρδάνους. c. 22. p. 859: Ὑλώδης δέ ἐστιν ἡ Παιόνων καὶ ἐπιμήκης ἐξ Ἰαπόδων ἐπὶ Δαρδάνους κτλ. c. 29. p. 868. Λοιποὶ δ' εἰσὶ τῆς ὑπὸ Ῥωμαίοις νομιζομένης Ἰλλυρίδος εἶναι, πρὸ μὲν Παιόνων Ῥαιτοὶ καὶ Νωρικοί, μετὰ Παίονας δὲ Μυσοὶ κτλ. *Agathemeros* p. 222. ed. *Gron.* ἐκτὸς δὲ τῶν Ἄλπεων τὰς δύο Παννονίας, ἐφ' ἃς ἐστι μετὰ τὰ ἀνατολικὰ ἡ Δαλματία καλεῖται. p. 223. ἡ ἄνω Μυσία συνάπτουσα πρὸς μὲν ἀνατολὰς τῇ κάτω Μυσίᾳ, πρὸς δὲ δύσεις Δαλματίᾳ τε καὶ τῇ κάτω Παννονίᾳ.

4) *Appian.* de reb. Illyr. c. 6. p. 836. 37. Vol. I. *Schweigh.* Κοινῇ δὲ πάντας Ἰλλυρίδα ἡγοῦνται. — ὅπου καὶ τὸ τέλος τῶνδε τῶν ἐθνῶν, ἀπὸ ἀνισχόντος Ἴστρου μέχρι τῆς Ποντικῆς θαλάσσης, ἐφ' ἓν ἐκμισθοῦσι, καὶ Ἰλλυρικὸν τέλος προσαγορεύουσιν. c. 30. p. 870. *Schweigh.* *Strab.* VII, 5, 313. Λέγω μὲν δὴ τὰ Ἰλλυρικὰ πρῶτα, συνάπτοντα τῷ τε Ἴστρῳ, καὶ ταῖς Ἄλπεσιν, ἃ κεῖται μεταξὺ τῆς Ἰταλίας καὶ τῆς Γερμανίας, ἀρξάμενα ἀπὸ τῆς λίμνης τῆς κατὰ τοὺς Οὐινδελικοὺς καὶ Ῥαιτοὺς καὶ Τοινίους (d. λίμνη d. i. lacus Brigantinus). Ähnlich *Sueton.* Tib. c. 16.

is vor, obgleich Cellarius (II, 8. 1, 438) eine solche dem genannten Kaiser bezweifelt, und Katancsich (S. 4) dezu leugnet. Bei Vell. Paterculus (II, 39. 109) ß „in omnibus Pannoniis“ wol ebenso wie bei Ta- s (Germ. c. 1) auf die Einwohner bezogen werden. Tacitus finden sich verschiedene Schreibarten (die rich- te ist wol: Germania omnis a Gallis Rhaetisque Pannoniis etc.). Plinius der Ältere braucht gewöhn- den Singularis, aber doch kommt auch der Pluralis (famam rei fecere proximae Pannoniae, id ac- entes circa mare Adriaticum; cf. III, 28. 29. I, 20. XXXVII, c. 11. n. 8). Dagegen gibt der er den beiden Antoninen lebende Ptolemäus (II, 16) Abtheilung in Ober- und Unterpannonien (*Παννονία ἄνω, Παννονία ἡ κάτω*) schon sehr bestimmt an. Er nt als nördliche Grenze der beiden Pannonien *τὴν τοῦ Ἀραβῶνος ποταμοῦ ἐκτροπήν*, die Mündung des Arabon inen südlichen Arm des Danubius, wo derselbe gegen- tig die große und kleine Insel Schütt bildet. Ober- nonien erstreckte sich also vom Arabon bis Noricum, erpannonien vom Arabon bis Mösien. So gibt auch n (XLIX, 36. LV, 23. 24) bestimmt die Enthei- in *ἡ Παννονία ἡ ἄνω* und *ἡ κάτω*. Auch nennt hier eine erste Hilfslegion (*στρατόπεδον*) *τὸ πρῶτον Ἐπικουρικὸν τὸ ἐν τῇ Παννονίᾳ τῇ κάτω*, und die te: *τὸ δεύτερον τὸ Ἐπικουρικὸν τὸ ἐν Παννονίᾳ τῇ ω*, die erste von Galba, die zweite von Vespasianus eführt. Man kann jedoch hieraus keinen Beweis ent- nen, daß unter Galba oder Vespasianus jene Enthei- schon bestanden habe; denn jene von den genannten ern eingerichteten Legionen konnten auch erst später Stellung in den bezeichneten Provinzen erhalten und Dion's Zeit daselbst haben. Noch Spätere, wie Aga- eros (p. 222. 223. *Gron.*), Aurel. Victor (De Caes. 37. §. 3), welcher unter Julianus Statthalter von nonien war, und Zosimus (II, 43) bestimmen eben- die Eintheilung genau (der Letztgenannte sogar *Παιο- τῆς ἀνωτάτω*). Ebenso das Itinerar. Antonini das Itiner. Hierosol. Diese Eintheilung in Ober- Unter-, oder in das westliche und östliche Pannonien b sich leicht aus der Gestalt des Terrains, welches West nach Ost, wie seine Hauptflüsse die größte Aus- ung hatte. Die Scheidelinie beider Abtheilungen zog also von Nord nach Süd. Im nördlichen Theile bil- , wie bemerkt, der dem Danubius zuströmende Ara- eine natürliche Grenze. Südlich mochte die Grenz- etwa von der Mündung des Flusses Vorbas in den us ausgehen (vgl. Mannert 3. Th. S. 556). Von htigkeit waren die Anstalten des Kaisers Galerius Ma- anus auf die Cultur des Landes, welcher durch Aus- ung der Wälder und durch Abzug des großen Sees o vermittels eines Kanals in die Donau viel Acker- gewann, und eine neue Provinz, zu Ehren seiner nahlin Valeria genannt, einrichtete (*Aur. Vict.* De s. c. XL. §. 9. 10). Hierdurch verlor zwar Ober- nonien nichts von seinem Gebiete, desto mehr aber erpannonien, welches fast auf die Hälfte seines Flä- raumes reducirt wurde (cf. Itinerar. Hieros. *Wes- seling*. p. 561. 562, und *Schönleben*, Carn. ant. et nov. P. III. p. 212 sq.). Allein dieses Verhältniß hatte nicht lange Bestand (Mannert 3. Th. S. 557). Constantin der Große nahm von Oberpannonien mehre Theile am Savus und Dravus weg, und vereinigte dieselben mit Unterpannonien, welches nun, als Pannonia secunda, auch als Savia bezeichnet wurde, weil der wichtigste Theil der Bevölkerung sich um den schiffbaren frequenten Savus drängte [5]). Die Provinz Valeria bestand jedoch fort in ihrer Ausdehnung. Oberpannonien, nun Pannonia prima genannt, erstreckte sich jetzt noch von dem obern Dravus bis zur Mündung des Arabo, umfaßte ein östliches Stück vom heutigen Österreich und ein westliches von Ungarn, und hatte wahrscheinlich mit dem Noricum ripense einen gemeinschaftlichen dux [6]). Nichtsdestoweniger hatte Pannonia prima noch fortwährend die größte Bedeutung für den römischen Staat, sofern die von Norden herkommenden Stämme aus Teutschland gewöhnlich durch diese Gegend ihre Richtung nach Italien hin nahmen. Daher hatten auch hier immer bedeutende römische Heere in geringer Entfernung von einander ihre Standquartiere. Über die Legionen, welche zu verschiedenen Zeiten hier standen, wird unten im Abschnitte über die Geschichte gehandelt. Die bereits unter dem Kaiser Constantin entworfene und unter Theodosius I. gegen Ende des 4. Jahrh. ausgeführte Notitia Imperii kennt schon diese Eintheilung genannter Provinzen. Hier werden jene zu den sechs illyrischen Provinzen des Westreichs gezählt [7]), dagegen Rhaetia prima und secunda zu Italien geschlagen. Man hat auch bisweilen eine Eintheilung in das nördliche und südliche Pannonien gemacht, allein ohne Grund und Beleg.

Längen- und Breitengrade, andere Dimensionen; Klima. Der Flächenraum des gesammten alten Pannoniens erstreckte sich von 31° 30′ bis 37° 50′ L., von 43° 5′ bis 48° 6′ Br. Katancsich (p. 4) setzt die größte Länge von der Quelle des Drinus auf dem Scardus bis zum Ausflusse des Vischa auf 355 Mill. pass. Die Breite von der Quelle des Savus bis zur Mündung desselben auf 300 Mill. pass. Er hat hier den Flächenraum nicht in der gewöhnlichen Vorstellung, nach welcher derselbe von West nach Ost länger ist, als von Süd nach Nord genommen. Nun zieht sich allerdings Unterpannonien am Ausflusse des Savus weit südöstlich hinab, sodaß man von hier ausgehend eine größere Länge von Südost nach Nordwest oder umgekehrt erhält. Andere ha-

5) Amm. Marcellin. (XV, 3. XVII, 12) spricht schon unter der Regierung des Constantius von Pannonia secunda und von ihrem rector, ohne eine Neuheit dieser Eintheilung zu erwähnen. Auch der Name Valeria kommt bei ihm vor (XVI, 10. XXVIII, 3). Sext. Rufus (Breviar. c. 7) nennt Secundorum Pannoniorum loca. 6) v. Not. Imp. Occid: „Sub dispositione Ducis Pannoniae secundae, Ripariensis sive Saviae. Ducis Valeriae Ripensis. Ducis Pannoniae primae et Norici Ripensis.“ 7) v. Not. Imp. Occid: „Provinciae Illyrici sex: Pannoniae secundae, Saviae, Dalmatiarum, Pannoniae primae, Norici Mediterranei, Norici Ripensis“ (hier ist die Provinz Valeria übergangen). Aber die beiden Rhaetiae prima und secunda sind hier zu Italien geschlagen: Provinciae Italiae decem et septem, — Rhaetiae primae, Rhaetiae secundae etc. Vergl. Mannert 3. Th. S. 559.

ben von West nach Ost 440 Mill. p., von Süd nach Nord 190 gesetzt (s. *Katancsich* p. 4). Bei dieser letztern Messung hat man von der norischen Grenze bis zum Ausflusse des Savus in den Istros die Länge, aber die Breite mehr westlich als östlich, etwa von dem M. Albius bis zum Danubius in Anschlag gebracht. Plinius gibt drei Messungen, von denen die wichtigste die größte Breite von Illyrien auf 325 M. p., die Länge vom Flusse Arsia bis zum Flusse Drinus auf 1300 M. p. setzt [8]). Plinius scheint genauere Messungen dieser Gegend als Ptolemäus vor Augen gehabt zu haben. Appianus berechnet nach Tagereisen, gibt der Breite von Illyrien 5, der Länge 30 Tagereisen. Er nimmt es in der weitesten Ausdehnung und schätzt dieselbe nach der Messung der Römer auf 6000 Stadien Länge, und 1200 Stadien Breite [9]). Hiernach beträgt die Länge 750, die Breite 150 M. p., welche Angaben sich mit denen des Plinius in Einklang bringen lassen (s. *Katancsich* p. 82. 83). Strabon (VII, 5. 314 *Casaub.*) scheint noch keine genauern Messungen gekannt zu haben. Er setzt als Entfernung von Tergeste bis zum Danubius (von Triest bis Ens) 1200 Stadien (=150 M. p.), von Aquileia bis Nauportus (von Aglar bis Verhnika) 350 Stadien (=62 M. p.). Ptolemäus (II, 16) gibt als Distanz von Tergeste bis Flexum (Φλέξον, Φλῆξον) 125 M. p. Plinius (III, 28) berechnet das Intervallum vom Ausflusse des Savus bis zum Dravus auf 120 M. p. (Gronov. 115), von Sirmium bis Taurunum 45 M. p. (s. *Katancsich* p. 83. 84). Die Entfernung von Carnuntum bis zur Küste Germaniens, von welcher man den Bernstein (succinum) brachte, setzte er (XXXVII, 11. 2) auf 600 M. p.

Nach der Eintheilung des Ptolemäus (II, 15) in klimatischer Beziehung fällt Pannonien in das vierte und letzte Klima (s. Mannert 3. Th. S. 468 und die Karte daselbst). Der südliche Strich Pannoniens wird aber von Plinius am Schlusse der sechsten klimatischen Abtheilung gesetzt. Nach der gewöhnlichen Eintheilung fällt das südliche Pannonien vor der Mitte des siebenten Klima (s. *Katancsich* p. 75). Der südliche Theil hat dieselbe Beschaffenheit der Luft als Italien, diesseit des Po, als Mösien, Bulgarien, Servien, Liburnien. Den Betrag der Grade und Tageslängen der einzelnen Städte hat Katancsich (p. 76 sq.) mit großer Ausführlichkeit angegeben.

Gebirge und Waldungen. Die bemerkenswerthe großartige Erscheinung, welche die Erdoberfläche mit ihren Formationen vielfach darbietet, daß große Gebirgszüge mächtige Ströme zu ihren Begleitern haben und umgekehrt, finden wir auch in Pannonien und den benachbarten Regionen, welche nördlich von dem Danubius und südlich von den ausgedehnten hohen Gebirgsketten der Alpen begrenzt werden. Diese Erscheinung erklärt sich lei
wenn wir bedenken, daß großen Gebirgszügen viele Qu
len entströmen, welche zu Flüssen anwachsen, und ihr G
wässer einem Strome, welcher dadurch zum Hauptstr
wird und seine Bedeutung erhält, zuführen. Zu die
Hauptstrome wird jedesmal derjenige Fluß werden m
welcher in größerer oder geringerer Entfernung mit
Gebirgszügen parallele Richtung hat und alles von di
kommende Gewässer aufnehmen muß. Dadurch wer
jene Gebirgslinien zugleich zur Wasserscheide großer St
Auch der schiffbare Savus bietet in kleinerm Maß
dasselbe Verhältniß zu diesen Gebirgen dar. Die
Danubius fast parallellaufenden Gebirgsketten der öst
Alpen mit verschiedenen Namen (vgl. *Schönleben*, C
niolia ant. T. I. c. 4. §. 1—4. p. 111 *sq.*), we
jenem eine große Anzahl größerer und kleinerer Flüsse
senden, und hier gleichsam die gewaltige Wand bild
an welche sich das südöstliche Teutschland anlehnt, s
sen auch von West nach Süd und Südost am südw
lichen und südlichen Pannonien hin (Pannonicae Al
ap. *Tacit.* Hist. II, 98. *Tibull.* IV, 1, 109 von
besiegten Pannoniern, Pannonius gelidas passim d
jectus in Alpes), und geben ihm hier seine natürl
Grenze und Vormauer [10]). Wir gehen bei der Besch
bung der pannonischen Gebirge von West nach Süd
Ost, und beginnen mit dem ketischen Gebirge (*Ket*
τὸ *Κέτιον ὄρος*, Cetius), eine Gebirgskette von 50 M
len bildend (jetzt der Kalenberg), eine Scheidewand z
schen Noricum und Pannonien (*Ptolem.* II, 15),
welcher der heutige Wienerwald einen Theil ausmac
Es zieht sich vom Danubius in südlicher Richtung bis
den Quellen des Savus hin [11]). Das Okragebirge
zeichnet Strabon (VII, 5. p. 314) als den niedrig
Theil derjenigen Alpen, welche sich von Rhätien bis
Gebiete der Japoden erstrecken, worauf das Albiageb
folge. Der Okra reihete sich westlich an die karnisc
Alpen. Von Aquileia führte eine Straße über den O
nach Nauportus, auf welcher man die vom Meere k
menden Waaren durch Landfuhrwerk weiter schaffte.
Entfernung von Aquileia bis Nauportus betrug 350,
andern 500 Stadien (*Strab.* IV, 6, 207, wo er
bemerkt: *καὶ ἡ Ὄκρα πλησίον τούτων ἐστίν. Οἱ*
οὖν Ἰάποδες πρότερον καὶ εὐανδροῦντες, καὶ
ὄρους ἐφ' ἑκάτερον τὴν οἴκησιν ἔχοντες κτλ. Ver
VII, 5, 314. *Ptolem.* II, 12. *Plin.* IV, 207).

8) *Plin.* III, 29. Katancsich (Comm. in Plin. Pannon. p. 83) bemerkt dazu: „Summa haec ab Cattaro, incolis Kotor, Dalmatiae, ad fines Albaniae, quos ea vox significat, recta in boream, sub eodem meridiano, secus Drinum, deinde Istrum praecedenti, ad Saivam, *Gran*, Strigonium, adcurate pertingit."
9) *Appian.* de reb. Illyr. c. 1. p. 830. *Schweigh.* T. I.

10) Vergl. Strabon's Bemerkung VII, 5, 313. über die G
birgszüge der Alpen überhaupt IV, 6, 207 und *Polyb.* ap. Str
IV, 6, 208. ed. *Casaub.* (Par. 1620.) *Herodian.* VIII, 1.
über die Natur dieser Gebirgszüge *Plin.* III, 28: „inde
Pannoniae, qua mitescentia Alpium juga, per medium Illyric
a septentrione ad meridiem versa, molli in dextra ac laeva
vexitate considunt." 11) Plinius (III, 28) beschreibt
penzüge, welche Noricum von Pannonien, und dieses von Dal
tien und Liburnien trennen, ohne ihre Namen anzugeben.
Cluver. Germ. c. Vind. et Noric. c. 5. *J. L. Schönleben*, Ca
ant. T. I. c. 4. p. 118 sqq., welcher über die alten und ne
Namen gegen *Laz.* Comm. Reip. Rom. XII. c. ult. ausführ
handelt. *Katancsich*, Com. in Plin. Pann. p. 5. Man sehe
Karten bei Schönleben und Cellarius T. I. p. 412. 436.

us (II, 12) erwähnt ihn in der Beschreibung von ien zugleich mit den punischen Alpen und dem Ca-ius, und setzt als Bestimmung der Grade XXXIII, XLV, 30 (*Schönleben*, Carn. ant. T. I. c. 4. 32). Die von Ptolemäus angegebene Lage des Okra : Cluver. (Ital. I, 16), Bert. (Germ. I, c. ult.), heimer (s. *Schönleben*, l. c.) widerlegt, und es sind diesen neuere Bestimmungen gemacht worden, welche ren detaillirten Modificationen für uns wenig In-: haben. Jedenfalls umfaßte der Okra das Gebirge, es sich von der Grenze Noricums aus in südwest-Richtung mit dem Carvanca (in der Nähe von Nau-s) bis zum Albius fortzog, wie die Karte von Car-. bei Schönleben (T. I. initio) diese Richtung an-lich bezeichnet [12]). Der Karvankas (ὁ *Καρουάγκας*, s Carvancas *Ptolem.* II, 14) bezeichnet den hohen gsrücken zwischen dem Okra und Nauportus (s. die bei Schönleben l. c.). Cluver (Ital. I, 22) iden-te ihn mit dem Carusadius, welche Meinung Schön-(T. I. p. 116. 117) mit Recht zurückweist. Denn arusadius ist weiter südlich zu stellen. Der Karvan-ildete, wie bemerkt, mit dem Okra die südwestliche ze von Oberpannonien. Nach Mannert's (3. Th. Anm. 6) Vermuthung ging Alarich von Ämona aus den Karvankas. An diesen grenzt in südöstlicher ung der Mons Albius (ὁ *Ἄλβιος*, τὸ *Ἄλβανον ὄρος* *m.* II, 15, auch Albanus, gegenwärtig Cappela,), ein hoher und langer Gebirgsrücken, welcher ei-Theil der südlichen Grenze Pannoniens bildet. Stra-bezeichnet ihn als hohes Gebirge und als letzten Theil Alpen, an welchem die Japoden wohnen, die sich bis zu den Pannoniern und dem Ister, theils bis adriatischen Meere erstrecken [13]). Der Albius erreicht en den Flüssen Korana und Kerka die Höhe von . p. von West nach Ost. Strabon (l. c.) läßt auf lben den Kolapis entspringen. Man s. die Karte Schönleben (T. I. initio), welcher (p. 115) bemerkt: stant nunc Albios montes — Lassenses, Reif-ses, Gottschevienses, Metlingenses etc.". Auf Albius folgt das bebische Gebirge (*Βέβιοι*, Bebii), es sich von den Quellen des Verbasus und Naron licher Richtung zu einer Höhe von 60 M. p. er-hebt, zwischen Dalmatien und Pannonien fortläuft, von hier sich mit dem von Süd gegen Norden sich ziehenden Scardus (Lyubotin) verbindet und bis zu den Quellen des Moraska erstreckt, wo es die Grenze zwischen Ser-vien, Albanien und Hercegovinien bildet. (Vgl. *Katancsich* p. 6 und die Karte bei *Cellar.* T. I. p. 436, obgleich weder dieser, noch Schönleben, noch irgend ein neuerer Geograph dieses Gebirge genauer beschreibt).

Der Berg Claudius wird von Plinius (III, 25 mons Claudius, cujus in fronte Scordisci, in tergo Taurisci) als Wohnsitz der Scordiscer und Tauriscer genannt. Auch Vell. Paterculus kennt ihn (II, 112 von einem Theile des pannonischen Heeres: occupato monte Claudio munitione se defendit). Über die falsche Stellung, welche ihm Neuere gegeben, sowie über seinen Namen handelt Katancsich p. 6. 7. Über andere minder wichtige Berge, wie den Phlygadia oder Phlygadius, den Tullus, den Picis, u. a. gibt Schönleben (Carn. T. I. c. 4. p. 133 sq.) die nöthige Belehrung. Außer den Waldungen, welche die genannten Berge bedeckten, führen wir hier nur noch den Bakonywald an, welchen Plinius (III, 28. 29) nach den deserta Boiorum setzt und durch: inde glandifera Pannoniae zu bezeichnen scheint [14]). Daß Pannonien zur Zeit der römischen Herrschaft viele Waldungen hatte, geht schon aus der erwähnten Angabe des Aurel. Victor (de Caes. c. 40. §. 9. 10) über die Ausrottung der Wälder und Culturbeförderung in Pannonien durch den Kaiser Galerius, als er die Provinz Valeria einrichtete, hervor.

Flüsse, Seen, Sümpfe, Inseln, Straßen. Hauptfluß ist der Danubius, welcher nach Agathemeros diesen Namen nur bis Vindobona (p. 222 *Gron.* *μέχρις Οὐινδοβούνης πόλεως*), führte, von wo ab der Name Istros eintrat (cf. *Appianus*, De reb. Illyr. c. 22. p. 860 *Schweigh.*). Er macht, wie schon bemerkt, die nördliche, nordöstliche und östliche natürliche Grenze des gesammten Pannoniens, und nimmt alle größern und kleinern Flüsse, welche Pannonien entweder von West nach Ost oder von Süd nach Nord durchströmen, mittelbar oder unmittelbar auf. Seine Ufer werden daher durch zahlreiche Mündungen (Confluentes) unterbrochen. Auch bildet er durch Nebenarme mehre beträchtliche Inseln, über welche wir weiter unten handeln. Den Danubius, welchen Arrian (Exp. Al. I, 3) den größten der europäischen Flüsse nennt, beherrschte seit der Regierung des Tiberius entweder fortwährend oder wenigstens bei Kriegsoperationen eine römische Flotte (*Tacit.* Annal. XII, 30). Seine Ufer waren auf der südlichen Seite mit mehren festen Plätzen besetzt. Wir betrachten die ihm zuströmenden Flüsse in ihrer Reihenfolge von West nach Ost. Nach den aus Noricum in den Danubius sich ergießenden Flüs-

2) Vergl. *Strab.* VII, 5, 313. 314. *Schönleben* T. I, 4. . „Puto igitur Ocram appellatum solum illud Promonto- quod supra Aquileiam per Carnos in Japydiam ducebat, rgesto ad lacum Lugeum ac Nauportum, ibique ad Al- Juliam terminabatur, cum ceterae partes alia haberent , Carvancae, Carusadii et Albii montis." *Katancsich* p.)cra — Golak maior et minor, velki, mali; Plinio est oppidum Carnorum, Kokru, et Subocrini, populus a monte patus: circa Lugeum lacum *Καρουάγκας*, Carvancas, ik et Pluca, praeter alia vocabula, quae sunt complura."

trab. VII, 5, 314. *ἡ δ' Ὄκρα ταπεινότατον μέρος τῶν ν ἐστι τῶν διατεινουσῶν ἀπὸ τῆς Ῥαιτικῆς μέχρι Ἰαπό- ἐντεῦθεν δ' ἐξαίρεται τὰ ὄρη πάλιν ἐν τοῖς Ἰάποσι, καὶ αι Ἄλβια. — Ἵδρυνται γὰρ οἱ Ἰάποδες ἐπὶ τῷ Ἀλβίῳ τελευταίῳ τῶν Ἄλπεων ὄντι, ὑψηλῷ σφόδρα, τῇ μὲν ἐπὶ Παννονίους καὶ τὸν Ἴστρον καθήκοντες, τῇ δ' ἐπὶ τὸν ν κτλ.*

14) Harduin bemerkt zu Plin. (l. c.) „legimus, in Pannonia silvis glandiferis vectigal constitutum." *Katancsich* p. 7: „Est is saltus Bakony, quibusdam mons Pannonius, olim terminus Pannoniae duplicis, amni *Marizal* ab exortu praetentus, LXX M. p. a borea in occasum hibernum procurrens, quem Plinius accipi voluerit, quamquam omnis Pannonia inprimis Dravum inter et Savum est glandis fertilissima."

sen ist in Pannonien der nächste der Arabon (Ἄραβων, auch ὁ Ναραβών, Narabon, Ναρβών, gegenwärtig Rab, Raba). Er entspringt auf dem Gessacus in der cetischen Gebirgskette (im h. Steiermark), nicht fern von Grätz (Gratium), zieht sich erst ostwärts, dann nordwärts, und fällt bei Arabona in den südlichen die Insel Schütt bildenden Arm des Istros (*Ptolem.* II, 15. 16). Er scheidet als Grenzfluß im Norden Ober- und Unterpannonien. Im 9. Jahrh. wird er Rhabo genannt (Annal. Fuld. a. 884). Der Bathinus (Bathinus *Vell. Paterc.* II, 114, auch Blato genannt) entspringt im Bakonywalde, nimmt seinen Lauf in verschiedenen Richtungen bald südlich, bald östlich, wird endlich träg und sumpfig, und vereinigt sich mit dem Istros (cf. *Katancsich* p. 8—10). Der Murus oder Murius (Tab. Peut.) auf dem Cetius in Noricum entspringend, ergießt sich in den Dravus. Man hat ihn für den Savaria (Σαουαρία) des Ptolemäus (II, 16) gehalten (*Cellar.* II, 8, 439. vol. I, welchem auch Mannert 3. Th. 563 beistimmt. Die Ausgabe des Ptolemäus von Erasmus nennt diesen Fluß Σαούϊος [wahrscheinlich nach Strabon], die ältere Ausgabe aber Συβαρία).

Der Dravus, einer der wichtigsten Flüsse Pannoniens, welchen Strabon (VII, 5, 314 Δράβος), Plinius (III, 25. Dravus), Ptolemäus (II, 16, wo Δάος aus Δράβος oder Δραός corrumpirt), Florus (IV, 12, 8) und andere nennen, hat einen reißenden Lauf aus den norischen Gebirgen (*Plin.* l. c. Dravus e Noricis violentior. *Flor.* l. c. Pannonii duobus satis acribus fluviis, Dravo Savoque vallabantur). Er geht in verschiedenen Krümmungen von West nach Ost, vor dem heutigen Marburg vorüber, nimmt an seinem linken Ufer den Murus auf und den Arzekus, auf dem rechten den Carossus (Karaschieza) und vereinigt sich mit dem Istros. Nahe an seiner Quelle ging der heilige Fortunatus über den Dravus nach Aguntum (Innichen, Paul. Diac. II, 13). Ptolemäus (l. c.) bestimmt seinen Lauf, welcher von West nach Ost beide Pannonien durchschneidet, ziemlich genau.

Der wichtigste aller pannonischen Ströme war für die Provinz der südlicher fließende schiffbare Savus, Pannonia's alma nutrix, welcher eine große Zahl kleinerer Flüsse (von denen jedoch einige auch schiffbar) in sein Strombette aufnehmend, für den Transport der Waaren sowol, als für Kriegsoperationen von höchster Wichtigkeit war. Auch bringt ihn die spätere Sage mit der Argonautenfahrt in Berührung (*Plin.* H. N. III, 22. *Justin.* XXXII, 3, 14). In den karnischen Alpen (innerhalb der Grenze des h. Ober-Krain) entspringend, von West nach Ost dem Dravus parallel durch Ober- und Unterpannonien dem Istros sich zuwendend, nimmt er von den südlichen Gebirgszügen viel Gewässer auf, bildet eine Insel und brachte den Römern bei ihren östlichen Kriegsunternehmungen gegen die Daker großen Vortheil. Strabon (VII, 5, 314, wo er ihn Σάος und Σάυος nennt) schon kennt diesen Fluß, hat aber von demselben eine seltsame Vorstellung, sofern er den Korkoras in den Savus, diesen in den Dravus, und diesen bei Segestike in den Noaros fallen läßt. Diesen Irrthum hat schon Ma (3. Th. S. 563) nachgewiesen. Plinius (III, 28 spricht von dem Savus in vielfacher Beziehung, von nem Ursprunge in den karnischen Alpen [15]), von s Laufe durch das Gebiet der Colapiani und Breuci, seiner Insel Metubarris, von der Mündung des K in denselben bei Siscia, von dem ihm bei der Sirmium zuströmenden Bacuntius, von seiner eigenen bung in den Danubius bei Taurunum. Das Inter seiner Mündung von der des Dravus setzt er auf M. p. an dem Ufer des Danubius hin, aber in ge Linie auf LXV M. p. Ptolemäus (II, 15, bei we er Σάος, Σαύιος, Σαουόνιος heißt) nur 110 M dem Ufer des Danubius entlang, 80 M. p. in ge Linie. Er entspringt aus zwei Quellen, einer nörd unter dem Berge Mounik, und einer südlichen, sich bei der Stadt Radolza vereinigen, nimmt die L (Lublanshza) auf, scheidet bei Gurkfeld Steiermark Kärnthen bis Ran (60 M. p.), wo er den Kork (Gurk) auf dem rechten Ufer aufnimmt, und in ver dener Richtung fortströmt, bis er den Kolapis empf dann die Unna, den Verbasus, den Boßna, den Dr den Bosutus (auf dem linken Ufer), worauf er sic den Istros ergießt (s. *Katancsich* p. 10—12). Nauportus, aus dem Gebirge Okra entspringend, f von Südwest dem Savus zu. Der Name dieses F wird nur von Plinius ausdrücklich genannt (III, 18, Strabon scheint ihn anzudeuten, ohne seinen Namen zugeben [16]). Plinius leitet seinen Namen von dem nautenschiffe ab. Gegenwärtig heißt er Lublanshza, Labach, wie die Stadt, welche er durchschneidet (*tancsich* p. 13). Der Korkoras wird von Strabon (5, 314 *Casaub.*) als ein Fluß, welcher Lasten trägt sie dem Savus zuführt (ὁ δεχόμενος τὰ φορτία), gen Er entspringt bei dem h. Wishna-gora, einer Sta Kärnthen, und bei Ran in Steiermark ergießt er sich der Grenze Kroatiens am linken Ufer in den Savus. Einwohner nennen ihn Kerka, Koka, die Teutschen Auch der Kolapis (Kolops, Kulpa), ebenfalls ein s barer Fluß, wird von dem Savus aufgenommen. entspringt auf dem Berge Jarmovitz, einem Theile

15) *Schönleben* T. I. p. 134: in angusta valle medici mum fonticulis velut stagnans, mox auctus aliis e vicinia rentibus post tria vel quatuor milliaria navigabilem se pra ret, nisi rupes alicubi obstarent." 16) *Strab.* IV, 6, Παραρρεῖ γὰρ τὸ Νάπορτον ποταμός, ἐκ τῆς Ἀλπείων φόμενος, πλωτός. ἐκβάλλει δ' εἰς τὸν Σάον. Schönleben übersetzt: „Pamportus enim amnis ex Illyriis navigabilis de tur: intrat autem Savum. Casaub. (ad *Strab.* l. c.) hält für den Korkoras. Aber diesen nennt Strabon (VII, 5, 314) besonders: Κόρκορας δὲ τοῦ Ναυπόρτου ποταμός ἐστι Κορ ρας κτλ. Nauportus wird hier und kurz vorher als Stadt nannt. Andere lesen hier und in der ersteren Stelle Ναύπορ Bei Mannert (3. Th. 564) herrscht hier arge Confusion. Stadt Nauportus nennt Tacitus (Annal. I, 20), Vell. Pat. (II, 110) und Tab. Peut. Cf. *Schönleben* T. I. p. 22. 52. 98 u Karte daselbst. Er nennt die Stadt Nauportum. *Katancsich* 12 sq.) vermuthet aus einer alten Steinschrift, daß der alte Na des Flusses Hemona gewesen und Nauportus der spätere latein Name geworden sei.

Carvanca (nach *Strabo* VII, 5, 314 auf dem Albius, also etwas östlicher) im Gebiete der Japoden, innerhalb der Grenze des alten Karnioliens (cf. *Schönleben* T. I. 3. p. 120), strömt in verschiedenen Richtungen weiter, trennt dann Kärnthen von Kroatien, nimmt bei Carlostadt auf seinem Ufer die Korana auf (*Katancsich*. p. 13. 14), strömt an der alten Stadt Siskia vorüber (*παρ' αὐτὸν τὸν περίβολον παραῤῥέων*) und ergießt sich hier in den Savus. Er schloß nebst dem Savus zur Zeit der Römer die ganze Stadt ein, denn Tiberius hatte durch einen großen Graben den Fluß in sein altes Bett zurückgeführt. Als Tiberius Siskia belagerte, strömte von der einen Seite der Kolapis dicht an den Mauern vorüber, von der andern Seite floß der Savus etwas entfernt von den Mauern. Das Intervallum war durch Pallisaden und Graben befestigt worden. Tiberius brachte nun von den Bundesgenossen kleine Fahrzeuge aus dem Danubius in den Savus, und aus diesem in den Kolapis, und griff nun die Stadt von zwei Seiten, zu Lande und zu Wasser an. Auch die Einwohner rüsteten kleine Fahrzeuge (*μονόξυλα πλοῖα*) aus, stellten sich ihm entgegen, und tödteten viele Römer, ergaben sich aber, sobald sie vernommen, daß die ihnen zu Hilfe eilenden Bundesgenossen in einen Hinterhalt gefallen und zu Grunde gegangen waren (*Dion Cass*. XLIX, 37. 38).

Der Noaros des Strabon (VII, 5, 314), von welchem dieser Geograph eine falsche Vorstellung hat, welchen Mannert (3. Th. 563) fälschlich mit dem kleinen Flusse Odra, und Sickler (I, 251) noch irriger mit dem Savus identificirt, ist der Korana. Er entspringt auf dem albischen Gebirge der Liburner, 10 M. p. vom Flusse Lika bei Gospich (Goszpich), nimmt verschiedene Richtungen und ergießt sich östlich von Karlostadt in den Kolapis (s. *Katancsich* p. 15. 16). Die Unna (Unna, gewöhnlich Unna), wahrscheinlich der Baldasus des Plinius, entspringt auf dem Berge Szerb (Szrb) in Bosnien (nach andern in Kroatien), geht von der Quelle aus östlich, dann südwestlich, geht vor der Stadt Dubitza vorüber, und ergießt sich zwischen den Dörfern Damianovitz und Jessenovitza in den Savus (*Katancsich* p. 16 sq.). Der Urpanus des Plinius wahrscheinlich der h. Verbas oder Urbas, welcher bei Banyaluka vorüberfließt und sich bei Svinyàr mit dem Savus vereinigt (*Katancsich* p. 17 sq.). Der Bosna, welcher dem durchflossenem Landstriche den Namen geliehen, entspringt auf dem Berge Smolin, einem Theile des Berges Ivan, geht nordwärts, nimmt den Milyaczka auf, beugt sich gegen Südwest, dann nördlich und südöstlich und fällt in den Savus (*Katancsich* p. 18). Der Bakuntius hatte seinen Ursprung in dem Savus und strömte bei Sirmium in denselben zurück (*Plin*. III, 25. *Katancsich* p. 18. 19). Der östlichste der pannonischen Flüsse ist der auf dem Crastinagebirge, einem Theile des Scardus, entspringende Drinus (Drin), welcher die westliche Grenze Serviens durchströmt, gegen Südwest, dann gegen Nord seine Richtung nimmt, die gemeinschaftliche Grenze zwischen Servien und Bosnien macht, dann östlich in den Savus mündet. Ptolemäus (II, 16) setzt ihn westlich von der Stadt Taurunum (*Δρεῖνος ἔκτροπα, ἀπὸ δυσμῶν Ταυρούνου πόλεως*). Katancsich will ihn auch bei Strabon (VII, 6, 207) finden. Allein dort ist die Lesart schwankend. Cf. *Casaub*. ad *Strab*. l. c. Die Tab. Peut. führt den Drinus zweimal an; außerdem wird er nicht genannt. Den Scarniunga (Savita, Leytha) nennt Jornandes (De reb. Getar. c. 52. 53). Andere kleine Flüsse, wie der Nedad (Nedao), wo die Hunnen unter Attila's Söhnen von den Gepiden und andern abgefallenen Völkern geschlagen wurden, und der Bollia, wo die Gothen den Sueven unterlagen (*Jornand*. De reb. Get. c. 50. 54), werden hier nicht weiter betrachtet, und lassen sich auch in Betreff ihrer Lage und Richtung schwerlich genau bestimmen.

Der See Peiso oder Pelso (lacus Pelsodis, Pelissa inferior, Balato) wird von Plinius (III, 27: Noricis junguntur lacus Peiso, deserta Boiorum etc.), von Aur. Victor (de Caes. XL. c. 9 von dem Kaiser Galerius: emisso in Danubium lacu Pelsone apud Pannonios etc.), und von Jornandes (de reb. Get. c. 52. Theodemirum juxta lacum Pelsodis etc.) genannt, und ist zuverlässig der heutige beträchtliche Plattensee (Balato), dessen ehemalige Verbindung mit der Donau durch den Sarvizkanal noch jetzt sichtbar ist. Man darf diesen See keineswegs für den erst in spätern Jahrhunderten entstandenen Neusiedlersee (Nustyblerzée) halten, wie Harduin zu Plinius (l. c.), Lazius (Com. reip. Rom. I, 12), Cluver (Germ. c. Vind. et Nor. c. 5), deren Annahme auch der sonst so gründliche Schönleben (Annal. Carn. P. II. p. 213) gelten läßt), obgleich die Worte des Plinius (Noricis junguntur etc.) dazu einladen könnten. Besonders spricht die Lage, welche ihm Jornandes (de reb. Get. c. 50. 52) anweist, offenbar für den Plattensee (cf. *Katancsich* p. 21). Einen andern kleinern See, Lugeon, welcher sehr sumpfig sein mochte, nennt Strabon (VII, 5, 314 *ἕλος Λούγεον καλούμενον*), welchem man begegnete, wenn man von dem karnischen Tergeste aus über das Gebirge Okra ging. Er mochte an der Grenze der Pannonier und Japoden liegen. Vgl. *Schönleben*, Carn. T. I. c. 4. p. 122. Mannert 3. Th. 566. Katancsich (p. 21) hält auch die Aqua nigra, von Jornandes (l. c.) als Fluß betrachtet, für einen See (lutum Musum, Ferteum stagnum, Fertö). In Unterpannonien findet sich noch ein kleiner See, Hiulka, in der Nähe der Stadt Cibalis (Cibalá). *Cellar*. II, 8. p. 449. T. I.

Flußinseln. Wir kennen in Pannonien zwei bedeutende Inseln, Segestica und Metubarris. Die erstere wird theils ausdrücklich genannt, theils nur angedeutet. Plinius nennt sie (III, 25. Colapis in Savum influens juxta Sisciam, gemino alveo insulam ibi efficit, quae Segestica appellatur). Einige verwechseln sie mit der Insel Metubarris (*Cellar*. II, 8. p. 439). Strabon (IV, 6, 207. VII, 5, 313. 314 *Casaub*.) trägt offenbar den Namen dieser Insel auf die Stadt Siskia über. Denn aus der Beschreibung der Lage dieser Stadt bei Dion Cassius (XLIX, 37) erhellt die Identität derselben mit Strabon's *Σεγεστική*, und man begreift zugleich, wie Strabon den Namen der Insel der Stadt geben konnte. Den Namen Σισκία aber trägt er (l. c.) auf ein nahe liegendes Castell über (ἐγγὺς δὲ τῆς Σεγεστικῆς ἐστι καὶ ἡ Σισκία φρούριον). Vielleicht hieß zu Strabon's Zeit die Stadt Segestike, nahm aber später den des wichtigen Castells an, und ließ ihren eigenen auf die Insel übergehen. Auch hatten vielleicht Stadt und Insel denselben Namen, die Insel behielt ihn, die Stadt aber erhielt den des [illegible]. Σεγεστική bezeichnet in der pannonischen Mundart „Insel," wie Katancsich (p. 22) bemerkt. Cf. *Katancsich* Spec. Geogr. p. 144 ad 181 (Zagrabiae). Die Insel Metubarris im Savus nennt Plinius (l. c.) die größte der Flußinseln (Insula in Savo Metubarris, amnicarum maxima), gibt aber nicht an, daß dieselbe vom Bacuntius (s. oben) gebildet wird. Harduin hielt Metubarris für Zagrabia, allein diese Stadt liegt nördlich vom Savus auf dem Festlande. Katancsich, welcher selbst in derselben sieben Jahre lebte, bemerkt (p. 23) gegen Harduin: „quae (Zagrabia) ab Savo in boream ad tertium abscedit lapidem, in mediterraneo sita; quod intervallum et pedes et cursu, persaepe dimensi sumus, septennio in ea morati urbe." Andere setzen diese Insel bald dahin, bald dorthin. Bei Strabon (VII, 5, 314) aber zeigt sich keine Spur derselben, welche Katancsich (l. c.) hier zu finden glaubte. Der Flächenraum der Insel beträgt von West nach Ost 70 M. p., die Breite 20 M. p., und hat gegenwärtig eine ansehnliche Stadt Vinkovcii, eine kleine Stadt Niemci und ein Castell Morovich, welche Orte Katancsich (p. 23) besucht hat. Die Inseln des Danubius, Schütt (45 M. p. lang, 15 breit) und Csepel (25 M. p. lang und 8 breit) und außerdem andere minder wichtige erwähnen die Alten nicht, wenn man nicht etwa Κύτνοι Cytni (Κίτοι, Citi), darauf beziehen will. Cf. *Katancsich* l. c.

Straßen und Handelsverkehr. Die Natur dieser Länder hatte selbst die Linie zu einer großen Heerstraße von Noricum aus nach dem Oriente und umgekehrt gezogen. Sie erstreckte sich längs dem rechten Ufer des Danubius hin durch ganz Pannonien, und brachte bei den spätern Völkerwanderungen diesem Lande wiederholte schreckliche Verwüstung. Die Römer hatten schon früh noch zur Zeit des Freistaats Furcht vor einer solchen Völkerstraße von Illyrien aus nach Makedonien hin, und als der Consul C. Cassius 581 u. c. (171 v. Chr.) eigenmächtig aus seiner Provinz Gallia einen Zug durch Illyrien nach Makedonien unternommen hatte, war der Senat darüber besonders deshalb entrüstet, weil jener dadurch leicht so vielen Nationen eine Straße nach Italien eröffnen könnte (ut viam tot nationibus in Italiam aperiret, Liv. XLIII, c. 1). Eine Landstraße führte schon früh aus Hellas durch Pannonien nach Gallien und Italien. Daher ein Theil der Gallier vom geschlagenen Heere des Brennus auf der Rückkehr am Zusammenflusse des Danubius und des Savus zurückblieb, und sich Skordisker nannte (*Athen.* VI. p. 234. *Justin.* XXXII, 3. 8). Mithridates, welcher über die Alpen nach Italien vorzudringen gedenkt, marschirt aus Thrakien nach Makedonien, und dann zu den Pannoniern (wenigstens übersetzt Schweighäuser ἐς Παίονας — per Pannonias)
von hier aus über die Alpen zu gehen (*Appia*
bello *Mithrid.* c. 102. p. 795. *Schweigh.* vol. I).
eigentliche Hauptstraße aber erhielt erst späterhin
der römischen Kaiserherrschaft und durch die Wande
der Gothen, Vandalen, Hunnen, Gepiden und
Völker ihre große Frequenz. Sie war besonders
die römischen Kaiser mit vielen wichtigen und festen
gegen die Angriffe der jenseit des Danubius woh
und wiederholt andrängenden Teutschen und Jazyg
setzt worden, welche Ptolemäus (II, 12. 14. 15.
mit ziemlicher Genauigkeit angibt, sowie die Tab.
und die verschiedenen Itineraria dieselben aufführen.
ter dem Kaiser Galerius wurde noch eine andere da
telland Pannoniens durchschneidende Straße gezogen,
wegen ihrer kürzern Linie, sofern hier die Beugung
Danubius vermieden wurden, bald noch frequenter
ohne daß jedoch die erstere ihre Bedeutung, welche sie
die vielen Besatzungen in den von ihr berührten S
erhielt, verloren hätte. Das Itinerarium Ant. gib
Beschreibung dieser beiden Hauptstraßen, neben w
sich natürlich auch noch einige Seitenwege Behu
Verbindung der einzelnen Städte fanden. Wir
hier keineswegs die Richtung und einzelnen Orte
Straßen verfolgen, werden aber einzelne Notizen
Aufführung der Städte Pannoniens beibringen. H
rühren wir nur noch die spätere Zeit der Völkerwand
während welcher ein andauerndes Drängen und
der Völker besonders Pannonien gleichsam zur ver
den Brücke, zum Absteigequartier und dadurch zum
platze der Zerstörung machte. Dies dauerte mit ei
Unterbrechungen vom Ende des 4. bis zum Anfan
10. Jahrh. fort, in welchem sich endlich die Ungar
festsetzten (vgl. Mannert 3. Th. S. 580 fg.).
nun schon die alten Bewohner Pannoniens dur
Waffen der römischen Legionen zerknickt und in ihr
tionalen Entwickelung gehemmt und gestört worde
ren (*Appian.* De reb. Ill. c. 22), so wurden s
vollends durch jene wilden Völkerschaaren, wie der
am Wege, zertreten, und konnten niemals zu einer
den selbständigen und volksthümlichen Blüthe gel
In Betreff des Handels haben wir nur wenig zu
ken. Von Aquileia aus, dem eigentlichen Stape
für den Handel und Verkehr der illyrischen Völker
haupt, führte eine Straße über das Gebirge Okra
oben bemerkt wurde, nach Nauportus, schon zu Stra
Zeit (V, 1, 214). Für den Transport und Verk
Wasser führte der schiffbare Savus eine sehr bequem
bindung mit dem Istros herbei, aus welchem man i
Pontus Euxinus gelangen konnte.

Boden, Producte. Pannonia's Oberfläche
fast alle großartigen Naturformationen des Festlandes
an der westlichen, südwestlichen und südlichen Grenz
Gebirge und Waldung, in seiner Mitte große sch
Flüsse (inclyti amnes *Solin.* c. 34), der größte in
Europa, der Danubius an der nördlichen Grenze, See
deutende Flußinseln, auch Sümpfe und Wüsten (de
Boiorum), sowie fruchtbaren Boden. Die gan

fbaren Flüsse konnten Handel und Verkehr ungemein
ünstigen und das Volk zur Wohlhabenheit bringen,
an ihm in der ältern Zeit ein glücklicheres Loos zu
eil geworden wäre. Ursprünglich war Pannonien, wie
benachbarten Regionen, natürlich ein rauhes und sei-
Bewohnern wenig Segen verheißendes Land. Taci-
bezeichnet diesen Strich Germaniens als einen mehr
andere den Stürmen ausgesetzten (German. c. 5).
linus (c. 34) nennt den Boden fruchtbar (solo plano
rtoque). Dion Cassius, Präfect von Dalmatien und
rpannonien, gibt einige belehrende Notizen über Pan-
iens Klima, Boden, Producte und Bewohner. Er
lbert die letztern als Leute, welche das armseligste Le-
führen (κακοβιώτατοι δὲ ἀνθρώπων ὄντες), welche
er fruchtbaren Boden noch mildes Klima haben, und
er weder Öl noch Wein bauen, (abgesehen von einem
ngen Ertrage der schlechtesten Qualität,) welche den
ßten Theil des Jahres im härtesten Winter leben (ἐν
ιῶνι πικροτάτῳ). Ihre Landesproducte seien Gerste
ιθάς) und Hirse (κέγχρους), von welchen sie Speise
Trank bereiten [17]). Sie werden aber für die tapfer-
unter allen andern gehalten. Sie seien die muthig-
, aber auch die mordlustigsten Männer (φονικώτατοι),
rn sie nichts, was zu einem glücklichen und schönen
en gehöre, besitzen. Dies wisse er nicht vom Hören-
n oder durch Lectüre, sondern aus eigener Erfahrung,
l er die Provinz unter seiner Gewalt gehabt habe
b. XLIX, 36). Strabon (VII, 5, 317) bezeichnet
ganze Region, welche über die illyrische Küste hinaus
e, als gebirgig, kalt und schneeig, sodaß es sowol auf
Höhen, als in den Niederungen an Weinbau man-
. Appianus (De reb. Illyr. c. 22) nennt das Land
Pannonier waldig (ὑλώδης δέ ἐστιν ἡ Παιόνων),
Schönleben (Carn. ant. T. I. p. 188) nur auf den
die Japoden und Dalmater grenzenden Theil bezogen
sen will. Die Schmeichler des Commodus, der nach
es Vaters Tode noch mit dem Heere in Pannonien
weilte, suchten ihm Sehnsucht nach Italien beizubrin-
, stellten Natur und Klima an den Ufern des Istros
ein schlimmes Licht, nannten die ganze Region eine
ruchtbare, kalte und von Wolken umdüsterte (μήτε
ὥρας εὔφορον, κρυεράν τε ἀεὶ καὶ συννεφῆ), in wel-
die kaiserl. Majestät gefrornes und ausgegrabenes
sser trinken müsse, und stellten diesem die milde Luft
liens gegenüber (*Herodian.* I, 6, 1—3). Günstiger
die Urtheile des Vell. Paterculus (II, 110) und des
linus (c. 34). Die Verdienste des Kaisers Galerius
die Urbarmachung eines wichtigen Theiles von Pan-
ien und die Einrichtung der neuen Provinz Valeria
urel. Vict. De Caes. c. 40. §. 9. 10) ist schon oben
führt worden.

Außer den von Dion (l. c.) genannten Landfrüchten
erste und Hirse) werden noch manche andere, wenn
h nicht kostbare, Producte angegeben. Plinius (III, 28) redet von den eicheltragenden Waldungen Pannoniens (glandifera Pannoniae), und versteht darunter nicht blos Eichen-, sondern auch die edlern Buchenfrüchte. Besonders war hieran Überfluß in der Provinz Valeria und in Pannonia Secunda. Ferner erzeugte Pannonien und Noricum nach der Angabe des Plinius (XXI, 20) die saliunca, keltische Narde oder irgend ein ähnliches Kraut. Der Kaiser Probus, welcher sich auch um die Cultur in Pannonien, wie in Gallien und Mösien verdient machte, ließ in diesen Ländern Weinreben pflanzen (*Aur. Vict.* De Caes. c. 37. §. 3. Galliam, Pannonias et Moesorum colles vinetis replevit). Besonders bepflanzte er den Berg Alma oder Almus bei Sirmium, seinem Geburtsorte, mit Reben (*Vopiscus*, Prob. c. 1, 18. *Eutrop.* IX, 11. *Schönleben*, Carn. T. I. P. III. p. 199). Um diese Zeit mochte bei besserer Cultur schon ein milderer Wein als zu Strabon's Zeit gewonnen werden (über die gegenwärtigen ungrischen Weine *Katancrich* p. 90 sq.). Der unbekannte Verfasser einer seltsamen Kosmographie, Expositio totius mundi genannt, im lateinischen Original oder in lateinischer Übersetzung, beschreibt Pannonien in der spätern Kaiserzeit als ein gesegnetes und an Producten reiches Land [18]). Aus dem Thierreiche lieferte Pannonien Rosse [19]), Vögel und Fische. Die letztern gewiß in reichlicher Quantität, da sich das Land durch wasserreiche Flüsse auszeichnet. Von den Fischen des Istros reden Aristoteles (Histor. anim. VIII, 14), Älianus (Hist. anim. XIV, 26) und Plinius (IX, 17. 20). Als eine besondere Gattung pannonischer Vögel beschreibt Lauresius (Laurentius), Präfect von Mösien und Pannonien unter Marc. Aurelius, die Tetrax (bei *Athen.* IX, 398), welche an Größe einen großen Hühnerhahn übertraf (ἦν δὲ τὸ μέγεθος ὑπὲρ ἀλεκτρυόνα τὸν μέγιστον). *Plin.* X, 29. *Katancrich* p. 87 sq. Daß hier auch Schafzucht getrieben wurde, läßt sich aus Strabon (V, 1, 213) abnehmen, welcher den an den Istros grenzenden Theil Illyriens, wo die Boier hausten, χώραν μηλόβοτον nennt. Bekannt sind auch die zu Rom beliebten Noricae vestes (cf. Expos. tot. mundi

17) *Dio Cass.* XLIX, 36. Ähnlich *Strab.* VII, 5, 315
den benachbarten Japoden: λυπρὰ δὲ τὰ χωρία, καὶ ζεία
κέγχρον τὰ πολλὰ τρεφομένων.

18) Diese aus guten und schlechten Bemerkungen bestehende Expositio (in Gronov's Ausgabe des Skylax und Agathemeros S. 253 fg.) hielt Salmasius für eine Übersetzung der περιήγησις τῆς οἰκουμένης eines alten griechischen Autors (*Gronov.* p. 252. l. c.); Kasp. Barth nennt den Verfasser Chorographus rusticus sub Constantio et Constante, super rustico veteri sermone Latino promulgatus. Phil. Brietius (Parall. Geogr. vet. et nov. vol. I. p. 10) bezeichnet ihn als Antiochier Alipius, der unter Constantius und Constans lateinisch geschrieben. In dieser Expositio heißt es p. 267: „Deinde Pannoniae regio, terra dives in omnibus, fructibus quoque et jumentis et negotiis, ex parte et mancipiis. Et semper habitatio imperatorum est. Habet autem et civitates maximas, Syrmi quoque et Noricum: unde vestis Noricus (so schreibt jener Autor) exire dicitur. Haec Pannonia regio.“

19) Über eine besondere Art Rosse der Sigynner, welche nach Herodot (V, 6) von der Gegend jenseit des Istros bis ans adriatische Meer wohnten, gibt derselbe (l. c.) folgenden Bericht: Τοὺς δὲ ἵππους αὐτέων εἶναι λασίους ἅπαν τὸ σῶμα, ἐπὶ πέντε δακτύλους τὸ βάθος τῶν τριχῶν· μικροὺς δὲ καὶ σιμοὺς καὶ ἀδυνάτους ἄνδρας φέρειν· ζευγνυμένους δὲ ὑπ' ἅρματα εἶναι ὀξυτάτους· ἁρματηλατέειν δὲ πρὸς ταῦτα πρὸς ἐπιχωρίους κτλ.

Pannoniorum augures vicerit (cf. *Rhodigin L. A.* XVIII, 21. p. 1063 (ed. Franc. et Lips. 1666). Den Cult betreffend verehrten natürlich die Pannonier vor der Berührung mit den Römern und auch wol in mancher Beziehung bis zur Einführung des Christenthums besondere National- oder Stammgottheiten. Eine gentile Gottheit dieser Art wird auf Inschriften Latobius genannt (Latobio Aug. sac.), welche in irgend einer Beziehung zu dem Stamme Latovici oder Latobici stehen mochte, vielleicht Stammgottheit derselben war (*Katancsich* p. 99). Den Belenus verehrten die benachbarten Aquilejer, auf Inschriften BELENO oder BELINO. Herodianus (VIII, 3. §. 8): *καὶ χρησμοὶ δέ τινες ἐδέδοντο, ὡς δὲ τοῦ ἐπιχωρίου Θεοῦ νίκην ὑπισχνουμένου. Βέλιν δὲ καλοῦσι τοῦτον, σέβουσί τε ὑπερφυῶς, Ἀπόλλωνα εἶναι ἐθέλοντες.* *Katancsich* p. 99. Derselbe (p. 100) erklärt den Latobius durch potentem ac videntem, Vlada-vid, woraus Latobius, dann *Lado*, unter welchem Namen er noch jetzt durch Volksgesänge verherrlicht werde, entstanden sei. Derselbe sei Belbog, der weiße Gott der Slawen, (albus S. D.). Eine Inschrift zu Laibach hat LABURO SACR. Dieser mag identisch mit Latobius sein. Auf Inschriften DEI CARNUN. und auf einer andern INVICTO DEO CHARTO NEVIOD. SUMM. Katancsich (p. 100) *bezieht jenen auf Carnuntum*: er soll entweder die Grenze (terminum), oder Czarn-bog, den schwarzen Gott, bezeichnet haben. Auf der zweiten Inschrift findet er den Summanus oder Pluto angedeutet, Chert, Tsert, mit welchem Namen die Slawen noch gegenwärtig den bösen Geist (malum genium) bezeichnen. Während des täglichen Verkehrs mit den Römern mochten die nationalen Gottheiten theils römische Farbe annehmen, theils auch vor den Göttern der Römer in den Hintergrund treten (*s. Schönleben*, Ann. Carn. ant. et nov. *P. III. p. 149*), *bis die Christuslehre hier* ihre Anhänger fand und schnelle Fortschritte machte. Schönleben (Annal. Carn. P. III. p. 180) vermuthet, daß schon unter Commodus sich hier kleine Christengemeinden gebildet haben.

Auf eine Untersuchung über das pannonische oder keltisch-illyrische Sprachidiom können wir hier am wenigsten eingehen. Einiges hat hierüber Katancsich (p. 108 sq.) beigebracht (wozu noch *Tacit.* Germ. c. 28 zu berücksichtigen), unter diesem eine alte Inschrift der Vindobonenses auf einer goldenen Platte, welche sich zu Wien befindet. Diese Inschrift gewährt eine Probe jenes Idioms und verdient hier eine Stelle:

ΠΑΣΑL Ω ЖCT NAIAB
IS. IANTVRRE. DAƆV ƆVA
ME NEV. A BRATA JVA
ZBA. A CRANƆI HANIA
RJ. ZVAM. PJAJAZ. THOB. A.
-KLARA VEÇNA.

Pasal ov jest najavich janturre, dasu s-vame nev a vrata Jvaskn, a Kronsi Panjari. Zvam pjajaz, tjeov, a slava vjecsna. Katancsich (p. 104), welcher folgende Übersetzung gibt: „Scriptum hoc est index pectorum, limites esse vobiscum a porta Augusta

Pannoniorum augures vicerit (cf. *Rhodigin L. A.* XVIII, 21. p. 1063 (ed. Franc. et Lips. 1666). Den Cult betreffend verehrten natürlich die Pannonier vor der Berührung mit den Römern und auch wol in mancher Beziehung bis zur Einführung des Christenthums besondere National- oder Stammgottheiten. Eine gentile Gottheit dieser Art wird auf Inschriften Latobius genannt (Latobio Aug. sac.), welche in irgend einer Beziehung zu dem Stamme Latovici oder Latobici stehen mochte, vielleicht Stammgottheit derselben war (*Katancsich* p. 99). Den Belenus verehrten die benachbarten Aquilejer, auf Inschriften BELENO oder BELINO. Herodianus (VIII, 3. §. 8): *καὶ χρησμοὶ δέ τινες ἐδίδοντο, ὡς δὲ τοῦ ἐπιχωρίου Θεοῦ νίκην ὑπισχνουμένου. Βέλιν δὲ καλοῦσι τοῦτον, σέβουσί τε ὑπερφυῶς, Ἀπόλλωνα εἶναι ἐθέλοντες.* *Katancsich* p. 99. Derselbe (p. 100) erklärt den Latobius durch potentem ac videntem, Vlada-vid, woraus Latobius, dann Lado, unter welchem Namen er noch jetzt durch Volksgesänge verherrlicht werde, entstanden sei. Derselbe sei Belbog, der weiße Gott der Slawen, (albus S. D.). Eine Inschrift zu Laibach hat LABURO SACR. Dieser mag identisch mit Latobius sein. Auf Inschriften DEI CARNUN. und auf einer andern INVICTO DEO CHARTO NEVIOD. SUMM. Katancsich (p. 100) bezieht jenen auf Carnuntum: er soll entweder die Grenze (terminum), oder Czarn-bog, den schwarzen Gott, bezeichnet haben. Auf der zweiten Inschrift findet er den Summanus oder Pluto angedeutet, Chert, Tzert, mit welchem Namen die Slawen noch gegenwärtig den bösen Geist (malum genium) bezeichnen. Während des täglichen Verkehrs mit den Römern mochten die nationalen Gottheiten theils römische Farbe annehmen, theils auch vor den Göttern der Römer in den Hintergrund treten (s. *Schönleben*, Ann. Carn. ant. et nov. P. III. p. 149), bis die Christuslehre hier ihre Anhänger fand und schnelle Fortschritte machte. Schönleben (Annal. Carn. P. III. p. 180) vermuthet, daß schon unter Commodus sich hier kleine Christengemeinden gebildet haben.

Auf eine Untersuchung über das pannonische oder keltisch-illyrische Sprachidiom können wir hier am wenigsten eingehen. Einiges hat hierüber Katancsich (p. 108 sq.) beigebracht. (wozu noch *Tacit.* Germ. c. 28 zu berücksichtigen), unter diesem eine alte Inschrift der Vindobonenses auf einer goldenen Platte, welche sich zu Wien befindet. Diese Inschrift gewährt eine Probe jenes Idioms und verdient hier eine Stelle:

ITAЭAL Ω HCT NAIAB
IE. IANTVRRE. DAЭV OVA
ME NEV. A BRATA JVA
ZBA. A CRANЭI HANIA
RJ. ZVAM. PJAJAZ. THOB. A-
-KLARA VEÇNA.

Pasal ov jest najavich janturre, dasu s-vame nev a vrata Jvaska, a Kronsi Panjari. Zvam pjajaz, tjeov, a slava vjecsna. Katancsich (p. 104), welcher folgende Übersetzung gibt: „Scriptum hoc est index pactorum, limites esse vobiscum a porta Augusta ad confines Pannonios. Concordia vobiscum, pax, et gloria sempiterna.“ Katancsich (l. c.) will diese Inschrift in das Jahr Roms 804 (n. Chr. 51), in die Regierung des Kaisers Claudius setzen, unter welchem Vannius, ein vom Drusus eingesetzter Fürst der Sueven, durch die Lygier und Hermunduren aus seinem Reiche vertrieben, mit seinen Clienten Wohnsitze in Pannonien angewiesen erhielt. (*Tacitus*, Ann. XII. p. c. 30.) Katancsich (p. 104) bezieht dies fälschlich auf die Marcomannen. Die vielfache Berührung mit andern Völkern, ganz besonders mit den Römern, mußte natürlich fremdartige Elemente in die einheimische Sprache bringen (vgl. *Vell. Paterc.* II, 110).

Ethnographische Übersicht der einzelnen Stämme. Die Pannonier waren ein großes, sich weit ausdehnendes Volk, welches in viele kleine Zweige sich spaltete, die in lockerer Verbindung mit einander lebten, und nur durch Annäherung feindlicher Mächte von Außen her angetrieben wurden, sich zu einem Ganzen zu vereinigen. Überdies wurden sie seit alter Zeit durch das Drängen und Treiben mächtiger Nachbarstämme, wenn auch nicht in ihrer Gesammtheit, doch in einzelnen Theilen mehr oder weniger beschränkt. Daher können sich unsere folgenden Angaben mit Sicherheit eigentlich nur auf die Zeit beziehen, in welcher sie von den betreffenden Autoren überliefert worden sind. Appian's Darstellung (De rebus Illyr.), der für uns die Hauptquelle sein sollte, hat leider wenig Zuverlässigkeit, so bald er von andern Verhältnissen redet, als von den Kriegen der Römer. Nach seiner Angabe (c. 22. p. 850) wohnten sie nicht in Städten, sondern in Dörfern, Gauen (*κώμας*) nach Stammverwandtschaften (*κατὰ συγγένειαν*) [22]. Sie kamen ferner nicht in gemeinsamen Berathungshäusern (*βουλευτήρια κοινὰ*) zusammen [23], und hatten keine gemeinsamen Vorsteher (*ἄρχοντες*). Wir können aber dieser Darstellung für jene Zeit, in welcher sie mit den Römern bekannt wurden, wenig Glauben beimessen, eher möchte sie auf eine viel frühere Zeit zu beziehen sein. Die einzelnen Stämme gibt Plinius (III, 28) am ausführlichsten an. Als Hauptstämme (populorum capita), durch deren Gebiet der Dravus fließe, nennt er von West nach Ost die Serrates, die Serapilli, die Iasi, die Andizetes, durch deren Gebiet der Savus ströme, die Colapiani und Breuci. Als minder bedeutende Völker oder kleinere Abtheilungen führt er außerdem die Arivates, Azali, Amantes (die Amantini des *Ptolem.* II, 15), die Belgites, Catari, Cornacates, Eravisci (Aravisci), Hercuniates, Latovici, Oseriates, Varciani auf. Den erwähnten Berg Claudius läßt er auf der Vorderseite von den Skordisci, auf der Hinterseite von den Taurisci bewohnen. Zu diesen

22) Und doch beschreibt er c. 23 die Stadt der Segestaner, auf welche Octavius losmarschirt und welche er erst am 30. Tage mit Gewalt erobern konnte, als eine sehr feste Stadt, nämlich Siskia, *Dio Cass.* XLIX, 37. 23) Und doch nennt er selbst c. 20 ein *βουλευτήριον* der Stadt der Japoden, Metulum. Hatten aber die Japoden *βουλευτήρια*, so hatten sie sicher auch die Pannonier, denn die Japoden grenzten so dicht an Pannonien, daß sie bisweilen mit zu diesem gezogen werden, und jedenfalls Stammverwandte waren

kommen noch die Boji, die Siscienses (oder vielmehr die Segestani), die Sirmienses, die Subocrini, die Pasini, die Mazäi, worüber weiter unten. Ptolemäus (II, 15. 16) beginnt bei seiner Aufzählung mehr nördlich, und nennt zunächst die Azali (*ἐν μὲν τοῖς πρὸς ἄρκτους μέρεσιν Ἄζαλοι μὲν δυσμικώτεροι*) in Oberpannonien. Auf einer Steinschrift heißt: *L.* Volcatius Primus praefectus ripae Danubii et civitatium duarum Bojor. et Azalior. Sie scheinen zwischen Carnuntum und Scarbantia ihre Sitze gehabt zu haben. Über den Namen handelt *Katancsich* p. 24. 25. An diese stoßen südwärts die Boji (Bogi, *Βογοί*, *Ptolem.* [Cod. Coislin] l. c.), deren Sitze Plinius (l. c.) angibt: „Noricis junguntur, lacus Peiso, deserta Boiorum, jam tamen colonia divi Claudii Sabaria et oppido Scarabantia Julia habitantur.“ Sie stammten aus dem transalpinischen Gallien (Strabon IV, 6, 206 macht sie zu Nachbarn der Rhäter, Vindelici und Helvetii), hatten durch die Römer mehre Niederlagen erlitten, und sich endlich unter den Consuln Messala und Salinator nach Pannonien gewendet. Hier hatten sie Noreia im Gebiete der Taurisker erobert, wurden aber bald von den Helvetiern gegen die Römer zu Hilfe gerufen, und überließen den alten Bewohnern, zu welchen noch Marcomannen gekommen waren, ihre Sitze. Der Name Boji blieb dann den Marcomannen, einem germanischen Stamme. Ptolemäus (l. c.) setzt seine Bioi (Boii, *Βιοί* fälschlich d. ed. *Erasm.*) westlich (*πρὸς δυσμάς*). Sie waren zwischen Scarabantia und Savaria seßhaft (*Katancsich* p. 25). Über die Boier überhaupt *Marc. Velser.* Rer. Boic. Libr. II, p. 72—86. Östlich grenzten an die Azaler die Kytnoi (*Κύτνοι*, Cytni, Schott *Κίτοι*, Citi), ein Theil der Arabiscer. Die Eravisci des Plinius waren sicher keine andern, als die Arabisci, welche Tacitus nach Pannonien setzt (Germ. c. 28: „Sed utrum Arabisci in Pannoniam ab Osis, Germanorum natione, an Osi ab Arabiscis in Germaniam commigraverint, cum eodem adhuc sermone, institutis, moribus utantur, incertum est“) und nach seinen Worten kein unbedeutender Stamm waren. Auch Gronov zu dieser Stelle hält beide für identisch. Katancsich aber (p. 26) setzt die Eravisci nach den Arabisci als ein verschiedenes Völkchen; gewiß mit Unrecht. Ptolemäos (l. c.) nennt sie die nördlichsten Bewohner des östlichen Pannoniens (*ἐν δὲ τοῖς ἀνατολικοῖς ἀρκτικώτατοι μὲν Ἀραβίσκοι* [Schott *Ἀραυίσκοι*]). Südlich von diesen hausten die Hercuniaten oder Ercuniaten (*Ptolem.* l. c. *Ἐρκουνιάτες*, Schott *Ἐρκουνιάται*), in der Umgegend von dem h. Stuhlweißenburg (nach *Katancsich* p. 26 in Vesprimiensi, Albensi, Pilisiensi comitatu). Ptolemäus (l. c.) setzt sie nach Unterpannonien. Man hat sie für einen Theil der Boii gehalten und den Namen von der silva Hercynia abgeleitet, wogegen sich Katancsich (p. 27) erklärt und annimmt, daß die Hercuniates aus dem Bakony, Berhunyak genannt, hervorgegangen seien. An die Boii grenzten südlich die Serrates, welche Plinius (l. c.) allein nennt[24]). Die Serapilli, welche ebenfalls von Plinius allein erwähnt werden, erstreckten sich von Pötovio (in Stiria, Steiermark) bis nach Krapina (im h. Kroatien). Die Varciani waren ihre östlichen Nachbarn, von der Gebirgsgegend so genannt. Ptolemäus (l. c.) setzt sie nach Oberpannonien (von den Latovici aus *Οὐαρκιανοὶ δὲ τὰ πρὸς ἀνατολάς*). Mannert (3. Th. S. 568) setzt sie an den Savus, wohin sie keineswegs gehören; denn sie waren ein Theil der Jasi, welche am Dravus wohnten (*Katancsich* p. 27). Die Andizetes (auch Sandizetes, Sandrizetes genannt) des Plinius nennt Ptolemäus *Ἀνδιάντες*, und stellt sie unter die Hercuniates. Strabon (VII, 5, 314 *Casaub.*) setzt die *Ἀνδιζήτιοι* zwischen die *Βρεῦκοι* und *Διτίωνες*. Ein Theil derselben waren die Bathanati (*Βαθάνατοι*), deren Gebiet Bathanatia (*Βαθανατία*) vom Bathinus (Sarviz) durchströmt, das Vaterland des Pannoniers Baton war, eines rüstigen Heerführers gegen die Römer (*Strabo* VII, 5, 314. *Dion.* LV, c. 29. 34). Athenäos (VI, 6, 234) nennt sie Skordisker, als Genossen des Skordiskerheeres unter Bathanatios, auf dem Zuge des Brennus gegen Delphi (cf. *Schönleben* T. I. c. 5. p. 140 sq. *Katancsich* p. 28). Die Jasi werden von Ptolemäus (II, 16) in Oberpannonien gegen Osten (*Ἰάσιοι δὲ πρὸς ἀνατολάς*) aufgeführt[25]). Auf einer dem Kaiser Commodus geweihten Inschrift zu Podborje: Respublica IASORU. und Aquas IASAS. (s. *Katancsich* l. c.). Die Arivates, Ahnherren der Harvati, werden von Plinius (l. c.) allein genannt. Nestor nennt sie Chorvati und verbindet sie mit den Chorutanern (*Katancsich* p. 29: „regionem Zagorianam Croatiae, circa Sutlam, Krapinam, Horvatszkam, amnes, Zagraviam usque tenebant Arivates“). Sie machten einen Theil der Skordisker aus, welche Plinius, wie bemerkt, auf die Vorderseite des M. Claudius setzt. Die Skordisker nennt auch Strabon, ohne ihr Gebiet genau zu bestimmen. Er zählt sie eigentlich nicht zu den Pannoniern (VII, 5, 313 *κατὰ τοὺς Σκορδίσκους καλουμένους Γαλάτας.*] *Τὸ δὲ λοιπὸν ἔχουσι Παννόνιοι μέχρι Σεγεστικῆς καὶ Ἴστρου*. VII, 5, 315. *Γαλατῶν μὲν Βοΐοι καὶ Σκορδίσκοι*), und setzt ihre Wohnsitze östlich von diesen (VII, 5, 317 *Ὁροπέδια — πρὸς ἕω δὲ Σκορδίσκοις συνάπτοντα*) an den Istros; theilt sie in die großen und kleinen, von welchen er jene zwischen zwei Flüsse, dem Noaros und dem Margos, welche dem Istros zuströmen, setzt, die kleinen aber in die Nachbarschaft der Triballer und Möser (VII, 5, 318). Sie waren aber, fährt er fort, so mächtig, daß sie bis zu den Grenzen der Illyrier, der Päonier und Thraker vordrangen. Sie hatten mehre Inseln des Istros und zwei Städte Heorta und Capedunum[26]). (Katancsich [p. 30]

24) Hardnin zu Plinius (l. c.) bemerkt: „Hi et Serapilli Carinthiam tenuere, ripamque geminam Dravi amnis.“ *Katancsich* p. 27: „Carinthia finibus Norici tenebatur. Erat Serota mansio Viroviticensi agro; neque Zerin-vár, chartis Sarinvar, a veteri nuncupatione populi abludit.“

25) *Katancsich* p. 28: „Montanum Moslavinae tractum, a Topliczа ad Podborje, habebant Jasi, in Somogyensem comitatum porrecti.“ 26) Nach Appianus (de reb. Ill. c. 3. p. 832. *Schweigh.*) wohnten sie in den östlichen Theilen Pannoniens (*Παιόνων ἐσχατιαῖς — ὅθεν ἐστὶ καὶ νῦν Σκορδίσκων γένος*

bemerkt: „Scordisci, ore Graio prolati, sunt *Zagorii*, tanquam postmontanos dicas, quod jugis Claudii, Medved, ab Tauriscis dirimebantur). Die Taurisker, welche die andere Seite des Berges bewohnten, möchten schwerlich zu den Pannoniern zu ziehen sein (*Strab.* IV, 6, 207 *καὶ τοὺς Παννονίους καὶ τοὺς Ταυρίσκους;* IV, 6, 206 betrachtet er sie als Theil der Noriker). Auch die Karni erstreckten sich nach Plinius (III, 23. 27. 28) eines Theils bis nach Pannonien hinein (*Katancsich* p. 31), Strabon aber (IV, 6, 206) stellt sie weiter südlich. Die Japoden bewohnten die nördliche Abdachung des albischen Gebirges (*Ἄλβια*) nach dem Okra hin. Durch ihr Gebiet strömte der Kolapis (*Strab.* VII, 5, 314). Sie waren vor den Kriegen mit den Römern ein mächtiger Stamm, erstreckten sich nördlich bis an den Istros, südlich bis an das adriatische Meer, und hatten die Städte Metulon, Arupeinos, Monettion, Vendos inne (*Strab.* IV, 6, 207). Appianus (De reb. Ill. c. 16. p. 851 sq.) nennt die Aurupini als den größten und streitbarsten Theil der Japoden. Nachdem durch die römischen Waffen die Macht der Japoden gebrochen und sie sehr geschwächt worden waren (*ἐκπεπονημένοι ὑπὸ τοῦ Σεβαστοῦ τελέως*), mochten sie größtentheils mit den Pannoniern und andern Nachbarstämmen verschmelzen. Plinius (III, 22) reihet sie an die Istrier und Karner (über die gegenwärtigen Namen ihrer Sitze *Katancsich* p. 32 sq.). Die Latobici, ein mächtiger Stamm, erstreckten sich vom Flusse Nauportus bis zum Korkoras. Ptolemäus stellt sie gegen Noricum hin (II, 15 *Λατόβικοι ὑπὸ τὸ Νωρικόν*). Schönleben (T. I. p. 92) vermuthet, daß sie um Emona (Labacum, Laybach) seßhaft gewesen. Der Name Latovici findet sich noch auf Steinschriften (*Schönleben* l. c. *Katancsich* p. 33). Zwei der bedeutendsten Völker an dem Savus hin waren die Kolapianer und Breuker (*Strab.* VII, 5, 314. *Plin.* III, 28. *Dion* LV, 29). Ein Breuker war Baton, der eine der pannonischen Anführer dieses Namens (*Dion* LV, 29. 34), der andere Baton ein Dalmater (*Dion* l. c. *Sueton. Tib.* c. 20). Die Breuker werden auch von Ptolemäus (II, 16) und von Dion (l. c.) mehrmals genannt. Auf Steinschriften BREUCUS. Cohors VII. BREUCOR. Ihr Gebiet heißt gegenwärtig Posavje, Posavina (*Katancsich* p. 35). Die Amantini (Amantes ap. *Plin.* l. c.), welche zwischen dem Savus und Dravus (in Pannonia Secunda) hausten, werden außer Plinius (l. c.) und Ptolemäus (l. c.) auch von Sextus Rufus (Breviar. c. 7: „Amantinis inter Savum et Dravum prostratis, regio Savensis ac Secundorum Pannoniorum loca obtenta sunt") und auf einer sirmischen Steinschrift genannt (*Katancsich* p. 35). Die Sirmenser, gegen Ost hin in Unterpannonien, Nachbarn der Taurunenser, hatten ein großes Gebiet mit mehren Städten. Strabon (VII, 5, 314) setzt Sirmium an die nach Italien führende Straße. Steinschriften haben SIRMIENS. und SIRMESIS (*Katancsich* p. 36). Zwischen den Sirmienses und Amantini hatten am Danubius die Cornacates (auch Corneates) ihre Wohnsitze, so genannt von der Stadt Cornacum (*Ptolem.* II, 15. *Harduin.* ad *Plin.* III, 28). Sie mögen zu Plinius' Zeit wenig Bedeutung gehabt haben, da er sie unter den kleinern Völkerschaften aufführt (über den gegenwärtigen Namen des Gebiets *Katancsich* p. 36). Westlich von diesen um die Flüsse Unna und Verbasus wohnten andere kleine Völkchen, die Belgites, Catari und Oseriates. Die Belgites nur von Plinius erwähnt, hatten ihre Sitze an der östlichen Unna, in der Nähe des Albius, an der Grenze von Liburnien. Die Catari, von der Stadt *Κάτερα*, Kotar, Kotor, Kotorsko, im Gebiete von Bosona, an der Grenze, welche die Breuker von ihren Nachbarn, Savia von Pannonia Secunda trennte (*Katancsich* p. 37). Die Oseriaten des Plinius (l. c. *Ptolem.* l. c. *Ὀσεριάτες* Cod. Caes., *Ὀσσεριάτες* Erasm. *Ὀδεριάτες* Schott) wohnten südöstlich als die letzten in Oberpannonien. Die Ditiones (*Διτίωνες*, andere Diasiones), die Peirustä (*Πειροῦσται*), die Mazäoi und Daisitiatä des Strabon (VII, 5, 314) gehören nach Dalmatien, wohin sie Plinius (l. c.) setzt. Die Poseni, Hippasini und Bessi scheinen am Flusse Bosna ihre Sitze gehabt zu haben. Die beiden letztern ergaben sich dem Octavius, als sie die Besiegung ihrer mächtigern Nachbarn vernommen (*Appian.* De reb. Ill. c. 16). Die Poseni waren ein Zweig der Japoden, welche, als sie nach Entfernung des Augustus (Octavius) wiederum abgefallen, abermals von dem Marc. Helvius unterworfen wurden (*Appian.* l. c. c. 21). Von den Poseni mochte Bosona (*χωρίον Βόσωνα Constant.* Adm. Imp. c. 32) den Namen erhalten haben. Sämmtliche drei Völkchen wurden zur Zeit des Plinius (III, 28) mit unter den Breuci begriffen (s. *Katancsich* p. 37. 38).

Städte, in Oberpannonien von West nach Ost. Wir würden hier die Grenzen unserer Aufgabe weit überschreiten, wenn wir alle Städte und Orte hier ausführlich beschreiben wollten, welche von alten Geographen und Historikern, von dem Itinerarium Antonini, der Tab. Peut., der Not. imperii, und von Neuern aufgeführt worden sind. Wir können uns hier nur auf diejenigen beschränken, welche entweder als Grenzfesten und Hiberna der Römer, oder als Flußstädte für Handel und Verkehr und zugleich für Kriegsunternehmungen Wichtigkeit hatten. Wir übergehen den vom Itin. Anton. und der Tab. Peut. angeführten Ort Cetium (Citium) am ketischen Gebirge als westlichsten Ort (*Cellar.* II, 8. vol. I. p. 440) und wenden uns sofort zu dem wichtigern Vindobona (Vendobona, *Aurel. Vict.* De Caes. XVI. §. 12. Vindobuna Agathemer. p. 222 *Gron.*). Eine temporäre Umgestaltung des alten Namens war Juliobona, welchen Ptolemäos (II, 15. *Ἰουλιόβωνα, λεγεῶν δεκάτη Γερμανική*, wofür *Γεμινή* aus Inschriften, dem Itiner. Ant., d. Not. imp. und aus *Dion. Cass.* LV, 23. 24, wo die *στρατόπεδα τὰ δίδυμα*, zu schreiben,) anführt. Plinius (III, 24) nennt dieselbe als keltische Stadt in Noricum mit dem Namen Vianiomina. Unter den Ostgothen erscheint sie mit dem Namen Vindomina (*Jornand.*

ἐν Παίοσι). Florus (III, 4) zieht sie zu den Thrakern und nennt sie die grausamsten derselben (saevissimi omnium Thracum Scordisci fuere).

Boii. Valentinianus und andere Kaiser hielten sich oft hier auf. *Gregor. Tur.* I, 34. Noch im 9. Jahrh. kommt Savaria als Stadt vor (Annal. Bertiniani ann. 805). Jetzt ist der ungrische Name Szombat-hely, der teutsche Stein-am-anger (***Katancsich*** p. 42).

Aemona (Emona alt. Schreibart und auf Inschriften) wird von Plinius als Colonie genannt (II, 22. 25. In ea coloniae Aemona, Siscia. Von dem Schiffe der Argonauten: subisse Istro, dein Savo, dein Nauporto, cui nomen ex ea causa est, inter Aemonam Alpesque exorienti). Die älteren Ausgaben des Plinius haben Eumonia. Ἤμωνα *Ptolem.* II, 16. ***Herodian.*** VIII, 1, 4 [ed. *Wolf.*]. ***Zosimus*** V, 29. ***Capitolin.*** Max. Thrac. c. 21 (Ἤμων, Ἤμωνα). *Pacat.* Panegyr. Theod. c. 37 fälschlich Haemona. Eine Inschrift bei *Gruter.* p. 556. n. 5 EMONA. Steinschriften bei ***Schönleben***, Carn. *T. I. c. 7. §. 1. p.* 215. 217 EMONIAE. EMONE. EMONS. EMON. Auch die Tab. Peut. Emona. Eine andere Inschrift bei *Gruter.* p. 475. n. 1 aber AEMONIAE. Herodian (l. c.) nennt sie πρώτην Ἰταλίας πόλιν. Capitolinus (l. c.) setzt sie in Italia post Alpes, entsprechend den Worten des Herodianus (l. c. ἱδρυμένη πρὸ τῆς ὑπωρείας τῶν Ἄλπεων). Weiter heißt es hier: „am folgenden Tage zogen sie mit Aufgang der Sonne zu den Alpen (VIII. c. 1. §. 5)." Diese Lage konnte ihr blos durch eine veränderte Abtheilung der Provinzen angewiesen werden. Ptolemäos (l. c.) setzt sie gegen Noricum hin (μεταξὺ δὲ Ἰταλίας ὑπὸ τὸ Νωρικὸν Παννονίας πόλιν Ἤμωνα). Ganz entsprechend Zosimus (l. c.) μεταξὺ Παιονίας τῆς ἀνωτάτω καὶ Νωρικοῦ. Sie lag 9 M. p. vom Savus, 12 M. p. von Nauportus. Schönleben hat (Carn. T. I. p. 51 sq. 68 sq.) umständlich hierüber gehandelt und nachzuweisen gesucht, daß diese Stadt das heutige Labacum (Labach, Laybach, sein Geburtsort) ist, deren Ursprung er in die älteste mythische Zeit, in die Zeit der Argonauten, hinaufrückt, und selbst auf dem Titel seines Werkes nach dem Jahre Christi hinzufügt: „Aemonae seu Labaci conditae anno MMDCCCCIV." Katancsich (p. 43) über diese Stadt: „Carniolis ***Lublana***, Illyriis mollius ***Leublyana***, oppidum nobile, Carnioliae caput, lyceo, scholis, academia, societate artium insigne."

Nauportum, wird von Strabon (VII, 5, 314 *Casaub.*) eine Stadt der Taurisker (τῶν Ταυρίσκων οὖσα κατοικία) genannt, von Aquileia 350 Stadien entfernt. Er setzt sie in die Nähe des Flusses Korkoras, nennt sie aber (IV, 6, 207) Pamportus und fügt hinzu: παραῤῥεῖ γὰρ τὸ Πάμπορτον ποταμὸς ἐκ τῆς Ἰλλυρίδος φερόμενος πλωτός. *Vell. Pat.* II, 100 pars petere Italiam decreverat, junctam sibi Nauporti ac Tergestis confinio. Dieselbe wird auch von Tacitus (Ann. I, 20) ***as*** municipii instar genannt, welche bei dem hier beschriebenen Aufstande der pannonischen Legionen geplündert wurde. Sie ist das heutige Oberlabach (Oberlaybach, Verchnik, Werchnik). ***Schönleben*** T. I. p. 22. 52. 98. ***Katancsich*** p. 33. 34.

Siskia, eine Colonie am Savus, welche von Strabon als Hauptsitz der Segestaner (Σεγεστανὴ πόλις) und von

Boii. Valentinianus und andere Kaiser hielten sich oft hier auf. *Gregor. Tur.* I, 34. Noch im 9. Jahrh. kommt Savaria als Stadt vor (Annal. Bertiniani ann. 805). Jetzt ist der ungrische Name Szombat-hely, der teutsche Stein-am-anger (*Katancsich* p. 42).

Aemona (Emona alt. Schreibart und auf Inschriften) wird von Plinius als Colonie genannt (II, 22. 25. In ea coloniae Aemona, Siscia. Von dem Schiffe der Argonauten: subisse Istro, dein Savo, dein Nauporto, cui nomen ex ea causa est, inter Aemonam Alpesque exorienti). Die älteren Ausgaben des Plinius haben Eumonia. Ἤμωνα *Ptolem.* II, 16. *Herodian.* VIII, 1, 4 [ed. *Wolf.*]. *Zosimus* V, 29. *Capitolin.* Max. Thrac. c. 21 (Ἤμων, Ἤμωνα). *Pacat.* Panegyr. Theod. c. 37 fälschlich Haemona. Eine Inschrift bei *Gruter.* p. 556. n. 5 EMONA. Steinschriften bei *Schönleben*, Carn. T. I. c. 7. §. 1. p. 215. 217 EMONIAE. EMONE. EMONS. EMON. Auch die Tab. Peut. Emona. Eine andere Inschrift bei *Gruter.* p. 475. n. 1 aber AEMONIAE. Herodian (l. c.) nennt sie πρώτην Ἰταλίας πόλιν. Capitolinus (l. c.) setzt sie in Italia post Alpes, entsprechend den Worten des Herodianus (l. c. ἱδρυμένη πρὸ τῆς ὑπωρείας τῶν Ἄλπεων). Weiter heißt es hier: „am folgenden Tage zogen sie mit Aufgang der Sonne zu den Alpen (VIII. c. 1. §. 5)." Diese Lage konnte ihr blos durch eine veränderte Abtheilung der Provinzen angewiesen werden. Ptolemäos (l. c.) setzt sie gegen Noricum hin (μεταξὺ δὲ Ἰταλίας ὑπὸ τὸ Νωρικὸν Παννονίας πάλιν Ἤμωνα). Ganz entsprechend Zosimus (l. c.) μεταξὺ Παιονίας τῆς ἀνωτάτω καὶ Νωρικοῦς. Sie lag 9 M. p. vom Savus, 12 M. p. von Nauportus. Schönleben hat (Carn. T. I. p. 51 sq. 68 sq.) umständlich hierüber gehandelt und nachzuweisen gesucht, daß diese Stadt das heutige Labacum (Labach, Laybach, sein Geburtsort) ist, deren Ursprung er in die älteste mythische Zeit, in die Zeit der Argonauten, hinaufrückt, und selbst auf dem Titel seines Werkes nach dem Jahre Christi hinzufügt: „Aemonae seu Labaci conditae anno MMDCCCCIV." Katancsich (p. 43) über diese Stadt: „Carniolis *Lublana*, Illyriis mollius *Leublyana*, oppidum nobile, Carnioliae caput, lyceo, scholis, academia, societate artium insigne."

Nauportum, wird von Strabon (VII, 5, 314 *Casaub.*) eine Stadt der Taurisker (τῶν Ταυρίσκων οὖσα κατοικία) genannt, von Aquileia 350 Stadien entfernt. Er setzt sie in die Nähe des Flusses Korkoras, nennt sie aber (IV, 6, 207) Pamportus und fügt hinzu: παραῤῥεῖ γὰρ τὸ Πάμπορτον ποταμὸς ἐκ τῆς Ἰλλυρίδος φερόμενος πλωτός. *Vell. Pat.* II, 100 pars petere Italiam decreverat, junctam sibi Nauporti ac Tergestis confinio. Dieselbe wird auch von Tacitus (Ann. I, 20) als municipii instar genannt, welche bei dem hier beschriebenen Aufstande der pannonischen Legionen geplündert wurde. Sie ist das heutige Oberlabach (Oberlaybach, Verchnik, Verhnik). *Schönleben* T. I. p. 22. 52. 98. *Katancsich* p. 33. 34.

Siskia, eine Colonie am Savus, welche von Strabon als Hauptsitz der Segestaner (Σεγεστικὴ πόλις) und von Dion Cassius (als Σισκία) genauer beschrieben wird. Strabon (IV, 6, 207) nennt dieselbe als Stadt am Zusammenflusse mehrer Ströme (μεθ' οὓς ἡ Σεγεστικὴ πόλις ἐν πεδίῳ· παρ' ἣν ὁ Νόαρος αὐτὸς παραῤῥεῖ ποταμὸς ἐκδιδοὺς εἰς τὸν Ἴστρον. κτλ. VII, 5, 313 ἡ δὲ Σεγεστικὴ πόλις ἐστὶ Παννονίων ἐν συμβολῇ ποταμῶν πλειόνων ἁπάντων πλωτῶν. Er nennt sie εὐφυὲς ὁρμητήριον τῷ πρὸς Δάκους πολέμῳ. Cf. VII, 5, 318. Er unterscheidet davon Σισκία als nahegelegenes Castell (φρούριον). Daß aber Strabon's Σεγεστικὴ identisch mit der Stadt Siskia ist, ergibt sich aus der Vergleichung seiner Darstellung mit der des Dion Cassius (libr. 49. c. 37), nach welcher der Kolops (Kolapis) von der einen Seite dicht an der Mauer, der Savus an der andern Seite in einer geringen Entfernung vorüberströmte. Diese Stadt nennen auch Ptolemäos (II, 15) und Zosimus (II, 48 Σισκίαν τὴν πόλιν — ἐπικειμένην τῇ ὄχθῃ τοῦ Σάου). *Vell. Pat.* II, 113. Tiberius hatte einen großen Graben gezogen, wodurch die Flußverbindung die ganze Stadt umströmte (*Dion.* l. c. *Appian.* De reb. Ill. c. 22 ἐν ᾧ καὶ πόλις ἐστιν ἐχυρά, τῷ τε πολέμῳ καὶ τάφρῳ μεγίστῃ διειλημμένη). Die Römer wünschten diese feste Stadt zu besitzen, um sie als Magazin (ταμιεῖον) im Kriege gegen die Daker und Bastarner jenseit des Danubius zu benutzen. Sie war wegen des schiffbaren in den Istros strömenden Savus dazu besonders geeignet. Silberne und eherne Münzen seit der Zeit des Diocletianus haben auf der Rückseite SISC. Die Stadt hatte, wie schon bemerkt, späterhin officinas monetarias (*Katancsich* p. 92), woraus wir schließen dürfen, daß in den ihr zunächst liegenden Gebirgen auch einiger Bergbau getrieben wurde. Das Itin. Ant. beschreibt den Marsch von Siskia nach Mursa, von Pötovio nach Siskia. Die Tab. Theod. setzt die Stadt mitten auf die Insel Segestica. Diese Stadt hatte lange ihr Ansehen behauptet, und ist auch in der Geschichte der heiligen Märtyrer berühmt geworden durch ihren Bischof Quirinus, welchen Aur. Prudent. περὶ στεφάνων Hymn. VII (*Quirino* Martyri et Episcopo Sisciano) durch einen Hymnus verherrlicht (v. 1—5. p. 108. 109 ed. *Amstelod.* 1625). Später ging mit dem Bischofssitze der Glanz und die Frequenz der Stadt auf die benachbarte Zagrabia über. Jetzt heißt die Stadt Sisek (Sisseg, Sziszek). Außer den angegebenen Städten in Oberpannonien würden wir nun hier noch Pötovio (Ποτόβιον, Potovium), Novidunum (Νοουΐδουνον), Carrodunum (Καῤῥόδουνον) und viele andere größere und kleinere Orte hier in Betracht ziehen müssen, wenn die uns gestellte Grenze es gestattete, und für unsern Zweck eine Angabe der wichtigsten nicht schon ausreichte. Wir verweisen daher in Betreff der übrigen auf die allgemeinern Werke *Cellar.* Orb. ant. II, 8. sect. 1. T. I. p. 444 sq., Mannert 3. Th. c. 15. p. 655 sq. 2. Ausg., Sickler 1. Th. p. 253 sq. 2. Ausg., insbesondere aber auf *Schönleben*, Carniolia ant. T. I. p. 98 sq. und Ann. Carn. ant. et nov. p. I—III an verschiedenen Orten, und *Katancsich* Comm. in *Plinii* Pannoniam §. IV. p. 38 sq.

Unterpannonien (später Pannonia Secunda, Sa-

ode der Bischöfe versammelt (s. **Schönleben**, Ann. Carn. ant. et nov. P. III. p. 227). Der Praefectus classis primae Flaviae Augustae hatte hier sein Standquartier (*Not.* imp. occ.). Ebenso später der oströmische Rector Provinciae (*Schönleben*, Annal. Carn. P. III. p. 239). Nach dem Verfalle des weströmischen Reichs fiel die Stadt den Ostgothen in die Hände. Nach Theoderich's Tode kam sie in die Gewalt der Gepiden und dann wieder in die der Oströmer. Endlich wurde sie von den Avaren genommen (*Procop*. Bell. Goth. III, 33. 34). Ihre Ruinen bei dem heutigen Mitrovicza hat zuerst der Graf Marsigli (*Danub*. T. II. p. 246. 247) bekannt gemacht. Der Name dieser Stadt hat der Landschaft den Namen Sirmien gegeben (Mannert III. S. 677 fg. *Katancsich* p. 46 sq.). Zu Bubalia (*Eutrop*. IX, 4) oder Bubalia (*Aurel. Vict*. Epit. c. 29. §. 1) bei Sirmium war der Kaiser Decius geboren. *Aurel. Vict.* de Caes. c. 29. §. 1. „*Decius Sirmiensium* vico ortus."

Geschichte. Die älteste Geschichte Pannoniens und seiner Bewohner ist besonders deshalb sehr dunkel, weil die ältern griechischen Historiker diese Gegenden entweder gar nicht kannten, oder falsche Vorstellungen von denselben hatten, und die spätern römischen und griechisch-römischen auf die Entwickelung der ältern Zeit entweder aus Mangel an hinreichender Kunde, oder weil sie kein Interesse dabei fanden, gar nicht eingegangen sind [28]). Über die Bezeichnung dieses Landes mit dem Namen *Παιονία* bei spätern griechischen Schriftstellern ist oben gehandelt worden. Wenn nun besonders durch diese Benennung neuere Geographen, wie Mannert (3. Th. 502. VII, 317) und Sickler (1. Th. S. 248. 2. Ausg.), sich haben bestimmen lassen, die Pannonier von den östlichen Päonern am Strymon und Arios herzuleiten, welche sich nach und nach im Verlaufe der Zeit auf der Nordseite der bebischen und scardischen Gebirge am Danubius aufwärts gezogen haben sollen, so erscheint mir wenigstens diese Annahme als grundlose Hypothese, wofür sich kein haltbarer Beleg aufbringen läßt. Im Gegentheile wird uns an verschiedenen Orten von dem Vordringen und der Ausbreitung der diese Gegenden bewohnenden Stämme nach Osten hin berichtet. So die Boier (*Marc. Velser*, Rer. Boic. libr. II. p. 72—86), so die Autariaten, ein östlich an Pannonien grenzender mächtiger Volksstamm (*Strab*. VII, 5, 317 *Αὐταριᾶται μὲν οὖν τὸ μέγιστον καὶ ἄριστον τῶν Ἰλλυριῶν ἔθνος ὑπῆρξεν κτλ.*), welcher die weitverbreiteten Triballer (*Strab*. l. c. 318: *ἀπὸ Ἀγριάνων μέχρι τοῦ Ἴστρου καθήκοντας ἡμερῶν πεντεκαίδεκα ὁδόν*) sich unterwarf und selbst über die Thraker und Illyrier herrschte (*Strab*. l. c.). Späterhin war der Stamm der Autariate oder wenigstens ein bedeutender Theil desselben (20,000) aufgebrochen, und hatte seine Richtung gegen

28) Herodot (V, 9) nennt die Bewohner der Gegenden jenseit des Istros bis an das adriatische Meer *Σιγύνναι*, welche sich medischer Kleidung bedienen. Sie selbst nennen sich Abkömmlinge der Meder: auf welche Weise sie aber solche seien, wisse er nicht zu sagen. In einer langen Zeit sei Alles möglich. Dies wollen wir hier gern auf sich beruhen lassen.

ode der Bischöfe versammelt (s. *Schönleben*, Ann. Carn. ant. et nov. P. III. p. 227). Der Praefectus classis primae Flaviae Augustae hatte hier sein Standquartier (Not. imp. occ.). Ebenso später der oströmische Rector Provinciae (*Schönleben*, Annal. Carn. P. III. p. 239). Nach dem Verfalle des weströmischen Reichs fiel die Stadt den Ostgothen in die Hände. Nach Theoderich's Tode kam sie in die Gewalt der Gepiden und dann wieder in die der Oströmer. Endlich wurde sie von den Avaren genommen (*Procop*. Bell. Goth. III, 33. 34). Ihre Ruinen bei dem heutigen Mitrovicza hat zuerst der Graf Marsigli (*Danub*. T. II. p. 246. 247) bekannt gemacht. Der Name dieser Stadt hat der Landschaft den Namen Sirmien gegeben (Mannert III. S. 677 sq. *Katancsich* p. 46 sq.). Zu Bubalia (*Eutrop*. IX, 4) oder Bubalia (*Aurel. Vict*. Epit. c. 29. §. 1) bei Sirmium war der Kaiser Decius geboren: *Aurel. Vict*. de Caes. c. 29. §. 1. „Decius Sirmiensium vico ortus."

Geschichte. Die älteste Geschichte Pannoniens und seiner Bewohner ist besonders deshalb sehr dunkel, weil die ältern griechischen Historiker diese Gegenden entweder gar nicht kannten, oder falsche Vorstellungen von denselben hatten, und die spätern römischen und griechisch-römischen auf die Entwickelung der ältern Zeit entweder aus Mangel an hinreichender Kunde, oder weil sie kein Interesse dabei fanden, gar nicht eingegangen sind [28]). Über die Bezeichnung dieses Landes mit dem Namen *Παιονία* bei spätern griechischen Schriftstellern ist oben gehandelt worden. Wenn nun besonders durch diese Benennung neuere Geographen, wie Mannert (3. Th. 502. VII, 317) und Sickler (1. Th. S. 248. 2. Ausg.), sich haben bestimmen lassen, die Pannonier von den östlichen Päonern am Strymon und Arios herzuleiten, welche sich nach und nach im Verlaufe der Zeit auf der Nordseite der bebischen und scardischen Gebirge am Danubius aufwärts gezogen haben sollen, so erscheint mir wenigstens diese Annahme als grundlose Hypothese, wofür sich kein haltbarer Beleg aufbringen läßt. Im Gegentheile wird uns an verschiedenen Orten von dem Vordringen und der Ausbreitung der diese Gegenden bewohnenden Stämme nach Osten hin berichtet. So die Boier (*Marc. Velser*, Rer. Boic. libr. II. p. 72—86), so die Autariaten, ein östlich an Pannonien grenzender mächtiger Volksstamm (*Strab*. VII, 5, 317 *Αὐταριᾶται μὲν οὖν τὸ μέγιστον καὶ ἄριστον τῶν Ἰλλυριῶν ἔθνος ὑπῆρξεν κτλ.*), welcher die weitverbreiteten Triballer (*Strab*. l. c. 318: *ἀπὸ Ἀγριάνων μέχρι τοῦ Ἴστρου καθήκοντας ἡμερῶν πεντεκαίδεκα ὁδόν*) sich unterwarf und selbst über die Thraker und Illyrier herrschte (*Strab*. l. c.). Späterhin war der Stamm der Autariate oder wenigstens ein bedeutender Theil desselben (20,000) aufgebrochen, und hatte seine Richtung gegen Ost hin genommen, wurde aber von Kassandros besiegt und im Orbelusgebirge in dem von den Odomanten besetzten Gebiete angesiedelt (vgl. Droysen, Gesch. der Nachf. Alex. S. 402. Allg. Enc. III. 9. Art. Päonien S. 208). So waren schon im J. 376 v. Chr. die Triballer in einem großen Zuge bis Abdera vorgedrungen (Allg. Enc. l. c. S. 208). Die weiter östlich hausenden Dardaner drangen fortwährend in Makedonien ein (*Polyb*. V, 97. §. 1—3). Gewiß würden wenigstens die Päoner auf einem westlichen Zuge nach Pannonien hin viele kräftige und kriegerische Stämme zu durchbrechen gehabt haben, namentlich die Dardaner, die Triballer, Autariaten, Bastarner (*Justin*. XXXII, 3, 16. *Arrian*. Exp. Al. I, 5), die Dalmater und Möser, wenigstens einige derselben, je nachdem sie ihre Richtung genommen. Dazu würden sie weder Lust noch Muth gehabt haben, sowie das Klima dieser Regionen sie schwerlich dazu hätte locken können. Auch möchte wol ein Impuls der makedonischen Macht auf die Päoner nicht leicht einen so starken Nachdruck gehabt haben, daß dadurch ein Theil dieses Stammes bis an den Istros über den Savus und Dravus hin hätte fortgeschoben werden sollen. Wir begnügen uns hier mit diesen Andeutungen, und behaupten, daß die Ureinwohner dieses Landstriches zum illyrischen Stamme gehörten, welche von den früh anwandernden Kelten theils verdrängt, theils unterworfen wurden, sodaß wir die älteste Bevölkerung Pannoniens als eine illyrisch-keltische zu betrachten haben. Die Illyrier waren also hier die Autochthonen der Hellenen, die Kelten die Pelasger derselben. Wie in Arkadien Autochthonen und Pelasger die älteste Bevölkerung, so hier Illyrier und Kelten. Das keltische Volkselement tritt hier in vielfacher Beziehung hervor. Strabon (VII, 5, 313) nennt die Boier und Taurisker als keltische Stämme (*ἔθνη Κελτικά*), die Skordisker aber als Galater (*Γαλάτας*), welche ursprünglich auch einen Zweig des keltischen Stammes ausmachten (denn *Strab*. VII, 5, 315 *Γαλατῶν μὲν Βοΐοι καὶ Σκορδίσκοι*) [29]). Auch die Japoden gehörten zum keltischen Stamme, und ihre Bewaffnung war noch zu Strabon's Zeit keltisch (*Strab*. VII, 5, 315 *ὁ δ' ὁπλισμὸς Κελτικός*), oder sie waren, wie derselbe Geograph angibt, ein aus Illyriern und Kelten gemischtes Volk (IV, 6, 207). Bei den Pannoniern finden wir auch keine deutlichen Spuren von geographischen oder persönlichen Benennungen, welche an Hellenismus mahnen könnten, während die päonischen in ihren Wurzeln den griechischen entsprechend waren [30]). Tacitus, zu dessen Zeit Pannonien den Rö-

28) Herodot (V, 9) nennt die Bewohner der Gegenden jenseit des Istros bis an das adriatische Meer *Σιγύνναι*, welche sich medischer Kleidung bedienen. Sie selbst nennen sich Abkömmlinge der Meder: auf welche Weise sie aber solche seien, wisse er nicht zu sagen. In einer langen Zeit sei Alles möglich. Dies wollen wir hier gern auf sich beruhen lassen.

29) *Strab*. V, 1, 213. *Τὸ μὲν οὖν ἀρχαῖον, ὥσπερ ἔφην, ὑπὸ Κελτῶν περιῳκεῖτο τῶν πλείστων ὁ ποταμός. μέγιστα δ' ἦν τῶν Κελτῶν ἔθνη Βοΐοι καὶ Ἴνσουβροι κτλ.* 30) In dem Päonien näher liegenden Gebiete der Dalmater finden wir nach Appian. (de reb. Ill. c. 26. 27) zwei Städte, Promona und Synodion, welche hellenische Form verrathen, wenn sie nicht erst durch die griechischen Schriftsteller hellenisirt worden sind. Als Sage über eine uralte Berührung des hellenischen und germanischen Cultus berichtet Tacitus (Germ. c. 3) auch: monumentaque et tumulos quosdam, Graecis litteris inscriptos, in confinio Germaniae Rhaetiaeque adhuc exstare.

III, 4. §. 5. 6. *Schönleben*, Ann. Carn. p. II. p. 103 sq.). Die erste Kriegsunternehmung gegen die Pannonier war (nach *Dion* XLIX, 36) die des Octavius (Augustus, noch als Triumvir), welcher nach Besiegung der tapfer kämpfenden Japoden, in welchem Kampfe er selbst bei der Eroberung der Stadt Metulon verwundet worden war (*Dion* l. c. c. 35. *Plin.* VII, 45, 46. *Suet. Aug.* c. 20. *Flor.* IV, 12, 7), mit seinen Legionen in das Gebiet der Pannonier vordrang, von welchen die Römer nicht beleidigt worden waren, wie Dion (l. c.) bedeutsam bemerkt. Octavius befolgte hier blos den römischen Grundsatz, das Heer in Übung zu erhalten, dasselbe auf fremde Kosten zu ernähren, und machte so die Willkür des Stärkern zum Kriegsrecht gegen den Schwächern (*Dion* l. c.). Die Pannonier waren vor diesem Heereszuge des Octavius den Römern noch nie unterworfen gewesen (*Appian.*, De reb. Illyr. c. 22). Nachdem nun Augustus in das Gebiet eingerückt war, schonte er ihr Land, ließ es weder plündern noch verheeren, obgleich die Bewohner ihre Wohnsitze in den Ebenen verlassen hatten. Denn er hoffte, sie würden sich ihm freiwillig unterwerfen. Als er aber auf Siskia losmarschirte und sie ihn auf seinem Zuge anfeindeten, gerieth er in Zorn, verheerte das Land und führte Alles, was ihm in die Hände fiel, als Beute hinweg. Als er sich aber der Stadt Siskia näherte, gingen die Bewohner, von den Mächtigern dazu bewogen, mit ihm eine Übereinkunft ein und stellten Geiseln. Bald darauf aber schlossen sie die Thore und unterzogen sich der Belagerung. Denn die Stadt war durch starke und hohe Mauern, sowie durch vorüberströmende Flüsse stark befestigt, wie oben gezeigt wurde. Als sie aber während der Belagerung vernommen, daß die ihnen zu Hilfe kommenden Bundesgenossen durch einen Hinterhalt von den Römern aufgerieben worden waren, ergaben sie sich. Mit dieser Stadt brachte Octavius das ganze Pannonien in seine Gewalt (*Dion Cass.* l. c.). Appian (de reb. Ill. c. 22—24) erzählt den Hergang dieser Ereignisse mit verschiedenen Abänderungen. Nach ihm bestand die Stadt eine 30tägige Belagerung und wurde dann mit Gewalt genommen (c. 24). Octavius strafte die nun erst demüthig Bittenden durch eine Geldbuße und legte eine Besatzung in die Stadt. Er selbst ging hierauf nach Rom und ließ den Fulvius Geminus als Befehlshaber zurück. Als er vernommen, daß die in die Stadt gelegte Besatzung von den Segestanern angegriffen und aufgerieben worden sei, kehrte er schnell nach Pannonien zurück, fand aber dieselbe noch im Besitze der Stadt, obgleich die Segestaner einen Versuch dieser Art gemacht hatten. Sie waren von Fulv. Geminus besiegt worden (*Appian.* l. c. c. 24. *Dion* Lib. 49. c. 35). Octavius Augustus wandte sich nun gegen die Dalmater, einen andern illyrischen, an die Taulantier grenzenden Stamm (*Appian.* l. c. c. 24. 25), welcher auf einige glückliche Kriegsunternehmungen gegen die Römer stolz und voll Vertrauen zehn Jahre lang fortwährend unter den Waffen war. Ihr Heer bestand aus 12,000 der μαχιμώτατοι, welches von Octavius besiegt, sowie ihre Städte Promona und Synodion erobert wurden, wo-

III, 4. §. 5. 6. *Schönleben*, Ann. Carn. p. II. p. 103 sq.). Die erste Kriegsunternehmung gegen die Pannonier war (nach *Dion* XLIX, 36) die des Octavius (Augustus, noch als Triumvir), welcher nach Besiegung der tapfer kämpfenden Japoden, in welchem Kampfe er selbst bei der Eroberung der Stadt Metulon verwundet worden war (*Dion* l. c. c. 35. *Plin.* VII, 45, 46. *Suet. Aug.* c. 20. *Flor.* IV, 12, 7), mit seinen Legionen in das Gebiet der Pannonier vordrang, von welchen die Römer nicht beleidigt worden waren, wie Dion (l. c.) bedeutsam bemerkt. Octavius befolgte hier blos den römischen Grundsatz, das Heer in Übung zu erhalten, dasselbe auf fremde Kosten zu ernähren, und machte so die Willkür des Stärkern zum Kriegsrecht gegen den Schwächern (*Dion* l. c.). Die Pannonier waren vor diesem Heereszuge des Octavius den Römern noch nie unterworfen gewesen (*Appian.*, De reb. Illyr. c. 22). Nachdem nun Augustus in das Gebiet eingerückt war, schonte er ihr Land, ließ es weder plündern noch verheeren, obgleich die Bewohner ihre Wohnsitze in den Ebenen verlassen hatten. Denn er hoffte, sie würden sich ihm freiwillig unterwerfen. Als er aber auf Siskia losmarschirte und sie ihn auf seinem Zuge anfeindeten, gerieth er in Zorn, verheerte das Land und führte Alles, was ihm in die Hände fiel, als Beute hinweg. Als er sich aber der Stadt Siskia näherte, gingen die Bewohner, von den Mächtigern dazu bewogen, mit ihm eine Übereinkunft ein und stellten Geiseln. Bald darauf aber schlossen sie die Thore und unterzogen sich der Belagerung. Denn die Stadt war durch starke und hohe Mauern, sowie durch vorüberströmende Flüsse stark befestigt, wie oben gezeigt wurde. Als sie aber während der Belagerung vernommen, daß die ihnen zu Hilfe kommenden Bundesgenossen durch einen Hinterhalt von den Römern aufgerieben worden waren, ergaben sie sich. Mit dieser Stadt brachte Octavius das ganze Pannonien in seine Gewalt (*Dion Cass.* l. c.). Appian (de reb. Ill. c. 22—24) erzählt den Hergang dieser Ereignisse mit verschiedenen Abänderungen. Nach ihm bestand die Stadt eine 30tägige Belagerung und wurde dann mit Gewalt genommen (c. 24). Octavius strafte die nun erst demüthig Bittenden durch eine Geldbuße und legte eine Besatzung in die Stadt. Er selbst ging hierauf nach Rom und ließ den Fulvius Geminus als Befehlshaber zurück. Als er vernommen, daß die in die Stadt gelegte Besatzung von den Segestanern angegriffen und aufgerieben worden sei, kehrte er schnell nach Pannonien zurück, fand aber dieselbe noch im Besitze der Stadt, obgleich die Segestaner einen Versuch dieser Art gemacht hatten. Sie waren von Fulv. Geminus besiegt worden (*Appian.* l. c. c. 24. *Dion* Lib. 49. c. 38). Octavius Augustus wandte sich nun gegen die Dalmater, einen andern illyrischen, an die Taulantier grenzenden Stamm (*Appian.* l. c. c. 24. 25), welcher auf einige glückliche Kriegsunternehmungen gegen die Römer stolz und voll Vertrauen zehn Jahre lang fortwährend unter den Waffen war. Ihr Heer bestand aus 12,000 der *μαχιμώτατοι*, welches von Octavius besiegt, sowie ihre Städte Promona und Synodion erobert wurden, wobei er selbst eine Wunde erhielt (*Appian.*, De reb. Ill. c. 25—27). Späterhin unter Augustus' Regierung erhob sich Illyrien abermals und griff zu den Waffen. Diesen Krieg bezeichnet Sueton (Tib. c. 15) als den schwersten aller auswärtigen seit den punischen (*Dion* LV, 28: *Τά τε τῶν Δαλματῶν καὶ τὰ τῶν Παννονίων μειζόνως τε ταραχθέντα καὶ ὀξείας ἐπιστροφῆς δεηθέντα*), welcher von Tiberius mit 15 Legionen und ebenso vielen Hilfstruppen drei Jahre lang unter großen Schwierigkeiten geführt und glücklich beendigt wurde. Dion (LV, 29) gibt als Ursache des Aufstandes den Unwillen der Dalmater über den zu leistenden Tribut an. Als nun Tiberius zum Kampfe gegen die Kelten ausgezogen und auch Valerius Messalinus, welcher Dalmatien und Pannonien zur Provinz hatte, um jenen zu unterstützen, mit dem größten Theile seines Heeres ausmarschirt war, und die Dalmater, welche Hilfstruppen stellen mußten, jetzt ihre herangewachsene blühende Mannschaft vereinigt erblickten, erhoben sie sich unter ihrem Führer Baton; dann standen auch die Breuker, ein pannonischer Stamm, unter Anführung eines ihrer Landsmänner, ebenfalls Baton genannt, auf und brachen gegen die Römer in Sirmium los. Sie vermochten aber nicht die Stadt zu erobern. Indessen rückte ihnen Cäcil. Severus, unter welchem das benachbarte Mösien stand, entgegen, lieferte ihnen eine Schlacht am Dravus und siegte. Die Geschlagenen wandten sich nun an ihre Nachbarn um Beistand, welche nicht säumten, sich mit ihnen zu vereinigen. Sie drangen nun verheerend vor bis an die Küste des Meeres nach Apollonia hin und gewannen auch eine Schlacht (*Dion* LV, 29). Als dies Tiberius vernommen, fürchtete er, sie möchten in Italien einbrechen, und kehrte zurück. Er schickte den Messalinus voraus und folgte ihm mit dem größern Theile des Heeres. Als Baton, der Dalmater, hiervon Kunde erhalten, ging er mit seinem Heere dem Messalinus entgegen, behielt in offener Schlacht die Oberhand, wurde aber durch einen Hinterhalt besiegt. Er wandte sich nun an den Breuker Baton, führte den Kampf gegen die Römer mit ihm gemeinschaftlich und besetzte das Gebirge Alma. Hier wurden sie von dem Thraker Rhymetalkes, welcher ihnen vom Severus entgegengeschickt worden war, in einem unbedeutenden Treffen besiegt, fochten dagegen um so tapferer gegen den Severus selbst. Als aber dieser nach seiner Provinz Mösien zurückeilte, welche indessen von eindringenden Dakern und Sauromaten verheert wurde, Tiberius und Messalinus aber in Siskia verweilten, durchstreiften jene beiden Heerführer das Gebiet der römischen Bundesgenossen und bewegten viele zum Abfall, ohne sich dem Tiberius zu nähern und mit ihm in ein Treffen sich einzulassen. Denn da sie des Landes kundig waren und leichte Waffen trugen, machten sie schnelle Bewegungen in beliebiger Richtung und trieben dies noch schlimmer, als der Winter eingetreten war. Sie drangen sogar bis Makedonien vor, wo sie aber von dem Rhymetalkes und seinem Bruder Rhaskyporis besiegt wurden. Die Zurückgebliebenen zogen sich in feste Plätze (*ἐς τὰ ἐρυμνὰ*) zurück, als ihr Land verheert wurde, und machten von diesen aus versius (LV, 23) setzt von den Augusteischen Legionen, welche er στρατόπεδα nennt, die decima gemina (οἱ δεκάτεροι — οἱ Δίδυμοι) und die decima quarta gemina τὸ τέταρτον καὶ δέκατον — τὸ Δίδυμον) nach Oberpannonien; ferner von den später eingerichteten Legionen die von Galba stammende erste Hilfslegion (τὸ πρῶτον τὸ Ἐπικουρικόν) und die von Vespasianus ausgegangene zweite Hilfslegion (τὸ δεύτερον τὸ Ἐπικουρικόν) nach Unterpannonien (*Dion* LV. c. 24). Das Itiner. Ant. setzt die erste von Galba gegründete Hilfslegion nach Bregetion, die zweite (von Vespasianus) nach Aquincum. Zu Plinius' Zeit mochte die decima quarta gemina ihr Winterquartier zu Carnuntum haben (*Plin.* III, 25). In der noch spätern Zeit standen in Pannonia Secunda die legio quinta Jovia und die leg. sexta Herculea (Not. imp. Mannert 3. Th. S. 558). Auch in Noricum hatten zwei Legionen am Danubius hin ihr Quartier (vgl. Mannert 3. Th. S. 558). So konnte also in dringenden Fällen aus diesen an einander grenzenden Provinzen schnell ein bedeutendes Heer zusammengezogen werden. Besonders spielen die pannonischen, dalmatischen und mösischen Legionen während der Kaiserzeit oft eine wichtige Rolle. Sie treten nicht selten mit so entschiedener Hartnäckigkeit auf, als beruhe des römischen Reiches Gewalt allein auf ihren Adlern. Zum ersten Mal erhoben sich die pannonischen Legionen mit arger Widerspenstigkeit gegen ihre Vorgesetzten beim Regierungsantritte des Tiberius. (*Tacit.* Annal. I, 16 sq.) Ein besonderer Grund war eigentlich nicht vorhanden; man glaubte bei dem Regierungswechsel Gelegenheit zu willkürlichem, ausgelassenem Treiben zu finden und machte sich bei dem Entstehen eines Bürgerkrieges Hoffnung auf Gewinn und Belohnung. Als besondere Anstifter und Aufrührer werden Percennius und Vibulenus genannt (*Tacit.* Ann. I, 16. 22. 28). Der Centurio Clemens war wegen seiner Gabe, einen angemessenen Vortrag zu halten (bonis artibus gratus in vulgus. *Tac.* l. c.), nothgedrungen zum diplomatischen Geschäftsträger und Organ der empörten Masse erwählt worden (c. 26. 28). Man bewirkte zunächst bei dem Präfectus Jun. Bläsus, daß sein Sohn, ein Tribunus, als Gesandter nach Rom gehen und für diejenigen, welche 16 Jahre gedient, den Abschied ermitteln sollte (c. 19). Ob nun gleich derselbe zu diesem Zwecke abgereist war, erfolgten dennoch mancherlei Gewaltthätigkeiten (c. 20—24). Der von dem Drusus, dem Sohne des Tiberius, gebrachte Bescheid des Kaisers (c. 25), daß er ihre Foderungen dem Senate vorbringen wolle, daß indessen sein Sohn sogleich gewähren solle, was ihnen ohne Weiteres zugestanden werden könne, genügte keineswegs. Der genannte Clemens hält (c. 26) seinen Vortrag über die Foderungen der Legionen (c. 26). Als hierauf Drusus sich auf die Entscheidung des Senats und seines Vaters beruft, beginnt die Bewegung von Neuem. Cn. Lentulus konnte kaum dem Tode der Steinigung entgehen, weil man ihn,

IV, 5) nennt zwei Legionen in Pannonien, zwei in Mösien und zwei in Dalmatien, welche letztere ein Reservecorps für unvorhergesehene Fälle bilden sollten (ac, si repentinum auxilium Italia posceret, haud procul accirentur).

; (LV, 23) setzt von den Augusteischen Legionen, welche
στρατόπεδα nennt, die decima gemina (*οἱ δεκάτε-*
— *οἱ Δίδυμοι*) und die decima quarta gemina
τέταρτον καὶ δέκατον — τὸ Δίδυμον) nach Ober-
nonien; ferner von den später eingerichteten Legionen
von Galba stammende erste Hilfslegion (*τὸ πρῶτον*
Ἐπικουρικὸν) und die von Vespasianus ausgegangene
ite Hilfslegion (*τὸ δεύτερον τὸ Ἐπικουρικὸν*) nach
erpannonien (*Dion* LV. c. 24). Das Itiner. Ant.
die erste von Galba gegründete Hilfslegion nach Bre-
on, die zweite (von Vespasianus) nach Aquincum. Zu
nius' Zeit mochte die decima quarta gemina ihr
nterquartier zu Carnuntum haben (*Plin.* III, 25). In
noch spätern Zeit standen in Pannonia Secunda die
io quinta Jovia und die leg. sexta Herculea (Not.
. Mannert 3. Th. S. 558). Auch in Noricum
en zwei Legionen am Danubius hin ihr Quartier
. Mannert 3. Th. S. 558). So konnte also in
genden Fällen aus diesen an einander grenzenden Pro-
en schnell ein bedeutendes Heer zusammengezogen wer-
Besonders spielen die pannonischen, dalmatischen
mösischen Legionen während der Kaiserzeit oft eine
tige Rolle. Sie treten nicht selten mit so entschiede-
Hartnäckigkeit auf, als beruhe des römischen Reiches
valt allein auf ihren Adlern. Zum ersten Mal erho-
sich die pannonischen Legionen mit arger Widerspen-
eit gegen ihre Vorgesetzten beim Regierungsantritte
Tiberius. (*Tacit.* Annal. I, 16 sq.) Ein besonderer
nd war eigentlich nicht vorhanden; man glaubte bei
Regierungswechsel Gelegenheit zu willkürlichem, aus-
ssenem Treiben zu findert und machte sich bei dem
tehen eines Bürgerkrieges Hoffnung auf Gewinn und
ohnung. Als besondere Anstifter und Aufrührer werden
cennius und Vibulenus genannt (*Tacit.* Ann. I, 16. 22.
. Der Centurio Clemens war wegen seiner Gabe, ei-
angemessenen Vortrag zu halten (bonis artibus gra-
in vulgus. *Tac.* l. c.), nothgebrungen zum diploma-
en Geschäftsträger und Organ der empörten Masse er-
lt worden (c. 26. 28). Man bewirkte zunächst bei
Präfectus Jun. Bläsus, daß sein Sohn, ein Tribunus,
Gesandter nach Rom gehen und für diejenigen, welche
Jahre gedient, den Abschied ermitteln sollte (c. 19).
nun gleich derselbe zu diesem Zwecke abgereist war, er-
ten dennoch mancherlei Gewaltthätigkeiten (c. 20—24).
von dem Drusus, dem Sohne des Tiberius, gebrachte
heid des Kaisers (c. 25), daß er ihre Foderungen
Senate vorbringen wolle, daß indessen sein Sohn
ich gewähren solle, was ihnen ohne Weiteres zuge-
den werden könne, genügte keineswegs. Der genannte
nens hält (c. 26) seinen Vortrag über die Foderun-
der Legionen (c. 26). Als hierauf Drusus sich auf
Entscheidung des Senats und seines Vaters beruft,
nnt die Bewegung von Neuem. Cn. Lentulus konnte
n dem Tode der Steinigung entgehen, weil man ihn,
durch Alter und Kriegsruhm ausgezeichnet, für den ersten Rathgeber des Drusus hielt (c. 27). In der folgenden Nacht macht glücklicherweise eine Mondfinsterniß einen starken Eindruck auf die aufgeregten Gemüther (c. 28). Es erfolgt Bedenklichkeit und Abspannung. Diese Stimmung wird zur Beschwichtigung des Aufruhrs benutzt. Am folgenden Tage wird Versammlung gehalten und drei Gesandte werden nach Rom abgeschickt (c. 29). Die Anstifter des Aufruhrs werden indessen in das Zelt berufen und einzeln theils hier, theils außerhalb getödtet (c. 29. 30), und die Ruhe wird endlich besonders durch die Wirkung, welche der Eintritt eines frühzeitigen Winters (*Dion* LVII, 4: *χειμῶνος μεγάλου γενομένου*) und anhaltende Regengüsse auf die Gemüther machten, wiederhergestellt (c. 30). Auch Dion (LVII, 4) erzählt diesen Aufstand, welcher leicht einen gefährlichen Ausgang nehmen konnte, falls die Legionen ihre Drohung („wenn ihre Wünsche nicht berücksichtigt würden, das pannonische Volk zum Abfall zu bewegen und gegen Rom zu führen"), verwirklicht hätten. (*Dion* l. c.) Denn dieser Stamm mit den Dalmatern, Mösern und Rhätern konnte zahlreiche und rüstige Kriegsmänner stellen. Wir übergehen minder Wichtiges, was in den folgenden Jahren in Pannonien vorging (cf. *Tacit.* Ann. III, 9. XII, 29. 30, und noch später *Plin.* Panegyr. c. 8. *Georg. Cedren.* Hist. p. 195), und berühren hier nur flüchtig die Bewegung der pannonischen Legionen unter Otho, Vitellius und Vespasianus. Nach Galba's Tode ermuthigten zunächst die Legionen in Dalmatien, Pannonien und Mösien den Otho und leisteten ihm den Eid der Treue (*Tacit.* Hist. I, 76). Später rückte ein Heer von vier Legionen (der 7., 11., 13. und 14.) von Pannonien und Dalmatien aus ihm zu Hilfe (*Tacit.* Hist. II, 11. Vergl. die Rede des *Suet. Paull.* II. c. 32. ibid.). Später wird bei Cremona eine cohors Pannonicorum gefangen genommen (Hist. II, 17. Cf. III, 11. 12: quod magna pars Dalmatae Pannoniique erant, quae provinciae Vespasiano tenebantur etc. III, 24: Antonius (Feldherr des Vespasianus) — Pannonicas legiones interrogabat: illos esse campos, in quibus abolere labem prioris ignominiae, ubi reciperare gloriam possent. Diese Ereignisse erzählt auch *Dion Cass.* LXV, LXVI). Während dieser Kriege mußten natürlich Pannonien und Dalmatien zahlreiche Mannschaft stellen. Den Zug des siegreichen Primus Antonius, welcher von den pannonischen Legionen zu ihrem Anführer gewählt worden war und insbesondere dem Vespasianus den Weg zur Heerschaft bahnte (*Dion Cass.* LXV, 9), begleiteten nach der furchtbaren nächtlichen Schlacht bei Cremona und nach der Einnahme dieser Stadt (a. u. 823. p. Chr. 70) 6000 frischgeworbene Dalmater (recens delectus, *Tacit.* Hist. III, 50), welche Zahl uns einen Maßstab für die zu stellenden Truppen beider Provinzen gibt. Wir verlassen hier die Geschichte der pannonischen Legionen und bemerken nur noch im Allgemeinen, daß sie auch in der folgenden Zeit mehrmals von Wichtigkeit waren. Mehre der folgenden röm. Kaiser und Augusti wurden in Pannonien geboren, wie Decius, Gratianus (*Aurel. Vict.*, De Caes. c. 29. §.

5) nennt zwei Legionen in Pannonien, zwei in Mösien und
in Dalmatien, welche letztere ein Reservecorps für unvorherge-
e Fälle bilden sollten (ac, si repentinum auxilium Italia po-
t, haud procul accirentur).

entsprechendes Land, und erhielten Pannonien angewiesen, mit den festen Waffenplätzen Sirmium und Vindobona (*Jornand.* l. c. c. 50). Die Brüder theilten nun das Land auf folgende Weise: Walamir erhielt den Strich zwischen den Flüssen Skarniunga und Aqua Nigra (zwischen der Leitha und dem Raab), Theodemir den Theil, welcher sich um den Pelso (Balaton oder Plattensee) erstreckt, und Widemir das zwischen beiden liegende Gebiet. Sie hielten fortwährend in Eintracht zusammen und schlugen wiederholte Angriffe der Hunnen unter den noch übrigen Söhnen des Attila (Ellac, der älteste, war in der Schlacht am Netad gefallen) glücklich zurück. Walamir lieferte ihnen endlich eine große Schlacht, rieb sie fast auf und trieb die Überreste bis an die Mündungen der Donau (*Jornand.* l. c. c. 52. **Schönleben**, Annal. Carn. p. III, 271. *Manso*, Geschichte des ostgoth. Reichs. S. 11—13).

Nun hatten *die Fürsten der Ostgothen aber* auch mit dem oströmischen *Hofe einen* Vertrag geschlossen, laut dessen sie gegen die Zusicherung, *das Reich* ihrerseits mit Plünderung und Befehdung zu verschonen, einen jährlichen Tribut erhalten sollten. Allein der Kaiser Marcian und Leo I. hielten es für unwürdig und lästig, den Vertrag zu erfüllen und vernachlässigten die Zahlung der festgesetzten Summe. Die *ostgothischen* Fürsten schickten nun Gesandte nach Constantinopel, und als *diese* hier erfuhren, daß der Häuptling eines in Thrakien hausenden Gothenstammes, mit Namen Theoderich, welcher nicht zum Geschlechte der Amalen gehörte, jene Vortheile an sich zog, ergrimmten die Brüder darüber und fielen mit Heeresmacht in Illyrien ein. Hierauf sandte der Kaiser Abgeordnete, um sich mit ihnen zu versöhnen. Die Rückstände sollten nachgezahlt und der Jahrgehalt fortan dem Vertrage gemäß entrichtet werden. Zugleich aber foderte Leo I. *ein Unterpfand für die Sicherheit des Vertrags.* Da bewog Walamir seinen Bruder Theodemir, seinen siebenjährigen Sohn, den Theoderich, als Geisel nach der Residenz des oströmischen Reichs abzusenden (*Jornand.* l. c. c. 52. **Schönleben**, Annal. p. III, 272 sq.). War nun auch die Freundschaft mit dem oströmischen Hofe hergestellt, dauerten doch die Kämpfe der Ostgothen gegen ihre Nachbarn fort und wurden oft mit Heftigkeit geführt. In einem derselben verlor Walamir das Leben. Obgleich die Ostgothen gewöhnlich siegreich und mit Beute beladen aus dem Kampfe mit ihren Nachbarn gingen, wurde ihnen dennoch Pannonien zu enge, und das Volk ersuchte den Theodemir, sie auszuführen, wohin und gegen wen es beliebe. Theodemir vereinigte sich nun mit Widemir, und beide überließen die Entscheidung dem Loose, wohin sie ihre Richtung nehmen wollten. Dieses entschied so, daß Widemir sich nach Italien, Theodemir sich gegen Osten wenden sollte. Dies geschah. Widemir aber fand seinen Tod, als er Italien kaum betreten, und sein Sohn gleiches Namens ließ sich durch Geschenke des Kaisers Glycerius (474 n. Chr.) bewegen, Italien zu verlassen und sich nach Gallien zu wenden, wo er sich mit den stammverwandten Westgothen vereinigte. Theodemir aber drang östlich bis Thessalonich vor und eroberte viele Städte, bis der Kaiser Zeno ein Bündniß mit ihm schloß und

entsprechendes Land, und erhielten Pannonien angewiesen, mit den festen Waffenplätzen Sirmium und Vindobona (*Jornand.* l. c. c. 50). Die Brüder theilten nun das Land auf folgende Weise: Walamir erhielt den Strich zwischen den Flüssen Skarniunga und Aqua Nigra (zwischen der Leitha und dem Raab), Theodemir den Theil, welcher sich um den Pelso (Balaton oder Plattensee) erstreckt, und Widemir das zwischen beiden liegende Gebiet. Sie hielten fortwährend in Eintracht zusammen und schlugen wiederholte Angriffe der Hunnen unter den noch übrigen Söhnen des Attila (Ellac, der älteste, war in der Schlacht am Netad gefallen) glücklich zurück. Walamir lieferte ihnen endlich eine große Schlacht, rieb sie fast auf und trieb die Überreste bis an die Mündungen der Donau (*Jornand.* l. c. c. 52. *Schönleben*, Annal. Carn. p. III, 271. Manso, Geschichte des ostgoth. Reichs. S. 11—13).

Nun hatten die Fürsten der Ostgothen aber auch mit dem oströmischen Hofe einen Vertrag geschlossen, laut dessen sie gegen die Zusicherung, das Reich ihrerseits mit Plünderung und Befehdung zu verschonen, einen jährlichen Tribut erhalten sollten. Allein der Kaiser Marcian und Leo I. hielten es für unwürdig und lästig, den Vertrag zu erfüllen und vernachlässigten die Zahlung der festgesetzten Summe. Die ostgothischen Fürsten schickten nun Gesandte nach Constantinopel, und als diese hier erfuhren, daß der Häuptling eines in Thrakien hausenden Gothenstammes, mit Namen Theoderich, welcher nicht zum Geschlechte der Amalen gehörte, jene Vortheile an sich zog, ergrimmten die Brüder darüber und fielen mit Heeresmacht in Illyrien ein. Hierauf sandte der Kaiser Abgeordnete, um sich mit ihnen zu versöhnen. Die Rückstände sollten nachgezahlt und der Jahrgehalt fortan dem Vertrage gemäß entrichtet werden. Zugleich aber foderte Leo I. ein Unterpfand für die Sicherheit des Vertrags. Da bewog Walamir seinen Bruder Theodemir, seinen siebenjährigen Sohn, den Theoderich, als Geisel nach der Residenz des oströmischen Reichs abzusenden (*Jornand.* l. c. c. 52. *Schönleben*, Annal. p. III, 272 sq.). War nun auch die Freundschaft mit dem oströmischen Hofe hergestellt, dauerten doch die Kämpfe der Ostgothen gegen ihre Nachbarn fort und wurden oft mit Heftigkeit geführt. In einem derselben verlor Walamir das Leben. Obgleich die Ostgothen gewöhnlich siegreich und mit Beute beladen aus dem Kampfe mit ihren Nachbarn gingen, wurde ihnen dennoch Pannonien zu enge, und das Volk ersuchte den Theodemir, sie auszuführen, wohin und gegen wen es beliebe. Theodemir vereinigte sich nun mit Widemir, und beide überließen die Entscheidung dem Loose, wohin sie ihre Richtung nehmen wollten. Dieses entschied so, daß Widemir sich nach Italien, Theodemir sich gegen Osten wenden sollte. Dies geschah. Widemir aber fand seinen Tod, als er Italien kaum betreten, und sein Sohn gleiches Namens ließ sich durch Geschenke des Kaisers Glycerius (474 n. Chr.) bewegen, Italien zu verlassen und sich nach Gallien zu wenden, wo er sich mit den stammverwandten Westgothen vereinigte. Theodemir aber drang östlich bis Thessalonich vor und eroberte viele Städte, bis der Kaiser Zenon ein Bündniß mit ihm schloß und ihnen bedeutende Ländereien zu ihren weitern Niederlassungen darbot (*Jornand.*, De reb. Get. c. 56. *Schönleben*, Ann. III. p. 279). Schon früher (zwischen 470 und 473 n. Chr.) hatte der Kaiser ihm auch seinen achtzehnjährigen Sohn, den stattlichen Theoderich, zurückgesandt, welcher kaum zurückgekehrt auch schon eine kriegerische Expedition unternahm, mit 6000 Mann gegen die Donau vordrang, sich auf den Sarmatenkönig Babai warf, die Festung Singidunum gewann und dadurch die Stärke des Reichs bedeutend erhöhte (*Jornand.* c. 56). Als daher Theodemir (474. 475) erkrankte und seinen Sohn Theoderich zum Nachfolger bestimmte, wurde diese Wahl vom Volke einstimmig gebilligt und anerkannt (*Jornand.* l. c. *Cassiodor.* VIII, 5. Manso, Geschichte der Ostgothen. S. 16. 17). Während dieser Ereignisse war ein Theil von Oberpannonien und Noricum von den Rugiern unter ihrem Fürsten Flaccitheus besetzt worden (473 n. Chr. *Schönleben*, Ann. Carn. p. 279 p. III.). Diese aber wurden später (485. 486) unter ihrem Könige Pheletheus von dem Odoacer, dem Könige der Longobarden, besiegt und aufgerieben. Hierauf eilt Theoderich, der Gothenkönig, aus Thracien und Mösien herbei, vertreibt die Longobarden aus Oberpannonien und setzt den jungen Fürsten der Rugier, Fridericus, wieder in sein Donaugebiet ein, welcher aber bald wieder von den Longobarden vertrieben wird. Übrigens war der eigentliche Herrscher von Oberpannonien, Valeria, Savia, Japydia, Mösia, immer noch Theoderich, der König der Ostgothen. Bald darauf unternahm Theoderich seine Heerfahrt nach Italien und ließ einen Theil der Gothen in Mösien und Pannonien zurück (*Jornand.* c. 57. *Schönleben* III, 286, sq. Manso, Gesch. der Ostgothen. S. 29). Theoderich besiegte die Heruler, dann den Odoacer, wurde Herr von Italien und gründete sein großes Reich, welches auch das westliche Pannonien umfaßte, während das östliche Pannonien dem oströmischen Kaiser angehörte (*Jornand.* c. 58. *Cassiodor.* Var. I, 40. III, 23. VIII, 8. Manso, Gesch. der Ostgothen. S. 47). Auch in der Folge bleibt Theoderich immer Besitzer von der Provinz Savia (*Jornand.* l. c.). Während seiner Herrschaft konnten sich die Länder Noricum, Pannonien, Japydien, Istrien ein wenig von den vergangenen Stürmen erholen (*Schönleben*, Annal. Carn. III. p. 288). In dieser Zeit wird die Laureacensis ecclesia als provinciae Pannoniarum Metropolitana und Theodorus hier als Archiepiskopus genannt (*Symmach.* epist. ad Theodor. 17. *Lax.* Reip. Rom. XII, s. 7. c. 7. *Schönleben*, Ann. III, 288). Während der Regierung des Theoderich erhoben sich die zerstörten Städte wieder aus ihren Ruinen und traten verjüngt in neues Leben, was auch in Pannonien der Fall war (*Schönleben*, Ann. Carn. III, 289). Pannonien hatte nun gothische Gesetze und katholische Geistliche, obgleich die Vorsteher dieser Provinzen dem Arianismus huldigten (*Schönleben* l. c.). Späterhin ziehen die Longobarden mit dem Narses verbunden in großer Zahl aus Pannonien durch Japydien über die julischen Alpen, wo sie sich mit den Römern vereinigen und nach Ravenna begeben (*Schönleben* l. c. III, 307) im J. 552. Nach bestandenem siegreichen Kampfe gegen Totilas kehrten sie von den Römern reichlich belohnt nach Pannonien zurück (*Schönleben* III, 308). In einigen Theilen Pannoniens und in benachbarten Landstrichen hatten sich demnach immer neben den Gothen auch Longobarden behauptet, oder waren als Unterworfene von Theoderich hier in ihren Sitzen nicht weiter beeinträchtigt worden. Wir beschließen jedoch hier diesen kurzen Umriß der Geschichte Pannoniens (bis auf diese Zeit), und bemerken nur noch, daß späterhin Pannonien noch von Slawen und Winden, dann von den mächtigen Avaren, welche erst Karl der Große in ihren festen Ringen bezwang, und endlich auch von den Franken bewohnt wurde. Wir verweisen diejenigen, welche über den Zustand dieses Landes und seiner Bewohner in den folgenden Jahrhunderten bis auf die neuere Zeit oder wenigstens bis auf die Besitznahme des östlichen Theils durch die Ungarn ausführlichere Belehrung wünschen, auf Schönleben's Carn. ant. und die Annal. Carn. ant. et nov. Außerdem gibt auch Mannert (3. Th. S. 579 fg.) und Manso (Gesch. des ostgoth. Reichs. S. 10 fg.) noch einige Belehrung. Die weitere Entwickelung der Geschichte dieser Länder wird auch in dieser Encyklopädie in den Artikeln Ungarn, Slavonien, Servien, Kroatien, Krain &c. in den Namen der betreffenden Fürsten und Städte &c. wieder aufgenommen werden[35]). (*J. H. Krause.*)

Pannonische Krankheit, s. Fleckfieber.

PANNOS DE FERROS werden im portugiesischen Handel die festen und gedrungen gewebten französischen und sächsischen Leinen aus gebleichtem Flachsgarne genannt. Vorzüglich gehören hierher die in der Oberlausitz erzeugten sogenannten Dowlas. Der Absatz dieser Waare nach Portugal und Brasilien, der früher stark über Hamburg und Bremen stattfand, ist gegenwärtig durch die Concurrenz der irländischen Leinen sehr vermindert. (*Karmarsch.*)

PANNOYAS, Villa im portugiesischen Correiçao de Ourique, Provinz Alemtejo, hat 220 Häuser und 1300 Einwohner. (*Fischer.*)

PANNUNAH, ostindische Stadt im Circar (District) von Karich, ist in südöstlicher Richtung 20 engl. Meilen von Maltoy entfernt. (*Fischer.*)

PANNUS. Seit dem Mittelalter, in welchem dies Wort in die Sprache der Ärzte aufgenommen worden ist, hat man sich desselben in sehr verschiedenem Sinne metaphorisch bedient, indem man seine ursprüngliche Bedeutung, in welcher es einen wollenen Stoff bezeichnet, auf krankhafte Erzeugnisse übertrug, welche irgend einen Punkt der Oberfläche des Körpers bedecken. So belegte man mit jenem Namen z. B. Hautflecken von Anfangs heller, allmälig dunkler werdender Farbe, die sich wenig über die Haut erheben, aber diesem Organe allmälig alle Empfindlichkeit rauben und als sichere Vorboten des Aussatzes betrachtet wurden. Die Hautstellen, welche diese Flecken unberührt ließen, zeichneten sich durch eine auffallende, der Farbe der Milch oder selbst der Kreide ähnliche, Weiße aus, welche die in der Regel bräunlichen Flecken, deren Oberfläche der des Sammets ähnlich war, nur um so greller hervortreten ließ. Nächstdem ist jener Ausdruck aber auch zur Bezeichnung anderer Hautflecken der verschiedenartigsten Gattung und insbesondere gewisser Muttermäler benutzt worden, aber weder in diesem Sinne, noch in dem vorerwähnten, bis auf uns gekommen. Nur eine gewisse dritte Bedeutung hat ihm für die Ärzte unserer Zeit erhalten, indem nämlich die alten Ärzte unter Pannus auch eine Krankheit der Bindehaut des Auges verstanden, und zwar, wie wol außer Zweifel ist, eine dem Pterygium sehr nahe verwandte. Ob indessen mit Recht Scarpa und nach seinem Beispiele viele andere berühmte Augenärzte angenommen haben, daß die Alten das Pterygium mit dem Namen des Pannus in dem Falle belegt haben, daß auf einem Auge sich *mehre* Pterygien befinden, deren zusammentreffende Spitzen die durchsichtige Hornhaut verdunkeln und *somit* das Sehen unmöglich machen, ist ungewiß, und, *daß dies* geschehen, darf selbst unwahrscheinlich genannt werden, wenn man erwägt, daß jener Fall zu den sehr seltenen gehört und die Älten des Pannus, wo von Augenkrankheiten die Rede ist, häufig erwähnen. Ebendeshalb haben Andere, namentlich James, annehmen zu dürfen geglaubt, daß die Alten unter Pannus vielmehr ein beginnendes, noch weiches, schwammiges Pterygium verstanden haben, dessen zahlreiche, vielfach unter einander verschlungene, Gefäße gewissermaßen ein Gewebe darstellen. Aber auch diese Bedeutung des Wortes ist wenigstens nicht die von den heutigen Augenärzten angenommene, indem man gegenwärtig jene Krankheit der Bindehaut grade dann Pterygium zu nennen pflegt, wenn die kranke Stelle der Bindehaut noch wenig verdickt und weißlich ist, und ihr den Namen Pannus erst später beilegt, wenn die verdickte Stelle von rothen Blutgefäßen durchzogen erscheint. Nach Benedict (Handb. d. prakt. Augenheilk. III, 176) unterscheidet sich der Pannus von Pterygium durch die dreieckige Form des letztern und die ungleichere Gestalt des erstern, sowie dadurch, daß das Pterygium — zumal in der Mitte seines Verlaufes — mit der Pincette etwas erhoben werden kann, während der Pannus mit den unterliegenden Membranen aufs Festeste verbunden ist. Bei der nahen Verwandtschaft beider Krankheiten verweisen wir indessen in Betreff alles Weiteren auf den Art. Pterygium. (*C. L. Klose.*)

PANNWITZ, ein in der preußischen Monarchie, namentlich der Lausitz, worin das Stammschloß gleiches Namens liegt, in den Marken und Schlesien ausgebreitetes altadeliges Geschlecht. In der Stiftungsurkunde des Franziskanerklosters in Bautzen vom Markgrafen Otto von Brandenburg aus der Mitte des 13. Jahrh. wird der Name Pannwitz mit Dank dafür erwähnt, daß Einer dieses Namens den Platz in der Stadt unentgeltlich zum Klosterbaue gegeben habe. Wahrscheinlich dessen Sohn war jener Wolfram I. von Pannwitz, welcher als Zeuge in einer Urkunde vom Jahre 1297 vorkommt, worin der Herzog Heinrich von Glogau Theoderich von Frankenberg das Gut Rosenau übergibt. Sein Sohn, Werner von

35) Der oben bei der Literatur gegebenen, aus Zeitschriften entnommenen Mittheilung über neu aufgefundene Manuscripte ist gegenwärtig widersprochen worden.

Pannwitz, erhielt vom Herzog Konrad von Öls das Burggrafthum zu Wohlau mit mehren andern Rechten auf Lebenszeit (1324). Er hinterließ zwei Söhne, Wolfram II. und Nikolaus I. Der älteste war Burggraf zu Glatz (1341), der jüngere Kanonikus zu St. Johann in Breslau, der die Pfarrei auf ihren Besitzungen zu Rengersdorf, Lomnitz und Eisersdorf stiftete. Ihre Schwester Margaretha war Subpriorin in dem Kloster Treonitz (1355). Die Brüder Balthasar und Heinrich von Pannwitz begleiteten den Herzog Ludwig von Brieg auf das Concilium nach Kostnitz (1414). Nikolaus II. von Pannwitz war Amtshauptmann zu Bautzen (1475), in welcher Stelle ihm sein Sohn Hans (1498) folgte. Desgleichen war ein Hans von Pannwitz Amtshauptmann zu Görlitz (1498). Hans von Pannwitz zu Rengersdorf und Albendorf, Landeshauptmann der Grafschaft Glatz, hinterließ von Katharina von Hohberg vier Söhne, welche diese Linie fortpflanzten, bis sie zu Anfange des 18. Jahrh. mit dem kais. Obersten und Commandanten zu Agram, Nikolaus von Pannwitz, erlosch. Die Linie zu Rengersdorf von Otto von Pannwitz, einem Bruder van Hans, gestiftet, erlosch mit Franz im nämlichen Jahrhundert. Aus der Linie zu Mechwitz war Kaspar von Pannwitz als Landesältester des Fürstenthums Brieg ein ausgezeichneter Mann, welcher das Städtchen und Amt Löwen besaß (1588). Hans von Pannwitz, aus der Linie zu Piscorsine; starb 1615 als Hofrichter zu Militsch und hinterließ einen Sohn gleiches Namens, welcher 1660 als Burggraf zu Harnstadt mit Tod abging. Aus der Linie zu Peterwitz und Jägersdorf im Fürstenthume Jauer war Heinrich zu Alt-Lomnitz Landescommissarius der Fürstenthümer Schweidnitz und Jauer: er starb 1663 und hinterließ von Rosina von Schweinitz Heinrich Wilhelm I., Herrn zu Alt-Lomnitz, Ober- und Nieder-Peterwitz (geb. 1651, † 1697), welcher mit Anna Sabine von Schweinitz vier Söhne erzeugt hatte, als: 1) Balthasar Wilhelm, starb 1696 als Student zu Leipzig. 2) Heinrich Wilhelm II., der durch Anna Luisa von Niebelschütz die Linie zu Teschwitz (1711) im Fürstenthume Wohlau stiftete. 3) Abraham Friedrich, der mit Margaretha von Niebelschütz verheirathet (1719) und Urheber der Linie zu Rinnersdorf war, und 4) Ernst Wilhelm, der unverheirathet starb.

Aus der Linie zu Bockschütz im Fürstenthume Öls: Maximilian Sigismund, königl. preuß. Generallieutenant, Chef eines Cürassierregiments und Inspecteur der Cavalerie in Oberschlesien (geb. 1715), war der Sohn von Georg Sigismund, welcher königl. schwedischer Lieutenant gewesen, und Anna Margaretha von Krakewitz. Da seine Ältern frühzeitig gestorben, so wollte die kaiserl. Regierung ihn und seine unmündigen Geschwister in das Jesuitencollegium nach Breslau bringen, wo sie dann in der katholischen Religion erzogen werden sollten. Obgleich Maximilian Sigismund erst zehn Jahre alt war, so hatte er doch einen solchen Widerwillen gegen diese Religion, daß er mit seinem jüngern Bruder aus Breslau nach Öls entfloh, wo sich ein gutmüthiger Bürger ihrer annahm und sie heimlich nach Sorau brachte, der dafür aber bei seiner Zurückkunft mit einer ½jährigen Gefangenschaft unter der Erde bestraft wurde. Eine Baronesse von Gersdorf nahm sich dieser beiden Knaben an, sorgte für ihre Erziehung und verschaffte Max. Sigismund eine Junkerstelle in einem königl. polnisch und kursächs. Dragonerregiment. Hier blieb er neun Jahre lang Junker, da er zu arm war, um die hundert Dukaten zu zahlen, welche man für eine Officierstelle damals erlegen mußte. Als König Friedrich II. von Preußen Besitz von Schlesien genommen, ließ er alle in fremden Diensten stehende Landeskinder zurückrufen, worauf Max. Sigismund die sächs. Dienste verließ und als Officier in einem preuß. Husarenregiment angestellt wurde. Er zeichnete sich nun in den drei schlesischen Feldzügen vortheilhaft aus, z. B. bei Neumark, wo er mit seinem Regimente 1760 zwei österreichische Dragonerregimenter theils niederhauen ließ, theils gefangen nahm. Auch eroberte er mehre österreichische und russische Magazine, und hatte das Glück, einen russischen Courier aufzufangen, der wichtige Depeschen nach Petersburg zu überbringen hatte, die dem Könige großen Vortheil brachten, sodaß derselbe ihn mit einem Kanonikat im Stifte zu Camin beschenkte. In dem Treffen bei Reichenbach setzte er sich an die Spitze von zwei Regimentern und ging mit einer solchen Tapferkeit auf die österreichischen feindlichen Linien von 45 Escadrons los, daß man ihm allein den glücklichen Ausgang des Treffens zuschreiben konnte (1762). Im J. 1767 wurde er erst Oberstlieutenant, 1772 Oberst, 1774 Generalmajor und 1785 Generallieutenant. Da er in den Kriegen drei starke Wunden erhalten hatte, so nahm er 1787 seinen Abschied; er starb 1796 und hinterließ von Helena Charlotte von Frankenberg drei Söhne, die in kön. preuß. Staatsdiensten gestanden haben.

Aus der Linie in der Lausitz sind folgende bemerkenswerth: Christian, Erbherr zu Kahren und Sergen, Landesältester und Director des cotbusser Kreises. Er hinterließ von Hedwig Sophia von Wulfen aus dem Hause Tempelberg zwei Söhne, 1) Ludolf und 2) Anton. 1) Ludolf, königl. preuß. Generallieutenant von der Cavalerie, Chef eines Cuirassierregiments, hatte sich vorzüglich in dem spanischen Erbfolgekriege ausgezeichnet. Mit seinem Dragonerregimente eroberte er die Insel Usedom, zur Belohnung dafür erhob der König Friedrich Wilhelm das Dragoner- zu einem Cuirassierregimente. Er nahm seinen Abschied (1716) und ließ seine beiden außer der Ehe erzeugten Töchter 1719 durch den König legitimiren. 2) Anton (geb. 1660, † 17..), kön. preuß. Generallieutenant der Infanterie, Gouverneur von Peitz und Chef eines Bataillons. Seine militairische Laufbahn fing er als Page bei dem General von Arnim, darauf bei dem Grafen von Schulenburg an. Als der Krieg zwischen Brandenburg und Schweden ausbrach, trat er unter die Fahnen des Kurfürsten Friedrich Wilhelm, wo er sich nach und nach bis zum General emporschwang.

Aus der Linie zu Klein-Osnig bei Cottbus hinterließ Joachim Friedrich von Pannwitz zwei Söhne, als: 1) Gottlob Ernst (geb. 1697) und 2) Nikolaus Sigismund (geb. 1700), welche in den schlesischen Kriegen mit Ruhm

tirten, andere Kirchenlehrer aber die Vigilien ihrem Ursprunge nach auf Christum selbst zurückführten [7]) und im Preise derselben kein Ende fanden [8]). So ging diese Praxis über in die Zeit der spätern mittelalterlichen römischen und griechischen Kirche. In der erstern erhielt sie durch das Officium (s. d. Art.) Modificationen; die Sonntagsvigilien besonders gingen über in die Feier des Sonnabends oder die Sonntagsfrühandachten. Am längsten erhielt sich die Oster- und Christvigilie. Letztere wird noch jetzt als Nachtfeier begangen, jene am Abend, gewöhnlich um 7 Uhr. In der griechischen Kirche wird besonders die Paschalvigilie in herkömmlicher Weise fortgehalten (s. den Art. Osterfest). Auch in der protestantischen Kirche haben sich Reste der katholischen Vigilien in verschiedenen Formen erhalten, obgleich die symbolischen Bücher sie unter die abzuschaffenden Misbräuche rechnen. Die Brüdergemeinde hat Nachtandachten am Charfreitag und Ostern. Bei den Methodisten findet man noch die sogenannten Watch-nights (Wachnächte). Es sind Gottesdienste, die bis Mitternacht dauern, aber nicht länger dauern dürfen. Wesley selbst ordnete sie an; er hatte ihre Wirksamkeit durch die Erfahrung erprobt. An manchen Orten findet am Christfestmorgen eine Frühandacht bei Licht statt. Vielleicht erinnern auch unsere am heiligen Abend vor Christtag oder Christfest frühgegebenen Bescherungen an die alte Vigiliensitte. Das Einläuten der Festtage, Ankündigung durch Abendmusik am Tage vorher von den Thürmen, die auch in der protestantischen Kirche fortgehende Benennung „heil. Abend" für die Tage vor Christtag, Ostern, Pfingsten, weisen ebenso auf die alte Zeit zurück, wie sie dem christlichen Gefühle andererseits ganz natürlich sind. An manchen Orten haben Geistliche in den Fastenwochen Abendgottesdienste mit Predigt, Gesang, Gebet, angeordnet; mehr Eingang noch gewinnt die Sitte, den (sogenannten) Sylvester durch eine religiös-kirchliche Abendfeier zu heiligen (Sachsen, Baiern, Würtemberg rc.), was nicht nur an sich, sondern auch als Anschließung an die altkatholische Kirchenpraxis Nachahmung verdient. In unsern Tagen hat besonders Horst [9]) die Erneuerung der Vigilien wieder empfohlen. (*Rheinwald.*)

PANOASAN, PAVOASAN, PAVAOSAN oder **St. Thomas**, Hauptstadt der westafrikanischen Insel St. Thomas, auf deren südöstlicher Küste gelegen. Sie ist der Sitz des Statthalters, sowie der übrigen Verwaltungsbehörden, und eines Bischofs, hat zwei Kirchen, einige Klöster und gegen 500 größtentheils hölzerne Häuser, in welchen etwa 3000 Weiße, Schwarze und Mulatten leben, die einen lebhaften Handel treiben. (*Fischer.*)

PANOCHIA, bezeichnet bei den Ärzten des Mittelalters eine Drüsengeschwulst, wurde aber besonders für die Drüsenanschwellungen in der Inguinalgegend, gleichbedeutend mit Bubonen (s. d. Art.), gebraucht. (*Rosenbaum.*)

---

7) Ambrosius, Erzb. von Mailand (mit Bezug auf Christi Gebet die Nacht hindurch). 8) Johannes Chrysostomus, a. v. O., besonders auch um den glänzenden Vigilien der Häretiker (Arianer) entgegenzuwirken und sie zu überbieten. 9) Mysteriosophie. 2. Th. S. 627 fg.

tirten, andere Kirchenlehrer aber die Vigilien ihrem Ursprunge nach auf Christum selbst zurückführten [7]) und im Preise derselben kein Ende fanden [8]). So ging diese Praxis über in die Zeit der spätern mittelalterlichen römischen und griechischen Kirche. In der erstern erhielt sie durch das Officium (s. d. Art.) Modificationen; die Sonntagsvigilien besonders gingen über in die Feier des Sonnabends oder die Sonntagsfrühandachten. Am längsten erhielt sich die Oster- und Christvigilie. Letztere wird nach jetzt als Nachtfeier begangen, jene am Abend, gewöhnlich um 7 Uhr. In der griechischen Kirche wird besonders die Paschalvigilie in herkömmlicher Weise fortgehalten (s. den Art. Osterfest). Auch in der protestantischen Kirche haben sich Reste der katholischen Vigilien in verschiedenen Formen erhalten, obgleich die symbolischen Bücher sie unter die abzuschaffenden Misbräuche rechnen. Die Brüdergemeinde hat Nachtandachten am Charfreitag und Ostern. Bei den Methodisten findet man noch die sogenannten Watch-nights (Wachnächte). Es sind Gottesdienste, die bis Mitternacht dauern, aber nicht länger dauern dürfen. Wesley selbst ordnete sie an; er hatte ihre Wirksamkeit durch die Erfahrung erprobt. An manchen Orten findet am Christfestmorgen eine Frühandacht bei Licht statt. Vielleicht erinnern auch unsere am heiligen Abend vor Christtag oder Christfest frühgegebenen Bescherungen an die alte Vigiliensitte. Das Einläuten der Festtage, Ankündigung durch Abendmusik am Tage vorher von den Thürmen, die auch in der protestantischen Kirche fortgehende Benennung „heil. Abend" für die Tage vor Christtag, Ostern, Pfingsten, weisen ebenso auf die alte Zeit zurück, wie sie dem christlichen Gefühle andererseits ganz natürlich sind. An manchen Orten haben Geistliche in den Fastenwochen Abendgottesdienste mit Predigt, Gesang, Gebet, angeordnet; mehr Eingang noch gewinnt die Sitte, den (sogenannten) Sylvester durch eine religiös-kirchliche Abendfeier zu heiligen (Sachsen, Baiern, Würtemberg ꝛc.), was nicht nur an sich, sondern auch als Anschließung an die altkatholische Kirchenpraxis Nachahmung verdient. In unsern Tagen hat besonders Horst [9]) die Erneuerung der Vigilien wieder empfohlen. (*Rheinwald.*)

PANOASAN, PAVOASAN, PAVAOSAN oder St. Thomas, Hauptstadt der westafrikanischen Insel St. Thomas, auf deren südöstlicher Küste gelegen. Sie ist der Sitz des Statthalters, sowie der übrigen Verwaltungsbehörden, und eines Bischofs, hat zwei Kirchen, einige Klöster und gegen 500 größtentheils hölzerne Häuser, in welchen etwa 3000 Weiße, Schwarze und Mulatten leben, die einen lebhaften Handel treiben. (*Fischer.*)

PANOCHIA, bezeichnet bei den Ärzten des Mittelalters eine Drüsengeschwulst, wurde aber besonders für die Drüsenanschwellungen in der Inguinalgegend, gleichbedeutend mit Bubonen (s. d. Art.), gebraucht. (*Rosenbaum.*)

7) Ambrosius, Erzb. von Mailand (mit Bezug auf Christi Gebet die Nacht hindurch). 8) Johannes Chrysostomus, a. v. O., besonders auch um den glänzenden Vigilien der Häretiker (Arianer) entgegenzuwirken und sie zu überbieten. 9) Mysteriosophie. 2. Th. S. 627 fg.

PANODORUS, ein Chronograph; die Kenntniß von seinem Dasein verdanken wir nur dem Syncellus; nach diesem war er ein ägyptischer Mönch, Zeitgenosse des Kaisers Arcadius, des Erzbischofs Theophilus von Alexandrien und des Mönchs Annianos, der ihm in der Abfassung eines historisch-chronologischen Werks voranging; dem Panodorus rühmt Syncellus nach, daß es ihm als Historiker nicht an chronologischer Genauigkeit, noch an Kenntniß der Astronomie gefehlt habe, daß er jedoch in Bestimmung des Geburtsjahres Christi, das er als das 5500. nach Erschaffung der Welt angenommen hat, um sieben Jahre sich geirrt habe *). (*H.*)

PANOLBIOS, ein epischer Dichter aus später Zeit, über den Suidas einen eigenen Artikel hat. (*H.*)

PANOMI, Stadt im türkisch-europäischen Macedonien (Makdonia, Filiba Wilajeti), welche 16 englische Meilen südlich von Saloniki liegt. (*Fischer.*)

PANOMPHAEOS (*Πανομφαῖος*), ein Beiname vorzugsweise des Zeus, unter welchem ihm in Kleinasien in Troas zwischen den Vorgebirgen Sigäum und Rhoeteum ein Altar errichtet war; diesen Namen des Allverkündigers hatte der Gott als oberste Quelle aller Vaticination; ihn kennt schon Homer (Il. 8, 250), wozu Eustathius bemerkt: *πανομφαῖός ἐστιν ὁ πάσης μαντείας αἴτιος· οἱ γὰρ ἄλλοι πάντες ὑποφῆται Διός εἰσιν εἴτε δαίμονες ἐκεῖνοι εἴτε ἄνθρωποι*; vergl. auch *Eustath.* 169, 26; ihn kennt Simonides. *Ovid.* Met. XI, 196: Dextera Sigaei Rhoetei laeva profundi Ara Panomphaeo vetus est sacrata Tonanti. *Orph.* Argonaut. 658 (663. *Herm.*): *Πανομφαίου Ζηνὸς θέμιν οὐκ ἀλεγίζων.* 1296 (1306): *ἱερὰ θέσθαι Ζηνὶ Πανομφαίῳ.* Hesychius und Suidas erklären das Wort mit Berücksichtigung jener Homerischen Stelle: *ᾧ πᾶσα φήμη καὶ μαντεία ἀναφαίνεται (εἰς ὃν — ἀναφέρεται Kuster), τουτέστι κληδών.* Quintus Calaber (624) gibt dies Beiwort dem Sonnengotte. (*H.*)

PANOPAEA *Ménard de la Groie* (Mollusca), Muschelgattung aus der Familie der Myacea, mit folgenden Kennzeichen: Die Schale gleichschalig, quer, an den Seiten ungleich klaffend, auf jeder Klappe ein kegelförmiger Cardinalzahn, zur Seite desselben eine zusammengedrückte, aufsteigende Schwiele, welche nach Außen nicht vortritt, auf welcher aber außen das Schloßband befestigt ist. P. Aldrovandi (*Ménard.* Ann. du Mus. T. IX. p. 131; Chama glycimeris, *Aldrovand.* Test. Lib. III. p. 473 et 474; ibid. *Lister.* Conch. t. 414. f. 258; Mya glycimeris *Linn. Gme.* p. 3222. no. 17; ibid. *Bornn.* Mus. Caes. Vind. t. 1. f. 25; Panopeae Faujasii, *Ménard.* Ann. du Mus. loc. cit. pl. 12). Ei-

*) *Syncell.* Chronogr. p. 326. c. p. 617 ed. *Dind.* *Πανόδωρος δέ τις τῶν κατ' Αἴγυπτον εἷς μοναχὸς ἱστορικὸς οὐκ ἄπειρος χρονικῆς ἀκριβείας, ἐν τοῖς χρόνοις ἀκμάσας Ἀρκαδίου βασιλέως καὶ Θεοφίλου Ἀλεξανδρείας ἀρχιεπισκόπου, ἀλήθειαν ἀσπασάμενος ἐν πολλοῖς, ζ' διήμαρτεν ἔτεσιν ἐλθὼν εἰς τὴν σωτήριον σάρκωσιν τῷ ͵ευγγ' ἔτει ταύτην συλλογισάμενος.* Vgl. noch 35, c. Über sein Verhältniß zu Annianus und den Tadel, den beide gegen Eusebius von Cäsarea aussprechen, s. 16, c. 17, b. 34, a. 35, b, wo auch seine astronomischen Kenntnisse gerühmt werden; vergl. auch 41, b.

Unterschied nicht kenne. Philippi bemerkt, daß die polnische Art länger als die obige sei. Sie kommt bis zu 0‴114 Länge, 0‴060 Höhe und 0‴050 Dicke vor, findet sich zu Léognan bei Bordeaux nur in Trümmern, im Sande zu Szuckowce in Wolhynien, aber wohl erhalten. Von Pinczow in Polen habe ich einen Panopäa-Kern unter dem Namen Mya gigantea *Pusch* bekommen.

3) Panopaea intermedia. Mya intermedia *Sow.* M. C. *I. pl.* 76. f. 1 und V. pl. 419. f. 2. Panopaea intermedia *Sow.* M. C. VI, 211. *Mantell.* Geol. Trans.[20]) III, 203 und Geology[21]) 367. Ist vielleicht eine Varietät der ersten. Im Crag vom Ipswich *mit voriger*; dann im untern Theile der Formation des Londonthones, einem sandigen Kalksteine, nämlich dem sogenannten Sandsteine von Bognor in Sussex. (Goldfuß citirt *diese Art, ich weiß nicht, aus welchem Grunde, im Unter-Oolith von Dundry. Bei Dechen*[22]) S. 394.)

4) Panopaea *reflexa Thom. Say*, *welche* in Maryland tertiär *vorkommt, scheint* Deshayes (*a. a. O.*) nur eine Varietät der ersten zu sein (Krüg. II, 141). Ich konnte ihre Beschreibung nicht vergleichen.

5) Panopaea Bivonae *Philippi*, Sicil. p. 8. P. testa *minore*, crassiuscula, postice oblique truncata, inde margine *infero* in angulum acutum obtusatum desinente, margine antico-infero *hiante*, utraque valva extus media longitudinaliter excavata; cardinis callo maximo, dente obsoleto. Diese Diagnose ist nur nach einem einzigen Exemplar von 0‴060 Länge, 0‴040 Höhe und 0‴030 Dicke entworfen, das ich der Güte des Dr. Philippi in Cassel verdanke. Derselbe *gibt am a. O. eine ausführliche* Beschreibung dieser Art. *Es stammt aus* der Subapenninenformation bei Palermo.

6) Panopaea plicata. *Mya plicata Sow.* V. pl. 419. f. 3. *Panopaea plicata Sow. VI, 211 und* ? Sowerby bei Murchison[23]) in *Geol. Trans. N. S. III*, 417. In England, im obern und untern Grünsand zu Sandgate und Margate. Sowerby zieht zweifelhaft zu dieser Art auch *einige* fossile Reste aus dem abnormen Conchylienlager von Gosau *in* Salzburg, welche secundäre und tertiäre Reste gemengt *enthält.*

7) Panopaea gibbosa. Lutraria gibbosa *Sow.* M. C. I. pl. 42. Panopaea gibbosa *Sow.* VI, 211. Goldf. bei Dech. 394. Im Groß-Oolith von Bath (Sow.), in Yorkshire, in Unter-Oolith von Dundry (Dech.) und ? am Nipf bei Popfingen (Goldf.).

8) Panopaea elongata *Röm.* Wes.[24]) 126. t. VIII. f. 1. P. testa elongato-ovata, convexa, concentrice rugosa; antice angustata, brevi, rotundata; posterius producta, dilatata, angulo aliquanto rotundato depres-

---

20) *G. Mantell*, Tabular arrangement of the organic remains of the County of Sussex, in Transactions of the geological Society of London. 1829. III, 200—216. 21) *G. Mantell*, Geology of the Sudeast of England. 1833. p. 162—398. 22) v. Dechen's teutsche Bearbeitung von de la Beche's Handbuch der Geognosie. (Berlin 1832.) 23) *Sedgwick* and *Murchison*, A Sketch of the Struct. of the Eastern Alps, in Lond. Geol. Transact. III, 301—420. 24) Römer, Die Versteinerungen des norddeutschen Oolithengebirges. (Hanover 1835—1836. 4.)

Unterschied nicht kenne. Philippi bemerkt, daß die polnische Art länger als die obige sei. Sie kommt bis zu 0‴114 Länge, 0‴060 Höhe und 0‴050 Dicke vor, findet sich zu Léognan bei Bordeaux nur in Trümmern, im Sande zu Szuckowce in Wolhynien, aber wohl erhalten. Von Pinczow in Polen habe ich einen Panopäa-Kern unter dem Namen Mya gigantea *Pusch* bekommen.

3) Panopaea intermedia. Mya intermedia *Sow.* M. C. I. pl. 76. f. 1 und V. pl. 419. f. 2. Panopaea intermedia *Sow.* M. C. VI, 211. *Mantell.* Geol. Trans.[20]) III, 203 und Geology[21]) 367. Ist vielleicht eine Varietät der ersten. Im Crag vom Ipswich mit voriger; dann im untern Theile der Formation des Londonthones, einem sandigen Kalksteine, nämlich dem sogenannten Sandsteine von Bognor in Sussex. (Goldfuß citirt diese Art, ich weiß nicht, aus welchem Grunde, im Unter-Oolith von Dundry. Bei Dechen[22]) S. 394.)

4) Panopaea reflexa *Thom. Say*, welche in Maryland tertiär vorkommt, scheint Deshayes (a. a. O.) nur eine Varietät der ersten zu sein (Krüg. II, 141). Ich konnte ihre Beschreibung nicht vergleichen.

5) Panopaea Bivonae *Philippi*, Sicil. p. 8. P. testa minore, crassiuscula, postice oblique truncata, inde margine infero in angulum acutum obtusatum desinente, margine antico-infero hiante, utraque valva extus media longitudinaliter excavata; cardinis callo maximo, dente obsoleto. Diese Diagnose ist nur nach einem einzigen Exemplar von 0‴060 Länge, 0‴040 Höhe und 0‴030 Dicke entworfen, das ich der Güte des Dr. Philippi in Cassel verdanke. Derselbe gibt am a. O. eine ausführliche Beschreibung dieser Art. Es stammt aus der Subapenninenformation bei Palermo.

6) Panopaea plicata. Mya plicata *Sow.* V. pl. 419. f. 3. Panopaea plicata *Sow.* VI, 211 und ? Sowerby bei Murchison[23]) in Geol. Trans. N. S. III, 417. In England, im obern und untern Grünsand zu Sandgate und Margate. Sowerby zieht zweifelhaft zu dieser Art auch einige fossile Reste aus dem abnormen Conchylienlager von Gosau in Salzburg, welche secundäre und tertiäre Reste gemengt enthält.

7) Panopaea gibbosa. Lutraria gibbosa *Sow.* M. C. I. pl. 42. Panopaea gibbosa *Sow.* VI, 211. Goldf. bei Dech. 394. Im Groß-Oolith von Bath (Sow.), in Yorkshire, in Unter-Oolith von Dundry (Bech.) und ? am Nipf bei Popfingen (Goldf.).

8) Panopaea elongata *Röm.* Wes.[24]) 126. t. VIII. f. 1. P. testa elongato-ovata, convexa, concentrice rugosa; antice angustata, brevi, rotundata; posterius producta, dilatata, angulo aliquanto rotundato depressa; margine cardinali recto, postice subascendente; umbonibus parvis incurvis prominulis. Höhe 0‴040, Länge 0‴060, Dicke 0‴030. Klafft an beiden Enden ziemlich stark. Findet sich als Steinkern in den Belemnitenschichten des Lias bei Willershausen im Hanöver'schen. (*H. G. Bronn.*)

PANOPE, 1) eine der Nereiden. *Hesiod.* Theog. 250. *Apollod.* I, 2. s. 7. 2) Eine Tochter des Thespius, mit der Herkules den Threpsippas zeugte. *Apollod.* II, 7, 8. (*H.*)

PANOPEA *Hübner* (Insecta), Schmetterlingsgattung, aus Papilio *Linn.* gesondert, dadurch bezeichnet, daß die Hinterflügel an der Wurzel viele dunkle Flecken haben. Hierher Pap. Semire, *Cramer*, uitl. Capellen. 194. B. C. und *Lucretia* ib. 45. C. D. (Dr. *Thon.*)

PANOPEAE, PANOPEUS (*Πανοπέαι* bei Herodot und Pausanias, *Πανοπεύς* bei Homer, Strabon und Pauf., *Πανοπίς* bei Hesiod, Panope bei römischen Dichtern, eine sehr alte, vom Homer und Hesiod genannte und selbst in das mythisch-heroische Zeitalter zurückgeführte Stadt in Phokis am Kephissos (Il. II, 522. *Strab.* IX, 3, 424), dicht an der böotischen Grenze (*Paus.* X, 4, 1) oberhalb des orchomenischen Gebietes, 20 Stadien von dem östlich liegenden Chäronea, nicht fern von Hyampolis und dem lokrischen Opus (*Strab.* IX, 3, 416), sieben Stadien von Daulis (*Paus.* X, 4, 1. 5). Der Name wird bei Pausanias (l. c.) von dem Panopeus, Vater des Epeios, abgeleitet. Hierher gelangte laut des Mythos Apollon auf seiner Reise von Athen nach Delphi (auf der noch zu Strabon's Zeit gangbaren pythischen Straße, welche zugleich Theoren- und Tempelstraße), und erlegte hier den Tityos, einen gewaltthätigen, gesetzlosen Mann, welcher dieses Gebiet beherrschte (*Strab.* IX, 3, 422. *Paus.* IX, 4, 4). Daß diese Stadt schon in alter Zeit Bedeutung hatte, bekundet Homer (Il. XVII. V. 306—308: *ὁ δὲ Σχεδίον, μεγαθύμου Ἰφίτου υἱόν, Φωκήων ὄχ᾽ ἄριστον, ὃς ἐν κλειτῷ Πανοπῆϊ οἰκία ναιετάασκε, πολέσσ᾽ ἄνδρεσσιν ἀνάσσων*). An einem andern, vom Pausanias (X, 4, 1) angeführten Orte (Od. XI, 580) bezeichnet er die Stadt durch *καλλίχορον Πανοπῆα*. Den Grund dieser Benennung findet Pausanias darin, daß nach herkömmlichem Brauche die attischen und delphischen Frauen, welche sich alljährlich als Thyaden auf den Parnassos begaben, auf dem Wege dahin, und auch zu Panopeä Chöre aufführten (X, 4, 2). Homer läßt den Schedios, den Herrscher von Phokis, zu Panopeä seinen Sitz haben, wie Pausanias vermuthet, zum Schutz der Grenze (*ἅτε φρουρίῳ τῷ Πανοπεῖ χρώμενος* X, 4, 1). Das Heer des Xerxes marschirte vor der phokischen Stadt Parapotamii vorüber und gelangte nach Panopeä, von wo aus es sich in zwei Abtheilungen trennte, deren eine, ihre Richtung nach Athen nehmend, in das Gebiet der Orchomenier vordrang (*Herodot.* VIII, 34). Hier trennte sich also die vom Norden her sich ziehende Straße, gegen Ost nach Böotien hin, gegen West am Abhange des Parnassos fort nach Delphi zu. Panopeä wurde schon vom Heere des Xerxes verbrannt, später im heiligen Kriege wieder hart mitgenommen (über die Einnahme der phokischen Städte

20) *G. Mantell,* Tabular arrangement of the organic remains of the County of Sussex, in Transactions of the geological Society of London. 1829. III, 200—216. 21) *G. Mantell*, Geology of the Sudeast of England. 1833. p. 362—398. 22) v. Dechen's teutsche Bearbeitung von de la Beche's Handbuch der Geognosie. (Berlin 1832.) 23) *Sedgwick* and *Murchison*, A Sketch of the Struct. of the Eastern Alps, in Lond. Geol. Transact. III, 301—420. 24) Römer, Die Versteinerungen des norddeutschen Oolithengebirges. (Hanover 1835—1836. 4.)

durch Philipp von Makedonien *Demosth.* De fals. leg. p. 379. 380. R.), und noch später von den Truppen des Sulla feindlich behandelt (*Plutarch.* Syll. Cap. 16), sodaß man sich nicht wundern darf, wenn sie Pausanias im höchst kläglichen Zustande fand. Pausanias hat den Umfang der alten Stadt in Augenschein genommen und ihn auf sieben Stadien geschätzt (X, 4, 1). Zu seiner Zeit war sie so heruntergekommen, daß er selbst nicht weiß, ob sie noch den Namen Stadt (*πόλις*) verdiene, weil sie weder öffentliche Gebäude für die Behörden (*ἀρχεῖα*), noch ein Gymnasion, noch ein Theater, noch eine Agora, noch Quell- oder Brunnenwasser besitze (X, 4, 1). Er bezeichnet die Wohnungen der Panopeer als Hütten und Höhlen in den Vertiefungen des Gebirges. Dennoch schickten sie Gesandte (*συνέδρους*) zu den Versammlungen der phokischen Städte, und ihr Staat hatte seine bestimmten Grenzen gegen die Nachbarstaaten (*Paus.* X, 4, 1). Pausanias fand auch hier ein kleines, aus rohen Backsteinen aufgeführtes Heiligthum mit einer aus pentelischem Marmor gearbeiteten Statue des Asklepios, oder, wie Andere ihn benachrichtigten, des Prometheus, von dessen Erde zu seiner Menschenbildung man noch Überreste zeigte (X, 4, 2). Nach Strabon (auch bei Skylax [p. 53] heißt sie Panopeus) führte Panopeä (bei ihm Panopeus) zu seiner Zeit den Namen Phanopeus. Derselbe führt auch aus Hesiod den Namen Panopis an (IX, 3, 424). Ovid (Met. III, 19) und Stat. (Theb. VII, 344) nennen sie Panope. Hesych. v. *Πανόπη*, Steph. v. *Πανόπη*, *Φανοτεύς*, *Φυνότη* und *Φανότεια*. Cf. *Cellar.* Orb. ant. II, 13. Vol. I. p. 913 und *Palmer.* Gr. Ant. VI, 15. p. 674. Die Stelle der alten Ruinen hat gegenwärtig das Dorf St. Blasios eingenommen, welches nach Dowell's Bericht (T. I. p. 207) eine Stunde von Daulis entfernt ist. Nach Libadia in südlicher Richtung gelangte er vom genannten Dorfe aus in nicht vollen zwei geographischen Meilen. Vgl. Mannert 8. Th. S. 178 fg.

(*J. H. Krause.*)

PANOPEUS oder **PANOPAEUS**, aus Phocis, Sohn des Phocus und der Asteropäa, Bruder des Crissus, mit dem er sich schon im Mutterleibe stritt, Begleiter des Amphitruo im Kriege gegen die Teleboer. *Apollodor.* II, 4, 7. §. 3 (cf. *Heyne*, Obss. 131. 309). *Pausan.* II, 29, 4. Er war Vater des Epeus, der das trojanische Pferd erbaute. Nach ihm ist die phokische Stadt benannt; s. Panopeae. (*H.*)

PANOPEUS *Edwards* (Crustacea), Crustaceengattung aus der von Edwards aufgestellten Familie der Cyclometopen und der Tribus Cancerini. Das Bruststück ist weniger eiähnlich, als bei der Gattung Xantho; die vordern Seitenränder sind dünn, gezähnelt, wenig gebogen, und verlängern sich nur wenig nach Hinten; die hintern Seitenränder sind im Gegentheil sehr lang und bilden mit dem Hinterrande fast einen rechten Winkel. Außerdem unterscheidet von den verwandten Gattungen diese Krebse noch eine Spalte am untern Rande der Augenhöhle unterhalb des äußern Winkels derselben. Übrigens sind sie der Gattung Xantho ähnlich und alle in Amerika einheimisch. Typus der Gattung mag sein Panopeus Herbstii *Edwards* (Cancer Panope Herbst's Krabben und Krebse t. 54. f. 5). Das Bruststück kaum gewölbt und nach Vorn schwach höckerig; die Stirn etwas vorspringend und horizontal. An der Ecke der Augenhöhle, oberhalb der Spalte, ein kleiner Zahn; die vordern Seitenränder mit vier dreieckigen, zusammengedrückten, vorspringenden Zähnen bewaffnet; unterhalb der Wurzel des erstern ein kleiner Höcker; die vordern Füße stark und aufgeblasen; die Scheeren kurz, stark und gerundet; die folgenden Füße ziemlich dünn, glatt, von mittlerer Länge; der zweite Ring des Hinterleibes bei dem Männchen fast so lang als die beiden nächsten. Ganze Länge etwa zwei Zoll, die Farbe gelblich, mit Grün gemischt, die Scheeren schwarz. Lebt an den Küsten des nördlichen Amerika's. (*Dr. Thon.*)

Panopia *Noronh.*, s. Macaranga *Thouars.*

PANOPOLIS, **PANONPOLIS** (*Πανόπολις*, *Πανῶν πόλις*, Panstadt), eine uralte Stadt in Ägypten, die Metropolis des gleichbenannten Nomos, dem Pan, einer der acht alten ägyptischen Gottheiten, und zwar der ältesten (*Herodot.* II, 145. 146), oder nach anderer Darstellung den diese Gegend umwohnenden Panen und Satyrn überhaupt (*Plutarch.* de Isid. et Osir. c. 14. p. 356) heilig (*Strab.* XVII, 1, 813 *καὶ Πανῶν πόλις*). Dieser Name ist aber nicht der ägyptische, sondern der griechische, eine Übertragung des erstern, nämlich des Namens Chemmis oder Chemmo (*Χέμμις*, *Χεμμώ*. Vgl. C. Ritter, Erdkunde. 1. Th. 1, 3. S. 776). Diodoros berichtet, daß Osiris auf seinen Feldzügen (wol bildliche Darstellung der Verbreitung ägyptischer Religion und Cultur durch Gründung von Colonien; vergl. Heeren, Ideen histor. Werke. 14. Bd. S. 124) auch den Pan zum Kriegsgenossen genommen habe. Dieser wurde, fährt er fort, von den Ägyptern auf ausgezeichnete Weise verehrt, sofern sie ihm nicht blos in allen Tempeln Bildsäulen errichteten, sondern auch in der Landschaft Thebais (*κατὰ τὴν Θηβαΐδα*) eine nach seinem Namen benannte Stadt erbauten, welche sie mit dem Namen Chemmis (oder Chemmo) ins Griechische übertragen Panospolis (*ὑπὸ τῶν ἐγχωρίων Χεμμώ* [nach Wesseling], *μεθερμηνευομένην δὲ Πανὸς πόλιν*) bezeichneten[1]). Hieraus erhellt, daß der ägyptische Name des Pan in dem Worte *Χέμμις* oder *Χεμμώ* enthalten war. Nun scheint gewiß nichts näher zu

---

1) *Diod.* I, 18. t. I. p. 21. Wesseling hierzu meint, daß *Χέμμις* die hellenisirte Form sei, aber *Χεμμώ* die rein ägyptische, und führt als analoge Formen *Λοπτώ* (*Plut.* T. II. p. 356. D), *Λεοντώ*, *Κυνώ* (*Euseb.* in Esai. XXX. p. 475, B.) *Λυκώ* (T. I. Mon. Gr. Coteler. p. 404), *Ἀντινώ* (Moscho Prat. Spirit. C. 73. Itinerar. Antonini. p. 166) auf. Abgesehen hiervon hatten, wie schon Heeren (Ideen hist. Werke. 14. Bd. S. 114) bemerkt, diese Städte hier gewöhnlich einen doppelten Namen, einen priesterlichen, der von ihrer Schutzgottheit und deren Tempel, und einen profanen, der von zufälligen Ursachen hergenommen war. So heißt Theben auch die Ammonsstadt, Memphis die Stadt des Phtha, Heliopolis die Stadt des Rhe oder Helios, zugleich On, u. a. Heeren bemerkt hierzu noch, daß jene Doppelnamen jedoch nur den Hauptstädten der Nomen eigen gewesen seien, welche Haupttempel enthielten, und dadurch die Hauptplätze von Staaten waren. Die Griechen trugen nun den ägyptischen Namen ins Griechische über, wie sie nun eben den ägyptischen Gott mit einem der ihrigen identificirten. Man vergl. *Strab.* XVII, 1. p. 812. 813.

liegen, als daß man diese uralte Panstadt Chemmis mit der von Herodot II, 91: *ἔστι δὲ Χέμμις, πόλις, μεγάλη νομοῦ τοῦ Θηβαϊκοῦ ἐγγὺς Νέης πόλιος*) erwähnten Stadt gleiches Namens für identisch zu halten habe. Allein da Herodotos diese Stadt nicht in die Landschaft Thebais, sondern in den Nomos Thebaicus setzt, welcher von Panopolis weit entfernt, da er hier auch nur von dem Cult des Perseus, aber nicht von dem des Pan redet, da er ferner in der Nähe von Chemmis eine neue Stadt oder Neustadt (*ἐγγὺς Νέης πόλιος*) aufführt, wovon sich bei Panopolis keine Spur zeigt, so hat Mannert (10. Th. 1. Abth. S. 374) angenommen, daß Herodot's Chemmis und die Panstadt Chemmis von einander verschieden seien. Er vermuthet daher, daß das spätere Koptos die Stelle des Herodoteischen Chemmis eingenommen habe, und daß die angegebene, in der Nähe liegende Neopolis unter dem gleichbedeutenden Namen Känepolis (*Καινὴ πόλις*) als Hafen von Koptos, am Einflusse des Kanals in den Nil, auch in der Folge noch vorhanden gewesen sei. Denn, fährt er fort, Koptos lag nicht fern von Theben, gehörte also in der frühern Zeit, wo es noch keinen eigenen Nomos bildete, jedesfalls zum thebaischen Nomos. Da nun der Cult des Pan in Ägypten überhaupt so bedeutend war, so könnte man hierdurch leicht veranlaßt werden, dem Mannert beizustimmen, und anzunehmen, daß mehr als eine Stadt seinen Namen geführt habe [2]). Allein wenn man alles genau in Erwägung zieht, was bereits Saint Genis (Notices sur les Restes de Chemmis ou Panopolis aujourd'hui *Akhmyn* in der Description de l'Égypte. Tom. IV. p. 43—59, sec. ed.) zur Beweisführung, daß Panopolis wirklich identisch mit dem Herodoteischen Chemmis sei, angegeben hat: wenn man besonders die schon von Plutarch angedeutete (cf. *Diodor.* I, 13—18. t. I. p. 17—21. *Wesseling.*) Identität des ägyptischen Pan mit Osiris und mit der Sonne beachtet, und daß höchst wahrscheinlich der zweite Tempel zu Chemmis dem Pancult (= Osiris- und Sonnencult) geweihet war (*Saint-Genis*, Descript. de l'Égypt. IV. p. 53: Il résulte donc de tout ceci que le premier temple était vraisemblablement celui de Pan, comme l'indique la pierre, sur laquelle étaient représentés les douze emblèmes relatifs au soleil), worauf vorzüglich die Worte des Stephanus von Byzanz (v. *Πανόπολις*, nach der lat. Übersetzung: magnum dei simulacrum, in quo apparet erectum veretrum, dextraque flagellum intentat lunae etc. Vergl. hierzu C. Ritter Erdkunde. 1. Th. 1, 3. S. 776) zu beziehen sein dürften; wenn man zugleich bedenkt, daß auch Ptolemäus (V, 5) die *Καινὴ πόλις* (die jedesfalls mit der *Νέη πόλις* des Herodot [l. c.] identisch) in den Nomos Panopolites setzt (cf. *Cellar.* orb. ant. IV, 1. vol. II. p. 80), so möchte nur noch wenig zur Bestätigung der Annahme vermißt werden, daß Panopolis Herodot's Chemmis sei. Und wenn es befremdet, daß Herodot bei seiner Darstellung über Chemmis den Pancult gar nicht erwähnt, so müßte es doch, wäre die Panstadt Chemmis von dem Herodoteischen Chemmis zu unterscheiden, ebenso befremden, daß er nicht einer andern gleichbenamten Stadt mit einem alten Pancult zur Unterscheidung von der beschriebenen mit dem Cult des Perseus gedacht habe. Überhaupt dürfen negative Gründe dieser Art, welche auf dem Schweigen eines Autors von einer Sache beruhen, nur wenig Gewicht haben, da ein Erzählender leicht so manches unberührt läßt, weil eben seine ganze Aufmerksamkeit von andern Gegenständen in Anspruch genommen und gefesselt wird. Wie vieles hat nicht außerdem noch Herodot in Beziehung auf Ägypten verschwiegen? (vergl. Heeren, Ideen hist. Werke. 14. Bd. S. 207.) Überdies hatte Herodot natürlich in Ägypten nur den einheimischen Namen Chemmis, nicht den griechischen Panopolis vernommen, welcher wahrscheinlich auch erst nach Herodot in Hellas gebraucht wurde. In Betreff des Unterschiedes des thebaischen Nomos und der Landschaft Thebais war eine topographische Verwechselung leicht möglich [3]). Es bleibt also immer höchst wahrscheinlich, ja es erleidet wol gar keinen Zweifel, daß die uralte Panopolis Chemmis die berühmte Chemmis des Herodot war. Auch würde wol Diodoros, welcher, wie Herodot, auch selbst in Ägypten war (l. c.), nicht unberührt gelassen haben, daß Ägypten zwei Städte mit Namen Chemmis oder Chemmo habe. Denn wären beide verschieden, so mußte doch auch die alte Panstadt eine sehr bedeutende sein (Description de l'Égypte. l. c. p. 54. Il reste toujours certain, que cette ville était très-ancienne, très-célèbre, et l'une des plus grandes et des plus belles de l'Égypte etc.). Allein, wie bemerkt, das Schweigen eines Autors kann wenig entscheiden. Karl Ritter (Erdkunde 1. Th. 1, 3. S. 775—777) stimmt der Annahme des Saint-Genis (in der Descript. l. c.) bei, ohne das Problematische hierbei auch nur mit einem Worte zu berühren und ohne Mannert's Ansicht auch nur zu erwähnen. Ebenso wenig thut dies Heeren im 14. Bande seiner historischen Werke. Der Name der Stadt Panopolis, welcher seit der Blüthe der hellenischen Cultur in Ägypten auch hier der gewöhnliche werden mochte, erscheint bei späten Schriftstellern bisweilen auch abgekürzt Panos, Pano, Panu, mit Weglassung von Polis. So das Itinerar. Antonini (p. 166) Pano. M. P. IV. Vergl. *Cellarius*, Orb. ant. IV. 1. vol. II. p. 80. Mannert a. a. O. S. 373. So Agathias (lib. IV. p. 133. ed. Par.), welcher diese Stadt als Geburtsort des Nonnus anführt (*Νόννος ὁ ἐκ τῆς Πανὸς τῆς Αἰγυπτίας γεγεννημένος*). Strabon (XVII, 1. 813) nennt Panopolis eine alte, von Leinwebern und Steinhauern (zwei der wichtigsten Gewerbe in Ägypten; vergl. Heeren, Ideen hist. Werke. 14. Th. S. 368 fg.) be-

2) Vergl. C. Ritter, Erdkunde. 1. Th. 1, 3. S. 776. Auch ein König führte den Namen Chemmis (oder Chembes), wie Diodor (I, 63. t. I, 72 *Wess.*) berichtet.

3) Heeren, Id. hist. Werke. 14. Bd. S. 66: Das Nilthal in seiner ganzen Länge (dessen obere Hälfte bis Chemmis die alte Thebais oder Oberägypten, die niedere oder nördliche aber von Chemmis bis nach Cercasorus, wo der Nil sich theilt, Mittelägypten ausmachte) rc. C. Ritter (Erdkunde 1. Th. 1, 3. S. 775) führt Akhmym (Chmim, Chemmis, Panopolis) als die erste Stadt im südlichen Theile von Mittelägypten auf. S. die Karte bei Heeren zum 14. Bd. Also war Chemmis, die Grenzstadt von Ober- und Mittelägypten.

wohnte Stadt. Zu seiner Zeit jedoch mochte sie nicht mehr den alten Glanz und die frühere Bedeutung haben. Er setzt sie zwischen Lykopolis, Aphroditopolis und Ptolemaïs. Zur Zeit des Sesostris hatte hier das eine Kriegercorps desselben, die Hermotybier, sein Quartier (K. Ritter, Erdk. 1. Th. 1, 3. S. 776). Gegenwärtig führt die mittelmäßige, aber schöne Stadt, welche ihre Stelle einnimmt, den Namen Akhmym (Descript. de l'Égypte l. c. p. 43. Mannert a. a. O. S. 375 nennt sie Akhenyn, Ritter a. a. O. S. 775 Akhmyn), in welchem sich die Spuren des alten Namens leicht erkennen lassen (Akmim, Eckmim, Echmim, Chmim, Chemim)[4]). Diese Stadt liegt eine Viertelstunde östlich vom Nil auf einer Höhe oder Schuttterrasse, zu welcher ein schöner Kanal hinleitet. Sie hat 3—4000 Einwohner, und schöne Moscheen, welche aus den Überresten größerer Tempel aufgeführt wurden. Man findet hier Manufacturen von groben Baumwollenstoffen und Töpferarbeiten, durch welche letzteren sich mehre Orte in dieser Gegend auszeichnen. Unter den Ruinen bemerkt man noch zwei verfallene, zertrümmerte Tempel. Zwei hier aufgefundene griechische Inschriften zeigen, daß zu den ursprünglichen Anlagen neue Zusätze gemacht worden waren. Gegenwärtig stehet hier noch ein ansehnliches Kloster der Propaganda, und es leben hier noch gegen 2000 koptische Katholiken (Descript. de l'Égypte. l. c. p. 28. Ritter a. a. O. S. 776): ferner ein Kloster der Märtyrer am antiken Kanale, welcher (wie Ritter S. 777 bemerkt) so alt wie die Stadt und ein schönes Denkmal des Alterthums ist, das noch jetzt dem jüngern Akhmym seinen schwachen Glanz erhalten hat. In der nahen arabischen Gebirgskette findet man alte Steinbrüche, Grotten und Felskammern, welche zugleich zu Begräbnißplätzen dienten (daher noch überall Mumien) und zu Schutzörtern der Christen zur Zeit der Verfolgung durch Diocletianus[5]). Vergl. die Descript. de l'Égypte. T. IV. p. 60. sec. ed. Mannert a. a. O. S. 373—75. Die Karten von Ägypten in der Descript. T. XVIII. 3. Abth. zu planch. 36. Auch die Karten bei Heeren, Hist. Werke. 13. und 14. Bd. Über den Zustand von Akhmym unter den Arabern bis auf unsere Zeit vergleiche man noch die Descript. l. c. p. 55—59 und über die Umgegend p. 59—62. Zu dem Nomos Panopolites zieht Ptolemäus (V, 5) noch die Städte Lepidotum (*Λεπιδωτόν*) und Chenoboskia (*Χενοβοσκία*), dem Diopolites Nomos gegenüber. In der Tab. Peuting. heißt sie Chenoboscio. Als die letzte Stadt dieses Nomos nennt Ptolemäus die neue Stadt (d. *Καινὴ πόλις*), von welcher wir schon oben geredet haben. Cf. *Cellarius* orb. ant. libr. IV, 1. p. 80. vol. II. (*J. H. Krause.*)

PANOPOLIS, eine wahrscheinlich nicht sehr bedeutende Stadt der Byzantiner, welche ihnen Philipp III., König von Makedonien, entrissen hatte, und die er ihnen auf die Foderung der Rhodier in Gegenwart des römischen Feldherrn T. Quinctius (in antiqui formulam juris) zurückgeben sollte. Der Name dieser Stadt ist mir nur bei Livius (XXXII, 33) vorgekommen, welcher jedoch nicht näher bestimmt, wo sie gelegen (postulabantque, praesidia deduci ab Jasso et Bargyliis et Euromensium urbe, et in Hellesponto Sesto atque Abydo, et *Panopolin* Byzantiis — restitui, et liberari omnia Asiae emporia portusque), außerdem weder bei den alten noch bei neueren Geographen. Sollte vielleicht bei Livius entweder durch ihn selbst oder durch die Abschreiber eine Verwechselung mit Kallipolis im Hellespont stattgefunden haben? Denn diese Stadt hatte sich dem Philipp auf seinem Eroberungszuge ergeben, wie Livius selbst (XXXI, 16) berichtet. Unter den andern von ihm eroberten und von Livius (XXXI. c. 14—17) angegebenen Städten finden wir kein Panopolis. Möglich auch, daß dieser Name nur ein Castell oder einen Hafenort bezeichnete. (*J. H. Krause.*)

PANOPS *Lamarck* (Insecta), Zweiflüglergattung aus der Tribus Vesiculosa Latreille's und Meigen's, der Stratyomidae Fallén's. Sie ist wahrscheinlich eins mit Lasia Wiedemann's und Latreille's. Kennzeichen: Der Kopf etwas breit, der Rüssel länger als der Körper, die Wurzel desselben in eine halbe Röhre eingehüllt, die Palpen klein, fadenförmig, aus zwei wenig deutlichen Gliedern bestehend. Die Fühler sitzen an der Wurzel des Rüssels, ihre beiden ersten Glieder sind kurz, das dritte lang, zusammengedrückt, der Griffel fehlt, die Augen behaart. Die Flügelschüppchen groß. Die Flügel sind ausgebreitet und haben zwei Untermarginalzellen, von denen die erste sehr groß ist; von den fünf hintern ist die erste sehr schmal, lang, geschlossen, die dritte besteht aus unvollkommenen Adern und die Afterzelle ist groß.

Diese Gattung gehört streng genommen nicht an die angewiesene Stelle, findet aber auch anderweit keinen passenden Platz. Die Gattung Lasia hat nach der Angabe Wiedemann's den Rüssel nach Vorwärts gerichtet, indessen er bei Panops nach Hinten gebogen ist, übrigens ist er ganz gleich gebildet und die Richtung nach Vorn kann wol auch eine zufällige sein; auch ist die einzige Art Lasia splendens fast kaum durch etwas anderes, als die ganz schwarzen Füße mit gelben Knieen von Panops flavitarsis unterschieden.

Typus der Gattung ist P. Baudini (*Lamarck.* Ann. du Mus. d'hist. nat. t. 3. 263. *Latreille* Genera. 4. 316. Wiedemann, Außereurop. Zweifl. Nr. 2) sechs Linien lang, schwarzgrau behaart. Das dritte Fühlerglied zugespitzt, der Thorax mit zwei eingedruckten Linien, der zweite und dritte Hinterleibsring an der Seite

4) K. Ritter, Erdkunde. 1. Th. 1, 3. S. 776: Aus dem koptischen Namen Schmin, Chmim, haben die Araber durch Vorsetzung ihres wohllautenden Alif, Akhmym gebildet, darin man die Vivacität des alten *Χέμμις* bei Strabon und Diodor nicht verkennen kann (vermuthlich von der Wurzel Khmom, i. e. penis, membrum virile in der Siwahsprache) der ägyptische Name des Pan, die daher von den Griechen Panopolis genannt ward. Vergl. *Champollion*, L'Égypte sous les Pharaons. T. I. p. 257.

5) Ritter a. a. O. S. 777: Gegen das Koptenkloster Ma'doub hin vermehrt sich ihre Zahl, und dieses bestehet selbst nur aus einer Reihe von Excavationen, die ehedem lauter Grabstätten waren, dann zu Eremitagen und Cellen der der Welt abgestorbenen Mönche dienten, und heute noch in furchtbarer Steile über den Abgründen schweben. Sie beweisen den Umfang und die starke einstige Population von Chemmis genug.

mit einem gelblichen Flecken, Knie und Ende der Schienbeine weißlich, Flügel bräunlich. Vaterland Neuholland. (D. *Thon.*)

Panopsis *Salisb.*, f. Ropala.

PANOPTES (*Πανόπτης*), „Allseher," Beiname des Argus, des Zeus und des Apollon. (*H.*)

PANORAMA [1]) (*Πανόραμα*, Allsicht). Man bezeichnet mit diesem Worte im Gebiete der Malerei diejenige Gemäldegattung, welche durch die auf das Höchste gesteigerte optische Täuschung dem Beschauer nicht ein Abbild des dargestellten Gegenstandes, sondern gewissermaßen diesen selbst vorführt. Die Veranlassung zur Erfindung der Panoramen schreibt man dem Zufall zu. Im Gesandtschaftspalais des bekannten Lords Hamilton zu Neapel, so sagt man, befand sich ein auf zwei Seiten mit Balkons und Spiegelwänden versehenes Eckzimmer. Durch letztere wurde es möglich, Neapels prachtvolle Umgebungen zu überschauen, ohne daß man nöthig hatte, das Zimmer zu verlassen. Das Bild, welches die Spiegel boten, wurde auf Antrieb der Freunde Hamilton's auf Leinwand übertragen, und dies war der Anfang der Panorama- oder Rundgemälde [2]), welchen letztern Namen man ihnen gegeben hat, weil die Gemälde zwar vertical, aber in einem Kreisbogen so aufgestellt werden, daß die Beschauer sich nur in einer Bogenlinie zu bewegen brauchen, um die einzelnen Theile derselben zu überschauen. Als Erfinder der Panoramen gilt der irländische Maler Robert Barker oder Parker [3]), welcher 1787 den ersten schwachen Versuch mit der Aufstellung eines Panorama's machte, indem er die Stadt Edinburgh, mit Wasserfarben gemalt, in einem kleinen Halbkreise zur Beschauung gab. Der Beifall, welchen er fand, veranlaßte ihn, ein Patent für seine Darstellungen, welche er la Nature à coup d'oeil nannte, zu nehmen, und nun stellte er in Leicester-Square zu London in einer 90 Fuß im Durchmesser haltenden Rotunda ein Gemälde auf, dessen Gegenstand die russische Kriegsflotte zu Spithead war [4]). Im J. 1799 wurde darauf in London ein Rundgemälde der Seeschlacht bei Abukir in dem Augenblicke, wo das franz. Admiralschiff l'Orient auffliegt, gezeigt. Bald hatte Barker einen Nachfolger an dem Amerikaner Robert Foulton, der das Panorama aus England nach Frankreich verpflanzte, wo sein Landsmann James, sowie die Franzosen Fontaine, Prevot und Bourgeois, viel zu dessen Vervollkommnung beitrugen, und so hatte Paris bald den Genuß, sich selbst von den Tuilerien herab — denn eine andere Eigenthümlichkeit der Rundgemälde ist es, daß sie die Gegenstände so darstellen, wie man sie aus einer gewissen Höhe erblickt — zu beschauen, ohne diese besteigen zu dürfen. Kurz darauf, im J. 1800, wurde auch der Hafen von Toulon nach Paris versetzt, und die Panoramen erregten jetzt eine solche Aufmerksamkeit, daß der Baumeister und Maler Du Fourny im achten Jahre der damaligen Republik der dritten Classe des Nationalinstituts einen äußerst günstigen Bericht [5]) über sie einreichte, welche auch die von ihm angedeuteten Ideen gehörig würdigte [6]).

Paris war von jeher und ist noch die Tonangeberin für das übrige Europa. Ist es daher zu verwundern, daß bald alle übrigen Städte dieser ewigen Jungfrau auch in den Panoramen ihren Tribut zollten, daß sie sich selbst, daß sie alle Merkwürdigkeiten der Welt, so weit sich dies thun ließ, ohne viel Geld auf Reisen zu verwenden, gleichsam in ihrem Zimmer — man denke an die Zimmerreisen der Gebrüder Gropius in Berlin — schauen wollten? Überall standen daher Künstler auf — die Sache war trotz ihrer Kostbarkeit [7]) doch sehr einträglich —, welche Panoramen lieferten. So stellten Tielker und Kaaz im J. 1800 Rom, scheinbar von der Klostervilla aufgenommen, — das Gemälde hatte der magdeburgische Professor Breysig begonnen, Kaaz vollendet — in Berlin auf [8]); der Holländer van de Watt lieferte 1806, in welchem Jahre zu Paris das Panorama von Boulogne durch Prevot, in London das Panorama der Seeschlacht von Trafalgar, in Berlin das Panorama von Wien [9]) aufgestellt wurde, ein Rundgemälde von Geldern [10]), und bald folgten Panoramen von Berlin, Hamburg, London, Neapel, Petersburg und andern Orten und Gegenden, sodaß selbst die Guckekastenmänner ihren Erbärmlichkeiten den Namen Panoramen geben zu müssen glaubten. Da sich jedoch durch die Panoramen wie durch jedes andere Gemälde nur die todte Natur, wenngleich in ihrer ganzen Pracht und Herrlichkeit, in ihren stärksten Massen, edelsten Formen, blendendsten Lichtern, sowie die Werke der Kunst, vorzüglich der Bau- und Bildhauerkunst, Menschen und Thiere aber nur in einzelnen Momenten des Lebens darstellen lassen, so suchte G. Bullock in London diesen Mangel zu ersetzen. Er brachte deshalb vor seinem Panorama des Nordcaps nicht nur eine lappländische Sommer- und Winterwohnung, jene von über unförmliche Holzpfosten ausgespannter Leinwand, diese aus Moos erbaut, an, sondern er ließ auch vor denselben lebende

1) In tropischer Bedeutung gibt man auch Schriften diesen Namen, wenn sie uns gleichsam ein Rundgemälde von einer Stadt oder Landschaft geben, und fast gibt es keine bedeutende Stadt mehr, von welcher wir nicht ein solches Panorama hätten. 2) Der Freimüthige. Jahrg. 1806. S. 144. 3) Er starb 1806. 4) Zeitung für die elegante Welt. Jahrg. 1806. Nr. 126.

5) Er machte vorzüglich auf die Vortheile aufmerksam, welche man durch die bei den Panoramen angewendete Art, die Strahlen des Lichtes aufzufangen und zu leiten, für die Museen, Bildergalerien und andere Kunstsammlungen ziehen könne. 6) Décade philosophique an. IX. Nr. 3. p. 137. 7) Die Kosten, welche die Errichtung der hölzernen Rotunde zur Aufstellung des gleich zu erwähnenden Panorama's von Rom verursachte, beliefen sich auf 950 Thlr., das Gemälde selbst mit der Leinwand wurde auf 2000 Thlr. geschätzt. Die Auslagen für das Panorama von Wien berechnete man auf 15,000 Gulden. 8) Journal des Luxus und der Moden; Märzheft des Jahrgangs 1801. S. 149. Dies Panorama war mit Wasserfarben gemalt, doch nicht an Ort und Stelle aufgenommen, sondern nach einzelnen Gemälden zusammengesetzt. Es fand jedoch, trotz mancher Unrichtigkeiten, großen Beifall. 9) Das Panorama von Wien, dessen rundausgespannte Leinwand eine Größe von 3000 Quadratschuhen hatte, während der Durchmesser des Kreises 80 Fuß betrug, war, nach den Zeichnungen des Hrn. William Barton, in Ölfarben ausgeführt vom Professor Jansche und dem akademischen Maler Postl. Es stellte Wien und seine Umgebung so dar, wie sie sich vom Thurme der Augustiner dem Auge bieten. 10) Der Freimüthige. Jahrgang 1806. Nr. 180. S. 204.

Lappländer, Vater, Mutter und Kind sitzen, umgeben von den bei ihnen gebräuchlichen Haus- und andern Geräthen, als Waffen, Schlitten, Schnee- und Schlittschuhen ꝛc., und damit sich die schaulustigen Engländer ganz nach dem eisigen Norden versetzt glauben möchten, weideten mehre lebendige Rennthiere in ihren Pferchen[11]). Ob die Kunst ihm dies danken wird, bleibe dahingestellt.

Die wesentlichen Theile eines Panorama sind aber 1) das Rundgemälde selbst, 2) der Aufstellungsort für dasselbe. Was nun das Gemälde anbetrifft, so wird dieses, wie wir bereits bemerkt haben, entweder auf Papier oder — und dies ist das Gewöhnlichere — auf Leinwand in Öl- oder Wasserfarben so aufgetragen, daß es die Gegenstände darstellt, wie sie sich von einem gewissen Standpunkte dem Auge darbieten. Da es hierbei, außer der richtigen Wahl der Farben, hauptsächlich auf die richtige Beobachtung der Perspective ankommt, so verweisen wir in dieser Hinsicht auf den Art. **Perspective** und **Malerische Perspective.** Als Aufstellungsort dient entweder ein eigenes Gebäude, wie dies in größern Städten der Fall ist, oder eine hölzerne Bude. Beide haben ein flachkegelförmiges Dach, in der Nähe von dessen Spitze oder etwas unter derselben Fenster in concentrischen Kreisen herumlaufen, welche, da sie meist aus feinem, weißem mit Öl getränktem Zeuche bestehen, nur ein mattes, gedämpftes Licht in die Rotunda fallen lassen. Die Zuschauer erhalten ihren Platz auf einer Galerie in der Mitte des Rundgemäldes, welche mit einem Himmel überdeckt ist, der es verhindert, daß man weder die Fenster noch das obere Ende des Gemäldes wahrnehme. Eine Brüstung, welche um die Galerie herumläuft, dient dazu, daß man weder das untere Ende des Gemäldes, noch den Fußboden, noch überhaupt etwas Näheres als das Gemälde selbst sehe, indem dadurch die ganze Illusion gestört werden würde.

Eine Abart des Panorama's ist das Panstereorama, wo die Gegenstände zwar panoramaartig, aber in erhabener Arbeit dargestellt werden. Die Umgegend Lyons wurde am 4. Mai 1801 versuchsweise zu Paris aufgestellt, fand jedoch — und das wol mit Recht — nicht den erwarteten Beifall. Kurz wollen wir noch erwähnen, daß der Unterpräfect von Briançon, Chair, im J. 1803 ein Instrument zum Zeichnen der Perspective und zur Vervielfältigung der Panoramen erfand, welches er Panoramagraph nannte. (*G. M. S. Fischer.*)

PANORMA, PANORAMA (n. Br. 37° 29′, östl. L. 25° 23′ nach dem Meridian von Greenwich), Hafen auf der Nordküste der zum ägeischen Archipel gehörigen Insel Myconi oder Mycone. (*Fischer.*)

PANORMITA (Antonius), geb. 1393 zu Palermo in Sicilien (daher eben sein Name Panormita), war ein Sohn des Henricus Bononius, der aus dem adeligen Geschlechte der Beccadelli aus Bologna stammte, von wo er nach Palermo gekommen war (daher sein Beiname Henr. Bononius, wie Antonius selbst zuweilen Bononius, zuweilen Beccadelli genannt wird), und in Palermo mehre Male ein hohes Stadtamt verwaltet hatte. Antonius, der in der Folge einer der berühmtesten Literatoren des 15. Jahrh. wurde, erhielt seinen ersten Unterricht zu Palermo von einem Teutschen und studirte später (etwa seit 1420) zu Bologna die Rechte; daß er da, wie Mongitore (Bibl. Sicul. p. 55) sagt, auch die juristische Doctorwürde erhalten habe, ist um so weniger glaublich, da er theils nach Laur. Valla überhaupt nie einen akademischen Grad bekommen, theils von Bologna aus sehr früh auch andere berühmte Universitäten und gelehrte Orte Italiens, wie Pavia, Piacenza, Padua, besucht hat und hier mit bedeutenden Gelehrten in Verbindung getreten ist; denn nicht beschränkte er sich auf Rechtswissenschaft, sondern Alles, was damals zu feiner und geschmackvoller Bildung gerechnet wurde, Geschichte, alte Literatur, Poesie, Beredsamkeit zog er in den Kreis seiner Beschäftigungen und ward so einer der Restauratoren der humanistischen Bildung; insbesondere erneuerte er mit ausgezeichnetem Talente die römische Poesie, sodaß Männer, wie Joh. Jovianus, Pontanus und Sanazarus sich in ihren latein. Gedichten nach ihm bildeten, jener von ihm oblitteratam nedum languescentem in Italia poeticam restituit in antiquam pene formam (de Serm. VI. p. 247) rühmt, ihn decus elegantiarum, pater omnium leporum (amor. 3278), Andere ihn elegantiae parens nennen, und Äneas Sylvius, der nachherige Papst Pius II., in der Vorrede zu den Schriften des Panormita von ihm sagt, daß er der feinste Redner und Dichter sei, wiewol es auch nicht an abfälligen Urtheilen über seine meist frivole und obscöne Poesie fehlt, und die vermuthlich von ihm verfaßten untergeschobenen Scenen des Plautus nichts weniger als fein und geistreich sind. Nach Beendigung seiner Studien zog ihn der Herzog von Mailand, Philipp Maria Sforza, der große Gönner der Gelehrten und eifrige Verehrer der alten Literatur, an seinen Hof, wies ihm eine Wohnung in seinem eignen Palaste und eine Jahresbesoldung von 800 Goldstücken (aurei) an, wofür er öffentlich die alte Literatur vortragen sollte, ja nach dem Zeugnisse eines Zeitgenossen hatte der Herzog selbst sich von ihm in Geschichte unterrichten lassen. Als amtliche Stellung wurde ihm sehr bald die Professur der schönen (d. h. der alten) Literatur an der Landesuniversität zu Pavia angewiesen, jedoch, wie es scheint, ohne Verpflichtung dort zu residiren; denn sein Aufenthalt am Hofe zu Mailand dauerte ununterbrochen fort. Im J. 1432 erhielt er aus den Händen des Kaisers Siegismund den poetischen Lorbeer und wurde hiermit zum kaiserl. gekrönten Dichter creirt. Als Kriegsunruhen den Herzog von Mailand verhinderten, den Studien die bisherige Sorge zu widmen, trat unser Antonius in die Dienste Alfons' von Aragonien, Königs von Neapel, dessen Bekanntschaft er in Mailand gemacht hatte, wo dieser Fürst einige Zeit als Gefangener lebte; nachdem er seine Freiheit wieder erlangt hatte, veranlaßte er, welcher mit besonderer Vorliebe den classischen Studien, namentlich der Geschichte und Beredsamkeit,

---

11) Man vergleiche außer den bereits angeführten Schriften noch Eberhard's Handbuch der Ästhetik, so wie das weimarische im Industrie-Comptoir erschienene Panorama de Berlin.

ben, seine Erholung besonders in der Lectüre solcher
cke suchte, und an seinen Hof verschiedene bedeutende
ehrte, wie Philelphus und Laurentius Valla, zog,
Antonius ihm nach Neapel zu folgen (1435). Al=
hielt ihn sehr hoch, täglich nach dem Frühmahl
erredete er sich mit ihm über wissenschaftliche Gegen=
de, seines Rathes und seiner Einsicht bediente er sich
en wichtigsten Geschäften, öfter schickte er ihn als Ge=
ten nach Venedig, Florenz, Genua, Gaeta an Kai=
Friedrich III. und andere Fürsten und Städte, und
all bewährte er sich als einen treuen und geschickten
ner; darum ertheilte ihm dieser Fürst auch die größten
hnungen und Auszeichnungen, machte ihn zum Prä=
ten der königl. Kammer in Neapel, zum königl. Ge=
schreiber, ertheilte ihm das Ehrenbürgerrecht von Neapel,
jährliche Besoldung von 100 Pf. Gold, schenkte ihm
alten Palast bei Palermo mit allen seinen Einkünften,
wolles Wappen ꝛc. Auch bei seinem Nachfolger, Fer=
nd I. (regierte von 1458—1494) stand Antonius in
und Ansehen und blieb im Besitz der ihm verliehe=
Ämter und Auszeichnungen. Er hatte sich in Nea=
mit Laura Arcellia verheirathet, die er selbst in seinen
fen wegen ihres Adels, ihrer Schönheit und anmu=
n Sitten rühmt. Er starb, geachtet von seinen Für=
, geehrt von den Großen und Gelehrten des Reichs
78. Jahre seines Alters zu Neapel den 6. Jan. 1471
wurde in der Kirche des heil. Dominicus begraben;
Grabschrift, die er selbst für sich während seiner letz=
Krankheit verfaßt hatte, lautet:

Quaerite Pierides alium, qui ploret Amores,
Quaerite qui Regum fortia facta canat.
Me pater ille ingens hominum sator atque redemptor
Evocat et sedes donat adire pias.

t wenige Schriftsteller haben die ruhmvollen Eigen=
ten des Panormita gepriesen; namentlich rühmt Pon=
s seine echte Bescheidenheit, große Heiterkeit und
ndlichkeit, seine bei allen Leiden, auch den heftigsten
nschmerzen, unerschütterliche Standhaftigkeit, seine bis
höchste Alter fortdauernde in anmuthigen Scherzen
zeigende Fröhlichkeit. Alle Gunst der Fürsten, die
er, die er bekleidete, waren nicht im Stande, ihn
Wissenschaften zu entfremden; mit ihnen und mit
hrten lebte er in stetem Verkehr *). Ihm hat man vor=
ch die Stiftung einer königl. Akademie in Neapel zu
anken, deren Präsident er wurde; mit der er in be=
iger Verbindung blieb. Übrigens neben dem Lobe,
so dankbare und von ihm vielfach geförderte Schü=
wie Pontanus (der in den Ämtern des Geheimsecre=
ts und des Präsidiums der Akademie sein Nachfolger
e) ihm ertheilen, fehlte es auch nicht an sehr eifrigen
nern, unter denen Philelphus und Laurentius Valla
erbittertsten waren; namentlich mußte sein dem Cos=
von Medici dedicirter und in Italien durch eine große Anzahl Abschriften verbreiteter Hermaphroditus, unter welchem Titel er eine Reihe obscöner von ihm verfaßter Epigramme gesammelt hatte, seinen Gegnern Stoff zu den bittersten Angriffen geben, und wie das unflätige Buch an mehren Orten Italiens öffentlich verbrannt wurde, wünschten nicht Wenige dem Verfasser ein ähnliches Schicksal, der am Ende auch nur mit dem Vorgange der Alten und dem Spruche des Catull: „Castum esse decet pium poetam ipsum, versiculos nihil necesse est, qui tum denique habent salem ac leporem, si sunt molliculi ac parum pudici" sich vertheidigen konnte. Es existiren von diesen Gedichten Handschriften in mehren Bibliotheken Italiens, und sie sind auch in einige Sammlungen lasciver Gedichte aufgenommen. Außerdem hat man von ihm folgende Schriften: II. De dictis et factis Alphonsi Regis Aragonum libri quatuor (Pisa 1485. 4.), eine Schrift, die dem Verfasser eine Belohnung von 1000 Goldstücken eingebracht hat. Sie enthält nicht sowol eine fortlaufende Geschichte als vielmehr eine Sammlung der merkwürdigsten Handlungen und Aussprüche dieses Fürsten. Ein Exemplar dieser Schrift sandte er an seinen Freund Äneas Sylvius, nachherigen Papst Pius II., der einen Commentar dazu schrieb; mit diesen Scholien versehen erschien sie zu Basel (1538. 4.) in der Hervag'schen Druckerei, mit dem Zusatz auf dem Titel: Commentarium in eosdem *Aeneae Sylvii*, quo capitatim cum Alphonsinis contendit. Adjecta sunt singulis libris scholia per D. *Jacobum Spiegelium*. Derselbe ist später noch öfter gedruckt, z. B. zu Würtemberg (1585. 4.), Hanau (1611. 4.), Rostock (1590. 4.) und unter dem Titel: „Speculum boni principis sive vita Alphonsi, regis Aragoniae" (Amsterdam bei Elzevier 1646. 12.). III. Alphonsi regis triumphus, eine Beschreibung des Einzugs, den dieser Fürst 1443 in Neapel gehalten hat, ist mit der zweiten Schrift in der baseler Ausgabe verbunden. IV. Unter dieser Nummer verbinden wir mehre Reden, als „ad Fridericum tertium Imperatorem *Antonii Panormitae* ab Alphonso, Aragonum Rege legati in coronatione illius Romae habita oratio" (abgedruckt in den Script. rer. German. von Freher. T. III. Hanov. 1611 u. ö.), „orationes duae ad Gaetanos et Venetos de pace" (in *Fazio*, De reb. gest. Alphonsi). Außerdem hinterließ er verschiedene (in allerlei Sammlungen übergegangene) Briefe (epistolae familiares ac Campanae Neap. bei Reusinger sehr selten, aufgenommen in das ebenfalls seltene Buch: Epistolarum libri V. orationes duae et carmina varia. [Venet. 1553. 4.]), Gedichte und Reden. Ein besonderes literar=historisches Interesse hat noch sein Plautinisches Studium; es ist das Verdienst des Prof. Ritschl (de *Plauti* Bacchidibus disputatio [Breslau 1836. 4.] p. 8 sq. und „Über die Kritik des Plautus" im rhein. Mus. IV, 177. 188), das in Vergessenheit gerathene Urtheil des Pius erneuert und mit Gründen belegt zu haben, daß nämlich mehre untergeschobene Scenen des Plautus, wie die zu den Bacchides, das Werk des Panormita seien; Ritschl aber hat es zuerst ausgesprochen, und man wird es ihm jetzt schwerlich abstreiten,

*) Eine für damalige Zeiten seltene Büchersammlung hat er sich
lden gewußt, und es dabei weder an Fleiß noch an Kosten feh=
assen; um z. B. ein Manuscript des Livius sich von Poggius
ufen, was er mit 120 Goldthalern bezahlte, hat er ein Land=
verkauft.

daß mit Ausnahme des erst seit Camerarius unter die Supposita gekommenen Stücks im Pönulus alle sogenannten scenae suppositae erst gegen das Ende des 15. Jahrhunderts untergeschoben seien. Ein von Tiraboschi ausgezogenes Urtheil eines Zeitgenossen des Panormita, nämlich des Paul Cortesius, gebe ich hier noch zum Schluß: In aliquo numero fuit Antonius Panormita, homo doctus et juris bene peritus. Diligenter etiam satis locutus est, et ut esset paullo politior, elegantiam sermonis Plautinam volebat imitari; sed ab eo aberat illa orationis integritas ac sententiosa concinnitas; itaque sunt epistolae ejus languidiores. Fuit tamen perargutus poeta et illis temporibus non contemptus; nam is primum versus ad mensuram quandam numerosumque sonum revocavit; antea enim fractis concisisque numeris parum admodum versus a plebejis rhythmis differebant, quamquam ejus fere tota poesis est obscena. Vgl. über ihn außer Mongitore (l. c.) u. A. besonders Tiraboschi (Storia della letterat. Ital. VI, 2, 691). (*H.*)

PANORMO, 1) asiatisch-türkische Stadt in Natolien an der Südküste des Mar di Marmora und 16 engl. Meilen südöstlich von Artaki. 2) (n. Br. 40°, östl. L. 20° 1′ n. d. Meridian von Greenwich) Stadt am adriatischen Meere, Corfu gegenüber. (*Fischer.*)

PANORMOS, ein mehren Häfen und Hafenstädten der Alten gemeinschaftlicher Name. Daß geräumige und bequeme Häfen diese Bezeichnung erhielten, erklärt sich aus der Etymologie des Wortes, welches auch als Epitheton der Häfen erscheint (*λιμένες πάνορμοι*, Od. XIII, 195)[1]). Wir führen hier zunächst die Häfen dieses Namens in alphabetischer Ordnung der betreffenden Staaten auf, und dann die Hafenstädte:

1) **P. in Achaia** (*Πάνορμος ὁ Ἀχαϊκός*), ein Hafen am Vorgebirge Rhion, dem andern Rhion (Antirrhion, τὸ *Ῥίον τὸ Μολυκρικὸν*), in der Nähe von Naupaktos, gegenüber. Hier lagen im peloponnesischen Kriege Brasidas und Knemos mit ihrer Flotte, während Phormion mit seinen Schiffen bei Antirrhion hielt, wie Thukydides berichtet. Hier verweilte auch Philipp III., König von Makedonien, mit seiner Macht und erwartete die Abgesandten der Bundesgenossen[2]). Gegenwärtig führt dieser Hafen den Namen Tekek[3]).

2) **P. am arabischen Meerbusen**, wohin dieser Hafen vom Diodoros gesetzt wird, welcher als Betrag der Entfernung desselben vom gegenüberliegenden Festlande eine Tagereise mit schnell segelndem Schiffe angibt[4]).

3) P. in Attika, in der Nähe des Demos Prasiä, welcher zur Phyle Pandionis gehörte. Obgleich derselbe an der Ostküste von Attika der Haupthafen war, wird er doch nur vom Ptolemäus ausdrücklich genannt, von Andern immer nur angedeutet, entweder durch die Schiffe, welche hier verweilen, wie bei Livius, oder durch Angabe des Demos Prasiä, wie bei Strabon[5]). Hier lag der Tempel des Apollon, zu welchem laut der von Pausanias überlieferten Sage die Erstlingsgeschenke der Hyperboreer gelangten, um nach Delos befördert zu werden; ferner ein Denkmal des Heros Erysichthon, welcher als Theoros auf der Fahrt nach Delos sein Leben vollendet hatte. Also war hier der Vermittelungspunkt des attischen und delischen Apollocults[6]). Der Hafen ist geräumig und wird durch eine vorspringende Landzunge und vorliegende kleine Insel in zwei ungleiche Hälften getheilt und führt jetzt den Namen Porto Raphti. Von Athen ist er drei bis vier geogr. Meilen entfernt, und bis zum südlichen Vorgebirge Sunium brauchte Wheler zehn Stunden oder sechs geogr. Meilen[7]).

4) P. bei Ephesos, mit dem Tempel der ephesischen Artemis. Dieser Hafen sollte einst, wie Strabon berichtet, auf Befehl des Attalos Philadelphos durch einen Wasserbau für die Auf- und Abfahrt großer Lastschiffe bequemer eingerichtet werden. Allein der Bau verunglückte, und es geschah das Gegentheil; der Hafen hatte nun eine engere Mündung (*βραχίστομος*) erhalten und war seichter als zuvor geworden (*τεναγίζειν μᾶλλον ἐποίησε τὸν λιμένα σύμπαντα*)[8]). Es muß aber hier starker Verkehr der ein- und auslaufenden Schiffe geherrscht haben, da Strabon (l. c.) Ephesos als die größte, noch zu seiner Zeit täglich zunehmende, Handelsstadt Asiens innerhalb des Tauros bezeichnet. Eumenes bei Livius beschreibt diesen Hafen als einen sehr sicheren (tutissimo portu, opulentissima urbe). Hier räth C. Livius dem angekommenen L. Ämilius Regillus, seinem Nachfolger im Oberbefehl über die römische Flotte (im Kriege mit Antiochos), was er selbst auszuführen im Sinne gehabt habe, nämlich sich mit der ganzen Flotte nach Ephesos zu begeben, mit Sand beladene Lastschiffe dahin zu führen und diese hier in der Mündung des Hafens zu versenken; dies sei kein schwieriges Unternehmen, da die Mündung des Hafens nach Art eines Flusses lang, eng und seicht (longum et angustum et vadosum ostium) sei. Auf solche Weise werde er die Feinde vom Meere ausschließen und ihre Flotte unnütz machen. Allein dieser Plan gefällt keinem Theilnehmer des Conciliums. Eumenes zeigt,

1) Für bloße Ankerplätze, Rheden, Buchten braucht Strabon die Worte *ἔφορμος, πρόσορμος, ὅρμος* (Cf. IX, 3, 423. XIV, 5, 667. Periplus Pont. Eux. p. 144 *Gron.*). Aber *ὁρμητήριον* braucht er fast in derselben Bedeutung wie *λιμήν* (V, 2. p. 222). Den Namen der Stadt *Φορμίαι* leitet Strabon ebenfalls von ihrem Hafen ab: *Ὁρμίαι λεγόμενον πρότερον διὰ τὸ εὔορμον* (V, 3, 233). Wir würden vielleicht noch mehre Panormoi, als die hier angeführten, kennen, wenn uns das Werk des Timosthenes (eines Admirals des Ptolemäus II.) über die Häfen, in zehn Büchern erhalten worden wäre (*Strab.* IX, 3, 421). 2) *Thuc.* II, 86. *Polyb.* V, 102: *περὶ Πάνορμον, ὅς ἐστι μὲν τῆς Πελοποννήσου λιμήν, κεῖται δὲ καταντικρὺ τῆς τῶν Ναυπακτίων πόλεως.* S. d. Karte des Peloponnesos v. O. Müller (Dor. 1. Bd. Ende). 3) Mannert 8. Th. S. 403.

4) *Diod. Sic.* III, 48. T. I. p. 205. Dazu Wesseling. 5) *Liv.* XXXI, 45 ad Prasias (continentis Atticae is locus est) Issaeorum viginti lembi classi Romanorum adjuncti sunt. *Strab.* IX, 1, 398. 399. *Cellar.* orb. ant. I, 355. p. 936. vol. I. 6) *Paus.* I, 31. 2. 7) *Wheler* VI. p. 447. engl. Ausg. T. II. p. 546. (Amsterd. 1689.) *Dodwell.* T. I. p. 531. Mannert 8. Th. S. 300. 8) *Strab.* XIV, 1, 641. Livius erwähnt XXXVII, 10—15) diesen Hafen mehrmals, ohne den Namen zu nennen.

daß dies Unternehmen zu Nichts führe. Entweder würde man den Hafen fortwährend bewachen müssen (in assidua statione), oder im Fall man sich entferne, würden die Feinde mit leichter Mühe die versenkten Schiffe wieder heraufziehen und den Hafen frei machen. So bleibt der Vorschlag unausgeführt [9]).

5) P. in Epirus, ein großer, bequemer Hafen, welchen Ptolemäus an die südliche Spitze der Akrokeraunien, Strabon hingegen in den zwischen der Mündung des ambrakischen Meerbusens und den Akrokeraunien (τὰ Κεραύνια ὄρη) liegenden Zwischenraum, und nach einer hinzugefügten näheren Bestimmung in die Mitte dieses Gebirges (ἐν μέσοις τοῖς Κεραυνίοις ὄρεσι) setzt [10]). Pouqueville, welcher auf seiner Reise die Lage des Hafens untersucht und Messungen angestellt hat, entscheidet sich für die Bestimmung des Strabon. Er berichtet, daß der Hafen in einem Umfange von fünf Meilen in den Krümmungen und Buchten seines Ufers drei besondere Rheden oder Ankerplätze (mouillages) bilde, beschützt durch hohe und von einigen Seiten unzugängliche Berge, und daher fähig, eine beträchtliche Flotte aufzunehmen und zu sichern. Der erste und beträchtlichste der drei Ankerplätze habe etwas mehr als vier Meilen im Umfange. Die Tiefe des Wasserstandes betrage 22—26 Klaftern. Die Küste sei unbewohnt, nur nordwärts bemerke man cultivirte Felder und zugleich den in den Hafen strömenden, von dem Geographen Niger erwähnten Gießbach (torrens), welchen Castaldus fälschlich als Fluß bezeichne [11]). Er nennt ferner den Hafen einen trefflichen Ort für Fischerei. Besonders werde daselbst während der Monate Mai und Juni eine außerordentliche Menge Thunfische (thons) und Lachse (saumons) gefangen. Die Fischerei des Hafens war zur Zeit des Pouqueville von den Corfioten angekauft, welche dieselbe durch erfahrene und kühne neapolitanische Fischer betreiben ließen [12]). Mannert hält es für wahrscheinlich, daß dieser Panormus der südliche, obgleich durch das Gebirge getrennte Hafen von Orikum war; auch Cäsar's Paläste sei von demselben entweder nicht verschieden oder habe in der Nähe gelegen [13]).

6) P. an der Küste von Marmarika in Lybien, welchen Hafen außer Ptolemäus nur noch der Periplus anführt. Ptolemäus gibt ihn als den westlichsten Platz des libyschen Nomos an und rechnet somit ihn und den Katabathmos (*Polyb.* XXXI, 26, 9: *Μέγαν καλούμενον Καταβαθμόν*) noch zu den ägyptischen Besitzungen. Der Periplus beschreibt diesen Panormus als eine zwischen Bergen liegende tiefe Schlucht (*νάπη*), welche einen Feigenwald und in diesem treffliches Wasser habe. Aus der Beschreibung des Periplus geht hervor, daß hier weder eine Stadt noch ein Flecken zu finden war, sondern nur zerstreute Wohnungen, deren Inhaber sich mit Feigencultur beschäftigten [14]). In der ältern Zeit während der Perserherrschaft scheint derselbe Hafen den Namen Plynos (bei *Skylax*, Peripl. 106. *Gr.* Plynoi) geführt zu haben. Denn Herodot berichtet, daß die libyschen Adyrmachiden sich von Ägypten bis zu dem Hafen Plynos erstreckten. Nun läßt Skylax die Entfernung von den tyndarischen Felsen bis zum Hafen Plynoi eine Tagereise zu Schiffe betragen, in welche Entfernung Ptolemäus auch den Hafen Panormos setzt [15]). Polybius bezeichnet diese ganze mit reichlichem Wasser versehene Niederung mit dem Namen Tetrapyrgia, wie Mannert vermuthet, von vier daselbst errichteten Wachthürmen [16]).

7) P. auf der Insel Samos, ein ausgezeichneter und frequenter Hafen, durch zwei hohe Vorgebirge gebildet und beschützt. Dieser Hafen war es, wo der von Rhodos vertriebene listige und rachsüchtige Polyxenidas, Anführer der Flotte des Antiochus im Kriege mit den Römern, seinen wackern Landsmann Pausistratos, den Admiral der rhodischen, mit den Römern vereinigten, Flotte auf eine ebenso abscheuliche als denkwürdige Weise überlistete und zu Grunde richtete, sodaß von der rhodischen Flotte nur fünf Schiffe mit zwei koischen davon kamen [17]). Unter Polykrates muß dieser Hafen sehr bedeutend und besucht gewesen sein, da Strabon von einer Seeherrschaft (*θαλαττοκρατῆσαι*) desselben redet [18]).

8) P. des thrakischen Chersonesos, welchen Plinius an die äußerste Seite desselben, dem Vorgebirge Sigeum am Hellespont gegenüber, setzt. Anderwärts wird derselbe nicht erwähnt [19]).

9) P. auf Kreta, ein offener Hafen, welchen Ptolemäus an die Mündung des kleinen Flusses Cartero setzt, Plinius aber weiter westlich zwischen Rithymna und Cytäum rückt. Hoeck bemerkt, daß dieser Panormos durch seinen Namen Anspruch zu machen scheine auf den bedeutenden Hafen von Candien. Er selbst hat auf seiner Karte von Kreta diesen Namen zwischen die Mündungen der Flüsse Cartero und Geofiro, der kleinen Insel Dia gegenüber, angesetzt. Hoeck führt ihn übrigens unter den Küstenstädten auf, sodaß er dadurch zugleich einen Ort oder Stadt anzudeuten scheint. Auf der Karte hat er Candia in Parenthese an diesen Hafen gesetzt [20]).

10) Wäre nun hier endlich noch die wichtige Hafenstadt Panormus in Sicilien, das heutige Palermo, die gegenwärtige Hauptstadt der Insel und des Königreichs, welche gewiß ihren ursprünglichen Namen von ihrem gro-

9) *Liv.* XXXVII, 14. 15. 10) *Ptolem.* Europ. X. tab. *Strab.* VII, 7. p. 324. ἀπὸ τῶν Κεραυνίων ἐπὶ τὸ στόμα τοῦ Ἀμβρακικοῦ κόλπου. Ἐν τούτῳ δ' ἐστὶ τῷ διαστήματι Πανορμός τε λιμὴν μέγας, ἐν μέσοις τοῖς Κεραυνίοις ὄρεσι. Vergl. hierüber *Pouqueville*, Voy. dans la Grèce. t. I. p. 52. 53. c. 7. 11) *Pouqueville* l. c. t. I. p. 54 sq. ib. not. Cf. *Palmer.* Graec. Ant. II, 2. p. 243. 12) *Pouqueville* l. c. p. 54—56. c. 7. Über die Lage dieses Parnormus vergl. noch die Karte bei Mannert 7. Th. 13) 7. Th. S. 644, f. Die Akrokeraunien waren als ungünstige Stelle für die Schiffe berüchtigt, daher *Horat.* Od. I, 3, 20 infames scopulos, Acroceraunia.

14) Mannert 10. Th. 2. Abth. S. 34. 35. 15) *Herodot.* IV, 168. *Skylax Peripl.* p. 106. ed. *Gron.* Mannert 10. Th. 2. Abth. S. 35. Die Bewohner von Marmarika nennt Skylax (l. c.) *Μαρμαρίδαι.* 16) *Polyb.* XXXI, 26, 11. Mannert a. a. O. S. 36. 17) *Liv.* XXXVII, 10. 11. Cf. XXXIII, 18. 18) *Strab.* XIV, 1. 637. 638. Wie stark der Verkehr mit Ägypten war, zeigt Herodot (III. 39) und Heeren (Ideen hist. Werke. 14. Bd. S. 588 fg. 19) *Plin.* H. N. IV, 11. *Cellar.* orb. ant. vol. I. p. 1065. 20) Vergl. *Cellar.* orb. ant. lib. II. p. 1031. vol. I. Hoeck Kreta. 1. Bd. S. 394. 404. Daselbst die Karte. Mannert 8. Th. S. 698.

fernt, in einer Ebene auf dem rechten Ufer des Behut, und baut auf ihrem Gebiete, welches 10—12,000 Acker Landes beträgt, den schönsten Saffran. (*Fischer.*)

PANSA. Das Wort bedeutet eigentlich „Breitfuß," ist aber, wie so mancher andere Schimpfname, wie Plancus, Plautus, Scäurus, ein römischer Familienname geworden *1) in* dem Appulejischen Geschlechte, aus welchem im J. 454 d. St., 300 vor Chr. Geb., ein Q. Appuleius Pansa mit M. Valerius Corvus Consul war, von dem übrigens nichts weiter bekannt ist, als daß er Nequinum in Umbrien, jedoch vergeblich, belagert hat; übrigens war sein Amtsjahr ruhig von Außen, und die innern Bewegungen leitete der andere Consul[1]). 2) In dem Corellischen Geschlechte, aus dem im J. 875 d. St. nach Chr. Geb. 122, im sechsten Jahre der Regierung des Kaisers Hadrian ein C. Corellius Pansa mit Man. Acilius Aviola Consul war. *3) In dem* Vibischen Geschlechte, und der Consul *des J. 43* vor Chr. *Geb. 711* d. St. C. Vibius Pansa ist bei weitem der bedeutendste Mann dieses Namens. Sein Vater und Großvater hießen ebenfalls Cajus (daher wird er öfter und auch auf Münzen als C. F, C. N. *bezeichnet*); von seinem Vater wissen wir[2]), daß er von Sulla *geächtet* war; Rache daher, wie eigene Neigung, mag den Sohn zur Partei des Cäsar geführt haben, dem er in der Folge Alles, auch die höchsten Ehren, verdankte, dafür auch die höchste Treue widmete. Unter ihm diente er in Gallien; im J. 51 vor Chr. Geb., 703 d. St., war er Volkstribun, und in dieser Eigenschaft widersetzte er sich theils mit C. Cölius allein, theils noch mit zwei andern Tribunen den auf Schwächung Cäsar's abzweckenden Anträgen des der Senatspartei eifrig ergebenen damaligen Consuls M. Marcellus[3]). Durch Cäsar wurde *er wol 707 und 708 d. St., wie es nach* Münzen Nicomediens und *Apamea's den Anschein hat*[4]), Statthalter Bithyniens, um 709 Statthalter im diesseitigen Gallien. Aber Bildung und Milde des Charakters machten ihn auch dem Cicero befreundet, der in einem 708 d. St. 46 vor Chr. Geb. an C. Cassius erlassenen Schreiben diesem meldet: „Unser Pansa ist am 28. Dec. im Feldherrngewand abgereist (nämlich in das diesseitige Gallien als prätorischer Nachfolger des M. Brutus), mit solcher allgemeinen Theilnahme, daß ein Jeder die Wahrheit des gleichwol von dir neulich bezweifelten Satzes einsehen konnte, es sei das Schöne um seiner selbst willen zu wählen. Denn weil er Viele in ihrem Unglücke unterstützt und in den jetzigen schlimmen Zeiten sich immer menschlich gezeigt hat, ist ihm auch bei seiner nunmehrigen Abreise ein erstaunliches Wohlwollen von Seiten aller rechtlichen Menschen gefolgt"[5]). In einem andern Schreiben[6]), in dem Cicero sich des Wohlwollens und des vertrauten Umganges von Seiten der Freunde Cäsar's rühmt, führt er diese in folgender Ordnung auf: Pansa, Hirtius, Balbus, Oppius, Matius, Postumius, und namentlich ist man die beiden ersten so gewohnt zu verbinden, daß man sie kaum von einander getrennt denken kann, was nicht

---

1) *Liv.* X, 6. 7. 9. 2) aus *Dio Cass.* XLV, 17. 3) Cic. ad Famil. VIII, 8. *Sueton.* Caes. 28. 4) *Eckhel.* D. N. I, 296. 5) Cic. ad Famil. XV, 17. 6) VI, 16.

fernt, in einer Ebene auf dem rechten Ufer des Behut, und baut auf ihrem Gebiete, welches 10—12,000 Acker Landes beträgt, den schönsten Saffran. (*Fischer.*)

PANSA. Das Wort bedeutet eigentlich „Breitfuß," ist aber, wie so mancher andere Schimpfname, wie Plancus, Plautus, Scaurus, ein römischer Familienname geworden 1) in dem Appulejischen Geschlechte, aus welchem im J. 454 d. St., 300 vor Chr. Geb., ein Q. Appuleius Pansa mit M. Valerius Corvus Consul war, von dem übrigens nichts weiter bekannt ist, als daß er Nequinum in Umbrien, jedoch vergeblich, belagert hat; übrigens war sein Amtsjahr ruhig von Außen, und die innern Bewegungen leitete der andere Consul [1]). 2) In dem Corellischen Geschlechte, aus dem im J. 875 d. St. nach Chr. Geb. 122, im sechsten Jahre der Regierung des Kaisers Hadrian ein C. Corellius Pansa mit Man. Acilius Aviola Consul war. 3) In dem Vibischen Geschlechte, und der Consul des J. 43 vor Chr. Geb. 711 d. St. C. Vibius Pansa ist bei weitem der bedeutendste Mann dieses Namens. Sein Vater und Großvater hießen ebenfalls Cajus (daher wird er öfter und auch auf Münzen als C. F. C. N. bezeichnet); von seinem Vater wissen wir [2]), daß er von Sulla geächtet war; Rache daher, wie eigene Neigung, mag den Sohn zur Partei des Cäsar geführt haben, dem er in der Folge Alles, auch die höchsten Ehren, verdankte, dafür auch die höchste Treue widmete. Unter ihm diente er in Gallien; im J. 51 vor Chr. Geb., 703 d. St., war er Volkstribun, und in dieser Eigenschaft widersetzte er sich theils mit C. Cölius allein, theils noch mit zwei andern Tribunen den auf Schwächung Cäsar's abzweckenden Anträgen des der Senatspartei eifrig ergebenen damaligen Consuls M. Marcellus [3]). Durch Cäsar wurde er wol 707 und 708 d. St., wie es nach Münzen Nicomediens und Apamea's den Anschein hat [4]), Statthalter Bithyniens, um 709 Statthalter im diesseitigen Gallien. Aber Bildung und Milde des Charakters machten ihn auch dem Cicero befreundet, der in einem 708 d. St. 46 vor Chr. Geb. an C. Cassius erlassenen Schreiben diesem meldet: „Unser Pansa ist am 28. Dec. im Feldherrngewand abgereist (nämlich in das diesseitige Gallien als prätorischer Nachfolger des M. Brutus), mit solcher allgemeinen Theilnahme, daß ein Jeder die Wahrheit des gleichwol von dir neulich bezweifelten Satzes einsehen konnte, es sei das Schöne um seiner selbst willen zu wählen. Denn weil er Viele in ihrem Unglücke unterstützt und in den jetzigen schlimmen Zeiten sich immer menschlich gezeigt hat, ist ihm auch bei seiner nunmehrigen Abreise ein erstaunliches Wohlwollen von Seiten aller rechtlichen Menschen gefolgt" [5]). In einem andern Schreiben [6]), in dem Cicero sich des Wohlwollens und des vertrauten Umganges von Seiten der Freunde Cäsar's rühmt, führt er diese in folgender Ordnung auf: Pansa, Hirtius, Balbus, Oppius, Matius, Postumius, und namentlich ist man die beiden ersten so gewohnt zu verbinden, daß man sie kaum von einander getrennt denken kann, was nicht sowol der Umstand, daß sie wie im Augurat [7]), so im Consulat Collegen waren, als vielmehr ihre große Gesinnungsverwandtschaft bewirkt hat. Dem Cäsar waren sie Beide gleich ergeben, für seine Sicherheit gleich bedacht; oft sollen sie ihm, namentlich seit Annahme der lebenslänglichen Dictatur, gerathen haben, eine mit den Waffen erworbene Herrschaft auch mit den Waffen zu behaupten [8]), und sich daher mit einer Leibwache zu umgeben und überall von ihr begleiten zu lassen. Er aber zog den Tod der beständigen Furcht vor dem Tode vor, und im Gefühle der Sicherheit erlag er dem Dolche der Mörder. Im J. 44 vor Chr. Geb., als Cäsar zum gefährlichen und jedenfalls langwierigen Unternehmen gegen die Parther sich rüstete, und um unterdessen die Ruhe im Innern zu sichern und den Ehrgeiz seiner Anhänger zu befriedigen, die höhern Ämter (wenigstens Consulat und Tribunat) für zwei [9]) oder mehre Jahre im Voraus besetzte, bestimmte er Hirtius und Pansa für das Consulat des nächsten Jahres, wobei er, um das republikanische Herkommen zu schonen, sich der Form bediente, zwar Wahlcomitien halten zu lassen, dem Volke aber die ihm beliebigen Candidaten zu empfehlen. Genug, Beide waren schon im Beginn des J. 44 und lange vor Cäsar's Ermordung Designirte, oder, wie Cicero [10]) sie nach Cäsar's Ermordung nennt, „Duo quidem *quasi designati* Consules," und ein andermal [11]) sagt er: „haud amo vel hos designatos." Wie nun das Gefürchtete eingetreten und an des Märzes Iden ihnen ihr Wohlthäter und Freund gefallen war, fühlten Beide einen großen Zwiespalt in ihrem Gemüthe; das eigene Interesse führte sie zur Behauptung und Vertheidigung der durch Cäsar begründeten Ordnung, Dankbarkeit knüpfte sie an den, welcher sich als Rächer seines Mordes zeigte, wie an den, welcher als Erbe seines Namens auftrat, während auf der andern Seite Gemeinschaft der Studien, mancherlei Verwandtschaft der Gesinnung sie an Cicero, den eifrigen Freund der gegen Cäsar Verschworenen, band, und die Ränke des Antonius und die Ansprüche Oktavian's ihnen um so mehr misfallen mußten, als sie mit einem der Ruhe und Ordnung gefährlichen Ausgange drohten; eigene Trägheit und Genußsucht aber ließ ihnen Ruhe und Frieden als das für Alle

---

1) *Liv.* X, 6. 7. 9. 2) aus *Dio Cass.* XLV, 17. 3) *Cic.* ad Famil. VIII, 8. *Sueton.* Caes. 28. 4) *Eckhel.* D. N. I, 396. 5) *Cic.* ad Famil. XV, 17. 6) VI, 16.

7) ad Famil. XII, 25. 8) *Vellej.* II, 57. 9) *Cic.* ad Attic. XIV, 6. 10) ad Attic. XIV, 9. 11) XIV, 12. Höchst zahlreich sind die Münzen mit der Inschrift des C. Pansa, welche früher alle auf den Consul dieses Namens und auf das Jahr seines Consulats bezogen wurden; ihre große Anzahl leitete Havercamp davon ab, daß sie der Consul zur Bestreitung der Kosten des mutinensischen Krieges habe schlagen lassen; aber Eckhel (V, 341) hat mit Recht drei Unterscheidungen angenommen und die Münzen, welche blos die Inschrift C. Vibius, C. F. haben, auf einen älteren, vielleicht den Vater des Consuls, bezogen, und nur die, welche C. F. C. N. haben, dem Consul, jedoch von diesen wieder nur die, welche auf der Vorderseite das Bild und die Aufschrift Libertatis, auf der Rückseite das Bild der Roma haben, dem Consulatsjahre 43 v. Chr. Geb. zugesprochen; auf einigen dieser letztern Denare findet sich der Name des Pansa verbunden mit Albinus Bruti F.; in diesem erkennt Eckhel den D. Brutus, den Statthalter des diesseitigen Galliens, den, wie ich im Texte weiter ausführe, Antonius in Mutina belagerte, Hirtius und Pansa durch ihr zur Entsetzung Mutina's herangeführtes Heer befreiten.

Wünschenswertheste, jedenfalls als das für sie Gedeihlichste, erscheinen. Darum blieben sie denn auch nach der Ermordung Cäsar's bis zu dem Augenblicke, wo sie ihr Amt antreten mußten und nicht länger sich zurückziehen durften, so viel als möglich von dem Schauplatze entfernt, auf dem so große Fragen entschieden werden sollten. Im April und Anfangs Mai 44 waren Pansa und Hirtius theils bei Cicero auf seinen Gütern zu Puteoli und Pompeji zum Besuch, theils Pansa auch in Neapel [12]), und erklärte sich dieser sehr entschieden [13]) sowol gegen einige Maßregeln des Antonius, als gegen gewisse Schritte des andern Consuls Dolabella, der damals für kurze Zeit sich den Anschein gab, als ob er es mit der Aristokratie halten wollte. Die vielleicht nur vorgeschützte und der Eitelkeit Cicero's hingehaltene Absicht ihres Besuches war, sich unter Cicero's Leitung in Beredsamkeit zu üben [14]) (der auch vor ihnen zuerst lateinisch declamirte, sie seine Schüler und große Jungen [**grandes praetextatos**] nannte); der Hauptgegenstand ihrer Gespräche aber natürlich [15]) die politische Lage des Staats, und was unter diesen Verhältnissen zu thun; Cicero wünschte dem drohenden Sturme durch eine Reise nach Griechenland zu entgehen, für die ein Besuch bei seinem in Athen studirenden Sohn den Vorwand abgeben sollte, und erst, wann die Amtszeit des Antonius beendet wäre, der Amtsantritt der ihm befreundeten neuen Consuln Sicherheit verheißen würde, zurückzukehren. Die künftigen Consuln bemühten sich dagegen, ihn zurückzuhalten, und verhießen ihm, wenn er bliebe, mit ihm gemeinschaftlich die Plane des jetzigen Consuls zu vereiteln, seine Macht zu vernichten [16]) und ihr Consulat in seinem Geiste, ja nach seiner Leitung zu führen. Aber Cicero ließ sich durch diese seiner Eitelkeit dargebrachte Huldigung nicht irren; er glaubte ihnen anzusehen, daß wenn sie auch die Waffen des Antonius, doch noch mehr die der gegen Cäsar Verschworenen fürchteten; Hirtius, mit dem Friedenswunsche im Munde, erstrebe doch ihren Untergang [17]); Pansa möge immerhin gute Reden führen, er theile doch ganz die Ansichten des Hirtius; dem Brutus und Cassius werde er gut Freund sein, sobald es ihm nütze; sie zu sehen, mit ihnen zusammenzutreffen vermeide er; wann und weshalb sollte Pansa sich gegen Antonius erklären [18])? er (Cicero) könne nicht die Hoffnungen theilen, die Manche auf den 1. Jan. und Pansa's Amtsantritt setzten; denn es sei eitles Geschwätz, auf die Trunkliebe und Schläfrigkeit dieser Menschen Hoffnungen zu bauen [19]). Noch stärker äußerte sich Cicero's Bruder, Quintus, über die beiden designati; er kenne sie ganz als Menschen, die nur den Lüsten und einer höchst entnervenden Schlaffheit hingegeben seien; ohne ihre Entfernung vom Staatsruder sei die höchste Gefahr eines allgemeinen Schiffbruchs [20]). Von der Senatssitzung, die Antonius den 1. Jun. hielt, in welcher er die Vertheilung der Provinzen beantragte und für sich das cisalpinische Gallien bestimmte, oder doch den darauf folgenden Senats- und Volksverhandlungen blieben die designirten, wie viele andere Senatoren, aus Besorgniß weg [21]). Hirtius war im Julius oder August bedeutend erkrankt (eine Krankheit, die allen denen die größte Besorgniß einflößte [22]), welche von den Consuln des nächsten Jahres die Beste

---

12) *Cic.* ad Att. XV, 1. Cum a me XVII. Kal. de Puteolano Neapolim Pansae conveniendi causa proficisceretur Hirtius. 13) *Cic.* ad Att. XIV, 20. Cum Pansa vixi in Pompeiano, is plane mihi probabat se bene sentire et cupere pacem. XIV, 19. Sed Pansa furere videtur de Clodio itemque de Deiotaro, et loquitur severe, si velis credere (also setzte Cicero Mistrauen in seine Worte). Illud tamen non belle ut mihi quidem videtur, quod factum Dolabellae vehementer improbat. Mit den drei Begebenheiten, auf die hier angespielt wird, hat es folgende Bewandniß. Sextus Clodius nach der Ermordung seines Gönners P. Clodius verbannt, war durch Cäsar nicht zurückberufen worden; nachdem Cäsar gefallen war, gebrauchte Antonius, der ihm wegen seiner Gemahlin Fulvia, der ehemaligen Witwe des P. Clodius, wohl wollte, sein damals oft angewandtes Kunststück, die Berufung auf die in seinen Händen befindlichen, bekanntlich vom Senat als rechtskräftig anerkannten Papiere Cäsar's, die ihm auch sonst willkürliche Gewalt und schamlosen Gewinn verschafften, um den Clodius zurückzurufen, hatte dabei aber die, soll man sagen Unverschämtheit oder Aufmerksamkeit, Cicero's Einwilligung dazu in der Art zu erbitten, daß Cicero nicht wol nein sagen durfte (*Cic.* ad Att. XIV, 13. 14. 19). Dem Deiotarus, den Cäsar nie hatte begnadigen wollen, dem er einen Theil seines Königreichs entzogen, verschaffte Antonius ebenfalls mit Berufung auf die Papiere Cäsar's das Verlorne wieder, zum großen Gelächter Roms und zum Ärger Cicero's, der früher den König selbst bei Cäsar vergeblich vertheidigt hatte, dem Könige auch immer noch wohl wollte, aber doch über einen so schamlosen Betrug empört war (ad Att. XIV, 12. 19. Phil. II, 37). Hier theilte also Pansa vollkommen die Gefühle Cicero's; dagegen in der Beurtheilung der damaligen Handlungsweise des Dolabella trennte er sich von ihm; dieser hatte nämlich die auf dem Forum und zwar auf dem Platze, auf dem Cäsar's Bestattung erfolgt war, diesem mit der Aufschrift „dem Vater des Vaterlands" errichtete Säule und Altar, an dem ihm einige schon als Gott opferten, umstürzen, den Markt säubern und die, welche es verhindern wollten, bestrafen lassen; über diese Zerstörung der „verfluchten Säule" (*Cic.* Phil. 1. 2) gab Cicero dem Dolabella selbst seine große Zufriedenheit zu erkennen (ad famil. IX, 14) in einem Schreiben, was er auch seinem Atticus mittheilte (ad Att. XIV, 17); vergl. Ausleg. zu *Sueton.* Caes. 85). Pansa dagegen war der Meinung, daß für Dolabella, den Cäsarianer, der durch Cäsar's Gunst des Antonius College im Consulat geworden war, ein solches Benehmen unschicklich sei. 14) ad Att. XIV, 11. Hic mecum Balbus, Hirtius, Pansa. XIV, 12. Haud amo vel hos designatos, qui etiam declamare me coegerunt, ut ne apud aquas quidem acquiescere liceret, sed hoc mene nimiae facilitatis. *Suet.* Rhet. 1. 15) *Cic.* de fat. 1. Nam cum essem in Puteolano, Hirtiusque noster consul designatus iisdem in locis, vir nobis amicissimus, et iis studiis, in quibus nos a pueritia viximus, deditus, multum una eramus, maxime nos quidem exquirentes ea consilia, quae ad pacem et concordiam civium pertinerent.

16) *Plut.* Cic. 43. *'Επεὶ δ' οἱ μέλλοντες ὑπατεύειν Ἵρτιος καὶ Πάνσας ἄνδρες ἀγαθοὶ καὶ ζηλωταὶ τοῦ Κικέρωνος ἐδέοντο μὴ σφᾶς καταλιπεῖν, ὑποδεχόμενοι καταλύσειν Ἀντώνιον ἐκεί-νου παρόντος.* 17) ad Att. XV, 1. Seduxi enim (Hirtium) et ad pacem sum cohortatus; non poterat scilicet negare se velle pacem, sed non minus se nostrorum arma timere quam Antonii. XIV, 20. Quod Hirtium per me meliorem fieri volunt, do equidem operam et ille optime loquitur sed vivit habitatque cum Balbo, qui item bene loquitur. 18) ad Att. XV, 22. 19) ad Att. XVI, 1. 20) ad Famil. XVI, 27. Maxime de consulibus designatis, quos ego penitus novi libidinum et languoris effoeminatissimi animi plenos; qui nisi a gubernaculis recesserint, maximum ab universo naufragio periculum. 21) *Cic.* Phil. I, 2. Consules designati se audere negabant in senatum venire. *Id.* ad Att. XV, 6. 22) Phil. I, 15. VII, 4. X, 8. XIV, 2. ad Famil. XII, 22.

gung des Antonius hofften, daher das Volk öffentlich Gelübde für seine Genesung that), und die Krankheit für ihn nicht allein, auch für den ihm gleichgesinnten Pansa noch mehr Ursache, sich von den Rathsversammlungen fern, oder in denselben unthätig zu verhalten; es gilt dies von der den 1. Aug. gehaltenen, in der des ermordeten Cäsar Schwiegervater, der Consular L. Piso, als Antonius' Gegner muthig aufgetreten war, aber keinen Anklang im Senat gefunden hatte, von der den 1. Sept. gehaltenen, in der Antonius den Antrag gemacht hatte, Cäsar'n als einem Gotte zu opfern, zu welcher Versammlung der eben zurückgekehrte Cicero, unter dem Vorwande, noch von der Reise ermüdet und krank zu sein, nicht erschienen war, der Consul aber sein Erscheinen durch die Drohung, sein Haus sonst demoliren zu lassen, hatte erzwingen wollen, von der des 2. Sept., in der Cicero sich gegen den abwesenden Antonius durch die erste Philippische Rede vertheidigte, von der den 19. Sept. und den 28. Nov. gehaltenen, ja nicht einmal am 20. Dec. war Pansa in dem von den Tribunen berufenen Senat[23]), an welchem Tage Maßregeln berathen werden sollten, wie, nachdem sich Antonius gegen ausdrückliches Gebot des Senats der Provinz des D. Brutus, des diesseitigen Galliens, mit Waffengewalt zu bemächtigen gesucht, die designirten Consuln mit Sicherheit den 1. Jan. ihr Amt antreten und den Senat zusammenberufen könnten; in der dritten Philippischen Rede, die Cicero bei dieser Gelegenheit hielt, spricht er gleich im Eingange[24]) die besten Hoffnungen aus, die er auf den Amtsantritt der designirten Consuln setze: „denn sie wären Männer von vortrefflicher Gesinnung, großer Klugheit und seltener Einigkeit," aber er selbst ist es, der, wie er sich später rühmt, in dieser Sitzung von Neuem den Grund zur Republik gelegt, indem größtentheils auf seinen Antrag Beschlüsse hier gefaßt wurden, durch die der, welcher doch noch immer Consul und Chef der Republik war, wenn auch nicht nominell, doch der Wirklichkeit nach für einen Reichsfeind erklärt, Belohnung denen verheißen wurde, die ihn verlassen hatten und gegen ihn kämpften. Die Ausführung dieser Anträge wurde insofern in die Hände der neuen Consuln gelegt, als ihnen aufgegeben wurde, gleich nach Antritt ihres Amtes an den Senat darüber zu berichten.

Wie nun der langersehnte 1. Jan. des J. 43 v. Chr. Geb. herangekommen war, der, indem er den Hirtius und Pansa an die Spitze der Republik stellte, die, welche sich zu Vertheidigern der alten Republik aufgeworfen hatten, von der Nothwendigkeit befreite, den länger zu respectiren, der eben nach den Formen der Republik an der Spitze derselben stand, da zeigte es sich bald, daß, trotz ihrer im Ganzen allgemein anerkannten guten Gesinnung, die Aufgabe, deren Lösung die Umstände ihnen zugewiesen, weit über ihre Kräfte reichte. Hirtius, noch immer kränklich, ging sehr bald zum Heere ab, das gegen Antonius gesammelt wurde, der Mutina und den D. Brutus in demselben belagerte; Pansa blieb längere Zeit in Rom zurück, mit der alleinigen Leitung der Geschäfte beauftragt. Beiden wäre es wol am liebsten gewesen, wenn sie bei dem Kampfe der Parteien, zu deren keiner sie ein rechtes Herz haben konnten, hätten antheil- und parteilose Zuschauer bleiben können; jetzt, da ihnen eine Hauptrolle eingeräumt war, suchten sie erst den Krieg, dann dessen Entscheidung so viel als möglich hinauszuschieben. Das Jahr begann mit mancherlei schlimmen Vorbedeutungen; am Morgen des 1. Jan., als Pansa das Antrittsopfer brachte, fiel einer seiner Lictoren und blieb zur Stelle todt[25]). An demselben Tage trat der Senat, gemäß dem am 20. Dec. gefaßten Beschlusse, im Tempel der Concordia unter dem Schutze von Bewaffneten, von den neuen Consuln berufen, zusammen; der von Cicero wenigstens öffentlich[26]) gebilligte Vortrag derselben bezog sich auf den allgemeinen Zustand der öffentlichen Angelegenheiten und speciell auf die den Legionen und Feldherren, die gegen Antonius kämpften, zu bewilligenden Ehren und Belohnungen; aber indem Pansa seinen Schwiegervater, Calenus, den entschiedenen Freund des Antonius, zuerst um seine Meinung befragte, gab er doch schon gewissermaßen zu erkennen, welche Ansicht er vom Senat befolgt zu sehen wünsche; denn auch im Senat pflegten sich so oft nach der Meinung des zuerst befragten Senators viele Andere zu richten, daß man diese meist als Omen für die Senatsentscheidung ansah; das Herkommen erheischte, daß der Consul, wem er in der ersten Senatssitzung diesen Vorzug einräumte, demselben auch für das ganze Jahr zu gestatten fortfuhr. Calenus hatte gegen die den 20. Dec. beschlossenen Belohnungen und Ehrenbezeugungen nichts einzuwenden, aber mit Antonius, verlangte er, solle man erst den Weg der Güte versuchen und Gesandte an ihn mit der Auffoderung schicken, von der Belagerung Mutina's abzustehen. Cicero dagegen verlangte, daß man jetzt das aussprechen solle, was indirect schon in den Beschlüssen vom 20. Dec. enthalten wäre, und den Antonius für einen Landesfeind erklären; gegen einen solchen müsse man Legionen, nicht Legaten senden; außerdem trug er auf Ehrendecrete, Auszeichnungen oder Belohnungen für D. Brutus, Lepidus, Octavian und die Truppen an. Vier Tage lang dauerte im Senat der Kampf, die von Cicero beantragten Belohnungen und Auszeichnungen wurden reichlich bewilligt, in Beziehung auf Antonius aber die Absendung einer aus drei Consularen gebildeten Gesandtschaft beliebt, die eine nach dem Gutachten des Sulpicius abgefaßte Instruction erhielt; hierein willigte endlich auch Cicero, obgleich er diesen Schritt für unnützen Zeitverlust erachtete. Zugleich mit oder kurz nach Absendung der Gesandtschaft rückte Hirtius, zwar noch sehr leidend und krank, weil das Loos[27]) ihn traf, ins Feld, bestimmt, das Obercommando der Ge-

23) *Cic.* Phil. V, 13. Quo die primum (post discessum latronis) convocati sumus, *cum designati consules non adessent.*
24) Phil. III, 1.

25) *Dio Cass.* XLV, 17. 26) *Cic.* Phil. V, 1. Querelam praeteritorum dierum sustulit oratio consulum, qui ita locuti sunt, ut magis exoptatae Kalendae quam serae esse videantur; atque ut oratio consulum animum meum erexit spemque attulit non modo salutis conservandae, verum etiam dignitatis pristinae recuperandae. 27) *Cic.* Phil. XIV, 2.

sammtarmee zu übernehmen, welche, falls Antonius dem Beschlusse des Senats sich nicht fügen würde, der ihm von Mutina abzuziehen befahl, Mutina entsetzen und D. Brutus befreien sollte. Pansa blieb, so lange der Winter bedeutendere Kriegsunternehmungen hinderte, in Rom, beschäftigt mit der Leitung der Aushebungen [28]), der Herbeischaffung von Geldmitteln und der Veranlassung von wichtigen Senatsschlüssen gegen Antonius. In Rom und ganz Italien wurden Aushebungen angeordnet, mit Aufhebung aller sonst bewilligten Befreiung vom Kriegsdienste; aber nach Cicero [29]) war der Haß gegen die alte Knechtschaft, die Sehnsucht nach der Freiheit so groß, daß es gar keiner Aushebung bedurfte, und man sich überall freiwillig zum Dienste erbot; einzelne italienische Städte [30]) verfügten für sich die Strafe der Ehrlosigkeit gegen die, welche sich dem Dienste entziehen würden; andere Städte boten freiwillig Geld dem Schatze an; in Rom wurden Waffenfabriken angelegt; mit Schwertern bewaffnete Soldaten begleiteten den Consul zu seinem und des Senats Schutz. Die Freunde des Antonius in Rom suchten nach Abreise der Gesandten durch mancherlei Reden die Gemüther im Voraus zu versöhnlichen und friedlichen Maßregeln und zur Annahme der von Antonius etwa eingehenden Antwort zu stimmen. Unbekümmert um diese Umtriebe berief Pansa eine Senatsversammlung, in der er, ohne die große Angelegenheit zu berühren, die alle Welt beschäftigte, über zwei unbedeutende Dinge, die Ausbesserung der appischen Straße und Wiederherstellung der Münzgebäude, Vortrag hielt, und ein Volkstribun über die Feier der Luperkalien berichtete; Cicero benutzte diese Gelegenheit, um sich in seiner siebenten Philippica gegen jene Umtriebe zu erklären und die Nothwendigkeit des Krieges Consul und Senat von Neuem eindringlich zu machen. Es heißt daselbst (Cap. 2): „C. Pansa, der tapferste, beste Consul, wird es auf's Beste deuten, was ich aus der allerfreundlichsten Gesinnung sage, daß selbst er, mein so vertrauter Freund, mir nicht Consul zu sein scheinen würde, wenn er nicht das Wohl des Staates zum einzigen Gegenstande aller seiner Sorgen und Gedanken machte. Von seiner frühesten Jugend an sind wir durch Umgang und selbst durch Verwandtschaft und Ähnlichkeit der achtenswürdigsten Studien verbunden: durch die unglaublichste Sorge, die er für mich in den schwierigsten Gefahren des Bürgerkrieges gehabt, hat er gezeigt, wie sehr ihm die Beförderung nicht nur meines Wohles, sondern auch meiner Würde am Herzen liege, und doch würde ich selbst von ihm zu behaupten wagen, daß er kein Consul sei, wenn er nicht ein solcher Consul wäre. So aber nenne ich ihn nicht nur Consul, sondern den besten und trefflichsten Consul meiner Zeit, nicht als ob es andern an gleicher Tugend und Gesinnung, sondern weil es ihnen an einem Gegenstande derselben Größe gefehlt, um ihre Tugend und Gesinnung zu zeigen." Und ebenso sagt er am Ende der Rede (Cap. 9): „Dich selbst, Pansa, erinnere ich (denn wenn du auch keines Raths bedarfst, vielmehr in dir selbst den besten Rath besitzest, so pflegen doch in Zeiten großer Stürme selbst die besten Steuermänner von den Mitschiffenden erinnert zu werden), laß die große, herrliche Macht, die du gerüstet, nicht zu Nichte werden; du hast Umstände für dich, wie kein Anderer je; mit einer solchen Würde, wie der Senat, mit solchem Bemühen, wie der Ritterstand, mit solchem Eifer, wie das römische Volk jetzt zeigt, wirst du den Staat für immer von Furcht und Gefahr befreien."

Von den drei Consularen, welche als Abgesandte des Senats an Antonius geschickt wurden, war Ser. Sulpicius, ehe er noch des Antonius Lager erreicht hatte, in Folge der durch die beschwerliche Winterreise gesteigerten Krankheit, in der Nähe von Mutina gestorben; die beiden andern, Piso und Philippus, kamen vor Antonius, konnten ihn aber nicht dazu bringen, die Belagerung Mutina's aufzugeben, die er vielmehr vor ihren Augen fortsetzte, und ebenso wenig gestattete er ihnen, den Theil des ihnen vom Senat gewordenen Auftrags auszuführen, welcher ihnen befahl, sich nach Mutina zum Brutus zu begeben. Antonius verweigerte also dem Senat den Gehorsam, und obgleich damit das Geschäft der Abgeordneten eigentlich beendigt war, ließen sie es sich doch gefallen, Gegenvorschläge des Antonius an den Senat zu überbringen. Die beiden Abgeordneten kehrten Anfangs Februar oder schon Ende Januar nach Rom zurück, und in den ersten Tagen jenes Monats berief Pansa den Senat, um ihm vom Erfolge der Gesandtschaft Bericht zu erstatten und die demnächst zu treffenden Maßregeln zu berathen. Auch hier war Calenus wieder für friedliche Maßregeln und Abschickung einer neuen Gesandtschaft an Antonius, und ihm stimmten die meisten Consularen bei, Cicero dagegen verlangte, daß, da sich der Staat offenbar im Kriegszustande gegen Antonius befinde, dies auch in einer Kriegserklärung förmlich ausgesprochen werden solle. L. Cäsar, der Oheim des Antonius, schlug als mittlern Ausweg vor, den Ausdruck Krieg und Reichsfeind zu vermeiden und dafür „Tumult" zu setzen. Für diese mildere Meinung erklärte sich die Majorität des Senats. Als daher Pansa den folgenden Tag den Senat von Neuem berief, ihm die eingegangenen Depeschen seines Collegen über die Kriegsereignisse in Claterna mittheilte und über die Wünsche der Massilier referirte, hielt Cicero die achte Philippica, in der er über die Schlaffheit des Pansa, die halben Maßregeln des Senats, über das Benehmen des Calenus und der übrigen Consularen, desgleichen über die Abgeordneten des Senats, kurz über alle die sich bitter beklagt, die den unseligen Entschluß veranlaßt hätten, und jetzt noch an etwas anderes als Krieg dächten oder für möglich hielten. Am Schlusse aber machte er den Antrag, allen denen, welche vor dem 15. März Antonius verlassen würden, Begnadigung, denen, welche zwar bis dahin bei Antonius gewesen, aber durch irgend eine verdienstliche That sich auszeichnen würden, Belohnung zuzusichern, worauf die jetzigen Consuln bei erster Gelegenheit beim Senat ihre Anträge zu machen hätten; dagegen solle es als ein

28) ad Famil. XII, 4. Magnas Romae Pansa copias ex delectu Italiae comparat. 29) ad Famil. XI, 8. Phil. VII, 4. Omnes sine ulla recusatione summo etiam cum studio nomina dant. 30) Phil. VII, 9.

Act der Feindseligkeit gegen den Staat angesehen werden, wenn noch einer nach diesem Senatsschlusse zu Antonius sich begeben würde, wovon nur zu Gunsten des L. Varius, des Abgesandten des Antonius, eine Ausnahme gemacht werden solle. Dieser Antrag wurde angenommen.

In einer der nächsten Senatssitzungen trug Pansa darauf an, das Andenken des Ser. Sulpicius, der als Gesandter auf dem Wege nach Mutina gestorben war, auf eine seiner würdige und dem Herkommen entsprechende Weise zu ehren. Cicero lobt in der neunten, bei dieser Gelegenheit gehaltenen Philippischen Rede den Vortrag des Consuls (c. 1.): „Wie so vieles Andere, ist auch das vortrefflich von dir, daß du uns den Ser. Sulpicius zu ehren ermahnt und selbst Vieles mit Fülle der Beredsamkeit zu seinem Lobe gesagt hast.“ Was die nächsten Verhandlungen bis zur Abreise des Pansa zur Armee betrifft, so heben wir hervor die Senatsversammlung, die er gleich nach Eingang des Berichts von M. Brutus berief, worin dieser, daß er sich in Besitz von Griechenland, Macedonien und Illyricum gesetzt, die obere Verwaltung der Provinz Macedonien von Q. Hortensius übernommen, die nöthigen Geldmittel und Truppenmacht sich verschafft und den C. Antonius in Apollonia eingeschlossen hätte, gemeldet, und um eine Art Indemnitätsbill, d. h. um öffentliche Bestätigung alles dessen gebeten hatte, was er ohne Auctorität auf eigene Gefahr gethan hätte. Nach Vorlesung dieses Berichts hielt Pansa einen Vortrag, den Cicero in der zehnten Philippica wieder sehr rühmt (c. 1); er hätte durch denselben die Wahrheit des Gedankens bestätigt, den er immer gehabt habe, daß wer auf eigenes Verdienst sich verlassen könne, nicht leicht fremdes zu beneiden pflege; Pansa lobte nämlich Alles, was Brutus gethan, und trug darauf an, seiner Bitte zu entsprechen. Gegen diesen Vortrag erklärte sich der Schwiegervater Pansa's, Fufius Calenus, und indem er die Besorgniß äußerte, es könnte theils M. Brutus die ihm anvertraute Macht leicht gegen den Staat gebrauchen, theils möchten sich andere Parteien im Staate, insbesondere Cäsar's Veteranen, durch solche Begünstigung desselben verletzt fühlen, verlangte er, der Senat solle das Verfahren des Brutus für gesetzwidrig erklären, und ihm aufgeben, an Antonius und Vatinius die Provinzen und Truppen zu übergeben. Indem nun Cicero in der angegebenen zehnten Philippica sich gegen Calenus erklärt, hält er ihm (Cap. 8) Pansa's Beispiel vor: „Oder würde, wäre von M. Brutus etwas zu fürchten, Pansa dies nicht einsehen, und wenn er es einsähe, sich nicht bemühen, es zu entfernen? Wer besitzt mehr Weisheit als er, wo es darauf ankommt, Vermuthungen über die Zukunft aufzustellen? Wer mehr Eifer, wo es gilt, einen Gegenstand der Furcht zu vertreiben? Und doch habt ihr gesehen, welche Gesinnung, welchen Eifer er für M. Brutus hat. Durch seinen Vortrag hat er uns gezeigt, welche Meinung wir über Brutus hegen, welche Beschlüsse über ihn fassen sollen, und erkannt, daß das Heer des Brutus nicht allein nicht für gefährlich dem Freistaate, sondern für dessen sicherste und gewichtigste Schutzwehr zu erachten sei. Nämlich Pansa sieht dies wol aus Stumpfsinn nicht ein, oder vernachlässigt es aus Gleichgültigkeit.“ Cicero's vom Senat genehmigter Antrag ging darauf hin, es solle Senat und Volk seine Genehmigung und Freude darüber aussprechen, daß Brutus Griechenland, Macedonien, Illyricum mit den dazu gehörigen Truppen der Republik erhalten, und ihn ermächtigen, ferner daselbst zu bleiben und alle zur Vertheidigung derselben nöthigen Maßregeln zu treffen.

Die nächste hier anzuführende Verhandlung betraf Dolabella und C. Cassius. Dieser hatte sich Anfangs März in Besitz der Provinz Syrien gesetzt, welche dem Erstern durch ein erschlichenes Gesetz zugesichert war, und die Armeen übernommen, die ihm von L. Marcus, Q. Crispus, Q. Cäcilius Bassus und A. Allienus übergeben oder zugeführt worden waren; Dolabella aber hatte auf dem Zuge nach Syrien den Statthalter der Provinz Asien, C. Trebonius, auf eine ebenso hinterlistige als grausame Weise in Smyrna ermordet. Als Pansa Mitte März hierüber Vortrag an den Senat hielt, trat der Senat einstimmig dem Antrage des Calenus bei, und erklärte Dolabella für einen Landesfeind und verfügte Einziehung seines Vermögens. In der den folgenden Tag gehaltenen Senatssitzung sollte entschieden werden, welcher Feldherr den Krieg gegen diesen neuen Feind führen solle. Calenus beantragte, daß die Consuln Hirtius und Pansa dies Commando nebst den Provinzen Asia und Syria erhalten, bis dahin aber, daß sie D. Brutus entsetzt haben würden, das Commando durch Legaten führen sollten. Cicero, obgleich sogar des Cassius nächste Verwandte ihn baten, er möchte den Consul, der offenbar selbst im Stillen mit dem Antrage seines Schwiegervaters einverstanden war, nicht durch directen Widerspruch gegen die Verschworenen erbittern, drang darauf, dem Cassius dieses Commando zu lassen. Einen dritten vermittelnden Vorschlag machte L. Cäsar, der Oheim des Antonius: man solle das Commando gegen Dolabella dem P. Servilius Isauricus geben. Gegen diese Vorschläge ist Cicero's eilfte Philippica gerichtet; dem Pansa hält er Cap. 9 und 10 vor, wie nöthig es jetzt sei, alle Gedanken der Consuln auf den einen Punkt, die Befreiung des D. Brutus, zu lenken, ihre Aufmerksamkeit aber jedenfalls getheilt werden müßte, wollte man ihnen, selbst mit der angetragenen Modification, noch dazu das Commando gegen Dolabella übertragen; Neid und Argwohn würden sich schlimme Reden bei dieser Gelegenheit gegen die Consuln erlauben. Da Cicero im Senat nicht durchdringen konnte, erlaubte er sich den eigentlich ganz verfassungswidrigen Schritt und wandte sich mit seinem Antrage an die Volksversammlung; aber Pansa folgte ihm auch hierher und benachrichtigte das Volk, daß die eigenen Verwandten des Cassius den Antrag gemisbilligt, der Senat ihn verworfen hätte[31]).

Den 19. März, am Feste der Quinquatrus, theilte Pansa dem Senat den Bericht des Q. Cornificius, Statthalters der Provinz Afrika, mit, welcher gegen die Legaten des C. Calvisius, eines Anhängers des Antonius, seine Statthalterschaft behauptete. Der Senat billigte das Geschehene, der Antrag aber, den Legaten die aus-

31) ad Famil. XII, 7.

drückliche Misbilligung des Senats zu bezeugen, wurde von Pansa, der auch hier für die mildere Maßregel war, abgelehnt. In derselben Sitzung aber wurde von Pansa, um Cicero'n eine Artigkeit zu beweisen, die Wiederaufrichtung einer durch den Sturm einige Monate vorher umgestürzten Statue der Minerva beantragt, welche Cicero vor seiner Verbannung auf dem Capitol ihr als Beschützerin der Stadt geweiht hatte [32]), und der Senat genehmigte den Antrag. Die Friedenspartei und alle die, welchen vor dem gefährlichen Ausgange des entscheidenden Kampfes mit Antonius bangte, suchten der immer mehr heranrückenden Entscheidung durch einen neuen Friedensversuch und eine neue Gesandtschaft wenigstens vorläufig zu entgehen; auch Cicero hatte sich gewinnen lassen, aber zeitig genug erkannte er seinen Irrthum. Aus der zwölften Philippica, in der er auf Widerruf des auf Absendung einer neuen Gesandtschaft an Antonius gerichtet gewesenen Senatsschlusses dringt, ersieht man (Cap. 2), daß Pansa selbst deshalb in üble Nachrede gekommen war, den Verdacht des Verraths gegen sich erregt hatte, und in dieser Sitzung bemüht war, durch ausführlichen Vortrag sich zu rechtfertigen. An ihn richtet der Redner Cap. 7 folgende Apostrophe: „Wo sind, C. Pansa, deine herrlichen Ermahnungen, durch die du den Senat aufgeweckt, das römische Volk entzündet und sie gelehrt hast, daß es für einen Römer nichts Schmählicheres als Knechtschaft gäbe? Haben wir denn deshalb das Kriegskleid angelegt, die Waffen ergriffen, die ganze junge Mannschaft aus Italien aufgetrieben, um im Besitz eines so großen und blühenden Heeres Friedensgesandtschaft abzuschicken?"

Nach langem Zaudern ließ sich die Entscheidung nicht länger hinausschieben. Nach Beendigung aller Rüstungen und Vorbereitungen rückte Pansa, ohne Gesandte, unter ungünstigen Vorbedeutungen [33]) in dem letzten Drittel des März mit seinen vier neugeworbenen Legionen ins Feld, um sich mit Hirtius und Octavian zum Entsatze von Mutina und zur Befreiung des D. Brutus zu verbinden; die Geschäfte in der Stadt übernahm der städtische Prätor M. Cornutus. Langsam rückte Pansa vor; den 14. April erreichte er mit seinen Truppen Bologna. Octavian und Hirtius, der ihm die höchste Beschleunigung anempfohlen, schickten ihm unter Carfulenus ihre prätorianischen Cohorten und die Legion des Mars in der Nacht vom 14. auf den 15. April nach Forum Gallorum (Castel Franco) entgegen, um ihn über die dasigen Engpässe und Sümpfe sicher zu geleiten; Antonius hatte sich mit einem Theile seiner Truppen demselben Orte genähert; so entspann sich ein Treffen, über das wir einen doppelten Bericht, den einen des Ser. Galba [34]) und den andern bei Appian [35]) haben; in diesem Gefechte kämpften die Veteranen beider Armeen mit einer unglaublichen Erbitterung, als gälte es nicht die Befehle der Führer zu vollziehen, sondern selbst erlittene Unbill zu rächen. Die prätorische Cohorte Octavian's wurde hier ganz aufgerieben; der Consul Pansa erhielt mit einem Wurfspieße zwei Wunden in den Weichen, sodaß er aus der Schlacht nach Bologna gebracht werden mußte, was unfehlbar den entschiedenen Verlust der Schlacht zur Folge gehabt hätte, wenn nicht zum Glück Hirtius mit frischen Truppen auf dem Schlachtfelde erschienen wäre und den Sieg dem Antonius aus den Händen gewunden hätte. Es ist unbegreiflich, wie Ser. Galba, obgleich er seinen Bericht aus dem Lager des Pansa den Tag nach dem Treffen abschickte, doch der Verwundung des Consuls nicht gedenkt. Die Truppen begrüßten beide Consuln und den im Lager bei Mutina zurückgebliebenen Octavian als Imperatoren [36]). In Rom war die Freude über diesen Sieg um so größer, da die Nachricht von demselben nur wenige Stunden später dahin gelangte, als das Gerücht von einer Niederlage, die *Hirtius* erlitten haben solle. Hirtius hatte, da sein College *tödtlich* verwundet und Octavian abwesend war, zugleich in seinem und ihrem Namen den 16. April vom Lager des Pansa aus an den Senat den Sieg gemeldet, in diesem Berichte seine eigene That nicht verschwiegen, aber die Verdienste Pansa's und Octavian's gehörig hervorgehoben und um Anordnung eines Dankfestes gebeten. In der Senatssitzung, in der der praetor urbanus diesen Bericht vorlas, wurde, auf Antrag des Cicero, welcher bei dieser Gelegenheit seine 14. und letzte Philippische Rede hielt, ein Dankfest von 50 Tagen angeordnet, was für einen so wenig entscheidenden Sieg viel zu viel war. Übrigens sieht man diesem Antrage (Cap. 14) an, daß Cicero des Hirtius und Octavian's Verdienst bei der Begebenheit höher anschlug, als das des Pansa, oder wenigstens es gerathener fand, jenen jetzt mehr den Hof zu machen. Wenige Tage später lieferten Hirtius und Octavian dem Antonius die Schlacht bei Mutina, in der *Hirtius* fiel, Antonius entscheidend geschlagen und Brutus frei wurde. Diesen Sieg erlebte noch Pansa; wenige Tage nach demselben starb er in Bononia an seinen Wunden [37]). Octavian schickte die Leichen der Consuln mit angemessener Feierlichkeit nach Rom, wo der Senat ihnen ein öffentliches Begräbniß auf dem Marsfelde einräumte. Welche Theilnahme aber ihr Tod in Rom erregt habe, beweist schon der Umstand, daß, als der städtische Prätor M. Cornutus die Bestattung an die Leichenbestatter im Auftrage des Senats verdingen wollte, diese für die Benutzung ihres Apparats, wie für ihre Dienste, keine Bezahlung annehmen wollten, weil die Consuln im Kampfe für den Staat gefallen wären [38]). Cicero freilich war mit andern Interessen zu beschäftigt (für ihn stand ja Alles auf dem Spiele), als daß wir uns wundern dürften, wenn er nur eine ziemlich frostige Theilnahme dem Tode der Consuln widmete; die

32) ad Famil. XII, 25. *Dio Cass.* XLV, 17. 33) Obseq. de prodig. 129. 34) bei *Cic.* ad Famil. X, 30. 35) III, 66 sq.

36) *Dio Cass.* XLVI, 38. *Zonar.* X, 15. 37) *Cic.* ad Fam. XI, 13. X, 33. *Vellej.* II, 61, extr. Consulum alter in acie, alter post paucos dies ex vulnere mortem obiit. Ibid. II, 62. Pansae atque Hirtii corpora publica sepultura honorata. *Liv.* 119, 9. Hirtius, qui post victoriam in ipsis hostium castris ceciderat et C. Pansa e vulnere, quod in adverso proelio exceperat, defunctus in campo martio sepulti sunt. 38) *Valer. Max.* V, 2, 10.

ländige Eile, mit der er, ehe er noch von Pansa's unterrichtet war, über die Armeen beider Consuln zu ten des D. Brutus verfügte [39]), verräth seine Ge- ng. Das Gerücht ging übrigens [40]), daß Octavian Tode der beiden Consuln nicht fremd sei, den Hir- m Gedränge des Gefechts selbst ermordet, oder durch Soldaten habe ermorden, dem Pansa durch des- Arzt Glyco die Wunde habe vergiften lassen. Für Wahrheit dieses Gerüchts läßt sich am Ende Nichts ren, als daß Octavian allerdings aus dem Tode der Consuln den größten Vortheil zog, und man sei- Charakter selbst solche Verbrechen zutraute, wenn sein eil es erheische. Nach einem andern Mährchen hätte wenige Augenblicke vor seinem Tode Octavian an Sterbebett herankommen lassen, ihn seiner fortbauern- Anhänglichkeit für das Andenken seines Oheims ver- , auf die Ränke der Optimatenpartei aufmerksam ht, die nur die Freunde und Anhänger Cäsar's ge- nander zu hetzen suchte, und ihn zur Versöhnung Antonius aufgefodert, um sich dann gemeinschaftlich iesem gegen die Mörder und Feinde seines Groß- s zu wenden [41]).

Ein Proconsul M. Vibius Pansa kommt auf einer e von Ephesus, ein Militairtribun C. Vibius Pansa ner Inschrift (*Gruter* 568, 5) vor.

Es war Pansa auch ein Familienname der Neratischen ; auf Münzen des Vespasian und Titus kommt ein M. Neratius Pansa vor [42]).

Einen Postumius Pansa, der zugleich mit einem Va- Consul ist, lernen wir aus einer Inschrift ken-). (*Meier.*)

Pansacola, s. Pensacola.

PANSAGUTCHY, ostindisch-bengalische Stadt, in nördlicher Richtung acht englische Meilen von al entfernt ist. (*Fischer.*)

PANSANG, Pulo-Pansang, d. i. Insel Pansang . Br. 9° 15′, östl. L. 103° 30′ n. d. Merid. eenw.), kleines Eiland im Meerbusen von Siam. (*Fischer.*)

PANSAR, Stadt im ostindischen Guzerate, liegt gl. Meilen nördlich von Amedabad. (*Fischer.*)

PANSCHANG, 1) kleines Eiland, welches zur sischen Provinz Kambodscha gehört. 2) P. oder Kanschang, zum östlichen Theile der Insel Madura ge- hörige und südwestlich von der Mitspaudsgruppe liegende Insel, welche in 21 Dörfern 5580 Einwohner zählt, welche theils Javanesen, theils Chinesen sind. 3) Eiland zur javanesischen Provinz Schapara gehörig. (*Fischer.*)

PANSCHARRASCHUNG, Hauptstadt des Reichs Menangkabo auf der Insel Sumatra, Sitz des Sultans, berühmt durch ausgezeichnete Eisenarbeiter, welche vorzüg- liche Waffen und Filigranarbeiten verfertigen. (*Fischer.*)

Panscopium, s. Speculum.

PANSE (Banse, Tass), ist der Raum in einer Getreidescheune, welcher zum Aufbewahren des unausge- droschenen Getreides dient, im Gegensatz von der Tenne, wo dasselbe gedroschen wird. Beide Räume sind durch drei bis fünf Fuß hohe Holzwände (Pansen-, Bansen- oder Taßwände) von einander getrennt. Gewöhnlich lie- gen die Pansen an beiden Seiten der Tenne und werden nicht viel über 30 Fuß lang gebaut, um beim Einbrin- gen (Einpansen, Eintassen) des Getreides von der Tenne her, die zugleich Einfahrt ist, nicht durch zu große Länge des Raums Unbequemlichkeit zu haben. Die Pansen müs- sen möglichst freien Raum von Unten bis zum Forste des Dachs gewähren, und es wird deshalb bei Scheunen ge- wöhnlich diejenige Bauart gewählt, bei welcher die Bal- ken ausgeschnitten (ausgewechselt, vertrumpft) werden, d. h. nicht durch die ganze Tiefe des Gebäudes, sondern nur an den Fronten in der Länge von drei bis vier Fuß (Stichbalken) einerseits auf den Wänden, andererseits in besondern Querhölzern (Wechsel) liegen. Das Nähere über Vorstehendes ist in dem Art. Scheune zu finden. (*Stapel.*)

PANSE-DE-VACHE, eine Gattung leinenen Tisch- zeuches aus der Picardie. (*Karmarsch.*)

Panselene, s. Vollmond.

PANSEN (richtiger Bansen oder Wanst) wird der Magen des Roth-, Dam-, Reh- und Schwarzwildes von den Jägern genannt. (*Pfeil.*)

PANSEN, auch PANZE, PENSEN, Bensen und Bensdorf, böhm. Benessow, 1) eine mit dem größern Theile des Gutes Markersdorf vereinigte gräflich thun'- sche Fideicommiß-Herrschaft im leitmeritzer Kreise des Kö- nigreichs Böhmen, mit einem eigenen Wirthschafts- und Justizamte, zu welchem außer dem Städtchen gleiches Namens noch vier Dorfschaften, mit 2998 Einwohnern in 655 Häusern, gehören. Die Hauptbeschäftigungen der Einwohner sind Feldbau, Spinnerei, Weberei und Strumpf- wirkerei. 2) Eine zur Herrschaft gleiches Namens gehö- rige Municipalstadt, auf einer sanften Anhöhe, im Thale, am rechten Ufer der Polzen, recht anmuthig gelegen, von Obstgärten umgeben, die im ehemaligen Stadtgraben an- gelegt sind, 11 Meilen nordwestlich von der Hauptstadt des Königreichs entfernt, mit einer Vorstadt (Bolza), 225 Häus., 1066 teutschen kathol. Einw., welche viele Strumpf- wirker unter sich zählen und davon ein Theil zur fürstlich Clary'schen Herrschaft Binsdorf gehört, zwei obrigkeitlichen Schlössern, einer eigenen katholischen Pfarre von (1830) 3341 Seelen, welche zum böhmisch-kamnitzer Vicariats- district des Bisthums Leitmeritz gehört und unter dem

) *Appian.* III, 74. 40) *Sueton.* Oct. XI. *Dio Cass.* 39. *Tacit.* Ann. I, 10. Caesis Hirtio et Pansa, sive ho- s, seu Pansam veneno vulneri adfusum, sui milites Hir- t machinator doli Caesar abstulerat. 41) *Appian.* III, Bei der Darstellung der Verhältnisse des C. Vibius Pansa h von neuern Schriften vorzugsweise das Werk Drumann's, hte Roms in seinem Übergange zur monarchischen Verfassung. Antonii. 3. Th. Hirtii benutzt. [Dieser Pansa, Freund des , war Epikureer (ad Fam. VII, 12). Wie aber aus dem des C. Cassius hervorgeht (ad Fam. XV, 19), faßte er, le zu Epikur's Weltansicht sich hinneigende Römer, die ἡδονὴ Philosophen von ihrer edleren Seite, indem er sie in die mit und Rechtthun nothwendig verbundene geistige Selbstbefrie- setzte, wie auch Epikur selbst beabsichtigt hatte. *Steinhart.*] *asche*, Lexicon. III, 534. 43) *Gruter.* Thes. p. 192.

Patronate der Grafen Thun und der Fürsten Clary steht, die es abwechselnd ausüben, und ebenso auch die übrigen Ämter der Stadt besetzen, einer katholischen Pfarrkirche, welche als solche schon in Urkunden von den J. 1384, 1409 und 1416 vorkommt, einer Schule, einem eigenen Magistrate, einer großen Baumwollenspinnerei ꝛc. Die Stadt hat mehre wichtige Privilegien *).

(*G. F. Schreiner.*)

PANSHAH, PANSCHAH, Stadt im ostindischen Meckley, ist 55 engl. Meilen in südsüdöstlicher Richtung von Munnypoor entfernt. (*Fischer.*)

PAN-SIEN-ING (n. Br. 23° 56′, östl. L. 119° 52′ n. d. Mer. v. Gr.), Stadt auf der Westküste der Insel Taiwan (Formosa). (*Fischer.*)

PANSKA-DOLINA, ungr. Úrvölgy, latein. Vallis Dominorum, teutsch Herrengrund, ein der königl. ungarischen Kammer gehöriger Bergflecken im obern Gerichtsstuhle der sohler Gespanschaft im Kreise diesseit der Donau Niederungarns, in einer wilden, rauhen, hohen, von dichten Waldungen umgebenen und überragten Gegend, hoch über einer tief eingeschnittenen, nach Ulmanka sich hinabziehenden Schlucht gelegen, von fallenden Wässern durchrauscht, aus zerstreuten Hütten gebildet, zu denen eine steile Straße emporführt, 1¼ Stunde von Neusohl entfernt, mit 240 auf den großen alten Halden erbauten, meist hölzernen Häusern, 1417 zum Theil teutschen und slawischen, kathol. Einwohnern, deren Haupterwerb der Bergbau ist, da der steile Gebirgsrücken, auf dem der Ort liegt, und überhaupt die ganze Umgebung ihrer hohen Lage wegen so rauh ist, daß der Feldbau fast gar nicht mehr gedeiht und durch die Waldungen verdrängt wird; einer eigenen katholischen Pfarre des Bisthums Neusohl, einer katholischen Kirche, einer Schule, einer Wasserleitung, die das Aufschlagwasser vom Berge Praschiwa aus einer Entfernung von 21,000 Fuß herbeischafft, sehr ergiebigen Kupfer- oder Cementwässern und einem schon seit 800 Jahren bebauten, berühmten und sehr ergiebigen silberhaltigen Kupferbergwerke, dessen Ausbeute jährlich auf 12—1500 Ctr. reinen Kupfers und 5—600 Mark Silbers angegeben wird; an Cementkupfer werden jährlich ungefähr 40—50 Ctnr. erzeugt. Der Bergbau, der einst sehr wichtig und ausgezeichnet war, liegt so zu sagen in den letzten Zügen, wenigstens sind die Werke in starkem Verbaue. Die Erzlager sind in Grauwacke, Grauwacken- und Glimmerschiefer und Kalkstein und befinden sich zum Theil im Sandberge, in dem insbesondere jährlich gegen 120 Ctnr. Berggrün gewonnen werden. Es gibt drei Haupterzlagerstätten, die von S. nach N. fast parallel fortstreichen, sich von O. nach W. ungleich verflächen und in Nestern einbrechen oder gangweise im Glimmerschiefer und darüberliegender Grauwacke vorkommen. Das mächtigste Erzlager ist der mittlere Hauptgang; er ist 50° mächtig und enthält außer Kupferkies und Fahlerz etwas gediegenes Gold und Kupfergrün, erzeugt auch Cement- und Berggrünwasser, sehr schönen Kalksinter und Kobalt-Vitriol. Auf dem pfeifenstollner Lager brechen besonders reiche Kupferfahlerze. Diese beiden Gänge werden durch den Ferdinands- und Maximiliansschacht bebaut; in dem erstern hebt eine Stangenkunst 97 Fuß hoch in zehn Sätzen das Wasser in den Erbstollen empor. Beide haben Bremsmaschinen mit 32 schuhigen Kehrrädern. Die obenerwähnte Wasserleitung ist 16,000 Klaftern weit mit 12—15zölligen Holzrinnen belegt, der Rest ist in Felsen gehauen. Unter den Stollen ist der ratzengrunder Erbstollen, gegen 2000 Klafter, der bei der großen Tiefe der Gruben, wodurch die Wasserhebung zu schwer wird, schon vor 100 Jahren begonnen wurde. Ein 300 Fuß langer Durchschlagstollen führt durch den ganzen Berg hindurch und mündet sich hoch über einem tief eingeschnittenen Thale aus, das sich bis gegen Altgebirg ausdehnt und zuweilen von den Bergleuten zur Abkürzung ihrer Wanderung nach diesem Orte benutzt wird. Die seit 1605 entdeckten Cementwasser werden durch die eindringenden Tagwässer mittels Zerlegung der Erze gebildet, in mit Eisen belegte Rinnen geleitet und dort durch Auflösung des Eisens, wofür das Kupfer als Niederschlag zurückbleibt, das Cementkupfer gewonnen, das sich entweder als eine Rinde an das Eisen setzt oder als Schlamm zu Boden fällt; jene enthält 90, dieser nur 50—70 pro C. Kupfer, zu dessen Erzeugung zwei bis drei Wochen erfoderlich sind. Dieses Kupfer ist sehr geschmeidig und wird in Neusohl zu Bechern, Dosen ꝛc. verarbeitet. Hier bilden sich auch die grünen Farbwässer, welche die Kupferoxyde in mehr verdünnter Schwefelsäure aufgelöst enthalten. Diese werden in große Kasten geleitet, wo sich die Kupferoxyde mit ihrem Antheile an Gyps- oder Kalkerde entweder als ein feiner Schlamm zu Boden senken oder als Belege an den Seitenwänden ansetzen und so das Berggrün liefern. Endlich sammelt man in diesem Bergwerke auch sehr schönen zapfenförmigen Kupfer-Vitriol, wovon sonst gegen 200 Ctnr. jährlich gewonnen wurden. Zu Herrengrund werden auch viele Spitzen geklöppelt und durch einen Spitzenhändler im Lande abgesetzt *). (*G. F. Schreiner.*)

PANSPERMIE (*παν-σπερμα*). Unter den zahlreichen Theorien der Zeugung, welche seit zwei Jahrtausenden die scharfsinnigsten Denker beschäftigt haben, verdient jene, welche unter dem ebenangeführten Namen bekannt ist, um so mehr ausgezeichnet zu werden, als sie, ursprünglich eine Frucht des Alterthums, sich, wenn auch in mannichfach veränderter Gestalt, bis auf unser Zeitalter erhalten hat, und ihre Bedeutung schwerlich jemals für immer zu einer blos historischen herabsinken dürfte. Schon Anaxagoras (500 J. v. Chr.) nahm als Princip aller Körper eine Art von Atomen an, welche mit den Körpern, welche sie bilden sollen, von gleicher Natur sind,

*) s. das Königreich Böhmen, statistisch topographisch dargestellt von J. G. Sommer. 1. Bd. Leitmeritzer Kreis. (Prag 1833. S. 298 fg.)

*) s. A. Schmidt's Reisehandbuch durch das Königreich Ungarn mit den Nebenländern und Dalmatien, nach Serbien, Bukurest und Constantinopel. (Wien 1835.) S. 191. (Magda's) Neueste statistisch-geographische Beschreibung des Königreichs Ungarn, Croatien ꝛc. 2. Aufl. (Leipzig 1834.) S. 209. v. Csaplovics Beiträge ꝛc.

die, an und für sich ohne Bewegung, doch gleich
ngs durch ein anderes, gleichfalls ewiges, von der
erie verschiedenes, geistiges Princip (*Νοῦς*) in Bewe-
gesetzt worden sind. Auch nach Heraklit sind die
ie der lebenden Wesen auf und in der ganzen Erde
reitet und schwärmen so lange umher, bis sie Gele-
eit finden, in den Zeugungstheilen schon entwickelter
er Wurzel zu schlagen, und ihre frühere Form auf-
d selbst zur Entwickelung zu gelangen. Aber eine
meine Verbreitung der Urstoffe alles Lebens ist auch
euern Zeiten von Claude Perrault angenommen wornach dessen Ansicht diese Stoffe Gelegenheit zur ei-
Entwickelung finden, wenn der geistig salzige Be-
theil des Samens auf sie wirkt, und noch weiter
e jene alte Theorie Heraklit's, die übrigens auch die
Hippokrates war, Buffon aus, nach dessen Lehre der
e ein Auszug aus allen Theilen des Körpers, der
griff organischer Theilchen, die von den Organen,
denen sie stammen, kleine Modelle darstellen und,
r lebenskräftig und die Ernährung und Entwickelung
Thiere und Pflanzen fördernd, nach und nach allmä-
us einem Körper in den andern übergehen. Need-
s und Bonnet's Ansichten müssen ebenfalls hierher
hnet werden, indem jener einen allgemeinen die Or-
ernährenden Lebensstoff annahm, dessen Überschuß,
ebildet durch verschiedene Seihewerkzeuge, den organi-
Keim im Samen bildet, und daß Ernährung und
ung in der Expansionskraft der organischen Keime,
Konflict mit der Widerstandskraft der Salze besteht,
er aber Luft, Wasser, Erde und alle festen Körper
Magazine für die Keime der lebenden Wesen betrach-
die wegen ihrer unendlichen Kleinheit einer Verletzung
ganz unzugänglich sind, in das Innerste der Thiere
Pflanzen eindringen, sie ernähren und sich wieder
ihnen trennen, um nochmals zu jenen Magazinen
kzukehren; aus diesen Keimen, wenn sie in Baum-
eingedrungen sind, bilden sich — so lehrte Bon-
— Knospen, Zweige, Blüthen und Früchte, und eben
Keime werden nach den Ansichten jenes Naturfor-
Keime einer thierischen oder menschlichen Frucht,
sie von Eierstöcken oder Samenbläschen aufgenom-
worden waren. G. R. Treviranus nimmt als aus-
cht an, daß in der ganzen Natur eine stets wirksa-
absolut unzersetzbare und unzerstörbare Materie (er
t sie Lebensstoff) vorhanden ist, durch welche alles
de von dem Byssus bis zur Palme und von den
tähnlichen Infusionsthieren bis zu den Meerunge-
n Leben besitzt und welche, obgleich unveränderlich
Wesen, doch veränderlich ihrer Gestalt nach, un-
rlich ihre Formen wechseln, sowie, daß diese Mate-
n sich formlos und jeder Form des Lebens fähig ist,
sie nur durch den Einfluß äußerer Ursachen eine be-
nte Gestalt erhält, nur bei der fortdauernden Einwir-
jener Ursachen in derselben verharrt und eine andere
annimmt, sobald andere Kräfte auf sie wirken.
Feuereifer endlich wurden die panspermistischen Ansich-
von der naturphilosophischen Schule unsers Jahrhun-
gepflegt und ausgebildet. Oken findet den vorer-
wähnten Lebensstoff in den Infusionsthieren. In Luft, Wasser und allen Nahrungsmitteln verbreitet, bewirken sie die Ernährung. Auf den im Samen befindlichen Infusionsthieren beruht im Wesentlichsten die Zeugung, die aus einem Zusammenwachsen der Samenthierchen unter einander und mit einem Bläschen des Eierstocks besteht. In gleichem Geiste hat P. F. Walther gelehrt: „Wie das Erzeugende selbst wahrhaft erschaffend ist, so ist auch die Natur als der lebendige Inbegriff alles Seins, in ihrer ewig schaffenden Urkraft, stets erzeugend und Alles aus sich gebärend. Dies ist die Bedeutung der alten Lehre von der Panspermie, nach welcher die erzeugende, hervorbringende und bildende Kraft als ein gemeinsames Eigenthum der ganzen Natur, nur nicht der todten, sondern der in sich selbst höchst lebenskräftigen, betrachtet wurde. Die lauterste und ebendarum auch erste Offenbarung jener Alles hervorbringenden Urkraft ist die freiwillige Erzeugung (**generatio aequivoca**), welche von der Erzeugung durch die Concurrenz der Geschlechter im Wesentlichen nicht verschieden und ihr nur der Art nach entgegengesetzt ist. Nichts Organisches kann untergehen. Mit welchem einmal das Leben sich vermischt hat, in solchem ist es unvertilgbar, und zerfällt die bestimmte Form seines Lebens, so ist jedes Element desselben ein neu Belebtes für sich. Dies ist das Gesetz der Entstehung der Infusorien aus faulenden animalischen und vegetabilischen Substanzen; sie geben Zeugniß von der Ewigkeit des Lebens auch in seinem Producte."

Wir haben die Lehre der berühmtesten Anhänger panspermistischer Ansichten, zum Theil mit den eigenen Worten der Lehrer, im Vorstehenden aufgeführt, aber wir glauben uns auch hier darauf beschränken zu müssen. Nähere Erörterungen und besonders eine Kritik der Lehre von der Panspermie wird schicklicher da ihre Stelle finden, wo von der ganzen Lehre von der Zeugung überhaupt die Rede sein wird (s. den Artikel Zeugung). Nur auf K. F. Burdach (die Physiologie als Erfahrungswissenschaft. 1. Th. S. 550 fg.) wollen wir in dieser Hinsicht vorläufig verweisen *). (*C. L. Klose.*)

PANSRUCKY (n. Br. 24° 46′, östl. L. 85° 44′ nach dem Meridian von Greenwich), Stadt im britisch-ostindischen Bahar, 22 engl. Meilen in westlicher Richtung von der Stadt des letztern Namens entfernt.

(*Fischer.*)

Panster, s. Panstermühle.

Panstergatter, **Panstergattersäulen**, s. Panstermühle.

Pansterkette, s. Panstermühle.

---

*) J. F. Blumenbach, über den Bildungstrieb. (Göttingen 1805. S. 14. K. Sprengel, Versuch einer pragm. Geschichte der A. K. Halle. I, 341. IV, 273. K. Bonnet, Betrachtungen über die organisirten Körper, übers. v. J. A. E. Göze. I. §. 4. G. R. Treviranus, Biologie oder Philosophie der lebenden Natur. II. S. 403 fg. Oken, Die Zeugung. (Bamberg 1805.) S. 92. P. F. Walther, Physiologie des Menschen mit durchgängiger Rücksicht auf die comparative Physiologie der Thiere. (Landshut 1808.) II. 367 fg.

PANSTERMÜHLE, eine unterschlächtige Mühle, welche mit einem sogenannten *Pansterrade* betrieben wird, d. h. einem Wasserrade, welches sich nach dem Stande des Aufschlagewassers höher oder tiefer hängen läßt. In großen Flüssen, deren Wasser oft und schnell eine bedeutende Veränderung der Höhe erleidet, kann man — wenn nicht Schiffmühlen, die von selbst mit dem Wasser steigen und sinken, angewendet werden — fast nur von Pansterrädern Gebrauch machen, weil bei zu niedrigem Wasserstande ein feststehendes Rad gar nicht oder zu schwach getrieben würde, bei zu hohem Wasserstande hingegen dasselbe zu tief im Wasser waten und daher gleichfalls an Betriebskraft verlieren würde. Das Pansterrad ist, wie alle Räder in offenem Strome, bei geringer Geschwindigkeit des Wassers von bedeutender Breite; seine Haupteigenthümlichkeit besteht darin, daß es sammt seiner Welle nach Erforderniß in die Höhe gezogen und herabgelassen werden kann. Die mechanische Vorrichtung, durch welche dieses bewirkt wird, heißt der *Panster*, das *Pansterwerk* oder *Pansterzeug*. Jeder Zapfen der Radwelle liegt in einer Art Rahmen (*Panstergatter*, *Ziehgatter*), welcher zwischen zwei hölzernen Säulen (*Panstergattersäulen*) in senkrechten Falzen auf- und niedergleitet und an einer starken Kette hängt. Beide *Pansterketten* sind oben an einem horizontal liegenden Wellbaume (der *Pansterwelle*) befestigt, um welche sie sich aufwickeln, wenn diese Welle umgedreht wird. Um diese Umdrehung, die langsam aber kraftvoll geschehen muß, zu bewirken, dient ein auf der Pansterwelle angebrachtes, großes Zahnrad, in welches ein Trilling (Rumpf) oder eine Schraube ohne Ende eingreift. Die Welle des Trillings wird durch eine Scheibe mit Sprossen (*Ziehscheibe*), die Schraube vermittels einer Kurbel aus freier Hand umgedreht. Der Mechanismus des Pansterzeugs befindet sich auf einem Boden über dem Wasserrade (dem *Pansterziehboden*). Es ergibt sich von selbst, daß, sowie die Aufwickelung der Ketten das Rad erhebt, die Abwickelung derselben durch verkehrte Drehung der Pansterwelle ein Sinken des Rades zur Folge hat. Man nennt die eben erklärte gewöhnlichere Art des Pansters: *Ziehpanster*, *Zugpanster*, zum Unterschiede von dem *Stockpanster*, bei welchem die Zapfen der Wasserradwelle auf horizontalen Riegeln ruhen, die durch lange Hebel aufgehoben oder niedergelassen werden. (*Karmarsch.*)

Pansterrad, s. Panstermühle.

Pansterwelle, s. Panstermühle.

Pansterwerk, s. Panstermühle.

Pansterzeug, s. Panstermühle.

Pansterziehboden, s. Panstermühle.

Panswyck, s. Painswyck.

PANTABIEN, bei ältern Geographen Hauptstadt der den Engländern zugehörigen Insel Barbados. (*Fischer.*)

PANTÄNUS, ein christlicher Lehrer zu Alexandrien um die Mitte des 2. Jahrh. Unsere Nachrichten über seine Person und theologische Bildung sind äußerst sparsam und sogar einander widersprechend, was um so mehr zu bedauern ist, weil damit zugleich die genauere Kunde über den Beginn eines denkwürdigen Instituts fehlt, der alexandrinischen Katechetenschule, für die er, wenn auch nicht als Stifter, doch als früheste Zierde und Stütze betrachtet werden muß. Alle Zeugnisse über ihn stimmen dahin überein, daß Pantänus Lehrer des Clemens von Alexandrien gewesen ist, und dadurch wird sein Zeitalter ziemlich fest bestimmt; nur ein Fragment des Philippus von Side um 430, mitgetheilt von Henr. Dodwell (in Dissertatt. in Irenaeum. [Oxon. 1689.] p. 488 sq.) kehrt das Verhältniß um, und macht diesen zum Lehrer des Pantänus, eine Angabe, wodurch die Glaubwürdigkeit des ganzen Fragments sehr zweifelhaft wird; denn über die Reihefolge und das Schülerverhältniß der alexandrinischen Katecheten, Pantänus, Clemens, Origenes, sind sonst die Angaben völlig übereinstimmend, und Clemens nennt ihn, wenigstens nach dem Zeugnisse des Eusebius, selbst als seinen Lehrer (*Euseb.* h. eccl. V, 11. VI, 13). Sein Vaterland, ob Ägypten, Palästina, Athen, ist nicht wohl auszumachen, doch stammt die Ansicht, er sei in Sicilien geboren, nur von einer Metapher des Clemens, der ihn einer sicilischen Biene gleich, von prophetischen und apostolischen Wiesen Honig heimbringen läßt. Nach dem ausdrücklichen Zeugnisse des Eusebius (h. eccl. V, 9) stand Pantänus der alexandrinischen Katechetenschule im ersten Jahre des Commodus vor, also 181; und zwar setzt er diese Stellung des Mannes an das Ende seiner Thaten, sodaß, was außerdem von ihm berichtet wird, diesem Lehramte voraufgestellt werden muß, wie namentlich seine angebliche indische Missionsreise; mit jener Zeitbestimmung verträgt es sich nicht wohl, daß er von unmittelbaren Apostelschülern unterrichtet sein soll (*Photii* bibl. cod. 118. p. 287); nur zum Apostelschüler selbst, wofür man ihn wol ausgegeben, kann er deshalb nicht erhoben werden. Wenn Hieronymus ihn noch unter Severus und Caracalla (211) blühen läßt, so würde anzunehmen sein, daß Pantänus, nachdem sein Schüler Clemens der Schule vorstand, sich vom Lehramte zurückgezogen habe; doch stimmt dies zu der Angabe des Eusebius nicht (VI, 3), daß zur Zeit der Severianischen Verfolgung, 203, Niemand in Alexandrien übrig gewesen sei, der das Lehramt hätte bekleiden können. Seine Missionsreise nach Indien unterliegt manchen Dunkelheiten; gewiß wird aber unter jenem Lande nach der gewöhnlichen geographischen Verwechselung höchstens das südliche Arabien zu verstehen sein, auch wenn angegeben wird, er habe das von dem Apostel Bartholomäus nach Indien gebrachte hebräisch geschriebene Evangelium des Matthäus von dort nach Alexandrien geschafft; Eusebius gibt dies ausdrücklich nur für eine Sage aus (λέγεται). Auch die Angabe des Hieronymus, er habe jene Reise auf Veranlassung des Alexandrinischen Bischofs Demetrius unternommen, auf Bitten der Gesandten jenes Volks, stimmt nicht wohl, da Demetrius erst 190 dem Julian im Bisthume gefolgt ist (*Euseb.* V, 22) und Pantänus sein Lehramt 181, am Ende seiner übrigen Leistungen, angetreten hat, schwerlich ist es auch denkbar, daß er, der tüchtige Lehrer, seine so gewichtvolle Lehrthätigkeit aufgab, und sich für die Mission bestimmte, wozu gewiß andere brauchbar waren. Ist darum überhaupt seine Missionsreise noch für

gt zu achten, so wird sie wol vor das Jahr 181
vor Beginn seines Katechetenamts gesetzt werden
. Über seine Bildung besitzen wir nur die einzige
daß er von der stoischen Philosophie ausgegangen
useb. V, 10. *Hieron.* catal. c. 36). Nähere Nach-
wären um so erwünschter, da wir dann den Über-
hellenischer Philosophen zum Christenthume, und die
en Gestaltungen christlicher Wissenschaft genauer
en könnten. Über seine Ansichten würde nur nach
ildung seines Schülers Clemens geurtheilt, und kei-
s etwas Zuverlässiges beigebracht werden können*).
(*F. W. Rettberg.*)

ANTAGATHUS, bei *Martial.* VI, 52 und öf-
uf römischen Inschriften vorkommend, als Name
klaven oder Freigelassenen. (*H.*)

ANTAGATHUS (Octavianus, auch Octavius),
irch edle Gesinnung, Biederkeit und gemeinnützi-
reben, sowie durch umfassende und vielseitige Kennt-
usgezeichneter Gelehrter Italiens, Mönch des Ser-
dens (ordinis servorum B. Mariae) und Kano-
zu Rom, wurde zu Brescia am 30. Juli (einige
den 15. August) 1494 geboren und erhielt zu
seine wissenschaftliche Bildung. Sein eigentlicher
enname war Bacato (lat. Bacatus), welchen er nach einer damals in der gelehrten Welt sehr beliebten Sitte mit dem bedeutsameren Namen Pantagathus, unter welchem wir ihn bei den gleichzeitigen und späteren Schriftstellern genannt finden, vertauschte. Nachdem er in den Servitenorden getreten, schickten ihn seine Vorgesetzten nach Paris, um sich daselbst in den theologischen Wissenschaften durchzubilden. Hier erlangte er sowol von der theologischen als von der juristischen Facultät die Doctorwürde. Auf seiner Rückkehr nach Italien wurde er nach Rom berufen, wo ihm der Papst Johann X. eine Stelle in dem Collége de la Sapience verlieh. Hier hatte er die Gunst des Cardinals Salviati, eines Neffen des Papstes, gewonnen, welcher seine trefflichen Eigenschaften zu würdigen wußte und ihm eine reiche Abtei in Sicilien ertheilte. Hierauf legte Pantagathus sein Servitenkleid ab, nahm das eines weltlichen Geistlichen (l'ecclesiastique séculier) und verließ sein Kloster. Er scheint seit dieser Zeit bis zum Ableben des Cardinals Salviati (1553) seinen Aufenthalt in dem Palaste dieses Prälaten gehabt zu haben. Von nun an bewohnte er ein besonderes Haus, wo er von den Einkünften seiner Abtei lebte. Als aber Paul IV. zur päpstlichen Würde gelangte, befahl er sofort allen Geistlichen, welche aus ihren Klöstern gegangen waren, ohne Verzug dahin zurückzukehren. Auch Pantagathus sah sich genöthigt zu gehorchen und bezog das Kloster de Sainte-Maria in Via. Am 17. Sept. 1562 wurde er durch einen Anfall von Apoplexie heimgesucht, welcher die Hälfte seines Körpers lähmte, was ihn jedoch nicht abhielt, seine gewöhnlichen Arbeiten fortzusetzen. Er empfing auch noch jetzt, wie gewöhnlich, Gelehrte, welche kamen, um sich über wissenschaftliche Gegenstände mit ihm zu unterhalten. Allein jener apoplektische Anfall kehrte wieder, und er unterlag demselben am 19. Dec. (nach Andern am 3. Jan.) 1567, nachdem er das 73. Jahr seines Lebens vollendet hatte, und wurde zu Rom in einem Kloster seines Ordens beigesetzt. (In demselben Jahre traten auch zwei andere berühmte Gelehrte vom Schauplatze ab, Franziskus Robertellus, welcher sehr viele Schriften hinterlassen, über welche Teissier (les Elog. p. 312), und von welchem mehre Abhandlungen in den Thes. Gron. aufgenommen sind, und welcher als Rival des noch gelehrtern C. Sigonius bekannt ist, und Paul Leopardus, von welchem XX libri Miscell. et Emendat. stammen). Pantagathus stand bei seinen Zeitgenossen, wenigstens in Italien, als Mann von außerordentlicher Frömmigkeit, ausgezeichneter Klugheit, mit richtigem Blick und treffendem Verstande in hohem Ansehen. Auch war ihm eine besondere edle Neigung eigenthümlich, jedermann mit Rath und That nützliche Dienste zu erweisen (cf. *Antoine Teissier*, Les Elog. des Homm. Sçavans. T. I. p. 313 sq. éd. II.). Außerdem besaßen wenige Gelehrte eine so mannichfache und ausgedehnte Erudition, was selbst die Gelehrtesten und Berühmtesten seiner Zeitgenossen in Italien bezeugt haben. Allein er ist nicht sowol mit großartigen schriftstellerischen Leistungen hervorgetreten, als er vielmehr durch mündliche Mittheilungen sich jenen großen Ruf erwarb. Die Gelehrtesten pflegten sich bei ihm zu versammeln, und er stand

Pantänus, christlicher Philosoph, besonders als Vorsteher
techetenschule zu Alexandrien und als Lehrer des Clemens
randrien berühmt. Doch wurde seine Wirksamkeit in Alexan-
ingere Zeit durch eine im Auftrage des dortigen Bischofes
ius unternommene Missionsreise nach Indien, unterbrochen,
bereits eine angeblich vom Apostel Bartholomäus gestiftete
gemeinde und das hebräische Evangelium des Matthäus vor-
latürlich wird Niemand jetzt mehr an das unter Matthäus'
gehende Evangelium, sondern an irgend eine der vielen
onen der alten hebräischen Überlieferung, welcher auch jenes
lium angehört, dabei denken. Für das wirklich hohe Alter
dischen Gemeinden würde allerdings der Besitz eines hebräi-
vangelii einen Beweis abgeben, wenn die Nachricht über-
cht ist. Nach seiner Rückkehr trat er sein Lehramt wieder
lchem er bis an seinen Tod mit großem Segen und im Ge-
allgemeinsten Hochachtung vorstand. Wahrscheinlich war er
e geboren oder doch aus jüdischem Stamm. Clemens Alex.
I. p. 274) gedenkt seines Lehrers, ohne ihn zu nennen, als
ebräers, bei dem er, nachdem er manche berühmte Lehrer des
und Occidents gehört, endlich in Ägypten Ruhe gefunden
Die Nachricht bei Photius (l. c.), daß er ein Sicilier gewe-
beruht wol auf einem Misverständniß des Ausdrucks: sici-
Biene, womit ihn Clemens blos sprüchwörtlich (man denke
das mel Hyblaeum, s. *Plin.* H. N. XI, 13. 14) wegen
laren, anmuthigen Darstellung bezeichnete. Mit besonderer
dem Stoicismus zugewandt, [*Hieron.* ep. 84. Sonderbar
s, wenn Philippus Sideta ihn zum Pythagoreer macht,
r er doch wol die Neuplatoniker verstehen will. Daß übri-
r Stoicismus zu jener Zeit noch immer in Alexandrien An-
fand, sieht man aus der Polemik des Plotinus gegen die-
stem; s. bes. *Ennead.* VI, 1. 25—30.] war er gleich aus-
et durch gründliche Gelehrsamkeit und begeisternden Vortrag,
hem er besonders als Ausleger der heil. Schriften glänzte,
Alex. l. c. *Euseb.* l. c.] als durch seinen Feuereifer für
istlichen Glauben, den er auch auf jener Mission bethätigte.
ieb viele Commentare zu den alttestamentlichen Schriften, aus
bei den Kirchenvätern hier und da einzelne Erklärungen
ellt werden, doch sind uns nicht einmal die Titel derselben
lten. [Vergl. auch *Cave*, Scr. eccles. hist. literaria. vol.
33—85. (*Steinhart.*)

jedem mit den Resultaten seiner wissenschaftlichen Forschung dienstfertig zu Gebote. Unter seinen gelehrten Freunden sind vorzüglich Onuphrius Panvinius (welcher bekanntlich sehr viele Schriften hinterlassen, obgleich er nur 38 Jahre alt geworden), Ant. Augustinus, Lävin. Torrentius und Fulvius Ursinus zu nennen, welche sämmtlich durch ihre antiquarischen Werke größern Schriftstellerruhm erreicht haben, als Pantagathus. Dieselben erwähnen ihn jedoch in ihren Schriften öfters mit Auszeichnung und bekennen viel von ihm gewonnen und in ihren Werken davon Gebrauch gemacht zu haben (cf. *Ant. Teissier* l. c.). Außerdem kam von Pantagathus mehr im Manuscript als gedruckt ins Publicum. Zwei Briefe von ihm findet man in den Epistolae clarorum virorum. (Ven. 1508.) p. 122 sq. Man behauptet, daß Onuphr. Panvin eine seiner Schriften, betitelt: Notitia rerum Romanarum in den Händen gehabt und daraus viel benutzt habe. Der Cardinal Baronius hat in seiner voluminösen Historia ecclesiastica einen Theil von einer Schrift des Pantagathus über Kirchengeschichte aufgenommen; und Lagomarsini gibt im vierten Bande seiner Opere del Poggiano eine genaue Notiz über Pantagathus, und versichert, daß er wisse, wo sich seine Werke befinden, welche ihr Verfasser gern herausgegeben haben würde, wenn diejenigen, welche im Besitze derselben wären, ihm nicht aus schnöder Eifersucht entgegen gewesen wären. Ein Manuscript vom Pantagathus unter dem Titel: Correctiones in varios auctores in der Vaticana befindlich, wird auch von Montfaucon (Bibliothec. bibliothecarum Manuscriptorum. T. I. p. 108) aufgeführt. Aus allen diesen dürfen wir folgern, daß er nicht sowol großen Trieb hatte, mit den Früchten seines Fleißes selbst ans Licht zu treten und seinen Namen bei dem Publicum zu verherrlichen, sondern daß es ihm vielmehr um den reinen Genuß bei seinen wissenschaftlichen Forschungen zu thun war. Um so größere Hochachtung wurde ihm von den Gelehrten seiner Zeit zu Theil, welche ihn oft über schwierige Gegenstände um Rath fragten. Weniger hat ihn die Nachwelt gewürdiget. Sein Leben hat Bapt. Rufus beschrieben (Rom 1657), aufgenommen in *Christ. Gryphii* vit. select. Man vergl. auch Quirini in seinem Specimen litteraturae Brixianae. P. II. p. 322 sq. *Paul. Socrat.* Epist. I. Paul. Manutius (Epist. V, 9) bezeichnet ihn als eine reichlich strömende Quelle der vortrefflichsten Wissenschaften, und L. Torrentius hat ihn in folgenden Versen verherrlicht:

„Quo gaudet omnis Roma superstite
Fletura defuncto, nec ullis
Temporibus paritura parem."

Cf. *Fr. Benc.* orat. II. *Teissier* l. c. p. 314. Auch Aubert. Miräus (in seinem Auctar. de script. eccles. in *J. A. Fabricii* biblioth. ecclesiast. p. 198. 199) gibt eine kurze Charakteristik seines Lebens und Wirkens. In der Biographie universelle anc. et moderne. T. XXXII. p. 496. 497 (Par. 1822) hat Lecuy über ihn gehandelt. Ant. Teissier (les Elog. d. Homm. Sçav. p. 313 sq.) gibt über ihn nur kurze Notizen; wenn er aber am Schlusse bemerkt: Quoique Pantagato fut très-
capable de faire de beaux Ouvrages, toutefo
l'exemple de Socrate il n'a laissé aucun monu
de son esprit, so muß er von den hinterlassenen M
scripten desselben gar keine Notiz gehabt haben.
flüchtiger fertigt ihn Chr. Gott. Jöcher in seinem Ge
ten-Lexikon (3. Th. S. 1226) ab. Niceron hat ihn
nicht erwähnt, ebenso wenig Bayle. Auch ist er in
ren andern sonst nicht unbedeutenden biblio- und bio
phischen Schriften älterer und neuerer Zeit gänzlich
gangen worden. Der Grund ist wol kein anderer, als
von seinen Schriften so wenig gedruckt und allgemein
kannt geworden ist; vielleicht auch, daß er weder in
logischer noch in philosophischer Hinsicht sich als Vert
einer besondern Partei hervorgethan hat. (*J. H. Kre*

PANTAGIES oder PANTAGIAS (*Παντανίης*
Πανταγίας), alter Name eines kleinen Flusses in Sici
in der Nähe von Leontium (heute Fiume di Porcari),
sen Mündung von beiden Seiten von steilen Felsen
geschlossen ist, daher saxa rotantem Pantagiam
Claudian. rapt. Proserp. II, 57 und vivo praeter
hor ostia saxo Pantagiae bei *Virgil.* A. III, 609;
wähnt wird er bei *Ovid.* Fast. IV, 471 u. ö. Be
Clwv. Sicil. l. c. 11. *Dorvill.* Sicil. p. 206 sq. (

Pantagogum (*παν-αγω*), s. Panchymagog
mit welchem es gleichbedeutend ist.

PANTAKLEIA, eine der fünf Töchter des gri
schen Philosophen Diodoros Kronos (s. d. Art. Dio
ros), welche alle sich in Dialektik auszeichneten, d
Philo, der Lehrer des Carneades, ihrer Biographie
ausführliche Schrift gewidmet hat (vgl. *Menage* ad D
Laert. II, 111). (

PANTAKLES, ein Zeitgenosse des Eupolis
Aristophanes, welche beide Komiker ihn wegen seiner
sondern Unbehilflichkeit verspotteten. (Vergl. *Arist.* B
1063 und dazu d. Schol.) (

PANTALARIA, auch PANTELLARIA (30°
10" ö. L., 36° 45' 40" n. Br.), ein zwischen den
lischen Städtchen Girgenti (Agrigent) und dem af
nischen Vorgebirge (Raz-Adar oder Capo Bon gelege
ungefähr 13 Meilen von Sicilien und neun Meilen
dem Festlande Afrika's entferntes, kaum drei Meilen
ges und nur halb so breites, ein eignes Fürstenthum
dendes Eiland, welches der Familie Requesens und
sicilischen Intendanz Caltanisetta gehört, von vulk
scher Beschaffenheit und an Rosinen, Baumwolle, t
lichem Weine und Feigen reich ist, die ausgeführt
den. Die Insel besitzt viele heiße Quellen, einen u
fähr 6000 Fuß im Umfange messenden Salzsee von
höhter Temperatur, nur wenig Getreidebau, wird
ungefähr 7000 Seelen bewohnt, die außer der La
wirthschaft noch Fischerei, Kohlenbrennerei, Viehz
Baumwollen- und Wollenweberei treiben, eine aus
Arabischen und Italienischen zusammengesetzte Sprache
den, sehr muthig und betriebsam sind, und ermangelt
ßer Quellen, deren Wasser durch Cisternenwasser er
werden muß. Der Hauptort der Insel heißt Oppid
wird von 3500 Menschen bewohnt, durch zwei F
vertheidigt und besitzt einen kleinen Hafen. Im A

e hieß die Insel, welcher nur Plinius Bewohner
Cossura, Kossyra und Kosyra. Skylax führt sie
dem Namen Kosyros an. Ihre Entfernung bestim-
sie ziemlich gleichförmig auf 500, 580 bis 600 Sta-
von Lilybäum. Man zeigt punische und lateinische
zen von dieser Insel mit der Inschrift Cossura.
hen hier und Sicilien hob sich zwischen dem 29.
und 11. Juli 1831 eine vulkanische Insel empor,
an Ferdinanda und Nerita hieß, aber wieder ver-
nd. *(G. F. Schreiner.)*

PANTALEON, König oder Tyrann von Pisa, Sohn
Omphalion, unternahm es, sich und sein Land von
Eleern unabhängig zu machen, wobei er einen Pisa-
hamynos, der sich seinem Vorhaben widersetzte, töd-
nd aus dem Vermögen desselben der Demeter Cha-
s einen Tempel errichtete (*Paus.* VI, 21, 1). In-
ihm nun dieses Unternehmen gelang, unternahm er
in der 34. Ol. die Leitung der olympischen Feier,
Ausschließung der Eleer, welche das Recht dieser Lei-
früher und später gehabt hatten; die Eleer erkannten
diese Feier nicht für eine gültige an und rechneten
den drei ἀνολυμπιάδες. Nach dem Tode des Pan-
folgten ihm in der Regierung über Pisa nach ein-
seine Söhne, erst Damophon, dann Pyrrhos; wie
stere bei den Eleern in Verdacht kam, als beabsich-
e einen Abfall von ihnen (die Pisaten wurden näm-
hr bald wieder gezwungen, die Oberhoheit von Elis
rkennen) und sie deshalb einen bewaffneten Einfall
is machten, wußte er sie durch Bitten und eidliche
rechungen dahin zu bringen, unverrichteter Sache
ehen; sein Bruder Pyrrhus dagegen unternahm spä-
us freien Stücken wirklich einen Abfall von den
, an den ein großer Theil der Triphylier sich an-
; nachdem sie besiegt waren, wurden die Pisaten
ie es mit ihnen gehalten hatten, von den Eleern
em Lande getrieben (*Paus.* VI, 22, 3). *(H.)*

PANTALEON, der Märtyrer. Als Maximian das
he Reich regierte und Alles mit Finsterniß des Gö-
nstes bedeckt war, lebte zu Nicomedia Panteleemon,
ie lateinischen Martyrologien Pantaleon nennen, dem
alle eine besondere Liebenswürdigkeit und Größe zu-
en. Sein Vater war Eustorgius, ausgezeichnet durch
hum, noch mehr durch Liebe zum Heidenthum. Da-
war des Knaben Mutter Eubula dem Christenthume
Alles ergeben, in welchem sie auch ihren geliebten
von Kindheit an zu unterweisen sich eifrig angele-
in ließ. Da sie aber sehr früh starb, wurde der
von dem Vater, der nicht geringe Geisteskräfte in
ntdeckte, zu einem Grammatiker gethan und andern
schen Lehrern übergeben. Nachdem er in den grie-
n Wissenschaften hinlänglich unterrichtet worden war,
te er sich der Arzneikunst, und Eustorgius brachte
dem damals berühmten Euphrosynus, wo er merk-
ge Fortschritte machte und alle seine Mitschüler bald
übertraf. Dabei war er überaus bescheiden, angenehm
espräch und von sehr schöner Gestalt, weshalb er die
rksamkeit und Liebe Aller auf sich zog. Selbst dem
kam das Gerücht von des Jünglings äußerer und
innerer Schönheit zu Ohren, und nachdem er ihn gesehen und gesprochen hatte, empfahl er ihn dem Arzte Euphrosynus zu besonderer Pflege und verlangte, daß er sogleich nach möglichst bald vollendeten Studien an den Hof gebracht werden sollte. Zu dieser Zeit lebte auch ein christlicher Greis Hermolaus aus Furcht vor dem Kaiser mit einigen andern Bekennern des Christenthums in seinem Hause verborgen. Als dieser einst den Jüngling vor seinem stillen Hause vorübergehen sah, setzte ihn dessen schöne Gestalt und der hohe Ernst seiner Züge in solche Verwunderung, daß er ihn sogleich für ein auserwähltes Rüstzeug des Herrn erklärte. Er lud ihn daher bald darauf zu sich ein, unterredete sich mit ihm und versicherte ihm unter Anderm im Gange des Gesprächs, daß Äskulap, Hippokrates und Galen nur gering seien und wenig zu helfen vermögen gegen Christum, und daß der Glaube an ihn alle Krankheiten mit einem einzigen Worte zu heilen im Stande sei ꝛc. Der Jüngling besuchte nach dieser Unterredung den Greis öfter, Empfänglichkeit für dessen Lehre fühlend, wurde immer mehr angezogen von den Reden desselben und wurde stark im Glauben. Einst als er aus dem Hause des Hermolaus heimkehrte, sah er einen todten Knaben am Boden liegend, neben ihm eine rüstige Viper, die den Knaben mit ihrem Biß getödtet hatte. Sogleich wurde es ihm klar, daß dieser Vorfall eine Schickung des Himmels sei, die ihm Gelegenheit geben solle, in der That zu erfahren, daß die Worte des Greises in der Wahrheit beständen. Mit Eifer wendete er nun sein Gebet zum Herrn, und alsbald stand der todte Knabe auf vor seinen Augen, die Viper dagegen lag todt zu dessen Füßen. In großer Freudigkeit lief Pantaleon sogleich zurück zu dem frommen Greise und bat ihn um die heil. Taufe, die ihm auch zu Theil wurde. Sieben Tage lang verharrte er im Hause des Hermolaus und nährte seine Seele mit himmlischer Speise. Am achten Tage kehrte er zu seinem Vater zurück, der seinetwegen in großer Angst gewesen war. Auf des Vaters Befragen, wo er so lange geweilt, antwortete er, er sei mit seinem Meister am Hofe bei einem Kranken gewesen, der dem Herrn vor Allen theuer sei, weshalb es ihm nicht möglich gewesen sei, eher zurückzukehren, bis der Kranke völlig genesen. Das Wort des Jünglings war aber keine Unwahrheit, wie die Heiligenbeschreiber ausdrücklich berichten, sondern es war mystisch geredet. Auch zu seinem Lehrer, welcher ihn über sein langes Außenbleiben befragte, sprach er geheimnißvolle Worte von einem kostbaren Äcker, den sein Vater für ihn gekauft und den er seines hohen Werthes wegen genau kennen zu lernen verpflichtet gewesen sei. Von dieser Zeit an gab er sich große Mühe, seinen Vater vom Heidenthume zum Christenthume zu bekehren. Einst brachten die Führer einen Blinden zu ihm, daß Pantaleon ihm helfe. Der Blinde versprach ihm Alles zu geben, was er noch besitze, wenn er ihm das Licht der Augen wiederbringe. Pantaleon wurde gerührt von des Armen Flehen und verhieß ihm, die Sonne wiederzusehen und machte es ihm zur Bedingung, sein Gut unter die Armen zu vertheilen. Pantaleon's Vater erschrak über die vorschnelle Rede seines Sohnes und ermahnte ihn, sich

nicht mit dem Blinden zu befassen, damit er von den übrigen Ärzten nicht verlacht werde. Da rief der Sohn mit lauter Stimme den großen Namen Christi an und berührte mit der Hand des Blinden Augen. Und siehe, da wurden beide, der Blinde und der Vater, sehend, der eine von der leiblichen, der andere von der geistigen Blindheit. Es ließen sich auch beide taufen, und Pantaleon hatte die Freude, daß sein Vater selbst die Menge der Götzenbilder zerstörte, die bisher in seinem Vorhofe gestanden hatten. Kurz nach solcher That entschlief Eustorgius selig in dem Herrn und wurde begraben. Der fromme Sohn aber berief die Menge der Sklaven, gab ihnen die Freiheit und beschenkte sie reichlich; was übrig war, gab er den Armen und ging umher in die Kerker und Häuser und theilte mit, was er hatte, und machte Alle gesund. Es lief ihm aber alles Volk zu. Da erwachte der Neid der Ärzte, und sie gingen hin und fragten den, der blind gewesen war, wer ihn sehend gemacht, und wie es geschehen sei. Und er verschwieg es ihnen nicht, und bekannte, daß ihm Pantaleon im Namen des Herrn Jesu seine Augen berührt habe und daß er sehend geworden sei. Da gingen die Ärzte hin zum Kaiser und verklagten den Pantaleon hart und sprachen: Dieser Mensch ist Einer, der unsere Götter verachtet, macht auch solche gesund, die unsere Götter verachten, und schreibt die Heilung nicht dem Äskulap, sondern Christo zu, auf daß er die Leute verführe. Der blind gewesen und herbeigerufen worden war, bezeugte das mit so harten Worten gegen die Ungläubigen und wider den Kaiser selbst, daß dieser sehr erzürnt ihn hinrichten ließ. Mit Pantaleon dagegen sprach der Kaiser freundlich, verwies ihm zwar sein Unrecht, einen Mann über die Götter zu erheben, der so übel umgekommen sei, wollte aber den Reden seiner Verkläger keinen Glauben beimessen, sobald er nur den Göttern opfern wolle. Pantaleon entgegnete dem Kaiser mit frommem Ernst und aller Klugheit und schlug vor, daß zum Zeugniß der Wahrheit ein Kranker gebracht werden solle, an dessen Genesung alle menschliche Kunst verzweifelte; die Priester der Heiden möchten darauf ihre Götter anflehen; er aber wolle seinen Gott bitten, damit erkannt werde, wer Helfer sei. Das gefiel dem Kaiser wohl. Und es wurde ein Gichtbrüchiger gebracht, der lange Zeit gelegen hatte fast ohne Regung der Glieder, dazu Ärzte und Priester der Heiden, die vergebens zu ihren Göttern riefen. Da rührte Pantaleon den Kranken an und gebot ihm, im Namen Christi zu wandeln. Und der Kranke sprang mit großen Freuden von seinem Bette auf und ging heim. Da wurden Viele gläubig, nur die boshaften Ärzte und Priester nicht, sondern reizten den Kaiser auf zum Zorne gegen Pantaleon und sprachen: Lässest du diesen leben, so kommen unsere Götter um Ehre und Opfer; die Christen werden uns verlachen und über uns triumphiren. Das begriff der Kaiser wohl und rief abermals den Jüngling zu sich, daß er ihn bewegte, seiner Jugend zu schonen, denn, sprach er, es müssen umkommen, die nicht den Göttern opfern. Als aber der Kaiser sah, daß Pantaleon weder durch Schmeicheleien noch durch Drohungen in seinem Glauben wankend zu machen war, wollte er mit Gewalt und Martern den Jüngling zum Gehorsam zwingen, denn der Kaiser war verstockt. Als nun Pantaleon an ein Holz gebunden worden war, daß er mit eisernen Nägeln zerfleischt und mit Feuer gebrannt würde, richtete er seine Augen gen Himmel und rief zum Herrn. Und siehe, da erschien ihm Christus in der Gestalt des greisen Hermolaus und verhieß ihm allen Beistand. Und sogleich erschlafften die Hände der Lictoren und die Flammen erloschen. Der Kaiser aber befahl, daß man ihn losbinde, nicht aus Mitleid, sondern daß er größere Qualen ihm bereite. Da wurde Blei in einen eisernen Kessel gethan, und nachdem es durch Feuer flüssig gemacht worden war, warf man ihn in den Kessel. Er aber sang in dem schrecklichen Pfuhl: Herr, höre meine Stimme; ich rufe zu dir! Errette meine Seele von der Furcht des Feindes &c.! Und Christus war abermals erschienen in des Greises Gestalt und war mit dem Jünglinge in den Kessel gestiegen und hatte das flüssige Blei so kalt gemacht, als wäre es in seiner Kälte, die es hatte, als es ungeschmolzen war. Und Vielen, die das Wunder sahen, kam ein Schrecken an; aber der Kaiser blieb verstockt und befahl, daß man ihm einen schweren Stein an den Hals binde und ihn ins Meer werfe. Christus machte wiederum, daß der Stein auf dem Meere schwamm wie ein Blatt eines Baumes, und der Jüngling ging auf dem Wasser und kam ans Ufer. Der Kaiser aber sprach in seinem Zorn: Was ist das? Hast du auch das Meer mit deinem Blendwerk überwunden? und drohete hart, daß er allerlei wilde Thiere gegen ihn wolle hetzen lassen, wenn er noch länger den Ermahnungen des Herrschers sich widersetzen werde. Es versammelte sich aber die ganze Stadt, als die reißenden Thiere gegen Pantaleon losgelassen werden sollten. Der Jüngling aber stand erfreut, denn Christus stand in Hermolaus' Gestalt neben ihm und sprach ihm Muth zu. Als nun die Thiere ihn sahen, liefen sie wetteifernd auf ihn zu, wedelten um ihn her und liebkosten ihn sehr, gingen auch nicht eher von seinen Füßen, bis der Jüngling die Hände auf sie gelegt und sie gesegnet hatte. Es war aber, als ob die Menschen in Thiere und die Thiere in Menschen verwandelt wären. Viele unter den Anwesenden konnten sich doch nicht enthalten, auszurufen: Groß ist der Gott der Christen! der Einzige, der Wahre! Da entbrannte des Kaisers Zorn zunächst gegen die Thiere und er befahl, daß man sie umbringe. Die Leiber der getödteten lagen aber unberührt von jedem andern Thiere viele Tage lang und bezeugten Pantaleon's Sieg, bis sie der Kaiser verscharren ließ. Nicht wenigen Menschen ging das Wunder so zu Herzen, daß sie sich bekehrten zu dem Herrn. Der Kaiser dagegen gedachte bei sich selbst: Was soll ich dem Jünglinge thun, daß ich ihn verderbe? Denn er verführt das Volk, daß es abfällt. Seine Räthe aber riethen: Man mache ein schweres Rad und bringe es an einen hohen Ort, binde den Widerspenstigen darauf und rolle es mit ihm herab, daß seine Glieder zerschellt werden. Und der Kaiser gebot, daß es geschehe. Als nun der Kaiser und viel Volk versammelt und Alles zugerichtet war und das Rad begann von der Höhe herabzurollen, löste Christus ch des Jünglings Bande, daß er unberührt blieb allem Übel. Unten aber zermalmte das Rad viele läubige zum Schrecken der Versammelten. Darüber die ganze Stadt in große Furcht, und der Kaiser wunderte sich und sprach zu Pantaleon: Was heißt as? und wie lange verdirbst du mir mein Volk? an, wer lehrte dich das Christenthum? Und der yrer leugnete nicht und bekannte, daß er vom Her- is zu seinem Heil unterrichtet worden war. Denn dachte, daß Hermolaus nicht für den Winkel gebo- worden und daß der Greis zu groß sei, in Verges- t zu bleiben. Und mit drei Soldaten wurde Pan- abgesandt in des Hermolaus Haus. Der Greis kam ihm entgegen und sprach: Ich weiß, warum du st, denn der Herr hat mir verkündet in der Nacht, ie Zeit des Leidens und Sterbens da sei. Und der bekannte seinen Glauben ohne Furcht, zeigte auch es Kaisers Fragen seine Freunde und Hausgenossen ippus und Hermokrates an, welche sogleich vorgefo- wurden. Als nun die drei frommen Männer vor Kaiser ihre Augen getrost gen Himmel richteten, er- der Herr, und der ganze Ort erbebte bei seinem n. Der Kaiser aber rief: Das ist der Götter Zorn, ie Erde beben macht! und befahl, den Pantaleon Gefängniß, die drei Andern aber zu Pein und To- afe zu führen. Und Maximian versuchte es aber- ob er den frommen Jüngling mit List gewinne, andte hin, ihn zu holen, und sprach zu ihm: Dein Hermolaus und Hermipp und Hermokrat haben ekehrt, den Göttern Opfer zu bringen und sind nun rsten am Hofe. So wende du dich auch von dei- halsstarrigkeit, und du sollst mich so groß im Wohl- finden, als du mich gerecht gegen die Abtrünnigen en hast. Pantaleon entgegnete: Ich sehe sie vor hen. Der Kaiser aber sprach: Sie sind nicht hier, n einer wichtigen Angelegenheit wegen in einen an- Staat gesandt. Pantaleon aber strafte ihn und sprach: Willen redest du die Wahrheit, der du die Lüge denn sie leben in dem Himmel, dem Staate des . Als nun der Kaiser sah, daß nichts auszurichten nit Pantaleon, befahl er ihn zu geißeln und hinzu- , seinen Leichnam aber zu verbrennen. Pantaleon : Es hat verdammt, der des ewigen Feuers werth nd ging getrost zum Tode. Auf dem Wege sang er 28. Psalm, daß auch die Lictoren, denen er überge- war, ein Zittern und Zagen ergriff. Der Jüngling bat den Herrn, daß seinen Mördern eine vollkom- Vergebung zu Theil werde. Da erscholl eine Stimme Himmel, daß Alles geschehen solle, was er erbeten und er solle nicht mehr Pantaleon heißen, sondern leemon, damit Name und That gleich sei, denn würden durch ihn Barmherzigkeit erlangen. Und aleon gebot den Kriegsknechten, des Kaisers Willen llziehen. Sie aber küßten seine Glieder und verehr- m. Als er ihnen abermals gebot, den Befehl des s zu vollbringen, enthaupteten sie ihn am 27. Juli Und anstatt des Blutes floß lauter Milch aus der de, und der Ölbaum, an welchen er gebunden war, stand alsbald mit Früchten überladen. Als dies der Kaiser hörte, ließ er den Baum umhauen und gebot wiederholt, des Märtyrers Leib zu verbrennen. Die Soldaten aber, die gläubig geworden waren, thaten, wie die Weisen im Morgenlande und kehrten nicht wieder zum Kaiser zurück. Die Gläubigen aber versammelten sich, wo der Heilige vollendet hatte, und legten seinen schönen Leichnam bei im Hause des Scholastikers Adamantius. Unter Theodos sollen seine Reliquien nach Nikomedia gebracht worden sein. (Vergl. *Surius*, De probatis Sanctorum vitis. Julius p. 317—322). (*G. W. Fink.*)

PANTALEON (**Heinrich**), ein durch außerordentlichen Fleiß achtungswürdiger Geschichtforscher des 16. Jahrh., geboren zu Basel am 13. Juli 1522, gestorben ebendaselbst den 3. März 1595. Die Anlagen des Knaben, der früh die durch die Reformation neu belebte Schule seiner Vaterstadt besuchte, wurden bald von seinen Lehrern erkannt, und einer derselben, Anton Wild, der die lateinischen Classiker erklärte, drang in den Vater, daß er seinen Sohn einem wissenschaftlichen Berufe widme. Sein Fleiß und sein ganzes Betragen verschafften ihm die Gunst eines Rathsherrn, Rudolf Frey, der ihn in sein Haus nahm, als Gefährten seines eignen Knaben, dem er zugleich Unterricht gab, sowie er oft, ehe der Lehrer erschien, den übrigen Schülern nachhalf. Bald aber überredete ihn Joh. Bebel, der bekannte Buchdrucker, als Leser und Corrector in die Buchdruckerei seines Schwiegervaters Isengrin einzutreten. Sein Vater sowol als Frey willigten ein. Allein da er statt Correcturen die Arbeiten eines Setzers verrichten mußte, so blieb er nicht über ein halbes Jahr, und ging dann 1537 nach Freiburg im Breisgau, wo er unter Pedius ein Jahr lang studirte. Von hier rief ihn Frey wieder zurück, und er setzte nun 1538 seine Studien zu Basel fort, wo sich besonders Simon Grynäus seiner annahm. Allein 1539 wurde ein neuer Versuch gemacht, ihn für die Buchdruckerkunst zu gewinnen. Sein mütterlicher Oheim, Melchior Kriesstein, auch von Basel gebürtig, erhielt von Pantaleon's Vater, daß der Sohn, unter dem Vorwande, seine Studien fortzusetzen, nach Augsburg gesandt wurde. Hier nun setzte der schon betagte Oheim Alles in Bewegung, um ihn für seine Druckerei zu gewinnen, wobei er ihm Hoffnung machte, ihm dieselbe bei seinem Tode ganz zu überlassen. Ob Pantaleon's Vater damit einverstanden war, wird nicht gemeldet. Allein der frühere Aufenthalt bei Isengrin hatte dem jungen, nur den Studien lebenden Manne, Abneigung gegen diesen Beruf eingeflößt, und da ihn auch Xystus Betuleius, den er früher zu Basel kennen gelernt und der damals der Schule zu Augsburg vorstand, in seinem Entschlusse, den Studien treu zu bleiben, bestärkte, so wies er beharrlich alle Anerbietungen des Oheims von der Hand. Bald nachher verschaffte ihm Betuleius eine Anstellung als Schreiber und Dolmetscher bei einem gelehrten italienischen Arzte, Cäsar Delfini, welchen er nach Ingolstadt begleitete. Er blieb ein Jahr in Gesellschaft dieses Mannes auf der Universität Ingolstadt, und diese Zeit war für seine wissenschaftliche Ausbildung sehr vortheilhaft. Auch Delfini bewies ihm seine Zufriedenheit durch ein reiches Geschenk bei der Entlassung. Dies gab ihm die Mittel, seine Studien zu Heidelberg fortzusetzen. Er erhielt hier 1541 den Grad eines Baccalaureus und wollte grade auch seine Proben für höhere Grade ablegen, als Konrad Lycosthenes, sein Freund, der von Heidelberg nach Basel kam, bewirkte, daß er 1542 nach Basel zurückgerufen wurde. Hier hörte er Vorlesungen über Dialektik, Physik und Mathematik, und hielt zugleich selbst mit großem Beifall öffentliche Vorlesungen über die Satyren des Persius. Im J. 1544 erhielt er den Magistertitel und im December des nämlichen Jahres eine Lehrstelle der lateinischen Sprache. Zugleich setzte er theologische und medicinische Studien fort. Zu letztern hatte er während seines Aufenthaltes bei Delfini den Grund gelegt, und zu jener Zeit wurden die Facultätsstudien überhaupt noch weniger streng gesondert, zumal da auch der Inhalt der einzelnen Wissenschaften noch weniger ausgedehnt war. Er trat 1545 wirklich in den geistlichen Stand, erhielt im nämlichen Jahre die Diakonsstelle an der St. Peterskirche und zugleich die Lehrstelle der Dialektik, welche er 1548 mit der der Rhetorik vertauschte. Außerdem hielt er noch öffentliche theologische, besonders exegetische Vorlesungen und Disputationen, und promovirte 1552 als Licentiatus der Theologie. Indessen war seine Lebensart freier, als man für einen Theologen schicklich fand; besonders misbilligte man seine Theilnahme an den Übungen der Bürger im Schießen und den damit verbundenen Gelagen. Dies und ein unangenehmer, allzu hastiger Vortrag machte ihn 1552 bei der Bewerbung um die erste Predigerstelle an der St. Peterskirche durchfallen. Nun legte er auch seine Stelle als Diakon nieder, entsagte der Theologie ganz und widmete sich den medicinischen Studien. Im J. 1553 machte er eine Reise ins südliche Frankreich, erhielt zu Valence den medicinischen Doctorgrad und beschäftigte sich mit naturhistorischen, besonders botanischen, Forschungen in den südlichen Provinzen bis in die Pyrenäen. Nach seiner Rückkehr nach Basel trat er als praktischer Arzt auf, nachdem er die gesetzliche Bedingung einer öffentlichen Disputation erfüllt hatte. Im J. 1556 wurde ihm neuerdings der Lehrstuhl der Dialektik, 1557 derjenige der Physik übergeben; 1558 wurde er zum Dekan der medicinischen Facultät gewählt; er war der zweite seit der Herstellung der Universität nach der Reformation, und erwarb sich durch Wiederbelebung der alten Gesetze nicht unbedeutende Verdienste. Ungeachtet des mehrfachen Wechsels seiner Studien und seiner Berufsthätigkeit, fand er dennoch Zeit zu vielfachen literarischen, besonders historischen Arbeiten, und zur Verfertigung von Gedichten. Dadurch wurde sein Name auch in Teutschland sehr bekannt, und als er 1566 den dritten Theil seiner Prosopographia Kaiser Maximilian II. selbst mit einer Dedication übergab, erhielt er von ihm die Auszeichnung eines Poëta laureatus und zugleich die Würde eines Pfalzgrafen, womit das Recht verbunden war, kaiserliche Notarien im ganzen Reiche zu creiren. Im Jahre vorher hatte er eine literarische Reise durch ganz Teutschland und Österreich gemacht, um seine Samm-

lungen für ebendieses Werk zu vervollständigen.
taleon starb in seinem 73. Lebensjahre, 3. März
nachdem er drei Monate vorher noch mit seiner
Cleophea, aus dem baselschen Geschlechte Kösi, di
zwölf Kinder gebar, das 50jährige Jubeljahr seines
standes gefeiert hatte. Das bekannteste seiner Wer
Prosopographia heroum atque illustrium vir
totius Germaniae (Basil. 1565. 1566. III. Tom.
mit vielen Holzschnitten. Das ganze Werk ist in
Theile getheilt, von denen der erste die Biographie
rühmter Teutschen bis auf Karl den Großen enthält
zweite umfaßt die Zeit von Karl dem Großen bis zu
formation; im dritten erscheinen die Zeitgenossen von
taleon und seine eigne Biographie, daher dieser Thei
meisten Werth hat, während die beiden ersten viele
beln enthalten. Das Werk ist selten. Pantaleon gab
—1570 eine Übersetzung in drei Bänden (in Fol.)
aus, unter dem Titel: Heldenbuch teutscher Nation, w
vollständiger ist als die latein. Ausgabe. Doch ent
letztere einen Aufsatz, Status Academiae Basilien
der in der teutschen Ausgabe nicht vorkommt. Fer
Phylargyrus et Zachaeus publicanorum princ
(Basil. 1546), zwei in Jamben abgefaßte Schausp
die sehr selten sind. Epicedia Erasmi, Oecolampa
Sim. Grynaei, Carolostadii et Hier. Gemusaei (
sil. 1544). Scholia in Publii Syri mimos. (15
Chronographia christianae ecclesiae. (Basil. 1
4. u. dann öfter. Historia Martyrum Galliae, (
maniae et Italiae. (1563. fol.) Libellus de pe
praeservatione et remedio (1564). Die Veranlass
zu dieser Schrift war die damals in Basel herrsch
fürchterliche Pest. Pantaleon sagt in seiner Lebensgesch
die Beobachtung der in dieser Schrift angegebenen
geln habe ihn und sein ganzes Haus damals vor der
bewahrt. Beschreibung der Stadt und Graffschaft Ba
sammt ihren heilsamen, warmen Wildbädern. (1578.
Die beiden letztern sind die einzigen seiner Schriften, w
sich auf medicinische Gegenstände beziehen; indessen
auch die letztere größtentheils historischen, aber mit vi
Falschen vermischten Inhalts (sie betrifft Baden in
Schweiz, nicht, wie Hauber in den Nachrichten
schwäbischen Karten sagt, die Markgrafschaft Bad
Diarium historicum (1572. fol.), selten. Omnium
gum Galliae vitae breviter illustratae atque epigr
matis complexae. (1574. fol. und 4.) Militaris
dinis Johannitarum, Rhodiorumque aut Melitensi
equitum historia (1581. fol.), selten. Außer diesen
nen Schriften hat man von ihm noch viele Übersetzung
so von *Sleidanus*, Commentarii de statu religio
denen er noch drei Bücher beifügte (1556 und 156
von *Jovius*, Historia sui temporis (1559), *Crome*
De origine et rebus gestis Polonorum, unter
Titel: Histori mitternächtiger Völker (1562). *Vives*,
veritate Fidei christianae (1571), *Gilles*, Histo
Galliae (1572), *Vergerius*, De coronatione Pa
Julii III. et patefactione Sanctae portae Jubil
unter dem Titel: Ein heitere Erklärung des Jubeljar
Rom (1550. 4.) *Theodori Metochitae* comment

ristotelis libros physicos. *Jovius*, Turcicarum n commentarius, unter dem Titel: Von der Tür t Keyseren Härkommen. (1564. fol.) *Cardanus*, arietate rerum und ein Auszug aus desselben Li- XI de subtilitate (1557). *Herberstein*, Rerum oviticarum commentarii (1563). *Naucleri* chro- (1570). Der zweite Theil von Konrad Geßner's Euo- is s. de remediis secretis (1570). Ferner verfertigte Indices zu den bei Froben erschienenen Ausgaben Hieronymus, Origenes, Basilius, Hilarius rc., und te auch die Herausgabe mehrer Schriften, wie *Ra-* Epitome omnium epithetorum poëticorum etc. außerordentliche Fleiß dieses Mannes verdient aller- Achtung, obgleich er in seine historischen Werke ohne ere Kritik Alles aufnahm, was er oft in trüben Quel- rfand; denn dieser Fehler ist mehr Fehler seiner Zeit es Einzelnen. (*Escher.*)

PANTALEON, gewöhnlicher noch Pantalon ge- , war ein dem Hackebret ähnliches Instrument, das leon Hebenstreit, der Sohn eines Stadtmusikers Eisleben, in den letzten Decennien des 17. Jahrh. en hatte. Es hatte völlig die Form eines Hacke- war aber viermal größer in der Länge und noch l so breit als das Cimbal, wurde auch ebenso Klöppeln geschlagen. Das Pantaleon hatte zwei Re- böden, deren einer mit Drahtsaiten, der andere mit saiten bezogen wurde. Die Saiten wurden in chro- her Tonfolge, d. i. durch halbe Töne, wie auf dem forte, gestimmt, dessen Umfang es auch erreichte, h von C bis zum dreimal gestrichenen c. In der gab es auch solche Instrumente, die nur einen mit saiten bezogenen Resonanzboden hatten. Eines sol- bediente sich ein Schüler Hebenstreit's, der schwarz- udolstädter Kapellmeister Gebel; nur waren die mit saiten allein bezogenen großen Cimbale nicht die m, wie von Manchen irrig behauptet wird. Der den der Anschlag auf die Darmsaiten hervorbrachte, als voll und pomphaft, namentlich in der Tiefe, be- t, wenn der Wechsel der tiefen Töne nicht zu schnell te, weil alsdann die Töne ihres längern Nachklin- wegen etwas in einander rauschten. Wie viel mehr es mit Drahtsaiten nachgeklungen haben! Durch ge- Behandlung und durch Compositionen, die beson- darauf Rücksicht nahmen, konnte jedoch dem Übel olfen, ja es konnte sogar in einen Vorzug umge- elt werden. Der Erfinder Pant. Hebenstreit, der der größten Violinvirtuosen seiner Zeit war, hatte omponist Erfahrung genug, um auch in dieser Hin- für die Natur seines Instrumentes angemessen zu auf welchem er es bereits 1697 zu einer außeror- hen Fertigkeit gebracht hatte. Damals hielt er sich in Leipzig als Tanzmeister auf und machte bei Ein- chen und Fremden so viel Aufsehen mit dem Spiele Instrumentes, daß er sich 1705 entschloß, eine reise nach Paris anzutreten. Hier gefiel seine Er- g und sein Spiel Ludwig XIV. so sehr, daß ihn Monarch mit Geschenken überhäufte und das neue Instrument nach dem Namen des Erfinders Pantaleon nannte. Nach seiner Rückkehr wurde Hebenstreit 1706 als Kapelldirector und Hoftanzmeister in Eisenach angestellt, wo er als Violinvirtuos sich so auszeichnete, daß er 1708 als Hofmusiker mit einem Gehalte von 2000 Thlrn. nach Dresden berufen wurde. Dabei wurde sein neues Instrument keineswegs vernachlässigt; der teutsche Kaiser hatte ihm, als er sich in Wien darauf hören ließ, eine goldene Kette mit kaiserlichem Brustbilde verehrt. So viel Aufsehen die beiden Arten des Pantaleon auch damals machten, hat es doch nicht länger als bis 1789 sich erhalten, bis zum Todesjahre des Georg Noelli (s. d. Art.), eines Schülers Hebenstreit's, der einer der größten Virtuosen auf dem Pantaleon gewesen sein soll. Es hat aber Veranlassung zu andern wichtigern Erfindungen gegeben. In der Folge brachte man nämlich an diesem Pantaleon eine Claviatur an und nannte es Hammerpantaleon. Dann erhielt es die Form eines aufrechtstehenden Flügels, sodaß die Saiten perpendiculair fielen; es wurde bald mit Draht-, bald mit Darmsaiten bezogen; jede Art Saiten allein für sich. Der Hammer wurde durch die Taste von Hinten vorgehoben, sodaß er bei seinem Anschlage einen halben Cirkel beschrieb, durch seine eigne Schwere und durch die Elasticität der Saite in seine gehörige Lage zurückfiel. Später wurde das Instrument noch durch einen Dämpfer verbessert. Er bestand aus einer Leiste, mit Leder bezogen, sodaß das Leder $\frac{1}{8}$ Zoll breiter als die Leiste war und quer über die Saiten, etwa $\frac{1}{8}$ Zoll über dem Anschlage der Hämmer lag. Vermittels eines Fußtrittes wurde diese Leiste, wenn man den Ton gedämpft haben wollte, um $\frac{3}{8}$ Zoll heruntergezogen, sodaß der Anschlag nun nicht mehr an der Saite, sondern am Leder geschah. Sobald der Fuß vom Tritte aufgehoben wurde, drückte eine Feder von jeder Seite die Leiste in ihre vorige Lage zurück. Zuverlässig hat dies die erste Idee zu unsern heutigen Pianoforten gegeben. (*G. W. Fink.*)

PANTALEON (St.), Flecken im franz. Corrèze-Departement (Limousin), Canton Larche, Bezirk Brives, liegt zwei Lieues von dieser Stadt entfernt und hat eine Succursalkirche und 1210 Einw. (Nach Barbichon.) (*Fischer.*)

PANTALEONE, 1) eine kleine unbewohnte Küsteninsel, welche zur sicilischen Intendanz Trapani gehört, gegenüber den großen Salzlagunen, die sich im Süden des Hauptortes der Intendanz ausbreiten, nicht fern vom Ufer gelegen, mit einem Umfange von nur $\frac{1}{2}$ Meile, doch darum merkwürdig, weil hier, nach der Ansicht Einiger, die alte phönikische, später von den Carthagern besetzte Stadt Motye, die Andere auf den Scoglio di mezzo versetzen, bestanden haben soll. 2) P. (St.), ein Dorf in der neapolitanischen Intendanz Calabria ulteriore I., auf dem Abhange des Monte Guida an erhabener Stelle gelegen, $2\frac{1}{2}$ ital. Meilen westsüdwestwärts von Amendolea entfernt, mit einer katholischen Kirche. Die Gegend ist wild und nur stellenweise angebaut. (*G. F. Schreiner.*)

PANTALEONE, geboren zu Confienza im Vercellesischen (daher sein Beiname de Confluentia) in der zweiten Hälfte des 15. Jahrh., Professor der Medicin zu

Vercelli und erster Leibarzt des Herzogs von Savoyen, erwarb sich in Piemont und Frankreich als Mensch und als Gelehrter einen hohen Ruf. Er hatte große Reisen gemacht, seinen fürstlichen Gebieter nach Paris begleitet und sich daselbst 13 Monate aufgehalten. Auch soll er in Touraine eine Zeit lang seine Kunst ausgeübt haben. Von seinen Schriften sind die wichtigsten: 1) Summa lacticiniorum (Aug. Taur. 1477. 4.), ein sehr seltenes und merkwürdiges Buch. 2) Pilularium. Mit jenem zusammengedruckt (Papiae 1517. fol. 1518. fol. Lugd. 1525. 4. 1528. 8.). 3) Vitae Sanctorum (Casellarum oppido 1475. [Anon. in Biogr. univ. T. XXXII. p. 499.]). (*A. Sprengel.*)

PANTALLA, ein Dorf in der päpstlichen Delegation Spoleto und Rieti, unfern vom linken Ufer der Tiber, am Fuße freundlicher Berge im Thale gelegen und von der von Perugia nach Todi führenden Straße durchschnitten. Die Gegend ist höchst anmuthig und gesund. Die Entfernung von der gegen Mitternacht gelegenen Stadt Perugia beträgt 14 italienische Meilen. (*G. F. Schreiner.*)

PANTALON, 1) ein veraltetes Saiteninstrument (vergl. d. Art. Pantaleon). 2) Der Name einer franz. Papiersorte von mittlerer Größe (16 Zoll Breite, 12¼ Zoll Höhe). 3) Die französische Benennung der langen Beinkleider. (*Karmarsch.*)

PANTANO, 1) ein Marktflecken im südlichen Theile des modenesischen Herzogthums Reggio, dem ehemaligen Departement Crostolo, in einem Seitenthale des Secchiaflusses, am linken Ufer des von Felina über Carpinetti herabkommenden Wildbaches, im Gebirge gelegen, dessen Einwohner sich meistens von der Landwirthschaft nähren. 2) Ein Dorf in der sicilischen Intendanza Siragosa, in jenem Theile der Insel, welcher sonst das Val di Noto ausmachte, an einem kleinen Busen des die Insel im Südosten bespülenden Meeres, sechs italienische Meilen südlich von der Stadt Modica. Die Einwohner nähren sich größtentheils von der Fischerei, dem Anbau einiger Feldfrüchte und der Zucht einiger Arten der Südfrüchte. 3) Ein Dorf in der päpstlichen Comarca, ungefähr vier italienische Meilen nordostwärts von Frascati im Gebirge gelegen. 4) P. (Vico di-), ein Dörfchen in dem fruchtbarsten Theile der neapolitanischen Intendanza Terra di Lavoro, in der Ebene von Aversa, ungefähr sechs italien. Meilen westsüdwestwärts von jenem Städtchen und in der Nähe des schönen Lago di Patria gelegen, mit einer Kirche, genannt S. Maria del Pantano. Die Gegend ist reich an den verschiedenen Erzeugnissen des süditalienischen Klima's, für deren Absatz die Nähe der Hauptstadt eine vortheilhafte Gelegenheit darbietet. (*G. F. Schreiner.*)

PANTANUS (Lac. Pantanus), ein See in Apulien in Unteritalien, in der Nähe des Gebirges Garganus, welcher sich westlich von dem kleinern See Varano bis zur Mündung des Frento ausdehnt. Oberhalb desselben setzt Strabon die apulische Stadt Teanum (*ὑπὲρ τῆς λίμνης ἐν μεσογαίᾳ τὸ Ἀπουλὸν Τέανον, ὁμώνυμον τῷ Σιδικινῷ.* VI, 3, 285). Er gibt den Namen des Sees nicht an, wol aber seine Entfernung von 200 Stadien bis zur Stadt Buka und zum Garganus (Ibid.: *τὰ δὲ τὴν λίμνην ἐπὶ τοὺς Φρεντανοὺς καὶ τὴν Βο… παράπλους ἐστί. σ' δ' εἰσὶ ἐφ' ἑκάτερα στάδι… λίμνης, ἐπί τε τὴν Βοῦκαν καὶ τὸ Γάργανον*). Auch … nius (H. N. III, 11) nennt diesen See. Um den Garg… finden sich noch andere größere und kleinere Seen, … Namen von den Alten nicht angegeben werden. Gegenw… heißt der Pantanus Lago di Lesina von dem daran l… den Städtchen Lesina. (*Cellarius* II, 9. p. 708. V… Mannert 9. Th. 2. Abth. S. 24. 25.) (*Kr…*

PANTAR, Meerenge, welche die asiatische S… insel Ombay oder Mallua von der Insel Pantaro t… (*Fisc…*

Pantarkes, Geliebter des Phidias, s. Phidias

PANTASMA (die), vielleicht der größte Flu… mittelamerikanischen Reiches Guatemala, entspringt … dem Hochplateau desselben in der Provinz Nicaragua, … in östlicher Richtung bei Segovia la nueva vorbei d… die Provinz Saquatepeques, wo sie den dieser gleic… migen Fluß aufnimmt, sowie durch die Provinz Ho… ras und ergießt sich in das Antillenmeer südlich vom … Grasias o Dios. An ihren Ufern wohnen im Di… Tolojalpa die Pantasmas, ein wildes, wenig bekan… Volk. (*Fisch…*

Pantei, s. Pontiana.

PANTEN, preußisch-schlesisches Dorf in der … von Liegnitz, welches nur durch die in demselben be… liche Stammschäferei zur Veredlung der schlesischen S… bemerkenswerth ist. (*Fisc…*

PANTENBRÜCKE, merkwürdige steinerne B… im Hochgebirge des eidgenössischen Cantons Glarus, … derthalb Stunden vom Dorfe Linththal im sogenan… Grosthal, 1910 Fuß über diesem Dorfe und 3650 … über der Oberfläche des Meeres. Sie hat eine L… von 20 und eine Breite von drei Fuß. Unter dersel… stürzt die Linth herab, über welcher die Brücke 196 … erhaben ist. Die kahlen, furchtbar zerrissenen Felsen, … che durch diese Brücke verbunden werden, bilden e… schauerlichen Anblick. Über dieselbe führt der Weg zu … Sennhütten der Sand- und Limmern-Alpe, von wel… beschwerliche und gefährliche Fußpfade nach Graubün… führen. (*Koch…*

PANTERE, PANTHERE (*Πάνθηρα*, etwa … thierfang). Man bezeichnet im Jagdwesen, so wei… den Vogelfang betrifft, mit diesem schon vom Pe… Crescentius hinsichts des Entenfanges gebrauchten W… eine vorzüglich in Italien und den an dieses grenzen… teutschen Provinzen gebräuchliche Art, größere oder … nere Vögel auf einmal und in Massen zu fangen. … kommt hier in Betrachtung 1) die Wahl und Einricht… des Ortes, wo die Vögel gefangen werden sollen, 2) … Mittel, durch welches dies geschehen soll. Was den … betrifft, so wählt man dazu entweder, wie dies im … ringer Walde beim Meisenfange der Fall ist, ein Buch… oder wie die Halloren beim Schwalbenfange eine Wi… so bald man weiß, daß die Vögel durch denselben … strichen pflegen. Ist der Ort, welchen die Itali… Roccolo nennen, gewählt, so wird er eingerichtet, b…

erbaut in der Mitte der einen ihn einschließenden
Seiten eine neun bis zehn Ellen hohe Hütte, in de-
mterem Theile sich die Lockvögel befinden, während
n dem obern die Vogelfänger aufhalten. Vor dieser
e sind drei 3 bis 3½ Ellen hohe, mit grünem Rasen
te Bühnen angebracht, deren mittelste, welche gewöhn-
zwei Klaftern lang und zwei Ellen breit ist, wäh-
die beiden andern völlig viereckig und zwei bis drei
breit sind, der Hütte am nächsten steht. Auf die-
Bühnen kommen, wie dies auch bei uns auf Vogel-
n gebräuchlich ist, meist Eulen, und wenn sie zu
sind, vorzugsweise Schuhus zu sitzen. Rings an
Seiten des Roccolo herum läuft bis zur Hütte ein
Ellen breiter, auf beiden Seiten mit Bäumen,
e dem Zwecke gemäß behauen und beschnitten und
als die Pantere sein müssen, von der wir gleich
ln werden, besetzter, und um das Eindringen von
thieren zu verhindern, eingezäunter Gang, — auch
halb des Quadrats läßt man Bäume stehen, welche
den bereits erwähnten an Höhe nachstehen müssen,
welchem die Netze oder Pantheren aufgestellt wer-
Diese bestehen aus einem viereckigen, dreifachen,
endig mit sogenannten Spiegeln, inwendig mit ei-
weißen, feinen Ingarne versehenen Netze, welches
on einem Steckgarne dadurch unterscheidet, daß an
lben oben, da wo sich die große Leine befindet,
ringe angebracht sind, sowie sich auch an den obern
zwei kleine Räder befinden, durch welche die Hän-
en gehen und wodurch es möglich wird, die Pan-
auf und zu, nieder und in die Höhe zu ziehen. Hat
un eine hinlängliche Anzahl Vögel, sei's durch den
der Lockvögel, oder durch ihren natürlichen Haß ge-
ie Eulen verleitet, eingefunden, so schießen die Vo-
ger Pfeile ab, denen sie die Gestalt von Raubvö-
zu geben wissen, und erschrecken dadurch die Vögel
ß sie sich, Schutz suchend und Tod oder Gefangen-
findend, in die Pantere stürzen. (Vergl. d. Art.
lfang und Vogelherd. (*Fischer.*)

PANTES nennt man in denjenigen Theilen Asiens
Afrika's, wo man sich der Porzellanmuscheln, die
dem Namen Kauris bekannt sind, als Scheide-
bedient, eine Abart dieser Muscheln, welche auf
uren gezogen in Ballen von 10,000 Stück in den
el kommen. (*Fischer.*)

PANTHEA. Diesen Namen gab der Kaiser Cali-
seiner geliebten Schwester Drusilla, mit der er förm-
erheirathet war, als er sie nach ihrem Tode göttlich
en ließ. (*Dio Cass.* LIX, 11. *Sueton.* Calig. 24,
as. d. Ausleg.) (*H.*)

PANTHEISMUS. Den **Begriff** des Pantheis-
zu bestimmen, ist nicht ohne Schwierigkeit. Wollte
sich, was am nächsten zu liegen scheint, streng an
ymologische Wortbedeutung halten, so würde sich
s nur eine ganz allgemeine und schwankende Vor-
g des Pantheismus ergeben. Abgesehen ferner da-
daß es noch sehr in Frage zu stellen wäre, ob der
ruck des Pantheismus auch geschickt und der Sache
reffen gewählt sei, so bemächtigt sich gewöhnlich der

Sprachgebrauch eines solchen Wortes, bringt eine nähere Bestimmung hinzu, welche nicht unmittelbar im Worte selbst liegt, und supplirt dadurch das Mangelhafte und Unbestimmte des Namens, oder es kommt auch wol überhaupt zu keinem bestimmten Sprachgebrauche, sondern dieser bleibt so schwankend, wie das Wort unbezeichnend. Bei solchen Umständen erscheint es dann als Willkür, den Begriff des Wortes fixiren zu wollen. Ähnlich wie mit dem Pantheismus verhält es sich mit andern Ausdrücken, welche ebenfalls bestimmte, allgemeine Richtungen der philosophischen Erkenntniß bezeichnen sollen; z. B. Idealismus, Realismus, Dualismus u. a. Hiermit faßt man ein bestimmtes System der Philosophie in einen einfachen Ausdruck zusammen; jedoch ist es eine sehr misliche Sache, einen entwickelten Gedankeninhalt auf eine so compendiöse Weise charakterisiren zu wollen. Daß es verschiedene Arten des Idealismus, Realismus u. s. w. gibt, macht hier weiter keine Schwierigkeit; allein es stellt sich bald genug heraus, daß der Idealismus für sich, dem Realismus gegenüber, eine einseitige Ansicht ist; indem die Philosophie selbst dies Bewußtsein hat, wird es ihr zur wesentlichen Aufgabe, jene Einseitigkeit zu vermeiden, also z. B. Idealismus und Realismus zu verbinden. Darum gibt es denn auch unter den philosophischen Systemen keinen reinen Idealismus, d. h. keinen solchen, der als feste Einseitigkeit den Realismus schlechterdings von sich ausschlösse. Man thut daher einer Philosophie immer Unrecht, wenn man sie als eine blos einseitige bezeichnet, und die Philosophie selbst, über welche durch diese einfache Benennung abgeurtheilt wird, wird immer im Stande sein, aus ihrem eigenen Inhalte eine Instanz gegen eine solche Bezeichnung aufzuführen. Indem aber ferner jene einseitigen Richtungen doch zugleich wesentliche Momente der Wahrheit sind, so darf die Philosophie, indem sie realistisch ist, nicht aufhören, zugleich idealistisch zu sein; also sie muß die Bezeichnung, gegen welche sie protestirt, doch auch wieder in Anspruch nehmen. Als eine solche einseitige Richtung der Speculation gilt denn auch der **Pantheismus**, und besonders zur jetzigen Zeit ist dies Wort zu einem Schlagwort geworden, mit welchem man einen harten Vorwurf gegen ein philosophisches System ausspricht und dasselbe vorzugsweise als irreligiös und unchristlich verdammt. Damit gilt die Unwahrheit des Pantheismus als eine ausgemachte Sache; oft genug aber ist dies nur ein Vorurtheil, und der Urtheilende hat nicht selten weder einen bestimmten Begriff vom Pantheismus, noch das Bewußtsein, daß derselbe, wenn man nicht willkürlich eine totale Absurdität darunter verstehen will, ein wesentliches Moment der Wahrheit ausmacht, sodaß der bloße Gegensatz gegen den Pantheismus ebenso unwahr und eine gleiche Einseitigkeit ist, als der Pantheismus selbst. Die übereilte Reaction gegen den Pantheismus hat sehr häufig grade dies Resultat gehabt, daß man ihm eine andere Einseitigkeit gegenüberstellte; wenn sich dabei aber immer wieder, besonders in der Vorstellung der Allmacht, Allgegenwart Gottes, das pantheistische Moment als ein wesentliches und nothwendiges geltend machte, so ließ man dies, ohne es seinem Begriffe nach genauer zu untersuchen und zu entwickeln, und als dasjenige Moment zu erkennen, welches der Pantheismus einseitig hervorhob, ruhig neben der Opposition gegen den Pantheismus liegen, und anstatt die Einseitigkeit des Pantheismus wirklich zu überwinden, half man sich mit einer ganz unbestimmten und unklaren Vorstellung. Grade dann, wenn die Unwahrheit des Pantheismus allgemein anerkannt und wie zu einem wissenschaftlichen Vorurtheile geworden ist, wird es vorzugsweise nothwendig, auf eine allseitige Begriffsbestimmung des Pantheismus zu dringen, soll nicht einem unwissenschaftlichen und willkürlichen Aburtheilen Thor und Thür geöffnet werden. Es ist überdies bald zu sehen, daß der Streit über die Wahrheit und Unwahrheit des Pantheismus, wie des Idealismus, Realismus u. s. w., gar leicht zu einem bloßen Wortstreite werden kann. Kann man sich darüber nicht vereinigen, ob irgend ein philosophisches System als Pantheismus zu bezeichnen sei oder nicht, weil man verschiedene Ansichten vom Pantheismus hat, auch wol das in Rede stehende System verschieden auffaßt, so kommt es nur darauf an, den Namen Pantheismus einmal bei Seite liegen zu lassen, und zunächst zu untersuchen, ob jenes System überhaupt Wahrheit enthält oder nicht; dann mag man es nachher benennen, wie man will, es bliebe nur noch übrig, sich über die Bedeutung jener Namen zu vereinigen, welche jedoch, wie schon bemerkt, nie hinreichen werden, einen einigermaßen entwickelten Standpunkt der Speculation seiner ganzen Bestimmtheit nach zu charakterisiren.

Nach der Etymologie wäre Pantheismus die Lehre, daß *Gott das All sei*. Wie schon bemerkt, gibt diese Erklärung nur eine sehr unbestimmte Vorstellung von dem, was man Pantheismus zu nennen pflegt. Vor Allem fragt es sich, was denn das All sei, welches hier als das Absolute selbst gefaßt wird. Dies scheint nun allerdings eine bekannte Sache, allein die bekannte und gewöhnliche Vorstellung vom All ist es eben, welche der Pantheismus aufhebt und nicht gelten lassen will. Unter dem All verstehen wir alles Existirende überhaupt, und bezeichnen die Totalität des Existirenden auch wol mit dem Worte Welt. Dies Existirende faßt der Pantheismus nach jener Erklärung zu einer *Einheit*, zu einem *Ganzen* zusammen; da kommt es nothwendig auf die nähere Bestimmung des Begriffs dieser Einheit und dieses Ganzen an. Nach einer gewöhnlichen Vorstellung ist die Welt gar nicht *an und für sich* eine Einheit oder ein Ganzes, sondern *wir* sind es vielmehr, welche alles Existirende in *einen* Begriff zusammenfassen; in diesem Sinne existirt also die Welt gar nicht als eine *einfache Einheit*, sondern es existirt nur die in einzelne Dinge gesonderte und geschiedene Mannichfaltigkeit, während jenes Zusammenfassen dieser mannichfaltigen Wirklichkeit einzig und allein in uns fällt. Wenn der Pantheismus, indem er das All als das Absolute faßt, doch *diese* Vorstellung von der Welt beibehielte, so würde nach ihm auch das Absolute nur in uns existiren, nicht aber an und für sich. Ferner aber ist die *Form* des Ganzen selbst eine sehr verschiedene. Der Stein z. B. ist in einem ganz andern Sinne ein Ganzes, als der lebendige Organismus, und dieser wieder in einem andern Sinne als der selbstbewußte Geist; es kommt also wesentlich darauf an, ob der Pantheismus sich das All wie ein organisches in sich selbst gegliedertes, auch wohl beseeltes Ganze vorstellt, oder nur als eine unorganische Einheit.

Schon in der etymologischen Bedeutung des Wortes Pantheismus liegt es, daß derselbe, wenn auch das All, doch durchaus nicht *Alles Einzelne* für das Absolute ansieht. Dennoch hat man nicht selten diesen wesentlichen Unterschied übersehen, und da mußte denn natürlich der Pantheismus als die niedrigste Auffassung des Absoluten erscheinen. Jedoch würde man durch die ganze Geschichte der Religion und Philosophie hindurch diese wüste Vorstellung von Gott vergebens suchen, und selbst die niedrigste Stufe der Religion, der sogenannte Fetischismus, ist über diese Auffassung Gottes schon hinaus. Sollte nämlich Gott nicht das All, sondern die einzelnen Dinge selbst sein, sodaß er mit der sinnlichen und vergänglichen Existenz derselben schlechthin zusammenfiele, die Dinge also in ihrer unmittelbaren Wirklichkeit zugleich der existirende Gott wären — so wäre mit dieser Vorstellung noch gar keine Erhebung zu Gott vorhanden, sondern das Bewußtsein wäre das rein-sinnliche, welches über die unmittelbar gegebene einzelne Existenz gar nicht zu einem Allgemeinen und Wesentlichen hinausgeht. Ebendarum kann es eine solche Vorstellung von Gott überhaupt nicht geben, weil jede Erhebung zu einem Göttlichen schon das Bewußtsein der Vergänglichkeit und Endlichkeit dieser einzelnen Dinge nothwendig in sich schließt; der Mensch hätte also überhaupt keine Vorstellung von Gott, wenn er diese einzelnen Dinge für Gott ansähe, und es kann daher keinem Menschen einfallen, an einen solchen Gott zu glauben, der zugleich die sinnlichen Dinge selbst ist, denn erst mit dieser Unterscheidung des Einzelnen und Allgemeinen, Endlichen und Unendlichen tritt der Glaube an Gott auf, und ohne das Bewußtsein oder auch nur die Ahnung dieses Unterschiedes ist der Mensch überhaupt noch nicht denkend, vernünftig, sondern thierisch und damit ohne Religion und ohne Glauben an Gott. Auch vom Fetischdiener kann schlechterdings nicht gesagt werden, daß er die sinnlichen Dinge, diesen Baum, diesen Klotz &c. anbete; denn sobald er dies thut, hört sogleich dieser einzelne Gegenstand auf, die Bedeutung eines blos einzelnen, sinnlichen zu haben und bekommt eine allgemeine Bedeutung, d. h. der Gegenstand fängt an, Symbol zu werden, und nicht dem einzelnen Gegenstande als solchem gilt die Anbetung, sondern dem Allgemeinen, welches in ihm als gegenwärtig angeschaut wird.

Ebenso wenig, wie in dem Pantheismus Gott Alles Einzelne ist, kann gesagt werden, daß der Pantheismus eine *totale Einheit Gottes und der Welt* lehre. Auch mit diesem Ausdrucke wird jedoch sehr häufig das Wesen des Pantheismus bezeichnet, und es kommt daher darauf an, das Unzureichende dieses Ausdrucks zum Bewußtsein zu bringen. Wenn von einer Einheit Gottes und der Welt gesprochen wird, so liegt das Anstößige besonders darin, daß wir gewöhnlich unter Welt den Inbegriff des Endlichen, Geschaffenen, Vergänglichen, also gede das von Gott Verschiedene verstehen; verliert nun bei einer pantheistischen Einheit Gottes und der Welt, letztere *diese* Bestimmung nicht, der Inbegriff des Endlichen zu sein, so ginge Gott in der Einheit mit der Welt ganz und gar unter, und es bliebe die bloße Welt und Endlichkeit zurück. In der *Vergötterung* der Welt wird also nothwendig die Welt anders aufgefaßt, als es die gewöhnliche Vorstellung thut; denn sogleich durch diese Vergötterung hört sie auf blos der Inbegriff des Endlichen zu sein. Eine *unterschiedslose* Einheit Gottes und der Welt hebt aber zugleich beide Seiten, welche hier in Einheit treten sollen, als *solche* auf, und es könnte gefragt werden, ob das Resultat dieser Aufhebung Gott oder die Welt, oder vielmehr keines von beiden, sondern eine Neutralität zwischen beiden sei. Das Widersinnige jenes Ausdrucks einer Einheit Gottes und der Welt liegt daher überhaupt darin, daß *blos* von einer Einheit gesprochen wird; diese Einheit ist aber wesentlich eine Einheit *unterschiedener* Seiten, nämlich Gottes und der Welt, und sobald dieser Unterschied *schlechthin* aufgehoben wird, geht jene Einheit Gottes und der Welt ebenfalls verloren. Die Einheit ist nur wirkliche Einheit als eine *Vereinigung* von Unterschiedenen, sodaß der Unterschied als ein Moment der Einheit nothwendig zu dieser selbst gehört. Es darf also jener Ausdruck, daß der Pantheismus eine Einheit Gottes und der Welt lehre, nicht so verstanden werden, als daß in ihm der Unterschied Gottes und der Welt schlechthin aufgehoben würde; eine solche Ansicht wäre eine offenbare Gedankenlosigkeit und der vorher angeführten ganz ähnlich, daß nämlich Gott alle einzelne Dinge sei. Gehen wir auf die vorher angegebene Erklärung zurück, daß nach dem Pantheismus Gott das All, das Ganze der Welt sei, so ist schon hierin ebenso sehr der Unterschied Gottes und der Welt anerkannt. Abgesehen von der vorher angeführten Unbestimmtheit dieser Erklärung, so sagt man wol gewöhnlich, daß das Ganze den Theilen gleich sei; jedoch ist das Ganze nicht den Theilen als solchen, d. h. in ihrem gesonderten Fürsichbestehen, sondern immer nur den Theilen *zusammen* gleich, d. h. das Ganze ist genau genommen in den Theilen immer nur sich selbst gleich, und von den Theilen als solchen ist es unterschieden. Fassen wir also Gott als das Ganze der Welt auf, so fällt er dadurch noch nicht mit der getheilten, in einzelne Dinge gesonderten Welt in Eins zusammen, sondern schon diese Getheiltheit enthält den Unterschied der Welt von Gott als dem *einfachen* Ganzen in sich.

Wenn man den Pantheismus als die Lehre von der Einheit Gottes und der Welt faßt, so ist es ganz vernünftig, daß man gegen diese Lehre den Unterschied Gottes und der Welt geltend macht; denn erst durch diesen Unterschied treten beide Seiten der Einheit in die wirkliche Existenz. Jedoch kann das Urgiren dieses Unterschiedes in eine gleiche Einseitigkeit verfallen und zu einem ganz ähnlichen Widersinne werden, als es die Behauptung einer unterschiedslosen Einheit Gottes und der Welt war. Hält man nämlich den Unterschied Gottes von der Welt fest, ohne irgendwie eine Einheit, einen Berührungspunkt zwischen beiden zuzugestehen, so fallen Welt und Gott ganz beziehungslos aus einander. In dieser Beziehungslosigkeit aber hört offenbar die Welt auf, endlich zu sein; denn das Endliche weist seinem Begriffe nach über sich hinaus zu einem Andern hin, ist nicht durch sich selbst, sondern durch ein Anderes, hat nicht in sich, sondern in einem Andern, nämlich im Unendlichen, seine Wahrheit. Ist also die Welt ein absolut in sich selbst beschlossenes Reich, welches selbständig auf sich selbst beruht, sich in keinem Punkte auf ein Anderes, sondern nur auf sich selbst bezieht, so ist das Prädicat der Endlichkeit, welches wir dieser in sich beschlossenen Welt beilegen, nicht mehr als ein bloßes Wort; denn mit dem selbständigen Beruhen auf sich selbst bekommt die Welt grade die wesentliche Bestimmung des Absoluten. Halten wir aber dennoch andererseits auch die Absolutheit Gottes im abstracten Gegensatze gegen die Welt fest, so wird diese Absolutheit ebenfalls zu einem bloßen Worte, da in Wahrheit an der absolut selbständigen Welt Gott eine Schranke hat. Es erhellt hieraus, wie in dem Festhalten eines einheitlosen Unterschiedes Gottes und der Welt grade das Gegentheil herauskommt von dem, was beabsichtigt wird; dieser Unterschied geht nämlich eben durch das einseitige Festhalten an ihm verloren. Die Welt wird dadurch ebenso selbständig und absolut wie Gott, oder auch Gott wird so beschränkt und unselbständig wie die Welt. Im Allgemeinen aber wäre zu bemerken, daß ganz ebenso wie die Einheit ohne den Unterschied gar keine Einheit wäre, auch der Unterschied ohne die Einheit schlechterdings undenkbar ist. Denn das Unterscheiden ist immer zugleich ein Beziehen und somit eine Einheit, und wenn auch die unterschiedenen Seiten sonst nichts mit einander gemein haben sollten, so kämen sie doch wenigstens darin überein, daß sie *sind*, also dem einfachen Sein nach sind sie nicht verschieden, sondern in Einheit; hörte diese Einheit auf, so gingen beide unterschiedene Seiten zugleich, und somit der Unterschied selbst verloren. Wenn man daher, um den Pantheismus zu vermeiden, auf den Unterschied Gottes und der Welt dringt, so ist einerseits kein philosophisches System so widersinnig, daß es eine unterschiedslose Einheit Gottes und der Welt lehrte — in diesem Sinne gibt es also überhaupt kein pantheistisches System — und andrerseits ist der bloße Unterschied ohne die Einheit ebenso widersinnig, sodaß sich die Einheit immer wieder als ein nothwendiges Moment von selbst aufdringt. Über den Unterschied Gottes und der Welt soll daher durchaus nicht Gottes Allmacht, Allwissenheit, Allgegenwart rc. aufhören, d. h. über den Unterschied soll die Einheit, das als pantheistisch bezeichnete Moment, nicht verloren gehen, denn alle diese Eigenschaften drücken eine Beziehung Gottes auf die Welt und somit eine Einheit aus. Der Ausdruck der Einheit Gottes und der Welt reicht also nicht aus, das Wesen des Pantheismus zu bestimmen, sondern indem auch die gewöhnlich und mit Recht als pantheistisch bezeichneten Systeme den Unterschied Gottes von der Welt ebenfalls in sich enthalten, und auch der strengste Gegensatz gegen den Pantheismus in *diesem* Sinne doch jene Einheit nicht entbehren kann, so kommt es wesentlich darauf an, *wie* diese Einheit und dieser Unterschied der näheren Bestimmung nach beschaffen ist.

Der Begriff des Pantheismus wird schon genauer bestimmt, wenn man ihn als diejenige Lehre faßt, nach welcher Gott und Welt dem *Wesen* nach identisch sind. Wie wir jedoch an den im Vorigen angegebenen Definitionen des Pantheismus einen durchaus unkritischen Gebrauch der Kategorien nachwiesen, so kommt auch in der eben angeführten Erklärung Alles auf die nähere Bestimmung des Wortes Wesen an. Sehr häufig macht man dem Pantheismus gegenüber einen *wesentlichen* Unterschied Gottes von der Welt geltend, und meint einzig und allein dadurch den Pantheismus von Grund aus überwinden zu können; ganz ähnlich wie man, um dem Materialismus zu entfliehen, auf einen *wesentlichen* Unterschied des Geistes von dem Körper zu bringen pflegt. Nicht selten jedoch hat das Wort *wesentlich* in diesem Zusammenhange keine andere Bedeutung als *qualitativ*, und so fodert man auch wol einen qualitativen Unterschied Gottes von der Welt. Man vergißt bei diesem willkürlichen Gebrauche der Kategorien, daß so lange man nur von einem qualitativen Unterschiede Gottes und der Welt spricht, man auch Gott und Welt nur als zwei sich auf einander beziehende Qualitäten betrachtet. Abgesehen nun davon, daß dies eine ganz dürftige Vorstellung von Gott und von der Welt ist, so läßt der bloße qualitative Unterschied Gott und Welt wieder ganz abstract gegen einander übertreten, und beide sich gegenseitig beschränken; sobald man aber Gott nicht blos als eine von der Welt verschiedene Qualität, sondern als die *unendliche* und die Welt dagegen als die *endliche* Qualität setzte, so würde sich sogleich von selbst ergeben, daß der Begriff der Qualität überhaupt grade auf seiner Spitze eben wegen seiner Dürftigkeit und Abstraction über sich selbst hinaus und zu einem höhern hinweist. Genau genommen sind immer nur zwei Qualitäten nur qualitativ von einander verschieden; concretere Begriffe und Gestalten dagegen, wie z. B. Welt und Gott, Geist und Körper, stehen überhaupt in einer weit höheren und concreteren Beziehung zu einander, als der Begriff der Qualität ausdrückt. Ganz ähnlich ist es mit dem *wesentlichen* Verhältnisse Gottes zu der Welt. Die wesentliche Einheit wie der wesentliche Unterschied bekommt erst durch den Begriff des Wesens überhaupt eine bestimmte Bedeutung. Wird nun Wesen und *Substanz* für gleichbedeutend genommen, so hat man in der Philosophie die *Selbständigkeit* vorzugsweise als das den Begriff der Substanz Constituirende angesehen. Soll hiernach der wesentliche substanzielle Unterschied Gottes und der Welt die Bedeutung haben, daß beide Seiten des Verhältnisses Substanzen sind, so erhellt sogleich, daß die Welt dadurch mit Gott zu gleicher Würde gelangt und in ihrer substanziellen Selbständigkeit aufhört, endlich zu sein. *Cartesius* unter Andern gibt den Begriff der Substanz dahin an, daß sie dasjenige sei, was zu seiner Existenz keines andern bedürfe; zugleich nimmt Cartesius drei Substanzen an, nämlich die absolute, und zwei endliche, die denkende und die ausgedehnte Substanz; jedoch setzt er sogleich hinzu, daß die endlichen Substanzen wegen ihrer Abhängigkeit von der absoluten Substanz nicht in demselben Sinne (univoce) Substanzen genannt werden könnten als die absolute. Offenbar aber fällt mit der Unabhängigkeit grade das fort, was Cartesius selbst als das Eigenthümliche der Substanz angesehen hatte. Andererseits sollen die endlichen Substanzen, wenn auch nicht im Verhältniß zur absoluten Substanz, doch *gegen einander* ihre Substanzialität und Selbständigkeit behaupten; hieraus geht bei Cartesius ein Dualismus zwischen Körper und Geist hervor, welcher, indem er die Beziehungslosigkeit beider zum Princip macht, natürlich ihre Einheit, welche thatsächlich da ist, nicht begreifen kann. Ebenso beziehungslos würden Gott und Welt aus einander fallen, wenn wir beide wollten schlechthin substantiell unterschieden sein lassen. Das Festhalten eines substantiellen Unterschiedes Gottes und der Welt basirt gewöhnlich auf einem schwankenden Begriffe der Substanz; soviel wenigstens leuchtet sogleich ein, daß, wenn wir die *absolute* Selbständigkeit im Sinne Spinoza's als das Wesen der Substanz ansehen, es unmöglich mehre Substanzen geben kann; denn liegt es vielmehr in dem Begriffe der Substanz, daß sie nichts schlechthin von ihr Unterschiedenes neben sich bestehen läßt, sondern alles Andere negirt und zu einem Unselbständigen herabsetzt. Jedoch gibt es auch innerhalb des Begriffs der Substantialität einen Unterschied, der ebendarum, weil er zum Begriffe der Substanz wesentlich gehört, ein substantieller genannt werden kann; dies ist nämlich nicht der Unterschied zwischen zwei Substanzen, sondern vielmehr der Unterschied zwischen *Substanz und Accidenz*. Ganz dasselbe, was vorher von dem qualitativen Unterschiede Gottes und der Welt bemerkt wurde, gilt auch von dem substantiellen Unterschiede. Wie der qualitative Unterschied Gott und Welt als Qualitäten bestimmt, so faßt der substantielle Unterschied beide Seiten wesentlich als Substanzen; sobald aber in diesem Verhältnisse Gott als das gesetzt wird, was er in Beziehung zur endlichen Welt sein soll, nämlich als absolut, so hört nothwendig die Welt auf Substanz zu sein und wird zum Accidenz, weil grade dies das Wesen der Substanz ist, alles von ihr Unterschiedene zum Momente herabzusetzen. Diesen wahrhaft wesentlichen Unterschied, d. h. den Unterschied, wie er sich gestaltet, wenn Gott als absolutes Wesen oder als absolute Substanz gefaßt wird, kennt nun auch derjenige Standpunkt, welcher eine wesentliche oder substantielle Einheit Gottes und der Welt festhält, und welcher ebendeswegen als Pantheismus bezeichnet wurde; in dem angeführten Sinne also ist das Urgiren eines substantiellen Unterschiedes Gottes und der Welt so wenig ein Vermeiden des Pantheismus, daß es vielmehr ebenso sehr als die Behauptung der substantiellen Einheit Gottes und der Welt als Definition des Pantheismus angesehen werden kann.

Die Kritik der verschiedenen Vorstellungen vom Pantheismus hat uns zu einer genaueren Begriffsbestimmung desselben den Weg gebahnt. Das gegenseitige Verhältniß Gottes und der Welt zu einander, also sowol ihre

Einheit als ihr Unterschied ist seiner Bestimmtheit nach nothwendig bedingt durch das Wesen Gottes überhaupt; je nachdem also dies anders gefaßt wird, wird auch das Verhältniß der Welt zu Gott anders bestimmt werden müssen. Und zwar ist grade dies Verhältniß der Welt zu Gott ihr Wesen und ihr Begriff, und die Welt wird daher nur erkannt, wenn sie in ihrem bestimmten Verhältnisse zu Gott begriffen ist; dies Verhältniß erst drückt der Welt ihre Eigenthümlichkeit auf, und die Beziehung auf Gott ist derselben nicht etwas Zufälliges, was etwa auch nicht sein könnte, sondern etwas Nothwendiges, ihren Begriff Constituirendes, ohne welches sie überhaupt aufhören würde Welt zu sein. Schon indem wir die Welt als endlich bezeichnen, beziehen wir dieselbe auf das Unendliche, und diese Beziehung über sich hinaus auf ein Anderes, welches der Grund, die Wahrheit des Endlichen ist, ist gradezu das innerste Wesen der endlichen Welt. Gilt uns nun das Absolute z. B. für ein schlechthin Unerkennbares, so wird diese Unerkennbarkeit auch auf das Endliche zurückfallen; denn nothwendig wird dadurch auch der Zusammenhang des Endlichen mit dem Unendlichen, d. h. eben das innerste Wesen des Endlichen, unerkannt bleiben müssen. Faßt der Mensch ferner Gott als die absolute Nothwendigkeit des Schicksals, so wird er sich diesem Schicksale gegenüber nicht als frei wissen, und sobald er zur Erkenntniß seiner Freiheit kommt, wird auch das Absolute für ihn eine andere Gestalt annehmen. Für den Begriff des Pantheismus kommt es daher vor Allem darauf an, zu bestimmen, wie derselbe sich das Wesen Gottes denke; aus dieser Grundbestimmung ergeben sich dann die weitern Momente von selbst.

Der Pantheismus kann nun im Allgemeinen als die Lehre definirt werden, daß Gott die absolute Substanz sei. Hiernach würde die weitere Entwickelung des Wesens des Pantheismus sich an die Entwickelung des Begriffs der Substanz anzuknüpfen haben, und aus letzterer würde sich der vollständige Begriff des Pantheismus nach allen seinen Seiten und Momenten ergeben. Gegen den Vorwurf der Willkür, den, sowol der Etymologie als dem Sprachgebrauche nach unbestimmten Begriff des Pantheismus, auf einen bestimmten Ausdruck zu reduciren, hätten wir nachzuweisen, daß die Mängel und Einseitigkeiten, welche gewöhnlich dem Pantheismus vorgeworfen werden, ihren letzten Grund einzig und allein in dem Festhalten des Begriffs der Substantialität haben, und daß ferner das Eigenthümliche der Systeme, welche man fast durchgängig als pantheistisch zu bezeichnen pflegt, grade darin besteht, daß sie nicht über den Begriff der Substanz hinausgehen. Zugleich wird es sich zeigen, wie die gegebene Definition des Pantheismus, wenn sie auch durch eine nähere Bestimmung über die etymologische Bedeutung des Wortes hinausgeht, doch derselben durchaus nicht widerspricht, wodurch zugleich die Bezeichnung des Pantheismus als gerechtfertigt erscheint.

Für den Begriff des Pantheismus sowol als besonders für das richtige Verständniß und die Würdigung der historischen Gestalten desselben ist nun besonders die Einsicht von Wichtigkeit, daß die Widerlegung eines einseitigen Princips nicht in dem totalen Fortwerfen, sondern nur in der Herabsetzung desselben von seiner absoluten Bedeutung zur Momentanität besteht. Sogleich in der aufgestellten Definition des Pantheismus haben wir die Wahrheit desselben anerkannt, denn Gott ist wirklich absolute Substanz, und die Widerlegung des Pantheismus kann sonach nicht in dem Leugnen dieses Satzes bestehen. Die Einseitigkeit des Pantheismus besteht vielmehr darin, daß er Gott nur als absolute Substanz faßt, oder daß er in dem Begriffe der Substanz, welcher seiner Natur nach ein endlicher Begriff ist, die absolute Wahrheit umfaßt zu haben meint, daß er also, anstatt diesen Begriff in einem höheren sich aufheben zu lassen, ihn vielmehr zum Princip erhebt, und alle andere Begriffe auf den Begriff der Substanz als auf ihr letztes Fundament zurückführt. Dies Festhalten der Substanz als des absoluten Begriffs ist aber zugleich ein Verkennen des Wesens der Substanz; denn eine allseitige Entwickelung eines endlichen Begriffs muß diese Endlichkeit hervortreten lassen, und auf ihrer Spitze auch schon die Negation dieses Begriffs und die Einsicht wie den Beweis seiner Endlichkeit in sich enthalten. Vom Pantheismus muß daher weiter behauptet werden, daß er ebendarum, weil er über den Begriff der Substanz nicht hinausgeht, grade den Begriff nicht zu seiner vollständigen Entwickelung gelangen läßt, welchen er als den Fundamentalbegriff ansieht. Hieraus ergibt sich weiter ein Moment, welches für die Gestaltung des Pantheismus von wesentlicher Bedeutung ist. Wir würden vergebens nach einem Systeme suchen, welches nur die vollständige Entwickelung und Durchführung eines endlichen und einseitigen Principes enthielte; denn an dieser Durchführung würde das endliche Princip selbst nothwendig zu Grunde gehen. So kann es denn auch keinen Pantheismus geben, welcher nur als eine vollständige Entwickelung des Begriffs der Substanz angesehen werden könnte; vielmehr setzt das Stehenbleiben im Pantheismus das Verkennen des Begriffs der Substanz voraus, dies Verkennen ist aber zugleich eine theilweise Correctur der Einseitigkeit, ein Suppliren, ein Hinzunehmen von Bestimmungen und Begriffen, welche aus dem Principe selbst nicht hergeleitet werden können, sondern über dasselbe hinausliegen. Dies Hinausgehen über sein eigenes Princip ist ein nothwendiges Moment des Pantheismus selbst, und es gibt daher genau genommen keinen consequenten Pantheismus. Wir treten hiermit einer besonders von Seiten der Theologie aus vielfach ausgesprochenen Behauptung gegenüber, daß nämlich grade der Pantheismus und zwar dieser einzig und allein das consequente System der Vernunft sei. Die Vernunft wäre jedoch wahrlich übel berathen, wenn sie nur durch Inconsequenz über die einseitige Auffassung der Wahrheit hinauszugehen vermöchte, und es wäre ihr nicht zu verargen, wenn sie in der Übereinstimmung mit sich selbst ihre Befriedigung findend die Auffoderung zur Inconsequenz als eine ihr durchaus fremde und unverständliche von sich wiese. Enthielte jene Ansicht Wahrheit, so wäre der Pantheismus in seiner Sphäre und somit überhaupt unwiderlegbar, denn die bloße sich ihm nur gegenüberstellende Behauptung, daß er keine Wahrheit enthalte, kann doch unmöglich für eine Widerlegung angesehen werden. Die Consequenz der Vernunft ist als die wirkliche Übereinstimmung der Vernunft mit sich zugleich das Bewußtsein und die Entwickelung des vernünftigen Inhalts, in welchem die Vernunft sich selbst weiß; dies Bewußtsein ist aber auch die Einsicht in die Momentanität der wesentlich endlichen Begriffe, und enthält daher zugleich den Beweis, daß der Begriff der Substanz durch seine eigene Dialektik, d. h. durch die Entwickelung der ihm immanenten Bestimmungen sich selbst aufhebt; die wirklich consequent sich durchführende Vernunft ist daher auch die Widerlegung des Pantheismus.

Historische Gestaltung des Pantheismus. Nachdem wir im Vorigen den allgemeinen Begriff des Pantheismus angegeben haben, wird es nun unsere Aufgabe sein, diesen Begriff weiter zu entwickeln und zu bestimmen, und zwar wird sich diese nähere Bestimmung, wie schon bemerkt, vorzugsweise an die Entwickelung des Begriffs der Substanz, als des Fundamentalbegriffs des Pantheismus, anknüpfen. Zugleich kommt es uns aber wesentlich darauf an, die historischen Gestaltungen des Pantheismus im Allgemeinen kennen zu lernen. Beide Aufgaben fallen jedoch insofern in Eins zusammen, als die historische Erscheinung des Pantheismus an und für sich zugleich die Entwickelung des Begriffs der Substanz nach ihren wesentlichen Momenten in sich enthält. Beide Seiten unsers Gegenstandes mögen sich daher auch in unserer Betrachtung gegenseitig durchdringen und ergänzen.

Wir unterscheiden zunächst zwischen Pantheismus der Religion und der Philosophie. Wie wesentlich und bedeutsam dieser Unterschied sowol für den Begriff des Pantheismus, als auch für die historische Gestaltung desselben sei, wird vorläufig schon aus folgender Betrachtung hervorgehen. Die positiven Gestaltungen, in welchen der Geist sich verwirklicht und die Fülle seiner Innerlichkeit objectiv darstellt, wie Religion, Kunst, Wissenschaft, Staat, Sitte &c., stehen in nothwendiger Beziehung und in dem innigsten Verhältnisse zu einander. So verschieden daher auch diese Sphären des geistigen Lebens von einander sind, so theilen sie doch auf einem bestimmten Standpunkte des Geistes ein und dasselbe Princip mit einander, und ihre Entwickelung ist durchgehends eine gegenseitige und gleichmäßige. Der Geist legt einen bestimmten Standpunkt seiner Freiheit und seines Bewußtseins in seiner ganzen Ausbreitung aus einander, und baut ihn mit energischer Consequenz bis ins kleinste Detail hin aus, und nur dadurch, daß er sein Wesen in diesen positiven Gestalten sich allseitig gegenständlich macht, kann er zu einem höhern Bewußtsein über sich selbst sich fortentwickeln. Von der ganzen Wirklichkeit des Geistes muß aber die Religion als die Basis angesehen werden, von welcher alle Entwickelung ausgeht, und welche die verschiedenen sich sondernden Seiten des Geistes trägt und zusammenhält. In der Religion betrachtet sich der Mensch im Verhältnisse zu Gott, und damit seinem in-

nersten Wesen nach; hier spricht er es aus, wel
auf einem bestimmten Standpunkte für absolute
heit gilt, und diese bestimmte Anschauung des Ab
ist der innerste Kern der geistigen Wirklichkeit. Is
die Religion wesentlich pantheistisch, so wird sich
Pantheismus durch das ganze Leben hindurch ers
und Staat, Kunst, Philosophie und Sitte über
werden, aus diesem Principe hervorgegangen, auf
thümliche Weise an diesem Pantheismus der Re
Theil nehmen. Dann ist der Pantheismus noch in
vollen Macht, und sein Wesen wird seiner ganzen
deutung nach an allen Punkten des geistigen Leben
fenbar; in dieser pantheistischen Wirklichkeit
es denn auch hervor, daß der Pantheismus nicht a
bloßer Einfall eines Einzelnen betrachtet werden
sondern daß er vielmehr ein wesentlicher und nothw
ger Standpunkt des Geistes ist, welchem seine obj
Wahrheit und geistige Bedeutung zuerkannt werden
Hat aber der Geist in der Religion den Panthei
überschritten, so hat derselbe damit auch seine G
verloren; alle Seiten des geistigen Lebens nehmen an
sem Fundamentalfortschritte Theil, und zeigen das
ausgegangensein über die pantheistische Weltansicht.
die Philosophie wird von dieser religiösen Entwick
nicht unberührt bleiben, sondern wird eine durchaus
dere Gestalt und Bedeutung bekommen, als sie inne
der pantheistischen Anschauung hatte; fällt aber auc
Philosophie, obwol die Wirklichkeit mit der Religion
gehört hat, pantheistisch zu sein, in den Pantheismu
rück, so wird sie es dennoch nie verleugnen können,
sie in ihrer pantheistischen Gestalt der geistigen Basis
entspricht, aus welcher sie hervorgegangen, und ohne
sie es weiß und will, wird diese ihre Unwirklichkei
ihr selbst hervorbrechen.

Um das Wesen der pantheistischen Religion ke
zu lernen, haben wir uns vorzugsweise zu der i
schen Religion hinzuwenden, in welcher die pan
stische Weltanschauung ihren allseitig vollendeten Aus
hat. Hier ist jedoch nicht der Ort, die Indische Rel
nach ihrer mythologischen Ausbreitung darzustellen,
sie durch ihre zeitliche Entwickelung hindurch zu verfo
sondern wir haben hier nur die wesentlichsten Mom
hervorzuheben, um uns eine Anschauung von dem zu
schaffen, was wir vorher als pantheistische Wirkli
bezeichneten. Diese wesentlichen Momente sind denn
gegenwärtig hinlänglich bekannt, sodaß es mehr
Aufgabe sein wird, dieselben auf den Begriff des
theismus zu beziehen, und diesen an ihnen zu entwic
Zugleich hat es sich in dem genauern Studium der
dischen Weisheit offen herausgestellt, daß durch die
religiöse Entwickelung Indiens von den Vedas an,
die Heldengedichte hindurch, bis zu den Sekten und
indischen Philosophie hin die Fundamentalanschauung
rem Wesen nach ein und dieselbe bleibt [1]). Wesen

1) Die chinesische Reichsreligion und die Systeme der indi
Philosophie in ihrem Verhältniß zu Offenbarungslehren v.
Stuhr. (Berlin 1835.)

liegt die Täuschung, in der ersten Gestaltung des iösen Bewußtseins, wie hier in den Vedas, eine tie- Weisheit und eine der modernen Bildung nahestee Anschauung zu entdecken, weil hier die Vorstellung innerlich verschlossen ihren wesentlichen Standpunkt nach allen seinen Momenten zur Erscheinung herjearbeitet hat; diese Einfachheit kann die eigenthüm- Beschränktheit leicht verdecken, und ist in ihrem noch ryonischen und unentwickelten Zustande wesentlich unändlich und einer vielfachen Ausbeutung hingegeben. e Erklärung aber übernimmt das religiöse Bewußt- selbst, und sollte es uns auch zunächst nicht einleuch- wollen, daß in jener Einfachheit eine phantastische henwelt verborgen gewesen, ja sollte sich das Hervor- en dieser weniger als eine wirkliche Entwickelung denn ein Verderb und ein willkürlicher Zusatz späterer Zeit ellen, so ist diese thatsächliche Exegese des Volksbe- tseins dennoch als die wahrhafte anzuerkennen.

Die indische Religion [*]) ist bisweilen als **Mono- smus**, bisweilen als **Polytheismus** bezeichnet; s, kann man sagen, mit gleichem Rechte, indem so sehr eine göttliche Einheit als absolutes Wesen herehoben wird, als auch neben diese absolute Einheit Menge anderer göttlicher Gestalten treten. Eben- m aber sind auch jene beiden Bezeichnungen zur Be- nung des Wesens der indischen Religion unzureichend; mmt vielmehr vor Allem auf die **Form** jener gött- Einheit wie der vielen Göttergestalten, und auf ihr seitiges Verhältniß an. Hier ist nun vor Allem rzuheben, daß die göttliche Einheit, welche die in- Vorstellung allerdings sehr bestimmt als das abso- Wesen bezeichnet und von allen andern Göttern un- eidet, nicht **der Eine** ist, wie der jüdische Gott, rn **das Eine**. Die göttliche Einheit ist als **das** hm, auch Parabrahm, nicht mit dem Subjecte, dem ma, zu verwechseln; das Brahma ist das wahrhaft lute, welches kein Anderes in gleicher Geltung neben hat, das schlechthin über alle Göttergestalten Erha- Diese neutrale Einheit wird nie, wie die übrigen er, in einem Bilde als einzelnes Individuum darge- , und tritt auch in keinem Mythus als handelndes, e Welt eingreifendes Subject auf. Hier hätten wir zunächst die Vorstellung **der absoluten schlecht- unpersönlichen Substanz**.

Neben diese göttliche Substanz treten nach der indischen Vorstellung eine unübersehbare Menge anderer Göttergestalten, welche von jener sogleich dadurch wesentlich unterschieden sind, daß sie als bestimmte Individuen gedacht und dargestellt werden. In den Vedas haben diese Göttergestalten kaum den Schein der Individualität, sondern sie verschwimmen in totaler Selbstlosigkeit mit den elementarischen Mächten der Natur, und fallen mit diesen zur Unterschiedslosigkeit zusammen. Später aber, besonders in den indischen Epopöen, lösen sie sich mehr von ihrer natürlichen Basis los, consolidiren sich, und treten, so schwach auch ihre Individualität bleiben mag, doch als unterschiedene Subjecte der Anschauung und Anbetung gegenüber. Diese vielen Götter stehen nach der indischen Vorstellung in einer bestimmten Rangordnung; vor Allen treten die drei Gestalten des Brahma, Siva, Wischnu als die ersten und höchsten Götter hervor, indem sie den göttlichen Proceß oder Kreislauf des göttlichen Lebens in seinen einfachen Momenten und Stationen als schaffend, erhaltend und zerstörend repräsentiren. Jedoch ist die ganze Natur in allen ihren Gestaltungen von der Gottheit durchdrungen, und keine natürliche Erscheinung bleibt unvertreten, sondern erhält ihren ihr selbst innwohnenden und sie durchlebenden göttlichen Beherrscher. Dieses allseitige Durchdrungen- und Durchlebtwerden der Natur vom Göttlichen drückt die indische Vorstellung dadurch aus, daß sie 30 Millionen Götter annimmt.

Das Wesen des Brahma geht besonders aus dem Verhältnisse des Menschen zu ihm hervor. Der höchste Act nämlich des indischen Cultus besteht bekanntlich in der totalen Abstraction von aller Bestimmtheit; der Mensch wendet sich von der äußern Gegenständlichkeit in sich selbst zurück, aber auch hier vollbringt er dieselbe Negation, indem er die Mannichfaltigkeit und Bestimmtheit des Gedankens verwirrt, und nichts zu denken sich bemüht. In dieser Negation aller Bestimmtheit ist der Mensch in Einheit mit Brahm, oder vielmehr diese Einheit selbst. Diese Aufhebung aller Differenz und Gegenständlichkeit ist das verwirklichte Brahm. Das Gebet, als das fortwährende Aussprechen der heiligen Sylbe, vermag den Menschen nur zu einer momentanen Einheit mit dem Absoluten zu verhelfen, dagegen gelangt er zu einer ewigen Einheit, wenn er sich den Martern und Qualen unterwirft, welche das wahre Bewußtsein ertödten und verdumpfen, und das Individuum zu einem that- und willenlosen Objecte zusammenschrumpfen lassen. In diesem religiösen Processe erscheint das Absolute als die reine einfache **Allgemeinheit des Seins**. Jedes bestimmte Dasein nämlich ist schon durch diese seine Bestimmtheit zugleich ein beschränktes, und hat andere Bestimmtheiten, auf welche es sich äußerlich bezieht, neben sich; ebenso sehr aber erscheinen auch die elementarischen Mächte, welche die Vorstellung zu göttlichen Gestalten personificirt, noch als ein bestimmter Inhalt, welcher nicht alles Sein in sich umfaßt. Der Mensch erhebt sich daher über diese ganze Mannichfaltigkeit des Daseins zu dem Gedanken der einfachen Unendlichkeit, welche über alle Bestimmtheit hinaus nur die einfache Beziehung auf sich selbst ist. Dieses unendliche Sein darf nicht mehr personificirt werden, weil es sogleich

) Die erst in neuerer und neuester Zeit durch die Einsicht in uellen gewonnene wirkliche, wenn auch noch sehr fragmentari- Kenntniß des alten indischen Lebens hat eine Anzahl von Wer- ber Indien fast ganz unbrauchbar gemacht. Von besonderer igkeit ist die Erkenntniß über das historische Verhältniß des amismus und Buddhismus, dessen Verkennen nothwendig al- eiteren Untersuchung die solide Basis nahm, und besonders r Erklärung und Deutung der indischen Mythen eine seltsame irrung zur Folge haben mußte. Nachstehende Entwickelung ndischen Pantheismus stützt sich besonders auf die Werke Boh- und Stuhr's: Das alte Indien mit besonderer Rücksicht auf ten dargestellt von P. v. Bohlen. 2. Th. (Königsberg) Die Religionssysteme der heidnischen Völker des Orients, v. . Stuhr. (Berlin 1836.)

dadurch als ein Bestimmtes erscheinen würde, welches andere Bestimmtheiten neben und außer sich hat. Vor Allem steht dies absolute Sein auch nicht mehr dem menschlichen Individuum **gegenüber**; denn in dieser Gegenständlichkeit würde dasselbe zu einem bestimmten und damit endlichen Objecte werden. Darin besteht nun grade der Proceß des Cultus, alle und jede Gegenständlichkeit zu vernichten, denn diese Negation aller Gegenständlichkeit, diese Aufhebung aller sich gegenüberstehenden Unterschiede, das allen Inhalt in sich Umfassende und in seiner Bestimmtheit Vernichtende ist das Wesen des Absoluten selbst. Dieser religiöse Act ist daher eine wirklich praktisch vollzogene Erhebung des Menschen zum allgemeinen Sein; jedoch schon in dieser praktischen Ausführung liegt es, daß das Brahm der indischen Religion nicht blos als das reine Sein gefaßt werden darf. Die Einheit mit Brahm nämlich ist nicht eine unmittelbar gegebene, sondern ist wesentlich **Proceß**; dieser hat die Differenz zur Voraussetzung und zum Ausgangspunkte, und jene Einheit zum Resultate. Die resultirende, den Unterschied aufhebende Einheit aber ist nicht mehr das einfache Sein, sondern wesentlich **Substanz**.

Zur weitern Erläuterung des Begriffs der Substanz fassen wir das vom Sein Unterschiedene näher ins Auge. Das unbestimmte Sein hat zunächst an sich kein Dasein und existirt nicht; denn als die einfache Einheit, welche weder von einem Andern unterschieden ist, noch irgend einen Unterschied in sich enthält, ist das Sein ebenso sehr das absolut Leere. Das einfache Sein ist daher erst **wirklich** im Unterschiede. Diesen Unterschied können wir im Allgemeinen als **Welt** bezeichnen, wiewol es sich sogleich zeigen wird, daß unsere verständige Auffassung der Welt eine der indischen Vorstellung durchaus fremde ist. Die Welt erscheint zunächst als das Dasein des allgemeinen Seins, und zwar wird das Hervortreten des Unterschiedenen und Endlichen aus der einfachen Unendlichkeit theils als ein Entfalten und Entwickeln des in sich verschlossenen Absoluten gefaßt, theils mehr oder zugleich als eine Emanation dargestellt. Wie dies einfache Sein ohne die Welt gar nicht die wirkliche Einheit sein würde, so ist die Welt selbst ein nothwendiges Moment des Absoluten, und an allen Punkten schlechthin vom Absoluten durchdrungen. Jeder Unterschied, jeder bestimmte Gehalt, jede Erscheinung ist daher das Dasein des Absoluten selbst, aber nun nicht mehr die einfache unbestimmte Einheit, sondern das bestimmte und erscheinende Absolute. Erst mit dieser Bestimmtheit tritt die **Gestaltung** des Absoluten ein; schon das schaffende oder sich entwickelnde Absolute ist eben wegen dieser Bestimmtheit nicht mehr das Sein selbst oder Brahm, sondern **der** Brahma, welcher andere Gestalten neben sich hat. Indem aber ferner in allen in die Wirklichkeit tretenden Unterschieden immer nur das unbestimmte Sein das wahrhaft göttliche ist, an welchem alle Erscheinung Theil nimmt, so treten die Daseinsweisen des Absoluten nicht zu einer Selbständigkeit aus einander, sondern diese ist vielmehr durchgängig zugleich aufgehoben, und als eine endliche und nichtgöttliche negirt. Dem absoluten selbstlosen Sein gegenüber gibt es schlechterdings keine wirkliche Selbständigkeit, sondern das Fürsichsein, die Subjectivität und Persönlichkeit ist, wie sie grade als das Endliche, Nichtgöttliche erscheint, auch nur eine scheinbare. Diese scheinbare Persönlichkeit der indischen Götter zeigt sich sogleich in der Art und Weise, wie die **Kunst** sie darstellt. Allerdings ist es vorzugsweise die **menschliche** Gestalt, mit welcher die Götter bekleidet gedacht werden; allein diese Gestalt erscheint nicht in ihrer idealen Wirklichkeit, wie in der griechischen Kunst, sondern in der mannichfachsten Verzerrung. So verzerrt wie die Form, ist auch hier noch der Gehalt; er ist nicht die gegenwärtige Unendlichkeit des selbstbewußten Geistes, welcher in der menschlichen Gestalt den entsprechenden Ausdruck hat, sondern die abstracte, selbstlose und unwirkliche Unendlichkeit, welche sich ins *Grenzenlose* expandirt, ohne sich zur Gegenwart *zusammenzuziehen*. Darum bedarf die indische Kunst auch des Symbols, um die Götter nach ihrer Verschiedenheit kenntlich zu machen. Diese Verschiedenheit ist keine geistige, selbstbewußte, keine Verschiedenheit des Charakters und Willens, welche durch die innere Energie die äußere Form allseitig bestimmt und durchsichtig macht, sondern eine nur substanzielle Verschiedenheit elementarischer Mächte, welche außerhalb der Subjectivität nur durch natürliche Elemente angedeutet zu werden vermag. Diese Selbstlosigkeit der indischen Götter hat auch nothwendig zur Folge, daß ihre Thätigkeit keine bestimmte abgegrenzte ist, welche sie als den Zweck ihres Willens festhielten, sondern jeder Gott greift auch in die Thätigkeit des Andern ein, ja ist zugleich ebenso sehr selbst ein Anderer. Das **Wesen** nämlich der vielen Götter ist nicht ihre Bestimmtheit und Verschiedenheit, sondern vielmehr ihre Einheit und Unbestimmtheit; die absolute unterschiedlose Substanz des Brahm ist ihre Wahrheit, in welcher sie zu verschwindenden Momenten herabgesetzt sind. Immer ist es nur das Eine, welches durch sie hindurch scheint, und welches ihre unterschiedene Selbständigkeit zur Selbstlosigkeit zusammenschüttet; und dies Verschwinden der Subjectivität sprechen die Götter selbst dadurch als ihr Wesen aus, daß sie wie die Menschen sich den Büßungen unterziehen, wodurch denn Jeder das Recht bekommt, sich als Brahm selbst zu bezeichnen, d. h. seine eigene Negation als seine wahre Wirklichkeit auszusprechen. Dies momentane Hervortreten und Verschwinden der Subjectivität der indischen Götter stellt sich auch in ihren **Verwandlungen** dar, welche den hauptsächlichsten Inhalt der indischen Mythologie ausmachen; ihre Gestalt ist keine bestimmte, feste, sondern die Offenheit für jede beliebige Gestaltung, also Gestaltlosigkeit, welche willkürlich und zufällig in jede Form eingeht, aber auch jede Grenze als ein ihr nicht Gemäßes wieder verwischt. Diese schwankende Gestaltlosigkeit theilt sich von den Göttern aus die ganze Natur mit; die bestimmten Erscheinungen sind zugleich die handelnden Götter selbst; dadurch sind die natürlichen Dinge dem natürlichen Gesetze, der nothwendigen Vermittelung von Ursache und Wirkung entnommen, und treten aus dem in sich geschlossenen Ganzen zur Selbständigkeit heraus; allein diese ist auch wieder nur eine scheinbare, denn das den Dingen immanente Gesetz, die vernünftige Vermittelung ist ihre wahrhafte Freiheit, während sie aus diesem nothwendigen Connex herausgerissen nur der schwankende Schein einer ihnen selbst fremden Gewalt sind.

Gehen wir auf den vorher angegebenen höchsten Act des indischen Cultus zurück, so wird uns dieser in einem neuen Lichte erscheinen. Die Wahrheit und das Wesen von Allem ist das einfache selbstlose Sein; dies aber ist nur wirklich im Unterschiede. Das vom absoluten Sein Unterschiedene ist die endliche Welt, in welcher die ganze Fülle des einfachen Seins sich sondert, und nach ihrem ganzen unendlichen Inhalte zur Erscheinung kommt. Allein so sehr auch diese Sonderung ein Moment des Absoluten selbst ist, ohne welches dieses gar nicht existirte, so bleibt doch das wahrhaft Absolute immer nur das unterschiedslose Sein; also die Wahrheit des Unterschiedenen ist nicht sein Bestehen, sondern sein Verschwinden, diese Theilnahme am Sein, welches als dies Eine sich durch die Mannichfaltigkeit der Erscheinung hindurchzieht. Dies Absolute ist wesentlich dieser ganze Proceß des Erscheinens und Vernichtens, so aber, daß in die Form des Absoluten nur dies Vernichten, also das Festhalten seiner innern Unterschiedslosigkeit, fällt. Während aber in der ganzen Mannichfaltigkeit der Welt das Absolute nicht seine entsprechende Erscheinung hat, indem es für sich nur die einfache Einheit ist, so tritt es in die wirkliche seinem Wesen adäquate Existenz in dem Menschen, welcher aus der bunten Welt der Erscheinung sich herauszieht, die verständige Trennung und Endlichkeit seines natürlichen Bewußtseins aufgibt, und nichts weiter denkt, als das Sein; dann ist das Brahm leibhaftig da, als das erscheinende und diese Erscheinung wieder vernichtende Eine. Indem der Mensch in dieser Einheit mit Brahm sein Wesen erreicht hat, geht er im Tode unmittelbar in die Substanz über, während derjenige, welcher es nicht zu dieser Einheit gebracht hat, welcher also seine Selbstheit und Individualität noch festhält, nach dem Mythus einer Wanderung durch verschiedene Gestalten unterworfen bleibt, bis er seine Selbstheit geläutert und zum Verschwinden in das Absolute gereinigt hat. Die individuelle Unsterblichkeit gilt also hier geradezu als Strafe.

Es stellt sich hier von selbst heraus, wie unwahr es ist, das Wesen des Pantheismus in die totale Einheit Gottes und der Welt zu setzen; vor Allem ist dieser Ausdruck darum unpassend, weil das, was das verständige moderne Bewußtsein Welt nennt, in dem Pantheismus noch gar nicht vorhanden ist. Nicht in der Vergötterung der sogenannten Welt besteht das Wesen des Pantheismus, sondern vielmehr darin, daß diese Welt als ein schlechthin unselbständiges und nur verschwindendes Moment gefaßt wird, oder daß ihre Theilnahme an der Göttlichkeit die Vernichtung ihrer Wirklichkeit ist; also nicht das Sein der Welt ist im Pantheismus das Sein Gottes, sondern vielmehr das Nichtsein derselben. Dies Vernichten der Welt ist das Absolute selbst, sein Leben und seine Wirklichkeit.

Verfolgen wir das pantheistische Bewußtsein weiter, so stoßen wir durchgängig auf die Vernichtung des selbstbewußten Willens, welche sich schon in dem höchsten Acte der religiösen Andacht auf ihrer höchsten Spitze darstellte. Auch das Einssein mit Brahma ist kein unmittelbar gegebenes, sondern der Mensch hat es erst durch die Abstraction seines Denkens zu verwirklichen; diese Abstraction ist allerdings eine Vernichtung der angebornen Natürlichkeit, der sinnlichen Triebe und Leidenschaften, aller endlichen und selbstsüchtigen Interessen überhaupt, allein mit ihnen werden auch die wahrhaften und geistigen Zwecke fortgeworfen, und es bleibt bei dieser Vernichtung der Endlichkeit, ohne daß diese zu dem Besitze eines geistigen Inhaltes fortginge; diese that- und willenlose Expansion des einzelnen Subjects zur geistlosen Allgemeinheit ist so nur ein großartiger Egoismus, in welchem die Freiheit von der endlichen Subjectivität keine wirkliche objective wird. Dieselbe geistlose Negation der unmittelbaren Natürlichkeit stellt sich in den indischen Kasten dar, und diese sind ebendarum nicht etwas Zufälliges, sondern Wesentliches, und mit dem religiösen Standpunkte eng Zusammenhängendes. Zunächst ist hier der wesentliche geistige Unterschied der Stände zu einem natürlichen geworden, und die durch die Geburt gegebene und für den Geist äußerliche Grenze und Bestimmtheit gilt als fest und absolut heilig. In diesem festen Unterschiede nehmen die Menschen nicht auf gleiche Weise an der Göttlichkeit Theil, sondern jeder empfängt ohne sein Zuthun einen bestimmten Grad der Göttlichkeit, und seine Thätigkeit bleibt in dieser natürlichen Bornirtheit, in diesem „geistigen Thierreich," ohne sich zu dem Bewußtsein ihrer geistigen Allgemeinheit zu erheben. Jedoch ist auch diese unmittelbar gegebene Göttlichkeit für den Einzelnen nicht ohne Arbeit und geistigen Proceß. Die Kaste der Brahmanen gilt als das existirende Göttliche selbst, allein alle ihre Handlungen, ihr ganzes Thun und Treiben ist auf das Strengste von dem heiligen Gesetze bestimmt. In der Beobachtung dieses Gesetzes besteht ihre Thätigkeit, sodaß sie erst dadurch, durch ihre eigene Arbeit wirklich zu Brahmanen werden. Ebenso ist jeder andern Kaste ihre eigenthümliche Thätigkeit als ihr Zweck genau vorgeschrieben, und damit erscheint die angeborene Göttlichkeit immer erst als eine Aufgabe, deren Lösung die Überwindung der individuellen Natürlichkeit in sich schließt. Darin aber, daß jeder Kaste bestimmte Pflichten von dem göttlichen Gesetze vorgeschrieben sind, liegt noch nicht die Vernichtung der Willensfreiheit; diese tritt jedoch sogleich dadurch hinzu, daß die Gesetze selbst keinen wirklich geistigen Inhalt haben, sondern kleinliche, für den Geist bedeutungslose Bestimmungen sind. So ist das Leben der Brahmanen nach allen Seiten und Beziehungen, bis ins geringfügigste Detail hin, mit Geboten und Verboten eingekettet; es ist ihnen vorgeschrieben, wann und wie sie die Vedas lesen sollen, wie laut und mit welchem Accent, wie sie stehen und gehen, liegen und sitzen, wie und wo sie ihre Nothdurft verrichten sollen rc.; einem solchen Gesetze gegenüber ist der Mensch schlechthin beschränkt, denn in diesen geistlosen und willkürlichen Bestimmungen kann er nicht sein eigenes Wesen erkennen, sondern nur eine fremde Gewalt und Nothwendigkeit, welche seine natürliche Individualität nur vernichtet, ohne ihm zur inhaltsvollen Gewißheit seiner selbst und zur Befriedigung mit sich zu verhelfen. So geistlos daher die totale, durch die Vernichtung des verständigen Bewußtseins vermittelte Einheit mit Brahm war, ebenso geistlos ist die göttliche Existenz der Bramahnenkaste. An die Kastenunterschiede knüpfen sich ferner die weitern *sittlichen* Bestimmungen und Verhältnisse an. Dem absoluten Sein gegenüber verschwindet zunächst, wie aller Unterschied überhaupt, so auch der Unterschied zwischen Guten und Bösen, und wie Brahm wegen seiner totalen Unbestimmtheit und Willenlosigkeit nicht als der Gute bezeichnet werden kann, so versetzt die totale Vereinigung mit ihm auch den Menschen in eine Sphäre, in welcher jener Gegensatz seine Bedeutung schlechthin verliert; damit aber ist jener Gegensatz nicht wirklich gelöst, sondern vielmehr seiner wahren und wesentlichen Bedeutung nach verkannt, weil das Resultat des aufgehobenen Gegensatzes nicht der selbstbewußte, das Böse als sein eigenes Unwesen von sich ausschließende Geist ist, sondern vielmehr die Vernichtung des Geistes und das Zurückfallen desselben auf eine willenlose und somit thierische Unschuld. Es ist jedoch nur jene höchste Sphäre, in welcher der Unterschied zwischen Gutem und Bösem verschwindet, innerhalb des weltlichen und niedern religiösen Lebens behält er seine Geltung. Damit ist nun noch nicht gar viel geholfen, sondern es kommt wesentlich auf die nähere Bestimmung dessen an, was für gut und für böse angesehen wird. Diese nähere Bestimmung ist in den Kastengesetzen enthalten; denn die der Kaste vorgeschriebenen Gebote und Pflichten zu erfüllen, ist Tugend, sie zu übertreten, Laster. Mag daher immerhin bis ins Kleinste das Gute wie das Böse dem Indier durch das göttliche Gesetz vorgezeichnet sein, so wird dennoch durch die willkürlichen und geistlosen Bestimmungen des Gesetzes jener Unterschied nicht in seiner Wahrheit durchgeführt, sondern vielmehr auf eine wüste und dem freien Bewußtsein nothwendig anstößige Weise. Wegen des absolut festen Unterschiedes der Kasten hat der Mensch als solcher gar keine Geltung, und es gibt immer nur Tugenden des Brahmanen, des Kriegers ꝛc., ohne daß diese in der Allgemeinheit und Freiheit der Person ihre Basis hätten. Ein Brahmane hat das Recht, jeden aus der niedern Kaste zu tödten, der ihn nur scheel anzusehen wagt, aber wenn er zufällig in die Sonne sieht, begeht er eine Sünde; gewisse Thiere zu schlachten ist ihm streng verboten, aber einen Parias verschmachten zu lassen, wird ihm nicht als Sünde angerechnet. Offenbar wird durch dergleichen Bestimmungen der Unterschied zwischen gut und böse auf das Äußerste verwirrt, und die sittliche Gemeinschaft des Staats zerfällt in besondere Particularitäten, welche sich in ihre Interessen und Pflichten hineinborniren, ohne durch einen gemeinschaftlichen, wirklich geistigen Zweck zu einer lebendigen Einheit zusammengehalten zu werden. Diese Einheit des Staates und des Volkes ist so leer und willenlos, wie die absolute Substanz, und darum auch thatlos; Indien hat daher in Wirklichkeit keine Geschichte, sondern ist wie das absolute Brahm selbst, das Sein, welches keinen Gegensatz und somit keine Bewegung in sich aufkommen läßt.

Wenden wir uns zuletzt noch zur *Philosophie*, so ist diese dem Inhalte wie der Form nach von dem eigenthümlichen Standpunkte des indischen Geistes wesentlich bestimmt; sie ist daher noch in einem andern Sinn, als z. B. die Philosophie Spinoza's, pantheistisch zu nennen. Schon die Anschauung der absoluten Substanz, wie sie das Princip der indischen Religion ist, kann sich leicht als ein philosophisches Denken darstellen, indem sie über das empirisch gegebene Sinnliche und Einzelne zur einfachen Allgemeinheit hinausgeht, welche wesentlich Gedanke ist; wenn jedoch neben dieser Anschauung die wüste und phantastische Vorstellung ihr vollkommenes Recht behält, so zeigt es sich, daß auch jene Allgemeinheit nur dem Gefühl und der Andacht gegenwärtig war, aber nicht im Elemente des Denkens gefaßt und begriffen wurde. Auch die indische Philosophie bringt es nicht zu dem *Begriffe* jener substantiellen Allgemeinheit, sondern bleibt bei der religiösen Anschauung und dem Scheine des Gedankens, und die wirklich philosophische, von der religiösen Vorstellung sich lostrennende Reflexion gibt sehr dürftige, dem Inhalte wie der Form nach ungebildete Bestimmungen. Wenn daher die Systeme der indischen Philosophie sich fast durchgängig an die heiligen Bücher der Offenbarung anschließen, und diese selbst als ihr Fundament bezeichnen, sollten sie auch in der Reflexion über die Lehren der Religion einzelne Bestimmungen der Offenbarung verwerfen, und somit von der Religion als profan, ja atheistisch bezeichnet werden, so bleiben sie doch, und zwar noch in einem andern Sinne als sie selbst es wissen und von sich behaupten, innerhalb des Standpunktes der indischen Religion stehen. Nämlich nicht blos ihr Inhalt ist pantheistisch, sondern zugleich ihre Form. Einerseits sind sie weit davon entfernt, das Selbstbewußtsein als das Wesen und die wahre Wirklichkeit des Geistes zu erkennen, wodurch sie mit Bewußtsein aus der pantheistischen Anschauung herausgetreten wären, sondern sie betrachten vielmehr, wie die Religion, die Negation des Selbstbewußtseins als das wahre Heil und Ziel der Seele, welches sie durch ihr Denken zu erreichen streben. Andererseits aber steht dies Denken selbst schon auf dem Wege, welcher zu dieser geistlosen Einheit mit dem Absoluten führt, und ist der einfache Widerspruch, durch sich selbst das Gegentheil seiner, nämlich die Gedankenlosigkeit zu erlangen; dies Hinausweisen des Denkens über sich selbst zu einer seligen Unterschiedslosigkeit ist schon die panteistische Anschauung der Substantialität, nicht das selbstbewußte philosophische Denken, sondern der pantheistische Taumel der religiösen Vorstellung.

Als das wesentliche, alle Verhältnisse des Lebens gestaltende Princip des indischen Geistes muß also das Substantialitätsverhältniß angesehen werden; in ihm hat der Mensch wol Selbstbewußtsein, aber er erkennt dies nicht als die wahrhafte Wirklichkeit des Geistes an, sondern spricht vielmehr die Vernichtung desselben als das absolute Wesen und als seine eigene Bestimmung aus. Dem absoluten unterschiedslosen *Einen* gegenüber gibt es nur wesenlose Unterschiede, und nur eine scheinbare verschwindende Selbständigkeit; diese schwankende Selbstheit, welche sich aus der Unterschiedslosigkeit hervorhebt, ohne sich festhalten zu können, ist der Mensch selbst und der eigenthümliche Standpunkt seines Geistes. Nicht mit Unrecht hat man es jedoch als das Charakteristische des orientalischen Lebens *überhaupt* angesehen, daß in ihm der Mensch sich noch nicht seiner Freiheit bewußt ist, und daß eben wegen dieser Bewußtlosigkeit über sein eigenes Wesen das Individuum als solches keine Geltung und Würde hat. Indem wir im Vorigen die indische Religion hervorhoben, um an ihren wesentlichen Bestimmungen den Begriff des religiösen Pantheismus zu erläutern, so wollen wir doch damit nicht leugnen, daß auch andere orientalische Religionen als pantheistisch bezeichnet werden könnten; da jedoch hier nicht der Ort ist, auf diese weiter einzugehen, so mögen einige allgemeine Bemerkungen auf die Möglichkeit verschiedener Gestaltungen des religiösen Pantheismus hinweisen.

Was wir vorher im Bezug auf die Philosophie behaupteten, daß es nämlich kein System geben könne, welches nur die consequente Durchführung eines einseitigen Princips sei, dies gilt auch in weit höherem Maße von der Religion. In jeder Religion sind alle wesentlichen Momente des Geistes und der Wahrheit enthalten, und die Endlichkeit derselben besteht nur darin, daß diese Momente nicht in ihrem wahrhaften Verhältnisse erkannt sind. So faßt z. B. die indische Religion das Absolute als Substanz, nicht als Person; allein das Moment der Persönlichkeit tritt ebenfalls hervor, wie in den vielen Göttern, jedoch bekommt die Subjectivität nicht ihr Recht, indem sie nicht in ihrer Vollendung und als die Wahrheit der selbstlosen Substanz erkannt ist, und darin allein besteht die Endlichkeit der indischen Religion. Dem Brahm gegenüber ferner hat der Mensch sein Selbstbewußtsein zu vernichten; allein dieser religiöse Proceß hat den Unterschied der Menschen vom Brahm und die Existenz seines wahren Bewußtseins zur Voraussetzung; damit ist der Unterschied schon ein wesentliches Moment jener Unterschiedslosigkeit, und kann nicht entbehrt werden, soll diese wirklich in Existenz treten, ja existirte wirklich nur das unterschiedslose Eine, so würde die Religion als ein Verhältniß des Menschen zu Gott überhaupt verschwinden. Schon die Existenz der Religion ist daher als ein Hinausgehen aus dem Substantialitätsverhältniß zu betrachten, und die Auffassung Gottes als der absoluten Substanz ist nur dadurch möglich, daß die Endlichkeit und Einseitigkeit dieses Begriffs, wenn auch äußerlich, doch vollständig in dem religiösen Bewußtsein zugleich supplirt wird. Hieraus ergeben sich nun verschiedene Modificationen der pantheistischen Religion. Innerhalb der einen Basis der Substantialität kann auf verschiedene Weise das Moment der Subjectivität sich geltend machen; der Keim der Freiheit, welcher im Pantheismus als einer Gestaltung des Geistes nothwendig enthalten ist, kann mehr oder weniger hervortreten und sich entfalten, ohne daß es dem Geiste gelänge, sich vollständig in seiner Freiheit zu erfassen. Die indische Religion haben wir nur vorzugsweise darum hervorgehoben, weil in ihr die Substanz als die einfache, alles Andere in sich fassende und absorbirende Einheit mit Bestimmtheit zum Bewußtsein gekommen und allseitig durchgeführt ist; hier tritt daher das eigenthümliche Wesen des Pantheismus in seiner ganzen Energie hervor. Der indischen Brahmareligion am nächsten verwandt ist die *Buddhareligion*, welche, wie neuere Untersuchungen hinlänglich erwiesen haben [5]), als eine Reformation der erstern zu betrachten ist. In ihr geht das Bewußtsein auf, daß das Wesen der Substanz, indem sie allen Unterschied in sich vernichtet, die reine Negation, das absolute Nichts ist; dies ist nicht ein Atheismus im gewöhnlichen Sinne, sondern es wird vielmehr dem Nichts Existenz und zwar absolute Existenz zugeschrieben. Das Nichts hat, wie die Substanz an den Unterschieden sein Dasein, und ist wie diese, jedem Dinge und jeder Erscheinung immanent, aber das Vernichten und Zusammenschütten alles Mannichfaltigen in die einfache Unterschiedslosigkeit, oder das Absolute in seiner Reinheit ist nur wirklich in Buddha, welcher in seiner Andacht diese Abstraction von aller Endlichkeit vollbracht hat. Indem die Buddhareligion die negative Macht der Substanz gegen alle Unmittelbarkeit hervorhebt, so wird dadurch die unmittelbare Existenz des Göttlichen schwankend, und es tritt statt der Kastenunterschiede ein weitverbreitetes Mönchsleben auf; jedoch macht sich in verschiedenen Gestaltungen der Buddhareligion auch die Subjectivität in ihre Unmittelbarkeit geltend, wie z. B. im Dalailama. Somit haben wir auch hier in der pantheistischen Gestaltlosigkeit des Absoluten den Trieb der Gestaltung und Individualisirung. Diesen Trieb haben wir schon auf der niedrigsten Stufe der Religion, in dem *Fetischismus*, anzuerkennen. Wenn man diesen gewöhnlich nicht als Pantheismus zu bezeichnen pflegt, so hat man hierin insofern Recht, als die religiöse Vorstellung sich im Fetischismus noch gar nicht zur absoluten Einheit, zu einem πᾶν der Welt, erhoben hat, sondern diese bleibt verborgen in der Unbestimmtheit des Gefühls, und tritt nur in der oberflächlichsten Individualisirung in die Anschauung. Ebenso wenig pflegt man die *chinesische* Religion pantheistisch zu nennen; jedoch ist sie nicht etwa über den pantheistischen Standpunkt hinaus, sondern eher könnte man sie, wie den Fetischismus, noch für zu dürftig halten, um diesen Namen auf sie anwenden zu können. In der *persischen* Religion dagegen tritt die pantheistische Einheit schon mehr in den Hintergrund, und das Göttliche gewinnt als Gutes und Böses eine Bestimmtheit, wiewol diese die Subjectivität noch nicht erreicht. Vor Allem aber ist es die *ägyptische* Religion, in welcher der Geist seine Substantialität zu überwinden und sich zur Gewißheit seiner Freiheit zu erheben trachtet. Das Absolute erscheint daher als das *Leben*, und fängt an, die Negativität und den Unterschied, und damit das Princip der Bewegung und Subjectivität *in sich selbst* zu umfassen; jedoch gewinnt auch hier das Lebendige noch nicht die freie Form, durch welche allein der Geist vollständig

---

5) Bohlen a. a. O. 1. Th. S. 306 fg. Stuhr a. a. O. S. 133 fg.

aus dem Zauberkreise der pantheistischen Wirklichkeit heraustritt.

Dies geschah in der *griechischen* Welt. Die geistige *Individualität* ist das Princip des griechischen Lebens und hiermit hat nicht etwa blos die Religion den Pantheismus überwunden, sondern an allen Punkten der Wirklichkeit bricht dieses Princip hervor und gestaltet alle Sphären des Lebens von Grund aus um. Die Gottheit hat nicht mehr jene schwankende nebulose Gestalt und nur den Schein der Individualität, sondern ist selbstbewußtes, nach Zwecken handelndes Subject; dies löst sich allseitig los von der unmittelbaren Einheit mit der Natur, und hat in seiner gegenwärtigen Unendlichkeit die Energie, diese zu einem dienenden Momente herabzusetzen. Darum erscheint die Gottheit in der reinen menschlichen Gestalt, nicht verzerrt und bedarf nicht zur Erklärung der Aufhäufung von Attributen, sondern durch alle Organe leuchtet die Gewalt des freien Selbstbewußtseins in seiner charakteristischen Bestimmtheit hervor. In diesen Idealen der Schönheit stellt der Mensch sein eigenes Wesen dar. Als geistige, von der Natur freie Individualität weiß er sich selbst, und dies sein Bewußtsein von sich ist seine Wirklichkeit. Darum gilt ihm nicht die Verdumpfung und Vernichtung des Selbstbewußtseins als sein Ziel und als die höchste Stufe seiner Vollendung, sondern die geistige That und Handlung, die wache, kräftige Bewegung, welche sittliche Zwecke der natürlichen Welt gegenüber erkämpft und durchführt. In dem pantheistischen Bewußtsein ist das menschliche Subject wirklich nur Attribut und verschwindendes Moment der Substanz; denn das Sein des Geistes ist das Bewußtsein, und diese Bewußtlosigkeit über sein Wesen, diese Tendenz, die freie Selbstheit zu vernichten und in die unterschiedslose Macht der Substanz zu versenken, ist an sich selbst schon die geistige Unselbständigkeit, die Ohnmacht, sich selbst zu setzen und zu schaffen, d. h. die wirkliche Geistlosigkeit. Ebenso ist es in der griechischen Religion nicht eine bloße Meinung des Menschen, daß er nicht verschwindendes Moment der Substanz, sondern die freie Subjectivität sein Wesen sei, sondern mit dieser Gewißheit seiner selbst ist er wirklich aus der Macht der Substanz herausgetreten und hat vollkommen Recht, wenn er dieselbe als eine ohnmächtige, von der Wirklichkeit ferne vorstellt. In dieser Überwindung des Pantheismus aber hört das Absolute nicht auf, in der Welt gegenwärtig und das Wesen und die Wahrheit aller Endlichkeit zu sein; auch in der griechischen Vorstellung sind die natürlichen Erscheinungen zugleich göttliche Handlungen, und jeder Gott hat einen bestimmten, *substantialen* Inhalt, ohne welchen er zur bloßen Form werden würde. Auch fehlt in der griechischen Religion die Vorstellung der Substanz nicht, aber diese erscheint als das Schicksal, als das unbestimmte und unpersönliche Göttliche, während der concrete göttliche Inhalt an die verschiedenen Göttergestalten vertheilt ist. Das Verhältniß dieser beiden Momente zu einander, der Subjectivität und der Substantialität, macht auch hier wieder das Charakteristische aus. Indem beide Momente zunächst aus einander fallen, ist das Subject nicht zugleich *absolute* Substanz, sondern ein einzelnes, welches andere Subjecte außer und neben sich hat; ferner aber bleibt es bei dieser Verschiedenheit, und das Schicksal läßt, obwol es als über die Götter erhaben vorgestellt wird, dennoch diese ruhig bestehen, ohne in Gegensatz und Widerspruch mit ihnen zu treten. Die weitere Entwickelung dieses Verhältnisses stellt sich in der römischen und jüdischen Religion dar; erst die christliche Religion geht über den Begriff der Subjectivität zur Anschauung Gottes als der unendlichen *Persönlichkeit* fort, in welcher Substanz und Subject zur absolut lebendigen Einheit vereinigt sind.

Wenngleich erst durch den Begriff der Persönlichkeit der Pantheismus nicht blos vollkommen überwunden ist, sondern auch als Moment der Wahrheit sein wesentliches Recht bekommen hat, so gehen doch die griechische, römische, jüdische, wie Muhammedanische Religion durch den Begriff der Subjectivität schon wesentlich über das pantheistische Substantialitätsverhältniß hinaus. Demnach könnte es auffallend erscheinen, daß in der *philosophischen* Erkenntniß der Pantheismus innerhalb aller jener Religionen in verschiedenen Gestalten doch wieder hervortritt und sich geltend macht; die Philosophie scheint hiermit in einen von der Religion schon verlassenen und überschrittenen Standpunkt zurückzufallen. Der Grund hiervon kann zunächst darin gefunden werden, daß die Philosophie in ihrer eigenen Sphäre das zu reproduciren hat, was der Geist in andern Gebieten schon gewonnen; sie beginnt also abstract, und in dieser anfänglichen Abstraction entspricht ihr Gehalt so wenig der concreten und nach allen Seiten hin entwickelten Wirklichkeit, daß es den Anschein bekommt, als hätte der Geist seine eigenen Thaten aus der Erinnerung verloren. Jedoch ist dies nur Schein; eben der Gegensatz gegen die lebendige Wirklichkeit verhilft der Philosophie nicht nur schnell zu einer höhern Stufe hinauf, sondern auch in ihrer ersten pantheistischen Gestalt sind tiefere Momente und Bestimmungen enthalten, als die Philosophie der pantheistischen Wirklichkeit aufzuweisen hatte. Überhaupt muß behauptet werden, daß es eine ganz einseitige und äußerliche Betrachtung ist, den verschiedenen philosophischen Systemen den Begriff des Pantheismus gegenüber zu halten, und vor Allem etwa danach zu fragen, ob ein System pantheistisch sei oder nicht. Dieser Begriff ist zu abstract, läßt zu viel wesentliche Bestimmungen und Unterschiede bei Seite liegen, als daß er als ein allgemeines Kriterium und Eintheilungsprincip hinreichen könnte, die verschiedenen Systeme wesentlich zu sondern und zu charakterisiren. Allerdings handelt es sich in der Betrachtung des Pantheismus um die wichtigsten Punkte der Speculation überhaupt; dies haben wir schon in der Darstellung des religiösen Pantheismus gesehen; Persönlichkeit Gottes, Freiheit und Unsterblichkeit des Geistes, der Unterschied zwischen Bösem und Gutem sind die Fragen, deren bestimmte Antwort das Charakteristische des religiösen Pantheismus ausmachte. Auch sind diese Fragen stets der Hauptgegenstand der philosophischen Erkenntniß gewesen, jedoch ist ihre Lösung zu mannichfaltig, die Wege und Versuche, sie zu beantworten, zu verschieden, als daß mit dem: entweder Pantheismus oder nicht, eine bezeichnende

inction gewonnen wäre. Wenn das Wesen des Pan-
smus im Allgemeinen in dem Festhalten des Substan-
tätsverhältnisses bestand, so ist, wie wir so eben andeu-
, die Persönlichkeit derjenige Begriff, durch welchen
Pantheismus von Grund aus überwunden und zu-
h als Moment der Wahrheit gesetzt wird. Somit
genau genommen von allen den Systemen, welche den
riff der Persönlichkeit nicht vollständig und allseitig
ickelt haben, nicht gesagt werden, daß sie den Pan-
mus wirklich negirten, und wie erst durch den Be-
der Persönlichkeit die Freiheit und die Bedeutung des
rschiedes zwischen Gutem und Bösem wirklich erkannt
, so enthalten auch diese Fragen ohne den Begriff der
önlichkeit nicht ihre vollendete Lösung. Man würde
doch sehr Unrecht thun, wenn man allen den Syste-
schon Pantheismus vorwerfen wollte, welchen es nicht
gt, jenen auf die eben bezeichnete Weise dialektisch als
untergeordnetes Moment der Wahrheit zu setzen; denn
hr dies auch als ein Mangel angesehen werden muß,
nn dabei doch auf die verschiedenste Weise über den
ntlichen Standpunkt des Pantheismus hinausgegan-
werden, wodurch der Name sogleich seine Anwendbar-
verliert. Wir werden uns daher auch nicht darauf
ssen, den Pantheismus durch die ganze Geschichte der
sophie hindurch zu verfolgen und alle die Systeme
dert vorzuführen und darzustellen, welche etwa pan-
isch genannt werden könnten, sondern wir heben nur
igen Gestaltungen der Philosophie hervor, welche ein
tliches Moment des Pantheismus zur Erscheinung
en.

Die griechische Philosophie beginnt sogleich panthei-
. In dieser ihrer ersten und dürftigsten Gestalt tritt ihr
nsatz gegen religiösen Glauben am schärfsten hervor,
dennoch muß behauptet werden, daß sie diesen Glau-
elbst zur nothwendigen Voraussetzung und zu ihrer
s hatte. Grade das Princip des griechischen Lebens,
eistige Individualität, machte es zunächst dem Denken
r, sich zur freien Production und über die Unmittel-
it der Vorstellung hinaus zu erheben; denn durch
Princip hatten sich die mannichfachen Unterschiede des
lichen, wie des geistigen Lebens zu selbständigen Ge-
n abgerundet, welche ihren Unterschied von einander
rkehrend die Einheit und Allgemeinheit in den Hinter-
 treten ließen. Das Denken beginnt nothwendig damit,
lbständigen Unterschiede auf einander zu beziehen, ih-
dadurch ihre Festigkeit zu nehmen, und ihre Einheit
Allgemeinheit als ihre Wahrheit und ihr Wesen aus-
echen. Wenn dies absolute einfache Wesen in der
schen Philosophie zugleich noch als ein natürliches
ent gefaßt wurde, als Wasser, Luft, so vermag sich
das Denken noch nicht von dem Bilde der Vorstel-
loszumachen, hat noch nicht den Muth und die Kraft,
nem eigenen Elemente und in seiner eigenen Ideali-
ie Wahrheit und Wirklichkeit zu suchen. Das Thale-
Wasser ist ein Einfaches und schlechthin Allgemeines,
das bestimmte Element, welches empirisch aufgewiesen
n könnte; daß dies Allgemeine aber dennoch als eine be-
te Qualität bezeichnet wurde, erleichterte dem Den-
ken seinen Übergang in die empirisch gegebene Wirklichkeit. Erst die eleatische Philosophie geht über alle empirisch gegebenen Unterschiede und Qualitäten hinaus, und zum Gedanken des einfachen und allgemeinen Seins fort. Mit diesem Fortgange haben alle unterschiedenen Gestalten ihr selbständiges Fürsichsein und die Würde der Wirklichkeit verloren, und sind nur verschwindende und endliche Momente des einfachen, in sich unterschiedslosen Einen. Dies Eine, die reine Beziehung auf sich, ist das Wesen und das wahrhaft Wirkliche, und zugleich das Allgegenwärtige, an welchem alles bestimmte Dasein Theil nimmt.

Dem Sein nach ist Alles identisch, denn in dieser einfachen Allgemeinheit ist von jeder Bestimmtheit, natürlichen wie geistigen, schlechthin abstrahirt, somit eben das, wodurch das Daseiende von einander unterschieden ist, fortgeworfen, als ein nichtiges Wesenloses, nur Momentanes betrachtet, und eben diese Identität alles Daseins, welche nicht selbst da ist, sondern allem Dasein zu Grunde liegt, ist das Absolute. So gewaltig es erscheinen muß, daß das Denken hier die ganze Fülle der gegliederten Wirklichkeit, das ganze dem Individuum entgegentretende und sich aufdringende Leben als eine verschwindende Erscheinung betrachtet, so kann dennoch das Absolute nicht dürftiger und abstracter bestimmt werden, als es in der eleatischen Philosophie geschieht. Diese Dürftigkeit des Princips ist denn auch der Grund, warum zu keiner weitern Bestimmung und Ausführung fortgegangen werden kann, und wenngleich das unbestimmte Sein als das Wesen von Allem nicht ohne die Erscheinung und den Schein existirt, so wird doch nicht aus dem Sein selbst der sich allseitig gliedernde Unterschied hergeleitet, sondern dieser hat vielmehr mit seiner Unwirklichkeit auch das Interesse verloren.

Daß das Sein das absolute Wesen sei, war auch die Basis der indischen Religion; dennoch aber ist die eleatische Philosophie kein indischer Pantheismus. In der indischen Religion war das absolute Sein wirklich durchgeführt; alles Existirende war darauf bezogen und hatte eine seinem Wesen gemäße Gestalt, nämlich die Gestalt des Wesenlosen. Der eleatischen Philosophie gegenüber steht die durch das Princip der geistigen Individualität gestaltete Wirklichkeit, und in jedem Organe des griechischen Lebens pulsirt ein anderer Geist als der des orientalischen Pantheismus. Dieser Gegensatz gegen die Wirklichkeit ist für die Philosophie selbst nicht gleichgültig. Denn obwol sie selbst erst dann hervortreten kann, wenn das Leben seine ursprüngliche Heiterkeit und Solidität verloren hat, so bleibt sie doch in ihrem Gegensatze gegen die Wirklichkeit bei der Abstraction ihres Princips stehen, und ebendadurch, daß sie dasselbe nicht durchführt, nicht Ernst damit macht, erhält sie sich das höhere Bewußtsein, aus welchem sie selbst hervorgegangen ist. Wenn das Subject in der indischen Religion im Verhältniß zur Substanz zum wesenlosen Moment verschwand und nicht minder die indische Philosophie die selbstlose Einheit mit Brahm als die höchste Spitze der Vollendung aussprach, so behauptet dagegen in der eleatischen Philosophie das Subject dem absoluten Sein gegenüber seine Selbständigkeit und hält das selbstbewußte Denken als die höchste

Weise des Erkennens fest. Diese Bestimmung ist für das Wesen der pantheistischen Philosophie überhaupt von der höchsten Bedeutung. Die Philosophie ist ihrem Begriffe nach die denkende Erhebung des Geistes zum Allgemeinen, Wesentlichen, Substantiellen; in ihr ist also das Subject als Allgemeines thätig und ist sich dieser geistigen Allgemeinheit zugleich bewußt; es verschwindet daher nicht in dem Allgemeinen, sondern macht sich dasselbe gegenständlich, und weiß sich selbst darin. Die Philosophie kann daher erst in Wirklichkeit treten, wenn der Geist den Standpunkt überwunden hat, welchen wir vorher als die pantheistische Wirklichkeit bezeichneten; indem nämlich hier das Subject in dem Allgemeinen verschwindet, ist es selbst nicht subjective denkende Allgemeinheit, sondern nur substantielle Allgemeinheit, d. h. das Subject kommt überhaupt nicht dazu, sich denkend zur Substanz zu verhalten, sondern empfindet und fühlt sie nur. Die Philosophie hat also, schon ihrer wesentlichen Form nach, die Überwindung des religiösen Pantheismus zur nothwendigen Voraussetzung. Dies setzt nun sogleich auch die eleatische Philosophie, insofern sie wirklich freies und eben damit philosophisches Denken ist, mit dem Princip des griechischen Lebens, dem sie zu widersprechen schien, in nothwendigen Connex. Schon in dem Hervortreten des philosophischen Denkens überhaupt, ganz abgesehen zunächst von seinem Inhalte, stellt sich das Princip der geistigen Individualität dar, und ohne diese Basis der Wirklichkeit ist der Fortgang zum freien Denken schlechterdings unmöglich.

Hiermit ist jedoch der Widerspruch der ersten Gestaltung der griechischen Philosophie mit der griechischen Wirklichkeit noch durchaus nicht gelöst; denn mag auch die eleatische Philosophie ihrer Form nach zugleich die Verwirklichung der freien Individualität sein, so ist doch ihr Inhalt wesentlich pantheistisch. Dieser Widerspruch fällt jedoch nun in die Philosophie selbst; sie tritt als freies Denken aus der Macht der Substanz heraus und behauptet dennoch das unterschiedslose Sein als alle Wahrheit. Wenn aber wirklich das einfache Sein das Wesen von Allem ist, so ist die Subjectivität nur eine scheinbare und verschwindende, und es ist unmöglich, daß sich das einzelne Subject, als ein wesenloses Attribut der Substanz, in der Negation seiner Einzelnheit zugleich selbst erfasse und sich hiermit die Substanz gegenständlich mache; die Form der Philosophie ist also im Widerspruch mit ihrem eignen Inhalt, und das Denken müßte sich selbst vernichten, um mit seinem Inhalte sich in Einverständniß zu setzen. Hiernach gäbe es in Wirklichkeit überhaupt keine pantheistische Philosophie. Etwas Ähnliches haben wir schon vorher in Bezug auf die Religion ausgesprochen. Hier hatte jene Behauptung den Sinn, daß jede Religion als eine wesentliche Gestaltung des Geistes nothwendig alle Momente des Geistes umfasse, daß daher die einseitige Auffassung des Absoluten als der Substanz nur durch ein theilweises Hinausgehen über diese Einseitigkeit möglich sei. Ebenso wie die Religion ist auch die Philosophie eine nothwendige Gestaltung des Geistes, und es ist daher schlechterdings unmöglich, daß die Philosophie sich von der Totalität des Geistes losreiße; der Geist ist immer ganz da, weil er an und für sich ein unzertrennliches Ganze ist, und sobald daher die Philosophie aus dem Keime in die wirkliche Existenz tritt, so ist sie, sie mag ihrem Inhalte nach noch so dürftig sein, schon als Bewußtsein des Geistes über sein eigenes Wesen wahr, und in dieser ihrer Wahrheit, getragen von der Totalität des Geistes, ist ihre Dürftigkeit und Einseitigkeit durchgängig ein Widerspruch mit ihrem eignen Wesen. Die pantheistische Philosophie ist daher nothwendig mit sich selbst im Widerspruch; als wesentliches Moment des Geistes existirt sie nur dadurch, daß das Wesen nicht Substanz, sondern Geist ist; dies ist die Basis, aus welcher sie hervorgegangen, und sie selbst als freies Denken kann ebenso wenig wie irgend eine andere Seite des Geistes in Wahrheit begriffen werden ohne die allseitige Erkenntniß der geistigen Totalität.

Der so eben aufgewiesene und noch unaufgelöste Widerspruch aber ist es grade, wodurch die griechische Philosophie wieder in das engste Verhältniß mit der griechischen Religion und dem ganzen griechischen Leben tritt. Auch nach der religiösen Vorstellung gilt das Schicksal, das unbestimmte göttliche Sein, als die über den Göttern erhabene Macht; dennoch aber werden die Götter selbst durch diese Macht nicht beunruhigt, sondern verhalten sich in ewiger Heiterkeit frei und selbständig. An die Stelle des Schicksals ist in der eleatischen Philosophie das Sein getreten, an die Stelle der göttlichen Individuen das denkende, sich selbst wissende Subject; und ebenso unbefangen wie die Religion faßt zunächst auch die Philosophie jenen Gegensatz als einen einfachen Unterschied. Jedoch eben in diesem Unterschiede besteht die Endlichkeit der griechischen Religion, und an ihm und seiner Entwickelung zum Gegensatz und Widerspruch ging dieselbe zu Grunde.

Diesen Vernichtungsproceß hat vor Allem die griechische Philosophie vollbracht, als dasjenige Moment des griechischen Lebens, in welchem die geistige Individualität durch das Bewußtsein über sich selbst über ihre eigne Schranke hinausgeht, und nothwendig muß jeder endliche Standpunkt des Geistes an der Erkenntniß seiner selbst zu Grunde gehen, weil diese Erkenntniß schon das Bewußtsein der Endlichkeit in sich schließt. Als vorgestellt erscheint die Substanz den göttlichen Subjecten gegenüber als ein Ohnmächtiges und Fernes, welches seine absolute Gewalt erst bewähren soll; als gedacht aber ist die Substanz aus ihrer Ferne schon in die Gegenwart hervorgetreten, ist als Allgemeines und Wesentliches gesetzt, und damit bereit, den Kampf mit der geistigen Individualität zu beginnen. Jedoch ist die Wesentlichkeit und Allgemeinheit der Substanz auch schon der Beginn ihrer eignen Subjectivität, und nur durch ihre eigne Formirung ist sie fähig, die ihr gegenüberstehende endliche Form zu durchbrechen. Der Fortgang der griechischen Philosophie besteht wesentlich in dieser Formirung des einfachen Seins. Das eleatische Eine ist ganz formlos, weil das Princip der Formirung und Bewegung, nämlich die Negation, mit Bestimmtheit aus dem Sein ausgeschlossen

edoch schon mit Heraklit wird die Negation als im-
nte gefaßt, und damit hört schon die abstracte Leblo-
t des Absoluten auf. So wahr aber auch das Prin-
er Heraklitischen Philosophie ist, daß weder das Sein
das Nichts, sondern die Einheit von beiden, also
Werden und die Bewegung, das Wesen sei, so ist
Auffassung der Idee doch in ihrer Einfachheit noch
ostract, als daß zu einer concreten Erkenntniß der
iven Wirklichkeit daraus fortgegangen werden könnte.
aber ferner beim Werden stehen geblieben, so ist
zugleich ein Zurückfallen in die Abstraction des
s; denn das Werden ist zugleich die Beziehung auf
und somit Sein; die Ruhe, welche das Werden selbst
Voraussetzung hat, ist hier noch nicht die bestimmte,
selbst bewegende Allgemeinheit, sondern noch das
ose Allgemeine, welches Heraklit als das Schicksal
hnet haben soll. Diese Bestimmtheit erhält das All-
ne in dem νοῦς des Anaxagoras; hier wird die
gung als sich in sich selbst zurücknehmende gefaßt, als
an und für sich, welcher in dem Vollbringen, in
Negation sich selbst erhält. Jedoch auch von dem
ipe des Anaxagoras gilt dasselbe, was wir vorher
er Philosophie des Heraklit behaupteten; sie bleibt
ur bei dem Principe stehen und geht nicht zur sy-
tischen Entwickelung fort; und wenn sie auch den
g macht, ihrem Princip in Bezug auf die Natur
eale Gestaltung zu geben, so läßt sie doch die gei-
Wirklichkeit ganz außer sich liegen. Es sind dies
nur noch Anfänge der philosophischen Erkenntniß,
er allseitigen Durchführung gegenübergehalten, welche
reie Selbstbewußtsein in dem griechischen Staatsle-
nd in der Kunst gewonnen hatte, erscheinen sie höchst
g und ungenügend.
Nach Anaxagoras wendet sich die griechische Philo-
vorzugsweise auf die subjective Seite hin. Das
nde Subject kommt zum Bewußtsein über sein eig-
Thun und begreift die Thätigkeit des Denkens als
esentliche und als das Ziel des Geistes. Mit die-
Bewußtsein greift die Philosophie in die Wirklichkeit
macht sich als ein nothwendiges Moment der geisti-
Bildung geltend und stört zugleich die Unmittelbar-
nd Naivität, in welcher der griechische Geist bis da-
ich behauptet hatte. Im selbstbewußten Denken
das Subject seine bestimmte und von der Entwi-
g des objectiven Geistes erhaltene Individualität ab
rhebt sich zum Bewußtsein der dem Subjecte als
n immanenten Unendlichkeit; also das, was die Phi-
ie schon in ihrem ersten Auftreten und sogleich mit
wirklichen Existenz, wenn auch bewußtlos, war, wird
um Princip erhoben. Damit offenbart es sich zu-
wie das freie Denken, mag es auch aus dem grie-
n Geiste selbst hervorgegangen sein, doch gegen die
hümliche Bornirtheit desselben sich negativ und auf-
verhält; der Staat reagirt gegen diese seine Zer-
g, obwol er selbst sie sich bereitet und in seiner cha-
istischen Endlichkeit schon den Keim seines Untergan-
sich hatte. Erst nachdem das Denken zum Be-
ein seines absoluten Werthes gekommen war, wandte
es sich mit Erfolg auf die objective Wirklichkeit hin, um in dieser sein eignes Wesen und seine wirkliche Unendlichkeit aufzuweisen.

Die antike griechische Philosophie schließt, wie sie begann, pantheistisch; jedoch ist der Pantheismus der stoischen Philosophie in wesentlichen Momenten ein anderer als der Pantheismus der ionischen und eleatischen Speculation. Das Princip der stoischen Philosophie ist das reine Selbstbewußtsein. Dies ist zunächst von dem empirischen Bewußtsein zu unterscheiden, in welchem das einzelne Subject in seine eigne Unmittelbarkeit und Natürlichkeit vertieft, weder praktisch noch theoretisch von seiner Endlichkeit sich befreit hat. Das natürliche, d. h. philosophisch ungebildete, Subject verlegt die Wahrheit aus sich heraus in einen ihm selbst fremden Gegenstand, und die ihm gegenüberstehende Welt gilt ihm mit allen ihren Verhältnissen und Interessen als ein Wesentliches und Wirkliches. Das philosophische Bewußtsein dagegen zieht sich aus seiner Einheit mit der Welt in sich selbst zurück und besitzt in seiner reinen Beziehung auf sich alle Wahrheit und Wirklichkeit; denn wie die Wahrheit die Übereinstimmung des Denkens mit dem Sein ist, so ist im Selbstbewußtsein ebendiese Einheit wirklich realisirt; das Selbstbewußtsein ist an und für sich die Einheit des Subjects und Objects, das Sichselbstdenken und zwar keine leere Tautologie, sondern wirkliche Übereinstimmung oder Einheit unterschiedener Seiten. In dieser Übereinstimmung mit sich selbst hat sich das Subject von seiner eignen Einzelnheit, in welcher es mit der ganzen Masse der Endlichkeiten und Zufälligkeiten verflochten ist, losgemacht und ist in sich selbst absolute Allgemeinheit, Ich; diese Befreiung von der endlichen Subjectivität ist das Ziel des Geistes, und der Weg zu diesem Ziele ist das Denken. Für das absolute Sichselbstwissen hat alles Andere nur die Bedeutung des Attributes; es ist ein Vergängliches und Verschwindendes, welches das freie Ich nicht weiter berührt und in seiner Seligkeit und Selbstgenügsamkeit zu stören im Stande ist. Zugleich aber ist das Denken die Einheit mit dem Absoluten. Das Absolute nämlich ist der ewige λόγος, die Vernunft, welche als das nothwendige Gesetz allem Existirenden immanent ist; in allem Einzelnen ist diese Eine Nothwendigkeit gegenwärtig, und ihre Thätigkeit ist es, welche alles Natürliche und Geistige ordnet und zu einem in sich vernünftigen und harmonischen Ganzen zusammenhält; mit diesem vernünftigen Gesetze weiß sich das denkende Subject in Einheit, mag ihn in dem irdischen Leben treffen, was da will.

Der Stoicismus hat also zunächst den Gegensatz, mit dem die griechische Philosophie begann, entwickelt, und hierin liegt zugleich das Bewußtsein, daß das Subject dem Absoluten gegenüber keine unmittelbare Geltung hat, sondern daß ebendiese Unmittelbarkeit das Aufzuhebende und zu Negirende ist. Durch diese Negation aber tritt auch eine Auflösung und Versöhnung jenes Gegensatzes zwischen Subject und Substanz ein, obwol dieselbe nur eine theilweise und abstracte genannt werden kann. Das Absolute nämlich hat als die substantielle Vernunft wol mannichfache Unterschiede und Bestimmungen in sich, jedoch ist es immer nur das allgemeine Sein, welches diese Unterschiede zur Einheit zusammenhält, ohne daß diese Einheit sich selbst als Gegenstand gegenüberträte, und somit eine andere Form als die des Seins, d. h. der Formlosigkeit, gewänne. Die substantielle Nothwendigkeit aber wird gedacht; damit hört sie auf, eine dem Subjecte fremde zu sein, denn das Denken ist diejenige Thätigkeit des Subjectes, in welcher dasselbe sich von seiner eignen Subjectivität lossagt, auf alle particulairen Interessen, Begierden, Leidenschaften resignirt, also der Substanz Platz macht. Dadurch jedoch, daß das Subject die Substanz denkt, erhält die Substanz nicht selbst die Form der Subjectivität, sondern sie bleibt selbstlos, und das Denken des Subjectes fällt außer ihr. Indem aber ferner einzig und allein die Subjectivität sich zu einem concreten Inhalte zu entwickeln und zu bestimmen vermag, oder vielmehr selbst schon die inhaltsvolle Form ist, so hat das Subject an dem Denken der Substanz auch nicht seine geistige Erfüllung, sondern dies Denken bleibt bei dem Verzichten auf alles Bestimmte stehen, und die Freiheit ist somit immer nur die Befreiung von der endlichen Individualität ohne wirkliche inhaltsvolle Bestimmtheit. Die Freiheit des Stoicismus ist daher nicht eine Freiheit des Willens, sondern nur eine Freiheit des Denkens; das Thun erscheint als eine dem reinen Selbstbewußtsein nicht gemäße Verwickelung mit der Endlichkeit, als ein Eingehen in eine nichtige Objectivität, und diese bleibt trotz ihrer Nichtigkeit doch bestehen, ohne wirklich negirt und durch die Macht des Selbstbewußtseins überwunden zu werden. Wie abstract die Freiheit der stoischen Philosophie ist, zeigt sich vorzugsweise in ihrer Moral. Die Tüchtigkeit derselben besteht nur in der Kraft, mit welcher das Subject alle endlichen und blos subjectiven Zwecke und Absichten, alle äußerlichen Motive fortwirft und so der Tugend an und für sich ihre Geltung vindicirt; sonst aber bleibt sie ganz im Formellen stehen; denn indem die Tugend darin bestehen soll, der Natur und der Vernunft gemäß zu leben, so käme es nothwendig auf die nähere Bestimmung des Inhaltes der Vernunft an; zu dieser Bestimmung aber hat die stoische Philosophie kein weiteres Princip, sondern es ist nur ein äußerliches Räsonnement, welches verschiedenen Inhalt empirisch aufnimmt und nach subjectiven Gründen verwirft oder billigt. Darum fehlt es denn auch nicht an durchaus willkürlichen Bestimmungen, welche nicht nur unsern Begriffen von Tugend, sondern ebenso sehr auch der griechischen Sittlichkeit widersprechen. Das reine Selbstbewußtsein ist unmittelbar das Gewissen, und dieses tritt hier als der letzte Entscheidungsgrund den Gesetzen und der Sitte des Staates gegenüber. Diese Gleichgültigkeit gegen die lebendige Sitte ist der stoischen Philosophie wesentlich, denn in ihr erhebt sich das Subject zum Gedanken seiner absoluten Unendlichkeit, welche in der griechischen Wirklichkeit noch nicht ihre entsprechende Darstellung hat.

Im Stoicismus stellt sich der Unterschied des religiösen und philosophischen Pantheismus auf das Offenbarste heraus. Die Substanz negirt wie alles Einzelne so auch die einzelnen Subjecte; hier aber tritt die Thätigkeit des Subjectes der Substanz gegenüber und macht sich geltend, und in der Bestimmung dieser Thätigkeit als reines Denken liegt der charakteristische Unterschied des philosophischen Pantheismus von dem Pantheismus der religiösen Anschauung. Auch die indische Andacht ist die Abstraction von aller Bestimmtheit, von jeder bestimmten Beziehung des Subjects nach Außen, wie von jeder innerlichen und geistigen Bestimmtheit, aber zugleich von der Bestimmtheit des Denkens, und darum ist die Bewußtlosigkeit ihr Resultat; der Stoicismus dagegen erhebt sich durch die Negation der unmittelbaren Individualität zur reinen Subjectivität und zum in sich unendlichen Selbstbewußtsein. In dieser Erhebung zum reinen Ich ist ebenfalls auf allen bestimmten Inhalt, welchen die Substanz zu einem wesenlosen Momente herabsetzt, Verzicht gethan, das reine Ich hat sich aus der ganzen Masse der Endlichkeiten herausgezogen und hat weiter keinen Inhalt als sich selbst; damit ist das Ich mit dem reinen Eins der Nothwendigkeit in Einheit und Einverständniß; das einzelne denkende Subject ist zugleich nicht dieses Einzelne, welches mannichfache Interessen, Bedürfnisse und Begierden hat, dem Schicksal und der ganzen Äußerlichkeit unterworfen ist und sich beschränkt weiß, sondern ein absolut Anderes, dem seine eigne bestimmte Einzelnheit als ein Nichtiges und Unwesentliches gilt. Obwol das reine Selbstbewußtsein an seiner einfachen Unterscheidung von sich selbst ebenso wenig einen concreten Inhalt hat als die pantheistische Verdumpfung des Bewußtseins, so sind doch beide Daseinsweisen des Geistes der Form nach wesentlich von einander unterschieden; wenn in der Andacht das Subject in der Substanz verschwindet, so vollbringt das Denken seine Vereinigung mit der Nothwendigkeit dadurch, daß es sich zunächst die endliche Wirklichkeit und somit seine eigne Unmittelbarkeit gegenständlich macht; indem es so die Endlichkeit als ein Anderes, Fremdes anschaut, ist es aus derselben heraus und gegen das Verschwinden desselben gleichgültig; dies Verschwinden ist ein außer dem Ich sich verlaufender Proceß, welcher das denkende Subject in keinem Punkte berührt. Diese Anschauung des Einzelnen und Endlichen als eines Fremden ist aber zugleich die denkende Vergegenwärtigung der Substanz; denn die Apathie gegen die mannichfache Unmittelbarkeit ist das Bewußtsein, daß die Eine Nothwendigkeit allein das Wesen und die Wahrheit von Allem ist. Wenn nun die Substanz selbst wieder vom Denken als ein außer dem Ich fallendes Object gesetzt würde, so erschiene sie durch diese Gegenständlichkeit als ein endliches vom Ich überwundenes Moment, und das Ich hätte sich hiermit zugleich von der Substanz emancipirt; dies ist nun wirklich ebendadurch der Fall, daß die Substanz philosophisch gedacht wird; jedoch ist diese Befreiung nur eine einseitige und theilweise, aber ohne diese einseitige Befreiung ist ein philosophischer Pantheismus gar nicht denkbar. Einseitig ist aber diese Befreiung darum, weil die Substanz in ihrer Formlosigkeit die negirten Unterschiede nicht wiederherstellt, also dem denkenden Subjecte keinen concreten

Inhalt zu geben vermag, wodurch einzig und allein die abstracte Freiheit des Denkens zur wirklichen Freiheit des Willens und der That werden würde.

Die weitere wirkliche Entwickelung der antiken griechischen Philosophie ist die neuplatonische. Sie stützt sich allerdings auf Platonische, aber ebenso sehr auch auf Aristotelische Begriffe und ist nicht etwa ein schlechter, äußerlicher Eklekticismus, sondern eine wesentlich neue Gestaltung und Fortbildung. Das Charakteristische derselben ist die Tendenz, die Idee in sich selbst als organische Totalität zu bestimmen; darum macht sich in der Neuplatonischen Philosophie vor Allem die Nothwendigkeit geltend, das Absolute als ein Dreieiniges aufzufassen. Obwol aber einzig und allein die Dreieinigkeit es ist, wodurch der selbstlosen Substanz des Pantheismus gegenüber Gott als unendliche Persönlichkeit erkannt wird, so fehlt der neuplatonischen Philosophie doch grade der Punkt, wodurch die Dreieinigkeit vollendet und der Pantheismus wirklich überwunden wird. Die neuplatonische Philosophie hält nämlich, obwol sie den Unterschied in das Absolute hineinbringt, doch immer das Sein oder die Unterschiedslosigkeit als die letzte und höchste Form der Idee fest; das dreieinige Absolute ist so immer nur die der Welt immanente logische Idee, ohne daß diese zugleich die Aufhebung dieses Hauptgegensatzes thatsächlich vollbrächte und sich so zum Geiste vollendete und realisirte. Der Unterschied der Idee in sich bleibt daher nur ideell wie ihre Subjectivität, und der Idealwelt steht eine andere gegenüber, welche von jener nicht geschaffen, sondern aus ihr emanirt gedacht wird; dieser wesentlich pantheistischen Vorstellung der Emanation kann die neuplatonische Philosophie eben darum nicht entbehren, weil sie die Unterschiede und Bestimmungen der Idee, ebenso wie ihre Subjectivität, in die Form der Unmittelbarkeit oder des Ansichseins zusammenfaßt. So sehr daher auch die neuplatonische Philosophie in vielen Bestimmungen der christlichen Religion und Speculation sich annähert, so fehlt ihr doch der eigentliche Kern des Christenthums, nämlich die Idee der Versöhnung.

Für die griechische Wirklichkeit war es wesentlich und nothwendig, daß sie in einen philosophischen Pantheismus endigte; denn die griechische Religion und somit die Basis des griechischen Lebens war nur eine einseitige Überwindung der Substantialität und Nothwendigkeit, ganz ähnlich wie der Pantheismus der stoischen Philosophie. Die vollständige Überwindung des Substantialitätsverhältnisses ist erst in der christlichen Religion, als der Religion des Geistes, enthalten. In ihr ist Gott weder die selbstlose Substanz, noch ein einzelnes Subject, welches andere göttliche Subjecte neben sich und somit die absolute substantielle Einheit außer sich hat, sondern das mit der absoluten Substanz identische Subject. Ferner aber ist diese Identität keine unmittelbare und abstracte, wodurch Gott, wie in der jüdischen Religion, als abstractes, in seiner Vermittelung mit sich, die Welt und die Menschheit von sich ausschließendes Subject erscheinen würde, sondern durch den absoluten Unterschied sich mit sich selbst vermittelnde Identität, oder absolute Person. Die Idee des Geistes und der Persönlichkeit allein ist es, welche den Pantheismus vollständig negirt und überwindet, ihn sowol in seiner Wahrheit anerkennt, als ihn als ein untergeordnetes Moment derselben setzt. Wie aber die absolute Persönlichkeit Gottes nur ein bedeutungsloses Wort der Vorstellung ist, wenn Gott nicht als Dreieiniger gewußt wird, so ist es grade dieses Fundamentaldogma der christlichen Religion, wodurch einzig und allein die Unwahrheit des Pantheismus von Grund aus erkannt werden kann. Die Kirche selbst hatte das entschiedenste Bewußtsein von der fundamentalen Bedeutung dieses Dogma's, und nicht aus einem äußern Anschließen an gewisse Aussprüche der Bibel ist es hervorgegangen, sondern aus dem Bewußtsein der Versöhnung. Die Gestaltung des kirchlichen Lehrbegriffs begann mit dem Dogma über die Persönlichkeit Christi; mit seiner gottmenschlichen Persönlichkeit war die Wahrheit unmittelbar gegeben, und mit dem Glauben an ihn der Widerspruch und die Entzweiung gelöst, welche das jüdische wie römische Bewußtsein erfaßt hatte. Wie schon der Glaube an Christus die Gewißheit der Theilnahme an seinem Wesen ist, so läßt sogleich die Gestaltung dieses Glaubens zum Dogma die Person Christi als das Ideal der Menschheit erscheinen, als das wirkliche Wesen derselben, als die realisirte Darstellung dessen, was der Mensch im Verhältnisse zu Gott sein soll. Also die Erkenntniß Christi ist zugleich die Erkenntniß des Wesens des Menschen überhaupt, und somit zugleich die Erkenntniß Gottes; denn nur in Beziehung zu Gott als zur absoluten Wahrheit kann der Mensch in Wahrheit sich selbst erkennen. Das Bewußtsein der durch Christus vollbrachten Versöhnung des Menschen mit Gott mußte daher nothwendig zu der dogmatischen Bestimmung über das Wesen Gottes selbst fortgehen, und das Dogma der Trinität ist weiter nichts als die in Gott und seinem Wesen angeschaute christliche Versöhnung; damit erst hatte die Gewißheit der Versöhnung ihren letzten unumstößlichen Grund erreicht, und war nicht mehr ein vergängliches und vergangenes einzelnes Factum, sondern die ewige That Gottes. Der dreieinige Gott ist wesentlich der versöhnte Gott, welcher die Welt und die Menschheit nicht blos zur Nichtigkeit und Wesenlosigkeit verschwinden läßt, sondern derselben sein eigenes Wesen hingibt und mittheilt, sodaß der Mensch in Gott nicht seine Vernichtung, sondern seine Bewährung findet, den Beweis seiner Freiheit und seiner absoluten persönlichen Würde.

Innerhalb der christlichen Welt muß der Pantheismus nothwendig in einer ganz andern Weise auftreten, als wie er sich in dem orientalischen und griechischen Bewußtsein gestältete. Zunächst konnte das christliche Bewußtsein in keiner Weise im Pantheismus seine Befriedigung finden, weil es denselben allseitig überwunden hatte; das Hervortreten desselben in der Entwickelung der philosophischen Erkenntniß ist daher sogleich mit der Reaction dagegen verknüpft, mag diese von der Kirche oder von der Philosophie selbst ausgehen. Durch diese Reaction stellt sich der Pantheismus sogleich als ein vereinzeltes Moment dar; seine Einseitigkeit erweckt den Gegensatz, als Reaction gegen den Katholicismus oder wenigstens gegen eine Seite desselben aufzufassen und zu begreifen. Der Katholicismus nämlich bringt es noch zu keiner allseitigen Verwirklichung der christlichen Freiheit, sondern bleibt zum Theil bei der Negation des Nichtchristlichen stehen; die weltlichen Interessen erhalten in dieser Negation nicht ihr Recht, keine christliche Gestalt und Gliederung, sondern erscheinen als verschwindende Momente der Religion. Die ganze unmittelbare Wirklichkeit des Menschen nach allen ihren Beziehungen wird durch die Idealität der Religion vernichtet; denn ebendiese Beziehung auf das natürliche und irdische Reich gilt als ein Zustand des geistigen Verderbens und einer heidnischen Verworfenheit. Dadurch verliert denn auch der Mensch das Interesse an der ihn umgebenden Natur; diese faßt er vorzugsweise von dem Gesichtspunkte auf, daß sie seine eigene Sinnlichkeit ist, also das Moment seines Lebens, welches ihn zum Bösen verführt, und von dem überirdischen Reiche der Vollkommenen und Heiligen abzieht; wie er mit Gewalt seine eigene Natürlichkeit unterdrückt, so wird ihm die Natur überhaupt zu einer fremden geheimnißvollen Gewalt, und erscheint von bösen Geistern bewohnt und nicht vom göttlichen Geiste durchwaltet. Mit dem Bewußtsein aber, daß die bloße Negation der Unmittelbarkeit und sinnlichen Natürlichkeit noch nicht die wirkliche Freiheit sei, mußte auch das Interesse an der Natur überhaupt wieder erwachen und die Tendenz rege werden, auch in der Natur das göttliche Leben anzuschauen und sie so wieder in ihre Rechte einzusetzen. Diese Tendenz ist in der Philosophie des Giordano Bruno vorwiegend, und läßt sie sich einseitig pantheistisch gestalten. Daß die ganze natürliche Wirklichkeit Eine lebendige Totalität ist und nur die Darstellung des Einen Wesens, ist der Grundgedanke, welchen Giordano Bruno mit hoher Begeisterung erfaßt und in den verschiedensten Wendungen ausspricht, wenn er ihn auch nicht ins Einzelne durchzuführen vermag. In dieser Einheit verschwinden alle Unterschiede und Gegensätze in eine in sich unterschiedslose und einfache Harmonie, und diese Harmonie, welche ebenso sehr Form als Materie zugleich ist, ist die Gottheit.

Wenn in der Philosophie des Giordano Bruno der Pantheismus mehr die Form der Begeisterung und Phantasie hat, und ebendarum seine weitere Durchführung für die philosophische Erkenntniß wenig Bedeutendes darbietet, so tritt derselbe sogleich nach dem epochemachenden und die Philosophie von dem Glauben ein für alle Mal emancipirenden Zweifel des Cartesius, in der reinen selbstbewußten Form des philosophischen Gedankens auf, nämlich in der Philosophie Spinoza's. Es kann hier nicht der Ort sein, die Philosophie Spinoza's nach allen ihren Momenten zu entwickeln und darzustellen, sondern wir haben nur die für den Begriff des Pantheismus wesentlichen Punkte hervorzuheben, dies aber um so mehr, als Spinoza's System mit Recht von jeher als vollendeter Pantheismus angesehen worden ist.

Gott und absolute Substanz sind bei Spinoza identische Begriffe. Das Wesen der Substanz besteht zunächst

Reaction gegen den Katholicismus oder wenigstens ge- eine Seite desselben aufzufassen und zu begreifen. : Katholicismus nämlich bringt es noch zu keiner all- gen Verwirklichung der christlichen Freiheit, sondern it zum Theil bei der Negation des Nichtchristlichen ste- ; die weltlichen Interessen erhalten in dieser Negation t ihr Recht, keine christliche Gestalt und Gliederung, ern erscheinen als verschwindende Momente der Re- m. Die ganze unmittelbare Wirklichkeit des Menschen) allen ihren Beziehungen wird durch die Idealität der gion vernichtet; denn ebendiese Beziehung auf das rliche und irdische Reich gilt als ein Zustand des gei- n Verderbens und einer heidnischen Verworfenheit. urch verliert denn auch der Mensch das Interesse an ihn umgebenden Natur; diese faßt er vorzugsweise von Gesichtspunkte auf, daß sie seine eigene Sinnlichkeit also das Moment seines Lebens, welches ihn zum Bö- verführt, und von dem überirdischen Reiche der Voll- nenen und Heiligen abzieht; wie er mit Gewalt : eigene Natürlichkeit unterdrückt, so wird ihm die Na- überhaupt zu einer fremden geheimnißvollen Gewalt, erscheint von bösen Geistern bewohnt und nicht vom lichen Geiste durchwaltet. Mit dem Bewußtsein aber, die bloße Negation der Unmittelbarkeit und sinnlichen ürlichkeit noch nicht die wirkliche Freiheit sei, mußte das Interesse an der Natur überhaupt wieder er- jen und die Tendenz rege werden, auch in der Natur göttliche Leben anzuschauen und sie so wieder in ihre te einzusetzen. Diese Tendenz ist in der Philosophie Giordano Bruno vorwiegend, und läßt sie sich ein- pantheistisch gestalten. Daß die ganze natürliche lichkeit Eine lebendige Totalität ist und nur die Dar- ing des Einen Wesens, ist der Grundgedanke, welchen dano Bruno mit hoher Begeisterung erfaßt und in den hiedensten Wendungen ausspricht, wenn er ihn auch ins Einzelne durchzuführen vermag. In dieser Ein- verschwinden alle Unterschiede und Gegensätze in eine ich unterschiedslose und einfache Harmonie, und diese monie, welche ebenso sehr Form als Materie zugleich ist die Gottheit.

Wenn in der Philosophie des Giordano Bruno der theismus mehr die Form der Begeisterung und Phan- hat, und ebendarum seine weitere Durchführung die philosophische Erkenntniß wenig Bedeutendes ietet, so tritt derselbe sogleich nach dem epochemachen- und die Philosophie von dem Glauben ein für alle emancipirenden Zweifel des Cartesius, in der reinen lbewußten Form des philosophischen Gedankens auf, lich in der Philosophie Spinoza's. Es kann hier der Ort sein, die Philosophie Spinoza's nach al- ihren Momenten zu entwickeln und darzustellen, son- wir haben nur die für den Begriff des Pantheismus ntlichen Punkte hervorzuheben, dies aber um so mehr, Spinoza's System mit Recht von jeher als vollende- Pantheismus angesehen worden ist.

Gott und absolute Substanz sind bei Spinoza iden- Begriffe. Das Wesen der Substanz besteht zunächst darin, daß sie das nothwendige Sein ist; die Substanz ist causa sui und das Sein gehört somit zu ihrem Begriffe selbst, oder in ihr sind essentia und existentia absolut identisch. Sogleich in den ersten Sätzen seiner Ethik spricht Spinoza den Inhalt des ontologischen Beweises als Definition und Axiom aus, und es ist ein ganz überflüssiger Formalismus, wenn er später noch die Nothwendigkeit der Existenz Gottes aus jenen Axiomen herzuleiten versucht. Hiernach ist es also ein Widersinn und eine Gedankenlosigkeit, an der Existenz Gottes zu zweifeln; denn dieser Zweifel enthält die Möglichkeit, daß Gott auch nicht sein könnte, aber das Wesen der Substanz ist eben das Nichtnichtseinkönnen. Hiermit ist nun zunächst für den Begriff der Substanz noch keine weitere Bestimmung gewonnen, als daß sie das nothwendige Sein ist; schon die Bezeichnung derselben als causa sui ist genau genommen unpassend, weil hierdurch ein Unterschied, eine Vermittelung und Bewegung in das einfache Sein eintritt. Die nähere Bestimmung des Wesens der Substanz sind die Attribute derselben, Denken und Ausdehnung, und zwar ist unter Attribut dasjenige zu verstehen, was der Verstand an der Substanz wahrnimmt als ihr Wesen ausdrückend. Um den Begriff der Attribute und ihr Verhältniß zu einander, wie zur Substanz richtig zu fassen, ist besonders der Satz des Spinoza von Wichtigkeit, welcher in seiner bestimmten einseitigen Bedeutung gradezu als das Princip der Philosophie Spinoza's angesehen werden kann, daß nämlich die Bestimmtheit Negation ist. Dieser Satz hat zunächst seine volle Richtigkeit. Durch jede Bestimmtheit des Einen wird ein anderes gesetzt und ausgeschlossen, also das Eine beschränkt durch ein Anderes, welches es nicht ist. So erscheinen denn auch Sein und Denken als Bestimmtheiten und zwar als unterschiedene Bestimmtheiten; in diesem Unterschiede ist das Eine nicht, was das andere ist, und eben darum eine einseitige, das Andere nicht in sich enthaltende, endliche Bestimmtheit. Daher sind aber Sein und Denken auch nicht als Substanzen zu fassen, wie dies von Cartesius geschah, denn die Bestimmtheit und Endlichkeit widerspricht dem Wesen der Substanz; es liegt vielmehr sogleich im Begriffe der Substanz, daß sie keine andere Selbständigkeit und Bestimmtheit außer sich hat, also selbst die Unbestimmtheit ist. Ferner aber sind Sein und Denken nur insofern Attribute der Substanz, als sie Realität ausdrücken; ihre Bestimmtheit und ihr Unterschied aber drückt nicht Realität, sondern Beschränktheit aus; daher fällt ihr bestimmter Unterschied nur in den betrachtenden Verstand, ist nur eine Weise des subjectiven Denkens, während er in der Substanz selbst negirt und ausgelöscht ist; das Denken ist also nur Attribut der Substanz, indem es vom Sein nicht unterschieden, also keine andere Bestimmtheit ist, als das Sein, und umgekehrt, d. h. beide Attribute sind ihrem Wesen nach nicht unterschieden, sondern die unterschiedslose und unbestimmte Einheit, oder die Substanz selbst ist ihre Wahrheit. Die Substanz ist also nur dasjenige Denken, welches in Einheit mit dem Sein ist, also seiendes Denken, nicht das Sein zum Object habendes, sich davon selbst unterscheidendes Denken, nicht Bewußtsein, sondern unterschiedslose einfache Allgemeinheit.

Wenn jedes der Attribute noch durch sich begriffen werden muß, insofern es nämlich Realität ausdrückt, also an sich selbst und seinem Begriffe nach in Einheit mit dem andern und somit die Substanz selbst ist, so ist es dagegen das Wesen des Modus, nicht durch sich begriffen werden zu können. Der Modus ist Bestimmtheit überhaupt, bestimmtes Denken und bestimmtes Sein, einerseits Verstand und Wille, andererseits Ruhe und Bewegung.

Wenn wir das Daseiende als Ding oder als Subject, Individuum oder im Allgemeinen als Welt bezeichnen, so scheint demselben eine selbständige Existenz zuzukommen; diese Selbständigkeit ist jedoch nur Schein; alles Bestimmte und Einzelne ist weiter nichts als eine Daseinsweise zunächst der Attribute und dann weiter der Substanz. Jedes einzelne Dasein ist von einem Andern bestimmt, existirt nur in Beziehung auf ein Anderes und diese Beziehung alles Einzelnen, welche nicht selbst wieder ein Bestimmtes ist, ist die einfache Einheit der Substanz und ihre Allgegenwart. Das Ganze des Existirenden ist also nur Eine Nothwendigkeit; diese ist zunächst dem Sein nach nothwendig, und ferner auch dem Dasein und der Bestimmtheit nach; dies Daseiende selbst aber in seinen mannichfachen Unterschieden ist nur für das endliche und vorstellende Denken, für die Meinung ein Wirkliches, während es an sich und dem Wesen nach gar keinen Unterschied und gar keine Bestimmtheit gibt. Das wahrhafte Denken sieht also in allem Dasein immer nur die eine und selbe Nothwendigkeit; in Bezug auf diese Nothwendigkeit ist alles Einzelne nur verschwindendes Moment und sie selbst ist nichts weiter als das Sein überhaupt; das Sein hat keinen Unterschied, weder in sich noch außer sich, sondern dem Sein nach ist Alles identisch, und diese einfache Identität, welche sich einem äußerlichen Verstande als vielgestaltet darstellt, ist die Gottheit.

Es erhellt aus dem Vorigen von selbst, daß man genau genommen nicht sagen kann, Spinoza indentificire Gott und Welt, denn was man gewöhnlich Welt nennt, existirt bei Spinoza gar nicht, sondern ist eine bloße falsche Vorstellung; die Welt aber aufgefaßt, wie sie an sich ist, nämlich als verschwindendes Moment, als der Complex der Modi, so ist sie ein wesentliches Moment des Absoluten selbst. Daher ist denn allerdings kein substantieller Unterschied zwischen Gott und Welt; denn dadurch würde die Welt ebenfalls zur Substanz werden, und somit dem Absoluten als ein selbständiges, dasselbe beschränkendes Wesen gegenübertreten. Die Substanz ist wesentlich die Einheit ihrer und der Welt, und es ist daher auf diesem Standpunkte die Frage nach der Schöpfung und dem Zwecke der Welt ganz bedeutungslos. Das Absolute hat weder Wille noch Selbstbewußtsein, und seine Freiheit besteht nur darin, daß es nichts außer sich hat, wodurch es bestimmt werden könnte; von einer Selbstbestimmung, Handlung, kann daher in Bezug auf das Absolute überhaupt nicht gesprochen werden, weil dies sogleich einen Unterschied und ein negatives Moment in die Substanz hineinbringen würde.

Wie der Substanz gegenüber alles Andere
Unwirkliches und scheinbar Selbständiges ist, so tritt
auch das selbstbewußte Individuum aus der Nothwendig
des Seins nicht heraus, sondern ist ebenso, wie das
türliche Ding, nur verschwindendes Moment. Es
daher keine Freiheit des Willens, sondern diese ist
Meinung, und zwar hat diese Meinung darin ihren Gr
daß das Individuum sich der determinirenden Ursa
seines Handelns nicht bewußt ist; weil der Mensch
ein Modus ist, so gilt von ihm, was von allen
Modis gilt, daß er nämlich in der endlosen Reihe
bedingenden Ursachen steht, also jede Bestimmtheit se
Geistes und seines Willens sich auf eine andere Bestim
heit bezieht, nicht in seiner eigenen Allgemeinheit und S
jectivität, sondern in einem andern ihren Grund hat.
mit ist also das allgemeine Sein das Erste und L
und die Wahrheit von Allem; die beiden Erscheinun
weisen desselben sind Ausdehnung und Denken, von de
die erste zum Dinge, das Denken zum Bewußtsein
zuspitzt; das einzelne Ding aber wie das einzelne S
ject verschwindet wieder und geht in das Sein zur
und in dieser Vernichtung hat das Subject sein
erreicht. Diese Vernichtung ist nicht blos eine künfti
nämlich der Tod als das Verschwinden des Bewußtsei
sondern ebenfalls eine gegenwärtige, indem das Sub
nur scheinbar sich selbst bestimmt und seine Subjectiv
durch die Ausführung eines Zweckes bethätigt.

Schon durch das Leugnen der Willensfreiheit sch
der Unterschied zwischen Gutem und Bösem fortzufal
auch gilt er bei Spinoza nur als ein subjectiver Un
schied, als ein subjectives Urtheil, welches die Sache se
nicht weiter berührt. Indem sich nämlich der Mensch
der Anschauung von einzelnen Dingen gewisse Allgeme
begriffe bildet, so gelten ihm diese als Regel und Ge
und was diesem Gesetze nicht entspricht, nennt er sch
und böse. Jedoch fällt diese Vergleichung nur in
subjectiven Verstand, während an sich das Böse ein
Negatives, Unwirkliches, gar nicht Existirendes ist.
schon der Modus aus dem vorstellenden Denken als
für sich bestehendes Ding erscheint, so reißt auch das
theil, daß ein Ding schlecht oder gut sei, das Einze
aus dem Ganzen heraus und betrachtet es an und
sich; das Einzelne ist aber überhaupt nicht an und
sich, sondern Moment der Substanz und als solches
es nothwendig, und damit wie es sein soll; bei Gott g
es daher keine Idee des Bösen. Jedoch tritt hier
Moment hinzu, wodurch jener Unterschied zwischen Gut
und Bösem in einer andern Weise wieder geltend gema
wird. Obwol nämlich Spinoza die Freiheit des Wille
leugnet, so gesteht er doch dem menschlichen Geiste
theoretische Freiheit des Denkens zu. Durch das Denk
macht der Mensch die absolute Nothwendigkeit der Su
stanz zu seiner eigenen, und somit ist die philosophi
Erkenntniß der Substanz an und für sich schon die B
freiung von der endlichen Subjectivität und als Einh
mit der Substanz das höchste Ziel des Menschen.
wahrhafte Erkenntniß Gottes hat die intellectuelle Lie
zu ihm zum nothwendigen Resultate, und wie diese

das Princip alles Denkens und Handelns gefaßt wer-
muß, so ist die speculative Philosophie wesentlich Ethik.
ist zunächst festzuhalten, daß das Denken als die Er-
ung des Subjects zum Allgemeinen als eine Reini-
g des Geistes von seiner Unmittelbarkeit und Natür-
keit angesehen werden muß; das Denken ist an sich
n eine Praxis, eine That und Arbeit, in welcher das
bject sich aus seiner eigenen Äußerlichkeit herauszieht,
von der äußerlichen Bestimmtheit, wodurch es natür-
Begierden und Leidenschaften hat, und somit ein egoi-
hes ist, losmacht; sogleich durch das Bewußtsein über
Begierde hört das Subject auf, darin versunken zu
, und trennt dieselbe als ein Unwesentliches, als ein
ect von sich ab; es kann daher schlechterdings keine gute
ndlung gethan, keine Pflicht erfüllt werden ohne die Thä-
eit des Denkens, denn dieses erst versetzt den Menschen
den Boden der geistigen Allgemeinheit, und jede böse
stische Handlung ist immer zugleich eine Verdunkelung
Denkens, eine Gedankenlosigkeit. Diese Forderung
denkenden Erkenntniß des Absoluten ist ein ganz
liches Heraustreten aus dem Princip der Substan-
ität, wie wir schon vorher in der Betrachtung des stoi-
n Pantheismus bemerklich machten. Das einzelne
bject soll nur verschwindendes Moment der Substanz
; allein als denkendes erhebt es sich vielmehr in
selbst zur Allgemeinheit, zur allgemeinen Subjec-
ität, verschwindet also nicht in der absoluten Sub-
z, sondern hat die Gewalt, sich der Substanz ge-
über, durch unendliche Vermittelung mit sich, festzuhal-
Das Resultat der denkenden Erkenntniß, als der Ver-
gung mit der Substanz ist nicht das Sein oder hat
t die Form der Substanz selbst, sondern ist vielmehr
bstbewußtsein, also Aufhebung, Negation des Seins,
das Sein hinübergreifendes und dasselbe zum Mo-
te herabsetzendes Denken. Also auch hier widerspricht
Form der philosophischen Erkenntniß dem Inhalte, und
e diesen Widerspruch ist ein philosophischer Pantheis-
s ganz undenkbar. Es ist dies Moment besonders
t zu übersehen, wenn über die Moral der pantheisti-
n Philosophie entschieden werden soll. Schon in der
theistischen Religion konnte die Sittlichkeit keine gei-
und freie Gestalt gewinnen, weil der Geist noch nicht
Bewußtsein seiner persönlichen Würde hatte; etwas
loges muß auch vom Pantheismus Spinoza's behaup-
werden. Indem Spinoza das absolute Wesen nicht
Geist begreift, so müssen von diesem Fundamente aus
hwendig alle Momente des Geistes verkannt und verein-
gt werden; ebenso hat die wirkliche Erkenntniß des Bösen,
es Ursprunges, seiner Auflösung die Erkenntniß des Gei-
zur nothwendigen Voraussetzung. So häufig man
die Zerstörung aller Sittlichkeit und Moralität als
nothwendige Consequenz der Philosophie Spinoza's
esehen hat, so hat man doch auch wieder die Erha-
heit der von Spinoza selbst aufgestellten ethischen Grund-
nicht leugnen können. Es fällt Spinoza nicht im
tferntesten ein, den Unterschied des Guten und Bösen
gewöhnlichen Sinne für einen gleichgültigen auszuge-
, vielmehr fodert er mit stoischer Rigorosität die Be-

freiung des Subjects von seiner sinnlichen Begierlichkeit. Allerdings ist das Leugnen der praktischen Freiheit eine nothwendige Consequenz des einseitigen Festhaltens an der Substantialität des Absoluten; eine ebenso nothwendige Consequenz ist aber auch die Foderung an das Subject, die Allgemeinheit der Substanz in sich selbst zu realisiren. Der ganze Proceß der Läuterung des Subjects von seiner Egoität ist aber wieder nur dadurch möglich, daß dasselbe eine Selbständigkeit besitzt, wodurch es der momentanen Bedeutung eines Modus der Substanz schon entnommen ist; diese Selbständigkeit beweist das Subject schon durch sein selbstbewußtes freies Denken, durch seine Erhebung zur substantiellen Allgemeinheit des philosophischen Wissens, sodaß also die denkende Erkenntniß, welche jene Forderung der Befreiung des Subjects von seiner endlichen Subjectivität ausspricht, selbst schon diese Befreiung ist. Wie aber die Substanz keine Bestimmtheit in sich selbst hat, so geht auch das endliche Subject in seiner intellectuellen Liebe zu Gott zu keiner Bestimmtheit fort; das Denken bleibt also in seiner Sphäre der Allgemeinheit, und nur in dieser ist es frei, während es sich bestimmend und handelnd sogleich endlich und unfrei wird. Soll dieser Fortgang zur Realität nicht als ein Verlust der Freiheit und Unendlichkeit erscheinen, so muß die Substanz selbst diese Bestimmtheit in sich enthalten oder concretes Subject sein. Der philosophische Pantheismus führt also ebenfalls zu einem beschaulichen Leben, wie der religiöse; zu einem Leben, wie es Spinoza selbst bekanntlich geführt hat; frei von endlichen Leidenschaften und Zwecken zieht sich das Subject aus der gegliederten und organisirten Welt in die Einsamkeit des Gedankens zurück, denn in dieser unterschiedenen Wirklichkeit erkennt es nicht sein Wesen und die Realität der Substanz, sondern nur die schwindende Erscheinung; in dieser mönchischen Zurückgezogenheit genießt das Subject seine Freiheit und wenn auch von der Äußerlichkeit endlicher Bedürfnisse und Schicksale vielfach berührt, so bewahrt es doch die unerschütterliche Ruhe und den stoischen Gleichmuth, zu welchem die Anschauung der Einen absoluten Nothwendigkeit ihm verholfen hat.

Es bleibt endlich noch ein charakteristisches Moment der Philosophie Spinoza's hervorzuheben. Die intellectuelle Liebe des Menschen zu Gott nämlich ist nach Spinoza zugleich die Liebe Gottes zu sich selbst. Zunächst ist anzuerkennen, daß diese Ansicht aus den Principien der Spinozi'schen Philosophie mit Nothwendigkeit hervorgeht. Indem das Subject durch das Denken sich zur Substanz erhebt, hat die Substanz an dem denkenden Subject nicht mehr einen fremden Gegenstand, sondern bezieht sich darin auf sich selbst; sie ist als einfache Allgemeinheit wirklich da, und nicht nur als verschwindender Modus, sondern als Substanz gegenwärtig. Auf dieser höchsten Spitze des Verhältnisses des Menschen zu Gott scheint nun die Subjectivität und Persönlichkeit mit unabweisbarer Gewalt hervorzubrechen; denn die Substanz erscheint hier nicht als eine nur unmittelbare Einheit von Sein und Denken, sondern als Proceß und Bewegung; sie ist die thatsächliche Negation des Unterschiedes und bezieht sich in dem von ihr Unterschiedenen auf sich selbst zurück. Jedoch hält Spinoza auch hier die pantheistische Starrheit und Leblosigkeit der Substanz fest; er sagt nämlich, daß der Mensch, welcher Gott liebe, nicht verlangen könne, daß Gott ihn wieder liebe. Also die Liebe Gottes zu sich selbst läßt dem Subjecte keine Geltung und Selbständigkeit zukommen, läßt das Subject nicht bestehen, sondern vernichtet es, und hebt es als ein Anderes, sich selbst von Gott Unterscheidendes auf. Mit dieser Einseitigkeit wird die Liebe überhaupt wieder vernichtet und erscheint als eine dem Wesen der Substanz nicht entsprechende Vorstellung. Denn die Liebe hört sogleich auf, wirkliche Liebe zu sein, wenn sie den geliebten Gegenstand nicht frei läßt, und in seiner Würde und Geltung anerkennt; sie wird als bloße Selbstliebe zum Egoismus und somit zum härtesten Gegensatz gegen die Liebe. Andererseits ist es auch nur Schein, wenn sich die Liebe des Menschen zu Gott ohne das Verlangen nach Gegenliebe als die höchste und von aller Selbstsucht durchaus freie darstellt; sie ist vielmehr zugleich die Gleichgültigkeit gegen den geliebten Gegenstand, eine egoistische Selbstgenugsamkeit, in welcher das Subject ebenso sehr bereit ist, sich in sich selbst zu vertiefen und aus seiner Liebe zum Andern sich wieder herauszuziehen. Der in sich unterschiedslosen Substanz aber können wir auch nicht einmal die Energie der Selbstsucht zugestehen, in welcher sie nur sich selbst und nichts Anderes lieben sollte; ihre Beziehung auf sich ist ohne diese Concentration der Selbstheit nur die reine einfache Unmittelbarkeit oder Sein.

In so hartem Gegensatze die Philosophie Spinoza's auch mit dem christlichen Bewußtsein stand, so hatte doch letzteres nicht sogleich die Fähigkeit, den Pantheismus Spinoza's in der Sphäre der philosophischen Erkenntniß zu widerlegen, obwol die Reaction gegen das Princip der Substantialität von verschiedenen Seiten hervortrat. Ehe die Philosophie zum Begriffe der *Persönlichkeit* gelangte, als zu demjenigen, in welchem der Pantheismus seine wahrhafte Auflösung findet, hatte sie sich noch durch weitere und tiefere Gegensätze hindurch zu arbeiten, zu welchen sich die Philosophie Spinoza's noch ganz unbefangen verhielt. Es war vorzugsweise die *Kantische* Philosophie, welche den Zweifel des Denkens, welcher mit Cartesius zunächst hervortrat, vollendete. Wenn nämlich Cartesius und mit ihm auch Spinoza voraussetzen, daß durch das Denken die Wahrheit wirklich erkannt werden könne, so zieht die Kantische Philosophie ebendiese Voraussetzung in Zweifel. Damit wendet sich die Untersuchung auf die subjective Sphäre hin, auf die *Form* des subjectiven Erkennens, und zugleich bleibt sie in Kant und Fichte in dieser subjectiven Sphäre stehen, indem sie das Absolute als ein für das subjective Denken Unerkennbares festhält. Wiewol aber die kritische Philosophie durch das Princip der praktischen Freiheit und Unendlichkeit des Selbstbewußtseins dem Pantheismus direct gegenübertrat, so kann von ihr doch nicht behauptet werden, daß sie denselben auch wirklich widerlegt habe. Grade von jenem Principe der praktischen Freiheit gesteht die kritische Philosophie die Unmöglichkeit ein, es theoretisch zu rechtfertigen und zu begreifen, und nimmt zum Beweise für dasselbe das unmittelbare Bewußtsein, welches Spinoza für einen bloßen Schein ausgab, in Anspruch. So unaufgelöst aber in der kritischen Philosophie der Gegensatz zwischen theoretischem und praktischem Wissen blieb, ebenso unaufgelöst blieb der Gegensatz von Freiheit und Nothwendigkeit, Subjectivität und Substantialität. Die Einseitigkeit und Unhaltbarkeit des dem Pantheismus gegenüber sich unmittelbar festhaltenden Princips der Ichheit tritt besonders in der consequenten Durchführung der Fichte'schen Philosophie hervor. Hier gilt das Subject nicht als verschwindendes Moment der Substanz, sondern das Selbstbewußtsein ist vielmehr Anfang, Mitte und Ende alles Wissens und Handelns; damit ist das Andere, das Nichtich, das Sein überhaupt nur ein Moment des Ich, und es gibt für das Ich schlechterdings keine Realität, welche nicht erst durch das Ich selbst die Wesentlichkeit erhalten hätte. So geht bei Fichte in das reine Selbstbewußtsein, wie bei Spinoza in die selbstlose Substanz, alles Andere zu Grunde, und wenn bei Spinoza immer wieder das formlose Sein als die Wahrheit aller Unterschiede resultirt, so bleibt bei Fichte das inhaltslose Sichselbstwissen als die Wahrheit von Allem zurück. Daher hat denn die Fichte'sche Philosophie, so sehr sie auch den geraden Gegensatz gegen den Pantheismus zu bilden scheint, doch dasselbe Resultat als die Philosophie Spinoza's. Indem nämlich das Ich nicht ein Anderes, sondern immer nur sich selbst weiß, ist es nicht wirkliches dem Objecte entsprechendes Wissen, sondern unwirkliches sich selbst aufhebendes Wissen, nicht absolute, die Realität allseitig in sich fassende Idealität, oder wirkliche und somit geistige Einheit des Bewußtseins und Selbstbewußtseins, sondern abstracte, das Object sich gegenüber behaltende Einheit des Selbstbewußtseins mit sich. Fichte ging bekanntlich selbst in seinen späteren Schriften über den Standpunkt der Wissenschaftslehre hinaus und näherte sich dem Spinoza in wesentlichen Momenten. Diese Übereinstimmung mit Spinoza tritt noch mehr hervor in der Philosophie Schelling's, und Schelling selbst erklärt in der Zeitschrift für speculative Physik, daß er sich dem Inhalte und der Sache nach am meisten dem Spinozismus anzunähern glaube[4]). Diese Übereinstimmung Schelling's und Spinoza's besteht nämlich einfach darin, daß Schelling das Absolute als *Indifferenz* aller Gegensätze auffaßt, und jeden Unterschied und jede Negation aus dem Absoluten ausschließt. Wird dies festgehalten, so hat das Absolute immer nur die Form des Seins, es ist trotz alles unterschiedenen Inhalts, welcher sich darin auflöst, immer nur die abstracte Leblosigkeit, und Subjectivität und Freiheit sind vom Absoluten prädicirt nur Bilder der Vorstellung, welche in Bezug auf die Indifferenz ihre Bedeutung verlieren. Schelling faßt aber ferner den Unterschied von Natur und Geist nicht blos als einen subjectiven, wie Spinoza, als einen nur in den endlichen Verstand fallenden, sondern als einen quantitativen; allein der quantitative Unterschied fällt genau genommen doch wieder nur in das betrachtende Subject, und aus

4) 2. Bd. 2. Heft. S. XIII.

kann das Selbstbewußtsein des Geistes d. h. das
t bloße Unterschiedensein, sondern Sichselbstunterschei-
desselben nicht begriffen werden. Hiernach hat man
z Recht, wenn man auch die Schelling'sche Philoso-
als pantheistisch bezeichnet, obwol zugestanden werden
I, daß schon in dem Festhalten des quantitativen Un-
hiedes und der sich hieran knüpfenden Bewegung der
jobischen Erkenntniß ein Leben in die Wirklichkeit hin-
:itt, welches die todte Indifferenz zu vergeistigen, und
Rothwendigkeit der Substanz zu durchbrechen trachtet.
Spinoza sich an die Philosophie des Cartesius an-
ßt, so negirt die Substanz des Spinoza genau
mmen und ausdrücklich nur den Gegensatz, wel-
Cartesius als einen substantiellen festhielt, nämlich
Natur und Geist, Ausdehnung und Denken; die In-
renz Schelling's hebt dagegen auch den Gegensatz auf,
hen der subjective Idealismus Kant's und Fichte's
philosophischen Bewußtsein gebracht hatte, nämlich
chen Subject und Object. Nun scheint es allerdings
hgültig, welche Gegensätze in dem Absoluten als auf-
hen gedacht werden, wenn dasselbe allen Unterschied
haupt schlechthin negirt, ohne ihn zugleich aufzuwah-
jedoch wenn dies auch für die Form des Absoluten
hgültig ist, indem diese als reine Sichselbstgleichheit
er todt und geistlos bleibt, so ist doch die Erkenntniß
durch das Bewußtsein des aufgelösten Gegensatzes
er und tiefer geworden, also der Pantheismus wenn
nur in subjectiver Hinsicht concreter und energischer.
die Unterschiede von ihrer verständigen Festigkeit zu
gen, müssen sie zunächst negirt werden, und erst aus
r Negation können sie in ihrer wahren, nicht endli-
ı, sondern unendlichen Wirklichkeit hervorgehen.
Was die Überwindung des Pantheismus vorbereitet,
or Allem die Einsicht, daß in dem Pantheismus selbst
unüberwundener Dualismus, und damit zugleich
unaufgelöster Widerspruch enthalten ist. Im Pantheis-
nämlich geht das Endliche nur zu Grunde, ohne daß
dies zu Grundegehen zu einem positiven Resultate
ısgegangen würde. Das Bestimmte und Einzel-
also aller Unterschied überhaupt, ist nur Modus
absoluten Substanz, während diese als reine Gleich-
mit sich schlechterdings keinen Unterschied und keine
ıtion in sich enthält. Daher bleibt das Endliche,
ol es ein Nichtiges und Unwesentliches sein soll,
immer neben dem Absoluten bestehen, denn aufge-
nen in das Absolute, würde es ein negatives Mo-
in dasselbe hineinbringen, würde die abstracte Sich-
gleichheit der Substanz trennen und spalten. Ein
iches Ende kann das Endliche nur nehmen im Un-
chen, während es im Pantheismus außer demselben
jwinden soll; so lange aber das Verschwinden nicht
wieder verschwindet und negirt wird, ist das End-
nicht als solches gesetzt, sondern das subjective
ken behauptet es nur, daß es ein Nichtiges und We-
ses sei; es ist nicht wirklich die Macht des Absolu-
welche das Endliche überwindet und vergehen läßt,
rn nur eine subjective Meinung. So läßt z. B.
ıoza allen Unterschied in der Substanz verschwinden; damit hört aber der Unterschied nicht auf zu sein, und zwar kann er nun nicht aus der Substanz selbst hergeleitet werden, ist nicht ein durch die Substanz, sondern durch sich selbst seiendes, also selbständiges, wesentliches, substanzielles, welches der Absolutheit der Substanz äußerlich beschränkend gegenübertritt. Es hilft auch nichts, wenn Spinoza allen bestimmten Unterschied nur in die subjective Meinung verlegt; denn dann ist es wenigstens diese einzelne Imagination, dies subjective Denken selbst, welche als feste Endlichkeit neben der Substanz bestehen bleibt. Hegel bezeichnet daher das System Spinoza's sehr passend als **Akosmismus**, und so können alle pantheistischen Systeme genannt werden, indem nach ihnen der Welt gar keine Realität zukommt, das Absolute also alle Realität in sich verschließt, ohne davon einem Andern mitzutheilen. Das bloße Verschwinden der Welt ist aber zugleich die Leblosigkeit des Absoluten; denn ohne immanenten Unterschied und ohne Negativität, welche aus dem Absoluten schlechthin ausgeschlossen bleiben soll, ist kein Leben denkbar, kein Trieb, keine Bewegung, keine That, und vor Allem kein Selbstbewußtsein, welches das absolute Unterscheiden und die absolute Vermittelung mit sich ist. Ohne diese immanente Negativität hat das Absolute immer nur die Form des Seins, d. h. es ist trotz seines unendlichen Inhalts immer nur an sich oder für uns, nicht an und für sich das Absolute; es wird gedacht, aber denkt und weiß sich nicht selbst, hat also keine wirkliche Selbständigkeit, ist nicht causa sui, welche sich selbst producirte, sondern ist ein todtes, welches nur in dem Wissen eines Andern eine geistige und wahrhafte Wirklichkeit bekommt. Der Pantheismus kennt also weder eine unendliche noch endliche Lebendigkeit und Selbständigkeit, sondern hat auf der einen Seite eine abstracte Allgemeinheit und scheinbare Idealität, d. h. eine Idealität, welche die Realität nicht wirklich in sich aufnimmt und überwindet, und auf der andern Seite abstract Einzelnes, welches an einem Andern zu Grunde geht, ohne sich durch Theilnahme am Allgemeinen zur Individualität zu concentriren; beide Seiten, Allgemeines und Einzelnes, Unendliches und Endliches, fallen also schlechthin aus einander.

Indem im Pantheismus das Einzelne nur verschwindet im Absoluten, so liegt es am nächsten, dieser pantheistischen Ansicht gegenüber die Realität des Einzelnen festzuhalten; bleibt jedoch in der Fixirung des Einzelnen dasselbe nur neben und außer dem Allgemeinen liegen, so wird der Dualismus des Pantheismus nicht vermieden, sondern vielmehr bis auf's Extrem gesteigert, und damit schlägt diese dem Pantheismus scheinbar am entferntesten liegende Ansicht selbst wieder in den Pantheismus um. Zunächst ist es allerdings um die Sache der Vorstellung und des ungebildeten Denkens, die Wirklichkeit des Einzelnen festzuhalten, dabei aber dasselbe ebenfalls als ein Endliches und Vergängliches zu bezeichnen, diese beiden Gedanken aber nicht zusammenzubringen, sondern über den einen den andern immer wieder zu vergessen. Offenbar würde das Endliche ganz und gar aufhören endlich zu sein, wenn seine Wirklichkeit eine absolut selbständige, das Unendliche von sich ausschließende, wäre; hier hätten

fälliges, das auch anders sein könnte, sondern diese Gestaltungen können nicht anders sein, oder mit der Wirklichkeit überhaupt sind auch die Unterschiede derselben nothwendig gesetzt. Irgend eine Gestalt begreifen, heißt daher nichts Anderes, als dieselbe als nothwendig erkennen, und zwar ist sie nicht äußerlich nothwendig, d. h. für ein Anderes oder nur zweckmäßig, sondern soll überhaupt Etwas sein, so muß es so sein, wie es ist, also die verschiedenen Stufen des natürlichen Lebens, die Gesetze der Natur, der Unterschied der Natur vom Geist etc. sind lauter nothwendige Momente der Wirklichkeit, welche mit dieser zugleich gesetzt sind. Daß aber überhaupt Etwas ist, ist ebenso nothwendig, denn es wäre ein einfacher Widerspruch, daß Nichts sein sollte. Das Absolute selbst aber ist nichts weiter, als diese allseitige Nothwendigkeit der Wirklichkeit, sowol ihres einfachen Seins als ihrer unterschiedenen *Gestaltung nach, also nicht irgend* ein Nothwendiges, *sondern der immanente Zusammenhang* selbst, die Harmonie, die Vernunft, welche alle Wirklichkeit allgegenwärtig durchdringt. Diese Vernunft selbst aber ist einfach, oder sie ist nur an sich dieser Proceß des Setzens und Aufhebens, diese allgemeine Beziehung, in welcher jeder Unterschied seine Selbständigkeit verliert, und zu einem Momente des allgemeinen Lebens herabgesetzt wird. Bis zu ihrem Extreme treibt sich die Nothwendigkeit in der vergänglichen Erscheinung des Einzelnen, welches sich äußerlich gegenübertritt und sich gegenseitig zerstört; diese Zufälligkeit ist die offenbare Endlichkeit, der als Schein gesetzte Schein, und damit zugleich die offenbare Macht der Substanz, welche in dem Verschwinden des Endlichen ihr Leben hat. Soll die Nothwendigkeit der Substanz zur Freiheit werden, so muß *das einfache Ansichsein derselben zum Fürsichsein* und zur *Selbstbestimmung sich entwickeln.* Nach Spinoza ist die Substanz schon dadurch frei, daß sie nichts außer sich hat, wodurch sie bestimmt werden könnte. Dies ist nur das eine Moment der Freiheit. Wenngleich nämlich die Substanz *nicht* von Außen beschränkt ist, so ist sie doch mit ihrem Wesen selbst in einfacher Einheit; darum ist ihr Wesen überhaupt nicht Selbstbestimmung, sondern Sein, seiende Einheit der Unmittelbarkeit und Vermittelung. Wollte man diese Nothwendigkeit dadurch aufheben, daß man die Möglichkeit des Andersseins oder die Willkür als ein wesentliches Moment der Absoluten geltend machte, sodaß also das Absolute auch anders sein und auch anders erscheinen könne, so wird durch eine schrankenlose Willkür — und diese allein könnte die wesentliche Nothwendigkeit vernichten — das Absolute zur Indifferenz und Wesenlosigkeit entleert; denn dann wäre eben dies das Wesen des Absoluten, nichts Bestimmtes zu sein, sondern die allgemeine Unbestimmtheit oder das Sein. Also nicht auf das Fortwersen der Nothwendigkeit kommt es an, sondern darauf, daß das Absolute nicht diese Nothwendigkeit selbst, sondern das Setzen derselben und somit die Selbstbestimmung, die That seiner selbst ist; dadurch gewinnt die Substanz die absolute Form, oder wird Subject. Das Ich ist die allseitige Negation des Seins; es ist nur dadurch,

, das auch anders sein könnte, sondern diese Gegen können nicht anders sein, oder mit der Wirk-
überhaupt sind auch die Unterschiede derselben noth-
gesetzt. Irgend eine Gestalt begreifen, heißt da-
hts Anderes, als dieselbe als nothwendig erken-
und zwar ist sie nicht äußerlich nothwendig, d. h.
Anderes oder nur zweckmäßig, sondern soll über-
Etwas sein, so muß es so sein, wie es ist, also
schiedenen Stufen des natürlichen Lebens, die Ge-
r Natur, der Unterschied der Natur vom Geist rc.
uter nothwendige Momente der Wirklichkeit, welche
ser zugleich gesetzt sind. Daß aber überhaupt Et-
, ist ebenso nothwendig, denn es wäre ein einfa-
Widerspruch, daß Nichts sein sollte. Das Absolute
her ist nichts weiter, als diese allseitige Nothwen-
der Wirklichkeit, sowol ihres einfachen Seins als
nterschiedenen Gestaltung nach, also nicht irgend
thwendiges, sondern der immanente Zusammenhang
die Harmonie, die Vernunft, welche alle Wirk-
allgegenwärtig durchdringt. Diese Vernunft selbst
t einfach, oder sie ist nur an sich dieser Proceß
tzens und Aufhebens, diese allgemeine Beziehung,
her jeder Unterschied seine Selbständigkeit verliert,
einem Momente des allgemeinen Lebens herabge-
ird. Bis zu ihrem Extreme treibt sich die Noth-
keit in der vergänglichen Erscheinung des Einzel-
velches sich äußerlich gegenübertritt und sich gegen-
erstört; diese Zufälligkeit ist die offenbare End-
, der als Schein gesetzte Schein, und damit zu-
die offenbare Macht der Substanz, welche in dem
vinden des Endlichen ihr Leben hat. Soll die
endigkeit der Substanz zur Freiheit werden, so
as einfache Ansichsein derselben zum Fürsichsein
r Selbstbestimmung sich entwickeln. Nach Spi-
st die Substanz schon dadurch frei, daß sie nichts
sich hat, wodurch sie bestimmt werden könnte. Dies
das eine Moment der Freiheit. Wenngleich näm-
Substanz nicht von Außen beschränkt ist, so ist
h mit ihrem Wesen selbst in einfacher Einheit;
ist ihr Wesen überhaupt nicht Selbstbestim-
, sondern Sein, seiende Einheit der Unmittel-
und Vermittelung. Wollte man diese Nothwen-
dadurch aufheben, daß man die Möglichkeit des
seins oder die Willkür als ein wesentliches Mo-
der Absoluten geltend machte, sodaß also das Ab-
auch anders sein und auch anders erscheinen könne,
d durch eine schrankenlose Willkür — und diese
könnte die wesentliche Nothwendigkeit vernichten —
bsolute zur Indifferenz und Wesenlosigkeit entleert;
dann wäre eben dies das Wesen des Absoluten,
Bestimmtes zu sein, sondern die allgemeine Unbe-
heit oder das Sein. Also nicht auf das Fortwer-
r Nothwendigkeit kommt es an, sondern darauf,
s Absolute nicht diese Nothwendigkeit selbst, sondern
Setzen derselben und somit die Selbstbestimmung,
at seiner selbst ist; dadurch gewinnt die Substanz
solute Form, oder wird Subject. Das Ich ist
seitige Negation des Seins; es ist nur dadurch,

daß es sich selbst setzt, und ist nichts weiter als dieses Sichselbstsetzen; also sein Sein ist durch es selbst vermittelt, die absolute Vermittelung, das absolute Unterscheiden in sich, die Bestimmung nicht zum Sein, sondern zur Bestimmung, d. h. Selbstbestimmung, wirkliche causa sei, also Herabsetzung des Seins zum Moment, über das Sein übergreifendes Denken. Nicht äußerlich, sondern durch dialektische Entwickelung des Begriffs der absoluten Nothwendigkeit bricht diese freie Form der Subjectivität an der Substanz hervor. Die Substanz ist nämlich dadurch noch der unaufgelöste Widerspruch, daß die in ihr schon enthaltene Negativität noch nicht als solche gesetzt ist; indem dies geschieht, tritt die Substanz sich selbst gegenüber, hat nicht mehr nur verschwindende Momente, sondern sich selbst, ihre eigene Affirmation zum Gegenstande, und ist nicht einfache, sondern unendliche Beziehung auf sich oder Fürsichsein.

Wie schon bemerkt, sind diese logischen Bestimmungen nur die Grundlage für den Begriff der Persönlichkeit, aber ohne diese logische Grundlage und ohne die Einsicht in den Begriff des Seins und der Vermittelung, bleibt die Persönlichkeit Gottes ein bloßes Bild der Vorstellung, durch welches wol die Religion, aber nicht die Wissenschaft über den Pantheismus hinauskommt. Der logische Begriff der absoluten Form und Subjectivität hat seine concrete Erfüllung und Wirklichkeit in dem absoluten Geiste, in welchem die logischen Unterschiede sich zur Dreieinigkeit gestalten, zu unterschiedenen selbständigen Personen, welche sich in Einheit wissen. In der Dreieinigkeit sind die Extreme der abstracten Subjectivität, welche der Welt nur gegenübersteht, und der formlosen Substantialität, welche der Welt nur immanent, nicht aber als für sich transcendent ist, überwunden; Gott hat als sich ewig in sich wissend, zugleich die Welt als seine Offenbarung sich gegenüber, in welcher er keine Schranke, kein absolut Fremdes und Anderes, sondern vielmehr sein eignes Wesen erkennt; nur dadurch, daß die Welt an allen Punkten vom Absoluten durchdrungen und nicht wie im Pantheismus nur scheinbar, sondern wirklich überwunden ist, ist die Welt kein blos nichtiger Schein, sondern hat in ihrem Bestehen Geltung und Realität. Der lebendige persönliche Gott ist daher zugleich der die Welt mit sich selbst versöhnende, welcher die Nichtigkeit der Welt dadurch aufhebt, daß er sich selbst in ihr weiß, also wirklich und persönlich in ihr gegenwärtig ist; diese persönliche Gegenwart ist zugleich das wirkliche Wissen des Menschen von Gott, und dies ist nur durch die persönliche Immanenz, d. h. durch eine transcendente Immanenz möglich, während eine blos substantielle Immanenz den Menschen als denkenden und sich über sich selbst zu Gott erhebenden vernichten, d. h. ihn gar nicht zu dieser Erhebung kommen lassen würde. Die wirkliche Persönlichkeit Gottes ist daher zugleich die Bewährung der menschlichen Persönlichkeit und damit die Bewährung seiner Freiheit, welche an dem Willen des persönlichen Gottes ihre unendliche Erfüllung hat[5]). (*Julius Schaller.*)

5) Besondere Werke über Pantheismus: *D. G. Buhle*, Com-

Alten durchaus; aber dieser Name hat seiner eigentlichen Bedeutung nach Veranlassung gegeben, dasselbe für einen Tempel, welcher der Verehrung aller Götter geweiht gewesen sei, zu erklären; ein Irrthum, der sogar die Philosophen zu tiefsinnigen Speculationen über die alte Religion veranlaßte, dessen Grundlosigkeit aber die weitere Erörterung zeigen wird *). Dio findet den Namen in einer zweifachen Erklärung begründet, die er (LIII. c. 27. p. 712. R. Vol. III. p. 226. ed. *Sturz.*) mit den Worten vorträgt: *Προςαγορεύεται δὲ οὕτω, τάχα μὲν ὅτι πολλῶν θεῶν εἰκόνας ἐν τοῖς ἀγάλμασι, τῷ τε τοῦ Ἄρεως καὶ τῷ τῆς Ἀφροδίτης, ἔλαβεν· ὡς δὲ ἐγὼ νομίζω, ὅτι θολοειδὲς ὂν τῷ οὐρανῷ προςέοικεν.* Daraus ergibt sich, daß der Historiker selbst den Namen von der Größe der Rundwölbung, die eine Ähnlichkeit mit dem Himmel, der Wohnung aller Götter, darbot, herleitete; daß jedoch die üblichere und *allgemeiner verbreitete Annahme dahin ging, daß die bildlichen Darstellungen an den Statuen des Ares und der Aphrodite die Benennung* hervorgerufen habe. Folgen auch wir dieser Ansicht, die eine festere Begründung in dem Namen signa Panthea findet, mit dem Alte und Neuere solche Bildwerke bezeichnen, welchen die Attribute mehrer Gottheiten beigesellt sind, wie der marmornen Statue des Bacchus, welche Ausonius (epigr. 30) in seiner Villa aufgestellt hatte, und wie sie auch an den Bildsäulen des Mars und der Venus im Pantheon waren.

Über den Erbauer würde gar kein Zweifel obwalten, wenn nicht architektonische Gründe die ganz aus der Luft gegriffene Annahme besonders älterer Topographen veranlaßt hätten. Denn gibt es für ein historisches Factum wol ein deutlicheres Zeugniß, als hier für Agrippa als Gründer *des Pantheon*, die noch erhaltene, einfache Inschrift *am Porticus: M. AGRIPPA. L. F. COS. TERTIUM FECIT.* Jedoch *man könnte diese Worte eben* nur auf die Erbauung der Säulenhalle beziehen und das ganze übrige Gebäude einem Andern zuzuschreiben dennoch sich veranlaßt fühlen, wenn nicht einige Stellen alter Schriftsteller *die Wahrheit* dieser Angabe außer allem Zweifel setzten. Plinius (N. H. XXXIV. c. 3. s. 7) sagt ausdrücklich, die Säulen im Pantheon seien von M. Agrippa aufgestellt, und an einer andern Stelle (XXXVI. c. 5. §. 38) nennt er den Diogenes als den Künstler, der „das Pantheon des Agrippa" ausgeschmückt habe mit Bildwerken. Die dritte, eigentlich bedeutendste, Stelle, auf welche Hirt und alle Andere vorzüglich sich stützen, habe ich absichtlich weggelassen, da eine sorgfältigere Kritik und genauere Betrachtung der handschriftlichen Auctoritä-

*) Die Idee, daß das Pantheon das ganze Götterheer, oder wenigstens die zwölf obern Götter (s. *Wagner.* ad *Ammian. Marcell.* XVI, 10, 14) aufgenommen habe, war schon im frühen Mittelalter gäng und gäbe. Ludov. Demontiosius nahm sie in der kleinen Schrift Gallus Romae hospes (Romae 1585) wieder auf, und da ihm zu so großer Versammlung der Raum doch zu beschränkt dünkte, meinte er, der Fußboden müsse ursprünglich ein Stockwerk tiefer gelegen haben, um hauptsächlich die Götter der Unterwelt aufzunehmen. Carlo Fontana (della Basil. Vatic. lib. VII) hat den abenteuerlichen Gedanken noch weiter ausgebildet und durch Durchschnittszeichnungen auch versinnlicht.

urchaus; aber dieser Name hat seiner eigentlichen
mg nach Veranlassung gegeben, dasselbe für einen
, welcher der Verehrung aller Götter geweiht ge-
ei, zu erklären; ein Irrthum, der sogar die Phi-
ı zu tiefsinnigen Speculationen über die alte Reli-
eranlaßte, dessen Grundlosigkeit aber die weitere
ung zeigen wird[*]). Dio findet den Namen in
weifachen Erklärung begründet, die er (LIII. c.
712. R. Vol. III. p. 226. ed. *Sturz.*) mit den
vorträgt: *Προςαγορεύεται δὲ οὕτω, τάχα μὲν
λῶν θεῶν εἰκόνας ἐν τοῖς ἀγάλμασι, τῷ τε τοῦ
καὶ τῷ τῆς Ἀφροδίτης, ἔλαβεν· ὡς δὲ ἐγὼ νο-
τι θολοειδὲς ὂν τῷ οὐρανῷ προςέοικεν.* Daraus
ich, daß der Historiker selbst den Namen von der
der Rundwölbung, die eine Ähnlichkeit mit dem
l, der Wohnung aller Götter, darbot, herleitete;
och die üblichere und allgemeiner verbreitete An-
dahin ging, daß die bildlichen Darstellungen an
atuen des Ares und der Aphrodite die Benennung
erufen habe. Folgen auch wir dieser Ansicht, die
tere Begründung in dem Namen signa Panthea
mit dem Alte und Neuere solche Bildwerke be-
, welchen die Attribute mehrer Gottheiten beigesellt
die der marmornen Statue des Bacchus, welche
ıs (epigr. 30) in seiner Villa aufgestellt hatte,
e sie auch an den Bildsäulen des Mars und der
im Pantheon waren.

der den Erbauer würde gar kein Zweifel obwalten,
nicht architektonische Gründe die ganz aus der Luft
ne Annahme besonders älterer Topographen veran-
tten. Denn gibt es für ein historisches Factum
ı deutlicheres Zeugniß, als hier für Agrippa als
r des Pantheon, die noch erhaltene, einfache In-
m Porticus: M. AGRIPPA. L. F. COS. TER-
FECIT. Jedoch man könnte diese Worte eben
f die Erbauung der Säulenhalle beziehen und das
übrige Gebäude einem Andern zuzuschreiben dennoch
ranlaßt fühlen, wenn nicht einige Stellen alter
steller die Wahrheit dieser Angabe außer allem Zwei-
en. Plinius (N. H. XXXIV. c. 3. s. 7) sagt
klich, die Säulen im Pantheon seien von M.
a aufgestellt, und an einer andern Stelle (XXXVI.
ş. 38) nennt er den Diogenes als den Künstler,
ıs Pantheon des Agrippa" ausgeschmückt habe mit
rken. Die dritte, eigentlich bedeutendste, Stelle, auf
Hirt und alle Andere vorzüglich sich stützen, habe
sichtlich weggelassen, da eine sorgfältigere Kritik
nauere Betrachtung der handschriftlichen Auctoritä-
ten zu etwas ganz Anderem führt, als was bisher die Bulgata darbot. Im 36. Buche der Natural. histor. (c. 15. s. 24) standen bis auf die neueste Zeit die Worte: Pantheon Jovi Ultori ab Agrippa factum, aber die treffliche Bamberger Handschrift bietet in ihrer Corruptel non ut tectum dilibitori ab Agrippa factis die Spuren der richtigen Lesart, die man entweder mit L. v. Jan (Lect. *Plin.* p. 12) in nonne (nämlich dicamus) tectum Diribitorii ab Agrippa facti (oder factum) suchen, oder mit dem neuesten Herausgeber des Plinius, Sillig, in non et tectum Diribitorii ab Agrippa facti annehmen kann. Dann bezieht sich diese Notiz auf das von Agrippa nur halb vollendete, von Augustus ausgebaute Diribitorium, das größte Gebäude, das jemals unter ein einziges Dach gebracht worden ist, was Dio (LV, 8) ausdrücklich erwähnt, und dessen Umfang leicht sich aus der Bestimmung zur Vertheilung der Stimmtäfelchen bei den Comitien, des Soldes unter die Soldaten, der Geschenke und Spenden an das Volk erklären läßt. Verlieren wir auch dadurch ein sehr gewichtiges Zeugniß, so geht doch schon aus den beiden andern zur Genüge hervor, daß des Agrippa Antheil sich auch auf die Verzierung des innern Rundgebäudes, und nicht blos auf die Vorhalle von 16 korinthischen Granitsäulen, deren jede 15 Fuß im Umfange hat[3]), bezogen habe. Aber Plinius ist nicht der einzige, der des Agrippa beim Pantheon gedenkt, eine ausführlichere Erzählung gibt Dio (LIII, 27). Nachdem dieser Geschichtschreiber andere Bauten, die Agrippa vollendete, genannt hat, fügt er hinzu *τό τε Πάνθειον ὠνομασμένον ἐξετέλεσε.* Dieses „vollendete" hat die Vermuthung hervorgerufen, Agrippa habe nicht den Bau gegründet, sondern nur die letzte Hand an denselben gelegt; aber dieser Ausdruck findet theils in der annalistischen Form des Dionischen Geschichtwerks, theils in Hirt's vermittelnder Bemerkung (S. 172), daß der Bau schon in frühern Jahren begonnen, wegen seines großen Umfangs aber und wegen seiner schwierigen Construction mehre Jahre gedauert habe und erst in der dort angegebenen Zeit vollendet worden sei, genügende Erklärung. Warum sollten wir auch dies großartige Werk einem Manne absprechen, der um die Baukunst in Rom so große Verdienste sich erworben hat, der, nach Seneca's Urtheil (de benefic. III, 32), „in der Stadt so viele der größten Werke der Baukunst errichtete, daß sie nicht nur alle frühere Pracht verdunkelten, sondern auch nachher durch keine andern übertroffen wurden," von dessen trefflichen Werken so viele waren, daß Sueton (Octavian. 29) sie nicht einmal namentlich aufführen wollte. Ihm verdankte man ja die Anlegung des Julischen Hafens, ihm die Wiederherstellung der alten und die Anlegung neuer Wasserleitungen, die der Stadt Wasser zum Überfluß zuführten, ihm vor allen die Verschönerung des Marsfeldes, das, umgeben von prächtigen Gebäuden, Hainen, Tempeln, in der Mitte noch freien Raum genug enthielt zu den Versammlungen des Volkes, zu den Vorübungen des Dienstes, zu gym-

---

Die Idee, daß das Pantheon das ganze Götterheer, oder
ıs die zwölf obern Götter (s. *Wagner.* ad *Ammian. Mar-*
VI, 10, 14) aufgenommen habe, war schon im frühen Mit-
gäng und gäbe. Ludov. Demontiosius nahm sie in der
Schrift Gallus Romae hospes (Romae 1583) wieder auf,
ihm zu so großer Versammlung der Raum doch zu be-
dünkte, meinte er, der Fußboden müsse ursprünglich ein
rk tiefer gelegen haben, um hauptsächlich die Götter der
lt aufzunehmen. Carlo Fontana (della Basil. Vatic. lib.
t den abenteuerlichen Gedanken noch weiter ausgebildet und
urchschnittszeichnungen auch versinnlicht.

3) Genauere Maße sind $36\frac{1}{2}$ Fuß Höhe und $4\frac{1}{2}$ Fuß im Durchmesser.

bau von vier Fuß Höhe erkennen ließen, genöthigt, den Gedanken wieder aufzugeben, und namentlich Hirt hat auf die Trennung beider Bauwerke um so fester bestanden, als auch die Alten das Pantheon und die Thermen bestimmt unterscheiden (*Dio* LXVI, 24. *Spartian.* Hadrian. c. 19. Hirt Seite 185 fg. und Seite 241—259). Auch hier hat die vermittelnde Ansicht ihre Vertheidiger gefunden, die da behaupten, ursprünglich habe das Haus als Schwimmbad gedient und sei erst nachher von Agrippa in einen Tempel verwandelt worden. Bei dieser Umgestaltung würde dann die Vorhalle hinzugefügt sein. Da nun aber die Überlieferungen des Alterthums keine derartige Vermuthung gestatten, da ferner, wie dies Hirt umständlicher darthut, der Zustand der römischen Architektur in der voraugusteischen Zeit einer solchen Annahme widerstreitet, so dürfte man nicht so leicht zur Beistimmung sich veranlaßt fühlen. Daß dieser Tempel nicht dem *Jupiter Vltor* geweiht wurde, daß die daraus gezogenen Schlüsse auf die innere Ausschmückung der Nischen[4]) voreilig gewesen, muß jetzt, nachdem wir dem einzigen Zeugnisse des Plinius eine andere Bedeutung zu erweisen versuchten, als feststehend betrachtet werden. Auch finden wir, daß Agrippa selbst über die Bestimmung des Gebäudes schwankte, wenn wir die weitern Nachrichten bei Dio vergleichen. Er erzählt (LIII, 27. p. 722. *Reim.*): *ἠβουλήθη μὲν οὖν ὁ Ἀγρίππας καὶ τὸν Αὔγουστον ἐνταῦθα ἱδρῦσαι, τήν τε τοῦ ἔργου ἐπίκλησιν αὐτῷ δοῦναι· μὴ δεξαμένου δὲ αὐτοῦ μηδέτερον, ἐκεῖ μὲν τοῦ προτέρου Καίσαρος, ἐν δὲ τῷ προνάῳ τοῦ τε Αὐγούστου καὶ ἑαυτοῦ ἀνδριάντας ἔστησε.* Die Absicht also, des Augustus Bildsäule in dem Tempel aufzustellen und von ihm den Namen zu entlehnen, scheiterte an dem Grundsatze des Princips, bei seinem Leben wenigstens in Rom nicht göttlicher Ehren gewürdigt zu werden. Deshalb stellte er August's Statue und seine eigne in die beiden Nischen der Vorhalle; in dem Innern aber ließ er Cäsar's Statue errichten. Auf den daselbst vor den Seiten der Nischen befindlichen Säulen, deren Capitäler von syracusanischem Erze waren (Syracusana sunt capita columnarum, *Plin.* XXXIV. c. 3. s. 7), standen Caryatiden von dem Bildhauer Diogenes aus Athen, welche allgemein gefielen; über dem Giebel waren gleichfalls Statuen, die aber wegen der Höhe ihres Standortes nicht gut gesehen und darum auch weniger bewundert werden konnten (*Plin.* XXXVI. c. 5. s. 4. §. 38); natürlich, wegen des weniger scharfen Hervortretens der Umrisse. Außerdem erwähnt aber Dio noch die Statue des Mars und der Venus, welche als Ohrring die Hälfte der großen Perle trug, die Kleopatra in Essig aufgelöst und hintergeschlürft hatte (*Plin.* N. H. IX. c. 35. s. 58: comitatur fama unionis eius parem, capta illa tantae quaestionis victrice regina

4) Hirt (S. 198) bestimmt für die Statue des Jupiter Ultor die mittelste Nische, dem Eingange gegenüber. Die Bildsäulen des Mars und der Venus standen ihm zunächst, und so habe auch Jul. Cäsar als eine der Hauptgottheiten in einer der großen Nischen gestanden. So hat Hirt vier Nischen ausgefüllt, für eine der drei noch übrigen vermuthet er Neptun. Doch hier ist alles ganz unsicher.

bau von vier Fuß Höhe erkennen ließen, genöthigt, den Gedanken wieder aufzugeben, und namentlich Hirt hat auf die Trennung beider Bauwerke um so fester bestanden, als auch die Alten das Pantheon und die Thermen bestimmt unterscheiden (*Dio* LXVI, 24. *Spartian.* Hadrian. c. 19. Hirt Seite 185 fg. und Seite 241—259). Auch hier hat die vermittelnde Ansicht ihre Vertheidiger gefunden, die da behaupten, ursprünglich habe das Haus als Schwimmbad gedient und sei erst nachher von Agrippa in einen Tempel verwandelt worden. Bei dieser Umgestaltung würde dann die Vorhalle hinzugefügt sein. Da nun aber die Überlieferungen des Alterthums keine derartige Vermuthung gestatten, da ferner, wie dies Hirt umständlicher darthut, der Zustand der römischen Architektur in der voraugusteischen Zeit einer solchen Annahme widerstreitet, so dürfte man nicht so leicht zur Beistimmung sich veranlaßt fühlen. Daß dieser Tempel nicht dem Jupiter Vltor geweiht wurde, daß die daraus gezogenen Schlüsse auf die innere Ausschmückung der Nischen[4]) voreilig gewesen, muß jetzt, nachdem wir dem einzigen Zeugnisse des Plinius eine andere Bedeutung zu erweisen versuchten, als feststehend betrachtet werden. Auch finden wir, daß Agrippa selbst über die Bestimmung des Gebäudes schwankte, wenn wir die weitern Nachrichten bei Dio vergleichen. Er erzählt (LIII, 27. p. 722. *Reim.*): *ἠβουλήθη μὲν οὖν ὁ Ἀγρίππας καὶ τὸν Αὔγουστον ἐνταῦθα ἱδρῦσαι, τήν τε τοῦ ἔργου ἐπίκλησιν αὐτῷ δοῦναι· μὴ δεξαμένου δὲ αὐτοῦ μηδέτερον, ἐκεῖ μὲν τοῦ προτέρου Καίσαρος, ἐν δὲ τῷ προνάῳ τοῦ τε Αὐγούστου καὶ ἑαυτοῦ ἀνδριάντας ἔστησε.* Die Absicht also, des Augustus Bildsäule in dem Tempel aufzustellen und von ihm den Namen zu entlehnen, scheiterte an dem Grundsatze des Princips, bei seinem Leben wenigstens in Rom nicht göttlicher Ehren gewürdigt zu werden. Deshalb stellte er August's Statue und seine eigne in die beiden Nischen der Vorhalle; in dem Innern aber ließ er Cäsar's Statue errichten. Auf den daselbst vor den Seiten der Nischen befindlichen Säulen, deren Capitäler von syracusanischem Erze waren (Syracusana sunt capita columnarum, *Plin.* XXXIV. c. 3. s. 7), standen Caryatiden von dem Bildhauer Diogenes aus Athen, welche allgemein gefielen; über dem Giebel waren gleichfalls Statuen, die aber wegen der Höhe ihres Standortes nicht gut gesehen und darum auch weniger bewundert werden konnten (*Plin.* XXXVI. c. 5. s. 4. §. 38); natürlich, wegen des weniger scharfen Hervortretens der Umrisse. Außerdem erwähnt aber Dio noch die Statue des Mars und der Venus, welche als Ohrring die Hälfte der großen Perle trug, die Kleopatra in Essig aufgelöst und hintergeschlürft hatte (*Plin.* N. H. IX. c. 35. s. 58: comitatur fama unionis eius parem, capta illa tantae quaestionis victrice regina dissectum, ut esset in utrisque Veneris auribus Romae in Pantheo dimidia eorum coena, womit Macrobius [Sat. II, 13] zu vergleichen). Wie aber diese Götterbilder in den einzelnen Nischen vertheilt gewesen, welche in den noch übrigen aufgestellt gewesen seien, darüber haben wir keine weitere Nachricht, sowie überhaupt dies Alles ist, was wir von dem ursprünglichen Zustande des Tempels wissen.

Die erste Beschädigung erlitt der Bau im J. 732, also drei Jahre nach seiner Vollendung. *Κεραυνοῖς*, sagt Dio (LIV, 1. p. 730), *ἄλλα τε πολλὰ ἐβλήθη καὶ οἱ ἀνδριάντες οἱ ἐν τῷ Πανθείῳ, ὥστε καὶ τὸ δόρυ ἐκ τῆς τοῦ Αὐγούστου χειρὸς ἐκπεσεῖν*, wonach der Blitz die Statuen so sehr beschädigte, daß die Lanze dem Augustus aus der Hand geworfen wurde. Schlimmer ward es durch den großen Brand unter der Regierung des Kaisers Titus im J. 833 getroffen, der überhaupt die an dem Marsfelde liegenden Gebäude vorzüglich verheerte (*Dio* LXVI, 1. p. 1097. *Reim.*). Dieser Schaden ward im eilften Jahre der Regierung Domitian's gegen 850 wiederhergestellt, denn Eusebius (Ol. CCXVII. p. 164. ed. *Scalig.*) sagt: multa opera Romae facta, in quibus Capitolium, Forum transitorium und viele andere, nach deren Aufzählung et Pantheum den Beschluß macht. Damit stimmt Cassiodorus (Chronic. p. 387). Aber schon im J. 863, im dreizehnten der Regierung Trajan's, traf nach derselben Chronik des Eusebius (p. 165. *Scal.*: Pantheum Romae fulmine concrematum) ein Blitzstrahl abermals das Haus, welches von dessen Nachfolger Hadrian zugleich mit den Thermen des Agrippa wiederhergestellt wurde (*Spartian.* Hadrian. c. 19). Nach Julius Capitolinus (Antonin. Pius c. 8) gehört auch Antoninus Pius zu den Restauratoren dieses Tempels, jedoch wird die Sache höchst zweifelhaft schon wegen des sprachlichen Bedenkens, daß wol schwerlich ein Gebäude, dessen Name überall bekannt war, mit der ganz unbestimmten Benennung templum Agrippae bezeichnet sein würde, sonach diese Notiz vielmehr auf das templum Augusti zu beziehen ist, dessen Wiederherstellung durch Antoninus namentlich Münzen bestätigten. Wie hätte auch das vor wenigen Jahren erst erneuerte Pantheon schon wieder einen Reparaturbau nothwendig machen können (s. Sachse S. 86)? Seit den Bränden unter Titus und Trajan finden sich weder die ehernen Capitäler der Säulen, noch die Karyatiden, noch die Statuen auf dem Giebel erwähnt, vielmehr sind an die Stelle der erstern sehr schön gearbeitete Marmorcapitäler getreten. Aus der Inschrift auf dem Architrav der Vorhalle: L. Septimius. Severus. Pius. Pertinax. Arabicus. Adiabenicus. Maximus. Pontif. Max. trib. potest. X. Imp. XI. Cos. III. P. P. Procos. et Imp. Caes. M. Aurelius. Antoninus. Pius. Felix. Aug. trib. potest. V. Cos. Procos. Pantheum. vetustate. corruptum. cum. omni. cultu. restituerunt, die in kleinern Buchstaben als die des Agrippa geschrieben ist, sehen wir, daß Septimius Severus im Jahre 955 (202 nach Chr.) an dem Pantheon wieder ausbesserte, was der Bau durch die Länge der Zeit gelitten haben mochte. In die-

4) Hirt (S. 198) bestimmt für die Statue des Jupiter Ultor die mittelste Nische, dem Eingange gegenüber. Die Bildsäulen des Mars und der Venus standen ihm zunächst, und so habe auch Jul. Cäsar als eine der Hauptgottheiten in einer der großen Nischen gestanden. So hat Hirt vier Nischen ausgefüllt, für eine der drei noch übrigen vermuthet er Neptun. Doch hier ist alles ganz unsicher.

sem Zustande sah es Dio und etwas später Ammianus Marcellinus, der es (XVI, 10, 14) mit den Worten: Pantheum, velut regionem teretem speciosa celsitudine fornicatam charakterisirt; auch die Regionenschreiber und die notitia dignitatum gedenken des Tempels in der neunten Region.

Im J. 607 oder 608 n. Chr. weihte Papst Bonifacius IV. das ihm vom Kaiser Phokas zu diesem Behufe bewilligte Pantheon zu einer Kirche der heil. Jungfrau Maria und aller Märtyrer, damit an dem Orte, wo man nicht alle Götter, wol aber alle bösen Geister verehrte, in Zukunft das Gedächtniß aller Heiligen feierlich begangen werde (s. *Paul. Diacon.* de gest. Longob. V, 37: Idem papa Bonifacio petente iussit in veteri fano, quod Pantheon vocabant, ablatis idololatriae sordibus, ecclesiam beatae semper virginis Mariae et omnium martyrum fieri, ut, ubi omnium non deorum, sed daemonum cultus erat, ibi deinceps fieret omnium memoria sanctorum, womit zu vergleichen *Anastas.* vit. Bonif. IV. [T. IV. s. 116]: Eodem tempore petiit a Phoca principe templum, quod appellatur Pantheon, in quo fecit ecclesiam sanctae Mariae semper virginis et omnium martyrum. Seit dieser Zeit hieß die Kirche S. Maria ad martyros. Daß bei dieser Gelegenheit alle die großen und kleinen Bildwerke, welche bisher in dem Tempel aufgestellt waren, entfernt und somit die Nischen und Säulen ihrer ehemaligen Zierden beraubt wurden. Auch die Rundwölbung mit der Öffnung in der Mitte, durch welche das Innere erleuchtet wird, verlor 48 Jahre später ihren Schmuck durch den griechischen Kaiser Constans II. im J. 655 (s. Hirt S. 206 fg.). Die Dachung der Wölbung und ohne Zweifel ebenso die der Vorhalle war ursprünglich mit Ziegeln von vergoldetem Erze überlegt; Constans ließ sie wegnehmen und nach seiner Residenz Constantinopel bringen (*Paul. Diac.* de gest. Long. V. c. 11. *Anast.* in S. Vital. p. 106). Der Papst Gregorius III. suchte diesen Schaden im J. 713 durch eine Eindeckung von Blei zu ersetzen (*Anastas.* in S. Gregor. III. p. 144), und Gregor IV. weihte das Pantheon wieder im Jahre 830. Im Mittelalter [5]) muß es sehr gelitten haben, vorzüglich durch daran gebaute Wohnungen, von deren Unglücksfällen es dann mit zu leiden hatte, so wie auch durch die in der Vorhalle angelegten Trödlerbaraken; schon Martin V. (1417—1431) besserte daran, und unter seinem Nachfolger Eugen IV. drohte die Kuppel mit Einsturz und wurde von ihm restaurirt, auch die Trödler aus der Vorhalle verwiesen und diese unter Nicolaus V. abermals mit Blei gedeckt. Gregor XIII. legte den Brunnen vor dem Pantheon an, den Clemens II. mit einem antiken Obelisken verzierte. Im J. 1632 ließ Urban VIII. die Futterung von Erz [6]), in welcher die Balken lagen, die das Dach der Vorhalle trugen, wegnehmen, und dadurch wurden nach Ficoroni 460,000 Pfund Erzes, nach Benuti aber, der die Archive der Peterskirche deshalb nachsah, beinahe ebenso viel Centner gewonnen, aus denen erstlich 110 Stück schweres Geschütz von verschiedener Größe für die Engelsburg (einige haben die Inschrift: ex clavis trabalibus porticus Agrippae) und dann die vier großen Säulen mit dem erzenen Baldachin am Hochaltar in der Peterskirche gegossen wurden. Zum Andenken dieses Raubes ließ der Papst eine Marmortafel in die Halle des Pantheon setzen, die noch vorhanden ist und die Inschrift enthält:

Urbanus VIII. Pont. Max.
vetustas. ahenei lacunaris
reliquias
in. Vaticanas. columnas. et.
bellica tormenta conflavit
ut. decora. inutilia
et. ipsi. prope. famae. ignota
fierent. in. Vaticano. templo
apostolici. sepulchri. ornamenta
in. Hadriana. arce
instrumenta. publicae. securitatis.
anno. domini. MDCXXXII. pontif. IX.

Der große Verlust dabei ist, daß keine Zeichnungen und Beschreibungen dieser ehemaligen Dachrüstung genommen wurden, und nur billigen kann man das treffende Wort des Pasquino: quod non fecerunt Barbari, fecerunt Barbarini [7]). Derselbe Papst ließ durch Bernini, dem auch die Leitung der ebenerwähnten Zerstörung übertragen war, die beiden kleinern Glockenthürme über den beiden Treppen der rechtwinkeligen Vorlage, von denen die auf der Morgenseite noch ganz erhalten ist, aufsetzen. Sie gewähren keinen schönen Anblick. In dieser Kirche wählte Rafael seine Grabstätte und ließ zu diesem Behufe einen der Altäre mit dem Marmorbilde der heiligen Jungfrau mit ihrem Sohne auf dem Arme durch den Bildhauer Lorenzetto zieren; an dem Fuße dieses Altars ward sein Leichnam beigesetzt und auf seinem Grabsteine die Inschrift seines Freundes Bembo eingegraben:

Hic ille est Raphael, timuit quo sospite vinci
Rerum magna parens, et moriente mori.

Neben ihm fand Annibale Caracci seine Grabstätte, und beider Büsten wurden im 17. Jahrh. durch Carlo Maratta hier aufgestellt; dort waren auch die Gräber des Pierin del Vaga und des Taddeo Zuccheri mit ihren Büsten, zu denen in neuerer Zeit auch die Büsten anderer ausgezeichneter Römer gekommen sind, obgleich sie nicht hier begraben liegen, wie Nic. Poussin, Metastasio, Mengs und Winkelmann [8]). Alexander VII. (1655—1667) ließ den Platz um den Tempel her bis auf das alte Pflaster abtiefen und mit zwei Säulen aus ägyptischem Granit, die man grade damals bei S. Luigi de Francesi fand, die unter Urban VIII. an der Ostseite der Vorhalle auf-

5) Hierin folge ich ganz Sachse S. 89. 6) So hatte man gebaut, nicht blos um der längern Dauer willen, sondern auch um desto sicherer die schwere Eindeckung mit Ziegeln aus vergoldetem Erze zu stützen (s. Hirt, Die Lehre der Gebäude. S. 47).

7) Es hat sich dasselbe in den neuesten Zeiten andere Umgestaltungen in Griechenland gefallen lassen müssen; quod non fecerunt Gothi, fecerunt Scoti, auf Lord Elgin, ist bekannt; jetzt sagt man in Athen: quod non fecerunt Barbari, fecerunt Bavari. 8) Nach Hirt, Von dem Begraben und den Denkmälern im Pantheon. a. a. O. S. 277.

r Urban VIII. verloren gegangen ist, in den
, früherer Architekten sich findet. So wie er
ird er durch den Giebel der Vorhalle beinahe
ckt; daß er aber sichtbar hatte werden sollen,
Augenschein, freilich auch, daß man noch wäh-
Baues davon abgegangen ist. Sonst würden die
n Steine im Felde unerklärlich sein, welche,
Oben nach Unten durchbohrt, lediglich zur Befe-
r Baugerüste dienten. Begreiflich ist dies nur,
annimmt, ehe man an eine Vorhalle gedacht,
beabsichtigte Giebel gewesen, durch die Anlage
aber überflüssig und unvollendet gelassen wor-
ere Widersprüche ergeben sich, wenn man den
des Gebäudes betrachtet. Der Boden, sowie die
lungen der Rotunde, sind 14 Zoll tiefer als die
e, sodaß man ganz gegen alle Sitte in die
Tempels hinuntersteigen mußte. Befremdlich
ner bei der Gründung eines Tempels die Ver-
nit profanem Gemäuer sein, wie es, zu den
gehörig, sich an das Pantheon anlehnt, befremd-
achbarschaft mit Thermen, die Wahl der Him-
d (ein nach Norden, dem unbewohnten Mars-
kehrtes Heiligthum entsprach weder dem Ge-
r Alten, ihre heiligen Gebäude der Sonne zu-
, noch dem Bedürfnisse der südlich vom Pan-
nenden Bevölkerung), auffallend endlich bei dem
ohnten Agrippa die Sparsamkeit, womit er an
schmückte Vorhalle eine Cella von Ziegeln ante. Kurz alle diese Umstände zusammengenom-
n bei der bewundernswürdigen Vortrefflichkeit
udes, welche den Gedanken an Fehler des Bau-
ausschließt, kaum einen andern Ausweg übrig,
ehmen, daß die Rotunde ursprünglich nicht zum
stimmt war und erst nach ihrer Vollendung aus
en Gründen zu einem Heiligthume umgeschaffen
iner Vorhalle versehen wurde. Fragt man aber
ursprünglichen Bestimmung, so bietet sich der
daß sie zu den angrenzenden Thermen, deren
e wir gesehen haben, einige Jahre früher fällt,
e, eine Annahme, die um so weniger Beden-
als ein solches rundes Gebäude, mag man es
v Ephebeum nennen, oder seinen Zweck, wie so
den Thermen, unentschieden lassen, nach allen
en Ruinen den öffentlichen Bädern, wie sie vor
mden, wesentlich war. Ganz ähnlich ist das
bäude, welches unter dem Namen Galuzze noch
die Cäsaren Cajus und Lucius, zu deren Ther-
ehörte, erinnert; von gleicher Construction, frei-
Öffnung in der Decke, ist das Mittelgebäude
stischen Thermen; ähnlich ferner die Zeichnung
: der Agrippina, wie sie der capitolinische Plan
. bei *Bellori*) zeigt. Daß endlich Agrippa, von
efflichkeit seines Werkes selbst betroffen, dasselbe
nden Jupiter zu weihen beschloß, es deshalb
Thermen trennte und durch den Porticus zu ei-
pel machte, dafür ist auch äußerlich die Veran-
cht fern zu suchen. Der Sieg bei Actium sollte
verherrlicht werden, und deshalb war zur Grün-

dung eines ganz neuen Tempels keine Zeit vorhanden. Gebraucht worden ist das Pantheon gewiß nie anders als zu religiösen Zwecken, auch dem Alterthume nur als Tempel bekannt.

Aber welches war die ursprüngliche Beschaffenheit des Pantheons vor den häufigen Restaurationen, welche es schon durch die Kaiser Domitian, Hadrian, Antoninus Pius, Septimius Severus, noch mehr durch die Päpste erlitten hat? Das Innere besteht jetzt aus drei Theilen: einer Reihe von sechs großen, abwechselnd runden und rechteckigen Nischen, die mittlere, welche weit über die erste Kämpferlinie hinausgeht und heute den Hauptaltar bildet, sowie die gleich hohe Thür ungerechnet. In jeder Nische tragen zwei schöne Säulen von numidischem Marmor (Giallo antico) das Gebälk, während die Altarnische dieselben vor den Eckpfeilern hat. Zwischen den großen befinden sich acht kleinere Altarnischen oder Tabernakel, von denen vier, nämlich die beiden mittelsten, zu Seiten des Hauptaltars ebenfalls Säulen von Giallo antico haben, während vor den zwei ersten rechts granitene, vor der dritten auf jeder Seite porphyrene stehen. Über dem Kämpfergebälk erhebt sich zweitens eine seit Benedict XIV. kahle Attika mit fensterähnlichen Verzierungen, geschmacklos in Wasserfarben gemalt. Den Beschluß macht drittens die Kuppel. Von diesen drei Haupttheilen macht die Attika einen sehr unerfreulichen Eindruck. Sie ist vollkommen zwecklos und stört durch Leere und Einförmigkeit. Die magern und kleinlichen Pilaster von Porphyr, welche vor Benedict XIV. ihre Felder theilten, können diesem Übelstande nicht abgeholfen haben, und sind, wie schon das in den guten Zeiten der Kunst nicht übliche Material zeigt, eine Zuthat Späterer, etwa des Septimius Severus oder gar christlicher Restauratoren gewesen. Und so ist es wol mit der ganzen Attika überhaupt gestellt. Es ist widersinnig anzunehmen, daß grade blos die mittlere Nische offen war; daß blos sie und die Thür, wie es jetzt ist, mit Verletzung aller architektonischen Linien über die Gürtung des ersten Gesimses hinausgeragt haben sollten. Hirt hat gewiß Recht, wenn er glaubt, die sechs großen Nischen seien alle offen, die Säulen an ihre Pfeiler gestellt und in denselben außer der Bildsäule des Jupiter Ultor, welche gewiß die mittlere zierte, Götterbildnisse aufgestellt gewesen, wovon uns Dio drei, Mars, Venus und Jul. Cäsar, namhaft macht, während auf Neptun wegen des aktischen Seesieges eine wahrscheinliche Vermuthung fällt. Denn abgesehen von dem kleinlichen Eindrucke, welchen die jetzige Stellung macht, wonach die dann unverhältnißmäßig schwachen Säulen die Wölbung zu tragen bestimmt scheinen, so ist der beste Beweis dafür, daß jene Nischen nicht maskirt sein konnten, der Umstand, daß sie wirklich ganz wie die mittelste angelegt sind. Zwei von ihnen enthalten in ihrem obern, jetzt verdeckten Theile Bethäuser, zu denen ein nothdürftiger Zugang durch die Mauer gebrochen ist. Denkt man sich dergestalt die Nischen hoch, offen, in jeder das kolossale Standbild einer Gottheit und über ihnen die prächtige Wölbung der Kuppel, so erhält man ein Werk, durch die Einfachheit und Übersichtlichkeit seiner Massen der Kunstblüthe, wie sie Rom unter Augustus zierte, würdig. Daß die jetzigen Säulen nicht die ursprünglichen sein können, erhellt aus der Angabe des Plinius, daß Agrippa ihre Capitäle aus syracusischem Erz gebildet habe; zuerst müssen es 16 gewesen sein. Übrigens können sie nach der Vortrefflichkeit ihrer Arbeit nur aus dem ersten oder zweiten Jahrhunderte n. Chr. herrühren. Wann die Umwandlung der Nischen und die Anlage der Attika stattgehabt habe, mögen wir nicht zu bestimmen, gewiß nicht vor Septimius Severus. Die Tabernakel dienten vielleicht zur Aufnahme kleinerer Bildsäulen. Ihre Säulen sind, wie der Augenschein lehrt, aus ungleicher Zeit, und sowie es die Noth erheischte, angebracht. Als ursprüngliche Stützen möchte ich mit Nardini und Fea an ihre Stelle die vorbesprochenen Karyatiden setzen, welche nach Plinius zwischen den Säulen (in columnis), d. h. den großen Säulen der Hauptnischen, standen. Auf die letztern kann man sie nicht stellen, wie Hirt thut, weil es ja eben zur Wesenheit einer Karyatide gehört, daß sie trägt; zwischen die Säulen der Vorhalle und den Dachstuhl, wie Andere wollen, nicht, weil sie nach Plinius' Zeugnisse niedrig standen und gut gesehen werden konnten; zwischen dem ersten und zweiten Kranzgesimse aus demselben Grunde nicht, und weil es überhaupt keine Attika gab. Piale's Einfall endlich ist ganz abenteuerlich. Er nimmt die Attika als ursprünglich, die Erhöhung der mittelsten Nische als später an, geschehen, um Hadrian, von dem es berichtet wird, daß er im Pantheon Recht gesprochen habe, ein Tribunal zu errichten. Als ob nicht unter andern Augustus im Herkulestempel zu Tibur zu Gericht gesessen hätte! Vor die letztere Nische baut Piale dem Jupiter Ultor eine eigne Kapelle, die er von den Karyatiden tragen läßt. Was die übrigen Gegenstände des untern Theiles betrifft, so genüge es zu bemerken, daß die Marmorbekleidung der Wände bis zur Brüstung alt, der Fußboden seiner Lage nach ebenfalls antik ist, der Abzugskanal des Regenwassers aber, wodurch bei hohem Wasserstande der Tiber das Gebäude unter Wasser gesetzt wird, nur theilweise. Die Decke besteht aus dem röm. Bauten eigenthümlichen Gusse von Puzzolane, Tuff und Ziegelstücken, die Öffnung ist die alte, äußerlich mit einem ehernen vergoldeten Reifen verziert. Die Rosetten der Decke waren gewiß mit Stuckmarmor geschmückt.

Die Thür ist vortrefflich erhalten. Sie besteht aus ehernen Flügeln, welche vermittels erzener Pilaster an die marmornen Pfosten angepaßt sind. Darüber befindet sich ein Gegitter, das zur Erleuchtung des Innern beiträgt, eine Einrichtung, die ebenfalls bei dem sogenannten Sibyllentempel in Tivoli und dem Tempel des Herkules in Lori vorhanden gewesen sein muß [10]). Die Vorhalle gewährt noch immer den großartigen Eindruck, welchen sie ursprünglich gemacht haben muß, da sie am wenigsten von Restaurationen gelitten hat. Indessen sind zwei ihrer granitenen Säulen zwar alt, aber fremdartig und erst von Urban VIII. und Alexander VII. an die Stelle

10) s. Winkelmann, Storia delle arti in Fea's Übersetzung. 3. Th. S. 73.

fehlenden gesetzt worden. Die Decke der drei Schiffe, rein sich die Vorhalle theilt, bestand aus Tonnengeben, wovon man noch bei den beiden kleinern den satz wahrnimmt. Die Dachrüstung ist neu und erst J. 1632 unter Urban VIII. an die Stelle der alten, die Balken mit Erzplatten bekleidet waren, getreten. s in dem Giebelfelde gestanden habe, ist unsicher; nach minio Vacca vielleicht eine auf den Donnerer bezügt Scene. Das Blei der Dachung des Rundbaues rt von Gregorius III. (713) her, nachdem Kaiser Cons II. im J. 655 die vergoldeten Erzziegel, woraus früher bestand, weggenommen hatte. (*L. Urlichs.*)

Panther, s. Leopard.

PANTHER, 1) P. creek, Fluß im nordamerikahen Freistaate Kentucky, welcher sich unter 37° 29′ bl. Br. und 84° 48′ westl. L. nach dem Meridian Greenwich in den Green- (grünen) Fluß ergießt. P. in heraldischer Bedeutung, in Beziehung auf che wir zu dem Art. Heraldik zurück und auf den . Greif hinweisen. (*Fischer.*)

PANTHERSCHWAMM (Agaricus pantherinus *dolle*, Ag. verrucosus *Persoon*, franz. Golmelle, lmotte fausse), ein Blätterschwamm, welcher dem egenschwamm (Ag. muscarius *L.*) ähnlich und, dieser, sehr giftig ist. Er findet sich häufig in Bergdern, vorzüglich im Herbste, nach anhaltendem Re. Der Strunk ist weniger knollig als bei dem Flieschwamm, mit einem stiefelförmigen Wulste versehen; Hut oberhalb bläulich- oder grünlich-braun, mit kleiweißen Warzen besetzt; im Innern und auf der un- Fläche ist der Hut, wie der Strunk, weiß. (*A. Sprengel.*)

Pantherstein, s. Jaspis.

PANTHIADES *Hübner* (Insecta), Schmetterlingsung aus Papilio gesondert, die Flügel unten braun, ßstreifig, die hintern mit einem rothen Fleckchen. Hier- Pap. Thallus *Cramer* 259. C. D. Pelion. ib. 6. F. (D. *Thon.*)

PANTHIOS (Mythol.), einer der 50 Söhne des yptus. *Hygin.* fab. 170. (*H.*)

PANTHOOS, oder contrahirt PANTHUS, ein edler janer, zum Rath der Alten gehörig, welcher mit der rontis drei Söhne zeugte, Polydamas, Hyperenor und phorbus, die in der Iliade öfters als *Πανθοΐδαι* vormen; Il. III, 146. XIII, 756. XIV, 450. XV, 446. I, 808. 535. XVII, 40. 70. 81. XVIII, 250. Aus tern Fabeln hat Servius zu *Virg.* Aen. II, 319 Sage, Panthus wäre ein Sohn des Othryas, von bendernswürdiger Schönheit und Priester (d. h. wol Hielulos) des delphischen Apoll gewesen; in ihn hätte sich Sohn des Antenor verliebt, den Priamus zur Befrag des Orakels nach Delphi geschickt hatte, deshalb ihn aubt und nach Ilium entführt, wo Priamos ihn ebens zum Priester des Apoll gemacht; auch bei Virgil (l. c.) Panthus Priester. (*H.*)

PANTHOT (Louis), ein ausgezeichneter Chirurg Lyon, welcher besonders durch eine im J. 1626 ausührte Operation des Kaiserschnittes Aufsehen machte. Er hatte drei Söhne: Simon, Joh. Baptista und Horaz und einen Enkel, Joh. Louis, welche ebenfalls als Ärzte und Wundärzte einigen Ruf erlangten. — Simon's, eines geschickten Chirurgen, Sohn war Joh. Louis, Dechant des Collegiums der Ärzte in Lyon, welcher hochbejahrt um die Mitte des 18. Jahrh. starb. Joh. Baptista, der zweite Sohn Louis', geboren um das J. 1640, erhielt die Doctorwürde zu Montpellier, und prakticirte in seiner Vaterstadt, wo er 1707 starb. In seinem 64. Jahre unterzog er sich in einem Zeitraume von sechs Monaten drei Mal der Operation des Steinschnittes, welche sein jüngster Bruder Horaz mit der großen Zurüstung an ihm machte, und die er selbst beschrieb (Dissertation instructive et très-curieuse pour la pratique de trois opérations de la pierre, faites en six mois de temps [1702. 4.]). Seine übrigen Schriften sind: 2) Traité des dragons et des escarboucles (1691. 12.). 3) Traité de la baguette (1693. 4. et 12.). 4) Reflexions sur l'état présent des maladies, qui règnent dans la ville de Lyon, dans le royaume et en diverses parties de l'Europe (1693. 12.). 5) Dissertation sur l'usage des bains chauds et principalement de ceux d'Aix en Savoie, et sur l'effet du Mercure dans la guérison de la vérole (1700. 4.). Endlich eilf Briefe oder Beobachtungen im Journal des Savans von 1678 bis 1695 über verschiedene Gegenstände aus dem Gebiete der Heilkunde und der Naturwissenschaften. (*Beuchot* in Biogr. univ. Tom. XXXII. p. 500.) (*A. Sprengel.*)

PANTICAPAEUM (*Παντικάπαιον* *Strab.* VII, 4, 309. *Παντικάπαια* *Ptol.* III, 6), eine alte Gründung der Milesier (*Strab.* l. c. *Plin.* IV, 26. *Ammian.* XXII, 8, 26. Nach *Steph. Byz.* v. u. *Eustath.* ad *Dionys. Per.* v. 311 *κτίσμα παιδὸς Αἰήτου*) im taurischen Chersonesus, an der Mündung des Palus Mäotis (*Appian.* bell. Mithr. c. 107 *ἐπὶ τῆς ἐκβολῆς τοῦ Πόντου*, auch kimmerischer Bosporus genannt), an der europäischen Küste, Phanagoria an der asiatischen gegenüber [1]), auf einem 20 Stadien umfassenden Hügel (*Strab.* l. c. *τὸ δὲ Παντικάπαιον λόφος ἐστὶ πάντη περιοικούμενος ἐν κύκλῳ σταδίων εἴκοσι*), mit einem Hafen gegen Osten, dessen innerer Theil (*νεώρια*) 30 Schiffe faßte, und mit einer Akropolis (*Strab.* VII, 4, 309). Diese und die übrigen hellenischen Colonien im taurischen Chersonesus und in den benachbarten Regionen sind erst in neuester Zeit, besonders durch angestellte Ausgrabungen der Russen und dadurch aufgefundene Inschriften, sowie durch treffliche Leistungen neuerer Alterthumsforscher, besonders

1) *Strab.* VII, 4, 310. *Τὸ δὲ στόμα τῆς Μαιώτιδος καλεῖται μὲν Κιμμερικὸς Βόσπορος, ἄρχεται δὲ ἀπὸ μείζονος πλάτους, ἑβδομήκοντά που σταδίων· καθ' ὃ διαίρουσιν ἐκ τῶν περὶ Παντικάπαιον τόπων εἰς τὴν ἐγγυτάτω πόλιν τῆς Ἀσίας, τὴν Φαναγορίαν· τελευτᾷ δ' εἰς πολὺ στενώτερον πορθμόν.* Im Folgenden bezeichnet er Panticapäum als die größte Handelsstadt dieser Region, auf welche Tanais als die nächste an Bedeutung folge. VII, 4, 9: *Καθ' ὃ καὶ Κιμμερικὸς κόλπος καλεῖται τοῦ πορθμοῦ πᾶν, ὃ ἐπέχει τὸ στόμα τῆς Μαιώτιδος.* XI, 2, 495: *Καὶ ἔστι τῶν μὲν Εὐρωπαίων Βοσπορανῶν μητρόπολις τὸ Παντικάπαιον· τῶν δ' Ἀσιανῶν τὸ Φαναγόρου κτλ.*

von Köhler, Rochette, Petr. Köppen, von deren Schriften Böckh in s. Corp. inscr. pars XI. Inscr. Sarmat. cum Cherson. Taur. et Bosp. Cimm. vol. II. p. 80 sqq. Gebrauch gemacht und das Resultat derselben mit Kritik wiedergegeben hat, in ein helleres Licht gesetzt worden. Außer den Genannten haben auch noch Andere namhafte Beiträge geliefert, wie Blaramberg zu Odessa (Notice sur quelques objets d'antiquité, découverts en Tauride dans un tumulus, près du site de l'ancienne Penticapée [Paris 1822] und Choix de médailles antiques d'Olbiopolis ou Olbia etc. [Paris 1822]). Cf. *Böckh* l. c. p. 81. — Panticapäum war die Metropolis der Bosporaner (*Strab*. XI, 2, 495. *Ammian. Marc*. l. c.), wurde mit den übrigen milesischen Städten des Bosporus etwa um Ol. 59, 4 gegründet (*Böckh* corp. l. c. p. 91; nach *Niebuhr*, Opusc. T. I. p. 373 erst um Ol. 75, 1), erhob sich bald zu einer bedeutenden Handelsstadt (*Strab*. l. c. *Appian*. bell. Mithrid. c. 107), und wurde Hauptsitz der Regierung (Archonten, Dynasten, Könige) vom Bosporus (*Strab*. l. c. u. VII, 4, 309. *Diod*. XX, 24. Periplus d. Pontus Euxin. p. 141. ed. *Gron*.). Strabon (XI, 2, 495) bezeichnet Panticapäum als Emporium aller vom Meere her kommenden Waaren, Phanagoria aber als Emporium des Mäotis und der umliegenden barbarischen Länder. Pompon. Mela (II, 1, 3) nennt als kimmerische Städte am Bosporus Myrmecion, Panticapäon, Theodosia (and. Theudosia), Hermisium. Panticapäum führte als Hauptstadt des Bosporus auch selbst diesen Namen (Demosth. g. Lept. §. 27. 29. *Plin*. H. N. IV, 24: „Panticapaeum, quod alioquin Bosporum vocant." *Plin*. epist. X, 13. Der Periplus des Pontus Euxin. p. 148. Gron.: ἀπὸ Βοσπόρου ἤτοι Παντικαπαίου κτλ.)[2]). Eutropius (VII, 5) macht daraus irriger Weise zwei Städte; ebenso Stephanus Byz. v., welcher Bosporus πόλιν Πόντου κατὰ τὸν Κιμμέριον κόλπον, und Panticapäum πόλιν μεγίστην τῶν κατὰ Βόσπορον μητρόπολιν nennt. Das Verhältniß des Namens Bosporus zu Panticapäum hat bereits Böckh (Corp. inscr. vol. II. p. 98) richtig angegeben. Fremde nämlich bedienten sich der Kürze wegen des Namens Bosporus häufiger als des Namens Panticapäum, gewiß auch deshalb, weil es der Hauptort des Bosporus war. Die Einwohner selbst aber nannten die Stadt nur Panticapäum, und Bosporus den ganzen Staat. Auch auf einer Inschrift (*Böckh*, Corp. n. 2059) wird diese Stadt Bosporus genannt. Auf einer andern ein Βοσπορανὸς (n. 2090), nach Böckh's Vermuthung ein Bürger von Panticapäum (Cf. *Böckh*, Introd. vol. II. p. 98). Hier konnte allerdings auch die umfassendere Bezeichnung stattfinden, ohne daß man Βοσπορανὸς für Παντικαπαΐτης zu nehmen braucht. Der Name Bosporus hat sich in dem gegen-

wärtigen russischen Wospor, welchen Namen diese (
jetzt führt, erhalten (der eigentliche Name ist jedoch K
Cf. *Böckh*, Corp. n. 2109. c. sqq. p. 153. vo
Skylax (Peripl. p. 71. Gron.), welcher die Städ
taurischen Chersonesus aufführt, nennt sie in fol
Ordnung: Θευδοσία, Κύδαια καὶ Νύμφαια, Πα
παιον, Μυρμήκειον. Die Fahrt zu Wasser von
Metopon bis Panticapäum setzt er auf einen Tag
eine Nacht, von Panticapäum bis zur Mündung de
lus Mäotis auf 20 Stadien (p. 72)[3]). Der Ve
von Periplus des Pontus Euxinus (p. 141. Gron.
die Entfernung von Myrmekion bis Panticapäum
25 Stadien oder 3¼ Meile. Ebenso von Pantica
bis zur Stadt Nymphäon (auch Nymphäa genannt).
Panticapäum bis zur Stadt Kimmericum 250 S
(p. 142. ibid.). Mehre Angaben aber, wie die Za
Stadien von Panticapäum bis Cherson, können un
lich richtig sein. (Vgl. die Tabelle von Voß zum
plus d. Pont. Eux. p. 147. Gron.) Strabon (
4, 309) setzt als Distanz von Panticapäum bis Th
sia 530 Stadien. Plinius (IV, 26) gibt 87 M.
(restat longe validissimum in ipso Bospori in
Panticapaeum Milesiorum, a Theodosia LXX
M. p.). Zwanzig Stadien von Panticapäum setzt
bon (VII, 4, 10) Myrmekion. — Panticapäum wa
bemerkt, Residenz und Begräbnißstadt der Fürste
Bosporus (*Diodor*. XX, 24).

Klima, Producte, Handel: Strabon (VII, 4,
bezeichnet das Gebiet von Theodosia bis Pantica
(530 Stadien betragend) als fruchtbares Land (
πᾶσα σιτοφόρος), welches Ortschaften (κώμας) habe
die Stadt Nymphäon mit einem guten Hafen. Das
Land war so fruchtbar, daß es die Saat dreißigfälti
rückgab[4]). Der Bosporus wurde daher zur Korn
mer von Hellas und besonders von Athen, späterhin
mehrmals von Rom (wie unter Trajanus *Böckh*
vol. II. p. 82), und der Palus Mäotis lieferte di
gesalzenen Fische (αἱ ταριχεῖαι). Der Fürst Leukon
einst den Athenäern 210 Myriaden Medimnen Ge
Dem Mithridates entrichtete der Bosporus 18 Myr
Medimnen Getreide und mit den asiatischen Ortsch
um Sindike 200 Talent Silber (*Strab*. VII, 4,
Demosthen. geg. Lept. [p. 366. ed. *Wolf*] redet
400,000 Medimnen, welche jährlich aus dem Bos
nach Athen kommen, und bemerkt, daß dieses allein
betrage, als alles andere dahin gebrachte aus den

2) Mit dem Namen Bosporus bezeichnet diese Stadt auch Procopius (de bell. Pers. I. 12. de Goth. IV, 5. de Aedif. III. fin.), Cedrenus (im Justinian. S. 302). Es verhält sich mit diesem Namen fast ebenso wie mit dem Namen Borysthenes statt Olbia. Vergl. *Boeckh*. l. c. p. 98. Ed. Meier, Art. Olbia, Allgem. Enc. III, 3. S. 481. *Strab*. VII, 3, 306 (ed. Par. 1620).

3) D. Aut. d. Periplus Pont. Eux. et Pal. Maeot. p. 13
Gron. Τῆς δὲ Εὐρώπης ἐπ' αὐτοῦ τοῦ στόματος τῆς Μα
δος λίμνης τὸ Παντικάπαιον ἐστὶν ἔσχατον τῶν Βοσπόρο
σιλέων ἐπωνομασμένον. Der Verfasser hat dieses aus d
Senarien verfaßten Periplus des Chiers Skymnus entlehnt,
heißt: Μαιώτιδος λίμνης τὸ Παντικάπαιον ἐστὶν ἔσχατο
Βοσπόρου βασιλεῦσιν ὠνομασμένον. p. 135 bei Gronov.
Ausg. d. *Scylax*, Lud. Bat. 1697.) 4) *Strab*. VII, 4,
Τῆς δὲ Χεῤῥονήσου πλὴν τῆς ὀρεινῆς τῆς ἐπὶ θαλάττη
Θεοδοσίας, ἥ γε ἄλλη πεδιάς καὶ εὔγαιός ἐστι πᾶσα, σι
καὶ σφόδρα εὐτυχής· τριάκοντα γοῦν ἀποδίδωσιν, διὰ τοῦ
χόντος ὀρυκτοῦ σχιζομένη.

ändern und Staaten zusammengenommen). Pan-
um erhob sich bald zu einem ausgezeichneten Han-
ätze, sowol durch seine günstige Lage, als durch die
cte und Bedürfnisse dieses und der benachbarten
:. Dieser blühende Handelsverkehr lockte auch viele
en hierher, welche sich zum Theil hier niederließen.
:r spätern Zeit finden wir hier auch Römer und
upt Handeltreibende aus den verschiedensten Ländern
Völkern, besonders auch viele Juden (*Böckh* corp.
14. b. u. vol. II. introd. p. 98). — Der Handel
etrockneten Fischen, welche der Mäotis lieferte, mit
erk, Häuten, mit Wachs und mit andern Producten,
nit Sklaven, war sehr beträchtlich. Auch wurden
Handelsproducte aus Asien von der Mündung des
s, an welcher sich eine Stadt gleiches Namens eben-
ils wichtiger Handelsplatz geltend machte, und wol
nehr vom Pontus Euxinus her nach Panticapäum
ht (*Strab.* l. c. p. 310). Auch stand diese Stadt
ndelsverhältnissen mit Olbia und wird mit unter
s Städten, welche dem Theokles zu Olbia wegen
Verdienste um Einheimische und Fremde nach sei-
Tode einen goldenen Kranz verehrten, auf einer in-
ichen Urkunde (bei *Böckh* corp. inscr. n. 2059)
ührt (unter dem Namen Bosporus, cf. not. p. 126.
I). — Bei der oben angegebenen Fruchtbarkeit des
is konnte schwerlich das Klima hier so rauh sein,
asselbe der an den heitern italischen Himmel ge-
e und seinen Aufenthaltsort gern mit den schwärze-
arben schildernde Ovidius zu Tomi am Pontus Eu-
bezeichnet (Ep. ex Pont. I, 2, 25 sqq. I, 3, 50 sqq.,
bi perpetuas obruta terra nives etc.). Es wurde
ich Wein gebaut, jedoch wurden die Reben im Winter
rde bedeckt (*Strab.* VII, 3, 307). Der bedeuten-
älte im Winter entsprach die Wärme im Sommer
ατα σφοδρά *Strab.* l. c.).

Verfassung, Cultus, Sprache, Inschriften: Vor den
naktiden war Panticapäum, wie die benachbarten
schen Städte des Bosporus, autonom, und Opti-
führten das Staatsruder. Die Archäanaktiden aber
n keine eigentliche Dynastie, sondern verwalteten den
vielmehr als Archonten. Die Spartociden erst tre-
ls eigentliche Machthaber oder Regenten ein, und
ı bald Dynasten (*Strab.* VII, 310. *Plutarch.* adv.
c. 7), bald Hegemones (*Strab.* XI, 2, 495 οἱ
Βοσπορανῶν ἡγεμόνες), bald Könige (Chrysippus bei
. VII, 3, 301 τῶν τοῦ Βοσπόρου βασιλέων, τῶν
Λεύκωνα. *Diod.* l. c. *Polyän.* VIII, 55), bald
νοι (Äschin. geg. Ktesiph. p. 562. Dinarch. g. De-
p. 34. Vers. d. Oeconom. [*Aristot.*] II, 8. *Po-*
. VIII, 55) genannt. Allein von diesen Prädicaten
in diesen Staaten selbst weder von den Regieren-
noch von den Unterthanen öffentlicher diplomatischer
uch gemacht. Vielmehr mögen dieselben nur von
en (in Decreten, Inschriften, Urkunden ꝛc.) und
Schriftstellern in Anwendung gebracht worden sein. —
on (VII, 4, 310) bedient sich des Ausdrucks ἐμον-
ο mit gutem Grunde, sofern er die Sache, nicht
Worte ins Auge faßte. Denn zu Panticapäum so-

wol als in den übrigen hellenischen Städten des Bosporus fand ursprünglich eine legitime Verwaltung statt, welche Diodorus (XX, 24) durch πάτριος πολιτεία bezeichnet, und welche gewiß während des Archontats der Archäanaktiden nicht beeinträchtigt worden war. Als dieselbe aber unter den Spartociden mehr oder minder zurückgetreten, wurde sie durch Eumelus zu Panticapäum wiederhergestellt. Bevor dies geschah, konnten natürlich die Herrscher des Bosporus ebenso gut als andere, wie Gelo, Hiero, Thero in Sicilien, τύραννοι genannt werden. Böckh (corp. inscr. p. XI, introd. in inscr. Sarm. p. 105) nimmt mit Recht an, daß auch unter der Herrschaft dieser Dynasten die griechischen Bosporaner noch einen Schein von Freiheit, wenigstens so weit dieselbe auf besondern Magistraten, Magistrats- und Volksversammlungen beruhte, welche alten Institute auch in den hellenischen Staaten die Tyrannen nicht ganz aufzuheben vermochten, gehabt haben. — Übrigens standen die einzelnen Städte des Bosporus, Panticapäum, Phanagoria, Gorgippia, Hermonassa u. a. nicht in so engem Zusammenhange und Beziehung zu einander, daß sie nicht wieder ihre besondern politischen Gemeinden gebildet hätten. Der Archon des gesammten Bosporus war daher nur Archon in Beziehung auf das κοινὸν τῶν Βοσπορανῶν, wobei die einzelnen Städte (analog den böotischen neben dem ἄρχων Βοιωτοῖς s. Βοιωτῶν) wieder ihre besondern Vorsteher haben konnten. Dies wenigstens für die ältere Zeit. In Beziehung auf die spätere s. unten d. Geschichte. — Was den Cult betrifft, so verehrte natürlich Panticapäum als Colonie der Milesier hellenische Gottheiten. Münzen dieser Stadt bezeugen den Cult des Pan, des Herakles, des Apollon. Sestini (Descript. num. vet. p. 28) führt fünf Münzen auf, von denen die erste das mit Ep,eu umwundene Haupt des Pan vorstellt, mit der Aufschrift *ΠΑΝ.*, welche, wie *ΠΑΝΤΙ* auf andern, Παντικάπαιον bezeichnet. Eine Ziege steht mit dem rechten Vorderfuße auf einer Gerstenähre, und hält im erhobenen Maule einen Speer. Die zweite Münze präsentirt ebenfalls das Haupt des Pan, mit der Umschrift *ΠΑΝΤΙ.* Füllhörner sieht man zw[illegible]en den beiden Gestirnen der Dioskuren. Die dritt[illegible]nze zeigt das mit der Löwenhaut bedeckte Haupt de[illegible]rakles, mit der Umschrift *ΠΑΝ.* Bogen und Pfeil sind sichtbar. Die vierte hat das mit Lorbeer umwundene Haupt des Apollon, mit der Aufschrift *ΠΑΝ.* Auch hier Bogen und Pfeil. Auf der fünften bemerkt man einen Dreifuß mit der Umschrift *ΠΑΝΤΙ.* Hier ein Gestirn [5]). Auch wurde die Aphro-

5) Sestini (l. c.) bemerkt hierzu: In queste due ultime medaglie abbiamo e la testa d' Apollo, e i tipi allusivi al di lui culto, per essere stata questa Città, Colonia dei Milesii, al che allude pure la medaglia di Pellerin pubblicata con il Caput Leonis, e la Prora, Navis, che si osserva in altra del M. Hunteriano. Ebendaselbst (p. 29) werden Münzen von Olbia und Tyra aufgeführt, welche sich auf den Cult des Apollon, des Zeus und des Herakles beziehen. Vergl. die Erklärung daselbst p. 28. 29. Apollon Prostates auf Inschriften von Olbia. *Boeckh*, corp. nr. 2070 — 2075. 2132. Ἀπόλλωνι Δεωχίο. Mehre Inschriften (*Boeckh*, n. 2076. f.) beziehen sich auf den Cult des Achilles Pontarches (zu Olbia).

dite hier ganz vorzüglich verehrt, wie mehre Inschriften bekunden (*Böckh*, Corp. inscr. n. 2108. g. 2109. a. 2109. b. und not. ad n. 2120). Auch zu Phanagoria war ein sehenswerther Tempel der Aphrodite Apaturos (*Strab.* XI, 2, 495. *Casaub.*). — Die Sprache anlangend bedienten sich die milesischen Gründungen im taurischen Chersonesus natürlich, wie der Mutterstaat, des ionischen Dialektes, sowie die dorische Stadt Chersonesus des dorischen. Von beiden finden wir Spuren in den uns erhaltenen Inschriften. Allein die Umgebung und der vielfache Verkehr mit den benachbarten Barbaren wirkte bald mächtig auf den Hellenismus ein, und brachte verschiedene Barbarismen hervor, wovon wir ebenfalls Beispiele auf Inschriften finden (*Böckh*, Corp. inscr. p. XI. introd. in Inscr. Sarmat. p. 107 sqq. vol. II). Was daher Dion Chrysostomus (Orat. Borysth. p. 78) von den Olbiopoliten bemerkt (nämlich daß dieselben abgesehen vom Studium des Homer *τἄλλα οὐκέτι σαφῶς Ἑλληνίζοντας διὰ τὸ ἐν μέσοις οἰκεῖν τοῖς βαρβάροις*), darf auch von Panticapäum und den übrigen hellenischen Städten dieser Region gesagt werden. — Über die skythischen, thrakischen, sarmatischen Namen, ihre Gestaltung, Composition und besonders über ihre Endungen in den uns erhaltenen Inschriften, sowie über die Sprache jener Staaten überhaupt, handelt Böckh ebenso ausführlich als gründlich (Corp. inscr. p. XI. introd. in Inscr. Sarm. p. 107 sqq. vol. II).

Um die Institute und Beschäftigungen der hellenischen Bewohner dieser Region nur mit wenigen Worten zu erwähnen, bemerken wir, daß von den Bestandtheilen des echt hellenischen Lebens auch die Gymnastik und Agonistik hierher gekommen war. Auf Inschriften werden uns Gymnasien, Gymnasiarchen und Agonotheten genannt (*Böckh*, Corp. inscr. p. XI. introd. p. 107. und n. 2118. 2131. n. 2059. 2076. n. 2097. vol. II. p. 127 u. 136. 144). Ihre Hauptbeschäftigungen mochten in Schiffahrt und Handel, in Ackerbau, Fischerei und Jagd bestehen. In den Städten waren natürlich die hellenischen opificia und Künste der Mutterstaaten auf gleiche Weise zu finden (cf. *Böckh*, Corp. n. 2058. A. B. n. 2088. 2089). I[illegible]eff der Zeitrechnung bediente man sich der makedonischen Monatsnamen (Corp. n. 2108. c. 2109. b. c. *Böckh*, Introd. in Inscr. Sarm. p. 91).

Böckh (Corp. n. 2103. e — 2116) führt eine Reihe Inschriften auf, welche sich auf Panticapäum beziehen, und größtentheils hier aufgefunden wurden. Die erste n. 2103. e enthält ein Decret der Arkader, wodurch dem Leukon I., Sohne des Satyrus, Fürst des Bosporus (als *Παντικαπαίτης*), entweder das Bürgerrecht, oder die Proxenie, oder ein Kranz zuerkannt wird. S. d. Not. dazu. N. 2104 wird der Archon Pärisades I. (*Παιρισάδεος ἄρχοντος*) genannt, und die Grenzen des bosporischen Staates unter seiner Regierung angegeben (*ὅσην χθόνα τέρμονες ἄκροι Ταύρων Καυκάσιός τ' ἐντὸς ἔχουσιν ὅροι*). Dazu d. Not. N. 2105 wird Spartocus IV., Sohn des Eumelus (*βασιλεύοντος Σπαρτόκου τοῦ Εὐμήλου*) genannt. Ebenso n. 2106. N. 2107 Pärisades, Sohn des Spartocus als Basileus. Dazu d. Not. N. 2108. b. Sauromates II. als *φιλόκαισαρ καὶ φιλορώμαιος* [mit] dem Vornamen Tib. Julius (*Böckh*, Introd. in Inscr. Sarm. I. §. 13). N. 2108. c. verehrt Kotys, Sohn des Aspurgus, als *φιλόκαισαρ καὶ φιλορώμαιος, εὐσεβής, ἀρχιερεὺς τῶν Σεβαστῶν* den Nero durch Aufstellung einer Statue. N. 2108. e. wird der bosporanischen Zeitrechnung gedacht. Das Jahr 424 = 128 p. Chr. = 881 u. c. (unter Kotys II). Cf. d. not. u. introd. I. §. 12. N. 2108. f. stellt Rhömetalkes, Sohn des Kotys II., dem Hadrianus zu Ehren, dem er seine Herrschaft verdankte, im Jahre der bospor. Ära 430 = 133 p. Chr. = 886 u. c. eine Statue auf. N. 2109. c. wird Sauromates IV. (als Sohn eines Mithridates Eupator, Nachkommen des Mithridates VI.) im Jahre der bospor. Ära 489 = 193 p. Chr. im Monat Gorpiäus durch eine Statue verehrt. Hierauf folgen mehre unwichtige Grabinschriften.

Geschichte: Panticapäum war, wie schon bemerkt, eine alte Gründung der Milesier, und hatte sich schon früh unter den benachbarten griechischen Pflanzstädten als gut gelegene Handelsstadt Bedeutung verschafft. Strabon (VII, 4, 309) berichtet, daß einst der Bosporus von Kimmeriern beherrscht worden sei, daher der Name kimmerischer Busen (*Κιμμερικὸς κόλπος*). Auf diese Zeit jedoch geht die geschichtliche Überlieferung nicht zurück. — Die Archonten und Dynasten des Bosporus hatten, wie bemerkt, Panticapäum zu ihrem Hauptsitze erkoren, und hatten Anfangs nur ein kleines Gebiet am Ausflusse des Mäotis von Panticapäum bis Theodosia inne. Denn den größten Theil des taurischen Chersonesus bis zum Isthmus und karkinitischen Meerbusen behaupteten die Taurer, ein skythischer Stamm: weshalb die ganze Gegend, auch ein Theil außerhalb des Isthmus, bis zum Borysthenes, und ein Landstrich jenseit der Flüsse Tyra und Istros, klein Skythien (*μικρὰ Σκυθία*) genannt wurde (*Strab.* VII, 4, 311). Die Bewohner wurden auch Georgoi (*Γεωργοί*, Ackerbauer, Scythae agricolae), und Borysthenitae (*Böckh*, Corp. introd. in inscr. Sarm. vol. II. p. 82) bezeichnet, im Gegensatze zu den weiter oben wohnenden Nomaden, welche neben andern Fleischspeisen auch Pferdefleisch, Pferdemilch und Käse, auch saure Pferdemilch (*καὶ ὀξυγάλακτι· τοῦτο δὲ καὶ ὄψημά ἐστιν αὐτοῖς κατασκευασθὲν πως· Strab.* VII 4, 311) genossen. Daher sie, wie Strabon (l. c.) bemerkt, von Homerus Galakthophagen genannt wurden. Diese Nomaden beschreibt Strabon als einen Stamm von mehr kriegerischer als räuberischer Natur (*πολεμισταὶ μᾶλλον ἢ λῃστρικοί*), welcher nur um den bedungenen Tribut Krieg führte. Sie überließen nämlich die Bebauung des Landes jedem, der es bearbeiten wollte, gegen einen geringen Tribut zur Bestreitung ihrer nöthigsten Lebensbedürfnisse. Wurde dieser aber nicht contractmäßig entrichtet, so griffen sie zu den Waffen und schafften sich sofort selbst Genugthuung (*Strab.* VII, 4, 311). Die Georgoi aber waren milderer Natur und civilisirter, aber zugleich nach Gewinn strebend, trieben sie auch Schiffahrt und Seeräuberei, und erlaubten sich auch unrechtmäßige Bevortheilung (λῃστηρίων οὐκ ἀπέχονται, οὐδὲ τῶν τοιούτων ἀδικιῶν καὶ πλεονεξιῶν· *Strab.* l. c.).

Panticapäum nun war ursprünglich, wie die übrigen milesischen oder hellenischen Gründungen im Bosporus, eine freie Stadt, von Optimaten verwaltet (*Böckh*, Corp. vol. II. p. 91), bis die Archäanaktiden (von Archäanax stammend) das Staatsruder zu leiten begannen. Dies geschah etwa 60 Jahre nach der Gründung von Panticapäum und der benachbarten hellenischen Städte im Bosporus (*Böckh* l. c.). Dieselben verwalteten den Staat im Ganzen 42 Jahre von Ol. 75, 1 bis Ol. 85, 3 (*Diodor.* XII, 31. T. I. p. 498. *Wessel.*). Man hat diese Archäanaktiden gewöhnlich für Fürsten oder Könige gehalten. Allein nach Böckh's Entwickelung (Corp. Inscr. l. c.) hatten die griechischen Städte des Bosporus vor dem Eintritte der Spartocidenherrschaft überhaupt keine eigentlichen Regenten, sondern waren frei, und ihre Staatsangelegenheiten wurden durch gewählte oder erbliche Archonten (**habuisse tamen archontes ex certa optimatium gente sive lectos sive hereditario jure sibi succedentes, qui minus accurate loquenti potuerunt reges dici etc.** Corp. l. c. und p. 105) verwaltet. Als solche haben wir demnach die Archäanaktiden zu betrachten. — Mit dem dritten Jahre der 85. Olympiade tritt die Dynastie der Spartociden ein. Auch diese fanden wohlweislich für gut, wenigstens im Anfange das von ihren Vorgängern angenommene Prädicat Archon beizubehalten, wie aus Inschriften hervorgeht (*Böckh*, Corp. p. 105. vol. II. u. n. 2117—2120. *ἄρχοντες Βοσπόρου καὶ Θευδοσίης*). Doch kommt bisweilen auch das Prädicat König (*βασιλεὺς* und *βασιλεύειν*) vor, wie n. 2105. 2107. cf. introd. in inscr. Sarm. p. 106. Demosthenes (geg. Lept. §. 25) nennt den Leukon *ἄρχοντα Βοσπόρου*. Die Arkader bezeichnen ihn in einem Ehrendecret (*Böckh*, Corp. n. 2103. e) als Bürger von Panticapäum (*Λεύκωνα τὸν Σατύρου Παντικαπαΐταν*). Die Athenäer aber waren mit Titeln gegen fremde kleine Fürsten, welche sich gegen sie wohlwollend zeigten, sehr liberal, und nannten den Spartocus IV. *Βασιλεύς* (*Böckh*, Corp. n. 107), wie den Dionysius *Βασιλέα Σικελίας* (n. 85. b. T. I. Add. p. 897), obgleich er in seinem Staate dieses Prädicat nicht führen mochte (*Böckh* l. c. introd. p. 106). Asandros erscheint Anfangs als Archon, dann auf Münzen als *Βασιλεύς*. Späterhin erscheinen sowol die griechischen als barbarischen Herrscher als reges Bospori (*Böckh*, Corp. introd. in inscr. S[illegible]. p. 106). — Spartocus I. regiert sieben Jahre, bis Ol. 86, 4 (*Diodor.* XII, 31, 36 nach der Berichtigung von *Casaub.* ad *Strab.* VII, 476. u. *Souciet*, Diss. de Pythodor. p. 53. *Wesseling* ad *Diod.* l. c. *Böckh*, Corp. p. 91. vol. II). Dem Spartocus folgt Seleucus, welcher nur vier Jahre, bis Ol. 87¼, herrscht. Nach ihm regiert (nach Böckh's Annahme Corp. l. c.) Spartocus II. — Von Ol. 93¾ bis 96, 4, also 14 Jahre, behauptet Satyrus I., Sohn des Spartocus (*Diodor.* XIV, 93. T. I, 713. *Wess.*), die Herrschaft, ein Freund Athens (*Lysias* pro Mantith. c. 2. p. 571), in einer Ol. 93, 4 vorfallenden Angelegenheit. Denselben erwähnt auch Isokrates (Trapez. p. 529. *Böckh*, Corp. vol. II. p. 92). — Ansehen und Ruf auch im Auslande hatte sich vorzüglich Leukon I., Sohn des Satyrus, zu verschaffen gewußt, welcher 40 Jahre, bis Ol. 106, 4, regierte (*Diod.* l. c. dazu *Wesseling*. *Aeneas* Tact. c. 5. *Athen.* VI. p. 257. D. *Polyaen.* V, 44. VI, 9). Wegen seiner Verdienste um das attische Volk wurde er von diesem mit dem Bürgerrechte beschenkt (Demosth. geg. Lept. p. 282). Die Arkader erwiesen ihm ähnliche Ehre, und beurkundeten dies durch ein Decret auf einem Stein eingegraben (*Böckh*, Corp. n. 2103. e. u. vol. II. p. 92). Wenn von den Fürsten des Bosporus berichtet wird, daß sie in Besitz einer ansehnlichen Flotte waren, die benachbarten Meere mehrmals von den Seeräubern reinigten und sich dadurch um die Beförderung des Handels verdient machten, so mochte an solchen Verdiensten Leukon I. keinen geringen Antheil haben. Dem Leukon folgten zwei Söhne nach einander, erstens Spartocus III., und fünf Jahre später, nachdem dieser gestorben, Pärisades I., von Ol. 107, 4 bis Ol. 117⅓, also 38 Jahre hindurch (*Diodor.* XVI, 52. XX, 30. *Polyaen.* VII, 37)[6]). Er war, wie sein Vater, den Athenäern sehr gewogen (Demosth. geg. Phorm. p. 917 sqq.), führte auch Krieg mit den Skythen und wurde wegen seiner Tugend und Wohlwollenheit unter die Götter gezählt (*Strab.* VII, 4, 310)[7]). Satyrus und Gorgippus waren unter Pärisades I. Fürsten des Bosporus (unter deren specielle Aufsicht wahrscheinlich ein kleines Gebiet gestellt war), der Erstere ein Sohn desselben und Erbe des Reichs, der Letztere aber sein Schwiegervater (*Böckh*, Corp. vol. II. p. 92). Nach dem Tode des Pärisades I. (Ol. 117½) kämpften seine Söhne, Satyrus, Eumelus und Prytanis gegen einander um die Herrschaft. Satyrus, der Älteste, hatte dieselbe rechtmäßig vom Vater überkommen. Aber Eumelus verband sich mit dem Ariopharnes, dem Herrscher der benachbarten Geten, und machte jenem die Thronfolge streitig. Satyrus ging ihm mit einem bedeutenden, aus hellenischen Söldnern, Thrakern und Skythen bestehenden Heere entgegen, lieferte ihm eine Schlacht und gewann einen vollständigen Sieg. Ariopharnes und Eumelus zogen sich mit dem Reste ihrer Truppen in die feste Residenz des Erstern am Flusse Thapsis zurück, welcher dieselbe mit tiefem Gewässer umströmte und den Zugang sehr schwierig machte. Auch wurde sie von steilen Anhöhen und von einem dichten Walde umgeben, welcher nur zwei durch Kunst gemachte Eingänge hatte. Satyrus verheerte nun das feindliche Gebiet, und führte eine Menge Gefangene und Beute hinweg. Als er aber durch jene Eingänge zur befestigten Residenz vordringen wollte, verlor er viele

6) Über die verschiedene Schreibart dieses Namens cf. *Boeckh*, corp. vol. II. p. 92. Auf Münzen und Steinschriften immer *Παιρισάδης*. 7) Bei Böckh (corp. nr. 2119) wird er als Archon bezeichnet, welchen Titel derselbe in diplomatischen Urkunden nach Sitte der Archäanaktiden, um wahrscheinlich auch hierdurch seine populäre Gesinnung kund zu geben, noch in Anwendung brachte (*ἄρχοντος Παιρισάδους Βοσπόρου καὶ Θευδοσίης καὶ βασιλεύοντος Σίνδων καὶ Μαϊτῶν πάντων καὶ Θατέων*. cf. nr. 2120. Doch kommt bisweilen auch *βασιλεύοντος* vor. Cf. nr. 2120. b.).

seiner Krieger und sah sich zum Rückzuge genöthigt. Hierauf suchte er durch die Sümpfe vorzudringen, bemächtigte sich der von Holz aufgeführten Castelle, setzte über den Fluß und ließ den Wald fällen. Da fürchtete Ariopharnes, die Burg möchte mit Gewalt genommen werden, suchte dieselbe auf alle Weise zu vertheidigen, und wußte den Feinden besonders durch seine Bogenschützen großen Schaden zuzufügen. Dennoch war Satyrus durch außerordentliche Anstrengung am vierten Tage bis zur Mauer vorgedrungen. Als aber Meniscus, Anführer der Söldner, ein einsichtsvoller und tapferer Mann, von der Mauer zurückgetrieben wurde, eilte Satyrus diesem zu Hilfe, wurde aber durch einen Speerwurf am Arme so verwundet, daß er in der folgenden Nacht den Geist aufgab, nachdem er neun Monate regiert hatte. Meniscus hob nun die Belagerung auf, führte das Heer nach Gargaza (eine Abhandlung über das königl. Schloß des Bosporus und die Stadt Gargaza auf der taurischen Halbinsel von Köhler in d. Act. Acad. Petrop. T. IX. p. 694 sqq. a. 1824. *Böckh*, Corp. vol. II. p. 81) zurück, und ließ den Leichnam des Satyrus auf dem Flusse nach Panticapäum schaffen. Prytanis ließ hier den Bruder glänzend bestatten, übernahm die Regierung und eilte nach Gargaza zum Heere. Hier traf ihn eine Gesandtschaft von Eumelus, welche eine Übereinkunft und Theilung des Reichs bezwecken sollte. Allein Prytanis gab kein Gehör, ließ eine Besatzung zu Gargaza und kehrte nach Panticapäum zurück, um seine Herrschaft zu befestigen. Eumelus aber, von Neuem durch barbarische Hilfstruppen verstärkt, erobert Gargaza und mehre andere feste Städte und Castelle, besiegt den ihm entgegenziehenden Prytanis in einer Schlacht, und nöthigt ihn zu einem Vertrage, laut dessen er Reich und Heer abzutreten hatte. Als aber dennoch Prytanis sich zu Panticapäum der Herrschaft wieder zu bemächtigen suchte, wurde er nochmals besiegt und getödtet. Eumelus ergiff nun das Regiment, ließ Gattinnen und Kinder der beiden Brüder ermorden (außer dem Pärisades, einem Sohne des Satyrus, welcher zu dem Agaros, König der Skythen, entfloh), suchte sich hierauf die Gunst der Unterthanen durch Erlaß von Abgaben zu verschaffen, regierte dann gesetzlich und gerecht, und wurde als tugendhafter Regent bewundert. Auch die Byzantiner und Sinopenser und andere griechische Anwohner des Pontus machte er sich durch seine Wohlwollenheit verbindlich. Er nahm tausend Kallantianer auf, welche ihre vom Lysimachus belagerte Stadt aus Mangel an Lebensmitteln verlassen hatten, und wies ihnen Wohnungen an. Er säuberte ferner zum Schutze des Handels das Meer von Seeräubern, und sein Name wurde deshalb von den Kaufleuten weithin gepriesen. Auch sein eigenes Reich vergrößerte er durch Hinzufügung barbarischer Ländereien. Dann bekriegte er die benachbarten Stämme und würde sicherlich ein bedeutendes Reich gegründet haben, wenn ihn nicht ein frühzeitiger Tod überrascht hätte. Er verunglückte, als er vom Wagen seiner scheugewordenen Rosse springen wollte, nachdem er fünf Jahre und fünf Monate regiert hatte. So weit geht der Bericht des Diodorus (XX, 22—26. p. 421—424. T. II. *Wesseling*.

Dazu d. nott.). — Auf Eumelus folgte Spartocus
(Ol. 119, 1), welcher 20 Jahre, bis Ol. 124, 1
Chr. 28¼) regierte. Auf diesen beziehen sich mehre
schriften bei Böckh (Corp. n. 2105. 2106. 2120,
eine attische n. 107). Hier nun bricht die Geschich
und wir vernehmen nichts wieder bis auf Pärisades
den letzten Herrscher dieses Stammes, welcher, als er
Reich nicht mehr gegen den Andrang der immer gr
Tribut fodernden benachbarten skythischen Stämm
sichern vermochte, dasselbe dem mächtigen Könige von
tus, Mithradates VI., Eupator genannt (aus dem Sta
der Achämeniden), v. Chr. 94 (a. u. c. 668) üb
(*Niebuhr*, Op. T. I. p. 388. *Böckh*, Corp. vo
p. 93). — Demnach waren 190 Jahre von Sp
cus IV. bis Pärisades, dem Letzten, verflossen, über w
wir keine nähere Auskunft erhalten. Doch kommen
einige Fürsten aus diesem Zeitraume auf Münzen und
schriften vor (Pärisades II., Leukon II.), über w
Böckh gehandelt hat (Corp. vol. II. p. 93. 94, w
auch eine genealogische Tabelle dieses Regentenhauses
stellt). —

Mit Mithradates VI. beginnt also, wenn wi
Archäanaktiden als Archonten und die Spartociden
erste Dynastie betrachten, der zweite Regentenstamm.
skythische Herrscher Skilurus (cf. *Böckh*, Corp.
II. p. 83), welcher mit einer großen Anzahl Söhne
sonders der Dränger jener Fürsten gewesen war, u
nun den Kampf gegen den kriegerischen König von
tus, der ein gut geübtes Heer hatte, aufnehmen,
vermochte diesem nicht zu widerstehen, obgleich er be
tende Bundesgenossen an sich gezogen hatte (*Strab.*
8, 306. ed. *Casaub.*). Er sah sich in kurzer Zeit g
thigt, die taurische Halbinsel zu verlassen. Auch w
die Skythen von den Bastarnen von Westen her
griffen, und dadurch gezwungen, die lange besessene
Küste des Pontus Euxinus auf immer aufzugeben.
thradates aber, dem nun der ganze taurische Cherso
angehörte, wurde bald hierauf mit den Römern in
verwickelt, und nachdem er besiegt und sein Reich z
worfen worden war, fiel natürlich auch der Bos
der Verfügung der Römer anheim, welche jedoch hie
kleinen Fürsten unter ihrer Oberhoheit bestehen li
(*Strab.* VII, 4, 310). Schon während des Krieges
den Römern hatte wahrscheinlich Mithradates diese
sitzungen aufgeben müssen; denn Appianus (De bell.
c. 107. p. 803. vol. I. *Schweigh.*) erzählt, daß
als Pompejus anderweitig beschäftigt wurde,
päum eroberte und hier seinen Sohn Xiphares tödtete,
sich an dessen Mutter Stratonike, seiner Frau oder
cubine, zu rächen, welche dem Pompejus das Castell
verborgenen Schätzen, über welches sie gesetzt worden
übergeben hatte. So eroberte auch später der von
besiegte und von Domitius entlassene Pharnakes mit
Schar Skythen und Sarmaten Theodosia und Panticap
wieder, sodaß diese Stadt während jener Kriege wol m
mals hart mitgenommen wurde (*Appian.* de bello
c. 120. p. 827. vol. I. *Schweigh.*). Mithradates
hatte, bevor er von den Römern besiegt wurde, a. u

675 seinen Sohn Machares als Fürsten des Bosporus eingesetzt, welchem, als er aus Furcht vor seinem Vater a. u. 689 sich selbst vernichtet hatte, Pharnakes, im Pontus d. II., im Bosporus d. I. folgte. Dieser setzte als Präfect des Bosporus den Asander, seinen Eidam, Gemahl der Dynamis, ein, welcher nach dem Tode des Pharnakes als Archon die Regierung übernahm, und den vom Cäsar eingeführten Mithradates von Pergamus, welcher diesem Feldherrn in Ägypten gute Dienste geleistet, und ein natürlicher Sohn von Mithradates VI. war, tödtete, und endlich die königliche Würde annahm. Nach seinem Tode vermählte sich mit seiner Witwe Dynamis Scribonius, ein angeblicher Enkel von Mithradates VI., und bemächtigte sich des Reichs. Allein er kam schnell ums Leben, und noch in demselben Jahre wurde von M. Agrippa Polemo I., Sohn des Zenon aus Laodicea, und König des polemonischen Pontus, zum Könige des Bosporus eingesetzt. Auch dieser vermählte sich mit der Dynamis, weshalb diese seinem Beschützer Augustus zu Phanagoria eine Statue aufstellte (*Böckh*, Corp. n. 2122. u. vol. II. p. 94). Als Polemo I. von den Aspurgianern gefangen und getödtet worden war (p. Chr. 1 oder 2), folgte ihm im Pontus seine zweite Gemahlin Pythodoris. Im Bosporus dagegen übernahm Sauromates I. die Regierung, mit welchem eine Reihe von Fürsten anhebt, deren Namen sauromatische Abstammung bekunden. Unter Tiberius herrschte hier Tib. Julius Sauromates II., Sohn des Rhescuporis, auf welchen die Inschriften n. 2123 (hier *βασιλεὺς βασιλέων μέγας τοῦ παντὸς Βοσπόρου* genannt), n. 2124. 2130 (dazu d. not.), und Tib. Jul. Rhescuporis I., auf welchen sich mehre Münzen beziehen (*Köhler*, De num. Spartoc. p. 49. *Böckh*, Corp. p. 94. 95). Diesem folgte Rhescuporis II., von 17 bis 38 n. Chr., von welchem in diesem Zeitraume unter Tiberius und Caligula geprägte Münzen vorhanden (Köhler geg. Rochett. p. 134. 143. *Böckh*, Corp. p. 95. II). Seit 38 n. Chr. regiert Polemo II. im Bosporus und Pontus, wird aber vom Kaiser Claudius nach Cilicien versetzt, während ihm im Bosporus und Pontus Claud. Mithradates, Nachkomme von Mithradates VI., folgt. Nach diesem regiert Cotys I., Bruder des vorigen, unter Claudius, Nero und Galba. Von ihm ist noch eine Münze übrig (*Rochett.* Antt. Bosp. p. 128. Köhler geg. Rochett. p. 109. *Böckh*, Corp. p. 95. u. n. 2108. c). Auf Cotys I. folgt Rhescuporis III., dessen Herrschaft sich bis in die Zeit des Domitianus erstreckt. Unter Domitianus, Nerva, Trajanus, Hadrianus regiert Sauromates III. (auf welchen sich die Inschrift n. 2125 *Böckh*, Corp. bezieht). Zeitgenosse des Hadrianus war Cotys II., von Hadrianus und Antoninus Pius Rhömetalces, von Antoninus Pius und M. Aurelius Eupator, nach welchem wahrscheinlich Leucanor und Eubiotus folgten. Unter M. Aurelius bis Sept. Severus und Caracalla herrschte Sauromates IV., und bis auf Alex. Severus Rhescuporis IV. Diesem folgt Cotys III., bis 231 n. Chr., und Cotys IV., mit diesen zugleich war Sauromates V. König (n. Chr. 231—233, nach d. bosp. Ära 527—529): *Böckh*, Corp. vol. II. p. 95. 96, welcher hier auch eine genealogische Tabelle gibt bis zum Sauromates V., und p. 95 schließlich bemerkt: omissis jam reliquis addo Sauromatas huousque innotuisse decem et Rhescuporides octo etc. (Über den König Sauromates unter Trajanus *Plin.* ep. X, 13—15. *Rufus* Brev. c. 15.) Diese Fürsten aber machten sich späterhin unabhängig, traten selbst als Feinde der Römer auf, und fielen unter Diocletianus in Kleinasien ein (*Constant. Porph.* de adm. imp. c. 53). Gegen Ende des 4. Jahrh. wurden dieselben durch die Einwohner der Stadt Cherson aus dem Bosporus und den dazu gehörigen Besitzungen vertrieben. Panticapäum erhielt nun besondere Prostatä, deren Namen griechische Abstammung bekunden, unter der Oberhoheit der byzantinischen Kaiser. Durch Justinianus erhielt diese Stadt neue Mauern (*Constant. Porphyr.* c. 53. *Procop.* Goth. IV, 5. *Pers.* I, 12. de Aedif. III, 7). Späterhin wurde dieselbe von den Türken und Chazaren erobert, und blieb unter den jedesmaligen Beherrschern des Landes. Gegenwärtig führt bekanntlich der taurische Chersones den Namen Krim, der Palus Mäotis heißt asowsches Meer, Panticapäum, wie oben bemerkt, Wospor. Mehre Städte haben hier ihre alten Namen mit geringer Modification behauptet, wie Feodosia, Fanagoria, Jewpatoria (Eupatoria). (*J. H. Krause.*)

PANTICAPES, ein Fluß im europäischen Sarmatien, welchen Herodot also beschreibt: „Nach diesen finden wir einen fünften Fluß, welcher den Namen Panticapes führt. Auch dieser strömt von Norden her und zwar aus einem See, und zwischen ihm und dem Borysthenes wohnen die ackerbauenden Skythen; er wendet sich dann in das Gebiet von Hyläa, und vereinigt sich darauf mit dem Borysthenes." Pomp. Mela (II, 1, 5) nennt ihn nach dem Hypacaris: „Silvae deinde sunt, quas maximas hae terrae ferunt, et *Panticapes*, qui Nomadas Georgosque disterminat." Mit denselben Worten erwähnt ihn der aus dem Mela schöpfende Plinius (IV, 12). Er läßt nach ihm den Acesinus folgen, leugnet aber gegen Herodot seine Vereinigung mit dem Borysthenes, in welchen sich, wie Genauere ihn belehrten, der Hypanis ergieße. Vgl. *Cellarius* II, 6. vol. I. p. 401. Mannert (Th. IV. S. 76. 77) urtheilt, wie Plinius, ohne diesen anzuführen, und meint, daß es schlechterdings keinen Fluß gebe, der nahe bei der Mündung, wo die Gegend Hyläa liege, in den Dnieper falle. Ein Waldbach, deren sich in diesen Gegenden mehre finden und in dem Sande versiegen, ohne die Küste zu erreichen, könne wol die Ostseite dieser Skythen begrenzt und Herodot davon gehört haben. (Schwerlich würde Herodot einen Waldbach zum Flusse machen.) Man hält gewöhnlich die h. Somara für den Pantikapes. Aber diese fällt nach Mannert viel höher nördlich in den Dnieper, geht nicht durch die Gegend Hyläa, und hält ihren Lauf so, daß sie unmöglich die Ostgrenze der ackerbauenden Skythen machen konnte. Sickler (Th. I. S. 205. 2. Ausg.) nimmt auf Mannert's Angaben keine Rücksicht, läßt mit Herodot den Pantikapes in den Borysthenes strömen, und betrachtet ihn für die heutige Somara. Dionysios Periegetes läßt den Pantikapes mit dem Alhesfos in oder zwischen den rhipäischen Bergen strömen (v. 314. 315. *Κεῖθι καὶ Ἀλδήσκοιο καὶ ὕδατα Παντικάπαο Ῥιπαίοις ἐν ὄρεσσι διάνδιχα μορμύρουσι*). Dazu *Eustath.* p. 148 u. d. Annot. p. 597. ed *Bernhardy* (Geogr. Graec. min.). Auch Pomp. Mela (l. c.) läßt ihn in den Borysthenes münden. Dazu *Tzschucke* l. c. Von diesem Flusse soll Pantikapäum den Namen erhalten haben. *Eustath.* ad *Dionys. Per.* p. 148. ad v. 314. (*J. H. Krause.*)

Pantico, s. Jenikale.

PANTICOSA, Villa im spanischen Corregimiento de Jaka, Provinz Aragon, liegt 13 engl. Meilen nordnordöstlich von Jaka entfernt, am Fuße der Pyrenäen nahe bei den Quellen des Gallego und hat einen nicht unberühmten Gesundbrunnen. (*Fischer.*)

PANTIN, schönes Gemeindedorf und Hauptort des gleichnamigen Cantons im franz. Departement der Seine (Ile de France), Bezirk St. Denys, liegt 1¼ Lieue von dieser Stadt entfernt, an den Thoren von Paris, und am Canale von Durq, wurde im J. 1814 mehrmals von den Verbündeten vor ihrem Einzuge in die letztgenannte Stadt eingenommen und wieder verloren, ist der Sitz eines Friedensgerichts, sowie einer Gendärmeriebrigade, und hat 1020 Einwohner, welche Wolle und Baumwolle spinnen, Gypsbrüche und Kalköfen unterhalten. Es befinden sich hier viele schöne Landhäuser. Der Canton Pantin enthält in zwölf Gemeinden 16,362 Einwohner. (Nach Barbichon.) (*Fischer.*)

PANTINE, ein französischer Kunstausdruck der Färbereien, womit eine Anzahl zusammengebundener Seiden- oder Garnstrehne, die mit einander in die Farbe kommen, bezeichnet wird. (*Karmarsch.*)

Pantjana, s. Pangansane.

Pantjoor, s. Pantschur.

PANTOFFEL, die bekannte bequeme Fußbekleidung, welche sich von den Schuhen durch den Mangel der Laschen und Bänder, meist auch durch den Mangel des Hinterleders, welches bei den Schuhen die Ferse bekleidet, unterscheidet. Man verfertigt sie sowol aus Leder als aus vielerlei andern Stoffen. (*Karmarsch.*)

Figürlich heißt Pantoffel das Hausregiment der Frauen („er steht unter dem Pantoffel"). Von der Gewohnheit der Päpste sich von den Gläubigen den Pantoffel küssen zu lassen, wird unter einem andern Artikel gesprochen; es ist eigentlich ein Küssen des unter demselben angebrachten Kreuzes. (*H.*)

PANTOFFEL, richtiger PONTAFEL, teutscher Name für das italienische Ponteba (s. d.). — Sollte der Name Pantoffel hier seinen Ursprung finden? (*Fischer.*)

Pantoffelholz, s. Kork, Korkeiche, Quercus Suber *L.*

PANTOFFELHOLZ, wird zuweilen der Kork (das Korkholz) genannt, weil man dieses Material öfters zu Schuh- und Pantoffelsohlen anwendet, s. Kork. (*Karmarsch.*)

PANTOFFELMACHER, der Handwerker, welcher sich mit der Verfertigung der Pantoffel beschäftigt. Er arbeitet mit den Werkzeugen und Handgriffen des Schuhmachers, ist auch gewöhnlich in einer Person mit diesem vereinigt. (*Karmarsch.*)

PANTOFFEL-MUSCHEL (Paläozoologie), die teutsche Benennung für zwei Mollusken-Genera, nämlich für Calceola (sandalina — Sandaliolithus) und für Crepidula. (*H. G. Bronn.*)

PANTOFFELSCHWARZ, die feine und leichte Kohle aus Korkholz, welche zuweilen als Farbe angewendet wird. (*Karmarsch.*)

PANTOKRATOR, hieß bei den griechischen Philosophen der König, der im Alleinbesitz aller Souveränitätsrechte ist, keine Autorität eines Senats oder einer Volksversammlung neben sich hat; es fällt also der *Παντοκράτωρ* mit dem *Παμβασιλεύς* zusammen. Die Griechen haben früher bei sich selbst keine solchen Könige gehabt, die übrigen waren beschränkt, sondern nur bei den barbarischen Staaten, z. B. von Epirus, Macedonien, Persien fanden sie so allmächtige Könige. Die Herrschaft eines solchen Fürsten hieß *Παντοκρατορία*. (*H.*)

PANTOMATRION (*Παντομάτριον*), eine nur von wenigen der alten Geographen genannte Stadt auf der Nordküste der Insel Kreta, im westlichen Abstande vom Promontorium Dium (*Δῖον ἄκρον*), am Cap Retimo (s. die Karte von K. Hoeck Kreta zum 1. Band) östlich von Rithymna, nach der Angabe des Ptolemäus (III, 17). Plinius (IV, 12, 20) setzt diese Stadt westlich von Rithymna, dagegen Amphimalla (auch Amphimatrion genannt) östlich, und scheint daher beide Namen hier verwechselt zu haben. Vergl. *Steph. Byz.* s. v. *Cellarius* orb. ant. II, 14. p. 1031. vol. I. Mannert 8. Th. S. 695. 696. Hoeck Kreta. 1. Bd. S. 18. 394. 395. Dazu die Karte daselbst. Sickler II. S. 274. (*Krause.*)

PANTOMETER (*πάνμετρον* = Allmaß, Allmesser). Man bezeichnet mit diesem Namen ein zur Messung der Winkel, Höhen und Längen bestimmtes Instrument, welches aus drei in gewisse Maße abgetheilten Armen besteht, die auf zwei halben gleichfalls abgetheilten Cirkeln so ruhen, daß man sie bewegen kann. Als Erfinder des Pantometers gilt Anastasius Kircher; verbessert wurde er durch den französischen Baumeister Bullet, der seiner Erfindung eine eigene Schrift widmen zu müssen glaubte. Einen Pantometer zur Messung einer Entfernung aus zwei nur vier Fuß von einander entfernten Standpunkten machte der in österreichischen Diensten stehende spanische Graf Pacecco ab Ucedos 1762 bekannt und erhielt für denselben von dem damaligen Kurfürsten von der Pfalz 1000 Gulden. Da jedoch dieser Pantometer noch nicht allen Anfoderungen entsprach, so lieferte Brander [1]) unter dem Namen eines Universalmeßtisches einen verbesserten Pantometer. In der neuern Zeit hat Benoit [2]) einen Pantometer angegeben, welcher aus zwei Cylindern von

---

1) Über Ucedo's und Brander's Pantometer findet man Auskunft in des Prof. Leonhard Späth's analytischen Untersuchungen über die Zuverlässigkeit, mit welcher ein Landmesser, vermittels verschiedener Geometerwerkzeuge Winkel und Linien abmessen kann, welche 1789 in Altdorf und Nürnberg erschienen. 2) Bulletin de la Société d'Encouragement. Juin 1828.

gleichem Durchmesser und gleicher Länge besteht, deren einen man als Limbus, den andern als Alhidade ansehen kann. Der Kreis, welcher beiden Cylindern gemein ist, ist in 400 Grade abgetheilt. Die Abtheilungszähne sind auf den Cylinder übergetragen, welcher die auf einem Stativ angebrachte und ein Scharnier habende Nuß trägt. Unterhalb des Limbus befindet sich eine Wasserwage mit der zur Richtung des Instrumentes bestimmten Luftblase. Das Instrument selbst muß so gestellt werden, daß die Axe beider Cylinder in horizontaler Fläche sich durch 0 und 200 bewegt. Der die Wasserwage tragende Cylinder ist mit dieser fest, dagegen dreht und richtet sich die Alhidade nach den Terrainpunkten, deren Höhenwinkel im Verhältniß zu 0 und 200 bestimmt werden. Außerdem bringt Benoit an der untern Seite des Cylinders einen dem Boden des Cylinders hinsichts des Durchmessers gleichen Compaß an und schlägt vor, man solle an der einen Seite des Cylinders, parallel mit der Fläche, eine mit einem Haar versehene mikrometrische Lünette anbringen, um die Entfernung der Gegenstände zu messen. Man vergleiche die Artikel **Messtisch** und **Feldmesser**. (*Fischer.*)

PANTOMIMISCHE KUNST DES ALTERTHUMS. Man unterscheide zuvörderst zwischen pantomimischen Darstellungen überhaupt, und zwischen jener besondern Art, die den Namen Pantomimus vorzugsweise erhielt. Jene sind uralt und finden sich in allen Gegenden der alten Welt, diese ist spätern Ursprungs und durchaus als Erfindung der Römer zu betrachten (vergl. *Lucian.* de salt. c. 34). Womit freilich nicht geleugnet werden soll, daß einige Bestandtheile der letzteren aus jenen frühern Darstellungen hergenommen worden; vielmehr sollen hier schon des muthmaßlichen Zusammenhangs wegen einige Andeutungen über das Wesentliche der pantomimischen Kunst im Allgemeinen der Beschreibung des eigentlichen Pantomimus vorangeschickt werden.

I. Was wir jetzt pantomischen Ausdruck nennen, d. h. Darstellung eines Gedankens oder einer Empfindung durch Mienen und Gebärden, im Gegensatze der Sprache und Schrift, das nannten die Griechen ὄρχησις, ὀρχεῖσθαι, die Römer **saltatio**, **saltare**. Man hat diese Wörter durch Tanz und Tanzen übersetzt, was insofern unrichtig oder doch einseitig ist, als dabei leicht an unsere heutige Tanzkunst gedacht wird, die in ihrem Wesen durchaus verschieden von der alten Orchestik ist; indem diese rhythmisch und mimetisch zugleich, zuweilen sogar blos mimetisch war, in jener hingegen das rhythmische Element in der Art vorwaltet, daß das Mimetische mehr oder weniger verdrängt erscheint. Die Darstellung der alten Orchestik wurde durch die verschiedenartigsten Gebärden (σχήματα, daher σχήμασι μιμεῖσθαι im Gegensatze des χρώμασι μιμεῖσθαι bei *Aristot.* poët. I, 1) der einzelnen Körpertheile, namentlich des Kopfes und der Hände, oder auch des ganzen Körpers hervorgebracht, daher die Ausdrücke **saltare oculis, manibus, pedibus.** Dies nannte man auch σχήμασι γράφειν, ἀπεικάζειν oder schlechthin σχηματίζεσθαι. Dieser Schemata mochte es bei der überaus großen Beweglichkeit der Südländer und bei ihrem starken Hinneigen zum Gesticuliren unendlich viele geben. Und zwar war der Sinn der meisten durch deren natürliche Bedeutsamkeit schon an und für sich verständlich; manche jedoch erhielten erst durch oft wiederholten Gebrauch und sogar durch Verabredung ihre bestimmtere Bedeutung. Für viele derselben, zumal für die, welche zur Gattung der Grimasse (μῶκοι, **sannae**) gehörten, hatte die Theatersprache der Alten stehende Namen. So z. B. erklärt uns Pollux (Onom. IV, 14) das Verb ῥικνοῦσθαι als ein Schema Orchestikon mit den Worten: τὸ τὰς ὀσφῦς φορτικῶς περιάγειν. Es war dies eine Attitude wollüstiger Art, hervorgebracht durch eine eigene Haltung und Bewegung der Hüften. Höhnender Art war das, was die Griechen σιλλοῦν, die Römer **nasus crispatus** oder **naso adunco aliquem suspendere** nannten (vergl. *Horat.* sat. I, 6, 5), eine eigene Rümpfung der Nase als Ausdruck der Geringschätzung. Beschränkte sich der Gest auf eine Bewegung der Hand oder der Finger, so nannte man dies vorzugsweise χειρονομία, χειρονομεῖσθαι, latein. **gesticulari digitis, manibus.** Ein Schema der Art war die χεὶρ σιμή (bei *Pollux* s. v.), eine krumme Beugung der Hand von eigener Form, über deren Bedeutung ich die Aufklärung nicht gefunden habe. Ebenso die bei Athenäus angeführte χεὶρ καταπρηνής, das Ausstrecken der mit der Höhlung nach Unten gekehrten, etwas gesenkten flachen Hand, in welchem Gest etwas Gebieterisches gelegen zu haben scheint. Σκόπευμα hieß der Gest dessen, der die flache Hand über die Augenbrauen legte, um etwas recht scharf zu besichtigen. Eine Hohngebärde war es, wenn man hinter einem Dritten die Hände ausreckte und zusammenschlug, wie der Storch seinen Schnabel. Diese Sanna war besonders den Römern geläufig. Sie nannten das **ciconiam facere** (vergl. *Pers.* sat. I, 58).

Die Bewegungen des Orchesten waren rhythmisch, wie der Gesang oder die Musik, die sein Spiel begleitete (*Αὐτῷ δὲ τῷ ῥυθμῷ μιμεῖται ἡ τῶν ὀρχηστῶν* sc. *ποίησις. Arist.* A. P. I, 1). Seltener war es die Laute, sondern gewöhnlich die den Takt durchdringender angebende Flöte, welche mit und ohne Gesang den pantomimischen Tanz regelte. Es kommen Beispiele vor, in denen Tanz und Gesang von einer und derselben Person ausgeübt, und wieder andere, in denen beides zwischen mehre Personen vertheilt war. Oft spielte nur eine einzige Person, oft mehre nach oder neben einander, je nachdem die Darstellung eine oder mehre Situationen umfaßte, oder auch je nachdem sie mehr historischer oder dramatischer Art war. Männer und Frauen verstanden und übten die Orchesten-Kunst, und es ist, wenigstens bei den Griechen, nicht vorgekommen, daß die Ausübung derselben Infamie verursacht habe. Vielmehr wird von Sokrates selbst berichtet, daß er einen gewissen Tanz, Memphis genannt, mit Vorliebe aufgeführt; und von dem ägyptischen Könige Alexander berichtet Athenäus, er habe ungeachtet seiner gewaltigen Dickheit die Orchestik mit wahrer Meisterhaftigkeit geübt. Das Costüm und die Masken — denn der Gebrauch der letztern wird manchmal erwähnt — war verschieden nach der Natur des darzustellenden Gegenstandes. Nicht selten war völlige Nacktheit der Tänzenden gebräuchlich, um die Schönheit der Formen und den Reiz der Bewegungen unverhüllt zu zeigen. Das geschah aber mitunter auch, um die Lüsternheit der Zuschauer zu erregen; in welchem Bezuge die Tänzerinnen des schwelgerischen Thessaliens verrufen waren (vergl. *Athen.* XIII, 607. c.). Wir finden das orchestische Spiel nicht nur vor großen Versammlungen in Theatern, auf Marktplätzen und bei festlichen Aufzügen, sondern auch in kleinern Kreisen bei Gelagen und Hochzeiten; ja Homer erzählt von den Freiern auf Ithaka, sie hätten sich regelmäßig nach dem Mittagmahle mit Gesang und orchestischem Spiele ergötzt. Die Aufgabe aber des Orchesten war, das Alles durch bloße Geberden auszudrücken, was der Schauspieler durch Sprache darstellte, und als die Kunst ihre Höhe erreicht hatte, da war es oft zweifelhaft, welche von beiden Darstellungsarten für die anschaulichere zu halten.

Die Anfänge der Orchestik gehen in das höchste Alterthum hinauf. Homer kennt dieselbe, und thut ihrer Erwähnung, als eines mit dem Gesange häufig verbundenen Spieles. Odyss. I, 152 nennt er μολπή τε ὀρχηστός τε den Hauptschmuck eines jeglichen Mahles, Od. VIII, 262 bringt ein Herold dem Sänger Demodokos die Laute, derselbe singt die Geschichte von dem Liebeshandel des Ares und der Aphrodite, und schöne Jünglinge, die sich um ihn herum aufgestellt, begleiten mit ihren Gebärden und Stellungen — denn auch hier nicht einmal ist an ein Hüpfen der Füße zu denken — sein Spiel und seinen Gesang. Überhaupt war unter den Ioniern die Orchestik beliebt und früh geübt; besonders aber einige durch Üppigkeit und sinnlichen Reiz ausgezeichnete Stücke, die dann auch vorzugsweise den Namen der ionischen Orchestik führten. Das sind die motus Ionici, von denen der Dichter Horaz es beklagte, daß sie die reifen Jungfrauen seiner Zeit so gern einübten. Fast jede griechische Landschaft hatte ihre eigenen Tänze, und jeder derselben immer etwas Charakteristisches. So werden uns (vergl. *Athen.* I, 22. b.) angeführt: kretische, lakonische, mantineische Tänze, die Kidaris der Arkadier, der Aleter der Sikyonier, der Colabrismos der Molosser, die durch ihre Ausgelassenheit verschrieenen Tänze der Sybariten und Tarentiner. Überaus reich an Tänzen aller Art war Sikelien, weshalb σικελίζειν so viel als Tanzen bedeutete. Im alten Etrurien bildeten die Tänzer oder Histrionen eine eigene Gilde, und wenn wir bei den Römern weniger an den alten Kriegstanz der Salier und ähnliche denken wollen, so gehört jedenfalls die Notiz des Macrobius (Sat. III, 14) hierher, aus der wir ersehen, daß es um die Zeiten des zweiten punischen Krieges förmlich eingerichtete Tanzschulen in Rom gab, die von den angesehensten Männern und Matronen besucht wurden. Zu Cicero's Zeit galten der Consular Gabinius, M. Cölius und Licinius Crassus bei aller Welt als Männer, die es in der Orchestik weit gebracht. Sonderbar ist, daß die Römer in den meisten ihrer Tänze zum Obscönen und Burlesken sich hinneigten. Grobkomisch war durchaus der Glaukus, den der Schreiber des Antonius tanzte (*Vell. Paterc.* II. 83) und sicherlich auch der von Horaz (Sat. I, 5, 63) angedeutete Cyclops. Daher ist es wol gekommen, daß bei ihnen der Tanz als eine res turpis betrachtet wurde, und saltator ein Schimpfname war (vergl. besonders *Cic.* pro Mur. 6). Selbst im fernsten Auslande fehlte es nicht an Versuchen in der Orchestik. Es werden uns ausdrücklich einige Tänze als thrakische, phrygische, persische, libysche, spanische x. bezeichnet. Die Zeit des Ursprungs der einzelnen läßt sich selbst bei den bekanntesten Tänzen nicht nachweisen, sowie auch über das Charakteristische derselben nur dürftige Kunde vorhanden ist. Aus orchestischen Darstellungen hat sich, wie hinlänglich von Andern erwiesen worden, das kunstmäßige Drama der Griechen, z. B. in Attika, Megara, Sikyon, in Sicilien und anderwärts entwickelt. Auch hat das Drama der ältern Zeit einen orchestischen Bestandtheil, die Chöre, beibehalten. Aber man würde irren, wenn man darin den einzigen Anknüpfungspunkt zwischen Orchestik und Dramatik finden wollte. Auch der Dialog des Drama's war und blieb in seiner Darstellung durch und durch orchestisch, d. h. er war mit einer sehr lebendigen Gebärdensprache verknüpft. Heißen ja doch die ältesten Dichter der Tragödie und Komödie, Thespis, Pratinas, Kratinus, Phrynichus bei Athen. (I, 21, e.) schlechthin Orchesten, nicht nur weil sie pantomimischen Ausdruck in ihren Dramen angewandt, sondern auch weil sie außer denselben die Kunst dieses Ausdrucks Andern gelehrt haben. Ein ausgezeichneter Orchest war Äschylus, und ausdrücklich wird von ihm bei Athen. (l. c.) erwähnt, daß er eine große Menge pantomimischer Gesten erfunden habe (πολλὰ ὀρχηστικὰ σχήματα ἐξευρίσκων). Zu dieses Tragikers Zeit muß die Orchestik bereits einen sehr hohen Grad der Kunstmäßigkeit erreicht haben; denn von Telestes, einem Orchesten, dessen sich Äschylus meist zum Einüben der Chöre bediente, wird berichtet, er habe es in der orchestischen Kunst so weit gebracht, daß er die ganze Tragödie der Sieben gegen Theben durch dieselbe ganz deutlich darzustellen fähig gewesen (vergl. *Athen.* l. c.).

Das Alterthum hatte mehre Schriften, worin die Geschichte des Drama's und des gesammten Theaterwesens ausführlich behandelt wurde. Vielfach erwähnt ist die ἱστορία θεατρική des Königs Juba von Mauretanien, ebenso das Buch des Menächmus aus Sikyon περὶ τεχνιτῶν, und die Commentarien eines gewissen Amarantus περὶ σκηνῆς. Aus diesen und ähnlichen jetzt verlorenen Schriften sind die kurzen Notizen geflossen, die wir bei Athenäus, Pollux, den Lexikographen und Scholiasten über diese Materie finden. Die Orchestik ist bei Athenäus im 14. Buche in einem eigenen kurzen Capitel, und in gleicher Weise bei Pollux (IV. c. 14) bedacht. Beide liefern höchstens Namen und nur dürftige Erklärungen. Höchst reichhaltig ist dagegen der Dialog des Lucian, περὶ ὀρχήσεως betitelt; jedoch außer einigen zufällig eingeflochtenen Bemerkungen über die Orchestik im Allgemeinen beschränkt sich derselbe auf die Pantomimen der Römer, wie sie in seiner Zeit bestanden. Ein registerartiges Verzeichniß der in diesen und andern Schriften der Alten genannten orchestischen Spiele verdanken wir der Compilation des Meursius (de Orchestra sive de saltationibus Veterum. Lugd. Bat. 1618. 4.). Es ist hier, wie bei den meisten Schriften aus dieser Zeit, weder an Sonderung der verschiedenen Arten, noch an Aufklärung des Einzelnen zu denken. Eine deutlichere Einsicht in die Sache verräth de l'Aulnaye (de la Saltation théatrale, ou recherches sur l'origine, les progrès et les effets de la pantomime chez les anciens. Paris 1790).

Die Alten selbst haben verschiedene Ein- und Abtheilungen der Orchestik versucht, je nachdem der Gesichtspunkt war, von dem sie die in ihrer Form und Anwendung überaus mannichfaltige und schrankenlose Kunst betrachteten. So führten die, welche die mit dem Drama verknüpfte Orchestik vorzüglich ins Auge faßten, drei Gattungen derselben an: die tragische, komische und satyrische Orchestik. Andere wiesen auch drei der lyrischen Poesie entsprechende Tanzarten nach: die Pyrrhiche, Gymnopädia und Hyporchematike (vergl. *Athen.* XIV, 629. b.). Einige nahmen die moralische Haltung zum Unterscheidungsgrunde an, und redeten so von ernsten (*σπουδαῖαι*) und ruhigen (*στάσιμοι*), und dagegen auch von lustigen (*γελοῖαι*) und heftigen (*φορτικαί*) Tanzarten. Wieder andere berücksichtigen blos die festlichen Chortänze, und theilten diese ein in Bacchische, phallische, korybantische rc. Noch Andere benannten sie nach Landschaften, in denen sie erfunden oder vorzüglich üblich waren (*ὀρχήσεις ἐθνικαί* bei Athenäus), z. B. ionische, sybaritische, lakonische rc. Alle diese und andere Eintheilungen sind nicht umfassend genug; aber auch die ziemlich allgemein gehaltene Eintheilung des Aristoteles (Poet. I, 1: *καὶ γὰρ οὗτοι* sc. *ὀρχησταὶ μιμοῦνται καὶ ἤθη, καὶ πάθη, καὶ πράξεις*) fördert uns bei der Auseinandersetzung des Einzelnen zu wenig. Wir wollen, ohne grade dies eine strenge Eintheilung zu nennen, eine Anordnung der bekannteren orchestischen Darstellungen nach einem dreifachen Gesichtspunkte versuchen, sodaß wir zuvörderst von denen reden, in denen das Mimetische Hauptzweck war; sodann von denen, die von ganzen Chören aufgeführt wurden, drittens von solchen, in denen es auf Darlegung einer Kunstfertigkeit abgesehen war. Man wird dabei nicht vergessen, daß sämmtliche Tanzarten immerhin mimetischer Natur sind, und es mithin einsehen, daß es zuweilen schwer wird, die Grenzen aus einander zu halten.

1) Zu der ersten Gattung zählen wir also alle die kleinern und größern pantomimischen Spiele, in denen Nachahmung durch Gebärden Hauptaufgabe war, von der Nachäffung einer einzelnen Person und ihres Thuns und Treibens an bis zur dramaähnlichen Darstellung eines auf mehre Personen vertheilten und zusammenhangenden Ereignisses. Darin waren besonders die Orchesten Lakoniens und die von Syrakus stark; jene führten den Namen *δεικηλισταί*, diese hießen vorzugsweise *ὀρχησταί*. Es gab keinen Charakter, keine Handlung, kein Getreibe, keinen Vorfall etwas markirterer Art, den man nicht in diesen Kreis der Pantomimik hereingezogen hätte. In der bei den Spartanern so beliebten Aggelike, wurden die Bewegungen und das ganze Benehmen eines Boten veranschaulicht; wobei es denn ein Leichtes war, irgend ein ersonnenes belustigendes Histörchen anzuknüpfen. Man denke sich das wie die Aufführung stehender Charaktermasken auf gewissen Nationaltheatern. Die Hypones und Hypogypones stellten das Herumkriechen alter gebückter Männer, die Mimetike einen auf dem Diebstahle von Eßwaaren Ertappten, die Sobas eine herumschwärmende, auf ihren Fang bedachte Buhlerin, die Brydallicha das Treiben ausgelassener Weiber, die Phrygike die muthwilligen Streiche betrunkener Bauern, das sogenannte Oklasma das weichliche Niederkauern und andere Eigenthümlichkeiten der Perser dar. Ja sogar das Eigenthümliche in den Bewegungen und dem Treiben gewisser Thiere ist Gegenstand der Pantomimik geworden, und die sämmtlichen Darstellungen dieser Art begriff man unter dem Gattungsnamen *μορφασμός*, sodaß die mehrmals erwähnten *γλαύξ*, *λέων*, *ἀλώπηξ* u. a. als besondere Arten desselben anzusehen. Sehr ergötzlich und aus allerlei Gruppen zusammengesetzt müssen die Epilenia, eine Nachahmung des Weinlesefestes, gewesen sein. Es kamen darin vor Personen, die mit dem Einsammlen der Trauben und mit der Zubereitung des Weines beschäftigt waren, und wiederum andere, die zechten, lustige Lieder und Tänze aufführten und allerlei Kurzweil trieben, wie dies bei jenem Feste gewöhnlich war. Gewiß sehr gern gesehen waren auch die Tänze, die man auf Enthüllung der weiblichen Reize berechnet hatte. Ein famöser und schon von den alten Komikern oft besprochener Tanz dieser Art war der sogenannte Apokinos, auch Maktrismos genannt. Alle Schriftsteller nennen ihn unzüchtig und ausgelassen. Vielleicht gehört unter diese Rubrik der Wettkampf zweier Tänzerinnen, der Myrrhine und Thryallis, den uns Alciphron in dem Briefe der Megara an die Banhis beschreibt. Ein arger Wettstreit, heißt es da, war zwischen der Thryallis und der Myrrhine, wer von ihnen am reizendsten die Hüften bewegen würde. Zuerst nun löste Myrrhine ihren Gürtel, ihr Gewand war von dünner Seide, und ließ den milchweißen und in wollüstigen Bewegungen schauernden Leib durchschimmern, sie schaute hinterwärts auf das Hin- und Herwallen ihrer Hüften, sanft erseufzend wie von der Empfindung irgend einer Liebeslust. Weiterhin aber heißt es von der Thryallis: Diese aber brachte ein solches Schüttern der Lenden hervor, und hob und senkte wie wallend ihre üppigen Glieder hierhin und dorthin, daß alle in die Hände klatschten und ihr den Sieg zuerkannten. Auch bei den Römern war dies die Lüsternheit stark erregende Spiel unter dem Namen der coxendices fluctuantes, lumbos crispare u. a. sehr bekannt, aber als Meisterinnen darin pries man die Mädchen von Gades. Weshalb Scaliger's Einfall nicht übel, daß manche Theile in den noch üblichen spanischen Tänzen Fandango und Bolero aus dem alten Apokinos abstammen möchten.

Mit einer gewissen Vorliebe scheint man mythologische Geschichten von kleinerem und größerem Umfange dargestellt zu haben. Die Mährchen von der Liebschaft des Adonis und des Ares mit der Aphrodite, der Raub des Ganymedes, die Abenteuer des Bacchus, die Geschichte des Zeus von seiner Geburt und dem Kriege der Titanen

ątyrn, Nymphen
Heroen Herakles,
vurde, das alles
t, deren sich die
dieser pantomi=
st stehende Form,
ufbewahrung, da
Aufzeichnung ge=
ngenommen. Es
inlich, daß viele
n Inhalts, Sce=
lten. Inzwischen
ten, aus der wir
r Sache machen
mp. c. 2 u. 4);
ates und andere
s Gastmahls, um
sischen Orchesten
ne Tänzerin, eine
s und der Orche=
ste aufführen las=
l in den Speise=
Syrakusier herzu,
r Männer, sagte
ionysos Brautla=
dem Wunsche der
n und zu seiner
Liebe erlustigen.
Ariadne). Nun
geschmückt, und
auf Dionysos er=
auf der Flöte ge=
syrakusischen Bal=
ie es die Musik
erkannte, es höre
n oder stand auf,
uhig halten konnte.
kam er tanzend
u, setzte sich auf
. Das Mädchen
Umarmung. Als
uch das Mädchen
herzten und lieb=
bärdungen. Die
n der Dionysos
wie sie nicht im
, flogen auf und
nysos das Mäd=
sie es mit einem
beiden Pantomi=
ihr Spiel könne
Als aber zuletzt
eiden umschlangen
a — gingen alle

tlichen Festlichkei=
sache das Absin=
und das festliche

Aufziehen der Choreuten in mannichfacher Form; aber
dennoch fehlte bei Vielen auch das mimische Element
nicht. Wir gedenken hier zuerst der beiden Arten der
Dionysoschöre, des Dithyrambus und des phallischen Cho=
res. Die Choreuten des Dithyrambus sangen von den
wundersamen Thaten, Fahrten und Leiden des Gottes, in
einer etwas ernster gehaltenen Weise: Die Phallophoren
trugen ihm zu Ehren mit der ungebundensten Ausgelas=
senheit vor, was ihnen von Spott, Neckereien und
Schwänken einfiel, beide nicht ohne die lebendigste Action.
Unbedenklich kann man die mit dem Demeterdienste ver=
knüpften Chöre der Jambisten in Syrakus als ein jenen
ähnliches Spiel betrachten. Wie nun in der Folge aus
den Intermezzos, in denen ein einzelner Choreut das
Spiel des Chores mit einer kleinen Erzählung unterbrach,
sich das kunstgemäßere Drama entwickelt hatte, wurden
bekanntlich jene Chöre nicht aufgegeben. Die drei Gat=
tungen des Drama's sind auch mit drei verschiedenen
Chortänzen verbunden, und einem jeden entspricht eine
eigne Art der Orchestik: die des tragischen Chores führt
den Namen der Emmeleia, die des komischen den des
Kordax, und die des satyrischen heißt Sikinnis. Ich setze
hier voraus, daß man die Natur der chorischen Gesänge
und ihre Beziehung zum Drama selbst kenne, und hebe
nur dies eine hervor, daß nämlich der Vortrag der Cho=
reuten weniger mit rhythmischem Tanze als mit einer über=
aus sprechenden Gesticulation verbunden gewesen. Diese
war es vorzüglich, auf deren Einübung der Dichter so
großen Fleiß verwandte, und wozu er sich meistens eines
eignen Künstlers bediente, der den Namen Orchestodidas=
kalos führte. Ein solcher war der berühmte Telestes ne=
ben Äschylus. Obschon dieser Dichter auch wol selbst mit
dem Einüben sich befaßte; denn bei Aristophanes (Ran.)
sagt er ruhmredig von sich: τοῖσι χοροῖς αὐτὸς τ
σχήματ' ἐποίουν, und bei Athenäus (I, 21. e) heißt es
von ihm: πολλὰ σχήματα ὀρχηστικὰ ἀνεδίδου τοῖς χο-
ρευταῖς. Wie im tragischen Chore Vortrag, Musik, Co=
stüm und Alles schön und würdevoll war, so auch die
hier angebrachte Pantomimik höchst ernst und ergreifend.
Dagegen erschien das Spiel des Chores im Satyrdrama
und noch mehr in der Komödie, in Übereinstimmung mit
der wunderlichsten Costümirung lustig und lächerlich
zur tollsten Fratzenhaftigkeit. Der Kordax insbes
war ein so muthwilliger Tanz, daß außer dem
ihn nur Betrunkene aufzuführen wagten.

Dieser Gattung zählen wir ferner zu alle di
tänze, welche die Alten unter dem Namen Hy
befaßten. Sie gehörten dem Cultus des Apollo
waren so eingerichtet, daß außer dem singenden
der sich in einem Reigentanz um das brennende
auf dem Altar drehte, mehre Personen dazu b
ren, die Handlung des zu diesem Chortanze ce
Gedichtes mit darstellenden Bewegungen und
mik zu begleiten. Dies eben hieß ὑπορχεῖσθ
Chortänze stammten aus Kreta, wo sie schon
testen Zeiten üblich waren; aber ihre
kunstgemäßere Ausbildung verdankten sie e
schen Musikern Xenodam von Sparta und

. (vergl. O. Müller, Dor. II. S. 351). Verwandt
em Hyporchem, oder vielleicht nur eine besondere Art
ben war der Chortanz, den man auf Delos den Ge-
, anderwärts Hormos nannte. Homer kennt ihn
und deutet an (Od. XVIII, 594), daß er von Dä-
erfunden und eingerichtet worden, um an die glück-
Rettung des Theseus und seiner Gefährten aus dem
inth zu erinnern. Schöne Jünglinge und Mädchen,
der bei den Händen erfassend, bildeten eine in aller-
Wendungen und Windungen sich verschlingende Reihe,
ie Gänge des Labyrinthes, das Hin- und Herirren
mselben, und endlich das glückliche Entrinnen zu ver-
ulichen. Der Bischof Eustathius bemerkt zu obiger
rischen Stelle, daß dieser Tanz noch zu seiner Zeit
gewesen und von Schiffleuten ganz nach der alten
aufgeführt worden sei. Noch berühmter war der
nische Chortanz, Gymnopädia genannt, der an dem
namigen Feste von zwei Chören, deren einer aus
lingen, der andere aus Männern bestand, aufge-
wurde. Nackt oder doch nur leicht bekleidet und
von Alkman und Thaletas absingend, tanzten die
Chöre, von ihren Koryphäen geführt, zu Ehren
pollo, oder, wie eine andere Notiz will, zum An-
n an den bei Thyrea erfochtenen Sieg. Was die
nische Palästrik und Kriegskunst Kunstvolles und
liches in Stellungen und Bewegungen hatte, das
hier den Zuschauern auf einmal geboten, daher die-
hortanz immerfort das Lieblingsschauspiel der Spar-
blieb.
8) Bekanntlich verknüpfen auch jetzt die, welche es
Darlegung von Kunstfertigkeiten zu thun haben, von
ornehmern Aërobaten und Kunstreitern bis zum ge-
n Seiltänzer herab, ihr Werk gern mit allerlei mi-
n Versuchen. Man denke sich nun das eine wie
ndere bei den Alten edler und kunstmäßiger. Ich
zuvörderst hierher die sämmtlichen Waffentänze, ὀρ-
ς ἐνόπλιοι, in denen die militairische Gymnastik mit
rchestik innig verbunden erschien. Die berühmteste
allgemeinste dieser Tanzarten war die Pyrrhiche. Sie
e von bewaffneten Jünglingen aufgeführt und hatte
so kriegerischen Charakter, daß sie in Sparta als
Vorübung zum Kriege betrachtet wurde und die Kna-
le vom fünften Jahre an erlernen mußten. Das
ntliche dieses Spieles deutet Plato (Ges. VII. p.
b.) an, wo er sagt, daß in demselben alle Manö-
es Angriffs und der Vertheidigung, Lanzenstoß, Pfeil-
, Schwerterhieb, Ausweichen, Krümmungen, Vorziehen, Rückzug, Schwenkungen aller Art, Flucht
Sieg nachgeahmt wurden. Eine besondere Art von
stanz, der bei den Änianen und Magneten üblich
beschreibt Xenophon in der Anabasis (V. c. 9. 7).
eißt Karpaia und stellte den Kampf mit einem Räu-
ar. Einer spielt einen mit Säen beschäftigten Bauer,
ndere einen Räuber, während ein Dritter die Flöte
Jener legt seine Waffen nieder, treibt sein Ochsen-
nn und beginnt das Werk der Saat. Inmittels kommt
Räuber, und als jener diesen erblickt, nimmt er die
en wieder zur Hand, um für sein Ochsenpaar zu

kämpfen. Zuletzt erliegt er, wird von dem Räuber gebunden und mit den Ochsen davon geführt; oder es geschieht auch das Umgekehrte, daß der Räuber unterliegt und mit gebundenen Händen neben die Ochsen gespannt wird. Alles dies wird nach dem Takte der Flöte ausgeführt. Derselbe beschreibt uns a. a. O. auch den bei den Thrakiern üblichen Tanz Kolabrismos, in dem ebenfalls ein Scheingefecht, aber in größerer Masse, dargestellt wurde. Ein überaus gefährlicher Tanz war die sogenannte Kybistesis. Die Hauptsache dabei war (vergl. *Xenoph.* Symp. II, 2), daß der Tänzer oder die Tänzerin kopfüber in einen mit spitzigen Schwertern umstellten Kreis hineinsprang, und in derselben verkehrten Positur sich wieder herausschwang. Von ähnlicher Art war die schon bei Homer bezeichnete Thermaystris, welche Athenäus wegen der Heftigkeit der Bewegungen eine ὄρχησις μανιώδης nennt. Hier waren der Tänzer mehre. Man denke sie sich, wie sie alle zugleich, die Köpfe und den ganzen Körper wild einherwerfend und gefährliche Waffen in den Händen schwingend, in die Höhe auffspringen und dann vor dem Niederfallen mit den Füßen und Beinen allerlei Kreuzungen bilden. Dies Letztere eben hieß θερμαϋστρίζειν. Endlich die ganze Sippschaft der Seiltänzer (πεταυρισταί bei den Griechen, funambuli bei den Römern genannt) wird oft genug bei den alten Schriftstellern erwähnt und bedarf keiner weitern Andeutungen. Sie treten gern vor oder nach dem eigentlichen Schauspiele oder auch in den Zwischenacten auf (vgl. *Terent.* prol. Hec. v. 4 und die bekannte Tafel unter den Herkulanischen Alterthümern, auf der außer Mimen und Komödien auch Seiltänzerkünste angekündet werden).

II. Von allen diesen pantomimischen Spielen sondere man nun, wie bereits oben angedeutet, als eine durchaus selbständige und aus einer eignen Erfindung der Römer hervorgegangene Kunst diejenige Orchestik, die diese letzteren selbst mit dem das Eigenthümliche ihrer Erfindung bezeichnenden Namen **Pantomimus** (vom Künstler sowol wie von der Kunst selbst gebräuchlich) benannten. Die Zeit der Erfindung fällt nach dem übereinstimmenden Berichte der alten Schriftsteller in die Regierung des Kaisers August, und zwar werden als Erfinder und zugleich als die größten Meister in der neuen Kunst Pylades und Bathyllus angegeben. Auch wird wirklich der Name Pantomimus bei griechischen und römischen Schriftstellern der voraugustischen Zeit nicht gefunden, und die Griechen nennen, wenn sie die römischen Pantomimen von den ihrigen bestimmter unterscheiden wollen, dieselben allemal ὄρχησις παντόμιμος oder ὄρχησις Ἰταλική. (Die ausführlichere Beweisführung für die hier folgenden Angaben findet man in meiner Abhandlung über die Röm. Pantomimen in Welker's Rhein. Museum. 2. Jahrg. 1. St. S. 30 fg.)

Der eigentliche Keim des **Pantomimus** ist in dem Canticum der Römer zu suchen, und zwar in der Weise, wie es schon seit Livius Andronicus vorgetragen wurde. Nach der classischen Stelle bei Livius (VII, 2) tanzte Andronicus das Canticum, während ein Anderer den Text desselben zur Flöte absang. Livius dicitur, quum saepius revocatus vocem obtudisset, venia petita puerum *ad canendum* ante tibicinem quum statuisset, *canticum egisse aliquanto magis vigente motu*, quia nihil vocis usus impediebat. Grade diese drei Bestandtheile: pantomimischer Tanz, dann Vortrag eines Canticums durch Gesang, und drittens begleitende Musik finden sich auch im Pantomimus wieder. Damit ist zu vergleichen die bekannte Stelle des Diomedes bei Putsch (S. 489), der in dem Pantomimus einen aus dem Drama ausgeschiedenen und nun besonders ausgebildeten Bestandtheil wiederfand. Doch halte man das abgetrennte Canticum grade noch nicht für einen wirklichen Pantomimus, indem die neue Kunstgattung erst durch eine größere Ausdehnung und planmäßige Composition, durch kunstvollere Orchestik und manche andere Zuthat ihr Dasein erhielt. Die Erfinder stammten aus gräcisirten Ländern ab und waren demnach mit der griechischen Orchestik bekannt; entnahmen sie aus derselben, was sich auf die Ausbildung und Vervollkommnung der neuen Kunst übertragen ließ, so bleibt nichtsdestoweniger unbestritten, was über die Selbständigkeit derselben bereits gesagt ist.

Zwei wesentliche Merkmale bilden die Definition des Pantomimus und sind zum Theil in dem Namen selbst angedeutet, nämlich: erstens stellte eine einzige Person alle Rollen eines Stückes dar, und zweitens, nur vermittels der Gebärdensprache (vgl. *Lucian.* de salt. c. 67 und *Cassiod.* V. L. IV, 51). Eine einzige Person spielte alle Rollen des Pantomimus, die weiblichen und die männlichen, die Haupt- und Nebenrollen, versteht sich in einer successiven Folge; denn an ein Nebeneinander wie im Diverbium des Drama's war hier nicht zu denken. Für eine jede Rolle wurden die Masken und auch wol meistens das Costüm geändert, und es gehörte eben zu den Vorzügen eines gewandten Pantomimen, recht viele Rollen unmittelbar nach einander, d. h. in einem und demselben Stücke, geben zu können. Das Spiel eines solchen nannte man πολυπρόσωπος (vergl. Jacobs zur Anthol. II, 1. p. 308). Es mag nicht ungewöhnlich gewesen sein, daß die eine und andere Nebenperson vorkam, jedoch ohne mitzuspielen, und nur um dem Spiele des Pantomimen seine volle Deutung zu geben. Jedenfalls blieb, so lange die Kunst sich in ihrer Höhe erhielt, das Spiel auf eine einzige Person beschränkt, und erst seit dem Ende des zweiten Jahrhunderts, als die Kunst abnahm, finden wir mehre Rollen in einem Pantomimus auch einer Mehrheit von Personen zugetheilt.

Das einzige Mittel der Darstellung waren die Bewegungen der Hände und der übrigen Körpertheile; an Mienenspiel ist wegen des Gebrauchs der Masken weniger zu denken, obgleich durch das Nicken, Schütteln und sonstige Bewegungen des Kopfes Vieles ausgedrückt wurde. Alle Glieder des Körpers vom Kopfe bis zu den Füßen hinab dienten dem Pantomimen als Bezeichnungsmittel — man muß dabei die für uns beinah unbegreifliche Gewandtheit der Südländer im Gestalten und Verstehen der Geste in Anschlag bringen —; aber vorzüglich viel richtete er aus durch die Figuren und Bewegungen der Finger und der ganzen Hand. Daher so vielfach die Rede

von den χεῖρες πάμφωνοι, den manus loquacissim
und digiti clamosi. Und zwar waren die meisten Ge
und Zeichen natürliche, d. h. solche, welche die Na
selbst angab und die von Jedem, der sie sah, also
verstanden wurden. Jedoch zur Darstellung solcher B
griffe, die aller sinnlichen Darstellung zu sehr entri
sind, wandte man willkürlich erfundene Zeichen an,
von den Pantomimen durch die Bewegungen der Fin
ebenso gehandhabt wurden, wie wir jetzt das Alpha
durch Schrift oder articulirte Töne anwenden. Diese Z
chen waren in eignen Verzeichnissen abgemalt, oder w
den auch durch mündliche Belehrung erklärt. An ihr
Vorhandensein lassen uns hauptsächlich zwei Stellen n
zweifeln. Die eine findet sich bei Augustin (doctr. c
II, 38), in der andern bei Cassiodor (V. L. IV,
heißt es: Tunc illa sensuum manus oculis canen
carmen exponit, et *per signa composita quasi q*
busdam literis edocet intuentis adspectum. in il
que leguntur apices rerum, et non scribendo fac
quod scriptura declaravit. Auf jede Weise aber bl
ben die natürlichen Zeichen Hauptmittel der Darstellu
Und dennoch übersteigt es fast unsere Vorstellung, w
die Alten von der Deutlichkeit und Anschaulichkeit
Pantomimensprache erzählen. Lucian (c. 36) berichtet,
habe einmal am Hofe des Kaisers Nero ein Pantomi
in Gegenwart eines ausländischen Fürsten mit sol
Deutlichkeit gespielt, daß letzterer, obgleich er, was
sungen wurde, nicht verstand (denn er war ein Ha
grieche), dennoch die ganze Darstellung klar aufgef
Bei seinem Abschiede erbat er sich jenen Pantomim
zum Geschenk; und auf die Frage des Kaisers, wa
denn grade den Tänzer? erwiederte er, daß er Barbar
die allerlei Sprachen redeten, zu Nachbarn hätte, und
schwer sei, einen für alle zureichenden Dolmetscher zu
halten. Er gedächte daher jenen Pantomimen als Int
preten zu gebrauchen und mit der Gebärdensprache
selben bei allen Nachbarvölkern auszureichen.

Eine hervorstechende Eigenschaft des Pantomim
spiels war sinnlicher Reiz, und vielleicht war es ga
diese verführerische Seite der neuen Kunst, welche
gleich von ihrem Entstehen an, bis soweit wir ihre G
schichte verfolgen können, zur Lieblingssache des verde
ten Publicums machte. Dazu kam, daß auch meist
und vorzugsweise solche Stoffe gewählt wurden, die
Liebe und Geschlechtslust Bezug hatten. Schon Ovid
(remed. v. 753) klagt, daß in den Pantomimen imm
fort Liebesgeschichten dargestellt würden. Welche Wirk
gen Tänze dieser Art bei dem weiblichen Geschlechte h
vorbrachten, das beschreibt Juvenal (Sat. VI, 63)
starken Zügen. Im Allgemeinen werden die gestus
scoeni, motus impudici, lascivi als eine durchgäng
Eigenschaft der Pantomimen von den meisten Schrifts
lern bezeichnet (vergl. jedoch *Juven.* Sat. XI, 151. 18
Später traten die Tänzerinnen oft völlig entblößt
die Bühne und suchten durch alle möglichen Positur
der Schamhaftigkeit Trotz zu bieten. Oft wurden Bu
dirnen aus ihren Schlupfwinkeln hervorgeholt und zu
chen frechen Auftritten abgerichtet. Daher eifern die K

chenväter, so oft sie von den Pantomimen reden, gegen diese Spiele als gegen eine Schule der Unzucht und Werkstätte des Satans (vgl. die starke Stelle bei *Tertullian.* de spect. p. 269. ed. Paris).

Die Stoffe der Pantomimen gehörten einem durchaus abgeschlossenen Kreise an; sie waren nämlich durchaus und immerfort aus der Mythologie entnommen. Von dieser Seite war der Pantomimus mit der Tragödie verwandt; sei es nun, daß die Darstellung nicht über eine einzelne Handlung oder Situation hinausging, oder durch die Verflechtung von mehren auch dem Umfange nach das Ganze einer Tragödie wiedergab. Als argumenta pantomimorum werden demnach erwähnt: die Liebesgeschichten der Phädra, Leda, Europa, Danae, des Ganymed, Adonis, Atis, die des Mars und der Venus, die Leiden des Herkules und Ödipus, die Fabeln von der Daphne und Niobe, die vom Pentheus, der Agave und den Bacchantinnen rc. (vergl. *Lucian.* c. 37—61).

Es wurde allemal ein eigner Text componirt, um ihn dem Pantomimus unterzulegen. Derselbe war der Form nach von der Tragödie sowol wie von der bloßen Erzählung wesentlich verschieden. Es wurden nämlich mit Ausschließung aller Diverbien und Chöre die Situationen der verschiedenen Hauptpersonen herausgehoben und durch Monologe dargestellt. Dadurch, daß diese Monologe in einer solchen Reihe auf einander folgten, wie sie der Gang der jedesmaligen Begebenheit bildete, blieb das Ganze in allen seinen Theilen erkennbar, zumal da die Bekanntschaft des Publicums mit der gesammten Mythologie hier leicht nachhelfen konnte. Dem Umfange nach mochte hier eine große Verschiedenheit in den Pantomimen selbst stattfinden, indem sich die Darstellung auf einen einzelnen Monolog beschränken oder eine bestimmte Mehrheit von Monologen abmachen konnte. Diese Monologe nun oder Cantica, wie sie bei den Römern immerfort heißen — griech. τὰ ᾀδόμενα oder ᾄσματα — bilden den Text des Pantomimus und werden als solche bald in der einfachen bald in der Mehrzahl von den Schriftstellern erwähnt (vergl. *Macrob.* II, 7: quum *canticum* saltaret Hylas. *Plin.* ep. VII, 24: gestus *cum canticis* reddebant). Dieser Text war meist in griechischer Sprache abgefaßt, da diese damals sehr beliebt war und die Componisten desselben auch wol ganze Passagen mehr oder minder verändert aus griech. Tragödien hernahmen. Wenn aber, wie z. B. bei Arnobius (adv. gent. 4, und Anthol. I. p. 249), gradezu Tragödien des Sophokles und Euripides Texte der Pantomimen genannt werden, so darf man dies nicht buchstäblich nehmen und muß vielmehr an eine eigne Bearbeitung derselben zum Behufe pantomimischer Darstellungen denken.

Diese Cantica wurden auf der Bühne abgesungen, sodaß sie das Spiel des Pantomimen begleiteten. Es wurde ferner dieser Gesang von einem ganzen Chore vorgetragen, und zwar nach dem Takte, den einer oder auch mehre Choristen vermittels einer eisernen Sohle, mit dem sogenannten Scabillum, durch starkes Auftreten angaben. Der Taktschläger stand in der Mitte des Chores, wovon er auch wol den Namen μεσόχορος erhielt. Gewöhnlicher jedoch nannten ihn die Griechen ἡγεμών oder ἔξαρχος τοῦ χοροῦ, die Römer magister chori. Zweitens wurde der Chorgesang von musikalischen Instrumenten begleitet, und zwar wurden neben der Flöte, als dem Hauptinstrumente, auch andere, z. B. die Laute, Harfe, Rohrpfeife, Cymbel rc., gebraucht. Mit dieser musikalischen Begleitung bezweckte man zunächst, dem Tänzer, der in seinen Bewegungen von den Gesetzen der Rhythmik nicht abweichen durfte, Leichtigkeit und Sicherheit zu verschaffen. Aber es war zugleich, wie dies der Geschmack der damaligen Menschen mit sich brachte, um Vervielfältigung der Ergötzungsmittel zu thun, was in Betreff der Musik der Pantomimen auch von Lucian (c. 72) zugegeben wird. Denn es wich der Charakter derselben sehr von der einfachen und strengen Musik der frühern Zeiten ab. Man erstrebte einerseits einen stärkern Effect durch heller tönende Instrumente, oder auch durch das Zusammenklingen mehrer; andererseits suchte man in die Modulation einen größern Reiz zu bringen, z. B. durch die so oft erwähnten Triller, im Singen und Spielen, die τερετίσματα bei Lucian (c. 2. 63). Dazu kam eine gewisse Weichlichkeit, die zwar dem Ohre schmeichelte, nicht selten aber dem Gemüthe verderblich ward. Das sind die citharae *animos enervantes* bei Ovid (l. c.) und die voces effeminatae bei Plinius (paneg. 54).

Der Pantomime führte sein Spiel auf dem Pulpitum auf, und hinter demselben nach der Hinterwand der Scene zu war der Chor aufgestellt. Die Bühne selbst scheint bei der Aufführung eines pantomimischen Stückes dieselben Einrichtungen und Decorationen wie bei der Tragödie gehabt zu haben. Das Auftreten des Pantomimen und den Gegenstand seines Stückes verkündete allemal ein Herold. Sowie der Pantomime auf die Bühne trat, begann der Chor eine Art von Vorgesang, dem die Zuschauer, wenn sie einen beliebten Künstler sahen, einen lauten Applaus der Aufmunterung wegen hinzuzufügen pflegten. Dann dankte der Pantomime und erbat sich Geneigtheit und Aufmerksamkeit. Dies nannte man adorare. Meistens erschienen die Pantomimen in einem prächtigen Costüm. Nero trug, so oft er als Saltator auftrat, allemal das Prachtgewand eines Tragöden. Das Gewand der Tänzer war, um die Leichtigkeit ihrer Bewegungen zu befördern, von der dünnsten Seide und muß das Reizende der Gestalt bedeutend erhöht haben. Die Tänzerinnen waren oft von solchen leichten Gewändern nur luftig umflattert, wie an mehren Abbildungen derselben auf Herkulanischen Gemälden ersichtlich ist. Gewöhnlich bedienten sie sich der Masken (vergl. *Lucian.* c. 63).

Anfangs wurde die Pantomimik, wenigstens auf der Bühne, nur von Männern ausgeübt, die daher sowol weibliche als männliche Rollen gaben. Bathyllus war sogar vorzüglich stark in der Leda. Lucian gedenkt in seiner Schrift noch keiner öffentlich auftretenden Tänzerin und die pantomimae, von denen Seneca (consol. a Helv. 12) redet, waren solche, die römische Große zu ihrer Privatbelustigung in ihren Häusern hielten. Bis ins vierte Jahrhundert unserer Zeitrechnung scheinen die Tänzerinnen mit wenigen Ausnahmen die Bühne gemieden und nur in Privathäusern ihre Kunst ausgeübt zu haben. Von da an ward es anders. Vorzüglich in Griechenland, wo man von jeher an das öffentliche Auftreten von Tänzerinnen gewöhnt gewesen, und namentlich in Byzantium, bestand in dieser spätern Zeit die Sitte unzweifelhaft, daß Frauen auf der Bühne Pantomimen gaben. Unter Justinian waren die nachmalige Kaiserin Theodora und ihre Freundin Chrysomallo, beide durch die äußerste Schamlosigkeit berüchtigt, sogar Hauptzierden der byzantinischen Pantomimenbühne (vergl. *Procop.* anecd. 9).

Seit dem ersten Aufkommen der Pantomimen bis tief in die Zeiten der Byzantiner hinab zeigte sich unter den West- und Oströmern eine an Leidenschaftlichkeit grenzende Vorliebe für dieselben. Die übrigen theatralischen Spiele traten von nun an zurück, oder nahmen mehr oder weniger von der Pantomimik in sich auf. Es gab keine etwas bedeutende Stadt in Italien, wo das verführerische Spiel nicht Eingang gefunden; ja man beschränkte sich nicht auf die Aufführung der Pantomimen im Theater, sogar in Privathäusern, bei Gastmahlen und ähnlichen Veranlassungen verschaffte man sich diesen Genuß. Darauf bezieht sich der Klageruf des Seneca (Quaest. nat. VII, 32): Tota urbe sonat pulpitum! Plinius (Ep. V, 24) spricht von einer alten reichen Thörin, die sich zu ihrem Vergnügen Pantomimen in ihrem Hause gehalten, und Ammian (XIV, 20) erzählt von den Frauen seiner Zeit, daß sie die Tänze, die sie im Theater gesehen, zu Hause nachzumachen bestens beflissen gewesen. Tänzer und Tänzerinnen verschafften sich begreiflicherweise den Umgang und die Gunst der angesehensten Personen, die Kaiser und ihre Familien nicht ausgenommen. Die Kaiser hätten dem Umsichgreifen des allzu üppigen Spieles steuern können, aber sie fügten sich dem Sinne des Volkes, das sich dasselbe nicht mehr nehmen ließ. Die etwas strengen Verordnungen des Tiber und Trajan wirkten nur vorübergehend; dafür trat Nero selbst als Pantomime im Theater auf und nöthigte die vornehmsten Männer und Matronen dasselbe zu thun. Selbst die christlichen Kaiser, namentlich Constantin, Arcadius, Justinian, hoben die Pantomimen und ihr Spiel durch eigne begünstigende Verordnungen, die wir noch jetzt in dem Codex ihrer Gesetze lesen.

Gar viele Pantomimen werden in den Schriften der Alten namhaft gemacht; wir heben nur folgende als die berühmtesten Meister hervor. Pylades, von Geburt ein Cilicier, lebte unter August und genoß des Kaisers persönlicher Freundschaft. Er hatte mit Bathyllus die Pantomimenkunst zuerst in Gang gebracht und sogar eine Schrift über dieselbe hinterlassen. In seinen Darstellungen waltete die Würde der tragischen Orchestik vor; sein Spiel war unübertrefflich, wenn der Gegenstand das höchste Pathos oder die ungestümste Begeisterung erheischte. So gelang ihm vorzüglich die Darstellung des Bacchus und der Bacchantinnen nach der bekannten in der Euripideischen Tragödie behandelten Fabel. Pylades that viel für die Verbreitung der neu erfundenen Kunst; er gründete eine Pantomimenschule, in der er eine Meng
tiger Schüler bildete, und gab auch außerhalb Rom
stellungen fast in allen Hauptstädten Italiens. Nich
der berühmt war der Alexandriner Bathyllus, der
gelassene und Liebling des Mäcenas. Er stellte m
sonderem Glücke das Zarte und Reizende dar, w
Juvenal ihm das Prädicat mollis beilegt, und Ath
seine Orchestik ἰλαρωτέρα nennt. Tanzte er z.
vom göttlichen Schwan besuchte Leda, so konnte
weiblichen Zuschauer in ihrem Entzücken keine
mehr. Noch in die letzten Zeiten des August geh
las; er war ein Schüler des Pylades, gelangte abe
zu einer solchen Meisterhaftigkeit, daß er mit seinem
rer wetteifern konnte und das Volk zweifelhaft war,
es für den vorzüglichern zu halten hätte. Großen
hatte auch der unter Caligula blühende P. Mnester.
Sueton (Calig. 55) liebte ihn der Kaiser so sehr,
er ihn einmal im Theater vor den Augen aller Men
küßte. Unter Domitian lebte Paris, der vorzügl
Pantomime seiner Zeit. Er galt als der eigentliche
ling der Damen, sodaß Juvenal (Sat. VI, 51) e
Seiten dieser eine wahre Aufopferung nennt, wenn
es über ihr Herz bringt, eine Zeit lang die Sta
verlassen und das Spiel des angebeteten Künstler
missen. Die Gunst des Kaisers besaß er dermaßen,
er durch bloße Fürsprache seinen Freunden die bedeu
sten Ämter verschaffte; doch tödtete ihn Domitian,
ihn im Ehebruch mit seiner Gemahlin ertappte. M
verherrlicht ihn im eilften Epigramme (L. XI). (Gr

PANTOMIMISCHE KUNST DER NEU

Ist auch Vieles von dem, was die Alten zur D
lungskunst durch Mienen und Gebärden rechneten,
sonders in der Art, wie und durch welche Zeichen sie
Kunst ausübten, sowie die außerordentliche Neigun
für in den neuern Zeiten theils weggefallen, theils
ändert worden, so ist doch die Pantomime selbst g
ben, und muß bleiben, so lange es eine Darstellung
der Empfindungen oder der Gedanken gibt. Wie s
innere Zustand der Seele, die Vorstellungs- und Em
dungswelt in uns ändert, so werden sich auch die
wegungen des ganzen Körpers oder doch namhafter,
Innere hauptsächlich andeutender Theile des mensch
Leibes in Blicken, Zügen und Gebärdungen aller
ändern, des nicht aufzuhebenden Zusammenhanges w
in welchem Leib und Seele nothwendig stehen. Ist i
eine Kunst natürlich, so ist es diese. Nicht als ob die
Natur wäre, sondern daß und in wie weit sie sich auf N
gründet, aus ihr hervorgeht, mit ihr übereinstimmt,
sie mehr oder minder zur natürlichen. Niemand sprich
hafter durch Körperbewegungen, Mienen und Gebärde
das Kind und der Wilde. Ja selbst der Gebildete
diese Bewegungssprache so wenig los, daß er sie
mäßigen, aber nicht gänzlich unterdrücken lernt. Verrät
sein Wort nicht, so wird doch zuweilen eine unwillkü
Gebärdung, und wäre es nur der Zwang derselben,
verrathen. Daher behauptet Schiller: man wird aus
Reden eines Menschen zwar abnehmen können, wofü
gehalten sein will, aber das, was er wirklich ist,

man aus dem mimischen Vortrage seiner Worte und aus seinen Gebärden, also aus Bewegungen, die er nicht will, zu errathen suchen. So bliebe denn die Pantomime, selbst wenn sie der Mensch los sein wollte; sie verändert sich nur nach dem Stande seiner Bildung und Verbildung. So lange also der Mensch Lust in sich trägt, die innere Gefühls- und Vorstellungswelt Anderer, nicht blos seiner selbst und seines augenblicklichen Zustandes, erkennbar zur Erscheinung zu bringen, so lange wird er auch auf die natürliche Zeichensprache mannichfaltigster Gebärdung achten und nachahmend sie verwenden müssen. Diese nicht mehr unwillkürliche, sondern absichtliche Nachahmung macht die Sache zur Kunst, die immer zu gleicher Zeit Zweierlei erfodert: lebendiges Eingehen in das Darzustellende, in Wesen und Natur des gespielten Gegenstandes und darüber stehende Besonnenheit, sodaß der Vorstellende in kalter Wachsamkeit des Verstandes sein eignes Ich selbst im feurigsten Naturspiele der Rolle durchaus nicht verliert. Das Letzte ist um so nothwendiger, je mehr von der Kunst verlangt wird, daß sie eine schöne sein soll, nicht blos eine täuschende, die den Gegenstand trifft und sich in die Leidenschaft versetzt, sich ihr hingibt, sondern eine veredelnde, idealisirende, worin allein das Würdige der Kunst besteht.

Unter Pantomime verstehen wir Ausdruck von Empfindungen und Vorstellungen durch Gebärdung und Bewegung des Körpers mit Ausschluß der Worte und des Gesanges. Nehmen alle Glieder des menschlichen Leibes daran Theil, so sind es doch verschiedene im vorzüglichen Grade, die lautlos sprechen, z. B. Auge, Mund, Arme und Füße. Die Haltung des ganzen Leibes kann nicht ausgeschlossen werden. Bezieht sich nun die Mimik blos auf das Gesicht, so kann sie nur ein Theil des Ganzen sein, wenn auch ein überaus wichtiger. Darin kann natürlich die Pantomime der Alten und der Neuern nicht verschieden sein; sonst wie jetzt macht man sich mit Zeichen der Hände, mit Blicken der Augen, mit Bewegungen des Kopfes und der Haltung des Leibes verständlich. Es gibt einen allgemein stehenden, weil aus dem Wesen der Sache hervorgehenden Ausdruck des Sanften und des Wilden, der Freude und des Schmerzes, der Liebe und des Hasses ꝛc. Solche Gebärdungen sind stumme Natursprache, deren Bedeutung unveränderlich bleibt, von der Kunst aller Zeiten festgehalten werden muß, wol aber von dem Gebildeten veredelter ausgesprochen wird, als von dem Rohen, wie es mit den Worten einer und derselben Sprache, mit dem Gesange eines und desselben Liedes ist. Alles allgemein Naturgetreue in den Darstellungen der Pantomime der Alten und der Neuen muß daher im Wesentlichen durchaus dasselbe bleiben und kann sich nur im Feinern und Plumpern, im mehr Handgreiflichen, Sinnlichern und im blos Andeutenden, Verschämtern unterscheiden. Sonst wie jetzt müssen die Abzeichen und Äußerungen der verschiedenen Temperamente der Menschennatur in ihren Bewegungen sich gleich bleiben. Das sanguinische wird sein inneres Wogen, sein schnelles Wechseln, sein leichtes Erglühen immer noch durch lebhafte, flüchtige, unstete, überspringende Gebärdung ausdrücken; das cholerische wird sich stets fester, zweckmäßiger, kraftvoller, gehaltener und nur beim Aufbrausen außer sich versetzt und wild zufahrend, immer jedoch schnell entschlossen zeigen; das hypochondrische muß stets etwas Trübes und Mistrauisches verrathen, weshalb es, wie auf der Lauer, immer beachtend, sich nur behutsam und zurückhaltend, mit sich und Andern uneinig bewegt, daher zertheilt, zerstückelt, unstet langsam bald, bald unstet schnell, damit ihm nichts entgehe; das melancholische ist genau bedächtig, sorgfältig langsam, in Allem breit und gemessen, damit es das stehend Düstere nicht durch Nachlässigkeit noch drückender mache; das Phlegma muß überall matt, schlaff, gleichgültig ruhig sein, als wäre es lieber ein Ofen, der weder blickt noch sich bewegt; es strengt sich nimmer an und thut nur spärlich und träg, was es durchaus muß. Desgleichen hat das Erhabene wie das Niedrige, das Edle wie das Unedle, das Sanftmüthige wie das Täppische, das Aufgeblasene wie das Bescheidene gewisse nothwendig feste, Allen verständliche Bewegungen. Nicht minder wird in allen diesen Fällen noch ein Unterschied zwischen Mann und Weib sich geltend machen. Man könnte darüber nach auffallenden Originalen, wie sie in der Menschenwelt sich betragen, eine Menge allgemeiner Regeln aufstellen, die ein Buch füllen würden, das aber doch am Ende nützlicher schiene als es in Wahrheit wäre. Denn was der Künstler aus der Natur lernen kann, wird er schneller und lebendiger aus ihr selbst erlernen, wenn er nur zuvor durch Andeutungen darauf hingewiesen worden ist, als durch breite Worte, die doch, selbst wenn sie treffen, nur wie Beschreibungen einer Pflanze oder einer Landschaft wirken, von welchen wir kein lebendiges Bild erhalten, weil wir den Anfang schon vergessen haben, ehe wir ans Ende der Abconterfeiung gekommen sind. Wer die Pflanze sieht und sich im Schauen aufmerksam machen läßt, der hat ihr Bild schnell und sicher. Solche Natursprache lernt sich am besten im Umgange mit der Natur. Dazu kommt noch, daß im Leben selbst nichts so rein und begrenzt abgeschlossen dasteht und sich bewegt, sondern in hundertfältiger Mischung. Das frische Auffassen und Wiedergeben dieser vielseitigen Mischungen besonderer Charaktere und Lagen macht erst das Ganze recht wirksam, und selbst diese naturgetreue Wirksamkeit wird noch verlebendigt und veredelt durch das geistige Anschauen und Erheben des Darstellenden. Darin liegt das Genie, das nicht gelehrt, nur durch allgemeine Bildung des für seine Kunst Nothwendigen sicher gemacht wird.

Nothwendig zu erlernen sind also alle durch Körperbewegungen auszudrückenden Dinge, die von der Natur des Menschen veranlaßt und zu Bedürfnissen menschlicher Lebensäußerungen in stummer Gebärdung, ohne Wort und Ton geworden, zugleich durch immer weiter strebende Bildungsfähigkeit in das Bereich geregelter, sich hebender Kunst gespielt worden sind. Alle Glieder des menschlichen Leibes müssen ihrer Art gemäß so gewandt und geschickt gemacht werden, daß sie möglichst vollständig und schön in Formen ihrer Natursprache sich ausdrücken können, was ihnen, jedem für sich, zukommt. Je reichere Sprache

gend ein Glied
und je unmit-
nen und durch
desto weniger
svollen Theile
en Organe der
ächst der Bil-
bart oder fast
llem sind dies
egel der Seele
it allen seinen
fig die Mimik
k, nämlich der
ihren allgemei-
als der beson-
in welchem sie
r oder matter
enig mehr für
des Gesichts,
nd frisch erhält,
piegel des In-
die Arbeit da-
t- und Höher-
für das Nütz-
len untergeord-
hre nicht lange
mehr und leb-
je treuer und
esto eindringli-
s Leben rufen
e weniger dem-
der Sache ist,
rist und durch-
mmter, wahrer
ohne Kunst, die
Geistessieg in-
Schöne. Wes-
dern vorzubil-
e innere Rich-
uer Kraft hin-
as Rechte und
t, besser und
Weise möglich
, wie im gan-
den Geist treu
ng so allseitig,
ten. Sei stets
e, der du dich
wäre sie dein
auch sein soll.
wachsenen und
Reiz lebt, der

Seele; es ist
Art nach, den
rbildet, allein
so vollständig
ehr theilweise

die Glieder sprechen, je mehr sie blos die Seelensprache als Masse unterstützen, desto mehr hat sie der Geist für seine Zwecke zu gewinnen und geschickt zu machen, daß sie gern und mit Lust dienen, nicht aufrührisch und abgesondert, blos für sich lebend, stehend und allein sinnliche Zwecke verfolgen, die ihnen allerdings die nächsten sind, ja sogar bleiben und zum Theil bleiben müssen, wenn die Natur nicht verkehrt werden soll, was nur auf kurze Zeit der Sonderbarkeit und Neuheit wegen glücken kann, bald genug lächerlich werden und aus Überdruß verlassen werden muß. Man verlange daher von allen übrigen Gliedern des menschlichen Leibes in Hinsicht auf Mannichfaltigkeit und Vielseitigkeit des Seelenausdruckes nicht zu viel, und mache ihre Sprache nicht mit fremden Ausdrücken zu reich, als wodurch man das Eigenthümliche derselben eher verdirbt als bessert. Es gibt Glieder, die nur stets Eins und Dasselbe sprechen, aber darum zur rechten Zeit und am rechten Orte gewaltig, schlagend.

Das Gesicht und vorzüglich das Auge vermag Intelligenzähnliches ohne Worte und doch im fühlbaren Zusammenhange zu sprechen, worin es unwillkürlich von allen andern Theilen des Leibes und zunächst hauptsächlich wieder des Antlitzes, als der Stirne, des Mundes x., unterstützt und ergänzt wird. Die übrigen Glieder *) sprechen durch ihre Bewegungen durchaus nur Handlungen und Gefühle sinnlicher Art aus, jedes nur allein seinen ihm eigenthümlichen Moment, sodaß der Fortgang der Handlung oder der Empfindung schnell von einem andern Gliede des Leibes aufgenommen, dargestellt werden muß, sodaß sie alle zusammen in Wechselwirkung stehen als ein geordnetes, in einander greifendes Ganze, das wie ein wohl eingerichteter und gut verwalteter Staat von geistiger Obergewalt beherrscht und zu seinem Glück zusammengehalten und gelenkt wird.

Ob nun gleich einem Theile des menschlichen Leibes die Hauptrolle zuertheilt werden kann und der Verschiedenheit der Darstellungen zufolge zuertheilt werden muß, so können doch natürlich die übrigen Glieder in keinem Falle gänzlich von der Mitwirkung ausgeschlossen sein, am wenigsten das Antlitz, das durch seine Bewegungen ergänzt, erklärt, beseelt. So muß denn immerhin das Ganze sprechen durch Antheil und Zustimmung, welche sich oft bei eingeschränkt redefähigen Gliedern am schönsten durch Ruhe und würdige Haltung offenbaren.

Diejenigen Theile des menschlichen Leibes, welche unmittelbar nach dem Haupte, das mit dem Halse in nächster Verbindung steht, der durch Biegen, Neigen und allerlei Haltung die einzelnen Figuren und Färbungen des Gesichts durch große Striche und Schatten gruppirt hilft und die Rede in gute Perioden und Einschnitte bringt, am reichsten geschickt sind, Empfindungen und Handlungen auszusprechen, müssen Arme und Hände sein, die mit einander zu einem Zwecke verbunden, wie die

*) Die Fingersprache, die willkürliche Zeichen mit den Augen zusammensetzt, Worte und Begriffe dadurch auszudrücken, ist als eine Art Schriftsprache längst von der Sprache der Geberdung gesondert betrachtet worden. Sie gehört nicht zur Pantomime.

Stand im Staate, zusammengehören, sowie die Füße, die als Träger des ganzen Leibes, an deren Bewegungen alle andere Glieder nothwendigen Antheil nehmen müssen, überaus Wichtiges und allgemein Ansprechendes in schöner Mannichfaltigkeit verhandeln. Darum mußten sie schon den Alten für pantomimische Rede höchst beachtenswerth erscheinen und sogar noch mehr als in neuern Zeiten. Wir haben daher gesehen, daß das Alterthum nicht nur seinen Tanz der Füße, sondern auch der Hände hatte, auf welchen sie so großen Werth legten, daß ihre Cheironomie als besonders eigenthümliche, sehr wirksam beliebte Kunst für sich gepflegt wurde. Natürlich muß überall in jeder Abtheilung solcher Geschicklichkeiten vorausgesetzt werden, daß dabei die übrigen Glieder nicht völlig unthätig gedacht werden können, wie bereits erwähnt. Gab es unter den alten Griechen und Römern einen unzüchtigen, bei der Menge sehr beliebten Tanz, der im leichtesten, durchsichtigsten Gewande nur allein mit Heben und Senken, Schütteln und Wallen der Hüften und des Unterleibes hervorgebracht wurde, gibt es noch jetzt unter mehren im Allgemeinen noch ungebildeten Völkern und unter völlig Wilden einen ähnlichen Tanz der Lenden und des Bauches, während die Füße still auf einem Platze stehen, so ist er doch wegen seiner einseitigen und rohen Bedeutung unter gebildeten Nationen längst ausgeschlossen, wenn auch hier und dort noch einige Anklänge dieser stummen Natursprache in andere Tanzarten sich mischen und der Lüsternheit dienen, z. B. im Fandango. Eine schon sinnigere und darum noch reizender wirkende Bewandtniß hat das stumme Gebärdenspiel der Brust, vorzüglich der weiblichen, deren bewegtes Wallen ohne weitere Theorie allein von der Pflege der Formschönheit und der innern Gesittung abhängt, um verschiedenartig Blut und Leben zu erregen, sei es in Lust und Schmerz der Liebe oder im brausenden Zorn.

Die meiste Kunstbildung verlangen diejenigen menschlichen Glieder, in denen sich die Seele und ein verschiedenartiges Empfinden nicht so unmittelbar von Natur ausspricht, als es in den Bewegungen des Antlitzes und in namhaften wenigen Fällen im Wogen der Brust geschieht, die aber durch große vielseitige Beweglichkeit einer außerordentlich geschmeidigen Bildung fähig sind, wodurch sie nicht allein eine ganz wunderbare Geschicklichkeit zu Erlangung der mannichfachsten Lebensnothwendigkeiten und nützlichen Verschönerungen und Bequemlichkeiten des Lebens, sondern auch sogar eine ästhetische Seelensprache gewinnen, deren Reichthum und Gewalt ohne Kunstbildung kaum geahnet werden könnte. Diese Glieder sind die Füße und die Hände, mit Inbegriff der Arme. Die Bildung der Füße vorzüglich lehrt die *Tanzkunst* (s. d. Art.), welche zugleich die wellenförmig schönen Bewegungen der Arme mit in sich begreift, sowie sie die angemessen schöne Haltung des ganzen Leibes, und in der höhern Tanzkunst das Spiel der Mienen und Gebärden durchaus nicht entbehren kann. Diese Fertigkeiten, wie alle andere, welche die Gewandtheit und Kraft des menschlichen Leibes erzielen, muß sich der Pantomime erwerben, wenn er in seiner Kunst etwas Schönes und Bewundernswerthes leisten will. Dabei hat er darauf zu achten, ob er sei Mann oder Weib. Dem ersten gehört mehr das Kräftige, Erhabene und Groteske, dem Weibe das Reizende und Zarte. Je höher aber die Bildung sich steigert, die Ausnahmen der Verkehrung jener Angabe der Regel übergangen, desto mehr wird sich in beiden Geschlechtern Würde und Anmuth mischen, doch so, daß Eins von Beiden vorherrscht, wie billig und recht.

In diesen durch Einmischung des Nachdenkens und der freien Erfindung des Menschen hervorgebrachten Künsten spricht sich nun natürlich nicht mehr allein das Angeborene, das allgemein Naturgemäße, ein von der jedesmaligen Seelenstimmung unmittelbar Hervorgerufenes, sondern zugleich oft vorherrschend sogar, ein Erlerntes und Übereinkömmliches (Conventionelles) aus, das theils einen Begriff in gewisse Bewegungen legt, der von Natur nicht darin liegt, sondern angenommen wurde, was nur für gewisse Zeiten und Völker gilt, theils seinen Werth nicht in der Ausdruckskraft, sondern in der Schwierigkeit der Darstellung, was Bewunderung erregt, findet. Dies richtet sich also nach Zeit und Ort, fällt daher auch mehr der eigenen Beachtung des Künstlers, als der Lehre zu, die mehr durch mündliche Andeutung und durch Vorbild, als durch Worte der Theorie hierin thut. Dazu hat das Bewunderte, das seinen Reiz im Schwierigen, Seltenen, ja sogar im Gefährlichen findet, ganz nothwendig das Eigene, daß es in Überbietungen der Künstler unter einander, die freilich in der Gegenwart ihres Wirkens gestalten wollen und müssen, da ihre Bildungen in Zeit und Raum verschwinden, sich ver- und überkünstelt, wie z. B. in Pirouetten und Luftsprüngen.

Diese Bewunderungsstücke sind zwar um der Menge willen nicht allein, auf welche doch auch etwas ankommt, sondern sogar um der Übung der Glieder, der Sicherheit und des Vertrauens willen, das jeder Künstler auf seine Geschicklichkeit und Fertigkeit zu setzen Ursache hat, unvermeidlich; man sieht sich gezwungen, bestehen sie einmal, sie bis zu einem imposanten Grade der Vollkommenheit zu erlernen, so viel Zeit und Anstrengung sie auch kosten; aber sie sind auch dem Edeln und Anmuthigen echter Kunst nur zu oft sehr gefährlich, schon darum, weil der Mensch Alles, was er mit angestrengter Mühe und Arbeit erzwungen hat, zu überschätzen pflegt, zu viel Gewicht darauf legt und die Hauptsache der Kunst in eine bloße, selten auf lange wirksame Nebensache setzt, deren Knalleffect, welcher blos als sparsame Würze, nicht als Nahrungsstoff dienen kann, die Schönheit und Innerlichkeit der Kunst gefährdet, und einen Mangel erzeugt, der bald genug selbst von Ungebildeten empfunden werden muß. Abgesehen von der Gefahr, die im zu häufigen Gebrauche solcher Bewunderungsstücke liegt, die unter vielen Wiederholungen einmal verunglücken und dadurch lächerlich werden können, bringt eine fortgehende Ausübung solcher Kunststücke auch noch zu viel Eintönigkeit und Manier in die Darstellung, ermüdet die Kraft viel zu sehr, als daß sie ausdauern und sogar noch andere und tiefere Bedürfnisse der Kunst befriedigen könnte. Aus allen diesen Gründen folgt, daß ein verständiger Künstler irgend einer Art sogar in überspannten und verschrobenen Zeiten gleichmäßig für die Kunst, für seinen eigenen und den Vortheil der Zuschauer am besten sorgt, wenn er dergleichen nicht zum Gewöhnlichen macht, nicht zu oft anbringt, noch weniger Alles in Allem darin sucht. Kraft und Anmuth und jene Innerlichkeit, die sich im Äußern abspiegeln soll, bleiben überall die triftigsten Erfordernisse jeder Kunst, also auch der Pantomime, die lebhafte Handlung und lebendiges Gefühl durch stumme Zeichen, die dem Darzustellenden entsprechen, zur Anschauung zu bringen hat.

Er muß also zuvörderst die gegebene, von ihm darzustellende Natur im Ganzen und Großen, wie im Besondern und Einzelnen treffen und zwar ohne Affectirerei und Verfälschung. Das conventionell Menschliche, das bürgerlich oder volks- und zeitgemäß Gewordene der Gebärdung gehört demnach nicht minder in sein Bereich, als das allgemein Seelenzuständliche. Er muß also die Menschen, ihre Art, sich in allerlei Zuständen zu bewegen, im Leben selbst studiren und zu diesem Behuf ganz besondere Rücksicht auf das eigene Benehmen der verschiedenen bürgerlichen Stände nehmen, die sich durch angenommenes Bezeigen und Bethun in der äußern Erscheinung nicht selten bedeutend genug von einander unterscheiden. Hat doch jede Handwerksinnung eine unterscheidende Haltung des Körpers, ihren eigenthümlichen Gang, bezeichnende Bewegung der Hände rc. Alles dies ändert sich zwar im Laufe der Zeiten, sodaß in dieser Hinsicht die alte Pantomime von der neuen verschieden sein muß; aber gewisse Allgemeinheiten, auf welche die Pantomime hauptsächlich angewiesen ist, bestehen oder ändern sich doch nur so allmälig, daß der Zeitpunkt der Umwandlung gar nicht angegeben werden kann. Der Einfluß der verschiedenen Temperamente und ihrer hundertfältigen Mischungen in den Individuen irgend eines Standes bleibt im Ganzen gleichfalls derselbe, sonst wie jetzt, nur daß die im Fortschritte der Zeit durch veränderte Richtung, Gesittung und innere Bildung entstandenen Verschiedenheiten von hervorstechenden Bezeichnungsbewegungen mehr oder minder Schärfe geben, welches Alles im Umgange mit der Welt aus dem Leben selbst, nicht aus Büchern zu erlernen ist.

Die Nachahmung der Natur, d. h. hier der Menschennatur in ihren mannichfaltigsten Verhältnissen und Bezeigungen, ist demnach das Grundwesen der Pantomime. Diese muß nothwendig, soll sie eingehen oder verstanden werden, dem jedesmaligen Gegenstande angemessen sein, in allen Wesenheiten mit den Darstellungsmitteln fühlbar übereinstimmen. Der ganze Leib muß sich bewegen, wie es der Gegenstand mit sich bringt; kein Glied darf dem andern widersprechen. Das ist die Harmonie der Pantomime. Wie viel Studium der menschlichen Natur, jedes Standes, jedes Geschlechts, ja jedes etwas ausgezeichneten Individuums dazu gehört, erweist sich von selbst. Und doch wird diese lebendige Plastik durch sprechendes Treffen der Natur noch nicht zur schönen Kunst, wozu Idealisirung des Gegenstandes gehört.

Diese Idealisirung kann ohne gebildete Innerlichkeit der geistigen Vermögen, auch der besonnenen, und ohne vielfache Erfahrungskenntnisse gar nicht bestehen. Der Künstler muß vielerlei Bezeichnungsarten einer und derselben Wesenheit kennen, damit er aus vielen ein Phantasiebild, das sein eigenes ist und doch nicht von der Natur abfällt, zu schaffen vermag, sowie der Maler aus vielen Schönheiten des Lebens eine Schönheit der Phantasie zusammensetzt. Je treffender und ungewöhnlicher er mannichfache Einzelnheiten verschiedener Natursubjecte einer und derselben Gattung, z. B. irgend eines Standes, irgend einer Leidenschaft, zu einem schlagend ähnlichen und doch bei allem Passenden für diesen Fall eigenthümlich gehobenen oder ideal veredelten Charakterbilde zu verschmelzen und als ein ergreifendes Ganze vor die Sinne zu zaubern weiß, desto mehr ist er Meister, Nachbildner und Schöpfer zugleich. Das kann nicht anders geschehen als durch schnelles und lebhaftes Ineinandergreifen aller Seelenvermögen bei vorherrschender, überaus frischer, aber nicht alles Andere unterdrückender Einbildungskraft, welcher ein Leib zu Gebote steht, der sich gewandt und überaus geübt, augenblicklich in das innerlich Vorgestellte fügt und äußerlich treu und geschickt darzustellen vermag und zwar in möglichst schöner Form. Diese findet keiner auf, stellt keiner im gehaltenen Fortgange von einer Scene zur andern erfreulich und gefühlansprechend dar, als der, den der lebendigste Sinn für das Schickliche keinen Augenblick verläßt. Das kann wieder kein Anderer, als der stets Besonnene, dessen Wachsamkeit nicht erst nöthig hat, den Verstand lange zu fragen, was hier das Rechte ist, sondern der Verstand muß es augenblicklich erkannt und dem Gefühle übergeben haben, damit Alles für den Moment wie ein Blitz zündet. Der Künstler darf kein Rathgeber sein, nicht erst klug, wenn er von der Bühne kommt, sondern wenn er auf der Bühne steht, mitten im Spiel und so lange es dauert. Dieses Schicklichkeitsgefühl, das ohne Verbindung mit dem Verstande wenigstens des praktischen nicht bestehen kann, entreißt ihn der Übertreibung nicht blos von selbst, sondern es macht ihn auch zum freien Beherrscher des ganzen Bezirkes, den er in seiner Aufgabe bis an die äußersten Linien durchlaufen darf und wird, wo sich das Schöne vom Unschönen trennt. Dieses schnell empfundene, der Lage des Augenblicks angemessen rechte Wählen des besten Standpunktes im ganzen Cirkel, das sichere, feste Stehen und Gehen auf der letzten schmalen Linie des Schönen muß nothwendig seinen Darstellungen immer veränderte, dem Augenblicke und seinen Einflüssen höchst zusagende Wirksamkeiten geben und das für die rechte Zeit Gewagteste mit dem Einfachsten zur vielgestaltigsten Kraft des immer frischen, stets jungen Ausdruckes erheben. Geschieht das schlechthin in aller Kunst, so muß es in den Darstellungen der Pantomime noch weit mehr der Fall sein, die ohne Schnelligkeit des zu Bezeichnenden gar nicht aufgefaßt und verstanden werden, und ohne Lebhaftigkeit, so weit sie die charakteristische Aufgabe erlaubt, gar nicht ergreifend, noch begeisternd sein kann. Dahin gehört vor Allem noch ein Punkt, der seiner ebenso großen Wichtigkeit als Schwierigkeit wegen ganz besonders in Acht zu nehmen ist, nämsich die Bezeichnung und Ausführung der Übergänge von einer Situation zur andern, von einem Grade der Empfindung zum andern. Soll die natürlichste Verschmelzung, die stets mit einer vollendet sichtbaren Abrundung des eben Abgeschlossenen verbunden sein muß, einschnittstarker Abtheilung in einem Falle gehörig zart und weich, im andern gebührend kühn und stark, dabei doch ohne Zerreißung des nothwendigen Zusammenhanges, verständlich und geschmackvoll zugleich hingestellt werden: so gehört dazu so große Naturbestimmtheit, Genauigkeit und Sicherheit der klaren Auffassung, und so viel Feinheit eines vielfach gebildeten Gefühls, daß eben hierin das Meisterlichste sich offenbart, das ohne eigenthümliche Idealisirung und augenblicklich empfundener Behandlung des Gegenstandes kaum glücklich ausgeführt werden kann. Das Geniale ausübender Kunst offenbart sich nirgends höher, sonderbar genug! nicht grade im Einzelnen, sondern im Ganzen wirksamer, als eben hierin.

Diese Pantomime, als die Kunst, welche Alles durch natürliche Bewegung und Gebärdung des Leibes ohne Hülfe der Sprache ausdrückt, muß stets etwas Rhythmisches in und an sich tragen. Sie ist ein Lebenspuls, der zwar ungleich und untaktisch, aber nicht unrhythmisch schlagen kann. Irgend ein Wechsel im Stärkern und Schwächern, Schnellern und Langsamern, das sich zugleich wie von selbst in gewisse, nicht nur fühlbare, sondern sogar erkennbare Ein- und Abschnitte theilt, muß schlechthin selbst in den rohesten Bewegungen, wie vielmehr in künstlerischen vorhanden sein. Takt und Rhythmus sind nicht Eins und Dasselbe. Wir können daher auch den Alten keine unrhythmische Pantomime, als eine Unterabtheilung derselben, zugestehen. Auch hierin kommt die Pantomime mit der Wortsprache überein, die nie unrhythmisch ist, so wenig sie sich auch in einen gleichmäßig sich wiederholenden Takt zwängen läßt, wodurch ihr sogar ein großer Theil der Schönheit und Zweckmäßigkeit ihrer Bewegungen entzogen würde. Überhaupt müssen alle Bewegungskünste in den allgemeinen Gesetzen des Ausdruckes mit einander übereinstimmen, weil sie aus seiner Wesenheit hervorgehen, die auf besondere, jeder Kunst hauptsächlich eigene Art zur Erscheinung gebracht werden soll. Die Verschiedenheit liegt in der nähern oder entferntern Richtung, entweder mehr auf das Geistige oder Sinnliche, und in den Mitteln des Ausdrucks. Wird in einer Kunst vorzugsweise das Geistige, Intellectuelle, der Begriff bis in das Speciellste der Unterscheidung beachtet, wie in der Rede, so muß das Äußere zurücktreten und sich verfeinern. Im umgekehrten Falle findet eben die Umkehrung statt. Drückt die Pantomime nicht zunächst, immer nur dunkel und andeutend, das Specielle aus, sondern das Allgemeine, und zwar zur Verständigung in die Ferne berechnet, so muß Alles in ihr heftiger und stärker, einen ausgedehntern Raum in Anspruch nehmend, hervortreten. Dieses Sinnlichere, daher allgemein Eingängliche von der einen Seite, und dieses Unbestimmte von Seiten des Bestimmten und klar Verständigen, was der Phantasie in Deutungen freien Raum läßt, schließt die Pantomime näher an die Gesetze und Eigenthümlichkeiten der Musik, als der Sprache. Diese verschiedenen Verwandtschaften der Künste und die mannichfach lebhafte Ausdrucksart einer jeden machen, daß sie sich oft gegenseitig brauchen, theils um den Reiz zu vervielfältigen, theils um sich zu vervollständigen, zu ergänzen, was irgend einer namhaften Kunst für sich allein abgeht, oder doch nicht recht zuständig ist.

Aus diesem Grunde hatten auch die Alten selten Pantomimen, die ohne alle Hilfskünste für sich allein bestanden. Reine Pantomimen, ohne alle Beimischung einer andern Kunst, muß es daher in neuern Zeiten um so seltener geben, je allgemeiner das Streben geworden ist, Geistiges und Sinnliches vereint und möglichst allseitig wirken zu lassen. Die Pantomime kann daher jetzt nur in wenigen Fällen die Kunst sein, die Alles und Jedes nur einzig durch natürliche Bewegung und Gebärdung des Körpers ausdrückt; sie schließt sich an Sprache, Musik und Tanz geschwisterlich an, bald dienend, bald herrschend, je nachdem es die Umstände und der Verein der Künste billig erheischen. Der Schauspieler kann sie durchaus nicht entbehren; er hat nicht immer zu reden und muß oft genug seinen Antheil an der Sache durch Gebärdensprache ausdrücken. Ein Schauspieler, der das stumme Spiel vernachlässigt, setzt sich selbst unter die geringen, denn er zerstört damit alle Täuschung und macht selbst seine schönsten Reden unwirksam. Dasselbe gilt in der Oper vom Sänger. Worte und Töne müssen nothwendig von lebhafter Pantomime begleitet und eindringlicher gemacht werden, damit Alles zwiefach sich hebe und desto besser auch in der Ferne verständlich sei, wo des Wortes Kraft nicht immer deutlich hinreicht. Die Pantomime kann also nicht im Schauspiel, nicht in der Oper als zu untergeordnet angesehen werden; sie ist nicht blos lebhaft unterstützend, sondern sie herrscht sogar oft, nämlich in den Momenten, wo Andere reden oder singen, bedeutend vor, sodaß sie durchaus nicht vernachlässigt werden darf. Ja wir haben noch immer ganze Rollen, die völlig der Pantomime angehören, z. B. in der Stummen von Portici. Diese Kunst, die um so lebendiger hervortritt, je südlicher die Naturen sind, man denke nur an die lebhaften, alle Rede auch des gewöhnlichen Lebens begleitenden Gesten und Gebärden der Italiener, hat sich daher in neuern Zeiten ein Feld geschaffen, wo sie unabhängig sich zu zeigen vermag. Es ist die Darstellung lebendiger Bilder, nämlich solcher Bildernachbildungen, die von lebenden Personen ausgeführt werden. Man nimmt irgend einen gekannten Gegenstand der Maler- oder der Steinhauerkunst und bringt gruppenhaft oder vereinzelt in schnell wechselnder oder in stehender Costümirung das gewählte Bild zur Anschauung. Darin zeichnete sich zuerst v. Seckendorf und dann Frau Hendel-Schütz aus in öffentlichen Vorstellungen. Für gesellige Unterhaltungen, sogar an manchen Orten in Concerten zur Musik, pflegt man diese Bilder gleichfalls zu verwenden. Sie machen aber mehr Mühe und Kosten, als Eindruck, verlangen große Meisterschaft, wenn sie einige Zeit in Vergnügen erhalten sollen, weshalb sie selten vorkommen, worüber auch keine Klage zu erheben ist. Das Stehende des Ma-

nbildes steht im
linem zum An-
dlung erfodert.
llet, und zwar
hängende Hand-
der Regel zum
die Südländer
lche pantomimi-
haftlicher lieben
te kommen den
m nächsten und
: auf alle Fälle
Mimik hemmen,
fallen der unter
bertrieben sinn-
ein Nachtheil
nehmender Bil-
n diese neuern
nug. Denn erst-
unterzulegende
hnet sein muß,
Bewegungen des
rung unnöthig
ch ist. Immer
Sprache völlig
n beweist und
rstellung, was
nach auf dem
. Aber selbst
den Handlung
Rede, was je-
l als Nachtheil
benen oder be-
die Zuschauer
Cirkel, welchen
nach den dun-
Bewegungsspra-
e ihm eben er-
e weit sie ihm
die Anregung
sicht verstanden
egtes jeder Art
it willen ferne
ferne, wo man
o es im nahen
. Das Heim-
, und das Gei-
jenes unter dem
, was Bild an
läßt, vermehrt
das Ganze wie
eigener Lust er-
thätig dabei in
ns umschmückt
eben, das gra-
rheben des kör-
abelt oder ver-
rung und Reiz

zugleich auffluthet, sodaß die Erhitzung aller Erdengeister
das Tiefere und Höhere wie bei Berauschung in Schlum-
mer versenkt. Endlich hilft noch drittens die für Ahnun-
gen und Sehnsucht ganz vorzüglich geschaffene Musik,
die das pantomimische Ballet gar nicht entbehren kann.
Sie gibt nicht blos das rhythmisch und taktisch Sichere,
was den Tanz beflügelt und sinnvoll macht, sondern sie
führt ins Unbegrenzte, was ihre Heimath ist. Wo aber
das Ohr durch den Sehnsuchtszauber der Töne, und das
Auge durch Plastik und Körperreiz, die Sinnlichkeit durch
Leibes- und die eigne Phantasie durch selbstschöpferische
Thätigkeit in den erregtesten Zustand versetzt sind, hat sich
der Mensch im seligen Traume den Cherub vom Para-
diese der Erde entfernt und wandelt von Neuem, wie
das erste Älternpaar, nach dem verhängnißvollen Baume,
dessen lockende Früchte die innern Augen der Erkenntniß
nicht eher öffnen, als bis sie genossen sind. Indem nun
Fabel, plastisch-mimische Darstellungen derselben und gra-
zienvoller Tanz durch das Auge, der Reiz der Tonwelt
durch das Ohr wirken, ist der äußere Mensch mit Blut
und Leben gefesselt mit Banden der Lust, die ihm Wunsch
und Einbildungskraft erklären, als wäre sein Genuß ein
edles Erdengut. Musik und Pantomime durchdringen sich
also nothwendig zur Vollendung des Zaubers. Beide
Künste haben zur höchsten Wirkung nichts nöthig, als
vollkommene Einigkeit in Liebe und vollergebenem Sinn.
Ist die Pantomime zärtlich, so hat die Musik mit ihr um
um den Preis der Zärtlichkeit zu ringen; neckt jene, muß
diese scherzen und alle Launen zeigen, deren sie fähig ist;
schwingt sich jene ins Erhabene, wird aller Pathos der
Töne wunderbar hohe Harmonien ausströmen. Eine ist
Anregerin, Erklärerin, Erheberin der andern, und dennoch
ist es keine; nur daß sie sich gegenseitig hebend und ver-
vollständigend durchdringen, daß ist ihre Aufgabe. Jede
dieser beiden Künste richtet sich in den allgemeinen Angaben, in Scenen- und Einschnittsfolgen des gegebenen
Geschichtlichen der darzustellenden Handlung nach dem Zusammenhange der Fabel, die in Ausschmückung und Um-
bengebung von jeder der beiden Künste, von Pantomime
und Musik, gleich selbständig ausgeführt werden darf, da
eine die Leistung der andern nie beeinträchtigt, vielmehr
stets hebt, wenn sie sich nur im Allgemeinen des Charakteristischen treu bleiben, d. h. wenn beide z. B. in ihrer
Art zu gleicher Zeit zärtlich oder wild sind. Scheint sich
auch die Musik nach den Rhythmen des Tanzes und den
Einschnitten der pantomimischen Sprache richten und sich
sich unterordnen zu müssen, so ist auch dies nur scheinbar, da die Musik bei vorherrschender Rücksicht auf rhythmische Gewalt sich selbst ebenso gute Dienste leistet, als
dem Tanze rc. So gehen denn hier beide vereint, einander hilfreich und förderlich, ein Ziel in einerlei Zeiträumen und Handlungsweisen verfolgend, was ihnen die Erfindung der Fabel vorschreibt, und doch beide einander
vollkommene Freiheit auf gemeinschaftlichem Pfade lassen,
sodaß jede für sich und nach ihren Mitteln und Gesetzen
ihr eigenthümlich Schönstes geben darf, ja soll, als wodurch
der Eindruck erst recht groß und mehrseitig wird. Sie
legen sich also gegenseitig keinen Zwang auf, als bei

eine Kunst die andere nöthigt, recht bestimmt rhythmisch zu sein, was wiederum beiden zuträglich ist. Selbst die Wahl der Stoffe ist stets beiden gleich lieb, günstig oder ungünstig, denn was sich nicht mit Leichtigkeit durch Bewegung ausdrücken läßt, taugt für beide nicht. Die Musik bleibt dennoch ganz dasselbe, was sie als Instrumentalmusik sein soll, nur daß sie recht eindringlich tanzrhythmisch sei, was ihr eine volksthümliche Kraft gibt. Und so wäre denn Balletmusik am besten und am kürzesten durch volksthümliche Instrumentalmusik zu bezeichnen. Die Literatur über diesen Gegenstand ist eben in neuester, ja in neuerer Zeit, nicht angebaut. Außer Engel's bekannter Mimik dürfte kaum etwas noch zu nennen sein, als Karl Seidel's Charinomos. Beiträge zur allgemeinen Theorie und Geschichte der schönen Künste. 2 Bde. (Magdeburg 1825 erster, 1828 zweiter Band.) (*G. W. Fink.*)

PANTOPHOBIA nennt man denjenigen Gemüthszustand, wo der Mensch sich vor Allem, selbst den geringsten Kleinigkeiten, fürchtet. Es beruht dies auf einer Affection des Nervensystems, besonders der Ganglien, und steht häufig mit Unterleibsbeschwerden in Verbindung, daher man die Pantophobie als ein Symptom der Hypochondrie betrachtet. Einige Ärzte haben damit auch die Wasserscheu bezeichnet. (*Ro[illegible]baum.*)

PANTOPORIA *Hübner* (Insecta), Schmetterlingsgattung aus Papilio Linné's gesondert, mit schwarzbraunen, okergelb bandirten Flügeln. Hierher Papilio Phaerusa *L.* Nefte *Cramer* 256. E. F. Murdania ib. 213. E. F. (*D. Thon.*)

PANTOPTERI (Pisces), eine Familie der Fische (*Dumeril*, Zoologie analytique), zu den Holobranchen und Apoden gehörig, welche einen Kiemendeckel und Kiemenhaut haben, und mit allen Flossen, mit Ausnahme der Bauchflossen, versehen sind. Es gehören hierher folgende Gattungen: Anguilla, Conger, Donzella, Fierasfer, Anarrhichas, Comephorus, Macrognathus, Xiphias, Ammodytes, Stromateus, Rhombus. Vgl. hierüber den Art. Ichthyologie. (*D. Thon.*)

Pantormo, s. Pontormo.

PANTOTRICHUM *Ehrenberg* (Zoophyta), Muffthierchen. Eine Infusoriengattung. Bildet diejenige Abtheilung der Familie Cyclidina (s. Infusoria), welche über den ganzen Körper zerstreute Wimpern besitzt, und ist auch als Gattung nur dadurch charakterisirt. P. Volvox, grünes Muffthierchen, hält im Durchmesser $\frac{1}{12}$ Linie, der Körper ist eiförmig, fast kugelig, abgerundet, grün, dunkel, mit beweglichen Wimpern dicht behaart, die reihenweise zu stehen scheinen. Von Ehrenberg (Zur Erkenntniß der Organisation. II. S. 75) bei Berlin beobachtet. (*D. Thon.*)

PANTSCHMASCHINE, PANTSCHMÜHLE, PRÄTSCHMASCHINE, eine Maschine, welche in den Bleichereien zum Pantschen (Auswaschen oder Reinigen) der Kattune, der Leinwand rc. gebraucht wird. Das Pantschen hat zum Zwecke, aus den Geweben die Schlichte und andern zufällig darin enthaltenen Schmutz zu entfernen, bevor sie gebleicht oder auch nur im ungebleichten Zustande zugerichtet werden. Zu dieser Arbeit wird sehr oft, statt der Pantschmaschine, eine Walkmühle, ein Waschrad oder eine andere Waschmaschine angewendet. Die Pantschmaschine besteht aus mehren parallel und horizontal liegenden Hölzern von drei bis vier Fuß Länge und einigen Zoll Breite, welche an ihren Stielen, womit sie sich um eine Axe drehen, durch eine Daumenwelle gehoben werden, und dann durch ihr Gewicht von selbst wieder auf den mit Wasser begossenen Zeuch niederfallen. Letzterer liegt auf einem länglich viereckigen Tische, den die Maschine selbst hin und her zieht. Der Zeuch wird während der Arbeit öfter gewendet, und zugleich fließt frisches Wasser darauf. Abweichungen von dieser Einrichtung kommen mancherlei vor; so z. B. wird der Tisch unter der Oberfläche eines fließenden Wassers unbeweglich angebracht, und das Gewebe über denselben von einem Arbeiter fortgezogen. Oder man gibt dem Tische eine kreisrunde Gestalt, wobei er sich um seinen Mittelpunkt dreht, sodaß ein Theil desselben sich unter den Klopfhölzern befindet, während der andere vorübergehend frei bleibt, damit man die Zeuche darauf ausbreiten, umwenden oder davon wegnehmen kann. Statt mehrer Klopfhölzer oder Prätscher wird auch wol ein einziger, ebenso auf und nieder beweglicher Rahmen angebracht, in welchem sich zehn bis zwölf parallele Querlatten befinden, die auf den Zeuch schlagen, während der letztere fortwährend durch eine Pumpe mit Wasser begossen, und durch Walzen langsam über den unbeweglichen Tisch fortgezogen wird. (*Karmarsch.*)

PANTSCHUR, PANTJOOR, eins der größern in der Malakastraße gelegenen und zum Siakreiche auf der Insel Sumatra gehörigen Eilande, südöstlich von Tanjong Serei. Waldungen, womit es gleich der Hauptinsel bedeckt ist, gutes Wasser und schöne, den Handel, Fischfang und die Seeräuberei begünstigende Häfen haben ihm zahlreiche Einwohner verschafft, welche zum malaiischen Stamme, der, wie neuere Untersuchungen wahrscheinlich gemacht haben, aus der Insel Sumatra hervorging, gehören. (*Fischer.*)

PANUCO, 1) P., Fluß im mexicanischen Staate San Luis Potosi. Er entspringt in einem angenehmen Thale in der Nähe von S. Luis Potosi, durchströmt, eine östliche Richtung nehmend, die Laguna Chairel und ergießt sich dann verstärkt durch die Gewässer der Laguna Tampico, weshalb er auch der Tampico genannt wird, sowie durch die ihm südlich aus dem Thale von Mexico zuströmende Moctesuenia in den Golf von Mexico. Vor der Eroberung durch die Spanier trennte er die gebildeteren Stämme des Landes von den ungebildeteren. 2) P. (Br. 22° 48′, L. 278° 42′), Villa, an dem obenstehenden Flusse gelegen, welcher 21 engl. Meilen ostsüdöstlich von dieser Stadt, bis zu welcher er schiffbar ist, — doch hindert eine Barre an seiner Mündung das Einlaufen größerer Schiffe — seinen Lauf beendet. Diese von 500 weißen und schwarzen Indianerfamilien bewohnte Stadt, welche etwas Handel treibt, und etwa 65 Meilen in nordöstlicher Richtung von Mexico entfernt ist, wurde 1520 von Hernando Cortez gegründet, und hat zwei Kirchen, mehre Klöster und Kapellen. 3) P. Alcadia mayor, welche nach Merico zu guten Boden hat, und reich an Gold und Salz ist, welches letztere die Hauptnahrungsquelle der Einwohner ausmacht, wogegen ihr nördlicher Theil äusserst unfruchtbar ist. (*Fischer.*)

PANUMANA (309° 51′ 21″ östl. L., 6° 20′ nördl. Br.), kleine Insel in der Nähe der südamerikanischen Tierra firma. (*Fischer.*)

PANURGUS *Panzer* (Insecta), Bienengattung, aus der Tribus der Andrenoiden, mit folgenden Kennzeichen: Die Fühlergeißel vom dritten Gliede an gerechnet, ist bei dem Weibchen fast cylindrisch, die hintern Füße sind mit Haaren besetzt, zur Einsammlung des Blüthenstaubes, die Mandibeln und Oberlippe sind oben vereinigt, an der Bauchseite des Hinterleibes findet sich keine Haarbürste. Diese Bienen sind mit den Andrenen am nächsten verwandt, unterscheiden sich aber durch die Biegung des Rüssels, der Anfangs geradeaus gerichtet ist, dann sich auf sich selbst zurückbiegt. Der Körper dieser Insekten ist mit kurzen Haaren besetzt, ihr Kopf ist groß, quer, vorn wie gestutzt, die Augen sind eiförmig und ohne Einschnitt, die drei Punktaugen stehen auf der Stirn in einem Dreiecke, die Fühler stehen in der Mitte der vordern Kopfseite, sind an der Wurzel wenig von einander entfernt und so lang als Kopf und Thorax zusammen; sie bestehen aus 12 Gliedern bei dem Weibchen, aus 13 bei dem Männchen; das erste Glied bildet $\frac{1}{3}$ der ganzen Länge, die übrigen bilden eine fast cylindrische Geißel, die Oberlippe ist kurz, klein, vorspringend, mehr breit als lang und oben behaart, die Mandibeln sind hornartig, lang, schmal, oben mit Längsstreifen, gegen die Spitze gebogen und verschmälert, innen zahnlos, die Mandibeln bestehen in einer lederartigen Klappe, welche in der untern Hälfte halb röhrenförmig ist, sich dann biegt, in ein schmales, lanzettförmiges, sehr dünnes Stück ausläuft, die Maxillarpalpen sind etwas kürzer als die Labialpalpen, und bestehen aus sechs cylindrischen Gliedern, die Unterlippe ist zur Hälfte in eine lederartige, cylindrische, lange, schmale, am Ende gezähnelte Scheide eingeschlossen, die andere Hälfte, oder der vorspringende Theil, bildet eine lange, schmale, lanzettförmige, fast häutige, wenig oder gar nicht behaarte Zunge, da, wo sie aus ihrer Scheide heraustritt, hat sie neben sich zwei häutige, schmale, spitzige Seitentheile, die Labialpalpen stehen am obern und seitlichen Ende der die Unterlippe umfassenden Scheide, und bestehen aus vier fast cylindrischen Gliedern, der [...] ist rundlich und gewölbt, der Metathorax gestu[...] einem Grübchen an der hintern Seite, der Hint[...] ziemlich groß, eiähnlich, platt, an den Seiten [...] haart, und besteht bei dem Männchen aus sechs, b[...] Weibchen aus sieben Ringen. Die männlichen Ges[...] organe sind stark, zusammengesetzt und zum Theil [...] tend. Sie bestehen aus zwei hornartigen, flache[...] len, und man bemerkt sogar die weiter vortretend[...] ken. Die Weibchen sind mit einem schwachen [...] versehen. Die Füße sind von mittler Größe, [...] letztern erscheinen besonders bei dem Weibchen [...] Die Vorderflügel sind bedeutend größer, an ihrer [...] steht ein sie bedeckender Höcker; sie haben eine Rad[...] mit Anhang, zwei vollkommen gleichgroße Cubita[...] von denen die zweite die rücklaufenden Adern auf[...] eine dritte ist unvollständig.

Diese Bienen leben einsam, besonders auf B[...] der Syngenesisten, und sind alle in heißen Ländern, [...] im mittlern Europa, einheimisch; ihre Wohnungen [...] sie in die Erde, doch ist ihre nähere Fortpflanzung [...] unbekannt. Eine der gemeinsten Arten ist P. de[...] *Latreille* (Dasypoda ursina *Latr.*, Hist. Nat. [...] Crust. et des Ins. t. 13. p. 370. n. 2. Weibchen. [...] ursina, Museum Leskeanum. p. 80. n. 525. [...] ursina var. B. *Kirby*, Monogr. Ap. angl. t. [...] 178. n. 1. tab. 16. 61. Weibchen). $3\frac{1}{2}$ Linien lang[...] schwarz behaart, die hintern Füße und Hüften ein[...] die hintern Schienbeine gebogen, mit einem Haarb[...] Ist gegen Ende des Sommers im südlichen Fra[...] gemein. (D. T[...]

PANUS, Drüsengeschwulst, auch Adenoph[...] Adenoncus genannt, ist jede Anschwellung der ly[...] tischen Drüsen, sei sie entzündlicher oder chronische[...] Der Panus kann als idiopathisches, sympathisches, [...] ptomatisches und metastatisches Leiden vorkommen, [...] erhält theils darnach, theils nach den besondern Urs[...] z. B. Skrofeln, Exanthemen, theils nach dem Sitz[...] der Natur der Anschwellung verschiedene Beinamen, [...] Panus inflammatorius, inguinalis, exanthematic[...] wofür jedoch das Wort Bubo gebräuchlicher ist. (*Rosenb*[...]

Panus, s. Thamnophilus.

Ende des zehnten Theiles der dritten Section.

Druck von F. A. Brockhaus in Leipzig.

Lightning Source UK Ltd.
Milton Keynes UK
UKHW020611311018
331512UK00012B/1200/P

9 780332 239378